Annabel DELANGLADE
Avocat à la Cour
20, rue du Languedoc
31000 TOULOUSE
Tél. 05 61 52 08 52 - Fax 05 61 53 19 60

DROIT ET PRATIQUE DE L'INSTRUCTION PRÉPARATOIRE

D A L L O Z   A C T I O N

DROIT ET PRATIQUE DE L'INSTRUCTION PRÉPARATOIRE

SEPTIÈME ÉDITION
2009

CHRISTIAN GUÉRY
Doyen des juges d'instruction à Nice

PIERRE CHAMBON

Ouvrage couronné
par l'Académie des sciences
morales et politiques
Prix Odilon Barrot 1981

DALLOZ

DE CHRISTIAN GUÉRY

Détention provisoire, Dalloz, 2001.
Justices à l'écran, PUF, 2007.

ISBN 978-2-247-08479-1

31-35, rue Froidevaux
75685 PARIS CEDEX 14

SERVICE CLIENTÈLE
tél. 0 820 800 017
fax 33(0)1 41 48 47 92

www.editions-DALLOZ.fr

Avant propos à la septième édition

Le président de la République a annoncé en janvier 2009, lors de la rentrée solennelle de la Cour de cassation, son intention de modifier profondément le Code de procédure pénale, en supprimant notamment la fonction de juge d'instruction. Le rapport du comité de réflexion sur la justice pénale, rendu en septembre 2009, préconise cette suppression, les fonctions d'enquête étant confiées au procureur de la République, et les fonctions juridictionnelles à un nouveau juge de l'enquête et des libertés.

Mais ce rapport, dit rapport Léger, du nom de son président, ne fixe que de grandes orientations. Les textes restent à écrire. Par ailleurs, la direction des services judiciaires du ministère de la Justice doit organiser la mutation de personnels, les parquets des juridictions devant être renforcés (direction d'enquête mais aussi « audience accusatoire » souhaitée par le comité) et les juges d'instruction trouver de nouveaux emplois.

La suppression du juge d'instruction pourrait être retardée d'autant, l'année 2012 pouvant constituer, à notre avis, un horizon raisonnable.

Si le Code de procédure pénale doit subir de profondes modifications, se priver d'un magistrat indépendant en charge de la recherche de la preuve n'est pourtant pas inéluctable.

La présente édition de ce *Droit et pratique de l'instruction préparatoire* pourrait en constituer, en tout cas sous cette forme, la dernière.

Elle est dédiée à la mémoire de son créateur, Pierre Chambon.

Le 27 novembre 2009.

Christian GUÉRY

Préface de la cinquième édition

Lorsque je m'installai, en janvier 1984, derrière mon bureau de juge d'instruction à Montbéliard, et que j'ouvris un tiroir, je découvris l'une des éditions de l'ouvrage de Pierre Chambon, intitulé Le juge d'instruction. Théorie et pratique de la procédure.

Il était à l'époque, et depuis 1972, date de la première édition, considéré comme la bible des magistrats instructeurs, et chacun y trouvait, débutant ou magistrat plus confirmé, les références législatives ou jurisprudentielles, les conseils pratiques nécessaires à la gestion quotidienne d'un cabinet.

Depuis, dans la seconde partie des années 80, sous l'égide principalement de Gilbert Cousteaux et d'autres maîtres de conférences de l'École nationale de la magistrature, sont apparus la revue Instruction actualités *et le* Mémento de l'instruction, *diffusés au sein du corps des magistrats. D'autres ouvrages, parfois, sous la forme de feuillets mobiles, ont aussi vu le jour. L'ouvrage de Pierre Chambon n'en est pas moins demeuré la référence indispensable aux praticiens.*

Lorsque les éditions Dalloz m'ont proposé de prendre le relais de Pierre Chambon, je me suis assigné deux objectifs :

– conserver l'originalité de l'ouvrage initial, si précieux pour tous ceux que l'histoire de l'institution intéresse et qui veulent comprendre les mécanismes qui ont présidé à l'apparition des textes contemporains;

– permettre aux lecteurs de connaître les solutions aux problèmes actuels, saisir les réalités de la fonction en ce début de millénaire.

Dans son avant-propos à la quatrième édition de cet ouvrage Pierre Chambon écrivait : « Les uns et les autres, quand ils ouvriront ce livre auront sous les yeux plus que jamais vivante, la grande doctrine du siècle dernier, elle-même héritière de la pensée de nos anciens auteurs. Les pages admirables de Faustin-Hélie, notre maître à tous, auxquelles il n'y a rien à ajouter, ne pouvaient sombrer dans l'oubli. »

Le lecteur devrait donc retrouver dans cette cinquième édition la pensée de Faustin-Hélie ou de Garraud, et d'indispensables références historiques, notamment sur le passage entre le Code d'instruction criminelle et le Code de procédure pénale qui permettent de mieux comprendre le cheminement du droit de l'instruction en France jusqu'aujourd'hui.

Il y trouvera aussi les derniers textes parus, notamment la loi du 9 mars 2004, dite Perben II, et la jurisprudence la plus récente, dans une matière dans laquelle les lois de procédure se multiplient depuis quelques années, et où la jurisprudence se doit à chaque fois d'expliquer, de coordonner, de mettre en perspective les dispositions nouvelles.

Il a donc fallu modifier le plan de l'ouvrage pour y introduire les notions de témoin assisté, les pouvoirs nouveaux du juge des libertés et de la détention, la question de la preuve pendant l'instruction préparatoire, la modernité du mandat d'arrêt européen, l'informatique dans les cabinets...

Entré dans la magistrature à la fin de la Seconde Guerre mondiale comme juge d'instruction à Saint-Claude, Pierre Chambon y demeurait pendant treize années avant de devenir vice-président chargé de la chambre correctionnelle au tribunal de grande instance de Saint-Étienne en 1957. Il occupa ensuite les fonctions de conseiller à la cour d'appel de Douai de 1969 à 1975, de premier juge au tribunal de grande instance de Nanterre en 1975 puis termina sa carrière comme conseiller à la chambre d'accusation de la cour d'appel de Versailles de 1976 à 1981, année de son départ à la retraite qui coïncide avec l'attribution par l'Académie des sciences morales et politiques du prix Odilon Barrot à son ouvrage Le juge d'instruction. Jusqu'à la fin de sa vie, Pierre Chambon a suivi les évolutions de la fonction et mis à jour ce livre jusqu'à la quatrième édition, parue en 1997, une année seulement avant son décès.

La rédaction de la présente édition m'a permis de relire de nombreuses notes qu'il a écrites. Quel travail considérable ! Quel souffle ! Des centaines de notes et commentaires d'arrêts réalisées entre le début des années 50 et la fin des années 90. Quant à leur contenu, que dire de mieux que ce qu'écrivait l'avocat général à la Cour de cassation P. Aymond, dans sa préface à la première édition : « Quel praticien, quel juriste, quel étudiant à la recherche d'une réponse à un point particulier ou appelé à creuser un problème n'est pas, au cours de sa prospection tombé sur une note Chambon ? N'eut-il songé qu'à la parcourir, combien de fois se sera-t-il arrêté dans son élan parce qu'il aura trouvé l'idée qui l'aura frappé ou qui lui aura fait percevoir, à travers les inévitables fluctuations des textes, la continuité profonde d'une institution de notre procédure ou d'une évolution qui petit à petit la transforme. »

« L'instruction est l'une des plus belles fonctions du magistrat, qui lui laisse toute son indépendance et son initiative. C'est aussi l'une des plus redoutables, par les pouvoirs illimités qu'elle met en jeu. Elle requiert par là même une connaissance précise de la loi et de la jurisprudence » *écrivait Pierre Chambon.*

Connaissance de la loi, connaissance de la jurisprudence et réflexion sur les pratiques suivies, tels sont les ingrédients de ce livre. Ni traité théorique, ni répertoire c'est une œuvre de pratique judiciaire expliquée, commentée à partir des principes dégagés par la jurisprudence.

Aucun livre ne peut indiquer au juge d'instruction les mesures qu'il doit ou peut prendre pour remplir son office dans chaque affaire particulière. La fonction de juge d'instruction, au-delà de la connaissance des textes et de la jurisprudence, est une fonction essentiellement pratique, de terrain, où chaque jour apparaissent des questions insoupçonnées auxquelles il faut de toute façon faire face. Mais pour qu'il puisse instruire au mieux les informations qui lui sont confiées, pour qu'il puisse consacrer le principal de son énergie à la conduite même des enquêtes, à l'identification et à la réalisation d'actes utiles, il faut qu'il sache déjà comment il peut prendre telle ou telle décision et pourquoi il en a le devoir ou le pouvoir.

Pierre Chambon, qui a consacré sa vie à cet ouvrage qui était sa passion, terminait ainsi la préface de la première édition : « Donner à réfléchir au professeur, initier l'étudiant, apporter des solutions précises et sûres au praticien, qu'il soit avocat, juge ou appartienne au ministère public, tel a été notre objectif, peut-être ambitieux. Nous l'aurons atteint si notre étude, que nous avons voulue sérieuse et cohérente, devient, pour quiconque s'intéresse à l'instruction, un instrument indispensable. »

Christian GUÉRY
Nice, 15 mars 2004

Avant-propos de la cinquième édition

La multiplication des lois de procédure pénale, et le changement de la terminologie utilisée par le législateur nous ont contraint, pour ne pas alourdir le texte, à conserver des termes qui ont disparu, parmi lesquels figurent évidemment en première ligne « inculpé » ou « chambre d'accusation ». Ceux-ci ont en général été conservés lorsqu'ils étaient cités dans un arrêt, ou lorsque la période de référence y conduisait.

Je souhaite remercier ceux qui ont eu la patience de relire les épreuves de cet ouvrage : Gilbert Cousteaux et Anne Guéry.

Christian GUÉRY

Avant-propos de la quatrième édition

La mise à jour du présent ouvrage s'imposait. En effet, outre la jurisprudence intervenue depuis sa troisième édition, une législation abondante a marqué cette dernière période. Depuis 1981, une quinzaine de lois ont modifié plus ou moins profondément la procédure d'instruction. Par ailleurs, du fait de l'alternance politique, plusieurs textes ont été abrogés avant même qu'ils ne soient appliqués. De sorte que les réformes qu'ils opéraient n'ont jamais vu le jour. D'où une situation d'incertitude et de confusion. C'est ainsi qu'en ce qui concerne le placement en détention, les diverses formes de collégialité qu'organisaient les lois des 10 décembre 1985, 30 décembre 1987 et 4 janvier 1993, sont restées lettre-morte.

Les changements apportés à la procédure d'instruction, qui tendent à un renforcement des droits de la défense, en augmentent la complexité, mais n'en modifient pas les caractères généraux. Certaines de ces innovations, qui résultent notamment des lois du 4 janvier 1993 et du 24 août 1993, telles celles qui affectent la garde à vue ou le régime des nullités ou les formes de l'inculpation, n'en sont pas moins importantes. Nous en analyserons les détails le moment venu.

P. CHAMBON

Préface de la première édition

La notoriété de M. le conseiller Chambon n'est pas de celles qui doivent un éclat momentané au hasard d'une affaire ou qui se créent et s'entretiennent à la faveur d'une spécialisation au sein d'une juridiction importante. La source en est ailleurs; elle atteint d'autres milieux. Son domaine c'est le cabinet de travail, c'est la salle d'études, le coin où l'on peut réfléchir.

Quel praticien, quel juriste, quel étudiant à la recherche d'une réponse à un point particulier ou appelé à creuser un problème, n'est pas, au cours de sa prospection tombé sur une note Chambon *? N'eût-il songé qu'à la parcourir, combien de fois se sera-t-il arrêté dans son élan parce qu'il aura trouvé l'idée qui l'aura frappé ou qui lui aura fait percevoir, à travers les inévitables fluctuations des textes, la continuité profonde d'une institution de notre procédure ou d'une évolution qui petit à petit la transforme ?*

Si tous ont pu être surpris à la lecture de ses notes, par la richesse des références de jurisprudence, ce serait connaître bien imparfaitement leur auteur que de le traiter d'érudit. L'érudition n'est que matière première, bien encombrante pour qui ne sait l'articuler, décourageante pour le lecteur accablé sous les détails offerts en vrac à sa curiosité. Pénétré de la pensée d'un guide sûr et pour lequel il ne dissimule pas son admiration, M. Chambon a su dégager d'une jurisprudence qu'il connaît admirablement la continuité fondamentale comme les courants évolutifs de notre procédure pénale depuis Faustin Hélie.

Cette présentation de l'auteur serait vraiment fragmentaire, si ne perdant pas de vue qu'il est des nôtres, de notre corps judiciaire, que son domaine fut et demeure celui de l'instruction je m'abstenais d'ajouter ce que je tiens pour essentiel : connaissant depuis longtemps l'arrêtiste, lorsque l'occasion me fut enfin donnée de rencontrer l'homme, j'ai su, d'emblée, que la plus lourde des erreurs serait de ranger M. Chambon au nombre des théoriciens.

L'ouvrage que présente aujourd'hui M. Chambon est le fruit de ses réflexions, à la lumière de son expérience qui se poursuit et s'entretient dans l'exercice des fonctions de conseiller à la chambre d'accusation d'une de nos plus importantes Cours d'appel, encore que l'on y soit à distance des servitudes quotidiennes d'un Cabinet.

Le titre n'en est pas choisi au hasard. Ni traité théorique de l'instruction, ni répertoire, c'est une œuvre de pratique judiciaire, mais de pratique expliquée, commentée à partir de principes autour desquels s'articule la grande richesse de ce droit vivant qu'est la jurisprudence.

Aucun livre ne peut, certes, indiquer au juge d'instruction les mesures qu'il peut ou qu'il doit prendre pour remplir son office. Qu'il sache déjà comment il peut les prendre et surtout pourquoi il en a le devoir ou le pouvoir. Pour peu que brille en lui cette flamme que l'on sent discrète mais toujours présente au long de l'ouvrage, il saura que cette indépendance, liée aux pouvoirs dont il dispose, ne doit être qu'un moyen pour mieux remplir sa charge.

Le juge d'instruction que fut M. Chambon et qui a si bien mis en lumière les caractères de cet « office » dans les premiers chapitres, - il faut les lire et les méditer - ce juge réapparaît tout au long de l'œuvre dès qu'il s'agit de montrer comment à partir des textes - ils ne sont pas si nombreux - la jurisprudence assure l'indépendance de ses décisions dans la conduite générale de l'information, dans le choix des actes ou des mesures, dans ses rapports avec les parties, dans sa neutralité à l'égard des unes comme des autres. Il réapparaît encore dans ces conseils donnés d'une touche discrète, pour rappeler que le juge n'est allié, ni adversaire d'aucune des parties.

Le choix d'un plan peut être à lui seul révélateur de l'esprit d'un ouvrage. L'action du juge d'instruction est présentée ici dans le même ordre que dans le Code de procédure pénale. La pratique l'emporte ainsi d'entrée en matière sur le théorique, mais les principes retrouvent leur place à propos de chaque question, sans oublier les rappels historiques autour desquels se développe la jurisprudence.

Une chose frappera certainement le lecteur habitué aux études de l'arrêtiste : c'est l'impression de découvrir un style nouveau de l'auteur, plus concis, plus ramassé. C'est précisément l'étendue de la matière qui l'imposait; c'est aussi la preuve que la pensée cursive peut laisser place à l'esprit de synthèse qui sait conserver tout ce qu'il peut retirer d'une documentation considérable, puisée comme toujours, dans la jurisprudence.

Œuvre pratique parce qu'il n'est guère d'affirmation qui ne soit étayée par quelques décisions, mais aussi œuvre objective parce que l'opinion personnelle qui se manifeste parfois, compte moins que la solution jurisprudentielle.

Œuvre pratique dans le détail encore : il suffira de citer ces rubriques auxquelles les traités classiques n'accordent parfois qu'une attention modeste : on songe aux restitutions en cours d'information, aux commissions rogatoires internationales, à la taxe des experts, dont il faut reconnaître que le contentieux dévolu aux chambres d'accusation, n'y soulève pas l'enthousiasme. Sur toutes ces questions il existe une jurisprudence suffisamment abondante pour montrer leur importance dans la vie judiciaire quotidienne et prouver que la consultation du Bulletin criminel peut fournir réponse à des multiples problèmes.

Laissant de côté les matières classiques dans l'exposé desquelles se manifestent toutes les caractéristiques de cette même méthode (la partie civile, l'inculpation, l'expertise, les ordonnances de règlement, les nullités et leur mise en œuvre, la réouverture sur charges nouvelles pour ne citer que celles-là), il faut réserver une place particulière à la détention, cette mesure de sûreté dont l'auteur écrivait récemment qu'elle garantit autant l'exécution du jugement que la bonne marche de l'information, ainsi qu'aux mesures nouvelles introduites par la loi du 17 juillet 1970. Un livre entier y est consacré.

L'application de cette loi entre peu à peu dans les faits. Une réforme de cette importance ne peut aller sans une période de rodage - il s'agit après tout de mécanismes, mais non de mécaniques, qui mettent en jeu des moyens nouveaux et supposent aussi que se modifient bien des habitudes.

L'ouvrage de M. Chambon intervient au cours de cette période, alors que le mécanisme fonctionne déjà. La Cour de cassation a déjà contrôlé la méthode d'interprétation de ces textes; elle ne peut connaître de leur usage en se substituant aux chambres d'accusation. Imposer une méthode, c'est tout de même aider à une application dans un certain sens, parce que cette méthode qui oblige à personnaliser les décisions, conduit le magistrat à méditer sur le contenu de son dossier.

On ne saurait donc s'étonner que, dans l'état actuel de cette application, les références de jurisprudence soient moins nombreuses et qu'une place plus importante soit réservée à la pensée de l'auteur, éclairée par des considérations historiques. Il ne s'agit pas en effet d'un simple changement de réglementation inspiré par des circonstances ou par un mouvement d'idées surgi au gré de l'actualité. Quelle que soit la part de ces éléments temporels, le régime nouveau se rattache à des sources profondes auxquelles on peut se demander s'il est ou non revenu.

À travers certaines imperfections techniques, voire même une insatisfaction relative qu'il ne cache pas, M. Chambon a dégagé de cette loi une philosophie qu'il développe dans l'optique de l'office du juge. Il faut lire ces pages empreintes de réalisme consacrées à la fonction sociale des diverses mesures mises à la disposition du juge : elles ne lui donneront pas la solution d'un cas d'espèce, mais elles le conduiront à la réflexion.

C'est une conception qui s'y trouve exposée : elle n'a rien d'un dogme intangible, ce qui ne serait certainement pas dans la pensée de l'auteur. Fidèle à l'essentiel de l'esprit de la loi, excluant sensiblerie ou sentimentalisme elle peut aider le juge à prendre quelque distance à l'égard des contingences ou d'impulsions momentanées, comme elle lui expliquera pourquoi il faut désormais prohiber ces clauses de style dont certaines tendaient à devenir le substitut passe-partout de tout autre motif.

On ne s'en tiendra pas au titre de l'ouvrage pour supposer que tout s'y arrête au moment ou le juge d'instruction se dessaisit en rendant son ordonnance de règlement qui le dépouille de la plénitude de ses pouvoirs. Sans parler des suppléments d'information ordonnés par la chambre d'accusation, la matière ne pouvait aller sans quelques dépassements, par cela même qu'elle se prolonge et nul ne les regrettera : il en est ainsi des pouvoirs de la chambre d'accusation et même des juridictions de jugement en ce qui concerne les mesures de sûreté et de contrôle.

On dit quelquefois d'un livre qu'il vient à son heure; ce n'est pas la question pour celui-ci; le juge d'instruction apporte quelque chose de nouveau moins par sa documentation que par son inspiration. Il est le fruit d'un travail de longue haleine dans lequel la plume ne fut que l'ultime étape; sa venue n'est pas la conséquence de la loi de 1970.

Libre à chacun de ne pas partager telle ou telle opinion lorsqu'elle se manifeste : nul en tout cas ne discutera la logique de la synthèse ou de la déduction (je pense au délicat problème de la réincarcération et à l'honnêteté intellectuelle d'une conclusion provisionnelle); nul n'accusera l'auteur d'avoir trahi le dessein manifesté dans son avant-propos.

Qu'il soit permis d'exprimer un vœu à titre purement personnel : le juge d'instruction est achevé, mais pour situer l'instruction dans le procès pénal, avec sa marche vers une certaine dose de contradiction, il reste à M. Chambon à faire vivre pour le lecteur la chambre d'accusation.

P. AYMOND
Avocat général
à la Cour de cassation

Avant-propos de la première édition

L'instruction est l'une des plus belles fonctions du magistrat, qui lui laisse toute son indépendance et son initiative. C'est aussi l'une des plus redoutables, par les pouvoirs illimités qu'elle met en jeu. Elle requiert par là même une connaissance précise de la loi et de la jurisprudence.

Il y a plusieurs manières d'informer. L'une empirique, qui consiste à faire appel à l'expérience d'un collègue plus ancien. Ce n'est pas celle de nos juges d'instruction, qui veulent comprendre le sens des mesures qu'ils ordonnent et qui tiennent à connaître l'étendue et la limite exactes de leurs pouvoirs. Ils ont conscience que l'erreur n'est pas permise, quand l'honneur, les biens et la liberté de leurs semblables sont en jeu.

L'instruction est un vaste et riche domaine. Elle obéit à des principes rigoureux sur lesquels depuis des siècles, les juristes ont médité. Des difficultés innombrables dans la mise en œuvre de la loi ont surgi, que la Cour de cassation a dû résoudre.

Nous avons, pour notre part, consacré une partie de notre existence à l'étude de cette procédure. Il eût été dommage, avons-nous pensé, que nos efforts patients et obstinés fussent perdus. C'est pourquoi nous livrons aux théoriciens et aux praticiens le résultat de nos recherches.

Les uns et les autres, quand ils ouvriront ce livre, auront sous les yeux, plus que jamais vivante, la grande doctrine du siècle dernier, elle-même héritière de la pensée de nos anciens auteurs. Les pages admirables de Faustin-Hélie, notre maître à tous, auxquelles il n'y a rien à ajouter, ne pouvaient sombrer dans l'oubli.

Ils y découvriront encore la masse énorme des arrêts de la chambre criminelle de la Cour de cassation, soigneusement ordonnés et analysés, qui, depuis cent soixante-dix ans, en un style qui est un modèle, ont résolu toutes les difficultés que le magistrat peut rencontrer.

Donner à réfléchir au professeur, initier l'étudiant, apporter des solutions précises et sûres au praticien, qu'il soit avocat, juge ou appartienne au ministère public, tel a été notre objectif, peut-être ambitieux. Nous l'aurons atteint si notre étude, que nous avons voulue sérieuse et cohérente, devient, pour quiconque s'intéresse à l'instruction, un instrument indispensable.

P. CHAMBON

Sommaire

			PAGE		
		Avant propos à la septième édition	V		
		Préface de la cinquième édition	VII		
		Avant-propos de la cinquième édition	IX		
		Avant-propos de la quatrième édition	XI		
		Préface de la première édition	XIII		
		Avant-propos de la première édition	XVII		
		Table des matières	XXIII		
			Numéro des paragraphes		
Titre	**0**	**Introduction**	**0.00**	**à**	**03.23**
Chapitre	01	Textes applicables	01.00	à	01.51
Chapitre	02	Jurisprudence	02.00	à	02.21
Chapitre	03	Bibliographie générale	03.00	à	03.23
Titre	**1**	**Le juge d'instruction**	**10.00**	**à**	**13.82**
Chapitre	11	Nomination du juge d'instruction	11.00	à	11.26
Chapitre	12	Désignation du juge d'instruction	12.00	à	12.33
Chapitre	13	Statut du juge d'instruction	13.00	à	13.82
Titre	**2**	**La compétence du juge d'instruction**	**20.00**	**à**	**24.15**
Chapitre	21	Règles générales de compétence	21.00	à	21.73
Chapitre	22	Règles de compétence particulières en raison de l'auteur	22.00	à	22.63
Chapitre	23	Règles de compétence particulières en raison du type de l'infraction	23.00	à	23.63
Chapitre	24	Règles de compétence particulières en raison du lieu – Infraction commise hors du territoire de la République	24.01	à	24.15
Titre	**3**	**Les règles générales de l'instruction préalable**	**30.00**	**à**	**32.53**
Chapitre	31	Caractères de l'instruction	31.00	à	31.63
Chapitre	32	La manière de procéder du juge d'instruction	32.00	à	32.53
Titre	**4**	**Les pouvoirs du juge d'instruction et les droits des parties**	**40.00**	**à**	**43.63**
Chapitre	41	Indépendance du juge d'instruction	41.00	à	41.31
Chapitre	42	Droits du procureur de la République	42.00	à	42.23
Chapitre	43	Droits des parties	43.00	à	43.63

Titre	**5**	**Les limites de l'intervention du juge d'instruction**	**50.00**	**à**	**53.39**
Chapitre	51	Saisine du juge d'instruction	51.00	à	51.95
Chapitre	52	Cas de saisines particulières du juge d'instruction	52.00	à	52.55
Chapitre	53	Dessaisissement du juge d'instruction	53.00	à	53.39
Titre	**6**	**La constitution de partie civile**	**60.00**	**à**	**63.44**
Chapitre	61	Formes et conditions de la constitution de partie civile	61.00	à	61.73
Chapitre	62	Effets de la constitution de partie civile	62.00	à	62.75
Chapitre	63	Plaintes téméraires ou injustifiées	63.00	à	63.44
Titre	**7**	**Le statut et l'audition des témoins simples**	**70.00**	**à**	**73.54**
Chapitre	71	Convocation des témoins	71.00	à	71.28
Chapitre	72	Obligations et sanctions du témoin	72.00	à	72.74
Chapitre	73	Formes de la déposition	73.00	à	73.54
Titre	**8**	**Le statut et l'audition des témoins assistés**	**80.00**	**à**	**83.35**
Chapitre	81	Acquisition du statut de témoin assisté	81.00	à	81.31
Chapitre	82	Audition du témoin assisté	82.00	à	82.32
Chapitre	83	Droits du témoin assisté	83.00	à	83.35
Titre	**9**	**La mise en examen**	**90.00**	**à**	**93.44**
Chapitre	91	La mise en examen ne doit pas être prématurée	91.00	à	91.42
Chapitre	92	La mise en examen ne doit pas être tardive	92.00	à	92.32
Chapitre	93	Modes de mise en examen	93.00	à	93.44
Titre	**10**	**L'interrogatoire de première comparution**	**100.00**	**à**	**104.33**
Chapitre	101	Formes de l'interrogatoire de première comparution	101.00	à	101.35
Chapitre	102	Nécessité d'un interrogatoire sur le fond	102.00	à	102.22
Chapitre	103	Déroulement de l'interrogatoire de première comparution	103.00	à	103.103
Chapitre	104	Communication avec son conseil de la personne détenue	104.00	à	104.33
Titre	**11**	**Les interrogatoires et confrontations – L'audition de partie civile**	**110.00**	**à**	**114.47**
Chapitre	111	Audition de partie civile, interrogatoire et confrontation : cadre général	111.00	à	111.61
Chapitre	112	Présence et convocation du conseil aux interrogatoires et confrontations	112.00	à	112.87
Chapitre	113	Mise à la disposition du conseil du dossier de la procédure	113.00	à	113.35
Chapitre	114	Déroulement de l'audition et de l'interrogatoire	114.00	à	114.47
Titre	**12**	**Les mandats de justice**	**120.00**	**à**	**127.29**
Chapitre	121	Caractères généraux des différents mandats	121.00	à	121.63
Chapitre	122	Mandat de comparution	122.00	à	122.23
Chapitre	123	Mandat d'amener	123.00	à	123.26
Chapitre	124	Mandat de recherche	124.01	à	124.15
Chapitre	125	Mandat d'arrêt	125.00	à	125.34
Chapitre	126	Mandat d'arrêt « international »	126.00	à	126.28
Chapitre	127	Mandat de dépôt	127.00	à	127.29
Titre	**13**	**Le contrôle judiciaire**	**130.00**	**à**	**133.25**
Chapitre	131	Modalités du contrôle judiciaire	131.00	à	131.27
Chapitre	132	Décisions relatives au contrôle judiciaire	132.00	à	132.94
Chapitre	133	Cautionnement	133.00	à	133.25
Titre	**14**	**La détention provisoire**	**140.00**	**à**	**149.35**
Chapitre	141	Origine et définition	141.00	à	141.55
Chapitre	142	Grands principes	142.00	à	142.85
Chapitre	143	Placement en détention provisoire	143.00	à	143.98

Chapitre	144	Durée de la détention provisoire	144.00	à	144.100
Chapitre	145	Voies de recours	145.00	à	145.66
Chapitre	146	Mise en liberté	146.00	à	146.67
Chapitre	147	Incidences de la poursuite de l'instruction sur la détention provisoire	147.00	à	147.76
Chapitre	148	Exécution de la détention	148.00	à	148.53
Chapitre	149	Indemnisation de la détention provisoire	149.00	à	149.35
Titre	**15**	**Les commissions rogatoires**	**150.00**	**à**	**154.44**
Chapitre	151	Autorités qui peuvent donner ou recevoir délégation	151.00	à	151.41
Chapitre	152	Actes susceptibles de délégation	152.00	à	152.23
Chapitre	153	Conditions de forme et de fond des commissions rogatoires	153.00	à	153.74
Chapitre	154	Commissions rogatoires internationales	154.00	à	154.44
Titre	**16**	**L'expertise**	**160.00**	**à**	**166.15**
Chapitre	161	Qu'est-ce qu'une expertise ?	161.00	à	161.21
Chapitre	162	Désignation des experts	162.00	à	162.95
Chapitre	163	Déroulement de l'expertise	163.00	à	163.34
Chapitre	164	Dépôt du rapport et sa communication aux parties	164.00	à	164.41
Chapitre	165	Rémunération des experts	165.00	à	165.23
Chapitre	166	Nullité de l'expertise	166.01	à	166.15
Titre	**17**	**Les transports et reconstitutions**	**170.00**	**à**	**172.53**
Chapitre	171	Transports	171.00	à	171.33
Chapitre	172	Reconstitutions	172.00	à	172.53
Titre	**18**	**Perquisitions – Saisies – Restitutions**	**180.00**	**à**	**182.54**
Chapitre	181	Perquisitions et saisies	181.00	à	181.86
Chapitre	182	Restitutions	182.00	à	182.54
Titre	**19**	**La preuve pendant l'instruction préparatoire**	**190.00**	**à**	**192.58**
Chapitre	191	Paliers de la vraisemblance pendant l'instruction préparatoire	191.00	à	191.68
Chapitre	192	Interception de correspondance	192.00	à	192.58
Titre	**20**	**Les nullités de l'information**	**200.00**	**à**	**205.35**
Chapitre	201	Classifications des nullités	201.00	à	201.63
Chapitre	202	Renonciation aux nullités	202.01	à	202.14
Chapitre	203	Nullités invoquées pendant l'instruction	203.00	à	203.73
Chapitre	204	Nullités invoquées après la clôture de l'instruction	204.00	à	204.44
Chapitre	205	Annulation	205.00	à	205.35
Titre	**21**	**La fin de l'information et sa réouverture**	**210.00**	**à**	**216.64**
Chapitre	211	Obstacles à la poursuite de l'instruction	211.00	à	211.25
Chapitre	212	Formalités de fin de procédure	212.00	à	212.56
Chapitre	213	Appréciation du juge d'instruction	213.00	à	213.34
Chapitre	214	Ordonnances de règlement	214.00	à	214.78
Chapitre	215	Autorité de la chose jugée	215.00	à	215.22
Chapitre	216	Reprise de l'information sur charges nouvelles	216.00	à	216.64
Titre	**22**	**La notification des ordonnances**	**220.00**	**à**	**222.44**
Chapitre	221	Notification des ordonnances aux parties – Avis au procureur de la République	221.00	à	221.53
Chapitre	222	Notification des ordonnances au conseil	222.00	à	222.44
Titre	**23**	**L'appel des ordonnances**	**230.00**	**à**	**234.34**
Chapitre	231	Étendue du droit de recours	231.00	à	231.22
Chapitre	232	Ordonnances dont chacune des parties peut interjeter appel	232.00	à	232.71

Chapitre 233 Délais et formes de l'appel ..... 233.00 à 233.54
Chapitre 234 Effets de l'appel ..... 234.00 à 234.34

Titre 24 La chambre de l'instruction ..... 240.00 à 247.42
Chapitre 241 Procédure ..... 241.00 à 241.78
Chapitre 242 Saisine de la chambre de l'instruction ..... 242.00 à 242.76
Chapitre 243 Supplément d'information, exercice du pouvoir de révision ou d'évocation ..... 243.00 à 243.43
Chapitre 244 Pouvoirs propres du président de la chambre de l'instruction ... 244.00 à 244.61
Chapitre 245 Audience de contrôle ..... 245.00 à 245.62
Chapitre 246 La procédure en matière de mandat d'arrêt européen ..... 246.00 à 246.29
Chapitre 247 La procédure en matière d'irresponsabilité pénale pour cause de trouble mental ..... 247.00 à 247.42

PRINCIPALES ABRÉVIATIONS UTILISÉES ..... P. 1041
INDEX ALPHABÉTIQUE THÉMATIQUE ..... P. 1045

Table des matières

		SOMMAIRE	XIX
		TABLE DES MATIÈRES	XXIII
		AVANT PROPOS À LA SEPTIÈME ÉDITION	V
		PRÉFACE DE LA CINQUIÈME ÉDITION	VII
		AVANT-PROPOS DE LA CINQUIÈME ÉDITION	IX
		AVANT-PROPOS DE LA QUATRIÈME ÉDITION	XI
		PRÉFACE DE LA PREMIÈRE ÉDITION	XIII
		AVANT-PROPOS DE LA PREMIÈRE ÉDITION	XVII
TITRE	0.	INTRODUCTION	1
CHAPITRE	01.	TEXTES APPLICABLES	2
section	1.	Code de procédure pénale	2
section	2.	Textes internes non codifiés	3
section	3.	Autres textes codifiés	4
section	4.	Textes européens	4
section	5.	Textes internationaux	4
CHAPITRE	02.	JURISPRUDENCE	5
section	1.	Jurisprudence nationale	5
section	2.	Jurisprudence de la Cour européenne de sauvegarde des droits de l'Homme et des libertés fondamentales	5
CHAPITRE	03.	BIBLIOGRAPHIE GÉNÉRALE	6
section	1.	Actualisables	6
section	2.	Ouvrages généraux de procédure pénale et ouvrages consacrés principalement à l'instruction	6
TITRE	1.	LE JUGE D'INSTRUCTION	9
CHAPITRE	11.	NOMINATION DU JUGE D'INSTRUCTION	13
section	1.	Nomination par le président de la République	15
section	2.	Nomination des juges d'instruction temporaires	16
CHAPITRE	12.	DÉSIGNATION DU JUGE D'INSTRUCTION	19
section	1.	Article 83 du Code de procédure pénale	26
section	2.	Pôles de l'instruction et co-saisine	27
section	3.	Article 84 du Code de procédure pénale	30
CHAPITRE	13.	STATUT DU JUGE D'INSTRUCTION	32
section	1.	Récusation du juge d'instruction	36
section	2.	Abstention du juge d'instruction	37

section 3. Interdiction pour le juge d'instruction de siéger dans les affaires qu'il a instruites 38
section 4. Le doyen des juges d'instruction 41
section 5. Sécurité du juge d'instruction 43
section 6. Responsabilité du juge d'instruction 43
section 7. Éthique du juge d'instruction 46

TITRE 2. LA COMPÉTENCE DU JUGE D'INSTRUCTION 51

CHAPITRE 21. RÈGLES GÉNÉRALES DE COMPÉTENCE 53
section 1. Principes 56
section 2. Compétence à raison du lieu de l'infraction 57
section 3. Compétence à raison de la résidence de la personne soupçonnée 58
section 4. Compétence à raison du lieu de l'arrestation 59
section 5. Compétence à raison du lieu de la détention 59
section 6. Règlement de juges et renvoi pour cause de suspicion légitime 61
section 7. Règles de compétence particulières dans les juridictions sans pôle de l'instruction 63

CHAPITRE 22. RÈGLES DE COMPÉTENCE PARTICULIÈRES EN RAISON DE L'AUTEUR 65
section 1. Auteur mineur 67
section 2. Auteur militaire 68
section 3. Auteur membre du pouvoir exécutif 68
section 4. Auteur membre du pouvoir législatif 69
section 5. Auteur magistrat et certains fonctionnaires 70
section 6. Auteur personne morale 71

CHAPITRE 23. RÈGLES DE COMPÉTENCE PARTICULIÈRES EN RAISON DU TYPE DE L'INFRACTION 72
section 1. Criminalité organisée – Cadre procédural 82
section 2. Criminalité organisée – Des pouvoirs exorbitants du droit commun 86
section 3. Infraction économique ou financière 88
section 4. Infraction en matière de santé publique 90
section 5. Infraction de terrorisme 91
section 6. Pollution maritime 91

CHAPITRE 24. RÈGLES DE COMPÉTENCE PARTICULIÈRES EN RAISON DU LIEU – INFRACTION COMMISE HORS DU TERRITOIRE DE LA RÉPUBLIQUE 92
sect. unique Règles spéciales 93

TITRE 3. LES RÈGLES GÉNÉRALES DE L'INSTRUCTION PRÉALABLE 95

CHAPITRE 31. CARACTÈRES DE L'INSTRUCTION 97
section 1. L'instruction est écrite 104
section 2. L'instruction n'est pas contradictoire 105
section 3. L'instruction est secrète : les principes 105
section 4. L'instruction est secrète : interdiction de divulguer les actes d'instruction 108
section 5. Effets de la violation du secret de l'instruction 113
section 6. L'instruction est en principe facultative 113

CHAPITRE 32. LA MANIÈRE DE PROCÉDER DU JUGE D'INSTRUCTION 115
section 1. Le juge d'instruction procède par lui-même 117
section 2. L'enquête sur la personnalité 117
section 3. Examen médical et psychologique 118
section 4. La copie des pièces 120
section 5. Le juge d'instruction et l'informatique 121

TITRE 4. LES POUVOIRS DU JUGE D'INSTRUCTION ET LES DROITS DES PARTIES 123

CHAPITRE 41. INDÉPENDANCE DU JUGE D'INSTRUCTION 125
section 1. Direction de l'information 129

section 2. Choix des moyens ... 132
section 3. Indépendance par rapport au procureur de la République ... 132

CHAPITRE 42. DROITS DU PROCUREUR DE LA RÉPUBLIQUE ... 133
section 1. Droit à la communication du dossier ... 134
section 2. Autres droits du procureur de la République ... 136

CHAPITRE 43. DROITS DES PARTIES ... 137
section 1. Droit au respect de la présomption d'innocence ... 145
section 2. Droit de demander des investigations : principes ... 146
section 3. Droit de demander des investigations : nature ... 149
section 4. Droit de faire sanctionner l'inaction du juge ... 151
section 5. Droit d'être informé de l'ouverture d'une information ... 152
section 6. Droit de solliciter une co-saisine ... 152

TITRE 5. LES LIMITES DE L'INTERVENTION DU JUGE D'INSTRUCTION ... 153

CHAPITRE 51. SAISINE DU JUGE D'INSTRUCTION ... 155
section 1. Formes de la saisine : modes et formalités préalables ... 160
section 2. Formes de la saisine : le réquisitoire introductif ... 161
section 3. Formes de la saisine : désignation des personnes poursuivies ... 163
section 4. Caractères de la saisine : principe de la saisine *in rem* ... 164
section 5. Caractères de la saisine : le triple principe ... 166
section 6. Caractères de la saisine : le juge est saisi des faits et des circonstances des faits ... 167
section 7. Caractères de la saisine : faits non visés au réquisitoire introductif ... 168
section 8. Caractères de la saisine : l'irrévocabilité ... 169
section 9. Problèmes de qualification ... 171

CHAPITRE 52. CAS DE SAISINES PARTICULIÈRES DU JUGE D'INSTRUCTION ... 173
section 1. Cas de crime ou délit flagrant ... 175
section 2. Recherche des causes de la mort : nature de la saisine ... 176
section 3. Recherche des causes de la mort : pouvoirs du juge d'instruction ... 178
section 4. Recherche des causes d'une disparition ... 179
section 5. Spécificité de l'ouverture de l'information dans une juridiction sans pôle de l'instruction ... 180

CHAPITRE 53. DESSAISISSEMENT DU JUGE D'INSTRUCTION ... 182
section 1. Dessaisissement d'un juge d'instruction par le président du tribunal ... 186
section 2. Dessaisissement par la chambre de l'instruction ... 187
section 3. Autres cas de dessaisissement ... 187

TITRE 6. LA CONSTITUTION DE PARTIE CIVILE ... 191

CHAPITRE 61. FORMES ET CONDITIONS DE LA CONSTITUTION DE PARTIE CIVILE ... 193
section 1. Personnes qui peuvent se porter partie civile ... 201
section 2. Plainte avec constitution initiale de partie civile à titre initial ... 203
section 3. Intervention de la partie lésée au cours des poursuites ... 208
section 4. Délai de recevabilité de la constitution de partie civile ... 208
section 5. Contestation sur la recevabilité de la constitution de partie civile ... 209
section 6. Conditions auxquelles est soumise la constitution de partie civile : la consignation ... 210
section 7. Conditions auxquelles est soumise la constitution de partie civile : la déclaration d'adresse ... 212

CHAPITRE 62. EFFETS DE LA CONSTITUTION DE PARTIE CIVILE ... 213
section 1. Effets généraux ... 216
section 2. Saisine du juge d'instruction : les principes ... 217
section 3. Plainte contre personne non dénommée ... 218

section 4. Plainte contre personne dénommée ... 218
section 5. Refus d'informer ... 219
section 6. Désistement de la partie civile : formes ... 223
section 7. Désistement de la partie civile : effets ... 224

CHAPITRE 63. PLAINTES TÉMÉRAIRES OU INJUSTIFIÉES ... 226
section 1. Article 91 du Code de procédure pénale : nature juridique de l'action ... 227
section 2. Article 91 du Code de procédure pénale : conditions d'exercice ... 228
section 3. Article 91 du Code de procédure pénale : règles de compétence et de procédure ... 229
section 4. Articles 177-2 et 212-2 du Code de procédure pénale ... 230

TITRE 7. LE STATUT ET L'AUDITION DES TÉMOINS SIMPLES ... 233

CHAPITRE 71. CONVOCATION DES TÉMOINS ... 235
section 1. Quels témoins ? ... 236
section 2. Citation ou convocation des témoins ... 237

CHAPITRE 72. OBLIGATIONS ET SANCTIONS DU TÉMOIN ... 240
section 1. Obligations ... 242
section 2. Sanctions ... 243
section 3. Témoins placés dans une situation particulière : partie civile ... 243
section 4. Témoins placés dans une situation particulière : témoin assisté ... 244
section 5. Témoins placés dans une situation particulière : parents et alliés ... 244
section 6. Témoins placés dans une situation particulière : secret professionnel ... 244
section 7. Audition de témoins par commission rogatoire ... 245

CHAPITRE 73. FORMES DE LA DÉPOSITION ... 247
section 1. Les témoins sont entendus secrètement et par écrit ... 249
section 2. Procès-verbal d'audition : mentions ... 251
section 3. Procès-verbal d'audition : signatures ... 251
section 4. Procès-verbal d'audition : interlignes, ratures, renvois et surcharges ... 252
section 5. Témoins privilégiés ... 252

TITRE 8. LE STATUT ET L'AUDITION DES TÉMOINS ASSISTÉS ... 255

CHAPITRE 81. ACQUISITION DU STATUT DE TÉMOIN ASSISTÉ ... 257
section 1. Un statut octroyé ... 260
section 2. Un statut objectif ... 261
section 3. Un statut dépendant de la volonté de la personne ... 262

CHAPITRE 82. AUDITION DU TÉMOIN ASSISTÉ ... 263
section 1. Audition sans modification de statut ... 264
section 2. Changement de statut : du témoin assisté à la personne mise en examen ... 265
section 3. Changement de statut : de la personne mise en examen au témoin assiste ... 266

CHAPITRE 83. DROITS DU TÉMOIN ASSISTÉ ... 267
section 1. Droits du témoin assisté avant la loi du 15 juin 2000 ... 269
section 2. Droits du témoin assisté entre la loi du 15 juin 2000 et la loi du 9 mars 2004 ... 269
section 3. Droits du témoin depuis la loi du 9 mars 2004 ... 270

TITRE 9. LA MISE EN EXAMEN ... 273

CHAPITRE 91. LA MISE EN EXAMEN NE DOIT PAS ÊTRE PRÉMATURÉE ... 275
section 1. Un statut privilégié : le témoin assisté ... 276
section 2. Conditions minimales de la mise en examen : la réunion d'indices graves ou concordants ... 277
section 3. Nullité de la mise en examen ... 278
section 4. Passage du statut de mis en examen à celui de témoin assisté ... 278

CHAPITRE 92. LA MISE EN EXAMEN NE DOIT PAS ÊTRE TARDIVE 280
section 1. Origine de la théorie 281
section 2. Article 105 du Code de procédure pénale 282
section 3. La personne nommément désignée dans le réquisitoire introductif peut-elle être entendue comme témoin ? 284

CHAPITRE 93. MODES DE MISE EN EXAMEN 285
section 1. Qu'est-ce que la mise en examen ? 287
section 2. Comment met-on en examen ? 288
section 3. Incidences de la poursuite de l'instruction 289
section 4. Est-il possible de déléguer une mise en examen ? 290

TITRE 10. L'INTERROGATOIRE DE PREMIÈRE COMPARUTION 293

CHAPITRE 101. FORMES DE L'INTERROGATOIRE DE PREMIÈRE COMPARUTION 295
section 1. Spécificité de l'interrogatoire de première comparution 298
section 2. Procès-verbal 299
section 3. Mise en œuvre de moyens audiovisuels 299

CHAPITRE 102. NÉCESSITÉ D'UN INTERROGATOIRE SUR LE FOND 301
section 1. Principe 301
section 2. Personne en fuite 302

CHAPITRE 103. DÉROULEMENT DE L'INTERROGATOIRE DE PREMIÈRE COMPARUTION 303
section 1. Connaissance donnée, à la personne mise en cause, des faits et de leur qualification juridique 307
section 2. Avis relatif au choix du conseil 309
section 3. Détermination objective des règles observées ensuite : du circuit court et du circuit long 310
section 4. Circuit court : un interrogatoire immédiat 310
section 5. Circuit long : du silence à l'interrogatoire 311
section 6. Choix du magistrat instructeur : mise en examen ou témoin assisté 312
section 7. Avis des droits des parties 313
section 8. Déclaration d'adresse 313
section 9. Avis de la fin prévisible de la procédure 314
section 10. Interrogatoire et confrontation immédiats 314

CHAPITRE 104. COMMUNICATION AVEC SON CONSEIL DE LA PERSONNE DÉTENUE 316
section 1. Choix du conseil 316
section 2. Principe de la libre communication 317
section 3. Interdiction de communiquer 317

TITRE 11. LES INTERROGATOIRES ET CONFRONTATIONS – L'AUDITION DE PARTIE CIVILE 319

CHAPITRE 111. AUDITION DE PARTIE CIVILE, INTERROGATOIRE ET CONFRONTATION : CADRE GÉNÉRAL 321
section 1. Définition et caractères de l'interrogatoire 324
section 2. Confrontation 325
section 3. Audition de la partie civile 326
section 4. Formes des interrogatoires et confrontations 327
section 5. Personnes présentes aux interrogatoires et confrontations 330
section 6. Droit d'intervention du procureur de la République et des conseils des parties 330

CHAPITRE 112. PRÉSENCE ET CONVOCATION DU CONSEIL AUX INTERROGATOIRES ET CONFRONTATIONS 332
section 1. Renonciation à l'assistance d'un conseil 335
section 2. Choix du conseil 336
section 3. Actes pour lesquels le conseil doit être convoqué ou présent : les interrogatoires 338
section 4. Actes pour lesquels le conseil doit être convoqué ou présent : les confrontations 339
section 5. Nécessité de la convocation du conseil : sa présence 341

section 6. Nécessité de la convocation du conseil : son absence 341
section 7. Nécessité de la convocation du conseil : renonciation à son assistance 342
section 8. Modalités de la convocation du conseil : formes et preuves de la convocation 342

CHAPITRE 113. MISE À LA DISPOSITION DU CONSEIL DU DOSSIER DE LA PROCÉDURE 344
section 1. Modalités de la mise à disposition de la procédure 346
section 2. Preuve de la mise à la disposition de la procédure 348
section 3. Copie des pièces 349

CHAPITRE 114. DÉROULEMENT DE L'AUDITION ET DE L'INTERROGATOIRE 352
section 1. Audition du témoin 353
section 2. Audition de la partie civile 355
section 3. Interrogatoire de la personne mise en examen 355
section 4. Techniques d'interrogatoire ? 356

TITRE 12. LES MANDATS DE JUSTICE 361

CHAPITRE 121. CARACTÈRES GÉNÉRAUX DES DIFFÉRENTS MANDATS 363
section 1. Nature des mandats de justice 364
section 2. Contre quelle personne un mandat peut-il être délivré ? 365
section 3. Conditions de validité : conditions de forme 366
section 4. Exécution des mandats 367
section 5. Sanctions des formalités légales 367
section 6. Mainlevée des mandats 369

CHAPITRE 122. MANDAT DE COMPARUTION 370
section 1. Définition 371
section 2. Mise à exécution du mandat de comparution 371

CHAPITRE 123. MANDAT D'AMENER 373
section 1. Règles de fond 376
section 2. Exécution à plus ou moins de 200 km 378

CHAPITRE 124. MANDAT DE RECHERCHE 381
sect. unique Règles applicables au mandat de recherche 382

CHAPITRE 125. MANDAT D'ARRÊT 384
section 1. Règles de fond 386
section 2. Exécution à plus ou moins de 200 kilomètres 389
section 3. Mandat d'arrêt et validité du renvoi devant la juridiction de jugement 390

CHAPITRE 126. MANDAT D'ARRÊT « INTERNATIONAL » 392
section 1. Mandat d'arrêt et coopération internationale 395
section 2. Mandat d'arrêt européen 397

CHAPITRE 127. MANDAT DE DÉPÔT 400
section 1. Évolution législative 401
section 2. Caractéristiques 402

TITRE 13. LE CONTRÔLE JUDICIAIRE 405

CHAPITRE 131. MODALITÉS DU CONTRÔLE JUDICIAIRE 407
section 1. Cadre légal du contrôle judiciaire 415
section 2. Classement des obligations 416

CHAPITRE 132. DÉCISIONS RELATIVES AU CONTRÔLE JUDICIAIRE 420
section 1. Placement sous contrôle judiciaire 425
section 2. Contrôle judiciaire des mineurs depuis la loi du 9 septembre 2002 426
section 3. Contrôle judiciaire des mineurs de moins de 16 ans 427

section 4. Contrôle judiciaire des mineurs de 16 à 18 ans 428
section 5. Révocation du contrôle judiciaire des mineurs 428
section 6. Contrôle judiciaire des personnes morales 429
section 7. Modification du contrôle judiciaire 429
section 8. Fin du contrôle judiciaire 430
section 9. Avis au conseil – Appel des ordonnances 432

CHAPITRE 133. CAUTIONNEMENT 434
section 1. Nature juridique 436
section 2. Modalités pratiques 437

TITRE 14. LA DÉTENTION PROVISOIRE 439

CHAPITRE 141. ORIGINE ET DÉFINITION 443
section 1. Histoire de la détention provisoire des origines au Code de procédure pénale 445
section 2. Du Code de procédure pénale à aujourd'hui 446
section 3. La détention provisoire en questions 450
section 4. La détention provisoire en chiffres 454
section 5. Utilisation judiciaire de la détention provisoire 456

CHAPITRE 142. GRANDS PRINCIPES 460
section 1. La détention provisoire doit être exceptionnelle 461
section 2. Indices de culpabilité 462
section 3. Évolution des critères de la détention 464
section 4. Le critère particulier de la protection de l'ordre public 466
section 5. Le critère tiré du risque de renouvellement de l'infraction ou de la nécessité d'y mettre fin 470
section 6. Le critère tiré du risque de fuite de la personne 471
section 7. Autres critères pouvant justifier la détention provisoire 472
section 8. Conformité de la législation française à la Convention européenne de sauvegarde des droits de l'Homme (Conv. EDH) 474

CHAPITRE 143. PLACEMENT EN DÉTENTION PROVISOIRE 476
section 1. Compétence 482
section 2. Cas de prohibition légale 483
section 3. Conditions de fond du placement en détention provisoire : principes généraux 484
section 4. Conditions de fond du placement en détention quant au seuil des peines encourues 487
section 5. Règles de forme relatives aux formalités préalables au placement en détention provisoire 489
section 6. Règles de forme relatives à la notification des droits préalable au débat contradictoire ou a l'incarcération provisoire 491
section 7. Débat contradictoire 494
section 8. Décision : liberté, avec ou sans contrôle judiciaire 498
section 9. Décision : détention, durée indéterminée ou non 499

CHAPITRE 144. DURÉE DE LA DÉTENTION PROVISOIRE 505
section 1. Principes 513
section 2. Procédure : le débat contradictoire 517
section 3. Procédure : l'obligation de motivation 521
section 4. La durée raisonnable de la détention provisoire 526
section 5. Durée de la détention en matière criminelle applicable aux majeurs 531
section 6. Durée de la détention en matière criminelle applicable aux mineurs 532
section 7. Durée légale de la détention en matière correctionnelle applicable aux majeurs 532
section 8. Durée de la détention en matière correctionnelle applicable aux mineurs 536
section 9. Fin de la détention provisoire 538

CHAPITRE 145. VOIES DE RECOURS 543
section 1. Appel 546
section 2. Effets de l'appel 549
section 3. Pouvoirs de la chambre de l'instruction en matière de détention provisoire 549
section 4. Référé-liberté 552
section 5. Référé-détention 555
section 6. Effets de la décision de la Cour de cassation sur la détention 557

CHAPITRE 146. MISE EN LIBERTÉ 561
section 1. Mise en liberté pendant l'information : mise en liberté d'office 567
section 2. Mise en liberté pendant l'information : la demande 568
section 3. Mise en liberté pendant l'information : la décision 572
section 4. Mise en liberté pendant l'instruction : saisine directe de la chambre de l'instruction 576
section 5. Mise en liberté après la clôture de l'information : compétence 579
section 6. Mise en liberté après la clôture de l'information – Procédure 582

CHAPITRE 147. INCIDENCES DE LA POURSUITE DE L'INSTRUCTION SUR LA DÉTENTION PROVISOIRE 584
section 1. Changement de qualification 588
section 2. Réincarcérations : révocation du contrôle judiciaire 590
section 3. Réincarcérations : réincarcération par la chambre de l'instruction 592
section 4. Réincarcération par le juge après mise en liberté par la chambre de l'instruction 593
section 5. Réincarcération après annulation 594
section 6. Autres réincarcérations 597
section 7. Détention unique, détention plurielle ? 598

CHAPITRE 148. EXÉCUTION DE LA DÉTENTION 600
section 1. Cadre général 609
section 2. Relations avec l'extérieur 611
section 3. Droits et limites 614
section 4. Santé 615
section 5. Règles d'exécution de la détention 617

CHAPITRE 149. INDEMNISATION DE LA DÉTENTION PROVISOIRE 619
section 1. Textes antérieurs à la loi du 15 juin 2000 621
section 2. Loi du 15 juin 2000 : procédure 622
section 3. Loi du 15 juin 2000 : application 623

TITRE 15. LES COMMISSIONS ROGATOIRES 625

CHAPITRE 151. AUTORITÉS QUI PEUVENT DONNER OU RECEVOIR DÉLÉGATION 627
section 1. Principes 634
section 2. Autorités délégantes 634
section 3. Autorités déléguées 635
section 4. Subdélégation 639

CHAPITRE 152. ACTES SUSCEPTIBLES DE DÉLÉGATION 640
section 1. Le juge d'instruction ne peut déléguer que des actes d'instruction 641
section 2. Interrogatoire, confrontation et audition de la partie civile et du témoin assisté 642

CHAPITRE 153. CONDITIONS DE FORME ET DE FOND DES COMMISSIONS ROGATOIRES 644
section 1. Conditions de forme : établissement et diffusion de la commission rogatoire 650
section 2. Conditions de forme : exécution 651
section 3. Garde a vue : principes 654
section 4. Garde à vue : régimes particuliers 656
section 5. Garde à vue : durée et fin 659
section 6. Conditions de forme : retour de la commission rogatoire 660
section 7. Conditions de fond : prohibition de la délégation générale de pouvoirs 661

CHAPITRE 154. COMMISSIONS ROGATOIRES INTERNATIONALES 663
section 1. Cadre d'intervention 667
section 2. Formes de la Commission rogatoire internationale 668
section 3. Exécution de la Commission rogatoire internationale 671
section 4. Exécution par le juge d'instruction français de commissions rogatoires internationales étrangères 673

TITRE 16. L'EXPERTISE 675

CHAPITRE 161. QU'EST-CE QU'UNE EXPERTISE ? 677
section 1. Définition et caractères juridiques de l'expertise 678
section 2. Opérations constituant ou non une expertise 678

CHAPITRE 162. DÉSIGNATION DES EXPERTS 680
section 1. Condition juridique de l'expert 684
section 2. Conditions requises pour être expert 685
section 3. Désignation des experts : opportunité et caractères de la décision 686
section 4. Demande d'expertise 688
section 5. Mission 689
section 6. Serment de l'expert 691
section 7. Nombre des experts 693
section 8. Auxiliaires de l'expert – Son remplacement 693
section 9. Règles de désignation des experts issues de la loi du 5 mars 2007 694

CHAPITRE 163. DÉROULEMENT DE L'EXPERTISE 696
section 1. Mode de procéder de l'expert : présentation des scellés 697
section 2. Renseignements recueillis par l'expert : demandes présentées par les parties 698
section 3. Interrogatoire de la personne mise en examen, audition de la partie civile et du témoin assisté par l'expert 698

CHAPITRE 164. DÉPÔT DU RAPPORT ET SA COMMUNICATION AUX PARTIES 701
section 1. Rédaction et dépôt du rapport 703
section 2. Communication du rapport aux parties 704
section 3. Demandes de complément ou de contre-expertise 705
section 4. Appréciation du rapport par le juge 707

CHAPITRE 165. RÉMUNÉRATION DES EXPERTS 709
section 1. Tarification des expertises 714
section 2. Loi organique relative aux lois de finances (LOLF) 716

CHAPITRE 166. NULLITÉ DE L'EXPERTISE 717
sect. unique Nullité de l'expertise 717

TITRE 17. LES TRANSPORTS ET RECONSTITUTIONS 719

CHAPITRE 171. TRANSPORTS 720
section 1. Éventualité du transport 723
section 2. Cadre légal du transport 724
section 3. Règles de forme 725

CHAPITRE 172. RECONSTITUTIONS 727
section 1. Organisation de la reconstitution 728
section 2. Reconstitution sans interrogatoire de la personne mise en examen 730
section 3. Reconstitution avec interrogatoire sur les lieux 731
section 4. Reconstitution avec interrogatoire ultérieur 732
section 5. Éléments de technique de reconstitution 732

TITRE 18. PERQUISITIONS – SAISIES – RESTITUTIONS 733

CHAPITRE 181. PERQUISITIONS ET SAISIES 735
section 1. Qui peut procéder à des perquisitions et saisies ? 743
section 2. Faculté de délégation 743
section 3. Lois spéciales 744
section 4. Conditions de fond : temps de la perquisition 745
section 5. Conditions de fond : lieu et objet des perquisitions et saisies 746
section 6. Cas particuliers 747
section 7. Conditions de forme 752
section 8. Sanctions des irrégularités – Nullités 755

CHAPITRE 182. RESTITUTIONS 758
section 1. Qui peut demander la restitution ? 761
section 2. Procédure 762
section 3. Voies de recours 762
section 4. Décision sur la restitution 763
section 5. Aliénations et destructions 765

TITRE 19. LA PREUVE PENDANT L'INSTRUCTION PRÉPARATOIRE 767

CHAPITRE 191. PALIERS DE LA VRAISEMBLANCE PENDANT L'INSTRUCTION PRÉPARATOIRE 769
section 1. Indices de culpabilité : indices et raisons plausibles 776
section 2. Indices de culpabilité : indices qualifiés 777
section 3. Charges et renvoi devant la juridiction de jugement 778
section 4. Charges nouvelles et réouverture de l'information judiciaire 778
section 5. Juge d'instruction – Intime conviction – Culpabilité 778
section 6. Fichiers de comparaison et d'identification 781

CHAPITRE 192. INTERCEPTION DE CORRESPONDANCE 785
section 1. Écoutes téléphoniques : les principes 792
section 2. Écoutes téléphoniques : pouvoirs du juge des libertés et de la détention 796
section 3. Écoutes téléphoniques : faits étrangers à la saisine du juge 797
section 4. Écoutes téléphoniques et droits de la défense 798
section 5. Autres procédés de sonorisation 799

TITRE 20. LES NULLITÉS DE L'INFORMATION 805

CHAPITRE 201. CLASSIFICATIONS DES NULLITÉS 807
section 1. Différentes classifications 809
section 2. Nullités prévues par la loi 809
section 3. Nullités substantielles : définition 810
section 4. Nullités substantielles : application 811
section 5. Nullités d'ordre privé 812
section 6. Nullités d'ordre public 812

CHAPITRE 202. RENONCIATION AUX NULLITÉS 814
sect. unique Renonciation aux nullités 814

CHAPITRE 203. NULLITÉS INVOQUÉES PENDANT L'INSTRUCTION 816
section 1. Nullités découvertes devant le juge d'instruction 820
section 2. Mise en œuvre des nullités par les parties : la requête 821
section 3. Délais pour présenter la requête 824
section 4. Nullités invoquées devant la chambre de l'instruction : appel d'une ordonnance 826
section 5. Nullités invoquées devant la chambre de l'instruction : règlement de la procédure en matière correctionnelle 827
section 6. Nullités invoquées devant la chambre de l'instruction : règlement de la procédure en matière criminelle 828

section 7. Nullités invoquées devant la chambre de l'instruction : arrêt prononçant sur une nullité 829

CHAPITRE 204. NULLITÉS INVOQUÉES APRÈS LA CLÔTURE DE L'INSTRUCTION 830
section 1. Nullités invoquées devant le juge correctionnel : règles antérieures à la loi du 4 janvier 1993 831
section 2. Nullités invoquées devant le juge correctionnel : règles issues de la loi du 4 janvier 1993 832
section 3. Nullités invoquées devant le juge correctionnel : quand la nullité doit être invoquée 835
section 4. Nullités invoquées après l'arrêt de mise en accusation 835

CHAPITRE 205. ANNULATION 837
section 1. Étendue de l'annulation 838
section 2. Nullités en matière de détention provisoire 840
section 3. Actes annulés 841

TITRE 21. **LA FIN DE L'INFORMATION ET SA RÉOUVERTURE** 845

CHAPITRE 211. OBSTACLES À LA POURSUITE DE L'INSTRUCTION 847
section 1. Examen de la compétence 848
section 2. Irrecevabilité ou extinction de l'action publique 849

CHAPITRE 212. FORMALITÉS DE FIN DE PROCÉDURE 851
section 1. Quand la procédure est-elle complète ? 853
section 2. Avis à partie : dispositions antérieures à la loi du 5 mars 2007 855
section 3. Avis à partie : dispositions de la loi du 5 mars 2007 858
section 4. Ordonnance de soit-communiqué 861
section 5. Réquisitoire définitif 861

CHAPITRE 213. APPRÉCIATION DU JUGE D'INSTRUCTION 864
section 1. Appréciation des charges 866
section 2. Appréciation des éléments de l'infraction 867
section 3. Informations complexes 868

CHAPITRE 214. ORDONNANCES DE RÈGLEMENT 870
section 1. Formes 875
section 2. Effets de l'ordonnance de règlement – Dessaisissement du juge d'instruction 877
section 3. Ordonnance de non-lieu 878
section 4. Ordonnance de renvoi devant le tribunal de police 881
section 5. Ordonnance de renvoi devant le tribunal correctionnel 882
section 6. Requalification 884
section 7. Renvoi devant la cour d'assises 885

CHAPITRE 215. AUTORITÉ DE LA CHOSE JUGÉE 888
section 1. Principe 889
section 2. Applications 891

CHAPITRE 216. REPRISE DE L'INFORMATION SUR CHARGES NOUVELLES 893
section 1. Définition des charges nouvelles 894
section 2. Comment les charges sont recueillies et produites 895
section 3. Autorité qui peut requérir la réouverture 895
section 4. Compétence pour instruire 896
section 5. Nature de l'information sur charges nouvelles 897
section 6. Appréciation des charges nouvelles par le juge 898

TITRE 22. LA NOTIFICATION DES ORDONNANCES 901

CHAPITRE 221. NOTIFICATION DES ORDONNANCES AUX PARTIES – AVIS AU PROCUREUR DE LA RÉPUBLIQUE 903
section 1. Notification des ordonnances susceptibles d'appel : formes et délais 907
section 2. Notification des ordonnances susceptibles d'appel : ordonnances qui doivent être notifiées 908
section 3. Notification des ordonnances susceptibles d'appel : effets et sanctions de la notification 909
section 4. Notification des ordonnances de clôture 910
section 5. Avis donnés au parquet 911

CHAPITRE 222. NOTIFICATION DES ORDONNANCES AU CONSEIL 912
section 1. Ordonnances notifiées 912
section 2. Ordonnances non notifiées 913
section 3. Formes et conditions de la notification 914
section 4. Preuve de l'accomplissement de la formalité 916

TITRE 23. L'APPEL DES ORDONNANCES 917

CHAPITRE 231. ÉTENDUE DU DROIT DE RECOURS 919
section 1. Principes 920
section 2. Formes 921

CHAPITRE 232. ORDONNANCES DONT CHACUNE DES PARTIES PEUT INTERJETER APPEL 922
section 1. Droit d'appel du ministère public : droit d'appel du procureur de la République 926
section 2. Droit d'appel du ministère public : appel du procureur général 928
section 3. Droit d'appel de la personne mise en examen : ordonnances dont elle peut interjeter appel 929
section 4. Droit d'appel de la personne mise en examen : ordonnances dont elle ne peut interjeter appel 932
section 5. Droit d'appel de la partie civile : ordonnances dont la partie civile peut interjeter appel 934
section 6. Droit d'appel de la partie civile : ordonnances dont la partie civile ne peut interjeter appel 936
section 7. Droit d'appel de la partie civile : effets de l'appel de la partie civile 936

CHAPITRE 233. DÉLAIS ET FORMES DE L'APPEL 937
section 1. Délai d'appel du procureur de la République 939
section 2. Délai d'appel du procureur général 939
section 3. Délai d'appel de la personne mise en examen 940
section 4. Délai d'appel de la partie civile 941
section 5. Formes de l'appel 941

CHAPITRE 234. EFFETS DE L'APPEL 943
section 1. Effet suspensif de l'appel 945
section 2. Effet dévolutif de l'appel 946
section 3. Transmission de la procédure et poursuite de l'information 948

TITRE 24. LA CHAMBRE DE L'INSTRUCTION 951

CHAPITRE 241. PROCÉDURE 954
section 1. Mise en état 959
section 2. Mémoires 963
section 3. Déroulement de l'audience 965
section 4. Comparution personnelle des parties 967
section 5. Délais dans les affaires autres que la détention provisoire 971

section 6. Délais dans les décisions portant sur la détention provisoire, procédure d'appel 972
section 7. Délais dans les décisions portant sur la détention provisoire, procédure de saisine directe pendant l'information 975

CHAPITRE 242. SAISINE DE LA CHAMBRE DE L'INSTRUCTION 977
section 1. Modes de saisine 984
section 2. Étendue de la saisine – Principes 985
section 3. Règles qui s'imposent à la chambre de l'instruction saisie d'un objet particulier 987
section 4. Possibilités d'autosaisine de la chambre de l'instruction 989
section 5. Pouvoir d'évocation de la chambre de l'instruction 992
section 6. Extension de l'information à d'autres infractions 995
section 7. Extension de l'information à d'autres personnes 997

CHAPITRE 243. SUPPLÉMENT D'INFORMATION, EXERCICE DU POUVOIR DE RÉVISION OU D'ÉVOCATION 998
section 1. Organes compétents pour ordonner un complément d'information 1000
section 2. Pouvoirs du juge délégué 1002
section 3. Détention lors de la mise en œuvre du supplément d'information 1003
section 4. Sursis à statuer 1005

CHAPITRE 244. POUVOIRS PROPRES DU PRÉSIDENT DE LA CHAMBRE DE L'INSTRUCTION 1007
section 1. Surveillance du bon fonctionnement et célérité de l'instruction 1011
section 2. Missions du président de la chambre de l'instruction en matière de détention provisoire 1012
section 3. Pouvoir de filtrage 1013
section 4. Pouvoir de suspendre l'information 1014
section 5. Pouvoir d'ordonner une co-saisine 1015
section 6. Pouvoirs propres en matière d'expertise 1016

CHAPITRE 245. AUDIENCE DE CONTRÔLE 1017
section 1. Cadre d'intervention 1017
section 2. Procédure 1018
section 3. Audience de la chambre de l'instruction 1019
section 4. Décision de la chambre de l'instruction 1020
section 5. Renouvellement de la demande 1021
section 6. Les effets de l'audience de contrôle 1022

CHAPITRE 246. LA PROCÉDURE EN MATIÈRE DE MANDAT D'ARRÊT EUROPÉEN 1023
section 1. Rôle du parquet général 1028
section 2. Le rôle de la chambre de l'instruction 1028

CHAPITRE 247. LA PROCÉDURE EN MATIÈRE D'IRRESPONSABILITÉ PÉNALE POUR CAUSE DE TROUBLE MENTAL ... 1033
section 1. La saisine de la chambre de l'instruction 1036
section 2. Procédure devant la chambre de l'instruction 1037
section 3. Mesures de sûreté pouvant être ordonnées en cas de déclaration d'irresponsabilité pénale pour cause de trouble mental 1038
section 4. Application de la loi dans le temps 1039

PRINCIPALES ABRÉVIATIONS UTILISÉES 1041
INDEX ALPHABÉTIQUE THÉMATIQUE 1045

TITRE

0. Introduction

SECTION 0

ORIENTEUR

0.00 Plan du titre.

Chap. 01 Textes applicables
Sect. 1 Code de procédure pénale
Sect. 2 Textes internes non codifiés
Sect. 3 Autres textes codifiés
Sect. 4 Textes européens
Sect. 5 Textes internationaux
Chap. 02 Jurisprudence
Sect. 1 Jurisprudence nationale
Sect. 2 Jurisprudence de la Cour européenne de sauvegarde des droits de l'Homme et des libertés fondamentales
Chap. 03 Bibliographie générale
Sect. 1 Actualisables
Sect. 2 Ouvrages généraux de procédure pénale et ouvrages consacrés principalement à l'instruction

CHAPITRE

01. Textes applicables

SECTION 0
ORIENTEUR

01.00 **Plan du chapitre.**

Sect. 1 Code de procédure pénale
Sect. 2 Textes internes non codifiés
Sect. 3 Autres textes codifiés
Sect. 4 Textes européens
Sect. 5 Textes internationaux

SECTION 1
CODE DE PROCÉDURE PÉNALE

01.11 **Évolution.** Le Code de procédure pénale a été modifié à de très nombreuses reprises depuis 1959 et plus particulièrement depuis 1993, dans ses dispositions concernant l'instruction préparatoire du premier ou du second degré (sur les principales réformes v. s[s] n° 10.08).

01.12 **Plan du Code de procédure pénale.** Le Code de procédure pénale est divisé en trois parties, la première législative, la seconde consacrée aux règlements d'administration publique et décrets en conseil d'État, et la troisième aux décrets.

01.13 **La partie législative est elle-même divisée en six livres.** Un titre préliminaire donne les grands principes de l'action publique et de l'action civile.

Le livre premier est consacré à l'exercice de l'action publique et de l'instruction. Il comporte les règles principales qui concernent l'instruction préparatoire. Le titre 1 est consacré aux autorités chargées de l'action publique et de l'instruction, le titre second aux enquêtes et aux contrôles d'identité. Le troisième titre forme l'essentiel des dispositions exposées dans cet ouvrage. Il est intitulé « Des juridictions d'instruction » et expose successivement les notions suivantes : Du juge d'instruction, juridiction d'instruction du second degré (chap. 1), et De la chambre de l'instruction, juridiction du second degré (chap. 2).

Pierre Chambon avait d'ailleurs suivi, à l'occasion de la rédaction des précédentes éditions de cet ouvrage, le plan exact du chapitre 1 du titre III, ayant par ailleurs consacré un autre ouvrage à la chambre d'accusation.

Le titre III est en effet divisé en 13 sections qui abordent successivement les sujets suivants :

- dispositions générales;
- de la constitution de partie civile et de ses effets;
- des transports, des perquisitions, des saisies et des interceptions de correspondances émises par la voie des télécommunications;
- des auditions de témoins;
- des interrogatoires et confrontations;
- des mandats et de leur exécution;
- du contrôle judiciaire et de la détention provisoire;
- des commissions rogatoires;
- de l'expertise;
- des nullités de l'information;
- des ordonnances de règlement;
- de l'appel des ordonnances du juge d'instruction ou du juge des libertés et de la détention;
- de la reprise de l'information sur charges nouvelles.

Ces sections forment encore souvent la trame de cette édition. Toutefois, le plan a été modifié pour diverses raisons. La principale tient au constat de l'apparition de textes nouveaux, disséminés à d'autres endroits au sein même du Code de procédure pénale, ou dans des lois annexes, et qui sont présentées ci-dessous. Nous avons aussi consacré un titre à un sujet aussi peu codifié que le droit de la preuve ou encore préféré distinguer la mise en examen de l'interrogatoire de première comparution. Les changements profonds ayant touché les possibilités pour les parties privées d'influer sur le cours de l'instruction nous ont également conduit à introduire un titre sur les pouvoirs du juge et les droits des parties.

01.14 D'autres dispositions intéressant l'instruction préparatoire en dehors du livre premier de la première partie du Code de procédure pénale. C'est ainsi que c'est l'article 385 du Code de procédure pénale qui règle le régime des nullités devant le tribunal correctionnel, les articles 427 et suivants qui régissent les principes de liberté de la preuve devant les juridictions pénales. D'autres dispositions concernent le supplément d'information, dont le juge d'instruction est souvent en charge lorsqu'il est ordonné par une juridiction correctionnelle ou la cour d'assises.

De nombreux articles du livre quatrième, intitulé « De quelques procédures particulières » concernent directement l'instruction préparatoire. Il en est ainsi du titre cinquième, sur les règlements de juges (C. pr. pén., art. 657 à 661), du titre sixième sur les renvois d'un tribunal à un autre (C. pr. pén., art. 662 à 667) du titre sept sur la récusation (C. pr. pén., art. 668 à 674-2), du titre neuf concernant les infractions commises hors du territoire de la République (C. pr. pén., art. 689 à 693). Le titre dixième, consacré à l'entraide judiciaire internationale s'étoffe d'année en année, le titre 11 traite des crimes et délits commis en matière militaire. Enfin les titres 13, 15, 16 visent la poursuite, l'instruction et le jugement dans des matières particulières : la matière économique et financière (C. pr. pén., art. 704 à 706-1), le terrorisme (C. pr. pén., art. 706-16 à 706-25-1), le trafic de stupéfiants (C. pr. pén., art. 706-26 à 706-33), le proxénétisme ou le recours à la prostitution des mineurs (C. pr. pén., art. 706-34 à 706-40), les infractions commises par les personnes morales (C. pr. pén., art. 706-41 à 706-46) et enfin les infractions de nature sexuelle et la protection des mineurs victimes (C. pr. pén., art. 706-47 à 706-53-12). Loi après loi, les titres de ce livre se multiplient : c'est encore le cas du titre 21 sur la protection des témoins issu de la loi du 15 novembre 2001 (C. pr. pén., art. 706-57 à 706-63) ou du titre 23 sur l'utilisation des moyens de télécommunication en cours de procédure issu de la même loi (C. pr. pén., art. 706-71). La loi du 9 mars 2004 a ajouté un titre XXV consacré à la criminalité et à la délinquance organisée dont elle a défini les contours ainsi qu'un titre XXVI portant sur la procédure applicable en cas de pollution des eaux maritimes par rejets des navires. La loi du 5 mars 2007[1] a instauré un titre XXVII portant sur la poursuite, l'instruction et le jugement des infractions commises par des majeurs protégés. Enfin, la loi du 25 févr. 2008[2] a consacré un important titre XXVIII à la procédure et aux décisions d'irresponsabilité pénale pour cause de trouble mental.

01.15 Des dispositions générales figurent en toute fin du Code de procédure pénale. Certaines sont très importantes. C'est le cas notamment de l'article 801 sur l'expiration des délais ouverts par les dispositions de procédure pénale ou de l'article 802 qui pose le principe « pas de nullité sans grief ».

01.16 Partie réglementaire. La seconde partie du Code de procédure pénale contient la partie consacrée aux règlements d'administration publique et aux décrets en conseils d'État. Certaines des dispositions de ces articles concernent l'instruction : c'est le cas du titre troisième du livre 2 dans lequel on trouvera par exemple le décret du 28 février 1997 traitant de la procédure de remise de la reproduction des pièces d'une procédure d'instruction à une personne détenue (D. n° 97-180, 28 févr. 1997 créant C. pr. pén., art. R. 15-42 à R. 15-45) ou de nombreuses dispositions consacrées à l'exécution du contrôle judiciaire (C. pr. pén., art. R. 16 à R. 25). On y trouve également des règlements très récents, qui précisent certains textes législatifs : par exemple sur l'administrateur *ad hoc* que le ministère public ou le juge d'instruction peut désigner pour un mineur victime (C. pr. pén., art. R. 53 à R. 53-8), sur le placement sous surveillance électronique (C. pr. pén., art. R. 57-10 à R. 57-22), *etc.*

01.17 La troisième partie est consacrée aux décrets simples. On y trouvera des dispositions intéressant l'instruction préparatoire dans les articles D. 16 à D. 36 et de très nombreux articles concernant le régime de détention provisoire.

SECTION 2
TEXTES INTERNES NON CODIFIÉS

01.21 Loi du 29 juillet 1881 sur la presse. Cette loi apporte des exceptions nombreuses à certains principes applicables en toute autre matière : il en est ainsi par exemple de la limitation du pouvoir de requalification, mais aussi des pouvoirs mêmes qui sont ceux du magistrat instructeur pendant le cours de l'information : celui-ci ne peut pas instruire sur la vérité du fait diffamatoire puisqu'une procédure particulière est prévue par les dispositions de cette loi.

1. L. n° 2007-308, 5 mars 2007, *JO* 7 mars, n° 56, p. 4325.
2. L. n° 2008-174, 25 févr. 2008, *JO* 26 févr., n° 0048, p. 3266.

01.22 **Loi du 10 mars 1927 sur l'extradition a été supprimée par la loi du 9 mars 2004.** Cette dernière a mis en place un système plus moderne.

SECTION 3
AUTRES TEXTES CODIFIÉS

01.31 **Ordonnance du 2 février 1945.** L'ordonnance du 2 février 1945 consacrée aux mineurs auteurs d'infractions pénales est particulièrement importante. Elle met en œuvre en effet toutes les dispositions particulières aux mineurs, tant en matière de garde à vue que d'interrogatoire ou qu'en ce qui concerne le cas particulier du contrôle judiciaire ou de la détention provisoire. On peut dire que l'ordonnance de 1945 a été modifié aussi souvent que le Code de procédure pénale ces dernières années. Sa lecture n'est pas toujours très simple. La loi du 9 septembre 2002 a encore modifié sensiblement son contenu.

On trouve l'ordonnance du 2 février 1945 dans le Code pénal. Un nouveau Code de la justice pénale des mineurs devrait prochainement voir le jour.

01.32 **Code pénal.** Le Code pénal contient certaines dispositions concernant l'application de la loi pénale dans l'espace, susceptibles de toucher à la compétence du juge d'instruction (C. pén., art. 113-2 à 113-12).

01.33 **Code civil.** Le Code civil contient une disposition en relation avec la protection de la présomption d'innocence (C. civ., art. 9-1).

01.34 **Code des douanes.** Le Code des douanes instaure une procédure spécifique de constatation et de poursuite des infractions dans les matières qu'il concerne.

01.35 **Code de la consommation.** Le Code de la consommation comporte une exception aux principes traditionnels posés en matière d'expertise, nécessairement contradictoire dans les matières concernées (C. consom., art. L. 215-9 à L. 215-17). Les possibilités de requalification sont également limitées (C. consom., art. L. 216-4).

01.36 **Les infractions de la compétence du tribunal aux forces armées** sont instruites selon les dispositions du Code de procédure pénale sous réserve des dispositions particulières édictées par les articles 698-1 à 698-9 du même code et par celles contenues à la section IV, chapitre premier, titre premier du Livre II du Code de justice militaire.

01.37 **Code de l'organisation judiciaire.** L'article L. 522-6 concerne la désignation par le premier président de la cour d'appel des magistrats instructeurs spécialisés dans les affaires de mineurs-auteurs, l'article L. 221-1 expose les possibilités de délégation de magistrats dans les juridictions qui connaissent des postes vacants.

SECTION 4
TEXTES EUROPÉENS

01.41 **La Convention européenne des droits de l'Homme** intéresse l'instruction préparatoire dans de nombreuses dispositions. Les plus fréquemment évoquées sont les articles 5-3 et 6-1 sur les délais de détention ou de procédure, l'article 6-3 sur les droits de la défense, l'article 10 sur la liberté d'expression. De nombreuses dispositions du droit interne sont soumises à la chambre criminelle de la Cour de cassation au visa de l'article 6-1 de la Convention, qui garantit un procès équitable.

SECTION 5
TEXTES INTERNATIONAUX

01.51 **De nombreuses conventions internationales** intéressent le magistrat instructeur. Il s'agit le plus souvent de conventions relatives à l'entraide internationale, telle la Convention européenne d'entraide du 20 avril 1959, dont certaines sont très récentes : traité d'application de l'accord de Schengen du 19 juin 1990, décision cadre du Conseil de l'Europe du 13 juin 2002 (2002/584/JAI), décision du conseil de l'Europe du 28 février 2002[1], décision du conseil de l'Europe du 29 mai 2000[2].

1. Décis. Cons. Europe, 28 févr. 2002, *JOCE* 63/1, 6 mars 2002.
2. Décis. Cons. Europe, 29 mai 2000, *JOCE* 197/1, 12 juill. 2000.

CHAPITRE

02. Jurisprudence

SECTION 0 ORIENTEUR

02.00 Plan du chapitre.

Sect. 1 Jurisprudence nationale

Sect. 2 Jurisprudence de la Cour européenne de sauvegarde des droits de l'Homme et des libertés fondamentales

SECTION 1 JURISPRUDENCE NATIONALE

02.11 Jurisprudence de la chambre criminelle. L'instruction préparatoire est un domaine où la jurisprudence est très importante. En effet, si les textes sont en progression constante, il existe de très nombreuses situations où la pratique judiciaire se détermine en fonction d'une certaine idée de la fonction, du respect d'une éthique judiciaire d'autant plus importante que le magistrat instructeur est à la fois un enquêteur et un juge. La chambre criminelle permet à chacun de savoir, dans le silence du texte, si telle pratique est régulière.

02.12 Des attendus de principe. On trouvera en tête de chacun des titres de cet ouvrage les références des principaux arrêts cités, émanant le plus souvent de la chambre criminelle de la Cour de cassation.

02.13 Jurisprudence des juridictions du fond. Les chambres de l'instruction connaissent une activité en accroissement constant depuis les lois des 4 janvier et 24 août 1993. La loi du 15 juin 2000, qui a supprimé les anciennes « chambre d'accusation » en leur retirant le pouvoir de mise en accusation systématique, n'a pourtant pas ralenti le rythme des saisines. L'accroissement continu des possibilités ouvertes aux parties d'influer sur l'enquête en est la raison principale. Le rôle d'intervention des présidents de chambre de l'instruction est lui aussi en constante progression. Les arrêts des chambres de l'instruction ne trouvent pas toujours dans les colonnes des revues juridiques les échos qu'ils mériteraient. La revue *Instruction Actualités,* diffusée par l'École nationale de la magistrature (ENM), permettait aux praticiens d'être régulièrement informés de ces jurisprudences mais sa parution a cessé pour le moment.

SECTION 2 JURISPRUDENCE DE LA COUR EUROPÉENNE DE SAUVEGARDE DES DROITS DE L'HOMME ET DES LIBERTÉS FONDAMENTALES

02.21 La jurisprudence de la Cour européenne des droits de l'Homme a parfois eu un rôle déterminant dans l'évolution de notre législation. Il en fut ainsi notamment pour l'introduction d'un droit précis régissant les écoutes téléphoniques (C. pr. pén., art. 100 à 100-7) et plus récemment pour l'institution de délais butoirs, y compris pour la détention criminelle (C. pr. pén., art. 145-2). Elle est de plus en plus diffusée auprès des magistrats. On trouvera dans cet ouvrage les principales décisions intéressant l'instruction préparatoire.

CHAPITRE

03. Bibliographie générale

SECTION 0
ORIENTEUR

03.00 Plan du chapitre.

Sect. 1 Actualisables

Sect. 2 Ouvrages généraux de procédure pénale et ouvrages consacrés principalement à l'instruction

SECTION 1
ACTUALISABLES

03.11 Classeurs, répertoires et ouvrages pratiques actualisables.

RÉP. PÉN.	*Encyclopédie Dalloz, Répertoire de droit pénal,* Mayaud Yves (dir.), 7 volumes, mise à jour trimestrielle.
J.-CL. PÉN.	*J. Cl. Pénal (Pénal Code pénal et annexes Procédure pénale),* Angevin Henri, Robert Jacques-Henri, Conte Philippe, Gonnard Jean-Marie et Decocq André, (dir.), 16 volumes, mise à jour trimestrielle.
J. CL. PRAT. PARQUETS ET INSTR.	*J. Cl. Pratique des parquets et de l'instruction,* Rabastens Adrien (dir.), 6 volumes, mise à jour semestrielle.
MEMENTO INSTR.	*Mémento de la chambre de l'instruction,* École nationale de la magistrature, mise à jour régulière.
TPJI	Collectif, *Traité pratique du juge d'instruction,* Sofiac.

03.12 Principales revues.

Instruction actualités, revue trimestrielle, ENM.

Actualité juridique pénal, revue mensuelle, Dalloz.

Droit pénal, revue mensuelle, Juris-Classeur.

Revue de sciences criminelles, revue mensuelle, Dalloz.

SECTION 2
OUVRAGES GÉNÉRAUX DE PROCÉDURE PÉNALE ET OUVRAGES CONSACRÉS PRINCIPALEMENT À L'INSTRUCTION

03.21 Ouvrages cités par le seul nom de l'auteur.

BRUNEAU	*Maximes sur les matières criminelles,* Paris, Guillaume Cavelier, 1715.
DONNEDIEU DE VABRES	*Traité de droit criminel et de législation pénale comparée,* Sirey, 3e éd., 1947.
DUVERGER	*Manuel des juges d'instruction,* I, 3e éd., Cosse et Marchal, Paris, 1862.
GARRAUD	*Traité d'instruction criminelle et de procédure pénale,* 6 vol., Sirey, 1906 à 1929.
GUÉRY	*Détention provisoire,* « Dalloz Référence », 2001.

03.22 Autres principaux ouvrages généraux de procédure pénale.

Ambroise-Castérot C., *La procédure pénale,* Gualino, « Fac-Universités », 2007.

Bouloc B., Stéphani G., Levasseur G., *Procédure pénale,* Précis Dalloz, 2008.

Bouloc B. et Masopoulou H., *Droit pénal général et procédure pénale*, Sirey, « Intégral concours Sirey », 2006.

Conte Ph. et Maistre du Chambon P., *Procédure pénale*, A. Colin, 2007.

Debove F et Falletti F., *Précis de droit pénal et de procédure pénale*, PUF, « Major », 2006.

Desportes F. et Lazerges-Cousquer L., *Traité de procédure pénale*, Economica, 2009.

Giudicelli-Delage, *Procédure pénale*, Montchrestien, 2002.

Guinchard A. et Buisson J., *Procédure pénale*, Litec, 2008.

Jeandidier et Belot, *Les grandes décisions de la jurisprudence - Procédure pénale*, Thémis, 1986.

Larguier, *Procédure pénale*, Mémento Dalloz, 17e éd., Paris, 2004.

Le Poittevin, *Dictionnaire-formulaire des parquets*, 8e éd., 1952, par Besson et autres, 5 tomes.

Leroy J., *Procédure pénale*, Lgdj, 2009.

Merle R. et Vitu A., *Traité de droit criminel, procédure pénale*, Cujas, 2001.

Muyart de Vouglans, *Les lois criminelles de France*, Paris, 1783.

Pradel, *Procédure pénale*, 8e éd., Cujas, Paris, 1997.

Pradel et Varinard, *Les grands arrêts du droit criminel*, t. I, *Les sources du droit pénal et l'infraction;* 2000, t. II, *Le procès et la sanction*, 2e éd., Dalloz, Paris, 2003.

Rassat, *Manuel de procédure pénale*, Puf, 2002.

Saint-Pierre F., *Guide de la défense pénale*, 4e éd., Guides Dalloz, 2005.

Soyer, *Droit pénal et procédure pénale*, Lgdj, 2003.

03.23 Autres ouvrages consacrés principalement à l'instruction.

Angevin, *La pratique de la chambre d'accusation*, Litec, Paris, 2004.

Duverger, *Manuel des juges d'instruction*, Niort, 1839, 2 tomes.

Pradel, *L'instruction préparatoire*, Cujas, 1991.

TITRE

1. Le juge d'instruction

SECTION 0

ORIENTEUR

10.00 Plan du titre.

Chap. 11	**Nomination du juge d'instruction**
Sect. 1	Nomination par le président de la République
Sect. 2	Nomination des juges d'instruction temporaires
Chap. 12	**Désignation du juge d'instruction**
Sect. 1	Article 83 du Code de procédure pénale
Sect. 2	Pôles de l'instruction et co-saisine
Sect. 3	Article 84 du Code de procédure pénale
Chap. 13	**Statut du juge d'instruction**
Sect. 1	Récusation du juge d'instruction
Sect. 2	Abstention du juge d'instruction
Sect. 3	Interdiction pour le juge d'instruction de siéger dans les affaires qu'il a instruites
Sect. 4	Le doyen des juges d'instruction
Sect. 5	Sécurité du juge d'instruction
Sect. 6	Responsabilité du juge d'instruction
Sect. 7	Éthique du juge d'instruction

10.01 Textes applicables.

C. pr. pén., art. 49, 50, 52-1, 80, 83, 83-1, 83-2, 84, 137-1, 137-1-1, 220 à 223, 253, 664, 668 à 673, 674, 803.

C. pr. pén., art. D. 15-4-1 s., D. 27 à D. 31, D. 283-4.

COJ, art. L. 221-1, al. 1 et 2, L. 761-24, L. 781-1,

Ord. 22 déc. 1958, art. 1, 3-1, 28, 44.

L. n° 94-100, 5 févr. 1994, art. 15.

L. n° 2001-539, 25 juin 2001, art. 7, 12.

10.02 Jurisprudence de référence.

> Nomination d'un juge temporaire

Crim. 18 avr. 1991, n° 91-80.238, *Bull. crim.,* n° 186; *Gaz. Pal.,* 1991, 1, 478; *RSC* 1992, 342, obs. Braunschweig.

> Désignation

Ass. plén., 17 juin 1988, n° 87-85.018, *Bull. Ass. plén.*, n° 7; *D.* 1988, 17, concl. Pradin Nicole.

Crim. 4 déc. 1990, n° 90-84.461, *Bull. crim.,* n° 415; *D.* 1991, somm. 216; *Gaz. Pal.* 1991, 1, 173.

Crim. 3 juill. 1991, n° 91-82.325, *Bull. crim.,* n° 292.

10.03 Bibliographie indicative. (V. les références complètes s^s n° 03.)

Actualisables. RÉP. PÉN., Bonnal N., « Juge d'instruction »; Guéry Ch., « Instruction préparatoire »; Chavanon, « Récusation » – J.-CL. PROC. PÉN., art. 79 à 84, Dumont, « Juridictions d'instruction du premier degré. Dispositions générales ».

Articles. Capashen G., « Quelques histoires à propos de la juste distance pour juger », *D.* 2004, Point de vue 2939 – Commaret D., « À propos de la loi n° 95-884 de la loi du 3 août 1995 ou réflexions sur l'honneur du magistrat », *D.* 1996, chron. 197 – de Gouttes R., « L'impartialité du juge : connaître, traiter et juger : quelle compatibilité ? », *RSC* 2002, 63 – Frison-Roche M.-A., « L'impartialité du juge », *D.* 1999, chron. 53 – Giudicelli C., « Le juge d'instruction évoluera ou disparaîtra », *AJ pénal* 2009, 68 – Goyet Ch., « Remarques sur l'impartialité du juge », *D.* 2001, chron. 328 – Guéry Ch. « J'instruisais, tu instruisais… Nous instruisons », *AJ pénal* 2006, 340; « La vie nouvelle (et difficile) de Jésus Padoté, juge d'instruction », *AJ pénal* 2008, 226 – Karsenty D., « Réflexion sur la mise en œuvre des pôles de l'instruction au regard de droits fondamentaux », *JCP* 2008, I 121 – Koering-Joulin, « L'impartialité du juge », *Justices* 1998, 10, p. 1 – Lavielle B. et Lemonnier P., « Polichinelle et son secret : pour en finir avec l'article 11 du Code de procédure pénale », *AJ pénal* 2009, 153 – Leblois-Harpe J., « Quelle collégialité pour l'instruction en 2010 ? », *D.* 2008, chron. 2101 et *AJ pénal* 2008, 363 – Pradel J., « Tous les péchés du juge d'instruction méritent-ils sa mort », *D.* 2009, Point de vue 438 – Magendie J.-C., « La responsabilité des magistrats », *D.* 2003, chron. 1177 –

Mathias E., « La marginalisation du juge d'instruction : vers un renouveau du modèle inquisitoire ? », *LPA* 18 août 2005, p. 3 – Mazurier V., « La notion de justice impartiale », *JCP* 2000, I, 252 – Menuret J.-J., « Compatibilité du régime spécial de la puissance publique de l'article L. 781-1 du Code de l'organisation judiciaire avec l'article 6 de la Convention européenne des droits de l'Homme et redéfinition de la notion de faute », *JCP* 2001, 1626 – Renucci J.-F., « Précisions quant à l'impartialité subjective », sous Crim. 14 janv. 2003, *RSC* 2003, 884.

> Sur la question de la franc-maçonnerie
Capashen G., « Un magistrat peut-il être franc-maçon ? », *D.* 2002, Point de vue 3203.

10.04 Évolution. L'ancêtre du juge d'instruction est le lieutenant criminel, créé par la Déclaration de François Ier du 14 janvier 1522, et dont les Édits de Henri II de mai 1552 et novembre 1554 ont précisé les attributions. Cette institution, non modifiée par l'ordonnance criminelle de 1670, consacra la séparation de la justice civile et de la justice criminelle. L'instruction comprenait alors également des actes de la procédure définitive. L'Assemblée constituante (D. 8 oct.-3 nov. 1789) maintint cette procédure, mais en restreignit le caractère inquisitorial et diminua les pouvoirs du juge[1].

La loi du 16-29 septembre 1791 attribua les fonctions du lieutenant criminel à deux personnes, le juge de paix ou l'officier de police, qui commençait l'information au canton, et le directeur du jury, pris parmi les juges du tribunal, qui la continuait au district. Selon sa gravité, l'affaire était jugée par le tribunal du district, ou soumise au jury d'accusation. Le Code du 3 brumaire an IV maintint ces attributions respectives, que la loi du 7 pluviôse an IX concentra entre les mains du directeur du jury[2].

C'est l'article 42 de la loi du 20 avril 1810 qui supprima le directeur du jury et institua le juge d'instruction, dont les fonctions furent établies par les articles 55 à 136 du Code d'instruction criminelle, entré en vigueur le 1er janvier 1811. Le caractère originaire écrit, secret et non contradictoire de la procédure fut tempéré par la loi du 8 décembre 1897, qui y introduisit l'avocat. Le Code de procédure pénale, institué par la loi du 31 décembre 1957 et l'ordonnance du 23 décembre 1958, entré en vigueur le 1er mars 1959, a consacré au juge d'instruction les articles 49 à 52, et à la procédure suivie devant lui les articles 79 à 190, que plusieurs lois successives ont modifié.

Historiquement, la juridiction d'instruction a connu diverses formes de collégialité. Le Code d'instruction criminelle de 1811 a installé aux côtés du juge d'instruction une chambre du conseil composée de trois juges au moins, y compris ce dernier magistrat, qui rendait les ordonnances juridictionnelles et procédait au règlement (C. instr. crim., art. 127 s.). La chambre du conseil n'a pas donné satisfaction : les juges du siège ne s'intéressaient pas à l'instruction. Considérée comme un rouage inutile qui retardait la marche de l'information, elle fut supprimée par la loi du 17 juillet 1856. Rétablie en matière de détention par la loi du 7 février 1933, sa réapparition éphémère prit fin avec la loi du 25 mars 1935.

La loi du 10 décembre 1985, a organisé dans chaque tribunal une ou plusieurs chambres d'instruction, chacune composée de trois magistrats du siège titulaires, dont deux juges d'instruction au moins, ainsi que de deux magistrats du siège suppléants. La chambre de l'instruction devait rendre les ordonnances juridictionnelles et régler la procédure. Elle devait désigner en son sein le juge d'instruction chargé de conduire l'information. Ces dispositions, qui devaient s'appliquer le 1er janvier 1988, ont été abrogées par la loi du 30 décembre 1987, sans jamais être entrées en vigueur.

Cette dernière loi du 30 décembre 1987 instituait pour le seul placement en détention, une « chambre des demandes de mise en détention » composée au sein de chaque tribunal, de trois magistrats du siège, dont était exclu le juge d'instruction. Cet article, qui devait entrer en vigueur le 1er octobre 1988, a été abrogé par l'article 21 de la loi du 6 juillet 1989[3].

La loi n° 93-1 du 4 janvier 1993 a créé pour le placement en détention provisoire et sa prolongation, une « chambre d'examen des mises en détention provisoire », composée d'un magistrat du siège et de deux assesseurs non professionnels (ou échevins) désignés par le président sur une liste annuelle dressée par le tribunal[4]. Pour une période transitoire du 1er mars au 31 décembre 1993, le président du tribunal ou le juge délégué par lui remplaçait la chambre précitée (art. 235). Mais ces dispositions ont été abrogées par les articles 18 et 34 de la loi n° 93-1013 du 24 août 1993[5].

Chacune de ces lois comportait un délai d'application, l'insuffisance chronique des effectifs ne permettant pas leur mise en œuvre immédiate. De sorte que par l'effet de l'alternance politique, elles ne sont jamais entrées en vigueur. La loi du 15 juin 2000 a créé un nouveau juge, le juge des libertés et de la détention (JLD) en charge de diverses taches et principalement du placement en détention, de la prolongation de la détention et des réponses aux demandes de mise en liberté[6]. Le juge d'instruction demeure un filtre important puisque c'est lui qui saisit le juge des libertés et de la détention. Le juge d'instruction conserve le pouvoir de mettre en liberté. La loi du 15 juin 2000 a créé un second degré de juridiction en matière criminelle avec la cour d'assises d'appel. La chambre de l'instruction n'est plus second degré de juridiction obligatoire en matière criminelle et c'est le juge d'instruction

1. Hélie F., IV, n°s 1567, 1568.
2. Garraud, I, n° 50 – Hélie F., IV, n° 1571.
3. Sur l'analyse des lois des 30 déc. 1987 et 6 juill. 1989, v. chron. P. Chambon, *JCP* 1988, I, 3335 et *JCP* 1989, I, 3417.
4. L. n° 93-1, 4 janv. 1993, *D.* 1993, lég. p. 134.
5. L. n° 93-1013, 24 août 1993, *D.* 1993, lég. p. 468 – Sur l'analyse des L. 4 janv. 1993 et L. 24 août 1993, v. J. Pradel, *D.* 1993, chron. 299 et 307 et chron. Fr. Legunehec, *JCP* 1993, I, 3720.
6. L. n° 2000-516, 15 juin 2000, *JO* 16 juin.

qui renvoie directement devant la cour d'assises, la cour d'assises des mineurs ou le tribunal pour enfants pour les mineurs de seize ans. Elle perd son nom de chambre d'accusation (anciennement chambre des mises en accusation) et devient la chambre de l'instruction. Cette loi modifie profondément les règles de la mise en examen en exigeant que la personne puisse faire valoir ses observations avant d'être mise en examen et étend le statut du témoin assisté.

La loi du 30 décembre 2000[1] a fini de compléter le dispositif en réparant certaines erreurs ou omissions de la loi du 15 juin.

La loi du 4 mars 2002 a apporté quelques modifications de détail avant que la loi du 9 septembre de la même année ne revienne encore sur le sujet en modifiant la procédure applicable aux mineurs, et en ouvrant la possibilité dans certains cas d'une détention provisoire pour les mineurs de moins de seize ans en matière correctionnelle.

La loi du 9 mars 2004 portant adaptation de la justice aux évolutions de la criminalité a défini un cadre spécifique pour lutter contre la criminalité organisée en créant de nouveaux instruments légaux telles l'infiltration ou la sonorisation de véhicules. Elle prévoit des régimes dérogatoires du droit commun pour la garde à vue pouvant aller jusqu'à quatre-vingt-seize heures et les perquisitions et crée des juridictions interrégionales spécialisées en matière de criminalité organisée, appelées à exercer une compétence concurrente de celles des juridictions de droit commun. Elle met en œuvre la décision cadre du Conseil de l'union européenne relative au mandat d'arrêt européen et transpose ces dispositions dans le Code de procédure pénale. La loi du 9 mars 2004 supprime la loi de 1927 sur l'extradition et met en place un système plus moderne. De nombreuses dispositions procédurales sont modifiées dans le domaine de la compétence et on note la multiplication des compétences spécialisées, qui se double souvent d'une procédure dérogatoire du droit commun.

La loi n° 2007-291 du 5 mars 2007, tendant à renforcer l'équilibre de la procédure pénale[2], a timidement tenté de tirer les leçons de l'affaire dite d'Outreau. Elle a institué des pôles de l'instruction compétents en matière criminelle et en cas de co-saisine, largement favorisée. Elle renforce le contradictoire notamment dans le domaine des expertises et de la clôture de l'information. Elle créé une audience de contrôle pouvant se tenir trois mois après l'incarcération d'une personne mise en examen. Dans le cadre de cette audience, la chambre de l'instruction acquiert des pouvoirs exorbitants du droit commun.

10.05 **Rapport du Comité de réflexion sur la justice pénale dit Rapport Léger.** Partant de la vieille critique selon laquelle la fonction de juge d'instruction serait ambiguë, celle du juge et celle de l'enquêteur, le Rapport Léger propose de transformer le juge d'instruction en un juge de l'enquête et des libertés (JEL) mais en l'investissant exclusivement de fonctions juridictionnelles (rapp., p. 6) c'est-à-dire en supprimant purement et simplement la fonction telle qu'elle existe aujourd'hui. Le parquet serait mieux à même de pouvoir réaliser un travail en équipe que la co-saisine de plusieurs juges d'instruction ne pourrait réellement assurer (p. 7). La procédure d'instruction ne serait plus « adaptée à notre temps en ce quelle n'améliore ni l'efficacité de l'enquête, ni la protection des droits fondamentaux des mis en cause et des victimes » (p. 7). La critique est sévère et si le constat devait être réellement celui-là on s'interroge sur la pérennité de l'institution pendant des siècles et sur la pertinence des réflexions du législateur ces dernières années, voire même de commissions récentes dont les conclusions ont été radicalement différentes (notamment celle présidée par le procureur général Viout). Ce constat posé, le rapport préconise de simplifier la phase préparatoire du procès pénal en instituant un cadre unique d'enquête, le procureur de la République en constituant le seul maître (p. 8). Le comité a exprimé le souhait que le parquet et la police judiciaire mènent les investigations à charge et à décharge (p. 9). Ainsi, ce que le juge d'instruction ne pourrait pas être capable de faire, un magistrat du parquet, en charge de l'accusation, pourrait y parvenir... Naïveté ? Hypocrisie ? On ne sait comment qualifier une telle disposition qui semble confondre l'honnêteté intellectuelle que l'on peut attendre de tous et la mission d'un magistrat de l'accusation ou d'un service d'enquête.

La prise en charge de toutes les enquêtes par le ministère public ne pourrait être contrebalancée que par une véritable redéfinition des pouvoirs de l'avocat dans le cadre de la garde à vue (v. s[s] n° 154.05) et de l'enquête renforcée dont les contenus ne sont qu'esquissés dans le rapport du comité Léger, laissant pour l'instant les professionnels dans l'expectative. Seule l'enquête renforcée permettrait au en effet aux avocats de retrouver les droits qui sont les leurs dans le cadre de l'instruction préparatoire. S'il est des cas où l'enquête renforcée apparaît clairement obligatoire (mesure de contrôle judiciaire ou détention provisoire), il n'en est pas de même dès lors que le comité aborde la possibilité pour la personne de faire, dans certaines hypothèses, la demande d'ouverture de ce type d'enquête à laquelle le ministère public doit répondre. On peut en effet lire d'une part que le comité « pose comme principe que toute personne mise en cause dans une enquête pourra devenir partie à cette enquête et bénéficier ainsi du régime renforcé » et qu'il « devra être fait obligatoirement droit à cette demande s'il ressort de la procédure des indices graves ou concordants de la participation aux faits de la personne demanderesse ou si celle-ci a été expressément mise en cause par la victime » (rapp., p. 15). Le comité rappelle aussi que certaines procédures actuelles doivent être maintenues et il n'entend pas remettre en cause par exemple la procédure de comparution immédiate. Or, la personne qui comparaît selon cette voie de poursuite a-t-elle le droit de solliciter l'ouverture d'une enquête renforcée ? Telle ne semble pas être l'intention du comité. Il reste

1. L. n° 2000-1354, 30 déc. 2000, *JO* 31 déc.
2. L. n° 2007-291, 5 mars 2007, tendant à renforcer l'équilibre de la procédure pénale, *JO* 6 mars, p. 4206.

donc à revoir certaines des positions de principe prises dans le rapport au regard de ce que pourrait devenir un projet de loi. À cet égard, on ne voit pas quels droits de la défense nouveaux viennent contrebalancer les pouvoirs accrus du ministère public. Par bien des côtés, la procédure nouvelle remplace le juge d'instruction par le parquet, et la phase d'instruction par celle de l'enquête renforcée, sans garantie complémentaire pour la défense.

L'autre disposition importante du rapport consiste dans l'institution d'un juge de l'enquête et des libertés disposant de pouvoirs importants (p. 11 s.). Il serait en charge d'accepter ou non que le parquet puisse faire réaliser les actes d'enquête les plus intrusifs (v. s[s] n°s 150.05 et 190.05), le JEL disposant de pouvoirs beaucoup plus importants que ceux que possèdent aujourd'hui le JLD. Le JEL statuera sur les demandes d'actes présentées par les personnes placées sous le statut de l'enquête renforcée (p. 13 – V. s[s] n° 40.05). Le plaignant pourra dénoncer au procureur de la République des faits qu'il estime constitutifs d'une infraction. Si le procureur de la République décide de ne pas poursuivre, le plaignant pourra saisir le JEL qui pourra ordonner au parquet d'enquêter (v. s[s] n° 60.05).

Le rapport préconise aussi de profondes modifications du régime de détention provisoire, la durée de celle-ci pouvant être strictement limitée dans le temps et inclure le temps passé en détention pendant l'enquête mais aussi jusqu'à la comparution devant la juridiction de jugement (p. 23 – V. s[s] n° 144.05). Le placement en détention pourrait être collégial si la personne ou le JEL le souhaite (p. 24). Le comité propose encore le remplacement de la chambre de l'instruction par une chambre de l'enquête et des libertés (CHEL) qui serait soumise à des règles procédurales simplifiées par rapport à la procédure aujourd'hui applicable devant la chambre de l'instruction. Il n'y aurait plus ni inculpé ni personne mise en examen mais seulement une « partie à l'enquête ».

Enfin, le secret de l'instruction serait supprimé mais le secret professionnel serait maintenu (p. 28 – V. s[s] n° 30.05).

Les dispositions concernant la phase décisionnaire du procès pénal ne feront pas l'objet de développements dans le cadre du présent ouvrage.

Les membres du comité ont précisé que la mise en œuvre des dispositions formulées ne pourrait être effective qu'après un délai estimé à deux ou trois ans (p. 48).

Enfin, dans ses conclusions, le comité souligne que « le schéma procédural préconisé renforcera les possibilités d'accès au contradictoire dans la phase préparatoire au procès en en liant plus ce contradictoire à une procédure spécifique telle que l'était l'instruction. Il permettra ainsi à un mis en cause de devenir partie et d'avoir accès au dossier de l'enquête sans que cela entraîne un allongement des délais de procédure » (p. 49). Si nous avons bien compris le système proposé, ce serait pourtant seulement dans le cadre de l'enquête renforcée, elle même sujette à divers délais de procédure (v. s[s] n°s 40.05 et 210.05) que cet « accès au contradictoire » serait possible. On voit encore mal en quoi les délais pourraient en être abrégés.

CHAPITRE

11. Nomination du juge d'instruction

SECTION 0 ORIENTEUR

11.00 Plan du chapitre.

Sect. 1 Nomination par le président de la République

Sect. 2 Nomination des juges d'instruction temporaires

11.01 Textes applicables.

C. pr. pén., art. 50.

L. n° 94-100, 5 févr. 1994, art. 15.

COJ, art. 761-24, L. 221-1.

Ord. 22 déc. 1958, art. 1, 3-1, 28, 44.

C. pr. pén., art. 50

Le juge d'instruction, choisi parmi les juges du tribunal, est nommé dans les formes prévues pour la nomination des magistrats du siège.

En cas de nécessité, un autre juge peut être temporairement chargé, dans les mêmes formes, des fonctions de juge d'instruction concurremment avec le magistrat désigné ainsi qu'il est dit au premier alinéa.

Si le premier président délègue un juge au tribunal, il peut aussi, dans les mêmes conditions, charger temporairement celui-ci de l'instruction par voie d'ordonnance.

Si le juge d'instruction est absent, malade ou autrement empêché, le tribunal de grande instance désigne l'un des juges de ce tribunal pour le remplacer.

L. n° 94-100, 5 févr. 1994, art. 15

Les candidatures aux emplois pourvus sur proposition du Conseil supérieur sont adressées simultanément au Conseil supérieur de la magistrature et au ministre de la Justice.

Pour chaque nomination de magistrat du siège à la Cour de cassation, de premier président de cour d'appel ou de président de tribunal de grande instance, la formation compétente du Conseil supérieur arrête, après examen des dossiers des candidats et sur le rapport d'un de ses membres, la proposition qu'elle soumet au président de la République.

Pour les nominations de magistrats aux autres fonctions du siège, l'avis de la formation du Conseil supérieur compétente à l'égard des magistrats du siège est donné sur les propositions du ministre de la Justice et après un rapport fait par un membre de cette formation.

COJ, art. R. 761-24 [D. n° 2003-542, 23 juin 2003, art. 12, *JO* 25 juin; en vigueur le 15 sept. 2003]

L'assemblée des magistrats du siège du tribunal de grande instance :

1° Désigne un magistrat du siège pour exercer les fonctions de juge de l'application des peines, ou de juge d'instruction en cas d'empêchement du juge chargé de ces fonctions, conformément aux articles 709-1 et 50 (alinéa 5) du Code de procédure pénale;

2° Désigne les membres titulaires et suppléants de la commission juridictionnelle, prévue par l'article L. 313-1, chargée de statuer sur les demandes d'indemnité présentées par les victimes de dommages résultant d'une infraction;

3° Désigne un magistrat pour siéger à la commission prévue par l'article 24 de l'ordonnance n° 45-2658 du 2 novembre 1945 modifiée relative à l'entrée et au séjour des étrangers en France;

4° Désigne un juge de l'application des peines et un juge des enfants pour siéger au conseil départemental de prévention et au conseil communal de prévention prévus par les articles 12 (4°) et 16 du décret n° 83-459 du 8 juin 1983 portant création d'un conseil national et relatif aux conseils départementaux et communaux de prévention de la délinquance;

5° Émet un avis sur le projet d'ordonnance préparé par le président fixant le nombre et le jour des audiences correctionnelles, conformément à l'article 399 du Code de procédure pénale;

6° Émet un avis sur les critères généraux de répartition des dossiers entre les chambres et de distribution des affaires entre les magistrats spécialisés du tribunal;

7° Émet un avis sur le projet d'ordonnance, préparé par le président du tribunal, de répartition dans les chambres et services de la juridiction, des vice-présidents et des juges dont le tribunal est composé;

8° Émet un avis sur l'affectation des magistrats dans les formations de jugement spécialisées en matière économique et financière, ou en matière militaire et de sûreté de l'État, conformément aux articles 704, 697 et 702 du Code de procédure pénale;

9° Émet un avis, en cas de pluralité de juges de l'application des peines, sur la désignation par le président de celui qui exercera les attributions mentionnées au titre XI du Code de procédure pénale (troisième partie : Décrets);

10° Émet un avis sur le projet d'ordonnance préparé par le président désignant un juge du tribunal d'instance pour exercer les fonctions du juge de proximité en cas d'absence ou d'empêchement ou lorsque le nombre de juges de proximité se révèle insuffisant.

COJ, art. L. 221-1

En cas de vacance d'emploi ou d'empêchement d'un ou plusieurs magistrats ou lorsque le renforcement temporaire et immédiat des juridictions du premier degré apparaît indispensable pour assurer le traitement du contentieux dans un délai raisonnable, le premier président peut, par ordonnance, déléguer les présidents de chambre et les conseillers de la cour d'appel, les magistrats du siège des tribunaux d'instance et de grande instance, pour exercer des fonctions judiciaires dans les tribunaux du ressort de la cour d'appel. Un magistrat ne peut être délégué plus de cinq fois au cours de la même année judiciaire. Ses délégations ne peuvent excéder une durée totale de trois mois.

En ce qui concerne les magistrats désignés pour exercer les fonctions de juge de l'expropriation, la durée de la délégation prévue à l'alinéa précédent peut être portée à six mois.

L'ordonnance mentionnée au premier alinéa précise le motif et la durée de la délégation ainsi que la nature des fonctions qui seront exercées par le magistrat délégué.

L'assemblée générale de la cour d'appel est informée chaque année du nombre et de la nature des délégations, des personnes déléguées et de l'incidence des délégations sur le fonctionnement des juridictions.

Ord. n° 58-1270, 22 déc. 1958, art. 1er

I. – Le corps judiciaire comprend :

1° Les magistrats du siège et du parquet de la Cour de cassation, des cours d'appel et des tribunaux de première instance ainsi que les magistrats du cadre de l'administration centrale du ministère de la justice;

2° Les magistrats du siège et du parquet placés respectivement auprès du premier président et du procureur général d'une cour d'appel et ayant qualité pour exercer les fonctions du grade auquel ils appartiennent à la cour d'appel à laquelle ils sont rattachés et dans l'ensemble des tribunaux de première instance du ressort de ladite cour;

3° Les auditeurs de justice.

II. – Tout magistrat a vocation à être nommé, au cours de sa carrière, à des fonctions du siège et du parquet.

Ord. n° 58-1270, 22 déc. 1958, art. 3-1

Les magistrats mentionnés au 2° du I de l'article 1er sont appelés à remplacer temporairement les magistrats de leur grade des tribunaux de première instance et de la cour d'appel qui se trouvent empêchés d'exercer leurs fonctions du fait de congés de maladie, de longue maladie, pour maternité ou adoption ou du fait de leur participation à des stages de formation, ou admis à prendre leur congé annuel.

Ils peuvent, en outre, être temporairement affectés dans ces juridictions pour exercer, pour une durée qui n'est pas renouvelable et qui ne peut excéder huit mois, les fonctions afférentes à un emploi vacant de leur grade.

Ils peuvent enfin, pour une durée qui n'est pas renouvelable et qui ne peut excéder huit mois, être temporairement affectés dans un tribunal de première instance, ainsi qu'à la cour d'appel pour les magistrats du premier grade, pour renforcer l'effectif d'une juridiction afin d'assurer le traitement du contentieux dans un délai raisonnable.

S'il s'agit de magistrats du siège et sauf consentement de leur part à un changement d'affectation, ils demeurent en fonctions jusqu'au retour du magistrat dont ils assurent le remplacement, ou jusqu'au terme fixé de leur affectation temporaire par l'ordonnance du premier président.

L'affectation de ces magistrats, selon qu'ils appartiennent au siège ou au parquet, est prononcée par ordonnance du premier président de la cour d'appel ou par décision du procureur général, qui précise le motif et la durée du remplacement à effectuer ou de l'affectation temporaire.

À défaut d'assurer un remplacement ou d'être temporairement affectés, en application des alinéas qui précèdent, ces magistrats exercent des fonctions du siège ou du parquet du niveau hiérarchique auquel ils appartiennent au tribunal de grande instance du siège de la cour d'appel à laquelle ils sont rattachés ou au tribunal de grande instance le plus important du département où est située ladite cour.

Le nombre de ces magistrats ne peut excéder, pour chaque cour d'appel, le quinzième des emplois de magistrat de la cour d'appel et des tribunaux de première instance du ressort.

Leur nomination peut, le cas échéant, être prononcée en surnombre de l'effectif de la cour d'appel de rattachement dans la limite de l'effectif budgétaire global des emplois de leur grade.

Après deux ans d'exercice dans leurs fonctions et sur leur demande, ces magistrats sont nommés au tribunal de grande instance du siège de la cour d'appel à laquelle ils sont rattachés ou au tribunal de grande instance le plus important du département où est située ladite cour. La nomination intervient sur le premier emploi vacant respectivement du siège ou du parquet du niveau hiérarchique auquel ces magistrats appartiennent et pour lequel ils se sont portés candidats, à l'exception des emplois de chef de juridiction.

Ces magistrats ne peuvent en aucun cas exercer les fonctions prévues au présent article pendant une durée supérieure à six ans. À l'issue de cette période, ils sont nommés respectivement en qualité de magistrat du siège ou du parquet du niveau hiérarchique auquel ils appartiennent dans celle des deux juridictions mentionnées à l'alinéa précédent où, au plus tard quatre mois avant la fin de la sixième année de leurs fonctions, ils ont demandé à être affectés. À défaut d'avoir effectué un choix, ils sont nommés au tribunal de grande instance le plus important du département où est située la cour d'appel à laquelle ils sont rattachés. Les nominations sont prononcées, le cas échéant, en surnombre de l'effectif budgétaire du niveau hiérarchique auquel ils appartiennent et, s'il y a lieu, en surnombre de l'effectif organique de la juridiction. Les surnombres sont résorbés à la première vacance utile intervenant dans la juridiction considérée.

Un décret en Conseil d'État détermine, en tant que de besoin, les conditions d'application du présent article.

Ord. n° 58-1270, 22 déc. 1958, art. 28 [L. n° 2001-539, 25 juin 2001, art. 8 VI, *JO* 26 juin; en vigueur depuis le 1er janv. 2002]

Les décrets de nomination aux fonctions de président d'un tribunal de grande instance ou de conseiller référendaire à la Cour de cassation sont pris par le président de la République sur proposition de la formation compétente du Conseil supérieur de la magistrature.

Les décrets portant promotion de grade ou nomination aux fonctions de magistrat autres que celles mentionnées à l'alinéa précédent sont pris par le président de la République sur proposition du garde des sceaux, ministre de la Justice, après avis conforme de la formation compétente du Conseil supérieur de la magistrature pour ce qui concerne les magistrats du siège et après avis de la formation compétente du Conseil supérieur pour ce qui concerne les magistrats du parquet. Les règles de nomination des magistrats du parquet s'appliquent aux magistrats du cadre de l'administration centrale du ministère de la justice.

La durée d'exercice des fonctions de conseiller référendaire est de dix années; elle ne peut être ni renouvelée, ni prorogée.

Ord. n° 58-1270, 22 déc. 1958, art. 44

En dehors de toute action disciplinaire, l'inspecteur général des services judiciaires, les premiers présidents, les procureurs généraux et les directeurs ou chefs de service à l'administration centrale ont le pouvoir de donner un avertissement aux magistrats placés sous leur autorité.

L'avertissement est effacé automatiquement du dossier au bout de trois ans si aucun nouvel avertissement ou aucune sanction disciplinaire n'est intervenu pendant cette période.

11.02 Jurisprudence de référence.

> Nomination d'un juge temporaire

• En cas d'urgence, le président du tribunal de grande instance peut procéder au remplacement du juge d'instruction.

Crim. 18 avr. 1991, n° 91-80.238, *Bull. crim.*, n° 186; *Gaz. Pal.* 1991, 1, 478; *RSC* 1992, 342, obs. Braunschweig.

« Attendu que l'arrêt attaqué expose que « le 10 septembre 1987, une information était ouverte contre X... du chef de viol sur la personne de Y...; qu'en l'absence du juge d'instruction titulaire et dans l'impossibilité absolue de réunir à cette date l'assemblée générale », le président du tribunal, seul magistrat présent, a, compte tenu de l'urgence et pour éviter « des risques certains de dépérissement des preuves », effectué trois actes d'information isolés;

Attendu qu'en disant n'y avoir lieu à annulation desdits actes, la chambre d'accusation n'a pas encouru les griefs allégués au moyen;

Qu'en effet, si l'article 50, dernier alinéa, du Code de procédure pénale donne compétence au tribunal de grande instance, lorsque le juge d'instruction est empêché, pour désigner celui des juges qui le remplacera, il appartient au président, en cas d'urgence et d'impossibilité de réunir l'assemblée générale des magistrats du siège, de procéder à ce remplacement ou d'accomplir lui-même les actes d'instruction utiles. »

11.03 Bibliographie indicative.

(V. les références complètes s^s n° 03.)

Actualisables. RÉP. PÉN., Bonnal, « Juge d'instruction »; Guéry Ch., « Instruction préparatoire » – J.-CL. PÉN., Dumont, « Juridictions d'instruction du premier degré. Dispositions générales ».

11.06 Questions essentielles.

• Le dispositif législatif permet désormais d'avoir recours à des magistrats pour remplacer ceux qui sont absents, selon diverses possibilités, ouvertes au président du tribunal ou au premier président de la cour d'appel.

• La surcharge de travail de certaines juridictions nécessite un recours fréquent à ces solutions temporaires.

SECTION 1
NOMINATION PAR LE PRÉSIDENT DE LA RÉPUBLIQUE

11.11 Une nomination par décret du président de la République. Traditionnellement, depuis le Code d'instruction criminelle, dans sa version originaire (C. instr. crim., art. 55), le juge d'instruction était chargé des fonctions d'instruction pour une durée de trois années renouvelables. Dans la pratique, le juge d'instruction était tacitement reconduit. Et il était jugé que la loi n'exigeait pas que le juge d'instruction fût renouvelé dans ses fonctions de manière expresse[1]. Aussi la loi du 30 décembre 1987 a-t-elle supprimé cette limitation dans la durée des fonctions d'instruction, par modification de l'article 50 du Code de procédure pénale, désormais ainsi rédigé, dans son alinéa 1er : « Le juge d'instruction, choisi parmi les juges du tribunal, est nommé dans les formes prévues pour la nomination des magistrats du siège », à savoir par décret pris par le président de la République, sur

1. Crim. 5 juin 1984, n° 84-91.677, *Bull. crim.*, n° 207.

proposition du garde des Sceaux, après avis conforme de la formation compétente du Conseil supérieur de la magistrature (L. n° 94-101, 5 févr. 1994, art. 11, al. 3 - L. n° 94-100, 5 févr. 1994, art. 15, al. 3 - Sur la durée des fonctions dans la même juridiction, v. s[s] n° 13.07).

11.12 Conséquences de l'irrégularité de la nomination. Le magistrat irrégulièrement nommé doit être regardé comme légalement investi de ses fonctions tant que sa nomination n'est pas annulée[1]. La validité de la nomination d'un magistrat relève du juge administratif. La nomination « pour ordre » d'un magistrat est nulle et non avenue[2]. L'affectation d'un magistrat comme juge d'instruction à un tribunal est irrégulière, lorsqu'elle est fonction d'une précédente nomination « pour ordre » dans un autre tribunal[3].

SECTION 2
NOMINATION DES JUGES D'INSTRUCTION TEMPORAIRES

11.21 Juges d'instruction temporaires. À l'origine, il y avait dans chaque tribunal un seul juge d'instruction, et deux quand cela était nécessaire; il y en avait six à Paris (C. instr. crim., art. 55 et 56). La pluralité des juges d'instruction titulaires date de la loi du 17 juillet 1856 (L. 17 juill. 1856, art. 55, al. 2). L'article 56 modifié prévoyait qu'un juge suppléant pouvait être temporairement chargé de l'instruction. Cette possibilité a été reprise par l'article 50 alinéa 2 Code de procédure pénale : « En cas de nécessité, un autre juge peut être temporairement chargé, dans les mêmes formes, des fonctions de juge d'instruction concurremment avec le magistrat désigné ainsi qu'il est dit au 1er alinéa. »

L'état de nécessité est l'encombrement temporaire d'un ou plusieurs cabinets d'instruction d'un tribunal déterminé. La nomination d'un magistrat temporaire n'équivaut pas à la création d'un cabinet d'instruction.

11.22 Nomination d'un juge du siège du ressort de la Cour. En cas de vacance d'emploi ou d'empêchement d'un ou plusieurs magistrats ou lorsque le renforcement temporaire et immédiat des juridictions du premier degré apparaît indispensable pour assurer le traitement du contentieux dans un délai raisonnable, le premier président peut, par ordonnance, déléguer les présidents de chambre et les conseillers de la cour d'appel, les juges des tribunaux d'instance et de grande instance, pour exercer des fonctions judiciaires dans les tribunaux du ressort de la cour d'appel. La délégation d'un magistrat ne peut excéder une durée de deux mois consécutifs et ne peut être renouvelée au cours de la même année judiciaire (COJ, art. L. 221-1, al. 1 et 2). Il peut aussi, dans les mêmes conditions, charger temporairement celui-ci de l'instruction par voie d'ordonnance (C. pr. pén., art. 50, al. 3).

C'est une décision de simple administration mais touchant la compétence[4] dont la régularité doit être appréciée par les juridictions, même d'office.

11.23 Le juge placé. Il existe un autre moyen pour le premier président de pourvoir aux difficultés des juridictions de son ressort qui auraient besoin d'un juge d'instruction. Les articles 1 et 3-1 de l'ordonnance du 22 décembre 1958 modifiés par les articles 1 et 2 de la loi organique du 29 octobre 1980 prévoient la nomination de juges placés auprès du premier président de la cour d'appel. Ceux-ci peuvent être affectés temporairement auprès des tribunaux de grande instance du ressort, par ordonnance du premier président qui précise le motif et la durée du remplacement. Ils ont vocation à le faire lorsque les juges d'instructions sont empêchés d'exercer leurs fonctions du fait de congés de maladie, de longue maladie, d'adoption, de maternité ou du fait de leur participation à des stages de formation, et, dans certains tribunaux dont la liste est fixée par décret, admis à prendre leur congé annuel ou dont le poste est vacant. Dans ce dernier cas, le remplacement ne peut excéder quatre mois. Cette décision touche à l'organisation des juridictions et à la compétence : la chambre de l'instruction et les juridictions de jugement doivent vérifier, même d'office, la régularité de l'ordonnance de délégation du premier président[5]; de la même façon la Cour de cassation exerce son contrôle sur la régularité de ladite délégation[6].

La méconnaissance des règles fixées par l'article 3-1 alinéas 2 et 3 de l'ordonnance du 22 décembre 1958, en ce qu'elles régissent la durée de l'affectation des magistrats concernés, lesquels ont qualité pour exercer leurs fonctions dans l'ensemble des tribunaux de première instance de la cour d'appel, n'affecte pas la régularité des actes qu'ils ont accomplis[7].

1. Crim. 31 mars 1993, n° 93-80.126, *Bull. crim.*, n° 140; *Gaz. Pal.* 1993, 2, 446.
2. CE 15 mai 1981, n° 3304, *Lebon; D.* 1982, 147, note Ph. Blondel et F.-G. Laferrière.
3. Crim. 15 juin 1982, n° 82-91.100, *Bull. crim.*, n° 161; *JCP* 1983, II, 20059, note P. Chambon – V. aussi Crim. 4 juin 1981, n° 80-92.232, *Bull. crim.*, n° 191.
4. Crim. 10 mai 1983, n° 81-91.572, *Bull. crim.*, n° 136; *JCP* 1984, II, note Chambon.
5. Crim. 10 mai 1983, n° 81-91.572, *Bull. crim.*, n° 136.
6. Crim. 23 avr. 1992, n° 92-80.801, *Bull. crim.*, n° 177.
7. Crim. 14 févr. 2001, n° 00-86.724, n° 00-86.725, *Bull. crim.*, n° 43.

Lorsque plusieurs ordonnances de délégation successives (neuf en l'espèce) ont été prises concernant le même magistrat affecté à l'instruction, séparées par plusieurs jours d'intervalle, le président doit opérer pour chaque information dont ce dernier est chargé, la désignation prévue par l'article 83 du Code de procédure pénale[1]. La nomination de juges placés à la sortie de l'ENM s'est considérablement accrue ces dernières années et il est clair que cette possibilité pourrait constituer une mesure d'accompagnement de la suppression de la fonction de juge d'instruction dans les derniers mois de son existence.

11.24 Remplacement du juge d'instruction. Aux termes de l'article 50 dernier alinéa du Code de procédure pénale, « si le juge d'instruction est absent, malade ou autrement empêché, le tribunal de grande instance désigne l'un des juges de ce tribunal pour le remplacer ». L'article 58 du Code d'instruction criminelle, que ce texte reproduit, ne concernait expressément que « les villes où il n'y avait qu'un juge d'instruction ». Il était cependant jugé qu'il s'appliquait également aux tribunaux ayant plusieurs juges d'instruction[2]. À plus forte raison en est-il ainsi aujourd'hui, l'article 50 n'ayant pas repris la restriction de l'ancien article 58[3].

La loi n'a indiqué que l'absence ou la maladie, mais il peut y avoir d'autres causes d'empêchement : nomination non immédiatement suivie de remplacement, abstention, mesure disciplinaire[4], ou transport urgent dans deux affaires[5]. La composition des juridictions étant d'ordre public, cette décision est soumise au contrôle du juge[6]. Cette nomination n'exige ni la présence ni l'avis du ministère public[7]. Elle est prise par l'assemblée générale des magistrats du siège (COJ, art. 761-24). Lorsqu'un juge du tribunal remplace un juge d'instruction empêché, il y a présomption, en l'absence de contestation devant la chambre d'accusation sur la régularité de sa désignation, que cette dernière a été régulièrement faite en application des dispositions de l'article 50 du Code de procédure pénale[8].

11.25 Le remplacement est effectué par le tribunal, et non par le président seul. Selon l'unanimité de la doctrine, lorsque le tribunal comprend plusieurs chambres, la désignation est faite par le tribunal réuni en assemblée générale; il statue en chambre du conseil, à la majorité des voix, après les conclusions du ministère public[9].

Le tribunal peut désigner, pour remplacer le juge d'instruction empêché, soit un juge du tribunal, soit le président ou le vice-président[10].

Est régulier le remplacement du juge d'instruction qui s'est absenté pour trois jours, par un juge du tribunal désigné en assemblée générale (C. pr. pén., art. 50, al. 5)[11], ou le remplacement de trois juges d'instruction simultanément empêchés[12].

La désignation ne peut avoir lieu qu'au moment où l'empêchement se manifeste. Le tribunal excéderait ses pouvoirs s'il « désignait par avance un juge pour instruire dans les procès auxquels le juge d'instruction ne pourrait suffire »; il excéderait de même ses pouvoirs « s'il désignait, d'une manière générale, et pour des cas indéterminés, un remplaçant permanent du juge d'instruction »[13].

En l'absence de contestation devant la chambre d'accusation, le remplacement opéré par le tribunal est présumé régulier[14].

Le tribunal ne pourrait non plus opérer la répartition des affaires entre le juge d'instruction titulaire et le juge d'instruction délégué. Si l'article 50 dernier alinéa du Code de procédure pénale donne compétence au tribunal de grande instance, lorsque le juge d'instruction est empêché, pour désigner celui des juges qui le remplacera, il appartient au président, en cas d'urgence et d'impossibilité de réunir l'assemblée générale des magistrats du siège, de procéder à ce remplacement ou d'accomplir lui-même les actes d'instruction utiles[15].

11.26 Portée de l'article 50 et des articles 83 et 84 alinéa 3 du Code de procédure pénale. À première vue, les articles 50 dernier alinéa et 84 alinéa 3 du Code de procédure pénale paraissent se contredire puisque, selon le premier texte, le remplacement du juge d'instruction empêché est effectué par le tribunal, alors que selon le second, il est procédé à ce remplacement par le président. À la vérité, ces deux textes visent des hypothèses très différen-

1. Crim. 10 mai 1983, n° 81-91.572, *Bull. crim.*, n° 136; *D.* 1983, IR 432; *JCP* 1984, II, 20276, note P. Chambon – V. aussi, Crim. 23 avr. 1992, n° 92-80.801, *Bull. crim.*, n° 177 – V. s[s] n° 12.12.
2. Crim. 12 déc. 1925, *Bull. crim.*, n° 344.
3. Sol. impl., Crim. 20 nov. 1984, n° 84-94.270, *Bull. crim.*, n° 360; *JCP* 1986, II, 20546, note P. Chambon – Crim. 5 janv. 1989, n° 88-86.198, *Bull. crim.*, n° 1.
4. Garraud, II, n° 690, note 8, p. 543.
5. Crim. 22 avr. 1875, *D.* 1876, 1, 43; *S.* 1875, 1, 283.
6. Crim. 24 janv. 1985, n° 84-93.030, *Bull. crim.*, n° 41.
7. Crim. 5 janv. 1989, n° 88-86.198, *Bull. crim.*, n° 1.
8. Crim. 4 déc. 1990, n° 90-85.837, *Bull. crim.*, n° 414.
9. Garraud, II, n° 690 – Crim. 20 nov. 1990, n° 90-84.121, *Bull. crim.*, n° 394.
10. Crim. 9 avr. 1858, *Bull. crim.*, n° 119.
11. Crim. 26 juin 1984, *JCP* 1984, IV, 286.
12. Crim. 5 janv. 1989, n° 88-86.198, *Bull. crim.*, n° 1.
13. Crim. 12 juill. 1836, *S.* 1836, 1, 584.
14. Crim. 4 déc. 1990, n° 90-85.837, *Bull. crim.*, n° 414.
15. Crim. 18 avr. 1991, n° 91-80.238, *Bull. crim.*, n° 186; *RSC* 1992, 342, obs. Braunschweig (v. les attendus s[s] n° 11.02) – Crim. 14 févr. 2001, n° 00-86.724, n° 00-86.725, *Bull. crim.*, n° 43.

tes, et leurs conditions d'application ne sont pas les mêmes.

Dans le cas de l'article 50, il s'agit de remplacer le juge d'instruction par un juge du tribunal que n'est pas lui-même juge d'instruction. Par ailleurs, il résulte des termes mêmes de l'article 83 que ce texte et l'article 84 s'appliquent dans les tribunaux où il existe plusieurs juges d'instruction, puisqu'il s'agit de remplacer l'un par l'autre. Tandis que l'article 50, qui s'inspire de l'article 58 du Code d'instruction criminelle, vise traditionnellement les tribunaux où il n'y a qu'un juge d'instruction. Ce principe demeure bien qu'il ait été jugé que l'article 50 puisse être appliqué aussi dans les tribunaux où il existe plusieurs juges d'instruction (v. s[s] n° 11.24). La différence fondamentale est ailleurs : l'article 50 concerne la nomination d'un juge d'instruction tandis que les articles 83 et 84 traitent de sa désignation. En effet, une fois nommé, le juge d'instruction doit être désigné dès lors qu'il en existe plusieurs dans la juridiction. L'article 83 du Code de procédure pénale règle la question des dossiers nouvellement ouverts tandis que l'article 84 prévoit l'hypothèse où un dossier déjà ouvert serait dévolu à un autre juge.

CHAPITRE

12. Désignation du juge d'instruction

SECTION 0 ORIENTEUR

12.00 Plan du chapitre.

Sect. 1 Article 83 du Code de procédure pénale

Sect. 2 Pôles de l'instruction et co-saisine

Sect. 3 Article 84 du Code de procédure pénale

12.01 Textes applicables.

C. pr. pén., art. 52-1, 72, 80, 83, 83-1, 83-2, 84.

C. pr. pén., art. D 15-4-4, D. 27, D. 31.

C. pr. pén., art. 52-1 [inséré par L. n° 2007-291, 5 mars 2007, art. 6 I]

Dans certains tribunaux de grande instance, les juges d'instruction sont regroupés au sein d'un pôle de l'instruction.

Les juges d'instruction composant un pôle de l'instruction sont seuls compétents pour connaître des informations en matière de crime. Ils demeurent compétents en cas de requalification des faits en cours d'information ou lors du règlement de celle-ci.

Ils sont également seuls compétents pour connaître des informations donnant lieu à une co-saisine conformément aux articles 83-1 et 83-2.

La liste des tribunaux dans lesquels existe un pôle de l'instruction et la compétence territoriale des juges d'instruction qui le composent sont déterminées par décret. Cette compétence peut recouvrir le ressort de plusieurs tribunaux de grande instance. Un ou plusieurs juges d'instruction peuvent être chargés, en tenant compte s'il y a lieu des spécialisations prévues par les articles 704, 706-2, 706-17, 706-75-1 et 706-107, de coordonner l'activité des juges d'instruction au sein du pôle, dans des conditions fixées par décret.

C. pr. pén., art. 72

Lorsque le procureur de la République et le juge d'instruction sont simultanément sur les lieux, le procureur de la République peut requérir l'ouverture d'une information régulière dont est saisi le juge d'instruction présent, par dérogation, le cas échéant, aux dispositions de l'article 83.

C. pr. pén., art. 80 [L. n° 2007-291, 5 mars 2007]

I. – Le juge d'instruction ne peut informer qu'en vertu d'un réquisitoire du procureur de la République.

Le réquisitoire peut être pris contre personne dénommée ou non dénommée.

Lorsque des faits, non visés au réquisitoire, sont portés à la connaissance du juge d'instruction, celui-ci doit immédiatement communiquer au procureur de la République les plaintes ou les procès-verbaux qui les constatent. Le procureur de la République peut alors soit requérir du juge d'instruction, par réquisitoire supplétif, qu'il informe sur ces nouveaux faits, soit requérir l'ouverture d'une information distincte, soit saisir la juridiction de jugement, soit ordonner une enquête, soit décider d'un classement sans suite ou de procéder à l'une des mesures prévues aux articles 41-1 à 41-3, soit transmettre les plaintes ou les procès-verbaux au procureur de la République territorialement compétent. Si le procureur de la République requiert l'ouverture d'une information distincte, celle-ci peut être confiée au même juge d'instruction, désigné dans les conditions prévues au premier alinéa de l'article 83.

En cas de plainte avec constitution de partie civile, il est procédé comme il est dit à l'article 86. Toutefois, lorsque de nouveaux faits sont dénoncés au juge d'instruction par la partie civile en cours d'information, il est fait application des dispositions de l'alinéa qui précède.

II. – En matière criminelle, ainsi que lorsqu'il requiert une co-saisine, le procureur de la République près le tribunal de grande instance au sein duquel il n'y a pas de pôle de l'instruction est compétent pour requérir l'ouverture d'une information devant les magistrats du pôle territorialement compétents pour les infractions relevant de sa compétence en application de l'article 43, y compris en faisant déférer devant eux les personnes concernées.

Dans les cas prévus au premier alinéa, le réquisitoire introductif peut également être pris par le procureur de la République près le tribunal de grande instance au sein duquel se trouve le pôle, qui est à cette fin territorialement compétent sur l'ensemble du ressort de compétence de ce pôle, y compris pour diriger et contrôler les enquêtes de police judiciaire.

Le procureur de la République près ce tribunal de grande instance est seul compétent pour suivre le déroulement des informations visées aux alinéas précédents jusqu'à leur règlement.

En cas de renvoi devant la juridiction de jugement, l'affaire est renvoyée, selon le cas, devant la juridiction de proximité, le tribunal de police, le tribunal correctionnel, le tribunal pour enfants ou la cour d'assises initialement compétents.

III. – Si le procureur de la République près le tribunal de grande instance dans lequel il y a un pôle de l'instruction constate qu'une personne est déférée devant lui en vue de l'ouverture d'une information en application du deuxième alinéa du II et qu'il estime qu'aucune information relevant de la compétence du pôle ne doit être ouverte, il peut, avant de transmettre le dossier de la procédure au procureur de la République territorialement compétent, requérir le placement sous contrôle judiciaire ou en détention provisoire de la personne selon les modalités prévues par le troisième alinéa de l'article 394 et l'article 396. Si la personne est placée en détention provisoire, elle doit comparaître devant le procureur de la République territorialement compétent au plus tard le troisième jour ouvrable suivant. À défaut, elle est mise d'office en liberté.

C. pr. pén., art. 83 [L. n° 2004-204, 9 mars 2004]

Lorsqu'il existe dans un tribunal plusieurs juges d'instruction, le président du tribunal ou, en cas d'empêchement, le magistrat qui le remplace, désigne, pour chaque information, le juge qui en sera chargé. Il peut établir, à cette fin, un tableau de roulement.

Lorsque la gravité ou la complexité de l'affaire le justifie, le président du tribunal ou, en cas d'empêchement, le magistrat qui le remplace peut adjoindre au juge d'instruction chargé de l'information un ou plusieurs juges d'instruction qu'il désigne, soit dès l'ouverture de l'information, soit sur la demande ou avec l'accord du juge chargé de l'information, à tout moment de la procédure.

Le juge chargé de l'information coordonne le déroulement de celle-ci; il a seul qualité pour saisir le juge des libertés et de la détention, pour ordonner une mise en liberté d'office et pour rendre l'ordonnance de règlement.

Les désignations prévues au présent article sont des mesures d'administration judiciaire non susceptibles de recours.

C. pr. pén., art. 83-1 [Loi n° 2007-291, 5 mars 2007]

Lorsque la gravité ou la complexité de l'affaire le justifie, l'information peut faire l'objet d'une co-saisine selon les modalités prévues par le présent article.

Le président du tribunal de grande instance dans lequel il existe un pôle de l'instruction ou, en cas d'empêchement, le magistrat qui le remplace désigne, dès l'ouverture de l'information, d'office ou si le procureur de la République le requiert dans son réquisitoire introductif, un ou plusieurs juges d'instruction pour être adjoints au juge d'instruction chargé de l'information.

À tout moment de la procédure, le président du tribunal de grande instance peut désigner un ou plusieurs juges d'instruction co-saisis soit à la demande du juge chargé de l'information, soit, si ce juge donne son accord, d'office ou sur réquisition du ministère public ou sur requête des parties déposée conformément aux dispositions de l'avant-dernier alinéa de l'article 81. Les parties ne peuvent pas renouveler leur demande avant six mois. Dans un délai d'un mois à compter de la réception de la demande, le président désigne un ou plusieurs juges d'instruction pour être adjoints au juge chargé de l'information. Pour l'application du présent alinéa, lorsque l'information a été ouverte dans un tribunal où il n'y a pas de pôle de l'instruction, le président du tribunal de grande instance où se trouve le pôle territorialement compétent désigne le juge d'instruction chargé de l'information ainsi que le ou les juges d'instruction co-saisis, après que le juge d'instruction initialement saisi s'est dessaisi au profit du pôle; ce dessaisissement prend effet à la date de désignation des juges du pôle.

Lorsqu'elle n'est pas ordonnée selon les modalités prévues par l'alinéa qui précède, en l'absence d'accord du juge chargé de l'information ou, à défaut, de désignation par le président du tribunal de grande instance dans le délai d'un mois, la co-saisine peut être ordonnée par le président de la chambre de l'instruction agissant d'office, à la demande du président du tribunal, sur réquisition du ministère public ou sur requête des parties. Le président statue dans un délai d'un mois à compter de la réception de la demande qui est déposée conformément à l'avant-dernier alinéa de l'article 81 si elle émane d'une partie. Lorsque l'information a été ouverte dans un tribunal où il n'y a pas de pôle de l'instruction, le président de la chambre de l'instruction saisit la chambre de l'instruction aux fins de co-saisine. Dans un délai d'un mois à compter de sa saisine, la chambre décide alors soit, s'il n'y a pas lieu à co-saisine, de renvoyer le dossier au magistrat instructeur, soit, si cette décision est indispensable à la manifestation de la vérité et à la bonne administration de la justice, de procéder au dessaisissement du juge d'instruction et à la désignation, aux fins de poursuite de la procédure, de plusieurs juges d'instruction.

Les décisions du président du tribunal de grande instance, du président de la chambre de l'instruction et de cette dernière prévues par le présent article sont des mesures d'administration judiciaire non susceptibles de recours.

C. pr. pén., art. 83-2 [Loi n° 2007-291, 5 mars 2007, art. 7 III, en vigueur le 1er mars 2008]

En cas de co-saisine, le juge d'instruction chargé de l'information coordonne le déroulement de celle-ci. Il a seul qualité pour saisir le juge des libertés et de la détention, pour ordonner une mise en liberté d'office et pour rendre l'avis de fin d'information prévu par l'article 175 et l'ordonnance de règlement. Toutefois, cet avis et cette ordonnance peuvent être cosignés par le ou les juges d'instruction co-saisis.

C. pr. pén., art. 84 [L. n° 2004-204, 9 mars 2004]

Sous réserve de l'application des articles 657 et 663, le dessaisissement du juge d'instruction au profit d'un autre juge d'instruction peut être demandé au président du tribunal, dans l'intérêt d'une bonne administration de la justice, par requête motivée du procureur de la République, agissant soit spontanément, soit à la demande des parties.

Le président du tribunal doit statuer dans les huit jours par une ordonnance qui ne sera pas susceptible de voies de recours.

En cas d'empêchement du juge chargé de l'information, par suite de congé, de maladie ou pour toute autre cause, de même qu'en cas de nomination à un autre poste, le président désigne le juge d'instruction chargé de le remplacer.

Toutefois, en cas d'urgence et pour des actes isolés, tout juge d'instruction peut suppléer un autre juge d'instruction du même tribunal.

Dans les cas prévus par le deuxième alinéa de l'article 83 et l'article 83-1, le juge désigné ou, s'ils sont plusieurs, le premier dans l'ordre de désignation, peut remplacer ou suppléer le juge chargé de l'information sans qu'il y ait lieu à application des alinéas qui précèdent.

C. pr. pén., art. D. 15-4-4

Pour l'application des dispositions de l'article 52-1, les tribunaux de grande instance dans lesquels existe un pôle de l'instruction et le ressort de compétence territoriale de ces pôles sont déterminés comme suit :

Siège	COMPÉTENCE TERRITORIALE s'étendant au ressort des tribunaux de grande instance de :
	Cour d'appel d'Agen
Agen	
	Cour d'appel d'Aix-en-Provence
Aix-en-Provence	Aix-en-Provence, Digne-les-Bains, Tarascon
Draguignan	Draguignan
Grasse	Grasse
Marseille	Marseille
Nice	Nice
Toulon	Toulon
	Cour d'appel d'Amiens
Amiens	Abbeville, Amiens, Péronne
Laon	Laon, Saint-Quentin, Soissons
Senlis	Beauvais, Compiègne, Senlis
	Cour d'appel d'Angers
Angers	Angers, Saumur
Le Mans	Laval, Le Mans
	Cour d'appel de Bastia
Ajaccio	Ajaccio
Bastia	Bastia
	Cour d'appel de Besançon
Besançon	Besançon, Dôle, Lons-le-Saunier, Lure, Vesoul
Montbéliard	Belfort, Montbéliard
	Cour d'appel de Bordeaux
Angoulême	Angoulême
Bordeaux	Bordeaux, Libourne
Périgueux	Bergerac, Périgueux
	Cour d'appel de Bourges
Bourges	Bourges, Châteauroux, Nevers
	Cour d'appel de Caen
Caen	Alençon, Argentan, Caen, Lisieux
Coutances	Avranches, Cherbourg-Octeville, Coutances
	Cour d'appel de Chambéry
Annecy	Annecy, Bonneville, Thonon-les-Bains
Chambéry	Albertville, Chambéry
	Cour d'appel de Colmar
Colmar	Colmar
Mulhouse	Mulhouse
Strasbourg	Saverne, Strasbourg
	Cour d'appel de Dijon
Chalon-sur-Saône	Chalon-sur-Saône, Mâcon
Dijon	Dijon, Chaumont
	Cour d'appel de Douai
Béthune	Arras, Béthune
Boulogne-sur-Mer	Boulogne-sur-Mer, Saint-Omer
Douai	Douai, Cambrai
Dunkerque	Dunkerque, Hazebrouck
Lille	Lille
Valenciennes	Avesnes-sur-Helpe, Valenciennes
	Cour d'appel de Grenoble
Grenoble	Gap, Bourgoin-Jallieu, Grenoble, Vienne
Valence	Valence
	Cour d'appel de Limoges
Limoges	Brive-la-Gaillarde, Guéret, Limoges, Tulle
	Cour d'appel de Lyon
Bourg-en-Bresse	Belley, Bourg-en-Bresse
Lyon	Lyon, Villefranche-sur-Saône
Saint-Étienne	Montbrison, Roanne, Saint-Étienne
	Cour d'appel de Metz
Metz	Metz, Sarreguemines, Thionville
	Cour d'appel de Montpellier
Béziers	Béziers
Montpellier	Montpellier, Millau, Rodez
Narbonne	Carcassonne, Narbonne
Perpignan	Perpignan
	Cour d'appel de Nancy
Épinal	Épinal, Saint-Dié-des-Vosges
Nancy	Bar-le-Duc, Briey, Nancy, Verdun

	Cour d'appel de Nîmes
Avignon	Avignon, Carpentras, Privas
Nîmes	Alès, Mende, Nîmes
	Cour d'appel d'Orléans
Blois	Blois
Orléans	Montargis, Orléans
Tours	Tours
	Cour d'appel de Paris
Auxerre	Auxerre, Sens
Bobigny	Bobigny
Créteil	Créteil
Évry	Évry
Meaux	Meaux
Melun	Fontainebleau, Melun
Paris	Paris
	Cour d'appel de Pau
Bayonne	Bayonne
Mont-de-Marsan	Dax, Mont-de-Marsan
Pau	Pau, Tarbes
	Cour d'appel de Poitiers
La Rochelle	La Rochelle, Rochefort, Saintes
La Roche-sur-Yon	La Roche-sur-Yon, Les Sables-d'Olonne
Poitiers	Bressuire, Niort, Poitiers
	Cour d'appel de Reims
Reims	Châlons-en-Champagne, Charleville-Mézières, Reims
Troyes	Troyes
	Cour d'appel de Rennes
Brest	Brest, Morlaix, Quimper
Lorient	Lorient, Vannes
Nantes	Nantes, Saint-Nazaire
Rennes	Rennes, Saint-Malo
Saint-Brieuc	Dinan, Guingamp, Saint-Brieuc
	Cour d'appel de Riom
Clermont-Ferrand	Aurillac, Clermont-Ferrand, Le Puy-en-Velay, Riom
Cusset	Cusset, Montluçon, Moulins
	Cour d'appel de Rouen
Évreux	Bernay, Évreux
Le Havre	Le Havre
Rouen	Dieppe, Rouen
	Cour d'appel de Toulouse
Montauban	Montauban
Toulouse	Albi, Castres, Foix, Saint-Gaudens, Toulouse
	Cour d'appel de Versailles
Chartres	Chartres
Nanterre	Nanterre
Pontoise	Pontoise
Versailles	Versailles

Départements d'outre-mer	
SIÈGE	**RESSORT s'étendant aux limites territoriales des tribunaux de grande instance de :**
	Cour d'appel de Basse-Terre
Pointe-à-Pitre	Basse-Terre, Pointe-à-Pitre
	Cour d'appel de Fort-de-France
Fort-de-France	Fort-de-France
Cayenne	Cayenne
	Cour d'appel de Saint-Denis
Saint-Denis	Saint-Denis
Saint-Pierre	Saint-Pierre

Collectivités d'outre-mer	
SIÈGE	**RESSORT s'étendant aux limites des tribunaux de grande instance de :**
	Cour d'appel de Nouméa
Nouméa	Nouméa
	Cour d'appel de Papeete
Papeete	Papeete

C. pr. pén., art. D. 27

Le juge d'instruction chargé d'une information nouvelle ou appelé à remplacer son collègue en cas d'empêchement ou de changement de poste, est désigné dans les conditions ci-après.

C. pr. pén., art. D. 31

Les dispositions du présent paragraphe ne sont pas applicables :

1° Lorsqu'il n'existe qu'un juge d'instruction;

2° Lorsqu'il s'agit d'une information comportant un inculpé mineur de dix-huit ans et qu'il n'existe qu'un juge d'instruction chargé spécialement des affaires concernant les mineurs.

Dispositions de la loi du 5 mars 2007 entrant en vigueur le 1er janvier 2011 (report d'une année par la loi du 12 mai 2009)

Chapitre Ier – Dispositions instaurant la collégialité de l'instruction

Article 1

Le premier alinéa de l'article 83 du Code de procédure pénale est remplacé par deux alinéas ainsi rédigés :

« Le président du tribunal ou, en cas d'empêchement, le magistrat qui le remplace, désigne, pour chaque information, une formation collégiale de trois juges d'instruction, dont un magistrat du premier grade exerçant les fonctions de juge coordonnateur. Il peut établir, à cette fin, un tableau de roulement.

Ce collège de l'instruction exerce les prérogatives confiées au juge d'instruction par le présent code. Les décisions de mise en examen, d'octroi du statut de témoin assisté à une personne mise en examen, de placement sous contrôle judiciaire, de saisine du juge des libertés et de la détention et de mise en liberté d'office, ainsi que les avis de fin d'information, les ordonnances de règlement et de non-lieu doivent être pris de manière collégiale. Les autres actes relevant de la compétence du juge d'instruction peuvent être délégués à l'un des juges d'instruction composant le collège. »

Art. 2

I. – Dans les articles 80-1, 80-1-1, 113-8, 116, 137-1, 137-2, 138, 139, 140, 141-1, 142, 144-1, 145, 146, 147, 148, 148-1-1, 175, 175-1, 175-2, 176, 177, 179, 180, 181, 182, 184, 188, 197, 469, 495-15 et 571 et dans le second alinéa de l'article 202 du Code de procédure pénale, les mots : « juge d'instruction » sont remplacés par les mots : « collège de l'instruction ».

II. – Au début de la deuxième phrase du premier alinéa de l'article 141-2 du même code, le mot : « Il » est remplacé par les mots : « Le collège de l'instruction ».

III. – Dans le deuxième alinéa de l'article 175, dans le premier alinéa de l'article 178, et dans le premier alinéa de l'article 179 du même code, les mots : « le juge » sont remplacés par les mots : « le collège de l'instruction ».

Art. 3

I. – L'article 50 du Code de procédure pénale est ainsi modifié :

1° Dans le premier alinéa, les mots : « Le juge d'instruction, choisi » sont remplacés par les mots : « Les juges d'instruction, choisis », et les mots : « est nommé » sont remplacés par les mots : « sont nommés »;

2° Dans le deuxième alinéa, les mots : « le magistrat désigné » sont remplacés par les mots : « les magistrats désignés »;

3° Dans le dernier alinéa, les mots : « le juge » sont remplacés par les mots : « l'un des juges ».

II. – Dans l'article 52 du même code, les mots : « juge d'instruction » sont remplacés par les mots : « pôle de l'instruction ».

III. – L'article 84 du même code est ainsi modifié :

1° Dans le premier alinéa, les mots : « du juge » sont remplacés par les mots : « d'un ou plusieurs juges », et les mots : « d'un autre juge » sont remplacés par les mots : « d'un ou plusieurs autres juges »;

2° Dans le troisième alinéa, les mots : « du juge chargé » sont remplacés par les mots : « de l'un des juges chargés », et les mots : « désigne le juge » sont remplacés par les mots : « peut désigner un juge »;

3° Le dernier alinéa est supprimé.

IV. – Dans l'article 85 du même code, les mots : « juge d'instruction » sont remplacés par les mots : « pôle de l'instruction ».

V. – Dans le dernier alinéa de l'article 206 du même code, les mots : « au même juge d'instruction ou à tel autre » sont remplacés par les mots : « aux mêmes juges d'instruction ou à d'autres ».

VI. – L'article 207 du même code est ainsi modifié :

1° Dans les premier et dernier alinéas, les mots : « juge d'instruction » sont remplacés par les mots : « collège de l'instruction »;

2° Dans le deuxième alinéa, les mots : « au juge d'instruction ou à tel autre » sont remplacés par les mots : « aux mêmes juges d'instruction ou à d'autres ».

VII. – L'article 207-1 du même code est ainsi modifié :

1° Dans le deuxième alinéa, les mots : « au même juge d'instruction ou à tel autre » sont remplacés par les mots : « aux mêmes juges d'instruction ou à d'autres »;

2° Dans le dernier alinéa, les mots : « juge d'instruction » sont remplacés par les mots : « collège de l'instruction ».

VIII. – Le 6° du II de l'article 221-3 du même code est ainsi rédigé :

« 6° Désigner un ou plusieurs juges d'instruction pour suivre la procédure avec les juges d'instruction déjà saisis; ».

IX. – Dans le premier alinéa de l'article 397-2 du même code, les mots : « l'un de ses membres ou l'un des juges d'instruction de la juridiction désigné » sont remplacés par les mots : « certains de ses membres ou certains des juges d'instruction de la juridiction désignés ».

X. – Dans les articles 804 et 905-1 du même code, les références : « 83-1 et 83-2 » sont remplacées par le mot et la référence : « et 83 ».

XI. – Dans l'article 877 du même code, les références : « 83-1, 83-2 » sont remplacées par la référence : « 83 ».

Art. 4

I. – L'article 657 du Code de procédure pénale est ainsi modifié :

1° Dans la première phrase, les mots : « juges d'instruction » sont remplacés par les mots : « collèges de l'instruction », et les mots : « des juges » sont remplacés par les mots : « des collèges »;

2° Dans la deuxième phrase, le mot : « juges » est remplacé par les mots : « collèges de l'instruction saisis ».

II. – Dans l'article 663 du même code, les mots : « juges d'instruction » sont remplacés par les mots : « collèges de l'instruction », et le mot : « juges » est remplacé par le mot : « collèges ».

III. – Dans la première phrase du second alinéa de l'article 698 du même code, les mots : « le juge d'instruction » sont remplacés par les mots : « la juridiction d'instruction ».

IV. – L'article 701 du même code est ainsi modifié :

1° Dans le deuxième alinéa, les mots : « le juge d'instruction » sont remplacés par les mots : « la juridiction d'instruction »;

2° Dans le dernier alinéa, les mots : « juge d'instruction » sont remplacés par les mots : « collège de l'instruction ».

Art. 5

I. – Dans l'avant-dernier alinéa de l'article 704 du Code de procédure pénale, les mots : « un ou plusieurs juges d'instruction » sont remplacés par les mots : « les juges d'instruction ».

II. – Dans les article 705-1, 706-2, 706-18, 706-25, 706-45, 706-77, 706-107 et 706-110 du même code, les mots : « juge d'instruction » sont remplacés par les mots : « collège de l'instruction ».

III. – L'article 705-2 du même code est ainsi modifié :

1° Dans la deuxième phrase du premier alinéa, les mots : « le juge d'instruction chargé » sont remplacés par les mots : « la juridiction chargée » ;

2° Dans la dernière phrase du premier alinéa et dans le deuxième alinéa, les mots : « juge d'instruction » sont remplacés par les mots : « collège de l'instruction ».

IV. – L'article 706-17 du même code est ainsi modifié :

1° Les mots : « juge d'instruction » sont remplacés par les mots : « pôle de l'instruction » ;

2° Dans le dernier alinéa, les mots : « un magistrat » sont remplacés par les mots : « des magistrats », le mot : « affecté » est remplacé par le mot : « affectés », et les mots : « le cas échéant dans les conditions prévues à l'article 83-1, » sont supprimés.

V. – L'article 706-19 du même code est ainsi modifié :

1° Les mots : « juge d'instruction » sont remplacés par les mots : « collège de l'instruction » ;

2° Dans la première phrase du premier alinéa, le mot : « magistrat » est remplacé par le mot : « collège ».

VI. – L'article 706-22 du même code est ainsi modifié :

1° Aux première, deuxième, quatrième, cinquième et sixième occurrences, les mots : « juge d'instruction » sont remplacés par les mots : « collège de l'instruction » ;

2° Dans la première phrase du premier alinéa, les mots : « le juge d'instruction chargé » sont remplacés par les mots : « la juridiction chargée ».

VII. – L'article 706-76 du même code est ainsi modifié :

1° Dans le premier alinéa, les mots : « juge d'instruction » sont remplacés par les mots : « pôle de l'instruction » ;

2° Dans la seconde phrase du second alinéa, les mots : « juge d'instruction » sont remplacés par les mots : « collège de l'instruction ».

VIII. – L'article 706-78 du même code est ainsi modifié :

1° Dans la deuxième phrase du premier alinéa, les mots : « le juge d'instruction chargé » sont remplacés par les mots : « la juridiction chargée » ;

2° Dans la dernière phrase du premier alinéa et dans le deuxième alinéa, les mots : « juge d'instruction » sont remplacés par les mots : « collège de l'instruction ».

IX. – L'article 706-109 du même code est ainsi modifié :

1° Dans le premier alinéa, les mots : « juge d'instruction » sont remplacés par les mots : « pôle de l'instruction » ;

2° Dans la seconde phrase du dernier alinéa, les mots : « juge d'instruction » sont remplacés par les mots : « collège de l'instruction ».

X. – L'article 706-111 du même code est ainsi modifié :

1° Dans la deuxième phrase du premier alinéa, les mots : « le juge d'instruction chargé » sont remplacés par les mots : « la juridiction chargée » ;

2° Dans la dernière phrase du premier alinéa et dans le deuxième alinéa, les mots : « juge d'instruction » sont remplacés par les mots : « collège de l'instruction ».

12.02 Jurisprudence de référence.

> Désignation

• La désignation du juge d'instruction est un acte d'administration judiciaire non susceptible de recours.

Crim. 4 déc. 1990, n° 90-84.461, *Bull. crim.*, n° 415; *D.* 1991, somm. 216; *Gaz. Pal.* 1991, 1, 173.

« Attendu qu'il apparaît de l'arrêt attaqué et des pièces de la procédure que le procureur de la République a établi, le 19 février 1990, le réquisitoire introductif; que, le 28 février 1990, le président du tribunal a chargé M. J..., juge d'instruction, de l'information ainsi ouverte; que si, aux termes du tableau de roulement, dressé par le président, M. J... était le juge d'instruction chargé pour la période du 24 février au 4 mars 1990 des informations devant être ouvertes, M. G... était désigné pour celles ouvertes du 10 au 23 février 1990;

Attendu que, contrairement à ce qu'énonce l'arrêt attaqué, l'article 83 du Code de procédure pénale, dans sa rédaction issue de la loi du 6 juillet 1989, implique que soit saisi le juge d'instruction figurant sur le tableau de roulement au jour de la signature du réquisitoire introductif, premier acte de l'information;

Attendu, cependant, que, depuis l'entrée en vigueur de la loi du 6 juillet 1989 précitée, les modalités de désignation du juge d'instruction fixées par l'article 83 en sa nouvelle rédaction et celles de son remplacement prévues par les alinéas 3 et 4 de l'article 84 du Code de procédure pénale, constituent des actes d'administration judiciaire dont les irrégularités ne sauraient entraîner une nullité de la procédure ni donner ouverture à cassation. »

• L'existence du tableau de roulement rend surabondante l'ordonnance de désignation prise par le président du Tribunal.

Crim. 3 juill. 1991, n° 91-82.325, *Bull. crim.*, n° 292.

« Sur le premier moyen pris de la violation des articles 83 et 206 du Code de procédure pénale, défaut de motifs :

« en ce que l'arrêt attaqué a omis de prononcer la nullité de l'ordonnance en date du 17 janvier 1990 par laquelle le président du tribunal de grande instance de Nîmes a désigné M. L..., juge d'instruction (pièce cotée D. 5) et de toute la procédure subséquente » ;

« alors que cette ordonnance n'est matérialisée, au dossier de la procédure, que par une photocopie non signée par le président du tribunal et simplement certifiée conforme à l'original par le greffier, ce qui ne saurait en aucune façon établir que cette pièce essentielle a bien été signée par son auteur; qu'en s'abstenant d'en prononcer la nullité, même d'office, la chambre d'accusation n'a pas légalement justifié sa décision » ;

Attendu que, depuis l'entrée en vigueur de la loi du 6 juillet 1989 modifiant l'article 83 du Code de procédure pénale, la désignation du juge d'instruction constitue un acte d'administration judiciaire dont les modalités échappent au contrôle de la Cour de cassation;

Que, dès lors, le moyen, qui porte sur l'ordonnance de désignation prise par le président du tribunal de grande instance pour la période du 23 mars 1990 au 30 mars

1990, décision surabondante en présence du tableau de roulement, ne saurait être accueilli. »

• Le juge adjoint peut rendre une décision en matière de détention provisoire dès lors qu'il remplace le juge chargé de l'information, empêché.

Crim. 29 nov. 2000, n° 00-86.087, *Bull. crim.*, n° 357.

« Attendu qu'il résulte de l'arrêt attaqué et des pièces de la procédure que, par décision prise en application de l'article 83, alinéa 2, du Code de procédure pénale, M. C... a été adjoint à Mme P..., chargée d'une information concernant des faits de blanchiment, abus de biens sociaux, abus de confiance, banqueroute, escroqueries, faux et usage; que X... a été placé en détention provisoire par ordonnance du 23 mai 2000, rendue par M. C..., substituant Mme P..., empêchée;

Attendu qu'au soutien de son appel de l'ordonnance du 14 août 2000 rejetant sa demande de mise en liberté, il a invoqué l'incompétence du juge d'instruction adjoint pour le placer en détention provisoire, au motif que l'article 83, alinéa 3, du Code de procédure pénale réserve au seul juge chargé de l'information le contentieux de la détention;

Attendu que, pour refuser d'annuler l'ordonnance de placement en détention provisoire de X... et rejeter sa demande de mise en liberté, la chambre d'accusation énonce que c'est à bon droit que le juge d'instruction adjoint à celui premièrement désigné a, à raison de l'indisponibilité de celui-ci, retenu par la présentation d'autres personnes mises en examen, procédé au placement en détention de l'intéressé sans en rendre compte au président du tribunal;

Qu'en cet état, la chambre d'accusation a fait l'exacte application de l'article 84, dernier alinéa, du Code de procédure pénale. »

12.03 Bibliographie indicative. (V. les références complètes s^s^ n° 03.)

Actualisables. Rép. pén., Bonnal, « Juge d'instruction »; Guéry Ch., « Instruction préparatoire »; Chavanon, « Récusation » – J.-Cl. proc. pén., art. 79 à 84, Dumont, « Juridictions d'instruction du premier degré. Dispositions générales ».

Articles. Guéry Ch., « J'instruisais, tu instruisais... Nous instruisons », *AJ pénal* 2006, 340.

12.07 Ordonnance de désignation. Des générations de magistrats instructeurs ont été traumatisées par certaines annulations de procédures parce que l'ordonnance de désignation avait été « perdue ». Depuis l'entrée en vigueur de la loi du 4 janvier 1993, confirmant la jurisprudence la plus récente de la chambre criminelle, la désignation prise sur la base de l'article 83 ou 84 du Code de procédure pénale est un acte d'administration judiciaire qui n'est plus susceptible de recours de la part des parties.

12.08 Dispositions applicables le 1er janvier 2011. Le législateur a d'ores et déjà prévu le système qui devait s'appliquer le 1er janvier 2010 et a été reporté au 1er janvier de l'année suivante par la loi du 12 mai 2009. Tout laisse penser en fait que ce texte n'entrera jamais en vigueur. Le premier chapitre de la loi est consacré aux pôles de l'instruction imaginés par la commission parlementaire dite d'Outreau. Les pôles de l'instruction sont en effet une idée développée au cours des travaux de la commission et à laquelle celle-ci tenait beaucoup. Nous avons critiqué cette disposition[1] pour la raison suivante : les dispositions nouvelles vont mettre en place un système sans aucune flexibilité. L'instruction devient dans sa totalité collégiale. Le nouvel article 83 du code, dans sa rédaction applicable en 2011 est ainsi rédigé : « Le président du tribunal ou, en cas d'empêchement, le magistrat qui le remplace, désigne, pour chaque information, une formation collégiale de trois juges d'instruction, dont un magistrat du premier grade exerçant les fonctions de juge coordonnateur. Il peut établir, à cette fin, un tableau de roulement. Ce collège de l'instruction exerce les prérogatives confiées au juge d'instruction par le présent code. Les ordonnances de mise en examen, d'octroi du statut de témoin assisté à une personne mise en examen, de placement sous contrôle judiciaire, de saisine du juge des libertés et de la détention et de mise en liberté d'office, ainsi que les avis de fin d'information, les ordonnances de règlement et de non-lieu doivent être pris de manière collégiale. Les autres actes relevant de la compétence du juge d'instruction peuvent être délégués à l'un des juges d'instruction composant le collège. »

En conséquence, le législateur modifie les termes de « juge d'instruction » dans tous les textes du Code de procédure pénale par la mention « collège de l'instruction ». D'autres textes sont modifiés par souci de coordination. Certains articles seront supprimés, là aussi pour les mêmes fins : les articles 83-1, 83-2 du Code de procédure pénale ainsi que certaines dispositions au sein des articles 52-1, 80, 118. Le système nouveau n'aura d'intérêt que si les juges d'instruction ne sont plus saisis que d'affaires importantes nécessitant que plusieurs magistrats se penchent ensemble sur une affaire. Tel n'est pas le cas aujourd'hui. Les plaintes avec constitution de partie civile sont en effet très nombreuses et ne demandent en général que l'intervention d'un seul juge. On peut même souvent se demander pourquoi un juge d'instruction doit se livrer à des investigations sur des faits qui ne le méritent pas[2]. Par ailleurs, le législateur n'a pas pris le soin de préciser comment les décisions étaient prises. Certes, il n'y a plus de juge chargé de l'information ni de juge adjoint. Pour autant, les décisions sont-elles prises à la majorité ? Il semble que ce soit le seul mode de fonctionnement possible en l'absence de précision contraire. Le texte apparaît lacunaire et difficilement applicable en l'état. Mais lorsqu'on connaît la durée de vie d'une loi de procédure depuis quelques années, on peut raisonnablement s'interroger sur ses chances d'entrer en vigueur, du moins sous cette forme.

1. Ch. Guéry, « J'instruisais, tu instruisais... Nous instruisons », *AJ pénal* 2006, 340.
2. V. not. Ch. Guéry, « Le juge d'instruction et le voleur de pommes », *D.* 2003, chron. 1575.

SECTION 1

ARTICLE 83 DU CODE DE PROCÉDURE PÉNALE

12.11 Jurisprudence antérieure. Le Code d'instruction criminelle gardait le silence sur le choix du juge d'instruction dans les tribunaux où il en existait plusieurs. La Cour de cassation décidait que seul le ministère public avait qualité pour désigner le juge d'instruction qui devait être chargé d'une affaire déterminée, en vertu du droit de réquisition que lui donnait l'article 61 de ce code[1].

La doctrine estimait que ce droit de répartition attribué au ministère public, était de nature à porter atteinte à l'indépendance du juge d'instruction[2].

12.12 L'article 83 du Code de procédure pénale a mis fin à cette situation : « Lorsqu'il existe dans un tribunal plusieurs juges d'instruction, le président du tribunal ou... le magistrat qui le remplace désigne, pour chaque information, le juge qui en sera chargé. » Ce texte, complété par les articles D. 27 à D. 31, a été plusieurs fois modifié. La loi du 10 décembre 1985 indique que le président « peut, à cette fin, établir un tableau de roulement ». La loi du 6 juillet 1989 rend ce tableau obligatoire, et prévoit un tour de service spécifique selon la spécialisation des juges d'instruction. La loi du 4 janvier 1993 a supprimé toute référence au tableau de roulement, que la loi du 24 août 1993 a rétabli comme mode facultatif de désignation.

La Cour de cassation a varié sur les conséquences de l'irrégularité de la désignation. Dans un premier temps, elle a considéré qu'il s'agissait d'une formalité d'ordre administratif dont l'inobservation n'entraînait pas la nullité[3]. Elle a ensuite décidé que la désignation du juge d'instruction par le président du tribunal constituait « une formalité substantielle d'ordre public touchant à l'ordre et à la composition des juridictions », qui devait être observée à peine de nullité[4]. Puis, elle est revenue à sa première doctrine, en déclarant que « depuis l'entrée en vigueur de la loi du 6 juillet 1989, les modalités de la désignation constituent des actes d'administration judiciaire dont les irrégularités ne sauraient entraîner la nullité »[5].

C'est cette jurisprudence qu'a consacrée l'article 83 alinéa 4 du Code de procédure pénale qui édicte que « les désignations prévues par le présent article sont des mesures d'administration judiciaire non susceptibles de recours ». Le mode de désignation du juge d'instruction chargé d'une affaire déterminée constitue un acte d'administration judiciaire qui n'intéresse pas les droits des parties, lesquelles ne sauraient en discuter ni la régularité, ni l'existence[6].

12.13 Formes. N'est pas régulière la désignation du juge d'instruction par le président du tribunal qui résulte d'un imprimé non signé[7], ou non daté et qui ne comporte aucun nom de juge d'instruction[8]. Le fait que l'ordonnance de désignation soit incluse dans les pièces de forme est indifférent[9]. Est valable la simple mention de la désignation sur le réquisitoire, non datée, mais signée[10], ou n'indiquant pas le numéro de la procédure, mais le visa des pièces[11], ou un numéro de cotation[12].

12.14 Cas dans lesquels il n'y a pas de désignation. Il n'existe pas de désignation lorsqu'il n'existe qu'un seul poste de juge d'instruction dans la juridiction (C. pr. pén., art. D. 31) ou lorsqu'il n'y a qu'un seul juge d'instruction chargé des mineurs au tribunal de grande instance et qu'un mineur est concerné (C. pr. pén., art. D. 31). Il n'existe pas de désignation dans le cadre de l'article 74 du Code de procédure pénale[13] et on peut penser qu'il en est de même dans le cadre de l'article 74-1, issu de la loi du 9 septembre 2002. La désignation ne concerne que l'ouverture de l'action publique : quand le juge d'instruction est saisi de réquisitions supplétives pour faits nouveaux la désignation est inutile[14]. Bien que l'article 72 ait perdu toute sa spécificité, la saisine directe du magistrat instructeur sur les lieux est maintenue hors désignation par le président de la juridiction (v. aussi s^s n° 52.13).

1. Crim. 22 avr. 1875, *Bull. crim.*, n° 132; *S.* 1875, 1, 283; *D.* 1876, 1, 43 – Crim. 26 janv. 1907, *Bull. crim.*, n° 45; *D.* 1911, 1, 289 – Crim. 28 juin 1935, *Bull. crim.*, n° 87.
2. GARRAUD, II, n° 696.
3. Crim. 5 mai 1960, *Bull. crim.*, n° 246; *JCP* 1960, II, 11735, note Depaule – Crim. 4 avr. 1962, *Bull. crim.*, n° 161.
4. Crim. 13 mai 1971, n° 70-92.588, *Bull. crim.*, n° 158; *D.* 1971, 499, note Pradel – Crim. 24 févr. 1982, NP; *JCP* 1982, II, 19906, note P. Chambon – Crim. 18 mai 1983, n° 82-93.410, *Bull. crim.*, n° 148; *D.* 1984, 188, note Jeandidier – Crim. 10 janv. 1989, n° 88-86.459, *Bull. crim.*, n° 9.
5. Crim. 4 déc. 1990, n° 90-84.461, *Bull. crim.*, n° 415; *D.* 1991, somm. 216; *Gaz. Pal.* 1991, 1, 173 (v. les attendus s^s n° 12.02) – Crim. 3 juill. 1991, n° 91-82.325, *Bull. crim.*, n° 292 (v. les attendus s^s n° 12.02) – Crim. 19 mai 1992, n° 91-86.441, *Bull. crim.*, n° 195 – Crim. 17 nov. 1993, n° 93-83.531, *Bull. crim.*, n° 343 – Crim. 11 juin 1996, n° 96-81.312, *Bull. crim.*, n° 244.
6. Crim. 27 févr. 2001, n° 00-86.747, *Bull. crim.*, n° 50.
7. Crim. 13 mai 1971, n° 70-92.588, *Bull. crim.*, n° 158; *D.* 1971, 499, note Pradel – Crim. 10 janv. 1989, n° 88-86.459, *Bull. crim.*, n° 9.
8. Crim. 3 nov. 1978, NP.
9. Crim. 23 oct. 1984, n° 83-90.827, *Bull. crim.*, n° 314.
10. Crim. 22 oct. 1986, n° 86-94.398, *Bull. crim.*, n° 301.
11. Crim. 7 avr. 1987, n° 87-80.513, *Bull. crim.*, n° 159.
12. Crim. 2 juin 1987, n° 87-81.537, *Bull. crim.*, n° 232.
13. Crim. 11 mai 1989, n° 89-81.416, *Bull. crim.*, n° 193.
14. Crim. 15 nov. 1988, n° 88-82.660, *Bull. crim.*, n° 387.

12.15 Cas où la désignation est obligatoire. La désignation est obligatoire dans tous les autres cas. Il en est ainsi notamment :

- quand il y a plusieurs juges d'instruction au tribunal (C. pr. pén., art. 83) [1];

- quand il y a plusieurs juges d'instruction chargés des affaires de mineurs (C. pr. pén., art. D. 31);

- quand il y a délégation d'un juge d'instruction dans le cadre de l'article R. 213-27 du Code de l'organisation judiciaire [2];

- quand il y a saisine d'un juge d'instruction dans le cadre des articles 704 et 705 du Code de procédure pénale et qu'il existe plusieurs juges d'instruction spécialisés en matière économique et financière; il en est de même selon l'article 706-2 pour la santé publique, les articles 706-17 et 706-18 pour le terrorisme, les articles 706-75 et suivants pour la criminalité organisée;

- quand il y a renvoi de la chambre criminelle dans le cadre de l'article 662 et 665 du Code de procédure pénale;

- quand le tribunal commet un juge d'instruction pour procéder à un supplément d'information dans le cadre de l'article 397-2 du Code de procédure pénale.

SECTION 2
PÔLES DE L'INSTRUCTION ET CO-SAISINE

12.21 Histoire. L'article 83 alinéa 2 du Code de procédure pénale disposait que « lorsque la gravité ou la complexité de l'affaire le justifie », le président du tribunal peut adjoindre au juge d'instruction chargé de l'information un ou plusieurs juges d'instruction qu'il désigne, soit dès l'ouverture de l'information, soit à tout moment soit sur la demande ou avec l'accord du juge chargé de l'information. Ce dernier coordonne le déroulement de celle-ci et a seul qualité pour statuer en matière de détention et pour régler la procédure (C. pr. pén., art. 83, al. 3) [3]. En cas d'empêchement, il peut être remplacé sans autre formalité par l'un des juges adjoints (C. pr. pén., art. 84, al. 5). Le juge premier désigné est appelé « juge chargé de l'information ».

Pierre Chambon estimait dans une édition précédente de cet ouvrage que cette innovation était mal venue « affecter plusieurs magistrats à une même procédure, alors qu'un seul suffirait, c'est leur faire perdre un temps précieux. D'autre part, l'instruction est une fonction de décisions successives, qui exige l'unité de direction et s'accommode mal de la pluralité des organes ». C'est généralement dans les affaires économiques et financières qu'on assistait à ce genre de désignations avant que le scandale causé par le procès de l'affaire d'Outreau renouvelle la donne. On a assisté alors à une multiplication des saisines de plusieurs juges, pas seulement dans les affaires d'abus sexuels mais dans toutes celles où plusieurs avis pouvaient apparaître souhaitables. La co-saisine est aussi un moyen de moins exposer un seul magistrat instructeur.

12.22 La répartition des tâches entre les magistrats instructeurs co-saisis, selon la loi ancienne. L'article 83 précisait que le juge chargé de l'information avait une compétence exclusive dans deux domaines :

- il pouvait seul saisir le JLD ou ordonner une mise en liberté d'office;

- il pouvait seul rendre l'ordonnance de règlement.

La chambre criminelle a décidé qu'encourait la cassation l'arrêt de la chambre d'accusation qui omet de constater d'office la nullité de l'ordonnance de placement en détention provisoire rendue par deux juges d'instruction désignés dans une même information [4]. Non seulement le juge adjoint ne peut donc prendre, en cette matière, de décision seul, mais il ne peut pas non plus ajouter sa signature à celle du juge chargé de l'information.

Lorsqu'une personne est déférée et que son placement en détention provisoire est envisagé le juge adjoint ne peut donc signer l'ordonnance de saisine du juge des libertés et de la détention. Toutefois, selon le dernier alinéa de l'article 84 du Code de procédure pénale, le juge qui a été adjoint au juge chargé de l'information peut, en cas d'absence ou d'empêchement de ce dernier, le remplacer ou le substituer dans l'accomplissement des actes pour lesquels celui-ci a seul compétence; c'est donc à bon droit qu'une chambre d'accusation a déclaré valables les ordonnances de placement en détention provisoire prises par le juge d'instruction adjoint, après avoir relevé qu'une cinquantaine de personnes étaient déférées au juge chargé de l'information [5]. Il eut été en effet pour le moins étrange que le juge adjoint ait sur ce point moins de pouvoir que n'importe quel juge d'instruction du tribunal.

N'a pas à être annulée l'ordonnance de placement sous contrôle judiciaire signée par les deux juges d'instruction chargés de l'affaire [6].

1. Crim. 7 mars 1988, n° 88-80.061, *Bull. crim.*, n° 114.
2. Crim. 10 mai 1983, n° 81-91.572, *Bull. crim.*, n° 136.
3. Crim. 7 juin 2000, n° 00-81.618, *Bull. crim.*, n° 218.
4. Crim. 7 juin 2000, n° 00-81.618, *Bull. crim.*, n° 218; *D.* 2000, IR 223; *D.* 2001, somm. 516, obs. Pradel.
5. Crim. 24 mars 1998, n° 98-80.008, *Bull. crim.*, n° 109 – Crim. 29 nov. 2000, n° 00-86.087, *Bull. crim.*, n° 357 (v. les attendus s[s] n° 12.02).
6. Crim. 18 oct. 2000, n° 00-85.092, *Bull. crim.*, n° 304 – Sur tous ces points, v. aussi Ch. Guéry, « J'instruisais, tu instruisais... Nous instruisons », *AJ pénal* 2006, 340.

12.23 Les nouveaux pôles de l'instruction. La loi du 5 mars 2007 mis en place des « pôles de l'instruction ». L'article 52-1 dispose que : « Dans certains tribunaux de grande instance, les juges d'instruction sont regroupés au sein d'un pôle de l'instruction. Les juges d'instruction composant un pôle de l'instruction sont seuls compétents pour connaître des informations en matière de crime. Ils demeurent compétents en cas de requalification des faits en cours d'information ou lors du règlement de celle-ci. Ils sont également seuls compétents pour connaître des informations donnant lieu à une co-saisine conformément aux articles 83-1 et 83-2. La liste des tribunaux dans lesquels existe un pôle de l'instruction et la compétence territoriale des juges d'instruction qui le composent sont déterminées par décret. Cette compétence peut recouvrir le ressort de plusieurs tribunaux de grande instance. Un ou plusieurs juges d'instruction peuvent être chargés, en tenant compte s'il y a lieu des spécialisations prévues par les articles 704, 706-2, 706-17, 706-75-1 et 706-19, d'organiser l'activité des juges d'instruction au sein du pôle, dans des conditions fixées par décret ». C'est le décret du 16 janvier 2008 [1] qui a donné la liste des pôles de l'instruction et fixé leur compétence territoriale (C. pr. pén., art. D. 15-4-4 - V. ss n° 12.01).

12.24 Ouverture des informations au sein des juridictions sans pôle. L'article 80 du Code de procédure pénale est modifié et prévoit la procédure adéquate lorsque le procureur de la République requiert une co-saisine et en matière criminelle : « En matière criminelle, ainsi que lorsqu'il requiert une co-saisine, le procureur de la République près le tribunal de grande instance au sein duquel il n'y a pas de pôle de l'instruction est compétent pour requérir l'ouverture d'une information devant les magistrats du pôle territorialement compétents pour les infractions relevant de sa compétence en application de l'article 43, y compris en faisant déférer devant eux les personnes concernées ».

Mais il existe une compétence concurrente : « Dans les cas prévus au premier alinéa, le réquisitoire introductif peut également être pris par le procureur de la République près le tribunal de grande instance au sein duquel se trouve le pôle, qui est à cette fin territorialement compétent sur l'ensemble du ressort de compétence de ce pôle, y compris pour diriger et contrôler les enquêtes de police judiciaire ». On pouvait s'interroger sur la mise en œuvre pratique de ces dispositions. Le décret du 16 janvier 2008 a dressé la base de l'articulation entre les deux procureurs compétents. C'est ainsi que le procureur de la République près le tribunal de grande instance au sein duquel il n'y a pas de pôle d'instruction avise le procureur de la République près le tribunal au sein duquel se trouve ce pôle des infractions et enquêtes portées à sa connaissance dès qu'il lui apparaît que ces faits et procédures sont susceptibles de donner lieu à l'ouverture d'une information de nature criminelle ou avec co-saisine. Ces deux magistrats se concertent alors pour déterminer celui qui dirigera et contrôlera le déroulement de l'enquête et celui qui décidera s'il y a lieu de requérir l'ouverture d'une instruction. Le procureur général coordonne le cas échéant leurs actions. (C. pr. pén., art. D. 15-4-1). Le procureur de la République du lieu du pôle qui a conduit une affaire ne dépendant pas naturellement de sa compétence territoriale peut changer d'avis au moment du déferement. L'article 80 dispose en effet que : « Si le procureur de la République près le tribunal de grande instance dans lequel il y a un pôle de l'instruction constate qu'une personne est déférée devant lui en vue de l'ouverture d'une information en application du deuxième alinéa du II et qu'il estime qu'aucune information relevant de la compétence du pôle ne doit être ouverte, il peut, avant de transmettre le dossier de la procédure au procureur de la République territorialement compétent, requérir le placement sous contrôle judiciaire ou en détention provisoire de la personne selon les modalités prévues par le troisième alinéa de l'article 394 et l'article 396. Si la personne est placée en détention provisoire, elle doit comparaître devant le procureur de la République près le tribunal de grande instance au sein duquel il n'y a pas de pôle de l'instruction au plus tard le troisième jour ouvrable suivant. À défaut, elle est mise d'office en liberté. » Le procureur de la République près le tribunal de grande instance au sein duquel il n'y a pas de pôle d'instruction avise sans délai le procureur de la République près le tribunal au sein duquel se trouve ce pôle lorsqu'il est fait application des dispositions du premier alinéa du II de l'article 80 du dernier alinéa de l'article 397-2 ou de l'article 397-7.

Lorsque ce magistrat fait application des dispositions de l'article 397-7, il requiert l'ouverture de l'information devant le pôle de l'instruction avant de présenter la personne devant le juge des libertés et de la détention de son tribunal, en lui notifiant les faits faisant l'objet du réquisitoire introductif (C. pr. pén., art. D. 15-4-2). Le juge d'instruction qui demande que cette procédure fasse l'objet d'une co-saisine ou, après réquisition du ministère public ou requête des parties, donne son accord à une telle co-saisine, rend une ordonnance de dessaisissement au profit du pôle de l'instruction aux fins de co-saisine. Il adresse alors copie de son dossier, par l'intermédiaire du président de sa juridiction, au

1. D. n° 2008-54, 16 janv. 2008, *JO* 18 janv., n° 0015, p. 949.

président du tribunal de grande instance où se trouve le pôle. Dans le délai d'un mois à compter de la réception du dossier, le président du tribunal de grande instance où se trouve le pôle désigne le juge d'instruction chargé de l'information ainsi que le ou les juges d'instruction co-saisis. Copie de cette décision est immédiatement adressée, par tout moyen, au juge d'instruction du tribunal dans lequel il n'y a pas de pôle, qui est alors dessaisi du dossier, et qui adresse l'original de celui-ci aux juges d'instruction co-saisis. Si le président du tribunal n'ordonne pas la co-saisine, copie du dossier est retournée au juge d'instruction, et il est fait application, le cas échéant, des dispositions du quatrième alinéa de l'article 83-1 (C. pr. pén., art. D. 31-1).

Lorsqu'une information criminelle a été ouverte avant le 1er mars 2008 dans une juridiction sans pôle, si des faits nouveaux de matière criminelle surviennent postérieurement, le ministère public de la juridiction sans pôle ne peut en saisir le juge d'instruction de son siège. Ces faits doivent faire l'objet d'une information distincte ouverte soit par le procureur de la République de la juridiction sans pôle, soit par celui de la juridiction du pôle après transmission de la procédure. Dans ce cas, une nouvelle co-saisine peut être ordonnée conformément aux dispositions de l'article 83-1 du Code de procédure pénale, et l'information sera alors poursuivie par plusieurs juges d'instruction du tribunal de grande instance où se trouve le pôle de l'instruction compétent. Dans ce cas, après accord entre juge, les faits initialement suivis dans la juridiction sans pôle pourraient, le cas échéant, faire l'objet d'un dessaisissement.

12.25 Demandes de mise en liberté, réquisitions nouvelles... Le texte de loi prévoit que « le procureur de la République près ce tribunal de grande instance est seul compétent pour suivre le déroulement des informations visées aux alinéas précédents jusqu'à leur règlement » (C. pr. pén., art. 80, II, al. 3). C'est donc le procureur du pôle qui est en charge des réquisitions qui peuvent intervenir durant l'information : réquisitions relatives à la modification ou à la main levée d'un mandat de dépôt ou d'un contrôle judiciaire, avis pour mandat d'arrêt, réquisitions supplétives pour faits nouveaux. Il n'en est pas de même en ce qui concerne le renvoi qui s'effectue devant la juridiction naturellement compétente (v. s^{s} n° 214.51).

12.26 La désignation de plusieurs magistrats instructeurs selon la loi du 5 mars 2007 : juridictions avec pôle. La loi du 5 mars 2007, si elle élargit les possibilités de co-saisine, ne la rend pas obligatoire. Elle prévoit néanmoins un système obligatoire qui ne sera applicable que le 1er janvier 2011 (v. s^{s} n° 12.08), s'il n'est pas d'ici là supprimé (v. s^{s} n° 12.29). Pour l'instant, le système entré en vigueur le 1er mars 2008 est le suivant. L'article 83-1 du Code de procédure pénale dispose que « lorsque la gravité ou la complexité de l'affaire le justifie, l'information peut faire l'objet d'une co-saisine selon les modalités prévues par le présent article. Le président du tribunal de grande instance dans lequel il existe un pôle de l'instruction ou, en cas d'empêchement, le magistrat qui le remplace, désigne, dès l'ouverture de l'information, d'office ou si le procureur de la République le requiert dans son réquisitoire introductif, un ou plusieurs juges d'instruction pour être adjoints au juge d'instruction chargé de l'information ». Le procureur de la République peut requérir une co-saisine dans son réquisitoire.

Le législateur a modifié également les règles de co-saisine après ouverture de l'information. « À tout moment de la procédure, le président du tribunal de grande instance peut désigner un ou plusieurs juges d'instruction co-saisis, soit à la demande du juge chargé de l'information, soit, si ce juge donne son accord, d'office ou sur réquisition du ministère public ou sur requête des parties déposée conformément aux dispositions de l'avant-dernier alinéa de l'article 81. Les parties ne peuvent pas renouveler leur demande avant six mois. Dans un délai d'un mois à compter de la réception de la demande, le président désigne un ou plusieurs juges d'instruction pour être adjoints au juge chargé de l'information. » La principale innovation réside ici dans la possibilité ouverte aux parties de solliciter, pendant le cours de l'information, l'adjonction d'un ou plusieurs juges. On avait déjà pu voir cette initiative prise, dans certains cas, en dehors de tout texte. Les demandes pourraient s'avérer purement stratégiques, voire dilatoires. Si l'avocat n'est pas content du juge, il pouvait jusqu'ici, et dans les limites étroites fixées par la loi, tenter d'obtenir son dessaisissement. Il peut désormais essayer d'obtenir un autre avis plus conforme à sa thèse. Cette démarche peut aussi avoir l'effet inverse si les magistrats instructeurs s'entendent bien. La co-saisine ne peut fonctionner techniquement que si les magistrats ont une vision sensiblement identique de leur travail. Mais le regard différent attendu, le nouvel avis porté sur les faits, ne peut être espéré que si les juges ne sont pas si d'accord entre eux que cela...[1]

12.27 La désignation de plusieurs magistrats instructeurs selon la loi du 5 mars 2007 : juridictions sans pôle. Selon le même article 83-1 « Pour

1. V. Ch. Guéry, « J'instruisais, tu instruisais... Nous instruisons », *AJ pénal* 2006, 340.

l'application du présent alinéa, lorsque l'information a été ouverte dans un tribunal où il n'y a pas de pôle de l'instruction, le président du tribunal de grande instance où se trouve le pôle territorialement compétent désigne le juge d'instruction chargé de l'information ainsi que le ou les juges d'instruction co-saisis, après que le juge d'instruction initialement saisi s'est dessaisi au profit du pôle; ce dessaisissement prend effet à la date de désignation des juges du pôle » (C. pr. pén., art. 83-1, al. 2).

Lorsque la demande est formulée par le procureur de la République ou une partie dans une juridiction sans pôle, le président de la chambre de l'instruction saisit la chambre aux fins de co-saisine.

12.28 Le nouveau rôle de la chambre de l'instruction en matière de co-saisine. Le législateur a prévu la possibilité de passer outre le refus du magistrat instructeur. En effet « lorsqu'elle n'est pas ordonnée selon les modalités prévues par l'alinéa qui précède, en l'absence d'accord du juge chargé de l'information ou, à défaut, de désignation par le président du tribunal de grande instance dans le délai d'un mois, la co-saisine peut être ordonnée par le président de la chambre de l'instruction agissant d'office, à la demande du président du tribunal, sur réquisition du ministère public ou sur requête des parties. Le président statue dans un délai d'un mois à compter de la réception de la demande, qui est déposée conformément aux dispositions de l'avant-dernier alinéa de l'article 81 si elle émane d'une partie ». Si le juge d'instruction a été sollicité par le président pour une co-saisine et l'a refusée, le président peut saisir le président de la chambre de l'instruction du litige. La chambre peut alors décider s'il n'y a pas lieu à co-saisine de renvoyer le dossier au magistrat instructeur saisi. Elle peut aussi procéder au dessaisissement du juge d'instruction et à la désignation, aux fins de poursuite de la procédure, de plusieurs juges d'instruction. Les décisions du président du tribunal de grande instance, du président de la chambre de l'instruction et de cette dernière prévues par le présent article sont des mesures d'administration judiciaire non susceptibles de recours. L'avenir montrera quelle utilisation les avocats font de ces dispositions et la capacité de résistance de l'institution dans des affaires où, manifestement, ce ne serait pas la nature de l'information mais l'identité du juge unique qui en est chargé qui serait la cause de la demande de co-saisine. Il convient de remarquer que lorsque la demande de co-saisine concerne une juridiction dotée d'un pôle de l'instruction, c'est le président de la chambre de l'instruction qui est compétent. C'est la chambre elle-même lorsque la demande concerne une juridiction sans pôle. En effet, dans cette dernière hypothèse, toute décision accueillant une telle demande entraînera le dessaisissement du ou des juges saisis.

12.29 Conduite de l'information instruite par plusieurs juges. L'article 83-2 prévoit désormais qu'« en cas de co-saisine, le juge d'instruction chargé de l'information coordonne le déroulement de celle-ci. Il a seul qualité pour saisir le juge des libertés et de la détention, pour ordonner une mise en liberté d'office et pour rendre l'avis de fin d'information prévu par l'article 175 et l'ordonnance de règlement. Toutefois, cet avis et cette ordonnance peuvent être cosignés par le ou les juges d'instruction co-saisis ». Précédemment le juge chargé de l'information avait seule qualité pour saisir le JLD, mettre en liberté d'office ou rendre l'ordonnance de règlement (C. pr. pén., art. 83, al. 3 ancien). S'y ajoute la possibilité de rendre les avis à parties. La possibilité pour le juge adjoint de signer l'avis ou l'ordonnance de règlement vaut surtout pour ce que cela signifie *a contrario* : l'impossibilité de le faire en matière de détention, ce qui demeure aussi critiquable aujourd'hui qu'hier...[1] *In extremis*, après l'un des seuls débats qui l'ait animé, la commission mixte paritaire a ajouté un alinéa à l'article 186-3 du Code de procédure pénale, ainsi rédigé : « Lorsque l'information a fait l'objet d'une co-saisine, elles peuvent également, en l'absence de cosignature par les juges d'instruction co-saisis conformément à l'article 83-2, interjeter appel de ces ordonnances. » Si les juges d'instruction saisis ne cosignent pas l'ordonnance de renvoi, celle-ci devient susceptible d'appel.

SECTION 3

ARTICLE 84 DU CODE DE PROCÉDURE PÉNALE

12.31 Cas de l'article 84 alinéa 3. Selon l'article 84 alinéa 3 « en cas d'empêchement du juge chargé de l'information par suite de congé, de maladie ou pour toute autre cause, de même qu'au cas de nomination à un autre poste, le président désigne le juge d'instruction chargé de le remplacer ». L'ordonnance, par laquelle le président, agissant dans le cadre de ce texte, remplace par un autre le juge d'instruction nommé à un autre poste, doit spécifier individuellement les procédures sur lesquelles porte le remplacement, et figurer en original ou en copie certifiée conforme par le greffier dans chaque dossier[2]. Le tableau de service prévu par

1. V. Ch. Guéry, « J'instruisais, tu instruisais... Nous instruisons », *AJ pénal* 2006, 340.
2. Crim. 20 août 1986, *Bull. crim.*, n° 244 – Ass. plén., 17 juin 1988, n° 87-85.018, *Bull. Ass. plén.*, n° 7; *D.* 1988, 17, concl. N. Pradin.

l'article 83 ne vaut que pour les informations nouvelles. Il ne signifie pas que le juge d'instruction qui y est désigné remplace le juge d'instruction en congé pour tous les actes de l'information; celui-ci ne peut faire que des actes urgents et isolés [1]. Le président du tribunal de grande instance est compétent pour accomplir un acte d'instruction lorsque le juge d'instruction saisi du dossier est empêché lorsqu'il n'a pu désigner un autre juge d'instruction pour le remplacer, qu'un tel juge n'a pas été désigné par l'assemblée générale du tribunal et en cas d'urgence lorsque l'impossibilité de réunir l'assemblée générale des magistrats est constatée [2]. Il a été admis que lorsqu'un juge d'instruction, appelé à de nouvelles fonctions au sein de la juridiction à laquelle il appartient, est chargé par l'assemblée du tribunal, en vertu de l'article 50 du Code de procédure pénale, de continuer ses fonctions à l'instruction, il n'y a pas nécessité d'une nouvelle désignation par le président du tribunal pour qu'il poursuive une information qui lui avait été antérieurement confiée dès lors qu'il n'a jamais cessé d'instruire cette procédure [3].

12.32 Actes urgents et isolés. « En cas d'urgence et pour des actes isolés, tout juge d'instruction peut suppléer un autre juge d'instruction du même tribunal » (C. pr. pén., art. 84, al. 4). La loi du 9 mars 2004 a supprimé la formalité qui consistait à rendre compte immédiatement au président. Cette dernière formalité avait un caractère administratif et son omission n'entraînait aucune nullité [4]. Il suffit qu'il y ait urgence et qu'il s'agisse d'actes isolés [5]. Aucune désignation par le président n'est nécessaire, et il n'y a pas lieu de motiver l'urgence, qui est présumée [6]. En cas de contestation, la chambre d'accusation apprécie l'existence des conditions légales du remplacement et notamment la réalité de l'empêchement [7].

Dans les cas prévus par l'article 83 alinéa 2 et l'article 83-1, c'est-à-dire quand un ou plusieurs juges d'instruction ont été adjoints à celui chargé de l'information, le premier désigné peut remplacer ou suppléer le juge chargé de l'instruction, sans qu'il y ait lieu à application des règles sur le remplacement édictées par l'article 84 (C. pr. pén., art. 84, al. 5 - V. s^{s} n° 12.17). Selon l'article 84 alinéa 4 du Code de procédure pénale, « en cas d'urgence et pour des actes isolés, tout juge d'instruction peut suppléer un autre juge d'instruction du même tribunal ». Justifie, dès lors, sa décision la chambre de l'instruction qui refuse d'annuler l'ordonnance de placement en détention provisoire d'une personne mise en examen prise par le juge des libertés et de la détention saisi par le juge d'instruction adjoint, après avoir constaté que le juge chargé de l'information était retenu par la présentation d'autres personnes [8].

12.33 Caractère du remplacement. La position de la chambre criminelle a varié. Elle a jugé dans un premier temps que « les modalités établies par les articles 83 et 84 alinéas 3 et 4 du Code de procédure pénale, relatives au choix du juge d'instruction et à son remplacement au cas d'empêchement, constituent des formalités d'ordre administratif..., dont les irrégularités ne sauraient constituer une nullité substantielle, ni donner ouverture à cassation » [9]. Puis elle a décidé, dans le cas du remplacement prévu par l'article 50, que les règles ayant trait au remplacement d'un juge d'instruction touchent à l'organisation et à la composition des juridictions et sont d'ordre public [10]. Elle est enfin revenue à sa position première, déclarant que « depuis l'entrée en vigueur de la loi du 6 juillet 1989 (instituant le tableau de roulement), les modalités de désignation et de remplacement du juge d'instruction, prévues par les articles 83 et 84 alinéas 3 et 4 constituent des actes d'administration judiciaire dont les irrégularités ne sauraient entraîner la nullité » [11].

1. Crim. 22 nov. 1988, n° 88-85.510, *Bull. crim.*, n° 395; *D.* 1990, 17, note P. Chambon.
2. Crim. 18 mars 2009, n° 08-88.486, *Bull. crim.*, n° 58; *AJ pénal* 2009, 270, note L. Ascenci; *D.* 2009, 1144, obs. C. Girault.
3. Crim. 20 nov. 1990, n° 90-84.121, *Bull. crim.*, n° 394.
4. Crim. 8 mars 1984, n° 84-90.105, *Bull. crim.*, n° 97.
5. Crim. 3 sept. 1985, n° 85-93.369, *Bull. crim.*, n° 282.
6. Crim. 24 janv. 1984, n° 83-94.417, *Bull. crim.*, n° 030; *D.* 1984, IR 378.
7. Crim. 5 déc. 1988, n° 88-85.634, *Bull. crim.*, n° 409 - Crim. 9 oct. 1990, n° 90-84.327, *Bull. crim.*, n° 336.
8. Crim. 27 févr. 2007 n° 06-89.080, *Bull. crim.*, n° 62; *Gaz. Pal.* 25-26 avr. 2007, p. 13.
9. Crim. 5 mai 1960, *Bull. crim.*, n° 246; *JCP* 1960, II, 11795, note Depaule - Crim. 4 avr. 1962, *Bull. crim.*, n° 161 - Crim. 3 févr. 1971, n° 70-92.074, *Bull. crim.*, n° 39 - Crim. 29 avr. 1976, n° 75-92.497, *Bull. crim.*, n° 134.
10. Crim. 24 janv. 1985, n° 84-93.030, *Bull. crim.*, n° 41 - V. aussi, Crim. 20 nov. 1984, n° 84-94.270, *Bull. crim.*, n° 360; *JCP* 1986, II, 20546, note P. Chambon.
11. Crim. 4 déc. 1990, n° 90-84.461, *Bull. crim.*, n° 415; *D.* 1991, somm. 216, obs. Pradel; *Gaz. Pal.*, 1991, 1, 173; *RSC* 1991, 371, obs. Braunschweig - Crim. 3 juill. 1991, n° 91-82.325, *Bull. crim.*, n° 292 - Crim. 17 nov. 1993, n° 93-83.531, *Bull. crim.*, n° 343.

CHAPITRE

13. Statut du juge d'instruction

SECTION 0

ORIENTEUR

13.00 Plan du chapitre.

Sect. 1 Récusation du juge d'instruction
Sect. 2 Abstention du juge d'instruction
Sect. 3 Interdiction pour le juge d'instruction de siéger dans les affaires qu'il a instruites
Sect. 4 Le doyen des juges d'instruction
Sect. 5 Sécurité du juge d'instruction
Sect. 6 Responsabilité du juge d'instruction
Sect. 7 Éthique du juge d'instruction

13.01 Textes applicables.

C. pr. pén., art. 49, 50, 81, 83, 84, 137-1, 137-1-1, 220 à 223, 253, 664, 668 à 673, 674, 803.

C. pr. pén., art. D. 283-4.

COJ, art. 781-1.

Ord. n° 58-1270, 22 déc. 1958, art. 1, 3-1, 44.

L. n° 2001-539, 25 juin 2001, art. 7 et 12.

C. pr. pén., art. 49 [ord. n° 2006-673, 8 juin 2006, portant refonte du Code de l'organisation judiciaire et modifiant le Code de commerce, le Code rural et le Code de procédure pénale, *JO* 9 juin]

Le juge d'instruction est chargé de procéder aux informations, ainsi qu'il est dit au chapitre Ier du titre III.

Il ne peut, à peine de nullité, participer au jugement des affaires pénales dont il a connu en sa qualité de juge d'instruction.

Le juge d'instruction exerce ses fonctions au siège du tribunal de grande instance auquel il appartient.

C. pr. pén., art. 50

* V. ss n° 11.01.

C. pr. pén., art. 81

Le juge d'instruction procède, conformément à la loi, à tous les actes d'information qu'il juge utiles à la manifestation de la vérité. Il instruit à charge et à décharge.

[...]

C. pr. pén., art. 83 [L. n° 2004-204, 9 mars 2004]

* V. ss n° 12.01.

C. pr. pén., art. 84 [L. n° 2004-204, 9 mars 2004]

* V. ss n° 12.01.

C. pr. pén., art. 137-1 [L. n° 2004-204, 9 mars 2004]

La détention provisoire est ordonnée ou prolongée par le juge des libertés et de la détention. Les demandes de mise en liberté lui sont également soumises.

Le juge des libertés et de la détention est un magistrat du siège ayant rang de président, de premier vice-président ou de vice-président. Il est désigné par le président du tribunal de grande instance. En cas d'empêchement du juge des libertés et de la détention désigné et d'empêchement du président ainsi que des premiers vice-présidents et des vice-présidents, le juge des libertés et de la détention est remplacé par le magistrat du siège le plus ancien dans le grade le plus élevé, désigné par le président du tribunal de grande instance. Lorsqu'il statue à l'issue d'un débat contradictoire, il est assisté d'un greffier. Il peut alors faire application des dispositions de l'article 93.

Il ne peut, à peine de nullité, participer au jugement des affaires pénales dont il a connu.

Il est saisi par une ordonnance motivée du juge d'instruction, qui lui transmet le dossier de la procédure accompagné des réquisitions du procureur de la République.

C. pr. pén., art. 137-1-1 [ord. n° 2006-673, 8 juin 2006]

Pour l'organisation du service de fin de semaine ou du service allégé pendant la période au cours de laquelle les magistrats bénéficient de leurs congés annuels, un magistrat ayant rang de président, de premier vice-président ou de vice-président exerçant les fonctions de juge des libertés et de la détention dans un tribunal de grande instance peut être désigné afin d'exercer concurremment ces fonctions dans, au plus, deux autres tribunaux de grande instance du ressort de la cour d'appel; cette désignation est décidée par ordonnance du premier président prise à la demande des présidents de ces juridictions et après avis du président du tribunal de grande instance concerné; elle en précise le motif et la durée, ainsi que les tribunaux pour lesquels elle s'applique; la durée totale d'exercice concurrent des fonctions de juge des libertés et de la détention dans plusieurs tribunaux de grande instance ne peut excéder quarante jours au cours de l'année judiciaire.

La désignation prévue à l'alinéa précédent peut également être ordonnée, selon les mêmes modalités et pour une durée totale, intermittente ou continue, qui ne peut excéder quarante jours, lorsque, pour cause de vacance d'emploi ou d'empêchement, aucun magistrat n'est susceptible, au sein d'une juridiction, d'exercer les fonctions de juge des libertés et de la détention.

C. pr. pén., art. 220

Le président de la chambre de l'instruction s'assure du bon fonctionnement des cabinets d'instruction du ressort de la cour d'appel. Il vérifie notamment les conditions d'application des alinéas 4 et 5 de l'article 81 et de l'article 144 et s'emploie à ce que les procédures ne subissent aucun retard injustifié. Chaque fois qu'il le juge nécessaire et au moins une fois par an, il transmet ses observations écrites au premier président de la cour d'appel, au procureur général près ladite cour ainsi qu'au président du tribunal de grande instance concerné et au procureur de la République près ledit tribunal.

C. pr. pén., art. 221 [L. n° 2004-204, 9 mars 2004]

À cette fin, il est établi, chaque semestre, dans chaque cabinet d'instruction, un état de toutes les affaires en cours portant mention, pour chacune des affaires, de la date du dernier acte d'information exécuté.

Les affaires dans lesquelles sont impliquées des personnes mises en examen, détenues provisoirement figurent sur un état spécial.

Les états prévus par le présent article sont adressés au président de la chambre de l'instruction et au procureur général dans les trois premiers jours du semestre.

C. pr. pén., art. 221-1

Lorsqu'un délai de quatre mois s'est écoulé depuis la date du dernier acte d'instruction nécessaire à la manifestation de la vérité, le président de la chambre de l'instruction peut, par requête, saisir cette juridiction. La chambre de l'instruction peut, dans l'intérêt d'une bonne administration de la justice, soit évoquer et procéder dans les conditions prévues par les articles 201, 202, 204 et 205, soit renvoyer le dossier au juge d'instruction ou à tel autre afin de poursuivre l'information.

C. pr. pén., art. 221-2

Lorsqu'un délai de quatre mois s'est écoulé depuis la date du dernier acte d'instruction, les parties peuvent saisir la chambre de l'instruction dans les conditions prévues par le troisième alinéa de l'article 173. Ce délai est ramené à deux mois au profit de la personne mise en examen lorsque celle-ci est placée en détention provisoire.

Dans les huit jours de la réception du dossier par le greffe de la chambre de l'instruction, le président peut, par ordonnance motivée non susceptible de recours, décider qu'il n'y a pas lieu de saisir la chambre de l'instruction.

La chambre de l'instruction, lorsqu'elle est saisie, peut, soit évoquer et procéder dans les conditions prévues par les articles 201, 202, 204 et 205, soit renvoyer le dossier au juge d'instruction ou à tel autre afin de poursuivre l'information.

Si, dans les deux mois suivant le renvoi du dossier au juge d'instruction initialement saisi, aucun acte d'instruction n'a été accompli, la chambre de l'instruction peut être à nouveau saisie selon la procédure prévue aux premier et deuxième alinéas du présent article. Ce délai est ramené à un mois au profit de la personne mise en examen lorsque celle-ci est placée en détention provisoire.

La chambre de l'instruction doit alors, soit évoquer comme il est dit au troisième alinéa du présent article, soit renvoyer le dossier à un autre juge d'instruction afin de poursuivre l'information.

C. pr. pén., art. 222

Le président, chaque fois qu'il l'estime nécessaire et au moins une fois par trimestre, visite les maisons d'arrêt du ressort de la cour d'appel et y vérifie la situation des personnes mises en examen en état de détention provisoire.

C. pr. pén., art. 223

Il peut saisir la chambre de l'instruction, afin qu'il soit par elle statué sur le maintien en détention d'une personne mise en examen en état de détention provisoire.

C. pr. pén., art. 253

Ne peuvent faire partie de la cour en qualité de président ou d'assesseur les magistrats qui, dans l'affaire soumise à la cour d'assises, ont, soit fait un acte de poursuite ou d'instruction, soit participé à l'arrêt de mise en accusation ou à une décision sur le fond relative à la culpabilité de l'accusé.

C. pr. pén., art. 664

Lorsqu'une personne mise en examen ou un prévenu est détenu provisoirement en vertu d'une décision prescrivant la détention ou en exécution d'une condamnation, le ministère public peut, dans l'intérêt d'une bonne administration de la justice, notamment pour éviter le transfèrement du détenu, requérir le renvoi de la procédure de la juridiction d'instruction ou de jugement saisie à celle du lieu de détention. Il est procédé comme en matière de règlement de juges.

C. pr. pén., art. 668 [L. n° 2004-204, 9 mars 2004]

Tout juge ou conseiller peut être récusé pour les causes ci-après :

1° Si le juge ou son conjoint ou son partenaire lié par un pacte civil de solidarité ou son concubin sont parents ou alliés de l'une des parties ou de son conjoint, de son partenaire lié par un pacte civil de solidarité ou de son concubin jusqu'au degré de cousin issu de germain inclusivement.

La récusation peut être exercée contre le juge, même au cas de divorce ou de décès de son conjoint, de son partenaire lié par un pacte civil de solidarité ou de son concubin s'il a été allié d'une des parties jusqu'au deuxième degré inclusivement;

2° Si le juge ou son conjoint ou son partenaire lié par un pacte civil de solidarité ou son concubin, si les personnes dont il est tuteur, subrogé tuteur, curateur ou conseil judiciaire, si les sociétés ou associations à l'administration ou à la surveillance desquelles il participe ont intérêt dans la contestation ;

3° Si le juge ou son conjoint ou son partenaire lié par un pacte civil de solidarité ou son concubin est parent ou allié, jusqu'au degré indiqué ci-dessus, du tuteur, subrogé tuteur, curateur ou conseil judiciaire d'une des parties ou d'un administrateur, directeur ou gérant d'une société, partie en cause ;

4° Si le juge ou son conjoint ou son partenaire lié par un pacte civil de solidarité ou son concubin se trouve dans une situation de dépendance vis-à-vis d'une des parties ;

5° Si le juge a connu du procès comme magistrat, arbitre ou conseil, ou s'il a déposé comme témoin sur les faits du procès ;

6° S'il y a eu procès entre le juge, son conjoint, son partenaire lié par un pacte civil de solidarité ou son concubin leurs parents ou alliés en ligne directe, et l'une des parties, son conjoint ou ses parents ou alliés dans la même ligne ;

7° Si le juge ou son conjoint ou son partenaire lié par un pacte civil de solidarité ou son concubin ont un procès devant un tribunal où l'une des parties est juge ;

8° Si le juge ou son conjoint ou son partenaire lié par un pacte civil de solidarité ou son concubin, leurs parents ou alliés en ligne directe ont un différend sur pareille question que celle débattue entre les parties ;

9° S'il y a eu entre le juge ou son conjoint ou son partenaire lié par un pacte civil de solidarité ou son concubin et une des parties toutes manifestations assez graves pour faire suspecter son impartialité.

C. pr. pén., art. 669

La personne mise en examen, le prévenu, l'accusé et toute partie à l'instance qui veut récuser un juge d'instruction, un juge de police, un, plusieurs ou l'ensemble des juges du tribunal correctionnel, des conseillers de la cour d'appel ou de la cour d'assises doit, à peine de nullité, présenter requête au premier président de la cour d'appel.

Les magistrats du ministère public ne peuvent être récusés.

La requête doit désigner nommément le ou les magistrats récusés et contenir l'exposé des moyens invoqués avec toutes les justifications utiles à l'appui de la demande.

La partie qui aura procédé volontairement devant une cour, un tribunal ou un juge d'instruction ne sera reçue à demander la récusation qu'à raison des circonstances survenues depuis, lorsqu'elles seront de nature à constituer une cause de récusation.

C. pr. pén., art. 670

Le premier président notifie en la forme administrative la requête dont il a été saisi au président de la juridiction à laquelle appartient le magistrat récusé.

La requête en récusation ne dessaisit pas le magistrat dont la récusation est proposée. Toutefois, le premier président peut, après avis du procureur général, ordonner qu'il sera sursis soit à la continuation de l'information ou des débats, soit au prononcé du jugement.

C. pr. pén., art. 671

Le premier président reçoit le mémoire complémentaire du demandeur, s'il y a lieu, et celui du magistrat dont la récusation est proposée ; il prend l'avis du procureur général et statue sur la requête.

L'ordonnance statuant sur la récusation n'est susceptible d'aucune voie de recours. Elle produit effet de plein droit.

C. pr. pén., art. 672

Toute demande de récusation visant le premier président de la cour d'appel doit faire l'objet d'une requête adressée au premier président de la Cour de cassation qui, après avis du procureur général près ladite cour, statue par une ordonnance, laquelle n'est susceptible d'aucune voie de recours. Les dispositions de l'article 670 sont applicables.

C. pr. pén., art. 673

Toute ordonnance rejetant une demande de récusation prononce la condamnation du demandeur à une amende civile de 75 à 750 euros.

C. pr. pén., art. 674

Aucun des juges ou conseillers visés à l'article 668 ne peut se récuser d'office sans l'autorisation du premier président de la cour d'appel dont la décision, rendue après avis du procureur général, n'est susceptible d'aucune voie de recours.

C. pr. pén., art. 803

Nul ne peut être soumis au port des menottes ou des entraves que s'il est considéré soit comme dangereux pour autrui ou pour lui-même, soit comme susceptible de tenter de prendre la fuite.

Dans ces deux hypothèses, toutes mesures utiles doivent être prises, dans les conditions compatibles avec les exigences de sécurité, pour éviter qu'une personne menottée ou entravée soit photographiée ou fasse l'objet d'un enregistrement audiovisuel.

C. pr. pén., art. D. 283-4

Dans les conditions définies par l'article 803, et par mesure de précaution contre les évasions, les détenus peuvent être soumis au port des menottes ou, s'il y a lieu, des entraves pendant leur transfèrement ou leur extraction, ou lorsque les circonstances ne permettent pas d'assurer efficacement leur garde d'une autre manière.

Toutefois, aucun lien ne doit être laissé à un détenu au moment de sa comparution devant une juridiction.

COJ, art. L. 141-1

L'État est tenu de réparer le dommage causé par le fonctionnement défectueux du service de la justice.

Sauf dispositions particulières, cette responsabilité n'est engagée que par une faute lourde ou par un déni de justice.

COJ, art. L. 141-2

La responsabilité des juges, à raison de leur faute personnelle, est régie :

– s'agissant des magistrats du corps judiciaire, par le statut de la magistrature ;

– s'agissant des autres juges, par des lois spéciales ou, à défaut, par les articles 505 et suivants du Code de procédure civile.

L'État garantit les victimes des dommages causés par les fautes personnelles des juges et autres magistrats, sauf son recours contre ces derniers.

Ord. n° 58-1270, 22 déc. 1958, art. 1

I. – Le corps judiciaire comprend :

1° Les magistrats du siège et du parquet de la Cour de cassation, des cours d'appel et des tribunaux de première instance ainsi que les magistrats du cadre de l'administration centrale du ministère de la justice;

2° Les magistrats du siège et du parquet placés respectivement auprès du premier président et du procureur général d'une cour d'appel et ayant qualité pour exercer les fonctions du grade auquel ils appartiennent à la cour d'appel à laquelle ils sont rattachés et dans l'ensemble des tribunaux de première instance du ressort de ladite cour;

3° Les auditeurs de justice.

II. – Tout magistrat a vocation à être nommé, au cours de sa carrière, à des fonctions du siège et du parquet.

Ord. n° 58-1270, 22 déc. 1958, art. 3-1

Les magistrats mentionnés au 2° du I de l'article 1er sont appelés à remplacer temporairement les magistrats de leur grade des tribunaux de première instance et de la cour d'appel qui se trouvent empêchés d'exercer leurs fonctions du fait de congés de maladie, de longue maladie, pour maternité ou adoption ou du fait de leur participation à des stages de formation, ou admis à prendre leur congé annuel.

Ils peuvent, en outre, être temporairement affectés dans ces juridictions pour exercer, pour une durée qui n'est pas renouvelable et qui ne peut excéder huit mois, les fonctions afférentes à un emploi vacant de leur grade.

Ils peuvent enfin, pour une durée qui n'est pas renouvelable et qui ne peut excéder huit mois, être temporairement affectés dans un tribunal de première instance, ainsi qu'à la cour d'appel pour les magistrats du premier grade, pour renforcer l'effectif d'une juridiction afin d'assurer le traitement du contentieux dans un délai raisonnable.

S'il s'agit de magistrats du siège et sauf consentement de leur part à un changement d'affectation, ils demeurent en fonctions jusqu'au retour du magistrat dont ils assurent le remplacement, ou jusqu'au terme fixé de leur affectation temporaire par l'ordonnance du premier président.

L'affectation de ces magistrats, selon qu'ils appartiennent au siège ou au parquet, est prononcée par ordonnance du premier président de la cour d'appel ou par décision du procureur général, qui précise le motif et la durée du remplacement à effectuer ou de l'affectation temporaire.

À défaut d'assurer un remplacement ou d'être temporairement affectés, en application des alinéas qui précèdent, ces magistrats exercent des fonctions du siège ou du parquet du niveau hiérarchique auquel ils appartiennent au tribunal de grande instance du siège de la cour d'appel à laquelle ils sont rattachés ou au tribunal de grande instance le plus important du département où est située ladite cour.

Le nombre de ces magistrats ne peut excéder, pour chaque cour d'appel, le quinzième des emplois de magistrat de la cour d'appel et des tribunaux de première instance du ressort.

Leur nomination peut, le cas échéant, être prononcée en surnombre de l'effectif de la cour d'appel de rattachement dans la limite de l'effectif budgétaire global des emplois de leur grade.

Après deux ans d'exercice dans leurs fonctions et sur leur demande, ces magistrats sont nommés au tribunal de grande instance du siège de la cour d'appel à laquelle ils sont rattachés ou au tribunal de grande instance le plus important du département où est située ladite cour. La nomination intervient sur le premier emploi vacant respectivement du siège ou du parquet du niveau hiérarchique auquel ces magistrats appartiennent et pour lequel ils se sont portés candidats, à l'exception des emplois de chef de juridiction.

Ces magistrats ne peuvent en aucun cas exercer les fonctions prévues au présent article pendant une durée supérieure à six ans. À l'issue de cette période, ils sont nommés respectivement en qualité de magistrat du siège ou du parquet du niveau hiérarchique auquel ils appartiennent dans celle des deux juridictions mentionnées à l'alinéa précédent où, au plus tard quatre mois avant la fin de la sixième année de leurs fonctions, ils ont demandé à être affectés. À défaut d'avoir effectué un choix, ils sont nommés au tribunal de grande instance le plus important du département où est située la cour d'appel à laquelle ils sont rattachés. Les nominations sont prononcées, le cas échéant, en surnombre de l'effectif budgétaire du niveau hiérarchique auquel ils appartiennent et, s'il y a lieu, en surnombre de l'effectif organique de la juridiction. Les surnombres sont résorbés à la première vacance utile intervenant dans la juridiction considérée.

Un décret en Conseil d'État détermine, en tant que de besoin, les conditions d'application du présent article.

Ord. n° 58-1270, 22 déc. 1958, art. 44

En dehors de toute action disciplinaire, l'inspecteur général des services judiciaires, les premiers présidents, les procureurs généraux et les directeurs ou chefs de service à l'administration centrale ont le pouvoir de donner un avertissement aux magistrats placés sous leur autorité.

L'avertissement est effacé automatiquement du dossier au bout de trois ans si aucun nouvel avertissement ou aucune sanction disciplinaire n'est intervenu pendant cette période.

L. n° 2001-539, 25 juin 2001, art. 7

Le deuxième alinéa de l'article 39 de l'ordonnance n° 58-1270 du 22 décembre 1958 précitée est remplacé par deux alinéas ainsi rédigés :

« À l'exception des conseillers référendaires à la Cour de cassation, nul magistrat ne peut être nommé à un emploi hors hiérarchie s'il n'a exercé deux fonctions lorsqu'il était au premier grade. Si ces fonctions présentent un caractère juridictionnel, elles doivent avoir été exercées dans deux juridictions différentes. »

« Nul magistrat ne peut être nommé à un emploi hors hiérarchie à la Cour de cassation s'il n'est ou n'a été magistrat hors hiérarchie ou si, après avoir exercé les fonctions de conseiller référendaire à la Cour de cassation, il n'occupe un autre emploi du premier grade. »

L. nº 2001-539, 25 juin 2001, art. 12

Les dispositions du troisième alinéa de l'article 39 de l'ordonnance nº 58-1270 du 22 décembre 1958 précitée, dans la rédaction résultant de l'article 7 de la présente loi organique, ne sont pas applicables aux magistrats qui exercent ou ont exercé les fonctions de président de chambre d'une cour d'appel ou d'avocat général à la date d'entrée en vigueur de cette loi.

Les dispositions du deuxième alinéa de l'article 39 de l'ordonnance nº 58-1270 du 22 décembre 1958 précitée, dans la rédaction résultant de l'article 7 de la présente loi organique, ne sont pas applicables aux magistrats du second groupe du premier grade qui justifient de plus de dix années de services effectifs au premier grade à la date d'entrée en vigueur de cette loi.

Par dérogation aux dispositions du troisième alinéa de l'article 39 de l'ordonnance nº 58-1270 du 22 décembre 1958 précitée, dans sa rédaction résultant de l'article 7 de la présente loi organique, peuvent également être nommés à un emploi hors hiérarchie à la Cour de cassation les magistrats exerçant les fonctions de conseiller ou de substitut général à la cour d'appel de Paris ou de Versailles à la date d'entrée en vigueur de ladite loi.

13.03 Bibliographie indicative. (V. les références complètes s^s nº 03.)

Actualisables. RÉP. PÉN., Bonnal, « Juge d'instruction »; Chavanon, « Récusation » – J.-CL. PROC. PÉN., art. 79 à 84, Dumont, « Juridictions d'instruction du premier degré. Dispositions générales ».

Ouvrages. HÉLIE F., IV, nºs 1587 et 1593 – HÉLIE F. PAR BROUCHOT, PRATIQUE, I, nº 225 – GARRAUD, II, nºs 521 et 692; III, nº 1112 – Soulez Larivière D., *Justice pour la justice,* Seuil, 1990 – VIDAL ET MAGNOL, II, nº 836, note 2, p. 1222; II, nº 864.

Articles. Commaret D., « À propos de la loi nº 95-884 de la loi du 3 août 1995 ou réflexions sur l'honneur du magistrat », *D.* 1996, chron. 197 – de Gouttes R., « L'impartialité du juge : connaître, traiter et juger : quelle compatibilité ? », *RSC* 2002, 63 – Frison-Roche M.-A., « L'impartialité du juge », *D.* 1999, chron. 53 – Goyet Ch., « Remarques sur l'impartialité du juge », *D.* 2001, chron. 328 – Koering-Joulin, « L'impartialité du juge », *Justices* 1998, 10, p. 1 – Magendie J.-C., « La responsabilité des magistrats », *D.* 2003, chron. 1177 – Mazurier V., « La notion de justice impartiale », *JCP* 2000, I, 252 – Menuret J.-J., « Compatibilité du régime spécial de la puissance publique de l'article L. 781-1 du Code de l'organisation judiciaire avec l'article 6 de la Convention européenne des droits de l'Homme et redéfinition de la notion de faute », *JCP* 2001, 1626 – Renucci J.-F., « Précisions quant à l'impartialité subjective », sous Crim. 14 janv. 2003, *RSC* 2003, 884.

> Sur la question de la franc-maçonnerie

Capashen G., « Un magistrat peut-il être franc-maçon ? », *D.* 2002, Point de vue 3203.

13.06 Questions essentielles.

• Les questions éthiques qui concluent ce chapitre forment véritablement le quotidien des juges d'instruction même si elles sont rarement exposées au grand jour. C'est dans la confrontation avec la pratique de ses collègues, dans les discussions avec les avocats, que le magistrat instructeur trouve chaque jour les moyens de régler des problèmes concrets qui ne sont résolus par aucun texte. Et le juge d'instruction ne peut pas faire tout ce qui ne lui est pas expressément interdit.

13.07 Depuis la loi organique du 25 juin 2001 (nº 2001-539), il n'est plus possible de rester plus de dix ans juge d'instruction dans la même juridiction. Il en est d'ailleurs de même pour les fonctions de juge aux affaires familiales, de juge des enfants, de juge de l'application des peines ou de juge d'instance. Ces dispositions ne sont pas applicables aux personnes installées dans ces fonctions avant l'entrée en vigueur du texte. Cette règle s'applique aux magistrats nommés à partir du 1er janvier 2002.

13.08 En 2001, il y avait 545 juges d'instruction en France. 273 étaient des femmes, 272 des hommes. 84 étaient vice-présidents du premier grade, un seul occupant un poste hors hiérarchie. Mais ces chiffres ont dû évoluer depuis dans le sens d'un plus grand nombre de postes de premier grade, consécutifs au « repyramidage » engagé. Nombre de juridictions ont désormais autant voire plus de vice-présidents chargés de l'instruction, poste du premier grade, que de juges d'instruction du second grade.

SECTION 1
RÉCUSATION DU JUGE D'INSTRUCTION

13.11 Règles anciennes. « La récusation est l'acte par lequel une partie refuse d'accepter un juge qui lui paraît suspect de partialité.[1] » Dans le silence des textes, on appliquait en matière criminelle et spécialement au juge d'instruction, les règles du Code de procédure civile (C. pr. civ., art. 44 à 47 et 378 à 396)[2]. Il appartenait à la chambre criminelle, et non au tribunal dont faisait partie le juge d'instruction, de statuer sur la demande de récusation proposée contre ce magistrat, considérée comme formée contre un tribunal entier, et assimi-

1. Vidal et Magnol, II, nº 864.
2. HÉLIE F., IV, nº 1587 – Crim. 15 févr. 1811, *Bull. crim.*, nº 24 – Crim. 13 juin 1929, *DH* 1929, p. 361.

lée à une demande de renvoi pour cause de suspicion légitime[1].

13.12 Règles issues du Code de procédure pénale. La procédure de récusation s'applique au juge d'instruction. Le Code de procédure pénale a comblé les lacunes du Code d'instruction criminelle, et a réglementé la récusation dans ses articles 668 à 673. La procédure de la récusation a été dans son ensemble simplifiée. Elle s'applique expressément au juge d'instruction (C. pr. pén., art. 669).

Tous les magistrats de l'ordre judiciaire, y compris d'instruction, peuvent être récusés par la personne mise en examen et le prévenu et « toute partie à l'instance », énumération qui comprend donc la partie civile, et aussi sans doute le ministère public.

Les magistrats du ministère public ne peuvent jamais être récusés (C. pr. pén., art. 669, al. 2). De même qu'ils ne peuvent faire l'objet d'une demande de renvoi pour cause de suspicion légitime[2]. Les causes de récusation, au nombre de neuf, sont énumérées dans l'article 668, dont le texte s'inspire de celui de l'article 378 du Code de procédure civile. La partie qui aura « procédé volontairement » devant le juge d'instruction, c'est-à-dire qui aura par exemple déposé entre ses mains une plainte avec constitution de partie civile, ne sera pas recevable dans sa demande en récusation contre ce magistrat (C. pr. pén., art. 669, al. 4).

La requête doit contenir les moyens sur lesquels se fonde la récusation; elle est adressée au premier président de la cour d'appel. Celui-ci statue, après avoir pris l'avis du procureur général, par une ordonnance qui est discrétionnaire, et qui n'est susceptible d'aucune voie de recours (C. pr. pén., art. 671). La requête dirigée par l'inculpé contre un président de chambre d'accusation, dont l'impartialité est suspectée, constitue une requête en récusation, non en suspicion légitime, et dès lors le premier président de la cour d'appel est compétent pour en connaître[3].

« La requête en récusation ne dessaisit pas le magistrat dont la récusation est proposée » (C. pr. pén., art. 670, al. 2). Ce qui signifie que le juge d'instruction poursuit son information jusqu'au jugement de la requête. « Toutefois, le premier président pourra ordonner qu'il sera sursis à la continuation de l'information » (même article). Sous le régime précédent du Code d'instruction criminelle, certains auteurs pensaient que jusqu'à ce qu'il ait été statué sur la demande de récusation, le juge d'instruction pouvait continuer à effectuer des actes d'information, mais ne pouvait statuer sur la mise en prévention[4]. La procédure de récusation doit être utilisée par celui qui conteste l'impartialité d'un magistrat. Le demandeur n'est pas recevable à la mettre en cause pour la première fois devant la Cour de cassation[5].

13.13 Loi du 9 mars 2004. Elle a modernisé la rédaction de l'article 668 du Code de procédure pénale en ajoutant au terme « conjoint » celui de « partenaire lié par un pacte civil de solidarité ou son concubin ».

SECTION 2
ABSTENTION DU JUGE D'INSTRUCTION

13.21 Une récusation spontanée. La loi rapproche l'abstention de la récusation. L'article 380 du Code de procédure civile porte en effet : « Tout juge qui saura cause de récusation en sa personne sera tenu de la déclarer à la chambre, qui décidera s'il doit s'abstenir. » L'abstention est ainsi une récusation spontanée, *proprio motu* du juge.

13.22 Régime antérieur. Par application des règles du Code de procédure civile, c'est le tribunal auquel appartenait le magistrat qui avait demandé à s'abstenir, qui statuait sur l'opportunité de cette abstention, mais l'intéressé ne siégeait pas[6]. Si le tribunal était dans l'impossibilité de se constituer, la chambre criminelle renvoyait l'affaire devant un autre tribunal[7].

La chambre criminelle appliquait ces règles au juge d'instruction, et distinguait soigneusement la demande de récusation, qui constituait une véritable demande de renvoi pour cause de suspicion légitime, qui comme telle relevait de sa compétence, de l'abstention spontanée, qui ne relève que de la discipline intérieure, qui ne donne lieu à aucun procès, incident dont la solution doit émaner de la compagnie à laquelle appartient le magistrat qui s'abstient[8], doctrine qui n'avait pas varié[9].

1. Crim. 19 mai 1827, *Bull. crim.*, n° 118 – Crim. 1er déc. 1876, *Bull. crim.*, n° 237 – Crim. 20 févr. 1914, *Bull. crim.*, n° 104 – GARRAUD, II, n° 692.
2. Crim. 7 avr. 1976, n° 75-92.601, *Bull. crim.*, n° 107 – Crim. 27 janv. 1993, n° 92-85.300, *Bull. crim.*, n° 49.
3. Crim. 25 nov. 1976, n° 76-92.090, *Bull. crim.*, n° 343; *Gaz. Pal.* 1976, 1, 789.
4. HÉLIE F., IV, n° 1593.
5. Crim. 22 févr. 2005, n° 04-84.040, *Bull. crim.*, n° 68.
6. Crim. 8 oct. 1819, *Bull. crim.*, n° 110 – Crim. 19 sept. 1901, *DP* 1902, 1, 333 – Crim. 12 juin 1952, *Bull. crim.*, n° 156.
7. Crim. 9 févr. 1889, *Bull. crim.*, n° 52 – Crim. 24 juill. 1957, *Bull. crim.*, n° 574 – Crim. 25 juin 1958, *Bull. crim.*, n° 500.
8. Crim. 11 août 1827, *Bull. crim.*, n° 218.
9. Crim. 16 févr. 1961, *Bull. crim.*, n° 105.

13.23 Article 674 du Code de procédure pénale. C'est l'article 674 du Code de procédure pénale, qui règle l'abstention, qualifiée de récusation d'office. Cet article dispose : « Aucun des juges ou conseillers visés à l'article 668 ne peut se récuser d'office sans l'autorisation du premier président de la cour d'appel dont la décision, rendue après avis du procureur général, n'est susceptible d'aucune voie de recours. »

Le juge d'instruction, comme tout autre magistrat de la cour d'appel, qui a le désir de se récuser d'office, sollicite l'autorisation du premier président, qui l'accorde le cas échéant, par une décision qui n'est pas susceptible de voies de recours.

Les formes de la procédure, relatives aux demandes de récusation présentées par les parties, formes prévues par les articles 669 à 673 du Code de procédure pénale, ne sont pas applicables à l'abstention.

L'appréciation des causes d'abstention était laissée à la conscience et à la sagesse des magistrats chargés d'en décider[1].

La récusation et l'abstention du juge d'instruction, lorsqu'elles sont admises, sont des causes d'empêchement. Il doit donc être procédé au remplacement du magistrat instructeur empêché, selon la procédure prévue par l'article 50 du Code de procédure pénale, dans les tribunaux où n'existe qu'un juge d'instruction, et selon la procédure prévue par l'article 84 dans les tribunaux où il en existe plusieurs[2].

Lorsque le juge d'instruction, dans un tribunal où il n'en existe qu'un, s'est récusé d'office avec l'autorisation du Premier président, et que les deux autres magistrats composant le tribunal se sont également récusés avec la même autorisation, il y a interruption du cours de la justice en ce qui concerne l'information en cause, et il y a alors lieu pour la chambre criminelle de renvoyer cette affaire devant le juge d'instruction d'un autre tribunal, par application de l'article 662 du Code de procédure pénale[3].

SECTION 3
INTERDICTION POUR LE JUGE D'INSTRUCTION DE SIÉGER DANS LES AFFAIRES QU'IL A INSTRUITES

13.31 Une solution traditionnelle. Le Code du 3 brumaire an IV (art. 15 et 150) interdisait au juge de paix de siéger au tribunal correctionnel dans les affaires qu'il avait instruites, interdiction qui ne s'appliquait pas au directeur du jury[4]. L'interdiction faite au juge d'instruction par l'article 257 du Code d'instruction criminelle de siéger seulement à la cour d'assises dans les affaires qu'il avait instruites, ne s'étendait pas au tribunal correctionnel[5], jurisprudence qui faisait difficulté, car les fonctions d'instruction et de jugement sont séparées et incompatibles[6]. Aussi, l'article 1er de la loi du 8 décembre 1897 a-t-il donné une portée générale à l'interdiction faite au juge d'instruction de siéger dans les affaires instruites par lui.

13.32 Article 49 du Code de procédure pénale. Les deux dispositions qui précèdent ont été reprises par le Code de procédure pénale, la première par l'article 49 alinéa 2 qui interdit au juge d'instruction de participer au jugement des affaires pénales dont il a connu en cette qualité, la seconde par l'article 253, qui interdit aux magistrats qui ont fait un acte de poursuite ou d'instruction, ou qui ont participé à l'arrêt de mise en accusation, ou à une décision sur le fond relative à la culpabilité, de siéger à la cour d'assises dans la même affaire.

Mais cette incompatibilité, relative seulement aux affaires qu'il a instruites, laisse au juge d'instruction, ainsi que le précisait l'article 55 du Code d'instruction criminelle, son aptitude à siéger, comme ses collègues du tribunal, dans les affaires civiles, ou dans les affaires correctionnelles dont le tribunal est saisi sur citation directe, comparution immédiate ou comparution sur procès-verbal, ou même par une ordonnance de renvoi rendue par un autre juge d'instruction[7]. La Cour de cassation a eu l'occasion de fixer la portée de l'interdiction faite au juge d'instruction de siéger dans les affaires qu'il a instruites[8].

13.33 Application. L'interdiction s'applique devant les cours d'appel, et le juge d'instruction qui a informé dans une affaire, nommé ensuite conseiller, ne peut participer au jugement de cette affaire devant la chambre des appels correctionnels[9]. Il importe peu que les informations dont il s'agit aient été closes d'abord par une ordonnance de non-lieu, et reprises, ensuite sur charges nouvelles[10].

1. Crim. 8 oct. 1819, *Bull. crim.*, n° 110 – Crim. 1er juill. 1893, *Bull. crim.*, n° 176; *DP* 1895, 1, p. 543 – Crim. 29 janv. 1913, *DP* 1915, 1, p. 56.
2. Par analogie, Crim. 11 août 1827, *Bull. crim.*, n° 218 – GARRAUD, II, n° 692.
3. Crim. 16 mars 1959, *Bull. crim.*, n° 191 – Crim. 5 avr. 1960, *Bull. crim.*, n° 216.
4. Crim. 20 oct. 1808, *S. et P.* chron.
5. Crim. 22 oct. 1896, *Bull. crim.*, n° 295.
6. GARRAUD, II, n° 521.
7. Crim. 17 déc. 1957, *Bull. crim.*, n° 846.
8. Crim. 14 déc. 1911, *Bull. crim.*, n° 580 – Crim. 1er févr. 1913, *DP*, 1913, 1, p. 550 – Crim. 7 mars 1946, *Bull. crim.*, n° 82.
9. Crim. 24 avr. 1909, *DP* 1911, 5, p. 59 – Crim. 23 mars 1934, *Bull. crim.*, n° 37.
10. Crim. 14 janv. 1953, *Bull. crim.*, n° 16.

L'interdiction s'applique au magistrat qui n'a exercé que temporairement ou accidentellement les fonctions de l'instruction dans une affaire déterminée : ainsi en est-il du juge suppléant qui a remplacé le juge d'instruction[1], du magistrat qui a interrogé un complice et l'a confronté avec l'inculpé[2], ou qui a décerné contre l'inculpé un mandat d'amener ou un mandat d'arrêt[3], ou délivré une commission rogatoire[4], ou interrogé le prévenu[5]. Le juge qui a notifié l'inculpation dans le cadre de l'article 114, ce qui implique l'examen du fond, même en l'absence d'interrogatoire, ne peut composer la cour d'assises[6], non plus que celui qui a procédé à une enquête de personnalité[7]. Ne le peut pas davantage l'auditeur de justice qui a assisté le juge d'instruction, notamment lors de l'interrogatoire de première comparution[8]. Par application de l'article 253 du Code de procédure pénale, ne peut valablement présider la cour d'assises, le conseiller qui à la chambre d'accusation a pris part à un arrêt de rejet de mise en liberté[9]. De même, le juge d'instruction ne peut composer la chambre d'accusation qui statue sur la régularité de l'information qu'il a conduite[10], ou sur la confusion des peines, dont l'une est la suite de sa propre instruction[11].

Mais le magistrat qui n'a accompli qu'un acte purement matériel, qui n'implique pas qu'il ait connu du fond de l'affaire ou ait dirigé l'instruction, peut participer au jugement de cette affaire[12] : ainsi en est-il de la simple signature d'une demande de renseignement[13], ou la remise aux experts des pièces à conviction et la réception de leur serment, le tout sur commission rogatoire[14], ou de l'autorisation d'une perquisition donnée par le juge d'instruction en vertu de l'article L. 41 du Livre des procédures fiscales, qui n'est pas un acte d'instruction[15]. L'article 49 précité ne s'applique pas au juge d'instruction qui a rendu une ordonnance de renvoi, aboutissant à une condamnation avec sursis, et qui a ultérieurement participé comme conseiller au jugement de la requête en dispense de la révocation au sursis[16]. Le juge d'instruction, qui est resté étranger à l'instruction de l'affaire en cause, peut composer la cour d'assises, comme tout juge du tribunal[17]. Mais on peut penser qu'un magistrat ne pourrait participer au jugement d'une affaire qui a été instruite par son conjoint (COJ, art. R. 721-1)[18].

Le fait pour un juge d'instruction d'être marié avec un magistrat du parquet, chef de la section financière laquelle était chargée de suivre les dossiers de ce cabinet, ne constitue, en soi, ni une cause de mise en doute de l'impartialité, ni une cause de nullité, dès lors qu'aucun acte du conjoint et magistrat du parquet n'est intervenu dans le dossier[19]. La circonstance que le juge d'instruction chargé d'une information du chef de banqueroute ait préalablement participé au jugement d'ouverture de la procédure de redressement judiciaire à l'occasion de laquelle le délit aurait été commis n'est pas, en soi, de nature à faire naître un doute objectivement justifié sur l'impartialité du magistrat en cause[20].

La règle de l'article 49 ne peut être retournée : le juge qui a connu d'une affaire correctionnelle, peut ensuite rendre une ordonnance de non-lieu dans une information ouverte sur constitution de partie civile de la personne précédemment prévenue[21].

Le juge des enfants qui a reçu le procès-verbal d'une enquête sociale sur la situation de famille de la victime et qui en a adressé une copie au juge d'instruction chargé de l'information ouverte contre les inculpés, n'accomplit pas un acte de poursuite ou d'instruction, et peut par suite composer la cour d'assises des mineurs comme assesseur[22]. De même, le juge des enfants qui a pris des mesures d'assistance éducative, de nature civile, peut ensuite participer au jugement correctionnel qui sanctionne ces mesures[23]. Mais l'article 253 du Code de procédure pénale interdit au juge des enfants qui, remplaçant le juge d'instruction, a rejeté une demande de

1. Crim. 24 juin 1813, *Bull. crim.*, n° 134 – Crim. 18 sept. 1884, *Bull. crim.*, n° 278.
2. Crim. 4 nov. 1830, *Bull. crim.*, n° 245; *S.* 1831, 1, p. 366.
3. CA Pau, 11 nov. 1899, *Gaz. Pal.*, 1900, 1, 517.
4. Crim. 16 août 1844, *Bull. crim.*, n° 291.
5. Crim. 1er août 1829, *Bull. crim.*, n° 174.
6. Crim. 18 mai 1976, n° 75-90.366, *Bull. crim.*, n° 168.
7. Crim. 3 juin 1992, n° 91-86.096, *Bull. crim.*, n° 220.
8. Crim. 21 juin 1978, n° 77-93.607, *Bull. crim.*, n° 209.
9. Crim. 12 oct. 1983, n° 82-93.569, *Bull. crim.*, n° 243; *D.* 1984, IR 51 – Crim. 23 janv. 1985, n° 84-92.788, *Bull. crim.*, n° 35 – Crim. 8 avr. 1992, n° 91-84.127, *Bull. crim.*, n° 152 – V. aussi, Crim. 26 mai 1981, n° 81-91.488, *Bull. crim.*, n° 170.
10. Crim. 31 mai 1988, n° 88-81.388, *Bull. crim.*, n° 235.
11. Crim. 21 sept. 1989, n° 89-80.676, *Bull. crim.*, n° 325.
12. Crim. 21 mars 1935, *Bull. crim.*, n° 35; *Gaz. Pal.* 1935, 1, 842.
13. Crim. 26 nov. 1897, *Bull. crim.*, n° 376.
14. Crim. 3 févr. 1865, *Bull. crim.*, n° 24; *D.* 1865, 1, 410.
15. Crim. 18 oct. 1982, n° 81-93.500, *Bull. crim.*, n° 221.
16. Crim. 19 janv. 1983, n° 82-92.535, *Bull. crim.*, n° 23 – V. Crim. 27 févr. 1991, n° 90-84.091, *Bull. crim.*, n° 99.
17. Crim. 11 déc. 1974, n° 74-92.262, *Bull. crim.*, n° 365 – Crim. 18 mai 1977, n° 76-93.009, *Bull. crim.*, n° 180.
18. V. Crim. 19 mai 1978, n° 76-91.681, *Bull. crim.*, n° 159 – Crim. 29 juin 1983, n° 83-90.795, *Bull. crim.*, n° 204.
19. Crim. 14 janv. 2003, n° 02-87.062, *Bull. crim.*, n° 6; *D.* 2003, IR 808; *JCP* 2003, IV, 1528; *RSC* 2003, 884, note J.-F. Renucci.
20. Crim. 10 mars 2004, n° 03-87.441, *Bull. crim.*, n° 65; *JCP* 2004, IV, 1962.
21. Crim. 2 oct. 1980, n° 80-90.268, *Bull. crim.*, n° 245; *D.* 1982, 167, note Jeandidier.
22. Crim. 3 oct. 1968, *Bull. crim.*, n° 242; *JCP* 1970, II, 16272, note Ph. Robert.
23. Crim. 19 avr. 1983, n° 80-93.436, *Bull. crim.*, n° 110.

mise en liberté, de siéger à la cour d'assises[1]. En revanche, ne déroge pas à la règle de l'impartialité le fait que le juge des enfants qui a instruit l'affaire, ait ensuite siégé au tribunal pour enfants[2].

13.34 Limites. Il est de principe que les règles écrites pour l'instruction ne s'appliquent qu'à la procédure suivie devant le juge d'instruction, et non à celle suivie devant les autres juridictions. La Cour de cassation en déduisait que l'interdiction formulée par l'article 1er de la loi du 8 décembre 1897 ne s'appliquait pas au magistrat chargé d'un supplément d'information ordonné par une juridiction de jugement[3] : bien au contraire, un tel supplément d'information ne peut être confié qu'à l'un des magistrats qui fait partie de la juridiction qui l'a ordonné[4]. Ainsi, le juge délégué par le tribunal correctionnel pour procéder à une instruction complémentaire peut donc concourir au jugement sur le fond[5]; il en est de même du conseiller membre de la chambre des appels correctionnels[6], et du conseiller, membre de la chambre des mises en accusation, qui pouvait participer aux arrêts de ladite chambre, relatifs aux affaires dans lesquelles il avait procédé à un supplément d'instruction[7]. Et encore, dans le cas d'un arrêt de renvoi devant la juridiction correctionnelle rendu par la chambre des mises en accusation, le conseiller qui avait connu comme membre de cette chambre, de l'affaire soumise ultérieurement à la chambre des appels correctionnels, pouvait statuer comme juge d'appel et concourir à l'arrêt sur le fond[8].

Il est encore jugé que le conseiller à la chambre d'accusation qui a connu du fond et apprécié les charges, ne peut ultérieurement statuer comme juge correctionnel[9]. Mais le fait que le conseiller à la chambre d'accusation ait connu d'un incident sur la détention ou la mise en liberté, ne fait pas obstacle à sa participation à l'arrêt correctionnel[10]. Il n'y a aucune incompatibilité, pour le juge d'instruction[11], ou le magistrat de la chambre d'accusation[12] à statuer successivement sur la mise en liberté et le renvoi[13].

Aucune disposition légale n'interdit aux membres de la chambre d'accusation qui ont concouru au jugement d'une affaire civile, de participer à un arrêt statuant sur des poursuites pénales exercées sur la plainte de l'une des parties à l'instance civile[14]. Mais au cas d'annulation par la chambre criminelle d'un arrêt de cour d'assises et de renvoi devant la même cour d'assises, n'y peuvent siéger les magistrats qui ont participé à l'arrêt annulé (C. pr. pén., art. 253)[15]. C'est par application de la règle du double degré de juridiction, d'ailleurs non écrite, qu'un juge, dans la même affaire, ne peut successivement siéger en première instance et en appel[16]. Ainsi, le juge d'instruction, qui a rejeté une demande de liberté, ne peut ensuite participer à l'arrêt sur l'appel de son ordonnance[17]. Cette jurisprudence doit demeurer pertinente même si le juge d'instruction ne peut plus désormais que rendre une ordonnance de saisine du juge des libertés et de la détention.

L'incompatibilité entre les fonctions d'instruction et de jugement, édictée aujourd'hui par les articles 49 et 253 du Code de procédure pénale est de droit étroit et ne peut être étendue par voie d'analogie. Elle ne fait donc pas obstacle à ce que le juge d'instruction participe comme représentant du ministère public au jugement d'une affaire qu'il a instruite. Il n'y a, en effet, déclare la Cour suprême, aucune similitude entre les fonctions qu'exerce un magistrat lorsqu'il poursuit une accusation légalement intentée, et celle que remplit un magistrat appelé à l'accueillir ou à la repousser[18].

1. Crim. 18 mars 1982, n° 81-93.150, *Bull. crim.*, n° 79.
2. Crim. 7 avr. 1993, n° 92-84.725, *Bull. crim.*, n° 152; *D.* 1993, 553, note Pradel.
3. Crim. 8 déc. 1898, *Bull. crim.*, n° 359 – Crim. 27 juill. 1905, *Bull. crim.*, n° 373 – Crim. 8 avr. 1911, *Bull. crim.*, n° 105.
4. Crim. 2 août 1934, *Bull. crim.*, n° 153 – Crim. 3 mars 1959, *Bull. crim.*, n° 147.
5. Crim. 27 janv. 1899, *Bull. crim.*, n° 4; *DP* 1899, 1, 240.
6. Crim. 26 avr. 1900, *Bull. crim.*, n° 158; *DP* 1904, 1, 444.
7. Crim. 27 juill. 1907, *DP* 1911, 1, 153 – Crim. 20 mars 1990, n° 89-87.172, *Bull. crim.*, n° 123.
8. Crim. 25 mars 1905, *Bull. crim.*, n° 151 – Crim. 23 nov. 1906, *Bull. crim.*, n° 418 – Crim. 16 mars 1916, *Bull. crim.*, n° 61.
9. Crim. 11 mars 1986, n° 84-94.708, *Bull. crim.*, n° 100; *D.* 1986, IR 302, obs. Pradel – Crim. 28 avr. 1986, n° 85-94.226, *Bull. crim.*, n° 143 – Crim. 1er déc. 1987, n° 86-92.556, *Bull. crim.*, n° 439 – Crim. 7 avr. 1992, n° 91-86.396, *Bull. crim.*, n° 148 – Crim. 27 juin 1996, n° 96-80.079, *Bull. crim.*, n° 279.
10. Crim. 6 mars 1969, *Bull. crim.*, n° 112 – Crim. 12 déc. 1974, n° 74-92.178, *Bull. crim.*, n° 368 – Crim. 24 janv. 1985, n° 84-93.030, *Bull. crim.*, n° 41 – Crim. 3 sept. 1985, n° 85-93.058, *Bull. crim.*, n° 281 – Crim. 17 juill. 1985, n° 85-92.937, *Bull. crim.*, n° 264; *D.* 1986, IR 301, obs. Pradel – Crim. 6 nov. 1986, n° 85-93.055, *Bull. crim.*, n° 328; *D.* 1987, 238, note Pradel.
11. Crim. 14 mars 1988, n° 88-80.172, *Bull. crim.*, n° 122.
12. Crim. 14 juin 1984, n° 84-91.863, *Bull. crim.*, n° 219.
13. V. aussi Crim. 23 janv. 1996, n° 95-84.934, *Bull. crim.*, n° 35.
14. Crim. 15 janv. 1969, *Bull. crim.*, n° 28.
15. Crim. 16 déc. 1982, n° 82-92.338, *Bull. crim.*, n° 296 – Crim. 18 déc. 1986, n° 85-93.254, *Bull. crim.*, n° 377.
16. Crim. 8 nov. 1951, *Bull. crim.*, n° 290 – Crim. 26 janv. 1982, n° 81-92.433, *Bull. crim.*, n° 31.
17. Crim. 27 mars 1990, n° 90-80.204, *Bull. crim.*, n° 134.
18. Crim. 2 août 1901, *Bull. crim.*, n° 221 – Crim. 18 juill. 1908, *Bull. crim.*, n° 324 – Crim. 28 août 1919, *Bull. crim.*, n° 209 – Crim. 1er mars 1933, *Bull. crim.*, n° 42 – Crim. 28 juin 1939, *Bull. crim.*, n° 132 – Crim. 28 nov. 1945, *Bull. crim.*, n° 123 – Crim. 14 janv. 2003, n° 02-87.062, *Bull. crim.*, n° 6.

13.35 Sanction. L'article 49 alinéa 2 du Code de procédure pénale, qui interdit au juge d'instruction de participer au jugement des affaires qu'il a instruites, sanctionne expressément de la nullité l'inobservation de cette disposition. Tous les auteurs, interprétant l'article premier de la loi du 8 décembre 1897, s'accordaient déjà pour déclarer qu'il s'agit là d'une nullité qui touche à l'ordre des juridictions et qui est comme telle d'ordre public. Elle ne peut se couvrir et les parties ne peuvent y renoncer : elle est opposable en tout état de cause et il doit y être suppléé d'office par le juge si elle n'est pas opposée par les parties[1]. Elle n'est pas susceptible de renonciation[2].

Plusieurs auteurs, se référant aux principes généraux applicables aux nullités d'ordre public, admettent que cette nullité peut être présentée en tout état de cause, et par conséquent pour la première fois devant la Cour de cassation[3]. Ils invoquent en ce sens deux arrêts de la Cour de cassation[4].

Cependant, dans d'autres arrêts, la chambre criminelle a statué en sens contraire, et décidé que le moyen pris de la participation d'un juge d'instruction au jugement de l'affaire qu'il a instruite est irrecevable devant elle, s'il n'a été proposé devant les juges d'appel[5].

13.36 Extension de la règle au juge des libertés et de la détention. La loi du 15 juin 2000, en créant le nouveau juge des libertés et de la détention, a imaginé un dispositif similaire à celui prévu par l'article 49 du Code de procédure pénale. C'est ainsi que l'article 137-1 du même code dispose que le juge des libertés et de la détention ne peut, à peine de nullité, participer au jugement des affaires pénales dont il a connu.

La cour d'appel de Colmar a estimé que cet article, bien qu'inséré dans la partie du code consacré à l'instruction, avait une portée générale : le juge des libertés et de la détention qui intervient sur la base de l'article 396 du Code de procédure pénale, dans le cadre de la procédure de comparution immédiate, et qui place une personne en détention provisoire, ne peut participer à la formation de jugement[6]. Mais aucune disposition conventionnelle ne fait obstacle à ce que l'un des magistrats composant la chambre de l'instruction statuant sur une demande d'annulation de pièces ait précédemment rendu, dans la même procédure, en qualité de JLD, une ordonnance rejetant une demande de mise en liberté; il s'agit de deux instances distinctes dont ni l'une ni l'autre n'implique qu'il ne soit prononcé sur la culpabilité[7].

13.37 Extension de la compétence du JLD. L'ordonnance n° 2006-673 du 8 juin 2006 portant refonte du Code de l'organisation judiciaire et modifiant le Code de commerce, le Code rural et le Code de procédure pénale[8] a prévu la possibilité pour le premier président d'une cour d'appel de désigner le juge des libertés et de la détention exerçant dans un tribunal de grande instance pour exercer concurremment ces fonctions dans d'autres tribunaux de grande instance (au plus deux autres). Cette possibilité est ouverte pour les fins de semaine, les vacations, ou pour cause de vacance d'emploi ou d'empêchement. La mission ne peut excéder quarante jours au cours de l'année judiciaire (C. pr. pén., art. 137-1-1).

SECTION 4
LE DOYEN DES JUGES D'INSTRUCTION

13.41 Rôle du doyen des juges d'instruction. Le terme de doyen n'apparaît pas dans le Code de procédure pénale à l'exception de la référence qui y est faite dans l'article R. 15-35 du même code qui concerne l'habilitation des enquêteurs de personnalité.

Celui qui exerce dans chaque juridiction le décanat (de *decanus*, chef de dix hommes) est en général le plus ancien dans le grade le plus élevé. Compte tenu de la restructuration du corps c'est donc le plus souvent un vice-président à l'exception des juridictions dans lesquelles il n'existe qu'un ou deux postes de magistrats instructeurs. C'est la date de l'arrivée dans la juridiction et non l'âge ni l'ancienneté dans la magistrature qui détermine celui qui exercera ces fonctions. Mais, il est toujours possible pour une juridiction de déroger à cet usage et de choisir une autre personne pour occuper ces fonctions. C'est par exemple le cas lorsqu'un magistrat est resté très longtemps dans la même juridiction sans pour autant occuper le grade le plus élevé.

1. Crim. 1er févr. 1913, *D.* 1913, 1, 550; *Bull. crim.*, n° 57 – Crim. 7 mars 1946, *Bull. crim.*, n° 82 – CA Paris, 9 mai 1898, *S.* 1898, 2, p. 196 – CA Pau, 11 nov. 1899, *Gaz. Pal.* 1900, 1, 517.
2. Crim. 6 mars 1969, *Bull. crim.*, n° 12.
3. Garraud, III, n° 1112 – Hélie F. par Brouchot, I, n° 255 – Vidal et Magnol, II, n° 836, note 2, p. 1222.
4. Crim. 8 mars 1924, *S.* 1925, 1, 381 – Crim. 21 nov. 1930, *S.* 1933, 1, 160.
5. Crim. 27 janv. 1899, *DP* 1899, 1, 240 – Crim. 7 mars 1946, *Bull. crim.*, n° 82.
6. CA Colmar, ord., 16 juill. 2002, *JCP* 2003, p. 782, note E. Braun.
7. Crim. 27 oct. 2004, n° 04-85.182, *Bull. crim.*, n° 260.
8. Ord. n° 2006-673, 8 juin 2006, portant refonte du Code de l'organisation judiciaire et modifiant le Code de commerce, le Code rural et le Code de procédure pénale, *JO* n° 132, 9 juin, p. 8710.

Le doyen n'a aucune autorité hiérarchique sur ses collègues. Il assume en revanche des tâches supplémentaires.

13.42 Tâches diverses du doyen des juges d'instruction. Il est d'usage que le doyen réceptionne les plaintes avec constitution de partie civile. Le doyen met la plainte en état c'est-à-dire qu'il prend garde à ce que le dossier soit complet et le cas échéant sollicite du plaignant, avocat ou particulier, des précisions complémentaires. Il peut aussi faire valoir ses observations sur la prescription, la compétence territoriale, l'absence de qualification pénale. Mais ce pouvoir de filtre trouve ses limites dans la volonté du plaignant. Si celui-ci maintient sa plainte, il n'y a pas de moyen de lui refuser l'accès au juge pénal. Le doyen rend une ordonnance de consignation ou constate que la personne a obtenu l'aide juridictionnelle partielle ou totale (v. s[s] n°s 61.63 à 61.64). Il ne peut rendre d'ordonnance de refus d'informer mais seulement de non-recevabilité fondée sur le non versement de la consignation [1].

Le doyen s'occupe aussi en général de la réception des commissions rogatoires. Si les commissions rogatoires nationales ont baissé depuis 1986, année de l'entrée en vigueur de la loi du 30 décembre 1985 qui permet au juge de saisir directement le service d'enquête en dehors de son ressort, il n'en est pas de même pour les commissions rogatoires internationales qui se multiplient (v. s[s] n°s 154.00 s.). La loi du 9 mars 2004 a attribué au procureur de la République le soin d'exécuter les demandes d'entraide, le juge d'instruction n'intervenant que lorsque les actes ne peuvent être ordonnés qu'au cours d'une instruction préparatoire (C. pr. pén., art. 694-2).

Le doyen possède aussi des fonctions administratives. Il gère et représente le service. Il établit en général le tableau de permanence en concertation avec ses collègues. Il peut aussi jouer un rôle de centralisation de l'information, représentant ses collègues dans les relations internes ou externes. Le secrétariat commun qui existe dans les juridictions moyennes ou importantes est composé d'un greffier qui réalisera des taches communes aux divers cabinets, et s'occupera notamment des plaintes avec constitution de partie civile.

13.43 Le juge coordonnateur. L'article 52-1 du Code de procédure pénale, issu de la loi du 5 mars 2007, a prévu qu'« un ou plusieurs juges d'instruction peuvent être chargés en tenant compte s'il y a lieu des spécialisations prévues par les articles 704, 706-2, 706-17, 706-75-1 et 706-107, de coordonner l'activité des juges d'instruction au sein du pôle dans des conditions fixées par décret. »

Le décret du 16 janvier 2008 [2] précise légèrement le contour de ce nouveau personnage, esquissé par l'article 52-1 : le juge coordonnateur. L'article D. 15-4-5 dispose en effet que « le ou les juges d'instruction coordonnateurs du pôle prévus par le quatrième alinéa de l'article 52-1 sont désignés par le président du tribunal de grande instance au début de l'année judiciaire, après avis de l'assemblée générale des magistrats du siège ». Le juge coordonnateur peut réunir à intervalles réguliers les différents juges d'instruction du pôle de l'instruction afin d'examiner l'état d'avancement des procédures dans un souci d'efficacité et de célérité des informations dont ses membres ont la charge. Ces réunions peuvent ne concerner que les juges spécialisés en application des articles 704, 706-2, 706-17, 706-75-1 et 706-107. Lors de ces réunions, les juges d'instruction peuvent échanger des informations sur les procédures dont ils sont saisis, aux fins notamment d'envisager d'éventuelles co-saisines. Ces échanges sont couverts par le secret de l'instruction prévu par l'article 11. Avec l'accord du juge coordonnateur, le procureur de la République peut participer à ces réunions.

Dans le respect des prérogatives de chacun des juges d'instruction saisis en vertu des articles 83 et 83-1 du Code de procédure pénale, le juge coordonnateur peut préconiser toute mesure juridique ou organisationnelle utile au bon fonctionnement du service. Ce juge coordonnateur possède une mission et des pouvoirs dont le flou ne facilite pas la mise en œuvre. Le fait qu'il puisse réunir les juges du tribunal pour « examiner l'état d'avancement des procédures » peut être mal ressenti. La possibilité pour le procureur de la République d'assister à ces réunions a, semble-t-il, posé aussi question. Enfin, on s'interroge encore sur les pouvoirs de ce coordonnateur. Qu'il puisse « dans le respect des prérogatives de chacun des juges d'instruction saisis [...] préconiser toute mesure juridique ou organisationnelle utile au bon fonctionnement du service » ne dit pas grand chose sur l'étendue et la nature de ce qu'il peut faire. Ne pas faire pourrait lui valoir quelques désagréments dans l'hypothèse où la responsabilité de l'un des magistrats instructeurs de la juridiction serait engagée. Il n'est pas certain pourtant que ce « risque » engage les doyens, qui sont en général les coordonnateurs, à s'emparer du rôle de contrôle du président de la chambre de l'instruction, ni à s'immiscer dans la conduite des informations de leurs collègues.

1. V. Ch. Guéry, « Le juge d'instruction et le voleur de pommes : pour une réforme de la plainte avec constitution de partie civile », *D.* 2003, 1575.

2. D. n° 2008-54, 16 janv. 2008, *JO* 18 janv., n° 0015, p. 949.

SECTION 5
SÉCURITÉ DU JUGE D'INSTRUCTION

13.51 Attentats et évasions. Le juge d'instruction ne se sent généralement pas en danger. Le détenu, en effet, ne nourrit habituellement à son égard, ni hostilité, ni animosité; si ces sentiments existent, ils vont à la fonction, non à la personne. Il en est toutefois autrement des juges d'instruction spécialisés dans la répression du terrorisme international, qui sont l'objet de mesures particulières de protection. Actuellement, le détenu pénètre dans le cabinet d'instruction, libre de ses menottes, mais sous escorte, laquelle demeure présente ou non selon la nature de l'acte à effectuer, la personnalité du détenu, et la volonté du juge d'instruction.

Les attentats contre les magistrats se sont multipliés ces dernières années. Dans une précédente édition de cet ouvrage, Pierre Chambon donnait des exemples qui concernaient les années 1970. Nous rappellerons seulement désormais que deux magistrats instructeurs ont été assassinés : le 3 juillet 1975 le juge François Renaud à Lyon et le 21 octobre 1981 le juge Pierre Michel à Marseille.

Quant aux évasions, lors des interrogatoires, mais surtout lors des transferts (extraction vers le Palais de Justice, vers l'hôpital...) elles sont également nombreuses. La plus célèbre demeure celle du « cerveau du gang des égoutiers » Albert Spaggiari, à Nice, le 9 mars 1977, qui sauta du premier étage.

13.52 Légalité des mesures de sécurité. Le juge d'instruction peut demander le renforcement de l'escorte. Il peut aussi se transporter à la prison. L'affaire peut être renvoyée, comme en matière de règlement de juges, au tribunal du lieu de la détention, « quand le transfert d'un prévenu présente des risques certains » (C. pr. pén., art. 382 et 664) [1].

Qu'en est-il du port des menottes ou des entraves ? L'article D. 173 du Code de procédure pénale prévoyait que « par mesure de précaution contre les évasions, les détenus peuvent être soumis au port des menottes et des entraves pendant leur transfert ou leur extraction », ou lorsqu'il n'y a pas d'autre moyen d'assurer leur garde, toutefois, « aucun lien ne doit être laissé au détenu au moment de sa comparution devant une juridiction ». Il a été jugé que ce texte n'est pas prescrit à peine de nullité et que la comparution du prévenu à l'audience correctionnelle, menottes aux poignets, ne compromet pas la liberté de sa défense [2]. Une escorte peut également, par mesure de sécurité, accompagner le détenu lors de sa comparution devant la chambre de l'instruction [3]. Ces solutions sont à plus forte raison applicables à l'instruction. « Les prescriptions de l'article D. 173 ne sont que des mesures d'ordre et de police », et le fait que l'inculpé ait comparu devant le juge d'instruction portant des entraves de cuir aux chevilles n'entraîne aucune nullité [4]. C'est aujourd'hui l'article D. 283-4 du Code de procédure pénale qui est applicable : « Dans les conditions définies par l'article 803, et par mesure de précaution contre les évasions, les détenus peuvent être soumis au port des menottes, ou s'il y a lieu, des entraves pendant leur transfèrement ou leur extraction, ou lorsque les circonstances ne permettent pas d'assurer efficacement leur garde d'une autre manière. Toutefois, aucun lien ne doit être laissé à un détenu au moment de sa comparution devant une juridiction. » La jurisprudence précitée demeure donc d'actualité.

L'article 803 du Code de procédure pénale dispose que « nul ne peut être soumis au port des menottes ou des entraves que s'il est considéré soit comme dangereux pour autrui ou pour lui-même, soit comme susceptible de tenter de prendre la fuite ».

SECTION 6
RESPONSABILITÉ DU JUGE D'INSTRUCTION

13.61 Le juge d'instruction : un petit juge ? « La vision de la justice par les Français est tellement négative que le seul personnage mis en lumière dans l'imaginaire est le juge d'instruction, pour deux raisons. D'abord, parce que c'est un flic, même s'il est juge; il est d'abord chasseur, traqueur. Ensuite parce qu'il a pour vocation d'être « petit », c'est-à-dire d'incarner les valeurs de résistance à l'État, aux puissants » [5].

On peut être globalement d'accord avec cette définition même s'il faut souligner que la qualification de « flic » a sans doute une connotation péjorative chez ce grand adversaire de l'institution de l'instruction préparatoire. L'incarnation de valeur de résistance à l'État, si elle semble réelle, mais limité à des affaires particulières, est en tout cas assez nouvelle.

13.62 Contrôle hiérarchique. Le juge d'instruction est le magistrat le plus noté de France. Outre

1. Crim. 21 juin 1976, nº 76-91.781, *Bull. crim.*, nº 223.
2. Crim. 30 nov. 1976, nº 76-92.088, *Bull. crim.*, nº 344 – Crim. 21 janv. 1981, nº 80-94.421, *Bull. crim.*, nº 31 – Même solution pour la comparution en costume pénitentiaire, Crim. 13 févr. 1880, *Bull. crim.*, nº 32 – Et aux assises dans une cage de verre, Crim. 15 mai 1985, nº 84-95.752, *Bull. crim.*, nº 188.
3. Crim. 7 août 1990, nº 90-83.435, *Bull. crim.*, nº 2971.
4. Crim. 16 mai 1972, nº 72-91.182, *Bull. crim.*, nº 169.
5. D. Soulez Larivière, *Justice pour la justice*, Seuil, 1990.

l'évaluation tous les deux ans par le premier président de la cour d'appel, sur proposition du président de la juridiction, de nombreux magistrats émettent des « avis » sur son activité : c'est le cas du président de la cour d'assises, du président de la chambre des appels correctionnels, du juge des libertés et de la détention, du président de la chambre de l'instruction. Ces avis doivent théoriquement être soumis contradictoirement au juge d'instruction avant son évaluation définitive.

Par ailleurs, le président du tribunal de grande instance reçoit au moins une fois par an les observations écrites du président de la chambre de l'instruction sur le fonctionnement des cabinets d'instruction de son ressort. Il existe un entretien préalable au cours duquel le président recueille les impressions du juge d'instruction sur son activité et au cours duquel celui-ci remet un document nommé « annexe 1 » dans lequel il a pu résumer ses activités, les stages de formation suivis, *etc.*

13.63 Contrôle du président de la chambre de l'instruction. Selon l'article 220 du Code de procédure pénale, le président de la chambre de l'instruction s'assure du bon fonctionnement des cabinets d'instruction de son ressort. Il s'emploie à ce que les procédures ne subissent aucun retard injustifié. Chaque fois qu'il l'estime nécessaire et au moins une fois par an, il transmet ses observations écrites au premier président de la cour d'appel, au procureur général, ainsi qu'au président du tribunal de grande instance et au procureur de la République. Le président de la chambre de l'instruction peut aussi se faire communiquer tout dossier dans lequel aucun acte d'instruction n'a été réalisé pendant plus de quatre mois ou deux mois si la personne est détenue (C. pr. pén., art. 221-2) ou comportant des détenus que le président a visités à la maison d'arrêt (C. pr. pén., art. 223).

Le juge d'instruction lui rend compte de son activité en lui transmettant les notices semestrielles (trimestrielles jusqu'à la loi du 9 mars 2004 – C. pr. pén., art. 221, al. 1 – Sur le contrôle et les droits du procureur de la République, v. s[s] n°s 42.11 à 42.12, 42.21 à 42.23 – Sur le dessaisissement par la chambre de l'instruction, v. s[s] n°s 53.21 à 53.23).

13.64 Pouvoir disciplinaire du CSM. Comme tout magistrat le juge d'instruction peut faire l'objet d'une procédure disciplinaire instruite par la Chancellerie. C'est le CSM statuant en matière disciplinaire qui sanctionne ou non le magistrat. Le premier président de la cour d'appel dispose aussi, en vertu de l'article 44 de l'ordonnance n° 58-1270 du 22 décembre 1958 de la possibilité de donner un avertissement aux magistrats placés sous son autorité.

Le CSM a rendu aussi un certain nombre d'avis non conformes à la mutation de certains magistrats dans des fonctions de juge d'instruction dans une autre juridiction.

13.65 Comme tous les magistrats, le juge d'instruction est susceptible de poursuites disciplinaires. Ces dernières années, plusieurs magistrats instructeurs ont été sanctionnés.

Certaines des décisions mettent en exergue le défaut de conduite de l'information dans un délai raisonnable. C'est ainsi qu'est sanctionné un magistrat qui omet de statuer sur des prolongations de détention provisoire, ceci mettant en évidence un manque évident du sens des responsabilités[1]. Il en est de même de celui qui délaisse les procédures, n'assure pas le contrôle réel et efficace de l'action des personnes ou service à qui il délègue partie de ses pouvoirs ou prérogatives[2]. Il est des cas dans lesquels la situation du cabinet apparaît effectivement totalement catastrophique : premier acte d'instruction accompli entre un et trois ans après l'enregistrement de la procédure dans un nombre significatif de cas, diligences rares dans la conduite des informations confiées, non utilisation de l'outil informatique à tel point que le conseil demeurait dans l'impossibilité de déterminer le nombre et la nature des informations en cours[3]. En revanche, dans une poursuite à l'encontre d'un juge d'instruction qui n'avait pas fait établir de copie des pièces rendant de ce fait impossible la reconstitution de pièces manquantes après, le Conseil supérieur de la magistrature a dit n'y avoir lieu à sanction alors que, pour des raisons tenant à l'insuffisance tant en personnel de greffe que de moyens de reproduction et de stockage des dossiers, l'habitude avait été prise de n'établir systématiquement les copies prescrites que dans les affaires où les mis en examen étaient détenus[4].

La plupart des condamnations sont prononcées pour défaut de discrétion ou de réserve. Ainsi un magistrat instructeur a été condamné pour avoir établi une attestation destinée à être produite en justice dans laquelle l'intéressé fait état de sa qualité de juge d'instruction pour rapporter des propos tenus en dehors de son cabinet[5]. Il en est de même de celui qui utilise du papier à en-tête de son cabinet et son sceau pour aider un ami à recouvrer des fonds[6], de celui qui adresse des casiers judiciaires à une obédience maçonnique à laquelle il a appar-

1. CSM 14 déc. 1994, Rapp. CSM, Journaux officiels.
2. CSM 27 juill. 1991, Rapp. CSM.
3. CSM 12 juill. 2000, décision annulée par le Conseil d'État, Rapp. CSM.
4. CSM 13 déc. 2001, Rapp. CSM.
5. CSM 19 avr. 2000, Rapp. CSM.
6. CSM 3 mai 1990, Rapp. CSM.

tenu[1], ou qui déclare « j'aurai la peau professionnelle ou judiciaire de ceux qui ont ourdi cette manœuvre quelle que soit leur fonction, leur position, qu'ils soient membres du barreau de Paris, anciens ministres et autres [...] j'accuse le pouvoir exécutif français de saboter le travail des juges d'instruction »[2]. Manque au devoir de réserve le juge d'instruction qui déclare « la magistrature française ne brille pas par son courage politique – c'est le virus de l'avancement qui pourrit le corps des magistrats, qui fait d'eux des juges rampants et des petits fonctionnaires carriéristes. Le pouvoir judiciaire s'aplatit devant le pouvoir industriel et politique [...]. La boutique judiciaire ne marche pas parce qu'il y a trop de carpettes. J'appartiens à une corporation d'ecclésiastiques dévoyés, d'archiprêtres sclérosés[3] ».

Dans l'affaire des disparues de l'Yonne, le Conseil d'État a rendu le 20 juin 2003 un arrêt ainsi rédigé : « Considérant que la circonstance qu'un agissement imputable à un magistrat peut apparaître ultérieurement comme ayant joué un rôle dans un enchaînement de faits dont l'aboutissement révèle un mauvais fonctionnement du service public de la justice n'établit pas, par elle-même, la gravité de la faute qui peut être reprochée à ce magistrat; qu'il appartient au contraire à l'autorité investie du pouvoir disciplinaire, pour apprécier cette gravité et déterminer en conséquence le choix d'une sanction, de tenir compte des éléments et des circonstances de l'époque à laquelle ces faits ont pris place et qui en constituent le contexte.[4] »

13.66 Responsabilité du service de la justice. La procédure de prise à partie ayant été supprimée, seul l'article L. 781-1 du Code de l'organisation judiciaire peut être utilisé pour mettre en cause la responsabilité de l'État à raison d'une faute supposée d'un magistrat instructeur. Cet article dispose que « l'État est tenu de réparer le dommage causé par le fonctionnement défectueux du service de la justice. Cette responsabilité n'est engagée que par une faute lourde ou un déni de justice. La responsabilité des juges, à raison de leur faute personnelle, est régie par le statut de la magistrature en ce qui concerne les magistrats de l'ordre judiciaire et par des lois spéciales en ce qui concerne les juridictions d'attribution. L'État garantit les victimes des dommages causés par les fautes personnelles des juges et autres magistrats, sauf son recours contre ces derniers. » Ces dispositions sont conformes aux exigences d'un procès équitable au sens de l'article 6 de la Convention européenne des droits de l'Homme et des libertés fondamentales[5].

Par exemple, constitue une faute lourde la disparition des pièces de procédure en l'absence de copies de pièces du dossier d'information par le juge d'instruction[6]. Fut considérée comme une faute lourde la divulgation par les services d'enquête d'informations permettant d'identifier les personnes mises en cause[7], la rédaction plus de vingt-neuf mois après la communication du dossier par le juge d'instruction d'un réquisitoire définitif[8]. La délivrance d'un mandat d'amener et l'incarcération d'un individu à la suite de négligences graves et d'erreurs résultant notamment du défaut de concordance entre les prénoms et noms de l'intéressé et de la personne intéressée constitue un dysfonctionnement permettant la mise en cause de l'État[9]. Il en est de même en cas d'interception irrégulière des communications d'un avocat par un magistrat instructeur : « Le juge d'instruction doit être d'autant plus circonspect qu'il porte atteinte non seulement au secret professionnel de l'avocat, mais encore à sa vie privée et à celles des personnes vivant sous son toit, qu'il n'existait aucune suspicion de collusion de M^{e} X avec son client, ce qui suffisait à interdire une telle ingérence, que les mesures d'interception ont été détournées de leur finalité, que le juge a gravement bafoué les principes applicables en la matière, portant aux droits de la défense une atteinte que l'annulation des mesures illégalement pratiquées n'a pas eue pour effet de supprimer ou de réparer.[10] »

Constitue également une faute lourde le fait pour un juge d'instruction d'avoir laissé prescrire un dossier et d'avoir tenté de le dissimuler[11]. De même, traduisent l'inaptitude du service public de la justice à remplir sa mission, engageant la responsabilité de l'État sur le fondement de l'article L. 781-1 du Code de l'organisation judiciaire, l'erreur commise par le ministère public sur les conditions juridiques de l'engagement des poursuites puis l'absence

1. CSM 13 déc. 2001, Rapp. csm.
2. CSM 16 déc. 1993, Rapp. csm.
3. CSM 16 déc. 1993, *Rapp. annuel*, Éditions des Journaux officiels – Sur tous ces points on peut consulter le fascicule de l'École nationale de la magistrature intitulé *La responsabilité du juge d'instruction*.
4. CE 20 juin 2003, n° 248242, *Lebon*; *D.* 2003, 1702; *D.* 2003, IR 1807; *Gaz. Pal.* 25-26 juill. 2003, jur., concl. F. Lamy.
5. Ass. plén., 23 févr. 2001, n° 99-16.165, *Bull. Ass. plén.*, n° 5; *D.* 2001, 1752.
6. TGI Paris, 5 janv. 2000, *D.* 2000, IR 45.
7. Civ. 1re, 9 mars 1999, n° 96-16.560, *Bull. civ.* I, n° 84; *D.* 2000, jur. 398 – En ce sens également, TGI Paris, 12 févr. 2001, *Gaz. Pal.* 25-29 mai 2001.
8. TGI Paris, 5 nov. 1997, *D.* 1997, jur. 9, note Frison-Roche.
9. CA Paris, 25 avr. 1985, *Gaz. Pal.*, 1986, I, somm. p. 41.
10. TGI Paris, 11 juill. 2001, *Gaz. Pal.* 9-10 sept. 2001.
11. TGI Valenciennes, 10 mars 2005, *Gaz. Pal.* 22-23 juill. 2005, jur. p. 7.

de vérification du juge d'instruction sur la régularité de sa saisine[1]. Viole l'article L. 781-1 du Code de l'organisation judiciaire, devenu l'article L. 141-1 du même code, la cour d'appel qui rejette une demande en réparation du préjudice imputé au manque de diligence du magistrat instructeur, alors que constitue une faute lourde traduisant l'inaptitude du service public de la justice à remplir la mission dont il est investi, l'inaction du juge d'instruction qui pendant quatre ans et sept mois n'a pas accompli les actes nécessaires au bon déroulement de l'information[2].

En revanche, la responsabilité de l'État ne saurait être engagée lorsqu'une affaire complexe soumise au service public de la justice aboutit à un non-lieu[3]. Entre 1993 et 1998, 155 affaires ont été soumises aux tribunaux, 161 décisions ont été rendues dont 28 de condamnation pour un montant de près de 6 000 000 de francs, en 1999, 86 procédures ont donné lieu à 57 décisions pour un montant de 11 700 000 francs de réparation, pour la seule année 2000, 135 procédures ont donné lieu à 29 décisions pour un montant de 900 000 francs[4]. La Cour européenne des droits de l'Homme a estimé que la poursuite préalable de l'État français sur le fondement de l'article L. 781-1 est une condition de recevabilité de sa saisine, dès lors qu'il s'agit de faire sanctionner l'inobservation du délai raisonnable par les juridictions étatiques[5]. La loi n° 2006-673 du 8 juin 2006 a transposé les dispositions de l'article L. 781-1, abrogé, dans deux articles nouveaux : L. 141-1 et L. 141-2 du Code de l'organisation judiciaire.

13.67 Responsabilité en cas de détention provisoire. En vertu de l'article 149 du Code de procédure pénale, la personne a droit à réparation intégrale du préjudice moral et matériel qu'a causé une détention provisoire au cours d'une procédure terminée par une décision de non-lieu, de relaxe ou d'acquittement devenue définitive. Il n'en va différemment que lorsque la personne s'est librement et volontairement accusée ou laissée accuser à tort en vue de faire échapper l'auteur des faits aux poursuites, lorsque la décision est fondée sur une cause d'irresponsabilité au sens de l'article 122-1 du Code de procédure pénale ou si la décision est une conséquence de l'amnistie.

1. Civ. 1re, 14 mars 2006, n° 04-15.458, *Bull. civ.* I, n° 156; *BICC* 642, n° 1282.
2. Civ. 1re, 13 mars 2007, n° 06-13.040, *Bull. civ.* I, n° 107; *D.* 2007, 1929, obs. J. Pradel.
3. TGI Paris, 1re ch., 20 nov. 2002, aff. Villemin, *Gaz. Pal.* 10-11 janv. 2003, note J.-G. M.
4. R. de Gouttes, av. gén. près la Cour de cassation, concl. dans aff. Laroche, *Gaz. Pal.* 27-28 juill. 2001.
5. J.-F. Krieg, « Le délai raisonnable, office du juge et office de l'autorité publique », *LPA* 26 juin 2003.

SECTION 7
ÉTHIQUE DU JUGE D'INSTRUCTION

13.71 Dans une période où l'institution du juge d'instruction est régulièrement remise en question, où la suppression même en est proposée, où les réformes se succèdent, il peut paraître important de poser le problème de l'éthique de ce juge si particulier qu'est le magistrat instructeur et de se demander si les critiques dont il fait l'objet ne sont pas le plus souvent l'écho d'un certain usage que font les professionnels de la technique plutôt que d'une critique de fond de l'institution. Par la spécificité de ses attributions, le juge d'instruction est en effet au cœur du procès pénal, ce qui ne signifie pas qu'il soit incontournable ou que son champ d'action soit très étendu, mais que la nature de ses investigations, parfois médiatisées, rend son travail aisément lisible et aisément critiquable à la fois par les intervenants judiciaires mais aussi par les parties ou de façon générale par toutes les personnes ou institutions intéressées à l'instruction. L'affaire d'Outreau en constitue un exemple paradigmatique.

La fonction du magistrat instructeur est spécifique parce qu'il est confronté plus qu'un autre à un double impératif, d'une part l'efficacité dans la recherche des auteurs des infractions, d'autre part le respect des droits fondamentaux de la personne.

13.72 Logique de distanciation et logique d'implication. En effet, le juge d'instruction est nécessairement et peut être premièrement un enquêteur. Dans ce registre, il est normal qu'il soit impliqué dans son enquête, qu'il mobilise son énergie à la recherche de l'auteur d'un crime, à la réunion de charges à l'encontre de la personne soupçonnée ou d'éléments à décharge. Mais en tant que juge, c'est de distanciation dont il doit être question : juger c'est mettre à distance. La nécessité de représenter un « tiers impartial et désintéressé » selon la définition de Kojève, suscite un conflit avec celle d'être efficace dans la recherche des preuves. Comment à la fois être impliqué pour enquêter et à distance pour juger ? De cette difficulté est né le désir de supprimer certains des pouvoirs juridictionnels du juge d'instruction.

C'est la détention provisoire qui fut la première visée, comme pouvoir juridictionnel principal et emblématique. Après les lois de 1985, 1987, 1993, la loi du 15 juin 2000 semble avoir installé de façon durable un juge tiers, amené à trancher en matière de détention, quoique le juge d'instruction demeure compétent en la matière par de multiples biais; la saisine du juge des libertés et de la détention lui appartient (sauf application de l'article 137-4, al. 2), il peut remettre en liberté, il peut maintenir en détention. Mais la question posée est de savoir s'il conservera encore très longtemps les autres pouvoirs juridictionnels dont il dispose, et s'il peut survivre à leur éventuelle disparition.

13.73 La simple « application » de la loi est une fiction, pour le juge d'instruction comme pour tout magistrat. Certains évoquent même une « pieuse hypocrisie, c'est-à-dire un tour de passe-passe par lequel le juriste donne comme fondé *a priori*, déductivement, quelque chose qui est fondé *a posteriori*, empiriquement [...] cette pieuse hypocrisie est le principe de ce que j'appelle la violence symbolique [...] qui est d'obtenir une reconnaissance fondée sur la méconnaissance. La violence symbolique, en ce cas, consiste à faire apparaître comme fondé dans une autorité transcendante, située au-delà des intérêts, des préoccupations, des soucis, *etc.*, de celui qui les formule, des propositions, des normes, qui dépendent pour une part de la position occupée par ceux qui les énoncent dans un champ juridique » [1].

Quoi qu'il en soit, il n'existe pas d'application de la loi sans interprétation. Et dire que la première exigence qu'on peut attendre d'un magistrat instructeur est de respecter la loi est loin de clore le débat. Car de nombreux articles du Code de procédure pénale, s'ils sont relativement précis quant à leur champ d'application, laissent au juge une large marge de manœuvre quant à leur mise en situation. Les avertissements prévus par l'article 116 du Code de procédure pénale, par exemple, lors de la première comparution de la personne mise en cause, figurent déjà au procès-verbal. Ils figuraient dans les liasses lorsqu'on tapait à la machine, ils figurent dans les formules toutes faites des logiciels informatiques utilisés aujourd'hui. Reste ensuite à savoir de quelle façon le juge traduit oralement l'énoncé de ces droits.

Pour autant, il ne faut pas croire forcément que le juge qui respecte le mieux la loi est celui qui va en suivre la lettre. Si l'on prend l'exemple de l'avertissement des droits des parties (v. s[s] n° 103.71), le juge peut donner connaissance du texte en avertissant la personne de son droit de faire des demandes « d'actes prévus par les articles 81, 82-1, 82-2, 156, 173 durant le déroulement de l'information et au plus tard le vingtième jour après l'avis prévu par le dernier alinéa de l'article 175, sous réserve des dispositions de l'article 173-1 (!) ». On imagine aisément que cela n'évoque rien de particulier à la personne. On préférera donc un magistrat qui évoquera, même incomplètement la possibilité de faire « des demandes d'audition, de confrontation, d'expertise, de tout acte utile à la manifestation de la vérité, si je ne les accomplissais pas spontanément ». Le suivi parfait du Code peut effectivement devenir hypocrite.

1. P. Bourdieu, « Les juristes, gardiens de l'hypocrisie collective », dans *Normes juridiques et régulation sociale*, Lgdj, coll. « Droit et société », 1991.

13.74 Des textes flous. Le Code de procédure pénale contient par ailleurs un certain nombre d'articles imprécis, qui vont laisser au magistrat une grande latitude dans leur application, tel l'article 81 qui, en disposant que « le juge d'instruction procède, conformément à la loi, à tous les actes d'information qu'il juge utile à la manifestation de la vérité ». Cette disposition laisse au juge un champ dont les bornes ne sont pas décelables dans la loi mais dans une éthique professionnelle. C'est à partir de l'article 81 que la pratique des écoutes téléphoniques s'est développée, jusqu'à ce que le législateur, il est vrai, contraint par la jurisprudence de la Cour européenne des droits de l'Homme, introduise, par la loi du 10 juillet 1991, un cadre plus contraignant (v. s[s] n°s 192.00 s.).

13.75 Une absence de textes. Mais surtout, le législateur ne saurait envisager avec exactitude les différentes évolutions possibles d'un dossier d'instruction, ni dicter avec précision le comportement du juge dans son cabinet, ce qu'il dira, ce qu'il fera ou comment il retranscrira les paroles prononcées. Le magistrat est donc confronté à l'incomplétude normale des lois de procédure pénale et ne devra pas compter sur la norme pour fonder une ligne directrice à son comportement. Il faut par exemple considérer l'espace immense de liberté conféré au juge dans le domaine, si important, de l'interrogatoire. Les seules contraintes du magistrat instructeur tiennent ici dans le respect de quelques articles du Code qui concernent, exclusivement, les droits du conseil de la personne précédemment à l'interrogatoire. Aucune règle ne régit les rapports entre le juge et la personne, qu'il s'agisse de la personne mise en examen, du témoin, de la partie civile. Or, ce sont dans ces relations que l'on relève parfois un comportement peu respectueux de la part du juge. La situation de pouvoir dans laquelle le juge d'instruction est placé est en effet évidente. Il subsiste, même aujourd'hui, des moyens de pression considérables : saisine du juge des libertés et de la détention, refus de permis de visite, censure du courrier, *etc.*

La présence de l'avocat, quasi systématique désormais lors des interrogatoires de première comparution, met heureusement depuis 1993, un frein aux dérapages les plus sérieux. On peut donc penser aujourd'hui que certaines pratiques parmi lesquelles on mettra en exergue le « chantage aux aveux » ont, sinon totalement disparu, du moins diminué.

13.76 La parole du juge. Ce n'est pas pour autant que de sérieux problèmes ne se posent toujours dans les relations des magistrats instructeurs avec les personnes qui comparaissent devant eux. La parole du juge ne fait l'objet d'aucun texte – comment pourrait-il en être autrement ? On peut donc appliquer fidèlement le Code de procédure pénale tout en tutoyant la personne mise en examen, ou en lui donnant à voir tous les signes du mépris. Le comportement du juge d'instruction avec la personne qui comparaît est donc un élément capital. L'éthique du juge passe aussi par l'absence de mise en œuvre de mesures indignes ou vexatoires comme par exemple faire vider les poches de la personne mise en examen ou lui faire garder ses entraves aux chevilles et ses menottes aux mains.

Et qu'est ce qui empêche le juge de mentir ? De prêcher le faux pour savoir le vrai, de prêter à tel témoin ou complice telle affirmation, de simuler telle découverte, tel aveu, telle expertise confondante, ou encore de mentir par omission, c'est-à-dire de dissimuler des éléments à décharge, auxquels la personne ne peut avoir accès que par l'intermédiaire de son avocat, si elle en a un. Là aussi, la présence de l'avocat peut singulièrement réduire ce genre de procédés, qu'on peut espérer d'un autre âge.

13.77 La transcription des déclarations est aussi un problème éthique. Au-delà de la pure technique, il existe aussi une véritable question d'honnêteté intellectuelle qui est posée au juge en matière de retranscription des déclarations. C'est encore une question délicate. Le procès-verbal ne peut jamais être le reflet exact de ce qui s'est passé dans le bureau du juge : le climat, les silences, le ton ne peuvent être rendus. Il ne s'agit pas de dire que la retranscription doit être totalement fidèle et représenter absolument les dires de la personne. D'ailleurs, dans ce domaine comme dans d'autres déjà signalés, la retranscription fidèle peut elle-même se transformer en vexation : l'emploi de tics verbaux, de faute de syntaxe ou de mots impropres systématiquement reproduite. Mais la retranscription la plus fidèle possible, dans un cadre respectueux de la personne, est sans doute une des qualités primordiales qu'on peut attendre du juge d'instruction. Comment faire remarquer à une personne qu'elle a dit devant les gendarmes ou les policiers exactement ceci « suit la déclaration entre guillemets » si l'on est pas capable soi-même de pouvoir certifier à la fin d'une audition que le président du tribunal correctionnel ou que la cour d'assises pourra poser le même genre de question ?

C'est dire la difficulté de l'exercice, la rigueur et l'honnêteté intellectuelle de tous les instants qu'il requiert. Comme il serait tentant de ne pas mentionner cet élément de déclaration d'un témoin, en l'absence de tout avocat, qui ne colle pas avec le reste du dossier et qui va entraîner de multiples vérifications supplémentaires alors qu'on pensait le dossier achevé...

13.78 Une éthique de l'enquête. Même si le stratagème et la ruse sont expressément proscrits par la jurisprudence, il existe encore de multiples occasions qui permettent au juge de « déraper » dans l'exercice de sa mission. La possibilité de « monter » des opérations de toutes pièces avec les services de police ou des douanes, la possibilité, avec la « complicité » du ministère public, de faire ouvrir une information à visée générale (témoignage anonyme, trafic de stupéfiants par exemple) pour ordonner des écoutes téléphoniques qui vont plus servir à « faire du renseignement » sur une équipe, puis à retranscrire, en respectant la procédure adéquate des conversations portant sur un tout autre sujet, la première affaire se terminant par un non-lieu et ayant servi à révéler des activités que l'on soupçonnait sans pouvoir les établir... Mais le juge peut être aussi ce Ponce Pilate qui affiche un comportement loyal et qui laisse la « basse besogne » à ceux qui travaillent avec lui, en faisant forcément quelque peu semblant de ne pas le voir.

Or, les enquêteurs agissent toujours dans le cadre des lois que les magistrats ont pour mission de faire loyalement respecter. La loyauté impose donc aux magistrats instructeurs, précisément parce qu'ils se trouvent en position d'autorité, de s'intéresser au fonctionnement de la police judiciaire, « l'œuvre est commune, la loyauté commande au magistrat de l'assumer dans tous ses aspects et d'en répondre »[1]. Lourde et difficile tâche pour quelqu'un qui côtoie chaque jour les enquêteurs et qui partage leurs envies de « sortir » les affaires...

13.79 Sur quelles valeurs peut-on fonder une éthique du juge d'instruction ? L'éthique est tout d'abord le signe du respect des principes les plus élémentaires de la courtoisie, la reconnaissance de la personne mise en examen avant tout, quoiqu'elle ait fait, comme une personne à l'encontre de laquelle le juge ne peut avoir aucun ressentiment personnel, comme un homme auquel on s'adresse en disant « monsieur », que l'on vouvoie, que l'on respecte en tant qu'être humain. Le domaine de la parole est capital dans la relation entretenue entre le juge et la personne mise en examen; il est le signe, rapidement compris par l'interlocuteur, qu'un homme – un magistrat, un juge d'instruction –, s'adresse à un autre homme – la personne mise en examen, la partie civile, le témoin. Le respect de la

1. R. Exertier, ancien directeur de l'ENM, « Contribution à la déontologie du magistrat : le devoir de loyauté », août 1987.

dignité de la personne, dans les conditions de la présentation par exemple, est aussi primordial. L'écoute doit aussi être privilégiée, la loyauté dans la parole donnée, l'humilité, la capacité à imaginer qu'elle puisse se tromper, la compétence professionnelle. Quant aux rapports du juge d'instruction avec la presse, ils pourraient à eux seuls constituer un chapitre de cet ouvrage.

Ces qualités sont évidemment requises de tout magistrat. Mais le juge d'instruction, ce Janus de la magistrature[1] est placé institutionnellement dans une position plus délicate que d'autre : ce double visage, ce hiatus fondamental entre l'exercice de pouvoirs d'enquête et de pouvoirs juridictionnels, cet écartèlement permanent, le met en situation de toujours devoir le faire s'interroger sur ses actes.

13.80 **De la relativité des valeurs ?** Une liste de vertus ne peut rendre compte de la difficulté d'une profession. Certaines des valeurs énoncées peuvent avoir un caractère relatif et entrer en conflit avec d'autres. Prenons l'exemple du *deal* ou marchandage, qui peut être proposé au magistrat ou aux services de police par un individu. Au premier abord, on sera tenté de répondre que le juge n'est pas « un marchand de tapis » et qu'il ne doit accepter aucun marché. Mais on ne peut ignorer que le magistrat peut hésiter en certaines circonstances : tel individu en garde à vue pour une affaire de peu d'importance va proposer des révélations dans une importante affaire criminelle contre son élargissement. Même si on fait abstraction du problème de la vérification du sérieux des informations en cause, qui peut dire que l'intérêt de la société n'est pas dans ce cas d'espèce de pouvoir poursuivre un assassin plutôt qu'un voleur à la roulotte ? Et qui viendra prendre la décision à la place du magistrat ?

La conscience du magistrat déterminera parfois son comportement en dehors de toute règle extérieure, voire en allant à l'encontre de certaines valeurs.

13.81 **Un juge impartial et indépendant.** La conscience que le magistrat instructeur doit avoir de ces questions paraît naturelle. Mais l'attente du public est peut-être plus simple à formuler. Ce que les justiciables attendent le plus souvent de leur juge c'est qu'il soit indépendant, sous-entendu « du pouvoir politique » et impartial, c'est-à-dire qu'il n'ait pas d'*a priori*[2]. L'exigence d'impartialité s'impose aux juridictions d'instruction à l'encontre desquelles le grief peut être invoqué indépendamment de la mise en œuvre des procédures de récusation ou de renvoi. Il semble donc que ce motif puisse être avancé lors d'une requête en nullité car on ne voit pas quelle autre procédure pourrait être mise en place pour la contester[3].

13.82 **Le danger d'une exploitation de l'éthique.** On ne peut toutefois conclure sur ce sujet en ne voyant pas quelle utilisation il est possible de faire d'une exigence éthique. L'éthique du juge est aussi un moyen de produire certains modèles. Il n'est plus possible comme auparavant de « maintenir dans le rang » les magistrats par les méthodes autoritaires traditionnelles (avancement, notation...). Le pouvoir politique a pu aussi constater que la courroie de transmission traditionnelle du parquet ne fonctionnait plus aussi facilement qu'auparavant compte tenu des résistances de l'institution et du rôle « perturbateur » des médias. L'éthique peut venir à point nommé renforcer une certaine tendant à l'autocensure, instituer une norme comportementale de référence d'autant plus forte qu'elle est liée à la morale. Ne pas être en phase avec cette norme peut rapidement signifier s'exclure des « bons magistrats ».

L'éthique peut prendre le relais des contrôles externes pour assigner au juge un rôle suffisamment poli et aseptisé pour qu'il ne dérange pas. Elle peut alors être amenée à jouer, à son corps défendant, un rôle de contrainte interne qui peut servir à maintenir un certain contrôle sur les magistrats, d'autant plus efficace que tourné vers des valeurs à connotation plus ou moins morale, dont le non-respect pourrait entraîner des conséquences du type dévalorisation, voire marginalisation. Il devient plus facile ainsi de se « débarrasser » d'un juge qui déplaît lorsqu'on peut lui reprocher des manquements éthiques voire déontologiques (si l'éthique peut être différenciée de la déontologie comme étant tournée vers la valeur alors que cette dernière regarderait la norme). La qualité du juge importe peu : s'il déplaît, on peut invoquer un manquement à l'éthique qu'il est tellement facile de dessiner *a posteriori*.

1. J. Michaud, « Le Janus de la magistrature », *RSC* 1974, 666.

2. Sur la théorie de l'impartialité objective et subjective du magistrat v. D. Commaret, « À propos de la loi n° 95-884 de la loi du 3 août 1995 ou réflexions sur l'honneur du magistrat », *D.* 1996, chron. 197 – R. de Gouttes, « L'impartialité du juge : connaître, traiter et juger : quelle compatibilité ? », *RSC* 2002 63 – M.-A. Frison-Roche, « L'impartialité du juge », *D.* 1999, chron. 53 – Ch. Goyet, « Remarques sur l'impartialité du juge », *D.* 2001, chron. 328 – V. Mazurier, « La notion de justice impartiale », *JCP* 2000, I, 252 – Sur la question de la franc-maçonnerie, v. G. Capashen, « Un magistrat peut-il être franc-maçon ? », *D.* 2002, Point de vue 3203.

3. Crim. 23 mars 2004, n° 03-87.854, *Bull. crim.*, n° 76; *D.* 2004, IR 1213; *JCP* 2004, IV, 2023; *RSC* 2004, 668, note A. Giudicelli.

TITRE

2. La compétence du juge d'instruction

SECTION 0
ORIENTEUR

20.00 Plan du titre.

Chap. 21	**Règles générales de compétence**
Sect. 1	Principes
Sect. 2	Compétence à raison du lieu de l'infraction
Sect. 3	Compétence à raison de la résidence de la personne soupçonnée
Sect. 4	Compétence à raison du lieu de l'arrestation
Sect. 5	Compétence à raison du lieu de la détention
Sect. 6	Règlement de juges et renvoi pour cause de suspicion légitime
Sect. 7	Règles de compétence particulières dans les juridictions sans pôle de l'instruction
Chap. 22	**Règles de compétence particulières en raison de l'auteur**
Sect. 1	Auteur mineur
Sect. 2	Auteur militaire
Sect. 3	Auteur membre du pouvoir exécutif
Sect. 4	Auteur membre du pouvoir législatif
Sect. 5	Auteur magistrat et certains fonctionnaires
Sect. 6	Auteur personne morale
Chap. 23	**Règles de compétence particulières en raison du type de l'infraction**
Sect. 1	Criminalité organisée – Cadre procédural
Sect. 2	Criminalité organisée – Des pouvoirs exorbitants du droit commun
Sect. 3	Infraction économique ou financière
Sect. 4	Infraction en matière de santé publique
Sect. 5	Infraction de terrorisme
Sect. 6	Pollution maritime
Chap. 24	**Règles de compétence particulières en raison du lieu – Infraction commise hors du territoire de la République**
Sect. unique	Règles spéciales

20.01 Textes applicables.
C. pr. pén., art. 43, 52, 80, 90, 203, 397-7, 662, 663, 664, 665, 665-1, 689, 692, 693, 704 à 706-2, 706-16, 706-17, 706-18, 706-19, 706-21, 706-22, 706-42, 706-43, 706-73 à 706-88, 706-91 à 706-94, 706-96, 706-103, 706-109.

C. pr. pén., art. D. 15-4-1, D. 15-4-2.

C. pén., art. 113-3, 113-6 à 113-8-1.

Ord. 2 févr. 1945, art. 3, 7.

COJ, art. L. 522-6.

Const. 1958, art. 26, 68, 68-1, 68-2.

20.02 Jurisprudence de référence.

> Sur la notion de résidence
Crim. 4 août 1984, n° 84-92.765, *Bull. crim.,* n° 266; *JCP* 1984, IV, 325.

> Membres du gouvernement
Crim. 26 juin 1995, n° 95-82.333, *Bull. crim.,* n° 235.

Crim. 17 déc. 1991, n° 91-85.583, *Bull. crim.,* n° 480.

> Président de la République
Cons. const. 22 janv. 1999, n° 98-408 DC, *JO* 24 janv., p. 1317.

Ass. plén. 10 oct. 2001, n° 01-84.922, *Bull. Ass. plén.* 2001 n° 11; *BICC* 15 nov. 2001, concl. de Gouttes, rapp. Roman; *D.* 2001, IR 3021; *D.* 2002, 674, note J. Pradel; *RTD civ.* 2002, n° 1, 169-172, note Nicolas Molfessis; *D.* 2002, jur. 237, note Ch. Debbasch; *Dr. pén.* janv. 2002, chron. p. 4, note G. Delaloy; *RFDA* 2001, n° 6, 1169-1187, note O. Jouanjan et P. Wachsmann; *D.* 2001, chron. 3365, note L. Favoreu.

20.03 Bibliographie indicative. (V. les références complètes s^s n° 03.)

Actualisables. RÉP. PÉN., Vergne, « Compétence »; Chauvin, « Règlement » – J.-CL. PÉN., Buisson, *V^is Règles particulières en matière de trafic de stupéfiants;* Rassat M.-L., *V^is Règles particulières en matière de proxénétisme et de recours à la prostitution des mineurs;* Desportes F. et

Le Gunehec F., *V^is^ Poursuite, instruction et jugement des infractions commises par les personnes morales;* Guérin H., *V^is^ Infractions en matière économique et financière;* Gonnard J.-M., *V^is^ Règles particulières en matière de terrorisme : règles de compétence et de procédure.*

TPJI, Cousteaux G., « Les règles générales de compétence », 1999.

Articles.

> Sur le président de la République

Favoreu A., « Le statut pénal du chef de l'État », *D.* 2003, chron. 430; « La Cour de cassation, le Conseil constitutionnel et la responsabilité du président de la République », *D.* 2001, chron. 3365 – Giudicelli A., *RSC* 1999, 614 et *RSC* 2002, 624 – Hamon F., « À propos du statut pénal du chef de l'État : convergences et divergences entre le Conseil constitutionnel et la Cour de cassation », *RSC* 2002, 59.

> Sur la compétence en matière économique et financière

Accomando G. et Benech A., « La spécialisation de la justice pénale en matière économique et financière », *Dr. pén.* 2000, p. 52 – Giudicelli A., *RSC* 2002, 627.

> Sur la criminalité organisée

Chagnollaud D., « La dernière enquête : Sherlock Holmes contre Jack l'éventreur (après la décision n° 2004-492 DC du 2 mars 2004, loi portant adaptation de la justice aux évolutions de la criminalité) », *LPA* 4 janv. 2005, p. 5 – Chrestia P., « La loi du 23 janvier 2006 relative à la lutte contre le terrorisme : premières observations », *D.* 2006, chron. 1409 – Danet J., « De la procédure à la répression de la criminalité organisée, ou laquelle est l'instrument de l'autre », *AJ Pénal* 2004, Dossier 192 – Molins F., « De la nécessité de lutter plus activement contre les nouvelles formes de criminalités », *AJ Pénal* 2004, Dossier 177 – Piastra R., note sous Cons. const., 2 mars 2004, *LPA,* 10 févr. 2005, p. 8; « Lutte contre le terrorisme : la spécificité de la loi française, Interview de Jean-François Ricard et Marie-Antoinette Houyvet », *AJ Pénal* 2004, Dossier 191 – Verges E., « La notion de criminalité organisée après la loi du 9 mars 2004 », *AJ Pénal* 2004, Dossier 181 – Vlamynk H., « Le trafic de stupéfiants et les procédures policières afférentes », *AJ Pénal* 2004, Dossier 187.

> Sur la compétence universelle

Giudicelli A., « Compétence universelle : caractère suffisant de la présence en France de l'une des personnes soupçonnées d'avoir commis les faits », *RSC* 2007, 566.

20.04 Évolution. Dans l'ancien droit, l'article premier de l'ordonnance de 1670 attribuait la préférence au juge du lieu du délit : « La connaissance des crimes appartiendra aux juges des lieux où ils auront été commis, et l'accusé y sera renvoyé, si le renvoi en est requis. » Les articles 77 à 79 du Code du 3 brumaire an IV donnaient la préférence au juge qui avait le premier délivré le mandat d'amener, puis au juge du lieu du délit, et enfin à celui de la résidence habituelle du prévenu (v. HÉLIE F., IV, n°s 1666 à 1670).

Le Code d'instruction criminelle, pour la poursuite, l'instruction et le jugement des délits et des crimes, a établi la concurrence entre les trois juges du lieu de l'infraction, du lieu de la résidence du prévenu et du lieu où celui-ci pourra être trouvé, par ses articles 23, 63 et 69, rédigés en termes identiques. Ainsi, aux termes de l'article 63, « Toute personne qui se prétendra lésée par un crime ou délit pourra en rendre plainte et se constituer partie civile devant le juge d'instruction, soit du lieu du crime ou délit, soit du lieu de la résidence du prévenu, soit du lieu où il pourra être trouvé. » Le Code de procédure pénale a repris le triple principe de cette compétence territoriale, modifié depuis (v. s^s^ n°s 21.51 s.). La loi n° 2007-291 du 5 mars 2007 apporte quelques spécificités dues à l'inexistence, dans certaines juridictions, d'un pôle de l'instruction (v. s^s^ n°s 21.71 s.).

20.05 Rapport du comité de réflexion sur la justice pénale dit rapport Léger. En ce qui concerne les règles particulières de garde à vue le comité note : « les régimes spécifiques existant pour la criminalité organisée, le trafic de stupéfiants et le terrorisme doivent être conservés sous peine de rendre la justice dangereusement impuissante pour le traitement de ces formes graves de délinquance. Toutefois le comité considère, à la majorité, qu'il est possible et souhaitable que l'arrivée de l'avocat intervienne en matière de trafic de stupéfiants non à la soixante-douzième heure, mais à la quarante-huitième heure ».

Quant à la sonorisation et aux écoutes téléphoniques elles seront demandées par le parquet au JEL.

CHAPITRE

21. Règles générales de compétence

SECTION 0
ORIENTEUR

21.00 Plan du chapitre.

Sect. 1 Principes
Sect. 2 Compétence à raison du lieu de l'infraction
Sect. 3 Compétence à raison de la résidence de la personne soupçonnée
Sect. 4 Compétence à raison du lieu de l'arrestation
Sect. 5 Compétence à raison du lieu de la détention
Sect. 6 Règlement de juges et renvoi pour cause de suspicion légitime
Sect. 7 Règles de compétence particulières dans les juridictions sans pôle de l'instruction

21.01 Textes applicables. C. pr. pén., art. 43, 52, 80, 90, 397-7, 663, 664, 665-1, D. 15-4-1, D. 15-4-2.

C. pr. pén., art. 43 [L. n° 2004-204, 9 mars 2004]

Sont compétents le procureur de la République du lieu de l'infraction, celui de la résidence de l'une des personnes soupçonnées d'avoir participé à l'infraction, celui du lieu d'arrestation d'une de ces personnes, même lorsque cette arrestation a été opérée pour une autre cause.

Lorsque le procureur de la République est saisi de faits mettant en cause, comme auteur ou comme victime, une personne dépositaire de l'autorité publique ou chargée d'une mission de service public qui est habituellement, de par ses fonctions ou sa mission, en relation avec les magistrats ou fonctionnaires de la juridiction, le procureur général peut, d'office, sur proposition du procureur de la République et à la demande de l'intéressé, transmettre la procédure au procureur de la République auprès du tribunal de grande instance le plus proche du ressort de la cour d'appel. Cette juridiction est alors territorialement compétente pour connaître l'affaire, par dérogation aux dispositions des articles 52, 382 et 522. La décision du procureur général constitue une mesure d'administration judiciaire qui n'est susceptible d'aucun recours.

C. pr. pén., art. 52 [L. n° 2004-204, 9 mars 2004]

Sont compétents le juge d'instruction du lieu de l'infraction, celui de la résidence de l'une des personnes soupçonnées d'avoir participé à l'infraction, celui du lieu d'arrestation d'une de ces personnes, même lorsque cette arrestation a été opérée pour une autre cause et celui du lieu de détention d'une de ces personnes, même lorsque cette détention est effectuée pour une autre cause.

C. pr. pén., art. 80 [L. n° 2007-291, 5 mars 2007, art. 6 II]

I. – Le juge d'instruction ne peut informer qu'en vertu d'un réquisitoire du procureur de la République.

Le réquisitoire peut être pris contre personne dénommée ou non dénommée.

Lorsque des faits, non visés au réquisitoire, sont portés à la connaissance du juge d'instruction, celui-ci doit immédiatement communiquer au procureur de la République les plaintes ou les procès-verbaux qui les constatent. Le procureur de la République peut alors soit requérir du juge d'instruction, par réquisitoire supplétif, qu'il informe sur ces nouveaux faits, soit requérir l'ouverture d'une information distincte, soit saisir la juridiction de jugement, soit ordonner une enquête, soit décider d'un classement sans suite ou de procéder à l'une des mesures prévues aux articles 41-1 à 41-3, soit transmettre les plaintes ou les procès-verbaux au procureur de la République territorialement compétent. Si le procureur de la République requiert l'ouverture d'une information distincte, celle-ci peut être confiée au même juge d'instruction, désigné dans les conditions prévues au premier alinéa de l'article 83.

En cas de plainte avec constitution de partie civile, il est procédé comme il est dit à l'article 86. Toutefois, lorsque de nouveaux faits sont dénoncés au juge d'instruction par la partie civile en cours d'information, il est fait application des dispositions de l'alinéa qui précède.

II. – En matière criminelle, ainsi que lorsqu'il requiert une co-saisine, le procureur de la République près le tribunal de grande instance au sein duquel il n'y a pas de pôle de l'instruction est compétent pour requérir l'ouverture d'une information devant les magistrats du pôle territorialement compétents pour les infractions relevant de sa compétence en application de l'article 43, y compris en faisant déférer devant eux les personnes concernées.

Dans les cas prévus au premier alinéa, le réquisitoire introductif peut également être pris par le procureur de la République près le tribunal de grande instance au sein duquel se trouve le pôle, qui est à cette fin territorialement compétent sur l'ensemble du ressort de compétence de ce pôle, y compris pour diriger et contrôler les enquêtes de police judiciaire.

Le procureur de la République près ce tribunal de grande instance est seul compétent pour suivre le déroulement des informations visées aux alinéas précédents jusqu'à leur règlement.

En cas de renvoi devant la juridiction de jugement, l'affaire est renvoyée, selon le cas, devant la juridiction de proximité, le tribunal de police, le tribunal correctionnel, le tribunal pour enfants ou la cour d'assises initialement compétents.

III. – Si le procureur de la République près le tribunal de grande instance dans lequel il y a un pôle de l'instruction constate qu'une personne est déférée devant lui en vue de l'ouverture d'une information en application du deuxième alinéa du II et qu'il estime qu'aucune information relevant de la compétence du pôle ne doit être ouverte, il peut, avant de transmettre le dossier de la procédure au procureur de la République territorialement compétent, requérir le placement sous contrôle judiciaire ou en détention provisoire de la personne selon les modalités prévues par le troisième alinéa de l'article 394 et l'article 396. Si la personne est placée en détention provisoire, elle doit comparaître devant le procureur de la République territorialement compétent au plus tard le troisième jour ouvrable suivant. À défaut, elle est mise d'office en liberté.

C. pr. pén., art. 90

Dans le cas où le juge d'instruction n'est pas compétent aux termes de l'article 52, il rend, après réquisitions du ministère public, une ordonnance renvoyant la partie civile à se pourvoir devant telle juridiction qu'il appartiendra.

C. pr. pén., art. 397-7

Si le procureur de la République estime que les faits pour lesquels la personne est déférée devant lui en application de l'article 393 doivent faire l'objet d'une information relevant de la compétence d'un pôle de l'instruction alors qu'il n'existe pas de tel pôle au sein du tribunal de grande instance et que les éléments de l'espèce lui paraissent exiger une mesure de détention provisoire, il peut requérir le placement sous contrôle judiciaire ou en détention provisoire de cette personne jusqu'à sa comparution devant le juge d'instruction compétent en faisant application du troisième alinéa de l'article 394 ou de l'article 396. Si la personne est placée en détention provisoire, elle doit comparaître devant le juge d'instruction du pôle de l'instruction au plus tard le troisième jour ouvrable suivant. À défaut, elle est mise d'office en liberté.

C. pr. pén., art. 657

Lorsque deux juges d'instruction, appartenant à un même tribunal ou à des tribunaux différents, se trouvent simultanément saisis de la même infraction, le ministère public peut, dans l'intérêt d'une bonne administration de la justice, requérir l'un des juges de se dessaisir au profit de l'autre. Le dessaisissement n'a lieu que si les deux juges en sont d'accord. Si le conflit de compétence subsiste, il est procédé, selon les cas, conformément aux dispositions des articles 84, 658 ou 659.

C. pr. pén., art. 658 [L. n° 2005-47, 26 janv. 2005, art. 9]

Lorsque deux tribunaux correctionnels, deux juges d'instruction, deux tribunaux de police ou deux juridictions de proximité appartenant au même ressort de cour d'appel se trouvent saisis simultanément de la même infraction, il est réglé de juges par la chambre de l'instruction qui statue sur requête présentée par le ministère public ou les parties. Cette décision est susceptible d'un recours en cassation.

C. pr. pén., art. 659

Tous autres conflits de compétence sont portés devant la chambre criminelle de la Cour de cassation, laquelle est saisie par requête du ministère public ou des parties. La Cour de cassation peut aussi, à l'occasion d'un pourvoi dont elle est saisie, régler de juges d'office et même par avance. Elle peut statuer sur tous actes faits par la juridiction qu'elle dessaisit.

C. pr. pén., art. 662

En matière criminelle, correctionnelle ou de police, la chambre criminelle de la Cour de cassation peut dessaisir toute juridiction d'instruction ou de jugement et renvoyer la connaissance de l'affaire à une autre juridiction du même ordre pour cause de suspicion légitime.

La requête aux fins de renvoi peut être présentée soit par le procureur général près la Cour de cassation, soit par le ministère public établi près la juridiction saisie, soit par les parties.

La requête doit être signifiée à toutes les parties intéressées qui ont un délai de dix jours pour déposer un mémoire au greffe de la Cour de cassation.

La présentation de la requête n'a point d'effet suspensif à moins qu'il n'en soit autrement ordonné par la Cour de cassation.

C. pr. pén., art. 663 [L. n° 2004-204, 9 mars 2004]

Lorsque deux juges d'instruction, appartenant à un même tribunal ou à des tribunaux différents, se trouvent simultanément saisis d'infractions connexes ou d'infractions différentes en raison desquelles une même personne ou les mêmes personnes sont mises en examen, le ministère public peut, dans l'intérêt d'une bonne administration de la justice et nonobstant les dispositions des articles 43, 52 et 382, requérir l'un des juges de se dessaisir au profit de l'autre. Le dessaisissement a lieu si les juges en sont d'accord. En cas de désaccord, il est fait application, s'il y a lieu, des dispositions de l'article 664.

C. pr. pén., art. 664

Lorsqu'une personne mise en examen ou un prévenu est détenu provisoirement en vertu d'une décision prescrivant la détention ou en exécution d'une condamnation, le ministère public peut, dans l'intérêt d'une bonne administration de la justice, notamment pour éviter le transfèrement du détenu, requérir le renvoi de la procédure de la juridiction d'instruction ou de jugement saisie à celle du lieu de détention. Il est procédé comme en matière de règlement de juges.

C. pr. pén., art. 665
Le renvoi d'une affaire d'une juridiction à une autre peut être ordonné pour cause de sûreté publique par la chambre criminelle, mais seulement à la requête du procureur général près la Cour de cassation.

Le renvoi peut également être ordonné, dans l'intérêt d'une bonne administration de la justice, par la chambre criminelle, soit sur requête du procureur général près la Cour de cassation, soit sur requête du procureur général près la cour d'appel dans le ressort de laquelle la juridiction saisie a son siège, agissant d'initiative ou sur demande des parties.

Dans les dix jours de la réception de la demande et s'il n'y donne pas suite, le procureur général près la cour d'appel informe le demandeur des motifs de sa décision. Ce dernier peut alors former un recours devant le procureur général près la Cour de cassation qui, s'il ne saisit pas la chambre criminelle l'informe des motifs de sa décision.

La chambre criminelle statue dans les huit jours de la requête.

C. pr. pén., art. 665-1
Le renvoi peut encore être ordonné par la chambre criminelle si la juridiction normalement compétente ne peut être légalement composée ou si le cours de la justice se trouve autrement interrompu.

La requête aux fins de renvoi peut être présentée, soit par le procureur général près la Cour de cassation, soit par le ministère public établi près la juridiction saisie.

La requête doit être signifiée à toutes les parties intéressées qui ont un délai de dix jours pour déposer un mémoire au greffe de la Cour de cassation.

La chambre criminelle statue dans les quinze jours de la requête.

C. pr. pén., art. D. 15-4-1
Le procureur de la République près le tribunal de grande instance au sein duquel il n'y a pas de pôle d'instruction avise le procureur de la République près le tribunal au sein duquel se trouve ce pôle des infractions et enquêtes portées à sa connaissance dès qu'il lui apparaît que ces faits et procédures sont susceptibles de donner lieu à l'ouverture d'une information de nature criminelle ou avec co-saisine.

Ces deux magistrats se concertent alors pour déterminer celui qui dirigera et contrôlera le déroulement de l'enquête et celui qui décidera s'il y a lieu de requérir l'ouverture d'une instruction. Le procureur général coordonne le cas échéant leurs actions.

C. pr. pén., art. D. 15-4-2
Le procureur de la République près le tribunal de grande instance au sein duquel il n'y a pas de pôle d'instruction avise sans délai le procureur de la République près le tribunal au sein duquel se trouve ce pôle lorsqu'il est fait application des dispositions du premier alinéa du II de l'article 80 du dernier alinéa de l'article 397-2 ou de l'article 397-7.

Lorsque ce magistrat fait application des dispositions de l'article 397-7, il requiert l'ouverture de l'information devant le pôle de l'instruction avant de présenter la personne devant le juge des libertés et de la détention de son tribunal, en lui notifiant les faits faisant l'objet du réquisitoire introductif.

21.02 Jurisprudence de référence.

> Sur la notion de résidence

• La résidence attributive de compétence est celle déclarée par la personne mise en cause au temps de la plainte ou de la poursuite.

Crim. 17 déc. 1991, n° 91-85.583, *Bull. crim.,* n° 480.

« Attendu [...]; qu'en effet, la résidence attributive de compétence, au sens des articles 43 et 52 du Code de procédure pénale, est celle déclarée par l'inculpé au temps de la plainte ou de la poursuite, serait-elle contestée ultérieurement par celui-ci. »

• L'auteur présumé d'une infraction qui a deux résidences habituelles peut être poursuivi devant le tribunal de l'une ou de l'autre.

Crim. 4 août 1984, n° 84-92.765, *Bull. crim.,* n° 266; *JCP* 1984, IV, 325.

« Attendu que pour écarter l'exception d'incompétence territoriale d'un magistrat instructeur soulevée par G... a l'appui de sa demande de mise en liberté, la chambre d'accusation relève que l'inculpé avait deux résidences, l'une a Go..., l'autre a Gr..., localité située dans le ressort du tribunal de grande instance de Pointe-à-Pitre;

Attendu qu'en cet état les juges ont justifié leur décision;

Qu'en effet lorsque l'auteur présumé d'une infraction a deux résidences habituelles, il peut être poursuivi devant le tribunal de l'une ou de l'autre;

Qu'ainsi le moyen ne saurait être accueilli. »

21.03 Bibliographie indicative. (V. les références complètes s^s n° 03.)

Actualisables. RÉP. PÉN., Vergne, « Compétence ».

TPJI, Cousteaux G., « Les règles générales de compétence », 1999.

Ouvrages. HÉLIE F., IV, n°s 1658 et 1659, 1669 et 1670, 1673, 1674, 1676, 1678, 1681, 1683, 1693 – GARRAUD, II, n°s 536, 557, 558, 561 et 564 – LE POITTEVIN, art. 63, n°s 28 à 30, n° 60 et n°s 68 à 70 – VIDAL ET MAGNOL, II, n° 789, note 1, p. 1123.

21.06 Questions essentielles.

• Avec le problème de la prescription possible des faits dont il est saisi, la question de sa compétence est l'une des vérifications que doit effectuer le juge d'instruction. Celle-ci est parfois plus complexe qu'il n'y paraît notamment pour déterminer le lieu de l'infraction dès lors que

celle-ci compte plusieurs éléments préparatoires ou constitutifs.
* V. s[s] n° 21.23.

SECTION 1
PRINCIPES

21.11 Caractère d'ordre public. La compétence en matière pénale est d'ordre public. « Les règles de compétence sont fondées sur un intérêt général; elles sont immuables et ne peuvent fléchir; l'ordre des juridictions domine toutes les circonstances de fait, toutes les considérations qu'on pourrait faire valoir dans chaque procès [1] ». Il n'y a pas à distinguer selon qu'il s'agit de la compétence à raison du fait, de la personne ou du lieu. « Toutes les incompétences déclarées par la loi sont, quant à leurs effets légaux, également péremptoires et absolues [2] ».

Il en résulte que les parties ne peuvent modifier les règles de compétence, ou y renoncer; que toute juridiction doit vérifier sa compétence, même d'office; que l'exception d'incompétence peut être soulevée en tout état de cause, et même pour la première fois devant la Cour de cassation [3], à moins que, le moyen étant mélangé de droit et de fait, celle-ci ne puisse exercer son contrôle [4]. La compétence d'une juridiction d'instruction se définit comme l'aptitude à instruire une affaire ou à en connaître. Seule l'incompétence manifeste du magistrat instructeur doit être sanctionnée : dès lors que seuls peuvent être annulés les actes accomplis par un juge manifestement incompétent. Un magistrat instructeur peut en conséquence procéder à des actes d'information ayant pour but de vérifier cette compétence [5].

21.12 Le principe de la triple compétence *ratione loci*. Les juges du lieu de l'infraction, du lieu de la résidence et du lieu d'arrestation sont également compétents, et aucun d'eux n'a la préférence sur les autres. Mais de nombreux auteurs admettent que dans la mesure du possible, l'ordre dans lequel l'énumération légale est faite doit être suivi, et qu'ainsi le juge du lieu du délit doit être préféré à celui de la résidence, et ce dernier à celui du lieu de l'arrestation [6]. La Cour de cassation, lorsqu'elle opère un règlement de juges entre plusieurs juges d'instruction qui sont à la fois saisis d'un même fait, renvoie l'affaire soit devant celui qui a le premier délivré un mandat de justice, soit devant celui du lieu du délit, soit devant celui qui est en mesure d'instruire l'affaire avec le plus de facilité et à moins de frais [7].

Le Code de procédure pénale, en matière de crimes et de délits, par ses articles 43, relatif au procureur de la République, et 52, relatif au juge d'instruction, a maintenu intégralement le principe de la triple compétence territoriale, en des termes un peu plus extensifs que ne l'étaient ceux du Code d'instruction criminelle. L'article 52 est alors ainsi conçu : « Sont compétents le juge d'instruction du lieu de l'infraction, celui de la résidence de l'une des personnes soupçonnées d'avoir participé à l'infraction, celui du lieu d'arrestation d'une de ces personnes, même lorsque cette arrestation a été opérée pour une autre cause. »

21.13 Un quadruple principe de compétence. La loi du 9 mars 2004 a choisi d'ajouter aux articles 43, 52 et 382 du Code de procédure pénale, la précision selon laquelle il existait un autre critère de compétence, qui devient par là même un critère de base, celui du « lieu de détention d'une de ces personnes, même lorsque cette détention est effectuée pour une autre cause ». En conséquence le second alinéa de l'article 663 est supprimé.

21.14 La décision d'incompétence. L'article 90 du Code de procédure pénale dispose que dans le cas où le juge d'instruction n'est pas compétent aux termes de l'article 52 dudit code, il rend, après réquisitions du ministère public, une ordonnance renvoyant la partie civile à se pourvoir devant telle juridiction qu'il appartiendra. Mais la chambre de l'instruction ne peut, sans méconnaître l'obligation d'informer, déclarer territorialement incompétent un juge d'instruction saisi d'une plainte avec constitution de partie civile tant que le magistrat n'a pas effectué les investigations de nature à lui permettre de vérifier sa compétence [8].

L'exception d'incompétence peut être soulevée en tout état de la procédure [9] et pour la première fois devant la Cour de cassation [10].

Une ordonnance de renvoi, statuant également sur la compétence internationale des juridictions

1. HÉLIE F., IV, n° 1693.
2. Crim. 14 févr. 1868, *S.* 1868, 1, 418 – Crim. 8 mars 1961, *Bull. crim.*, n° 145 – Crim. 2 juill. 1970, n° 70-91.678, *Bull. crim.*, n° 227.
3. Crim. 22 nov. 1934, *Bull. crim.*, n° 201 – Crim. 15 avr. 1948, *Bull. crim.*, n° 104 – Crim. 4 janv. 1978, n° 76-92.446, *Bull. crim.*, n° 6 – Crim. 2 mai 1983, n° 80-93.395, *Bull. crim.*, n° 121.
4. Crim. 24 déc. 1875, *Bull. crim.*, n° 363 – Crim. 23 nov. 1960, *Bull. crim.*, n° 540 – Crim. 29 oct. 1975, n° 73-93.253, *Bull. crim.*, n° 231.
5. Crim. 15 janv. 2008, n° 07-86.944, *Bull. crim.*, n° 5; *AJ Pénal* 2008, 192, note G. Royer.
6. HÉLIE F., IV, n°s 1669 et 1670.
7. Crim. 20 avr. 1843, *Bull. crim.*, n° 84.
8. Crim. 26 févr. 1997, n° 95-86.088, *Bull. crim.*, n° 77.
9. Crim. 26 juin 1995, n° 95-82.333, *Bull. crim.*, n° 235 (v. les attendus s[s] n° 22.02).
10. Crim. 26 sept. 1989, n° 89-80.281, *Bull. crim.*, n° 328.

françaises, entre dans les prévisions de l'article 186 alinéa 3 du Code de procédure pénale. En conséquence, doit être annulée la décision du président de la chambre de l'instruction déclarant non-admis l'appel d'une telle ordonnance [1].

SECTION 2
COMPÉTENCE À RAISON DU LIEU DE L'INFRACTION

21.21 Contraventions. Le principe de la triple compétence ne s'applique pas aux contraventions de police. Il en était déjà ainsi sous le régime du Code d'instruction criminelle. D'une part, les articles 23, 63 et 69 de ce code ne visaient que les crimes et les délits; d'autre part, l'article 138 « attribuait la connaissance des contraventions de police au juge de paix du canton dans l'étendue duquel elles avaient été commises ».

Sur le fondement des dispositions des articles 11 et suivants du Code d'instruction criminelle, 20, 22 et 144, qui confiaient la recherche et la poursuite des contraventions exclusivement aux commissaires de police, on admettait que le juge d'instruction était incompétent pour instruire sur une contravention [2]. La Cour de cassation décidait en conséquence que la partie civile ne pouvait par sa plainte provoquer une information en matière de contraventions [3]. Et lorsque le juge d'instruction était saisi, sous la qualification de délit, d'un fait que l'information faisait apparaître comme une simple contravention, il devait, non se déclarer incompétent, mais renvoyer l'inculpé devant le tribunal de police [4].

Il en est autrement aujourd'hui : la possibilité d'une information en matière de contravention est formellement prévue par les articles 44, 79 et 531 du Code de procédure pénale (v. s^{s} n° 61.11). Selon la version originaire de l'article 522 du code précité, comme par le passé, la compétence *ratione loci* en cette matière était exclusivement fondée sur le lieu de l'infraction et de sa constatation [5]. Mais ce texte a été modifié par la loi du 10 juin 1983, et désormais est compétent le tribunal de police du lieu de commission ou de constatation de la contravention, ou de la résidence du prévenu, et en matière de chargement ou d'équipement du véhicule ou des conditions de travail du conducteur, ou de coordination, est également compétent le tribunal du siège de l'entreprise (par exemple en matière de chargement ou d'équipement [6]). Toutefois, le tribunal de police, et donc le juge d'instruction, est compétent pour connaître des contraventions connexes, même commises hors son ressort [7].

21.22 Crimes et délits. En matière criminelle et correctionnelle, « la compétence des magistrats et de la juridiction du lieu du délit est la plus naturelle de toutes. Le délinquant doit, en principe, être poursuivi, jugé et puni là où il a troublé l'ordre public, là où les effets de son activité ou de son action criminelle se sont particulièrement fait sentir. La compétence du lieu du délit est, du reste, la seule qui apparaisse toutes les fois que, au début d'une instruction, on ne connaît pas encore celui qui est présumé être l'auteur du délit et qu'il faut instrumenter contre inconnu » [8].

21.23 Détermination du lieu. Les auteurs examinent les difficultés qui peuvent se rencontrer quand il s'agit de déterminer le lieu du délit. Quand le lieu de la perpétration du délit n'est pas connu, il convient de donner compétence au juge dans le ressort duquel certains indices ou circonstances font présumer que l'infraction a été commise : ainsi en est-il du lieu où le cadavre d'un enfant nouveau-né a été découvert [9].

Lorsque le délit a été commis sur la limite même qui sépare le territoire de deux juridictions, la difficulté à résoudre sera en général une question de fait, qui consistera à **déterminer** avec précision cette limite, par rapport au lieu exact de l'infraction, car il sera bien rare que celle-ci ait été commise sur la ligne même qui délimite les deux circonscriptions. Faustin Hélie [10] cite cependant le cas du cadavre dont les pieds seraient d'un côté de la limite et la tête de l'autre. Quand l'infraction a été commise en un lieu incertain, mais qu'il est possible que celui-ci soit situé dans le ressort du juge d'instruction, ce magistrat ne peut se déclarer incompétent sans investigations préalables [11].

Que faut-il décider lorsque les divers éléments d'un crime ont été réalisés en des ressorts diffé-

1. Crim. 16 févr. 2005, n° 04-86.948, *Bull. crim.*, n° 66; *D.* 2005, IR 858; *Procédures* 2005, comm. 165, obs. Buisson.
2. HÉLIE F., IV, n°s 1658 et 1659 – LE POITTEVIN, art. 63, n°s 28 à 30 – GARRAUD, II, n°s 536, 557, 558.
3. Crim. 18 avr. 1929, *DP* 1930, p. 40.
4. Crim. 4 janv. 1900, *Bull. crim.*, n° 1; *S. et P.* 1902, 1, 429.
5. Crim. 4 nov. 1853, *S.* 1854, 1, 154; *D.* 1853, 5, 99 – Crim. 8 mars 1924, *Bull. crim.*, n° 123 – Crim. 4 janv. 1978, n° 76-92.446, *Bull. crim.*, n° 6 – Crim. 6 juin 1979, n° 78-92.579, *Bull. crim.*, n° 196 – Crim. 29 avr. 1980, n° 79-94.345, *Bull. crim.*, n° 125 – Crim. 18 mai 1982, n° 81-93.795, *Bull. crim.*, n° 130.
6. Crim. 10 nov. 1992, n° 92-83.055, *Bull. crim.*, n° 369.
7. Crim. 17 oct. 1978, n° 77-93.784, *Bull. crim.*, n° 274.
8. GARRAUD, II, n° 561.
9. Crim. 20 floréal an XIII, *JP*, t. IV, p. 536.
10. HÉLIE F., IV, n° 1673.
11. Crim. 19 mai 1987, n° 86-94.720, NPT; *D.* 1987, 579, note Le Calvez.

rents, par exemple lorsqu'une personne a été tuée sur une rive par un coup de feu tiré sur l'autre rive d'un fleuve qui sépare deux juridictions ? Les auteurs anciens pensaient que la compétence était commandée par le lieu où se trouvait la victime (Jousse, Pothier), d'autres auteurs par le lieu où se trouve l'auteur des coups[1], d'autres enfin, auxquels nous nous rallions, estiment que les juges de l'un et l'autre lieu sont également compétents[2].

En matière d'escroquerie, le juge d'instruction est compétent dès que l'une des manœuvres frauduleuses a eu lieu dans son ressort[3]. Dans le cas d'une poursuite pour homicide involontaire, la Cour de cassation donne compétence au juge du lieu où s'est produit l'accident, alors même que le défaut d'entretien du véhicule par le garagiste, cause de l'accident, s'est produit dans un autre ressort[4]. Il a été jugé que le lieu de la découverte du corps (nouveau-né) est présumé, jusqu'à preuve contraire, être celui du lieu du crime[5].

Il n'est pas possible ici de citer toute la jurisprudence. Indiquons seulement à titre d'exemple que pour l'abus de confiance, le lieu à considérer est non celui de la remise des fonds, ou celui où est faite la promesse de restituer, mais celui où a été commis le refus frauduleux de restituer[6]. Dans le cas d'injure ou d'outrage non publics par correspondance, le juge compétent est celui du lieu de la réception[7]; il a été jugé plus récemment que le juge du lieu de l'émission et celui du lieu de la réception sont également compétents[8]. En matière de radiodiffusion, de télévision, d'internet, la diffamation est réalisée en tous lieux où le message a pu être reçu[9].

Les difficultés sont grandes également en matière de délits continus et de délits d'habitude. Pour le délit d'usure, par exemple, on peut considérer qu'est compétent le tribunal dans le ressort duquel a été commis l'un des faits qui, réuni à d'autres commis dans d'autres ressorts, constitue le délit, ou au contraire, que seul est compétent le tribunal dans le ressort duquel a été commis un nombre de faits suffisant pour consommer le délit[10].

En matière d'abandon de famille, la compétence spéciale du domicile du bénéficiaire n'exclut pas celle du domicile du prévenu[11]. Le délit de publicité mensongère se commet au lieu de la diffusion; celui de fraude sur la qualité, au lieu de la livraison[12].

SECTION 3
COMPÉTENCE À RAISON DE LA RÉSIDENCE DE LA PERSONNE SOUPÇONNÉE

21.31 Justification de la règle. C'est avec raison que la loi a fait du lieu du domicile le second facteur de compétence territoriale. « C'est là que le prévenu est connu, que sa vie extérieure est exempte d'obscurité, que ses ressources et sa position sont appréciées; c'est là qu'il peut invoquer son caractère, ses habitudes, les témoignages du voisinage; c'est là qu'il trouve ses pairs.[13] »

C'est la résidence habituelle qui est prise en considération, aussi bien par le Code d'instruction criminelle que par le Code de procédure pénale et non le domicile légal. C'est, de plus, la résidence habituelle au moment de la plainte ou du commencement des poursuites, et non la résidence au moment des faits qui est considérée[14], cette compétence serait-elle même contestée par la suite[15]. Peuvent être prises en considération l'une ou l'autre des deux résidences habituelles de la personne soupçonnée[16].

À défaut de résidence habituelle en un lieu quelconque, le domicile légal peut servir de base à la compétence. Les voyages à l'étranger ne sont pas de nature à effacer les effets du domicile légal[17]. Il peut en être ainsi du vagabond ou du nomade, ou du marinier, qui n'a pas de résidence habituelle, mais qui a conservé un domicile légal.

Le Code de procédure pénale, dans ses articles 43 et 52, indique comme facteur de compétence, non seulement le lieu « de la résidence du prévenu », mais le lieu « de la résidence de l'une des personnes

1. Hélie F., IV, n° 1674.
2. Garraud, II, n° 561 – Vidal et Magnol, II, n° 789, note 1, p. 1123.
3. Crim. 11 févr. 1992, n° 91-86.066, *Bull. crim.*, n° 63.
4. Crim. 30 déc. 1953, *Bull. crim.*, n° 356.
5. Crim. 20 floréal an XIII, *Bull. crim.*, n° 137 – V. cep. Crim. 28 juin 1972, n° 72-91.868, *Bull. crim.*, n° 223.
6. Crim. 28 août 1879, *Bull. crim.*, n° 173 – Crim. 31 mai 1951, *Bull. crim.*, n° 154 – Crim. 22 avr. 1966, *Bull. crim.*, n° 268.
7. Crim. 11 janv. 1930, *Bull. crim.*, n° 16.
8. Crim. 28 janv. 1960, *Bull. crim.*, n° 59.
9. Crim. 8 oct. 1979, n° 77-92.297, *Bull. crim.*, n° 272.
10. Sur ce point v. les opinions divergentes de : Hélie F., IV, n° 1676 – Le Poittevin, art. 63, n°s 68 à 70 – Garraud, II, n° 561.
11. Crim. 32 mars 1977, n° 74-92.884, *Bull. crim.*, n° 86.
12. Crim. 3 oct. 1978, n° 77-93.852, *Bull. crim.*, n° 254 – Sur la compétence en matière de délit commis en mer, Crim. 18 mai 1982, n° 81-93.795, *Bull. crim.*, n° 130 – Pour une jurisprudence plus détaillée, v. Tpji, G. Cousteaux, « Les règles générales de compétence », 1999.
13. Hélie F., IV, n° 1678.
14. Crim. 21 sept. 1911, *Bull. crim.*, n° 444 – Crim. 29 avr. 1958, *Bull. crim.*, n° 356.
15. Crim. 17 déc. 1991, n° 91-85.583, *Bull. crim.*, n° 480 – CA Saint-Denis de la Réunion, 20 avr. 1993, *JCP* 1994, II, 22228, note Jeandidier (v. les attendus s^s n° 21.02).
16. Crim. 4 août 1984, n° 84-92.765, *Bull. crim.*, n° 266; *JCP* 1984, IV, 325 (v. les attendus s^s n° 21.02).
17. Crim. 16 juin 1893, *D.* 1894, 1, 458.

soupçonnées d'avoir participé à l'infraction ». Ce faisant, il a consacré la jurisprudence antérieure, d'après laquelle « il suffit qu'un prévenu, poursuivi soit comme auteur principal, soit comme complice, ait sa résidence dans le ressort d'un tribunal pour que celui-ci ait compétence à son égard et à l'égard de tous les prévenus »[1].

21.32 Prorogation de la compétence. La connexité et l'indivisibilité sont des facteurs de prorogation de la compétence. La connexité survit au décès du prévenu survenu au cours de l'information[2]. La compétence du juge d'instruction ou du procureur de la République, en raison du lieu du crime ou du délit, s'étend aux infractions connexes de toute nature commises en dehors de leur circonscription[3].

SECTION 4
COMPÉTENCE À RAISON DU LIEU DE L'ARRESTATION

21.41 Justification. La compétence du juge du lieu de l'arrestation du prévenu ne s'impose pas avec la même force que les deux précédentes[4]. Cependant, elle permet d'assurer la répression quand ne peuvent être déterminés ni le lieu du délit, ni celui de la résidence habituelle. Elle permet également de s'assurer de la personne du prévenu et de commencer l'instruction. Le Code d'instruction criminelle parlait « du lieu où le prévenu pourra être trouvé ». La doctrine comme la jurisprudence entendait par là le lieu de la capture, de l'arrestation, et non pas tous les lieux où le prévenu pouvait avoir passé[5].

21.42 Lieu de l'arrestation. La compétence à raison du lieu de l'arrestation est exprimée dans les termes suivants des articles 43 et 52 : « le lieu de l'arrestation d'une de ces personnes [soupçonnées d'avoir participé à l'infraction], même lorsque cette arrestation a été opérée pour une autre cause ». Le Code de procédure pénale, d'une part, consacrant la jurisprudence antérieure, énonce que le juge d'instruction du lieu de l'arrestation de l'un des auteurs ou complices du fait poursuivi, est compétent pour l'ensemble de la poursuite suivie contre tous les coparticipants à ce fait.

D'autre part, pour être attributive de compétence, il n'est pas nécessaire que l'arrestation du prévenu ait été opérée en raison même du fait poursuivi; toute arrestation, même opérée pour d'autres infractions, a les mêmes effets. Autrement dit, toute arrestation d'un prévenu dans un ressort donne compétence au juge d'instruction pour instruire, non seulement le fait qui a motivé l'arrestation, mais tous les autres faits commis par ce prévenu qui pourraient ultérieurement parvenir à la connaissance du magistrat. Cette extension de compétence a été établie dans le but manifeste de concentrer les poursuites devant le même tribunal, et d'éviter les transfèrements successifs, longs et dispendieux (v. s[s] n° 22.11). Une personne soupçonnée d'un flagrant délit interpellée et conduite devant le procureur de la République, près tel tribunal, y est considérée comme « arrêtée », au sens des articles 43 et 382, même si elle n'a pas été mise en détention[6].

SECTION 5
COMPÉTENCE À RAISON DU LIEU DE LA DÉTENTION

21.51 Origine. Le lieu de détention n'était pas assimilé au lieu de l'arrestation. La Cour de cassation décidait que le tribunal dans le ressort duquel un prévenu était détenu pour un délit déterminé, n'était pas compétent pour instruire ni juger un autre délit révélé ultérieurement et commis par le même prévenu dans un autre ressort[7]. Faustin Hélie approuvait cette jurisprudence en observant que la détention pour autre cause, étant une circonstance involontaire à l'égard du prévenu, et étrangère au délit poursuivi, ne pouvait être une source de compétence[8].

La loi du 2 août 1954, qui avait ajouté un article 552 *bis* au Code d'instruction criminelle, lorsqu'un condamné à une peine privative de liberté était détenu au siège de la juridiction qui avait prononcé cette condamnation, définitive ou non, donnait compétence au procureur de la République, au juge d'instruction, aux tribunaux et aux cours d'appel du lieu de détention pour connaître de toutes les infractions qui étaient imputées à ce condamné. Cette compétence n'avait pas lieu de plein droit. Elle permettait seulement d'opérer le renvoi de la procédure de la juridiction qui en était saisie à celle

1. Crim. 11 mars 1910, *Bull. crim.*, n° 132 – Crim. 10 juin 1948, *Bull. crim.*, n° 153 – Crim. 18 janv. 1955, *Bull. crim.*, n° 45.
2. Crim. 9 déc. 1976, n° 75-90.618, *Bull. crim.*, n° 359.
3. Crim. 2 mai 1994, n° 94-80.218, *Bull. crim.*, n° 159 – Crim. 30 mai 1996, n° 95-85.954, *Bull. crim.*, n° 226.
4. HÉLIE F., IV, n° 1681.
5. GARRAUD, II, n° 564 – Crim. 18 janv. 1851, *Bull. crim.*, n° 29.
6. Crim. 27 mai 1986, n° 85-96.280, *Bull. crim.*, n° 175.
7. Crim. 29 mai 1847, *Bull. crim.*, n° 118; *S.* 1847, 1, 864 – Crim. 18 janv. 1851, *Bull. crim.*, n° 29.
8. HÉLIE F., IV, n° 1683.

du lieu de détention; ce renvoi était opéré par la chambre criminelle de la Cour de cassation, qui procédait comme au cas de renvoi pour cause de suspicion légitime, mais à la demande, non des parties, mais du ministère public seulement. La Cour de cassation avait eu l'occasion d'appliquer à trois reprises cet article 552 *bis* du Code d'instruction criminelle[1].

L'article 552 *bis* du Code d'instruction criminelle a inspiré la rédaction des articles 663 et 664 du Code de procédure pénale, qui prévoient chacun un cas de compétence distinct, selon que le lieu de détention est celui du tribunal qui a prononcé, ou non, la condamnation.

21.52 Article 663. Aux termes de l'article 663 alinéa 2, abrogé par la loi du 9 mars 2004, « lorsqu'un condamné à une peine privative de liberté est détenu au siège de la juridiction qui a prononcé cette condamnation, définitive ou non, le procureur de la République, le juge d'instruction, les tribunaux et les cours d'appel de ce lieu de détention auront compétence, en dehors des règles prescrites par les articles 43, 52 et 382 alinéa premier pour connaître de toutes les infractions qui lui sont imputées ». Dans le cadre de cet article, la détention d'un condamné dans le lieu du tribunal qui a prononcé la condamnation, était un facteur de compétence de plein droit. Il s'agissait là en quelque sorte d'un quatrième cas de compétence. Cette compétence exceptionnelle ne primait nullement celle des articles 43, 52 et 382. Au contraire, comme l'indiquait à juste titre la circulaire de la Chancellerie (art. C. 777), « le ministère public aura soin de n'user des dispositions de l'article 663 qu'avec circonspection, et seulement lorsque leur application, tout en présentant une utilité certaine, ne paraîtra pas de nature à prêter à difficulté ». D'ailleurs, en pratique, l'utilisation de cet article fut rare. L'article 663 ne subordonnait pas le dessaisissement à la mise en examen préalable des personnes soupçonnées; il est applicable à une procédure suivie contre personne non dénommée[2]. La loi du 9 mars 2004 a entendu faire du lieu de détention de la personne un critère de compétence principal en modifiant les articles 43, 52 et 382 du Code de procédure pénale. Désormais le lieu de détention de la personne, même lorsque la détention est effectuée pour une autre cause, est un critère de compétence (sur le dessaisissement d'un juge au profit d'un autre v. s[s] n°s 53.31 s.).

1. Crim. 11 janv. 1955, *Bull. crim.*, n° 19 – Crim. 30 nov. 1955, *Bull. crim.*, n° 533 – Crim. 5 mai 1957, *JCP* 1958, II, 10393 – Sur ce texte, v. P. Chambon, « La compétence *ratione loci* en matière pénale, et l'article 552 *bis* du Code d'instruction criminelle », *JCP* 1958, I, 1408.
2. Crim. 12 juin 1990, n° 90-81.775, *Bull. crim.*, n° 241.

21.53 Article 664. L'article 664, originairement, visait le cas différent de la détention d'un condamné au lieu d'un tribunal autre que celui qui a prononcé la condamnation.

La Cour de cassation a eu l'occasion d'appliquer à plusieurs reprises l'article 664 du Code de procédure pénale dans les premières années d'application de ce code. Dans un arrêt du 22 juillet 1959[3], elle a opéré le renvoi de la procédure du tribunal d'Oran à la cour d'appel de Paris, et dans un autre du 26 juin 1968, du tribunal de Toulouse à la même cour de Paris, lieu de détention du condamné[4]. Chaque fois, il s'agissait d'une procédure de jugement, mais les règles eussent été les mêmes s'il s'était agi d'une procédure d'instruction. Toujours dans l'hypothèse de l'article 664, elle a renvoyé l'instruction du juge d'instruction de Toulouse à celui de Carcassonne[5].

La loi du 6 août 1975, qui a modifié l'article 664, a ajouté le cas « du transfert d'une personne détenue à titre provisoire, qui présente des risques certains ». La chambre criminelle a eu l'occasion, pour ce motif, de saisir le juge d'instruction de Pontoise d'une information suivie à Évreux[6].

La loi du 30 décembre 1985, modifiant l'article 664, elle-même mise en concordance par celle du 4 janvier 1993, a ajouté comme source du renvoi, à la détention subie en exécution d'une condamnation, la détention provisoire de la personne mise en examen ou du prévenu. Au cas de désaccords sur le dessaisissement de deux juges d'instruction saisis de faits différents (C. pr. pén., art. 663, al. 1er), la chambre criminelle, saisie d'une requête par le ministère public, ne peut que renvoyer l'affaire devant le juge d'instruction du lieu de détention[7]. Quand les deux juges d'instruction en désaccord relèvent de la même cour d'appel, celle-ci est exclusivement compétente pour décider d'un dessaisissement éventuel (C. pr. pén., art. 658)[8]. La requête en dessaisissement sur la base de l'article 664 n'est pas recevable quand aucune juridiction n'est saisie[9].

Ces diverses modifications font que l'article 664 est aujourd'hui ainsi rédigé « lorsqu'une personne est mise en examen ou un prévenu est détenu provisoirement en vertu d'une décision prescrivant la détention ou en exécution d'une condamnation, le

3. Crim. 22 juill. 1959, *Bull. crim.*, n° 372.
4. Crim. 26 juin 1968, *Bull. crim.*, n° 211.
5. Crim. 26 févr. 1969, *Bull. crim.*, n° 100.
6. Crim. 21 juin 1976, n° 76-91.781, *Bull. crim.*, n° 223 – V. aussi, Crim. 20 févr. 1985, *JCP* 1985, IV, 160.
7. Crim. 14 janv. 1987, n° 86-96.322, *Bull. crim.*, n° 22.
8. Crim. 11 mai 1989, n° 89-82.347, *Bull. crim.*, n° 195.
9. Crim. 4 sept. 1991, n° 91-84.509, *Bull. crim.*, n° 313 – V. aussi, Crim. 24 avr. 1975, n° 75-90.983, *Bull. crim.*, n° 109.

ministère public peut, dans l'intérêt d'une bonne administration de la justice, notamment pour éviter le transfèrement du détenu, requérir le renvoi de la procédure de la juridiction d'instruction ou de jugement saisie à celle du lieu de détention. Il est procédé comme en matière de règlement de juges. » On pouvait penser que les modifications apportées par la loi du 9 mars 2004 aux articles 43, 52 et 382 signeraient l'abrogation de ce texte. Mais la loi Perben II n'a abrogé que le second alinéa de l'article 663 (v. s[s] n° 21.52). En conséquence, non seulement le juge d'instruction du lieu de la détention est compétent en vertu de l'article 52, c'est-à-dire qu'une information peut lui être ouverte sur la seule base de l'existence à la maison d'arrêt de son siège d'un détenu soupçonné, mais encore peut-il être saisi alors qu'aucune information n'a été ouverte devant lui, sur la base de l'article 664. C'est ainsi que si le juge de Lille saisi d'une information sur la base du lieu d'arrestation de la personne soupçonnée ne peut s'en dessaisir au profit du juge de Nice où les faits ont été commis, dès lors qu'aucune information n'a été ouverte à Nice, le règlement de juge prévu par l'article 664 permettrait un renvoi à Toulouse où se trouverait détenue une autre personne soupçonnée, même si aucune information n'a été ouverte dans cette dernière juridiction. En droit, le critère de la détention est donc celui qui est privilégié, même si, dans les faits, il ne trouve qu'assez rarement application.

SECTION 6

RÈGLEMENT DE JUGES ET RENVOI POUR CAUSE DE SUSPICION LÉGITIME

21.61 Le règlement de juges. Quand deux juges d'instruction appartenant au même tribunal, ou à des tribunaux différents, sont simultanément saisis de la même infraction, le ministère public peut requérir l'un des juges d'instruction de se dessaisir au profit de l'autre (C. pr. pén., art. 657). Si les deux juges d'instruction n'en tombent pas d'accord et que le conflit de compétence subsiste, et si ces deux magistrats appartiennent au même ressort de cour d'appel, il est réglé de juges par la chambre de l'instruction à la requête du ministère public ou des parties (C. pr. pén., art. 658). Dans tous les autres cas, le règlement de juges est opéré par la chambre criminelle, à la requête du ministère public ou des parties (C. pr. pén., art. 659) [1]. L'arrêt de règlement de juges est un acte de pure administration, qui peut être ultérieurement modifié, alors que toutes choses sont encore au même état [2] (sur le dessaisissement, v. s[s] n° 53.33).

La chambre criminelle renvoie devant la chambre de l'instruction quand celle-ci et le juge d'instruction sont saisis des mêmes faits [3]. Mais il n'y a pas lieu à règlement de juges, quand le juge d'instruction et le tribunal correctionnel étant saisis des mêmes faits, ce dernier a seulement renvoyé l'affaire à une autre audience [4].

Il y a lieu également à règlement de juges au cas de conflit négatif de juridiction. Le cas le plus fréquent est celui de l'ordonnance ou de l'arrêt de renvoi correctionnel, suivi d'un arrêt d'incompétence parce que le fait objet de la prévention serait un crime, le cours de la justice se trouvant ainsi interrompu [5].

La chambre criminelle renvoie devant le juge d'instruction des mineurs, lorsque l'ordonnance de renvoi avait saisi par erreur le tribunal correctionnel, radicalement incompétent [6], ou devant le tribunal pour enfants le mineur de seize ans qui avait été renvoyé à tort, pour crime, devant la cour d'assises des mineurs [7]. En revanche, il n'y a pas lieu à règlement de juges quand la cour d'appel annule seulement certains actes de l'information, mais ne se déclare pas incompétente [8]. Il faut y ajouter le cas ou deux juges d'instruction sont en même temps saisis d'infractions communes ou différentes susceptibles d'avoir été commises par les mêmes personnes (C. pr. pén., art. 663, al. 1er). L'article 663 du Code de procédure pénale réserve au seul ministère public l'initiative de la mise en œuvre de dessaisissement entre juges d'instruction [9].

21.62 Renvoi d'un juge d'instruction à un autre. La suspicion légitime. Les articles 662 à 667 du Code de procédure pénale, qui organisent les

1. Crim. 11 mai 1989, n° 89-82.347, *Bull. crim.*, n° 195.

2. Crim. 7 juill. 1900, *DP* 1900, 1, p. 480 – Crim. 17 sept. 1960, *Bull. crim.*, n° 419 – Crim. 8 mars 1962, *Bull. crim.*, n° 128.
3. Crim. 3 oct. 1975, n° 75-92.590, *Bull. crim.*, n° 206.
4. Crim. 18 févr. 1987, n° 87-80.759, *Bull. crim.*, n° 83.
5. Not., Crim. 19 juill. 1966, *Bull. crim.*, n° 203 – Crim. 22 déc. 1970, n° 70-91.561, *Bull. crim.*, n° 352 – Crim. 25 mai 1971, n° 71-90.953, *Bull. crim.*, n° 176 – Crim. 6 août 1977, n° 77-90.882, *Bull. crim.*, n° 276 – Crim. 3 sept. 1985, n° 85-93.058, n° 85-91.501, 2 esp., *Bull. crim.*, n° 281 – Crim. 27 avr. 1988, n° 88-82.312, *Bull. crim.*, n° 185.
6. Crim. 11 oct. 1973, n° 73-92.627, *Bull. crim.*, n° 356 – Crim. 15 févr. 1978, n° 78-90.190, *Bull. crim.*, n° 60.
7. Crim. 21 oct. 1992, n° 92-85.351, *Bull. crim.*, n° 338 – V. aussi, Crim. 23 janv. 1989, n° 88-86.469, *Bull. crim.*, n° 26.
8. Crim. 6 mars 1990, n° 89-84.508, *Bull. crim.*, n° 108.
9. Crim. 31 mars 2009, n° 08-88.226, *Bull. crim.*, n° 63; *Dr. pén.* 2009, n° 87, note A. Maron et M. Haas; *D.* 2009, jur. 1280, note M. Lena; *AJ Pénal* 2009, 272, obs. L. Ascenci.

renvois d'un tribunal à un autre, ont été remaniés par les lois du 30 décembre 1985 et du 4 janvier 1993. Ils peuvent être opérés pour cause de suspicion légitime (C. pr. pén., art. 662), de sûreté publique et pour une bonne administration de la justice (C. pr. pén., art. 665-1), et lorsqu'une juridiction ne peut être légalement composée ou que le cours de la justice se trouve interrompu (C. pr. pén., art. 665-1). La requête en renvoi, généralement présentée par le ministère public, peut également l'être à l'initiative des parties pour suspicion légitime (C. pr. pén., art. 662), ou dans l'intérêt d'une bonne administration de la justice (C. pr. pén., art. 665, al. 2).

La requête en renvoi pour cause de suspicion légitime, pour être recevable, doit être signifiée aux autres parties (C. pr. pén., art. 662, al. 3) [1], et doit être faite par la personne mise en examen elle-même, non par son conseil[2]. Elle ne peut être dirigée contre le ministère public ou les gendarmes[3]. Elle ne peut être que rejetée quand aucune juridiction n'est saisie[4].

Les débats devant la chambre criminelle, qui « peuvent porter atteinte aux intérêts de la justice », doivent avoir lieu en chambre du conseil[5]. Le renvoi opère dessaisissement immédiat[6]. Le contentieux sur la portée de l'arrêt de renvoi relève de la seule compétence de la chambre criminelle[7]. L'hostilité manifestée publiquement par le juge d'instruction à l'égard d'un inculpé est une cause suffisante de renvoi pour cause de suspicion légitime[8]. Quand il n'existait pas de motifs de suspicion légitime, le renvoi d'un juge d'instruction à un autre pouvait néanmoins être opéré dans l'intérêt d'une bonne administration de la justice[9] mais la loi du 6 juillet 1989 (n° 89-461) a abrogé cet alinéa de l'article 662 du Code de procédure pénale.

21.63 Renvoi pour cause de sûreté publique ou d'intérêt de la bonne administration de la justice. L'article 665 du Code de procédure pénale dispose que « le renvoi d'une affaire d'une juridiction à une autre peut être ordonné pour cause de sûreté publique par la chambre criminelle mais seulement à la requête du procureur général de la Cour de cassation. Le renvoi peut être également ordonné, dans l'intérêt d'une bonne administration de la justice, par la chambre criminelle, soit sur requête du procureur général près la Cour de cassation, soit sur requête du procureur général près la cour d'appel dans le ressort de laquelle la juridiction saisie a son siège, agissant d'initiative ou à la demande des parties ». La notion imprécise d'intérêt d'une bonne administration de la justice recouvre des situations très variables. La chambre criminelle apprécie s'il existe des causes de renvoi; quand elle n'en découvre point, elle rejette la requête[10]. La plainte contre un magistrat ne justifie pas le dessaisissement du juge d'instruction qui en est saisi[11], non plus que le grand éloignement de la résidence de l'inculpé, le juge d'instruction ayant la faculté d'opérer par commission rogatoire[12]. Les actes de procédure accomplis antérieurement au renvoi demeurent valables[13]. Le renvoi concernant un juge d'instruction dessaisit définitivement tout juge d'instruction du même tribunal[14]; il ne déroge pas à l'article 83 du Code de procédure pénale, qui prévoit la désignation individuelle du juge d'instruction par le président du tribunal, au moment de la réception du dossier[15].

21.64 Cassation et renvoi. L'attribution de compétence, qui résulte du renvoi après cassation constitue une autre dérogation aux règles normales de compétence. En effet, la chambre de l'instruction, saisie pour statuer sur le renvoi, ne peut désigner, pour procéder au supplément d'information qu'elle ordonne, qu'un juge d'instruction de son ressort, et non le juge d'instruction premier saisi, qui seul était normalement compétent[16]. La désignation d'une juridiction d'instruction par la Cour de cassation emporte, pour le jugement de l'affaire, la compétence de la cour d'assises du département où l'instruction a été faite[17] (sur les problèmes de dessaisissement v. aussi s^s n°s 53.31 à 53.38).

1. Crim. 3 juill. 1975, n° 75-91.640, *Bull. crim.*, n° 180.
2. Crim. 5 sept. 1988, n° 88-84.081, *Bull. crim.*, n° 314.
3. Crim. 7 avr. 1976, n° 75-92.601, *Bull. crim.*, n° 107 – Crim. 27 janv. 1993, n° 92-85.300, *Bull. crim.*, n° 49.
4. Crim. 20 juill. 1972, n° 72-92.135, *Bull. crim.*, n° 253 – Crim. 24 févr. 1993, n° 93-80.462, *Bull. crim.*, n° 90 – Crim. 17 mars 1993, n° 93-81.040, *Bull. crim.*, n° 122.
5. Crim. 20 sept. 1989, n° 89-83.954, n° 89-83.954, 2 esp., *Bull. crim.*, n°s 323 et 324; *RSC* 1990, 113, note Braunschweig.
6. Crim. 7 déc. 1961, *Bull. crim.*, n° 516; *JCP* 1962, II, 12516, note P. Chambon.
7. Crim. 13 juin 1984, n° 83-91.902, *Bull. crim.*, n° 216.
8. Crim. 21 août 1990, n° 90-84.352, *Bull. crim.*, n° 305.
9. Crim. 2 nov. 1960, *Bull. crim.*, n° 498 – Crim. 20 juill. 1972, n° 72-92.135, *Bull. crim.*, n° 253 – Crim. 2 juill. 1975, n° 75-90.845, *Bull. crim.*, n° 176 – Crim. 10 déc. 1987, NPT; *JCP* 1988, II, 20988, note Jeandidier.
10. Crim. 25 janv. 1990, n° 89-86.605, *Bull. crim.*, n° 48 – Crim. 3 nov. 1993, n° 93-84.934, *Bull. crim.*, n° 324.
11. Crim. 21 sept. 1993, n° 93-84.156, *Bull. crim.*, n° 267.
12. Crim. 6 oct. 1993, n° 93-82.506, *Bull. crim.*, n° 279.
13. Crim. 26 mars 1985, n° 83-94.510, *Bull. crim.*, n° 128.
14. Crim. 10 janv. 1978, n° 72-92.064, *Bull. crim.*, n° 13.
15. Crim. 6 juill. 1993, n° 91-83.246, *Bull. crim.*, n° 242.
16. C. pr. pén., art. 611 – Crim. 15 mai 1968, *Bull. crim.*, n° 156 – Crim. 19 mai 1969, *Bull. crim.*, n° 176 – Crim. 23 juin 1980, n° 80-90.692, *Bull. crim.*, n° 200; *D.* 1982, jur. 167, note Jeandidier – Crim. 25 juin 1991, n° 91-82.315, *Bull. crim.*, n° 273.
17. Crim. 8 janv. 1997, n° 96-84.882, *Bull. crim.*, n° 3.

SECTION 7
RÈGLES DE COMPÉTENCE PARTICULIÈRES DANS LES JURIDICTIONS SANS PÔLE DE L'INSTRUCTION

21.71 La création de pôles de l'instruction. Un nouvel article 52-1, issu de la loi n° 2007-291 du 5 mars 2007[1], dispose : « Dans certains tribunaux de grande instance, les juges d'instruction sont regroupés au sein d'un pôle de l'instruction.

Les juges d'instruction composant un pôle de l'instruction sont seuls compétents pour connaître des informations en matière de crime. Ils demeurent compétents en cas de requalification des faits en cours d'information ou lors du règlement de celle-ci.

Ils sont également seuls compétents pour connaître des informations donnant lieu à une co-saisine conformément aux articles 83-1 et 83-2 » (v. s^s^ n°s 12.21 s.).

21.72 Compétence concurrente pour les affaires criminelles et celles faisant l'objet d'une co-saisine. L'article 80 du Code de procédure pénale dispose qu'« En matière criminelle, ainsi que lorsqu'il requiert une co-saisine, le procureur de la République près le tribunal de grande instance au sein duquel il n'y a pas de pôle de l'instruction est compétent pour requérir l'ouverture d'une information devant les magistrats du pôle territorialement compétents pour les infractions relevant de sa compétence en application de l'article 43, y compris en faisant déférer devant eux les personnes concernées. »

Il s'agit là de la première exception aux principes habituels de compétence territoriale puisque le procureur d'une juridiction peut faire déférer une personne devant un magistrat instructeur d'une autre juridiction. Le texte précise que le procureur de la République peut « requérir l'ouverture d'une information ». C'est donc lui qui rédige le réquisitoire introductif. En matière criminelle, il apparaît objectivement que le dossier doit être « dépaysé ». Lorsqu'il s'agit d'une affaire complexe nécessitant une co-saisine, il apparaît nécessaire que le procureur de la République prenne concomitamment des réquisitions de co-saisine.

Il existe par ailleurs une compétence concurrente : « Dans les cas prévus au premier alinéa, le réquisitoire introductif peut également être pris par le procureur de la République près le tribunal de grande instance au sein duquel se trouve le pôle, qui est à cette fin territorialement compétent sur l'ensemble du ressort de compétence de ce pôle, y compris pour diriger et contrôler les enquêtes de police judiciaire. » Autre exception aux principes de compétence : un procureur peut conduire une enquête sur un ressort sur lequel il ne détient aucune compétence naturelle. La loi lui reconnaît en effet une compétence territoriale sur l'ensemble du ressort de compétence de ce pôle, et ce y compris pour la direction et le contrôle de l'enquête de police judiciaire. Le décret n° 2008-54 du 16 janvier 2008[2] a fixé certaines règles de conduite. Ainsi, l'article D. 15-4-1 du Code de procédure pénale dispose que « Le procureur de la République près le tribunal de grande instance au sein duquel il n'y a pas de pôle d'instruction avise le procureur de la République près le tribunal au sein duquel se trouve ce pôle des infractions et enquêtes portées à sa connaissance dès qu'il lui apparaît que ces faits et procédures sont susceptibles de donner lieu à l'ouverture d'une information de nature criminelle ou avec co-saisine.

Ces deux magistrats se concertent alors pour déterminer celui qui dirigera et contrôlera le déroulement de l'enquête et celui qui décidera s'il y a lieu de requérir l'ouverture d'une instruction. Le procureur général coordonne le cas échéant leurs actions ». Dès lors que la décision du procureur de la République de la juridiction sans pôle peut avoir une incidence sur le fonctionnement de la juridiction du pôle, il doit en avertir son collègue (v. C. pr. pén., art. D. 15-4-2, D. 15-4-3).

« Si le procureur de la République près le tribunal de grande instance dans lequel il y a un pôle de l'instruction constate qu'une personne est déférée devant lui en vue de l'ouverture d'une information en application du deuxième alinéa du II et qu'il estime qu'aucune information relevant de la compétence du pôle ne doit être ouverte, il peut, avant de transmettre le dossier de la procédure au procureur de la République territorialement compétent, requérir le placement sous contrôle judiciaire ou en détention provisoire de la personne selon les modalités prévues par le troisième alinéa de l'article 394 et l'article 396. » Il semble que cet alinéa concerne le cas où le procureur de la République de la juridiction du pôle a pris en charge une affaire de la compétence naturelle du la juridiction sans pôle puis s'aperçoit, après examen des pièces, que la qualification criminelle n'est pas avérée ou la co-saisine inutile.

« Si la personne est placée en détention provisoire, elle doit comparaître devant le procureur de la République près le tribunal de grande instance au sein duquel il n'y a pas de pôle de l'instruction au plus tard le troisième jour ouvrable suivant. À défaut, elle est mise d'office en liberté. »

1. L. n° 2007-291, 5 mars 2007, *JO* 6 mars, n° 55, p. 4206.

2. D. n° 2008-54, 16 janv. 2008, *JO* 17 janv., n° 0015, p. 949.

21.73 Ouverture d'une information après comparution devant le procureur de la République d'une juridiction sans pôle. L'article 397-7 du Code de procédure pénale traite quant à lui du cas où le procureur de la République dans lequel il n'existe pas de pôle de l'instruction estime qu'il est nécessaire d'ouvrir une information et que la personne comparaît devant lui. Il peut alors faire application du troisième alinéa de l'article 394 ou de l'article 396, c'est-à-dire traduire sur-le-champ la personne devant le juge des libertés et de la détention dépendant de sa juridiction. Dans ce cas, si la personne est placée en détention provisoire, elle doit comparaître devant le juge d'instruction du pôle au plus tard le troisième jour ouvrable suivant. À défaut elle est mise en liberté. Le procureur de la République en informe celui de la juridiction du pôle. Il requiert l'ouverture de l'information devant le pôle de l'instruction avant de présenter la personne devant le juge des libertés et de la détention de son tribunal, en lui notifiant les faits faisant l'objet du réquisitoire introductif (C. pr. pén., art. D. 15-4-2).

CHAPITRE

22. Règles de compétence particulières en raison de l'auteur

SECTION 0
ORIENTEUR

22.00 Plan du chapitre.

Sect. 1 Auteur mineur
Sect. 2 Auteur militaire
Sect. 3 Auteur membre du pouvoir exécutif
Sect. 4 Auteur membre du pouvoir législatif
Sect. 5 Auteur magistrat et certains fonctionnaires
Sect. 6 Auteur personne morale

22.01 Textes applicables. C. pr. pén., art. 100-7, 203, 662, 665, 665-1, 706-42, 706-43 – COJ, art. L. 522-6 – Ord. 2 févr. 1945, art. 3 et 7 – Const. 1958, art. 26, 68, 68-1, 68-2.

C. pr. pén., art. 100-7 [L. n° 2004-204, 9 mars 2004]

Aucune interception ne peut avoir lieu sur la ligne d'un député ou d'un sénateur sans que le président de l'assemblée à laquelle il appartient en soit informé par le juge d'instruction.

Aucune interception ne peut avoir lieu sur une ligne dépendant du cabinet d'un avocat ou de son domicile sans que le bâtonnier en soit informé par le juge d'instruction.

Aucune interception ne peut avoir lieu sur une ligne dépendant du cabinet d'un magistrat ou de son domicile sans que le premier président ou le procureur général de la juridiction où il réside en soit informé.

Les formalités prévues par le présent article sont prescrites à peine de nullité.

C. pr. pén., art. 203

Les infractions sont connexes soit lorsqu'elles ont été commises en même temps par plusieurs personnes réunies, soit lorsqu'elles ont été commises par différentes personnes, même en différents temps et en divers lieux, mais par suite d'un concert formé à l'avance entre elles, soit lorsque les coupables ont commis les unes pour se procurer les moyens de commettre les autres, pour en faciliter, pour en consommer l'exécution ou pour en assurer l'impunité, soit lorsque des choses enlevées, détournées ou obtenues à l'aide d'un crime ou d'un délit ont été, en tout ou partie, recelées.

C. pr. pén., art. 706-42

Sans préjudice des règles de compétence applicables lorsqu'une personne physique est également soupçonnée ou poursuivie, sont compétents :

1° Le procureur de la République et les juridictions du lieu de l'infraction;

2° Le procureur de la République et les juridictions du lieu où la personne morale a son siège.

Ces dispositions ne sont pas exclusives de l'application éventuelle des règles particulières de compétence prévues par les articles 705 et 706-17 relatifs aux infractions économiques et financières et aux actes de terrorisme.

C. pr. pén., art. 706-43

L'action publique est exercée à l'encontre de la personne morale prise en la personne de son représentant légal à l'époque des poursuites. Ce dernier représente la personne morale à tous les actes de la procédure. Toutefois, lorsque des poursuites pour des mêmes faits ou des faits connexes sont engagées à l'encontre du représentant légal, celui-ci peut saisir par requête le président du tribunal de grande instance aux fins de désignation d'un mandataire de justice pour représenter la personne morale.

La personne morale peut également être représentée par toute personne bénéficiant, conformément à la loi ou à ses statuts, d'une délégation de pouvoir à cet effet.

La personne chargée de représenter la personne morale en application du deuxième alinéa doit faire connaître son identité à la juridiction saisie, par lettre recommandée avec demande d'avis de réception.

Il en est de même en cas de changement du représentant légal en cours de procédure.

En l'absence de toute personne habilitée à représenter la personne morale dans les conditions prévues au présent article, le président du tribunal de grande instance désigne, à la requête du ministère public, du juge d'instruction ou de la partie civile, un mandataire de justice pour la représenter.

COJ, art. L. 522-6

Au sein de chaque tribunal de grande instance dans le ressort duquel un tribunal pour enfant a son siège, un ou plusieurs juges d'instruction désignés par le premier président sur la proposition du procureur général et un ou plusieurs magistrats du parquet désignés par le procureur général sont chargés spécialement des affaires concernant les mineurs.

Const. 1958, art. 26

Aucun membre du Parlement ne peut être poursuivi, recherché, arrêté, détenu ou jugé à l'occasion des opinions ou votes émis par lui dans l'exercice de ses fonctions.

Aucun membre du Parlement ne peut faire l'objet, en matière criminelle ou correctionnelle, d'une arrestation ou de toute autre mesure privative ou restrictive de liberté qu'avec l'autorisation du Bureau de l'assemblée dont il fait partie. Cette autorisation n'est pas requise en cas de crime ou délit flagrant ou de condamnation définitive.

La détention, les mesures privatives ou restrictives de liberté ou la poursuite d'un membre du Parlement sont suspendues pour la durée de la session si l'assemblée dont il fait partie le requiert.

L'assemblée intéressée est réunie de plein droit pour des séances supplémentaires pour permettre, le cas échéant, l'application de l'alinéa ci-dessus.

Ord. 2 févr. 1945, art. 3

Sont compétents le tribunal pour enfants ou la Cour d'assises des mineurs du lieu de l'infraction, de la résidence du mineur ou de ses parents ou tuteur, du lieu ou le mineur aura été trouvé ou du lieu où il a été placé soit à titre provisoire, soit à titre définitif.

Ord. 2 févr. 1945, art. 7 [L. n° 2004-204, 9 mars 2004]

Le procureur de la République près le tribunal du siège du tribunal pour enfants est chargé de la poursuite des crimes et délits commis par des mineurs.

Toutefois le procureur de la République, compétent en vertu de l'article 43 du Code de procédure pénale, et le juge d'instruction par lui requis ou agissant d'office, conformément aux dispositions de l'article 72 du même code, procéderont à tous actes urgents de poursuite et d'information, à charge par eux d'en donner immédiatement avis au Procureur de la République du siège du tribunal pour enfants et de se dessaisir de la poursuite dans le plus bref délai.

Lorsque le mineur est impliqué dans la même cause qu'un ou plusieurs majeurs, il sera procédé conformément aux dispositions de l'alinéa qui précède aux actes urgents de poursuite et d'information. Si le procureur de la République poursuit des majeurs selon les procédures prévues aux articles 393 à 396 du Code de procédure pénale ou par voie de citation directe, il constituera un dossier spécial concernant le mineur et le transmettra au procureur de la République près le tribunal du siège du tribunal pour enfants. Si une information a été ouverte, le juge d'instruction se dessaisira dans le plus bref délai à l'égard tant du mineur que des inculpés majeurs au profit du juge d'instruction du siège du tribunal pour enfants.

Const. 1958, art. 68

Le Président de la République n'est responsable des actes accomplis dans l'exercice de ses fonctions qu'en cas de haute trahison. Il ne peut être mis en accusation que par les deux assemblées statuant par un vote identique au scrutin public et à la majorité absolue des membres les composant; il est jugé par la Haute Cour de Justice.

Const. 1958, art. 68-1

Les membres du gouvernement sont pénalement responsables des actes accomplis dans l'exercice de leurs fonctions et qualifiés crimes ou délits au moment où ils ont été commis.

Ils sont jugés par la Cour de justice de la République.

La Cour de justice de la République est liée par la définition des crimes et délits ainsi que par la détermination des peines telles qu'elles résultent de la loi.

Const. 1958, art. 68-2

La Cour de justice de la République comprend quinze juges : douze parlementaires élus, en leur sein et en nombre égal, par l'Assemblée Nationale et par le Sénat après chaque renouvellement général ou partiel de ces assemblées et trois magistrats du siège à la Cour de cassation, dont l'un préside la Cour de justice de la République.

Toute personne qui se prétend lésée par un crime ou un délit commis par un membre du gouvernement dans l'exercice de ses fonctions peut porter plainte auprès d'une commission des requêtes.

Cette commission ordonne soit le classement de la procédure, soit sa transmission au procureur général près la Cour de cassation aux fins de saisine de la Cour de justice de la République.

Le procureur général près la Cour de cassation peut aussi saisir d'office la Cour de justice de la République sur avis conforme de la commission des requêtes.

Une loi organique détermine les conditions d'application du présent article.

22.02 Jurisprudence de référence.

> Membres du gouvernement

• La compétence de la Cour de justice de la République est limitée aux actes constituant des crimes ou délits commis par des ministres dans l'exercice de leurs fonctions et qui ont un rapport direct avec la conduite des affaires de l'État relevant de leurs attributions.

Crim. 26 juin 1995, n° 95-82.333, *Bull. crim.*, n° 235.

« Attendu qu'analysant les actes reprochés à A..., les juges observent que la relation de corruption se serait établie entre, non pas le ministre, mais le maire de Grenoble et des sociétés commerciales de droit privé, à propos de la concession d'un service public de la collectivité grenobloise et non d'un marché de l'État, et que les recels d'abus de biens sociaux ne porteraient que sur des fonds privés; que l'utilisation de l'appartement du boulevard Saint-Germain n'a été qu'occasionnelle lorsque A..., étant ministre, disposait d'un logement de fonctions; qu'enfin, la preuve ne serait pas rapportée que l'utilisation abusive des moyens de transport mis à sa disposition par des sociétés privées soit liée à l'exercice des fonctions ministérielles, A... ayant lui-même admis que la plupart des déplacements correspondaient à son activité de maire, et certains pilotes ayant déclaré qu'une fois ministre, celui-ci n'avait plus eu qu'exceptionnellement recours à leurs services;

Attendu qu'en déduisant de ces éléments l'absence de tout lien entre les faits poursuivis et la fonction ministérielle, la chambre d'accusation a fait l'exacte application des textes visés au moyen;

Qu'en effet, les actes commis par un ministre dans l'exercice de ses fonctions sont ceux qui ont un rapport direct avec la conduite des affaires de l'État relevant de ses attributions, à l'exclusion des comportements concernant la vie privée ou les mandats électifs locaux;

D'où il suit que le moyen ne saurait être accueilli. »

> Président de la République

• Le président de la République, pour les actes accomplis dans l'exercice de ses fonctions, bénéficie d'une immunité.

Cons. const. 22 janv. 1999, n° 98-408 DC, *JO* 24 janv., p. 1317.

« Considérant qu'il résulte de l'article 68 de la Constitution que le président de la République, pour les actes accomplis dans l'exercice de ses fonctions et hors le cas de haute trahison, bénéficie d'une immunité; qu'au surplus, pendant la durée de ses fonctions, sa responsabilité pénale ne peut être mise en cause que devant la Haute Cour de Justice, selon les modalités fixées par le même article. »

• Le président de la République ne peut être mis en examen, cité ou renvoyé devant une juridiction pénale de droit commun pendant la durée de son mandat.

Ass. plén. 10 oct. 2001, n° 01-84.922; *Bull. Ass. plén.* 2001 n° 11; *BICC* 15 nov. 2001, concl. de Gouttes, rapp. Roman; *D.* 2001, IR 3021; *D.* 2002, jur. 674, note J. Pradel; *RTD civ.* 2002, n° 1, 169-172, note N. Molfessis; *D.* 2002, jur. 237, note Ch. Debbasch; *Dr. pén.* janv. 2002, chron. p. 4, note G. Delaloy; *RFDA* 2001, n° 6, 1169-1187, note O. Jouanjan et P. Wachsmann; *D.* 2001, chron. 3365, note L. Favoreu.

« Attendu que, rapproché de l'article 3 et du titre II de la Constitution, l'article 68 doit être interprété en ce sens qu'étant élu directement par le peuple pour assurer, notamment, le fonctionnement régulier des pouvoirs publics ainsi que la continuité de l'État, le président de la République ne peut, pendant la durée de son mandat, être entendu comme témoin assisté, ni être mis en examen, cité ou renvoyé pour une infraction quelconque devant une juridiction pénale de droit commun; qu'il n'est pas davantage soumis à l'obligation de comparaître en tant que témoin prévue par l'article 101 du Code de procédure pénale, dès lors que cette obligation est assortie par l'article 109 dudit code d'une mesure de contrainte par la force publique et qu'elle est pénalement sanctionnée;

Que, la Haute Cour de Justice n'étant compétente que pour connaître des actes de haute trahison du président de la République commis dans l'exercice de ses fonctions, les poursuites pour tous les autres actes devant les juridictions pénales de droit commun ne peuvent être exercées pendant la durée du mandat présidentiel, la prescription de l'action publique étant alors suspendue. »

22.03 Bibliographie indicative. (V. les références complètes s^s n° 03.)

Actualisables. TPJI, Piot D., « Les règles particulières en raison de l'auteur », 1999.

Ouvrages. HÉLIE F. PAR BROUCHOT, Analyse, n° 384.

Articles.

> Sur la défense nationale

Carpentier E., « Le juge d'instruction face au secret de la Défense nationale », *Gaz. Pal.* 1er-3 mars 2004, p. 6.

> Sur le président de la République

Favoreu A., « Le statut pénal du chef de l'État », *D.* 2003, chron. 430; « La Cour de cassation, le Conseil constitutionnel et la responsabilité du président de la République », *D.* 2001, chron. 3365 – Giudicelli A., *RSC* 1999, 614 et *RSC* 2002, 624 – Hamon F., « À propos du statut pénal du chef de l'État : convergences et divergences entre le Conseil constitutionnel et la Cour de cassation », *RSC* 2002, 59.

> Sur la compétence en matière économique et financière

Accomando G. et Benech A., « La spécialisation de la justice pénale en matière économique et financière », *Dr. pén.* 2000, p. 52 – Giudicelli A., *RSC* 2002, 627.

SECTION 1
AUTEUR MINEUR

22.11 L'ordonnance du 2 février 1945 fixe des règles de compétence particulières en matière de mineurs. L'objectif est de confier à des magistrats spécialisés les problèmes relatifs à l'enfance délinquante. La compétence pour juger les affaires de mineurs est attribuée au tribunal pour enfants à peine de nullité de la procédure. En application de l'article 7 de cette ordonnance, le juge d'instruction compétent sera celui de la juridiction du siège du tribunal pour enfants, le siège et le ressort de ces tribunaux étant fixés par voie réglementaire. Par ailleurs, au sein d'un même tribunal, un ou plusieurs juges d'instruction, désignés par le premier président de la cour d'appel sur proposition du procureur général sont chargés spécialement des affaires de mineurs (COJ, art. L. 522-6).

Selon l'article 3 de l'ordonnance du 2 février 1945, la compétence territoriale est conforme à la triple règle déjà énoncée. Mais d'autres critères de compétence s'y rajoutent : la résidence des parents, celle du tuteur, le lieu de découverte du mineur et son lieu de placement.

22.12 **L'urgence.** En cas d'urgence, un juge d'instruction non spécialisé peut réaliser des actes à charge pour lui de se dessaisir dans le plus bref délai au profit du magistrat spécialisé (ord. 2 févr. 1945, art. 7). Deux cas de figure peuvent se présenter : soit le juge d'instruction saisi est celui d'une juridiction qui ne comporte pas de juge pour enfant, dans ce cas le juge d'instruction pourra réaliser l'interrogatoire de première comparution puis saisir, le cas échéant, le juge des libertés et de la détention avant de se dessaisir au profit du juge d'instruction spécialisé de la juridiction du département où siège le tribunal pour enfants. Soit le juge saisi est déjà celui qui est spécialisé mais n'est pas présent, ou bien le tableau des permanences prévoit que le juge de permanence générale prendra aussi les premières comparutions de mineurs (dans cette hypothèse il est souvent préférable que le juge de permanence substitue son collègue spécialisé, empêché, ce qui évite une ordonnance de dessaisissement). Les mêmes actes seront alors accomplis. Le dessaisissement se fera par ordonnance, de juge à juge, sans qu'un nouveau réquisitoire introductif ne soit nécessaire[1].

22.13 **Appréciation de la minorité.** La minorité doit être appréciée à la date des faits.

L'âge s'apprécie par le temps écoulé depuis la naissance et d'heure en heure[2]. Il s'apprécie par tout moyen[3].

SECTION 2
AUTEUR MILITAIRE

22.21 **La suppression des tribunaux permanents aux forces armées par la loi du 21 juillet 1982 unifie le régime à l'ensemble des citoyens.** Un militaire est donc passible des juridictions de droit commun. Il demeure toutefois quelques exceptions tenant à des catégories particulières d'infraction et au lien avec le service exécuté. Il existe des modalités particulières de poursuite. Selon l'article 698-3 du Code de procédure pénale, lorsque le procureur de la République, le juge d'instruction et les officiers de police judiciaire sont amenés, soit à constater des infractions dans les établissements militaires, soit à rechercher, en ces mêmes lieux, des personnes ou des objets relatifs à ces infractions, ils doivent adresser à l'autorité militaire des réquisitions tendant à obtenir l'entrée dans ces établissements. L'instruction générale interministérielle du 12 mars 1982 a été abrogée et remplacée par celle du 25 août 2003, qui détermine également dans quelles conditions les magistrats, et notamment les juges d'instruction, peuvent avoir accès à la communication des informations protégées au titre du secret de la défense nationale[4]. Celle-ci est régie par les dispositions de la loi n° 98-567 du 8 juillet 1998, instituant une commission consultative du secret de la défense nationale. Le juge d'instruction peut demander la déclassification et la communication d'une information protégée au titre du secret de la défense nationale à l'autorité administrative en charge de la classification qui saisit la commission consultative qui formule un avis dans le délai de deux mois. L'article 698-1 du Code de procédure pénale, qui subordonne les poursuites exercées pour les infractions visées à l'article 697-1 dudit code soit à la dénonciation, soit à l'avis préalable des autorités militaires, ne régit que la mise en mouvement de l'action publique à l'encontre des militaires par le procureur de la République, le juge d'instruction, habilité en matière militaire conformément à l'article 697 du même code, ayant le pouvoir de mettre en examen toute personne ayant pris part aux faits dont il est saisi[5]. En application de l'article 702 alinéa 2 du Code de procédure pénale, lorsque les faits poursuivis constituent un crime ou un délit prévu et réprimé par l'article 413-5 du Code pénal ou une infraction connexe, la compétence est dévolue aux juridictions pénales statuant en matière militaire, telles que prévues et organisées par l'article 697 du Code de procédure pénale[6].

SECTION 3
AUTEUR MEMBRE DU POUVOIR EXÉCUTIF

22.31 **Les membres du gouvernement sont justiciables de la Cour de justice de la République.** Les membres du gouvernement n'étaient justiciables que de la Haute Cour de Justice (Const. 4 oct. 1958, art. 68)[7]. Sous l'effet de « l'affaire du sang contaminé », la loi constitutionnelle du 27 juillet

1. Crim. 26 juin 1991, n° 91-82.576, *Bull. crim.*, n° 281.
2. Crim. 3 sept. 1985, n° 85-93.591, *Bull. crim.*, n° 283.
3. Crim. 17 juill. 1991, n° 91-82.771, *Bull. crim.*, n° 299 – Crim. 1er déc. 1999, n° 98-87.158, *Bull. crim.*, n° 289.
4. Instr. générale interministérielle, 25 août 2003, *JO* n° 202, 2 sept., p. 14961.
5. Crim. 9 juill. 2003, n° 03-81.944, *Bull. crim.*, n° 137; *JCP* 2003, IV, 2672 – Crim. 3 sept. 2003, n° 03-83.074, *Bull. crim.*, n° 153; *JCP* 2003, IV, 2795 – V. D. Piot, « Les règles particulières en raison de l'auteur », TPJI, 1999.
6. Crim. 31 mars 2004, n° 01-87.493, *Bull. crim.*, n° 83.
7. Crim. 9 juill. 1984, n° 84-90.804, *Bull. crim.*, n° 256 – Crim. 17 oct. 1991, n° 91-81.119, *Bull. crim.*, n° 354 – Haute Cour, commission instr., 5 févr. 1993, *D.* 1991, jur. 261, note J. Pradel.

1993 a introduit dans la constitution les articles 68-1 et 68-2 qui rendent les membres du gouvernement, pour les crimes et délits commis dans l'exercice de leurs fonctions, justiciables de la Cour de justice de la République, composée de douze parlementaires et trois magistrats du siège de la Cour de cassation. La loi organique n° 93-1252 du 23 novembre 1993 a fixé les modalités de fonctionnement de cette juridiction et de la commission des requêtes et les règles de la procédure [1].

Le critère principal de distinction est donc celui de la commission dans l'exercice ou hors l'exercice des fonctions. Ont été considérés comme ayant été commis dans l'exercice des fonctions les « actes qui ont un rapport direct avec la conduite des affaires de l'État à l'exclusion des comportements concernant la vie privée ou les mandats électifs locaux » [2]. Les coauteurs ou complices qui ne sont pas membres du gouvernement ne peuvent être attraits devant elle (même arrêt). La commission d'instruction de la Cour de Justice de la République est collégiale et composée de magistrats de l'ordre judiciaire et administratif ainsi que de la Cour des comptes. La commission est dotée des pouvoirs du juge d'instruction de droit commun. La Cour de justice doit suivre les règles fixées par le Code de procédure pénale en ce qui concerne les débats et les jugements en matière correctionnelle (Const. 4 oct. 1958, art. 68-1). Ne méconnaît pas les garanties de l'article 6.1 de la Convention européenne des droits de l'Homme l'arrêt de la Commission d'instruction de la Cour de justice de la République statuant sur la régularité des actes de l'information qu'elle a conduite, en application de l'article 23 de la loi organique du 23 novembre 1993, dès lors qu'elle prononce sous le contrôle de l'Assemblée plénière de la Cour de cassation ayant, en la matière, pleine compétence pour statuer en fait et en droit [3].

22.32 Le président de la République peut être jugé par la Haute Cour de Justice pour les actes commis dans l'exercice de ses fonctions. Il n'est pas possible de le poursuivre pour des actes commis antérieurement à son entrée en fonction pendant le temps de son mandat. Le Conseil constitutionnel avait, dans une décision du 22 janvier 1999, décidé qu'il résulte de l'article 68 de la Constitution que le président de la République, pour des actes accomplis dans l'exercice de ses fonctions et hors le cas de haute trahison, bénéficie d'une immunité et qu'au surplus, pendant la durée de ses fonctions, sa responsabilité pénale ne peut être mise en cause que devant la Haute Cour de Justice, selon les modalités fixées par le même article [4]. La Cour de cassation, quant à elle, considère dans sa décision rendue en assemblée plénière le 10 octobre 2001 [5] que la décision du Conseil constitutionnel n'a statué que sur la possibilité de déférer le président de la République à la Cour pénale internationale pour y répondre des crimes de la compétence de cette Cour et rappelle que la Haute Cour de Justice n'est compétente que pour connaître des actes de haute trahison. Elle expose que le président de la République ne peut, pendant la durée de son mandat, être entendu comme témoin, comme témoin assisté, ni être mis en examen cité ou renvoyé pour une infraction quelconque devant une juridiction de droit commun. Il s'agit d'un obstacle à la mise en œuvre de l'action publique et la prescription est suspendue pendant l'exercice des fonctions [6].

SECTION 4

AUTEUR MEMBRE DU POUVOIR LÉGISLATIF

22.41 Les membres du Parlement relèvent des juridictions de droit commun. Mais l'article 26 de la Constitution dispose qu'« aucun membre du Parlement ne peut faire l'objet, en matière criminelle ou correctionnelle, d'une arrestation ou de toute autre mesure privative ou restrictive de liberté qu'avec l'autorisation du bureau de l'assemblée dont il fait partie ». Il n'en va différemment qu'en cas de délit ou de crime flagrant. L'ancien article 26 distinguait selon que l'assemblée était ou non en session. Cette disposition a été abrogée par la loi du 4 août 1995. La garde à vue, le placement sous contrôle judiciaire ou en détention provisoire, la délivrance d'un mandat d'amener ou d'arrêt sont donc assujettis à l'autorisation de l'assemblée dont dépend le parlementaire en cause. L'assemblée peut

1. V. sur cette loi, Act., *JCP* 22 déc. 1993.
2. Crim. 26 juin 1995, n° 95-82.333, *Bull. crim.*, n° 235 (v. les attendus s^s n° 22.02).
3. Ass. plén., 6 juin 2003, n° 01-87.092, *Bull. Ass. plén.*, n° 2 ; *Gaz. Pal.* 20-22 juin 2004, p. 5, note Y. Monnet.
4. Cons. const. 22 janv. 1999, n° 98-408 DC, *JO* 24 janv., p. 1317 (v. les attendus s^s n° 22.02).
5. Ass. plén., 10 oct. 2001, n° 01-84.922, *Bull. Ass. plén.*, n° 11 ; *BICC* 15 nov. 2001, concl. de Gouttes, rapp. Roman ; *D.* 2001, IR 3021 ; *D.* 2002, jur. 674, note J. Pradel ; *RTD civ.* 2002, n° 1, 169-172, note N. Molfessis ; *D.* 2002, jur. 237, note Ch. Debbasch ; *Dr. pén.* janv. 2002, chron. p. 4, note G. Delaloy ; *RFDA* 2001, n° 6, 1169-1187, note O. Jouanjan et P. Wachsmann ; *D.* 2001, chron. 3365, note L. Favoreu (v. les attendus s^s n° 22.02).
6. V. A. Giudicelli, *RSC* 1999, 614 ; et *RSC* 2002, 624 – A. Favoreu, « Le statut pénal du chef de l'État », *D.* 2003, chron. 430 ; « La Cour de cassation, le Conseil constitutionnel et la responsabilité du président de la République », *D.* 2001, chron. 3365 – F. Hamon, « À propos du statut pénal du chef de l'État : convergences et divergences entre le Conseil constitutionnel et la Cour de cassation », *RSC* 2002, 59.

aussi suspendre les poursuites ou des mesures restrictives ou privatives de liberté pour la durée de la session parlementaire (Const. 4 oct. 1958, art. 26). La violation de ces règles entraîne la nullité des opérations[1]. Aux termes de l'article 100-7 du Code de procédure pénale, les interceptions téléphoniques sur la ligne d'un parlementaire ne peuvent être ordonnées par le juge d'instruction sans information du président de l'assemblée dont il s'agit. Mais il ne résulte d'aucun texte légal ou conventionnel ni d'aucun principe constitutionnel que cette disposition soit applicable aux représentants au Parlement européen[2].

SECTION 5
AUTEUR MAGISTRAT ET CERTAINS FONCTIONNAIRES

22.51 Dérogation au droit commun. La matière était autrefois régie par les articles 479 à 503 du Code d'instruction criminelle, qui fixaient des règles particulières de compétence et de procédure pour les crimes et délits commis hors ou dans l'exercice de leurs fonctions par les magistrats de l'ordre judiciaire et consulaire, et les officiers de police judiciaire (C. pr. pén., art. 483). La loi du 24 février 1934 avait ajouté les préfets et sous-préfets (C. pr. pén., art. 479).

Ces textes ont été repris et profondément modifiés par les articles 679 à 688 du Code de procédure pénale. Ils concernaient d'une part, les magistrats du Conseil d'État, de la Cour de cassation, de la Cour des comptes, les préfets, les magistrats de l'ordre judiciaire, consulaire ou des tribunaux administratifs (C. pr. pén., art. 679), d'autre part, les officiers de police judiciaire (C. pr. pén., art. 687). La loi du 18 juillet 1974 leur avait ajouté le « maire ou l'élu municipal, le suppléant, le président de communauté urbaine, de district ou de syndicat de communes » (C. pr. pén., art. 681). Ils s'appliquaient, selon les cas, aux crimes et délits commis hors ou dans l'exercice des fonctions, mais non aux contraventions.

Ces personnes relevaient de juridictions de même nature et même degré qu'en droit commun. La garantie consistait uniquement en ceci que l'instruction et le jugement de leur affaire étaient transportés dans un ressort autre que celui dont elles dépendaient, désigné par la chambre criminelle sur requête que le ministère public présentait dès que leur qualité était connue. Ces textes, qui ont donné lieu à une jurisprudence très abondante, étaient strictement interprétés; ils étaient considérés comme d'ordre public, et les juridictions d'instruction et de jugement « devaient d'office en faire assurer le respect »[3].

22.52 Abrogation. Les articles 679 à 688 du Code de procédure pénale ont été purement et simplement abrogés par l'article 102 de la loi du 4 janvier 1993, avec application immédiate (L. 4 janv. 1993, art. 225)[4]. Cependant, les désignations de juridictions antérieures à la loi demeurent valables (même article), même celles intervenues dans le cas de l'article 679, bien que ce texte ne soit pas, expressément visé par l'article 225 précité[5]. La nécessité d'une désignation de juridiction subsiste pour la période antérieure à la promulgation de la loi, alors même que l'arrêt de la chambre d'accusation sur la régularité de la procédure intervient après cette promulgation[6].

Il reste quand l'opportunité s'en fait sentir, la possibilité pour la chambre criminelle de renvoyer l'affaire à une autre juridiction dans l'intérêt d'une bonne administration de la justice, à la demande du procureur général ou des parties (C. pr. pén., art. 665, al. 2 – V. s[s] n° 21.63).

22.53 Les dispositions de la loi du 9 mars 2004. La loi du 9 mars 2004 a prévu, dans le second alinéa de l'article 43, que « lorsque le procureur de la République est saisi de faits mettant en cause, comme auteur ou comme victime, une personne dépositaire de l'autorité publique, ou chargée d'une mission de service public qui est habituellement, de par ses fonctions ou sa mission, en relation avec les magistrats ou fonctionnaires de la juridiction, le procureur général peut, d'office, sur proposition du procureur de la République et à la demande de l'intéressé, transmettre au procureur de la République, auprès du tribunal de grande instance le plus proche du ressort de la cour d'appel. Cette juridiction est alors territorialement compétente pour connaître l'affaire, par dérogation aux dispositions des articles 52, 382 et 522. La décision du procureur général constitue une mesure d'administration judiciaire qui n'est susceptible d'aucun recours. »

1. Crim. 17 juin 1986, n° 85-90.313, *Bull. crim.*, n° 208 – Crim. 10 oct. 1988, n° 87-92.026, *Bull. crim.*, n° 334.
2. Crim. 16 mars 2005, n° 05-80.092, *Bull. crim.*, n° 97; *D.* 2005, IR 1052; *JCP* 2005, IV, 198; *JCP* 2005, II, 10167, note D. Girard.
3. Crim. 9 mars 1976, n° 75-90.229, n° 75-90.559, *Bull. crim.*, n° 87 – Crim. 16 avr. 1991, n° 91-80.093, *Bull. crim.*, n° 181 – Crim. 24 juill. 1992, n° 92-83.020, *Bull. crim.*, n° 275.
4. Crim. 22 févr. 2000, n° 99-84.302, *Bull. crim.*, n° 75.
5. Crim. 17 mars 1993, n° 93-81.040, *Bull. crim.*, n° 122 – Crim. 23 juin 1993, n° 93-82.541, *Bull. crim.*, n° 224.
6. Crim. 11 juill. 1994, n° 94-81.720, *Bull. crim.*, n° 272 – V. aussi, Crim. 6 janv. 1993, n° 92-86.364, *Bull. crim.*, n° 9 – Et Crim. 29 avr. 1996, n° 94-82.166, n° 95-81.956, *Bull. crim.*, n° 168; *JCP* 1996, II, 22700, note P. Chambon.

SECTION 6
AUTEUR PERSONNE MORALE

22.61 La responsabilité pénale des personnes morales est un principe issu du Code pénal entré en vigueur le 1er mars 1994. Il n'existait pas de principe général et cette responsabilité devait être prévue par le texte pour chaque infraction jusqu'au 1er janvier 2006, date d'entrée en vigueur du nouveau principe général de responsabilité, instauré par la loi du 9 mars 2004, dite loi Perben II.

22.62 Des règles de compétence particulières sont prévues par l'article 706-42 du Code de procédure pénale. C'est ainsi que le juge d'instruction compétent est celui du lieu de l'infraction et du lieu du siège de la personne morale. Si une procédure a déjà été engagée contre une personne physique, le juge d'instruction saisi demeure compétent même si les critères spécifiques de compétence pour les personnes morales, ci-dessus énoncés, ne sont pas réunis.

La personne morale est représentée au cours de l'information par son représentant légal à l'époque de la poursuite ou par une personne ayant reçu mandat à cet effet. Lorsque le représentant légal est poursuivi à titre personnel pour les mêmes faits, ou des faits connexes, ou lorsqu'il n'existe aucune personne susceptible de représenter la personne morale, le président du tribunal de grande instance, saisi par requête du parquet ou du juge d'instruction, désigne un mandataire spécial pour représenter la personne morale lors des poursuites (C. pr. pén., art. 706-43). Aucune mesure de contrainte ne peut être appliquée contre cette personne, en dehors de celles qui concernent les témoins. La personne morale peut être placée sous contrôle judiciaire, qui est limité à quelques mesures. La violation du contrôle judiciaire constitue une infraction autonome (v. ss no 132.61).

22.63 Faits mettant en cause comme auteur ou victime une personne dépositaire de l'autorité publique ou chargée d'une mission de service public. Lorsque le procureur de la République est saisi de faits mettant en cause comme auteur ou comme victime une personne dépositaire de l'autorité publique ou chargée d'une mission de service public qui est habituellement par ses fonctions ou sa mission en relation avec les magistrats ou fonctionnaires de la juridiction, le procureur général peut, d'office et à la demande de l'intéressé, transmettre la procédure au procureur de la République auprès du tribunal de grande instance le plus proche du ressort de la cour d'appel. Cette juridiction est alors territorialement compétente pour connaître l'affaire, par dérogation aux dispositions des articles 52, 382 et 522. La décision du procureur général constitue une mesure d'administration judiciaire qui n'est susceptible d'aucun recours (C. pr. pén., art. 43). Il s'agit là d'une résurgence partielle des dispositions des articles 679 et 681 abrogées. Il n'y a toutefois aucun caractère automatique au dessaisissement qui demeure une faculté pour le procureur général. Le texte vise la personne dépositaire de l'autorité publique ou chargée d'une mission de service public aussi bien lorsqu'elle est victime que personne suspecte. Reste à déterminer ce que signifie « habituellement par ses fonctions ou sa mission en relation avec les magistrats ou fonctionnaires de la juridiction »...

CHAPITRE

23. Règles de compétence particulières en raison du type de l'infraction

SECTION 0 ORIENTEUR

23.00 Plan du chapitre.

Sect.	1	Criminalité organisée – Cadre procédural
Sect.	2	Criminalité organisée – Des pouvoirs exorbitants du droit commun
Sect.	3	Infraction économique ou financière
Sect.	4	Infraction en matière de santé publique
Sect.	5	Infraction de terrorisme
Sect.	6	Pollution maritime

23.01 Textes applicables. C. pr. pén., art. 704 à 706, 706-1,706-1-3, 706-2, 706-16, 706-17, 706-17-1,706-18, 706-19, 706-20, 706-21, 706-22, 706-73 à 706-88, 706-91 à 706-94, 706-96, 706-103, 706-109 – C. pén., art. 113-3.

C. pr. pén., art. 704 [L. n° 2006-64, 23 janv. 2006, art. 24 VI, *JO* 24 janv. – et ord. n° 2006-673, 8 juin 2006, portant refonte du Code de l'organisation judiciaire et modifiant le Code de commerce, le Code rural et le Code de procédure pénale, *JO* 9 juin]

Dans le ressort de chaque cour d'appel, un ou plusieurs tribunaux de grande instance sont compétents dans les conditions prévues par le présent titre pour l'enquête, la poursuite, l'instruction et, s'il s'agit de délits, le jugement des infractions suivantes dans les affaires qui sont ou apparaîtraient d'une grande complexité :

1° Délits prévus par les articles 222-38, 223-15-2, 313-1 et 313-2, 313-6, 314-1 et 314-2, 323-1 à 323-4, 324-1 et 324-2, 432-10 à 432-15, 433-1 et 433-2, 434-9, 435-1 et 435-2, 442-1 à 442-8 et 321-6-1 du Code pénal;

2° Délits prévus par le Code de commerce;

3° Délits prévus par le Code monétaire et financier;

4° Délits prévus par le Code de la construction et de l'habitation;

5° Délits prévus par le Code de la propriété intellectuelle;

6° Délits prévus par les articles 1741 à 1753 *bis* A du Code général des impôts;

7° Délits prévus par le Code des douanes;

8° Délits prévus par le Code de l'urbanisme;

9° Délits prévus par le Code de la consommation;

10° Abrogé;

11° Abrogé;

12° Délits prévus par la loi n° 83-628 du 12 juillet 1983 relative aux jeux de hasard;

13° Délits prévus par la loi du 28 mars 1885 sur les marchés à terme;

14° Abrogé;

15° Délits prévus par la loi n° 86-897 du 1er août 1986 portant réforme du régime juridique de la presse;

16° Abrogé.

La compétence territoriale d'un tribunal de grande instance peut également être étendue au ressort de plusieurs cours d'appel pour l'enquête, la poursuite, l'instruction et, s'il s'agit de délits, le jugement de ces infractions, dans les affaires qui sont ou apparaîtraient d'une très grande complexité, en raison notamment du grand nombre d'auteurs, de complices ou de victimes où du ressort géographique sur lequel elles s'étendent.

La compétence des juridictions mentionnées au premier alinéa et à l'alinéa qui précède s'étend aux infractions connexes.

Un décret fixe la liste et le ressort de ces juridictions, qui comprennent une section du parquet et des formations d'instruction et de jugement spécialisées pour connaître de ces infractions.

Au sein de chaque tribunal de grande instance dont la compétence territoriale est étendue au ressort d'une ou plusieurs cours d'appel, le premier président, après avis du président du tribunal de grande instance, désigne un ou plusieurs juges d'instruction et magistrats du siège chargés spécialement de l'instruction et, s'il s'agit de délits, du jugement des infractions entrant dans le champ d'application du présent article.

Au sein de chaque cour d'appel dont la compétence territoriale est étendue au ressort d'une ou plusieurs cours d'appel, le premier président et le procureur général désignent respectivement des magistrats du siège et du parquet général chargés spécialement du jugement des délits et du traitement des affaires entrant dans le champ d'application du présent article.

C. pr. pén., art. 705 [L. n° 2004-204, 9 mars 2004]
Pour la poursuite, l'instruction et, s'il s'agit de délits, le jugement des infractions prévues à l'article 704 et des infractions connexes, le procureur de la République, le juge d'instruction et la formation correctionnelle spécialisée du tribunal de grande instance visé au même article exercent une compétence concurrente à celle qui résulte de l'application des articles 43, 52, 382, et 706-42.

Lorsqu'ils sont compétents pour la poursuite et l'instruction des infractions entrant dans le champ d'application de l'article 704, le procureur de la République et le juge d'instruction exercent leurs attributions sur toute l'étendue du ressort fixé en application de l'article 704.

La juridiction saisie reste compétente quelles que soient les incriminations retenues lors du règlement ou du jugement de l'affaire sous réserve de l'application des dispositions des articles 181 et 469. Si les faits constituent une contravention, le juge d'instruction prononce le renvoi de l'affaire devant le tribunal de police compétent en application de l'article 522.

C. pr. pén., art. 705-1 [L. n° 2004-204, 9 mars 2004]
Le procureur de la République près un tribunal de grande instance autre que ceux visés à l'article 704 peut, pour les infractions énumérées dans cet article, requérir le juge d'instruction de se dessaisir au profit de la ou de l'une des juridictions d'instruction compétentes en application de cet article. Les parties sont préalablement avisées et invitées à faire connaître leurs observations par le juge d'instruction; l'ordonnance est rendue huit jours au plus tôt et un mois au plus tard à compter de cet avis.

Lorsque le juge d'instruction décide de se dessaisir, son ordonnance ne prend effet qu'à compter du délai de cinq jours prévu par l'article 705-2; lorsqu'un recours est exercé en application de cet article, le juge d'instruction demeure saisi jusqu'à ce que soit porté à sa connaissance l'arrêt de la chambre de l'instruction, passé en force de chose jugée ou celui de la chambre criminelle de la Cour de cassation.

Dès que l'ordonnance est passée en force de chose jugée, le procureur de la République adresse le dossier de la procédure au procureur de la République du tribunal de grande instance désormais compétent.

Les dispositions du présent article sont applicables devant la chambre de l'instruction.

C. pr. pén., art. 705-2 [L. n° 2004-204, 9 mars 2004]
L'ordonnance rendue en application de l'article 705-1 peut, à l'exclusion de toute autre voie de recours, être déférée dans les cinq jours de sa notification, à la requête du ministère public ou des parties, soit à la chambre de l'instruction si la juridiction spécialisée au profit de laquelle le dessaisissement a été ordonné ou refusé se trouve dans le ressort de la même cour d'appel que la juridiction initialement saisie, soit, dans le cas contraire, à la chambre criminelle de la Cour de cassation. La chambre de l'instruction ou la chambre criminelle désigne, dans les huit jours suivant la date de réception du dossier, le juge d'instruction chargé de poursuivre l'information. Le ministère public peut également saisir directement la chambre de l'instruction ou la chambre criminelle de la Cour de cassation lorsque le juge d'instruction n'a pas rendu son ordonnance dans le délai d'un mois prévu au premier alinéa de l'article 705-1.

L'arrêt de la chambre de l'instruction ou de la chambre criminelle est porté à la connaissance du juge d'instruction ainsi qu'au ministère public et notifié aux parties.

Les dispositions du présent article sont applicables à l'arrêt de la chambre de l'instruction rendu sur le fondement du dernier alinéa de l'article 705-1, le recours étant alors porté devant la chambre criminelle.

C. pr. pén., art. 706 [L. n° 2004-204, 9 mars 2004]
Peuvent exercer des fonctions d'assistant spécialisé auprès d'un tribunal de grande instance mentionné à l'article 704 les fonctionnaires de catégorie A ou B ainsi que les personnes titulaires, dans des matières définies par décret, d'un diplôme national sanctionnant une formation d'une durée au moins égale à quatre années d'études supérieures après le baccalauréat qui remplissent les conditions d'accès à la fonction publique et justifient d'une expérience professionnelle minimale de quatre années.

Les assistants spécialisés suivent une formation obligatoire préalable à leur entrée en fonction.

Les assistants spécialisés participent aux procédures sous la responsabilité des magistrats, sans pouvoir toutefois recevoir délégation de signature, sauf pour les réquisitions prévues par les articles 60-1, 60-2, 77-1-1, 77-1-2, 99-3 et 99-4.

Ils accomplissent toutes les tâches qui leur sont confiées par les magistrats et peuvent notamment :

1° Assister les juges d'instruction dans tous les actes d'information;

2° Assister les magistrats du ministère public dans l'exercice de l'action publique;

3° Assister les officiers de police judiciaire agissant sur délégation des magistrats;

4° Remettre aux magistrats des documents de synthèse ou d'analyse qui peuvent être versés au dossier de la procédure;

5° Mettre en œuvre le droit de communication reconnu aux magistrats en application de l'article 132-22 du Code pénal.

Le procureur général peut leur demander d'assister le ministère public devant la juridiction d'appel.

Ils ont accès au dossier de la procédure pour l'exécution des tâches qui leur sont confiées et sont soumis au secret professionnel sous les peines prévues à l'article 226-13 du Code pénal.

Un décret en Conseil d'État précise les modalités d'application du présent article, notamment la durée pour laquelle les assistants spécialisés sont nommés et les modalités selon lesquelles ils prêtent serment.

C. pr. pén., art. 706-1 [L. n° 2004-204, 9 mars 2004]
Pour la poursuite, l'instruction et le jugement des actes incriminés par les articles 435-3 et 435-4 du Code pénal, le procureur de la République de Paris, le juge d'instruction et le tribunal correctionnel de Paris exercent une compétence concurrente à celle qui résulte de l'application des articles 43, 52, 282, et de l'article 706-42.

Lorsqu'ils sont compétents pour la poursuite et l'instruction des infractions prévues aux articles 435-3 et 435-4 du Code pénal, le procureur de la République et le juge d'instruction de Paris exercent leurs attributions sur toute l'étendue du territoire national.

Le procureur de la République près un tribunal de grande instance autre que celui de Paris peut, pour les infractions mentionnées à l'alinéa précédent, requérir le juge d'instruction de se dessaisir au profit de la juridiction d'instruction du tribunal de grande instance de Paris, dans les conditions et selon les modalités prévues par les articles 705-1 et 705-2.

C. pr. pén., art. 706-1-3
Les articles 706-80 à 706-87, 706-95 à 706-103, 706-105 et 706-106 sont applicables à l'enquête, la poursuite, l'instruction et le jugement des délits prévus par les articles 313-2 (dernier alinéa), 432-11, 433-1, 433-2, 434-9, 434-9-1, 435-1 à 435-4 et 435-7 à 435-10 du Code pénal.

C. pr. pén., art. 706-2 [L. n° 2004-204, 9 mars 2004]
I. – La compétence territoriale d'un tribunal de grande instance peut être étendue au ressort d'une ou de plusieurs cours d'appel pour l'enquête, la poursuite, l'instruction et, s'il s'agit de délits, le jugement des infractions définies ci-après dans les affaires relatives à un produit de santé tel que défini par l'article L. 5311-1 du Code de la santé publique ou à un produit destiné à l'alimentation de l'homme ou de l'animal ou à un produit ou une substance auxquels l'homme est durablement exposé et qui sont réglementés en raison de leurs effets ou de leur dangerosité, qui sont ou apparaîtraient d'une grande complexité :

– atteintes à la personne humaine, au sens du titre II du livre II du Code pénal;

– infractions prévues par le Code de la santé publique;

– infractions prévues par le Code rural ou le Code de la consommation;

– infractions prévues par le Code de l'environnement et le Code du travail.

Cette compétence s'étend aux infractions connexes.

Un décret fixe la liste et le ressort de ces juridictions, qui comprennent une section du parquet et des formations d'instruction et de jugement spécialisées pour connaître de ces infractions.

Le procureur de la République, le juge d'instruction et la formation correctionnelle spécialisée de ces tribunaux exercent, dans les conditions et selon les modalités prévues par l'article 705, une compétence concurrente à celle qui résulte de l'application des articles 43, 52, 382 et 706-42.

Le procureur de la République près un tribunal de grande instance autre que ceux visés au présent article peut, pour les infractions énumérées ci-dessus, requérir le juge d'instruction, dans les conditions et selon les modalités prévues par les articles 705-1 et 705-2, de se dessaisir au profit de la juridiction d'instruction du tribunal de grande instance à compétence territoriale étendue par application du présent article.

II. – Dans les conditions et selon les modalités prévues aux deuxième à dixième alinéas de l'article 706, peuvent exercer des fonctions d'assistant spécialisé en matière sanitaire les fonctionnaires de catégorie A ou B relevant des ministres chargés de la santé, de la recherche et de l'agriculture ainsi que les personnes titulaires, dans des matières définies par décret, d'un diplôme national sanctionnant une formation d'une durée au moins égale à quatre années d'études supérieures après le baccalauréat qui remplissent les conditions d'accès à la fonction publique et justifient d'une expérience professionnelle minimale de quatre années.

C. pr. pén., art. 706-16
Les actes de terrorisme incriminés par les articles 421-1 à 421-5 du Code pénal, ainsi que les infractions connexes sont poursuivis, instruits et jugés selon les règles du présent code sous réserve des dispositions du présent titre.

Ces dispositions sont également applicables à la poursuite, à l'instruction et au jugement des actes de terrorisme commis à l'étranger lorsque la loi française est applicable en vertu des dispositions de la section 2 du chapitre III du titre Ier du livre Ier du Code pénal.

C. pr. pén., art. 706-17 [L. n° 2004-204, 9 mars 2004]
Pour la poursuite, l'instruction et le jugement des infractions entrant dans le champ d'application de l'article 706-16, le procureur de la République, le juge d'instruction, le tribunal correctionnel et la cour d'assises de Paris exercent une compétence concurrente à celle qui résulte de l'application des articles 43, 52 et 382.

En ce qui concerne les mineurs, le procureur de la République, le juge d'instruction, le juge des enfants, le tribunal pour enfants et la cour d'assises des mineurs de Paris exercent une compétence concurrente à celle qui résulte de l'application des dispositions de l'ordonnance n° 45-174 du 2 février 1945 relative à l'enfance délinquante.

Lorsqu'ils sont compétents pour la poursuite et l'instruction des infractions entrant dans le champ d'application de l'article 706-16, le procureur de la République et le juge d'instruction de Paris exercent leurs attributions sur toute l'étendue du territoire national.

L'instruction des actes de terrorisme définis aux 5° à 7° de l'article 421-1 du Code pénal et aux articles 421-2-2 et 421-2-3 du même code peut être confiée, le cas échéant dans les conditions prévues au deuxième alinéa de l'article 83, à un magistrat du tribunal de grande instance de Paris affecté aux formations d'instruction spécialisées en matière économique et financière en application des dispositions du dernier alinéa de l'article 704.

C. pr. pén., art. 706-17-1

Pour le jugement des délits et des crimes entrant dans le champ d'application de l'article 706-16, le premier président de la cour d'appel de Paris peut, sur les réquisitions du procureur général, après avis des chefs des tribunaux de grande instance intéressés, du bâtonnier de Paris et, le cas échéant, du président de la cour d'assises de Paris, décider que l'audience du tribunal correctionnel, de la chambre des appels correctionnels de Paris ou de la cour d'assises de Paris se tiendra, à titre exceptionnel et pour des motifs de sécurité, dans tout autre lieu du ressort de la cour d'appel que celui où ces juridictions tiennent habituellement leurs audiences.

L'ordonnance prise en application du précédent alinéa est portée à la connaissance des tribunaux intéressés par les soins du procureur général. Elle constitue une mesure d'administration judiciaire qui n'est pas susceptible de recours.

C. pr. pén., art. 706-18 [L. n° 2004-204, 9 mars 2004]

Le procureur de la République près un tribunal de grande instance autre que celui de Paris peut, pour les infractions entrant dans le champ d'application de l'article 706-16, requérir le juge d'instruction de se dessaisir au profit de la juridiction d'instruction de Paris. Les parties sont préalablement avisées et invitées à faire connaître leurs observations; l'ordonnance est rendue huit jours au plus tôt et un mois au plus tard à compter de cet avis.

L'ordonnance par laquelle le juge d'instruction se dessaisit ne prend effet qu'à compter du délai de cinq jours prévu par l'article 706-22; lorsqu'un recours est exercé en application de cet article, le juge d'instruction demeure saisi jusqu'à ce que l'arrêt de la chambre criminelle de la Cour de cassation soit porté à sa connaissance.

Dès que l'ordonnance est devenue définitive, le procureur de la République adresse le dossier de la procédure au procureur de la République de Paris.

Les dispositions du présent article sont applicables devant la chambre de l'instruction.

C. pr. pén., art. 706-19

Lorsqu'il apparaît au juge d'instruction de Paris que les faits dont il a été saisi ne constituent pas une des infractions entrant dans le champ d'application de l'article 706-16 et ne relèvent pas de sa compétence à un autre titre, ce magistrat se déclare incompétent, soit sur requête du procureur de la République, soit, après avis de ce dernier, d'office ou sur requête des parties. Celles des parties qui n'ont pas présenté requête sont préalablement avisées et invitées à faire connaître leurs observations; l'ordonnance est rendue au plus tôt huit jours après cet avis.

Les dispositions du deuxième alinéa de l'article 706-18 sont applicables à l'ordonnance par laquelle le juge d'instruction de Paris se déclare incompétent.

Dès que l'ordonnance est devenue définitive, le procureur de la République de Paris adresse le dossier de la procédure au procureur de la République territorialement compétent.

Les dispositions du présent article sont applicables lorsque la chambre de l'instruction de la cour d'appel de Paris statue sur sa compétence.

C. pr. pén., art. 706-20

Lorsque le tribunal correctionnel ou le tribunal pour enfants de Paris se déclare incompétent pour les motifs prévus par l'article 706-19, il renvoie le ministère public à se pourvoir ainsi qu'il avisera; il peut, le ministère public entendu, décerner, par la même décision, mandat de dépôt ou d'arrêt contre le prévenu.

C. pr. pén., art. 706-21

Dans les cas prévus par les articles 706-18 à 706-20, le mandat de dépôt ou d'arrêt conserve sa force exécutoire; les actes de poursuite ou d'instruction et les formalités intervenus avant que la décision de dessaisissement ou d'incompétence soit devenue définitive n'ont pas à être renouvelés.

C. pr. pén., art. 706-22 [L. n° 2004-204, 9 mars 2004]

Toute ordonnance rendue sur le fondement de l'article 706-18 ou de l'article 706-19 par laquelle un juge d'instruction statue sur son dessaisissement ou le juge d'instruction de Paris statue sur sa compétence peut, à l'exclusion de toute autre voie de recours, être déférée dans les cinq jours de sa notification, à la requête du ministère public, des parties, à la chambre criminelle de la Cour de cassation qui désigne, dans les huit jours suivant la date de réception du dossier, le juge d'instruction chargé de poursuivre l'information. Le ministère public peut également saisir directement la chambre criminelle de la Cour de cassation lorsque le juge d'instruction n'a pas rendu son ordonnance dans le délai d'un mois prévu au premier alinéa de l'article 706-18.

La chambre criminelle qui constate que le juge d'instruction du tribunal de grande instance de Paris n'est pas compétent peut néanmoins, dans l'intérêt d'une bonne administration de la justice, décider que l'information sera poursuivie à ce tribunal.

L'arrêt de la chambre criminelle est porté à la connaissance du juge d'instruction ainsi qu'au ministère public et signifié aux parties.

Les dispositions du présent article sont applicables à l'arrêt rendu sur le fondement du dernier alinéa des articles 706-18 et 706-19 par lequel une chambre de l'instruction statue sur son dessaisissement ou sa compétence.

C. pr. pén., art. 706-73 [L. n° 2007-297, 5 mars 2007, art. 13, *JO* 7 mars]

La procédure applicable à l'enquête, la poursuite, l'instruction et le jugement des crimes et des délits suivants est celle prévue par le présent code, sous réserve des dispositions du présent titre :

1° Crime de meurtre commis en bande organisée prévu par le 8° de l'article 221-4 du Code pénal;

2° Crime de tortures et d'actes de barbarie commis en bande organisée prévu par l'article 222-4 du Code pénal;

3° Crimes et délits de trafic de stupéfiants prévus par les articles 222-34 à 222-40 du Code pénal;

4° Crimes et délits d'enlèvement et de séquestration commis en bande organisée prévus par l'article 224-5-2 du Code pénal;

5° Crimes et délits aggravés de traite des êtres humains prévus par les articles 225-4-2 à 225-4-7 du Code pénal;

6° Crimes et délits aggravés de proxénétisme prévus par les articles 225-7 à 225-12 du Code pénal;

7° Crime de vol commis en bande organisée prévu par l'article 311-9 du Code pénal;

8° Crimes aggravés d'extorsion prévus par les articles 312-6 et 312-7 du Code pénal;

8° *bis* Délit d'escroquerie commis en bande organisée prévu par l'article 313-2 du Code pénal;

9° Crime de destruction, dégradation et détérioration d'un bien commis en bande organisée prévu par l'article 322-8 du Code pénal;

10° Crimes en matière de fausse monnaie prévus par les articles 442-1 et 442-2 du Code pénal;

11° Crimes et délits constituant des actes de terrorisme prévus par les articles 421-1 à 421-6 du Code pénal;

12° Délits en matière d'armes et de produits explosifs commis en bande organisée, prévus par les articles L. 2339-2, L. 2339-8, L. 2339-10, L. 2341-4, L. 2353-4 et L. 2353-5 du Code de la défense;

13° Délits d'aide à l'entrée, à la circulation et au séjour irréguliers d'un étranger en France commis en bande organisée prévus par le quatrième alinéa du I de l'article 21 de l'ordonnance n° 45-2658 du 2 novembre 1945 relative aux conditions d'entrée et de séjour des étrangers en France;

14° Délits de blanchiment prévus par les articles 324-1 et 324-2 du Code pénal, ou de recel prévus par les articles 321-1 et 321-2 du même code, du produit, des revenus, des choses provenant des infractions mentionnées aux 1° à 13°;

15° Délits d'association de malfaiteurs prévus par l'article 450-1 du Code pénal, lorsqu'ils ont pour objet la préparation de l'une des infractions mentionnées aux 1° à 14°;

16° Délit de non-justification de ressources correspondant au train de vie, prévu par l'article 321-6-1 du Code pénal, lorsqu'il est en relation avec l'une des infractions mentionnées aux 1° à 15°.

Pour les infractions visées aux 3°, 6° et 11°, sont applicables, sauf précision contraire, les dispositions du présent titre ainsi que celles des titres XV, XVI et XVII.

C. pr. pén., art. 706-74 [L. n° 2004-204, 9 mars 2004]

Lorsque la loi le prévoit, les dispositions du présent titre sont également applicables :

1° Aux crimes et délits commis en bande organisée, autres que ceux relevant de l'article 706-73;

2° Aux délits d'association de malfaiteurs prévus par le deuxième alinéa de l'article 450-1 du Code pénal autres que ceux relevant du 15° de l'article 706-73 du présent code.

C. pr. pén., art. 706-75 [L. n° 2004-204, 9 mars 2004]

La compétence territoriale d'un tribunal de grande instance et d'une cour d'assises peut être étendue au ressort d'une ou plusieurs cours d'appel pour l'enquête, la poursuite, l'instruction et le jugement des crimes et délits entrant dans le champ d'application des articles 706-73, à l'exception du 11°, ou 706-74, dans les affaires qui sont ou apparaîtraient d'une grande complexité.

Cette compétence s'étend aux infractions connexes.

Un décret fixe la liste et le ressort de ces juridictions, qui comprennent une section du parquet et des formations d'instruction et de jugement spécialisées pour connaître de ces infractions.

C. pr. pén., art. 706-75-1 [ord. n° 2006-673, 8 juin 2006, portant refonte du Code de l'organisation judiciaire et modifiant le Code de commerce, le Code rural et le Code de procédure pénale]

Au sein de chaque tribunal de grande instance dont la compétence territoriale est étendue au ressort d'une ou plusieurs cours d'appel, le procureur général et le premier président, après avis du procureur de la République et du président du tribunal de grande instance, désignent respectivement un ou plusieurs magistrats du parquet, juges d'instruction et magistrats du siège chargés spécialement de l'enquête, la poursuite, l'instruction et, s'il s'agit de délits, du jugement des infractions entrant dans le champ d'application des articles 706-73, à l'exception du 11°, ou 706-74.

Au sein de chaque cour d'assises dont la compétence territoriale est étendue au ressort d'une ou plusieurs cours d'appel, le premier président désigne des magistrats du siège, conformément aux dispositions des articles 244 à 253, chargés spécialement du jugement des crimes entrant dans le champ d'application de ces infractions.

Au sein de chaque cour d'appel dont la compétence territoriale est étendue au ressort d'une ou plusieurs cours d'appel, le premier président et le procureur général désignent respectivement des magistrats du siège et du parquet général chargés spécialement du jugement des délits et du traitement des affaires entrant dans le champ d'application des articles 706-73, à l'exception du 11°, ou 706-74.

C. pr. pén., art. 706-76 [L. n° 2004-204, 9 mars 2004]

Le procureur de la République, le juge d'instruction, la formation correctionnelle spécialisée du tribunal de grande instance et la cour d'assises visés à l'article 706-75 exercent, sur toute l'étendue du ressort fixé en application de cet article, une compétence concurrente à celle qui résulte de l'application des articles 43, 52, 382 et 706-42.

La juridiction saisie demeure compétente, quelles que soient les incriminations retenues lors du règlement ou du jugement de l'affaire. Toutefois, si les faits constituent une contravention, le juge d'instruction prononce le renvoi de l'affaire devant le tribunal de police compétent en application de l'article 522.

C. pr. pén., art. 706-77 [L. n° 2004-204, 9 mars 2004]

Le procureur de la République près un tribunal de grande instance autre que ceux visés à l'article 706-75 peut, pour les infractions entrant dans le champ d'application des articles 706-73, à l'exception du 11°, et 706-74, requérir le juge d'instruction de se dessaisir au profit de la juridiction d'instruction compétente en application de l'article 706-75. Les parties sont préalablement avisées et invitées à faire connaître leurs observations par le juge d'instruction. L'ordonnance est rendue huit jours au plus tôt et un mois au plus tard à compter de cet avis.

Lorsque le juge d'instruction décide de se dessaisir, son ordonnance ne prend effet qu'à compter du délai de cinq jours prévu par l'article 706-78; lorsqu'un recours est exercé en application de cet article, le juge d'instruction demeure saisi jusqu'à ce que soit porté à sa connaissance l'arrêt de la chambre de l'instruction passé en force de chose jugée ou celui de la chambre criminelle de la Cour de cassation.

Dès que l'ordonnance est passée en force de chose jugée, le procureur de la République adresse le dossier de la procédure au procureur de la République près le tribunal de grande instance compétent en application de l'article 706-76.

Les dispositions du présent article sont applicables devant la chambre de l'instruction.

C. pr. pén., art. 706-78 [L. n° 2004-204, 9 mars 2004]

L'ordonnance rendue en application de l'article 706-77 peut, à l'exclusion de toute autre voie de recours, être déférée dans les cinq jours de sa notification, à la requête du ministère public ou des parties, soit à la chambre de l'instruction si la juridiction spécialisée au profit de laquelle le dessaisissement a été ordonné ou refusé se trouve dans le ressort de la cour d'appel dans lequel se situe la juridiction initialement saisie, soit, dans le cas contraire, à la chambre criminelle de la Cour de cassation. La chambre de l'instruction ou la chambre criminelle désigne, dans les huit jours suivant la date de réception du dossier, le juge d'instruction chargé de poursuivre l'information. Le ministère public peut également saisir directement la chambre de l'instruction ou la chambre criminelle de la Cour de cassation lorsque le juge d'instruction n'a pas rendu son ordonnance dans le délai d'un mois prévu au premier alinéa de l'article 706-77.

L'arrêt de la chambre de l'instruction ou de la chambre criminelle est porté à la connaissance du juge d'instruction ainsi qu'au ministère public et notifié aux parties.

Les dispositions du présent article sont applicables à l'arrêt de la chambre de l'instruction rendu sur le fondement du quatrième alinéa de l'article 706-77, le recours étant alors porté devant la chambre criminelle.

C. pr. pén., art. 706-79 [L. n° 2004-204, 9 mars 2004]

Les magistrats mentionnés à l'article 706-76 ainsi que le procureur général près la cour d'appel compétente peuvent demander à des assistants spécialisés, désignés dans les conditions prévues par les dispositions de l'article 706, de participer, selon les modalités prévues par cet article, aux procédures concernant les crimes et délits entrant dans le champ d'application des articles 706-73 ou 706-74.

C. pr. pén., art. 706-80 [L. n° 2004-204, 9 mars 2004]

Les officiers de police judiciaire et, sous leur autorité, les agents de police judiciaire, après en avoir informé le procureur de la République et sauf opposition de ce magistrat, peuvent étendre à l'ensemble du territoire national la surveillance de personnes contre lesquelles il existe une ou plusieurs raisons plausibles de les soupçonner d'avoir commis l'un des crimes et délits entrant dans le champ d'application des articles 706-73 ou 706-74 ou la surveillance de l'acheminement ou du transport des objets, biens ou produits tirés de la commission de ces infractions ou servant à les commettre.

L'information préalable à l'extension de compétence prévue par le premier alinéa doit être donnée, par tout moyen, au procureur de la République près le tribunal de grande instance dans le ressort duquel les opérations de surveillance sont susceptibles de débuter ou, le cas échéant, au procureur de la République saisi en application des dispositions de l'article 706-76.

C. pr. pén., art. 706-81 [L. n° 2004-204, 9 mars 2004]

Lorsque les nécessités de l'enquête ou de l'instruction concernant l'un des crimes ou délits entrant dans le champ d'application de l'article 706-73 le justifient, le procureur de la République ou, après avis de ce magistrat, le juge d'instruction saisi peuvent autoriser qu'il soit procédé, sous leur contrôle respectif, à une opération d'infiltration dans les conditions prévues par la présente section.

L'infiltration consiste, pour un officier ou un agent de police judiciaire spécialement habilité dans des conditions fixées par décret et agissant sous la responsabilité d'un officier de police judiciaire chargé de coordonner l'opération, à surveiller des personnes suspectées de commettre un crime ou un délit en se faisant passer, auprès de ces personnes, comme un de leurs coauteurs, complices ou receleurs. L'officier ou l'agent de police judiciaire est à cette fin autorisé à faire usage d'une identité d'emprunt et à commettre si nécessaire les actes mentionnés à l'article 706-82. À peine de nullité, ces actes ne peuvent constituer une incitation à commettre des infractions.

L'infiltration fait l'objet d'un rapport rédigé par l'officier de police judiciaire ayant coordonné l'opération, qui comprend les éléments strictement nécessaires à la constatation des infractions et ne mettant pas en danger la sécurité de l'agent infiltré et des personnes requises au sens de l'article 706-82.

C. pr. pén., art. 706-82 [L. n° 2004-204, 9 mars 2004]

Les officiers ou agents de police judiciaire autorisés à procéder à une opération d'infiltration peuvent, sur l'ensemble du territoire national, sans être pénalement responsables de ces actes :

1° Acquérir, détenir, transporter, livrer ou délivrer des substances, biens, produits, documents ou informations tirés de la commission des infractions ou servant à la commission de ces infractions;

2° Utiliser ou mettre à disposition des personnes se livrant à ces infractions des moyens de caractère juridique ou financier ainsi que des moyens de transport, de dépôt, d'hébergement, de conservation et de télécommunication.

L'exonération de responsabilité prévue au premier alinéa est également applicable, pour les actes commis à seule fin de procéder à l'opération d'infiltration, aux personnes requises par les officiers ou agents de police judiciaire pour permettre la réalisation de cette opération.

C. pr. pén., art. 706-83 [L. n° 2004-204, 9 mars 2004]
À peine de nullité, l'autorisation donnée en application de l'article 706-81 est délivrée par écrit et doit être spécialement motivée.

Elle mentionne la ou les infractions qui justifient le recours à cette procédure et l'identité de l'officier de police judiciaire sous la responsabilité duquel se déroule l'opération.

Cette autorisation fixe la durée de l'opération d'infiltration, qui ne peut pas excéder quatre mois. L'opération peut être renouvelée dans les mêmes conditions de forme et de durée. Le magistrat qui a autorisé l'opération peut, à tout moment, ordonner son interruption avant l'expiration de la durée fixée.

L'autorisation est versée au dossier de la procédure après achèvement de l'opération d'infiltration.

C. pr. pén., art. 706-84 [L. n° 2004-204, 9 mars 2004]
L'identité réelle des officiers ou agents de police judiciaire ayant effectué l'infiltration sous une identité d'emprunt ne doit apparaître à aucun stade de la procédure.

La révélation de l'identité de ces officiers ou agents de police judiciaire est punie de cinq ans d'emprisonnement et de 75 000 euros d'amende.

Lorsque cette révélation a causé des violences, coups et blessures à l'encontre de ces personnes ou de leurs conjoints, enfants et ascendants directs, les peines sont portées à sept ans d'emprisonnement et à 100 000 euros d'amende.

Lorsque cette révélation a causé la mort de ces personnes ou de leurs conjoints, enfants et ascendants directs, les peines sont portées à dix ans d'emprisonnement et à 150 000 euros d'amende, sans préjudice, le cas échéant, de l'application des dispositions du chapitre Ier du titre II du livre II du Code pénal.

C. pr. pén., art. 706-85 [L. n° 2004-204, 9 mars 2004]
En cas de décision d'interruption de l'opération ou à l'issue du délai fixé par la décision autorisant l'infiltration et en l'absence de prolongation, l'agent infiltré peut poursuivre les activités mentionnées à l'article 706-82, sans en être pénalement responsable, le temps strictement nécessaire pour lui permettre de cesser sa surveillance dans des conditions assurant sa sécurité sans que cette durée puisse excéder quatre mois. Le magistrat ayant délivré l'autorisation prévue à l'article 706-81 en est informé dans les meilleurs délais. Si, à l'issue du délai de quatre mois, l'agent infiltré ne peut cesser son opération dans des conditions assurant sa sécurité, ce magistrat en autorise la prolongation pour une durée de quatre mois au plus.

C. pr. pén., art. 706-86 [L. n° 2004-204, 9 mars 2004]
L'officier de police judiciaire sous la responsabilité duquel se déroule l'opération d'infiltration peut seul être entendu en qualité de témoin sur l'opération.

Toutefois, s'il ressort du rapport mentionné au troisième alinéa de l'article 706-81 que la personne mise en examen ou comparaissant devant la juridiction de jugement est directement mise en cause par des constatations effectuées par un agent ayant personnellement réalisé les opérations d'infiltration, cette personne peut demander à être confrontée avec cet agent dans les conditions prévues par l'article 706-61. Les questions posées à l'agent infiltré à l'occasion de cette confrontation ne doivent pas avoir pour objet ni pour effet de révéler, directement ou indirectement, sa véritable identité.

C. pr. pén., art. 706-87 [L. n° 2004-204, 9 mars 2004]
Aucune condamnation ne peut être prononcée sur le seul fondement des déclarations faites par les officiers ou agents de police judiciaire ayant procédé à une opération d'infiltration.

Les dispositions du présent article ne sont cependant pas applicables lorsque les officiers ou agents de police judiciaire déposent sous leur véritable identité.

C. pr. pén., art. 706-88 [L. n° 2006-64, 23 janv. 2006, art. 17]
Pour l'application des articles 63, 77 et 154, si les nécessités de l'enquête ou de l'instruction relatives à l'une des infractions entrant dans le champ d'application de l'article 706-73 l'exigent, la garde à vue d'une personne peut, à titre exceptionnel, faire l'objet de deux prolongations supplémentaires de vingt-quatre heures chacune.

Ces prolongations sont autorisées, par décision écrite et motivée, soit, à la requête du procureur de la République, par le juge des libertés et de la détention, soit par le juge d'instruction.

La personne gardée à vue doit être présentée au magistrat qui statue sur la prolongation préalablement à cette décision. La seconde prolongation peut toutefois, à titre exceptionnel, être autorisée sans présentation préalable de la personne en raison des nécessités des investigations en cours ou à effectuer.

Lorsque la première prolongation est décidée, la personne gardée à vue est examinée par un médecin désigné par le procureur de la République, le juge d'instruction ou l'officier de police judiciaire. Le médecin délivre un certificat médical par lequel il doit notamment se prononcer sur l'aptitude au maintien en garde à vue, qui est versé au dossier. La personne est avisée par l'officier de police judiciaire du droit de demander un nouvel examen médical. Ces examens médicaux sont de droit. Mention de cet avis est portée au procès-verbal et émargée par la personne intéressée; en cas de refus d'émargement, il en est fait mention.

Par dérogation aux dispositions du premier alinéa, si la durée prévisible des investigations restant à réaliser à l'issue des premières quarante-huit heures de garde à vue le justifie, le juge des libertés et de la détention ou le juge d'instruction peuvent décider, selon les modalités prévues au deuxième alinéa, que la garde à vue fera l'objet d'une seule prolongation supplémentaire de quarante-huit heures.

La personne dont la garde à vue est prolongée en application des dispositions du présent article peut demander à s'entretenir avec un avocat, selon les modalités prévues par l'article 63-4, à l'issue de la quarante-huitième heure puis de la soixante-douzième heure de la mesure; elle est avisée de ce droit lorsque la ou les prolongations lui sont notifiées et mention en est portée au procès-verbal et émargée par la personne intéressée; en cas de refus d'émargement, il en est fait mention. Toutefois, lorsque l'enquête porte sur une infraction entrant dans le champ d'application des 3° et 11° de l'article 706-73, l'entretien avec un avocat ne peut intervenir qu'à l'issue de la soixante-douzième heure.

S'il ressort des premiers éléments de l'enquête ou de la garde à vue elle-même qu'il existe un risque sérieux de l'imminence d'une action terroriste en France ou à l'étranger ou que les nécessités de la coopération internationale le requièrent impérativement, le juge des libertés peut, à titre exceptionnel et selon les modalités prévues au deuxième alinéa, décider que la garde à vue en cours d'une personne, se fondant sur l'une des infractions visées au 11° de l'article 706-73, fera l'objet d'une prolongation supplémentaire de vingt-quatre heures, renouvelable une fois.

À l'expiration de la quatre-vingt-seizième heure et de la cent-vingtième heure, la personne dont la prolongation de la garde à vue est ainsi décidée peut demander à s'entretenir avec un avocat, selon les modalités prévues par l'article 63-4. La personne gardée à vue est avisée de ce droit dès la notification de la prolongation prévue au présent article.

Outre la possibilité d'examen médical effectué à l'initiative du gardé à vue, dès le début de chacune des deux prolongations supplémentaires, il est obligatoirement examiné par un médecin désigné par le procureur de la République, le juge d'instruction ou l'officier de police judiciaire. Le médecin requis devra se prononcer sur la compatibilité de la prolongation de la mesure avec l'état de santé de l'intéressé.

S'il n'a pas été fait droit à la demande de la personne gardée à vue de faire prévenir, par téléphone, une personne avec laquelle elle vit habituellement ou l'un de ses parents en ligne directe, l'un de ses frères et sœurs ou son employeur, de la mesure dont elle est l'objet, dans les conditions prévues aux articles 63-1 et 63-2, elle peut réitérer cette demande à compter de la quatre-vingt-seizième heure.

C. pr. pén., art. 706-91 [L. n° 2004-204, 9 mars 2004]

Si les nécessités de l'instruction relative à l'une des infractions entrant dans le champ d'application de l'article 706-73 l'exigent, le juge d'instruction peut, selon les modalités prévues par l'article 706-92, autoriser les officiers de police judiciaire agissant sur commission rogatoire à procéder à des perquisitions, visites domiciliaires et saisies de pièces à conviction en dehors des heures prévues à l'article 59, lorsque ces opérations ne concernent pas des locaux d'habitation.

En cas d'urgence, le juge d'instruction peut également autoriser les officiers de police judiciaire à procéder à ces opérations dans les locaux d'habitation :

1° Lorsqu'il s'agit d'un crime ou d'un délit flagrant;

2° Lorsqu'il existe un risque immédiat de disparition des preuves ou des indices matériels;

3° Lorsqu'il existe une ou plusieurs raisons plausibles de soupçonner qu'une ou plusieurs personnes se trouvant dans les locaux où la perquisition doit avoir lieu sont en train de commettre des crimes ou des délits entrant dans le champ d'application de l'article 706-73.

C. pr. pén., art. 706-92 [L. n° 2005-1549, 12 déc. 2005, art. 39 VII, *JO* 13 déc.]

À peine de nullité, les autorisations prévues par les articles 706-89 à 706-91 sont données pour des perquisitions déterminées et font l'objet d'une ordonnance écrite, précisant la qualification de l'infraction dont la preuve est recherchée ainsi que l'adresse des lieux dans lesquels les visites, perquisitions et saisies peuvent être faites; cette ordonnance, qui n'est pas susceptible d'appel, est motivée par référence aux éléments de fait et de droit justifiant que ces opérations sont nécessaires. Les opérations sont faites sous le contrôle du magistrat qui les a autorisées, et qui peut se déplacer sur les lieux pour veiller au respect des dispositions légales.

Dans les cas prévus par les 1°, 2° et 3° de l'article 706-91, l'ordonnance comporte également l'énoncé des considérations de droit et de fait qui constituent le fondement de cette décision par référence aux seules conditions prévues par ces alinéas.

Pour l'application des dispositions des articles 706-89 et 706-90, est compétent le juge des libertés et de la détention du tribunal de grande instance dont le procureur de la République dirige l'enquête, quelle que soit la juridiction dans le ressort de laquelle la perquisition doit avoir lieu. Le juge des libertés et de la détention peut alors se déplacer sur les lieux quelle que soit leur localisation sur l'ensemble du territoire national. Le procureur de la République peut également saisir le juge des libertés et de la détention du tribunal de grande instance dans le ressort duquel la perquisition doit avoir lieu, par l'intermédiaire du procureur de la République de cette juridiction.

C. pr. pén., art. 706-93 [L. n° 2004-204, 9 mars 2004]

Les opérations prévues aux articles 706-89 à 706-91 ne peuvent, à peine de nullité, avoir un autre objet que la recherche et la constatation des infractions visées dans la décision du juge des libertés et de la détention ou du juge d'instruction.

Le fait que ces opérations révèlent des infractions autres que celles visées dans la décision du juge des libertés et de la détention ou du juge d'instruction ne constitue pas une cause de nullité des procédures incidentes.

C. pr. pén., art. 706-94 [L. n° 2004-204, 9 mars 2004]

Lorsque, au cours d'une enquête de flagrance ou d'une instruction relative à l'une des infractions entrant dans le champ d'application de l'article 706-73, la personne au domicile de laquelle est faite une perquisition est en garde à vue ou détenue en un autre lieu et que son transport sur place paraît devoir être évité en raison des risques graves soit de troubles à l'ordre public ou d'évasion, soit de disparition des preuves pendant le temps nécessaire au transport, la perquisition peut être faite, avec l'accord préalable du procureur de la République ou du juge d'instruction, en présence de deux témoins requis dans les conditions prévues au deuxième alinéa de l'article 57, ou d'un représentant désigné par celui dont le domicile est en cause.

Les dispositions du présent article sont également applicables aux enquêtes préliminaires, lorsque la perquisition est faite sans l'assentiment de la personne dans les conditions prévues aux articles 76 et 706-90. L'accord est alors donné par le juge des libertés et de la détention.

C. pr. pén., art. 706-96 [L. n° 2004-204, 9 mars 2004]
Lorsque les nécessités de l'information concernant un crime ou un délit entrant dans le champ d'application de l'article 706-73 l'exigent, le juge d'instruction peut, après avis du procureur de la République, autoriser par ordonnance motivée les officiers et agents de police judiciaire commis sur commission rogatoire à mettre en place un dispositif technique ayant pour objet, sans le consentement des intéressés, la captation, la fixation, la transmission et l'enregistrement de paroles prononcées par une ou plusieurs personnes à titre privé ou confidentiel, dans des lieux ou véhicules privés ou publics, ou de l'image d'une ou plusieurs personnes se trouvant dans un lieu privé. Ces opérations sont effectuées sous l'autorité et le contrôle du juge d'instruction.

En vue de mettre en place le dispositif technique mentionné au premier alinéa, le juge d'instruction peut autoriser l'introduction dans un véhicule ou un lieu privé, y compris hors des heures prévues à l'article 59, à l'insu ou sans le consentement du propriétaire ou du possesseur du véhicule ou de l'occupant des lieux ou de toute personne titulaire d'un droit sur ceux-ci. S'il s'agit d'un lieu d'habitation et que l'opération doit intervenir hors des heures prévues à l'article 59, cette autorisation est délivrée par le juge des libertés et de la détention saisi à cette fin par le juge d'instruction. Ces opérations, qui ne peuvent avoir d'autre fin que la mise en place du dispositif technique, sont effectuées sous l'autorité et le contrôle du juge d'instruction.

La mise en place du dispositif technique mentionné au premier alinéa ne peut concerner les lieux visés aux articles 56-1, 56-2 et 56-3 ni être mise en œuvre dans le véhicule, le bureau ou le domicile des personnes visées à l'article 100-7.

Le fait que les opérations prévues au présent article révèlent des infractions autres que celles visées dans la décision du juge d'instruction ne constitue pas une cause de nullité des procédures incidentes.

C. pr. pén., art. 706-103 [L. n° 2004-204, 9 mars 2004]
En cas d'information ouverte pour l'une des infractions entrant dans le champ d'application des articles 706-73 et 706-74 et afin de garantir le paiement des amendes encourues ainsi que, le cas échéant, l'indemnisation des victimes et l'exécution de la confiscation, le juge des libertés et de la détention, sur requête du procureur de la République, peut ordonner, aux frais avancés du Trésor et selon les modalités prévues par les procédures civiles d'exécution, des mesures conservatoires sur les biens, meubles ou immeubles, divis ou indivis, de la personne mise en examen.

La condamnation vaut validation des saisies conservatoires et permet l'inscription définitive des sûretés.

La décision de non-lieu, de relaxe ou d'acquittement emporte de plein droit, aux frais du Trésor, mainlevée des mesures ordonnées. Il en est de même en cas d'extinction de l'action publique et de l'action civile.

Pour l'application des dispositions du présent article, le juge des libertés et de la détention est compétent sur l'ensemble du territoire national.

C. pr. pén., art. 706-109 [L. n° 2004-204, 9 mars 2004]
Le procureur de la République, le juge d'instruction, la formation correctionnelle spécialisée du tribunal de grande instance mentionné à l'article 706-107 exercent, sur toute l'étendue du ressort fixé en application de cet article, une compétence concurrente à celle qui résulte de l'application des articles 43, 52, 382 et 706-42.

Ils exercent également, dans les mêmes conditions, une compétence concurrente à celle qui résulte des critères de compétence suivants :

1° Lieu d'immatriculation du navire, engin ou plate-forme ou de son attachement en douanes;

2° Lieu où le navire, engin ou plate-forme est ou peut être trouvé.

La juridiction spécialisée saisie demeure compétente, quelles que soient les incriminations retenues lors du règlement ou du jugement de l'affaire. Toutefois, si les faits constituent une contravention, le juge d'instruction prononce le renvoi de l'affaire devant le tribunal de police compétent en application de l'article 522.

C. pén., art. 113-3
La loi pénale française est applicable aux infractions commises à bord des navires battant un pavillon français, ou à l'encontre de tels navires, en quelque lieu qu'ils se trouvent. Elle est seule applicable aux infractions commises à bord des navires de la marine nationale, ou à l'encontre de tels navires, en quelque lieu qu'ils se trouvent.

23.02 Jurisprudence de référence.

• Loi portant adaptation de la justice aux évolutions de la criminalité.

Cons. const. 2 mars 2004, n° 2004-492 DC, *JO* 10 mars 2004, p. 4637.
« 6. Considérant qu'il résulte de l'ensemble de ces dispositions que, si le législateur peut prévoir des mesures d'investigation spéciales en vue de constater des crimes et délits d'une gravité et d'une complexité particulières, d'en rassembler les preuves et d'en rechercher les auteurs, c'est sous réserve que ces mesures soient conduites dans le respect des prérogatives de l'autorité judiciaire, gardienne de la liberté individuelle, et que les restrictions qu'elles apportent aux droits constitutionnellement garantis soient

nécessaires à la manifestation de la vérité, proportionnées à la gravité et à la complexité des infractions commises et n'introduisent pas de discriminations injustifiées ; qu'il appartient à l'autorité judiciaire de veiller au respect de ces principes, rappelés à l'article préliminaire du Code de procédure pénale, dans l'application des règles de procédure pénale spéciales instituées par la loi ;

[...]

14. Considérant, dans ces conditions, que les infractions que le législateur a retenues sont rédigées en termes suffisamment clairs et précis pour respecter le principe de légalité ; qu'en particulier, n'est ni obscure, ni ambiguë l'expression « bande organisée », qui est définie par l'article 132-71 du Code pénal comme « tout groupement formé ou toute entente établie en vue de la préparation, caractérisée par un ou plusieurs faits matériels, d'une ou de plusieurs infractions » et qui se distingue ainsi de la notion de réunion ou de coaction ;

[...]

17. Considérant que, parmi les infractions ne portant pas nécessairement atteinte aux personnes, figure le vol lorsqu'il est qualifié de crime ; que, toutefois, si le vol commis en bande organisée trouve sa place dans cette liste, il ne saurait en être ainsi que s'il présente des éléments de gravité suffisants pour justifier les mesures dérogatoires en matière de procédure pénale prévues à l'article 1er de la loi déférée ; que, dans le cas contraire, ces procédures spéciales imposeraient une rigueur non nécessaire au sens de l'article 9 de la Déclaration de 1789 ; qu'il appartiendra à l'autorité judiciaire d'apprécier l'existence de tels éléments de gravité dans le cadre de l'application de la loi déférée ;

18. Considérant qu'il ressort des termes mêmes de l'article 706-73 nouveau du Code de procédure pénale que le délit d'aide au séjour irrégulier d'un étranger en France commis en bande organisée ne saurait concerner les organismes humanitaires d'aide aux étrangers ; que, de plus, s'applique à la qualification d'une telle infraction le principe énoncé à l'article 121-3 du même code, selon lequel il n'y a point de délit sans intention de le commettre ;

[...]

33. Considérant qu'en indiquant que le procureur de la République est avisé de la qualification des faits justifiant le report de la première intervention de l'avocat lors du placement de la personne en garde à vue, le législateur a nécessairement entendu que ce magistrat, dans l'exercice des pouvoirs qu'il tient de l'article 41 et des principes généraux du Code de procédure pénale, contrôle aussitôt cette qualification ; que l'appréciation initialement portée par l'officier de police judiciaire en ce qui concerne le report éventuel de l'intervention de l'avocat au cours de la garde à vue est ainsi soumise au contrôle de l'autorité judiciaire et ne saurait déterminer le déroulement ultérieur de la procédure ;

[...]

56. Considérant que ces mesures sont justifiées par la recherche des auteurs d'infractions particulièrement graves ou la nécessité d'intervenir dans des locaux où sont en train de se commettre de telles infractions ; que la notion de « risque immédiat de disparition de preuves ou d'indices matériels » doit s'entendre comme ne permettant au juge d'instruction d'autoriser une perquisition de nuit que si celle-ci ne peut être réalisée dans d'autres circonstances de temps ; que, sous cette réserve, les dispositions critiquées ne portent pas une atteinte excessive au principe de l'inviolabilité du domicile ;

[...]

65. Considérant que l'article 706-101 nouveau du Code de procédure pénale limite aux seuls enregistrements utiles à la manifestation de la vérité le contenu du procès-verbal, établi par le juge d'instruction ou l'officier de police judiciaire commis par lui, qui décrit ou transcrit les images ou les sons enregistrés ; que, dès lors, le législateur a nécessairement entendu que les séquences de la vie privée étrangères aux infractions en cause ne puissent en aucun cas être conservées dans le dossier de la procédure ;

[...]

69. Considérant que les procédures spéciales définies par l'article 1er de la loi déférée sont de nature à affecter gravement l'exercice de droits et libertés constitutionnellement protégés, tels que la liberté individuelle, l'inviolabilité du domicile et le secret de la vie privée ; que l'autorité judiciaire, gardienne de la liberté individuelle, ne saurait dès lors autoriser leur utilisation que dans la mesure nécessaire à la recherche des auteurs d'infractions particulièrement graves et complexes, elle-même indispensable à la sauvegarde de principes et droits de valeur constitutionnelle ;

70. Considérant que, pour décider de mettre en œuvre l'une de ces procédures, l'autorité judiciaire doit disposer d'une ou plusieurs raisons plausibles de soupçonner que les faits constituent l'une des infractions énumérées par l'article 706-73 nouveau du Code de procédure pénale ; que, si le législateur pouvait exonérer de nullité les actes d'enquête ou d'instruction dès lors que la circonstance aggravante de bande organisée paraissait caractérisée à la date où ils ont été autorisés, il ne pouvait exonérer, de façon générale, des actes qui auraient été autorisés en méconnaissance des exigences susmentionnées ;

71. Considérant qu'il résulte de ce qui précède que l'article 706-104 nouveau du Code de procédure pénale doit être déclaré contraire à la Constitution. »

23.03 Bibliographie indicative.

Actualisables. J.-CL. PÉN., Buisson, *V*is *Règles particulières en matière de trafic de stupéfiants ;* Rassat M.-L., *V*is *Règles particulières en matière de proxénétisme et de recours à la prostitution des mineurs ;* Desportes F. et Le Gunehec F., *V*is *Poursuite, instruction et jugement des infractions commises par les personnes morales ;* Guérin H., *V*is *Infractions en matière économique et financière ;* Gonnard J.-M., *V*is *Règles particulières en matière de terrorisme : règles de compétence et de procédure.*

Articles.

> Sur la criminalité organisée

Chagnollaud D., « La dernière enquête : Sherlock Holmes contre Jack l'éventreur (après la décision n° 2004-492 DC du 2 mars 2004, loi portant adaptation de la justice aux évolutions de la criminalité) », *LPA* 4 janv. 2005, p. 5 – Chrestia P., « La loi du 23 janvier 2006 relative à la lutte contre le terrorisme : premières observations », *D.* 2006, chron. 1409 – Danet J., « De la procédure à la répression de la criminalité organisée, ou laquelle est l'instrument de l'autre », *AJ Pénal* 2004, Dossier 192 – Molins F., « De la nécessité de lutter plus activement contre les nouvelles formes de criminalités », *AJ Pénal* 2004, Dossier 177 – Piastra R. note sous Cons. const., 2 mars 2004, *LPA* 10 févr. 2005, p. 8; « Lutte contre le terrorisme : la spécificité de la loi française, Interview de Jean-François Ricard et Marie-Antoinette Houyvet », *AJ Pénal* 2004, Dossier 191 – Verges E., « La notion de criminalité organisée après la loi du 9 mars 2004 », *AJ Pénal* 2004 Dossier 181 – Vlamynk H., « Le trafic de stupéfiants et les procédures policières afférentes », *AJ Pénal* 2004, Dossier 187.

SECTION 1
CRIMINALITÉ ORGANISÉE – CADRE PROCÉDURAL

23.11 Une création de la loi du 9 mars 2004. La loi du 9 mars 2004 consacre ses premiers articles à la procédure applicable dans les situations nommées « criminalité » et « délinquance » organisées.

Ces dispositions de la loi dite Perben II ont fait couler beaucoup d'encre. L'absence de précision dans la terminologie de « bande organisée » a notamment suscité les plus vives interrogations sur l'usage qui pourrait être fait d'une loi qui institue des dérogations considérables aux dispositions de droit commun. La décision du Conseil constitutionnel du 2 mars 2004[1] n'a pourtant annulé en ce qui concerne l'instruction qu'un seul article de la loi (v. s[s] n° 23.02), tout en présentant des réserves d'interprétation sur certains autres (v. s[s] n°s 23.12, 23.17, 23.18, 23.20, 23.27). La première réserve concerne l'article préliminaire du Code de procédure pénale. Le Conseil rappelle en effet que « si le législateur peut prévoir des mesures d'investigation spéciales en vue de constater des crimes ou des délits d'une gravité et d'une complexité particulière », il est nécessaire que « les restrictions qu'elles apportent aux droits constitutionnellement garantis soient nécessaires à la manifestation de la vérité, proportionnées à la gravité et à la complexité des infractions commises et n'introduisent pas de discriminations injustifiées; qu'il appartient à l'autorité judiciaire de veiller au respect de ces principes, rappelés à l'article préliminaire du Code de procédure pénale, dans l'application des règles de procédure pénale spéciales instituées par la loi ».

1. Cons. const. 2 mars 2004, n° 2004-492 DC (v. les attendus s[s] n° 23.02).

23.12 L'article 706-73 du Code de procédure pénale instaure une procédure applicable à l'enquête, la poursuite, l'instruction et le jugement des crimes et des délits suivants : crime de meurtre commis en bande organisée prévu par le 8° de l'article 221-4 du Code pénal; crime de tortures et d'actes de barbarie commis en bande organisée prévu par l'article 222-4 du Code pénal; crimes et délits de trafic de stupéfiants prévus par les articles 222-34 à 222-40 du Code pénal; crimes et délits d'enlèvement et de séquestration commis en bande organisée prévus par l'article 224-5-2 du Code pénal; crimes et délits aggravés de traite des êtres humains prévus par les articles 225-4-2 à 225-4-7 du Code pénal; crimes et délits aggravés de proxénétisme prévus par les articles 225-7 à 225-12 du Code pénal; crime de vol commis en bande organisée prévu par l'article 311-9 du Code pénal; crimes aggravés d'extorsion prévus par les articles 312-6 et 312-7 du Code pénal; crime de destruction, dégradation et détérioration d'un bien commis en bande organisée prévu par l'article 322-8 du Code pénal; crimes en matière de fausse monnaie prévus par les articles 442-1 et 442-2 du Code pénal; crimes et délits constituant des actes de terrorisme prévus par les articles 421-1 à 421-5 du Code pénal; délits en matière d'armes commis en bande organisée prévus par l'article 3 de la loi du 19 juin 1871 qui abroge le décret du 4 septembre 1870 sur la fabrication des armes de guerre, les articles 24, 26 et 31 du décret du 18 avril 1939 fixant le régime des matériels de guerre, armes et munitions, l'article 6 de la loi n° 70-575 du 3 juillet 1970 portant réforme du régime des poudres et substances explosives, l'article 4 de la loi n° 72-467 du 9 juin 1972 interdisant la mise au point, la fabrication, la détention, le stockage, l'acquisition et la cession d'armes biologiques ou à base de toxines; délits d'aide à l'entrée, à la circulation et au séjour irréguliers d'un étranger en France commis en bande organisée prévus par le quatrième alinéa du I de l'article 21 de l'ordonnance n° 45-2658 du 2 novembre 1945 relative aux conditions d'entrée et de séjour des étrangers en France; délits de blanchiment prévus par les articles 324-1 et 324-2 du Code pénal, ou de recel prévus par les articles 321-1 et 321-2 du même code, du produit, des revenus, des choses provenant des infractions mentionnées aux 1° à 13°; délits d'association de malfaiteurs prévus par l'article 450-1 du Code pénal, lorsqu'ils ont pour objet la préparation de l'une des infractions mentionnées aux 1° à 11°. L'article 706-73 du Code de procédure pénale a été complété par un 16° issu de la loi du

23 janvier 2006 [1] et qui concerne le « délit de non-justification de ressources correspondant au train de vie, prévu par l'article 321-6-1 du Code pénal, lorsqu'il est en relation avec l'une des infractions mentionnées aux 1° à 15° » puis la loi n° 2007-297 du 5 mars 2007, relative à la prévention de la délinquance, a ajouté un 8° *bis* et inséré dans la liste le délit d'escroquerie commis en bande organisée prévu par l'article 313-2 du Code pénal. Mais la loi n° 2007-1598 du 13 novembre 2007 relative à la lutte contre la corruption [2], a abrogé ce même article 8 *bis* tout en instituant un article 706-1-3 exposant un nouveau régime (v. s^s n° 23.13). Les personnes concernées par le délit d'escroquerie en bande organisée ont pu demeurer en garde à vue pendant quatre jours au maximum entre le mois de mars et le mois de novembre 2007 !

Les dispositions procédurales nouvelles sont applicables *ipso facto* aux infractions énumérées par l'article 706-73. Le Conseil constitutionnel, dans sa décision du 2 mars 2004, a estimé que les infractions que le législateur a retenu sont rédigées en des termes suffisamment clairs et précis et qu'elles sont pour la plupart susceptibles de porter atteinte grave à la sécurité, à la dignité ou à la vie des personnes. Il a toutefois précisé s'agissant de l'incrimination de vol en bande organisée « qu'il ne saurait en être ainsi que s'il présente des éléments de gravité suffisants pour justifier les mesures dérogatoires en matière de procédure pénale » spécifiées par la loi et « qu'il appartiendra à l'autorité judiciaire d'apprécier l'existence de tels éléments de gravité dans le cadre de l'application de la loi déférée ». S'agissant du délit d'aide au séjour irrégulier, le Conseil constitutionnel rappelle que les organismes humanitaires d'aide aux étrangers ne sauraient être concernés par ces dispositions.

23.13 Ces dispositions sont applicables à d'autres infractions quand la loi le prévoit. Il s'agit des crimes et délits commis en bande organisée, autres que ceux relevant de l'article 706-73 et des délits d'association de malfaiteurs prévus par le deuxième alinéa de l'article 450-1 du Code pénal autres que ceux relevant du 15° de l'article 706-73 (C. pr. pén., art. 706-74). La loi du 9 mars 2004 a multiplié d'ailleurs les circonstances aggravantes de bande organisée dans un grand nombre d'incriminations. Il faut toutefois prendre garde à bien différencier les infractions de la liste de l'article 706-73 de celles de l'article 706-74. Seules les premières sont concernées par la totalité des dispositions procédurales d'exception. Les délits entrant dans le cadre de l'article 706-74 sont de la compétence des juridictions spécialisées de l'article 706-75 du même code. Les autres spécificités procédurales ne lui sont pas applicables à l'exception de la surveillance effectuée sur l'ensemble du territoire et de la saisie conservatoire des avoirs. La loi du 13 novembre 2007 a institué une troisième catégorie de délits, prévus par un article 706-1-3 ainsi rédigé : « les articles 706-80 à 706-87, 706-95 à 706-103, 706-105 et 706-106 sont applicables à l'enquête, la poursuite, l'instruction et le jugement des délits prévus par les articles 313-2 (dernier alinéa), 432-11, 433-1, 433-2, 434-9, 434-9-1, 435-1 à 435-4 et 435-7 à 435-10 du Code pénal ». Il s'agit des infractions d'escroquerie en bande organisée, de corruption et de trafic d'influence commis par des personnes exerçant des missions de service public ou des particuliers, corruption et trafic d'influence concernant un juré ou un magistrat, corruption et trafic d'influence de fonctionnaire des communautés européennes, de cour internationale. Ces délits n'entrent pas dans la compétence des JIRS, mais sont susceptibles de voir appliquer une procédure pénale particulière : surveillance, infiltration, écoutes téléphoniques par le JLD, sonorisation, mesures conservatoires. En revanche, les procédures particulières de garde à vue et de perquisition prévues par les articles 706-88 à 706-94 ne sont pas applicables.

23.14 Compétence des juridictions spécialisées interrégionales. L'article 706-75 du Code de procédure pénale prévoit que la compétence territoriale d'un tribunal de grande instance et d'une cour d'assises peut être étendue au ressort d'une ou plusieurs cours d'appel pour l'enquête, la poursuite, l'instruction et le jugement des crimes et délits entrant dans le champ d'application des articles 706-73, à l'exception du 11° (c'est-à-dire les actes de terrorisme), ou 706-74, dans les affaires qui sont ou apparaîtraient d'une grande complexité. Cette compétence s'étend aux infractions connexes. Un décret fixe la liste et le ressort de ces juridictions, qui comprennent une section du parquet et des formations d'instruction et de jugement spécialisées pour connaître de ces infractions. Huit juridictions interrégionales sont constituées à Bordeaux, Fort-de-France, Marseille, Nancy, Paris, Lille, Lyon et Rennes. La juridiction saisie demeure compétente, quelles que soient les incriminations retenues lors du règlement ou du jugement de l'affaire. Toutefois, si les faits constituent une contravention, le juge d'instruction prononce le renvoi de l'affaire devant le tribunal de police compétent en application de l'article 522 (C. pr. pén., art. 706-76). La partie civile peut-elle directement se constituer à titre principal devant une juridiction interrégionale ? La

1. L. n° 2006-64, 23 janv. 2006, *JO* 24 janv., n° 20, p. 1129.
2. L. n° 2007-1598, 13 nov. 2007, *JO* 14 nov., n° 264, p. 18648.

solution apportée par la chambre criminelle en matière économique et financière peut être étendue en toute matière[1] (v. s[s] n° 23.38) La mise en œuvre de ces règles d'attribution particulières relève de la seule autorité judiciaire. Par ailleurs, dès lors que la juridiction d'instruction n'est compétente ni pour mettre en œuvre la procédure de dessaisissement au profit de la juridiction spécialisée dont l'initiative est réservée par l'article 706-77 du Code de procédure pénale au seul ministère public ni pour enjoindre à ce dernier d'y procéder, encourt la cassation l'arrêt de la chambre de l'instruction qui, saisie d'une requête en annulation d'actes de l'information, ordonne une réouverture des débats aux fins de saisine de la juridiction spécialisée[2].

23.15 Compétence concurrente. Le procureur de la République, le juge d'instruction, la formation correctionnelle spécialisée du tribunal de grande instance et la cour d'assises visés à l'article 706-75 exercent, sur toute l'étendue du ressort fixé en application de cet article, une compétence concurrente à celle qui résulte de l'application des articles 43, 52, 382 et 706-42 (C. pr. pén., art. 706-76).

S'agissant d'une compétence concurrente, le procureur de la République près un tribunal de grande instance qui n'est pas juridiction spécialisée peut, pour les infractions entrant dans le champ d'application des articles 706-73, à l'exception du 11°, et 706-74, requérir le juge d'instruction de se dessaisir au profit de la juridiction d'instruction compétente en application de l'article 706-75. Les parties sont préalablement avisées et invitées à faire connaître leurs observations par le juge d'instruction. L'ordonnance est rendue huit jours au plus tôt et un mois au plus tard à compter de cet avis (C. pr. pén., art. 706-77). Cette ordonnance peut être déférée dans les cinq jours de sa notification, à la requête du ministère public ou des parties, soit à la chambre de l'instruction si la juridiction spécialisée au profit de laquelle le dessaisissement a été ordonné ou refusé se trouve dans le ressort de la cour d'appel dans lequel se situe la juridiction initialement saisie, soit, dans le cas contraire, à la chambre criminelle de la Cour de cassation qui désigne, dans les huit jours suivant la date de réception du dossier, le juge d'instruction chargé de poursuivre l'information. Lorsque le juge d'instruction décide de se dessaisir, son ordonnance ne prend effet qu'à compter du délai de cinq jours prévu par l'article 706-78. En application de l'article 706-78 du Code de procédure pénale, l'ordonnance de dessaisissement rendue par le juge d'instruction sur le fondement de l'article 706-77 du même code peut seulement, à l'exclusion de toute autre voie de recours, être déférée, à la requête du ministère public ou des parties, soit à la chambre de l'instruction si la juridiction spécialisée au profit de laquelle le dessaisissement a été ordonné ou refusé se trouve dans le ressort de la cour d'appel dans lequel se situe la juridiction initialement saisie, soit, dans le cas contraire, à la chambre criminelle de la Cour de cassation. Ce texte exclut donc la possibilité de se pourvoir contre un arrêt de chambre de l'instruction statuant en cette matière[3]. Les formalités prescrites par l'article 706-77 du Code de procédure pénale ayant été observées, et dès lors qu'il résulte de l'ordonnance par laquelle le juge d'instruction s'est dessaisi au profit de la juridiction interrégionale spécialisée, que les infractions pour lesquelles les requérants sont mis en examen entrent dans les prévisions des articles 706-73 et 706-74 dudit code et que ces infractions, à les supposer établies, apparaissent d'une grande complexité, il n'y a pas lieu d'accueillir les recours et il convient de désigner, pour poursuivre l'information, le juge d'instruction du tribunal de grande instance de la juridiction interrégionale compétente en matière de criminalité et de délinquance organisée[4]. Des assistants spécialisés peuvent aider le travail des magistrats (C. pr. pén., art. 706-79 - V. aussi D. n° 2004-984, 16 sept. 2004, fixant la liste et le ressort des tribunaux spécialisés et des juridictions interrégionales et relatif à la définition des matières donnant lieu à l'attribution d'un diplôme permettant l'exercice des fonctions d'assistant spécialisé[5]).

23.16 Garde à vue. La loi du 9 mars 2004 prévoit pour les infractions de l'article 706-73 que la garde à vue d'une personne peut, à titre exceptionnel, faire l'objet de deux prolongations supplémentaires de vingt-quatre heures chacune ordonnées soit par le juge des libertés et de la détention, à la demande du procureur de la République, soit par le juge d'instruction.

Disposition sans précédent : si la durée prévisible des investigations restant à réaliser à l'issue des premières quarante-huit heures de garde à vue le justifie, le juge des libertés et de la détention ou le juge

1. Crim. 12 janv. 2005, n° 04-81.139, *Bull. crim.*, n° 15 – Crim. 12 janv. 2005, n° 04-81.144, NP.
2. Crim. 11 mai 2006, n° 06-81.699, *Bull. crim.*, n° 127; *Gaz. Pal.* 7-9 janv. 2007, p. 27, note Y. Monnet.
3. Crim. 19 janv. 2005, n° 05-80.112, *Bull. crim.*, n° 24; *JCP* 2005, IV, 1511 – Crim. 16 févr. 2005, n° 05-81.000, *Bull. crim.*, n° 62; *D.* 2005, IR 798; *JCP* 2005, IV, 1634.
4. Crim. 2 févr. 2005, n° 05-80.623, *Bull. crim.*, n° 42; *AJ Pénal* 2005, 202.
5. V. aussi D. n° 2004-984, 16 sept. 2004, fixant la liste et le ressort des tribunaux spécialisés et des juridictions interrégionales et relatif à la définition des matières donnant lieu à l'attribution d'un diplôme permettant l'exercice des fonctions d'assistant spécialisé, *JO* 18 sept., n° 218, p. 16274.

d'instruction peuvent décider, selon les modalités prévues au deuxième alinéa, que la garde à vue fera l'objet d'une seule prolongation supplémentaire de quarante-huit heures. La personne gardée à vue doit être présentée au magistrat qui statue sur la prolongation préalablement à cette décision. La seconde prolongation peut toutefois, à titre exceptionnel, être autorisée sans présentation préalable de la personne en raison des nécessités des investigations en cours ou à effectuer (C. pr. pén., art. 706-88). Aucune mesure particulière concernant la garde à vue n'est prévue pour les infractions de l'article 706-74. Les dispositions de l'article 706-88 du Code de procédure pénale à l'exception de la deuxième phrase de son dernier alinéa sont applicables au mineur de plus de seize ans lorsqu'il existe une ou plusieurs raisons plausibles de soupçonner qu'une ou plusieurs personnes majeures ont participé comme coauteurs ou complices à la commission de l'infraction (ord. 2 févr. 1945, art. 4, VII). Depuis l'entrée en vigueur de la loi du 23 janvier 2006, « s'il ressort des premiers éléments de l'enquête ou de la garde à vue elle-même qu'il existe un risque sérieux de l'imminence d'une action terroriste en France ou à l'étranger ou que les nécessités de la coopération internationale le requièrent impérativement »[1] la garde à vue des personnes concernées peut être encore prolongée de vingt-quatre heures renouvelables une fois, c'est-à-dire atteindre six jours. Il est précisé qu'« à l'expiration de la quatre-vingt-seizième heure et de la cent-vingtième heure, la personne dont la prolongation de la garde à vue est ainsi décidée peut demander à s'entretenir avec un avocat » (C. pr. pén., art. 706-88).

23.17 Présence de l'avocat en garde à vue. La loi du 9 mars 2004 prévoit là encore un régime restrictif puisque l'avocat ne peut s'entretenir avec la personne concernée par l'une des infractions de l'article 706-73 qu'à l'issue de la quarante-huitième heure puis de la soixante-douzième heure de la mesure, sauf dans les cas de trafic de stupéfiants pour lesquels l'entretien avec un avocat ne peut intervenir qu'à l'issue de la soixante-douzième heure (C. pr. pén., art. 63-4 et 706-88) et pour les infractions de terrorisme où cela est possible, depuis la loi du 23 janvier 2006, à partir de la quatre-vingt-seizième heure et de la cent-vingtième heure (C. pr. pén., art. 706-88).

Le Conseil constitutionnel apporte, dans sa décision du 2 mars 2004, les précisions suivantes : « Considérant qu'en indiquant que le procureur de la République est avisé de la qualification des faits justifiant le report de la première intervention de l'avocat [...] le législateur a nécessairement entendu que ce magistrat [...] contrôle aussi cette qualification ; que l'appréciation initialement portée par l'officier de police judiciaire en ce qui concerne le report éventuel de l'intervention de l'avocat au cours de la garde à vue est ainsi soumise au contrôle de l'autorité judiciaire et ne saurait déterminer le déroulement ultérieur de la procédure » (v. s[s] n° 23.02).

23.18 Perquisitions : des principes exceptionnels. La loi du 9 mars 2004 a prévu un régime dérogatoire du droit commun en matière de perquisition : si les nécessités de l'enquête de flagrance ou préliminaire relative à l'une des infractions entrant dans le champ d'application de l'article 706-73 l'exigent, le juge des libertés et de la détention du tribunal de grande instance à la requête du procureur de la République ou le juge d'instruction peut autoriser que les perquisitions, visites domiciliaires et saisies de pièces à conviction soient opérées en dehors des heures prévues par l'article 59. Dans le cadre de l'enquête préliminaire ces perquisitions exceptionnelles ne peuvent pas concerner des locaux d'habitation (C. pr. pén., art. 706-89 à 706-91).

En cas d'urgence, le juge d'instruction peut également autoriser les officiers de police judiciaire à procéder à ces opérations dans les locaux d'habitation lorsqu'il s'agit d'un crime ou d'un délit flagrant ou lorsqu'il existe un risque immédiat de disparition des preuves ou des indices matériels ou lorsqu'il existe une ou plusieurs raisons plausibles de soupçonner qu'une ou plusieurs personnes se trouvant dans les locaux où la perquisition doit avoir lieu sont en train de commettre des crimes ou des délits entrant dans le champ d'application de l'article 706-73 (C. pr. pén., art. 706-91). À propos du « risque immédiat de disparition des preuves ou d'indices matériels », le Conseil constitutionnel a, dans sa décision du 2 mars (v. s[s] n° 23.02), estimé que cette notion devait « s'entendre comme ne permettant au juge d'instruction d'autoriser une perquisition de nuit que si celle-ci ne peut être réalisée dans d'autres circonstances de temps ». Autre règle dérogatoire : la possibilité de se passer pour la perquisition au domicile de la présence de la personne dès lors qu'elle est en garde à vue ou détenue en un autre lieu et que son transport sur place paraît devoir être évité en raison des risques graves soit de troubles à l'ordre public ou d'évasion, soit de disparition des preuves pendant le temps nécessaire au transport. La perquisition peut alors être faite, avec l'accord préalable du procureur de la République ou du juge d'instruction, en présence de deux témoins requis dans les conditions prévues au deuxième alinéa de l'article 57 (C. pr. pén., art. 706-94).

1. L. n° 2006-64, 23 janv. 2004, *JO* 24 janv., n° 20, p. 1129.

À peine de nullité, les autorisations prévues par les articles 706-89 à 706-91 sont données pour des perquisitions déterminées et font l'objet d'une ordonnance écrite, précisant la qualification de l'infraction dont la preuve est recherchée ainsi que l'adresse des lieux dans lesquels les visites, perquisitions et saisies peuvent être faites; cette ordonnance, qui n'est pas susceptible d'appel, est motivée par référence aux éléments de fait et de droit justifiant que ces opérations sont nécessaires. Les opérations sont faites sous le contrôle du magistrat qui les a autorisées, et qui peut se déplacer sur les lieux pour veiller au respect des dispositions légales. Dans le cas prévu par les 1°, 2° et 3° de l'article 706-91, l'ordonnance comporte également l'énoncé des considérations de droit et de fait qui constituent le fondement de cette décision par référence aux seules conditions prévues par ces alinéas (C. pr. pén., art. 706-92). La loi du 12 décembre 2005 a ajouté un nouvel alinéa à l'article 76 du Code de procédure pénale permettant de saisir le JLD du tribunal du siège de l'enquête même si la perquisition a lieu dans un autre ressort. Dans ce cas, le JLD peut se déplacer sur les lieux de la perquisition, sur toute l'étendue du territoire national. Le parquet peut également saisir le JLD du lieu de la perquisition, par l'intermédiaire du parquet local. Les mêmes dispositions ont été prises pour la criminalité organisée et l'article 706-92 a été modifié dans le même sens.

23.19 Perquisitions : limites. Les opérations prévues aux articles 706-89 à 706-91 ne peuvent, à peine de nullité, avoir un autre objet que la recherche et la constatation des infractions visées dans la décision du juge des libertés et de la détention ou du juge d'instruction. Le fait que ces opérations révèlent des infractions autres que celles visées dans la décision du juge des libertés et de la détention ou du juge d'instruction ne constitue pas une cause de nullité des procédures incidentes (C. pr. pén., art. 706-93).

23.20 Circonstance aggravée de bande organisée non retenue en fin de procédure. Selon l'article 706-104, lorsque à l'issue de l'enquête ou de l'information ou devant la juridiction de jugement, la circonstance aggravante de bande organisée n'était pas retenue, cela ne constituait pas une cause de nullité des actes régulièrement accomplis. Cet article est le seul déclaré complètement inconstitutionnel par la décision du 2 mars 2004 (v. s^{s} n° 23.02). Le Conseil constitutionnel précise en effet : « Considérant que les procédures spéciales définies par l'article 1er de la loi déférée sont de nature à affecter gravement l'exercice de droits et libertés constitutionnellement protégés, tels que la liberté individuelle, l'inviolabilité du domicile, et le secret de la vie privée; que l'autorité judiciaire, gardienne de la liberté individuelle, ne saurait dès lors autoriser leur utilisation que dans la mesure nécessaire à la recherche des auteurs d'infractions particulièrement graves et complexes, elle-même indispensable à la sauvegarde de principes et droits de valeur constitutionnelle; Considérant que, pour décider de mettre en œuvre l'une de ces procédures, l'autorité judiciaire doit disposer d'une ou plusieurs raisons plausibles de soupçonner que les faits constituent l'une des infractions énumérées par l'article 706-73 nouveau du Code de procédure pénale; que, si le législateur pouvait exonérer de nullité les actes d'enquête ou d'instruction dès lors que la circonstance aggravante de bande organisée paraissait caractérisée à la date où ils ont été autorisés, il ne pouvait exonérer de façon générale, des actes qui auraient été autorisés en méconnaissance des exigences susmentionnées. » C'est en fait plus la rédaction de l'article 706-104 que le fond du problème qui est sanctionné : en effet, il est habituel qu'une qualification soit provisoire et puisse être changée jusqu'à la fin de la procédure. Si la qualification de bande organisée a été retenue alors qu'il y avait à l'époque « une ou plusieurs raisons plausibles de soupçonner » que cette circonstance aggravante pouvait être retenue, son abandon en fin de procédure ne devrait pas pour autant entraîner la nullité des actes de procédure.

SECTION 2

CRIMINALITÉ ORGANISÉE – DES POUVOIRS EXORBITANTS DU DROIT COMMUN

23.21 Les règles exposées ici sont exceptionnelles mais connaissaient déjà des équivalents dans les matières comme le trafic de stupéfiants ou le proxénétisme (possibilité de perquisition de nuit dans certains cas) ou la matière économique et financière. Mais la loi du 9 mars 2004 définit aussi de nouvelles possibilités de recherches de preuves jusqu'alors interdites ou non codifiées.

23.22 Surveillance. Les officiers de police judiciaire et, sous leur autorité, les agents de police judiciaire, après en avoir informé le procureur de la République et sauf opposition de ce magistrat, peuvent étendre à l'ensemble du territoire national la surveillance de personnes contre lesquelles il existe une ou plusieurs raisons plausibles de les soupçonner d'avoir commis l'un des crimes et délits entrant dans le champ d'application des articles 706-73 ou 706-74 ou la surveillance de l'acheminement ou du transport des objets, biens ou produits tirés de la commission de ces infractions ou servant à les commettre (C. pr. pén., art. 706-80).

23.23 **Infiltration : définition.** L'infiltration consiste, pour un officier ou un agent de police judiciaire spécialement habilité dans des conditions fixées par décret et agissant sous la responsabilité d'un officier de police judiciaire chargé de coordonner l'opération, à surveiller des personnes suspectées de commettre un crime ou un délit en se faisant passer, auprès de ces personnes, comme un de leurs coauteurs, complices ou receleurs.

L'officier ou l'agent de police judiciaire est à cette fin autorisé à faire usage d'une identité d'emprunt et à commettre si nécessaire les actes mentionnés à l'article 706-82. À peine de nullité, ces actes ne peuvent constituer une incitation à commettre des infractions (C. pr. pén., art. 706-81, al. 2). Les personnes infiltrées peuvent acquérir, détenir, transporter, livrer ou délivrer des substances, biens, produits, documents ou informations tirés de la commission des infractions ou servant à la commission de ces infractions et utiliser ou mettre à disposition des personnes se livrant à ces infractions des moyens de caractère juridique ou financier ainsi que des moyens de transport, de dépôt, d'hébergement, de conservation et de télécommunication (C. pr. pén., art. 706-82).

23.24 **Infiltration : utilisation.** Lorsque les nécessités de l'enquête ou de l'instruction concernant l'un des crimes ou délits entrant dans le champ d'application de l'article 706-73 le justifient, le procureur de la République ou, après avis de ce magistrat, le juge d'instruction saisi peuvent autoriser qu'il soit procédé, sous leur contrôle respectif, à une opération d'infiltration.

À peine de nullité, l'autorisation donnée en application de l'article 706-81 est délivrée par écrit et doit être spécialement motivée. Elle mentionne la ou les infractions qui justifient le recours à cette procédure et l'identité de l'officier de police judiciaire sous la responsabilité duquel se déroule l'opération (C. pr. pén., art. 706-83). Cette autorisation fixe la durée de l'opération d'infiltration, qui ne peut pas excéder quatre mois. L'opération peut être renouvelée dans les mêmes conditions de forme et de durée. Des dispositions particulières prévoient la situation de l'agent qui ne pourrait interrompre son opération sans assurer sa sécurité. La poursuite de l'infiltration est alors possible au-delà du délai fixé (C. pr. pén., art. 706-85). L'infiltration fait l'objet d'un rapport rédigé par l'officier de police judiciaire ayant coordonné l'opération, qui comprend les éléments strictement nécessaires à la constatation des infractions et ne mettant pas en danger la sécurité de l'agent infiltré et des personnes requises au sens de l'article 706-82. Une exemption pénale est expressément prévue pour les officiers ou agents autorisés à procéder à une opération d'infiltration (C. pr. pén., art. 706-82).

L'identité réelle des officiers ou agents de police judiciaire ayant effectué l'infiltration sous une identité d'emprunt ne doit apparaître à aucun stade de la procédure, un nouveau délit punissant toute violation de ce principe.

23.25 **Infiltration : preuve.** Le législateur a prévu que seul l'officier de police judiciaire sous la responsabilité duquel se déroulait l'opération d'infiltration pouvait être entendu en qualité de témoin sur l'opération (C. pr. pén., art. 706-86).

Toutefois si la personne est directement mise en cause par le rapport elle peut demander à être confrontée avec l'agent d'infiltration dans les conditions prévues par l'article 706-61, c'est-à-dire au moyen d'un dispositif technique permettant l'audition à distance. Les questions posées à l'agent infiltré à l'occasion de cette confrontation ne doivent pas avoir pour objet ni pour effet de révéler, directement ou indirectement, sa véritable identité. Par ailleurs, aucune condamnation ne peut être prononcée sur le seul fondement des déclarations faites par les officiers ou agents de police judiciaire ayant procédé à une opération d'infiltration, sauf lorsque l'officier ou l'agent a déposé sous sa véritable identité (C. pr. pén., art. 706-87). Le fait que les opérations révèlent des infractions autres que celles visées dans la décision du juge d'instruction ne constitue pas une cause de nullité des procédures incidentes.

23.26 **Écoutes téléphoniques.** Depuis la loi du 9 mars 2004, il est possible pour un magistrat qui n'est pas le juge d'instruction de placer des écoutes téléphoniques.

C'est le cas lorsque les nécessités de l'enquête de flagrance ou de l'enquête préliminaire relative à l'une des infractions entrant dans le champ d'application de l'article 706-73 l'exigent. Le juge des libertés et de la détention du tribunal de grande instance peut alors, à la requête du procureur de la République, autoriser l'interception, l'enregistrement et la transcription de correspondances émises par la voie des télécommunications selon les modalités prévues par les articles 100, deuxième alinéa, 100-1 et 100-3 à 100-7, pour une durée maximum de quinze jours, renouvelable une fois dans les mêmes conditions de forme et de durée. Ces opérations sont faites sous le contrôle du juge des libertés et de la détention. Dès lors que l'on se trouve dans le cadre de l'une des infractions prévues par l'article 706-73, et que l'on soit devant une juridiction spécialisée interrégionale ou non, le ministère public peut donc saisir à cette fin le JLD.

Pour l'application des dispositions des articles 100-3 à 100-5, les attributions confiées au juge d'instruction ou à l'officier de police judiciaire commis par lui sont exercées par le procureur de la République ou l'officier de police judiciaire requis par ce magistrat. Le juge des libertés et de la détention qui a autorisé l'interception est informé dans les meilleurs délais par le procureur de la République des actes accomplis en application de l'alinéa précédent (C. pr. pén., art. 706-95 – V. aussi s^s n° 192.21, 192.22).

23.27 Sonorisations et fixations d'images de certains lieux ou véhicules. Pour les infractions de l'article 706-73, le juge d'instruction peut, après avis du procureur de la République, autoriser par ordonnance motivée les officiers et agents de police judiciaire commis sur commission rogatoire à mettre en place un dispositif technique ayant pour objet, sans le consentement des intéressés, la captation, la fixation, la transmission et l'enregistrement de paroles prononcées par une ou plusieurs personnes à titre privé ou confidentiel, dans des lieux ou véhicules privés ou publics, ou de l'image d'une ou plusieurs personnes se trouvant dans un lieu privé (sur l'incidence de cette législation sur la sonorisation de droit commun v. s^s n° 192.57).

Ces opérations sont effectuées sous l'autorité et le contrôle du juge d'instruction (C. pr. pén., art. 706-96). Les articles 706-97 à 706-102 fixent les conditions pratiques et les limites de ces opérations sur le modèle des dispositions des articles 100-1 à 100-7 sur les écoutes téléphoniques. À propos de l'article 706-101, le Conseil constitutionnel a estimé que « le législateur a nécessairement entendu que les séquences de vie privée étrangères aux infractions en cause ne puissent en aucun cas être conservées dans le dossier de la procédure ». Le juge d'instruction peut autoriser l'introduction dans un véhicule ou un lieu privé, y compris hors des heures prévues à l'article 59, à l'insu ou sans le consentement du propriétaire ou du possesseur du véhicule ou de l'occupant des lieux ou de toute personne titulaire d'un droit sur ceux-ci. Ces opérations ne peuvent avoir d'autre fin que la mise en place du dispositif technique (C. pr. pén., art. 706-98).

S'il s'agit d'un lieu d'habitation et que l'opération doit intervenir hors des heures prévues à l'article 59, cette autorisation est délivrée par le juge des libertés et de la détention saisi à cette fin par le juge d'instruction., Le JLD apparaît ici comme un « super juge des libertés » qui serait, plus que le magistrat instructeur, garant des libertés individuelles. Si la saisine du JLD par le juge d'instruction peut se comprendre par le dessein de placer un juge tiers en position de prendre une décision qui touche de près à l'enquête, la saisine du JLD dans cette situation particulière trouve difficilement explication... Dans ces conditions, on se demande pourquoi ce n'est pas le juge des libertés et de la détention qui interviendrait dès lors qu'il s'agit de libertés individuelles. Ce qui signifierait que l'on peut aussi se passer du juge d'instruction...

23.28 Exclusion de certains lieux. Les domiciles, cabinets et véhicules, selon les distinctions des articles 56-1, 56-2 et 56-3, et 100-7 ne peuvent être concernés par la mise en place de ces dispositifs techniques. Cette exception concerne donc les avocats, médecins, notaires, entreprises de presse, parlementaires et magistrats (C. pr. pén., art. 706-96).

23.29 Mesures conservatoires. En cas d'information ouverte pour l'une des infractions entrant dans le champ d'application des articles 706-73 et 706-74 et afin de garantir le paiement des amendes encourues ainsi que, le cas échéant, l'indemnisation des victimes et l'exécution de la confiscation, le juge des libertés et de la détention, sur requête du procureur de la République, peut ordonner, aux frais avancés du Trésor et selon les modalités prévues par les procédures civiles d'exécution, des mesures conservatoires sur les biens, meubles ou immeubles, divis ou indivis, de la personne mise en examen. Cette disposition nouvelle est située en dehors des obligations de contrôle judiciaire dont certaines mesures sont pourtant bien proches. La condamnation vaut validation des saisies et le non-lieu, la relaxe ou l'acquittement emporte de plein droit mainlevée de la mesure (C. pr. pén., art. 706-103).

SECTION 3
INFRACTION ÉCONOMIQUE OU FINANCIÈRE

23.31 La loi du 6 août 1975 (C. pr. pén., art. 704 à 706-2) a institué dans le ressort de chaque cour d'appel un ou plusieurs tribunaux spécialisés en matière économique et financière, compétents pour connaître des affaires d'une particulière complexité. Ces tribunaux étaient saisis par ordonnance du président de la chambre d'accusation, ordonnance qui avait donné lieu à quelques arrêts[1]. La loi n° 94-89 du 1er février 1994 a modifié ces textes et abrogé les articles 706-1 et 706-2. La loi du 1er février 1994 a encore été modifiée par celle du 2 juillet 1998[2].

Désormais, une compétence concurrente est substituée à la compétence subsidiaire. La juridiction de droit commun peut se dessaisir au profit de

1. Crim. 17 nov. 1987, n° 87-83.108, *Bull. crim.*, n° 410 – Crim. 17 mai 1989, n° 88-87.539, n° 88-84.182, 2 esp., *Bull. crim.*, n°s 200 et 201.
2. L. n° 98-546, 2 juill. 1998, *JO* 3 juill., n° 152, p. 10127.

la juridiction parisienne. Des assistants spécialisés peuvent apporter un concours aux magistrats. Cette création a été suivie par celles des pôles économiques et financiers (v. circ. crim., n° 99-02 G, 19 févr. 1999[1]). Le versement au dossier de la procédure d'une note rédigée par un assistant spécialisé en application de l'article 81 du Code de procédure pénale répond aux exigences du principe du contradictoire[2].

23.32 L'article 705 a été complété par la loi du 9 mars 2004. L'article 705-1 dispose que le procureur de la République près un tribunal de grande instance autre que ceux visés à l'article 704 peut, pour les infractions énumérées dans cet article, requérir le juge d'instruction de se dessaisir au profit de la ou de l'une des juridictions d'instruction compétentes en application de cet article. Les parties sont préalablement avisées et invitées à faire connaître leurs observations par le juge d'instruction; l'ordonnance est rendue huit jours au plus tôt et un mois au plus tard à compter de cet avis.

Lorsque le juge d'instruction décide de se dessaisir, son ordonnance ne prend effet qu'à compter du délai de cinq jours prévu par l'article 705-2; lorsqu'un recours est exercé en application de cet article, le juge d'instruction demeure saisi jusqu'à ce que soit porté à sa connaissance l'arrêt de la chambre de l'instruction, passé en force de chose jugée ou celui de la chambre criminelle de la Cour de cassation. Dès que l'ordonnance est passée en force de chose jugée, le procureur de la République adresse le dossier de la procédure au procureur de la République du tribunal de grande instance désormais compétent. L'ordonnance de dessaisissement rendue dans cette hypothèse par le juge d'instruction peut, être déférée dans les cinq jours de sa notification, à la requête du ministère public ou des parties, soit à la chambre de l'instruction si la juridiction spécialisée au profit de laquelle le dessaisissement a été ordonné ou refusé se trouve dans le ressort de la même cour d'appel que la juridiction initialement saisie, soit, dans le cas contraire, à la chambre criminelle de la Cour de cassation. La chambre de l'instruction ou la chambre criminelle désigne, dans les huit jours suivant la date de réception du dossier, le juge d'instruction chargé de poursuivre l'information. Le ministère public peut également saisir directement la chambre de l'instruction ou la chambre criminelle de la Cour de cassation lorsque le juge d'instruction n'a pas rendu son ordonnance dans le délai d'un mois prévu au premier alinéa de l'article 705-1 (C. pr. pén., art. 705-2). Les conditions de recrutement et les taches exercées par les assistants spécialisés ont été rénovées par la loi du 9 mars 2004 (C. pr. pén., art. 706).

23.33 Une désignation des magistrats spécialisés par le premier président de la cour d'appel. L'article 704 prévoyait, avant la loi du 9 mars 2004 que l'assemblée générale de la juridiction donnait un avis sur l'affectation des magistrats aux formations d'instruction et de jugement spécialisées en matière économique et financière.

La loi du 9 mars 2004 met en place un système identique à celui qui existe pour les formations spécialisées dans les mineurs : au sein de chaque tribunal de grande instance dont la compétence territoriale est étendue au ressort d'une ou plusieurs cours d'appel en application des articles 704 et 706-75 du Code de procédure pénale, un ou plusieurs juges d'instruction désignés par le premier président après avis du président du tribunal de grande instance sont chargés spécialement des informations relatives aux crimes et délits entrant dans le champ d'application des articles 704, 706-73, à l'exception du 11 (terrorisme), ou 706-74 du même code. Un ou plusieurs magistrats du parquet désignés par le procureur général après avis du procureur de la République sont chargés spécialement de l'enquête et de la poursuite des crimes et délits entrant dans le champ d'application des articles 706-73, à l'exception du 11° (terrorisme), ou 706-74 du même code (COJ, art. L. 650-1). Il en est de même pour les magistrats du siège de première instance (COJ, art. L. 650-2) ou de cour d'appel (COJ, art. L. 650-4). Ces dispositions, qui avaient été intégrées dans le Code de l'organisation judiciaire par la loi du 9 mars 2004, ont été également ajoutées aux articles 704 et 706-75-1 du Code de procédure pénale par l'ordonnance du 8 juin 2006[3].

23.34 Les délits de la compétence de ces tribunaux sont énumérés à l'article 704. Un décret fixe la liste et le ressort de ces derniers. Leur compétence et notamment celle du procureur de la République et du juge d'instruction, s'exerce de plein droit, et est concurrente à celle qui résulte des règles du droit commun. Le parquet spécialisé peut donc engager des poursuites sans être contraint, comme auparavant, d'attendre le dessaisissement de la juridiction initialement saisie. Il est toutefois nécessaire que l'affaire apparaisse ou soit d'une « grande

1. Circ. crim., n° 99-02 G, 19 févr. 1999.
2. CA Paris, ch. instr., 27 avr. 2001, *RSC* 2002, 631 – Sur la procédure en matière d'infractions économiques et financières, v. A. Giudicelli, *RSC* 2002, 627 – G. Accomando et A. Benech, « La spécialisation de la justice pénale en matière économique et financière », *Dr. pén.* 2000, p. 52.
3. Ord. n° 2006-673, 8 juin 2006, portant refonte du Code de l'organisation judiciaire et modifiant le Code de commerce, le Code rural et le Code de procédure pénale, *JO* 9 juin, n° 132, p. 8710.

complexité ». Les parties ne sont pas admises à contester les choix opérés en la matière [1].

23.35 La loi du 9 mars 2004 a également modifié l'article 704 du Code de procédure pénale en modifiant légèrement la liste des délits entrant dans son domaine d'application. Un dispositif nouveau permet d'étendre la compétence territoriale d'un tribunal de grande instance au ressort de plusieurs cours d'appel pour l'enquête, la poursuite, l'instruction et, s'il s'agit de délits, le jugement de ces infractions, dans les affaires qui sont ou apparaîtraient d'une très grande complexité, en raison notamment du grand nombre d'auteurs, de complices ou de victimes ou du ressort géographique sur lequel elles s'étendent. La compétence de ces juridictions s'étend aux infractions connexes. Un décret fixe la liste et le ressort de ces juridictions, qui comprennent une section du parquet et des formations d'instruction et de jugement spécialisées pour connaître de ces infractions. La loi du 23 janvier 2006 n'a modifié l'article 704 du Code de procédure pénale qu'en remplaçant la référence à l'article 450-2-1 du Code pénal par celle à l'article 321-6-1.

23.36 Selon la loi du 1er août 2003, le tribunal de grande instance de Paris a seul compétence pour la poursuite, l'instruction et le jugement des délits prévus aux articles L. 465-1 et L. 465-2 du Code monétaire et financier. Cette compétence est sur ce point exclusive, s'étend aux infractions connexes, et les magistrats ont donc une compétence nationale (C. pr. pén., art. 704-1). Les procureurs de la République autre que celui de la juridiction de Paris ne peuvent donc ouvrir d'information dès lors que les articles L. 465-1 et L. 465-2 seraient visés. Depuis la loi du 30 juin 2000, il existe une compétence concurrente entre le tribunal naturel et le tribunal de grande instance de Paris en ce qui concerne les actes incriminés par les articles 435-3 et 435-4 du Code pénal (corruption active des personnes relevant d'États étrangers autres que les États membres de l'Union européenne et d'organisations internationales publiques autres que les institutions des communautés européennes; C. pr. pén., art. 706-1). La loi du 9 mars 2004 a prévu un mécanisme de réquisitions de dessaisissement identique à celui prévu par l'article 705-1 et l'article 705-2 du Code de procédure pénale.

23.37 Absence de nécessité d'un nouveau réquisitoire introductif. Il résulte des dispositions combinées des articles 704 et 705 du Code de procédure pénale que le dessaisissement du juge d'instruction initialement saisi, requis par le procureur de la République de son siège, a lieu immédiatement et de plein droit, en cas d'accord entre ce magistrat et le juge d'instruction spécialisé, sans que des réquisitions nouvelles ou supplétives du ministère public du siège du magistrat saisi soient nécessaires [2].

23.38 Une partie civile n'est pas autorisée à se constituer directement devant une juridiction spécialisée en invoquant la complexité de l'affaire. C'est ce que la Cour de cassation a décidé dans un arrêt du 12 janvier 2005 [3], confirmée depuis : l'article 705-1 du Code de procédure pénale réserve au seul ministère public l'initiative de la procédure de dessaisissement de la juridiction de droit commun au profit de la juridiction spécialisée et la juridiction d'instruction n'a pas compétence pour mettre en œuvre cette procédure [4].

La mise en œuvre des règles d'attribution prévues par les dispositions des articles 704 et 705 du Code de procédure pénale relève de la seule autorité judiciaire.

SECTION 4
INFRACTION EN MATIÈRE DE SANTÉ PUBLIQUE

23.41 Affaires relatives à un produit de santé. La compétence territoriale d'un tribunal de grande instance peut être étendue au ressort d'une ou de plusieurs cours d'appel pour la poursuite, l'instruction et, s'il s'agit de délits, le jugement des infractions définies ci-après dans les affaires relatives à un produit de santé tel que défini par l'article L. 5311-1 du Code de la santé publique ou un produit destiné à l'alimentation de l'homme ou de l'animal qui sont ou apparaîtraient d'une grande complexité :

- atteintes à la personne humaine, au sens du titre II du livre II du Code pénal;
- infractions prévues par le Code de la santé publique;
- infractions prévues par le Code rural ou le Code de la consommation (C. pr. pén., art. 706-2).

23.42 L'article 706-2 du Code de procédure pénale a été modifié par la loi du 9 mars 2004 qui en a élargi le contenu. Un décret fixe la liste et le ressort de ces juridictions, qui comprennent une section du parquet et des formations d'instruction et de jugement spécialisées pour connaître de ces infractions (concerne les juridictions de Marseille et Paris, D. n° 2002-599, 22 avr. 2002 [5]). Il s'agit là

1. Crim. 26 juin 2001, n° 00-86.526, *Bull. crim.*, n° 159; *RSC* 2002, 627.
2. Crim. 17 mai 1989, n° 88-87.539, *Bull. crim.*, n° 200 – Crim. 23 janv. 2002, n° 01-87.620, *Bull. crim.*, n° 11.
3. Crim. 12 janv. 2005, n° 04-81.139, *Bull. crim.*, n° 15 – Crim. 12 janv. 2005, n° 04-81.144, NP.
4. Crim. 28 mars 2007, n° 07-82.215, *Bull. crim.*, n° 96; *AJ Pénal* 2007, 330, obs. G. Royer.
5. D. n° 2002-599, 22 avr. 2002, *JO* 27 avr., p. 7619.

encore d'une compétence concurrente à celle qui résulte de l'application des articles 43, 52, 382 et 706-42. Le procureur de la République près un tribunal de grande instance autre que ceux visés au présent article peut, pour les infractions énumérées ci-dessus, requérir le juge d'instruction, dans les conditions et selon les modalités prévues par les articles 705-1 et 705-2, de se dessaisir au profit de la juridiction d'instruction du tribunal de grande instance à compétence territoriale étendue par application du présent article.

SECTION 5
INFRACTION DE TERRORISME

23.51 Compétence concurrente de la juridiction parisienne. La loi du 9 septembre 1986, modifiée par celles du 16 décembre 1992 et du 4 janvier 1993, a institué, par les articles 706-16 à 706-22 du Code de procédure pénale, de nouvelles règles de compétence en ce qui concerne les actes de terrorisme énumérés par l'article 706-16. Désormais, pour les majeurs comme pour les mineurs, le parquet et les juridictions d'instruction et de jugement de Paris exercent « une compétence concurrente » à celle qui résulte du droit commun. Dans les autres ressorts, le procureur de la République peut requérir le juge d'instruction de se dessaisir au profit de celui de Paris (C. pr. pén., art. 706-18). Par ailleurs, le juge d'instruction de Paris, d'office ou sur requête du parquet ou des parties, peut se déclarer incompétent (C. pr. pén., art. 706-19). L'une et l'autre de ces ordonnances peuvent être dans les cinq jours déférées à la chambre criminelle, qui doit dans les huit jours décider de la compétence et éventuellement du renvoi (C. pr. pén., art. 706-22).

L'article 706-16, qui énumère seulement les infractions auxquelles s'appliquent ces règles de compétence, ne définit ni de nouvelles infractions, ni des circonstances aggravantes[1]. Le recours devant la chambre criminelle, auquel est soumise l'ordonnance de dessaisissement ou d'incompétence, est exclusif et ne peut être qualifié de pourvoi en cassation[2]. La loi du 9 mars 2004 a complété le dispositif mis en place en permettant au ministère public de saisir directement la chambre criminelle de la Cour de cassation lorsque le juge d'instruction n'a pas rendu son ordonnance dans le délai d'un mois prévu au premier alinéa de l'article 706-18 (C. pr. pén., art. 706-22). La loi du 23 janvier 2006 a aggravé les conditions de garde à vue (v. s^{s} n°s 23.16, 23.17).

1. Crim. 3 juin 1987, n° 87-82.998, *Bull. crim.*, n° 236.
2. Crim. 7 mai 1987, n° 87-80.822, n° 87-80.821, 2 esp., *Bull. crim.*, n°s 186 et 187 – Crim. 3 juin 1987, n° 87-82.998, *Bull. crim.*, n° 236 – Crim. 5 juill. 1994, n° 94-83.425, *Bull. crim.*, n° 266 – V. aussi Crim. 29 mai 1996, n° 96-82.411, n° 96-82.409, 2 esp., *Bull. crim.*, n°s 222 et 223 – V. TPJI, J.-P. Zanoto, « Les règles particulières en raison du type de l'infraction », 1999.

SECTION 6
POLLUTION MARITIME

23.61 La loi du 9 mars 2004 a prévu des règles de compétence et une procédure particulières pour les cas de pollution des eaux maritimes par rejets des navires. Pour l'enquête, la poursuite, l'instruction et, s'il s'agit de délits, le jugement des infractions en matière de pollution des eaux marines et des voies ouvertes à la navigation maritime prévues et réprimées par la sous-section 2 de la section 1 du chapitre VIII du titre Ier du livre II du Code de l'environnement, qui sont commises dans les eaux territoriales, les eaux intérieures et les voies navigables, la compétence d'un tribunal de grande instance peut être étendue au ressort d'une ou plusieurs cours d'appel (C. pr. pén., art. 706-107).

23.62 Affaires d'une grande complexité. **Toutefois, dans les affaires qui sont ou apparaissent d'une grande complexité**, le procureur de la République près le tribunal de grande instance mentionné au premier alinéa peut requérir le juge d'instruction, dans les conditions et selon les modalités prévues par les articles 706-110 et 706-111, de se dessaisir au profit du tribunal de grande instance de Paris. Cette compétence s'étend aux infractions connexes. Un décret fixe la liste et le ressort de ces juridictions du littoral maritime, qui comprennent une section du parquet et des formations d'instruction et de jugement spécialisées pour connaître de ces infractions.

23.63 Pour l'enquête, la poursuite, l'instruction et le jugement de ces infractions, commises hors des espaces maritimes sous juridiction française à bord d'un navire français, le tribunal de grande instance compétent est le tribunal de grande instance de Paris (C. pr. pén., art. 706-108). Le tribunal de grande instance de Paris est également compétent pour l'enquête, la poursuite, l'instruction et le jugement de l'infraction visée à l'article L. 218-22 du Code de l'environnement, ainsi que des infractions qui lui sont connexes, lorsque ces infractions sont commises dans la zone économique exclusive ou dans la zone de protection écologique. Il s'agit là encore d'une compétence concurrente à celle qui résulte des critères de compétence de droit commun ou spécifiques à la navigation maritime (C. pr. pén., art. 706-109).

CHAPITRE

24. Règles de compétence particulières en raison du lieu – Infraction commise hors du territoire de la République

24.00 **Plan du chapitre.**
Sect. unique Règles spéciales

24.01 **Textes applicables.** C. pr. pén., art. 689, 689-1, 692, 693 – C. pén., art. 113-6 à 113-8-1.

C. pr. pén., art. 689

Les auteurs ou complices d'infractions commises hors du territoire de la République peuvent être poursuivis et jugés par les juridictions françaises soit lorsque, conformément aux dispositions du livre Ier du Code pénal ou d'un autre texte législatif, la loi française est applicable, soit lorsqu'une convention internationale donne compétence aux juridictions françaises pour connaître de l'infraction.

C. pr. pén., art. 689-1

En application des conventions internationales visées aux articles suivants, peut être poursuivie et jugée par les juridictions françaises, si elle se trouve en France, toute personne qui s'est rendue coupable hors du territoire de la République de l'une des infractions énumérées par ces articles. Les dispositions du présent article sont applicables à la tentative de ces infractions, chaque fois que celle-ci est punissable.

[Pour le détail de ces conventions internationales, v. le Code de procédure pénale, art. 689-2 à 689-10.]

C. pr. pén., art. 692

Dans les cas prévus au chapitre précédent, aucune poursuite ne peut être exercée contre une personne justifiant qu'elle a été jugée définitivement à l'étranger pour les mêmes faits et, en cas de condamnation, que la peine a été subie ou prescrite.

C. pr. pén., art. 693

La juridiction compétente est celle du lieu où réside le prévenu, celle de sa dernière résidence connue, celle du lieu où il est trouvé, celle de la résidence de la victime ou, si l'infraction a été commise à bord ou à l'encontre d'un aéronef, celle du lieu d'atterrissage de celui-ci. Ces dispositions ne sont pas exclusives de l'application éventuelle des règles particulières de compétence prévues par les articles 697-3, 705, 706-1 et 706-17.

Lorsque les dispositions de l'alinéa précédent ne peuvent recevoir application, la juridiction compétente est celle de Paris, à moins que la connaissance de l'affaire ne soit renvoyée à une juridiction plus voisine du lieu de l'infraction par la Cour de cassation statuant sur la requête du ministère public ou à la demande des parties.

C. pén., art. 113-6

La loi pénale française est applicable à tout crime commis par un Français hors du territoire de la République.

Elle est applicable aux délits commis par des Français hors du territoire de la République si les faits sont punis par la législation du pays où ils ont été commis.

Il est fait application du présent article lors même que le prévenu aurait acquis la nationalité française postérieurement au fait qui lui est imputé.

C. pén., art. 113-7

La loi pénale française est applicable à tout crime, ainsi qu'à tout délit puni d'emprisonnement, commis par un Français ou par un étranger hors du territoire de la République lorsque la victime est de nationalité française au moment de l'infraction.

C. pr. pén., art. 113-8 [L. n° 2004-204, 9 mars 2004]
S'il estime que sont apparus au cours de la procédure des indices graves ou concordants justifiant la mise en examen du témoin assisté, le juge d'instruction procède à cette mise en examen en faisant application des dispositions des septième et huitième alinéas de l'article 116 au cours d'un interrogatoire réalisé dans les formes prévues à l'article 114.

Il peut également procéder à cette mise en examen en adressant à la personne une lettre recommandée précisant chacun des faits qui lui sont reprochés, ainsi que leur qualification juridique, et l'informant de son droit de formuler des demandes d'actes ou des requêtes en annulation, ainsi que du délai prévisible d'achèvement de la procédure, conformément aux dispositions des septième et huitième alinéas de l'article 116.

Cette lettre recommandée peut être adressée en même temps que l'avis de fin d'information prévu par l'article 175. Elle informe alors la personne de son droit de formuler des demandes d'actes ou des requêtes en annulation pendant une durée de vingt jours.

Dans les cas visés aux deuxième et troisième alinéas du présent article, la personne est également informée que si elle demande à être à nouveau entendue par le juge d'instruction, celui-ci est tenu de procéder à son interrogatoire.

C. pén., art. 113-8-1 [L. n° 2004-204, 9 mars 2004]
Sans préjudice de l'application des articles 113-6 à 113-8, la loi pénale française est également applicable à tout crime ou à tout délit puni d'au moins cinq ans d'emprisonnement commis hors du territoire de la République par un étranger dont l'extradition a été refusée à l'État requérant par les autorités françaises aux motifs, soit que le fait à raison duquel l'extradition avait été demandée est puni d'une peine ou d'une mesure de sûreté contraire à l'ordre public français, soit que la personne réclamée aurait été jugée dans ledit État par un tribunal n'assurant pas les garanties fondamentales de procédure et de protection des droits de la défense, soit que le fait considéré revêt le caractère d'infraction politique.

La poursuite des infractions mentionnées au premier alinéa ne peut être exercée qu'à la requête du ministère public. Elle doit être précédée d'une dénonciation officielle, transmise par le ministre de la Justice, de l'autorité du pays où le fait a été commis et qui avait requis l'extradition.

24.03 Bibliographie indicative.
Giudicelli A., « Compétence universelle : caractère suffisant de la présence en France de l'une des personnes soupçonnées d'avoir commis les faits », *RSC* 2007, 566.

SECTION UNIQUE
RÈGLES SPÉCIALES

24.11 Règles de compétence. Les principes applicables en la matière sont anciens et étaient déjà énoncés par les articles 5 à 7 du Code d'instruction criminelle. Ils ont été repris par les articles 689 à 696 du Code de procédure pénale. Les textes aujourd'hui sont divisés. D'une part, la loi n° 92-1136 du 16 décembre 1992 a modifié et complété l'article 689 et repris les articles 692 et 693, et abrogé les articles 690, 691 et 694 à 696; d'autre part, une autre partie de ces textes a été transposée dans les articles 113-6 à 113-11 du Code pénal « nouveau » de 1992. Pour l'essentiel les règles traditionnelles ont été maintenues de sorte que la jurisprudence antérieure demeure valable. Ce n'est pas le lieu dans cet ouvrage de les étudier en détail.

Selon l'article 689 du nouveau Code de procédure pénale, les auteurs ou complices d'infractions commises hors du territoire de la République peuvent être poursuivis et jugés par les tribunaux français, soit lorsqu'en vertu d'un texte législatif, la loi française est applicable, soit lorsqu'une convention internationale donne compétence à ces tribunaux pour connaître de l'infraction. Et les articles 689-1 à 689-7 énumèrent ces conventions et relativement à chacune d'elles, les infractions qui pourront donner lieu à une poursuite.

La loi pénale française est applicable à tout crime commis par un Français à l'étranger. Elle est applicable aux délits commis par des Français à l'étranger, si les faits sont punis par la loi du pays où ils ont été commis, et alors même, dans les deux cas, que le prévenu n'a acquis la nationalité française que postérieurement (C. pén., art. 113-6).

S'agissant d'un délit, le juge du fond doit donc constater que celui-ci est punissable dans le pays où il a été commis [1].

Elle est encore applicable « à tout crime, ainsi qu'à tout délit puni d'emprisonnement, commis par un Français ou par un étranger hors du territoire de la République lorsque la victime est de nationalité française au moment de l'infraction » (C. pén., art. 113-7).

Dans les cas qui précédent, « aucune poursuite ne peut être exercée contre une personne justifiant qu'elle a été jugée définitivement à l'étranger, ou si elle a été condamnée, que la peine a été subie ou prescrite » (C. pén., art. 113-9 - C. pr. pén., art. 692) [2].

24.12 Infractions réputées commises sur le territoire de la République. Aux termes de l'article 693 de l'ancien Code de procédure pénale, « est réputée commise sur le territoire de la République, toute infraction dont un acte caractérisant un de ses éléments constitutifs a été accompli en France ». Ainsi en a-t-il été décidé notamment en matière

1. Crim. 19 mai 1971, n° 68-92.041, *Bull. crim.*, n° 164 – Crim. 6 mars 1984, n° 83-95.041, *Bull. crim.*, n° 090 – Crim. 10 oct. 1988, n° 87-91.310, *Bull. crim.*, n° 331.
2. Crim. 25 juin 1974, n° 73-93.348, *Bull. crim.*, n° 237.

d'usure[1], d'abandon de famille[2], de douanes[3], de contrefaçon[4], d'abus de confiance[5], autre délit d'initié[6]. Peu importe que l'infraction soit ou non réprimée dans la législation pénale de l'État d'origine de son auteur[7]. L'article 113-2 alinéa 2 du Code pénal a repris ce principe.

24.13 Exercice des poursuites. « La juridiction compétente est celle du lieu où réside le prévenu, celle du lieu de sa dernière résidence connue, celle du lieu où il est trouvé ou celle de la résidence de la victime » (C. pr. pén., art. 693, al. 1er). Si ces règles ne peuvent s'appliquer, la juridiction compétente est celle de Paris; la Cour de cassation peut également renvoyer à un tribunal plus proche du lieu de l'infraction (C. pr. pén., art. 693, al. 2)[8].

24.14 Refus d'extradition. La loi du 9 mars 2004 a ajouté un article 113-8-1 au Code pénal ainsi rédigé : « Sans préjudice de l'application des articles 113-6 à 113-8, la loi pénale française est également applicable à tout crime ou à tout délit puni d'au moins cinq ans d'emprisonnement commis hors du territoire de la République par un étranger dont l'extradition a été refusée à l'État requérant par les autorités françaises aux motifs, soit que le fait à raison duquel l'extradition avait été demandée est puni d'une peine ou d'une mesure de sûreté contraire à l'ordre public français, soit que la personne réclamée aurait été jugée dans ledit État par un tribunal n'assurant pas les garanties fondamentales de procédure et de protection des droits de la défense, soit que le fait considéré revêt le caractère d'infraction politique. La poursuite des infractions mentionnées au premier alinéa ne peut être exercée qu'à la requête du ministère public. Elle doit être précédée d'une dénonciation officielle, transmise par le ministre de la Justice, de l'autorité du pays où le fait a été commis et qui avait requis l'extradition. »

24.15 Compétence universelle. En application d'un certain nombre de conventions internationales, l'auteur étranger d'infractions commises à l'étranger sans même que les intérêts français soient en cause peut être jugé en France. Mais il doit avoir été découvert sur le territoire national.

Il en est ainsi dans certaines matières : tortures, terrorisme, protection physique des matières nucléaires, sécurité de la navigation maritime et des plates-formes en mer, capture illicite d'aéronefs, atteinte à la sécurité de l'aviation civile, violences dans les aéroports (C. pr. pén., art. 689-2 à 689-7). L'exercice par une juridiction française de la compétence universelle emporte la compétence de la loi française même en présence d'une loi étrangère portant amnistie[9].

1. Crim. 14 févr. 1962, *Bull. crim.*, no 97.
2. Crim. 29 mars 1962, *Bull. crim.*, no 153.
3. Crim. 26 mars 1968, *Bull. crim.*, no 103 – Crim. 12 mars 1990, no 89-82.244, *Bull. crim.*, no 113.
4. Crim. 2 févr. 1977, no 75-90.944, *Bull. crim.*, no 41.
5. Crim. 12 févr. 1979, no 78-91.482, *Bull. crim.*, no 60; *RSC* 1979, 575, obs. Bouzat – Crim. 11 avr. 1988, no 87-83.873, *Bull. crim.*, no 144.
6. Crim. 3 nov. 1992, no 92-84.745, *Bull. crim.*, no 352; *D.* 1993, jur. 120, note Ducouloux-Favard.
7. Crim. 1er mars 2000, no 98-86.353, *Bull. crim.*, no 101; *Gaz. Pal.* 4-5 oct. 2000, p. 41.
8. Sur le renvoi : Crim. 7 nov. 1872, *Bull. crim.*, no 259 – Crim. 14 déc. 1960, *Bull. crim.*, no 589 – Crim. 14 nov. 1991, no 91-82.246, *Bull. crim.*, no 409.
9. Crim. 23 oct. 2002, no 02-85.379, *Bull. crim.*, no 195; *JCP* 2003, 10078, note J.-F. Roulot – V. aussi TPJI, J.-P. Valat, « Les règles de compétence particulières en raison du lieu », 1999 – Sur la compétence universelle, v. A. Giudicelli, « Compétence universelle : caractère suffisant de la présence en France de l'une des personnes soupçonnées d'avoir commis les faits », *RSC* 2007, 566.

TITRE

3. Les règles générales de l'instruction préalable

SECTION 0
ORIENTEUR

30.00 **Plan du titre.** L'instruction est écrite, n'est pas contradictoire et est secrète. Tels sont ses caractères généraux et traditionnels qui sont pourtant en constante mutation. À de rares exceptions, l'instruction préparatoire n'est pas obligatoire. Ce titre se conclut par un rapide aperçu sur la manière de procéder du magistrat instructeur.

Chap. 31	**Caractères de l'instruction**
Sect. 1	L'instruction est écrite
Sect. 2	L'instruction n'est pas contradictoire
Sect. 3	L'instruction est secrète : les principes
Sect. 4	L'instruction est secrète : interdiction de divulguer les actes d'instruction
Sect. 5	Effets de la violation du secret de l'instruction
Sect. 6	L'instruction est en principe facultative
Chap. 32	**La manière de procéder du juge d'instruction**
Sect. 1	Le juge d'instruction procède par lui-même
Sect. 2	L'enquête sur la personnalité
Sect. 3	Examen médical et psychologique
Sect. 4	La copie des pièces
Sect. 5	Le juge d'instruction et l'informatique

30.01 **Textes applicables.**

C. pr. pén., art. 11, 11-1, 79, 81, 98, 114, 116, 145, 187, 199, 648 à 651, 706-6, 706-47.

C. pr. pén., art. D. 15-7, D. 23 à D. 26, D. 32.

C. pén., art. 226-13, 226-14, 434-7-2.

Ord. 2 févr. 1945, art. 4, 5, 12, 14, al. 4.

L. 29 juill. 1881, art. 38 et 39 *bis*.

Conv. EDH, art. 10 – D. n° 2005-790, 12 juill. 2005, art. 5.

30.02 **Jurisprudence de référence.**

Crim. 29 avr. 1960, *Bull. crim.*, n° 223.

> Sur le secret de l'instruction

Crim. 25 janv. 1996, n° 95-85.560, *Bull. crim.*, n° 51; *D.* 1996, somm. 258, obs. J. Pradel; *JCP G* 1996, IV, 1021.

30.03 **Bibliographie indicative.** (V. les références complètes s[s] n° 03.)

Actualisables. Rép. pén., Guéry, « Instruction préparatoire »; Bonnal, « Juge d'instruction » – J.-Cl. pén., Dumont, « Juge d'instruction. Juridictions d'instruction du premier degré. Dispositions générales »; Desportes F., « Secret de l'instruction »; Robert J.-H., « Protection de la présomption d'innocence »; « La loi du 15 juin 2000 renforçant la protection de la présomption d'innocence et les droits des victimes ».

Ouvrage. Saint-Pierre F., *Guide de la défense pénale*, 4e éd., Guide Dalloz, 2005.

Articles. Bouloc B., *RSC* 2002, 134 – Moreau B. et Niore V., « Plaidoyer pour la libre communication par l'avocat des éléments d'un dossier pénal d'instruction en cours devant une juridiction étatique ou arbitrale », *Gaz. Pal.* 3-5 août 2003, Doc. 2.

> Sur le secret de l'instruction

Auvret P., « Le droit au respect de la présomption d'innocence », *JCP G* 1994, I, 3802; « Les sanctions du non-respect de la présomption d'innocence par les journalistes », *Gaz. Pal.* 1995, 2, doctr. 1053; « Le journaliste, le juge et l'innocent », *RSC* 1996, 625 – Cohen C., « De la présomption d'innocence au secret de l'instruction : la double impasse », *Gaz. Pal.* 1995, 2, doctr. 951 – Conte Ph., « Pour en finir avec une présentation caricaturale de la présomption d'innocence », *Gaz. Pal.* 2/3 juin 1995, Tribune libre, 2 – Derieux E., « Secret de l'instruction et droit à l'information », *LPA* n° 70, 1997, 6 – Garçon E., « La communication de l'information pénale », *Dr. pén.* 2008, Études n° 15 – Giudicelli C., « Le secret de l'instruction appliqué par le juge de l'instruction », *AJ pén.* 2004, 141 – Lavielle B. et Lemonnier P., « Polichinelle et son secret : pour en finir avec l'article 11 du Code de procédure pénale », *AJ pén.* 2009, 153 – Mayer D., « L'information du public par la presse sur les affaires en cours d'instruction », *D.* 1995, chron. 80 – Pettiti L., « Droits de la défense : secret de l'instruction et communicabilité du dossier pénal », *Gaz. Pal.* 1989, 2, doctr. 364 – Renaut M.-H., « Innovation pour les droits de la défense ou retour partiel au Code Napoléon », *Gaz. Pal.* 1999, 2, doctr. 1341 et *Dr. pén.* nov. 1999, 4 – Dematteis J. et Poulet-Gibot-Leclerc N., « Peut-on supprimer l'article 11 du Code de procédure pénale relatif au secret de l'instruction ? », *JCP G* 2002, Étude, 1781 – Nuttens J.-D., « Présomption d'innocence : le Parlement fait la loi », *Gaz. Pal.* 21/27 juin 2000, 2 – Peltier V., « Le traitement de l'information pendant l'instruction préparatoire », *Dr. pén.* 2008, Études n° 16.

30.04 **Évolution.** Dans le système du Code d'instruction criminelle, et du Code de procédure pénale, l'instruction préalable occupe une place intermédiaire : elle suit l'enquête préliminaire ou de flagrance dont elle coordonne les résultats, et précède la procédure définitive, qu'elle prépare. Les opérations de l'instruction sont minutieusement réglementées, et obéissent à des formes précises, dont la sanction peut être la nullité. Le conseil intervient et assiste les parties. Le juge d'instruction est un magistrat qui, outre les actes de pure instruction, rend des ordonnances juridictionnelles. La procédure d'instruction a depuis longtemps fait l'objet de critiques. Elle retarde et complique l'action de la justice; elle se présente, quand elle est facultative, comme un luxe inutile[1]. Pourquoi refaire les actes de l'enquête initiale, quand celle-ci paraît complète ? C'est que les procès-verbaux de la police et de la gendarmerie, et ceux du juge d'instruction, qui ne sont pas établis dans les mêmes conditions, ont une autorité différente.

Le juge d'instruction, par sa qualité même de magistrat, peut apporter une garantie d'indépendance et d'impartialité. Son intervention doit être la garantie de l'authenticité des déclarations qu'il consigne. De plus, il coordonne, complète et éclaire les premiers éléments de l'enquête. Enfin, par le moyen de ses pouvoirs étendus et de ses attributions, il construit le dossier indispensable à la poursuite, dans lequel la juridiction de renvoi puisera les éléments qu'il soumettra aux débats contradictoires.

Néanmoins, depuis une vingtaine d'années, un véritable vent de réformes a soufflé sur cette institution traditionnelle. Il fut même envisagé de supprimer carrément le juge d'instruction, au profit d'un système inspiré de la procédure accusatoire anglo-saxonne. C'est ce que fit la Commission « Justice pénale et droits de l'Homme », présidée par le professeur Mme Delmas-Marty, qui déposa son rapport en 1990. Depuis la question de la suppression du juge d'instruction revient régulièrement sur le devant de la scène et bien plus encore depuis que le président de la République l'a annoncé lors de la rentrée solennelle de la cour de Cassation en janvier 2009 (v. s^{s} n° 10.05).

Alors qu'il était habituel de dire que l'instruction demeurait non contradictoire et que ce n'était qu'au stade suivant, devant les juridictions du jugement, que la protection des droits de la défense était complète, l'évolution législative de ces dernières années marque un pas important dans le renforcement des droits de la défense. L'instruction préparatoire n'est elle pas désormais un lieu plus protecteur des droits de la défense que certaines audiences de jugement, et on peut penser notamment à la procédure de comparution immédiate ?[2].

30.05 **Rapport du comité de réflexion sur la justice pénale dit rapport Léger.** Le comité propose la suppression du juge d'instruction mais le maintien du secret professionnel. Il propose que les enquêteurs et le ministère public accomplissent leurs investigations à charge et à décharge.

1. Garraud, III, n° 762.

2. En ce sens v. F. Saint Pierre, « Un point de vue sur l'évolution actuelle de la procédure pénale », *D.* 2002, Point de vue 3019.

CHAPITRE

31. Caractères de l'instruction

SECTION 0 ORIENTEUR

31.00 Plan du chapitre.

Sect. 1 L'instruction est écrite
Sect. 2 L'instruction n'est pas contradictoire
Sect. 3 L'instruction est secrète : les principes
Sect. 4 L'instruction est secrète : interdiction de divulguer les actes d'instruction
Sect. 5 Effets de la violation du secret de l'instruction
Sect. 6 L'instruction est en principe facultative

31.01 Textes applicables.

C. pr. pén., art. 11, 11-1, 79, 81, 98, 114, 116, 145, 199, 706-6.

C. pr. pén., art. D. 32.

C. pén., art. 226-13, 226-14, 434-7-2.

Ord. 2 févr. 1945, art. 4, 5, 12, 14, al. 4.

L. 29 juill. 1881, art. 38 et 39 *bis*.

Conv. EDH, art. 10.

D. n° 2005-790, 12 juill. 2005, art. 5.

C. pr. pén., art. 11

Sauf dans le cas où la loi en dispose autrement et sans préjudice des droits de la défense, la procédure au cours de l'enquête et de l'instruction est secrète.

Toute personne qui concourt à cette procédure est tenue au secret professionnel dans les conditions et sous les peines des articles 226-13 et 226-14 du Code pénal.

Toutefois, afin d'éviter la propagation d'informations parcellaires ou inexactes ou pour mettre fin à un trouble à l'ordre public, le procureur de la République peut, d'office et à la demande de la juridiction d'instruction ou des parties, rendre publics des éléments objectifs tirés de la procédure ne comportant aucune appréciation sur le bien-fondé des charges retenues contre les personnes mises en cause.

C. pr. pén., art. 11-1 [L. n° 2004-204, 9 mars 2004]

Sur autorisation du procureur de la République ou du juge d'instruction selon les cas, peuvent être communiqués à des autorités ou organismes habilités à cette fin par arrêté du ministre de la Justice, pris le cas échéant après avis du ou des ministres intéressés, des éléments des procédures judiciaires en cours permettant de réaliser des recherches ou enquêtes scientifiques ou techniques, destinées notamment à prévenir la commission d'accidents, ou de faciliter l'indemnisation des victimes ou la prise en charge de la réparation de leur préjudice. Les agents de ces autorités ou organismes sont alors tenus au secret professionnel en ce qui concerne ces informations, dans les conditions et sous les peines des articles 226-13 et 226-14 du Code pénal.

C. pr. pén., art. 79

L'instruction préparatoire est obligatoire en matière de crime; sauf dispositions spéciales, elle est facultative en matière de délit; elle peut également avoir lieu en matière de contravention si le procureur de la République le requiert en application de l'article 44.

C. pr. pén., art. 81

Le juge d'instruction procède, conformément à la loi, à tous les actes d'information qu'il juge utiles à la manifestation de la vérité. Il instruit à charge et à décharge.

[...]

C. pr. pén., art. 98

Sous réserve des nécessités de l'information judiciaire, toute communication ou toute divulgation sans autorisation de la personne mise en examen ou de ses ayants droit ou du signataire ou du destinataire d'un document provenant d'une perquisition, à une personne non qualifiée par la loi pour en prendre connaissance, est punie de 4 500 euros d'amende et de deux ans d'emprisonnement.

C. pr. pén., art. 114 [L. n° 2007-291, 5 mars 2007]

Les parties ne peuvent être entendues, interrogées ou confrontées, à moins qu'elles n'y renoncent expressément, qu'en présence de leurs avocats ou ces derniers dûment appelés.

Les avocats sont convoqués au plus tard cinq jours ouvrables avant l'interrogatoire ou l'audition de la partie qu'ils assistent par lettre recommandée avec demande d'avis de réception, télécopie avec récépissé ou verbalement avec émargement au dossier de la procédure.

La procédure est mise à leur disposition quatre jours ouvrables au plus tard avant chaque interrogatoire de la personne mise en examen ou chaque audition de la partie civile. Après la première comparution de la personne mise en examen ou la première audition de la partie civile, la procédure est également mise à tout moment à la disposition des avocats durant les jours ouvrables, sous réserve des exigences du bon fonctionnement du cabinet d'instruction.

Après la première comparution ou la première audition, les avocats des parties peuvent se faire délivrer, à leurs frais, copie de tout ou partie des pièces et actes du dossier. Cette copie peut être adressée à l'avocat sous forme numérisée, le cas échéant par un moyen de télécommunication selon les modalités prévues à l'article 803-1. La délivrance de cette copie doit intervenir dans le mois qui suit la demande.

Les avocats peuvent transmettre une reproduction des copies ainsi obtenues à leur client. Celui-ci atteste au préalable, par écrit, avoir pris connaissance des dispositions de l'alinéa suivant et de l'article 114-1.

Seules les copies des rapports d'expertise peuvent être communiquées par les parties ou leurs avocats à des tiers pour les besoins de la défense.

L'avocat doit donner connaissance au juge d'instruction, par déclaration à son greffier ou par lettre ayant ce seul objet et adressée en recommandé avec accusé de réception, de la liste des pièces ou actes dont il souhaite remettre une reproduction à son client.

Le juge d'instruction dispose d'un délai de cinq jours ouvrables à compter de la réception de la demande pour s'opposer à la remise de tout ou partie de ces reproductions par une ordonnance spécialement motivée au regard des risques de pression sur les victimes, les personnes mises en examen, leurs avocats, les témoins, les enquêteurs, les experts ou toute autre personne concourant à la procédure.

Cette décision est notifiée par tout moyen et sans délai à l'avocat. À défaut de réponse du juge d'instruction notifiée dans le délai imparti, l'avocat peut communiquer à son client la reproduction des pièces ou actes dont il avait fourni la liste. Il peut, dans les deux jours de sa notification, déférer la décision du juge d'instruction au président de la chambre de l'instruction, qui statue dans un délai de cinq jours ouvrables par une décision écrite et motivée, non susceptible de recours. À défaut de réponse notifiée dans le délai imparti, l'avocat peut communiquer à son client la reproduction des pièces ou actes mentionnés sur la liste.

Les modalités selon lesquelles ces documents peuvent être remis par son avocat à une personne détenue et les conditions dans lesquelles cette personne peut détenir ces documents sont déterminées par décret en Conseil d'État.

Par dérogation aux dispositions des huitième et neuvième alinéas, l'avocat d'une partie civile dont la recevabilité fait l'objet d'une contestation ne peut transmettre à son client une reproduction des pièces ou actes de la procédure sans l'autorisation préalable du juge d'instruction, qui peut lui être notifiée par tout moyen. En cas de refus du juge d'instruction ou à défaut de réponse de ce dernier dans les cinq jours ouvrables, l'avocat peut saisir le président de la chambre de l'instruction, qui statue dans un délai de cinq jours ouvrables, par une décision écrite et motivée non susceptible de recours. En l'absence d'autorisation préalable du président de la chambre de l'instruction, l'avocat ne peut transmettre la reproduction de pièces ou actes de la procédure à son client.

C. pr. pén., art. 116 [L. n° 2007-291, 5 mars 2007]

Lorsqu'il envisage de mettre en examen une personne qui n'a pas déjà été entendue comme témoin assisté, le juge d'instruction procède à sa première comparution selon les modalités prévues par le présent article.

Le juge d'instruction constate l'identité de la personne et lui fait connaître expressément, en précisant leur qualification juridique, chacun des faits dont il est saisi et pour lesquels la mise en examen est envisagée. Mention de ces faits et de leur qualification juridique est portée au procès-verbal.

Lorsqu'il a été fait application des dispositions de l'article 80-2 et que la personne est assistée d'un avocat, le juge d'instruction procède à son interrogatoire; l'avocat de la personne peut présenter ses observations au juge d'instruction.

Dans les autres cas, le juge d'instruction avise la personne de son droit de choisir un avocat ou de demander qu'il lui en soit désigné un d'office. L'avocat choisi ou, dans le cas d'une demande de commission d'office, le bâtonnier de l'ordre des avocats en est informé par tout moyen et sans délai. Si l'avocat choisi ne peut être contacté ou ne peut se déplacer, la personne est avisée de son droit de demander qu'il lui en soit désigné un d'office pour l'assister au cours de la première comparution. L'avocat peut consulter sur-le-champ le dossier et communiquer librement avec la personne. Le juge d'instruction avertit ensuite la personne qu'elle a le choix soit de se taire, soit de faire des déclarations, soit d'être interrogée. Mention de cet avertissement est faite au procès-verbal. L'accord pour être interrogé ne peut être donné qu'en présence d'un avocat. L'avocat de la personne peut également présenter ses observations au juge d'instruction.

Après avoir, le cas échéant, recueilli les déclarations de la personne ou procédé à son interrogatoire et entendu les observations de son avocat, le juge d'instruction lui notifie :

– soit qu'elle n'est pas mise en examen; le juge d'instruction informe alors la personne qu'elle bénéficie des droits du témoin assisté;

– soit qu'elle est mise en examen; le juge d'instruction porte alors à la connaissance de la personne les faits ou la qualification juridique des faits qui lui sont reprochés, si ces faits ou ces qualifications diffèrent de ceux qui lui ont déjà été notifiés; il l'informe de ses droits de formuler des demandes d'actes ou des requêtes en annulation sur le fondement des articles 81, 82-1, 82-2, 156 et 173 durant le déroulement de l'information et avant l'expiration du délai d'un mois ou de trois mois prévu par le troisième alinéa de l'article 175, sous réserve des dispositions de l'article 173-1.

S'il estime que le délai prévisible d'achèvement de l'information est inférieur à un an en matière correctionnelle ou à dix-huit mois en matière criminelle, le juge d'instruction donne connaissance de ce délai prévisible à la personne et l'avise qu'à l'expiration dudit délai, elle pourra demander la clôture de la procédure en application des dispositions de l'article 175-1. Dans le cas contraire, il indique à la personne qu'elle pourra demander, en application de ce même article, la clôture de la procédure à l'expiration d'un délai d'un an en matière correctionnelle ou de dix-huit mois en matière criminelle.

À l'issue de la première comparution, la personne doit déclarer au juge d'instruction son adresse personnelle. Elle peut toutefois lui substituer l'adresse d'un tiers chargé de recevoir les actes qui lui sont destinés si elle produit l'accord de ce dernier. L'adresse déclarée doit être située, si l'information se déroule en métropole, dans un département métropolitain ou, si l'information se déroule dans un département d'outre-mer, dans ce département. Cette déclaration est faite devant le juge des libertés et de la détention lorsque ce magistrat, saisi par le juge d'instruction, décide de ne pas placer la personne en détention.

La personne est avisée qu'elle doit signaler au juge d'instruction jusqu'au règlement de l'information, par nouvelle déclaration ou par lettre recommandée avec demande d'avis de réception, tout changement de l'adresse déclarée. Elle est également avisée que toute notification ou signification faite à la dernière adresse déclarée sera réputée faite à sa personne. Mention de cet avis, ainsi que de la déclaration d'adresse, est portée au procès-verbal. Ces avis sont donnés par le juge des libertés et de la détention lorsque celui-ci décide de ne pas placer la personne en détention.

C. pr. pén., art. 116-1 [inséré par L. n° 2007-291, 5 mars 2007]

En matière criminelle, les interrogatoires des personnes mises en examen réalisés dans le cabinet du juge d'instruction, y compris l'interrogatoire de première comparution et les confrontations, font l'objet d'un enregistrement audiovisuel.

L'enregistrement ne peut être consulté, au cours de l'instruction ou devant la juridiction de jugement, qu'en cas de contestation sur la portée des déclarations recueillies, sur décision du juge d'instruction ou de la juridiction de jugement, à la demande du ministère public ou d'une des parties. Les huit derniers alinéas de l'article 114 ne sont pas applicables. Lorsqu'une partie demande la consultation de l'enregistrement, cette demande est formée et le juge d'instruction statue conformément aux deux premiers alinéas de l'article 82-1.

Le fait, pour toute personne, de diffuser un enregistrement réalisé en application du présent article est puni d'un an d'emprisonnement et de 15 000 euros d'amende.

À l'expiration d'un délai de cinq ans à compter de la date de l'extinction de l'action publique, l'enregistrement est détruit dans le délai d'un mois.

Lorsque le nombre de personnes mises en examen devant être simultanément interrogées, au cours de la même procédure ou de procédures distinctes, fait obstacle à l'enregistrement de tous les interrogatoires, le juge d'instruction décide, au regard des nécessités de l'investigation, quels interrogatoires ne seront pas enregistrés.

Lorsque l'enregistrement ne peut être effectué en raison d'une impossibilité technique, il en est fait mention dans le procès-verbal d'interrogatoire qui précise la nature de cette impossibilité.

Le présent article n'est pas applicable lorsque l'information concerne un crime mentionné à l'article 706-73 du présent code ou prévu par les titres Ier et II du livre IV du Code pénal, sauf si le juge d'instruction décide de procéder à l'enregistrement.

Un décret précise en tant que de besoin les modalités d'application du présent article.

C. pr. pén., art. 145 [L. n° 2007-291, 5 mars 2007]

Le juge des libertés et de la détention saisi par une ordonnance du juge d'instruction tendant au placement en détention de la personne mise en examen fait comparaître cette personne devant lui, assistée de son avocat si celui-ci a déjà été désigné, et procède conformément aux dispositions du présent article.

Au vu des éléments du dossier et après avoir, s'il l'estime utile, recueilli les observations de l'intéressé, ce magistrat fait connaître à la personne mise en examen s'il envisage de la placer en détention provisoire.

S'il n'envisage pas de la placer en détention provisoire, ce magistrat, après avoir le cas échéant ordonné le placement de la personne sous contrôle judiciaire, procède conformément aux deux derniers alinéas de l'article 116 relatifs à la déclaration d'adresse.

S'il envisage d'ordonner la détention provisoire de la personne, il l'informe que sa décision ne pourra intervenir qu'à l'issue d'un débat contradictoire et qu'elle a le droit de demander un délai pour préparer sa défense. Si la personne majeure mise en examen ou son avocat en fait la demande dès l'ouverture de l'audience, le débat contradictoire a lieu en audience publique, sauf si la publicité est de nature à entraver les investigations spécifiques nécessitées par l'instruction ou à nuire à la dignité de la personne ou aux intérêts d'un tiers. Le juge des libertés et de la détention statue par ordonnance motivée sur cette demande de publicité après avoir recueilli les observations du ministère public, de la personne mise en examen et de son avocat.

Si cette personne n'est pas déjà assistée d'un avocat, le juge l'avise qu'elle sera défendue lors du débat par un avocat de son choix ou, si elle ne choisit pas d'avocat, par un avocat commis d'office. L'avocat choisi ou, dans le cas d'une commission d'office, le bâtonnier de l'ordre des avocats en est avisé par tout moyen et sans délai. Si l'avocat choisi ne peut se déplacer, il est remplacé par un avocat commis d'office. Mention de ces formalités est faite au procès-verbal.

Le juge des libertés et de la détention statue après un débat contradictoire au cours duquel il entend le ministère public qui développe ses réquisitions prises conformément au troisième alinéa de l'article 82 puis les observations de la personne mise en examen et, le cas échéant, celles de son avocat. Si la personne mise en examen est majeure, le débat contradictoire a lieu et le juge statue en audience publique. Toutefois, le ministère public, la personne mise en examen ou son avocat peuvent s'opposer à cette publicité si l'enquête porte sur des faits visés à l'article 706-73 ou si celle-ci est de nature à entraver les investigations spécifiques nécessitées par l'instruction, à porter atteinte à la présomption d'innocence ou à la sérénité des débats ou à nuire à la dignité de la personne ou aux intérêts d'un tiers. Le juge statue sur cette opposition en audience de cabinet par ordonnance motivée, après avoir recueilli les observations du ministère public, de la personne mise en examen et de son avocat. S'il fait droit à cette opposition ou si la personne mise en examen est mineure, le débat a lieu et le juge statue en audience de cabinet.

Toutefois, le juge des libertés et de la détention ne peut ordonner immédiatement le placement en détention lorsque la personne mise en examen ou son avocat sollicite un délai pour préparer sa défense.

Dans ce cas, il peut, au moyen d'une ordonnance motivée par référence aux dispositions de l'alinéa précédent et non susceptible d'appel, prescrire l'incarcération de la personne pour une durée déterminée qui ne peut en aucun cas excéder quatre jours ouvrables. Dans ce délai, il fait comparaître à nouveau la personne et, que celle-ci soit ou non assistée d'un avocat, procède comme il est dit au sixième alinéa. S'il n'ordonne pas le placement de la personne en détention provisoire, celle-ci est mise en liberté d'office.

Pour permettre au juge d'instruction de procéder à des vérifications relatives à la situation personnelle du mis en examen ou aux faits qui lui sont reprochés, lorsque ces vérifications sont susceptibles de permettre le placement de l'intéressé sous contrôle judiciaire, le juge des libertés et de la détention peut également décider d'office de prescrire par ordonnance motivée l'incarcération provisoire du mis en examen pendant une durée déterminée qui ne saurait excéder quatre jours ouvrables jusqu'à la tenue du débat contradictoire. À défaut de débat dans ce délai, la personne est mise en liberté d'office. L'ordonnance mentionnée au présent alinéa peut faire l'objet du recours prévu à l'article 187-1.

L'incarcération provisoire est, le cas échéant, imputée sur la durée de la détention provisoire pour l'application des articles 145-1 et 145-2. Elle est assimilée à une détention provisoire au sens de l'article 149 du présent code et de l'article 24 du Code pénal [art. abrogé, v. C. pr. pén., art. 716-4].

C. pr. pén., art. 199 [L. n° 2007-291, 5 mars 2007, art. 12 I, II]

Les débats se déroulent et l'arrêt est rendu en chambre du conseil. Toutefois, si la personne majeure mise en examen ou son avocat le demande dès l'ouverture des débats, ceux-ci se déroulent et l'arrêt est rendu en séance publique, sauf si la publicité est de nature à entraver les investigations spécifiques nécessitées par l'instruction ou à nuire à la dignité de la personne ou aux intérêts d'un tiers. La chambre de l'instruction statue sur cette demande, après avoir recueilli les observations du procureur général et, le cas échéant, des avocats des autres parties, par un arrêt rendu en chambre du conseil qui n'est susceptible de pourvoi en cassation qu'en même temps que l'arrêt portant sur la demande principale.

En matière de détention provisoire, et par dérogation aux dispositions du premier alinéa, si la personne mise en examen est majeure, les débats se déroulent et l'arrêt est rendu en audience publique. Toutefois, le ministère public, la personne mise en examen ou la partie civile ou leurs avocats peuvent, avant l'ouverture des débats, s'opposer à cette publicité si celle-ci est de nature à entraver les investigations spécifiques nécessitées par l'instruction, à porter atteinte à la présomption d'innocence ou à la sérénité des débats ou à nuire à la dignité de la personne ou aux intérêts d'un tiers, ou si l'enquête porte sur des faits visés à l'article 706-73. La chambre statue sur cette opposition après avoir recueilli les observations du ministère public et des parties, par un arrêt rendu en chambre du conseil qui n'est susceptible de pourvoi en cassation qu'en même temps que l'arrêt portant sur la demande principale. Si la chambre fait droit à cette opposition ou si la personne mise en examen est mineure, les débats ont lieu et l'arrêt est rendu en chambre du conseil. Il en est de même si la partie civile s'oppose à la publicité, dans les seuls cas où celle-ci est en droit de demander le huis-clos lors de l'audience de jugement.

Après le rapport du conseiller, le procureur général et les avocats des parties sont entendus.

La chambre de l'instruction peut ordonner la comparution personnelle des parties ainsi que l'apport des pièces à conviction.

Il est donné lecture de l'arrêt par le président ou par l'un des conseillers; cette lecture peut être faite même en l'absence des autres conseillers.

En matière de détention provisoire, la comparution personnelle de la personne concernée est de droit si celle-ci ou son avocat en fait la demande; cette requête doit, à peine d'irrecevabilité, être présentée en même temps que la déclaration d'appel ou que la demande de mise en liberté adressée à la chambre de l'instruction. Si la personne a déjà comparu devant la chambre de l'instruction moins de quatre mois auparavant, le président de cette juridiction peut, en cas d'appel d'une ordonnance rejetant une demande de mise en liberté, refuser la comparution personnelle de l'intéressé par une décision motivée qui n'est susceptible d'aucun recours.

En cas de comparution personnelle de la personne concernée, le délai maximum prévu au troisième alinéa de l'article 194 est prolongé de cinq jours.

C. pr. pén., art. 706-6

La commission ou son président peut procéder ou faire procéder à toutes auditions et investigations utiles, sans que puisse leur être opposé le secret professionnel. Ils peuvent notamment se faire communiquer copie des procès-verbaux constatant l'infraction ou de toutes les pièces de la procédure pénale, même en cours. Ils peuvent également requérir :

1° De toute personne ou administration, la communication de renseignements sur la situation professionnelle, financière, fiscale ou sociale des personnes ayant à répondre du dommage causé par l'infraction ou du requérant;

2° De tout service de l'État, collectivité publique, organisme de sécurité sociale, organisme assurant la gestion des prestations sociales ou compagnies d'assurance susceptibles de réparer tout ou partie du préjudice, la communication des renseignements relatifs à l'exécution de leurs obligations éventuelles.

Les renseignements ainsi recueillis ne peuvent être utilisés à d'autres fins que l'instruction de la demande d'indemnité et leur divulgation est interdite.

Le président de la commission peut accorder une ou plusieurs provisions en tout état de la procédure; il est statué dans le délai d'un mois à compter de la demande de provision.

C. pr. pén., art. D. 32

Quand, après une information ouverte sur constitution de partie civile, une décision de non-lieu a été rendue, l'inculpé et toute personne visée dans la plainte peut se faire délivrer par le procureur de la République, une expédition de la plainte et de la décision de non-lieu en vue de l'application éventuelle des dispositions de l'article 91 du Code de procédure pénale.

C. pén., art. 226-13

La révélation d'une information à caractère secret par une personne qui en est dépositaire soit par état ou par profession, soit en raison d'une fonction ou d'une mission temporaire, est punie d'un an d'emprisonnement et de 15 000 euros d'amende.

C. pén., art. 226-14 [L. n° 2004-1, 2 janv. 2004]

L'article 226-13 n'est pas applicable dans les cas où la loi impose ou autorise la révélation du secret. En outre, il n'est pas applicable :

1° À celui qui informe les autorités judiciaires, médicales ou administratives de privations ou de sévices, y compris lorsqu'il s'agit d'atteintes sexuelles, dont il a eu connaissance et qui ont été infligées à un mineur ou à une personne qui n'est pas en mesure de se protéger en raison de son âge ou de son incapacité physique ou psychique;

2° Au médecin qui, avec l'accord de la victime, porte à la connaissance du procureur de la République les sévices ou privations qu'il a constatés, sur le plan physique ou psychique, dans l'exercice de sa profession et qui lui permettent de présumer que des violences physiques, sexuelles ou psychiques de toute nature ont été commises. Lorsque la victime est mineure, son accord n'est pas nécessaire;

3° Aux professionnels de la santé ou de l'action sociale qui informent le préfet et, à Paris, le préfet de police du caractère dangereux pour elles-mêmes ou pour autrui des personnes qui les consultent et dont ils savent qu'elles détiennent une arme ou qu'elles ont manifesté leur intention d'en acquérir une.

Le signalement aux autorités compétentes effectué dans les conditions prévues au présent article ne peut faire l'objet d'aucune sanction disciplinaire.

C. pén., art. 434-7-2 [L. n° 2004-204, 9 mars 2004]

Sans préjudice des droits de la défense, le fait, pour toute personne qui, du fait de ses fonctions, a connaissance, en application des dispositions du Code de procédure pénale, d'informations issues d'une enquête ou d'une instruction en cours concernant un crime ou un délit, de révéler, directement ou indirectement, ces informations à des personnes susceptibles d'être impliquées, comme auteurs, coauteurs, complices ou receleurs, dans la commission de ces infractions, lorsque cette révélation est de nature à entraver le déroulement des investigations ou la manifestation de la vérité, est puni de cinq ans d'emprisonnement et de 75 000 euros d'amende.

Ord. 2 févr. 1945, art. 4 [mod. par L. n° 2007-291, 5 mars 2007]

I. – Le mineur de treize ans ne peut être placé en garde à vue. Toutefois, à titre exceptionnel, le mineur de dix à treize ans contre lequel il existe des indices graves ou concordants laissant présumer qu'il a commis ou tenté de commettre un crime ou un délit puni d'au moins cinq ans d'emprisonnement peut, pour les nécessités de l'enquête, être retenu à la disposition d'un officier de police judiciaire avec l'accord préalable et sous le contrôle d'un magistrat du ministère public ou d'un juge d'instruction spécialisés dans la protection de l'enfance ou d'un juge des enfants, pour une durée que ce magistrat détermine et qui ne saurait excéder douze heures. Cette retenue peut toutefois être prolongée à titre exceptionnel par décision motivée de ce magistrat pour une durée qui ne saurait non plus excéder douze heures, après présentation devant lui du mineur, sauf si les circonstances rendent cette présentation impossible. Elle doit être strictement limitée au temps nécessaire à la déposition du mineur et à sa présentation devant le magistrat compétent ou à sa remise à l'une des personnes visées au II du présent article.

Les dispositions des II, III et IV du présent article sont applicables. Lorsque le mineur ou ses représentants légaux n'ont pas désigné d'avocat, le procureur de la République, le juge chargé de l'instruction ou l'officier de police judiciaire doit, dès le début de la retenue, informer par tout moyen et sans délai le bâtonnier afin qu'à commette un avocat d'office.

II. – Lorsqu'un mineur est placé en garde à vue, l'officier de police judiciaire doit informer de cette mesure les parents, le tuteur, la personne ou le service auquel est confié le mineur.

Il ne peut être dérogé aux dispositions de l'alinéa précédent que sur décision du procureur de la République ou du juge chargé de l'information et pour la durée que le magistrat détermine et qui ne peut excéder vingt-quatre heures ou, lorsque la garde à vue ne peut faire l'objet d'une prolongation, douze heures.

III. – Dès le début de la garde à vue d'un mineur de seize ans, le procureur de la République ou le juge chargé de l'information doit désigner un médecin qui examine le mineur dans les conditions prévues par le quatrième alinéa de l'article 63-3 du Code de procédure pénale.

IV. – Dès le début de la garde à vue, le mineur peut demander à s'entretenir avec un avocat. Il doit être immédiatement informé de ce droit. Lorsque le mineur n'a pas sollicité l'assistance d'un avocat, cette demande peut également être faite par ses représentants légaux qui sont alors avisés de ce droit lorsqu'ils sont informés de la garde à vue en application du II du présent article. *[Ces dispositions ont été déclarées non conformes à la Constitution par Cons. Const., décis. nº 93-326 DC, 11 août 1993, JO 15 août].*

V. – En cas de délit puni d'une peine inférieure à cinq ans d'emprisonnement, la garde à vue d'un mineur âgé de treize à seize ans ne peut être prolongée.

Aucune mesure de garde à vue ne peut être prolongée sans présentation préalable du mineur au procureur de la République ou au juge d'instruction du lieu d'exécution de la mesure.

VI. – Les interrogatoires des mineurs placés en garde à vue visés à l'article 64 du Code de procédure pénale font l'objet d'un enregistrement audiovisuel.

L'enregistrement ne peut être consulté, au cours de l'instruction ou devant la juridiction de jugement, qu'en cas de contestation du contenu du procès-verbal d'interrogatoire, sur décision du juge d'instruction, du juge des enfants ou de la juridiction de jugement, à la demande du ministère public ou d'une des parties. Les huit derniers alinéas de l'article 114 ne sont pas applicables. Lorsqu'une partie demande la consultation de l'enregistrement, cette demande est formée et le juge d'instruction statue conformément aux deux premiers alinéas de l'article 82-1 du Code de procédure pénale.

Le fait, pour toute personne, de diffuser un enregistrement original ou une copie réalisée en application du présent article est puni d'un an d'emprisonnement et de 15 000 euros d'amende.

Lorsque l'enregistrement ne peut être effectué en raison d'une impossibilité technique, il en est fait mention dans le procès-verbal d'interrogatoire qui précise la nature de cette impossibilité. Le procureur de la République ou le juge d'instruction en est immédiatement avisé.

À l'expiration d'un délai de cinq ans à compter de la date de l'extinction de l'action publique, l'enregistrement original et sa copie sont détruits dans le délai d'un mois.

Un décret précise en tant que de besoin les modalités d'application du présent VI.

VII. – Les dispositions de l'article 706-88 du Code de procédure pénale, à l'exception de celles de la deuxième phrase de son dernier alinéa, sont applicables au mineur de plus de seize ans lorsqu'il existe une ou plusieurs raisons plausibles de soupçonner qu'une ou plusieurs personnes majeures ont participé, comme auteurs ou complices, à la commission de l'infraction.

Ord. 2 févr. 1945, art. 5

Aucune poursuite ne pourra être exercée en matière de crime contre les mineurs sans information préalable.

En cas de délit, le procureur de la République en saisira, soit le juge d'instruction, soit par voie de requête le juge des enfants et, à Paris, le président du tribunal pour enfants. Il pourra également saisir le tribunal pour enfants conformément à la procédure de jugement à délai rapproché prévue par l'article 14-2.

Le procureur de la République pourra également donner instruction à un officier ou un agent de police judiciaire de notifier au mineur contre lequel il existe des charges suffisantes d'avoir commis un délit une convocation à comparaître devant le juge des enfants qui en sera immédiatement avisé, aux fins d'application de l'article 8-1. Cette convocation, qui vaudra citation à personne, entraînera l'application des délais prévus à l'article 552 du Code de procédure pénale.

La convocation énoncera les faits reprochés, visera le texte de loi qui les réprime et indiquera le nom du juge saisi ainsi que la date et le lieu de l'audience. Elle mentionnera, en outre, les dispositions de l'article 4-1.

La convocation sera également notifiée dans les meilleurs délais aux parents, au tuteur, à la personne ou au service auquel le mineur est confié.

Elle sera constatée par procès-verbal signé par le mineur et la personne visée à l'alinéa précédent, qui en recevront copie.

En aucun cas, il ne pourra être suivi contre le mineur par les procédures prévues aux articles 393 à 396 du Code de procédure pénale ou par voie de citation directe.

La victime sera avisée par tout moyen de la date de comparution du mineur devant le juge des enfants.

La convocation mentionnée aux alinéas précédents peut être également délivrée en vue de la mise en examen du mineur.

Ord. 2 févr. 1945, art. 12

Le service de la protection judiciaire de la jeunesse compétent établit, à la demande du procureur de la République, du juge des enfants ou de la juridiction d'instruction, un rapport écrit contenant tous renseignements utiles sur la situation du mineur ainsi qu'une proposition éducative.

Lorsqu'il est fait application de l'article 5, ce service est obligatoirement consulté avant toute réquisition ou décision de placement en détention provisoire du mineur ou de prolongation de la détention provisoire.

Ce service doit également être consulté avant toute décision du juge des enfants au titre de l'article 8-1 et toute réquisition du procureur de la République au titre des articles 8-2 et 14-2.

Le rapport prévu au premier alinéa est joint à la procédure.

Ord. 2 févr. 1945, art. 14, al. 4

Le jugement sera rendu en audience publique, en la présence du mineur. Il pourra être publié, mais sans que le nom du mineur puisse être indiqué, même par une initiale, à peine d'une amende de 3 750 euros.

L. 29 juill. 1881, art. 38

Il est interdit de publier les actes d'accusation et tous autres actes de procédure criminelle ou correctionnelle avant qu'ils aient été lus en audience publique et ce, sous peine d'une amende de 3 750 euros.

Sans préjudice des dispositions de l'article 15 du Code pénal, il est interdit, sous la même peine, de publier aucune information relative aux travaux et délibérations du conseil supérieur de la magistrature, à l'exception des informations concernant les audiences publiques et les décisions publiques rendues en matière disciplinaire à l'encontre des magistrats. Pourront toutefois être publiées les informations communiquées par le président ou le vice-président dudit conseil.

L. 29 juill. 1881, art. 39 *bis*

Est puni de 15 000 euros d'amende le fait de diffuser, de quelque manière que ce soit, des informations relatives à l'identité ou permettant l'identification :

– d'un mineur ayant quitté ses parents, son tuteur, la personne ou l'institution qui était chargée de sa garde ou à laquelle il était confié;

– d'un mineur délaissé dans les conditions mentionnées aux articles 227-1 et 227-2 du Code pénal;

– d'un mineur qui s'est suicidé;

– d'un mineur victime d'une infraction.

Les dispositions du présent article ne sont pas applicables lorsque la publication est réalisée à la demande des personnes ayant la garde du mineur ou des autorités administratives ou judiciaires.

Conv. EDH, art. 10

1. Toute personne a droit à la liberté d'expression. Ce droit comprend la liberté d'opinion et la liberté de recevoir ou de communiquer des informations ou des idées sans qu'il puisse y avoir ingérence d'autorités publiques et sans considération de frontière. Le présent article n'empêche pas les États de soumettre les entreprises de radiodiffusion, de cinéma ou de télévision à un régime d'autorisations.

2. L'exercice de ces libertés comportant des devoirs et des responsabilités peut être soumis à certaines formalités, conditions, restrictions ou sanctions prévues par la loi, qui constituent des mesures nécessaires, dans une société démocratique, à la sécurité nationale, à l'intégrité territoriale ou à la sûreté publique, à la défense de l'ordre et à la prévention du crime, à la protection de la santé ou de la morale, à la protection de la réputation ou des droits d'autrui, pour empêcher la divulgation d'informations confidentielles ou pour garantir l'autorité et l'impartialité du pouvoir judiciaire.

D. n° 2005-790, 12 juill. 2005, art. 5

L'avocat respecte le secret de l'enquête et de l'instruction en matière pénale, en s'abstenant de communiquer, sauf à son client pour les besoins de la défense, des renseignements extraits du dossier, ou de publier des documents, pièces ou lettres intéressant une enquête ou une information en cours.

Il ne peut transmettre de copies de pièces ou actes du dossier de la procédure à son client ou à des tiers que dans les conditions prévues à l'article 114 du Code de procédure pénale.

31.02 Jurisprudence de référence.

> Sur le secret de l'instruction

• La violation du secret de l'instruction, concomitante à l'accomplissement d'un acte de la procédure, ne peut conduire à son annulation, que s'il en est résulté une atteinte aux intérêts d'une partie.

Crim. 25 janv. 1996, n° 95-85.560, *Bull. crim.*, n° 51; *D.* 1996, somm. 258, obs. J. Pradel; *JCP G* 1996, IV, 1021; *Dr. pén.* 1996-11, n° 11, 1, rapp. H. de Larosière de Champfeu.

« Attendu qu'il résulte des pièces de la procédure qu'un journaliste, ayant recueilli l'accord des seuls policiers, a filmé, afin de constituer un reportage destiné à être commercialisé, diverses opérations diligentées sur commission rogatoire, concernant Marc Q... et Christian B..., lesquels ont soutenu que la violation du secret de l'instruction, non pas postérieure, mais concomitante aux actes de la procédure, devait conduire à leur annulation;

Attendu que l'arrêt attaqué, après avoir relevé que la présence d'un journaliste n'avait pas été dissimulée à B... et à Q... lors de leur interpellation, énonce que tous deux se sont entretenus, pendant leur garde à vue, avec leurs avocats, lesquels n'ont alors présenté aucune observation; que les juges retiennent que Q... a demandé que le film soit visionné, non pour soulever une violation de ses intérêts, mais pour étayer ses déclarations; que la chambre d'accusation en déduit que l'irrégularité résultant de la présence d'un journaliste n'a pas en l'espèce porté atteinte aux droits des demandeurs, même si elle est par ailleurs passible de poursuites pénales;

Attendu qu'en l'état de ces motifs, la chambre d'accusation a justifié sa décision;

Qu'en effet la violation du secret de l'instruction, non pas postérieure mais concomitante à l'accomplissement d'un acte de la procédure, ne peut conduire à son annulation que s'il en est résulté une atteinte aux intérêts d'une partie;

D'où il suit que les moyens ne sauraient être accueillis. »

• L'avocat qui fournit des informations couvertes par le secret de l'instruction à un tiers commet le délit de violation du secret professionnel.

Crim. 27 oct. 2004, n° 04-81.513, *Bull. crim.*, n° 259.

« Attendu que, pour déclarer Gilles X... coupable de violation du secret professionnel, l'arrêt énonce que cet avocat, qui avait, dans le cadre de l'exercice de sa profession, reçu des confidences de son client ne pouvait, sans trahir le secret professionnel, révéler à un tiers, fût-ce à la demande de son client, le contenu de leur entretien; que les juges ajoutent qu'en communiquant à un tiers des informations provenant du dossier de l'instruction auquel il avait eu accès, Gilles X... s'est encore rendu coupable de violation du secret professionnel;

Attendu qu'en l'état de ces motifs, exempts d'insuffisance et de contradiction, procédant de son appréciation souveraine des faits et circonstances de la cause, la cour d'appel a, sans excéder les limites de sa saisine, caractérisé en tous ses éléments le délit de violation du secret professionnel, dont elle a déclaré le prévenu coupable;

Qu'en effet, aux termes de l'article 160, alinéa 1er, du décret du 27 novembre 1991, l'avocat, en toute matière, ne doit commettre aucune divulgation contrevenant au secret professionnel. »

31.03 Bibliographie indicative. (V. les références complètes s[s] n° 03.)

Actualisables. RÉP. PÉN., Guéry, « Instruction préparatoire »; Bonnal, « Juge d'instruction » – J.-CL. PÉN., Dumont, « Juge d'instruction. Juridictions d'instruction du premier degré. Dispositions générales »; Desportes F., « Secret de l'instruction »; Robert H., « Protection de la présomption d'innocence »; « La loi du 15 juin 2000 renforçant la protection de la présomption d'innocence et les droits des victimes ».

Ouvrages. DONNEDIEU DE VABRES, n° 1273 – HÉLIE F., IV, n°s 1540 à 1563, not. n° 1553 – GARRAUD, III, n°s 768 et 769 – LE POITTEVIN, art. 63, n° 28 – Saint-Pierre F., *Guide de la défense pénale,* 4e éd., Guide Dalloz, 2005 – VIDAL ET MAGNOL, II, n° 816.

Articles. Bouloc B., *RSC* 2002, 134 – Bernard Moreau et Vincent Niore, « Plaidoyer pour la libre communication par l'avocat des éléments d'un dossier pénal d'instruction en cours devant une juridiction étatique ou arbitrale », *Gaz. Pal.* 3-5 août 2003, doctr. 2.

> Sur le secret de l'instruction

Auvret P., « Le droit au respect de la présomption d'innocence », *JCP G* 1994, I, 3802; « Les sanctions du non-respect de la présomption d'innocence par les journalistes », *Gaz. Pal.* 1995, 2, doctr. 1053; « Le journaliste, le juge et l'innocent », *RSC* 1996, 625 – Cohen C., « De la présomption d'innocence au secret de l'instruction : la double impasse », *Gaz. Pal.* 1995, 2, doctr. 951 – Conte Ph., « Pour en finir avec une présentation caricaturale de la présomption d'innocence », *Gaz. Pal.* 2/3 juin 1995, Tribune libre, 2 – Derieux E., « Secret de l'instruction et droit à l'information », *LPA* n° 70, 1997, 6 – Garçon E., « La communication de l'information pénale », *Dr. pén.* 2008, Études n° 15 – Giudicelli C., « Le secret de l'instruction appliqué par le juge de l'instruction », *AJ pén.* 2004, 141 – Mayer D., « L'information du public par la presse sur les affaires en cours d'instruction », *D.* 1995, chron. 80 – Lavielle B. et Lemonnier P., « Polichinelle et son secret : pour en finir avec l'article 11 du Code de procédure pénale », *AJ pén.* 2009, 153 – Pettiti L., « Droits de la défense : secret de l'instruction et communicabilité du dossier pénal », *Gaz. Pal.* 1989, 2, doctr. 364 – Renaut M.-H., « Innovation pour les droits de la défense ou retour partiel au Code Napoléon », *Gaz. Pal.* 1999, 2, doctr. 1341 et *Dr. pén.* nov. 1999, 4 – Dematteis J. et Poulet-Gibot-Leclerc N., « Peut-on supprimer l'article 11 du Code de procédure pénale relatif au secret de l'instruction ? », *JCP G* 2002, Étude, 1781 – Nuttens J.-D., « Présomption d'innocence : le Parlement fait la loi », *Gaz. Pal.* 21/27 juin 2000, 2 – Peltier V., « Le traitement de l'information pendant l'instruction préparatoire », *Dr. pén.* 2008, Études n° 16.

31.06 Questions essentielles.

• Le secret de l'instruction pose au magistrat instructeur plus de questions éthiques que juridiques, d'autant que les tempéraments au caractère non public de l'instruction se multiplient. L'article 11 du Code de procédure pénale a été modifié par la loi du 15 juin 2000 afin de permettre au parquet de rendre publics des « éléments objectifs tirés de la procédure ». Mais « toutes celles et ceux qui peuvent avoir un motif évident à commettre une telle violation et qui donc devraient logiquement être soumis au secret n'y sont pas tenus »[1]. Des éléments non « objectifs » se retrouvent ainsi chaque jour dans la presse française.

SECTION 1

L'INSTRUCTION EST ÉCRITE

31.11 L'instruction forme un dossier. L'instruction préalable, écrite, secrète et non contradictoire, de caractère inquisitorial, s'oppose sur tous les points à la procédure définitive de jugement[2]. « Depuis le réquisitoire à fin d'information, jusqu'à l'ordonnance de règlement, tous les actes de l'instruction préalable sont écrits, et l'ensemble de ces actes constitue le dossier de l'information.[3] » À l'instruction, tout est consigné par écrit : les demandes et les déclarations des parties, celles des témoins, les expertises, les constatations faites, les éléments de preuve recueillis, les décisions prises. Tout ce qui n'a pas été noté par écrit est perdu pour la suite du procès. Ainsi, le fait que le dessaisissement d'un juge d'instruction à un autre, opéré sans ordonnance par simple conversation téléphonique, soit non avenu et sans effet, est une application de la règle que « tous les actes de l'instruction sont écrits »[4]. La procédure est également écrite devant la chambre de l'instruction[5].

31.12 Tempéraments au principe de l'écrit. La loi du 17 juin 1998 prévoit l'enregistrement vidéo ou audio de l'audition d'une victime de certaines infractions prévues à l'article 706-47 du Code de procédure pénale. Ceci constitue une exception au principe selon lequel la procédure est écrite (v. s[s] n° 73.17). L'article 4 de l'ordonnance n° 45-174 du 2 février 1945 dispose désormais que « les interrogatoires des mineurs placés en garde à vue visés à l'article 64 du Code de procédure pénale font l'objet d'un enregistrement audiovisuel ». La loi n° 2007-261 du 5 mars 2007 a encore élargi le domaine de l'audiovisuel[6]. Un certain nombre d'interrogatoires doivent être enregistrés, que ce soit au moment de la garde à vue ou devant le juge d'instruction (v. s[s] n°s 101.31 à 101.35, 111.41, 153.27).

1. Dematteis J., Poulet-Gibot-Leclerc N., « Peut-on supprimer l'article 11 du Code de procédure pénale relatif au secret de l'instruction ? », *JCP G* 2002, Étude 1781.
2. V. HÉLIE F., IV, n°s 1540 à 1563.
3. GARRAUD, III, n° 769.
4. Crim. 11 avr. 1959, *Bull. crim.,* n° 213.
5. Crim. 29 mars 1989, n° 89-80.383, *Bull. crim.,* n° 149.
6. L. n° 2007-261, 5 mars 2007, *JO* 6 mars.

SECTION 2
L'INSTRUCTION N'EST PAS CONTRADICTOIRE

31.21 De l'inquisitoire au contradictoire ? Selon le système du Code d'instruction criminelle, la procédure suivie devant le juge d'instruction n'était pas contradictoire. L'inculpé n'avait pas de conseil, la procédure ne lui était jamais communiquée, il ignorait les charges réunies contre lui, et il ne pouvait utilement préparer et organiser sa défense. La loi du 8 décembre 1897, reprise par les articles 114 à 121 du Code de procédure pénale, a diminué l'isolement des parties, inculpé et partie civile. Celles-ci ont désormais un conseil, qui les assiste, auquel la procédure est périodiquement communiquée. Leur droit d'appel est plus étendu. Elles peuvent participer au déroulement de certaines opérations, telle l'expertise.

Cependant, une telle procédure n'est pas contradictoire au sens plein du terme. Le droit d'appel, quoique plus étendu, n'est toujours que partiel. Il est vrai qu'aujourd'hui, les parties peuvent invoquer les nullités, et solliciter des actes d'instruction (C. pr. pén., art. 116, al. 4). L'avocat peut prendre communication du dossier à tout moment (C. pr. pén., art. 114, al. 3), mais les garanties attachées à la présence du conseil ne profitent toujours pas aux parties qui n'en ont pas. Il a été jugé que l'instruction du premier degré n'est pas contradictoire, de sorte que l'inculpé ou son conseil n'y a pas la parole le dernier[1], mais c'est la règle inverse qui s'applique devant la chambre de l'instruction puisque l'intéressé peut demander d'être présent à l'audience (C. pr. pén., art. 199)[2]. Le débat contradictoire lors du placement en détention fait exception. Il est toutefois possible de penser qu'avec les lois de janvier puis août 1993, retouchées par divers textes puis par la loi du 15 juin 2000, 9 mars 2004 et 5 mars 2007, l'instruction préparatoire a atteint un stade où le contradictoire a pris une certaine place. Il n'est pas certain que l'on puisse en faire plus sans dénaturer la fonction ou bloquer le système, ce qui entraînerait alors la suppression du juge d'instruction et de cette phase préparatoire du procès pénal. Il conviendrait aussi de modifier les règles actuelles qui régissent la constitution de partie civile à titre principal, qui encombrent, sans raison valide, de nombreux cabinets[3].

1. Crim. 24 janv. 1984, n° 83-94.417, *Bull. crim.*, n° 30.
2. Crim. 28 sept. 1983, *Bull. crim.*, n° 232; *D.* 1984, 156, note Pradel – Crim. 29 nov. 1984, n° 84-94.697, *Bull. crim.*, n° 376 – Crim. 10 mai 1989, n° 89-81.182, n° 89-81.183, *Bull. crim.*, n° 186 – Crim. 6 févr. 1992, n° 91-86.282, *Bull. crim.*, n° 58 – Crim. 30 mars 1993, *Bull. crim.*, n° 363.
3. Sur ce point v. Ch. Guéry, « Le juge d'instruction et le voleur de pommes : pour une réforme de la plainte avec constitution de partie civile », *D.* 2003, chron. 1575.

SECTION 3
L'INSTRUCTION EST SECRÈTE : LES PRINCIPES

31.31 Notion complexe. L'instruction préalable est traditionnellement secrète. Cette règle remonte à l'article 110 de l'ordonnance de mars 1498, 37 de l'ordonnance d'août 1536, 162 de l'ordonnance de 1670. Elle n'était pas expressément formulée par le Code d'instruction criminelle mais les articles 302 et 305 de ce code supposaient implicitement son rétablissement, après l'éclipse que lui avait fait subir le droit révolutionnaire. Les auteurs sont unanimes pour reconnaître à l'instruction, sous le régime du Code d'instruction criminelle, un caractère secret[4], et la Cour de cassation, a consacré cette opinion. Le secret de l'instruction, qui n'était jusque-là que sous-entendu, a été expressément prévu par l'article 11 du Code de procédure pénale, ainsi conçu : « Sauf dans les cas où la loi en dispose autrement et sans préjudice des droits de la défense, la procédure au cours de l'enquête et de l'instruction est secrète. Toute personne qui concourt à cette procédure est tenue au secret professionnel dans les conditions et sous les peines des articles 226-13 et 226-14 du Code pénal. »

Le secret de l'information est une notion complexe, que l'on peut examiner sous trois aspects. L'instruction est tout d'abord secrète à l'égard des parties et notamment de la personne mise en examen, qui n'est pas tenu au courant de sa marche, auquel elle n'est pas communiquée, et qui ignorait tout des opérations faites hors sa présence. Ceci est moins vrai depuis que l'avocat a un accès quasi permanent à la procédure. Mais c'est surtout cet aspect que présentait le secret de l'instruction dans l'ancien droit; il se justifiait par des raisons d'efficacité : on estimait que seule pouvait donner de bons résultats une enquête dont le prévenu était rigoureusement tenu à l'écart.

L'instruction est en second lieu secrète en ce sens qu'elle est faite dans le cabinet d'instruction, hors la présence du public et de toute personne étrangère. Exception faite de la présence du greffier et le cas échéant de l'avocat, qui font partie de l'appareil de la justice, les entretiens avec le juge ne sont contrôlés par aucun témoin étranger à l'affaire. C'est là le vrai caractère inquisitorial de l'instruction. Ce trait oppose l'instruction à la procédure de jugement, où les débats se poursuivent au grand jour de l'audience sous le contrôle du public (v. s[s] n° 31.33). Depuis la loi du 6 juillet 1989, en matière de détention provisoire, au cas de comparution personnelle, et sur demande de l'intéressé ou de son conseil, les

4. Not. HÉLIE F., IV, n° 1553 – GARRAUD, III, n° 768 – VIDAL ET MAGNOL, II, n° 816 – DONNEDIEU DE VABRES, n° 1273.

débats devant la chambre de l'instruction peuvent avoir lieu en audience publique (C. pr. pén., art. 199)[1]. La loi du 15 juin 2000 a étendu cette possibilité en toutes matières (C. pr. pén., art. 199).

Enfin, l'instruction est secrète en ce sens que ses divers éléments ne doivent être ni divulgués ni publiés, ni même communiqués aux tiers, par les personnes qui l'ont dirigée ou qui y ont participé. C'est surtout cet aspect du secret qu'a visé le législateur en écrivant dans l'article 11 du Code de procédure pénale que « toute personne qui concourt à cette procédure est tenue au secret professionnel ». Une double raison sert de base à cet aspect du secret de l'information. D'une part, l'instruction n'est que préalable au jugement : le mis en examen est présumé innocent et l'instruction peut se terminer par une ordonnance de non-lieu, une relaxe ou un acquittement : il ne faut pas que dans ces conditions la divulgation de la procédure puisse porter une fâcheuse et définitive atteinte à la réputation de la personne qui a été à tort soupçonné et poursuivi. D'autre part, c'est dans l'intérêt d'une bonne administration de la justice que la divulgation de l'instruction est interdite : on admet que celle-ci ne peut être efficace que si sa marche, sa direction et ses opérations sont ignorées de tous ceux qui ont intérêt à fuir ou à se cacher, à déformer la vérité ou à faire disparaître les indices, les instruments ou le fruit du crime ou du délit[2].

31.32 Le secret de l'instruction à l'égard des parties. Sous le régime du Code d'instruction criminelle, l'information suivie devant le juge d'instruction était rigoureusement secrète; la procédure n'était jamais communiquée aux parties, qui n'en connaissaient que les éléments que leur révélait le juge au cours des interrogatoires et des confrontations. Ce secret résultait implicitement des articles 302 et 305 du code précité, qui prévoyaient la communication de toutes les pièces au conseil de l'accusé après l'interrogatoire par le président de la cour d'assises, et la délivrance à l'accusé ou à son conseil de la copie des pièces du procès.

La Cour de cassation avait expressément jugé que l'information devait rester secrète jusqu'au moment ou l'accusé, renvoyé devant la cour d'assises, avait été interrogé par le président, et que la partie civile, qui a interjeté appel d'une ordonnance de non-lieu, ne pouvait exiger la communication de la procédure pour établir et produire son mémoire devant la chambre d'accusation[3]; que l'information est essentiellement secrète, jusque et y compris l'arrêt de mise en accusation[4]. Elle a encore jugé que la communication de la procédure ne peut être exigée par l'accusé qu'après l'interrogatoire par le président des assises[5]; que d'ailleurs, les articles 302 et 305 s'appliquaient en matière correctionnelle, mais qu'en cette matière, le droit de communication ne pouvait être plus étendu qu'en matière criminelle, et que le prévenu ne pouvait l'exiger qu'après l'ordonnance de renvoi[6]. Le greffier du cabinet d'instruction, qui tenait l'inculpé au courant de la procédure, commettait le délit de révélation de secret professionnel[7].

Toutefois, le secret de l'information n'était pas opposable au ministère public, auquel, aux termes de l'article 61 du Code d'instruction criminelle, le juge d'instruction donnait communication de la procédure préalablement à tout acte d'instruction ou de poursuite, et qui pouvait lui-même, en outre, requérir cette communication à toutes les époques de l'information. Enfin, aux termes de l'article 135 du même code, le greffier devait donner communication au procureur de la République des ordonnances rendues par le juge d'instruction.

À l'égard des parties privées elles-mêmes, le secret de l'information comportait une exception. Le greffier devait signifier à l'inculpé libre et à la partie civile les ordonnances dont chacun d'eux pouvait interjeter appel; ces mêmes ordonnances devaient être communiquées à l'inculpé détenu, aux termes du même article 135.

Mais la loi du 8 décembre 1897 a fortement entamé le principe du secret de l'instruction. Cette loi a permis à l'inculpé de choisir un conseil avec

1. Crim. 3 juill. 1990, n° 90-82.398, *Bull. crim.*, n° 273 – Crim. 5 sept. 1990, n° 90-83.668, *Bull. crim.*, n° 312 – Crim. 11 avr. 1991, n° 91-80.388, *Bull. crim.*, n° 175.
2. Sur le secret de l'instruction, v., parmi les travaux récents; P. Auvret, « Le journaliste, le juge et l'innocent », *RSC* 1996, 625 – E. Derieux, « Secret de l'instruction et droit à l'information », *LPA* n° 70, 1997, 6 – J. Le Calvez, « L'inculpation et la présomption d'innocence », chron. *Gaz. Pal.* 31 oct. 1987, 2 – J.-R. Farthouat, « La présomption d'innocence », *Revue Justice* n° 10, 55 – J.-J. Minet, « En finir avec la présomption d'innocence, Libres propos », *Gaz. Pal.* 2-3 déc. 1994, 2 – Ph. Conte, « Pour en finir avec une présentation caricaturale de la présomption d'innocence », *Gaz. Pal.* 2-3 juin 1995, Tribune libre, 2 – J. Dematteis et N. Poulet-Gibot-Leclerc, « Peut-on supprimer l'article 11 du Code de procédure pénale relatif au secret de l'instruction ? », *JCP G* 2002, Étude, 1781 – J.-D. Nuttens, « Présomption d'innocence : le Parlement fait la loi », *Gaz. Pal.* 21/27 juin 2000, 2 – J.-M. Varaut, « Secret et transparence », *Gaz. Pal.* 13/14 sept. 2002.
3. Crim. 19 mai 1827, *Bull. crim.*, n° 20.
4. Crim. 5 juill. 1855, *S.* 1855, 1, 854 – Crim. 13 août 1863, *S.* 1864, 1, 149.
5. Crim. 16 janv. 1852, *S.* 1852, 1, 468 – Crim. 9 déc. 1892, *D.* 1893, 1, 101 – Crim. 6 janv. 1893, *Bull. crim.*, n° 5.
6. Crim. 15 juill. 1881, *Bull. crim.*, n° 131 – Crim. 21 nov. 1891, *Bull. crim.*, n° 222.
7. Crim. 9 juill. 1886, *Bull. crim.*, n° 249.

lequel il pouvait communiquer aussitôt après l'interrogatoire de première comparution. La procédure devait être communiquée au conseil la veille de chacun des interrogatoires et confrontations; en outre, il était donné avis à celui-ci de chacune des ordonnances juridictionnelles. De la sorte, l'inculpé, ainsi que la partie civile depuis la loi du 22 mars 1921, par l'intermédiaire de leur avocat, étaient tenus au courant de la marche et du déroulement de la procédure. Toutefois, à l'égard des parties qui n'avaient pas choisi de conseil, la procédure suivie devant le juge d'instruction restait aussi secrète qu'elle l'était auparavant.

Les dispositions de la loi du 8 décembre 1897, relatives à la communication de l'inculpé avec son conseil, à la communication de la procédure et à l'avis des ordonnances juridictionnelles, ont été reproduites par les articles 114 à 117 et 183 du Code de procédure pénale. Outre la connaissance que les parties qui ont choisi un conseil peuvent indirectement avoir de la marche de la procédure, elles en ont une connaissance directe fragmentaire, de même que les parties qui n'ont pas choisi de conseil, par la signification des ordonnances dont elles peuvent faire appel, et par l'avis qui leur est donné par lettre recommandée des ordonnances de règlement, selon les prévisions de l'article 183 du même code. Comme sous le régime du Code d'instruction criminelle, le procureur de la République peut toujours se faire communiquer le dossier de l'instruction à tout moment (C. pr. pén., art. 82), et il lui est donné avis par le greffier de toute ordonnance non conforme à ses réquisitions (C. pr. pén., art. 183).

31.33 L'instruction n'est pas publique. L'instruction est secrète en ce sens qu'elle est poursuivie dans le cabinet d'instruction, hors la présence du public et de toute personne étrangère. En outre, les personnes mises en examen sont interrogées, et les témoins et la partie civile sont entendus séparément. Ce n'est qu'au cours des confrontations que les déclarations respectives sont faites en présence des uns et des autres. Quant au conseil, il assiste seulement son client, mais n'est pas présent lors des autres interrogatoires ou auditions sauf application du nouvel article 82-2 du Code de procédure pénale. Par plusieurs arrêts, la Cour de cassation admet que la présence de telle ou telle personne à des actes d'instruction n'est pas une cause de nullité.

31.34 Tempéraments au caractère non public de l'instruction. La loi du 6 juillet 1989 permet à la personne mise en examen ou à son conseil de demander dès l'ouverture des débats devant la chambre de l'instruction que ceux-ci se déroulent en audience publique. Cette disposition, qui n'était valable que pour les débats relatifs à la détention provisoire a été étendue à toutes les affaires par la loi du 15 juin 2000 (C. pr. pén., art. 199) et la publicité est même devenue le principe en matière de détention avec la loi du 5 mars 2007 (v. s[s] n° 241.34). De plus, les débats contradictoires devant le juge des libertés et de la détention pouvaient « si la personne majeure mise en examen ou son avocat en fait la demande dès l'ouverture de l'audience » avoir lieu en audience publique, sauf si la publicité est de nature à entraver les investigations spécifiques nécessitées par l'instruction ou à nuire à la dignité de la personne ou aux intérêts d'un tiers. La loi du 5 mars 2007 a modifié assez profondément les principes puisque désormais, c'est la publicité qui est la règle et le secret l'exception (v. s[s] n° 143.76).

Le procureur de la République, en règle générale, n'assiste pas à l'instruction qui est faite dans le cabinet du juge, et le Code d'instruction criminelle, par son article 62, ne prévoyait sa présence obligatoire qu'au cours des transports sur les lieux effectués par le juge d'instruction : toutefois, cette présence n'était pas prescrite à peine de nullité[1]. La Cour de cassation avait jugé que la présence du ministère public aux actes ordinaires d'instruction n'était pas une cause de nullité[2]. Aujourd'hui, l'article 119 du Code de procédure pénale donne au procureur de la République la faculté d'assister aux interrogatoires et confrontations de la personne mise en examen et aux auditions de la partie civile et du témoin assisté (pour ce dernier depuis la loi du 9 mars 2004), et chaque fois qu'il a manifesté une telle intention, le greffier doit l'avertir par simple note l'avant-veille de l'opération projetée. En fait, les parquets n'usent pas de cette faculté, ou n'en usent que tout à fait exceptionnellement.

Les escortes qui gardent des personnes mises en examen déférées devant le juge ou placées en détention provisoire peuvent demeurer dans le cabinet du juge. Cette présence ne viole ni le secret de l'instruction, ni les droits de la défense, à la condition que les gardiens aient conservé une attitude passive[3].

Enfin, aucune nullité ne résulte non plus de la présence des experts, qui sont de véritables auxiliaires du juge d'instruction, et qui peuvent assister aux actes de l'instruction, de même que le juge d'instruction peut assister à leurs opérations techniques, à la condition qu'il n'exerce sur eux aucune pression, et n'influence pas leurs conclusions; ainsi, le médecin expert, commis pour procéder à l'examen mental de l'inculpé, peut assister à une confrontation[4]; l'expert peut, d'une manière générale, assis-

1. Crim. 17 janv. 1956, *D.* 1956, somm. 131.
2. Crim. 1er sept. 1910, *D.* 1910, 1, 482.
3. Crim. 22 déc. 1910, *Bull. crim.*, n° 659.
4. Crim. 25 juin 1908, *Bull. crim.*, n° 270.

ter aux interrogatoires, perquisitions et saisies de pièces[1].

31.35 Transports. L'instruction se fait normalement dans le cabinet du magistrat, à huis clos. Mais il n'en est pas toujours ainsi. Par exemple, le juge d'instruction entend un malade à l'hôpital, ou bien il effectue un transport sur les lieux. S'il s'agit d'un lieu public ou de la voie publique, le magistrat ne peut pas toujours s'isoler de manière complète. Les tiers voient les opérations d'instruction et entendent les paroles prononcées par le juge, la personne mise en examen, la victime, les témoins.

Cette semi-publicité, qui tient à la disposition des lieux, et que le juge doit s'efforcer de réduire ne saurait, sauf circonstance particulière, entraîner par elle-même de nullité. Il ne semble pas, d'ailleurs, que ce problème ait été évoqué en jurisprudence.

31.36 La procédure devant la commission d'indemnisation des victimes d'infractions. Les articles 706-3 et suivants du Code de procédure pénale prévoient la procédure de recours en indemnités ouvert à certaines victimes de dommages résultant d'une infraction. L'article 706-6 prévoit notamment que « la commission ou son président peut procéder ou faire procéder à toutes auditions et investigations utiles, sans que puisse leur être opposé le secret professionnel. Ils peuvent se faire communiquer copie des procès-verbaux constatant l'infraction ou de toutes les pièces de la procédure pénale, même en cours. » Toutefois « les renseignements ainsi recueillis ne peuvent être utilisés à d'autres fins que l'instruction de la demande d'indemnité et leur divulgation est interdite ». Il semble bien que ces dispositions soient générales et concernent aussi les informations en cours. L'article R. 50-14 du Code de procédure pénale subordonne la délivrance de copies de pièces pénales extraites du dossier de la CIVI à l'accord du procureur de la République.

SECTION 4
L'INSTRUCTION EST SECRÈTE : INTERDICTION DE DIVULGUER LES ACTES D'INSTRUCTION

31.41 Article 11. L'article 11 du Code de procédure pénale qui vise cet aspect du secret de l'information, n'avait pas son équivalent dans le Code d'instruction criminelle. Il est ainsi rédigé : « Sauf dans les cas où la loi en dispose autrement, et sans préjudice des droits de la défense, la procédure au cours de l'enquête et de l'instruction est secrète. Toute personne qui concourt à cette procédure est tenue au secret professionnel dans les conditions et sous les peines des articles 226-13 et 226-14 du Code pénal. »

Pour fixer la portée de cet article 11, il faut déterminer quelles sont les personnes qui concourent à l'instruction et celles qui n'y concourent pas. Par cette expression quelque peu confuse et incertaine du législateur : « personnes qui concourent à l'information », il faut entendre celles qui participent à la constitution du dossier et effectuent certaines opérations d'instruction, telles que les magistrats, les policiers, les experts, mais non les personnes qui y sont mêlées passivement, et qui n'y apparaissent que parce qu'elles ont participé à l'infraction poursuivie, ou l'ont connue à un titre quelconque, telles que la personne mise en examen, les témoins et la partie civile (en ce sens, art. C. 22).

31.42 Détermination des personnes qui concourent à l'instruction. Les personnes suivantes concourent à l'instruction :

1. Les magistrats. Les magistrats qui concourent à l'information sont : le juge d'instruction[2] et les magistrats commis par lui pour exécuter les commissions rogatoires, tels que les juges du siège et les juges du tribunal d'instance. L'article 11 concerne bien entendu au premier chef le juge d'instruction qui ne peut rien révéler des procédures en cours d'information, même dans le cas d'une précédente divulgation[3]. Ce principe trouve toutefois une exception lorsqu'il s'agit pour le juge d'instruction de se défendre[4]. En dehors du magistrat instructeur, sont visés le juge des libertés et de la détention, le président et les conseillers de la chambre de l'instruction, ainsi que les magistrats du siège et les juges d'instruction commis par la chambre de l'instruction pour procéder à un supplément d'information; les magistrats du parquet qui jouent le rôle de ministère public près le juge d'instruction et la chambre de l'instruction. Toutefois, par un arrêt du 15 novembre 1961, la chambre commerciale de la Cour de cassation a jugé que « le secret de l'information n'est pas opposable au procureur de la République qui peut puiser dans une instruction judiciaire tous les éléments d'information qui lui sont indispensables et en faire usage dans l'exercice des missions que la loi lui attribue; que tel est le cas

1. Crim. 25 janv. 1917, *D.* 1918, 1, 97.

2. Crim. 6 déc. 1977, n° 77-91.124, *Bull. crim.*, n° 385 – CA Rennes, 7 mai 1979, *JCP G* 1980, II, 19333, note P. Chambon; chron. J.-Y. Chevallier, *JCP G* 1980, I, 2984.
3. CA Rennes, 7 mai 1979, *JCP* 1980, II, 19333, note P. Chambon.
4. V. « Les droits de la défense, cause de justification autonome », obs. B. de Lamy sous Crim. 11 juin 2002 et Crim. 11 févr. 2003, *D.* 2004, somm. 317.

en matière de faillite »[1]. Ainsi, le ministère public a la faculté de communiquer au tribunal de commerce, en matière de faillite, des documents extraits d'une information pénale en cours[2].

2. **Les enquêteurs de police** qui, depuis l'ouverture de l'information jusqu'à sa clôture, sont chargés par le juge d'instruction ou la chambre de l'instruction d'effectuer diverses opérations de recherche, d'enquête ou de renseignements tels que les officiers de police judiciaire énumérés à l'article 16 du Code de procédure pénale, les agents de police judiciaire énumérés à l'article 20 et les divers fonctionnaires des administrations revêtus de pouvoirs spéciaux tels les douaniers. Les enquêteurs qui, dans une affaire, ont participé à l'enquête officieuse qui a précédé l'ouverture de l'information, sont également tenus au secret, puisque l'article 11 applique le secret à l'enquête comme à l'instruction.

3. **Les enquêteurs de personnalité,** chargés par le juge d'instruction, selon les termes de l'article 81, de procéder « à une enquête sur la personnalité des personnes mises en examen, ainsi que sur leur situation matérielle, familiale ou sociale ».

4. **Les officiers publics et ministériels,** tels les huissiers[3], et les greffiers. La Cour de cassation avait jugé que le greffier du cabinet d'instruction, qui tient l'inculpé au courant de la procédure suivie contre lui, commet le délit de révélation de secret professionnel[4].

5. La question est plus délicate pour **les auxiliaires des parquets,** secrétaire et dactylographes. Il a été décidé qu'un secrétaire du parquet n'est pas un auxiliaire du procureur de la République dans le sens des articles 48 et 50 du Code d'instruction criminelle[5]. Ces auxiliaires connaissent les actes de l'instruction à l'occasion de leur besogne matérielle, mais ils n'y participent pas activement. Ils sont plutôt tenus au secret professionnel en vertu du serment qu'ils prêtent.

6. **Les experts,** qui concourent activement à l'instruction, puisque les rapports qu'ils rédigent en forment un des éléments importants.

7. **Les interprètes et traducteurs.**

8. Enfin, la question peut se poser de savoir si les **personnes requises pour exécuter une besogne matérielle,** au cours d'un transport sur les lieux par exemple, sont tenues au secret de l'article 11. Sans doute, elles participent activement à l'instruction, mais d'une manière fort éloignée. Le problème est le même à l'égard des personnes requises, aux termes des articles 95 et 96, pour assister aux perquisitions et saisies en l'absence de la personne mise en examen ou de la personne chez laquelle la perquisition est faite. Il faut à cet égard rappeler les termes des articles 58 et 98 du Code de procédure pénale modifiés par l'ordonnance du 4 juin 1960, selon lesquels, « sous réserve des nécessités de l'information judiciaire, toute communication ou toute divulgation sans l'autorisation de la personne mise en examen ou de ses ayants droit ou du signataire ou du destinataire d'un document provenant d'une perquisition, à une personne non qualifiée par la loi pour en prendre connaissance, est punie d'une amende de 4 500 euros et d'un emprisonnement de deux mois à deux ans ».

9. Doivent aussi être considérées comme tenues au secret les **autorités et personnes qui participent à l'application du contrôle judiciaire** institué par la loi du 17 juillet 1970 ou aux enquêtes rapides qu'il s'agisse de mineurs ou de majeurs (SEAT, service d'orientation pénale).

31.43 Personnes non visées par l'article 11. Les personnes qui ne concourent pas à l'instruction et qui ne sont donc pas tenues au secret de l'article 11 sont celles qui ne sont mêlées à l'instruction que d'une manière passive et qui ne participent pas activement à la constitution du dossier, de par leur état ou leur profession. Ce sont les suivantes :

1. **La personne poursuivie.** Celle-ci subit la poursuite. Elle a par ailleurs le droit absolu de se défendre par tous les moyens qu'elle juge utiles. On ne saurait donc, même si l'on considère que le secret de l'instruction est institué en vue de son efficacité, reprocher à l'intéressée des divulgations que celle-ci a jugées conformes à son intérêt.

2. **Le témoin.** Les déclarations du témoin contribuent à l'édification du dossier, mais le témoin est seulement appelé à l'information, et il n'y joue donc qu'un rôle passif. Il ne saurait ainsi lui être interdit de divulguer au-dehors les déclarations qu'il a faites, ni même ce qu'il a appris, au cours des confrontations, de la bouche du juge, de la personne mise en examen ou des autres témoins. Il n'a en aucune manière la charge de garantir le maintien du secret de l'instruction.

3. **La partie civile,** qui ne concourt pas à l'instruction, n'est pas tenue au secret de celle-ci[6]. Elle

1. Crim. 15 nov. 1961, *JCP G* 1962, II, 12636, note Ch. Gavalda.
2. Sur la communication d'une procédure à l'audience v. aussi : Crim. 11 mars 1964, *Bull. crim.*, n° 86 – Crim. 8 mars 1989, *Bull. crim.*, n° 86.
3. Crim. 12 avr. 1951, *D.* 1951, 363, chron. Hugueney; *RSC* 1951, 523.
4. Crim. 9 juill. 1886, *Bull. crim.*, n° 249; *DP* 1886, 1, 475; *S.* 1886, 1, 487.
5. Civ., 12 mars 1957; *S.* 1957, 367, note H. G. M.
6. Crim. 9 oct. 1978, n° 76-92.075, *Bull. crim.*, n° 263; *D.* 1979, 185, note P. Chambon; *Gaz. Pal.* 1979, 1, 245; *RSC* 1979, 560, obs. Levasseur.

peut produire des pièces d'instruction dans un procès civil[1].

4. Il a été jugé que les **journalistes** ne sont pas tenus au secret de l'instruction, et qu'aucun texte n'interdit la parution d'un livre avant le jugement de l'affaire[2].

5. Mais l'avocat au contraire « doit respecter le secret de l'instruction, en s'abstenant de communiquer des renseignements extraits du dossier ou de publier des documents, pièces ou lettres intéressant une information en cours » (D. 9 juin 1972, art. 89 - D. 27 nov. 1991, art. 160). Néanmoins, n'est pas une violation du secret, la production dans un autre procès, d'une lettre de pure procédure, adressée au juge d'instruction par le conseil de la partie adverse[3]. L'article 11 du Code de procédure pénale ne s'oppose pas au versement au dossier ou à la production aux débats d'une procédure d'instruction, même en cours, à la seule condition que celle-ci soit soumise à la discussion contradictoire[4]. L'obligation au secret imposée à l'avocat est générale et absolue, même s'il s'agit d'un fait déjà connu sans son ensemble, quand il y a divulgation de précisions que le détenteur du secret était seul à connaître[5]. S'il ne concourt pas à la procédure au sens de l'article 11 du Code de procédure pénale, il résulte de l'article 160 du décret du 27 novembre 1991 que l'avocat ne doit commettre aucune divulgation contrevenant au secret professionnel et doit notamment respecter le secret de l'instruction en matière pénale. Caractérise le délit de violation du secret professionnel la cour d'appel qui constate que l'avocat de la personne mise en examen a sciemment révélé à une personne étrangère à la procédure le contenu d'un acte couvert par le secret de l'instruction[6]. Il en est de même lorsque la cour d'appel constate que l'avocat a révélé à un tiers, fut-ce avec l'accord de son client, le contenu de leur entretien avant la première comparution devant le juge d'instruction[7]. Il résulte de l'article 160 du décret du 27 novembre 1991 que l'avocat ne peut communiquer à quiconque, sauf à son client pour les besoins de sa défense, des renseignements concernant des procédures pénales[8].

31.44 Intensité du secret selon la phase de la procédure. C'est pendant le cours de l'enquête et de l'instruction, tant qu'elles ne sont pas terminées, que s'applique avec toute son intensité le secret édicté par l'article 11 du Code de procédure pénale. Sur autorisation du procureur de la République ou du juge d'instruction selon les cas, peuvent être communiqués à des autorités ou organismes habilités à cette fin par arrêté du ministre de la Justice des éléments de procédure judiciaire en cours permettant de réaliser des recherches ou enquêtes scientifiques ou techniques destinées notamment à prévenir la commission d'accidents ou de faciliter l'indemnisation des victimes ou la prise en charge de la réparation de leur préjudice. Les agents de ces autorités ou organismes sont alors tenus au secret professionnel en ce qui concerne ces infractions, dans les conditions et sous les peines des articles 226-13 et 226-14 du Code pénal (C. pr. pén., art. 11-1, issu de la loi du 9 mars 2004).

Après la clôture de l'information et le renvoi de l'affaire devant la juridiction de jugement, la règle de la publicité remplace celle du secret. Tous les éléments du dossier sont dès lors produits et discutés au grand jour de l'audience publique. Aussi les débats peuvent-ils toujours, en principe, faire l'objet d'un compte rendu fidèle et de bonne foi (L. 29 juill. 1881, art. 41, al. 3).

À l'audience où l'affaire est jugée, le juge d'instruction qui l'a instruite peut être appelé en qualité de témoin[9] et ce genre de procédé, a tendance à se multiplier. Il en est de même du greffier d'instruction[10], du procureur de la République qui a requis les poursuites[11], et des officiers de police et de gendarmerie qui ont effectué l'enquête[12]. Quant aux experts qui ont été commis par le juge d'instruction, la loi elle-même a prévu leur audition à l'audience où ils doivent prêter un serment spécial (C. pr. pén., art. 168).

Les conditions dans lesquelles sont délivrées aux parties ou aux tiers les expéditions des pièces de la

1. Civ. 2e, 21 janv. 1981, n° 79-15.686, *Bull. civ.* II, n° 2; *JCP G* 1981, IV, 117.
2. T. réf. Paris, 31 août 1973, *JCP G* 1974, II, 17714, note R. L. – CA Paris, 11 juin 1986, *Gaz. Pal.*, 19 juill. 1986, obs. Levasseur; *RSC* 1986, n° 4.
3. CA Riom, 24 avr. 1975, *D.* 1976, 707, note Brunois – Crim. 18 oct. 1977, n° 76-90.891, *Bull. crim.*, n° 306; *D.* 1978, 94, note Brunois.
4. Crim. 16 mars 1981, *Bull. crim.*, n° 91 – Crim. 2 oct. 1981, n° 80-90.893, *Bull. crim.*, n° 256.
5. Crim. 7 mars 1989, n° 87-90.500, *Bull. crim.*, n° 109.
6. Crim. 18 sept. 2001, n° 00-86.518, *Bull. crim.*, n° 179; *JCP G* 2001, 2170; *D.* 2001, 3171.
7. Crim. 27 oct. 2004, n° 04-81.513, *Bull. crim.*, n° 259.
8. Crim. 18 déc. 2001, n° 01-84.170, *Bull. crim.*, n° 273; *JCP G* 2002, 1394 – V. aussi ss nos 111.35, 181.62 et 181.63 – V. aussi Bernard Moreau et Vincent Niore, « Plaidoyer pour la libre communication par l'avocat des éléments d'un dossier pénal d'instruction en cours devant une juridiction étatique ou arbitrale », *Gaz. Pal.* 3-5 août 2003, Doc. 2 – B. de Lamy, « Les droits de la défense, cause de justification autonome », obs. sous Crim. 11 juin 2002 et Crim. 11 févr. 2003, n° 02-82.629, *D.* 2004, somm. 317.
9. Crim. 25 sept. 1902, *Bull. crim.*, n° 318 – Crim. 5 nov. 1903, *DP* 1904, 1, 25, note Le Poittevin – Crim. 6 févr. 1957, *Bull. crim.*, n° 121.
10. Crim. 3 oct. 1844, *Bull. crim.*, n° 336.
11. Crim. 23 janv. 1835, *S.* 1835, 1, 565 – Crim. 26 juill. 1983, n° 83-91.899, *Bull. crim.*, n° 228; *D.* 1984, IR 32.
12. Crim. 9 janv. 1840, *Bull. crim.*, n° 11.

procédure, selon que celle-ci se termine par un jugement, un classement sans suite ou une ordonnance de non-lieu, sont précisées par les articles R. 154 à R. 156 et C. 1144 à C. 1149.

31.45 Textes spéciaux. Certains textes intéressent la procédure antérieure à l'audience, et apportent des restrictions à la liberté de la presse.

L'alinéa 1er de l'article 38 de la loi du 29 juillet 1881 « interdit de publier les actes d'accusation et tous autres actes de procédure criminelle ou correctionnelle avant qu'ils aient été lus en audience publique, sous peine d'une amende de 3 750 euros ». Il est interdit, sous la même peine, de publier aucune information relative aux travaux et délibérations du CSM à l'exception des informations concernant les audiences publiques et les décisions publiques rendues en matière disciplinaire à l'encontre de magistrats (C. pr. pén., art. 38, al. 2).

L'article 14 alinéa 4 de l'ordonnance du 2 février 1945, modifié par la loi du 24 mai 1951, interdit « la publication par le livre, la presse, la radiophonie, le cinématographe ou par quelque autre manière, de tout texte ou de toute illustration concernant l'identité et la personnalité des mineurs délinquants ». Par ailleurs, l'article 39 *bis*, de la loi du 29 juillet 1881, modifié par la loi du 28 novembre 1955, interdit la publication par les mêmes moyens des informations concernant la fugue ou le suicide des mineurs ou ayant quitté ses parents ou victime d'une infraction.

Enfin, l'article 2 de la loi du 2 juillet 1931, qui modifiait l'article 70 du Code d'instruction criminelle interdisait de publier, avant décision judiciaire, toute information relative à des constitutions de partie civile faites en application de l'article précité (C. pr. pén., art. 85) [1]. Mais la Cour de cassation a jugé dans un arrêt du 27 mars 2001 que cette disposition était contraire à l'article 10 de la Convention européenne des droits de l'Homme[2]. La loi du 2 juillet 1931 a été abrogée par l'article 53 de la loi du 9 mars 2004.

L'article D. 32 du Code de procédure pénale ne s'applique qu'après la clôture de l'information par une ordonnance de non-lieu. Il est ainsi rédigé : « Quand, après une information ouverte sur constitution de partie civile, une décision de non-lieu a été rendue, la personne mise en examen et toute personne visée dans la plainte peut se faire délivrer par le procureur de la République, une expédition de la plainte et de la décision de non-lieu en vue de l'application éventuelle des dispositions de l'article 91 du Code de procédure pénale. » L'article L. 82 du Livre des procédures fiscales permet au ministère public de communiquer les dossiers à l'administration à l'occasion de toute instance civile ou criminelle. L'article L. 101 du même Livre imposant à toute autorité judiciaire de communiquer à l'administration des finances tout indication qu'elle peut recueillir qu'il s'agisse d'une instance civile ou commerciale ou d'une information criminelle ou correctionnelle même terminée par un non-lieu, l'administration fiscale a pu obtenir régulièrement copies de pièces recueillies après mise en œuvre de son droit de communication[3].

Les juridictions d'instruction et de jugement peuvent communiquer au Conseil de la concurrence, sur sa demande, les procès-verbaux ou rapports d'enquête ayant un lien direct avec des faits dont le Conseil est saisi, ce qui suspend le cours de la prescription. Le Conseil, consulté par les juridictions sur les pratiques anticoncurrentielles, peut donner un avis (ord. 1er déc. 1986, art. 26)[4].

En revanche, en imposant aux gardes-chasses nationaux de transmettre aux présidents des fédérations départementales de chasseurs une copie des procès-verbaux d'infractions dressés par leurs soins, le directeur de l'Office national de la chasse méconnaît les dispositions de l'art. 11 c. pr. pén. aux termes duquel « sauf dans les cas où la loi en dispose autrement [...] la procédure au cours de l'enquête et de l'instruction est secrète »[5].

31.46 Communiqués de presse. Dans toute information, même s'il s'agit de mineurs de 18 ans, le juge d'instruction ou le procureur de la République peuvent remettre à la presse des communiqués en vue de leur diffusion, dans le but de faire avancer les recherches (signalements, photographies, portraits robots, numéros d'immatriculation, appels à des témoins éventuels).

Les conférences de presse, tenues par le juge d'instruction ou le procureur de la République, pouvaient être considérées comme prohibées. C'est ce que rappelait l'article C. 23 : « La pratique parfois constatée jadis, de la conférence de presse au cours de l'enquête ou de l'information, doit être rigoureusement proscrite. »

Mais la Chancellerie se montrait assez accommodante à l'égard des simples communiqués. Elle indiquait dans l'article C. 23 : « Il pourra être utile, dans certains cas, de rectifier des erreurs pouvant figurer dans les renseignements de presse. Le procureur de la République peut, à cet égard, s'il l'estime nécessaire, fournir à la presse un communiqué écrit concernant les faits ayant motivé la poursuite; il en

1. Crim. 25 janv. 1973, n° 72-91.193, *Bull. crim.*, n° 43 – Crim. 18 déc. 1975, n° 74-91.605, *Bull. crim.*, n° 290.
2. Crim. 27 mars 2001, n° 01-80.275, *Bull. crim.*, n° 81.
3. Crim. 10 avr. 2002, n° 00-30.122 et n° 00-30.138, NPT.
4. Ord. 1er déc. 1986, art. 26, *D.* 1987, 3.
5. CE 6e et 2e sect. réun., 8 mars 1999, Assoc. pour la protection des animaux sauvages, *D.* 1999, IR 108.

réfère, le cas échéant, au procureur général. » L'article 11 a été modifié par la loi du 15 juin 2000 : « Afin d'éviter la propagation d'informations parcellaires ou inexactes ou pour mettre fin à un trouble à l'ordre public, le procureur de la République peut, d'office et à la demande de la juridiction d'instruction ou des parties, rendre publics des éléments objectifs tirés de la procédure ne comportant aucune appréciation sur le bien-fondé des charges retenues contre les personnes mises en cause. »

31.47 Secret de polichinelle. C'est ainsi que le professeur Garraud qualifiait le secret de l'instruction[1]. De tout temps, les grandes affaires criminelles ont passionné les foules.

À la fin du siècle dernier déjà, lors de l'instruction du procès de l'assassin Vacher, qui par ses crimes atroces sur les jeunes bergers et bergères terrorisa les campagnes, auquel la presse attribuait plus de cent crimes et qui en reconnut douze (il fut exécuté le 31 décembre 1898 à Bourg-en-Bresse), son juge d'instruction Fourquet Émile fut littéralement assailli par les journalistes, qui n'hésitaient pas à traverser l'Atlantique[2]. Vacher, né le 16 novembre 1869 à Beaufort (Isère), ancien séminariste, devenu trimardeur, assassina un nombre incalculable de jeunes bergers et bergères, qu'il éventrait ensuite (une cinquantaine, selon son juge). Marcheur infatigable, il parcourut plusieurs fois la France en tous sens. Il séparait, à la faveur de longues randonnées nocturnes, par d'incroyables distances, le lieu de ses crimes de celui de ses établissements successifs, et échappa ainsi longtemps aux soupçons. La générosité de la Chancellerie ne parut pas au juge Fourquet à la hauteur du service rendu : il lui « tira sa révérence ». C'est le sujet qui a inspiré le film *Le juge et l'assassin*[3].

L'instruction de l'assassinat de la jeune Brigitte Dewèvre, le 5 avril 1972, à Bruay-en-Artois, provoqua le même phénomène; le pays tout entier fut instruit, heure par heure, de tous les détails de l'information. L'affaire de l'assassinat de l'enfant Grégory Villemin, le 16 octobre 1984, dans les Vosges, en est un autre exemple.

Lors de l'instruction de l'affaire de corruption OM-VA par exemple, non seulement chacun a été tenu au courant de tous les détails de l'information, mais en plus et simultanément s'est déroulée sur la place publique sur les marches du palais une enquête parallèle, alimentée par les témoins qui révélaient aux journalistes la teneur des déclarations qu'ils allaient faire devant le juge d'instruction qui les avait convoqués, et qui était le dernier informé ! C'est pourquoi François Saint-Pierre peut plaisamment affirmer que « Dans la vie judiciaire, le seul secret bien gardé reste aujourd'hui encore celui... de l'origine d'une fuite ! »[4].

Les multiples affaires de corruption et d'abus de biens sociaux impliquant des hommes politiques, qui ont vu le jour ces dernières années, ont donné à la question du secret de l'instruction un regain d'intérêt.

31.48 L'article 11 du Code de procédure pénale n'est pas contraire à la Convention européenne des droits de l'Homme. La chambre criminelle de la Cour de cassation a estimé qu'en l'état des énonciations de la cour dont il résulte que les prévenus ont été poursuivis pour avoir divulgué le contenu demeuré confidentiel de pièces d'une information en cours, mesure justifiée par les impératifs de protection des droits d'autrui, au nombre desquels figure la présomption d'innocence, par la préservation d'informations confidentielles, ainsi que par la garantie de l'autorité et l'impartialité du pouvoir judiciaire, la cour d'appel a justifié sa décision de condamnation du journaliste pour recel de violation de secret de l'instruction ou du secret professionnel au regard de l'article 10 de la Convention européenne des droits de l'Homme[5].

La violation du secret de l'instruction, réalisée par publication de photographies prises par des enquêteurs, constitue un recel résultant du délit commis par un auteur non identifié[6].

31.49 Le délit prévu par l'article 434-7-2 du Code pénal. La loi du 9 mars 2004 a prévu un nouveau délit ainsi rédigé : « Sans préjudice des droits de la défense, le fait, pour toute personne qui, du fait de ses fonctions, a connaissance en application des dispositions du Code de procédure pénale, d'informations issues d'une enquête ou d'une instruction en cours concernant un crime ou un délit, de révéler, directement ou indirectement ces informations à des personnes susceptibles d'être impliquées comme auteurs, coauteurs, complices ou receleurs, dans la commission de ces infractions, lorsque cette révélation est de nature à entraver le déroulement des investigations ou la manifestation de la vérité, est puni de cinq ans d'emprisonnement et de 75 000 euros d'amende. » Son application

1. GARRAUD, III, n° 768.
2. Émile Fourquet, *Vacher, par son juge d'instruction*, Besançon, 1934.
3. Sur ce film v. Ch. Guéry, Justices à l'écran, *PUF*, « Questions judiciaires », 2007.
4. F. Saint-Pierre, *Guide de la défense pénale*, 4e éd., Guide Dalloz, 2005, 367.
5. Crim. 19 juin 2002, *D.* 2002, IR 1463; *JCP G* 2002, II, 10064, concl. D. Commaret, av. gén.
6. Crim. 13 mai 1991, n° 90-83.520, *Bull. crim.*, n° 200; *RSC* 1992, 312.

lors de la mise en examen et en détention d'un avocat à Toulouse dans le cours de l'année 2005 a causé quelques remous et ce texte a été revu par la loi n° 2005-1549 du 12 décembre 2005 (art. 36 I)[1]. Il est désormais ainsi rédigé :

« Sans préjudice des droits de la défense, le fait, pour toute personne qui, du fait de ses fonctions, a connaissance, en application des dispositions du Code de procédure pénale, d'informations issues d'une enquête ou d'une instruction en cours concernant un crime ou un délit, de révéler sciemment ces informations à des personnes qu'elle sait susceptibles d'être impliquées comme auteurs, coauteurs, complices ou receleurs, dans la commission de ces infractions, lorsque cette révélation est réalisée dans le dessein d'entraver le déroulement des investigations ou la manifestation de la vérité, est puni de deux ans d'emprisonnement et de 30 000 euros d'amende. »

Lorsque l'enquête ou l'instruction concerne un crime ou un délit puni de dix ans d'emprisonnement relevant des dispositions de l'article 706-73 du Code de procédure pénale, les peines sont portées à cinq ans d'emprisonnement et à 75 000 euros d'amende. L'adverbe « sciemment » ajouté au texte initial, nécessite d'établir le caractère intentionnel de la révélation. La baisse de la pénalité encourue ne permet plus, sauf dans le cadre de l'alinéa 2 du texte, de placement en détention provisoire.

SECTION 5
EFFETS DE LA VIOLATION DU SECRET DE L'INSTRUCTION

31.51 **La violation du secret de l'instruction n'est, en principe, pas sanctionnée par une nullité**[2]. Elle ne peut entraîner l'annulation de la procédure, dès lors qu'elle est extérieure à celle-ci; elle ouvre seulement droit, pour celui qui s'en prétend victime, au recours prévu par l'article 9-1 du Code civil[3]. Si la présence d'un stagiaire non assermenté lors de l'interrogatoire de première comparution constitue une violation du secret de l'instruction, cette violation n'entraîne pas la nullité de l'acte, le mis en examen ou son conseil n'ayant formulé aucune opposition à cette présence et s'en étant rapporté, devant la chambre d'accusation, sur la demande d'annulation présentée par le procureur de la République pour ce motif. L'irrégularité, résultant de la présence d'un tiers, n'a pas porté atteinte aux intérêts du demandeur[4].

31.52 **Exception au principe.** Une violation du secret de l'instruction, si elle est non pas postérieure, mais concomitante à l'accomplissement d'un acte de procédure, est de nature à en altérer la validité, lorsqu'il en est résulté une atteinte aux droits des parties. Justifie sa décision, la chambre d'accusation qui, après avoir constaté qu'un journaliste accompagnait les policiers lors de la perquisition et de saisies qu'ils avaient filmées, relève que la violation du secret de l'instruction ainsi commise était invoquée, par la personne mise en examen, à seule fin d'étayer ses propres déclarations et qu'elle ne pouvait dès lors conduire à l'annulation de la procédure[5]. *A contrario,* un acte pourrait faire l'objet d'annulation si une atteinte aux droits des parties en était résulté.

Un avis d'information et de recherche de témoins et victimes diffusé dans la presse par les enquêteurs sur commission rogatoire d'un juge instruction constitue une violation du secret de l'instruction ayant porté atteinte aux intérêts de la défense justifiant l'annulation du procès-verbal de réquisition de l'organe de presse et de tous actes d'information subséquents, dès lors que les informations communiquées et les termes employés dans cet avis ne pouvaient laisser planer aucun doute sur l'identité et sur la culpabilité du mis en examen qui était nommément désigné, et qu'ainsi a été violé le principe de la présomption d'innocence[6].

SECTION 6
L'INSTRUCTION EST EN PRINCIPE FACULTATIVE

31.61 **Régime antérieur.** La forme impérative de l'article 47 du Code d'instruction criminelle, « le procureur de la République sera tenu », rendait l'instruction obligatoire au cas de délit comme au cas de crime. Dans la pratique, les délits n'entraînaient que facultativement l'ouverture d'une information. L'instruction n'avait jamais lieu sur une contravention originairement considérée comme telle[7]. La contravention, considérée comme un délit,

1. L. n° 2005-1549, 12 déc. 2005, *JO* 13 déc.
2. Crim. 24 avr. 1984, *D.* 1986, 125, note J. Cosson.
3. Crim. 30 avr. 1996, n° 96-80.829, *Bull. crim.,* n° 183; *Gaz. Pal.* 1996, 2, chron. dr. crim. 137.
4. Crim. 27 avr. 2000, n° 00-80.420, *Bull. crim.,* n° 170; *JCP G* 2000, IV, 1941.
5. Crim. 25 janv. 1996, n° 95-85.560, *Bull. crim.,* n° 51; *D.* 1996, somm. 258, obs. J. Pradel; *JCP G* 1996, IV, 1021; v. les attendus s^s n° 31.02.
6. CA Bordeaux, ch. acc., 28 sept. 2000, *BICC* 540, n° 843.
7. C. instr. crim., art. 22, 47, 63, 145 – LE POITTEVIN, art. 63, n° 28.

était renvoyée devant le juge de police[1]. La constitution de partie civile devant le juge d'instruction n'était pas possible du chef d'une contravention[2].

31.62 Régime actuel. L'article 79 du Code de procédure pénale est ainsi conçu : « L'instruction préparatoire est obligatoire en matière de crime; sauf dispositions spéciales, elle est facultative en matière de délits; elle peut également avoir lieu en matière de contravention si le procureur de la République le requiert en application de l'article 44. » Ainsi, le Code de procédure pénale maintient les règles antérieures concernant les crimes et les délits, l'instruction étant obligatoire pour les premiers et facultative pour les seconds. Mais le Code de procédure pénale a introduit à l'égard des contraventions une innovation importante. Celles-ci peuvent faire l'objet d'une information. La loi ne pose toutefois une réserve qu'en matière de contravention, une information peut seulement être ouverte sur les réquisitions du ministère public; la partie lésée, par une constitution de partie civile, ne pourrait pas provoquer l'ouverture d'une telle information (C. pr. pén., art. 85)[3]. Mais elle peut se constituer en cours d'information[4].

Si l'instruction est facultative en matière de délit, il est cependant des cas où elle est obligatoire. Il en est ainsi notamment pour les mineurs, qui ne peuvent être poursuivis par la voie de la comparution immédiate ou par celle de la citation directe : le procureur de la République saisit de l'information, soit le juge d'instruction, soit le juge des enfants (ord. 2 févr. 1945, art. 5, al. 2 et 3 – la loi du 9 septembre 2002 a néanmoins mis en place une procédure de jugement à « bref délai », ord., 2 févr. 1945, art. 14-2).

Une instruction était encore obligatoire sous l'empire des anciens articles 679 à 681 du Code de procédure pénale, qui prévoyaient un privilège de juridiction pour les magistrats et certains élus et qui excluaient l'emploi de la citation directe[5]. Mais ces textes ont été abrogés par la loi du 4 janvier 1993. La loi du 15 janvier 1963 rendait l'information obligatoire en matière de crimes et délits contre la sûreté de l'État. Mais elle a été également abrogée par la loi du 4 août 1981.

31.63 Appréciation des circonstances. En matière délictuelle, où l'information est facultative, en l'absence de toute directive donnée par le législateur, l'opportunité de l'ouverture d'une information est laissée à l'appréciation du procureur de la République. Une information sera requise toutes les fois que la complexité ou la gravité de l'affaire la rendra nécessaire. Elle le sera également toutes les fois que la détention provisoire ou une mesure d'instruction de la seule compétence du juge d'instruction apparaîtra nécessaire, telle qu'une perquisition, une expertise, une commission rogatoire à l'étranger. Il n'appartient pas aux juges, sans excès de pouvoir, de critiquer la mise en mouvement de l'action publique par le ministère public, quant à son opportunité[6].

Les informations réagissent indirectement les unes sur les autres, au sein d'un même tribunal. Leur fréquence est nécessairement fonction de la densité de celles qui sont déjà en cours. Les informations trop nombreuses traînent en longueur et perdent toute efficacité. Mais un tel motif, étranger à la loi pénale, ne saurait jamais justifier un refus d'informer. La surcharge, temporaire ou permanente, est seulement de nature à donner lieu à l'adjonction d'un magistrat temporaire, dans les formes de l'article 50, ou à la nomination d'un magistrat titulaire. Les affaires correctionnelles donnant lieu à information sont en diminution constante. Les derniers chiffres connus sont de 4,6 % en 2005[7].

1. C. instr. crim., art. 129 – Crim. 4 janv. 1900, *Bull. crim.*, n° 1.
2. Crim. 18 avr. 1929, *DP* 1930, 40.
3. V. Crim. 23 avr. 1971, n° 70-92.577, *Bull. crim.*, n° 115.
4. Crim. 28 oct. 1974, n° 74-91.732, *Bull. crim.*, n° 304.
5. Crim. 15 janv. 1979, n° 78-91.812, *Bull. crim.*, n° 22 – Crim. 23 nov. 1983, n° 83-92.893, *Bull. crim.*, n° 313; *D.* 1984, 295, note P. Chambon – Crim. 7 mai 1991, n° 90-84.122, *Bull. crim.*, n° 195.
6. Crim. 21 mai 1979, n° 78-92.205, *Bull. crim.*, n° 178 – V. aussi, Crim. 12 mai 1992, n° 92-81.080, *Bull. crim.*, n° 186.
7. Les chiffres clés de la justice. 2006.

CHAPITRE

32. La manière de procéder du juge d'instruction

SECTION 0 ORIENTEUR

32.00 Plan du chapitre.

Sect. 1 Le juge d'instruction procède par lui-même
Sect. 2 L'enquête sur la personnalité
Sect. 3 Examen médical et psychologique
Sect. 4 La copie des pièces
Sect. 5 Le juge d'instruction et l'informatique

32.01 Textes applicables.

C. pr. pén., art. 81, 187, 648 à 651.

C. pr. pén., art. D. 15, D. 23 à D. 26.

C. pr. pén., art. 81

Le juge d'instruction procède, conformément à la loi, à tous les actes d'information qu'il juge utiles à la manifestation de la vérité. Il instruit à charge et à décharge.

Il est établi une copie de ces actes ainsi que de toutes les pièces de la procédure; chaque copie est certifiée conforme par le greffier ou l'officier de police judiciaire commis mentionné à l'alinéa 4. Toutes les pièces du dossier sont cotées par le greffier au fur et à mesure de leur rédaction ou de leur réception par le juge d'instruction.

Toutefois, si les copies peuvent être établies à l'aide de procédés photographiques ou similaires, elles sont exécutées à l'occasion de la transmission du dossier. Il en est alors établi autant d'exemplaires qu'il est nécessaire à l'administration de la justice. Le greffier certifie la conformité du dossier reproduit avec le dossier original. Si le dessaisissement momentané a pour cause l'exercice d'une voie de recours, l'établissement des copies doit être effectué immédiatement pour qu'en aucun cas ne soit retardée la mise en état de l'affaire prévue à l'article 194.

Si le juge d'instruction est dans l'impossibilité de procéder lui-même à tous les actes d'instruction, il peut donner commission rogatoire aux officiers de police judiciaire afin de leur faire exécuter tous les actes d'information nécessaires dans les conditions et sous les réserves prévues aux articles 151 et 152.

Le juge d'instruction doit vérifier les éléments d'information ainsi recueillis.

Le juge d'instruction procède ou fait procéder, soit par des officiers de police judiciaire, conformément à l'alinéa 4, soit par toute personne habilitée dans des conditions déterminées par décret en Conseil d'État, à une enquête sur la personnalité des personnes mises en examen, ainsi que sur leur situation matérielle, familiale ou sociale. Toutefois, en matière de délit, cette enquête est facultative.

Le juge d'instruction peut également commettre, suivant les cas, le service pénitentiaire d'insertion et de probation, le service compétent de la protection judiciaire de la jeunesse ou toute association habilitée en application de l'alinéa qui précède à l'effet de vérifier la situation matérielle, familiale et sociale d'une personne mise en examen et de l'informer sur les mesures propres à favoriser l'insertion sociale de l'intéressée. À moins qu'elles n'aient été déjà prescrites par le ministère public, ces diligences doivent être prescrites par le juge d'instruction chaque fois qu'il envisage de placer en détention provisoire un majeur âgé de moins de vingt et un ans au moment de la commission de l'infraction lorsque la peine encourue n'excède pas cinq ans d'emprisonnement.

Le juge d'instruction peut prescrire un examen médical, un examen psychologique ou ordonner toutes mesures utiles.

S'il est saisi par une partie d'une demande écrite et motivée tendant à ce qu'il soit procédé à l'un des examens ou à toutes autres mesures utiles prévus par l'alinéa qui précède, le juge d'instruction doit, s'il n'entend pas y faire droit, rendre une ordonnance motivée au plus tard dans le délai d'un mois à compter de la réception de la demande.

La demande mentionnée à l'alinéa précédent doit faire l'objet d'une déclaration au greffier du juge d'instruction saisi du dossier. Elle est constatée et datée par le greffier qui la signe ainsi que le demandeur ou son avocat. Si le demandeur ne peut signer, il en est fait mention par le greffier. Lorsque le demandeur ou son avocat ne réside pas dans le ressort de la juridiction compétente, la déclaration au greffier peut être faite au moyen d'une lettre recommandée avec demande d'avis de réception. Lorsque la personne mise en examen est détenue, la demande peut également être faite au moyen d'une déclaration auprès du chef de l'établissement pénitentiaire. Cette déclaration est constatée et datée par le chef de l'établissement pénitentiaire qui la signe, ainsi que le demandeur. Si celui-ci ne peut signer, il en est fait mention par le chef de l'établissement. Ce document est adressé sans délai, en original ou copie et par tout moyen, au greffier du juge d'instruction.

Faute par le juge d'instruction d'avoir statué dans le délai d'un mois, la partie peut saisir directement le président de la chambre de l'instruction, qui statue et procède conformément aux troisième, quatrième et cinquième alinéas de l'article 186-1.

C. pr. pén., art. 187
Lorsqu'il est interjeté appel d'une ordonnance autre qu'une ordonnance de règlement ou que la chambre de l'instruction est directement saisie, en application des articles 81, neuvième alinéa, 82-1, deuxième alinéa, 156, deuxième alinéa, ou 167, quatrième alinéa, le juge d'instruction poursuit son information, y compris, le cas échéant, jusqu'au règlement de celle-ci, sauf décision contraire du président de la chambre de l'instruction. Cette décision n'est pas susceptible de recours.

Il en est de même lorsque la chambre de l'instruction est saisie d'une requête en nullité en application de l'article 173.

C. pr. pén., art. 648
Lorsque, par suite d'une cause extraordinaire, des minutes d'arrêts ou de jugements rendus en matière criminelle, correctionnelle ou de police, et non encore exécutés, ou des procédures en cours et leurs copies établies conformément à l'article 81 ont été détruites, enlevées ou se trouvent égarées ou qu'il n'a pas été possible de les rétablir, il est procédé ainsi qu'il suit.

C. pr. pén., art. 649
S'il existe une expédition ou copie authentique du jugement ou de l'arrêt, elle est considérée comme minute et en conséquence remise par tout officier public ou tout dépositaire au greffe de la juridiction qui a rendu la décision, sur l'ordre qui lui en est donné par le président de cette juridiction.

Cet ordre lui sert de décharge.

C. pr. pén., art. 650
Lorsqu'il n'existe plus en matière criminelle d'expédition ni de copie authentique de l'arrêt, mais s'il existe encore la déclaration de la cour et du jury mentionnée sur la feuille de questions, comme il est dit à l'article 364, il est procédé, d'après cette déclaration, au prononcé d'un nouvel arrêt.

C. pr. pén., art. 651
Lorsque la déclaration de la cour et du jury ne peut plus être représentée ou lorsque l'affaire a été jugée par contumace et qu'il n'en existe aucun acte par écrit, l'instruction est recommencée à partir du point où les pièces se trouvent manquer.

Il en est de même en toute autre matière, lorsqu'il n'existe plus d'expédition ni de copie authentique de la décision.

C. pr. pén., art. D. 15-7 [D. 15 nov. 2007, n° 2007-1620]
La copie des actes du dossier d'instruction prévue par l'article 81 peut être réalisée sous forme numérisée, qui est conservée dans des conditions garantissant qu'elle n'est accessible qu'aux personnes autorisées à la consulter.

À chaque transmission ou remise d'une copie numérisée, le greffier délivre une attestation indiquant qu'elle est conforme à l'original.

C. pr. pén., art. D. 23
L'examen médical et l'examen médico-psychologique prévus par l'article 81, alinéa 6, du Code de procédure pénale constituent des mesures soumises aux règles de l'expertise organisée par les articles 156 à 169 dudit code.

C. pr. pén., art. D. 24
Les médecins chargés de ces examens sont, en principe, choisis sur les listes d'experts établies en application de l'article 157 et des articles R. 26 à R. 40 du Code de procédure pénale.

Le juge d'instruction peut également, par décision motivée, choisir des médecins particulièrement qualifiés, ne figurant pas sur ces listes.

C. pr. pén., art. D. 25
Lorsque le médecin chargé de l'examen médical ou médico-psychologique se fait assister d'autres personnes, leur nom et leur qualité doivent être mentionnés dans le rapport d'examen.

C. pr. pén., art. D. 26
Le juge d'instruction peut désigner, pour procéder aux examens qu'il estime utiles, des techniciens de qualifications différentes et notamment un psychologue et un observateur.

Il peut prescrire que ces derniers exécuteront leur mission en liaison avec le médecin chargé de l'examen médical ou médico-psychologique.

32.02 Jurisprudence de référence.

• La disposition de l'article 81 alinéa 6 du Code de procédure pénale ne déroge pas à la règle fondamentale d'après laquelle les juridictions d'instruction ont le droit et l'obligation de clore leur enquête lorsqu'elles estiment que celle-ci est complète.

Crim. 29 avr. 1960, *Bull. crim.*, n° 223.
« Attendu que la disposition de l'article 81, alinéa 5, du Code de procédure pénale qui fait un devoir au juge d'instruction de ne pas se borner à rassembler les preuves de la culpabilité ou de la non-culpabilité de l'inculpé, mais de réunir, dans la mesure du possible, les renseignements qui permettent au juge de déterminer et mesurer la peine éventuellement applicable, ne déroge pas à la règle fondamentale d'après laquelle les juridictions d'instruction ont le droit et l'obligation de clore leur enquête lorsqu'elles estiment que celle-ci est complète;

Qu'il suit de là que le tribunal militaire, de même qu'il aurait pu ordonner un supplément d'information s'il s'était estimé insuffisamment éclairé sur la personnalité de l'accusé, ainsi que sur sa situation matérielle, familiale et sociale, pouvait aussi, comme il l'a fait, rejeter les conclusions dont il était saisi à ces mêmes fins, dès lors qu'il considérait que les renseignements dont il disposait étaient suffisants. »

32.03 Bibliographie indicative. (V. les références complètes s^s n° 03.)

Actualisables. RÉP. PÉN., Guéry, « Instruction préparatoire »; Bonnal, « Juge d'instruction » – J.-CL. PÉN., Dumont, « Juge d'instruction. Juridictions d'instruction du premier degré. Dispositions générales » – TPJI, Étude 1.6.

Ouvrage. DUVERGER, p. 425.

32.06 Questions essentielles.

• Magistrat, enquêteur, le juge d'instruction doit aussi être un gestionnaire, un organisateur et mettre en forme ses dossiers. Il ne sert à rien d'être un remarquable enquêteur si le dossier est informe, non coté, si l'avocat ne peut en obtenir copie. L'informatique est devenue indispensable pour répondre à la multiplication des exigences formelles.

SECTION 1
LE JUGE D'INSTRUCTION PROCÈDE PAR LUI-MÊME

32.11 Devoir du juge d'instruction. Le juge d'instruction est en même temps le coordinateur des recherches et le propre artisan de son dossier, ce qui a pour conséquence qu'il doit procéder par lui-même. C'est ce que rappelle l'article 81 alinéa 1er du Code de procédure pénale : « Le juge d'instruction procède, conformément à la loi, à tous les actes d'information. » Cette intervention en personne du magistrat fait la qualité du dossier. Cependant, le juge d'instruction ne peut tout faire par lui-même, et l'article 81 alinéas 4, 6 et 7 et les articles 151 et 156 indiquent que ce magistrat peut donner des commissions rogatoires et faire procéder à une enquête sur la personnalité des personnes mises en examen, à un examen médical ou psychologique, ou ordonner toutes mesures utiles.

32.12 Le juge d'instruction instruit à charge et à décharge. « Dégagé de toute préoccupation autre que celle de parvenir à la manifestation de la vérité, soucieux de ne pas compromettre ni la vindicte publique ni le sort des prévenus, il relèvera avec une sollicitude égale les armes de l'accusation et les instruments de la défense; en un mot, faisant ses premiers devoirs de l'impartialité et de l'amour de la justice, il instruira toujours scrupuleusement à charge et à décharge. [1] » Cette règle traditionnelle a désormais valeur législative. La loi du 15 juin 2000 a en effet ajouté un alinéa à l'article 81 du Code de procédure pénale selon lequel il est simplement mentionné que le magistrat instructeur « instruit à charge et à décharge ». Cela renvoie à une exigence éthique centrée ici sur la recherche de la vérité. Le juge se doit en effet de vérifier toutes les pistes et de ne pas se laisser emporter par des convictions hâtives, souvent conditionnées par le travail en amont des enquêteurs. Le cas échéant, un travail sur la personnalité de la personne mise en examen fait aussi partie de son instruction. La loi du 5 mars 2007 renforce l'exigence d'une instruction à charge et à décharge par les mentions nécessaires dans l'ordonnance de renvoi (v. s^s n° 214.14). Le rapport Léger envisage que le ministère public conduise les investigations en respectant ce principe (v. s^s n° 10.05).

SECTION 2
L'ENQUÊTE SUR LA PERSONNALITÉ

32.21 Pratique ancienne. Sous le régime du Code d'instruction criminelle, le juge d'instruction, en matière de crime seulement, effectuait une enquête sur le « curriculum vitae » des inculpés qui réunissait des renseignements sur leur vie passée d'ordre familial, scolaire, social et professionnel. Il chargeait les services de police et de gendarmerie de rechercher comment l'auteur du crime avait été élevé, quels résultats il avait obtenus à l'école, quels emplois il avait occupés... Le passé éclairait ainsi le présent.

32.22 Article 81 du Code de procédure pénale, afin de permettre à la juridiction de jugement, par une meilleure connaissance de la personne du prévenu, d'individualiser la peine, a prescrit au juge d'instruction d'effectuer, en toute matière, tant criminelle que correctionnelle, une enquête sur la personnalité des personnes mises en examen, et d'ordonner leur examen médical ou psychologique, le résultat de ces deux mesures constituant ce que l'on appelle le dossier de personnalité, qui était antérieurement prévu seulement pour les mineurs, par l'article 8 de l'ordonnance du 2 février 1945 [2].

L'alinéa 6 de l'article 81 est ainsi rédigé : « Le juge d'instruction procède ou fait procéder, soit par les officiers de police judiciaire, conformément à l'alinéa 4, soit par toute personne habilitée dans des conditions déterminées par décret en Conseil d'État, à une enquête sur la personnalité des personnes mises en examen, ainsi que sur leur situation matérielle, familiale ou sociale. » Toutefois, en matière de délit, cette enquête est facultative. La loi du 15 juin 2000 a ajouté les dispositions suivantes : « Le juge d'instruction peut également commettre suivant les cas, le service pénitentiaire d'insertion et

1. Duverger, *Manuel des juges d'instruction*, I, 3e éd., 1862, 425.

2. V. P.-J. Doll, « Le dossier de personnalité », *JCP G* 1961, I, 1631.

de probation, le service compétent de la protection judiciaire de la jeunesse ou toute association habilitée en application de l'alinéa qui précède à l'effet de vérifier la situation matérielle, familiale et sociale d'une personne mise en examen et de l'informer sur les mesures propres à favoriser l'insertion sociale de l'intéressée.

Il appartient au magistrat instructeur de préciser dans chaque cas la nature des recherches auxquelles il désire qu'il soit procédé; la mission ainsi donnée délimite les pouvoirs de l'enquêteur. Pour l'accomplissement de sa mission et dans les limites de la tâche qui lui a été confiée, l'enquêteur effectue, sous sa propre responsabilité son enquête comme il l'entend » (art. C. 171).

Lorsque, en matière correctionnelle, où elle est facultative, le juge d'instruction a à apprécier l'opportunité, d'ordonner une enquête sur la personnalité, il tient compte notamment : du fait que l'intéressé est âgé de moins de 25 ans; de sa qualité de récidiviste; de la nature du délit; de la possibilité de prononcer la déchéance de l'autorité parentale et enfin de l'éventualité d'une décision de sursis avec mise à l'épreuve ou d'admission au régime de la semi-liberté (art. D. 17).

32.23 Caractère obligatoire. D'après le texte même de l'article 81 alinéa 6, l'enquête de personnalité est obligatoire en matière de crime, et facultative en matière correctionnelle. En effet, après avoir indiqué que le juge d'instruction procède ou fait procéder à une enquête sur la personnalité des personnes mises en examen, le texte ajoute : « Toutefois en matière de délit, cette enquête est facultative. » Cependant, la Cour de cassation a, à plusieurs reprises, jugé que même en matière criminelle, l'enquête sur la personnalité demeure facultative, le juge d'instruction conservant entière sa liberté d'appréciation. « Attendu, *dit-elle,* que la disposition de l'article 81 alinéa 6 du Code de procédure pénale, qui fait un devoir au juge d'instruction de ne pas se borner à rassembler les preuves de la culpabilité ou de la non-culpabilité de l'inculpé, mais de réunir, dans la mesure du possible, les renseignements qui permettent aux juges de déterminer et mesurer la peine éventuellement applicable, ne déroge pas à la règle fondamentale d'après laquelle les juridictions d'instruction ont le droit et l'obligation de clore leur enquête lorsqu'elles estiment que celle-ci est complète.[1] » Le professeur Vouin a vivement critiqué cette jurisprudence, comme allant à l'encontre du vœu du législateur[2]. En fait le caractère obligatoire de l'enquête de personnalité cède le pas devant le principe selon lequel le juge peut décider librement du moment où son instruction est terminée. L'arrêt rendu par la chambre criminelle le 4 avril 2007 ne peut s'inscrire dans cette jurisprudence puisque le juge d'instruction avait effectué lui-même cette enquête en procédant à diverses auditions de témoins de moralité[3].

Aujourd'hui, un magistrat qui ne procéderait à aucune enquête de personnalité en matière criminelle verrait sans doute le président de la cour d'assises ordonner un supplément d'information. C'était le cas assez systématiquement lorsque la chambre d'accusation était saisie comme juridiction du second degré en matière criminelle. Désormais, la chambre de l'instruction n'intervient plus que sur appel d'une ordonnance de mise en accusation (C. pr. pén., art. 186, al. 1, réd. L. 15 juin 2000).

L'enquête sur la personnalité n'est pas une expertise au sens des articles 156 et suivants du Code de procédure pénale. Il en résulte que la personne qui a procédé à cette enquête, à l'audience de la cour d'assises, prête le serment des témoins et non le serment des experts, prévu par l'article 168 du même code[4].

SECTION 3
EXAMEN MÉDICAL ET PSYCHOLOGIQUE

32.31 Textes. Aux termes de l'article 81 alinéa 8 du Code de procédure pénale, « le juge d'instruction peut prescrire un examen médical, un examen psychologique ou ordonner toutes mesures utiles ». L'examen médical ou médico-psychologique constituait le second élément du dossier de personnalité de la personne. Le texte parle désormais non plus d'examen médico-psychologique mais d'examen psychologique. La jurisprudence qui précisait que cet examen devait être obligatoirement fait par un médecin, et non par un seul expert psychologue[5], et

1. Crim. 29 avr. 1960, *Bull. crim.*, n° 223; v. les attendus s[s] n° 32.02 – Dans le même sens : Crim. 5 avr. 1960, *Bull. crim.*, n° 210 – Crim. 1er déc. 1960, *Bull. crim.*, n° 566; *JCP G* 1961, II, 12186 *ter*; *D.* 1961, 385, note M. R. M. P. – Crim. 23 nov. 1965, *Bull. crim.*, n° 246 – Crim. 7 nov. 1989, n° 89-84.902, *Bull. crim.*, n° 399.

2. R. Vouin, « L'enquête de personnalité, l'instruction préparatoire et les droits de la défense », *JCP G* 1961, I, 1633 *bis*.
3. Crim. 4 avr. 2007, n° 07-80.246, NP, *Dr. pén.*, 2007; *Proc. pén.* n° 110, note A. Maron.
4. Crim. 27 nov. 1963, *Bull. crim.*, n° 336 – Crim. 18 avr. 1969, *Bull. crim.*, n° 135 – Crim. 22 mai 1974, n° 73-93.567, *Bull. crim.*, n° 194 – Crim. 4 mars 1981, n° 80-92.908, *Bull. crim.*, n° 82 – Crim. 27 mai 1981, n° 80-92.907, *Bull. crim.*, n° 175 – Crim. 17 janv. 1990, n° 89-83.876, *Bull. crim.*, n° 31.
5. Crim. 25 janv. 1978, n° 77-91.996, *Bull. crim.*, n° 33.

pouvait être effectué par un seul médecin[1] est désormais obsolète.

Les articles D. 23 à D. 26 fixent les règles essentielles de l'examen médical et psychologique Ces deux examens constituent des mesures soumises aux règles de l'expertise organisée par les articles 156 à 169 du Code de procédure pénale (art. D. 23). Les médecins chargés de ces examens, sont, en principe, choisis sur les listes d'experts établies en application de l'article 157; mais le juge d'instruction peut, par décision motivée, choisir en dehors de ces listes des médecins particulièrement qualifiés (art. D. 24). La chambre criminelle a confirmé que l'examen médico-psychologique est une expertise au sens des articles 156 et suivants du Code de procédure pénale, et les personnes qui y ont procédé prêtent aux assises le serment des experts[2]. Par contre, la cour de Paris a jugé que l'examen médical ordonné en vue de déterminer si l'état de santé de l'inculpé est compatible avec la détention, relève de l'article 81, mais n'est pas une expertise, et qu'il en résulte que l'appel de cet inculpé de l'ordonnance refusant un second examen, n'est pas recevable[3].

Le médecin qui se fait assister dans son examen par d'autres personnes, doit mentionner dans son rapport le nom et la qualité de celles-ci (art. D. 25). Ces auxiliaires ne peuvent être choisis par l'expert, mais doivent être désignés par le juge. En tout cas, le médecin psychiatre ne peut choisir lui-même comme auxiliaire un psychologue[4]. L'« examen psychologique », qui donne mission notamment d'éclairer le juge « sur les mobiles des faits » et le « comportement de l'inculpé », est une expertise qui porte sur le fond, même si certaines conditions autrefois attachées à ce caractère ont disparu[5]. D'une façon générale les dossiers criminels comportent tous une expertise psychiatrique et un examen psychologique de la personne. L'opportunité d'un examen purement médical varie selon les affaires.

32.32 Autres mesures. Voies de recours. Dans la première rédaction de l'alinéa 8 de l'article 81 du Code de procédure pénale, on se demandait si l'ordonnance motivée par laquelle le juge d'instruction refusait de prescrire l'examen médical ou médico-psychologique, était susceptible d'appel de la part des parties privées. La jurisprudence avait répondu par la négative, ces examens, bien que soumis aux formes de l'expertise, « constituant une simple faculté laissée à l'appréciation du juge d'instruction, et l'ordonnance que celui-ci était appelé à rendre en la circonstance n'entrant pas dans l'énumération de l'article 136 du même code »[6].

La question est aujourd'hui réglée par les alinéas 9 et 11 de l'article 81, rédaction de la loi du 4 janvier 1993. Le juge d'instruction qui entend ne pas faire droit à la demande écrite de l'une des parties tendant à ce que l'un de ces examens soit ordonné, doit dans le délai d'un mois rendre une ordonnance motivée (al. 9), qui est susceptible d'appel (C. pr. pén., art. 186-1, al. 1er). À défaut, la partie peut saisir directement le président de la chambre de l'instruction, qui procède selon les alinéas 3, 4 et 5 alinéa de ce dernier texte (C. pr. pén., art. 81, al. 11).

Le juge d'instruction peut également prendre les autres mesures ajoutées par la loi du 6 juillet 1989 et énumérées par l'alinéa 7 de l'article 81, à l'effet « de vérifier la situation matérielle, familiale et sociale de la personne mise en examen, et de l'informer sur les mesures propres à favoriser son insertion sociale ». Ces diligences sont nécessaires quant il s'agit de placer en détention un majeur de moins de 21 ans, et si la peine encourue n'excède pas cinq ans d'emprisonnement. Il en est de même pour les mineurs (ord. 2 févr. 1945, art. 12).

32.33 Investigations concernant la victime. Depuis la loi du 15 juin 2000, le juge d'instruction peut, d'office, sur réquisition du parquet ou à la demande de la partie civile, procéder, conformément à la loi, à tout acte permettant d'apprécier la nature et l'importance des préjudices subis par la victime, ou de recueillir des renseignements sur la personnalité de celle-ci.

Il arrivait déjà que le juge d'instruction réalise ces investigations. Certains pouvaient cependant estimer que la détermination du préjudice de la victime, notamment en ce qui concerne les conséquences civiles des dommages, ne concernaient pas l'instruction. Depuis l'entrée en vigueur de ce texte, si ces investigations ne sont pas obligatoires, il est difficile de prétendre qu'elles ne peuvent pas entrer dans la mission du magistrat instructeur. D'autant que l'article 82-1 du Code de procédure pénale permet désormais à la partie civile de demander tout acte utile à la manifestation de la vérité (encore qu'on puisse évidemment interpréter différemment ce que constitue la « vérité »).

1. Crim. 5 janv. 1977, n° 76-92.095, *Bull. crim.*, n° 8.
2. Crim. 28 janv. 1969, *Bull. crim.*, n° 50.
3. CA Paris, ch. acc. 1re, 27 juin 1967, *JCP G* 1968, II, 15337, note P. Chambon; *D.* 1968, 184, note R. Vouin – V. par analogie : Crim. 26 nov. 1969, *Bull. crim.*, n° 316.
4. Crim. 20 avr. 1972, n° 71-93.497, *Bull. crim.*, n° 136.
5. Crim. 25 oct. 1983, n° 83-93.824, *Bull. crim.*, n° 267 – V. aussi, Crim. 20 août 1986, n° 86-92.877, *Bull. crim.*, n° 244.
6. CA Montpellier, ch. acc., 13 et 18 déc. 1959, *JCP G* 1960, II, 11612, note P. Chambon – Crim. 29 avr. 1960, *Bull. crim.*, n° 221; *JCP G* 1960, II, 11658.

SECTION 4
LA COPIE DES PIÈCES

32.41 Utilité. Aux termes de l'article 81 alinéas 2 et 3 du Code de procédure pénale, modifiés par l'ordonnance du 4 juin 1960 : « Il est établi une copie des actes d'information ainsi que de toutes les pièces de la procédure; chaque copie est certifiée conforme par le greffier ou l'officier de police judiciaire commis mentionné à l'alinéa 4. Toutes les pièces du dossier sont cotées par le greffier au fur et à mesure de leur rédaction ou de leur réception par le juge d'instruction. Toutefois, si les copies peuvent être établies à l'aide de procédés photographiques ou similaires, elles sont exécutées à l'occasion de la transmission du dossier. Il en est alors établi autant d'exemplaires qu'il est nécessaire à l'administration de la justice. Le greffier certifie la conformité du dossier reproduit avec le dossier original. Si le dessaisissement momentané a pour cause l'exercice d'une voie de recours, l'établissement des copies doit être effectué immédiatement pour qu'en aucun cas ne soit retardée la mise en état de l'affaire prévue à l'article 194. » Dans un but de célérité des transmissions des dossiers volumineux, la loi du 9 juillet 1984 a supprimé la nécessité de l'inventaire.

Ce texte est à rapprocher de l'article 19 du même code, selon lequel les officiers de police judiciaire transmettent au procureur de la République l'original des procès-verbaux qu'ils ont dressés, ainsi qu'une copie certifiée conforme. La nécessité d'établir les actes d'information, non seulement en original, mais en copie, est une innovation du Code de procédure pénale. Le législateur a voulu éviter les conséquences des appels d'ordonnances dilatoires, qui, par la transmission du dossier à la chambre d'accusation, empêchaient le juge d'instruction de poursuivre son information. En effet, aux termes de l'article 186 alinéa 5, au cas d'appel d'une ordonnance, la copie du dossier peut être transmise à la chambre de l'instruction, et aux termes de l'article 187, « lorsqu'il est interjeté appel d'une ordonnance autre qu'une ordonnance de règlement, le juge d'instruction poursuit son information, sauf décision contraire de la chambre de l'instruction ».

L'article C. 81 de la circulaire du 1er mars 1993, fixe les modalités d'établissement et d'utilisation de la copie. Indiquons seulement que la copie doit être faite par le greffier au moment même où chacun des actes est établi.

Le dossier peut être transmis en copie à la Cour de cassation par la chambre de l'instruction, qui elle-même reçoit le dossier sous cette forme[1].

La numérisation des procédures a profondément renouvelé la matière. A plus ou moins longue échéance, la copie papier devrait disparaître. Le décret du 15 novembre 2007 relatif à l'utilisation des nouvelles technologies (n° 2007-1620, *JO* 17 nov., 18865) a introduit dans le Code de procédure pénale un nouvel article D. 15-7 qui dispose que « La copie des actes du dossier d'instruction prévue par l'article 81 peut être réalisée sous forme numérisée, qui est conservée dans des conditions garantissant qu'elle n'est accessible qu'aux personnes autorisées à la consulter. À chaque transmission ou remise d'une copie numérisée, le greffier délivre une attestation indiquant qu'elle est conforme à l'original ». Dans de nombreuses juridictions, les copies de procédure sont remises aux avocats sur cd ou dvd. Les progrès de l'océrisation permettent une utilisation « intelligente » de cette copie (v. ss n° 32.43).

32.42 Cotation des pièces du dossier d'information. Il ne résulte aucune nullité de l'omission de la cotation des pièces d'un supplément d'information ordonné par celle-ci, s'il n'est pas établi que le dossier est incomplet[2]. Au cas d'omission de cette formalité obligatoire, la chambre d'accusation, saisie d'un appel relatif à la détention, peut ordonner un supplément d'information pour régulariser la procédure[3] qui n'est pas nulle pour autant[4]. L'absence de classement des pièces d'un dossier d'information par ordre chronologique, l'absence de cotation, constituent des violations de l'article 81 alinéa 2 du Code de procédure pénale. Cependant, ce non-respect, certes regrettable, ne constitue pas une formalité substantielle et une atteinte caractérisée aux droits de la défense. Ceux-ci sont en effet, en matière d'accès au dossier, garantis par les dispositions de l'article 114 alinéa 3 dudit code[5].

Le Code de procédure pénale ne dit rien sur la façon dont le greffier cote les pièces de procédure. Des pratiques différentes ont vu le jour. À Paris, on cote traditionnellement « à l'envers » et page par page, alors qu'on cote le plus souvent « à l'endroit », c'est-à-dire sans inverser les pages d'un même procès-verbal, en province. La cotation page par page se fait plus courante. Elle possède d'indéniables avantages. Les photocopies de dossiers cotés pièce par pièce sont en effet parfois difficiles à utiliser, lors-

1. Crim. 15 déc. 1987, n° 87-85.476, *Bull. crim.*, n° 463.
2. Crim. 18 juin 1991, n° 91-82.028, *Bull. crim.*, n° 263 – En sens contraire, CA Paris, ch. acc., 28 janv. 1988, *D.* 1988, somm. 359, obs. J. Pradel.
3. CA Paris, 28 janv. 1988, *D.* 1988, somm. 359, obs. J. Pradel.
4. Crim. 30 nov. 1981, n° 81-90.160, *Bull. crim.*, n° 315.
5. CA Limoges, ch. acc., 27 févr. 1997, *BICC* 1er juill. 1997, n° 866.

que les pièces sont dégrafées, et qu'il devient difficile d'attribuer telle page non cotée à tel procès-verbal. Le principe de cotation des dossiers à l'envers pourrait être totalement revu à cause de la généralisation de la numérisation des procédures (v. s[s] n° 32.43).

32.43 **Numérisation et océrisation.** L'ancienne numérisation a été récemment doublée par une océrisation qui permet, au delà d'une simple photographie du document, l'insertion d'un logiciel de reconnaissance de caractères permettant des recherches « intelligentes ». Les juridictions ont été dotées de station de numérisation permettant la « dématérialisation » des dossiers d'information. Certains greffiers d'instruction se sont vus également dotés de scanners permettant une numérisation dite « au fil de l'eau » afin de compléter au cas par cas les fichiers en rentrant les actes réalisés en cabinet, voire les petites commissions rogatoires ou expertises. La répartition entre la charge affectée au service de reprographie du tribunal et au greffier d'instruction diffère selon les juridictions. Le but est aussi de supprimer la tenue par le greffier d'un double du dossier. L'article D 15-7 du Code de procédure pénale, issu du décret du 15 novembre 2007, dispose que « la copie des actes du dossier d'instruction prévue par l'article 81 peut être réalisée sous forme numérisée, qui est conservée dans des conditions garantissant qu'elle n'est accessible qu'aux personnes autorisées à le consulter. À chaque transmission ou remise d'une copie numérisée, le greffier délivre une attestation indiquant qu'elle est conforme à l'original » (v. s[s] n° 32.41). Cette nouveauté a incité certaines juridictions à modifier la façon de coter les dossiers : après quelques centaines d'années passées à coter les dossiers « comme un livre à l'envers », la cotation « à l'endroit », qui fait ouvrir le dossier à la cote D1 et le finir à la dernière cote, possède l'indéniable avantage de le présenter de la même façon à l'écran de l'ordinateur. Le travail de chacun en est facilité.

32.44 **Perte ou disparition des pièces.** Il arrive que des pièces, ou même le dossier en entier s'égarent ou disparaissent, soit notamment lors d'un transfert, soit à la suite d'un vol ou incendie. L'éventualité est prévue par les articles 648 à 651 du Code de procédure pénale, relatifs aux « procédures en cours et leurs copies » et plus spécialement aux arrêts et jugements. Lorsqu'il n'existe plus ni originaux, ni copies, « l'instruction est recommencée, à partir du point où les pièces se trouvent manquer » (C. pr. pén., art. 651, al. 1). La destruction de pièces essentielles au cours de la transmission du dossier à la Cour de cassation, entraîne l'annulation des arrêts de renvoi et de condamnation[1]. La procédure peut être recommencée à partir de l'arrêt de renvoi, s'il est représenté[2]. Au cas de disparition de la procédure d'instruction, seules les copies permettent sa poursuite, et à défaut, elle doit être recommencée à partir des pièces manquantes[3]. La cour d'appel qui constate la disparition de pièces de l'information ne peut renvoyer le ministère public à reconstituer le dossier, mais doit ordonner un supplément d'information à cette fin[4]. La perte du réquisitoire introductif n'entraîne pas la nullité, quand des mentions sur d'autres pièces en révèlent l'existence et la teneur[5]. Les articles 648 et 651, qui ne concernent que les pièces constituant les procédures, ne concernent pas la disparition des conclusions déposées par le conseil[6].

SECTION 5
LE JUGE D'INSTRUCTION ET L'INFORMATIQUE

32.51 **Informatique de gestion.** Pendant longtemps, le juge d'instruction a travaillé sur des dossiers qui étaient rédigés à la main, et le greffier prenait à la plume sous la dictée. La machine à écrire a ensuite avantageusement remplacé la plume et a connu son moment de gloire dans les cabinets. Depuis le début des années 1990 - la justice n'a pas été en avance en matière d'informatisation - certains magistrats instructeurs se sont vus dotés d'un matériel d'informatique de gestion.

L'informatique est évidemment nécessaire aujourd'hui. Emmanuel Barbe qui fut pour beaucoup dans la création de l'instruction assistée par ordinateur écrit « il est évident que l'informatique devrait déjà constituer l'outil par excellence des magistrats instructeurs, dès lors que leur travail consiste, pour une bonne part, à traiter de l'information »[7].

Les cabinets se sont donc peu à peu équipés, même si tout n'est pas encore parfait. L'idéal est en effet que le magistrat puisse disposer d'un poste personnel, d'une imprimante personnelle, qui lui permet de se servir de cet outil concurremment à son greffier. Cette informatique de gestion a permis de gérer des documents qui comportaient des formules répétitives, autrefois symbolisée par la « liasse » carbonée de l'interrogatoire de première

1. Crim. 6 févr. 1947, *D.* 1947, 187.
2. Crim. 6 janv. 1933, *Bull. crim.*, n° 3 – Crim. 29 mars 1946, *Bull. crim.*, n° 98.
3. Crim. 14 févr. 1989, n° 88-86.815, *Bull. crim.*, n° 72.
4. Crim. 6 avr. 1993, n° 90-80.511, n° 92-86.374, *Bull. crim.*, n° 145.
5. Crim. 8 juill. 1936, *Bull. crim.*, n° 83 – Crim. 20 oct. 1986, n° 85-91.746, *Bull. crim.*, n° 295 – Crim. 15 nov. 1993, n° 93-83.322, *Bull. crim.*, n° 338.
6. Crim. 15 juin 1994, n° 93-82.455, *Bull. crim.*, n° 239.
7. TPJI, E. Barbe, Étude 1.6.

comparution. Elle permet aussi de gérer les délais de détention provisoire, les délais d'exécution de commission rogatoire ou d'expertise, les statistiques. Les crédits utilisés sont des crédits déconcentrés qui sont gérés par les cours d'appel.

Dans les tribunaux qui comptent de nombreux postes de magistrats instructeurs, un fonctionnement en réseau permet aussi une mise en commun qui simplifie la tâche du secrétariat commun.

32.52 Consultation de l'informatique documentaire. L'installation dans les juridictions d'un intranet et de l'internet permet au magistrat instructeur d'avoir accès non seulement à une information professionnelle mais aussi à différents sites spécialisés dans lesquels il peut trouver tel ou tel renseignement. Lorsqu'il consulte l'internet dans le cadre d'un dossier particulier et découvre un renseignement, par exemple en consultant un site spécialisé sur l'historique des sociétés, il doit, pour faire entrer l'information en procédure, réaliser un tirage papier et dresser un procès verbal de constatation du juge dans lequel il relate succinctement les opérations.

Certaines juridictions acquièrent aussi des cédéroms qui sont consultables en bibliothèque.

32.53 Informatique d'aide à la décision. Depuis 1994, il existe une expérimentation de logiciel destiné aux dossiers volumineux. Ce logiciel, dit instruction assistée par ordinateur (IAO), a par exemple été utilisé dans l'affaire dite du « sang contaminé ».

Partant du constat qu'il est impossible à l'esprit humain de parfaitement connaître un dossier lorsqu'il est par exemple composé de 10, 20 ou 50 volumes, le logiciel d'instruction assistée par ordinateur a pour but de permettre le recoupement des renseignements contenus dans ses fichiers. C'est ainsi qu'un compte bancaire, un numéro de téléphone, une immatriculation de véhicule, un nom propre, peuvent ressortir dans toutes leurs occurrences en procédure, permettant ainsi au juge de faire les recoupements nécessaires. C'est un outil précieux pour la préparation des interrogatoires. Il nécessite que toutes les pièces de la procédure soient scannées ou que des cédéroms des auditions d'enquête préliminaire ou de flagrance soient fournies par les services d'enquête. Ce sont les pôles économiques et financiers qui sont sur ce point les mieux dotés (v. circ. crim. n° 99/2/63, 19 févr. 1999) Les juridictions sont de plus en plus fréquemment équipées de scanner qui facilitent les copies de dossiers. Dans certaines juridictions, les copies sont délivrées aux avocats sur cédérom, cette possibilité apparaissant désormais dans la loi (C. pr. pén., art. 803-1, L. n° 2007-291, 5 mars 2007). Le développement de l'océrisation permet aux avocats et aux magistrats de disposer d'une fonction pour les recherches les plus courantes dans les dossiers, ainsi que de la possibilité d'effectuer des copies partielles des procès-verbaux par le procédé dit « copier-coller » pour intégrer à un interrogatoire, un arrêt, un mémoire... (V. s[s] n° 32.43).

TITRE

4. Les pouvoirs du juge d'instruction et les droits des parties

SECTION 0
ORIENTEUR

40.00 Plan du titre. L'indépendance du juge d'instruction n'en fait pas le maître absolu de l'information. Le procureur de la République possède des droits et ceux des parties privées sont en perpétuelle extension.

Chap. 41	**Indépendance du juge d'instruction**
Sect. 1	Direction de l'information
Sect. 2	Choix des moyens
Sect. 3	Indépendance par rapport au procureur de la République
Chap. 42	**Droits du procureur de la République**
Sect. 1	Droit à la communication du dossier
Sect. 2	Autres droits du procureur de la République
Chap. 43	**Droits des parties**
Sect. 1	Droit au respect de la présomption d'innocence
Sect. 2	Droit de demander des investigations : principes
Sect. 3	Droit de demander des investigations : nature
Sect. 4	Droit de faire sanctionner l'inaction du juge
Sect. 5	Droit d'être informé de l'ouverture d'une information
Sect. 6	Droit de solliciter une co-saisine

40.01 Textes applicables.

C. pr. pén., art. préliminaire, 49, 51, 80, 80-1-1, 80-3, 81, 82, 82-1, 82-2, 82-3, 119, 120-1, 156, 175-1, 177-1, 185, 186-1, 207-1, 212-1, 220 à 223, 706-33, 706-36, 706-47, 803-1.

C. pr. pén., art. D. 591, D. 593.

C. civ., art. 9-1.

L. 29 juill. 1982, art. 6.

L. 29 juill. 1881, art. 13, 35 *ter,* 50, 64, 65-1, 65-2.

40.02 Jurisprudence de référence.

Crim. 6 juill. 1993, n° 93-81.996, *Bull. crim.,* n° 241 ; *JCP* 1993, II, 22115, concl. Perfetti.

Crim. 9 févr. 1998, n° 96-84.894, *Bull. crim.,* n° 188 ; *D.* 1998, IR 202.

Crim. 27 mars 2001, n° 00-85.454, *Bull. crim.,* n° 80.

Crim. 30 nov. 1999, n° 99-80.679, *Bull. crim.,* n° 279 ; *RSC* 2000, 423, obs. D. Commaret ; *Dr. pén.* 2000, comm. 51, obs. Maron.

Crim. 6 févr. 2007, n° 06-88.713, *Bull. crim.,* n° 31.

40.03 Bibliographie indicative. (V. les références complètes s^s^ n° 03.)

Actualisables. Rép. pén., Guéry, « Instruction préparatoire » ; Coste « Chambre de l'instruction » – J.-Cl. pén., Dumont, « Juge d'instruction. Juridictions d'instruction du premier degré. Dispositions générales ».

Ouvrages. Hélie F., IV, n° 1616 – Garraud, III, n° 776 – Jousse, p. 270.

Articles. Arrighi, *RSC* 1998, 687 – Bimes-Argus, « Les pouvoirs du président de la chambre d'accusation », *LPA* 2000, n° 37 – Jeandidier, « Requiem pour la chambre d'accusation », *JCP* 2000, I, 270 – Guéry Ch., « Les pouvoirs de la chambre de l'instruction et la liberté magistrat instructeur », *D.* 2007, chron. 603 – « La loi du 5 mars 2007 et l'instruction préparatoire », *AJ Pénal* 2007, 105 – Saint-Pierre F., « La nature juridique des droits de la défense dans le procès pénal », *D.* 2007, chron. 260 – Droits de la défense, dossier AJ Pénal.

40.04 Évolution. Le magistrat instructeur possède depuis toujours la direction de l'information. Mais l'homme « le plus puissant de France » voit ses pouvoirs s'effriter toujours un peu plus. Les droits reconnus à la partie publique sont pour la plupart traditionnels et anciens. En revanche, les droits accordés aux parties privées, qui introduisent une dose de « contradictoire » même s'ils ne changent pas la nature de l'institution, sont en constante progression. La loi du 4 janvier 1993 les avait accrus considérablement avant que celle du 24 août de la même année ne viennent sinon y mettre un frein, du moins les inscrire dans un formalisme rigoureux. La loi du 15 juin 2000 les a encore étendus. La loi du 5 mars 2007 a encore considérablement modifié les choses.

40.05 **Rapport du comité de réflexion sur la justice pénale dit Rapport Léger**. Dans le cadre de l'enquête renforcée (v. s[s] n° 10.05), les parties pourront effectuer des demandes d'actes. En cas de refus du parquet, il appartiendra au JEL de statuer sur la demande de la partie. S'il considère que la demande est justifiée, le juge enjoindra au parquet d'accomplir l'acte (rapp. p. 13). De même, le mis en cause a accès au dossier de la procédure et le droit à l'assistance d'un avocat lors des interrogatoires. Il peut saisir la chambre de l'enquête et des libertés aux fins d'obtenir la nullité d'un acte (p. 14). Il sera avisé par le ministère public de la fin des investigations afin de pouvoir formuler dans un bref délai des demandes d'actes avant qu'intervienne la décision de poursuite ou de classement (p. 14). La fin de l'enquête renforcée ressemble fortement à la fin actuelle de l'information judiciaire…

CHAPITRE

41. Indépendance du juge d'instruction

SECTION 0
ORIENTEUR

41.00 Plan du chapitre.

Sect. 1 Direction de l'information
Sect. 2 Choix des moyens
Sect. 3 Indépendance par rapport au procureur de la République

41.01 Textes applicables.
C. pr. pén., art. 49, 51, 80, 81, 82, 82-1, 82-2, 82-3, 220 à 223, 706-115, 706-33, 706-36, 706-47-1.

C. pr. pén., art. 49
Le juge d'instruction est chargé de procéder aux informations, ainsi qu'il est dit au chapitre Ier du titre III.

Il ne peut, à peine de nullité, participer au jugement des affaires pénales dont il a connu en sa qualité de juge d'instruction.

C. pr. pén., art. 51
Le juge d'instruction ne peut informer qu'après avoir été saisi par un réquisitoire du procureur de la République ou par une plainte avec constitution de partie civile, dans les conditions prévues aux articles 80 et 86.

En cas de crimes ou délits flagrants, il exerce les pouvoirs qui lui sont attribués par l'article 72.

Le juge d'instruction a, dans l'exercice de ses fonctions, le droit de requérir directement la force publique.

C. pr. pén., art. 80 [L. n° 2007-291, 5 mars 2007]
I. – Le juge d'instruction ne peut informer qu'en vertu d'un réquisitoire du procureur de la République.

Le réquisitoire peut être pris contre personne dénommée ou non dénommée.

Lorsque des faits, non visés au réquisitoire, sont portés à la connaissance du juge d'instruction, celui-ci doit immédiatement communiquer au procureur de la République les plaintes ou les procès-verbaux qui les constatent. Le procureur de la République peut alors soit requérir du juge d'instruction, par réquisitoire supplétif, qu'il informe sur ces nouveaux faits, soit requérir l'ouverture d'une information distincte, soit saisir la juridiction de jugement, soit ordonner une enquête, soit décider d'un classement sans suite ou de procéder à l'une des mesures prévues aux articles 41-1 à 41-3, soit transmettre les plaintes ou les procès-verbaux au procureur de la République territorialement compétent. Si le procureur de la République requiert l'ouverture d'une information distincte, celle-ci peut être confiée au même juge d'instruction, désigné dans les conditions prévues au premier alinéa de l'article 83.

En cas de plainte avec constitution de partie civile, il est procédé comme il est dit à l'article 86. Toutefois, lorsque de nouveaux faits sont dénoncés au juge d'instruction par la partie civile en cours d'information, il est fait application des dispositions de l'alinéa qui précède.

II. – En matière criminelle, ainsi que lorsqu'il requiert une co-saisine, le procureur de la République près le tribunal de grande instance au sein duquel il n'y a pas de pôle de l'instruction est compétent pour requérir l'ouverture d'une information devant les magistrats du pôle territorialement compétents pour les infractions relevant de sa compétence en application de l'article 43, y compris en faisant déférer devant eux les personnes concernées.

Dans les cas prévus au premier alinéa, le réquisitoire introductif peut également être pris par le procureur de la République près le tribunal de grande instance au sein duquel se trouve le pôle, qui est à cette fin territorialement compétent sur l'ensemble du ressort de compétence de ce pôle, y compris pour diriger et contrôler les enquêtes de police judiciaire.

Le procureur de la République près ce tribunal de grande instance est seul compétent pour suivre le déroulement des informations visées aux alinéas précédents jusqu'à leur règlement.

En cas de renvoi devant la juridiction de jugement, l'affaire est renvoyée, selon le cas, devant la juridiction de proximité, le tribunal de police, le tribunal correctionnel, le tribunal pour enfants ou la cour d'assises initialement compétents.

III. – Si le procureur de la République près le tribunal de grande instance dans lequel il y a un pôle de l'instruction constate qu'une personne est déférée devant lui en vue de l'ouverture d'une information en application du deuxième alinéa du II et qu'il estime qu'aucune information relevant de la compétence du pôle ne doit être ouverte, il peut, avant de transmettre le dossier de la procédure au procureur de la République territorialement compétent, requérir le placement sous contrôle judiciaire ou en détention provisoire de la personne selon les modalités prévues par le troisième alinéa de l'article 394 et l'article 396. Si la personne est placée en détention provisoire, elle doit comparaître devant le procureur de la République territorialement compétent au plus tard le troisième jour ouvrable suivant. À défaut, elle est mise d'office en liberté.

C. pr. pén., art. 81
Le juge d'instruction procède, conformément à la loi, à tous les actes d'information qu'il juge utiles à la manifestation de la vérité. Il instruit à charge et à décharge.

Il est établi une copie de ces actes ainsi que de toutes les pièces de la procédure; chaque copie est certifiée conforme par le greffier ou l'officier de police judiciaire commis mentionné à l'alinéa 4. Toutes les pièces du dossier sont cotées par le greffier au fur et à mesure de leur rédaction ou de leur réception par le juge d'instruction.

Toutefois, si les copies peuvent être établies à l'aide de procédés photographiques ou similaires, elles sont exécutées à l'occasion de la transmission du dossier. Il en est alors établi autant d'exemplaires qu'il est nécessaire à l'administration de la justice. Le greffier certifie la conformité du dossier reproduit avec le dossier original. Si le dessaisissement momentané a pour cause l'exercice d'une voie de recours, l'établissement des copies doit être effectué immédiatement pour qu'en aucun cas ne soit retardée la mise en état de l'affaire prévue à l'article 194.

Si le juge d'instruction est dans l'impossibilité de procéder lui-même à tous les actes d'instruction, il peut donner commission rogatoire aux officiers de police judiciaire afin de leur faire exécuter tous les actes d'information nécessaires dans les conditions et sous les réserves prévues aux articles 151 et 152.

Le juge d'instruction doit vérifier les éléments d'information ainsi recueillis.

Le juge d'instruction procède ou fait procéder, soit par des officiers de police judiciaire, conformément à l'alinéa 4, soit par toute personne habilitée dans des conditions déterminées par décret en Conseil d'État, à une enquête sur la personnalité des personnes mises en examen, ainsi que sur leur situation matérielle, familiale ou sociale. Toutefois, en matière de délit, cette enquête est facultative.

Le juge d'instruction peut également commettre, suivant les cas, le service pénitentiaire d'insertion et de probation, le service compétent de la protection judiciaire de la jeunesse ou toute association habilitée en application de l'alinéa qui précède à l'effet de vérifier la situation matérielle, familiale et sociale d'une personne mise en examen et de l'informer sur les mesures propres à favoriser l'insertion sociale de l'intéressée. À moins qu'elles n'aient été déjà prescrites par le ministère public, ces diligences doivent être prescrites par le juge d'instruction chaque fois qu'il envisage de placer en détention provisoire un majeur âgé de moins de vingt et un ans au moment de la commission de l'infraction lorsque la peine encourue n'excède pas cinq ans d'emprisonnement.

Le juge d'instruction peut prescrire un examen médical, un examen psychologique ou ordonner toutes mesures utiles.

S'il est saisi par une partie d'une demande écrite et motivée tendant à ce qu'il soit procédé à l'un des examens ou à toutes autres mesures utiles prévus par l'alinéa qui précède, le juge d'instruction doit, s'il n'entend pas y faire droit, rendre une ordonnance motivée au plus tard dans le délai d'un mois à compter de la réception de la demande.

La demande mentionnée à l'alinéa précédent doit faire l'objet d'une déclaration au greffier du juge d'instruction saisi du dossier. Elle est constatée et datée par le greffier qui la signe ainsi que le demandeur ou son avocat. Si le demandeur ne peut signer, il en est fait mention par le greffier. Lorsque le demandeur ou son avocat ne réside pas dans le ressort de la juridiction compétente, la déclaration au greffier peut être faite au moyen d'une lettre recommandée avec demande d'avis de réception. Lorsque la personne mise en examen est détenue, la demande peut également être faite au moyen d'une déclaration auprès du chef de l'établissement pénitentiaire. Cette déclaration est constatée et datée par le chef de l'établissement pénitentiaire qui la signe, ainsi que le demandeur. Si celui-ci ne peut signer, il en est fait mention par le chef de l'établissement. Ce document est adressé sans délai, en original ou copie et par tout moyen, au greffier du juge d'instruction.

Faute par le juge d'instruction d'avoir statué dans le délai d'un mois, la partie peut saisir directement le président de la chambre de l'instruction, qui statue et procède conformément aux troisième, quatrième et cinquième alinéas de l'article 186-1.

C. pr. pén., art. 82 [L. n° 2004-204, 9 mars 2004]
Dans son réquisitoire introductif, et à toute époque de l'information par réquisitoire supplétif, le procureur de la République peut requérir du magistrat instructeur tous actes lui paraissant utiles à la manifestation de la vérité et toutes mesures de sûreté nécessaires. Il peut également demander à assister à l'accomplissement des actes qu'il requiert.

Il peut, à cette fin, se faire communiquer la procédure, à charge de la rendre dans les vingt-quatre heures.

S'il requiert le placement ou le maintien en détention provisoire de la personne mise en examen, ses réquisitions doivent être écrites et motivées par référence aux seules dispositions de l'article 144.

Si le juge d'instruction ne suit pas les réquisitions du procureur de la République, il doit, sans préjudice de l'application des dispositions de l'article 137-4, rendre une ordonnance motivée dans les cinq jours de ces réquisitions.

À défaut d'ordonnance du juge d'instruction, le procureur de la République peut, dans les dix jours, saisir directement la chambre de l'instruction. Il en est de même si le juge des libertés et de la détention, saisi par le juge d'instruction, ne rend pas d'ordonnance dans le délai de dix jours à compter de sa saisine.

C. pr. pén., art. 82-1

Les parties peuvent, au cours de l'information, saisir le juge d'instruction d'une demande écrite et motivée tendant à ce qu'il soit procédé à leur audition ou à leur interrogatoire, à l'audition d'un témoin, à une confrontation ou à un transport sur les lieux, à ce qu'il soit ordonné la production par l'une d'entre elles d'une pièce utile à l'information, ou à ce qu'il soit procédé à tous autres actes qui leur paraissent nécessaires à la manifestation de la vérité. À peine de nullité, cette demande doit être formée conformément aux dispositions du dixième alinéa de l'article 81; elle doit porter sur des actes déterminés et, lorsqu'elle concerne une audition, préciser l'identité de la personne dont l'audition est souhaitée.

Le juge d'instruction doit, s'il n'entend pas y faire droit, rendre une ordonnance motivée au plus tard dans le délai d'un mois à compter de la réception de la demande. Les dispositions du dernier alinéa de l'article 81 sont applicables.

À l'expiration d'un délai de quatre mois depuis sa dernière comparution, la personne mise en examen qui en fait la demande écrite doit être entendue par le juge d'instruction. Le juge d'instruction procède à son interrogatoire dans les trente jours de la réception de la demande, qui doit être formée conformément aux dispositions du dixième alinéa de l'article 81.

C. pr. pén., art. 82-2

Lorsque la personne mise en examen saisit le juge d'instruction, en application des dispositions de l'article 82-1, d'une demande tendant à ce que ce magistrat procède à un transport sur les lieux, à l'audition d'un témoin, d'une partie civile ou d'une autre personne mise en examen, elle peut demander que cet acte soit effectué en présence de son avocat.

La partie civile dispose de ce même droit s'agissant d'un transport sur les lieux, de l'audition d'un témoin ou d'une autre partie civile ou de l'interrogatoire de la personne mise en examen.

Le juge d'instruction statue sur ces demandes conformément aux dispositions du deuxième alinéa de l'article 82-1. S'il fait droit à la demande, le juge d'instruction convoque l'avocat au plus tard dans les deux jours ouvrables avant la date du transport, de l'audition ou de l'interrogatoire, au cours desquels celui-ci peut intervenir dans les conditions prévues à l'article 120.

C. pr. pén., art. 82-3 [L. n° 2004-204, 9 mars 2004]

Lorsque le juge d'instruction conteste le bien-fondé d'une demande des parties tendant à constater la prescription de l'action publique, il doit rendre une ordonnance motivée dans le délai d'un mois à compter de la réception de la demande. Les dispositions des avant-dernier et dernier alinéas de l'article 81 sont applicables.

C. pr. pén., art. 220

Le président de la chambre de l'instruction s'assure du bon fonctionnement des cabinets d'instruction du ressort de la cour d'appel. Il vérifie notamment les conditions d'application des alinéas 4 et 5 de l'article 81 et de l'article 144 et s'emploie à ce que les procédures ne subissent aucun retard injustifié. Chaque fois qu'il le juge nécessaire et au moins une fois par an, il transmet ses observations écrites au premier président de la cour d'appel, au procureur général près ladite cour ainsi qu'au président du tribunal de grande instance concerné et au procureur de la République près ledit tribunal.

C. pr. pén., art. 221 [L. n° 2004-204, 9 mars 2004]

À cette fin, il est établi, chaque semestre, dans chaque cabinet d'instruction, un état de toutes les affaires en cours portant mention, pour chacune des affaires, de la date du dernier acte d'information exécuté.

Les affaires dans lesquelles sont impliquées des personnes mises en examen, détenues provisoirement figurent sur un état spécial.

Les états prévus par le présent article sont adressés au président de la chambre de l'instruction et au procureur général dans les trois premiers jours du semestre.

C. pr. pén., art. 221-1

Lorsqu'un délai de quatre mois s'est écoulé depuis la date du dernier acte d'instruction nécessaire à la manifestation de la vérité, le président de la chambre de l'instruction peut, par requête, saisir cette juridiction. La chambre de l'instruction peut, dans l'intérêt d'une bonne administration de la justice, soit évoquer et procéder dans les conditions prévues par les articles 201, 202, 204 et 205, soit renvoyer le dossier au juge d'instruction ou à tel autre afin de poursuivre l'information.

C. pr. pén., art. 221-2

Lorsqu'un délai de quatre mois s'est écoulé depuis la date du dernier acte d'instruction, les parties peuvent saisir la chambre de l'instruction dans les conditions prévues par le troisième alinéa de l'article 173. Ce délai est ramené à deux mois au profit de la personne mise en examen lorsque celle-ci est placée en détention provisoire.

Dans les huit jours de la réception du dossier par le greffe de la chambre de l'instruction, le président peut, par ordonnance motivée non susceptible de recours, décider qu'il n'y a pas lieu de saisir la chambre de l'instruction.

La chambre de l'instruction, lorsqu'elle est saisie, peut, soit évoquer et procéder dans les conditions prévues par les articles 201, 202, 204 et 205, soit renvoyer le dossier au juge d'instruction ou à tel autre afin de poursuivre l'information.

Si, dans les deux mois suivant le renvoi du dossier au juge d'instruction initialement saisi, aucun acte d'instruction n'a été accompli, la chambre de l'instruction peut être à nouveau saisie selon la procédure prévue aux premier et deuxième alinéas du présent article. Ce délai est ramené à un mois au profit de la personne mise en examen lorsque celle-ci est placée en détention provisoire.

La chambre de l'instruction doit alors, soit évoquer comme il est dit au troisième alinéa du présent article, soit renvoyer le dossier à un autre juge d'instruction afin de poursuivre l'information.

C. pr. pén., art. 221-3 [inséré par L. n° 2007-291, 5 mars 2007, art. 12 III]

I. – Lorsqu'un délai de trois mois s'est écoulé depuis le placement en détention provisoire de la personne mise en examen, que cette détention est toujours en cours et que l'avis de fin d'information prévu par l'article 175 n'a pas été délivré, le président de la chambre de l'instruction peut, d'office ou à la demande du ministère public ou de la personne mise en examen, décider de saisir cette juridiction afin que celle-ci examine l'ensemble de la procédure. En cas de demande du ministère public ou d'une partie, il statue dans les huit jours de la réception de cette demande. Cette décision n'est pas susceptible de recours.

La chambre de l'instruction statue après une audience à laquelle les avocats de l'ensemble des parties et des témoins assistés sont convoqués. La chambre de l'instruction ou son président peut ordonner la comparution des personnes mises en examen et des témoins assistés, d'office ou à la demande des parties. Si un mis en examen placé en détention provisoire demande à comparaître, le président ne peut refuser sa comparution que par une décision motivée. La comparution peut être réalisée selon les modalités prévues à l'article 706-71.

Si la personne mise en examen est majeure, les débats se déroulent et l'arrêt est rendu en audience publique. Toutefois, le ministère public, la personne mise en examen ou la partie civile ou leurs avocats peuvent, avant l'ouverture des débats, s'opposer à cette publicité si celle-ci est de nature à entraver les investigations spécifiques nécessitées par l'instruction, à porter atteinte à la présomption d'innocence ou à la sérénité des débats ou à nuire à la dignité de la personne ou aux intérêts d'un tiers, ou si l'enquête porte sur des faits visés à l'article 706-73. La chambre statue sur cette opposition, après avoir recueilli les observations du ministère public et des parties, par un arrêt rendu en chambre du conseil qui n'est susceptible d'un pourvoi en cassation qu'en même temps que l'arrêt portant sur la demande principale. Si la chambre fait droit à cette opposition ou si la personne mise en examen est mineure, les débats ont lieu et l'arrêt est rendu en chambre du conseil. Il en est de même si la partie civile s'oppose à la publicité, dans les seuls cas où celle-ci est en droit de demander le huis clos lors de l'audience de jugement.

Le président de la chambre de l'instruction peut également ordonner d'office, après avoir recueilli les observations du ministère public et des parties, que les débats se déroulent en chambre du conseil si la publicité est de nature à entraver les investigations spécifiques nécessitées par l'instruction ou à nuire à la dignité de la personne ou aux intérêts d'un tiers. Le président de la chambre de l'instruction statue par une ordonnance rendue en chambre du conseil qui n'est susceptible de pourvoi en cassation qu'en même temps que l'arrêt rendu à l'issue des débats.

Deux jours ouvrables au moins avant la date prévue pour l'audience, les parties peuvent déposer des mémoires consistant soit en des demandes de mise en liberté, soit en des demandes d'actes, y compris s'il s'agit d'une demande ayant été précédemment rejetée en application de l'article 186-1, soit en des requêtes en annulation, sous réserve des articles 173-1 et 174, soit en des demandes tendant à constater la prescription de l'action publique.

II. – La chambre de l'instruction, après avoir le cas échéant statué sur ces demandes, peut :

1° Ordonner la mise en liberté, assortie ou non du contrôle judiciaire, d'une ou plusieurs des personnes mises en examen, même en l'absence de demande en ce sens;

2° Prononcer la nullité d'un ou plusieurs actes dans les conditions prévues par l'article 206;

3° Évoquer et procéder dans les conditions prévues par les articles 201, 202, 204 et 205;

4° Procéder à une évocation partielle du dossier en ne procédant qu'à certains actes avant de renvoyer le dossier au juge d'instruction;

5° Renvoyer le dossier au juge d'instruction afin de poursuivre l'information, en lui prescrivant le cas échéant de procéder à un ou plusieurs actes autres que ceux relatifs à la détention provisoire ou au contrôle judiciaire, dans un délai qu'elle détermine;

6° Désigner un ou plusieurs autres juges d'instruction pour suivre la procédure avec le juge ou les juges d'instruction déjà saisis, conformément à l'article 83-1;

7° Lorsque cette décision est indispensable à la manifestation de la vérité et à la bonne administration de la justice et qu'il n'est pas possible de procéder aux désignations prévues au 6°, procéder au dessaisissement du juge d'instruction et à la désignation, aux fins de poursuite de la procédure, d'un ou plusieurs juges d'instruction de la juridiction d'origine ou d'une autre juridiction du ressort;

8° Ordonner le règlement, y compris partiel, de la procédure, notamment en prononçant un ou plusieurs non-lieux à l'égard d'une ou plusieurs personnes.

L'arrêt de la chambre de l'instruction doit être rendu au plus tard trois mois après la saisine par le président, à défaut de quoi les personnes placées en détention sont remises en liberté.

Six mois après que l'arrêt est devenu définitif, si une détention provisoire est toujours en cours, et sauf si l'avis de fin d'information prévu par l'article 175 a été délivré, le président de la chambre de l'instruction peut à nouveau saisir cette juridiction dans les conditions prévues par le présent article.

C. pr. pén., art. 222

Le président, chaque fois qu'il l'estime nécessaire et au moins une fois par trimestre, visite les maisons d'arrêt du ressort de la cour d'appel et y vérifie la situation des personnes mises en examen en état de détention provisoire.

C. pr. pén., art. 223

Il peut saisir la chambre de l'instruction, afin qu'il soit par elle statué sur le maintien en détention d'une personne mise en examen en état de détention provisoire.

C. pr. pén., art. 706-115 [inséré par L. n° 2007-308, 5 mars 2007, art. 36, *JO* 7 mars]

La personne poursuivie [majeur protégé] doit être soumise avant tout jugement au fond à une expertise médicale afin d'évaluer sa responsabilité pénale au moment des faits.

C. pr. pén., art. 706-33
En cas de poursuite pour l'une des infractions visées à l'article 706-26, le juge d'instruction peut ordonner à titre provisoire, pour une durée de six mois au plus, la fermeture de tout hôtel, maison meublée, pension, débit de boissons, restaurant, club, cercle, dancing, lieu de spectacle ou leurs annexes ou lieu quelconque ouvert au public ou utilisé par le public, où ont été commises ces infractions par l'exploitant ou avec sa complicité.

Cette fermeture peut, quelle qu'en ait été la durée, faire l'objet de renouvellements dans les mêmes formes pour une durée de trois mois au plus chacun.

Les décisions prévues aux alinéas précédents et celles statuant sur les demandes de mainlevées peuvent faire l'objet d'un recours devant la chambre de l'instruction dans les vingt-quatre heures de leur exécution ou de la notification faite aux parties intéressées.

Lorsqu'une juridiction de jugement est saisie, la mainlevée de la mesure de fermeture en cours ou son renouvellement, pour une durée de trois mois au plus chaque fois, est prononcée selon les règles fixées par les deuxième à quatrième alinéas de l'article 148-1.

C. pr. pén., art. 706-36
En cas de poursuite pour l'une des infractions visées à l'article 706-34, le juge d'instruction peut ordonner à titre provisoire, pour une durée de trois mois au plus, la fermeture totale ou partielle :

1° D'un établissement visé aux 1° et 2° de l'article 225-10 du Code pénal dont le détenteur, le gérant ou le préposé est poursuivi ;

2° De tout hôtel, maison meublée, pension, débit de boissons, restaurant, club, cercle, dancing, lieu de spectacle ou leurs annexes ou lieu quelconque ouvert au public ou utilisé par le public, dans lequel une personne poursuivie aura trouvé au cours des poursuites, auprès de la direction ou du personnel, un concours sciemment donné pour détruire des preuves, exercer des pressions sur des témoins ou favoriser la continuation de son activité délictueuse.

Cette fermeture peut, quelle qu'en ait été la durée, faire l'objet de renouvellements dans les mêmes formes pour une durée de trois mois au plus chacun.

Les décisions prévues aux alinéas précédents et celles statuant sur les demandes de mainlevées peuvent faire l'objet d'un recours devant la chambre de l'instruction dans les vingt-quatre heures de leur exécution ou de la notification faite aux parties intéressées.

Lorsqu'une juridiction de jugement est saisie, la mainlevée de la mesure de fermeture en cours ou son renouvellement, pour une durée de trois mois au plus chaque fois, est prononcée selon les règles fixées par les deuxième à quatrième alinéas de l'article 148-1.

C. pr. pén., art. 706-47-1 [L. n° 2004-204, 9 mars 2004]
Les personnes poursuivies pour l'une des infractions mentionnées à l'article 706-47 doivent être soumises, avant tout jugement au fond, à une expertise médicale. L'expert est interrogé sur l'opportunité d'une injonction de soins dans le cadre d'un suivi socio-judiciaire.

Cette expertise peut être ordonnée dès le stade de l'enquête par le procureur de la République.

Cette expertise est communiquée à l'administration pénitentiaire en cas de condamnation à une peine privative de liberté, afin de faciliter le suivi médical et psychologique en détention prévu par l'article 718.

[La référence à l'article 717-1 remplace la référence à l'article 718 à partir du 1er janvier 2005.]

41.03 Bibliographie indicative. (V. les références complètes s^s n° 03.)

Actualisables. RÉP. PÉN., Guéry, « Instruction préparatoire » – J.-CL. PÉN., Dumont J., « Juge d'instruction. Juridictions d'instruction du premier degré. Dispositions générales ».

Ouvrages. HÉLIE F., IV, n° 1616 – GARRAUD, III, n° 776 – JOUSSE, p. 270.

SECTION 1
DIRECTION DE L'INFORMATION

41.11 Sujétion à la loi. L'indépendance du juge d'instruction peut être envisagée sous divers angles. À bien des points de vue, cette indépendance est toute relative. Il est évident que le juge d'instruction, qui ne peut s'autosaisir, comme tout magistrat, a son activité limitée par les règles de sa compétence, et qu'il est tenu d'observer, au cours de ses diverses opérations, les règles de forme qui ont été fixées, quelquefois avec minutie, par la loi.

D'un autre côté, comme juge, il statue par des ordonnances juridictionnelles, et répond librement aux réquisitions qui lui sont adressées, mais ses décisions sont essentiellement susceptibles d'appel, et peuvent être réformées par la chambre de l'instruction, sans que d'ailleurs celle-ci « puisse porter atteinte à l'indépendance du magistrat instructeur et lui enjoindre d'avoir à procéder à un acte contraire à sa conviction »[1] (v. s^s n°s 242.25, 243.24 – mais sur le pouvoir d'injonction dans le cadre de l'audience de contrôle v. s^s n° 245.46). À un autre point de vue encore, outre le contrôle hiérarchique et disciplinaire auquel il est soumis en sa qualité de magistrat (v. s^s n°s 13.62 à 13.67), le juge d'instruction est l'objet de la part du président de la chambre de l'instruction d'un contrôle particulier dont les modalités sont établies par les articles 220 à 223 du Code de procédure pénale.

41.12 Indépendance de fait. Le juge d'instruction a la direction de l'information. C'est lui qui « est chargé de procéder aux informations » (C. pr.

1. Crim. 22 déc. 1959, *Bull. crim.*, n° 569; *JCP* 1962, II, 12857, note P. Chambon – V. aussi Crim. 13 févr. 1984, n° 82-93.814, *Bull. crim.*, n° 50.

pén., art. 49). Faustin Hélie écrivait déjà : « Le juge d'instruction a le droit d'apprécier librement l'opportunité des mesures qui sont requises avant de les ordonner; il a la direction de la procédure, et par conséquent il lui appartient d'employer les moyens qui doivent le conduire le plus directement à son but [...]. C'est à lui que la loi a délégué la fonction d'instruire le procès [...]. C'est lui que le législateur a fait l'arbitre de la procédure [1] ». Le professeur Garraud de son côté déclarait : « Le juge d'instruction, dès qu'il est saisi, dirige comme il l'entend sa procédure. C'est la conséquence même du principe de la séparation des pouvoirs de poursuivre et d'instruire. [2] »

Cette doctrine était celle de la Cour de cassation, qui avait décidé par exemple que le juge d'instruction était le seul juge de l'opportunité des mesures sollicitées [3], et que l'inculpé ne pouvait se plaindre qu'il n'ait pas été procédé à une confrontation [4], ou à un examen médico-légal [5], ou à un examen médico-psychologique [6], ou à une enquête sur la personnalité en matière de crime [7], ou à un examen médical ayant pour but de déterminer si son état de santé est compatible avec la détention [8]. En principe, le juge d'instruction n'était jamais tenu de répondre par une ordonnance à toutes demandes, requêtes ou prétentions des parties privées [9]. Celles-ci ne pouvaient spécialement contraindre, ni le juge d'instruction, ni le procureur de la République à exécuter un acte de poursuite ou d'instruction interruptif de la prescription. Aussi était-il jugé, à l'égard de la partie civile, qu'en matière de presse notamment, la prescription de l'action publique était suspendue [10].

Il en est autrement aujourd'hui, les lois des 4 janvier et 24 août 1993 puis du 15 juin 2000 ayant accru la faculté d'intervention des parties privées dans le déroulement de l'instruction. Celles-ci peuvent demander par écrit à ce qu'il soit procédé à un examen médical, à un examen psychologique ou à « toute autre mesure utile » [11], ou à leur audition ou leur interrogatoire, à l'audition d'un témoin, à une confrontation ou à un transport, ou que soit ordonnée la production de toute pièce utile [12]. À cette liste rédigée en 1993, la loi du 15 juin 2000 a ajouté une formule beaucoup plus large en évoquant « tous autres actes qui leur paraissent nécessaires à la manifestation de la vérité ». S'il n'entend pas y faire droit, le juge d'instruction doit rendre une ordonnance motivée dans le délai d'un mois; à défaut le demandeur peut saisir directement le président de la chambre de l'instruction (mêmes textes). La partie civile, et la personne mise en examen sont avisées des droits ci-dessus lors de leur première audition ou premier interrogatoire (C. pr. pén., art. 89-1 et 116, al. 4). La loi du 5 mars 2007 a encore augmenté les possibilités pour les parties de participer à l'information : possibilité de demander une confrontation « séparée » (C. pr. pén., art. 120-1), demande que l'information soit instruite à plusieurs (C. pr. pén., art. 83-1), demande de consultation d'un enregistrement audiovisuel réalisé en garde à vue (C. pr. pén., art. 64-1) ou par le juge d'instruction (C. pr. pén., art. 116-1), demande de passage du statut de mis en examen à celui de témoin assisté (C. pr. pén., art. 80-1-1), nouvelles questions à poser à l'expert (C. pr. pén., art. 161-1), demande de dépôt de rapport d'expertise provisoire (C. pr. pén., art. 167-2), dépôt d'observations dans le cadre de l'article 175 nouveau, *etc.*

41.13 La manière de procéder. Le Code d'instruction criminelle, comme le Code de procédure pénale, ont minutieusement fixé le déroulement des débats et l'ordre de succession des diverses formalités et actes de procédure devant la chambre de l'instruction et les juridictions de jugement, notamment devant la cour d'assises. Au contraire, la loi laisse au juge d'instruction une liberté quasi totale de mouvement. La loi fixe bien *in abstracto* la forme de chacune de ses opérations, interrogatoires, auditions de témoins, perquisitions, expertises, mais elle ne prévoit, même par simple indication, ni la nécessité de chacune de ces opérations dans telle circonstance déterminée, ni le délai dans lequel elles doivent intervenir, ni leur nombre, ni l'ordre de leur succession. Il existe une exception à ce principe qui concerne l'ordre de succession des interrogatoires et des mandats de justice, et le délai qui est imparti impérativement par la loi pour y procéder, toutes règles qui sont précisées par les articles 122 à 136 du Code de procédure pénale. C'est ainsi que le mandat de dépôt ne peut être délivré qu'après interrogatoire (C. pr. pén., art. 135), que le juge

1. Hélie F., IV, n° 1616.
2. Garraud, III, n° 776.
3. Crim. 27 sept. 1900, *Bull. crim.*, n° 301 – Crim. 14 déc. 1950, *Bull. crim.*, n° 288.
4. Crim. 11 nov. 1886, *Bull. crim.*, n° 377 – Crim. 10 août 1893, *Bull. crim.*, n° 236 – Crim. 25 janv. 1894, *Bull. crim.*, n° 23.
5. Crim. 27 sept. 1900, *Bull. crim.*, n° 301.
6. Crim. 29 avr. 1960, *JCP* 1960, II, 11658.
7. Crim. 29 avr. 1960, *Bull. crim.*, n° 223.
8. CA Paris, ch. acc., 27 juin 1967, *JCP* 1968, II, 15337, note P. Chambon.
9. Crim. 31 août 1905, *Bull. crim.*, n° 430.
10. Crim. 25 nov. 1954, *Bull. crim.*, n° 352; *JCP* 1995, II, 8497, note P. Chambon – Crim. 12 juill. 1972, n° 71-92.171, *Bull. crim.*, n° 240; *D.* 1973, jur. 65, note P. Chambon – V. Crim. 7 févr. 1980, n° 78-94.147, *Bull. crim.*, n° 52.
11. C. pr. pén., art. 81, al. 8 à 10.
12. C. pr. pén., art. 82-1, al. 1 et 2.

d'instruction doit interroger immédiatement la personne arrêtée en vertu d'un mandat d'amener ou d'arrêt (C. pr. pén., art. 125, art. 133).

Le juge d'instruction n'est jamais tenu de procéder selon un plan invariable et identique pour toutes les affaires. Celles-ci ne se présentent jamais de la même façon, soit en raison de leurs circonstances, soit en raison de la nature même de l'infraction poursuivie : leur variété est infinie et reflète la diversité même de la vie. L'efficacité est la seule règle de l'action de ce magistrat. Son expérience lui apprend peu à peu par quels actes il doit commencer son instruction, pour que celle-ci ait le plus de chance d'aboutir à un résultat utile.

Lorsque la personne poursuivie est présentée par le procureur de la République au juge d'instruction, au moment même de l'ouverture d'une information, l'interrogatoire en sera nécessairement le premier acte. Mais dans tous les autres cas où la personne mise en examen est demeurée libre, l'information débutera par les actes les plus divers, qui se succéderont dans un ordre constamment différent.

Quant au nombre de chacune des opérations d'instruction, il ne saurait être ni imposé ni limité. Il dépendra de la complexité et des difficultés présentées par chaque affaire. Le juge d'instruction devra seulement se souvenir qu'il doit transmettre au parquet une information complète, et qu'il doit procéder au moins à un interrogatoire sur le fond de la personne poursuivie, à moins que celle-ci ne soit en fuite[1]. Il s'efforcera en tout cas d'accomplir des actes utiles.

41.14 Actes obligatoires. Il existe une liste limitée que le juge doit obligatoirement accomplir dans certaines hypothèses, en dehors des formalités purement procédurales obligatoires qui tendent elles aussi à s'allonger (avis à victime, avis à partie civile, avis de fin d'information, *etc.*). Il s'agit de l'enquête de personnalité qui doit obligatoirement être ordonnée en matière criminelle (C. pr. pén., art. 81) et de l'expertise médicale lorsqu'une personne est poursuivie pour le meurtre ou l'assassinat d'un mineur précédé ou accompagné de viol, de torture ou d'actes de barbarie ou pour l'une des infractions visées aux articles 222-23 à 222-32, et 227-22 à 227-27 du Code pénal (C. pr. pén., art. 706-47-1). L'une des lois du 5 mars 2007, celle portant réforme de la protection juridique des majeurs[2], a ajouté divers articles au Code de procédure pénale et notamment l'article 706-115 qui prévoit que « la personne poursuivie [dès lors qu'il s'agit d'un majeur protégé] doit être soumise avant tout jugement au fond à une expertise médicale afin d'évaluer sa responsabilité pénale au moment des faits ».

41.15 Pouvoirs particuliers. Dans quelques cas exceptionnels, le juge d'instruction dispose de certains pouvoirs de décision. Ainsi, en matière de proxénétisme, il peut ordonner la fermeture provisoire de l'établissement et la renouveler, mesures susceptibles de recours (C. pén., art. 706-36)[3]. L'article L. 480-2 du Code de l'urbanisme lui permet d'ordonner l'interruption des travaux, ou le maintien ou la mainlevée de la mesure prise par lui-même ou une autre autorité; son ordonnance est susceptible d'appel[4]. Mais en matière d'hygiène et sécurité du travail, l'article L. 263-3-1 du Code du travail, qui permet à la juridiction saisie, nonobstant la relaxe, de prendre toutes mesures utiles, ne s'applique pas au juge d'instruction qui a rendu une ordonnance de non-lieu[5]. En matière de trafic de stupéfiants, le juge d'instruction peut ordonner la fermeture de l'établissement (C. pr. pén., art. 706-33)[6], ou la cessation provisoire de la publicité en matière de publicité mensongère (C. consom., L. 121-3 [anc[t] L. 27 déc. 1973, art. 44-II])[7]. Les juridictions d'instruction peuvent également prononcer la confiscation et la remise au plaignant de l'œuvre d'art (L. 5 févr. 1994, art. 35)[8]. L'ordonnance du juge d'instruction ordonnant à tort la vente aux enchères d'objets saisis n'étant pas susceptible d'appel, peut donc être annulée par la chambre d'accusation[9]. Le juge d'instruction peut aussi, dans certaines circonstances, ordonner la destruction des scellés (C. pr. pén., art. 99-2).

41.16 Contrôle par la chambre de l'instruction. La loi n° 96-1235 du 30 décembre 1996, par son article 14, qui crée un article 221-2, a renforcé les pouvoirs de contrôle sur la marche de l'instruction que la chambre d'accusation tenait déjà de l'article 221-1 du Code de procédure pénale. Les parties, après l'écoulement d'un délai de quatre mois, réduit à deux mois à l'égard du détenu, depuis le dernier

1. Crim. 11 juill. 1902, *DP* 1906, 1, p. 535 – Crim. 26 mars 1909, *Bull. crim.*, n° 192 – Crim. 24 juin 1922, *DP* 1924, 1, p. 58 – Cep., dans le cas où l'information n'a établi aucune charge, v. Crim. 27 nov. 1963, *Bull. crim.*, n° 338; *JCP* 1964, II, 13543, note P. Chambon.
2. L. n° 2007-308, 5 mars 2007, *JO* 7 mars, n° 56, p. 4325.
3. Crim. 5 nov. 1985, n° 84-94.458, *Bull. crim.*, n° 344.
4. Crim. 10 janv. 1980, n° 79-91.729, *Bull. crim.*, n° 18; *D.* 1981, jur. 96, note P. Chambon – Crim. 5 mai 1981, n° 81-90.615, *Bull. crim.*, n° 138.
5. Crim. 24 févr. 1981, n° 79-93.193, n° 80-92.759, 2 esp., *Bull. crim.*, n°s 69 et 73; *JCP* 1981, II, 19689, note Jeandidier.
6. Crim. 29 févr. 1988, n° 87-82.992, *Bull. crim.*, n° 104.
7. Crim. 15 déc. 1992, n° 92-81.489, *Bull. crim.*, n° 420.
8. Crim. 27 sept. 1994, n° 93-84.222, *Bull. crim.*, n° 305.
9. Crim. 7 déc. 1993, n° 93-84.188, *Bull. crim.*, n° 372.

acte d'instruction, peuvent saisir la chambre de l'instruction comme il est dit à l'article 173. Celle-ci peut prendre l'une des décisions indiquées au texte. Si, suivant le renvoi au même juge d'instruction, aucun acte d'instruction n'a été fait dans les deux mois (un mois s'il s'agit de la personne détenue), cette juridiction peut à nouveau être saisie et doit alors soit évoquer, soit renvoyer à un autre juge d'instruction.

SECTION 2
CHOIX DES MOYENS

41.21 L'impératif moral. Le juge d'instruction ne peut utiliser, pour construire son information, que les seuls moyens techniques que la loi a mis à sa disposition, en observant les formes prescrites. Il ne peut négliger l'aspect moral de son action. Il doit mériter, par la loyauté et la franchise, la confiance que les parties et les juridictions de jugement mettent en lui. Il ne saurait employer des procédés tels que le mensonge, la ruse, le marchandage ou le chantage.

Il ne saurait, par exemple, faire état de déclarations imaginaires des témoins ou des co-mis en examen pour obtenir des aveux, ou présenter le placement éventuel en détention comme une sanction, ou la mise en liberté comme une récompense, de l'attitude adoptée par le prévenu. « La ruse ne convient point à la dignité du magistrat[1] » (sur l'éthique du juge d'instruction v. s^s n°s 13.71 s.).

41.22 Les pièges. La question se posait, en jurisprudence, de savoir si le juge d'instruction pouvait valablement surprendre, par le moyen des écoutes téléphoniques, à l'insu du prévenu, une conversation tenue par ce dernier avec un tiers ou un complice, et utiliser ensuite les éléments de preuve ainsi recueillis. Elle est aujourd'hui réglée par la loi du 10 juillet 1991, de façon plus générale sur les moyens de preuve dont dispose le juge d'instruction (v. s^s n°s 192.00 s.).

SECTION 3
INDÉPENDANCE PAR RAPPORT AU PROCUREUR DE LA RÉPUBLIQUE

41.31 Relations entre les deux magistrats. Selon les dispositions des articles 49, 51, 80 et 82 du Code de procédure pénale, la poursuite appartient au procureur de la République et l'instruction au magistrat instructeur. Le juge d'instruction ne peut jamais se saisir lui-même, et ne peut instruire que sur les faits visés au réquisitoire introductif ou supplétif ou dénoncés dans la plainte avec constitution de partie civile; le ministère public peut à tout moment se faire communiquer la procédure, et requérir tous actes utiles à la manifestation de la vérité; le juge d'instruction qui ne croit pas devoir procéder aux actes requis doit rendre dans les cinq jours des réquisitions une ordonnance motivée.

Le juge d'instruction a la même indépendance que celle dont jouit toute juridiction, et n'est jamais obligé de déférer aux réquisitions qui lui sont adressées; il est seulement tenu de répondre à ces réquisitions par une ordonnance motivée.

L'indépendance du juge d'instruction dans la conduite de l'information, et la faculté illimitée du procureur de la République de requérir, sont une source possible de conflits. Ces derniers seront réduits, si le procureur de la République sait réserver ses réquisitions aux orientations importantes de la procédure, et laisse au juge d'instruction le soin des détails. La chambre de l'instruction tranchera les différends que la concertation n'aura pu réduire.

1. JOUSSE, p. 270.

CHAPITRE

42. Droits du procureur de la République

SECTION 0
ORIENTEUR

42.00 **Plan du chapitre.**

Sect. 1 Droit à la communication du dossier
Sect. 2 Autres droits du procureur de la République

42.01 **Textes applicables.**

C. pr. pén., art. 82, 119, 173, 185.

C. pr. pén., art. 82 [L. n° 2004-204, 9 mars 2004]

* V. s^{s} n° 41.01.

C. pr. pén., art. 119 [L. n° 2004-204, 9 mars 2004]

Le procureur de la République peut assister aux interrogatoires, auditions et confrontations de la personne mise en examen, de la partie civile et du témoin assisté.

Chaque fois qu'il a fait connaître au juge d'instruction son intention d'y assister, le greffier du juge d'instruction doit l'avertir par simple note, au plus tard l'avant-veille de l'interrogatoire.

C. pr. pén., art. 173 [L. n° 2004-204, 9 mars 2004]

S'il apparaît au juge d'instruction qu'un acte ou une pièce de la procédure est frappé de nullité, il saisit la chambre de l'instruction aux fins d'annulation, après avoir pris l'avis du procureur de la République et avoir informé les parties.

Si le procureur de la République estime qu'une nullité a été commise, il requiert du juge d'instruction communication de la procédure en vue de sa transmission à la chambre de l'instruction, présente requête aux fins d'annulation à cette chambre et en informe les parties.

Si l'une des parties ou le témoin assisté estime qu'une nullité a été commise, elle saisit la chambre de l'instruction par requête motivée, dont elle adresse copie au juge d'instruction qui transmet le dossier de la procédure au président de la chambre de l'instruction. La requête doit, à peine d'irrecevabilité, faire l'objet d'une déclaration au greffe de la chambre de l'instruction. Elle est constatée et datée par le greffier qui la signe ainsi que le demandeur ou son avocat. Si le demandeur ne peut signer, il en est fait mention par le greffier. Lorsque le demandeur ou son avocat ne réside pas dans le ressort de la juridiction compétente, la déclaration au greffe peut être faite au moyen d'une lettre recommandée avec demande d'avis de réception. Lorsque la personne mise en examen est détenue, la requête peut également être faite au moyen d'une déclaration auprès du chef de l'établissement pénitentiaire. Cette déclaration est constatée et datée par le chef de l'établissement pénitentiaire qui la signe, ainsi que le demandeur. Si celui-ci ne peut signer, il en est fait mention par le chef de l'établissement. Ce document est adressé sans délai, en original ou en copie et par tout moyen, au greffe de la chambre de l'instruction.

Les dispositions des trois premiers alinéas ne sont pas applicables aux actes de procédure qui peuvent faire l'objet d'un appel de la part des parties, et notamment des décisions rendues en matière de détention provisoire ou de contrôle judiciaire.

Dans les huit jours de la réception du dossier par le greffe de la chambre de l'instruction, le président peut, par ordonnance non susceptible de recours, constater que la requête est irrecevable en application du présent article, troisième ou quatrième alinéa, de l'article 173-1, des articles 174, premier alinéa, ou 175, deuxième alinéa ; il peut également constater l'irrecevabilité de la requête si celle-ci n'est pas motivée. S'il constate l'irrecevabilité de la requête, le président de la chambre de l'instruction ordonne que le dossier de l'information soit renvoyé au juge d'instruction ; dans les autres cas, il le transmet au procureur général qui procède ainsi qu'il est dit aux articles 194 et suivants.

C. pr. pén., art. 185

Le procureur de la République a le droit d'interjeter appel devant la chambre de l'instruction de toute ordonnance du juge d'instruction ou du juge des libertés et de la détention.

Cet appel formé par déclaration au greffe du tribunal, doit être interjeté dans les cinq jours qui suivent la notification de la décision.

En cas d'appel par la personne mise en examen de l'ordonnance de mise en accusation prévue par l'article 181, le procureur de la République dispose d'un délai d'appel incident de cinq jours supplémentaires à compter de l'appel de la personne mise en examen.

Le droit d'appel appartient également dans tous les cas au procureur général. Il doit signifier son appel aux parties dans les dix jours qui suivent l'ordonnance du juge d'instruction ou du juge des libertés et de la détention.

42.02 Jurisprudence de référence.
• Le droit d'appel du ministère public est général.

Crim. 6 juill. 1993, n° 93-81.996, *Bull. crim.,* n° 241; *D.* 1993, jur. 429, note S. Kehrig; *JCP* 1993, II, 22115, concl. Perfetti.

« Attendu qu'il résulte de l'article 185 du Code de procédure pénale et des principes généraux du droit que l'appel du ministère public s'étend à toutes les décisions rendues en matière de détention provisoire;

Attendu que, pour déclarer irrecevable l'appel du procureur de la République contre l'ordonnance, en date du 22 mars 1993, par laquelle le président du tribunal de grande instance de Melun, en application de l'article 145-1 du Code de procédure pénale en sa nouvelle rédaction issue de la loi du 4 janvier 1993 applicable en la cause, a refusé la prolongation de la détention de Mustapha Bensouna et a placé celui-ci sous contrôle judiciaire, la chambre d'accusation se borne à énoncer que l'article 137 dudit code prévoit, sous les exceptions qu'il comporte, que « la personne mise en examen reste libre » et que l'article 186 du même code réserve le droit d'appel, à l'encontre des ordonnances prises en matière de détention provisoire par le président du tribunal ou par le juge par lui délégué, à la seule personne mise en examen, à l'exclusion de toute autre partie;

Mais attendu qu'en prononçant ainsi, alors que l'article 186 ne concerne pas le ministère public, les juges du second degré ont méconnu le sens et la portée du principe sus-énoncé;

Que la cassation est, dès lors, encourue de ce chef. »

42.03 Bibliographie indicative. (V. les références complètes s^s n° 03.)

Actualisables. RÉP. PÉN., Guéry, « Instruction préparatoire » – J.-CL. PÉN., Dumont J., « Juge d'instruction. Juridictions d'instruction du premier degré. Dispositions générales ».

Ouvrages. HÉLIE F., IV, n°s 1612 et 1617 – GARRAUD, III, n° 775, p. 32 et n° 776 – LE POITTEVIN, art. 61, n°s 42 à 44.

42.04 Évolution. L'article 61 Code d'instruction criminelle portait : « Hors les cas de flagrant délit, le juge d'instruction ne fait aucun acte d'instruction ou de poursuite qu'il n'ait donné communication de la procédure au procureur de la République qui pourra, en outre, requérir cette communication à toute époque de l'information, à la charge de rendre les pièces dans les vingt-quatre heures. » Les auteurs n'interprétaient pas ce texte à la lettre. Ils enseignaient que le juge d'instruction n'est tenu de communiquer la procédure au parquet pour obtenir ses réquisitions préalablement à ses décisions que dans les cas où la loi l'y oblige, c'est-à-dire essentiellement au seuil et à la fin de la procédure, et avant la délivrance d'un mandat d'arrêt; mais que, dans les autres cas, cette communication n'est que facultative, et que spécialement, le juge d'instruction a le pouvoir de procéder aux diverses opérations d'instruction sans réquisitions spéciales[1].

Selon ces mêmes auteurs, le juge d'instruction n'est pas lié par les réquisitions qui lui sont adressées. Il apprécie librement l'opportunité et l'utilité des mesures requises, et il peut aussi bien rejeter les actes demandés par le parquet, qu'effectuer d'office les opérations qui lui paraissent indispensables. C'est au juge d'instruction que la loi a confié l'instruction : obliger le juge d'instruction à suivre fidèlement la voie tracée par le procureur de la République aboutirait à confier à ce dernier la direction de l'instruction, ce qui serait dénaturer les textes[2].

Le législateur a tenu compte de cette interprétation, et l'alinéa 1er de l'article 82 du Code de procédure pénale diffère sensiblement de l'ancien article 61; il est ainsi rédigé : « Dans son réquisitoire introductif, et à toute époque de l'information par réquisitoire supplétif, le procureur de la République peut requérir du magistrat instructeur tous actes lui paraissant utiles à la manifestation de la vérité. » La loi du 30 décembre 1985 a ajouté, « et toutes mesures de sûreté nécessaires ». Le texte ne dit plus que le juge d'instruction ne peut faire aucun acte d'instruction ou de poursuite qu'il n'ait donné communication de la procédure.

Ainsi, aujourd'hui, et selon la loi elle-même, le procureur de la République dans son réquisitoire introductif, outre l'indication essentielle des faits poursuivis et du nom des prévenus, peut requérir certains actes d'instruction, tels que la délivrance d'un mandat, une expertise ou une perquisition. Il peut également, au cours de l'information, par le moyen d'un réquisitoire supplétif, formuler de semblables réquisitions, par exemple demander qu'il soit instruit sur de nouveaux faits, ou à l'encontre de nouvelles personnes, ou solliciter telle autre mesure d'instruction qui lui paraît utile (v. s^s n°s 51.71 à 51.72).

SECTION 1
DROIT À LA COMMUNICATION DU DOSSIER

42.11 Communication du dossier. « Le procureur de la République peut, à cette fin, se faire communiquer la procédure, à charge de la rendre dans les vingt-quatre heures » (C. pr. pén., art. 82, al. 2). C'est là, pour ce magistrat, une faculté discrétionnaire, et à laquelle le juge d'instruction ne peut mettre obstacle. Le juge d'instruction ne peut, sous quelque prétexte que ce soit, refuser la communication requise par le parquet[3]. Il est très important d'ailleurs, d'observer qu'en de très nombreux cas, le juge d'instruction est obligé de demander son avis

1. HÉLIE F., IV, n° 1612 – GARRAUD, III, n° 775 – LE POITTEVIN, art. 61, n°s 42 à 44.
2. HÉLIE F., n° 1617 – GARRAUD, III, n° 775, p. 32.
3. Crim. 5 févr. 1970, n° 69-92.892, *Bull. crim.,* n° 53.

au parquet préalablement à sa décision ou, au moins, de l'informer de son action. Il en est notamment ainsi dans le cas de plainte initiale avec constitution de partie civile (C. pr. pén., art. 86), dans le cas où il y a lieu à règlement de la procédure (C. pr. pén., art. 175), dans le cas d'un transport sur les lieux (C. pr. pén., art. 92 et 93), d'une demande de restitution (C. pr. pén., art. 99), de la délivrance d'un mandat d'arrêt (C. pr. pén., art. 131), et plus généralement à l'occasion de toute ordonnance juridictionnelle, en matière par exemple de compétence (C. pr. pén., art. 90), de prolongation de la détention ou de mise en liberté (C. pr. pén., art. 145, 147, 148). Il n'est pas obligatoire de solliciter l'avis du parquet dans le cas de demande d'acte des parties. Il peut être utile qu'à l'occasion de toute mesure importante, le juge d'instruction, même lorsqu'il n'y est pas obligé par la loi, communique la procédure au procureur de la République et prenne son avis.

Si le juge d'instruction peut refuser de suivre les réquisitions qui lui sont présentées, « il doit, dans tous les cas, répondre à ces réquisitions par une ordonnance les adoptant ou les rejetant. S'abstenir n'est pas juger, et le magistrat instructeur, qui est un juge, doit, comme tout juge, résoudre par une décision motivée les questions qui lui sont posées »[1]. Cette règle a été consacrée par l'alinéa 3 de l'article 82 du Code de procédure pénale : « Si le juge d'instruction ne suit pas les réquisitions du procureur de la République, il doit rendre, dans les cinq jours des réquisitions du procureur de la République, une ordonnance motivée. » Ce texte doit être complété par l'article 183 alinéa 4 du même code : « Avis de toute ordonnance non conforme à ses réquisitions est donné au procureur de la République, le jour même où elle est rendue, par le greffier... ». Le procureur de la République peut faire appel de ces ordonnances, puisqu'il peut, aujourd'hui comme hier, interjeter appel de toute ordonnance du juge d'instruction (C. pr. pén., art. 185)[2]. Il peut même faire appel d'une ordonnance rendue conformément à ses réquisitions[3].

Le juge d'instruction doit également répondre aux réquisitions du ministère public lorsqu'il prend une décision qui rejette une demande de saisine du juge des libertés et de la détention ou qui refuse un contrôle judiciaire. C'est la loi du 9 septembre 2002 qui est revenu sur l'option contraire qui permettait au juge de ne rendre aucune décision et au ministère public de saisir la chambre de l'instruction par voie de requête (abrogation de l'article 137-5 par L. 9 sept. 2002 et C. pr. pén., art. 137-4).

Il résulte de l'article 82 alinéas 4 et 5 du Code de procédure pénale, que, s'il ne suit pas les réquisitions du ministère public tendant à l'accomplissement d'un acte paraissant utile à la manifestation de la vérité et à la mise en œuvre d'une mesure de sûreté, le juge d'instruction doit rendre une ordonnance motivée dans le délai de cinq jours, à l'expiration duquel, à défaut d'ordonnance, le procureur de la République peut, dans les dix jours, saisir directement la chambre de l'instruction[4].

Depuis la loi du 9 mars 2004 le ministère public peut saisir directement le JLD d'une demande de placement en détention même si le juge d'instruction ne l'a pas saisi dès lors que l'infraction visée est un crime ou un délit faisant encourir dix ans d'emprisonnement (C. pr. pén., art. 137-4 - V. s[s] n° 142.37).

42.12 Interprétation de l'article 82 du Code de procédure pénale. Comment faut-il entendre les dispositions de ce texte ? Il ne comporte aucune exception, et il est conçu en termes généraux et impératifs. Il vise tous les actes, qu'il s'agisse d'ordonnances juridictionnelles ou de simples actes d'instruction. Toutes les fois que le juge d'instruction refuse d'exécuter un acte, quel qu'il soit, requis par le parquet, il doit rendre dans les cinq jours une ordonnance motivée, afin de rendre possible l'appel du procureur de la République.

Le procureur de la République doit s'efforcer de cantonner ses réquisitions aux points importants de la poursuite, en laissant au juge d'instruction le soin des détails, sous peine de voir l'information dégénérer en conflits inutiles et toujours renaissants. D'ailleurs, si le droit général d'appel du parquet ne s'étend pas aux actes isolés d'instruction[5], lequel ne peut ainsi critiquer leur opportunité ou utilité, il serait logique qu'il ne pût non plus, à l'inverse, recourir contre le refus de les accomplir. Les fonctions de poursuite et d'instruction sont distinctes et séparées. Ce serait remettre entre les mains du parquet la direction de l'information, que la loi lui a ôtée, que le placer en position de dicter au juge d'instruction ses décisions, dans les plus infimes détails[6].

1. Garraud, III, n° 776.
2. Crim. 23 déc. 1831, *Bull. crim.*, n° 328 – Crim. 16 janv. 1862, *Bull. crim.*, n° 18 – Crim. 6 juill. 1993, n° 93-81.996, *Bull. crim.*, n° 241; *JCP* 1993, II, 22115, concl. Perfetti (v. les attendus s[s] n° 42.02).
3. Crim. 15 nov. 1956, *Bull. crim.*, n° 753.
4. Crim. 3 avr. 2002, n° 02-80.822, *Bull. crim.*, n° 72; *JCP* 2002, IV, 2006.
5. Crim. 17 déc. 1898, *Bull. crim.*, n° 372 – Crim. 14 avr. 1899, *Bull. crim.*, n° 81; *S.* 1901, 1, 153, note Roux.
6. Sur la question : CA Paris, 2e ch. acc., 11 déc. 1961, *JCP* 1962, II, 12692 *bis*, note P. Chambon – CA Aix-en-Provence, ch. acc., 1er févr. 1978, *JCP* 1979, II, 19121, note P. Chambon.

SECTION 2

AUTRES DROITS DU PROCUREUR DE LA RÉPUBLIQUE

42.21 Le droit de présenter une requête en nullité. L'article 173 du Code de procédure pénale donne au procureur de la République le droit de requérir communication de la procédure aux fins de transmission à la chambre de l'instruction lorsqu'il découvre une cause de nullité (v. s^s n° 203.13).

42.22 Le droit aux notifications des ordonnances. Le droit d'appel. Un certain nombre d'actes doivent être notifiés au procureur de la République et avis doit lui être donné des ordonnances non conformes à ses réquisitions. L'article 185 donne au procureur de la République le droit d'interjeter appel, dans les vingt-quatre heures, de toute ordonnance du juge d'instruction, et au procureur général dans les dix jours (C. pr. pén., art. 185, al. 3). Ce droit est général et absolu. Il s'exerce sans restriction, que l'ordonnance ait ou non le caractère juridictionnel[1], qu'elle ait été rendue conformément ou non aux réquisitions[2] (v. s^s n°s 232.11 à 232.14).

42.23 Le droit d'assister à certains actes. Le procureur de la République a la possibilité d'assister à un interrogatoire et le greffier du juge d'instruction doit, sous peine d'une amende civile de 1,50 euro prononcée par le président de la chambre de l'instruction, l'avertir par simple note, au plus tard l'avant-veille de l'interrogatoire (C. pr. pén., art. 119, al. 2). Il a le droit d'y poser des questions ou de présenter des observations tout comme l'avocat de la défense ou de la partie civile. Le juge doit l'informer des transports auxquels il décide de procéder (C. pr. pén., art. 92 et 93). La loi du 9 mars 2004 a ajouté à la personne mise en examen et à la partie civile le témoin assisté à l'audition duquel le procureur de la République peut donc désormais assister (C. pr. pén., art. 119).

1. Crim. 25 mars 1954, *D.* 1954, 345, note P. A. – Crim. 8 juill. 1958, *Bull. crim.*, n° 526.
2. Crim. 15 nov. 1956, *Bull. crim.*, n° 753.

CHAPITRE

43. Droits des parties

SECTION 0 ORIENTEUR

43.00 **Plan du chapitre.**

Sect. 1 Droit au respect de la présomption d'innocence

Sect. 2 Droit de demander des investigations : principes

Sect. 3 Droit de demander des investigations : nature

Sect. 4 Droit de faire sanctionner l'inaction du juge

Sect. 5 Droit d'être informé de l'ouverture d'une information

Sect. 6 Droit de solliciter une co-saisine

43.01 **Textes applicables.**

C. pr. pén., art. prélim., art. 80-1-1, 80-3, 81, 82-1, 82-2, 82-3, 83-1, 120-1, 156, 161-1, 167, 167-2, 175-1, 177-1, 186-1, 207-1, 212-1, 220 à 223, 803-1, D. 590, D. 591, D. 593 – C. civ., art. 9-1 – L. 29 juill. 1982, art. 6 – L. 29 juill. 1881, art. 13, 35 *ter,* 50, 64, 65-1, 65-2.

C. pr. pén., art. préliminaire

I. – La procédure pénale doit être équitable et contradictoire et préserver l'équilibre des droits des parties.

Elle doit garantir la séparation des autorités chargées de l'action publique et des autorités de jugement.

Les personnes se trouvant dans des conditions semblables et poursuivies pour les mêmes infractions doivent être jugées selon les mêmes règles.

II. – L'autorité judiciaire veille à l'information et à la garantie des droits des victimes au cours de toute procédure pénale.

III. – Toute personne suspectée ou poursuivie est présumée innocente tant que sa culpabilité n'a pas été établie. Les atteintes à sa présomption d'innocence sont prévenues, réparées et réprimées dans les conditions prévues par la loi. [v. C. civ., art. 9-1].

Elle a le droit d'être informée des charges retenues contre elle et d'être assistée d'un défenseur.

Les mesures de contraintes dont cette personne peut faire l'objet sont prises sur décision ou sous le contrôle effectif de l'autorité judiciaire. Elles doivent être strictement limitées aux nécessités de la procédure, proportionnées à la gravité de l'infraction reprochée et ne pas porter atteinte à la dignité de la personne.

Il doit être définitivement statué sur l'accusation dont cette personne fait l'objet dans un délai raisonnable.

Toute personne condamnée a le droit de faire examiner sa condamnation par une autre juridiction.

C. pr. pén., art. 80-1-1 [inséré par L. n° 2007-291, 5 mars 2007, art. 17 I, *JO* 6 mars, en vigueur le 1er juill. 2007]

Sans préjudice de son droit de demander l'annulation de la mise en examen dans les six mois de sa première comparution, conformément aux articles 173, 173-1 et 174-1, la personne mise en examen peut au cours de l'information, selon les modalités prévues par l'avant-dernier alinéa de l'article 81, demander au juge d'instruction de revenir sur sa décision et de lui octroyer le statut de témoin assisté si elle estime que les conditions prévues par les premier et troisième alinéas de l'article 80-1 ne sont plus remplies.

Cette demande peut être faite à l'issue d'un délai de six mois après la mise en examen et tous les six mois suivants.

Cette demande peut également être faite dans les dix jours qui suivent la notification d'une expertise ou un interrogatoire au cours duquel la personne est entendue sur les résultats d'une commission rogatoire ou sur les déclarations de la partie civile, d'un témoin, d'un témoin assisté ou d'une autre personne mise en examen.

Le juge d'instruction statue sur cette demande après avoir sollicité les réquisitions du ministère public.

Si le juge d'instruction fait droit à la demande, il informe la personne qu'elle bénéficie du statut de témoin assisté. Si la personne est détenue, le juge ordonne sa mise en liberté d'office.

Si le juge d'instruction estime que la personne doit rester mise en examen, il statue par ordonnance motivée faisant état des indices graves ou concordants justifiant sa décision.

C. pr. pén., art. 80-3 [L. n° 2004-204, 9 mars 2004]

Dès le début de l'information, le juge d'instruction doit avertir la victime d'une infraction de l'ouverture d'une procédure, de son droit de se constituer partie civile et des modalités d'exercice de ce droit. Si la victime est mineure, l'avis est donné à ses représentants légaux.

L'avis prévu à l'alinéa précédent indique à la victime qu'elle a le droit, si elle souhaite se constituer partie civile, d'être assistée d'un avocat qu'elle pourra choisir ou qui, à sa demande, sera désigné par le bâtonnier de l'ordre des avocats, en précisant que les frais seront à sa charge, sauf si elle remplit les conditions d'accès à l'aide juridictionnelle ou si elle bénéficie d'une assurance de protection juridique. Lorsque le juge d'instruction est informé par la victime qu'elle se constitue partie civile et qu'elle demande la désignation d'un avocat, il en informe sans délai le bâtonnier de l'ordre des avocats.

C. pr. pén., art. 81

* V. s^s n° 41.01.

C. pr. pén., art. 82-1

* V. ss n° 41.01.

C. pr. pén., art. 82-2

* V. ss n° 41.01.

C. pr. pén., art. 82-3 [L. n° 2004-204, 9 mars 2004]

* V. ss n° 41.01.

C. pr. pén., art. 83-1 [L. n° 2007-291, 5 mars 2007]

Lorsque la gravité ou la complexité de l'affaire le justifie, l'information peut faire l'objet d'une co-saisine selon les modalités prévues par le présent article.

Le président du tribunal de grande instance dans lequel il existe un pôle de l'instruction ou, en cas d'empêchement, le magistrat qui le remplace désigne, dès l'ouverture de l'information, d'office ou si le procureur de la République le requiert dans son réquisitoire introductif, un ou plusieurs juges d'instruction pour être adjoints au juge d'instruction chargé de l'information.

À tout moment de la procédure, le président du tribunal de grande instance peut désigner un ou plusieurs juges d'instruction co-saisis soit à la demande du juge chargé de l'information, soit, si ce juge donne son accord, d'office ou sur réquisition du ministère public ou sur requête des parties déposée conformément aux dispositions de l'avant-dernier alinéa de l'article 81. Les parties ne peuvent pas renouveler leur demande avant six mois. Dans un délai d'un mois à compter de la réception de la demande, le président désigne un ou plusieurs juges d'instruction pour être adjoints au juge chargé de l'information. Pour l'application du présent alinéa, lorsque l'information a été ouverte dans un tribunal où il n'y a pas de pôle de l'instruction, le président du tribunal de grande instance où se trouve le pôle territorialement compétent désigne le juge d'instruction chargé de l'information ainsi que le ou les juges d'instruction co-saisis, après que le juge d'instruction initialement saisi s'est dessaisi au profit du pôle; ce dessaisissement prend effet à la date de désignation des juges du pôle.

Lorsqu'elle n'est pas ordonnée selon les modalités prévues par l'alinéa qui précède, en l'absence d'accord du juge chargé de l'information ou, à défaut, de désignation par le président du tribunal de grande instance dans le délai d'un mois, la co-saisine peut être ordonnée par le président de la chambre de l'instruction agissant d'office, à la demande du président du tribunal, sur réquisition du ministère public ou sur requête des parties. Le président statue dans un délai d'un mois à compter de la réception de la demande qui est déposée conformément à l'avant-dernier alinéa de l'article 81 si elle émane d'une partie. Lorsque l'information a été ouverte dans un tribunal où il n'y a pas de pôle de l'instruction, le président de la chambre de l'instruction saisit la chambre de l'instruction aux fins de co-saisine. Dans un délai d'un mois à compter de sa saisine, la chambre décide alors soit, s'il n'y a pas lieu à co-saisine, de renvoyer le dossier au magistrat instructeur, soit, si cette décision est indispensable à la manifestation de la vérité et à la bonne administration de la justice, de procéder au dessaisissement du juge d'instruction et à la désignation, aux fins de poursuite de la procédure, de plusieurs juges d'instruction.

Les décisions du président du tribunal de grande instance, du président de la chambre de l'instruction et de cette dernière prévues par le présent article sont des mesures d'administration judiciaire non susceptibles de recours.

C. pr. pén., art. 120-1 [inséré par L. n° 2007-291, 5 mars 2007]

Lorsque la personne mise en examen ou le témoin assisté sont mis en cause par plusieurs personnes, ils peuvent demander, conformément au premier alinéa de l'article 82-1 ou au deuxième alinéa de l'article 113-3, à être confrontés séparément avec chacune d'entre elles. Le juge d'instruction statue sur ces demandes conformément au deuxième alinéa de l'article 82-1. Le refus d'une demande de confrontation individuelle ne peut être motivé par la seule raison qu'une confrontation collective est organisée.

C. pr. pén., art. 156 [L. n° 2004-204, 9 mars 2004]

Toute juridiction d'instruction ou de jugement, dans le cas où se pose une question d'ordre technique, peut, soit à la demande du ministère public, soit d'office, ou à la demande des parties, ordonner une expertise. Le ministère public ou la partie qui demande une expertise peut préciser dans sa demande les questions qu'il voudrait voir poser à l'expert.

Lorsque le juge d'instruction estime ne pas devoir faire droit à une demande d'expertise, il doit rendre une ordonnance motivée au plus tard dans un délai d'un mois à compter de la réception de la demande. Les dispositions des avant-dernier et dernier alinéas de l'article 81 sont applicables.

Les experts procèdent à leur mission sous le contrôle du juge d'instruction ou du magistrat que doit désigner la juridiction ordonnant l'expertise.

C. pr. pén., art. 161-1 [inséré par L. n° 2007-291, 5 mars 2007]

Copie de la décision ordonnant une expertise est adressée sans délai au procureur de la République et aux avocats des parties, qui disposent d'un délai de dix jours pour demander au juge d'instruction, selon les modalités prévues par l'avant-dernier alinéa de l'article 81, de modifier ou de compléter les questions posées à l'expert ou d'adjoindre à l'expert ou aux experts déjà désignés un expert de leur choix figurant sur une des listes mentionnées à l'article 157.

Si le juge ne fait pas droit, dans un délai de dix jours à compter de leur réception, aux demandes prévues au premier alinéa, il rend une ordonnance motivée. Cette ordonnance ou l'absence d'ordonnance peut être contestée dans un délai de dix jours devant le président de la chambre de l'instruction. Ce dernier statue par décision motivée qui n'est pas susceptible de recours.

Le présent article n'est pas applicable lorsque les opérations d'expertise et le dépôt des conclusions par l'expert doivent intervenir en urgence et ne peuvent être différés pendant le délai de dix jours prévu au premier alinéa ou lorsque la communication prévue au premier alinéa risque d'entraver l'accomplissement des investigations.

Il n'est pas non plus applicable aux catégories d'expertises dont les conclusions n'ont pas d'incidence sur la détermination de la culpabilité de la personne mise en examen et dont la liste est fixée par décret.

C. pr. pén., art. 167 [L. n° 2007-291, 5 mars 2007]

Le juge d'instruction donne connaissance des conclusions des experts aux parties et à leurs avocats après les avoir convoqués conformément aux dispositions du deuxième alinéa de l'article 114. Il leur donne également connaissance, s'il y a lieu, des conclusions des rapports des personnes requises en application des articles 60 et 77-1, lorsqu'il n'a pas été fait application des dispositions du quatrième alinéa de l'article 60. Une copie de l'intégralité du rapport est alors remise, à leur demande, aux avocats des parties.

Les conclusions peuvent également être notifiées par lettre recommandée ou, lorsque la personne est détenue, par les soins du chef de l'établissement pénitentiaire qui adresse, sans délai, au juge d'instruction l'original ou la copie du récépissé signé par l'intéressé. L'intégralité du rapport peut aussi être notifiée, à leur demande, aux avocats des parties par lettre recommandée. Si les avocats des parties ont fait connaître au juge d'instruction qu'ils disposent d'une adresse électronique, l'intégralité du rapport peut leur être adressée par cette voie, selon les modalités prévues par l'article 803-1.

Dans tous les cas, le juge d'instruction fixe un délai aux parties pour présenter des observations ou formuler une demande, notamment aux fins de complément d'expertise ou de contre-expertise. Cette demande doit être formée conformément aux dispositions du dixième alinéa de l'article 81. Pendant ce délai, le dossier de la procédure est mis à la disposition des conseils des parties. Le délai fixé par le juge d'instruction, qui tient compte de la complexité de l'expertise, ne saurait être inférieur à quinze jours ou, s'il s'agit d'une expertise comptable ou financière, à un mois. Passé ce délai, il ne peut plus être formulé de demande de contre-expertise, de complément d'expertise ou de nouvelle expertise portant sur le même objet, y compris sur le fondement de l'article 82-1, sous réserve de la survenance d'un élément nouveau.

Lorsqu'il rejette une demande, le juge d'instruction rend une décision motivée qui doit intervenir dans un délai d'un mois à compter de la réception de la demande. Il en est de même s'il commet un seul expert alors que la partie a demandé qu'il en soit désigné plusieurs. Faute pour le juge d'instruction d'avoir statué dans le délai d'un mois, la partie peut saisir directement la chambre de l'instruction.

Le juge d'instruction peut également notifier au témoin assisté, selon les modalités prévues par le présent article, les conclusions des expertises qui le concernent en lui fixant un délai pour présenter une demande de complément d'expertise ou de contre-expertise. Le juge n'est toutefois pas tenu de rendre une ordonnance motivée s'il estime que la demande n'est pas justifiée, sauf si le témoin assisté demande à être mis en examen en application de l'article 113-6.

C. pr. pén., art. 167-2 [inséré par L. n° 2007-291, 5 mars 2007]

Le juge d'instruction peut demander à l'expert de déposer un rapport provisoire avant son rapport définitif. Le ministère public et les parties disposent alors d'un délai fixé par le juge d'instruction qui ne saurait être inférieur à quinze jours ou, s'il s'agit d'une expertise comptable ou financière, à un mois, pour adresser en même temps à l'expert et au juge les observations écrites qu'appelle de leur part ce rapport provisoire. Au vu de ces observations, l'expert dépose son rapport définitif. Si aucune observation n'est faite, le rapport provisoire est considéré comme le rapport définitif.

Le dépôt d'un rapport provisoire est obligatoire si le ministère public le requiert ou si une partie en a fait la demande selon les modalités prévues par l'avant-dernier alinéa de l'article 81 lorsqu'elle est informée de la décision ordonnant l'expertise en application de l'article 161-1.

C. pr. pén., art. 175-1

La personne mise en examen, le témoin assisté ou la partie civile peut, à l'expiration du délai qui lui a été indiqué en application du huitième alinéa de l'article 116 ou du deuxième alinéa de l'article 89-1 à compter, respectivement, de la date de la mise en examen, de la première audition ou de la constitution de partie civile, demander au juge d'instruction, selon les modalités prévues au dixième alinéa de l'article 81, de prononcer le renvoi ou la mise en accusation devant la juridiction de jugement ou de déclarer qu'il n'y a pas lieu à suivre, y compris en procédant, le cas échéant, à une disjonction. Cette demande peut également être formée lorsqu'aucun acte d'instruction n'a été accompli pendant un délai de quatre mois.

Dans le délai d'un mois à compter de la réception de cette demande, le juge d'instruction y fait droit ou déclare, par ordonnance motivée, qu'il y a lieu à poursuivre l'information. Dans le premier cas, il procède selon les modalités prévues à la présente section. Dans le second cas, ou à défaut pour le juge d'avoir statué dans le délai d'un mois, la personne mise en examen, le témoin assisté ou la partie civile peut saisir le président de la chambre de l'instruction en application de l'article 207-1. Cette saisine doit intervenir dans les cinq jours qui suivent la notification de la décision du juge ou l'expiration du délai d'un mois.

Lorsque le juge d'instruction a déclaré qu'il poursuivait son instruction, une nouvelle demande peut être formée à l'expiration d'un délai de six mois.

Les dispositions du présent article ne sont pas applicables après l'envoi de l'avis prévu au premier alinéa de l'article 175.

C. pr. pén., art. 177-1

Le juge d'instruction peut ordonner, sur la demande de la personne concernée, ou, avec l'accord de cette personne, d'office ou à la demande du ministère public soit la publication intégrale ou partielle de sa décision de non-lieu, soit l'insertion d'un communiqué informant le public des motifs et du dispositif de celle-ci, dans un ou plusieurs journaux, écrits périodiques ou services de communication audiovisuelle qu'il désigne.

Il détermine, le cas échéant, les extraits de la décision qui doivent être publiés ou fixe les termes du communiqué à insérer.

Si le juge ne fait pas droit à la demande de la personne concernée, il doit rendre une ordonnance motivée, qui est susceptible d'appel devant la chambre de l'instruction.

C. pr. pén., art. 186-1 [L. n° 2007-291, 5 mars 2007]

Les parties peuvent aussi interjeter appel des ordonnances prévues par le neuvième alinéa de l'article 81, par les articles 82-1 et 82-3, et par le deuxième alinéa de l'article 156.

Dans ce cas, le dossier de l'information, ou sa copie établie conformément à l'article 81, est transmis avec l'avis motivé du procureur de la République au président de la chambre de l'instruction.

Dans les huit jours de la réception de ce dossier, le président décide, par une ordonnance qui n'est pas susceptible de voie de recours, s'il y a lieu ou non de saisir la chambre de l'instruction de cet appel.

Dans l'affirmative, il transmet le dossier au procureur général qui procède ainsi qu'il est dit aux articles 194 et suivants.

Dans la négative, il ordonne par décision motivée que le dossier de l'information soit renvoyé au juge d'instruction.

C. pr. pén., art. 207-1 [L. n° 2004-204, 9 mars 2004]

Le président de la chambre de l'instruction, saisi en application des dispositions du deuxième alinéa de l'article 175-1, décide, dans les huit jours de la transmission du dossier, par une ordonnance qui n'est pas susceptible de recours, s'il y a lieu ou non de saisir la chambre de l'instruction.

Dans l'affirmative, il transmet le dossier au procureur général qui procède ainsi qu'il est dit aux articles 194 et suivants. Après qu'elle a été saisie, la chambre de l'instruction peut soit prononcer le renvoi devant la juridiction de jugement ou la mise en accusation devant la cour d'assises, soit déclarer qu'il n'y a pas lieu à suivre, soit évoquer et procéder dans les conditions prévues aux articles 201, 202 et 204, soit renvoyer le dossier de la procédure au même juge d'instruction ou à tel autre, afin de poursuivre l'information.

Dans la négative, il ordonne, par décision motivée, que le dossier de l'information soit renvoyé au juge d'instruction.

C. pr. pén., art. 212-1

La chambre de l'instruction peut ordonner, sur la demande de la personne concernée, ou, avec l'accord de cette personne, d'office ou à la demande du ministère public soit la publication intégrale ou partielle de l'arrêt de non-lieu, soit l'insertion d'un communiqué informant le public des motifs et du dispositif de celui-ci, dans un ou plusieurs journaux, écrits périodiques ou services de communication audiovisuelle désignés par cette chambre.

Elle détermine, le cas échéant, les extraits de l'arrêt qui doivent être publiés ou fixe les termes du communiqué à insérer.

Si la chambre de l'instruction ne fait pas droit à la demande de la personne concernée, elle doit rendre une décision motivée.

C. pr. pén., art. 220 à 223

* V. s^s n° 41.01.

C. pr. pén., art. 803-1 [mod. L. n° 2007-291 du 5 mars 2007 – Art. 18 *JO* 6 mars, en vigueur le 1er juill. 2007]

Dans les cas où, en vertu des dispositions du présent code, il est prévu de procéder aux notifications à un avocat par lettre recommandée ou par lettre recommandée avec demande d'avis de réception, la notification peut aussi être faite sous la forme d'une télécopie avec récépissé ou par un envoi adressé par un moyen de télécommunication à l'adresse électronique de l'avocat et dont il est conservé une trace écrite.

C. pr. pén., art. D. 590 [créé par D. n° 2007-1620 15 nov. 2007]

Pour l'application des dispositions de l'article 803-1, l'avocat peut faire connaître son adresse électronique à l'issue de la première comparution de la personne mise en examen, ou de la première audition de la partie civile ou du témoin assisté, lorsque cette adresse ne figure pas, de façon générale, dans le répertoire des avocats communiqué à la juridiction.

C. pr. pén., art. D. 591

Lorsqu'un protocole a été passé à cette fin entre, d'une part, le président et le procureur de la République du tribunal de grande instance et, d'autre part, le barreau de la juridiction représenté par son bâtonnier, les avocats de ce barreau peuvent transmettre à la juridiction par un moyen de télécommunication à l'adresse électronique de la juridiction ou du service de la juridiction compétent, et dont il est conservé une trace écrite, les demandes, déclarations et observations suivantes :

1° Les demandes de délivrance de copie des pièces d'un dossier prévues par l'article R. 155;

2° Les demandes tendant à l'octroi du statut de témoin assisté prévues par l'article 80-1-1 ;

3° Les demandes d'investigations sur la personnalité prévues par le neuvième alinéa de l'article 81 ;

4° Les demandes de la partie civile prévues par l'article 81-1 ;

5° Les demandes d'actes prévues par l'article 82-1 ;

6° Les demandes tendant à la constatation de la prescription prévues par l'article 82-3 ;

7° Les constitutions de partie civile prévues par le premier alinéa de l'article 85 ;

8° Les plaintes adressées au procureur de la République en application du deuxième alinéa de l'article 85 ;

9° Les demandes d'un témoin assisté tendant à sa mise en examen, prévues par l'article 113-6 ;

10° Les demandes de délivrance d'une copie du dossier de l'instruction prévues par le quatrième alinéa de l'article 114 ;

11° Les déclarations de la liste des pièces dont l'avocat souhaite remettre une reproduction à son client, prévues par le septième alinéa de l'article 114 ;

12° Les déclarations de changement de l'adresse déclarée prévues par le dernier alinéa de l'article 116 ;

13° Les demandes de confrontations individuelles prévues par l'article 120-1 ;

14° Les demandes d'expertises prévues par l'article 156 ;

15° Les demandes de modification de la mission d'un expert ou d'adjonction d'un co-expert prévues par l'article 161-1 ;

16° Les observations concernant les rapports d'expertise d'étape, prévues par l'article 161-2 ;

17° Les observations et les demandes de complément d'expertise ou de contre-expertise, prévues par l'article 167 ;

18° Les observations concernant les rapports d'expertise provisoires, prévues par l'article 167-2 ;

19° Les observations, les demandes d'actes et les observations complémentaires faites en application des alinéas trois, quatre et cinq de l'article 175 ;

20° Toute autre demande prévue par des dispositions du présent code et pour laquelle ces dispositions permettent qu'elle soit faite par simple lettre.

Ces transmissions sont effectuées, en respectant les modalités prévues par le protocole, à partir de l'adresse électronique professionnelle de l'avocat, préalablement communiquée à la juridiction, et après que les documents joints ont fait l'objet d'une numérisation.

Les messages ainsi adressés font l'objet d'un accusé électronique de lecture par la juridiction.

Ils sont considérés comme reçus par la juridiction à la date d'envoi de cet accusé, et cette date fait, s'il y a lieu, courir les délais prévus par les dispositions du présent code.

C. pr. pén., art. D. 593

Les dispositions de l'article D. 591 ne sont pas applicables aux demandes de mise en liberté ou de mainlevée du contrôle judiciaire.

C. civ., art. 9-1

Chacun a droit au respect de la présomption d'innocence.

Lorsqu'une personne est, avant toute condamnation, présentée publiquement comme étant coupable de faits faisant l'objet d'une enquête ou d'une instruction judiciaire, le juge peut, même en référé, sans préjudice de la réparation du dommage subi, prescrire toutes mesures, telles que l'insertion d'une rectification ou la diffusion d'un communiqué, aux fins de faire cesser l'atteinte à la présomption d'innocence, et ce aux frais de la personne, physique ou morale, responsable de cette atteinte.

L. 29 juill. 1881, art. 13

Le directeur de la publication sera tenu d'insérer dans les trois jours de leur réception, les réponses de toute personne nommée ou désignée dans le journal ou écrit périodique quotidien sous peine de 3 750 euros d'amende sans préjudice des autres peines et dommages-intérêts auxquels l'article pourrait donner lieu.

En ce qui concerne les journaux ou écrits périodiques non quotidiens, le directeur de la publication, sous les mêmes sanctions, sera tenu d'insérer la réponse dans le numéro qui suivra le surlendemain de la réception.

Cette insertion devra être faite à la même place et en mêmes caractères que l'article qui l'aura provoquée, et sans aucune intercalation.

Non compris l'adresse, les salutations, les réquisitions d'usage et la signature qui ne seront jamais comptées dans la réponse, celle-ci sera limitée à la longueur de l'article qui l'aura provoquée. Toutefois, elle pourra atteindre cinquante lignes, alors même que cet article serait d'une longueur moindre, et elle ne pourra dépasser deux cents lignes, alors même que cet article serait d'une longueur supérieure. Les dispositions ci-dessus s'appliquent aux répliques, lorsque le journaliste aura accompagné la réponse de nouveaux commentaires.

La réponse sera toujours gratuite. Le demandeur en insertion ne pourra excéder les limites fixées au paragraphe précédent en offrant de payer le surplus.

La réponse ne sera exigible que dans l'édition ou les éditions où aura paru l'article.

Sera assimilé au refus d'insertion, et puni des mêmes peines, sans préjudice de l'action en dommages-intérêts, le fait de publier, dans la région desservie par les éditions ou l'édition ci-dessus, une édition spéciale d'où serait retranchée la réponse que le numéro correspondant du journal était tenu de reproduire.

Le tribunal prononcera, dans les dix jours de la citation, sur la plainte en refus d'insertion. Il pourra décider que le jugement ordonnant l'insertion, mais en ce qui concerne l'insertion seulement, sera exécutoire sur minute, nonobstant opposition ou appel. S'il y a appel, il y sera statué dans les dix jours de la déclaration, faite au greffe.

Pendant toute période électorale, le délai de trois jours prévu pour l'insertion par le paragraphe 1er du présent article sera, pour les journaux quotidiens, réduit à vingt-quatre heures. La réponse devra être remise six heures au moins avant le tirage du journal dans lequel elle devra paraître. Dès ouverture de la période électorale, le directeur de la publication du journal sera tenu de déclarer au parquet, sous les peines édictées au paragraphe 1er, l'heure à laquelle, pendant cette période, il entend fixer le tirage de son journal. Le délai de citation sur refus d'insertion sera réduit à vingt-quatre heures, sans augmentation pour les distances, et la citation pourra même être délivrée d'heure à heure sur ordonnance spéciale rendue par le président du tribunal. Le jugement ordonnant l'insertion sera exécutoire, mais en ce qui concerne cette insertion seulement, sur minute, nonobstant opposition ou appel.

Si l'insertion ainsi ordonnée n'est pas faite dans le délai qui est fixé par le présent alinéa et qui prendra cours à compter du prononcé du jugement, le directeur de la publication sera passible de trois mois d'emprisonnement et de 3 750 euros d'amende.

L'action en insertion forcée se prescrira après trois mois révolus, à compter du jour où la publication aura eu lieu.

Sans préjudice de l'application de l'alinéa précédent, toute personne nommée ou désignée dans un journal ou écrit périodique à l'occasion de l'exercice de poursuites pénales peut également exercer l'action en insertion forcée, dans le délai de trois mois à compter du jour où la décision de non-lieu dont elle fait l'objet est intervenue ou celle de relaxe ou d'acquittement la mettant expressément ou non hors de cause est devenue définitive.

L. 29 juill. 1881, 35 *ter*

I. – Lorsqu'elle est réalisée sans l'accord de l'intéressé, la diffusion, par quelque moyen que ce soit et quel qu'en soit le support, de l'image d'une personne identifiée ou identifiable mise en cause à l'occasion d'une procédure pénale mais n'ayant pas fait l'objet d'un jugement de condamnation et faisant apparaître, soit que cette personne porte des menottes ou entraves, soit qu'elle est placée en détention provisoire, est punie de 15 000 euros d'amende.

II. – Est puni de la même peine le fait :

– soit de réaliser, de publier ou de commenter un sondage d'opinion, ou toute autre consultation, portant sur la culpabilité d'une personne mise en cause à l'occasion d'une procédure pénale ou sur la peine susceptible d'être prononcée à son encontre;

– soit de publier des indications permettant d'avoir accès à des sondages ou consultations visés à l'alinéa précédent.

L. 29 juill. 1881, art. 50

Si le ministère public requiert une information, il sera tenu, dans son réquisitoire, d'articuler et de qualifier les provocations, outrages, diffamations et injures à raison desquels la poursuite est intentée, avec indication des textes dont l'application est demandée, à peine de nullité du réquisitoire de ladite poursuite.

L. 29 juill. 1881, art. 64

Lorsque ont été ordonnées en référé des mesures limitant par quelque moyen que ce soit la diffusion de l'information, le premier président de la cour d'appel statuant en référé peut, en cas d'appel, arrêter l'exécution provisoire de la décision si celle-ci risque d'entraîner des conséquences manifestement excessives.

L. 29 juill. 1881, art. 65-1

Les actions fondées sur une atteinte au respect de la présomption d'innocence commise par l'un des moyens visés à l'article 23 se prescriront après trois mois révolus à compter du jour de l'acte de publicité.

L. 29 juill. 1881, art. 65-2

En cas d'imputation portant sur un fait susceptible de revêtir une qualification pénale, le délai de prescription prévu par l'article 65 est réouvert ou court à nouveau, au profit de la personne visée, à compter du jour où est devenue définitive une décision pénale intervenue sur ces faits et ne la mettant pas en cause.

L. 29 juill. 1982, art. 6

I. Toute personne physique ou morale dispose d'un droit de réponse dans le cas où les imputations susceptibles de porter atteinte à son honneur ou à sa réputation auraient été diffusées dans le cadre d'une activité de communication audiovisuelle.

Le demandeur doit préciser les imputations sur lesquelles il souhaite répondre et la teneur de la réponse qu'il se propose d'y faire.

La réponse doit être diffusée dans des conditions techniques équivalentes à celles dans lesquelles a été diffusé le message contenant l'imputation invoquée.

Elle doit également être diffusée de manière que lui soit assurée une audience équivalente à celle du message précité.

La demande d'exercice du droit de réponse doit être présentée dans le délai de trois mois suivant celui de la diffusion du message contenant l'imputation qui la fonde. Toutefois, lorsque, à l'occasion de l'exercice de poursuites pénales, ont été diffusées dans le cadre d'une activité de communication audiovisuelle des imputations susceptibles de porter atteinte à l'honneur ou à la réputation d'une personne physique ou morale, ce délai est réouvert à son profit pour la même durée à compter du jour où la décision de non-lieu dont elle fait l'objet est intervenue ou celle de relaxe ou d'acquittement la mettant expressément ou non hors de cause est devenue définitive.

En cas de refus ou de silence gardé sur la demande par son destinataire dans les huit jours suivant celui de sa réception, le demandeur peut saisir le président du tribunal de grande instance, statuant en matière de référés, par la mise en cause de la personne visée au neuvième alinéa du présent article.

Le président du tribunal peut ordonner sous astreinte la diffusion de la réponse; il peut déclarer son ordonnance exécutoire sur minute nonobstant appel.

Pendant toute campagne électorale, lorsqu'un candidat est mis en cause, le délai de huit jours prévu au sixième alinéa est réduit à vingt-quatre heures.

Pour l'application des dispositions du présent article, dans toute personne morale qui assure, à quelque titre et sous quelque forme que ce soit, un service de communication audiovisuelle, il doit être désigné un responsable chargé d'assurer l'exécution des obligations se rattachant à l'exercice du droit de réponse.

Un décret en Conseil d'État fixe les modalités d'application du présent article.

Il précise notamment les modalités et le délai de conservation des documents audiovisuels nécessaires à l'administration de la preuve des imputations visées au premier alinéa du présent article, sans préjudice de l'application des dispositions de la loi n° 79-18 du 3 janvier 1979 sur les archives.

Les dispositions du présent article sont applicables à tout service de communication mis à la disposition du public sous forme de phonogrammes ou de vidéogrammes paraissant à intervalles réguliers.

Elles sont également applicables, dans les conditions fixées par décret en Conseil d'État, aux services de communication audiovisuelle entrant dans le champ d'application de l'article 43 de la loi n° 86-1067 du 30 septembre 1986 relative à la liberté de communication.

II. – Les associations remplissant les conditions fixées par l'article 48-1 de la loi du 29 juillet 1881 sur la liberté de la presse peuvent également exercer le droit de réponse prévu par le présent article dans le cas où des imputations susceptibles de porter atteinte à l'honneur ou à la réputation d'une personne ou d'un groupe de personnes à raison de leur origine, de leur appartenance ou de leur non-appartenance à une ethnie, une nation, une race ou une religion déterminée auraient été diffusées dans le cadre d'une activité de communication audiovisuelle.

Toutefois, quand les imputations concerneront des personnes considérées individuellement, l'association ne pourra exercer le droit de réponse que si elle justifie avoir reçu leur accord.

Aucune association ne pourra requérir la diffusion d'une réponse en application du présent article dès lors qu'aura été diffusée une réponse à la demande d'une des associations remplissant les conditions prévues par l'article 48-1 précité.

43.02 Jurisprudence de référence.

• La partie civile, qui peut présenter des demandes d'actes, ne peut plus invoquer la suspension de la prescription de l'action publique en cas d'inaction du juge.

Crim. 9 juin 1998, n° 96-84.894, *Bull. crim.,* n° 188; *D.* 1998, IR 202.

« Attendu qu'il résulte de l'arrêt attaqué et des pièces de la procédure que l'information ouverte à la suite de la plainte avec constitution de partie civile de X... du 6 juillet 1990 contre R. B... pour abus de blanc-seing et abus de confiance, a été clôturée par ordonnance de non-lieu du juge d'instruction en date du 16 avril 1996;

Attendu que, pour infirmer l'ordonnance entreprise et constater l'extinction de l'action publique par l'effet de la prescription, la chambre d'accusation retient qu'aucun acte d'instruction ou de poursuite ayant pour objet de constater des délits, d'en découvrir ou d'en convaincre les auteurs n'est intervenu entre le 24 janvier 1991, date de l'audition du plaignant, et le 20 janvier 1995;

Mais attendu qu'en statuant ainsi, alors que la partie civile ne disposait d'aucun moyen de droit pour obliger le juge d'instruction à accomplir un acte interruptif de la prescription jusqu'à la date d'entrée en vigueur de la loi du 4 janvier 1993, et que cette prescription a nécessairement été suspendue à son profit entre le 24 janvier 1991 et le 1er mars 1993, puis interrompue par la notification par le juge d'instruction, le 24 novembre 1993, de l'avis prévu par l'article 49 de la loi du 24 août 1993, lequel constitue un acte d'instruction et de poursuite au sens des articles 7 et 8 du Code de procédure pénale, la chambre d'accusation a méconnu le sens et la portée des dispositions visées au moyen. »

• La partie, qui a la faculté de saisir directement le président de la chambre d'instruction lorsque le juge d'instruction n'a pas répondu dans le délai d'un mois à une demande d'actes, ne peut, si elle n'a pas usé de cette faculté, interjeter appel de l'ordonnance de renvoi.

Crim. 30 nov. 1999, n° 99-80.679, *Bull. crim.,* n° 279; *RSC* 2000, 423, obs. D. Commaret; *Dr. pén.* 2000, comm. 51, obs. Maron.

« Attendu qu'il résulte de l'article 82-1 du Code de procédure pénale que, lorsque le juge d'instruction n'a pas statué dans le délai d'un mois sur une demande d'actes présentée en application de ce texte, la partie a la faculté de saisir directement le président de la chambre d'accusation dans les conditions prévues par l'article 81, dernier alinéa, du même code; qu'il s'ensuit que la personne mise en examen qui n'a pas usé de cette faculté ne saurait être admise à interjeter appel de l'ordonnance la renvoyant devant le tribunal correctionnel pour contester le rejet implicite de sa demande d'acte. »

• L'article 2 de la loi du 2 juillet 1931, incompatible avec l'article 10.2 de la CEDH, ne saurait servir de fondement à une condamnation pénale.

Crim. 27 mars 2001, n° 00-85.454, *Bull. crim.,* n° 80.

« Vu l'article 10 de la Convention européenne de sauvegarde des droits l'Homme;

Attendu que, selon ce texte, toute personne a droit à la liberté d'expression; que l'exercice de ce droit ne peut comporter de conditions, restrictions ou sanctions prévues par la loi que lorsque celles-ci constituent des mesures nécessaires, dans une société démocratique, notamment à la protection de la réputation ou des droits d'autrui, pour empêcher la divulgation d'informations confidentielles ou pour garantir l'autorité et l'impartialité du pouvoir judiciaire;

Attendu qu'Yves Rocher a été condamné par l'arrêt attaqué sur le fondement de l'article 2 de la loi du 2 juillet 1931 pour avoir diffusé des informations relatives à des plaintes avec constitution de partie civile;

Mais attendu que cet article, par l'interdiction générale et absolue qu'il édicte, instaure une restriction à la liberté d'expression qui n'est pas nécessaire à la protection des intérêts légitimes énumérés par l'article 10.2 de la Convention susvisée; qu'étant incompatible avec ces dispositions conventionnelles, il ne saurait servir de fondement à une condamnation pénale;

D'où il suit que l'arrêt doit être annulé. »

• La demande d'assistance à un acte d'instruction doit être présentée dans les formes prévues par le dixième alinéa de l'article 81 du Code de procédure pénale. Faute de quoi, le juge d'instruction est incompétent pour y répondre.

Crim. 11 mai 2004, n° 04-81.039, *Bull. crim.*, n° 114; *Procédures* oct. 2004, n° 214, p. 21, note J. Buisson.

« Attendu qu'il résulte des articles 82-1, alinéa premier, et 82-2 du Code de procédure pénale, qu'à peine de nullité, la demande écrite et motivée d'une partie civile tendant à ce qu'il soit procédé en présence de son avocat à l'interrogatoire d'une personne mise en examen, doit être présentée dans les formes prévues par le dixième alinéa de l'article 81 dudit code;

Attendu que, pour rejeter la demande d'annulation de l'interrogatoire de première comparution de Françoise Y..., épouse X..., la chambre de l'instruction prononce par les motifs repris au moyen;

Mais attendu qu'en se déterminant ainsi alors que la demande formée par l'avocat de la partie civile ne répondait pas aux exigences légales et que la personne mise en examen n'avait pas renoncé à se prévaloir de la méconnaissance de cette formalité substantielle, laquelle faisait en l'espèce grief à ses intérêts, la chambre de l'instruction a méconnu le sens et la portée des textes susvisés et des principes ci-dessus énoncés. »

• L'action publique n'est pas suspendue alors que la partie civile aurait dû user du moyen qui lui est offert par l'article 221-2 du Code de procédure pénale de saisir directement la chambre de l'instruction lorsqu'il s'est écoulé quatre mois depuis le dernier acte d'instruction.

Crim. 6 févr. 2007, n° 06-88.713, *Bull. crim.*, n° 31.

« Attendu que, d'une part, seul un obstacle de droit mettant la partie poursuivante dans l'impossibilité d'agir suspend la prescription à son profit;

Attendu que, d'autre part, tout arrêt de la chambre de l'instruction doit comporter les motifs propres à justifier la décision; que l'insuffisance des motifs équivaut à leur absence;

Attendu qu'il résulte de l'arrêt attaqué et des pièces de la procédure que, dans une information suivie contre Jean-Louis Z... des chefs d'escroquerie, faux et usage de faux, le juge d'instruction ayant constaté qu'un délai de plus de trois ans s'était écoulé depuis le dernier acte d'instruction constitué par l'avis de fin d'information donné aux parties le 29 octobre 2002 a, par ordonnance du 4 juillet 2006, déclaré que l'action publique était éteinte par la prescription;

Attendu que, devant la chambre de l'instruction, les parties civiles, appelantes de cette décision, ont déposé un mémoire articulant qu'après la délivrance de l'avis de fin d'information, elles ne disposaient d'aucun moyen pour contraindre le juge d'instruction à accomplir des actes interruptifs de prescription;

Attendu que, pour infirmer l'ordonnance entreprise et renvoyer le dossier au juge d'instruction afin de poursuivre l'information, l'arrêt, après avoir relevé que l'une des parties civiles avait formulé, le 14 novembre 2002, une demande d'actes irrecevable comme ayant été adressée au juge d'instruction et non à son greffier, retient que celles-ci, passé le délai de vingt jours suivant l'avis prévu par l'article 175 du Code de procédure pénale, ne disposaient d'aucun moyen de droit leur permettant d'interrompre la prescription;

Mais attendu qu'en prononçant ainsi, alors que les parties civiles avaient la possibilité, d'une part, de saisir le juge d'instruction d'une demande d'actes régulière dans le délai de vingt jours suivant l'avis de fin d'information, d'autre part, après l'expiration de ce délai, passé quatre mois depuis le dernier acte d'instruction, de saisir directement la chambre de l'instruction en application des dispositions de l'article 221-2 du Code de procédure pénale, la cour d'appel a méconnu le sens et la portée des textes susvisés et du principe ci-dessus énoncé;

D'où il suit que la cassation est encourue ».

43.03 Bibliographie indicative. (V. les références complètes s^s n° 03.)

Actualisables. RÉP. PÉN., Guéry, « Instruction préparatoire »; Coste, « Chambre de l'instruction » – J.-CL. PÉN., Dumont J., « Juge d'instruction. Juridictions d'instruction du premier degré. Dispositions générales ».

Articles. Arrighi, *RSC* 1998, 687 – Bimes-Argus, « Les pouvoirs du président de la chambre d'accusation », *LPA* 2000, n° 37 – Jeandidier, « Requiem pour la chambre d'accusation », *JCP* 2000, I, 270.

43.06 Questions essentielles.

• Avancée considérable pour les droits de la défense, les nouveaux droits des parties, définis par la loi du 4 janvier 1993 (et modifiés par celles du 24 août 1993 et 15 juin 2000) ont changé la figure traditionnelle de l'instruction en y instillant un contradictoire accru, encore récemment accentué par la loi du 5 mars 2007. Leur utilisation n'est pourtant pas toujours dépourvue d'un aspect dilatoire qui ne fait rien pour permettre un règlement rapide des informations.

43.07 Renvois. De nombreux droits ouverts aux parties font l'objet dans cet ouvrage d'un commentaire particulier. Il en est ainsi de la possibilité de mettre en œuvre l'action publique (v. s^s n°s 61.21 à 61.29), du droit de se voir notifier des ordonnances (v. s^s n° 221.22) et d'en interjeter appel (v. s^s n°s 232.31 à 232.39), d'être assisté d'un avocat et de communiquer avec lui (v. s^s n°s 112.21 à 112.24) et de celui de présenter des requêtes en nullité (v. s^s n°s 203.21 à 203.26). Sont examinés plus loin les droits relatifs à la détention provisoire (v. s^s n°s 140.00 s.) et ceux découlant de la possibilité de saisir le président de la chambre de l'instruction pour audience de contrôle (v. s^s n°s 245.00 s.).

43.08 Exercice individuel ou par l'entremise d'un conseil. La plupart des droits ouverts aux parties peuvent être exercés par celle-ci indépendamment de son assistance par un conseil. Mais leur usage est largement conditionnée par la connaissance de la procédure qui, quant à elle, est toujours une prérogative des avocats, malgré le tempérament apporté par la loi du 15 juin 2000 à la possibilité pour une partie d'obtenir elle même copie des pièces (mais par l'intermédiaire de son avocat...).

SECTION 1

DROIT AU RESPECT DE LA PRÉSOMPTION D'INNOCENCE

43.11 Textes. Le principe du droit au respect de la présomption d'innocence est inscrit dans la Convention européenne de sauvegarde des droits de l'Homme et des libertés fondamentales mais aussi, depuis la loi du 15 juin 2000 dans un article préliminaire du Code de procédure pénale. La loi du 4 janvier 1993 a créé, au profit de la personne mise en examen divers droits en rapport avec la violation de cette présomption. D'autres textes complètent désormais le dispositif.

43.12 Publication de l'ordonnance ou de l'arrêt de non-lieu. Sur demande de la personne concernée, le juge d'instruction (ou la chambre de l'instruction) peut ordonner soit la publication intégrale ou partielle de la décision, soit l'insertion d'un communiqué informant le public des motifs ou du dispositif dans un ou plusieurs journaux écrits périodiques ou services de communication audiovisuelle qu'il désigne. Il détermine, le cas échéant, les extraits de la décision qui doivent être publiés ou fixe les termes du communiqué (C. pr. pén., art. 177-1 et 212-1). Le juge peut même l'ordonner d'office ou à la demande du ministère public, avec l'accord de la personne. Cette disposition a été ajoutée par la loi du 15 juin 2000 qui a aussi prévu que « si le juge ne fait pas droit à la demande de la personne concernée, il doit rendre une ordonnance motivée, qui est susceptible d'appel devant la chambre de l'instruction » (C. pr. pén., art. 177-1).

43.13 Protections prévues par la loi sur la presse du 29 juillet 1881. Toute personne, nommée ou désignée dans un journal ou écrit périodique, à l'occasion de l'exercice de poursuites pénales, peut également exercer l'action en insertion forcée dans le délai de trois mois à compter du jour où la décision de non-lieu, la mettant expressément hors de cause, est devenue définitive (L. 29 juill. 1881, art. 13, créé par L. 4 janv. 1993, art. 50).

En cas d'imputation portant sur un fait susceptible de revêtir une qualification pénale, ce délai est rouvert ou court à nouveau à compter du jour où est devenue définitive la décision pénale intervenue sur ces faits et ne mettant pas l'intéressé en cause (L. 29 juill. 1881, art. 65-1 et 65-2, créés par L. 4 janv. 1993, art. 53). L'article 65-1 concerne la prescription des actions relatives à la présomption d'innocence et l'article 65-2 s'applique aux infractions prévues par la loi sur la presse[1]. Il en est de même en cas de diffusion dans le cadre d'une activité de communication audiovisuelle des imputations susceptibles de porter atteinte à l'honneur ou à la réputation d'une personne physique ou morale (L. 29 juill. 1982, art. 6, créé par L. 4 janv. 1993, art. 54). La loi du 15 juin 2000 a ajouté un article 35 *ter* à la loi du 29 juillet 1881 : « Lorsqu'elle est réalisée sans l'accord de l'intéressé, la diffusion, par quelque moyen que ce soit et quel qu'en soit le support, de l'image d'une personne identifiée ou identifiable mise en cause à l'occasion d'une procédure pénale mais n'ayant pas fait l'objet d'un jugement de condamnation et faisant apparaître, soit que cette personne porte des menottes ou entraves, soit qu'elle est placée en détention provisoire, est punie de 15 000 euros d'amende. Est puni de la même peine le fait : soit de réaliser, de publier ou de commenter un sondage d'opinion, ou toute autre consultation, portant sur la culpabilité d'une personne mise en cause à l'occasion d'une procédure pénale ou sur la peine susceptible d'être prononcée à son encontre; soit de publier des indications permettant d'avoir accès à des sondages ou consultations visés à l'alinéa précédent. »

43.14 Actions prévues par le Code civil. Lorsqu'une personne est, avant toute condamnation, présentée publiquement comme coupable de faits faisant l'objet d'une enquête ou d'une instruction judiciaire, le juge peut, même en référé, sans préjudice de la réparation du dommage subi, prescrire toutes mesures, telles que l'insertion d'une rectification ou la diffusion d'un communiqué aux fins de faire cesser l'atteinte à la présomption d'innocence, et ce aux frais de la personne, physique ou morale, responsable de cette atteinte (C. civ., art. 9-1).

Toute personne placée en garde à vue, mise en examen ou faisant l'objet d'une citation à comparaître en justice, d'un réquisitoire du procureur de la République ou d'une plainte avec constitution de partie civile bénéficie de cette action en rectification (C. civ., art. 9-1). Lorsqu'ont été ordonnées en référé des mesures limitant par quelque moyen que ce soit la diffusion de l'information, le premier président de la cour d'appel statuant en référé peut, en cas d'appel, arrêter l'exécution provisoire de la décision si celle-ci risque d'entraîner des conséquences manifestement excessives (L. 29 juill. 1881, art. 64). L'article 9-1 du Code civil confère un droit au respect de la présomption d'innocence uniquement à la personne vivante[2].

1. TGI Paris, 26 janv. 1994, *BICC* avr. 1994, n° 451.
2. CA Paris, 21 sept. 1993, *D.* 1993, IR 224.

43.15 L'interdiction de la loi du 2 juillet 1931 déclarée contraire à la Convention européenne des droits de l'Homme. La loi du 2 juillet 1931 faisait interdiction à quiconque, sous peine de l'amende prévue à l'article 39 de la loi du 29 juillet 1881, de publier, avant toute décision judiciaire, toute information relative à des constitutions de partie civile mettant l'action publique en mouvement. Cette interdiction s'adressait à toute personne, partie civile, inculpé ou tiers[1]. Toutefois, dans un arrêt du 27 mars 2001, la Cour de cassation a estimé que cet article est contraire à l'article 10 de la Convention européenne de sauvegarde des droits de l'Homme et des libertés fondamentales[2]. La loi du 2 juillet 1931 a été abrogée par celle du 9 mars 2004.

SECTION 2
DROIT DE DEMANDER DES INVESTIGATIONS : PRINCIPES

43.21 Principes. Depuis l'entrée en vigueur des lois de 1993, les parties peuvent, au cours de l'information, saisir le juge d'instruction d'une demande écrite et motivée tendant à ce qu'il soit procédé à leur audition ou à leur interrogatoire, à l'audition d'un témoin, à une confrontation ou à un transport sur les lieux, ou à ce qu'il soit ordonné la production par l'une d'entre elles d'une pièce utile à l'information. La loi du 15 juillet 2000 a ajouté au texte la possibilité de demander à ce qu'il soit procédé « à tous autres actes qui leur paraissent nécessaires à la manifestation de la vérité ». Cette demande doit être formée conformément aux dispositions du dixième alinéa de l'article 81; elle doit porter sur des actes déterminés et, lorsqu'elle concerne une audition, préciser l'identité de la personne dont l'audition est souhaitée (C. pr. pén., art. 82-1, al. 2). Lorsque la chambre de l'instruction n'est pas saisie du règlement de la procédure, les demandes d'actes ne peuvent lui être adressées directement, hormis le cas où le juge d'instruction n'y aurait pas répondu dans le délai prévu. Le demandeur doit se conformer aux prescriptions de l'article 82-1 du Code de procédure pénale[3].

43.22 La demande doit répondre à certaines formalités. Elle doit faire l'objet d'une déclaration au greffier du juge d'instruction saisi du dossier. Elle est constatée et datée par le greffier qui la signe ainsi que le demandeur ou son avocat. Si le demandeur ne peut signer, il en est fait mention par le greffier. Lorsque le demandeur ou son avocat ne réside pas dans le ressort de la juridiction compétente, la déclaration au greffier peut être faite au moyen d'une lettre recommandée avec demande d'avis de réception. Lorsque la personne mise en examen est détenue, la demande peut également être faite au moyen d'une déclaration auprès du chef de l'établissement pénitentiaire. Cette déclaration est constatée et datée par le chef de l'établissement pénitentiaire qui la signe, ainsi que le demandeur. Si celui-ci ne peut signer, il en est fait mention par le chef de l'établissement. Ce document est adressé sans délai, en original ou copie et par tout moyen, au greffier du juge d'instruction (C. pr. pén., art. 81, al. 10). S'il n'entend pas faire droit à la demande, le juge doit rendre une ordonnance motivée dans le délai d'un mois à compter de la réception.

En cas d'inobservation de ce délai, la partie peut saisir directement le président de la chambre de l'instruction, qui statue et procède conformément aux troisième à cinquième alinéas de l'article 186-1 (C. pr. pén., art. 82-1). La faculté de saisir la juridiction d'instruction d'une demande d'acte en application de l'article 82-1 du Code de procédure pénale, par déclaration au greffier au moyen d'une lettre recommandée avec demande d'avis de réception, n'appartient, selon l'article 81 alinéa 10 dudit code, qu'à celui, de la partie civile ou de son avocat, qui réside hors du ressort de la juridiction. Est irrecevable une demande d'actes formée pour le compte de la partie civile domiciliée hors du ressort, par son avocat inscrit au barreau de la juridiction, au moyen d'une lettre recommandée avec demande d'avis de réception adressée au président de ladite cour[4]. Il ne peut non plus y être suppléé par l'envoi d'une lettre Chronopost[5]. Les parties peuvent aussi faire une demande écrite et motivée tendant à ce qu'il soit procédé à l'un des examens ou mesures utiles prévus par l'article 81 du Code de procédure pénale (enquête sociale, examen médical ou psychologique). La faculté de saisine directe de la juridiction n'est prévue que dans le cadre de cet article. En cas de poursuite pour l'une des infractions visées par l'article 706-26 du Code de procédure pénale, en matière de trafic de stupéfiants, aucune disposition légale ne prévoit que la chambre de l'instruction puisse être directement saisie d'un recours, lorsque le juge d'instruction n'a pas statué sur une demande de mainlevée d'une mesure de fermeture d'un établissement. Ne justifie pas léga-

1. Crim. 7 mai 1937, *Gaz. Pal.* 1937, 2, 295; *RSC* 1937, 689, note Hugueney.
2. Crim. 27 mars 2001, n° 00-85.454, *Bull. crim.*, n° 80 (v. les attendus s[s] n° 43.02).
3. Crim. 19 sept. 2001, n° 01-85.188, *Bull. crim.*, n° 184.
4. Crim. 30 avr. 1996, n° 94-85.485, n° 95-83.121, *Bull. crim.*, n° 179.
5. Crim. 10 juin 1997, n° 95-84.770, *Bull. crim.*, n° 230.

lement sa décision l'arrêt qui déclare recevable un tel recours[1]. Cette solution paraît particulièrement sévère puisque l'appel contre la décision de fermeture, l'appel contre la décision de renouvellement, et l'appel du rejet d'une demande de mainlevée sont possibles (C. pr. pén., art. 706-33). Il suffirait au juge pour éviter ce dernier appel de ne pas répondre à une demande, ce qui n'est pas satisfaisant.

Toutes les demandes supplémentaires, issues de la loi du 5 mars 2007, sont assujetties au respect des formalités prévues par les articles 81 et 82-1 du Code de procédure pénale. En vertu de l'article 803-1 du Code de procédure, issu de la loi du 5 mars 2007, dans les cas où, en vertu des dispositions du Code de procédure pénale, il est prévu de procéder aux notifications à un avocat par lettre recommandée ou par lettre recommandée avec demande d'avis de réception, la notification peut aussi être faite sous la forme d'une télécopie avec récépissé ou par un envoi adressé par un moyen de télécommunication à l'adresse électronique de l'avocat et dont il est conservé une trace écrite. Le décret n° 2007-1620 du 15 novembre 2007 prévoit que pour l'application des dispositions de l'article 803-1, l'avocat peut faire connaître son adresse électronique à l'issue de la première comparution de la personne mise en examen, ou de la première audition de la partie civile ou du témoin assisté, lorsque cette adresse ne figure pas, de façon générale, dans le répertoire des avocats communiqué à la juridiction.

Le décret du 15 novembre 2007 permet encore, sous certaines conditions, de présenter des demandes par voie numérique.

43.23 Le décret du 15 novembre 2007 : les demandes par voie numérique. Le décret du 15 novembre 2007[2] modifiant le Code de procédure pénale et relatif à l'utilisation des nouvelles technologies, prévoit de nouvelles possibilités dès lors qu'un protocole a été passé à cette fin, entre, d'une part, le président et le procureur de la République du Tribunal de grande instance et, d'autre part, le barreau de la juridiction représenté par son bâtonnier. Les avocats de ce barreau peuvent transmettre à la juridiction par un moyen de télécommunication à l'adresse électronique de la juridiction ou du service de la juridiction compétent, et dont il est conservé une trace écrite, les demandes, déclarations et observations suivantes :

1° Les demandes de délivrance de copie des pièces d'un dossier prévues par l'article R. 155;

2° Les demandes tendant à l'octroi du statut de témoin assisté prévues par l'article 80-1-1;

3° Les demandes d'investigations sur la personnalité prévues par le neuvième alinéa de l'article 81;

4° Les demandes de la partie civile prévues par l'article 81-1;

5° Les demandes d'actes prévues par l'article 82-1;

6° Les demandes tendant à la constatation de la prescription prévues par l'article 82-3;

7° Les constitutions de partie civile prévues par le premier alinéa de l'article 85;

8° Les plaintes adressées au procureur de la République en application du deuxième alinéa de l'article 85;

9° Les demandes d'un témoin assisté tendant à sa mise en examen, prévues par l'article 113-6;

10° Les demandes de délivrance d'une copie du dossier de l'instruction prévues par le quatrième alinéa de l'article 114;

11° Les déclarations de la liste des pièces dont l'avocat souhaite remettre une reproduction à son client, prévues par le septième alinéa de l'article 114;

12° Les déclarations de changement de l'adresse déclarée prévues par le dernier alinéa de l'article 116;

13° Les demandes de confrontations individuelles prévues par l'article 120-1;

14° Les demandes d'expertises prévues par l'article 156;

15° Les demandes de modification de la mission d'un expert ou d'adjonction d'un co-expert prévues par l'article 161-1;

16° Les observations concernant les rapports d'expertise d'étape, prévues par l'article 161-2;

17° Les observations et les demandes de complément d'expertise ou de contre-expertise, prévues par l'article 167;

18° Les observations concernant les rapports d'expertise provisoires, prévues par l'article 167-2;

19° Les observations, les demandes d'actes et les observations complémentaires faites en application des alinéas trois, quatre et cinq de l'article 175;

20° Toute autre demande prévue par des dispositions du présent code et pour laquelle ces dispositions permettent qu'elle soit faite par simple lettre.

Ces transmissions sont effectuées, en respectant les modalités prévues par le protocole, à partir de l'adresse électronique professionnelle de l'avocat, préalablement communiquée à la juridiction, et après que les documents joints ont fait l'objet d'une numérisation.

L'article D. 593 prévoit expressément que les dispositions de l'article D. 591 ne sont pas applicables

1. Crim. 22 juin 2004, n° 04-92.923, *Bull. crim.*, n° 162; *D.* 2004, IR 2273; *JCP* 2004, IV, 2850; *AJ Pénal* 2004, 371; *Gaz. Pal.* 30 janv.-1er févr. 2005, somm. p. 23, note Y. Monnet.
2. D. n° 2007-1620, 15 nov. 2007, *JO* 17 nov., n° 267, p. 18865.

aux demandes de mise en liberté ou de mainlevée du contrôle judiciaire. En effet, il semble que seules les demandes formées dans les matières de la détention et du contrôle judiciaire soient exclues des possibilités nouvelles. Les messages ainsi adressés font l'objet d'un accusé électronique de lecture par la juridiction. Ils sont considérés comme reçus par la juridiction à la date d'envoi de cet accusé, et cette date fait, s'il y a lieu, courir les délais prévus par les dispositions du présent code (C. pr. pén., art. D. 593).

43.24 Absence de caractère « complexe » de l'ordonnance de renvoi en cas de non-réponse à la demande. Il résulte de l'article 82-1 que, lorsque le juge d'instruction n'a pas statué dans le délai d'un mois sur une demande d'acte présentée en application de ce texte, la personne mise en examen qui n'a pas usé de la faculté de saisir directement le président de la chambre d'accusation dans les conditions précisées par l'article 81 du même code, ne saurait être admise à interjeter appel de l'ordonnance la renvoyant devant le tribunal correctionnel pour contester le rejet implicite de sa demande d'actes, l'ordonnance entreprise ne présentant pas un caractère complexe[1] (v. aussi s^s n°s 232.38 et 232.39). L'ordonnance de refus d'acte requis est susceptible d'appel (C. pr. pén., art. 186-1).

43.25 Possibilité que l'acte soit effectué en présence de l'avocat de la partie demanderesse. Lorsque la personne mise en examen saisit le juge d'instruction, en application des dispositions de l'article 82-1, d'une demande tendant à ce que ce magistrat procède à un transport sur les lieux, à l'audition d'un témoin, d'une partie civile ou d'une autre personne mise en examen, elle peut demander que cet acte soit effectué en présence de son avocat. La partie civile dispose de ce même droit s'agissant d'un transport sur les lieux, de l'audition d'un témoin ou d'une autre partie civile ou de l'interrogatoire de la personne mise en examen. Le juge d'instruction statue sur ces demandes conformément aux dispositions du deuxième alinéa de l'article 82-1. S'il fait droit à la demande, le juge d'instruction convoque l'avocat au plus tard dans les deux jours ouvrables avant la date du transport, de l'audition ou de l'interrogatoire, au cours desquels celui-ci peut intervenir dans les conditions prévues à l'article 120 (C. pr. pén., art. 82-2). Ces dispositions sont issues de la loi du 15 juin 2000. Mais la demande d'assistance de l'avocat doit respecter les formes légales prévues par l'article 81 alinéa 10 du Code de procédure pénale. Faute de quoi, le juge d'instruction, non saisi de la demande, est incompétent pour y répondre. Il convient ici d'être particulièrement vigilant : l'avocat d'une partie civile avait, par lettre simple, saisi le juge d'une demande tendant à assister à l'interrogatoire de première comparution d'une personne mise en examen. Le juge d'instruction avait accédé à la demande, malgré les objections de l'avocat du mis en examen. Celui-ci déposait alors une requête en nullité qui était rejetée par la chambre de l'instruction, mais son arrêt était cassé par la chambre criminelle qui estimait que « la demande formée par l'avocat de la partie civile ne répondait pas aux exigences légales et que la personne mise en examen n'avait pas renoncé à se prévaloir de la méconnaissance de cette formalité substantielle, laquelle faisait en l'espèce grief à ses intérêts, la chambre de l'instruction a méconnu le sens et la portée des textes susvisés et des principes ci-dessus énoncés »[2]. Or, les juges d'instruction considèrent parfois, malgré l'irrecevabilité formelle d'une demande, qu'ils peuvent y faire droit. Ainsi, une demande d'acte non déposée dans les formes légales peut amener le juge à l'ordonner malgré tout, parce qu'il considère que cela est opportun. Mais le juge d'instruction tire alors cette possibilité de ses pouvoirs propres. Tel n'est pas le cas de l'application des dispositions de l'article 82-2 qui vise une demande de la personne mise en examen ou de la partie civile tendant à ce que le magistrat « procède à un transport sur les lieux, de l'audition d'un témoin ou d'une autre partie civile ou de l'interrogatoire de la personne mise en examen ». On peut déjà douter sérieusement de l'inclusion de l'interrogatoire de première comparution dans cette liste puisqu'il ne concerne pas à proprement parler la personne mise en examen, mais surtout cette formalité ne peut faire suite qu'à une demande. Il n'est pas prévu que le juge d'instruction puisse l'ordonner d'office. Certes, on peut admettre dans certains cas la présence d'un intervenant judiciaire alors qu'elle n'est pas prévue par les textes : ainsi, la présence du ministère public lors de l'audition d'un témoin ne constitue pas en soi une violation des droits de la défense[3]. Mais la question posée est bien celle de la violation des droits de la défense. Or, la présence de l'avocat de la partie civile à l'interrogatoire de première comparution peut effectivement être considérée comme portant atteinte à ces droits.

43.26 Le champ d'application de l'article 82-2. Lorsqu'une partie sollicite l'accomplissement d'un acte, elle peut demander à ce que son avocat assiste

1. Crim. 30 nov. 1999, n° 99-80.679, *Bull. crim.*, n° 279; *RSC* 2000, 423, obs. D. Commaret; *Dr. pén.* 2000, comm. 51, obs. Maron (v. les attendus s^s n° 43.02).

2. Crim. 11 mai 2004, n° 04-81.039, *Bull. crim.*, n° 114; *Procédures* oct. 2004, n° 214, p. 21, note J. Buisson (v. les attendus s^s n° 43.02).

3. Crim. 19 juin 1990, n° 90-81.811, NPT; *D.* 1991, jur. 15, note F. Coste.

à l'acte en question. Mais le juge d'instruction demeurant libre de déléguer l'exécution de cet acte, lorsqu'il n'entre pas dans son domaine de compétence exclusive, l'avocat peut-il assister à l'accomplissement de cet acte devant les services d'enquête. Nous ne le pensons pas. La partie peut certes demander à ce qu'un acte soit accompli mais ne saurait, à notre sens, exiger qu'il soit accompli directement par le magistrat. Si le conseil demande l'audition de tous les élèves d'une classe susceptibles de parler de l'un d'entre eux, victime d'une infraction, cette demande est recevable, tout comme celle consistant à demander que le conseil assiste à ces auditions. Mais le magistrat instructeur peut parfaitement rendre une ordonnance recevant la demande d'audition mais rejetant la demande d'assistance au motif qu'il a choisi de déléguer les auditions à des services d'enquête. Le texte étant rédigé ainsi : « lorsque le mis en examen saisit le juge d'instruction d'une demande tendant à ce que ce magistrat, procède à un transport, à l'audition d'un témoin [...] elle peut demander à ce que cet acte soit effectué en présence de son avocat », on doit considérer que l'avocat ne peut assister à un acte lorsqu'il est réalisé sur délégation. Et le magistrat instructeur n'est jamais obligé de le faire lui-même sauf lorsque la loi en décide autrement.

43.27 Filtre par le président de la chambre de l'instruction. L'article 186-1 du Code de procédure pénale confère au président de la chambre de l'instruction le pouvoir de décider de ne pas saisir la chambre de l'instruction de l'appel d'une ordonnance rejetant une demande d'actes, par une ordonnance qui n'est pas susceptible de recours. Il n'en va autrement que lorsque son examen fait apparaître un risque d'excès de pouvoir. Ne saurait constituer un excès de pouvoir la non-communication de l'avis motivé du procureur de la République aux parties, en application des dispositions de l'article 186-1 du Code de procédure pénale qui n'est pas incompatible avec l'article 6.1 de la Convention européenne de sauvegarde des droits de l'Homme et des libertés fondamentales. De même, l'obligation de motiver l'ordonnance imposée par l'article 186-1 précité n'est pas exclusive d'une adoption de motifs[1] (v. aussi s^s^ n° 244.33). La loi du 5 mars 2007 a ajouté un alinéa à l'article 186-1 ainsi libellé : « En cas d'appel d'une ordonnance refusant une demande de contre-expertise, les troisième et cinquième alinéas ne sont pas applicables et le président est tenu de transmettre le dossier au procureur général, sauf si l'appel a été formé hors délai ou si l'appelant s'est désisté de son appel. »

1. Crim. 4 janv. 2005, n° 04-86.215, n° 04-86.215, *Bull. crim.*, n° 2 ; *JCP* 2005, act. n° 62.

SECTION 3
DROIT DE DEMANDER DES INVESTIGATIONS : NATURE

43.31 Demande tendant à voir constater la prescription de l'action publique. L'article 82-3, dans sa rédaction issue de la loi du 15 juin 2000, dispose que lorsque le juge d'instruction conteste le bien-fondé d'une demande des parties tendant à constater la prescription de l'action publique, il doit rendre une ordonnance motivée dans le délai d'un mois à compter de la réception de la demande. La loi du 9 mars 2004 a prévu que cette demande devait se faire en respectant les formalités des avant-dernier et dernier alinéas de l'article 81 (C. pr. pén., art. 82-3).

43.32 Le droit d'être entendu. À l'expiration d'un délai de quatre mois depuis sa dernière comparution, la personne mise en examen qui en fait la demande écrite doit être entendue par le juge d'instruction. Le juge d'instruction procède à son interrogatoire dans les trente jours de la réception de la demande, qui doit être formée conformément aux dispositions du dixième alinéa de l'article 81 (C. pr. pén., art. 82-1, al. 3). L'avocat doit pouvoir s'entretenir librement avec son client dans une langue qu'ils comprennent tous deux, aussi, la demande d'une personne poursuivie, bénéficiant de l'aide juridictionnelle et qui sollicite la désignation d'un interprète chargé de l'assister dans ses entretiens avec son avocat ainsi que la prise en charge par l'État des frais en résultant, ne saurait être déclarée irrecevable. Cette demande entre dans la catégorie des mesures qui peuvent, en application de l'article 82-1 du Code de procédure pénale, être sollicitées par la personne mise en examen au cours de l'information. Ainsi, excède ses pouvoirs le président de la chambre de l'instruction disant n'y avoir lieu de saisir ladite chambre d'une telle requête sur laquelle le juge d'instruction n'avait pas statué dans le délai d'un mois[2]. La loi du 5 mars 2007 permet également à la partie de solliciter la consultation d'un enregistrement audiovisuel réalisé en garde à vue (C. pr. pén., art. 64-1) ou par le juge d'instruction (C. pr. pén., art. 116-1).

43.33 Les droits des parties en matière d'expertise. L'article 156 du Code de procédure pénale prévoit qu'une expertise peut être demandée au juge d'instruction soit par le ministère public, soit par les parties. La demande d'une partie doit être formée conformément aux dispositions des neuvième et dixième alinéas de l'article 81 (C. pr. pén., art. 156,

2. Crim. 25 mai 2005, n° 05-81.628, *Bull. crim.*, n° 157 ; *Dr. pén.* 2005, n° 136, note Maron ; *Procédures* 2005, n° 240, note Buisson ; *AJ Pénal* 2005, 419, note P. R.

al. 2). Lorsque le juge d'instruction estime ne pas devoir faire droit à cette demande d'expertise, il doit rendre une ordonnance motivée au plus tard dans un délai d'un mois à compter de la réception de la demande. Faute par le juge d'instruction d'avoir statué dans ce délai, la partie peut saisir directement le président de la chambre de l'instruction (C. pr. pén., art. 81, al. 11). La partie peut aussi solliciter une contre-expertise ou un complément d'expertise, dans les conditions prévues à l'article 167 du Code de procédure pénale. La loi du 5 mars 2007 donne également aux parties d'autres droits : possibilité de demander au juge de modifier ou de compléter les questions posées à l'expert, demande d'adjonction d'un expert de leur choix, possibilité de faire des observations après que l'expert ait déposé un rapport provisoire (C. pr. pén., art. 161-1 et 167-2 – V. s^{s} n°s 162.93, 162.94, 164.14). Ces demandes doivent être formées en respectant les modalités de l'article 81 avant dernier alinéa du Code de procédure pénale.

43.34 Demandes relatives à la fin de l'information. La personne mise en examen, le témoin assisté ou la partie civile peut, à l'expiration du délai qui lui a été indiqué en application du huitième alinéa de l'article 116 ou du deuxième alinéa de l'article 89-1 à compter, respectivement, de la date de la mise en examen, de la première audition ou de la constitution de partie civile, demander au juge d'instruction, selon les modalités prévues au dixième alinéa de l'article 81, de prononcer le renvoi devant la juridiction de jugement ou de transmettre la procédure au procureur général, ou de déclarer qu'il n'y a pas lieu à suivre, y compris en procédant, le cas échéant, à une disjonction.

Cette demande peut également être formée lorsqu'aucun acte d'instruction n'a été accompli pendant un délai de quatre mois (C. pr. pén., art. 175-1, al. 1er, réd. L. 15 juin 2000). Dans le délai d'un mois à compter de la réception de cette demande, le juge d'instruction y fait droit ou déclare, par ordonnance motivée, qu'il y a lieu à poursuivre l'information. S'il refuse ou ne répond pas, la personne mise en examen, le témoin assisté ou la partie civile, peut saisir le président de la chambre de l'instruction en application de l'article 207-1. Cette saisine doit intervenir dans les cinq jours qui suivent la notification de la décision du juge ou l'expiration du délai d'un mois (C. pr. pén., art. 175-1, al. 2 et 3). Lorsque le juge d'instruction a déclaré qu'il poursuivait son instruction, une nouvelle demande peut être formée à l'expiration d'un délai de six mois (C. pr. pén., art. 175-1, al. 4). Les dispositions de cet article ne sont pas applicables après l'envoi de l'avis prévu au premier alinéa de l'article 175 : après l'envoi de l'avis de fin d'information, le mis en examen ne dispose plus que des droits énumérés limitativement par l'article 175 du Code de procédure pénale, il ne peut donc solliciter de se voir attribuer le statut de témoin assisté [1].

Le président de la chambre de l'instruction, saisi en application des dispositions du deuxième alinéa de l'article 175-1, décide, dans les huit jours de la transmission du dossier, par une ordonnance qui n'est pas susceptible de recours, s'il y a lieu ou non de saisir la chambre de l'instruction. Dans l'affirmative, il transmet le dossier au procureur général qui procède ainsi qu'il est dit aux articles 194 et suivants. Après qu'elle a été saisie, la chambre de l'instruction peut, soit prononcer le renvoi devant la juridiction de jugement ou la mise en accusation devant la cour d'assises, soit déclarer qu'il n'y a pas lieu à suivre, soit évoquer et procéder dans les conditions prévues aux articles 201, 202 et 204, soit renvoyer le dossier de la procédure au même juge d'instruction ou à tel autre, afin de poursuivre l'information. Dans la négative, il ordonne, par décision motivée, que le dossier de l'information soit renvoyé au juge d'instruction. (C. pr. pén., art. 207-1).

La loi du 5 mars 2007 a largement étendu les possibilités ouvertes aux parties en fin d'information. Non seulement les avis à parties ouvrent désormais des délais d'un mois (détenu) ou de trois mois (non détenu), mais encore les parties disposent, à l'issue de cette période, d'un délai « de dix jours si une personne mise en examen est détenue ou d'un mois dans les autres cas pour adresser au juge d'instruction des réquisitions ou des observations complémentaires au vu des observations ou des réquisitions qui leur ont été communiquées » (v. s^{s} n°s 212.31 à 212.35).

43.35 La demande de mise en examen. La question s'est posée à plusieurs reprises de savoir si, parmi les demandes d'actes, la partie civile pouvait formuler une demande tendant à la mise en examen d'un suspect. La chambre criminelle n'a pas eu encore à se pencher sur ce point. Nous pensons que cette demande est irrecevable. En effet, il ne s'agit pas d'un acte utile à la manifestation de la vérité mais au choix d'un statut. Placer une personne en examen ce n'est pas faire un acte d'investigation. La partie civile peut demander une nouvelle audition d'une personne mise en cause mais ne saurait solliciter une mise en examen tout comme elle ne peut demander un placement en détention ou un contrôle judiciaire, qui ne sont pas plus que la mise en examen, des actes utiles à la manifestation de la vérité. Cette solution semble confortée par certaines jurisprudences de chambres de l'instruction, malheureusement rarement publiées à l'exception

1. Crim. 9 juin 2009, n° 09-82.269, P; *D.* 2009, 1831.

de l'arrêt rendu par la chambre de l'instruction de Nancy le 15 octobre 2001[1]. Il est par ailleurs admis, notamment par la jurisprudence européenne que les droits des parties civiles puissent être différents de ceux des autres parties (mis en examen, ministère public) Dans un arrêt Menet contre France, la Cour européenne des droits de l'homme rappelle que « les droits de l'accusé et ceux de la partie civile peuvent être différenciés »[2].

43.36 La demande de « démise en examen ». La loi du 5 mars 2007 permet à la personne mise en examen de solliciter du juge d'instruction l'attribution du statut de témoin assisté (C. pr. pén., art. 80-1-1). Le législateur prévoit que la personne mise en examen peut au cours de l'information, selon les modalités prévues par l'avant-dernier alinéa de l'article 81, demander au juge d'instruction de revenir sur sa décision et de lui octroyer le statut de témoin assisté si elle estime que les conditions prévues par les premier et troisième alinéas de l'article 80-1 ne sont plus remplies. Cette demande peut être faite à l'issue d'un délai de six mois après la mise en examen et tous les six mois suivants. La demande peut « également être faite dans les dix jours qui suivent la notification d'une expertise ou un interrogatoire au cours duquel la personne est entendue sur les résultats d'une commission rogatoire » (v. s[s] n°s 81.21, 91.13, 91.41, 91.42).

43.37 Le droit à confrontation n'existe que devant la juridiction de jugement et suivant certaines conditions. L'article 6 de la Convention n'autorise les juridictions à fonder une condamnation sur les dépositions d'un témoin à charge que l'accusé ou son conseil n'ont pu interroger à aucun stade de la procédure, que dans les limites suivantes : premièrement, lorsque le défaut de confrontation est dû à l'impossibilité de localiser le témoin, il doit être établi que les autorités compétentes ont activement recherché celui-ci aux fins de permettre cette confrontation; deuxièmement, le témoignage litigieux ne peut en tout état de cause constituer le seul élément sur lequel repose la condamnation.

Violent en conséquence les articles 6.1 et 6.3 d) les juridictions répressives qui statuant sur opposition du requérant l'ont condamné sur le fondement exclusif de déclarations de témoins qu'il n'a pu, à aucun stade de la procédure, ni interroger ni faire interroger[3].

La loi du 5 mars 2007 permet désormais à la personne de demander une confrontation séparée (v. s[s] n° 111.23).

1. CA Nancy, ch. instr., 15 oct. 2001, *BICC* 552, n° 286.
2. CEDH 14 juin 2005, n° 39553/02.
3. Not. CEDH 3e sect., 13 nov. 2003, n° 71846/01, aff. X... c/France, *BICC* 599, n° 4; *AJ Pénal* 2004, 76, obs. J. L.-H.

43.38 Une conséquence du droit de demander des actes : il n'existe plus de suspension de la prescription en cas d'inaction du juge. Si l'impossibilité pour la partie civile d'agir lui permettait d'invoquer une suspension de la prescription de l'action publique en cas d'inaction du juge, tel n'est plus le cas depuis l'entrée en vigueur de la loi du 4 janvier 1993 qui consacre ce droit des parties. Méconnaît le sens et la portée des articles 6 et 8 du Code de procédure pénale, et de l'article 49 de la loi du 24 août 1993, la chambre d'accusation qui, pour infirmer l'ordonnance de non-lieu d'un juge d'instruction et constater l'extinction de l'action publique par l'effet de la prescription, retient qu'aucun acte d'instruction ou de poursuite ayant pour objet de constater des délits, d'en découvrir ou d'en convaincre les auteurs n'est intervenu entre le 24 janvier 1991, date de l'audition du plaignant, et le 20 janvier 1995, alors que la partie civile ne disposait d'aucun moyen de droit pour obliger le juge d'instruction à accomplir un acte interruptif de prescription jusqu'à la date d'entrée en vigueur de la loi du 4 janvier 1993 et que cette prescription a nécessairement été suspendue à son profit entre le 24 janvier 1993 et le 1er mars 1993, puis interrompue par la notification par le juge d'instruction, le 24 novembre 1993, de l'avis prévu par l'article 49 de la loi du 24 août 1993, lequel constitue un acte d'instruction et de poursuite au sens des articles 7 et 8 du Code de procédure pénale[4]. La chambre criminelle, dans un arrêt du 6 février 2007 estime que la partie civile aurait dû user du moyen qui lui est offert par l'article 221-2 du Code de procédure pénale de saisir directement la chambre de l'instruction lorsqu'il s'est écoulé quatre mois depuis le dernier acte d'instruction, dans une hypothèse où le dossier était resté au règlement pendant plus de trois ans ce qui entraînait la prescription de l'action publique[5]. Au regard de cette dernière jurisprudence, les parties civiles doivent demeurer attentives même lorsqu'un dossier a été communiqué au règlement et que le délai qui leur est ouvert pour solliciter des demandes d'actes sur la base de l'article 175 du Code de procédure pénale est expiré.

SECTION 4
DROIT DE FAIRE SANCTIONNER L'INACTION DU JUGE

43.41 Exigence d'un traitement sans discontinuité de la procédure. La loi du 30 décembre 1996 a créé de nouveaux droits pour la partie privée. L'article 221-2 du Code de procédure pénale dis-

4. Crim. 9 juin 1998, n° 96-84.894, *Bull. crim.*, n° 188; *D.* 1998, IR 202 (v. les attendus s[s] n° 43.02).
5. Crim. 6 févr. 2007, n° 06-88.713, *Bull. crim.*, n° 31.

pose en effet que « lorsqu'un délai de quatre mois s'est écoulé depuis la date du dernier acte d'instruction, les parties peuvent saisir la chambre de l'instruction dans les conditions prévues par le troisième alinéa de l'article 173. Ce délai est ramené à deux mois au profit de la personne mise en examen lorsque celle-ci est placée en détention provisoire.

Dans les huit jours de la réception du dossier par le greffe de la chambre de l'instruction, le président peut, par ordonnance motivée non susceptible de recours, décider qu'il n'y a pas lieu de saisir la chambre de l'instruction. La chambre de l'instruction, lorsqu'elle est saisie, peut, soit évoquer et procéder dans les conditions prévues par les articles 201, 202, 204 et 205, soit renvoyer le dossier au juge d'instruction ou à tel autre afin de poursuivre l'information. Si, dans les deux mois suivant le renvoi du dossier au juge d'instruction initialement saisi, aucun acte d'instruction n'a été accompli, la chambre de l'instruction peut être à nouveau saisie selon la procédure prévue aux premier et deuxième alinéas du présent article. Ce délai est ramené à un mois au profit de la personne mise en examen lorsque celle-ci est placée en détention provisoire. La chambre de l'instruction doit alors soit évoquer comme il est dit au troisième alinéa du présent article, soit renvoyer le dossier à un autre juge d'instruction afin de poursuivre l'information. » Il semble que cette procédure soit très rarement utilisée par les parties. La preuve de l'accomplissement de certains actes pose d'ailleurs difficulté : l'acte accompli par l'officier de police judiciaire sur délégation interrompt le délai mais ne figure pas à la procédure... L'acte accompli sur commission rogatoire internationale n'y figurera souvent que bien plus tard... Les écoutes téléphoniques ne figurent pas au dossier sous peine de risquer de rendre cette investigation sans effet.

SECTION 5
DROIT D'ÊTRE INFORMÉ DE L'OUVERTURE D'UNE INFORMATION

43.51 Un droit créé par la loi du 15 juin 2000. La loi du 15 juin 2000 a créé un article 80-3 du Code de procédure pénale selon lequel « dès le début de l'information le juge d'instruction doit avertir la victime d'une infraction de l'ouverture d'une procédure, de son droit de se constituer partie civile et des modalités de ce droit. Si la victime est encore mineure, l'avis est donné à ses représentants légaux ». La loi, diversement suivie sur ce point, n'a prévu aucune sanction en cas d'inexécution de cette obligation.

43.52 Un avis plus détaillé. La loi du 9 mars 2004 a ajouté un alinéa à l'article 80-3 selon lequel l'avis donné « indique à la victime qu'elle a le droit, si elle souhaite se constituer partie civile, d'être assistée d'un avocat qu'elle pourra choisir ou qui, à sa demande, sera désigné par le bâtonnier de l'ordre des avocats, en précisant que les frais seront à sa charge, sauf si elle remplit les conditions d'accès à l'aide juridictionnelle ou si elle bénéficie d'une assurance de protection juridique. Lorsque le juge d'instruction est informé par la victime qu'elle se constitue partie civile et qu'elle demande la désignation d'un avocat, il en informe sans délai le bâtonnier de l'ordre des avocats ». Le texte ne prévoit pas l'articulation avec le bureau d'aide juridictionnelle.

SECTION 6
DROIT DE SOLLICITER UNE CO-SAISINE

43.61 La loi du 5 mars 2007 ouvre un nouveau droit aux parties. Jusqu'alors, la co-saisine était réservée à l'initiative du président de la juridiction, soit au moment de l'ouverture de l'information, soit pendant le cours de celle-ci. Désormais, le procureur de la République et les parties peuvent solliciter la désignation d'un ou plusieurs autres magistrats instructeurs.

43.62 Dans les juridictions avec pôle. La loi du 5 mars 2007 fixe des règles procédurales précises. La partie peut demander au président de la juridiction d'adjoindre un ou plusieurs autres magistrats instructeurs au juge chargé de l'information. En cas de désaccord du juge ou si le président ne donne pas suite à la demande, une requête peut-être aussi présentée devant le président de la chambre de l'instruction (v. s^s n° 12.26).

43.63 Dans les juridictions sans pôle. Dans ce type de juridiction, la demande de co-saisine, si elle est acceptée, entraîne le dessaisissement du juge (v. s^s n° 12.27).

TITRE

5. Les limites de l'intervention du juge d'instruction

SECTION 0 ORIENTEUR

50.00 **Plan du titre.** Le juge d'instruction n'est pas maître de sa propre saisine, qui peut parfois se présenter sous des formes particulières. Il est certaines hypothèses dans lesquelles il peut être dessaisi.

Chap. 51 Saisine du juge d'instruction

Sect. 1 Formes de la saisine : modes et formalités préalables

Sect. 2 Formes de la saisine : le réquisitoire introductif

Sect. 3 Formes de la saisine : désignation des personnes poursuivies

Sect. 4 Caractères de la saisine : principe de la saisine *in rem*

Sect. 5 Caractères de la saisine : le triple principe

Sect. 6 Caractères de la saisine : le juge est saisi des faits et des circonstances des faits

Sect. 7 Caractères de la saisine : faits non visés au réquisitoire introductif

Sect. 8 Caractères de la saisine : l'irrévocabilité

Sect. 9 Problèmes de qualification

Chap. 52 Cas de saisines particulières du juge d'instruction

Sect. 1 Cas de crime ou délit flagrant

Sect. 2 Recherche des causes de la mort : nature de la saisine

Sect. 3 Recherche des causes de la mort : pouvoirs du juge d'instruction

Sect. 4 Recherche des causes d'une disparition

Sect. 5 Spécificité de l'ouverture de l'information dans une juridiction sans pôle de l'instruction

Chap. 53 Dessaisissement du juge d'instruction

Sect. 1 Dessaisissement d'un juge d'instruction par le président du tribunal

Sect. 2 Dessaisissement par la chambre de l'instruction

Sect. 3 Autres cas de dessaisissement

50.01 **Textes applicables.**

C. pr. pén., art. 50, 51, 74, 74-1, 79, 80, 80-1, 81, 83-1, 84, 85, 118, 206, 207, 221-1, 221-2, 657 à 665.

C. just. mil., art. 185.

L. 29 juill. 1881, art. 35, 50, 55.

C. consom., art. 216-4.

50.02 **Jurisprudence de référence.**

> Sur la saisine du juge d'instruction

Crim. 10 mars 1977, n° 75-91.224, *Bull. crim.,* n° 92; *D.* 1977, IR 371.

Crim. 11 juill. 1972, n° 72-90.719, *Bull. crim.,* n° 235.

CA Colmar, 10 mai 1989, *Gaz. Pal.* 1991, 1, 60, note J. Volff.

Crim. 27 juin 1991, n° 91-82.706, *Bull. crim.,* n° 285; *D.* 1991, jur. 587, note Mayer; *Gaz. Pal.* 1991, 2, 545.

Crim. 6 févr. 1996, n° 95-85.710, *Bull. crim.,* n° 62; *Dr. pén.* mars 1996, p. 21; *D.* 1996, IR 62 et jur. 198, note J. Pradel; *JCP* 1996, II, 22634, note P. Chambon.

Crim. 31 mars 1987, n° 86-90.769, *Bull. crim.,* n° 149.

Crim. 27 févr. 2001, n° 00-86.747, *Bull. crim.,* n° 50.

Crim. 5 juin 2002, n° 01-87.656, *Bull. crim.,* n° 129; *D.* 2002, IR 2658; *Procédures* 2002, n° 214, comm. J. Buisson; *RSC* 2002, 840, note D. Commaret.

Crim. 28 janv. 2002, n° 01-87.620, *Bull. crim.,* n° 11.

Crim. 28 sept. 2005, n° 05-84.495, *Bull. crim.,* n° 246.

> Sur la recherche des causes de la mort

Crim. 26 juill. 1966, n° 66-91.283, *Bull. crim.,* n° 215; *JCP* 1966, II, 14824 *bis*; *D.* 1967, jur. 58, note B. Edelman.

> Presse

Crim. 26 mai 1992, n° 91-84.187, *Bull. crim.,* n° 212.

> Sur les problèmes de qualification
Crim. 13 mars 1984, n° 84-90.218, *Bull. crim.*, n° 107.

50.03 Bibliographie indicative. (V. les références complètes s^s n° 03.)

Actualisables. Rép. pén., Aymond, « Action publique » ; Gauze « Mort suspecte » ; Guéry, « Instruction préparatoire » ; Coste, « Chambre de l'instruction » ; Chauvin, « Règlement de juges » ; Vergne, « Renvoi » – J.-Cl. pén., Dumont J., « Juge d'instruction, Juridictions d'instruction du premier degré. Dispositions générales » ; Angevin H., « Renvois d'un tribunal à l'autre, Règlements de juge » ; Malibert P., « Mort suspecte ».

Articles. Guéry Ch., « Aux confins du droit et de la procédure pénale : la relative liberté de qualification du juge d'instruction », *D.* 1996, chron. 335 – Guéry A. et Ch., « De la difficulté pour le juge pénal d'appeler un chat, un chat (requalification "stricte" ou "élargie" : devoirs et pouvoirs du tribunal correctionnel) », *Dr. pén.* 2005, études n°s 6 et 7 ; « De l'art de naviguer à vue : la saisine du juge d'instruction et le trafic de stupéfiants », *Dr. pén.* 2008, étude n° 6.

> Sur la recherche des causes de la mort
Gollety F., *RSC* 1958, 913 – Guéry Ch., « La mort suspecte n'est plus ce qu'elle était ! », *JCP* 2008, étude n° 187 – Maron A., « Incidences de la Convention européenne des droits de l'Homme sur la procédure de suspicion légitime », *BICC* 1995 n° 34 – Vlamynck H., « La théorie de l'apparence : enquêtes préliminaire, de flagrance et enquêtes spécifiques de mort suspecte et de disparition inquiétante », *AJ Pénal* 2005, 322.

50.05 Rapport du Comité de réflexion sur la justice pénale, dit Rapport Léger. Le rapport préconisant la suppression du juge d'instruction, les difficultés tenant à la saisine de celui-ci ou à son dessaisissement ne peuvent susciter de développements. La procédure de recherches des causes de la mort ou d'une disparition devrait disparaître uniquement dans ce qu'elle pouvait voir le parquet saisir un magistrat instructeur.

50.08 Comme toutes les juridictions répressives, le juge d'instruction ne peut se saisir lui-même[1]**.** Il ne saurait mettre lui-même l'action publique en mouvement.

Toutefois, les articles 59 et 61 du Code d'instruction criminelle permettaient au juge d'instruction de se saisir spontanément d'un crime flagrant, et en ce cas, l'irrégularité du réquisitoire introductif était indifférente[2]. Une poursuite ne peut être légalement engagée sur un fait qui ne constitue aucune infraction pénale[3].

Le Code de procédure pénale a expressément mis fin à cette exception en prévoyant que lorsque le juge d'instruction était présent sur les lieux, au cas de crime flagrant, sa saisine n'était que provisoire, et un réquisitoire introductif ultérieur était nécessaire (C. pr. pén., art. 72, alinéas abrogés par L. 15 juin 2000).

1. Crim. 4 déc. 1952, *JCP* 1953, II, 7625, note P. Chambon.
2. Crim. 29 déc. 1910, *Bull. crim.*, n° 672.
3. Crim. 12 déc. 1972, n° 72-91.880, *Bull. crim.*, n° 386 – V. aussi, Crim. 30 mai 1979, n° 79-91.987, *Bull. crim.*, n° 189.

CHAPITRE

51. Saisine du juge d'instruction

SECTION 0
ORIENTEUR

51.00 Plan du chapitre.

Sect. 1 Formes de la saisine : modes et formalités préalables

Sect. 2 Formes de la saisine : le réquisitoire introductif

Sect. 3 Formes de la saisine : désignation des personnes poursuivies

Sect. 4 Caractères de la saisine : principe de la saisine *in rem*

Sect. 5 Caractères de la saisine : le triple principe

Sect. 6 Caractères de la saisine : le juge est saisi des faits et des circonstances des faits

Sect. 7 Caractères de la saisine : faits non visés au réquisitoire introductif

Sect. 8 Caractères de la saisine : l'irrévocabilité

Sect. 9 Problèmes de qualification

51.01 Textes applicables.

C. pr. pén., art. 50, 51, 79, 80, 80-1, 81 – C. just. mil., art. 185 – L. 29 juill. 1881, art. 35, 50, 55 – C. consom., art. 216-4.

C. pr. pén., art. 50

Le juge d'instruction, choisi parmi les juges du tribunal, est nommé dans les formes prévues pour la nomination des magistrats du siège.

En cas de nécessité, un autre juge peut être temporairement chargé, dans les mêmes formes, des fonctions de juge d'instruction concurremment avec le magistrat désigné ainsi qu'il est dit au premier alinéa.

Si le premier président délègue un juge au tribunal, il peut aussi, dans les mêmes conditions, charger temporairement celui-ci de l'instruction par voie d'ordonnance.

Si le juge d'instruction est absent, malade ou autrement empêché, le tribunal de grande instance désigne l'un des juges de ce tribunal pour le remplacer.

C. pr. pén., art. 51

Le juge d'instruction ne peut informer qu'après avoir été saisi par un réquisitoire du procureur de la République ou par une plainte avec constitution de partie civile, dans les conditions prévues aux articles 80 et 86.

En cas de crimes ou délits flagrants, il exerce les pouvoirs qui lui sont attribués par l'article 72.

Le juge d'instruction a, dans l'exercice de ses fonctions, le droit de requérir directement la force publique.

C. pr. pén., art. 79

L'instruction préparatoire est obligatoire en matière de crime; sauf dispositions spéciales, elle est facultative en matière de délit; elle peut également avoir lieu en matière de contravention si le procureur de la République le requiert en application de l'article 44.

C. pr. pén., art. 80

I. Le juge d'instruction ne peut informer qu'en vertu d'un réquisitoire du procureur de la République.

Le réquisitoire peut être pris contre personne dénommée ou non dénommée.

Lorsque des faits, non visés au réquisitoire, sont portés à la connaissance du juge d'instruction, celui-ci doit immédiatement communiquer au procureur de la République les plaintes ou les procès-verbaux qui les constatent. Le procureur de la République peut alors soit requérir du juge d'instruction, par réquisitoire supplétif, qu'il informe sur ces nouveaux faits, soit requérir l'ouverture d'une information distincte, soit saisir la juridiction de jugement, soit ordonner une enquête, soit décider d'un classement sans suite ou de procéder à l'une des mesures prévues aux articles 41-1 à 41-3, soit transmettre les plaintes ou les procès-verbaux au procureur de la République territorialement compétent. Si le procureur de la République requiert l'ouverture d'une information distincte, celle-ci peut être confiée au même juge d'instruction, désigné dans les conditions prévues au premier alinéa de l'article 83.

En cas de plainte avec constitution de partie civile, il est procédé comme il est dit à l'article 86. Toutefois, lorsque de nouveaux faits sont dénoncés au juge d'instruction par la partie civile en cours d'information, il est fait application des dispositions de l'alinéa qui précède.

II. – En matière criminelle, ainsi que lorsqu'il requiert une co-saisine, le procureur de la République près le tribunal de grande instance au sein duquel il n'y a pas de pôle de l'instruction est compétent pour requérir l'ouverture d'une information devant les magistrats du pôle territorialement compétents pour les infractions relevant de sa compétence en application de l'article 43, y compris en faisant déférer devant eux les personnes concernées.

Dans les cas prévus au premier alinéa, le réquisitoire introductif peut également être pris par le procureur de la République près le tribunal de grande instance au sein duquel se trouve le pôle, qui est à cette fin territorialement compétent sur l'ensemble du ressort de compétence de ce pôle, y compris pour diriger et contrôler les enquêtes de police judiciaire.

Le procureur de la République près ce tribunal de grande instance est seul compétent pour suivre le déroulement des informations visées aux alinéas précédents jusqu'à leur règlement.

En cas de renvoi devant la juridiction de jugement, l'affaire est renvoyée, selon le cas, devant la juridiction de proximité, le tribunal de police, le tribunal correctionnel, le tribunal pour enfants ou la cour d'assises initialement compétents.

III. – Si le procureur de la République près le tribunal de grande instance dans lequel il y a un pôle de l'instruction constate qu'une personne est déférée devant lui en vue de l'ouverture d'une information en application du deuxième alinéa du II et qu'il estime qu'aucune information relevant de la compétence du pôle ne doit être ouverte, il peut, avant de transmettre le dossier de la procédure au procureur de la République territorialement compétent, requérir le placement sous contrôle judiciaire ou en détention provisoire de la personne selon les modalités prévues par le troisième alinéa de l'article 394 et l'article 396. Si la personne est placée en détention provisoire, elle doit comparaître devant le procureur de la République territorialement compétent au plus tard le troisième jour ouvrable suivant. À défaut, elle est mise d'office en liberté.

C. pr. pén., art. 80-1

À peine de nullité, le juge d'instruction ne peut mettre en examen que les personnes à l'encontre desquelles il existe des indices graves ou concordants rendant vraisemblable qu'elles aient pu participer, comme auteur ou comme complice, à la commission des infractions dont il est saisi.

Il ne peut procéder à cette mise en examen qu'après avoir préalablement entendu les observations de la personne ou l'avoir mise en mesure de les faire, en étant assistée par son avocat, soit dans les conditions prévues par l'article 116 relatif à l'interrogatoire de première comparution, soit en tant que témoin assisté conformément aux dispositions des articles 113-1 à 113-8.

Le juge d'instruction ne peut procéder à la mise en examen de la personne que s'il estime ne pas pouvoir recourir à la procédure de témoin assisté.

C. pr. pén., art. 81

Le juge d'instruction procède, conformément à la loi, à tous les actes d'information qu'il juge utiles à la manifestation de la vérité. Il instruit à charge et à décharge.

Il est établi une copie de ces actes ainsi que de toutes les pièces de la procédure; chaque copie est certifiée conforme par le greffier ou l'officier de police judiciaire commis mentionné à l'alinéa 4. Toutes les pièces du dossier sont cotées par le greffier au fur et à mesure de leur rédaction ou de leur réception par le juge d'instruction.

Toutefois, si les copies peuvent être établies à l'aide de procédés photographiques ou similaires, elles sont exécutées à l'occasion de la transmission du dossier. Il en est alors établi autant d'exemplaires qu'il est nécessaire à l'administration de la justice. Le greffier certifie la conformité du dossier reproduit avec le dossier original. Si le dessaisissement momentané a pour cause l'exercice d'une voie de recours, l'établissement des copies doit être effectué immédiatement pour qu'en aucun cas ne soit retardée la mise en état de l'affaire prévue à l'article 194.

Si le juge d'instruction est dans l'impossibilité de procéder lui-même à tous les actes d'instruction, il peut donner commission rogatoire aux officiers de police judiciaire afin de leur faire exécuter tous les actes d'information nécessaires dans les conditions et sous les réserves prévues aux articles 151 et 152.

Le juge d'instruction doit vérifier les éléments d'information ainsi recueillis.

Le juge d'instruction procède ou fait procéder, soit par des officiers de police judiciaire, conformément à l'alinéa 4, soit par toute personne habilitée dans des conditions déterminées par décret en Conseil d'État, à une enquête sur la personnalité des personnes mises en examen, ainsi que sur leur situation matérielle, familiale ou sociale. Toutefois, en matière de délit, cette enquête est facultative.

Le juge d'instruction peut également commettre, suivant les cas, le service pénitentiaire d'insertion et de probation, le service compétent de la protection judiciaire de la jeunesse ou toute association habilitée en application de l'alinéa qui précède à l'effet de vérifier la situation matérielle, familiale et sociale d'une personne mise en examen et de l'informer sur les mesures propres à favoriser l'insertion sociale de l'intéressée. À moins qu'elles n'aient été déjà prescrites par le ministère public, ces diligences doivent être prescrites par le juge d'instruction chaque fois qu'il envisage de placer en détention provisoire un majeur âgé de moins de vingt et un ans au moment de la commission de l'infraction lorsque la peine encourue n'excède pas cinq ans d'emprisonnement.

Le juge d'instruction peut prescrire un examen médical, un examen psychologique ou ordonner toutes mesures utiles.

S'il est saisi par une partie d'une demande écrite et motivée tendant à ce qu'il soit procédé à l'un des examens ou à toutes autres mesures utiles prévus par l'alinéa qui précède, le juge d'instruction doit, s'il n'entend pas y faire droit, rendre une ordonnance motivée au plus tard dans le délai d'un mois à compter de la réception de la demande.

La demande mentionnée à l'alinéa précédent doit faire l'objet d'une déclaration au greffier du juge d'instruction saisi du dossier. Elle est constatée et datée par le greffier qui la signe ainsi que le demandeur ou son avocat. Si le demandeur ne peut signer, il en est fait mention par le greffier. Lorsque le demandeur ou son avocat ne réside pas dans le ressort de la juridiction compétente, la déclaration au greffier peut être faite au moyen d'une lettre recommandée avec demande d'avis de réception. Lorsque la personne mise en examen est détenue, la demande peut également être faite au moyen d'une déclaration auprès du chef de l'établissement pénitentiaire. Cette déclaration est constatée et datée par le chef de l'établissement pénitentiaire qui la signe, ainsi que le demandeur. Si celui-ci ne peut signer, il en est fait mention par le chef de l'établissement. Ce document est adressé sans délai, en original ou copie et par tout moyen, au greffier du juge d'instruction.

Faute par le juge d'instruction d'avoir statué dans le délai d'un mois, la partie peut saisir directement le président de la chambre de l'instruction, qui statue et procède conformément aux troisième, quatrième et cinquième alinéas de l'article 186-1.

C. just. mil., art. 185

L'ordre de poursuite est sans recours; il doit mentionner les faits sur lesquels porteront les poursuites, les qualifier et indiquer les textes de lois applicables.

L. 29 juill. 1881, art. 35

La vérité du fait diffamatoire, mais seulement quand il est relatif aux fonctions, pourra être établie par les voies ordinaires, dans le cas d'imputations contre les corps constitués, les armées de terre, de mer ou de l'air, les administrations publiques et contre toutes les personnes énumérées dans l'article 31.

La vérité des imputations diffamatoires et injurieuses pourra être également établie contre les directeurs ou administrateurs de toute entreprise industrielle, commerciale ou financière, faisant publiquement appel à l'épargne ou au crédit.

La vérité des faits diffamatoires peut toujours être prouvée, sauf :

a) Lorsque l'imputation concerne la vie privée de la personne;

b) Lorsque l'imputation se réfère à des faits qui remontent à plus de dix années;

c) Lorsque l'imputation se réfère à un fait constituant une infraction amnistiée ou prescrite, ou qui a donné lieu à une condamnation effacée par la réhabilitation ou la révision;

Les deux alinéas a et b qui précèdent ne s'appliquent pas lorsque les faits sont prévus et réprimés par les articles 222-23 à 222-32 et 227-22 à 227-27 du Code pénal et ont été commis contre un mineur.

Dans les cas prévus aux deux paragraphes précédents, la preuve contraire est réservée. Si la preuve du fait diffamatoire est rapportée, le prévenu sera renvoyé des fins de la plainte.

Dans toute autre circonstance et envers toute autre personne non qualifiée, lorsque le fait imputé est l'objet de poursuites commencées à la requête du ministère public, ou d'une plainte de la part du prévenu, il sera, durant l'instruction qui devra avoir lieu, sursis à la poursuite et au jugement du délit de diffamation.

L. 29 juill. 1881, art. 50

Si le ministère public requiert une information, il sera tenu, dans son réquisitoire, d'articuler et de qualifier les provocations, outrages, diffamations et injures à raison desquels la poursuite est intentée, avec indication des textes dont l'application est demandée, à peine de nullité du réquisitoire de ladite poursuite.

L. 29 juill. 1881, art. 55

Quand le prévenu voudra être admis à prouver la vérité des faits diffamatoires, conformément aux dispositions de l'article 35 de la présente loi, il devra, dans le délai de dix jours après la signification de la citation, faire signifier au ministère public ou au plaignant au domicile par lui élu, suivant qu'il est assigné à la requête de l'un ou de l'autre :

1° Les faits articulés et qualifiés dans la citation, desquels il entend prouver la vérité;

2° La copie des pièces;

3° Les noms, professions et demeures des témoins par lesquels il entend faire la preuve.

Cette signification contiendra élection de domicile près le tribunal correctionnel, le tout à peine d'être déchu du droit de faire la preuve.

C. consom., art. 216-4

Toute poursuite exercée en vertu des chapitres II à VI devra être continuée et terminée en vertu des mêmes textes.

Le tribunal, en cas de circonstances atténuantes, pourra ne pas ordonner l'affichage et ne pas appliquer l'emprisonnement.

51.02 Jurisprudence de référence.

> Sur la saisine du juge d'instruction

• Le juge est saisi des faits et des circonstances des faits s'y rattachant.

Crim. 10 mars 1977, n° 75-91.224, *Bull. crim.,* n° 92; *D.* 1977, IR 371.

« Attendu qu'en cet état la cour d'appel a pu procéder à la disqualification que critique le moyen;

Qu'en effet le fait, objet de la prévention, qui consistait en la perception illicite de certains versements à l'occasion d'une opération immobilière, est celui qui a été finalement retenu;

Que c'est sans excéder les limites de sa saisine que la cour d'appel a pris en considération une circonstance du fait principal se rattachant a lui et propre a le caractériser;

D'où il suit que le moyen n'est pas fondé. »

• Le juge d'instruction est saisi par le réquisitoire introductif; les pièces qui y sont jointes déterminent, l'objet et l'étendue de la saisine.

Crim. 11 juill. 1972, n° 72-90.719, *Bull. crim.,* n° 235.

« Que les poursuites ont été engagées par un réquisitoire introductif établi le 21 décembre 1965 contre X... pour infractions à la législation sur les stupéfiants;

Que ce réquisitoire, qui visait les articles L. 627 et suivants du Code de la santé publique, se référait à des pièces qui lui étaient jointes, et qui consistaient, d'une part, en un rapport de police du 21 décembre 1965, et d'autre part, en une lettre adressée le même jour au procureur de la République par le directeur des services de police judiciaire de la sûreté nationale;

Que ces deux documents signalaient l'existence d'un trafic international de stupéfiants auquel se livrait une bande comprenant N..., D... et autres, et qui avait été révélé à la suite de la découverte de 95 kg d'héroïne dont N... était le détenteur;

Que dès lors, selon l'arrêt, le réquisitoire susvisé avait saisi le juge d'instruction non seulement du fait de détention illicite d'héroïne, impute a N..., mais aussi de tout le trafic de stupéfiants dans l'ensemble duquel s'insérait ce fait, et avait ainsi mis en mouvement l'action publique contre tous ceux qui, à quelque titre que ce fût, avaient, en vertu d'une entente participé à ce trafic;

Que l'arrêt ajoute que l'association en vue de commettre des infractions à la législation sur les stupéfiants est un délit continu et que la prescription de l'action publique ne court, à l'égard de chacun des associés, qu'à partir de la cessation de son appartenance à l'association;

Qu'en l'occurrence M... était encore membre de l'association incriminée lorsqu'il a versé, en février 1965, l'amende susvisée;

Que, dans ces conditions, le réquisitoire introductif du 21 décembre 1965 a interrompu la prescription pour tous les faits délictueux retenus à la charge du demandeur;

Attendu qu'en l'état de ces motifs, la cour d'appel a justifié sa décision;

Attendu, en effet, que le visa, dans le réquisitoire introductif, des pièces qui y sont jointes équivaut à une analyse desdites pièces et qu'en conséquence, celles-ci déterminent par les indications qu'elles contiennent, l'objet exact et l'étendue de la saisine du juge d'instruction;

Que, d'autre part, selon les articles 7 et 8 du Code de procédure pénale, un acte de poursuite interrompt la prescription à l'égard de tous les auteurs, co-auteurs et complices de l'infraction, même s'ils ne sont pas personnellement impliques dans cet acte de poursuite;

Qu'ainsi, au vu des constatations des juges du fond, le réquisitoire introductif précité a valablement servi de base aux poursuites qui ont abouti à la condamnation du demandeur par l'arrêt attaque;

Qu'il suit de là que le moyen n'est pas fondé. »

• Le juge d'instruction saisi par réquisitoire du procureur de la République ne peut refuser d'informer.

Crim. 31 mars 1987, n° 86-90.769, *Bull. crim.*, n° 149.

« Attendu que, selon l'alinéa 3 de l'article 86 du Code de procédure pénale, le juge d'instruction n'est autorisé à rendre une ordonnance disant qu'il n'y a lieu à informer que si, pour des causes affectant l'action publique elle-même, les faits ne peuvent légalement comporter une poursuite ou si, à supposer les faits démontrés, ils ne peuvent admettre une qualification pénale. »

• L'étendue de la saisine est déterminée par les énonciations expresses du réquisitoire et à défaut par le rapprochement entre les mentions de cet acte et le contenu des pièces qui y sont jointes et auxquelles il est fait référence.

CA Colmar, 10 mai 1989, *Gaz. Pal.* 1991, 1, 60, note J. Volff.

« Attendu, en droit, qu'il résulte des art. 40 alinéas 1er, 51, 72, 80 et 86 C. pr. pén. qu'en toutes circonstances le juge d'instruction ne peut informer que sur les faits qui lui ont été déférés par le ministère public; que l'étendue de sa saisine est déterminée, tout d'abord, par les énonciations expresses du réquisitoire introductif ou supplétif et, à défaut, par le rapprochement entre les mentions de cet acte et le contenu des pièces qui y sont jointes et auxquelles il est fait référence;

Attendu, en l'espèce, que le magistrat instructeur n'a jamais été requis d'informer sur les faits de recel de bijoux; qu'en ce qui concerne les armes, la question pouvait éventuellement se poser si, en ouvrant une information des chefs de port et de détention illégale de tels instruments, le ministère public n'avait pas entendu d'emblée élargir les poursuites aux conditions mêmes dans lesquelles les inculpés les avaient en leur possession, mais que, pour répondre à cette interrogation par la négative, il suffit de rappeler qu'en délivrant le réquisitoire introductif, le parquet n'ignorait nullement que ni les pistolets dont s'agit provenaient de cambriolages qui venaient d'être commis en Suisse, ni que lesdits cambriolages sont apparemment l'œuvre de R... et de N..., de telle sorte que, loin de laisser planer un doute sur les limites dans lesquelles il saisissait le juge d'instruction, il manifestait sans équivoque sa résolution d'en exclure tout fait de recel incompatible avec une imputation de vol;

Attendu que dans ces conditions et sans qu'il soit permis à la Cour de rechercher si l'obstacle résultant en l'espèce de l'inapplicabilité des dispositions de l'art. 691 C. pr. pén. en raison de la nationalité étrangère des inculpés ne se trouvait pas susceptible d'être surmonté [v. Crim. 23 avr. 1981, *Bull. crim.*, n° 116], il s'impose de faire droit à la requête en annulation. »

• Le réquisitoire introductif ne peut être annulé s'il satisfait en la forme aux exigences légales.

Crim. 27 juin 1991, n° 91-82.706, *Bull. crim.*, n° 285; *D.* 1991, jur. 587, note Mayer; *Gaz. Pal.* 1991, 2, 545; *Dr. pén.* sept. 1991, n° 8-9, p. 14, concl. et note N. Pradain et A. Maron.

« Attendu que, pour refuser d'annuler le réquisitoire introductif du 8 janvier 1991, la chambre d'accusation énonce notamment que les faits révélés avant cette date et consistant dans le versement par des entreprises de commissions pour l'obtention de marchés publics auraient été commis dans le département de la Sarthe et la ville du Mans et qu'il ne peut dès lors être contesté que le réquisitoire litigieux a été délivré par un magistrat du parquet territorialement compétent; qu'elle observe en outre que la saisine du magistrat instructeur, quant aux faits, est déterminée par les pièces annexées à ce réquisitoire;

Attendu qu'en statuant ainsi, par une analyse souveraine de ces pièces, et alors que la Cour de cassation est en mesure de s'assurer que le réquisitoire introductif satisfait en la forme aux conditions essentielles de son existence légale, la chambre d'accusation a justifié sa décision sans encourir les griefs allégués; que, dès lors, les moyens doivent être écartés. »

• Lorsque le juge d'instruction acquiert la connaissance de faits nouveaux, il peut effectuer d'urgence des vérifications sommaires mais ne peut procéder à aucun acte présentant un caractère coercitif.

Crim. 6 févr. 1996, n° 95-84.041, *Bull. crim.*, n° 60; *Dr. pén.* mars 1996, p. 21; *D.* 1996, IR 62 et jur. 198, note J. Pradel; *JCP* 1996, II, 22634, note P. Chambon; *JCP E* 1996, p. 167, note J.-F. Renucci et O. Meyer; *Gaz. Pal.* 7 mai 1996, p. 32, note J.-P. Doucet; *Rev. sociétés* 1997, 125, note B. Bouloc.

« Qu'en effet, les pouvoirs accordés au juge d'instruction par l'article 81, premier alinéa, du Code de procédure pénale et qui lui permettent de procéder, conformément à la loi, à tous les actes d'information qu'il juge utiles à la manifestation de la vérité, sont limités aux seuls faits dont il est régulièrement saisi en application des articles 80 et 86 de ce code; que, lorsque ce magistrat acquiert la connaissance de faits nouveaux, si l'article 80 ne lui interdit pas, avant toute communication au procureur de la République, d'en consigner la substance dans un procès-verbal et, le cas échéant, d'effectuer d'urgence des vérifications sommaires pour en apprécier la vraisemblance, il ne peut, sans excéder ses pouvoirs, procéder à des actes qui, présentant comme en l'espèce un caractère coercitif, exigent la mise en mouvement préalable de l'action publique.

Attendu que les demandeurs ne sauraient se faire un grief de ce que la chambre d'accusation ait refusé d'annuler le réquisitoire introductif du 9 février 1994 pris contre personne non dénommée, dès lors qu'en vertu de l'article 105 du Code de procédure pénale, quelles que soient les indications portées sur cet acte, les personnes à l'encontre desquelles il existe des indices graves et concordants ne peuvent être entendues comme témoins. »

• Le procureur de la République peut requérir l'ouverture d'une information au vu de tous renseignements dont il est destinataire.

Crim. 5 juin 2002, n° 01-87.656, *Bull. crim.*, n° 129; *D.* 2002, jur. 2658, note J. Pradel; *D.* 2003, somm. 35; *Procédures* 2002, n° 214, note J. Buisson; *RSC* 2002, 840, note D. Commaret.

« Attendu que le procureur de la République tient desdits articles le droit de requérir l'ouverture d'une information au vu de tous renseignements dont il est destinataire et que le réquisitoire introductif ne peut être annulé que s'il ne satisfait pas en la forme aux conditions essentielles de son existence légale;

Attendu que, pour annuler le réquisitoire introductif du 15 juin 2001 et la procédure subséquente, sur requête du magistrat instructeur, la juridiction du second degré, adoptant l'analyse des pièces jointes à ce réquisitoire faite par le juge d'instruction, retient que les faits visés par les procès-verbaux de saisine, soit la réunion d'un collectif prônant la libéralisation du cannabis et l'investissement d'un squat pour y installer un *coffee shop,* sont à venir ou supposés, et que ces procès-verbaux ne permettent d'établir aucun rapport entre la survenance de deux overdoses dans des squats et l'activité du collectif précité;

Qu'elle ajoute que tant l'enquête préliminaire ou flagrante que l'information ne peuvent être ordonnées que si elles sont fondées sur l'existence d'une infraction commise ou en train de se commettre, qu'un réquisitoire introductif ne peut donc être délivré pour pallier la crainte d'une infraction future, et qu'il s'ensuit que le réquisitoire litigieux, uniquement fondé sur des pièces laissant à penser que, dans l'avenir, des infractions à la législation sur les stupéfiants pourraient être commises, est atteint d'une nullité substantielle d'ordre public;

Mais attendu qu'en prononçant ainsi, la chambre de l'instruction a méconnu le sens et la portée des textes susvisés et des principes ci-dessus rappelés. »

• Les pouvoirs accordés au juge d'instruction qui lui permettent de procéder, conformément à la loi, à tous les actes d'information qu'il juge utiles à la manifestation de la vérité, sont limités aux faits dont il est régulièrement saisi en application des articles 80 et 86 de ce code.

Crim. 28 sept. 2005, n° 05-84.495, *Bull. crim.*, n° 246.

« Attendu qu'une information a été ouverte le 4 juillet 2000 contre personne non dénommée pour tentative d'extorsion de fonds aux visas des articles 312-1 et 312-13 du Code pénal;

Attendu que le juge d'instruction a délivré le 5 juillet suivant une commission rogatoire aux services de police leur donnant mission, notamment, de faire le point sur l'ensemble du patrimoine des frères Y... et de leurs "acolytes", de répertorier l'ensemble des débits de boissons, bars et autres restaurants au sein desquels ils seraient associés ou qu'ils dirigeraient, directement ou indirectement, de déterminer les conditions dans lesquelles lesdits établissements ont été financés, par qui ils sont gérés et la nature de leurs revenus, d'identifier l'ensemble des gérants et salariés desdits établissements et de se renseigner sur leurs habitudes, antécédents et fréquentations, d'effectuer une enquête approfondie sur le "sex-shop" "Le Malicia" ainsi que sur l'établissement exploité sous l'enseigne "Ital'Café Expresso", d'adresser toutes réquisitions utiles dans le but de déterminer l'origine réelle du patrimoine de l'ensemble des personnes impliquées dans cette affaire;

Attendu que, pour prononcer l'annulation partielle, par cancellation, de cette commission rogatoire, l'arrêt énonce, notamment, que le seul établissement en cause étant le débit de boissons "Le Santa Clara", il n'y avait pas lieu de faire procéder à des investigations sur le "sex-shop" "Le Malicia" ou sur l'établissement « L'Ital'Café Expresso » ou encore sur l'ensemble des débits de boissons, bars et autres restaurants au sein desquels les frères Y... et leurs "acolytes" seraient associés ou qu'ils dirigeraient, directement ou indirectement; qu'il n'y avait pas davantage lieu de prescrire des investigations diverses au sujet des "acolytes" des frères Y..., Jean-Pierre Y...

n'ayant pas été mis en cause par Carole D... ; que les juges en déduisent que "c'est en méconnaissance des dispositions de l'article 151, alinéa 3, du Code de procédure pénale et des limites de sa saisine fixées par le réquisitoire introductif du 4 juillet 2000 que le juge d'instruction, commettant un excès de pouvoir et se saisissant lui-même de faits dont l'instruction ne lui était pas confiée, a prescrit des investigations totalement étrangères à l'instruction du délit de tentative d'extorsion de fonds et concernant le grand banditisme grenoblois" ;

Attendu qu'en statuant ainsi, la chambre de l'instruction, qui a souverainement apprécié, quant aux faits, l'étendue de la saisine du juge d'instruction, a justifié sa décision;

Qu'en effet, les pouvoirs accordés au juge d'instruction par l'article 81, premier alinéa, du Code de procédure pénale qui lui permettent de procéder, conformément à la loi, à tous les actes d'information qu'il juge utiles à la manifestation de la vérité, sont limités aux faits dont il est régulièrement saisi en application des articles 80 et 86 de ce code;

D'où il suit que le moyen doit être écarté;

Et attendu que l'arrêt est régulier en la forme. »

> Presse

• Le juge d'instruction ne peut instruire sur la vérité du fait diffamatoire.

Crim. 26 mai 1992, n° 91-84.187, *Bull. crim.*, n° 212.

« Attendu que d'après les articles 35 et 55 de la loi du 29 juillet 1881, la vérité du fait diffamatoire ne constitue un fait justificatif de la diffamation que dans la mesure où la preuve en est administrée par le prévenu en conformité des dispositions qu'ils édictent; que cette preuve ne pouvant résulter que du débat contradictoire auquel il est procédé devant les juges du fond, il n'appartient pas aux juridictions d'instruction de la rechercher, ni de la recevoir, à peine d'excès de pouvoir. »

> Sur les problèmes de qualification

• Le fait objet de la poursuite doit être envisagé sous la plus haute acception pénale dont il est susceptible.

Crim. 13 mars 1984, n° 84-90.218, *Bull. crim.*, n° 107; *JCP* 1985 n° 20482, note F.-J. Pansier.

« Attendu qu'il résulte de l'examen des pièces de la procédure que par réquisitoire introductif du 5 janvier 1982, le procureur de la République a saisi le juge d'instruction de faits d'attentats à la pudeur sur les mineurs de quinze ans mis en cause dans ladite procédure dirigée contre F... ;

Qu'il n'importe que le ministère public ait qualifié ces faits d'attentats à la pudeur sans violence sur mineurs de quinze ans, et que le juge d'instruction ait d'abord notifié cette inculpation puis, par la suite, sans nouvelle réquisition, ait estimé devoir signifier à F... une nouvelle inculpation d'attentat à la pudeur par personne ayant autorité, avec la circonstance de contrainte, violence ou surprise, et visant les mêmes faits;

Qu'en effet, d'une part, le juge d'instruction est saisi des faits visés par le réquisitoire introductif et il lui appartient d'en vérifier les circonstances;

Que d'autre part, au cours de l'information et jusqu'à la décision de renvoi, les inculpations sont purement indicatives et peuvent être modifiées et qu'enfin le fait objet de la poursuite peut et doit même être envisagé sous la plus haute acception pénale dont il est susceptible;

D'où il suit que le moyen n'est pas fondé. »

51.03 Bibliographie indicative. (V. les références complètes s[s] n° 03.)

Actualisables. RÉP. PÉN., Aymond, « Action publique »; Guéry, « Instruction préparatoire »; Coste, « Chambre de l'instruction »; Chauvin, « Règlement de juges »; Vergne, « Renvoi » – J.-CL. PÉN., DUMONT J., « Juge d'instruction, Juridictions d'instruction du premier degré. Dispositions générales ».

Ouvrages. DONNEDIEU DE VABRES, n° 1280 – HÉLIE F., IV, n°s 1613, 1621 et 1622 – GARRAUD, I, n°s 101, 102 et 194; II, n° 538; III, n° 775; IV, n° 1524 – LE POITTEVIN, art. 61, n°s 14 et 16 – VIDAL ET MAGNOL, II, n°s 814-3 et 814-6.

Articles. Guéry Ch., « Aux confins du droit et de la procédure pénale : la relative liberté de qualification du juge d'instruction », *D.* 1996, chron. 335 – Guéry A. et Ch., « De la difficulté pour le juge pénal d'appeler un chat, un chat (requalification "stricte" ou "élargie" : devoirs et pouvoirs du tribunal correctionnel) », *Dr. pén.* 2005, ét. n°s 6 et 7.

51.06 Questions essentielles.

• La détermination de sa propre saisine est l'une des difficultés majeures que peut rencontrer le juge d'instruction dans l'exercice de son activité. Saisi par un réquisitoire introductif ou une plainte avec constitution de partie civile aux contours souvent imprécis, il est aussi confronté à la découverte de faits nouveaux dans le cours de l'information. Or, une instruction hors saisine est entachée de nullité.

51.07 Évolution de la saisine du juge d'instruction. D'après les derniers chiffres publiés, le juge d'instruction n'est plus saisi, en matière correctionnelle, que de 4,6 % des affaires (octobre 2005). Entre 1965 et 1969 il était saisi de 14 % des affaires. Le chiffre est demeuré longtemps, entre le début des années quatre-vingt et 1993, entre 7 et 8 % pour décliner lentement ensuite : 7,2 % en 1997, 6 % en 2000, 5,4 % en 2003, 4,6 % en 2005.

SECTION 1

FORMES DE LA SAISINE : MODES ET FORMALITÉS PRÉALABLES

51.11 Nécessité d'un réquisitoire introductif. Le juge d'instruction ne peut être saisi que par un réquisitoire introductif ou par une plainte avec constitution de partie civile (C. pr. pén., art. 51, 80 et 85). D'ailleurs, la plainte est communiquée au procureur de la République pour que ce magistrat prenne ses réquisitions (C. pr. pén., art. 86, al. 1er), mais en ce cas, ce n'est pas le réquisitoire, mais la plainte qui met l'action publique en mouvement, dès lors que la consignation ordonnée a été ultérieurement faite dans le délai fixé (v. s^s n° 62.23). C'est en toute indépendance que le ministère public engage les poursuites[1]. La règle de l'impartialité ne s'oppose pas à ce que le juge d'instruction soit saisi une nouvelle fois de la même affaire[2]. Le procureur de la République peut ouvrir une information, nonobstant un classement sans suite antérieur[3].

51.12 Cas où une plainte préalable d'une administration est obligatoire. Le ministère public ne peut saisir le juge d'instruction dans certaines affaires s'il n'a pas été préalablement saisi d'une plainte. Sous peine d'irrecevabilité, les plaintes tendant à l'application de sanctions pénales en matière d'impôts directs, de taxe sur la valeur ajoutée et autres taxes sur le chiffre d'affaires, de droits d'enregistrement, de taxe de publicité foncière et de droits de timbre sont déposées par l'Administration sur avis conforme de la commission des infractions fiscales. La plainte de l'administration fiscale doit viser expressément les faits constitutifs de la fraude[4]... Il en est de même dans le domaine des changes. La poursuite des infractions à la législation et à la réglementation des relations financières avec l'étranger ne peut être exercée que sur la plainte du ministre du Budget ou de l'un de ses représentants habilités à cet effet (C. douanes, art. 458). L'article 36 alinéa 3 du décret du 18 avril 1939, qui exige la plainte préalable des ministres compétents pour que l'action publique soit régulièrement exercée, est expressément applicable à l'infraction aux dispositions de l'article 2 alinéa 3 dudit décret, qui font obligation à quiconque exerce le commerce des armes de guerre d'y être autorisé par l'État et qui forment avec le texte « sanctionnateur » de l'article 24 un tout indissociable[5]. D'une part, si, en application de l'article 13 du décret-loi du 18 avril 1939, les contestations en douanes, portant sur la prohibition d'importation ou d'exportation de matériel de guerre, doivent être déférées devant un comité siégeant auprès du ministre de la Défense, cette saisine ne constitue pas un préalable aux poursuites judiciaires. D'autre part, l'acte de saisine du juge d'instruction ne concernant que le délit douanier d'exportation ou d'importation sans déclaration de marchandises prohibées, prévu à l'article 13 précité et réprimé par l'article 414 du Code des douanes, et non le commerce illicite d'armes prévu aux articles 2 et 24 du décret-loi du 18 avril 1939, les poursuites ne sont pas subordonnées à la plainte préalable des ministres compétents exigée par l'article 36 alinéa 3 de ce même décret[6]. Lorsque des poursuites sont exercées à la fois pour commerce illicite d'armes et pour le délit douanier d'importation en contrebande de marchandises prohibées, l'annulation de la poursuite du premier de ces chefs comme ayant été exercée sans l'autorisation des ministres compétents prévue par l'article 36 du décret-loi du 18 avril 1939 n'affecte pas la validité de l'enquête ayant précédé l'ensemble des poursuites, l'engagement de celle exercée pour commerce illicite d'armes étant seul soumis à l'autorisation précitée[7].

51.13 Cas où une plainte préalable d'un particulier est obligatoire. Il en est ainsi notamment en matière de loi sur la presse : injure et diffamation (L. 29 juill. 1881, art. 47 s.); de chasse sur le terrain d'autrui (C. env., art. L. 428-33, L. n° 2005-157, 23 févr. 2005, art. 174)[8]; d'atteinte à la vie privée (C. pén., art. 226-1 et 226-2); de délits commis par un Français à l'étranger en l'absence de dénonciation officielle (C. pén., art. 113-8).

51.14 Incidence sur la saisine. Après le dépôt de la plainte préalable, le juge a le pouvoir de mettre en examen toute personne, auteur, coauteur ou complice, des faits dont il se trouve régulièrement saisi par le réquisitoire introductif[9]. Le juge peut inculper tout coauteur ou complice des faits déférés, même lorsque la poursuite initiale est soumise à une plainte préalable de l'Administration, après avis de la commission des infractions fiscales[10], même lorsque la poursuite concerne un délit de diffamation : la partie civile ne peut restreindre l'étendue de la saisine[11].

SECTION 2
FORMES DE LA SAISINE : LE RÉQUISITOIRE INTRODUCTIF

51.21 Textes. En matière militaire, la loi a fixé la forme de l'ordre de poursuite : « L'ordre de poursuite doit mentionner les faits sur lesquels porteront les poursuites, les qualifier et indiquer les textes de loi applicables » (C. just. mil., armée de terre, art. 185). La forme du réquisitoire introductif est

1. Crim. 21 mai 1979, n° 78-92.205, *Bull. crim.*, n° 178 – Crim. 28 juin 1991, n° 91-82.191, *Bull. crim.*, n° 287.
2. Crim. 29 janv. 1985, n° 84-95.197, *JCP* 1985, IV, 136.
3. Crim. 12 mai 1992, n° 92-81.080, *Bull. crim.*, n° 186.
4. Crim. 18 juill. 1967, *Bull. crim.*, n° 222.
5. Crim. 5 déc. 1996, n° 95-85.008, *Bull. crim.*, n° 450; *Gaz. Pal.* 1997, 1, 19.
6. Crim. 24 oct. 2001, *BICC* 548, n° 13.
7. Crim. 12 mai 2004, n° 03-82.340, *Bull. crim.*, n° 118; *Gaz. Pal.* 27 janv. 2005, somm. p. 6.
8. L. n° 2005-157, 23 févr. 2005, *JO* 24 févr., n° 46, p. 3073.
9. Crim. 6 nov. 1978, n° 78-90.180, *Bull. crim.*, n° 301.
10. Crim. 31 janv. 1983, n° 82-90.516, *Bull. crim.*, n° 40.
11. CA Douai, 6 déc. 1983, *JCP* 1984, II, 20300, note P. Chambon.

également fixée en matière de presse : « Si le ministère public requiert une information, il sera tenu, dans son réquisitoire, d'articuler et de qualifier les provocations, outrages, diffamations et injures à raison desquels la poursuite est intentée, avec indication des textes dont l'application est demandée, à peine de nullité du réquisitoire » (L. 29 juill. 1881, art. 50). L'irrégularité du réquisitoire en matière de presse entraîne la nullité absolue de la poursuite[1]; mais il suffit, pour sa validité, qu'il fasse exactement connaître au prévenu les faits qui lui sont reprochés et les infractions qu'ils constituent, et le mettre ainsi en mesure de préparer utilement sa défense[2]; il fixe irrévocablement l'étendue et la nature de la poursuite[3]. Si une plainte incomplète ou irrégulière peut être validée par le réquisitoire introductif c'est à la double condition qu'il soit lui-même conforme aux prescriptions de l'article 50 de la loi sur la liberté de la presse et qu'il soit intervenu dans le délai de la prescription que la plainte entachée de nullité n'a pas interrompu[4].

En décidant que la plainte qui vise de manière cumulative les articles 31 et 32 de la loi du 29 juillet 1881 sur la presse, laisse incertaine la base de la poursuite et n'a pas engagé l'action publique, la chambre de l'instruction a justifié sa décision, dès lors que le réquisitoire de refus d'informer pris par le ministère public n'a pas pu réparer les insuffisances de la plainte[5].

Mais en droit commun, ni le Code d'instruction criminelle, ni le Code de procédure pénale n'ont déterminé les formes du réquisitoire introductif. Selon la doctrine traditionnelle, le réquisitoire introductif régulier et complet doit être écrit, daté et signé du procureur de la République, et énoncer les faits, objet de la poursuite[6].

Dans la pratique, le procureur de la République indique, s'il est connu, le nom du prévenu, et qualifie le fait poursuivi, mais ne précise pas les circonstances permettant d'identifier ce fait. Il est vrai qu'il complète son réquisitoire par l'adjonction des pièces et procès-verbaux base de la poursuite, qu'il vise par cette mention : « Vu les pièces jointes. »

51.22 La jurisprudence a suppléé aux lacunes de la loi. La Cour de cassation exige précisément que les pièces et procès-verbaux qui servent de base à la poursuite soient joints au réquisitoire introductif, mais elle admet que la seule mention de la jonction des pièces est régulière et équivaut à leur analyse, sans que celles-ci soient autrement désignées et individualisées[7]. La formule répétée par la chambre criminelle est la suivante : le visa dans le réquisitoire introductif des pièces qui y sont jointes équivaut à une analyse de ces pièces, lesquelles déterminent, par les indications qu'elles contiennent, l'objet exact et l'étendue de la saisine du juge d'instruction, la chambre de l'instruction procédant souverainement à cette analyse[8]. Le réquisitoire introductif demeure valable, si parmi les documents qui y sont annexés ou visés, certains sont reconnus irréguliers et sont annulés par le juge d'instruction, si du moins le procureur de la République a pu formuler ses réquisitions abstraction faite de ces documents[9]. Le procureur de la République tient des articles 40, 41 et 80 du Code de procédure pénale le droit de requérir l'ouverture d'une information au vu de tous renseignements dont il est destinataire, et le réquisitoire introductif ne peut être annulé que s'il ne satisfait pas en la forme aux exigences légales[10].

Mais une instruction n'est pas régulièrement ouverte et poursuivie lorsque les procès-verbaux d'audition et de perquisition sur lesquels reposait la poursuite n'ont pas été joints au réquisitoire intro-

1. Crim. 26 juill. 1955, *D.* 1956, somm. 55 – Crim. 26 juill. 1957; *D.* 1958, somm. 48 – Crim. 22 déc. 1969, *Bull. crim.*, n° 356.
2. Crim. 24 oct. 1962, *Bull. crim.*, n° 289 – Crim. 29 avr. 1969, *Bull. crim.*, n° 148.
3. Crim. 3 janv. 1970, n° 68-93.125, *Bull. crim.*, n° 8 – Crim. 13 nov. 1978, n° 76-91.071, *Bull. crim.*, n° 313 – Crim. 6 nov. 1984, n° 83-90.249, *Bull. crim.*, n° 338 – Crim. 24 nov. 1992, n° 90-87.777, *Bull. crim.*, n° 386.
4. Crim. 30 sept. 2003, n° 02-86.712, *Bull. crim.*, n° 174; *JCP* 2004, I, 147, note E. Dreyer – Crim. 20 janv. 2004, n° 03-80.608, *Bull. crim.*, n° 14; *BICC* 595, n° 503.
5. Crim. 17 juin 2008, n° 07-88.283, *Bull. crim.*, n° 154; *D.* 2008, AJ 2081, obs. S. Lavric – V. aussi pour un cas de rejet, Crim. 2 sept. 2008, n° 07-84.095, *Bull. crim.*, n° 173; *Dr. pén.* 2008, n° 152, comm. M. Véron.
6. Le Poittevin, art. 61, n°s 14 et 16 – Vidal et Magnol, II, n° 814-3.
7. Crim. 12 juill. 1895, *Bull. crim.*, n° 202 – Crim. 26 févr. 1957, *Bull. crim.*, n° 195 – Crim. 4 mai 1957, *Bull. crim.*, n° 367 – Crim. 29 mai 1957, *Bull. crim.*, n° 459 – Crim. 11 juill. 1972, n° 72-90.719, *Bull. crim.*, n° 235 – Crim. 29 sept. 1992, n° 92-83.464, *Bull. crim.*, n° 288 – Crim. 4 janv. 1995, n° 93-85.135, n° 93-85.141, n° 93-85.143, n° 94-84.899, *Bull. crim.*, n° 1.
8. Dernièrement, Crim. 8 juin 2005, n° 05-82.012, *Bull. crim.*, n° 173; *JCP* 2005, IV, 2690; *Gaz. Pal.* 13-14 janv. 2005, somm. p. 18, note Y. Monnet.
9. Crim. 25 mai 1927, *Bull. crim.*, n° 131 – Crim. 4 oct. 1994, n° 94-83.490, *Bull. crim.*, n° 313.
10. Crim. 27 juin 1991, n° 91-82.706, *Bull. crim.*, n° 285; *D.* 1991, jur. 587, note Mayer; *Gaz. Pal.* 1991, 2, 545 (v. les attendus s^s^ n° 51.02) – Crim. 2 juin 1992, n° 91-85.097, *Bull. crim.*, n° 216; *Gaz. Pal.* 1992, 2, somm. 478 – Crim. 29 sept. 1992, n° 92-83.464, *Bull. crim.*, n° 288; *D.* 1993. somm. 207, obs. J. Pradel – Crim. 6 avr. 1993, n° 92-82.707, *Bull. crim.*, n° 146 – Crim. 23 mars 1999, n° 98-86.263, *Bull. crim.*, n° 51; *Gaz. Pal.* 9-10 juill. 1999, p. 14 – Crim. 5 juin 2002, n° 01-87.656, *Bull. crim.*, n° 129; *D.* 2002, IR 2658, note J. Pradel; *D.* 2003, somm. 35; *Procédures* 2002, n° 214, comm. J. Buisson; *RSC* 2002, 840, note D. Commaret (v. les attendus s^s^ n° 51.02).

ductif, n'ont pas figuré au dossier dès l'origine et n'y sont pas demeurés en original ou en copie certifiée; un simple rapport résumant ces pièces est insuffisant. Une information ouverte dans ces conditions est atteinte de nullité absolue, y compris le réquisitoire introductif[1], à moins qu'il n'y ait aucune ambiguïté sur la saisine du juge d'instruction[2]. Un seul message « télex » joint au réquisitoire introductif peut être ultérieurement complété, avant l'interrogatoire, par les procès-verbaux d'enquête[3]. La chambre d'accusation apprécie souverainement la validité des pièces jointes au réquisitoire[4]. Lorsqu'une cour d'appel annule une information en son entier, y compris le réquisitoire introductif, au motif, par exemple, que le fait poursuivi n'était pas visé dans ce réquisitoire, elle ne peut évoquer et statuer au fond, car elle n'est pas légalement saisie de la poursuite[5].

51.23 La signature du réquisitoire introductif par le procureur de la République est une condition essentielle à sa validité. Le réquisitoire qui ne porte pas cette signature ne saisit pas le juge d'instruction, lequel, n'ayant pu se saisir lui-même, n'a pu dès lors instruire. La nullité de cet acte substantiel, qui résulte de cette omission, entraîne celle de tous les actes qui ont suivi[6]. Le défaut de signature ne peut être suppléé par l'empreinte d'un timbre humide portant le nom du substitut[7]. La signature du procureur de la République est régulière, quoique illisible : elle constitue, en effet, un signe qui identifie son auteur[8].

51.24 La date du réquisitoire introductif est également substantielle. Son omission entraîne la nullité de toute la procédure qui a suivi, qui doit être relevée d'office par la chambre d'accusation[9]. La mention de la date, attestée par la signature, fait foi jusqu'à inscription de faux[10]. L'erreur purement matérielle sur la date peut être corrigée[11].

51.25 L'usage des formules imprimées à l'avance dans le réquisitoire introductif n'est interdit par aucun texte de loi. La signature du procureur de la République confère l'authenticité à toutes les énonciations du réquisitoire, imprimées et manuscrites, notamment à celles qui concernent l'indication de la nature du délit[12].

Si le réquisitoire introductif est nécessaire à la validité de l'information, sa disparition momentanée ou définitive, ne justifie pas l'annulation de la procédure, quand son existence et sa teneur peuvent être établis par les mentions d'autres pièces[13].

51.26 La nullité du réquisitoire introductif demeure sans influence sur la validité de l'information, si par ailleurs il existe un autre mode régulier de saisine du juge d'instruction, par exemple, sous le régime du Code d'instruction criminelle, la flagrance du crime[14], ou bien, en matière de presse, une plainte avec constitution de partie civile qui contient toutes les énonciations exigées par l'article 50 de la loi de 1881[15].

51.27 La prescription est interrompue par le réquisitoire introductif à l'égard de tous les faits qui se rattachent aux agissements délictueux, et à l'égard de toutes les infractions, même non visées dans la plainte[16].

SECTION 3
FORMES DE LA SAISINE : DÉSIGNATION DES PERSONNES POURSUIVIES

51.31 Procédure de jugement. « L'action publique est dirigée contre un individu, pénalement responsable de l'infraction. Cette action n'est pas, en effet, une action objective, destinée à faire disparaître un état de choses ou à modifier une situation, c'est une action subjective, dirigée contre un individu qui doit être condamné à une peine, parce qu'il est l'auteur, le coauteur ou le complice d'une infraction.[17] »

Il en résulte que l'action publique ne peut être dirigée que contre un individu certain et déterminé. La saisine des juridictions de jugement obéit rigou-

1. Crim. 6 juill. 1955, *JCP* 1955, II, 8912, note P. Chambon – V. aussi Crim. 13 mars 1969, *Bull. crim.*, n° 121.
2. Crim. 2 juin 1992, n° 91-85.097, *Bull. crim.*, n° 216; *Gaz. Pal.* 1992, 2, 478.
3. Crim. 1er sept. 1987, n° 85-92.518, n° 87-83.370, *Bull. crim.*, n° 308.
4. Crim. 27 juin 1991, n° 91-82.706, *Bull. crim.*, n° 285; *D.* 1991, jur. 587, note D. Mayer – Crim. 28 juin 1991, n° 91-82.191, *Bull. crim.*, n° 287.
5. Crim. 6 janv. 1954, *Bull. crim.*, n° 5.
6. Crim. 4 déc. 1952, *JCP* 1953, II, 7625, note P. Chambon.
7. Crim. 17 févr. 1987, n° 86-96.298, *Bull. crim.*, n° 77.
8. Crim. 11 juill. 1973, n° 73-91.530, *Bull. crim.*, n° 326 – Crim. 3 juill. 1990, *Bull. crim.*, n° 275.
9. Crim. 23 avr. 1971, n° 70-92.577, *Bull. crim.*, n° 115.
10. Crim. 11 avr. 1995, n° 93-81.253, *Bull. crim.*, n° 154.
11. Crim. 13 mars 1995, n° 93-84.299, *Bull. crim.*, n° 100.
12. Crim. 12 févr. 1927, *DH* 1927, p. 209.
13. Crim. 20 oct. 1986, n° 85-91.746, *Bull. crim.*, n° 295 – Crim. 15 nov. 1993, n° 93-83.322, *Bull. crim.*, n° 338.
14. Crim. 29 déc. 1910, *Bull. crim.*, n° 672.
15. Crim. 5 juin 1937, *Bull. crim.*, n° 120 – Crim. 16 nov. 1950, *Bull. crim.*, n° 254 – Crim. 3 juin 1975, n° 73-93.645, *Bull. crim.*, n° 142 – Crim. 27 janv. 1976, n° 74-92.030, *Bull. crim.*, n° 32 – Crim. 29 nov. 1988, n° 88-82.679, *Bull. crim.*, n° 402.
16. Crim. 25 nov. 1969, *Bull. crim.*, n° 314 – Crim. 22 oct. 1970, n° 69-92.616, *Bull. crim.*, n° 279.
17. GARRAUD, I, n° 101.

reusement à ce principe, elle a toujours lieu *in personam*[1]. La citation ou l'ordonnance de renvoi doit toujours désigner le prévenu. Ainsi, l'ordonnance du juge d'instruction qui renvoie un inculpé resté inconnu et sans le désigner de manière à ne laisser subsister aucun doute sur son identité, devant le tribunal correctionnel, est entachée de nullité[2]. Il avait été jugé que le réquisitoire nominatif donne la qualité d'inculpé à la personne couverte par l'immunité parlementaire; c'est ce réquisitoire qui marque la date des poursuites, et non l'interrogatoire de première comparution[3].

51.32 L'information contre X. Toutefois, au stade de l'instruction, l'action publique a un caractère avant tout objectif. Elle vise à la répression d'un délit, et elle est dirigée contre l'auteur de ce délit seulement quand il est connu; quand il n'est pas connu, l'action publique tend à sa découverte. Aussi a-t-il toujours été admis que l'instruction peut être ouverte soit contre une personne dénommée, soit contre inconnu[4]. Cette règle était sous-entendue dans le Code d'instruction criminelle, elle est aujourd'hui écrite dans l'alinéa 2 des articles 80 et 86 du Code de procédure pénale : « Le réquisitoire peut être pris contre personne dénommée ou non dénommée. » On dit dans ce dernier cas que l'information est ouverte contre X. Selon l'article 113-1 du Code de procédure pénale, le juge d'instruction qui n'entend pas mettre en examen une personne nommément désignée dans le réquisitoire introductif ne peut l'entendre que comme témoin assisté.

Il est fait dans la pratique un grand usage des informations contre X. Très souvent, en effet, l'instruction a pour but de rechercher et découvrir le ou les auteurs d'une infraction déterminée, jusque-là demeurés inconnus, par exemple l'auteur d'un crime ou l'auteur d'un homicide involontaire ou d'une agression nocturne, qui a pris la fuite.

Fréquemment, l'information contre X est détournée de sa véritable signification. L'auteur du fait poursuivi est connu, mais les charges actuellement acquises contre lui ne permettent pas encore de le poursuivre. Dans ce cas, l'information ouverte contre X peut avoir aussi pour but de déterminer si le fait poursuivi est une infraction pénale, et si l'auteur de ce fait en est pénalement responsable. L'inconnue n'est pas l'identité de l'auteur, mais l'importance et la gravité des charges qui pèsent sur lui. Par exemple, un enfant est renversé sur la route par un automobiliste identifié, mais l'on ne sait pas, au moment où l'information contre X est ouverte, s'il existe à la charge de l'automobiliste une faute qui permette de le mettre en examen du délit de blessures involontaires. C'est cette catégorie d'informations contre inconnu que vise l'article 86 du Code de procédure pénale, qui parle de plainte insuffisamment motivée ou justifiée (v. s[s] n°s 62.31 et 62.32). Le réquisitoire introductif ne peut être annulé au motif qu'il n'aurait pas nommément visé une personne mise en cause par l'enquête, dès lors que, quelles que soient les indications portées sur cet acte, les personnes à l'encontre desquelles il existe des indices graves et concordants d'avoir participé aux faits dont le juge d'instruction est saisi ne peuvent être entendues comme témoins conformément à l'article 105 du Code de procédure pénale[5].

SECTION 4

CARACTÈRES DE LA SAISINE : PRINCIPE DE LA SAISINE *IN REM*

51.41 La saisine du juge d'instruction est essentiellement objective. On a coutume de dire que cette saisine a lieu *in rem* et non *in personam*. Par le réquisitoire introductif ou la plainte avec constitution de partie civile, le juge d'instruction est avant tout saisi d'un fait. « Il n'est pas précisément saisi de la poursuite intentée contre tel individu, mais de la poursuite intentée à l'occasion de tel fait[6] ». Le juge d'instruction n'est pas saisi de l'infraction fiscale non visée par le réquisitoire introductif, dénoncée par la partie civile, alors que l'administration n'a pas porté plainte[7].

Le juge d'instruction, saisi d'un fait, a qualité pour instruire sur toutes les circonstances qui modifient ou aggravent le caractère pénal de ce fait[8]. Le juge d'instruction est saisi de tous les faits indiqués au réquisitoire : il ne peut, sous couleur de disqualification, refuser, même implicitement, d'informer sur un de ces faits[9]. Mais il n'est saisi que de ces faits[10]. Il n'est pas non plus saisi des faits connexes. « Les faits connexes étant distincts,

1. Garraud, I, n° 101.
2. Crim. 7 janv. 1825, *Bull. crim.*, n° 2 – Crim. 10 juill. 1890, *Bull. crim.*, n° 151 – Crim. 2 déc. 1954, *Bull. crim.*, n° 369; *JCP* 1955, II, 8480, note P. Chambon.
3. Crim. 11 avr. 1973, n° 73-90.334, *Bull. crim.*, n° 190.
4. Garraud, I, n° 102.
5. Crim. 27 févr. 2001, n° 00-86.747, *Bull. crim.*, n° 50 (v. les attendus s[s] n° 51.02).
6. Garraud, II, n° 538 – Dans le même sens : Hélie F., IV, n° 1613 – Vidal et Magnol, II, n° 814-6.
7. Crim. 28 mai 1973, n° 72-93.749, *Bull. crim.*, n° 241.
8. Garraud, III, n° 775 – Donnedieu de Vabres, n° 1280 – Crim. 11 déc. 1908, *S.* 1909, I, 228 – Crim. 4 janv. 1934, *Gaz. Pal.*, 1934, 1, 426.
9. Crim. 18 janv. 1983, n° 80-93.631, *Bull. crim.*, n° 22; *D.* 1984, jur. 4, note P. Chambon.
10. CA Rouen, ch. acc., 15 juin 1982, *D.* 1983, jur. 145, note P. Chambon.

malgré leur connexité, doivent être appréciés comme nouveaux[1] ».

Lorsque le juge d'instruction est saisi d'un délit de vol déterminé commis par un inculpé nommément désigné, il ne saurait instruire sur un délit d'abus de confiance commis par le même inculpé, ni sur le délit de recel, qui est différent[2].

51.42 Saisine *in personam*. Il a toujours été admis, en doctrine et en jurisprudence, que le juge d'instruction, saisi d'un fait, peut comprendre dans les poursuites tous les auteurs et complices de ce fait, même s'ils n'ont pas tous été désignés dans le réquisitoire introductif, sans solliciter et sans attendre des réquisitions nouvelles : la désignation par le ministère public des coupables présumés n'est pas limitative[3]. Cette règle est désormais écrite dans l'article 80-1 alinéa 1 du Code de procédure pénale, rédaction de la loi du 15 juin 2000 : « Le juge ne peut mettre en examen que les personnes à l'encontre desquelles il existe des indices graves ou concordants rendant vraisemblable qu'elles aient pu participer, comme auteur ou comme complice, à la commission des infractions dont il est saisi. »

Il ne saurait être fait échec à ce principe lorsque, en application des articles L. 228 et suivants du Livre des procédures fiscales, l'exercice de la poursuite initiale est subordonné à une plainte préalable de l'Administration après avis de la commission des infractions fiscales[4].

51.43 Les juridictions d'instruction ont le devoir d'instruire[5]. Elles doivent en conséquence statuer par une ordonnance de règlement sur tous les faits dont elles ont été saisies[6]. En dehors des cas dans lesquels le juge est saisi d'une plainte avec constitution de partie civile, il ne peut refuser d'instruire. Il ne peut donc lorsqu'il est saisi par un réquisitoire introductif, refuser d'informer. C'est ce qu'expose l'arrêt du 31 mars 1987[7]. Un juge d'instruction avait été saisi d'un réquisitoire supplétif « faits nouveaux » par le ministère public en dehors du cadre défini par l'article 80 du Code de procédure pénale, c'est-à-dire alors même que ce n'est pas le magistrat instructeur qui était à l'origine des faits nouveaux. Fort de cet élément le juge rendait une ordonnance de refus d'informer sur les faits visés par le réquisitoire supplétif et la chambre d'accusation confirmait cette ordonnance. Dans son unique attendu la chambre criminelle pose ou rappelle certains principes :

– le réquisitoire supplétif peut consister en une enquête de police qui ne vient pas par le canal du juge d'instruction; il appartient en fait au ministère public saisi d'autres faits d'apprécier si ceux-ci peuvent être connexes à une précédente saisine et de les y joindre, le cas échéant. Ce principe ne découlait pas d'évidence des articles 80 et 82, le réquisitoire supplétif « fait nouveau » n'étant prévu par aucun texte;

– le juge ne peut rendre une ordonnance de refus d'informer que lorsqu'il est saisi d'une plainte avec constitution de partie civile. En statuant en dehors de ce cadre, le juge a, selon la Cour statué « sur la validité du réquisitoire supplétif du procureur de la République, ce que l'article 171 du Code de procédure pénale n'autorise pas le juge d'instruction à faire ». La référence à l'article 171 de l'époque qui prévoyait que c'est la chambre d'accusation qui se prononçait sur les requêtes en nullité semble montrer la voie qu'aurait pu emprunter le magistrat instructeur. Il n'aurait pas dû rendre une ordonnance de refus d'informer mais saisir la chambre d'accusation d'une requête en nullité. Cette solution demeure valable aujourd'hui. Mais on sait aussi que l'information est valablement ouverte dès lors que le réquisitoire introductif satisfait en la forme aux exigences légales. Seul un défaut formel pourrait donc conduire le juge à envisager une requête en nullité pour un réquisitoire introductif ou supplétif dont il aurait été saisi.

51.44 Une limitation supplémentaire : la loi sur la presse. Selon la Cour de cassation, en application des articles 35 et 55 de la loi du 29 juillet 1881, la vérité du fait diffamatoire ne constitue un fait justificatif de la diffamation que dans la mesure où la preuve en est administrée par le prévenu en conformité des dispositions qu'ils édictent.

Cette preuve ne pouvant résulter que du débat contradictoire auquel il est procédé devant les juges du fond, il n'appartient pas aux juridictions d'instruction de la rechercher, ni de la recevoir, à peine d'excès de pouvoir[8]. C'est là une limite supplémentaire et exceptionnelle à la saisine du juge d'instruction.

1. Hélie F., IV, n° 1622.
2. Crim. 9 avr. 1986, *Bull. crim.*, n° 122.
3. Hélie F., IV, n° 1621 – Vidal et Magnol, II, n° 814-6 – Crim. 24 juin 1922, *S.* 1923, I, 44; *Bull. crim.*, n° 227 – Crim. 25 févr. 1942, *DA* 1942, 1, p. 84; *Gaz. Pal.*, 1942, 1, 182.
4. Crim. 31 janv. 1983, n° 82-90.516, *Bull. crim.*, n° 40 – Crim. 30 oct. 1989, n° 88-80.490, *Bull. crim.*, n° 386.
5. Crim. 7 déc. 1976, n° 76-90.634, *Bull. crim.*, n° 350; *D.* 1977, IR 26 – Crim. 24 mars 1977, n° 76-91.442, *Bull. crim.*, n° 112 – Crim. 26 juin 1979, n° 78-93.470, *Bull. crim.*, n° 226.
6. Crim. 24 mars 1977, n° 76-91.442, *Bull. crim.*, n° 112.
7. Crim. 31 mars 1987, n° 86-90.769, *Bull. crim.*, n° 149 (v. les attendus s[s] n° 51.02).
8. Crim. 26 mai 1992, n° 91-84.187, *Bull. crim.*, n° 212 (v. les attendus s[s] n° 51.02).

SECTION 5
CARACTÈRES DE LA SAISINE : LE TRIPLE PRINCIPE

51.51 La saisine du juge d'instruction peut se décliner sous la forme de trois principes qui se cumulent. Le premier consistera à affirmer que le magistrat instructeur n'est saisi que des faits contenus dans les pièces jointes au réquisitoire introductif. Mais il ne sera saisi de ceux-ci que s'ils sont dans leur totalité repris dans le réquisitoire du ministère public. Enfin, le juge ne saurait être saisi que des faits antérieurs au réquisitoire introductif.

51.52 Le juge d'instruction est saisi des faits contenus dans les pièces jointes au réquisitoire introductif. Cette proposition comporte une conséquence essentiellement négative : le juge ne saurait être saisi de faits qui ne figurent pas, sous quelque forme que ce soit, dans la procédure. La conséquence positive est que le ministère public ne peut qualifier que des faits qui figurent dans les pièces jointes, et le juge ne sera saisi que de ceux-là.

51.53 Le juge d'instruction est saisi des faits qui lui sont déférés par le parquet. Le ministère public peut parfaitement restreindre la saisine du juge d'instruction à certaines des infractions qui figurent dans les pièces jointes à son réquisitoire introductif. C'est pourquoi il est insuffisant de prétendre que le juge est saisi des faits figurant dans les pièces jointes. Encore faut-il que le ministère public ait entendu l'en saisir. Et c'est bien souvent là l'une des difficultés les plus notables de l'instruction. Car le principal moyen dont dispose le parquet pour faire connaître son choix est celui de la qualification. Or, il arrive souvent que celle-ci ne soit pas univoque.

Si les pièces jointes font état d'un vol et d'un meurtre et que l'information est ouverte du chef de meurtre, il est aisé de comprendre que le parquet n'a pas entendu poursuivre les faits de vol. Mais si l'enquête révèle divers attouchements de nature sexuelle et que le réquisitoire est au singulier, il n'est pas évident de savoir quel fait particulier a été visé. Et la situation peut être encore plus compliquée à cause des difficultés de qualification (v. s^s n°s 51.91 à 51.95). Même si un vol ou un recel de bijoux apparaît dans les plaintes initiales, si le parquet s'est contenté d'ouvrir l'information du chef de port et détention d'armes prohibées, la poursuite ne s'étend pas au vol ou au recel[1]. La cour détermine ainsi les faits dont est saisi le juge : « L'étendue de sa saisine est déterminée, tout d'abord, par les énonciations expresses du réquisitoire introductif ou supplétif, et, à défaut, par le rapprochement entre les mentions de cet acte et le contenu des pièces qui y sont jointes et auxquelles il est fait référence. » L'étendue de la saisine du juge est ainsi déterminée par le rapprochement entre les qualifications mentionnées dans le réquisitoire avec les pièces jointes au réquisitoire introductif. Rien n'interdit évidemment au parquet d'être le plus précis possible en spécifiant au mieux les faits poursuivis, voire en faisant état expressément de ceux qui ne le sont pas. Justifie sa décision la chambre de l'instruction qui, dans une information ouverte contre personne non dénommée pour tentative d'extorsion de fonds déclare irrégulière une commission rogatoire prescrivant des investigations totalement étrangères à l'instruction de ce délit[2].

51.54 Spécificité de la saisine sur constitution de partie civile. Saisi d'une plainte avec constitution de partie civile initiale, le juge a l'obligation d'informer sur tous les faits dénoncés par la partie civile, même s'ils ne sont pas visés par le réquisitoire, dès lors que la constitution de partie civile n'a pas été déclarée irrecevable[3] (v. s^s n°s 62.21 à 62.23).

51.55 Le juge d'instruction est saisi de faits antérieurs au réquisitoire introductif. Le juge n'est pas compétent à l'égard des faits commis après la date du réquisitoire introductif; il lui appartient de communiquer son dossier aux fins de réquisitions supplétives[4].

Lorsque le juge d'instruction est saisi de plusieurs vols déterminés par les pièces jointes au réquisitoire, commis par un ou plusieurs individus, il ne saurait instruire sur tous les vols commis par ces derniers qui auraient été découverts au cours de l'information. C'est ainsi qu'échappent à la compétence de la chambre de l'instruction les faits postérieurs au réquisitoire introductif dont le juge d'instruction n'était pas saisi; le caractère continu de l'infraction, par exemple l'usure[5] ou de l'exercice illégal de la médecine[6] ne saurait faire échec à cette règle. La chambre d'accusation n'a pas le pouvoir de renvoyer sous une inculpation nouvelle, sans ordonner des poursuites en application de l'article 202 du Code de procédure pénale[7].

1. CA Colmar, 10 mai 1989, *Gaz. Pal.* 1991, 1, 60, note J. Volff (v. les attendus s^s n° 51.02).
2. Crim. 28 sept. 2005, n° 05-84.495, *Bull. crim.*, n° 246, sur les spécificités de l'espèce v. les attendus s^s n° 51.02.
3. Crim. 8 déc. 1992, n° 92-83.854, *Bull. crim.*, n° 409; *Gaz. Pal.* 1993, 1, somm. 234.
4. Crim. 12 févr. 1969, *Bull. crim.*, n° 69; *RSC* 1969, 888, obs. J. Robert – Crim. 3 janv. 1970, n° 68-93.382, *Bull. crim.*, n° 6 – Crim. 15 mai 1979, n° 78-92.189, *Bull. crim.*, n° 173 – Crim. 29 oct. 1985, n° 85-92.659, *Bull. crim.*, n° 332 – Crim. 9 avr. 1986, n° 86-90.433, *Bull. crim.*, n° 122.
5. Crim. 3 janv. 1970, n° 68-93.382, *Bull. crim.*, n° 6.
6. Crim. 23 nov. 1967, *Bull. crim.*, n° 303 – V. aussi, Crim. 15 mai 1979, n° 78-92.189, *Bull. crim.*, n° 173.
7. Crim. 4 janv. 1977, n° 76-91.991, *Bull. crim.*, n° 5; *D.* 1977, IR 86.

51.56 Il n'existe pas d'exception à ce principe. L'arrêt de la chambre criminelle du 11 juillet 1972 admet que le réquisitoire introductif établi contre X pour infractions à la législation sur les stupéfiants, et qui se réfère à des pièces jointes signalant l'existence d'un trafic international, saisit le juge d'instruction de l'ensemble de ces faits et met ainsi en mouvement l'action publique contre tous ceux qui, à quelque titre que ce soit, ont participé à ce trafic [1].

L'incidence de cet arrêt concerne la précision avec laquelle les faits antérieurs au réquisitoire introductif apparaissent dans les procès-verbaux initiaux. Il n'est pas nécessaire que tous les actes de vente soient connus : l'ensemble du trafic est concerné, mais seulement des faits antérieurs au réquisitoire. C'est pourquoi il est nécessaire d'obtenir, avant la mise en examen, un réquisitoire supplétif « couvrant » les actes postérieurs à celui-ci. C'est d'ailleurs une des spécificités de l'instruction en matière de trafic de stupéfiants que les investigations portent le plus souvent sur des actes présents alors que la saisine ne peut concerner que des faits passés. On peut d'ailleurs s'interroger sur le moment où doit intervenir ce réquisitoire supplétif. Doit-il précéder le placement en garde à vue si celui-ci doit porter sur des faits antérieurs et postérieurs au réquisitoire introductif. Il ne le semble pas sans que la jurisprudence ne nous renseigne sur ce point précis (sur les problèmes de saisine et de perquisition v. s^s^ n° 181.76). Pour écarter le moyen de nullité de ce que les officiers de police judiciaire auraient accompli des actes en dehors de la saisine du juge d'instruction portant à l'origine sur un trafic indéterminé de stupéfiants, la chambre d'accusation retient à bon droit que, les surveillances et écoutes téléphoniques prescrites sur commission rogatoire ayant laissé supposer que ce trafic était le fait d'une bande organisée constituée en vue d'exporter de la cocaïne d'Amérique du Sud vers l'Europe, le juge d'instruction a immédiatement transmis ces informations au procureur de la République qui a délivré un réquisitoire supplétif du chef d'organisation d'un groupement ayant pour objet l'importation de stupéfiants. Un second réquisitoire supplétif, du même chef, a été pris ensuite, après que les surveillances eurent fait apparaître l'imminence d'une importation de cocaïne [2].

51.57 Des faits antérieurs au réquisitoire introductif, s'inscrivant dans la même opération globale, mais connus postérieurement. Il convient de faire une différence entre des faits qui seraient postérieurs au réquisitoire introductif et des faits qui lui seraient antérieurs mais connus postérieurement. Dans ce cas, il a été admis que même si tous les faits n'apparaissaient pas encore clairement dans les pièces initiales, le juge en était saisi dès lors qu'ils s'inscrivaient dans l'opération initiale objet de la saisine.

Ce sera le cas dans l'hypothèse de trafic de stupéfiants où il n'est pas nécessaire que tous les actes de vente soient déterminés dans les pièces jointes, mais c'est aussi souvent le cas en matière économique et financière : une information ouverte du chef d'abus de biens sociaux sur dénonciation d'un commissaire aux comptes donne au juge d'instruction compétence pour instruire sur l'ensemble des faits délictueux tenant à l'opération visée [3]. Dans une information suivie pour abus de biens sociaux, après dénonciation de l'irrégularité d'une opération passée au nom d'une société avec un tiers, le juge d'instruction se trouve saisi de l'ensemble des conséquences financières de ladite opération. Il est dès lors, en droit d'instruire sur tous les faits objet de cette opération, alors même que le réquisitoire ne viserait que partie d'entre eux [4]. De même, dans une information suivie pour favoritisme après dénonciation de l'irrégularité d'un marché, le juge d'instruction se trouve saisi de l'ensemble des actes irréguliers, notamment des avenants, antérieurs à sa saisine et se rattachant par un lien d'indivisibilité à ce marché. Il est, dès lors, en droit d'instruire sur tous ces actes alors même que le réquisitoire introductif ne viserait que partie d'entre eux [5]. Dans une procédure suivie pour diffusion d'informations fausses ou trompeuses contre les dirigeants d'une société dont les titres sont négociés sur un marché réglementé, délit prévu et réprimé par l'article L. 465-1 du Code monétaire et financier, le juge d'instruction se trouve saisi de l'ensemble des informations diffusées par la société, notamment celles portant sur les situations semestrielles de celle-ci [6].

SECTION 6

CARACTÈRES DE LA SAISINE : LE JUGE EST SAISI DES FAITS ET DES CIRCONSTANCES DES FAITS

51.61 En dehors des faits eux-mêmes, le juge est saisi des circonstances des faits. Il s'agit le plus

1. Crim. 11 juill. 1972, n° 72-90.719, *Bull. crim.*, n° 235 (v. les attendus s^s^ n° 51.02).
2. Crim. 14 juin 2000, n° 00-81.386, *Bull. crim.*, n° 224; *JCP* 2001, IV p. 1705.
3. Crim. 17 nov. 1986, n° 85-93.444, *Bull. crim.*, n° 342.
4. Crim. 1er déc. 1998, n° 98-83.566, *Bull. crim.*, n° 323.
5. Crim. 20 sept. 2000, n° 00-84.328, *Bull. crim.*, n° 275.
6. Crim. 30 janv. 2002, n° 01-86.910, *Bull. crim.*, n° 15; *BICC* n° 321.

souvent des circonstances aggravantes[1]. Les circonstances dans lesquelles les faits ont été commis ne constituent pas en elles-mêmes des faits nouveaux[2].

La chambre criminelle affirme que « s'il est interdit aux juges de statuer sur des faits autres que ceux qui leur sont déférés, il leur appartient de retenir tous ceux qui, bien que non expressément visés dans le titre de la poursuite, ne constituent que des circonstances du fait principal, se rattachant à lui et propres à le caractériser »[3]. Le juge d'instruction est donc saisi de plein droit de toutes les circonstances aggravantes connues ou inconnues au moment de l'ouverture de l'information. Ainsi, le juge d'instruction qui modifie la prévention d'homicide volontaire en assassinat n'est pas tenu de communiquer la procédure au parquet pour pouvoir retenir les circonstances aggravantes de préméditation ou de guet-apens[4]. Le juge d'instruction est également saisi d'une aggravation des conséquences qui ont suivi le fait générateur : lorsqu'au cours d'une procédure suivie contre une personne prévenue d'une contravention de blessures involontaires ayant entraîné une incapacité totale de travail inférieure à trois mois, les débats révèlent que cette incapacité a été supérieure à cette durée, les juges ont le devoir de requalifier les faits sous leur plus haute acception pénale dès lors que le prévenu a pu s'expliquer sur la faute qui lui était reprochée ainsi que sur ses conséquences telles qu'elles résultaient des débats[5]. La Cour distingue les conséquences de la faute de la faute elle-même : « Attendu que, contrairement à ce qui est allégué, la juridiction du second degré n'a introduit aucun fait nouveau distinct de celui sur lequel reposait la poursuite; que si la prévention a reçu une modification, celle-ci n'en a pas altéré la substance »[6].

51.62 Cas des victimes nouvelles. Il convient d'aborder le problème des victimes nouvelles comme celui des faits antérieurs au réquisitoire introductif, mais compris dans une « opération globale » (v. s[s] n°s 51.56 à 51.57). Dès lors qu'on se trouve en présence d'un fait générateur qui a entraîné un certain nombre de dommages dont certains sont encore inconnus, le juge est alors saisi pour ces victimes nouvellement découvertes. Si, en revanche, on est présence de faits distincts, même répétés, le juge d'instruction n'est pas saisi lors de l'apparition de nouvelles victimes.

51.63 Les faits connexes ne sont pas des circonstances du fait principal. La jurisprudence a seulement admis que le réquisitoire originaire est interruptif de prescription même si la poursuite intervient à l'occasion de faits spécifiés[7].

SECTION 7

CARACTÈRES DE LA SAISINE : FAITS NON VISÉS AU RÉQUISITOIRE INTRODUCTIF

51.71 Faits nouveaux. Quelle conduite le juge d'instruction doit-il tenir lorsque, au cours de son information, et à l'occasion des faits dont il est saisi, il acquiert la connaissance de faits nouveaux et distincts ? La doctrine unanime admettait, sur la base de l'article 29 du Code d'instruction criminelle, que ce magistrat avait qualité pour recueillir par procès-verbal toutes déclarations relatives à ces nouveaux faits et à faire toutes constatations utiles pouvant servir de base et de point de départ à toute nouvelle poursuite.

Mais il ne pouvait entreprendre, sur ces nouveaux faits, une nouvelle information, par exemple ordonner des commissions rogatoires ou des expertises, ou mettre les auteurs en état d'arrestation, car ce faisant, il se serait saisi lui-même. Il devait seulement communiquer les renseignements ainsi recueillis au procureur de la République en vue d'obtenir des réquisitions nouvelles[8]. Cette règle a été consacrée par l'alinéa 4 de l'article 80 du Code de procédure pénale qui énonce : « Lorsque des faits, non visés au réquisitoire, sont portés à la connaissance du juge d'instruction, celui-ci doit immédiatement communiquer au procureur de la République les plaintes ou les procès-verbaux qui les constatent. » Ils ne peuvent donner lieu à mise en examen, ni poursuite immédiate[9]. Mais il n'est pas

1. Crim. 7 août 1950, *Bull. crim.*, n° 235 – Crim. 27 juill. 1970, n° 69-92.968, *Bull. crim.*, n° 249 – Crim. 18 févr. 1975, n° 75-90.088, *Bull. crim.*, n° 56 – Crim. 18 janv. 1983, n° 80-93.631, *Bull. crim.*, n° 22.
2. Crim. 27 juill. 1970, n° 69-92.968, *Bull. crim.*, n° 249 – Crim. 18 janv. 1983, n° 80-93.631, *Bull. crim.*, n° 22.
3. Crim. 10 mars 1977, n° 75-91.224, *Bull. crim.*, n° 92; *D.* 1977, IR 371 (v. les attendus s[s] n° 51.02) – Crim. 6 août 1977, n° 77-90.882, *Bull. crim.*, n° 276; *D.* 1977, IR 496.
4. Crim. 27 juill. 1970, n° 69-92.968, *Bull. crim.*, n° 249.
5. Crim. 15 mars 1994, n° 93-81.110, *Bull. crim.*, n° 97; *D.* 1994, IR 120.
6. V. aussi Ch. Guéry, « Aux confins du droit et de la procédure pénale : la relative liberté de qualification du juge d'instruction », *D.* 1996, chron. 335.
7. Crim. 6 déc. 1938, *Gaz. Pal.* 1939, p. 195 – Crim. 25 nov. 1969, *Bull. crim.*, n° 314.
8. Hélie F., IV, n° 1622 – Garraud, III, n° 775 – Crim. 11 févr. 1910, *Bull. crim.*, n° 60.
9. Crim. 25 juin 1984, n° 83-94.199, *Bull. crim.*, n° 240 – Crim. 10 mai 1994, n° 93-81.522, *Bull. crim.*, n° 180 – Crim. 6 févr. 1996, n° 95-84.041, *Bull. crim.*, n° 60; *JCP* 1996, II, 22634, note P. Chambon (v. les attendus s[s] n° 51.02) – Crim. 30 mai 1996, n° 95-85.954, *Bull. crim.*, n° 226.

interdit aux officiers de police judiciaire de procéder à des investigations sur ces faits en mettant en œuvre les pouvoirs qu'ils tiennent des règles prévues par les articles 53 à 78 du Code de procédure pénale pour l'enquête préliminaire ou de flagrance[1]. L'annulation par la chambre de l'instruction de l'ordonnance de soit-communiqué n'est pas de nature à entraîner la nullité du réquisitoire supplétif du même jour et des pièces subséquentes, dès lors que, d'une part, une telle ordonnance n'est pas le support nécessaire à la délivrance d'un réquisitoire supplétif, la communication de pièces au ministère public par les juges d'instruction, aux fins de l'informer des faits dont ils ont connaissance, n'étant soumise à aucun formalisme particulier, et que, d'autre part, il résulte des mentions de ce réquisitoire que le ministère public a procédé à une analyse des pièces communiquées avant de saisir les juges d'instruction de nouveaux faits[2].

51.72 En l'absence de réquisitoire supplétif le magistrat peut procéder à des vérifications à l'exclusion de tout acte coercitif. L'article 80 du Code de procédure pénale ne met pas obstacle à ce « qu'un inculpé soit entendu, dans les formes de la loi, sur des faits nouveaux apparaissant dans la procédure et dont il n'est ni établi ni soutenu qu'ils aient été l'objet de mesures d'instruction; il importe seulement que ces faits ne donnent pas lieu à inculpation ou à poursuite en l'état contre quiconque et que le procès-verbal qui les constate soit adressé immédiatement au procureur de la République pour lui permettre d'apprécier la suite à leur donner »[3].

Il est possible d'entendre la personne sur ces faits dès lors qu'ils « ne donnent pas lieu à inculpation et que le procès-verbal qui les constate est adressé aussitôt au procureur de la République pour lui permettre d'apprécier la suite à leur donner »[4]. Il est encore possible de prescrire des vérifications en relation avec la recherche de la preuve des faits poursuivis, fussent-elles éventuellement de nature à aboutir à caractériser des délits nouveaux[5]. Le magistrat instructeur a aussi la possibilité de vérifier si, indépendamment de la preuve des éléments constitutifs des délits, les actes critiqués ne tendaient pas à la connaissance des circonstances et à la recherche des liens entre les différentes infractions[6].

Mais le magistrat instructeur ne saurait « sans excéder ses pouvoirs, procéder à des actes qui, présentant un caractère coercitif, exigent la mise en mouvement préalable de l'action publique »[7]. Tel est le cas lorsque le magistrat instructeur, qui n'a été saisi que par réquisitoire du 30 mars de faits d'abus de biens sociaux et de faux et usage, au préjudice d'une société, a délivré, le 8 mars, une commission rogatoire en exécution de laquelle les enquêteurs ont, le 13 mars, entendu le dirigeant d'une société, qui a été placé en garde à vue, et ont perquisitionné à son domicile ainsi que dans les locaux de la société où des documents ont été saisis, alors qu'ainsi le juge d'instruction avait procédé, concernant des faits dont il n'était pas saisi, à des actes d'instruction entraînant des investigations approfondies et présentant un caractère coercitif[8]. Le juge ne peut qu'effectuer des vérifications sommaires aux fins d'apprécier la vraisemblance des nouveaux éléments portés à sa connaissance[9]. L'officier de police judiciaire agissant sur commission rogatoire est astreint aux mêmes obligations[10].

SECTION 8
CARACTÈRES DE LA SAISINE : L'IRRÉVOCABILITÉ

51.81 Interdiction de changer de voie. Le ministère public et la partie civile, sauf exceptions légales, ont le droit de choisir, pour la mise en mouvement de l'action publique, la voie de la citation directe ou celle de l'information préalable, mais ils ne sauraient passer simultanément ou successivement de l'une à l'autre. En effet, le juge le premier saisi, juge d'instruction ou tribunal correctionnel, l'est irrévocablement et ne peut se dessaisir; le juge le second saisi ne saurait l'être régulièrement, puisque l'action est déjà portée devant celui qui doit en connaître. La doctrine et la jurisprudence sont d'accord sur ce point.

1. Ass. plén. 22 nov. 2002, n° 92-82.460, *Bull. Ass. plén.*, n° 2; *Bull. crim.*, n° 9.
2. Crim. 27 juin 2001, n° 01-81.865, *Bull. crim.*, n° 163; *D.* 2001, IR, 2947.
3. Crim. 25 juin 1984, n° 83-94.199, *Bull. crim.*, n° 240.
4. Crim. 10 mai 1994, n° 93-81.522, *Bull. crim.*, n° 180; *D.* 1994, IR 198.
5. Crim. 104 mai 1994, n° 93-81.522, *Bull. crim.*, n° 180; *Gaz. Pal.* 1994, 2, somm. p. 552.
6. Crim. 12 févr. 1985, n° 84-93.909, *Bull. crim.*, n° 69; *JCP* 1986, II, 20587, note W. Jeandidier.
7. Crim. 6 févr. 1996, n° 95-85.710, *Bull. crim.*, n° 62; *Dr. pén.* mars 1996, p. 21; *D.* 1996, IR 62 et jur. 198, note J. Pradel; *JCP* 1996, II, 22634, note P. Chambon.
8. Crim. 30 mai 1996, n° 95-85.954, *Bull. crim.*, n° 226; *D.* 1996, IR 167.
9. Crim. 6 févr. 1996, n° 95-84.041, *Bull. crim.*, n° 60; *Dr. pén.* mars 1996, p. 21; *D.* 1996, IR 62 et jur. 198, note J. Pradel; *JCP* 1996, II, 22634, note P. Chambon – Crim. 30 juin 1999, n° 99-81.426, *Bull. crim.*, n° 176; *BICC* 501, n° 1120.
10. Crim. 1er avr. 1998, n° 97-84.372, *Bull. crim.*, n° 124; *BICC* 487, n° 959 – Crim. 11 mai 2000, n° 99-85.100, *Bull. crim.*, n° 186; *D.* 2000, IR 225 – Crim. 26 mars 2003, n° 03-80.084, *Bull. crim.*, n° 80; *Procédures* 2003, n° 180, note J. Buisson.

Le procureur de la République qui a requis l'ouverture d'une information, ne peut plus citer directement l'une des personnes impliquées comme inculpées dans cette information, devant le tribunal correctionnel[1]. Spécialement, il ne saurait citer devant le tribunal correctionnel, pour les mêmes faits, une personne qui aurait antérieurement bénéficié d'une ordonnance de non-lieu[2]. Le ministère public ne peut renoncer à l'action publique régulièrement engagée, et réduire la saisine du juge d'instruction[3]. Il n'en va autrement que dans le cadre de l'article 74 du Code de procédure pénale où la spécificité de la saisine ne semble pas exclure sa révocation.

Il en est de même de la partie civile qui, lorsqu'elle a saisi le juge d'instruction par sa plainte avec constitution de partie civile, ne peut plus opérer, à l'égard des personnes et des faits visés par sa plainte, par voie de citation directe devant le tribunal correctionnel[4]. Spécialement, elle ne saurait, pour les mêmes faits, citer directement devant le tribunal correctionnel les personnes qui ont bénéficié d'une ordonnance de non-lieu[5].

Inversement, et pour les mêmes motifs, lorsque le ministère public a saisi par voie de citation directe le tribunal correctionnel, il ne peut plus être procédé par voie d'information préalable contre les mêmes personnes[6]. Il résulte des articles 388, 393 et suivants du Code de procédure pénale que, lorsque le procureur de la République saisit le tribunal correctionnel en traduisant sur-le-champ le prévenu devant cette juridiction selon la procédure de comparution immédiate, il ne peut ensuite requérir d'office l'ouverture d'une information sur ces mêmes faits. Le tribunal saisi par la comparution immédiate du prévenu apprécie souverainement si l'affaire est en état d'être jugée ou s'il y a lieu, comme le lui permet l'article 397-2 du Code de procédure pénale soit d'ordonner un supplément d'information, soit de renvoyer le dossier au procureur de la République lorsqu'il estime que la complexité de l'affaire nécessite des investigations complémentaires approfondies[7].

De son côté, le tribunal, une fois saisi, doit épuiser sa juridiction et juger et ne saurait renvoyer l'affaire devant le juge d'instruction[8], mais il peut toujours ordonner un supplément d'information confié à l'un des membres du tribunal, s'il s'estime insuffisamment éclairé[9] (C. pr. pén., art. 463).

De même, la partie civile ne peut, davantage que le ministère public, après avoir saisi le tribunal correctionnel par sa citation directe, abandonner cette voie et recourir à l'instruction préparatoire, en se constituant partie civile devant le juge d'instruction[10]; elle ne pourrait non plus agir ainsi après disqualification de la prévention, contre la personne antérieurement poursuivie[11].

51.82 Personne impliquée dans les poursuites. Mais l'interdiction de changer de voie ne s'applique qu'autant que l'information déjà ouverte n'est pas close, et que la double poursuite est dirigée contre les mêmes personnes à raison d'un même fait.

C'est ainsi que la Cour de cassation avait jugé que le ministère public ou la partie civile peut citer directement devant le tribunal correctionnel une personne qui aurait seulement été prise dans une précédente instruction comme civilement responsable, ou n'aurait pas été inculpée par le juge d'instruction[12]; que le ministère public peut encore requérir l'ouverture d'une information contre les coauteurs ou complices d'une infraction, bien que l'un des auteurs ait déjà fait l'objet d'une citation directe devant le tribunal[13]. De même, il peut ouvrir une information du chef d'homicide volontaire contre une personne déjà condamnée, pour le même fait, du chef d'homicide involontaire, les deux infractions ayant des éléments distincts[14].

La chambre criminelle a maintenu sa jurisprudence, et a jugé, dans une affaire où, sur constitution de partie civile, une information avait été ouverte contre inconnu, « que si la partie qui a saisi le juge d'instruction ne peut abandonner la voie de l'instruction préparatoire pour traduire directement le prévenu devant la juridiction correctionnelle, elle peut, au contraire, après clôture de l'information,

1. Crim. 7 juin 1821, *Bull. crim.*, n° 88 – Crim. 19 avr. 1929, *Bull. crim.*, n° 131; *S.* 1931, I, 34 – Crim. 5 mai 1933, *Bull. crim.*, n° 98; *S.* 1935, I, 39 – Crim. 10 juill. 1952, *Bull. crim.*, n° 179.
2. Crim. 22 mars 1856, *S.*, 1856, I, 703; *D.* 1856, 1, 231 – Crim. 16 juill. 1932, *Bull. crim.*, n° 180.
3. Crim. 24 mars 1977, n° 76-91.442, *Bull. crim.*, n° 112.
4. CA Paris, 19 et 29 nov. 1850, *D.* 1851, 2, 15 – CA Alger, 5 févr. 1875, *D.* 1875, 2, 120.
5. Crim. 22 mars 1856, *S.*, 1856, I, 703; *D.* 1856, 1, 231 – Crim. 16 août 1877, *Bull. crim.*, n° 194 – Crim. 16 juill. 1932, *Bull. crim.*, n° 180.
6. Crim. 3 juill. 1880, *Bull. crim.*, n° 138; *S.* 1881, 1, 481 – CA Rouen, 23 janv. 1850, *S.* 1851, 2, 370; *D.* 1852, 2, 44.
7. Crim. 20 févr. 2007, n° 06-89.229, *Bull. crim.*, n° 52, *Procédures* 2007, n° 202, note J. Buisson.
8. Crim. 15 janv. 1853, *Bull. crim.*, n° 20; *D.* 1853, 5, 269.
9. Crim. 1er avr. 1892, *S.* 1892, I, 333, rapp. cons. Sallantin; *D.* 1892, 1, 525, note L. S.
10. CA Paris, 7 nov. 1913, *DP* 1914, 2, p. 106 – Garraud, I, n° 194; IV, n° 1524.
11. CA Paris, 3 mai 1934, *DH* 1934, p. 403.
12. Crim. 5 janv. 1878, *Bull. crim.*, n° 7 – Crim. 5 mai 1933, *Bull. crim.*, n° 98 – Crim. 15 mars 1982, n° 80-90.031, *Bull. crim.*, n° 76.
13. Crim. 3 juill. 1880, *Bull. crim.*, n° 138; *S.* 1881, 1, 481.
14. Crim. 19 mai 1983, n° 82-90.251, *Bull. crim.*, n° 149 – V. aussi : Crim. 5 sept. 1981, n° 80-94.792, *Bull. crim.*, n° 251.

user de la voie de la citation directe contre une personne qui n'a pas été l'objet de l'instruction requise et qui n'y a pas été inculpée »[1]. Sur renvoi après cassation, la cour d'appel d'Amiens ayant soutenu une thèse contraire, les chambres réunies de la Cour de cassation étaient amenées à statuer, et maintenaient dans leur arrêt la position adoptée par la chambre criminelle dans sa décision précitée[2]. Mais la partie civile ne peut plus poursuivre par voie de citation directe les personnes visées dans sa plainte et qui ont été prises dans les poursuites, quoique non inculpées, alors que l'ordonnance de non-lieu partiel vise « toutes autres personnes »[3]. Elle ne peut d'avantage se constituer à nouveau devant le juge d'instruction contre les personnes déjà impliquées dans la première information[4].

SECTION 9
PROBLÈMES DE QUALIFICATION

51.91 Le principe de la liberté de la qualification. Le juge d'instruction est saisi d'un fait, et non d'une infraction déterminée. Il en est saisi indépendamment de la qualification initiale, qu'il peut modifier[5]. Il peut donc, et il a même le devoir, si les circonstances qu'il a découvertes le justifient, substituer à la qualification indiquée par le procureur de la République une autre qualification, à la condition de ne pas comprendre dans celle-ci des faits nouveaux, et de ne pas changer la prévention[6].

C'est ainsi que le juge d'instruction, saisi du délit de violation du secret de l'instruction, ne saurait rendre une ordonnance de non-lieu sans s'être assuré que les faits ne constituent pas le délit de violation du secret professionnel[7]. Le juge d'instruction peut qualifier librement les faits dont il est saisi : pendant l'information, les qualifications sont purement provisoires, et peuvent être modifiées[8]. Il n'importe que la partie civile ait mal qualifié l'infraction pouvant être constituée par les faits sur lesquels porte la plainte; il appartient à la juridiction d'instruction d'examiner ces faits sous toutes les qualifications possibles[9]. Ceci est vrai quelles que soient les réquisitions du procureur de la République[10]. Le juge d'instruction n'est pas tenu de communiquer la procédure au procureur de la République avant de donner aux faits dont il est saisi une nouvelle qualification et de notifier une inculpation de ce chef[11].

51.92 Faits nouveaux ou qualification nouvelle ? Il convient de bien différencier une qualification nouvelle ou une instruction sur des faits distincts de ceux de la saisine. L'arrêt suivant en est une bonne illustration : à la suite d'une enquête préliminaire, une information a été ouverte par le ministère public contre X des chefs de viols et agressions sexuelles sur mineure de quinze ans par personne ayant autorité ainsi que de corruption de mineure; le juge d'instruction a ultérieurement mis en examen Y, concubine de X, du chef d'abstention volontaire d'empêcher un crime ou un délit contre l'intégrité corporelle. Logiquement, la Cour de cassation décidait de casser l'arrêt confirmatif de la chambre d'accusation « attendu qu'en statuant ainsi, alors qu'elle constatait que l'information n'avait été ouverte que des chefs de viols et agressions sexuelles aggravés ainsi que de corruption de mineure, la chambre de l'instruction a méconnu le sens et la portée des textes susvisés »[12]. Il ne pouvait s'agir en effet en l'espèce d'une requalification.

51.93 Le fait objet de la poursuite doit être envisagé sous la plus haute acception pénale[13]. Un magistrat instructeur avait inculpé en retenant une circonstance aggravante non visée au réquisitoire introductif et avait rendu une ordonnance non conforme Le ministère public ayant fait appel, la chambre criminelle affirme que le juge « peut et même doit envisager les faits sous leur plus haute acception pénale ».

Le principe ici affirmé ne fait que souligner la prohibition de la disqualification d'opportunité. Dès lors que l'un des acteurs du procès judiciaire (juge d'instruction, parties privées ou publique, juridiction de jugement) entend retenir tous les éléments de fait qualifiables, ils doivent être retenus.

1. Crim. 6 mars 1957, *JCP* 1957, II, 9993, et note P. Chambon; *S.* 1957, 327, rapp. Ledoux; *D.* 1958, 25, note Bouzat.
2. Ch. réun., 24 avr. 1961, *Bull. crim.*, n° 222; *JCP* 1961, II, 12131, et rapp. cons. Monguilan – Dans le même sens, Crim. 5 mai 1981, n° 79-94.265, *Bull. crim.*, n° 139 – Crim. 14 juin 1994, n° 94-81.675, *Bull. crim.*, n° 235.
3. Crim. 17 janv. 1983, n° 82-90.262, *Bull. crim.*, n° 19; *JCP* 1984, II, 20232, note Jeandidier; *D.* 1983, IR 130.
4. Crim. 15 févr. 1988, n° 87-81.443, *Bull. crim.*, n° 71.
5. Crim. 16 nov. 1987, n° 87-85.176, *Bull. crim.*, n° 405 – Crim. 27 mars 1990, n° 88-83.669, *Bull. crim.*, n° 135 – Crim. 19 mars 1991, n° 88-83.669, *Bull. crim.*, n° 134.
6. Garraud, II, n° 538 – Crim. 30 juill. 1925, *Bull. crim.*, n° 244 – Crim. 21 avr. 1932, *Bull. crim.*, n° 109 – Crim. 4 janv. 1934, *Gaz. Pal.* 1934, 1, 426 – Crim. 2 oct. 1985, n° 84-95.553, *Bull. crim.*, n° 293.
7. Crim. 23 janv. 1990, n° 89-83.236, *Bull. crim.*, n° 43.
8. Crim. 13 mars 1984, n° 84-90.218, *Bull. crim.*, n° 107 (v. les attendus s[s] n° 51.02).
9. Crim. 23 janv. 1990, n° 89-83.236, *Bull. crim.*, n° 43.
10. Crim. 11 févr. 1992, n° 91-86.066, *Bull. crim.*, n° 63.
11. Crim. 18 févr. 1975, n° 75-90.088, *Bull. crim.*, n° 56.
12. Crim. 10 mai 2001, n° 01-81.959, NPT; *Dr. pén.* févr. 2002, p. 7.
13. Crim. 13 mars 1984, n° 84-90.218, *Bull. crim.*, n° 107.

On sait que la pratique de la correctionnalisation judiciaire porte atteinte à ce principe mais qu'elle ne peut être mise en œuvre que lorsque toutes les parties en sont d'accord. Dans le cas contraire, il est normal de considérer que les faits doivent être envisagés sous la plus haute acception pénale dont ils sont susceptibles[1]. Il faut simplement comprendre qu'aucun fait ne peut être omis (ici la circonstance aggravante). Ce principe ne signifie évidemment pas qu'une qualification plus élevée doit être préférée à une qualification plus exacte, dès lors, par exemple, qu'il existe un texte spécial de répression.

Le juge d'instruction, qui peut et doit envisager les faits sous la plus haute acception pénale dont ils sont susceptibles, est, par ailleurs, lié par les faits retenus au réquisitoire introductif. Il doit, s'il entend requalifier, reprendre tous les éléments de fait de sa saisine et ne peut donc écarter une circonstance aggravante dès lors qu'elle a été visée par le ministère public pour chaque mis en cause, sauf si cette circonstance lui semble imaginaire. Il s'ensuit que l'ordonnance refusant de prendre en compte le décès d'une victime dans la mise en examen de deux mis en cause, alors que cette circonstance avait été visée par le ministère public pour tous les mis en cause, doit être infirmée[2].

51.94 Le principe de la liberté de qualification dépend du respect d'autres principes de procédure. Lorsqu'un réquisitoire introductif vise un vol aggravé, le juge qui croit devoir inculper de vol simple doit rendre une ordonnance motivée, susceptible d'appel par le ministère public[3]. Le juge ne peut *a priori* ni omettre d'instruire sur un fait ni omettre d'instruire sur une circonstance du fait, en l'espèce sur une circonstance aggravante. En effet, sous l'apparence d'une requalification, c'est à un refus d'informer déguisé que le juge se livre puisque certains faits ne feront pas l'objet d'investigations. C'est donc une règle de procédure, celle de l'obligation pour le juge d'informer, qui est en cause. L'entrée en vigueur de la loi du 15 juin 2000 n'a pas forcément modifié les principes sur lesquels est bâtie cette jurisprudence. Certes, la personne mise en cause peut devenir témoin assisté à la fin de son interrogatoire de première comparution. Mais la question subsiste de savoir si le juge pourrait se dispenser d'abandonner une circonstance aggravante avant même d'avoir entendu la personne. On peut penser que la jurisprudence du 18 janvier 1983 serait encore pertinente si le juge laissait de côté un fait ou la circonstance d'un fait dès l'origine, c'est-à-dire sans que la personne ne soit invitée à s'exprimer dessus, et par opportunité, c'est-à-dire en l'absence d'éléments objectifs établissant déjà l'inanité de la qualification retenue par le ministère public[4] (sur les problèmes de qualification en fin de procédure, v. s^s n° 214.61).

51.95 Exceptions au principe de la liberté de qualification. Toute poursuite exercée en vertu du Code de la consommation, chapitres II à IV du livre III sur les fraudes doit être continuée et terminée en vertu du même texte (C. consom., art. 216-4 [anc^t L. 1er août 1905]). Le juge d'instruction peut poursuivre les mêmes faits sous une qualification nouvelle à la condition que celle-ci vise la même loi[5]. C'est le contraire qui prévaut en matière de loi sur la presse : la qualification du fait incriminé est irrévocablement fixée par la plainte et le réquisitoire introductif. Le juge d'instruction ne peut que s'aligner sur l'acte l'ayant saisi et ne peut prononcer aucun changement de qualification[6]. Il peut néanmoins requalifier en infraction de droit commun, la plainte avec constitution de partie civile ne fixant irrévocablement la nature et l'étendue de la poursuite qu'en ce qui concerne les seules infractions à la loi sur la presse[7].

1. Pour une application particulièrement claire de ce principe, Crim. 17 juill. 1984, n° 84-91.288, *Bull. crim.*, n° 260.
2. CA Rouen, ch. acc., 30 avr. 1998, *BICC* n° 485, n° 71.
3. Crim. 18 janv. 1983, n° 80-93.631, *Bull. crim.*, n° 22; *D.* 1984, jur. 4, note P. Chambon.
4. Sur tous ces points, Ch. Guéry, « Aux confins du droit et de la procédure pénale : la relative liberté de qualification du juge d'instruction », *D.* 1996, chron. 335.
5. Crim. 12 juin 1974, n° 73-90.135, *Bull. crim.*, n° 217.
6. Crim. 22 juin 1982, n° 80-95.334, *Bull. crim.*, n° 169 – Crim. 16 févr. 1988, n° 87-90.179, *Bull. crim.*, n° 78 – Crim. 9 avr. 1991, n° 90-84.124, *Bull. crim.*, n° 170 – V. aussi, « L'irrégularité d'un réquisitoire introductif au regard de l'article 50 de la loi du 29 juillet 1881 sur la liberté de la presse peut être soulevée devant le tribunal correctionnel », obs. J. Pradel s^s Crim. 24 sept. 2002, n° 01-88.674, *D.* 2003, somm. 1732.
7. Crim. 25 sept. 1991, n° 90-83.140, *Bull. crim.*, n° 319.

CHAPITRE

52. Cas de saisines particulières du juge d'instruction

SECTION 0
ORIENTEUR

52.00 Plan du chapitre.

Sect. 1 Cas de crime ou délit flagrant
Sect. 2 Recherche des causes de la mort : nature de la saisine
Sect. 3 Recherche des causes de la mort : pouvoirs du juge d'instruction
Sect. 4 Recherche des causes d'une disparition
Sect. 5 Spécificité de l'ouverture de l'information dans une juridiction sans pôle de l'instruction

52.01 Textes applicables.

C. pr. pén., art. 72, 74, 74-1, 80, 80-4, 83-1, 118.

C. pr. pén., art. 72

Lorsque le procureur de la République et le juge d'instruction sont simultanément sur les lieux, le procureur de la République peut requérir l'ouverture d'une information régulière dont est saisi le juge d'instruction présent, par dérogation, le cas échéant, aux dispositions de l'article 83.

C. pr. pén., art. 74 [L. n° 2004-204, 9 mars 2004]

En cas de découverte d'un cadavre, qu'il s'agisse ou non d'une mort violente, mais si la cause en est inconnue ou suspecte, l'officier de police judiciaire qui en est avisé informe immédiatement le procureur de la République, se transporte sans délai sur les lieux et procède aux premières constatations.

Le procureur de la République se rend sur place s'il le juge nécessaire et se fait assister de personnes capables d'apprécier la nature des circonstances du décès. Il peut, toutefois, déléguer aux mêmes fins, un officier de police judiciaire de son choix.

Sauf si elles sont inscrites sur une des listes prévues à l'article 157, les personnes ainsi appelées prêtent, par écrit, serment d'apporter leur concours à la justice en leur honneur et en leur conscience.

Le procureur de la République peut aussi requérir information pour recherche des causes de la mort.

Les dispositions des trois premiers alinéas sont également applicables en cas de découverte d'une personne grièvement blessée lorsque la cause de ses blessures est inconnue ou suspecte.

C. pr. pén., art. 74-1

Lorsque la disparition d'un mineur ou d'un majeur protégé vient d'intervenir ou d'être constatée, les officiers de police judiciaire, assistés le cas échéant des agents de police judiciaire, peuvent, sur instructions du procureur de la République, procéder aux actes prévus par les articles 56 à 62, aux fins de découvrir la personne disparue. À l'issue d'un délai de huit jours à compter des instructions de ce magistrat, ces investigations peuvent se poursuivre dans les formes de l'enquête préliminaire.

Le procureur de la République peut également requérir l'ouverture d'une information pour recherche des causes de la disparition.

Les dispositions du présent article sont également applicables en cas de disparition d'un majeur présentant un caractère inquiétant ou suspect eu égard aux circonstances, à l'âge de l'intéressé ou à son état de santé.

C. pr. pén., art. 80

* V. s^{s} n° 52.01.

C. pr. pén., art. 80-4

Pendant le déroulement de l'information pour recherche des causes de la mort ou des causes d'une disparition mentionnée aux articles 74 et 74-1, le juge d'instruction procède conformément aux dispositions du chapitre Ier du titre III du livre Ier. Les interceptions des correspondances émises par la voie des télécommunications sont effectuées sous son autorité et son contrôle dans les conditions prévues au deuxième alinéa de l'article 100 et aux articles 100-1 à 100-7. Les interceptions ne peuvent excéder une durée de deux mois renouvelable.

Les membres de la famille ou les proches de la personne décédée ou disparue peuvent se constituer partie civile à titre incident. Toutefois, en cas de découverte de la personne disparue, l'adresse de cette dernière et les pièces permettant d'avoir directement ou indirectement connaissance de cette adresse ne peuvent être communiquées à la partie civile qu'avec l'accord de l'intéressé s'il s'agit d'un majeur et qu'avec l'accord du juge d'instruction s'il s'agit d'un mineur ou d'un majeur protégé.

C. pr. pén., art. 83-1

Lorsque la gravité ou la complexité de l'affaire le justifie, l'information peut faire l'objet d'une co-saisine selon les modalités prévues par le présent article.

Le président du tribunal de grande instance dans lequel il existe un pôle de l'instruction ou, en cas d'empêchement, le magistrat qui le remplace désigne, dès l'ouverture de l'information, d'office ou si le procureur de la République le requiert dans son réquisitoire introductif, un ou plusieurs juges d'instruction pour être adjoints au juge d'instruction chargé de l'information.

À tout moment de la procédure, le président du tribunal de grande instance peut désigner un ou plusieurs juges d'instruction co-saisis soit à la demande du juge chargé de l'information, soit, si ce juge donne son accord, d'office ou sur réquisition du ministère public ou sur requête des parties déposée conformément aux dispositions de l'avant-dernier alinéa de l'article 81. Les parties ne peuvent pas renouveler leur demande avant six mois. Dans un délai d'un mois à compter de la réception de la demande, le président désigne un ou plusieurs juges d'instruction pour être adjoints au juge chargé de l'information. Pour l'application du présent alinéa, lorsque l'information a été ouverte dans un tribunal où il n'y a pas de pôle de l'instruction, le président du tribunal de grande instance où se trouve le pôle territorialement compétent désigne le juge d'instruction chargé de l'information ainsi que le ou les juges d'instruction co-saisis, après que le juge d'instruction initialement saisi s'est dessaisi au profit du pôle; ce dessaisissement prend effet à la date de désignation des juges du pôle.

Lorsqu'elle n'est pas ordonnée selon les modalités prévues par l'alinéa qui précède, en l'absence d'accord du juge chargé de l'information ou, à défaut, de désignation par le président du tribunal de grande instance dans le délai d'un mois, la co-saisine peut être ordonnée par le président de la chambre de l'instruction agissant d'office, à la demande du président du tribunal, sur réquisition du ministère public ou sur requête des parties. Le président statue dans un délai d'un mois à compter de la réception de la demande qui est déposée conformément à l'avant-dernier alinéa de l'article 81 si elle émane d'une partie. Lorsque l'information a été ouverte dans un tribunal où il n'y a pas de pôle de l'instruction, le président de la chambre de l'instruction saisit la chambre de l'instruction aux fins de co-saisine. Dans un délai d'un mois à compter de sa saisine, la chambre décide alors soit, s'il n'y a pas lieu à co-saisine, de renvoyer le dossier au magistrat instructeur, soit, si cette décision est indispensable à la manifestation de la vérité et à la bonne administration de la justice, de procéder au dessaisissement du juge d'instruction et à la désignation, aux fins de poursuite de la procédure, de plusieurs juges d'instruction.

Les décisions du président du tribunal de grande instance, du président de la chambre de l'instruction et de cette dernière prévues par le présent article sont des mesures d'administration judiciaire non susceptibles de recours.

C. pr. pén., art. 118 [L. n° 2007-291, 5 mars 2007]

S'il apparaît au cours de l'information que les faits reprochés à la personne mise en examen sous une qualification correctionnelle constituent en réalité un crime, le juge d'instruction notifie à la personne, après l'avoir informée de son intention et avoir recueilli ses éventuelles observations et celles de son avocat, qu'une qualification criminelle est substituée à la qualification initialement retenue. À défaut de cette notification, il ne peut être fait application des dispositions de l'article 181.

Si la personne était placée en détention provisoire, le mandat de dépôt initialement délivré demeure valable et est considéré comme un mandat de dépôt criminel. La détention provisoire se trouve alors soumise aux règles applicables en matière criminelle, les délais prévus pour la prolongation de la mesure étant calculés à compter de la délivrance du mandat.

Lors de la notification prévue au premier alinéa, le juge d'instruction peut faire connaître à la personne un nouveau délai prévisible d'achèvement de l'information, conformément aux dispositions du huitième alinéa de l'article 116.

Si l'information a été ouverte au sein d'une juridiction dépourvue de pôle de l'instruction, le juge d'instruction, aussitôt après avoir procédé aux formalités prévues par le présent article, se dessaisit au profit d'un juge du pôle de l'instruction compétent, désigné par le président du tribunal de grande instance dans lequel se trouve ce pôle.

52.02 Jurisprudence de référence.

> Sur la saisine du juge d'instruction

• La procédure en recherche des causes de la mort ne met pas en mouvement l'action publique.

Crim. 26 juill. 1966, n° 66-91.283, *Bull. crim.*, n° 215; *JCP* 1966, II, 14824 *bis*; *D.* 1967, jur. 58, note B. Edelman.

« Attendu, en effet, qu'aux termes de l'article 85 du Code de procédure pénale, peut seul servir de base à l'action de la partie civile devant la juridiction d'instruction, un fait constituant un crime ou un délit;

Qu'en l'espèce, les réquisitions du procureur de la République n'ont saisi le juge d'instruction d'aucun fait comportant une qualification pénale;

Qu'elles ne sont fondées que sur les dispositions exceptionnelles de l'article 74, dernier alinéa du Code de procédure pénale qui, en cas de découverte d'un cadavre, et si la cause de la mort est inconnue ou suspecte, réservent au seul procureur de la République le pouvoir de saisir le juge d'instruction pour rechercher les causes de cette mort;

Que, dès lors, ces réquisitions ne tendant pas, en l'état à la poursuite d'une infraction à la loi pénale, mais seulement à rechercher si une atteinte avait pu y être portée, ne pouvaient avoir pour effet de mettre l'action publique en mouvement;

Qu'il s'ensuit que la procédure d'instruction ouverte et poursuivie jusqu'à sa clôture sur l'unique fondement de l'article 74 dernier alinéa du Code de procédure pénale, excluait toute constitution de partie civile. »

• Le juge d'instruction saisi d'une procédure en recherche des causes de la mort peut accomplir tous les actes d'instruction utiles à la manifestation de la vérité.

Crim. 24 févr. 1987, n° 86-96.293, *Bull. crim.*, n° 93.

« Attendu qu'en statuant ainsi, les juges ont répondu sans insuffisance ni contradiction au chef péremptoire de défense allégué; que, d'une part, il résulte de la combinaison des articles 49, 74 et 81 du Code de procédure pénale que le juge d'instruction, chargé de procéder aux informations ainsi qu'il est dit au chapitre 1er du titre III dudit code, accomplit conformément à la loi tous les actes d'information qu'il estime utiles à la manifestation de la vérité; que s'il est requis d'informer sur les causes de la mort d'une personne et s'il est dans l'impossibilité de procéder lui-même à tous les actes d'instruction, il peut donner commission rogatoire aux officiers de police judiciaire afin de leur faire exécuter tous les actes rendus nécessaires par cette information; que d'autre part la commission rogatoire critiquée qui vise une information tendant à rechercher les causes de la mort, n'est entachée d'aucun vice ni dans la forme ni dans le fond et ne saurait revêtir le caractère d'une délégation générale;

Sur la deuxième et la troisième branches du second moyen;

Attendu que le demandeur ayant soutenu que les dispositions de l'article 80, alinéa 4, et de l'article 105 du Code de procédure pénale auraient été méconnues, l'arrêt attaqué relève que l'autopsie du corps de la personne identifiée comme étant I... n'ayant pas permis d'élucider les causes de la mort, l'enquête devait normalement s'orienter sur la famille et les proches de la défunte; que les déclarations de P... père et de son ami K... laissant subsister beaucoup d'incertitudes, les enquêteurs étaient fondés à les placer en garde à vue, afin de procéder aux vérifications imposées par ces déclarations; qu'à la fin de la première période de garde à vue s'ébauchait l'hypothèse que P... et K... pouvaient soit apporter plus de précisions sur les circonstances de la mort d'I... soit apparaître comme n'y étant pas étrangers; qu'après avoir entendu K... sans que celui-ci n'élevât aucune protestation sur le déroulement de l'enquête, le juge d'instruction décidait de prolonger la garde à vue au cours de laquelle les officiers de police judiciaire parvenaient à circonscrire l'action dont ce suspect avait fini par s'accuser; que celui-ci était alors avisé de l'existence de charges à son encontre; que l'arrêt énonce que le juge d'instruction décidait de saisir le ministère public du résultat de l'enquête aux fins de nouvelles réquisitions au vu desquelles il procédait à l'inculpation de K...; qu'ainsi aucune des dispositions susvisées n'avait été méconnue;

Attendu qu'en l'état de ces énonciations desquelles il résulte que les déclarations initiales du demandeur devant être vérifiées, les officiers de police judiciaire n'avaient pas eu pour dessein de faire échec aux droits de la défense, la chambre d'accusation a justifié sa décision; qu'il en est de même lorsqu'elle constate que le juge d'instruction requis à l'origine d'informer sur les causes de la mort d'une personne n'a procédé à l'inculpation de celui contre lequel il existait des indices graves et concordants de culpabilité qu'après avoir communiqué au procureur de la République les procès-verbaux rapportant des faits susceptibles d'admettre une qualification pénale;

D'où il suit que les moyens ne sont pas fondés. »

> Presse

• Le juge d'instruction ne peut instruire sur la vérité du fait diffamatoire.

Crim. 26 mai 1992, n° 91-84.187, *Bull. crim.*, n° 212.

* V. ss n° 51.02.

52.03 Bibliographie indicative. (V. les références complètes ss n° 03.)

Actualisables. RÉP. PÉN., Aymond, « Action publique »; Guéry, « Instruction préparatoire » – J.-CL. PÉN., DUMONT J., « Juge d'instruction, Juridictions d'instruction du premier degré. Dispositions générales »; Malibert P., « Mort suspecte ».

Ouvrages. HÉLIE F., IV, n° 1608 – GARRAUD, III, nos 941 et 952 – LE POITTEVIN, art. 59, nos 13 à 22 – VIDAL ET MAGNOL, II, n° 782-5, 810.

Articles. Gollety F., *RSC* 1958, 913 – Vlamynck H., « La théorie de l'apparence : enquêtes préliminaire, de flagrance et enquêtes spécifiques de mort suspecte et de disparition inquiétante », *AJ Pénal* 2005, 322.

52.06 Questions essentielles.

• L'information en recherches des causes de la mort, et celle en recherches des causes d'une disparition, présentent des caractères spécifiques. Le caractère juridictionnel est quasiment absent de ces informations qui poursuivent des buts différents de ceux d'une information judiciaire traditionnelle. Les pouvoirs que le juge d'instruction peut mettre en œuvre dans ce cadre juridique en sont d'autant obscurcis. La spécificité de l'enquête en recherches de la mort s'est toutefois atténuée depuis la loi du 9 septembre 2002, sans que l'on sache exactement dans quelles proportions.

* V. ss nos 52.27, 52.44, 52.45.

SECTION 1
CAS DE CRIME OU DÉLIT FLAGRANT

52.11 Une enquête dévolue au ministère public. Les recherches faites en cas de crimes et délits flagrants, prévues par le titre II du livre Ier du Code de procédure pénale, constituent avant tout une enquête, distincte de l'instruction préalable proprement dite, qui fait l'objet du titre III. Cette enquête appartient au procureur de la République et aux officiers et agents de police judiciaire, et le juge d'instruction n'y intervient que d'une manière accidentelle.

Sous le régime du Code d'instruction criminelle, les règles normales de procédure comportaient une double dérogation aux principes. D'une part, le procureur de la République pouvait accomplir les actes qui sont de la compétence normale du juge d'instruction; d'autre part, ce dernier, en se transportant sur les lieux, pouvait se saisir lui-même, sans réquisitoire introductif (C. pr. pén., art. 32 à 47, 59)[1]. Selon la majorité des auteurs, le juge d'instruction qui se saisissait spontanément n'accomplissait pas seulement tous les actes qu'aurait pu faire le procureur de la République, mais se livrait à une véritable instruction, avec tous les pouvoirs que celle-ci comportait[2].

52.12 Rôle du juge d'instruction dans le Code de procédure pénale. En cas de crime ou délit flagrant le juge d'instruction pouvait, selon l'article 72 du Code de procédure pénale, se transporter sur les lieux. S'il se transportait, son arrivée sur les lieux dessaisissait de plein droit à son profit le procureur de la République ainsi que les officiers de police judiciaire. Il accomplissait alors tous les actes de police judiciaire prévus au chapitre premier du titre II : pour les besoins de l'enquête, « il peut se transporter dans les ressorts des tribunaux limitrophes de celui où il exerce ses fonctions, à l'effet d'y poursuivre ses investigations » (C. pr. pén., art. 69). « Le juge d'instruction peut aussi prescrire à tous officiers de police judiciaire de poursuivre les opérations » (C. pr. pén., art. 72, al. 3). « Ces opérations terminées, le juge d'instruction transmet les pièces de l'enquête au procureur de la République à toutes fins utiles » (C. pr. pén., art. 72, al. 4). Plusieurs arrêts avaient précisé la portée de ces règles : au cas de flagrant délit avant l'ouverture de l'information, et alors que le juge d'instruction n'est pas présent sur les lieux, les officiers de police judiciaire peuvent ordonner tous examens techniques[3]. Le fait que tous les juges d'instruction aient été présents au palais de justice, ne dessaisit pas les officiers de police judiciaire, alors que ni le procureur de la République, ni aucun juge d'instruction n'était présent à l'endroit même du crime commis dans l'enceinte du palais[4].

Mais il pouvait être également procédé selon le droit commun : lorsque le procureur de la République et le juge d'instruction sont simultanément sur les lieux, le procureur de la République peut ouvrir une information régulière dont est saisi le juge d'instruction présent, sans qu'il y ait lieu en ce cas à désignation par le président du tribunal (C. pr. pén., art. 72, al. 5).

52.13 Suppression partielle de l'article 72 du Code de procédure pénale. Dans un premier temps, l'article 72 du Code de procédure pénale a été supprimé par la loi du 4 janvier 1993 mais il a été rétabli dans son état antérieur par la loi du 24 août 1993. La loi du 15 juin 2000 a, de nouveau, supprimé l'essentiel des dispositions de l'article 72, ne laissant subsister qu'un seul alinéa qui précise que « lorsque le procureur de la République et le juge d'instruction sont simultanément sur les lieux, le procureur de la République peut requérir l'ouverture d'une information régulière dont est saisi le juge d'instruction présent, par dérogation, le cas échéant, aux dispositions de l'article 83 ». Seule l'exception au principe de la désignation par le président est donc maintenue, mais le juge d'instruction ne possède plus aucun pouvoir particulier. On imagine par ailleurs que « les lieux » sont ceux d'un crime ou d'un délit flagrant bien que le code ne le dise plus.

SECTION 2
RECHERCHE DES CAUSES DE LA MORT : NATURE DE LA SAISINE

52.21 Découverte d'un cadavre. Aux termes de l'article 44 du Code d'instruction criminelle, « lorsqu'il s'agissait d'une mort violente, ou d'une mort dont la cause était inconnue et suspecte », le procureur de la République pouvait se faire assister d'un ou deux médecins légistes, qui devaient faire leur rapport sur les causes de la mort et sur l'état du cadavre. La Cour de cassation avait jugé que ce texte ne subordonnait pas la commission d'un médecin expert par le procureur de la République à la condition que la cause présumée de la mort fût un crime ou un délit. Il suffisait qu'il s'agît d'une mort violente ou dont la cause était demeurée inconnue ou suspecte[5]. Mais les investigations réalisées sur la base de l'article 44 du Code d'instruction criminelle étaient limitées. On avait constaté que certains médecins avaient quelques scrupules à refuser des permis d'inhumer pour éviter à la famille l'ouverture d'une procédure du chef d'homicide volontaire.

La première partie de l'article 74 du Code de procédure pénale, reproduit à peu de chose près les règles précédentes : « En cas de découverte d'un cadavre, qu'il s'agisse ou non d'une mort violente, mais si la cause en est inconnue ou suspecte, l'offi-

1. GARRAUD, III, n°s 941 et 952.
2. HÉLIE F., IV, n° 1608 – LE POITTEVIN, art. 59, n°s 13 à 22 – GARRAUD, III, n° 952 – VIDAL ET MAGNOL, II, n° 782-5, 810.
3. Crim. 15 mars 1988, n° 88-80.267, *Bull. crim.*, n° 128.
4. Crim. 24 nov. 1987, n° 87-84.993, *Bull. crim.*, n° 426.
5. Crim. 20 mai 1958, *Bull. crim.*, n° 409.

cier de police judiciaire qui en est avisé informe immédiatement le procureur de la République, se transporte sans délai sur les lieux et procède aux premières constatations. Le procureur de la République se rend sur place, s'il le juge nécessaire et se fait assister de personnes capables d'apprécier la nature des circonstances du décès. Il peut, toutefois, déléguer aux mêmes fins un officier de police judiciaire de son choix. » Les dispositions des trois premiers alinéas de l'article 74 sont également applicables en cas de découverte d'une personne grièvement blessée lorsque la cause de ses blessures est inconnue ou suspecte (C. pr. pén., dernier alinéa, ajouté par loi du 9 mars 2004).

52.22 Ouverture d'une information. Mais le quatrième alinéa de l'article 74 dispose que : « Le procureur de la République peut aussi requérir information pour recherche des causes de la mort. » C'est là une exception unique à la règle, exprimée en l'article 79 du Code de procédure pénale, selon laquelle une information ne peut être ouverte que lorsqu'il y a présomption d'un crime, d'un délit ou d'une contravention. Quand il n'y a aucune présomption qu'un fait quelconque constitue une infraction pénale, il y a place pour une enquête, mais non pour une information.

Cet alinéa est éclairé par le premier alinéa du même article. Au cas de découverte d'un cadavre, le procureur de la République peut ouvrir une information pour rechercher les causes de la mort, non seulement si la cause de la mort violente ou non violente est suspecte, mais même si la cause en est simplement inconnue. Par cause de la mort, il faut entendre non seulement la cause elle-même du décès, mais ses circonstances. Par exemple, l'asphyxie par noyade sera le plus souvent la cause évidente de la mort de la personne retirée d'un fleuve, mais encore s'agira-t-il d'élucider s'il y a crime, accident ou suicide. Le juge d'instruction ainsi saisi peut donner commission rogatoire à un officier de police judiciaire pour toutes recherches sur les circonstances du décès[1]. L'officier de police judiciaire, délégué par le procureur de la République pour aller sur les lieux à sa place, ne peut à son tour subdéléguer un simple fonctionnaire de police[2].

52.23 La possibilité de se constituer partie civile. La première chambre d'accusation de la cour d'appel de Paris a rendu le 29 mars 1966 un arrêt demeuré longtemps important, dans lequel elle déclare que la partie civile est irrecevable à intervenir en cette qualité devant le juge d'instruction saisi en vertu de l'article 74 du Code de procédure pénale par le procureur de la République; qu'en effet, en un tel cas, le juge d'instruction n'est saisi d'aucune infraction pénale[3]. Le commentateur approuve cette décision : « Dans le cas de l'article 74, *dit-il,* le procureur de la République, avec la permission de la loi, se sert du juge d'instruction comme d'une structure, à des fins étrangères à celles pour lesquelles cette juridiction a été instituée. » Cet arrêt a été confirmé par la chambre criminelle, qui déclare que le réquisitoire introductif délivré dans ces conditions n'a pas mis en mouvement l'action publique[4]. Il restait à la partie civile la possibilité de se constituer partie civile à titre principal en qualifiant les faits pénalement. Mais la loi du 9 septembre 2002 apporte une modification importante à ce principe en décidant que la constitution de partie civile incidente est désormais possible en cas de recherches des causes de la mort (C. pr. pén., art. 80-4). Cette modification est justifiée au regard de la jurisprudence de la Cour européenne des droits de l'Homme, la France ayant été condamnée, au visa de l'article 2 de la Convention européenne des droits de l'Homme, postérieurement à la modification législative, mais à propos de l'application du droit antérieur, la famille de la victime n'ayant pu « accéder d'office à l'information ouverte par les autorités pour rechercher la cause de la mort de son concubin, l'enquête nationale n'a pas été "effective" au sens de la Convention »[5].

52.24 L'information pour recherche des causes de la mort ne met pas en mouvement l'action publique. La procédure en recherche des causes de la mort n'a pas pour but d'identifier l'auteur d'une contravention, d'un délit ou d'un crime, mais seulement de découvrir si une infraction a été commise. En conséquence l'action publique n'est pas mise en mouvement. C'est ce qu'affirma pour la première fois par la chambre criminelle de la Cour de cassation dans un arrêt du 26 juillet 1966[6].

Il a été jugé néanmoins que les actes d'instruction accomplis pour rechercher les causes de la mort interrompent la prescription de l'action publique[7].

52.25 La désignation du juge n'est pas nécessaire. La chambre criminelle de la Cour de cassation dans un arrêt du 11 mai 1989 a affirmé que puisque l'ouverture par le procureur de la Républi-

1. Crim. 24 févr. 1987, n° 86-96.293, *Bull. crim.,* n° 93.
2. Crim. 1er avr. 1987, n° 86-92.507, *Bull. crim.,* n° 155; *D.* 1987, IR 109.
3. CA Paris, 29 mars 1966, *JCP* 1966, II, 14718, note N. S.
4. Crim. 26 juill. 1966, *Bull. crim.,* n° 215; *JCP* 1966, II, 14824 *bis; D.* 1967, jur. 58, note B. Edelman (v. les attendus s^s n° 52.02).
5. CEDH 27 juill. 2004, n° 57671/00, Slimani c/France, section II, CEDH 2004-IX.
6. Crim. 26 juill. 1966, *Bull. crim.,* n° 215; *JCP* 1966, II, 14824 *bis; D.* 1967, jur. 58, note B. Edelman.
7. Crim. 6 juin 1991 n° 89-84.617, *Bull. crim.,* n° 243.

que d'une information pour recherche des causes de la mort ne met pas en mouvement l'action publique, les dispositions de l'article 83 ne sont pas applicables[1]. En théorie le ministère public peut donc choisir le juge d'instruction.

En pratique les dossiers en recherches des causes de la mort suivent en général le même chemin que les autres et font l'objet d'une ordonnance de désignation du président de la juridiction.

52.26 La saisine du juge d'instruction n'est pas exclusive. Dans un arrêt du 8 août 1974, la chambre d'accusation de la cour d'appel d'Amiens a expressément reconnu au ministère public la possibilité de saisir concurremment le juge d'instruction et les services de police[2]. La chambre criminelle de la Cour de cassation n'a pas, à notre connaissance, été amenée à se pencher sur ce problème. Mais la spécificité de la saisine peut laisser penser qu'elle est, à la différence du régime de la véritable instruction préparatoire, révocable.

52.27 L'information en recherche des causes de la mort n'est traditionnellement pas clôturée par un non-lieu. Lorsque le juge estime que son enquête est achevée, il doit la communiquer sans autre forme au procureur de la République qui appréciera la suite à lui donner. Si des éléments permettant de supposer l'existence de l'infraction sont apparus, il pourra ouvrir une information judiciaire. Dans le cas contraire, il procédera à un classement administratif. Le dossier n'a pas à être rendu au juge d'instruction. Dans certaines juridictions, on constate pourtant toujours que les magistrats rendent des ordonnances de non-lieu voire des ordonnances de « classement », qui sont inutiles. De la même façon, on constate parfois qu'un réquisitoire supplétif est rédigé lorsque le ministère public souhaite que le juge instruise désormais sur une infraction caractérisée. En fait, c'est un réquisitoire introductif qui est nécessaire, et le juge saisi doit faire l'objet d'une désignation. La possibilité de constitution de partie civile peut toutefois conduire le juge d'instruction à notifier à celle-ci le « classement » de l'affaire. La possibilité qu'il y ait désormais une partie (la partie civile) à la procédure rend plus difficile l'appréhension de la spécificité de la procédure de recherche des causes de la mort. L'article 80-4 prévoit en effet que « le juge d'instruction procède conformément aux dispositions du chapitre Ier du titre III du livre Ier », c'est-à-dire de tous les articles concernant l'instruction du premier degré. On peut donc raisonnablement se demander si des avis à partie ne doivent pas être délivrés et si la partie civile ne peut pas faire appel de l'« ordonnance de règlement ». Qu'on l'appelle alors ordonnance de classement, décision de classement ou ordonnance de non-lieu ne change pas grand-chose. Le problème est de savoir si elle doit être notifiée et si elle est susceptible d'appel. L'articulation des articles 74 et 80-4 nous semble aller en ce sens.

SECTION 3

RECHERCHE DES CAUSES DE LA MORT : POUVOIRS DU JUGE D'INSTRUCTION

52.31 Expertises, commission rogatoire, garde à vue. Le juge d'instruction saisi peut ordonner des expertises. La première d'entre elles sera l'autopsie, et les analyses complémentaires qui peuvent s'avérer nécessaires (anatomopathologie, toxicologie, *etc.*). Le but premier est parfois de trouver l'identité de la personne décédée. D'autres investigations sont alors possibles (comptes-rendus de la denture passés dans des revues professionnelles de dentistes, *etc.*). Le juge peut aussi déléguer des officiers de police judiciaire pour les besoins de son enquête. La chambre criminelle a même admis, dans un arrêt du 24 février 1987 que la garde à vue et la prolongation de garde à vue étaient possibles[3]. La motivation, s'appuyant sur la combinaison des articles 49, 74 et 81 du Code de procédure pénale, énonce simplement que le juge accomplit « conformément à la loi tous les actes d'information qu'il estime utiles à la manifestation de la vérité; que s'il est requis d'informer sur les causes de la mort d'une personne et s'il est dans l'impossibilité de procéder lui-même à tous les actes d'instruction, il peut donner commission rogatoire aux officiers de police judiciaire afin de leur faire exécuter tous les actes rendus nécessaires par cette information ». Quant à la possibilité de placer en garde à vue, deux remarques doivent être formulées :

– le cas d'espèce jugé le 24 février 1987 était particulier : le seul élément certain était la présence d'un cadavre dont la mort était suspecte. L'audition de la personne suspectée apportait en même temps la preuve de l'existence de l'infraction et des éléments sur son imputabilité. Le placement en garde à vue pouvait être admis dès lors qu'il n'y avait pas encore d'indices laissant penser qu'une infraction avait été commise. La Cour de cassation admettait même dans cet arrêt la possibilité de prolonger cette garde à vue mais elle se penchait en fait beaucoup

1. Crim. 11 mai 1989, n° 89-81.416, *Bull. crim.*, n° 193; *D.* 1989, somm. 392, obs. J. Pradel.
2. CA Amiens, ch. acc., 8 août 1974, *JCP* 1975, II, 18164, note P. Chambon.
3. Crim. 24 févr. 1987, n° 86-96.293, *Bull. crim.*, n° 93 (v. les attendus s[s] n° 52.02).

plus sur le problème de l'article 105 du Code de procédure pénale que sur celui de la garde à vue. En l'espèce, la perquisition et les saisies effectuées à cette occasion n'avaient pas été réalisées pendant la première période de garde à vue. Aussi la poursuite des investigations et notamment la prolongation de la garde à vue ne posait pas de problèmes;

- la loi du 1er février 1994 a modifié l'article 154 du Code de procédure pénale et renvoie à l'article 63 lui-même modifié par la loi du 4 janvier 1993. Désormais, la prolongation de garde à vue est conditionnée à l'existence d'indices faisant présumer que des personnes ont commis ou tenté de commettre une infraction. La rédaction de la loi du 15 juin 2000 évoque « une ou plusieurs raisons plausibles de soupçonner ». La même loi conditionne le placement lui-même à la réunion de ces mêmes raisons plausibles. Nous pensons donc que désormais ni le placement en garde à vue, ni *a fortiori* sa prolongation ne sont possibles.

L'article 80-4 du Code de procédure pénale, issu de la loi du 9 septembre 2002, dispose que pendant le déroulement de la procédure de recherche des causes de la mort ou de recherche des causes d'une disparition, le juge d'instruction procède conformément aux dispositions du chapitre Ier du titre III du livre Ier. Il est possible de procéder à toutes expertises, auditions, réquisitions et perquisitions utiles à la manifestation de la vérité et de délivrer à cette fin une commission rogatoire aux enquêteurs. Selon la circulaire de la Chancellerie, « le placement en garde à vue ne peut toutefois intervenir qu'à l'encontre des personnes contre lesquelles il existe une ou plusieurs raisons plausibles de soupçonner qu'elles ont commis une infraction, ce qui peut ensuite justifier la délivrance d'un réquisitoire introductif ouvrant une information relative à l'infraction ainsi découverte et permettant alors, dans le cadre de cette information, de procéder le cas échéant à des mises en examen et des placements en détention provisoire ». Mais il est difficile de concevoir qu'il puisse exister des raisons plausibles de soupçonner qu'une personne a commis une infraction avant de soupçonner l'existence même de cette infraction. La prudence s'impose.

52.32 Autres actes coercitifs. On peut penser que les perquisitions et saisies ne sont possibles que si elles demeurent dans le cadre de la recherche de l'existence d'une infraction. Quant à la possibilité d'avoir recours à des écoutes téléphoniques on pouvait en douter depuis la loi du 10 juillet 1991 puisque l'article 100 du Code de procédure pénale prévoit la possibilité d'avoir recours à ce moyen d'interception des communications « en matière criminelle et en matière correctionnelle, si la peine encourue est égale ou supérieure à deux ans d'emprisonnement ».

Cette condition semblait incompatible avec la procédure de recherche des causes de la mort qui ne suppose pas qu'une quelconque infraction soit connue. Pourtant la loi du 9 septembre 2002 a prévu cette possibilité : l'article 80-4 du Code de procédure pénale précise désormais que les interceptions des correspondances émises par la voie des télécommunications sont effectuées sous l'autorité et le contrôle du juge d'instruction dans les conditions prévues au deuxième alinéa de l'article 100 et aux articles 100-1 à 100-7, et qu'elles ne peuvent excéder une durée de deux mois renouvelable.

SECTION 4
RECHERCHE DES CAUSES D'UNE DISPARITION

52.41 Origine. On peut, sans risque de se tromper, avancer que l'affaire dite des « disparues de l'Yonne » est directement en relation avec l'introduction dans le Code de procédure pénale dans un nouvel article 74-1, d'une procédure en recherche des causes d'une disparition.

52.42 La procédure en recherche des causes d'une disparition est conduite par le ministère public. Le premier alinéa de l'article 74-1 prévoit que lorsque la disparition d'un mineur ou d'un majeur protégé vient d'intervenir ou d'être constatée, les officiers de police judiciaire, assistés le cas échéant des agents de police judiciaire, peuvent, sur instructions du procureur de la République et aux fins de découvrir la personne disparue, procéder aux actes prévus par les articles 56 à 62 du Code de procédure pénale; il précise qu'à l'issue d'un délai de huit jours à compter des instructions de ce magistrat, ces investigations peuvent se poursuivre dans les formes de l'enquête préliminaire. Les investigations prévues par le texte sont plus poussées que celles qui sont possibles dans le cadre de la procédure administrative de recherche dans l'intérêt des familles : l'article 26 de la loi du 21 janvier 1995 dispose désormais que lorsque le procureur de la République fait application des dispositions de l'article 74-1 du Code de procédure pénale, il est mis fin aux recherches administratives.

52.43 Ouverture d'une information. Le deuxième alinéa de l'article 74-1 dispose que le procureur de la République peut également requérir l'ouverture d'une information pour recherche des causes de la disparition, et son dernier alinéa précise enfin que les dispositions de cet article sont également applicables en cas de disparition d'un majeur présentant un caractère inquiétant ou suspect eu égard aux circonstances, à l'âge de l'intéressé ou à son état de santé.

52.44 Pouvoirs des enquêteurs. Le renvoi aux articles 56 à 62 du Code de procédure pénale inscrit cette procédure dans celle de la flagrance avec une possibilité de perquisitions sans accord de la personne. Au bout de huit jours, ce sont les règles de l'enquête préliminaire qui doivent s'appliquer.

L'article 80-4 aligne les pouvoirs des enquêteurs dans le cadre d'une procédure de recherche des causes d'une disparition sur ceux nouvellement énumérés de la procédure de recherche des causes de la mort.

52.45 Possibilité de se constituer partie civile. Le deuxième alinéa de l'article 80-4 dispose que les membres de la famille ou les proches de la personne décédée ou disparue peuvent se constituer partie civile à titre incident. En cas de découverte de la personne disparue, l'adresse de cette dernière et les pièces permettant d'avoir directement ou indirectement connaissance de cette adresse ne peuvent être communiquées à la partie civile qu'avec l'accord de l'intéressé s'il s'agit d'un majeur et qu'avec l'accord du juge d'instruction s'il s'agit d'un mineur ou d'un majeur protégé.

SECTION 5
SPÉCIFICITÉ DE L'OUVERTURE DE L'INFORMATION DANS UNE JURIDICTION SANS PÔLE DE L'INSTRUCTION

52.51 Une nouveauté de la loi du 5 mars 2007. La loi du 5 mars 2007 ayant institué des pôles de l'instruction dans certaines juridictions seulement, le législateur a mis en place une procédure particulière applicable dans les juridictions qui en sont dépourvues. Cette procédure concerne les affaires criminelles et celles pour lesquelles une co-saisine est ordonnée.

À ce jour, il existe sur le territoire national 66 tribunaux de grande instance sur 180 qui ne sont dotés que d'un seul juge d'instruction.

52.52 Ouverture des informations au sein des juridictions sans pôle. L'article 80 du Code de procédure pénale prévoit la procédure adéquate dans deux cas :

- lorsque le procureur de la République requiert une co-saisine;
- en matière criminelle.

« En matière criminelle, ainsi que lorsqu'il requiert une co-saisine, le procureur de la République près le tribunal de grande instance au sein duquel il n'y a pas de pôle de l'instruction est compétent pour requérir l'ouverture d'une information devant les magistrats du pôle territorialement compétents pour les infractions relevant de sa compétence en application de l'article 43, y compris en faisant déférer devant eux les personnes concernées. » Mais il existe une compétence concurrente : « Dans les cas prévus au premier alinéa, le réquisitoire introductif peut également être pris par le procureur de la République près le tribunal de grande instance au sein duquel se trouve le pôle, qui est à cette fin territorialement compétent sur l'ensemble du ressort de compétence de ce pôle, y compris pour diriger et contrôler les enquêtes de police judiciaire » (sur les problèmes de compétence v. s^s n° 21.72).

52.53 La qualification criminelle. L'obligation d'une instruction à plusieurs en matière criminelle est évidemment primordiale. Elle n'autorise plus les petites juridictions à instruire ce type de dossier. Une attention toute particulière devra donc être portée sur la qualification d'origine retenue. Ouvrir systématiquement à la hausse apportera un dessaisissement du ou des juges d'instruction de la juridiction sans pôle. Ceci pose des difficultés pour l'instruction de l'affaire : proximité du lieu de la reconstitution, déplacements des témoins, *etc.* Si la qualification criminelle est adoptée en cours d'information, le juge d'instruction devra immédiatement se dessaisir dans les conditions prévues par l'article 118 du Code de procédure pénale.

« Si l'information a été ouverte au sein d'une juridiction dépourvue de pôle de l'instruction, le juge d'instruction, aussitôt après avoir procédé aux formalités prévues par le présent article, se dessaisit au profit d'un juge du pôle de l'instruction compétent, désigné par le président du tribunal de grande instance dans lequel se trouve ce pôle. » En pratique, le juge d'instruction de la juridiction sans pôle entend la personne sur la nouvelle qualification envisagée, lui notifie la modification de mise en examen, avertit la maison d'arrêt par soit transmis du changement du régime de détention lorsque la personne est détenue. Puis, il rend une ordonnance de dessaisissement au profit « du juge d'instruction du tribunal de grande instance de X, juridiction dotée d'un pôle de l'instruction ». À la réception du dossier, qui doit être transmis en urgence, le président de la juridiction du pôle désigne les magistrats instructeurs qui vont poursuivre l'information. L'article 83-1 précise alors que « ce dessaisissement prend effet à la date de désignation des juges du pôle » (v. aussi s^s n° 114.33).

52.54 Le procureur de la République du lieu du pôle peut renvoyer l'affaire devant la juridiction sans pôle. L'article 80 dispose en effet que – « Si le procureur de la République près le tribunal de grande instance dans lequel il y a un pôle de l'instruction constate qu'une personne est déférée devant lui en vue de l'ouverture d'une information en application du deuxième alinéa du II et qu'il estime qu'aucune information relevant de la compétence du pôle ne doit être ouverte, il peut, avant de transmettre le dossier de la procédure au procureur de la République territorialement compétent, requérir le placement sous contrôle judiciaire ou en détention provisoire de la personne selon les modalités prévues par le troisième alinéa de l'article 394 et l'article 396. Si la personne est placée en détention provisoire, elle doit comparaître devant le procureur de la République près le tribunal de grande instance au sein duquel il n'y a pas de pôle de l'instruction au plus tard le troisième jour ouvrable suivant. À défaut, elle est mise d'office en liberté. » (v. s[s] n°s 12.24, 21.72).

52.55 Renvoi. Le dernier alinéa du II de l'article 80 du Code de procédure pénale dispose qu'« en cas de renvoi devant la juridiction de jugement, l'affaire est renvoyée, selon le cas, devant la juridiction de proximité, le tribunal dc policc, lc tribunal correctionnel, le tribunal pour enfants ou la cour d'assises initialement compétents » (v. s[s] n° 214.51).

CHAPITRE

53. Dessaisissement du juge d'instruction

SECTION 0 ORIENTEUR

53.00 Plan du chapitre.

Sect. 1 Dessaisissement d'un juge d'instruction par le président du tribunal

Sect. 2 Dessaisissement par la chambre de l'instruction

Sect. 3 Autres cas de dessaisissement

53.01 Textes applicables.

C. pr. pén., art. 84, 85, 206, 207, 221-1, 221-2, 657 à 665.

C. pr. pén., art. 84 [L. n° 2004-204, 9 mars 2004]

Sous réserve de l'application des articles 657 et 663, le dessaisissement du juge d'instruction au profit d'un autre juge d'instruction peut être demandé au président du tribunal, dans l'intérêt d'une bonne administration de la justice, par requête motivée du procureur de la République, agissant soit spontanément, soit à la demande des parties.

Le président du tribunal doit statuer dans les huit jours par une ordonnance qui ne sera pas susceptible de voies de recours.

En cas d'empêchement du juge chargé de l'information, par suite de congé, de maladie ou pour toute autre cause, de même qu'en cas de nomination à un autre poste, le président désigne le juge d'instruction chargé de le remplacer.

Toutefois, en cas d'urgence et pour des actes isolés, tout juge d'instruction peut suppléer un autre juge d'instruction du même tribunal.

Dans les cas prévus par le deuxième alinéa de l'article 83 et l'article 83-1, le juge désigné ou, s'ils sont plusieurs, le premier dans l'ordre de désignation, peut remplacer ou suppléer le juge chargé de l'information sans qu'il y ait lieu à application des alinéas qui précèdent.

C. pr. pén., art. 85 [L. n° 2007-291, 5 mars 2007]

Toute personne qui se prétend lésée par un crime ou un délit peut en portant plainte se constituer partie civile devant le juge d'instruction compétent en application des dispositions des articles 52, 52-1 et 706-42.

Toutefois, la plainte avec constitution de partie civile n'est recevable qu'à condition que la personne justifie soit que le procureur de la République lui a fait connaître, à la suite d'une plainte déposée devant lui ou un service de police judiciaire, qu'il n'engagera pas lui-même des poursuites, soit qu'un délai de trois mois s'est écoulé depuis qu'elle a déposé plainte devant ce magistrat, contre récépissé ou par lettre recommandée avec demande d'avis de réception, ou depuis qu'elle a adressé, selon les mêmes modalités, copie à ce magistrat de sa plainte déposée devant un service de police judiciaire. Cette condition de recevabilité n'est pas requise s'il s'agit d'un crime ou s'il s'agit d'un délit prévu par la loi du 29 juillet 1881 sur la liberté de la presse ou par les articles L. 86, L. 87, L. 91 à L. 100, L. 102 à L. 104, L. 106 à L. 108 et L. 113 du Code électoral. La prescription de l'action publique est suspendue, au profit de la victime, du dépôt de la plainte jusqu'à la réponse du procureur de la République ou, au plus tard, une fois écoulé le délai de trois mois.

C. pr. pén., art. 206 [L. n° 2004-204, 9 mars 2004]

Sous réserve des dispositions des articles 173-1, 174 et 175, la chambre de l'instruction examine la régularité des procédures qui lui sont soumises.

Si elle découvre une cause de nullité, elle prononce la nullité de l'acte qui en est entaché et, s'il y échet, celle de tout ou partie de la procédure ultérieure.

Après annulation, elle peut soit évoquer et procéder dans les conditions prévues aux articles 201, 202 et 204, soit renvoyer le dossier de la procédure au même juge d'instruction ou à tel autre, afin de poursuivre l'information.

C. pr. pén., art. 207 [L. n° 2004-204, 9 mars 2004]

Lorsque la chambre de l'instruction a statué sur l'appel relevé contre une ordonnance en matière de détention provisoire, ou à la suite d'une saisine du procureur de la République soit qu'elle ait confirmé cette décision, soit que, l'infirmant, elle ait ordonné une mise en liberté ou maintenu en détention ou décerné un mandat de dépôt ou d'arrêt, le procureur général fait sans délai retour du dossier au juge d'instruction après avoir assuré l'exécution de l'arrêt. Lorsque la chambre de l'instruction décerne mandat de dépôt ou qu'elle infirme une ordonnance de mise en liberté ou de refus de prolongation de détention provisoire, les décisions en matière de détention provisoire continuent de relever de la compétence du juge d'instruction et du juge des libertés et de la détention sauf mention expresse de la part de la chambre de l'instruction disant qu'elle est seule compétente pour statuer sur les demandes de mise en liberté et prolonger le cas échéant la détention provisoire. Il en est de même lorsque la chambre de l'instruction ordonne un contrôle judiciaire ou en modifie les modalités.

Lorsque, en toute autre matière, la chambre de l'instruction infirme une ordonnance du juge d'instruction ou est saisie en application des articles 81, dernier alinéa, 82, dernier alinéa, 82-1, deuxième alinéa, 156, deuxième alinéa, ou 167, quatrième alinéa, elle peut, soit évoquer et procéder dans les conditions prévues aux articles 201, 202, 204 et 205, soit renvoyer le dossier au juge d'instruction ou à tel autre afin de poursuivre l'information. Elle peut également procéder à une évocation partielle du dossier en ne procédant qu'à certains actes avant de renvoyer le dossier au juge d'instruction.

L'ordonnance du juge d'instruction ou du juge des libertés et de la détention frappée d'appel sort son plein et entier effet si elle est confirmée par la chambre de l'instruction.

En cas d'appel formé contre une ordonnance de refus de mise en liberté, la chambre de l'instruction peut, lors de l'audience et avant la clôture des débats, se saisir immédiatement de toute demande de mise en liberté sur laquelle le juge d'instruction ou le juge des libertés et de la détention n'a pas encore statué; dans ce cas, elle se prononce à la fois sur l'appel et sur cette demande.

C. pr. pén., art. 221-1

Lorsqu'un délai de quatre mois s'est écoulé depuis la date du dernier acte d'instruction nécessaire à la manifestation de la vérité, le président de la chambre de l'instruction peut, par requête, saisir cette juridiction. La chambre de l'instruction peut, dans l'intérêt d'une bonne administration de la justice, soit évoquer et procéder dans les conditions prévues par les articles 201, 202, 204 et 205, soit renvoyer le dossier au juge d'instruction ou à tel autre afin de poursuivre l'information.

C. pr. pén., art. 221-2

Lorsqu'un délai de quatre mois s'est écoulé depuis la date du dernier acte d'instruction, les parties peuvent saisir la chambre de l'instruction dans les conditions prévues par le troisième alinéa de l'article 173. Ce délai est ramené à deux mois au profit de la personne mise en examen lorsque celle-ci est placée en détention provisoire.

Dans les huit jours de la réception du dossier par le greffe de la chambre de l'instruction, le président peut, par ordonnance motivée non susceptible de recours, décider qu'il n'y a pas lieu de saisir la chambre de l'instruction.

La chambre de l'instruction, lorsqu'elle est saisie, peut, soit évoquer et procéder dans les conditions prévues par les articles 201, 202, 204 et 205, soit renvoyer le dossier au juge d'instruction ou à tel autre afin de poursuivre l'information.

Si, dans les deux mois suivant le renvoi du dossier au juge d'instruction initialement saisi, aucun acte d'instruction n'a été accompli, la chambre de l'instruction peut être à nouveau saisie selon la procédure prévue aux premier et deuxième alinéas du présent article. Ce délai est ramené à un mois au profit de la personne mise en examen lorsque celle-ci est placée en détention provisoire.

La chambre de l'instruction doit alors, soit évoquer comme il est dit au troisième alinéa du présent article, soit renvoyer le dossier à un autre juge d'instruction afin de poursuivre l'information.

C. pr. pén., art. 221-3 [inséré par L. n° 2007-291, 5 mars 2007, art. 12 III]

I. – Lorsqu'un délai de trois mois s'est écoulé depuis le placement en détention provisoire de la personne mise en examen, que cette détention est toujours en cours et que l'avis de fin d'information prévu par l'article 175 n'a pas été délivré, le président de la chambre de l'instruction peut, d'office ou à la demande du ministère public ou de la personne mise en examen, décider de saisir cette juridiction afin que celle-ci examine l'ensemble de la procédure. En cas de demande du ministère public ou d'une partie, il statue dans les huit jours de la réception de cette demande. Cette décision n'est pas susceptible de recours.

La chambre de l'instruction statue après une audience à laquelle les avocats de l'ensemble des parties et des témoins assistés sont convoqués. La chambre de l'instruction ou son président peut ordonner la comparution des personnes mises en examen et des témoins assistés, d'office ou à la demande des parties. Si un mis en examen placé en détention provisoire demande à comparaître, le président ne peut refuser sa comparution que par une décision motivée. La comparution peut être réalisée selon les modalités prévues à l'article 706-71.

Si la personne mise en examen est majeure, les débats se déroulent et l'arrêt est rendu en audience publique. Toutefois, le ministère public, la personne mise en examen ou la partie civile ou leurs avocats peuvent, avant l'ouverture des débats, s'opposer à cette publicité si celle-ci est de nature à entraver les investigations spécifiques nécessitées par l'instruction, à porter atteinte à la présomption d'innocence ou à la sérénité des débats ou à nuire à la dignité de la personne ou aux intérêts d'un tiers, ou si l'enquête porte sur des faits visés à l'article 706-73. La chambre statue sur cette opposition, après avoir recueilli les observations du ministère public et des parties, par un arrêt rendu en chambre du conseil qui n'est susceptible d'un pourvoi en cassation qu'en même temps que l'arrêt portant sur la demande principale. Si la chambre fait droit à cette opposition ou si la personne mise en examen est mineure, les débats ont lieu et l'arrêt est rendu en chambre du conseil. Il en est de même si la partie civile s'oppose à la publicité, dans les seuls cas où celle-ci est en droit de demander le huis clos lors de l'audience de jugement.

Le président de la chambre de l'instruction peut également ordonner d'office, après avoir recueilli les observations du ministère public et des parties, que les débats se déroulent en chambre du conseil si la publicité est de nature à entraver les investigations spécifiques nécessitées par l'instruction ou à nuire à la dignité de la personne ou aux intérêts d'un tiers. Le président de la chambre de l'instruction statue par une ordonnance rendue en chambre du conseil qui n'est susceptible de pourvoi en cassation qu'en même temps que l'arrêt rendu à l'issue des débats.

Deux jours ouvrables au moins avant la date prévue pour l'audience, les parties peuvent déposer des mémoires consistant soit en des demandes de mise en liberté, soit en des demandes d'actes, y compris s'il s'agit d'une demande ayant été précédemment rejetée en application de l'article 186-1, soit en des requêtes en annulation, sous réserve des articles 173-1 et 174, soit en des demandes tendant à constater la prescription de l'action publique.

II. – La chambre de l'instruction, après avoir le cas échéant statué sur ces demandes, peut :

1° Ordonner la mise en liberté, assortie ou non du contrôle judiciaire, d'une ou plusieurs des personnes mises en examen, même en l'absence de demande en ce sens;

2° Prononcer la nullité d'un ou plusieurs actes dans les conditions prévues par l'article 206;

3° Évoquer et procéder dans les conditions prévues par les articles 201, 202, 204 et 205;

4° Procéder à une évocation partielle du dossier en ne procédant qu'à certains actes avant de renvoyer le dossier au juge d'instruction;

5° Renvoyer le dossier au juge d'instruction afin de poursuivre l'information, en lui prescrivant le cas échéant de procéder à un ou plusieurs actes autres que ceux relatifs à la détention provisoire ou au contrôle judiciaire, dans un délai qu'elle détermine;

6° Désigner un ou plusieurs autres juges d'instruction pour suivre la procédure avec le juge ou les juges d'instruction déjà saisis, conformément à l'article 83-1;

7° Lorsque cette décision est indispensable à la manifestation de la vérité et à la bonne administration de la justice et qu'il n'est pas possible de procéder aux désignations prévues au 6°, procéder au dessaisissement du juge d'instruction et à la désignation, aux fins de poursuite de la procédure, d'un ou plusieurs juges d'instruction de la juridiction d'origine ou d'une autre juridiction du ressort;

8° Ordonner le règlement, y compris partiel, de la procédure, notamment en prononçant un ou plusieurs non-lieux à l'égard d'une ou plusieurs personnes.

L'arrêt de la chambre de l'instruction doit être rendu au plus tard trois mois après la saisine par le président, à défaut de quoi les personnes placées en détention sont remises en liberté.

Six mois après que l'arrêt est devenu définitif, si une détention provisoire est toujours en cours, et sauf si l'avis de fin d'information prévu par l'article 175 a été délivré, le président de la chambre de l'instruction peut à nouveau saisir cette juridiction dans les conditions prévues par le présent article.

C. pr. pén., art. 657

Lorsque deux juges d'instruction, appartenant à un même tribunal ou à des tribunaux différents, se trouvent simultanément saisis de la même infraction, le ministère public peut, dans l'intérêt d'une bonne administration de la justice, requérir l'un des juges de se dessaisir au profit de l'autre. Le dessaisissement n'a lieu que si les deux juges en sont d'accord. Si le conflit de compétence subsiste, il est procédé, selon les cas, conformément aux dispositions des articles 84, 658 ou 659.

C. pr. pén., art. 658

Lorsque deux tribunaux correctionnels, deux juges d'instruction ou deux tribunaux de police appartenant au même ressort de cour d'appel se trouvent saisis simultanément de la même infraction, il est réglé de juges par la chambre de l'instruction qui statue sur requête présentée par le ministère public ou les parties. Cette décision est susceptible d'un recours en cassation.

C. pr. pén., art. 659

Tous autres conflits de compétence sont portés devant la chambre criminelle de la Cour de cassation, laquelle est saisie par requête du ministère public ou des parties. La Cour de cassation peut aussi, à l'occasion d'un pourvoi dont elle est saisie, régler de juges d'office et même par avance. Elle peut statuer sur tous actes faits par la juridiction qu'elle dessaisit.

C. pr. pén., art. 660

La chambre criminelle peut, avant de régler de juges, ordonner la communication de la requête aux parties. Dans ce cas, les pièces de la procédure lui sont transmises, dans le délai par elle fixé, avec les observations des intéressés, et le cours de la procédure est suspendu.

C. pr. pén., art. 661

L'arrêt portant règlement de juges est signifié aux parties intéressées. Celles-ci peuvent, hors le cas où la communication de la requête a été ordonnée, former opposition à cet arrêt, par acte reçu au greffe du lieu où siège l'une des juridictions en conflit, dans les formes et délais du pourvoi en cassation.

L'opposition emporte effet suspensif si la chambre criminelle en décide ainsi.

L'opposition est jugée dans les quinze jours de l'arrivée des pièces au greffe de la Cour de cassation. Si l'opposition est rejetée, la chambre criminelle peut condamner le demandeur à une amende civile de 15 euros.

C. pr. pén., art. 662

En matière criminelle, correctionnelle ou de police, la chambre criminelle de la Cour de cassation peut dessaisir toute juridiction d'instruction ou de jugement et renvoyer la connaissance de l'affaire à une autre juridiction du même ordre pour cause de suspicion légitime.

La requête aux fins de renvoi peut être présentée soit par le procureur général près la Cour de cassation, soit par le ministère public établi près la juridiction saisie, soit par les parties.

La requête doit être signifiée à toutes les parties intéressées qui ont un délai de dix jours pour déposer un mémoire au greffe de la Cour de cassation.

La présentation de la requête n'a point d'effet suspensif à moins qu'il n'en soit autrement ordonné par la Cour de cassation.

C. pr. pén., art. 663 [L. n° 2004-204, 9 mars 2004]
Lorsque deux juges d'instruction, appartenant à un même tribunal ou à des tribunaux différents, se trouvent simultanément saisis d'infractions connexes ou d'infractions différentes en raison desquelles une même personne ou les mêmes personnes sont mises en examen, le ministère public peut, dans l'intérêt d'une bonne administration de la justice et nonobstant les dispositions des articles 43, 52 et 382, requérir l'un des juges de se dessaisir au profit de l'autre. Le dessaisissement a lieu si les juges en sont d'accord. En cas de désaccord, il est fait application, s'il y a lieu, des dispositions de l'article 664.

C. pr. pén., art. 664
Lorsqu'une personne mise en examen ou un prévenu est détenu provisoirement en vertu d'une décision prescrivant la détention ou en exécution d'une condamnation, le ministère public peut, dans l'intérêt d'une bonne administration de la justice, notamment pour éviter le transfèrement du détenu, requérir le renvoi de la procédure de la juridiction d'instruction ou de jugement saisie à celle du lieu de détention. Il est procédé comme en matière de règlement de juges.

C. pr. pén., art. 665
Le renvoi d'une affaire d'une juridiction à une autre peut être ordonné pour cause de sûreté publique par la chambre criminelle, mais seulement à la requête du procureur général près la Cour de cassation.

Le renvoi peut également être ordonné, dans l'intérêt d'une bonne administration de la justice, par la chambre criminelle, soit sur requête du procureur général près la Cour de cassation, soit sur requête du procureur général près la cour d'appel dans le ressort de laquelle la juridiction saisie a son siège, agissant d'initiative ou sur demande des parties.

Dans les dix jours de la réception de la demande et s'il n'y donne pas suite, le procureur général près la cour d'appel informe le demandeur des motifs de sa décision. Ce dernier peut alors former un recours devant le procureur général près la Cour de cassation qui, s'il ne saisit pas la chambre criminelle l'informe des motifs de sa décision.

La chambre criminelle statue dans les huit jours de la requête.

53.02 Jurisprudence de référence.

• Le dessaisissement du juge d'instruction initialement saisi au profit du juge d'instruction spécialisé en matière économique et financière a lieu de plein droit, en cas d'accord entre ces magistrats sans que des réquisitions nouvelles soient nécessaires.

Crim. 23 janv. 2002, n° 01-87.620, *Bull. crim.*, n° 11.

« Attendu que, pour refuser d'annuler la procédure de dessaisissement du juge d'instruction de M... ainsi que l'ensemble des actes accomplis par le juge d'instruction de C..., l'arrêt attaqué énonce, d'une part, que l'ordonnance critiquée du 7 janvier 1999 s'analyse en une ordonnance de dessaisissement du juge d'instruction de M... en faveur de son collègue de C..., spécialisé en matière économique et financière et, d'autre part, que le dessaisissement du juge d'instruction initialement saisi, requis par le procureur de la République de son siège, a lieu immédiatement et de plein droit, en cas d'accord entre ce magistrat et le juge d'instruction spécialisé, sans que des réquisitions nouvelles ou supplétives du ministère public du siège du magistrat saisi soient nécessaires;

Attendu qu'en l'état de ces seuls motifs, la chambre de l'instruction a justifié sa décision. »

• La requête présentée par le procureur de la République en application de l'article 84 du Code de procédure pénale ne peut être annulée dès lors qu'elle satisfait en la forme aux conditions essentielles de son existence légale.

• L'ordonnance du président du tribunal statuant sur le dessaisissement du juge d'instruction au profit d'un autre juge d'instruction du même siège, dans les conditions prévues par l'article 84 du Code de procédure pénale, est une mesure d'administration judiciaire qui n'est pas susceptible de recours.

Crim. 10 juill. 2002, n° 02-83.539, n° 02-84.191, *Bull. crim.*, n° 150; *JCP* 2002, IV, 2613.

« Attendu qu'il résulte de l'arrêt attaqué que, dans une information suivie, notamment, pour escroquerie et abus de confiance, le procureur de la République, par requête en date du 14 décembre 2001 présentée sur le fondement de l'article 84, alinéa 1er, du Code de procédure pénale, a demandé au président du tribunal d'ordonner, "dans l'intérêt d'une bonne administration de la justice, le dessaisissement du juge d'instruction au profit d'un ou de plusieurs autres magistrats instructeurs de la juridiction"; que, par ordonnance en date du 17 décembre 2001, le président a fait droit à cette requête et désigné deux juges d'instruction du tribunal aux fins de poursuivre l'information; que ces magistrats ont mis en examen Michel X... pour blanchiment et complicité d'organisation frauduleuse d'insolvabilité et François Y... de ce second chef;

Attendu que les deux personnes mises en examen ont demandé à la chambre de l'instruction l'annulation de la requête du procureur de la République et de l'ordonnance rendue par le président du tribunal; qu'elles ont soutenu qu'en motivant la nécessité du dessaisissement par l'inertie du juge initialement saisi ces magistrats s'étaient attribués les pouvoirs confiés à la chambre de l'instruction;

Attendu qu'en écartant cette argumentation par les motifs repris aux moyens, la chambre de l'instruction a fait l'exacte application de la loi;

Qu'en effet, d'une part, la requête présentée par le procureur de la République, en application de l'article 84, alinéa 1er, du Code de procédure pénale, ne peut être annulée par la chambre de l'instruction lorsqu'elle satisfait en la forme aux conditions essentielles de son existence légale;

Que, d'autre part, l'ordonnance du président du tribunal statuant sur le dessaisissement du juge d'instruction au profit d'un autre juge d'instruction du même siège, dans les conditions prévues par les premier et deuxième alinéas de l'article précité du Code de procédure pénale, est une mesure d'administration judiciaire qui n'est pas susceptible de recours;

D'où il suit que les moyens ne sont pas fondés. »

53.03 Bibliographie indicative. (V. les références complètes s[s] n° 03.)

Actualisables. Rép. pén., Aymond, « Action publique »; Guéry, « Instruction préparatoire »; Coste, « Chambre de l'instruction »; Chauvin, « Règlement de juges »; Vergne, « Renvoi » – J.-Cl. pén., Angevin H., « Renvois d'un tribunal à l'autre, Règlements »; Dumont J., « Juge d'instruction, Juridictions d'instruction du premier degré. Dispositions générales »; Malibert, « Mort suspecte ».

Ouvrages. Hélie F., IV, n°s 1701 à 1703 – Le Poittevin, art. 63, n°s 135 à 138.

Articles. Maron A., « Incidences de la Convention européenne des droits de l'Homme sur la procédure de suspicion légitime », *BICC* 1995, n° 34.

53.06 Questions essentielles.

• Si le juge ne se saisit pas lui même, il ne doit pas non plus, en dehors de circonstances particulières, être dessaisi. Le dessaisissement du juge d'instruction peut correspondre à une sanction. Mais il peut aussi être nécessaire à une certaine harmonie judiciaire, qu'il est convenu d'appeler « bonne administration de la justice ». Les possibilités de dessaisissement d'autorité tendent à se multiplier ces dernières années.

* Sur ce point, sur la loi n° 2007-291 du 5 mars 2007, v. s[s] n°s 53.24, 53.39.

53.07 Distinctions. Deux textes, l'article 50 et l'article 84 du Code de procédure pénale, dans sa version originaire, règlent la matière. L'article 50 alinéa 5, qui prévoit le remplacement par le tribunal d'un juge d'instruction empêché par un autre juge du tribunal, s'applique dans les tribunaux qui n'ont qu'un juge d'instruction. Au contraire, l'article 84 alinéas 3 et 4, qui se réfère à l'article 83, et qui prévoit le remplacement par le président, d'un juge d'instruction empêché par un autre juge d'instruction, s'applique dans les tribunaux qui possèdent plusieurs juges d'instruction (v. s[s] n°s 12.11 à 12.16, 12.21 à 12.23).

Une autre distinction s'impose en ce qui concerne le dessaisissement. L'article 84 prévoit le dessaisissement d'un juge d'instruction par un autre juge d'instruction au sein d'un même tribunal. Au contraire, l'article 657 du Code de procédure pénale, s'applique au dessaisissement d'un juge d'instruction d'un tribunal au profit d'un juge d'instruction d'un autre tribunal.

SECTION 1
DESSAISISSEMENT D'UN JUGE D'INSTRUCTION PAR LE PRÉSIDENT DU TRIBUNAL

53.11 Procédure. Le premier alinéa de l'article 84 du Code de procédure pénale est ainsi conçu : « Sous réserve de l'application des articles 657 et 663, le dessaisissement du juge d'instruction au profit d'un autre juge d'instruction peut être demandé au président du tribunal, dans l'intérêt d'une bonne administration de la justice, par requête motivée du procureur de la République, agissant soit spontanément, soit à la demande des parties. » Ce texte est une suite manifeste de l'article 83, il s'applique donc dans les tribunaux où il existe plusieurs juges d'instruction, et seulement à l'intérieur de chacun de ces tribunaux.

Le dessaisissement ne peut être demandé que par le procureur de la République, qui agit soit spontanément, soit à la demande de la personne mise en examen ou de la partie civile; les parties privées ne peuvent donc le solliciter directement. Il ne peut être ordonné que dans l'intérêt d'une bonne administration de la justice, par exemple dans le cas où deux juges d'instruction du même tribunal sont saisis de mêmes faits ou de faits connexes concernant les mêmes personnes. Hors ce cas, le dessaisissement sera exceptionnel : en effet, le juge d'instruction doit toujours, en principe, mener à son terme une information dont il a été saisi. L'ordonnance n'ayant pas à être motivée, il est toutefois possible que le dessaisissement sur la base de l'article 84 apparaisse comme une sanction, par exemple de l'inaction du magistrat instructeur[1].

Il s'agit d'une formalité d'ordre intérieur, et le fait que ni la requête du parquet, ni l'ordonnance non motivée du président ne permettent de connaître les raisons du dessaisissement, ne saurait entraîner aucune nullité[2]. La requête présentée par le procureur de la République en application de l'article 84 du Code de procédure pénale ne peut être annulée dès lors qu'elle satisfait en la forme aux conditions essentielles de son existence légale[3].

53.12 Compétence. C'est le président du tribunal, auquel appartient déjà le choix du juge d'instruction, qui opère le dessaisissement : aux termes de l'alinéa 2 de l'article 84, il doit statuer dans les huit jours de la présentation de la requête, par une ordonnance qui n'est pas susceptible de voies de recours[4]. Dans le cadre de ce texte, le dessaisissement spontané du juge d'instruction constituerait un excès de pouvoir.

1. Crim. 10 juill. 2002, n° 02-83.539, n° 02-84.191, *Bull. crim.*, n° 150; *JCP* 2002, IV, 2613 (v. les attendus s[s] n° 53.02).
2. Crim. 29 avr. 1976, n° 75-92.497, *Bull. crim.*, n° 134.
3. Crim. 10 juill. 2002, n° 02-83.539, n° 02-84.191, *Bull. crim.*, n° 150; *JCP* 2002, IV, 2613 (v. les attendus s[s] n° 53.02).
4. Crim. 16 déc. 1971, n° 71-93.198, *Bull. crim.*, n° 357.

SECTION 2
DESSAISISSEMENT PAR LA CHAMBRE DE L'INSTRUCTION

53.21 Lors de l'infirmation d'une décision rendue par le juge d'instruction. Aux termes des articles 206 et 207 du Code de procédure pénale lorsque la chambre de l'instruction annule tout ou partie de la procédure ou infirme une décision du juge d'instruction en toute autre matière que la détention, elle peut évoquer ou dessaisir le juge saisi et désigner l'un quelconque des magistrats instructeurs de la juridiction.

53.22 En cas d'inaction du juge. Lorsqu'aucun acte d'instruction n'a été accompli pendant plus de quatre mois, ou deux mois lorsque la chambre de l'instruction a déjà été saisie une première fois, la chambre de l'instruction peut, dans le premier cas, et doit dans le second, dessaisir le magistrat instructeur du dossier dès lors qu'elle a été saisie par l'une des parties (C. pr. pén., art. 221-2). Lorsque la personne mise en examen est détenue ce délai est ramené respectivement à deux et un mois (même article). Même en l'absence de saisine par une partie, l'article 221-1 dispose que « lorsqu'un délai de quatre mois s'est écoulé depuis la date du dernier acte d'instruction nécessaire à la manifestation de la vérité, le président de la chambre de l'instruction peut, dans l'intérêt d'une bonne administration de la justice, soit évoquer et procéder dans les conditions prévues par les articles 201, 202, 204 et 205, soit renvoyer le dossier au juge d'instruction ou à tel autre afin de poursuivre l'information. »

53.23 Le dessaisissement est possible si l'information dure plus de deux ans. L'article 175-2 du Code de procédure pénale, issu de la loi du 15 juin 2000, contraint le juge d'instruction à rendre une ordonnance motivée expliquant les raisons de la durée de la procédure si celle-ci excède deux années. Le président de la chambre de l'instruction, destinataire de cette ordonnance, peut alors saisir la chambre de l'instruction conformément aux dispositions de l'article 221-1.

53.24 Le dessaisissement lors de l'audience de contrôle. La loi n° 2007-291 du 5 mars 2007 prévoit dans un nouvel article 221-23 que la chambre de l'instruction peut :

6° Désigner un ou plusieurs autres juges d'instruction pour suivre la procédure avec le juge ou les juges d'instruction déjà saisis, conformément à l'article 83-1;

7° Lorsque cette décision est indispensable à la manifestation de la vérité et à la bonne administration de la justice et qu'il n'est pas possible de procéder aux désignations prévues au 6°, procéder au dessaisissement du juge d'instruction et à la désignation, aux fins de poursuite de la procédure, d'un ou plusieurs juges d'instruction de la juridiction d'origine ou d'une autre juridiction du ressort. La mention « et qu'il n'est pas possible » possède une ambiguïté. Il semble que le dessaisissement ne soit possible que lorsque la co-saisine ne l'est pas. D'un autre côté, si la co-saisine n'est pas possible objectivement c'est qu'il n'existe pas plusieurs juges d'instruction dans la même juridiction. On ne voit donc pas trop comment la chambre de l'instruction pourrait alors procéder « à la désignation, aux fins de poursuite de la procédure, d'un ou plusieurs juges d'instruction de la juridiction d'origine ». S'il y a d'autres juges dans la juridiction d'origine, pourquoi une co-saisine n'aurait-elle pas été possible ? La résolution de cette question est importante car elle autorise ou non la chambre de l'instruction à un dessaisissement de pure opportunité non dépendant d'une infirmation (sur le dessaisissement en cas d'infirmation d'un acte v. s^s n° 53.21).

SECTION 3
AUTRES CAS DE DESSAISISSEMENT

53.31 Pratique antérieure. Il arrivait fréquemment, en raison de la règle de la triple compétence (C. instr. crim., art. 23 et 63), que deux ou plusieurs juges d'instruction fussent saisis des mêmes faits ou de faits connexes, conflit positif de juridiction qui aurait dû être réglé par la chambre criminelle ou la cour d'appel, selon le cas. Dans la pratique, l'un des juges saisis se dessaisissait au profit de celui de ses collègues jugé le mieux placé pour instruire. La plupart des auteurs jugeaient cette manière de procéder illégale, le juge d'instruction saisi devant conduire l'information jusqu'à son terme, et le règlement de juges ne pouvant être opéré que par la juridiction à laquelle la loi avait remis cette attribution [1].

53.32 Jurisprudence. La Cour de cassation n'a jamais non plus admis la régularité de ce procédé. Il est vrai qu'elle a admis dans un arrêt isolé que l'ordonnance de dessaisissement peut acquérir l'autorité de la chose jugée, quand elle n'a pas été attaquée dans les délais légaux [2], mais elle n'a pas persisté dans cette voie. Elle a constamment décidé depuis, que l'ordonnance de dessaisissement est un simple acte d'administration qui, ne jugeant rien,

1. En ce sens : HÉLIE F., IV, n°s 1701 à 1703 – LE POITTEVIN, art. 63, n°s 135 à 138.
2. Crim. 3 févr. 1883, *Bull. crim.*, n° 35; *S.* 1886, 1, 142; *D.* 1884, 1, 48.

n'a pas de caractère juridictionnel et ne peut avoir l'autorité de la chose jugée[1]. Elle en tirait plusieurs conséquences : si le juge en faveur de qui le dessaisissement avait été opéré se déclarait incompétent, l'ordonnance de dessaisissement ne donnait lieu ni à un pourvoi en cassation, ni à un règlement de juges[2], et le juge d'instruction qui avait renvoyé la procédure à son collègue pouvait valablement reprendre cette procédure et continuer d'informer, malgré son ordonnance de dessaisissement, qui n'avait pas d'effets juridiques[3]. L'ordonnance de dessaisissement, qui n'était qu'un acte d'administration non juridictionnel, n'était pas susceptible d'appel de la part de l'inculpé[4].

53.33 Dessaisissement prévu par l'article 657 du Code de procédure pénale. À l'origine, le dessaisissement que prévoyait l'article 657 avait lieu entre deux juges d'instruction « appartenant à des tribunaux différents ». Depuis la loi du 30 décembre 1985, ils peuvent appartenir aussi « à un même tribunal ». Aux termes de ce texte, lorsque ces deux magistrats « se trouvent simultanément saisis de la même infraction, le ministère public peut, dans l'intérêt d'une bonne administration de la justice, requérir l'un des juges de se dessaisir au profit de l'autre. Le dessaisissement n'a lieu que si les deux juges en sont d'accord. Si le conflit de compétence subsiste, il est procédé selon les cas, conformément aux dispositions des articles 84, 658 ou 659 ».

Il faut distinguer deux situations. L'article 657 est étranger à la situation d'un juge d'instruction qui est seul saisi de faits déterminés. Ce magistrat ne peut valablement se dessaisir au profit de l'un de ses collègues également compétent, au seul motif que ce dernier est mieux placé que lui pour instruire[5]. La doctrine enseignée par Faustin Hélie demeure aujourd'hui exacte[6]. « Lorsque le juge d'instruction trouve en lui un principe de compétence et qu'il est régulièrement saisi, il ne peut être dessaisi, sauf les cas de renvoi et de règlement de juges, qu'après avoir épuisé sa juridiction »[7].

L'article 657 précité trouve au contraire son exacte application lorsque deux juges d'instruction sont « simultanément saisis de la même infraction ». L'un des juges d'instruction peut alors, sur réquisitions du ministère public, se dessaisir en faveur de son collègue déjà saisi. Le juge d'instruction lui-même, par une procédure simplifiée, met ainsi fin à une situation de fait qui ne peut subsister, car plusieurs juges d'instruction ne peuvent connaître à la fois de faits identiques.

Ce texte a donné lieu à plusieurs décisions de la chambre criminelle. C'est ainsi que seul un véritable dessaisissement par ordonnance peut produire des effets : l'instruction étant entièrement écrite, un tel dessaisissement ne saurait résulter d'une simple conversation téléphonique entre les deux magistrats intéressés[8].

L'ordonnance de dessaisissement intervenue dans le cadre de l'article 657 est une véritable ordonnance sur la compétence, comme telle susceptible d'appel de la part de l'inculpé[9]. Elle doit être signifiée aux parties[10]. L'omission de la signification a seulement pour effet de retarder le point de départ du délai d'appel, mais elle ne touche pas à la régularité de l'ordonnance, s'il ne résulte pas de l'omission une violation des droits de la défense[11].

Aux termes de l'article 657 *in fine*, si le conflit de compétence subsiste, il est procédé, selon les cas, conformément aux dispositions des articles 84, 658 et 659. Un tel conflit existe lorsque chacun des deux juges d'instruction simultanément saisis revendiquent leur compétence et refusent de se dessaisir par une ordonnance devenue définitive; il y a alors un conflit positif de juridiction, qui est tranché soit par la chambre de l'instruction, soit par la chambre criminelle, selon que les deux juges d'instruction appartiennent ou non au même ressort de cour d'appel.

Quand le juge d'instruction et la chambre d'accusation sont saisis des mêmes faits, il y a lieu par règlement de juges, de saisir la chambre d'accusation de l'ensemble des faits[12]. Quant à la chambre d'accusation statuant en appel, elle ne peut dessaisir le juge d'instruction qu'au cas d'infirmation ou d'annulation de l'ordonnance[13].

1. Crim. 16 juill. 1898, *Bull. crim.*, n° 258 – Crim. 22 janv. 1932, *Bull. crim.*, n° 20.
2. Crim. 2 avr. 1898, *Bull. crim.*, n° 146 – Crim. 25 mai 1916, *DP* 1921, 1, p. 8 – Crim. 6 juill. 1922, *Bull. crim.*, n° 240 – Crim. 5 nov. 1936, *Gaz. Pal.*, 1944, 2, 931 – Crim. 3 nov. 1944, *Bull. crim.*, n° 174.
3. Crim. 16 juill. 1898, *Bull. crim.*, n° 258 – Crim. 10 nov. 1954, *Bull. crim.*, n° 330.
4. Crim. 11 sept. 1913, *D.* 1918, 1, 28 – CA Rouen, 20 janv. 1916, *D.* 1917, 2, p. 68.
5. En ce sens : CA Paris, 2e ch. acc., 4 avr. 1962, *JCP* 1962, II, 12710, note P.-J. Doll – Crim. 16 janv. 1979, n° 78-92.225, *Bull. crim.*, n° 25.
6. Hélie F., IV, n° 1702.
7. CA Paris, 1re ch. acc., 12 oct. 1966, *JCP* 1966, II, 14887, note P. Chambon.
8. Crim. 11 avr. 1959, *Bull. crim.*, n° 213.
9. Crim. 20 oct. 1960, *Bull. crim.*, n° 466 – Crim. 5 oct. 1961, *Bull. crim.*, n° 382 – Crim. 1er déc. 1976, n° 76-91.393, *Bull. crim.*, n° 348.
10. Crim. 26 avr. 1967, *Bull. crim.*, n° 133.
11. Crim. 9 mai 1968, *Bull. crim.*, n° 149 – Crim. 11 mai 1981, n° 79-94.093, *Bull. crim.*, n° 150.
12. Crim. 3 oct. 1975, n° 75-92.590, *Bull. crim.*, n° 206.
13. Crim. 10 mai 1973, n° 73-90.372, *Bull. crim.*, n° 217 – Sur le dessaisissement en faveur du juge d'instruction des mineurs, v. CA Amiens, ch. acc., 8 août 1974; *JCP* 1975, II, 18164, note P. Chambon.

53.34 Dessaisissement prévu par l'article 663 du Code de procédure pénale. La loi du 30 décembre 1985 a institué un nouveau cas de dessaisissement en raison de poursuite dirigées contre les mêmes personnes. Aux termes de l'article 663 alinéa 1er du Code de procédure pénale, « lorsque deux juges d'instruction appartenant à un même tribunal ou à des tribunaux différents, se trouvent simultanément saisis d'infractions connexes ou d'infractions différentes, "en raison desquelles une même personne ou les mêmes personnes sont mises en examen", le ministère public peut, dans l'intérêt d'une bonne administration de la justice [...] requérir l'un des juges de se dessaisir au profit de l'autre. Le dessaisissement à lieu si les deux juges en sont d'accord »[1]. Sinon l'article 664 est éventuellement appliqué (v. ss n° 53.35).

Le dessaisissement prévu par l'article 663 n'est pas subordonné à la mise en examen préalable des personnes soupçonnées[2]. Il peut être ordonné par la chambre d'accusation saisie de l'appel de l'ordonnance du juge d'instruction qui refuse de se dessaisir[3]. L'accord des deux juges d'instruction suffit à la validité du dessaisissement, sans qu'il soit nécessaire que les infractions soient connexes ou qu'il s'agisse de détenus[4]. L'ordonnance de dessaisissement est attributive de compétence, et rend inutile un réquisitoire supplétif[5]. Le dessaisissement d'un juge d'instruction au profit d'un autre, en application de l'article 663 du Code de procédure pénale, s'opère immédiatement et de plein droit par l'accord des deux magistrats. En conséquence, est compétent pour statuer sur la prolongation de la détention provisoire le juge des libertés du tribunal auquel appartient le juge d'instruction qui a accepté de se saisir, dès lors que le dessaisissement effectué au profit de ce dernier n'a été remis en cause ni par la chambre de l'instruction ni par la Cour de cassation[6]. La loi du 9 mars 2004 a abrogé le second alinéa de l'article 663 (v. ss n° 21.52, 21.53).

53.35 Dessaisissement prévu par l'article 664 du Code de procédure pénale. Lorsqu'une personne mise en examen ou un prévenu est détenu provisoirement en vertu d'une décision prescrivant la détention ou en exécution d'une condamnation, le ministère public peut, dans l'intérêt d'une bonne administration de la justice, notamment pour éviter le transfèrement d'un détenu, requérir le renvoi de la procédure de la juridiction d'instruction ou de jugement saisie à celle du lieu de détention. Il est procédé comme en matière de règlement de juges. Cette demande de renvoi n'est recevable qu'à la condition qu'une juridiction se trouve effectivement saisie[7].

53.36 Dessaisissement dans les contentieux spécialisés. Le Code de procédure pénale prévoit divers dispositifs de dessaisissement au profit de la juridiction de Paris ou de juridictions spécialisées. La loi du 9 mars 2004 a encore largement élargi le champ d'application de ces principes. Le dessaisissement est désormais possible, selon les règles prévues par les textes, en matière de criminalité organisée, d'affaires économiques et financières, de santé publique, de terrorisme, de pollution maritime, *etc.* (sur tous ces points v. ss nos 23.11 s., 23.31 s., 23.41 s., 23.51 s., 23.61 s.).

Il résulte des dispositions combinées des articles 704 et 705 du Code de procédure pénale que le dessaisissement du juge d'instruction initialement saisi, requis par le procureur de la République de son siège, a lieu immédiatement et de plein droit, en cas d'accord entre ce magistrat et le juge d'instruction spécialisé, sans que des réquisitions nouvelles ou supplétives du ministère public du siège du magistrat saisi soient nécessaires[8].

53.37 Dessaisissement pour cause de suspicion légitime. Les parties ou le ministère public peuvent demander le dessaisissement du magistrat instructeur pour cause de suspicion légitime. C'est la chambre criminelle de la Cour de cassation qui statue. Ainsi, un juge d'instruction a été dessaisi pour avoir manifesté publiquement son hostilité à l'égard d'un inculpé[9]. Il en fut de même pour un juge ayant rendu une ordonnance de refus d'informer injustifiée[10].

53.38 Dessaisissement pour une bonne administration de la justice. Le renvoi peut être également ordonné, dans l'intérêt d'une bonne administration de la justice, par la chambre criminelle, soit à la requête du procureur général près la Cour de cassation, soit sur requête du procureur général près la cour d'appel dans le ressort de laquelle la juridiction saisie a son siège, agissant d'initiative ou sur la demande des parties. (C. pr. pén., art. 665). La mise en cause d'un magistrat instructeur dans une plainte avec constitution de partie civile n'est pas, à elle seule, de nature à justifier le dessaisisse-

1. Crim. 6 févr. 1996, n° 95-85.710, *Bull. crim.*, n° 62.
2. Crim. 12 juin 1990, n° 90-81.775, *Bull. crim.*, n° 241.
3. Crim. 4 oct. 1988, n° 88-83.389, *Bull. crim.*, n° 329.
4. Crim. 21 nov. 1989, n° 89-85.128, *Bull. crim.*, n° 433.
5. Crim. 5 févr. 1992, n° 91-85.387, n° 91-85.393, *Bull. crim.*, n° 56.
6. Crim. 8 juin 2005, n° 05-82.070, *Bull. crim.*, n° 175; *JCP* 2005, IV, 2690.
7. Crim. 4 sept. 1991, n° 91-84.509, *Bull. crim.*, n° 313.
8. Crim. 23 janv. 2002, n° 01-87.620, *Bull. crim.*, n° 11 (v. les attendus ss n° 53.02).
9. Crim. 21 août 1990, n° 90-84.352, *Bull. crim.*, n° 305.
10. Crim. 4 mars 1998, n° 97-86.544, *Bull. crim.*, n° 86.

ment, dans l'intérêt d'une bonne administration de la justice, de la juridiction d'instruction régulièrement saisie de la procédure[1].

53.39 Dessaisissement du juge d'instruction de la juridiction sans pôle de l'instruction. Lorsqu'un juge d'instruction instruit une information dans une juridiction sans pôle et que le parquet ou une partie requiert une co-saisine, si le juge en est d'accord, le dossier sera confié à plusieurs juges d'instruction de la juridiction du pôle. Le dessaisissement prend effet à la date de désignation des juges du pôle. Dans le cas où le juge ne serait pas d'accord, la saisine de la chambre de l'instruction est possible. Celle-ci décidera si le dossier est maintenu au juge d'instruction initialement saisi ou est confié à plusieurs juges d'instruction (C. pr. pén., art. 83-1, v. s[s] n° 12.26). Notons que c'est la chambre de l'instruction qui statue alors que c'est son président qui possède ce pouvoir pour ordonner une co-saisine dans une juridiction pourvue d'un pôle. C'est qu'en effet les conséquences sont plus importantes : la co-saisine entraîne, dans les juridictions sans pôle, le dessaisissement du juge saisi.

Un aspect purement mécanique de dessaisissement est encore introduit par la loi du 5 mars 2007 dans le cas de criminalisation en cours d'information (C. pr. pén., art. 118 - V. s[s] n°s 52.53, 114.33).

1. Crim. 3 nov. 1993, n° 93-84.934, *Bull. crim.*, n° 324.

TITRE

6. La constitution de partie civile

SECTION 0
ORIENTEUR

60.00 **Plan du titre.** La constitution de partie civile obéit à des conditions de fond et de forme. Elle forme l'un des modes de saisine possible du magistrat instructeur et ses effets doivent être analysés. Mais on constate que de plus en plus de plaintes sont téméraires ou injustifiées et il importe de savoir comment sanctionner, le cas échéant, ces comportements.

Chap. 61 Formes et conditions de la constitution de partie civile

Sect. 1 Personnes qui peuvent se porter partie civile

Sect. 2 Plainte avec constitution initiale de partie civile à titre initial

Sect. 3 Intervention de la partie lésée au cours des poursuites

Sect. 4 Délai de recevabilité de la constitution de partie civile

Sect. 5 Contestation sur la recevabilité de la constitution de partie civile

Sect. 6 Conditions auxquelles est soumise la constitution de partie civile : la consignation

Sect. 7 Conditions auxquelles est soumise la constitution de partie civile : la déclaration d'adresse

Chap. 62 Effets de la constitution de partie civile

Sect. 1 Effets généraux

Sect. 2 Saisine du juge d'instruction : les principes

Sect. 3 Plainte contre personne non dénommée

Sect. 4 Plainte contre personne dénommée

Sect. 5 Refus d'informer

Sect. 6 Désistement de la partie civile : formes

Sect. 7 Désistement de la partie civile : effets

Chap. 63 Plaintes téméraires ou injustifiées

Sect. 1 Article 91 du Code de procédure pénale : nature juridique de l'action

Sect. 2 Article 91 du Code de procédure pénale : conditions d'exercice

Sect. 3 Article 91 du Code de procédure pénale : règles de compétence et de procédure

Sect. 4 Articles 177-2 et 212-2 du Code de procédure pénale

60.01 **Textes applicables.**

C. pr. pén., art. 2, 2-1 à 2-21, 4, 6-1, 80, 80-1, 80-3, 85 à 91, 173-1, 177-2, 177-3, 185, 186, 212-2, 392-1, 706-50, 800-1, D 31-1; R. 53-7 – C. just. mil., art. 91 – L. 29 juill. 1881, art. 50, 53 – Ord. 2 févr. 1945, art. 6; CSS, art. L. 114-9.

60.02 **Jurisprudence de référence.**

> Sur le refus d'informer

Crim., 31 mars 1987, *Bull. crim.*, n° 149.

> Sur la constitution de partie civile

Crim., 8 déc. 1906, *Bull. crim.*, n° 443; *D.* 1907, 1, 207.

Crim., 8 mai 1979, *JCP* 1979, IV, 223; *Bull. crim.*, n° 165.

Crim., 31 mars 1987, *Bull. crim.*, n° 149.

Crim., 4 mars 1998, *D.* 1998, IR 125.

Crim., 27 mars 2001, n° 00-85.454, *Bull. crim.*, n° 80.

Crim., 12 sept. 2000, n° 00-81.971, *Bull. crim.*, n° 266; *D.* 2000, IR 275; *Procédures* 2001, comm. 46, obs. Buisson.

Crim., 17 févr. 2004, n° 03-85.119, *Bull. crim.*, n° 41; *RSC* 2004, 670, obs. A. Giudicelli.

Crim., 7 déc. 2005, n° 05-81.483, *Bull. crim.*, n° 325; *D.* 2005, IR 252; *D.* 2006, Pan. 621, obs. J. Pradel.

Ass. plén. 9 mai 2008, n° 05-87.379, *Bull. Ass. plén.*, n° 2; *JCP* 2008, II, 10124, note J.-Y. Maréchal; *AJ Pénal* 2008, 421, obs. C. Duparc.

> Sur l'article 177-2

Crim., 27 févr. 2002, n° 01-85.573, *Bull. crim.*, n° 47; *RSC* 2002, 624, obs. A. Giudicelli.

60.03 Bibliographie indicative. (V. les références complètes s^s n° 03.)

Actualisables. Rép. pén., Faivre, « Partie civile »; Vassogne et Bernard, « Dénonciation téméraire »; Guéry, « Instruction préparatoire » – J.-Cl. pén., Dumont, « Constitution de partie civile »; Blanchot, « Obstacle à la mise en mouvement de l'action publique ».

Articles. Anzani M. « L'article 6-1 du Code de procédure pénale et le faux commis à l'occasion d'une poursuite judiciaire », *Dr. pén.* 2006, Étude n° 5; Detraz S., « Le nouveau dispositif recevabilité de la plainte avec constitution de partie civile », *JCP* 2008, I, 111 – Guéry A. et Ch., « Administrateurs *ad hoc* : us et abus », *Gaz. Pal.* 1998, 2, doctr. 1073 – Guéry Ch., « Le juge d'instruction et le voleur de pommes : pour une réforme de la plainte avec constitution de partie civile », *D.* 2003, chron. 1575; Guéry Ch. et Guichard Ph., « La partie civile et la "reprise de l'information" », *JCP* 2007, I, 202 – Porchy M.-P., « L'administrateur *ad hoc* en matière pénale », *D.* 2004, chron. 2732 – Volff J., « La privatisation rampante de l'action publique », *JCP* 2004, I, 146.

> Sur le refus d'informer
Bolze, « Le refus d'informer, une sanction exceptionnelle en procédure pénale », *RSC* 1982, 311.

> Sur l'article 177-2
Buisson J., *Procédures* 2003, comm. n° 23 – Giudicelli A., *RSC* 2002, 624 – Joinville Th., « Tel peut-il être aisément pris qui croyait prendre ? Les dispositifs de sanction et de réparation de l'abus de constitution de partie civile après la loi du 15 juin 2000 », *Gaz. Pal.* 2002, p. 12.

60.04 Évolution. Toute infraction pénale qui porte atteinte à un intérêt privé fait naître deux actions : une action publique, qui tend à l'application d'une peine, et une action civile, qui tend à la réparation du dommage. Ces deux actions peuvent être portées en même temps devant la juridiction répressive; en effet, aux termes de l'article 3 du Code de procédure pénale, « l'action civile peut être exercée en même temps que l'action publique et devant la même juridiction ». C'est au ministère public qu'il appartient normalement de mettre en mouvement l'action publique, et la partie lésée peut provoquer cette poursuite par sa plainte. La partie lésée peut même vaincre l'inertie du ministère public, et mettre en mouvement l'action publique indirectement, mais nécessairement, en portant son action civile devant le juge répressif, puisque celui-ci ne peut connaître de l'action civile qu'accessoirement à l'action publique. La victime de l'infraction peut porter son action civile devant la juridiction répressive de deux manières, soit par un acte initial de constitution, qui met l'action publique en mouvement, soit par une simple intervention devant le juge d'instruction ou la juridiction de jugement, alors que la poursuite a déjà été intentée par le ministère public.

La constitution de partie civile était prévue par les articles 63 à 70 du Code d'instruction criminelle. Ces textes ont été dans leur ensemble repris, sans grande modification, par les articles 85 à 91 du Code de procédure pénale. Sous la législation intermédiaire, tout plaignant était réputé partie civile. Le Code d'instruction criminelle est revenu au système de l'ancien droit, et aux termes de son article 66, qui reproduisait presque textuellement le texte de l'article 5 du titre III de l'ordonnance de 1670, « les plaignants ne seront réputés partie civile, s'ils ne le déclarent formellement, soit par la plainte, soit par un acte subséquent, ou s'ils ne prennent, par l'un ou par l'autre, des conclusions en dommages-intérêts ». Aussi la jurisprudence exigeait-elle, pour qu'un plaignant eût la qualité de partie civile, une déclaration formelle et expresse de volonté, d'où résultait clairement l'intention du plaignant de se porter partie civile (Crim., 30 juill. 1807, *Bull. crim.*, n° 163 – Crim., 2 mai 1840, *Bull. crim.*, n° 126 – Crim., 6 août 1886, *Bull. crim.*, n° 293 – Crim., 25 juill. 1912, *D.* 1913, 1, 497, note Leloir). « La qualité de partie civile s'acquiert par le dépôt d'une plainte auprès du juge d'instruction compétent contenant la manifestation expresse du plaignant de se constituer partie civile » (Crim., 17 juin 1986, *Bull. crim.*, n° 208 – V. s^s n° 61.32 – Sur la constitution de partie civile en général, v. M.-Cl. Broudiscou, *Étude critique des liens entre l'action publique et l'action civile,* thèse, Toulouse, 1976).

60.05 Rapport du comité de réflexion sur la justice pénale dit Rapport Léger. « Les droits des victimes doivent également être intégralement protégés » écrit le comité. Partant de l'idée que la suppression de la phase de l'instruction n'implique pas un recul des droits des victimes, le rapport Léger propose que la victime puisse devenir partie à l'enquête et bénéficier ainsi de l'accès au dossier de la procédure, de l'assistance d'un avocat, et de la possibilité d'effectuer des demandes d'actes et de soulever la nullité d'un acte. Le parquet disposera d'un mois pour répondre à la demande de la victime, celle-ci pouvant saisir le juge de l'enquête en cas de refus (p. 16 du rapport).

Toute victime pourra dénoncer auprès du procureur de la République des faits qu'elle estime constitutifs d'une infraction. Si le procureur décide de ne pas poursuivre ou si un délai de trois mois s'est écoulé depuis le dépôt de la plainte, la victime pourra saisir le juge de l'enquête et des libertés. Ce juge aura le pouvoir d'ordonner au parquet d'enquêter. En cas de classement sans suite, la victime déposera d'un recours gracieux devant le procureur général. Indépendamment de ce recours, elle pourra en matière criminelle contester la décision de classement devant le JEL. S'il estime qu'il existe des charges suffisantes, ce juge enjoindra au parquet de prendre une décision de poursuite. En matière délictuelle ou contraventionnelle, il appartiendra à la victime de poursuivre elle-même le mis en cause devant la juridiction de jugement par le biais d'une citation directe (p. 17 du rapport).

En l'état du texte, on voit mal comment s'articule le système : est-ce parce que c'est la victime qui a dénoncé les faits que le classement du parquet lui permet de saisir le JLD (§ 1 et 2, p. 17 du rapport) alors qu'« en cas de classement sans suite », elle ne peut agir que devant le procureur général ou par voie de citation directe ? (§ 3 à 5, p. 17 du rapport). Il est difficile de construire un système qui donne au parquet une mission d'enquêter sur des faits qu'il a classés lui-même… Et aucune sanction n'est prévue ou aucun recours pour le cas d'inertie du ministère public malgré injonction du JEL.

CHAPITRE

61. Formes et conditions de la constitution de partie civile

SECTION 0 ORIENTEUR

61.00 Plan du chapitre.

Sect. 1 Personnes qui peuvent se porter partie civile

Sect. 2 Plainte avec constitution initiale de partie civile à titre initial

Sect. 3 Intervention de la partie lésée au cours des poursuites

Sect. 4 Délai de recevabilité de la constitution de partie civile

Sect. 5 Contestation sur la recevabilité de la constitution de partie civile

Sect. 6 Conditions auxquelles est soumise la constitution de partie civile : la consignation

Sect. 7 Conditions auxquelles est soumise la constitution de partie civile : la déclaration d'adresse

61.01 Textes applicables.

C. pr. pén., art. 2-1 à 2-21, 6-1, 80-3, 85 à 91, 706-50, 800-1 ; D. 31-1 ; R. 53-7 – C. just. mil., art. 91 – Ord. 2 févr. 1945, art. 6 – L. 29 juill. 1881, art. 50 et 53 – CSS, art. L. 114-9.

C. pr. pén., art. 2-1 [L. n° 2004-204, 9 mars 2004]

Toute association régulièrement déclarée depuis au moins cinq ans à la date des faits, se proposant par ses statuts de combattre le racisme ou d'assister les victimes de discrimination fondée sur leur origine nationale, ethnique, raciale ou religieuse, peut exercer les droits reconnus à la partie civile en ce qui concerne, d'une part, les discriminations réprimées par les articles 225-2 et 432-7 du Code pénal, d'autre part, les atteintes volontaires à la vie et à l'intégrité de la personne, les menaces, les vols, les extorsions et les destructions, dégradations et détériorations qui ont été commis au préjudice d'une personne à raison de son origine nationale, de son appartenance ou de sa non-appartenance, vraie ou supposée, à une ethnie, une race ou une religion déterminée.

Toutefois, lorsque l'infraction aura été commise envers une personne considérée individuellement, l'association ne sera recevable dans son action que si elle justifie avoir reçu l'accord de la personne intéressée ou, si celle-ci est mineure, l'accord du titulaire de l'autorité parentale ou du représentant légal, lorsque cet accord peut être recueilli.

C. pr. pén., art. 2-2 [L. n° 2004-1, 2 janv. 2004]

Toute association régulièrement déclarée depuis au moins cinq ans à la date des faits et dont l'objet statutaire comporte la défense ou l'assistance de l'enfant en danger et victime de toutes formes de maltraitance peut exercer les droits reconnus à la partie civile en ce qui concerne les atteintes volontaires à la vie et à l'intégrité, les agressions et autres atteintes sexuelles commises sur la personne d'un mineur et les infractions de mise en péril des mineurs réprimées par les articles 221-1 à 221-5, 222-1 à 222-18-1, 222-23 à 222-33-1, 223-1 à 223-10, 223-13, 224-1 à 224-5, 225-7 à 225-9, 225-12-1 à 225-12-4, 227-1, 227-2, 227-15 à 227-27-1 du Code pénal, lorsque l'action publique a été mise en mouvement par le ministère public ou la partie lésée.

Toute association, inscrite auprès du ministère de la justice dans des conditions fixées par décret en Conseil d'État, est recevable dans son action même si l'action publique n'a pas été mise en mouvement par le ministère public ou la partie lésée en ce qui concerne l'infraction mentionnée à l'article 227-23 du Code pénal. Il en est de même lorsqu'il est fait application des dispositions du second alinéa de l'article 222-22 et de l'article 227-27-1 dudit code.

C. pr. pén., art. 2-3 [L. n° 2004-1, 2 janv. 2004]

Toute association régulièrement déclarée depuis au moins cinq ans à la date des faits et dont l'objet statutaire comporte la défense ou l'assistance de l'enfant en danger et victime de toutes formes de maltraitance peut exercer les droits reconnus à la partie civile en ce qui concerne les atteintes volontaires à la vie et à l'intégrité, les agressions et autres atteintes sexuelles commises sur la personne d'un mineur et les infractions de mise en péril des mineurs réprimées par les articles 221-1 à 221-5, 222-1 à 222-18-1, 222-23 à 222-33-1, 223-1 à 223-10, 223-13,

224-1 à 224-5, 225-7 à 225-9, 225-12-1 à 225-12-4, 227-1, 227-2, 227-15 à 227-27-1 du Code pénal, lorsque l'action publique a été mise en mouvement par le ministère public ou la partie lésée.

Toute association, inscrite auprès du ministère de la justice dans des conditions fixées par décret en Conseil d'État, est recevable dans son action même si l'action publique n'a pas été mise en mouvement par le ministère public ou la partie lésée en ce qui concerne l'infraction mentionnée à l'article 227-23 du Code pénal. Il en est de même lorsqu'il est fait application des dispositions du second alinéa de l'article 222-22 et de l'article 227-27-1 dudit code.

C. pr. pén., art. 2-4

Toute association régulièrement déclarée depuis au moins cinq ans qui se propose, par ses statuts, de combattre les crimes contre l'humanité ou les crimes de guerre ou de défendre les intérêts moraux et l'honneur de la Résistance ou des déportés peut exercer les droits reconnus à la partie civile en ce qui concerne les crimes de guerre et les crimes contre l'humanité.

C. pr. pén., art. 2-5

Toute association régulièrement déclarée depuis au moins cinq ans à la date des faits qui se propose, par ses statuts, de défendre les intérêts moraux et l'honneur de la Résistance ou des déportés peut exercer les droits reconnus à la partie civile en ce qui concerne soit l'apologie des crimes de guerre ou des crimes ou délits de collaboration avec l'ennemi, soit les destructions ou dégradations de monuments ou les violations de sépultures, soit les délits de diffamation ou injures, qui ont causé un préjudice direct ou indirect à la mission qu'elle remplit.

C. pr. pén., art. 2-6

Toute association régulièrement déclarée depuis au moins cinq ans à la date des faits, se proposant par ses statuts de combattre les discriminations fondées sur le sexe ou sur les mœurs, peut exercer les droits reconnus à la partie civile en ce qui concerne les discriminations réprimées par les articles 225-2 et 432-7 du Code pénal, lorsqu'elles sont commises en raison du sexe, de la situation de famille ou des mœurs de la victime, et par l'article L. 123-1 du Code du travail.

Toutefois, en ce qui concerne les infractions aux dispositions du dernier alinéa de l'article L. 123-1 du Code du travail et à l'article 6 *ter* de la loi n° 83-634 du 13 juillet 1983 portant droits et obligations des fonctionnaires, l'association ne sera recevable dans son action que si elle justifie avoir reçu l'accord écrit de la personne intéressée, ou, si celle-ci est mineure et après l'avis de cette dernière, celui du titulaire de l'autorité parentale ou du représentant légal.

L'association peut également exercer les droits reconnus à la partie civile en cas d'atteintes volontaires à la vie ou à l'intégrité de la personne et de destructions, dégradations et détériorations réprimées par les articles 221-1 à 221-4, 222-1 à 222-18 et 322-1 à 322-13 du Code pénal, lorsque ces faits ont été commis en raison du sexe ou des mœurs de la victime, dès lors qu'elle justifie avoir reçu l'accord de la victime ou, si celle-ci est un mineur ou un majeur protégé, celui de son représentant légal.

C. pr. pén., art. 2-7

En cas de poursuites pénales pour incendie volontaire commis dans les bois, forêts, landes, maquis, garrigues, plantations ou reboisements, les personnes morales de droit public peuvent se constituer partie civile devant la juridiction de jugement en vue d'obtenir le remboursement, par le condamné, des frais qu'elles ont exposés pour lutter contre l'incendie.

C. pr. pén., art. 2-8 [L. n° 2005-102, 11 févr. 2005, art. 83, *JO* 12 févr. 2005]

Toute association régulièrement déclarée depuis au moins cinq ans à la date des faits ayant, en vertu de ses statuts, vocation à défendre ou à assister les personnes malades ou handicapées peut exercer les droits reconnus à la partie civile en ce qui concerne les discriminations réprimées par les articles 225-2 et 432-7 du Code pénal, lorsqu'elles sont commises en raison de l'état de santé ou du handicap de la victime. En outre, lorsque l'action publique a été mise en mouvement par le ministère public ou la partie lésée, l'association pourra exercer les droits reconnus à la partie civile en ce qui concerne les atteintes volontaires à la vie, les atteintes à l'intégrité physique ou psychique, les agressions et autres atteintes sexuelles, le délaissement, l'abus de vulnérabilité, le bizutage, l'extorsion, l'escroquerie, les destructions et dégradations et la non-dénonciation de mauvais traitements, prévues par les articles 221-1 à 221-5, 222-1 à 222-18, 222-22 à 222-33-1, 223-3 et 223-4, 223-15-2, 225-16-2, 312-1 à 312-9, 313-1 à 313-3, 322-1 à 322-4 et 434-3 du Code pénal lorsqu'ils sont commis en raison de l'état de santé ou du handicap de la victime. Toutefois, l'association ne sera recevable dans son action que si elle justifie avoir reçu l'accord de la victime ou, si celle-ci est un mineur ou un majeur protégé, celui de son représentant légal.

Toute association régulièrement déclarée depuis au moins cinq ans à la date des faits ayant, en vertu de ses statuts, vocation à défendre ou à assister les personnes handicapées peut également exercer les droits reconnus à la partie civile en ce qui concerne les infractions à l'article L. 111-7 du Code de la construction et de l'habitation, prévues et réprimées par l'article L. 152-4 du même code.

C. pr. pén., art. 2-9

Toute association régulièrement déclarée depuis au moins cinq ans à la date des faits qui se propose, par ses statuts, d'assister les victimes d'infractions peut exercer les droits reconnus à la partie civile en ce qui concerne les infractions entrant dans le champ d'application de l'article 706-16 lorsque l'action publique a été mise en mouvement par le ministère public ou la partie lésée.

C. pr. pén., art. 2-10

Toute association régulièrement déclarée depuis au moins cinq ans à la date des faits ayant, en vertu de ses statuts, vocation à lutter contre l'exclusion sociale ou culturelle des personnes en état de grande pauvreté ou en raison de leur situation de famille peut exercer les droits reconnus à la partie civile en ce qui concerne les discriminations réprimées par les articles 225-2 et 432-7 du Code pénal. Toutefois l'association ne sera recevable dans son action que si elle justifie avoir reçu l'accord de la victime ou, si celle-ci est un mineur ou un majeur protégé, celui de son représentant légal.

C. pr. pén., art. 2-11

Toute association, régulièrement déclarée depuis au moins cinq ans à la date des faits et inscrite auprès de l'Office national des anciens combattants et victimes de guerre dans des conditions fixées par décret en Conseil d'État, qui se propose par ses statuts de défendre les intérêts moraux et l'honneur des anciens combattants et victimes de guerre et des morts pour la France peut exercer les droits reconnus à la partie civile en ce qui concerne les dégradations ou destructions de monuments ou les violations de sépultures, qui ont causé un préjudice direct ou indirect à la mission qu'elle remplit.

C. pr. pén., art. 2-12

Toute association régulièrement déclarée depuis au moins cinq ans à la date des faits qui se propose par ses statuts de combattre la délinquance routière et de défendre ou d'assister les victimes de cette délinquance peut exercer les droits reconnus à la partie civile en ce qui concerne les délits d'homicide ou blessures involontaires commis à l'occasion de la conduite d'un véhicule automobile terrestre à moteur lorsque l'action publique a été mise en mouvement par le ministère public ou la partie lésée.

Toutefois, l'association ne sera recevable dans son action que si elle justifie avoir reçu l'accord de la victime ou, si celle-ci est mineure, celui du titulaire de l'autorité parentale ou du représentant légal.

C. pr. pén., art. 2-13

Toute association régulièrement déclarée depuis au moins cinq ans à la date des faits et dont l'objet statutaire est la défense et la protection des animaux peut exercer les droits reconnus à la partie civile en ce qui concerne les infractions réprimant les sévices graves ou actes de cruauté et les mauvais traitements envers les animaux ainsi que les atteintes volontaires à la vie d'un animal prévus par le Code pénal.

C. pr. pén., art. 2-14

Toute association régulièrement déclarée se proposant par ses statuts la défense de la langue française et agréée dans les conditions fixées par décret en Conseil d'État peut exercer les droits reconnus à la partie civile en ce qui concerne les infractions aux dispositions des textes pris pour l'application des articles 2, 3, 4, 6, 7 et 10 de la loi n° 94-665 du 4 août 1994 relative à l'emploi de la langue française.

C. pr. pén., art. 2-15 [L. n° 2004-204, 9 mars 2004]

Toute association régulièrement déclarée ayant pour objet statutaire la défense des victimes d'un accident survenu dans les transports collectifs ou dans un lieu ou local ouvert au public ou dans une propriété privée à usage d'habitation ou à usage professionnel et regroupant plusieurs de ces victimes peut, si elle a été agréée à cette fin, exercer les droits reconnus à la partie civile en ce qui concerne cet accident lorsque l'action publique a été mise en mouvement par le ministère public ou la partie lésée.

Les conditions dans lesquelles les associations visées au premier alinéa peuvent être agréées, après avis du ministère public, compte tenu de leur représentativité, sont fixées par décret.

Toute fédération d'associations, régulièrement déclarée depuis au moins cinq ans à la date des faits et inscrite auprès du ministère de la justice, dans des conditions fixées par décret en Conseil d'État, dont l'objet statutaire est la défense des victimes d'accidents collectifs, peut exercer les droits reconnus à la partie civile, en ce qui concerne un accident collectif survenu dans les circonstances visées au premier alinéa, lorsque l'action publique a été mise en mouvement par le ministère public ou la partie lésée.

C. pr. pén., art. 2-16

Toute association régulièrement déclarée depuis au moins cinq ans à la date des faits qui se propose, par ses statuts, de lutter contre la toxicomanie ou le trafic de stupéfiants peut exercer les droits reconnus à la partie civile en ce qui concerne les infractions prévues par les articles 222-34 à 222-40 et par l'article 227-18-1 du Code pénal lorsque l'action publique a été mise en mouvement par le ministère public ou la partie lésée.

C. pr. pén., art. 2-17

Toute association reconnue d'utilité publique régulièrement déclarée depuis au moins cinq ans à la date des faits et se proposant par ses statuts de défendre et d'assister l'individu ou de défendre les droits et libertés individuels et collectifs peut, à l'occasion d'actes commis par toute personne physique ou morale dans le cadre d'un mouvement ou organisation ayant pour but ou pour effet de créer, de maintenir ou d'exploiter une sujétion psychologique ou physique, exercer les droits reconnus à la partie civile en ce qui concerne les infractions d'atteintes volontaires ou involontaires à la vie ou à l'intégrité physique ou psychique de la personne, de mise en danger de la personne, d'atteinte aux libertés de la personne, d'atteinte à la dignité de la personne, d'atteinte à la personnalité, de mise en péril des mineurs ou d'atteintes aux biens prévues par les articles 221-1 à 221-6, 222-1 à 222-40, 223-1 à 223-15, 223-15-2, 224-1 à 224-4, 225-5 à 225-15, 225-17 et 225-18, 226-1 à 226-23, 227-1 à 227-27, 311-1 à 311-13, 312-1 à 312-12, 313-1 à 313-3, 314-1 à 314-3 et 324-1 à 324-6 du Code pénal, les infractions d'exercice illégal de la médecine ou de la pharmacie prévues par les articles L. 4161-5 et L. 4223-1 du Code de la santé publique, et les infractions de publicité mensongère, de fraudes ou de falsifications prévues par les articles L. 121-6 et L. 213-1 à L. 213-4 du Code de la consommation.

C. pr. pén., art. 2-18

Toute association régulièrement déclarée depuis au moins cinq ans qui se propose, par ses statuts, de défendre ou d'assister les victimes d'accidents du travail ou de maladies professionnelles peut exercer les droits reconnus à la partie civile en ce qui concerne les infractions prévues par les articles 221-6, 222-19 et 222-20 du Code pénal commises à l'occasion d'une activité professionnelle, lorsque l'action publique a été mise en mouvement par le ministère public ou la partie lésée.

Toutefois, l'association ne sera recevable dans son action que si elle justifie avoir reçu l'accord de la victime ou, si celle-ci est mineure, celui du titulaire de l'autorité parentale ou du représentant légal.

C. pr. pén., art. 2-19

Toute association départementale des maires régulièrement déclarée, affiliée à l'Association des maires de France, et dont les statuts ont été déposés depuis au moins cinq ans, peut exercer les droits reconnus à la partie civile dans toutes les instances introduites par les élus municipaux à la suite d'injures, d'outrages, de menaces ou de coups et blessures à raison de leurs fonctions.

Toutefois, l'association ne sera recevable dans son action que si elle justifie avoir reçu l'accord de l'élu.

C. pr. pén., art. 2-20 [inséré par L. n° 2003-239, 18 mars 2003, art. 63]

Toute association régulièrement déclarée depuis au moins cinq ans à la date des faits qui se propose, par ses statuts, de défendre les intérêts moraux et matériels des locataires, propriétaires et bailleurs d'immeubles collectifs à usage d'habitation peut exercer les droits reconnus à la partie civile en cas d'atteintes volontaires à l'intégrité de la personne ou de destructions, dégradations et détériorations réprimées par les articles 222-1 à 222-18 et 322-1 à 322-13 du Code pénal lorsque l'action publique a été mise en mouvement par le ministère public ou la partie lésée et que l'infraction a été commise dans un immeuble faisant partie de son objet associatif.

Toutefois, l'association ne sera recevable dans son action que si elle justifie avoir reçu l'accord de la victime ou, si celle-ci est un mineur ou un majeur protégé, celui de son représentant légal.

C. pr. pén., art. 2-21 [L. n° 2004-1343, 9 déc. 2004]

Toute association agréée déclarée depuis au moins trois ans, ayant pour but l'étude et la protection du patrimoine archéologique, peut exercer les droits reconnus à la partie civile en ce qui concerne les faits réprimés par les 3° et 4° de l'article 322-2 du Code pénal et portant un préjudice direct ou indirect aux intérêts collectifs qu'elle a pour objet de défendre.

Un décret en Conseil d'État fixe les conditions dans lesquelles les associations mentionnées à l'alinéa précédent peuvent être agréées.

C. pr. pén., art. 6-1

Lorsqu'un crime ou un délit prétendument commis à l'occasion d'une poursuite judiciaire impliquerait la violation d'une disposition de procédure pénale, l'action publique ne peut être exercée que si le caractère illégal de la poursuite ou de l'acte accompli à cette occasion a été constaté par une décision devenue définitive de la juridiction répressive saisie. Le délai de prescription de l'action publique court à compter de cette décision.

C. pr. pén., art. 80-3 [L. n° 2004-204, 9 mars 2004]

Dès le début de l'information, le juge d'instruction doit avertir la victime d'une infraction de l'ouverture d'une procédure, de son droit de se constituer partie civile et des modalités d'exercice de ce droit. Si la victime est mineure, l'avis est donné à ses représentants légaux.

L'avis prévu à l'alinéa précédent indique à la victime qu'elle a le droit, si elle souhaite se constituer partie civile, d'être assistée d'un avocat qu'elle pourra choisir ou qui, à sa demande, sera désigné par le bâtonnier de l'ordre des avocats, en précisant que les frais seront à sa charge, sauf si elle remplit les conditions d'accès à l'aide juridictionnelle ou si elle bénéficie d'une assurance de protection juridique. Lorsque le juge d'instruction est informé par la victime qu'elle se constitue partie civile et qu'elle demande la désignation d'un avocat, il en informe sans délai le bâtonnier de l'ordre des avocats.

[Anc[t] C. pr. pén., art. 85 [L. n° 2004-204, 9 mars 2004]

> Toute personne qui se prétend lésée par un crime ou un délit peut en portant plainte se constituer partie civile devant le juge d'instruction compétent en application des dispositions des articles 52 et 706-42.]

C. pr. pén., art. 85 [L. n° 2007-291, 5 mars 2007]

Toute personne qui se prétend lésée par un crime ou un délit peut en portant plainte se constituer partie civile devant le juge d'instruction compétent en application des dispositions des articles 52, et 706-42.

Toutefois, la plainte avec constitution de partie civile n'est recevable qu'à condition que la personne justifie soit que le procureur de la République lui a fait connaître, à la suite d'une plainte déposée devant lui ou un service de police judiciaire, qu'il n'engagera pas lui-même des poursuites, soit qu'un délai de trois mois s'est écoulé depuis qu'elle a déposé plainte devant ce magistrat, contre récépissé ou par lettre recommandée avec demande d'avis de réception, ou depuis qu'elle a adressé, selon les mêmes modalités, copie à ce magistrat de sa plainte déposée devant un service de police judiciaire. Cette condition de recevabilité n'est pas requise s'il s'agit d'un crime ou s'il s'agit d'un délit prévu par la loi du 29 juillet 1881 sur la liberté de la presse ou par les articles L. 86, L. 87, L. 91 à L. 100, L. 102 à L. 104, L. 106 à L. 108 et L. 113 du Code électoral. La prescription de l'action publique est suspendue, au profit de la victime, du dépôt de la plainte jusqu'à la réponse du procureur de la République ou, au plus tard, une fois écoulé le délai de trois mois.

C. pr. pén., art. 86 [L. n° 2007-291, 5 mars 2007, art. 21 II, en vigueur le 1er juillet 2007]

Le juge d'instruction ordonne communication de la plainte au procureur de la République pour que ce magistrat prenne ses réquisitions.

Le réquisitoire peut être pris contre personne dénommée ou non dénommée.

Lorsque la plainte n'est pas suffisamment motivée ou justifiée, le procureur de la République peut, avant de prendre ses réquisitions et s'il n'y a pas été procédé d'office par le juge d'instruction, demander à ce magistrat d'entendre la partie civile et, le cas échéant, d'inviter cette dernière à produire toute pièce utile à l'appui de sa plainte.

Le procureur de la République ne peut saisir le juge d'instruction de réquisitions de non informer que si, pour des causes affectant l'action publique elle-même, les faits ne peuvent légalement comporter une poursuite ou si, à supposer ces faits démontrés, ils ne peuvent admettre aucune qualification pénale. Le procureur de la République peut également prendre des réquisitions de non-lieu dans le cas où il est établi de façon manifeste, le cas échéant au vu des investigations qui ont pu être réalisées à la suite du dépôt de la plainte ou en application du troisième alinéa, que les faits dénoncés par la partie civile n'ont pas été commis. Dans le cas où le juge d'instruction passe outre, il doit statuer par une ordonnance motivée.

Lorsque le juge d'instruction rend une ordonnance de refus d'informer, il peut faire application des dispositions des articles 177-2 et 177-3.

C. pr. pén., art. 87

La constitution de partie civile peut avoir lieu à tout moment au cours de l'instruction.

Elle peut être contestée par le procureur de la République ou par une partie.

En cas de contestation, ou s'il déclare irrecevable la constitution de partie civile, le juge d'instruction statue, après communication du dossier au ministère public, par ordonnance motivée dont l'intéressé peut interjeter appel.

C. pr. pén., art. 88

Le juge d'instruction constate, par ordonnance, le dépôt de la plainte. En fonction des ressources de la partie civile, il fixe le montant de la consignation que celle-ci doit, si elle n'a obtenu l'aide juridictionnelle, déposer au greffe et le délai dans lequel elle devra être faite sous peine de non-recevabilité de la plainte. Il peut dispenser de consignation la partie civile.

C. pr. pén., art. 88-1

La consignation fixée en application de l'article 88 garantit le paiement de l'amende civile susceptible d'être prononcée en application de l'article 177-2.

La somme consignée est restituée lorsque cette amende n'a pas été prononcée par le juge d'instruction ou, en cas d'appel du parquet ou de la partie civile, par la chambre de l'instruction.

C. pr. pén., art. 88-2 [inséré par L. n° 2007-291, 5 mars 2007]

Le juge d'instruction peut, en cours de procédure, ordonner à la partie civile qui demande la réalisation d'une expertise de verser préalablement un complément de la consignation prévue par l'article 88 afin de garantir le paiement des frais susceptibles d'être mis à sa charge en application du second alinéa de l'article 800-1. Cette décision est prise par ordonnance motivée susceptible d'appel devant la chambre de l'instruction. Elle peut également être prise par la chambre de l'instruction saisie après que le juge d'instruction a refusé d'ordonner l'expertise demandée.

Le complément de consignation est restitué s'il n'est pas fait application du second alinéa de l'article 800-1.

C. pr. pén., art. 89

Toute partie civile doit déclarer au juge d'instruction une adresse qui doit être située, si l'information se déroule en métropole, dans un département métropolitain ou, si l'information se déroule dans un département d'outre-mer, dans ce département.

Elle peut déclarer soit une adresse personnelle, soit, avec l'accord de celui-ci, qui peut être recueilli par tout moyen, celle d'un tiers chargé de recevoir les actes qui lui sont destinés.

Elle est avisée qu'elle doit signaler au juge d'instruction jusqu'à la clôture de l'information, par nouvelle déclaration ou par lettre recommandée avec demande d'avis de réception, tout changement de l'adresse déclarée. Elle est également avisée que toute notification faite à la dernière adresse déclarée sera réputée faite à sa personne.

Faute par elle d'avoir déclaré une adresse, la partie civile ne peut opposer le défaut de notification des actes qui auraient dû lui être notifiés aux termes de la loi.

C. pr. pén., art. 89-1

Lors de sa première audition, la partie civile est avisée de son droit de formuler une demande d'acte ou de présenter une requête en annulation sur le fondement des articles 81, neuvième alinéa, 82-1, 156, premier alinéa, et 173, troisième alinéa, durant le déroulement de l'information et au plus tard le vingtième jour suivant l'envoi de l'avis prévu par le premier alinéa de l'article 175, sous réserve des dispositions de l'article 173-1.

S'il estime que le délai prévisible d'achèvement de l'information est inférieur à un an en matière correctionnelle ou à dix-huit mois en matière criminelle, le juge d'instruction donne connaissance de ce délai à la partie civile et l'avise qu'à l'expiration dudit délai elle pourra demander la clôture de la procédure en application des dispositions de l'article 175-1. Dans le cas contraire, il indique à la partie civile qu'elle pourra demander, en application de ce même article, la clôture de la procédure à l'expiration d'un délai d'un an en matière correctionnelle ou de dix-huit mois en matière criminelle.

Les avis prévus au présent article peuvent également être faits par lettre recommandée.

C. pr. pén., art. 90

Dans le cas où le juge d'instruction n'est pas compétent aux termes de l'article 52, il rend, après réquisitions du ministère public, une ordonnance renvoyant la partie civile à se pourvoir devant telle juridiction qu'il appartiendra.

C. pr. pén., art. 91

Quand, après une information ouverte sur constitution de partie civile, une décision de non-lieu a été rendue, la personne mise en examen et toutes personnes visées dans la plainte, et sans préjudice d'une poursuite pour dénonciation calomnieuse, peuvent, si elles n'usent de la voie civile, demander des dommages-intérêts au plaignant dans les formes indiquées ci-après.

L'action en dommages-intérêts doit être introduite dans les trois mois du jour où l'ordonnance de non-lieu est devenue définitive. Elle est portée par voie de citation devant le tribunal correctionnel où l'affaire a été instruite. Ce tribunal est immédiatement saisi du dossier de l'information terminée par une ordonnance de non-lieu, en vue de sa communication aux parties. Les débats ont lieu en chambre du conseil : les parties, ou leurs conseils, et le ministère public sont entendus. Le jugement est rendu en audience publique.

En cas de condamnation, le tribunal peut ordonner la publication intégrale ou par extraits de son jugement dans un ou plusieurs journaux qu'il désigne, aux frais du condamné. Il fixe le coût maximum de chaque insertion.

L'opposition et l'appel sont recevables dans les délais de droit commun en matière correctionnelle.

L'appel est porté devant la chambre des appels correctionnels statuant dans les mêmes formes que le tribunal. L'arrêt de la cour d'appel peut être déféré à la Cour de cassation comme en matière pénale.

Lorsqu'une décision définitive rendue en application de l'article 177-2 a déclaré que la constitution de partie civile était abusive ou dilatoire, cette décision s'impose au tribunal correctionnel saisi dans les conditions prévues aux alinéas précédents.

C. pr. pén., art. 706-50

Le procureur de la République ou le juge d'instruction, saisi de faits commis volontairement à l'encontre d'un mineur, désigne un administrateur *ad hoc* lorsque la protection des intérêts de celui-ci n'est pas complètement assurée par ses représentants légaux ou par l'un d'entre eux. L'administrateur *ad hoc* assure la protection des intérêts du mineur et exerce, s'il y a lieu, au nom de celui-ci les droits reconnus à la partie civile. En cas de constitution de partie civile, le juge fait désigner un avocat d'office pour le mineur s'il n'en a pas déjà été choisi un.

Les dispositions qui précèdent sont applicables devant la juridiction de jugement.

C. pr. pén., art. 800-1 [L. n° 2007-291, 5 mars 2007, art. 21 IV, en vigueur le 1er juill. 2007]

Nonobstant toutes dispositions contraires, les frais de justice criminelle, correctionnelle et de police sont à la charge de l'État et sans recours envers les condamnés.

Toutefois, lorsqu'il est fait application des articles 177-2 ou 212-2 à l'encontre de la partie civile dont la constitution a été jugée abusive ou dilatoire, les frais de justice correspondant aux expertises ordonnées à la demande de cette dernière peuvent, selon les modalités prévues par ces articles, être mis à la charge de celle-ci par le juge d'instruction ou la chambre de l'instruction. Le présent alinéa n'est pas applicable en matière criminelle et en matière de délits contre les personnes prévues par le livre II du Code pénal ou lorsque la partie civile a obtenu l'aide juridictionnelle.

C. pr. pén., art. D. 31-1 [D. du 15 nov. 2007]

« Art. D. 31-1. – Lorsque la plainte avec constitution de partie civile est déposée par un avocat, elle peut être adressée au juge d'instruction par un moyen de communication électronique selon les modalités prévues par l'article D. 591, dès lors que les dispositions de cet article sont applicables à la suite du protocole passé par les chefs de la juridiction et le barreau.

Conformément aux dispositions du deuxième alinéa de l'article 85, la personne qui se prétend lésée par un délit, autre que ceux prévus par la loi du 29 juillet 1881 sur la liberté de la presse ou par les articles L. 86, L. 87, L. 91 à L. 100, L. 102 à L. 104, L. 106 à L. 108 et L. 113 du Code électoral, doit, à peine d'irrecevabilité, joindre à sa plainte avec constitution de partie civile :

– soit la copie de la plainte simple déposée devant le procureur de la République ou un service de police judiciaire, accompagnée de la copie de l'avis de classement sans suite adressé en retour par ce procureur;

– soit la copie de cette plainte (adressée au parquet ou au service de police judiciaire) avec une copie du récépissé de remise de cette plainte au procureur de la République ou d'un envoi en recommandé avec demande d'avis de réception à ce magistrat, à condition que ce récépissé ou que la date de l'avis de réception de l'envoi en recommandé date d'au moins trois mois.

Lorsque la plainte avec constitution de partie civile est adressée au juge d'instruction par un moyen de communication électronique, les documents prévus par les deux alinéas précédents sont joints sous forme de fichiers numérisés.

Lorsque ces documents ne sont pas joints, le juge d'instruction constate par ordonnance l'irrecevabilité de la plainte avec constitution de partie civile. Cette ordonnance est notifiée à la personne par lettre recommandée ou à son avocat selon les modalités prévues par l'article 803-1.

Dans le cas contraire, le juge communique la plainte au procureur de la République conformément aux dispositions de l'article 86 après avoir, sauf si la personne a obtenu l'aide juridictionnelle ou a été dispensée de consignation, fixé le montant de la consignation et constaté le versement de celle-ci dans le délai prescrit.

La personne peut former appel de l'ordonnance d'irrecevabilité prévue par le présent article, conformément aux dispositions du deuxième alinéa de l'article 186, sans préjudice de sa possibilité de régulariser sa plainte en remettant les documents exigés ci-dessus ou de déposer ultérieurement une nouvelle plainte avec constitution de partie civile après avoir rempli les conditions prévues par l'article 85. »

C. pr. pén., art. R. 53-7

La désignation d'un administrateur *ad hoc* en application des dispositions de l'article 706-50 est notifiée aux représentants légaux du mineur et peut être contestée par ces derniers par la voie de l'appel dans un délai de dix jours à compter de la notification. Cet appel n'est pas suspensif. Il est porté devant la chambre de l'instruction ou la chambre des appels correctionnels.

C. just. mil., art. 91

Les règles relatives à la mise en mouvement de l'action publique et à l'exercice de l'action civile en réparation du dommage causé par l'une des infractions de la compétence du tribunal aux armées sont celles prévues par le Code de procédure pénale, sous réserve des dispositions particulières édictées par les articles 698-1 à 698-9 du même code et de celles édictées par la présente section.

Ord. 2 févr. 1945, art. 6
L'action civile pourra être portée devant le juge des enfants, devant le juge d'instruction, devant le tribunal pour enfants et devant la Cour d'assises des mineurs.

Lorsqu'un ou plusieurs mineurs sont impliqués dans la même cause qu'un ou plusieurs majeurs, l'action civile contre tous les responsables peut être portée devant le tribunal correctionnel ou devant la Cour d'assises compétente à l'égard des majeurs. En ce cas, les mineurs ne comparaissent pas à l'audience, mais seulement leurs représentants légaux. À défaut de choix d'un défenseur par le mineur ou par son représentant légal, il en sera désigné un d'office.

Dans le cas prévu à l'alinéa qui précède, s'il n'a pas encore été statué sur la culpabilité des mineurs, le tribunal correctionnel ou la Cour d'assises peut surseoir à statuer sur l'action civile.

L. 29 juill. 1881, art. 50
Si le ministère public requiert une information, il sera tenu, dans son réquisitoire, d'articuler et de qualifier les provocations, outrages, diffamations et injures à raison desquels la poursuite est intentée, avec indication des textes dont l'application est demandée, à peine de nullité du réquisitoire de ladite poursuite.

L. 29 juill. 1881, art. 53
La citation précisera et qualifiera le fait incriminé, elle indiquera le texte de loi applicable à la poursuite.

Si la citation est à la requête du plaignant, elle contiendra élection de domicile dans la ville où siège la juridiction saisie et sera notifiée tant au prévenu qu'au ministère public.

Toutes ces formalités seront observées à peine de nullité de la poursuite.

CSS, art. L. 114-9 [mod. L. n°2007-1786 du 19 déc. 2007 – Art. 104 et 105]
Les directeurs des organismes de sécurité sociale, ainsi que les directeurs des organismes admis à encaisser des cotisations ou à servir des prestations au titre des régimes obligatoires de base sont tenus, lorsqu'ils ont connaissance d'informations ou de faits pouvant être de nature à constituer une fraude, de procéder aux contrôles et enquêtes nécessaires. Ils transmettent à l'autorité compétente de l'État le rapport établi à l'issue des investigations menées.

L'organisme local d'assurance-maladie informe le cas échéant, s'il peut être identifié, l'organisme d'assurance-maladie complémentaire de l'assuré de la mise en œuvre de la procédure visée au présent article.

Les organismes nationaux des différents régimes suivent les opérations réalisées par les organismes mentionnés au premier alinéa. Ils en établissent annuellement une synthèse qui est transmise au ministre chargé de la sécurité sociale. Un arrêté du ministre chargé de la sécurité sociale en définit le contenu et le calendrier d'élaboration.

Lorsqu'à l'issue des investigations prévues au présent article une fraude est constatée pour un montant supérieur à un seuil fixé par décret, les organismes visés au premier alinéa portent plainte en se constituant partie civile. En ce cas, ils sont dispensés de la consignation prévue à l'article 88 du Code de procédure pénale.

Les organismes nationaux sont avisés par l'organisme de sécurité sociale de cette fraude et de la suite donnée. À défaut de plainte avec constitution de partie civile de l'organisme lésé, les organismes nationaux peuvent agir, en son nom et pour son compte, à l'expiration d'un délai d'un mois après une mise en demeure de ce dernier restée infructueuse. Les organismes nationaux peuvent aussi déposer plainte avec constitution de partie civile au nom et pour le compte d'un ou plusieurs organismes de sécurité sociale qui les mandatent à cette fin.

61.02 Jurisprudence de référence.

• La qualité de partie civile s'acquiert par la manifestation de volonté jointe au versement de la consignation fixée.

Crim., 8 mai 1979, n° 78-91.517; *Bull. crim.,* n° 165; *JCP* 1979, IV, 223; *Gaz. Pal.* 1980 p. 99, note.

« Attendu qu'il résulte des dispositions des articles 85, 86 et 88 du Code de procédure pénale que le plaignant acquiert la qualité de partie civile par sa manifestation de volonté jointe au versement de la consignation fixée par le juge d'instruction compétemment saisi. »

• La désignation d'un administrateur *ad hoc* fait obstacle à ce que le représentant légal du mineur puisse intervenir afin d'exercer au nom du mineur les droits reconnus à la partie civile.

Crim., 12 sept. 2000, n° 00-81.971, *Bull. crim.,* n° 266; *D.* 2000, IR 275; *Procédures* 2001, comm. 46, obs. Buisson.

« Attendu que, pour confirmer l'ordonnance du juge d'instruction déclarant Y..., représentante légale de ses filles mineures, irrecevable à intervenir en qualité de partie civile dans l'information suivie contre X... du chef d'agressions sexuelles sur ces mêmes enfants, l'arrêt attaqué retient, notamment, que celles-ci se trouvaient déjà représentées dans la procédure par un administrateur *ad hoc;*

Attendu qu'en l'état de ce seul motif, la chambre d'accusation a justifié sa décision;

Qu'en effet, la désignation d'un administrateur *ad hoc* en application de l'article 706-50 du Code de procédure pénale, pour assurer la protection des intérêts d'un mineur et exercer au nom de celui-ci les droits reconnus à la partie civile, fait obstacle à ce que le représentant légal du mineur puisse également intervenir aux mêmes fins;

D'où il suit que le moyen doit être écarté. »

• Une plainte pour faux qui aurait été commis à l'occasion d'une procédure judiciaire est irrecevable si la procédure n'a pas été annulée ou a été jugée régulière.

Crim., 7 déc. 2005, n° 05-81.483, *Bull. crim.,* n° 325; *D.* 2005, IR 252; *D.* 2006, pan. 621, obs. J. Pradel; Anzani M., « L'article 6-1 du Code de procédure pénale et le faux commis à l'occasion d'une poursuite judiciaire », *Dr. pén.* 2006, Étude n° 5.

« Attendu qu'il résulte de l'arrêt attaqué et des pièces de la procédure que Michel X... a porté plainte et s'est constitué partie civile pour faux en écriture publique par personne dépositaire de l'autorité publique en reprochant à un fonctionnaire de police d'avoir, dans le procès-verbal de notification de sa garde à vue, frauduleusement altéré la vérité quant à l'heure et au lieu de son établissement;

Attendu que, parallèlement, Michel X... a, dans l'information suivie contre lui pour infractions à la législation sur les stupéfiants, sollicité l'annulation de son placement en garde à vue et des actes subséquents en invoquant la notification tardive des droits attachés à cette mesure; que, par arrêt du 14 février 2002, la chambre de l'instruction a rejeté cette requête en considérant que la procédure de garde à vue était conforme aux exigences des articles 63-1 et suivants du Code de procédure pénale; que cette décision a été frappée d'un pourvoi dont l'examen immédiat n'a pas été ordonné;

Attendu que, pour infirmer l'ordonnance du juge d'instruction ayant déclaré recevable la plainte déposée par Michel X... du chef de faux, l'arrêt attaqué retient que le faux dénoncé implique nécessairement, par sa nature, une violation d'une règle de procédure pénale et ne peut être détaché de la procédure; que les juges ajoutent que le caractère illégal du procès-verbal litigieux n'ayant pas été constaté par une décision définitive, l'action publique ne peut être exercée;

Attendu qu'en prononçant ainsi, et dès lors que les faits dénoncés impliquaient la violation des dispositions de l'article 63-1 du Code de procédure pénale qui imposent à l'officier de police judiciaire, non seulement de notifier immédiatement à la personne concernée son placement en garde à vue mais encore de consigner par procès-verbal l'accomplissement de cette formalité, la chambre de l'instruction a justifié sa décision;

D'où il suit que le moyen doit être écarté. »

• Le droit à réparation des héritiers est recevable lorsque l'action publique a été mise en mouvement par le ministère public, dans le cas contraire seule la voie civile est ouverte au demandeur (deux arrêts du même jour de l'assemblée plénière).

Ass. plén. 9 mai 2008, n° 05-87.379, *Bull. crim.*, n° 1; *JCP* 2008, II, 10124, note J.-Y. Maréchal; *AJ Pénal* 2008, 421, obs. C. Duparc.

« Vu les articles 2 et 3 du Code de procédure pénale, ensemble l'article 731 du Code civil;

Attendu que toute personne victime d'un dommage, quelle qu'en soit la nature, a droit d'en obtenir réparation de celui qui l'a causé par sa faute; que le droit à réparation du préjudice éprouvé par la victime avant son décès, étant né dans son patrimoine, se transmet à ses héritiers;

Attendu, selon l'arrêt attaqué rendu sur renvoi après cassation, que MM. Jacques et Lionel Fortin, parties civiles, demandaient devant la cour d'appel saisie des seuls intérêts civils, en leur qualité d'héritiers d'Antoine Fortin, la réparation des préjudices matériels et moraux causés par les faits de falsifications de chèques et usage dont leur auteur avait été victime;

Attendu que pour déclarer cette demande irrecevable, après avoir dit constitués à la charge de Mme Ana Ratinho, renvoyée devant le tribunal correctionnel par ordonnance du juge d'instruction du 17 juin 2002, les éléments des infractions de falsifications de chèques et usage, l'arrêt retient que MM. Jacques et Lionel Fortin ne peuvent être considérés comme victimes directes de ces faits, alors même que leur auteur, bien qu'il en fût informé, n'avait jamais déposé plainte ni même manifesté l'intention de le faire;

Qu'en statuant ainsi, alors que le droit à réparation des préjudices subis par Antoine Fortin, né dans son patrimoine, avait été transmis à ses héritiers qui étaient recevables à l'exercer devant la cour d'appel saisie des seuls intérêts civils, peu important que leur auteur n'ait pas introduit d'action à cette fin avant son décès, dès lors que le ministère public avait mis en mouvement l'action publique et que la victime n'avait pas renoncé à l'action civile, la cour d'appel a violé les textes susvisés;

PAR CES MOTIFS :

CASSE et ANNULE, mais seulement en ce qu'il a déclaré MM. Jacques et Lionel Fortin irrecevables en leur demande de réparation des préjudices subis par leur auteur, Antoine Fortin, par suite des faits de falsifications de chèques et d'usage, l'arrêt rendu le 26 octobre 2005, entre les parties, par la cour d'appel de Paris; remet, en conséquence, sur ce point, la cause et les parties dans l'état où elles se trouvaient avant ledit arrêt et, pour être fait droit, les renvoie devant la cour d'appel de Paris, autrement composée ».

Ass. plén. 9 mai 2008, n° 06-85.751, *Bull. crim.*, n° 1; *JCP* 2008, II, 10124, note J.-Y. Maréchal; *AJ Pénal* 2008, 421, obs. C. Duparc.

« Sur le premier moyen :

Attendu, selon l'arrêt attaqué (Bastia, 7 juin 2006), que Mme Angèle Aliotti a cité directement devant le tribunal correctionnel M. Jean-René Bertoncini et d'autres personnes, des chefs d'abus de faiblesse et d'autres infractions, pour obtenir réparation tant de son préjudice personnel que de celui de sa mère Irène Aliotti, alors décédée;

Attendu que Mme Angèle Aliotti fait grief à l'arrêt de déclarer irrecevable la citation directe qu'elle a délivrée pour les faits dont aurait été victime sa mère, alors, selon le moyen, qu'est recevable l'action civile des ayants droit de la victime tendant à la réparation du préjudice personnel directement causé à cette dernière par l'infraction; qu'ainsi la cour d'appel n'a pu légalement déclarer irrecevable la citation directe de Mme Angèle Aliotti à raison des faits dont avait été victime sa mère décédée, sans violer les articles 6 de la Convention européenne des droits de l'homme, 223-15-12 du Code pénal, 2, 591 et 593 du Code de procédure pénale;

Mais attendu que, sauf exceptions légales, le droit de la partie civile de mettre en mouvement l'action publique est une prérogative de la victime qui a personnellement souffert de l'infraction; que l'action publique n'ayant été mise en mouvement ni par la victime ni par le ministère public, seule la voie civile était ouverte à la demanderesse pour exercer le droit à réparation reçu en sa qualité d'héritière;

D'où il suit que le moyen n'est pas fondé de ce chef;

Et attendu qu'il n'y a pas lieu de statuer sur le second moyen qui ne serait pas de nature à permettre l'admission du pourvoi (...) ».

61.03 Bibliographie indicative. (V. les références complètes s[s] n° 03.)

Actualisables. Rép. pén., Faivre, « Partie civile »; Guéry, « Instruction préparatoire » – J.-Cl. pén., Dumont, « Constitution de partie civile »; Blanchot, « Obstacle à la mise en mouvement de l'action publique ».

Ouvrages. Hélie F., I, n°s 563 et 564 – Vidal et Magnol, II, n° 6374.

Articles. Anzani M., « L'article 6-1 du Code de procédure pénale et le faux commis à l'occasion d'une poursuite judiciaire », *Dr. pén.* 2006, Étude n° 5 – Guéry A. et Ch., « Administrateurs *ad hoc* : us et abus », *Gaz. Pal.* 1998, 2, doctr. 1073 – Guéry Ch., « Le juge d'instruction et le voleur de pommes : pour une réforme de la plainte avec constitution de partie civile », *D.* 2003, chron. 1575 – Porchy M.-P., « L'administrateur *ad hoc* en matière pénale », *D.* 2004, chron. 2732; Volff J., « La privatisation rampante de l'action publique », *JCP* 2004, I, 146.

61.06 Questions essentielles.

• La multiplication des plaintes avec constitution de partie civile est l'une des tendances fortes de l'instruction préparatoire en ce début de xxie siècle. Or, nombre de ces plaintes ne devraient pas encombrer les magistrats instructeurs dont la saisine devrait être réservée aux affaires qui nécessite l'intervention d'un magistrat, et qui présentent de réelles difficultés[1].

SECTION 1
Personnes qui peuvent se porter partie civile

61.11 Conditions. Aux termes de l'article 85 du Code de procédure pénale « toute personne qui se prétend lésée par un crime ou un délit peut en portant plainte se constituer partie civile devant le juge d'instruction compétent », et aux termes de l'article 3 du même code, l'action civile sera recevable pour tous chefs de dommages, aussi bien matériels que corporels ou moraux, qui découleront des faits objets de la poursuite en application des dispositions des articles 52 et 706-42 (compétence territoriale pour les personnes physiques et les personnes morales). Toute victime d'un crime ou d'un délit peut donc se porter partie civile. Sous l'empire du Code d'instruction criminelle, le droit pour la partie lésée de provoquer l'ouverture d'une information par une plainte assortie de constitution de partie civile, ne s'étendait pas à la matière des contraventions[2]. Il en est de même aujourd'hui : les articles 44 et 79 du Code de procédure pénale réservent, en effet, au ministère public la faculté d'ouvrir une information en matière de contravention[3]. Mais la victime de la contravention peut se constituer par voie d'intervention[4].

Toute déclaration d'intention de ne pas se porter partie civile, antérieure et contraire, n'a point d'effet. Déclare à bon droit recevable l'action civile de la victime d'un accident, malgré la renonciation antérieure de celle-ci à exercer tout recours, l'arrêt qui constate que cette renonciation est entachée d'une erreur entraînant nullité[5].

Il est admis, en jurisprudence et en doctrine, de même que dans la pratique, que la déposition à titre de témoin, et sous la foi du serment, au cours du procès-verbal, de la victime de l'infraction, ne la rend pas irrecevable à se porter ultérieurement partie civile, jusqu'à la clôture des débats. Il est ainsi permis de recueillir la déposition de la victime, qui est souvent le seul ou le principal témoin dans l'affaire[6]. Les lois qui modifient les conditions de recevabilité de la constitution de partie civile sont des lois de procédure applicables aux instances en cours[7]. La situation de la partie civile est appréciée, non au jour de la décision ou de la consignation, mais au jour du dépôt de la plainte[8].

61.12 Il suffit qu'on puisse admettre comme possible l'existence du préjudice allégué. Il ne suffit pas à la personne qui veut se porter partie civile devant le juge d'instruction, de se prétendre lésée par un crime ou un délit; elle doit au contraire, lors même de sa constitution, produire les justifications qui lui sont demandées concernant le préjudice dont elle fait état et la relation qui peut exister entre ce dommage et l'infraction dénoncée[9]. Mais il suf-

1. V. Ch. Guéry « Le juge d'instruction et le voleur de pommes : pour une réforme de la plainte avec constitution de partie civile », *D.* 2003, chron. p. 1575.

2. Crim. 18 avr. 1929, *DP* 1930, 1, p. 40.
3. V. Crim. 18 mai 1971, n° 70-92.905, *Bull. crim.*, n° 160 – Crim. 20 nov. 1979, n° 79-91.409 *Bull. crim.*, n° 326.
4. Crim. 28 oct. 1974, n° 74-91.732, *Bull. crim.*, n° 304.
5. Crim. 24 mai 1960, *Bull. crim.*, n° 275 – Crim. 28 oct. 1976, n° 74-92.922 *Bull. crim.*, n° 305.
6. Crim. 2 déc. 1882, *Bull. crim.*, n° 264 – Crim. 5 janv. 1895, *Bull. crim.*, n° 14 – Crim. 6 mai 1942, *Bull. crim.*, n° 52 – Crim. 2 août 1951, *D.* 1951, p. 684 – Vidal et Magnol, II, n° 6374.
7. Crim. 15 févr. 1973, n° 72-92.476, *Bull. crim.*, n° 83.
8. Crim. 23 avr. 1981, n° 80-92.806, *Bull. crim.*, n° 115 – Crim. 13 déc. 1983, n° 83-91.925, *Bull. crim.*, n° 338.
9. Crim. 9 févr. 1961, *Bull. crim.*, n° 83; *D.* 1961, p. 306; *JCP* 1961, II, 12004, note Combaldieu.

fit, « pour que la constitution de partie civile soit recevable lors de l'instruction préalable, que les circonstances sur lesquelles elle s'appuie permettent au juge d'admettre comme possible l'existence du préjudice allégué et la relation directe de celui-ci avec une infraction pénale »[1]. Toutefois, dans le trafic d'influence par exemple, le concert frauduleux entre l'inculpé et la prétendue victime fait obstacle à ce que celle-ci puisse se prévaloir d'un préjudice causé par un délit auquel elle a elle-même participé[2]. Encourt la cassation l'arrêt d'une chambre d'accusation qui, pour confirmer une ordonnance d'irrecevabilité d'une plainte avec constitution de partie civile déposée par une grand-mère qui dénonçait des actes incestueux commis sur sa petite-fille, se borne à énoncer qu'elle ne dispose pas de l'autorité parentale et ne peut justifier d'un dommage personnel directement causé par l'infraction[3]. S'il est vrai que la constitution de partie civile peut avoir pour seul objet de corroborer l'action publique, encore faut-il, pour qu'elle soit recevable que les circonstances sur lesquelles elle s'appuie permettent à la juridiction d'admettre comme possibles, non seulement l'existence du préjudice allégué mais aussi la relation directe de celui-ci avec l'infraction[4].

61.13 Le préjudice. Sa nature. L'examen de cette question appartient à la théorie générale de l'action civile. La recevabilité de la constitution de partie civile implique l'existence d'un préjudice personnel et certain, né et actuel, découlant directement de l'infraction poursuivie[5].

La chambre criminelle distingue selon la nature des infractions. Depuis 1959, reprenant une théorie ancienne[6], elle décide que les infractions instituées dans un but d'intérêt général ne peuvent faire naître une action civile au bénéfice de simples particuliers. Il en est ainsi en matière économique[7], de permis de construire[8], de bonnes mœurs[9], d'infraction à un arrêté municipal[10]. De même, l'article 226 du Code pénal [devenu C. pén., art. 434-25], qui punit la critique d'une décision de justice, a pour objet exclusif la protection de l'autorité et de l'indépendance de la justice, et ne permet pas la constitution de partie civile d'une association professionnelle de magistrats[11]. Cette théorie est très discutée[12]. Depuis quelques années, la Cour de cassation admet, dans certains cas, que ces infractions peuvent aussi causer un préjudice à des particuliers[13].

Les infractions instituées dans le seul intérêt de certaines catégories de personnes ne peuvent porter préjudice à d'autres que celles-ci : ainsi, en matière de banque[14], de débits de boissons[15], de repos dominical[16], de séquestration de personnes[17], de contrefaçon[18]. Le dommage indirect ne fait pas naître une action civile. Dans une poursuite du seul chef de blessures involontaires, la personne non

1. Crim. 13 avr. 1967, n° 66-91.626, *Bull. crim.*, n° 119 – Crim. 4 nov. 1969, n° 68-93.573, *Bull. crim.*, n° 281 – Crim. 28 janv. 1971, *Bull. crim.*, n° 32; *JCP* 1971, II, 16792, note P. Chambon – Crim. 24 juin 1971; *Bull. crim.*, n° 297 – Crim. 23 juill. 1974, n° 73-93.383, *Bull. crim.*, n° 263 – Crim. 13 juin 1978, 2 arrêts, n°s 77-90.343 et 77-91.762, *Bull. crim.*, n°s 193 et 194 – Crim. 27 nov. 1978, n° 77-92.287, *Bull. crim.*, n° 329 – Crim. 20 nov. 1980, n° 80-92.344, *Bull. crim.*, n° 309 – Crim. 7 déc. 1987, n° 87-80.113, *Bull. crim.*, n° 445 – Crim. 5 mars 1990, n° 89-80.536, *Bull. crim.*, n° 103 – Crim. 5 nov. 1991, n° 90-82.605, *Bull. crim.*, n° 394 – Crim. 6 févr. 1996, n° 95-84.041 *Bull. crim.*, n° 60; *JCP* 1996, II, 22634, note P. Chambon – Crim. 4 juin 1996, n° 95-82.256 *Bull. crim.*, n° 230 – Crim. 16 févr. 1999, n° 98-80.537, *Bull. crim.*, n° 17; *Dr. pén.* juin 1999, note J.-H. Robert – Crim. 11 déc. 2002, *JCP* 2003, IV, 1255 – Crim. 2 avr. 2003, *JCP* 2003, IV, 2119 – Crim. 23 avr. 2003, n° 02-84.375, *Bull. crim.* n° 84; *JCP* 2003, IV, 2177.
2. Crim. 13 juin 1978, n° 77-91.762, *Bull. crim.*, n° 194.
3. Crim. 16 juin 1998, *Gaz. Pal.* 8 nov. 1998 *JCP* 1998, IV, n° 3219.
4. Crim. 19 févr. 2002, n° 00-86.244, *Bull. crim.*, n° 34; *JCP* 2002, IV, 1744.
5. Crim. 13 févr. 1937, *Bull. crim.*, n° 27 – Crim. 25 janv. 1962, *Bull. crim.*, n° 63 – Crim. 16 nov. 1967, *Bull. crim.*, n° 294 – V. la thèse approfondie citée s^s^ n° 60.08 – Crim. 2 févr. 1982, n° 81-92.515, *Bull. crim.*, n° 35; *JCP* 1983, II, 19985, note P. Chambon – Crim. 15 déc. 1982, n° 82-91.010, *Bull. crim.*, n° 291 – Crim. 7 nov. 1989, n° 88-84.058 *Bull. crim.*, n° 393 – Crim. 9 févr. 1993, n° 92-85.415, *Bull. crim.*, n° 66.
6. V. HÉLIE F., I, n°s 563, 564 – T. corr. Paris, 11 juill. 1969, *JCP* 1970, II, 16375, note P. Chambon.
7. Crim. 19 nov. 1959, *Bull. crim.*, n° 499; *JCP* 1960, II, 11448, et note P. Chambon; *D.* 1960, jur. 463, note Durry – Crim. 22 janv. 1970, *JCP* 1970, II, 16326, note Guérin.
8. Crim. 16 déc. 1959, *Bull. crim.*, n° 556 – Crim. 22 mai 1973, n° 72-92.769, *Bull. crim.*, n° 229.
9. Crim. 26 juin 1974, n° 73-92.547, *Bull. crim.*, n° 241.
10. Crim. 16 janv. 1975, *Bull. crim.*, n° 20.
11. Crim. 7 mars 1988, n° 87-80.931, *Bull. crim.*, n° 113; *JCP* 1988, II, 21133, note Jeandidier – Crim. 9 déc. 1993, n° 92-83.475, *Bull. crim.*, n° 382.
12. Durand, *D.* 1960, chron. 21 – Larguier, note *JCP* 1961, II, 12092.
13. Crim. 22 janv. 1970, *D.* 1970, jur. 166, note Costa – Crim. 16 juin 1973, n° 71-92.269, *Bull. crim.*, n° 279 – Crim. 22 nov. 1977, n° 76-92.606, *Bull. crim.*, n° 359 – Crim. 4 janv. 1984, *Bull. crim.*, n° 4 – Crim. 17 janv. 1984, *Bull. crim.*, n° 24 – Crim. 18 déc. 1984, n° 84-90.062, *Bull. crim.*, n° 407 – Crim. 17 nov. 1993, n° 93-80.466, *Bull. crim.*, n° 347.
14. Crim. 9 mai 1972, n° 71-90.997, *Bull. crim.*, n° 158.
15. Crim. 4 juin 1973, n° 72-91.730, *Bull. crim.*, n° 248.
16. Crim. 9 juin 1976, n° 75-91.813, *Bull. crim.*, n° 203 – Crim. 24 mai 1977, n° 76-90.760, *Bull. crim.*, n° 185.
17. Crim. 12 mars 1985, n° 84-92.284, *Bull. crim.*, n° 107.
18. Crim. 10 mai 1993, n° 92-82.205, *Bull. crim.*, n° 169.

blessée ne peut poursuivre la réparation de son dommage matériel[1], ou de son dommage moral[2].

61.14 La faculté de se constituer partie civile, et celle de demander des dommages-intérêts, sont distinctes. L'action civile de la victime est suffisamment justifiée, au cas d'accident du travail par exemple, par son intérêt à faire reconnaître la culpabilité du prévenu et à corroborer l'action publique[3].

Les articles 2-1 à 2-21 du Code de procédure pénale, créés depuis 1985 par des lois successives, reconnaissent aux associations déclarées depuis au moins cinq ans, le droit de se constituer parties civiles à l'égard de certaines infractions, qu'elles se proposent de combattre par leurs statuts. L'article L. 411-11 du Code du travail permet aux syndicats professionnels l'exercice des droits réservés à la partie civile relativement aux faits portant un préjudice direct ou indirect à l'intérêt collectif de la profession qu'ils représentent (sur l'action civile accordée aux associations de consommateurs, v. C. consom., art. L. 421-1). La possibilité, pour certaines associations, d'exercer les droits de la partie civile, n'exclut pas le droit, pour un syndicat, de se constituer partie civile en cas d'atteinte à l'intérêt collectif de la profession[4].

61.15 Le préjudice. Sa transmission. Si la victime d'une infraction dispose d'un droit à réparation du dommage subi qui, étant né dans son patrimoine, se transmet, à son décès, à ses héritiers, ceux-ci ne peuvent exercer ce droit que devant la juridiction civile lorsque l'action publique n'a été mise en mouvement ni par la victime elle-même, ni par le ministère public[5]. Cette analyse a été réaffirmée récemment par l'Assemblée plénière de la Cour de cassation. Le droit à réparation du préjudice éprouvé par la victime se transmet à ses héritiers. Mais les héritiers ne peuvent être considérés comme victimes directes de faits commis à l'égard de leur auteur lorsque ce dernier, bien qu'il en eût été informé, n'avait jamais déposé plainte ni manifesté cette intention de son vivant. Le droit à réparation des héritiers est recevable lorsque l'action publique a été mise en mouvement par le ministère public, dans le cas contraire seule la voie civile est ouverte au demandeur[6].

61.16 Absence d'obligation d'être assisté par un avocat. La plainte avec constitution de partie civile ne suppose pas forcément l'assistance d'un conseil. Toutefois, seul celui-ci peut prendre connaissance de la procédure. Dans une affaire soumise à son contrôle, la Cour européenne des droits de l'Homme a estimé qu'« eu égard à l'ensemble des circonstances [procédure prud'homale continuée par une plainte du requérant avec constitution de partie civile pour faux, usage de faux, altération d'écriture et destruction de preuve, contre des personnes intervenues dans la procédure prud'homale] et compte tenu des intérêts en jeu, l'impossibilité pour le requérant partie civile non représentée de consulter le dossier d'instruction dont l'accès est réservé aux avocats, n'a pas apporté une atteinte excessive à son droit à un procès équitable »[7].

SECTION 2
PLAINTE AVEC CONSTITUTION INITIALE DE PARTIE CIVILE À TITRE INITIAL

61.21 Alternative. Les articles 63 à 70 du Code d'instruction criminelle, écrits pour l'instruction, avaient une portée générale, et s'appliquaient aux juridictions de jugement. Au contraire, les articles 85 à 91 Code de procédure pénale, du moins quant aux règles de forme, ne s'appliquent qu'aux juridictions d'instruction. Des textes spéciaux règlent la constitution de partie civile devant les juridictions de jugement (C. pr. pén., art. 371 à 375-2418 à 426, 536).

La victime de l'infraction peut, soit mettre l'action publique en mouvement par sa constitution initiale de partie civile, soit intervenir au cours de l'instruction déjà ouverte par le ministère public.

61.22 Avertissement du droit de constituer partie civile. Depuis l'entrée en vigueur de la loi du 15 juin 2000, « dès le début de l'information, le juge d'instruction doit avertir la victime d'une infraction de l'ouverture d'une procédure, de son

1. Crim. 16 mars 1964, n° 63-93.012, *Bull. crim.*, n° 94 – Crim. 29 nov. 1966, n° 65-93.697, *Bull. crim.*, n° 269.
2. Crim. 14 nov. 1972, n° 71-90.916, *Bull. crim.*, n° 336 – Crim. 23 janv. 1975, n° 73-92.615, *Bull. crim.*, n° 30 – Crim. 24 janv. 1979, n° 77-93.760, *Bull. crim.*, n° 34 – Ass. plén., 12 janv. 1979, n° 77-90911, *Bull. crim.*, n° 20 – Crim. 18 janv. 1982, n° 81-90.315, *Bull. crim.*, n° 14 – V. cep., en sens contraire, Crim. 19 juin 1985, n° 85-91.653, *Bull. crim.*, n° 236 – Crim. 9 févr. 1989, n° 87-81.359, *Bull. crim.*, n° 63 – Crim. 21 mars 1989, n° 88-80.816, *Bull. crim.*, n° 137.
3. Crim. 10 oct. 1968, n° 67-92.262, *Bull. crim.*, n° 248 – Crim. 15 oct. 1970, *D.* 1970, jur. 733, note Costa – Crim. 8 juin 1971, n° 69-92.311, *Bull. crim.*, n° 182 – Crim. 22 mai 1973, n° 72-90777, *Bull. crim.*, n° 230 – Crim. 28 mars 1974, n° 72-92.785, *Bull. crim.*, n° 136 – Mixte, 21 nov. 1975, n° 71-92.532, *Bull. crim.*, n° 254 – Crim. 26 oct. 1982, n° 81-94.768, *Bull. crim.*, n° 233.
4. Crim. 25 mai 1993, n° 92-81.603, *Bull. crim.*, n° 188.
5. Crim. 27 avr. 2004, n° 03-87.065, *Bull. crim.*, n° 96; *JCP* 2004, IV, 2262.
6. Ass. plén. 9 mai 2008, n° 05-87.379, *JCP* 2008, II, 10124, note J.-Y. Maréchal; *AJ Pénal* 2008, 421, obs. C. Duparc.
7. CEDH 2e sect., 14 juin 2005, aff. X... c/France, n° 39553/02, *BICC* 623, n° 1381.

droit de se constituer partie civile et des modalités d'exercice de ce droit. Si la victime est mineure, l'avis est donné à ses représentants légaux. » (C. pr. pén., art. 80-3). Depuis la loi du 9 septembre 2002, les victimes doivent être informées par les officiers ou agents de police judiciaire au cours de l'enquête de flagrance ou de l'enquête préliminaire qui peut être faite par tout moyen. Elles sont informées de leur droit d'obtenir réparation du préjudice subi, de se constituer partie civile si l'action publique est mise en mouvement par le parquet ou en citant directement l'auteur des faits devant la juridiction compétente ou en portant plainte devant le juge d'instruction, d'être, si elles souhaitent se constituer partie civile, assistées d'un avocat qu'elles pourront choisir ou qui, à leur demande, sera désigné par le bâtonnier de l'ordre des avocats près la juridiction compétente, les frais étant à la charge des victimes sauf si elles remplissent les conditions d'accès à l'aide juridictionnelle ou si elles bénéficient d'une assurance de protection juridique, d'être aidées par un service relevant d'une ou de plusieurs collectivités publiques ou par une association conventionnée d'aide aux victimes et de saisir, le cas échéant, la commission d'indemnisation des victimes d'infraction, lorsqu'il s'agit d'une infraction mentionnée aux articles 706-3 et 706-14. Il s'agit dans tous ces cas d'une constitution de partie civile à titre incident.

61.23 **Formes.** « Toute personne qui se prétend lésée par un crime ou un délit peut en portant plainte se constituer partie civile devant le juge d'instruction » (C. pr. pén., art. 85). La loi n'a pas déterminé autrement les formes de la constitution de partie civile. Elle peut donc être faite soit par écrit, soit oralement devant le magistrat. La constitution ainsi faite donne au plaignant la qualité de partie civile[1]. L'ensemble des personnes lésées par une même infraction peuvent se constituer par une même plainte[2].

Quand elle est faite par écrit, elle est datée et signée. Elle est adressée au juge d'instruction compétent, ou au procureur de la République, ou même au commissaire de police qui la transmettent au juge d'instruction[3]. Elle est rédigée par le plaignant lui-même ou par son conseil, l'avocat tirant de la loi du 31 décembre 1971 un droit de représentation général[4]. S'il s'agit d'une personne morale, elle est faite par la personne ayant qualité[5]. S'il s'agit d'un incapable, par son représentant légal. Ainsi, une société en nom collectif ne peut être représentée que par son gérant[6]. Le maire n'a qualité pour agir au nom de la commune qu'après délibération du conseil municipal[7].

Le plus souvent, la victime adresse au doyen des juges d'instruction sa plainte écrite contenant offre de se constituer partie civile. Le cas échéant, la partie civile produit toutes pièces à l'appui de sa plainte[8]. Cette manière de procéder a été consacrée par l'article 86 alinéa 3 du Code de procédure pénale.

Il avait été jugé que par sa seule plainte avec offre de se constituer, la victime n'acquérait pas la qualité de partie civile, alors que les formalités des articles 85 et 87 n'avaient pas été remplies[9]. La chambre d'accusation de Versailles en avait conclu qu'une déclaration expresse de volonté devant le juge d'instruction était nécessaire. Mais la Cour de cassation a décidé, par deux arrêts du 8 mai 1979 que la victime, par sa plainte écrite avec offre de se constituer, par son élection de domicile, et par le versement de la consignation, « avait manifesté et concrétisé sans équivoque son intention de se constituer partie civile, alors même qu'elle n'avait pas été convoquée, ni entendue par le magistrat instructeur »[10].

Le décret n° 207 du 1er novembre 2007 modifiant le Code de procédure pénale (troisième partie : Décrets) et relatif à l'utilisation des nouvelles technologies (*JO* du 17 nov. 2007, p. 18865) prévoie la possibilité de déposer une plainte avec constitution de partie civile par voie électronique lorsqu'un protocole a été signé avec le barreau de la juridiction. L'article D. 31-1 du Code de procédure pénale dispose que « lorsque la plainte avec constitution de partie civile est déposée par un avocat, elle peut être adressée au juge d'instruction par un moyen de communication électronique selon les modalités prévues par l'article D. 591, dès lors que les dispositions de cet article sont applicables à la suite du protocole passé par les chefs de la juridiction et le barreau ».

Dans cette hypothèse, le demandeur doit joindre les éléments permettant d'apprécier la recevabilité de sa plainte au regard des nouvelles dispositions de la loi du 5 mars 2007 relatives à l'obligation de dépôt d'une plainte préalable (v. ss n° 61.29). Dans le cas contraire, le juge d'instruction constate par

1. Crim. 28 mai 1968, n° 67-90.121, *Bull. crim.*, n° 176 – Crim. 17 juin 1986, n° 85-90313, *Bull. crim.*, n° 208.
2. Crim. 13 juin 1972, n° 72-90.091, *Bull. crim.*, n° 197.
3. Crim. 11 juin 1941, *RSC* 1941, 329.
4. Crim. 6 mars 1979, n° 78-93.523, *Bull. crim.*, n° 97; *JCP* 1979, IV, 167.
5. Crim. 9 oct. 1963, n° 62-90.200, *Bull. crim.*, n° 275 – Crim. 4 nov. 1969, *Bull. crim.*, n° 281.
6. Crim. 3 janv. 1986, n° 85-91.905, *Bull. crim.*, n° 3.
7. Crim. 18 févr. 1987, n° 86-93.143, *Bull. crim.*, n° 80.
8. Crim. 23 juill. 1992, n° 92-82.721, *Bull. crim.*, n° 274.
9. Crim. 25 juin 1970, n° 69-93.357, *Bull. crim.*, n° 218.
10. Crim. 8 mai 1979, 2 arrêts, n° 78-91.517, *Bull. crim.*, n° 165; *JCP* 1979, IV, 223; v. les attendus ss n° 61.02 – Dans le même sens, Crim. 2 oct. 1979, n° 78-93.560, *Bull. crim.*, n° 265.

ordonnance l'irrecevabilité de la plainte avec constitution de partie civile. Cette ordonnance est notifiée à la personne par lettre recommandée ou à son avocat selon les modalités prévues par l'article 803-1.

61.24 Lorsque la plainte n'est pas suffisamment motivée ou justifiée, le procureur de la République peut, avant de prendre ses réquisitions et s'il n'y a pas été procédé d'office par le juge d'instruction, demander à ce magistrat d'entendre la partie civile et, le cas échéant, d'inviter cette dernière à produire toute pièce utile à l'appui de sa plainte (C. pr. pén., art. 86, al. 3).

61.25 Faits commis à l'encontre d'un enfant mineur. Selon l'ancien article 87-1 du Code de procédure pénale, quand le juge d'instruction était saisi de faits commis volontairement à l'encontre d'un enfant mineur, il pouvait lui désigner un administrateur *ad hoc* en vue d'exercer en son nom l'action civile (C. pr. pén., art. 87-1) [1]. Mais l'incapable peut agir lui-même, quant aux droits attachés à sa personne [2]. C'est depuis la loi du 17 juin 1998, l'article 706-50 du Code de procédure pénale qui régit la matière. Si en application de cet article, un administrateur *ad hoc* peut être désigné pour assurer la protection des intérêts d'un mineur, victime de faits commis volontairement, et exercer, s'il y a lieu, au nom de celui-ci les droits reconnus à la partie civile, cette désignation ne peut intervenir qu'en faveur d'un mineur vivant [3]. La désignation d'un administrateur *ad hoc* fait obstacle à ce que le représentant légal du mineur puisse intervenir afin d'exercer au nom du mineur les droits reconnus à la partie civile [4]. Les actes accomplis au nom du mineur, partie civile au cours de la procédure d'instruction, n'ont pas à être réitérés par celui-ci après sa majorité [5]. L'article R. 53-7 du Code de procédure pénale prévoit la notification aux représentants légaux du mineur de la décision du juge. Elle peut être contestée par la voie de l'appel dans les dix jours à compter de la notification [6]. Les dispositions de l'article 706-50 ne sont pas en l'absence de décision du juge d'instruction ou du procureur de la République, de celles de l'article 388-2 du Code civil, à portée générale, qui autorisent le juge des tutelles à procéder à cette désignation, dès lors que l'opposition d'intérêts entre enfant et ses représentants légaux a été constatée [7].

61.26 Loi sur la presse. En matière de presse, les articles 50 et 53 de la loi du 29 juillet 1881 imposent au ministère public comme à la partie civile l'obligation de spécifier et qualifier les faits et de viser les textes applicables. La plainte et le réquisitoire introductif forment un ensemble et peuvent se compléter mutuellement [8]. La plainte peut suppléer aux insuffisances du réquisitoire introductif [9], et inversement [10]. Toutefois, le réquisitoire complet ne peut suppléer aux irrégularités de la plainte, s'il est intervenu alors que la prescription était acquise [11]. Lorsqu'une plainte préalable est nécessaire, le ministère public ne peut étendre la poursuite à des faits non visés par la plainte [12], mais elle peut l'être à des personnes non désignées dans la plainte [13]. À l'égard des nullités tirés de la loi sur la presse, l'article 802 du Code de procédure pénale n'est pas applicable [14]. La constitution de partie civile qui a valablement mis l'action publique en mouvement fixe irrévocablement la nature et l'étendue de la poursuite [15]. Le juge d'instruction peut requalifier la

1. Crim. 16 juin 1992, n° 92-80.414, *Bull. crim.*, n° 236; *D.* 1993, jur. 75, note Crothais – Crim. 16 juill. 1992, *Bull. crim.*, n° 272.
2. Crim. 19 oct. 1982, n° 81-93.636, *Bull. crim.*, n° 222 – CA Paris, ch. acc., 31 oct. 1980, *D.* 1981, IR p. 227.
3. Crim. 15 juin 2000, n° 99-87.322, *Bull. crim.*, n° 230; *D.* 2000, IR 233; *Procédures* 2001, comm. 12, obs. Buisson.
4. Crim. 12 sept. 2000, n° 00-81.971, *Bull. crim.*, n° 266; *D.* 2000, IR 275; *Procédures* 2001, comm. 46, obs. Buisson; v. les attendus s^s n° 61.02 – V. aussi M.-P. Porchy, « L'administrateur *ad hoc* en matière pénale », *D.* 2004, chron. 2732.
5. Crim. 17 sept. 2003, n° 02-87.391, *Bull. crim.*, n° 167.
6. Crim. 16 mars 2005, n° 04-83.300, *Bull. crim.*, n° 93.
7. Civ. 1re, 25 oct. 2005, n° 03-14.404, *Bull. civ.* I; *D.* 2005, IR 2825.
8. Crim. 3 juill. 1980, n° 79-91.742, *Bull. crim.*, n° 215 – Crim. 31 mars 1981, n° 79-95.027, *Bull. crim.*, n° 111 – Crim. 7 févr. 1984, n° 83-91.104, *Bull. crim.*, n° 44 – Crim. 19 janv. 1988, n° 87-83.468, *Bull. crim.*, n° 28 – Crim. 14 mai 1991, n° 91-80.239, *Bull. crim.*, n° 204.
9. Crim. 10 févr. 1953, *Bull. crim.*, n° 42 – Crim. 3 juin 1975, n° 73-93.645, *Bull. crim.*, n° 142 – Crim. 27 janv. 1976, n° 74-92.030, *Bull. crim.*, n° 32 – Crim. 17 mars 1981, n° 79-93.291, *Bull. crim.*, n° 97 – Crim. 28 févr. 1984, n° 83-9.1533, *Bull. crim.*, n° 80 – Crim. 29 nov. 1988, n° 88-82.679, *Bull. crim.*, n° 402.
10. Crim. 13 nov. 1978, n° 76-91.071, *Bull. crim.*, n° 313 – Crim. 2 janv. 1980, n° 78-92.224, *Bull. crim.*, n° 3 – Crim. 2 déc. 1980, n° 79-91.506, *Bull. crim.*, n° 327.
11. Crim. 21 janv. 1980, n° 78-92.167, *Bull. crim.*, n° 29 – Crim. 22 juin 1982, n° 80-95.334, *Bull. crim.*, n° 169 – Crim. 19 mai 1987, n° 86-90.762, *Bull. crim.*, n° 205 – Crim. 7 avr. 1992, n° 87-81.208, *Bull. crim.*, n° 149 – CA Aix-en-Provence, 13e ch. corr., 1er juill. 1983, *JCP* 1984, II, 20289, note P. Chambon.
12. Crim. 8 oct. 1979, n° 77-92.297, *Bull. crim.*, n° 272 – Crim. 10 mars 1980, n° 78-93.368, *Bull. crim.*, n° 86 – Crim. 5 juill. 1983, n° 80-95.199, *Bull. crim.*, n° 217; *D.* 1984, IR p. 46.
13. CA Douai, ch. acc., 6 déc. 1983, *JCP* 1984, II, 20300, note P. Chambon – Crim. 19 mai 1987, n° 86-90.762, *Bull. crim.*, n° 205 – Crim. 7 avr. 1992, n° 87-81.208, *Bull. crim.*, n° 149.
14. Crim. 2 déc. 1980, préc. – Crim. 17 févr. 1981, n° 79-91.085, *Bull. crim.*, n° 65 – Crim. 17 mars 1981, n° 79-94.121, *Bull. crim.*, n° 96.
15. Crim. 22 déc. 1987, n° 87-84.868, *Bull. crim.*, n° 483 – Crim. 16 févr. 1988, n° 87-90.179, *Bull. crim.*, n° 78.

plainte en infraction de droit commun à condition de n'introduire dans la poursuite aucun fait nouveau[1]. Il s'ensuit qu'aucune autre personne ne peut être admise à intervenir comme partie civile dans la procédure déjà engagée sur la plainte d'une autre[2].

61.27 Article 6-1 du Code de procédure pénale. Ce texte issu de la loi n° 95-125 du 8 février 1995 dispose que « lorsqu'un crime ou un délit prétendument commis à l'occasion d'une poursuite judiciaire impliquerait la violation d'une disposition de procédure pénale, l'action publique ne peut être exercée que si le caractère illégal de la poursuite ou de l'acte accompli à cette occasion a été constaté par une décision devenue définitive de la juridiction répressive saisie. Le délai de prescription de l'action publique court à compter de cette décision ». Ce texte met en œuvre une exception préjudicielle. Il résulte de la combinaison des articles 6-1 et 86 du Code de procédure pénale que, lorsqu'un crime ou un délit est dénoncé comme ayant été commis à l'occasion d'une poursuite judiciaire et impliquerait la violation d'une disposition de procédure pénale, l'absence de décision définitive de la juridiction répressive constatant le caractère illégal de la poursuite ou de l'acte accompli met obstacle à l'exercice de l'action publique pour la répression dudit crime ou délit[3]. Cet obstacle est général et concerne aussi les tiers à l'action pénale qui ne peuvent agir devant la juridiction pénale en nullité mais qui disposent d'un recours devant la juridiction civile[4]. Les dispositions de l'article 6-1 du Code de procédure pénale ne sont pas incompatibles avec celles des articles 6 et 13 de la Convention européenne de sauvegarde des droits de l'Homme et des libertés fondamentales dès lors que la personne concernée dispose d'un recours judiciaire préalable en annulation des actes argués d'illégalité[5].

En l'état d'une plainte avec constitution de partie civile pour viol, dénonçant un toucher rectal effectué par l'expert commis par le juge d'instruction, est justifié, au regard de l'article 6-1 du Code de procédure pénale, l'arrêt de la chambre d'accusation qui, pour confirmer l'ordonnance de refus d'informer du juge d'instruction, relève qu'une précédente décision définitive avait constaté le caractère légal de l'expertise, et qu'ainsi les faits reprochés n'en étaient que l'exécution régulière[6]. Il en est de même pour celui qui se prétend lésé par une pièce publique ou authentique arguée de faux et qui ne s'est pas inscrit en faux contre cette pièce[7].

L'exception préjudicielle à l'action publique prévue par l'article 6-1 du Code de procédure pénale est applicable lorsqu'un crime ou un délit prétendument commis à l'occasion d'une poursuite judiciaire impliquerait la violation d'une disposition du Code de procédure pénale. Tel est le cas lorsque, comme en l'espèce, est dénoncée la violation du secret de l'instruction qu'auraient commise des fonctionnaires de police en permettant que des actes accomplis sur commission rogatoire d'un juge d'instruction soient filmés pour la réalisation d'un reportage de télévision. Les dispositions de l'article 6-1 du Code de procédure pénale constituant un obstacle à la mise en mouvement de l'action publique, le moyen tiré de leur inobservation peut être soulevé à tout stade de la procédure[8]. Justifie sa décision la chambre d'accusation qui, pour confirmer, sur le fondement de l'article 6-1 du Code de procédure pénale, une ordonnance du juge d'instruction portant refus d'informer sur une plainte avec constitution de partie civile dénonçant les conditions illégales dans lesquelles aurait été conduite une poursuite pénale, et impliquerait la violation des dispositions des articles 11, 162, 166 du Code de procédure pénale, ce qui n'a pas été constaté par décision définitive de la juridiction répressive, et met ainsi obstacle à l'exercice de l'action publique[9]. De même, ne justifie pas sa décision, au regard de l'article 6-1 du Code de procédure pénale, l'arrêt qui déclare qu'il y a lieu d'informer des chefs d'arrestation arbitraire, abus d'autorité, menace ou intimidation envers un avocat, à la suite d'une plainte d'une partie civile dénonçant les conditions dans lesquelles elle a été placée en garde à vue, alors que le caractère illégal de cette mesure a été définitivement écarté par une décision devenue définitive de la chambre de l'instruction saisie d'une requête en annulation de cette mesure[10]. Les décisions se sont multipliées qui portent sur des affaires dans lesquels les officiers de police judiciaire sont poursuivis pour des faux. Ces décisions sont parfois contradictoires[11].

Il semble résulter de l'ensemble de ces décisions que « lorsqu'une plainte en faux vise les mentions

1. Crim. 25 sept. 1991, n° 90-83.140, *Bull. crim.*, n° 319.
2. Crim. 22 mai 1990, n° 87-81.387, *Bull. crim.*, n° 211.
3. Crim. 28 janv. 1997, n° 96-81.388, *Bull. crim.*, n° 37.
4. Crim. 14 févr. 2001, n° 00-83.657, *Bull. crim.*, n° 42.
5. Crim. 28 janv. 1997, n° 96-81.388, *Bull. crim.*, n° 37; *Procédures* 1997, comm. 122, obs. Buisson; *RSC* 1997. 644, obs. A. Dinthillac – Crim. 25 avr. 2001, *Dr. pén.* 2001, comm. 20, obs. Maron.
6. Crim. 28 janv. 1997, n° 96-81.388, *Bull. crim.*, n° 37.
7. Crim. 6 mai 1997, n° 96-83.581, *Bull. crim.*, n° 169.
8. Crim. 2 sept. 2003, *JCP* 2003, IV, 280.
9. Crim. 21 avr. 1998, n° 97-82.897, *Bull. crim.*, n° 139.
10. Crim. 27 sept. 2005, n° 05-84.032, *Bull. crim.*, n° 235 – Crim. 7 déc. 2005, n° 05-81.483, *Bull. crim.*, n° 325; *D.* 2005, IR p. 252; *D.* 2006, Pan. 621, obs. J. Pradel; pour un extrait v. s[s] n° 61.02.
11. V. M. Anzani, « L'article 6-1 du Code de procédure pénale et le faux commis à l'occasion d'une poursuite judiciaire », *Dr. pén.* 2006, Étude n° 5.

qui sont portées sur des pièces de procédure pour établir que les formalités et les délais prévus par le Code de procédure pénale ont été respectées, une telle plainte est soumise à l'exception préjudicielle de l'article 6-1 et sera, en tout état de cause, irrecevable si la procédure n'a pas été annulée ou a été jugée régulière ».

61.28 Compétence. La constitution de partie civile doit être faite devant le juge d'instruction compétent, c'est-à-dire, aux termes de l'article 52 du Code de procédure pénale, le juge d'instruction du lieu de l'infraction, celui de la résidence de l'un des auteurs de cette infraction, ou celui du lieu de l'arrestation de l'une de ces personnes. En effet, aux termes de l'article 90 du même code, « dans le cas où le juge d'instruction n'est pas compétent, il rend, après réquisition du ministère public une ordonnance renvoyant la partie civile à se pourvoir devant telle juridiction qu'il appartiendra ». Au contraire, sous le régime de l'article 69 du Code d'instruction criminelle « dans le cas où le juge d'instruction qui avait reçu la plainte n'était ni celui du crime ou délit, ni celui de la résidence du prévenu, ni celui du lieu de l'arrestation, il renvoyait la plainte devant le juge d'instruction qui pouvait en connaître ». Depuis l'entrée en vigueur de la loi du 5 mars 2007, les plaintes déposées devant le doyen des juges d'instruction d'un tribunal qui n'est pas pôle de l'instruction doivent être examinées avec soin. En effet, si le parquet analyse les faits comme étant de nature criminelle, il prend des réquisitions tendant à ce que le juge déclare son incompétence territoriale. Dans l'autre sens, les plaintes déposées directement devant le tribunal du lieu du pôle de l'instruction et qui dépendent territorialement du tribunal sans pôle sont traitées par le doyen de la juridiction du pôle dès lors que les faits sont qualifiés de criminels par le ministère public. On peut en effet penser que la qualification apportée par le plaignant aux faits qu'il dénonce ne suffit pas à fonder la compétence de la juridiction « pôlaire ». Il reste le cas où, même en matière correctionnelle, le parquet souhaiterait prendre des réquisitions de co-saisine. On peut imaginer que cette hypothèse est rare au regard des nouvelles dispositions de l'article 85 du Code de procédure pénale. Mais cela demeure possible. Le ministère public devrait alors adresser son réquisitoire au président de la juridiction du pôle si la plainte a été déposée devant la juridiction qui n'en est pas dotée.

61.29 La réforme de la loi n° 2007-291 du 5 mars 2007 : l'exigence de principe d'une plainte préalable. De nos jours les constitutions de partie civile se sont multipliées. Mais alors qu'auparavant la constitution apparaissait comme un véritable palliatif de l'opportunité des poursuites du ministère public, il est de plus en plus fréquent que les plaintes arrivent directement devant le doyen des juges d'instruction sans avoir été portées devant les services d'enquête. Il s'en suit une charge très importante pour les magistrats instructeurs, qui trouvent dans leurs cabinets à la fois des affaires graves et complexes qui leur sont ouvertes par le parquet et des affaires d'importance très variable qui sont ouvertes sur plainte avec constitution de partie civile. Or, l'institution du magistrat instructeur ne se justifie que par ses garanties d'indépendance et par le cadre procédural protecteur des droits de la défense qui est désormais celui de l'instruction préparatoire. Ce cadre doit être réservé aux affaires les plus complexes. Le législateur s'est finalement décidé à introduire dans le Code de procédure pénale une modification réclamée par les professionnels. La loi du 5 mars 2007 exige désormais qu'une plainte ait été déposée au préalable. Si le procureur de la République a classé la plainte, le plaignant pourra alors se constituer partie civile. Mais il le pourra également si « un délai de trois mois s'est écoulé depuis qu'elle a déposé plainte devant ce magistrat, contre récépissé ou par lettre recommandée avec demande d'avis de réception, ou depuis qu'elle a adressé, selon les mêmes modalités, copie à ce magistrat de sa plainte déposée devant un service de police judiciaire ». Le délai paraît court, mais d'un autre côté il ne court pas à compter de la plainte devant un service de police ou de gendarmerie, mais de l'envoi de la plainte au procureur de la République ou de l'envoi de la copie de la plainte déposée devant un service d'enquête. Gageons que les plaignants institutionnels que nous évoquions plus haut déposerons directement une plainte devant le procureur de la République par lettre recommandée et déposerons la même trois mois plus tard devant le magistrat instructeur. L'effet sera donc simplement de retarder de trois mois le début de l'information. La condition de recevabilité n'est pas requise s'il s'agit d'un crime ou s'il s'agit d'un délit prévu par la loi du 29 juillet 1881 sur la liberté de la presse ou par les articles L. 86, L. 87, L. 91 à L. 100, L. 102 à L. 104, L. 106 à L. 108 et L. 113 du Code électoral. Ce dispositif améliore le système, même si c'est une réforme bien plus profonde qu'il faudrait envisager[1]. Il ne semble pas que le doyen des juges d'instruction ait l'obligation de solliciter les réquisitions du procureur de la République avant de rendre son ordonnance d'irrecevabilité au visa des nouvelles dispositions. En effet, le

1. Sur nos propositions de distinguer le droit au juge du droit au juge d'instruction et l'instauration d'un filtre sur la recevabilité des plaintes avec constitution de partie civile, v. Ch. Guéry, « Le juge d'instruction et le voleur de pommes », *D.* 2003, chron. 1575.

décret du 15 novembre 2007, décrit le cheminement d'une plainte avec constitution de partie civile déposée par la voie électronique (v. s^s n° 61.23) en évoquant une ordonnance d'irrecevabilité rendue sans communication préalable au ministère public (C. pr. pén., art. D. 31-1). On ne voit pas pourquoi il en serait autrement dans le cas où la plainte est déposée par un moyen plus classique.

SECTION 3
INTERVENTION DE LA PARTIE LÉSÉE AU COURS DES POURSUITES

61.31 Formes et caractères. La victime de l'infraction peut intervenir sur les poursuites déjà intentées par le ministère public en se constituant partie civile « à tout moment au cours de l'instruction » (C. pr. pén., art. 87). Elle se fait par simple déclaration écrite, ou orale devant le juge d'instruction [1]. Selon le même texte, « elle n'est pas notifiée aux autres parties » [2]. La personne déjà entendue comme témoin peut se constituer ultérieurement partie civile [3].

L'intervention au sens strict, sur la seule base de l'article 87, implique qu'il s'agit de l'infraction même déjà poursuivie : aussi n'entraîne-t-elle pas une modification de l'étendue de la poursuite [4]. Pour que l'intervention soit recevable, il suffit là encore que le préjudice allégué soit possible et en relation directe avec le fait poursuivi [5]. Elle ne peut se fonder sur un fait différent [6]. Par exemple, sur une poursuite pour coups volontaires mortels, l'intervenant ne peut invoquer une imprudence ou inobservation des règlements [7]. Dans une poursuite ouverte du chef d'un délit, la victime ne peut intervenir du chef d'une contravention [8]. Dans une information ouverte du chef d'homicide involontaire sur la constitution de l'une des victimes, le syndicat national des pilotes de ligne peut intervenir du même chef dans l'intérêt d'une autre victime, les faits étant indivisibles [9]. Les particuliers peuvent intervenir en matière de lutte contre le racisme [10].

Encourt la censure l'arrêt qui déclare irrecevable l'appel d'une ordonnance de non-lieu, au motif que l'appelant ne s'était pas expressément constitué partie civile, alors qu'il résulte de ses énonciations qu'au cours de l'information ouverte par le procureur de la République, l'avocat du plaignant avait adressé une lettre au juge d'instruction dans laquelle il indiquait que son client entendait se constituer partie civile et que lui-même l'assisterait pour les suites du dossier [11].

SECTION 4
DÉLAI DE RECEVABILITÉ DE LA CONSTITUTION DE PARTIE CIVILE

61.41 Absence de délai. Aux termes mêmes de l'article 87 du Code de procédure pénale, la partie civile peut intervenir à tout moment au cours de l'instruction, donc jusqu'à sa clôture par l'ordonnance du juge d'instruction ou par l'arrêt de la chambre de l'instruction. La règle du double degré de juridiction ne s'applique pas à l'instruction, et la partie civile qui ne s'est pas constituée devant le juge d'instruction peut le faire devant la chambre d'accusation [12]. Cette règle est logique, puisque la victime peut se constituer devant la juridiction de jugement jusqu'à la décision qui la dessaisit de l'action publique [13], mais la constitution doit se situer avant les réquisitions (C. pr. pén., art. 421) [14]. La constitution ne peut plus avoir lieu après le décès de l'inculpé au cours de l'instruction [15].

Mais seule l'intervention proprement dite est recevable devant la chambre de l'instruction. La plainte, dans la mesure où elle comporte de nouveaux chefs de poursuite, ne peut être reçue que par le juge d'instruction [16]. Au cas de réouverture de l'information sur charges nouvelles, la constitution antérieure de partie civile survit au non-lieu [17].

61.42 Cas particuliers. Depuis la modification introduite par la loi du 10 novembre 1999 à l'article 91 du Code de justice militaire, les règles relatives à la mise en mouvement de l'action publique et à l'exercice de l'action civile en réparation du dommage causé par l'une des infractions de la

1. Crim. 2 oct. 1979, n° 78-93.560, *Bull. crim.*, n° 265.
2. Crim. 28 mai 1968, n° 67-90.121, *Bull. crim.*, n° 176.
3. Crim. 12 janv. 1828, *Bull. crim.*, n° 8 – Crim. 5 janv. 1895, *Bull. crim.*, n° 14.
4. Crim. 24 mars 1977, n° 76-91.442, *Bull. crim.*, n° 112.
5. Crim. 10 janv. 1979, n° 77-92.917, *Bull. crim.*, n° 18.
6. Crim. 22 déc. 1975, n° 74-92.080, *Bull. crim.*, n° 291 – Crim. 31 janv. 1989, n° 87-90.947, *Bull. crim.*, n° 38.
7. Crim. 9 janv. 1979, n° 76-93.654, *Bull. crim.*, n° 14; *D.* 1979, jur. 358, note J.-M. Robert.
8. Crim. 20 nov. 1979, n° 79-91.409, *Bull. crim.*, n° 326.
9. Crim. 9 juill. 1982, n° 81-91.392, *Bull. crim.*, n° 184; *JCP* 1983, II, 20046, note P. Chambon.
10. Crim. 3 mars 1980, n° 78-91.949, *Bull. crim.*, n° 74.
11. Crim. 19 sept. 2006, n° 06-80674, *Bull. crim.*, n° 227; *Procédures* 2006, comm. n° 277, note J. Buisson.
12. Crim. 25 juin 1937, *Bull. crim.*, n° 134; *Gaz. Pal.*, 1937, 2, 538; *DP* 1938, 1, 48, note Leloir; *S.* 1939, 1, 103, note Hugueney.
13. Crim. 17 déc. 1959, *Bull. crim.*, n° 566.
14. Crim. 12 oct. 1981, n° 80-93.962, *Bull. crim.*, n° 266.
15. Crim. 22 déc. 1972, n° 71-90.924, *Bull. crim.*, n° 404.
16. Crim. 5 juill. 1977, n° 76-91.406, *Bull. crim.*, n° 252; *D.* 1977, IR 396.
17. Crim. 19 avr. 1951, *Bull. crim.*, n° 105.

compétence du tribunal aux armées sont celles prévues par le Code de procédure pénale, et aux termes de l'article 6 de l'ordonnance du 2 février 1945, le juge des enfants et le juge d'instruction peuvent être saisis de l'action civile dans les poursuites contre les mineurs.

SECTION 5
CONTESTATION SUR LA RECEVABILITÉ DE LA CONSTITUTION DE PARTIE CIVILE

61.51 Qualité pour statuer. La loi du 24 août 1993 a rétabli dans sa teneur ancienne l'article 87 du Code de procédure pénale, que la loi du 4 janvier 1993 avait modifié. Aux termes des alinéas 2 et 3 de ce texte, la « constitution de partie civile peut être contestée par le procureur de la République ou par une partie ».

« En cas de contestation, ou s'il déclare irrecevable cette constitution, le juge d'instruction statue, après communication du dossier au ministère public, par ordonnance motivée, dont l'intéressé peut interjeter appel. »

Aux termes des articles 185 et 186 du même code, une telle ordonnance est susceptible d'appel de la part du ministère public[1], de la personne mise en examen, et aussi de la partie civile, lorsque l'ordonnance déclare irrecevable sa constitution.

Ainsi, le juge d'instruction, saisi d'une plainte avec constitution de partie civile, a qualité pour statuer sur la recevabilité de cette constitution, soit notamment que l'action civile ne soit pas recevable, soit que la partie civile n'ait pas qualité, soit qu'elle n'ait pas d'intérêt à agir faute de justifier d'un dommage causé par l'infraction[2]. Le magistrat instructeur ne doit rendre une ordonnance que lorsqu'il estime la constitution irrecevable. Il n'accomplit aucun acte positif particulier lorsqu'il considère que la plainte est recevable et commence l'instruction à moins que le procureur de la République ait requis l'irrecevabilité de la constitution de partie civile. Dans ce cas il rend une ordonnance de recevabilité.

61.52 Voies de recours. La partie civile peut faire appel de l'ordonnance qui déclare sa constitution irrecevable : une telle ordonnance fait en effet grief à ses intérêts civils[3], de même qu'elle pouvait faire appel d'une ordonnance admettant la constitution d'un tiers comme autre partie civile[4]. La partie civile peut toujours faire appel de l'ordonnance déclarant sa constitution irrecevable[5]; nonobstant cette ordonnance, elle conserve, en effet, sa qualité de partie civile[6].

Mais l'inculpé ne pouvait pas interjeter appel de l'ordonnance qui statuait sur la recevabilité de la constitution de partie civile, et la chambre d'accusation ne pouvait dès lors, sur un tel appel, déclarer cette constitution irrecevable[7]. Aujourd'hui, au contraire, l'alinéa 1er de l'article 186 du Code de procédure pénale donne à la personne mise en examen la faculté de faire appel d'une telle ordonnance, faculté qui entraîne pour elle celle de se pourvoir contre l'arrêt par lequel la chambre de l'instruction statue sur cette recevabilité[8]. Cette personne peut contester aussi bien la recevabilité de la constitution de partie civile initiale que de celle faite par intervention[9]. Mais elle ne peut pas interjeter appel de l'ordonnance qui dispense la partie civile de consignation[10].

La décision d'une juridiction d'instruction accueillant une constitution de partie civile n'acquiert aucune autorité de chose jugée quant à la recevabilité de l'action civile devant le juge du fond[11]. Il est important d'indiquer que hors les cas où une plainte préalable est nécessaire, l'irrecevabilité de l'action civile n'atteint pas l'action publique, laquelle subsiste toute entière, ayant été mise en mouvement par les réquisitions du ministère public, prises lors de la communication à lui faite de la plainte[12].

1. Crim. 26 oct. 1967, n° 67-91.098, *Bull. crim.*, n° 274.
2. Crim. 8 juin 1923, *Bull. crim.*, n° 231 – Crim. 23 déc. 1927, *Gaz. Pal.*, 1928, 1, 207 – Crim. 16 mai 1930, *Bull. crim.*, n° 150 – Crim. 24 juill. 1958, *Bull. crim.*, n° 568 – Crim. 9 févr. 1961, *Bull. crim.*, n° 83; *JCP* 1961, II, 12004, note R. Combaldieu – Crim. 26 mai 1964, n° 62-92.715, *Bull. crim.*, n° 175 – Crim. 11 déc. 1973, n° 73-91.525, *Bull. crim.*, n° 459 – Crim. 18 déc. 1984, n° 84-90.537, *Bull. crim.*, n° 408 – Crim. 19 janv. 1993, n° 92-80.556, *Bull. crim.*, n° 23.
3. Crim. 24 août 1911, *D.* 1912, 1, 422.
4. Crim. 4 mars 1932, *DP* 1933, 1, 127, note Leloir.
5. Crim. 18 déc. 1984, n° 84-90.062, *Bull. crim.*, n° 407 – Crim. 6 avr. 1993, n° 92-84.778, *Bull. crim.*, n° 147.
6. Crim. 28 mai 1968, n° 67-90.121, *Bull. crim.*, n° 176 – Crim. 4 nov. 1969, *JCP* 1970, II, 16268, note P. Chambon – Crim. 18 mai 1976, n° 75-92.144, *Bull. crim.*, n° 169 – Crim. 30 nov. 1977, n° 76-93.314, *Bull. crim.*, n° 377.
7. Crim. 24 août 1911, *D.* 1912, 1, p. 422 – Crim. 12 déc. 1912, *Bull. crim.*, n° 631 – Crim. 7 avr. 1932, *Bull. crim.*, n° 96; *DH* 1932, p. 317.
8. Crim. 5 mai 1960, *Bull. crim.*, n° 243 – Crim. 13 avr. 1967, n° 66-91.626, *Bull. crim.*, n° 119 – Crim. 22 mai 1974, n° 72-93.217, *Bull. crim.*, n° 193 – Crim. 13 juin 1978, n° 77-91.762, *Bull. crim.*, n° 194 – Crim. 15 mars 1983, n° 82-92.590, *Bull. crim.*, n° 80.
9. Crim. 14 déc. 1982, n° 82-90.109, *Bull. crim.*, n° 288; *D.* 1983, IR 192 – V. aussi, Crim. 4 févr. 1982, n° 79-93.851, *Bull. crim.*, n° 41.
10. Crim. 3 avr. 1990, n° 89-83.975, *Bull. crim.*, n° 143.
11. Crim. 10 juin 1970, n° 69-92.430, *Bull. crim.*, n° 193.
12. Crim. 21 juin 1973, n° 72-92.784, *Bull. crim.*, n° 290 – Crim. 26 avr. 1983, n° 81-94.457, *Bull. crim.*, n° 114 – Crim. 8 nov. 1983, n° 83-92.677, *Bull. crim.*, n° 290 – Crim. 19 janv. 1993, n° 92-80.556, *Bull. crim.*, n° 23.

SECTION 6
CONDITIONS AUXQUELLES EST SOUMISE LA CONSTITUTION DE PARTIE CIVILE : LA CONSIGNATION

61.61 Objet de la consignation. Selon l'article 150 du décret du 26 juillet 1947, conforme à la jurisprudence antérieure[1], la partie civile devait consigner les frais du procès dans tous les cas où elle mettait l'action publique en mouvement. L'article 88 du Code de procédure pénale, dans sa rédaction issue de la loi du 8 juillet 1983, maintenait cette double règle.

Depuis la loi du 4 janvier 1993, l'article 88 ne précise plus que seule la partie civile « qui a mis l'action publique en mouvement » doit verser la consignation. Et dorénavant, la consignation ne garantit plus le remboursement des frais du procès, mais « le paiement de l'amende civile » qui peut être prononcée dans le cas de plainte injustifiée prévu par l'article 91 (C. pr. pén., art. 88-1). En effet, selon la même loi, les frais de justice criminelle restent à la charge de l'État (C. pr. pén., art. 800-1). Toutefois, l'article 88-2, issu de la loi du 5 mars 2007 prévoit que « le juge d'instruction peut, en cours de procédure, ordonner à la partie civile qui demande la réalisation d'une expertise de verser préalablement un complément de la consignation prévue par l'article 88 afin de garantir le paiement des frais susceptibles d'être mis à sa charge en application du second alinéa de l'article 800-1. Cette décision est prise par ordonnance motivée susceptible d'appel devant la chambre de l'instruction. Elle peut également être prise par la chambre de l'instruction saisie après que le juge d'instruction a refusé d'ordonner l'expertise demandée. Le complément de consignation est restitué s'il n'est pas fait application du second alinéa de l'article 800-1 ». On peut penser que le terme « demande d'expertise » est applicable également à la demande de contre-expertise.

D'autre part seule la partie civile qui a mis l'action publique en mouvement peut être l'objet de l'action de l'article 91 (v. s^s n° 63.22).

61.62 Fixation de la consignation. « Le juge d'instruction constate, par ordonnance, le dépôt de la plainte. En fonction des ressources de la partie civile, il fixe le montant de la consignation que celle-ci doit, si elle n'a obtenu l'aide juridictionnelle, déposer au greffe et le délai dans lequel elle devra être faite, sous peine de non-recevabilité de la plainte. Il peut aussi dispenser de consignation la partie civile » (C. pr. pén., art. 88). Par la voie de l'appel, la partie civile peut discuter le montant de la consignation[2].

L'ordonnance de consignation interrompt la prescription, mais non la consignation elle-même au greffe[3]. La demande d'aide judiciaire ne suspend pas le délai fixé pour consigner[4].

La consignation est restituée, soit après la prescription de cette action (trois mois après l'ordonnance de non-lieu devenue définitive), soit après la décision définitive jugeant la plainte non abusive (C. pr. pén., art. 88-1).

L'article R. 236 du Code de procédure pénale prévoyait la fixation d'un supplément de consignation quand le reliquat paraissait insuffisant pour le paiement de tous les frais. Ce texte a été abrogé par le décret du 28 juin 1993.

La loi du 5 mars 2007 réintroduit les frais de justice dans une hypothèse particulière. Le second alinéa de l'article 800-1 dispose en effet que « lorsqu'il est fait application des articles 177-2 ou 212-2 à l'encontre de la partie civile dont la constitution a été jugée abusive ou dilatoire, les frais de justice correspondant aux expertises ordonnées à la demande de cette dernière peuvent, selon les modalités prévues par ces articles, être mis à la charge de celle-ci par le juge d'instruction ou la chambre de l'instruction. Le présent alinéa n'est pas applicable lorsque la partie civile a obtenu l'aide juridictionnelle. »

61.63 Aide juridictionnelle. Exemption de consignation. Lorsqu'une partie a obtenu l'aide juridictionnelle, elle est dispensée de verser une consignation à la suite du dépôt de sa plainte avec constitution de partie civile[5]. Lorsque l'aide juridictionnelle même partielle lui a été accordée la partie civile est dispensée de toute consignation, en application de l'article 88 du Code de procédure pénale[6]. La France a été condamnée sur la base de la violation de l'article 6-1 de la Convention européenne des droits de l'Homme dans une espèce où le juge d'instruction avait demandé une consignation de 80 000 francs, alors qu'il savait qu'elle était sans ressources financières et sans réponse du bureau d'aide juridictionnelle, la fixation d'une somme aussi élevée l'ayant privée en pratique de son recours devant le juge d'instruction[7]. Les organis-

1. Ch. réunies, 4 mai 1833, *S.* 1833, 1, 433.

2. CA Aix-en-Provence, 24 avr. 1912, *D.* 1912, 2, 168 – CA Riom, 25 juin 1952, *D.* 1952, somm. 75 – Crim. 3 juin 1986, n° 85-95.640, *Bull. crim.*, n° 189.
3. Crim. 15 avr. 1991, n° 90-82.838, *Bull. crim.*, n° 177.
4. Crim. 4 janv. 1991, n° 89-83.522, *Bull. crim.*, n° 5.
5. Crim. 4 févr. 1998, *Gaz. Pal.* 17/18 juill. 1998, p. 20.
6. Crim. 30 nov. 1999, n° 99-84.100, *Bull. crim.*, n° 277; *JCP* 2000, 382.
7. CEDH 28 oct. 1998, X... c/France, 28 oct. 1998, *BICC* 485, n° 2.

mes de sécurité sociale ainsi que les organismes admis à encaisser des cotisations ou à servir des prestations au titre des régimes obligatoires de base sont dispensés de la consignation prévue à l'article 88 du Code de procédure pénale (CSS, art. L. 114-9, v. s[s] n° 61.01).

61.64 Aide juridictionnelle sans condition de ressources. La loi du 9 septembre 2002 a inséré dans la loi n° 91-647 du 10 juillet 1991 relative à l'aide juridique un article 9-2 prévoyant que la condition de ressources n'est pas exigée des victimes de crimes d'atteintes volontaires à la vie ou à l'intégrité de la personne prévus et réprimés par les articles 221-1 à 221-5, 222-1 à 222-6, 222-8, 222-10, 222-14 (1° et 2°), 222-23 à 222-26, 421-1 (1°) et 421-3 (1° à 4°) du Code pénal, ainsi que de leurs ayants droit pour bénéficier de l'aide juridictionnelle en vue d'exercer l'action civile en réparation des dommages résultant des atteintes à la personne. Il s'agit des crimes d'homicide volontaire, d'actes de torture et de barbarie, de violences, de viols, simples ou aggravés, et de crimes constituant des actes de terrorisme.

La circulaire de la Chancellerie précise que ces dispositions s'appliquent même aux crimes commis avant l'entrée en vigueur de la loi.

61.65 Effets du défaut de consignation. L'article 88 du Code de procédure pénale, dans sa version originaire, indiquait seulement que la partie civile qui mettait l'action publique en mouvement, devait consigner la somme fixée par le juge « sous peine de non recevabilité de sa plainte », sans prévoir aucun délai. La Cour de cassation en concluait que la partie civile était irrecevable à poursuivre sur l'instance, tant qu'elle n'avait pas consigné[1]. Le retrait de la consignation entraînait la renonciation à la plainte[2].

La loi du 29 décembre 1972 a clarifié la situation. Dans sa nouvelle rédaction, l'article 88 prescrit au juge d'instruction de fixer le délai dans lequel la consignation devra être faite, « sous peine de non-recevabilité de la plainte ». Il en découle tout naturellement que celle-ci doit être déclarée irrecevable quand la consignation n'a pas eu lieu dans le délai imparti[3]. Devant la juridiction de jugement, la décision sur le fond ne saurait intervenir avant qu'elle n'ait été versée, puisque l'action publique n'a pas été mise en mouvement[4]. Pour plus de clarté il est possible de distinguer l'ordonnance de non-recevabilité que rend le doyen des juges d'instruction en cas de non consignation et l'ordonnance d'irrecevabilité que peut rendre le magistrat ultérieurement saisi sur d'autres motifs. Lorsqu'une ordonnance de non-recevabilité de partie civile est rendue pour défaut de consignation, la personne peut représenter une autre demande. Lorsqu'elle est effectuée sous la forme non d'un dépôt au greffe mais d'un virement, la consignation est réputée faite à la date à laquelle le compte du régisseur d'avance est crédité de la somme fixée par le juge d'instruction.

Ne justifie pas légalement sa décision la chambre de l'instruction qui déclare irrecevable une constitution de partie civile faute de versement de la consignation avant l'expiration, le 16 octobre 2005, du délai dans lequel elle devait être faite, sans rechercher, comme l'y invitait le mémoire de la partie civile, si la date du 18 octobre 2005 figurant dans le document établi par le greffier était celle à laquelle celui-ci avait constaté le paiement ou celle à laquelle le virement avait été porté au crédit du compte de la régie d'avances et de recettes du tribunal[5].

En l'état d'une plainte avec constitution de partie civile portée entre les mains du juge d'instruction, celui-ci ayant, dans un premier temps, fixé par ordonnance le montant de la consignation à verser par la partie civile, et, dans un deuxième temps, rendu une ordonnance de non-recevabilité, au motif que la partie civile n'a pas consigné, justifie sa décision au regard des articles 88 et 593 du Code de procédure pénale, la chambre d'accusation qui, pour confirmer cette décision, énonce notamment qu'une demande d'aide juridictionnelle n'a pas pour effet de suspendre le délai imparti pour consigner, et que le plaignant n'a pas interjeté appel de l'ordonnance fixant la consignation mise à sa charge, pour permettre à la cour d'appel d'en apprécier le bien-fondé[6].

Selon les articles 388, 85 et 89 du Code de procédure pénale, aucune plainte avec constitution de partie civile déposée devant le juge d'instruction ne fait obstacle à la saisine directe par voie de citation directe dès lors que l'auteur de la plainte n'a pas versé la consignation fixée par le juge d'instruction[7].

61.66 Inaction du juge et suspension de l'action publique. Encourt la cassation pour violation de la loi l'arrêt de la chambre de l'instruction qui, pour déclarer éteinte par la prescription, l'action engagée

1. Crim. 3 mai 1928, *DH* 1928, 252 – Crim. 27 juin 1946, *D.* 1946, 375.
2. Crim. 23 janv. 1923, *D.* 1923, 1, 23.
3. Crim. 5 juill. 1977, n° 76-93.580, *Bull. crim.*, n° 251 – Crim. 22 juin 1982, n° 80-95.334, *Bull. crim.*, n° 169 – Crim. 19 sept. 1994, n° 94-80.024, *Bull. crim.*, n° 296.
4. Crim. 7 juin 1983, n° 82-92.932, *Bull. crim.*, n° 169.
5. Crim. 12 déc. 2006, n° 06-82.034, *Bull. crim.*, n° 309.
6. Crim. 29 sept. 1998, *D.* 1998, IR 262.
7. Crim. 11 janv. 2000, *BICC* 511, n° 394.

par la partie civile du chef de diffamation et injure publique, après avoir constaté que plus de trois mois se sont écoulés entre la date à laquelle le juge d'instruction a rendu l'ordonnance fixant le montant de la consignation et celle à laquelle, après versement de celle-ci, il a communiqué la plainte au procureur de la République pour que ce magistrat prenne ses réquisitions, retient que la partie civile ne saurait invoquer la carence du juge d'instruction dès lors qu'il lui appartenait de saisir ce dernier d'une demande d'acte sur le fondement de l'article 82-1 du Code de procédure pénale[1]. Cette jurisprudence a été récemment répétée : la partie civile tenant des articles 81 alinéa 9, 82-1, 156 et 173 alinéa 3 du Code de procédure pénale la faculté de demander à la juridiction d'instruction l'accomplissement de certains actes interruptifs, dont son audition, ne saurait se prévaloir de la suspension de la prescription de l'action publique en raison de l'inaction du juge[2].

SECTION 7
CONDITIONS AUXQUELLES EST SOUMISE LA CONSTITUTION DE PARTIE CIVILE : LA DÉCLARATION D'ADRESSE

61.71 **Textes.** Aux termes de l'article 89 du Code de procédure pénale, la partie civile qui ne demeurait pas dans le ressort du tribunal où se faisait l'instruction était tenue d'y élire domicile. La loi du 30 décembre 1985, qui a modifié cet article, a remplacé l'élection de domicile par une déclaration d'adresse, « qui doit être située, si l'information se déroule en métropole, dans un département métropolitain ou, si elle se déroule dans un département d'outre-mer, dans ce département ».

61.72 **Formes.** Antérieurement l'élection de domicile se faisait par acte passé au greffe du tribunal. Le choix d'un défenseur n'équivalait pas à une élection de domicile[3]. Désormais, la loi indique seulement que la déclaration est faite au juge d'instruction.

La partie civile peut déclarer soit son adresse personnelle, soit avec l'accord de celui-ci, celle d'un tiers, chargé de recevoir les actes qui lui dont destinés (C. pr. pén., art. 89, al. 2). La partie civile peut indiquer l'adresse de son défenseur, mais le choix de celui-ci n'implique pas qu'il a accepté de recevoir les actes destinés à son client[4]. L'élection de domicile au cabinet de l'avocat, lequel a contresigné la plainte, vaut déclaration d'adresse chez celui-ci, ce qui exclut la notification par l'intermédiaire du surveillant-chef à la partie civile détenue pour autre cause[5]. La signification doit être faite au domicile du conseil où la partie civile a élu domicile au moment de sa plainte, et non chez le second conseil qu'elle a choisi[6]. La partie civile est avisée qu'elle doit déclarer au juge d'instruction, jusqu'à la clôture de l'information, toute nouvelle adresse.

61.73 **Sanctions.** Ainsi qu'il en était avant la loi du 30 décembre 1985, le défaut d'élection de domicile ou de déclaration d'adresse par la partie civile n'entraîne pas la déchéance de son intervention; « elle ne peut seulement apposer le défaut de notification des actes qui auraient dû lui être notifiés aux termes de la loi » (C. pr. pén., art. 89, al. 2).

Il a été jugé que lorsque la partie civile a régulièrement fait élection de domicile, la signification doit être faite à son domicile élu, non à son domicile réel, et cette dernière signification ne fait pas courir le délai d'appel[7]. Les formalités des articles 556 et 557 du Code de procédure pénale ne sont pas applicables à la signification faite à domicile élu[8]. Faute d'avoir satisfait à l'obligation qui lui incombe aux termes de l'article 89 alinéa 1er du Code de procédure pénale de déclarer une adresse au juge d'instruction la partie civile ne peut, en application du dernier alinéa du même texte, opposer le défaut de notification des actes qui auraient du lui être notifiés aux termes de la loi. L'avis que doit donner le juge d'instruction selon l'article 89 alinéa 3 dudit code ne concerne que l'obligation de lui signaler son changement dans l'adresse déclarée[9].

1. Crim. 22 nov. 2005, n° 05-82.807, *Bull. crim.*, n° 304; v. s[s] n° 43.27.
2. Crim. 26 mai 2009, n° 08-87.855, *AJ Pénal* 2009, p. 97; *D.* 2009, AJ 1761, obs. S. Lavric.
3. Crim. 23 déc. 1926, *Gaz. Pal.* 1927, 1, 217 – Crim. 6 févr. 1979, *Bull. crim.*, n° 54.
4. Crim. 14 nov. 1991, n° 90-87.407, *Bull. crim.*, n° 412.
5. Crim. 11 oct. 1988, n° 88-82.278, *Bull. crim.*, n° 344; *JCP* 1989, II, 21264, note P. Chambon.
6. Crim. 22 mars 1988, n° 85-96.001, *Bull. crim.*, n° 137 – Crim. 23 mai 1996, n° 95-82.244, *Bull. crim.*, n° 215.
7. Crim. 16 mars 1971, n° 70-92.650, *Bull. crim.*, n° 89 – Crim. 24 nov. 1981, n° 81-92.599, *Bull. crim.*, n° 313 – Crim. 22 juin 1982, n° 81-93.408, *Bull. crim.*, n° 168.
8. Crim. 12 janv. 1982, n° 81-92.110, *Bull. crim.*, n° 11 – Crim. 2 oct. 1985, n° 84-95.412, *Bull. crim.*, n° 292.
9. Crim. 8 févr. 2000, n° 99-83.805, *Bull. crim.*, n° 59; *JCP* 2000, IV, 1098.

CHAPITRE

62. Effets de la constitution de partie civile

SECTION 0 ORIENTEUR

62.00 **Plan du chapitre.**

Sect. 1 Effets généraux
Sect. 2 Saisine du juge d'instruction : les principes
Sect. 3 Plainte contre personne non dénommée
Sect. 4 Plainte contre personne dénommée
Sect. 5 Refus d'informer
Sect. 6 Désistement de la partie civile : formes
Sect. 7 Désistement de la partie civile : effets

62.01 **Textes applicables.**

C. pr. pén., art. 2, 80, 80-1, 85 à 91, 173-1, 800-1.

C. pr. pén., art. 2

L'action civile en réparation du dommage causé par un crime, un délit ou une contravention appartient à tous ceux qui ont personnellement souffert du dommage directement causé par l'infraction.

La renonciation à l'action civile ne peut arrêter ni suspendre l'exercice de l'action publique, sous réserve des cas visés à l'alinéa 3 de l'article 6.

C. pr. pén., art. 80 [L. n° 2007-291, 5 mars 2007]

I. – Le juge d'instruction ne peut informer qu'en vertu d'un réquisitoire du procureur de la République.

Le réquisitoire peut être pris contre personne dénommée ou non dénommée.

Lorsque des faits, non visés au réquisitoire, sont portés à la connaissance du juge d'instruction, celui-ci doit immédiatement communiquer au procureur de la République les plaintes ou les procès-verbaux qui les constatent. Le procureur de la République peut alors soit requérir du juge d'instruction, par réquisitoire supplétif, qu'il informe sur ces nouveaux faits, soit requérir l'ouverture d'une information distincte, soit saisir la juridiction de jugement, soit ordonner une enquête, soit décider d'un classement sans suite ou de procéder à l'une des mesures prévues aux articles 41-1 à 41-3, soit transmettre les plaintes ou les procès-verbaux au procureur de la République territorialement compétent. Si le procureur de la République requiert l'ouverture d'une information distincte, celle-ci peut être confiée au même juge d'instruction, désigné dans les conditions prévues au premier alinéa de l'article 83.

En cas de plainte avec constitution de partie civile, il est procédé comme il est dit à l'article 86. Toutefois, lorsque de nouveaux faits sont dénoncés au juge d'instruction par la partie civile en cours d'information, il est fait application des dispositions de l'alinéa qui précède.

II. – En matière criminelle, ainsi que lorsqu'il requiert une co-saisine, le procureur de la République près le tribunal de grande instance au sein duquel il n'y a pas de pôle de l'instruction est compétent pour requérir l'ouverture d'une information devant les magistrats du pôle territorialement compétents pour les infractions relevant de sa compétence en application de l'article 43, y compris en faisant déférer devant eux les personnes concernées.

Dans les cas prévus au premier alinéa, le réquisitoire introductif peut également être pris par le procureur de la République près le tribunal de grande instance au sein duquel se trouve le pôle, qui est à cette fin territorialement compétent sur l'ensemble du ressort de compétence de ce pôle, y compris pour diriger et contrôler les enquêtes de police judiciaire.

Le procureur de la République près ce tribunal de grande instance est seul compétent pour suivre le déroulement des informations visées aux alinéas précédents jusqu'à leur règlement.

En cas de renvoi devant la juridiction de jugement, l'affaire est renvoyée, selon le cas, devant la juridiction de proximité, le tribunal de police, le tribunal correctionnel, le tribunal pour enfants ou la cour d'assises initialement compétents.

III. – Si le procureur de la République près le tribunal de grande instance dans lequel il y a un pôle de l'instruction constate qu'une personne est déférée devant lui en vue de l'ouverture d'une information en application du deuxième alinéa du II et qu'il estime qu'aucune information relevant de la compétence du pôle ne doit être ouverte, il peut, avant de transmettre le dossier de la procédure au procureur de la République territorialement compétent, requérir le placement sous contrôle judiciaire ou en détention provisoire de la personne selon les modalités prévues par le troisième alinéa de l'article 394 et l'article 396. Si la personne est placée en détention provisoire, elle doit comparaître devant le procureur de la République territorialement compétent au plus tard le troisième jour ouvrable suivant. À défaut, elle est mise d'office en liberté.

C. pr. pén., art. 80-1

À peine de nullité, le juge d'instruction ne peut mettre en examen que les personnes à l'encontre desquelles il existe des indices graves ou concordants rendant vraisemblable qu'elles aient pu participer, comme auteur ou comme complice, à la commission des infractions dont il est saisi.

Il ne peut procéder à cette mise en examen qu'après avoir préalablement entendu les observations de la personne ou l'avoir mise en mesure de les faire, en étant assistée par son avocat, soit dans les conditions prévues par l'article 116 relatif à l'interrogatoire de première comparution, soit en tant que témoin assisté conformément aux dispositions des articles 113-1 à 113-8.

Le juge d'instruction ne peut procéder à la mise en examen de la personne que s'il estime ne pas pouvoir recourir à la procédure de témoin assisté.

C. pr. pén., art. 85 à 90 [L. n° 2004-204, 9 mars 2004]

* V. s^s n° 61.01.

C. pr. pén., art. 90-1 [L. n° 2007-297, 5 mars 2007, art. 46, *JO* 7 mars]

En matière criminelle, lorsqu'il s'agit d'un délit contre les personnes prévu par le livre II du Code pénal ou lorsqu'il s'agit d'un délit contre les biens prévu par le livre III du même code et accompagné d'atteintes à la personne, le juge d'instruction avise tous les six mois la partie civile de l'état d'avancement de l'information.

Cet avis peut être donné par lettre simple adressée à la partie civile et à son avocat, ou à l'occasion de l'audition de la partie civile.

Lorsqu'une association regroupant plusieurs victimes s'est constituée partie civile en application des dispositions de l'article 2-15, l'avis est donné à cette seule association, à charge pour elle d'en informer les victimes regroupées en son sein, sauf si ces victimes se sont également constituées parties civiles à titre individuel.

Si la partie civile le demande, l'information relative à l'évolution de la procédure prévue par le présent article intervient tous les quatre mois, et la partie civile est convoquée et entendue à cette fin par le juge d'instruction.

C. pr. pén., art. 91

* V. s^s n° 61.01.

C. pr. pén., art. 173-1 [L. n° 2004-204, 9 mars 2004]

Sous peine d'irrecevabilité, la personne mise en examen doit faire état des moyens pris de la nullité des actes accomplis avant son interrogatoire de première comparution ou de cet interrogatoire lui-même dans un délai de six mois à compter de la notification de sa mise en examen, sauf dans le cas où elle n'aurait pu les connaître. Il en est de même s'agissant des moyens pris de la nullité des actes accomplis avant chacun de ses interrogatoires ultérieurs.

Il en est de même pour le témoin assisté à compter de sa première audition puis de ses auditions ultérieures.

Il en est de même pour la partie civile à compter de sa première audition puis de ses auditions ultérieures.

C. pr. pén., art. 800-1

* V. s^s n° 61.01.

62.02 Jurisprudence de référence.

• Le juge d'instruction saisi d'une plainte avec constitution de partie civile a l'obligation d'instruire sauf si les faits ne peuvent légalement comporter une poursuite ni admettre aucune qualification pénale.

Crim., 8 déc. 1906, *Bull. crim.*, n° 443; *D.* 1907, 1, 207.

« Attendu que la poursuite suscitée par la partie civile devant le juge d'instruction offre donc nécessairement, aussi bien que celle qui résulte d'une citation directe, les mêmes caractères que si elle avait été requise par le ministère public; qu'il faut, dès lors et par voie de conséquence, appliquer au cas prévu dans l'article 63 la règle absolue suivant laquelle la juridiction d'instruction a, comme toute autre, le droit et le devoir de s'exercer dans une pleine indépendance des réquisitions de la partie publique; que cette règle, d'ailleurs primordiale, ressort surabondamment des articles 128, 129, 130 C. instr. crim., qui prévoient le cas où le juge d'instruction a, conformément à l'article 127, communiqué au procureur de la République la procédure terminée;

Qu'on ne saurait, sans méconnaître le caractère le plus essentiel des attributions du juge, admettre davantage qu'il soit lié par les réquisitions intervenues au début de la procédure, sur les pièces communiquées en exécution de l'article 70 du même code, que toute distinction à cet égard serait contraire aux textes, qui n'en contiennent aucune, et aux principes mêmes de notre droit public;

Attendu qu'il suit de ce qui précède que, quelles que soient les réquisitions prises par le ministère public, au vu de la communication prescrite par l'article 70 susvisé, le juge d'instruction saisi, conformément à l'article 63, d'une plainte avec constitution régulière de partie civile, et d'ailleurs compétent aux termes du même article, a, sous la garantie pour cette partie, du recours institué dans l'article 135 C. instr. crim., le devoir d'informer sur la plainte dans telle mesure qu'il appartient; que cette obligation ne cesse que si le juge d'instruction décide, en l'état, soit que, d'ores et déjà, la prévention est suffisamment établie pour être procédé ainsi qu'il est dit aux articles 129, 130, 133; soit que, pour des causes affectant l'action publique elle-même, les faits ne peuvent légalement comporter une poursuite ou que, à les supposer démontrés, ils ne sauraient admettre aucune qualification pénale;

Attendu, dès lors, qu'en se déclarant compétente pour statuer sur l'opposition formée par P... à l'ordonnance rendue le 2 mars 1906, la chambre de mise en accusation de la cour d'appel de Paris n'a commis ni excès de pouvoir, ni violation de la loi. »

> Sur le refus d'informer

• Une ordonnance de refus d'informer ne peut intervenir qu'à la suite d'une plainte avec constitution de partie civile.

Crim., 31 mars 1987, n° 86-90.769; *Bull. crim.*, n° 149.

« Mais attendu, abstraction faite de ce qu'une ordonnance de non-informer ne peut intervenir, selon l'article 86 du Code de procédure pénale, qu'à la suite d'une plainte avec constitution de partie civile mettant l'action publique en mouvement, que de tels motifs, qui d'ailleurs méconnaissent les conséquences de la connexité comme ils font une fausse interprétation des articles 80 et 82 du même code, n'entrent pas dans les prévisions de l'alinéa 3 de l'article 86 précité et ne sauraient justifier la confirmation de la décision entreprise, laquelle, sous couvert d'un refus d'informer, revient à statuer sur la validité du réquisitoire supplétif du procureur de la République, ce que l'article 171 du Code de procédure pénale n'autorise pas le juge d'instruction à faire;

D'où il suit que, dans l'intérêt de la loi, la cassation doit être prononcée. »

• Une ordonnance de refus d'informer injustifiée peut faire naître un doute sur l'impartialité de la juridiction d'instruction.

Crim., 4 mars 1998, n° 97-86.544; *Bull. crim.*, n° 86; *D.* 1998, IR 125.

« Attendu qu'il ressort des pièces de la procédure que X..., enseignant, a porté plainte avec constitution de partie civile, le 24 mai 1996, contre personne non dénommée, du chef de diffamation, en visant les articles 29 et 31 de la loi du 29 juillet 1881 et en exposant qu'il avait été publiquement accusé par une élève de s'être livré à des attouchements sexuels sur des jeunes filles; que, le 12 juillet 1996, le juge d'instruction a, sur les réquisitions conformes du ministère public, rendu une ordonnance de refus d'informer, qui a été confirmée par arrêt de la chambre d'accusation de la cour d'appel de Versailles du 24 septembre 1996;

Que, sur le pourvoi de la partie civile, la Cour de cassation a, par arrêt du 8 juillet 1997, censuré cette dernière décision au motif que, les exigences de l'article 50 de la loi du 29 juillet 1881 ayant été satisfaites, le juge d'instruction avait, quelles que fussent les réquisitions du ministère public, le devoir d'instruire sur la plainte dont il était régulièrement saisi; qu'après infirmation, le 27 novembre 1997, de l'ordonnance de refus d'informer par la chambre d'accusation de la cour d'appel de Paris, statuant sur renvoi après cassation, il a été fait retour du dossier de la procédure au juge d'instruction initialement saisi;

Attendu que la circonstance que ce magistrat ait à instruire sur les faits dénoncés par X..., après avoir opposé à celui-ci un refus d'informer injustifié, constitue, au sens de l'article 6 de la Convention européenne des droits de l'Homme, un élément objectif de nature à faire naître, dans l'esprit de la partie civile, un doute sur son impartialité;

Qu'il existe, dès lors, des motifs suffisants, au sens tant de l'article 662 du Code de procédure pénale que des dispositions conventionnelles précitées, pour attribuer à un autre juge d'instruction la connaissance de cette information. »

• La décision de la chambre de l'instruction admettant la recevabilité d'une constitution de partie civile devant le juge d'instruction ne s'impose pas à la juridiction de jugement, devant laquelle le prévenu conserve entier son droit de contester la recevabilité de l'action civile;

Crim., 17 févr. 2004, n° 03-85.119, *Bull. crim.*, n° 41; *RSC* 2004, 670, obs. A. Giudicelli.

« Attendu qu'il résulte de l'arrêt attaqué qu'Yvon X... a été renvoyé devant le tribunal correctionnel par ordonnance, définitive, du 21 mars 2002; qu'il s'ensuit qu'est irrecevable, faute d'intérêt, le pourvoi par lui formé contre l'arrêt de la chambre de l'instruction, en date du 14 août 2003, ayant statué sur son appel de l'ordonnance du juge d'instruction qui, dans la même information, a rejeté sa contestation de la recevabilité de la constitution de partie civile de la société Galec;

Qu'en effet, d'une part, à supposer irrecevable ladite constitution de partie civile, l'action publique n'en a pas moins été mise en mouvement par les réquisitions aux fins d'informer prises par le ministère public;

Que, d'autre part, la décision de la chambre de l'instruction admettant la recevabilité d'une constitution de partie civile devant le juge d'instruction ne s'impose pas à la juridiction de jugement, devant laquelle le prévenu conserve entier son droit de contester la recevabilité de l'action civile. »

62.03 Bibliographie indicative. (V. les références complètes s[s] n° 03.)

Actualisables. RÉP. PÉN., Faivre, « Partie civile »; Vassogne et Bernard, « Dénonciation téméraire »; Guéry, « Instruction préparatoire » – J.-CL. PÉN., DUMONT, « Constitution de partie civile ».

Ouvrages. HÉLIE F., IV, n° 1843; VII, n°s 3491 et 3496 – GARRAUD, II, n°s 414 et 773 – VIDAL ET MAGNOL, II, note 3, p. 913; II, n° 814-7, p. 1172.

Articles. Guéry Ch., « Le juge d'instruction et le voleur de pommes : pour une réforme de la plainte avec constitution de partie civile », *D.* 2003, chron. 1575.

> Sur le refus d'informer

Bolze, « Le refus d'informer, une sanction exceptionnelle en procédure pénale », *RSC* 1982, 311.

62.06 Questions essentielles.

• La spécificité de la saisine du juge d'instruction sur plainte avec constitution de partie civile pose au juge d'instruction de nombreuses questions. Habitué à voir sa saisine circonscrite par les qualifications portées au réquisitoire introductif (pour plus de précisions v. s[s] n°s 51.51 à 51.57), il est souvent confronté à une multitude de faits visés dans les plaintes. Il est saisi de l'ensemble dès lors que le ministère public n'a pas requis d'irrecevabilité ou de refus d'informer. Le réquisitoire vient alors au secours d'une plainte qui aurait été irrecevable : ainsi, si le parquet ne requiert pas l'irrecevabilité d'une plainte avec constitution de partie civile pour une contravention, le magistrat instructeur en sera régulièrement saisi et ne pourra refuser d'informer. Il pourra seulement déclarer la constitution de partie civile irrecevable, mais l'action publique aura été régulièrement mise en œuvre par le procureur de la République. Et le plaignant pourra alors se joindre à l'action à titre incident...

SECTION 1
EFFETS GÉNÉRAUX

62.11 La qualité de partie. La victime de l'infraction par sa constitution de partie civile devant le juge d'instruction devient partie au procès, pour y défendre ses intérêts particuliers. « La qualité de partie civile s'acquiert par le dépôt d'une plainte auprès du juge d'instruction compétent contenant la manifestation expresse de volonté de se constituer partie civile », alors que la consignation, qui seule rend la plainte recevable, a été ultérieurement versée dans le délai fixé[1].

La partie civile dispose des mêmes droits et garanties que la personne mise en examen, qui ont été renforcés par les lois des 4 janvier et 24 août 1993. Comme celle-ci, elle peut, depuis la loi du 22 mars 1921, se faire assister d'un conseil au cours de l'instruction. Lors de sa première audition, ou par lettre recommandée, la partie civile est avisée de son droit de formuler une demande d'acte ou de présenter une requête en annulation, en application des articles 81 alinéa 9, 82-1, 156 alinéa 1er et 173 alinéa 3 (C. pr. pén., art. 89-1). Elle ne peut être entendue ou confrontée qu'en présence de son conseil, lequel est convoqué et dispose de la communication de la procédure, dans les conditions fixées par l'article 114. Les ordonnances indiquées par l'article 183 sont portées à sa connaissance, selon les cas, ou lui sont notifiées. Elle peut toutefois demander à être entendue par les officiers de police judiciaire (C. pr. pén., art. 152). Elle peut aussi interjeter appel des ordonnances énumérées par les articles 186 alinéa 2 et 186-1 alinéa 1er du même code. L'article 173-1 qui limite à six mois le délai pour agir en nullité après chaque audition est applicable à la partie civile (v. ss n° 203.31).

62.12 Audition. Les qualités de partie civile et de témoin sont incompatibles, nul ne pouvant dans la même affaire être à la fois partie et témoin. Il en résulte que la partie civile ne peut être entendue comme témoin sous la foi du serment. Ce principe a été consacré par l'article 422 du Code de procédure pénale pour le tribunal correctionnel et par l'article 335 pour la cour d'assises[2].

Les textes applicables à l'information ne font pas mention du principe ci-dessus exposé. Le juge d'instruction doit pouvoir recueillir tous les renseignements qui lui sont utiles auprès de toutes personnes, et la victime est souvent celle qui est la mieux informée sur les circonstances du crime ou du délit. Sans doute la partie civile est-elle normalement entendue sans prestation de serment, « mais son audition sous la foi du serment ne saurait entraîner nullité que si elle s'est produite à l'audience et malgré l'opposition des parties »[3]. La partie civile est régulièrement entendue et confrontée en cette qualité en présence de son conseil, alors même qu'ultérieurement la chambre d'accusation a déclaré sa constitution irrecevable[4].

62.13 Responsabilité. La partie civile n'est plus condamnée aux frais, qui restent à la charge de l'état, quand elle succombe. Mais dans ce cas, c'est-à-dire quand une ordonnance de non-lieu est rendue, elle encourt, si elle a provoqué l'ouverture de l'information, d'une part une amende civile dans les conditions prévues par les articles 177-2 et 212-2, d'autre part une condamnation à des dommages-intérêts, dans les conditions fixées par l'article 91 du Code de procédure pénale (v. ss nos 63.11, 63.21 à 63.25, 63.31 à 63.35).

62.14 Paiement des indemnités. En matière criminelle, lorsqu'il s'agit d'un délit contre les personnes prévu par le livre II du Code pénal ou lorsqu'il s'agit d'un délit contre les biens prévu par le livre III du même code et accompagné d'atteintes à la personne, le juge d'instruction peut décider que la partie civile est assimilée au témoin en ce qui concerne le paiement des indemnités (C. pr. pén., art. 91-1). Dans les autres cas, la victime partie civile continue à supporter le prix de ses déplacements, ce qui n'est pas le cas si elle est demeurée simple témoin...

62.15 Information sur le déroulement de l'instruction. La loi du 15 juin 2000 avait prévu dans un article 175-3 l'obligation pour le juge d'instruction d'avertir la partie civile tous les six mois de l'avancement de l'instruction. La loi du 9 mars 2004 a modifié le texte et a changé son emplacement dans le Code de procédure pénale.

Le texte, encore modifié par la loi n° 2007-297 du 5 mars 2007 relative à la prévention de la délin-

1. Crim. 17 juin 1986, n° 85-90.313, *Bull. crim.*, n° 208 – Dans le même sens, Crim. 19 déc. 1983, n° 81-94.992, *Bull. crim.*, n° 343 ; *D.* 1984, jur. 326, note P. Chambon.
2. Crim. 12 mars 1986, n° 85-94.997, *Bull. crim.*, n° 106 – V. aussi, Crim. 4 déc. 1991, n° 91-83.103, *Bull. crim.*, n° 459.
3. Crim. 30 janv. 1898, *S.* 1899, 1, 110 – Crim. 13 janv. 1911, *Bull. crim.*, n° 29 – Crim. 1er avr. 1915, *Bull. crim.*, n° 66 – Crim. 28 mars 1924, *Bull. crim.*, n° 149 – Crim. 15 déc. 1959, *Bull. crim.*, n° 549 – Hélie F., IV, n° 1843 ; VII, nos 3491 et 3496 – Garraud, II, n° 414.
4. Crim. 16 févr. 1993, n° 92-86.317, *Bull. crim.*, n° 74.

quance est désormais celui de l'article 90-1 ainsi rédigé : « En matière criminelle, lorsqu'il s'agit d'un délit contre les personnes prévu par le livre II du Code pénal ou lorsqu'il s'agit d'un délit contre les biens prévu par le livre III du Code pénal et accompagné d'atteintes à la personne, le juge d'instruction avise tous les six mois la partie civile de l'état d'avancement de l'information. Cet avis peut être donné par lettre simple adressée à la partie civile et à son avocat, ou à l'occasion de l'audition de la partie civile. Lorsqu'une association regroupant plusieurs victimes s'est constituée partie civile en application des dispositions de l'article 2-15, l'avis est donné à cette seule association, à charge pour elle d'en informer les victimes regroupées en son sein, sauf si ces victimes se sont également constituées parties civiles à titre individuel. Si la partie civile le demande, l'information relative à l'évolution de la procédure prévue par le présent article intervient tous les quatre mois, et la partie civile est convoquée et entendue à cette fin par le juge d'instruction. »

62.16 Constitution de partie civile et juridiction de jugement. La recevabilité d'une constitution de partie civile devant le juge d'instruction ne s'impose pas à la juridiction de jugement[1].

SECTION 2
SAISINE DU JUGE D'INSTRUCTION : LES PRINCIPES

62.21 Caractère. L'effet le plus important de la plainte avec constitution de partie civile est d'opérer la saisine du juge d'instruction de la même manière et avec la même force que le ferait le réquisitoire introductif. Le juge d'instruction a alors l'obligation absolue d'informer sur les faits indiqués dans la plainte[2], qu'il peut d'ailleurs qualifier librement[3].

Lorsque le juge d'instruction est en possession d'une plainte initiale accompagnée d'une constitution de partie civile, « il ordonne communication de cette plainte au procureur de la République, pour que ce magistrat prenne ses réquisitions. Le réquisitoire peut être pris contre personne dénommée ou non dénommée » (C. pr. pén., art. 86, al. 1er et 2).

Auparavant, le juge d'instruction saisi de nouveaux griefs par une partie civile déjà constituée, indiqués par la partie civile au cours de ses auditions, ou par notes par elle adressées, n'était pas tenu, hors le cas de nouvelles constitutions, de solliciter de nouvelles réquisitions du parquet[4]. Au cas de plainte additionnelle ou nouvelle constitution, l'absence de réquisitoire supplétif laissait subsister l'obligation d'informer sur les nouveaux faits[5]. Mais la loi n° 99-515 du 23 juin 1999 a mis fin à cette jurisprudence en prévoyant qu'en cas de plainte avec constitution de partie civile, il est procédé comme il est dit à l'article 86[6]. Toutefois, lorsque de nouveaux faits sont dénoncés au juge d'instruction par la partie civile en cours d'information le juge les communique au procureur de la République (C. pr. pén., art. 80, al. 4). Selon l'article 80 du Code de procédure pénale, dans sa rédaction issue de la loi du 23 juin 1999, applicable immédiatement, une constitution de partie civile additionnelle dénonçant des faits nouveaux, ne saisit le juge d'instruction que si le procureur de la République requiert qu'il soit instruit sur ces faits[7].

62.22 Étendue. Les faits dont est saisi le juge d'instruction sont tous ceux, mais ceux-là seuls, qui sont relevés dans la plainte avec constitution de partie civile : il doit instruire sur tous ces faits et y statuer au moment du règlement de la procédure[8].

La juridiction d'instruction, saisie d'une plainte avec constitution de partie civile, suivie du versement de la consignation prévue à l'article 88 du Code de procédure pénale, doit, en l'absence de réquisitions de non-informer, instruire sur les faits dénoncés dans cette plainte, alors même qu'ils ne sont pas visés dans le réquisitoire introductif du ministère public, dans la mesure où cette constitution de partie civile n'a pas été déclarée irrecevable[9].

62.23 Effets quant à l'action publique. La consignation ordonnée par le juge d'instruction, effectuée par la partie civile dans le délai qui lui a été fixé, est un acte important de la procédure, qui donne à la plainte tous ses effets. « L'action publique est mise en mouvement par la plainte avec constitution de partie civile, dès que la consignation a été faite. » La formule est quelque peu ambiguë, et le contexte de certains arrêts paraît indiquer

1. Crim. 17 févr. 2004, n° 03-85.119, *Bull. crim.*, n° 41 ; *RSC* 2004, 670, obs. A. Giudicelli ; v. les attendus ss n° 62.02.
2. Crim. 8 déc. 1906, *DP* 1907, 1, p. 207 ; *S.* 1907, 1, 377 ; v. les attendus ss n° 62.02.
3. Crim. 11 févr. 1992, n° 91-86.066, *Bull. crim.*, n° 63.
4. Crim. 25 janv. 1961, *Bull. crim.*, n° 44.
5. Crim. 30 mars 1993, n° 92-84.078, *Bull. crim.*, n° 133 – V. aussi pour cette période V. Lesclous et C. Marsat, *Dr. pén.* juill. 1997, chron. 18.
6. L. n° 99-515, 23 juin 1999, *JO* n° 144, 24 juin, p. 9247.
7. Crim. 26 sept. 2000, n° 00-82.017, *Bull. crim.*, n° 277 ; *D.* 2000, IR 288.
8. Crim. 23 déc. 1969, n° 69-91.612, *Bull. crim.*, n° 362 – Crim. 7 mai 1974, n° 73-93.164, *Bull. crim.*, n° 159 – Crim. 4 déc. 1974, n° 74-91.583, *Bull. crim.*, n° 361 – Crim. 9 déc. 1976, n° 75-90.618, *Bull. crim.*, n° 359 – Crim. 28 oct. 1980, 2 arrêts, nos 79-94.231 et 79-94.355, *Bull. crim.*, nos 277 et 278.
9. Crim. 8 déc. 1992, n° 92-83.854, *Bull. crim.*, n° 409.

que l'action publique est mise en mouvement le jour de la consignation[1].

Mais par la suite la chambre criminelle a décidé « que l'action publique est valablement mise en mouvement dès le jour du dépôt de la plainte », la consignation n'ayant pour effet que de rendre recevable la dite plainte[2]. Quant à la prescription de l'action publique, c'est le jour du dépôt de la plainte qui en marque également l'interruption, dès lors que la consignation a été effectuée dans le délai fixé[3]. L'irrecevabilité de la constitution de partie civile laisse subsister l'action publique mise en mouvement par les réquisitions du ministère public[4]. Dès lors que le ministère public n'a pas saisi le juge d'instruction de réquisitions d'irrecevabilité, le magistrat instructeur est dans l'obligation d'instruire même s'il déclare la constitution de partie civile irrecevable. Il n'en serait autrement que si la mise en mouvement de l'action publique était subordonnée au dépôt d'une plainte préalable[5].

Au cas de réquisitions de non informer, la mise en mouvement de l'action publique est nécessairement subordonnée à la recevabilité de la constitution de partie civile[6].

SECTION 3
PLAINTE CONTRE PERSONNE NON DÉNOMMÉE

62.31 Information contre X... Une telle plainte, dite contre X... est fréquemment employée par la partie civile, soit parce qu'elle ne connaît pas l'auteur de l'infraction, soit le plus souvent, bien que le connaissant, parce qu'elle se refuse à prendre la responsabilité de sa désignation, ou bien qu'elle craigne de se tromper, ou bien qu'elle évite l'éventualité d'un recours pour le cas où les poursuites aboutiraient à une ordonnance de non-lieu. Elle laisse le soin au juge d'instruction de la détermination de la personne poursuivie grâce aux indications qu'elle lui fournit sur les circonstances du fait dénoncé.

62.32 Mises en examen éventuelles. La plainte contre personne non dénommée ne suscite généralement pas de difficultés. Elle est normalement suivie d'un réquisitoire introductif délivré également contre inconnu. Lorsque le juge d'instruction a identifié l'auteur ou les auteurs de l'infraction, à la suite de ses recherches, il peut procéder à leur mise en examen immédiate sans avoir à communiquer sa procédure au parquet pour obtenir de nouvelles réquisitions.

En effet, « le juge d'instruction, requis d'informer sur une infraction déterminée a qualité pour instruire à l'égard de tous les auteurs ou complices de ladite infraction, sans réquisitions supplétives, alors même qu'ils n'auraient pas été nommément désignés dans l'acte initial des poursuites »[7]. Cette jurisprudence a été consacrée par l'article 80-1 alinéa 1er : « À peine de nullité, le juge d'instruction ne peut mettre en examen que les personnes à l'encontre desquelles il existe des indices graves ou concordants rendant vraisemblable qu'elles aient pu participer, comme auteur ou comme complice, à la commission des infractions dont il est saisi. » L'information ouverte « contre X... paraissant être telle personne » est en réalité une information ouverte contre une personne nommément désignée, et celle-ci ne peut être entendue comme témoin[8]. Mais la personne mise en cause dans une plainte contre X..., suivie d'un réquisitoire introductif également contre inconnu, qui n'a pas été inculpée, n'a pas la qualité de partie au procès[9].

SECTION 4
PLAINTE CONTRE PERSONNE DÉNOMMÉE

62.41 Réquisitions contre X... Une plainte portée contre personne dénommée peut être suivie d'un réquisitoire introductif délivré contre personne non dénommée, quand le procureur de la République estime que la plainte est insuffisamment motivée ou justifiée (C. pr. pén., art. 86, al. 2 et 3). Avant la loi du 2 juillet 1931, la Cour de cassation décidait que le juge d'instruction était obligé d'instruire contre cette personne et de l'inculper, alors même que le réquisitoire introductif était pris

1. Crim. 9 janv. 1975, n° 74-91.444, *Bull. crim.*, n° 8 – Crim. 3 janv. 1979, n° 78-91.088, *Bull. crim.*, n° 1 – Crim. 2 déc. 1980, n° 79-91.506, *Bull. crim.*, n° 327 – Crim. 17 et 31 mars 1981, n°s 79-93.291 et 79-95.027, *Bull. crim.*, n°s 97 et 111.
2. Crim. 17 juin 1986, n° 85-90.313, *Bull. crim.*, n° 208; *D.* 1987, somm. 77, obs. J. Pradel.
3. Crim. 22 déc. 1976, n° 76-91.065, *Bull. crim.*, n° 378 – Crim. 23 oct. 1979, n° 78-94.424, *Bull. crim.*, n° 293 – Crim. 20 janv. 1981, n° 79-93.574, *Bull. crim.*, n° 28 – Crim. 20 févr. 1986, n° 85-91.357, *Bull. crim.*, n° 70 – V. aussi, Crim. 15 avr. 1991, n° 90-82.838, *Bull. crim.*, n° 177.
4. Crim. 8 nov. 1983, n° 83-92.677, *Bull. crim.*, n° 290 – Crim. 19 janv. 1993, n° 92-80.556, *Bull. crim.*, n° 23.
5. C. pr. pén., art. 6, al. 3 – Crim. 8 nov. 1983, n° 83-92.677, *Bull. crim.*, n° 290.
6. Crim. 29 mars 1995, n° 94-85.464, *Bull. crim.*, n° 131.
7. Crim. 24 juin 1922, *Bull. crim.*, n° 227 – Crim. 13 mai 1958, *Bull. crim.*, n° 374.
8. Crim. 14 févr. 1984, n° 83-94.762, *Bull. crim.*, n° 58; *D.* 1984, IR 322 – CA Bordeaux, 29 avr. 1980, *D.* 1981, jur. 232, note J. Pradel.
9. Crim. 8 oct. 1985, n° 84-93.761, *Bull. crim.*, n° 299.

contre X...[1]. Cette situation donna lieu à des abus auxquels mit fin la loi précitée, qui permettait au juge d'instruction, dans le cas précédent, d'entendre comme témoin la personne visée par la plainte (C. instr. crim., art. 70, al. 2 - C. pr. pén., art. 86, al. 4 et 5). Ces deux alinéas ont été abrogés par la loi du 4 janvier 1993.

62.42 Droits de la personne visée dans la plainte. L'article 104 du Code de procédure pénale dans sa rédaction de la loi du 24 août 1993 prévoyait que, « toute personne nommément visée par une plainte avec constitution de partie civile peut, sur sa demande, lorsqu'elle est entendue comme témoin, bénéficier des droits reconnus aux personnes mises en examen par les articles 114, 115 et 120. Le juge d'instruction l'en avertit lors de sa première audition », et mention en est faite au procès-verbal.

Le défaut d'avertissement qui devait être donné à la personne entendue dans les conditions de l'article 104 alors en vigueur, de son droit de refuser d'être entendue comme témoin, entraînait l'annulation de la procédure[2]. La personne ainsi entendue, qui bénéficiait de certains des droits accordés à la personne, mise en examen, et qui n'avait pas été inculpée, n'avait pas la qualité de partie à la procédure[3]. Cette disposition consacrait le statut du témoin assisté. Ce statut a été profondément revu par la loi du 15 juin 2000. Désormais la personne visée dans une plainte avec constitution de partie civile ne bénéficie plus d'aucun droit lorsqu'elle comparaît devant les enquêteurs. Il n'en va différemment que devant le magistrat instructeur. L'article 113-2 du Code de procédure pénale dispose que « toute personne nommément visée par une plainte ou mise en cause par la victime peut être entendue comme témoin assisté. Lorsqu'elle comparaît devant le juge d'instruction, elle est obligatoirement entendue en cette qualité si elle en fait la demande » (v. s^s n° 81.12). Pourtant la chambre criminelle a redonné vie à l'ancien article 104 par l'interprétation qu'elle donne, depuis son arrêt du 6 août 2008, de l'article 113-2 du Code de procédure pénale, dont l'application est étendue à l'audition de la personne nommément visée dans une plainte avec constitution de partie civile devant les services de police (v. s^s n° 81.15).

62.43 Mise en examen. Le juge d'instruction conserve son indépendance et peut donc, malgré le réquisitoire délivré contre inconnu, mettre en examen la personne désignée dans la plainte, s'il estime celle-ci suffisamment justifiée[4]. Le juge d'instruction peut aussi rendre une ordonnance de non-lieu, sans jamais avoir mis en examen, ni même entendu comme témoin la personne visée dans les poursuites, lorsque la culpabilité de cette personne se trouve d'ores et déjà exclue[5].

La Cour de cassation décidait que la désignation de la personne poursuivie dans le réquisitoire introductif étant seulement indicative et non limitative, le juge d'instruction, saisi d'un fait déterminé, pouvait impliquer dans les poursuites et inculper toutes nouvelles personnes, sans qu'un nouveau réquisitoire soit nécessaire[6], jurisprudence toujours valable en présence des termes de l'article 80-1 alinéa 1er. Il était jugé que la personne désignée à la fois, par la partie civile dans sa plainte, et par le réquisitoire introductif, devait être considérée déjà comme ayant la qualité d'inculpée et comme partie au procès, bien que n'ayant pas encore subi l'interrogatoire de première comparution[7]. Il n'en est plus ainsi puisque cette personne peut se voir accorder le statut de témoin assisté (C. pr. pén., art. 113-1 - V. s^s n° 81.21).

SECTION 5
REFUS D'INFORMER

62.51 Article 86 du Code de procédure pénale. Aux termes de l'article 86 alinéa 4 du Code de procédure pénale, le « procureur de la République ne peut saisir le juge d'instruction de réquisitions de non informer que si, pour des causes affectant l'action publique elle-même, les faits ne peuvent légalement comporter une poursuite ou si, à supposer ces faits démontrés, ils ne peuvent admettre aucune qualification pénale. Dans le cas où le juge d'instruction passe outre, il doit statuer par une ordonnance motivée ». Ce texte vise le cas d'une plainte avec constitution de partie civile qui paraît insuffisamment justifiée.

1. Crim. 28 mai 1925, *DP* 1926, 1, 121, note Leloir; *S.* 1926, 1, 140 - GARRAUD, II, n° 773 - VIDAL ET MAGNOL, II, n° 814-7, p. 1172.
2. Crim. 24 oct. 1988, n° 86-94.878, *Bull. crim.*, n° 359 - Crim. 30 janv. 1989, n° 87-85.060, *Bull. crim.*, n° 34.
3. Crim. 29 janv. 1979, n° 77-92.775, *Bull. crim.*, n° 38 - Crim. 30 oct. 1990, n° 90-83.414, *Bull. crim.*, n° 362; *D.* 1991, somm. 213, obs. J. Pradel - Crim. 27 nov. 1990, n° 90-84.010, *Bull. crim.*, n° 407 - Crim. 25 janv. 1993, n° 92-80.455, *Bull. crim.*, n° 38 - Crim. 20 mars 1995, n° 93-84.714, *Bull. crim.*, n° 112.
4. En ce sens, VIDAL ET MAGNOL, II, note 3, p. 913 - C. pr. pén., art. 80-1, al. 1er.
5. Crim. 27 nov. 1963, n° 63-91.516, *Bull. crim.*, n° 338; *JCP* 1964, II, 13543, note P. Chambon.
6. Crim. 24 juin 1922, *D.* 1924, 1, p. 58; *S.* 1923, 1, 44 - Crim. 25 févr. 1942, *Bull. crim.*, n° 13; *DA* 1942, p. 84; *Gaz. Pal.* 1942, 1, 182 - Crim. 13 mai 1958, *Bull. crim.*, n° 374.
7. Crim. 24 mai 1971, n° 71-90.921, *Bull. crim.*, n° 171 - Crim. 5 nov. 1985, n° 84-94.458, *Bull. crim.*, n° 344; *JCP* 1986, II, 20685 - Crim. 12 avr. 1988, n° 87-91.698, *Bull. crim.*, n° 150 - V. aussi Ch. Guéry, « Du témoin assisté à la partie virtuelle », *Dr. pén.* nov. 1997, chron. 24.

Le juge d'instruction, qui n'est jamais lié par les réquisitions du ministère public, pourrait aussi refuser d'informer alors même qu'il serait saisi par celui-ci d'un réquisitoire tendant à informer, à la condition de rendre une ordonnance motivée[1]. De même, le juge d'instruction ne peut passer outre à des réquisitions de non informer que par une ordonnance motivée[2]. La décision d'informer peut à bon droit être prise pour déterminer si les faits dénoncés sont susceptibles de qualification[3]. Le procureur de la République, comme la partie civile, peut toujours interjeter appel de l'ordonnance de refus d'informer (C. pr. pén., art. 186, al. 2)[4]. Le refus d'informer devenu définitif interdit toute nouvelle plainte concernant les mêmes faits et les mêmes personnes[5].

La faculté discrétionnaire accordée à la personne lésée par une infraction pénale, de mettre en mouvement l'action publique par sa plainte avec constitution de partie civile, est un moyen pour elle de vaincre l'inertie du ministère public. Cette plainte avec constitution de partie civile a les mêmes effets que le réquisitoire introductif et saisit le juge d'instruction avec la même force. Ce dernier est donc obligé d'instruire sur une telle plainte.

(Sur la nouvelle possibilité pour le procureur de la République de prendre des réquisitions de non-lieu v. s[s] n° 62.58.)

62.52 Distinction entre le refus d'informer et l'irrecevabilité de la constitution. Il convient de bien faire la distinction entre l'ordonnance de refus d'informer et l'ordonnance d'irrecevabilité de constitution de partie civile. La première n'est rendue que lorsqu'on est en présence d'une cause affectant l'action publique elle-même : prescription, amnistie, autorité de la chose jugée, affaire civile, *etc.* La seconde est rendue lorsque la partie civile est personnellement concernée et notamment dans le cas de défaut d'intérêt à agir. Est irrecevable la constitution de partie civile pour une contravention (C. pr. pén., art. 85), pour des crimes ou délits commis contre les intérêts fondamentaux de la nation (C. pr. pén., art. 702), du chef d'association de malfaiteurs[6], pour rechercher les causes de la mort d'un individu sur le fondement de l'article 74 du Code de procédure pénale[7], pour un délit commis à l'étranger contre un particulier[8], pour les infractions militaires prévues par le livre III du Code de justice militaire, en vue d'une réouverture sur charges nouvelles[9]. Cette distinction amène des conséquences importantes. En cas de refus d'informer le juge d'instruction est dessaisi de l'affaire, c'est l'action publique qui est en cause, elle ne peut être mise en mouvement par la partie civile et pas plus par le ministère public (s'il a pris des réquisitions en vue d'informer, le parquet pourra faire appel de l'ordonnance de refus d'informer). En cas d'ordonnance d'irrecevabilité, le juge d'instruction est tenu d'instruire dès lors que le parquet ne lui a pas délivré des réquisitions d'irrecevabilité et lui a donc demandé d'informer. Il est d'ailleurs tout à fait envisageable que dans une telle hypothèse, le parquet saisisse le juge de réquisitions visant à informer et à déclarer irrecevable la constitution de partie civile à titre principal. La partie pourra toujours se constituer de manière incidente si, toutefois, ce n'est pas la constitution de partie civile elle-même qui est proscrite. Ainsi, si la partie civile ne peut pas agir pour la réouverture sur charges nouvelles, elle peut très bien se constituer dans le cours de l'information.

62.53 Le principe de l'obligation d'instruire. Le refus d'informer apparaît en jurisprudence à partir de 1906. La chambre criminelle, selon une formule qui n'a pas varié depuis, a déclaré dans son premier arrêt du 8 décembre 1906, rendu sur le rapport du conseiller Laurent-Atthalin[10] « que le juge d'instruction, saisi d'une plainte avec constitution de partie civile, a le devoir d'instruire, quelles que soient les réquisitions du ministère public, à moins que le juge d'instruction ne décide, soit que la prévention est suffisamment établie pour qu'il soit procédé au règlement, soit que, pour des causes affectant l'action publique elle-même, les faits ne peuvent légalement comporter une poursuite, ou que, à les supposer démontrés, ils ne sauraient admettre aucune qualification pénale »[11]. Ce sont les termes de cette jurisprudence qui ont été repris

1. Sur le refus d'exécuter certains actes d'instruction : CA Aix-en-Provence, ch. acc., 1er févr. 1978, *JCP* 1979, II, 19121, note P. Chambon.
2. Crim. 20 juin 1988, n° 88-82.856, *Bull. crim.*, n° 278; *D.* 1988, jur. p. 62, note D. Mayer.
3. Crim. 14 juin 1994, n° 94-81.389, *Bull. crim.*, n° 234.
4. Crim. 18 nov. 1964, 63-91057, *Bull. crim.*, n° 303 – Crim. 28 mai 1968, *Bull. crim.*, n° 74 – Crim. 18 mai 1971, n° 70-92905, *Bull. crim.*, n° 160 – Crim. 7 déc. 1976, 76-90634, *Bull. crim.*, n° 350 – Crim. 3 mai 1978, n° 77-91598, *Bull. crim.*, n° 135 – Crim. 24 nov. 1981, n° 81-92599, *Bull. crim.*, n° 313.
5. Crim. 4 mars 1986, n° 84-95643, *Bull. crim.*, n° 86 – Crim. 15 févr. 1988, n° 87-81443, *Bull. crim.*, n° 71.
6. Crim. 8 févr. 1979, n° 77-92300, *Bull. crim.*, n° 58.
7. Crim. 26 juill. 1966, n° 66-91283, *Bull. crim.*, n° 215.
8. Crim. 13 juin 1974, n° 72-91231, *Bull. crim.*, n° 219.
9. Crim. 24 mars 1981, n° 78-94129, *Bull. crim.*, n° 106.
10. Crim. 8 déc. 1906, *Bull. crim.*, n° 443; *D.* 1907, 1, 207; v. les attendus s[s] n° 62.02.
11. En ce sens : Crim. 17 janv. 1911, *Bull. crim.*, n° 15 – Crim. 8 juin 1923, *D.* 1923, 1, 201 – Crim. 20 janv. 1927, *DH* 1927, 137 – Crim. 21 avr. 1932, *Bull. crim.*, n° 109 – Crim. 25 févr. 1942, *DA* 1942, 84 – Crim. 25 mars 1947, *Bull. crim.*, n° 95 – Crim. 13 déc. 1961, *Bull. crim.*, n° 520.

par l'alinéa 3 de l'article 86 précité. Le principe de l'obligation d'instruire semble largement écorné par la possibilité pour le procureur de la République de prendre des réquisitions de non-lieu (v. s[s] n° 62.58).

62.54 Refus légitime. Le juge d'instruction peut à bon droit refuser d'informer, s'il s'agit d'une contravention prescrite et amnistiée[1], ou d'un délit commis à l'étranger, en l'absence de poursuites du ministère public[2], ou de la réouverture de l'information sur charges nouvelles, sollicitée seulement par la partie civile[3]. En matière de presse, le juge d'instruction refuse à bon droit d'informer, dans le cas d'une plainte nulle, les faits ne comportant ainsi légalement aucune poursuite[4].

Le juge d'instruction refuse à bon droit d'informer du chef de dénonciation calomnieuse, alors que le rapport de police[5], ou les renseignements donnés par le président de la chambre des notaires[6], ou la plainte portée par un particulier[7], ne constituent par une déclaration spontanée au sens de l'article 373 du Code pénal [devenu art. 226-10].

Le refus d'informer est encore légitime lorsque les faits dénoncés, même s'ils étaient établis, ne peuvent légalement constituer aucune infraction pénale[8]. Il en est ainsi de l'installation d'un appareil téléphonique parasite qui ne permet pas l'écoute des conversations[9], de la destruction des billets de banque, qui n'est pas punie pénalement[10], des discours devant les tribunaux, sur des faits non étrangers à la cause, au cours d'une enquête civile[11], et de l'altération d'un fait par un avoué dans ses conclusions, qui ne constitue pas un faux, mais une simple prétention, qui ne fait pas foi[12].

Confirme à bon droit l'ordonnance du juge d'instruction portant refus d'informer, la chambre d'accusation qui énonce que la partie civile s'est bornée à poser un certain nombre de questions au magistrat instructeur et à laisser planer l'interrogation sur l'existence d'infractions, ces termes interrogatifs ne pouvant constituer une plainte susceptible de mettre en mouvement l'action publique[13]. Une personne ne peut se constituer partie civile à nouveau pour les faits dont le juge d'instruction est saisi et pour lesquels elle a été déclarée irrecevable par une décision définitive[14].

62.55 Refus illégitime. Mais le juge d'instruction, saisi d'une plainte avec constitution de partie civile, est en principe tenu d'informer. Il ne peut s'y refuser qu'exceptionnellement, et avec une extrême prudence.

Il ne saurait notamment opposer son refus, en se livrant à un examen *a priori* des faits dénoncés, au motif que la plainte est portée légèrement, alors que l'information a précisément pour but de lui permettre de se prononcer en connaissance de cause sur le bien-fondé de la poursuite[15]. C'est ainsi que le juge d'instruction ne peut refuser d'informer, au motif que les faits articulés ne sont pas assez précis[16], ou que les faits dénoncés ne sont pas suffisamment établis[17], ou que les faits, objet de la plainte, sont par avance démentis par les résultats d'une précédente enquête officieuse[18], ou qu'ils sont atteints par la prescription triennale, alors qu'une qualification criminelle n'est pas écartée[19].

Le juge d'instruction ne peut davantage refuser d'informer au motif que l'intention frauduleuse n'est pas établie[20], ou tenter de justifier sa décision « en se livrant au préalable à un examen abstractif des faits dénoncés »[21]. Il ne peut non plus, en principe, refuser d'informer, sous le prétexte qu'à l'époque des faits dénoncés, aucun texte de la loi pénale n'était applicable, la Cour de cassation se réservant l'appréciation de ce point de droit[22], ou en se fondant sur la chose jugée, alors que ne sont pas en

1. Crim. 9 nov. 1972, n° 71-91275, *Bull. crim.*, n° 334.
2. Crim. 13 juin 1974, n° 72-91231, *Bull. crim.*, n° 219.
3. Crim. 6 févr. 1979, n° 78-92425, *Bull. crim.*, n° 53 – V. aussi, Crim. 4 déc. 1984, n° 83-91638, *Bull. crim.*, n° 384.
4. Crim. 24 févr. 1987, n° 86-90805, *Bull. crim.*, n° 95 – Crim. 26 juill. 1988, n° 88-81246, *Bull. crim.*, n° 309.
5. Crim. 12 mars 1963, n° 61-93437, *Bull. crim.*, n° 114.
6. Crim. 5 mars 1974, n° 73-92481, *Bull. crim.*, n° 92.
7. Crim. 16 oct. 1969, n° 67-93543, *Bull. crim.*, n° 254.
8. Crim. 15 janv. 1969, n° 67-93527, *Bull. crim.*, n° 27; *JCP* 1969, II, 15934, note P. Chambon.
9. Crim. 16 janv. 1974, n° 73-92072, *Bull. crim.*, n° 25.
10. Crim. 4 juin 1975, n° 73-90944, *Bull. crim.*, n° 143.
11. Crim. 4 juin 1975, n° 73-93561, *Bull. crim.*, n° 145.
12. Crim. 22 nov. 1977, n° 76-91322, *Bull. crim.*, n° 361 – V. aussi, Crim. 12 juin 1979, n° 79-90062, *Bull. crim.*, n° 205.
13. Crim. 8 janv. 1997, *Gaz. Pal.* 4-5 juin 1997, p. 13.
14. Crim. 29 janv. 2008, n° 06-89.245, *AJ Pénal* 2008, 238, note C. Saas.
15. V. Crim. 15 janv. 1969, *JCP* 1969, II, 15934, note P. Chambon – Crim. 7 févr. 1978, n° 76-92.838, *Bull. crim.*, n° 45 – Crim. 26 juin 1979, n° 78-93.470, *Bull. crim.*, n° 226 – Crim. 17 oct. 1995, n° 94-83.262, *Bull. crim.*, n° 308; *JCP* 1995, IV, 201.
16. Crim. 17 janv. 1919, *D.* 1920, 1, 39 – Crim. 19 févr. 1974, n° 73-93.003, *Bull. crim.*, n° 69.
17. Crim. 9 janv. 1930, *DH* 1930, 84 – Crim. 23 juill. 1962, *JCP* 1962, II, 12913, note P. Chambon – Crim. 15 janv. 1969, *JCP* 1969, II, 15934, note P. Chambon.
18. Crim. 8 oct. 1941, *DA* 1942, p. 4 – Crim. 23 mars 1954, *Bull. crim.*, n° 114 – Crim. 18 juill. 1973, n° 72-93523, *Bull. crim.*, n° 334.
19. Crim. 9 nov. 1954, *Bull. crim.*, n° 320.
20. Crim. 23 déc. 1955, *JCP* 1956, II, 9102.
21. Crim. 21 févr. 1968, n° 67-92.180, *Bull. crim.*, n° 56 – Crim. 28 mai 1968, *Bull. crim.*, n° 74 – Crim. 29 janv. 1985, n° 83-94.475, *Bull. crim.*, n° 45 – Crim. 26 sept. 2001, n° 01-84.565, *Bull. crim.*, n° 193; *JCP* 2001, IV, 2273.
22. Crim. 18 nov. 1964, n° 63-91.057, *Bull. crim.*, n° 303.

cause les mêmes personnes[1]. Constitue un refus d'informer la décision d'une chambre d'accusation qui, étant saisie de l'appel d'une ordonnance d'irrecevabilité de la plainte avec constitution de partie civile du juge d'instruction ayant omis de statuer sur une des infractions visées dans la plainte, confirme ladite ordonnance en procédant par le seul examen abstrait de faits omis par le magistrat instructeur[2]. Doit encore être cassé l'arrêt qui a confirmé une ordonnance de refus d'informer fondée sur des motifs de pur fait[3], ou sur un examen abstrait des faits[4], ou qui donne comme motif que le délit dénoncé ne serait qu'une contravention[5], ou qui n'a pas statué sur tous les faits dénoncés dans la plainte[6]. Est aussi illégal le refus d'informer fondé sur le classement antérieur de poursuites disciplinaires, sur l'existence de décisions civiles, sur l'allégation imprécise de la prescription, et sur le décès d'un seul des auteurs des faits dénoncés[7]. Le juge d'instruction ne peut fonder sa décision de non informer sur une appréciation des faits résultant d'une pièce étrangère à la procédure dont il est saisi[8]. Constitue encore un refus implicite et irrégulier d'informer l'ordonnance, concomitante à l'interrogatoire de première comparution, par laquelle le juge d'instruction déclare qu'il n'y a pas lieu à inculpation de l'un des faits visés au réquisitoire introductif[9], ou la simple jonction de la plainte à une autre procédure, sans qu'aucun acte d'instruction n'ait été fait[10]. La Cour de cassation vérifie aussi que la décision soit exactement qualifiée; ainsi constitue également un refus d'informer la décision d'une chambre d'accusation qui, étant saisie de l'appel d'une ordonnance de non-lieu rendue par un juge d'instruction dans une information ouverte sur plainte avec constitution de partie civile, confirme ladite ordonnance alors que le magistrat instructeur n'avait procédé à aucun acte d'instruction propre à l'affaire en cause et avait clôturé son information après avoir seulement annexé à sa procédure des pièces provenant d'une autre information dont l'objet était différent[11]. Encourt la cassation l'arrêt d'une chambre de l'instruction qui confirme l'ordonnance de refus d'informer rendue par le juge d'instruction sur la plainte déposée, des chefs d'arrestation, séquestration illégale, détention arbitraire, abstention volontaire de mettre fin à une détention arbitraire, par des ressortissants français détenus sur la base de Guantanamo en décidant, par le seul examen abstrait de la plainte, sans rechercher, par une information préalable, si l'arrestation et les conditions de détention des plaignants, qu'elle devait analyser au regard, notamment, de la troisième convention de Genève du 12 août 1949 et du Pacte international relatif aux droits civils et politiques du 19 décembre 1966, n'entraient pas dans les prévisions de l'article 224-1 du Code pénal et, comme telles, en raison de la nationalité française desdits plaignants, ne relevaient pas de la compétence des lois et juridictions françaises, en application des articles 113-7 du Code pénal et 689 du Code de procédure pénale[12]. L'acquittement d'un individu pour complicité d'une infraction n'exclut pas que des poursuites distinctes pour complicité de la même infraction soient engagées à l'égard d'une autre personne[13].

62.56 Le refus d'informer ne peut être opposé au ministère public. Une ordonnance de non informer ne peut intervenir selon l'article 86 du Code de procédure pénale qu'à la suite d'une plainte avec constitution de partie civile mettant l'action publique en mouvement, le juge d'instruction n'étant pas autorisé sous couvert d'un refus d'informer à statuer sur la validité d'un réquisitoire supplétif du procureur de la République[14].

62.57 Effets de l'infirmation par la chambre de l'instruction d'une ordonnance de refus d'informer. Dès lors que, après infirmation d'une ordonnance de refus d'informer par une chambre de l'instruction statuant sur renvoi après cassation, il a été fait retour du dossier de la procédure au juge d'instruction initialement saisi, la circonstance que ce magistrat ait à instruire sur les faits dénoncés par la partie civile, après avoir opposé à celle-ci un refus d'informer injustifié, constitue, au sens de l'article 6 de la Convention européenne des droits de l'Homme, un élément objectif de nature à faire naître, dans l'esprit de la partie civile, un doute sur son impartialité. Il existe dès lors des motifs suffisants, au sens tant de l'article 662 du Code de procédure pénale que des dispositions conventionnelles, pour

1. Crim. 5 févr. 1985, n° 83-91.307, *Bull. crim.*, n° 59; Crim. 20 juin 2006, n° 05-86.611, *Bull. crim.*, n° 185.
2. Crim. 16 nov. 1999, n° 98-84.800, *Bull. crim.*, n° 259; *D.* 2000, jur. 1.
3. Crim. 3 févr. 1970, n° 69-91.579, *Bull. crim.*, n° 46 – Crim. 28 avr. 1986, n° 85-95442, *Bull. crim.*, n° 140.
4. Crim. 5 juin 1971, n° 69-92.248, *Bull. crim.*, n° 181.
5. Crim. 18 mai 1971, n° 70-92.905, *Bull. crim.*, n° 160.
6. Crim. 23 avr. 1971, n° 70-92.577, *Bull. crim.*, n° 115.
7. Crim. 23 juill. 1974, n° 73-93.566, *Bull. crim.*, n° 261; *JCP* 1975, II, 18091, note P. Chambon.
8. Crim. 17 oct. 1995, n° 94-83.262, *Bull. crim.*, n° 308.
9. Crim. 18 janv. 1983, n° 80-93.631, *Bull. crim.*, n° 22; *D.* 1984, jur. 4, note P. Chambon.
10. Crim. 18 juill. 1991, n° 90-86.639, *Bull. crim.*, n° 300.
11. Crim. 18 juill. 1991, n° 90-86.639, *Bull. crim.*, n° 300.
12. Crim. 4 janv. 2005, n° 03-84.652, *Bull. crim.*, n° 1.
13. Crim. 15 janv. 2008, n° 07-86.077, *AJ Pénal* 2008, 194, note C. Saas.
14. Crim. 31 mars 1987, n° 86-90.769, *Bull. crim.*, n° 149; v. les attendus s[s] n° 62.02.

attribuer à un autre juge d'instruction la connaissance de cette information[1].

À la suite de la publication de cet arrêt, certaines chambres de l'instruction ont dessaisi systématiquement les juges d'instruction qui avaient rendu une ordonnance de refus d'informer infirmée. La systématisation est critiquable. En effet certains refus d'informer ne portent pas obligatoirement la marque d'une prise de position définitive du magistrat instructeur. Pas plus en tout cas que certains non-lieux qui peuvent lui être retournés pour complément d'information. Une analyse *in concreto* de chaque cas d'espèce, qu'il s'agisse de refus d'informer, d'irrecevabilité ou de non-lieu, paraîtrait préférable.

62.58 La loi du 5 mars 2007 a ouvert une nouvelle possibilité au procureur de la République. L'article 86, quatrième alinéa, prévoit désormais que « le procureur de la République peut également prendre des réquisitions de non-lieu dans le cas où il est établi de façon manifeste, le cas échéant au vu des investigations qui ont pu être réalisées à la suite du dépôt de la plainte ou en application du troisième alinéa, que les faits dénoncés par la partie civile n'ont pas été commis ». Le cas d'espèce doit donc être distingué de la situation où le procureur de la République prend des réquisitions d'irrecevabilité ou de refus d'informer. Ses réquisitions de non-lieu ne sont pas motivées par l'impossibilité pour la partie de se constituer, ni par l'impossibilité que les faits puissent être l'objet de poursuites. C'est parce qu'il est établi « de façon manifeste » que les faits n'ont pas été commis, que le procureur peut prendre des réquisitions de non-lieu. La jurisprudence assez restrictive de la Cour de cassation sur le refus d'informer conduit en effet les magistrats instructeurs à prendre en charge des informations dont on sait pertinemment dès le départ qu'elles se clôtureront par un non-lieu. Mais les réquisitions de non-lieu du procureur de la République doivent logiquement entraîner la possibilité pour le juge d'instruction de rendre immédiatement une ordonnance de non-lieu. Justifie sa décision la chambre de l'instruction qui, saisie de réquisitions sur le fondement de l'article 86 du Code de procédure pénale dans sa rédaction de la loi du 5 mars 2007, dit n'y avoir lieu à informer lorsqu'il est établi de façon manifeste, au vu des investigations qui ont pu être réalisées notamment à la suite de la plainte préalablement déposée devant le procureur de la République, conformément à l'article 85 du même code, que les faits dénoncés par la partie civile n'ont pas été commis[2].

1. Crim. 4 mars 1998, *D.* 1998, IR 125; v. les attendus s^{s} n° 62.02.

En fait il s'agit d'une décision de non-lieu à informer et non de non-lieu à suivre, distinction que semble faire la cour de cassation dans la décision du 3 mars 2009[3].

SECTION 6
DÉSISTEMENT DE LA PARTIE CIVILE : FORMES

62.61 Manifestation de volonté. On admettait sous le régime du Code d'instruction criminelle que le désistement n'était soumis à aucune forme particulière; on exigeait seulement une manifestation expresse et non équivoque de volonté. Il pouvait être fait par acte extrajudiciaire, par déclaration au greffe ou par déclaration au magistrat compétent[4]. Le désistement ne se présume pas[5]. Pourtant, de nombreux doyens des juges d'instruction rendent des ordonnances de désistement lorsque le plaignant ne se manifeste plus, par exemple lorsqu'il ne répond pas aux courriers. Cette pratique, sans doute irrégulière, apparaît le seul moyen de « sortir » des dossiers très anciens.

Ces règles, du moins devant le juge d'instruction, sont toujours valables. Il en est autrement devant les juridictions de jugement. L'article 425 du Code de procédure pénale, en effet, a institué une présomption de désistement, qui toutefois n'ôte pas à la partie civile la faculté de faire défaut[6].

De même que la constitution de partie civile ellemême, le désistement de la partie civile peut avoir lieu à tout moment soit devant le juge d'instruction, soit devant la chambre de l'instruction. Le désistement ne peut plus intervenir après le jugement sur le fond[7]. Le juge du fond apprécie souverainement la régularité du désistement[8]. Le refus par la partie civile de signer une soi-disant confirmation de sa plainte ne peut être interprété comme un désistement[9]. Le désistement, notamment en matière de presse, peut être rétracté, tant que sa validité n'a pas été examinée, et qu'il n'en a pas été donné acte par jugement[10].

2. Crim. 3 mars 2009, n° 08-84.251, *Dr. pén.* 2009, n° 73, note A. Maron et M. Haas; *AJ Pénal* 2009, 236.
3. V. sur ce point la note éclairante de A. Maron et M. Haas.
4. Crim. 19 févr. 1887, *D.* 1887, 1, 512.
5. Ch. réunies, 27 févr. 1865, *D.* 1867, 1, p. 95 – Crim. 7 févr. 1984, n° 83-91.104, *Bull. crim.*, n° 44.
6. Crim. 16 févr. 1960, *Bull. crim.*, n° 88 – V. P. Chambon, « L'article 425 du Code de procédure pénale », *JCP* 1970, I, 2324.
7. Crim. 16 nov. 1955, *Bull. crim.*, n° 484 – Crim. 14 juin 1983, n° 81-95.088, *Bull. crim.*, n° 179.
8. Crim. 3 oct. 1957, *Bull. crim.*, n° 602.
9. CA Colmar, ch. acc., 21 juin 1984, *JCP* 1985, II, 20486, note P. Chambon.
10. Crim. 26 avr. 1994, n° 92-84.095, *Bull. crim.*, n° 150.

SECTION 7
DÉSISTEMENT DE LA PARTIE CIVILE : EFFETS

62.71 Effets sur l'action civile. La victime qui s'est désistée de son action civile, perd sa qualité de partie civile et les garanties attachées à cette qualité. Elle peut désormais être entendue comme témoin sous la foi du serment[1]. Ce désistement intervenu devant une juridiction pénale implique l'abandon de la voie répressive[2].

Mais le désistement de la partie civile devant le juge répressif ne met pas obstacle à l'action civile devant la juridiction civile compétente (C. pr. pén., art. 426)[3].

Lorsque la partie civile a mis l'action publique en mouvement, son désistement ne met pas obstacle à des dommages-intérêts prononcés en faveur du prévenu (C. pr. pén., art. 425, al. 2)[4].

62.72 La règle *electa una via*. La victime « qui a exercé son action devant la juridiction civile compétente ne peut la porter devant la juridiction répressive. Il n'en est autrement que si celle-ci a été saisie par le ministère public avant qu'un jugement sur le fond ait été rendu par la juridiction civile » (C. pr. pén., art. 5). Est ainsi recevable la constitution de partie civile intervenante de celui qui a confié des fonds à une personne mise en examen pour abus de confiance portant sur les sommes en cause, dans une information qui a été ouverte sur réquisition du ministère public avant que la juridiction civile ait statué sur la demande en remboursement engagée par le remettant[5].

Cette règle ne peut être invoquée alors que la victime, au moment où elle a saisi le juge civil ignorait que le fait constituait un délit commis à son préjudice[6]. L'application de la règle implique l'identité de parties, de cause et d'objet[7]. Ainsi, l'exception d'irrecevabilité ne peut être accueillie alors que les demandes dont était saisi le juge civil tendaient à la mise en œuvre de la garantie décennale et non à la réparation du dommage né de l'infraction[8]. Même si le demandeur s'est constitué partie civile devant la juridiction répressive, la juridiction civile saisie en référé, demeure compétente pour ordonner toutes mesures provisoires relatives aux faits qui sont l'objet des poursuites, lorsque l'existence de l'obligation n'est pas sérieusement contestable (C. pr. pén., art. 5-1). La fin de non-recevoir tirée de l'article 5 du Code de procédure pénale (maxime *electa una via*) ne protégeant que les intérêts privés, sa violation ne peut être relevée par la juridiction d'instruction qu'à la demande de la partie concernée. Ne constitue pas une telle demande la lettre adressée au juge d'instruction par une personne mise en cause dans la plainte avec constitution de partie civile, cette personne n'ayant pas la qualité de partie à l'information[9]. Pour l'application de la règle *electa una via*, il n'importe que l'instance civile ait été terminée par un jugement prononçant la nullité de l'assignation[10].

62.73 Effets sur l'action publique. « La renonciation à l'action civile ne peut arrêter ni suspendre l'exercice de l'action publique » (C. pr. pén., art. 2). Il en est évidemment ainsi quand l'action publique a été mise en mouvement par le ministère public. Il en est de même quand l'action publique a été mise en mouvement par la partie civile devant le juge d'instruction, puisque le parquet a requis l'ouverture d'une information[11]. Le désistement intervenu après la consignation est sans effet sur l'action publique, et la juridiction compétente doit statuer sur les voies de recours exercées antérieurement qui touchent ladite action[12], sauf si la poursuite est subordonnée à une plainte préalable[13].

Mais lorsque l'action publique n'a été mise en mouvement que par la citation directe délivrée par la partie civile, en cas de désistement, le tribunal ne statue sur l'action publique que s'il en est requis par le ministère public (C. pr. pén., art. 425)[14]. Il est à noter que l'article 425 n'est pas applicable en appel[15].

1. Crim. 26 juin 1947, *Bull. crim.*, n° 168.
2. Crim. 28 mars 1955, *Bull. crim.*, n° 179 – Crim. 8 nov. 1956, *Bull. crim.*, n° 723 – Crim. 9 nov. 1965, n° 64-90.587, *Bull. crim.*, n° 223.
3. Crim. 22 nov. 1934, *Gaz. Pal.* 1935, 1, 124 – Req. 13 janv. 1947, *S.* 1947, 1, 77.
4. Crim. 5 févr. 1891, *Bull. crim.*, n° 27 – Crim. 22 févr. 1966, n° 64-90.865, *Bull. crim.*, n° 56 – Crim. 24 oct. 1983, n° 82-92893, *Bull. crim.*, n° 259; *D.* 1984, IR 73.
5. Crim. 22 nov. 2005, n° 04-86.758, *Bull. crim.*, n° 300.
6. Crim. 22 mars 1955, *Bull. crim.*, n° 169.
7. Crim. 26 nov. 1968, n° 67-93.343, *Bull. crim.*, n° 283 – Crim. 15 mai 1968, n° 67-93.713, *Bull. crim.*, n° 156 – Crim. 6 déc. 1977, n° 77-91.124, *Bull. crim.*, n° 385 – Crim. 4 juill. 1978, n° 77-91.285, *Bull. crim.*, n° 217 – Sur la renonciation antérieure à tout recours, Crim. 28 oct. 1976, *Bull. crim.*, n° 179.
8. Crim. 11 janv. 2005, n° 04-82.934, *Bull. crim.*, n° 11; *JCP* 2005, IV, 1502.
9. Crim. 10 sept. 2000, *BICC* 526, n° 1360; *D.* 2000, IR 283.
10. Crim. 17 févr. 2004, n° 03-84.798, *Bull. crim.*, n° 40; *D.* 2004, IR 1065; *JCP* 2004, IV, 1770; *RSC* 2004, 670, obs. A. Giudicelli.
11. Crim. 30 mai 1960, *Bull. crim.*, n° 298.
12. Crim. 10 mars 1827, *Bull. crim.*, n° 54 – Crim. 15 janv. 1976, n° 75-91.969, *Bull. crim.*, n° 13 – Crim. 18 oct. 1989, n° 88-86.906, *Bull. crim.*, n° 367.
13. Crim. 26 mai 1981, n° 80-94.415, *Bull. crim.*, n° 172.
14. Crim. 16 févr. 1960, *D.* 1960, p. 243, rapp. Damour – P. Chambon, « L'article 425 du Code de procédure pénale », *JCP* 1970, I, 2324.
15. Crim. 24 juill. 1967, n° 67-90.061, *Bull. crim.*, n° 228 – Crim. 26 mars 1968, *Bull. crim.*, n° 101 – Crim. 27 avr. 1968, n° 67-91.540, *Bull. crim.*, n° 127 – Crim. 13 avr. 1983, n° 82-91.007, *Bull. crim.*, n° 99.

L'article 6 alinéa 3 du Code de procédure pénale dispose que l'action publique s'éteint en cas de retrait de plainte, lorsque celle-ci est une condition nécessaire de la poursuite, comme en matière d'injure et diffamation, d'abandon de foyer.

62.74 Effets quant aux dépens. Le Code de procédure pénale n'ayant pas repris la distinction des articles 66 et 67 du Code d'instruction criminelle, la partie civile qui succombait restait tenue des frais malgré son désistement, quel que soit le moment auquel celui-ci était intervenu. La partie civile qui succombait était en effet assimilée à celle qui s'était désistée (C. pr. pén., art. 475). La question ne se pose plus aujourd'hui, depuis la loi du 4 janvier 1993, qui dispose que les frais de justice criminelle restent à la charge de l'État (C. pr. pén., art. 800-1), et le juge d'instruction qui rend une ordonnance de non-lieu n'a plus à liquider les dépens, la loi précitée ayant abrogé le dernier alinéa de l'article 177 du même code.

62.75 Le criminel ne tient plus toujours le civil en l'état. L'article 4 du Code de procédure pénale a été modifié par la loi du 5 mars 2007. Désormais, « la mise en mouvement de l'action publique n'impose pas la suspension du jugement des autres actions exercées devant la juridiction civile, de quelque nature qu'elles soient, même si la décision à intervenir au pénal est susceptible d'exercer, directement ou indirectement, une influence sur la solution du procès civil. » Cette disposition nouvelle devrait éviter des plaintes avec constitution de partie civile dilatoires, uniquement déposées pour éviter la poursuite du procès civil, commercial ou prud'homal.

CHAPITRE

63. Plaintes téméraires ou injustifiées

SECTION 0
ORIENTEUR

63.00 Plan du chapitre.

Sect. 1	Article 91 du Code de procédure pénale : nature juridique de l'action
Sect. 2	Article 91 du Code de procédure pénale : conditions d'exercice
Sect. 3	Article 91 du Code de procédure pénale : règles de compétence et de procédure
Sect. 4	Articles 177-2 et 212-2 du Code de procédure pénale

63.01 Textes applicables.

C. pr. pén. 86, 91, 177-2, 177-3, 212-2, 392-1, 800-1.

C. pr. pén., art. 86

* V. s^{s} n° 61.01.

C. pr. pén., art. 91

* V. s^{s} n° 61.01.

C. pr. pén., art. 177-2

Lorsqu'il rend une ordonnance de non-lieu à l'issue d'une information ouverte sur constitution de partie civile, le juge d'instruction peut, sur réquisitions du procureur de la République et par décision motivée, s'il considère que la constitution de partie civile a été abusive ou dilatoire, prononcer contre la partie civile une amende civile dont le montant ne peut excéder 15 000 euros.

Cette décision ne peut intervenir qu'à l'issue d'un délai de vingt jours à compter de la communication à la partie civile et à son avocat, par lettre recommandée ou par télécopie avec récépissé, des réquisitions du procureur de la République, afin de permettre à l'intéressé d'adresser des observations écrites au juge d'instruction.

Cette décision peut être frappée d'appel par la partie civile dans les mêmes conditions que l'ordonnance de non-lieu.

Si le juge d'instruction ne suit pas les réquisitions du procureur de la République, ce dernier peut interjeter appel dans les mêmes conditions.

C. pr. pén., art. 177-3

Lorsque la partie civile est une personne morale, l'amende civile prévue par l'article 177-2 peut être prononcée contre son représentant légal, si la mauvaise foi de ce dernier est établie.

C. pr. pén., art. 212-2 [L. n° 2004-204, 9 mars 2004]

Lorsqu'elle déclare qu'il n'y a lieu à suivre à l'issue d'une information ouverte sur constitution de partie civile, la chambre de l'instruction peut, sur réquisitions du procureur général et par décision motivée, si elle considère que la constitution de partie civile a été abusive ou dilatoire, prononcer contre la partie civile une amende civile dont le montant ne peut excéder 15 000 euros.

Cette décision ne peut intervenir qu'à l'issue d'un délai de vingt jours à compter de la communication à la partie civile et à son avocat, par lettre recommandée ou par télécopie avec récépissé, des réquisitions du procureur général, afin de permettre à l'intéressé d'adresser des observations écrites à la chambre de l'instruction.

Lorsque la partie civile est une personne morale, l'amende civile peut être prononcée contre son représentant légal, si la mauvaise foi de ce dernier est établie.

C. pr. pén., art. 392-1

Lorsque l'action de la partie civile n'est pas jointe à celle du ministère public, le tribunal correctionnel fixe, en fonction des ressources de la partie civile, le montant de la consignation que celle-ci doit, si elle n'a pas obtenu l'aide juridictionnelle, déposer au greffe et le délai dans lequel elle devra être faite sous peine de non-recevabilité de la citation directe. Cette consignation garantit le paiement de l'amende civile susceptible d'être prononcée en application du second alinéa.

Lorsque le tribunal correctionnel, saisi par une citation directe de la partie civile, prononce une relaxe, il peut, par ce même jugement, sur réquisitions du procureur de la République, condamner la partie civile au paiement d'une amende civile dont le montant ne saurait excéder 15 000 euros s'il estime que la citation directe était abusive ou dilatoire. Les réquisitions du procureur de la République doivent intervenir avant la clôture des débats, après les plaidoiries de la défense, et la partie civile ou son avocat doivent avoir été mis en mesure d'y répliquer. Les dispositions du présent alinéa sont également applicables devant la cour d'appel, lorsque le tribunal correctionnel a, en premier ressort, relaxé la personne poursuivie et statué sur des réquisitions du procureur de la République tendant à la condamnation de la partie civile en application des dispositions du présent alinéa.

C. pr. pén., art. 800-1

* V. s^s n° 61.01.

63.02 Jurisprudence de référence.

• L'article 2 de la loi du 2 juillet 1931, incompatible avec l'article 10.2 de la Conv. EDH, ne saurait servir de fondement à une condamnation pénale.

Crim., 27 mars 2001, n° 00-85.454; *Bull. crim.*, n° 80.

* V. s^s n° 43.02.

• Le juge d'instruction n'est pas tenu de motiver spécialement le montant de l'amende civile prononcée en application de l'article 177-2 du Code de procédure pénale.

Crim., 27 févr. 2002, n° 01-85.573; *Bull. crim.*, n° 47; *RSC* 2002, 624, obs. A. Giudicelli.

« Attendu qu'en statuant ainsi, la chambre de l'instruction, qui, contrairement à ce qui est allégué, n'était pas tenue de motiver spécialement le montant de l'amende, a justifié sa décision au regard de l'article 177-2 du Code de procédure pénale; qu'en outre le prononcé d'une amende civile pour constitution de partie civile abusive ou dilatoire n'entre pas dans les prévisions de l'article 6.1 de la Convention européenne des droits de l'Homme. »

63.03 Bibliographie indicative. (V. les références complètes s^s n° 03.)

Actualisables. RÉP PÉN., Faivre, « Partie civile »; Vassogne et Bernard, « Dénonciation téméraire »; Guéry, « Instruction préparatoire » – J.-CL. PÉN., Dumont, « Constitution de partie civile ».

Articles.

> Sur l'article 177-2

Buisson J., *Procédures* 2003, comm. n° 23 – Giudicelli A., *RSC* 2002, 624 – Joinville Th., « Tel peut-il être aisément pris qui croyait prendre ? Les dispositifs de sanction et de réparation de l'abus de constitution de partie civile après la loi du 15 juin 2000 », *Gaz. Pal.* 2002, p. 12.

63.06 Questions essentielles.

• Les abus de constitution de partie civile, déjà évoqués (v. s^s n° 61.04), n'entraînent que rarement des conséquences au préjudice du plaignant. L'article 91 du Code de procédure pénale est rarement utilisé. La loi du 15 juin 2000 a institué une nouvelle procédure permettant au juge d'instruction lui-même de prononcer une amende (alors même que le soin de prononcer une amende contre un témoin récalcitrant lui est ôté par la même loi) après avoir recueilli les observations de la personne et de son conseil.

SECTION 1

ARTICLE 91 DU CODE DE PROCÉDURE PÉNALE : NATURE JURIDIQUE DE L'ACTION

63.11 Faute. La victime d'une plainte abusive avec constitution de partie civile pouvait déjà demander des dommages-intérêts au plaignant devant le tribunal civil selon l'action de droit commun fondée sur l'article 1382 du Code civil. La loi du 2 juillet 1931 ne lui a pas accordé un droit nouveau. En lui permettant de porter son action devant le tribunal correctionnel, elle lui a simplement accordé le bénéfice d'une procédure moins onéreuse, plus commode et plus rapide.

L'action de l'article 91, quoique portée devant le tribunal correctionnel, et soumise aux formes de la procédure pénale, est une action de nature purement civile, qui a à sa base une faute au sens de l'article 1382 du Code civil[1].

Ainsi qu'il avait déjà été jugé[2], et ainsi que le précise l'article 91, la personne mise en examen qui a bénéficié d'une ordonnance de non-lieu, ainsi que toute personne visée dans la plainte a le choix entre les deux voies : elle peut porter son action en dommages-intérêts, soit devant le tribunal civil selon le droit commun, soit devant le tribunal correctionnel. Mais elle ne saurait cumuler ces deux actions, qui ont une même cause. L'ordonnance de non-lieu, fondée sur l'amnistie, et non sur l'insuffisance des charges, n'ouvre pas l'action prévue par l'article 91[3].

La loi du 2 juillet 1931, comme l'article 91 du Code de procédure pénale, qui pourraient être considérés comme aggravant la situation du plaignant téméraire, sont cependant, aux yeux de la Cour de cassation, des lois de compétence et de procédure, qui échappent à la non-rétroactivité, et s'appliquent aux procédures en cours[4].

Le texte de l'article 91 a été réécrit par la loi du 15 juin 2000.

1. Crim. 23 févr. 1933, *S.* 1933, 1, 169 – Crim. 10 nov. 1934, *Bull. crim.*, n° 186 – Crim. 30 juin 1937, *JCP* 1937, II, 412 – Crim. 26 janv. 1945, *Bull. crim.*, n° 3 – Crim. 20 nov. 1956, *Bull. crim.*, n° 760 – Crim. 20 déc. 1961, *Bull. crim.*, n° 540 – Crim. 2 janv. 1970, n° 69-91.890, *Bull. crim.*, n° 2 – Crim. 5 mai 1971, n° 70-90.573, *Bull. crim.*, n° 137 – Crim. 11 juin 1979, n° 76-93.093, *Bull. crim.*, n° 202.
2. Soc. 25 nov. 1938, *Gaz. Pal.*, 1939, 1, 204 – Civ., 18 mars 1946, *JCP* 1946, II, 3072.
3. Crim. 26 nov. 1974, n° 74-90.472, *Bull. crim.*, n° 346.
4. Crim. 23 févr. 1933, *S.* 1933, 1, 169 – Crim. 4 janv. 1934, *Bull. crim.*, n° 4 – Crim. 14 mars 1961, *Bull. crim.*, n° 159.

SECTION 2
ARTICLE 91 DU CODE DE PROCÉDURE PÉNALE : CONDITIONS D'EXERCICE

63.21 Textes. La condition essentielle est que l'ouverture de l'information ait été provoquée, et l'action publique mise en mouvement par une plainte avec constitution de partie civile initiale. L'article 70 du Code d'instruction criminelle exigeait « l'ouverture d'une information contre personne dénommée », et seule la personne mise en examen disposait de l'action en dommages-intérêts. L'article 91 du Code de procédure pénale est plus large : il exige seulement qu'une information ait été ouverte sur constitution de partie civile, close par une ordonnance de non-lieu. L'action civile est ouverte « à la personne mise en examen et toutes personnes visées dans la plainte ». La simple intervention de la partie civile en cours d'information n'ouvre pas l'action de l'article 91[1].

63.22 Sujet actif et passif de l'action. L'action est exercée contre le « plaignant » lui-même qui s'est porté partie civile et a mis l'action publique en mouvement. Elle ne peut être exercée contre le mandataire *ad litem* : c'est ainsi que lorsque la plainte a été déposée au nom d'une société anonyme, par le président du conseil d'administration, l'action doit être dirigée non contre ce dernier, mais contre la société[2] : si le mandataire ou le représentant légal a lui-même commis des fautes, il pourra être assigné selon la voie civile ordinaire[3]. L'action peut être dirigée contre celui qui, bien que n'ayant pas signé la plainte, a agi tout au long de la procédure, avec zèle et légèreté, comme le véritable plaignant[4]. Lorsque l'auteur de la plainte a été ultérieurement déclaré en liquidation de biens, la personne visée dans la dite plainte ne peut saisir le juge répressif, mais doit produire entre les mains du syndic[5].

63.23 La détermination des personnes bénéficiaires de l'action est délicate. Aux termes mêmes de l'article 91, peut exercer l'action « la personne mise en examen ou toute autre personne visée dans la plainte ». Il n'est donc pas nécessaire que la désignation d'une personne dans la plainte ait été suivie d'une mise en examen, et le fait que l'information, malgré cette désignation, ait été ouverte contre X..., ne fait pas obstacle à l'action. Selon la cour de Paris[6], une personne morale ne peut exercer l'action de l'article 91[7].

1. Crim. 30 janv. 1984, *Bull. crim.*, n° 35.
2. Crim. 8 déc. 1939, *Gaz. Pal.* 1939, 1, 748.
3. Crim. 10 mars 1939, *Gaz. Pal.* 1939, 1, 748.
4. Crim. 2 janv. 1970, n° 69-91.890, *Bull. crim.*, n° 2.
5. Crim. 2 juin 1987, n° 86-95.624, *Bull. crim.*, n° 229.

Il était déjà jugé sous l'empire de la loi du 2 juillet 1931 que l'ouverture de l'information contre X..., ne suffit pas à écarter l'application de ce texte, « si la plainte renferme de telles précisions que l'identification de la personne à laquelle elle se réfère ne peut laisser le moindre doute »[8]. Il en est de même lorsqu'après une plainte portée contre une société, le président directeur général de cette société a été mis en examen, les juges du fond ayant pu considérer que ce dernier était une personne visée dans la plainte au sens de l'article 91 nouveau[9].

Mais, lorsque la plainte avec constitution de partie civile a été portée contre inconnu, les précisions ultérieurement données par le plaignant, qui ont abouti à l'inculpation d'une personne ou à des actes d'information dirigés contre celle-ci, ne suffisent pas à justifier, de la part de cette dernière, l'exercice de l'action de l'article 91[10]. La simple allusion à une poursuite éventuelle en dénonciation calomnieuse ne touche pas la validité de la demande en dommages-intérêts[11].

63.24 Action ouverte aux seules personnes victimes. Dans sa première version, l'article 91 du Code de procédure pénale avait repris les termes des trois derniers alinéas de l'article 70 du Code d'instruction criminelle, tels qu'ils résultaient de la loi du 2 juillet 1931[12]. Ce texte accordait, en cas d'ordonnance de non-lieu, à la personne mise en examen ou visée par la plainte, une action en dommages-intérêts, dirigée contre la partie civile.

La loi du 4 janvier 1993, par addition à l'article 91 d'un nouvel alinéa 1er, a mis en place une seconde action, laissée à l'initiative du ministère public et dirigée contre la partie civile aux fins d'une amende civile. Mais la loi du 15 juin 2000 ne consacre à nouveau l'ouverture de l'action qu'au seul profit de la personne mise en examen ou de toute personne visée dans la plainte. Le ministère public peut quant à lui user de la voie nouvelle ouverte par l'article 177-2 du Code de procédure pénale.

Les débats ont lieu en chambre du conseil : les parties, ou leurs conseils, et le ministère public sont entendus. Le jugement est rendu en audience publique. En cas de condamnation, le tribunal peut ordonner la publication intégrale ou par extraits de

6. CA Paris, 2e ch. corr., 28 juin 1982, *D.* 1982, jur. 660, note Malaval.
7. En ce sens, Crim. 24 janv. 1985, *JCP* 1985, IV, 125.
8. Crim. 16 juin 1954, *Bull. crim.*, n° 222 – Crim. 27 avr. 1972, n° 70-90.961, *Bull. crim.*, n° 147 – CA Paris, 24 déc. 1934, *DH* 1935, p. 122.
9. Crim. 5 janv. 1963, n° 62-90.729, *Bull. crim.*, n° 11.
10. Crim. 9 mars 1967, 2 arrêts, nos 66-90.426 et 66-90.427, *Bull. crim.*, n° 96.
11. Crim. 27 févr. 1973, n° 72-91.941, *Bull. crim.*, n° 98.
12. V. Fréjaville, *DH* 1931, chron. 61.

son jugement dans un ou plusieurs journaux qu'il désigne, aux frais du condamné. Il fixe le coût maximum de chaque insertion. L'opposition et l'appel sont recevables dans les délais de droit commun en matière correctionnelle. L'appel est porté devant la chambre des appels correctionnels statuant dans les mêmes formes que le tribunal. L'arrêt de la cour d'appel peut être déféré à la Cour de cassation comme en matière pénale. Lorsqu'une décision définitive rendue en application de l'article 177-2 a déclaré que la constitution de partie civile était abusive ou dilatoire, cette décision s'impose au tribunal correctionnel saisi dans les conditions prévues aux alinéas précédents. Ce principe a été généralisé avec la loi du 15 juin 2000, lorsque le tribunal correctionnel, saisi par une citation directe de la partie civile, prononce une relaxe (C. pr. pén., art. 392-1).

63.25 Caractère fautif de la plainte. La personne mise en examen ou celle visée dans la plainte ne peut exercer l'action de l'article 91 que si elle a bénéficié d'une ordonnance de non-lieu rendue par le juge d'instruction ou d'un arrêt de non-lieu rendu par la chambre de l'instruction. La Cour de cassation paraît assimiler l'ordonnance de refus d'informer à l'ordonnance de non-lieu[1].

Mais d'ordonnance de non-lieu ne suffit pas pour justifier l'action de la personne qui en est bénéficiaire. Celle-ci doit, en outre, prouver, la faute du dénonciateur. La mauvaise foi du dénonciateur, sa connaissance du mal fondé de sa plainte, ne sont d'ailleurs pas exigées. Le demandeur doit établir que la partie civile a engagé sa plainte « témérairement », « à la légère », « sans vérifications suffisantes », ou « avec une imprudence regrettable »[2]. La témérité de la plainte doit être appréciée au moment où celle-ci a été portée, mais « l'attitude de l'auteur de la plainte au cours de l'information, peut aider le juge à déterminer si le plaignant en formulant sa plainte a agi avec témérité »[3]. Le jugement de condamnation doit caractériser suffisamment la faute du plaignant[4]. La mauvaise foi, d'ailleurs, implique nécessairement le caractère abusif et téméraire de la plainte[5].

1. Crim. 14 mars 1961, *Bull. crim.*, n° 159.
2. Crim. 23 févr. 1933, *S.* 1933, 1, 169, note Levasseur – Crim. 26 juill. 1934, *Gaz. Pal.*, 1934, 2, 440 – Crim. 30 juin 1937, *JCP* 1937, II, 412 – Crim. 14 janv. 1941, *DA* 1941, 197 – Crim. 25 janv. 1945, *D.* 1945, 221 – Crim. 30 mai 1956, *JCP* 1956, II, 9487, note P. Chambon – Crim. 20 déc. 1961, *Bull. crim.*, n° 540.
3. Crim. 9 mars 1967, préc. – Crim. 9 juin 1970, n° 68-92.444, *Bull. crim.*, n° 191 – Sur le caractère vexatoire du choix de la voie répressive, v. Crim. 2 juin 1982, n° 81-92.330, *Bull. crim.*, n° 138.
4. Crim. 5 mai 1971, n° 70-90.573, *Bull. crim.*, n° 137.
5. Crim. 9 juill. 1975, n° 75-90.189, *Bull. crim.*, n° 184.

Le préjudice causé doit être réel et certain, et non pas seulement éventuel[6].

L'utilisation de l'action en dommages-intérêts prévue par l'article 91 n'empêche pas le bénéficiaire de l'ordonnance de non-lieu de poursuivre devant la juridiction correctionnelle par citation directe l'auteur de la plainte, du chef du délit de dénonciation calomnieuse, ces deux actions ayant une cause juridique différente, l'une fondée sur une faute civile, l'autre sur une infraction pénale[7]. Le retrait de plainte antérieur au non-lieu est sans effet[8].

SECTION 3

ARTICLE 91 DU CODE DE PROCÉDURE PÉNALE : RÈGLES DE COMPÉTENCE ET DE PROCÉDURE

63.31 Délai. « L'action en dommages-intérêts doit être introduite dans les trois mois du jour où l'ordonnance de non-lieu est devenue définitive » (C. pr. pén., art. 91). Cette ordonnance n'étant pas susceptible d'appel de la part de la personne poursuivie, le délai court du jour de sa signification à la partie civile[9]. Il s'agit d'un délai de déchéance qui, une fois l'assignation délivrée, continue à produire ses effets sans qu'il soit besoin d'une interruption[10]. Au cas de pourvoi contre l'arrêt de non-lieu, c'est la date de l'arrêt de rejet, et non celle de la signification, qui marque le point de départ du délai[11].

63.32 Compétence. « L'action est portée par voie de citation devant le tribunal correctionnel où l'affaire a été instruite. Ce tribunal est immédiatement saisi du dossier de l'information terminée par une ordonnance de non-lieu, en vue de sa communication aux parties » (C. pr. pén., art. 91). Après renvoi sur cassation de l'arrêt de non-lieu, la compétence appartient au tribunal du siège du juge d'instruction qui a reçu la plainte[12]. L'ancien article 91 portait que les débats, auxquels prennent part les parties, leurs conseils et le ministère public, avaient lieu en chambre du conseil, et cette exi-

6. Crim. 7 juin 1989, n° 88-86.173, *Bull. crim.*, n° 245.
7. Crim. 26 févr. 1953, *JCP* 1954, II, 7983, note P. Chambon – Crim. 6 mars 1956, *Bull. crim.*, n° 219 – Crim. 12 févr. 1958, *Bull. crim.*, n° 151 – Crim. 2 mars 1971, n° 70-91.801, *Bull. crim.*, n° 70.
8. Crim. 11 juin 1979, n° 76-93.093, *Bull. crim.*, n° 202.
9. Crim. 2 juill. 1937, *Bull. crim.*, n° 143; *JCP* 1937, II, 412 – Crim. 22 févr. 1950, *S.* 1950, 1, 161 – Crim. 19 mai 1953, *Bull. crim.*, n° 174.
10. Crim. 4 févr. 1938, *Gaz. Pal.*, 1938, 1, 922 – CA Lyon, 31 janv. 1951, *D.* 1951, 258.
11. Crim. 21 oct. 1975, n° 75-90.056, *Bull. crim.*, n° 219.
12. Crim. 18 oct. 1973, n° 72-93.977, *Bull. crim.*, n° 366; *JCP* 1974, II, 17649, note P. Chambon.

gence devait être constatée à peine de nullité[1]. Depuis la loi du 4 janv. 1993, « les débats ont lieu en chambre du conseil, si la personne ayant fait l'objet du non-lieu le demande ». Le jugement ou l'arrêt doit également mentionner, sous la même sanction, qu'il a été rendu en audience publique, et aucune incertitude ne doit subsister à cet égard[2]. L'appel, s'il en est formé, est porté devant la chambre des appels correctionnels, qui statue dans les mêmes formes que le tribunal. Ces formes qui sont indiquées dans le 3e alinéa de l'article 91, sont également applicables à l'action prévue par l'alinéa 1er de ce texte.

63.33 **Voies de recours.** Le jugement rendu par le tribunal correctionnel est susceptible d'opposition et d'appel, qui sont recevables dans les délais de droit commun en matière correctionnelle. L'arrêt de la cour d'appel peut être déféré à la Cour de cassation comme en matière pénale, selon le délai de droit commun, et le pourvoi est jugé par la chambre criminelle[3]. S'agissant d'une action de nature civile, le ministère public ne peut, ni interjeter appel, ni se pourvoir en cassation[4].

63.34 **Condamnations.** Le tribunal apprécie le dommage matériel et moral causé à la personne mise en examen ou mise en cause, bénéficiaire de l'ordonnance de non-lieu, par la plainte injustifiée, et fixe les dommages-intérêts de manière qu'il n'y ait ni perte ni profit pour la victime[5]. L'arrêt accordant des dommages-intérêts doit indiquer, à peine de cassation, le préjudice résultant de chacun des délits dénoncés[6]. Au cas de débouté du demandeur, la partie assignée ne peut former une demande reconventionnelle, irrecevable en matière pénale[7].

En cas de condamnation, le tribunal peut ordonner la publication intégrale ou par extraits de son jugement dans un ou plusieurs journaux qu'il désigne, aux frais du condamné. Il fixe le coût maximum de chaque insertion. L'opposition et l'appel sont recevables dans les délais de droit commun en matière correctionnelle. L'appel est porté devant la chambre des appels correctionnels statuant dans les mêmes formes que le tribunal. L'arrêt de la cour d'appel peut être déféré à la Cour de cassation comme en matière pénale. Il s'agit là d'un complément de réparation, facultatif pour le tribunal, et il a été jugé qu'il ne peut être ordonné que lorsqu'il a été expressément réclamé[8]. Le tribunal peut laisser le soin à la partie civile de désigner les journaux dans lesquels la publication sera faite, à la condition de fixer lui-même le coût maximum de l'insertion[9]. Lorsqu'une décision définitive rendue en application de l'article 177-2 a déclaré que la constitution de partie civile était abusive ou dilatoire, cette décision s'impose au tribunal correctionnel saisi dans les conditions prévues aux alinéas précédents (C. pr. pén., art. 91).

63.35 **Article 2 de la loi du 2 juillet 1931 : abrogation.** Aux termes de l'article 2 de la loi du 2 juillet 1931, il est interdit de publier, avant décision judiciaire, toute information relative à des constitutions de partie civile, sous peine d'amende édictée par l'article 39 de la loi du 29 juillet 1881 sur la presse. Cette interdiction s'applique aussi bien à l'inculpé qu'à toute autre personne[10], et elle vise aussi bien la plainte elle-même que les informations qui lui font suite[11].

Cette interdiction légale a été jugée contraire à l'article 10 de la Convention européenne des droits de l'Homme dans un arrêt rendu le 27 mars 2001[12].

La loi du 2 juillet 1931 a été abrogée par l'article 53 de la loi du 9 mars 2004.

SECTION 4
ARTICLES 177-2 ET 212-2 DU CODE DE PROCÉDURE PÉNALE

63.41 **Conditions : ordonnance de non-lieu, constitution abusive ou dilatoire.** L'article 177-2 du Code de procédure pénale est ainsi rédigé : « Lorsqu'il rend une ordonnance de non-lieu à l'issue d'une information ouverte sur constitution de partie civile, le juge d'instruction peut, sur réquisitions du procureur de la République et par décision motivée, s'il considère que la constitution de partie civile a été abusive ou dilatoire, prononcer contre la partie civile une amende civile dont le montant ne peut excéder 15 000 euros. Cette déci-

1. Crim. 4 janv. 1934, *Bull. crim.*, n° 4 – Crim. 24 avr. 1947, *Bull. crim.*, n° 111 – Crim. 7 janv. 1955, *Bull. crim.*, n° 1 – Crim. 16 janv. 1974, n° 72-93.654, *Bull. crim.*, n° 24 – Crim. 21 juill. 1977, n° 76-93.002, *Bull. crim.*, n° 268.
2. Crim. 27 avr. 1972, n° 71-91.837, *Bull. crim.*, n° 146 – Crim. 14 juin 1972, n° 71-93.067, *Bull. crim.*, n° 202 – Crim. 3 févr. 1991, n° 90-80.442, *Bull. crim.*, n° 48.
3. Crim. 28 nov. 1936, *Bull. crim.*, n° 127; *DH* 1937, p. 70 – Crim. 1er oct. 1987, n° 86-95.180, *Bull. crim.*, n° 320.
4. Crim. 8 déc. 1939, *Bull. crim.*, n° 189; *DH* 1940, p. 31.
5. Crim. 5 janv. 1963, n° 62-90.729, *Bull. crim.*, n° 11.
6. Crim. 16 juin 1973, n° 72-92.872, *Bull. crim.*, n° 274.
7. Crim. 30 janv. 1984, *Bull. crim.*, n° 35.
8. Crim. 23 févr. 1933, *DP* 1933, 1, 97, note Fréjaville.
9. Crim. 4 févr. 1938, *Gaz. Pal.* 1938, 1, 922 – Crim. 18 févr. 1938, *Bull. crim.*, n° 47; *DH* 1938, p. 244.
10. Crim. 7 mai 1937, *Bull. crim.*, n° 94.
11. Crim. 13 janv. 1953, *Bull. crim.*, n° 13 – V. T. corr. Aix-en-Provence, 4 nov. 1985, *JCP* 1987, II, 20863, note P. Chambon.
12. Crim. 27 mars 2001, n° 00-85.454, *Bull. crim.*, n° 80; v. les attendus ss n° 63.02.

sion ne peut intervenir qu'à l'issue d'un délai de vingt jours à compter de la communication à la partie civile et à son avocat, par lettre recommandée ou par télécopie avec récépissé, des réquisitions du procureur de la République, afin de permettre à l'intéressé d'adresser des observations écrites au juge d'instruction. Cette décision peut être frappée d'appel par la partie civile dans les mêmes conditions que l'ordonnance de non-lieu. Si le juge d'instruction ne suit pas les réquisitions du procureur de la République, ce dernier peut interjeter appel dans les mêmes conditions. »

Lorsque le juge d'instruction a omis de notifier à la partie civile et à son conseil les réquisitions du parquet, la chambre de l'instruction doit annuler l'ordonnance et, conformément à l'article 206 alinéa 3 du Code de procédure pénale, elle peut évoquer et procéder dans les conditions des articles 201, 202 et 204 [1]. Le juge d'instruction n'est pas tenu de motiver spécialement le montant de l'amende civile prononcée en application de l'article 177-2 du Code de procédure pénale issu de la loi du 15 juin 2000 [2]. Le prononcé d'une amende civile pour constitution de partie civile abusive ou dilatoire n'entre pas dans les prévisions de l'article 6-1 de la Convention européenne des droits de l'Homme (même arrêt), ce qui pourrait signifier que, pour la chambre criminelle, le prononcé de cette amende ne relève pas de la « matière pénale » car elle ne conduit pas le juge d'instruction à décider du bien-fondé d'une accusation en matière pénale [3]. En cas de non-lieu, le prononcé, contre la partie civile poursuivante, de l'amende civile prévue à l'article 177-2 du Code de procédure pénale relève, pour le juge, s'il considère que la plainte a été abusive ou dilatoire, d'une simple faculté. Il en résulte que la décision de la juridiction d'instruction de ne pas prononcer cette amende échappe au contrôle de la Cour de cassation [4]. Méconnaît le sens et la portée de l'article 177-2 et encourt ainsi la cassation l'arrêt de la chambre de l'instruction qui, sur l'appel de la partie civile d'une ordonnance de non-lieu, rendue par le juge d'instruction à l'issue d'une information ouverte sur constitution de partie civile, condamne ladite partie civile au paiement d'une amende civile, pour constitution de partie civile abusive ou dilatoire, alors qu'une telle condamnation n'avait pas été requise ni prononcée en première instance [5] (mais la loi du 9 mars 2004 a modifié la législation et condamne cette jurisprudence, v. s[s] n° 63.43). L'article 177-2 du Code de procédure pénale est applicable immédiatement aux procédures en cours [6]. Il n'exige pas que la condamnation soit précédée d'un débat contradictoire [7]. Mais la décision ne peut intervenir qu'à l'issue d'un délai de vingt jours à compter de la communication à la partie civile et à son avocat, par lettre recommandée ou par télécopie avec récépissé, des réquisitions du procureur général afin de permettre à l'intéressé d'adresser des observations écrites à la chambre de l'instruction [8]. La communication de la procédure par la chambre de l'instruction au procureur général aux fins de réquisitions en vue de l'éventualité de prononcer une amende civile est une mesure d'administration judiciaire échappant au contrôle de la Cour de cassation [9].

63.42 Loi du 9 septembre 2002. L'article 39.2° de la loi du 9 septembre 2002 a complété l'article 86 du Code de procédure pénale afin de donner au juge d'instruction la possibilité de prononcer l'amende civile pour constitution de partie civile abusive en cas d'ordonnance de refus d'informer. Par ailleurs, l'article 39.3° a complété l'article 177-2 du Code de procédure pénale afin de donner la possibilité au juge d'instruction de prononcer l'amende civile encourue par la partie civile abusive, personne morale, contre son dirigeant personne physique. La chambre de l'instruction peut, sur le seul appel de la partie civile, aggraver le montant de l'amende civile prononcée par le juge d'instruction [10]. Pour une synthèse de la jurisprudence de la chambre criminelle sur l'application de l'article 177-2 [11].

63.43 La loi du 9 mars 2004 a créé un dispositif identique pour la chambre de l'instruction. Lorsqu'elle déclare qu'il n'y a lieu à suivre à l'issue d'une information ouverte sur constitution de partie civile, la chambre de l'instruction peut, sur réquisitions du procureur général et par décision motivée, si elle considère que la constitution de partie civile a été abusive ou dilatoire, prononcer

1. Crim. 8 oct. 2002, n° 02-80.952, *Bull. crim.*, n° 180.
2. Crim. 27 févr. 2002, n° 01-85.573, *Bull. crim.*, n° 47; *RSC* 2002, 624, obs. A. Giudicelli; v. les attendus s[s] n° 63.02.
3. V. A. Giudicelli, *RSC* 2002, 624, qui explique que « le reproche de partialité adressé au juge d'instruction nous paraît ici relever de cette tendance contemporaine, dénoncée par des auteurs, consistant à voir « des causes de partialité partout ».
4. Crim. 26 févr. 2002, n° 01-82.579, *Bull. crim.*, n° 44.
5. Crim. 16 oct. 2002, n° 02-81.808, *Bull. crim.*, n° 188; *JCP* 2002, IV, 3026; *Procédures* 2003, comm. J. Buisson, n° 23; *Gaz. Pal.* 3-5 août 2003, jur. p. 17, note Y. Monnet.
6. Crim. 8 oct. 2002, *BICC* 569, n° 34; *Gaz. Pal.* 3-5 août 2003, jur. p. 17, note Y. Monnet; *Gaz. Pal.* 20-21 août 2003, jur. p. 10, note Th. Janville.
7. Crim. 9 nov. 2004, n° 04-81.068, *Bull. crim.*, n° 271; *JCP* 2004, IV, 353.
8. Crim. 9 janv. 2007, n° 06-84.064, *Bull. crim.*, n° 1; *D.* 2007, IR 579.
9. Crim. 30 mai 2007, n° 06-87.743, *Bull. crim.*, n° 139.
10. Crim. 27 nov. 2002, n° 01-88.706, *Bull. crim.*, n° 214.
11. V. J. Buisson, *Procédures* 2003, comm. n° 23.

contre la partie civile une amende civile dont le montant ne peut excéder 15 000 euros. Cette décision ne peut intervenir qu'à l'issue d'un délai de vingt jours à compter de la communication à la partie civile et à son avocat, par lettre recommandée ou par télécopie avec récépissé, des réquisitions du procureur général, afin de permettre à l'intéressé d'adresser des observations écrites à la chambre de l'instruction. Lorsque la partie civile est une personne morale, l'amende civile peut être prononcée contre son représentant légal, si la mauvaise foi de ce dernier est établie (C. pr. pén., art. 212-2). Cet article permet donc à la chambre de l'instruction de prononcer cette amende civile quand bien même elle ne l'aurait pas été par le magistrat instructeur.

63.44 **Frais de justice.** L'article 800-1 du Code de procédure pénale a été complété par la loi du 5 mars 2007 :

« Toutefois, lorsqu'il est fait application des articles 177-2 ou 212-2 à l'encontre de la partie civile dont la constitution a été jugée abusive ou dilatoire, les frais de justice correspondant aux expertises ordonnées à la demande de cette dernière peuvent, selon les modalités prévues par ces articles, être mis à la charge de celle-ci par le juge d'instruction ou la chambre de l'instruction. Le présent alinéa n'est pas applicable en matière criminelle et en matière de délits contre les personnes prévus par le livre II du Code pénal ou lorsque la partie civile a obtenu l'aide juridictionnelle. »

TITRE

7. Le statut et l'audition des témoins simples

SECTION 0
ORIENTEUR

70.00 Plan du titre. Aux règles de convocation des témoins, succèdent les obligations qui leur incombent et les sanctions qui peuvent être prononcées s'ils font défaut. Leur déposition obéit à certaines formes.

Chap. 71 Convocation des témoins
Sect. 1 Quels témoins ?
Sect. 2 Citation ou convocation des témoins
Chap. 72 Obligations et sanctions du témoin
Sect. 1 Obligations
Sect. 2 Sanctions
Sect. 3 Témoins placés dans une situation particulière : partie civile
Sect. 4 Témoins placés dans une situation particulière : témoin assisté
Sect. 5 Témoins placés dans une situation particulière : parents et alliés
Sect. 6 Témoins placés dans une situation particulière : secret professionnel
Sect. 7 Audition de témoins par commission rogatoire
Chap. 73 Formes de la déposition
Sect. 1 Les témoins sont entendus secrètement et par écrit
Sect. 2 Procès-verbal d'audition : mentions
Sect. 3 Procès-verbal d'audition : signatures
Sect. 4 Procès-verbal d'audition : interlignes, ratures, renvois et surcharges
Sect. 5 Témoins privilégiés

70.01 Textes applicables.

C. pr. pén., art. 82-1, 82-2, 101 à 113, 153, 652 à 656, 706-57 à 706-63.

C. pén., art. 131-10, 131-26, 226-13, 226-14, 434-12, 434-15-1.

Conv. EDH, art. 6-1 et 6-3.

70.02 Jurisprudence de référence.

Crim. 13 févr. 1990, n° 89-86.532, *Bull. crim.*, n° 73; *RSC* 1990, 804, obs. Braunschweig.

Crim. 19 juin 1990, n° 90-81.535, *Bull. crim.*, n° 252.

Crim. 15 févr. 2006, n° 05-87.002, *Bull. crim.,* n° 44; *D.* 2006, IR 949; *Procédures* mai 2006, p. 23, note J. Buisson.

> Sur l'audition du président de la République

Ass. plén. 10 oct. 2001, n° 01-84.922, *Bull. crim.*, n° 11; *D.* 2001, jur. 3365, note Favoreu; *D.* 2002, jur. 297, note C. Debbash; 674, note J. Pradel; *LPA* 2001, n° 203; *RSC* 2002, 128, obs. A. Giudicelli; *Dr. pén.* 2001, comm. 144, obs. Maron; *Dr. pén.* 2002, chron. 1, note Delaloy; *BICC* n° 545, concl. M. de Goutte, rapp. M. Roman.

70.03 Bibliographie indicative. (V. les références complètes s[s] n° 03.)

Actualisables. RÉP. PÉN., Rebut, « Abstention délictueuse »; David, « Témoin »; Guéry, « Instruction préparatoire » – J.-CL. PÉN., Dumont, « Audition des témoins »; « Interrogatoires et confrontations »; « Refus de déposer »; Fontbonne J., « Protection des témoins ».

Ouvrages.

> Secret professionnel, avocats

Damien A. et Ader H., *Règles de la profession d'avocat,* 11e éd., Dalloz Action, 2006, n°s 36.00 s. – Monéger J. et Demeester M.-L., *Profession : avocat,* Dalloz, n°s 7.29 s.

Articles.

Généralités. Bouloc B., « Le témoin, le témoin assisté, le mis en examen », *Rev. pénit.* n° 4/2003, p. 649.

> Secret professionnel, avocats

Varaut J.-M. et Ruet L., *Gaz. Pal.* 1997, doctr. 1054.

> Secret professionnel, ministre du culte

Moutouh H., *D.* 2000, chron. 431 – Damien A. et Échappe O., « Secret professionnel et liberté de conscience : l'exemple des ministres du culte », *D.* 2000, chron. 431 – Échappe O., « Le secret professionnel de l'ecclésiastique », *D.* 2001, 2606.

> Secret professionnel, travailleurs sociaux
Guéry Ch. et Chomienne Ch., « Secret, révélation, abstention, ou les limites de la liberté de conscience du professionnel dans le nouveau Code pénal » *ALD* 1995, comm. lég. p. 85 – Guéry Ch., « Le défaut de protection de l'enfant par le professionnel : un nouveau délit ? », *D.* 2001, chron. 3293.

> Protection des témoins
Lemonde, *RSC* 1996, 815 – Le Calvez, « Les dangers du X en procédure pénale : opinion contre le témoin anonyme », *D.* 2002, chron. 3024.

70.04 Évolution. Les articles 101 à 113 du Code de procédure pénale relatifs à l'audition des témoins, reprennent dans leur ensemble, sauf quelques modifications de détail, le texte des articles 71 à 86 du Code d'instruction criminelle Ces dispositions sont parmi les plus anciennes de la procédure pénale, et certaines remontent à l'ordonnance criminelle de 1670.

« Être témoin, c'est attester la vérité d'un fait dont on a la connaissance personnelle, soit pour l'avoir vu, soit pour l'avoir entendu[1] ».

Les pays anglo-saxons refusent la possibilité d'un témoignage indirect qu'on appelle « ouï-dire ». Le témoignage demeure un mode de preuve nécessaire et irremplaçable mais apporte une preuve imparfaite et fragile, qui doit être discutée. Le témoin ne voit l'événement que d'un seul côté et sous un certain angle, et il peut être trahi par les défaillances de sa mémoire ou son imagination. De nombreuses raisons peuvent aussi détruire l'impartialité naturelle du témoin. Il peut être subjugué par la crainte. Son jugement peut également, qu'il en ait conscience ou non, être déformé par l'intérêt ou la passion. Enfin, à la différence des preuves matérielles, le témoignage est précaire et doit être exploité tout de suite, car les témoins eux-mêmes peuvent se disperser, disparaître ou mourir.

Le témoignage est en fait la difficile conjugaison d'un exercice de perception, de mémorisation et de restitution. La difficulté est encore accentuée par les plus ou moins grandes capacités de celui qui le retranscrit.

À la différence de la procédure de jugement, où les témoignages ont un caractère public, oral et contradictoire, ces témoignages dans la phase de l'instruction sont recueillis secrètement et par écrit. Il en est dressé procès-verbal par le greffier sous la dictée du juge d'instruction.

70.05 Rapport du Comité de réflexion sur la justice pénale, dit Rapport Léger. L'objet de ce titre n'a pas donné lieu à réflexion.

1. Garraud, II, n° 372.

CHAPITRE

71. Convocation des témoins

SECTION 0

ORIENTEUR

71.00 Plan du chapitre.

Sect. 1 Quels témoins ?

Sect. 2 Citation ou convocation des témoins

71.01 Textes applicables.

C. pr. pén., art. 101, 706-57 à 706-63.

C. pr. pén., art. 101

Le juge d'instruction fait citer devant lui, par un huissier ou par un agent de la force publique, toutes les personnes dont la déposition lui paraît utile. Une copie de cette citation leur est délivrée.

Les témoins peuvent aussi être convoqués par lettre simple, par lettre recommandée ou par la voie administrative; ils peuvent en outre comparaître volontairement.

Lorsqu'il est cité ou convoqué, le témoin est avisé que, s'il ne comparaît pas ou s'il refuse de comparaître, il pourra y être contraint par la force publique en application des dispositions de l'article 109.

C. pr. pén., art. 706-57

Les personnes à l'encontre desquelles il n'existe aucune raison plausible de soupçonner qu'elles ont commis ou tenté de commettre une infraction et qui sont susceptibles d'apporter des éléments de preuve intéressant la procédure peuvent, sur autorisation du procureur de la République ou du juge d'instruction, déclarer comme domicile l'adresse du commissariat ou de la brigade de gendarmerie.

L'adresse de ces personnes est alors inscrite sur un registre coté et paraphé, qui est ouvert à cet effet.

C. pr. pén., art. 706-58

En cas de procédure portant sur un crime ou sur un délit puni d'au moins trois ans d'emprisonnement, lorsque l'audition d'une personne visée à l'article 706-57 est susceptible de mettre gravement en danger la vie ou l'intégrité physique de cette personne, des membres de sa famille ou de ses proches, le juge des libertés et de la détention, saisi par requête motivée du procureur de la République ou du juge d'instruction, peut, par décision motivée, autoriser que les déclarations de cette personne soient recueillies sans que son identité apparaisse dans le dossier de la procédure. Cette décision n'est pas susceptible de recours, sous réserve des dispositions du deuxième alinéa de l'article 706-60. Le juge des libertés et de la détention peut décider de procéder lui-même à l'audition du témoin.

La décision du juge des libertés et de la détention, qui ne fait pas apparaître l'identité de la personne, est jointe au procès-verbal d'audition du témoin, sur lequel ne figure pas la signature de l'intéressé. L'identité et l'adresse de la personne sont inscrites dans un autre procès-verbal signé par l'intéressé, qui est versé dans un dossier distinct du dossier de la procédure, dans lequel figure également la requête prévue à l'alinéa précédent. L'identité et l'adresse de la personne sont inscrites sur un registre coté et paraphé, qui est ouvert à cet effet au tribunal de grande instance.

C. pr. pén., art. 706-59

En aucune circonstance, l'identité ou l'adresse d'un témoin ayant bénéficié des dispositions des articles 706-57 ou 706-58 ne peut être révélée, hors le cas prévu par le dernier alinéa de l'article 706-60.

La révélation de l'identité ou de l'adresse d'un témoin ayant bénéficié des dispositions des articles 706-57 ou 706-58 est punie de cinq ans d'emprisonnement et 75 000 euros d'amende.

C. pr. pén., art. 706-60

Les dispositions de l'article 706-58 ne sont pas applicables si, au regard des circonstances dans lesquelles l'infraction a été commise ou de la personnalité du témoin, la connaissance de l'identité de la personne est indispensable à l'exercice des droits de la défense.

La personne mise en examen peut, dans les dix jours à compter de la date à laquelle il lui a été donné connaissance du contenu d'une audition réalisée dans les conditions de l'article 706-58, contester, devant le président de la chambre de l'instruction, le recours à la procédure prévue par cet article. Le président de la chambre de l'instruction statue par décision motivée qui n'est pas susceptible de recours au vu des pièces de la procédure et de celles figurant dans le dossier mentionné au deuxième alinéa de l'article 706-58. S'il estime la contestation justifiée, il ordonne l'annulation de l'audition. Il peut également ordonner que l'identité du témoin soit révélée à la condition que ce dernier fasse expressément connaître qu'il accepte la levée de son anonymat.

C. pr. pén., art. 706-61 [L. n° 2004-204, 9 mars 2004]

La personne mise en examen ou renvoyée devant la juridiction de jugement peut demander à être confrontée avec un témoin entendu en application des dispositions de l'article 706-58 par l'intermédiaire d'un dispositif technique permettant l'audition du témoin à distance ou à faire interroger ce témoin par son avocat par ce même moyen. La voix du témoin est alors rendue non identifiable par des procédés techniques appropriés.

Si la juridiction ordonne un supplément d'information aux fins d'audition du témoin, ce dernier est entendu soit par un juge d'instruction désigné pour exécuter ce supplément d'information, soit, si l'un des membres de la juridiction a été désigné pour exécuter cette audition, en utilisant le dispositif technique prévu par l'alinéa précédent.

C. pr. pén., art. 706-62

Aucune condamnation ne peut être prononcée sur le seul fondement de déclarations recueillies dans les conditions prévues par les articles 706-58 et 706-61.

C. pr. pén., art. 706-63

Un décret en Conseil d'État précise, en tant que de besoin, les conditions d'application des dispositions du présent titre.

71.02 Jurisprudence.

• Un procès-verbal de renseignement anonyme ne constitue pas une audition de témoin.

Crim. 9 juill. 2003, n° 03-82.119, *Bull. crim.,* n° 138; *D.* 2003, IR 2285; *JCP* 2003, IV, 2667; *AJ Pénal* 2003, 73; *Gaz. Pal.* 17/18 nov. 2004, p. 7, note C. Fiori-Khayat.

« Attendu que, toutefois, l'arrêt attaqué n'encourt pas la censure, dès lors que la Cour de cassation est en mesure de s'assurer, par l'examen des pièces de la procédure soumises à son contrôle, que le procès-verbal critiqué, qui rapportait des informations obtenues par un policier auprès d'une personne désirant conserver l'anonymat, constituait, non un procès-verbal d'audition de témoin entrant dans les prévisions des articles 706-57 et suivants du Code de procédure pénale, mais un procès-verbal de renseignements destiné à guider d'éventuelles investigations sans pouvoir être retenu lui-même comme un moyen de preuve. »

• Seul le recours prévu par l'article 706-60 du Code de procédure pénale peut être exercé par la personne mise en examen à l'encontre de la décision du juge des libertés et de la détention autorisant le recueil des déclarations d'un témoin sans révélation de son identité.

Crim. 15 févr. 2006, n° 05-87.002, *Bull. crim.,* n° 44; *D.* 2006, IR 949; *Procédures* mai 2006, p. 23, note J. Buisson.

« Attendu que, la procédure instituée par l'article 173 du Code de procédure pénale ne pouvant être utilisée pour contester l'ordonnance du juge des libertés et de la détention autorisant le recueil des déclarations d'un témoin sans révélation de son identité, seul le recours prévu par l'article 706-60 du Code précité pouvant être exercé par la personne mise en examen à l'encontre de cette décision, le demandeur ne saurait se faire un grief de ce que la chambre de l'instruction ait rejeté sa demande tendant à l'annulation de l'ordonnance du magistrat, dès lors que les juges auraient dû la déclarer irrecevable. »

71.03 Bibliographie indicative. (V. les références complètes s[s] n° 03.)

Actualisables. RÉP. PÉN., David, « Témoin »; Guéry, « Instruction préparatoire » – J.-CL. PÉN., Dumont, « Audition des témoins »; « Interrogatoires et confrontations »; Fontbonne J., « Protection des témoins ».

Articles. Le Calvez, « Les dangers du X en procédure pénale : opinion contre le témoin anonyme », *D.* 2002, chron. 3024 – Lemonde, « Protection des témoins », *RSC* 1996, 815.

SECTION 1
QUELS TÉMOINS ?

71.11 Tout témoin utile. L'article 71 du Code d'instruction criminelle portait que le juge d'instruction « fera citer devant lui les personnes qui auront été indiquées par la dénonciation, par la plainte, par le procureur de la République ou autrement ». La doctrine en concluait que le juge d'instruction disposait d'un pouvoir discrétionnaire quant au choix des témoins. Cette doctrine a été consacrée par l'article 101 du Code de procédure pénale qui dispose que « le juge d'instruction fait citer devant lui toutes les personnes dont la déposition lui paraît utile ».

Par ailleurs, le Code de procédure pénale ne formule aucune exclusion, l'article 108 indique seulement que les enfants au-dessous de l'âge de seize ans ne prêtent pas serment. Toutefois, l'article 205 du Code de procédure civile, qui prohibe l'audition des descendants en matière de divorce et de séparation de corps, « édicte une règle inspirée par un souci de protection des intérêts moraux de la famille, dont l'application ne peut être éludée par le recours à la voie pénale », et dans une poursuite pour faux témoignage dans une procédure de divorce, le juge d'instruction ne peut entendre, à peine de nullité, les enfants des époux[1] (sur les droits de l'enfant, de nature à remettre en cause la

1. Crim. 5 févr. 1980, n° 79-90.936, *Bull. crim.,* n° 47; *D.* 1980, IR 338, obs. Puech – Crim. 4 janv. 1985, n° 82-93.066, *Bull. crim.,* n° 11 – Crim. 4 févr. 1991, n° 89-86.575, *Bull. crim.,* n° 57; *JCP* 1992, II, 21915, note P. Chambon.

jurisprudence précitée, v. C. civ., art. 388-2, créé par L. n° 93-22, 8 janv. 1993, art. 56)[1].

71.12 Opportunité. Le juge d'instruction appréciait en toute indépendance l'opportunité des témoignages, à charge ou à décharge, et il n'était pas obligé d'entendre tous ceux qui lui étaient indiqués par les parties ou le ministère public.

Le juge d'instruction appréciait en toute indépendance, l'opportunité des confrontations[2]. Il n'était notamment pas obligé de confronter avec l'inculpé des témoins avant leur audition devant la cour d'assises[3]. L'article 82-1 alinéa 1er du Code de procédure pénale, dans sa rédaction issue de la loi du 4 janvier 1993, a donné aux parties le droit de demander « l'audition d'un témoin ou une confrontation », demande que le juge d'instruction ne peut refuser que par une ordonnance motivée. Le pouvoir d'appréciation du juge d'instruction est donc devenu relatif.

Le juge d'instruction peut entendre comme témoin un expert qui n'a pas encore déposé son rapport[4].

71.13 Le témoignage comme fondement d'une condamnation. L'article 6 de la Convention européenne des droits de l'Homme n'autorise les juridictions à fonder une condamnation sur les dépositions d'un témoin à charge que l'accusé ou son conseil n'ont pu interroger à aucun stade de la procédure, que dans les limites suivantes : premièrement, lorsque le défaut de confrontation est dû à l'impossibilité de localiser le témoin, il doit être établi que les autorités compétentes ont activement recherché celui-ci aux fins de permettre cette confrontation; deuxièmement, le témoignage litigieux ne peut en tout état de cause constituer le seul élément sur lequel repose la condamnation. Violent en conséquence les articles 6.1 et 6.3 d) les juridictions répressives qui statuant sur opposition du requérant l'ont condamné sur le fondement exclusif de déclarations de témoins qu'il n'a pu, à aucun stade de la procédure, ni interroger ni faire interroger[5].

1. L. n° 93-22, 8 janv. 1993, *D.* 1993, 179 – J. Massip, « Les modifications apportées au droit de la famille par la loi du 8 janvier 1993 », *Gaz. Pal.* 1993, 2, doctr. 1163 – J.-C. Kross, « L'audition de l'enfant et la loi du 8 janvier 1993 », *Gaz. Pal.* 1994, 1, doctr. 678.
2. Crim. 29 déc. 1904, *Bull. crim.*, n° 555.
3. Crim. 30 juin 1899, *Bull. crim.*, n° 185 – Crim. 3 juin 1904, *Bull. crim.*, n° 246.
4. Crim. 3 avr. 1924, *Bull. crim.*, n° 153 – Crim. 10 avr. 1975, n° 74-92.978, *Bull. crim.*, n° 90.
5. CEDH 3e sect., 13 nov. 2003, n° 71846/01, Rachdad c/ France, *BICC* 599, n° 4; *AJ Pénal* 2004, 76, obs. J. Leblois-Harpe; *D.* 2004, somm. 988, obs. Renucci.

SECTION 2
CITATION OU CONVOCATION DES TÉMOINS

71.21 Forme. L'article 72 du Code d'instruction criminelle disposait : « Les témoins seront cités par un huissier ou par un agent de la force publique à la requête du procureur de la République. » Dans la pratique, dans un but de simplification et d'économie, les témoins étaient le plus souvent convoqués par la voie administrative, notamment par l'intermédiaire du commissaire central dans les grandes villes, ou du maire dans les communes rurales : la convocation était ainsi portée au domicile de l'intéressé par les agents de police ou le garde champêtre. La gendarmerie était également utilisée dans les cas d'urgence (D. 20 mai 1903, art. 84). La citation par huissier n'était guère employée que lorsque le témoin n'avait pas déféré aux premières convocations.

L'article 101 du Code de procédure pénale a légalisé cette pratique. Ce texte maintient la « citation » par un huissier ou par un agent de la force publique. En ce cas, une copie de la citation est délivrée au témoin. Et l'alinéa 2 de l'article 101 ajoute que « les témoins peuvent aussi être convoqués par lettre simple, par lettre recommandée ou par la voie administrative ». Le texte ajoute même que les témoins « peuvent comparaître volontairement ». C'est au juge d'instruction qu'il appartient de ménager un délai raisonnable, selon la distance, entre l'envoi de la convocation et le jour fixé pour la comparution.

Il était antérieurement admis que seule la citation régulière emportait obligation de comparaître, et que les sanctions encourues par le témoin défaillant ne pouvaient être prononcées que si une telle citation avait été délivrée[6].

Il était jugé également qu'interrompt la prescription l'ordonnance rendue sous le titre de « cédule à témoin », par laquelle le juge d'instruction mande à tous agents de la force publique d'assigner un témoin à comparaître en son cabinet, du moment que ladite ordonnance a été transmise par le juge au ministère public chargé d'en assurer l'exécution[7].

Le défaut de comparution du témoin pouvait amener le juge d'instruction à le condamner à une amende, disposition abrogée par la loi du 15 juin 2000 (v. ss n° 72.21).

71.22 Témoignage du témoin sans adresse dévoilée. La loi n° 95-73 du 21 janvier 1995, par

6. Crim. 13 févr. 1886, *Bull. crim.*, n° 54 – Crim. 18 oct. 1956, *JCP* 1957, II, 9713, note P. Chambon.
7. Crim. 11 févr. 1898, *Bull. crim.*, n° 59 – Crim. 24 janv. 1899, *Bull. crim.*, n° 173 – Crim. 13 nov. 1952, *Bull. crim.*, n° 259.

l'insertion dans le Code de procédure pénale d'un article 62-1, autorise les personnes entendues comme témoins, sur autorisation du procureur de la République, à déclarer comme domicile « l'adresse du commissariat ou de la brigade de gendarmerie », ceci afin d'éviter les représailles ou les pressions qui pourraient s'exercer contre eux dans les affaires sensibles. L'article R. 15-33-1 du même code (D. 3 sept. 1996) en précisait les modalités pratiques. Ces dispositions ont été abrogées mais remplacées par la loi du 15 novembre 2001 (L. n° 2001-1062, 15 nov. 2001) modifiée par la loi du 4 mars 2002 (L. n° 2002-307, 4 mars 2002). L'article 706-57 du Code de procédure pénale est ainsi rédigé : « Les personnes à l'encontre desquelles il n'existe aucune raison plausible de soupçonner qu'elles ont commis ou tenté de commettre une infraction et qui sont susceptibles d'apporter des éléments de preuve intéressant la procédure peuvent, sur autorisation du procureur de la République ou du juge d'instruction, déclarer comme domicile l'adresse du commissariat ou de la brigade de gendarmerie. L'adresse de ces personnes est alors inscrite sur un registre coté et paraphé qui est ouvert à cet effet. » Cette première disposition ne concerne que la dissimulation de l'adresse réelle de la personne (v. aussi D. n° 2003-455, 16 mai 2003, modifiant le Code de procédure pénale, et relatif à la protection des témoins et à l'utilisation des moyens de télécommunication) [1].

71.23 **Le témoignage sous X.** Mais la loi du 15 novembre 2001 a été beaucoup plus loin en prévoyant, dans un article 706-58, la possibilité de témoignage sous X dans certains cas et selon une procédure relativement complexe. Il convient tout d'abord que l'affaire dans laquelle l'audition de témoin est effectuée porte sur un crime ou sur un délit puni de cinq ans d'emprisonnement selon la loi de novembre 2001, plancher abaissé à trois ans par la loi du 9 septembre 2002. Il est également nécessaire que cette audition puisse « mettre gravement en danger la vie ou l'intégrité physique de cette personne » ou de l'un de ses proches (v. D. n° 2003-455, 16 mai 2003, modifiant le Code de procédure pénale et relatif à la protection des témoins et à l'utilisation de moyens de télécommunications).

71.24 **La décision émane du juge des libertés et de la détention.** L'autorisation ne peut émaner que du juge des libertés et de la détention, saisi par le ministère public ou le juge d'instruction.

Par décision motivée, il peut autoriser « que les déclarations de cette personne soient recueillies sans que son identité apparaisse dans le dossier de la procédure ». Sa décision n'est pas susceptible de recours. Mais la personne mise en examen peut dans les dix jours à compter de la date à laquelle il lui a été donné connaissance du contenu d'une audition réalisée dans les conditions de l'article 706-58 contester devant le président de la chambre de l'instruction le recours à cette procédure (C. pr. pén., art. 706-60). S'il estime la contestation justifiée il ordonne l'annulation de l'audition et peut ordonner la levée de l'anonymat mais uniquement après accord de la personne concernée. Son action doit se fonder sur l'alinéa premier du même article qui dispose que « les dispositions de l'article 706-58 ne sont pas applicables si, au regard des circonstances dans lesquelles l'infraction a été commise ou de la personnalité du témoin, la connaissance de l'identité de la personne est indispensable aux droits de la défense ». Une faiblesse de rédaction ne permet pas d'évaluer avec certitude si cette audition est possible en cas d'enquête de flagrance ou d'enquête préliminaire. Les garanties ouvertes par l'article 706-60 ne concernent en effet que la personne mise en examen, l'article suivant évoquant « la personne mise en examen ou renvoyée devant la juridiction de jugement ». Or, la plupart des auditions de témoin ont lieu pendant l'enquête initiale avant même que l'on sache si un juge d'instruction sera saisi. Un procès-verbal dressé par un policier, qui rapporte des informations obtenues auprès d'une personne désirant conserver l'anonymat, constitue, non un procès-verbal d'audition de témoin, mais un procès-verbal de renseignements destiné à guider d'éventuelles investigations de la police judiciaire sans pouvoir être retenu lui-même comme un moyen de preuve.

Il s'ensuit qu'il n'y a pas lieu d'appliquer, pour l'établissement d'un tel procès-verbal, les dispositions du livre IV du Code de procédure pénale relatives à la protection des témoins [2].

71.25 **Audition du témoin à distance.** La loi du 15 novembre 2001 a prévu que la personne mise en examen ou renvoyée devant la juridiction de jugement peut demander à être confrontée avec un témoin entendu en application des dispositions de l'article 706-58 par l'intermédiaire d'un dispositif technique permettant l'audition du témoin à distance ou à faire interroger ce témoin par son avocat par ce même moyen. La voix du témoin est alors rendue non identifiable par des procédés techni-

1. D. n° 2003-455, 16 mai 2003, modifiant le Code de procédure pénale, et relatif à la protection des témoins et à l'utilisation des moyens de télécommunication, *JO* 19 mai, n° 119, p. 8818.

2. Crim. 9 juill. 2003, n° 03-82.119, *Bull. crim.*, n° 138 ; *D.* 2003, IR 2285 ; *JCP* 2003, IV, 2667 ; *AJ Pénal*, 2003, 73 (v. les attendus s^s n° 71.02).

ques appropriés. La loi du 9 mars 2004 a prévu que ces dispositions étaient également applicables dans le cadre de la confrontation entre une personne mise en cause et un agent d'infiltration (v. s[s] n° 23.25).

71.26 Appréciation critique. Depuis longtemps, les professionnels déploraient l'absence complète dans le Code de procédure pénale d'une procédure de protection des témoins. Le problème est plutôt de savoir aujourd'hui si les textes récents ne vont pas trop loin dans la possibilité ouverte d'entendre quelqu'un en dissimulant son identité. Dès que la loi du 15 novembre 2001 a été promulguée on a vu se multiplier ce genre d'audition, parfois en toute illégalité puisque certains services se sont passés purement et simplement de l'accord du juge des libertés et de la détention. Des procès-verbaux anonymes ont même porté la signature du témoin anonyme !

L'obligation de saisine du juge des libertés et de la détention, lorsqu'elle fut mieux connue, sembla freiner quelque peu les ardeurs. L'extension de la méthode à tout délit puni d'au moins trois ans par la loi du 9 septembre 2002 rend la règle aisément applicable, d'autant que les conditions à sa mise en œuvre sont purement subjectives. Or, comme l'écrit Jacques Le Calvez « de manière générale le droit n'apprécie pas l'anonymat sous quelque forme qu'il tente de s'insérer dans la vie juridique »[1]. Nous reprendrons à notre compte certaines des critiques formulées par cet auteur : comment déterminer si l'audition d'un témoin peut-être utile aux droits de la défense puisque par hypothèse la défense ne sait pas de qui il s'agit ? Que dire de la conformité de ces règles avec la jurisprudence de la Cour européenne des droits de l'Homme qui, tout en acceptant le principe, y pose des conditions qui ne semblent pas toutes réunies par notre droit interne[2]. D'une façon générale on a tout à craindre de la multiplication de tels procédés qui auraient dus n'être réservés qu'à des cas exceptionnels, beaucoup plus strictement entendus.

Bien qu'aucune audition sous X n'ait été réalisée dans l'affaire Clearstream, les poursuites intentées contre Renaud Van Ruymbeke ont montré aussi toutes les limites du système. Comment concevoir qu'un témoin dépose sous X sans avoir auparavant pris contact avec les enquêteurs ou le magistrat instructeur ? L'essence même de ce type de témoignage nécessite d'occulter une partie du travail du juge, ce qui risque de se retourner contre lui.

71.27 Témoin anonyme et renseignement anonyme. Après l'entrée en vigueur de l'article 706-58, on a pu se demander si, un texte de loi précisant désormais le cadre de l'audition d'un témoin anonyme, il était toujours possible d'avoir recours à un « procès-verbal de renseignement anonyme ». La chambre criminelle a estimé que ce texte ne s'appliquait pas au procès-verbal de renseignement[3]. Selon un auteur, la chambre criminelle apporterait là une contribution majeure à la question du statut non pas de témoin anonyme mais d'indicateur[4].

71.28 Recours contre l'ordonnance du juge des libertés et de la détention. Le mis en examen ne peut utiliser l'article 173 du Code de procédure pénale pour voir annuler la décision du juge des libertés et de la détention qui accepte l'audition d'un témoin sans adresse dévoilée[5]. La chambre criminelle a estimé que seul l'article 706-60 du Code de procédure pénale pouvait être utilisé pour contester cette décision. Une demande fondée sur l'article 173 doit être déclarée irrecevable (v. s[s] n° 71.02). Par ailleurs, la personne ne peut présenter à l'appui d'une requête en nullité du procès-verbal d'audition la même argumentation, que celle déjà soumise au président de la chambre de l'instruction, saisi antérieurement de la même argumentation sur la base de l'article 706-60 du Code de procédure pénale[6].

1. J. le Calvez, « Les dangers du « X » en procédure pénale : opinion contre le témoin anonyme », *D.* 2002, chron. 3024.
2. Not. CEDH 14 févr. 2002, n° 26668/95, Visser c/Pays-Bas.
3. Crim. 9 juill. 2003, n° 03-82.119, *Bull. crim.*, n° 138; *D.* 2003, IR 2285; *JCP* 2003, IV, 2667; *AJ Pénal* 2003, 73; *Gaz. Pal.* 17/18 nov. 2004, p. 7, note C. Fiori-Khayat (v. les attendus s[s] n°s 71.02 et 71.24).
4. C. Fiori-Khayat, note sous *Gaz. Pal.* 17/18 nov. 2004, p. 7.
5. Crim. 15 févr. 2006, n° 05-87.002, *Bull. crim.*, n° 44; *D.* 2006, IR 949; *Procédures* mai 2006, p. 23, note J. Buisson; *Gaz. Pal.* 28/29 mars 2007, p. 10, note Y. Monnet.
6. Crim. 12 juill. 2006, n° 06-82.931, *Bull. crim.*, n° 201; *Gaz. Pal.* 28/29 mars 2007, p. 10, note Y. Monnet.

CHAPITRE

72. Obligations et sanctions du témoin

SECTION 0
ORIENTEUR

72.00 Plan du chapitre.

Sect. 1 Obligations
Sect. 2 Sanctions
Sect. 3 Témoins placés dans une situation particulière : partie civile
Sect. 4 Témoins placés dans une situation particulière : témoin assisté
Sect. 5 Témoins placés dans une situation particulière : parents et alliés
Sect. 6 Témoins placés dans une situation particulière : secret professionnel
Sect. 7 Audition de témoins par commission rogatoire

72.01 Textes applicables.
C. pr. pén., art. 101, 108 à 113 – C. pén., art. 131-10, 131-26, 226-13, 226-14, 434-12, 434-15-1 – Conv. EDH, art. 6-1 et 6-3.

C. pr. pén., art. 101
* V. s[s] n° 71.01.

C. pr. pén., art. 108
Les enfants au-dessous de l'âge de seize ans sont entendus sans prestation de serment.

C. pr. pén., art. 109
Toute personne citée pour être entendue comme témoin est tenue de comparaître, de prêter serment et de déposer sous réserve des dispositions des articles 226-13 et 226-14 du Code pénal.

Tout journaliste, entendu comme témoin sur des informations recueillies dans l'exercice de son activité, est libre de ne pas en révéler l'origine.

Si le témoin ne comparaît pas ou refuse de comparaître, le juge d'instruction peut, sur les réquisitions du procureur de la République, l'y contraindre par la force publique.

C. pr. pén., art. 110
La mesure de contrainte dont fait l'objet le témoin défaillant est prise par voie de réquisition. Le témoin est conduit directement et sans délai devant le magistrat qui prescrit la mesure.

C. pr. pén., art. 112
Si un témoin est dans l'impossibilité de comparaître, le juge d'instruction se transporte pour l'entendre, ou délivre à cette fin commission rogatoire dans les formes prévues à l'article 151.

C. pr. pén., art. 113
Si le témoin entendu dans les conditions prévues à l'article précédent n'était pas dans l'impossibilité de comparaître sur la citation, le juge d'instruction peut prononcer contre ce témoin l'amende prévue à l'article 109.

C. pén., art. 131-10
Lorsque la loi le prévoit, un crime ou un délit peut être sanctionné d'une ou de plusieurs peines complémentaires qui, frappant les personnes physiques, emportent interdiction, déchéance, incapacité ou retrait d'un droit, injonction de soins ou obligation de faire, immobilisation ou confiscation d'un objet, fermeture d'un établissement ou affichage de la décision prononcée ou diffusion de celle-ci soit par la presse écrite, soit par tout moyen de communication audiovisuelle.

C. pén., art. 131-26
L'interdiction des droits civiques, civils et de famille porte sur :

1° Le droit de vote;

2° L'éligibilité;

3° Le droit d'exercer une fonction juridictionnelle ou d'être expert devant une juridiction, de représenter ou d'assister une partie devant la justice;

4° Le droit de témoigner en justice autrement que pour y faire de simples déclarations;

5° Le droit d'être tuteur ou curateur; cette interdiction n'exclut pas le droit, après avis conforme du juge des tutelles, le conseil de famille entendu, d'être tuteur ou curateur de ses propres enfants.

L'interdiction des droits civiques, civils et de famille ne peut excéder une durée de dix ans en cas de condamnation pour crime et une durée de cinq ans en cas de condamnation pour délit.

La juridiction peut prononcer l'interdiction de tout ou partie de ces droits.

L'interdiction du droit de vote ou l'inéligibilité prononcées en application du présent article emportent interdiction ou incapacité d'exercer une fonction publique.

C. pén., art. 226-13

La révélation d'une information à caractère secret par une personne qui en est dépositaire soit par état ou par profession, soit en raison d'une fonction ou d'une mission temporaire, est punie d'un an d'emprisonnement et de 15 000 euros d'amende.

C. pén., art. 226-14 [L. n° 2004-1, 2 janv. 2004]

L'article 226-13 n'est pas applicable dans les cas où la loi impose ou autorise la révélation du secret. En outre, il n'est pas applicable :

1° À celui qui informe les autorités judiciaires, médicales ou administratives de privations ou de sévices, y compris lorsqu'il s'agit d'atteintes sexuelles, dont il a eu connaissance et qui ont été infligées à un mineur ou à une personne qui n'est pas en mesure de se protéger en raison de son âge ou de son incapacité physique ou psychique;

2° Au médecin qui, avec l'accord de la victime, porte à la connaissance du procureur de la République les sévices ou privations qu'il a constatés, sur le plan physique ou psychique, dans l'exercice de sa profession et qui lui permettent de présumer que des violences physiques, sexuelles ou psychiques de toute nature ont été commises. Lorsque la victime est mineure, son accord n'est pas nécessaire;

3° Aux professionnels de la santé ou de l'action sociale qui informent le préfet et, à Paris, le préfet de police du caractère dangereux pour elles-mêmes ou pour autrui des personnes qui les consultent et dont ils savent qu'elles détiennent une arme ou qu'elles ont manifesté leur intention d'en acquérir une.

Le signalement aux autorités compétentes effectué dans les conditions prévues au présent article ne peut faire l'objet d'aucune sanction disciplinaire.

C. pén., art. 434-12

Le fait, pour toute personne ayant déclaré publiquement connaître les auteurs d'un crime ou d'un délit, de refuser de répondre aux questions qui lui sont posées à cet égard par un juge est puni d'un an d'emprisonnement et de 15 000 euros d'amende.

C. pén., art. 434-15-1

Le fait de ne pas comparaître, de ne pas prêter serment ou de ne pas déposer, sans excuse ni justification, devant le juge d'instruction ou devant un officier de police judiciaire agissant sur commission rogatoire par une personne qui a été citée par lui pour y être entendue comme témoin est puni de 3 750 euros d'amende.

Conv. EDH, art. 6-1

Toute personne a droit à ce que sa cause soit entendue équitablement, publiquement et dans un délai raisonnable, par un tribunal indépendant et impartial, établi par la loi, qui décidera, soit des contestations sur ses droits et obligations de caractère civil, soit du bien-fondé de toute accusation en matière pénale dirigée contre elle. Le jugement doit être rendu publiquement, mais l'accès de la salle d'audience peut être interdit à la presse et au public pendant la totalité ou une partie du procès dans l'intérêt de la moralité, de l'ordre public ou de la sécurité nationale dans une société démocratique, lorsque les intérêts des mineurs ou la protection de la vie privée des parties au procès l'exigent, ou dans la mesure jugée strictement nécessaire par le tribunal, lorsque dans des circonstances spéciales la publicité serait de nature à porter atteinte aux intérêts de la justice.

Conv. EDH, art. 6-3

Tout accusé a droit notamment à :

a) être informé, dans le plus court délai, dans une langue qu'il comprend et d'une manière détaillée, de la nature et de la cause de l'accusation portée contre lui;

b) disposer du temps et des facilités nécessaires à la préparation de sa défense;

c) se défendre lui-même ou avoir l'assistance d'un défenseur de son choix et, s'il n'a pas les moyens de rémunérer un défenseur, pouvoir être assisté gratuitement par un avocat d'office, lorsque les intérêts de la justice l'exigent;

d) interroger ou faire interroger les témoins à charge et obtenir la convocation et l'interrogation des témoins à décharge dans les mêmes conditions que les témoins à charge;

e) se faire assister gratuitement d'un interprète, s'il ne comprend pas ou ne parle pas la langue employée à l'audience.

72.02 Jurisprudence de référence.

• La personne mise en examen ne peut, dans une même procédure, être entendue comme témoin, même sur des faits distincts.

Crim. 19 juin 1990, n° 90-81.535, *Bull. crim.*, n° 252.

« Attendu qu'une personne qui a été inculpée d'un crime ou d'un délit ne peut, dans une même procédure, être entendue sur d'autres faits, qu'ils soient ou non connexes de ceux qui ont donné lieu à son inculpation, en dehors des conditions prévues par l'article 118 du Code de procédure pénale. »

72.03 Bibliographie indicative. (V. les références complètes s^s n° 03.)

Actualisables. RÉP. PÉN., Rebut, « Abstention délictueuse »; David, « Témoin »; Guéry, « Instruction préparatoire » – J.-CL. PÉN., Dumont, « Audition des témoins »; « Interrogatoires et confrontations »; « Refus de déposer ».

Ouvrages. HÉLIE F., IV, n°s 1843 et 1846 s. – GARRAUD, II, n° 392 – LE POITTEVIN, art. 86, n°s 8 s.; art. 317, n°s 39 s. – MERLE ET VITU, n° 77.

> Secret professionnel, avocats

Damien A. et Ader H., *Règles de la profession d'avocat,* 11e éd., Dalloz Action, 2006, n°s 36.00 s. – Monéger J. et Demeester M.-L., *Profession : avocat,* Dalloz, n°s 7.29 s.

Articles.

> Secret professionnel, avocats
Varaut J.-M. et Ruet L., *Gaz. Pal.* 1997, doctr. 1054.

> Secret professionnel, ministre du culte
Moutouh H., *D.* 2000, chron. 431.

> Secret professionnel, travailleurs sociaux
Guéry Ch. et Chomienne Ch., « Secret, révélation, abstention, ou les limites de la liberté de conscience du professionnel dans le nouveau Code pénal » *ALD* 1995, comm. lég. p. 85 – Guéry Ch., « Le défaut de protection de l'enfant par le professionnel : un nouveau délit ? », *D.* 2001, chron. 3293.

72.06 Questions essentielles.
• Les difficultés pratiques relatives au témoin sont souvent celles qui couvrent le secret professionnel de certaines professions. Tant les textes que la jurisprudence font de cette matière un relevé de cas d'espèces. D'autres règles spécifiques concernent les perquisitions.
* V. s^{s} n°s 181.61 à 181.65.

SECTION 1
OBLIGATIONS

72.11 Obligations générales. Le Code d'instruction criminelle indiquait que les témoins cités devaient comparaître et satisfaire à la citation, représenter celle-ci et prêter serment. Le Code de procédure pénale est plus explicite : « toute personne citée pour être entendue comme témoin est tenue de comparaître, de prêter serment et de déposer sous réserve des dispositions des articles 226-13 et 226-14 du Code pénal » (C. pr. pén., art. 109, al. 1) ; les sanctions légales sont encourues « contre le témoin qui, bien que comparaissant, refuse de prêter serment et de déposer » (C. pr. pén., art. 109, al. 3). Depuis la loi du 4 janvier 1993, « tout journaliste, entendu comme témoin sur des informations, recueillies dans l'exercice de son activité, est libre de ne pas en révéler l'origine ».

Ainsi, le témoin doit non seulement comparaître au jour et à l'heure indiqués, mais également prêter serment et faire sa déclaration sur les faits dont il a eu connaissance. Il n'est plus tenu de présenter préalablement sa citation, puisque l'article 101 permet aux témoins de se présenter spontanément et que de tels témoins ne sont plus considérés comme suspects.

72.12 Serment. « Les témoins prêtent serment de dire toute la vérité, rien que la vérité » (C. pr. pén., art. 103). À la différence du serment prêté devant les juridictions de jugement, spécialement devant la cour d'assises[1], la formule du serment prêté devant le juge d'instruction n'est pas sacramentelle. Il a toujours été jugé que l'omission même du serment à l'instruction n'est pas une cause de nullité[2]. L'omission du serment, ajoutée à des mentions d'identification incomplètes, n'est pas une cause de nullité, s'il n'en résulte pas une atteinte aux droits de la défense[3].

Une personne mise en examen ne saurait être entendue sous la foi du serment, sur les faits pour lesquels elle est poursuivie, ou sur les faits, connexes ou non, qui relèvent du même dossier[4], mais elle peut l'être sur les faits compris dans une autre procédure, même si les deux informations sont ultérieurement jointes[5].

Une cour d'appel énonce à bon droit qu'aucune disposition légale n'interdit à un officier de police judiciaire de procéder à l'audition, en qualité de témoin, d'une personne mise en examen dans une procédure, dès lors que cette audition porte sur des faits distincts de ceux pour lesquels la mise en examen a été notifiée[6].

72.13 Mineurs de seize ans. Les seules personnes expressément dispensées du serment par la loi en matière d'instruction sont les enfants mineurs. L'article 108 du Code de procédure pénale dispose : « Les enfants au-dessous de l'âge de seize ans sont entendus sans prestation de serment » ; la même règle est aujourd'hui applicable devant le tribunal correctionnel (C. pr. pén., art. 447) et devant la cour d'assises (C. pr. pén., art. 335).

Selon une jurisprudence toujours applicable, le fait pour un mineur au-dessous de l'âge légal, qui est passé de quinze à seize ans, de déposer sous la foi du serment, n'entraînait pas la nullité de la déposition[7] ; cette solution est expressément retenue par les articles 336 et 449.

72.14 Condamnés. Les condamnés, en matière criminelle et correctionnelle, à la peine complémentaire de l'interdiction des droits civiques, civils et de famille, ne peuvent prêter serment « et ne peuvent plus témoigner en justice autrement que pour y faire de simples déclarations » (C. pén., art. 131-2, 131-10 et 131-26, 4°).

1. V. Crim. 2 nov. 1967, *JCP* 1968, II, 15434, note P. Chambon.
2. Crim. 7 févr. 1812, *Bull. crim.*, n° 20 – Crim. 14 juin 1866, *Bull. crim.*, n° 153 – Crim. 3 sept. 1874, *Bull. crim.*, n° 253 – Crim. 26 juin 1884, *Bull. crim.*, n° 208.
3. Crim. 2 oct. 1990, n° 90-84.412, *Bull. crim.*, n° 327.
4. Crim. 19 juin 1990, n° 90-81.535, *Bull. crim.*, n° 252 (v. les attendus s^{s} n° 72.02).
5. Crim. 1er déc. 1970, n° 70-91.842, *Bull. crim.*, n° 329 – Crim. 11 juill. 1978, *Bull. crim.*, n° 229.
6. Crim. 13 oct. 1998, n° 98-82.522, *Bull. crim.*, n° 254 ; *D.* 1999, IR 7.
7. Crim. 25 août 1853, *Bull. crim.*, n° 427 – Crim. 30 août 1900, *Bull. crim.*, n° 285.

SECTION 2
SANCTIONS

72.21 Anciens moyens de contrainte du juge d'instruction. L'article 109 du Code de procédure pénale précisait, que toute personne « citée », et non pas convoquée, était tenue de comparaître, de prêter serment et de déposer. « Si le témoin ne comparaît pas, le juge d'instruction peut, sur les réquisitions du procureur de la République, l'y contraindre par la force publique, et le condamner à l'amende prévue pour les contraventions de la 5e classe. S'il comparaît ultérieurement, il peut toutefois, sur production de ses excuses et justifications, être déchargé de cette peine par le juge d'instruction, après réquisitions du procureur de la République » (C. pr. pén., art. 109, al. 2).

Le témoin qui refusait de déposer alors qu'il comparaissait volontairement et prêtait serment, se plaçant ainsi dans le même état que le témoin qui comparaît sur citation régulière, s'exposait à la condamnation prévue par l'article 109[1]. Cet article ne fut pas considéré comme contraire à l'article 6 de la Convention européenne des droits de l'Homme, dès lors que l'ordonnance était susceptible d'appel. Ne violent pas l'article 6-1 de la Convention européenne des droits de l'Homme et des libertés fondamentales les condamnations d'une personne en raison de son refus de prêter serment et de déposer devant le juge d'instruction qui l'avait citée à comparaître comme témoin en application de l'article 109 du Code de procédure pénale[2].

Mais méconnaît les articles 6-1 et 6-3 de cette convention le juge qui a condamné le témoin qui refusait de signer le procès-verbal constatant ce refus; en effet, l'ordonnance avait été rendue sans débat contradictoire, sans que le témoin ait eu connaissance des réquisitions du ministère public alors qu'il n'était pas justifié de circonstances spéciales faisant obstacle à la publicité des débats[3].

L'alinéa 3 de l'article 109 précisait que la même peine pouvait être prononcée contre le témoin qui, bien que comparaissant, refusait de prêter serment et de faire sa déposition. L'alinéa 5 indiquait enfin que le témoin condamné à l'amende pouvait interjeter appel de la condamnation dans les dix jours du prononcé. L'appel était porté devant la chambre d'accusation. Le pourvoi en cassation était recevable[4]. Ces deux alinéas ont été abrogés par la loi du 15 juin 2000.

1. Crim. 4 nov. 1971, n° 70-91.953, *Bull. crim.*, n° 301; *JCP* 1971, IV, 279.
2. CEDH 20 oct. 1997, n° 20225/92, Serves c/France, *BICC* 464, n° 1.
3. Crim. 28 janv. 1992, n° 91-83.732, *Bull. crim.*, n° 31; *Gaz. Pal.* 1992, 2, 615, note Guerder.

72.22 La loi du 15 juin 2000 ne donne plus au juge d'instruction que le moyen de contrainte. Depuis la loi du 15 juin 2000 (mod. par L. n° 2000-1354, 30 déc. 2000), si le témoin ne comparaît pas, refuse de prêter serment ou de comparaître, le juge d'instruction peut, sur les réquisitions du procureur de la République, l'y contraindre par la force publique. Le juge d'instruction ne peut plus condamner le témoin à l'amende civile. C'est désormais le tribunal correctionnel qui est compétent en vertu des dispositions de l'article 434-15-1 du Code pénal. Ce délit est puni de 3 750 euros d'amende. Paradoxalement, le juge d'instruction a désormais le pouvoir de condamner la partie civile abusive à une amende en cas de non-lieu ou d'ordonnance de refus d'informer (C. pr. pén., art. 177-2). L'article 110 du Code de procédure pénale précise que « la mesure de contrainte dont fait l'objet le témoin défaillant est prise par voie de réquisition. Le témoin est conduit directement et sans délai devant le magistrat qui a prescrit la mesure ». Le juge d'instruction a, en effet, dans l'exercice de ses fonctions, le droit de requérir directement la force publique (C. pr. pén., art. 51).

Le juge d'instruction peut aussi réassigner simplement le témoin, sans prononcer aucune sanction En pratique l'utilisation de cette mesure de contrainte est rare.

72.23 Cas particuliers. L'article 434-12 du nouveau Code pénal, qui a remplacé par une disposition de portée générale, l'ancien article 111 du Code de procédure pénale, abrogé par la loi du 1er février 1994, dispose que « le fait, pour toute personne ayant déclaré publiquement connaître les auteurs d'un crime ou d'un délit, de refuser de répondre aux questions qui lui sont posées à cet égard par un juge, est puni d'un an d'emprisonnement et de 15 000 euros d'amende ».

SECTION 3
TÉMOINS PLACÉS DANS UNE SITUATION PARTICULIÈRE : PARTIE CIVILE

72.31 La partie civile n'est pas un témoin. La partie civile, qui est une partie à l'instance, ne prête pas serment, et est normalement entendue avec l'assistance de son conseil (v. ss n° 62.12).

4. Crim. 4 nov. 1971, n° 70-91.953, *Bull. crim.*, n° 301; *JCP* 1971, IV, 279.

SECTION 4
TÉMOINS PLACÉS DANS UNE SITUATION PARTICULIÈRE : TÉMOIN ASSISTÉ

72.41 **Statut particulier.** Le témoin assisté, issu de la loi du 4 janvier 1993, a un statut très particulier. Depuis l'entrée en vigueur de la loi du 15 juin 2000, le témoin assisté ne prête plus serment (sur le témoin assisté v. n°s 80.00 s.).

SECTION 5
TÉMOINS PLACÉS DANS UNE SITUATION PARTICULIÈRE : PARENTS ET ALLIÉS

72.51 **Textes.** La loi n'a prohibé le serment qu'à l'égard des mineurs de seize ans. Il faut donc en conclure que le juge d'instruction peut entendre après serment préalable toutes autres personnes. Il est, en effet, de principe qu'il ne faut pas étendre les prohibitions de témoigner, lesquelles font obstacle à la manifestation de la vérité, règle applicable au premier chef à l'instruction.

C'est pourquoi la doctrine comme la jurisprudence ont toujours considéré que la prohibition faite par les articles 156 et 322 du Code d'instruction criminelle, et aujourd'hui par les articles 335 et 448, d'entendre les parents et alliés du prévenu sous la foi du serment devant le tribunal correctionnel et la cour d'assises, ne s'appliquait pas à l'instruction[1]. La femme et le fils de l'inculpé doivent prêter serment devant le juge d'instruction; néanmoins, l'absence de leur serment n'est pas une cause de nullité[2].

Cependant, le juge d'instruction peut s'abstenir de prononcer des sanctions contre de tels témoins qui refuseraient de témoigner, qui se sentent tenus au silence par un devoir moral légitime[3].

SECTION 6
TÉMOINS PLACÉS DANS UNE SITUATION PARTICULIÈRE : SECRET PROFESSIONNEL

72.61 **La dispense de témoigner.** Aucun texte ne dispense quiconque de témoigner, toute personne est tenue d'apporter à la justice criminelle les renseignements qui sont en sa possession. Cependant, l'article 226-13 du Code pénal dispose que « la révélation d'une information à caractère secret par une personne qui en est dépositaire soit par état ou par profession, soit en raison d'une fonction ou d'une mission temporaire, est punie d'un an d'emprisonnement et de 15 000 euros d'amende ». L'article 226-14 apporte à cette règle deux exceptions, qui existaient déjà dans l'ancien article 378, relatives aux révélations faites par les médecins sur les sévices et les violences dont sont victimes notamment les mineurs de quinze ans.

La jurisprudence a logiquement dispensé les personnes tenues au secret de témoigner, puisque la loi elle-même punit la révélation des secrets dont elles sont dépositaires. L'intérêt de la justice s'efface devant l'intérêt plus grand qu'a la société à ce que de tels secrets ne soient pas divulgués. La dispense de témoigner et la répression de la violation du secret professionnel sont corrélatives, mais ne sont pas indissolublement liées : la dispense de témoigner n'implique pas nécessairement le caractère pénal de la violation du secret professionnel[4]. Un même fait peut être qualifié de violation du secret professionnel et de diffamation, les éléments constitutifs étant différents[5].

72.62 **Intérêt protégé.** La dispense de témoigner présente un caractère d'ordre public et a été instituée dans l'intérêt de certaines professions, mais non dans l'intérêt du déposant ni du dépositaire du secret. La personne qui peut éventuellement se prévaloir du secret professionnel pour refuser de déposer, est néanmoins tenue de comparaître et de prêter serment, car elle ne sait pas à l'avance sur quels points elle sera entendue[6].

Le simple intérêt privé ne dispense pas de témoigner. Celui qui a juré sur l'honneur de ne pas révéler une confidence peut être condamné pour refus de déposer[7]. Seul le confident nécessaire, de par sa profession, peut se prévaloir du secret professionnel; et encore faut-il que le fait qu'il se refuse de révéler lui ait été confié dans l'exercice de sa profession et sous le sceau du secret, ou que ce fait soit confidentiel par sa nature[8]. La déclaration d'un témoin tenu

1. Sur l'article 156 : Crim. 10 déc. 1869, *Bull. crim.*, n° 256 – Sur l'article 322, Crim. 10 oct. 1817, *Bull. crim.*, n° 94 – Crim. 22 janv. 1898, *Bull. crim.*, n° 29.
2. Crim. 22 mars 1983, n° 83-90.217, *Bull. crim.*, n° 87.
3. En ce sens : Hélie F., IV, n° 1843.
4. Sur les principes v. Hélie F., IV, n°s 1846 s. – Garraud, II, n° 392 – Le Poittevin, art. 317, n°s 39 s. – Merle et Vitu, n° 772 – Ch. Guéry, « Le défaut de protection de l'enfant par le professionnel : un nouveau délit ? », *D.* 2001, chron. 3293.
5. Crim. 19 oct. 1982, n° 80-93.260, *Bull. crim.*, n° 225.
6. Crim. 17 sept. 1827, *S. et P.*, chron. – Crim. 7 juin 1912, *D.* 1913, 1, 275 – Crim. 11 juin 1926, *DH* 1926, p. 278.
7. Crim. 30 nov. 1820, *S. et P.*, chron. – Crim. 8 mai 1828, *S. et P.*, chron. – Crim. 27 nov. 1909, *S.* 1910, 1, 329, note Roux.
8. Crim. 26 juill. 1845, *S.* 1845, 1, 577 – Crim. 19 déc. 1885, *D.* 1886, 1, 347 – Crim. 4 déc. 1891, *D.* 1892, 1, 139 – Crim. 7 mars 1957, *Bull. crim.*, n° 241.

au secret professionnel ne saurait en constituer la violation et entraîner la nullité du procès-verbal de déposition que si elle comporte la révélation d'une information protégée[1]. Ainsi le médecin, dans une poursuite contre un tiers du chef d'escroquerie, peut témoigner sur les manœuvres qui l'ont amené à délivrer un certificat attestant faussement l'existence d'une maladie[2]. « Ce que la loi a voulu garantir, c'est la sécurité des confidences qu'un particulier est dans la nécessité de faire à une personne dont l'état ou la profession, dans un intérêt général et d'ordre public, fait d'elle un confident nécessaire[3] ».

72.63 **Intensité du secret.** Le secret professionnel est relatif ou absolu, quant à l'étendue de la dispense de témoigner qu'il entraîne.

Le secret professionnel auquel est tenu l'avocat n'est que relatif[4]. L'obligation au secret, auquel est tenu l'avocat quant à la correspondance échangée entre lui-même et son client, ne s'étend pas à ce dernier[5]. Le juge d'instruction peut entendre un avocat comme rédacteur d'un acte, qualité qui ni concerne pas les droits de la défense[6]. Le secret professionnel auquel est tenu le médecin est au contraire général et absolu et s'impose à lui comme un devoir de son état[7]. Il n'appartient à personne, même pas à son client, de l'en affranchir[8]; il suffit qu'il s'agisse de renseignements d'ordre médical, même s'ils ne permettent pas d'identifier l'affection en cause[9]. Cependant, l'intéressé peut produire en justice une attestation médicale le concernant[10]. Devant les assises, le médecin qui a examiné la victime mineure, cité comme témoin, est libre de ne pas témoigner[11].

Le secret ne s'applique pas aux activités non purement médicales du médecin[12]. Les commissaires et officiers de police sont autorisés à refuser de divulguer les noms des personnes qui leur ont fourni, sous le sceau du secret, les renseignements qu'ils ont donnés à la justice[13]. Il en est de même aujourd'hui des journalistes, qui sont libres de ne pas révéler l'origine des informations recueillies dans l'exercice de leur activité (C. pr. pén., art. 109, al. 2 - V. aussi la doctrine citée s^s n° 72.03)[14].

SECTION 7
AUDITION DE TÉMOINS PAR COMMISSION ROGATOIRE

72.71 **Droit antérieur.** La pratique, approuvée par la jurisprudence (circ. 19 avr. 1811)[15], a de bonne heure admis que des commissions rogatoires pour entendre des témoins pouvaient être données à des magistrats et aussi à des officiers de police judiciaire[16]. C'est la loi du 25 mars 1935 (C. instr. crim., art. 90) qui a légalisé cette pratique.

72.72 **Opportunité.** Le juge d'instruction peut dans tous les cas faire entendre des témoins par commission rogatoire, qu'ils soient ou non domiciliés dans son ressort. Il appréciera quand il y aura lieu pour lui de réentendre ou de confronter les témoins importants déjà entendus par les autorités de police.

72.73 **Formes.** Les formes des procès-verbaux d'audition des témoins dressés sur commission rogatoire sont les mêmes que celles des procès-verbaux établis par le juge d'instruction lui-même; spécialement, les témoins entendus de cette manière prêtent le serment prévu par l'article 103 du Code de procédure pénale (C. pr. pén., art. 153, al. 1er). Toutefois, le serment n'est pas prescrit à peine de nullité[17].

L'article 105 du Code de procédure pénale interdit d'entendre comme témoin une personne contre laquelle il existe des indices graves et concordants de culpabilité (v. s^s n°s 92.21 à 92.26).

1. Crim. 30 oct. 2001, n° 01-84.779, *Bull. crim.*, n° 223.
2. Crim. 20 déc. 1967, *Bull. crim.*, n° 338.
3. Crim. 19 nov. 1985, n° 83-92.813, *Bull. crim.*, n° 364.
4. Crim. 22 févr. 1828, *Bull. crim.*, n° 47 – Crim. 26 févr. 1959, *Bull. crim.*, n° 134.
5. Crim. 29 mai 1989, n° 87-82.073, *Bull. crim.*, n° 218.
6. Crim. 30 sept. 1991, n° 91-84.403, *Bull. crim.*, n° 320; *JCP* 1991, II, 21858, note R. Martin.
7. Crim. 8 mai 1947, *Bull. crim.*, n° 124 – V. cep. Crim. 22 févr. 1940, *Bull. crim.*, n° 11 – Crim. 15 déc. 1942, *Bull. crim.*, n° 126 – Crim. 17 mai 1973, n° 72-91.572, *Bull. crim.*, n° 228; *JCP* 1974, II, 17712, note Rosenthal.
8. Crim. 22 déc. 1966, *JCP* 1967, II, 15126, note R. Savatier – Crim. 5 juin 1985, n° 85-90.322, *Bull. crim.*, n° 218; *D.* 1988, jur. 106, note Fenaux.
9. Crim. 27 juin 1967, *Bull. crim.*, n° 194.
10. Crim. 5 nov. 1981, n° 81-90.488, *Bull. crim.*, n° 295.
11. Crim. 16 déc. 1992, n° 90-86.385, *Bull. crim.*, n° 424.
12. Crim. 6 juin 1972, n° 70-90.271, *Bull. crim.*, n° 190 – Crim. 1er févr. 1977, n° 75-93.432, *Bull. crim.*, n° 40.
13. Crim. 6 juill. 1894, *D.* 1899, 1, 171 – Crim. 6 déc. 1899, *D.* 1903, 2, 345 – Crim. 4 avr. 1924, *Bull. crim.*, n° 160.
14. Sur le secret professionnel en général, v. chron., M. Delmas-Marty, « À propos du secret professionnel », *D.* 1982, 267 – P. Monzein, *D.* 1984, 9 – Larosière de Champfeu, *Dr. pén.* 1996, chron. 39 – Lesclous et Marsat, *Dr. pén.* 1996, chron. 43 – Landry, *Gaz. Pal.* 1998, 1, doctr. 290 – Roca, *LPA* 2001, n° 69, p. 10 – Benichou, Teitgen, *Gaz. Pal.*, 21/22 avr. 2000.
15. Crim. 6 mars 1841, *Bull. crim.*, n° 56 – Crim. 12 nov. 1896, *Bull. crim.*, n° 325.
16. Crim. 14 juin 1866, *Bull. crim.*, n° 153 – Crim. 21 nov. 1879, *Bull. crim.*, n° 199.
17. Crim. 31 mars 1981, n° 80-94.773, *Bull. crim.*, n° 110 – Crim. 2 oct. 1990, n° 90-84.412, *Bull. crim.*, n° 327.

72.74 Audition de témoins malades. Le cas du témoin physiquement incapable de comparaître était minutieusement réglementé par les articles 83 à 86 du Code d'instruction criminelle, réglementation qui reflétait la difficulté des communications.

Selon que le témoin, dont l'état avait été constaté par un officier de santé, avait son domicile dans le canton du siège de l'instruction, ou dans ou hors l'arrondissement, il était entendu en sa demeure par le juge d'instruction, ou sur délégation par le juge de paix ou le juge d'instruction compétent. Si en réalité le témoin était en état de comparaître, le juge d'instruction pouvait le condamner à une amende, et délivrer mandat de dépôt contre celui-ci et le médecin qui avait fourni le faux certificat (C. pén., art. 160 et 236) [1]. L'article 112 du Code de procédure pénale, plus simple, ne distingue plus selon le domicile du témoin incapable de se déplacer. Dans tous les cas, le juge d'instruction apprécie l'opportunité de se transporter lui-même pour l'entendre ou de délivrer commission rogatoire dans les formes de l'article 151. Il faut rappeler que l'article 93 du même code permet au juge d'instruction de se transporter sur toute l'étendue du territoire national.

1. Le Poittevin, art. 86, n°s 8 s.

CHAPITRE

73. Formes de la déposition

SECTION 0

ORIENTEUR

73.00 Plan du chapitre.

Sect. 1 Les témoins sont entendus secrètement et par écrit

Sect. 2 Procès-verbal d'audition : mentions

Sect. 3 Procès-verbal d'audition : signatures

Sect. 4 Procès-verbal d'audition : interlignes, ratures, renvois et surcharges

Sect. 5 Témoins privilégiés

73.01 Textes applicables.

C. pr. pén., art. 82-1, 82-2,101 à 108, 153, 652 à 656.

C. pr. pén., art. 82-1

Les parties peuvent, au cours de l'information, saisir le juge d'instruction d'une demande écrite et motivée tendant à ce qu'il soit procédé à leur audition ou à leur interrogatoire, à l'audition d'un témoin, à une confrontation ou à un transport sur les lieux, à ce qu'il soit ordonné la production par l'une d'entre elles d'une pièce utile à l'information, ou à ce qu'il soit procédé à tous autres actes qui leur paraissent nécessaires à la manifestation de la vérité. À peine de nullité, cette demande doit être formée conformément aux dispositions du dixième alinéa de l'article 81 ; elle doit porter sur des actes déterminés et, lorsqu'elle concerne une audition, préciser l'identité de la personne dont l'audition est souhaitée.

Le juge d'instruction doit, s'il n'entend pas y faire droit, rendre une ordonnance motivée au plus tard dans le délai d'un mois à compter de la réception de la demande. Les dispositions du dernier alinéa de l'article 81 sont applicables.

À l'expiration d'un délai de quatre mois depuis sa dernière comparution, la personne mise en examen qui en fait la demande écrite doit être entendue par le juge d'instruction. Le juge d'instruction procède à son interrogatoire dans les trente jours de la réception de la demande, qui doit être formée conformément aux dispositions du dixième alinéa de l'article 81.

C. pr. pén., art. 82-2

Lorsque la personne mise en examen saisit le juge d'instruction, en application des dispositions de l'article 82-1, d'une demande tendant à ce que ce magistrat procède à un transport sur les lieux, à l'audition d'un témoin, d'une partie civile ou d'une autre personne mise en examen, elle peut demander que cet acte soit effectué en présence de son avocat.

La partie civile dispose de ce même droit s'agissant d'un transport sur les lieux, de l'audition d'un témoin ou d'une autre partie civile ou de l'interrogatoire de la personne mise en examen.

Le juge d'instruction statue sur ces demandes conformément aux dispositions du deuxième alinéa de l'article 82-1. S'il fait droit à la demande, le juge d'instruction convoque l'avocat au plus tard dans les deux jours ouvrables avant la date du transport, de l'audition ou de l'interrogatoire, au cours desquels celui-ci peut intervenir dans les conditions prévues à l'article 120.

C. pr. pén., art. 101

* V. s[s] n° 71.01.

C. pr. pén., art. 102 [L. n° 2004-204, 9 mars 2004]

Les témoins sont entendus, soit séparément et hors la présence des parties, soit lors de confrontations réalisées entre eux ou avec l'une ou l'autre des parties, par le juge d'instruction, assisté de son greffier ; il est dressé procès-verbal de leurs déclarations.

Le juge d'instruction peut faire appel à un interprète majeur, à l'exclusion de son greffier et des témoins. L'interprète, s'il n'est pas assermenté, prête serment d'apporter son concours à la justice en son honneur et en sa conscience.

Si le témoin est atteint de surdité, le juge d'instruction nomme d'office pour l'assister lors de son audition un interprète en langue des signes ou toute personne qualifiée maîtrisant un langage ou une méthode permettant de communiquer avec les sourds. Celui-ci, s'il n'est pas assermenté, prête serment d'apporter son concours à la justice en son honneur et en sa conscience. Il peut également être recouru à tout dispositif technique permettant de communiquer avec le témoin. Si le témoin atteint de surdité sait lire et écrire, le juge d'instruction peut également communiquer avec lui par écrit.

C. pr. pén., art. 103

Les témoins prêtent serment de dire toute la vérité, rien que la vérité. Le juge leur demande leurs nom, prénoms, âge, état, profession, demeure, s'ils sont parents ou alliés des parties et à quel degré ou s'ils sont à leur service. Il est fait mention de la demande et de la réponse.

C. pr. pén., art. 105

Les personnes à l'encontre desquelles il existe des indices graves et concordants d'avoir participé aux faits dont le juge d'instruction est saisi ne peuvent être entendues comme témoins.

C. pr. pén., art. 106

Chaque page des procès-verbaux est signée du juge, du greffier et du témoin. Ce dernier est alors invité à relire sa déposition telle qu'elle vient d'être transcrite, puis à la signer s'il déclare y persister. Si le témoin ne sait pas lire, lecture lui en est faite par le greffier. Si le témoin ne veut ou ne peut signer, mention en est portée sur le procès-verbal. Chaque page est également signée par l'interprète s'il y a lieu.

C. pr. pén., art. 107

Les procès-verbaux ne peuvent comporter aucun interligne. Les ratures et les renvois sont approuvés par le juge d'instruction, le greffier et le témoin et, s'il y a lieu, par l'interprète. À défaut d'approbation, ces ratures et ces renvois sont non avenus.

Il en est de même du procès-verbal qui n'est par régulièrement signé.

C. pr. pén., art. 108

* V. s[s] n° 72.01.

C. pr. pén., art. 153 [L. n° 2004-204, 9 mars 2004]

Tout témoin cité pour être entendu au cours de l'exécution d'une commission rogatoire est tenu de comparaître, de prêter serment et de déposer. Lorsqu'il n'existe aucune raison plausible de soupçonner qu'il a commis ou tenté de commettre une infraction, il ne peut être retenu que le temps strictement nécessaire à son audition.

S'il ne satisfait pas à cette obligation, avis en est donné au magistrat mandant qui peut le contraindre à comparaître par la force publique. Le témoin qui ne comparaît pas encourt l'amende prévue par l'article 434-15-1 du Code pénal.

L'obligation de prêter serment et de déposer n'est pas applicable aux personnes gardées à vue en application des dispositions de l'article 154. Le fait que les personnes gardées à vue aient été entendues après avoir prêté serment ne constitue toutefois pas une cause de nullité de la procédure.

C. pr. pén., art. 652

Le Premier ministre et les autres membres du Gouvernement ne peuvent comparaître comme témoins qu'après autorisation du conseil des ministres, sur le rapport du garde des Sceaux, ministre de la Justice.

Cette autorisation est donnée par décret.

Les dispositions de cet article ne s'appliquent pas aux membres du Gouvernement entendus comme témoin assisté.

C. pr. pén., art. 653

Lorsque la comparution a lieu en vertu de l'autorisation prévue à l'article précédent, la déposition est reçue dans les formes ordinaires.

C. pr. pén., art. 654

Lorsque la comparution n'a pas été demandée ou n'a pas été autorisée, la déposition est reçue par écrit dans la demeure du témoin, par le premier président de la cour d'appel ou, si le témoin réside hors du chef-lieu de la cour, par le président du tribunal de grande instance de sa résidence.

Il sera, à cet effet, adressé par la juridiction saisie de l'affaire, au magistrat ci-dessus désigné, un exposé des faits ainsi qu'une liste des demandes et questions sur lesquels le témoignage est requis.

C. pr. pén., art. 655

La déposition ainsi reçue est immédiatement remise au greffe ou envoyée, close et cachetée, à celui de la juridiction requérante et communiquée, sans délai, au ministère public ainsi qu'aux parties intéressées.

À la cour d'assises, elle est lue publiquement et soumise aux débats.

C. pr. pén., art. 656

La déposition écrite d'un représentant d'une puissance étrangère est demandée par l'entremise du ministre des Affaires étrangères. Si la demande est agréée, cette déposition est reçue par le premier président de la cour d'appel ou par le magistrat qu'il aura délégué.

Il est alors procédé dans les formes prévues aux articles 654, alinéa 2, et 655.

73.02 Jurisprudence de référence.

• Un témoin doit être entendu dans une langue qu'il comprend; peu importe s'il ne s'agit pas de sa langue d'origine.

Crim. 13 févr. 1990, n° 89-86.532, *Bull. crim.*, n° 73; *RSC* 1990, 804, obs. Braunschweig.

« Attendu qu'il est vainement fait grief à la chambre d'accusation d'avoir refusé d'annuler les procès-verbaux d'audition et de confrontation d'un témoin de nationalité hongroise qui s'exprimait en anglais et a été entendu tant par la gendarmerie, lors d'une procédure de crime flagrant, que par le juge d'instruction avec l'assistance d'un interprète de langue anglaise, dès lors que les dispositions de l'article 102 du Code de procédure pénale qui ne sont pas applicables à l'enquête de flagrance, n'imposent pas qu'un témoin ne parlant pas le français soit nécessairement entendu dans sa langue d'origine s'il peut s'exprimer, comme tel était le cas en l'espèce, dans une autre langue étrangère. »

• Le président de la République ne peut, pendant la durée de son mandat, être entendu.

Ass. plén. 10 oct. 2001, n° 01-84.922, *Bull. Ass. plén.*, n° 11; *D.* 2001, chron. 3365, obs. L. Favoreu; *RFDA* 2001, n° 6, 1169, note O. Jouanjan et P. Wachsmann

D. 2002, jur. 237, note Debbash; 674, note J. Pradel; *LPA* 2001, n° 203; *RSC* 2002, 128, obs. A. Giudicelli; *Dr. pén.* 2001, comm. 144, obs. Maron; *Dr. pén.* 2002, chron. 1, note Delaloy; *BICC* n° 545, concl. M. de Goutte, rapp. M. Roman; *RTD civ.* 2002, n° 1, 169, note N. Molfessis.

« Attendu que, rapproché de l'article 3 et du titre II de la Constitution, l'article 68 doit être interprété en ce sens qu'étant élu directement par le peuple pour assurer, notamment, le fonctionnement régulier des pouvoirs publics ainsi que la continuité de l'État, le président de la République ne peut, pendant la durée de son mandat, être entendu comme témoin assisté, ni être mis en examen, cité ou renvoyé pour une infraction quelconque devant une juridiction pénale de droit commun; qu'il n'est pas davantage soumis à l'obligation de comparaître en tant que témoin prévue par l'article 101 du Code de procédure pénale, dès lors que cette obligation est assortie par l'article 109 dudit code d'une mesure de contrainte par la force publique et qu'elle est pénalement sanctionnée. »

• **La personne gardée à vue sur commission rogatoire ne prête pas serment. Cette disposition n'est pas prévue à peine de nullité.**

Crim. 28 avr. 2004, n° 04-80.753, *Bull. crim.*, n° 102; *Procédures* 2004, comm. n° 190, obs. J. Buisson.

« Attendu que, d'une part, contrairement à ce qui est soutenu au moyen, il résultait des dispositions combinées des articles 105, 113-1, 153 et 154 du Code de procédure pénale, dans leur rédaction applicable aux actes accomplis en l'espèce, laquelle n'était pas contraire aux dispositions conventionnelles dont la violation est alléguée, qu'une personne placée en garde à vue sur commission rogatoire du juge d'instruction pouvait être entendue par l'officier de police judiciaire après avoir prêté le serment prévu par la loi, dès lors qu'il n'existait pas à son encontre, des indices graves et concordants d'avoir participé aux faits dont le juge d'instruction était saisi ou qu'elle n'était pas nommément visée par un réquisitoire introductif;

Attendu que, d'autre part, si l'article 104 de la loi du 9 mars 2004, modifiant l'article 153 du Code de procédure pénale, a supprimé l'obligation pour la personne gardée à vue dans le cadre d'une commission rogatoire de prêter serment et de déposer, cette disposition, qui n'est, au demeurant, pas applicable aux actes régulièrement accomplis antérieurement à son entrée en vigueur, prévoit également que le fait pour les personnes concernées d'avoir été entendues sous serment, ne constitue pas une cause de nullité de la procédure;

D'où il suit que les moyens doivent être écartés. »

73.03 **Bibliographie indicative.** (V. les références complètes s^s n° 03.)

Actualisables. Rép. pén., David, « Témoin »; Guéry, « Instruction préparatoire » – J.-Cl. pén., Dumont, « Audition des témoins »; « Interrogatoires et confrontations ».

Ouvrages. Hélie F., IV, n° 1869.

SECTION 1

LES TÉMOINS SONT ENTENDUS SECRÈTEMENT ET PAR ÉCRIT

73.11 **Audition séparée.** L'audition des témoins a conservé le caractère secret qu'elle avait dans l'ancien droit, qui remonte à l'ordonnance de mars 1498 et qui fut consacré par l'ordonnance criminelle de 1670. Ce caractère secret avait un double aspect. L'article 73 du Code d'instruction criminelle indiquait que « les témoins seront entendus séparément et hors la présence du prévenu ». Cette règle avait pour objet d'éviter que les témoins ne soient influencés les uns par les autres, et ne soient intimidés par la présence de l'inculpé.

73.12 **Interdiction de communiquer les auditions.** L'instruction était secrète en ce sens que la communication de la procédure, qui comprenait les auditions des témoins, et la faculté d'en prendre copie, n'était autorisée par les articles 302 et 305 du Code d'instruction criminelle, qu'après l'interrogatoire par le président des assises. Cette règle était appliquée avec rigueur par la Cour de cassation, qui décidait que le droit de communication des pièces ne pouvait être plus étendu en matière correctionnelle qu'il ne l'était en matière criminelle[1].

L'instruction étant secrète jusque et y compris l'arrêt de mise en accusation, la chambre d'accusation pouvait refuser la communication de la procédure à l'inculpé et à la partie civile[2]. Il avait même été jugé que le greffier qui tenait l'inculpé au courant de la procédure commettait le délit de révélation du secret professionnel, et que ce dernier qui avait par dons ou promesses provoqué cette communication pouvait être poursuivi comme complice[3].

La loi du 8 décembre 1897, qui permettait au conseil, mais non à l'inculpé, de prendre communication de la procédure la veille des interrogatoires, n'avait qu'entamé, mais non supprimé le principe du secret de l'instruction. Il était fort logiquement jugé que l'inculpé lui-même n'avait pas droit à cette communication[4], et que le conseil ne pouvait l'exiger à des moments autres que ceux indiqués par la loi précitée[5] (v. aussi s^s n° 31.32).

1. Crim. 15 juill. 1881, *Bull. crim.*, n° 131 – Crim. 21 nov. 1891, *Bull. crim.*, n° 222.
2. Crim. 19 mai 1827, *Bull. crim.*, n° 120 – Crim. 13 août 1863, *Bull. crim.*, n° 218.
3. Crim. 9 juill. 1886, *Bull. crim.*, n° 249.
4. Crim. 6 nov. 1952, *JCP* 1953, II, 7357, note P. Chambon.
5. Crim. 26 mars 1909, *Bull. crim.*, n° 192 – Crim. 1er mars 1951, *Bull. crim.*, n° 68.

73.13 Article 102 du Code de procédure pénale. Le Code de procédure pénale n'a pas modifié cette situation légale. Son article 102 indiquait, en effet, que « les témoins sont entendus séparément, et hors la présence de la personne mise en examen, par le juge d'instruction assisté de son greffier ». La loi du 9 mars 2004 a modifié la rédaction de l'article 102 en disposant : « Les témoins sont entendus, soit séparément et hors la présence des parties, soit lors de confrontations réalisées entre eux ou avec l'une ou l'autre des parties, par le juge d'instruction assisté de son greffier; il est dressé procès-verbal de leurs déclarations. » La présence du greffier est une garantie de la fidélité de l'information.

Le conseil du mis en examen et de la partie civile n'assiste pas aux auditions des témoins. Il assiste seulement à l'interrogatoire ou à l'audition de son client, et à sa confrontation avec les témoins (C. pr. pén., art. 114). Le procureur de la République n'assiste pas non plus aux auditions des témoins. Cette faculté ne lui est ouverte par l'article 119 qu'à l'égard des interrogatoires et confrontations de la personne mise en examen et des auditions de la partie civile et depuis la loi du 9 mars 2004, du témoin assisté. Néanmoins, la présence du ministère public lors de l'audition d'un témoin ne constitue pas en soi une violation des droits de la défense[1]. L'audition non séparée des témoins par le juge d'instruction n'est pas une cause de nullité s'il n'en est résulté aucune violation des droits de la défense[2].

73.14 Audition d'un témoin en présence de l'avocat d'une partie. La loi du 15 juin 2000 a accru les droits des parties qui demandent au magistrat instructeur de procéder ou d'ordonner des actes en prévoyant que la personne mise en examen peut demander à ce que le magistrat procède à différents actes, dont l'audition d'un témoin et que cet acte soit effectué en présence de son avocat (C. pr. pén., art. 82-2). La partie civile dispose des mêmes droits. Le juge d'instruction statue sur ces demandes conformément aux dispositions du deuxième alinéa de l'article 82-1. S'il fait droit à la demande, le juge d'instruction convoque l'avocat au plus tard dans les deux jours ouvrables avant la date de l'audition au cours de laquelle celui-ci peut intervenir dans les conditions prévues par l'article 120.

73.15 Confrontations. Faustin Hélie, s'appuyant sur d'anciens auteurs, a soutenu que la règle du secret des dépositions s'opposait à ce que les témoins fussent confrontés entre eux, car c'était là « avertir les témoins de leurs contradictions, les provoquer à les faire disparaître, et ainsi enlever au prévenu le bénéfice de ces variations »[3]. Mais cette opinion n'a pas été suivie, et la Cour de cassation a décidé qu'aucune règle n'interdit la confrontation des témoins entre eux, après leur audition séparée[4]. Rien n'empêche non plus d'entendre plusieurs fois le même témoin ou de le confronter à la partie civile.

73.16 Caractère écrit. Le second caractère de l'audition des témoins est qu'elle est écrite. Il est dressé procès-verbal des dépositions (C. pr. pén., art. 102). L'instruction est tout entière écrite[5]. Le juge d'instruction n'acquiert pas lui-même une connaissance personnelle des faits, mais consigne dans les procès-verbaux les éléments de preuve qui lui parviennent, et qu'il transmet ensuite à la juridiction appelée à juger.

73.17 Audition du mineur victime. L'audition d'un mineur victime de l'une des infractions mentionnées à l'article 706-47 du Code de procédure pénale est réalisée en utilisant les moyens audiovisuels. La loi du 5 mars a modifié le texte de l'article 706-52 et rendu l'enregistrement quasiment systématique (v. s^s n° 114.15).

73.18 Serment et garde à vue. Selon la chambre criminelle, l'audition du témoin sur commission rogatoire, sous l'empire de la garde à vue, n'est pas exclusive de la prestation de serment : « Il résulte des dispositions combinées des articles 105, 113-1, 153 et 154 du Code de procédure pénale [...] qu'une personne placée en garde à vue sur commission rogatoire est entendue par l'officier de police judiciaire après avoir prêté le serment prévu par la loi dès lors qu'il n'existe pas à son encontre d'indices graves ou concordants d'avoir participé aux faits dont le juge d'instruction est saisi ou qu'elle n'est pas nommément visée par un réquisitoire introductif[6] ». La loi du 9 mars 2004 prend un parti inverse en incluant dans l'article 153 un alinéa ainsi rédigé : « L'obligation de prêter serment et de déposer n'est pas applicable aux personnes gardées à vue en application des dispositions de l'article 154. » Le fait que les personnes gardées à vue aient été entendues après avoir prêté serment ne constitue toutefois pas une cause de nullité de la procédure. La chambre criminelle a, très tôt après l'entrée en vigueur sur ce point de la loi, eu l'occasion de dire : « Il résultait des dispositions combinées des articles 105, 113-1, 153 et 154 du Code de procédure pénale, dans leur rédaction antérieure à

1. Crim. 19 juin 1990, *D.* 1991, p. 15, note F. Coste.
2. Crim. 14 mars 1974, n° 73-93.274, *Bull. crim.*, n° 114.
3. HÉLIE F., IV, n° 1869.
4. Crim. 25 juin 1958, *Bull. crim.*, n° 498 – Crim. 18 juin 1985, n° 85-91.877, *Bull. crim.*, n° 232.
5. Crim. 11 avr. 1959, *Bull. crim.*, n° 213.
6. Crim. 14 janv. 2003, n° 02-87.062, *Bull. crim.*, n° 6; *D.* 2003, IR 808.

la loi du 9 mars 2004, qu'une personne placée en garde à vue sur commission rogatoire du juge d'instruction pouvait être entendue par l'officier de police judiciaire après avoir prêté le serment prévu par la loi, dès lors qu'il n'existait pas à son encontre, des indices graves et concordants d'avoir participé aux faits dont le juge d'instruction était saisi ou qu'elle n'était pas nommément visée par un réquisitoire introductif. Si l'article 104 de la loi du 9 mars 2004 a supprimé l'obligation pour la personne gardée à vue dans le cadre d'une commission rogatoire de prêter serment et de déposer, cette disposition qui n'est, au demeurant, pas applicable aux actes régulièrement accomplis antérieurement à son entrée en vigueur, prévoit également que le fait que les personnes concernées aient été entendues sous serment n'entraîne pas la nullité[1] ».

SECTION 2
PROCÈS-VERBAL D'AUDITION : MENTIONS

73.21 Article 103 du Code de procédure pénale. Aux termes de l'article 103 du Code de procédure pénale, le juge d'instruction demande aux témoins « leurs noms, prénoms, âge, état, profession, demeure, s'ils sont parents ou alliés des parties et à quel degré ou s'ils sont à leur service. Il est fait mention de la demande et de la réponse ».

Est non avenu le procès-verbal d'audition par le juge d'instruction d'un témoin qui a refusé de donner son identité, et il doit être retiré du dossier[2]. Mais des mentions d'identification incomplètes, d'où il ne résulte aucune incertitude sur la personne des témoins, ne sont pas une cause de nullité[3]. Le témoin prête ensuite « serment de dire toute la vérité, rien que la vérité » (C. pr. pén., art. 103).

73.22 Interprète. L'interprète auquel le juge d'instruction peut avoir recours doit être majeur, mais ne peut être ni le greffier, ni l'un des témoins (C. pr. pén., art. 102, al. 2), mais il peut être un ami de la victime entendue[4].

L'article 102, qui ne s'applique ni à l'enquête préliminaire, ni au flagrant délit[5], n'oblige pas à entendre le témoin dans la langue d'origine, mais seulement dans une langue qu'il comprend[6]. Le serment que prête l'interprète non assermenté est non équivoque, la loi n'ayant prévu qu'une seule formule[7], et il demeure valable pour la suite de l'instruction[8]. Le serment ne s'impose qu'à l'interprète non assermenté[9].

73.23 Le témoin sourd. Si la personne est atteinte de surdité, le juge d'instruction nomme d'office pour l'assister lors de son audition un interprète en langage des signes.

Il peut également être recouru à tout dispositif technique permettant de communiquer avec le témoin. Si le témoin sait lire et écrire, le juge d'instruction peut également correspondre avec lui par écrit (C. pr. pén., art. 102, al. 3, issu de L. 15 juin 2000).

SECTION 3
PROCÈS-VERBAL D'AUDITION : SIGNATURES

73.31 Nécessité. Aux termes de l'article 106 du Code de procédure pénale, chaque page des procès-verbaux est signée du juge, du greffier et du témoin. Ce dernier est alors invité à relire sa déposition telle qu'elle vient d'être transcrite, puis à la signer s'il déclare y persister. Si le témoin ne sait pas lire, lecture lui en est faite par le greffier. Si le témoin ne veut ou ne peut signer, mention en est portée sur le procès-verbal. Chaque page est également signée par l'interprète s'il y a lieu.

Les témoins déposent oralement, ils ne sauraient lire une déclaration préparée à l'avance. Le procès-verbal est dressé séance tenante. La déposition est dictée par le magistrat et dactylographiée par le greffier. La déposition doit être le reflet aussi fidèle que possible des déclarations du témoin (v. s^{s} n°s 114.11, 114.41 à 114.47).

73.32 Sanction. La Cour de cassation, sous le régime du Code d'instruction criminelle, décidait d'une manière constante, que « les formalités prévues pour l'audition des témoins au cours de l'instruction ne sont pas prescrites à peine de nullité. Leur omission ne saurait donc motiver l'annulation, ni de l'information, ni de la procédure de renvoi devant la juridiction de jugement. Elle ne saurait d'autre part vicier le jugement de condamnation lorsque la règle du débat oral a été observée à

1. Crim. 28 avr. 2004, n° 04-80.753, *Bull. crim.*, n° 102; *Procédures* 2004, comm. n° 190, obs. J. Buisson (v. les attendus s^{s} n° 73.02).
2. Crim. 26 juin 1984, *D.* 1984, IR 466, obs. J.-M. R.
3. Crim. 2 oct. 1990, n° 90-84.412, *Bull. crim.*, n° 327.
4. Crim. 15 janv. 1992, n° 91-83.553, *Bull. crim.*, n° 15.
5. Crim. 16 févr. 1961, *Bull. crim.*, n° 104 – Crim. 13 févr. 1990, n° 89-86.532, *Bull. crim.*, 73; *RSC* 1990, 804, obs. Braunschweig (v. les attendus s^{s} n° 73.02).
6. Crim. 13 févr. 1990, n° 89-86.532, *Bull. crim.*, n° 73; *RSC* 1990, 804, obs. Braunschweig – Crim. 3 févr. 1992, n° 91-80.211, *Bull. crim.*, n° 45.
7. Crim. 20 nov. 1984, n° 84-94.270, *Bull. crim.*, n° 360; *JCP* 1986, II, 20546, note P. Chambon.
8. Crim. 11 mai 1876, *Bull. crim.*, n° 117.
9. Crim. 14 nov. 1990, n° 90-85.596, *Bull. crim.*, n° 380 – Crim. 19 mai 1992, n° 92-81.283, *Bull. crim.*, n° 194.

l'audience et que dès lors tout a pu être librement débattu par la défense »[1]. Cette jurisprudence est toujours applicable.

Il était spécialement décidé que l'omission de la signature des témoins n'était pas une cause de nullité[2], et que la nullité d'une déposition n'entraîne pas celle de l'information[3]. Aujourd'hui, l'article 107 du Code de procédure pénale dispose que le procès-verbal qui n'est pas régulièrement signé est considéré comme non avenu.

Les formes des articles 106 et 107 ont été rendues applicables aux interrogatoires et confrontations par l'article 121. Il a été jugé à propos des interrogatoires que la signature du greffier suffit, sans qu'il soit nécessaire que son nom soit mentionné[4]. La même règle vaut pour les jugements (C. pr. pén., art. 486)[5]. Il n'en demeure pas moins que la signature du juge d'instruction est une formalité substantielle qui seule confère à l'acte son authenticité et son existence[6]. Méconnaît les dispositions des articles 106, 107 et 121 du Code de procédure pénale le juge d'instruction qui recueille les déclarations d'un inculpé par téléphone ou télécopie[7].

SECTION 4
PROCÈS-VERBAL D'AUDITION : INTERLIGNES, RATURES, RENVOIS ET SURCHARGES

73.41 Approbation. L'article 107 du Code de procédure pénale est ainsi conçu : « Les procès-verbaux ne peuvent comporter aucun interligne. Les ratures et les renvois sont approuvés par le juge d'instruction, le greffier et le témoin et, s'il y a lieu, par l'interprète. À défaut d'approbation, ces ratures et ces renvois sont non avenus. » Ce texte est la reproduction presque mot pour mot de l'article 78 du Code d'instruction criminelle, qui reprenait lui-même l'article 12, titre VI de l'ordonnance de 1670. La jurisprudence ancienne demeure donc valable.

Les surcharges, dont la loi ne parle pas, entrent dans les termes généraux des ratures et renvois[8]. L'approbation du renvoi, rature, surcharge, ou interligne doit être signée, mais la signature peut être remplacée par un simple paraphe[9].

73.42 Sanction. Les formalités relatives aux renvois, ratures et surcharges, comme toutes les formalités matérielles des auditions de témoins, ne sont pas prescrites à peine de nullité[10]; les actes irréguliers sont seulement non avenus et réputés non écrits, comme l'indique la loi.

Ces dispositions de l'article 107, quoiqu'écrites pour l'instruction, ont une portée générale et s'appliquent à toute la procédure criminelle, et « notamment à tout ce qui est substantiel dans la procédure devant la cour d'assises »[11].

SECTION 5
TÉMOINS PRIVILÉGIÉS

73.51 Formes particulières. Toute personne, sans exception, doit son témoignage à la justice. Des règles particulières ont seulement été instituées, quant à la forme de la déposition, en faveur de certaines personnes, en raison de l'importance de leurs fonctions, dont il convient de ne pas les détourner.

Les articles 652 à 656 du Code de procédure pénale, qui reprennent dans leur ensemble les dispositions des articles 510 à 514 du Code d'instruction criminelle, modifiées par la loi du 20 février 1956, traitent de la manière dont sont reçues les dépositions des membres du gouvernement et des représentants des puissances étrangères. Ces textes appellent peu de commentaires.

73.52 Membre du gouvernement. « Le Premier ministre et les autres membres du gouvernement ne peuvent comparaître comme témoins qu'après autorisation du conseil des ministres, sur le rapport

1. Crim. 24 févr. 1927, *Bull. crim.*, n° 64 – Dans le même sens : Crim. 14 juin 1866, *Bull. crim.*, n° 153 – Crim. 10 mars 1881, *S.* 1882, 1, 385 – Crim. 27 juill. 1905, *Bull. crim.*, n° 373 – Crim. 4 mars 1958, *Bull. crim.*, n° 211.
2. Crim. 27 juill. 1905, *Bull. crim.*, n° 373 – Crim. 11 juin 1926, *Bull. crim.*, n° 158 – Crim. 4 mars 1958, *Bull. crim.*, n° 211.
3. Crim. 30 sept. 1826, *Bull. crim.*, n° 195.
4. Crim. 2 mai 1968, *Bull. crim.*, n° 136.
5. Crim. 15 déc. 1965, *Bull. crim.*, n° 276.
6. Crim. 6 oct. 1986, n° 86-93.988, *Bull. crim.*, n° 270 – Crim. 21 nov. 1988, n° 88-85.260, *Bull. crim.*, n° 394.
7. Crim. 4 janv. 1994, n° 93-84.683, *Bull. crim.*, n° 2.
8. Crim. 15 mars 1834, *D.* 1834, 1, 171 – Crim. 17 déc. 1835, *Bull. crim.*, n° 458.
9. Crim. 20 sept. 1833, *D.* 1834, 1, 435 – Crim. 10 sept. 1869, *Bull. crim.*, n° 210.
10. Crim. 10 mars 1881, *S.* 1882, 1, 385 – Crim. 7 mars 1903, *Bull. crim.*, n° 97 – Crim. 10 avr. 1913, *Bull. crim.*, n° 169 – Crim. 24 févr. 1927, *Bull. crim.*, n° 64.
11. Crim. 28 janv. 1832, *Bull. crim.*, n° 30 – Crim. 11 avr. 1845, *D.* 1845, 1, p. 252 – Crim. 9 juin 1898, *Bull. crim.*, n° 213 – Crim. 15 févr. 1961, *Bull. crim.*, n° 96 – Crim. 12 nov. 1964, *Bull. crim.*, n° 295 – Crim. 20 févr. 1969, 2 esp., *Bull. crim.*, n° 89 – Crim. 19 sept. 1990, n° 89-87.130, *Bull. crim.*, n° 316 – Crim. 28 févr. 2001, n° 00-84.055, *Bull. crim.*, n° 53; *Dr. pén.* 2001, comm. 79, obs. Maron; *JCP* 2001, IV, 1947.

du garde des Sceaux. Cette autorisation est donnée par décret. Les dispositions de cet article ne sont pas applicables aux membres du Gouvernement entendus comme témoin assisté » (C. pr. pén., art. 652).

Lorsque la comparution a lieu en vertu de l'autorisation prévue à l'article précédent, la déposition est reçue dans les formes ordinaires (C. pr. pén., art. 653). Ces deux textes s'appliquent davantage aux juridictions de jugement qu'au juge d'instruction, car ce dernier pourra toujours appliquer la procédure prévue par les articles 654 et 655. Il est nécessaire que la demande d'autorisation prévue par l'article 652 soit transmise au ministre de la Justice, seul qualifié pour saisir le conseil des ministres.

Lorsque la comparution n'a pas été demandée ou n'a pas été autorisée, la déposition est reçue par écrit dans la demeure du témoin, par le premier président de la cour d'appel ou, si le témoin réside hors du chef-lieu de la cour, par le président du tribunal de grande instance de sa résidence. Il sera, à cet effet, adressé par la juridiction saisie de l'affaire, au magistrat ci-dessus désigné, un exposé des faits ainsi qu'une liste des demandes et questions sur lesquels le témoignage est requis (C. pr. pén., art. 654). « La déposition ainsi reçue est immédiatement remise au greffe ou renvoyée, close et cachetée, à celui de la juridiction requérante et communiquée, sans délai, au ministère public ainsi qu'aux parties intéressées » (C. pr. pén., art. 655).

À l'instruction, il semble que la communication de la déposition sera faite selon les règles applicables aux autres éléments de l'information[1].

73.53 Agent diplomatique. En ce qui concerne les agents diplomatiques, l'article 656 du Code de procédure pénale dispose : « La déposition écrite d'un représentant d'une puissance étrangère est demandée par l'entremise du ministre des Affaires étrangères. Si la demande est agréée, cette déposition est reçue par le premier président de la cour d'appel ou par le magistrat qu'il aura délégué.

Il est alors procédé dans les formes prévues aux articles 654 alinéa 2 et 655. »

Ce texte s'applique aux agents couverts par l'immunité diplomatique, et non aux consuls. Les personnes qu'il concerne ne sont jamais tenues de déférer à la requête qui leur est adressée. Il est opportun de transmettre cette requête par l'intermédiaire de la Chancellerie.

73.54 Président de la République. Le président de la République n'est pas soumis à l'obligation de comparaître en qualité de témoin, dès lors que cette obligation est assortie d'une mesure de contrainte par l'article 109 du Code de procédure pénale et qu'elle est pénalement sanctionnée.

Il s'ensuit qu'est irrecevable la demande d'une partie civile tendant à l'audition du président de la République en qualité de témoin[2].

1. Sur l'audition à l'audience d'un ministre, v. Crim. 12 juin 1978, n° 77-93.769, *Bull. crim.*, n° 190 ; *RSC* 1979, 323, obs. Vitu.
2. Ass. plén. 10 oct. 2001, n° 01-84.922, *Bull. Ass. plén.*, n° 11 ; *D.* 2001, jur. 3365, note L. Favoreu ; *RFDA* 2001, n° 6, 1169, note O. Jouanjan et P. Wachsmann ; *D.* 2002, jur. 237, note Debbash ; jur. 674, note Pradel ; *LPA* 2001, n° 203 ; *RSC* 2002, 128, obs. A. Giudicelli ; *Dr. pén.* 2001, comm. 144, obs. Maron ; *Dr. pén.* 2002, chron. 1, note Delaloy ; *BICC* n° 545, concl. M. de Goutte, rapp. M. Roman ; *RTD civ.* 2002, n° 1, 169, note N. Molfessis (v. les attendus s^s n° 73.02).

TITRE

8. Le statut et l'audition des témoins assistés

SECTION 0 ORIENTEUR

80.00 Plan du titre. Il existe plusieurs modes d'acquisition du statut du témoin assisté. Les conditions de son audition dépendent de la pérennisation de son statut. La loi du 15 juin 2000 a unifié les droits du témoin assisté.

Chap. 81 Acquisition du statut de témoin assisté
Sect. 1 Un statut octroyé
Sect. 2 Un statut objectif
Sect. 3 Un statut dépendant de la volonté de la personne
Chap. 82 Audition du témoin assisté
Sect. 1 Audition sans modification de statut
Sect. 2 Changement de statut : du témoin assisté à la personne mise en examen
Sect. 3 Changement de statut : de la personne mise en examen au témoin assiste
Chap. 83 Droits du témoin assisté
Sect. 1 Droits du témoin assisté avant la loi du 15 juin 2000
Sect. 2 Droits du témoin assisté entre la loi du 15 juin 2000 et la loi du 9 mars 2004
Sect. 3 Droits du témoin depuis la loi du 9 mars 2004

80.01 Textes applicables.
C. pr. pén., art. 80-1-1, 82-1, 105, 113-1 à 113-8, 114, 116, 120, 122, 152, 173-1, 174-1, 175, 183, 197-1.

80.02 Jurisprudence de référence.
Crim. 13 nov. 2001, n° 01-85.506, *Bull. crim.*, n° 232; *D.* 2002, IR 372.
Crim. 21 juin 2005, n° 05-81.491, *Bull. crim.*, n° 181; *JCP* 2005, IV, 2822; *D.* 2005, IR 2104; *Procédures* 2005, n° 238, obs. Buisson.
Crim. 29 mars 2006, n° 06-80.273, *Bull. crim.*, n° 375, *Gaz. Pal.* 25/26 oct. 2006, p. 8.
Crim. 6 août 2008, n° 08-82.924, *Bull. crim.*, n° 171, *D.* 2008, jur. 2836, note Ch. Guéry; *JCP* 2008, IV, 2638; *AJ Pénal* 2008, 471, obs. L. Ascenci.

80.03 Bibliographie indicative. (V. les références complètes s^s n° 03.)

Actualisables. Rép. pén., Rebut, « Témoin »; Guéry, « Instruction préparatoire » et « Témoin assisté » – J.-Cl. pén., Dumont, « Auditions des témoins ».

Articles. Bouloc B., « Le témoin, le témoin assisté, le mis en examen », *Rev. pénit.* 2003, p. 649 – Giudicelli A., « Le témoin assisté et la personne mise en examen : vers un nouvel équilibre ? », *RSC* 2001, 43 – Guéry Ch. et Rolland R.-P., « Les houles inutiles. Propos sur le nouveau statut du témoin assisté », *Gaz. Pal.* 4 5 oct. 2000 – Guéry Ch., « La mise en examen par le juge d'instruction après l'entrée en vigueur de la loi du 15 juin 2000 », *JCP* 2001, I, 359; « De la nécessité accrue pour le témoin assisté de l'être bien », *AJ Pénal* 2005, 111; « L'avenir du suspect », *AJ Pénal* 2005, 232; « Un témoin assisté par anticipation », *D.* 2008, chron. 2836.

80.04 Évolution. L'inculpé, la partie civile et le témoin ont été pendant deux siècles les seules figures présentes au cours de l'instruction préparatoire. Depuis une vingtaine d'années, il est apparu la nécessité de créer un statut intermédiaire, qui fut appelé de « témoin assisté », terme qui ne figure finalement dans la loi que depuis celle du 15 juin 2000. Ce statut naît tout d'abord de la désignation d'une personne dans une plainte avec constitution de partie civile. Reprenant la règle de l'article 70 du Code d'instruction criminelle, l'article 86 du Code de procédure pénale indiquait originairement qu'au cas de réquisitoire introductif contre inconnu, la personne visée par la plainte de la partie civile pouvait être entendue comme témoin, précision supprimée par la loi du 4 janvier 1993. L'article 104 de son côté disposait « que toute personne » ainsi nommément visée pouvait refuser d'être entendue comme témoin[1]. Dans sa rédaction de la loi du 30 décembre 1987, ce texte indiquait que lorsque cette personne était entendue comme témoin, elle bénéficiait des dispositions des articles 114 alinéas 3 et 4, 117 et 118, sur sa demande, textes qui sont devenus avec la loi du 24 avril 1993, les articles 114, 115 et 120. Dans un second temps c'est la nécessité de préserver une marge de liberté pour le juge d'instruction en présence de réquisitions nominatives du parquet qui va être déterminante. Les alinéas 1 et 2 de l'article 105, dans leur rédaction issue de la loi du 24 août 1993, indiquent expressément que les personnes nommément visées par le réquisitoire du procureur de la République « ne peuvent être entendues comme témoins ». Toutefois, par l'exception apportée par l'alinéa 3 du même texte, si le juge d'instruction estime ne pas devoir mettre en examen la personne ainsi visée, il peut l'entendre comme témoin après lui avoir donné connaissance du réquisitoire. Elle bénéficie alors des droits reconnus aux personnes mises en examen. La loi du 15 juin 2000 unifie le statut du témoin assisté et celle du 9 mars 2004 complète le dispositif. La chambre criminelle a également précisé quelques points fondamentaux (v. s[s] n°s 81.02 et 81.15).

80.05 Rapport du Comité de réflexion sur la justice pénale, dit Rapport Léger. Le témoin assisté n'est pas directement abordé dans le rapport mais ce statut devrait logiquement disparaître du Code de procédure pénale.

1. Crim. 29 mars 1973, n° 71-93.595, *Bull. crim.*, n° 161 – Crim. 22 mai 1975, n° 73-93.224, *Bull. crim.*, n° 130.

CHAPITRE

81. Acquisition du statut de témoin assisté

SECTION 0
ORIENTEUR

81.00 Plan du chapitre.

Sect. 1 Un statut octroyé
Sect. 2 Un statut objectif
Sect. 3 Un statut dépendant de la volonté de la personne

81.01 Textes applicables.

C. pr. pén., art. 80-1-1, 113-1 à 113-4, 116, 122, 152, 174-1.

C. pr. pén., art. 80-1-1

Sans préjudice de son droit de demander l'annulation de la mise en examen dans les six mois de sa première comparution, conformément aux articles 173, 173-1 et 174-1, la personne mise en examen peut au cours de l'information, selon les modalités prévues par l'avant-dernier alinéa de l'article 81, demander au juge d'instruction de revenir sur sa décision et de lui octroyer le statut de témoin assisté si elle estime que les conditions prévues par les premier et troisième alinéas de l'article 80-1 ne sont plus remplies.

Cette demande peut être faite à l'issue d'un délai de six mois après la mise en examen et tous les six mois suivants.

Cette demande peut également être faite dans les dix jours qui suivent la notification d'une expertise ou un interrogatoire au cours duquel la personne est entendue sur les résultats d'une commission rogatoire ou sur les déclarations de la partie civile, d'un témoin, d'un témoin assisté ou d'une autre personne mise en examen.

Le juge d'instruction statue sur cette demande après avoir sollicité les réquisitions du ministère public.

Si le juge d'instruction fait droit à la demande, il informe la personne qu'elle bénéficie du statut de témoin assisté. Si la personne est détenue, le juge ordonne sa mise en liberté d'office.

Si le juge d'instruction estime que la personne doit rester mise en examen, il statue par ordonnance motivée faisant état des indices graves ou concordants justifiant sa décision.

C. pr. pén., art. 113-1 [L. n° 2004-204, 9 mars 2004]

Toute personne nommément visée par un réquisitoire introductif ou par un réquisitoire supplétif et qui n'est pas mise en examen ne peut être entendue que comme témoin assisté.

C. pr. pén., art. 113-2 [L. n° 2004-204, 9 mars 2004]

Toute personne nommément visée par une plainte ou mise en cause par la victime peut être entendue comme témoin assisté. Lorsqu'elle comparaît devant le juge d'instruction, elle est obligatoirement entendue en cette qualité si elle en fait la demande; si la personne est nommément visée par une plainte avec constitution de partie civile, elle est avisée de ce droit lorsqu'elle comparaît devant le juge d'instruction.

Toute personne mise en cause par un témoin ou contre laquelle il existe des indices rendant vraisemblable qu'elle ait pu participer, comme auteur ou complice, à la commission des infractions dont le juge d'instruction est saisi peut être entendue comme témoin assisté.

C. pr. pén., art. 113-3 [L. n° 2004-204, 9 mars 2004]

Le témoin assisté bénéficie du droit d'être assisté par un avocat qui est avisé préalablement des auditions et a accès au dossier de la procédure, conformément aux dispositions des articles 114 et 114-1. Cet avocat est choisi par le témoin assisté ou désigné d'office par le bâtonnier si l'intéressé en fait la demande.

Le témoin assisté peut demander au juge d'instruction, selon les modalités prévues par l'article 82-1, à être confronté avec la ou les personnes qui le mettent en cause ou formuler des requêtes en annulation sur le fondement de l'article 173.

Lors de sa première audition comme témoin assisté, la personne est informée de ses droits par le juge d'instruction.

C. pr. pén., art. 113-4

Lors de la première audition du témoin assisté, le juge d'instruction constate son identité, lui donne connaissance du réquisitoire introductif, de la plainte ou de la dénonciation, l'informe de ses droits et procède aux formalités prévues aux deux derniers alinéas de l'article 116. Mention de cette information est faite au procès-verbal.

Le juge d'instruction peut, par l'envoi d'une lettre recommandée, faire connaître à une personne qu'elle sera entendue en qualité de témoin assisté. Cette lettre comporte les informations prévues à l'alinéa précédent. Elle précise que le nom de l'avocat choisi ou la demande de désignation d'un avocat commis d'office doit être communiqué au greffier du juge d'instruction.

C. pr. pén., art. 116 [L. n° 2007-291, 5 mars 2007]

Lorsqu'il envisage de mettre en examen une personne qui n'a pas déjà été entendue comme témoin assisté, le juge d'instruction procède à sa première comparution selon les modalités prévues par le présent article.

Le juge d'instruction constate l'identité de la personne et lui fait connaître expressément, en précisant leur qualification juridique, chacun des faits dont il est saisi et pour lesquels la mise en examen est envisagée. Mention de ces faits et de leur qualification juridique est portée au procès-verbal.

Lorsqu'il a été fait application des dispositions de l'article 80-2 et que la personne est assistée d'un avocat, le juge d'instruction procède à son interrogatoire; l'avocat de la personne peut présenter ses observations au juge d'instruction.

Dans les autres cas, le juge d'instruction avise la personne de son droit de choisir un avocat ou de demander qu'il lui en soit désigné un d'office. L'avocat choisi ou, dans le cas d'une demande de commission d'office, le bâtonnier de l'ordre des avocats en est informé par tout moyen et sans délai. Si l'avocat choisi ne peut être contacté ou ne peut se déplacer, la personne est avisée de son droit de demander qu'il lui en soit désigné un d'office pour l'assister au cours de la première comparution. L'avocat peut consulter sur-le-champ le dossier et communiquer librement avec la personne. Le juge d'instruction avertit ensuite la personne qu'elle a le choix soit de se taire, soit de faire des déclarations, soit d'être interrogée. Mention de cet avertissement est faite au procès-verbal. L'accord pour être interrogé ne peut être donné qu'en présence d'un avocat. L'avocat de la personne peut également présenter ses observations au juge d'instruction.

Après avoir, le cas échéant, recueilli les déclarations de la personne ou procédé à son interrogatoire et entendu les observations de son avocat, le juge d'instruction lui notifie :

– soit qu'elle n'est pas mise en examen; le juge d'instruction informe alors la personne qu'elle bénéficie des droits du témoin assisté;

– soit qu'elle est mise en examen; le juge d'instruction porte alors à la connaissance de la personne les faits ou la qualification juridique des faits qui lui sont reprochés, si ces faits ou ces qualifications diffèrent de ceux qui lui ont déjà été notifiés; il l'informe de ses droits de formuler des demandes d'actes ou des requêtes en annulation sur le fondement des articles 81, 82-1, 82-2, 156 et 173 durant le déroulement de l'information et avant l'expiration du délai d'un mois ou de trois mois prévu par le troisième alinéa de l'article 175, sous réserve des dispositions de l'article 173-1.

S'il estime que le délai prévisible d'achèvement de l'information est inférieur à un an en matière correctionnelle ou à dix-huit mois en matière criminelle, le juge d'instruction donne connaissance de ce délai prévisible à la personne et l'avise qu'à l'expiration dudit délai, elle pourra demander la clôture de la procédure en application des dispositions de l'article 175-1. Dans le cas contraire, il indique à la personne qu'elle pourra demander, en application de ce même article, la clôture de la procédure à l'expiration d'un délai d'un an en matière correctionnelle ou de dix-huit mois en matière criminelle.

À l'issue de la première comparution, la personne doit déclarer au juge d'instruction son adresse personnelle. Elle peut toutefois lui substituer l'adresse d'un tiers chargé de recevoir les actes qui lui sont destinés si elle produit l'accord de ce dernier. L'adresse déclarée doit être située, si l'information se déroule en métropole, dans un département métropolitain ou, si l'information se déroule dans un département d'outre-mer, dans ce département. Cette déclaration est faite devant le juge des libertés et de la détention lorsque ce magistrat, saisi par le juge d'instruction, décide de ne pas placer la personne en détention.

La personne est avisée qu'elle doit signaler au juge d'instruction jusqu'au règlement de l'information, par nouvelle déclaration ou par lettre recommandée avec demande d'avis de réception, tout changement de l'adresse déclarée. Elle est également avisée que toute notification ou signification faite à la dernière adresse déclarée sera réputée faite à sa personne. Mention de cet avis, ainsi que de la déclaration d'adresse, est portée au procès-verbal. Ces avis sont donnés par le juge des libertés et de la détention lorsque celui-ci décide de ne pas placer la personne en détention.

C. pr. pén., art. 122 [L. n° 2004-204, 9 mars 2004]

Le juge d'instruction peut, selon les cas, décerner mandat de recherche, de comparution, d'amener ou d'arrêt. Le juge des libertés et de la détention peut décerner mandat de dépôt.

Le mandat de recherche peut être décerné à l'égard d'une personne à l'encontre de laquelle il existe une ou plusieurs raisons plausibles de soupçonner qu'elle a commis ou tenté de commettre une infraction. Il ne peut être décerné à l'égard d'une personne ayant fait l'objet d'un réquisitoire nominatif, d'un témoin assisté ou d'une personne mise en examen. Il est l'ordre donné à la force publique de rechercher la personne à l'encontre de laquelle il est décerné et de la placer en garde à vue.

Le mandat de comparution, d'amener ou d'arrêt peut être décerné à l'égard d'une personne à l'égard de laquelle il existe des indices graves ou concordants rendant vraisemblable qu'elle ait pu participer, comme auteur ou complice, à la commission d'une infraction, y compris si cette personne est témoin assisté ou mise en examen.

Le mandat de comparution a pour objet de mettre en demeure la personne à l'encontre de laquelle il est décerné de se présenter devant le juge à la date et à l'heure indiquées par ce mandat.

Le mandat d'amener est l'ordre donné à la force publique de conduire immédiatement devant lui la personne à l'encontre de laquelle il est décerné.

Le mandat d'arrêt est l'ordre donné à la force publique de rechercher la personne à l'encontre de laquelle il est décerné et de la conduire devant lui après l'avoir, le cas échéant, conduite à la maison d'arrêt indiquée sur le mandat, où elle sera reçue et détenue.

Le juge d'instruction est tenu d'entendre comme témoins assistés les personnes contre lesquelles il a été décerné un mandat de comparution, d'amener ou d'arrêt, sauf à les mettre en examen conformément aux dispositions de l'article 116. Ces personnes ne peuvent pas être mises en garde à vue pour les faits ayant donné lieu à la délivrance du mandat.

Le mandat de dépôt peut être décerné à l'encontre d'une personne mise en examen et ayant fait l'objet d'une ordonnance de placement en détention provisoire. Il est l'ordre donné au chef de l'établissement pénitentiaire de recevoir et de détenir la personne à l'encontre de laquelle il est décerné. Ce mandat permet également de rechercher ou de transférer la personne lorsqu'il lui a été précédemment notifié.

C. pr. pén., art. 152 [L. n° 2004-204, 9 mars 2004]
Les magistrats ou officiers de police judiciaire commis pour l'exécution exercent, dans les limites de la commission rogatoire, tous les pouvoirs du juge d'instruction.

Toutefois, les officiers de police judiciaire ne peuvent pas procéder aux interrogatoires et confrontations des personnes mises en examen. Ils ne peuvent procéder à l'audition des parties civiles ou du témoin assisté qu'à la demande de ceux-ci.

Le juge d'instruction peut se transporter, sans être assisté de son greffier ni devoir en dresser procès-verbal, pour diriger et contrôler l'exécution de la commission rogatoire, dès lors qu'il ne procède pas lui-même à des actes d'instruction. À l'occasion de ce transport, il peut ordonner la prolongation des gardes à vue prononcées dans le cadre de la commission rogatoire. Dans tous les cas, mention de ce transport est faite sur les pièces d'exécution de la commission rogatoire.

C. pr. pén., art. 174-1
Lorsque la chambre de l'instruction annule une mise en examen pour violation des dispositions de l'article 80-1, la personne est considérée comme témoin assisté à compter de son interrogatoire de première comparution et pour l'ensemble de ses interrogatoires ultérieurs, jusqu'à l'issue de l'information, sous réserve des dispositions des articles 113-6 et 113-8.

81.02 Jurisprudence.

• Toute personne, qui est nommément visée par une plainte avec constitution de partie civile et qui n'a pas acquis la qualité de témoin assisté, peut être entendue par un officier de police judiciaire agissant sur commission rogatoire, à la condition qu'elle y ait consenti après avoir été avisée de son droit d'être entendue comme témoin assisté par le juge d'instruction.

Crim. 6 août 2008, n° 08-82.924, *Bull. crim.*, n° 171, *D.* 2008, jur. 2836, note Ch. Guéry; *JCP* 2008, IV, 2638, *AJ Pénal* 2008, 471, obs. L. Ascenci.

« Vu les articles 113-2 et 152 du Code de procédure pénale;

Attendu qu'il résulte de ces textes que, si toute personne, qui est nommément visée par une plainte avec constitution de partie civile et qui n'a pas acquis la qualité de témoin assisté, peut être entendue par un officier de police judiciaire agissant sur commission rogatoire, c'est à la condition qu'elle y ait consenti après avoir été avisée de son droit d'être entendue comme témoin assisté par le juge d'instruction;

Attendu qu'il résulte de l'arrêt attaqué et des pièces de la procédure que, le 22 août 2005, l'UDAF de Maine-et-Loire a porté plainte avec constitution de partie civile contre Daniel Jouinot, pour abus de confiance; que, le 21 novembre 2005, une information a été ouverte de ce chef contre personne non dénommée; que, le 25 avril 2007, Daniel Jouinot a été placé en garde à vue et entendu, à deux reprises, par un officier de police judiciaire agissant sur commission rogatoire;

Attendu que Daniel Jouinot, mis en examen le 28 juin 2007, a régulièrement présenté une requête en annulation de pièces de la procédure en exposant qu'il n'avait pu être entendu sur commission rogatoire sans avoir été averti de la possibilité de bénéficier du statut de témoin assisté;

Attendu que, pour écarter cette argumentation et rejeter la requête, l'arrêt attaqué retient que la qualité de témoin assisté n'avait pas été conférée au demandeur préalablement à son audition sur commission rogatoire puisqu'à ce moment il n'avait pas encore comparu devant le juge d'instruction, seul habilité à l'aviser de son droit à être entendu en cette qualité;

Mais attendu qu'en se déterminant ainsi, la chambre de l'instruction a méconnu le sens et la portée des textes susvisés et du principe énoncé ci-dessus;

D'où il suit que la cassation est encourue;

Par ces motifs :

Casse et annule, en toutes ses dispositions, l'arrêt susvisé de la chambre de l'instruction de la cour d'appel d'Angers, en date du 12 mars 2008, et pour qu'il soit à nouveau jugé, conformément à la loi,

Renvoie la cause et les parties devant la chambre de l'instruction de la cour d'appel de Rennes, à ce désignée par délibération spéciale prise en chambre du conseil;

Ordonne l'impression du présent arrêt, sa transcription sur les registres du greffe de la chambre de l'instruction de la cour d'appel d'Angers et sa mention en marge ou à la suite de l'arrêt annulé ».

81.03 Bibliographie indicative.

(V. les références complètes s[s] n° 03.)

Actualisables. RÉP. PÉN., Rebut, « Témoin »; Guéry, « Instruction préparatoire » et « Témoin assisté » – J.-CL. PÉN., Dumont, « Auditions des témoins ».

Articles. Giudicelli A., « Le témoin assisté et la personne mise en examen : vers un nouvel équilibre ? », *RSC* 2001, 43 – Guéry Ch. et Rolland R.-P., « Les houles inutiles. Propos sur le nouveau statut du témoin assisté », *Gaz. Pal.* 4 5 oct. 2000.

81.06 Questions essentielles.

• L'analyse du statut nouveau du témoin assisté conditionne toute la compréhension des difficultés pratiques que peut rencontrer le magistrat instructeur. En effet, il lui faut distinguer celui qui bénéficie d'un statut « objectif » de témoin assisté et qui ne pourra par exemple être entendu sur commission rogatoire que sur sa demande (C. pr. pén., art. 152), de celui qui peut se voir octroyer ce statut si le magistrat instructeur le décide. Toutes les questions qui concernent les auditions par les enquêteurs, la garde à vue du témoin assisté, sont en liaison avec cette analyse, pourtant profondément remise en cause par l'arrêt du 6 août 2008.

* V. s^s n°s 81.15 et 81.02.

SECTION 1
UN STATUT OCTROYÉ

81.11 Bouleversement du schéma traditionnel. Sous l'égide des textes antérieurs à la loi du 15 juin 2000, le statut du témoin assisté était uniquement un statut objectif. Il dépendait de l'existence d'une plainte avec constitution de partie civile contre personne dénommée (C. pr. pén., art. 104) ou de l'existence d'un réquisitoire introductif contre personne dénommée (C. pr. pén., art. 105, al. 3) à condition toutefois que le juge ne souhaite pas mettre la personne en examen. Désormais le statut de témoin assisté peut être accordé beaucoup plus largement par le juge.

Il peut le faire dans le cas de plainte nominative contre une personne ou simplement d'une mise en cause par la victime mais aussi en cas de mise en cause par un témoin ou de l'existence d'indices rendant vraisemblable qu'elle ait pu participer, comme auteur ou complice, à la commission des infractions dont le juge d'instruction est saisi. L'article 113-2 dispose que « toute personne nommément visée par une plainte ou mise en cause par la victime peut être entendue comme témoin assisté. Lorsqu'elle comparaît devant le juge d'instruction, elle est obligatoirement entendue en cette qualité si elle en fait la demande ». L'alinéa suivant prévoit que « toute personne mise en cause par un témoin ou contre laquelle il existe des indices rendant vraisemblable qu'elle ait pu participer, comme auteur ou complice, à la commission des infractions dont le juge d'instruction est saisi peut être entendue comme témoin assisté ».

81.12 Le témoin assisté devant le juge d'instruction. Le témoin assisté de l'article 113-2 alinéa 1 peut, lorsqu'il comparaît devant le juge d'instruction exiger de bénéficier du statut du témoin assisté.

C'est, selon le texte, le seul cas où la personne peut elle-même choisir entre le statut de témoin simple et celui de témoin assisté. Jusqu'à la loi du 9 mars 2004 rien ne contraignait le juge d'instruction à avertir la personne de l'existence de ce droit. Un alinéa a été ajouté par le législateur de 2004 à l'article 113-2 qui prévoit que si la personne est nommément visée par une plainte avec constitution de partie civile, elle est avisée de ce droit lorsqu'elle comparaît devant le juge d'instruction. Cette précaution ne concerne toutefois que celui qui est nommément visée par une plainte avec constitution de partie civile et non celui qui est seulement mis en cause par la victime. Les personnes visées par l'article 113-2 alinéa 2 ne disposent pas du droit d'exiger d'être entendues comme témoin assisté. Aussi, c'est le juge d'instruction qui déterminera, au cas par cas, si la personne contre laquelle il existe des indices doit être entendue comme témoin assisté ou témoin simple. Il peut le faire soit d'office, soit à la demande formelle ou non du témoin convoqué, qui se présenterait par exemple avec un avocat. Il est néanmoins nécessaire que certains indices soient réunis contre la personne. On ne pourrait entendre comme témoin assisté une personne qui ne serait impliquée en rien dans les faits objets de l'instruction, ni visée par une plainte avec constitution de partie civile. Mais l'arrêt du 6 août 2008 a créé une figure nouvelle : celle d'un témoin assisté par anticipation[1].

81.13 Le témoin assisté devant les enquêteurs. Le pouvoir d'octroi appartient au juge et n'est pas une prérogative de la personne mise en cause, écrivions-nous dans la précédente édition de cet ouvrage. Tel n'est plus le cas. Sous l'égide de la loi du 4 janvier 1993, la personne nommément visée dans une plainte avec constitution de partie civile pouvait refuser de s'expliquer devant les enquêteurs et préférer le faire en présence de son conseil devant le magistrat instructeur. Cette disposition, qui figurait dans l'ancien article 104, a été abrogée par la loi du 15 juin 2000. En outre, il semblait pouvoir se déduire de l'article 113-2 du Code de procédure pénale que l'officier de police judiciaire pouvait entendre toute personne nommément visée dans une plainte avec constitution de partie civile tant qu'elle n'avait pas acquis le statut de témoin assisté. C'est aussi ce qui semblait ressortir de la jurisprudence[2]. La nouvelle rédaction de l'article 152 permet d'ailleurs aux officiers de police judiciaire d'entendre « sur leur demande » les « témoins assistés ». Mais cette disposition n'est pas applicable à la situation évoquée ici (v. s^s n° 81.14).

81.14 De la différence entre témoin assisté et personne qui pourrait bénéficier de ce statut.

1. V. note s^s Crim. 6 août 2008, n° 08-82.924, *D.* 2008, 2836.
2. Crim. 23 mars 2004, n° 03-87.854, *Bull. crim.*, n° 76; *D.* 2004, IR 1213; *JCP* 2004, IV, 2003; *RSC* 2004, 672, obs. A. Giudicelli (v. les attendus s^s n° 81.02).

L'article 152, en évoquant le témoin assisté, ne peut concerner que la personne qui a déjà été entendue comme telle ou qui bénéficie de ce statut de par la loi. Tel n'est pas le cas de la personne entendue par les enquêteurs sur la base de l'article 113-2 du Code de procédure pénale. Lorsqu'elle est mise en garde à vue, ce n'est pas de mise en garde à vue d'un témoin assisté dont il s'agit. Mais cette logique est remise en cause par l'arrêt du 6 août 2008. (sur la garde à vue du témoin assisté, v. aussi s[s] n° 81.22).

81.15 L'arrêt du 6 août 2008[1]**.** Au visa des articles 113-2 et 152 du Code de procédure pénale, la chambre criminelle expose qu'il résulte de ces textes que « si toute personne, qui est nommément visée par une plainte avec constitution de partie civile et qui n'a pas acquis la qualité de témoin assisté, peut être entendue par un officier de police judiciaire agissant sur commission rogatoire, c'est à la condition qu'elle y ait consenti après avoir été avisée de son droit d'être entendue comme témoin assisté par le juge d'instruction ». La chambre criminelle ajoute manifestement au texte puisque celui-ci ne concerne que la personne qui comparait devant le juge d'instruction et l'arrêt du 23 mars 2004, parfois cité dans le même sens, énonçait un principe inverse, même si les circonstances de l'espèce pouvaient obscurcir le principe posé[2]. Les officiers de police judiciaire doivent donc désormais notifier leurs droits aux personnes nommément visées dans une plainte avec constitution de partie civile, ce qui interdit quasiment tout placement en garde à vue dans ce type d'affaire. Les requêtes en nullité pourraient se multiplier, contestant la validité des auditions réalisées en application de la lettre même du texte. Lorsque la personne est mise en cause par la partie civile *postérieurement à la plainte*, la jurisprudence du 6 août 2008 ne s'applique pas[3].

SECTION 2
UN STATUT OBJECTIF

81.21 Statuts de témoin assisté prévus par la loi. Toute personne nommément visée par un réquisitoire introductif ou supplétif et qui n'est pas mise en examen ne peut être entendue que comme témoin assisté. L'article 113-1 du Code de procédure pénale reprend l'essence des dispositions de l'article 105 alinéa 3 et ce statut dépend donc de la volonté du ministère public qui ouvre contre personne dénommée et du juge d'instruction qui choisit de ne pas mettre en examen.

Le statut légal du témoin assisté se retrouve encore dans trois hypothèses : lorsque la personne mise en cause est entendue en première comparution et qu'à l'issue de son interrogatoire le magistrat choisit de lui donner le statut de témoin assisté. On peut considérer que le statut est ici attribué par la loi puisque le juge d'instruction ne semble pas avoir d'autre solution procédurale que la mise en examen ou le statut de témoin assisté (C. pr. pén., art. 116).

Enfin, la loi du 5 mars 2007 a prévu la possibilité pour la personne mise en examen de solliciter qu'elle ne le soit plus (C. pr. pén., art. 80-1-1). La personne mise en examen peut au cours de l'information, selon les modalités prévues par l'avant-dernier alinéa de l'article 81, demander au juge d'instruction de revenir sur sa décision et de lui octroyer le statut de témoin assisté si elle estime que les conditions prévues par les premier et troisième alinéas de l'article 80-1 ne sont plus remplies. Cette demande peut être faite à l'issue d'un délai de six mois après la mise en examen et tous les six mois suivants. La demande peut être « Cette demande peut également être faite dans les dix jours qui suivent la notification d'une expertise ou un interrogatoire au cours duquel la personne est entendue sur les résultats d'une commission rogatoire ou sur les déclarations de la partie civile, d'un témoin, d'un témoin assisté ou d'une autre personne mise en examen » (v. s[s] n°s 91.13, 91.41, 91.42).

Ce témoin assisté semble pouvoir, être entendu par les enquêteurs sur la base de l'article 152 du Code de procédure pénale, à condition toutefois qu'il en fasse la demande, ce qui en pratique se traduit le plus souvent par une simple acceptation.

Bien que cela apparaisse peu opportun, la loi permet donc aux officiers de police judiciaire d'entendre cette personne, et après notification de ses droits, avec son accord.

81.22 Le problème de la garde à vue du témoin assisté. Le problème de la garde à vue du témoin assisté ne se posait que lorsqu'on était en présence d'un témoin assisté bénéficiant d'un statut objectif ou d'une personne qui avait déjà été entendue comme témoin assisté (sur la garde à vue des personnes « pouvant » bénéficier du statut v. s[s] n° 81.14). Dans ces cas, l'article 152 prévoit qu'il peut être entendu sur sa demande par les enquêteurs. Or, la mesure de garde à vue est une mesure de contrainte. Les enquêteurs ne l'utiliseront que lorsqu'ils estimeront devoir retenir contre son gré la personne. Aussi, si l'audition du témoin assisté

1. Crim. 6 août 2008, n° 08-82.924, *Bull. crim.*, n° 171, *D.* 2008, jur. 2836, note Ch. Guéry; *JCP* 2008, IV, 2638; *AJ Pénal* 2008, 471, obs. L. Ascenci.
2. V. Répertoire pénal et de procédure pénale, Ch. Guéry, Témoin assisté – V. égal[t], note s[s] Crim. 6 août 2008, n° 08-82.924, *D.* 2008, 2836.
3. Crim. 26 mai 2009, n° 09-81.075, P; *AJ Pénal* 2009, 96, note S. Detraz; *D.* 2009, AJ. 1763, obs. E. Allain.

apparaît possible sur commission rogatoire, son audition en garde à vue nous paraît contradictoire avec le statut même de la personne gardée à vue. Pour autant, la garde à vue elle-même ne paraît pas impossible dès lors qu'aucune audition n'est prise. La garde à vue pourra permettre de retenir la personne pendant une perquisition organisée en sa présence à son domicile si cela s'avérait nécessaire (v. aussi s[s] n° 111.33). La garde à vue de la personne nommément visée par une plainte avec constitution de partie civile apparaît toujours possible en droit (improbable en fait) dès lors que celle-ci, dûment informée de son droit d'être entendue comme témoin assisté par le magistrat instructeur, y aurait renoncé.

SECTION 3
UN STATUT DÉPENDANT DE LA VOLONTÉ DE LA PERSONNE

81.31 Article 113-2 alinéa 1 du Code de procédure pénale. Lorsqu'il existe une plainte nominative de la victime, quelle soit ou non avec constitution de partie civile, ou une mise en cause par la victime et que la personne comparaît devant le juge d'instruction elle peut exiger d'être entendue comme témoin assisté (v. s[s] n° 81.12). La chambre criminelle considère qu'elle le peut également lorsqu'elle comparaît devant l'officier de police judiciaire (v. s[s] n° 81.15).

CHAPITRE

82. Audition du témoin assisté

SECTION 0 ORIENTEUR

82.00 Plan du chapitre.

Sect. 1 Audition sans modification de statut
Sect. 2 Changement de statut : du témoin assisté à la personne mise en examen
Sect. 3 Changement de statut : de la personne mise en examen au témoin assiste

82.01 Textes applicables.

C. pr. pén., art. 80-1-1, 105, 113-3 à 113-8, 114, 116, 152.

C. pr. pén., art. 80-1-1

* V. s^s n° 81.01.

C. pr. pén., art. 105

Les personnes à l'encontre desquelles il existe des indices graves et concordants d'avoir participé aux faits dont le juge d'instruction est saisi ne peuvent être entendues comme témoins.

C. pr. pén., art. 113-3 à 113-4 [L. n° 2004-204, 9 mars 2004]

* V. s^s n° 81.01.

C. pr. pén., art. 113-5

Le témoin assisté ne peut être placé sous contrôle judiciaire ou en détention provisoire, ni faire l'objet d'une ordonnance de renvoi ou de mise en accusation.

C. pr. pén., art. 113-6

À tout moment de la procédure, le témoin assisté peut, à l'occasion de son audition ou par lettre recommandée avec demande d'avis de réception, demander au juge d'instruction à être mis en examen; la personne est alors considérée comme mise en examen et elle bénéficie de l'ensemble des droits de la défense dès sa demande ou l'envoi de la lettre recommandée avec avis de réception.

Les dispositions de l'article 105 ne sont pas applicables au témoin assisté.

C. pr. pén., art. 113-7

Le témoin assisté ne prête pas serment.

C. pr. pén., art. 113-8 [L. n° 2004-204, 9 mars 2004]

S'il estime que sont apparus au cours de la procédure des indices graves ou concordants justifiant la mise en examen du témoin assisté, le juge d'instruction procède à cette mise en examen en faisant application des dispositions des septième et huitième alinéas de l'article 116 au cours d'un interrogatoire réalisé dans les formes prévues à l'article 114.

Il peut également procéder à cette mise en examen en adressant à la personne une lettre recommandée précisant chacun des faits qui lui sont reprochés, ainsi que leur qualification juridique, et l'informant de son droit de formuler des demandes d'actes ou des requêtes en annulation, ainsi que du délai prévisible d'achèvement de la procédure, conformément aux dispositions des septième et huitième alinéas de l'article 116.

Cette lettre recommandée peut être adressée en même temps que l'avis de fin d'information prévu par l'article 175. Elle informe alors la personne de son droit de formuler des demandes d'actes ou des requêtes en annulation pendant une durée de vingt jours.

Dans les cas visés aux deuxième et troisième alinéas du présent article, la personne est également informée que si elle demande à être à nouveau entendue par le juge d'instruction, celui-ci est tenu de procéder à son interrogatoire.

C. pr. pén., art. 114 [L. n° 2004-204, 9 mars 2004]

Les parties ne peuvent être entendues, interrogées ou confrontées, à moins qu'elles n'y renoncent expressément, qu'en présence de leurs avocats ou ces derniers dûment appelés.

Les avocats sont convoqués au plus tard cinq jours ouvrables avant l'interrogatoire ou l'audition de la partie qu'ils assistent par lettre recommandée avec demande d'avis de réception, télécopie avec récépissé ou verbalement avec émargement au dossier de la procédure.

La procédure est mise à leur disposition quatre jours ouvrables au plus tard avant chaque interrogatoire de la personne mise en examen ou chaque audition de la partie civile. Après la première comparution de la personne mise en examen ou la première audition de la partie civile, la procédure est également mise à tout moment à la disposition des avocats durant les jours ouvrables, sous réserve des exigences du bon fonctionnement du cabinet d'instruction.

Après la première comparution ou la première audition, les avocats des parties peuvent se faire délivrer, à leurs frais, copie de tout ou partie des pièces et actes du dossier.

[...]

C. pr. pén., art. 114-1
Sous réserve des dispositions du sixième alinéa de l'article 114, le fait, pour une partie à qui une reproduction des pièces ou actes d'une procédure d'instruction a été remise en application de cet article, de la diffuser auprès d'un tiers est puni de 3 750 euros d'amende.

C. pr. pén., art. 116
* V. s^s n° 81.01.

C. pr. pén., art. 119
Le procureur de la République peut assister aux interrogatoires, auditions et confrontations de la personne mise en examen, de la partie civile et du témoin assisté.

Chaque fois qu'il a fait connaître au juge d'instruction son intention d'y assister, le greffier du juge d'instruction doit l'avertir par simple note, au plus tard l'avant-veille de l'interrogatoire.

C. pr. pén., art. 152 [L. n° 2004-204, 9 mars 2004]
* V. s^s n° 81.01.

82.02 Jurisprudence de référence.
• La possibilité de mise en examen du témoin assisté ne dépend pas du moment d'apparition des indices.

Crim. 29 mars 2006, n° 06-80.273, *Bull. crim.*, n° 375, *Gaz. Pal.* 25/26 oct. 2006, p. 8.

« Attendu qu'en prononçant, par les motifs reproduits aux moyens, pour écarter les exceptions de nullité proposées par la Banque KBL France et par la société Europe Finance et Industrie, prises de l'irrégularité de leur mise en examen, la chambre de l'instruction a justifié sa décision;

Que, d'une part, est régulière la mise en examen d'un témoin assisté, décidée à tout moment de la procédure par le juge d'instruction, dès lors que la loi n'impose pas d'autre condition que l'existence, à l'encontre de la personne concernée, d'indices graves ou concordants de participation à la commission de l'infraction dont est saisi le magistrat et ne formule aucune exigence sur le moment auquel apparaissent de tels indices. »

82.03 Bibliographie indicative. (V. les références complètes s^s n° 03.)

Actualisables. RÉP. PÉN., Rebut, « Témoin »; Guéry, « Instruction préparatoire » et « Témoin assisté » – J.-CL. PÉN., Dumont, « Auditions des témoins ».

Articles. Giudicelli A., « Le témoin assisté et la personne mise en examen : vers un nouvel équilibre ? », *RSC* 2001, 43 – Guéry Ch. et Rolland R.-P., « Les houles inutiles. Propos sur le nouveau statut du témoin assisté », *Gaz. Pal.* 4 5 oct. 2000 – Guéry Ch., « La mise en examen par le juge d'instruction après l'entrée en vigueur de la loi du 15 juin 2000 », *JCP* 2001, I, 359.

82.06 Questions essentielles.
• Une procédure trop complexe dans le passage du statut de témoin assisté à celui de personne mise en examen a rendu vaine la volonté du législateur d'éviter ou de retarder le plus possible cette dernière.

* V. s^s n°s 82.21, 82.22 et 93.23 à 93.25.

SECTION 1
AUDITION SANS MODIFICATION DE STATUT

82.11 Convocation du témoin assisté. Le juge d'instruction peut, par l'envoi d'une lettre recommandée, faire connaître à une personne qu'elle sera entendue en qualité de témoin assisté. Cette lettre précise que le nom de l'avocat choisi ou la demande de désignation d'un avocat commis d'office doit être communiqué au greffier du juge d'instruction (C. pr. pén., art. 113-4).

82.12 Première comparution du témoin assisté. Il faut différencier la première comparution de la personne mise en cause de la première comparution de témoin assisté.

La personne mise en cause est convoquée comme telle en respectant ou non les formalités de l'article 80-2 (v. s^s n°s 103.41 à 103.45). Elle peut aussi être déférée devant le juge d'instruction. À la fin de la première comparution cette personne peut se voir attribuer le statut de témoin assisté. Mais la « première comparution du témoin assisté » ne vise que le cas où la personne convoquée est entendue comme témoin assisté. Le texte de l'article 113-4 dispose que « lors de la première audition du témoin assisté, le juge d'instruction constate son identité, lui donne connaissance du réquisitoire introductif, de la plainte ou de la dénonciation, l'informe de ses droits et procède à la formalité prévue aux deux derniers alinéas de l'article 116 » (déclaration d'adresse). Mention de cette information est faite au procès-verbal.

82.13 Le témoin assisté peut être entendu même s'il existe à son encontre des indices graves et concordants. Les dispositions de l'article 105 du Code de procédure pénale ne lui sont pas applicables (C. pr. pén., art. 113-6, al. 2). Cette mesure était nécessaire si on voulait que le juge d'instruction puisse consacrer ce statut sans crainte de voir la procédure invalidée pour « mise en examen tardive » (v. s^s n° 91.12). Le demandeur ne saurait se faire un grief de la violation de l'article 105 alinéa 1er du Code de procédure pénale dès lors qu'entendu en qualité de témoin assisté, il a bénéficié des droits reconnus aux personnes mises en examen par l'article 113-3 dudit code[1].

82.14 Témoin assisté et mandats. L'article 122 du Code de procédure pénale, dans sa rédaction issue de la loi du 9 mars 2004 prévoit que le mandat de recherche ne peut être délivré contre la personne qui fait l'objet d'un réquisitoire nominatif ou le témoin assisté. La question se pose désormais de savoir si un mandat de recherche peut être délivré contre une personne nommément visée dans une plainte avec constitution de partie civile. Le juge d'instruction est tenu d'entendre comme témoins assistés les personnes contre lesquelles il a été décerné un mandat de comparution, d'amener ou d'arrêt sauf à les mettre en examen conformément aux dispositions de l'article 116. Ces personnes ne peuvent être mises en garde à vue pour les faits ayant donné lieu à la délivrance du mandat (v. s[s] n° 121.24).

82.15 Présence du procureur de la République. Depuis l'entrée en vigueur de la loi du 9 mars 2004, le procureur de la République peut aussi assister aux auditions et confrontations du témoin assisté (C. pr. pén., art. 119).

SECTION 2
CHANGEMENT DE STATUT : DU TÉMOIN ASSISTÉ À LA PERSONNE MISE EN EXAMEN

82.21 Changement de statut au cours de l'audition du témoin assisté. Lorsque le juge d'instruction estime que le témoin assisté doit être mis en examen, ce qui suppose qu'il ait au moins réuni contre lui des indices graves ou concordants (C. pr. pén., art. 113-8), le magistrat ne peut procéder à la première comparution « en faisant application des dispositions des septième et huitième alinéas de l'article 116 ». Avant la loi du 9 mars 2004 le texte précisait que le juge devait avoir « informé la personne de son intention, le cas échéant par lettre recommandée et l'avoir mise en mesure de faire connaître ses observations ». Cette précision a disparu.

82.22 Changement de statut en fin de procédure par lettre recommandée : loi du 15 juin 2000. Selon l'article 113-8 du Code de procédure pénale le juge « peut également procéder à cette mise en examen en adressant à la personne, en même temps que l'avis de fin d'information prévu par l'article 175, une lettre recommandée précisant chacun des faits qui lui sont reprochés ainsi que leur qualification juridique, et l'informant de son droit de formuler des demandes d'actes ou des requêtes en annulation sur le fondement des articles 81, 82-1, 82-2, 156 et 173 pendant une durée de vingt jours. La personne est également informée que si elle demande à être à nouveau entendue par le juge celui-ci est tenu de procéder à son interrogatoire » (sur les difficultés théoriques de cette mise en examen v. s[s] n° 93.24).

82.23 La loi du 9 mars 2004 a modifié les dispositions de l'article 113-8 dans une direction souhaitée par la pratique[2]. Ce n'est plus seulement lorsqu'il délivre les avis à partie que le juge d'instruction peut mettre en examen le témoin assisté par lettre recommandée. L'article 113-8 dispose en effet que la lettre recommandée « peut être adressée en même temps que l'avis de fin d'information prévu par l'article 175 ».

L'alinéa précédent expose clairement que la mise en examen peut être prononcée par lettre recommandée pendant le cours même de l'information. La personne est également informée que si elle demande à être à nouveau entendue par le juge d'instruction, celui-ci est tenu de procéder à son interrogatoire. Le délai d'un mois prévu par l'ancien article 113-8 est également abrogé. Le principe important de l'audition de toute personne avant sa mise en examen est maintenu puisque l'article 113-8 ne trouve à s'appliquer que lorsque la personne a déjà été entendue comme témoin assisté. La possibilité de mise en examen par lettre recommandée permet d'éviter de la reporter à la toute fin de l'instruction. La circonstance que la personne refuse d'indiquer son identité et la langue qu'elle comprend ne peut faire obstacle à sa mise en examen[3].

82.24 La mise en examen du témoin assisté ne dépend pas du moment où apparaissent les indices. On pouvait se demander si le magistrat instructeur qui avait décidé d'octroyer le statut de témoin assisté à une personne devait recueillir de nouveaux indices pour pouvoir la mettre en examen. En fait, la possibilité d'octroyer ce statut en opportunité, y compris en présence d'indices graves et concordants de culpabilité, répondait déjà à la question. La chambre criminelle estime en conséquence, qu'est régulière la mise en examen d'un témoin assisté, décidée à tout moment de la procédure par le juge d'instruction, dès lors que la loi n'impose pas d'autre condition que l'existence, à l'encontre de la personne concernée, d'indices graves ou concordants de participation à la commis-

1. Crim. 27 mars 2002, n° 02-80.828, NP.

2. V. not. Ch. Guéry, « Instruction préparatoire : deux ans après... », dans *Les dispositions procédurales de la loi du 15 juin 2000 sur la présomption d'innocence. Deux années d'application*, J. Pradel (dir.), Cujas, 2003, p. 55 s.
3. Crim. 30 mars 2004, n° 04-81.147, *Bull. crim.*, n° 79; *AJ Pénal* 2004, 248, note J. Leblois-Happe; *Dr. pén.* juill./août 2004, p. 28, comm. A. Maron; *JCP* 2004, IV, 2058.

sion de l'infraction dont est saisi le magistrat et ne formule aucune exigence sur le moment auquel apparaissent de tels indices[1].

SECTION 3
CHANGEMENT DE STATUT : DE LA PERSONNE MISE EN EXAMEN AU TÉMOIN ASSISTE

82.31 Annulation de l'interrogatoire de première comparution pour défaut d'indices graves ou concordants. Lorsque la chambre de l'instruction annule l'interrogatoire de première comparution en raison de l'absence d'indices graves ou concordants, la personne mise en examen devient témoin assisté (C. pr. pén., art. 174-1).

82.32 « Démise » en examen. La loi du 5 mars 2007 permet à la personne mise en examen de solliciter l'attribution du statut de témoin assisté (v. s^{s} n°s 81.14, 91.13, 94.41, 91.42).

1. Crim. 29 mars 2006, n° 06-80.273, *Bull. crim.*, n° 375; *Gaz. Pal.* 25/26 oct. 2006, p. 8.

CHAPITRE

83. Droits du témoin assisté

SECTION 0

ORIENTEUR

83.00 Plan du chapitre.

Sect. 1 Droits du témoin assisté avant la loi du 15 juin 2000

Sect. 2 Droits du témoin assisté entre la loi du 15 juin 2000 et la loi du 9 mars 2004

Sect. 3 Droits du témoin depuis la loi du 9 mars 2004

83.01 Textes applicables.

C. pr. pén., art. 82-1, 113-3, 113-6, 114, 120, 167, 173-1, 174-1, 175, 183, 197-1.

C. pr. pén., art. 82-1

Les parties peuvent, au cours de l'information, saisir le juge d'instruction d'une demande écrite et motivée tendant à ce qu'il soit procédé à leur audition ou à leur interrogatoire, à l'audition d'un témoin, à une confrontation ou à un transport sur les lieux, à ce qu'il soit ordonné la production par l'une d'entre elles d'une pièce utile à l'information, ou à ce qu'il soit procédé à tous autres actes qui leur paraissent nécessaires à la manifestation de la vérité. À peine de nullité, cette demande doit être formée conformément aux dispositions du dixième alinéa de l'article 81 ; elle doit porter sur des actes déterminés et, lorsqu'elle concerne une audition, préciser l'identité de la personne dont l'audition est souhaitée.

Le juge d'instruction doit, s'il n'entend pas y faire droit, rendre une ordonnance motivée au plus tard dans le délai d'un mois à compter de la réception de la demande. Les dispositions du dernier alinéa de l'article 81 sont applicables.

À l'expiration d'un délai de quatre mois depuis sa dernière comparution, la personne mise en examen qui en fait la demande écrite doit être entendue par le juge d'instruction. Le juge d'instruction procède à son interrogatoire dans les trente jours de la réception de la demande, qui doit être formée conformément aux dispositions du dixième alinéa de l'article 81.

C. pr. pén., art. 113-3 [L. n° 2004-204, 9 mars 2004]

* V. s[s] n° 81.01.

C. pr. pén., art. 113-6

* V. s[s] n° 82.01.

C. pr. pén., art. 114 [L. n° 2004-204, 9 mars 2004]

* V. s[s] n° 82.01.

C. pr. pén., art. 120 [L. n° 2004-204, 9 mars 2004]

Le juge d'instruction dirige les interrogatoires, confrontations et auditions. Le procureur de la République et les avocats des parties et du témoin assisté peuvent poser des questions ou présenter de brèves observations.

Le juge d'instruction détermine, s'il y a lieu, l'ordre des interventions et peut y mettre un terme lorsqu'il s'estime suffisamment informé. Il peut s'opposer aux questions de nature à nuire au bon déroulement de l'information ou à la dignité de la personne.

Mention de ce refus est portée au procès-verbal.

Les conclusions déposées par le procureur de la République ou les avocats des parties et du témoin assisté afin de demander acte d'un désaccord avec le juge d'instruction sur le contenu du procès-verbal sont, par le juge d'instruction, versées au dossier.

C. pr. pén., art. 167 [Loi n° 2007-291, 5 mars 2007]

Le juge d'instruction donne connaissance des conclusions des experts aux parties et à leurs avocats après les avoir convoqués conformément aux dispositions du deuxième alinéa de l'article 114. Il leur donne également connaissance, s'il y a lieu, des conclusions des rapports des personnes requises en application des articles 60 et 77-1, lorsqu'il n'a pas été fait application des dispositions du quatrième alinéa de l'article 60. Une copie de l'intégralité du rapport est alors remise, à leur demande, aux avocats des parties.

Les conclusions peuvent également être notifiées par lettre recommandée ou, lorsque la personne est détenue, par les soins du chef de l'établissement pénitentiaire qui adresse, sans délai, au juge d'instruction l'original ou la copie du récépissé signé par l'intéressé. L'intégralité du rapport peut aussi être notifiée, à leur demande, aux avocats des parties par lettre recommandée. Si les avocats des parties ont fait connaître au juge d'instruction qu'ils disposent d'une adresse électronique, l'intégralité du rapport peut leur être adressée par cette voie, selon les modalités prévues par l'article 803-1.

Dans tous les cas, le juge d'instruction fixe un délai aux parties pour présenter des observations ou formuler une demande, notamment aux fins de complément d'expertise ou de contre-expertise. Cette demande doit être formée conformément aux dispositions du dixième alinéa de l'article 81. Pendant ce délai, le dossier de la procédure est mis à la disposition des conseils des parties. Le délai fixé par le juge d'instruction, qui tient compte de la complexité de l'expertise, ne saurait être inférieur à quinze jours ou, s'il s'agit d'une expertise comptable ou financière, à un mois. Passé ce délai, il ne peut plus être formulé de demande de contre-expertise, de complément d'expertise ou de nouvelle expertise portant sur le même objet, y compris sur le fondement de l'article 82-1, sous réserve de la survenance d'un élément nouveau.

Lorsqu'il rejette une demande, le juge d'instruction rend une décision motivée qui doit intervenir dans un délai d'un mois à compter de la réception de la demande. Il en est de même s'il commet un seul expert alors que la partie a demandé qu'il en soit désigné plusieurs. Faute pour le juge d'instruction d'avoir statué dans le délai d'un mois, la partie peut saisir directement la chambre de l'instruction.

Le juge d'instruction peut également notifier au témoin assisté, selon les modalités prévues par le présent article, les conclusions des expertises qui le concernent en lui fixant un délai pour présenter une demande de complément d'expertise ou de contre-expertise. Le juge n'est toutefois pas tenu de rendre une ordonnance motivée s'il estime que la demande n'est pas justifiée, sauf si le témoin assisté demande à être mis en examen en application de l'article 113-6.

C. pr. pén., art. 173-1 [L. n° 2004-204, 9 mars 2004]

Sous peine d'irrecevabilité, la personne mise en examen doit faire état des moyens pris de la nullité des actes accomplis avant son interrogatoire de première comparution ou de cet interrogatoire lui-même dans un délai de six mois à compter de la notification de sa mise en examen, sauf dans le cas où elle n'aurait pu les connaître. Il en est de même s'agissant des moyens pris de la nullité des actes accomplis avant chacun de ses interrogatoires ultérieurs.

Il en est de même pour le témoin assisté à compter de sa première audition puis de ses auditions ultérieures.

Il en est de même pour la partie civile à compter de sa première audition puis de ses auditions ultérieures.

C. pr. pén., art. 174-1

Lorsque la chambre de l'instruction annule une mise en examen pour violation des dispositions de l'article 80-1, la personne est considérée comme témoin assisté à compter de son interrogatoire de première comparution et pour l'ensemble de ses interrogatoires ultérieurs, jusqu'à l'issue de l'information, sous réserve des dispositions des articles 113-6 et 113-8.

C. pr. pén., art. 175 [L. n° 2007-291, 5 mars 2007, mod. L. n° 2009-526, 12 mai 2009]

Aussitôt que l'information lui paraît terminée, le juge d'instruction communique le dossier au procureur de la République et en avise en même temps les parties et leurs avocats soit verbalement avec émargement au dossier, soit par lettre recommandée. Lorsque la personne est détenue, cet avis peut également être notifié par les soins du chef de l'établissement pénitentiaire, qui adresse sans délai au juge d'instruction l'original ou la copie du récépissé signé par l'intéressé.

Le procureur de la République dispose alors d'un délai d'un mois si une personne mise en examen est détenue ou de trois mois dans les autres cas pour adresser ses réquisitions motivées au juge d'instruction. Copie de ces réquisitions est adressée dans le même temps aux avocats des parties par lettre recommandée.

Les parties disposent de ce même délai d'un mois ou de trois mois à compter de l'envoi de l'avis prévu au premier alinéa pour adresser des observations écrites au juge d'instruction, selon les modalités prévues par l'avant-dernier alinéa de l'article 81. Copie de ces observations est adressée en même temps au procureur de la République.

Dans ce même délai d'un mois ou de trois mois, les parties peuvent formuler des demandes ou présenter des requêtes sur le fondement des articles 81, neuvième alinéa, 82-1, 156, premier alinéa, et 173, troisième alinéa. À l'expiration de ce délai, elles ne sont plus recevables à formuler ou présenter de telles demandes ou requêtes.

À l'issue du délai d'un mois ou de trois mois, le procureur de la République et les parties disposent d'un délai de dix jours si une personne mise en examen est détenue ou d'un mois dans les autres cas pour adresser au juge d'instruction des réquisitions ou des observations complémentaires au vu des observations ou des réquisitions qui leur ont été communiquées.

À l'issue du délai de dix jours ou d'un mois prévu à l'alinéa précédent, le juge d'instruction peut rendre son ordonnance de règlement, y compris s'il n'a pas reçu de réquisitions ou d'observations dans le délai prescrit.

Les premier, troisième et cinquième alinéas et, s'agissant des requêtes en nullité, le quatrième alinéa du présent article sont également applicables au témoin assisté.

Les parties peuvent déclarer renoncer, en présence de leur avocat ou celui-ci dûment convoqué, à bénéficier des délais prévus par le présent article.

C. pr. pén., art. 183

Les ordonnances de règlement sont portées à la connaissance de la personne mise en examen et du témoin assisté et les ordonnances de renvoi ou de mise en accusation à la connaissance de la partie civile; la notification est effectuée dans les délais les plus brefs soit verbalement, avec émargement au dossier de la procédure, soit par lettre recommandée.

[...]

C. pr. pén., art. 197-1

En cas d'appel d'une ordonnance de non-lieu, le témoin assisté peut, par l'intermédiaire de son avocat, faire valoir ses observations devant la chambre de l'instruction. La date de l'audience est notifiée à l'intéressé et à son avocat conformément aux dispositions de l'article 197.

83.02 Jurisprudence de référence.

• Le témoin assisté n'est pas partie à la procédure.

Crim. 13 nov. 2001, n° 01-85.506, *Bull. crim.*, n° 232; *D.* 2002, 372.

« Attendu que, n'étant pas partie à la procédure, le témoin assisté ne tire d'aucune disposition légale la faculté de se pourvoir en cassation contre les arrêts de la chambre de l'instruction;

Que, dès lors, le demandeur est sans qualité pour se pourvoir en cassation. »

• Le témoin assisté peut pourtant se pourvoir en cassation sur l'arrêt statuant sur une demande d'annulation.

Crim. 21 juin 2005, n° 05-81.491, *Bull. crim.*, n° 181; *JCP* 2005, IV, 2822; *D.* 2005, IR 2104; *Procédures* 2005, n° 238, obs. Buisson.

« Attendu que le droit reconnu au témoin assisté, par l'article 173, alinéa 3, du Code de procédure pénale dans sa rédaction issue de la loi du 9 mars 2004, de saisir la chambre de l'instruction d'une requête aux fins d'annulation d'actes de la procédure implique que, bien que n'étant pas partie à la procédure, celui-ci soit recevable à se pourvoir contre l'arrêt statuant sur une demande d'annulation. »

83.03 Bibliographie indicative. (V. les références complètes s[s] n° 03.)

Actualisables. RÉP. PÉN., Rebut, « Témoin »; Guéry, « Instruction préparatoire » « Témoin assisté » – J.-CL. PÉN., Dumont, « Auditions des témoins ».

Articles. Bouloc B., « Le témoin, le témoin assisté, le mis en examen », *Rev. pénit.* 2003, p. 649 – Giudicelli A., « Le témoin assisté et la personne mise en examen : vers un nouvel équilibre ? », *RSC* 2001, 43 – Guéry Ch. et Rolland R.-P., « Les houles inutiles. Propos sur le nouveau statut du témoin assisté », *Gaz. Pal.* 4 5 oct. 2000 – Guéry Ch., « La mise en examen par le juge d'instruction après l'entrée en vigueur de la loi du 15 juin 2000 », *JCP* 2001, I, 359; « De la nécessité accrue pour le témoin assisté de l'être bien », *AJ Pénal* 2005, 111; « L'avenir du suspect », *AJ Pénal* 2005, 232.

83.06 Questions essentielles.

• Quelle que soit la pérennité de l'institution du juge d'instruction on peut raisonnablement se demander si le témoin assisté, dont le statut est de plus en plus obscur a encore un avenir.

* V. s[s] n°s 83.32 et 83.33.

SECTION 1
DROITS DU TÉMOIN ASSISTÉ AVANT LA LOI DU 15 JUIN 2000

83.11 Anciens articles 104 et 105 alinéa 3 : des droits différenciés. Sous l'égide de la loi du 4 janvier 1993 les droits des témoins assistés étaient différents selon qu'il s'agissait du témoin assisté de l'article 104 (plainte avec constitution de partie civile nominative) ou de celui de l'article 105 alinéa 3 (réquisitoire du procureur nominatif et magistrat instructeur ne souhaitant pas mettre en examen). Le témoin assisté de l'article 104 ne pouvait bénéficier que de droits limitativement énumérés, ceux des articles 114, 115 et 120 du Code de procédure pénale (auxquels il fallait ajouter des textes spécifiques comme les articles 175 ou 183) alors que le témoin assisté de l'article 105 bénéficiait de tous les droits des parties.

SECTION 2
DROITS DU TÉMOIN ASSISTÉ ENTRE LA LOI DU 15 JUIN 2000 ET LA LOI DU 9 MARS 2004

83.21 Un statut unifié. Avec l'entrée en vigueur de la loi du 15 juin 2000, le régime est unifié et l'article 113-3 dispose que : « Le témoin assisté bénéficie du droit d'être assisté par un avocat qui est avisé préalablement des auditions et a accès au dossier de la procédure, conformément aux dispositions des articles 114 et 114-1. Il peut également demander au juge d'instruction, selon les modalités prévues par l'article 82-1, à être confronté avec la ou les personnes qui le mettent en cause. Cet avocat est choisi par le témoin assisté ou désigné d'office par le bâtonnier si l'intéressé en fait la demande. Lors de sa première audition comme témoin assisté, la personne est informée de ses droits par le juge d'instruction. »

On peut sans doute y ajouter les droits prévus à l'article 120 (questions et observations du conseil) dont on voit mal pourquoi ils ont disparu de la liste initiale.

Par ailleurs, le témoin assisté est averti de la fin de la procédure sans pouvoir faire de demandes d'actes et l'ordonnance de règlement lui est notifiée (C. pr. pén., art. 175 et 183). En cas d'appel d'une ordonnance de non-lieu, le témoin assisté peut, par l'intermédiaire de son avocat, faire valoir ses observations devant la chambre de l'instruction. La date de l'audience est notifiée à l'intéressé et à son avocat conformément aux dispositions de l'article 197 (C. pr. pén., art. 197-1; disposition qui n'existait pas pour le témoin assisté de l'article 104 mais en retrait par rapport au statut de l'article 105 identique à celui des parties).

Le témoin assisté est alors admis à faire valoir ses observations sans que le fait qu'il soit entendu en dernier puisse faire grief à la partie civile[1]. Il

1. Crim. 14 nov. 2002, n° 02-80.710, *Bull. crim.*, n° 205; *Gaz. Pal.*, 1er-2 août 2003, jur. p. 25, note Y. Monnet.

n'acquiert pas pour autant la qualité de partie à la procédure et ne tire d'aucune disposition légale la faculté de former un pourvoi en cassation contre l'arrêt rendu par la chambre de l'instruction[1]. Les observations que l'avocat du témoin assisté est admis à faire valoir devant la chambre de l'instruction en application de l'article 197-1 du Code de procédure pénale peuvent être formulées tant oralement que par écrit. Par écrit, elles doivent être présentées dans les conditions prévues par l'article 198 de ce code[2].

83.22 L'auto-mise en examen. L'article 113-6 du Code de procédure pénale dispose « à tout moment de la procédure, le témoin assisté peut, à l'occasion de son audition ou par lettre recommandée avec demande d'avis de réception, demander au juge d'instruction à être mis en examen; la personne est alors considérée comme mise en examen et elle bénéficie de l'ensemble des droits de la défense dès sa demande ou l'envoi de la lettre recommandée avec avis de réception ». Cette disposition peut paraître abusive qui fait dépendre le statut de mise en examen de la seule volonté de la personne. Elle permet pourtant, le cas échéant, à la personne d'avoir accès aux droits que possède la personne mise en examen et dont le témoin assisté n'est pas titulaire : droit de demander tout acte utile à la manifestation de la vérité (en dehors de la confrontation prévue à l'article 113-3), droit de demander une expertise ou une contre expertise.

SECTION 3
DROITS DU TÉMOIN DEPUIS LA LOI DU 9 MARS 2004

83.31 Un élargissement général des droits. Pour des raisons peut-être plus procédurales que de fond, les droits du témoin assisté ont été accrus par la loi du 9 mars 2004. Le témoin assisté peut présenter des requêtes en nullité, demander une contre-expertise. Son avocat peut poser des questions et formuler des observations pendant l'audition.

83.32 Le témoin assisté peut présenter des requêtes en nullité. La loi du 9 mars 2004 permet au témoin assisté de présenter des requêtes en nullité sur le fondement de l'article 173 (C. pr. pén., art. 113-3). Mais ce droit nouveau s'accompagne de contraintes nouvelles. En effet, tout comme la personne mise en examen ou la partie civile, le témoin assisté est désormais concerné par les délais de forclusion prévus par l'article 173-1, six mois après chacune de ses auditions. Il devra donc se montrer particulièrement vigilant d'autant qu'on peut douter que la jurisprudence admette que le passage du statut de témoin assisté à celui de personne mise en examen ouvre de nouveaux droits Le législateur a omis de modifier l'article 197 et de prévoir que le témoin assisté soit avisé de toutes les requêtes en nullité présentées par les autres parties, omission « réparée » par la circulaire de la Chancellerie. On sait en effet que les irrecevabilités mises en place par les articles 173-1 et 174 du Code de procédure pénale ne valent que si la personne a pu connaître les nullités proposées à la chambre de l'instruction : il faut aviser le témoin assisté et son conseil de l'audience de la chambre de l'instruction statuant sur n'importe quel cas de nullité de procédure, dans les conditions prévues par l'article 197 du Code de procédure pénale. Faute de quoi, la décision ne pourrait être opposée au témoin assisté.

Sur le fond, on se demande si le système permettant à quelqu'un qui n'est pas encore partie d'agir en nullité d'une pièce ou d'un acte de procédure peut être défendu. En pratique on peut d'ailleurs estimer que sous l'apparence de dispositions techniques, on risque de priver la partie en devenir d'une partie des droits qu'elle aurait eus si elle n'était pas passée par le statut de témoin assisté. Il faut en effet que le témoin assisté soit bien prévoyant pour agir dans une affaire où aucune « charge » ne lui a encore été notifiée...[3] (v. s[s] n°s 203.27, 203.36). Le témoin assisté n'étant pas partie à la procédure n'est recevable à se pourvoir en cassation ni contre un arrêt ayant, après infirmation d'une ordonnance de non-lieu, ordonné un supplément d'information ni contre celui ayant déclaré recevable l'appel, par la partie civile, d'une ordonnance de non-lieu et ordonné un supplément d'information. Mais le droit qui lui est reconnu par l'article 173 alinéa 3 du Code de procédure pénale, issu de la loi du 9 mars 2004, de saisir la chambre de l'instruction d'une requête en annulation d'actes de la procédure, implique qu'il soit recevable à se pourvoir contre l'arrêt statuant sur une demande d'annulation[4] (v. s[s] n°s 83.02 et 83.35).

83.33 Le droit pour le témoin assisté de demander une contre-expertise. On avait pu regretter que le témoin assisté ne puisse faire de demande d'expertise ou de demande de contre-expertise. Le dispositif ne permettait d'utiliser la lettre recom-

1. Crim. 13 nov. 2001, n° 01-85.506, *Bull. crim.*, n° 232; *D.* 2002, 372 (v. les attendus s[s] n° 83.02).
2. Crim. 25 juin 2002, n° 01-87.625, *Bull. crim.*, n° 143; *JCP* 2002, IV, 2497; *D.* 2002, IR 2851.
3. V. Ch. Guéry, « De la nécessité accrue pour le témoin assisté de l'être bien », *AJ Pénal* 2005, 111.
4. Crim. 21 juin 2005, n° 05-81.491, n° 05-81.694, n° 04-87.797, 3 esp., *Bull. crim.*, n° 181; *D.* 2005, IR 2104; *JCP* 2005, IV, 2822; *Procédures* 2005, n° 238, obs. Buisson (v. les attendus s[s] n° 83.02).

mandée de mise en examen que lorsque l'affaire était terminée, en même temps que les avis à parties. Or, comment estimer une affaire terminée alors que les expertises n'ont pas été notifiées ? Le nouveau texte de l'article 167 du Code de procédure pénale, issu de la loi du 9 mars 2004 répond bien qu'imparfaitement au problème : le juge d'instruction peut également notifier au témoin assisté les conclusions des expertises qui le concernent en lui fixant un délai pour présenter une demande de complément d'expertise ou de contre-expertise. Le juge n'est toutefois pas tenu de rendre une ordonnance motivée s'il estime que la demande n'est pas justifiée, sauf si le témoin assisté demande à être mis en examen en application de l'article 113-6. Sans ordonnance motivée, pas d'appel possible, et le problème de la possibilité pour la personne de redemander une contre-expertise nous semble renvoyée au moment où elle sera mise en examen. En effet, on ne peut pas imaginer qu'une personne perde des droits à un moment où elle n'en bénéficie pas ! La non-demande de contre-expertise alors que le témoin assisté sait que le juge n'est pas tenu d'y répondre et que s'il y répond négativement il ne pourra pas faire appel n'est pas susceptible de faire perdre le droit à une réponse motivée et le droit d'appel que possède la personne mise en examen[1]. La disposition nouvelle entérine seulement la pratique consistant pour un témoin assisté à pouvoir faire valoir des observations sur une expertise; elle n'impose même pas au juge d'instruction de notifier l'expertise puisqu'elle utilise le terme « peut ». Le statut du témoin assisté peut être octroyé par le magistrat instructeur selon les dispositions des articles 113-2 et 113-3. Ces dispositions doivent être approuvées. En revanche les droits du témoin assisté ne devraient pas dépendre de la bonne volonté du juge.

83.34 **L'avocat du témoin assisté** est désormais concerné par l'article 120 du Code de procédure pénale, qui l'autorise, sous l'autorité du magistrat instructeur, à poser des questions ou faire des observations. L'article 120-1 dispose également, depuis la loi du 5 mars 2007, que le conseil du témoin assisté peut demander une confrontation séparée, au sens qui lui est donnée par cet article.

83.35 **Des droits encore limités.** Bien que les droits du témoin assisté soient en augmentation constante, il ne possède pas celui de faire appel d'une ordonnance du juge d'instruction. De la même façon, il ne peut former un pourvoi en cassation : le témoin assisté, à qui la loi ne reconnaît ni la qualité de partie ni la faculté de saisir le juge d'instruction d'une demande tendant à constater la prescription, est irrecevable à se pourvoir contre un arrêt de la chambre de l'instruction infirmant, sur l'appel de la partie civile l'ordonnance ayant, d'office, constaté la prescription[2].

Toutefois, le témoin assisté peut se pourvoir en cassation sur l'arrêt statuant sur une demande d'annulation : le droit reconnu au témoin assisté, par l'article 173 alinéa 3 du Code de procédure pénale dans sa rédaction issue de la loi du 9 mars 2004, de saisir la chambre de l'instruction d'une requête aux fins d'annulation d'actes de la procédure implique que, bien que n'étant pas partie à la procédure, celui-ci soit recevable à se pourvoir contre l'arrêt statuant sur une demande d'annulation[3]. L'article 113-8 continue à attribuer au témoin assisté un délai de vingt jours alors que la nouvelle rédaction de l'article 175 offre un mois ou trois mois aux parties, selon qu'il y a un détenu ou non dans la procédure. On peut imaginer qu'il s'agit là d'une maladresse de rédaction.

L'absence de notification à un témoin assisté de la date à laquelle la chambre de l'instruction examinera l'appel interjeté par une personne mise en examen de l'ordonnance du juge d'instruction la renvoyant devant la cour d'assises n'est pas irrégulière, dès lors que l'article 197-1 du Code de procédure pénale n'impose cette formalité, à l'égard du témoin assisté, que lorsque la chambre de l'instruction statue sur l'appel d'une ordonnance du non-lieu[4]. Par ailleurs, le témoin assisté n'étant pas partie à la procédure ne tire d'aucune disposition légale la faculté de déposer un mémoire[5].

1. V. Ch. Guéry, « De la nécessité accrue pour le témoin assisté de l'être bien », *AJ Pénal* 2005, 111.
2. Crim. 28 mars 2006, n° 05-86.661, *Bull. crim.*, n° 87; *D.* 2006, 1189.
3. Crim. 21 juin 2005, n° 05-81.491, *Bull. crim.*, n° 181; *D.* 2005, IR 2104; *JCP* 2005, IV, 2822; *Procédures* 2005, n° 238, obs. Buisson (v. s[s] n° 83.02).
4. Crim. 21 févr. 2007, n° 06-80.375, *Bull. crim.*, n° 54; *Dr. pén.* 2007, comm. n° 78, note A. Maron.
5. Crim. 2 sept. 2008, n° 07-87.882, *Bull. crim.*, n° 172.

TITRE

9. La mise en examen

SECTION 0
ORIENTEUR

90.00 **Plan du titre.** La mise en examen peut être prématurée et elle peut être tardive. La loi du 15 juin 2000 a presque totalement unifié les différents modes de mise en examen.

Chap. 91 **La mise en examen ne doit pas être prématurée**

Sect. 1 Un statut privilégié : le témoin assisté

Sect. 2 Conditions minimales de la mise en examen : la réunion d'indices graves ou concordants

Sect. 3 Nullité de la mise en examen

Sect. 4 Passage du statut de mis en examen à celui de témoin assisté

Chap. 92 **La mise en examen ne doit pas être tardive**

Sect. 1 Origine de la théorie

Sect. 2 Article 105 du Code de procédure pénale

Sect. 3 La personne nommément désignée dans le réquisitoire introductif peut-elle être entendue comme témoin ?

Chap. 93 **Modes de mise en examen**

Sect. 1 Qu'est-ce que la mise en examen ?

Sect. 2 Comment met-on en examen ?

Sect. 3 Incidences de la poursuite de l'instruction

Sect. 4 Est-il possible de déléguer une mise en examen ?

90.01 **Textes applicables.**

C. pr. pén., art. 80-1, 80-1-1, 80-2, 105, 113-1, 113-8, 116, 154-1, 173-1, 174-1.

90.02 **Jurisprudence de référence.**

Crim. 24 févr. 1987, n° 86-96.293, *Bull. crim.,* n° 93.

Crim. 1er déc. 1998, n° 98-83.566, *Bull. crim.,* n° 323; *Dr. pén.* 1999, comm. 46 et 49, note Maron.

Crim. 20 juin 2001, n° 01-82.607, *Bull. crim.,* n° 156; *D.* 2001, IR 2724.

Crim. 14 mai 2002, n° 02-80.721, *Bull. crim.,* n° 111; *JCP* 2002, p. 2172.

Crim. 11 mai 2004, n° 04-81.039, *Bull. crim.,* n° 114; *JCP* 2004, IV, 2392; *D.* 2004, IR 1865; *AJ Pénal* 2004, 289, note J. Leblois-Happe.

90.03 **Bibliographie indicative.** (V. les références complètes s^s n° 03.)

Actualisables. RÉP. PÉN., David, « Témoin »; Guéry, « Instruction préparatoire » – J.-CL. PÉN., Dumont, « Auditions des témoins », « Interrogatoires et confrontations ».

Articles. Bouloc B., « Le témoin, le témoin assisté, le mis en examen », *Rev. pénit.* 2003, p. 649 – Giudicelli A., « Le témoin assisté et la personne mise en examen : un nouvel équilibre ? », *RSC* 2001, 43 – Guéry Ch. et Rolland R.-P., « Les houles inutiles. Propos sur le nouveau statut du témoin assisté », *Gaz. Pal.* 4 5 oct. 2000 – Guéry, « La mise en examen par le juge d'instruction après l'entrée en vigueur de la loi du 15 juin 2000 », *JCP* 2001, I, 359 – Le Calvez J., « L'article 80-1 alinéa 1 du Code de procédure pénale et la nullité de la mise en examen », *D.* 2002, chron. 2277.

90.04 **Évolution.** Traditionnellement, la qualité d'inculpé de l'individu soupçonné résultait de l'imputation des faits objet de la poursuite dont il lui était donné connaissance par le juge d'instruction au cours de l'interrogatoire de première comparution. C'est ce que l'on appelait l'inculpation. Mais ce terme, qui évoquait prématurément, pour le profane, la notion de culpabilité, a été remplacé par l'expression de « mise en examen » par la loi du 4 janvier 1993. Cette loi avait institué un régime complexe de mise en examen qui, outre l'opération elle-même, comprenait notamment une lettre recommandée adressée par le parquet à l'intéressé et un interrogatoire de notification des charges. La loi du 24 août 1993 a conservé la mise en examen, mais en la simplifiant : la pièce maîtresse en est comme auparavant l'interrogatoire de première comparution, dont les formes antérieures ont été pour l'essentiel conservées.

L'article 80-1 du Code de procédure pénale, issu de la loi du 24 août 1993, énumérait les quatre procédés dont disposait le juge d'instruction. La mise en examen résultait normalement de l'interrogatoire de première comparution, qui en était le mode privilégié.

Mais la mise en examen pouvait aussi résulter de la délivrance de l'un des mandats prévus par les articles 122 à 136 (C. pr. pén., art. 80-1, al. 2). Le mandat de justice est en effet, en lui-même, un acte de poursuite. Le juge d'instruction pouvait en troisième lieu « procéder à la mise en examen d'une personne par l'envoi d'une lettre recommandée ». Cette lettre lui donnait connaissance des faits qui lui étaient imputés et de leur qualification juridique. Elle lui précisait qu'elle pouvait être assistée d'un avocat de son choix ou commis d'office, dont le nom ou la demande de désignation devait être communiqué au greffier (C. pr. pén., art. 80-1, al. 3).

Valait enfin mise en examen la notification à une personne des éléments qui précèdent par un officier de police judiciaire qui en recevait mission du juge d'instruction, notification constatée par procès-verbal signé de la personne qui en recevait copie (C. pr. pén., art. 80-1, al. 3)[1].

La loi du 15 juin 2000 a encore considérablement changé la matière. L'article 80-1 du Code de procédure pénale dispose désormais qu'« à peine de nullité, le juge d'instruction ne peut mettre en examen que les personnes à l'encontre desquelles il existe des indices graves ou concordants rendant vraisemblable qu'elles aient pu participer, comme auteur ou comme complice, à la commission des infractions dont il est saisi. Il ne peut procéder à cette mise en examen qu'après avoir préalablement entendu les observations de la personne ou l'avoir mise en mesure de les faire, en étant assistée par son avocat, soit dans les conditions prévues par l'article 116 relatif à l'interrogatoire de première comparution, soit en tant que témoin assisté conformément aux dispositions des articles 113-1 à 113-8. Le juge d'instruction ne peut procéder à la mise en examen de la personne que s'il estime ne pas pouvoir recourir à la procédure de témoin assisté ».

Les travaux parlementaires de la loi du 15 juin 2000 démontrent que l'intention du législateur a été de retarder le plus possible la mise en examen voire d'éviter l'utilisation de ce statut dans certains cas. Le premier moyen utilisé est la tentative de favoriser le statut de témoin assisté.

Le second tente d'assujettir la mise en examen à la réunion d'indices qualifiés.

La loi du 5 mars 2007 a fait peut-être un pas décisif vers une juridictionnalisation de la mise en examen en permettant à la personne mise en examen de demander au magistrat instructeur, à diverses échéances, de revenir sur sa décision et de lui attribuer le statut de témoin assisté.

90.05 Rapport du comité de réflexion sur la justice pénale dit Rapport Léger. La personne mise en examen disparaîtrait de notre code de procédure avec l'instruction préparatoire. Le comité Léger n'a pas entendu donner à la personne concernée par une enquête renforcée (v. s[s] n° 10.05) d'autre nom que « partie à la procédure ».

1. Sur la notification des faits poursuivis lors de la mise en examen par lettre recommandée v. Crim. 29 avr. 1996, n° 94-82.166, n° 95-81.956, *Bull. crim.*, n° 168; *JCP* 1996, II, 22700, note P. Chambon.

CHAPITRE

91. La mise en examen ne doit pas être prématurée

SECTION 0 ORIENTEUR

91.00 Plan du chapitre.

Sect. 1 Un statut privilégié : le témoin assisté
Sect. 2 Conditions minimales de la mise en examen : la réunion d'indices graves ou concordants
Sect. 3 Nullité de la mise en examen
Sect. 4 Passage du statut de mis en examen à celui de témoin assisté

91.01 Textes applicables.

C. pr. pén., art. 80-1, 80-1-1, 80-2, 105, 174-1.

C. pr. pén., art. 80-1

À peine de nullité, le juge d'instruction ne peut mettre en examen que les personnes à l'encontre desquelles il existe des indices graves ou concordants rendant vraisemblable qu'elles aient pu participer, comme auteur ou comme complice, à la commission des infractions dont il est saisi.

Il ne peut procéder à cette mise en examen qu'après avoir préalablement entendu les observations de la personne ou l'avoir mise en mesure de les faire, en étant assistée par son avocat, soit dans les conditions prévues par l'article 116 relatif à l'interrogatoire de première comparution, soit en tant que témoin assisté conformément aux dispositions des articles 113-1 à 113-8.

Le juge d'instruction ne peut procéder à la mise en examen de la personne que s'il estime ne pas pouvoir recourir à la procédure de témoin assisté.

C. pr. pén., art. 80-1-1 [inséré par L. n° 2007-291, 5 mars 2007]

Sans préjudice de son droit de demander l'annulation de la mise en examen dans les six mois de sa première comparution, conformément aux articles 173, 173-1 et 174-1, la personne mise en examen peut au cours de l'information, selon les modalités prévues par l'avant-dernier alinéa de l'article 81, demander au juge d'instruction de revenir sur sa décision et de lui octroyer le statut de témoin assisté si elle estime que les conditions prévues par les premier et troisième alinéas de l'article 80-1 ne sont plus remplies.

Cette demande peut être faite à l'issue d'un délai de six mois après la mise en examen et tous les six mois suivants.

Cette demande peut également être faite dans les dix jours qui suivent la notification d'une expertise ou un interrogatoire au cours duquel la personne est entendue sur les résultats d'une commission rogatoire ou sur les déclarations de la partie civile, d'un témoin, d'un témoin assisté ou d'une autre personne mise en examen.

Le juge d'instruction statue sur cette demande après avoir sollicité les réquisitions du ministère public.

Si le juge d'instruction fait droit à la demande, il informe la personne qu'elle bénéficie du statut de témoin assisté. Si la personne est détenue, le juge ordonne sa mise en liberté d'office.

Si le juge d'instruction estime que la personne doit rester mise en examen, il statue par ordonnance motivée faisant état des indices graves ou concordants justifiant sa décision.

C. pr. pén., art. 80-2

Le juge d'instruction peut informer une personne par lettre recommandée qu'elle est convoquée, dans un délai qui ne peut être inférieur à dix jours ni supérieur à deux mois, pour qu'il soit procédé à sa première comparution dans les conditions prévues par l'article 116. Cette lettre indique la date et l'heure de la convocation. Elle donne connaissance à la personne de chacun des faits dont ce magistrat est saisi et pour lesquels la mise en examen est envisagée, tout en précisant leur qualification juridique. Elle fait connaître à la personne qu'elle a le droit de choisir un avocat ou de demander qu'il lui en soit désigné un d'office, ce choix ou cette demande devant être adressé au greffe du juge d'instruction. Elle précise que la mise en examen ne pourra intervenir qu'à l'issue de la première comparution de la personne devant le juge d'instruction.

Le juge d'instruction peut également faire notifier cette convocation par un officier de police judiciaire. Cette notification comprend les mentions prévues à l'alinéa précédent; elle est constatée par un procès-verbal signé par la personne qui en reçoit copie.

L'avocat choisi ou désigné est convoqué dans les conditions prévues par l'article 114; il a accès au dossier de la procédure dans les conditions prévues par cet article.

C. pr. pén., art. 105
Les personnes à l'encontre desquelles il existe des indices graves et concordants d'avoir participé aux faits dont le juge d'instruction est saisi ne peuvent être entendues comme témoins.

C. pr. pén., art. 174-1
Lorsque la chambre de l'instruction annule une mise en examen pour violation des dispositions de l'article 80-1, la personne est considérée comme témoin assisté à compter de son interrogatoire de première comparution et pour l'ensemble de ses interrogatoires ultérieurs, jusqu'à l'issue de l'information, sous réserve des dispositions des articles 113-6 et 113-8.

91.02 Jurisprudence de référence.
• La délivrance d'un mandat d'arrêt par un juge d'instruction ne confère pas à celui qui en est l'objet la qualité de personne mise en examen.

Crim. 14 mai 2002, n° 02-80.721, *Bull. crim.*, n° 111; *JCP* 2002, 2172.

« Attendu qu'Arcadi A... fait l'objet d'un mandat d'arrêt délivré par le juge d'instruction, devant lequel il n'a jamais comparu;

Attendu qu'en cet état, et bien qu'il ait été avisé, à tort, de la date de l'audience de la chambre de l'instruction, l'intéressé ne tenait d'aucune disposition légale ou conventionnelle le droit de former un pourvoi en cassation contre l'arrêt attaqué;

Qu'en effet, d'une part, il résulte de l'article 567 du Code de procédure pénale que seules les parties au procès sont recevables à se pourvoir en cassation;

Que, d'autre part, selon les dispositions de l'article 134, alinéa 3, du même code, dans leur rédaction issue de la loi du 15 juin 2000, applicables en la cause, la délivrance d'un mandat d'arrêt par le juge d'instruction ne confère pas, au cours de l'information, à celui qui en est l'objet, la qualité de personne mise en examen;

D'où il suit que le pourvoi d'Arcadi A... doit être déclaré irrecevable. »

91.03 Bibliographie indicative. (V. les références complètes s[s] n° 03.)

Actualisables. RÉP. PÉN., David, « Témoin »; Guéry, « Instruction préparatoire » – J.-CL. PÉN., Dumont, « Auditions des témoins », « Interrogatoires et confrontations ».

Articles. Giudicelli A., « Le témoin assisté et la personne mise en examen : un nouvel équilibre ? », *RSC* 2001, 43 – Guéry Ch. et Rolland R.-P., « Les houles inutiles. Propos sur le nouveau statut du témoin assisté », *Gaz. Pal.* 4 5 oct. 2000 – Guéry, « La mise en examen par le juge d'instruction après l'entrée en vigueur de la loi du 15 juin 2000 », *JCP* 2001, I, 359 – Le Calvez J., « L'article 80-1 alinéa 1 du Code de procédure pénale et la nullité de la mise en examen », *D.* 2002, chron. 2277.

91.06 Questions essentielles.
• Les requêtes en nullité pour défaut de réunion d'indices graves ou concordants lors de l'interrogatoire de première comparution sont rares. La terminologie utilisée est en effet assez peu contraignante. L'utilisation du statut de témoin assisté, dans les cas où une mesure coercitive n'est pas nécessaire, permet d'ailleurs de pallier cette difficulté. Avec l'entrée en vigueur de la loi du 5 mars 2007, on risque de voir le magistrat instructeur consacrer une partie de son temps à motiver la pérennité de l'existence des indices graves ou concordants...

SECTION 1
UN STATUT PRIVILÉGIÉ : LE TÉMOIN ASSISTÉ

91.11 Caractère subsidiaire de la mise en examen. Le juge « ne peut procéder » à la mise en examen qu'après avoir recueilli les observations de la personne, il « ne peut » procéder à la mise en examen de la personne que s'il estime ne pas pouvoir recourir à la procédure de témoin assisté.

La première question qui se pose est donc d'apprécier dans quels cas le juge pourrait estimer ne pas pouvoir recourir à la procédure de témoin assisté. Deux cas sont prévus par la loi puisque le témoin assisté ne peut être placé en détention provisoire ou sous contrôle judiciaire (C. pr. pén., art. 113-5). Il est donc clair que dans l'hypothèse où le magistrat instructeur souhaite placer la personne sous contrôle judiciaire ou saisir le juge des libertés et de la détention pour un placement en détention il est nécessaire d'ordonner au préalable la mise en examen. La circulaire d'application de la Chancellerie ne défend pas le principe selon lequel le statut de témoin assisté devrait être dévolu à toute personne contre laquelle il existe des indices graves ou concordants mais qui ne serait pas placée sous contrôle judiciaire ou en détention provisoire. Elle propose de donner le statut de personne mise en examen à la personne contre laquelle il existe déjà, lors de la première comparution, des charges[1] (sur les obligations pour le juge d'instruction ou le juge des enfants de rendre une ordonnance de refus de mise en examen dès lors qu'il est saisi de réquisitions de placement en détention provisoire v. s[s] n° 103.63).

91.12 Exception au principe posé par l'article 105. Depuis l'entrée en vigueur de la loi du 15 juin 2000, l'article 105 n'est pas applicable au témoin assisté. Dans le cas contraire, le juge d'ins-

1. V. Ch. Guéry, « La mise en examen par le juge d'instruction après l'entrée en vigueur de la loi du 15 juin 2000 », *JCP* 2001, I, 359.

truction aurait pu avoir la tentation de délaisser ce statut par crainte d'une annulation sur la base de la réunion d'indices graves et concordants. Il ne saurait donc être fait grief au magistrat instructeur d'avoir continué à entendre un témoin assisté sous le régime de témoin assisté, alors même qu'il disposait contre lui d'indices graves et concordants.

Il faut toutefois rappeler les difficultés qui peuvent s'attacher à ce que l'on entend par témoin assisté (v. ss n° 81.14). Il s'agira ici de celui qui a déjà été entendu comme témoin assisté, soit par les services de police sur sa demande, soit par le juge d'instruction lui-même et de celui qui bénéficie d'un statut objectif de témoin assisté : par exemple celui qui est visé par le réquisitoire introductif du ministère public (v. ss n° 81.21). La première audition d'un tel témoin assisté est possible sans qu'on puisse craindre une annulation pour violation de l'article 105. En revanche, l'audition comme témoin de la personne qui peut bénéficier de l'octroi par le juge d'instruction de ce statut ou qui peut même l'exiger quand elle est mise en cause par une victime et comparaît devant le magistrat instructeur est toujours assujettie à la non réunion d'indices graves ou concordants.

91.13 Résistances de la pratique judiciaire. Il ne semble pas que le vœu du législateur ait été suivi de succès. En effet, le magistrat instructeur ne se sert encore que rarement de ce statut dès lors qu'il existe contre la personne des indices graves ou concordants. L'article 113-8 qui prévoit le passage du statut de témoin assisté à celui de personne mise en examen ne lui facilitait en effet pas la tâche (procédure facilitée toutefois par la loi du 9 mars 2004, v. ss nos 82.21 et 82.22). Le magistrat instructeur pouvait préférer choisir une procédure plus « simple » en plaçant d'emblée la personne en examen.

Toutefois, certains avocats ont pu se plaindre de l'utilisation du statut de témoin assisté, sans discernement, par des magistrats instructeurs qui se serviraient systématiquement dans un autre but que celui imaginé par le législateur : en effet, le témoin assisté dispose de moins de droits pendant l'information que la personne mise en examen puisqu'il ne peut solliciter qu'une confrontation, et ne peut présenter une requête en nullité ou solliciter une expertise dans les mêmes conditions que la personne mise en examen, même si la loi du 9 mars 2004 a marqué sur ce point une évolution. Le statut du témoin assisté maintenu pendant toute la procédure renvoie la possibilité de faire des demandes d'actes ou des requêtes en nullité à la fin de l'information.

SECTION 2

CONDITIONS MINIMALES DE LA MISE EN EXAMEN : LA RÉUNION D'INDICES GRAVES OU CONCORDANTS

91.21 La notion d'indices graves ou concordants. Le législateur a choisi d'assujettir la mise en examen à la réunion d'indices graves ou concordants (C. pr. pén., art. 80-1). Ce choix, qui donna lieu à des débats animés au Parlement n'apparaît pas très heureux. On pourrait ainsi se contenter d'indices graves mais discordants encore qu'on puisse se demander s'il peut y avoir des indices graves dès lors qu'ils sont justement discordants. Rien n'interdirait en revanche de se contenter d'indices ténus mais concordants[1].

C'est un nouveau palier dans la gradation de la vraisemblance dans le Code de procédure pénale qui ne facilite pas forcément la sécurité juridique[2].

La symbolique est pourtant plus forte que l'incidence pratique. C'est la première fois que le législateur place un plancher à la mise en examen. L'exigence de participation à un crime ou un délit défini par l'ancien texte ne posait pas réellement de conditions minimales à la mise en examen. On ne prévoyait pas en tout cas que la personne ainsi traitée puisse saisir la chambre de l'instruction, ce qui est désormais le cas (v. ss n° 91.31).

En pratique, on peut toutefois penser que la notion est suffisamment large pour englober un panel très large de situations.

91.22 Entre plancher de la mise en examen et plafond de l'audition de témoin. Si le magistrat instructeur ne peut mettre en examen sans indices graves ou concordants, on sait aussi qu'il ne peut entendre ou faire entendre un témoin dès lors qu'il existe à son encontre des indices graves et concordants. D'un point de vue théorique en tout cas, la mise en examen est donc désormais un moment procédural particulièrement sensible. La circonstance qu'aucun élément nouveau n'ait été recueilli entre la date de l'audition en qualité de témoin et celle de la mise en examen ne saurait impliquer l'absence à l'encontre de la personne concernée d'indices graves ou concordants, dès lors qu'il résulte de l'article 80-1 du Code de procédure pénale qu'une personne à l'encontre de laquelle il existe de tels indices peut être entendue comme témoin, sa mise en examen étant laissée à la seule

1. V. Ch. Guéry, « La mise en examen depuis l'entrée en vigueur de la loi du 15 juin 2000 », *JCP* 2001, 1, 359.
2. V. Ch. Guéry, « Les paliers de la vraisemblance pendant l'instruction préparatoire », *JCP* 1998, ét. n° 140.

appréciation du juge d'instruction[1]. Peu importe que la personne ait déjà été entendue sous le régime de statut assisté et que les éléments réunis à son encontre n'aient pas changé : est régulière la mise en examen d'un témoin assisté, décidée à tout moment de la procédure par le juge d'instruction, dès lors que la loi n'impose pas d'autre condition que l'existence, à l'encontre de la personne concernée, d'indices graves ou concordants de participation à la commission de l'infraction dont est saisi le magistrat et ne formule aucune exigence sur le moment auquel apparaissent de tels indices[2].

SECTION 3
NULLITÉ DE LA MISE EN EXAMEN

91.31 Sanction du défaut d'indices graves ou concordants. L'article 80-1 alinéa 1 du Code de procédure pénale dispose qu'« à peine de nullité, le juge d'instruction ne peut mettre en examen que les personnes à l'encontre desquelles il existe des indices graves ou concordants rendant vraisemblable qu'elles aient pu participer, comme auteur ou comme complice, à la commission des infractions dont il est saisi ». C'est donc par la voie de la requête en nullité et non par celle de l'appel que la mise en examen peut être contestée (mais sur l'évolution instaurée par la loi du 5 mars 2007 v. s[s] n° 91.42).

L'appréciation que peut faire la chambre de l'instruction est donc très marquée dans le temps. C'est au moment de l'interrogatoire de première comparution qu'elle doit se placer pour estimer s'il y avait alors indices graves ou concordants. Méconnaît l'article 80-1 du Code de procédure pénale la chambre de l'instruction qui constate l'irrégularité de certaines mises en examen mais refuse de les annuler[3].

91.32 Effets de l'annulation. Si la chambre de l'instruction prononce l'annulation, la personne est alors considérée comme témoin assisté depuis le début de la procédure (C. pr. pén., art. 174-1). Ce n'est pas le contenu des procès-verbaux qui sera touché par l'annulation.

L'efficacité de la requête en nullité peut donc être considérée comme quasi-nulle sauf dans le cas où une mesure coercitive a été prise, dont l'annulation suivra logiquement celle de la mise en examen. La chambre de l'instruction en tant que juge de la nullité « semble au premier abord appelée à exercer un contrôle s'apparentant à celui qui incombe normalement au juge de la suffisance des charges »[4]. Enfin, la loi du 15 juin 2000 ayant introduit une modification importante au régime des nullités de procédure, la personne mise en examen doit faire état des moyens pris de la nullité des actes accomplis avant son interrogatoire de première comparution ou de cet interrogatoire lui-même dans un délai de six mois à compter de la notification de sa mise en examen, sauf dans les cas où elle n'aurait pu les connaître (v. s[s] n°s 203.31 à 203.35). Bien entendu, l'annulation a pour effet que la personne est considérée comme témoin assisté depuis le début de la procédure uniquement si elle est décidée pour défaut d'indices graves ou concordants. L'absence de signature du procès-verbal de première comparution n'aurait pas, par exemple, cet effet.

SECTION 4
PASSAGE DU STATUT DE MIS EN EXAMEN À CELUI DE TÉMOIN ASSISTÉ

91.41 La « démise en examen ». La loi du 5 mars 2007 a prévu la possibilité pour la personne mise en examen de solliciter qu'elle ne le soit plus (C. pr. pén., art. 80-1-1). Partant du principe que le dossier a pu avancer et que les indices graves ou concordants ont pu s'affaiblir ou disparaître, le législateur prévoit que la personne mise en examen peut au cours de l'information, selon les modalités prévues par l'avant-dernier alinéa de l'article 81, demander au juge d'instruction de revenir sur sa décision et de lui octroyer le statut de témoin assisté si elle estime que les conditions prévues par les premier et troisième alinéas de l'article 80-1 ne sont plus remplies.

Cette demande peut être faite à l'issue d'un délai de six mois après la mise en examen et tous les six mois suivants. Le dispositif ressemblait à celui prévu par l'article 175-2 du Code de procédure pénale, lorsque le délai prévisible d'achèvement de la procédure est expiré. Mais le législateur a pensé que cette possibilité devait être étendue. La demande peut en effet « également être faite dans les dix jours qui suivent la notification d'une expertise ou un interrogatoire au cours duquel la personne est entendue sur les résultats d'une commission roga-

1. Crim. 14 mai 2002, n° 02-80.721, *Bull. crim.*, n° 111 ; *JCP* 2002, p. 2172 (v. les attendus s[s] n° 91.02).
2. Crim. 29 mars 2006, n° 06-80.273, *Bull. crim.*, n° 375 ; *Gaz. Pal.* 25/26 oct. 2006, p. 8.
3. Crim. 1er oct. 2003, n° 03-82.909, *Bull. crim.*, n° 177 ; *D.* 2003, IR 2805 ; *D.* 2004, somm. 671, obs. J. Pradel ; *JCP* 2003, act. n° 531 ; *JCP* 2003, IV, 2892.
4. J. Le Calvez, « L'article 80-1 alinéa 1 du Code de procédure pénale et la nullité de la mise en examen », *D.* 2002, chron. 2277.

toire ou sur les déclarations de la partie civile, d'un témoin, d'un témoin assisté ou d'une autre personne mise en examen ».

Le magistrat instructeur risque donc de devoir justifier continuellement de la persistance d'indices graves ou concordants dans son dossier. On peut en effet penser que la « démise en examen » sera rarement obtenue. Il est prévu que « le juge d'instruction statue sur cette demande après avoir sollicité les réquisitions du ministère public. Si le juge d'instruction fait droit à la demande, il informe la personne qu'elle bénéficie du statut de témoin assisté. Si la personne est détenue, le juge ordonne sa mise en liberté d'office.

Si le juge d'instruction estime que la personne doit rester mise en examen, il statue par ordonnance motivée faisant état des indices graves ou concordants justifiant sa décision ».

Il s'agit donc d'un nouveau cas de passage du statut de mis en examen à celui de témoin assisté.

91.42 Vers une motivation de la mise en examen. Le texte nouveau est sans doute un premier pas vers l'introduction d'une mise en examen juridictionnelle : la motivation des indices graves ou concordants qu'implique le dispositif nouveau pourrait être exigée dès lors qu'une mise en examen est décidée. La possibilité d'un appel, et non d'une requête en nullité, s'imposerait alors. Nous n'en sommes plus bien loin : avant d'exiger la motivation de la détention en matière criminelle, le législateur se contentait d'exiger celle du refus de mise en liberté. Gageons que la motivation de la mise en examen sera le prochain stade. Et espérons par la même occasion la suppression de ce dispositif qui contraint le juge à justifier constamment la persistance de ces indices.

CHAPITRE

92. La mise en examen ne doit pas être tardive

SECTION 0 ORIENTEUR

92.00 **Plan du chapitre.**

Sect. 1 Origine de la théorie

Sect. 2 Article 105 du Code de procédure pénale

Sect. 3 La personne nommément désignée dans le réquisitoire introductif peut-elle être entendue comme témoin ?

92.01 **Textes applicables.**

C. pr. pén., art. 80-1, 80-2, 105.

C. pr. pén., art. 80-1

* V. s^s n° 91.01.

C. pr. pén., art. 80-2

* V. s^s n° 91.01.

C. pr. pén., art. 105

* V. s^s n° 91.01.

92.02 **Jurisprudence de référence.**

• **Les officiers de police judiciaire qui ont recueilli les déclarations d'un suspect peuvent poursuivre son audition dans le but de les vérifier.**

Crim. 24 févr. 1987, n° 86-96.293, *Bull. crim.*, n° 93.

« Attendu qu'en l'état de ces énonciations desquelles il résulte que les déclarations initiales du demandeur devant être vérifiées, les officiers de police judiciaire n'avaient pas eu pour dessein de faire échec aux droits de la défense, la chambre d'accusation a justifié sa décision; qu'il en est de même lorsqu'elle constate que le juge d'instruction requis à l'origine d'informer sur les causes de la mort d'une personne n'a procédé à l'inculpation de celui contre lequel il existait des indices graves et concordants de culpabilité qu'après avoir communiqué au procureur de la République les procès-verbaux rapportant des faits susceptibles d'admettre une qualification pénale. »

• **Le juge d'instruction qui acquiert la connaissance de faits nouveaux peut les consigner dans un procès-verbal et effectuer d'urgence des vérifications sommaires.**

Crim. 1er déc. 1998, n° 98-83.566, *Bull. crim.*, n° 323; *Dr. pén.* 1999, comm. 46 et 49, note Maron.

« Attendu qu'il résulte de l'arrêt attaqué et des pièces de la procédure que, dans l'information suivie notamment contre X..., pour abus de biens sociaux et autres infractions commises alors qu'il était président de la société I..., les deux juges d'instruction chargés du dossier ont, le 26 mai 1997, reçu une lettre anonyme dénonçant les avantages accordés par cette société à A..., consistant dans le versement de salaires fictifs et l'attribution d'un appartement de plus de 300 mètres carrés, situé à Paris;

Qu'après avoir procédé à différents actes portant sur ces faits nouveaux susceptibles de constituer des abus de biens sociaux les magistrats ont, le 13 octobre 1997, transmis ces pièces au procureur de la République, lequel a ouvert une information distincte du chef précité, par réquisitoire du 4 novembre;

Attendu que, pour refuser d'annuler les actes visés au moyen, effectués entre le 26 mai 1997 et le 10 octobre suivant, ainsi que les pièces subséquentes, la chambre d'accusation énonce notamment que, outre les auditions de deux témoins ayant déclaré ne pas connaître A..., ces actes ont, pour l'un d'entre eux, mis en évidence que celle-ci aurait été rémunérée par la société G..., et pour l'autre, consisté à vérifier si elle avait des revenus réguliers et résidait à l'adresse mentionnée dans le document anonyme;

Que les juges précisent que ces actes, portant sur une fraude complexe, ne font état que de vérifications sommaires ne présentant aucun caractère coercitif;

Attendu qu'en prononçant ainsi la chambre d'accusation a, sans contradiction, justifié sa décision;

Qu'en effet, le juge d'instruction qui acquiert la connaissance de faits nouveaux peut, avant toute communication au procureur de la République, en consigner la substance dans un procès-verbal, et, le cas échéant, effectuer d'urgence des vérifications sommaires pour en apprécier la vraisemblance. »

• Lorsqu'un juge d'instruction écrit dans une procédure que des personnes sont impliquées « en toute certitude », il ne peut plus, sans violer l'article 105 du Code de procédure pénale, les entendre comme témoins.

Crim. 20 juin 2001, n° 01-82.607, *Bull. crim.,* n° 156; *D.* 2001, IR 2724.

« Vu l'article 105 du Code de procédure pénale;

Attendu qu'aux termes de ce texte, les personnes à l'encontre desquelles il existe des indices graves et concordants d'avoir participé aux faits dont le juge d'instruction est saisi, ne peuvent être entendues comme témoins;

[...]

Attendu que l'enquête, poursuivie en collaboration avec les services de police suisses, a entraîné l'ouverture d'une information judiciaire à Genève, puis la délivrance, par M. M..., magistrat instructeur près le tribunal de ladite ville, d'une Commission rogatoire internationale, en exécution de laquelle les nommés Andjelko, Stéfica et Gordana X... ont été placés en garde à vue, du 27 au 28 mai 1997, dans l'attente de leur extradition;

Qu'à cette fin, le juge d'instruction français a adressé, le 28 mai 1997, un courrier à son homologue étranger, dans lequel il a indiqué que les éléments à charge préexistants, complétés par ceux nouvellement recueillis par les enquêteurs, lui paraissaient suffisants pour impliquer, "en toute certitude", les personnes susvisées, en qualité de "complices" ou de "receleurs";

Attendu que, la demande d'extradition présentée par les autorités suisses n'ayant pas abouti, Andjelko, Stéfica et Gordana X... ont été entendus à Mulhouse en qualité de témoins, puis placés en garde à vue; qu'à l'issue, ceux-ci ont été présentés devant le magistrat instructeur et mis en examen;

Attendu que, pour écarter l'argumentation des intéressés, qui soutenaient avoir fait l'objet d'une mise en examen tardive, en violation de l'article 105 du Code de procédure pénale, la chambre de l'instruction relève que, s'il existait des soupçons dès 1996 à l'encontre des consorts X..., ces soupçons, "à supposer même qu'ils constituaient des indices, nécessitaient des investigations supplémentaires";

Mais attendu qu'en prononçant ainsi, alors qu'il résulte du courrier précité du 28 mai 1997, l'existence, au moins depuis cette date, d'indices graves et concordants à l'encontre des personnes mises en examen, la chambre de l'instruction a méconnu le texte susvisé;

Que, dès lors, la cassation est encourue. »

92.03 Bibliographie indicative. (V. les références complètes s^s n° 03.)

Actualisables. RÉP. PÉN., David, « Témoin »; Guéry, « Instruction préparatoire » – J.-CL. PÉN., Dumont, « Auditions des témoins », « Interrogatoires et confrontations ».

Ouvrages. VIDAL ET MAGNOL, II, n° 814-7.

Articles. Giudicelli A., « Le témoin assisté et la personne mise en examen : un nouvel équilibre ? », *RSC* 2001, 43 – Guéry Ch. et Rolland R.-P., « Les houles inutiles. Propos sur le nouveau statut du témoin assisté », *Gaz. Pal.* 4-5 oct. 2000 – Guéry, « La mise en examen par le juge d'instruction après l'entrée en vigueur de la loi du 15 juin 2000 », *JCP* 2001, I, 359 – Le Calvez J., « L'article 80-1 alinéa 1 du Code de procédure pénale et la nullité de la mise en examen », *D.* 2002, chron. 2277.

92.06 Questions essentielles.

• L'interdiction d'entendre comme témoin une personne contre laquelle il existe des indices graves et concordants a depuis longtemps inquiété les enquêteurs et passionné la doctrine. Pourtant, l'application qu'a faite de cet article la chambre criminelle est peu contraignante. La situation s'est compliquée, mais en théorie seulement, depuis qu'il est nécessaire pour mettre en examen de réunir des indices graves ou concordants : la garde à vue peut se prolonger jusqu'à ce moment mais ne doit pas atteindre le niveau des « indices graves et concordants ».

SECTION 1
ORIGINE DE LA THÉORIE

92.11 Fondement de la théorie dite des « inculpations tardives ». La théorie jurisprudentielle dite des « inculpations tardives » est concomitante à la loi du 8 décembre 1897[1]. Les garanties instituées par cette loi, reprises par les articles 114 et suivants du Code de procédure pénale, spécialement le droit à l'assistance d'un conseil, n'entrent en jeu qu'à partir de l'interrogatoire de première comparution.

Le juge d'instruction peut donc avoir la tentation de retarder la mise en œuvre de ces garanties, en différant l'interrogatoire de première comparution et en continuant d'entendre comme témoin la personne contre laquelle il existe désormais des indices graves de culpabilité. La Cour de cassation a censuré ce procédé quand il avait pour but de porter atteinte aux droits de la défense. Elle déclare « qu'aucune disposition légale n'interdit au magistrat instructeur d'interroger à titre d'inculpé, le témoin précédemment entendu sous la foi du serment »[2], ou encore « qu'aucun grief ne peut être tiré de ce qu'un juge d'instruction, avant d'inculper une personne déterminée, a recueilli ou fait recueillir, comme témoin, ses explications sur les faits qui donnent lieu à l'information »[3]. Il est même « du devoir du juge d'instruction, avant de prendre un individu dans les poursuites, de recueillir des renseignements, et de ne prendre parti sur les préventions qu'après s'être fait une opinion

1. V. Spiteri, « Les inculpations tardives », *JCP* 1966, I, 2014.
2. Crim. 28 juill. 1899, *Bull. crim.,* n° 231 – Crim. 8 déc. 1899, *DP* 1903, I, p. 457, note Le Poittevin – Crim. 9 août 1923, *Bull. crim.,* n° 318.
3. Crim. 5 mai 1953, *Bull. crim.,* n° 157 – Crim. 10 janv. 1956, *Bull. crim.,* n° 30 – Crim. 19 juin 1958, *Bull. crim.,* n° 482.

sur sa participation aux faits criminels relevés dans le réquisitoire introductif »[1].

Mais « la nullité est encourue s'il est établi que le mode de procéder, dont le témoin ensuite inculpé a tiré grief, a eu pour but et pour résultat d'éluder les garanties de la loi du 8 décembre 1897 et de porter atteinte aux droits de la défense »[2]. Ainsi, la chambre criminelle a cassé une procédure et l'a annulée à compter du plus ancien des interrogatoires irrégulièrement subis, dans laquelle le juge d'instruction avait décerné une commission rogatoire le 26 février afin d'entendre une personne comme témoin, qui avait passé devant la police des aveux complets le 25 février, et qui n'a été inculpée que le 27 février, « il appartenait en effet, au magistrat instructeur, de l'inculper dès ses premiers aveux »[3]. Par contre, elle a validé plusieurs procédures dans lesquelles, une information ayant été ouverte contre X..., et la personne soupçonnée ayant passé des aveux devant le commissaire de police saisi par commission rogatoire, le juge d'instruction n'avait inculpé cette personne que plusieurs jours après, soit parce que ces aveux étaient incomplets et insuffisamment circonstanciés, soit parce qu'ils étaient contestés, soit parce qu'ils appelaient des vérifications, auditions et confrontations complémentaires[4].

SECTION 2
ARTICLE 105 DU CODE DE PROCÉDURE PÉNALE

92.21 Article 105. La jurisprudence qui s'est constituée sous l'empire de la loi du 8 décembre 1897 a été consacrée par l'article 105 du Code de procédure pénale, ainsi rédigé : « Le juge d'instruction, chargé d'une information, ainsi que les magistrats et officiers de police judiciaire agissant sur commission rogatoire, ne peuvent dans le dessein de faire échec aux droits de la défense, entendre comme témoins des personnes contre lesquelles il existe des indices graves et concordants de culpabilité. » La rédaction de l'article 105, issu de la loi du 24 août 1993 en a repris le principe, sauf que désormais sa violation n'exige plus qu'elle ait été commise « dans le dessein de faire échec aux droits de la défense ». On pouvait penser que la nouvelle rédaction aurait pu faciliter les annulations de procédure pour violation de l'article 105. Cela n'a pas été le cas.

92.22 Une portée limitée à l'instruction préparatoire. Aux termes mêmes de la loi, la règle de l'article 105 s'impose aussi bien au juge d'instruction lui-même, qu'aux magistrats et autorités de police agissant sur commission rogatoire. Elle implique l'ouverture d'une information, qui est nécessairement une information ouverte contre inconnu. L'article 105 ne s'applique pas à l'enquête préliminaire : « Il laisse en dehors de ses prévisions les interrogatoires, auditions ou confrontations auxquels la police a pu procéder au cours d'enquêtes préliminaires suivies ou non de l'ouverture d'une information »[5]. Cette solution résultait déjà d'un arrêt du 17 juin 1964[6]. L'article 105 ne concerne pas plus l'enquête de flagrant délit[7].

92.23 Application *in concreto*. La chambre criminelle n'applique pas d'une manière formelle, *in abstracto*, la règle de l'article 105 : elle se livre à un examen minutieux de la procédure et décide elle-même, dans chaque espèce, s'il existe des charges antérieures telles qu'elles rendent nulle comme tardive la mise en examen.

Elle se montre rigoureuse quand l'intention de tourner la loi est manifeste. C'est ainsi qu'elle a cassé une procédure suivie de condamnation, dans laquelle la personne sur qui pesaient de lourdes charges dès le 11 octobre, a néanmoins été entendue plusieurs fois comme témoin, tant par la police que le juge d'instruction, antérieurement à son inculpation intervenue seulement le 21 juin suivant[8]. Elle a fait de même dans un cas où, nonobstant des aveux antérieurs, le juge d'instruction a demandé à la police judiciaire de poursuivre les auditions[9].

Mais la Cour de cassation prend soin, en écartant toute conception trop étroite de la règle de l'article 105, de ne pas entraver l'action des enquêteurs. Elle admet que le procès-verbal d'audition au cours duquel des aveux sont passés, soit achevé et que

1. Crim. 11 déc. 1908, *Bull. crim.*, n° 495 – Crim. 22 déc. 1938, *Bull. crim.*, n° 247; *DH*, 1939, p. 181 – Crim. 7 mai 1952, *Bull. crim.*, n° 119; *Gaz. Pal*, 1952, 2, 20 – Crim. 22 juill. 1954, *Bull. crim.*, n° 270; *Gaz. Pal*, 1954, II, 30, note P. Chambon; *JCP* 1954, II, 8351, note R. Vouin.
2. Crim. 19 nov. 1909, *Bull. crim.*, n° 537 – Crim. 27 nov. 1919, *Bull. crim.*, n° 248 – Crim. 25 janv. 1939, *Bull. crim.*, n° 14 – Crim. 2 juill. 1942, *Bull. crim.*, n° 83.
3. Crim. 16 juin 1955, *Bull. crim.*, n° 303; *JCP* 1955, II, 8851, note R. Vouin – CA Aix-en-Provence, ch. corr., 21 juin 1956, *JCP* 1956, II, 9517, note R. Vouin.
4. Crim. 5 mai 1953, *Bull. crim.*, n° 157 – Crim. 22 juill. 1954, *Bull. crim.*, n° 270 – Crim. 10 janv. 1956, *Bull. crim.*, n° 30 – Crim. 11 janv. 1956, 2 esp., *Bull. crim.*, n°s 42 et 43 – Crim. 19 juin 1958, *Bull. crim.*, n° 482.
5. Crim. 27 juill. 1964, *Bull. crim.*, n° 252; *JCP* 1964, II, 13941, note Le Clère.
6. Crim. 17 juin 1964, *Bull. crim.*, n° 204; *JCP* 1965, II, n° 14028, note P. Chambon.
7. Crim. 11 août 1980, n° 80-92.084, *Bull. crim.*, n° 234 – Crim. 20 août 1986, n° 86-93.091, *Bull. crim.*, n° 247.
8. Crim. 30 avr. 1960, *Bull. crim.*, n° 227; *JCP* 1960, II, 11660.
9. Crim. 13 févr. 1975, n° 74-92.657, *Bull. crim.*, n° 53; *JCP* 1977, II, 18727, note Mayer Jack – Dans le même sens, Crim. 6 nov. 1984, n° 84-94.120, *Bull. crim.*, n° 335; *JCP* 1985, IV, 23.

des précisions complémentaires soient recueillies[1]. Ce qu'elle exige, c'est qu'ensuite et dans les plus courts délais, la procédure soit transmise et l'auteur présumé déféré au juge d'instruction.

92.24 Régularité. C'est ainsi qu'ont été déclarées régulières les procédures dans lesquelles : le commissaire de police n'a plus entendu la personne qui avait passé des aveux consignés dans un procès-verbal d'audition[2]; un procès-verbal d'audition par la police, constatant les aveux de la personne entendue, suivi le lendemain d'une seconde audition, alors que les deux procès-verbaux forment un ensemble coupé par un intervalle de repos[3]; un procès-verbal contenant les aveux du témoin, suivi le lendemain d'une confrontation, alors que le commissaire de police a transmis ensuite immédiatement la commission rogatoire exécutée au juge d'instruction[4].

N'entraîne pas non plus la nullité le fait pour un commissaire de police d'entendre comme témoin une personne qui lui a été désignée comme l'un des auteurs de l'infraction, par un coauteur, une heure auparavant[5], ou qui lui a été désignée pareillement comme l'un des auteurs possibles, par des renseignements antérieurs provenant d'autres services de police[6], car dans les deux cas, le commissaire pouvait considérer que de tels indices ne constituaient pas des charges suffisantes[7].

La Cour de cassation va même jusqu'à décider, dans une information ouverte contre X... du chef de tentative de meurtre, que le fait pour un commissaire de police, sur commission rogatoire, d'entendre comme témoin le 3 janvier, l'un des deux auteurs, qui a reconnu sa participation au crime, et de le réentendre en cette qualité les 4, 5 et 6 janvier, ne constituait pas une nullité, l'intéressé ayant été inculpé le 7 janvier[8]. Les prescriptions de l'article 105 du Code de procédure pénale ne sont pas davantage violées, ni dans leur lettre, ni dans leur esprit, dès lors qu'un suspect, qui avait demandé qu'aucun procès-verbal de ses déclarations, reçu par un officier de police dans le cadre d'une commission rogatoire, ne fût dressé, n'a pas été entendu en qualité de témoin et qu'il ne peut se faire un grief de ce que, dans ces conditions, ses propos aient été relatés dans un simple rapport établi par les enquêteurs[9].

Il n'y a pas violation de la loi, quand la poursuite de l'audition des intéressés comme témoins est justifiée par des indices encore insuffisamment graves et concordants[10], ou lorsque les déclarations ont porté sur l'identification des coauteurs ou complices[11]. Toutefois, lorsque le juge d'instruction indique par écrit que les éléments à charge préexistants complétés par ceux obtenus par les enquêteurs lui paraissent suffisants pour impliquer « en toute certitude » certaines personnes, les intéressées ne peuvent valablement être entendues comme témoins[12].

92.25 Il n'y a pas violation de l'article 105 si la personne n'a pas été entendue. L'étude de la jurisprudence montre qu'aucune décision de nullité n'est jamais intervenue lorsque la personne n'avait pas déjà reconnu les faits. L'aveu semble donc constituer un socle de départ sans lequel il n'existe pas d'indices graves et concordants. On peut pourtant imaginer que certaines preuves objectives, par exemple une analyse ADN, puissent constituer en elles-mêmes des indices solides. L'audition de la personne pourrait pourtant éclairer d'un autre aspect l'élément recueilli. C'est pourquoi nous pensons qu'il ne peut y avoir d'indices graves et concordants sans que la personne ait au moins été entendue. Cette analyse est en conformité avec la jurisprudence qui affirme que le magistrat instructeur a la faculté de ne mettre en examen une personne déterminée qu'après s'être éclairé, notamment en faisant procéder à son audition en qualité de témoin, sur sa participation aux agissements incriminés dans des conditions pouvant engager sa responsabilité pénale[13].

1. Crim. 14 avr. 1975, n° 74-93.423, *Bull. crim.*, n° 107 – Crim. 27 avr. 1977, n° 76-93.639, *Bull. crim.*, n° 142.
2. Crim. 19 sept. 1959, *Bull. crim.*, n° 404 – Crim. 24 févr. 1972, n° 70-92.605, *Bull. crim.*, n° 78.
3. Crim. 16 juill. 1964, *Bull. crim.*, n° 239.
4. Crim. 6 août 1960, *Bull. crim.*, n° 401.
5. Crim. 18 déc. 1963, *Bull. crim.*, n° 367.
6. Crim. 2 mai 1968, *Bull. crim.*, n° 136.
7. V. aussi, Crim. 13 juill. 1971, n° 71-91.168, *Bull. crim.*, n° 230 – Crim. 5 mars 1985, n° 85-90.022, *Bull. crim.*, n° 102.
8. Crim. 21 juin 1962, *Bull. crim.*, n° 230.
9. Crim. 7 mai 1969, *Bull. crim.*, n° 156; *JCP* 1969, II, 16120, note P. Chambon – Sur les procédures déclarées régulières, v. encore, CA Poitiers, ch. corr., 7 janv. 1960, *JCP* 1960, II, 11599, note P. Chambon – Crim. 18 déc. 1986, *JCP* 1987, II, 20870, note P. Conte – Crim. 17 mars 1987, *JCP* 1988, II, 20993, note P. Chambon.
10. Crim. 28 févr. 1974, n° 73-92.596, *Bull. crim.*, n° 88; *JCP* 1974, II, 17774, note P. Chambon – Crim. 21 nov. 1974, n° 73-93.525, *Bull. crim.*, n° 345; *JCP* 1975, II, 18143, note P. Chambon – Crim. 23 févr. 1977, n° 76-91.073, *Bull. crim.*, n° 74 – Crim. 11 août 1980, n° 80-92.084, *Bull. crim.*, n° 234 – Crim. 23 avr. 1981, n° 80-93.475, *Bull. crim.*, n° 117 – Crim. 28 avr. 1981, n° 80-95.066, *Bull. crim.*, n° 130 – Crim. 16 juin 1981, n° 81-91.690, *Bull. crim.*, n° 207; *D.* 1983, IR 76; *JCP* 1982, II, 19838, note P. Chambon – Crim. 14 juin 1984, n° 84-91.863, *Bull. crim.*, n° 219.
11. Crim. 30 mai 1972, n° 72-90.628, *Bull. crim.*, n° 181 – Crim. 3 oct. 1973, n° 73-91.325, *Bull. crim.*, n° 343 – Crim. 4 janv. 1977, n° 76-91.991, *Bull. crim.*, n° 5; *JCP* 1977, II, 18727, note Mayer-Jack – Crim. 23 nov. 1977, n° 75-92.153, *Bull. crim.*, n° 368.
12. Crim. 20 juin 2001, n° 01-82.607, *Bull. crim.*, n° 156; *D.* 2001, IR 2724 (v. les attendus s[s] n° 92.02).
13. Crim. 4 janv. 1977, n° 76-91.991, *Bull. crim.*, n° 5 – Crim. 13 oct. 1998, n° 98-82.522, *Bull. crim.*, n° 254; *D.* 1999, IR 7 – Crim. 23 mars 1999, n° 98-86.263, ▶

Il en est ainsi même si l'intéressé a été mis en examen pour des faits connexes[1].

Le devoir des OPJ, agissant sur commission rogatoire de vérifier, avant de mettre en cause une personne, la gravité et la concordance des indices existant contre elle, loin de porter atteinte à ses intérêts, a pour objet de garantir un procès équitable au sens de l'article 6 de la Convention européenne de sauvegarde des droits de l'Homme et des libertés fondamentales[2]. L'audition comme témoin de la personne suspecte se justifie quand il y a lieu de vérifier la sincérité de ses aveux[3], ou l'existence d'indices graves et concordants[4].

92.26 **Étendue de la nullité.** La cour de Riom a jugé que la nullité qui résulte d'une inculpation tardive, est une nullité d'ordre public qui entraîne celle de toute la procédure ultérieure, à laquelle l'inculpé ne peut renoncer, et qui bénéficie à tous les inculpés compris dans la même poursuite[5]. Par contre, la cour d'appel de Toulouse a jugé qu'une telle nullité, essentiellement personnelle, ne peut être invoquée que par l'intéressé lui-même, et non par ses coprévenus[6]. C'est cette analyse qui doit être retenue; elle a été confirmée par la chambre criminelle[7].

SECTION 3

LA PERSONNE NOMMÉMENT DÉSIGNÉE DANS LE RÉQUISITOIRE INTRODUCTIF PEUT-ELLE ÊTRE ENTENDUE COMME TÉMOIN ?

92.31 **Discussion.** La désignation dans le réquisitoire introductif portant le nom d'une personne constitue une présomption telle qu'elle ne permet plus de considérer cette personne comme un témoin[8]. L'article 70 du Code d'instruction criminelle, modifié par la loi du 2 juillet 1931, portait déjà que dans le cas d'une plainte insuffisamment motivée ou justifiée, suivie d'un réquisitoire contre inconnu, le juge d'instruction pouvait entendre comme témoin la personne visée dans la plainte, d'où il résulte par argument « *a contrario* » qu'il ne le pouvait pas lorsque le réquisitoire était pris contre personne dénommée.

92.32 **La personne visée par le réquisitoire introductif peut être entendue comme témoin assisté.** Depuis la loi du 24 août 1993, la personne nommément désignée dans le réquisitoire introductif peut être entendue comme témoin assisté. L'alinéa 3 de l'article 105 issu de la loi du 24 août 1993 prévoyait que le juge d'instruction pouvait entendre la personne visée par un réquisitoire introductif comme témoin s'il estimait ne pas devoir mettre en examen la personne. Celle-ci bénéficiait alors des droits reconnus aux personnes mises en examen. Le statut de la personne était donc celui d'un témoin assisté dont les droits étaient différents du témoin assisté de l'article 104 du Code de procédure pénale. La loi du 15 juin 2000 a supprimé cet alinéa de l'article 105. C'est désormais l'article 113-1 qui prévoit que la personne visée par un réquisitoire introductif ne peut être entendue que comme témoin assisté dès lors que le juge n'estime pas devoir la mettre en examen. Il s'agit là de l'un des cas de statut objectif de témoin assisté (v. s^s n° 81.21).

► *Bull. crim.*, n° 51 – Crim. 18 juin 1998, n° 98-81.369, *Bull. crim.*, n° 200; *Dr. pén.* 1999, comm. 28 et 30, obs. Maron – Crim. 29 sept. 1998, *Procédures* 1999, comm. 75, obs. Buisson – Crim. 8 nov. 2000, n° 00-83.570, *Bull. crim.*, n° 335.

1. Crim. 30 sept. 2008, n° 08-83.064, *Bull. crim.*, n° 198; *AJ Pénal* 2008, 513, obs. C. Girault.
2. Crim. 1er déc. 1998, n° 98-83.566, *Bull. crim.*, n° 323; *Dr. pén.* 1999, comm. 46 et 49, note Maron (v. les attendus s^s n° 92.02).
3. Crim. 21 mai 1985, n° 85-91.505, *Bull. crim.*, n° 194 – Crim. 1er sept. 1987, n° 85-92.518, n° 87-83.370, *Bull. crim.*, n° 308.
4. Crim. 24 févr. 1987, n° 86-96.293, *Bull. crim.*, n° 93 (v. les attendus s^s n° 92.02) – V. aussi Crim. 1er févr. 1988, n° 86-95.678, *Bull. crim.*, n° 47 – Crim. 22 avr. 1992, n° 91-85.467, n° 92-80.881, *Bull. crim.*, n° 172.
5. CA Riom, ch. corr., 23 nov. 1960, *JCP* 1961, II, 11952, note P. Chambon.
6. CA Toulouse, ch. corr., 18 déc. 1962, *JCP* 1963, II, 13139, note P. Chambon.
7. Crim. 26 mai 1976, n° 75-93.264, *Bull. crim.*, n° 186.
8. En ce sens : VIDAL ET MAGNOL, II, n° 814-7.

CHAPITRE

93. Modes de mise en examen

SECTION 0 ORIENTEUR

93.00 **Plan du chapitre.**

Sect. 1 Qu'est-ce que la mise en examen ?
Sect. 2 Comment met-on en examen ?
Sect. 3 Incidences de la poursuite de l'instruction
Sect. 4 Est-il possible de déléguer une mise en examen ?

93.01 **Textes applicables.**

C. pr. pén., art. 80-1, 80-2, 113-1, 113-8, 116, 154-1.

C. pr. pén., art. 80-1

* V. s^{s} n° 91.01.

C. pr. pén., art. 80-1-1

* V. s^{s} n° 91.01.

C. pr. pén., art. 80-2

* V. s^{s} n° 91.01.

C. pr. pén., art. 113-1 [L. n° 2004-204, 9 mars 2004]

Toute personne nommément visée par un réquisitoire introductif ou par un réquisitoire supplétif et qui n'est pas mise en examen ne peut être entendue que comme témoin assisté.

C. pr. pén., art. 113-8 [L. n° 2004-204, 9 mars 2004]

S'il estime que sont apparus au cours de la procédure des indices graves ou concordants justifiant la mise en examen du témoin assisté, le juge d'instruction procède à cette mise en examen en faisant application des dispositions des septième et huitième alinéas de l'article 116 au cours d'un interrogatoire réalisé dans les formes prévues à l'article 114.

Il peut également procéder à cette mise en examen en adressant à la personne une lettre recommandée précisant chacun des faits qui lui sont reprochés, ainsi que leur qualification juridique, et l'informant de son droit de formuler des demandes d'actes ou des requêtes en annulation, ainsi que du délai prévisible d'achèvement de la procédure, conformément aux dispositions des septième et huitième alinéas de l'article 116.

Cette lettre recommandée peut être adressée en même temps que l'avis de fin d'information prévu par l'article 175. Elle informe alors la personne de son droit de formuler des demandes d'actes ou des requêtes en annulation pendant une durée de vingt jours.

Dans les cas visés aux deuxième et troisième alinéas du présent article, la personne est également informée que si elle demande à être à nouveau entendue par le juge d'instruction, celui-ci est tenu de procéder à son interrogatoire.

C. pr. pén., art. 116 [L. n° 2007-291, 5 mars 2007]

Lorsqu'il envisage de mettre en examen une personne qui n'a pas déjà été entendue comme témoin assisté, le juge d'instruction procède à sa première comparution selon les modalités prévues par le présent article.

Le juge d'instruction constate l'identité de la personne et lui fait connaître expressément, en précisant leur qualification juridique, chacun des faits dont il est saisi et pour lesquels la mise en examen est envisagée. Mention de ces faits et de leur qualification juridique est portée au procès-verbal.

Lorsqu'il a été fait application des dispositions de l'article 80-2 et que la personne est assistée d'un avocat, le juge d'instruction procède à son interrogatoire; l'avocat de la personne peut présenter ses observations au juge d'instruction.

Dans les autres cas, le juge d'instruction avise la personne de son droit de choisir un avocat ou de demander qu'il lui en soit désigné un d'office. L'avocat choisi ou, dans le cas d'une demande de commission d'office, le bâtonnier de l'ordre des avocats en est informé par tout moyen et sans délai. Si l'avocat choisi ne peut être contacté ou ne peut se déplacer, la personne est avisée de son droit de demander qu'il lui en soit désigné un d'office pour l'assister au cours de la première comparution. L'avocat peut consulter sur-le-champ le dossier et communiquer librement avec la personne. Le juge d'instruction avertit ensuite la personne qu'elle a le choix soit de se taire, soit de faire des déclarations, soit d'être interrogée. Mention de cet avertissement est faite au procès-verbal. L'accord pour être interrogé ne peut être donné qu'en présence d'un avocat. L'avocat de la personne peut également présenter ses observations au juge d'instruction.

Après avoir, le cas échéant, recueilli les déclarations de la personne ou procédé à son interrogatoire et entendu les observations de son avocat, le juge d'instruction lui notifie :

– soit qu'elle n'est pas mise en examen; le juge d'instruction informe alors la personne qu'elle bénéficie des droits du témoin assisté;

– soit qu'elle est mise en examen; le juge d'instruction porte alors à la connaissance de la personne les faits ou la qualification juridique des faits qui lui sont reprochés, si ces faits ou ces qualifications diffèrent de ceux qui lui ont déjà été notifiés; il l'informe de ses droits de formuler des demandes d'actes ou des requêtes en annulation sur le fondement des articles 81, 82-1, 82-2, 156 et 173 durant le déroulement de l'information et avant l'expiration du délai d'un mois ou de trois mois prévu par le troisième alinéa de l'article 175, sous réserve des dispositions de l'article 173-1.

S'il estime que le délai prévisible d'achèvement de l'information est inférieur à un an en matière correctionnelle ou à dix-huit mois en matière criminelle, le juge d'instruction donne connaissance de ce délai prévisible à la personne et l'avise qu'à l'expiration dudit délai, elle pourra demander la clôture de la procédure en application des dispositions de l'article 175-1. Dans le cas contraire, il indique à la personne qu'elle pourra demander, en application de ce même article, la clôture de la procédure à l'expiration d'un délai d'un an en matière correctionnelle ou de dix-huit mois en matière criminelle.

À l'issue de la première comparution, la personne doit déclarer au juge d'instruction son adresse personnelle. Elle peut toutefois lui substituer l'adresse d'un tiers chargé de recevoir les actes qui lui sont destinés si elle produit l'accord de ce dernier. L'adresse déclarée doit être située, si l'information se déroule en métropole, dans un département métropolitain ou, si l'information se déroule dans un département d'outre-mer, dans ce département. Cette déclaration est faite devant le juge des libertés et de la détention lorsque ce magistrat, saisi par le juge d'instruction, décide de ne pas placer la personne en détention.

La personne est avisée qu'elle doit signaler au juge d'instruction jusqu'au règlement de l'information, par nouvelle déclaration ou par lettre recommandée avec demande d'avis de réception, tout changement de l'adresse déclarée. Elle est également avisée que toute notification ou signification faite à la dernière adresse déclarée sera réputée faite à sa personne. Mention de cet avis, ainsi que de la déclaration d'adresse, est portée au procès-verbal. Ces avis sont donnés par le juge des libertés et de la détention lorsque celui-ci décide de ne pas placer la personne en détention.

C. pr. pén., art. 116-1 [inséré par L. n° 2007-291, 5 mars 2007]

En matière criminelle, les interrogatoires des personnes mises en examen réalisés dans le cabinet du juge d'instruction, y compris l'interrogatoire de première comparution et les confrontations, font l'objet d'un enregistrement audiovisuel.

L'enregistrement ne peut être consulté, au cours de l'instruction ou devant la juridiction de jugement, qu'en cas de contestation sur la portée des déclarations recueillies, sur décision du juge d'instruction ou de la juridiction de jugement, à la demande du ministère public ou d'une des parties. Les huit derniers alinéas de l'article 114 ne sont pas applicables. Lorsqu'une partie demande la consultation de l'enregistrement, cette demande est formée et le juge d'instruction statue conformément aux deux premiers alinéas de l'article 82-1.

Le fait, pour toute personne, de diffuser un enregistrement réalisé en application du présent article est puni d'un an d'emprisonnement et de 15 000 euros d'amende.

À l'expiration d'un délai de cinq ans à compter de la date de l'extinction de l'action publique, l'enregistrement est détruit dans le délai d'un mois.

Lorsque le nombre de personnes mises en examen devant être simultanément interrogées, au cours de la même procédure ou de procédures distinctes, fait obstacle à l'enregistrement de tous les interrogatoires, le juge d'instruction décide, au regard des nécessités de l'investigation, quels interrogatoires ne seront pas enregistrés.

Lorsque l'enregistrement ne peut être effectué en raison d'une impossibilité technique, il en est fait mention dans le procès-verbal d'interrogatoire qui précise la nature de cette impossibilité.

Le présent article n'est pas applicable lorsque l'information concerne un crime mentionné à l'article 706-73 du présent code ou prévu par les titres Ier et II du livre IV du Code pénal, sauf si le juge d'instruction décide de procéder à l'enregistrement.

Un décret précise en tant que de besoin les modalités d'application du présent article.

C. pr. pén., art. 154-1

Pour les nécessités de l'exécution de la commission rogatoire, l'officier de police judiciaire peut faire procéder aux opérations de prélèvements externes prévues par l'article 55-1.

Les dispositions des deuxième et troisième alinéas de l'article 55-1 sont applicables.

93.02 Jurisprudence de référence.

• Les observations que le témoin assisté doit pouvoir présenter, préalablement à sa mise en examen envisagée par le juge d'instruction, peuvent être recueillies en l'absence d'un avocat, lorsque la personne entendue ne souhaite pas être assistée.

Crim. 11 mai 2004, n° 04-81.039, *Bull. crim.*, n° 114; *JCP* 2004, IV, 2392; *D.* 2004, IR 1865; *AJ Pénal* 2004, 289, note J. Leblois-Happe.

« Attendu que, pour refuser d'annuler la mise en examen et l'interrogatoire de première comparution de Daniel X… en raison de ce que le juge d'instruction avait recueilli les observations de l'intéressé en l'absence d'avocat, la chambre de l'instruction retient notamment que celui-ci a renoncé à l'assistance d'un avocat tant lorsqu'il avait le statut de témoin assisté que lors de son interrogatoire de première comparution, puis de sa mise en examen;

Attendu qu'en prononçant de la sorte, et abstraction faite de tous autres motifs erronés mais surabondants, les juges ont justifié leur décision;

Qu'en effet, d'une part, les observations que le témoin assisté doit pouvoir présenter préalablement à sa mise en examen envisagée par le juge d'instruction, peuvent être recueillies en l'absence d'un avocat lorsque la personne entendue ne souhaite pas être assistée;

Que, d'autre part, les dispositions de l'article 116, alinéa 4, du Code de procédure pénale ne sont pas applicables à la personne qui a déjà été entendue comme témoin assisté. »

93.03 **Bibliographie indicative.** (V. les références complètes s[s] n° 03.)

Actualisables. RÉP. PÉN., David, « Témoin »; Guéry, « Instruction préparatoire » – J.-CL. PÉN., Dumont, « Auditions des témoins », « Interrogatoires et confrontations ».

Ouvrages. LE POITTEVIN, L. 8 déc. 1897, art. 3, n°s 28 à 30, 43.

Articles. Bouloc B., « Le témoin, le témoin assisté, le mis en examen », *Rev. pénit.* 2003, p. 649 – Giudicelli A., « Le témoin assisté et la personne mise en examen : un nouvel équilibre ? », *RSC* 2001, 43 – Guéry Ch. et Rolland R.-P., « Les houles inutiles. Propos sur le nouveau statut du témoin assisté », *Gaz. Pal.* 4 5 oct. 2000 – Guéry, « La mise en examen par le juge d'instruction après l'entrée en vigueur de la loi du 15 juin 2000 », *JCP* 2001, I, 359 – Le Calvez J., « L'article 80-1 alinéa 1 du Code de procédure pénale et la nullité de la mise en examen », *D.* 2002, chron. 2277.

93.06 **Questions essentielles.**

• L'obligation de permettre à la personne mise en cause de s'expliquer avant que la décision de mise en examen ne soit prise est une avancée de la loi du 15 juin 2000. Cette formalité est nécessaire dès lors que le juge d'instruction notifie à la personne une mise en examen supplétive, voire lorsqu'il l'informe d'une modification de qualification.

SECTION 1
QU'EST-CE QUE LA MISE EN EXAMEN ?

93.11 **Qualité de personne mise en examen.** Ainsi qu'il en était de la qualité d'inculpé, c'est bien évidemment la mise en examen qui donne à l'individu qui en est l'objet la qualité de personne mise en examen. Il était jugé que la personne nommément visée par la partie civile dans sa plainte, en l'absence de réquisitions nominatives du parquet, et avant l'interrogatoire de première comparution, n'était pas partie au procès et n'avait pas la qualité d'inculpée[1]. Si cette même personne, avant son interrogatoire de première comparution, par application de l'article 104 bénéficiait de certains des droits réservés à l'inculpé, elle n'acquérait cependant pas la qualité de partie au procès[2], solution consacrée par l'article 104. Il était jugé, dans l'hypothèse inverse, que la personne nommément visée par le réquisitoire introductif, qu'elle l'ait été ou non par la plainte de la partie civile, a la qualité d'inculpée, même avant que n'ait eu lieu l'interrogatoire de première comparution[3]. Cette jurisprudence est remise en cause depuis 1993 : l'article 105 alinéa 3 permettait au juge d'instruction d'entendre cette personne comme témoin, mais elle bénéficiait alors des droits reconnus aux personnes mises en examen. Depuis l'entrée en vigueur de la loi du 15 juin 2000, cette personne peut être entendue comme témoin assisté.

93.12 **Mise en examen et première comparution.** Pendant longtemps la mise en examen s'est confondue avec l'interrogatoire de première comparution. L'inculpation ne pouvait en effet intervenir que par la comparution de la personne devant le magistrat instructeur. La possibilité de renvoyer un individu ayant fait l'objet d'un mandat de justice régulièrement notifié ne fait pas exception à ce principe. La loi du 4 janvier 1993 a profondément modifié la matière en créant quatre modes différents de mise en examen. Si la comparution devant le magistrat en constituait la principale, il était aussi possible de mettre en examen par lettre recommandée, mais aussi par notification par officier de police judiciaire lorsque l'intéressé se trouvait en garde à vue. Enfin la délivrance d'un mandat valait mise en examen. Avec la loi du 15 juin 2000 on revient à un mode quasi unique de mise en examen. La mise en examen ne peut avoir lieu qu'après que la personne et le cas échéant son conseil aient été invités à fournir leurs explications devant le magistrat instructeur.

1. Crim. 6 juill. 1960, *Bull. crim.,* n° 359; *JCP* 1960, II, 11758, note P. Chambon – Crim. 6 févr. 1975, n° 74-91.949, *Bull. crim.,* n° 42; *D.* 1975, jur. 386, note Coste-Floret – Crim. 20 mai 1976, n° 75-93.295, *Bull. crim.,* n° 173 – Crim. 30 nov. 1977, n° 76-93.314, *Bull. crim.,* n° 377 – Crim. 29 janv. 1979, n° 77-92.775, *Bull. crim.,* n° 38 – Crim. 8 oct. 1985, n° 84-93.761, *Bull. crim.,* n° 299.
2. Crim. 30 oct. 1990, n° 90-83.414, *Bull. crim.,* n° 362; *D.* 1991, somm. 213, obs. J. Pradel – Crim. 27 nov. 1990, n° 90-84.010, *Bull. crim.,* n° 407.
3. Crim. 24 mai 1971, n° 71-90.921, *Bull. crim.,* n° 171 – Crim. 11 avr. 1973, n° 73-90.334, *Bull. crim.,* n° 190 – Crim. 5 nov. 1985, n° 84-94.458, *Bull. crim.,* n° 344; *JCP* 1986, II, 20685, note Jeandidier; *D.* 1986, IR 303, obs. Pradel – Crim. 12 avr. 1988, n° 87-91.698, *Bull. crim.,* n° 150.

SECTION 2
COMMENT MET-ON EN EXAMEN ?

93.21 Mise en examen de la personne mise en cause. La terminologie de personne mise en cause n'est pas utilisée par le Code de procédure pénale. Il faut pourtant bien trouver un nom à cette personne qui, avant même d'être mise en examen, est convoquée devant le magistrat instructeur pour son interrogatoire de première comparution. Celui-ci pouvant se terminer par l'attribution du simple statut de témoin assisté, la personne n'est pas mise en examen avant qu'on ne lui ait signifié ce statut. C'est pourquoi nous avions appelé cette personne « personne assistée »[1]. Les logiciels informatiques, en liaison avec les services de la Chancellerie, ont baptisé cette personne « personne mise en cause ». La personne mise en cause peut être mise en examen à l'issue de son interrogatoire de première comparution. Cette mise en examen ne peut intervenir qu'après qu'elle ait pu faire valoir ses observations. Son avocat aura pu présenter les siennes (v. s[s] n°s 103.00 s.). La circonstance que la personne refuse d'indiquer son identité et la langue qu'elle comprend ne peut faire obstacle à sa mise en examen[2].

93.22 Appréciation critique. La loi du 4 janvier 1993 avait permis la mise en examen d'une personne par lettre recommandée. Certes, celle-ci avait auparavant été le plus souvent entendue par les services de police ou de gendarmerie. Mais cette mise en examen, sans que la personne ait pu faire valoir ses observations devant le juge, pouvait apparaître de temps à autre un peu hâtive. Aussi faut-il approuver la loi du 15 juin 2000 qui offre à la personne poursuivie ce droit. On peut penser que le juge qui avait l'intention de mettre en examen changera rarement d'avis après cette audition. Mais au moins la personne aura pu être entendue. Par ailleurs, il arrive que des éléments de fait inconnus du juge, ou que des éléments de droit (et par exemple une condamnation antérieure pour les mêmes faits) amènent le juge à modifier sa position (sur le choix entre la mise en examen et le statut de témoin assisté, v. s[s] n° 103.62).

93.23 Mise en examen du témoin assisté par sa comparution. L'article 113-8 du Code de procédure pénale prévoyait, dans sa rédaction du 15 juin 2000 que « s'il apparaît au cours de la procédure que des indices graves ou concordants justifient la mise en examen du témoin assisté, le juge d'instruction ne peut procéder à cette mise en examen en faisant application des dispositions de l'alinéa 7 de l'article 116 qu'après avoir informé la personne de son intention, le cas échéant par lettre recommandée, et l'avoir mis en mesure de faire connaître ses observations ». La loi du 9 mars 2004 a légèrement modifié le texte qui est désormais ainsi rédigé : « S'il estime que sont apparus au cours de la procédure des indices graves ou concordants justifiant la mise en examen du témoin assisté, le juge d'instruction procède à cette mise en examen en faisant application des dispositions des septième et huitième alinéas de l'article 116 au cours d'un interrogatoire réalisé dans les formes prévues à l'article 114. » Au-delà de « l'estimation » par le juge des indices graves ou concordants, qui ne change rien en pratique, la nouvelle rédaction supprime l'allusion à une lettre recommandée mais aussi à la nécessité de la mettre en mesure de faire connaître ses observations. Lorsque la personne s'est vue reconnaître le statut de témoin assisté lors d'une précédente audition, et comparaît à nouveau devant le magistrat instructeur, elle peut être mise en examen sans avoir à fournir au préalable ses observations. Elle pourrait d'ailleurs l'être par lettre recommandée.

Les observations que le témoin assisté doit pouvoir présenter, préalablement à sa mise en examen envisagée par le juge d'instruction, peuvent être recueillies en l'absence d'un avocat, lorsque la personne entendue ne souhaite pas être assistée; en effet, la renonciation à l'assistance d'un avocat est alors possible, les dispositions de l'article 116 alinéa 4 du Code de procédure pénale n'étant pas applicables à la personne qui a déjà été entendue comme témoin assisté[3].

93.24 Mise en examen du témoin assisté par courrier : loi du 15 juin 2000. L'article 113-8 du Code de procédure pénale prévoit, dans sa rédaction issue de la loi du 15 juin 2000, que le juge d'instruction peut également procéder à la mise en examen en « adressant à la personne, en même temps que l'avis de fin d'information prévu par l'article 175, une lettre recommandée précisant chacun des faits qui lui sont reprochés ainsi que leur qualification juridique, et l'informant de son droit de formuler des demandes d'acte ou des requêtes en annulation sur le fondement des articles 81, 82-1, 82-2, 156 et 173 pendant une

1. Ch. Guéry et R.-P. Rolland, « Les houles inutiles Propos sur le nouveau statut de témoin assisté », *Gaz. Pal.* 4/5 oct. 2000.
2. Crim. 30 mars 2004, n° 04-81.147, *Bull. crim.*, n° 79; *JCP* 2004, IV, 2058; *AJ Pénal* 2004, 248, note J. Leblois-Happe; *Dr. pén.* juill./août 2004, p. 28, comm. A. Maron.
3. Crim. 11 mai 2004, n° 04-81.039, *Bull. crim.*, n° 114; *D.* 2004, IR 1865; *AJ Pénal* 2004, 289, note J. Leblois-Happe; *JCP* 2004, IV, 2392 (v. les attendus s[s] n° 93.02).

durée de vingt jours. La personne est également informée que si elle demande à être à nouveau entendue par le juge, celui-ci est tenu de procéder à son interrogatoire ».

Le législateur, en compliquant à l'excès le passage du statut de témoin assisté en celui de personne mise en examen, a sans doute échoué dans sa volonté de généraliser ce statut. Dès lors qu'il y a dans le dossier des expertises, comment serait-il possible de mettre en examen par courrier alors que cette mise en examen est concomitante à l'envoi des avis à partie qui théoriquement, signifient que le magistrat instructeur estime avoir terminé sa procédure. Or, la notification des expertises au témoin assisté n'était pas prévue, pas plus que la possibilité de demander une contre-expertise (la loi du 9 mars 2004 a modifié également la situation, v. s^s n° 83.33). On ne pouvait donc, à notre avis, signifier cette mise en examen par lettre recommandée dès lors que le juge n'avait pas notifié les expertises du dossier à une personne en droit de les contester. On pouvait juste s'interroger sur la situation juridique dès lors que le juge aurait notifié ces expertises au témoin assisté en lui ouvrant, au-delà de ce que prévoyait le texte, un délai de contre-expertise. La possibilité ouverte au témoin assisté ainsi mis en examen de pouvoir solliciter un interrogatoire, qui était de droit, allongeait la durée de la procédure.

93.25 Mise en examen du témoin assisté par courrier : loi du 9 mars 2004. Le législateur a modifié la possibilité de mise en examen du témoin assisté par courrier en autorisant celle-ci avant la fin de la procédure : le juge d'instruction « peut également procéder à cette mise en examen en adressant à la personne une lettre recommandée précisant chacun des faits qui lui sont reprochés, ainsi que leur qualification juridique, et l'informant, conformément aux dispositions du septième alinéa de l'article 116, de son droit de formuler des demandes d'actes ou des requêtes en annulation, ainsi que, conformément aux dispositions du huitième alinéa de cet article, du délai prévisible d'achèvement de la procédure. Cette lettre recommandée peut être adressée en même temps que l'avis de fin d'information prévu par l'article 175. Elle informe alors la personne de son droit de formuler des demandes d'actes ou des requêtes en annulation pendant une durée de vingt jours. Dans les cas visés aux alinéas deux et trois du présent article la personne est également informée que si elle demande à être à nouveau entendue par le juge d'instruction, celui-ci est tenu de procéder à son interrogatoire. » Le législateur de 2007 semble avoir oublié de modifier le texte de l'article 113-8 qui mentionne un délai de vingt jours désormais obsolète. Il est en effet naturel de considérer que le témoin assisté dispose d'un délai d'un mois lorsqu'il y a un détenu dans la procédure et de trois mois dans le cas contraire. Il est donc possible de mettre en examen un témoin assisté en cours de procédure, sans attendre la fin de celle-ci. Cette disposition doit être approuvée : la personne a déjà été en mesure de faire connaître, en qualité de témoin assisté, ses observations. Par ailleurs, elle a toujours la possibilité de demander un interrogatoire au fond, qui est de droit. Seule la personne qui a déjà été entendue comme témoin assisté est concernée par ce texte. Ce n'est pas le cas de la personne qui bénéficie d'un statut légal de témoin assisté, par exemple celle qui est nommément visée au réquisitoire introductif et cela tant qu'elle n'a pas été entendue.

SECTION 3
INCIDENCES DE LA POURSUITE DE L'INSTRUCTION

93.31 Nouvelles personnes. La mise en examen de nouvelles personnes ne soulève pas, en théorie, de difficulté particulière. Étant saisi *in rem,* le juge d'instruction a le pouvoir de mettre en examen toute personne contre laquelle il existe des indices graves ou concordants rendant vraisemblable qu'elle ait pu participer, comme auteur ou complice, à la commission des infractions dont il est saisi. Le réquisitoire introductif n'étant délivré que contre les auteurs alors connus, le juge d'instruction peut impliquer dans les poursuites, sans communication au parquet, tout autre auteur ou complice dont l'information a révélé l'existence[1]. En ce cas, il se borne à dresser, à l'égard de cette nouvelle personne, un interrogatoire de première comparution selon les formes de l'article 116.

93.32 Faits nouveaux. Ces faits, non visés au réquisitoire introductif, peuvent être constatés par le juge d'instruction, mais ne peuvent faire l'objet d'une mise en examen qu'après communication au parquet et réquisitions supplétives (C. pr. pén., art. 80, al. 3)[2]. Pour notifier ces nouveaux faits, le juge d'instruction va-t-il utiliser les formes de l'interrogatoire de première comparution ou celles de l'interrogatoire ordinaire ?

Selon certains auteurs, les formes de l'interrogatoire de première comparution étaient nécessaires pour toute nouvelle mise en cause[3]. Mais il a été

1. Crim. 31 janv. 1983, n° 82-90.516, *Bull. crim.*, n° 40.
2. Crim. 25 juin 1984, n° 83-94.199, *Bull. crim.*, n° 240 – Crim. 10 mai 1994, n° 93-81.522, *Bull. crim.*, n° 180.
3. LE POITTEVIN, L. 8 déc. 1897, art. 3, n° 28 à n° 30, 43 – En ce sens, T. corr. Seine, 8 mars 1957, *JCP* 1957, II, 9897, note P. Chambon.

jugé que les formalités de la première comparution ne s'appliquent que lorsque la personne comparaît pour la première fois devant le juge d'instruction[1]. Lors d'une inculpation nouvelle, l'observation surabondante et superfétatoire des formalités relatives à l'interrogatoire de première comparution, est indifférente à la validité de la procédure; en un tel cas, les formalités relatives à l'interrogatoire ordinaire ne sont plus exigées[2]. Avant la loi du 15 juin 2000, le principe était posé : il ne résulte d'aucun texte que le magistrat instructeur doive renouveler, à l'occasion de chaque mise en examen supplétive, les formalités d'avertissement prévues par l'article 116 alinéa 3 du Code de procédure pénale pour l'interrogatoire de première comparution[3]. Mais l'entrée en vigueur de la loi du 15 juin 2000 a modifié la donne. En effet, on sait que le juge d'instruction ne peut mettre en examen qu'après avoir entendu les observations de la personne ou lui avoir donné l'occasion de s'exprimer. Il doit aussi donner la parole à l'avocat de la défense. Le juge doit à nouveau permettre à la personne de fournir auparavant ses explications. C'est après les observations de la personne et de son avocat qu'il annoncera la mise en examen ou qu'il accordera finalement le statut de témoin assisté.

93.33 Qualification nouvelle. L'inculpation nouvelle portant sur les mêmes faits autrement qualifiés peut être notifiée au cours d'un interrogatoire ordinaire[4], sans que d'ailleurs il y ait lieu de communiquer préalablement la procédure au parquet[5]. C'est qu'en effet, la saisine *in rem* du juge d'instruction englobe les circonstances aggravantes[6]. Et elle est indépendante de la qualification initiale des faits[7], de même que des textes visés par le ministère public[8]. En l'absence de jurisprudence spécifique, on peut toutefois conseiller de procéder comme lors de la notification de faits nouveaux c'est-à-dire d'ouvrir la qualification nouvelle à discussion et d'entendre l'avocat en ses observations avant de la modifier. L'article 118 du Code de procédure pénale prévoit en tout cas expressément la mise en œuvre de cette procédure en cas de criminalisation (v. s^s n° 114.33).

93.34 Mise en examen par le juge des enfants. Il existe une hypothèse où la mise en examen pourrait ne pas avoir été conduite selon les formalités prévues par l'article 116 du Code de procédure pénale. On sait en effet que le juge des enfants peut conduire son dossier soit en respectant les formes du Code de procédure pénale, soit en adoptant la « procédure officieuse ». Or, dans l'hypothèse où le juge des enfants se dessaisirait, par exemple parce qu'un majeur apparaît dans le dossier, après avoir mis en examen un mineur selon la procédure officieuse, le magistrat instructeur se trouverait en possession d'un dossier où une personne, déjà mise en examen, ne l'aurait pas été conformément aux règles du Code de procédure pénale. La mise en examen notifiée au mineur demeure valable puisqu'elle l'était au moment où elle a été notifiée. Il peut sembler indispensable toutefois de notifier à la personne mise en examen ses droits puisqu'elle les a acquis par le fait même du dessaisissement mais ne les connaît pas.

SECTION 4
EST-IL POSSIBLE DE DÉLÉGUER UNE MISE EN EXAMEN ?

93.41 Solution traditionnelle. La possibilité de délégation de l'inculpation, antérieurement aux lois de 1993, puis de la mise en examen par la première comparution, sous l'égide de ces nouvelles lois, ne posait aucune difficulté. La décision précédait en effet la comparution de la personne qui en était informée au début de son interrogatoire de première comparution. La pratique de cette délégation était d'ailleurs devenue moins fréquente dès lors que la mise en examen pouvait résulter de l'envoi d'une lettre recommandée.

93.42 Le problème posé par l'entrée en vigueur de la loi du 15 juin 2000. La mise en examen devant être désormais précédée des observations de la personne et éventuellement de son conseil, la question qui se posait avant les modifications apportées par la loi du 9 mars 2004 était la suivante : pouvait-on déléguer à un autre magistrat l'opportunité de la mise en examen ?

On sait que le magistrat ne peut déléguer un pouvoir juridictionnel. Il n'est pas possible de déléguer le pouvoir de rendre une ordonnance de refus d'acte requis, de refus d'informer, de refus de main levée de contrôle judiciaire, et évidemment de placement en détention provisoire. En revanche, on admet que le juge délégataire rende une ordonnance de transport ou délivre un mandat de com-

1. Crim. 23 mars 1912, *DP* 1912, 1, p. 161; *S.* 1912, 1, 345, note Roux – Crim. 2 févr. 1928, *Bull. crim.*, n° 45 – Crim. 26 juin 1995, n° 95-82.333, *Bull. crim.*, n° 235.
2. Crim. 6 avr. 1933, *Bull. crim.*, n° 75 – Crim. 3 août 1935, *DP* 1937, 1, 94.
3. Crim. 26 juin 1995, n° 95-82.333, *Bull. crim.*, n° 235; *JCP* 1995, IV, 2380.
4. Crim. 24 juin 1980, n° 79-94.829, *Bull. crim.*, n° 204.
5. Crim. 18 févr. 1975, n° 75-90.088, *Bull. crim.*, n° 56.
6. Crim. 27 juill. 1970, n° 69-92.968, *Bull. crim.*, n° 249.
7. Crim. 27 mars 1990, n° 88-83.669, *Bull. crim.*, n° 135 – Crim. 19 mars 1991, n° 90-87.892, *Bull. crim.*, n° 134.
8. Crim. 16 nov. 1987, n° 87-85.176, *Bull. crim.*, n° 405 – V. Ch. Guéry, « Aux confins du droit et de la procédure pénale : la relative liberté de qualification du juge d'instruction », *D.* 1996, chron. 335.

parution. On peut discuter le caractère juridictionnel de la mise en examen. Même si les caractéristiques de l'acte juridictionnel ne font pas l'unanimité, il est communément admis que l'exercice d'une voie de recours, habituellement l'appel, en forme l'un des éléments primordiaux. Or, si la mise en examen n'est pas susceptible d'appel, elle peut être attaquée par la voie de la requête en nullité (v. s^s n°s 91.31 et 91.32). On peut donc penser qu'elle présente un caractère quasi juridictionnel, renforcé par les dispositions de la loi du 5 mars 2007 obligeant le juge à motiver dans certains cas la persistance des indices graves ou concordants (v. s^s n°s 91.41, 91.42). Toutefois, on sait que la classification entre actes juridictionnels et non juridictionnels est délicate : le mandat d'arrêt est incontestablement un acte juridictionnel alors qu'il n'est pas susceptible d'appel. Quant à la liste des actes non juridictionnels qui peuvent faire l'objet d'une requête en nullité, elle est longue. Ce qui paraît primordial ici, c'est que le magistrat délégataire doit apprécier lui-même s'il existe, à l'issue des observations fournies, des indices graves ou concordants permettant la mise en examen. C'est pourquoi la mise en examen, appréciation personnelle intervenant après les explications de la personne mise en cause, ne pouvait plus être déléguée.

93.43 Des palliatifs pour résoudre ce problème ? Les magistrats instructeurs semblaient avoir majoritairement considéré que la mise en examen ne pouvait plus être déléguée. Aussi, diverses pratiques avaient vu le jour.

La plus simple pour le juge consistait sans doute à demander à la personne de se déplacer, quel que soit l'endroit où elle demeurait. Mais il était aussi possible de demander au magistrat instructeur mieux placé territorialement de ne pas procéder à un interrogatoire de première comparution mais simplement à une audition de témoin assisté. Il pouvait être envisagé ensuite de convoquer ledit témoin assisté pour le mettre en examen ou de déléguer à nouveau cette faculté, encore que la lettre de l'article 113-8 du Code de procédure pénale amenait à se poser la question suivante : le témoin assisté convoqué pour sa mise en examen ne devait-il pas encore fournir ses explications avant que celle-ci ne soit décidée (v. s^s n° 93.23).

D'autres magistrats instructeurs procédaient différemment : à l'issue des explications de la personne, le magistrat délégataire faxait au juge mandant les déclarations qui avaient été faites et ce dernier prenait immédiatement la décision qu'il transmettait alors à son collègue. Cette solution présentait l'inconvénient de la lourdeur et nécessitait en outre que les observations de l'avocat soient consignées au procès-verbal (ce qui n'est pas obligatoire) pour permettre au magistrat délégataire de prendre sa décision en connaissance de cause. Aucune des solutions ne paraissait totalement satisfaisante.

93.44 La loi du 9 mars 2004 permet la mise en examen sur commission rogatoire. La loi du 9 mars 2004 met fin aux interrogations pratiques qui se sont posées après l'entrée en vigueur de la loi du 15 juin 2000 en ce qui concerne les possibilités de mise en examen sur commission rogatoire par un juge mieux placé territorialement (v. s^s n°s 93.42 et 93.43).

L'article 154-1 dispose que : « Le juge d'instruction qui envisage de mettre en examen une personne qui n'a pas déjà été entendue comme témoin assisté peut requérir par commission rogatoire, selon les modalités prévues par l'article 151, tout juge d'instruction de procéder à la mise en examen de cette personne conformément aux dispositions de l'article 116. Le juge d'instruction chargé d'exécuter la commission rogatoire procède alors à la mise en examen de la personne conformément aux dispositions de l'article 116, sauf s'il estime, au vu de ses observations ou celles de son avocat, qu'il n'existe pas contre elle d'indices graves ou concordants rendant vraisemblable sa culpabilité, auquel cas ce magistrat l'informe qu'elle bénéficie des droits du témoin assisté. » Dans cette hypothèse c'est le juge d'instruction délégataire qui conserve l'opportunité de la mise en examen. Cette « opportunité » n'est ouverte que dans le cas où le magistrat délégataire estimerait qu'il n'existe pas d'indices graves ou concordants. Mais lorsqu'une personne a déjà été entendue comme témoin assisté, le juge d'instruction peut requérir par commission rogatoire tout juge d'instruction de procéder à la mise en examen de cette personne (C. pr. pén., art. 154-1). C'est alors le juge d'instruction mandant qui détermine avant même la première comparution, que le témoin assisté sera mis en examen. La différence tient au fait que dans ce second cas, la personne aura déjà pu faire valoir ses observations. Ce texte doit être approuvé et améliore aussi le sort des personnes mises en cause qui devaient parfois se déplacer sur de longues distances pour pouvoir être mises en examen. Dans la pratique, dès lors que la mise en examen est désormais possible par lettre recommandée lorsque la personne a déjà été entendue comme témoin assisté, on voit disparaître les commissions rogatoires pour mise en examen de ces personnes. Les juges d'instruction mettent en examen par lettre recommandée, puis le cas échéant, délivrent une commission rogatoire pour que leur collègue mieux placé procède à un interrogatoire sur le fond.

TITRE

10. L'interrogatoire de première comparution

SECTION 0 ORIENTEUR

100.00 **Plan du titre.** L'interrogatoire de première comparution répond à des formes particulières qui ont pu varier dans le temps. Il constitue le premier interrogatoire de la personne qui doit être entendue sur le fond pour pouvoir être renvoyée devant la juridiction de jugement. Le déroulement de cet interrogatoire est décrit précisément par l'article 116 du Code de procédure pénale. Enfin, les règles de communication entre le détenu et son conseil font l'objet d'une analyse particulière.

Chap. 101	**Formes de l'interrogatoire de première comparution**
Sect. 1	Spécificité de l'interrogatoire de première comparution
Sect. 2	Procès-verbal
Sect. 3	Mise en œuvre de moyens audiovisuels
Chap. 102	**Nécessité d'un interrogatoire sur le fond**
Sect. 1	Principe
Sect. 2	Personne en fuite
Chap. 103	**Déroulement de l'interrogatoire de première comparution**
Sect. 1	Connaissance donnée, à la personne mise en cause, des faits et de leur qualification juridique
Sect. 2	Avis relatif au choix du conseil
Sect. 3	Détermination objective des règles observées ensuite : du circuit court et du circuit long
Sect. 4	Circuit court : un interrogatoire immédiat
Sect. 5	Circuit long : du silence à l'interrogatoire
Sect. 6	Choix du magistrat instructeur : mise en examen ou témoin assisté
Sect. 7	Avis des droits des parties
Sect. 8	Déclaration d'adresse
Sect. 9	Avis de la fin prévisible de la procédure
Sect. 10	Interrogatoire et confrontation immédiats
Chap. 104	**Communication avec son conseil de la personne détenue**
Sect. 1	Choix du conseil
Sect. 2	Principe de la libre communication
Sect. 3	Interdiction de communiquer

100.01 **Textes applicables.**

C. pr. pén., art. 80-1, 80-2, 81, 82-1, 106, 107, 115, 116, 116-1, 117, 121, 125, 133, 134, 145-4, 156, 173, 173-1, 175, 175-1, 179-1, C. pr. pén., art. D. 32-2.

Ord. 2 févr. 1945, art. 10.

100.02 **Jurisprudence de référence.**

Crim. 8 oct. 1998, n° 97-86.582, *Bull. crim.*, n° 250; *Gaz. Pal.* 19-20 mars 1999; *JCP* 1999, IV, 1349.

Crim. 28 févr. 1974, n° 73-92.596, *Bull. crim.*, n° 88; *JCP* 1974, II, 17774, note P. Chambon.

Crim. 12 oct. 1972, n° 72-91.813, *Bull. crim.*, n° 286; *JCP* 1973, II, 17554, note P. Chambon.

Crim. 6 déc. 1994, n° 94-84.235, *Bull. crim.*, n° 394; *JCP* 1995, IV, 883.

Crim. 2 sept. 2005, n° 05-83.117, *Bull. crim.*, n° 213; *Dr. pén.* 2005, n° 165, note Maron.

Crim. 1er avril 2009, n° 08-88.549, *Bull. crim.*, n° 64; *Dr. pén.* 2009, n° 101, note A. Maron et M. Haas; *AJ Pénal* 2009, 271, note C. Duparc.

100.03 **Bibliographie indicative.** (V. les références complètes ss n° 03.)

Actualisables. RÉP. PÉN., Guéry, « Instruction préparatoire »; Hamelin et Damien, « Défense » – J.-CL. PÉN., Dumont, « Interrogatoires et confrontations ».

Articles. Arrighi, *RSC* 1998, 687 – Guéry Ch., « La mise en examen après l'entrée en vigueur de la loi du 15 juin 2000 », *JCP* 2001, Étude, I, 359 – Pradel J., « La défense avant jugement pénal », *D.* 1997, chron. 375.

100.04 **Évolution.** Sous le régime du Code d'instruction criminelle, le conseil était absent de l'instruction. Il n'apparaissait qu'après l'interrogatoire de l'accusé par le président des assises, et en matière correctionnelle, après le renvoi du prévenu devant le tribunal. C'est la loi du 8 décembre 1897, en 14 articles, qui a introduit le conseil à l'instruction, en ce qui concernait l'inculpé. La loi du 22 mars 1921 en a étendu les garanties à la partie civile, et la loi du 28 octobre 1955 l'a rendue applicable « aux suppléments d'information ordonnés par toutes juridictions ». C'est cette même loi de 1897 qui a dégagé la notion d'interrogatoire de première comparution.

100.05 Rapport du comité de réflexion sur la justice pénale dit rapport Léger. Rien n'est dit dans le rapport du comité de l'interrogatoire de première comparution. On ignore tout de la forme qu'il pourrait prendre dans le cadre de l'enquête renforcée et même s'il pourrait se tenir devant les enquêteurs ou un membre du ministère public.

CHAPITRE

101. Formes de l'interrogatoire de première comparution

SECTION 0 ORIENTEUR

101.00 **Plan du chapitre.**

Sect. 1 Spécificité de l'interrogatoire de première comparution

Sect. 2 Procès-verbal

Sect. 3 Mise en œuvre de moyens audiovisuels

101.01 **Textes applicables.**

C. pr. pén., art. 106, 107, 116, 116-1, 121, 125, 133, 179-1.

C. pr. pén., art. D. 32-2.

D. n° 2007-699, 3 mai 2007, art. 14 IV, *JO* 5 mai, p. 7963.

C. pr. pén., art. 106

Chaque page des procès-verbaux est signée du juge, du greffier et du témoin. Ce dernier est alors invité à relire sa déposition telle qu'elle vient d'être transcrite, puis à la signer s'il déclare y persister. Si le témoin ne sait pas lire, lecture lui en est faite par le greffier. Si le témoin ne veut ou ne peut signer, mention en est portée sur le procès-verbal. Chaque page est également signée par l'interprète s'il y a lieu.

C. pr. pén., art. 107

Les procès-verbaux ne peuvent comporter aucun interligne. Les ratures et les renvois sont approuvés par le juge d'instruction, le greffier et le témoin et, s'il y a lieu, par l'interprète. À défaut d'approbation, ces ratures et ces renvois sont non avenus.

Il en est de même du procès-verbal qui n'est par régulièrement signé.

C. pr. pén., art. 116 [L. n° 2007-291, 5 mars 2007]

Lorsqu'il envisage de mettre en examen une personne qui n'a pas déjà été entendue comme témoin assisté, le juge d'instruction procède à sa première comparution selon les modalités prévues par le présent article.

Le juge d'instruction constate l'identité de la personne et lui fait connaître expressément, en précisant leur qualification juridique, chacun des faits dont il est saisi et pour lesquels la mise en examen est envisagée. Mention de ces faits et de leur qualification juridique est portée au procès-verbal.

Lorsqu'il a été fait application des dispositions de l'article 80-2 et que la personne est assistée d'un avocat, le juge d'instruction procède à son interrogatoire; l'avocat de la personne peut présenter ses observations au juge d'instruction.

Dans les autres cas, le juge d'instruction avise la personne de son droit de choisir un avocat ou de demander qu'il lui en soit désigné un d'office. L'avocat choisi ou, dans le cas d'une demande de commission d'office, le bâtonnier de l'ordre des avocats en est informé par tout moyen et sans délai. Si l'avocat choisi ne peut être contacté ou ne peut se déplacer, la personne est avisée de son droit de demander qu'il lui en soit désigné un d'office pour l'assister au cours de la première comparution. L'avocat peut consulter sur-le-champ le dossier et communiquer librement avec la personne. Le juge d'instruction avertit ensuite la personne qu'elle a le choix soit de se taire, soit de faire des déclarations, soit d'être interrogée. Mention de cet avertissement est faite au procès-verbal. L'accord pour être interrogé ne peut être donné qu'en présence d'un avocat. L'avocat de la personne peut également présenter ses observations au juge d'instruction.

Après avoir, le cas échéant, recueilli les déclarations de la personne ou procédé à son interrogatoire et entendu les observations de son avocat, le juge d'instruction lui notifie :

– soit qu'elle n'est pas mise en examen; le juge d'instruction informe alors la personne qu'elle bénéficie des droits du témoin assisté;

– soit qu'elle est mise en examen; le juge d'instruction porte alors à la connaissance de la personne les faits ou la qualification juridique des faits qui lui sont reprochés, si ces faits ou ces qualifications diffèrent de ceux qui lui ont déjà été notifiés; il l'informe de ses droits de formuler des demandes d'actes ou des requêtes en annulation sur le fondement des articles 81, 82-1, 82-2, 156 et 173 durant le déroulement de l'information et avant l'expiration du délai d'un mois ou de trois mois prévu par le troisième alinéa de l'article 175, sous réserve des dispositions de l'article 173-1.

S'il estime que le délai prévisible d'achèvement de l'information est inférieur à un an en matière correctionnelle ou à dix-huit mois en matière criminelle, le juge d'instruction donne connaissance de ce délai prévisible à la personne et l'avise qu'à l'expiration dudit délai, elle pourra demander la clôture de la procédure en application des dispositions de l'article 175-1. Dans le cas contraire, il indique à la personne qu'elle pourra demander, en application de ce même article, la clôture de la procédure à l'expiration d'un délai d'un an en matière correctionnelle ou de dix-huit mois en matière criminelle.

À l'issue de la première comparution, la personne doit déclarer au juge d'instruction son adresse personnelle. Elle peut toutefois lui substituer l'adresse d'un tiers chargé de recevoir les actes qui lui sont destinés si elle produit l'accord de ce dernier. L'adresse déclarée doit être située, si l'information se déroule en métropole, dans un département métropolitain ou, si l'information se déroule dans un département d'outre-mer, dans ce département. Cette déclaration est faite devant le juge des libertés et de la détention lorsque ce magistrat, saisi par le juge d'instruction, décide de ne pas placer la personne en détention.

La personne est avisée qu'elle doit signaler au juge d'instruction jusqu'au règlement de l'information, par nouvelle déclaration ou par lettre recommandée avec demande d'avis de réception, tout changement de l'adresse déclarée. Elle est également avisée que toute notification ou signification faite à la dernière adresse déclarée sera réputée faite à sa personne. Mention de cet avis, ainsi que de la déclaration d'adresse, est portée au procès-verbal. Ces avis sont donnés par le juge des libertés et de la détention lorsque celui-ci décide de ne pas placer la personne en détention.

C. pr. pén., art. 116-1 [inséré par L. n° 2007-291, 5 mars 2007]

En matière criminelle, les interrogatoires des personnes mises en examen réalisés dans le cabinet du juge d'instruction, y compris l'interrogatoire de première comparution et les confrontations, font l'objet d'un enregistrement audiovisuel.

L'enregistrement ne peut être consulté, au cours de l'instruction ou devant la juridiction de jugement, qu'en cas de contestation sur la portée des déclarations recueillies, sur décision du juge d'instruction ou de la juridiction de jugement, à la demande du ministère public ou d'une des parties. Les huit derniers alinéas de l'article 114 ne sont pas applicables. Lorsqu'une partie demande la consultation de l'enregistrement, cette demande est formée et le juge d'instruction statue conformément aux deux premiers alinéas de l'article 82-1.

Le fait, pour toute personne, de diffuser un enregistrement réalisé en application du présent article est puni d'un an d'emprisonnement et de 15 000 euros d'amende.

À l'expiration d'un délai de cinq ans à compter de la date de l'extinction de l'action publique, l'enregistrement est détruit dans le délai d'un mois.

Lorsque le nombre de personnes mises en examen devant être simultanément interrogées, au cours de la même procédure ou de procédures distinctes, fait obstacle à l'enregistrement de tous les interrogatoires, le juge d'instruction décide, au regard des nécessités de l'investigation, quels interrogatoires ne seront pas enregistrés.

Lorsque l'enregistrement ne peut être effectué en raison d'une impossibilité technique, il en est fait mention dans le procès-verbal d'interrogatoire qui précise la nature de cette impossibilité.

Le présent article n'est pas applicable lorsque l'information concerne un crime mentionné à l'article 706-73 du présent code ou prévu par les titres Ier et II du livre IV du Code pénal, sauf si le juge d'instruction décide de procéder à l'enregistrement.

Un décret précise en tant que de besoin les modalités d'application du présent article.

C. pr. pén., art. 121

Les procès-verbaux d'interrogatoire et de confrontation sont établis dans les formes prévues aux articles 106 et 107.

S'il est fait appel à un interprète, les dispositions de l'article 102 sont applicables.

Si la personne mise en examen est atteinte de surdité, le juge d'instruction nomme d'office pour l'assister lors de l'information un interprète en langue des signes ou toute personne qualifiée maîtrisant un langage ou une méthode permettant de communiquer avec les sourds. Celui-ci, s'il n'est pas assermenté, prête serment d'apporter son concours à la justice en son honneur et en sa conscience. Il peut être également recouru à tout dispositif technique permettant de communiquer avec la personne mise en examen. Si la personne mise en examen sait lire et écrire, le juge d'instruction peut également communiquer avec elle par écrit.

C. pr. pén., art. 125 [L. n° 2004-204, 9 mars 2004]

Le juge d'instruction interroge immédiatement la personne qui fait l'objet d'un mandat de comparution.

Il est procédé dans les mêmes conditions à l'interrogatoire de la personne arrêtée en vertu d'un mandat d'amener. Toutefois, si l'interrogatoire ne peut être immédiat, la personne peut être retenue par les services de police ou de gendarmerie pendant une durée maximum de vingt-quatre heures suivant son arrestation avant d'être présentée devant le juge d'instruction ou à défaut le président du tribunal ou un juge désigné par celui-ci, qui procède immédiatement à son interrogatoire; à défaut, la personne est mise en liberté.

C. pr. pén., art. 133 [L. n° 2004-204, 9 mars 2004]

La personne saisie en vertu d'un mandat d'arrêt est présentée dans les vingt-quatre heures suivant son arrestation devant le juge d'instruction ou à défaut le président du tribunal ou le juge désigné par celui-ci pour qu'il soit procédé à son interrogatoire et qu'il soit le cas échéant statué sur son placement en détention provisoire dans les conditions prévues par l'article 145. À défaut, la personne est remise en liberté. Les dispositions de l'article 126 sont applicables.

Si la personne est arrêtée à plus de deux cents kilomètres du siège du juge d'instruction qui a délivré le mandat, elle est conduite dans les vingt-quatre heures suivant son arrestation devant le procureur de la République du lieu de l'arrestation qui reçoit ses déclarations après l'avoir avertie qu'elle est libre de ne pas en faire. Mention est faite de cet avis au procès-verbal.

Le procureur de la République informe sans délai le magistrat qui a délivré le mandat et requiert le transfèrement. Si celui-ci ne peut être effectué immédiatement, le procureur de la République en réfère au juge mandant.

Lorsqu'il y a lieu à transfèrement, la personne doit être conduite à la maison d'arrêt indiquée sur le mandat dans les délais prévus à l'article 130. Les dispositions de l'article 130-1 sont applicables.

C. pr. pén., art. 179-1 [L. n° 2004-204, 9 mars 2004]

Toute ordonnance renvoyant la personne mise en examen devant le tribunal de police ou le tribunal correctionnel informe celle-ci qu'elle doit signaler auprès du procureur de la République, jusqu'au jugement définitif de l'affaire, tout changement de l'adresse déclarée lors de sa mise en examen, par lettre recommandée avec demande d'avis de réception. L'ordonnance l'informe également que toute citation, notification ou signification faite à la dernière adresse déclarée sera réputée faite à sa personne.

C. pr. pén., art. D. 32-2 [D. n° 2007-699, 3 mai 2007]

Pour l'application des dispositions de l'article 116-1 relatif à l'enregistrement audiovisuel des interrogatoires des personnes mises en examen en matière criminelle, il est établi un enregistrement original placé sous scellé fermé.

Une copie de cet enregistrement est versée au dossier. Cette copie peut être commune à l'ensemble des enregistrements effectués au cours de l'instruction.

Sur instruction du procureur de la République, les enregistrements sont détruits par le greffe de la juridiction dans le délai prévu par le quatrième alinéa de l'article 116-1.

Les modalités techniques de l'enregistrement audiovisuel sont déterminées par arrêté du ministre de la Justice.

D. n° 2007-699, 3 mai 2007, art. 14 IV

Les dispositions de l'article D. 32-2 du Code de procédure pénale, dans sa rédaction résultant de l'article 4 du présent décret, entrent en vigueur le 1er juin 2008, sans préjudice de la possibilité, pour le juge d'instruction, d'office, sur réquisition du procureur de la République ou à la demande des parties, d'ordonner avant cette date qu'il soit procédé à un enregistrement audiovisuel de l'interrogatoire, conformément aux dispositions du deuxième alinéa du IV de l'article 30 de la loi n° 2007-291 du 5 mars 2007 tendant à renforcer l'équilibre de la procédure pénale.

Cette faculté est toutefois subordonnée à la publication préalable de l'arrêté déterminant les modalités techniques de l'enregistrement audiovisuel prévu par les dispositions du dernier alinéa de l'article D. 32-2 et elle ne peut être mise en œuvre, à partir de cette date, que dans les cabinets d'instruction ayant été spécialement aménagés ou équipés pour permettre un tel enregistrement.

101.02 Jurisprudence de référence.

• Les mentions de l'interrogatoire de première comparution font foi jusqu'à inscription de faux.

Crim. 28 févr. 1974, n° 73-92.596; *Bull. crim.*, n° 88; *JCP* 1974, II, 17774, note P. Chambon.

« Attendu que, contrairement a ce qui est soutenu au moyen, il ne résulte pas de ce procès-verbal, dont les mentions font foi jusqu'a inscription de faux, que le juge d'instruction se soit livré à un interrogatoire et ne se soit pas borné, comme l'article 114 du Code de procédure pénale lui en faisait l'obligation, a recueillir les déclarations que l'inculpé avait manifesté l'intention de faire. »

• L'enregistrement des interrogatoires en matière criminelle n'est prévu que lorsque ceux-ci se déroulent dans le cabinet du juge d'instruction.

Crim. 1er avr. 2009, n° 08-88.549, *Bull. crim.*, n° 64; *Dr. pén.* 2009, n° 101, note A. Maron et M. Haas; *AJ Pénal* 2009, 271, note C. Duparc.

« Attendu qu'il résulte de l'arrêt attaqué et des pièces de la procédure que Kujtim Halilaj a été mis en examen le 18 juillet 2008 des chefs de tentative d'homicide volontaire, tentative de vol avec arme et infraction à la législation sur les armes; qu'en raison de l'état de santé de l'intéressé, l'interrogatoire de première comparution a eu lieu dans un hôpital;

Attendu que Kujtim Halilaj a présenté à la chambre de l'instruction une requête aux fins d'annulation de son interrogatoire de première comparution et des actes subséquents, en invoquant la violation de l'article 116-1 du Code de procédure pénale; qu'il a soutenu qu'il avait été procédé à cet interrogatoire, d'une part, sans enregistrement audiovisuel et, d'autre part, sans qu'il soit fait mention dans le procès-verbal d'une éventuelle circonstance technique qui aurait rendu impossible un tel enregistrement;

Attendu que, pour rejeter cette requête, l'arrêt attaqué prononce par les motifs repris au moyen;

Attendu qu'en statuant ainsi, la chambre de l'instruction n'a pas méconnu le sens et la portée des textes et des principes susvisés;

Qu'en effet, les dispositions de l'article 116-1 du Code de procédure pénale n'imposent l'enregistrement audiovisuel des interrogatoires des personnes mises en examen, en matière criminelle, que lorsqu'ils sont réalisés dans le cabinet du juge d'instruction;

D'où il suit que le moyen n'est pas fondé;

Et attendu que l'arrêt est régulier en la forme;

Rejette le pourvoi ».

101.03 Bibliographie indicative. (V. les références complètes ss n° 03.)

Actualisables. Rép. pén., Guéry, « Instruction préparatoire » – J.-Cl. pén., Dumont, « Interrogatoires et confrontations ».

SECTION 1
SPÉCIFICITÉ DE L'INTERROGATOIRE DE PREMIÈRE COMPARUTION

101.11 Différences entre l'interrogatoire de première comparution et les autres interrogatoires. Le juge d'instruction procède à deux sortes d'interrogatoires : l'interrogatoire ordinaire et l'interrogatoire de première comparution. Celui-ci, qui était visé par l'article 114 du Code de procédure pénale, étroitement inspiré de l'article 3 de la loi du 8 décembre 1897, l'est aujourd'hui par l'article 116 du même code. L'essentiel des formalités qu'il comprend a été conservé par le Code de procédure pénale, de sorte que la jurisprudence antérieure conserve toute sa valeur.

Mais il faut bien comprendre que ces deux interrogatoires s'inscrivent dans des domaines différents et que la procédure applicable à chacun d'entre eux diffère.

101.12 Formes de l'interrogatoire de première comparution. L'article 121, qui règle la forme des procès-verbaux d'interrogatoire et de confrontation, et qui renvoie aux articles 106 et 107, a une portée générale, et est comme tel applicable à l'interrogatoire de première comparution. Selon l'alinéa 2 du même texte, en cas de nécessité, il est fait appel à un interprète, et les prescriptions de l'article 102 sont alors applicables. Il a été jugé que la femme d'un inculpé muet, elle-même inculpée, ne pouvait servir d'interprète lors de l'interrogatoire de première comparution de son mari[1]. La circonstance que la personne refuse d'indiquer son identité et la langue qu'elle comprend ne peut faire obstacle à sa mise en examen[2].

Les mentions relatives aux formalités de l'interrogatoire de première comparution, portées au procès-verbal, peuvent être imprimées, « la signature du juge et du greffier ayant pour effet de conférer l'authenticité à toutes les parties du procès-verbal et de garantir que lesdites formalités ont été accomplies »[3], solution d'ailleurs applicable aux autres pièces de l'information, notamment au réquisitoire introductif[4].

101.13 Délai. La loi, à la différence de la procédure de jugement, n'a pas fixé l'ordre dans lequel doivent se succéder les divers actes d'instruction. Elle a énuméré les principaux dans l'article 81, mais elle ne les a pas déterminés dans le temps les uns par rapport aux autres. Le juge d'instruction dispose à cet égard d'une entière liberté, et agit selon les nécessités, infiniment variables de chacune de ses affaires.

L'interrogatoire de première comparution est parfois le premier acte de l'information, mais il ne l'est pas nécessairement. Il peut intervenir en cours d'instruction, il peut même en constituer le dernier acte exception faite des formalités de fin de procédure. Dans les informations ouvertes contre inconnu notamment, le juge d'instruction ne peut procéder à la mise en examen qu'après avoir réuni et établi des charges suffisantes. Il est du devoir du juge d'instruction de n'inculper une personne déterminée qu'après s'être éclairé sur le point de savoir si elle a pris part à l'acte incriminé[5].

C'est ainsi que le juge d'instruction peut communiquer la procédure au parquet aux fins de réquisitoire supplétif avant tout interrogatoire de l'inculpé[6]. De même, une expertise peut être valablement ordonnée et déposée avant l'interrogatoire de première comparution, si les résultats en ont été régulièrement communiqués au prévenu postérieurement à son inculpation[7].

101.14 Détenu. Mais il en est autrement lorsque la personne est détenue ou est sur le point de l'être. La loi n'a pas voulu qu'un individu soit détenu, sans qu'il connaisse les raisons de sa détention. C'est pourquoi elle a lié dans le temps l'interrogatoire et chacun des mandats de justice. L'interrogatoire visé par la loi est nécessairement l'interrogatoire de première comparution, lorsque ce dernier n'a pas encore eu lieu.

Aux termes de l'article 125 du Code de procédure pénale, « le juge d'instruction interroge immédiatement la personne qui fait l'objet d'un mandat de comparution. Il est procédé dans les mêmes conditions à l'interrogatoire de la personne arrêtée en vertu d'un mandat d'amener ». Selon l'article 133 la personne saisie en vertu d'un mandat d'arrêt est présentée dans les vingt-quatre heures suivant son arrestation devant le juge d'instruction ou à défaut le président du tribunal ou le juge désigné par celui-ci pour qu'il soit procédé à son interrogatoire et qu'il soit le cas échéant statué sur son placement en détention provisoire dans les conditions prévues par l'article 145. À défaut la personne est remise en liberté. Le délai de l'article 133, ainsi que celui de l'article 125 alinéa 3 auquel ce texte renvoie, ne sont pas applicables lorsque l'inculpé est arrêté en

1. T. corr. Tunis, 19 janv. 1953, *JCP* 1954, II, 8042, note Colombini.
2. Crim. 30 mars 2004, n° 04-81.147, *Bull. crim.*, n° 79; *AJ Pénal* 2004, p. 248, note J. Leblois-Happe; *Dr. pén.* juill./août 2004, p. 28, comm. A. Maron; *JCP* 2004, IV, 2058.
3. Crim. 10 août 1906, *DP* 1909, I, p. 23 – Crim. 5 juin 1975, n° 74-92.792, *Bull. crim.*, n° 146; *JCP* 1976, II, 18243, note P. Chambon.
4. Crim. 12 févr. 1927, *DH* 1927, p. 209.
5. Crim. 7 mai 1952, *Bull. crim.*, n° 119 – Crim. 19 juin 1958, *Bull. crim.*, n° 482.
6. Crim. 23 juin 1938, *Bull. crim.*, n° 160.
7. Crim. 11 avr. 1970, n° 68-92.463, *Bull. crim.*, n° 118.

vertu du mandat d'arrêt délivré par le juge d'instruction, après que ce dernier a été dessaisi de la procédure par son ordonnance de règlement[1].

101.15 Délais de présentation. La loi du 9 mars 2004 prévoit une nouveauté en ce qui concerne le temps qui peut s'écouler entre la fin de la garde à vue et la présentation effective au ministère public ou au juge d'instruction. Ce délai n'était en effet nullement imputable sur la garde à vue. Certains abus amenaient des personnes à attendre parfois 24 heures au dépôt avant leur présentation réelle devant un magistrat. Désormais toute personne ayant fait l'objet d'un déferement à l'issue de sa garde à vue à la demande du procureur de la République comparaît le jour même devant ce magistrat ou, en cas d'ouverture d'une information, devant le juge d'instruction saisi de la procédure. Il en est de même si la personne est déférée devant le juge d'instruction à l'issue d'une garde à vue au cours d'une commission rogatoire, ou si la personne est conduite devant un magistrat en exécution d'un mandat d'amener ou d'arrêt (C. pr. pén., art. 803-2). Toutefois « en cas de nécessité » la personne peut comparaître le jour suivant et peut être retenue à cette fin dans des locaux de la juridiction spécialement aménagés, à la condition que cette comparution intervienne au plus tard dans un délai de vingt heures à compter de l'heure à laquelle la garde à vue a été levée, à défaut de quoi l'intéressé est immédiatement remis en liberté (C. pr. pén., art. 803-3). Ces dispositions ne sont pas applicables lorsque la garde à vue a duré plus de 72 heures (C. pr. pén., art. 803-3, al. 4). Un registre spécial est tenu sur lequel sont portées les heures d'arrivée et de conduite devant le magistrat. La personne peut s'alimenter, faire prévenir un membre de sa famille et s'entretenir avec son avocat (C. pr. pén., art. 803-3 - V. aussi s^{s} n° 122.64). On peut penser que les juges d'instruction devront faire mentionner systématiquement l'heure de début d'interrogatoire de première comparution dans le cas de déferement. Il arrive qu'un magistrat, saisi tardivement, doive tout d'abord faire passer devant lui les différentes personnes présentées, avant 0 h, fasse consigner cet horaire sur le procès-verbal, puis pratique l'interrogatoire de première comparution dans son intégralité.

SECTION 2
PROCÈS-VERBAL

101.21 Le procès-verbal de première comparution doit être signé par le juge d'instruction, le greffier et le mis en examen. À défaut de l'une de ces signatures, le procès-verbal est non avenu et doit être retiré du dossier[2]. Il en résulte la nullité des actes ultérieurs relatifs aux chefs d'inculpation[3].

Les mentions du procès-verbal, authentifiées par les signatures, font foi jusqu'à inscription de faux[4]. Le greffier, au cas d'empêchement, dont il est fait mention, peut être remplacé par un citoyen majeur qui a prêté le serment requis[5]. Seules doivent être signées les pages relatives à l'observation des formalités imposées par cet interrogatoire, mais non les pages qui concernent des formalités qui lui sont étrangères[6]. Le juge d'instruction peut procéder à l'interrogatoire de première comparution hors son cabinet, sans en donner les motifs, par exemple dans les locaux de la gendarmerie[7].

101.22 Si la personne mise en examen est atteinte de surdité, le juge d'instruction nomme d'office pour l'assister lors de l'information un interprète en langue des signes ou toute personne qualifiée maîtrisant un langage ou une méthode permettant de communiquer avec les sourds.

Si la personne mise en examen sait lire et écrire, le juge d'instruction peut également communiquer avec elle par écrit (C. pr. pén., art. 121, al. 3 - Sur les formes des procès-verbaux v. s^{s} n°s 111.41 à 111.47).

SECTION 3
MISE EN ŒUVRE DE MOYENS AUDIOVISUELS

101.31 Innovations de la loi du 5 mars 2007. La loi du 5 mars 2007 a instauré une obligation de filmer certaines garde à vue (v. s^{s} n° 153.27) et certains interrogatoires de première comparution ou subséquents. Ces dispositions sont entrées en vigueur le 1er juin 2008. Le décret qui devait préciser « en tant que de besoin » les modalités d'application de cet article est paru rapidement [D. n° 2007-699, 3 mai 2007 modifiant le Code de procédure pénale (troisième partie : Décrets) relatif au renforcement de l'équilibre de la procédure pénale et à la prévention de la délinquance, *JO* 5 mai 2007,

1. Crim. 26 janv. 1967, n° 66-93.512, *Bull. crim.*, n° 41 - CA Alger, ch. acc., 17 févr. 1961, *JCP* 1961, II, 12055, note P. Chambon.
2. Crim. 20 avr. 1972, n° 71-93.497, *Bull. crim.*, n° 136; v. les attendus s^{s} n° 101.02 - Crim. 28 févr. 1974, n° 73-92.596, *Bull. crim.*, n° 88; *JCP* 1974, II, 17774, note P. Chambon.
3. Crim. 6 juin 1974, n° 73-93.362, *Bull. crim.*, n° 206.
4. Crim. 18 avr. 1972, n° 71-93.521, *Bull. crim.*, n° 130 - Crim. 28 févr. 1974, n° 73-92.596, *Bull. crim.*, n° 88, préc.
5. Crim. 15 déc. 1981, n° 81-90.948, *Bull. crim.*, n° 331.
6. Crim. 27 juin 1989, n° 89-81.360, *Bull. crim.*, n° 277.
7. Crim. 11 juin 1985, n° 84-95.053, *Bull. crim.*, n° 226.

p. 7963] pour préciser certaines modalités pratiques (v. s[s] n° 101.01).

101.32 Le principe : filmer les interrogatoires en matière criminelle. « En matière criminelle, les interrogatoires des personnes mises en examen réalisés dans le cabinet du juge d'instruction, y compris l'interrogatoire de première comparution et les confrontations, font l'objet d'un enregistrement audiovisuel. L'enregistrement ne peut être consulté, au cours de l'instruction ou devant la juridiction de jugement, qu'en cas de contestation sur la portée des déclarations recueillies, sur décision du juge d'instruction ou de la juridiction de jugement, à la demande du ministère public ou d'une des parties. Les huit derniers alinéas de l'article 114 ne sont pas applicables. Lorsqu'une partie demande la consultation de l'enregistrement, cette demande est formée et le juge d'instruction statue conformément aux deux premiers alinéas de l'article 82-1. »

101.33 Les exceptions au principe. Le texte prévoit des exceptions semblables à celles instaurées par l'article 64-1 pour la garde à vue. Lorsque le nombre de personnes mises en examen devant être simultanément interrogées, au cours de la même procédure ou de procédures distinctes, fait obstacle à l'enregistrement de tous les interrogatoires, le juge d'instruction décide quels interrogatoires ne seront pas enregistrés. Par ailleurs, lorsque l'enregistrement ne peut être effectué en raison d'une impossibilité technique, il en est fait mention dans le procès-verbal d'interrogatoire, qui précise la nature de cette impossibilité. Il convient d'être prudent sur ce point au regard de la jurisprudence de la chambre criminelle prise dans une matière proche, celle de la garde à vue des mineurs qui, elle aussi, doit être enregistrée (v. s[s] n° 114.15). Enfin les dispositions nouvelles ne sont pas applicables lorsqu'il s'agit d'un crime mentionné à l'article 706-73 du Code de procédure pénale ou prévu par les titres Ier et II du livre IV du Code pénal (atteintes aux intérêts fondamentaux de la nation, terrorisme), sauf si le juge d'instruction décide de procéder à l'enregistrement.

Par ailleurs, il n'est pas nécessaire de filmer l'interrogatoire lorsque le juge d'instruction se déplace. Les dispositions de l'article 116-1 du Code de procédure pénale n'imposent l'enregistrement audiovisuel des interrogatoires des personnes mises en examen, en matière criminelle, que lorsqu'elles sont réalisées dans le cabinet du juge d'instruction.

La circulaire du 26 mai 2008 [1], le précise expressément (n° 1.2). En effet, l'article 116-1 mentionne bien « en matière criminelle, les interrogatoires des personnes mises en examen réalisés dans le bureau du juge d'instruction... ». En dehors du bureau, point de film, ce qui évite notamment de filmer les reconstitutions. C'est ce que la chambre criminelle de la Cour de cassation a confirmé dans une décision du 1er avril 2009 [2] : « les dispositions de l'article 116-1 du Code de procédure pénale n'imposent l'enregistrement des interrogatoires des personnes mises en examen, en matière criminelle, que lorsqu'ils sont réalisés dans le cabinet du juge d'instruction ». Il s'agissait d'un interrogatoire de première comparution à l'hôpital.

101.34 Difficultés pratiques. Il est possible de pointer d'ores et déjà les difficultés concrètes que rencontrent les magistrats instructeurs. Tout d'abord, rares sont les juridictions qui peuvent consacrer du personnel à aider les magistrats. La plupart du temps, ils doivent se débrouiller seuls avec le matériel mis à leur disposition. La difficulté tient principalement à l'impossibilité pour plusieurs juges d'instruction de traiter des affaires criminelles en même temps si chacun n'en est pas doté. Et que faire lorsqu'une présentation criminelle intervient alors que ledit matériel est en cours d'utilisation pour plusieurs heures par un collègue ? Il est possible que l'on applique alors la première exception visée par le texte, s'agissant de plusieurs personnes devant être simultanément interrogées dans des dossiers distincts. Le même texte peut être utilisé lorsque plusieurs juges interrogent en même temps dans le cadre d'une co-saisine, s'agissant alors de « la même procédure ». Il semble toutefois aujourd'hui que dans de nombreuses juridictions, chaque juge ait un matériel vidéo à sa disposition.

101.35 Évaluation. La loi du 5 mars 2007 prévoit que « deux ans après l'entrée en vigueur des articles 6 et 7, le gouvernement présente au Parlement un rapport sur le bilan de la mise en œuvre de l'enregistrement audiovisuel des interrogatoires des personnes placées en garde à vue ainsi que des personnes mises en examen et présente les possibilités d'une extension de ces dispositifs ».

1. CRIM 08-12/E6.
2. Crim. 1er avr. 2009, n° 08-88.549, *Bull. crim.*, n° 64; *Dr. pén.* 2009, n° 101, note A. Maron et M. Haas; *AJ Pénal* 2009, 271, note C. Duparc, v. s[s] n° 101.02.

CHAPITRE

102. Nécessité d'un interrogatoire sur le fond

SECTION 0
ORIENTEUR

102.00 **Plan du chapitre.**

Sect. 1 Principe

Sect. 2 Personne en fuite

102.01 **Textes applicables.**

C. pr. pén., art. 116, 134.

C. pr. pén., art. 116

* V. s[s] n° 101.01.

C. pr. pén., art. 134 [L. n° 2004-204, 9 mars 2004]

L'agent chargé de l'exécution d'un mandat d'amener d'arrêt ou de recherche ne peut s'introduire dans le domicile d'un citoyen avant 6 heures ni après 21 heures.

Il peut se faire accompagner d'une force suffisante pour que la personne ne puisse se soustraire à la loi. La force est prise dans le lieu le plus proche de celui où le mandat doit s'exécuter et elle est tenue de déférer aux réquisitions contenues dans ce mandat.

Si la personne ne peut être saisie, un procès-verbal de perquisition et de recherches infructueuses est adressé au magistrat qui a délivré le mandat. La personne est alors considérée comme mise en examen pour l'application de l'article 176.

102.02 **Jurisprudence de référence.**

• Une personne ne peut être renvoyée devant la juridiction de jugement sans qu'elle ait été au préalable interrogée sur le fond ou fait l'objet d'un mandat de justice légalement notifié.

Crim. 12 oct. 1972, n° 72-91.813; *Bull. crim.,* n° 286; *JCP* 1973, II, 17554, note P. Chambon.

« Attendu que nul ne peut être jugé, ni mis en accusation, sans avoir été entendu ou dûment appelé;

Attendu qu'il résulte des énonciations de l'arrêt attaqué que C..., qui avait pris la fuite dès l'ouverture de l'information, a été écroué en exécution d'un mandat d'arrêt, postérieurement à la date de l'ordonnance de transmission de pièces au procureur général;

Attendu que, pour rejeter une requête de C..., qui demandait à fournir ses explications au cours d'un supplément d'information, ce même arrêt mentionne que la procédure était régulière dès lors que le demandeur s'était mis dans l'impossibilité d'être interrogé, et avait été régulièrement appelé par un mandat de justice, notifié au dernier domicile connu et diffusé sur tout le territoire national;

Mais attendu qu'en statuant ainsi, la chambre d'accusation a gravement méconnu les droits de la défense. »

102.03 **Bibliographie indicative.** (V. les références complètes s[s] n° 03.)

Actualisables. RÉP. PÉN., Guéry, « Instruction préparatoire » – J.-CL. PÉN., Dumont, « Interrogatoires et confrontations ».

SECTION 1
PRINCIPE

102.11 **Un interrogatoire sur le fond est toujours nécessaire au cours de l'information.** Une personne ne peut être renvoyée devant la juridiction de jugement, sans qu'elle ait été au préalable interrogée sur le fond, ou sans qu'elle ait fait l'objet d'un mandat de justice notifié légalement[1].

Mais le juge d'instruction peut rendre une ordonnance de non-lieu sans jamais avoir procédé à aucun interrogatoire. La chambre criminelle a, en effet décidé que « le juge d'instruction avant de rendre une décision de non-lieu, n'est pas tenu de procéder à l'inculpation ni même à l'audition de la personne visée dans l'acte de poursuite, s'il lui apparaît, au vu des éléments de l'information, et sans qu'il soit besoin de recevoir ses déclarations,

1. Crim. 16 nov. 1849, *Bull. crim.,* n° 303; v. les attendus s[s] n° 102.02 – Crim. 21 mars 1873, *Bull. crim.,* n° 75 – Crim. 8 avr. 1892, *Bull. crim.,* n° 104 – Crim. 12 oct. 1972, n° 72-91.813, *Bull. crim.,* n° 286; *JCP* 1973, II, 17554, note P. Chambon – V. aussi Crim. 25 juill. 1979, n° 79-91.843, *Bull. crim.,* n° 252.

que la culpabilité de cette personne se trouve d'ores et déjà exclue »[1].

Dans le cas d'une ordonnance de dessaisissement d'un juge d'instruction à un autre, il n'est pas nécessaire que ce dernier procède à un nouvel interrogatoire de première comparution, s'il a déjà été procédé à un tel interrogatoire par le juge d'instruction qui s'est dessaisi[2].

102.12 Déclarations sur le fond au cours de l'interrogatoire de première comparution. L'interrogatoire de première comparution peut constituer l'interrogatoire sur le fond exigé par la jurisprudence. Lorsque l'inculpé s'est volontairement expliqué sur le fonds lors de sa première comparution, le juge d'instruction « peut terminer son information en dehors de l'inculpé et le renvoyer devant la chambre d'accusation, sans avoir provoqué de sa part de nouvelles explications »[3]. De même, lorsque l'inculpé informé de la faculté qu'il avait de ne rien dire, « a néanmoins donné les explications jugées convenables par lui, il n'est pas fondé à soutenir qu'il n'a pas été interrogé sur le fond »[4].

Mais « lorsqu'un inculpé a déclaré au juge d'instruction, lors de sa première comparution, qu'il s'expliquerait en présence de son avocat, la procédure est nulle s'il n'a été procédé ultérieurement à aucun interrogatoire »[5]. La Cour d'appel de Paris a jugé qu'est nulle l'ordonnance par laquelle le juge d'instruction a refusé de procéder à un interrogatoire sur le fond, requis par le parquet, alors qu'au cours de sa première comparution, l'inculpé avait simplement déclaré confirmer les déclarations qu'il avait faites à la police[6].

Cette jurisprudence ancienne date d'une époque où l'inculpé ne pouvait faire en première comparution que des déclarations spontanées. Tel n'est plus le cas aujourd'hui, depuis la loi du 4 janvier 1993, modifiée par celle du 15 juin 2000, la personne mise en cause pouvant être interrogée au fond si diverses conditions sont remplies (v. s^s n°s 103.41 à 103.45).

SECTION 2
PERSONNE EN FUITE

102.21 Personne en fuite. Traditionnellement, l'inculpé en fuite, ou qui s'était réfugié à l'étranger, perdait le bénéfice des garanties légales, qu'il ne pouvait plus invoquer. Il avait été jugé en ce sens que l'inculpé qui s'est soustrait par la fuite à toute mesure d'instruction ne pouvait plus invoquer le bénéfice des garanties apportées par la loi du 8 décembre 1897[7]. De même, l'instruction n'était pas nulle, quand le défaut d'interrogatoire provenait du fait de l'inculpé, qui n'avait pu être arrêté qu'après la clôture de l'information préalable[8].

L'inculpé en fuite ne pouvait non plus exercer les voies de recours légales. « Il résulte du système général du Code de procédure pénale que l'inculpé qui n'a pas obéi aux mandements de justice décernés contre lui et qui s'est dérobé par la fuite à leur exécution, n'est pas recevable à se pourvoir en cassation par mandataire contre la décision de la chambre d'accusation qui a décerné mandat d'arrêt[9] », ou l'a renvoyé en cour d'assises[10], ou contre l'arrêt correctionnel de condamnation[11]. Mais s'il ne peut se faire représenter par un mandataire, il peut lui-même, en personne, exercer la voie de recours[12].

102.22 Cette jurisprudence est obsolète. Après la condamnation de l'État français dans l'arrêt Poitrimol[13] et quelques mois de résistance[14] la Cour de cassation opérait un revirement de jurisprudence et consacrait un droit identique pour la personne en fuite qui faisait l'objet d'un mandat d'arrêt[15] (v. s^s n° 122.73).

1. Crim. 27 nov. 1963, *Bull. crim.*, n° 338; *JCP* 1964, II, 13543, note P. Chambon.
2. Crim. 9 mai 1968, *Bull. crim.*, n° 149.
3. Crim. 11 juill. 1902, *DP* 1906, I, p. 535 – Crim. 26 mars 1909, *Bull. crim.*, n° 192 – Crim. 6 nov. 1979, n° 78-94.351, *Bull. crim.*, n° 306; *JCP* 1980, IV, 24.
4. Crim. 14 mars 1913, *DP* 1914, I, p. 44.
5. Crim. 24 juin 1922, *DP* 1924, I, 58.
6. CA Paris, 2e ch. acc., 11 déc. 1961, *JCP* 1962, II, 12692 *bis*, note P. Chambon.
7. Crim. 11 août 1898, *Bull. crim.*, n° 291.
8. Crim. 31 janv. 1902, *Bull. crim.*, n° 42 – Crim. 12 sept. 1912, *DP* 1914, I, p. 146 – Crim. 25 juill. 1979, n° 79-91.843, *Bull. crim.*, n° 252, préc.
9. Crim. 26 mars 1968, *Bull. crim.*, n° 102.
10. Crim. 4 août 1921, *D.* 1923, 1, p. 233 – Crim. 13 mai 1965, *Bull. crim.*, n° 138 – Crim. 29 avr. 1975, n° 74-92.115, *Bull. crim.*, n° 113 – Crim. 9 mars 1976, n° 75-92.370, *Bull. crim.*, n° 84 – Crim. 26 juin 1978, n° 77-92.833, *Bull. crim.*, n° 212 – Crim. 21 mai 1981, n° 80-91.169, *Bull. crim.*, n° 168 – Crim. 19 janv. 1988, n° 87-90.578, *Bull. crim.*, n° 25 – Crim. 19 janv. 1994, n° 93-80.163, *Bull. crim.*, n° 27.
11. Crim. 7 janv. 1986, n° 85-90.802, *Bull. crim.*, n° 8 – Crim. 10 mars 1993, n° 91-80.936, *Bull. crim.*, n° 106.
12. Crim. 7 sept. 1993, n° 93-83.471, *Bull. crim.*, n° 263 – Crim. 1er févr. 1994, n° 93-82.532, *Bull. crim.*, n° 46 – Crim. 15 févr. 1994, n° 93-82.199, *Bull. crim.*, n° 66.
13. CEDH 23 nov. 1993, n° 14032/88, *Dr. pén.* 1994, comm. 97.
14. Crim. 19 janv. 1994, n° 93-80.163, *Bull. crim.*, n° 27 – Crim. 15 févr. 1994, n° 93-82.199, *Bull. crim.*, n° 66 – Crim. 8 mai 1995, *BICC* 1995, 413, n° 744; *Dr. pén.* 1995, comm. 158 et 166, obs. Marron.
15. Crim. 24 nov. 1999, n° *BICC* 508, n° 143 – Crim. 30 juin 1999, n° 99-82.485, NP, *RSC* 1999, 839.

CHAPITRE

103. Déroulement de l'interrogatoire de première comparution

SECTION 0 ORIENTEUR

103.00 Plan du chapitre.

Sect. 1 Connaissance donnée, à la personne mise en cause, des faits et de leur qualification juridique
Sect. 2 Avis relatif au choix du conseil
Sect. 3 Détermination objective des règles observées ensuite : du circuit court et du circuit long
Sect. 4 Circuit court : un interrogatoire immédiat
Sect. 5 Circuit long : du silence à l'interrogatoire
Sect. 6 Choix du magistrat instructeur : mise en examen ou témoin assisté
Sect. 7 Avis des droits des parties
Sect. 8 Déclaration d'adresse
Sect. 9 Avis de la fin prévisible de la procédure
Sect. 10 Interrogatoire et confrontation immédiats

103.01 Textes applicables.

C. pr. pén., art. 80-1, 80-2, 81, 82-1, 82-2, 106, 107, 115, 116, 116-1, 117, 173, 173-1, 175, 175-1, 179-1.

Ord. 2 févr. 1945, art. 10.

C. pr. pén., art. 80-1

À peine de nullité, le juge d'instruction ne peut mettre en examen que les personnes à l'encontre desquelles il existe des indices graves ou concordants rendant vraisemblable qu'elles aient pu participer, comme auteur ou comme complice, à la commission des infractions dont il est saisi.

Il ne peut procéder à cette mise en examen qu'après avoir préalablement entendu les observations de la personne ou l'avoir mise en mesure de les faire, en étant assistée par son avocat, soit dans les conditions prévues par l'article 116 relatif à l'interrogatoire de première comparution, soit en tant que témoin assisté conformément aux dispositions des articles 113-1 à 113-8.

Le juge d'instruction ne peut procéder à la mise en examen de la personne que s'il estime ne pas pouvoir recourir à la procédure de témoin assisté.

C. pr. pén., art. 80-2

Le juge d'instruction peut informer une personne par lettre recommandée qu'elle est convoquée, dans un délai qui ne peut être inférieur à dix jours ni supérieur à deux mois, pour qu'il soit procédé à sa première comparution dans les conditions prévues par l'article 116. Cette lettre indique la date et l'heure de la convocation. Elle donne connaissance à la personne de chacun des faits dont ce magistrat est saisi et pour lesquels la mise en examen est envisagée, tout en précisant leur qualification juridique. Elle fait connaître à la personne qu'elle a le droit de choisir un avocat ou de demander qu'il lui en soit désigné un d'office, ce choix ou cette demande devant être adressé au greffe du juge d'instruction. Elle précise que la mise en examen ne pourra intervenir qu'à l'issue de la première comparution de la personne devant le juge d'instruction.

Le juge d'instruction peut également faire notifier cette convocation par un officier de police judiciaire. Cette notification comprend les mentions prévues à l'alinéa précédent; elle est constatée par un procès-verbal signé par la personne qui en reçoit copie.

L'avocat choisi ou désigné est convoqué dans les conditions prévues par l'article 114; il a accès au dossier de la procédure dans les conditions prévues par cet article.

C. pr. pén., art. 81

Le juge d'instruction procède, conformément à la loi, à tous les actes d'information qu'il juge utiles à la manifestation de la vérité. Il instruit à charge et à décharge.

[...]

Le juge d'instruction peut prescrire un examen médical, un examen psychologique ou ordonner toutes mesures utiles.

S'il est saisi par une partie d'une demande écrite et motivée tendant à ce qu'il soit procédé à l'un des examens ou à toutes autres mesures utiles prévus par l'alinéa qui précède, le juge d'instruction doit, s'il n'entend pas y faire droit, rendre une ordonnance motivée au plus tard dans le délai d'un mois à compter de la réception de la demande.

La demande mentionnée à l'alinéa précédent doit faire l'objet d'une déclaration au greffier du juge d'instruction saisi du dossier. Elle est constatée et datée par le greffier qui la signe ainsi que le demandeur ou son avocat. Si le demandeur ne peut signer, il en est fait mention par le greffier. Lorsque le demandeur ou son avocat ne réside pas dans le ressort de la juridiction compétente, la déclaration au greffier peut être faite au moyen d'une lettre recommandée avec demande d'avis de réception. Lorsque la personne mise en examen est détenue, la demande peut également être faite au moyen d'une déclaration auprès du chef de l'établissement pénitentiaire. Cette déclaration est constatée et datée par le chef de l'établissement pénitentiaire qui la signe, ainsi que le demandeur. Si celui-ci ne peut signer, il en est fait mention par le chef de l'établissement. Ce document est adressé sans délai, en original ou copie et par tout moyen, au greffier du juge d'instruction.

Faute par le juge d'instruction d'avoir statué dans le délai d'un mois, la partie peut saisir directement le président de la chambre de l'instruction, qui statue et procède conformément aux troisième, quatrième et cinquième alinéas de l'article 186-1.

C. pr. pén., art. 82-1

Les parties peuvent, au cours de l'information, saisir le juge d'instruction d'une demande écrite et motivée tendant à ce qu'il soit procédé à leur audition ou à leur interrogatoire, à l'audition d'un témoin, à une confrontation ou à un transport sur les lieux, à ce qu'il soit ordonné la production par l'une d'entre elles d'une pièce utile à l'information, ou à ce qu'il soit procédé à tous autres actes qui leur paraissent nécessaires à la manifestation de la vérité. À peine de nullité, cette demande doit être formée conformément aux dispositions du dixième alinéa de l'article 81; elle doit porter sur des actes déterminés et, lorsqu'elle concerne une audition, préciser l'identité de la personne dont l'audition est souhaitée.

Le juge d'instruction doit, s'il n'entend pas y faire droit, rendre une ordonnance motivée au plus tard dans le délai d'un mois à compter de la réception de la demande. Les dispositions du dernier alinéa de l'article 81 sont applicables.

À l'expiration d'un délai de quatre mois depuis sa dernière comparution, la personne mise en examen qui en fait la demande écrite doit être entendue par le juge d'instruction. Le juge d'instruction procède à son interrogatoire dans les trente jours de la réception de la demande, qui doit être formée conformément aux dispositions du dixième alinéa de l'article 81.

C. pr. pén., art. 82-2

Lorsque la personne mise en examen saisit le juge d'instruction, en application des dispositions de l'article 82-1, d'une demande tendant à ce que ce magistrat procède à un transport sur les lieux, à l'audition d'un témoin, d'une partie civile ou d'une autre personne mise en examen, elle peut demander que cet acte soit effectué en présence de son avocat.

La partie civile dispose de ce même droit s'agissant d'un transport sur les lieux, de l'audition d'un témoin ou d'une autre partie civile ou de l'interrogatoire de la personne mise en examen.

Le juge d'instruction statue sur ces demandes conformément aux dispositions du deuxième alinéa de l'article 82-1. S'il fait droit à la demande, le juge d'instruction convoque l'avocat au plus tard dans les deux jours ouvrables avant la date du transport, de l'audition ou de l'interrogatoire, au cours desquels celui-ci peut intervenir dans les conditions prévues à l'article 120.

C. pr. pén., art. 106

* V. s^{s} n° 101.01.

C. pr. pén., art. 107

* V. s^{s} n° 101.01.

C. pr. pén., art. 115 [L. n° 2004-204, 9 mars 2004]

Les parties peuvent à tout moment de l'information faire connaître au juge d'instruction le nom de l'avocat choisi par elles; si elles désignent plusieurs avocats, elles doivent faire connaître celui d'entre eux auquel seront adressées les convocations et notifications; à défaut de ce choix, celles-ci seront adressées à l'avocat premier choisi.

Sauf lorsqu'il s'agit de la première désignation d'un avocat par une partie ou lorsque la désignation intervient au cours d'un interrogatoire ou d'une audition, le choix effectué par les parties en application de l'alinéa précédent doit faire l'objet d'une déclaration au greffier du juge d'instruction. La déclaration doit être constatée et datée par le greffier qui la signe ainsi que la partie concernée. Si celle-ci ne peut signer, il en est fait mention par le greffier. Lorsque la partie ne réside pas dans le ressort de la juridiction compétente, la déclaration au greffier peut être faite par lettre recommandée avec demande d'avis de réception.

Lorsque la personne mise en examen est détenue, le choix effectué par elle en application du premier alinéa peut également faire l'objet d'une déclaration auprès du chef de l'établissement pénitentiaire. Cette déclaration est constatée et datée par le chef de l'établissement qui la signe ainsi que la personne détenue. Si celle-ci ne peut signer, il en est fait mention par le chef de l'établissement. Ce document est adressé sans délai, en original ou en copie et par tout moyen, au greffier du juge d'instruction. La désignation de l'avocat prend effet à compter de la réception du document par le greffier.

Lorsque la personne mise en examen est détenue, le choix peut également résulter d'un courrier désignant un avocat pour assurer sa défense. La déclaration prévue au deuxième alinéa doit alors être faite par l'avocat désigné; celui-ci remet au greffier une copie, complète ou partielle, du courrier qui lui a été adressé, et qui est annexée par le greffier à la déclaration. La personne mise en examen doit confirmer son choix dans les quinze jours selon l'une des modalités prévues aux deuxième et troisième alinéas. Pendant ce délai, la désignation est tenue pour effective.

C. pr. pén., art. 116

* V. s^{s} n° 101.01.

C. pr. pén., art. 116-1

* V. s^{s} n° 101.01.

C. pr. pén., art. 117 [L. n° 2004-204, 9 mars 2004]

Nonobstant les dispositions prévues à l'article 116, le juge d'instruction peut procéder à un interrogatoire immédiat et à des confrontations si l'urgence résulte soit de l'état d'un témoin en danger de mort, soit de l'existence d'indices sur le point de disparaître, ou encore dans le cas prévu à l'article 72.

Le procès-verbal fait mention des causes d'urgence.

C. pr. pén., art. 156 [L. n° 2004-204, 9 mars 2004]

Toute juridiction d'instruction ou de jugement, dans le cas où se pose une question d'ordre technique, peut, soit à la demande du ministère public, soit d'office, ou à la demande des parties, ordonner une expertise. Le ministère public ou la partie qui demande une expertise peut préciser dans sa demande les questions qu'il voudrait voir poser à l'expert.

Lorsque le juge d'instruction estime ne pas devoir faire droit à une demande d'expertise, il doit rendre une ordonnance motivée au plus tard dans un délai d'un mois à compter de la réception de la demande. Les dispositions des avant-dernier et dernier alinéas de l'article 81 sont applicables.

Les experts procèdent à leur mission sous le contrôle du juge d'instruction ou du magistrat que doit désigner la juridiction ordonnant l'expertise.

C. pr. pén., art. 173 [L. n° 2004-204, 9 mars 2004]

S'il apparaît au juge d'instruction qu'un acte ou une pièce de la procédure est frappé de nullité, il saisit la chambre de l'instruction aux fins d'annulation, après avoir pris l'avis du procureur de la République et avoir informé les parties.

Si le procureur de la République estime qu'une nullité a été commise, il requiert du juge d'instruction communication de la procédure en vue de sa transmission à la chambre de l'instruction, présente requête aux fins d'annulation à cette chambre et en informe les parties.

Si l'une des parties ou le témoin assisté estime qu'une nullité a été commise, elle saisit la chambre de l'instruction par requête motivée, dont elle adresse copie au juge d'instruction qui transmet le dossier de la procédure au président de la chambre de l'instruction. La requête doit, à peine d'irrecevabilité, faire l'objet d'une déclaration au greffe de la chambre de l'instruction. Elle est constatée et datée par le greffier qui la signe ainsi que le demandeur ou son avocat. Si le demandeur ne peut signer, il en est fait mention par le greffier. Lorsque le demandeur ou son avocat ne réside pas dans le ressort de la juridiction compétente, la déclaration au greffe peut être faite au moyen d'une lettre recommandée avec demande d'avis de réception. Lorsque la personne mise en examen est détenue, la requête peut également être faite au moyen d'une déclaration auprès du chef de l'établissement pénitentiaire. Cette déclaration est constatée et datée par le chef de l'établissement pénitentiaire qui la signe, ainsi que le demandeur. Si celui-ci ne peut signer, il en est fait mention par le chef de l'établissement. Ce document est adressé sans délai, en original ou en copie et par tout moyen, au greffe de la chambre de l'instruction.

Les dispositions des trois premiers alinéas ne sont pas applicables aux actes de procédure qui peuvent faire l'objet d'un appel de la part des parties, et notamment des décisions rendues en matière de détention provisoire ou de contrôle judiciaire.

Dans les huit jours de la réception du dossier par le greffe de la chambre de l'instruction, le président peut, par ordonnance non susceptible de recours, constater que la requête est irrecevable en application du présent article, troisième ou quatrième alinéa, de l'article 173-1, des articles 174, premier alinéa, ou 175, deuxième alinéa; il peut également constater l'irrecevabilité de la requête si celle-ci n'est pas motivée. S'il constate l'irrecevabilité de la requête, le président de la chambre de l'instruction ordonne que le dossier de l'information soit renvoyé au juge d'instruction; dans les autres cas, il le transmet au procureur général qui procède ainsi qu'il est dit aux articles 194 et suivants.

C. pr. pén., art. 173-1 [L. n° 2004-204, 9 mars 2004]

Sous peine d'irrecevabilité, la personne mise en examen doit faire état des moyens pris de la nullité des actes accomplis avant son interrogatoire de première comparution ou de cet interrogatoire lui-même dans un délai de six mois à compter de la notification de sa mise en examen, sauf dans le cas où elle n'aurait pu les connaître. Il en est de même s'agissant des moyens pris de la nullité des actes accomplis avant chacun de ses interrogatoires ultérieurs.

Il en est de même pour le témoin assisté à compter de sa première audition puis de ses auditions ultérieures.

Il en est de même pour la partie civile à compter de sa première audition puis de ses auditions ultérieures.

C. pr. pén., art. 175 [L. n° 2007-291, 5 mars 2007, mod. par L. n° 2009-526, 12 mai 2009]

Aussitôt que l'information lui paraît terminée, le collège de l'instruction communique le dossier au procureur de la République et en avise en même temps les parties et leurs avocats soit verbalement avec émargement au dossier, soit par lettre recommandée. Lorsque la personne est détenue, cet avis peut également être notifié par les soins du chef de l'établissement pénitentiaire, qui adresse sans délai au collège de l'instruction l'original ou la copie du récépissé signé par l'intéressé.

Le procureur de la République dispose alors d'un délai d'un mois si une personne mise en examen est détenue ou de trois mois dans les autres cas pour adresser ses réquisitions motivées au collège de l'instruction. Copie de ces réquisitions est adressée dans le même temps aux avocats des parties par lettre recommandée.

Les parties disposent de ce même délai d'un mois ou de trois mois à compter de l'envoi de l'avis prévu au premier alinéa pour adresser des observations écrites au collège de l'instruction, selon les modalités prévues par l'avant-dernier alinéa de l'article 81. Copie de ces observations est adressée en même temps au procureur de la République.

Dans ce même délai d'un mois ou de trois mois, les parties peuvent formuler des demandes ou présenter des requêtes sur le fondement des articles 81, neuvième alinéa, 82-1, 156, premier alinéa, et 173, troisième alinéa. À l'expiration de ce délai, elles ne sont plus recevables à formuler ou présenter de telles demandes ou requêtes.

À l'issue du délai d'un mois ou de trois mois, le procureur de la République et les parties disposent d'un délai de dix jours si une personne mise en examen est détenue ou d'un mois dans les autres cas pour adresser au collège de l'instruction des réquisitions ou des observations complémentaires au vu des observations ou des réquisitions qui leur ont été communiquées.

À l'issue du délai de dix jours ou d'un mois prévu à l'alinéa précédent, le collège de l'instruction peut rendre son ordonnance de règlement, y compris s'il n'a pas reçu de réquisitions ou d'observations dans le délai prescrit.

Les premier, troisième et cinquième alinéas et, s'agissant des requêtes en nullité, le quatrième alinéa du présent article sont également applicables au témoin assisté.

Les parties peuvent déclarer renoncer, en présence de leur avocat ou celui-ci dûment convoqué, à bénéficier des délais prévus par le présent article.

C. pr. pén., art. 175-1

La personne mise en examen, le témoin assisté ou la partie civile peut, à l'expiration du délai qui lui a été indiqué en application du huitième alinéa de l'article 116 ou du deuxième alinéa de l'article 89-1 à compter, respectivement, de la date de la mise en examen, de la première audition ou de la constitution de partie civile, demander au juge d'instruction, selon les modalités prévues au dixième alinéa de l'article 81, de prononcer le renvoi ou la mise en accusation devant la juridiction de jugement ou de déclarer qu'il n'y a pas lieu à suivre, y compris en procédant, le cas échéant, à une disjonction. Cette demande peut également être formée lorsque aucun acte d'instruction n'a été accompli pendant un délai de quatre mois.

Dans le délai d'un mois à compter de la réception de cette demande, le juge d'instruction y fait droit ou déclare, par ordonnance motivée, qu'il y a lieu à poursuivre l'information. Dans le premier cas, il procède selon les modalités prévues à la présente section. Dans le second cas, ou à défaut pour le juge d'avoir statué dans le délai d'un mois, la personne mise en examen, le témoin assisté ou la partie civile peut saisir le président de la chambre de l'instruction en application de l'article 207-1. Cette saisine doit intervenir dans les cinq jours qui suivent la notification de la décision du juge ou l'expiration du délai d'un mois.

Lorsque le juge d'instruction a déclaré qu'il poursuivait son instruction, une nouvelle demande peut être formée à l'expiration d'un délai de six mois.

Les dispositions du présent article ne sont pas applicables après l'envoi de l'avis prévu au premier alinéa de l'article 175.

C. pr. pén., art. 179-1 [L. n° 2004-204, 9 mars 2004]

* V. s^s n° 101.01.

Ord. 2 févr. 1945, art. 10

Le juge d'instruction ou le juge des enfants avise les parents du mineur, son tuteur, ou la personne ou le service auquel il est confié des poursuites dont le mineur fait l'objet. Cet avis est fait verbalement avec émargement au dossier ou par lettre recommandée. Il mentionne les faits reprochés au mineur et leur qualification juridique. Il précise également qu'à défaut de choix d'un défenseur par le mineur ou ses représentants légaux le juge d'instruction ou le juge des enfants fera désigner par le bâtonnier un avocat d'office.

Quelles que soient les procédures de comparution, le mineur et les parents, le tuteur, la personne qui en a la garde ou son représentant, sont simultanément convoqués pour être entendus par le juge. Ils sont tenus informés de l'évolution de la procédure.

Lors de la première comparution, lorsque le mineur ou ses représentants légaux n'ont pas fait le choix d'un avocat ni demandé qu'il en soit désigné un d'office, le juge des enfants ou le juge d'instruction saisi fait désigner sur-le-champ par le bâtonnier un avocat d'office.

Le juge des enfants et le juge d'instruction pourront charger de l'enquête sociale les services sociaux ou les personnes titulaires d'un diplôme de service social, habilités à cet effet.

Ils pourront confier provisoirement le mineur mis en examen :

1° À ses parents, à son tuteur ou à la personne qui en avait la garde, ainsi qu'à une personne digne de confiance;

2° À un centre d'accueil;

3° À une section d'accueil d'une institution publique ou privée habilitée à cet effet;

4° Au service de l'assistance à l'enfance ou à un établissement hospitalier;

5° À un établissement ou à une institution d'éducation, de formation professionnelle ou de soins, de l'État ou d'une administration publique, habilité.

S'ils estiment que l'état physique ou psychique du mineur justifie une observation approfondie, ils pourront ordonner son placement provisoire dans un centre d'observation institué ou agréé par le ministre de la Justice.

Le garde provisoire pourra, le cas échéant, être exercée sous le régime de la liberté surveillée.

Le juge des enfants saisi de la procédure est compétent pour modifier ou révoquer la mesure de garde jusqu'à la comparution du mineur devant le tribunal pour enfant.

103.02 Jurisprudence de référence.

• L'article 116 du Code de procédure pénale n'exige pas que soient explicités par écrit les faits et circonstances qui motivent la mise en examen.

Crim. 8 oct. 1998, n° 97-86.582, *Bull. crim.* n° 250; *Gaz. Pal.* 19-20 mars 1999, *JCP* 1999, IV, 1349.

« Attendu que, pour refuser d'annuler le procès-verbal de première comparution dont l'irrégularité est alléguée, la juridiction du second degré, après avoir relevé qu'il est mentionné à la première page dudit procès-verbal, signée par X..., que le juge d'instruction lui a fait connaître chacun des faits dont il était saisi en vertu d'un réquisitoire introductif du 25 janvier 1996, ainsi que leurs qualifications juridiques, énonce que cette formule satisfait aux prescriptions légales qui n'exigent pas que soient explicités par écrit les faits et circonstances qui motivent l'inculpation; que les juges ajoutent que l'intéressé, qui a déposé de nombreux mémoires et notes, en réponse aux arguments de la partie civile, ne saurait prétendre qu'il ne connaissait pas avec précision les faits qui lui étaient reprochés;

Attendu qu'en prononçant ainsi, la chambre d'accusation a justifié sa décision sans encourir le grief allégué. »

• Le juge d'instruction saisi de réquisitions de placement en détention provisoire qui confère le statut de témoin assisté à la personne présentée doit rendre une ordonnance non conforme.

Crim. 2 sept. 2005, n° 05-83.117, *Bull. crim.*, n° 213.

« Vu les articles 82, 137-4 et 185 du Code de procédure pénale;

Attendu que, dans son réquisitoire introductif et à toute époque de l'information, le procureur de la République peut requérir du magistrat instructeur tous actes lui paraissant utiles à la manifestation de la vérité et toutes mesures de sûreté nécessaires; que le juge d'instruction qui ne croit pas devoir procéder aux actes requis doit rendre une ordonnance motivée dont le ministère public est recevable à faire appel dans tous les cas; que la chambre de l'instruction est tenue de statuer sur toutes les questions qui lui sont dévolues par l'appel du ministère public;

Attendu qu'il résulte de l'arrêt attaqué et des pièces de la procédure que, le 28 avril 2005, le procureur de la République a requis l'ouverture d'une information contre Jean-Marie X... des chefs de viol et agression sexuelle ainsi que le placement en détention provisoire de l'intéressé; qu'après avoir recueilli ses observations, le juge d'instruction ne l'a pas mis en examen; que le même jour ce magistrat a rendu une ordonnance disant n'y avoir lieu à saisine du juge des libertés et de la détention en l'absence d'éléments suffisants de nature à justifier la mise en examen;

Attendu que, pour confirmer l'ordonnance entreprise, l'arrêt attaqué énonce que la question de la mise en examen est étrangère à l'unique objet de sa saisine;

Mais attendu qu'en se déterminant ainsi, alors qu'il lui appartenait de statuer sur toutes les questions qui lui étaient dévolues par l'appel du ministère public, la cour d'appel a violé les textes susvisés et le principe ci-dessus rappelé. »

• Les réquisitions de placement en détention provisoire équivalent à une demande de mise en examen; en conséquence, le juge qui confère à la personne le statut de témoin assisté, doit rendre une ordonnance motivant la non-mise en examen (deux arrêts).

Crim. 9 nov. 2005, n° 05-85.339; *Bull. crim.*, n° 290.

« Attendu qu'après avoir recueilli les observations de M. X..., le juge des enfants l'a fait bénéficier du statut de témoin assisté;

Que ce magistrat a rendu une ordonnance disant n'y avoir lieu de saisir le juge des libertés et de la détention sans toutefois préciser les motifs de l'absence de décision de mise en examen; que le procureur de la République a interjeté appel de cette ordonnance; qu'il a, le même jour, saisi directement la chambre de l'instruction aux fins de mise en examen de M. X...;

Attendu que, pour déclarer la requête irrecevable, l'arrêt retient que le juge des enfants n'avait pas été saisi de réquisitions spécifiques aux fins de mise en examen du mineur;

Mais attendu qu'en prononçant ainsi, alors que les réquisitions aux fins de placement en détention provisoire impliquaient la mise en examen préalable de la personne concernée, la chambre de l'instruction a violé le texte susvisé et le principe ci-dessus rappelé. »

Crim. 9 nov. 2005, n° 05-85.338; *Bull. crim.*, n° 289.

« Attendu qu'après avoir recueilli les observations de M. Z..., le juge des enfants lui a accordé le statut de témoin assisté; que ce magistrat n'a pas rendu d'ordonnance; que, le 4 février 2005, le procureur de la République a saisi directement la chambre de l'instruction aux fins de mise en examen de M. Z...;

Attendu que, pour déclarer la requête irrecevable, l'arrêt retient qu'un réquisitoire introductif ou une requête pénale pris contre personne dénommée ne constituent pas, à eux seuls, des réquisitions de mise en examen;

Attendu qu'en prononçant ainsi et dès lors que les réquisitions de placement en détention provisoire ne désignaient que M. Y..., la chambre de l'instruction a justifié sa décision. »

103.03 Bibliographie indicative. (V. les références complètes s[s] n° 03.)

Actualisables. RÉP. PÉN., Guéry, « Instruction préparatoire »; Hamelin et Damien, « Défense » – J.-CL. PÉN., Dumont, « Interrogatoires et confrontations ».

Articles. Arrighi, *RSC* 1998, 687 – Guéry Ch., « La mise en examen après l'entrée en vigueur de la loi du 15 juin 2000 », *JCP* 2001, I, 359 – Pradel J., « La défense avant jugement pénal », *D.* 1997, chron. 375.

103.06 Questions essentielles.

• L'article 116 du Code de procédure pénale s'allonge, loi après loi. Les nouveautés apportées par la loi du 15 juin 2000 à la mise en examen ont ainsi considérablement modifié le déroulement de l'interrogatoire de première comparution. Le juge est désormais tenu d'examiner avec soin le cadre dans lequel il se trouve – circuit court ou circuit long – avant de procéder aux différentes formalités.

SECTION 1
CONNAISSANCE DONNÉE, À LA PERSONNE MISE EN CAUSE, DES FAITS ET DE LEUR QUALIFICATION JURIDIQUE

103.11 Qualité de personne mise en cause. Depuis l'entrée en vigueur de la loi du 15 juin 2000, la première comparution n'est plus celle de la personne mise en examen mais celle de la personne mise en cause puisque le statut de mis en examen est déterminé après que la personne ait pu fournir ses explications et son avocat présenter, le cas échéant, des observations (v. s[s] n°s 103.61 et 103.62).

Le juge d'instruction n'est tenu de donner les divers avertissements prévus par l'article 114 du Code de procédure pénale (devenu art. 116) que s'il s'agit d'un véritable interrogatoire de première comparution[1]. Il en va différemment désormais lors de la mise en examen supplétive qui doit aussi suivre les observations de la personne et de son conseil (v. s[s] n° 93.32).

103.12 Faits imputés. Aux termes de l'article 116 du Code de procédure pénale, le juge d'instruction, lors de la première comparution, après avoir constaté l'identité de la personne, « lui fait connaître expressément, en précisant leur qualification juridique chacun des faits dont il est saisi et pour lesquels la mise en examen est envisagée ».

La formule vise seulement « les faits distincts ne dérivant pas d'une cause unique » et le fait qu'une seule des victimes ait été citée n'empêche pas la poursuite de l'ensemble des actes frauduleux[2]. Il n'est pas non plus nécessaire de faire connaître le montant des détournements[3]. La mention portée au procès-verbal « qu'il a été donné connaissance à l'intéressé des faits qui lui sont imputés » établit suffisamment qu'il a été satisfait au vœu de la loi[4].

La loi ancienne n'exigeait pas qu'il soit également donné connaissance de la qualification des faits[5]. Le juge d'instruction doit aujourd'hui faire connaître la « qualification juridique » de ces faits (C. pr. pén., art. 80-1, al. 3 et 116, al. 1er). Le juge d'instruction est saisi des faits dénoncés au réquisitoire introductif, indépendamment des textes qui y sont visés, et peut donc, sur la base d'autres textes, modifier leur qualification[6].

Les mêmes faits ne peuvent donner lieu à deux mises en examen successives se cumulant et justifiant, après annulation d'un mandat de dépôt, et disqualification, la délivrance d'un second mandat[7].

Une jurisprudence traditionnelle admettait que le juge pouvait se contenter de mentionner au procès-verbal de première comparution qu'il avait fait connaître au contrevenant « les faits qui lui étaient imputés », l'article 114 (désormais art. 116) n'imposant pas la consignation par écrit des circonstances qui motivent l'inculpation[8]. Ainsi, le juge n'était pas tenu de mentionner le montant d'un détournement en matière d'abus de confiance[9]. Cette exigence est désormais prévue au texte (C. pr. pén., art. 116).

Toutefois, la chambre criminelle a estimé que « la mention, portée sur un procès-verbal de première comparution, que le juge d'instruction a fait connaître à la personne mise en examen chacun des faits dont il est saisi en vertu d'un réquisitoire introductif, ainsi que leur qualification juridique, satisfait aux prescriptions de l'article 116 du Code de procédure pénale qui n'exigent pas que soient explicités par écrit les faits et circonstances qui motivent la mise en examen »[10].

103.13 Sanctions. L'article 170 du Code de procédure pénale, dans sa version originaire, portait que les formalités prescrites à l'article 114 ancien, doivent être observées, à peine de nullité tant de l'acte lui-même que de la procédure ultérieure. Ce texte n'a pas été repris par les lois des 4 janvier et 24 août 1993. L'appréciation de la régularité de la formalité en cause obéit donc au régime général des nullités, tel qu'il résulte des termes du nouvel article 171 (v. s[s] n° 201.34).

Au cas d'irrégularité, selon qu'il s'agit de faits dont le juge d'instruction est saisi ou non, l'annulation de l'interrogatoire de première comparution peut n'être que partielle[11]. Depuis l'entrée en vigueur de l'article 173-1 du Code de procédure pénale, issu de la loi du 15 juin 2000, sous peine d'irrecevabilité, la personne mise en examen doit faire état des moyens pris de la nullité des actes accomplis avant son interrogatoire de première comparution ou de cet interrogatoire lui-même dans un délai de six mois à compter de la notification de la mise en examen sauf dans le cas où elle n'aurait pu en connaître (v. s[s] n°s 203.31 à 203.35).

103.14 Personne ayant fait l'objet d'un mandat. Malgré une rédaction alambiquée, la loi du 9 mars 2004 apporte une clarification du statut de

1. Crim. 5 juill. 1962, *Bull. crim.*, n° 242.
2. Crim. 8 déc. 1899, *DP* 1903, 1, p. 457.
3. Crim. 17 nov. 1986, n° 85-93.444, *Bull. crim.*, n° 342.
4. Crim. 5 juin 1975, n° 74-92.792, *Bull. crim.*, n° 146; *JCP* 1976, II, 18243, note P. Chambon – Crim. 3 janv. 1985, n° 83-94.530, *Bull. crim.*, n° 5 – Crim. 6 janv. 1989, n° 88-85.490, *Bull. crim.*, n° 3.
5. Crim. 23 mars 1912, *DP* 1912, 1, p. 161 – Crim. 31 mars 1944, *Bull. crim.*, n° 91 – Crim. 18 avr. 1972, n° 71-93.521, *Bull. crim.*, n° 130.
6. Crim. 16 nov. 1987, n° 87-85.176, *Bull. crim.*, n° 405.
7. Crim. 16 nov. 1987, n° 87-85.177, *Bull. crim.*, n° 404.
8. Crim. 18 avr. 1972, n° 71-93.521, *Bull. crim.*, n° 130, préc. – Crim. 5 juin 1975, n° 74-92.792, *Bull. crim.*, n° 146; *D.* 1975, IR 160; *JCP* 1976, II, 18243, note P. Chambon.
9. Crim. 17 nov. 1986, n° 85-93.444, *Bull. crim.*, n° 342.
10. Crim. 8 oct. 1998, n° 97-86.582; *Bull. crim.*, n° 250; *Gaz. Pal.* 19/20 mars 1999; *JCP* 1999, IV, 1349; v. les attendus s[s] n° 103.02.
11. Crim. 6 juin 1974, n° 73-93.362, *Bull. crim.*, n° 206 – Crim. 11 févr. 1975, n° 74-93.405, *Bull. crim.*, n° 45.

la personne qui a fait l'objet d'un mandat de comparution, d'amener, ou d'arrêt.

La loi du 15 juin 2000 a en effet supprimé la mise en examen par délivrance de mandat. La personne devait donc comparaître devant le juge d'instruction avant de voir consacrer son statut. C'est ce que conforte la rédaction de l'article 122 du Code de procédure pénale : « Le juge d'instruction est tenu d'entendre comme témoins assistés les personnes contre lesquelles il a été décerné un mandat de comparution, d'amener ou d'arrêt sauf à les mettre en examen conformément aux dispositions de l'article 116. Ces personnes ne peuvent être mises en garde à vue pour les faits ayant donné lieu à la délivrance du mandat. » La plupart du temps, le juge d'instruction entend ces personnes comme « personnes mises en cause » (sur cette notion, v. s^s^ n° 103.11) et détermine leur statut à la fin de l'interrogatoire de première comparution. Mais le texte laisse ouverte la possibilité d'entendre immédiatement l'intéressé comme témoin assisté.

SECTION 2
AVIS RELATIF AU CHOIX DU CONSEIL

103.21 **Textes.** L'ancien article 114 du Code de procédure pénale prescrivait au juge d'instruction de « donner avis à l'inculpé de son droit de choisir un conseil parmi les avocats inscrits au tableau ou admis au stage, et à défaut de choix il lui en fait désigner un d'office, si l'inculpé le demande...; mention de cette formalité est faite au procès-verbal ». Ces formes dans leur ensemble ont été maintenues par les articles 80-1 et 116, sauf diverses précisions.

103.22 **D'après la loi du 24 août 1993,** lorsque la mise en examen avait lieu par lettre recommandée ou notification par un officier de police judiciaire, le juge précise à la personne « qu'elle a le droit d'être assistée d'un avocat de son choix ou commis d'office et que le nom de l'avocat choisi ou la demande de désignation, doit être communiqué au greffe du juge d'instruction ». Lorsque, au cours de l'interrogatoire de première comparution qui a ultérieurement lieu, la personne ainsi avertie « a déjà demandé l'assistance d'un avocat et que celui-ci a été dûment convoqué, le juge d'instruction procède ensuite à son interrogatoire », dans les formes ordinaires de l'article 114 (C. pr. pén., art. 116, al. 2).

Dans les autres cas, c'est-à-dire lorsque la personne n'a pas préalablement été mise en examen par l'un des modes de l'article 80-1, le juge d'instruction, lors de son interrogatoire de première comparution, l'avertit de son droit de choisir un avocat ou de s'en faire désigner un d'office. L'avocat choisi ou désigné en est averti sans délai. Il peut consulter sur le champ le dossier et communiquer librement avec la personne mise en examen. Mais la loi du 15 juin 2000 a encore modifié le système (v. s^s^ n°s 103.41 à 103.45, 103.51 à 103.55).

103.23 **Jurisprudence.** Il n'est pas nécessaire de donner connaissance des modalités de l'assistance du conseil[1]. L'avertissement relatif au droit à l'assistance d'un conseil ne doit être donné qu'une fois; il n'a pas à être renouvelé lorsque l'intéressé a d'abord refusé cette assistance[2], ou a déclaré réserver sa décision[3]. La renonciation vaut pour les interrogatoires ultérieurs; elle doit être expresse[4]. La position prise à l'égard du conseil peut toujours être modifiée[5]. Le juge d'instruction n'est tenu de faire désigner un avocat d'office que lorsque l'intéressé en a fait la demande[6]. La désignation d'un avocat d'office dans le cadre de la permanence est régulière[7].

103.24 **Mineurs.** L'article 10 de l'ordonnance du 2 février 1945 énonce que dans une poursuite contre des mineurs de 18 ans, le juge d'instruction, à défaut de choix d'un défenseur, « désignera ou fera désigner par le bâtonnier un défenseur d'office ».

103.25 **Partie civile.** Le droit de se faire assister d'un conseil, accordé à la partie civile par la loi du 22 mars 1921, était rappelé par l'alinéa 5 de l'ancien article 114 du Code de procédure pénale : la partie civile a également le droit de se faire assister d'un conseil dès sa première audition, mais le juge d'instruction n'était pas tenu de lui en donner l'avis.

Cette disposition n'a été reprise, ni par l'article 116, ni par l'article 89-1 nouveaux. Mais le droit de la partie civile à l'assistance d'un conseil est implicitement reconnu notamment par l'article 114 qui porte que « les parties ne peuvent être entendues, interrogées ou confrontées [...] qu'en présence de leurs avocats ou ces derniers dûment appelés » et par l'article 115, même rédaction, aux termes duquel « les parties peuvent à tout moment de l'information faire connaître au juge d'instruction le nom de l'avocat choisi par elles ».

1. Crim. 18 août 1984, *Bull. crim.*, n° 271.
2. Crim. 16 mars 1907, *DP* 1908, 1, p. 382.
3. Crim. 12 janv. 1901, *Bull. crim.*, n° 14 – Crim. 1er févr. 1901, *Bull. crim.*, n° 32 – Crim. 23 déc. 1904, *Bull. crim.*, n° 544 – Crim. 14 mars 1974, n° 73-93.274, *Bull. crim.*, n° 114.
4. Crim. 8 mars 1984, n° 84-90.159, 2e arr., *Bull. crim.*, n° 97.
5. V. Crim. 9 nov. 1995, *JCP* 1995, IV, 513.
6. Crim. 12 mai 1899, *Bull. crim.*, n° 119 – Crim. 19 janv. 1914, *Bull. crim.*, n° 59.
7. Crim. 8 mars 1984, n° 84-90.159, 2e esp., *Bull. crim.*, n° 97, préc.

SECTION 3
DÉTERMINATION OBJECTIVE DES RÈGLES OBSERVÉES ENSUITE : DU CIRCUIT COURT ET DU CIRCUIT LONG

103.31 Droit antérieur. Sous l'empire de l'article 3 de la loi du 8 décembre 1897 et de l'ancien article 114 du Code de procédure pénale, le juge d'instruction avertissait l'intéressé qu'il était libre de ne faire aucune déclaration, ce dont il était fait mention. Si néanmoins ce dernier désirait en faire, celles-ci étaient immédiatement reçues. Avec l'entrée en vigueur des lois de 1993, si la personne, antérieurement mise en examen par l'un des modes énoncés en l'article 80-1, « a déjà demandé l'assistance d'un avocat et que celui-ci a été dûment convoqué, le juge d'instruction procède ensuite à son interrogatoire »; ainsi, dans ce cas, le juge d'instruction, dès la première comparution, peut procéder à un interrogatoire ordinaire, tel qu'il est défini par l'article 114 (C. pr. pén., art. 116, al. 2).

Dans les autres cas, la personne mise en examen qui, informée de son droit d'être assistée d'un conseil, vient d'en choisir un, est en outre « avertie qu'elle ne peut être interrogée immédiatement » que si elle en est d'accord, et « cet accord ne peut être recueilli qu'en présence de son avocat ». « Toutefois, si la personne désire faire des déclarations, celles-ci sont immédiatement reçues » par le magistrat (C. pr. pén., art. 116, al. 3).

103.32 Principe instauré par la loi du 15 juin 2000. La loi du 15 juin 2000 distingue deux cas de figure, soit le juge d'instruction a respecté les formes de l'article 80-2 du Code de procédure pénale et la personne est assistée d'un avocat, et dans ce cas le juge d'instruction pourra procéder immédiatement à son interrogatoire, soit ce n'est pas le cas et le magistrat doit alors donner divers avertissements. La première hypothèse sera nommée circuit court et la seconde circuit long.

SECTION 4
CIRCUIT COURT : UN INTERROGATOIRE IMMÉDIAT

103.41 Un interrogatoire conditionné au respect de règles de convocation de la personne. Pour que le juge puisse, lors de la première comparution de la personne, se livrer à un interrogatoire, il faut qu'il ait respecté les formalités de l'article 80-2 du Code de procédure pénale. Celui-ci dispose le juge d'instruction peut informer une personne par lettre recommandée qu'elle est convoquée, dans un délai qui ne peut être inférieur à dix jours ni supérieur à deux mois (le délai a été porté d'un à deux mois par la loi du 9 septembre 2002), pour qu'il soit procédé à sa première comparution dans les conditions prévues par l'article 116.

Cette lettre indique la date et l'heure de la convocation. Elle donne connaissance à la personne de chacun des faits dont ce magistrat est saisi et pour lesquels la mise en examen est envisagée, tout en précisant leur qualification juridique. Elle fait connaître à la personne qu'elle a le droit de choisir un avocat ou de demander qu'il lui en soit désigné un d'office, ce choix ou cette demande devant être adressée au greffe du juge d'instruction. Elle précise que la mise en examen ne pourra intervenir qu'à l'issue de la première comparution de la personne devant le juge d'instruction. Le juge d'instruction peut également faire notifier cette convocation par un officier de police judiciaire. Cette notification comprend les mentions prévues à l'alinéa précédent; elle est constatée par un procès-verbal signé par la personne qui en reçoit copie. L'avocat choisi ou désigné est convoqué dans les conditions prévues par l'article 114; il a accès au dossier de la procédure dans les conditions prévues par cet article.

103.42 Un interrogatoire conditionné au respect de règles de convocation et à la présence de l'avocat. Avant l'entrée en vigueur de la loi du 15 juin 2000, le régime distinguait seulement selon que l'avocat avait été ou non dûment convoqué. En effet, l'intéressé pouvait avoir été mis en examen au préalable par le biais d'une lettre recommandée ou par un officier de police judiciaire. Dans le cas où l'avocat avait été dûment convoqué, le juge d'instruction pouvait se livrer à un interrogatoire. Il était nécessaire que l'intéressé ait fait connaître le nom de son conseil et que le juge ait eu le temps de le convoquer « dûment » c'est-à-dire 5 jours ouvrables avant l'interrogatoire de première comparution.

Désormais, le texte prévoit que l'avocat doit non seulement avoir été dûment convoqué (la terminologie n'est pas reprise dans l'article 116 mais l'article 80-2 prévoit que l'avocat est convoqué dans les délais de l'article 114, ce qui revient au même) mais doit être effectivement présent. La possibilité de procéder à un interrogatoire dès la première comparution ne répond donc pas seulement au respect de formalités par le juge, mais aussi de la disponibilité ou du bon vouloir de l'avocat (sur la notion d'interrogatoire v. s^s n°s 111.13 à 111.15).

103.43 Le juge d'instruction n'est pas contraint de respecter l'article 80-2 du Code de procédure pénale. Il y a d'abord de nombreux cas dans lesquels il ne le peut pas et notamment lorsque la personne est déférée par le ministère public ou encore lorsque c'est le magistrat instructeur qui choisit de se la faire présenter après sa garde à vue sur commission rogatoire. L'article 80-2 n'empêche pas le juge d'instruction de convoquer une personne en suivant d'autres règles. La convocation par lettre ne mentionnant aucune des prescriptions définies par l'article 80-2 demeure valable. La convocation à moins de dix jours ou à plus de deux mois demeure valable. La seule différence tient dans l'impossibilité de procéder alors selon les formalités simplifiées du circuit court.

Aucune disposition de l'article 116 du Code de procédure pénale ne subordonne la validité de l'interrogatoire de première comparution à l'envoi préalable d'une convocation respectant les dispositions de l'article 80-2 du même code, le recours à une telle convocation ne constituant, selon les dispositions de ce dernier texte, qu'une possibilité laissée à la libre appréciation du juge d'instruction [1].

103.44 Impossibilité de renonciation aux nullités découlant de la non-application de l'article 80-2. La renonciation *a priori* n'est pas un droit général. La renonciation à se prévaloir de certaines nullités de procédure n'est possible que dans le cadre de l'article 114. Celui-ci prévoit en effet que « les parties ne peuvent être entendues, à moins qu'elles n'y renoncent expressément ». Tel n'est pas le cas de l'article 116 qui prévoit un système d'inclusion-exclusion : si le juge d'instruction a respecté les formalités de l'article 80-2, il peut procéder directement à un interrogatoire de la personne, s'il ne les a pas respectées, il devra passer par l'accord de la personne donné en présence de son avocat. Il ne semble pas possible dans ce cadre de renoncer *a priori* à se prévaloir du non respect des formalités de l'article 80-2.

103.45 Difficultés posées par l'application de l'article 80-2 du Code de procédure pénale. Les différentes difficultés que nous avions posées dans un article paru peu de temps après l'entrée en vigueur de la loi ne semblent toujours pas résolues [2].

Ainsi en est il du cas de la personne convoquée selon les dispositions de l'article 80-2 qui n'a pas fait connaître le nom d'un conseil et qui explique au juge d'instruction lors de sa première comparution qu'elle renonce à être assistée par un avocat. On peut être tenté ici de prétendre que le juge ne peut respecter des prescriptions légales qu'à la condition qu'il entre dans ses possibilités de les respecter, ce qui n'est pas le cas lorsque la personne renonce purement et simplement à être assistée par un conseil. Mais la prudence peut encore s'imposer en l'absence de jurisprudence. Il convient bien entendu de différencier cette hypothèse de celle où la personne a désigné un avocat qui n'est pas là et souhaite renoncer à sa présence : on sait en effet que la présence de l'avocat, dès lors que la personne en a désigné un, est une condition *sine qua non* de la possibilité d'application du circuit court.

Il en va également différemment lorsqu'une personne déférée renonce à être assistée par un avocat. En effet, ce sont alors les conditions tenant à l'avertissement par lettre envoyée entre 10 jours et 2 mois qui ne sont pas remplies. Il existe encore d'autres difficultés pratiques tenant par exemple au non-retrait de la lettre recommandée par la personne ou à sa non présentation lors de sa première convocation. Le juge doit-il, lorsqu'il la convoque pour la seconde fois, respecter à nouveau les délais prévus par l'article 80-2 ?

SECTION 5
CIRCUIT LONG : DU SILENCE À L'INTERROGATOIRE

103.51 Le circuit long est applicable dans « les autres cas ». L'article 116 alinéa 4 dispose : « Dans les autres cas, le juge d'instruction avise la personne de son droit de choisir un avocat ou de demander qu'il lui en soit désigné un d'office. L'avocat choisi ou, dans le cas d'une demande de commission d'office, le bâtonnier de l'ordre des avocats en est informé par tout moyen et sans délai. Si l'avocat choisi ne peut être contacté ou ne peut se déplacer, la personne est avisée de son droit de demander qu'il lui en soit désigné un d'office pour l'assister au cours de la première comparution. L'avocat peut consulter sur-le-champ le dossier et communiquer librement avec la personne. Le juge d'instruction avertit ensuite la personne qu'elle a le choix soit de se taire, soit de faire des déclarations, soit d'être interrogée. Mention de cet avertissement est faite au procès-verbal. L'accord pour être interrogé ne peut être donné qu'en présence d'un avocat. L'avocat de la personne peut également présenter ses observations au juge d'instruction. »

Le circuit long est applicable dès lors que l'une des conditions posées pour l'application du circuit court mentionné ci-dessus fait défaut. Ce sera le cas de la présentation par le parquet, en cas d'absence de respect des différentes formalités posées par l'article 80-2, dans l'hypothèse où la personne mise en cause n'a pas fait choix d'un avocat, dans l'hypothèse où elle en a fait choix à un moment interdisant de la convoquer dans les délais de l'article 114 du Code de procédure pénale, lorsque l'avocat ne vient pas...

103.52 La loi du 15 juin 2000 consacre le droit de se taire. Comme elle le fit pour la personne gardée à vue, la loi du 15 juin 2000 consacre pour la

1. CA Versailles, 1re ch. instr., 9 mai 2001, *BICC*, n° 1022.
2. V. Ch. Guéry, « La mise en examen après l'entrée en vigueur de la loi du 15 juin 2000 », *JCP* 2001, I, 359.

première fois un avertissement express donné à la personne mise en cause qu'elle a le droit de se taire. Cette formalité n'est toutefois prévue que dans le cadre du circuit long.

103.53 La personne peut faire des déclarations spontanées. La personne peut également choisir de ne faire que des déclarations spontanées, c'est-à-dire qu'elle s'exprimera librement sans que le juge ne lui pose de questions. Elle possède cette possibilité que son avocat soit présent ou non. Bien que le texte ne le prévoie pas, il ne semble pas possible pour l'avocat dont le client a seulement accepté de faire des déclarations spontanées, de poser des questions. Si la personne mise en cause n'a pas entendu répondre à celles du juge, le parallélisme des formes conduit à ne pas proposer au conseil, dans ces hypothèses, de poser des questions.

103.54 La personne peut accepter d'être interrogée, en présence de son avocat. Enfin, si son avocat est présent, la personne peut accepter d'être interrogée, ce qui revient à la situation du circuit court. Mais les avertissements donnés à la personne, ses réponses, la présence de l'avocat doivent évidemment être dûment consignés au procès-verbal.

103.55 Limites de l'intervention du juge lorsque la personne refuse d'être interrogée. L'inculpé pouvait aussi refuser de s'expliquer hors la présence de son avocat ou faire des déclarations spontanées. Ce qui fait qu'il existe une jurisprudence qui fixe les limites de l'intervention possible du juge lorsque la personne fait « spontanément » ces déclarations.

Dans le cas où l'intéressé refuse d'être interrogé, le juge ne peut pas poser de questions à l'inculpé, ni discuter ses dires, ni mettre en doute sa parole, il doit se borner à recueillir ses déclarations[1]. Les mentions du procès-verbal constatant qu'il a été procédé conformément à ce texte font foi jusqu'à inscription de faux dès lors qu'il ne résulte pas du procès-verbal lui-même que le juge a procédé par voie de questions et de réponses de nature à engager la responsabilité pénale de l'inculpé[2]. Viole les droits de la défense le juge d'instruction qui, après avoir reçu les premières déclarations de l'inculpé, lui révèle, sans constater l'urgence (v. C. pr. pén., art. 117), des charges de nature à mettre en doute ses déclarations[3]. Toutefois, lorsque l'inculpé exprime le désir de faire des déclarations volontaires, il est possible de lui demander de préciser l'expression de sa pensée, sous condition de ne pas provoquer une réponse de nature à engager la responsabilité pénale du déclarant[4].

103.56 La personne mise en cause peut-elle exiger d'être interrogée ? On sait que la personne mise en cause peut choisir librement entre se taire, faire des déclarations spontanées, ou être interrogée. Lorsqu'elle choisit d'être interrogée mais que le juge, pour une raison ou une autre, ne peut se consacrer à cet exercice, la personne a-t-elle le droit d'exiger un interrogatoire ? Nous ne le pensons pas. Il suffit que le juge la laisse s'exprimer spontanément sans pour autant être contraint de lui poser des questions. Mais si le juge d'instruction estime ne pas avoir le temps de recueillir ses déclarations, la situation devient plus problématique. En effet, le texte de l'article 116 prévoit que le juge d'instruction prend sa décision après avoir, le cas échéant, procédé à l'audition de la personne. Or, si celle-ci souhaite s'exprimer, il est assez difficile d'envisager sa mise en examen, et les mesures de contrainte pouvant parfois en découler, sans lui avoir permis de s'exprimer. Il ne paraît pas possible, après avoir noté que la personne souhaitait être interrogée ou faire des déclarations, de préciser que l'emploi du temps du juge ne lui permet pas de l'entendre. Un minimum de déclarations devra être consigné, le magistrat instructeur demeurant maître de leur précision et de leur ampleur.

SECTION 6
CHOIX DU MAGISTRAT INSTRUCTEUR : MISE EN EXAMEN OU TÉMOIN ASSISTÉ

103.61 La comparution précède la mise en examen. Dans un renversement total de perspective par rapport aux différentes lois antérieures, c'est désormais la comparution qui précède la mise en examen et plus l'inverse.

103.62 La décision du juge. Après avoir, le cas échéant, recueilli les déclarations de la personne ou procédé à son interrogatoire et entendu les observations de son avocat, le juge d'instruction lui notifie, soit qu'elle n'est pas mise en examen; le juge d'instruction informe alors la personne qu'elle bénéficie des droits du témoin assisté; soit qu'elle est mise en examen; le juge d'instruction porte alors à la connaissance de la personne les faits ou la qualification juridique des faits qui lui sont reprochés, si ces faits

1. Crim. 28 févr. 1974, n° 73-92.596, *Bull. crim.*, n° 88.
2. Crim. 15 mars 1973, n° 72-93.562, *Bull. crim.*, n° 134; *D.* 1973, p. 338, note P. F.; *JCP* 1975, II, 18044, note A. Mayer-Jack; *Gaz. Pal.* 1973, 2, 487; *RSC* 1974, 121, obs. J. Robert.
3. Crim. 15 mars 1973, n° 72-93.562, *Bull. crim.*, n° 314, préc.
4. Crim. 15 mars 1973, n° 72-93.562, *Bull. crim.*, n° 314, préc.

ou ces qualifications diffèrent de ceux qui lui ont déjà été notifiés. Aucune autre solution n'est possible.

La décision intervient donc après que l'intéressé, s'il n'a préféré se taire, ait été mis en position de fournir ses explications, soit par déclarations spontanées, soit en répondant à un interrogatoire. Le juge peut mettre en examen la personne dès lors qu'il existe à son encontre des indices graves ou concordants. Il peut aussi choisir de lui octroyer le statut de témoin assisté, y compris s'il existe contre elle des indices graves et concordants (sur l'opportunité de l'octroi de ce statut v. s^s n°s 82.13, 91.12). Il est donc envisageable que la personne soit, à l'issue de sa première comparution, mise en examen pour certains des faits, et témoin assisté pour d'autres.

103.63 Le juge d'instruction qui confère le statut de témoin assisté à une personne présentée alors qu'il est saisi de réquisitions de placement en détention doit rendre une ordonnance motivée. C'est ce que la chambre criminelle a rappelé dans un arrêt qui, en abordant la règle de l'unique objet, rappelle tout de même un principe plus large par l'attendu de principe suivant « Attendu que, dans son réquisitoire introductif et à toute époque de l'information, le procureur de la République peut requérir du magistrat instructeur tous actes lui paraissant utiles à la manifestation de la vérité et toutes mesures de sûreté nécessaires; que le juge d'instruction qui ne croit pas devoir procéder aux actes requis doit rendre une ordonnance motivée dont le ministère public est recevable à faire appel dans tous les cas [1] ». Cette jurisprudence a été suivie de deux autres arrêts du 9 novembre 2005 (v. s^s n° 103.02). Dans un premier arrêt du 9 novembre 2005 (n° 05-85.338) la chambre criminelle confirme un arrêt de chambre d'instruction qui avait déclaré irrecevable la saisine directe du ministère public parce que le juge n'était pas saisi de réquisitions de placement en détention pour la personne concernée. Mais dans un autre arrêt (n° 05-85.339), alors que de telles réquisitions existaient, elle affirme que « les réquisitions aux fins de placement en détention provisoire impliquaient la mise en examen préalable de la personne concernée ». Elle estime donc recevable la saisine de la chambre de l'instruction puisque le juge n'avait pas rendu d'ordonnance. Le magistrat instructeur qui choisit à l'issue de la présentation de la personne mise en cause, de lui attribuer le statut de témoin assisté, doit donc rendre une ordonnance de refus de mise en examen motivée. Cette solution nous paraît logique. À tout moment en effet, le ministère public peut prendre de telles réquisitions et le juge doit y répondre par ordonnance.

103.64 Le statut de mis en examen peut être provisoire. La loi du 5 mars 2007 a permis à la personne qui s'était vue attribuer le statut de mis en examen de demander au juge d'instruction de revenir sur sa décision, soit après qu'un délai de six mois se soit écoulé, soit après qu'elle ait été interrogée sur le fond du dossier (v. s^s n°s 91.41 et 91.42).

SECTION 7
AVIS DES DROITS DES PARTIES

103.71 Avertissement donné à la personne mise en examen. Le juge informe la personne mise en examen de ses droits de formuler des demandes d'actes ou des requêtes en annulation sur le fondement des articles 81, 82-1, 82-2, 156 et 173 durant le déroulement de l'information « avant l'expiration du délai d'un mois ou de trois mois prévu par le troisième alinéa de l'article 175 », sous réserve des dispositions de l'article 173-1 (C. pr. pén., art. 116, al. 5, 6 et 7). La loi du 5 mars 2007 a en effet considérablement modifié les règles régissant la fin de la procédure d'information (v. s^s n°s 212.31 à 212.34).

Les formes de la demande des actes visés aux articles 81 alinéas 8 et 82-1 alinéa 1 et la manière dont il doit y être répondu sont fixées par les alinéas 9 à 11 de l'article 81. La partie civile, lors de sa première audition, reçoit le même avis de son droit de formuler une demande d'acte ou de présenter une requête en annulation (C. pr. pén., art. 89-1). Ces prérogatives accordées aux parties au cours de l'information, dont seul le procureur de la République bénéficiait antérieurement, sont une innovation des lois des 4 janvier et 24 août 1993.

103.72 Avertissement donné au témoin assisté. Le témoin assisté est averti de son droit de demander une confrontation ou de présenter une requête en nullité (C. pr. pén., art. 113-3, al. 2).

SECTION 8
DÉCLARATION D'ADRESSE

103.81 La personne mise en examen. L'article 116 alinéa 5 et 6 a conservé les termes de la loi du 20 décembre 1985. « À l'issue de la première comparution, la personne mise en examen doit déclarer au juge d'instruction son adresse personnelle. Elle peut toutefois lui substituer d'adresse

1. Crim. 2 sept. 2005, n° 05-83.117, *Bull. crim.*, n° 213; *Dr. pén.* 2005, n° 165, note Maron; v. les attendus s^s n° 103.02.

d'un tiers chargé de recevoir les actes [...], si elle produit l'accord de ce dernier. » L'adresse déclarée doit être située en métropole, si l'infraction s'y déroule, ou dans le département d'outre-mer où elle a lieu. Dans le cas où elle déclare comme adresse personnelle celle d'un tiers, la personne mise en examen n'est tenue de produire l'accord de ce dernier que si elle charge expressément ce tiers de recevoir les actes qui lui sont destinés[1].

La personne est en outre avisée qu'elle doit signaler au magistrat jusqu'au règlement de l'information tout changement d'adresse, par nouvelle déclaration ou lettre recommandée. Elle est aussi avisée que toute notification faite à la dernière adresse déclarée est réputée faite à sa personne. Il en est fait mention au procès-verbal ainsi que de l'adresse déclarée. L'intéressé, qui n'a pas déclaré ses changements d'adresse, ne saurait se prévaloir de sa propre négligence, pour faire déclarer nulle une citation à parquet, quand même eût-il laissé sa nouvelle adresse à l'administration des postes[2].

103.82 Partie civile. Aux termes de l'article 89 du Code de procédure pénale, rédaction de la loi du 30 décembre 1985, qui n'a pas été modifié, la partie civile est soumise aux mêmes obligations que celles de la personne mise en examen. Elle doit déclarer son adresse ou celle d'un tiers, ainsi que tous ses changements d'adresse, faute de quoi elle ne peut opposer le défaut de notification des actes qui auraient dû l'être aux termes de la loi (v. s^s^ n°s 61.71 à 61.73).

L'élection de domicile chez un avoué n'implique pas nécessairement la désignation de ce dernier comme conseil au sens des articles 114, 117 et 118 du Code de procédure pénale[3].

103.83 Déclaration d'adresse après renvoi. La loi du 9 mars 2004 a donné une prolongation aux exigences posées par l'article 116 : toute ordonnance renvoyant la personne mise en examen devant le tribunal de police ou le tribunal correctionnel informe celle-ci qu'elle doit signaler auprès du procureur de la République jusqu'au jugement définitif de l'affaire tout changement de l'adresse déclarée lors de sa mise en examen, par lettre recommandée avec demande d'avis de réception. L'ordonnance l'informe également que toute citation, notification ou signification faite à la dernière adresse déclarée sera réputée faite à sa personne (C. pr. pén., art. 179-1).

1. Crim. 26 juin 2007, n° 07-82410, *Bull. crim.*, n° 174; *JCP* 2007, IV, 2640.
2. Crim. 25 févr. 1964, *Bull. crim.*, n° 66.
3. Crim. 17 déc. 1958, *D.* 1959, 416 – Crim. 15 déc. 1959, *Bull. crim.*, n° 549 – Crim. 14 nov. 1968, *Bull. crim.*, n° 301.

SECTION 9
AVIS DE LA FIN PRÉVISIBLE DE LA PROCÉDURE

103.91 Le délai prévisible d'achèvement de la procédure. Le juge d'instruction accomplit une formalité nouvelle, issue de la loi du 15 juin 2000, relative au délai prévisible d'achèvement de la procédure : s'il estime que le délai prévisible d'achèvement de l'information est inférieur à un an en matière correctionnelle ou à dix-huit mois en matière criminelle, le juge d'instruction donne connaissance de ce délai prévisible à la personne et l'avise qu'à l'expiration dudit délai, elle pourra demander la clôture de la procédure en application des dispositions de l'article 175-1.

Dans le cas contraire, il indique à la personne qu'elle pourra demander, en application de ce même article, la clôture de la procédure à l'expiration d'un délai d'un an en matière correctionnelle ou de dix-huit mois en matière criminelle (C. pr. pén., art. 116, al. 8). Il est parfois bien délicat d'imaginer à l'avance quelle sera la durée de la procédure. Lorsque ce délai est expiré, la personne a la possibilité de faire une demande de règlement de la procédure sur la base de l'article 175-1 du Code de procédure pénale.

SECTION 10
INTERROGATOIRE ET CONFRONTATION IMMÉDIATS

103.101 Cas d'application. Aux termes de l'article 117 du Code de procédure pénale, qui reprend exactement le texte de l'ancien article 115 (L. 8 déc. 1897, art. 7), « nonobstant les dispositions prévues à l'article précédent, le juge d'instruction peut procéder à un interrogatoire immédiat et à des confrontations si l'urgence résulte soit de l'état d'un témoin en danger de mort, soit de l'existence d'indices sur le point de disparaître ». L'article 117 ajoute que « le procès-verbal doit faire mention des causes d'urgence », ce qui n'est que la consécration de la jurisprudence antérieure[4]. L'interrogatoire auquel il est procédé d'urgence doit être précédé de l'inculpation[5].

Le texte ne vise que les formalités de l'article 116, mais il est évident, ainsi que le décidait la jurisprudence ancienne, que la dispense pour le juge d'instruction d'observer les formalités légales, dans l'un des cas d'urgence en cause, s'applique aussi aux formalités de l'article 114, relatives à l'interrogatoire ordinaire pratiqué en cours d'information. Il est à noter que ne constituent pas un interrogatoire au

4. Crim. 28 juill. 1899, *Bull. crim.*, n° 231.
5. Crim. 20 avr. 1972, n° 71-93.497, *Bull. crim.*, n° 136.

sens de l'article 118 [devenu l'art. 114], les déclarations spontanées d'un inculpé, au cours d'une perquisition, sur la provenance, la nature, l'usage et la destination des objets saisis[1].

103.102 **Flagrant délit.** La Cour de cassation a précisé les notions de lieu et de temps du flagrant délit, qui sont extensives. L'état de flagrance est caractérisé à l'encontre du prévenu, « par l'existence d'indices apparents d'un comportement délictueux pouvant révéler l'existence d'une infraction »[2]. La loi n'exige pas qu'il soit procédé à l'interrogatoire sur les lieux mêmes du crime : il peut y être procédé à l'hôpital, où le corps de la victime a été déposé[3], ou au commissariat de police dans la circonscription duquel le crime vient d'être commis[4]. La solution serait la même pour les locaux de la brigade de gendarmerie, où les juges d'instruction établissent souvent leurs procès-verbaux de transport.

Le juge d'instruction peut procéder ainsi, lorsqu'il s'est transporté sur les lieux le lendemain du crime[5]; il peut procéder de même contre un prévenu, bien que ce dernier n'ait été arrêté que le lendemain du jour où il a accompli le fait délictueux si, dès sa perpétration, la recherche de son auteur s'est poursuivie sans interruption[6]. Le juge d'instruction procède encore valablement comme au cas de flagrant délit, lorsqu'informé qu'une femme est en danger de mort à la suite de manœuvres abortives, il interroge le même jour l'un des prévenus[7]. Dans une enquête menée sans désemparer, le 7 au matin est un temps voisin du crime commis dans la nuit du 5 au 6[8]. Il y a encore flagrance quand 28 heures seulement séparent les faits, de la plainte[9]. Mais il n'y a plus crime flagrant un mois après les faits, et l'expertise alors ordonnée par le parquet doit être annulée pour excès de pouvoir[10].

La loi du 29 juin 1999 a pour la première fois fixé un terme à la flagrance : l'enquête de flagrance ne peut se poursuivre pendant plus de huit jours (C. pr. pén., art. 53). La durée de l'enquête de flagrance fixée par l'article 53, si elle demeure de 8 jours par principe peut être prolongée dans certains cas : « Lorsque des investigations nécessaires à la manifestation de la vérité pour un crime ou un délit puni d'une peine supérieure ou égale à cinq ans d'emprisonnement ne peuvent être différées, le procureur de la République peut décider la prolongation, dans les mêmes conditions, de l'enquête pour une durée maximale de huit jours » (C. pr. pén., art. 53 mod. par L. 9 mars 2004).

103.103 **Une utilisation rarissime.** L'utilisation pratique de l'article 117 du Code de procédure pénale est fort rare. Il n'est pas courant que l'urgence conduise le magistrat instructeur à ne pas respecter l'article 116. On peut dire aussi que rares sont ceux qui osent l'utiliser.

1. Crim. 5 juill. 1962, *Bull. crim.*, n° 242.
2. Crim. 30 mai 1980, n° 80-90.075, *Bull. crim.*, n° 165 – Crim. 4 janv. 1982, n° 80-95.198, *Bull. crim.*, n° 2 – Crim. 21 juill. 1982, n° 82-91.034, *Bull. crim.*, n° 196; *D.* 1982, jur. 642, note Berr – Crim. 26 avr. 1983, n° 81-90.699, *Bull. crim.*, n° 117 – Crim. 8 nov. 1989, n° 89-80.728, *Bull. crim.*, n° 406; *JCP* 1990, II, 21580, note J.-H. Syr – Crim. 22 avr. 1992, n° 90-85.125, *Bull. crim.*, n° 169.
3. Crim. 7 janv. 1932, *Bull. crim.*, n° 1; *DP* 1933, 1, p. 23.
4. Crim. 30 juin 1932, *Bull. crim.*, n° 161; *DH* 1932, p. 413; *DP* 1933, 1, p. 23, note Leloir.
5. Crim. 19 juin 1913, *Bull. crim.*, n° 300 – Crim. 7 janv. 1932, préc.
6. Crim. 22 janv. 1932, *DH* 1932, p. 164 – V. aussi, Crim. 11 févr. 1992, n° 91-86.502, *Bull. crim.*, n° 64.
7. Crim. 16 déc. 1926, *Bull. crim.*, n° 310.
8. Crim. 5 oct. 1976, n° 76-91.190, *Bull. crim.*, n° 278.
9. Crim. 26 févr. 1991, n° 90-87.360, *Bull. crim.*, n° 96.
10. Crim. 20 janv. 1977, n° 75-91.351, *Bull. crim.*, n° 28.

CHAPITRE

104. Communication avec son conseil de la personne détenue

SECTION 0 ORIENTEUR

104.00 **Plan du chapitre.**

Sect. 1 Choix du conseil
Sect. 2 Principe de la libre communication
Sect. 3 Interdiction de communiquer

104.01 **Textes applicables.**

C. pr. pén., art. 115, 116, 145-4.

C. pr. pén., art. 115 [L. n° 2004-204, 9 mars 2004]

* V. s[s] n° 103.01.

C. pr. pén., art. 116

* V. s[s] n° 101.01.

C. pr. pén., art. 145-4

Lorsque la personne mise en examen est placée en détention provisoire, le juge d'instruction peut prescrire à son encontre l'interdiction de communiquer pour une période de dix jours. Cette mesure peut être renouvelée, mais pour une nouvelle période de dix jours seulement. En aucun cas, l'interdiction de communiquer ne s'applique à l'avocat de la personne mise en examen.

Sous réserve des dispositions qui précèdent, toute personne placée en détention provisoire peut, avec l'autorisation du juge d'instruction, recevoir des visites sur son lieu de détention.

À l'expiration d'un délai d'un mois à compter du placement en détention provisoire, le juge d'instruction ne peut refuser de délivrer un permis de visite à un membre de la famille de la personne détenue que par une décision écrite et spécialement motivée au regard des nécessités de l'instruction.

Cette décision est notifiée par tout moyen et sans délai au demandeur. Ce dernier peut la déférer au président de la chambre de l'instruction qui statue dans un délai de cinq jours par une décision écrite et motivée non susceptible de recours. Lorsqu'il infirme la décision du juge d'instruction, le président de la chambre de l'instruction délivre le permis de visite.

104.02 **Jurisprudence de référence.**

• La demande d'une personne poursuivie tendant à la désignation d'un interprète est recevable.

Crim. 6 déc. 1994, n° 94-84.235, *Bull. crim.*, n° 394; *JCP* 1995, IV, 883.

« Attendu qu'en vertu du principe de la libre communication entre la personne mise en examen et son avocat, résultant des articles 116 et 145-3 du Code de procédure pénale, et de l'article 6.3 e de la Convention européenne de sauvegarde des droits de l'Homme et des libertés fondamentales, la demande d'une personne poursuivie, bénéficiant de l'aide juridictionnelle et qui sollicite la désignation d'un interprète chargé de l'assister dans ses entretiens avec son avocat ainsi que la prise en charge par l'État des frais en résultant, ne saurait être déclarée irrecevable; que, si le juge d'instruction, régulièrement saisi d'une requête à cette fin, conformément à l'article 81, alinéa 10, du Code de procédure pénale, n'y fait pas droit, il lui appartient de la rejeter par une ordonnance motivée, susceptible d'appel dans les conditions prévues par l'article 186-1 du code précité. »

104.03 **Bibliographie indicative.** (V. les références complètes s[s] n° 03.)

Actualisables. Rép. pén., Guéry, « Instruction préparatoire »; Hamelin et Damien, « Défense » – J.-Cl. pén., Dumont, « Interrogatoires et confrontations ».

Ouvrages. Hélie F., VII, n°s 3323 et 3325 – Garraud, III, n° 785, p. 51.

Articles. Arrighi, *RSC* 1998, 687 – Guéry Ch., « La mise en examen après l'entrée en vigueur de la loi du 15 juin 2000 », *JCP* 2001, Étude, I, 359 – Pradel J., « La défense avant jugement pénal », *D.* 1997, chron. 375.

SECTION 1 CHOIX DU CONSEIL

104.11 **La loi du 9 mars 2004 a modifié l'article 115 du Code de procédure pénale en contraignant la partie à faire une déclaration au greffier**

d'instruction lorsqu'elle veut désigner un avocat dès lors qu'il ne s'agit pas de la première désignation ou de celle qui peut intervenir au cours d'un interrogatoire ou d'une audition. Lorsque la partie ne réside pas dans le ressort de la juridiction compétente, la déclaration au greffier peut être faite par lettre recommandée avec demande d'avis de réception.

104.12 La personne détenue. Les règles posées par l'article 115 du Code de procédure pénale sont spécifiques pour le détenu qui ne peut se déplacer pour faire une déclaration au greffe.

La loi du 15 juin 2000 avait mis en place un système selon lequel la désignation pouvait résulter d'un courrier adressé à l'avocat par le détenu dès lors qu'il était confirmé au juge d'instruction dans les quinze jours. La loi du 9 mars 2004 a encore modifié la rédaction de l'article 115 qui dispose désormais : « Lorsque la personne mise en examen est détenue, le choix peut également faire l'objet d'une déclaration auprès du chef de l'établissement pénitentiaire ou d'un courrier adressé au magistrat instructeur, mais c'est alors l'avocat qui doit faire la déclaration au greffe en remettant une copie complète ou partielle du courrier qui lui a été adressé, et qui est annexée par le greffier à la déclaration. La personne mise en examen doit confirmer son choix dans les quinze jours selon l'une des modalités prévues aux deuxième et troisième alinéas. Pendant ce délai, la désignation est tenue pour effective. »

SECTION 2
PRINCIPE DE LA LIBRE COMMUNICATION

104.21 Régime antérieur. Faustin Hélie écrivait : « La défense des accusés ne doit être considérée ni comme un privilège que la loi aurait établi, ni comme une mesure que la loi aurait conseillée; elle constitue un droit que toutes les législations ont mis au nombre des droits naturels [...]. Le premier corollaire du droit de défense est que l'accusé soit assisté d'un conseil [1] ».

De même que sous le régime de l'ordonnance criminelle de 1670, le Code d'instruction criminelle a ignoré l'existence du conseil pendant toute la durée de l'information, au premier comme au second degré.

C'est la loi du 8 décembre 1897 qui a permis à l'inculpé d'être assisté d'un conseil, qui pouvait suivre l'information dans toutes ses phases. Le droit de libre communication de l'inculpé détenu avec son conseil, et l'interdiction de communiquer, qui ne s'appliquait pas à ce dernier, étaient prévus par l'article 8 de cette loi, repris à peu de choses près par l'article 116 du Code de procédure pénale.

104.22 Code de procédure pénale. L'alinéa 3 de l'article 116 précise que dès la première comparution, l'avocat choisi ou désigné « peut communiquer librement avec la personne mise en examen ».

Il avait été jugé que le juge d'instruction n'était pas tenu de désigner un interprète pour assister le détenu dans ses entretiens avec son défenseur [2]. Il a été décidé qu'une telle demande ne peut être déclarée irrecevable et que le juge d'instruction qui n'y fait pas droit doit rendre une ordonnance motivée qui est susceptible d'appel [3].

104.23 Temps de la communication. La loi du 8 décembre 1897 ne s'appliquait qu'à la procédure suivie devant le juge d'instruction. Il avait été jugé en conséquence que « la libre communication d'un inculpé avec son conseil, après l'ordonnance qui dessaisit le juge d'instruction, cesse de présenter le caractère d'un droit absolu ». En matière criminelle, ce droit de libre communication ne reprenait naissance qu'après l'interrogatoire de l'accusé par le président des assises, qui suit l'arrêt de renvoi [4].

Il ne paraît plus en être ainsi aujourd'hui, et le droit de libre communication semble toujours applicable lors de la procédure suivie devant la chambre de l'instruction. En effet, après l'interrogatoire par le président des assises, aux termes de l'article 278 du Code de procédure pénale, « l'accusé ne cesse pas de pouvoir communiquer librement avec son conseil », ce qui implique que cette faculté n'a pas été interrompue. D'autre part, les dispositions des articles 197 à 199 relatifs à la procédure suivie devant la chambre de l'instruction impliquent la communication entre la personne mise en examen et son avocat. Enfin, l'article 205 porte « qu'il est procédé aux suppléments d'information ordonnés par cette juridiction conformément aux dispositions relatives à l'instruction préalable ».

SECTION 3
INTERDICTION DE COMMUNIQUER

104.31 Modalités. L'alinéa 1er de l'article 145-4 du Code de procédure pénale a repris les termes des alinéas 2 et 3 de l'ancien article 116 : « Lorsque la personne mise en examen est placée en détention provisoire, le juge d'instruction peut prescrire à son encontre l'interdiction de communiquer pour une

1. HÉLIE F., VII, nos 3323 et 3325.

2. Crim. 22 juin 1933, *Bull. crim.*, n° 122; *DH* 1933, p. 414.
3. Crim. 6 déc. 1994, n° 94-84.235, *Bull. crim.*, n° 394; *JCP* 1995, IV, 883; v. les attendus s^s n° 104.02.
4. Crim. 20 mars 1903, *DP* 1904, 1, p. 477.

période de dix jours. Cette mesure peut être renouvelée, mais pour une nouvelle période de dix jours seulement. En aucun cas, la mesure ne s'applique à l'avocat de la personne mise en examen. »

L'interdiction de communiquer, ou mise au secret, est une mesure grave, qui ne peut être prise qu'en raison de circonstances exceptionnelles, qui a pour but d'isoler dans sa cellule le mis en examen, et de le priver de tout contact, soit avec ses codétenus, soit avec les personnes de l'extérieur, pour les nécessités de l'information. Elle a un caractère disciplinaire et temporaire et ne peut excéder au total vingt jours. Elle n'est pas susceptible de recours de la part du détenu.

104.32 Droit de la défense. L'interdiction de communiquer n'est pas opposable au conseil, qui continue de communiquer sans obstacle avec son client. Cependant, nonobstant ce droit de libre communication, qui n'est applicable qu'à la prison, la Cour de cassation a jugé valable la mesure d'ordre général, en vertu de laquelle les communications entre inculpés et avocats ne doivent pas avoir lieu au palais de justice, lorsqu'il n'apparaît pas, en l'état des faits constatés, que cette mesure ait eu pour conséquence de priver l'inculpé d'un droit nécessaire à sa défense[1].

« Le conseil de l'inculpé a le droit de visiter librement son client, dans la prison où il est détenu, sans que le juge d'instruction puisse mettre à ces visites aucune entrave, alors même que l'inculpé se verrait refuser le droit de communiquer avec toutes autres personnes.[2] »

Le droit de libre communication du conseil avec son client est intangible aussi bien pendant l'instruction qu'après le renvoi devant la juridiction criminelle. C'est ainsi que la chambre criminelle a cassé, pour violation de l'article 71 du Code de justice militaire, rédaction de l'ordonnance du 23 décembre 1958 [devenu l'art. 215], un jugement de condamnation du tribunal militaire, qui avait refusé le renvoi demandé par le conseil qui n'avait pu communiquer avec son client pendant les trois jours qui avaient précédé l'audience[3].

104.33 Correspondance. Le principe de la liberté de communication entre le conseil et la personne mise en examen ou le prévenu entraîne l'inviolabilité de la correspondance échangée entre eux, inviolabilité qui se rattache moins au secret professionnel qu'au droit de libre défense qui domine notre procédure criminelle. « Le principe qui protège le secret des correspondances échangées entre les accusés et leurs défenseurs est d'ordre public », et peut être invoqué en tout état de la procédure et même pour la première fois devant la cour d'assises; sa violation entraîne la nullité de l'arrêt de condamnation[4].

L'inviolabilité des correspondances échangées entre l'avocat et son client se présente sous plusieurs aspects. Elle interdit d'abord au juge d'instruction de saisir dans le cabinet de l'avocat les pièces, lettres et documents que le prévenu lui a remis ou adressés[5]. Ce magistrat ne peut davantage intercepter les lettres que l'inculpé adresse à son défenseur, avant qu'elles ne soient parvenues à ce dernier, sans qu'il importe, d'ailleurs, que l'inculpé soit libre ou détenu[6], ou qu'il ait été mis au secret[7].

L'inviolabilité de la correspondance s'applique aussi aux lettres adressées par l'inculpé à un avocat qui n'était pas encore son conseil au moment où elles ont été écrites, mais qui l'est devenu par la suite; cette règle « commande, en effet, de respecter les communications confidentielles des accusés avec les avocats qu'ils ont choisis ou veulent choisir comme défenseur »[8]. L'inviolabilité s'applique encore à la correspondance adressée à l'avocat, non par son client, mais par un coprévenu : « Le principe qui protège le secret des correspondances, peut être invoqué par tout accusé dans une même affaire, lorsque la violation de ce principe lui a causé directement préjudice »[9]. Mais le secret ne saurait protéger des papiers saisis dans la cellule du prévenu, dans lesquels ce dernier tutoie son interlocuteur, et qui ne peuvent à l'évidence, malgré ses affirmations, s'adresser à son défenseur[10]. Si la saisie de la correspondance échangée entre l'avocat et son client est en principe interdite[11], il en est autrement des éléments de cette correspondance qui révèlent l'activité délictueuse de l'avocat ou sa participation à une infraction[12] (v. s^s n° 181.62).

1. Crim. 6 juill. 1911, *Bull. crim.*, n° 349.
2. GARRAUD, III, n° 785, p. 51.
3. Crim. 22 août 1959, *Bull. crim.*, n° 394.
4. Crim. 6 mars 1958, *Bull. crim.*, n° 230.
5. CA Nancy, 8 mai 1892, *D.* 1893, 1, 193 – V. aussi Crim. 13 févr. 1893, *Bull. crim.*, n° 39.
6. Crim. 12 mars 1886, *Bull. crim.*, n° 106; *D.* 1886, 1, 345; *S.* 1887, 1, 89, note Villey.
7. Crim. 31 déc. 1897, *Bull. crim.*, n° 311; *S.* 1898, 1, 247.
8. Crim. 6 mars 1958, *Bull. crim.*, n° 230.
9. Crim. 15 févr. 1906, *Bull. crim.*, n° 76; *S.* 1909, 1, 226, note Roux.
10. Crim. 15 juin 1960, *Bull. crim.*, n° 324 – Sur tous ces points, v. GARRAUD, t. III, n° 785.
11. Crim. 12 mars 1992, n° 91-86.843, *Bull. crim.*, n° 112.
12. Crim. 9 févr. 1988, n° 87-82.709, *Bull. crim.*, n° 63; *JCP* 1988, II, 21056, note M.-J. Dardel – Crim. 20 janv. 1993, n° 92-85.548, *Bull. crim.*, n° 29 – Crim. 7 mars 1994, n° 93-84.931, *Bull. crim.*, n° 87.

TITRE

11. Les interrogatoires et confrontations – L'audition de partie civile

SECTION 0

ORIENTEUR

110.00 Plan du titre.

Chap. 111 Audition de partie civile, interrogatoire et confrontation : cadre général

Sect. 1 Définition et caractères de l'interrogatoire

Sect. 2 Confrontation

Sect. 3 Audition de la partie civile

Sect. 4 Formes des interrogatoires et confrontations

Sect. 5 Personnes présentes aux interrogatoires et confrontations

Sect. 6 Droit d'intervention du procureur de la République et des conseils des parties

Chap. 112 Présence et convocation du conseil aux interrogatoires et confrontations

Sect. 1 Renonciation à l'assistance d'un conseil

Sect. 2 Choix du conseil

Sect. 3 Actes pour lesquels le conseil doit être convoqué ou présent : les interrogatoires

Sect. 4 Actes pour lesquels le conseil doit être convoqué ou présent : les confrontations

Sect. 5 Nécessité de la convocation du conseil : sa présence

Sect. 6 Nécessité de la convocation du conseil : son absence

Sect. 7 Nécessité de la convocation du conseil : renonciation à son assistance

Sect. 8 Modalités de la convocation du conseil : formes et preuves de la convocation

Chap. 113 Mise à la disposition du conseil du dossier de la procédure

Sect. 1 Modalités de la mise à disposition de la procédure

Sect. 2 Preuve de la mise à la disposition de la procédure

Sect. 3 Copie des pièces

Chap. 114 Déroulement de l'audition et de l'interrogatoire

Sect. 1 Audition du témoin

Sect. 2 Audition de la partie civile

Sect. 3 Interrogatoire de la personne mise en examen

Sect. 4 Techniques d'interrogatoire ?

110.01 Textes applicables.

C. pr. pén., art. 11, 82-1, 82-2, 89, 89-1, 102, 106, 107, 114, 114-1, 115, 116-1, 118, 119, 120, 120-1, 121, 152, 170, 171, 429, 706-47, 706-116, 706-51-1, 706-52, 706-62, 706-71, 802.

C. pr. pén., art. R. 53-33 à R. 53-39.

C. pr. pén., art. D. 47-12-1 à D. 47-12-6.

Ord. 2 févr. 1945, art. 10.

110.02 Jurisprudence de référence.

Crim. 2 mars 1972, n° 70-91.182, *Bull. crim.*, n° 82 – Crim. 2 sept. 1986, n° 86-93.266, *Bull. crim.*, n° 251; *JCP* 1987, II, 20766, note P. Chambon – Crim. 23 mai 1991, n° 91-81.591, *Bull. crim.*, n° 217 – Crim. 5 janv. 1901, D. 1901, 1, 113 – Crim. 22 août 1960, *Bull. crim.*, n° 411; *JCP* 1960, II, 11790, rapp. Rolland – Crim. 9 févr. 1982, n° 81-94.393, *Bull. crim.*, n° 47; *D.* 1982, jur. 544, note Pradel; *JCP* 1983, II, 19973, note P. Chambon – Crim. 28 avr. 2004, n° 01-84.554, *Bull. crim.*, n° 103; *D.* 2004, IR 1644; *JCP* 2004, IV, 2268; *Procédures* 2004, comm. n° 190, J. Buisson.

110.03 Bibliographie indicative. (V. les références complètes s^s n° 03.)

Actualisables. RÉP. PÉN., Guéry Ch., « Instruction préparatoire » – J.-CL. PROC. PÉN., ART. 79 À 84, Dumont J., « Interrogatoires et confrontations ».

Ouvrages. HÉLIE F., IV, n°s 1540 s., 1869, 1917 et 2190 – LAMBERT, p. 700 – POTHIER, p. 455 – VIDAL ET MAGNOL, II, note 4, p. 1187 – Portelli S. et Clément S., *L'interrogatoire*, Sofiac, 2001.

Articles. S. Lavric, « La visio conférence, le procès de demain ? », *AJ Pénal* 2008, 464; Roussel G., « L'annulation des procès-verbaux d'interrogatoire pour défaut de mention des questions », *AJ Pénal* 2005, 19.

110.04 **Évolution.** L'instruction préalable, sous le régime du Code d'instruction criminelle, avait un caractère purement inquisitorial, hérité des ordonnances royales de 1498, 1536, 1539 et 1670. L'accusé devait « répondre sans délai, par sa bouche et sans le ministère du conseil » et « toute communication du contenu de l'information était interdite » (ord. 1670, t. XVI, art. 8 et t. VI, art. 15). Dans ce système, on considérait que la défense prolongeait indéfiniment l'instruction sans servir la justice, et que le conseil jouait un rôle néfaste dans la découverte de la vérité (sur ces points, v. HÉLIE F., IV, n°s 1540 s.).

La loi n'a pas défini l'interrogatoire et n'a fixé que par des dispositions fragmentaires ses formes et ses conditions. L'interrogatoire, tradition de la procédure inquisitoriale, était surtout un moyen d'instruction, destiné à confondre le prévenu, qui répondait sans le ministère d'un conseil. Les lois révolutionnaires ont plutôt considéré l'interrogatoire comme un moyen de défense permettant au prévenu de se disculper (v. HÉLIE F., IV, n° 1917). Traditionnellement, la confrontation est « un acte par lequel le témoin est représenté à l'accusé, pour que l'accusé fournisse contre lui ses reproches, s'il en a, et pour que le témoin reconnaisse l'accusé et lui soutienne la vérité de sa déposition » (POTHIER, p. 455). On appelait *affrontation* ou *accarement* la confrontation entre co-inculpés. Les diverses confrontations étaient réglementées. On ne pouvait entendre deux fois un témoin sur un même fait, ni confronter les témoins entre eux. La déclaration d'un témoin non confronté avec l'accusé, ne faisait pas preuve contre ce dernier (sur tous ces points v. HÉLIE F., IV, n° 1869).

Sous le régime du Code d'instruction criminelle, pendant tout le cours de l'instruction, l'inculpé, qui n'avait pas de conseil, ne recevait jamais communication de la procédure. Il ne pouvait donc se défendre. Il ignorait les charges réunies contre lui et ne pouvait faire valoir que ses moyens de justification purement personnels. « L'information était voilée au regard des parties; car le législateur avait pensé qu'associer le prévenu aux recherches de la justice, ce serait en détruire tous les effets » (HÉLIE F., V, n° 2190).

La loi du 8 décembre 1897, après de laborieuses discussions, assura les garanties liées à la présence du conseil à l'instruction. La Cour de cassation, consultée, fut hostile à la communication de la procédure. Certains auteurs l'ont également critiquée, lui reprochant de permettre à l'inculpé de préparer ses réponses, d'arrêter peut-être ses aveux, et ainsi de faire obstacle à la découverte de la vérité (LAMBERT, p. 700 – VIDAL ET MAGNOL, II, note 4, p. 1187).

Les lois de 1993 et du 15 juin 2000 notamment ont accru les droits de la personne mise en examen et de la partie civile au regard des formalités relatives à l'interrogatoire. La justice de 2010 fait de plus en plus appel aux moyens audiovisuels.

110.05 **Rapport du comité de réflexion sur la justice pénale dit Rapport Léger.** Le rapport Léger n'entre pas dans le détail de l'organisation de l'enquête renforcée (v. s^{s} n° 10.05). Ainsi, on ne sait pas qui interrogera la personne faisant l'objet de ce type d'enquête et qui peut être assistée par un avocat. La suppression de la phase de l'instruction pourrait avoir ici pour conséquence une modification profonde de ce qui peut se passer dans les commissariats ou les brigades de gendarmerie (V. aussi s^{s} n° 152.05).

CHAPITRE

111. Audition de partie civile, interrogatoire et confrontation : cadre général

SECTION 0 ORIENTEUR

111.00 Plan du chapitre.

Sect. 1 Définition et caractères de l'interrogatoire
Sect. 2 Confrontation
Sect. 3 Audition de la partie civile
Sect. 4 Formes des interrogatoires et confrontations
Sect. 5 Personnes présentes aux interrogatoires et confrontations
Sect. 6 Droit d'intervention du procureur de la République et des conseils des parties

111.01 Textes applicables.

C. pr. pén., art. 82-1, 82-2, 89, 89-1, 102, 106, 107, 119, 120, 120-1, 121, 152.

C. pr. pén., art. 82-1

Les parties peuvent, au cours de l'information, saisir le juge d'instruction d'une demande écrite et motivée tendant à ce qu'il soit procédé à leur audition ou à leur interrogatoire, à l'audition d'un témoin, à une confrontation ou à un transport sur les lieux, à ce qu'il soit ordonné la production par l'une d'entre elles d'une pièce utile à l'information, ou à ce qu'il soit procédé à tous autres actes qui leur paraissent nécessaires à la manifestation de la vérité. À peine de nullité, cette demande doit être formée conformément aux dispositions du dixième alinéa de l'article 81 ; elle doit porter sur des actes déterminés et, lorsqu'elle concerne une audition, préciser l'identité de la personne dont l'audition est souhaitée.

Le juge d'instruction doit, s'il n'entend pas y faire droit, rendre une ordonnance motivée au plus tard dans le délai d'un mois à compter de la réception de la demande. Les dispositions du dernier alinéa de l'article 81 sont applicables.

À l'expiration d'un délai de quatre mois depuis sa dernière comparution, la personne mise en examen qui en fait la demande écrite doit être entendue par le juge d'instruction. Le juge d'instruction procède à son interrogatoire dans les trente jours de la réception de la demande, qui doit être formée conformément aux dispositions du dixième alinéa de l'article 81.

C. pr. pén., art. 82-2

Lorsque la personne mise en examen saisit le juge d'instruction, en application des dispositions de l'article 82-1, d'une demande tendant à ce que ce magistrat procède à un transport sur les lieux, à l'audition d'un témoin, d'une partie civile ou d'une autre personne mise en examen, elle peut demander que cet acte soit effectué en présence de son avocat.

La partie civile dispose de ce même droit s'agissant d'un transport sur les lieux, de l'audition d'un témoin ou d'une autre partie civile ou de l'interrogatoire de la personne mise en examen.

Le juge d'instruction statue sur ces demandes conformément aux dispositions du deuxième alinéa de l'article 82-1. S'il fait droit à la demande, le juge d'instruction convoque l'avocat au plus tard dans les deux jours ouvrables avant la date du transport, de l'audition ou de l'interrogatoire, au cours desquels celui-ci peut intervenir dans les conditions prévues à l'article 120.

C. pr. pén., art. 89

Toute partie civile doit déclarer au juge d'instruction une adresse qui doit être située, si l'information se déroule en métropole, dans un département métropolitain ou, si l'information se déroule dans un département d'outre-mer, dans ce département.

Elle peut déclarer soit une adresse personnelle, soit, avec l'accord de celui-ci, qui peut être recueilli par tout moyen, celle d'un tiers chargé de recevoir les actes qui lui sont destinés.

Elle est avisée qu'elle doit signaler au juge d'instruction jusqu'à la clôture de l'information, par nouvelle déclaration ou par lettre recommandée avec demande d'avis de réception, tout changement de l'adresse déclarée. Elle est également avisée que toute notification faite à la dernière adresse déclarée sera réputée faite à sa personne.

Faute par elle d'avoir déclaré une adresse, la partie civile ne peut opposer le défaut de notification des actes qui auraient dû lui être notifiés aux termes de la loi.

C. pr. pén., art. 89-1
Lors de sa première audition, la partie civile est avisée de son droit de formuler une demande d'acte ou de présenter une requête en annulation sur le fondement des articles 81, neuvième alinéa, 82-1, 156, premier alinéa, et 173, troisième alinéa, durant le déroulement de l'information et au plus tard le vingtième jour suivant l'envoi de l'avis prévu par le premier alinéa de l'article 175, sous réserve des dispositions de l'article 173-1.

S'il estime que le délai prévisible d'achèvement de l'information est inférieur à un an en matière correctionnelle ou à dix-huit mois en matière criminelle, le juge d'instruction donne connaissance de ce délai à la partie civile et l'avise qu'à l'expiration dudit délai elle pourra demander la clôture de la procédure en application des dispositions de l'article 175-1. Dans le cas contraire, il indique à la partie civile qu'elle pourra demander, en application de ce même article, la clôture de la procédure à l'expiration d'un délai d'un an en matière correctionnelle ou de dix-huit mois en matière criminelle.

Les avis prévus au présent article peuvent également être faits par lettre recommandée.

C. pr. pén., art. 102 [L. n° 2004-204, 9 mars 2004]
Les témoins sont entendus, soit séparément et hors la présence des parties, soit lors de confrontations réalisées entre eux ou avec l'une ou l'autre des parties, par le juge d'instruction, assisté de son greffier; il est dressé procès-verbal de leurs déclarations.

Le juge d'instruction peut faire appel à un interprète majeur, à l'exclusion de son greffier et des témoins. L'interprète, s'il n'est pas assermenté, prête serment d'apporter son concours à la justice en son honneur et en sa conscience.

Si le témoin est atteint de surdité, le juge d'instruction nomme d'office pour l'assister lors de son audition un interprète en langue des signes ou toute personne qualifiée maîtrisant un langage ou une méthode permettant de communiquer avec les sourds. Celui-ci, s'il n'est pas assermenté, prête serment d'apporter son concours à la justice en son honneur et en sa conscience. Il peut également être recouru à tout dispositif technique permettant de communiquer avec le témoin. Si le témoin atteint de surdité sait lire et écrire, le juge d'instruction peut également communiquer avec lui par écrit.

C. pr. pén., art. 106
Chaque page des procès-verbaux est signée du juge, du greffier et du témoin. Ce dernier est alors invité à relire sa déposition telle qu'elle vient d'être transcrite, puis à la signer s'il déclare y persister. Si le témoin ne sait pas lire, lecture lui en est faite par le greffier. Si le témoin ne veut ou ne peut signer, mention en est portée sur le procès-verbal. Chaque page est également signée par l'interprète s'il y a lieu.

C. pr. pén., art. 107
Les procès-verbaux ne peuvent comporter aucun interligne. Les ratures et les renvois sont approuvés par le juge d'instruction, le greffier et le témoin et, s'il y a lieu, par l'interprète. À défaut d'approbation, ces ratures et ces renvois sont non avenus.

Il en est de même du procès-verbal qui n'est par régulièrement signé.

C. pr. pén., art. 119 [L. n° 2004-204, 9 mars 2004]
Le procureur de la République peut assister aux interrogatoires, auditions et confrontations de la personne mise en examen, de la partie civile et du témoin assisté.

Chaque fois qu'il a fait connaître au juge d'instruction son intention d'y assister, le greffier du juge d'instruction doit l'avertir par simple note, au plus tard l'avant-veille de l'interrogatoire.

C. pr. pén., art. 120 [L. n° 2004-204, 9 mars 2004]
Le juge d'instruction dirige les interrogatoires, confrontations et auditions. Le procureur de la République et les avocats des parties et du témoin assisté peuvent poser des questions ou présenter de brèves observations.

Le juge d'instruction détermine, s'il y a lieu, l'ordre des interventions et peut y mettre un terme lorsqu'il s'estime suffisamment informé. Il peut s'opposer aux questions de nature à nuire au bon déroulement de l'information ou à la dignité de la personne.

Mention de ce refus est portée au procès-verbal.

Les conclusions déposées par le procureur de la République ou les avocats des parties et du témoin assisté afin de demander acte d'un désaccord avec le juge d'instruction sur le contenu du procès-verbal sont, par le juge d'instruction, versées au dossier.

C. pr. pén., art. 120-1 [inséré par L. n° 2007-291, 5 mars 2007]
Lorsque la personne mise en examen ou le témoin assisté sont mis en cause par plusieurs personnes, ils peuvent demander, conformément au premier alinéa de l'article 82-1 ou au deuxième alinéa de l'article 113-3, à être confrontés séparément avec chacune d'entre elles. Le juge d'instruction statue sur ces demandes conformément au deuxième alinéa de l'article 82-1. Le refus d'une demande de confrontation individuelle ne peut être motivé par la seule raison qu'une confrontation collective est organisée.

C. pr. pén., art. 121
Les procès-verbaux d'interrogatoire et de confrontation sont établis dans les formes prévues aux articles 106 et 107.

S'il est fait appel à un interprète, les dispositions de l'article 102 sont applicables.

Si la personne mise en examen est atteinte de surdité, le juge d'instruction nomme d'office pour l'assister lors de l'information un interprète en langue des signes ou toute personne qualifiée maîtrisant un langage ou une méthode permettant de communiquer avec les sourds. Celui-ci, s'il n'est pas assermenté, prête serment d'apporter son concours à la justice en son honneur et en sa conscience. Il peut être également recouru à tout dispositif technique permettant de communiquer avec la personne mise en examen. Si la personne mise en examen sait lire et écrire, le juge d'instruction peut également communiquer avec elle par écrit.

C. pr. pén., art. 152 [L. n° 2004-204, 9 mars 2004]

Les magistrats ou officiers de police judiciaire commis pour l'exécution exercent, dans les limites de la commission rogatoire, tous les pouvoirs du juge d'instruction.

Toutefois, les officiers de police judiciaire ne peuvent pas procéder aux interrogatoires et confrontations des personnes mises en examen. Ils ne peuvent procéder à l'audition des parties civiles ou du témoin assisté qu'à la demande de ceux-ci.

Le juge d'instruction peut se transporter, sans être assisté de son greffier ni devoir en dresser procès-verbal, pour diriger et contrôler l'exécution de la commission rogatoire, dès lors qu'il ne procède pas lui-même à des actes d'instruction. À l'occasion de ce transport, il peut ordonner la prolongation des gardes à vue prononcées dans le cadre de la commission rogatoire. Dans tous les cas, mention de ce transport est faite sur les pièces d'exécution de la commission rogatoire.

C. pr. pén., art. 706-71 [L. n° 2007-291 du 5 mars 2007]

Lorsque les nécessités de l'enquête ou de l'instruction le justifient, l'audition ou l'interrogatoire d'une personne ainsi que la confrontation entre plusieurs personnes peuvent être effectués en plusieurs points du territoire de la République se trouvant reliés par des moyens de télécommunications garantissant la confidentialité de la transmission. Dans les mêmes conditions, la présentation aux fins de prolongation de la garde à vue ou de la retenue judiciaire peut être réalisée par l'utilisation de moyens de télécommunication audiovisuelle. Il est alors dressé, dans chacun des lieux, un procès-verbal des opérations qui y ont été effectuées. Ces opérations peuvent faire l'objet d'un enregistrement audiovisuel ou sonore, les dispositions des troisième à huitième alinéas de l'article 706-52 sont alors applicables. Les dispositions de l'alinéa précédent prévoyant l'utilisation d'un moyen de télécommunication audiovisuelle sont applicables devant la juridiction de jugement pour l'audition des témoins, des parties civiles et des experts. Ces dispositions sont également applicables à l'audition ou à l'interrogatoire par un juge d'instruction d'une personne détenue, au débat contradictoire préalable au placement en détention provisoire d'une personne détenue pour une autre cause, au débat contradictoire prévu pour la prolongation de la détention provisoire, aux audiences relatives au contentieux de la détention provisoire devant la chambre de l'instruction ou la juridiction de jugement, ou à l'interrogatoire du prévenu devant le tribunal de police ou devant la juridiction de proximité si celui-ci est détenu pour une autre cause.

Pour l'application des dispositions des deux alinéas précédents, si la personne est assistée par un avocat, celui-ci peut se trouver auprès de la juridiction compétente ou auprès de l'intéressé. Dans le premier cas, il doit pouvoir s'entretenir avec ce dernier, de façon confidentielle, en utilisant le moyen de télécommunication audiovisuelle. Dans le second cas, une copie de l'intégralité du dossier doit être mise à sa disposition dans les locaux de détention.

En cas de nécessité, résultant de l'impossibilité pour un interprète de se déplacer, l'assistance de l'interprète au cours d'une audition, d'un interrogatoire ou d'une confrontation peut également se faire par l'intermédiaire de moyens de télécommunications. Un décret en Conseil d'État précise, en tant que de besoin les modalités d'application du présent article.

C. pr. pén., art. R. 53-33 à R. 53-39 [D. n° 2003-455 du 16 mai 2003 – Art. 2, *JO* 23 mai]

Pour l'application des dispositions de l'article 706-71, il peut être recouru à un moyen de télécommunication sonore ou à un moyen de télécommunication audiovisuelle.

Toutefois, pour la présentation aux fins de prolongation de la garde à vue ou de la retenue judiciaire, le recours à un moyen de télécommunication audiovisuelle est seul autorisé.

C. pr. pén., art. R. 53-37 [D. n° 2003-455 du 16 mai 2003 – Art. 2, *JO* 23 mai]

Les déclarations faites par les personnes entendues en plusieurs points du territoire sont retranscrites dans les différents procès-verbaux qui sont élaborés sous la direction de l'officier de police judiciaire, du procureur de la République ou du juge d'instruction qui est chargé de la procédure. S'il apparaît des différences dans les retranscriptions des déclarations d'une même personne, seules font foi celles figurant dans le procès-verbal signé par l'intéressé ou établi dans les conditions fixées par l'article 706-58.

C. pr. pén., D. 47-12-1

Lorsque les dispositions des articles 706-71 et R. 53-33 à R. 53-39 relatifs à l'utilisation d'un moyen de télécommunication sont mises en œuvre par une juridiction d'instruction ou de jugement, il peut être fait application des dispositions de la présente section.

C. pr. pén., D. 47-12-2

Pour l'application par le juge d'instruction ou le juge des libertés et de la détention des dispositions de l'article R. 53-37 prévoyant la retranscription dans différents procès-verbaux des déclarations des personnes entendues en plusieurs points du territoire, il est procédé selon l'une des deux modalités prévues par le présent article.

Soit deux procès-verbaux sont dressés simultanément, l'un par le magistrat et son greffier dans les locaux de la juridiction, et l'autre par un greffier sur le lieu où se trouve la personne entendue, et ils sont signés sur place par les personnes présentes.

Soit un procès-verbal est dressé dans les locaux de la juridiction par le magistrat et son greffier, et ce document est immédiatement transmis sur le lieu où est présente la personne entendue, pour être signé par cette dernière, selon la procédure des contreseings simultanés conformément aux dispositions de l'article D. 47-12-3. Dans ce cas il n'est pas nécessaire qu'un greffier soit présent sur le lieu où se trouve la personne entendue.

C. pr. pén., D. 47-12-3

Lorsqu'il est fait application de la procédure des contreseings simultanés, le procès-verbal est signé par le magistrat et son greffier, puis est transmis par télécopie ou par un moyen de communication électronique sur le lieu où est présente la personne entendue, pour être signé par cette seule personne. Ce document est immédiatement retourné au magistrat selon le même procédé. L'original du document signé par la personne entendue est ensuite transmis par tout moyen pour être joint au dossier de la procédure.

Les différentes versions du procès-verbal revêtues de l'original des signatures des personnes présentes sur chacun des lieux sont conservées au dossier de la procédure.

Il en de même, s'il y a lieu, pour le recueil de la signature de l'interprète.

C. pr. pén., D. 47-12-4

Lorsqu'un moyen de télécommunication est utilisé en matière de détention provisoire conformément aux dispositions du troisième alinéa de l'article 706-71, lecture de l'ordonnance prise par le juge des libertés et de la détention est donnée à la personne par le moyen de communication audiovisuelle. Mention de cette formalité est portée sur le procès-verbal du débat contradictoire. L'ordonnance est adressée par télécopie ou par un moyen de communication électronique au chef de l'établissement pénitentiaire, qui la notifie à la personne détenue et lui en remet une copie contre émargement.

C. pr. pén., D. 47-12-5

Lorsqu'un moyen de télécommunication est utilisé devant une juridiction de jugement ou devant la chambre de l'instruction, il est fait mention de l'usage de celui-ci dans les notes d'audience et dans la décision rendue.

Si la décision est rendue immédiatement, la lecture du dispositif est donnée à la personne par le moyen de communication audiovisuelle. Si la décision est mise en délibéré et est rendue à une audience ultérieure, cette lecture peut également être faite à la personne qui assiste à cette audience par un moyen de télécommunication; à défaut, si la personne est détenue, la décision lui est notifiée par le chef de l'établissement qui lui en remet une copie contre émargement.

C. pr. pén., D. 47-12-6

Le procès-verbal dressé en chacun des lieux en application des dispositions du premier alinéa de l'article 706-71 est un relevé de constatations techniques comportant notamment la mention du test du matériel et les heures de début et de fin de connexion. Il peut être établi et signé par un agent ou un fonctionnaire de la juridiction désigné par le greffier en chef ou par un fonctionnaire pénitentiaire désigné par le chef d'établissement.

111.02 Jurisprudence de référence.

• L'interrogatoire est le mode d'instruction d'une affaire par voie de questions posées.

Crim. 2 mars 1972, n° 70-91.182, *Bull. crim.*, n° 82.

« Mais attendu que l'interrogatoire, selon le Code de procédure pénale, est le mode d'instruction d'une affaire par voie de questions posées aux inculpés par un magistrat désigné à cet effet. »

• La partie civile peut être placée en garde à vue.

Crim. 28 avr. 2004, n° 01-84.554, *Bull. crim.*, n° 103; *D.* 2004, IR 1644; *JCP* 2004, IV, 2268; *Procédures* 2004, comm. n° 190, J. Buisson.

« Attendu que, d'une part, ne constituent pas une cause de nullité le placement en garde à vue et l'audition par les policiers, sur commission rogatoire, d'une personne, dès lors qu'il existe à son encontre des indices faisant présumer qu'elle a commis l'infraction, objet de l'information, ou qu'elle y a participé, quand bien même se serait-elle constituée partie civile dans cette procédure. »

111.03 Bibliographie indicative. (V. les références complètes s[s] n° 03.)

Actualisables. Rép. pén., Guéry Ch., « Instruction préparatoire » – J.-Cl. pén., Dumont J., « Interrogatoires et confrontations ».

Ouvrages. Bruneau, p. 67 – Hélie F., IV, n°s 1794, 1859 et 1925 – Garraud, II, n° 465; III, n° 7893 – Le Poittevin, L. 8 déc. 1897, art. 9, n°s 53, 54 et n°s 81 s.

Articles. Lavric S., « La visio conférence, le procès de demain ? », *AJ Pénal* 2008, 464 – Roussel G., « L'annulation des procès-verbaux d'interrogatoire pour défaut de mention des questions », *AJ Pénal* 2005, 19.

SECTION 1
Définition et caractères de l'interrogatoire

111.11 L'interrogatoire est un moyen de défense. Notre législation moderne, aussi bien le Code d'instruction criminelle que le Code de procédure pénale, fait de l'interrogatoire à la fois un moyen de défense et un moyen d'instruction.

De ce que l'interrogatoire est un moyen de défense, il en résulte d'abord que l'interrogatoire est une formalité substantielle, qui doit avoir lieu au moins une fois, à moins que la personne ne se soit soustraite à la justice par la fuite : « Nul ne peut être jugé ou mis en accusation sans avoir été entendu ou dûment appelé[1] ». Il en résulte ensuite que le juge d'instruction doit procéder à l'interrogatoire dès que la personne poursuivie est mise en état

1. Crim. 12 févr. 1835, *Bull. crim.*, n° 54 – Crim. 16 nov. 1849, *Bull. crim.*, n° 303 – Crim. 8 avr. 1892, *Bull. crim.*, n° 140 – Crim. 24 juin 1922, *DP* 1924, 1, 58 – Crim. 7 avr. 1987, n° 87-80.513, *Bull. crim.*, n° 159 – Crim. 30 janv. 1989, n° 87-85.060, *Bull. crim.*, n° 34.

d'arrestation. L'article 125 du Code de procédure pénale lui prescrit d'interroger immédiatement la personne objet d'un mandat d'amener ou d'un mandat de comparution, avec les distinctions introduites par la loi du 9 mars 2004 et l'article 133, d'interroger dans les 24 heures celle qui a été arrêtée en vertu d'un mandat d'arrêt [1].

111.12 L'interrogatoire est un moyen d'instruction. L'interrogatoire est aussi un moyen d'instruction, qui contribue à déterminer les circonstances des faits. Aussi, le juge d'instruction peut-il l'imposer à tout instant, et le renouveler. Il est la pièce maîtresse du dossier. Le juge d'instruction doit y procéder lui-même. « Il faut qu'il n'y ait pas d'intermédiaire entre le juge et l'inculpé. [2] » L'officier de police judiciaire ne peut procéder aux interrogatoires et confrontations de la personne mise en examen (C. pr. pén., art. 152 - V. s^s n° 152.21) [3].

111.13 Définition. L'interrogatoire, en procédure pénale, à une signification technique : il désigne l'entretien du juge avec la personne poursuivie, qu'il s'agisse de la personne mise en examen, du prévenu ou de l'accusé, entretien au cours duquel celui-ci fait sa déclaration et répond aux questions du magistrat. Il s'oppose à l'audition du témoin ou de la partie civile.

Le terme « interrogatoire » désigne tantôt l'opération elle-même, tantôt le procès-verbal écrit qui en recueille les éléments. La Cour de cassation le définit ainsi : « Mais attendu que l'interrogatoire, selon le Code de procédure pénale, est le mode d'instruction d'une affaire par voie de questions posées aux inculpés par un magistrat désigné à cet effet [4] ». En dehors des questions posées, l'interrogatoire se caractérise aussi par les objections soulevées, l'argumentation opposée à la personne interrogée par le juge.

111.14 Dans la procédure d'instruction, on distingue plusieurs sortes d'interrogatoires. L'interrogatoire de première comparution, qui a normalement lieu au début de la procédure, s'oppose à l'interrogatoire ordinaire auquel il est procédé en cours d'information.

Il existe encore l'interrogatoire dit de *curriculum vitæ* qui est dressé traditionnellement au début des affaires criminelles, où la personne mise en examen retrace les différents étapes de sa vie. Cet interrogatoire, à l'égard des formalités relatives au conseil, obéit aux règles de l'interrogatoire ordinaire [5]. Interroger c'est, au sens propre, poser des questions. Mais l'existence ou l'absence de questions n'est pas un critère essentiel. Ainsi, l'interrogatoire de première comparution peut constituer un interrogatoire sur le fond, lorsque l'intéressé consent à s'expliquer spontanément sur les faits objet de la prévention.

111.15 Incidence de la terminologie d'« interrogatoire ». Les interrogatoires nécessitent que le magistrat instructeur respecte les prescriptions du Code de procédure pénale qui prévoient les règles de convocation du conseil.

D'autres « entretiens » ou mise en présence du juge d'instruction et de la personne mise en examen ne le nécessitent pas (v. s^s n°s 112.31, 112.32 et 112.41).

SECTION 2
CONFRONTATION

111.21 La confrontation n'était pas réglementée. Elle était laissée, sous tous ses aspects, à la discrétion du juge d'instruction, qui en appréciait librement l'opportunité. Elle était facultative et le mis en examen ne pouvait se plaindre qu'il n'y ait pas été procédé [6].

Aujourd'hui toutefois, les parties peuvent demander au juge d'instruction de procéder à une confrontation (C. pr. pén., art. 82-1, al. 1er).

Dans la pratique, le juge d'instruction procède volontiers à des confrontations soit qu'il s'agisse de savoir si les témoins reconnaissent en la personne du mis en examen l'auteur de l'infraction, soit qu'il s'agisse de mettre ce dernier en présence des témoins à charge, car une chose est d'accuser seul, autre chose est de maintenir l'accusation en présence de la personne qui proteste et se défend. La loi du 5 mars 2007 tire les leçons de certaines critiques formulées à l'encontre des méthodes utilisées par Fabrice Burgaud. On avait en effet reproché au juge d'instruction de l'affaire d'Outreau d'avoir tenu des confrontations générales au cours desquelles la parole des uns et des autres n'avait pas été totalement libre. Il est en effet souvent souhaitable de ne pas risquer de « contaminer » un témoignage en permettant à la personne d'en entendre un autre. Le nouvel article 120-1 du Code de procédure pénale permet, lorsque la personne mise en examen ou le témoin assisté sont mis en cause par plusieurs personnes, qu'ils puissent demander à être con-

1. Crim. 12 oct. 1972, n° 72-91.813, *Bull. crim.*, n° 286 ; *JCP* 1973, II, 17554, note P. Chambon.
2. Garraud, II, n° 465.
3. Crim. 7 mai 1969, *JCP* 1969, II, 16120, note P. Chambon.
4. Crim. 2 mars 1972, n° 70-91.182, *Bull. crim.*, n° 82 ; v. les attendus s^s n° 111.02.
5. Crim. 12 juin 1947, *Bull. crim.*, n° 150.
6. Crim. 20 déc. 1904, *Bull. crim.*, n° 555.

frontés séparément avec chacune d'entre elles (v. ss n° 111.23).

111.22 Distinction. La Cour de cassation distingue là aussi les confrontations simples, qui ne portent que sur la déclaration du témoin confronté, et lors desquelles la personne mise en examen n'est pas interrogée de celles qui constituent un véritable interrogatoire, et qui portent sur des éléments étrangers aux déclarations du témoin, les formalités de l'article 114 ne s'appliquant qu'à ces dernières confrontations.

111.23 La confrontation « séparée ». L'article 120-1 du Code de procédure pénale, issu de la loi du 5 mars 2007, permet à la personne mise en examen ou au témoin assisté « mis en cause par plusieurs personnes » de demander « conformément au premier alinéa de l'article 82-1 ou au deuxième alinéa de l'article 113-3, à être confrontés séparément avec chacune d'entre elles. Le juge d'instruction statue sur ces demandes conformément au deuxième alinéa de l'article 82-1. Le refus d'une demande de confrontation individuelle ne peut être motivé par la seule raison qu'une confrontation collective est organisée ».

SECTION 3
AUDITION DE LA PARTIE CIVILE

111.31 Qualité. L'audition de la victime qui s'est constituée partie civile se distingue de l'audition du simple témoin (v. ss n° 72.31).

En effet, elle ne prête pas serment, étant partie au procès, sans toutefois que sa prestation de serment puisse être une cause de nullité[1]. Mais la simple plainte adressée au juge d'instruction ne comportant qu'une offre de se constituer partie civile, ne confère pas à la victime la qualité de partie civile, qui ne résulte que de l'accomplissement des formalités exigées par les articles 85 et 88 du Code de procédure pénale[2]. La qualité de la partie civile, acquise par le versement de la consignation dans le délai fixé, est appréciée au jour de la plainte[3] (v. ss n° 62.23).

111.32 Droits de la défense. L'audition de la partie civile diffère de l'interrogatoire par la qualité de la personne entendue, partie poursuivante d'un côté, partie poursuivie de l'autre. Tandis que l'officier de police judiciaire ne peut interroger la personne mise en examen, il peut entendre la partie civile ou le témoin assisté si ceux-ci le demandent (C. pr. pén., art. 152).

Mais l'audition de la partie civile, sur le plan des droits de la défense, obéit aux mêmes règles que l'interrogatoire, depuis la loi du 22 mars 1921, qui a complété la loi du 8 décembre 1897. La partie civile peut se faire assister d'un conseil dès sa première audition. L'opération qui a consisté, avant toute information, à demander à la partie civile si elle maintenait sa plainte, ne constitue pas une audition[4]. Le procureur de la République peut assister aux auditions de la partie civile, du témoin assisté, comme aux interrogatoires (C. pr. pén., art. 119), et au cours de l'opération, le conseil de la partie civile a les mêmes droits que celui de la personne mise en examen (C. pr. pén., art. 120)[5].

111.33 La partie civile peut-elle être placée en garde à vue ? L'article 152 du Code de procédure pénale prévoit que la partie civile ne peut être entendue par les officiers de police judiciaire délégués que sur « sa demande ». Mais cette précaution ne concerne que son audition en tant que partie civile. Dès lors que celle-ci serait soupçonnée d'avoir participé à l'infraction même pour laquelle elle s'est constituée partie civile, rien n'empêcherait alors son placement en garde à vue. La chambre criminelle a conforté cette analyse : « Ne constituent pas une cause de nullité le placement en garde à vue et l'audition par les policiers sur commission rogatoire, d'une personne, dès lors qu'il existe à son encontre des indices faisant présumer qu'elle a commis l'infraction, objet de l'information, ou qu'elle y a participé, quand bien même se serait-elle constituée partie civile dans cette procédure[6] ». Le témoin assisté quant à lui peut être placé en garde à vue mais ne peut être entendu pendant celle-ci. En effet, lorsqu'un témoin assisté, c'est-à-dire quelqu'un qui a déjà été entendu en cette qualité ou bénéficie de ce statut de par la loi est placé en garde à vue, cela concerne bien les faits pour lesquels il est témoin assisté. On ne peut guère prétendre qu'il est entendu en garde à vue sur sa demande; pour autant la garde à vue est possible en tant que mesure de contrainte, par exemple pour réaliser avec la personne une perquisition (v. aussi ss nos 81.14, 81.22).

1. Crim. 13 janv. 1911, *Bull. crim.*, n° 29 – Crim. 28 mars 1924, *Bull. crim.*, n° 149 – Crim. 15 déc. 1959, *Bull. crim.*, n° 549.
2. Crim. 25 juin 1970, n° 69-93.357, *Bull. crim.*, n° 218.
3. Crim. 13 déc. 1983, n° 83-91.925, *Bull. crim.*, n° 338 – Crim. 19 déc. 1983, n° 81-94.992, *Bull. crim.*, n° 343; *D.* 1984, jur. 326, note P. Chambon.
4. Crim. 17 févr. 1927, *Bull. crim.*, n° 56.
5. Sur l'audition du civilement responsable, v. Crim. 20 oct. 1971, n° 71-90.803, *Bull. crim.*, n° 275.
6. Crim. 28 avr. 2004, n° 01-84.554, *Bull. crim.*, n° 103; *D.* 2004, IR 1644; *JCP* 2004, IV, 2268; *Procédures* 2004, comm. n° 190, J. Buisson; v. les attendus ss n° 111.02.

SECTION 4

FORMES DES INTERROGATOIRES ET CONFRONTATIONS

111.41 **Formes.** Le Code d'instruction criminelle n'avait pas repris les dispositions détaillées de l'ordonnance de 1670 et n'avait pas réglé les formes de l'interrogatoire. Dans le silence de la loi, la doctrine comme la jurisprudence admettaient que les articles 71 à 86 du Code précité, qui réglaient la forme des auditions des témoins, s'appliquaient à tous les actes écrits de l'information, et spécialement aux interrogatoires[1]. Cette doctrine a été reprise par le Code de procédure pénale qui porte que « les procès-verbaux d'interrogatoire et de confrontation sont établis dans les formes prévues aux articles 106 et 107 » (C. pr. pén., art. 121). Ces textes sont relatifs à la signature et à la lecture des procès-verbaux d'audition des témoins, ainsi qu'aux interlignes, ratures et surcharges (v. s^s^ n°s 73.31, 73.41 et 73.42).

Tous les actes d'information étant écrits[2], les déclarations de la personne poursuivie sont recueillies par écrit, aussi fidèlement que possible, à la première personne : les procès-verbaux sont établis par le greffier sous la dictée du juge d'instruction. Chaque page en est signée par le greffier, le juge et la personne interrogée. L'interrogatoire par bande magnétique, dont la nature exclut nécessairement toute signature, est inexistant, nonobstant toute prétendue authentification ultérieure[3]. Il en est de même des déclarations recueillies par télécopie ou téléphone[4]. Mais il ne résulte aucune nullité de ce qu'une feuille imprimée a été entièrement recouverte par une feuille qui a été collée, sur laquelle a été porté l'interrogatoire[5]. C'est dans l'article 116-1 que la loi du 5 mars 2007 institue une obligation de filmer certains interrogatoires : « En matière criminelle, les interrogatoires des personnes mises en examen réalisés dans le cabinet du juge d'instruction, y compris l'interrogatoire de première comparution et les confrontations, font l'objet d'un enregistrement audiovisuel » (pour les détails et les règles d'application de la loi dans le temps v. s^s^ n°s 101.31 à 101.35).

111.42 **Prohibition du serment.** La personne mise en examen ne prête pas serment. L'ordonnance criminelle de 1670 portait : « L'accusé prêtera le serment avant d'être interrogé, et il en sera fait mention à peine de nullité. » Cette formalité a été définitivement abolie par l'article 12 du décret du 9 octobre 1789. La personne mise en examen ne pourrait renoncer à se prévaloir de la nullité d'ordre public qui résulterait de son audition sous la foi du serment, sur les faits qui lui sont imputés[6].

111.43 **Refus de répondre.** La personne mise en examen, qui est libre d'adopter le système de défense qui lui paraît le meilleur, peut refuser de répondre aux questions qui lui sont posées sur les faits de la poursuite qui lui ont été notifiés lors de sa première comparution. En cette hypothèse, les questions sont consignées et l'interrogatoire sur le fond doit être considéré comme ayant eu lieu; par ses interpellations, le juge a rempli le vœu de la loi; il a mis la personne à même de se défendre. Ce silence, d'autre part, ne saurait entraver la marche de l'information, que le juge d'instruction doit poursuivre par tous les autres moyens à sa disposition. La personne poursuivie par son attitude négative, ne saurait échapper aux poursuites et au renvoi devant la juridiction de jugement, si par ailleurs des charges suffisantes ont été réunies[7]. Mais l'interrogatoire par le juge d'instruction d'une personne anonyme dont l'identité n'est pas mentionnée, et qui a mis en cause une personne ensuite mise en examen, doit être annulé[8].

111.44 **Signatures.** « Le greffier est comme le témoin de ce que fait le juge, et l'un ne peut rien faire sans l'autre.[9] » « Le greffier est le témoin nécessaire de tous les actes accomplis par le juge d'instruction[10] », qui sont nuls s'ils ont été rédigés sans le concours du greffier[11]. Il n'est pas nécessaire que le nom du greffier figure sur le procès-verbal d'interrogatoire, sa signature suffit[12] - sous la loi ancienne, la Cour de cassation jugeait que les dispositions relatives à la signature du juge et du greffier n'étaient pas prescrites à peine de nullité. Ainsi, le défaut de signature du juge d'instruction sur le procès-verbal d'audition d'un témoin n'entraînait pas la nullité de celui-ci[13].

L'omission de la signature du juge et du greffier au bas de chaque page ne rend pas irrégulier l'inter-

1. Crim. 28 janv. 1832, *Bull. crim.*, n° 30 – Crim. 9 juin 1898, *Bull. crim.*, n° 213.
2. Crim. 11 avr. 1959, *Bull. crim.*, n° 213.
3. Crim. 28 févr. 1974, n° 73-92.596, *Bull. crim.*, n° 88; *JCP* 1974, II, 17774, note P. Chambon.
4. Crim. 4 janv. 1994, n° 93-84.683, *Bull. crim.*, n° 2.
5. Crim. 22 juill. 1920, *Bull. crim.*, n° 334.
6. Crim. 6 janv. 1923, *DP* 1924, 1, 175.
7. HÉLIE F., IV, n° 1925.
8. Crim. 22 mars 1988, n° 87-80.204, *Bull. crim.*, n° 141.
9. BRUNEAU, p. 67.
10. HÉLIE F., IV, n° 1794.
11. Crim. 27 févr. 1909, *Bull. crim.*, n° 137 – Crim. 3 févr. 1922, *Bull. crim.*, n° 54 – Crim. 7 août 1937, *Bull. crim.*, n° 181.
12. Crim. 2 mai 1968, *Bull. crim.*, n° 136.
13. Crim. 10 mars 1881, *Bull. crim.*, n° 69 – Crim. 27 juill. 1905, *Bull. crim.*, n° 373 – Crim. 4 mars 1958, *Bull. crim.*, 211.

rogatoire[1]. Peu importe que la signature du magistrat soit illisible, son signe personnel suffit à l'identifier[2]. Aux termes de l'article 107 du Code de procédure pénale, « le procès-verbal qui n'est pas régulièrement signé est non avenu ». Le procès-verbal d'interrogatoire, non signé par le juge d'instruction, ou par le greffier, est non avenu et inexistant. Il doit être retiré du dossier. La nullité qui en résulte doit être relevée d'office par la chambre d'accusation, au moment du règlement du dossier[3]. L'absence de signature de la personne poursuivie est sans conséquence, si son refus de signer est mentionné sur le procès-verbal[4]. Les précisions qu'elle donne au cours du transport sur l'emplacement des personnes au moment des faits en vue de photographies, ne constituent pas un interrogatoire, et la relation peut en être faite sur le procès-verbal de transport[5] (sur la relation irrégulière des déclarations recueillies au cours du transport, v. s[s] n° 177-22).

111.45 **Interprète.** L'alinéa 2 de l'article 121 du Code de procédure pénale, qui est une disposition nouvelle, est ainsi conçu : « S'il est fait appel à un interprète, les dispositions de l'article 102 sont applicables. » Ce dernier texte porte que « le juge d'instruction peut faire appel à un interprète âgé de 21 ans au moins, à l'exclusion de son greffier et des témoins. L'interprète, s'il n'est pas assermenté, prête serment de traduire fidèlement les dépositions ».

L'article 102 du Code de procédure pénale ne précise pas dans quelles conditions le juge d'instruction fait appel à un interprète. Aussi, comme le président des assises[6], le juge d'instruction en apprécie-t-il souverainement le recours, soit que le prévenu ne comprenne pas, soit qu'il ne parle pas la langue française[7]. Toutefois, la demande adressée au juge d'instruction par la personne poursuivie, d'un interprète pour s'entretenir avec son avocat, est toujours recevable. Son refus doit donner lieu à une ordonnance motivée susceptible d'appel[8]. Cette demande entre dans la catégorie des mesures qui peuvent, en application de l'article 82-1 du Code de procédure pénale, être sollicitées par la personne mise en examen au cours de l'information. Ainsi, excède ses pouvoirs le président de la chambre de l'instruction disant n'y avoir lieu de saisir ladite chambre d'une telle requête sur laquelle le juge d'instruction n'avait pas statué dans le délai d'un mois[9].

111.46 **Serment.** Seul l'interprète non assermenté est tenu de prêter serment[10]. La formule du serment de l'interprète, à toutes les phases de la procédure, a été unifiée par la loi du 29 décembre 1972 (C. pr. pén., art. 102, 344 et 407).

A été jugée valable la mention portée par le juge d'instruction sur les procès-verbaux d'interrogatoire, que l'interprète a prêté « le serment prescrit par la loi[11] » ou « de traduire fidèlement les déclarations[12] ». La solution est la même en matière correctionnelle[13]. Les termes utilisés ne doivent pas dénaturer le sens de la formule légale[14].

111.47 **L'obligation de mentionner au procès-verbal les questions posées.** Depuis l'entrée en vigueur de la loi du 15 juin 2000, l'article 429 du Code de procédure pénale, qui a une vocation générale, dispose que « tout procès-verbal d'interrogatoire ou d'audition doit comporter les questions auxquelles il est répondu ». On ne peut donc plus se contenter de noter les interpellations du magistrat instructeur sous la forme du S.I. largement utilisé par certains. Plusieurs chambres de l'instruction (Aix-en-Provence, Nancy...), dans des arrêts inédits, ont cancellé les réponses obtenues sur cette interrogation. La chambre criminelle a estimé que ces dispositions n'étaient pas prévues à peine de nullité (v. s[s] n° 114.44). L'article 429 n'est, par ailleurs, pas applicable lors du recueil des observations du mis en examen au cours du débat contradictoire[15].

111.48 **L'utilisation des moyens audiovisuels en cours de procédure : champ d'application.** L'article 706-71 du Code de procédure pénale, dispose

1. Crim. 22 juill. 1920, *Bull. crim.*, n° 334.
2. V. Crim. 11 juill. 1973, n° 73-91.530, *Bull. crim.*, n° 326.
3. Crim. 12 oct. 1972, n° 72-91.527, *Bull. crim.*, n° 284 – Crim. 28 févr. 1974, n° 73-92.596, *Bull. crim.*, n° 88; *JCP* 1974, II, 17774, note P. Chambon – Crim. 11 déc. 1974, n° 74-92.260, *Bull. crim.*, n° 367 – Crim. 22 févr. 1977, n° 76-92.813, *Bull. crim.*, n° 72 – Crim. 16 déc. 1980, n° 80-91.359, *Bull. crim.*, n° 350.
4. Crim. 5 mars 1985, n° 85-90.022, *Bull. crim.*, n° 102.
5. Crim. 28 juin 1988, n° 88-82.531, *Bull. crim.*, n° 293.
6. Crim. 3 févr. 1960, *Bull. crim.*, n° 62; *JCP* 1960, II, 11561, et note P. Chambon.
7. Crim. 21 déc. 1977, n° 77-91.810, *Bull. crim.*, n° 409.
8. Crim. 6 déc. 1994, n° 94-84.235, *Bull. crim.*, n° 394.
9. Crim. 25 mai 2005, n° 05-81.628, *Bull. crim.*, n° 157 – Et sur le caractère général du principe dès lors qu'il s'agit d'un avocat d'office : Crim. 29 juin 2005, n° 04-86.110, *Bull. crim.*, n° 199; *Dr. pén.* 2005, n° 155.
10. Crim. 14 nov. 1990, n° 90-85.596, *Bull. crim.*, n° 380 – Crim. 19 mai 1992, n° 92-81.283, *Bull. crim.*, n° 194.
11. Crim. 22 oct. 1959, *Bull. crim.*, n° 448.
12. Crim. 15 déc. 1960, *Bull. crim.*, n° 594 – Crim. 20 nov. 1984, n° 84-94.270, *Bull. crim.*, n° 360; *JCP* 1985, II, 20546, note P. Chambon.
13. Crim. 10 nov. 1959, *Bull. crim.*, n° 477; *JCP* 1960, II, 11534, note P. Chambon.
14. Crim. 9 nov. 1983, n° 83-91.668, *Bull. crim.*, n° 296.
15. Crim. 30 janv. 2007, n° 06-88.284, *Bull. crim.*, n° 22; *Gaz. Pal.* 30-31 mars 2007, 22 note M.B.; *AJ Pénal* 2007, 144.

que « lorsque les nécessités de l'enquête ou de l'instruction le justifient, l'audition ou l'interrogatoire d'une personne ainsi que la confrontation entre plusieurs personnes peuvent être effectués en plusieurs points du territoire de la République se trouvant reliés par des moyens de télécommunications garantissant la confidentialité de la transmission. Dans les mêmes conditions, la présentation aux fins de prolongation de la garde à vue ou de la retenue judiciaire peut être réalisée par l'utilisation de moyens de télécommunication audiovisuelle. Il est alors dressé, dans chacun des lieux, un procès-verbal des opérations qui y ont été effectuées. Ces opérations peuvent faire l'objet d'un enregistrement audiovisuel ou sonore, les dispositions des troisième à huitième alinéas de l'article 706-52 sont alors applicables ». Ces dispositions sont également applicables lors de l'interrogatoire d'une personne détenue ou pour le débat contradictoire (v. s[s] 143.78 et 144.27) et devant les juridictions de jugement. L'article R. 53-33[1] précise que « pour l'application des dispositions de l'article 706-71, il peut être recouru à un moyen de télécommunication sonore ou à un moyen de télécommunication audiovisuelle. Toutefois, pour la présentation aux fins de prolongation de la garde à vue ou de la retenue judiciaire, le recours à un moyen de télécommunication audiovisuelle est seul autorisé ». L'article R. 53-35 expose, quant à lui, que l'utilisation d'un moyen de télécommunication est décidée par le juge d'instruction après avis du procureur de la République. Lorsque l'un des points du territoire où sont effectués l'audition, l'interrogatoire ou la confrontation se trouve hors du ressort de la juridiction, le procureur de la République dans le ressort duquel ce point est situé en est préalablement informé (C. pr. pén., art. R. 53-36).

111.49 L'utilisation des moyens audiovisuels en cours de procédure : application pratique. Le législateur a précisé certains éléments et le décret du 16 mai 2003 est entré dans le détail. L'article 706-71 prévoit lui même que « si la personne est assistée par un avocat, celui-ci peut se trouver auprès de la juridiction compétente ou auprès de l'intéressé. Dans le premier cas, il doit pouvoir s'entretenir avec ce dernier, de façon confidentielle, en utilisant le moyen de télécommunication audiovisuelle. Dans le second cas, une copie de l'intégralité du dossier doit être mise à sa disposition dans les locaux de détention ». L'article R. 53-37 dispose que « Les déclarations faites par les personnes entendues en plusieurs points du territoire sont retranscrites dans les différents procès-verbaux qui sont élaborés sous la direction de l'officier de police judiciaire, du procureur de la République ou du juge d'instruction qui est chargé de la procédure. S'il apparaît des différences dans les retranscriptions des déclarations d'une même personne, seules font foi celles figurant dans le procès-verbal signé par l'intéressé ou établi dans les conditions fixées par l'article 706-58 ».

Le décret n° 2007-1620 du 15 novembre 2007 modifiant le Code de procédure pénale et relatif à l'utilisation des nouvelles technologies a encore précisé les conditions de rédaction et de signature des procès-verbaux. Il est procédé selon l'une des deux modalités suivantes :

- soit deux procès-verbaux sont dressés simultanément, l'un par le magistrat et son greffier dans les locaux de la juridiction, et l'autre par un greffier sur le lieu où se trouve la personne entendue, et ils sont signés sur place par les personnes présentes;

- soit un procès-verbal est dressé dans les locaux de la juridiction par le magistrat et son greffier, et ce document est immédiatement transmis sur le lieu où est présente la personne entendue, pour être signé par cette dernière, selon la procédure des contreseings simultanés conformément aux dispositions de l'article D. 47-12-3. Dans ce cas il n'est pas nécessaire qu'un greffier soit présent sur le lieu où se trouve la personne entendue (C. pr. pén., art. D. 47-12-2). Lorsqu'il est fait application de la procédure des contreseings simultanés, le procès-verbal est signé par le magistrat et son greffier, puis est transmis par télécopie ou par un moyen de communication électronique sur le lieu où est présente la personne entendue, pour être signé par cette seule personne. Ce document est immédiatement retourné au magistrat selon le même procédé. L'original du document signé par la personne entendue est ensuite transmis par tout moyen pour être joint au dossier de la procédure. Les différentes versions du procès-verbal revêtues de l'original des signatures des personnes présentes sur chacun des lieux sont conservées au dossier de la procédure. Il en de même, s'il y a lieu, pour le recueil de la signature de l'interprète (art. D. 47-12-3). Le procès-verbal dressé en chacun des lieux en application des dispositions du premier alinéa de l'article 706-71 est un relevé de constatations techniques comportant notamment la mention du test du matériel et les heures de début et de fin de connexion. Il peut être établi et signé par un agent ou un fonctionnaire de la juridiction désigné par le greffier en chef ou par un fonctionnaire pénitentiaire désigné par le chef d'établissement (art. D. 47-12-6.). La visioconférence ne doit être utilisée que lorsqu'elle est nécessaire même si des raisons budgétaires ont conduit la Chancellerie à diffuser une circulaire du 5 février 2009 recommandant une économie de 5 % sur les

1. Décret n° 2003-456 du 16 mai 2003, art. 2, *JORF* 23 mai 2003.

extractions judiciaires. Dans un arrêt Marcelo Viola c/Italie[1] en date du 5 janvier 2007, la Cour européenne de sauvegarde des droits de l'Homme et des libertés fondamentales précise que « si la participation de l'accusé aux débats par vidéoconférence n'est pas en soi contraire à la Convention, il appartient à la Cour de s'assurer que son application dans chaque cas d'espèce poursuit un but légitime ».

SECTION 5
PERSONNES PRÉSENTES AUX INTERROGATOIRES ET CONFRONTATIONS

111.51 Ministère public. Dans l'ancien droit, les auteurs, notamment Jousse, Muyart de Vouglans et Bruneau admettaient comme certaine la prohibition faite au ministère public d'assister aux actes de l'information. Ils énonçaient cette règle que « les procureurs du roi ou fiscaux ne peuvent être présents à l'information, non plus qu'aux interrogatoires, recollements et confrontations ». Le Code d'instruction criminelle disposait seulement « que les témoins seront entendus séparément, hors la présence du prévenu » (C. instr. crim., art. 73), mais gardait le silence quant aux interrogatoires. Faustin Hélie[2] et la plupart des auteurs considéraient que la règle ancienne était toujours applicable. La loi du 8 décembre 1897, bien qu'elle ait introduit le conseil dans le cabinet du juge d'instruction, n'a rien changé à cet égard, et selon la doctrine il était toujours interdit, sous l'empire de cette loi, au ministère public d'assister aux interrogatoires[3]. Le professeur Garraud faisait état d'un usage contraire très répandu[4]. Il avait été jugé que la présence du ministère public aux interrogatoires et confrontations n'était pas une cause de nullité[5].

Depuis l'entrée en vigueur du Code de procédure pénale, aux termes de l'article 119, « le procureur de la République peut assister aux interrogatoires et confrontations de la personne mise en examen et aux auditions de la partie civile. Chaque fois que le procureur de la République a fait connaître au juge d'instruction son intention d'y assister, le greffier du juge d'instruction doit, sous peine d'une amende civile de 1,50 euro prononcée par le président de la chambre de l'instruction, l'avertir par simple note, au plus tard l'avant-veille de l'interrogatoire ». Ce texte est aujourd'hui toujours en vigueur, la loi du 9 mars 2004 ayant élargi cette possibilité à l'audition du témoin assisté.

Les dispositions de l'article 119 ne paraissent pas substantielles. En effet, le procureur de la République ne saurait se faire grief de n'avoir pas été averti en temps utile de l'existence d'une des opérations mentionnées par cet article, puisqu'il peut, aux termes de l'article 82, « à toute époque de l'information, se faire communiquer la procédure », communication que le juge d'instruction ne saurait refuser sous peine de nullité de son ordonnance[6]. Il ne semble pas que le procureur de la République, pris lui-même par ses propres occupations, fasse un grand usage de la faculté que lui accorde l'article 119.

111.52 Autres personnes. Ainsi, sont présents à l'interrogatoire, outre le juge d'instruction et son greffier, la personne mise en examen et son conseil, s'il en a choisi un, le procureur de la République, s'il en a manifesté l'intention, et éventuellement l'interprète. Il en est de même de l'audition de la partie civile, celle-ci et son conseil remplaçant alors la personne poursuivie et son propre avocat. Si le juge d'instruction estime à propos d'opérer une confrontation générale, toutes les personnes qui précèdent se trouvent réunies, auxquelles viennent s'ajouter les témoins.

D'autres personnes peuvent, le cas échéant, être admises à y assister. Il en est ainsi des auditeurs de justice ayant prêté serment. Les gardes de l'escorte du détenu peuvent également être présents, selon que le juge d'instruction souhaite leur présence ou non. La présence d'un stagiaire non assermenté (en l'espèce stagiaire ENA) constitue une violation du secret de l'instruction. Cependant, cette violation n'entraîne pas la nullité de l'acte, le mis en examen ou son conseil n'ayant formulé aucune opposition à cette présence et s'en étant rapportés, devant la chambre d'accusation, sur la demande d'annulation présentée par le procureur de la République pour ce motif. L'irrégularité, résultant de la présence d'un tiers, n'a pas porté atteinte aux intérêts du demandeur[7].

SECTION 6
DROIT D'INTERVENTION DU PROCUREUR DE LA RÉPUBLIQUE ET DES CONSEILS DES PARTIES

111.61 Droit de poser des questions. L'article 9 alinéa 3 de la loi du 8 décembre 1897 portait : « Le conseil ne peut prendre la parole qu'après y avoir été autorisé par le magistrat. En cas de refus, mention de l'incident est faite au procès-verbal. »

1. CEDH 5 janv. 2007, n° 45106/04, Marcelo Viola c/Italie.
2. HÉLIE F., IV, n° 1859.
3. LE POITTEVIN, L. 8 déc. 1897, art. 9, n°s 53 et 54.
4. GARRAUD, II, n° 465.
5. T. corr. Corbeil, 11 nov. 1901, *D.* 1903, 2, 301.
6. Crim. 5 févr. 1970, n° 69-92.892, *Bull. crim.*, n° 53.
7. Crim. 27 avr. 2000, n° 00-80.420, *Bull. crim.*, n° 170; *JCP* 2000, IV, 1941.

La rédaction de l'article 120 du Code de procédure pénale par la loi du 15 juin 2000 est la suivante : « Le juge d'instruction dirige les interrogatoires, confrontations et auditions. Le procureur de la République et les avocats des parties et du témoin assisté peuvent poser des questions ou présenter de brèves observations. Le juge d'instruction détermine, s'il y a lieu, l'ordre des interventions et peut y mettre un terme lorsqu'il s'estime suffisamment informé. Il peut s'opposer aux questions de nature à nuire au bon déroulement de l'information ou à la dignité de la personne. Mention de ce refus est portée au procès-verbal. » Le juge ne peut plus refuser que les seules questions « de nature à nuire au bon déroulement de l'information ou à la dignité de la personne ». Par ailleurs les observations que peut faire l'avocat n'ont pas à figurer par écrit au procès-verbal.

Le refus du juge d'instruction n'a pas à être motivé. Ce refus n'a pas un caractère contentieux et n'a pas à être constaté par une ordonnance[1]. Si une telle ordonnance était toutefois rendue, elle ne serait pas susceptible d'appel, sauf de la part du parquet. La loi prescrit seulement que si l'autorisation est refusée, le texte des questions sera reproduit ou joint au procès-verbal.

Il avait été jugé que le juge d'instruction use du pouvoir souverain d'appréciation qui lui appartient, lorsqu'au cours d'une confrontation, il refuse au conseil de l'inculpé le droit de poser des questions[2]. Le droit accordé au conseil de poser des questions ne s'étend pas à l'inculpé lui-même[3].

1. En ce sens, CA Douai, 20 déc. 1897, *D.* 1898, 2, 16 – Le Poittevin, L. 8 déc. 1897, art. 9, n°s 81 s. – Garraud, III, n° 7893.
2. Crim. 26 mars 1909, *Bull. crim.*, n° 192.
3. Crim. 16 nov. 1901, *Bull. crim.*, n° 280.

CHAPITRE

112. Présence et convocation du conseil aux interrogatoires et confrontations

SECTION 0
ORIENTEUR

112.00 **Plan du chapitre.**

Sect. 1 Renonciation à l'assistance d'un conseil

Sect. 2 Choix du conseil

Sect. 3 Actes pour lesquels le conseil doit être convoqué ou présent : les interrogatoires

Sect. 4 Actes pour lesquels le conseil doit être convoqué ou présent : les confrontations

Sect. 5 Nécessité de la convocation du conseil : sa présence

Sect. 6 Nécessité de la convocation du conseil : son absence

Sect. 7 Nécessité de la convocation du conseil : renonciation à son assistance

Sect. 8 Modalités de la convocation du conseil : formes et preuves de la convocation

112.01 **Textes applicables.**

C. pr. pén., art. 114, 115, 706-116, 706-51-1.

C. pr. pén., art. D. 47-14.

Ord. 2 févr. 1945, art. 10.

C. pr. pén., art. 114 [L. n° 2007-291, 5 mars 2007]

Les parties ne peuvent être entendues, interrogées ou confrontées, à moins qu'elles n'y renoncent expressément, qu'en présence de leurs avocats ou ces derniers dûment appelés.

Les avocats sont convoqués au plus tard cinq jours ouvrables avant l'interrogatoire ou l'audition de la partie qu'ils assistent par lettre recommandée avec demande d'avis de réception, télécopie avec récépissé ou verbalement avec émargement au dossier de la procédure.

La procédure est mise à leur disposition quatre jours ouvrables au plus tard avant chaque interrogatoire de la personne mise en examen ou chaque audition de la partie civile. Après la première comparution de la personne mise en examen ou la première audition de la partie civile, la procédure est également mise à tout moment à la disposition des avocats durant les jours ouvrables, sous réserve des exigences du bon fonctionnement du cabinet d'instruction.

Après la première comparution ou la première audition, les avocats des parties peuvent se faire délivrer, à leurs frais, copie de tout ou partie des pièces et actes du dossier. Cette copie peut être adressée à l'avocat sous forme numérisée, le cas échéant par un moyen de télécommunication selon les modalités prévues à l'article 803-1. La délivrance de cette copie doit intervenir dans le mois qui suit la demande.

Les avocats peuvent transmettre une reproduction des copies ainsi obtenues à leur client. Celui-ci atteste au préalable, par écrit, avoir pris connaissance des dispositions de l'alinéa suivant et de l'article 114-1.

Seules les copies des rapports d'expertise peuvent être communiquées par les parties ou leurs avocats à des tiers pour les besoins de la défense.

L'avocat doit donner connaissance au juge d'instruction, par déclaration à son greffier ou par lettre ayant ce seul objet et adressée en recommandé avec accusé de réception, de la liste des pièces ou actes dont il souhaite remettre une reproduction à son client.

Le juge d'instruction dispose d'un délai de cinq jours ouvrables à compter de la réception de la demande pour s'opposer à la remise de tout ou partie de ces reproductions par une ordonnance spécialement motivée au regard des risques de pression sur les victimes, les personnes mises en examen, leurs avocats, les témoins, les enquêteurs, les experts ou toute autre personne concourant à la procédure.

Cette décision est notifiée par tout moyen et sans délai à l'avocat. À défaut de réponse du juge d'instruction notifiée dans le délai imparti, l'avocat peut communiquer à son client la reproduction des pièces ou actes dont il avait fourni la liste. Il peut, dans les deux jours de sa notification, déférer la décision du juge d'instruction au président de la chambre de l'instruction, qui statue dans un délai de cinq jours ouvrables par une décision écrite et motivée, non susceptible de recours. À défaut de réponse notifiée dans le délai imparti, l'avocat peut communiquer à son client la reproduction des pièces ou actes mentionnés sur la liste.

Les modalités selon lesquelles ces documents peuvent être remis par son avocat à une personne détenue et les conditions dans lesquelles cette personne peut détenir ces documents sont déterminées par décret en Conseil d'État.

Par dérogation aux dispositions des huitième et neuvième alinéas, l'avocat d'une partie civile dont la recevabilité fait l'objet d'une contestation ne peut transmettre à son client une reproduction des pièces ou actes de la procédure sans l'autorisation préalable du juge d'instruction, qui peut lui être notifiée par tout moyen. En cas de refus du juge d'instruction ou à défaut de réponse de ce dernier dans les cinq jours ouvrables, l'avocat peut saisir le président de la chambre de l'instruction, qui statue dans un délai de cinq jours ouvrables, par une décision écrite et motivée non susceptible de recours. En l'absence d'autorisation préalable du président de la chambre de l'instruction, l'avocat ne peut transmettre la reproduction de pièces ou actes de la procédure à son client.

C. pr. pén., art. 115 [L. n° 2004-204, 9 mars 2004]

Les parties peuvent à tout moment de l'information faire connaître au juge d'instruction le nom de l'avocat choisi par elles; si elles désignent plusieurs avocats, elles doivent faire connaître celui d'entre eux auquel seront adressées les convocations et notifications; à défaut de ce choix, celles-ci seront adressées à l'avocat premier choisi.

Sauf lorsqu'il s'agit de la première désignation d'un avocat par une partie ou lorsque la désignation intervient au cours d'un interrogatoire ou d'une audition, le choix effectué par les parties en application de l'alinéa précédent doit faire l'objet d'une déclaration au greffier du juge d'instruction. La déclaration doit être constatée et datée par le greffier qui la signe ainsi que la partie concernée. Si celle-ci ne peut signer, il en est fait mention par le greffier. Lorsque la partie ne réside pas dans le ressort de la juridiction compétente, la déclaration au greffier peut être faite par lettre recommandée avec demande d'avis de réception.

Lorsque la personne mise en examen est détenue, le choix effectué par elle en application du premier alinéa peut également faire l'objet d'une déclaration auprès du chef de l'établissement pénitentiaire. Cette déclaration est constatée et datée par le chef de l'établissement qui la signe ainsi que la personne détenue. Si celle-ci ne peut signer, il en est fait mention par le chef de l'établissement. Ce document est adressé sans délai, en original ou en copie et par tout moyen, au greffier du juge d'instruction. La désignation de l'avocat prend effet à compter de la réception du document par le greffier.

Lorsque la personne mise en examen est détenue, le choix peut également résulter d'un courrier désignant un avocat pour assurer sa défense. La déclaration prévue au deuxième alinéa doit alors être faite par l'avocat désigné; celui-ci remet au greffier une copie, complète ou partielle, du courrier qui lui a été adressé, et qui est annexée par le greffier à la déclaration. La personne mise en examen doit confirmer son choix dans les quinze jours selon l'une des modalités prévues aux deuxième et troisième alinéas. Pendant ce délai, la désignation est tenue pour effective.

C. pr. pén., art. 706-51-1 [inséré par L. n° 2007-291, 5 mars 2007]

Tout mineur victime d'une des infractions mentionnées à l'article 706-47 est assisté par un avocat lorsqu'il est entendu par le juge d'instruction. À défaut de désignation d'un avocat par les représentants légaux du mineur ou par l'administrateur *ad hoc*, le juge avise immédiatement le bâtonnier afin qu'il commette un avocat d'office. Les dispositions de l'article 114 sont applicables à cet avocat en cas d'auditions ultérieures.

C. pr. pén., art. 706-116 [inséré par L. n° 2007-308, 5 mars 2007]

La personne poursuivie doit être assistée par un avocat.

À défaut de choix d'un avocat par la personne poursuivie ou son curateur ou son tuteur, le procureur de la République ou le juge d'instruction fait désigner par le bâtonnier un avocat, l'intéressé étant informé que les frais seront à sa charge sauf s'il remplit les conditions d'accès à l'aide juridictionnelle.

C. pr. pén., art. D. 47-14

En application des dispositions de l'article 706-107 du Code de procédure pénale, les tribunaux de grande instance et le tribunal de première instance désignés dans le tableau figurant ci-dessous sont compétents pour connaître, dans les circonscriptions définies à ce tableau, des infractions mentionnées à cet article.

Ord. 2 févr. 1945, art. 10

Le juge d'instruction ou le juge des enfants avise les parents du mineur, son tuteur, ou la personne ou le service auquel il est confié des poursuites dont le mineur fait l'objet. Cet avis est fait verbalement avec émargement au dossier ou par lettre recommandée. Il mentionne les faits reprochés au mineur et leur qualification juridique. Il précise également qu'à défaut de choix d'un défenseur par le mineur ou ses représentants légaux le juge d'instruction ou le juge des enfants fera désigner par le bâtonnier un avocat d'office.

Quelles que soient les procédures de comparution, le mineur et les parents, le tuteur, la personne qui en a la garde ou son représentant, sont simultanément convoqués pour être entendus par le juge. Ils sont tenus informés de l'évolution de la procédure.

Lors de la première comparution, lorsque le mineur ou ses représentants légaux n'ont pas fait le choix d'un avocat ni demandé qu'il en soit désigné un d'office, le juge des enfants ou le juge d'instruction saisi fait désigner sur-le-champ par le bâtonnier un avocat d'office.

Le juge des enfants et le juge d'instruction pourront charger de l'enquête sociale les services sociaux ou les personnes titulaires d'un diplôme de service social, habilités à cet effet.

Ils pourront confier provisoirement le mineur mis en examen :

1° À ses parents, à son tuteur ou à la personne qui en avait la garde, ainsi qu'à une personne digne de confiance;

2° À un centre d'accueil;

3° À une section d'accueil d'une institution publique ou privée habilitée à cet effet;

4° Au service de l'assistance à l'enfance ou à un établissement hospitalier;

5° À un établissement ou à une institution d'éducation, de formation professionnelle ou de soins, de l'État ou d'une administration publique, habilité.

S'ils estiment que l'état physique ou psychique du mineur justifie une observation approfondie, ils pourront ordonner son placement provisoire dans un centre d'observation institué ou agréé par le ministre de la Justice.

Le garde provisoire pourra, le cas échéant, être exercée sous le régime de la liberté surveillée.

Le juge des enfants saisi de la procédure est compétent pour modifier ou révoquer la mesure de garde jusqu'à la comparution du mineur devant le tribunal pour enfant.

112.02 Jurisprudence de référence.

• La partie peut renoncer à la présence de son conseil.

Crim. 5 janv. 1901, D. 1901, 1, 113.

« Sur le troisième moyen tiré de la violation de l'article 9 de la loi précitée, en ce que des interrogatoires auraient eu lieu hors de la présence du conseil;

Attendu que, si le 12 juillet 1900, la femme P... a été amenée devant le juge d'instruction sans que son conseil fût présent ou eût été appelé, il résulte du procès-verbal dressé à la même date, et signé par la demanderesse, que cette dernière n'a été interrogée qu'après avoir expressément renoncé à l'assistance du conseil. »

• N'est pas nul l'interrogatoire où le conseil était présent et n'a élevé aucune contestation sur les conditions de la convocation.

Crim. 22 août 1960, *Bull. crim.*, n° 411; *JCP* 1960, II, 11790, rapp. Rolland.

« Attendu qu'il résulte des énonciations de l'arrêt de la Chambre d'accusation faisant état du procès-verbal d'interrogatoire des accusés faisant foi jusqu'à inscription de faux, que la procédure a été mise à la disposition des défenseurs des inculpés la veille du jour de l'interrogatoire subi par eux le 28 décembre 1959;

Attendu qu'il a été soutenu que le 27 décembre 1959, veille de cet interrogatoire, était un dimanche et que la communication de la procédure dans le délai prescrit n'avait pu être faite;

Mais attendu que les juges du fond énoncent que le juge d'instruction s'était strictement conformé aux dispositions de l'article 118 du Code de procédure pénale reprenant celles des articles 9 et 10 de la loi du 8 décembre 1897 et qu'en l'absence de toute réclamation des inculpés ou de leur conseil au cours de l'interrogatoire il y avait lieu de présumer qu'aucune entrave n'avait été apportée à l'exercice de leur droit;

Que dès lors la Chambre d'accusation a, par l'arrêt précité, suffisamment justifié sa décision. »

• La désignation par la personne mise en examen d'un avocat de son choix rend caduque la commission d'office d'un autre conseil.

Crim. 23 mai 1991, n° 91-81.591, *Bull. crim.*, n° 217.

« Attendu que le demandeur fait grief à la chambre d'accusation d'avoir statué, sans que son conseil Me F..., avocat au barreau d'Aix-en-Provence, ait été régulièrement convoqué;

Attendu qu'il résulte des pièces de procédure que cet avocat avait été désigné le 17 novembre 1990, au titre de la commission d'office et que le 26 novembre 1990 l'inculpé avait fait connaître au juge d'instruction qu'il désignait pour assurer sa défense Me C... qui l'a assisté devant la chambre d'accusation;

Attendu qu'en cet état, l'arrêt attaqué n'encourt pas les griefs allégués au moyen; qu'en effet la désignation par l'inculpé d'un avocat de son choix rend caduque la commission d'office d'un autre conseil. »

• N'est pas irrégulier l'interrogatoire ou le débat contradictoire qui se tient sans que l'intéressé ait renoncé à la présence de son avocat, alors qu'il en a changé le jour même.

Crim. 5 mars 2002, n° 01-88.715, NP.

« Attendu que, pour rejeter l'exception de nullité du débat contradictoire et de l'ordonnance de prolongation de détention subséquente, la chambre de l'instruction relève, notamment, que Me Z..., désigné en premier, a été régulièrement avisé en vue du débat contradictoire auquel il s'est présenté, et que c'est seulement ce jour-là que H. B... a fait connaître qu'il désignait Me D...-M... aux lieu et place du précédent avocat;

Attendu qu'en l'état de ces seuls motifs, les juges ont justifié leur décision au regard des articles 114 et 115 du Code de procédure pénale;

D'où il suit que le moyen ne saurait être accueilli. »

112.03 Bibliographie indicative.

(V. les références complètes s^s n° 03.)

Actualisables. Rép. pén., Guéry Ch., « Instruction préparatoire » – J.-Cl. pén., Dumont J., « Interrogatoires et confrontations ».

Ouvrages. Donnedieu de Vabres, n° 1287 – Garraud, III, n°s 789, 792 et 797 – Le Poittevin, L. 8 déc. 1897, art. 9, n° 36; art. 10, n°s 4 s. – Merle et Vitu, n° 1011 – Vidal et Magnol, II, n° 825.

112.06 Questions essentielles.

• Nous sommes ici au cœur de l'instruction préparatoire : les règles de convocation du conseil sont de celles que l'on applique tous les jours, à défaut qu'il en existe de semblables pour les parties elles mêmes ou les témoins. Les problèmes pratiques sont donc nombreux. Parmi ceux-ci, nous attirerons l'attention sur l'absence de nécessité pour le juge de faire renoncer au non-respect des règles de convocation dès lors que c'est la partie elle-même qui a placé le juge dans l'incapacité de les respecter (v. s[s] n° 112.13).

SECTION 1

RENONCIATION À L'ASSISTANCE D'UN CONSEIL

112.11 Renonciation tacite ou expresse. L'avertissement donné à la personne mise en examen relatif à son droit de choisir un conseil au cours de l'interrogatoire de première comparution implique une réponse : celle-ci indique le nom du conseil qu'elle a choisi, ou bien déclare qu'elle le choisira ultérieurement ou en demande un d'office, ou bien déclare qu'elle prendra ultérieurement sa décision, ou bien renonce expressément à l'assistance d'un avocat.

L'assistance du conseil au cours de l'information est un droit pour la personne poursuivie, mais jamais une obligation et elle peut toujours y renoncer. Le juge d'instruction peut alors procéder aux interrogatoires et confrontations sans que l'intéressé puisse se plaindre de n'avoir pas été assisté d'un avocat[1].

Deux situations bien différentes doivent être distinguées, quant à la forme de la renonciation. Quand la personne mise en examen a été informée de son droit, et qu'elle a répondu qu'elle prendrait sa décision ultérieurement, elle doit être considérée comme ayant tacitement renoncé à son droit, aussi longtemps qu'elle n'a pas fait connaître sa décision et le nom de son conseil[2].

Si au contraire l'intéressé, ayant fait connaître son choix, est pourvu d'un conseil, il peut toujours renoncer à son assistance pour un ou plusieurs actes déterminés, mais sa renonciation doit alors être expresse, aux termes mêmes de l'article 114 alinéa 1er du Code de procédure pénale[3], et cette renonciation ne vaut que pour l'acte auquel elle est relative[4]. La renonciation faite pour un acte déterminé implique la renonciation à toutes les formalités relatives à cet acte[5]. Il ne résulte aucune contradiction du fait que la mention imprimée de la renonciation au conseil n'ait pas été rayée, si d'autre part il résulte du procès-verbal d'interrogatoire que le conseil a été régulièrement convoqué et était présent[6].

112.12 Position provisoire. La position adoptée par la personne mise en examen, quant à l'assistance d'un défenseur, soit au début, soit en cours d'information, n'est jamais définitive. Elle peut revenir sur sa décision autant de fois qu'elle l'estime utile à ses intérêts. Il suffit que ses intentions soient nettement et clairement exprimées[7].

112.13 Le juge d'instruction doit-il faire renoncer lorsque c'est la personne mise en examen qui ne lui a pas permis de respecter le Code de procédure pénale ? Le cas de figure est assez fréquent : une personne mise en examen change d'avocat deux jours avant un interrogatoire, une partie civile qui n'avait pas de conseil jusqu'alors se présente le jour de son audition assistée par un avocat. Le juge d'instruction n'a pas respecté les délais prévus par l'article 114, et pour cause, il ne le pouvait pas. Doit-il alors faire renoncer la personne à se prévaloir de toute nullité pouvant découler du non-respect de cet article ? Nous ne le pensons pas. Sur le plan théorique, il est normal d'affirmer que le magistrat instructeur se doit de respecter les formalités de procédure lorsque les conditions sont réunies pour cela : s'il n'existe pas d'avocat le jour J, il ne peut le convoquer. Sur le plan pratique, la solution inverse aurait des conséquences inacceptables.

Ainsi, lorsque c'est un débat contradictoire de prolongation de la détention provisoire qui est envisagé, le fait pour le détenu de changer d'avocat moins de cinq jours ouvrables avant la date fixée, puis de ne pas accepter de renoncer à se prévaloir des nullités de procédure, aurait pour résultat d'entraîner sa libération immédiate, faute pour le juge d'avoir pu respecter le délai. Il faut donc considérer que le juge des libertés et de la détention n'a pas à faire renoncer la partie dès lors que c'est elle qui l'a mis dans l'impossibilité de respecter les formalités de l'article 114. C'est ce que la chambre criminelle, finalement saisie du problème, a décidé : il n'y a pas lieu d'annuler le débat contradictoire et l'ordonnance de prolongation de détention subséquente, dès lors que l'avocat désigné en premier a été régulièrement avisé en vue du débat contradictoire auquel il s'est présenté, et que c'est seulement

1. Crim. 5 janv. 1901, *D.* 1901, 1, 113 ; v. les attendus s[s] n° 112.02 – V. aussi Crim. 25 juin 1908, *Bull. crim.*, n° 270 ; *Gaz. Pal.* 1908, 2, 283 – Crim. 9 mars 1916, *Bull. crim.*, n° 58.
2. Crim. 1er févr. 1901, *Bull. crim.*, n° 32 – Crim. 23 déc. 1904, *Bull. crim.*, n° 544 ; *Journ. Parq.* 1906, 2, 39 – V. aussi, Crim. 14 mars 1974, n° 73-93.274, *Bull. crim.*, n° 114 – Crim. 8 mars 1984, n° 84-90.159, 2e arr., *Bull. crim.*, n° 97.
3. Crim. 5 janv. 1901, *D.* 1901, 1, 113 – Crim. 14 nov. 1994, n° 94-80.981, *Bull. crim.*, n° 362.
4. Crim. 12 mai 1899, *S.* 1900, 1, 477 – CA Paris, 6 janv. 1897 et CA Caen, 22 déc. 1897, *S.* 1898, 2, 193.
5. Crim. 8 juin 1912, *Bull. crim.*, n° 307 – Crim. 10 mai 1917, *Bull. crim.*, n° 123 – CA Rouen, 17 juin 1948, *RSC* 1949, somm. 117.
6. Crim. 13 juin 1956, *Bull. crim.*, n° 468.
7. LE POITTEVIN, L. 8 déc. 1897, art. 9, n° 36 – DONNEDIEU DE VABRES, n° 1287.

ce jour là que le détenu a fait connaître qu'il désignait un autre avocat au lieu et place du précédent[1]. Cette jurisprudence a encore été réaffirmée depuis dans une hypothèse où l'avocat précédent avait été normalement convoqué mais où la personne souhaitait en changer le jour même de sa comparution : la régularité de l'avis prévu par l'article 114 du Code de procédure pénale doit s'apprécier à la date à laquelle il est délivré. Aucune disposition légale n'impose au juge de réitérer cet acte en cas de désignation d'un nouvel avocat pour recevoir les convocations et les notifications[2].

112.14 Cas particuliers. Si l'article 10 de l'ordonnance du 2 février 1945 oblige le juge d'instruction à désigner un avocat d'office au mineur qui n'a pas fait choix d'un conseil, et lui interdit de renoncer à l'assistance de ce dernier pour toute la durée de l'information, ce texte ne déroge pas à l'article 114 du Code de procédure pénale, et le mineur de 18 ans peut valablement renoncer à l'assistance de son conseil pour un interrogatoire déterminé[3]. Bien que la jurisprudence ne se soit pas prononcée sur ce cas, on considère pour l'application de ces règles, que le mineur est celui qui l'est encore lors de sa comparution. Les règles protectrices ne s'appliquent qu'en raison d'une fragilité supposée de la personne et cette fragilité doit être appréciée au moment où la règle est appliquée. Il en est de même en cas de garde à vue. Depuis la loi du 5 mars 2007, tout mineur victime de l'une des infractions visées à l'article 706-47 du Code de procédure pénale doit être entendu en présence d'un avocat même s'il n'est pas partie civile (C. pr. pén., art. 706-51-1). Une autre loi du 5 mars 2007, celle relative à la protection des majeurs protégés, dispose dans un nouvel article 706-116 du Code de procédure pénale que la personne poursuivie doit être assistée par un avocat.

À défaut de choix d'un avocat par la personne poursuivie ou son curateur ou son tuteur, le procureur de la République ou le juge d'instruction fait désigner par le bâtonnier un avocat, l'intéressé étant informé que les frais seront à sa charge sauf s'il remplit les conditions d'accès à l'aide juridictionnelle. La personne est ici le majeur faisant l'objet d'une protection. L'article D. 47-14, issu du décret n° 2007-1658 du 23 novembre 2007[4] prévoit que « Si l'existence de cette mesure n'est connue du juge d'instruction ou de la juridiction de jugement qu'après la mise en mouvement de l'action publique, ces dispositions ne sont applicables qu'à compter de cette date. Il en est de même si la mesure de protection juridique est ordonnée en cours de procédure pénale »[5].

Lorsqu'il y a lieu d'interroger la personne mise en examen quand une expertise a été ordonnée, aux termes de l'article 164 du Code de procédure pénale, l'interrogatoire est effectué par le juge d'instruction en présence des experts[6]. Cette personne peut renoncer à cette garantie et consentir à être interrogé par les experts. Par application de l'alinéa 3 du même texte, doit être considérée comme nulle l'expertise au cours de laquelle l'expert a interrogé la susnommée hors de la présence de son conseil, sans qu'elle ait renoncé à cette assistance « par déclaration écrite remise par elle aux experts et annexée par ceux-ci à leur rapport[7] » (v. s[s] n° 163.31). Mais les dispositions de l'article 164 du Code de procédure pénale ont été profondément modifiées par la loi du 9 mars 2004.

SECTION 2
CHOIX DU CONSEIL

112.21 Forme de la déclaration. Antérieurement, la personne poursuivie faisait connaître le nom du conseil par elle choisi, soit au greffier du juge d'instruction, soit au gardien chef de la maison d'arrêt (L. 8 déc. 1897, art. 9, al. 1). C'est désormais au juge d'instruction que la personne mise en examen fait connaître le nom de son conseil aux termes de l'article 115 du Code de procédure pénale, modifié par les lois des 29 décembre 1972, 10 juin 1983, 4 janvier 1993, 15 juin 2000 et 9 mars 2004. Elle peut en choisir plusieurs.

La déclaration relative au choix du conseil, faite par la susnommée au juge d'instruction, n'est soumise à aucune forme. Elle peut être faite, soit verbalement lors d'un interrogatoire ou confrontation, et consignée au procès-verbal, soit par une lettre. Elle doit émaner de la personne elle-même, ce qui ne laisse aucun doute sur le caractère personnel de son choix. Toutefois, la loi du 9 mars 2004 a modifié l'article 115 du Code de procédure pénale en contraignant la partie à faire une déclaration au greffier d'instruction lorsqu'elle veut désigner un avocat dès lors qu'il ne s'agit pas de la première

1. Crim. 5 mars 2002, n° 01-88.715, NP; v. les attendus s[s] n° 112.02.
2. Crim. 26 févr. 2008, n° 07-88.451, *Bull. crim.*, n° 49; *AJ Pénal* 2008, 241, note S. Lavric.
3. Crim. 14 avr. 1970, n° 69-93.211, *Bull. crim.*, n° 126 – Crim. 24 avr. 1975, n° 74-93.423, *Bull. crim.*, n° 107.
4. Décret n° 2007-1658 du 23 novembre 2007, *JO* n° 274 du 25 nov., p. 19251.
5. Sur ce décret, v. J. Buisson, « Instruction et jugement des infractions commises par des majeurs protégés », *Procédures*, 2008, Comm. 28.
6. V. Crim. 10 oct. 1963, *Bull. crim.*, n° 278; *JCP* 1964, II, 13464, note P. Chambon.
7. Crim. 21 mars 1968, *Bull. crim.*, n° 99; *JCP* 1968, II, 15647, note P. Chambon.

désignation ou de celle qui peut intervenir au cours d'un interrogatoire ou d'une audition. Lorsque la partie ne réside pas dans le ressort de la juridiction compétente, la déclaration au greffier peut être faite par lettre recommandée avec demande d'avis de réception.

112.22 Conseil éloigné. Il était antérieurement jugé que l'inculpé ne peut s'en prendre qu'à lui-même d'avoir choisi un conseil demeurant au loin, qui de ce fait ne peut se rendre aux convocations, circonstance qui ne saurait retarder l'instruction[1]. L'ancien article 117 (L. 10 juin 1983) indiquait que lorsque le second conseil choisi n'était pas inscrit au même barreau que le premier, tous deux devaient être convoqués. Cette éventualité n'est pas reprise par l'article 115.

112.23 Pluralité de conseils. La Cour de cassation décidait qu'au cas de pluralité de conseils, l'accomplissement des formalités prescrites à l'égard de l'un de ces derniers satisfaisait au vœu de la loi[2]. Quand la partie civile n'avait pas fait connaître celui d'entre eux auquel devaient être adressées les notifications, elle ne pouvait se plaindre qu'une ordonnance ait été signifiée seulement à son avocat et non à son avoué[3]. Au cas de dessaisissement, seul avait droit aux communications de pièces l'avocat dont l'inculpé avait fait connaître le nom au second juge d'instruction[4].

Le régime est aujourd'hui le suivant : aux termes de l'article 115 du Code de procédure pénale, lorsque l'une des parties désigne plusieurs conseils, elle doit faire connaître celui d'entre eux auquel seront adressées les convocations et notifications. À défaut de ce choix, celles-ci seront obligatoirement adressées au conseil le premier choisi[5]. Parmi plusieurs conseils choisis, seul peut être convoqué celui qui a été chargé seulement de la demande de mise en liberté[6]. La présence de l'un des deux conseils à l'interrogatoire, et son absence d'observations, rendent sans conséquence l'irrégularité de la convocation[7]. Les membres d'une société civile d'avocats qui se suppléent mutuellement doivent faire état de leur appartenance à celle-ci[8]. Lorsqu'un nouvel avocat est désigné en cours de procédure par lettre simple du mis en examen à son nouveau conseil, il n'y a pas nullité de la procédure si seuls les précédents avocats sont avisés de la date d'audience de la prolongation de la détention provisoire par la chambre de l'instruction qui s'est réservée le contentieux de la détention tant que le mis en examen n'a pas confirmé au juge d'instruction la désignation de son nouvel avocat[9].

112.24 Avocat d'office et avocat choisi. La désignation d'un avocat par l'intéressé rend caduque la désignation de l'avocat commis d'office[10]. L'avocat d'office n'a plus à être convoqué dès lors que la personne a fait choix d'un autre conseil. En revanche, lorsque la personne mise en examen choisit un avocat, puis obtient ensuite la commission d'office d'un défenseur, le premier n'est pas déchargé de plein droit, d'où la régularité de sa convocation à raison de la pluralité de conseils[11].

112.25 Choix du conseil par la personne détenue. La loi du 9 mars 2004 a modifié la rédaction de l'article 115. Lorsque la personne mise en examen est détenue, le choix peut également faire l'objet d'une déclaration auprès du chef de l'établissement pénitentiaire ou d'un courrier adressé au magistrat instructeur. C'est alors l'avocat qui doit faire la déclaration au greffe en remettant une copie complète ou partielle du courrier qui lui a été adressé, et qui est annexée par le greffier à la déclaration. La personne mise en examen doit confirmer son choix dans les quinze jours selon l'une des modalités prévues aux deuxième et troisième alinéas. Pendant ce délai, la désignation est tenue pour effective (v. s^s^ n° 104.12).

Il résulte de l'article 115 alinéa 2 du Code de procédure pénale que, tant que la personne mise en examen n'a pas confirmé elle-même au juge d'instruction le choix d'un nouvel avocat, seuls doivent être avisés de la date de l'audience les avocats précédemment désignés[12].

112.26 Prévenu en fuite. Il était de principe que le prévenu ou l'inculpé qui s'est soustrait à la justice par la fuite, ou qui s'est réfugié à l'étranger[13], perd le bénéfice des garanties légales auxquelles il est considéré comme ayant tacitement renoncé[14]. « Le juge d'instruction n'a donc pas à pourvoir l'inculpé qui se dérobe à l'exécution du mandat d'arrêt, d'un conseil et ne saurait admettre, si l'inculpé en avait constitué un, l'intervention officielle ou officieuse de ce conseil dans la procédure

1. Crim. 2 mai 1903, *Bull. crim.*, n° 169; *D.* 1905, 1, 23.
2. Crim. 30 nov. 1933, *DP*, 1934, 1, 121.
3. Crim. 14 mai 1968, *Bull. crim.*, n° 301.
4. Crim. 21 déc. 1932, *Bull. crim.*, n° 264.
5. Crim. 18 juin 1985, n° 85-91.900, *Bull. crim.*, n° 233 – Crim. 2 juin 1987, n° 87-81.537, *Bull. crim.*, n° 232 – Crim. 15 mars 1988, n° 88-80.267, *Bull. crim.*, n° 128.
6. Crim. 20 juin 1989, n° 89-82.163, *Bull. crim.*, n° 262.
7. Crim. 16 janv. 1991, n° 90-82.427, *Bull. crim.*, n° 27.
8. Crim. 3 mai 1979, n° 78-91.091, *Bull. crim.*, n° 155.
9. Crim. 4 déc. 2001, n° 01-86.394, *Bull. crim.*, n° 250; *BICC* 51, n° 182.
10. Crim. 23 mai 1991, n° 91-81.591, *Bull. crim.*, n° 217; v. les attendus s^s^ n° 112.02.
11. Crim. 3 déc. 1991, n° 91-83.505, *Bull. crim.*, n° 454.
12. Crim. 4 déc. 2001, n° 01-86.394, *Bull. crim.*, n° 250, préc.
13. Crim. 1er déc. 1966, *Bull. crim.*, n° 275.
14. Crim. 11 août 1898, *Bull. crim.*, n° 291.

d'instruction[1] ». Il était encore admis que le conseil de l'inculpé qui s'est d'abord présenté, puis qui s'est soustrait aux recherches, n'a pas droit à la communication du dossier[2], pas plus qu'il ne saurait plaider à l'audience où son client fait défaut[3]. La Cour de cassation avait même pendant un temps résisté à la jurisprudence de la Cour européenne des droits de l'Homme qui avait condamné l'État français dans l'affaire Poitrimol[4]. Mais désormais, la Cour de cassation ne pose plus de condition à l'exercice du droit d'appel pour celui qui fait l'objet d'un mandat d'arrêt[5]. Il en est de même en ce qui concerne le pourvoi en cassation[6] (v. s[s] n° 122.73).

112.27 Contradiction d'intérêts. N'encourt pas la cassation l'arrêt qui refuse de faire droit à une demande d'annulation d'un procès verbal établi pendant une garde à vue puis un interrogatoire de première comparution prise de ce que la personne placée en garde à vue s'est vue refuser le concours de l'avocat par elle désigné dès lors que, nonobstant ce refus, celle-ci a bénéficié tant au cours de sa garde à vue que lors de son interrogatoire de première comparution d'une défense effective assurée par un avocat qu'elle a désigné, et qui n'a formulé aucune observation et qu'ainsi l'irrégularité invoquée n'a pas eu pour effet de porter atteinte aux intérêts du demandeur[7]. Il ne faut pas en conclure hâtivement que les magistrats possèdent en tous les cas le droit de dire si la désignation d'un avocat est ou non valable. Certes, dans le cas d'espèce, la chambre criminelle tranche par l'affirmative la question du droit pour l'autorité judiciaire d'interdire à une partie poursuivie le concours de l'avocat qu'elle choisit. Mais comme le font remarquer les commentateurs de cet arrêt à la Revue droit pénal, la Cour européenne des droits de l'homme a déjà indiqué que ce choix n'était pas absolu[8] : « malgré l'importance des relations de confiance entre l'avocat et client, ce droit n'a pas un caractère absolu : des motifs pertinents et suffisants tenant à l'intérêt de la justice peuvent fonder la désignation d'un défenseur contraire aux vœux de l'accusé. Ce qui compte avant tout, c'est que l'accusé ait bénéficié d'une défense concrète et effective ». Dans l'arrêt du 3 juin 2008, le conflit d'intérêts relevé par le juge d'instruction ne concernait pas l'impossibilité pour un avocat de défendre A et B qui auraient eu des intérêts opposés : c'est l'avocat lui-même sur lequel « pesaient des charges de recel » selon l'arrêt. Dans ces conditions au moins, la décision des autorités judiciaires pouvait se justifier.

SECTION 3
ACTES POUR LESQUELS LE CONSEIL DOIT ÊTRE CONVOQUÉ OU PRÉSENT : LES INTERROGATOIRES

112.31 Interrogatoire ordinaire. Aux termes mêmes de l'article 114 alinéa 1, qui a remplacé le même alinéa de l'ancien article 118, « les parties ne peuvent être entendues, interrogées ou confrontées, à moins qu'elles n'y renoncent expressément, qu'en présence de leurs avocats ou ces derniers dûment appelés ». Ce texte s'applique à tous les interrogatoires ordinaires, portant sur le fond de la poursuite L'article 114 a été rendu applicable aux suppléments d'information ordonnés par la chambre de l'instruction (C. pr. pén., art. 205), par le président de la cour d'assises (C. pr. pén., art. 283) et par les juridictions correctionnelles (C. pr. pén., art. 463 et 512).

112.32 Actes du juge considérés par la jurisprudence comme des interrogatoires. L'interrogatoire qui porte sur le passé et les antécédents de l'inculpé, dit de « curriculum vitae », est un interrogatoire au sens de l'article 118 ancien [devenu l'art. 114][9].

Il avait été jugé, à une époque où l'expertise n'était pas réglementée, que ne constituait pas un interrogatoire nécessitant la présence du conseil, la simple communication faite à l'inculpé des conclusions d'un rapport d'expert[10]. La solution contraire a été retenue par l'article 167 du Code de procédure pénale.

L'interrogatoire de notification d'inculpations nouvelles tenant soit à des faits nouveaux[11], soit à un changement de qualification de l'infraction objet de la poursuite[12] est un interrogatoire nécessitant le respect de l'article 114. Il en est de même de l'interrogatoire à la suite d'un dessaisissement de procédure dans la mesure où le juge dessaisi avait procédé à l'interrogatoire de première comparution[13], des déclarations de l'inculpé qui portent sur l'authenticité de documents qui vont faire l'objet d'une saisie, dès lors que les réponses de l'inculpé aux questions posées par le juge d'instruction sont

1. GARRAUD, III, n° 797.
2. T. corr. Seine, 12 oct. 1898, cité par GARRAUD, III, n° 797.
3. Crim. 21 janv. 1965, *Bull. crim.*, n° 22.
4. CEDH 23 nov. 1993, n° 14032/88, série A 277-A; *Dr. pén.* 1994, comm. 97.
5. Crim. 24 nov. 1999, n° 97-85.694, *Bull. crim.*, n° 273; *BICC* 508, n° 143.
6. Crim. 30 juin 1999, n° 98-80.923, *Bull. crim.*, n° 167; *RSC* 1999, p. 839.
7. Crim. 3 juin 2008, n° 08-81.771, *Bull. crim.*, n° 138; *Dr. pén.* 2008, comm. n° 137, obs. A. Maron et M. Haas; *AJ Pénal* 2008, 379, note G. Royer.
8. CEDH 25 sept. 1992, n° 13611/88, Croissant/Allemagne.
9. Crim. 12 juin 1947, *Bull. crim.*, n° 150.
10. Crim. 27 nov. 1930, *Bull. crim.*, n° 285.
11. Crim. 2 févr. 1928, *Bull. crim.*, n° 45.
12. Crim. 24 juin 1980, n° 79-94.829, *Bull. crim.*, n° 204.
13. Crim. 9 mai 1968, *Bull. crim.*, n° 149.

de nature à engager éventuellement sa responsabilité pénale[1]; la participation active de l'inculpé à une reconstitution d'itinéraire[2].

Le débat contradictoire lors du renouvellement exceptionnel de la détention provisoire au-delà d'un an en matière correctionnelle[3] ou criminelle[4] requiert aussi le respect de l'article 114. De même, une personne inculpée d'un crime ou d'un délit ne peut être entendue, dans une même procédure, sur d'autres faits, connexes ou non à ceux qui ont donné lieu à son inculpation, sans que soient observées les prescriptions de l'article 118 [devenu l'art. 114] du Code de procédure pénale. L'audition d'une telle personne en qualité de témoin doit être annulée[5].

112.33 Actes du juge qui ne sont pas considérés par la jurisprudence comme des interrogatoires. Ne constituent pas des interrogatoires nécessitant l'application des dispositions de l'article 114 du Code de procédure pénale, la présentation de l'inculpé aux témoins derrière une vitre sans tain en vue d'une reconnaissance éventuelle[6], la parade d'identification de l'inculpé en l'absence de son conseil durant laquelle il est présenté aux témoins qui entendent sa voix[7], une restitution d'objets saisis, dès lors que le procès-verbal ne mentionne aucune question[8]; le débat contradictoire différé[9]; l'interrogatoire de l'inculpé en exécution d'un mandat d'amener décerné contre lui[10]; la réflexion spontanée de l'inculpé, mentionnée au procès-verbal d'une reconstitution[11]; la visite du juge d'instruction à la maison d'arrêt, d'où un inculpé refusait d'être extrait, pour le persuader de se laisser conduire au palais de justice[12].

SECTION 4

ACTES POUR LESQUELS LE CONSEIL DOIT ÊTRE CONVOQUÉ OU PRÉSENT : LES CONFRONTATIONS

112.41 Distinction entre les confrontations simples et les confrontations qui constituent de « véritables interrogatoires ». Sur ce point, la Cour de cassation distingue deux sortes de confrontations Les confrontations simples ne sont soumises à aucune des formalités relatives au conseil, tandis que les secondes nécessitent aussi bien la communication de la procédure que la présence et la convocation du conseil.

La confrontation simple est celle dont l'objet n'a pas dépassé le cadre de la déposition du témoin, actuellement mis en présence de la personne mise en examen; c'est celle « où les questions posées à l'inculpé se sont strictement maintenues dans les limites d'un acte de confrontation portant uniquement sur les déclarations des témoins[13] ». C'est encore celle « où l'inculpé, mis en présence du témoin qui l'a reconnu, n'a fait aucune déclaration ni formulé aucune observation, et n'a été appelé à tenir devant le juge qu'un rôle purement passif[14] ».

Au contraire, la confrontation constituant un véritable interrogatoire, est celle qui a débordé sur les autres éléments et charges de l'information, étrangers à la déposition du témoin actuellement confronté; c'est celle « où les questions posées à l'inculpé à l'occasion et à la suite d'une confrontation, ont pris le caractère d'un interrogatoire véritable[15] », ou celle « portant non seulement sur la déclaration du témoin, mais aussi sur les pièces jointes à l'information[16] ». D'ailleurs, la circonstance que la confrontation de l'inculpé ait lieu avec un témoin ou un coinculpé, n'importe pas[17].

112.42 Confrontations simples. Pour les confrontations simples, malgré les termes mêmes de l'article 114 du Code de procédure pénale, la Cour de cassation n'exige pas que le conseil soit présent ou ait été appelé : « la simple confrontation d'un prévenu peut avoir lieu en dehors de la présence de son conseil[18] ». De telles confrontations n'exigent pas non plus que la procédure soit mise à la disposition dans le délai prévu par l'article 114 du Code de procédure pénale[19]. La simple présentation de la

1. Crim. 21 févr. 1967, *Bull. crim.*, n° 72.
2. Crim. 4 oct. 1968, *Bull. crim.*, n° 245.
3. Crim. 1er oct. 1985, n° 85-94.010, *Bull. crim.*, n° 288.
4. Crim. 5 avr. 1990, n° 90-80.407, *Bull. crim.*, n° 147.
5. Crim. 19 juin 1990, n° 90-81.535, *Bull. crim.*, n° 252.
6. Crim. 24 oct. 1991, n° 91-84.584, *Bull. crim.*, n° 375.
7. Crim. 30 mars 1993, n° 93-80.141, *Bull. crim.*, n° 134.
8. Crim. 23 mai 1970, n° 69-92.622, *Bull. crim.*, n° 166.
9. Crim. 3 avr. 1984, n° 84-91.077, *Bull. crim.*, n° 137.
10. Crim. 26 sept. 1986, n° 86-93.821, n° 86-93.822, *Bull. crim.*, n° 261.
11. Crim. 2 sept. 1986, n° 86-93.266, *Bull. crim.*, n° 251; *D.* 1987, somm. 82, obs. J. Pradel; *JCP* 1987, II, 20766, note P. Chambon.
12. Crim. 16 janv. 1991, n° 90-82.427, *Bull. crim.*, n° 27; *Gaz. Pal.* 1991, 2, somm. 289.
13. Crim. 11 févr. 1899, *Bull. crim.*, n° 12 – Crim. 17 mars 1899, *DP* 1899, 1, 328; *S.* 1901, 1, 473, note Roux – Crim. 7 janv. 1911, *Bull. crim.*, n° 12 – Crim. 25 janv. 1939, *Bull. crim.*, n° 14 – Crim. 21 oct. 1975, n° 75-91.216, *Bull. crim.*, n° 221.
14. Crim. 8 juill. 1959, *Bull. crim.*, n° 347 – Crim. 22 févr. 1977, n° 76-92.813, *Bull. crim.*, n° 72.
15. Crim. 9 déc. 1898, *D.* 1899, 1, 63 – Crim. 11 déc. 1974, n° 74-92.260, *Bull. crim.*, n° 367.
16. Crim. 30 juin 1904, *Bull. crim.*, n° 288 – Crim. 25 nov. 1922, *Bull. crim.*, n° 388.
17. Crim. 27 nov. 1919, *D.* 1922, 1, 135.
18. Crim. 18 avr. 1907, *Bull. crim.*, n° 180 – Crim. 22 déc. 1910, *Bull. crim.*, n° 659 – Crim. 27 nov. 1919, *D.* 1922, 1, 135 – Crim. 25 janv. 1939, *Bull. crim.*, n° 14 – Crim. 8 juill. 1959, *Bull. crim.*, n° 347 – Crim. 22 févr. 1977, n° 76-92.813, *Bull. crim.*, n° 72, préc.
19. Crim. 30 nov. 1961, *Bull. crim.*, n° 491 – Crim. 30 mars 1993, n° 93-80.141, *Bull. crim.*, n° 134.

personne poursuivie aux témoins derrière une glace sans tain n'est pas une confrontation au sens de l'article 118 [devenu l'art. 114][1].

112.43 Confrontations présentant le caractère d'un véritable interrogatoire. Pour ces confrontations, la chambre criminelle exige que le conseil soit présent ou ait été appelé.

La Cour de cassation tire cette conséquence logique des règles qui précèdent, qu'un inculpé peut être confronté avec un témoin le jour même de son audition, dans la mesure où la confrontation ne prend pas le caractère d'un interrogatoire[2].

112.44 Fondement de la théorie. Cette théorie de la Cour suprême sur les deux sortes de confrontations, qui s'éloigne des textes légaux, a été très critiquée[3]. Le Poittevin en explique l'origine historique[4], et y voit sa justification dans l'article 152 du projet de loi adopté par le sénat le 3 août 1882, lors de la discussion qui a précédé la loi du 8 décembre 1897, et qui était ainsi conçu : « Le juge d'instruction n'est pas tenu de communiquer la procédure au conseil avant les confrontations mais, si la communication n'a pas eu lieu, il ne peut interroger l'inculpé que sur les déclarations du témoin avec lequel il est confronté ».

D'autres auteurs justifient la position adoptée par la Cour de cassation par des raisons pratiques[5]. Ainsi que l'exprimait déjà M. Dauphin, dans la séance du Sénat du 23 mai 1882, nous pensons que la Cour de cassation voit dans la confrontation un simple « incident de l'audition du témoin[6] ». À ses yeux, la confrontation simple n'est rien autre que la déclaration du témoin répétée et confirmée en présence de la personne mise en examen. Cette déclaration en constitue l'objet essentiel, et la présence de la personne poursuivie n'est que secondaire. La confrontation n'est qu'une forme particulière de l'audition. Selon cette conception, la confrontation simple ne doit être entourée d'aucun formalisme, et ne doit pas concerner le conseil, puisque la loi écarte ce dernier de l'audition des témoins[7]. Cette jurisprudence, assez ancienne, paraît difficilement compatible avec l'instruction préparatoire d'aujourd'hui.

Nous pensons que l'avocat de la défense doit être convoqué à chaque fois que le juge convoque son client. Peu importe que l'intéressé ne soit pas interrogé. Il n'est pas indifférent pour la défense de voir de quelle façon le témoin a pu reconnaître ou non la personne mise en examen.

112.45 Cas particulier des perquisitions et saisies. Aux termes de l'article 114, seuls l'interrogatoire et la confrontation rendent nécessaires la présence et la convocation du conseil. Il en résulte donc que les perquisitions et les saisies, auxquelles doit assister la personne mise en examen lorsqu'elles ont lieu à son domicile, selon les prescriptions des articles 57 et 95 du Code de procédure pénale, peuvent être faites hors la présence du conseil et sans que celui-ci ait été appelé[8]. Mais la chambre criminelle, modifiant sa jurisprudence, a décidé que « le respect des droits de la défense impose au juge d'instruction qui envisage de se transporter sur les lieux pour y procéder à des vérifications en présence de la personne poursuivie, d'en donner préalablement avis à son conseil, alors même qu'aucune question ne lui a été posée au cours de ce transport »[9].

Il a été jugé que l'opération au cours de laquelle le juge d'instruction, dans son cabinet, « s'est borné à restituer à l'inculpé des lettres saisies à lui adressées sans lui poser aucune question, et que ce dernier à son tour s'est borné à prendre acte de cette restitution, ne constitue pas un interrogatoire et que dès lors les prescriptions de l'article 118 [devenu l'art. 114] n'ont pas à être observées[10]. »

L'opération au cours de laquelle le juge d'instruction, dans son cabinet, interroge l'inculpé sur l'authenticité des documents remis par la partie civile à l'expert, qui lui ont été présentés et qui ultérieurement ont été versés au dossier et placés sous scellés, présente le caractère d'un véritable interrogatoire au sens de l'article 118 (désormais 114), « dès lors que les réponses de l'inculpé aux questions posées étaient de nature à engager éventuellement sa responsabilité pénale[11] ».

Le transport sur les lieux, en vue de la reconstitution du crime, du juge d'instruction, avec l'inculpé assisté de son conseil, « qui a simplement procédé à la vérification de certains témoignages, à diverses constatations matérielles et à la confrontation des versions différentes qu'ont données des faits l'inculpé, la victime et les témoins », ne saurait être assimilé à un interrogatoire[12]. Mais la parade

1. Crim. 24 oct. 1991, n° 91-84.584, *Bull. crim.*, n° 375.
2. Crim. 5 janv. 1901, *D.* 1901, 1, 113 – Crim. 22 déc. 1910, *Bull. crim.*, n° 659 – Crim. 3 mars 1921, *Bull. crim.*, n° 103; *DP* 1921, 1, 181 – Crim. 21 oct. 1975, n° 75-91.216, *Bull. crim.*, n° 221.
3. V. Garraud, III, n° 792 – Vidal et Magnol, II, n° 825.
4. Le Poittevin, L. 1897, art. 10, n°s 4 s.
5. Merle et Vitu, n° 1011.
6. Sénat, 23 mai 1882, *JO* déb., p. 534.
7. V. chron. par A. Mayer-Jack, *JCP* 1981, I, 3045.
8. Crim. 30 mai 1933, *Bull. crim.*, n° 125.
9. Crim. 15 févr. 1990, n° 89-86.566, *Bull. crim.*, n° 78 – Sur les atténuations apportées à cette décision par Crim. 20 févr. 2002, n° 01-88.335, *Bull. crim.*, n° 41; *Dr. pén.* 2003, comm. n° 23, note Hass et Maron; *JCP* 2002, IV, n° 1650.
10. Crim. 23 mai 1970, n° 69-92.622, *Bull. crim.*, n° 166.
11. Crim. 21 févr. 1967, *Bull. crim.*, n° 72.
12. Crim. 30 nov. 1961, *Bull. crim.*, n° 941; *D.* 1962, 225.

d'identification au cours d'un transport, où la même phrase est prononcée par six personnes, dont la personne poursuivie, n'est pas un interrogatoire, ni une confrontation qui nécessite la présence du conseil[1].

SECTION 5
NÉCESSITÉ DE LA CONVOCATION DU CONSEIL : SA PRÉSENCE

112.51 Principe. La présence du conseil, en principe, aux interrogatoires et confrontations, rend sans conséquence l'omission ou les irrégularités de sa convocation. En effet, le but poursuivi est l'assistance du conseil à l'acte considéré; d'autre part, la présence effective du conseil révèle par elle-même que ce dernier a bien été appelé en temps utile. Mais il est indispensable que cette présence ait été expressément mentionnée dans le procès-verbal qui a été dressé[2].

À défaut de toute mention établissant que le conseil a été dûment convoqué, le défaut de constatation de sa présence lors de l'interrogatoire entraîne la nullité de ce dernier[3].

Lorsqu'à la fois, la présence du conseil à l'interrogatoire, et la mise à sa disposition de la procédure, sont expressément constatées, il y a présomption que les délais légaux desdites formalités ont été observés[4]. Spécialement, l'inculpé ne saurait tirer grief de ce que la convocation a été adressée un samedi pour un interrogatoire fixé le lundi, et prétendre que son conseil n'a pu avoir communication de la procédure la veille, ce jour-là étant un dimanche, alors que le conseil, présent à l'interrogatoire, n'a élevé aucune protestation[5].

112.52 Éventualités diverses. Lorsqu'il est procédé à un interrogatoire et à une confrontation le même jour, il ne suffit pas que le procès-verbal de la confrontation constate que le conseil était présent : cette constatation doit aussi être portée sur le procès-verbal de l'interrogatoire[6]. Toutefois, les procès-verbaux d'interrogatoire et de confrontation pratiqués le même jour, qui se réfèrent les uns aux autres, attestent suffisamment que le conseil était présent à chacune de ces opérations[7].

Lorsqu'il y est contraint par les nécessités de son service, le juge d'instruction peut différer de plusieurs heures son interrogatoire, il peut même le continuer le lendemain et les jours suivants. L'allégation d'une irrégularité de la convocation du conseil est sans conséquence, dès lors que le juge d'instruction a différé l'interrogatoire qu'il avait projeté[8].

SECTION 6
NÉCESSITÉ DE LA CONVOCATION DU CONSEIL : SON ABSENCE

112.61 Nécessité de la convocation. L'article 114 du Code de procédure pénale, en édictant que « la personne mise en examen et la partie civile ne peuvent être entendus ou confrontés [...] qu'en présence de leurs conseils ou eux dûment appelés », a clairement énoncé une alternative. Il suffit que la convocation ait été effective et régulière.

Mais l'interrogatoire et la confrontation peuvent valablement avoir lieu en l'absence du conseil, qui n'est pas tenu d'y assister, et qui apprécie l'utilité de sa présence. L'absence du conseil, au jour et à l'heure indiqués sur la convocation, n'oblige en aucun cas le juge d'instruction à surseoir à l'opération projetée, lorsque les formalités légales ont été observées[9]. Le prévenu ne peut tirer grief de ce que son défenseur désigné d'office ne l'a jamais assisté au cours de l'information, si toutes les formalités prescrites ont toujours été observées et constatées[10].

Avant de procéder à l'interrogatoire, le juge d'instruction n'est pas tenu d'interpeller l'inculpé sur le point de savoir s'il renonce à l'assistance de son conseil absent, lorsque ce dernier a été régulièrement convoqué et avisé de la mise de la procédure à sa disposition[11].

112.62 Nullités. Au cas de convocation irrégulière, l'absence du conseil à l'interrogatoire entraîne la nullité de celui-ci[12].

L'omission de la convocation du conseil entraîne la nullité de l'interrogatoire et des actes qui ont suivi, relatifs aux charges en cause, nullité qui doit être relevée, même d'office, par la chambre d'accu-

1. Crim. 30 mars 1993, n° 93-80.141, *Bull. crim.*, n° 134.
2. Crim. 2 sept. 1986, n° 86-93.266, *Bull. crim.*, n° 251; *JCP* 1987, II, 20766, note P. Chambon – Crim. 15 mars 1988, n° 88-80.267, *Bull. crim.*, n° 128 – Crim. 16 janv. 1991, n° 90-82.427, *Bull. crim.*, n° 27.
3. Crim. 13 avr. 1911, *Bull. crim.*, n° 210.
4. Crim. *S.* 1920; *D.* 1922, 1, p. 148.
5. Crim. 22 août 1960, *Bull. crim.*, n° 411; *JCP* 1960, II, 11790, rapp. Rolland; v. les attendus s[s] n° 112.02.
6. Crim. 3 avr. 1903, *D.* 1906, 1, 455.
7. Crim. 31 janv. 1952, *Bull. crim.*, n° 35 – Crim. 10 oct. 1988, n° 88-84.656, *Bull. crim.*, n° 332.
8. Crim. 11 août 1980, n° 80-92.084, *Bull. crim.*, n° 234.
9. Garraud, III, n° 789 – Crim. 16 nov. 1901, *Bull. crim.*, n° 280 – Crim. 2 mai 1903, *Bull. crim.*, n° 169; *S.* 1905, 1, 301.
10. Crim. 8 mai 1903, *Bull. crim.*, n° 173 – Crim. 16 mai 1907, *Bull. crim.*, n° 232 – Crim. 11 juill. 1907, *Bull. crim.*, n° 312 – Crim. 30 déc. 1908, *Bull. crim.*, n° 543.
11. Crim. 23 août 1906, *Bull. crim.*, n° 341.
12. Crim. 16 janv. 1991, n° 90-82.427, *Bull. crim.*, n° 27 – Crim. 24 juin 1991, n° 91-82.487, *Bull. crim.*, n° 272; *D.* 1992, somm. 19, obs. J. Pradel.

sation[1]. Un interrogatoire auquel il est procédé par questions posées et réponses reçues par télécopie et téléphone, qui ne permet pas la présence du conseil, doit être annulé[2].

SECTION 7
NÉCESSITÉ DE LA CONVOCATION DU CONSEIL : RENONCIATION À SON ASSISTANCE

112.71 Renonciation *a priori* à la présence du conseil. Les parties, informées de leur droit, peuvent renoncer à l'assistance d'un conseil pour toute la durée de l'information. Cette renonciation doit être expresse aux termes mêmes de la loi. Elle peut aussi être tacite : par exemple, la personne poursuivie qui, interpellée à cet égard, a déclaré « qu'elle verrait ultérieurement », est considérée comme ayant renoncé à l'assistance d'un conseil, aussi longtemps qu'elle n'a pas fait connaître son choix[3].

La personne poursuivie pourvue d'un conseil, peut renoncer à son assistance pour un ou plusieurs interrogatoires déterminés. Cette renonciation doit également être expresse, et donc constatée par procès-verbal. Elle doit être donnée préalablement à l'acte considéré[4].

112.72 Renonciation *a posteriori*. Les parties peuvent renoncer à se prévaloir des nullités déjà commises. Antérieurement, aux termes de l'article 170 du Code de procédure pénale, la renonciation aux nullités tirées des articles 114 et 118, devait être « expresse et donnée en présence du conseil ou ce dernier dûment appelé ». Et aux termes de l'article 172, les parties pouvaient aussi « expressément » renoncer aux nullités tirées de la violation des formalités substantielles édictées dans leur seul intérêt.

Aujourd'hui, aux termes de l'article 172, inspiré des textes précités, « la partie envers laquelle une formalité substantielle a été méconnue peut renoncer à s'en prévaloir [...]. Cette renonciation doit être expresse, et donnée en présence de l'avocat ou ce dernier dûment appelé ».

SECTION 8
MODALITÉS DE LA CONVOCATION DU CONSEIL : FORMES ET PREUVES DE LA CONVOCATION

112.81 Formes. L'alinéa 4 de l'article 9 de la loi du 8 décembre 1897 précisait que « le conseil sera convoqué par lettre missive ».

Dans la pratique, les convocations étaient adressées au conseil par lettre recommandée, selon les instructions données par la circulaire de la Chancellerie du 10 décembre 1897. Cette forme a été consacrée par le Code de procédure pénale, qui indiquait dans son article 118 alinéa 2 que « le conseil est convoqué par lettre recommandée ». La loi du 29 décembre 1972 a ajouté que le conseil peut également être convoqué « par un avis qui lui est remis contre récépissé », ce qui implique sa présence dans le cabinet d'instruction. L'article 114 du Code de procédure pénale, rédaction de la loi du 24 août 1993 indique que « les avocats sont convoqués par lettre recommandée avec demande d'avis de réception, télécopie avec récépissé ou verbalement avec émargement au dossier de la procédure ».

112.82 Preuves. La loi du 8 décembre 1897, comme le Code de procédure pénale, sont restés muets sur le mode de constatation de la convocation du conseil par lettre missive ou recommandée. La Cour de cassation a toujours exigé une preuve intrinsèque au procès-verbal même d'interrogatoire ou de confrontation, constituée par une mention du juge ou du greffier, les récépissés postaux étant à eux seuls une preuve inopérante, qui ne supplée pas le défaut de mention[5].

112.83 Mention nécessaire. L'absence de l'avocat à l'interrogatoire, alors que le procès-verbal ne porte aucune mention de sa convocation, rend l'acte nul sauf renonciation ultérieure[6]. La mention que le conseil a été « régulièrement convoqué » jointe aux récépissés postaux, établit suffisamment que la loi a été respectée[7]. L'irrégularité de la convocation du conseil envoyée à son ancienne adresse entraîne la nullité de l'interrogatoire opéré en son absence[8].

112.84 Preuve intrinsèque à l'acte. La mention portée par le greffier sur le procès-verbal d'interrogatoire, fait foi jusqu'à inscription de faux, de la réalité de la convocation du conseil[9]. La foi qui s'attache à la mention rend sans conséquence la contradiction entre celle-ci et la date des récépissés

1. Crim. 12 oct. 1972, n° 72-91.527, *Bull. crim.*, n° 284 – Crim. 6 juin 1974, n° 73-93.362, *Bull. crim.*, n° 206.
2. Crim. 4 janv. 1994, n° 93-84.683, *Bull. crim.*, n° 2.
3. Crim. 12 janv. 1901, *Bull. crim.*, n° 14.
4. Crim. 9 avr. 1986, n° 86-90.503, *Bull. crim.*, n° 121 – Crim. 14 nov. 1994, n° 94-80.981, *Bull. crim.*, n° 362.
5. Crim. 30 nov. 1933 et Crim. 4 janv. 1934, *DP* 1934, 1, 121.
6. Crim. 13 avr. 1911, *Bull. crim.*, n° 210.
7. Crim. 3 mai 1961, *Bull. crim.*, n° 231.
8. Crim. 21 déc. 1944, *D.* 1945, 1, 253 – Crim. 16 mai 1974, n° 73-92.922, *Bull. crim.*, n° 181 ; *JCP* 1975, II, 18190, note Mayer-Jack.
9. Crim. 23 juin 1921, *Bull. crim.*, n° 264 – Crim. 2 janv. 1934, *Bull. crim.*, n° 2 – Crim. 22 août 1960, *Bull. crim.*, n° 411 ; *JCP* 1960, II, 11792 – Crim. 9 janv. 1962, *Bull. crim.*, n° 18 – Crim. 26 mai 1981, n° 81-91.601, *Bull. crim.*, n° 171.

postaux[1]. Lorsque plusieurs interrogatoires pratiqués le même jour, sont « la suite ininterrompue les uns des autres », il est suffisant que l'un des procès-verbaux porte la mention de l'accomplissement des formalités légales[2].

112.85 Évolution du délai de convocation du conseil. Le délai séparant la convocation du conseil, de l'acte d'instruction, n'a cessé d'être augmenté.

La loi du 8 décembre 1897, article 9 alinéa 4, fixait un délai « d'au moins 24 heures à l'avance ». Aux termes de l'article 118 alinéa 2 du Code de procédure pénale, la convocation devait être « adressée au plus tard l'avant-veille de l'interrogatoire ». Après modification de ce texte par la loi du 10 juin 1983, le conseil est convoqué « au plus tard quatre jours ouvrables avant l'interrogatoire ». L'article 114 alinéa 2 dans sa rédaction issue de la loi du 24 août 1993, a porté dans les mêmes termes ce délai à « cinq jours ouvrables ». Ces formules sont au plus haut point ambiguës, mais la chambre criminelle en a heureusement précisé l'interprétation.

112.86 Comment entendre la formule équivoque de l'article 114. « Le conseil est convoqué [...] au plus tard cinq jours ouvrables avant l'interrogatoire ? » Le jour de la convocation est-il, ou non, compris dans le délai ? Quelques arrêts très précis ne laissent aucun doute à cet égard.

C'est ainsi que ne répond pas au vœu de la loi la convocation adressée au conseil le vendredi 8 novembre pour l'interrogatoire fixé le vendredi 15 novembre, le délai de l'article 118 « se trouvant réduit à trois jours ouvrables », par suite de l'existence des samedi 9, dimanche 10 et lundi férié 11 novembre[3]. De même, « réduit le délai légal à trois jours ouvrables » la convocation adressée au conseil le vendredi 19 octobre pour un interrogatoire fixé le jeudi 25 octobre[4]. D'autres décisions spécifient expressément qu'il doit « s'écouler un délai de quatre jours ouvrables [désormais cinq jours ouvrables] entre l'envoi de la convocation et l'interrogatoire[5] ».

Les jours ouvrables sont donc des jours francs, de 0 heure à 24 heures. Une convocation qui part le lundi ne peut régulièrement aviser l'avocat que pour le mardi de la semaine suivante, s'il n'y aucun jour férié entre eux.

112.87 Prescription de l'action publique. La convocation adressée par un juge d'instruction en vue de procéder à des auditions, interrogatoires ou confrontations, est un acte d'instruction qui interrompt la prescription[6].

1. Crim. 7 juin 1951, *Bull. crim.*, n° 163; *JCP* 1952, II, 6683, note P. Chambon – Sur la contradiction entre une mention imprimée non rayée, et celle insérée au procès-verbal attestant la convocation du conseil, v. Crim. 13 juin 1956, *Bull. crim.*, n° 468.
2. Crim. 31 janv. 1952, *JCP* 1952, II, 6829 – Crim. 10 avr. 1959, *Bull. crim.*, n° 201 – Crim. 10 oct. 1988, n° 88-84.656, *Bull. crim.*, n° 332.
3. Crim. 15 mars 1988, n° 88-80.267, *Bull. crim.*, n° 128.
4. Crim. 24 juin 1991, n° 91-82.487, *Bull. crim.*, n° 272, préc.
5. Crim. 2 sept. 1986, n° 86-93.266, *Bull. crim.*, n° 251; *JCP* 1987, II, 20766, note P. Chambon – Crim. 19 janv. 1988, n° 87-90.578, *Bull. crim.*, n° 25 – Crim. 16 janv. 1991, n° 90-82.427, *Bull. crim.*, n° 27.
6. Crim. 5 sept. 2006, n° 06-80.402, *Bull. crim.*, n° 205; *JCP* 2006, IV, 2949.

CHAPITRE

113. Mise à la disposition du conseil du dossier de la procédure

SECTION 0
ORIENTEUR

113.00 **Plan du chapitre.**

Sect. 1 Modalités de la mise à disposition de la procédure

Sect. 2 Preuve de la mise à la disposition de la procédure

Sect. 3 Copie des pièces

113.01 **Textes applicables.**

C. pr. pén., art. 11, 114, 114-1, 170, 171, 706-52, 802.

C. pr. pén., art. D. 15-8, D. 47-16.

C. pr. pén., art. 11

Sauf dans le cas où la loi en dispose autrement et sans préjudice des droits de la défense, la procédure au cours de l'enquête et de l'instruction est secrète.

Toute personne qui concourt à cette procédure est tenue au secret professionnel dans les conditions et sous les peines des articles 226-13 et 226-14 du Code pénal.

Toutefois, afin d'éviter la propagation d'informations parcellaires ou inexactes ou pour mettre fin à un trouble à l'ordre public, le procureur de la République peut, d'office et à la demande de la juridiction d'instruction ou des parties, rendre publics des éléments objectifs tirés de la procédure ne comportant aucune appréciation sur le bien-fondé des charges retenues contre les personnes mises en cause.

C. pr. pén., art. 114

* V. s^s n° 112.01.

C. pr. pén., art. 114-1

Sous réserve des dispositions du sixième alinéa de l'article 114, le fait, pour une partie à qui une reproduction des pièces ou actes d'une procédure d'instruction a été remise en application de cet article, de la diffuser auprès d'un tiers est puni de 3 750 euros d'amende.

C. pr. pén., art. 170 [L. n° 2004-204, 9 mars 2004]

En toute matière, la chambre de l'instruction peut, au cours de l'information, être saisie aux fins d'annulation d'un acte ou d'une pièce de la procédure par le juge d'instruction, par le procureur de la République, par les parties ou par le témoin assisté.

C. pr. pén., art. 171

Il y a nullité lorsque la méconnaissance d'une formalité substantielle prévue par une disposition du présent code ou toute autre disposition de procédure pénale a porté atteinte aux intérêts de la partie qu'elle concerne.

C. pr. pén., art. 706-52 [L. n° 2007-291, 5 mars 2007]

Au cours de l'enquête et de l'information, l'audition d'un mineur victime de l'une des infractions mentionnées à l'article 706-47 fait l'objet d'un enregistrement audiovisuel.

L'enregistrement prévu à l'alinéa précédent peut être exclusivement sonore sur décision du procureur de la République ou du juge d'instruction, si l'intérêt du mineur le justifie.

Le procureur de la République, le juge d'instruction ou l'officier de police judiciaire chargé de l'enquête ou agissant sur commission rogatoire peut requérir toute personne qualifiée pour procéder à cet enregistrement. Les dispositions de l'article 60 sont applicables à cette personne, qui est tenue au secret professionnel dans les conditions de l'article 11.

Il est par ailleurs établi une copie de l'enregistrement aux fins d'en faciliter la consultation ultérieure au cours de la procédure. Cette copie est versée au dossier. L'enregistrement original est placé sous scellés fermés.

Sur décision du juge d'instruction, l'enregistrement peut être visionné ou écouté au cours de la procédure. La copie de ce dernier peut toutefois être visionnée ou écoutée par les parties, les avocats ou les experts, en présence du juge d'instruction ou d'un greffier.

Les huit derniers alinéas de l'article 114 du Code de procédure pénale ne sont pas applicables à l'enregistrement. La copie de ce dernier peut toutefois être visionnée par les avocats des parties au palais de justice dans des conditions qui garantissent la confidentialité de cette consultation.

Lorsque l'enregistrement ne peut être effectué en raison d'une impossibilité technique, il en est fait mention dans le procès-verbal d'audition qui précise la nature de cette impossibilité. Si l'audition intervient au cours de l'enquête ou sur commission rogatoire, le procureur de la République ou le juge d'instruction en est immédiatement avisé.

Le fait, pour toute personne, de diffuser un enregistrement ou une copie réalisée en application du présent article est puni d'un an d'emprisonnement et de 15 000 euros d'amende.

À l'expiration d'un délai de cinq ans à compter de la date de l'extinction de l'action publique, l'enregistrement et sa copie sont détruits dans le délai d'un mois.

C. pr. pén., art. 802
En cas de violation des formes prescrites par la loi à peine de nullité ou d'inobservation des formalités substantielles, toute juridiction, y compris la Cour de cassation, qui est saisie d'une demande d'annulation ou qui relève d'office une telle irrégularité ne peut prononcer la nullité que lorsque celle-ci a eu pour effet de porter atteinte aux intérêts de la partie qu'elle concerne.

C. pr. pén., art. D. 15-8
Les copies numérisées remises aux avocats en application des dispositions de l'article 114 peuvent être adressées par un moyen de télécommunication à l'adresse électronique de l'avocat selon les modalités prévues par l'article 803-1.

« Si la taille du document ne permet pas un tel envoi, celui-ci est remis sur un support numérique conformément aux dispositions de l'article R. 165. »

C. pr. pén., art. D 47-16
« Au cours de l'information, le tuteur ou le curateur ne peut obtenir une copie du dossier de la procédure que par l'intermédiaire de l'avocat de la personne mise en examen ou témoin assisté, conformément aux dispositions des articles 114 et 114-1. »

113.02 Jurisprudence de référence.

• L'interrogatoire d'une personne mise en examen par un juge d'instruction agissant sur commission rogatoire, doit être précédé de la mise à disposition du dossier complet.

Crim. 9 févr. 1982, n° 81-94.393; *Bull. crim.,* n° 47; *D.* 1982, jur. 544, note J. Pradel; *JCP* 1983, II, 19973, note P. Chambon.

« Attendu qu'il résulte de l'arrêt attaqué et de la procédure qu'à la suite de mesures de licenciement intervenues en avril et mai 1976 au sein de l'entreprise S..., sise à la R... s/Y... [...], l'Union départementale des syndicats CFDT de ce département a porté plainte avec constitution de partie civile contre X... pour entraves aux fonctions de délégué du personnel et au droit syndical;

Qu'une information ayant été ouverte de ce chef et diverses investigations effectuées, le juge d'instruction au tribunal de grande instance de la R... s/Y... a adressé à son collègue au tribunal de grande instance de N... une commission rogatoire en date du 13 décembre 1979 aux fins de notifier l'inculpation susvisée a P... J., directeur général de la société précitée au moment des faits et "de recueillir ses observations sur les éléments essentiels du dossier : cotes d1, d2, d40, d43, d44, d46, d64, d64 annexe, d62", seules pièces accompagnant ladite commission rogatoire;

Que P..., qui avait été inculpé le 3 janvier 1980 par procès-verbal de première comparution a déclaré, après avoir eu connaissance des faits qui lui étaient imputés, qu'il s'expliquerait ultérieurement en présence de son conseil;

Que, le 12 mars 1980, ce dernier, avant tout interrogatoire au fond, a déposé entre les mains du juge d'instruction de Nanterre une note écrite sollicitant la communication de l'ensemble des pièces du dossier ainsi qu'il l'avait déjà réclamé oralement, pour assurer utilement la défense de son client;

Que le magistrat commis a passé outre à cette demande et a interrogé l'inculpé en présence de son conseil;

Attendu que saisie en application de l'article 171 du Code de procédure pénale et appelée à statuer sur la validité de la procédure d'instruction concernant P... consécutive à l'exécution de la commission rogatoire du 13 décembre 1979, la chambre d'accusation pour refuser de prononcer l'annulation du procès-verbal d'interrogatoire du 12 mars 1980, énonce notamment que, contrairement aux allégations du mémoire de l'inculpé, il était expressément mentionné au procès-verbal susvisé que le conseil de l'intéressé avait été régulièrement convoqué et que la procédure avait été mise à la disposition de conseil 24 heures au plus tard avant ledit interrogatoire;

Attendu cependant qu'il résulte de ce qui précède et de la mention terminale figurant au procès-verbal en question, laquelle donne acte au conseil de ce que "la totalité des pièces du dossier constitué par le magistrat instructeur ne lui a pas été communiqué conformément à la loi, 24 heures au moins avant le présent interrogatoire", que le conseil du demandeur n'a pas été en mesure de prendre connaissance de l'intégralité des pièces du dossier ainsi qu'il l'avait sollicité;

Qu'en statuant comme elle l'a fait, la chambre d'accusation a violé les textes ci-dessus rappelés et porté atteinte aux droits de la défense. »

• Lorsque le conseil n'a pas été convoqué 5 jours ouvrables avant l'interrogatoire de son client mais n'a pas élevé de protestation pendant l'acte auquel il a assisté, cette irrégularité n'a pas porté atteinte aux droits de la défense.

Crim. 2 sept. 1986, n° 86-93.266, *Bull. crim.,* n° 251; *JCP* 1987, II, 20766, note P. Chambon.

« Attendu qu'il résulte de la procédure que A... a été interrogé le 30 septembre 1983 alors que la lettre recommandée convoquant son conseil n'avait été expédiée que le 26 septembre 1983; qu'ainsi le délai de quatre jours ouvrables entre la convocation et l'interrogatoire n'a pas été observé; qu'en outre, il est mentionné au procès-verbal que le dossier a été mis à la disposition du conseil vingt-quatre heures seulement avant l'interrogatoire;

Qu'en cet état les dispositions des alinéas 2 et 3 de l'article 118 du Code de procédure pénale ayant été méconnues par le juge d'instruction la nullité prévue par l'article 170 du même code, à laquelle l'inculpé n'a pas renoncé, est caractérisée;

Mais attendu que le conseil de l'inculpé a assisté à l'interrogatoire critiqué et qu'aucune protestation n'a été élevée; qu'il n'est ainsi établi, ni même allégué, que les irrégularités commises ont eu pour effet de porter atteinte aux intérêts de A…; qu'il s'ensuit, par application de l'article 802 du Code de procédure pénale, que le moyen doit être écarté. »

113.03 Bibliographie indicative. (V. les références complètes s[s] n° 03.)

Actualisables. RÉP. PÉN., Guéry Ch., « Instruction préparatoire » – J.-CL. PÉN., Dumont J., « Interrogatoires et confrontations ».

Ouvrages. GARRAUD, III, n° 793.

Articles. Ribeyre C., « La communication du dossier d'instruction aux parties privées », *JCP* 2006, I, Étude n° 152.

113.06 Questions essentielles.

• Même si le non-respect de l'article 114 ne fait plus encourir, comme par le passé, l'annulation de la totalité de la procédure, les délais de convocation et de communication de la procédure sont parmi ceux dont le respect font l'objet d'une particulière attention des magistrats instructeurs… et des avocats. De nombreuses difficultés pratiques se rencontrent ici : avocat d'office se présentant à l'acte alors qu'un avocat a été choisi entre-temps (v. s[s] n° 112.24), actes entrés en procédure dans les quatre jours ouvrables précédant l'interrogatoire (v. s[s] n°s 113.15 et 113.18), utilisation par l'avocat des copies de pièces dans d'autres procédures… (v. s[s] n°s 113.31 et 113.35).

SECTION 1
MODALITÉS DE LA MISE À DISPOSITION DE LA PROCÉDURE

113.11 La mise à disposition de la procédure, corollaire traditionnel de la convocation. La mise à la disposition de la procédure, dont bénéficie le conseil par l'alinéa 3 de l'article 114 du Code de procédure pénale est le corollaire logique de la convocation de l'avocat. En effet, l'avocat ne peut remplir utilement son rôle d'assistance de son client que dans la mesure où il a pris au préalable connaissance de la procédure dans son dernier état. L'expression légale de « mise à la disposition » est très exacte. Le conseil est simplement informé que le dossier est à sa disposition et qu'il peut le consulter, faculté dont il use ou non. Cependant, quoique le terme de « communication » ne soit pas exactement synonyme, et semble impliquer un rôle actif de la part du juge ou du greffier, il nous arrivera de l'employer par pure commodité de langage.

La loi du 10 juin 1983 a porté le délai de 24 heures à deux jours ouvrables. Elle a en outre permis au conseil de se faire délivrer à ses frais copie de tout ou partie de la procédure, et des procès-verbaux des actes auxquels il a participé.

L'article 114 du Code de procédure pénale, dans sa rédaction issue de la loi du 24 août 1993, a fixé ce délai à « quatre jours ouvrables au plus tard avant chaque interrogatoire de la personne mise en examen ou chaque audition de la partie civile ». Ce texte a également innové en disposant qu'après la première comparution ou la première audition, « la procédure est également mise à tout moment à la disposition des avocats durant les jours ouvrables, sous réserve du bon fonctionnement du cabinet d'instruction ».

113.12 Actes rendant la formalité nécessaire. Ce sont les mêmes actes d'information qui rendent également nécessaires la convocation du conseil et la mise à disposition de la procédure. Nous avons déjà évoqué ces actes aussi bien en ce qui concerne l'interrogatoire que la confrontation (v. s[s] n°s 112.31 à 112.33, 112.41 à 112.45).

113.13 Le dossier est mis à la disposition du seul conseil. La loi du 8 décembre 1897 n'a aboli le secret de l'instruction qu'à l'égard de l'inculpé qui a choisi un conseil. L'instruction est suivie comme elle l'était sous le régime du Code d'instruction criminelle, vis-à-vis de l'inculpé qui n'est pas assisté d'un conseil ou a renoncé à son assistance. Il en est de même de la partie civile.

113.14 Partie qui se défend seule. La Cour de cassation a toujours décidé que la communication de la procédure est une formalité nécessaire, mais suffisante et que par suite le juge d'instruction peut légalement refuser de communiquer le dossier à l'inculpé lui-même et de lui faire donner copie des pièces[1]. C'est seulement à la disposition du conseil que la procédure doit être mise l'avant-veille de l'interrogatoire (désormais quatre jours ouvrables), et le bénéfice de cette formalité ne saurait être étendu à l'inculpé qui se défend lui-même[2].

Cette limitation des droits de l'inculpé qui se défend seul ne constitue pas une violation de

1. Crim. 2 mai 1903, *DP* 1905, 1, 23; *S.* 1905, 1, 301 – Crim. 26 juin 1995, n° 95-82.333, *Bull. crim.*, n° 235.
2. Crim. 10 août 1906, *DP* 1909, 1, 23 – Crim. 9 mars 1911, *Bull. crim.*, n° 107 – Crim. 9 févr. 1978, n° 76-93.687, *Bull. crim.*, n° 52; *D.* 1979, jur. 463, note J. Flauss-Diem.

l'article 6 de la Convention des droits de l'Homme[1]. Il n'existe aucune exception en faveur de l'inculpé qui, ayant déclaré assurer lui-même sa défense, aurait la qualité propre d'avocat honoraire[2]. Cette dernière solution est rationnelle. La profession du mis en examen, fût-ce la profession d'avocat, ne peut être qu'indifférente à l'étendue de ses droits et ne change pas sa qualité de partie au procès. Il existe un tempérament instauré par la loi du 30 décembre 1996 qui permet à la personne d'obtenir dans certaines conditions, mais par le biais de son conseil, copie des pièces de procédure (v. s^s^ n° 113.33). Même si cette disposition concerne la copie des pièces, il est évident que par ce moyen, la partie elle-même peut avoir accès à la procédure, mais c'est toujours par l'intermédiaire de son avocat. La Cour européenne des droits de l'Homme a elle-même estimé que la limitation de l'accès au dossier d'instruction à l'avocat des parties n'était pas en soi contraire aux dispositions de la Convention[3]. Ce principe même est contestable et l'évolution jurisprudentielle devrait, à court ou moyen terme aller en ce sens[4].

113.15 Le dossier communiqué doit être complet. Toutes les pièces constituant le dossier de la procédure au moment où il est mis à la disposition du conseil doivent être communiquées à ce dernier. Cette formalité perdrait toute sa signification si certains éléments ou documents de l'instruction pouvaient être soustraits aux regards de l'avocat. Après quelques hésitations[5], c'est en ce sens que s'est prononcée la Cour de cassation[6].

Toute communication incomplète ne satisfait pas au vœu de la loi, et équivaut à l'absence de communication[7]. Il en résulte que le juge d'instruction ne peut faire état dans son interrogatoire des pièces qui lui sont parvenues dans l'intervalle de temps qui s'est écoulé entre celui-ci et la communication du dossier. Il en est ainsi des rapports d'experts datés du même jour que l'interrogatoire[8]. Il en est de même d'une pièce remise par la partie civile à l'expert, sur l'authenticité de laquelle l'inculpé a été interrogé, qui n'a été classée au dossier qu'après l'interrogatoire[9].

D'une façon générale, peu importe qu'une pièce soit rentrée au dossier dans le délai de quatre jours ouvrables si le juge d'instruction n'interroge pas dessus, « dès lors que le juge d'instruction n'a pas posé de questions à la personne mise en examen à partir des éléments contenus dans lesdites pièces et qu'ainsi il n'a pas été porté atteinte aux droits de la défense[10] ».

La communication ne comprend pas les pièces qui sont entre les mains des experts au moment de l'interrogatoire[11], ni celles jointes à une commission rogatoire en cours d'exécution[12], ni les pièces à conviction[13]. Lors d'un interrogatoire sur commission rogatoire, le conseil qui assiste l'inculpé a droit à la communication intégrale du dossier, et non pas seulement à celle des pièces qui accompagnent la commission rogatoire[14].

Il y a lieu de présumer en l'absence de toute preuve contraire, que la communication des pièces au conseil, a été complète[15], et qu'elle a porté sur les pièces classées dans une cote « renseignements » dont il a été fait état lors de l'interrogatoire[16]. Le fait que des pièces, à savoir des commissions rogatoires, jointes au dossier après l'interrogatoire, n'aient pas été communiquées, ne saurait, de toute évidence, vicier la communication[17].

113.16 Absence de suspension de l'instruction. On a pu penser que l'interdiction de faire état au cours de l'interrogatoire des pièces qui n'ont pas été communiquées au conseil, impose au juge d'instruction l'obligation de suspendre l'instruction dans l'intervalle de temps qui sépare ces deux opérations[18]. Cependant la Cour de cassation a jugé que le juge d'instruction n'est pas tenu d'interrompre l'information entre la communication et l'interrogatoire. D'une part, il ne lui est pas interdit de joindre au dossier les pièces établies le matin même au cours d'un transport, si l'interrogatoire qui a eu lieu l'après-midi n'a pas porté sur ces pièces[19]. D'autre part, il procède régulièrement, lorsqu'il

1. Crim. 9 févr. 1978, n° 76-93.687, *Bull. crim.*, n° 52, préc.
2. Crim. 6 nov. 1952, *JCP* 1953, II, 7357, note P. Chambon.
3. CEDH 2e sect., 14 juin 2005, n° 39553/02, Menet c/ France.
4. V. aussi C. Ribeyre, « La communication du dossier d'instruction aux parties privées », *JCP* 2006, I, Étude n° 152.
5. Crim. 5 janv. 1901, *S.* 1902, 1, 103.
6. Crim. 15 avr. 1904, *Bull. crim.*, n° 186; *DP* 1907, 1, 470 – Crim. 30 nov. 1933, *DP* 1934, 1, 121 – Crim. 3 août 1935, *DP* 1937, 1, 94.
7. Crim. 15 janv. 1920, *S. et P.* 1923, 1, 238.
8. Crim. 3 avr. 1903, *Bull. crim.*, n° 147; *D.* 1906, 1, 455.
9. Crim. 21 févr. 1967, *Bull. crim.*, n° 72.
10. Crim. 19 juin 2002, n° 01-83.070, NPT.
11. Crim. 16 mai 1972, n° 72-91.182, *Bull. crim.*, n° 169.
12. Crim. 30 mai 1996, n° 95-85.954, *Bull. crim.*, n° 226.
13. Crim. 9 janv. 1996, n° 95-85.279, n° 95-85.289, *Bull. crim.*, n° 7.
14. Crim. 9 févr. 1982, n° 81-94.393, *Bull. crim.*, n° 47; *D.* 1982, jur. 544, note J. Pradel; *JCP* 1983, II, 19973, note P. Chambon; v. les attendus s^s^ n° 113.02.
15. Crim. 16 mars 1922, *Bull. crim.*, n° 109 – Crim. 27 déc. 1928, *Bull. crim.*, n° 316.
16. Crim. 18 janv. 1951, *Bull. crim.*, n° 22.
17. Crim. 28 juill. 1958, *Bull. crim.*, n° 589.
18. Garraud, III, n° 793.
19. Crim. 21 oct. 1975, n° 75-91.216, *Bull. crim.*, n° 221.

interroge l'inculpé sur les témoignages et les déclarations de ses coinculpés recueillis la veille et le jour même, lorsque avant l'interrogatoire, il a été donné connaissance du contenu de ces pièces à l'inculpé et à son conseil[1].

113.17 Le dossier communiqué n'a pas à contenir les actes en cours. L'obligation faite au juge d'instruction de mettre la procédure à la disposition de l'avocat de la partie au moins quatre jours ouvrables avant chaque interrogatoire n'impose que la communication des seules pièces qui figurent au dossier à cette date. N'a pas à être versé à la procédure un document joint à une commission rogatoire avant le retour ce celle-ci[2].

Une commission rogatoire doit être versée au dossier lorsque les procès-verbaux établis pour son exécution ont été reçus par le juge d'instruction et aucune prescription légale n'exige d'en tenir, avant cette réception, une copie à la disposition des parties. Eu égard aux nécessités propres à la recherche de la vérité au cours de l'instruction préparatoire, il ne saurait résulter de cette situation une atteinte aux règles édictées par l'article 6 de la Convention européenne des droits de l'Homme[3].

La communication des scellés n'est obligatoire que si elle est sollicitée.

113.18 Une communication devenue permanente. Sous l'empire de l'article 10 de la loi du 8 décembre 1897, et de l'alinéa 3 de l'article 118 du Code de procédure pénale, la faculté pour le conseil de l'inculpé ou de la partie civile de consulter le dossier n'était pas permanente et ne s'exerçait qu'à l'occasion des interrogatoires ordinaires, confrontations et auditions. Elle ne pouvait s'exercer à un autre moment[4]. L'interrogatoire de première comparution ne donnait pas droit à la communication du dossier[5]. Depuis la loi du 6 août 1975, le conseil choisi pouvait également, au moment du placement en détention, consulter sur-le-champ le dossier.

L'article 114 alinéa 3 du Code de procédure pénale, dans sa rédaction issue de la loi du 24 août 1993, qui a étendu le droit à la communication du dossier, conduit à une distinction. En premier lieu, la procédure est toujours mise à la disposition du conseil au plus tard quatre jours ouvrables avant chaque interrogatoire de la personne mise en examen ou chaque audition de la partie civile. Ainsi qu'il en était, ce droit a un caractère absolu et ne comporte aucune restriction. En outre, et là est l'innovation, après l'interrogatoire de première comparution ou la première audition de la partie civile, « la procédure est également mise à tout moment à la disposition des avocats durant les jours ouvrables, sous réserve des exigences du bon fonctionnement du cabinet d'instruction ». Ce dernier droit de communication est moins absolu que le premier, et peut se voir opposer les nécessités momentanées de la poursuite de l'instruction[6]. Le texte exigeant une communication du dossier à tout moment, on aurait pu considérer qu'il n'y aurait plus de délai maximal pour y faire figurer librement de nouvelles pièces de procédure. Cette conclusion aurait sans doute été contraire à l'intention du législateur. C'est en fait le délai de quatre jours ouvrables qui doit être considéré comme celui qui contraint le magistrat instructeur à communiquer une pièce nouvelle s'il entend s'en servir lors de l'interrogatoire.

113.19 Majeurs protégés. Une des lois du 5 mars 2007[7] dispose « au cours de l'information, le tuteur ou le curateur ne peut obtenir une copie du dossier de la procédure que par l'intermédiaire de l'avocat de la personne mise en examen ou témoin assisté, conformément aux dispositions des articles 114 et 114-1 ».

SECTION 2

PREUVE DE LA MISE À LA DISPOSITION DE LA PROCÉDURE

113.21 Une mention substantielle du procès-verbal. Il a toujours été jugé que seule la mention portée par le greffier sur le procès-verbal d'interrogatoire que la procédure a été dans le délai légal mise à la disposition du conseil, est propre à établir que la formalité a été observée et que cette mention se suffit à elle-même[8]. La mention doit être complète et porter la date de la communication[9]. En l'absence de mention, la formalité est réputée non accomplie[10].

1. Crim. 5 juin 1975, n° 74-92.792, *Bull. crim.*, n° 146 ; *JCP* 1976, II, 18243, note P. Chambon – Crim. 20 févr. 1990, n° 89-86.666, *Bull. crim.*, n° 86.
2. Crim. 12 mars 1991, n° 90-87.733, *Bull. crim.*, n° 122 – Crim. 30 mai 1996, n° 95-85.954, *Bull. crim.*, n° 226.
3. Crim. 3 févr. 1999, n° 98-81.912, NPT, *Gaz. Pal.* 14/18 mai 1999, 21.
4. Crim. 26 mars 1909, *Bull. crim.*, n° 192 – Crim. 24 févr. 1911, *Bull. crim.*, n° 111.
5. Crim. 25 avr. 1913, *Bull. crim.*, n° 201.
6. V. Le Gunehec, « Loi 24 août 1993 », *JCP* 1993, I, 3720, n°s 78 à 81.
7. Loi du 5 mars 2007, n° 2007-308, *JO* 7 mars 2007, 4325.
8. Crim. 17 oct. 1901, *Bull. crim.*, n° 255 – Crim. 11 août 1904, *Bull. crim.*, n° 384 – Crim. 24 déc. 1909, *Bull. crim.*, n° 631 – Crim. 7 nov. 1956, *Bull. crim.*, n° 230 – Crim. 25 nov. 1958, *Bull. crim.*, n° 690 – Crim. 26 mai 1981, n° 81-91.601, *Bull. crim.*, n° 171.
9. Crim. 24 déc. 1904, *DP* 1905, 1, 206.
10. Crim. 27 juill. 1906, *DP* 1907, 1, 334 – Crim. 27 févr. 1963, *Bull. crim.*, n° 96.

La mention indiquant que le dossier a été mis à la disposition du conseil 24 heures à l'avance[1], ou 48 heures à l'avance[2], alors qu'un délai de deux jours ouvrables était exigé (L. 10 juin 1983), indique que celui-ci n'a pas été observé, ce qui entraîne la nullité de l'interrogatoire.

En outre, le récépissé remis par l'avocat ou son émargement au dossier (C. pr. pén., art. 114, al. 2), établit l'observation de la formalité.

113.22 Cette mention fait foi jusqu'à inscription de faux. La mention portée sur le procès-verbal d'interrogatoire attestant que la procédure a été mise à la disposition du conseil dans le délai légal fait foi jusqu'à inscription de faux[3]. Au cas de contradiction entre la date des récépissés postaux et celle portée sur la mention ou une autre indication imprimée non rayée, c'est la mention qui l'emporte[4].

À eux seuls, les récépissés postaux sont insuffisants à établir que la procédure a été mise à la disposition du conseil dans le délai légal[5]. Quand la mention indique que la mise à la disposition a eu lieu la veille, il s'en déduit que le délai de l'article 118 alinéa 3 (désormais 114) a été respecté, en l'absence de toute contestation[6]. La constatation de la formalité doit être contemporaine de celle-ci et intrinsèque au procès-verbal. Les attestations ultérieures délivrées par le juge et le greffier sont inopérantes et impuissantes à établir que la formalité a été accomplie[7].

113.23 Effets de la présence du conseil. Lorsque la présence du conseil à l'interrogatoire et la mise à sa disposition de la procédure sont dûment constatées, cette dernière est présumée faite dans le délai légal[8].

Lorsqu'il résulte de la mention portée sur le procès-verbal d'interrogatoire que la procédure n'a pas été mise à la disposition du conseil dans le délai alors applicable, l'interrogatoire est irrégulier, mais par application de l'article 802 du Code de procédure pénale, il n'y a pas lieu d'en prononcer la nullité, en l'absence de violation des droits de la défense, si l'avocat, présent à l'interrogatoire n'a élevé aucune protestation[9].

113.24 Sanction de l'omission de la formalité. Aux termes de l'article 12 de la loi du 8 décembre 1897, les formalités de l'article 10 de cette loi devaient être observées « à peine de nullité de l'acte et de la procédure ultérieure ». Le fait que la procédure n'ait pas été mise à la disposition du conseil entraînait donc la nullité de l'interrogatoire et de tous les actes accomplis postérieurement[10], sauf renonciation de l'intéressé à la nullité[11]. La même règle a été reprise par le Code de procédure pénale, de sorte que les solutions de la jurisprudence antérieure ont été maintenues[12].

Désormais, l'article 171, modifié par la loi du 24 août 1993, dispose qu'« il y a nullité lorsque la méconnaissance d'une formalité substantielle a porté atteinte aux intérêts de la partie qu'elle concerne ». Ne justifie pas sa décision au regard de ce texte la chambre de l'instruction qui annule l'interrogatoire de première comparution de deux personnes mises en examen après avoir relevé que certains documents saisis ne figuraient pas dans le dossier de la procédure tenu à la disposition de leurs avocats en application de l'article 114 alinéa 2 du Code de procédure pénale, alors que l'une des personnes mises en examen n'avait fait aucune déclaration sur le fond et que l'autre était assistée de son avocat qui, bien qu'ayant pu prendre connaissance de l'existence et de la nature des documents concernés, décrits dans les procès-verbaux d'inventaire figurant au dossier, n'avait élevé aucune protestation au cours de l'interrogatoire de sa cliente et n'avait, au demeurant, ni établi, ni même allégué, à l'appui de sa demande d'annulation, une quelconque atteinte aux intérêts de celle-ci[13].

SECTION 3
COPIE DES PIÈCES

113.31 Modalités. La loi du 2 février 1981, par addition d'un alinéa 4 à l'article 197 du Code de

1. Crim. 18 juin 1985, n° 85-91.900, *Bull. crim.*, n° 233; v. les attendus s[s] n° 113.02 – Crim. 10 juin 1986, n° 86-91.622, *Bull. crim.*, n° 200 – Crim. 2 sept. 1986, n° 86-93.266, *Bull. crim.*, n° 251; *JCP* 1987, II, 20766, note P. Chambon.
2. Crim. 9 mars 1988, n° 87-91.617, *Bull. crim.*, n° 119.
3. Crim. 14 nov. 1946, *Bull. crim.*, n° 201 – Crim. 27 oct. 1960, *Bull. crim.*, n° 488 – Crim. 9 janv. 1962, *Bull. crim.*, n° 18 – Crim. 21 juin 1962, *Bull. crim.*, n° 230.
4. Crim. 13 juin 1956, *Bull. crim.*, n° 468.
5. Crim. 22 juill. 1904, *Bull. crim.*, n° 334 – Crim. 12 juin 1947, *Bull. crim.*, n° 150.
6. Crim. 29 déc. 1970, n° 70-90.981, *Bull. crim.*, n° 356.
7. Crim. 1er mai 1924, *Bull. crim.*, n° 182.
8. Crim. 8 juin 1912, *Bull. crim.*, n° 307 – Crim. 21 août 1913, *Bull. crim.*, n° 424.
9. Crim. 18 juin 1985, *Bull. crim.*, n° 233 – Crim. 2 sept. 1986, n° 86-93.266, *Bull. crim.*, n° 251, préc. – Crim. 9 mars 1988, n° 87-91.617, *Bull. crim.*, n° 119, préc.
10. Crim. 27 juill. 1906, *DP*, 1907, 1, 334.
11. Crim. 18 mars 1910, *DP*, 1912, 1, 139.
12. Crim. 27 févr. 1963, *Bull. crim.*, n° 96 – Crim. 21 févr. 1967, *Bull. crim.*, n° 72 – Crim. 6 juin 1974, n° *Bull. crim.*, n° 206 – Crim. 9 févr. 1982, n° 81-94.393, *Bull. crim.*, n° 47 – Crim. 10 juin 1986, n° 86-91.622, *Bull. crim.*, n° 200, préc.
13. Crim. 30 oct. 2001, n° 01-84.779, *Bull. crim.*, n° 223; *BICC* 548, n° 33.

procédure pénale, écrit pour la chambre d'accusation, a prévu la délivrance sans délai aux conseils, et à leurs frais, sur simple requête écrite, de la copie du dossier mis à leur disposition au greffe. La loi du 10 juin 1983, pour l'instruction du premier degré, a institué une double formalité analogue, par addition de deux alinéas à l'article 118 du même code.

La loi du 24 août 1993, par l'alinéa 4 de l'article 114 nouveau du Code de procédure pénale, a simplifié et réuni en une seule ces deux dispositions; il est ainsi rédigé; « après la première comparution ou la première audition, les avocats des parties peuvent se faire délivrer à leurs frais, copie de tout ou partie des pièces et actes du dossier pour leur usage exclusif et sans pouvoir en établir de reproduction ».

Ainsi, cette faculté n'était ouverte qu'aux conseils, à leurs frais, et non aux parties elles-mêmes [1], et il avait été jugé que commet une faute professionnelle l'avocat qui, tenu au secret de l'instruction, remet au cours de celle-ci à son client la copie des pièces qui ne lui a été délivrée que pour son usage exclusif [2].

La jurisprudence de la première chambre civile de la Cour de cassation était dans le même sens puisqu'elle avait considéré qu'il résultait de l'article 11 du Code de procédure pénale et de l'article 89 du décret du 9 juin 1972, fixant les règles professionnelles de l'avocat, que, si celui-ci, autorisé par l'article 118 alinéa 4 du Code de procédure pénale [devenu l'art. 114] à se faire délivrer des copies de pièces du dossier d'instruction, pouvait en communiquer la teneur à son client pour les besoins de la défense, il ne pouvait en revanche lui remettre ces copies qui ne lui étaient délivrées que pour « son usage exclusif », ces pièces devant rester secrètes tant que dure l'instruction [3]. Il ne pouvait pas non plus produire une copie devant une juridiction civile [4] sauf autorisation de prendre copie par le procureur général.

Dans la loi du 5 mars 2007, le législateur a ajouté une phrase au quatrième alinéa de l'article 114 pour dire que la copie de pièces « peut être adressée à l'avocat sous forme numérisée, le cas échéant par un moyen de télécommunication selon les modalités prévues à l'article 803-1 ». L'article D. 15-8, issu du décret n° 2007-1620 du 15 novembre 2007 modifiant le Code de procédure pénale (troisième partie : Décrets) et relatif à l'utilisation des nouvelles technologies [5] dispose que « les copies numérisées remises aux avocats en application des dispositions de l'article 114 peuvent être adressées par un moyen de télécommunication à l'adresse électronique de l'avocat selon les modalités prévues par l'article 803-1. Si la taille du document ne permet pas un tel envoi, celui-ci est remis sur un support numérique conformément aux dispositions de l'article R. 165. »

Mais surtout, la délivrance de copie fait désormais l'objet d'une précision : elle doit intervenir dans le mois qui suit la demande. Cette obligation risque d'entraîner des difficultés de fonctionnement dans certaines juridictions. Bien qu'elle soit dépourvue de sanction, il serait prudent de ne pas poursuivre un interrogatoire si l'avocat fait remarquer qu'il n'a pas obtenu la copie du dossier, demandée depuis plus d'un mois. Cette question était d'ailleurs déjà délicate à régler. Nous ne partageons pas sur ce point la position de la circulaire du 22 juin 2007 qui énonce que le report de l'interrogatoire demandé par l'avocat « ne s'imposera nullement au juge » (n° 2.1.1). Dans cette hypothèse, le report de l'interrogatoire apparaît préférable.

113.32 Remise de pièces au client de l'avocat. La loi n° 96-1235 du 30 décembre 1996, par son article 2, qui remplace l'alinéa 4 de l'article 114 précité par huit alinéas nouveaux, a mis fin à cette restriction, en tout cas en ce qui concerne le client. Désormais, l'avocat peut transmettre une reproduction des copies à son client. L'avocat doit faire connaître au juge d'instruction la liste des pièces qu'il compte remettre à son client. Le juge d'instruction peut s'opposer à cette remise par ordonnance motivée, rendue dans les cinq jours, laquelle peut être déférée dans les deux jours au président de la chambre de l'instruction, dont la décision rendue dans les cinq jours ouvrables n'est pas susceptible de recours.

Bien que le texte ne le précise pas, le fonctionnement même de l'article 114 laisse penser que la notification de l'ordonnance doit intervenir dans le délai de cinq jours ouvrables si le magistrat instructeur veut s'opposer à la remise des pièces. La circulaire prévoit : « Un avocat qui remettrait les pièces à son client [...] en violation de l'opposition du juge d'instruction *notifiée avant l'expiration de ce délai* commettrait une faute disciplinaire. » La question

1. Crim. 11 juill. 1994, n° 94-82.188, *Bull. crim.*, n° 274; *D.* 1994, IR 209.
2. Crim. 9 févr. 1978, n° 76-93.687, *Bull. crim.*, n° 52 – Crim. 11 juill. 1994, n° 94-82.188, *Bull. crim.*, n° 274, préc. – CA Aix-en-Provence, 24 févr. 1995, *Gaz. Pal.* 1995, 27 – Ass. plén., 30 juin 1995, *JCP* 1995, II, 22479, et note P. Chambon; *Dr. pén.* août-sept. 1995, 15; *D.* 1995, IR 170; *D.* 1995, jur. 417, note J. Pradel – Après le renvoi corr., v. Crim. 12 juin 1996, *Bull. crim.*, n° 248.
3. Civ. 1re, 2 févr. 1994, n° 92-10.311, *Bull. civ.* I, n° 45; *D.* 1994, IR 55.
4. Civ. 1re, 20 oct. 1993, n° 91-20.335, *Bull. civ.* I, n° 290; *D.* 1993, IR 241.

5. *JO* n° 267 du 17 novembre 2007, 18865.

est de savoir si l'avocat qui n'a pas encore remis les pièces à son client viole le texte si la décision lui est notifiée après le délai de cinq jours. Dans le doute, le magistrat instructeur sera bien inspiré de notifier sa décision de refus par télécopie. Sur le fond, on voit mal ce qui peut s'opposer à ce qu'une partie puisse avoir communication d'une copie de la procédure.

La transmission des pièces à son client par l'avocat d'une partie civile, dont la recevabilité est contestée, obéit à des règles particulières.

Les modalités selon lesquelles ces documents peuvent être remis par son avocat à une personne détenue et les conditions dans lesquelles cette personne peut détenir ces documents sont déterminées par décret en Conseil d'État (C. pr. pén., art. 114, al. 7 à 10). Ce décret n° 97-180 du 28 février 1997 prévoit que les reproductions de copie de pièces ou d'actes de procédure d'instruction que l'avocat d'une personne détenue lui transmet conformément aux dispositions de l'article 114 sont adressées au greffe de l'établissement pénitentiaire soit par envoi recommandé, soit par remise directe au greffe contre récépissé[1]. C'est le greffe qui, dans les trois jours ouvrables de la réception, les remet au détenu et qui lui notifie les obligations qui en découlent. Le juge d'instruction peut subordonner l'autorisation de remise à la condition que ces documents soient conservés au greffe de l'établissement pénitentiaire après leur consultation par le détenu (R. 15-44). Le détenu peut également faire une demande pour que le greffe conserve les pièces en ses lieu et place. Ces pièces sont protégées par le secret de l'instruction. Elles ne peuvent pas être versées au dossier individuel du détenu.

113.33 Une violation pénalement sanctionnée. L'article 114-1 du Code de procédure pénale punit d'une amende de 3 750 euros la diffusion auprès d'un tiers par une partie d'une reproduction des pièces qui lui ont été remises dans le cadre de l'article 114.

La délivrance des copies de pièces est généralement une difficulté pour les juridictions accrue par la gratuité de la délivrance de la première copie.

113.34 L'avocat ne peut obtenir copie de certains enregistrements. Il peut simplement être autorisé à visionner la cassette d'enregistrement de l'enfant victime ou à l'écouter au cours de la procédure dans des conditions garantissant la confidentialité. Les huit derniers alinéas de l'article 114 du Code de procédure pénale ne sont pas applicables à l'enregistrement (C. pr. pén., art. 706-52, issu de L. n° 98-468, 17 juin 1998). En vertu de la loi du 5 mars 2007, il en est de même s'agissant des enregistrements réalisés en matière criminelle. L'article 63-4 prévoit expressément que les cassettes d'enregistrement des interrogatoires de garde à vue en matière criminelle ne sont pas visées par le droit de copie de l'article 114. Il en est de même pour les enregistrements réalisés par le juge d'instruction (C. pr. pén., art. 116-1).

113.35 Utilisation de copies de pièces dans une autre procédure. La jurisprudence de la première chambre civile de la Cour de cassation, précitée (v. s^{s} n° 113.31), n'est pas remise en cause par les textes nouveaux. L'avocat ne peut donc produire une copie devant une juridiction civile sauf autorisation de prendre copie par le procureur général[2]. Cette interdiction s'étend aux poursuites pénales que souhaiterait initier l'avocat, et notamment pose le problème de leur production dans une plainte avec constitution de partie civile.

Néanmoins ces pièces ne doivent demeurer secrètes que pendant l'instruction[3]. Le droit à un procès équitable et la liberté d'expression justifient que la personne poursuivie du chef de diffamation soit admise à produire, pour les nécessités de sa défense, les pièces d'une information en cours de nature à établir sa bonne foi ou la vérité des faits diffamatoires[4].

1. D. n° 97-180, 28 févr. 1997, *D.* 1997, 163.

2. Civ. 1re, 20 oct. 1993, n° 91-20.335, *Bull. civ.* I, n° 290, préc.
3. Civ. 1re, 2 févr. 1994, n° 92-10.311, *Bull. civ.* I, n° 45, préc.
4. Crim. 11 févr. 2003, n° 01-86.685, n° 01-86.696, *Bull. crim.*, n° 29.

CHAPITRE

114. Déroulement de l'audition et de l'interrogatoire

SECTION 0 ORIENTEUR

114.00 Plan du chapitre.

Sect. 1 Audition du témoin
Sect. 2 Audition de la partie civile
Sect. 3 Interrogatoire de la personne mise en examen
Sect. 4 Techniques d'interrogatoire ?

114.01 Textes applicables.

C. pr. pén., art. 82-2, 118, 119, 120, 429, 706-47, 706-52, 706-62.

C. pr. pén., art. 82-2

* V. s^s n° 111.01.

C. pr. pén., art. 118 [L. n° 2007-291, 5 mars 2007]

S'il apparaît au cours de l'information que les faits reprochés à la personne mise en examen sous une qualification correctionnelle constituent en réalité un crime, le juge d'instruction notifie à la personne, après l'avoir informée de son intention et avoir recueilli ses éventuelles observations et celles de son avocat, qu'une qualification criminelle est substituée à la qualification initialement retenue. À défaut de cette notification, il ne peut être fait application des dispositions de l'article 181.

Si la personne était placée en détention provisoire, le mandat de dépôt initialement délivré demeure valable et est considéré comme un mandat de dépôt criminel. La détention provisoire se trouve alors soumise aux règles applicables en matière criminelle, les délais prévus pour la prolongation de la mesure étant calculés à compter de la délivrance du mandat.

Lors de la notification prévue au premier alinéa, le juge d'instruction peut faire connaître à la personne un nouveau délai prévisible d'achèvement de l'information, conformément aux dispositions du huitième alinéa de l'article 116.

Si l'information a été ouverte au sein d'une juridiction dépourvue de pôle de l'instruction, le juge d'instruction, aussitôt après avoir procédé aux formalités prévues par le présent article, se dessaisit au profit d'un juge du pôle de l'instruction compétent, désigné par le président du tribunal de grande instance dans lequel se trouve ce pôle.

C. pr. pén., art. 119 [L. n° 2004-204, 9 mars 2004]

* V. s^s n° 111.01.

C. pr. pén., art. 120 [L. n° 2004-204, 9 mars 2004]

* V. s^s n° 111.01.

C. pr. pén., art. 429

Tout procès-verbal ou rapport n'a de valeur probante que s'il est régulier en la forme, si son auteur a agi dans l'exercice de ses fonctions et a rapporté sur une matière de sa compétence ce qu'il a vu, entendu ou constaté personnellement.

Tout procès-verbal d'interrogatoire ou d'audition doit comporter les questions auxquelles il est répondu.

C. pr. pén., art. 706-47 [L. n° 2004-204, 9 mars 2004]

Les dispositions du présent titre sont applicables aux procédures concernant les infractions de meurtre ou d'assassinat d'un mineur précédé ou accompagné d'un viol, de tortures ou d'actes de barbarie ou pour les infractions d'agression ou d'atteintes sexuelles ou de recours à la prostitution d'un mineur prévues par les articles 222-23 à 222-31, 225-12-1 et 227-22 à 227-27 du Code pénal.

C. pr. pén., art. 706-52

* V. s^s n° 113.01.

C. pr. pén., art. 706-62

Aucune condamnation ne peut être prononcée sur le seul fondement de déclarations recueillies dans les conditions prévues par les articles 706-58 et 706-61.

114.03 Bibliographie indicative. (V. les références complètes s^s n° 03.)

Actualisables. RÉP. PÉN., Guéry Ch., « Instruction préparatoire » – J.-CL. PÉN., Dumont J., « Interrogatoires et confrontations » – TPJI, Roperch P., « L'audition de l'enfant victime ».

Ouvrages. HÉLIE F., IV, n° 1870 – *Formulaire officiers pol. jud.*, 1979, p. 152 s. – GARRAUD, II, n°s 373, 374, 406 – LAMBERT, p. 639 et 683 – Portelli S. et Clément S., *L'interrogatoire*, Sofiac, 2001.

114.06 Questions essentielles.
• Le juge d'instruction n'est plus que rarement seul face à face avec le mis en examen ou la partie civile. Les conditions dans lesquelles les auditions sont menées, et leur retranscription, sont donc désormais contrôlables par les avocats. Il faut s'en réjouir car le déroulement de l'interrogatoire est au centre de nombreuses questions, plus éthiques que juridiques.

SECTION 1
AUDITION DU TÉMOIN

114.11 La loi n'a pas indiqué comment les témoins doivent être entendus. Elle n'a tracé ni imposé aucune ligne de conduite au magistrat. Dans notre droit, les témoins sont entendus, et non interrogés; l'audition du témoin s'oppose à l'interrogatoire du mis en examen, du prévenu, de l'accusé. Mais le témoin est souvent inerte, et il faut éventuellement l'aider. « Il n'y a pour ainsi dire pas de témoin qui fournisse de lui-même une déposition impeccable[1] ».

Le juge laissera donc d'abord le témoin déposer librement et spontanément. Ce n'est qu'ensuite qu'il interviendra pour le remettre, s'il s'égare, sur le bon chemin, ou pour lui faire préciser les points qui intéressent l'enquête. L'art de recueillir les témoignages d'autrui est double; c'est un art d'entendre et c'est aussi un art d'écrire... C'est l'art même de l'instructeur que de « recueillir les témoignages en ne leur infligeant qu'un minimum de déformation[2] ». « Enregistrer correctement les déclarations des comparants est une tâche ardue qui exige une grande conscience et beaucoup d'intelligence... le témoin est souvent heureux de trouver sur les lèvres du juge les mots qu'il aurait voulu dire[3] ». On contestera toutefois cette dernière citation. Il n'appartient pas au juge d'uniformiser la langue utilisée par les différents témoins qu'il entend. S'il existe des « techniques » pour obtenir d'un témoin une déposition complète, il n'est pas envisageable de rédiger une retranscription faisant fi de ses hésitations, de ses incohérences, et des mots qu'il a réellement utilisés (sur l'entretien v. s^{s} n°s 114.41 à 114.47). « Ce que la justice recherche, ce n'est pas l'élégance des mots, mais leur vérité[4] ». « Chacun doit parler son langage. Quand on résume, on corrige, on affaiblit...; laissez faire la nature.[5] »

1. LAMBERT, p. 639 – *Formulaire officiers pol. jud.*, 1979, p. 152 s.
2. LAMBERT, p. 683.
3. Conseiller Laplatte, *Revue Le Français moderne* 1950, n° 3.
4. HÉLIE F., IV, n° 1870.

114.12 Relativité. Tous les auteurs s'accordent sur la fragilité et la relativité du témoignage. L'exactitude du fait rapporté par le témoin peut être affectée par trois causes : ses mauvaises qualités d'observateur, son erreur ou son mensonge[6].

Le juge doit tenir compte de sa moralité, de son intérêt dans l'affaire, de ses sympathies, de son animosité, de ses liens et de ses rapports avec les parties; il doit tenir compte de ses facultés psychiques et de l'acuité de ses sens, de son état éventuel d'ivresse, de son âge[7]. Il existe depuis de nombreuses années à l'École Nationale de la Magistrature une formation sur le témoignage, insérée désormais dans un module sur la preuve pénale. Il y est projeté un film, en général celui d'une attaque à main armée dans une banque, et les auditeurs de justice sont ensuite invités à consigner par écrit ce qu'ils ont vu, à établir avec les services de police et de gendarmerie des portraits robots, *etc.* Les résultats sont chaque année édifiants sur la fragilité et la subjectivité des perceptions de chacun. Le niveau intellectuel n'exclut nullement les erreurs de perception ou de jugement. Enfin, le témoignage d'un technicien, d'un spécialiste, même dans le domaine qui est le sien ou s'en rapproche, n'a pas nécessairement plus de poids que celui d'un profane : ainsi, un ingénieur, un mécanicien, n'évaluent pas plus exactement, lors d'un accident, la vitesse d'un véhicule, que ne le fait un simple automobiliste. Les qualités d'expert n'impliquent pas celles de témoin.

114.13 Nombre de témoins. Dans le système de l'intime conviction du juge, à la différence de celui de la preuve légale, les témoins ne se comptent plus, mais se pèsent. Il est toujours périlleux de se fier à un seul témoin : « Les lois qui font périr un homme sur la déposition d'un seul témoin sont fatales à la liberté. La raison en exige deux, parce qu'un témoin qui affirme, un accusé qui nie, font un partage; et il faut un tiers pour le vider.[8] » La loi ne mentionne ce principe que dans deux articles sous certaines conditions. L'article 706-62 du Code de procédure pénale dispose en effet qu'aucune condamnation ne peut être prononcée sur le seul fondement des déclarations recueillies dans les conditions prévues par les articles 706-58 et 706-61. La loi du 9 mars 2004 a prévu des dispositions identiques dès lors qu'il y a eu infiltration (C. pr. pén., art. 706-86 - V. s^{s} n° 22.95).

114.14 Audition du témoin séparée. L'article 102 du Code de procédure pénale indique que « les témoins sont entendus séparément, et hors la pré-

5. Desclozeaux, *Gaz. trib.* 4 nov. 1836.
6. GARRAUD, II, n° 373.
7. Sur tous ces points, v. GARRAUD, II, n°s 373, 374, 406.
8. Montesquieu, *Esprit des lois,* L. XII, chap. III.

sence du mis en examen, par le juge d'instruction assisté de son greffier. »

La présence du ministère public lors de l'audition d'un témoin ne constitue pas en soi une violation des droits de la défense[1]. L'audition non séparée des témoins par le juge d'instruction n'est pas une cause de nullité s'il n'en est résulté aucune violation des droits de la défense[2]. La loi du 9 mars 2004 a modifié le texte de l'article 102 en précisant que les témoins peuvent aussi être confrontés (v. s^s^ n° 73.13). Depuis l'entrée en vigueur de la loi du 15 juin 2000, le conseil d'une partie, en faisant une demande d'audition de témoin sur la base de l'article 82-1, peut demander que cet acte soit effectué en sa présence (v. s^s^ n° 43.24).

114.15 Audition du mineur victime : moyens audiovisuels. La loi du 5 mars 2007 a modifié le texte de l'article 706-52 du Code de procédure pénale issu de la loi du 17 juin 1998[3]. Trois modifications avec le texte précédent : le consentement du mineur ou, s'il n'était pas en état de le donner, de son représentant légal n'est plus nécessaire; l'enregistrement peut être sonore sur décision d'un magistrat seulement et non plus à la demande du mineur ou de son représentant légal; le procureur ou le juge d'instruction n'ont plus la possibilité de décider de ne pas y procéder. L'enregistrement du mineur victime devient définitivement la règle.

Le procureur de la République, le juge d'instruction ou l'officier de police judiciaire chargé de l'enquête ou agissant sur commission rogatoire peut requérir toute personne qualifiée pour procéder à cet enregistrement. Les dispositions de l'article 60 sont applicables à cette personne qui est tenue au secret professionnel dans les conditions de l'article 11. Il est par ailleurs établi une copie de l'enregistrement aux fins d'en faciliter la consultation ultérieure au cours de la procédure. Cette copie est versée au dossier. L'enregistrement original est placé sous scellés fermés. Sur décision du juge d'instruction, l'enregistrement peut être visionné ou écouté au cours de la procédure. Les huit derniers alinéas de l'article 114 du Code de procédure pénale ne sont pas applicables à l'enregistrement. La copie de ce dernier peut toutefois être visionnée par les avocats des parties au palais de justice dans des conditions qui garantissent la confidentialité de cette consultation (C. pr. pén., art. 706-52, issu de L. 17 juin 1998). Parallèlement, la chambre criminelle se montre sévère en ce qui concerne l'obligation qui est faite aux enquêteurs de motiver le défaut d'enregistrement audiovisuel des interrogatoires d'un mineur placé en garde à vue, non justifié par un obstacle insurmontable. Ce défaut porte nécessairement atteinte aux intérêts de ce mineur. L'impossibilité, avancée par les fonctionnaires de police, de réaliser l'enregistrement audiovisuel de ce mineur en raison d'un « problème informatique », ne suffit pas, en l'absence de toute autre précision, à caractériser la cause insurmontable qui justifierait l'omission de procéder à un tel enregistrement[4]. Il convient donc de se montrer prudent dans les autres matières dans lesquelles l'enregistrement audiovisuel est prévu : ainsi, en matière d'enregistrement des mineurs victimes.

Avec quelques années de recul sur l'application de cette loi, on constate que les enregistrements audiovisuels sont en augmentation constante. Au départ, les enquêteurs ont pu manifester des réticences : il est assez facile d'obtenir une réponse négative d'un enfant, cela dépend de la façon dont on pose la question. C'est paradoxalement l'obligation d'entendre les mineurs auteurs avec une procédure similaire qui a développé les moyens matériels dans les locaux de gendarmerie et les commissariats de police. Avec la loi du 5 mars 2007, l'accord du mineur ou de son représentant légal disparaît. L'audition par vidéo ne dispense pas de la rédaction d'un procès-verbal qui doit être le plus fidèle possible aux déclarations du mineur[5].

114.16 Audition du mineur victime : présence d'un psychologue. À propos de la procédure italienne, sensiblement différente de la nôtre, la Cour européenne des droits de l'Homme a pu rendre cette décision : « Lorsque le témoignage d'un enfant constitue le seul élément de preuve de la culpabilité, le justiciable doit disposer d'une possibilité adéquate d'exercer ses droits de la défense.

Mais dans le cas particulier des violences sexuelles, certaines mesures peuvent être prises afin de protéger la victime. Il en est ainsi lorsque les requérants et leurs avocats ont pu suivre l'interrogatoire de la victime derrière une vitre sans tain, et ont eu la possibilité de poser leurs questions, et que cet interrogatoire a été enregistré.

Il est possible de ne pas soumettre un enfant victime d'agressions sexuelles à une expertise psychologique, lorsque antérieurement cet enfant a été longuement observé par un psychologue des servi-

1. Crim. 19 juin 1990, *D.* 1991, jur. 15, note F. Coste.
2. Crim. 14 mars 1974, n° 73-93.274, *Bull. crim.*, n° 114.
3. L. n° 98-468, 17 juin 1998.
4. Crim. 3 avr. 2007, n° 06-87.264, *Bull. crim.*, n° 104; *Gaz. Pal.* 29 août/1er sept. 2007, jur. 8, note P. Gagnoud; *JCP* 2007, II, 10132, note J.-Y. Maréchal; *Dr. pén.* 2007, n° 109, note A. Maron; *D.* 2007, jur. 2141, note J. Pradel; *AJ Pénal* 2007, 287, note G. Royer; Crim. 12 juin 2007, n° 07-80.194, *Bull. crim.*, n° 155; *D.* 2007, AJ 1960; *JCP* 2007, IV, 2524.
5. V. Ch. Guéry, « De la difficile conjugaison entre la vidéo et l'écrit judiciaire », *Gaz. Pal.* 20/22 juin 1999, 4.

ces sociaux, et que rien ne permettait de mettre en doute la capacité de l'enfant à relater les expériences vécues, et que l'interrogatoire par le juge a été effectué avec l'assistance d'un expert en psychologie infantile. Lors d'un interrogatoire, il est possible pour le juge de s'éloigner tout en continuant à suivre l'interrogatoire derrière une vitre sans tain et de laisser le psychologue qui l'assiste poser des questions, à partir du moment où c'est bien le juge qui dirige l'interrogatoire et où son éloignement était une mesure visant à protéger la sérénité de la mineure interrogée »[1]. La question qui se présente assez fréquemment désormais est de savoir dans quelles conditions des tiers peuvent intervenir pour assister l'enfant dans le cabinet du juge d'instruction (ou devant les enquêteurs). La circulaire du 2 mai 2005, relative à l'amélioration du traitement judiciaire des procédures concernant les infractions de nature sexuelle[2], qui fait suite au rapport du groupe de travail présidé par le procureur général Viout après l'affaire d'Outreau, expose que la présence d'un tiers devrait être généralisée auprès de l'enfant. Le rôle exact de ce tiers est encore à définir. La Cour de cassation avait indiqué que la présence d'un psychothérapeute non psychologue était possible parce que l'accompagnateur était une « personne seulement admise à assister à l'audition d'un mineur, [qui] n'intervient nullement dans le déroulement de cet acte de procédure[3] ». Ce sont donc les limites de cette intervention qui mériteraient d'être mieux définies. De plus en plus, des protocoles sont mis en place dans lesquels un psychologue joue à la fois le rôle d'accompagnateur au sens de l'article 706-53 du Code de procédure pénale, mais est aussi chargé d'une mission d'expertise, même si elle est souvent déguisée dans la rédaction d'un procès-verbal d'assistance à l'entretien. Cette dualité ne manquera pas d'être un jour discutée par la défense.

SECTION 2
AUDITION DE LA PARTIE CIVILE

114.21 L'audition de la partie civile est le mode d'instruction, par un magistrat désigné à cet effet, par voie de questions posées, d'interpellations faites, d'objections soulevées, d'argumentations opposées à une personne qui, se prétendant victime d'une infraction, a porté plainte dans les conditions définies à l'article 85 du Code de procédure pénale ou qui a fait la déclaration prévue à l'article 87 du même code. La partie civile ne peut plus être entendue comme témoin à partir du moment où elle s'est constituée. Les droits de la partie civile pendant l'audition sont les mêmes que ceux de la personne mise en examen.

114.22 Garde à vue de la partie civile. Il n'y a pas d'obstacle à ce que la partie civile soit placée en garde à vue dès lors que ce n'est pas en sa qualité de plaignant mais de personne soupçonnée que la décision est prise. Le statut de partie civile ne saurait offrir en lui-même ce genre de protection.

SECTION 3
INTERROGATOIRE DE LA PERSONNE MISE EN EXAMEN

114.31 Définition. L'interrogatoire, selon le Code de procédure pénale, est le mode d'instruction d'une affaire par voie de questions posées aux inculpés par un magistrat désigné à cet effet[4] (v. s[s] n°s 111.13, 111.14).

114.32 L'interrogatoire est un acte d'autorité. Le juge dirige l'interrogatoire comme il l'entend sous réserve de ne pas user de procédés déloyaux et notamment de contrainte physique ou morale[5]. Le juge ayant la maîtrise de la conduite de l'interrogatoire peut l'interrompre quand il le juge bon.

Si depuis l'entrée en vigueur de la loi du 15 juin 2000, le pouvoir discrétionnaire du juge d'accepter ou de refuser des questions semble légèrement amoindri, puisqu'il ne peut s'opposer qu'aux questions de nature à nuire au bon déroulement de l'information ou à la dignité de la personne, le magistrat instructeur conserve toutefois la maîtrise de la conduite de l'entretien et peut donner la parole au conseil quand il le juge bon. En général, l'avocat est invité à poser des questions à la fin de l'interrogatoire mais il peut aussi y être invité dans les interrogatoires longs, à la fin de chaque partie. Il peut aussi solliciter du juge la possibilité de poser une question à tout moment. Il appartient au magistrat de l'y autoriser ou de le lui refuser.

114.33 La requalification criminelle en cours d'information. Le législateur de 2004 a apporté une précision en ce qui concerne la requalification en cours d'information en introduisant un article 118 dans le Code de procédure pénale ainsi rédigé : « S'il apparaît au cours de l'information que les faits reprochés à la personne mise en examen sous

1. CEDH 3e sect., 20 janv. 2005, n° 30598/02, Accardi c/ Italie.
2. Circ. 2 mai 2005, relative à l'amélioration du traitement judiciaire des procédures concernant les infractions de nature sexuelle, NOR : JUS.D 05-30075 C.
3. Crim. 3 oct. 2001, n° 01-84.910, *Bull. crim.*, n° 199.
4. Crim. 2 mars 1972, n° 70-91.182, *Bull. crim.*, n° 82.
5. Ch. Réun., 31 janv. 1888, *S.* 1889, 1, 241.

une qualification correctionnelle constituent en réalité un crime, le juge d'instruction notifie à la personne, après l'avoir informée de son intention et avoir recueilli ses éventuelles observations et celles de son avocat, qu'une qualification criminelle est substituée à la qualification initialement retenue. À défaut de cette notification, il ne peut être fait application des dispositions de l'article 181. » Le texte précise aussi que lors de cette notification, le juge d'instruction peut faire connaître à la personne un nouveau délai d'achèvement de l'information (C. pr. pén., art. 118, al. 3). Le texte ne fait que renforcer l'idée selon laquelle on ne peut renvoyer une personne pour des faits plus graves que ceux pour lesquels elle a été placée en examen (v. s[s] n° 214.61).

Nous ne pensons pas que ce texte puisse pour autant être interprété *a contrario*, en ne tenant compte que de la spécificité de modification correctionnelle/criminelle. Il ne semble pas qu'on puisse renvoyer pour vol aggravé quelqu'un qui aurait été mis en examen pour vol simple. Le législateur a, semble-t-il, introduit cette disposition au regard de la difficulté tenant au mandat de dépôt. Le texte précise en effet dans un alinéa second de l'article 118 « si la personne était placée en détention provisoire, le mandat de dépôt initialement délivré demeure valable et est considéré comme un mandat de dépôt criminel. La détention provisoire se trouve alors soumise aux règles applicables en matière criminelle, les délais prévus pour la prolongation de la mesure étant calculés à compter de la délivrance du mandat ». Cette disposition ne fait que conforter la pratique antérieure. Il s'agit en effet ici de la situation contraire à celle qui est prévue par l'article 146 du Code de procédure pénale. La jurisprudence de la chambre criminelle qui considère que la détention est unique dans la même procédure conduisait déjà à ne pas solliciter un nouveau mandat de dépôt lorsque la qualification était aggravée, la détention se trouvant soumise dès ce changement de qualification au nouveau régime. On s'étonnera toutefois de l'emplacement choisi par le législateur pour cette disposition qui concerne plus les règles de renvoi et de détention que l'interrogatoire. La loi du 5 mars 2007 ayant instauré un pôle de l'instruction dans certaines juridictions, en charge des affaires criminelles, il était logique qu'en cas de criminalisation, une procédure particulière soit mise en place. C'est pourquoi un alinéa a été ajouté à l'article 118, ainsi rédigé : « Si l'information a été ouverte au sein d'une juridiction dépourvue de pôle de l'instruction, le juge d'instruction, aussitôt après avoir procédé aux formalités prévues par le présent article, se dessaisit au profit d'un juge du pôle de l'instruction compétent, désigné par le président du tribunal de grande instance dans lequel se trouve ce pôle. » Les requalifications criminelles en cours d'information, déjà assez peu courantes, pourraient encore se raréfier si le juge d'instruction d'une juridiction sans pôle sait qu'il perdra ainsi le dossier.

114.34 **Moyens audiovisuels.** La loi du 15 novembre 2001, modifiée ensuite par celle du 9 septembre 2002 puis par celle du 9 mars 2004 a mis en place progressivement les possibilités d'audition, interrogatoire ou confrontation par le biais de moyens audiovisuels, les différents intervenants étant en des lieux différents. Les « différents points de la République » doivent être reliés par des moyens de télécommunications garantissant la confidentialité de la transmission. Dans les mêmes conditions, la présentation aux fins de prolongation de la garde à vue ou de la retenue judiciaire peut être réalisée par l'utilisation de moyens de télécommunication audiovisuelle. Il est alors dressé, dans chacun des lieux, un procès-verbal des opérations qui y ont été effectuées. Ces opérations peuvent faire l'objet d'un enregistrement audiovisuel ou sonore, les dispositions des quatrième à neuvième alinéas de l'article 706-52 sont alors applicables. En cas de nécessité, résultant de l'impossibilité pour un interprète de se déplacer, l'assistance de l'interprète au cours d'une audition, d'un interrogatoire ou d'une confrontation peut également se faire par l'intermédiaire de moyens de télécommunications. Les dispositions du présent article sont également applicables pour l'exécution simultanée, sur un point du territoire de la République et sur un point situé à l'extérieur, de demandes d'entraide émanant des autorités judiciaires étrangères ou des actes d'entraide réalisés à l'étranger sur demande des autorités judiciaires françaises.

La loi du 9 mars 2004 a élargi le champ d'application de ces moyens audiovisuels à la procédure de jugement, à certains cas concernant la détention provisoire et a précisé que l'avocat pouvait se trouver soit auprès de la juridiction compétente, soit auprès de l'intéressé (v. aussi s[s] n° 111.48, 111.49, 142.21 et 143.29).

SECTION 4
TECHNIQUES D'INTERROGATOIRE ?

114.41 **L'interrogatoire renvoie à l'éthique du juge.** Si le Code de procédure pénale est particulièrement prolixe en ce qui concerne les règles de convocation du conseil, de mise à disposition de la procédure, de copies de pièces (C. pr. pén., art. 114), il n'en est pas de même pour tout ce qui a trait à l'entretien lui même, qui n'est pratiquement pas codifié, si l'on excepte les dispositions de l'article 120 relatives aux possibilités pour l'avocat de poser des questions ou de faire des observations.

Dans ce cadre, il appartient au juge de permettre à l'entretien de se dérouler dans des conditions qui sauvegardent le respect de la dignité de la personne entendue, quels que soient les faits qui lui sont reprochés. Cette exigence passe par une notion première qu'on peut appeler le respect et qui peut se décliner dans différents temps de l'interrogatoire : l'accueil, la façon de poser les questions, l'écoute, la fidélité de la retranscription, *etc.* Elle passe aussi par l'interdiction de certaines pratiques telles que mensonge, chantage, menaces... Les capacités d'écoute du magistrat instructeur sont sans doute une de ses premières qualités (v. s[s] n°s 13.71 à 13.83).

114.42 Cadre général. Interroger c'est poser des questions et il y a de nombreuses façons de se livrer à cet exercice. Il ne s'agit pas dans le cadre de cet ouvrage de procéder à une étude détaillée du sujet[1]. La préparation de l'interrogatoire, et d'une façon plus générale la connaissance parfaite du dossier est à l'évidence une garantie première de sa tenue. Le juge qui ne prépare pas de façon satisfaisante son dossier, qui interroge en feuilletant continuellement les pages à la recherche de la question suivante peut s'en sortir convenablement s'il est habile, mais connaîtra forcément des difficultés si cela devient sa pratique courante.

Aujourd'hui l'informatique permet de préparer en traitement de texte les questions qui seront posées. Les juges d'instruction qui maîtrisent cet outil peuvent préparer leurs interrogatoires en les dactylographiant préalablement. Les questions figurent déjà au procès-verbal, ce qui peut constituer un gain de temps. Le juge doit savoir aussi s'en écarter pour y intégrer d'autres questions selon les réponses qui lui sont faites, voire modifier l'ordre dans lequel les questions seront posées. Dans un certain nombre de cas, il peut être intéressant pour le magistrat de situer d'emblée le cadre dans lequel se déroulera l'interrogatoire. C'est le cas le plus souvent lors des confrontations s'il souhaite conserver une maîtrise très serrée sur ce qui pourra être dit; il avertira alors les personnes présentes que chacune ne devra s'adresser qu'à lui et à son tour. Mais il existe aussi des confrontations où il ne le fera pas, préférant juger les effets d'une plus grande liberté dans la prise de parole...

114.43 Formulation des questions. Le sujet est vaste. La typologie proposée ici est simplifiée. On peut distinguer les questions ouvertes, des questions semi-ouvertes, des questions fermées.

La question fermée oblige le plus souvent à répondre par oui ou par non, ou induit un cadre énonciatif tel qu'il peut être suggestif. La question semi-ouverte, tout en comportant des éléments d'énoncé, laisse une marge de réponse plus importante. La question ouverte laisse le champ libre. On peut estimer ainsi que la question « y a-t-il eu 2 ou 3 coups de feu ? » est fermée, « y a-t-il eu plusieurs coups de feu ? » est semi-ouverte et « combien y a-t-il eu de coups de feu » est ouverte (à condition toutefois que l'existence de coups de feu soit établie). On comprend aisément que la façon de poser la question n'est pas sans conséquence sur la réponse. Cela peut être d'autant plus vrai que la personne qui répond peut souhaiter fournir une réponse à tout prix, soit parce qu'elle est « censée » pouvoir le faire (elle l'a dit une première fois, elle ne veut pas se dédire), soit parce que son âge la conduit à considérer que lorsqu'un adulte pose une question, c'est qu'il y a une réponse (les témoignages d'enfants, victimes ou non[2]). La question peut aussi être plus ou moins suggestive, c'est-à-dire comprendre ou non dans son énoncé une incitation à la formulation d'une certaine réponse. Si l'on reprend l'exemple cité ci-dessus, la question « et vous avez entendu deux coups de feu ? » est non seulement fermée puisqu'elle n'autorise qu'une réponse par oui ou par non, mais aussi suggestive puisqu'elle semble déjà sous-entendre que la bonne réponse est celle de l'énoncé. Il est donc relativement facile de classifier les questions posées selon la liberté ouverte à celui auquel on la pose. Il est habituel de prétendre que pour certains entretiens il est préférable de procéder à partir de questions non suggestives et les plus ouvertes possibles. C'est le cas de l'audition d'enfant victime et on pourrait sans doute généraliser la proposition. Mais il faut tenir compte de plusieurs autres facteurs. L'entretien le moins directif est souvent le plus long puisqu'il donne à la personne la possibilité de répondre dans un champ très ouvert. Par ailleurs, il ne faut pas croire que l'entretien non suggestif, et par exemple de l'enfant victime, est toujours possible. Devant un enfant qui ne dit rien spontanément sur les faits qui intéressent le juge, celui-ci aura beau lui demander de lui raconter ses dernières vacances, de lui expliquer comment « ça se passe en classe » ou s'il a des copains, il arrive un moment où on devra « donner de l'information » dans la question pour en apprendre plus... Ce n'est pas forcément catastrophique et l'enfant sait bien le plus souvent qu'il n'est pas là pour parler de ses vacances... La validité de l'entretien passera alors bien plus par la fidélité de la retranscription.

1. V. S. Portelli et S. Clément, *L'interrogatoire,* Sofiac, 2001.

2. Sur ce sujet v. P. Roperch, « L'audition de l'enfant victime », dans TPJI, SOFIAC 1999.

114.44 Retranscription des questions. La loi du 15 juin 2000 a modifié l'article 429 du Code de procédure pénale en précisant que « tout procès-verbal d'interrogatoire ou d'audition doit comporter les questions auxquelles il est répondu ». Cette exigence vaut aussi bien pour les interrogatoires des enquêteurs que pour les entretiens menés par le magistrat instructeur.

La nouveauté ne change pas grand-chose à la pratique habituelle d'un certain nombre de magistrats, habitués à noter les questions qu'ils posent. En revanche, pour d'autres, la modification est importante car certaines pratiques « simplifiaient » la retranscription au point de se contenter de procéder par des interpellations transcrites par la simple mention « S.I. », c'est-à-dire « sur interpellation » ou « sur interrogation ». Si cette façon de procéder présentait l'avantage de la rapidité, elle occultait toutefois la façon précise dont le juge avait posé la question, voire permettait de mettre dans la bouche de celui qui répondait des mots utilisés uniquement par celui qui interrogeait, d'où une dérive possible pouvant aller jusqu'à une non-concordance complète entre ce qui a été dit (des réponses affirmatives, des hochements de tête affirmatifs) et ce qui est retranscrit (Je reconnais avoir étranglé... sur un exemple précis[1]). La retranscription fidèle de la question permet à ceux qui lisent le dossier par la suite de savoir exactement à quelle interrogation il a été répondu.

Selon la chambre criminelle, le respect des dispositions de l'article 429 du Code de procédure pénale n'est pas prescrit à peine de nullité[2].

114.45 Technique de retranscription. Il existe deux techniques traditionnelles de retranscription utilisées par les magistrats instructeurs.

La première dite « retranscription simultanée » consiste à dicter au greffier au fur et à mesure des réponses qui sont faites. En général le juge pose la question, entend la réponse et dicte alors la question et la réponse. Ne dicter que la question ouvrirait un délai trop grand permettant à la personne de réfléchir tout à loisir et hacherait trop l'interrogatoire.

L'autre méthode dite « retranscription différée » consiste à écouter la personne pendant un certain temps et à dicter ensuite. Cette méthode peut-elle même présenter de notables différences selon les magistrats. Certains notent scrupuleusement à la main le contenu de ce qui est dit pour le retranscrire le plus fidèlement possible, d'autres ne notent pas ou peu et retranscrivent une synthèse parfois plus « impressionniste » que reflétant la réalité de ce qui s'est dit.

Les deux méthodes ont leurs avantages et leurs inconvénients : la méthode simultanée est peut-être plus proche de la parole énoncée puisqu'elle la suit immédiatement. Mais elle peut empêcher la personne de se laisser entraîner par son discours. La méthode différée permet en revanche un entretien plus interactif, avec des questions et réponses qui ne s'arrêtent qu'à la fin de l'audition ou à la fin d'une partie de celle-ci. Elle peut engendrer toutefois plus de « déperdition » dans ce qui sera finalement rapporté. En fait, chaque méthode peut avoir son intérêt en fonction de la nature de l'interrogatoire : une première comparution pour meurtre se fera plus volontiers en « différé », en laissant la personne s'exprimer spontanément le plus possible et en ne dictant qu'à la fin; un interrogatoire financier pourra lui se construire question par question... D'une façon générale, c'est la fidélité à ce qui se dit qui nous paraît la qualité première de la retranscription. La méthode synthétique nous semble à proscrire.

114.46 Le langage utilisé doit lui aussi être fidèle. On connaît de ces procès-verbaux d'enquête dans lesquels toutes les personnes entendues s'expriment comme les enquêteurs. Le juge d'instruction doit éviter de faire parler son interlocuteur comme lui.

Il faut éviter au président de la Cour d'assises ou du tribunal correctionnel de penser qu'il va avoir affaire à quelqu'un qui s'exprime parfaitement alors que la personne use seulement de quelques centaines de mots. Il faut donner toute sa valeur à la phrase écrite et pouvoir dire à quelqu'un « Monsieur, devant le juge d'instruction vous avez dit que... », sans que la personne puisse répondre que c'est faux, qu'elle ne comprend même pas ce mot-là, *etc.* Pour autant, il n'est pas indispensable que chaque faute grammaticale, chaque erreur de langage, soit reprise systématiquement, ce qui pourrait apparaître alors comme vexatoire. Mais le lecteur doit aussi savoir à peu près quelles sont les capacités verbales de celui qui s'est exprimé.

114.47 Des mentions peuvent apparaître dans le procès-verbal. Dans le souci de faire partager au lecteur du procès-verbal l'ambiance dans laquelle l'entretien s'est déroulé, il est possible au magistrat de noter des mentions, attestant de ce qu'il s'est passé telle ou telle chose.

La mention la plus fréquente est celle qui indique que l'avocat entre ou sort du bureau du juge... Mais il est aussi possible de mentionner si la personne se met à pleurer, si elle reste longtemps silencieuse

1. V. Gilles Perrault, *Le pull over rouge,* Fayard – Et les interrogatoires de Christian Ranucci, relatés par son avocat.
2. Crim. 21 sept. 2005, n° 04-85.149, NP, *Procédures* 2005, comm n° 291, obs. J. Buisson; *AJ Pénal* 2006, 128, obs. G. Roussel.

avant de répondre ou si elle se contente de hocher la tête. Les mentions doivent pourtant demeurer les plus objectives possibles : la nervosité, l'angoisse de la personne mise en examen ou du témoin ne sont pas des manifestations qu'il apparaît possible de noter, hors de circonstances particulières. Et même la rédaction de la mention doit être la plus neutre possible : il vaut mieux noter un « temps de silence » qu'une « hésitation », qui dénote déjà une interprétation plus subjective.

TITRE

12. Les mandats de justice

SECTION 0
ORIENTEUR

120.00 Plan du titre.

Chap. 121	**Caractères généraux des différents mandats**
Sect. 1	Nature des mandats de justice
Sect. 2	Contre quelle personne un mandat peut-il être délivré ?
Sect. 3	Conditions de validité : conditions de forme
Sect. 4	Exécution des mandats
Sect. 5	Sanctions des formalités légales
Sect. 6	Mainlevée des mandats
Chap. 122	**Mandat de comparution**
Sect. 1	Définition
Sect. 2	Mise à exécution du mandat de comparution
Chap. 123	**Mandat d'amener**
Sect. 1	Règles de fond
Sect. 2	Exécution à plus ou moins de 200 km
Chap. 124	**Mandat de recherche**
Sect. unique	Règles applicables au mandat de recherche
Chap. 125	**Mandat d'arrêt**
Sect. 1	Règles de fond
Sect. 2	Exécution à plus ou moins de 200 kilomètres
Sect. 3	Mandat d'arrêt et validité du renvoi devant la juridiction de jugement
Chap. 126	**Mandat d'arrêt « international »**
Sect. 1	Mandat d'arrêt et coopération internationale
Sect. 2	Mandat d'arrêt européen
Chap. 127	**Mandat de dépôt**
Sect. 1	Évolution législative
Sect. 2	Caractéristiques

120.01 Textes applicables.

C. pr. pén., art. 70, 77-4, 122 à 136, 141-2, 143-1, 147, 176, 181, 695-11 à 695-14, 695-18, 695-22, 695-23, 695-24, 696-6, 696-36, 706-21, 716-4, 803-2, 803-3, 803-4.

C. pr. pén., art. R. 181.

Conv. européenne d'extradition, 13 déc. 1957, art. 14.

120.02 Jurisprudence de référence.

CEDH 23 nov. 1993, n° 14032/88, Poitrimol, série A; *Dr. pén.* 1994, comm. 97.

Crim. 25 juill. 1979, n° 79-91.843, *Bull. crim.,* n° 252.

Crim. 1er déc. 1966, n° 66-93.235, *Bull. crim.,* n° 275.

Crim. 26 sept. 1986, n° 86-93.821, n° 86-93.822, *Bull. crim.,* n° 261.

Crim. 11 mars 1994, n° 93-85.745, *Bull. crim.,* n° 81.

Crim. 14 mai 2002, n° 02-80.721, *Bull. crim.,* n° 111.

Crim. 3 juin 2003, n° 03-81.482, *Bull. crim.,* n° 112; *AJ pénal* 2003, 71; *JCP* 2003, IV, 2367.

Crim. 30 mars 2004, n° 02-85.180, n° 03-83.598, *Bull. crim.,* n° 80; *JCP* 2004, IV, 2060.

Crim. 14 févr. 2006, n° 05-86.058, *Bull. crim.,* n° 39, *AJ pénal* 2006, 176, obs. C. Girault.

Crim. 3 avr. 2007, n° 06-89.315, *Bull. crim.,* n° 103, *AJ pénal* 2007, jur. 428, note J. Leblois-Happe.

120.03 Bibliographie indicative. (V. les références complètes s[s] n° 03.)

Actualisables. RÉP. PÉN., Guéry, « Mandats » – J.-CL. PÉN., Dumont, « Mandats » – TPJI, Labregère P., « La coopération internationale ».

Articles. Cohen C., « Le mandat d'arrêt européen : mirage ou faux semblant ? », *Gaz. Pal.* 9 avr. 2002, p. 27 – Commaret D., « Le mandat d'arrêt européen », *RSC* 2005, 326 s. – De Gentili-Picard L., « La mise en œuvre du mandat d'arrêt européen en France », *JCP* 2004, I, 168 – Enderlin C.-S., « Le mandat d'arrêt européen et son application en Europe », *AJ pénal* 2006, 24 – Guéry Ch., « Mandats et suspects », *AJ pénal* 2004, 346 – Jégouzo I., « Le mandat d'arrêt européen ou la première concrétisation de l'espace judiciaire européen », *Gaz. Pal.* 21/22 juill. 2004, doctr. p. 2 – Kriegk J.-Fr., « Le mandat d'arrêt européen et les projets de lutte contre le terrorisme », *LPA* 22 mai 2002, doctr. p. 12 – Le Gall, « Mandats d'arrêt et mandats d'amener », *Gaz. Pal.* 1985, 1, doctr. 117 – Lainé S., « Le mandat d'arrêt européen », *AJ pénal* 2006, 9 – Leblois-Happe J., « L'arrêt de la Cour constitutionnelle allemande du 18 juillet 2005 », *AJ pénal* 2006, p. 32 – Lemoine P., « Le mandat d'arrêt européen devant la chambre criminelle », *AJ pénal* 2006, 14; « La jurisprudence de la chambre criminelle en matière de mandat d'arrêt européen », *BICC* n° 698, p. 6 – Malabat V., « Observations sur la nature du mandat d'arrêt européen », *Dr. pén.* 2004, ét. n° 17 – Pradel J., « Le mandat d'arrêt européen, un premier pas vers une révolution copernicienne dans le droit français de l'extradition », *D.* 2004, chron. 1392 – Senatore A., « Le mandat d'arrêt européen et les procédures de remise entre États membres de l'Union européenne », *JCP* 2002, act. p. 1773 – Taupiac. G., « Étude sur l'expérience et la pertinence du mandat d'arrêt européen », *Dr. pén.* 2006, ét. n° 15.

120.04 Évolution. Traditionnellement les mandats de justice sont le moyen pour le juge d'instruction de faire comparaître devant lui l'inculpé qui s'y refuse, de le faire rechercher s'il a disparu et de le garder en détention s'il est susceptible de fuir. Dans l'ancien droit, les mandats prenaient le nom de « décrets » (ord. 1670, titre X). On distinguait le décret « d'assigné pour être ouï », le décret « d'ajournement personnel », et le décret de « prise de corps », lequel n'était décerné qu'au cas de crime puni de peine afflictive et infamante.

Nos mandats actuels tirent leur origine du droit intermédiaire. Les lois des 19 juillet et 16 septembre 1791 ont institué le mandat d'amener et le mandat d'arrêt; le C. du 3 brum. an IV, le mandat de comparution et la loi du 7 pluviôse an IV, le mandat de dépôt.

Le Code d'instruction criminelle dans ses articles 91 à 112, a adopté ces quatre mandats. Le mandat de comparution et le mandat d'amener remplacent l'ancien décret « d'assigné pour être ouï ». Les mandats de dépôt et d'arrêt ont été substitués au décret de « prise de corps ». Le décret « d'ajournement personnel » n'a pas d'équivalent actuel. Les dispositions du Code d'instruction criminelle ont été successivement modifiées, sur certains points, par les lois des 4 avril 1855, 14 juillet 1865 et 8 décembre 1897.

Elles ont été reprises, sans grande modification de fond, par les articles 122 à 136 du Code de procédure pénale, qui les ont clarifiées. Cependant, l'emploi du mandat de dépôt et du mandat d'arrêt a nettement été différencié.

La loi du 17 juillet 1970, qui a institué le contrôle judiciaire et modifié le régime légal de la détention a laissé pratiquement intactes les conditions de forme et de fond des mandats. Elle a seulement pour partie remanié les articles 133 et 135, quant au placement en détention en matière correctionnelle, qui ne peut plus résulter que d'une ordonnance. Les lois du 29 décembre 1972 et 6 août 1975 ont modifié quelques détails de procédure. La loi du 9 juillet 1984 a modifié l'exécution des mandats sur quelques points et accru les garanties de l'inculpé lors de son placement en détention. La loi du 6 juillet 1989, a étendu aux matières criminelles la nécessité d'une ordonnance pour opérer le placement en détention. Les lois des 4 janvier et 24 août 1993 n'ont modifié que sur des détails de rédaction les articles 122 à 136 du Code de procédure pénale. Toutefois la délivrance de l'un des mandats prévus par ces textes est devenue un mode de mise en examen de la personne poursuivie, par l'effet de la loi du 24 août 1993 [C. pr. pén., anc. art. 80-1, al. 2]. D'une façon générale on peut dire que la prolifération des lois de procédure a beaucoup moins touché les mandats que la détention provisoire.

L'entrée en vigueur de la loi du 15 juin 2000 a pourtant modifié assez profondément leurs effets. La délivrance d'un mandat n'entraîne même plus obligatoirement la mise en examen subséquente de la personne visée. Par ailleurs, ce n'est plus le juge d'instruction qui est habilité à délivrer le mandat de dépôt mais le juge des libertés et de la détention (v. s^s n°s 127.11 s.).

La loi du 9 mars 2004 a encore modifié la matière en inventant un nouveau mandat : le mandat de recherche, qui a pour but de rechercher une personne pour la placer en garde à vue. Ce mandat peut aussi être délivré par le ministère public. La loi du 9 mars 2004 met aussi en œuvre la procédure française applicable pour la délivrance et l'exécution d'un mandat européen.

120.05 Rapport du Comité de réflexion sur la justice dit Rapport Léger. Les actes coercitifs relevant de la compétence du JEL, c'est celui-ci qui pourra, sur la demande du procureur de la République, délivrer des mandats d'amener, d'arrêt ou de dépôt. (rapp., p. 12). Sur le mandat d'amener, v. s^s n° 123.05.

CHAPITRE

121. Caractères généraux des différents mandats

SECTION 0
ORIENTEUR

121.00 **Plan du chapitre.**

Sect. 1 Nature des mandats de justice

Sect. 2 Contre quelle personne un mandat peut-il être délivré ?

Sect. 3 Conditions de validité : conditions de forme

Sect. 4 Exécution des mandats

Sect. 5 Sanctions des formalités légales

Sect. 6 Mainlevée des mandats

121.01 **Textes applicables.**

C. pr. pén., art. 122, 123, 124, 136.

C. pr. pén., art. 122 [L. n° 2004-204, 9 mars 2004]

Le juge d'instruction peut, selon les cas, décerner mandat de recherche, de comparution, d'amener ou d'arrêt. Le juge des libertés et de la détention peut décerner mandat de dépôt.

Le mandat de recherche peut être décerné à l'égard d'une personne à l'encontre de laquelle il existe une ou plusieurs raisons plausibles de soupçonner qu'elle a commis ou tenté de commettre une infraction. Il ne peut être décerné à l'égard d'une personne ayant fait l'objet d'un réquisitoire nominatif, d'un témoin assisté ou d'une personne mise en examen. Il est l'ordre donné à la force publique de rechercher la personne à l'encontre de laquelle il est décerné et de la placer en garde à vue.

Le mandat de comparution, d'amener ou d'arrêt peut être décerné à l'égard d'une personne à l'égard de laquelle il existe des indices graves ou concordants rendant vraisemblable qu'elle ait pu participer, comme auteur ou complice, à la commission d'une infraction, y compris si cette personne est témoin assisté ou mise en examen.

Le mandat de comparution a pour objet de mettre en demeure la personne à l'encontre de laquelle il est décerné de se présenter devant le juge à la date et à l'heure indiquées par ce mandat.

Le mandat d'amener est l'ordre donné à la force publique de conduire immédiatement devant lui la personne à l'encontre de laquelle il est décerné.

Le mandat d'arrêt est l'ordre donné à la force publique de rechercher la personne à l'encontre de laquelle il est décerné et de la conduire devant lui après l'avoir, le cas échéant, conduite à la maison d'arrêt indiquée sur le mandat, où elle sera reçue et détenue.

Le juge d'instruction est tenu d'entendre comme témoins assistés les personnes contre lesquelles il a été décerné un mandat de comparution, d'amener ou d'arrêt, sauf à les mettre en examen conformément aux dispositions de l'article 116. Ces personnes ne peuvent pas être mises en garde à vue pour les faits ayant donné lieu à la délivrance du mandat.

Le mandat de dépôt peut être décerné à l'encontre d'une personne mise en examen et ayant fait l'objet d'une ordonnance de placement en détention provisoire. Il est l'ordre donné au chef de l'établissement pénitentiaire de recevoir et de détenir la personne à l'encontre de laquelle il est décerné. Ce mandat permet également de rechercher ou de transférer la personne lorsqu'il lui a été précédemment notifié.

C. pr. pén., art. 123 [L. n° 2004-204, 9 mars 2004]

Tout mandat précise l'identité de la personne à l'encontre de laquelle il est décerné ; il est daté et signé par le magistrat qui l'a décerné et est revêtu de son sceau.

Les mandats d'amener, de dépôt, d'arrêt et de recherche mentionnent en outre la nature des faits imputés à la personne, leur qualification juridique et les articles de loi applicables.

Le mandat de comparution est signifié par huissier à celui qui en est l'objet ou est notifié à celui-ci par un officier ou agent de la police judiciaire, ou par un agent de la force publique, lequel lui en délivre copie.

Le mandat d'amener, d'arrêt ou de recherche est notifié et exécuté par un officier ou agent de la police judiciaire ou par un agent de la force publique, lequel en fait l'exhibition à la personne et lui en délivre copie.

Si la personne est déjà détenue pour une autre cause, la notification lui est faite comme il est dit à l'alinéa précédent, ou, sur instructions du procureur de la République, par le chef de l'établissement pénitentiaire qui en délivre également une copie.

Les mandats d'amener, d'arrêt et de recherche peuvent, en cas d'urgence être diffusés par tous moyens.

Dans ce cas, les mentions essentielles de l'original et spécialement l'identité de la personne à l'encontre de laquelle il est décerné, la nature des faits qui lui sont imputés et leur qualification juridique, le nom et la qualité du magistrat mandant doivent être précisés. L'original ou la copie du mandat est transmis à l'agent chargé d'en assurer l'exécution dans les délais les plus brefs.

C. pr. pén., art. 124
Les mandats sont exécutoires dans toute l'étendue du territoire de la République.

C. pr. pén., art. 136 [L. n° 2004-204, 9 mars 2004]
L'inobservation des formalités prescrites pour les mandats de comparution, d'amener, de dépôt, d'arrêt et de recherche peut donner lieu à des sanctions disciplinaires contre le juge d'instruction, le juge des libertés et de la détention ou le procureur de la République.

Ces dispositions sont étendues, sauf application de peines plus graves, s'il y a lieu, à toute violation des mesures protectrices de la liberté individuelle prescrites par les articles 56, 57, 59, 96, 97, 138 et 139.

Dans les cas visés aux deux alinéas précédents et dans tous les cas d'atteinte à la liberté individuelle, le conflit ne peut jamais être élevé par l'autorité administrative et les tribunaux de l'ordre judiciaire sont toujours exclusivement compétents.

Il en est de même dans toute instance civile fondée sur des faits constitutifs d'une atteinte à la liberté individuelle ou à l'inviolabilité du domicile prévue par les articles 432-4 à 432-6 et 432-8 du Code pénal, qu'elle soit dirigée contre la collectivité publique ou contre ses agents.

121.02 Jurisprudence de référence.
• La délivrance d'un mandat d'arrêt par le juge d'instruction ne confère pas, à celui qui en est l'objet, la qualité de personne mise en examen.

Crim. 14 mai 2002, n° 02-80.721, *Bull. crim.,* n° 111.
« Attendu qu'Arcadi A... fait l'objet d'un mandat d'arrêt délivré par le juge d'instruction, devant lequel il n'a jamais comparu;

Attendu qu'en cet état, et bien qu'il ait été avisé, à tort, de la date de l'audience de la chambre de l'instruction, l'intéressé ne tenait d'aucune disposition légale ou conventionnelle le droit de former un pourvoi en cassation contre l'arrêt attaqué;

Qu'en effet, d'une part, il résulte de l'article 567 du Code de procédure pénale que seules les parties au procès sont recevables à se pourvoir en cassation;

Que, d'autre part, selon les dispositions de l'article 134, alinéa 3, du même code, dans leur rédaction issue de la loi du 15 juin 2000, applicables en la cause, la délivrance d'un mandat d'arrêt par le juge d'instruction ne confère pas, au cours de l'information, à celui qui en est l'objet, la qualité de personne mise en examen. »

121.03 Bibliographie indicative. (V. les références complètes s^s n° 03.)

Actualisables. Rép. pén., Guéry, « Mandats » – J.-Cl. pén., Dumont, « Mandats ».

Ouvrages. Bouloc, *L'acte d'instruction,* thèse, 1965, Lgdj – Hélie F., IV, n°s 1961 et 1969 à 1971 – Garraud, III, n° 822.

Articles. Guéry Ch., « Mandats et suspects », *AJ pénal* 2004, 346 – Le Gall, « Mandats d'arrêt et mandats d'amener », *Gaz. Pal.* 1985, 1, doctr. 117.

121.06 Questions essentielles.
• L'une des innovations récentes les plus étonnantes pour « l'ancien » juge d'instruction résulte de la combinaison des règles régissant les mandats et de celles gouvernant la mise en examen : un mandat peut désormais – et c'est une révolution – être délivré contre une personne qui ne sera pas mise en examen. Il n'en sera pas moins valable pour autant.
* V. s^s n°s 121.23 et 121.24.

SECTION 1
NATURE DES MANDATS DE JUSTICE

121.11 Distinction. Les mandats se divisent traditionnellement en deux catégories. Le mandat de comparution et le mandat d'amener ont seulement pour but de faire comparaître la personne mise en examen devant le juge d'instruction pour permettre à celui-ci de l'interroger. On peut désormais ajouter à cette catégorie le mandat de recherche créé par la loi du 9 mars 2004 dont le but est le placement en garde à vue de la personne recherchée. Le mandat de dépôt et le mandat d'arrêt permettent l'incarcération du prévenu et le constituent en état de détention provisoire. Aujourd'hui, en toute matière, le mandat de dépôt ne peut être décerné qu'en exécution de l'ordonnance de placement en détention.

121.12 Champ d'application. Aux termes de l'article 91 du Code d'instruction criminelle, tout mandat, même le mandat de comparution, ne pouvait être délivré qu'en matière criminelle ou correctionnelle. Aucun ne pouvait l'être en matière de contravention[1]. Le mandat d'amener, en cas de contravention, constituait un excès de pouvoir[2]. Que faut-il décider aujourd'hui, alors que les contraventions peuvent faire l'objet d'une information ? Toute restriction légale a disparu. L'article 122 indique, sans autre précision, que « le juge d'instruction peut, selon les cas, décerner mandat de comparution ou d'amener... ». Il semble que le mandat de comparution, qui n'est qu'un ordre de se présenter, ne fasse aucune difficulté.

1. Garraud, III, n° 822.
2. Crim. 19 avr. 1806, *Bull. crim.,* n° 59.

L'article 122 est désormais ainsi rédigé : « Le juge d'instruction peut, selon les cas, décerner mandat de comparution, d'amener, d'arrêt ou de recherche. Le juge des libertés et de la détention peut décerner mandat de dépôt. »

121.13 Nature juridique. Les mandats de justice, comme leur nom l'indique, relèvent exclusivement du pouvoir judiciaire, et ne peuvent être délivrés que par des magistrats. Le mandat est un acte de l'instruction préalable, c'est au cours de cette phase du procès, où il y a lieu de rechercher une personne suspecte qu'il présente la plus fréquente utilité. Il est donc dans la très grande majorité des cas délivré par le juge d'instruction. Mais d'autres juridictions et d'autres magistrats peuvent aussi délivrer certains mandats. La définition du mandat n'est pas aisée. Il est établi sous forme d'ordonnance, « ordonnons... », et il a pu être, en effet, considéré comme une ordonnance susceptible d'exécution et de notification [1].

La question de la nature des mandats a été amplement débattue. Ce sont tous des actes d'instruction et comme tels ils interrompent la prescription de l'action publique [2]. Leur nature juridictionnelle fait l'objet de controverses. Certains auteurs ont défendu que tous les mandats étaient juridictionnels [3]. D'autres ont prétendu que les mandats n'étaient que des *instrumentum,* et que leurs délivrances ne constituaient que des actes d'instruction non juridictionnels [4]. À notre avis, les mandats de comparution, d'amener et de recherche ne sont que des actes d'instruction. En revanche, le mandat d'arrêt et le mandat de dépôt sont des actes juridictionnels qui nécessitent une véritable appréciation du magistrat instructeur. La chambre criminelle a estimé que le mandat de dépôt est susceptible d'appel, parce qu'il fait corps avec l'ordonnance de mise en détention et la possibilité d'appel est aussi une caractéristique communément admise pour définir un acte juridictionnel [5].

Sur le plan des voies de recours, les mandats entraient antérieurement dans la catégorie des « actes isolés d'instruction », non susceptibles d'appel [6]. Désormais, le mandat d'arrêt, comme titre de détention, et le mandat de dépôt, ne sont plus que les titres d'exécution. Le mandat de dépôt fait corps avec l'ordonnance de placement en détention, « qui en est le support et qui forme avec le mandat un ensemble inséparable [7] ». « Le mandat de dépôt est donc susceptible d'appel, comme l'ordonnance elle-même [8] ».

SECTION 2
CONTRE QUELLE PERSONNE UN MANDAT PEUT-IL ÊTRE DÉLIVRÉ ?

121.21 Identité. Sans doute, l'information peut être suivie contre inconnu. Mais le mandat implique l'identification préalable de l'auteur de l'infraction. Le mandat constitue une mesure de contrainte personnelle, qui ne peut être prise que contre un individu déterminé. En outre, le mandat est individuel. Un mandat collectif ne saurait être délivré contre un groupe de personnes.

L'article 95 du Code d'instruction criminelle portait que « le prévenu sera nommé dans le mandat ou désigné le plus clairement qu'il sera possible ». Et il était jugé qu'était nul le mandat d'arrêt décerné contre un individu dont on ignorait le nom et l'état civil, alors qu'aucun autre élément ne permettait de l'identifier [9]. Mais il suffisait que l'individu que le mandat concernait y fût désigné à l'aide des documents connus du juge et que cette désignation fût la plus claire possible [10]. Il ne pouvait traditionnellement viser qu'un inculpé ou une personne qui, par la délivrance même du mandat accédait à ce statut. L'article 123 du Code de procédure pénale est plus exigeant : « Tout mandat précise l'identité de la personne. » Le mandat doit donc porter les noms, surnoms, prénoms, date et lieu de naissance, profession, nationalité et domicile, noms et prénoms des père et mère. On peut encore se demander si l'identité est exigée à peine de nullité. Un mandat serait-il jugé valable si, à défaut d'éléments d'état civil, il contenait des éléments d'identification (photographie, signalement, surnoms, *etc.*) tels qu'ils excluraient toute erreur sur la personne ? On peut estimer que ce qui est substantiel c'est la détermination précise de la personne objet du mandat.

121.22 Avant la loi du 24 août 1993, le mandat ne pouvait être délivré que contre un inculpé. Il s'agissait d'une personne qui allait se voir notifier

1. Crim. 29 avr. 1826, *Bull. crim.*, n° 85.
2. Crim. 21 juin 1918, *Bull. crim.*, n° 139.
3. HÉLIE F., IV, n° 1961 – Bouloc, *L'acte d'instruction,* th., 1965, Lgdj.
4. J.-CL. PR. PÉN., anc. éd., Escande, « Des mandats et de leur exécution », art. 122 à 136.
5. Crim. 1er mars 1994, n° 93-85.745, *Bull. crim.*, n° 81.
6. Crim. 7 avr. 1837, *Bull. crim.*, n° 107 – Crim. 3 janv. 1861, *Bull. crim.*, n° 1 – Crim. ord. prés., 12 janv. 1976, n° 76-90.012, *Bull. crim.*, n° 8.
7. Crim. 12 oct. 1987, n° 87-84.584, *Bull. crim.*, n° 344 – Crim. 19 sept. 1989, n° 89-84.051, *Bull. crim.*, n° 322.
8. Crim. 1er mars 1994, n° 93-85.745, *Bull. crim.*, n° 81 (v. les attendus ss n° 127.02).
9. Crim. 10 déc. 1825, *Bull. crim.*, n° 235.
10. Crim. 29 nov. 1833, *Bull. crim.*, n° 481 ; *S.* 1834, 1, 128.

son inculpation lors de sa première comparution ou qui avait déjà été inculpée. Le mandat peut en effet être délivré contre ces deux types de personnes. Avec l'entrée en vigueur de la loi du 24 août 1993, la mise en examen de la personne poursuivie résultait, entre autres, « de la délivrance de l'un des mandats prévus par les articles 122 à 136 du même code ». « Toutefois, la personne à l'encontre de laquelle a été délivré un mandat d'amener ou d'arrêt ne bénéficie des droits reconnus aux personnes mises en examen qu'à compter de sa première comparution. » Mais ces dispositions ont été abrogées par la loi du 15 juin 2000.

121.23 La loi du 15 juin 2000 a supprimé la diversité des modes de mise en examen et la délivrance d'un mandat ne vaut plus mise en examen. On pouvait penser toutefois que lorsque le magistrat délivrait ce mandat il devait avoir l'intention de traiter la personne comme une personne mise en examen. Mais les dispositions de l'article 116 du Code de procédure pénale conduisaient déjà, avant même le nouveau texte de la loi du 9 mars 2004, à estimer que cette mise en examen n'était pas obligatoire. Ce n'est qu'après avoir recueilli les observations de la personne et de son avocat que la décision est prise. Si le juge d'instruction considère qu'il n'existe pas d'indices graves ou concordants il peut accorder à la personne le statut de témoin assisté. De la sorte, il est possible de délivrer un mandat non contre un témoin mais contre une personne qui pourra, au mieux, bénéficier du statut de témoin assisté. Il en résulte que la personne contre laquelle a été délivré un mandat d'arrêt n'a pas à être avisée de la date de l'audience de la chambre de l'instruction statuant sur les nullités de l'information et n'est pas recevable à se pourvoir contre l'arrêt rendu par cette juridiction[1]. Cette analyse a été confortée par la loi du 9 mars 2004.

121.24 Clarifications apportées par la loi du 9 mars 2004. Un alinéa a été ajouté à l'article 122 du Code de procédure pénale qui dispose que « le mandat de comparution, d'amener ou d'arrêt peut être décerné à l'égard d'une personne à l'égard de laquelle il existe des indices graves ou concordants rendant vraisemblable qu'elle ait pu participer, comme auteur ou complice, à la commission d'une infraction, y compris si cette personne est témoin assisté ou mise en examen » (C. pr. pén., art. 122, al. 3). Il existe donc désormais une indication claire sur la possibilité de délivrance d'un mandat : la nécessité d'indices graves ou concordants, notion qui est apparue dans la loi du 15 juin 2000 comme le plancher de la mise en examen (v. s[s] n° 91.21). Peu importe que la personne en cause ait déjà ou non été mise en examen ou entendue comme témoin assisté. Le même texte précise ensuite les conditions d'audition de la personne ayant fait l'objet d'un mandat, à l'exclusion du mandat de recherche qui ne concerne pas la présentation devant le juge : « le juge d'instruction est tenu d'entendre les personnes qui font l'objet des autres mandats au moins comme témoins assistés s'il ne les met pas en examen » (C. pr. pén., art. 122, al. 7). Le juge d'instruction entend des « personnes mises en cause » et c'est seulement à la fin de l'audition qu'il détermine si la personne est ou non personne mise en examen ou témoin assisté. Mais le texte prévoit aussi la possibilité d'entendre la personne faisant l'objet d'un mandat, *ab initio*, comme témoin assisté.

SECTION 3
CONDITIONS DE VALIDITÉ : CONDITIONS DE FORME

121.31 Article 123 du Code de procédure pénale. Aux termes de l'article 123 du Code de procédure pénale, « tout mandat précise l'identité de la personne à l'encontre de laquelle il est décerné. Il est daté et signé par le magistrat qui l'a décerné et est revêtu de son sceau ».

121.32 Forme écrite. Toutes les pièces de l'instruction sont écrites. Le mandat doit être établi en original, qui demeure au dossier, dont il est tiré autant de copies qu'il est nécessaire, dûment authentifiées. Un simple mandat télégraphique ou téléphonique n'a pas en lui-même d'existence, s'il n'est pas la reproduction d'un mandat écrit; il ne constitue qu'un moyen de diffusion (C. pr. pén., art. 123, al. 6). Toutefois, depuis la loi du 9 juillet 1984, le mandat est transmis en original ou en copie à l'agent chargé d'en assurer l'exécution.

121.33 Nom et qualité du magistrat. Les mandats ne peuvent être délivrés que par les magistrats compétents[2]. Ils doivent donc contenir l'indication du nom et de la qualité du magistrat qui les a décernés, être signés par lui et revêtus de son sceau. Le mandat non signé n'est pas un mandat. Le juge d'instruction qui décerne un mandat doit avoir été régulièrement saisi par un réquisitoire introductif.

121.34 Date. Les mandats doivent être datés. La date est essentielle. Elle établit que le magistrat était régulièrement saisi quand il a délivré le mandat. Elle peut marquer le point de départ de la détention. Elle révèle que le mandat pouvait être décerné au moment où il l'a été, quand il doit être précédé

1. Crim. 14 mai 2002, n° 02-80.721, *Bull. crim.* n° 111 (v. les attendus s[s] n° 121.02).

2. Crim. 5 mai 1832, *Bull. crim.*, n° 159.

de certains actes (interrogatoire, avis ou réquisitions du ministère public, ordonnance).

121.35 **Signature.** La signature du mandat par le magistrat est une formalité substantielle dont l'omission entraînerait l'inexistence du mandat. La signature permet en effet de vérifier la compétence du magistrat instructeur[1].

121.36 **Sceau.** Les mandats doivent porter le sceau du juge qui les a délivrés. Il ne s'agit pas d'une formalité substantielle mais d'une condition de validité de l'exécution de cette pièce de justice.

121.37 **Nécessité de l'énonciation des faits.** L'article 96 du Code d'instruction criminelle exigeait pour le seul mandat d'arrêt « l'énonciation du fait pour lequel il était décerné et la citation de la loi déclarant que ce fait est un crime ou un délit ». Mais la doctrine, pour la garantie de la liberté civile, enseignait qu'une législation, qui ne permet pas à tout citoyen de connaître les raisons de son arrestation et de sa détention, est « oppressive ». Aussi estimait-elle que le mandat d'amener et le mandat de dépôt devaient également indiquer le fait poursuivi et le texte applicable. Les auteurs invoquaient l'article 77 de la Constitution du 22 frimaire an VIII, ainsi conçu : « Pour que l'acte qui ordonne l'arrestation d'une personne puisse être exécuté, il faut qu'il exprime formellement le motif de l'arrestation et la loi en exécution de laquelle elle est ordonnée »?[2].

Cette doctrine a été consacrée par l'article 123 du Code de procédure pénale, aux termes duquel « les mandats d'amener, de dépôt, d'arrêt ou de recherche mentionnent en outre la nature des faits imputés à la personne, leur qualification juridique et les articles de loi applicables ». Il a été jugé que le mandat d'arrêt contient une énonciation suffisante du fait pour lequel il est délivré, lorsqu'il cite la loi pénale qui prévoit et punit ce fait[3].

SECTION 4
EXÉCUTION DES MANDATS

121.41 **Le juge peut requérir la force publique.** Les mandats d'amener, de dépôt, d'arrêt et de recherche qui sont des mesures de contrainte sur la personne, impliquent le recours à la force publique. Selon un usage très ancien, le juge d'instruction fait exécuter lui-même les mandats qu'il délivre, et les remet ou les envoie directement aux autorités de police, sans solliciter un visa ou un accord du parquet pour l'exécution.

121.42 **Principe.** Cet usage bien ancré est certainement irrégulier. Seul le procureur de la République a qualité pour exécuter les décisions de justice (C. instr. crim., art. 28 - C. pr. pén., art. 32), et les mandats constituent bien de telles décisions. C'est ce qu'a jugé la Cour de cassation : « C'est au procureur du roi que la loi a confié le droit de pourvoir à l'exécution des ordonnances et des mandats, et l'allégation d'un usage contraire ne saurait prévaloir sur la loi »[4]. La pratique a certainement l'avantage de la simplicité et de la célérité. Le procureur de la République peut lui-même délivrer un mandat de recherche (v. s^{s} n° 124.13). C'est aussi le parquet qui établit le mandat européen (v. s^{s} n° 126.25).

121.43 **Champ d'application.** « Les mandats sont exécutoires dans toute l'étude du territoire de la République » (C. pr. pén., art. 124 - C. instr. crim., art. 98), quelle que soit la distance qui sépare le lieu où siège le magistrat de celui où la personne recherchée est découverte.

Le principe de droit international de la souveraineté des États sur leur territoire s'opposait, en dehors des règles de l'extradition, à l'exécution des mandats en pays étranger[5]. Mais le droit international a créé un nouveau mandat d'arrêt européen, transposé dans la législation française par la loi du 9 mars 2004, qui modifie profondément ces principes (v. s^{s} n°s 126.21 s.).

SECTION 5
SANCTIONS DES FORMALITÉS LÉGALES

121.51 **Amende civile.** Aux termes de l'article 136 du Code de procédure pénale, « l'inobservation des formalités prescrites pour les mandats de comparution, d'amener, de dépôt, d'arrêt et de recherche est sanctionnée par une amende civile de 7,5 euros prononcée contre le greffier par le président de la chambre de l'instruction; elle peut donner lieu à des sanctions disciplinaires contre le juge d'instruction, le juge des libertés ou de la détention ou le procureur de la République. »

L'amende civile contre le greffier, ainsi que les autres sanctions qui peuvent être prises contre les magistrats, ne couvrent pas les irrégularités dont les mandats sont entachés. Elles ont seulement pour but de les prévenir, mais non de les effacer[6].

1. Crim. 5 mai 1832, *Bull. crim.*, n° 159.
2. HÉLIE F., IV, n° 1969.
3. Crim. 5 sept. 1817, *DP* 1817, 2, 511.
4. Crim. 29 avr. 1826, *Bull. crim.*, n° 85.
5. V. Crim. 4 juin 1964, *Bull. crim.* n° 192.
6. HÉLIE F., IV, n° 1970.

L'article 136 prévoyait auparavant une possibilité de prise à partie contre les magistrats. Cette procédure a disparu et seule la responsabilité de l'État pourrait être mise en cause.

121.52 Irrégularités de forme. La doctrine et la jurisprudence, dans le silence de la loi, ont toujours considéré que les irrégularités de pure forme ne touchent pas la validité des mandats de justice. Ainsi, l'omission du fait poursuivi n'entraîne pas la nullité du mandat d'arrêt[1]; il en est de même du défaut d'exhibition au prévenu de ce mandat[2] ou du fait que, par suite d'une erreur matérielle, le mandat d'arrêt contient les énonciations d'un mandat d'amener[3].

L'omission de la notification, si elle ne constitue pas une violation des droits de la défense, n'entraîne pas la nullité du mandat d'arrêt ou d'amener[4]. De même, l'omission des formalités prévus par l'article 127 au cas d'arrestation en vertu d'un mandat d'amener à une distance de plus de 200 km, n'entraîne pas par elle-même la nullité du mandat[5]. Il a cependant été jugé que l'omission de la notification, prévue par l'article 123 du Code de procédure pénale, au prévenu du mandat de dépôt, entraîne la nullité de celui-ci et la mise en liberté immédiate[6], et que le défaut d'interrogatoire par le procureur de la République, au cas de mandat d'amener, entraîne la nullité de ce mandat[7].

121.53 Nullités. Au contraire, les irrégularités qui touchent à une forme substantielle, telles que l'incompétence du juge[8], ou l'omission de la date ou de la signature ou la désignation insuffisante du prévenu, entraînent l'inexistence du mandat[9]. De même, l'omission de l'avis nominatif du procureur de la République prévu par l'article 131, rend nul le mandat d'arrêt, par lequel le prévenu n'a pu être dûment appelé à la procédure[10].

Le fait de délivrer un mandat d'arrêt hors des cas de l'article 131 du Code de procédure pénale, alors que la résidence de l'inculpé est connue entraîne la nullité du mandat d'arrêt ainsi que celle de toute la procédure relative à la détention, et la mise en liberté immédiate de l'inculpé[11], mais cette nullité est sans influence sur la validité d'un mandat de dépôt régulièrement délivré le même jour contre le même inculpé dans une autre procédure[12].

Le fait, dans une poursuite pour un délit commis en France contre un étranger non extradable résidant à l'étranger, qu'un mandat d'arrêt n'ait pu être notifié et qu'un procès-verbal de perquisition n'ait pu être dressé, laisse intacte la validité de ce mandat d'arrêt[13]. Mais la nullité du mandat d'arrêt international en vertu duquel l'extradition de l'étranger a été accordée, affecte nécessairement la validité du mandat de dépôt décerné ultérieurement par le juge d'instruction[14].

121.54 Compétence. Il a été jugé, et l'article 174 du Code de procédure pénale ne dément pas cette jurisprudence, que la nullité du mandat irrégulier ne peut être proposée que devant la chambre d'accusation[15]. Le mandat faisant désormais corps avec l'ordonnance de placement en détention, l'irrégularité du mandat de détention ne peut être invoquée que lors de l'appel formé contre cette ordonnance[16]. Les juridictions correctionnelles sont incompétentes pour statuer sur la régularité d'un mandat[17].

L'illégalité de la détention ne saurait être soulevée devant la cour d'assises, puisque l'ordonnance de prise de corps s'est substituée au mandat[18]. Le moyen pris de l'irrégularité en la forme des mandats ne peut être invoqué pour la première fois devant la Cour de cassation[19]. Si la loi du 9 mars 2004 a supprimé l'ordonnance de prise de corps, la solution n'en demeure pas moins identique puisque l'ordonnance de mise en accusation purge la procédure de ses vices éventuels.

Les questions qui touchent la détention provisoire et la mise en liberté donnent lieu « à des instances distinctes de celle qui concerne le fond, sans pouvoir nuire à la poursuite du procès ». Les nullités qui peuvent être relevées en ce domaine sont indifférentes à la régularité de l'information proprement dite (v. s^s n°s 205.21 à 205.23).

1. Crim. 5 sept. 1817, *DP* 1817, 2, 511.
2. Crim. 31 janv. 1834, *Bull. crim.*, n° 39.
3. Crim. 29 déc. 1911, *D.* 1913, 1, 55.
4. Crim. 5 févr. 1875, *Bull. crim.*, n° 40 – Crim. 24 févr. 1883, *Bull. crim.*, n° 57 – Crim. 24 janv. 1985, n° 84-93.030, *Bull. crim.*, n° 41.
5. Crim. 8 nov. 1988, n° 88-83.666, *Bull. crim.*, n° 383.
6. CA Alger, ch. acc., 17 févr. 1961, *JCP* 1961, II, 12054, note P. Chambon.
7. CA Limoges, ch. acc., 12 oct. 1972, *JCP* 1973, II, 17394, note P. Chambon.
8. Crim. 5 mai 1832, *Bull. crim.*, n° 159.
9. Hélie F., IV, n° 1971.
10. Crim. 7 avr. 1987, n° 87-80.513, *Bull. crim.*, n° 159.
11. Crim. 25 janv. 1961, *Bull. crim.*, n° 47.
12. Crim. 25 janv. 1961, *Bull. crim.*, n° 48.
13. Crim. 1er déc. 1966, *Bull. crim.*, n° 275.
14. Crim. 27 oct. 1986, n° 86-92.247, *Bull. crim.*, n° 306.
15. Crim. 4 août 1820, *Bull. crim.*, n° 110.
16. Crim. 12 oct. 1987, n° 87-84.584, *Bull. crim.*, n° 344 (v. les attendus s^s n° 127.02) – Crim. 19 sept. 1989, n° 89-84.051, *Bull. crim.*, n° 322 – Crim. 19 juill. 1993, n° 93-82.243, *Bull. crim.*, n° 247 – Crim. 1er mars 1994, n° 93-85.745, *Bull. crim.*, n° 81.
17. Crim. 16 août 1873, *Bull. crim.*, n° 233 – Crim. 5 févr. 1875, *Bull. crim.*, n° 40.
18. Crim. 27 sept. 1860, *Bull. crim.*, n° 221.
19. Crim. 30 sept. 1886, *Bull. crim.*, n° 340 – Crim. 1er déc. 1887, *Bull. crim.*, n° 409.

C'est ainsi « que les conditions dans lesquelles un inculpé faisant l'objet d'une poursuite régulière et d'un titre légal d'arrestation (mandat d'arrêt), a été appréhendé et livré à la justice, constitueraient-elles une atteinte à la loi pénale ou aux principes traditionnels de notre droit, ne sont pas de nature, si déplorables qu'elles puissent apparaître, à entraîner par elles-mêmes la nullité de la poursuite, dès lors que la recherche de la vérité n'en a pas été viciée, ni la défense mise dans l'impossibilité d'exercer ses droits »[1].

SECTION 6 MAINLEVÉE DES MANDATS

121.61 Droit antérieur. Le Code d'instruction criminelle, lors de sa promulgation, ne permettait pas la mainlevée des mandats de dépôt et d'arrêt, qui avaient ainsi un caractère définitif, sauf demande de mise en liberté. Puis, par modification de l'article 94, la loi du 4 avril 1855 a permis la mainlevée du mandat de dépôt, et celle du 14 juillet 1865, la mainlevée du mandat d'arrêt. Il était apparu, en effet, que les circonstances pouvaient changer, et que le juge d'instruction devait pouvoir d'office mettre fin à la détention préventive, dès lors que celle-ci n'était plus nécessaire, en dehors de toute demande de l'inculpé. C'était là une question d'ordre public.

121.62 Caractères. Le juge d'instruction pouvait, d'office, donner mainlevée du mandat de dépôt, ou d'arrêt qu'il avait antérieurement délivré. Cette mainlevée ne pouvait intervenir que sur les conclusions conformes du procureur de la République, ce qui constituait une atteinte à l'indépendance du juge d'instruction. L'ordonnance de mainlevée, réciproque de la délivrance du mandat, constituait un acte d'instruction non juridictionnel[2]. Elle n'était susceptible d'appel de la part d'aucune des parties, règle qui n'intéressait en fait que la partie civile.

L'ordonnance de mainlevée pouvait intervenir à tout moment de la procédure suivie devant le juge d'instruction. Elle ne faisait pas obstacle à la délivrance d'un nouveau mandat. Elle pouvait être aussitôt rapportée, et n'être pas mise à exécution[3]. À l'inverse, le juge d'instruction pouvait donner mainlevée d'un mandat qui n'avait pas encore reçu exécution[4].

121.63 Code de procédure pénale. La mainlevée du mandat de dépôt ou d'arrêt a été reprise par l'article 140 de ce code, selon sa première rédaction, sous la forme de la mise en liberté d'office. Après la loi du 17 juillet 1970, l'article 140 est devenu l'article 147. L'institution a ainsi par deux fois quelque peu changé de caractère.

1. Crim. 4 juin 1964, *Bull. crim.*, n° 192.

2. Crim. 23 févr. 1934, *Bull. crim.*, n° 42; *Gaz. Pal.* 1934, 1, 693.
3. Crim. 7 déc. 1882, *Bull. crim.*, n° 266.
4. Crim. 7 avr. 1951, *Bull. crim.*, n° 95; *D.* 1951, 333.

CHAPITRE

122. Mandat de comparution

SECTION 0

ORIENTEUR

122.00 **Plan du chapitre.**

Sect. 1 Définition

Sect. 2 Mise à exécution du mandat de comparution

122.01 **Textes applicables.**

C. pr. pén., art. 122, 123, 124, 125, 136.

C. pr. pén., art. R. 181.

C. pr. pén., art. 122 [L. n° 2004-204, 9 mars 2004]

* V. s^{s} n° 121.01.

C. pr. pén., art. 123 [L. n° 2004-204, 9 mars 2004]

* V. s^{s} n° 121.01.

C. pr. pén., art. 124

* V. s^{s} n° 121.01.

C. pr. pén., art. 125 [L. n° 2004-204, 9 mars 2004]

Le juge d'instruction interroge immédiatement la personne qui fait l'objet d'un mandat de comparution.

Il est procédé dans les mêmes conditions à l'interrogatoire de la personne arrêtée en vertu d'un mandat d'amener. Toutefois, si l'interrogatoire ne peut être immédiat, la personne peut être retenue par les services de police ou de gendarmerie pendant une durée maximum de vingt-quatre heures suivant son arrestation avant d'être présentée devant le juge d'instruction ou à défaut le président du tribunal ou un juge désigné par celui-ci, qui procède immédiatement à son interrogatoire; à défaut, la personne est mise en liberté.

Dans les cas prévus par les articles 125, 127 et 133, lorsque la personne est retenue par les services de police ou de gendarmerie avant sa présentation devant un magistrat, le procureur de la République du lieu de l'arrestation est informé dès le début de cette rétention et la personne a le droit de faire prévenir un proche dans les conditions prévues par l'article 63-2 et d'être examinée par un médecin dans les conditions prévues par l'article 63-3.

C. pr. pén., art. 136

* V. s^{s} n° 121.01.

C. pr. pén., art. R. 181

Il est alloué aux huissiers de justice pour toutes citations en matière criminelle, correctionnelle et de police, pour les significations des mandats de comparution, pour toutes significations d'ordonnances, jugements et arrêts et tous autres actes ou pièces en matière criminelle, correctionnelle et de police, une somme forfaitaire de 4,50 euros pour l'original, les copies et l'envoi par lettre recommandée avec avis de réception prévue par les articles 557 et 558 et ce, en sus du coût d'affranchissement.

122.02 **Jurisprudence de référence.**

• **Une personne peut être renvoyée devant la juridiction de jugement sans avoir été préalablement entendue dès lors qu'elle a été régulièrement appelée par un mandat de justice décerné et notifié conformément aux prescriptions du Code de procédure pénale** (mais v. s^{s} n° 122.23).

Crim. 25 juill. 1979, n° 79-91.843, *Bull. crim.,* n° 252.

« Attendu qu'à l'occasion d'une exposition itinérante de l'armée de l'air, des tracts antimilitaristes ont été distribués sur une place publique, et des inscriptions peintes sur un véhicule militaire; qu'à raison de ces faits, deux informations ont été ouvertes contre T... et M..., l'une des chefs de dégradation de véhicule et complicité, l'autre sur plainte du ministre de la Défense, du chef d'injures publiques envers les armées; que T... a été inculpé de dégradation de véhicule et place sous contrôle judiciaire; qu'il n'a pas été entendu par le magistrat instructeur, dans l'autre procédure, les mandats de comparution délivrés à son encontre, les 11 octobre 1976 et 18 mai 1977, a ses derniers domiciles connus, étant demeurés sans effet; qu'après jonction des procédures, le juge d'instruction l'a renvoyé devant le tribunal correctionnel, sous la double prévention de dégradation de véhicule et d'injures publiques envers les armées; attendu que pour écarter l'exception de nullité invoquée pour la première fois devant elle par T... et tirée de l'absence de notification d'une inculpation, la cour d'appel énonce notamment que le juge d'instruction, ayant mis en œuvre tous les moyens légaux et entrepris toutes les diligences possibles pour permettre l'inculpation du prévenu, a valablement rendu son ordonnance de renvoi;

Attendu qu'en cet état, et alors qu'aux termes de l'article 385 du Code de procédure pénale, une telle exception aurait dû, à peine de forclusion, être présentée par le demandeur avant toute défense au fond, devant les premiers juges, la cour d'appel, abstraction faite de motifs surabondants, a justifié sa décision; qu'en effet un inculpé peut être renvoyé devant la juridiction de jugement, sans avoir été préalablement entendu, dès lors qu'il a été régulièrement appelé par un mandat de justice décerné et notifié conformément aux prescriptions du Code de procédure pénale, en sorte que l'autorité judiciaire, à laquelle il s'est lui-même soustrait, n'a pas porté atteinte aux droits de la défense. »

122.03 **Bibliographie indicative.** (V. les références complètes s[s] n° 03.)

Actualisables. RÉP. PÉN., Guéry, « Mandats » – J.-CL. PÉN., Dumont, « Mandats » – TPJI, Labregère P., « La coopération internationale ».

Ouvrages. HÉLIE F., IV, n° 1965 – GARRAUD, III, n°s 832, 834 et 837 – LAMBERT, p. 538 et 779.

SECTION 1 DÉFINITION

122.11 **Définition.** « Le mandat de comparution a pour objet de mettre la personne à l'encontre de laquelle il est décerné en demeure de se présenter devant le juge à la date et à l'heure indiquées par ce mandat » (C. pr. pén., art. 122, al. 2). C'est le seul mandat sur lequel le juge d'instruction n'a pas l'obligation de mentionner la nature de la prévention et les textes de loi applicables (C. pr. pén., art. 123, al. 2). Le mandat de comparution est une simple assignation à comparaître. Il est peu employé dans la pratique. Le juge d'instruction préfère la simple convocation à personne mise en cause ou mise en examen, le plus souvent adressée par courrier recommandé mais qui peut aussi être transmise par l'intermédiaire des services de police ou de gendarmerie. Quoiqu'il ne comporte pas l'emploi de la contrainte, le mandat de comparution, par le fait même qu'il est un mandat, a un caractère plus solennel et plus impératif qu'une simple citation. Le magistrat l'utilise à l'égard de la personne qui n'a pas déféré à la convocation et contre laquelle il hésite à recourir à l'emploi de la force publique. Il est un moyen de vaincre la mauvaise volonté de la personne, quand le risque de sa fuite ne paraît pas exister : il est ainsi un moyen d'intimidation.

122.12 **Le mandat de comparution peut être utilisé en toutes matières.** L'article 91 du Code d'instruction criminelle, dans sa rédaction originaire, qui manquait de netteté, paraissait n'autoriser le mandat de comparution qu'en matière correctionnelle. Et après deux arrêts en sens contraire[1], la Cour de cassation avait effectivement jugé que ce mandat ne pouvait être décerné en matière criminelle, que seul pouvait l'être le mandat d'amener[2]. C'est qu'en effet, le mandat de comparution présente ce danger de révéler les poursuites au prévenu et lui laisser tout le loisir de prendre la fuite, si les faits sont graves.

La loi du 14 juillet 1895, modifiant l'article 91, a levé le doute, et a expressément permis le mandat de comparution « en matière correctionnelle ou criminelle ». Elle n'imposait un mandat d'amener que si l'inculpé faisait défaut.

Aujourd'hui, l'article 122 ne formule plus aucune indication et laisse le juge d'instruction libre de choisir, « selon les cas » le mandat qui convient aux circonstances, en toute matière. La Cour de cassation admet le mandat de comparution en matière criminelle[3].

122.13 **La délivrance d'un mandat de comparution n'est pas assujettie à un taux de pénalité encouru.** Cela le différencie de la délivrance du mandat de dépôt et du mandat d'arrêt.

SECTION 2 MISE À EXÉCUTION DU MANDAT DE COMPARUTION

122.21 **Notification.** « Le mandat de comparution est signifié par huissier à celui qui en est l'objet ou est notifié à celui-ci par un officier ou agent de police judiciaire, ou par un agent de la force publique, lequel lui en délivre copie » (C. pr. pén., art. 123, al. 3). Il est alloué à l'huissier qui signifie un mandat de comparution un droit fixe (C. pr. pén., art. R. 181). Le mandat de comparution ne peut être délivré que contre une personne dont le dernier domicile est connu[4].

122.22 **Effets.** Le mandat de comparution n'emporte par la force coercitive. « Non seulement l'agent porteur du mandat est sans qualité pour contraindre l'inculpé, mais il serait sans droit pour obliger celui-ci à le suivre immédiatement.[5] »

« Le juge d'instruction interroge immédiatement la personne qui en fait l'objet » (C. pr. pén., art. 125, al. 1). Si elle ne défère pas, le juge d'ins-

1. Crim. 8 nov. 1834, *Bull. crim.*, n° 364 – Crim. 7 avr. 1837, *Bull. crim.*, n° 107.
2. Crim. 24 avr. 1847, *Bull. crim.*, n° 87; *D.* 1847, 1, 366.
3. Crim. 1er déc. 1966, *Bull. crim.*, n° 275.
4. Crim. 10 mai 1995, n° 95-80.975, *Bull. crim.*, n° 168.
5. GARRAUD, t. III, n° 832.

truction apprécie librement s'il y a lieu de délivrer un mandat d'amener. Il peut remettre son interrogatoire à plus tard. Il peut même y renoncer si celui-ci n'est pas absolument indispensable. Le prévenu est sans intérêt pour critiquer le délai imparti pour sa comparution, lorsque le mandat de comparution n'ayant pas été obéi, le juge d'instruction s'est abstenu de tout moyen de contrainte[1]. Le mandat de comparution n'entraîne plus mise en examen depuis l'entrée en vigueur de la loi du 15 juin 2000.

122.23 Le mandat de comparution peut-il suffire au renvoi devant la juridiction de jugement ? Selon la chambre criminelle, une personne mise en examen peut être renvoyée devant la juridiction de jugement sans avoir été préalablement entendue dès lors qu'elle a été régulièrement appelée par un mandat de comparution décerné et notifié conformément aux prescriptions du Code de procédure pénale, en sorte que l'autorité judiciaire à laquelle elle s'est elle-même soustraite n'a pas porté atteinte aux droits de la défense[2]. Cette jurisprudence pouvait déjà être discutée avant l'entrée en vigueur de la loi du 15 juin 2000[3]. Mais la nouvelle rédaction de l'article 134 entraîne des incertitudes. L'exigence d'un procès-verbal de perquisition et de recherches infructueuses pour le mandat d'amener et le mandat d'arrêt est une condition *sine qua non* de la validité du renvoi devant la juridiction de jugement. Mais il s'agit de cas où la personne n'est pas retrouvée. Le problème de la validité du renvoi d'une personne à laquelle a été notifié un mandat de comparution à personne semble donc toujours posé.

1. Crim. 28 mai 1892, *Bull. crim.*, n° 163 – Crim. 11 mai 1900, *S.* 1904, 1, 247.
2. Crim. 25 juill. 1979, n° 79-91.843, *Bull. crim.*, n° 252.
3. RÉP. PÉN., Guéry, « Les mandats ».

CHAPITRE

123. Mandat d'amener

SECTION 0 ORIENTEUR

123.00 Plan du chapitre.

Sect. 1 Règles de fond

Sect. 2 Exécution à plus ou moins de 200 km

123.01 Textes applicables.

C. pr. pén., art. 122, 123, 124, 125,126, 127, 128, 129, 130, 134, 135, 176, 716-4, 803-2, 803-3.

C. pr. pén., art. 122

* V. s^{s} n° 121.01.

C. pr. pén., art. 123

* V. s^{s} n° 121.01.

C. pr. pén., art. 124

* V. s^{s} n° 121.01.

C. pr. pén., art. 125

* V. s^{s} n° 122.01.

C. pr. pén., art. 126

Toute personne arrêtée en vertu d'un mandat d'amener, qui a été retenue pendant plus de vingt-quatre heures sans avoir été interrogée, est considérée comme arbitrairement détenue.

Les articles 432-4 à 432-6 du Code pénal sont applicables aux magistrats ou fonctionnaires qui ont ordonné ou sciemment toléré cette rétention arbitraire.

C. pr. pén., art. 127 [L. n° 2004-204, 9 mars 2004]

Si la personne recherchée en vertu d'un mandat d'amener est trouvée à plus de 200 km du siège du juge d'instruction qui a délivré le mandat, et qu'il n'est pas possible de la conduire dans le délai de vingt-quatre heures devant ce magistrat, elle est conduite devant le procureur de la République du lieu d'arrestation.

C. pr. pén., art. 128

Ce magistrat l'interroge sur son identité, reçoit ses déclarations, après l'avoir averti qu'elle est libre de ne pas en faire, l'interpelle afin de savoir si elle consent à être transférée ou si elle préfère prolonger les effets du mandat d'amener, en attendant, au lieu où elle se trouve, la décision du juge d'instruction saisi de l'affaire. Si la personne déclare s'opposer au transfèrement, elle est conduite dans la maison d'arrêt et avis immédiat est donné au juge d'instruction compétent. L'original ou la copie du procès-verbal de la comparution contenant un signalement complet est transmis sans délai à ce magistrat, avec toutes les indications propres à faciliter la reconnaissance d'identité.

Ce procès-verbal doit mentionner que la personne a reçu avis qu'elle est libre de ne pas faire de déclaration.

C. pr. pén., art. 129

Le juge d'instruction saisi de l'affaire décide, aussitôt après la réception de ces pièces, s'il y a lieu d'ordonner le transfèrement.

C. pr. pén., art. 130

Lorsqu'il y a lieu à transfèrement dans les conditions prévues par les articles 128 et 129, la personne doit être conduite devant le juge d'instruction qui a délivré le mandat dans les quatre jours de la notification du mandat.

Toutefois, ce délai est porté à six jours en cas de transfèrement d'un département d'outre-mer vers un autre département ou de la France métropolitaine vers un département d'outre-mer.

C. pr. pén., art. 134 [L. n° 2004-204, 9 mars 2004]

L'agent chargé de l'exécution d'un mandat d'amener d'arrêt ou de recherche ne peut s'introduire dans le domicile d'un citoyen avant six heures ni après vingt-et-une heures.

Il peut se faire accompagner d'une force suffisante pour que la personne ne puisse se soustraire à la loi. La force est prise dans le lieu le plus proche de celui où le mandat doit s'exécuter et elle est tenue de déférer aux réquisitions contenues dans ce mandat.

Si la personne ne peut être saisie, un procès-verbal de perquisition et de recherches infructueuses est adressé au magistrat qui a délivré le mandat. La personne est alors considérée comme mise en examen pour l'application de l'article 176.

C. pr. pén., art. 135

En matière criminelle et en matière correctionnelle, les mandats de dépôt ne peuvent être décernés qu'en exécution de l'ordonnance prévue à l'article 145.

L'agent chargé de l'exécution du mandat de dépôt remet l'intéressé au chef de l'établissement pénitentiaire, lequel lui délivre une reconnaissance de cette remise.

C. pr. pén., art. 176
Le juge d'instruction examine s'il existe contre la personne mise en examen des charges constitutives d'infraction, dont il détermine la qualification juridique.

C. pr. pén., art. 716-4 [L. n° 2004-204, 9 mars 2004]
Quand il y a eu détention provisoire à quelque stade que ce soit de la procédure, cette détention est intégralement déduite de la durée de la peine prononcée ou, s'il y a lieu, de la durée totale de la peine à subir après confusion. Il en est de même, s'agissant d'une détention provisoire ordonnée dans le cadre d'une procédure suivie pour les mêmes faits que ceux ayant donné lieu à condamnation, si cette procédure a été ultérieurement annulée.

Les dispositions de l'alinéa précédent sont également applicables à la privation de liberté subie en exécution d'un mandat d'amener ou d'arrêt, à l'incarcération subie hors de France en exécution d'un mandat d'arrêt européen ou sur la demande d'extradition et à l'incarcération subie en application du sixième alinéa de l'article 712-17 et de l'article 747-3.

C. pr. pén., art. 803-2 [inséré par L. n° 2004-204, 9 mars 2004]
Toute personne ayant fait l'objet d'un défèrement à l'issue de sa garde à vue à la demande du procureur de la République comparaît le jour même devant ce magistrat ou, en cas d'ouverture d'une information, devant le juge d'instruction saisi de la procédure. Il en est de même si la personne est déférée devant le juge d'instruction à l'issue d'une garde à vue au cours d'une commission rogatoire, ou si la personne est conduite devant un magistrat en exécution d'un mandat d'amener ou d'arrêt.

C. pr. pén., art. 803-3 [inséré par L. n° 2004-204, 9 mars 2004]
En cas de nécessité et par dérogation aux dispositions de l'article 803-2, la personne peut comparaître le jour suivant et peut être retenue à cette fin dans des locaux de la juridiction spécialement aménagés, à la condition que cette comparution intervienne au plus tard dans un délai de vingt heures à compter de l'heure à laquelle la garde à vue a été levée, à défaut de quoi l'intéressé est immédiatement remis en liberté.

Lorsqu'il est fait application des dispositions du présent article, la personne doit avoir la possibilité de s'alimenter et, à sa demande, de faire prévenir par téléphone une des personnes visées à l'article 63-2, d'être examinée par un médecin désigné conformément aux dispositions de l'article 63-3 et de s'entretenir, à tout moment, avec un avocat désigné par elle ou commis d'office à sa demande, selon les modalités prévues par l'article 63-4.

L'identité des personnes retenues en application des dispositions du premier alinéa, leurs heures d'arrivée et de conduite devant le magistrat ainsi que l'application des dispositions du deuxième alinéa font l'objet d'une mention dans un registre spécial tenu à cet effet dans le local où ces personnes sont retenues et qui est surveillé, sous le contrôle du procureur de la République, par des fonctionnaires de la police nationale ou des militaires de la gendarmerie nationale.

Les dispositions du présent article ne sont pas applicables lorsque la personne a fait l'objet, en application des dispositions de l'article 706-88, d'une garde à vue ayant duré plus de soixante-douze heures.

123.02 Jurisprudence de référence.

• Les formalités de convocation du conseil prévues par l'article 114 du Code de procédure pénale n'ont pas à être respectées lorsque la personne comparaît sur mandat d'amener.

Crim. 26 sept. 1986, n° 86-93.821, n° 86-93.822, *Bull. crim.*, n° 261.

« Attendu que, s'il est vrai que S... a été soumis le 9 octobre 1984 à un interrogatoire sans que les formalités édictées par les alinéas 2 et 3 de l'article 118 du Code de procédure pénale aient été accomplies, l'examen des pièces de la procédure démontre que cet interrogatoire a été motivé par la présentation de l'inculpé au juge d'instruction à la suite de la mise à exécution, le même jour, d'un mandat d'amener décerné par ce magistrat; qu'à cette occasion ce dernier s'est borné, d'une part, à notifier à S... qu'en raison de charges nouvelles résultant des déclarations d'un coinculpé il estimait devoir le placer à nouveau sous mandat de dépôt, d'autre part, à faire part à l'inculpé des dispositions de l'article 135-1 du Code de procédure pénale, encore en vigueur, et à recueillir sa renonciation à l'assistance d'un conseil à l'occasion de ce placement en détention;

Attendu qu'en cet état le juge d'instruction, loin d'avoir violé les dispositions des alinéas 2 et 3 de l'article 118 dudit code, inapplicables dans un tel cas, a exactement fait application des articles 125, alinéa 2, et 135-1, alors en vigueur, du même code et que le moyen doit être écarté. »

• Le délai prévu par l'article 130 du Code de procédure pénale concerne exclusivement le transfert des inculpés trouvés à plus de 200 kilomètres du siège du juge mandant.

Crim. 19 janv. 1987, n° 86-95.913, *Bull. crim.*, n° 24.

« Attendu qu'après l'ouverture d'une information au parquet de Nîmes des chefs d'infractions à la législation sur les chèques, escroqueries et falsification de document administratif, le magistrat instructeur désigné a décerné le 18 septembre 1986 mandat d'amener contre André Bouvier; que ce mandat d'amener a été notifié à l'intéressé le même jour par le procureur de la République de Paris, lieu d'exécution dudit mandat; que transféré à Nîmes, Bouvier a été présenté au magistrat mandant le 22 septembre 1986; que le même jour il a fait l'objet d'une ordonnance d'incarcération pour cinq jours; qu'il a interjeté appel de cette décision le 23 septembre 1986; que le 26 septembre le juge d'instruction a signé à son encontre une ordonnance de mise en détention provisoire à lui notifiée le même jour et dont il a interjeté appel le 29 septembre 1986;

Attendu que l'arrêt attaqué a d'une part déclaré irrecevable l'appel formé par cet inculpé contre l'ordonnance d'incarcération provisoire du 22 septembre 1986, en fondant sa motivation sur les dispositions de l'article 145, alinéa 7, du Code de procédure pénale lequel a expressément exclu de cette voie de recours ce type d'ordonnance;

Que, d'autre part, après avoir déclaré le second appel de l'inculpé recevable en ce qu'il remettait en cause l'ordonnance rendue le 26 septembre 1986, la chambre d'accusation, pour rejeter l'argumentation de Bouvier lequel prétendait qu'il était illégalement détenu au prétexte que le délai de quatre jours prévu par l'article 130 du Code de procédure pénale concernant l'exécution du mandat d'amener dont il avait été l'objet n'avait pas été respecté, énonce que ledit délai intéresse exclusivement le transfert des inculpés trouvés à plus de 200 kilomètres du siège du juge d'instruction et qu'il est sans influence sur la validité du titre ultérieur de détention provisoire;

Attendu qu'en prononçant ainsi, abstraction faite de tous autres motifs erronés mais non déterminants, la chambre d'accusation a justifié sa décision;

Qu'en effet le mandat d'amener étant l'ordre donné par le juge d'instruction à la force publique de conduire devant lui l'inculpé, et non un titre de détention, les conditions de son exécution, telles que prévues à l'article 130 du Code de procédure pénale, sont indépendantes des formalités prescrites par l'article 145 dudit code pour le placement ultérieur en détention provisoire;

Que par suite le moyen invoqué ne saurait être accueilli. »

• En cas de dépassement du délai de vingt-quatre heures prévu par l'article 127 du Code de procédure pénale, la nullité de la mise en examen n'est cependant pas encourue dès lors que cet acte n'a pas pour support des actes accomplis pendant la période de retenue arguée d'illégalité.

Crim. 14 févr. 2006, n° 05-86.058, *Bull. crim.*, n° 39; *AJ pénal* 2006, 176, obs. C. Girault.

« Attendu qu'il résulte de l'arrêt attaqué et des pièces de la procédure que, dans une information suivie par le juge d'instruction de Nîmes, du chef, notamment, de blanchiment en bande organisée, les demandeurs, demeurant dans le département de l'Essonne, ont été entendus et placés en garde à vue par un officier de police judiciaire en application de l'article 154 du Code de procédure pénale; qu'à l'issue de cette mesure, le juge d'instruction a décerné contre eux des mandats d'amener qui leur ont été notifiés le 7 avril 2005 entre 5 heures 55 et 6 heures 20; que, sans être présentés au procureur de la République du lieu d'arrestation, ils ont été immédiatement transférés à la maison d'arrêt de Nîmes où ils sont arrivés entre 15 heures et 16 heures; que le juge d'instruction a procédé, le lendemain 8 avril 2005 à partir de 10 heures, à leurs interrogatoires de première comparution; qu'à l'exception de Manuel Jovanovich, demeuré témoin assisté, ils ont été mis en examen; que le juge des libertés et de la détention a placé Lucas Jovanovich sous contrôle judiciaire et, les autres, sous mandat de dépôt; que, seul, Lucas Jovanovich, né le 6 avril 1980, a relevé appel de cette décision qui a été confirmée, le 21 avril 2005, par la chambre de l'instruction devant laquelle la nullité du titre de détention n'a pas été soulevée;

Attendu que, par requêtes déposées le 28 avril 2005, Antonio Jovanovich et Lucas Jovanovich, né le 6 mars 1971, ont saisi la chambre de l'instruction aux fins d'annulation des mandats d'amener délivrés contre eux par le juge d'instruction, le 7 avril 2005, ainsi que des actes subséquents, en faisant valoir qu'ils n'avaient pas comparu devant le magistrat mandant dans le délai prévu par l'article 803-3 du Code de procédure pénale; que, par mémoires complémentaires, Lucas Jovanovich, né le 17 février 1959, Lucas Jovanovich, né le 6 avril 1980, Rosario Jovanovich, Guy Pascal et Manuel Jovanovich ont présenté la même demande d'annulation;

Attendu que, pour dire n'y avoir lieu à annulation de pièces de la procédure, l'arrêt énonce, notamment, que les modalités d'exécution du mandat d'amener, qui n'est pas un titre de détention, ne sont pas prescrites à peine de nullité et ne constituent pas le support nécessaire de la mise en examen, du placement en détention provisoire ou sous contrôle judiciaire; que les juges ajoutent que, lors de leurs interrogatoires de première comparution, tous les demandeurs, qui étaient assistés de leurs avocats, n'ont formulé aucune observation;

Attendu qu'en cet état, s'il est vrai que selon les articles 126 et 127 du Code de procédure pénale, les demandeurs, qui avaient été arrêtés à plus de 200 kilomètres du siège du juge d'instruction et qui n'avaient pas été conduits devant le procureur de la République du lieu de l'arrestation, auraient dû comparaître devant le juge d'instruction dans les vingt-quatre heures suivant la notification des mandats, l'arrêt n'encourt cependant pas les griefs du moyen dès lors que les mises en examen n'ont pas pour support des actes accomplis pendant la période de retenue arguée d'illégalité ».

• La personne en fuite n'est pas partie à la procédure : elle ne peut invoquer de nullité de procédure devant la juridiction de renvoi.

Crim. 3 avr. 2007, n° 06-89.315, *Bull. crim.*, n° 103; *AJ pénal* 2007, jur. 428, note J. Leblois-Happe.

« Attendu qu'il résulte de l'arrêt attaqué et des pièces de procédure que l'interception de communications téléphoniques ayant révélé la participation d'Amar Abdelali à un trafic de produits stupéfiants, un mandat d'arrêt a été délivré contre lui par le juge d'instruction; que, dûment recherché et demeuré en fuite, Amar Abdelali a été renvoyé devant le tribunal correctionnel après établissement, conformément à l'article 134 du Code de procédure pénale, d'un procès-verbal de perquisition et de recherches infructueuses, sans que lui ait été notifié l'avis de fin d'information prévu par l'article 175 du Code de procédure pénale; qu'il a été condamné par jugement de défaut; qu'ayant formé opposition, avant toute défense au fond, il a soulevé la nullité des réquisitions adressées, selon lui, en méconnaissance de l'article 77-1-1 dudit code, pendant l'enquête préliminaire, à divers opérateurs de téléphonie; que les juges ont fait droit à ses conclusions;

Attendu que, pour infirmer, sur l'appel du ministère public le jugement entrepris et déclarer cette exception irrecevable, l'arrêt énonce que l'absence de notification de l'avis prévu par l'article 175 du Code de procédure pénale à une personne mise en examen recherchée mais non retrouvée ne constitue pas une cause de nullité;

Attendu qu'en cet état les griefs allégués ne sont pas encourus;

Qu'en effet il se déduit de l'article 134 du Code de procédure pénale qu'une personne en fuite et vainement recherchée au cours de l'information n'a pas la qualité de partie au sens de l'article 175 dudit code; qu'il s'ensuit que, si elle est arrêtée après que le juge d'instruction l'a renvoyée devant le tribunal correctionnel, elle ne peut se prévaloir des dispositions du troisième alinéa de l'article 385 dudit code pour exciper devant cette juridiction d'une quelconque nullité d'actes de l'information, l'ordonnance de renvoi ayant, comme le prévoit l'article 179 du même code, purgé, s'il en existait, les vices de la procédure;

D'où il suit que, par ces motifs de pur droit, compatibles avec les exigences du procès équitable, et substitués à ceux des juges du fond, la décision est justifiée ».

123.05 **Rapport du Comité de réflexion sur la justice dit Rapport Léger.** Il est curieux de constater que le comité Léger mentionne qu'il « existe une incertitude quant à la pérennité et au rôle du mandat d'amener dans une phase d'enquête réformée après la disparition de l'instruction ». Les conséquences de la réforme proposée ne semblent donc pas entièrement maîtrisées par ses concepteurs. Par ailleurs, la description du fonctionnement actuel du mandat d'amener figurant page 26, troisième paragraphe, du rapport, sont inexactes. Enfin, le comité propose que la délivrance du mandat d'amener ne puisse intervenir que si les faits reprochés au mis en cause sont punissables d'une peine d'emprisonnement.

SECTION 1
RÈGLES DE FOND

123.11 **Définition.** « Le mandat d'amener est l'ordre donné par le juge à la force publique de conduire immédiatement la personne à l'encontre de laquelle il est décerné devant lui » (C. pr. pén., art. 122, al. 3). C'est un ordre de comparution forcée, qui emporte force coercitive. L'intéressé doit suivre immédiatement l'agent qui le lui présente, sinon ce dernier peut recourir à l'aide de la force publique. Le mandat d'amener doit comporter la formule exécutoire. Il doit mentionner la nature des faits imputés à la personne, leur qualification juridique et les articles de loi applicables (C. pr. pén., art. 123, al. 2).

123.12 **Emploi.** Sous l'empire de l'article 91 du Code d'instruction criminelle, les auteurs estimaient que, selon l'esprit de la loi, le juge d'instruction ne devait décerner un mandat d'amener qu'en matière criminelle, ou lorsque le prévenu n'était pas domicilié, ou lorsque le délit était au moins puni d'emprisonnement. Désormais, il n'est plus fait aucune distinction : « selon les cas », porte simplement l'article 122 du Code de procédure pénale le juge d'instruction peut donc aujourd'hui employer le mandat d'amener en toute matière. Cependant, c'est une mesure grave, qui ne doit être utilisée qu'à bon escient, lorsque les indices sont sérieux.

Avant 1984 le temps du transfert ne comptait pas pour la détention[1]. Depuis, par modification de l'article 24 du Code pénal, devenu l'article 716-4 du Code de procédure pénale « la privation de liberté subie en exécution du mandat d'amener » est imputable sur la peine. Le mandat d'amener peut être délivré en matière de presse, bien que l'article 52 de la loi du 29 juillet 1881 interdise la détention provisoire[2]. Le mandat d'amener n'est pas assujetti, tout comme le mandat de comparution, à l'existence d'un minimum de peine encourue. Sa délivrance dans le cadre d'une saisine pour contravention serait néanmoins discutable puisque la personne pourrait être amenée à être placée en détention le temps de son transfert alors que l'emprisonnement n'est pas possible en matière contraventionnelle. Il n'existe pas non plus d'exigence sur les formalités utilisées avant d'avoir recours au mandat d'amener. Ainsi, le tribunal de grande instance de Paris a pu affirmer que ne constitue pas une faute lourde de la part du magistrat instructeur le fait d'avoir délivré un mandat d'amener sans avoir auparavant délivré de mandat de comparution, cette absence ne pouvant être considérée comme un préjugement[3].

123.13 **Notification.** « Le mandat d'amener est notifié et exécuté par un officier ou agent de la police judiciaire ou par un agent de la force publique, lequel en fait l'exhibition à la personne et lui en délivre copie » (C. pr. pén., art. 123, al. 4). Si celle-ci est déjà détenue pour autre cause, la notification peut lui être faite, sur instructions du parquet, par le surveillant chef de la maison d'arrêt, qui lui délivre également une copie du mandat (C. pr. pén., art. 123, al. 5). La notification du mandat d'amener n'est pas substantielle[4]. Le mandat d'amener peut être délivré contre une personne

1. Crim. 26 juill. 1966, *Bull. crim.*, n° 216 – Crim. 25 juill. 1979, n° 79-92.158, *Bull. crim.*, n° 251.
2. Crim. 24 janv. 1981, *D.* 1991, 1, 187; *Bull. crim.*, n° 18 – Dans le sens du texte, v. note J.-M. Robert, sous CA Angers, ch. acc., 23 nov. 1977, *D.* 1978, 219.
3. TGI Paris, 5 juill. 1995, *BICC* 422, n° 67.
4. Crim. 5 févr. 1875, *Bull. crim.*, n° 40 – Crim. 29 déc. 1911, *D.* 1913, 1, 55 – Crim. 24 janv. 1985, n° 84-93.030, *Bull. crim.*, n° 41.

dont l'adresse est connue ou déterminable. Cette précision différencie le mandat d'amener du mandat d'arrêt qui ne peut être délivré que lorsque la personne est en fuite (v. s[s] n° 122.42). Aucune disposition légale ou conventionnelle ne fait obstacle à la notification à une personne, même précédemment gardée à vue, quelle qu'ait été la durée de cette mesure, d'un mandat d'amener, qui s'analyse comme l'ordre donné par le juge d'instruction à la force publique de la conduire devant lui.

Les formalités prévues à l'article 127 du Code de procédure pénale sont respectées dès lors que la personne concernée est présentée dans le délai légal au procureur de la République, territorialement compétent en raison du lieu où se trouve l'intéressé, après la fin de sa garde à vue, opérée dans le cadre d'une commission rogatoire, lorsque lui est notifié le mandat d'amener qui vient d'être délivré par le juge d'instruction[1].

123.14 Exécution. L'article 130 du Code de procédure pénale, qui prévoyait les règles d'exécution du mandat d'amener, a été abrogé par la loi du 29 décembre 1972. Elles sont aujourd'hui les mêmes que pour le mandat d'arrêt, et sont prévues par l'article 134 du Code de procédure pénale. « L'agent chargé de l'exécution ne peut s'introduire dans le domicile d'un citoyen avant six heures ni après vingt-et-une heures » (C. pr. pén., art. 134, al. 1er). Cet agent peut recourir à la contrainte (C. pr. pén., art. 134, al. 2).

Antérieurement, on admettait que l'agent porteur du mandat d'amener pouvait pénétrer, aux heures légales, au domicile de celui qui en était l'objet, sans son consentement[2]. Si l'inculpé était réfugié chez un tiers, la police pouvait seulement surveiller la maison de l'extérieur (*D.* 20 mai 1903, art. 171 anc.).

123.15 Interrogatoire : dispositions antérieures à la loi du 9 mars 2004. La règle en cette matière est de procéder avec diligence[3]. Puisque le mandat d'amener a pour objet l'interrogatoire, il doit y être procédé immédiatement. Le prévenu doit pouvoir se disculper sur-le-champ. Mais le juge d'instruction peut ne pas être disponible, puisqu'il ignore l'instant et même le jour où l'intéressé lui sera conduit. La loi a fixé certaines règles. Avant la loi du 9 mars 2004, le texte de l'article 125 était le suivant :

« Le juge d'instruction interroge immédiatement la personne arrêtée en vertu d'un mandat d'amener; toutefois, si l'interrogatoire ne peut être immédiat, elle est conduite dans la maison d'arrêt où elle ne peut être détenue plus de vingt-quatre heures. À l'expiration de ce délai, elle est conduite d'office, par les soins du surveillant chef, devant le procureur de la République qui requiert le juge d'instruction, ou à son défaut le président du tribunal ou un juge désigné par celui-ci, de procéder immédiatement à l'interrogatoire à défaut de quoi la personne est mise en liberté » (C. pr. pén., art. 125). La computation du délai est faite d'heure à heure. L'interrogatoire sur mandat d'amener peut être effectué sans que les formalités de l'article 114 du Code de procédure pénale aient été respectées[4].

123.16 Rétention par le service capteur. La loi du 9 mars 2004 a légèrement modifié l'article 125 du Code de procédure pénale pour préciser que si l'interrogatoire ne peut être immédiat, la personne peut être retenue par les services de police ou de gendarmerie pendant une durée maximum de vingt-quatre heures suivant son arrestation avant d'être présentée devant le juge d'instruction ou à défaut le président du tribunal ou un juge désigné par celui-ci, qui procède immédiatement à son interrogatoire; à défaut, la personne est mise en liberté.

Il s'agit bien d'une rétention et non d'une garde à vue, à la différence du mandat de recherche. La loi a prévu des dispositions de coordination modifiant les articles 126 et 127. Dans les cas prévus par les articles 125, 127 et 133, lorsque la personne est retenue par les services de police ou de gendarmerie avant sa présentation devant un magistrat, le procureur de la République du lieu de l'arrestation est informé dès le début de cette rétention et la personne a le droit de faire prévenir un proche dans les conditions prévues par l'article 63-2 et d'être examinée par un médecin dans les conditions prévues par l'article 63-3 (C. pr. pén., art. 133-1).

123.17 Procès-verbal de perquisition. « Si l'intéressé ne peut être saisi, un procès-verbal de perquisition et de recherches infructueuses est adressé au magistrat qui a délivré le mandat » (C. pr. pén., art. 134, al. 3). Les personnes auxquelles était présenté le mandat étaient indiquées par l'article 130, abrogé par la loi du 29 décembre 1972. Ces dispositions se trouvent toujours aujourd'hui dans le décret du 20 mai 1903 (C. pr. pén., art. 142, al. 2).

L'article 134 a été modifié par la loi du 15 juin 2000. Son dernier alinéa prévoit désormais que les formalités qui concernent l'établissement d'un procès-verbal de perquisition et de recherches infructueuses sont nécessaires à la validité du renvoi devant la juridiction de jugement. La personne est

1. Crim. 11 mai 2006, n° 06-81.232, *Bull. crim.*, n° 130.
2. Crim. 12 juin 1834, *S.* 1834, I, 661 – Lambert, p. 538.
3. Garraud, III, n° 834.
4. Crim. 26 sept. 1986, n° 86-93.821, n° 86-93.822, *Bull. crim.* n° 261 (v. les attendus s[s] n° 123.02).

alors considérée comme mise en examen. Une personne en fuite et vainement recherchée au cours de l'information n'a pas la qualité de partie au sens de l'article 175 dudit code; il s'ensuit que si elle est arrêtée après que le juge d'instruction l'a renvoyée devant le tribunal correctionnel, elle ne peut se prévaloir des dispositions du troisième alinéa de l'article 385 dudit code pour exciper devant cette juridiction d'une quelconque nullité d'actes de l'information, l'ordonnance de renvoi ayant, comme le prévoit l'article 179 du même code, purgé, s'il en existait, les vices de la procédure[1].

123.18 **Absence d'adresse.** Les obligations définies par l'article 134 du Code de procédure pénale peuvent-elles être respectées lorsque l'intéressé ne possède aucune adresse connue sur le territoire national ? La jurisprudence la plus récente sur le mandat d'arrêt nous semble transposable dans l'hypothèse où la personne n'est pas domiciliée en France : « Attendu, par ailleurs, que, contrairement à ce qui est allégué, le mandat d'arrêt n'était pas soumis aux formalités de perquisition prévues par l'article 134 du Code de procédure pénale dès lors que la personne concernée se trouvait hors de France.[2] »

SECTION 2
EXÉCUTION À PLUS OU MOINS DE 200 KM

123.21 **Traitement différent selon la distance qui sépare le juge d'instruction du lieu de l'arrestation.** Le transfert des personnes arrêtées au loin en vertu d'un mandat d'amener a toujours fait l'objet de règles spéciales, qui tenaient compte de la difficulté des communications, et permettaient la vérification des indices de culpabilité. La distance prise en compte pour leur application a constamment augmenté, en même temps que la rapidité des voyages, passant de 50 km à 100, puis 200 km.

123.22 **Exécution à moins de 200 kilomètres.** Si la personne recherchée est retrouvée à moins de 200 kilomètres elle est présentée immédiatement au magistrat instructeur. Toutefois, si le juge d'instruction n'est pas disponible la personne peut être retenue par les services de police ou de gendarmerie pendant une durée maximum de vingt-quatre heures suivant son arrestation avant d'être présentée devant le juge d'instruction ou à défaut le président du tribunal ou un juge désigné par celui-ci, qui procède immédiatement à son interrogatoire; à défaut, la personne est mise en liberté.

Avant la loi du 9 mars 2004, la personne était conduite dans la maison d'arrêt du siège du juge d'instruction où elle pouvait être détenue vingt-quatre heures (C. pr. pén., art. 125). Le délai était computé d'heure à heure. La personne qui arrivait à dix heures du matin à la maison d'arrêt devait être présentée avant le lendemain à dix heures. Ce n'est désormais plus le maintien en maison d'arrêt qui signe la détention arbitraire mais la rétention de plus de vingt-quatre heures avant présentation au juge. Aucune disposition légale ou conventionnelle n'oblige le juge d'instruction à délivrer un mandat d'amener pour se faire présenter des personnes à l'issue d'une mesure de garde à vue qui s'est déroulée dans son ressort[3]. En cas de dépassement du délai de vingt-quatre heures prévu par l'article 127 du Code de procédure pénale, la nullité de la mise en examen n'est cependant pas encourue dès lors que cet acte n'a pas pour support des actes accomplis pendant la période de retenue arguée d'illégalité[4].

123.23 **Exécution à plus de 200 kilomètres : dispositions antérieures à la loi du 9 mars 2004.** Depuis la création de l'article 127 modifié par la loi du 29 décembre 1972, les règles étaient ainsi établies : « Si la personne recherchée en vertu d'un mandat d'amener est trouvée à plus de 200 km du siège du juge d'instruction qui a délivré le mandat, elle est conduite dans les vingt-quatre heures, soit, avec son accord, devant le juge d'instruction qui a délivré ce mandat, soit devant le procureur de la République du lieu de l'arrestation » (C. pr. pén., art. 127, mod. par L. 29 déc. 1972).

L'omission des formalités prescrites par l'article 127 (conduite au parquet, consentement de l'intéressé au transfert) n'est pas en elle-même une cause de nullité[5]. La distance se calcule d'après le trajet qui devrait être accompli pour un transfèrement effectif (instr. gén., art. C. 256). Le texte de l'article 127 du Code de procédure pénale n'offrait pas à la personne le droit d'exiger d'être transférée mais seulement celui de ne pas l'être. Le but de ce texte n'était pas d'offrir à la personne la possibilité d'être présentée le plus rapidement possible devant le juge d'instruction mais seulement celle de pouvoir faire vérifier sur les lieux de son arrestation son identité. La décision de la personne arrêtée était déterminante sur son non-transfèrement immédiat.

1. Crim. 3 avr. 2007, n° 06-89.315, *Bull. crim.*, n° 103; *AJ pénal* 2007, jur. 428, note J. Leblois-Happe.
2. Crim. 12 juill. 2006, n° 06-82.800, NP.
3. Crim. 9 juin 1998, n° 98-80.418, *Bull. crim.*, n° 187; *Gaz. Pal.* 8 nov. 1998, p. 27.
4. Crim. 14 févr. 2006, n° 05-86.058, *Bull. crim.*, n° 39; *AJ pénal* 2006, 176, obs. C. Girault (v. les attendus s[s] n° 123.02).
5. Crim. 8 nov. 1988, n° 88-83.666, *Bull. crim.* n° 383.

En revanche, c'est le juge d'instruction qui décidait, *in fine*, si la personne avait donné son accord, si elle devait être immédiatement transférée.

123.24 Exécution à plus de 200 kilomètres : dispositions de la loi du 9 mars 2004. La loi du 9 mars 2004 a supprimé la question de l'accord de la personne. Désormais si la personne recherchée en vertu d'un mandat d'amener est trouvée à plus de 200 km du siège du juge d'instruction qui a délivré le mandat et qu'il n'est pas possible de la conduire dans le délai de vingt-quatre heures devant ce magistrat, elle est conduite devant le procureur de la République du lieu d'arrestation. C'est donc la possibilité matérielle de transfert dans les vingt-quatre heures qui est déterminante.

La personne, quand elle est conduite devant le procureur de la République, subit un interrogatoire d'identité, au cours duquel elle est avertie de son droit de ne pas faire de déclaration. Elle est interpellée sur le point de savoir si elle consent, ou non, au transfert. Si elle s'y oppose, elle est conduite à la maison d'arrêt. Le juge d'instruction compétent en est aussitôt avisé, et les pièces lui sont transmises sans délai (C. pr. pén., art. 128). L'avis donné à la personne par le magistrat du parquet qu'il est libre de ne pas faire de déclaration n'est pas prescrit à peine de nullité[1]. En revanche, il a été jugé, dans le cas d'un mandat d'arrêt décerné en vue d'un transfert, que l'omission de son interrogatoire par le procureur de la République, entraîne la nullité de ce mandat[2]. Mais la préférence exprimée par le prévenu sur l'opportunité de son transfert, n'a qu'un caractère provisoire. En effet, « le juge d'instruction saisi de l'affaire décide, aussitôt après la réception des pièces précitées, s'il y a lieu d'ordonner le transfèrement » (C. pr. pén., art. 129).

Depuis la loi du 9 juillet 1984, le transfert, quand il a lieu, doit être effectué dans les quatre jours de la notification du mandat, délai porté à six jours en cas de transfert d'un département d'outre-mer vers un autre département ou de la France métropolitaine vers un département d'outre-mer. Le non-respect de ces délais entraîne la libération de la personne « sur ordre du juge d'instruction saisi, à moins que sa conduite ait été retardée par des circonstances insurmontables » (C. pr. pén., art. 130 et 130-1). Jusqu'à l'entrée en vigueur de la loi du 9 mars 2004, le jour de notification du mandat était forcément identique au jour de présentation devant le procureur de la République. Ce n'est plus le cas systématiquement aujourd'hui puisqu'il peut se passer vingt-quatre heures entre la notification du mandat par l'officier ou l'agent de police judiciaire (C. pr. pén., art. 123) et la présentation devant le procureur de la République. La question peut donc désormais se poser de savoir si c'est la notification par l'OPJ ou celle réalisée par le procureur de la République qui constitue le point de départ du délai. L'article 130 du Code de procédure pénale renvoyant aux articles 128 et 129 dans lesquels il n'est question que de la présentation devant le parquet, on doit estimer que c'est cette dernière qui forme le point de départ du délai. Toutefois le ministère public ne « notifie » pas, à proprement parler, le mandat. La jurisprudence devra donc trancher ce point.

Le délai de quatre jours institué par l'article 130 ne s'applique que dans le cas d'arrestation à plus de 200 km[3]. Le délai se calcule de jour à jour et c'est ainsi que si le mandat est notifié un lundi à dix-sept heures, le délai de quatre jours expirera le jeudi à vingt-quatre heures. C'est en tout cas l'analyse que nous proposons de l'arrêt du 19 janvier 1987[4] bien qu'il rejette le pourvoi formé contre l'arrêt d'une chambre d'accusation ayant statué en sens différent, en considérant que le jour de l'incarcération ne compte pas. L'arrêt se fonde en effet sur la motivation selon laquelle le délai prévu par l'article 130 est un délai de transfèrement et est sans influence sur la validité du titre de détention provisoire ultérieur, jurisprudence rappelée depuis. Ainsi, la détention ne serait pas directement liée aux conditions d'exécution du mandat d'amener. L'intéressé pouvait aussi être conduit vingt-quatre heures à la maison d'arrêt avant sa présentation au juge, possibilité supprimée par la loi du 9 mars 2004 (v. s^s^ n°s 101.15, 122.64), qui nécessite une présentation le jour même (C. pr. pén., art. 803-2) ou dans certains cas dans un délai de vingt heures maximum (C. pr. pén., art. 803-3 - V. s^s^ n° 101.15). Les formalités prévues à l'article 127 du Code de procédure pénale ont été respectées dès lors que l'intéressé a été présenté dans le délai légal au procureur de la République territorialement compétent en raison du lieu où se trouvait cette personne, après la fin de sa garde à vue, opérée dans le cadre d'une commission rogatoire, lorsque lui a été notifié le mandat d'amener qui venait d'être délivré par le juge d'instruction[5]. Selon les articles 126 et 127 du Code de procédure pénale, la personne faisant l'objet d'un mandat d'amener, trouvée à plus de 200 kilomètres du siège du juge mandant, doit, si elle n'est pas présentée au procureur de la Républi-

1. Crim. 3 sept. 1908, *Bull. crim.* n° 378 ; *D.* 1909, 5, 35.
2. CA Limoges, ch. acc., 12 oct. 1972, *JCP* 1973, II, 17394, note P. Chambon.
3. Crim. 19 janv. 1987, n° 86-95.913, *Bull. crim.*, n° 24 (v. les attendus s^s^ n° 123.02).
4. Crim. 19 janv. 1987, n° 86-95.913, *Bull. crim.*, n° 24 (v. les attendus s^s^ n° 123.02).
5. Crim. 12 janv. 2000, n° 99-86.945, *Bull. crim.* n° 17.

que du lieu d'arrestation, comparaître devant le juge d'instruction dans les vingt-quatre heures suivant la notification du mandat. En cas de dépassement du délai, la nullité de la mise en examen n'est cependant pas encourue dès lors que cet acte n'a pas pour support des actes accomplis pendant la période de retenue arguée d'illégalité[1].

123.25 Point de départ de la détention. Après avoir procédé à l'interrogatoire du prévenu conduit devant lui (C. pr. pén., art. 135), le juge d'instruction peut saisir le juge des libertés et de la détention en vue de son placement en détention provisoire.

C'est l'exécution du mandat de dépôt qui marque le point de départ de la détention provisoire, et non l'arrestation de l'individu objet d'un mandat d'amener trouvé à plus de 200 km du siège du juge mandant, laquelle n'est qu'une mesure provisoire[2]. L'imputation sur la peine de la privation de liberté subie en exécution d'un mandat d'amener (C. pr. pén., art. 716-4), édictée par la loi du 9 juillet 1984, n'a pas modifié cette règle, l'imputation sur la peine constituant une question distincte de celle de la détention provisoire[3].

123.26 Mandat d'amener et renvoi devant la juridiction de jugement. L'article 134 du Code de procédure pénale dispose dans son dernier alinéa qu'après l'exécution des formalités de procès-verbal de perquisition et de recherches infructueuses, la personne est alors considérée comme mise en examen pour l'application de l'article 176 (v. s[s] n°s 123.17 et 123.18).

1. Crim. 14 févr. 2006, n° 05-86.058, *Bull. crim.*, n° 39; *AJ pénal* 2006, 176, note C. Girault (v. les attendus s[s] n° 123.02).

2. Crim. 24 janv. 1891, *Bull. crim.*, n° 18; *DP* 1891, 1, 187 – Crim. 16 mars 1893, *Bull. crim.*, n° 79 – Crim. 31 mars 1926, *Bull. crim.*, n° 109 – Crim. 26 juill. 1966, n° 66-91.282, *Bull. crim.*, n° 216; *D.* 1966, 557 – Crim. 25 juill. 1979, n° 79-92.158, *Bull. crim.*, n° 251; *Gaz. Pal.* 1980, p. 252, note P.-L. G. – Crim. 17 déc. 1991, n° 91-855.89, *Bull. crim.*, n° 482.

3. Crim. 8 avr. 1986, n° 86-90.455, *Bull. crim.*, n° 117 – En ce sens, quant à l'extradition, Crim. 1er juin 1976, n° 76-90.922, *Bull. crim.*, n° 194; *JCP N* 1977, II, 18758, note Chambon.

CHAPITRE

124. Mandat de recherche

SECTION 0

ORIENTEUR

124.00 Plan du chapitre.

Sect. unique Règles applicables au mandat de recherche

124.01 Textes applicables.

C. pr. pén., art. 70, 77-4, 122, 134, 135-1, 135-2.

C. pr. pén., art. 70 [L. n° 2004-204, 9 mars 2004]

Si les nécessités de l'enquête portant sur un crime flagrant ou un délit flagrant puni d'au moins trois ans d'emprisonnement l'exigent, le procureur de la République peut, sans préjudice de l'application des dispositions de l'article 73, décerner mandat de recherche contre toute personne à l'encontre de laquelle il existe une ou plusieurs raisons plausibles de soupçonner qu'elle a commis ou tenté de commettre l'infraction.

Pour l'exécution de ce mandat, les dispositions de l'article 134 sont applicables. La personne découverte en vertu de ce mandat est placée en garde à vue par l'officier de police judiciaire du lieu de la découverte, qui peut procéder à son audition, sans préjudice de l'application de l'article 43 et de la possibilité pour les enquêteurs déjà saisis des faits de se transporter sur place afin d'y procéder eux-mêmes, après avoir si nécessaire bénéficié d'une extension de compétence en application de l'article 18. Le procureur de la République ayant délivré le mandat de recherche en est informé dès le début de la mesure; ce magistrat peut ordonner que, pendant la durée de la garde à vue, la personne soit conduite dans les locaux du service d'enquête saisi des faits.

Si la personne ayant fait l'objet du mandat de recherche n'est pas découverte au cours de l'enquête et si le procureur de la République requiert l'ouverture d'une information contre personne non dénommée, le mandat de recherche demeure valable pour le déroulement de l'information, sauf s'il est rapporté par le juge d'instruction.

C. pr. pén., art. 77-4 [L. n° 2004-204, 9 mars 2004]

Si les nécessités de l'enquête portant sur un crime ou un délit puni d'au moins trois ans d'emprisonnement l'exigent, le procureur de la République peut décerner mandat de recherche contre toute personne à l'encontre de laquelle il existe une ou plusieurs raisons plausibles de soupçonner qu'elle a commis ou tenté de commettre l'infraction.

Les dispositions des deuxième et troisième alinéas de l'article 70 sont alors applicables.

C. pr. pén., art. 122

* V. s[s] n° 121.01.

C. pr. pén., art. 134 [L. n° 2004-204, 9 mars 2004]

L'agent chargé de l'exécution d'un mandat d'amener, d'arrêt et de recherche ne peut s'introduire dans le domicile d'un citoyen avant six heures ni après vingt-et-une heures.

Il peut se faire accompagner d'une force suffisante pour que la personne ne puisse se soustraire à la loi. La force est prise dans le lieu le plus proche de celui où le mandat doit s'exécuter et elle est tenue de déférer aux réquisitions contenues dans ce mandat.

Si la personne ne peut être saisie, un procès-verbal de perquisition et de recherches infructueuses est adressé au magistrat qui a délivré le mandat. La personne est alors considérée comme mise en examen pour l'application de l'article 176.

C. pr. pén., art. 135-1 [L. n° 2004-204, 9 mars 2004]

La personne découverte en vertu d'un mandat de recherche est placée en garde à vue par l'officier de police judiciaire du lieu de la découverte, suivant les modalités prévues à l'article 154. Le juge d'instruction saisi des faits en est informé dès le début de la garde à vue. Sans préjudice de la possibilité pour l'officier de police judiciaire déjà saisi par commission rogatoire de procéder à l'audition de la personne, l'officier de police judiciaire du lieu où la personne a été découverte peut être requis à cet effet par le juge d'instruction ainsi qu'aux fins d'exécution de tous actes d'information nécessaires. Pendant la durée de la garde à vue, la personne peut également être conduite dans les locaux du service d'enquête saisi des faits.

C. pr. pén., art. 135-2 [L. n° 2007-291, 5 mars 2007]

Si la personne faisant l'objet d'un mandat d'arrêt est découverte après le règlement de l'information, il est procédé selon les dispositions du présent article.

Le procureur de la République du lieu de l'arrestation est avisé dès le début de la rétention de la personne par les services de police ou de gendarmerie. Pendant cette rétention, il est fait application des dispositions des articles 63-2 et 63-3. La rétention ne peut durer plus de vingt-quatre heures.

La personne est conduite dans les meilleurs délais et au plus tard dans les vingt-quatre heures de son arrestation devant le procureur de la République du tribunal de grande instance dans le ressort duquel siège la juridiction de jugement saisie des faits. Après avoir vérifié son identité et lui avoir notifié le mandat, ce magistrat la présente devant le juge des libertés et de la détention.

Le juge des libertés et de la détention peut, sur les réquisitions du procureur de la République, soit placer la personne sous contrôle judiciaire, soit ordonner son placement en détention provisoire jusqu'à sa comparution devant la juridiction de jugement, par ordonnance motivée conformément aux dispositions de l'article 144, rendue à l'issue d'un débat contradictoire organisé conformément aux dispositions des quatrième à neuvième alinéas de l'article 145. Si la personne est placée en détention, les délais prévus par les quatrième et cinquième alinéas de l'article 179 et par les huitième et neuvième alinéas de l'article 181 sont alors applicables et courent à compter de l'ordonnance de placement en détention. La décision du juge des libertés et de la détention peut faire, dans les dix jours de sa notification, l'objet d'un appel devant la chambre des appels correctionnels si la personne est renvoyée devant le tribunal correctionnel et devant la chambre de l'instruction si elle est renvoyée devant la cour d'assises.

Si la personne a été arrêtée à plus de 200 kilomètres du siège de la juridiction de jugement et qu'il n'est pas possible de la conduire dans le délai de vingt-quatre heures devant le procureur de la République mentionné au troisième alinéa, elle est conduite devant le procureur de la République du lieu de son arrestation, qui vérifie son identité, lui notifie le mandat et reçoit ses éventuelles déclarations après l'avoir avertie qu'elle est libre de ne pas en faire. Ce magistrat met alors le mandat à exécution en faisant conduire la personne à la maison d'arrêt et il en avise le procureur de la République du tribunal de grande instance dans le ressort duquel siège la juridiction de jugement. Celui-ci ordonne le transfèrement de la personne, qui doit comparaître devant lui dans les quatre jours de la notification du mandat; ce délai est porté à six jours en cas de transfèrement entre un département d'outre-mer et la France métropolitaine ou un autre département d'outre-mer. Il est alors procédé conformément aux dispositions des troisième et quatrième alinéas.

La présentation devant le juge des libertés et de la détention prévue par les dispositions ci-dessus n'est pas nécessaire si, dans les délais prévus pour cette présentation, la personne peut comparaître devant la juridiction de jugement saisie des faits.

Les dispositions du présent article sont également applicables aux mandats d'arrêt délivrés après l'ordonnance de règlement. Elles ne sont toutefois pas applicables lorsque, postérieurement à la délivrance du mandat d'arrêt décerné au cours de l'instruction ou après son règlement, la personne a été condamnée à une peine privative de liberté, soit en matière correctionnelle par un jugement contradictoire ou réputé contradictoire, soit en matière criminelle par un arrêt rendu par défaut; elles ne sont de même pas applicables lorsque le mandat a été délivré à la suite d'une telle condamnation. Dans ces cas, sans qu'il soit nécessaire de la présenter devant le juge des libertés et de la détention, la personne arrêtée est placée en détention provisoire jusqu'à l'expiration des délais de recours et, en cas de recours, jusqu'à sa comparution devant la juridiction de jugement, sans préjudice de son droit de former des demandes de mise en liberté.

SECTION UNIQUE
RÈGLES APPLICABLES AU MANDAT DE RECHERCHE

124.11 Un nouveau mandat : le mandat de recherche. À côté des traditionnels mandats de comparution, d'amener, d'arrêt et de dépôt, le législateur a innové dans la loi du 9 mars 2004 en « inventant » un mandat de recherche aux aspects multiples. La définition de ce mandat est donnée par l'article 122 du Code de procédure pénale : « Le mandat de recherche peut être décerné à l'égard d'une personne à l'encontre de laquelle il existe une ou plusieurs raisons plausibles de soupçonner qu'elle a commis ou tenté de commettre une infraction. Il ne peut être décerné à l'égard d'une personne ayant fait l'objet d'un réquisitoire nominatif, d'un témoin assisté ou d'une personne mise en examen. Il est l'ordre donné à la force publique de rechercher la personne à l'encontre de laquelle il est décerné et de la placer en garde à vue » (C. pr. pén., art. 122, al. 2).

124.12 Mandat de recherche et garde à vue. Le mandat de recherche a donc comme vocation de rechercher une personne pour pouvoir la mettre en garde à vue. Un nouvel article 135-1, issu de la loi du 9 mars 2004 prévoit que « la personne découverte en vertu d'un mandat de recherche est placée en garde à vue par l'officier de police judiciaire du lieu de la découverte, suivant les modalités prévues à l'article 154. Le juge d'instruction saisi des faits en est informé dans les meilleurs délais. Sans préjudice de la possibilité pour l'officier de police judiciaire déjà saisi par commission rogatoire de procéder à l'audition de la personne, l'officier de police judiciaire du lieu où la personne a été découverte peut être requis à cet effet par le juge d'instruction ainsi qu'aux fins d'exécution de tous actes d'information nécessaires. Pendant la durée de la garde à vue, la personne peut également être conduite dans les locaux du service d'enquête saisi des faits. » Le juge d'instruction délivre alors une commission rogatoire au service capteur ou si cela est possible, demande au service d'enquête déjà saisi de se transporter sur les lieux pour procéder à l'audition de la personne.

124.13 Le mandat de recherche peut être délivré par le ministère public. Puisque l'unique objet du mandat de recherche est le placement en garde à vue, il est logique que le ministère public puisse l'utiliser. Les conditions sont peu contraignantes. Il suffit que « les nécessités de l'enquête l'exigent », ce qui ne signifie rien de concret et que cette enquête porte sur un crime flagrant ou un délit flagrant puni d'au moins trois ans d'emprisonnement.

Le procureur de la République peut, sans préjudice de l'application des dispositions de l'article 73, décerner mandat de recherche contre toute personne à l'encontre de laquelle il existe une ou plusieurs raisons plausibles de soupçonner qu'elle a commis ou tenté de commettre l'infraction. Pour l'exécution de ce mandat, les dispositions de l'article 134 sont applicables. La personne découverte en vertu de ce mandat est placée en garde à vue par l'officier de police judiciaire du lieu de la découverte qui peut procéder à son audition, sans préjudice de l'application de l'article 43 et de la possibilité pour les enquêteurs déjà saisis des faits de se transporter sur place afin d'y procéder eux-mêmes, après avoir si nécessaire bénéficié d'une extension de compétence en application de l'article 18. Le procureur de la République ayant délivré le mandat de recherche en est informé dans les meilleurs délais; ce magistrat peut ordonner que, pendant la durée de la garde à vue, la personne soit conduite dans les locaux du service d'enquête saisi des faits. Si la personne ayant fait l'objet du mandat de recherche n'est pas découverte au cours de l'enquête et si le procureur de la République requiert l'ouverture d'une information contre personne non dénommée, le mandat de recherche demeure valable pour le déroulement de l'information, sauf s'il est rapporté par le juge d'instruction. (C. pr. pén., art. 70). Mais la loi du 9 mars 2004 a aussi prévu des dispositions similaires dans le cadre de l'enquête préliminaire dès lors que « les nécessités de l'enquête l'exigent » et que cette enquête porte sur un crime ou un délit puni de trois ans d'emprisonnement (C. pr. pén., art. 77-4). Les dispositions concernant le mandat de recherche sont entrées en vigueur le 1er octobre 2004.

124.14 Inscription au fichier des personnes recherchées. Tout mandat d'arrêt ou de recherche est inscrit, à la demande du juge d'instruction ou du procureur de la République, au fichier des personnes recherchées. Lorsque la personne est renvoyée devant la juridiction de jugement par une décision passée en force de chose jugée, le gestionnaire du fichier en est informé pour qu'il soit le cas échéant fait application, s'il s'agit d'un mandat d'arrêt, des dispositions de l'article 135-2.

124.15 Mandat de recherches et renvoi devant le tribunal correctionnel. Selon le dernier alinéa de l'article 134 du Code de procédure pénale « si la personne ne peut être saisie, un procès verbal de perquisition et de recherches infructueuses est adressé au magistrat qui a délivré le mandat. La personne est alors considérée comme mise en examen pour l'application de l'article 176 ». Or, l'alinéa premier vise aussi bien le mandat de recherche que celui d'arrêt ou d'amener. Il faut en conclure que la délivrance d'un mandat de recherches suivie de l'accomplissement des formalités susmentionnées suffit au renvoi de la personne devant la juridiction correctionnelle. En pratique, certains magistrats préfèrent quand même délivrer un mandat d'amener ou d'arrêt, selon les circonstances.

CHAPITRE

125. Mandat d'arrêt

SECTION 0
ORIENTEUR

125.00 Plan du chapitre.

Sect. 1 Règles de fond

Sect. 2 Exécution à plus ou moins de 200 kilomètres

Sect. 3 Mandat d'arrêt et validité du renvoi devant la juridiction de jugement

125.01 Textes applicables.

C. pr. pén., art. 74-2, 122, 123, 124, 131, 133, 133-1, 143-1, 181, 706-21, 716-4, 803-2, 803-3.

C. pr. pén., art. 74-2 [inséré par L. n° 2004-204, 9 mars 2004, art. 87]

Les officiers de police judiciaire, assistés le cas échéant des agents de police judiciaire, peuvent, sur instructions du procureur de la République, procéder aux actes prévus par les articles 56 à 62 aux fins de rechercher et de découvrir une personne en fuite dans les cas suivants :

1° Personne faisant l'objet d'un mandat d'arrêt délivré par le juge d'instruction, le juge des libertés et de la détention, la chambre de l'instruction ou son président ou le président de la cour d'assises, alors qu'elle est renvoyée devant une juridiction de jugement;

2° Personne faisant l'objet d'un mandat d'arrêt délivré par une juridiction de jugement ou par le juge de l'application des peines;

3° Personne condamnée à une peine privative de liberté sans sursis supérieure ou égale à un an, lorsque cette condamnation est exécutoire ou passée en force de chose jugée.

Si les nécessités de l'enquête pour rechercher la personne en fuite l'exigent, le juge des libertés et de la détention du tribunal de grande instance peut, à la requête du procureur de la République, autoriser l'interception, l'enregistrement et la transcription de correspondances émises par la voie des télécommunications selon les modalités prévues par les articles 100, 100-1 et 100-3 à 100-7, pour une durée maximale de deux mois renouvelable dans les mêmes conditions de forme et de durée, dans la limite de six mois en matière correctionnelle. Ces opérations sont faites sous l'autorité et le contrôle du juge des libertés et de la détention.

Pour l'application des dispositions des articles 100-3 à 100-5, les attributions confiées au juge d'instruction ou à l'officier de police judiciaire commis par lui sont exercées par le procureur de la République ou l'officier de police judiciaire requis par ce magistrat.

Le juge des libertés et de la détention est informé sans délai des actes accomplis en application de l'alinéa précédent.

C. pr. pén., art. 122

* V. s[s] n° 121.01.

C. pr. pén., art. 123

* V. s[s] n° 121.01.

C. pr. pén., art. 124

* V. s[s] n° 121.01.

C. pr. pén., art. 131

Si la personne est en fuite ou si elle réside hors du territoire de la République, le juge d'instruction, après avis du procureur de la République, peut décerner contre elle un mandat d'arrêt si le fait comporte une peine d'emprisonnement correctionnelle ou une peine plus grave.

C. pr. pén., art. 133 [L. n° 2004-204, 9 mars 2004]

La personne saisie en vertu d'un mandat d'arrêt est présentée dans les vingt-quatre heures suivant son arrestation devant le juge d'instruction ou à défaut le président du tribunal ou le juge désigné par celui-ci pour qu'il soit procédé à son interrogatoire et qu'il soit le cas échéant statué sur son placement en détention provisoire dans les conditions prévues par l'article 145. À défaut, la personne est remise en liberté. Les dispositions de l'article 126 sont applicables.

Si la personne est arrêtée à plus de deux cents kilomètres du siège du juge d'instruction qui a délivré le mandat, elle est conduite dans les vingt-quatre heures suivant son arrestation devant le procureur de la République du lieu de l'arrestation qui reçoit ses déclarations après l'avoir avertie qu'elle est libre de ne pas en faire. Mention est faite de cet avis au procès-verbal.

Le procureur de la République informe sans délai le magistrat qui a délivré le mandat et requiert le transfèrement. Si celui-ci ne peut être effectué immédiatement, le procureur de la République en réfère au juge mandant.

Lorsqu'il y a lieu à transfèrement, la personne doit être conduite à la maison d'arrêt indiquée sur le mandat dans les délais prévus à l'article 130. Les dispositions de l'article 130-1 sont applicables.

C. pr. pén., art. 133-1 [L. n° 2004-204, 9 mars 2004]
Dans les cas prévus par les articles 125, 127 et 133, lorsque la personne est retenue par les services de police ou de gendarmerie avant sa présentation devant un magistrat, le procureur de la République du lieu de l'arrestation est informé dès le début de cette rétention et la personne a le droit de faire prévenir un proche dans les conditions prévues par l'article 63-2 et d'être examinée par un médecin dans les conditions prévues par l'article 63-3.

C. pr. pén., art. 143-1
Sous réserve des dispositions de l'article 137, la détention provisoire ne peut être ordonnée ou prolongée que dans l'un des cas ci-après énumérés :

1° La personne mise en examen encourt une peine criminelle;

2° La personne mise en examen encourt une peine correctionnelle d'une durée égale ou supérieure à trois ans d'emprisonnement.

La détention provisoire peut également être ordonnée dans les conditions prévues à l'article 141-2 lorsque la personne mise en examen se soustrait volontairement aux obligations du contrôle judiciaire.

C. pr. pén., art. 181 [L. n° 2004-204, 9 mars 2004, art. 99 I, en vigueur le 1er octobre 2004]
Si le juge d'instruction estime que les faits retenus à la charge des personnes mises en examen constituent une infraction qualifiée crime par la loi, il ordonne leur mise en accusation devant la cour d'assises.

Il peut également saisir cette juridiction des infractions connexes.

L'ordonnance de mise en accusation contient, à peine de nullité, l'exposé et la qualification légale des faits, objet de l'accusation, et précise l'identité de l'accusé. Elle précise également, s'il y a lieu, que l'accusé bénéficie des dispositions de l'article 132-78 du Code pénal.

Lorsqu'elle est devenue définitive, l'ordonnance de mise en accusation couvre, s'il en existe, les vices de la procédure.

Le contrôle judiciaire dont fait l'objet l'accusé continue à produire ses effets.

La détention provisoire ou le contrôle judiciaire des personnes renvoyées pour délit connexe prend fin, sauf s'il est fait application des dispositions du troisième alinéa de l'article 179. Le délai prévu par le quatrième alinéa de l'article 179 est alors porté à six mois.

Si l'accusé est placé en détention provisoire, le mandat de dépôt décerné contre lui conserve sa force exécutoire et l'intéressé reste détenu jusqu'à son jugement par la cour d'assises, sous réserve des dispositions des deux alinéas suivants et de l'article 148-1. S'il a été décerné, le mandat d'arrêt conserve sa force exécutoire; s'ils ont été décernés, les mandats d'amener ou de recherche cessent de pouvoir recevoir exécution, sans préjudice de la possibilité pour le juge d'instruction de délivrer mandat d'arrêt contre l'accusé.

L'accusé détenu en raison des faits pour lesquels il est renvoyé devant la cour d'assises est immédiatement remis en liberté s'il n'a pas comparu devant celle-ci à l'expiration d'un délai d'un an à compter soit de la date à laquelle la décision de mise en accusation est devenue définitive s'il était alors détenu, soit de la date à laquelle il a été ultérieurement placé en détention provisoire.

Toutefois, si l'audience sur le fond ne peut débuter avant l'expiration de ce délai, la chambre de l'instruction peut, à titre exceptionnel, par une décision rendue conformément à l'article 144 et mentionnant les raisons de fait ou de droit faisant obstacle au jugement de l'affaire, ordonner la prolongation de la détention provisoire pour une nouvelle durée de six mois. La comparution de l'accusé est de droit si lui-même ou son avocat en font la demande. Cette prolongation peut être renouvelée une fois dans les mêmes formes. Si l'accusé n'a pas comparu devant la cour d'assises à l'issue de cette nouvelle prolongation, il est immédiatement remis en liberté.

Le juge d'instruction transmet le dossier avec son ordonnance au procureur de la République. Celui-ci est tenu de l'envoyer sans retard au greffe de la cour d'assises.

Les pièces à conviction, dont il est dressé état, sont transmises au greffe de la cour d'assises si celle-ci siège dans un autre tribunal que celui du juge d'instruction.

C. pr. pén., art. 706-21
Dans les cas prévus par les articles 706-18 à 706-20, le mandat de dépôt ou d'arrêt conserve sa force exécutoire; les actes de poursuite ou d'instruction et les formalités intervenus avant que la décision de dessaisissement ou d'incompétence soit devenue définitive n'ont pas à être renouvelés.

C. pr. pén., art. 716-4 [L. n° 2007-297, 5 mars 2007, art. 71 II, *JO* 7 mars]
Quand il y a eu détention provisoire à quelque stade que ce soit de la procédure, cette détention est intégralement déduite de la durée de la peine prononcée ou, s'il y a lieu, de la durée totale de la peine à subir après confusion. Il en est de même, s'agissant d'une détention provisoire ordonnée dans le cadre d'une procédure suivie pour les mêmes faits que ceux ayant donné lieu à condamnation, si cette procédure a été ultérieurement annulée.

Les dispositions de l'alinéa précédent sont également applicables à la privation de liberté subie en exécution d'un mandat d'amener ou d'arrêt, à l'incarcération subie hors de France en exécution d'un mandat d'arrêt européen ou sur la demande d'extradition et à l'incarcération subie en application du septième alinéa de l'article 712-17, de l'article 712-19 et de l'article 747-3.

C. pr. pén., art. 803-2
* V. ss n° 124.01.

C. pr. pén., art. 803-3
* V. ss n° 124.01.

125.02 Jurisprudence de référence.

• L'irrecevabilité du pourvoi, pour des raisons liées à la fuite du requérant, s'analyse en une sanction disproportionnée eu égard à la place primordiale que les droits de la défense occupent dans une société démocratique.

CEDH 23 nov. 1993, n° 14032/88, Poitrimol, série A; *Dr. pén.* 1994, comm. 97.

« 37. Selon la jurisprudence de la chambre criminelle de la Cour de cassation, suivie en l'espèce, le condamné qui n'a pas déféré à un mandat de justice décerné contre lui ne saurait se faire représente pour se pourvoir en cassation. Le requérant ne pouvait introduire valablement son recours sans se constituer prisonnier dans une maison d'arrêt (article 583 du Code de procédure pénale).

La Cour estime que l'irrecevabilité du pourvoi, pour des raisons liées à la fuite du requérant, s'analysait elle aussi en une sanction disproportionnée, eu égard à la place primordiale que les droits de la défense et le principe de la prééminence du droit occupent dans une société démocratique. »

• Lorsque la personne poursuivie se trouve à l'étranger, et ne possède en France aucune résidence connue, les formes prévues par l'article 134 du Code de procédure pénale n'ont pas à être respectées (les deux arrêts ci-dessous).

Crim. 1er déc. 1966, n° 66-93.235, *Bull. crim.*, n° 275.

« Que, le même jour, le magistrat instructeur a décerné contre eux un mandat d'arrêt dans les conditions prévues par l'article 131 du Code de procédure pénale lorsque l'inculpé est en fuite ou réside hors du territoire de la République;

Que ce mandat, bien que régulièrement diffusé, n'a pu être exécuté en France, D... ne s'y trouvant plus et n'y ayant pas eu d'habitation connue ou aurait pu être faite la notification du mandat prévue par l'article 134, alinéa 3 du Code de procédure pénale;

Que l'autorité judiciaire française n'a pas procédé à la transmission dudit mandat aux autorités marocaines;

Attendu qu'elle n'avait pas à le faire, ce mandement de justice ne pouvant être exécuté au Maroc;

Qu'en effet D..., ressortissant marocain, ne pouvait, en vertu de la Convention judiciaire franco-marocaine, être extradé;

Que la transmission d'un acte judiciaire prévue par les articles 1 à 4 de ladite convention n'est autorisée par l'article premier que sous réserve des dispositions régissant le régime de l'extradition;

Qu'en outre, l'inexécution de la commission rogatoire du 12 novembre 1965, concernant D..., par le gouvernement marocain avait mis les autorités judiciaires françaises dans l'impossibilité de communiquer par les voies de droit avec le demandeur;

Que s'agissant de la poursuite en France, pour des faits commis en France, d'un étranger qui ne pouvait être extradé et à l'égard duquel il était établi qu'elles ne disposaient d'aucune possibilité de notification, lesdites autorités n'étaient plus tenues qu'a se conformer, comme elles l'ont fait, aux prescriptions du Code de procédure pénale relatives à un inculpé en fuite ou qui ne réside pas sur le territoire national. »

Crim. 30 mars 2004, n° 02-85.180, n° 03-83.598, *Bull. crim.*, n° 80; *JCP* 2004, IV, 2060.

« Attendu que, pour infirmer le jugement entrepris sur le seul appel de la partie civile et dire n'y avoir lieu à annuler la procédure, la cour d'appel relève que Rony X... a bien eu connaissance de sa mise en examen à la suite de laquelle il a écrit au juge d'instruction pour désigner ses avocats, qui ont eu accès au dossier et ont reçu copies des pièces de la procédure sur leur demande; que les juges ajoutent que le mandat d'arrêt n'était pas soumis aux formalités de perquisition prévues par l'article 134 du Code de procédure pénale dès lors que la personne concernée résidait hors de France;

Attendu qu'en l'état de ces motifs, desquels il résulte que le demandeur a effectivement eu connaissance de sa mise en examen et des faits qui lui étaient reprochés, qu'il a pu faire valoir ses droits au cours de l'instruction et que la notification du mandat d'arrêt n'était pas nécessaire à la validité de l'ordonnance de renvoi, la cour d'appel a justifié sa décision;

Qu'ainsi, le moyen doit être écarté. »

SECTION 1
RÈGLES DE FOND

125.11 Caractères originaires. Dans la rédaction originaire du Code d'instruction criminelle, le mandat d'arrêt était le seul véritable titre de détention, qui était décerné après l'interrogatoire, sur les conclusions du ministère public (C. instr. crim., art. 94). Il était irrévocable et « prenait le caractère d'un véritable jugement préparatoire sur la détention[1] ».

125.12 Caractères actuels. Sous le régime du Code de procédure pénale, sous l'influence de la pratique, le mandat d'arrêt est devenu un titre de recherche, qui ne peut être décerné que « si la personne est en fuite ou si elle réside hors du territoire de la République » (C. pr. pén., art. 131); ces deux cas sont limitatifs[2]. Il est habituel d'étendre le cas où la personne est en fuite au cas où elle n'a pas de domicile facilement déterminable. En effet, la personne dont le domicile ne peut être aisément connu n'est pas forcément en fuite. Le mandat d'arrêt permet la détention après l'arrestation (C. pr. pén., art. 122, al. 5). Il mentionne la nature des faits imputables à la personne, leur qualification juridique et les articles de loi applicables (C. pr. pén., art. 123, al. 2); il est précédé de l'avis du ministère public (C. pr. pén., art. 131). Le

1. HÉLIE F., IV, n° 1965.
2. Crim. 25 janv. 1961, *Bull. crim.*, n° 47; *D.* 1961, 252, note J.-M. R.

défaut d'avis du ministère public rend nul le mandat d'arrêt[1].

125.13 Le mandat d'arrêt ne met pas en examen. Selon les dispositions de l'article 134 alinéa 3 du Code de procédure pénale dans leur rédaction issue de la loi du 15 juin 2000, qui ne sont pas contraires à l'exigence d'un procès équitable, la délivrance d'un mandat d'arrêt par le juge d'instruction ne confère pas, au cours de l'information, à celui qui en est l'objet, la qualité de personne mise en examen. En conséquence, la personne visée par un tel mandat ne bénéficie pas des droits accordés aux personnes mises en examen. Elle n'a donc pas à être avisée de la date de l'audience de la chambre de l'instruction statuant sur les nullités de l'information et n'est pas recevable à se pourvoir contre l'arrêt rendu par cette juridiction[2] ni ne peut saisir la chambre de l'instruction d'une requête en nullité dudit mandat[3]. Comme toute personne ayant fait l'objet d'un mandat, à l'exclusion du mandat de recherche, la personne arrêtée sur mandat d'arrêt doit être entendue sous le statut de témoin assisté si elle n'est pas mise en examen (C. pr. pén., art. 122, v. s[s] n° 121.24).

125.14 Peine encourue. Selon l'article 131, le mandat d'arrêt peut être décerné « si le fait comporte une peine d'emprisonnement correctionnelle ou une peine plus grave ». Mais selon l'article 143-1 la détention provisoire implique que la peine encourue est égale ou supérieure à trois ans d'emprisonnement (L. 9 sept. 2002). Là encore, une distinction s'impose.

Dans le cas où la personne s'est soustraite volontairement aux obligations du contrôle judiciaire, la loi indique elle-même que le juge d'instruction, « quelle que soit la durée de la peine d'emprisonnement encourue », peut décerner mandat d'arrêt en vue de sa détention provisoire (C. pr. pén., art. 141-2). Dans les autres cas, il faut distinguer recherches et arrestation d'une part, et détention d'autre part. Il ne nous paraît pas douteux, à moins de considérer comme lettre morte l'article 131, que le juge d'instruction, qui ne saurait rester désarmé, peut toujours décerner mandat d'arrêt quand la peine encourue est une peine d'emprisonnement, même de moins de trois ans. La Cour de cassation a, en effet, jugé que le mandat d'amener (les raisons de décider sont les mêmes) peut être décerné en matière de presse, quand même l'article 49 [devenu l'art. 52] de la loi du 29 juillet 1881 prohibe la détention préventive[4].

La chambre d'accusation d'Angers avait, dans une poursuite pour abandon de famille, où la peine encourue était d'un an d'emprisonnement, confirmé le refus du juge d'instruction de délivrer mandat d'arrêt[5]. Mais l'annotateur a critiqué cette solution, indiquant que la peine d'emprisonnement encourue, quelle que soit sa durée, permettait toujours le mandat d'arrêt. Le transfert de l'intéressé arrêté sur mandat d'arrêt doit pouvoir être effectué sous peine de voir demeurer l'exécution du mandat sans effet. En revanche, le juge d'instruction ne peut saisir le juge des libertés et de la détention si la peine encourue est inférieure à trois ans et s'il ne s'agit pas d'une révocation de contrôle judiciaire.

125.15 Diffusion. Le but du mandat d'arrêt ne serait pas atteint s'il ne faisait l'objet d'une large diffusion. « En cas d'urgence, cette diffusion peut avoir lieu par tous moyens. Dans ce cas, les mentions essentielles de l'original doivent être précisées. L'original ou la copie du mandat doit être transmis à l'agent chargé d'en assurer l'exécution dans les délais les plus rapides » (C. pr. pén., art. 123, al. 6 et 7). Le mandat d'arrêt est établi en double original, dont l'un demeure au dossier, et l'autre est transmis à l'autorité qui aura procédé à l'arrestation (instr. gén, art. C. 240). Les détails de la procédure de la diffusion des mandats d'arrêts, qui a un caractère administratif, sont précisés par la Chancellerie dans les articles 225 à 253 de l'instruction générale. La direction des services de police judiciaire au ministère de l'Intérieur est chargée de cette diffusion. Toute demande de diffusion est suivie d'une demande de cessation de recherches, lorsque l'arrestation a été opérée, ou que le mandat d'arrêt est devenu sans objet. Les moyens modernes informatiques ont diminué le coût de diffusion du mandat d'arrêt autrefois très onéreux.

125.16 Mandat d'arrêt et détention. Le mandat d'arrêt est un titre de détention (C. pr. pén., art. 122 – V. s[s] n° 125.11). Est donc régulière la détention effectuée en vertu d'un mandat d'arrêt dont les effets ont été confirmés après que les formalités prévues par l'article 145 eussent été accomplies[6]. Il en est de même, alors que l'intéressé a renoncé à l'observation des dites formalités[7]. Le point de départ de la détention provisoire est celui de « l'exécution » du mandat d'arrêt, titre à la fois d'arrestation et de détention[8], alors même que l'exécution a commencé dans une maison d'arrêt autre

1. Crim. 7 avr. 1987, n° 87-80.513, *Bull. crim.*, n° 159.
2. Crim. 14 mai 2002, n° 02-80.721, *Bull. crim.*, n° 111.
3. Crim. 17 déc. 2002, n° 02-86.679, *Bull. crim.*, n° 230; *JCP* 2003, IV, 1256; *Gaz. Pal.* 10-11 sept. 2003, jur. p. 16, note Y. Monnet.
4. Crim. 24 janv. 1891, *Bull. crim.*, n° 18.
5. CA Angers, ch. acc., 23 nov. 1977, *D.* 1978, 219, note J.-M. Robert.
6. Crim. 20 oct. 1987, n° 87-84.410, *Bull. crim.* n° 357.
7. Crim. 16 févr. 1988, n° 87-91.463, *Bull. crim.* n° 76.
8. C. pr. pén., art. 122 – Crim. 16 mars 1893, *DP* 1893, 1, p. 532 – Crim. 31 mars 1926, *S.* 1927, 1, 359 – Crim. 19 juill. 1961, *Bull. crim.* n° 341.

que celle indiquée sur le mandat[1]. La loi du 9 juillet 1984, modifiée par celle du 16 décembre 1992 (C. pr. pén., art. 716-4, al. 2), qui impute sur la peine « la privation de liberté subie en exécution d'un mandat d'arrêt », va dans le sens de cette jurisprudence.

En matière d'extradition, le point de départ de la détention se situe à la date, non de l'arrestation à l'étranger, mais de l'écrou dans une prison française[2]. La loi précitée du 9 juillet 1984, modifiée par celle du 16 décembre 1992 (C. pr. pén., art. 716-4, al. 2), qui a déclaré imputable sur la peine, « l'incarcération subie hors de France sur la demande d'extradition », étrangère aux règles de la détention provisoire, n'a rien changé à cet égard[3]. La loi du 9 mars 2004 a précisé que « lorsqu'une personne est poursuivie ou condamnée par les juridictions françaises est arrêtée hors du territoire national en application des dispositions sur le mandat d'arrêt européen ou sur l'extradition ou en application d'une convention internationale elle peut déclarer auprès des autorités compétentes qu'elle exerce le recours prévu par le présent code, notamment en faisant opposition, appel ou pourvoi contre la décision dont elle fait l'objet. Dans tous les cas, y compris en cas d'arrestation d'une personne condamnée par défaut en matière criminelle, les délais de présentation, de détention ou de jugement prévus par le présent code ne commencent toutefois à courir qu'à compter de sa remise ou de son retour sur le territoire national » (C. pr. pén., art. 803-4).

125.17 Procès-verbal de perquisition. Dans le cas où la personne ne peut être saisie, l'article 134 du Code de procédure pénale prescrit une perquisition constatée par procès-verbal. Ces opérations attestent à la fois de la réalité et de la vanité des recherches.

La notification du mandat d'arrêt, au cas de recherches infructueuses, est une formalité importante, parfois omise par les juges d'instruction. Elle est substantielle à la validité du renvoi devant la juridiction de jugement. En effet, « nul ne peut être jugé ni mis en accusation sans avoir été entendu ou dûment appelé; une instruction ne peut être close et la mise en accusation prononcée contre un inculpé sans qu'il ait été dûment sommé d'avoir à se présenter devant le magistrat instructeur pour y répondre des inculpations dirigées contre lui et produire ses moyens de justifications[4] ». Le mandat d'arrêt ne vaut pas à lui seul sommation. Encore faut-il qu'il soit notifié selon les formes prévues par la loi. L'article 134 dans son dernier alinéa, issu de la loi du 15 juin 2000, prévoit désormais expressément que le respect des formalités qu'il prévoit conditionne la validité du renvoi devant la juridiction, la personne étant alors considérée comme mise en examen.

Néanmoins, la mise en accusation est régulièrement opérée lorsque, s'agissant d'un étranger non extradable résidant à l'étranger, qui n'a en France aucune résidence connue, le mandat d'arrêt n'a pu être notifié selon les formes de l'article 134[5]. Cette jurisprudence a été confirmée par la chambre criminelle dans un arrêt du 30 mars 2004, avec toutefois une légère nuance compte tenu de l'espèce : la personne avait été mise en examen par lettre et en avait eu connaissance puisqu'elle avait écrit au juge[6]. Il ne nous semble pas toutefois que les faits de l'espèce puissent remettre en cause le principe acquis dès 1966. Le principe a encore été confirmé depuis[7] : « Attendu, par ailleurs, que, contrairement à ce qui est allégué, le mandat d'arrêt n'était pas soumis aux formalités de perquisition prévues par l'article 134 du Code de procédure pénale dès lors que la personne concernée se trouvait hors de France. »

125.18 Arrestation après la clôture de l'information. Une disposition issue de la loi du 9 mars 2004 prévoit que la personne qui fait l'objet d'un mandat d'arrêt et qui est découverte après le règlement de l'information peut être retenu vingt-quatre heures au maximum au cours desquels elle doit être conduite dans les meilleurs délais devant le procureur de la République du tribunal de grande instance dans le ressort duquel siège la juridiction de jugement saisie des faits qui la présente devant le juge des libertés et de la détention.

Le juge des libertés et de la détention peut, sur les réquisitions du procureur de la République, soit placer la personne sous contrôle judiciaire, soit ordonner son placement en détention provisoire jusqu'à sa comparution devant la juridiction de jugement,

1. Crim. 8 oct. 1970, n° 70-92.283, *Bull. crim.* n° 259 – Crim. 20 nov. 1990, n° 90-85.622, *Bull. crim.* n° 393 – Crim. 6 juin 1991, n° 91-81.785, *Bull. crim.* n° 241 – V. aussi, Crim. 30 janv. 1991, n° 90-83.464, *Bull. crim.* n° 52 – Crim. 10 mai 1995, n° 95-80.975, *Bull. crim.* n° 168; *JCP* 1995, IV, 2056.
2. Crim. 29 juin 1967, *Bull. crim.* n° 198; *JCP* 1967, II, 15232 – Crim. 15 oct. 1969, *Bull. crim.* n° 252; *JCP* 1970, II, 16329, note A. P.; *D.* 1970, 30, note J.-M. R. – Crim. 3 nov. 1972, n° 72-92.601, *Bull. crim.* n° 321; *JCP* 1974, II, 17693, note A. P. – CA Paris, 1re ch. acc., 7 mars 1967, *JCP* 1967, II, 15125, note A. P.
3. Crim. 1er juin 1976, n° 76-90.922, *Bull. crim.* n° 194; *JCP* 1977, II, 18758, note P. Chambon.
4. Crim. 8 avr. 1892, *Bull. crim.* n° 104; *D.* 1893, 1, 302 – Dans le même sens : Crim. 16 nov. 1849, *Bull. crim.* n° 303 – Crim. 21 mars 1873, *Bull. crim.* n° 75 – Crim. 22 déc. 1910, *S.* 1913, 1, 169 – Crim. 12 oct. 1972, n° 72-91.813, *Bull. crim.* n° 286 – Crim. 25 juill. 1979, n° 79-91.843, *Bull. crim.* n° 252.
5. Crim. 1er déc. 1966, *Bull. crim.* n° 275 (v. les attendus ss n° 125.02).
6. Crim. 30 mars 2004, n° 02-85.180, n° 03-83.598, *Bull. crim.*, n° 80; *JCP* 2004, IV, 2060 (v. les attendus ss n° 125.02).
7. Crim. 12 juill. 2006, n° 06-82.800, NP.

par ordonnance motivée rendue à l'issue d'un débat contradictoire. La décision du juge des libertés et de la détention peut faire, dans les dix jours de sa notification, l'objet d'un appel devant la chambre des appels correctionnels si la personne est renvoyée devant le tribunal correctionnel et devant la chambre de l'instruction si elle est renvoyée devant la cour d'assises. Si la personne a été arrêtée à plus de deux cents kilomètres du siège de la juridiction de jugement et qu'il n'est pas possible de la conduire dans le délai de vingt-quatre heures devant le procureur de la République mentionné au troisième alinéa, elle est conduite devant le procureur de la République du lieu de son arrestation, qui vérifie son identité, lui notifie le mandat et reçoit ses éventuelles déclarations après l'avoir avertie qu'elle est libre de ne pas en faire (C. pr. pén., art. 135-2).

125.19 Recherches sur mandat d'arrêt après clôture. L'article 74-2 issu de la loi du 9 mars 2004 permet aussi lorsqu'un mandat d'arrêt a été délivré et que la personne est renvoyée devant une juridiction de jugement, ou dans le cas où le mandat d'arrêt a été délivré par une juridiction de jugement ou le juge de l'application des peines ou encore lorsqu'une personne a été condamnée à une peine privative de liberté sans sursis supérieure ou égale à un an lorsque la condamnation est exécutoire ou passée en force de chose jugée et si les nécessités de l'enquête pour rechercher la personne en fuite l'exigent au juge des libertés et de la détention, saisi par le procureur de la République d'autoriser une écoute téléphonique pour une durée maximale de deux mois renouvelable deux fois dans les mêmes formes. La loi du 12 décembre 2005 a ajouté un alinéa aux articles 695-36 et 696-21 du Code de procédure pénale qui dispose que « les dispositions de l'article 74-2 sont alors applicables, les attributions du procureur de la République et du juge des libertés et de la détention prévues par cet article étant respectivement confiées au procureur général et au président de la chambre de l'instruction ou un conseiller par lui désigné ». Il s'agit des cas de tentative d'échapper aux effets du mandat d'arrêt européen ou d'une procédure d'extradition.

SECTION 2

EXÉCUTION À PLUS OU MOINS DE 200 KILOMÈTRES

125.21 Notification et exécution. « Le mandat d'arrêt est notifié et exécuté par un officier ou agent de la police judiciaire, ou par un agent de la force publique, lequel en fait l'exhibition à celui qui en est l'objet et lui en délivre copie. Si l'individu est déjà détenu pour autre cause, la notification peut aussi lui être faite, sur instruction du procureur de la République, par le surveillant chef de la maison d'arrêt, qui en délivre également une copie » (C. pr. pén., art. 123, al. 4 et 5).

Le mandat d'arrêt, comme les autres mandats, « est exécutoire dans toute l'étendue du territoire de la République » (C. pr. pén., art. 124). Le mandat d'arrêt emporte force coercitive. Il permet à l'agent chargé de son exécution de pénétrer au domicile de celui qui en est l'objet, même contre son gré. Mais cet agent ne peut s'introduire dans le domicile d'un citoyen, qu'il s'agisse d'un tiers ou de la personne mise en examen « avant six heures et après vingt et une heures » (C. pr. pén., art. 134, al. 1er).

L'agent porteur d'un mandat d'arrêt, avant même que l'intéressé ait manifesté son intention de résister ou de fuir, « peut se faire accompagner d'une force suffisante pour que celui-ci ne puisse se soustraire à la loi. Cette force est prise dans le lieu le plus proche de celui où le mandat d'arrêt doit s'exécuter, et elle est tenue de déférer aux réquisitions contenues dans le mandat » (C. pr. pén., art. 134, al. 2).

L'article 132 du Code de procédure pénale, abrogé par la loi du 9 mars 2004 prévoyait que celui qui était saisi en vertu d'un mandat d'arrêt, à moins de 200 kilomètres du juge d'instruction qui l'avait délivré était conduit sans délai dans la maison d'arrêt indiquée sur le mandat; le surveillant chef délivrant à l'agent chargé de l'exécution une reconnaissance de la remise de ce dernier » (C. pr. pén., art. 132). Tout comme pour le mandat d'amener, la loi du 9 mars 2004 a prévu un dispositif différent, préférant la rétention sur place à la détention.

125.22 Interrogatoire. Selon l'ancien texte, le juge d'instruction devait interroger la personne « dans les vingt-quatre heures de l'incarcération de la personne » (C. pr. pén., anc. art. 133). Le point de départ de ce délai exprimé en heures, est le jour et l'heure de l'entrée dans la maison d'arrêt et ce délai se calcule d'heure à heure. À défaut, les dispositions des articles 125 alinéa 3 et 126 étaient applicables, c'est-à-dire qu'à l'expiration du délai, la personne était conduite devant le procureur de la République, qui requérait le juge d'instruction ou à défaut le président du tribunal de procéder à son interrogatoire, faute de quoi elle était mise immédiatement en liberté. La jurisprudence avait précisé que le délai de vingt-quatre heures de l'article 133 ne s'applique pas lorsque le mandat d'arrêt est exécuté après dessaisissement du juge d'instruction par l'ordonnance de règlement[1].

La loi du 9 mars 2004 a modifié la rédaction de l'article 133 qui dispose : « La personne saisie en vertu d'un mandat d'arrêt est présentée dans les

1. CA Alger, ch. acc., 17 févr. 1961, *JCP* 1961, II, 12055, note P. Chambon – Crim. 26 janv. 1967, *Bull. crim.*, n° 44 – Crim. 28 nov. 1989, n° 89-84.212, *Bull. crim.*, n° 445.

vingt-quatre heures suivant son arrestation devant le juge d'instruction ou à défaut le président du tribunal ou le juge désigné par celui-ci pour qu'il soit procédé à son interrogatoire et qu'il soit le cas échéant statué sur son placement en détention provisoire dans les conditions prévues par l'article 145. À défaut, la personne est remise en liberté. Les dispositions de l'article 126 sont applicables. »

La détention a pour point de départ le jour de l'incarcération effectuée en vertu du mandat d'arrêt. Ainsi, le mandat d'arrêt permet la détention avant que l'interrogatoire n'ait eu lieu, alors qu'en principe l'interrogatoire doit précéder le placement en détention. Toutefois, lorsqu'une personne ne respecte pas son contrôle judiciaire, elle n'a pas à être entendue par le juge d'instruction avant que celui-ci ne saisisse le juge des libertés et de la détention aux fins de son placement en détention provisoire. En effet, cette personne a déjà été mise en examen lors de sa première comparution. Un nouvel interrogatoire n'est donc pas obligatoire[1].

125.23 Procédure. L'article 133 du Code de procédure pénale, qui s'inspire de la circulaire du 10 décembre 1897[2], règle la procédure à suivre lorsque la personne objet d'un mandat d'arrêt est arrêtée à plus de 200 km du siège du juge d'instruction qui l'a délivré (L. 9 juill. 1984, art. 5), comme dans le cas du mandat d'amener. En ce cas, « la personne est conduite dans les vingt-quatre heures suivant son arrestation devant le procureur de la République du lieu de l'arrestation, qui reçoit ses déclarations, après l'avoir averti qu'elle est libre de ne pas en faire. Mention est faite de cet avis au procès-verbal. Le procureur de la République informe sans délai le magistrat qui a délivré le mandat et requiert le transfèrement. Si celui-ci ne peut être effectué immédiatement, le procureur de la République en réfère au juge mandant » (C. pr. pén., art. 133, al. 2 et 3).

Ainsi, le mandat d'arrêt a un caractère impératif. L'interrogatoire auquel il est procédé par le procureur de la République a pour seul but de vérifier que le mandat d'arrêt s'applique bien à la personne arrêtée. C'est la loi du 9 mars 2004 qui a prévu un délai de vingt-quatre heures depuis l'arrestation. Le texte précédent faisait en effet mention d'une présentation immédiate. Si l'interrogatoire ne peut être immédiat, la personne peut être retenue par les services de police ou de gendarmerie pendant une durée maximum de vingt-quatre heures suivant son arrestation avant d'être présentée. Lorsque la personne est retenue par les services de police ou de gendarmerie avant sa présentation devant un magistrat, le procureur de la République du lieu de l'arrestation est informé dans les meilleurs délais de cette rétention et la personne a le droit de faire prévenir un proche dans les conditions prévues par l'article 63-2 et d'être examinée par un médecin dans les conditions prévues par l'article 63-3.

125.24 Lorsque le transfert ne peut avoir lieu immédiatement, la personne est écrouée à la maison d'arrêt du ressort du lieu de l'arrestation. Elle est transférée dès que possible à la maison d'arrêt indiquée sur le mandat, qui est celle du ressort du juge d'instruction qui l'a délivré. Depuis la loi du 9 juillet 1984, le transfèrement doit être effectué dans les délais de quatre ou six jours prescrits, dans le cas du mandat d'amener, par l'article 130 sous les sanctions prévues par l'article 130-1 (v. s[s] n° 123.24). Les dispositions de la loi du 9 mars 2004 ont privilégié une rétention par le service capteur pendant vingt-quatre heures plutôt qu'une détention en maison d'arrêt. Ceci entraîne une conséquence importante en ce qui concerne le transfèrement sur mandat d'arrêt après incarcération par le procureur de la République du lieu de l'arrestation : le juge d'instruction doit procéder à l'interrogatoire immédiatement sans que la personne puisse être incarcérée à nouveau. Il est toutefois possible d'user des articles 803-2 et 803-3 qui permettent lorsque la personne est conduite devant un magistrat en exécution d'un mandat d'amener ou d'arrêt de le retenir pendant vingt heures maximum dans les locaux de la juridiction spécialement aménagés (v. s[s] n° 101.15 – Sur le point de départ et le calcul du délai de transfèrement v. s[s] n° 123.24).

SECTION 3

MANDAT D'ARRÊT ET VALIDITÉ DU RENVOI DEVANT LA JURIDICTION DE JUGEMENT

125.31 Décision de renvoi. En matière criminelle, le mandat de dépôt ou d'arrêt délivré par le juge d'instruction conservait sa force exécutoire jusqu'à l'ordonnance de prise de corps rendue par la chambre d'accusation (C. pr. pén., art. 181)[3]. Bien que le texte de la loi du 15 juin 2000 soit resté muet sur ce point, l'ordonnance de mise en accusa-

1. Crim. 10 juill. 2002, n° 02-83.182, *Bull. crim.*, n° 151 ; *JCP* 2002, IV, 2612 ; *Procédures* 2002, comm. 236, obs. J. Buisson.
2. Circ. 10 déc. 1897, *DP* 1897, 4, p. 129.
3. Crim. 1er déc. 1966, *D.* 1967, 23 – Crim. 26 janv. 1967, *Bull. crim.*, n° 41 – Crim. 18 juin 1985, n° 85-91.877, *Bull. crim.*, n° 232 – Crim. 19 sept. 1990, n° 90-84.317, *Bull. crim.*, n° 318 – Crim. 4 mars 1992, n° 91-86.867, *Bull. crim.*, n° 98 – Crim. 16 févr. 1993, n° 92-86.314, *Bull. crim.*, n° 73.

tion ou, après appel, l'arrêt de mise en accusation conservait les mêmes effets.

En matière correctionnelle, l'ordonnance de règlement met fin à la détention provisoire (C. pr. pén., art. 179) [1]. Mais cette règle, qui implique le placement en détention, ne s'applique pas au mandat d'arrêt non encore exécuté, que le règlement ne rend pas caduc, et qui permet l'arrestation de la personne poursuivie alors que le juge d'instruction est dessaisi [2]. Lorsque deux mandats d'arrêt ont été successivement délivrés, l'un par le juge d'instruction, le second par la juridiction correctionnelle dans le cas de l'article 465, le premier continue à produire ses effets [3]. Le législateur de 2004 a expressément fait mention du sort qui est celui des différents mandats lors du règlement du dossier. L'article 179 précise désormais que « s'il a été décerné, le mandat d'arrêt conserve sa force exécutoire; s'ils ont été décernés, les mandats d'amener ou de recherche cessent de pouvoir recevoir exécution, sans préjudice de la possibilité pour le juge d'instruction de délivrer un mandat d'arrêt contre le prévenu ». Les officiers de police judiciaire, assistés le cas échéant des agents de police judiciaire, peuvent, sur instructions du procureur de la République, procéder aux actes prévus par les articles 56 à 62 aux fins de rechercher et de découvrir une personne en fuite dans le cas où la personne fait l'objet d'un mandat d'arrêt délivré par le juge d'instruction, le juge des libertés et de la détention, la chambre de l'instruction ou son président ou le président de la cour d'assises, alors qu'elle est renvoyée devant une juridiction de jugement (C. pr. pén., art. 74-2).

125.32 Conditions de l'arrestation. Les conditions irrégulières d'une arrestation sur mandat d'arrêt sont sans conséquence sur la validité des poursuites, à moins qu'elles ne constituent une violation des droits de la défense. L'irrégularité commise à l'étranger relève du droit international, dont seul peut se plaindre l'État dont relève le ressortissant objet du mandat [4].

125.33 Les droits de la personne faisant l'objet d'un mandat d'arrêt. L'individu qui fait l'objet d'un mandat d'arrêt peut-il encore user des voies de droit ? Telle est la question que la Cour de cassation résolvait traditionnellement par la négative : ainsi le prévenu qui se dérobait à l'exécution d'un mandat d'arrêt n'était pas en droit de se faire représenter pour former un pourvoi en cassation [5]. La Cour européenne des droits de l'Homme a condamné la France dans l'arrêt Poitrimol le 23 novembre 1993 [6]. La Cour de cassation ne modifiait pourtant pas sa jurisprudence dans un premier temps [7] puis opérait un revirement de jurisprudence.

La Haute juridiction ne pose plus de condition à l'exercice du droit d'appel pour celui qui fait l'objet d'un mandat d'arrêt : méconnaît le sens et la portée de l'article 502 du Code de procédure pénale qui, pour déclarer irrecevable l'appel formé par un avocat au nom d'un prévenu contre lequel le tribunal correctionnel avait décerné mandat d'arrêt, énonce que ce dernier, qui ne s'est pas soumis à un mandat de justice, n'est pas en droit de se faire représenter pour exercer la voie de recours [8]. Il en est de même en ce qui concerne le pourvoi en cassation : « En l'absence de dispositions expresses de la loi dérogeant, en cas de délivrance d'un mandat de justice, à l'application des conditions de forme prévues par l'article 576 du Code de procédure pénale, le pourvoi est recevable. [9] »

125.34 Application de l'article 134 du Code de procédure pénale à la personne qui se trouve en dehors du territoire national. Si la personne n'a jamais possédé d'adresse sur le territoire national, il n'est pas possible d'établir à proprement parler un « procès-verbal de perquisition et de recherches infructueuses » (v. s[s] n° 123.18). Certains juges d'instruction font signifier à parquet le mandat, en dehors de tout texte. Il n'apparaît pas que cette pratique soit fondée. À vrai dire, aucune formalité n'est nécessaire. Les arrêts précédemment cités (v. s[s] n° 125.17 - V. aussi les attendus s[s] n° 125.02) [10] ne font mention d'aucune procédure particulière.

1. Crim. 15 mars 1994, n° 93-85.906, *Bull. crim.*, n° 96.
2. Crim. 27 mai 1968, *Bull. crim.*, n° 172 – Crim. 4 févr. 1976, n° 75-93.036, *Bull. crim.*, n° 44 – Crim. 28 nov. 1989, n° 89-84.212, *Bull. crim.*, n° 445 – Crim. 29 sept. 1992, n° 92-82.584, *Bull. crim.*, n° 290.
3. Crim. 27 mai 1968, *Bull. crim.*, n° 172.
4. Crim. 4 juin 1964, *Bull. crim.*, n° 192 – En ce sens, Crim. 21 févr. 1995, n° 94-85.626, *Bull. crim.*, n° 74; *JCP* 1995, IV, 1917.
5. Crim. 10 mars 1993, n° 91-80.936, *Bull. crim.*, n° 106.
6. CEDH 23 nov. 1993, n° 14032/88, série A 277-A; *Dr. pén.* 1994, comm. 97 (v. les attendus s[s] n° 125.02).
7. Crim. 19 janv. 1994, n° 93-80.163, *Bull. crim.*, n° 27 – Crim. 15 févr. 1994, n° 93-82.199, *Bull. crim.*, n° 66 – Crim. 8 mars 1995, n° 94-85.990, *Bull. crim.*, n° 94; *BICC* 1995, 413, n° 744; *Dr. pén.* 1995, comm. 158 et 166, obs. Marron.
8. Crim. 24 nov. 1999, n° 97-85.694, *Bull. crim.*, n° 273; *BICC* 508, n° 143.
9. Crim. 30 juin 1999, n° 98-80.923, *Bull. crim.*, n° 167; *RSC* 1999, 839.
10. Crim. 1er déc. 1966, *Bull. crim.*, n° 275 – Crim. 30 mars 2004, n° 02-85.180, n° 03-83.598, *Bull. crim.*, n° 80; *JCP* 2004, IV, 2060.

CHAPITRE

126. Mandat d'arrêt « international »

SECTION 0
ORIENTEUR

126.00 **Plan du chapitre.**

Sect. 1 Mandat d'arrêt et coopération internationale

Sect. 2 Mandat d'arrêt européen

126.01 **Textes applicables.** C. pr. pén., art. 695-11 à 695-24, 696-06, 696-36 – Conv européenne extradition, art. 14.

C. pr. pén., art. 695-11 [L. n° 2004-204, 9 mars 2004]

Le mandat d'arrêt européen est une décision judiciaire émise par un État membre de l'Union européenne, appelé État membre d'émission, en vue de l'arrestation et de la remise par un autre État membre, appelé État membre d'exécution, d'une personne recherchée pour l'exercice de poursuites pénales ou pour l'exécution d'une peine ou d'une mesure de sûreté privative de liberté.

L'autorité judiciaire est compétente, selon les règles et sous les conditions déterminées par le présent chapitre, pour adresser aux autorités judiciaires des autres États membres de l'Union européenne ou pour exécuter sur leur demande un mandat d'arrêt européen.

C. pr. pén., art. 695-12 [L. n° 2004-204, 9 mars 2004]

Les faits qui peuvent donner lieu à l'émission d'un mandat d'arrêt européen sont, aux termes de la loi de l'État membre d'émission, les suivants :

1° Les faits punis d'une peine privative de liberté d'une durée égale ou supérieure à un an ou, lorsqu'une condamnation à une peine est intervenue, quand la peine prononcée est égale ou supérieure à quatre mois d'emprisonnement;

2° Les faits punis d'une mesure de sûreté privative de liberté d'une durée égale ou supérieure à un an ou, lorsqu'une mesure de sûreté a été infligée, quand la durée à subir est égale ou supérieure à quatre mois d'emprisonnement.

C. pr. pén., art. 695-13 [L. n° 2004-204, 9 mars 2004]

Tout mandat d'arrêt européen contient les renseignements suivants :

– l'identité et la nationalité de la personne recherchée;

– la désignation précise et les coordonnées complètes de l'autorité judiciaire dont il émane;

– l'indication de l'existence d'un jugement exécutoire, d'un mandat d'arrêt ou de toute autre décision judiciaire ayant la même force selon la législation de l'État membre d'émission et entrant dans le champ d'application des articles 695-12 et 695-23;

– la nature et la qualification juridique de l'infraction, notamment au regard de l'article 695-23;

– la date, le lieu et les circonstances dans lesquels l'infraction a été commise ainsi que le degré de participation à celle-ci de la personne recherchée;

– la peine prononcée, s'il s'agit d'un jugement définitif, ou les peines prévues pour l'infraction par la loi de l'État membre d'émission ainsi que, dans la mesure du possible, les autres conséquences de l'infraction.

C. pr. pén., art. 695-14 [L. n° 2004-204, 9 mars 2004]

Le mandat d'arrêt européen adressé à l'autorité compétente d'un autre État membre doit être traduit dans la langue officielle ou dans une des langues officielles de l'État membre d'exécution ou dans l'une des langues officielles des institutions des Communautés européennes acceptées par cet État.

C. pr. pén., art. 695-18 [L. n° 2004-204, 9 mars 2004]

Lorsque le ministère public qui a émis le mandat d'arrêt européen a obtenu la remise de la personne recherchée, celle-ci ne peut être poursuivie, condamnée ou détenue en vue de l'exécution d'une peine privative de liberté pour un fait quelconque antérieur à la remise et autre que celui qui a motivé cette mesure, sauf dans l'un des cas suivants :

1° Lorsque la personne a renoncé expressément, en même temps qu'elle a consenti à sa remise, au bénéfice de la règle de la spécialité dans les conditions prévues par la loi de l'État membre d'exécution;

2° Lorsque la personne renonce expressément, après sa remise, au bénéfice de la règle de la spécialité dans les conditions prévues à l'article 695-19;

3° Lorsque l'autorité judiciaire de l'État membre d'exécution, qui a remis la personne, y consent expressément;

4° Lorsque, ayant eu la possibilité de le faire, la personne recherchée n'a pas quitté le territoire national dans les quarante-cinq jours suivant sa libération définitive, ou si elle y est retournée volontairement après l'avoir quitté ;

5° Lorsque l'infraction n'est pas punie d'une peine privative de liberté.

C. pr. pén., art. 695-22 [L. n° 2004-204, 9 mars 2004]

L'exécution d'un mandat d'arrêt européen est refusée dans les cas suivants :

1° Si les faits pour lesquels il a été émis pouvaient être poursuivis et jugés par les juridictions françaises et que l'action publique est éteinte par l'amnistie ;

2° Si la personne recherchée a fait l'objet, par les autorités judiciaires françaises ou par celles d'un autre État membre que l'État d'émission ou par celles d'un État tiers, d'une décision définitive pour les mêmes faits que ceux faisant l'objet du mandat d'arrêt européen à condition, en cas de condamnation, que la peine ait été exécutée ou soit en cours d'exécution ou ne puisse plus être ramenée à exécution selon les lois de l'État de condamnation ;

3° Si la personne recherchée était âgée de moins de treize ans au moment des faits faisant l'objet du mandat d'arrêt européen ;

4° Si les faits pour lesquels il a été émis pouvaient être poursuivis et jugés par les juridictions françaises et que la prescription de l'action publique ou de la peine se trouve acquise ;

5° S'il est établi que ledit mandat d'arrêt a été émis dans le but de poursuivre ou de condamner une personne en raison de son sexe, de sa race, de sa religion, de son origine ethnique, de sa nationalité, de sa langue, de ses opinions politiques ou de son orientation sexuelle, ou qu'il peut être porté atteinte à la situation de cette personne pour l'une de ces raisons.

C. pr. pén., art. 695-23 [L. n° 2004-204, 9 mars 2004]

L'exécution d'un mandat d'arrêt européen est également refusée si le fait faisant l'objet dudit mandat d'arrêt ne constitue pas une infraction au regard de la loi française.

Par dérogation au premier alinéa, un mandat d'arrêt européen est exécuté sans contrôle de la double incrimination des faits reprochés lorsque les agissements considérés sont, aux termes de la loi de l'État membre d'émission, punis d'une peine privative de liberté d'une durée égale ou supérieure à trois ans d'emprisonnement ou d'une mesure de sûreté privative de liberté d'une durée similaire et entrent dans l'une des catégories d'infractions suivantes :

– participation à une organisation criminelle ;

– terrorisme ;

– traite des êtres humains ;

– exploitation sexuelle des enfants et pornographie infantile ;

– trafic illicite de stupéfiants et de substances psychotropes ;

– trafic illicite d'armes, de munitions et d'explosifs ;

– corruption ;

– fraude, y compris la fraude portant atteinte aux intérêts financiers des Communautés européennes au sens de la Convention du 26 juillet 1995 relative à la protection des intérêts financiers des Communautés européennes ;

– blanchiment du produit du crime ou du délit ;

– faux monnayage, y compris la contrefaçon de l'euro ;

– cybercriminalité ;

– crimes et délits contre l'environnement, y compris le trafic illicite d'espèces animales menacées et le trafic illicite d'espèces et d'essences végétales menacées ;

– aide à l'entrée et au séjour irréguliers ;

– homicide volontaire, coups et blessures graves ;

– trafic illicite d'organes et de tissus humains ;

– enlèvement, séquestration et prise d'otage ;

– racisme et xénophobie ;

– vols commis en bande organisée ou avec arme ;

– trafic illicite de biens culturels, y compris antiquités et œuvres d'art ;

– escroquerie ;

– extorsion ;

– contrefaçon et piratage de produits ;

– falsification de documents administratifs et trafic de faux ;

– falsification de moyens de paiement ;

– trafic illicite de substances hormonales et autres facteurs de croissance ;

– trafic illicite de matières nucléaires et radioactives ;

– trafic de véhicules volés ;

– viol ;

– incendie volontaire ;

– crimes et délits relevant de la compétence de la Cour pénale internationale ;

– détournement d'avion ou de navire ;

– sabotage.

Lorsque les dispositions des deuxième à trente-quatrième alinéas sont applicables, la qualification juridique des faits et la détermination de la peine encourue relèvent de l'appréciation exclusive de l'autorité judiciaire de l'État membre d'émission.

En matière de taxes et d'impôts, de douane et de change, l'exécution d'un mandat d'arrêt européen ne pourra être refusée au motif que la loi française n'impose pas le même type de taxes ou d'impôts ou ne contient pas le même type de réglementation en matière de taxes, d'impôts, de douane et de change que la loi de l'État membre d'émission.

C. pr. pén., art. 695-24 [L. n° 2004-204, 9 mars 2004]

L'exécution d'un mandat d'arrêt européen peut être refusée :

1° Si, pour les faits faisant l'objet du mandat d'arrêt, la personne recherchée fait l'objet de poursuites devant les juridictions françaises ou si celles-ci ont décidé de ne pas engager les poursuites ou d'y mettre fin ;

2° Si la personne recherchée pour l'exécution d'une peine ou d'une mesure de sûreté privatives de liberté est de nationalité française et que les autorités françaises compétentes s'engagent à faire procéder à cette exécution ;

3° Si les faits pour lesquels il a été émis ont été commis, en tout ou en partie, sur le territoire français ;

4° Si l'infraction a été commise hors du territoire de l'État membre d'émission et que la loi française n'autorise pas la poursuite de l'infraction lorsqu'elle est commise hors du territoire national.

C. pr. pén., art. 696-6 [L. n° 2004-204, 9 mars 2004]

Sous réserve des exceptions prévues à l'article 696-34, l'extradition n'est accordée qu'à la condition que la personne extradée ne sera ni poursuivie, ni condamnée pour une infraction autre que celle ayant motivé l'extradition et antérieure à la remise.

C. pr. pén., art. 696-36 [L. n° 2004-204, 9 mars 2004]

L'extradition obtenue par le gouvernement français est nulle si elle est intervenue en dehors des conditions prévues par le présent chapitre.

Aussitôt après l'incarcération de la personne extradée, le procureur de la République l'avise qu'elle a le droit de demander que soit prononcée la nullité de l'extradition dans les conditions de forme et de délai prévues au présent article et qu'elle a le droit de choisir un avocat ou de demander qu'il lui en soit désigné un d'office.

La nullité est prononcée, même d'office, par la juridiction de jugement dont la personne extradée relève après sa remise ou, si elle ne relève d'aucune juridiction de jugement, par la chambre de l'instruction. La chambre de l'instruction compétente est, lorsque l'extradition a été accordée pour l'exécution d'un mandat d'arrêt délivré dans une information en cours, celle dans le ressort de laquelle a eu lieu la remise.

La requête en nullité présentée par la personne extradée doit, à peine d'irrecevabilité, être motivée et faire l'objet d'une déclaration au greffe de la juridiction compétente dans un délai de dix jours à compter de l'avis prévu au deuxième alinéa.

La déclaration fait l'objet d'un procès-verbal signé par le greffier et par le demandeur ou son avocat. Si le demandeur ne peut signer, il en est fait mention par le greffier.

Lorsque le demandeur ou son avocat ne réside pas dans le ressort de la juridiction compétente, la déclaration au greffe peut être faite au moyen d'une lettre recommandée avec demande d'avis de réception.

Lorsque le demandeur est détenu, la requête peut également être faite au moyen d'une déclaration auprès du chef de l'établissement pénitentiaire. Cette déclaration fait l'objet d'un procès-verbal signé par le chef de l'établissement pénitentiaire et par le demandeur. Si celui-ci ne peut signer, il en est fait mention par le chef de l'établissement. Le procès-verbal est adressé sans délai, en original ou en copie et par tout moyen, au greffe de la juridiction saisie.

Conv. européenne d'extradition, 13 déc. 1957, art. 14

1. L'individu qui aura été livré ne sera ni poursuivi, ni jugé, ni détenu en vue de l'exécution d'une peine ou d'une mesure de sûreté, ni soumis à toute autre restriction de sa liberté individuelle, pour un fait quelconque antérieur à la remise, autre que celui ayant motivé l'extradition, sauf dans les cas suivants :

a. Lorsque la Partie qui l'a livré y consent. Une demande sera présentée à cet effet, accompagnée des pièces prévues à l'article 12 et d'un procès-verbal judiciaire consignant les déclarations de l'extradé. Ce consentement sera donné lorsque l'infraction pour laquelle il est demandé entraîne elle-même l'obligation d'extrader aux termes de la présente convention;

b. Lorsqu'ayant eu la possibilité de le faire, l'individu extradé n'a pas quitté dans les quarante-cinq jours qui suivent son élargissement définitif, le territoire de la Partie à laquelle il a été livré ou s'il y est retourné après l'avoir quitté.

2. Toutefois, la Partie requérante pourra prendre les mesures nécessaires en vue d'une part d'un renvoi éventuel du territoire, d'autre part d'une interruption de la prescription conformément à sa législation, y compris le recours à une procédure par défaut.

3. Lorsque la qualification donnée au fait incriminé sera modifiée au cours de la procédure, l'individu extradé ne sera poursuivi ou jugé que dans la mesure où les éléments constitutifs de l'infraction nouvellement qualifiée permettraient l'extradition.

126.02 Jurisprudence de référence.

• La procédure de mandat d'arrêt européen cède devant la compétence territoriale française.

Crim., 8 juill. 2004, n° 04-83.662, *Bull. crim.*, n° 181; *AJ pénal* 2004, 372.

« Aux termes de l'article 695-24, 3° du Code de procédure pénale, la remise d'une personne dans le cadre d'un mandat d'arrêt peut être refusée si les faits pour lesquels il a été émis ont été commis en tout ou partie sur le territoire français ».

• L'imprécision des faits mentionnés dans le mandat d'arrêt européen n'emporte pas nullité de celui-ci.

Crim., 8 juin 2005, n° 05-82.800, *Bull. crim.*, n° 176; *AJ pénal* 2005, 289.

« X. n'est pas fondé en son grief pris du non-respect de l'article 695-13 du Code de procédure pénale, dès lors que sa "thèse" méconnaît la portée à conférer au dispositif attribuant à l'autorité judiciaire d'exécution (...) la faculté de demander des informations complémentaires quant aux renseignements apparaissant dans les différents cadres du formulaire du mandat d'arrêt européen. »

De plus, le mandat d'arrêt interne mettait « chacun en mesure de connaître, à suffisance, les éléments aptes à caractériser, dans toute leur spécificité et dans des conditions permettant d'empêcher qu'ils puissent être confondus avec un autre, chacun des faits (...) pour lesquels la remise du mis en cause est demandée ».

• Un mandat d'arrêt européen peut être exécuté alors même qu'une procédure d'extradition préalablement engagée pour les mêmes faits n'est pas arrivée à son terme.

Crim., 15 mars 2005, n° 05-81.107, *Bull. crim.*, n° 88; *AJ pénal* 2005, 245.

« Aucune disposition légale ou conventionnelle n'interdit d'accorder aux autorités judiciaires d'un État membre de l'Union européenne la remise d'une personne, réclamée en exécution d'un mandat d'arrêt européen décerné à raison de faits pour lesquels une procédure d'extradition engagée par cet État avant le 12 mars 2004, date d'entrée en vigueur des textes relatifs au mandat d'arrêt européen, n'a pas encore été menée à son terme ».

126.03 Bibliographie indicative. (V. les références complètes s[s] n° 03.)

Articles. Buisson J., « Exécution d'un mandat d'arrêt européen », *Procédures* 2005, comm. 258 – Cohen C., « Le mandat d'arrêt européen : mirage ou faux semblant ? », *Gaz. Pal.* 9 avr. 2002, p. 27 – Commaret D., « Le mandat d'arrêt européen », *RSC* 2005, 326 s. – De Gentili-Picard L., « La mise en œuvre du mandat d'arrêt européen en France », *JCP* 2004, I, 168 – Enderlin C.-S., « Le mandat d'arrêt européen et son application en Europe », *AJ pénal* 2006, 24 – Jégouzo I., « Le mandat d'arrêt européen ou la première concrétisation de l'espace judiciaire européen », *Gaz. Pal.* 21/22 juill. 2004, doctr. p. 2 – Kriegk J.-Fr., « Le mandat d'arrêt européen et les projets de lutte contre le terrorisme », *LPA* 22 mai 2002, doctr. p. 12 – Lainé S., « Le mandat d'arrêt européen. Présentation et aspects pratiques », *AJ pénal* 2006, 9; Le Gall, « Mandats d'arrêt et mandats d'amener », *Gaz. Pal.* 1985, 1, doctr. 117 – Leblois-Happe J., « L'arrêt de la Cour constitutionnelle allemande du 18 juillet 2005 », *AJ pénal* 2006, 32 – Lemoine P., « Le mandat d'arrêt européen devant la chambre criminelle », *AJ pénal* 2006, 14 – Malabat V., « Observations sur la nature du mandat d'arrêt européen », *Dr. pén.* 2004, ét. n° 17 – Pradel J., « Le mandat d'arrêt européen, un premier pas vers une révolution copernicienne dans le droit français de l'extradition », *D.* 2004, chron. 1392 – Senatore A., « Le mandat d'arrêt européen et les procédures de remise entre États membres de l'Union européenne », *JCP* 2002, act. p. 1773 – Taupiac G., « Étude sur l'expérience et la pertinence du mandat d'arrêt européen », *Dr. pén.* 2006, ét. n° 15.

126.06 Questions essentielles.

• Le mandat d'arrêt européen, entré en vigueur en France depuis mars 2004, demeure l'une des interrogations centrales du futur. Permettra-t-il de pallier les insuffisances notoires de la coopération actuelle ? Ne risque-t-il pas d'allonger encore les délais des procédures tandis que son efficacité pourrait être relative ? Au-delà des déclarations de principes, c'est la facilité et l'efficience de son utilisation qui permettront de percevoir si le critère de souveraineté nationale a ou non reculé.

SECTION 1
MANDAT D'ARRÊT ET COOPÉRATION INTERNATIONALE

126.11 Le mandat d'arrêt international n'existe pas. Il n'existe aucun acte intitulé « mandat d'arrêt international ». Le juge d'instruction lance un mandat d'arrêt et c'est sa diffusion qui peut être nationale ou internationale. La création du mandat d'arrêt européen ne remet en cause ce principe qu'en apparence. En effet, il est nécessaire qu'il existe d'abord un mandat d'arrêt « national » et c'est le parquet, sur proposition du juge, qui va créer le « mandat d'arrêt européen » qui est un mode de diffusion du mandat ou de la décision de condamnation et qui entraîne la mise en place d'une procédure particulière.

126.12 Règles générales de coopération internationale. Le texte principal était celui de la Convention européenne d'extradition du 13 décembre 1957 qui régit les rapports des États de l'union européenne et de certains autres États européens. L'arrestation provisoire peut être demandée sur la base de l'existence du mandat d'arrêt. C'est le parquet qui est en charge des demandes d'arrestation provisoire puisque cette demande est toujours un préalable à la demande d'extradition. Sans développer dans le cadre de cet ouvrage une étude sur le droit de l'extradition, des précisions méritent cependant d'être apportées. Certaines conditions sont nécessaires pour que l'extradition puisse être obtenue, si l'on se réfère à la Convention européenne d'extradition du 13 décembre 1957 : les faits doivent faire encourir un minimum d'un an d'emprisonnement, ils ne doivent pas constituer des infractions militaires (pour les infractions fiscales un échange de lettres doit avoir eu lieu), la règle de la double incrimination doit être respectée (les faits doivent pouvoir être qualifiés pénalement dans le pays requis; sur le mandat d'arrêt européen v. s[s] n°s 126.21 s.).

126.13 Le problème de la nationalité de la personne poursuivie. Certains États acceptent d'extrader leurs nationaux mais ils sont rares et certaines conditions sont parfois mises à cette extradition (c'est ainsi que les Pays-Bas acceptent de remettre leurs nationaux si ceux-ci reviennent exécuter leur peine dans leur pays). D'autres ne l'acceptent pas et c'est le cas depuis toujours de la France. D'autres enfin sont encore plus restrictifs puisqu'ils étendent à ce refus les ressortissants de pays limitrophes (c'est le cas en Scandinavie[1]). Le mandat d'arrêt européen apporte des modifications profondes sur cette question (v. s[s] n°s 126.21 s.).

126.14 La demande d'arrestation provisoire est conditionnée à l'urgence. Celle-ci est appréciée souverainement par la partie requise. La procédure prévoit une transmission directe entre les autorités judiciaires, sauf exception prévue à la convention. Cette demande est transmise sur la base du mandat d'arrêt ou de « tout acte ayant la même force » (conv. europ. extradition, art. 12). La demande d'arrestation provisoire est en général accompagnée d'un résumé des faits (indispensable dans le cadre

1. Sur ces questions v. TPJI, Ph. Labrégère, « La coopération internationale ».

du Système d'information Schengen), rédigé, selon les juridictions, par le parquet (autorité naturelle pour cette rédaction et qui achemine la demande) ou par le juge d'instruction, parce qu'il connaît mieux le dossier.

126.15 La convention d'application de l'accord Schengen. En vigueur depuis le 26 mars 1995 entre la France, le Benelux, l'Italie, le Portugal, l'Espagne, l'Allemagne, l'Autriche et la Grèce, elle assouplit certaines règles en prévoyant par exemple des transmissions de demande plus rapides, abroge l'échange de lettres en matière fiscale, prévoit que les actes interruptifs de prescription sont ceux de l'État requérant. L'intégration d'un signalement dans le Système d'information Schengen (SIS) permet une diffusion simultanée auprès de l'ensemble des États parties à la convention. L'organe de gestion des données est le Sirene (v. circ. 27 sept. 1993, n° SAEI.93.1.L2). Aux termes de l'alinéa 3 de l'article 695-15 du Code de procédure pénale, un signalement dans le système d'information Schengen, accompagné des informations prévues à l'article 695-13 du même code, vaut mandat d'arrêt européen[1].

126.16 Le rôle d'Interpol. L'organisation internationale de police criminelle a pour but de développer l'assistance réciproque entre les polices criminelles. Interpol assure donc la transmission des demandes d'arrestation provisoire lorsque la demande est adressée au Bureau central national (BCN) au ministère de l'Intérieur. Ce système n'existe plus désormais que pour les pays qui ne sont pas concernés par la convention Schengen. C'est pourquoi le juge d'instruction devra indiquer au ministère public s'il souhaite une diffusion Schengen ou/et une diffusion Interpol, qui peut d'ailleurs être limitée à certains continents ou être diffusé « toutes zones ».

126.17 Nullité de l'extradition. Lorsque la personne a été extradée, l'intéressé peut agir en nullité de la remise et, curieusement, c'est alors le juge d'instruction qui était compétent pour statuer. La recevabilité de la demande était subordonnée au respect d'un délai de trois jours qui courait à compter de la notification réalisée en France par le procureur de la République du lieu de la première incarcération. Cette disposition était prévue par l'article 23 de la loi du 10 mars 1927 dont toutes les dispositions ont été abrogées par la loi du 9 mars 2004. C'est désormais l'article 696-36 du Code de procédure pénale qui en a repris le principe. La requête en nullité présentée par la personne extradée doit, à peine d'irrecevabilité, être motivée et faire l'objet d'une déclaration au greffe de la juridiction compétente dans un délai de dix jours à compter de l'avis donné par le procureur de la République (C. pr. pén., art. 696-36, al. 4). Le même article précise les conditions formelles de dépôt de la requête (C. pr. pén., art. 696-36, al. 5 à 7).

126.18 La règle de la spécialité. Tout magistrat instructeur doit savoir que les infractions à la base du mandat d'arrêt sont les seules qu'il pourra reprocher à la personne extradée, sauf exceptions. Tant la loi du 10 mars 1927 (L. 10 mars 1927, art. 21), désormais abrogée, que la Convention européenne d'extradition (conv. europ. extradition, art. 14) prévoient que la personne ne peut être poursuivie ou punie pour une infraction antérieure à la remise, autre que celle ayant motivée l'extradition. Il est toutefois possible d'obtenir alors le consentement de l'État requis, mais il doit y avoir demande formelle. Par ailleurs, si la personne demeure trente jours sur le territoire français après son élargissement, elle peut à nouveau être poursuivie (le délai de trente jours est celui de la Convention européenne, d'autres accords prévoient des délais différents).

La loi du 9 mars 2004 a repris ces principes et l'article 696-6 du Code de procédure pénale dispose que sous réserve des exceptions prévues à l'article 696-34, l'extradition est accordée à la condition que la personne extradée ne sera ni poursuivie ni condamnée pour une infraction autre que celle ayant motivé l'extradition et antérieure à la remise. L'article 696-34 vise le cas où la personne réclamée renonce au principe de spécialité dans les conditions prévues aux articles 696-28 et 696-40 ou lorsque le gouvernement donne son consentement dans les conditions prévues à l'article 696-35 (sur la renonciation au principe de spécialité de la personne entrée sur le territoire national en application d'un mandat d'arrêt européen v. s[s] n° 126.27).

126.19 Abrogation de la loi du 10 mars 1927. Le garde des Sceaux a présenté un projet de loi modifiant la loi du 10 mars 1927[2]. Ce projet visait à une réécriture de cette loi, à l'intégration de certaines règles jurisprudentielles et à une adaptation du droit interne aux exigences des conventions européennes. La loi du 9 mars 2004 a finalement introduit, dans les articles 696 à 696-47 du Code de procédure pénale, les nouveaux principes. La procédure d'extradition simplifiée, déjà effective

1. Crim. 5 oct. 2004, n° 04-85.385, *Bull. crim.*, n° 232; *JCP* 2004, IV, 3200 – Crim. 1er févr. 2005, n° 04-87.787, *Bull. crim.*, n° 36; *JCP* 2005, IV, 1644; *AJ pénal* 2005, 203 – Crim. 19 avr. 2005, n° 05-81.667, *Bull. crim.*, n° 136; *D.* 2005, IR 1305; *JCP* 2005, IV, 2357.

2. Projet de loi modifiant la loi du 10 mars 1927, *JCP* 2002, act. 272.

dans d'autres pays, est mise en place, permettant une remise rapide lorsque la personne y consent[1].

SECTION 2

MANDAT D'ARRÊT EUROPÉEN

126.21 **Perspectives.** Depuis quelques années, et plus fortement encore après les attentats du 11 septembre 2001, on évoquait la possibilité de mise en place d'un mandat d'arrêt européen, qui bouleverserait le droit de l'extradition. C'est chose faite puisque le Conseil de l'Europe a pris une décision cadre (n° 2002/584/JAI du 13 juin 2002)[2] que les États devaient transposer dans leur législation interne avant le 30 décembre 2003, afin que le mandat d'arrêt européen puisse fonctionner dès le début de l'année 2004. La loi constitutionnelle du 25 mars 2003[3] a complété l'article 88-2 de la Constitution par un alinéa ainsi rédigé : « La loi fixe les règles relatives au mandat d'arrêt européen en application des actes pris sur le fondement du traité de l'Union européenne. »

La transposition a été mise en place en France dans la loi du 9 mars 2004, dite loi Perben II.

Ce mandat est destiné à remplacer la procédure traditionnelle d'extradition, qui demeurait archaïque à bien des égards et qui est aussi modernisée par la même loi, qui abroge totalement la loi du 10 mars 1927. Selon la définition donnée par la décision-cadre du Conseil du 13 juin 2002 relative au mandat d'arrêt européen et aux procédures de remise entre états membres[4], « Le mandat d'arrêt européen est une décision judiciaire émise par un État membre en vue de l'arrestation et de la remise par un autre État membre d'une personne recherchée pour l'exercice de poursuites pénales ou pour l'exécution d'une peine ou d'une mesure de sûreté privatives de liberté ».

Le mandat d'arrêt européen ne concerne que les pays de l'union européenne. Il entraîne de fait la fin de la règle de non-extradition des nationaux mais dans ce cas « la remise peut être subordonnée à la condition que la personne, après avoir été entendue, soit renvoyée dans l'État membre d'exécution afin d'y subir la peine ou la mesure de sûreté privative de liberté qui serait prononcée dans l'État d'émission ». Pour les États membres de la Communauté européenne ayant transposé la décision-cadre, il se substitue, dans la majorité des cas, à la procédure d'extradition. En 2006, l'Autriche, la Belgique, Chypre, le Danemark, l'Espagne, l'Estonie, la France, la Finlande, la Grèce, la Hongrie, l'Irlande, l'Italie, la Lettonie, la Lituanie, le Luxembourg, Malte, les Pays-Bas, le Portugal, la République Tchèque, le Royaume-Uni, la Slovaquie, la Slovénie et la Suède ont transposé le mandat d'arrêt européen[5].

La procédure est alors uniquement judiciaire, il n'existe plus de phase administrative ni de décret signé par le Premier ministre[6]. En 2005, la Cour constitutionnelle allemande a déclaré la loi d'adaptation inconstitutionnelle, en estimant que les intérêts des citoyens allemands n'avaient pas été suffisamment protégés, ce qui a interdit l'application dans ce pays du mandat d'arrêt européen jusqu'à ce qu'une loi conforme soit à nouveau votée[7]. Cela fut le cas le 20 juillet 2006 et le mandat d'arrêt européen est à nouveau applicable en Allemagne. Dès lors qu'un État tiers à l'Union veut se faire remettre un individu, il doit alors avoir recours à la procédure d'extradition prévue par les conventions internationales.

126.22 **Forme du mandat d'arrêt.** Le mandat d'arrêt européen est une décision judiciaire émise par un État membre de l'Union européenne, appelé État membre d'émission, en vue de l'arrestation et de la remise par un autre État membre, appelé État membre d'exécution, d'une personne recherchée pour l'exercice de poursuites pénales ou pour l'exécution d'une peine ou d'une mesure de sûreté privative de liberté (C. pr. pén., art. 695-11). Il n'est pas un ordre de recherche et d'arrestation mais « il s'agit plus exactement d'une forme simplifiée de demande d'extradition[8] ». Le mandat d'arrêt européen doit obligatoirement porter mention de l'identité et de la nationalité de la personne recherchée, du nom, de l'adresse, du numéro de téléphone et de télécopieur et l'adresse électronique de l'autorité judiciaire d'émission, de l'indication de l'existence d'un jugement exécutoire, d'un mandat d'arrêt ou de toute autre décision judiciaire exécutoire, de la nature et de la qualification légale de l'infraction, de la description détaillée des circonstances de la commission de l'infraction, de la peine prononcée

1. Sur tous ces points v. M.-H. Renault, « De la nécessité de revitaliser le droit extraditionnel », *JCP* 2002, doctr. p. 1837.
2. Conseil de l'Europe, décis.-cadre, 13 juin 2002, n° 2002/584/JAI, *JOCE* 18 juill. 2002, n° L. 190, p. 1 à 20.
3. L. constitutionnelle 25 mars 2003, n° 2003-267, *JO* 26 mars, p. 5344.
4. Conseil de l'Europe, décis.-cadre, 13 juin 2002, n° 2002/584/JAI, *JOCE* 18 juill., n° L 190/1.
5. Pour des éléments très précis sur chaque pays v. not. C.-S. Enderlin, « Le mandat d'arrêt européen et son application en Europe », *AJ pénal* 2006, 24.
6. V. Circ. 11 mars 2004, CRIM-04-2/CAB-11.
7. V. J. Leblois-Happe, « L'arrêt de la Cour constitutionnelle allemande du 18 juillet 2005 », *AJ pénal* 2006, 32.
8. S. Lainé, « Le mandat d'arrêt européen », *AJ pénal* 2006, 9.

ou prononçable, des autres conséquences de l'infraction (C. pr. pén., art. 695-13). Il doit être traduit dans la langue officielle ou dans une des langues officielles de l'État membre de l'union européenne ou dans l'une des langues officielles des institutions des communautés européennes acceptées par cet État (C. pr. pén., art. 695-14). Il est nécessaire de préciser le plus finement possible la matérialité des faits directement imputables à la personne poursuivie. Il arrive que certains États demandent des renseignements qui n'étaient pas prévus dans la décision-cadre du 13 juin 2002. C'est ainsi que les britanniques demandent en cas de mandat émis dans le cadre de poursuites pénales une déclaration au terme de laquelle la personne recherchée est mise en examen pour avoir commis l'infraction décrite dans le mandat et que ce dernier est délivré en vue de son arrestation et de sa remise dans le but de le poursuivre pour l'infraction en question [1].

126.23 Champ d'application du mandat d'arrêt européen. La personne faisant l'objet d'un mandat d'arrêt européen pourra être remise à l'État requérant si elle est poursuivie pour un délit faisant encourir une peine d'emprisonnement supérieure à 1 an (lorsque la France est État requérant il faut donc que deux ans d'emprisonnement soient encourus au regard de l'échelle des peines prévue par le Code pénal) ou si elle a été condamnée à une peine d'emprisonnement ferme d'une durée égale ou supérieure à quatre mois (C. pr. pén., art. 695-12).

Pour trente-deux catégories d'infraction, la remise de la personne à l'État requérant ne nécessite pas le contrôle de la double incrimination dès lors que la peine encourue est égale ou supérieure à trois ans. Elles sont énumérées par l'article 695-23 du Code de procédure pénale : participation à une organisation criminelle; terrorisme; traite des êtres humains; exploitation sexuelle des enfants et pornographie infantile; trafic illicite de stupéfiants et de substances psychotropes; trafic illicite d'armes, de munitions et d'explosifs; corruption; fraude, y compris la fraude portant atteinte aux intérêts financiers des Communautés européennes au sens de la Convention du 26 juillet 1995 relative à la protection des intérêts financiers des Communautés européennes; blanchiment du produit du crime ou du délit; faux monnayage, y compris la contrefaçon de l'euro; cybercriminalité; crimes et délits contre l'environnement, y compris le trafic illicite d'espèces animales menacées et le trafic illicite d'espèces et d'essences végétales menacées; aide à l'entrée et au séjour irréguliers; homicide volontaire, coups et blessures graves; trafic illicite d'organes et de tissus humains; enlèvement, séquestration et prise d'otage; racisme et xénophobie; vols commis en bande organisée ou avec arme; trafic illicite de biens culturels, y compris antiquités et œuvres d'art; escroquerie; extorsion; contrefaçon et piratage de produits; falsification de documents administratifs et trafic de faux; falsification de moyens de paiement; trafic illicite de substances hormonales et autres facteurs de croissance; trafic illicite de matières nucléaires et radioactives; trafic de véhicules volés; viol; incendie volontaire; crimes et délits relevant de la compétence de la Cour pénale internationale; détournement d'avion ou de navire; sabotage. Il s'agit bien de catégories d'infractions et non de qualifications précises. Aussi certains pays ont transposé en liste d'infractions les catégories visées par le texte européen. Ce n'est pas le cas de la France (sur la jurisprudence lorsque la France est État requis, v. s^s n°s 246.26 et 246.27).

126.24 Motifs de refus de remise. Seuls le principe *non bis in idem*, l'âge de la personne, le principe de l'amnistie et de la prescription de l'action publique et de la peine s'opposent nécessairement à la remise (C. pr. pén., art. 695-22). Dans le cas où le principe de double incrimination n'est pas vérifié, hors les 32 cas spécifiés, l'exécution du mandat peut être refusée (C. pr. pén., art. 695-23). Il existe des motifs facultatifs : selon la loi française, l'exécution d'un mandat d'arrêt européen peut être refusée :

1. Si, pour les faits faisant l'objet du mandat d'arrêt, la personne recherchée fait l'objet de poursuites devant les juridictions françaises ou si celles-ci ont décidé de ne pas engager les poursuites ou d'y mettre fin;

2. Si la personne recherchée pour l'exécution d'une peine ou d'une mesure de sûreté privatives de liberté est de nationalité française et que les autorités françaises compétentes s'engagent à faire procéder à cette exécution;

3. Si les faits pour lesquels il a été émis ont été commis, en tout ou en partie, sur le territoire français;

4. Si l'infraction a été commise hors du territoire de l'État membre d'émission et que la loi française n'autorise pas la poursuite de l'infraction lorsqu'elle est commise hors du territoire national (C. pr. pén., art. 695-24) [2].

1. V. S. Lainé, « Le mandat d'arrêt européen », *AJ pénal* 2006, 9.

2. V. pour les détails, A. Senatore, « Le mandat d'arrêt européen et les procédures de remise entre États membres de l'Union européenne », *JCP* 2002, act. p. 1773 – J.-Fr. Kriegk, « Le mandat d'arrêt européen et les projets de lutte contre le terrorisme », *LPA* 22 mai 2002, doctr. p. 12 – L. Gentili-Picard, « L'intégration du mandat d'arrêt européen dans la procédure pénale française », *JCP* 26 nov. 2003, act. 563.

126.25 Émission du mandat. C'est le ministère public près de la juridiction d'instruction ayant décerné le mandat d'arrêt qui met celui-ci à exécution sous la forme d'un mandat d'arrêt européen soit à la demande de la juridiction, soit d'office (C. pr. pén., art. 695-16). Depuis l'entrée en vigueur de la loi du 12 mai 2009, l'article 695-16 prévoit que le ministère public peut émettre un mandat d'arrêt européen sur le fondement d'un mandat d'amener émis par une juridiction de jugement, d'instruction, ou d'application des peines lorsqu'une personne a déjà été remise à la France et qu'elle fait l'objet d'une demande d'extension de remise pour d'autres faits. Le mandat d'arrêt européen n'est donc pas un titre nouveau établi par le juge mais une modalité de diffusion du mandat d'arrêt.

126.26 Transmission. Lorsque la personne recherchée se trouve en un lieu connu sur le territoire d'un autre État membre, le mandat d'arrêt européen peut être adressé directement à l'autorité judiciaire d'exécution, par tout moyen laissant une trace écrite, dans des conditions permettant à cette autorité d'en vérifier l'authenticité. Dans les autres cas, la transmission d'un mandat d'arrêt européen peut s'effectuer soit par la voie du Système d'information Schengen, soit par le Réseau judiciaire européen, soit, s'il n'est pas possible de recourir au Système d'information Schengen, par Interpol ou par tout autre moyen laissant une trace écrite et dans des conditions permettant à l'autorité judiciaire d'exécution d'en vérifier l'authenticité. Un signalement dans le Système d'information Schengen, accompagné des informations prévues à l'article 695-13, vaut mandat d'arrêt européen (v. s^s^ n° 126.15). Une circulaire du 20 juillet 2009[1] (Crim. 09-7/G5) énonce qu'une boîte mail structurelle a été créée au ministère de la Justice vers laquelle doivent être dorénavant transmis tous les mandats d'arrêts européens[2].

126.27 Effets du mandat d'arrêt européen. Le principe de spécialité prévu par la loi du 10 mars 1927 est maintenu puisque la personne remise ne peut être poursuivie, condamnée ou détenue en vue de l'exécution d'une peine privative de liberté pour un fait quelconque antérieur à la remise et autre que celui qui a motivé cette mesure. Toutefois il est prévu des exceptions : lorsque la personne a renoncé expressément, en même temps qu'elle a consenti à sa remise, au bénéfice de la règle de la spécialité dans les conditions prévues par la loi de l'État membre d'exécution; lorsque la personne renonce expressément, après sa remise, au bénéfice de la règle de la spécialité; lorsque l'autorité judiciaire de l'État membre d'exécution, qui a remis la personne, y consent expressément; lorsque, ayant eu la possibilité de le faire, la personne recherchée n'a pas quitté le territoire national dans les quarante-cinq jours suivant sa libération définitive, ou si elle y est retournée volontairement après l'avoir quitté; lorsque l'infraction n'est pas punie d'une peine privative de liberté (C. pr. pén., art. 695-18). Au 31 décembre 2005, la chambre criminelle a rendu 82 arrêts en matière de mandats d'arrêt européens[3].

126.28 Procédure. La procédure mise en œuvre lorsque la France est l'État requis est étudiée chapitre 246.

1. Circ. Crim. 20 juill. 2009, Crim. 09-7/G5.
2. liste.mae-mission-justice.dacg@justice.gouv.fr
3. V. P. Lemoine, « Le mandat d'arrêt européen devant la chambre criminelle », *AJ pénal* 2006, 14.

CHAPITRE

127. Mandat de dépôt

SECTION 0 ORIENTEUR

127.00 **Plan du chapitre.**

Sect. 1 Évolution législative

Sect. 2 Caractéristiques

127.01 **Textes applicables.**

C. pr. pén., art. 135

* V. s[s] n° 123.01.

C. pr. pén., art. 141-2 [L. n° 2004-204, 9 mars 2004]

Si la personne mise en examen se soustrait volontairement aux obligations du contrôle judiciaire, le juge d'instruction peut décerner à son encontre mandat d'arrêt ou d'amener. Il peut également, dans les conditions prévues au quatrième alinéa de l'article 137-1, saisir le juge des libertés et de la détention aux fins de placement en détention provisoire. Quelle que soit la peine d'emprisonnement encourue, le juge des libertés et de la détention peut décerner, à l'encontre de cette personne, un mandat de dépôt en vue de sa détention provisoire, sous réserve des dispositions de l'article 141-3.

Si la personne se soustrait aux obligations du contrôle judiciaire alors qu'elle est renvoyée devant la juridiction de jugement, le procureur de la République peut, hors le cas prévu par l'article 272-1, saisir le juge des libertés et de la détention pour que celui-ci décerne mandat d'arrêt ou d'amener à son encontre. Ce magistrat est également compétent pour ordonner, conformément aux dispositions de l'article 135-2, le placement en détention provisoire de l'intéressé.

C. pr. pén., art. 147

En toute matière, la mise en liberté assortie ou non du contrôle judiciaire peut être ordonnée d'office par le juge d'instruction après avis du procureur de la République, à charge pour la personne mise en examen de prendre l'engagement de se représenter à tous les actes de la procédure aussitôt qu'elle en sera requise et de tenir informé le magistrat instructeur de tous ses déplacements.

Le procureur de la République peut également la requérir à tout moment. Sauf s'il ordonne la mise en liberté de la personne, le juge d'instruction doit, dans les cinq jours suivant les réquisitions du procureur de la République, transmettre le dossier, assorti de son avis motivé, au juge des libertés et de la détention, qui statue dans le délai de trois jours ouvrables.

127.02 **Jurisprudence de référence.**

• Le mandat de dépôt est susceptible d'appel.

Crim. 1er mars 1994, n° 93-85.745, *Bull. crim.,* n° 81.

« Attendu que le mandat de dépôt, faisant corps avec l'ordonnance de placement en détention provisoire qui en est le support, est susceptible d'appel comme l'ordonnance elle-même;

Attendu que, le 10 novembre 1993, Michel D... C... a fait l'objet, dans la procédure suivie contre lui des chefs de vols avec port d'arme, d'une ordonnance de placement en détention provisoire et d'un mandat de dépôt;

Que, le jour même, il a signé une déclaration d'appel à la maison d'arrêt des Hauts-de-Seine où il avait été écroué;

Attendu que, pour déclarer ledit appel irrecevable, la chambre d'accusation énonce qu'il résulte des mentions de la déclaration d'appel "que cette voie de recours portait sur le mandat de dépôt, lequel n'est pas susceptible d'appel";

Mais attendu qu'en prononçant ainsi, la chambre d'accusation a méconnu le sens et la portée des textes ci-dessus visés et que la censure est encourue de ce chef. »

• L'erreur sur le prénom de la personne visée dans le mandat de dépôt est une simple erreur matérielle et non la méconnaissance d'une formalité substantielle ayant porté atteinte aux intérêts du mis en examen.

Crim. 3 juin 2003, n° 03-81.482, *Bull. crim.,* n° 112; *AJ pénal* 2003, 71; *JCP* 2003, IV, 2367.

« Attendu que, selon ces textes, l'ordonnance de placement en détention provisoire et le mandat de dépôt ne peuvent être annulés qu'en cas de méconnaissance d'une formalité substantielle ayant porté atteinte aux intérêts de la personne mise en examen;

Attendu qu'il résulte de l'arrêt attaqué et des pièces de la procédure que, le 14 décembre 2002, le juge des libertés et de la détention a ordonné le placement en détention provisoire d'Ahmed X..., qui a reçu notification de cette décision en application de l'article 137-3 du Code de procédure pénale; que, cette ordonnance et le mandat de dépôt dont elle était le support mentionnant par erreur l'état civil de Mohamed X..., frère du précédent et mis en examen dans la même information, le juge des libertés et de la détention a rendu, le 16 décembre 2002, une ordonnance rectificative;

Attendu que, pour faire droit à l'argumentation d'Ahmed X..., selon lequel le titre de détention était irrégulier, et « infirmer » l'ordonnance entreprise, la chambre de l'instruction énonce que le mandat de dépôt est dépourvu des éléments essentiels d'identification prévus par les dispositions de l'article 123 du Code de procédure pénale et que la procédure de rectification a été conduite dans des conditions ne répondant pas aux prescriptions de l'article 711 dudit code; que les juges en déduisent que, bien que la procédure de placement en détention provisoire ait été régulièrement suivie, « la mesure de détention est subie dans des conditions n'assurant pas la sécurité juridique de l'appelant »;

Mais attendu qu'en prononçant ainsi, alors qu'il n'était pas contesté que l'ordonnance entreprise, rendue après le débat contradictoire prévu par l'article 145 du Code de procédure pénale, s'appliquait à Ahmed X... et que la mention erronée procédait d'une simple erreur matérielle, au demeurant régulièrement réparée par le juge des libertés et de la détention, la procédure prévue par l'article 711 du Code de procédure pénale n'étant pas applicable à la rectification des ordonnances rendues par ce magistrat, la chambre de l'instruction a méconnu les textes susvisés et le principe ci-dessus énoncé;

D'où il suit que la cassation est encourue. »

SECTION 1
ÉVOLUTION LÉGISLATIVE

127.11 **Origine.** On ne peut avoir une idée exacte des garanties que doit comporter la délivrance des mandats de détention, sans faire un bref retour en arrière. Le mandat de dépôt a été institué seulement par la loi du 7 pluviôse an IX, articles 5 et 7. Il avait un caractère essentiellement provisoire, et était délivré par le ministère public en attendant que le directeur du jury eût pris sa décision sur la détention. Le mandat d'arrêt au contraire, qui équivaut au décret de prise de corps de l'ordonnance de 1670 (titre X), a été introduit par les lois des 19 juillet 1791 et 16 septembre 1791, et maintenu par le Code du 3 brumaire an IV. Il constituait le véritable titre de détention.

127.12 **Confusion.** Originairement, le mandat de dépôt est un simple ordre de « déposer » le prévenu dans une prison; c'est une mesure provisoire. Le mandat d'arrêt est un ordre d'écrou à la maison d'arrêt, qui est délivré « après interrogatoire », et qui implique donc la présence du prévenu (C. instr. crim., art. 94); il n'est nullement un ordre d'arrestation du prévenu en fuite. Néanmoins, les juges d'instruction prirent l'habitude de décerner un mandat de dépôt quand l'inculpé était présent, et un mandat d'arrêt quand l'inculpé était en fuite.

127.13 **Évolution législative.** Cet usage est passé dans la loi. L'article 94 précité, modifié par la loi du 14 juillet 1865, laissait le choix au juge d'instruction. Il portait : « Après l'interrogatoire, ou en cas de fuite de l'inculpé, le juge pourra décerner un mandat de dépôt ou d'arrêt... » Le Code de procédure pénale a marqué la poursuite de cette évolution dans le sens de la pratique antérieure, et a assigné à chacun des deux mandats une fonction très précise. Le mandat d'arrêt est l'ordre donné à la force publique de rechercher l'intéressé... Il est délivré si celui-ci est en fuite ou réside hors du territoire de la République (C. pr. pén., art. 122, al. 5 et 131).

127.14 **Définition.** Avant la loi du 9 mars 2004 la définition était la suivante : « Le mandat de dépôt est l'ordre donné par le juge des libertés et de la détention au chef de l'établissement pénitentiaire de recevoir et de détenir la personne. Ce mandat permet également de rechercher ou de transférer la personne, lorsqu'il lui a été précédemment notifié » (C. pr. pén., art. 122, al. 4). La loi du 9 mars 2004 a modifié la présentation de l'article 122 qui dispose désormais : « Le mandat de dépôt peut être décerné à l'encontre d'une personne mise en examen et ayant fait l'objet d'une ordonnance de placement en détention provisoire. Il est l'ordre donné au chef de l'établissement pénitentiaire de recevoir et de détenir la personne à l'encontre de laquelle il est décerné. Ce mandat permet également de rechercher ou de transférer la personne lorsqu'il lui a été précédemment notifié. » La nouvelle définition porte mieux l'accent sur le caractère accessoire à l'ordonnance de placement en détention. Il est l'ordre donné de « détenir » et fait figure d'*instrumentum*. Cela n'est pas sans conséquence sur certains problèmes complexes lorsque plusieurs ordonnances de placement en détention sont délivrées contre la même personne dans la même procédure (v. s[s] n°s 147.73 s). Le mandat de dépôt doit mentionner « la nature des faits imputés, leur qualification juridique et les articles de loi applicables » (C. pr. pén., art. 123, al. 2). Ces mentions ne concernent que le mandat lui-même, mais non l'ordonnance de placement en détention[1] (sur le mandat de dépôt à durée déterminée, v. s[s] n° 143.94).

127.15 **Magistrat compétent.** C'est le juge d'instruction qui délivrait le mandat de dépôt jusqu'à

1. Crim. 28 juin 1994, n° 94-82.071, *Bull. crim.*, n° 256.

l'entrée en vigueur de la loi du 15 juin 2000, sur ce point le 1er janvier 2001. C'est désormais le juge des libertés et de la détention qui le délivre dans le cadre de l'instruction préparatoire. Mais il peut l'être par d'autres magistrats et juridictions. C'est un acte judiciaire en ce sens que seul un magistrat peut le décerner.

Le mandat de dépôt peut être décerné par les juridictions correctionnelles, quand le fait apparaît être un crime (C. pr. pén., art. 469), ou lorsqu'elles prononcent une peine d'au moins un an d'emprisonnement (C. pr. pén., art. 465), ou en cas de trouble causé à l'audience (C. pr. pén., art. 404). L'article 465 ne s'appliquait pas devant la cour d'assises, qui ne pouvait délivrer un mandat de dépôt contre l'accusé poursuivi pour délit connexe[1]. Depuis l'entrée en vigueur de la loi du 15 juin 2000, l'ordonnance de prise de corps pouvait être mise à exécution. Mais la loi du 9 mars 2004 a supprimé l'ordonnance de prise de corps et la cour d'assises peut désormais délivrer un mandat de dépôt lorsque l'accusé comparaît libre, que ce soit en matière criminelle ou pour délit connexe.

Le mandat de dépôt peut aussi être délivré par le président de la chambre de l'instruction en cas de survenance de charges nouvelles (C. pr. pén., art. 196), ou en cas d'urgence pour quatre jours ouvrables maximum (C. pr. pén., art. 201), par la chambre de l'instruction lorsqu'elle statue sur l'appel d'une ordonnance en matière de liberté (C. pr. pén., art. 207)[2]. Le placement en détention est une décision juridictionnelle, réservée à la chambre de l'instruction, que ne peut prendre le conseiller chargé d'un supplément d'information[3].

SECTION 2
CARACTÉRISTIQUES

127.21 Peine encourue. Aux termes de l'article 143-1 alinéa 1er la détention provisoire ne peut être ordonnée que dans l'un des cas ci-après énumérés :

– la personne mise en examen encourt une peine criminelle;

– la personne mise en examen encourt une peine correctionnelle d'une durée égale ou supérieure à trois ans. Par ailleurs, si la personne mise en examen se soustrait volontairement aux obligations du contrôle judiciaire, la détention provisoire peut être ordonnée ou un mandat d'arrêt délivré « quelle que soit la durée de la peine d'emprisonnement encourue » (C. pr. pén., art. 141-2, al. 1er – V. ss no 142.13).

127.22 Indépendance du juge. Le juge d'instruction appréciait en toute indépendance la situation de fait qui justifiait la délivrance du mandat de dépôt, ou son maintien, à la seule condition de motiver l'ordonnance de mise en détention préalable selon les éléments de l'espèce. Il apprécie désormais seulement l'opportunité de saisir le juge des libertés et de la détention. La chambre d'accusation elle-même ne saurait, sans excès de pouvoir, contraindre le juge d'instruction à prendre une décision contraire à sa conviction[4]. Le juge d'instruction après annulation d'un premier mandat de dépôt par la chambre d'accusation, ne pouvait pas en délivrer un second, sur la base des mêmes faits autrement qualifiés, en l'absence de circonstances nouvelles[5]. Depuis la loi du 9 mars 2004, le parquet peut saisir le juge des libertés et de la détention dans certains cas, lorsque le juge d'instruction initialement saisi de réquisition de placement en détention a décidé de ne pas y donner suite (C. pr. pén., art. 137-4, al. 2 – V. ss no 142.37).

127.23 Mandat et interrogatoire. Sous l'ancien régime, on arrêtait d'abord, on interrogeait ensuite. « Les prisonniers pour crimes seront interrogés incessamment, et les interrogatoires commencés au plus tard dans les vingt-quatre heures après leur emprisonnement » (ord. 1670, t. XIV, art. 1er). Le Code d'instruction criminelle a renversé l'ordre des opérations. Son article 94 a fait de l'interrogatoire la condition préalable à la délivrance du mandat d'arrêt, condition étendue à celle du mandat de dépôt par la loi du 14 juillet 1865, et a été maintenue, en ce qui concerne le mandat de dépôt, par l'article 135 du Code de procédure pénale, ainsi conçu : « Le juge d'instruction ne peut délivrer un mandat de dépôt qu'après interrogatoire ». Cet alinéa a été supprimé par la loi du 15 juin 2000, sans doute plus parce qu'il faisait référence au juge d'instruction que pour contester le principe qui demeure : l'interrogatoire précède le placement sous mandat de dépôt. Le juge des libertés et de la détention ne peut d'ailleurs être saisi que par le juge d'instruction, et donc postérieurement à l'interrogatoire de première comparution.

1. Crim. 3 janv. 1991, no 90-81.458, *Bull. crim.*, no 1.
2. Crim. 22 déc. 1959, *D.* 1960, 1 – Crim. 11 avr. 1967, *Bull. crim.*, no 112.
3. Crim. 8 nov. 1990, no 90-85.741, no 90-85.742, *Bull. crim.*, no 374.
4. Crim. 25 août 1854, *Bull. crim.*, no 268 – Crim. 22 déc. 1959, *Bull. crim.*, no 268 – Crim. 22 déc. 1959, *Bull. crim.*, no 569.
5. Crim. 9 avr. 1986, no 86-90.433, *Bull. crim.*, no 122 – Crim. 16 nov. 1987, no 87-85.177, *Bull. crim.*, no 404 – Crim. 17 mai 1994, no 94-81.285, *Bull. crim.*, no 185 – V. cep. Crim. 14 nov. 1985, no 85-94.663, *Bull. crim.*, no 356.

127.24 Notification du mandat. Originairement, l'article 123, dernier alinéa du Code de procédure pénale, prescrivait la notification du mandat de dépôt à l'inculpé, avec mention au procès-verbal de l'interrogatoire. La notification du mandat de dépôt a été supprimée, devenu inutile du fait de la notification à l'intéressé de l'ordonnance de placement en détention, avec laquelle le mandat fait corps (C. pr. pén., art. 137-3).

127.25 Transfèrement. Le mandat de dépôt, qui est un titre de détention, est devenu en outre un titre de transfert. « Ce mandat permet également de rechercher ou de transférer la personne lorsqu'il lui a été précédemment notifié » (C. pr. pén., art. 122, al. 4). Cette utilisation vise surtout le cas d'évasion[1], et celui du dessaisissement. En effet, le mandat de dépôt délivré par un juge d'instruction qui s'est dessaisi en faveur de l'un de ses collègues[2], ou en faveur d'un juge d'instruction militaire[3], conserve ses effets après le dessaisissement.

En tout autre cas, le mandat de dépôt est mal adapté au transfert, puisque sa délivrance implique la présence de la personne. Le mandat d'arrêt est à exclure également, puisqu'il ne peut être décerné que lorsque « la personne est en fuite ou s'est réfugiée à l'étranger ». Serait radicalement nul le mandat d'arrêt délivré en seule vue du transfert, alors que le juge d'instruction savait que l'inculpé était détenu pour autre cause dans telle autre prison[4]. Le délai de quatre ou six jours prévu pour le transfèrement de l'inculpé arrêté en vertu d'un mandat d'amener ou d'un mandat d'arrêt par les articles 130 et 133 alinéa 4 n'est pas applicable au transfert opéré en vertu d'un mandat de dépôt[5].

Le transfert d'une personne détenue pour autre cause, réglé par les articles D. 297 à D. 299 du Code de procédure pénale, ne nécessite pas la délivrance d'un mandat d'amener[6]. Après dessaisissement, il n'est pas nécessaire, lors du transfert d'un mineur, opéré sur mandat d'amener, d'en informer le juge des enfants et le parquet du lieu de l'établissement d'éducation surveillée où le mineur était placé[7].

127.26 Exécution. Le mandat de dépôt est remis par le juge des libertés et de la détention directement au chef de l'escorte qui a conduit l'intéressé dans son cabinet. « L'agent chargé de l'exécution du mandat de dépôt remet ce dernier au surveillant chef de la maison d'arrêt, lequel lui délivre une reconnaissance de la remise de l'inculpé » (C. pr. pén., art. 135, al. 3). L'article 432-6 du Code pénal punit le fait, par un agent de l'administration pénitentiaire, de recevoir ou retenir une personne sans mandat, jugement ou ordre d'écrou, ou de prolonger indûment la durée d'une détention.

127.27 Appel du mandat de dépôt. Le mandat de dépôt fait corps avec l'ordonnance de placement en détention provisoire qui en est le support et est donc susceptible d'appel comme l'ordonnance elle-même[8].

127.28 Force exécutoire du mandat de dépôt. Le mandat de dépôt conserve sa force exécutoire malgré l'ordonnance de dessaisissement[9]. Le cas est prévu par l'article 706-21 en matière de terrorisme. Il conserve aussi sa force exécutoire après l'ordonnance de règlement à la condition que le magistrat instructeur rende une ordonnance de maintien en détention en matière correctionnelle ou de mise en accusation et de prise de corps en matière criminelle.

127.29 Annulation du mandat de dépôt. Lorsqu'un mandat de dépôt a été annulé pour vice de forme, aucune disposition du Code de procédure pénale n'interdit de placer à nouveau en détention provisoire la personne mise en examen, dans la même information et à raison des mêmes faits, sans qu'il y ait lieu de constater l'existence de circonstances nouvelles[10]. L'erreur sur le prénom de la personne visée dans le mandat de dépôt alors qu'il n'est pas contesté que la mesure concernait bien la personne qui a été présentée au juge des libertés et de la détention pour un débat contradictoire avant placement en détention provisoire est une simple erreur matérielle et non la méconnaissance d'une formalité substantielle ayant porté atteinte aux intérêts du mis en examen, par conséquent une telle erreur ne peut entraîner l'annulation du mandat[11].

1. V. Crim. 14 mars 1972, n° 71-92.236, *Bull. crim.*, n° 97.
2. CA Paris, 1re ch. acc., 12 oct. 1966, *JCP* 1966, II, 14887, note P. Chambon.
3. Crim. 5 avr. 1960, *Bull. crim.*, n° 211.
4. Crim. 25 janv. 1961, *Bull. crim.*, n° 47; *D.* 1961, 252, note J.-M. R.
5. Crim. 19 janv. 1987, n° 86-95.913, *Bull. crim.*, n° 24.
6. Crim. 10 juill. 1991, n° 91-82.512, *Bull. crim.*, n° 297.
7. Crim. 24 avr. 1975, n° 74-93.423, *Bull. crim.*, n° 107.
8. Crim. 1er mars 1994, n° 93-85.745, *Bull. crim.*, n° 81 (v. les attendus ss n° 127.02).
9. Crim. 5 avr. 1960, *Bull. crim.*, n° 211.
10. Crim. 3 sept. 2003, n° 03-83.068, *Bull. crim.*, n° 152; *D.* 2003, IR 2547; *JCP* 2003, IV, 2802.
11. Crim. 3 juin 2003, n° 03-81.482, *Bull. crim.*, n° 112; *JCP* 2003, IV, 2367; *AJ pénal* 2033, 71 (v. les attendus ss n° 127.02) – Ch. Guéry, « L'erreur matérielle du juge des libertés et de la détention », *JCP* 2006, I, ét. n° 104.

TITRE

13. Le contrôle judiciaire

SECTION 0

Orienteur

130.00 **Plan du titre.** Tout d'abord sont étudiées les différentes modalités du contrôle judiciaire avant de détailler les décisions qui peuvent être prises (placement, mainlevée, modification). L'étude particulière de l'une des modalités, le cautionnement, se justifie par sa spécificité.

Chap. 131 Modalités du contrôle judiciaire

Sect. 1 Cadre légal du contrôle judiciaire

Sect. 2 Classement des obligations

Chap. 132 Décisions relatives au contrôle judiciaire

Sect. 1 Placement sous contrôle judiciaire

Sect. 2 Contrôle judiciaire des mineurs depuis la loi du 9 septembre 2002

Sect. 3 Contrôle judiciaire des mineurs de moins de 16 ans

Sect. 4 Contrôle judiciaire des mineurs de 16 à 18 ans

Sect. 5 Révocation du contrôle judiciaire des mineurs

Sect. 6 Contrôle judiciaire des personnes morales

Sect. 7 Modification du contrôle judiciaire

Sect. 8 Fin du contrôle judiciaire

Sect. 9 Avis au conseil – Appel des ordonnances

Chap. 133 Cautionnement

Sect. 1 Nature juridique

Sect. 2 Modalités pratiques

130.01 **Textes applicables.**

C. pr. pén., art. 137 à 141-3, 142, 143, 143-1, 145-1, 145-2, 179, 181, 213, 706-45, 706-103, 723-8.

C. pr. pén., art. R. 19 à R. 23-4, R. 24 à R. 24-13, R. 57-10 à R. 57-35.

Ord. 2 févr. 1945, art. 8, 10, 10-2, 11-1, 15, 16, 16 *bis*.

C. santé publ., art. L. 3311-1, L. 3411-2, L. 3424-1.

Conv. EDH, art. 5-3.

C. pén. Art. 434-43, 434-47.

130.02 **Jurisprudence de référence.**

Crim. 4 mai 1994, n° 94-80.578, NPT, *Dr. pén.* 1995, 4.

Crim. 28 sept. 1994, n° 94-83.358, *Bull. crim.*, n° 307; *D.* 1995, somm. 146, obs. J. Pradel.

Crim. 8 août 1995, n° 95-82.561, *Bull. crim.*, n° 264; *JCP* 1995, IV, 2589.

Crim. 9 janv. 1997, n° 96-84.979, *Bull. crim.*, n° 7.

Crim. 22 janv. 2002, n° 01-87.619, *Bull. crim.*, n° 7; *D.* 2002, IR 864; *Dr. pén.* 2002, comm. 63, obs. Maron; *Gaz. Pal.* 11/12 déc. 2002, 29.

Crim. 15 mai 2002, n° 02-81.116, *Bull. crim.*, n° 113.

Crim. 20 juin 2002, n° 02-80.149, *Bull. crim.*, n° 142; *JCP* 2002, IV, 2409; *D.* 2002, IR 2850; *Procédures* 2002, comm. n° 213, p. 11, note J. Buisson.

Crim. 2 déc. 2003, n° 03-85.460, *Bull. crim.*, n° 229.

Crim. 3 oct. 2006, n° 06-85.889, *Bull. crim.*, n° 241.

130.03 **Bibliographie indicative.** (V. les références complètes s^s n° 03.)

Actualisables. Rép. pén., Dourneau-Josette, « Le contrôle judiciaire et la détention provisoire » – Tpji, J.-L. Croizier, « Le contrôle judiciaire ».

Articles. Cardet C., « Quelle consécration pour le contrôle judiciaire socio-éducatif dans la loi du 15 juin 2000 », *RSC* 2001, 537; « L'incontrôlable contrôle judiciaire socio-éducatif », *D.* 2002, chron. p. 1221 – Faget J., « Contrôle judiciaire et travail social », *RSC* 1985, 319 – Christophe Cardet, « La mise en œuvre du placement sous surveillance électronique », *D.* 2003, Chron. 1782 – R. Lévy, P. V. Tournier, A. Pitoun, A. Kensey, « Le placement sous surveillance électronique : bilan de la phase d'expérimentation », *Questions pénales* juin 2003, XVI.3.

130.04 **Évolution.** C'est le mérite de la loi du 17 juillet 1970 d'avoir institué, à côté de la détention provisoire, un moyen de contrainte moins draconien, mais pouvant être aussi efficace, appelé contrôle judiciaire, dont les modalités sont précisées par les articles 137 à 143 du Code de procédure pénale, complétés par les articles R. 16 à R. 25 du même code (D. 23 déc. 1970 – V. aussi, circ. Chanc., 28 déc. 1970, *BLD* 1971, 73)[1]. Certaines mesures anciennes participent de la même idée, telle la mise en surveillance *sub custodia* du droit romain, ou l'assignation à résider *in villa*, usitée au XVIe siècle[2].

Le contrôle judiciaire se présente comme un substitut de la détention provisoire; c'est une mesure de contrainte, et non d'assistance (circ. 28 déc. 1970, no 1); il n'est pas non plus une sorte de mise à l'épreuve, la notion d'amendement n'ayant pas sa place avant la condamnation. Il ne saurait être ordonné lorsqu'une mesure de contrainte ne se justifie pas. Selon la rédaction de l'article 137 du Code de procédure pénale, modifiée par la loi du 9 juillet 1984, puis du 15 juin 2000, il constitue la mesure de coercition de droit commun, la détention provisoire ayant un caractère exceptionnel.

Parmi les inconvénients relevés habituellement on a dit que le contrôle judiciaire présentait un aspect inquisitorial, il implique une surveillance qui peut être ressentie comme une atteinte à la dignité; l'intervention de nombreux organismes de contrôle est un facteur de divulgation des poursuites; le contrôle de mesures, comme l'interdiction de fréquenter certaines personnes, est difficilement réalisable; il est enfin une sorte de contrat de confiance (circ. 28 déc. 1970, no 2), qui présente de grands aléas.

Mais le contrôle judiciaire se caractérise aussi par sa souplesse; il s'adapte à toutes les situations, sans rigueur inutile; il laisse à la personne poursuivie la faculté de continuer l'exercice de sa profession, sauf exceptions, et ainsi ne prive pas sa famille de ressources; enfin, quelque déplaisantes que soient certaines de ses mesures, cet inconvénient n'est que secondaire, comparé à la rigueur de l'incarcération. La loi no 2007-297 du 5 mars 2007 sur la prévention de la délinquance aggrave la situation des mineurs (v. ss no 132.33).

130.05 Rapport de la commission de réflexion sur la justice dit rapport Léger. Le placement sous contrôle judiciaire serait de la compétence du juge de l'enquête et des libertés sur demande du ministère public. Il aurait pour effet, tout comme la détention provisoire, d'ouvrir une enquête renforcée (v. ss no 10.05).

1. Sur l'institution v. R. Vouin, *D.* 1970, 191.
2. HÉLIE F., IV, nos 1942 et 1987.

CHAPITRE

131. Modalités du contrôle judiciaire

SECTION 0
ORIENTEUR

131.00 Plan du chapitre.

Sect. 1 Cadre légal du contrôle judiciaire
Sect. 2 Classement des obligations

131.01 Textes applicables.

C. pr. pén., art. 137, 137-2, 138, 142, 179, 181, 213, 706-103.

C. santé publ., art. L. 3311-1, L. 3411-2, L. 3424-1.

Ord. 2 févr. 1945, art. 8, 10-2.

Conv. EDH, art. 5-3.

C. pr. pén., art. 137
La personne mise en examen, présumée innocente, reste libre. Toutefois, en raison des nécessités de l'instruction ou à titre de mesure de sûreté, elle peut être astreinte à une ou plusieurs obligations du contrôle judiciaire. Lorsque celles-ci se révèlent insuffisantes au regard de ces objectifs, elle peut, à titre exceptionnel, être placée en détention provisoire.

C. pr. pén., art. 137-2
Le contrôle judiciaire est ordonné par le juge d'instruction, qui statue après avoir recueilli les réquisitions du procureur de la République.

Le contrôle judiciaire peut être également ordonné par le juge des libertés et de la détention, lorsqu'il est saisi.

C. pr. pén., art. 138 [L. n° 2006-399, 4 avr. 2006]
Le contrôle judiciaire peut être ordonné par le juge d'instruction ou par le juge des libertés et de la détention si la personne mise en examen encourt une peine d'emprisonnement correctionnel ou une peine plus grave.

Ce contrôle astreint la personne concernée à se soumettre, selon la décision du juge d'instruction ou du juge des libertés et de la détention, à une ou plusieurs des obligations ci-après énumérées :

1° Ne pas sortir des limites territoriales déterminées par le juge d'instruction ou le juge des libertés et de la détention ;

2° Ne s'absenter de son domicile ou de la résidence fixée par le juge d'instruction ou le juge des libertés et de la détention qu'aux conditions et pour les motifs déterminés par ce magistrat ;

3° Ne pas se rendre en certains lieux ou ne se rendre que dans les lieux déterminés par le juge d'instruction ou le juge des libertés et de la détention ;

4° Informer le juge d'instruction ou le juge des libertés et de la détention de tout déplacement au-delà de limites déterminées ;

5° Se présenter périodiquement aux services, associations habilitées ou autorités désignés par le juge d'instruction ou le juge des libertés et de la détention qui sont tenus d'observer la plus stricte discrétion sur les faits reprochés à la personne mise en examen ;

6° Répondre aux convocations de toute autorité, de toute association ou de toute personne qualifiée désignée par le juge d'instruction ou le juge des libertés et de la détention et se soumettre, le cas échéant, aux mesures de contrôle portant sur ses activités professionnelles ou sur son assiduité à un enseignement ainsi qu'aux mesures socio-éducatives destinées à favoriser son insertion sociale et à prévenir le renouvellement de l'infraction ;

7° Remettre soit au greffe, soit à un service de police ou à une brigade de gendarmerie tous documents justificatifs de l'identité, et notamment le passeport, en échange d'un récépissé valant justification de l'identité ;

8° S'abstenir de conduire tous les véhicules ou certains véhicules et, le cas échéant, remettre au greffe son permis de conduire contre récépissé ; toutefois, le juge d'instruction ou le juge des libertés et de la détention peut décider que la personne mise en examen pourra faire usage de son permis de conduire pour l'exercice de son activité professionnelle ;

9° S'abstenir de recevoir ou de rencontrer certaines personnes spécialement désignées par le juge d'instruction ou le juge des libertés et de la détention, ainsi que d'entrer en relation avec elles, de quelque façon que ce soit ;

10° Se soumettre à des mesures d'examen, de traitement ou de soins, même sous le régime de l'hospitalisation, notamment aux fins de désintoxication ;

11° Fournir un cautionnement dont le montant et les délais de versement, en une ou plusieurs fois, sont fixés par le juge d'instruction ou le juge des libertés et de la détention, compte tenu notamment des ressources et des charges de la personne mise en examen;

12° Ne pas se livrer à certaines activités de nature professionnelle ou sociale, à l'exclusion de l'exercice des mandats électifs et des responsabilités syndicales, lorsque l'infraction a été commise dans l'exercice ou à l'occasion de l'exercice de ces activités et lorsqu'il est à redouter qu'une nouvelle infraction soit commise. Lorsque l'activité concernée est celle d'un avocat, le conseil de l'ordre, saisi par le juge d'instruction ou le juge des libertés et de la détention, a seul le pouvoir de prononcer cette mesure à charge d'appel, dans les conditions prévues à l'article 24 de la loi n° 71-1130 du 31 décembre 1971 portant réforme de certaines professions judiciaires et juridiques; le conseil de l'ordre statue dans les quinze jours;

13° Ne pas émettre de chèques autres que ceux qui permettent exclusivement le retrait de fonds par le tireur auprès du tiré ou ceux qui sont certifiés et, le cas échéant, remettre au greffe les formules de chèques dont l'usage est ainsi prohibé;

14° Ne pas détenir ou porter une arme et, le cas échéant, remettre au greffe contre récépissé les armes dont elle est détentrice;

15° Constituer, dans un délai, pour une période et un montant déterminés par le juge d'instruction ou le juge des libertés et de la détention, des sûretés personnelles ou réelles;

16° Justifier qu'elle contribue aux charges familiales ou acquitte régulièrement les aliments qu'elle a été condamnée à payer conformément aux décisions judiciaires et aux conventions judiciairement homologuées portant obligation de verser des prestations, subsides ou contributions aux charges du mariage;

17° En cas d'infraction commise soit contre son conjoint, son concubin ou son partenaire lié par un pacte civil de solidarité, soit contre ses enfants ou ceux de son conjoint, concubin ou partenaire, résider hors du domicile ou de la résidence du couple et, le cas échéant, s'abstenir de paraître dans ce domicile ou cette résidence ou aux abords immédiats de celui-ci, ainsi que, si nécessaire, faire l'objet d'une prise en charge sanitaire, sociale ou psychologique; les dispositions du présent 17° sont également applicables lorsque l'infraction est commise par l'ancien conjoint ou concubin de la victime, ou par la personne ayant été liée à elle par un pacte civil de solidarité, le domicile concerné étant alors celui de la victime.

L'obligation prévue au 2° peut être exécutée, avec l'accord de l'intéressé recueilli en présence de son avocat, sous le régime du placement sous surveillance électronique, à l'aide du procédé prévu par l'article 723-8. Les articles 723-9 et 723-12 sont applicables, le juge d'instruction exerçant les compétences attribuées au juge de l'application des peines.

Les modalités d'application du présent article, en ce qui concerne notamment l'habilitation des personnes contribuant au contrôle judiciaire et au placement sous surveillance électronique sont déterminées en tant que de besoin par un décret en Conseil d'État.

C. pr. pén., art. 142 [L. n° 2004-204, 9 mars 2004]

Lorsque la personne mise en examen est astreinte à fournir un cautionnement ou à constituer des sûretés, ce cautionnement ou ces sûretés garantissent :

1° La représentation de la personne mise en examen, du prévenu ou de l'accusé à tous les actes de la procédure et pour l'exécution du jugement, ainsi que, le cas échéant, l'exécution des autres obligations qui lui ont été imposées;

2° Le paiement dans l'ordre suivant :

a) De la réparation des dommages causés par l'infraction et des restitutions, ainsi que de la dette alimentaire lorsque la personne mise en examen est poursuivie pour le défaut de paiement de cette dette;

b) Des amendes.

La décision du juge d'instruction ou du juge des libertés et de la détention détermine les sommes affectées à chacune des deux parties du cautionnement ou des sûretés. Le juge d'instruction ou le juge des libertés et de la détention peut toutefois décider que les sûretés garantiront dans leur totalité les droits des victimes.

C. pr. pén., art. 179 [L. n° 2007-291, 5 mars 2007]

Si le juge estime que les faits constituent un délit, il prononce, par ordonnance, le renvoi de l'affaire devant le tribunal correctionnel. Cette ordonnance précise, s'il y a lieu, que le prévenu bénéficie des dispositions de l'article 132-78 du Code pénal.

L'ordonnance de règlement met fin à la détention provisoire ou au contrôle judiciaire. S'il a été décerné, le mandat d'arrêt conserve sa force exécutoire; s'ils ont été décernés, les mandats d'amener ou de recherche cessent de pouvoir recevoir exécution, sans préjudice de la possibilité pour le juge d'instruction de délivrer un mandat d'arrêt contre le prévenu.

Toutefois, le juge d'instruction peut, par ordonnance distincte spécialement motivée, maintenir le prévenu en détention ou sous contrôle judiciaire jusqu'à sa comparution devant le tribunal. L'ordonnance de maintien en détention provisoire est motivée par référence aux 2°, 4°, 5° et 6° de l'article 144.

Le prévenu en détention est immédiatement remis en liberté si le tribunal correctionnel n'a pas commencé à examiner au fond à l'expiration d'un délai de deux mois à compter de la date de l'ordonnance de renvoi.

Toutefois, si l'audience sur le fond ne peut se tenir avant l'expiration de ce délai, le tribunal peut, à titre exceptionnel, par une décision mentionnant les raisons de fait ou de droit faisant obstacle au jugement de l'affaire, ordonner la prolongation de la détention pour une nouvelle durée de deux mois. La comparution personnelle du prévenu est de droit si lui-même ou son avocat en font la demande. Cette décision peut être renouvelée une fois dans les mêmes formes. Si le prévenu n'a toujours pas été jugé à l'issue de cette nouvelle prolongation, il est remis immédiatement en liberté.

Lorsqu'elle est devenue définitive, l'ordonnance mentionnée au premier alinéa couvre, s'il en existe, les vices de la procédure.

C. pr. pén., art. 181 [L. n° 2004-204, 9 mars 2004]

Si le juge d'instruction estime que les faits retenus à la charge des personnes mises en examen constituent une infraction qualifiée crime par la loi, il ordonne leur mise en accusation devant la cour d'assises.

Il peut également saisir cette juridiction des infractions connexes.

L'ordonnance de mise en accusation contient, à peine de nullité, l'exposé et la qualification légale des faits, objet de l'accusation, et précise l'identité de l'accusé. Elle précise également, s'il y a lieu, que l'accusé bénéficie des dispositions de l'article 132-78 du Code pénal.

Lorsqu'elle est devenue définitive, l'ordonnance de mise en accusation couvre, s'il en existe, les vices de la procédure.

Le contrôle judiciaire dont fait l'objet l'accusé continue à produire ses effets.

La détention provisoire ou le contrôle judiciaire des personnes renvoyées pour délit connexe prend fin, sauf s'il est fait application des dispositions du troisième alinéa de l'article 179. Le délai prévu par le quatrième alinéa de l'article 179 est alors porté à six mois.

Si l'accusé est placé en détention provisoire, le mandat de dépôt décerné contre lui conserve sa force exécutoire et l'intéressé reste détenu jusqu'à son jugement par la cour d'assises, sous réserve des dispositions des deux alinéas suivants et de l'article 148-1. S'il a été décerné, le mandat d'arrêt conserve sa force exécutoire ; s'ils ont été décernés, les mandats d'amener ou de recherche cessent de pouvoir recevoir exécution, sans préjudice de la possibilité pour le juge d'instruction de délivrer mandat d'arrêt contre l'accusé.

L'accusé détenu en raison des faits pour lesquels il est renvoyé devant la cour d'assises est immédiatement remis en liberté s'il n'a pas comparu devant celle-ci à l'expiration d'un délai d'un an à compter soit de la date à laquelle la décision de mise en accusation est devenue définitive s'il était alors détenu, soit de la date à laquelle il a été ultérieurement placé en détention provisoire.

Toutefois, si l'audience sur le fond ne peut débuter avant l'expiration de ce délai, la chambre de l'instruction peut, à titre exceptionnel, par une décision rendue conformément à l'article 144 et mentionnant les raisons de fait ou de droit faisant obstacle au jugement de l'affaire, ordonner la prolongation de la détention provisoire pour une nouvelle durée de six mois. La comparution de l'accusé est de droit si lui-même ou son avocat en font la demande. Cette prolongation peut être renouvelée une fois dans les mêmes formes. Si l'accusé n'a pas comparu devant la cour d'assises à l'issue de cette nouvelle prolongation, il est immédiatement remis en liberté.

Le juge d'instruction transmet le dossier avec son ordonnance au procureur de la République. Celui-ci est tenu de l'envoyer sans retard au greffe de la cour d'assises.

Les pièces à conviction, dont il est dressé état, sont transmises au greffe de la cour d'assises si celle-ci siège dans un autre tribunal que celui du juge d'instruction.

C. pr. pén., art. 213 [L. n° 2005-47, 26 janv. 2005]

Si la chambre de l'instruction estime que les faits constituent un délit ou une contravention, elle prononce le renvoi de l'affaire, dans le premier cas devant le tribunal correctionnel, dans le second cas devant le tribunal de police ou devant la juridiction de proximité.

Le prévenu détenu est immédiatement remis en liberté et le contrôle judiciaire prend fin. Toutefois, la chambre de l'instruction peut faire application, par un arrêt spécialement motivé, des dispositions prévues aux troisième et quatrième alinéas de l'article 179.

En cas de renvoi devant le tribunal de police ou devant la juridiction de proximité, le prévenu détenu est immédiatement remis en liberté ; le contrôle judiciaire prend fin.

C. pr. pén., art. 706-103 [L. n° 2004-204, 9 mars 2004]

En cas d'information ouverte pour l'une des infractions entrant dans le champ d'application des articles 706-73 et 706-74 et afin de garantir le paiement des amendes encourues ainsi que, le cas échéant, l'indemnisation des victimes et l'exécution de la confiscation, le juge des libertés et de la détention, sur requête du procureur de la République, peut ordonner, aux frais avancés du Trésor et selon les modalités prévues par les procédures civiles d'exécution, des mesures conservatoires sur les biens, meubles ou immeubles, divis ou indivis, de la personne mise en examen.

La condamnation vaut validation des saisies conservatoires et permet l'inscription définitive des sûretés.

La décision de non-lieu, de relaxe ou d'acquittement emporte de plein droit, aux frais du Trésor, mainlevée des mesures ordonnées. Il en est de même en cas d'extinction de l'action publique et de l'action civile.

Pour l'application des dispositions du présent article, le juge des libertés et de la détention est compétent sur l'ensemble du territoire national.

C. pr. pén., art. R. 24

En application du 15° de l'article 138, le juge d'instruction peut ordonner à la personne mise en examen de constituer, dans un délai qu'il détermine, une ou plusieurs sûretés personnelles ou réelles destinées à garantir les droits respectifs des victimes identifiées ou identifiables et du Trésor public.

Le juge fixe la durée pour laquelle la sûreté doit être constituée et le montant de la somme ainsi garantie. En présence de plusieurs victimes identifiées ou identifiables, il peut pour chacune préciser le montant de la somme garantie par la sûreté.

Lorsqu'il s'agit d'une sûreté réelle, le juge désigne, en outre, les biens constituant l'assiette de la sûreté, la nature de cette dernière et il précise, le cas échéant, son rang.

C. pr. pén., art. R. 24-1

Si le juge d'instruction a décidé que la ou les sûretés garantiront en totalité les droits d'une ou plusieurs parties civiles, elles sont constituées au bénéfice de celles-ci.

Si le juge d'instruction a décidé que la ou les sûretés garantiront en totalité la représentation de la personne et le paiement des amendes, elles sont constituées au bénéfice du Trésor public.

Si le juge d'instruction a décidé que la ou les sûretés garantiront les droits et objectifs mentionnés aux deux alinéas précédents, elles sont constituées au bénéfice des parties civiles et du Trésor public.

C. pr. pén., art. R. 24-2
Lorsque les sûretés garantissent, en partie ou en totalité, les droits d'une ou plusieurs victimes qui ne sont pas encore identifiées ou qui ne se sont pas encore constituées partie civile, elles sont établies au nom d'un bénéficiaire provisoire agissant pour le compte de ces victimes et, le cas échéant, du Trésor public.

Le bénéficiaire provisoire est choisi parmi les personnes exerçant une activité réglementée par l'autorité publique et soumise à une obligation d'assurance professionnelle. Il est proposé par la personne mise en examen et accepté par le juge d'instruction.

Le bénéficiaire provisoire s'engage à transférer la ou les sûretés aux victimes et, le cas échéant, au Trésor public, en cas de condamnation à leur profit de la personne mise en examen.

C. pr. pén., art. R. 24-3
Dans le délai imparti par le juge d'instruction, la personne mise en examen constitue et, le cas échéant, publie la sûreté demandée, conformément aux lois et règlements applicables à cette sûreté.

Cette personne peut toutefois demander au juge d'instruction à bénéficier d'un délai supplémentaire pour constituer ou publier la sûreté en justifiant des formalités déjà accomplies à cette fin.

C. pr. pén., art. R. 24-4
Les actes constitutifs de la sûreté établie au nom d'un bénéficiaire provisoire ainsi que, le cas échéant, les actes assurant sa publicité précisent que le bénéficiaire provisoire agit, soit pour garantir les droits du Trésor public et ceux de la ou des victimes, soit pour garantir les droits de la ou des victimes, selon la décision prise par le juge d'instruction, dont les références sont mentionnées dans ces actes.

C. pr. pén., art. R. 24-5
Les documents attestant de la constitution et, le cas échéant, de la publicité de la sûreté sont adressés en triple exemplaire, en original ou en copie, par la personne mise en examen au greffier du juge d'instruction et sont versés au dossier de la procédure.

C. pr. pén., art. R. 24-6
Lorsqu'une sûreté réelle est retenue, l'ordonnance de placement sous contrôle judiciaire précise que la personne mise en examen ainsi que, selon les cas, le bénéficiaire provisoire, le Trésor public ou la ou les parties civiles qui sont parties à la constitution de la sûreté sont tenues d'informer le juge d'instruction de l'aliénation du bien grevé ou du versement d'une indemnité résultant de sa destruction. Si l'instruction est terminée, l'information est communiquée au procureur de la République.

L'ordonnance indique, en outre, que les sommes d'argent perçues à ces occasions feront l'objet d'un cautionnement selon les modalités prévues à l'article R. 24-7.

C. pr. pén., art. R. 24-7
Lorsque survient un événement mentionné à l'article R. 24-6, le juge d'instruction ou le procureur de la République ordonne le versement des sommes perçues, à titre de cautionnement, au régisseur de recettes dans les conditions définies aux articles R. 19 et R. 21.

En fonction de la décision initiale qui a conduit à la constitution de la sûreté, il est indiqué que ces sommes garantissent soit exclusivement les droits des victimes identifiées, soit, en proportion des montants recouvrés, les intérêts pris en compte par les 1° et 2° de l'article 142. Les sommes sont versées par le régisseur à la Caisse des dépôts et consignations dans les conditions prévues aux articles R. 23-2 et R. 23-3.

À l'issue de la procédure, il est fait application des dispositions des articles R. 23-2 et R. 23-3. Si les conditions prévues par l'article 142-1 sont remplies, le juge d'instruction ou le procureur de la République peut ordonner le versement à la victime de tout ou partie des sommes reçues.

C. pr. pén., art. R. 24-8
Lorsqu'une sûreté garantit la représentation de la personne, il ne peut être fait application des dispositions du deuxième alinéa de l'article 142-2 que s'il est constaté, soit dans le jugement de condamnation, soit dans une décision rendue par la juridiction mentionnée à l'article 710, que les conditions prévues par cet alinéa sont remplies. La juridiction ordonne alors qu'il soit procédé par le Trésor public au recouvrement de la créance garantie par la première partie de la sûreté.

Le procureur de la République adresse une copie des documents attestant de la constitution de la sûreté aux services du Trésor public chargés de l'exécution de cette décision.

Lorsque la sûreté a été constituée au nom d'un bénéficiaire provisoire, le Trésor public, bénéficiaire définitif de la sûreté établie à son profit, en informe celui-ci et, le cas échéant, la caution ou le détenteur du bien objet de la sûreté.

Les formalités de publicité modificatives sont accomplies à la diligence du Trésor public.

C. pr. pén., art. R. 24-9
En cas de condamnation définitive de la personne poursuivie au paiement de dommages et intérêts, le procureur de la République adresse à chacune des parties civiles une copie des documents attestant de la constitution et, le cas échéant, de la publicité des sûretés.

Lorsque les sûretés ont été constituées au nom d'un bénéficiaire provisoire, la ou les parties civiles, bénéficiaires définitives des sûretés établies à leur profit, en informent celui-ci et, le cas échéant, la caution ou le détenteur du bien objet de la sûreté.

Les formalités de publicité modificatives sont accomplies à la diligence des parties civiles.

C. pr. pén., art. R. 24-10
En cas de condamnation définitive de la personne poursuivie à une peine d'amende, le procureur de la République adresse au Trésor public une copie des documents attestant de la constitution de la sûreté.

Lorsque la sûreté a été constituée au nom d'un bénéficiaire provisoire, le Trésor public, bénéficiaire définitif de la sûreté établie à son profit, en informe celui-ci et, le cas échéant, la caution ou le détenteur du bien objet de la sûreté.

Les formalités de publicité modificatives sont accomplies à la diligence du Trésor public.

En cas de condamnation définitive de la personne poursuivie au paiement de dommages et intérêts ou, le cas échéant, de la dette alimentaire et à une peine d'amende, le Trésor public informe la ou les parties civiles ou le bénéficiaire provisoire au nom duquel la sûreté a été constituée, ainsi que la caution ou le détenteur du bien objet de la sûreté, du rang prioritaire accordé à la ou aux parties civiles. Les formalités de publicité rectificatives nécessaires accomplies à la diligence du Trésor public font état de ce rang prioritaire.

C. pr. pén., art. R. 24-11
Dans les cas et selon les distinctions prévus par le premier alinéa de l'article 142-2 et le troisième alinéa de l'article 142-3, la radiation de la sûreté réelle est obtenue par la personne poursuivie sur présentation de l'une des décisions suivantes ayant acquis un caractère définitif attesté par une copie, délivrée par le greffe de la juridiction qui a rendu la décision, revêtue de la formule exécutoire :

a) Décision de non-lieu, de relaxe ou d'acquittement;

b) Décision de condamnation dès lors que celle-ci ne prononce pas de peine d'amende ferme ni n'ordonne le versement de dommages et intérêts à la partie civile;

c) Décision juridictionnelle constatant qu'il n'a pas été fait application des dispositions de l'article R. 24-8.

Lorsqu'une sûreté personnelle a été constituée, la libération de la caution résulte de l'une des décisions définitives mentionnées ci-dessus.

C. pr. pén., art. R. 24-12
La rémunération du bénéficiaire provisoire incombe à la personne mise en examen, pour un montant fixé par les parties au contrat constitutif de la sûreté.

C. pr. pén., art. R. 24-13
Les dispositions des articles R. 24 à R. 24-12 sont applicables aux sûretés constituées par une personne morale en application des dispositions du 2° de l'article 706-45.

C. pr. pén., art. R. 57-10
Le placement sous surveillance électronique des personnes sous contrôle judiciaire ordonné par le juge d'instruction ou le juge des libertés et de la détention et celui des personnes condamnées à une peine privative de liberté ordonné par la juridiction de jugement ou par le juge de l'application des peines en application des dispositions des articles 138 et 723-7 du présent code et de l'article 132-26-1 du Code pénal s'effectue dans les conditions fixées par les dispositions du présent titre.

C. pr. pén., art. R. 57-11
Pour la mise en œuvre du procédé permettant le placement sous surveillance électronique prévu par l'article 723-8, la personne assignée porte un bracelet comportant un émetteur.

Cet émetteur transmet des signaux à un récepteur placé au lieu d'assignation dont le boîtier envoie par l'intermédiaire d'une ligne téléphonique, à un centre de surveillance des messages relatifs au fonctionnement du dispositif et à la présence de l'intéressé dans le lieu où il est assigné.

Le bracelet porté par la personne assignée est conçu de façon à ne pouvoir être enlevé par cette dernière sans que soit émis un signal d'alarme.

Ces dispositifs peuvent être complétés par d'autres procédés de surveillance électronique permettant une authentification vocale ou digitale à des fins de vérification à distance de la présence de l'intéressé.

C. pr. pén., art. R. 57-12
Le procédé décrit à l'article R. 57-11 est homologué par arrêté du garde des Sceaux, ministre de la Justice.

C. pr. pén., art. R. 57-13
Lorsqu'il est saisi d'une demande de placement sous surveillance électronique ou lorsqu'il envisage de prononcer d'office une telle mesure, le juge d'instruction, le juge des libertés et de la détention ou le juge de l'application des peines peut charger le service pénitentiaire d'insertion et de probation de s'assurer de la disponibilité du dispositif technique décrit à l'article R. 57-11 et de vérifier la situation familiale, matérielle et sociale de la personne condamnée ou prévenue, notamment aux fins de déterminer les horaires et les lieux d'assignation.

C. pr. pén., art. R. 57-14
Dans le cas prévu par le deuxième alinéa de l'article 723-7, l'accord écrit du propriétaire, ou du ou des titulaires du contrat de location des lieux où pourra être installé le récepteur, est recueilli par le service pénitentiaire d'insertion et de probation, sauf si cet accord figure déjà au dossier de la procédure.

C. pr. pén., art. R. 57-15
Le magistrat informe l'intéressé qu'il peut demander à tout moment qu'un médecin vérifie que la mise en œuvre du procédé décrit à l'article R. 57-11 ne présente pas d'inconvénient pour sa santé.

C. pr. pén., art. R. 57-16
Lorsqu'il décide de placer la personne sous surveillance électronique, le magistrat compétent lui notifie les périodes et les lieux d'assignation ainsi que les obligations résultant des dispositions de l'article R. 57-21 et, le cas échéant, les mesures prévues aux articles 132-43 à 132-46 Code pénal.

Il l'informe que dans les cas énumérés à l'article 723-13 il pourra retirer sa décision de placement sous surveillance électronique.

Il donne connaissance à la personne condamnée à une peine privative de liberté des dispositions des 2° et 4° de l'article 434-29 du Code pénal.

C. pr. pén., art. R. 57-17

Lorsqu'il est fait application des dispositions de l'article 723-11, le magistrat compétent notifie à la personne assignée les modifications des conditions d'exécution du placement sous surveillance électronique ou des mesures de contrôle et les obligations particulières auxquelles elle est soumise.

C. pr. pén., art. R. 57-18

Pour la tenue du débat contradictoire prévu par le deuxième alinéa de l'article 723-13, l'avocat de la personne est convoqué sans délai et par tout moyen.

C. pr. pén., art. R. 57-19

Le personnel de l'administration pénitentiaire assure la pose et la dépose du bracelet prévu à l'article R. 57-11. Il peut être assisté des personnes habilitées dans les conditions fixées aux articles R. 57-23 à R. 57-30.

Lorsque la décision de placement sous surveillance électronique est exécutoire, la mise en place du dispositif technique doit intervenir au plus tard, sous réserve de la disponibilité de ce dispositif, dans les cinq jours qui suivent la décision.

C. pr. pén., art. R. 57-20

La personne condamnée à une peine privative de liberté placée sous surveillance électronique est inscrite au registre d'écrou de l'un des établissements pénitentiaires dépendant du centre de surveillance.

C. pr. pén., art. R. 57-21

Le service pénitentiaire d'insertion et de probation de l'établissement mentionné à l'article R. 57-20 assure, le cas échéant, le contrôle et le suivi des mesures prévues aux articles 132-43 à 132-46 du Code pénal et ordonnées par le juge de l'application des peines.

C. pr. pén., art. R. 57-22

Le contrôle du respect des obligations de la personne assignée s'effectue par vérifications téléphoniques, visites au lieu d'assignation, convocations à l'établissement d'écrou ou, dans les cas prévus à l'article R. 57-21, au service pénitentiaire d'insertion et de probation.

C. pr. pén., art. R. 57-23

L'habilitation des personnes auxquelles peut être confiée par contrat la mise en œuvre du dispositif technique permettant le contrôle à distance prévu par l'article 723-8 est accordée par arrêté du garde des Sceaux, ministre de la Justice.

C. pr. pén., art. R. 57-24

L'habilitation est accordée pour une durée de cinq ans renouvelable en fonction des compétences techniques, des garanties financières et des références qu'offrent ces personnes appréciées au regard de la nature, de l'étendue et du coût des prestations faisant l'objet du contrat prévu à l'article R. 57-23.

C. pr. pén., art. R. 57-25

Pour être habilitées les personnes physiques doivent :

1° Posséder la nationalité française ou celle de l'un des États membres de la Communauté européenne;

2° Ne pas avoir fait l'objet d'une mesure de révocation de la fonction publique, civile ou militaire ni d'une condamnation, incapacité ou déchéance justifiant l'inscription au bulletin n° 2 du casier judiciaire.

C. pr. pén., art. R. 57-26

L'habilitation ne peut être accordée à une personne morale :

1° Dont le bulletin n° 2 du casier judiciaire comporte une condamnation, une incapacité ou une déchéance;

2° Dont la situation d'un ou plusieurs de ses dirigeants de droit ou de fait n'est pas conforme au 2° de l'article R. 57-25.

C. pr. pén., art. R. 57-27

L'habilitation peut être retirée par le garde des Sceaux, ministre de la Justice, selon les modalités prévues à l'article R. 57-30, en cas de modification substantielle de la situation des personnes au regard des dispositions des articles R. 57-24, R. 57-25 ou R. 57-26.

C. pr. pén., art. R. 57-28

Chaque employé d'une personne mentionnée à la sous-section I appelé à accomplir des tâches pour l'exécution du contrat visé à l'article R. 57-23, fait l'objet d'une habilitation individuelle préalable accordée par le garde des Sceaux, ministre de la Justice.

Cette habilitation est accordée pour une durée de cinq ans renouvelable.

C. pr. pén., art. R. 57-29

Pour être habilitées les personnes mentionnées à l'article R. 57-28 doivent :

1° Posséder la nationalité française ou celle de l'un des États membres de la Communauté européenne;

2° Ne pas avoir fait l'objet d'une mesure de révocation de la fonction publique, civile ou militaire ni d'une condamnation, incapacité ou déchéance justifiant l'inscription au bulletin n° 2 du casier judiciaire;

3° Être titulaires des diplômes ou qualifications correspondant à la nature des fonctions qu'elles sont appelées à exercer;

4° Avoir donné leur accord écrit au projet de contrat de travail proposé par leur employeur ou à un avenant au contrat existant. Ce document rappelle l'obligation de respecter strictement le secret professionnel prévu par les articles 226-13 et 226-14 du Code pénal. Il mentionne l'obligation d'adopter, dans l'exercice de leurs fonctions, un comportement conforme à l'honneur, à la probité et aux bonnes mœurs.

C. pr. pén., art. R. 57-30

L'habilitation mentionnée à l'article R. 57-28 peut être retirée par le garde des Sceaux, ministre de la Justice, après avoir recueilli les observations de la personne habilitée, lorsque l'une des conditions prévues aux 1° et 2° de l'article R. 57-29 cesse d'être remplie ou en cas d'agissements contraires à l'honneur, à la probité ou aux bonnes mœurs.

En cas d'urgence et pour motif grave, l'habilitation peut être suspendue par le garde des Sceaux, ministre de la Justice, qui décide, dans le mois suivant la suspension, du maintien ou du retrait de l'habilitation, dans les conditions définies à l'alinéa précédent.

C. pr. pén., art. R. 57-31
La personne mise en examen qui a été placée sous contrôle judiciaire emportant l'obligation de ne pas s'absenter de son domicile ou de sa résidence peut, à tout stade de la procédure, être placée pour l'exécution de cette obligation sous le régime du placement sous surveillance électronique par le juge d'instruction ou le juge des libertés et de la détention.

C. pr. pén., art. R. 57-32
Lorsqu'il envisage de prononcer une telle mesure, le juge d'instruction ou le juge des libertés et de la détention, après avoir procédé le cas échéant aux formalités préalables prévues par les articles R. 57-13 à R. 57-15, recueille l'accord de la personne mise en examen en présence de son avocat, soit à l'issue de l'interrogatoire de première comparution ou à l'issue du débat contradictoire sur la détention provisoire, soit dans le cadre d'un interrogatoire réalisé conformément aux dispositions de l'article 121, l'avocat étant dans ce cas convoqué dans les délais prévus à l'article 114.

Le juge d'instruction ou le juge des libertés et de la détention informe la personne mise en examen que dans le cas où elle ne respecterait pas les obligations du placement sous surveillance électronique, elle pourra être placée en détention provisoire.

C. pr. pén., art. R. 57-33
Le placement sous surveillance électronique est prononcé par ordonnance motivée du juge d'instruction. Celle-ci précise la durée du placement.

C. pr. pén., art. R. 57-34
Les articles R. 57-20 et R. 57-21 ne sont pas applicables à la personne mise en examen placée sous surveillance électronique.

C. pr. pén., art. R. 57-35
La personne mise en examen placée sous surveillance électronique est inscrite dans un registre nominatif spécial tenu par l'administration pénitentiaire.

C. santé publ., art. L. 3311-1
L'État organise et coordonne la prévention et le traitement de l'alcoolisme, sans préjudice du dispositif prévu à l'article L. 3221-1.

Les dépenses entraînées par l'application du présent article sont à la charge de l'État, sans préjudice de la participation des régimes d'assurance-maladie aux dépenses de soins de ville et d'hospitalisation, et aux dépenses médico-sociales des centres mentionnés à l'article L. 3311-2.

C. santé publ., art. L. 3424-1 [L. n° 2007-297, 5 mars 2007]
Les personnes mises en examen pour les délits prévus par les articles L. 3421-1 et L. 3425-2 peuvent se voir notifier, par ordonnance du juge d'instruction, du juge des enfants ou du juge des libertés et de la détention, une mesure d'injonction thérapeutique selon les modalités définies aux articles L. 3413-1 à L. 3413-4.

L'exécution de cette ordonnance se poursuit, s'il y a lieu, après la clôture de l'information, les règles fixées par les deuxième à quatrième alinéas de l'article 148-1 du Code de procédure pénale étant, le cas échéant, applicables.

C. santé publ., art. L. 3411-2 [L. n° 2007-297, 5 mars 2007]
Les dépenses de prévention résultant du présent livre, les dépenses de soins entraînées par l'application des articles L. 3414-1 et L. 3423-1 à L. 3425-2, ainsi que les dépenses d'aménagement des centres spécialisés sont prises en charge par l'État, à l'exclusion des dépenses médico-sociales des centres de soins, d'accompagnement et de prévention en addictologie mentionnées à l'article L. 314-8 du Code de l'action sociale et des familles.

Toutefois, lorsque le traitement est réalisé avec hébergement dans un établissement de santé, les dépenses afférentes au traitement sont prises en charge par les régimes d'assurance-maladie, sans qu'il soit fait application des dispositions du Code de la sécurité sociale et du Code rural relatives à l'ouverture du droit aux prestations couvertes par les régimes de base, au remboursement de la part garantie par l'assurance-maladie, à la participation de l'assuré aux tarifs servant de base au remboursement ainsi qu'au forfait mentionné à l'article L. 174-4 du Code de la sécurité sociale.

Un décret en Conseil d'État fixe les modalités d'application des dispositions des deux alinéas précédents.

Ord. 2 févr. 1945, art. 8 [mod. par L. n° 2007-297, 5 mars 2007]
Le juge des enfants effectuera toutes diligences et investigations utiles pour parvenir à la manifestation de la vérité et à la connaissance de la personnalité du mineur ainsi que des moyens appropriés à sa rééducation.

À cet effet, il procédera à une enquête, soit par voie officieuse, soit dans les formes prévues par le chapitre Ier du titre III du livre Ier du Code de procédure pénale. Dans ce dernier cas, et si l'urgence l'exige, le juge des enfants pourra entendre le mineur sur sa situation familiale ou personnelle sans être tenu d'observer les dispositions du deuxième alinéa de l'article 114 du Code de procédure pénale.

Il pourra décerner tous mandats utiles ou prescrire le contrôle judiciaire en se conformant aux règles du droit commun, sous réserve des dispositions des articles 10-2 et 11.

Il recueillera, par une enquête sociale, des renseignements sur la situation matérielle et morale de la famille, sur le caractère et les antécédents du mineur, sur sa fréquentation scolaire, son attitude à l'école, sur les conditions dans lesquelles il a vécu ou a été élevé.

Le juge des enfants ordonnera un examen médical et, s'il y a lieu un examen médico-psychologique. Il décidera, le cas échéant, le placement du mineur dans un centre d'accueil ou dans un centre d'observation ou prescrira une mesure d'activité de jour dans les conditions définies à l'article 16 *ter*.

Toutefois, il pourra, dans l'intérêt du mineur, n'ordonner aucune de ces mesures ou ne prescrire que l'une d'entre elles. Dans ce cas, il rendra une ordonnance motivée.

Ces diligences faites, le juge des enfants pourra soit d'office, soit à la requête du ministère public, communiquer le dossier à ce dernier.

Il pourra, avant de se prononcer au fond, ordonner à l'égard du mineur mis en examen une mesure de liberté surveillée à titre provisoire en vue de statuer après une ou plusieurs périodes d'épreuve dont il fixera la durée.

Il pourra ensuite, par ordonnance, soit déclarer n'y avoir lieu à suivre et procéder comme il est dit à l'article 177 du Code de procédure pénale, soit renvoyer le mineur devant le tribunal pour enfants ou, s'il y a lieu, devant le juge d'instruction.

Il pourra également, par jugement rendu en chambre du conseil :

– 1° Soit relaxer le mineur s'il estime que l'infraction n'est pas établie;

– 2° Soit, après avoir déclaré le mineur coupable, le dispenser de toute autre mesure s'il apparaît que son reclassement est acquis, que le dommage causé est réparé et que le trouble résultant de l'infraction a cessé, et en prescrivant, le cas échéant, que cette décision ne sera pas mentionnée au casier judiciaire;

– 3° Soit l'admonester;

– 4° Soit le remettre à ses parents, à son tuteur, à la personne qui en avait la garde ou à une personne digne de confiance;

– 5° Soit prononcer, à titre principal, sa mise sous protection judiciaire pour une durée n'excédant pas cinq années dans les conditions définies à l'article 16 *bis;*

– 6° Soit le placer dans l'un des établissements visés aux articles 15 et 16, et selon la distinction établie par ces articles;

– 7° Soit prescrire une mesure d'activité de jour dans les conditions définies à l'article 16 *ter*.

Les mesures prévues aux 3° et 4° ne peuvent être seules ordonnées si elles ont déjà été prononcées à l'égard du mineur pour une infraction identique ou assimilée au regard des règles de la récidive commise moins d'un an avant la commission de la nouvelle infraction.

Dans tous les cas, il pourra, le cas échéant, prescrire que le mineur sera placé jusqu'à un âge qui n'excédera pas celui de sa majorité sous le régime de la liberté surveillée.

Lorsque la peine encourue est supérieure ou égale à sept ans et que le mineur est âgé de seize ans révolus, il ne pourra rendre de jugement en chambre du conseil.

Ord. 2 févr. 1945, art. 10-2 [mod. par L. n° 2007-297, 5 mars 2007]

I. – Les mineurs âgés de treize à dix-huit ans peuvent être placés sous contrôle judiciaire dans les conditions prévues par le Code de procédure pénale, sous réserve des dispositions du présent article.

II. – Le contrôle judiciaire est décidé par ordonnance motivée, prise, selon les cas, par le juge des enfants, le juge d'instruction ou le juge des libertés et de la détention. Ce magistrat doit notifier oralement au mineur les obligations qui lui sont imposées, en présence de son avocat et de ses représentants légaux ou ceux-ci dûment convoqués; ce magistrat informe également le mineur qu'en cas de non-respect de ces obligations, il pourra être placé en détention provisoire; ces formalités sont mentionnées par procès-verbal, qui est signé par le magistrat et le mineur. Lorsque cette décision accompagne une mise en liberté, l'avocat du mineur est convoqué par tout moyen et sans délai et les dispositions du deuxième alinéa de l'article 114 du Code de procédure pénale ne sont pas applicables.

Le contrôle judiciaire dont fait l'objet un mineur peut également comprendre une ou plusieurs des obligations suivantes :

1° Se soumettre aux mesures de protection, d'assistance, de surveillance et d'éducation confiées à un service de la protection judiciaire de la jeunesse ou à un service habilité, mandaté à cette fin par le magistrat;

2° Respecter les conditions d'un placement dans un centre éducatif de la protection judiciaire de la jeunesse ou relevant d'un service habilité auquel le mineur a été confié par le magistrat en application des dispositions de l'article 10 et notamment dans un centre éducatif fermé prévu à l'article 33 ou respecter les conditions d'un placement dans un établissement permettant la mise en œuvre de programmes à caractère éducatif et civique;

Toutefois, les obligations prévues au 2° ne peuvent être ordonnées que pour une durée de six mois et ne peuvent être renouvelées par ordonnance motivée qu'une seule fois pour une durée au plus égale à six mois.

3° Accomplir un stage de formation civique;

4° Suivre de façon régulière une scolarité ou une formation professionnelle jusqu'à sa majorité.

Le responsable du service ou centre désigné en application des 1° et 2° doit faire rapport au juge des enfants ou au juge d'instruction en cas de non-respect par le mineur des obligations qui lui ont été imposées; copie de ce rapport est adressée au procureur de la République par ce magistrat.

III. – En matière correctionnelle, les mineurs âgés de moins de seize ans ne peuvent être placés sous contrôle judiciaire que dans l'un des cas suivants :

1° Si la peine d'emprisonnement encourue est supérieure ou égale à cinq ans et si le mineur a déjà fait l'objet d'une ou plusieurs mesures éducatives prononcées en application des articles 8, 10, 15, 16 et 16 *bis* ou d'une condamnation à une sanction éducative ou à une peine;

2° Si la peine d'emprisonnement encourue est supérieure ou égale à sept ans.

Si le contrôle judiciaire comporte l'obligation de respecter les conditions d'un placement conformément au 2° du II, dans un centre éducatif fermé prévu à l'article 33, le non-respect de cette obligation pourra entraîner le placement du mineur en détention provisoire conformément à l'article 11-2.

Dans les autres cas, le mineur est informé qu'en cas de non-respect des obligations lui ayant été imposées, le contrôle judiciaire pourra être modifié pour prévoir son placement dans un centre éducatif fermé, placement dont le non-respect pourra entraîner sa mise en détention provisoire.

Le juge des enfants, le juge d'instruction ou le juge des libertés et de la détention statue sur le placement sous contrôle judiciaire en audience de cabinet, après un débat contradictoire au cours duquel ce magistrat entend le ministère public qui développe ses réquisitions prises conformément aux dispositions de l'article 137-2 du Code de procédure pénale, puis les observations du mineur ainsi que celles de son avocat. Le magistrat peut, le cas échéant, recueillir au cours de ce débat les déclarations du représentant du service qui suit le mineur.

Conv. EDH, art. 5-3
Toute personne arrêtée ou détenue, dans les conditions prévues au paragraphe 1. c) du présent article, doit être aussitôt traduite devant un juge ou un autre magistrat habilité par la loi à exercer des fonctions judiciaires et a le droit d'être jugée dans un délai raisonnable, ou libérée pendant la procédure. La mise en liberté peut être subordonnée à une garantie assurant la comparution de l'intéressé à l'audience.

131.02 Jurisprudence de référence.
• L'interdiction de rencontrer certaines personnes n'impose pas la désignation nominative des intéressés.

Crim. 9 janv. 1997, n° 96-84.979; *Bull. crim.*, n° 7.
« Qu'en effet l'interdiction de rencontrer certaines personnes, en raison de leur qualité s'applique de plein droit à celles qui figurent déjà dans la procédure, à la date de la décision, et entre ainsi dans les prévisions de l'article 138.9° du Code de procédure pénale, qui n'impose pas la désignation nominative des intéressés. »

• Le conseil de l'Ordre a seul le pouvoir de prononcer une mesure d'interdiction provisoire de l'exercice de la profession d'un avocat placé sous contrôle judiciaire, ainsi que d'y mettre fin.

Crim. 15 mai 2002, n° 02-81.116, *Bull. crim.*, n° 113.
« Vu les articles 138, alinéa 2.12°, et 139 du Code de procédure pénale, ensemble l'article 23 de la loi du 31 décembre 1971;

Attendu qu'il résulte de la combinaison de ces textes que le conseil de l'Ordre a seul le pouvoir de prononcer une mesure d'interdiction provisoire de l'exercice de la profession d'un avocat placé sous contrôle judiciaire, ainsi que d'y mettre fin;

Attendu qu'il résulte des pièces de la procédure que, par arrêté du 31 octobre 2000, le conseil de l'Ordre des avocats au barreau de Paris, saisi par le juge d'instruction, en application de l'article 138, alinéa 2.12°, du Code de procédure pénale, a prononcé, à l'encontre de X..., placé sous contrôle judiciaire, la suspension provisoire de ses fonctions d'avocat; que, par ordonnance du 15 novembre 2001, le juge d'instruction a rejeté la demande de l'intéressé tendant à la mainlevée partielle du contrôle judiciaire, notamment en ce qui concerne l'interdiction d'exercice de sa profession; que l'arrêt attaqué confirme, en toutes ses dispositions, la décision du magistrat instructeur;

Mais attendu qu'en retenant sa compétence, la chambre de l'instruction a méconnu le sens et la portée des textes susvisés;

D'où il suit que la cassation est encourue de ce chef; que, n'impliquant pas qu'il soit à nouveau statué sur le fond, elle aura lieu sans renvoi. »

131.03 Bibliographie indicative. (V. les références complètes s^s^ n° 03.)

Actualisables. RÉP. PÉN., Dourneau-Josette, « Le contrôle judiciaire et la détention provisoire » – TPJI, J.-L. Croizier, « Le contrôle judiciaire ».

Articles. Cardet C., « Quelle consécration pour le contrôle judiciaire socio-éducatif dans la loi du 15 juin 2000 », *RSC* 2001, 537; « L'incontrôlable contrôle judiciaire socio-éducatif », *D.* 2002, chron. p. 1221 – Faget J., « Contrôle judiciaire et travail social », *RSC* 1985, 319 – Ch. Cardet, « La mise en œuvre du placement sous surveillance électronique », *D.* 2003, chron. 1782 – R. Lévy, P. V. Tournier, A. Pitoun, A. Kensey, « Le placement sous surveillance électronique : bilan de la phase d'expérimentation », *Questions pénales* juin 2003, XVI.3.

131.06 Questions essentielles.
• Parmi les obligations du contrôle judiciaire, seules celles de l'article 138 11° et 12° posent de réels problèmes. Le cautionnement fait l'objet d'une étude particulière (chap. 133).

L'interdiction d'exercer une activité professionnelle, visée au 12° est d'un maniement délicat compte tenu de l'importance qu'elle peut avoir sur le mis en examen. Elle peut être en effet une véritable « mort professionnelle ». En tout état de cause, les faits doivent avoir été commis dans l'exercice ou à l'occasion de l'exercice de cette profession. Les avocats sont la seule profession qui bénéficie, à cet égard, de prérogatives exorbitantes du droit commun puisque seul le conseil de l'ordre peut prononcer cette interdiction (v. s^s^ n° 131.23).

SECTION 1
CADRE LÉGAL DU CONTRÔLE JUDICIAIRE

131.11 Conditions d'application. « Le contrôle judiciaire peut être ordonné par le juge d'instruction ou par le juge des libertés et de la détention si la personne mise en examen encourt une peine d'emprisonnement ou une peine plus grave » (C. pr. pén., art. 138, al. 1er). Ce texte fait ressortir son caractère de mesure de contrainte. Il est employé aussi bien en matière correctionnelle qu'en matière criminelle (C. pr. pén., art. 181). Il constitue la mesure normale de coercition, le placement en détention n'ayant qu'un caractère exceptionnel (C. pr. pén., art. 137). Le contrôle judiciaire n'est pas applicable en matière de presse. En effet, la détention y étant interdite, l'inobservation du contrôle judiciaire se trouverait dépourvue de sanction [1].

1. Crim. 16 juill. 1986, n° 86-91.103, *Bull. crim.*, n° 235.

Le contrôle judiciaire ne peut être « ordonné qu'à raison des nécessités de l'instruction ou à titre de mesure de sûreté » (C. pr. pén., art. 137). Ce texte se réfère implicitement à l'article 144. Il en résulte que le contrôle judiciaire sera ordonné dans quatre cas bien précis : pour assurer la représentation du mis en examen en justice; pour garantir l'ordre public; pour éviter le renouvellement de l'infraction et enfin pour assurer la bonne marche de l'instruction. La chambre de l'instruction doit s'expliquer sur la nécessité du contrôle judiciaire[1].

131.12 Mesures légales. Elles étaient à l'origine au nombre de douze, énumérées par l'article 138. La loi du 6 août 1975 en a ajouté une concernant les chèques et la loi du 8 juillet 1983 en a adjoint trois autres, relatives aux armes et à la garantie des intérêts de la victime et de la famille. Ce sont des obligations de faire ou de ne pas faire. Aucune n'est imposée au juge, qui choisit librement entre elles. Il peut les cumuler, ou n'en ordonner qu'une seule ou plusieurs (C. pr. pén., art. 138, al. 2). Mais l'énumération est limitative, et ce magistrat ne saurait, ainsi qu'il a été jugé pour le sursis avec mise à l'épreuve, ordonner des mesures non prévues par la loi, ou transformer celles qui sont prévues[2].

« L'application du contrôle judiciaire ne doit pas porter atteinte à la liberté d'opinion de ceux qui y sont soumis, non plus qu'à leurs convictions religieuses ou politiques, ni faire échec aux droits de la défense » (C. pr. pén., art. R. 17). Les articles R. 16 à R. 18 fixent les modalités d'application des obligations imposées au mis en examen. Ces modalités doivent être précisées par le juge si elles ne résultent pas de la loi[3]. Le juge ne peut substituer par avance une obligation à une autre pour le cas où celle-ci ne serait pas exécutée[4]. Le contrôle judiciaire est applicable aux mineurs (ord. 2 févr. 1945, art. 8), de même qu'aux militaires traduits devant une juridiction ordinaire pour une infraction commise alors qu'ils n'avaient pas cette qualité (C. pr. pén., art. 697, 697-1, 698-5 - C. just. mil., art. 137)[5]. Depuis l'entrée en vigueur de la loi du 9 septembre 2002, le contrôle judiciaire des mineurs comporte des spécificités (v. s^{s} n°s 132.31 à 132.35, 132.41 à 132.43). Les personnes morales peuvent aussi être placées sous contrôle judiciaire (v. s^{s} n° 132.61). Une dix-septième obligation a été ajoutée par la loi du 13 décembre 2005, bientôt modifiée par la loi du 4 avril 2006.

131.13 Contrôle judiciaire et risque. La loi du 9 mars 2004 a prévu que « lorsqu'une mise en liberté est ordonnée en raison des dispositions des articles 143-1, 144, 144-1, 145-2, 145-3 ou 706-24-3, mais qu'elle est susceptible de faire courir un risque à la victime, la juridiction place la personne mise en examen sous contrôle judiciaire en la soumettant à l'interdiction de recevoir ou rencontrer la victime ou d'entrer en relation de quelque façon que ce soit avec elle en application des dispositions du 9° de l'article 138. Cette dernière en est avisée conformément aux dispositions de l'article 138-1 » (C. pr. pén., art. 144-2). Il s'agit donc d'un cas où la juridiction n'a plus la possibilité de mettre en liberté pure et simple dès lors que la « liberté est susceptible de faire courir un risque à la victime ».

SECTION 2
CLASSEMENT DES OBLIGATIONS

131.21 La garantie de représentation en justice. Les garanties qu'assurent les mesures du contrôle judiciaire peuvent se classer en trois catégories. La loi très détaillée n'appelle pas de commentaire particulier. La plupart des obligations énumérées par l'article 138 ont pour objet de prévenir la fuite du mis en examen.

Telles sont celles qui tendent à limiter ou à contrôler les déplacements de ce dernier (1° à 4°, 17°), celles qui l'obligent à se présenter périodiquement à certains services[6] ou à répondre aux convocations de certaines autorités (5° et 6°), ou encore à remettre certains documents ou à s'abstenir de conduire certains véhicules (7° et 8°), ou enfin à fournir une caution (11° - V. s^{s} n°s 133.00 s.). Depuis la loi du 9 septembre 2002, l'obligation de ne sortir de son domicile que pour les motifs déterminés par le juge d'instruction peut être exécutée avec l'accord de l'intéressé recueilli en présence de son avocat sous le régime du placement sous surveillance électronique, à l'aide du procédé spécifié à l'article 723-8[7]. Les modalités complètes de placement sous surveillance électronique figurent aux articles R. 57-10 à R. 57-35 du Code de procédure pénale (v. s^{s} n° 131.01). En 2003, le contrôle judi-

1. Crim. 8 août 1995, n° 95-82.561, *Bull. crim.*, n° 264; *JCP* 1995, IV, 2589 – Crim. 3 avr. 1997, n° 97-80.388, NP, *JCP* 1997, 1776.
2. Crim. 2 avr. 1963; *D.* 1963, 506; *JCP* 1963, II, 13184 – Crim. 9 juin 1966, *Bull. crim.*, n° 169.
3. Crim. 19 févr. 1985, n° 84-95.594, *Bull. crim.*, n° 77.
4. Crim. 11 mars 1986, n° 85-95.314, *Bull. crim.*, n° 99.
5. Crim. 4 janv. 1984, n° 83-92.704, *Bull. crim.*, n° 3 – V. aussi, Crim. 16 juill. 1986, n° 86-90.401, *Bull. crim.*, n° 234.
6. Crim. 29 avr. 1986, n° 86-90.611, *Bull. crim.*, n° 145.
7. V. Ch. Cardet, « La mise en œuvre du placement sous surveillance électronique », *D.* 2003, chron. 1782 – R. Lévy, P. V. Tournier, A. Pitoun, A. Kensey, « Le placement sous surveillance électronique : bilan de la phase d'expérimentation », *Questions pénales* juin 2003, XVI.3.

ciaire avec placement sous surveillance électronique a été appliqué dans 316 cas, soit 1 % des mesures de contrôle judiciaire[1] (v. aussi D. n° 2004-243, 17 mars 2004, relatif au placement sous surveillance électronique et modifiant le Code de procédure pénale et créant les articles R. 57-31 à R. 57-35[2]).

L'interdiction de quitter le territoire n'est pas contraire au protocole additionnel n° 4 et à l'article 9 de la Convention européenne des droits de l'Homme[3]. Les dispositions dc l'article 138 alinéa 2, 12° du Code de procédure pénale permettant l'interdiction d'exercer certaines activités professionnelles ne sont pas incompatibles avec celles de la Convention européenne de sauvegarde des droits de l'Homme et des libertés fondamentales lorsqu'au surplus la Cour caractérise le lien entre la profession de la personne mise en examen, les infractions reprochées et le risque de réitération de l'infraction[4].

L'interdiction faite à l'inculpé de se rendre à des réunions de toute nature est légale et répond aux mesures prévues par l'article 138, 2° et 3°[5]. La loi du 12 décembre 2005 a ajouté une dix-septième obligation à la liste de l'article 138 :

« 17° En cas d'infraction commise soit contre son conjoint ou son concubin, soit contre ses enfants ou les enfants de ce dernier, résider hors du domicile ou de la résidence du couple, et, le cas échéant, s'abstenir de paraître dans ce domicile ou cette résidence ou aux abords immédiats de celui-ci, ainsi que, si nécessaire, faire l'objet d'une prise en charge sanitaire, sociale ou psychologique. » Cet ajout ne présente pas grand intérêt puisque les magistrats instructeurs pouvaient déjà interdire à une personne de se rendre à telle adresse et de rencontrer telle ou telle personne.

131.22 La garantie de la bonne marche de l'instruction. Assurent notamment cette garantie, en faisant obstacle aux concertations frauduleuses entre personnes mises en examen et aux pressions sur les témoins, l'interdiction de se rendre en certains lieux, ou l'obligation de s'abstenir de recevoir ou rencontrer des personnes déterminées par le juge (C. pr. pén., art. 138, 3° et 9°). Ce dernier doit indiquer les rapports qui existent entre ces personnes et les faits poursuivis[6]. Mais la mention nominative des personnes n'est pas obligatoire, satisfait aux prescriptions de la loi la référence aux « témoins » et au « personnel de l'étude »[7]. La loi du 9 mars 2004 a prévu que « lorsque la personne mise en examen est soumise à l'interdiction de recevoir, ou rencontrer la victime ou d'entrer en relation de quelque façon que ce soit avec elle en application des dispositions du 9° de l'article 138, le juge d'instruction ou le juge des libertés et de la détention adresse à celle-ci un avis l'informant de cette mesure; si la victime est partie civile, cet avis est également adressé à son avocat. Cet avis précise les conséquences susceptibles de résulter pour la personne mise en examen du non-respect de cette interdiction ». Encourt la censure l'arrêt de la chambre de l'instruction qui confirme l'obligation prévue par l'ordonnance de placement sous contrôle judiciaire de la personne mise en examen d'interdiction de recevoir, de rencontrer ou d'entrer en relation, de quelque façon que ce soit, avec « tout membre du parquet » près le tribunal auquel appartient le juge d'instruction sans désigner avec une précision suffisante les personnes concernées et sans établir un rapport entre ces personnes et les faits reprochés[8].

131.23 La garantie assurant le non-renouvellement de l'infraction. Les mesures à prendre dépendront de la nature du fait poursuivi. On peut citer l'obligation de se soumettre à des examens ou traitements, ou l'interdiction de se livrer à certaines activités professionnelles ou de n'émettre des chèques que dans des conditions déterminées (C. pr. pén., art. 138, 10°, 12° et 13°), ou de ne pas détenir ou porter des armes (14°). Il faut y ajouter les mesures quelque peu étrangères au but originaire du contrôle judiciaire, prises en vue de la garantie des intérêts de la victime ou de la famille (C. pr. pén., art. 138, 15° et 16°). Les sûretés réelles ou personnelles ne peuvent garantir que les droits de la victime[9]. Le 15° de l'article 138 est d'un maniement délicat et l'article 142 du Code de procédure pénale est applicable (v. s^s n° 133.13). La loi du 9 mars 2004 a ajouté un alinéa à cet article 142 qui ne concerne que les sûretés et renseigne un peu plus sur les modalités pratiques de la prise de ces sûretés largement évoquées au sein des articles R. 24 à R. 24-13 du Code de procédure pénale (v. s^s n° 131.01).

L'interdiction d'exercer certaines activités professionnelles (C. pr. pén., art. 138, al. 2, 12°) ne peut être prononcée que lorsque l'infraction a été com-

1. *Rapp. de la commission de suivi sur la détention provisoire,* Doc. fr., 2005.
2. D. n° 2004-243, 17 mars 2004, relatif au placement sous surveillance électronique et modifiant le Code de procédure pénale [deuxième partie : Décrets en Conseil d'État] *JO* 20 mars, p. 5396.
3. Crim. 24 nov. 1986, n° 86-91.803, *Bull. crim.,* n° 351 – Crim. 11 avr. 1991, n° 91-80.414, *Bull. crim.,* n° 176.
4. Crim. 22 janv. 2002, n° 01-87.452, NP.
5. Crim. 10 mai 1972, n° 71-93.710, *Bull. crim.,* n° 166.
6. Crim. 25 juill. 1995, n° 95-82.713, *Bull. crim.,* n° 259; *JCP* 1995, IV, 2530.
7. Crim. 9 janv. 1997, n° 96-84.979, *Bull. crim.,* n° 7; v. les attendus s^s n° 131.02.
8. Crim. 13 juin 2006, n° 06-83.164, *Bull. crim.,* n° 175; *AJ Pénal* 2006, 411, note C. Girault.
9. Crim. 11 mars 1986, n° 85-95.314, *Bull. crim.,* n° 99.

mise dans l'exercice de ces activités ou à leur occasion et doit faire l'objet d'une motivation spécifique[1] même si la chambre de l'instruction peut se substituer à la motivation insuffisante du juge[2]. Le risque actuel de commission d'une nouvelle infraction doit également être caractérisé[3]. L'interdiction d'exercer une activité professionnelle ou sociale n'affecte pas la capacité civile[4]. L'exception légale concernant les mandats électifs ne vise que les fonctions électives publiques[5]. Lorsque l'activité en cause était celle d'un avocat, le juge d'instruction était seulement tenu d'en informer le conseil de l'ordre, mais non de prendre son avis préalable[6]. Mais la loi du 15 juin 2000 a prévu que lorsque l'activité concernée est celle d'un avocat, c'est le conseil de l'ordre, saisi par le juge d'instruction, qui a seul pouvoir pour prononcer cette mesure à charge d'appel. Il est le seul à pouvoir y mettre fin[7].

Le conseil de l'ordre doit statuer dans les quinze jours de sa saisine. L'interdiction faite à un avocat de se rendre à son cabinet et de rencontrer ses (anciens) clients, n'a pas été considérée comme de nature à le priver de l'ensemble des prérogatives attachées à sa qualité d'avocat. La chambre de l'instruction de Toulouse ajoute « il lui était en effet loisible d'exercer sa profession dans un autre cabinet, soit comme associé, soit comme collaborateur, soit encore comme avocat salarié. Il pouvait en outre s'installer en un autre lieu, consulter, préparer des conclusions, assister des clients et plaider devant toutes les juridictions. C'est donc par un abus de langage et avec des motifs surabondants mais sans pour autant commettre un excès de pouvoir puisqu'il n'en a tiré aucune conséquence, que le conseil de l'Ordre a pu considérer que le juge d'instruction avait commis une entrave à ses propres prérogatives[8] ». Mais dans une affaire similaire dans laquelle le juge d'instruction avait interdit à l'avocat de se rendre dans toute enceinte de justice, la chambre de l'instruction de Bourges a estimé « qu'en interdisant au mis en examen l'accès à toute enceinte de justice, il lui est par là même fait interdiction d'exercer toute activité judiciaire » et que cette interdiction ne pouvait relever que de la seule compétence du conseil de l'ordre[9]. En revanche, s'agissant du maintien sous contrôle judiciaire lors du renvoi, le juge d'instruction retrouve ses pouvoirs : si le conseil de l'ordre a seul le pouvoir de prononcer une mesure d'interdiction provisoire de l'exercice de la profession d'un avocat placé sous contrôle judiciaire, ainsi que d'y mettre fin, le juge d'instruction tient des dispositions de l'article 179 du Code de procédure pénale celui de maintien la mesure de contrôle judiciaire comportant une telle interdiction[10]. Alors qu'une décision avait laissé penser que le juge d'instruction pouvait être destinataire d'une demande de mainlevée de cette interdiction[11], la chambre criminelle en a décidé autrement en disposant que le conseil de l'Ordre a seul le pouvoir de prononcer une mesure d'interdiction provisoire de l'exercice de la profession d'un avocat placé sous contrôle judiciaire, ainsi que d'y mettre fin[12].

Toute activité professionnelle, même bénévole, peut être l'objet d'une interdiction[13].

131.24 Contrôle judiciaire socio-éducatif. Il n'en existe pas de définition. Il est mis en place dans le cadre de l'article 138 alinéa 2, 5° et 6° qui prévoie l'obligation de se présenter devant toute personne désignée par le juge d'instruction et de répondre à leur convocation en se soumettant aux mesures de contrôle portant sur les activités professionnelles ou l'assiduité à un enseignement. Des rapports sont établis périodiquement par le service saisi (association de contrôle judiciaire, SEAT, permanence d'orientation pénale selon les tribunaux)[14].

131.25 La loi du 9 septembre 2002 crée des obligations nouvelles pour les mineurs. Les mineurs d'au moins 13 ans peuvent être assujettis à

1. Crim. 13 janv. 1987, n° 86-92.785, *Bull. crim.*, n° 13 – Crim. 22 févr. 1995, n° 94-85.791, *Bull. crim.*, n° 78; *JCP* 1995, IV, 207 – V. aussi, Crim. 6 mai 1997, n° 95-82.746, *Bull. crim.*, n° 172; *Gaz. Pal.* 26/27 sept. 1997, 30 – Crim. 13 oct. 1998, n° 98-84.224, *Bull. crim.*, n° 257; *Dr. pén.* 1999, chron. 7, Marsat.
2. Crim. 16 janv. 2002, *Gaz. Pal.* 11/12 déc. 2002, 27, note Y. Monnet.
3. Crim. 5 mars 2003, n° 02-88.089, *Bull. crim.*, n° 59; *JCP* 2003, IV, 1803.
4. Crim. 29 mars 1994, n° 92-84.678, *Bull. crim.*, n° 117.
5. Crim. 28 mars 1991, n° 91-80.175, *Bull. crim.*, n° 150 – Crim. 17 mai 1995, n° 95-81.030, *Bull. crim.*, n° 178.
6. Crim. 30 juin 1993, n° 93-81.845, *Bull. crim.*, n° 231.
7. Crim. 15 mai 2002, n° 02-81.116, *Bull. crim.*, n° 113; *JCP* 19 juin 2002, IV, 2003 – Civ. 1re, 22 mai 2002, n° 01-13.116, *Bull. civ.* I, n° 137; *D.* 2002, IR 2850; *Gaz. Pal.* 26-29 août 2002, 11, note Darmien et Lambling.
8. CA Toulouse, ch. instr., 15 mars 2001, *Gaz. Pal.* 20-22 mai 2001, 2, note A. Damien.
9. CA Bourges, ch. instr., 6 nov. 2001, *Gaz. Pal.* 13-14 mars 2002, 25, note D. Landry.
10. Crim. 21 janv. 2004, n° 03-86.358, *Bull. crim.*, n° 16; *D.* 2004, IR 539; *D.* 2005, pan. 688, obs. J. Pradel; *JCP* 2004, IV, 1486.
11. CA Paris, 4 juill. 2001, *JCP* 2001, II, 10627, note Martin.
12. Crim. 15 mai 2002, n° 02-81.116, *Bull. crim.*, n° 113, préc.; v. les attendus ss n° 131.02.
13. Crim. 1er févr. 1973, n° 72-92.691, *Bull. crim.*, n° 62 – Crim. 14 mars 1978, n° 77-91.015, *Bull. crim.*, n° 96 – Pour une étude de chacune des obligations de contrôle judiciaire et des exemples de leur application v. TPJI, J.-L. Croizier, « Le contrôle judiciaire ».
14. Cardet, « Quelle consécration pour le contrôle judiciaire socio-éducatif dans la loi du 15 juin 2000 », *RSC* 2001, 537; « L'incontrôlable contrôle judiciaire socio-éducatif », *D.* 2002, chron. 1221.

de nouvelles obligations : devoir se soumettre aux mesures de protection, d'assistance, de surveillance et d'éducation confiées à un service de la protection judiciaire de la jeunesse ou à un service habilité, mandaté à cette fin par le magistrat et respecter les conditions d'un placement dans un centre éducatif de la protection judiciaire de la jeunesse ou relevant d'un service habilité auquel le mineur a été confié par le magistrat en application des dispositions de l'article 10 et notamment dans un centre éducatif fermé. En revanche, il n'était possible sous l'égide de la loi du 9 septembre 2002 d'imposer au mineur de 13 à 16 ans en matière correctionnelle que les obligations précitées à l'exception de celles prévues à l'article 138 du Code de procédure pénale. Ce n'est plus le cas depuis l'entrée en vigueur de la loi du 5 mars 2007 (v. s[s] n° 132.33).

131.26 **Cas particulier du toxicomane.** Dans l'hypothèse où la personne est mise en examen pour usage de stupéfiants et où elle est astreinte à une cure de désintoxication, ce sont les articles L. 3424-1 qui doit s'appliquer, lesquels fait exception aux articles 138 alinéa 2 10° et suivants du Code de procédure pénale en ce qu'ils concernent la désintoxication (C. santé publ., art. L. 3424-5). L'article L. 3424-1 a été réécrit par la loi du n° 2007-297 du 5 mars 2007. En revanche, c'est dans le cadre du contrôle judiciaire que l'alcoolique peut se voir imposer une cure de désintoxication par application des articles L. 3311-1 et suivants du Code de la santé publique (C. pr. pén., art. R. 17-5).

131.27 **Mesures conservatoires.** En cas d'information ouverte pour l'une des infractions entrant dans le champ d'application des articles 706-73 et 706-74 et afin de garantir le paiement des amendes encourues ainsi que, le cas échéant, l'indemnisation des victimes et l'exécution de la confiscation, le juge des libertés et de la détention, sur requête du procureur de la République, peut ordonner, aux frais avancés du Trésor et selon les modalités prévues par les procédures civiles d'exécution, des mesures conservatoires sur les biens, meubles ou immeubles, divis ou indivis, de la personne mise en examen (C. pr. pén., art. 706-103). Cette disposition nouvelle est située en dehors des obligations de contrôle judiciaire dont certaines mesures sont pourtant bien proches. La condamnation vaut validation des saisies et le non-lieu, la relaxe ou l'acquittement emportent de plein droit mainlevée de la mesure.

CHAPITRE

132. Décisions relatives au contrôle judiciaire

SECTION 0
ORIENTEUR

132.00 **Plan du chapitre.**

Sect. 1 Placement sous contrôle judiciaire
Sect. 2 Contrôle judiciaire des mineurs depuis la loi du 9 septembre 2002
Sect. 3 Contrôle judiciaire des mineurs de moins de 16 ans
Sect. 4 Contrôle judiciaire des mineurs de 16 à 18 ans
Sect. 5 Révocation du contrôle judiciaire des mineurs
Sect. 6 Contrôle judiciaire des personnes morales
Sect. 7 Modification du contrôle judiciaire
Sect. 8 Fin du contrôle judiciaire
Sect. 9 Avis au conseil – Appel des ordonnances

132.01 **Textes applicables.**

C. pr. pén., art. 137 à 141-3, 143, 143-1, 145-1, 145-2, 179, 181, 213, 706-45, 723-8.

Ord. 2 févr. 1945, art. 8, 10, 10-2, 11-1.

Conv. EDH, art. 5-3.

C. pén., art. 434-43 et 434-47.

C. pr. pén., art. 137
* V. s[s] n° 131.01.

C. pr. pén., art. 137-1 [L. n° 2007-291, 5 mars 2007]
La détention provisoire est ordonnée ou prolongée par le juge des libertés et de la détention. Les demandes de mise en liberté lui sont également soumises.

Le juge des libertés et de la détention est un magistrat du siège ayant rang de président, de premier vice-président ou de vice-président. Il est désigné par le président du tribunal de grande instance. Lorsqu'il statue à l'issue d'un débat contradictoire, il est assisté d'un greffier. En cas d'empêchement du juge des libertés et de la détention désigné et d'empêchement du président ainsi que des premiers vice-présidents et des vice-présidents, le juge des libertés et de la détention est remplacé par le magistrat du siège le plus ancien dans le grade le plus élevé, désigné par le président du tribunal de grande instance. Il peut alors faire application des dispositions de l'article 93.

Il ne peut, à peine de nullité, participer au jugement des affaires pénales dont il a connu.

Hors le cas prévu par le deuxième alinéa de l'article 137-4, il est saisi par une ordonnance motivée du juge d'instruction, qui lui transmet le dossier de la procédure accompagné des réquisitions du procureur de la République. Lorsque le juge des libertés et de la détention doit statuer en application de l'article 145, le juge d'instruction peut indiquer dans son ordonnance si la publicité de ce débat lui paraît devoir être écartée au regard d'une ou plusieurs des raisons mentionnées au sixième alinéa de cet article.

C. pr. pén., art. 137-2
* V. s[s] n° 131.01.

C. pr. pén., art. 137-3
Le juge des libertés et de la détention statue par ordonnance motivée. Lorsqu'il ordonne ou prolonge une détention provisoire ou qu'il rejette une demande de mise en liberté, l'ordonnance doit comporter l'énoncé des considérations de droit et de fait sur le caractère insuffisant des obligations du contrôle judiciaire et le motif de la détention par référence aux seules dispositions des articles 143-1 et 144.

Dans tous les cas, l'ordonnance est notifiée à la personne mise en examen qui en reçoit copie intégrale contre émargement au dossier de la procédure.

C. pr. pén., art. 137-4 [L. n° 2007-291, 5 mars 2007]
Lorsque, saisi de réquisitions du procureur de la République tendant au placement en détention provisoire, le juge d'instruction estime que cette détention n'est pas justifiée et qu'il décide de ne pas transmettre le dossier de la procédure au juge des libertés et de la détention, il est tenu de statuer sans délai par ordonnance motivée, qui est immédiatement portée à la connaissance du procureur de la République.

En matière criminelle ou pour les délits punis de dix ans d'emprisonnement, le procureur de la République peut alors, si les réquisitions sont motivées, en tout ou partie, par les motifs prévus aux 4° à 7° de l'article 144 et qu'elles précisent qu'il envisage de faire application des dispositions du présent alinéa, saisir directement le juge des libertés et de la détention en déférant sans délai devant lui la personne mise en examen; l'ordonnance rendue par le juge des libertés et de la détention entraîne le cas échéant la caducité de l'ordonnance du juge d'instruction ayant placé la personne sous contrôle judiciaire. S'il renonce à saisir directement le juge des libertés et de la détention, le procureur de la République en avise le juge d'instruction et la personne peut être laissée en liberté.

C. pr. pén., art. 138 [L. n° 2004-204, 9 mars 2004]

* V. s^s^ n° 131.01.

C. pr. pén., art. 139

La personne mise en examen est placée sous contrôle judiciaire par une ordonnance du juge d'instruction qui peut être prise en tout état de l'instruction.

Le juge d'instruction peut, à tout moment, imposer à la personne placée sous contrôle judiciaire une ou plusieurs obligations nouvelles, supprimer tout ou partie des obligations comprises dans le contrôle, modifier une ou plusieurs de ces obligations ou accorder une dispense occasionnelle ou temporaire d'observer certaines d'entre elles.

C. pr. pén., art. 140

La mainlevée du contrôle judiciaire peut être ordonnée à tout moment par le juge d'instruction, soit d'office, soit sur les réquisitions du procureur de la République, soit sur la demande de la personne après avis du procureur de la République.

Le juge d'instruction statue sur la demande de la personne dans un délai de cinq jours, par ordonnance motivée.

Faute par le juge d'instruction d'avoir statué dans ce délai, la personne peut saisir directement de sa demande la chambre de l'instruction qui, sur les réquisitions écrites et motivées du procureur général, se prononce dans les vingt jours de sa saisine. À défaut, la mainlevée du contrôle judiciaire est acquise de plein droit, sauf si des vérifications concernant la demande de la personne ont été ordonnées.

C. pr. pén., art. 141-1

Les pouvoirs conférés au juge d'instruction par les articles 139 et 140 appartiennent, en tout état de cause, à la juridiction compétente selon les distinctions de l'article 148-1.

C. pr. pén., art. 141-2 [L. n° 2004-204, 9 mars 2004]

Si la personne mise en examen se soustrait volontairement aux obligations du contrôle judiciaire, le juge d'instruction peut décerner à son encontre mandat d'arrêt ou d'amener. Il peut également, dans les conditions prévues au quatrième alinéa de l'article 137-1, saisir le juge des libertés et de la détention aux fins de placement en détention provisoire. Quelle que soit la peine d'emprisonnement encourue, le juge des libertés et de la détention peut décerner, à l'encontre de cette personne, un mandat de dépôt en vue de sa détention provisoire, sous réserve des dispositions de l'article 141-3.

Si la personne se soustrait aux obligations du contrôle judiciaire alors qu'elle est renvoyée devant la juridiction de jugement, le procureur de la République peut, hors le cas prévu par l'article 272-1, saisir le juge des libertés et de la détention pour que celui-ci décerne mandat d'arrêt ou d'amener à son encontre. Ce magistrat est également compétent pour ordonner, conformément aux dispositions de l'article 135-2, le placement en détention provisoire de l'intéressé.

C. pr. pén., art. 141-3

Lorsque la détention provisoire est ordonnée à la suite d'une révocation du contrôle judiciaire à l'encontre d'une personne antérieurement placée en détention provisoire pour les mêmes faits, la durée cumulée des détentions ne peut excéder de plus de quatre mois la durée maximale de la détention prévue respectivement aux articles 145-1 et 145-2. Lorsque la peine encourue est inférieure à celle mentionnée à l'article 143-1, la durée totale des détentions ne peut excéder quatre mois.

C. pr. pén., art. 143

Lorsqu'une juridiction de jugement est appelée à statuer dans les cas prévus à la présente sous-section, elle le fait dans les conditions déterminées par l'article 148-2.

C. pr. pén., art. 143-1

Sous réserve des dispositions de l'article 137, la détention provisoire ne peut être ordonnée ou prolongée que dans l'un des cas ci-après énumérés :

1° La personne mise en examen encourt une peine criminelle;

2° La personne mise en examen encourt une peine correctionnelle d'une durée égale ou supérieure à trois ans d'emprisonnement.

La détention provisoire peut également être ordonnée dans les conditions prévues à l'article 141-2 lorsque la personne mise en examen se soustrait volontairement aux obligations du contrôle judiciaire.

C. pr. pén., art. 145-1

En matière correctionnelle, la détention provisoire ne peut excéder quatre mois si la personne mise en examen n'a pas déjà été condamnée pour crime ou délit de droit commun soit à une peine criminelle, soit à une peine d'emprisonnement sans sursis d'une durée supérieure à un an et lorsqu'elle encourt une peine inférieure ou égale à cinq ans.

Dans les autres cas, à titre exceptionnel, le juge des libertés et de la détention peut décider de prolonger la détention provisoire pour une durée qui ne peut excéder quatre mois par une ordonnance motivée conformément aux dispositions de l'article 137-3 et rendue après un débat contradictoire organisé conformément aux dispositions du sixième alinéa de l'article 145, l'avocat ayant été convoqué selon les dispositions du deuxième alinéa de l'article 114. Cette décision peut être renouvelée selon la même procédure, sous réserve des dispositions de l'article 145-3, la durée totale de la détention ne pouvant excéder un an. Toutefois, cette durée est portée à deux ans lorsqu'un des faits constitutifs de l'infraction a été commis hors du territoire national ou lorsque la personne est poursuivie pour trafic de stupéfiants, terrorisme, association de malfaiteurs, proxénétisme, extorsion de fonds ou pour une infraction commise en bande organisée et qu'elle encourt une peine égale à dix ans d'emprisonnement.

À titre exceptionnel, lorsque les investigations du juge d'instruction doivent être poursuivies et que la mise en liberté de la personne mise en examen causerait pour la sécurité des personnes et des biens un risque d'une particulière gravité, la chambre de l'instruction peut prolonger pour une durée de quatre mois la durée de deux ans prévue au présent article. La chambre de l'instruction, devant laquelle la comparution personnelle du mis en examen est de droit, est saisie par ordonnance motivée du juge des libertés et de la détention selon les modalités prévues par le dernier alinéa de l'article 137-1, et elle statue conformément aux dispositions des articles 144, 144-1, 145-3, 194, 197, 198, 199, 200, 206 et 207.

C. pr. pén., art. 145-2

En matière criminelle, la personne mise en examen ne peut être maintenue en détention au-delà d'un an. Toutefois, sous réserve des dispositions de l'article 145-3, le juge des libertés et de la détention peut, à l'expiration de ce délai, prolonger la détention pour une durée qui ne peut être supérieure à six mois par une ordonnance motivée conformément aux dispositions de l'article 137-3 et rendue après un débat contradictoire organisé conformément aux dispositions du sixième alinéa de l'article 145, l'avocat ayant été convoqué conformément aux dispositions du deuxième alinéa de l'article 114. Cette décision peut être renouvelée selon la même procédure.

La personne mise en examen ne peut être maintenue en détention provisoire au-delà de deux ans lorsque la peine encourue est inférieure à vingt ans de réclusion ou de détention criminelles et au-delà de trois ans dans les autres cas. Les délais sont portés respectivement à trois et quatre ans lorsque l'un des faits constitutifs de l'infraction a été commis hors du territoire national. Le délai est également de quatre ans lorsque la personne est poursuivie pour plusieurs crimes mentionnés aux livres II et IV du Code pénal, ou pour trafic de stupéfiants, terrorisme, proxénétisme, extorsion de fonds ou pour un crime commis en bande organisée.

À titre exceptionnel, lorsque les investigations du juge d'instruction doivent être poursuivies et que la mise en liberté de la personne mise en examen causerait pour la sécurité des personnes et des biens un risque d'une particulière gravité, la chambre de l'instruction peut prolonger pour une durée de quatre mois les durées prévues au présent article. La chambre de l'instruction, devant laquelle la comparution personnelle du mis en examen est de droit, est saisie par ordonnance motivée du juge des libertés et de la détention selon les modalités prévues par le dernier alinéa de l'article 137-1, et elle statue conformément aux dispositions des articles 144, 144-1, 145-3, 194, 197, 198, 199, 200, 206 et 207. Cette décision peut être renouvelée une fois sous les mêmes conditions et selon les mêmes modalités.

Les dispositions du présent article sont applicables jusqu'à l'ordonnance de règlement.

C. pr. pén., art. 179

* V. s^s n° 131.01.

C. pr. pén., art. 181

* V. s^s n° 131.01.

C. pr. pén., art. 213

* V. s^s n° 131.01.

C. pr. pén., art. 706-45 [L. n° 2004-204, 9 mars 2004]

Le juge d'instruction peut placer la personne morale sous contrôle judiciaire dans les conditions prévues aux articles 139 et 140 en la soumettant à une ou plusieurs des obligations suivantes :

1° Dépôt d'un cautionnement dont le montant et les délais de versement, en une ou plusieurs fois, sont fixés par le juge d'instruction ;

2° Constitution, dans un délai, pour une période et un montant déterminés par le juge d'instruction, des sûretés personnelles ou réelles destinées à garantir les droits de la victime ;

3° Interdiction d'émettre des chèques autres que ceux qui permettent le retrait de fonds par le tireur auprès du tiré ou ceux qui sont certifiés ou d'utiliser des cartes de paiement ;

4° Interdiction d'exercer certaines activités professionnelles ou sociales lorsque l'infraction a été commise dans l'exercice ou à l'occasion de l'exercice de ces activités et lorsqu'il est à redouter qu'une nouvelle infraction soit commise ;

5° Placement sous contrôle d'un mandataire de justice désigné par le juge d'instruction pour une durée de six mois renouvelable, en ce qui concerne l'activité dans l'exercice ou à l'occasion de laquelle l'infraction a été commise.

Pour les obligations prévues aux 1° et 2°, les dispositions des articles 142 à 142-3 sont applicables.

Les interdictions prévues aux 3° et 4° ne peuvent être ordonnées par le juge d'instruction que dans la mesure où elles sont encourues à titre de peine par la personne morale poursuivie. La mesure prévue au 5° ne peut être ordonnée par le juge d'instruction si la personne morale ne peut être condamnée à la peine prévue par le 3° de l'article 131-39 du Code pénal.

En cas de violation du contrôle judiciaire, les articles 434-43 et 434-47 du Code pénal sont, le cas échéant, applicables.

C. pr. pén., art. 723-8

Le contrôle de l'exécution de la mesure est assuré au moyen d'un procédé permettant de détecter à distance la présence ou l'absence du condamné dans le seul lieu désigné par le juge de l'application des peines pour chaque période fixée. La mise en œuvre de ce procédé peut conduire à imposer à la personne assignée le port, pendant toute la durée du placement sous surveillance électronique, d'un dispositif intégrant un émetteur.

Le procédé utilisé est homologué à cet effet par le ministre de la Justice. La mise en œuvre doit garantir le respect de la dignité, de l'intégrité et de la vie privée de la personne.

C. pén., art. 434-43

Lorsqu'a été prononcée contre une personne morale l'une des peines prévues à l'article 131-39, la violation par une personne physique des obligations qui en découlent est punie de deux ans d'emprisonnement et de 30 000 euros d'amende.

Le fait, pour toute personne physique, de participer au maintien ou à la reconstitution, ouverte ou déguisée, d'une personne morale dont la dissolution a été prononcée en application des dispositions du 1° de l'article 131-39 est puni de trois ans d'emprisonnement et de 45 000 euros d'amende.

Lorsque la dissolution a été prononcée pour une infraction commise en récidive, ou pour l'infraction prévue à l'alinéa précédent, la peine est portée à cinq ans d'emprisonnement et 75 000 euros d'amende.

C. pén., art. 434-44

Les personnes physiques coupables de l'un des délits prévus aux articles 434-4 à 434-9-1, 434-11, 434-13 à 434-15, 434-17 à 434-23, 434-27, 434-29, 434-30, 434-32, 434-33, 434-35, 434-36 et 434-40 à 434-43 encourent également l'interdiction des droits civiques, civils et de famille, suivant les modalités prévues par l'article 131-26.

Dans les cas prévus aux articles 434-9, 434-9-1, 434-16 et 434-25, peuvent être également ordonnés l'affichage ou la diffusion de la décision prononcée dans les conditions prévues par l'article 131-35.

Les personnes physiques coupables de l'une des infractions prévues au troisième alinéa de l'article 434-9, à l'article 434-33 et au second alinéa de l'article 434-35 encourent également la peine complémentaire d'interdiction, suivant les modalités prévues par l'article 131-27, soit d'exercer une fonction publique ou d'exercer l'activité professionnelle ou sociale dans l'exercice ou à l'occasion de l'exercice de laquelle l'infraction a été commise, soit, pour les seules infractions prévues au dernier alinéa des articles 434-9 et 434-33, d'exercer une profession commerciale ou industrielle, de diriger, d'administrer, de gérer ou de contrôler à un titre quelconque, directement ou indirectement, pour leur propre compte ou pour le compte d'autrui, une entreprise commerciale ou industrielle ou une société commerciale. Ces interdictions d'exercice peuvent être prononcées cumulativement.

Dans tous les cas prévus au présent chapitre, est en outre encourue la confiscation de la chose qui a servi ou était destinée à commettre l'infraction, à l'exception des objets susceptibles de restitution.

C. pén., art. 434-45

Les personnes physiques coupables du délit prévu par l'article 434-10 encourent également la suspension, pour une durée de cinq ans au plus, du permis de conduire, cette suspension ne pouvant pas être limitée à la conduite en dehors de l'activité professionnelle.

C. pén., art. 434-46

L'interdiction du territoire français peut être prononcée dans les conditions prévues par l'article 131-30, soit à titre définitif, soit pour une durée de dix ans au plus, à l'encontre de tout étranger coupable de l'une des infractions définies au huitième alinéa de l'article 434-9, aux articles 434-9-1 et 434-30, au dernier alinéa de l'article 434-32 et à l'article 434-33.

C. pén., art. 434-47

Les personnes morales reconnues pénalement responsables, dans les conditions prévues à l'article 121-2, des infractions prévues au huitième alinéa de l'article 434-9, au deuxième alinéa de l'article 434-9-1 et aux articles 434-39 et 434-43 encourent les peines suivantes :

1° L'amende, suivant les modalités prévues par l'article 131-38;

2° Pour une durée de cinq ans au plus, les peines mentionnées aux 2°, 3°, 4°, 5°, 6° et 7° de l'article 131-39;

3° La confiscation prévue à l'article 131-21;

4° L'affichage ou la diffusion de la décision prononcée dans les conditions prévues par l'article 131-35;

5° Pour les infractions prévues aux deuxième et troisième alinéas de l'article 434-43, la peine de dissolution mentionnée au 1° de l'article 131-39.

L'interdiction mentionnée au 2° de l'article 131-39 porte sur l'activité dans l'exercice ou à l'occasion de l'exercice de laquelle l'infraction a été commise.

Ord. 2 févr. 1945, art. 8 [L. n° 2007-297, 5 mars 2007]

* V. s[s] n° 131.01.

Ord. 2 févr. 1945, art. 10

Le juge d'instruction ou le juge des enfants avise les parents du mineur, son tuteur, ou la personne ou le service auquel il est confié des poursuites dont le mineur fait l'objet. Cet avis est fait verbalement avec émargement au dossier ou par lettre recommandée. Il mentionne les faits reprochés au mineur et leur qualification juridique. Il précise également qu'à défaut de choix d'un défenseur par le mineur ou ses représentants légaux le juge d'instruction ou le juge des enfants fera désigner par le bâtonnier un avocat d'office.

Quelles que soient les procédures de comparution, le mineur et les parents, le tuteur, la personne qui en a la garde ou son représentant, sont simultanément convoqués pour être entendus par le juge. Ils sont tenus informés de l'évolution de la procédure.

Lors de la première comparution, lorsque le mineur ou ses représentants légaux n'ont pas fait le choix d'un avocat ni demandé qu'il en soit désigné un d'office, le juge des enfants ou le juge d'instruction saisi fait désigner sur-le-champ par le bâtonnier un avocat d'office.

Le juge des enfants et le juge d'instruction pourront charger de l'enquête sociale les services sociaux ou les personnes titulaires d'un diplôme de service social, habilités à cet effet.

Ils pourront confier provisoirement le mineur mis en examen :

1° À ses parents, à son tuteur ou à la personne qui en avait la garde, ainsi qu'à une personne digne de confiance;

2° À un centre d'accueil;

3° À une section d'accueil d'une institution publique ou privée habilitée à cet effet;

4° Au service de l'assistance à l'enfance ou à un établissement hospitalier;

5° À un établissement ou à une institution d'éducation, de formation professionnelle ou de soins, de l'État ou d'une administration publique, habilité.

S'ils estiment que l'état physique ou psychique du mineur justifie une observation approfondie, ils pourront ordonner son placement provisoire dans un centre d'observation institué ou agréé par le ministre de la Justice.

Le garde provisoire pourra, le cas échéant, être exercée sous le régime de la liberté surveillée.

Le juge des enfants saisi de la procédure est compétent pour modifier ou révoquer la mesure de garde jusqu'à la comparution du mineur devant le tribunal pour enfant.

Ord. 2 févr. 1945, art. 10-2 [L. n° 2007-297, 5 mars 2007]

* V. s[s] n° 131.01.

Ord. 2 févr. 1945, art. 11-1
Lorsque la détention provisoire est ordonnée à la suite d'une révocation du contrôle judiciaire à l'encontre d'un mineur antérieurement placé en détention provisoire pour les mêmes faits, la durée cumulée des détentions ne peut excéder de plus d'un mois la durée maximale de la détention prévue à l'article 11.

Conv. EDH, art. 5-3
* V. s[s] n° 131.01.

132.02 Jurisprudence de référence.

• Le placement sous contrôle judiciaire doit être motivé.

Crim. 8 août 1995, n° 95-82.561; *Bull. crim.,* n° 264; *JCP* 1995, IV, 2589.

« Mais attendu qu'en statuant ainsi, sans s'expliquer sur les circonstances justifiant, en raison des nécessités de l'instruction ou à titre de mesure de sûreté, le placement de Gérald R... sous contrôle judiciaire, la chambre d'accusation a méconnu le texte et le principe ci-dessus rappelés. »

• L'absence du recueil des réquisitions du ministère public entraîne la nullité de l'ordonnance de placement sous contrôle judiciaire.

Crim. 22 janv. 2002, n° 01-87.619; *Bull. crim.,* n° 7; *D.* 2002, IR 864; *Dr. pén.* 2002, comm. 63, obs. Maron; *Gaz. Pal.* 11-12 déc. 2002, 29; *Procédures* 2002, comm. n° 76, 11, note J. Buisson.

« Attendu que, pour écarter l'exception de nullité invoquée par le demandeur et prise de ce que le placement sous contrôle judiciaire n'a pas été précédé des réquisitions du ministère public, l'arrêt énonce que "des réquisitions de placement sous contrôle judiciaire ne sont pas imposées légalement pour que le juge d'instruction puisse prendre une telle décision";

Mais attendu qu'en prononçant ainsi, alors que le juge d'instruction aurait dû recueillir les réquisitions du ministère public, la chambre de l'instruction a méconnu le texte susvisé;

D'où il suit que la cassation est encourue de ce chef. »

• Le délai de 5 jours dont dispose le juge d'instruction pour statuer sur une demande de main levée de contrôle judiciaire court à compter de la réception de la demande.

Crim. 20 juin 2002, n° 02-80.149; *Bull. crim.,* n° 142; D. 2002, IR 2580; *JCP* 2002, IV, 2409; *Procédures* 2002, comm. n° 213, 11, note J. Buisson.

« Attendu que, pour constater qu'était intervenue de plein droit, à compter du 7 septembre 2001, la mainlevée des deux obligations du contrôle judiciaire sollicitée, la chambre de l'instruction énonce que l'article 140 du Code de procédure pénale, qui édicte que le juge d'instruction doit statuer sur une demande de mainlevée du contrôle judiciaire dans un délai de cinq jours, ne fixant pas expressément le point de départ de ce délai, celui-ci doit être fixé à la date de réception de la demande, le retard dans la communication de celle-ci au parquet ne devant pas avoir pour effet de retarder la décision;

Qu'elle retient, en conséquence, qu'en l'absence d'ordonnance du juge d'instruction dans le délai de cinq jours de la demande, X... a saisi valablement la chambre de l'instruction d'une demande directe et que cette juridiction n'ayant pas statué dans le délai de vingt jours de sa saisine, la mainlevée des deux mesures du contrôle judiciaire sollicitée a pris automatiquement effet le 6 septembre 2001 au soir, les autres obligations prévues étant maintenues;

Attendu qu'en cet état, la chambre de l'instruction a fait l'exacte application de l'article 140 du Code de procédure pénale. »

• On ne tient pas compte de la durée antérieure de détention lorsque celle-ci doit être prolongée après révocation du contrôle judiciaire.

Crim. 2 déc. 2003, n° 03-85.460, *Bull. crim.,* n° 229.

« Attendu qu'il résulte de l'arrêt attaqué et des pièces de la procédure que, mis en examen, notamment pour trafic de stupéfiants, et placé en détention provisoire le 3 décembre 2001, Désiré X... a été mis en liberté sous contrôle judiciaire le 20 décembre suivant; qu'en raison de la révocation de ce contrôle, il a de nouveau été détenu provisoirement à compter du 14 octobre 2002; que la détention a été prolongée par décision du 13 février 2003 dont le mis en examen a interjeté appel; que, par arrêt du 25 février, la chambre de l'instruction a constaté que l'intéressé avait été libéré sous contrôle judiciaire par ordonnance du juge d'instruction du 20 février; que, le contrôle judiciaire ayant été révoqué le 11 avril, le juge des libertés et de la détention, par ordonnance du 7 août, a prolongé la détention pour une période de quatre mois à compter du 10 août;

Attendu que, devant la chambre de l'instruction, Désiré X... a fait valoir que, compte tenu de la détention provisoire subie du 3 au 20 décembre 2001 et du 14 au 20 février 2003, le débat contradictoire préalable à une éventuelle prolongation aurait dû être tenu le 19 juillet 2003 au plus tard;

Attendu que, pour refuser d'annuler l'ordonnance entreprise, l'arrêt énonce que, pour le calcul de la période de quatre mois à l'expiration de laquelle la détention provisoire peut être prolongée, il n'y a pas lieu de tenir compte de la durée accomplie antérieurement à la révocation du contrôle judiciaire;

Attendu qu'en l'état de ces énonciations, et dès lors que ne sont pas applicables en l'espèce les dispositions de l'article 141-3 du Code de procédure pénale, qui ont trait à la durée maximale de la détention prévue respectivement aux articles 145-1 et 145-2, la cour d'appel a justifié sa décision. »

• **Lorsque le juge des libertés et de la détention, saisi de réquisitions tendant au placement en détention provisoire d'une personne, rend, d'une part, une ordonnance de refus de mise en détention et, d'autre part, une ordonnance de placement sous contrôle judiciaire, l'appel par le ministère public de cette dernière ordonnance, laquelle répond nécessairement à ses réquisitions, saisit la chambre de l'instruction du contentieux de la détention.**

Crim. 3 oct. 2006, n° 06-85.889, *Bull. crim.*, n° 241.

Vu les articles 137-1, 137-2 et 185 du Code de procédure pénale;

Attendu qu'il résulte de ces textes que lorsque le juge des libertés et de la détention, saisi de réquisitions tendant au placement en détention provisoire d'une personne, rend, d'une part, une ordonnance de refus de mise en détention et, d'autre part, une ordonnance de placement de l'intéressé sous contrôle judiciaire, l'appel par le ministère public de cette dernière ordonnance, laquelle répond nécessairement à ses réquisitions, saisit la chambre de l'instruction du contentieux de la détention. Attendu qu'il résulte de l'arrêt attaqué et des pièces de la procédure que le juge des libertés et de la détention, saisi de réquisitions de placement en détention provisoire de Brahim Bidar, a statué par deux ordonnances, l'une disant n'y avoir lieu à prononcer cette mesure et l'autre plaçant l'intéressé sous contrôle judiciaire; que le procureur de la République n'a interjeté appel que de la seconde;

Attendu que, pour refuser de faire droit aux réquisitions du procureur général tendant au placement en détention provisoire de Brahim Bidar et confirmer la mesure de placement sous contrôle judiciaire, l'arrêt énonce que le recours du ministère public ne porte pas sur l'ordonnance de refus de mise en détention et qu'il est irrecevable en ce qu'il tend au placement de l'intéressé en détention.

Mais attendu qu'en statuant ainsi, alors que l'appel, par le ministère public, de l'ordonnance de placement sous contrôle judiciaire la saisissait du contentieux relatif à la détention provisoire, la chambre de l'instruction a méconnu le sens et la portée des textes susvisés et du principe ci-dessus énoncé;

D'où il suit que la cassation est encourue.

132.03 Bibliographie indicative. (V. les références complètes s^s^ n° 03.)

Actualisables. Rép. pén., Dourneau-J., « Le contrôle judiciaire et la détention provisoire » – Tpji, Croizier J.-L., « Le contrôle judiciaire ».

132.06 Questions essentielles.

• La loi du 9 septembre 2002 a profondément modifié les règles de contrôle judiciaire des mineurs, en créant les centres éducatifs fermés, et en permettant la révocation du contrôle judiciaire, et donc la détention provisoire des mineurs de moins de seize ans en matière délictuelle. La loi du 5 mars 2007 a encore modifié les règles du contrôle judiciaire des mineurs (v. s^{s} n°s 132.51 et 132.52).

SECTION 1
PLACEMENT SOUS CONTRÔLE JUDICIAIRE

132.11 Interrogatoire. La personne mise en examen est placée sous contrôle judiciaire par une ordonnance du juge d'instruction qui peut être prise en tout état de l'instruction. Toutefois, par modification de l'article 179, la loi du 4 janvier 1993 a supprimé la faculté de placer sous contrôle judiciaire le prévenu au moment du règlement correctionnel. Le juge des libertés et de la détention peut aussi, depuis l'entrée en vigueur de la loi du 15 juin 2000, placer la personne sous contrôle judiciaire.

La loi n'impose pas un interrogatoire préalable. Il est toutefois évident que seule une personne mise en examen peut être placée sous contrôle judiciaire. L'ordonnance de placement sous contrôle judiciaire n'étant pas susceptible d'appel (C. pr. pén., art. 186, al. 1er), est notifiée, soit verbalement avec émargement au dossier, soit par lettre recommandée, d'où il résulte qu'elle n'implique pas la présence de l'intéressé hormis le cas où le placement sous contrôle judiciaire concerne un mineur (v. s^{s} n°s 132.33 et 132.41).

132.12 Réquisitions. L'ordonnance de placement n'impliquait pas non plus les réquisitions préalables du parquet. Il n'en est plus ainsi depuis la loi du 15 juin 2000 (C. pr. pén., art. 137-2). Une telle exigence n'est pas satisfaite du seul fait d'un réquisitoire introductif non nominatif, sachant que le contrôle judiciaire présente un caractère restrictif de liberté ne pouvant être apprécié qu'en fonction de la personnalité de la personne mise en examen[1]. L'inobservation de cette formalité prescrite par l'article 137-2 du Code de procédure pénale entraîne la nullité de l'ordonnance de placement sous contrôle judiciaire[2]. Le juge d'instruction qui ne suivait pas les réquisitions du procureur de la République tendant au placement sous contrôle judiciaire, n'avait pas à rendre d'ordonnance motivée (C. pr. pén., art. 137, al. 2, mod. par L. 24 août 1993).

1. CA Bastia, ch. instr., 31 janv. 2001, *BICC* 542, n° 963.
2. Crim. 22 janv. 2002, n° 01-87.619, *Bull. crim.,* n° 7; *D.* 2002, IR 864; *Dr. pén.* 2002, comm. 63, obs. Maron; *Gaz. Pal.* 11/12 déc. 2002, 29; v. les attendus s^{s} n° 132.02.

Dans ce cas, le procureur de la République pouvait saisir directement la chambre de l'instruction dans les dix jours de l'avis de notification qui lui est donné par le greffier Mais la loi du 9 septembre 2002 a supprimé cet article 137-5 et désormais le juge d'instruction tout comme le JLD doit rendre une ordonnance motivée lorsqu'il décide de ne pas placer l'intéressé sous contrôle judiciaire.

132.13 Motivation du contrôle judiciaire. Il est aussi d'usage d'affirmer que la loi n'oblige pas le juge d'instruction à motiver sa décision de placement, sauf lorsqu'il en maintient ses effets au moment du règlement correctionnel (C. pr. pén., art. 179, al. 3). Dans le même cas, la chambre de l'instruction a la même obligation (C. pr. pén., art. 213, al. 2). Mais dans plusieurs arrêts la Cour de cassation a posé cette exigence de motivation pour la chambre d'accusation [1].

Dans un arrêt du 8 août 1995, la Cour de cassation a censuré un arrêt de chambre d'accusation, ayant confirmé une ordonnance de placement sous contrôle judiciaire « sans s'expliquer sur les circonstances justifiant, en raison des nécessités de l'instruction ou à titre de mesure de sûreté, le placement » de la personne sous contrôle judiciaire [2]. Cette jurisprudence a été confirmée dans une autre décision du 23 janvier 1996 [3].

Aussi est-il conseillé au magistrat instructeur de motiver ses décisions. La loi du 9 septembre 2002 le prévoit désormais expressément pour les mineurs.

132.14 Compétence. La chambre de l'instruction, juridiction d'instruction du second degré, est investie en matière de contrôle judiciaire, des mêmes pouvoirs que ceux attribués au juge d'instruction par les articles 138, 139 et 140 du Code de procédure pénale [4]. Il en est ainsi même au cas du seul appel de la personne poursuivie, où elle peut modifier et même ajouter aux obligations décidées par le juge d'instruction [5]. Le contrôle judiciaire, en matière criminelle, continue à s'appliquer jusqu'à la décision de mise en accusation. La chambre d'accusation, jusqu'à ce que cet arrêt soit devenu définitif, peut donc ordonner le contrôle judiciaire [6]. Mais elle ne peut placer sous contrôle judiciaire le prévenu qu'elle renvoie devant la cour d'assises pour délit connexe [7].

132.15 Le contrôle judiciaire ne concerne pas le témoin assisté. L'article 113-5 du Code de procédure pénale, dans sa rédaction issue de la loi du 15 juin 2000, rappelle - en était-il besoin - que le témoin assisté ne peut être placé sous contrôle judiciaire ou en détention provisoire.

SECTION 2
CONTRÔLE JUDICIAIRE DES MINEURS DEPUIS LA LOI DU 9 SEPTEMBRE 2002

132.21 Loi du 9 septembre 2002 et contrôle judiciaire des mineurs. La loi n° 2002-1138 du 9 septembre 2002 d'orientation et de programmation pour la justice [8] a modifié dans son titre III portant réforme du droit pénal des mineurs, l'ordonnance n° 45-174 du 2 février 1945 relative à l'enfance délinquante.

Si l'ordonnance du 2 février 1945 n'est pas remise en cause dans ses principes fondamentaux et notamment dans la primauté de l'éducatif sur le répressif, certains tempéraments risquent, en pratique, de modifier les choses. Dans sa décision n° 2002-461 DC, le Conseil constitutionnel déclare conforme à la Constitution les dispositions de la loi du 9 septembre 2002 portant réforme du droit pénal des mineurs, soulignant notamment que « la responsabilité pénale des mineurs n'excluait pas, en cas de nécessité, que fussent prononcées à leur égard des mesures telles que le placement, la surveillance, la retenue ou, pour les mineurs de plus de treize ans, la détention [9] ». L'une des innovations principales de la loi du 9 septembre 2002, est l'institution de centres éducatifs fermés, établissements publics ou privés habilités dans des conditions prévues par décret en Conseil d'État, au sein desquels les mineurs sont placés en application d'un contrôle judiciaire ou d'un sursis avec mise à l'épreuve.

Les mineurs placés dans ces centres doivent faire l'objet de mesures de surveillance et de contrôle permettant d'assurer un suivi éducatif et pédagogique renforcé et adapté à leur personnalité. La nouveauté qui s'attache à ces centres ne réside pas dans leur caractère fermé : il ne sera pas matériellement impossible d'en sortir. Mais c'est bien la contrainte

1. Spécialement en matière de cautionnement Crim. 5 juill. 1988, n° 88-82.553, *Bull. crim.*, n° 296 – Crim. 19 nov. 1990, n° 90-85.571, *Bull. crim.*, n° 390 – Crim. 8 août 1995, n° 95-82.561, *Bull. crim.*, n° 264, v. les attendus s[s] n° 132.02 – Crim. 3 avr. 1997, n° 97-80.388, NP, *JCP* 1997, n° 1776.
2. Crim. 8 août 1995, n° 95-82.561, *Bull. crim.*, n° 264, préc. ; v. les attendus s[s] n° 132.02.
3. Crim. 23 janv. 1996, n° 95-85.553, NP, *Dr. pén.* 1996, comm. 115.
4. Crim. 18 mai 1993, n° 93-80.508, *Bull. crim.*, n° 183.
5. Crim. 11 avr. 1991, n° 91-80.414, *Bull. crim.*, n° 176.
6. Crim. 21 oct. 1993, n° 93-83.375, *Bull. crim.*, n° 306.
7. Crim. 19 déc. 1991, n° 91-86.137, *Bull. crim.*, n° 487 ; *JCP* 1992, II, 21895, note de Touzalin ; *D.* 1992, somm. 320, obs. J. Pradel.
8. L. n° 2002-1138, 9 sept. 2002, *JO* 10 sept.
9. Cons. const., déc. n° 2002-461 DC, 29 août 2002, *JO* 10 sept.

juridique qui s'attache au non-respect du placement et la possibilité d'être incarcéré en cas de violation qui tranche avec les dispositions antérieures. Le non-respect du placement en centre éducatif fermé peut entraîner la révocation du contrôle judiciaire et le placement en détention du mineur de 16 ans y compris en matière correctionnelle, contrairement aux dispositions de la législation antérieure.

SECTION 3
CONTRÔLE JUDICIAIRE DES MINEURS DE MOINS DE 16 ANS

132.31 Avant la loi du 9 septembre 2002, on pouvait discuter la possibilité de placer un mineur de 16 ans sous contrôle judiciaire. En effet, la révocation de ce contrôle judiciaire n'était pas possible même si la chambre d'accusation de Grenoble en avait décidé autrement[1]. On pouvait aussi penser que le placement sous contrôle judiciaire n'était pas forcément lié à la possibilité d'une révocation malgré l'arrêt souvent évoqué de la Cour de cassation[2].

132.32 Depuis l'entrée en vigueur de la loi du 9 septembre 2002, le nouvel article 10-2, prévoit que le prononcé du placement sous contrôle judiciaire du mineur doit s'accompagner d'un certain formalisme. Il doit être décidé par ordonnance motivée.

La mesure doit ensuite être notifiée oralement par le juge des enfants, le juge d'instruction ou le juge des libertés et de la détention. Par ailleurs, le mineur doit être informé que le non respect des obligations qui lui sont imposées pourra entraîner la révocation du contrôle judiciaire et son placement en détention.

Le contrôle judiciaire des mineurs de 16 ans en matière criminelle est copié sur celui des mineurs de 18 ans en toute matière (v. s[s] n° 132.41).

132.33 Le placement sous contrôle judiciaire des mineurs de 16 ans en matière correctionnelle. L'article 10-2 prévoyait qu'en matière correctionnelle, les mineurs âgés de moins de seize ans ne pouvaient être placés sous contrôle judiciaire que lorsque la peine d'emprisonnement encourue était supérieure ou égale à cinq ans. Mais le mineur devait aussi avoir fait l'objet d'une ou plusieurs mesures éducatives prononcées en application des dispositions des articles 8, 10, 15, 16 et 16 *bis* ou d'une condamnation à une sanction éducative ou à une peine. Il s'agissait là de deux conditions cumulatives.

La loi sur la prévention de la délinquance du 5 mars 2007 aggrave la situation des mineurs de moins de seize ans. En effet le nouveau dispositif est le suivant : « En matière correctionnelle, les mineurs âgés de moins de seize ans ne peuvent être placés sous contrôle judiciaire que dans l'un des cas suivants :

1° Si la peine d'emprisonnement encourue est supérieure ou égale à cinq ans et si le mineur a déjà fait l'objet d'une ou plusieurs mesures éducatives prononcées en application des articles 8, 10, 15, 16 et 16 *bis* ou d'une condamnation à une sanction éducative ou à une peine;

2° Si la peine d'emprisonnement encourue est supérieure ou égale à sept ans. »

Les conditions ne sont donc plus cumulatives mais alternatives. Le placement sous contrôle judiciaire du mineur de moins de seize ans en matière correctionnelle est donc possible dès lors qu'il encourt une peine supérieure à 7 ans sans que le mineur ait auparavant fait l'objet de mesures éducatives. Le texte poursuit « si le contrôle judiciaire comporte l'obligation de respecter les conditions d'un placement conformément au 2° du II, dans un centre éducatif fermé prévu à l'article 33, le non-respect de cette obligation pourra entraîner le placement du mineur en détention provisoire conformément à l'article 11-2 ».

Cette précision doit être analysée au regard du texte antérieur et de l'alinéa suivant. En effet il était, sous l'égide de la loi du 9 septembre 2002, impossible de prononcer à l'encontre d'un mineur de moins de 16 ans les obligations de contrôle judiciaire prévues par l'article 138 du Code de procédure pénale. La loi du 9 septembre 2002 limitait en effet strictement les obligations de contrôle judiciaire à une seule : respecter les conditions d'un placement dans un centre éducatif fermé. C'est cette impossibilité qui disparaît avec la loi du 5 mars 2007 :

« Dans les autres cas, le mineur est informé qu'en cas de non-respect des obligations lui ayant été imposées, le contrôle judiciaire pourra être modifié pour prévoir son placement dans un centre éducatif fermé, placement dont le non-respect pourra entraîner sa mise en détention provisoire ».

En résumé, lorsque le mineur de moins de seize ans punit d'une peine supérieure ou égale à cinq ans, il peut être placé sous contrôle judiciaire s'il a fait l'objet auparavant de mesures éducatives. S'il encourt une peine supérieure à 7 ans, il peut être placé sous contrôle judiciaire dans tous les cas. Si le contrôle judiciaire prévoit le placement en CEF, le non-respect peut entraîner le placement en détention provisoire. Si le contrôle judiciaire prévoit une

1. V. note crit. Ch. Guéry, s[s] CA Grenoble, ch. acc., 3 avr. 1998, *D.* 1999, jur. 107.
2. Crim. 16 juill. 1986, n° 86-91.103, *Bull. crim.*, n° 235.

autre obligation, son non-respect permet de placer le mineur en CEF, puis, le cas échéant, en détention provisoire.

132.34 Ce placement peut être ordonné pour une durée de 6 mois renouvelable une fois. Le placement sous contrôle judiciaire des mineurs de 16 ans en matière correctionnelle requiert la mise en place d'un formalisme renforcé. En effet, le juge des enfants, le juge d'instruction ou le juge des libertés et de la détention statue sur le placement sous contrôle judiciaire en audience de cabinet, après un débat contradictoire au cours duquel ce magistrat entend le ministère public qui développe ses réquisitions prises conformément aux dispositions de l'article 137-2 du Code de procédure pénale, puis les observations du mineur ainsi que celles de son avocat. Le magistrat peut, le cas échéant, recueillir au cours de ce débat les déclarations du représentant du service qui suit le mineur.

Il s'agit là d'un véritable débat contradictoire tel qu'il se tient en matière de détention provisoire devant le juge des libertés et de la détention.

132.35 Le juge doit statuer par ordonnance motivée. Les obligations du contrôle judiciaire doivent être notifiées oralement au mineur, ainsi que les conséquences du non-respect de ces obligations les représentants légaux du mineur doivent être présents ou dûment convoqués pour cette notification.

SECTION 4
CONTRÔLE JUDICIAIRE DES MINEURS DE 16 À 18 ANS

132.41 Formes. Il est assujetti aux mêmes formalités en ce qui concerne la rédaction d'une ordonnance motivée. Lorsque le mineur était incarcéré et est remis en liberté, le respect de cette mesure oblige à le faire extraire de la maison d'arrêt pour lui notifier oralement sauf si la mesure est prise à l'issue d'un interrogatoire. La loi prévoit que ces notifications doivent intervenir en présence de l'avocat et des représentants légaux du mineur, ou ceux-ci dûment convoqués, et que ces formalités sont mentionnées par procès-verbal, qui est signé par le magistrat et le mineur. La convocation de l'avocat peut se faire par tout moyen et il n'est pas nécessaire de respecter les formalités prévues par l'article 114 du Code de procédure pénale (ord. 2 févr. 1945, art. 10-II).

132.42 Obligations de contrôle judiciaire des mineurs de 16 à 18 ans. Le mineur de 18 ans peut se voir contraint au respect des 17 obligations prévues par l'article 138 du Code de procédure pénale. Il peut aussi, depuis l'entrée en vigueur de la loi du 9 septembre 2002, devoir se soumettre aux mesures de protection, d'assistance, de surveillance et d'éducation confiées à un service de la protection judiciaire de la jeunesse ou à un service habilité, mandaté à cette fin par le magistrat et respecter les conditions d'un placement dans un centre éducatif de la protection judiciaire de la jeunesse ou relevant d'un service habilité auquel le mineur a été confié par le magistrat en application des dispositions de l'article 10 de l'ordonnance du 2 février 1945 et notamment dans un centre éducatif fermé.

132.43 L'ordonnance de placement sous contrôle judiciaire est distincte de la décision de placement ou de la mesure éducative, qui doivent répondre à leurs propres exigences formelles habituelles. La possibilité de révoquer une liberté surveillée préjudicielle avait été supprimée par la loi du 6 juillet 1989. Le juge peut désormais, depuis la loi du 9 septembre 2002, assortir son contrôle judiciaire de l'obligation de respecter une liberté surveillée à titre provisoire ordonnée conformément aux dispositions de l'article 8 de l'ordonnance du 2 février 1945. Le non-respect peut alors entraîner révocation du contrôle judiciaire et incarcération.

SECTION 5
RÉVOCATION DU CONTRÔLE JUDICIAIRE DES MINEURS

132.51 Monopole du juge des libertés et de la détention. L'article 10-2 (II) prévoit que le responsable du service ou centre en charge de ces deux obligations spécifiques du contrôle judiciaire doit faire rapport au juge des enfants ou au juge d'instruction en cas de non-respect par le mineur des obligations qui lui ont été imposées. En cas de non respect du contrôle judiciaire, le juge des enfants ou le juge d'instruction saisit le juge des libertés et de la détention qui demeure seul compétent pour révoquer ledit contrôle. Aucune confusion ne doit être faite avec les dispositions de la loi du 9 septembre 2002 confiant au juge des enfants la possibilité de détention provisoire dans le cadre de la procédure de jugement à bref délai. Le renouvellement du placement en centre éducatif fermé est valable pour 6 mois et doit être également motivé.

La durée du placement ne doit pas être confondue avec la durée du contrôle judiciaire lui-même dès lors que celui-ci contiendrait d'autres obligations.

Selon la circulaire de la Chancellerie « le respect des conditions du placement implique pour le mineur non seulement le respect du placement lui-même, et donc l'interdiction de fuguer, mais également le respect des modalités d'exécution du placement [respect des horaires, suivi de l'enseignement ou des activités, absence de violence contre les éducateurs ou de dégradation des équipements...] ». La jurisprudence devra préciser le sens du « respect des conditions du placement ».

132.52 Durée. Dans le cas de révocation d'un contrôle judiciaire d'un mineur de 16 ans en matière correctionnelle, la durée de la détention est fixée à quinze jours, renouvelable une fois, s'il s'agit d'un délit puni de moins de dix ans d'emprisonnement et d'un mois, renouvelable une fois, s'il s'agit d'un délit puni de dix ans d'emprisonnement (ord. 2 févr. 1945, art. 11-2). Le renouvellement se fait par ordonnance motivée mais le débat contradictoire n'est pas prévu. Le renouvellement avec débat contradictoire d'une détention de 15 jours pose des problèmes pratiques dès lors qu'il faut saisir le ministère public d'une ordonnance de soit communiqué pour obtenir ses réquisitions, puis rédiger une ordonnance de saisine pour saisir le juge des libertés et de la détention qui dispose de trois jours ouvrables pour statuer. En fait, il faudrait pratiquement prévoir la prolongation le jour même du placement. On peut se demander ce qui est le plus scandaleux : ne pas prévoir de débat contradictoire pour un mineur mis en détention pour des faits délictuels ou envisager la prolongation le jour même du placement...

SECTION 6
CONTRÔLE JUDICIAIRE DES PERSONNES MORALES

132.61 Article 706-45 du Code de procédure pénale. Le placement sous contrôle judiciaire des personnes morales est prévu depuis l'entrée en vigueur du nouveau Code pénal, le 1er mars 1994. Mais l'article 706-45 limite les obligations qui peuvent être mises à la charge de ces personnes à cinq : le dépôt d'un cautionnement, la constitution de sûretés réelles ou personnelles, l'interdiction d'émettre des chèques, l'interdiction d'exercer certaines activités professionnelles ou sociales, ou le placement sous contrôle d'un mandataire de justice (L. n° 2001-504, 12 juin 2001) [1]. Justifie sa décision, la chambre de l'instruction qui interdit à une société d'exercer une activité professionnelle lorsque l'infraction qui lui est reprochée a été commise dans l'exercice ou à l'occasion de l'exercice de ces activités. Lorsqu'un cautionnement a été décidé, les juges n'ont pas à s'expliquer sur l'affectation de la partie de son montant à la garantie de représentation de la personne mise en examen à tous les actes de la procédure et pour l'exécution du jugement, qui est de droit en vertu de l'article 142 du Code de procédure pénale [2]. La loi du 9 mars 2004 a précisé que pour les obligations prévues aux 1° et 2° du texte, les articles 142 à 142-3 étaient applicables. Sur la violation du contrôle judiciaire par les personnes morales (v. ss n° 132.83).

SECTION 7
MODIFICATION DU CONTRÔLE JUDICIAIRE

132.71 Objet de la décision. « Le juge d'instruction peut, à tout moment, imposer à la personne placée sous contrôle judiciaire une ou plusieurs obligations nouvelles, supprimer tout ou partie des obligations comprises dans le contrôle, modifier une ou plusieurs de ces obligations ou accorder une dispense occasionnelle ou temporaire d'observer certaines d'entre elles » (C. pr. pén., art. 139, al. 2). Ainsi ces modifications peuvent alourdir ou alléger le contrôle judiciaire. Mais il est évident que toute modification qui pourrait s'analyser en un allégement des obligations, en une mainlevée partielle, ne peut être opérée que dans le cadre légal imposé par l'article 138 [3]. L'expression « supprimer tout ou partie des obligations » permet de supprimer entièrement une ou plusieurs obligations, mais non de les supprimer toutes, ce qui serait une mainlevée déguisée du contrôle judiciaire (en ce sens, circ. 28 déc. 1970, n° 41). La chambre de l'instruction qui statue sur l'appel d'une ordonnance de refus de mainlevée, ou d'une ordonnance de placement, ayant tous les pouvoirs du juge d'instruction, peut modifier les mesures du contrôle judiciaire [4].

132.72 Formes. L'ordonnance de modification du contrôle judiciaire est rendue d'office, mais peut l'être également à la demande de la personne mise en examen ou sur réquisitions du parquet. Le juge d'instruction peut opposer un refus à la demande qui lui est faite.

Toute demande en modification du contrôle judiciaire doit faire l'objet d'une déclaration au greffier de la juridiction d'instruction (C. pr. pén., art. 148-6) [5]. Il n'existe pas de délai de réponse du juge sauf si la demande peut s'analyser en une

1. L. n° 2001-504, 12 juin 2001, *JO* n° 135, 13 juin, 9337.
2. Crim. 19 mars 2002, n° 01-88.829, *Bull. crim.*, n° 64; *JCP* 2002, IV, 1789; *Dr. pén.* 2002, comm. 76, obs. Maron.
3. Crim. 23 oct. 1984, n° 84-93.847, *Bull. crim.*, n° 313.
4. Crim. 12 févr. 1975, *Bull. crim.*, n° 56 – Crim. 26 juill. 1978, n° 78-91.693, *Bull. crim.*, n° 247.
5. Crim. 29 mars 1990, n° 90-80.017, *Bull. crim.*, n° 138.

demande de mainlevée partielle. Le juge d'instruction doit alors y répondre dans les cinq jours (v. s[s] n° 132.82).

SECTION 8
FIN DU CONTRÔLE JUDICIAIRE

132.81 Ordonnance de mainlevée. La mainlevée du contrôle judiciaire peut être ordonnée par le juge d'instruction à tout moment, et d'office. Elle peut l'être également sur les réquisitions du procureur de la République ou sur la demande de la personne mise en examen. Le juge d'instruction n'est pas tenu de motiver son ordonnance dans les deux premiers cas (C. pr. pén., art. 140, al. 1er). L'avis du procureur de la République doit être recueilli. L'ordonnance de rejet de la demande est notifiée à l'intéressé dans les formes de l'article 183 alinéa 2. Le greffier donne avis au procureur de la République des ordonnances non conformes à ses réquisitions (C. pr. pén., art. 183, al. 5).

132.82 Demande de la personne mise en examen ou de son conseil. Le juge d'instruction doit statuer sur la demande de mainlevée formée par celle-ci, dans un délai de cinq jours, par ordonnance motivée (C. pr. pén., art. 140, al. 2). « Faute par le juge d'instruction d'avoir statué dans ce délai, la personne peut saisir directement de sa demande la chambre de l'instruction qui, sur les réquisitions écrites et motivées du procureur général, se prononce dans les vingt jours de sa saisine. À défaut, la mainlevée du contrôle judiciaire est acquise de plein droit, sauf si des vérifications concernant la demande ont été ordonnées » (C. pr. pén., art. 140, al. 3). C'est pourquoi il faut bien différencier la simple demande de modification (par exemple pointer à Toulouse plutôt qu'à Nice) de la demande de mainlevée, fût-elle partielle. La faculté ouverte à l'intéressé de saisir directement de sa demande la chambre d'accusation, doit être exercée avant que le juge d'instruction n'ait rendu son ordonnance, même tardivement[1]. Le point de départ du délai de cinq jours doit être fixé à la date de réception de la demande[2].

Les formes de la demande de mainlevée ou de modification du contrôle judiciaire sont fixées par l'article 148-6 du Code de procédure pénale. La demande est faite par déclaration au greffier de la juridiction saisie, ou lorsque la personne ne réside pas dans le ressort, par lettre recommandée au greffier avec demande d'avis de réception. Ces formes sont substantielles et il ne peut y être suppléé par simple lettre au greffier ou par mémoire devant la chambre d'accusation[3]. La demande de mainlevée totale ne peut être rejetée au motif que la caution a déjà été versée, celle-ci n'étant qu'un élément du contrôle judiciaire[4]. La demande de réduction de la caution équivaut à une demande de mainlevée partielle du contrôle judiciaire[5]. L'article D. 15-4-7 du Code de procédure pénale prévoit des dispositions particulières pour la demande formulée par un avocat d'une juridiction sans pôle : lorsque la personne mise en examen, pour des faits relevant initialement de la compétence d'un tribunal de grande instance dans lequel il n'y a pas de pôle de l'instruction, par le juge d'instruction d'une juridiction dans laquelle se trouve un pôle est défendue par un avocat, choisi ou commis d'office, appartenant au barreau du tribunal sans pôle, les demandes de mainlevée ou de modification du contrôle judiciaire ou de mise en liberté que cet avocat peut déposer conformément aux dispositions de l'article 148-6 peuvent l'être au greffe du juge d'instruction du tribunal sans pôle. À peine d'irrecevabilité, la demande précise le nom du juge d'instruction saisi de la procédure. Cette demande est constatée par le greffier, qui la signe ainsi que l'avocat, et qui l'adresse sans délai au greffe du juge d'instruction saisi de la procédure (v. s[s] 146.22).

La demande de mainlevée adressée directement à la chambre de l'instruction, prévue par l'article 140 alinéa 3, est faite dans les formes prévues par l'article 148-6, auquel renvoie l'article 148-8 alinéa 1er. Cette juridiction, qui sur appel, s'est réservé le contentieux du contrôle judiciaire, doit statuer dans le délai de vingt jours de l'article 148-2[6]. Il se déduit des dispositions des articles préliminaire et 148-6 du Code de procédure pénale que, lorsqu'elle est détenue dans une autre procédure, la personne mise en examen placée sous contrôle judiciaire, qui fait une demande de mainlevée ou de modification de ce contrôle, doit pouvoir effectuer la déclaration au greffe prévue par le second de ces textes, soit par lettre recommandée avec demande d'avis de réception, soit par l'intermédiaire d'une requête transmise par le chef de l'établissement pénitentiaire[7].

1. Crim. 28 mars 1991, n° 91-80.090, *Bull. crim.*, n° 151.
2. Crim. 20 juin 2002, n° 02-80.149, *Bull. crim.*, n° 142; *Procédures* 2002, comm. n° 213, 11, note J. Buisson; *D.* 2002, IR 2580; *JCP* 2002, IV, 2409; v. les attendus s[s] n° 132.02.
3. Crim. 25 sept. 1987, n° 86-95.890, *Bull. crim.*, n° 314 – Crim. 20 févr. 1989, n° 88-81.387, *Bull. crim.*, n° 82 – Crim. 29 mars 1990, n° 90-80.017, *Bull. crim.*, n° 138.
4. Crim. 19 nov. 1987, n° 86-91.592, *Bull. crim.*, n° 420.
5. Crim. 23 oct. 1984, n° 84-93.847, *Bull. crim.*, n° 313, préc.
6. Crim. 19 juin 1990, n° 90-81.474, *Bull. crim.*, n° 251.
7. Crim. 30 oct. 2007, n° 07-85.170, *Bull. crim.*, n° 260; *D.* 2007, IR 3007; *Gaz. Pal.* 2007, 13, note M. B.

132.83 Inexécution des obligations. Placement en détention. La personne mise en examen qui s'est volontairement soustraite aux obligations du contrôle judiciaire peut être placée en détention provisoire, et cela quelle que soit la durée de la peine encourue, même si celle-ci est inférieure au plancher légal (C. pr. pén., art. 141-2 et 144) [1].

Il a été jugé que la personne qui relève de l'article 145-1 alinéa 2, non déjà condamnée, qui n'encourt pas une peine d'emprisonnement supérieure à cinq ans, qui a déjà subi une détention provisoire de six mois, peut néanmoins, au cas d'inexécution des mesures de contrôle judiciaire, être placée en détention [2]; mais cette nouvelle détention ne peut elle-même dépasser six mois au total, par application du même texte, « qui ne comporte aucune exception » [3]. Il était également acquis que le juge, qui prolongeait la détention après 4 mois (C. pr. pén., art. 145-1, al. 1er), n'avait pas non plus à tenir compte de la détention déjà subie antérieurement [4]. Depuis l'entrée en vigueur de la loi du 15 juin 2000, ce n'est plus le juge d'instruction ou le juge des enfants qui peut révoquer le contrôle judiciaire. Il saisit le juge des libertés et de la détention qui peut délivrer mandat de dépôt en vue de la détention provisoire. De plus, lorsque la détention provisoire est ordonnée à la suite d'une révocation de contrôle judiciaire, à l'encontre d'une personne antérieurement placée en détention provisoire pour les mêmes faits, la durée cumulée des détentions ne peut excéder de plus de quatre mois la durée maximale de la détention prévue respectivement aux articles 145-1 et 145-2. Lorsque la peine encourue est inférieure à celle mentionnée à l'article 143-1, la durée totale des détentions ne peut excéder quatre mois (C. pr. pén., art. 141-3). En ce qui concerne les délais à prendre en compte pour les prolongations après révocation, le juge des libertés et de la détention peut ordonner cette prolongation sans tenir compte des périodes de détention accomplies antérieurement à la révocation du contrôle judiciaire : ainsi, justifie sa décision la chambre de l'instruction qui confirme l'ordonnance d'un juge des libertés et de la détention ayant prolongé une détention provisoire ordonnée en révocation d'une mesure de contrôle judiciaire, à l'issue d'une période de quatre mois ne tenant pas compte des deux périodes de détention provisoire précédemment subies à raison des mêmes faits [5].

Pour les mineurs, l'article 11-1 de l'ordonnance du 2 février 1945 fixe à un mois le dépassement maximum. L'inexécution du contrôle judiciaire, pour être sanctionnée, doit être volontaire; il n'en est pas ainsi au cas de maladie [6].

Le juge des libertés et de la détention peut délivrer un mandat de dépôt à raison des mêmes faits et dans la même information à l'encontre d'une personne placée sous contrôle judiciaire lorsque des circonstances nouvelles entrant dans les prévisions de l'article 144 du Code de procédure pénale justifient la délivrance de ce titre d'incarcération [7]. L'article 141-2 du Code de procédure pénale, qui permet au juge d'instruction, en cas de manquement aux obligations du contrôle judiciaire, de saisir le juge des libertés et de la détention aux fins de placement en détention provisoire, ne contient aucune disposition s'opposant à la mise en œuvre de la procédure prévue par l'article 145 relative à l'organisation, préalablement à sa décision, d'un débat contradictoire et à la possibilité d'une incarcération provisoire, lorsque la personne mise en examen demande un délai pour préparer sa défense [8].

Enfin, s'agissant des personnes morales l'article 706-45 du Code de procédure pénale prévoit qu'en cas de violation du contrôle judiciaire, les articles 434-43 et 434-47 du Code pénal sont applicables. Ceux-ci répriment la violation par une personne physique des obligations mises à la charge de la personne morale d'une peine de deux ans d'emprisonnement et 30 000 euros d'amende.

132.84 Règlement de la procédure. Le contrôle judiciaire, s'il n'en a pas été donné mainlevée, et s'il n'a pas été révoqué, n'a pas à être renouvelé, et poursuit ses effets tout au long de l'information suivie devant le juge d'instruction.

En matière correctionnelle, l'ordonnance de règlement met fin au contrôle judiciaire (C. pr. pén., art. 179, al. 2). Il en est de même de l'arrêt de renvoi correctionnel (C. pr. pén., art. 213, al. 2). Toutefois, le juge d'instruction par une ordonnance distincte spécialement motivée, peut maintenir le prévenu sous contrôle judiciaire (C. pr. pén., art. 179, al. 3), mais il ne peut plus, depuis la loi du 4 janvier 1993, l'y placer pour la première fois (C. pr. pén., art. 179, al. 3). La chambre de l'instruction a le même pouvoir que le juge d'instruction (C. pr. pén., art. 213, al. 2). Le jugement défi-

1. Crim. 19 juin 1979, n° 79-90.138, *Bull. crim.*, n° 214.
2. Crim. 22 janv. 1981, n° 80-92.638, *Bull. crim.*, n° 33.
3. Crim. 20 déc. 1983, n° 83-94.128, *Bull. crim.*, n° 349; *D.* 1984, IR 349, obs. J.-M. R.
4. Crim. 15 avr. 1991, n° 91-80.650, *Bull. crim.*, n° 178.
5. Crim. 2 déc. 2003, n° 03-85.460, *Bull. crim.*, n° 229.
6. CA Basse-Terre, ch. acc., 29 juin 1974, *JCP* 1975, II, 18199, note P. Chambon.
7. Crim. 1er mars 2005, n° 04-87.392, *Bull. crim.*, n° 73; *D.* 2005, IR 1049; *JCP* 2005, IV, 1907; v. les attendus ss n° 147.02.
8. Crim. 12 sept. 2007, n° 07-94.235, *Bull. crim.*, n° 200; *D.* 2007, IR 2537.

nitif met fin au contrôle judiciaire[1]. En matière criminelle, jusqu'à ce que l'accusé se constitue prisonnier la veille de l'audience, le contrôle judiciaire continuait à produire ses effets (C. pr. pén., art. 181, al. 2 et 215-1, al. 1er). L'entrée en vigueur de la loi du 15 juin 2000 qui supprime l'obligation de constitution et le second degré de juridiction obligatoire en matière criminelle laisse néanmoins subsister ce principe : le contrôle judiciaire dont fait objet l'accusé continue à produire ses effets (C. pr. pén., art. 181, al. 5). Au cas d'inexécution du contrôle judiciaire, il n'y a pas lieu à délivrance d'un mandat, mais à exécution de l'ordonnance de prise de corps sur l'ordre, selon le cas, du président de la cour d'assises ou de la chambre de l'instruction (C. pr. pén., art. 141-2, al. 2). La chambre de l'instruction qui renvoie l'accusé devant la cour d'assises, commet un excès de pouvoir lorsqu'elle le place en détention alors que celui-ci a toujours respecté les obligations du contrôle judiciaire[2]. De même, l'arrêt par lequel elle renvoie une personne devant la cour d'assises pour délit connexe, met fin au contrôle judiciaire; elle ne saurait donc par le même arrêt, révoquer le contrôle judiciaire qui a déjà pris fin, et décerner contre cette personne mandat de dépôt[3]. Selon la rédaction de la loi du 15 juin 2000, la détention provisoire ou le contrôle judiciaire des personnes renvoyées pour délit connexe prend fin, sauf s'il est fait application des dispositions du troisième alinéa de l'article 179. Le juge doit alors prendre une ordonnance de maintien sous contrôle judiciaire. La loi du 9 mars 2004 a profondément modifié l'article 181 en supprimant l'ordonnance de prise de corps et en alignant la détention criminelle sur la base de la pérennité du mandat de dépôt qui existait déjà en matière correctionnelle (v. ss no 214.73). En revanche, les principes applicables au contrôle judiciaire n'ont pas été modifiés.

132.85 **Révocation du contrôle judiciaire après renvoi.** La loi du 9 mars 2004 a modifié l'article 141-2 du Code de procédure pénale. Ce n'est plus la juridiction saisie qui est compétente pour révoquer le contrôle judiciaire après le renvoi par le juge d'instruction, mais le JLD. Le texte dispose que si « la personne se soustrait aux obligations du contrôle judiciaire alors qu'elle est renvoyée devant la juridiction de jugement, le procureur de la République, hors le cas prévu par l'article 272-1, saisit le juge des libertés et de la détention pour que celui-ci décerne mandat d'arrêt ou d'amener à son encontre. Ce magistrat est également compétent pour ordonner, conformément aux dispositions de l'article 135-2, le placement en détention provisoire de l'intéressé ». L'article 272-1 règle la situation en matière criminelle.

1. Crim. 24 mai 1993, no 92-82.318, *Bull. crim.*, no 186 – Crim. 19 juin 1995, no 94-85.773, *Bull. crim.*, no 224.
2. Crim. 26 juin 1973, no 73-90.865, *Bull. crim.*, no 300.
3. Crim. 19 déc. 1991, no 91-86.137, *Bull. crim.*, no 487; *D.* 1992, somm. 320, obs. J. Pradel.

SECTION 9

AVIS AU CONSEIL – APPEL DES ORDONNANCES

132.91 **Avis au conseil.** Les ordonnances susceptibles de voies de recours d'une partie à la procédure lui sont notifiées soit verbalement avec émargement au dossier, soit par lettre recommandée (C. pr. pén., art. 183, al. 2). Ces ordonnances sont simultanément (dans les plus brefs délais) et selon les mêmes modalités, portées à la connaissance de ses avocats (C. pr. pén., art. 183, al. 4).

132.92 **Droit d'appel.** Un changement important résulte de la loi du 4 janvier 1993. Antérieurement, l'intéressé ne pouvait pas faire appel de l'ordonnance le plaçant sous contrôle judiciaire. L'article 186 du Code de procédure pénale ne visait pas l'article 139. Et la Cour de cassation assimilait à cette ordonnance celle par laquelle le juge d'instruction modifiait spontanément les obligations du contrôle judiciaire[4]. Toutefois, le droit d'appel général du ministère public (C. pr. pén., art. 185) s'appliquait à l'ordonnance de placement[5]. Il n'y a plus lieu de faire aujourd'hui de distinction. L'article 186 alinéa 1er vise toutes les ordonnances relatives au contrôle judiciaire, à savoir celles rendues dans le cas des articles 139, 140 et 179 alinéa 3. Le terme de mainlevée de l'article 140 s'entend de la mainlevée partielle comme totale, comme l'indique l'article 148-2 alinéa 1er. D'ailleurs, de nombreux arrêts sont relatifs au rejet d'une demande de mainlevée partielle[6]. La demande de réduction de la caution équivaut à une demande de mainlevée partielle du contrôle judiciaire[7]. L'intéressé peut interjeter appel de l'ordonnance de mise en liberté assortie du contrôle judiciaire[8].

132.93 **Modalités.** La chambre de l'instruction qui statue sur l'appel d'une ordonnance relative au

4. Crim. 26 juill. 1972, no 72-91.819, *Bull. crim.*, no 259; *JCP* 1972, II, 151, note P. Chambon.
5. Crim. 19 sept. 1990, no 90-84.140, *Bull. crim.*, no 319.
6. Par ex., Crim. 13 nov. 1985, no 84-91.855, *Bull. crim.*, no 351 – Crim. 20 janv. 1993, no 92-85.045, *Bull. crim.*, no 30.
7. CA Rouen, 13 oct. 1981, *D.* 1983, IR 240 – Crim. 23 oct. 1984, no 84-93.847, *Bull. crim.*, no 313 – Crim. 24 juin 1986, no 85-92.891, *Bull. crim.*, no 221; *D.* 1987, somm. 78, obs. J. Pradel.
8. Crim. 28 avr. 1981, *D.* 1983, IR 75, obs. G. Roujou de Boubée.

contrôle judiciaire doit motiver sa décision[1]. Elle a les mêmes pouvoirs que le juge d'instruction (C. pr. pén., art. 141-1)[2]. Elle peut se réserver, après modification de l'ordonnance, la connaissance des incidents ultérieurs[3] dès lors qu'elle modifie les modalités de contrôle judiciaire ordonné par le juge d'instruction[4]. Elle n'est tenue pour statuer par aucun délai, sauf lorsque l'inexécution des obligations en cause fait obstacle à la mise en liberté, auquel cas s'impose le délai de l'article 194 alinéa 3[5]. Quand le refus de mainlevée porte sur une obligation, l'intéressé ne peut demander à la chambre de l'instruction la mainlevée d'une autre, selon le principe dit de « l'unique objet » de l'appel[6]. L'ordonnance de placement sous contrôle judiciaire étant désormais susceptible d'appel, son irrégularité ne peut plus être invoquée après qu'elle est devenue définitive[7]. Le principe de l'autorité de la chose jugée fait obstacle à ce qu'une même demande de modification du contrôle judiciaire soit à nouveau examiné par une juridiction ayant épuisé sa saisine. Il en résulte que lorsqu'une chambre de l'instruction a été appelée à statuer directement, par application de l'article 140, alinéa 3 du Code de procédure pénale, sur une demande de modification de contrôle judiciaire, faute pour le juge d'instruction d'avoir rendu une décision dans le délai de cinq jours prévu par l'alinéa 2 de cet article, l'appel interjeté contre l'ordonnance ultérieurement rendue par ce magistrat est irrecevable[8].

La partie civile ne peut jamais interjeter appel d'une ordonnance relative au contrôle judiciaire (C. pr. pén., art. 186, al. 2), mais elle peut toujours intervenir aux débats devant la chambre de l'instruction sur l'appel d'une autre partie (C. pr. pén., art. 198)[9]. Pour constater qu'était intervenue de plein droit, à compter du 7 septembre 2001, la mainlevée des deux obligations du contrôle judiciaire sollicitée, la chambre de l'instruction énonce exactement que l'article 140 du Code de procédure pénale, qui édicte que le juge d'instruction doit statuer sur une demande de mainlevée du contrôle judiciaire dans un délai de cinq jours, ne fixant pas expressément le point de départ de ce délai, celui-ci doit être fixé à la date de réception de la demande, le retard dans la communication de celle-ci au parquet ne devant pas avoir pour effet de retarder la décision. En conséquence, en l'absence d'ordonnance du juge d'instruction dans le délai de cinq jours de la demande, l'intéressé pouvait valablement saisir la chambre de l'instruction d'une demande directe, le 17 août 2001, et, cette juridiction n'ayant pas statué dans le délai de vingt jours de sa saisine, la mainlevée des deux mesures du contrôle judiciaire sollicitée avait pris automatiquement effet le 6 septembre 2001 au soir, les autres obligations prévues étant maintenues[10].

132.94 Appel du ministère public. Lorsque le juge des libertés et de la détention, saisi de réquisitions tendant au placement en détention provisoire d'une personne, rend, d'une part, une ordonnance de refus de mise en détention et, d'autre part, une ordonnance de placement sous contrôle judiciaire, l'appel par le ministère public de cette dernière ordonnance, laquelle répond nécessairement à ses réquisitions, saisit la chambre de l'instruction du contentieux de la détention[11].

1. Crim. 12 janv. 1972, n° 71-92.669, *Bull. crim.*, n° 16 – Crim. 9 mai 1977, n° 76-92.097, *Bull. crim.*, n° 161 – Crim. 3 févr. 1993, n° 92-85.852, *Bull. crim.*, n° 56.
2. Crim. 11 avr. 1991, n° 91-80.414, *Bull. crim.*, n° 176.
3. Crim. 26 juill. 1978, n° 78-91.693, *Bull. crim.*, n° 247.
4. Crim. 23 avr. 2003, n° 03-80.705, *Bull. crim.*, n° 86; *D.* 2003, IR 1409; *JCP* 2003, IV, 2123.
5. Crim. 13 nov. 1985, n° 84-91.855, *Bull. crim.*, n° 351 – Crim. 20 janv. 1993, n° 92-85.045, *Bull. crim.*, n° 30.
6. Crim. 6 févr. 1992, n° 91-86.282, *Bull. crim.*, n° 58.
7. Crim. 27 oct. 1993, n° 93-83.670, *Bull. crim.*, n° 318.
8. Crim. 27 mars 2008, n° 08-80.183, *Bull. crim.*, n° 80; *Dr. pén.* 2008, com. n° 117, note A. Maron et M. Haas.
9. Crim. 27 juill. 1965, *Bull. crim.*, n° 250; *JCP* 1965, II, 14880, note P. Chambon – Crim. 5 nov. 1975, n° 75-92.433, *Bull. crim.*, n° 239.
10. Crim. 20 juin 2002, n° 02-80.149, *Bull. crim.*, n° 142; *Procédures* 2002, comm. n° 213, 11, note J. Buisson; *D.* 2002, IR 2580; *JCP* 2002, IV, 2409; v. les attendus s[s] n° 132.02.
11. Crim. 3 oct. 2006, n° 06-85.889, *Bull. crim.*, n° 241; *D.* 2006, IR 2874; *AJ Pénal* 2007, 35, note C. Girault; *Procédures* 2007, *Proc. pén.*, n° 95, note J. Buisson.

CHAPITRE

133. Cautionnement

SECTION 0
ORIENTEUR

133.00 Plan du chapitre.

Sect. 1 Nature juridique
Sect. 2 Modalités pratiques

133.01 Textes applicables.

C. pr. pén., art. 142 à 142-3.

C. pr. pén., art. R. 19 à R. 23-4.

Ord. 2 févr. 1945, art. 15, 16, 16 *bis*.

Conv. EDH, art. 5-3.

C. pr. pén., art. 142 [L. n° 2004-204, 9 mars 2004]

* V. s[s] n° 131.01.

C. pr. pén., art. 142-1

Le juge d'instruction peut, avec le consentement de la personne mise en examen, ordonner, ou décider, que la partie du cautionnement affectée à la garantie des droits de la victime ou du créancier d'une dette alimentaire soit versée à ceux-ci par provision, sur leur demande.

Ce versement peut aussi être ordonné, ou décidé, même sans le consentement de la personne mise en examen, lorsqu'une décision de justice exécutoire a accordé à la victime ou au créancier une provision à l'occasion des faits qui sont l'objet des poursuites.

C. pr. pén., art. 142-2

La première partie du cautionnement est restituée ou la première partie des sûretés est levée si la personne mise en examen, le prévenu ou l'accusé s'est présenté à tous les actes de la procédure, a satisfait aux obligations du contrôle judiciaire et s'est soumis à l'exécution du jugement.

Dans le cas contraire, sauf motif légitime d'excuse ou décision de non-lieu, de relaxe, d'acquittement ou d'exemption de peine, la première partie du cautionnement est acquise à l'État, ou il est procédé au recouvrement de la créance garantie par la première partie des sûretés.

C. pr. pén., art. 142-3

Le montant affecté à la deuxième partie du cautionnement qui n'a pas été versé à la victime de l'infraction ou au créancier d'une dette alimentaire est restitué en cas de non-lieu et, sauf s'il est fait application de l'article 372, en cas d'absolution ou d'acquittement.

En cas de condamnation, il est employé conformément aux dispositions du 2° de l'article 142. Le surplus est restitué lorsque la condamnation est définitive.

La deuxième partie des sûretés est levée ou il est procédé au recouvrement des créances que cette partie garantit selon les distinctions prévues aux deux alinéas précédents.

Les conditions d'application du présent article sont fixées par un décret en Conseil d'État.

C. pr. pén., art. R. 19

Le cautionnement prévu au 11° de l'article 138 (alinéa 2) est versé au régisseur de recettes installé auprès du secrétariat-greffe de la juridiction compétente auquel le chef de ce service adresse copie de l'ordonnance rendue par le juge d'instruction.

C. pr. pén., art. R. 20

Les récépissés constatant le versement ou les versements partiels du cautionnement sont détachés d'un carnet à souches tenu par le régisseur de recettes.

C. pr. pén., art. R. 21

Lorsque le cautionnement est fourni par chèque, celui-ci doit être certifié et établi au nom du régisseur de recettes de la juridiction compétente.

C. pr. pén., art. R. 22

Il est donné avis au juge d'instruction par le greffier des défauts ou retards de versement du cautionnement.

Avis du versement lui-même est donné sans délai au juge d'instruction par le greffier, lorsqu'une mise en liberté assortie du contrôle judiciaire est subordonnée à ce versement dans les conditions prévues par les articles 147 et 148.

C. pr. pén., art. R. 23

Les espèces ou valeurs de caisse remises au régisseur de recettes pour un cautionnement doivent être versées à la Caisse des dépôts et consignations dans le délai de deux jours.

Le greffier est responsable de la conservation de ces espèces ou valeurs avant leur versement à la Caisse des dépôts et consignations.

C. pr. pén., art. R. 23-1
Lorsque le juge d'instruction ordonne que la partie du cautionnement affectée à la garantie des droits de la victime ou du créancier d'une dette alimentaire soit versée à ceux-ci par provision, il leur en est donné avis.

La Caisse des dépôts et consignations, sur les diligences du régisseur de recettes, crédite le compte de ce dernier de la somme correspondante, aux fins de versement aux ayants droit.

C. pr. pén., art. R. 23-2
Le ministère public, d'office ou à la demande des parties civiles, produit aux services du Trésor qui assurent au titre des produits divers du budget le recouvrement de la fraction du cautionnement acquise à l'État dans le cas prévu par l'article 142-2 (al. 2), un certificat du greffe établi en double exemplaire constatant la responsabilité encourue par la personne mise en examen dans ce cas et, éventuellement, un second certificat mentionnant les condamnations prononcées et le numéro de l'extrait du jugement ou d'arrêt dans les cas prévus par les articles 142-3 (al. 2) et 372.

La Caisse des dépôts et consignations distribue sans délai, aux ayants droit, les sommes déposées.

Toute contestation relative à l'application du présent article est jugée sur requête, en chambre du conseil, comme incident de l'exécution du jugement ou de l'arrêt.

C. pr. pén., art. R. 23-3
En cas de condamnation définitive de la personne poursuivie au paiement de dommages et intérêts, le procureur de la République informe la partie civile de l'existence du cautionnement et lui indique les formalités à accomplir pour obtenir le versement par la Caisse des dépôts et consignations des sommes qui lui sont dues, augmentées, le cas échéant, des intérêts échus.

C. pr. pén., art. R. 23-4
Dans les cas prévus au premier alinéa de l'article 142-2 et au premier alinéa de l'article 142-3, les sommes restituées à la personne poursuivie sont augmentées, le cas échéant, des intérêts échus.

Ord. 2 févr. 1945, art. 15
Si la prévention est établie a l'égard du mineur de treize ans, le tribunal pour enfants prononcera, par décision motivée, l'une des mesures suivantes :

1° Remise à ses parents, à son tuteur, à la personne qui en avait la garde ou à une personne digne de confiance ;

2° Placement dans une institution ou un établissement public ou privé, d'éducation ou de formation professionnelle, habilité ;

3° Placement dans un établissement médical ou médico-pédagogique habilité ;

4° Remise au service de l'assistance à l'enfance ;

5° Placement dans un internat approprié aux mineurs délinquants d'âge scolaire.

Ord. 2 févr. 1945, art. 16
Si la prévention est établie à l'égard d'un mineur âgé de plus de treize ans, le tribunal pour enfants prononcera par décision motivée l'une des mesures suivantes :

1° Remise à ses parents, à son tuteur, à la personne qui en avait la garde ou à une personne digne de confiance ;

2° Placement dans une institution ou un établissement, public ou privé, d'éducation ou de formation professionnelle, habilité ;

3° Placement dans un établissement médical ou médico-pédagogique habilité ;

4° Placement dans une institution publique d'éducation surveillée ou d'éducation corrective.

Ord. 2 févr. 1945, art. 16 *bis*
Si la prévention est établie à l'égard d'un mineur, le tribunal pour enfants et la Cour d'assises des mineurs pourront aussi prononcer, à titre principal et par décision motivée, la mise sous protection judiciaire pour une durée n'excédant pas cinq années.

Les diverses mesures de protection, d'assistance, de surveillance et d'éducation auxquelles le mineur sera soumis seront déterminées par un décret en Conseil d'État.

Le juge des enfants pourra, à tout moment jusqu'à l'expiration du délai de mise sous protection judiciaire, prescrire une ou plusieurs mesures mentionnées à l'alinéa précédent. Il pourra en outre, dans les mêmes conditions, soit supprimer une ou plusieurs mesures auxquelles le mineur aura été soumis, soit mettre fin à la mise sous protection judiciaire.

Lorsque, pour l'accomplissement de la mise sous protection judiciaire, le placement d'un mineur de plus de seize ans dans un des établissements désignés à l'article précédent aura été décidé, ce placement ne se poursuivra après la majorité de l'intéressé que si celui-ci en fait la demande.

Conv. EDH, art. 5-3
* V. s^{s} n° 131.01.

133.02 Jurisprudence de référence.

• Les ressources de la personne mise en examen compte tenu desquelles le juge d'instruction fixe le cautionnement s'entendent de tous les fonds dont elle dispose quelle qu'en soit l'origine.

Crim. 28 sept. 1994, n° 94-83.358, *Bull. crim.,* n° 307 ; *D.* 1995, somm. 146, obs. J. Pradel.

« Attendu qu'André B..., mis en examen pour faux et usage, escroqueries, complicité et recel d'abus de biens sociaux, a été mis en liberté d'office par le juge d'instruction et placé sous contrôle judiciaire comportant notamment l'obligation de fournir en deux versements un cautionnement de 7 millions de francs ;

Attendu que, pour confirmer cette décision, la chambre d'accusation relate que diverses sociétés, dans lesquelles André B..., conseil juridique devenu avocat, posséderait des intérêts, ont obtenu des avances de fonds de la banque Saga à concurrence d'environ 300 millions de francs, sans garantie financière au profit de la banque ni autorisation de son conseil d'administration, les dirigeants de celle-ci ayant également des intérêts dans les sociétés bénéficiaires des crédits; que les juges exposent que les fonds, affectés au financement de l'acquisition d'avions, auraient pour partie été détournés par André B... au moyen de surfacturation des achats; qu'ils relèvent qu'outre des fonds très importants versés en Suisse sur les comptes de deux sociétés, une troisième société Interconsult appartenant notamment à l'intéressé aurait directement perçu des vendeurs une somme de plus de 10 millions de francs;

Attendu que les juges en déduisent que le montant du cautionnement mesure de sûreté nécessaire pour garantir la représentation en justice de l'intéressé n'est pas excessif en regard du montant des sommes détournées;

Attendu qu'en se déterminant de la sorte la chambre d'accusation a justifié sa décision sans encourir le grief allégué;

Qu'en effet les ressources de la personne mise en examen compte tenu desquelles le juge d'instruction fixe le montant et les délais du cautionnement prévu par l'article 138.11° du Code de procédure pénale, s'entendent non seulement des gains, revenus et salaires de celle-ci, mais encore de tous les fonds dont elle dispose quelle qu'en soit l'origine. »

133.03 Bibliographie indicative. (V. les références complètes s[s] n° 03.)

Actualisables. RÉP. PÉN., Dourneau-Josette, « Le contrôle judiciaire et la détention provisoire » – TPJI, J.-L. Croizier, « Le contrôle judiciaire ».

Ouvrages. HÉLIE F., IV, n°s 1986 s. et 1997 – GARRAUD, III, n° 869.

133.04 Évolution. Le cautionnement a joué un grand rôle dans toutes les législations. Il était connu du droit romain et a formé le droit commun au Moyen Âge. La constitution de 1791 posa ce principe que « nul homme arrêté ne peut être retenu, s'il donne caution suffisante, dans tous les cas où la loi le permet[1] ». Les articles 113 à 124 du Code d'instruction criminelle réglaient la mise en liberté sous caution, qui n'avait jamais lieu pour les crimes. Le juge fixe discrétionnairement le montant de la caution[2].

Le Code de procédure pénale n'a pratiquement pas modifié les règles. Il a seulement supprimé la caution par l'intervention d'une tierce personne solvable. Il est toujours de principe que la mise en liberté, dans tous les cas où elle n'est pas de droit, peut être subordonnée à l'obligation de verser une caution (C. pr. pén., art. 146).

La loi du 17 juillet 1970 a fait du cautionnement l'une des obligations du contrôle judiciaire (C. pr. pén., art. 138, 11°). L'institution est réglée par les articles 142 à 143.

SECTION 1
NATURE JURIDIQUE

133.11 Le cautionnement est un substitut de la détention. Tous deux assurent la représentation du prévenu[3]. Le premier est seulement bien moins rigoureux que la seconde, mais peut avoir la même efficacité selon les circonstances. La fortune remplace la personne elle-même comme gage de la justice. Il en résulte que « la mise en liberté sous caution ne doit être appliquée que dans les cas où la détention préalable serait jugée nécessaire[4] ». « Il est bien évident que si l'inculpé ne peut être soupçonné de vouloir fuir la justice, sa mise en liberté pure et simple doit être ordonnée[5] ».

133.12 Fonctions actuelles. Le versement d'une caution est essentiellement aujourd'hui l'une des obligations du contrôle judiciaire (C. pr. pén., art. 138, 11°). Il est également resté comme autrefois une condition de la mise en liberté, que celle-ci soit ordonnée d'office ou qu'elle soit ordonnée sur la demande de la personne mise en examen. En effet, dans les deux cas, « la mise en liberté peut être assortie de mesures de contrôle judiciaire », dont le versement d'une caution.

Il en résulte que la caution peut être aussi bien une condition du maintien en liberté du prévenu demeuré libre, comme dans notre ancien droit, qu'une condition de la libération du prévenu détenu, à l'égard duquel le mandat de justice antérieur a déjà été mise à exécution. Le mis en examen détenu, mis en liberté sous caution, demeure détenu tant qu'il n'a pas versé celle-ci, et les règles de la détention demeurent applicables, notamment la nécessité de la prolongation[6]. C'est là une différence fondamentale entre les deux moments où le cautionnement peut être ordonné : s'il l'est au moment de la première comparution de la personne, il est impossible de la contraindre de payer avant d'être élargie, si au contraire la personne a été placée en détention provisoire, sa mise en liberté peut être conditionnée (ce n'est pas une obligation) au versement préalable de tout ou partie du cautionnement. Mais le juge d'instruction ne peut conditionner la remise en liberté au paiement d'un cautionnement si la période maximale de détention est expirée[7]. Le placement sous contrôle judiciaire avec obligation de payer un cautionnement destiné à garantir le préjudice éventuel des victimes n'est pas contraire aux dispositions de l'article 5-3 de la Convention européenne des droits de l'Homme[8] (v. s[s] n°s 144.79 et 146.34).

1. V. HÉLIE F., IV, n°s 1986 s.
2. Crim. 19 déc. 1901, *Bull. crim.*, n° 327.
3. Crim. 26 sept. 1995, n° 95-83.184, *Bull. crim.*, n° 281; *JCP* 1995, IV, 2661.
4. HÉLIE F., IV, n° 1997.
5. GARRAUD, III, n° 869.
6. Crim. 28 nov. 1972, n° 72-92.698, *Bull. crim.*, n° 360; *JCP* 1973, II, 17396, note Desmonts.
7. Crim. 4 mai 1994, n° 94-80.578, NPT, *Dr. pén.* 1995, 4.
8. Crim. 17 janv. 2001, n° 00-86.761, NPT, *Dr. pén.* 2001, chron. 27, obs. Marsat.

133.13 **Garantie.** Le cautionnement est divisé en deux parties; la première garantit la représentation de la personne mise en examen à tous les actes de la procédure et pour l'exécution du jugement, ainsi que, le cas échéant, l'exécution des autres obligations. La seconde garantit, dans l'ordre légal, le paiement de la réparation des dommages causés par l'infraction et des restitutions ainsi que de la dette alimentaire s'il y a lieu; il garantit enfin le paiement des amendes.

Le cautionnement ne garantit plus le paiement des frais avancés par la partie civile et la partie publique, les frais de justice criminelle étant désormais à la charge de l'État, sans recours envers les condamnés (C. pr. pén., art. 800-1, mod. par L. 4 janv. 1993). « La décision qui astreint la personne mise en examen à fournir un cautionnement détermine les sommes affectées à chacune des deux parties de ce cautionnement » (C. pr. pén., art. 142, *in fine*). Cette obligation est impérative [1]. Le juge ne peut lui-même changer l'ordre de préférence établi par la loi [2].

La sanction du non-versement de la caution est la détention.

SECTION 2 MODALITÉS PRATIQUES

133.21 **Fixation de la caution.** Le chiffre global du cautionnement, comme le cautionnement lui-même, est laissé au pouvoir du juge [3]. Les motifs de l'arrêt de la chambre d'accusation qui confirme l'ordonnance de mise en liberté sous caution ne sauraient être ambigus [4], ou hypothétiques [5]. La chambre d'accusation qui motive son refus de mise en liberté a par là même répondu à la demande de mise en liberté sous caution [6].

Le cautionnement doit être proportionné aux moyens pécuniaires du prévenu. Son taux doit être une garantie sans être un obstacle à la liberté [7]. Le juge fixe les délais de versement et le montant du cautionnement « compte tenu des ressources » de la personne poursuivie (C. pr. pén., art. 138, al. 2, 11°). C'est ce qu'exige la jurisprudence [8]. Sont prises en compte les ressources de toute origine [9], de même que la situation de l'intéressé [10], ou l'importance du préjudice [11]. Les ressources s'entendent non seulement des revenus, gains et salaires de la personne mais aussi de tous les fonds dont elle dispose, quelle qu'en soit l'origine [12]. La chambre criminelle rappelle que la chambre de l'instruction doit motiver au regard des ressources et des charges de la personne mise en examen le montant et les délais de versement du cautionnement [13].

Au cas de règlement judiciaire, la procédure collective qui n'implique pas l'insolvabilité du débiteur, ne fait pas obstacle au versement du cautionnement [14], non plus que le dessaisissement du débiteur [15].

133.22 **Consistance de la caution et modalités du versement.** La personne qui en est l'objet s'acquitte du cautionnement en espèces ou valeurs de caisse ou par chèque certifié au nom du greffier. Le rejet de la demande de paiement par caution bancaire est justifié [16]. Il est dans tous les cas versé entre les mains du greffier du tribunal compétent (C. pr. pén., art. R. 19). Le greffier en effectue le reversement, dans les deux jours, à la Caisse des dépôts et consignations (C. pr. pén., art. R. 23). Le versement par l'intéressé peut être effectué en une ou plusieurs fois, dans les délais fixés par le juge d'instruction (C. pr. pén., art. 138, 11°).

« Le juge d'instruction peut, avec l'accord de la personne poursuivie, ordonner que la partie du cautionnement affectée à la garantie des droits de la victime ou du créancier d'une dette alimentaire soit versée à ceux-ci par provision, sur leur demande » (C. pr. pén., art. 142-1).

1. Crim. 1er déc. 1981, n° 81-94.311, *Bull. crim.*, n° 318 – Crim. 8 juill. 1992, n° 92-82.268, *Bull. crim.*, n° 268 – Crim. 30 sept. 1992, n° 92-83.945, *Bull. crim.*, n° 294.
2. Crim. 10 févr. 1966, *Bull. crim.*, n° 40; *D.* 1966, 399; *RSC* 1966, 628, note Robert.
3. Crim. 19 déc. 1901, *Bull. crim.*, n° 327, préc.
4. Crim. 21 oct. 1971, n° 71-91.354, *Bull. crim.*, n° 281; *D.* 1972, somm. 2; *JCP* 1972, II, 16996, note N. S.
5. Crim. 16 janv. 1975, n° 74-92.873, *Bull. crim.*, n° 21; *JCP* 1976, II, 18266, note P. Chambon.
6. Crim. 15 sept. 1976, n° 76-92.030, *Bull. crim.*, n° 274.
7. HÉLIE F., IV, n° 1997.
8. Crim. 14 déc. 1976, n° 76-90.928, *Bull. crim.*, n° 362 – Crim. 5 juill. 1988, n° 88-82.553, *Bull. crim.*, n° 296 – Crim. 19 nov. 1990, n° 90-85.571, *Bull. crim.*, n° 390 – Crim. 16 mai 1991, n° 91-81.258, *Bull. crim.*, n° 212 – Crim. 3 févr. 1993, n° 92-85.852, *Bull. crim.*, n° 56 – Crim. 7 déc. 1994, n° 94-84.669, *Bull. crim.*, n° 397 – Crim. 19 avr. 1995, n° 95-80.778, *Bull. crim.*, n° 158; *D.* 1996, somm. 255, obs. Pradel.
9. Crim. 28 sept. 1994, n° 94-83.358, *Bull. crim.*, n° 307; v. les attendus ss n° 133.02.
10. Crim. 5 janv. 1995, n° 94-84.667, *Bull. crim.*, n° 5.
11. Crim. 23 août 1994, n° 94-82.900, *Bull. crim.*, n° 292.
12. Crim. 28 sept. 1994, n° 94-83.358, *Bull. crim.*, n° 307; *D.* 1995, somm. 146, obs. J. Pradel – Crim. 18 oct. 2000, n° 00-85.092, *Bull. crim.*, n° 304.
13. Crim. 4 nov. 2008, n° 08-85.724, *Bull. crim.*, n° 221; *AJ Pénal* 2009, 78, obs. J. Lasserre-Capdeville.
14. Crim. 19 nov. 1987, n° 87-80.019, n° 87-82.580, 2 arrêts, *Bull. crim.*, nos 418 et 419.
15. Crim. 29 juin 1994, n° 94-81.946, *Bull. crim.*, n° 259 – En sens contraire, Crim. 21 oct. 1985, n° 85-94.309, *Bull. crim.*, n° 319.
16. Crim. 23 avr. 1991, n° 91-80.808, *Bull. crim.*, n° 191.

Ce mode de versement ne peut être ordonné que si la victime l'a demandé, et l'intéressé accepté [1]. Au cas d'acceptation partielle, il doit être ordonné dans cette limite [2]. La garantie de la réparation des dommages n'implique pas la constitution de partie civile des victimes [3].

133.23 Sort du cautionnement. La première partie du cautionnement est restituée au prévenu qui comparaît, et qui s'est soumis au contrôle judiciaire et à l'exécution du jugement. Dans le cas contraire, elle est acquise à l'État. Néanmoins, elle est toujours restituée dans le cas de non-lieu ou de relaxe (C. pr. pén., art. 142-2).

La deuxième partie du cautionnement, non déjà versée à la victime, est restituée en cas de non-lieu, de relaxe ou d'acquittement, sauf dans le cas de l'article 372, où la partie civile a demandé réparation du dommage causé par l'accusé (C. pr. pén., art. 142-3, al. 1). Le prévenu condamné à l'emprisonnement avec sursis ne s'est pas soumis à l'exécution du jugement, au sens de l'article 142-2 du Code de procédure pénale, tant que le délai d'épreuve n'est pas expiré, et ne peut donc prétendre à la restitution de la première partie du cautionnement [4]. Le placement en détention provisoire, s'il garantit la représentation en justice ne peut pas pour autant permettre la restitution de la première partie du cautionnement qui ne peut être reversé qu'à l'issue de la procédure [5].

En cas de condamnation, le cautionnement est employé conformément aux indications de l'article 142, 2°. Le surplus, s'il y a lieu, est restitué (C. pr. pén., art. 142-3, al. 2).

133.24 Procédure. Les contestations relatives à l'affectation ou à la restitution du cautionnement sont jugées sur requête, en chambre du conseil, comme incidents de l'exécution du jugement ou de l'arrêt (C. pr. pén., art. R. 25).

133.25 Douanes. L'article 364 du Code des douanes obligeait le juge d'instruction à exiger une caution de la personne inculpée du chef d'un délit de contrebande qu'il mettait ou laissait en liberté, en garantie des condamnations pécuniaires encourues, et en cas d'omission, l'administration des douanes disposait d'un droit d'appel [6]. Cette disposition a été abrogée par la loi n° 77-1453 du 29 décembre 1977.

1. Crim. 24 août 1993, n° 93-82.566, *Bull. crim.*, n° 259.
2. Crim. 5 déc. 1991, n° 91-85.220, *Bull. crim.*, n° 462.
3. Crim. 18 nov. 1992, n° 92-84.709, *Bull. crim.*, n° 380.
4. Crim. 25 févr. 1997, n° 96-82.743, *Bull. crim.*, n° 74.
5. Crim. 20 juin 2000, n° 00-82.209, *Bull. crim.*, n° 234.
6. Crim. 5 janv. 1967, 2 arrêts, *Bull. crim.*, n°s 9 et 10 – Crim. 2 juill. 1975, n° 75-91.018, *Bull. crim.*, n° 172 – Crim. 14 déc. 1976, n° 76-90.928, *Bull. crim.*, n° 362; *Gaz. Pal.* 1977, somm. 122.

TITRE

14. La détention provisoire

SECTION 0

ORIENTEUR

140.00 **Plan du titre.** Après une introduction historique et le rappel des principes qui gouvernent la matière, seront étudiés successivement le placement en détention provisoire, la durée de la détention, en perpétuelle mutation, les voies de recours, avant d'examiner la mise en liberté, qu'elle se présente pendant ou après l'instruction. Il conviendra ensuite de poser certaines des questions les plus complexes qui concernent l'incidence de la poursuite de l'information sur la détention. Les derniers chapitres seront consacrés à l'étude de l'exécution de la détention et de l'indemnisation.

Chap. 141 Origine et définition
Sect. 1 Histoire de la détention provisoire des origines au Code de procédure pénale
Sect. 2 Du Code de procédure pénale à aujourd'hui
Sect. 3 La détention provisoire en questions
Sect. 4 La détention provisoire en chiffres
Sect. 5 Utilisation judiciaire de la détention provisoire

Chap. 142 Grands principes
Sect. 1 La détention provisoire doit être exceptionnelle
Sect. 2 Indices de culpabilité
Sect. 3 Évolution des critères de la détention
Sect. 4 Le critère particulier de la protection de l'ordre public
Sect. 5 Le critère tiré du risque de renouvellement de l'infraction ou de la nécessité d'y mettre fin
Sect. 6 Le critère tiré du risque de fuite de la personne
Sect. 7 Autres critères pouvant justifier la détention provisoire
Sect. 8 Conformité de la législation française à la Convention européenne de sauvegarde des droits de l'Homme (Conv. EDH)

Chap. 143 Placement en détention provisoire
Sect. 1 Compétence
Sect. 2 Cas de prohibition légale
Sect. 3 Conditions de fond du placement en détention provisoire : principes généraux
Sect. 4 Conditions de fond du placement en détention quant au seuil des peines encourues
Sect. 5 Règles de forme relatives aux formalités préalables au placement en détention provisoire
Sect. 6 Règles de forme relatives à la notification des droits préalable au débat contradictoire ou à l'incarcération provisoire
Sect. 7 Débat contradictoire
Sect. 8 Décision : liberté, avec ou sans contrôle judiciaire
Sect. 9 Décision : détention, durée indéterminée ou non

Chap. 144 Durée de la détention provisoire
Sect. 1 Principes
Sect. 2 Procédure : le débat contradictoire
Sect. 3 Procédure : l'obligation de motivation
Sect. 4 La durée raisonnable de la détention provisoire
Sect. 5 Durée de la détention en matière criminelle applicable aux majeurs
Sect. 6 Durée de la détention en matière criminelle applicable aux mineurs
Sect. 7 Durée légale de la détention en matière correctionnelle applicable aux majeurs
Sect. 8 Durée de la détention en matière correctionnelle applicable aux mineurs
Sect. 9 Fin de la détention provisoire

Chap. 145 Voies de recours
Sect. 1 Appel

Sect. 2 Effets de l'appel
Sect. 3 Pouvoirs de la chambre de l'instruction en matière de détention provisoire
Sect. 4 Référé-liberté
Sect. 5 Référé-détention
Sect. 6 Effets de la décision de la Cour de cassation sur la détention
Chap. 146 Mise en liberté
Sect. 1 Mise en liberté pendant l'information : mise en liberté d'office
Sect. 2 Mise en liberté pendant l'information : la demande
Sect. 3 Mise en liberté pendant l'information : la décision
Sect. 4 Mise en liberté pendant l'instruction : saisine directe de la chambre de l'instruction
Sect. 5 Mise en liberté après la clôture de l'information : compétence
Sect. 6 Mise en liberté après la clôture de l'information – Procédure
Chap. 147 Incidences de la poursuite de l'instruction sur la détention provisoire
Sect. 1 Changement de qualification
Sect. 2 Réincarcérations : révocation du contrôle judiciaire
Sect. 3 Réincarcérations : réincarcération par la chambre de l'instruction
Sect. 4 Réincarcération par le juge après mise en liberté par la chambre de l'instruction
Sect. 5 Réincarcération après annulation
Sect. 6 Autres réincarcérations
Sect. 7 Détention unique, détention plurielle ?
Chap. 148 Exécution de la détention
Sect. 1 Cadre général
Sect. 2 Relations avec l'extérieur
Sect. 3 Droits et limites
Sect. 4 Santé
Sect. 5 Règles d'exécution de la détention
Chap. 149 Indemnisation de la détention provisoire
Sect. 1 Textes antérieurs à la loi du 15 juin 2000
Sect. 2 Loi du 15 juin 2000 : procédure
Sect. 3 Loi du 15 juin 2000 : application

140.01 Textes applicables.

C. pr. pén., art. préliminaire, 82, 83, 83-1, 84, 118, 137, 137-1, 137-3, 137-4, 141-2, 141-3, 144, 144-1, 144-2, 145, 145-1, 145-2, 145-3, 145-5, 146, 147, 148, 148-1, 148-1-1, 148-2, 148-4, 177, 179, 181, 185, 186, 186-2, 187-3, 201, 207, 213, 223, 464-1, 465, 506, 509, 512, 570, 571, 695-34, 696-19, 696-32, 706-24-3, 706-71, 714 à 716, 727, 803, 803-4.

C. pr. pén., art. R. 15-42 à R. 15-45.

C. pr. pén., art. D. 15-4-7, D. 32-1, D. 32-3, D. 47-12-4, D. 47-19, D. 53 à D. 69, D. 314, D. 314-1, D. 317, D. 321, D. 330, D. 336, D. 337, D. 382, D. 384, D. 390, D. 398, D. 403, D. 406, D. 409, D. 410, D. 419, D. 413, D. 416, D. 426.

Ord. 2 févr. 1945, art. 9, 11, 11-1, 11-2, 12.

Conv. EDH, art. 5-3, art. 6, § 2.

Déclaration des droits de l'Homme et du citoyen, 26 août 1789, art. 9.

Déclaration universelle des droits de l'Homme, 1948, art. 11-1.

140.02 Jurisprudence de référence.

Crim. 3 sept. 1985, n° 85-93 591, *Bull. crim.,* n° 283; *Gaz. Pal.* 1986, 1, 20, note Doucet; *RSC* 1986, 355, obs. Vitu.

Crim. 7 janv. 1986, n° 85-95.287, *Bull. crim.,* n° 9.

Crim. 6 mars 1986, *Bull. crim.,* n° 94-1; *D.* 1986, jur. 315, note D. Mayer.

Crim. 2 juin 1987, n° 87-81.816, *Bull. crim.,* n° 230.

Crim. 27 mars 1990, n° 88-83.669, *Bull. crim.,* n° 135; *Dr. pén.* 1993, comm. n° 2.

Crim. 24 avr. 1990, n° 89-86.639, *Bull. crim.,* n° 150.

Crim. 7 août 1990, n° 90-83.294, *Bull. crim.,* n° 296.

Crim. 30 janv. 1991, n° 90-83.464, *Bull. crim.,* n° 52.

Crim. 29 oct. 1991, n° 91-84.772, *Bull. crim.,* n° 385.

Crim. 13 oct. 1992, n° 92-82.414, *Bull. crim.,* n° 319; *JCP G* 1993, IV, n° 182; *Dr. pén.* févr. 93, n° 51.

Crim. 4 mai 1993, n° 93-80.717, *Bull. crim.,* n° 163.

Crim. 17 mai 1994, n° 94-81.285, *Bull. crim.,* n° 185.

Crim. 21 août 1995, n° 95-82.836, *Bull. crim.,* n° 265.

CA Douai, ch. acc., 17 juin 1997, *D.* 1997, jur. 593, note Ch. Guéry.

Crim. 10 mai 2001, n° 01-81.819, *Bull. crim.,* n° 117; *JCP G* 2001, 1589.

Crim. 5 sept. 2001, n° 01-84.379, *Bull. crim.,* n° 173; *D.* 2001, 3090; *JCP G* 2001, 2171.

Crim. 19 sept. 2001, n° 01-84.787, *Bull. crim.,* n° 186.

Crim. 23 mai 2001, n° 01-81.934, *Bull. crim.,* n° 132; *D.* 2001, IR 1996; *JCP G* 2001, 1589.

Crim. 19 févr. 2002, n° 01-88.028, *Bull. crim.,* n° 30; *D.* 2003, somm. 32, note J. Pradel.

Crim. 6 mars 2002, n° 01-88.609, *Bull. crim.,* n° 57; *D.* 2002, IR 1323; *JCP G* 2002, IV, 1756.

Crim. 9 juin 2004, n° 04-81.901, *Bull. crim.,* n° 159; *Gaz. Pal.* 30 janv.-1er févr. 2005, somm. 22.

Crim. 1er févr. 2005, n° 04-86.768, *Bull. crim.,* n° 33; *D.* 2005, IR 795; *JCP* 2005, IV, 1642.

Crim. 1er mars 2005, n° 04-87.392, *Bull. crim.,* n° 73; *D.* 2005, IR 1049; *JCP* 2005, IV 1907.

Crim. 28 sept. 2005, n° 05-84.440, *Bull. crim.,* n° 241, *D.* 2005, IR 2899; *Procédures* 2005, comm. n° 289, obs. J. Buisson; *Gaz. Pal.* 24-25 mars 2006, 28, note Y. Monnet.

Crim. 7 juin 2006, n° 06-82.233, *Bull. crim.,* n° 158; *AJ pén.*, 2006; JP 371; *Procédures* 2006; *Proc. pén.*, n° 217, note J. Buisson.

Crim. 11 juill. 2007, n° 07-83.106, *Bull. crim.,* n° 184; *D.* 2007, 2240; *JCP* 2007, IV, 2777.

Crim. 11 sept. 2007, n° 07-84.129, *Bull. crim.,* n° 196; *Dr. pén.* 2007; *Proc. pén.* n° 164, comm. A. Maron.

Crim. 29 janv. 2008, n° 07-87.802, *Bull. crim.,* n° 21; *AJ pén.* 2008, 240, note S. Lavric.

Crim. 29 janv. 2008, n° 07-87.803, *Bull. crim.*, n° 20; *AJ pén.* 194, note S. Lavric.

Crim. 20 mai 2008, n° 08-81.851, *Bull. crim.*, n° 125; *AJ pén.* 2008, 378, note J. Lasserre Capdeville; *JCP* 2008, IV, 2196.

140.03 Bibliographie indicative. (V. les références complètes s[s] n° 03.)

Commission Justice pénale et droits de l'Homme, *La mise en état des affaires pénales*, Doc. fr., coll. « Rapports » – Flamand C., *De la détention préventive et de la liberté provisoire,* thèse, Paris, 1877 – Marchessaud L., *De la détention préventive,* thèse, Poitiers, 1900 – Robert L., *De l'interdiction de communiquer au cours de la détention provisoire,* thèse, Paris, 1902 – Bonnot M., *La liberté individuelle et les mesures d'exception sous le second Empire,* thèse, Paris, 1908 – Gely L., *La détention préventive,* thèse, Montpellier, 1910 – Chazelle R., *Des garanties données ou à donner au droit naturel de la liberté dans la détention préventive,* thèse, Strasbourg, 1922 – Daniel R., *La liberté provisoire et la loi du 7 février 1933,* thèse, Paris, 1934 – Johsen, *La détention préventive dans l'antiquité,* thèse, Aix, 1959 – pour une vision plus synthétique, v. GARRAUD R., III, n°s 862 *bis* s. – Donnedieu de Vabres H., n°s 315 s. – Merle R. et Vitu A., II, n° 386 – Carbasse J.-M., *Introduction historique au droit pénal,* Puf, 1990 – Lebigre A., *Histoire du droit pénal,* Cujas, 1979.

Actualisables. RÉP. PÉN., Dourneau-Josette, « Le contrôle judiciaire et la détention provisoire »; « Le juge des libertés et de la détention »; Coste F.-L., « La chambre de l'instruction ».

Articles. Azibert G., « La commission nationale d'indemnisation en matière de détention provisoire », *RSC* 1985, 517 – Besson, « Esquisse d'une réforme de notre procédure pénale », *D.* 1955, chron. XI – Bonis-Garçon E., « La détention provisoire pour manquement au contrôle judiciaire », *JCP G* 2002, I, 159 – Bouloc B., « Le silence de la personne mise en examen peut-il justifier sa mise en détention », *D.* 1995, chron. 315 – Bryon J.-C., « Des dispositions de la loi n° 70-643 du 17 juillet 1970 tendant à accorder une indemnisation en cas de non-lieu ou d'acquittement en raison de la détention provisoire subie », *RSC* 1971, 577 – Buisson J., « Le référé-détention par le procureur de la République, issu de la loi n° 2002-1138 du 9 septembre 2002 », *Procédures* nov. 2002, 7 – Céré J.-P., « La loi n° 2002-1138 du 9 septembre 2002 et l'amélioration du fonctionnement et de la sécurité des établissements pénitentiaires », *D.* 2002, chron. 3224 – Chambon P., « La loi n° 87-1062 du 30 décembre 1987 relative aux garanties individuelles en matière de placement en détention provisoire » *JCP* 1988, I, 3335; « La loi n° 89-461 du 6 juillet 1989 modifiant le Code de procédure pénale et relative à la détention provisoire : analyse et réflexions », *JCP* 1989, I, 3417 – Conte Ph., « Pour en finir avec une présentation caricaturale de la présomption d'innocence », *Gaz. Pal.* 2/3 juin 1995, Tribune libre 2 – Cohen C., « Détention provisoire, le remède introuvable », *Gaz. Pal.* 23/24 juill. 2004, 2 – Commaret D., « La commission nationale d'indemnisation en matière de détention provisoire », *RSC* 1999, 845 – Coste F.-L., « Statut de la parole et présomption d'innocence », *AJ pén.* 2004, 402 – de Lamy B., « Le juge des libertés et de la détention : un trompe-l'œil ? », *Dr. pén.* 2007, chron. n° 13 – Detraz S., « La prétendue présomption d'innocence », *Dr. pén.* 2004, étude n° 3 – Diemer J. G., « La commission nationale d'indemnisation », *Gaz. Pal.* 1990, doctr. 279 – Donnedieu de Vabres H., « La réforme de l'instruction préparatoire », *RSC* 1949, 499 – El Hage N., « La loi du 30 décembre 1996 et son rapport relativement aux droits de la personne placée en détention provisoire », *Gaz. Pal.* 19/20 mars 1999, 3 – Farthouat R., « La présomption d'innocence », *Justice* n° 10, 55 – Gollety F., « La détention préventive dans le nouveau Code de procédure pénale », *RSC* 1959, 895 – Guéry Ch., « Les paliers de la vraisemblance pendant l'instruction préparatoire », *JCP* 1998, I, 140; « Le nouveau juge des libertés et de la détention : premiers problèmes pratiques », *Gaz. Pal.* 8/9 sept. 2000, 179; « Instruction préparatoire : deux ans après... », dans Pradel J. (dir.), *Les dispositions procédurales de la loi du 15 juin 2000 sur la présomption d'innocence. Deux ans d'application*, Cujas, 2003; « Le juge des libertés et de la détention : un juge qui cherche à mériter son nom », *D.* 2004, chron. 583; « Une détention provisoire exceptionnelle... mais souhaitable » *AJ pén.* juin 2004, 238; « L'erreur matérielle du juge des libertés et de la détention », *JCP* 2006, I, Étude n° 104; « Détention provisoire et culpabilité », *D.* 2006, Point de vue 1556 – Giudicelli A., « L'indemnisation des personnes injustement détenues ou condamnées », *RSC* 1998, 14 – Giudicelli-Delage G., « La responsabilité des magistrats et de l'État en matière pénale », *Justices* janv.-mars 1997, 25 – Jean-Luc, « Le juge d'instruction, ce chêne qu'on abat », *ALD* 1985, 119 s.; « Commentaire de la loi n° 87-1062 du 30 décembre 1987 ou préalable d'une nouvelle réforme de l'instruction », *Gaz. Pal.* 25/26 mai 1988; « Le juge d'instruction, ce chêne qui cache la forêt », *Gaz. Pal.* 1987, 2, doctr. 796; « Le projet Sapin de réforme de la procédure pénale ou de l'inculpé à l'encausé », *Gaz. Pal.* 1992, 1, doctr. 160 – Karsenty, « Aperçu de la jurisprudence de la Commission nationale de réparation des détention », *BICC* 1er mai 2003; « La réparation des détentions », *JCP* 2003, I, 108 – Lavielle B. et Lebur F., « Le juge des libertés et de la détention : béni oui-oui ou terminator ? », *Gaz. Pal.* 27-28 juill. 2001, 3 – Le Calvez J., « L'inculpation et la présomption d'innocence », *Gaz. Pal.* 31 oct. 1987, chron. 2 – Legunehec F., « Aperçu rapide de la loi du 30 décembre 1996 relative à la détention provisoire et aux perquisitions de nuit en matière de terrorisme », *JCP* 1997, 22 janv. 1997; « Un rééquilibrage de la procédure pénale », *JCP* 1993, I, 3720; « Aperçus rapides sur la loi n° 2000-516 renforçant la protection de la présomption d'innocence et les droits des victimes et droit de la communication », *JCP G* 2000, act. n°s 26, 1223 s.; *JCP G* 2000, n°s 27, 1299 s.; *JCP G* 2000, n°s 28, 1351 s.; *JCP G* 2000, n°s 29, 1407 s. – Lemouland J., « La réforme de la procédure d'instruction en matière pénale », *ALD* 1987, 47 – de Larosière de Champfeu H., « L'instruction préparatoire à l'épreuve des lois des 4 janvier et 24 août 1993 : Égalité et responsabilité », *Gaz. Pal.* 1996, 2, 965 – Leclerc H., « La loi du 15 juin 2000 renforçant la présomption d'innocence et le droit des victimes », *Gaz. Pal.* 29/30 sept. 2000, 2 – Lehman H., « Détention durable et réformes provisoires », *Gaz. Pal.* 1988, 2, doctr. 590 – Matsopoulou H., « Le juge des libertés et de la détention, un acteur de premier ou de second rôle en matière de détention provisoire ? », *D.* 2008, Chron. 1494 – Merle R., « La liberté et la détention au cours de l'instruction dans la loi du 17 juillet 1970 », *RSC* 1971, 567 s. – Nuttens J.-D., « Présomption d'innocence : le Parlement fait la loi », *Gaz. Pal.* 21/27 juin 2000, 2 – Perrier-Daville D., « Les juges d'instruction de nouveau sur la sellette », *Gaz. Pal.* 1987, 2, doctr. 692 – Pisier, « La responsabilité de l'État à raison d'une détention provisoire et la loi du 17 juillet 1970 », *AJDA* 1971, 571 – Portelli S. et Clément Mazetier S., « La réforme de l'instruction : Des réalités aux libertés », *Gaz. Pal.* 17-18 juill. 1998, 2 – Pradel, « La réforme de la détention préventive », *Gaz. Pal.* 1972, doctr. 1 s.; « La loi du 9 juillet 1984 sur le recul de la détention provisoire, un pas en avant utile ? », *D.* 1985, chron. 7; « Chambre du conseil et instruction préparatoire (Remarques suggérées par la loi du 30 décembre 1987) », *D.* 1988, chron. 149; « Propos sceptiques sur le rapport de la Commission Justice pénale et droits de l'Homme », *D.* 1990, chron. 1; « Encore une tornade sur notre procédure pénale avec la loi du 15 juin 2000 », *D.* 2000, n° 26, Point de vue V – Robert J., « Premières réflexions sur la détention provisoire instituée par la loi du 17 juillet 1970 », *JCP* 1971, I, 2370 – Romnicianu M., « Détention provisoire et ordre public », *JCP* 1975, I, n° 2744 – Sauron J.-L., « Les vertus de l'inquisitoire ou l'État au service des droits », *Revue pouvoirs* 1990, 53 – Soulez-Larivière D., « Rapport sur la mise en état des affaires pénales », *Revue pouvoirs* 1990, 65 – Touffait A., « Les principes applicables à l'allocation de l'indemnité réclamée à raison d'une détention provisoire, conclusions prises par le Procureur général près la Cour de cassation le 18 juillet 1971 devant la commission d'indemnisation prévue à l'article 149-1 du Code de procédure pénale lors de l'installation de cette commission », *D.* 1971, chron. 189 – Touffait et Averseng, « Détention provisoire et responsabilité de l'État », *DS* 1979, chron. 261 – Vouin R., « Le projet de réforme du Code d'instruction criminelle », *D.* 1950, chron. 37; « La détention provisoire », *D.* 1970, chron. 191 s.; *JCP* 1970, III, 36850 – Varinard A., « Le détenu provisoire », *Rev. pénit.* n° 4/2003, 659.

140.04 Évolution. L'importance du sujet mérite de consacrer un chapitre entier à l'historique de la détention provisoire (v. ss nos 141.00 s.).

140.05 Rapport du comité de réflexion sur la justice pénale dit rapport Léger. Outre la délivrance des mandats, la possibilité de placer sous contrôle judiciaire, c'est le JEL qui possède, selon les nouvelles règles proposées par le comité, la mission d'apprécier, sur saisine du ministère public, l'opportunité du placement en détention provisoire (page 12 du rapport). Tout comme le placement sous contrôle judiciaire, le placement en détention entraîne ouverture obligatoire de l'enquête renforcée (page 15 du rapport). Le JEL serait également compétent pour répondre aux demandes de mise en liberté (p. 24 du rapport, v. ss n° 146.05), tandis que la prolongation de la détention est apparue inutile au comité (page 23 du rapport, v. ss n° 143.05).

140.09 Insertion de l'ouvrage « Détention provisoire ». Le lecteur retrouvera ci-dessous de nombreux emprunts à l'ouvrage que nous avions consacré à la seule détention provisoire (*Détention provisoire,* « Dalloz Référence », 2001). Toutes les références et jurisprudences ont été actualisées.

CHAPITRE

141. Origine et définition

SECTION 0 ORIENTEUR

141.00 Plan du chapitre.

Sect. 1 Histoire de la détention provisoire des origines au Code de procédure pénale
Sect. 2 Du Code de procédure pénale à aujourd'hui
Sect. 3 La détention provisoire en questions
Sect. 4 La détention provisoire en chiffres
Sect. 5 Utilisation judiciaire de la détention provisoire

141.01 Textes applicables.

C. pr. pén., art. préliminaire, 137.

C. civ., art. 9-1.

Déclaration des droits de l'Homme et du citoyen, 26 août 1789, art. 9.

Conv. EDH, art. 6, § 2.

Déclaration universelle des droits de l'Homme de 1948, art. 11-1.

C. pr. pén., art. préliminaire

I. – La procédure pénale doit être équitable et contradictoire et préserver l'équilibre des droits des parties.

Elle doit garantir la séparation des autorités chargées de l'action publique et des autorités de jugement.

Les personnes se trouvant dans des conditions semblables et poursuivies pour les mêmes infractions doivent être jugées selon les mêmes règles.

II. – L'autorité judiciaire veille à l'information et à la garantie des droits des victimes au cours de toute procédure pénale.

III. – Toute personne suspectée ou poursuivie est présumée innocente tant que sa culpabilité n'a pas été établie. Les atteintes à sa présomption d'innocence sont prévenues, réparées et réprimées dans les conditions prévues par la loi. [v. C. civ., art. 9-1].

Elle a le droit d'être informée des charges retenues contre elle et d'être assistée d'un défenseur.

Les mesures de contraintes dont cette personne peut faire l'objet sont prises sur décision ou sous le contrôle effectif de l'autorité judiciaire. Elles doivent être strictement limitées aux nécessités de la procédure, proportionnées à la gravité de l'infraction reprochée et ne pas porter atteinte à la dignité de la personne.

Il doit être définitivement statué sur l'accusation dont cette personne fait l'objet dans un délai raisonnable.

Toute personne condamnée a le droit de faire examiner sa condamnation par une autre juridiction.

C. pr. pén., art. 137

La personne mise en examen, présumée innocente, reste libre. Toutefois, en raison des nécessités de l'instruction ou à titre de mesure de sûreté, elle peut être astreinte à une ou plusieurs obligations du contrôle judiciaire. Lorsque celles-ci se révèlent insuffisantes au regard de ces objectifs, elle peut, à titre exceptionnel, être placée en détention provisoire.

C. civ., art. 9-1

Chacun a droit au respect de la présomption d'innocence. Lorsqu'une personne est, avant toute condamnation, présentée publiquement comme coupable de faits faisant l'objet d'une enquête ou d'une instruction judiciaire, le juge peut, même en référé, sans préjudice de la réparation du dommage subi, prescrire toutes mesures, telles que l'insertion d'une rectification ou la diffusion d'un communiqué, aux fins de faire cesser l'atteinte à la présomption d'innocence, et ce aux frais de la personne, physique ou morale, responsable de cette atteinte.

Déclaration des droits de l'Homme et du citoyen, 26 août 1789, art. 9

Tout citoyen étant présumé innocent jusqu'à ce qu'il ait été déclaré coupable, s'il est jugé indispensable de l'arrêter, toute rigueur qui ne serait pas nécessaire pour s'assurer de sa personne doit être sévèrement réprimée par la loi.

Conv. EDH, art. 6, § 2

Toute personne accusée d'une infraction est présumée innocente jusqu'à ce que sa culpabilité ait été légalement établie.

Déclaration universelle des droits de l'Homme de 1948, art. 11-1

1. Toute personne accusée d'un acte délictueux est présumée innocente jusqu'à ce que sa culpabilité ait été

légalement établie au cours d'un procès public où toutes les garanties nécessaires à sa défense lui auront été assurées.

2. [...]

141.03 **Bibliographie indicative.** (V. les références complètes s[s] n° 03.)

Actualisables. RÉP. PÉN., Dourneau-Josette, « Le contrôle judiciaire et la détention provisoire » ; « Le juge des libertés et de la détention » ; Coste F.-L., « La chambre de l'instruction ».

Ouvrages. HÉLIE F., IV, n°s 1948 à 1954 – GARRAUD, III, n° 884 – GUÉRY, n°s 0.29 s., 15.1 s. – VIDAL ET MAGNOL, I, n° 571 – Flamand C., *De la détention préventive et de la liberté provisoire,* thèse, Paris, 1877 – Marchessaud L., *De la détention préventive,* thèse, Poitiers, 1900 – Robert L., *De l'interdiction de communiquer au cours de la détention provisoire,* thèse, Paris, 1902 – Bonnot M., *La liberté individuelle et les mesures d'exception sous le second Empire,* thèse, Paris, 1908 – Gely L., *La détention préventive,* thèse, Montpellier, 1910 – Chazelle R., *Des garanties données ou à donner au droit naturel de la liberté dans la détention préventive,* thèse, Strasbourg, 1922 – Daniel R., *La liberté provisoire et la loi du 7 février 1933,* thèse, Paris, 1934 – Johsen, *La détention préventive dans l'antiquité,* thèse, Aix, 1959.

> **Pour une vision plus synthétique v. GARRAUD, III, n°s 862 *bis* s. – Donnedieu de Vabres H., n°s 315 s. – Merle R. et Vitu A., II, n° 386 – Carbasse J.-M., *Introduction historique au droit pénal,* Puf, 1990 – Lebigre A., *Histoire du droit pénal,* Cujas, 1979 – Guéry Ch., *Détention provisoire,* Dalloz Référence, 2001.**

Articles. Besson, « Esquisse d'une réforme de notre procédure pénale », *D.* 1955, chron. XI – Bonis-Garçon E., « La détention provisoire pour manquement au contrôle judiciaire », *JCP G* 2002, I, 159 – Bouloc B., « Le silence de la personne mise en examen peut-il justifier sa mise en détention », *D.* 1995, chron. 315 – Bryon J.-C., « Des dispositions de la loi n° 70-643 du 17 juillet 1970 tendant à accorder une indemnisation en cas de non-lieu ou d'acquittement en raison de la détention provisoire subie », *RSC* 1971, 577 – Buisson J., « Le référé-détention par le procureur de la République, issu de la loi n° 2002-1138 du 9 septembre 2002 », *Procédures* nov. 2002, 7 – Chambon P., « La loi n° 87-1062 du 30 décembre 1987 relative aux garanties individuelles en matière de placement en détention provisoire » *JCP* 1988, I, 3335 ; « La loi n° 89-461du 6 juillet 1989 modifiant le Code de procédure pénale et relative à la détention provisoire : analyse et réflexions », *JCP* 1989, I, 3417 – Conte Ph., « Pour en finir avec une présentation caricaturale de la présomption d'innocence », *Gaz. Pal.* 2/3 juin 1995, Tribune libre 2 – Cohen C., « Détention provisoire, le remède introuvable », *Gaz. Pal.* 23-24 juill. 2004, 2 – Vouin, « Le projet de réforme du Code d'instruction criminelle », *D.* 1950, chron. 37 – Coste F.-L., « Statut de la parole et présomption d'innocence », *AJ pén.* 2004, 402 – Detraz S., « La prétendue présomption d'innocence », *Dr. pén.* 2004, étude n° 3 – Donnedieu de Vabres H., « La réforme de l'instruction préparatoire », *RSC* 1949, 499 – El Hage N., « La loi du 30 décembre 1996 et son rapport relativement aux droits de la personne placée en détention provisoire », *Gaz. Pal.* 19/20 mars 1999, 3 – Farthouat R., « La présomption d'innocence », *Justice* n° 10, 55 – Gollety F., « La détention préventive dans le nouveau Code de procédure pénale », *RSC* 1959, 895 s. – Guéry Ch., « Les paliers de la vraisemblance pendant l'instruction préparatoire », *JCP* 1998, I, p. 140 ; « Le nouveau juge des libertés et de la détention : premiers problèmes pratiques », *Gaz. Pal.* 8-9 sept. 2000, 179 ; « Instruction préparatoire : deux ans après... », dans Pradel J. (dir.), *Les dispositions procédurales de la loi du 15 juin 2000 sur la présomption d'innocence. Deux ans d'application,* Cujas, 2003 ; « Le juge des libertés et de la détention : un juge qui cherche à mériter son nom », *D.* 2004, chron. 583 ; « Une détention provisoire exceptionnelle... mais souhaitable » *AJ pén.* juin 2004, 238 – Jean-Luc, « Le juge d'instruction, ce chêne qu'on abat », *ALD* 1985, 119 s. ; « Commentaire de la loi n° 87-1062 du 30 décembre 1987 ou préalable d'une nouvelle réforme de l'instruction », *Gaz. Pal.* 25/26 mai 1988 ; « Le juge d'instruction, ce chêne qui cache la forêt », *Gaz. Pal.* 1987, 2, doctr. 796 ; « Le projet Sapin de réforme de la procédure pénale ou de l'inculpé à l'encausé », *Gaz. Pal.* 1992, 1, doctr. 160 – Lavielle B. et Lebur F., « Le juge des libertés et de la détention : béni oui-oui ou terminator ? », *Gaz. Pal.* 27-28 juill. 2001, 3 – Le Calvez J., « L'inculpation et la présomption d'innocence », *Gaz. Pal.* 31 oct. 1987, chron. 2 – Legunehec F., « Aperçu rapide de la loi du 30 décembre 1996 relative à la détention provisoire et aux perquisitions de nuit en matière de terrorisme », *JCP* 1997, 22 janv. 1997 ; « Un rééquilibrage de la procédure pénale », *JCP* 1993, I, 3720 ; « Aperçus rapides sur la loi n° 2000-516 renforçant la protection de la présomption d'innocence et les droits des victimes et droit de la communication », *JCP G* 2000, act. n°s 26, 1223 s. ; *JCP G* 2000, n°s 27, 1299 s. ; *JCP G* 2000, n°s 28, 1351 s. ; *JCP G* 2000, n°s 29, 1407 s. – Lemouland J., « La réforme de la procédure d'instruction en matière pénale », *ALD* 1987, 47 – de Larosière de Champfeu H., « L'instruction préparatoire à l'épreuve des lois des 4 janvier et 24 août 1993 : Égalité et responsabilité », *Gaz. Pal.* 1996, 2, 965 – Leclerc H., « La loi du 15 juin 2000 renforçant la présomption d'innocence et le droit des victimes », *Gaz. Pal.* 29-30 sept. 2000, 2 – Lehman H., « Détention durable et réformes provisoires », *Gaz. Pal.* 1988, 2, doctr. 590 – Merle R., « La liberté et la détention au cours de l'instruction dans la loi du 17 juillet 1970 », *RSC* 1971, 567 s. – Nuttens J.-D., « Présomption d'innocence : le Parlement fait la loi », *Gaz. Pal.* 21/27 juin 2000, 2 – Perrier-Daville D., « Les juges d'instruction de nouveau sur la sellette », *Gaz. Pal.* 1987, 2, doctr. 692 – Portelli S. et Clément Mazetier S., « La réforme de l'instruction : Des réalités aux libertés », *Gaz. Pal.* 17-18 juill. 1998, 2 – Pradel, « La réforme de la détention préventive », *Gaz. Pal.* 1972, doctr. 1 s. ; « La loi du 9 juillet 1984 sur le recul de la détention provisoire, un pas en avant utile ? », *D.* 1985, chron. 7 ; « Chambre du conseil et instruction préparatoire (Remarques suggérées par la loi du

30 décembre 1987) », *D.* 1988, chron. 149; « Propos sceptiques sur le rapport de la Commission Justice pénale et droits de l'Homme », *D.* 1990, chron. 1; « Encore une tornade sur notre procédure pénale avec la loi du 15 juin 2000 », *D.* 2000, n° 26, Point de vue V – Robert J., « Premières réflexions sur la détention provisoire instituée par la loi du 17 juillet 1970 », *JCP* 1971, I, 2370 – Romnicianu M., « Détention provisoire et ordre public », *JCP* 1975, I, n° 2744 – Sauron J.-L., « Les vertus de l'inquisitoire ou l'État au service des droits », *Revue pouvoirs* 1990, 53; Soulez-Larivière D., « Rapport sur la mise en état des affaires pénales », *Revue pouvoirs* 1990, 65 – Vouin R., « La détention provisoire », *D.* 1970, chron. 191 s.; *JCP* 1970, III, 36850 – Varinard A., « Le détenu provisoire », *Rev. pénit.* n° 4/2003, 659.

SECTION 1
HISTOIRE DE LA DÉTENTION PROVISOIRE DES ORIGINES AU CODE DE PROCÉDURE PÉNALE

141.11 Avant la Révolution française. La détention provisoire est finalement une pratique assez récente. Le droit romain l'ignorait et prévoyait au contraire largement la liberté sous caution[1] La détention se développe surtout à partir du XIVe siècle avec l'annexion par l'État de l'organe de poursuite : le ministère public. Le développement de la procédure inquisitoriale aura pour effet de mettre entre les mains du magistrat le soin de réunir les preuves. Et l'aveu trouvera alors une place de choix dans le système de preuve légale mis en place. À partir de ce moment, la détention semble représenter le meilleur moyen de conduire le suspect à reconnaître les faits qui lui sont reprochés. L'ordonnance criminelle de 1670 prévoit la possibilité de placer en détention provisoire par le biais du décret de prise de corps[2].

141.12 La Révolution française. La Déclaration des droits de l'Homme et du citoyen du 26 août 1789 (Déclaration des droits de l'Homme et du citoyen, 26 août 1789)[3] est évidemment un texte important, souvent cité pour stigmatiser l'usage de la détention provisoire. Mais en réalité, le principe dont il est question, et que l'on peut attribuer à Cesare Beccaria, est celui selon lequel la liberté ne peut subir d'exception que dans les limites des prescriptions de la loi. Ce principe affirmé par la Déclaration des droits de l'Homme est le suivant : « Tout citoyen étant présumé innocent jusqu'à ce qu'il ait été déclaré coupable, s'il est jugé indispensable de l'arrêter, toute rigueur qui ne serait pas nécessaire pour s'assurer de sa personne doit être sévèrement réprimée par la loi » (Déclaration des droits de l'Homme et du citoyen, 26 août 1789, art. 9). Mais les textes de mise en œuvre de cette « déclaration » c'est-à-dire les textes de procédure se contentèrent de prévoir que la liberté était possible sous la condition de fournir un cautionnement, ancêtre de notre contrôle judiciaire.

1. Laingui et Lebigre, *Histoire du droit pénal*, t. II, *La procédure criminelle*, 1979, Cujas, 19.
2. Sur l'ordonnance criminelle de 1670, Jousse, *Traité de la justice criminelle en France*, 1771, II, 193 – A. Esmein, *Histoire de la procédure criminelle*, Paris, 1882, 2 vol. (réimp. Francfort, 1969) – Langui et Lebigre, *Histoire du droit pénal*, t. II, *La procédure criminelle* – G. Guyon, « L'information criminelle et la détention avant jugement du Moyen Age au XVIIIe siècle », dans *Les atteintes à la liberté de l'inculpé*, 7e Congrès de l'Association française de droit pénal, *Cahiers du Droit*1985 – J.-M. Carbasse, *Introduction historique au droit pénal*, Paris, 1990.
3. V. S. Rials, Textes constitutionnels français, coll. « Que sais-je ? », Puf, 1982, n° 2022; La déclaration des droits de l'Homme et du citoyen, Paris, 1989.

141.13 Le Code d'instruction criminelle et les réformes du XIXe siècle. Le Code d'instruction criminelle de 1808 prévoit que la détention préventive est obligatoire en matière criminelle. En matière correctionnelle, le juge dispose d'un pouvoir relatif. Il peut ne pas placer en détention préventive et soumettre la personne au versement d'une caution. Pour certaines personnes toutefois (récidivistes, vagabonds...), la détention est obligatoire. Depuis cette date il y a eu de multiples réformes : « La détention provisoire détient de très loin la palme des modifications procédurales puisqu'elle a connu depuis 1810, 27 réformes successives et donc 28 régimes différents.[4] » Le chiffre doit désormais être revu à la hausse...

La loi du 14 juillet 1865 donne la liberté au juge de ne pas placer ou de placer en détention préventive[5]. Ceci est vrai tant en matière criminelle que correctionnelle. L'exigence de la caution obligatoire en matière correctionnelle disparaît. Lorsque la peine encourue est inférieure à deux ans d'emprisonnement, que l'intéressé a un domicile, qu'il n'a pas été condamné à une peine d'emprisonnement de plus d'un an, il est mis en liberté au plus tard cinq jours après le premier interrogatoire.

141.14 Incertitudes des années trente. À partir de la loi du 7 février 1933, la liberté provisoire est de droit lorsque l'inculpé a un domicile, et est passible d'un emprisonnement inférieur à deux ans[6]. Dans les autres cas l'intéressé est libéré au bout de cinq jours sauf si le juge d'instruction prend une ordonnance motivée pour maintenir la détention.

4. M.-L. Rassat, *Proposition de réforme du Code de procédure pénale*, Rapport à M. le Garde des Sceaux, janv. 1997, 164.
5. L. 14 juill. 1865, *DP* 1965, 4, 145.
6. L. 7 févr. 1933, *DP* 1933, 4, 65.

Mais la loi de 1933 est surtout importante parce qu'elle dépossède le juge d'instruction de la maîtrise de la détention. C'est la chambre du conseil qui peut prolonger la détention par périodes successives d'un mois.

La chambre d'accusation est compétente en cas d'appel. Tentative (la première !) pour déposséder le juge d'instruction de son pouvoir de détention, la loi du 7 février 1933 n'était pas vouée à une très longue existence puisque la **loi du 25 mars 1935** abroge la chambre du conseil[1]. Le juge retrouve une partie de ses pouvoirs puisqu'il peut prolonger la détention jusqu'à deux mois et demi (en deux fois). À l'issue de cette période, c'est la chambre d'accusation qui est compétente pour prolonger la détention préventive. Toutefois, que ce soit dans le cadre de la loi de 1933 ou dans celui de celle de 1935, la chambre ne pouvait prolonger la détention qu'en présence de l'inculpé, ce qui impliquait de nombreuses extractions. Le dossier faisait de nombreux allers-retours entre juge d'instruction, chambre du conseil et chambre d'accusation. Les procédures en furent retardées.

Le décret-loi du 18 novembre 1939 redonne au juge d'instruction la plénitude de pouvoir en matière de détention[2]. Il supprime la compétence de la chambre d'accusation en ce qui concerne la prolongation de la détention préventive. On revient au régime de la loi de 1865.

141.15 **L'après-guerre.** À la Libération, le projet « Donnedieu de Vabres »[3] tranche avec les projets précédents. Plus ambitieux, il veut réserver à la partie poursuivante les actes d'enquête et au juge « de » l'instruction les actes juridictionnels.

La loi du 19 décembre 1952 impose au juge d'instruction un délai de cinq jours pour répondre à une demande de mise en liberté à compter de la communication de la procédure au ministère public[4]. Aujourd'hui encore le juge d'instruction a cinq jours pour saisir le juge des libertés et de la détention. La loi du 26 juillet 1955 supprime l'appel de la partie civile en matière de détention[5]. La partie civile perd la quasi-totalité de ses droits. Jusqu'à cette date elle pouvait en effet faire appel d'une ordonnance de mise en liberté. Aujourd'hui, si la partie civile ne peut contester une décision du juge, elle est toutefois avisée de la date d'audience de la chambre de l'instruction et peut déposer un mémoire.

SECTION 2
DU CODE DE PROCÉDURE PÉNALE À AUJOURD'HUI

141.21 **Le Code de procédure pénale** prévoit des prolongations tous les deux mois[6]. Le Code affirme pour la première fois (ce ne sera pas la dernière...) que la détention préventive doit être « exceptionnelle ». L'inculpé peut demander sa mise en liberté à tout moment et faire appel du refus du juge. Le nouveau Code est rapidement complété par l'ordonnance du 4 juin 1960 qui fait passer de deux à quatre mois la périodicité de la prolongation de la détention correctionnelle[7]. C'est dix ans plus tard que le législateur intervenait à nouveau de façon déterminée pour tenter de faire baisser la détention provisoire en France.

141.22 **La loi du 17 juillet 1970**[8]. Elle constitue sans doute la loi la plus importante du XXe siècle en la matière. La loi du 17 juillet 1970 « tendant à renforcer la garantie des droits individuels et des citoyens » et le décret du 23 décembre de la même année[9], organisent différemment la détention.

La liberté n'est plus provisoire, c'est la détention qui le devient. Au-delà de la modification des mots, le législateur pose le principe d'une détention provi-

1. L. 25 mars 1935, *DP* 1936, 21 – Ancely, « La loi du 25 mars 1935 modifiant celle du 7 février 1933 sur les garanties de la liberté individuelle », *RD pén. crim.* 1935, 60 – J. Magnol, « Une institution belge qui n'a pas réussi à s'implanter en France, la réglementation de la détention préventive », *RD pén. crim.* 1940, 129 s.
2. D.-L. 18 nov. 1939, *DP* 1939, 559 – L. Hugueney, « Le décret loi du 18 novembre 1939 », *RSC* 1940, 1 s. – J. Borneque, *La détention préventive et le décret loi du 18 novembre 1939*, thèse, Paris, 1942.
3. H. Donnedieu de Vabres, « La réforme de l'instruction préparatoire », *RSC* 1949, 499 – Colombini, *JCP* 1950, I, 854 – Vouin, « Le projet de réforme du Code d'instruction criminelle », *D.* 1950, chron. 37.
4. L. 19 déc. 1952, *D.* 1953, chron. 109, note Lalloz; *JCP* 1953, I, 1981, note Blin.
5. L. 26 juill. 1955, *D.* 1955, 362; *RSC* 1955, 698 s., comm. Vouin – A. Besson, « Esquisse d'une réforme de notre procédure pénale », *D.* 1955, chron. XI.
6. L. n° 57-1426, 31 déc. 1957 – F. Gollety, « La détention préventive dans le nouveau Code de procédure pénale », *RSC* 1959, 895 s. – Ord. n° 58-1296, 23 déc. 1958, *JCP* 1959, III, 24190.
7. Ord. n° 60-529, 4 juin 1960, *D.* 1960, 210; *JCP* 1960, III, 25726.
8. L. n° 70-643, 17 juill. 1970, R. Vouin, « La détention provisoire », *D.* 1970, chron. 191 s.; *JCP* 1970, III, 36850 – R. Merle, « La liberté et la détention au cours de l'instruction dans la loi du 17 juillet 1970 », *RSC* 1971, 567 s. – J. Pradel, « La réforme de la détention préventive », *Gaz. Pal.* 1972, doctr. 1 s. – J. Robert, « Premières réflexions sur la détention provisoire instituée par la loi du 17 juillet 1970 », *JCP* 1971, I, 2370 – C. Bryon, « Des dispositions de la loi n° 70-643 du 17 juillet 1970 tendant à accorder une indemnisation en cas de non-lieu ou d'acquittement en raison de la détention provisoire subie », *RSC* 1971, 577.
9. D. n° 70-1223, 23 déc. 1970, *D.* 1971, 18.

soire exceptionnelle et qui doit être motivée spécialement par référence aux dispositions de l'article 144 du Code de procédure pénale. Les critères de détention, abandonnés antérieurement à la conscience du juge, sont désormais définis. En matière criminelle, le juge n'a pas à prolonger la détention mais l'inculpé peut demander à tout moment sa mise en liberté. Cette loi crée également l'article 148-4 du Code de procédure pénale : l'inculpé qui demeure quatre mois détenu sans avoir été interrogé par le juge peut saisir directement la chambre d'accusation d'une demande de mise en liberté.

Et puis la loi de 1970 tente de mettre en place un palliatif de la détention : le contrôle judiciaire. On croit beaucoup à l'époque au rôle substitutif que pourrait avoir cette mesure.

Les obligations du contrôle, limitatives, ne vont pas cesser de se multiplier par la suite pour atteindre le chiffre de 17 aujourd'hui (C. pr. pén., art. 138; la dix-septième obligation a été ajoutée par la loi du 12 décembre 2005).

Assez rapidement toutefois, le contrôle judiciaire allait dans la majorité des cas être appliqué à des personnes que le juge aurait de toute façon laissées ou remises en liberté.

141.23 Entre 1970 et le rapport Delmas-Marty : le temps des hésitations. La loi du 6 août 1975 met en place une durée butoir[1]. Il s'agit du cas où les inculpés n'encourent pas une peine supérieure à cinq ans d'emprisonnement et n'ont pas été condamnés à une peine supérieure à un an d'emprisonnement ferme. La détention ne peut, dans ces hypothèses, excéder 6 mois (quatre mois plus deux mois). Cette disposition a duré 25 ans, un exploit en la matière, et a été modifiée par la loi du 15 juin 2000 qui institue une durée butoir de 4 mois à la place de 6 pour les mêmes conditions (C. pr. pén., art. 145-1 - V. s^s n° 144.73). La loi du 6 août 1975 institue par ailleurs un article 135-1, ancêtre du débat contradictoire, qui permet à l'inculpé de se faire assister d'un avocat lors de son placement en détention provisoire. La loi du 9 juillet 1984 instaure le débat contradictoire[2]. Si les lois précédentes furent importantes sur le plan symbolique, la loi du 9 juillet 1984 a sans doute été plus efficace. C'est pourtant une réforme d'une envergure relative qu'elle envisage en contraignant le magistrat à prendre la mesure de détention après un débat contradictoire au cours duquel l'inculpé peut être défendu par un avocat. Ce n'est d'ailleurs pas complètement une nouveauté puisque l'ancien article 135-1 prévoyait déjà une possible présence du conseil. Mais c'est d'une véritable audience de cabinet dont il s'agit désormais.

Selon les travaux de Pierre Tournier, cette loi a eu des conséquences sur les chiffres de la détention[3]. C'est en tout cas à partir de ce moment que les chiffres de la détention en France commencent à s'inverser (en tout cas en ce qui concerne le nombre des placements en détention). Sans doute pas à cause de l'issue de ces débats contradictoires, qui, organisés seulement lorsque le juge a déjà l'intention de placer en détention provisoire, se soldent rarement par une remise en liberté, mais plutôt par les contraintes imposées désormais au ministère public (qui doit attendre la fin de la présentation pour prendre ses réquisitions lors du débat contradictoire...). On a, semble t-il, voulu dissuader le ministère public de recourir systématiquement au juge d'instruction lorsqu'un mandat de dépôt était souhaité.

Autre innovation capitale : l'appel du parquet n'est plus suspensif. Désormais, lorsque le juge d'instruction ordonne la mise en liberté de l'inculpé, sa décision est immédiatement exécutoire, nonobstant appel. La loi rappelle encore le caractère exceptionnel de la détention (C. pr. pén., art. 137).

La loi du 10 décembre 1985 institue des chambres collégiales d'instruction[4]. Celles-ci devaient comporter au moins deux magistrats instructeurs. Elle fut abrogée avant même son entrée en vigueur par la loi du 30 décembre 1987[5]. Des difficultés budgétaires furent avancées pour justifier cet abandon. Usant d'un autre dispositif, la loi du 30 décembre 1987 vise principalement à priver le juge d'instruction de la possibilité de placer en détention. Elle

1. L. n° 75-701, 6 août 1975, *D.* 1975, 295; *JCP* 1975, III, 43170.
2. L. 9 juill. 1984, *D.* 1984, 417 – J. Pradel, « La loi du 9 juillet 1984 sur le recul de la détention provisoire, un pas en avant utile ? », *D.* 1985, chron. 7; *JCP* 1985, I, 3174, note Chambon.
3. P. Tournier, Direction de l'administration pénitentiaire, Travaux et documents, n° 30, 1985.
4. L. n° 85-1303, 10 déc. 1985, *D.* 1986, 32; *JCP* 1986, III, 58135 – J. Lemouland, « La réforme de la procédure d'instruction en matière pénale », *ALD* 1987, 47 – J. L., « Le juge d'instruction, ce chêne qu'on abat », *ALD* 1985, 119 s.
5. L. n° 87-1062, 30 déc. 1987, *D.* 1988, 59; *JCP* 1988, III, 60968 – J. Pradel, « Chambre du conseil et instruction préparatoire (Remarques suggérées par la loi du 30 décembre 1987) », *D.* 1988, chron. 149 – P. Chambon, « La loi n° 87-1062 du 30 décembre 1987 relative aux garanties individuelles en matière de placement en détention provisoire », *JCP* 1988, I, 3335 – J.-L., « Commentaire de la loi n° 87-1062 du 30 décembre 1987 ou préalable d'une nouvelle réforme de l'instruction », *Gaz. Pal.* 25/26 mai 1988; « Le juge d'instruction, ce chêne qui cache la forêt », *Gaz. Pal.* 1987, 2, doctr. 796 – D. Perrier-Daville, « Les juges d'instruction de nouveau sur la sellette », *Gaz. Pal.* 1987, 2, doctr. 692 – H. Lehman, « Détention durable et réformes provisoires », *Gaz. Pal.* 1988, 2, doctr. 590.

crée une chambre des mises en détention provisoire. Cette chambre est composée de 3 magistrats du siège dont le juge d'instruction est exclu, à la différence du système imaginé en 1985. Cette loi n'entrera jamais en vigueur sur ce point. Mais, de même que la loi de 1987 a mis à néant les nouveautés de 1985, la loi du 6 juillet 1989 met à néant les dispositions de la loi de 1987 sur la chambre des mises en détention[1]. Elle unifie les règles de placement en détention correctionnelle et criminelle. Désormais, le placement en détention en matière criminelle se fait également par ordonnance motivée. Ce texte limite certaines durées de détention et institue une comparution personnelle devant la chambre d'accusation, de droit lorsque la personne en fait la demande.

Elle prévoit aussi une possible publicité des débats devant la chambre d'accusation.

141.24 Le rapport de la commission Delmas-Marty[2]. Il préconise la suppression pure et simple du juge d'instruction. C'est en 1990 que la commission « Justice pénale et droits de l'Homme », dite Delmas-Marty, du nom de sa présidente, a remis son rapport. La fonction d'enquête est désormais dévolue au ministère public, tandis qu'un « juge des libertés » est chargé de prendre toutes les mesures attentatoires à la liberté individuelle. Ce projet est sans doute le plus achevé et le plus cohérent qu'on ait vu ces dernières années. Toutefois, la réforme qu'il proposait était générale et modifiait considérablement les habitudes de chacun. Elle s'est heurtée à l'opposition de nombreux magistrats mais aussi à une raison de fond : l'insuffisante indépendance du ministère public.

Le modèle italien qui a connu de longues années de flottement, n'a sans doute pas non plus encouragé le législateur français à sauter le pas. Moyennant quoi, il s'est résolu à multiplier les réformes, avec peu de succès.

141.25 Les deux réformes de 1993 : la loi du 4 janvier, la loi du 24 août. La loi du 4 janvier 1993 poursuivait de nombreux objectifs[3]. Elle a accru considérablement les droits des parties et de nombreuses dispositions (légèrement restreintes par un formalisme nouveau institué par la loi du 24 août) sont toujours en vigueur. En ce qui concerne la détention, la loi du 4 janvier 1993 revenait sur l'idée de séparer instruction et détention. En tout cas certains aspects de la détention : placement, prolongation devaient être dévolus à une collégialité avec principe d'échevinage. Mais sur ce dernier point la loi n'était applicable qu'en octobre 1994 et elle fut abrogée avant. En revanche, le dispositif de transition qui confiait le placement en détention et sa prolongation au président du tribunal de grande instance et en pratique, à un juge délégué, a fonctionné du 1er mars 1993 (date d'entrée en vigueur sur ce point de la loi) au 1er septembre 1993 (date d'entrée en vigueur de la loi du 24 août 1993 qui revenait à la situation antérieure).

Pendant 6 mois, le juge d'instruction a donc saisi le juge délégué lorsqu'il souhaitait que la personne mise en examen (nous devons également à la loi du 4 janvier cette nouvelle terminologie) soit détenue. En revanche, le juge conservait la maîtrise du contentieux des demandes de mise en liberté, en dehors de toute logique. La loi a été très mal acceptée par les magistrats instructeurs. Elle pouvait légitimement susciter l'incompréhension des professionnels. Ainsi, la disposition qui prévoyait que c'était le juge délégué qui plaçait en détention et qui rédigeait l'ordonnance mais que c'était le juge d'instruction qui signait le mandat de dépôt a été jugée absurde. La loi du 4 janvier sortait le juge d'instruction du « placement » et de la « prolongation » de la détention mais lui conservait la possibilité de statuer sur les demandes de mises en liberté, ce qui manquait de logique. Après le placement, le détenu ne pouvait pas espérer que le juge qui l'avait mis en détention ne statue à nouveau sur son sort avant quatre mois en matière correctionnelle et un an en matière criminelle...

La loi du 24 août 1993 met fin à l'expérience dite du « juge délégué »[4]. Elle rend au magistrat

1. L. n° 89-461, 6 juill. 1989, *D.* 1989, 224; *JCP* 1989, III, 62912 – P. Chambon, « La loi n° 89-461du 6 juillet 1989 modifiant le Code de procédure pénale et relative à la détention provisoire : analyse et réflexions », *JCP* 1989, I, 3417.
2. Commission Justice pénale et droits de l'Homme, *La mise en état des affaires pénales*, Doc. fr., coll. « Rapports », 1991 – J. Pradel, « Propos sceptiques sur le rapport de la Commission Justice pénale et droits de l'Homme », *D.* 1990, chron. 1 – J.-L. Sauron, « Les vertus de l'inquisitoire ou l'État au service des droits », *Revue pouvoirs* 1990, 53, D. Soulez-Larivière, « Rapport sur la mise en état des affaires pénales », *Revue pouvoirs* 1990, 65.
3. L. n° 93-2, 4 janv. 1993, *JO* 5 janv., 215; *D.* 1993, 134; *JCP* 1993, III, 65891 – Circ. min., 27 janv. 1993, *D.* 1993, 222 – J.-L., « Le projet Sapin de réforme de la procédure pénale ou de l'inculpé à l'encausé », *Gaz. Pal.* 1992, 1, doctr. 160 – H. de Larosière de Champfeu, « L'instruction préparatoire à l'épreuve des lois des 4 janvier et 24 août 1993 : Égalité et responsabilité », *Gaz. Pal.* 1996, 2, 965 – F. Le Gunehec, « Un rééquilibrage de la procédure pénale », *JCP* 1993, I, 3720.
4. L. n° 93-2, 4 janv. 1993, *JO* 5 janv., 215; *D.* 1993, 134; *JCP* 1993, III, 65891 – Circ. min., 27 janv. 1993, *D.* 1993, 222 – J.-L., « Le projet Sapin de réforme de la procédure pénale ou de l'inculpé à l'encausé », *Gaz. Pal.* 1992, 1, doctr. 160 – H. de Larosière de Champfeu, « L'instruction préparatoire à l'épreuve des lois des 4 janvier et 24 août 1993 : Égalité et responsabilité », *Gaz. Pal.* 1996, 2, 965 – F. Le Gunehec, « Un rééquilibrage de la procédure pénale », *JCP* 1993, I, 3720.

instructeur toutes ses prérogatives relatives à la détention provisoire. Elle institue le système dit du « référé-liberté » qui prévoit la saisine rapide du président de la chambre d'accusation qui peut, dans les cas où la détention serait manifestement anormale, suspendre les effets du mandat de dépôt (v. s[s] n°s 145.41 à 145.49).

On espère à l'époque beaucoup en cette procédure, mais elle décevra. Ainsi, en 1996, sur 27 830 mandats de dépôt, 394 personnes seulement useront du référé-liberté, soit 1,4 % [1].

Le législateur se dirige alors vers une loi qui ne touchera pas au principe de la détention mais à certains de ses éléments techniques. Ce sera la loi du 30 décembre 1996. Sur le rapport du comité de réflexion sur la justice pénale, déposé au début du mois de septembre 2009, v. s[s] n° 140.05, 143.05, 144.05, 145.05, 146.05, 148.05.

141.26 **La loi du 30 décembre 1996** [2]. Elle donne une nouvelle définition du critère d'ordre public. Il est clair que l'intention du législateur est alors d'éviter un recours trop systématique à ce critère. Nous avons critiqué la rédaction adoptée qui réintroduit une notion de gravité des faits combattue depuis longtemps par une grande partie de la doctrine... [3]

Force est de constater que cette modification n'a eu strictement aucune incidence dans les décisions intervenues depuis. Aucune incidence en tout cas dans le sens d'une moindre utilisation du critère.

Les dispositions de la loi du 30 décembre 1996 modifient également le régime de prolongation de la détention. Elles sont explorées en détail dans le chapitre sur la prolongation de la détention. On peut dire toutefois que les changements qu'elle apportait ne risquaient pas d'avoir une réelle incidence sur la durée de celle-ci.

141.27 **La loi du 15 juin 2000** [4]. La loi du 15 juin 2000 est importante à de nombreux égards. Elle adopte un principe identique à celui qui a prévalu lors des projets avortés de 1985 et 1987 (v. s[s] n° 141.23), et dans la conception de la loi du 4 janvier 1993 (v. s[s] n° 141.25). Dans son essence la loi du 15 juin 2000 reprend l'idée de la création d'un juge tiers à l'instruction qui serait chargé du placement, de la prolongation de la détention, mais aussi, à la différence du juge délégué de 1993, de répondre aux demandes de mise en liberté. Ce juge, appelé dans une précédente mouture du projet « juge des libertés » puis dans une autre mouture « juge de la détention » a finalement été nommé « juge des libertés et de la détention ». Le placement en détention peut désormais être public si l'intéressé en fait la demande. Autre modification sensible : le minimum des peines encourues permettant le placement en détention est revu à la hausse et différent selon le type de l'infraction. Par ailleurs, en cas de révocation du contrôle judiciaire la durée cumulée des différentes détentions ne peut excéder de plus de quatre mois la durée maximale de la détention pour les majeurs et un mois pour les mineurs. De nouveaux délais butoirs limitent la détention provisoire en matière correctionnelle et criminelle. Enfin, la chambre d'accusation, qui devient chambre de l'instruction perd son rôle de mise en accusation en matière criminelle tandis qu'un second degré de juridiction est institué, révolutionnant des habitudes séculaires.

141.28 **Les lois de 2002.** La loi du 9 septembre 2002 a instauré une nouvelle procédure de « référé-détention », pendant du référé liberté, et qui permet au ministère public de saisir la cour d'appel d'une demande de suspension de la mise en liberté d'une personne détenue. L'article 144-2 du Code de procédure pénale qui permettait d'exécuter une mesure de détention provisoire sous le régime du placement sous surveillance électronique, et qui était issu de la loi du 15 juin 2000 a été abrogé par la loi du 9 septembre 2002. En contrepartie, l'article 138 du Code de procédure pénale a été complété afin de donner la possibilité au juge d'instruction ou au juge des libertés et de la détention de placer le

1. Annuaire statistique de la justice, Doc. fr., 1997.
2. L. n° 96-1235, 30 déc. 1996, *JO* 1er janv. 1997; *Gaz. Pal.* 1997, bull. lég. 61 – F. Legunehec, « Aperçu rapide de la loi du 30 décembre 1996 relative à la détention provisoire et aux perquisitions de nuit en matière de terrorisme », *JCP* 1997, 22 janv. 1997 – N. El Hage, « La loi du 30 décembre 1996 et son rapport relativement aux droits de la personne placée en détention provisoire », *Gaz. Pal.* 19/20 mars 1999, 3.
3. Ch. Guéry, note s[s] CA Douai, ch. acc., 17 juin 1997, *D.* 1997, jur. 593.
4. L. n° 2000-516, 15 juin 2000, *JO* 16 juin, 9038 s., *JCP G* 2000, III, 20301; *Gaz. Pal.* 2000, bull. lég. 13 juill., 263 et circ. 287 – F. Le Gunehec, « Aperçus rapides sur la loi n° 2000-516 renforçant la protection de la présomption d'innocence et les droits des victimes et droit de la communication », *JCP G* 2000, act. n° 26, 1223 s.; *JCP G* 2000, n° 27, 1299 s.; *JCP G* 2000, n° 28, 1351 s.; *JCP G* 2000, n° 29, 1407 s. – H. Leclerc, « La loi du 15 juin 2000 renforçant la présomption d'innocence et le droit des victimes », *Gaz. Pal.* 29/30 sept. 2000, 2 – J.-D. Nuttens, « Présomption d'innocence : le Parlement fait la loi », *Gaz. Pal.* 21/27 juin 2000, 2; « La loi du 15 juin 2000 sur la présomption d'innocence : première approche », *Gaz. Pal.* 21/22 juin 2000, 11 – J. Pradel, « Encore une tornade sur notre procédure pénale avec la loi du 15 juin 2000 », *D.* 2000, n° 26, Point de vue V – H. Angevin, « Mort d'un dogme, À propos de l'instauration par la loi du 15 juin 2000 d'un second degré de juridiction en matière criminelle », *JC G* 2000, I, 260 – Ch. Guéry, « Le nouveau juge des libertés et de la détention : premiers problèmes pratiques », *Gaz. Pal.* 8/9 sept. 2000 », *Gaz. Pal.* 4/5 oct. 2000.

mis en examen sous contrôle judiciaire sous le régime du placement sous surveillance électronique.

141.29 La loi du 9 mars 2004, dite Perben II. La loi du 9 mars 2004 est une loi très importante mais, pour une fois, comporte peu de dispositions qui touchent à la détention. Elle supprime néanmoins l'ordonnance de prise de corps et maintient les effets du mandat de dépôt en matière criminelle (C. pr. pén., art. 181). Elle permet aussi la saisine directe du JLD par le parquet, dans certaines affaires, lorsque le juge d'instruction refuse la saisine de ce magistrat (C. pr. pén., art. 137-4). La loi du 12 décembre 2005 n'a pas réformé la détention provisoire.

141.30 La loi n° 2007-291 du 5 mars 2007[1]**.** Elle est la résultante directe du « fiasco judiciaire » de l'affaire d'Outreau et, pourtant, modifie assez peu les règles de détention. L'abrogation du critère de l'ordre public en matière correctionnelle ne va pas changer la détention provisoire en France. Le débat contradictoire devant le JLD, l'audience devant la chambre de l'instruction qui statue sur une question relative à la détention, deviennent, en principe, publics. Le mis en examen doit être assisté d'un avocat lors de ce débat contradictoire. Une autre loi du 5 mars 2007, sur la prévention de la délinquance[2], modifie quelque peu les règles de détention des mineurs (en modifiant celles relatives au contrôle judiciaire).

SECTION 3
LA DÉTENTION PROVISOIRE EN QUESTIONS

141.31 Définitions. Diverses définitions de la détention provisoire sont données par la doctrine. Jean Pradel écrit que la « détention provisoire est l'incarcération d'un inculpé en maison d'arrêt pendant tout ou partie de l'instruction préparatoire jusqu'au jugement définitif sur le fond de l'affaire »[3].

On trouve sous la plume de Jean Dumont une définition qui s'en rapproche : « La détention provisoire est une mesure ordonnée par un ou plusieurs magistrats du siège, le plus souvent le juge d'instruction, permettant d'incarcérer une personne présumée innocente jusqu'à sa condamnation, dans les cas et selon les conditions prévues par la loi. »[4] Dans le répertoire de droit pénal et de procédure pénale on lit que la « détention provisoire est une mesure d'incarcération dans une maison d'arrêt prise avant tout jugement à l'égard d'une personne mise en examen ».

Au-delà de la définition, l'essentiel est de percevoir que la détention provisoire dépasse le cadre de l'instruction préparatoire même si les principales difficultés se rencontrent en son sein.

La détention provisoire s'étend en effet jusqu'à la condamnation définitive. Le détenu condamné en première instance qui attend de passer en appel ou pendant le délai d'appel est toujours en « détention provisoire ». De même celui qui se trouve dans le délai de pourvoi ou dans l'attente de l'évocation de celui-ci devant la Cour de cassation. Certes, la jurisprudence de la Cour européenne de sauvegarde des droits de l'Homme et des libertés fondamentales fait s'arrêter la détention provisoire à la décision de condamnation de première instance. Dans un arrêt Wemhoff c/RFA du 27 juin 1968[5], la Cour considère que la personne condamnée se trouve dans le cas d'une personne privée de liberté au sens du paragraphe 1 de l'article 5. Le paragraphe 3 du même article ne s'applique donc qu'aux détentions subies avant l'intervention d'une décision sur le fond.

Mais les problèmes qui se posent sont en fait du même type, qu'on se trouve avant la décision de première instance ou après. Lorsque la condamnation est définitive il n'y a plus de demande de mise en liberté possible. Nous sommes alors dans le registre de l'exécution de la peine et d'autres règles sont applicables (permissions de sortie, libération conditionnelle, semi-liberté...) qui ne nous intéresseront pas ici.

141.32 Exclusions. Il est habituel de dire que la détention provisoire doit se distinguer d'autres hypothèses de rétention. Cela va de soi. Ni la garde à vue, ni la rétention des mineurs de 10 à 13 ans (ord. 2 févr. 1945, art. 4), ni la rétention des étrangers, ni l'arrestation en vertu d'un mandat d'amener ou de recherche ne fondent une détention provisoire. Une définition de la détention provisoire qui inclut le lieu où elle se réalise, une maison d'arrêt, suffit d'ailleurs à écarter ces hypothèses.

141.33 La détention provisoire : un préjugement ? La détention provisoire serait un préjugement. Pourquoi ? Parce qu'une personne non encore condamnée se trouverait placée en détention. Or, la reine des peines en France – et dans le

1. L. n° 2007-291, 5 mars 2007, tendant à renforcer l'équilibre de la procédure pénale, *JO* n° 55, 6 mars, 4206.
2. L. n° 2007-297, 5 mars 2007, relative à la prévention de la délinquance, *JO* 7 mars.
3. J. Pradel, *L'instruction préparatoire*, Cujas, 1990, p. 587.
4. J. Dumont, « Détention provisoire et contrôle judiciaire », *Juris-Classeur* 1995, n° 170.
5. CEDH 27 juin 1968, n° 2122/64, Wemhoff c/RFA, série A n° 7.

monde d'ailleurs – c'est l'emprisonnement. Sous l'Ancien Régime, la détention provisoire, qui présentait évidemment des traits bien différents, était au moins plus nettement une mesure de sûreté qui aboutissait à détenir une personne aux fins de s'assurer de sa représentation en justice. Le châtiment étant la plupart du temps un châtiment corporel, la détention provisoire apparaissait moins comme un préjugement.

On ne dit jamais que le contrôle judiciaire est un préjugement. Or, cette mesure coercitive présente les mêmes caractéristiques que la détention puisqu'elle est prise avant que l'intéressé ait été condamné. Pourtant la différence entre les obligations de contrôle judiciaire et la peine encourue semble effacer la critique.

Mais lorsque le législateur français a maintenu dans le « nouveau » Code pénal et dans toute sa majesté la peine d'emprisonnement comme base de toute sanction (les peines alternatives le sont toujours à l'emprisonnement et si l'on excepte quelques délits pour lesquels une peine d'amende est prévue comme peine principale, c'est toujours la prison qui est au cœur du système de répression), il a forcément entériné ce constat : s'assurer de la personne soupçonnée, c'est aussi commencer à lui faire exécuter ce que sera sa peine, ce que risque d'être sa peine. On peut donc être globalement d'accord avec un député qui s'écrie lors de la discussion d'un projet de loi à l'Assemblée nationale : « La meilleure preuve que la détention provisoire est une précondamnation est qu'elle est décomptée du temps de la peine.[1] » Nul ne peut s'étonner alors de cette pratique qui consiste pour une juridiction de jugement à « couvrir » une détention provisoire en prononçant une peine d'emprisonnement au moins égale. Ceci participe sans doute d'une confusion des rôles entre celui qui juge utile une détention avant jugement et celui qui prononce la peine. Il n'est pas certain néanmoins que l'on puisse faire une dichotomie aussi nette. Ainsi, on se demandera si le juge d'instruction et désormais si le juge des libertés et de la détention ne doit pas évaluer *a priori* les risques qu'une personne soit condamnée à une peine d'emprisonnement avant de prendre une mesure qui soit « techniquement » justifiée par les critères de l'article 144 du Code de procédure pénale. On ne peut répondre à cette question avec dogmatisme. La notion de « proportionnalité », inscrite par exemple dans le droit allemand, doit être présente à l'esprit de chacun : la cour constitutionnelle allemande a décidé que la détention ne pourrait être ordonnée lorsqu'elle serait hors de proportion avec l'importance de l'affaire et avec la peine ou la mesure de rééducation et de sûreté qui pourrait être prononcée. L'article préliminaire du Code de procédure pénale, issu de la loi du 15 juin 2000, dispose que : « Les mesures de contraintes dont cette personne peut faire l'objet sont prises sur décision ou sous le contrôle effectif de l'autorité judiciaire. Elles doivent être strictement limitées aux nécessités de la procédure, proportionnées à la gravité de l'infraction reprochée et ne pas porter atteinte à la dignité de la personne. »

La peine « qui pourrait être prononcée » n'est donc pas à bannir de nos réflexions.

141.34 La détention provisoire : une atteinte à la présomption d'innocence ? Pour répondre à cette question encore faut-il savoir ce qu'est vraiment la présomption d'innocence.

La présomption d'innocence est proclamée par la Déclaration des droits de l'Homme et du citoyen du 26 août 1789 (Déclaration des droits de l'Homme et du citoyen, 26 août 1789, art. 9.) c'est-à-dire qu'elle est comprise dans le « bloc de constitutionnalité » puisque la Constitution de 1958 intègre cette Déclaration dans son préambule.

Elle est également contenue dans la Déclaration universelle des droits de l'Homme élaborée en 1948 (Déclaration universelle des droits de l'Homme élaborée en 1948, art. 11-1) et dans la Convention européenne de sauvegarde des droits de l'Homme et des libertés fondamentales (Conv. EDH, art. 6, § 2.) Elle est dans de nombreux pays et notamment en Europe considérée comme le principe cardinal du système pénal.

Elle est même comparée à un « fil d'or » dans un arrêt célèbre de la Chambre des Lords : « Dans la toile du droit pénal anglais, ce fil se voit toujours. »[2]

Elle est désormais expressément énoncée dans le Code de procédure pénale. L'article préliminaire du Code dispose que : « Toute personne suspectée ou poursuivie est présumée innocente tant que sa culpabilité n'a pas été établie. Les atteintes à sa présomption d'innocence sont prévenues, réparées et réprimées dans les conditions prévues par la loi. » L'article 137 le rappelle encore : « La personne mise en examen, présumée innocente, reste libre. » Enfin, l'article 9-1 du Code civil, dans sa rédaction issue de la loi du 15 juin 2000 est ainsi rédigé : « Chacun a droit au respect de la présomption d'innocence. Lorsqu'une personne est, avant toute condamnation, présentée publiquement comme

1. P. Devedjian, séance du 3 avr. 1998, lors de la discussion d'une proposition de loi déposée par A. Touret (Proposition de loi n° 577/98) et tendant à réformer la détention provisoire.

2. *Woolmington v/DPP* [1935] A.C. 462, cité dans M. Delmas-Marty (dir.), *Procédures pénale d'Europe*, Puf, coll. « Thémis », 1995, p. 518.

coupable de faits faisant l'objet d'une enquête ou d'une instruction judiciaire, le juge peut, même en référé, sans préjudice de la réparation du dommage subi, prescrire toutes mesures, telles que l'insertion d'une rectification ou la diffusion d'un communiqué, aux fins de faire cesser l'atteinte à la présomption d'innocence, et ce aux frais de la personne, physique ou morale, responsable de cette atteinte. »

141.35 La présomption d'innocence dans la Convention européenne des droits de l'Homme. L'article 6, § 2 de la Convention européenne, déjà évoqué, dispose que : « Toute personne accusée d'une infraction est présumée innocente jusqu'à ce que sa culpabilité ait été légalement établie. »

La présomption d'innocence est d'abord et avant tout une présomption.

Faustin Hélie écrivait déjà : « La détention préalable inflige un mal réel, une véritable souffrance, à un homme qui non seulement n'est pas réputé coupable mais qui peut être innocent, et le frappe, sans qu'une réparation ultérieure soit possible, dans sa réputation, dans ses moyens d'existence, dans sa personne. »[1]

On doit rappeler cette évidence : à l'origine la présomption d'innocence c'est l'affirmation que la charge de la preuve appartient à l'accusation. C'est ainsi que la Commission des droits de l'Homme a estimé que l'article 6, § 2 de la Convention « exige en premier lieu que les membres du tribunal, en remplissant leur fonction, ne partent pas de la conviction ou de la supposition que le prévenu a commis l'acte incriminé »[2]. La charge de la preuve de la culpabilité incombe au ministère public et le doute profite à l'accusé[3]. « L'article 6, § 2 concerne au premier chef l'état d'esprit dans lequel les juges s'acquittent de leur tâche.[4] » Selon les organes de Strasbourg, le respect de la présomption impose aussi aux juridictions d'admettre que l'accusé puisse fournir des contre-preuves. Enfin la présomption d'innocence va à l'encontre des présomptions légales contraires. Toutefois « si l'article 6, § 2 ne se désintéresse... pas des présomptions de fait ou de droit qui se rencontrent dans les lois répressives » il se contente de commander « aux États de les enserrer dans des limites raisonnables prenant en compte la gravité de l'enjeu et préservant les droits de la défense »[5].

141.36 La présomption d'innocence : une fiction ? Certains voient dans la présomption d'innocence une fiction[6]. Certes, si l'on examine la rédaction de certains articles du Code de procédure pénale, on est frappé par le non respect formel de ce principe. C'est ainsi que l'un des critères le plus utilisé de l'article 144 est la nécessité d'éviter le renouvellement de l'infraction. À l'évidence, ce critère présuppose que l'infraction poursuivie est avérée, ce qui n'est pas le cas puisque l'affaire est en train d'être instruite. « Le juge ne peut pas en effet logiquement dire à un inculpé qu'il est présumé innocent de l'infraction pour laquelle il est poursuivi mais qu'il décide de le placer en détention pour éviter qu'il ne recommence.[7] » Le critère de « mettre fin à l'infraction » se situe dans la même logique. Mais on trouve une façon identique de présenter les choses en matière de contrôle judiciaire : l'article 138 12° prévoit que le juge peut interdire à la personne mise en examen de « se livrer à certaines activités de nature professionnelle ou sociale [...] lorsque l'infraction a été commise dans l'exercice ou à l'occasion de l'exercice de cette activité ». « Les innocents ne renouvellent pas les infractions puisque, par définition, ils ne les ont pas commises et ne troublent pas un ordre public qui ne saurait s'émouvoir de la probité. »[8]

On ne saurait pourtant en tirer de conclusions définitives tant il est difficile de rédiger autrement. Peut-on imaginer une rédaction selon laquelle la détention peut être « l'unique moyen d'éviter le renouvellement des faits pour lesquels il existe en l'état de la procédure des indices graves ou concordants de culpabilité » ? Le législateur est d'ailleurs déjà intervenu pour corriger certains termes. C'est ainsi qu'avant les lois de 1993, l'article 80 alinéa 3 du Code de procédure pénale disposait que : « Le juge d'instruction a le pouvoir d'inculper toute personne ayant pris part, comme auteur ou complice, aux faits qui lui sont déférés. » La loi du 24 août 1993 évoque la même possibilité mais dans une terminologie plus respectueuse de la présomption d'innocence : « Le juge d'instruction a le pouvoir de mettre en examen toute personne à l'encontre de laquelle il existe des indices laissant présumer

1. Hélie F., Traité d'instruction criminelle, t. IV, n° 1948.
2. Comm. EDH, 4-5 oct. 1974, Herbert Hubert c/Autriche, D 5523/72, *Ann. Conv. EDH* 1974/331 – Comm. EDH, 4 mars 1980, X, Y, Z c/Autriche, D 7950/77, *DR* 19, p. 221 – Et Comm. EDH, X c/Suisse, 5 mai 1981, D 9037/80, *DR* 19, p. 222.
3. Comm. EDH, D 7950/77 – Comm. EDH, D 9037/80 – Comm. EDH, Amosi Saliabaku c/France, 16 avr. 1986, D 10519/83, *DR* 46, p. 105.
4. Comm. EDH, D 5523/72 – Comm. EDH, R. F. s. F. c/ Autriche, 7 oct. 1985, D 10847/84, *DR* 44, p. 241.
5. CEDH 7 oct. 1988, *Saliabaku*, série A n° 141, 16 – V. aussi, M. Delmas-Marty, *Procédures pénales d'Europe*, Puf, coll. « Thémis », 1995, p. 518 s.
6. J. Le Calvez, « L'inculpation et la présomption d'innocence », *Gaz. Pal.* 31 oct. 1987, chron. 2.
7. J. Le Calvez, « L'inculpation et la présomption d'innocence », *Gaz. Pal.* 31 oct. 1987, chron. 2.
8. J.-R. Farthouat, « La présomption d'innocence », *Justice* n° 10, 55.

qu'elle a participé, comme auteur ou complice, aux faits dont il est saisi » (C. pr. pén., art. 80-1). La rédaction issue de la loi du 15 juin 2000 renforce encore les précautions terminologiques : « À peine de nullité, le juge d'instruction ne peut mettre en examen que les personnes à l'encontre desquelles il existe des indices graves ou concordants rendant vraisemblables qu'elles aient pu participer comme auteur ou complice à la commission de l'infraction dont il est saisi. »

Le mérite de telles réflexions peut être symboliquement important.

141.37 **Autres analyses.** Sans doute la détention peut-elle alors être considérée comme une « présomption de fait de culpabilité »[1]. D'autres ont mis en exergue que la présomption d'innocence était indissolublement liée au secret, et que la première ne se justifie plus dès lors que le second est caduc : « Il n'y avait donc alors guère d'inconvénient à présumer innocent le suspect inconnu d'une infraction inconnue faisant l'objet d'une procédure également inconnue, et ce jusqu'à un procès demeurant lui-même confidentiel ou quasiment.[2] » On a aussi présenté la détention provisoire comme l'une des conséquences du principe de la présomption d'innocence : « C'est également en raison de la présomption d'innocence que les mesures de contrainte dont elle peut faire l'objet – comme la garde à vue et la détention provisoire doivent être proportionnées à la gravité de l'accusation, limitées aux strictes nécessités de la procédure, et contrôlées ou autorisées par l'autorité judiciaire, gardienne des libertés individuelles. »[3] Le texte rectifie ce que la notion de « conséquence » pourrait avoir de paradoxal. C'est en effet parce que des mesures de contrainte sont prises à l'encontre d'une personne qui n'a pas été déclarée coupable que la loi doit en fixer précisément le cadre. Mais, d'une façon générale, la précision de ce cadre n'est pas garante de son libéralisme.

La façon d'envisager la détention provisoire a valeur plus générale. Elle est représentative de la conception qu'une société peut avoir des droits de l'Homme.

La présomption d'innocence est une valeur fondamentale qui souffre des tempéraments lorsque d'autres principes peuvent être considérés comme plus essentiels encore...

141.38 **Un conflit d'intérêts.** L'existence de la première de ces valeurs (la présomption d'innocence) ne signifie pas que la préservation de la seconde (l'intérêt de la Justice) ne justifie pas des mesures coercitives.

L'exigence démocratique est ailleurs. Elle est tout d'abord dans la caractérisation d'éléments de nature à démontrer que si l'innocence est présumée, il existe des indices de nature à faire penser que la personne soupçonnée est coupable ! Là est l'origine de la présomption.

On entend bien rarement des plaintes lorsqu'une mesure coercitive est prise à l'encontre de quelqu'un qui reconnaît les faits. En tout cas le débat ne porte pas alors sur la présomption d'innocence (mais sur le préjugement...). L'atteinte à la présomption d'innocence est invoquée en général lorsque la personne conteste les faits qui lui sont reprochés. C'est l'absence de « certitude » sur la culpabilité qui pèse. Il est donc indispensable, avant de prendre une décision de détention provisoire, d'avoir des indices consistants de culpabilité. « Le principe de l'innocence présumée ne peut être étudié qu'au regard d'un individu suspecté d'avoir commis une infraction »[4]. En ce sens on peut noter l'exigence posée par l'article 80-1 du Code de procédure pénale qui instaure un palier minimum pour pouvoir mettre en examen, et donc, le cas échéant, en détention. Mais alors que le législateur aurait pu judiciariser la mise en examen en instituant un appel, il a préféré mettre en place un système de nullité de procédure dont l'efficience est douteuse. En effet, l'absence de définition des indices « graves » ou « concordants », l'alternative introduite par le législateur par la conjonction « ou » rendent sans grand intérêt, à notre avis, cette disposition.

141.39 **Ce débat est en général un débat tronqué.** On indique que le juge d'instruction ne doit pas « préjuger » de la culpabilité et on lui reproche de « violer la présomption d'innocence » en plaçant en détention.

Mais c'est bien parce qu'il existe des indices laissant présumer que la personne a commis les faits qui lui sont reprochés qu'elle est placée en examen. Et c'est seulement lorsque ces indices auront atteint un certain niveau d'intensité que l'on pourra prendre cette décision attentatoire à la liberté individuelle.

La présomption d'innocence est un principe important. Mais ce principe ne peut mettre obstacle

1. J. Pradel, *L'instruction préparatoire*, Cujas, 1990, n° 567.
2. J.-J. Minet, « En finir avec la présomption d'innocence, Libres propos », *Gaz. Pal.* 2/3 déc. 1994, 2.
3. Exposé des motifs du projet de loi renforçant la présomption d'innocence et le droit des victimes.
4. Ph. Conte, « Pour en finir avec une présentation caricaturale de la présomption d'innocence », *Gaz. Pal.* 2/3 juin 1995, Tribune libre 2 – V. aussi sur les présomptions et la terminologie utilisée par le Code de procédure pénale Ch. Guéry, « Les paliers de la vraisemblance pendant l'instruction préparatoire », *JCP* 1998, I, 140. V. aussi Ch. Guéry, « Détention provisoire et culpabilité », *D.* 2006, Point de vue 1556.

à la mise en place de mesures nécessaires à la répression d'infractions portant atteinte au pacte social. La résolution théorique de la question n'en donne pourtant pas toute l'ampleur. Car si l'on peut admettre intellectuellement cette présentation, on risque en revanche d'être choqué par la pratique judiciaire. Tout est question en effet de mesure. La réunion d'indices contre une personne ne suffit pas à prendre une décision d'incarcération. L'existence de critères définis depuis 1970 par le législateur ne semble pas avoir freiné la fréquence des mises en détention. C'est sans doute cette « facilité » relative avec laquelle le juge français place en détention qui rend récurrente la question de la détention provisoire en France.

C'est cette propension à placer en détention et non son principe qui fait joliment dire au bâtonnier Farthouat : « En France... la présomption d'innocence est mise à mal par la mise en examen, elle est compromise par le contrôle judiciaire, elle est détruite par le placement en détention, elle est atomisée par le jeu des médias et par l'assimilation des coupables avérés qui demeurent présumés innocents et des innocents simplement présumés qui bénéficient à ce titre d'une présomption de culpabilité. »[1] L'opinion publique et le monde politique n'hésitant pas, ces dernières années, à voir un dysfonctionnement judiciaire dans une mise en liberté suivie de récidive tout comme dans une incarcération suivie de relaxe ou d'acquittement. Dans la première hypothèse, c'est une qualité divinatoire qui est requise du juge : s'il incarcère et que le détenu se suicide en détention puis est innocenté, il sera fautif; s'il n'incarcère pas et que la personne réitère des actes criminels, il sera aussi fautif. La détention provisoire est le domaine de l'hypocrysie. Elle arrange ou dérange selon les moments (v. aussi s[s] n° 141.41).

SECTION 4
LA DÉTENTION PROVISOIRE EN CHIFFRES

141.41 **Les chiffres de la détention.** Rappelons tout d'abord que les détenus « provisoires » sont non seulement ceux qui sont placés en détention par le magistrat instructeur mais également tous ceux qui ne sont pas définitivement condamnés.

La population carcérale était en augmentation (47 698 au 1er janvier 1987, 48 119 au 1er janvier 1992, 51 640 au 1er janvier 1997) avant de connaître une baisse depuis 1997 pour arriver à 51 903 au 1er janvier 2000[2]. La courbe s'est ensuite inversée pour arriver à 62 569 personnes en détention provisoire au 1er avril 2004 puis 59 372 au 1er avril 2005. Pourtant le pourcentage des personnes non définitivement condamnées tend à diminuer.

En 1975 le pourcentage des détenus dans la population carcérale était de 37,50 %. En 1983, il était de 52 % mais 45 % en 1987, 41 % en 1992 et 1997 et 37 % au 1er juillet 1998.

Le taux d'occupation des maisons et quartiers de maisons d'arrêt était de 129,7 % au 1er mai 2005[3].

Pour 1985 le nombre des personnes incarcérées par les juges d'instruction dans l'année s'est ainsi monté à 39 226 pour retomber à 29 860 en 1996[4] puis 23 949 en 1998[5]. Il était 22 110 en 2004 et 20 713 en 2005 (les chiffres fournis par le Cesdip sont légèrement différents et notent pour 2004, 24 001 mandats de dépôt et pour 2005, 23 808[6]). Comme le soulignent Serge Portelli et Sophie Clément Mazetier[7], cette baisse sensible peut sans doute être attribuée à l'utilisation croissante de la comparution immédiate, elle-même en baisse par rapport à l'utilisation des convocations par officier de police judiciaire. Celle-ci a d'ailleurs été renforcée par le recours des parquets à la procédure dite de traitement en temps réel des procédures[8]. Cette « impression » est corroborée par une étude de la Sous direction de la Statistique, des Études et de la Documentation de la Chancellerie[9]. On y apprend par exemple qu'entre 1985 et 1994, l'accroissement de l'incarcération par procédure de comparution immédiate est de 73 % alors que les mises en détention provisoire sur mandat du juge d'instruction diminuent de 19 %. L'utilisation de la comparution immédiate a encore été facilitée par la réforme du

1. J.-R. Farthouat, « La présomption d'innocence », *Justice* n° 10, 54.
2. *Les chiffres clés de la justice*, Doc. fr., 1999 – D. Delabruyère, A. Kensey, *Infostat Justice*, Bulletin d'information statistique de la direction de l'administration générale et de l'équipement, sept. 2000.
3. Commission de suivi de la détention provisoire, *Rapp. annuel 2005,* Doc. fr., 2006.
4. D. Delabruyère, A. Kensey, *Infostat Justice*, Bulletin d'information statistique de la direction de l'administration générale et de l'équipement, sept. 2000.
5. D. Delabruyère, A. Kensey, *Infostat Justice*, Bulletin d'information statistique de la direction de l'administration générale et de l'équipement, sept. 2000.
6. *Questions pénales,* « La détention provisoire : mise en perspective et lacunes des sources statistiques », B. Aubusson de Cavarlay, Cesdip, juin 2006.
7. S. Portelli et S. Clément Mazetier, « La réforme de l'instruction : Des réalités aux libertés », *Gaz. Pal.* 17/18 juill. 1998, 2.
8. Sur ce point Ch. Guéry et G. Accomando, « Les limites du traitement en temps réel des affaires pénales », *Gaz. Pal.* 18 mars 1997, chron. 446.
9. Sous direction de la Statistique, des Études et de la Documentation de la Chancellerie, Annie Kensey et Odile Timbart, *Les entrées en prison en 1994*, *Infostat Justice* n° 45, juin 1996.

9 septembre 2002. « Le passage par l'instruction préparatoire, facultative en matière de délit, est en diminution notable, aussi bien en proportion qu'en chiffres absolus. Les comparutions immédiates compensent largement cette baisse.[1] » On avait guetté avec intérêt les premiers chiffres de la détention provisoire entre les mains du juge des libertés et de la détention. Les premiers mois de fonctionnement laissaient augurer d'une baisse sensible, plus au niveau des placements refusés d'ailleurs, qu'à celui des refus de prolongation ou de mise en liberté. Mais, au bout de quelques mois, les chiffres devaient reprendre un rythme similaire à ceux d'avant l'entrée en vigueur de la loi du 15 juin 2000 (sur ce point le 1er janv. 2001). Il est vrai que certaines « affaires judiciaires », notamment celle du « chinois », encore appelée « affaire Bonnal » avaient défrayé la chronique et stigmatisé ce qui avait pu apparaître comme une remise en liberté inadaptée[2].

Par ailleurs si la proportion de détention provisoire a baissé, si le nombre des personnes mises en détention provisoire a baissé, le nombre des détenus a quant à lui augmenté constamment selon le principe que si la détention dure plus longtemps, même si on incarcère moins, la quantité de détenus à un moment « m » peut être plus importante. C'est ainsi que le 1er janvier 1982, 10 882 détenus dépendaient du juge d'instruction, pour 13 398 le 1er janvier 1992 et 15 273 le 1er janvier 1997. Le poids de la détention provisoire tient donc plus à la durée des séjours, au stock, qu'au nombre d'entrées.

141.42 La longueur de la détention est en accroissement. En matière criminelle, elle était de 21,1 mois en 1986, 21,6 mois en 1991, 22,5 mois en 1996 et 15,2 mois en 2003.

En matière délictuelle elle était de 3,2 mois en 1986, 3,3 mois en 1991, 3,9 mois en 1996 et 6,2 mois en 2003. On note une augmentation des affaires correctionnalisées qui donnent peut-être lieu à des détentions provisoires plus longues.

Toutes procédures confondues le chiffre de 2,4 mois de détention provisoire en moyenne (1975) a désormais doublé. En 1997, la moyenne de détention provisoire était de 4,4 mois. La moyenne de détention (et non plus de détention provisoire) est elle aussi en progression constante puisque la durée moyenne est passée de 6,7 mois en 1991 à 7,5 mois en 1993 à 8,5 mois en 1999[3]. On peut dire, avec Serge Portelli et Sophie Clément Mazetier[4], que la détention provisoire n'est jamais exceptionnelle... Ce n'est pourtant pas faute pour le législateur d'intervenir.

On peut toutefois se demander si les choix de réforme législative ont toujours été pertinents. En terme d'efficacité, il est clair déjà qu'ils ont échoué.

En terme de clarté pour les magistrats et les justiciables, certaines critiques peuvent également être permises : Pierre Mazeaud ne disait-il pas, lors d'un débat à l'Assemblée nationale : « Il ne faut pas pour la justice qui est une chose sérieuse, légiférer tous les six mois.[5] »

141.43 D'autres chiffres participent du débat contemporain. Ils concernent les cas dans lesquels la détention provisoire est suivie de relaxe ou de non-lieu. Dans ces cas, le détenu peut demander réparation du préjudice qu'il a subi suivant les règles des articles 149, 149-1, 149-2 et 150 du Code de procédure pénale. Cette procédure a été rendue plus simple par la loi du 30 décembre 1996 qui a supprimé l'exigence d'un préjudice manifestement anormal et encore profondément modifiée par la loi du 15 juin 2000 (v. ss nos 149.00 s.). Mais on comprendra que cette réparation pécuniaire ne peut tout effacer. À lire les débats de l'Assemblée nationale lors de la discussion de la proposition de loi déposée en 1998 par Alain Touret[6] on mesure mieux combien les chiffres recueillis par les parlementaires ont eu d'incidence sur leur décision de modifier la procédure. Il faut dire que les chiffres cités sont impressionnants : le nombre de libérations intervenues à la suite d'un non-lieu, d'une relaxe ou d'un acquittement se montait à 2 111 en 1991, 1 231 en 1996[7], et 1 133 cas en 2004 selon l'*Annuaire statistique de la justice*. Mais ces chiffres semblent peu fiables[8]. Même si le chiffre est en baisse sensible, il est bien difficile de s'en satisfaire...

Pour finir on notera qu'en matière criminelle la détention provisoire est la règle puisque la part des

1. *Questions pénales,* « La détention provisoire : mise en perspective et lacunes des sources statistiques », B. Aubusson de Cavarlay, Cesdip, juin 2006.
2. Sur la critique de l'utilisation politicienne de cette affaire, v. Ch. Guéry, « Instruction préparatoire : deux ans après… », dans *Les dispositions procédurales de la loi du 15 juin 2000 sur la présomption d'innocence. Deux ans d'application*, dir. J. Pradel, Cujas, 2003.
3. D. Delabruyère, A. Kensey, *Infostat Justice*, Bulletin d'information statistique de la direction de l'administration générale et de l'équipement, sept. 2000.
4. S. Portelli, Cl. Mazetier, « La réforme de l'instruction : des réalités aux libertés », *Gaz. Pal.* 17/18 juill. 1998.
5. P. Mazeaud, *JOAN* 30 nov. 1988, p. 2822.
6. Rapp. no 813 présenté par M. Alain Touret devant l'Assemblée nationale au nom de la Commission des lois, 1er avr. 1998.
7. Rapp. no 813 présenté par M. Alain Touret devant l'Assemblée nationale au nom de la Commission des lois, 1er avr. 1998.
8. *Questions pénales,* « La détention provisoire : mise en perspective et lacunes des sources statistiques », B. Aubusson de Cavarlay, Cesdip, juin 2006.

condamnés ayant fait de la détention est de 93 % en 1997 alors qu'en matière correctionnelle le chiffre s'établit, pour la même année, à moins de 10 %[1].

141.44 La détention provisoire conditionne-t-elle la peine d'emprisonnement ? Une autre critique, souvent formulée, est celle qui évoque les « filières pénales ». Il est sans aucun doute avéré que la personne qui comparait détenue a plus de risques de voir prononcée une peine d'emprisonnement ferme qu'une personne qui comparait libre, pour des faits identiques. 96 % des peines prononcées à l'égard de ceux qui ont fait de la détention provisoire sont des peines d'emprisonnement ferme...

On estime encore à 77,2 % le pourcentage des entrants en prison par la détention provisoire[2].

On reproche souvent aussi aux juridictions de jugement de « couvrir » la détention. On ne sait d'ailleurs en l'occurrence si c'est la détention ou le juge qui est « couvert » par la décision de la juridiction de jugement... Or, on sait aussi que les critères d'appréciation du juge d'instruction et de la juridiction de jugement sont différents. Le juge d'instruction (et désormais le juge des libertés et de la détention) est lié par les critères définis par l'article 144 du Code de procédure pénale, la juridiction de jugement par les définitions, bien larges évidemment, de l'article 132-24 du Code pénal. Il peut donc y avoir détention provisoire justifiée sans qu'une peine d'emprisonnement ne le soit. « En 2004, les condamnations à des peines autres que l'emprisonnement ferme ont représenté 10,6 % des cas de condamnation après détention provisoire et dans 7,3 % des cas la peine d'emprisonnement ferme a été de durée inférieure à la détention provisoire.[3] »

Chaque institution est gouvernée par ses lois propres mais ne doit pas pour autant ignorer celles des autres. C'est ainsi que le juge d'instruction et le juge des libertés et de la détention ne peuvent trouver dans les critères de l'article 144 le « droit » de placer en détention quelle que soit la situation de la personne et l'importance de l'affaire. Le critère de la peine encourue est en effet relatif : le vol de légumes dans un champ est puni de la même peine que le vol de 100 millions d'euros... Le risque de concertation frauduleuse n'en sera pas moins, estimons-nous, différent... L'appréciation de la peine, non encourue, mais « prononçable », doit donc également être regardée comme logique.

Dans le sens inverse, la « couverture » de la détention ne se justifie pas. Elle entérine certains comportements et est pour partie responsable de leur pérennisation.

SECTION 5
UTILISATION JUDICIAIRE DE LA DÉTENTION PROVISOIRE

141.51 La détention provisoire peut-elle constituer un moyen de pression ? Un procureur de la République dit un jour qu'il n'avait pas le sentiment : « que la loi interdise d'utiliser la détention provisoire comme moyen de pression » et qu'il avait l'impression que cette utilisation était une pratique « assez courante dans notre pays [...] les juges de temps en temps acceptent de se salir les mains dans un intérêt social supérieur »[4].

Sans aller jusqu'à dire que cette pratique est assez courante, nous dirons qu'elle existe. Elle n'est pas expressément proscrite par la loi. Mais tout ce qui n'est pas interdit par la loi n'est pas autorisé. Il existe en effet d'autres règles, d'autres valeurs, qu'épouse le magistrat en prêtant serment. Le magistrat instructeur, comme tout magistrat doit se montrer loyal, ne pas user de stratagèmes, de moyens de pressions... Dans le cadre de l'interrogatoire, il n'est pas interdit par la loi de tutoyer la personne mise en examen, de lui mentir sur l'existence d'aveux de la part d'un co-mis en examen. Dira-t-on que cela est pour autant permis ?

De la même façon on doit considérer qu'il existe en procédure pénale française, même si le principe n'en était pas expressément énoncé jusqu'à l'entrée en vigueur de la loi du 15 juin 2000, un droit au silence et que le silence de la personne mise en examen ne peut justifier son placement en détention[5]. Comme le rappelle B. Bouloc, l'article 14-3 g) du pacte des Nations unies sur les droits civils et politiques du 19 décembre 1966, ratifié par la France en 1981 (Pacte des Nations unies sur les droits civils et politiques, 19 déc. 1966), affirme le droit pour l'accusé « à ne pas être forcé de témoigner contre lui-même ou de s'avouer coupable ». La Cour européenne des droits de l'Homme l'a également rappelé dans un arrêt *Funke* du 25 février 1993[6]. La loi du 15 juin 2000 proclama ce droit au silence aussi

1. Annuaire statistique de la justice, éd. 1999, Doc. fr.
2. P. Robert, « Un casse-tête législatif : la détention provisoire », *Questions pénales* mars 1994; les chiffres sont ceux de l'année 1993.
3. *Questions pénales,* « La détention provisoire : mise en perspective et lacunes des sources statistiques », B. Aubusson de Cavarlay, Cesdip, juin 2006.
4. *Le Monde*, 24 juill. 1993, cité par G. Kiejman; *Dr. pén.* avr. 1995, 6/7.
5. Sur ce point, B. Bouloc, « Le silence de la personne mise en examen peut-il justifier sa mise en détention », *D.* 1995, chron. 315.
6. CEDH 25 févr. 1993, n° 10588/83, Funke c/France, série A n° 256; *D.* 1993, 457, note J. Pannier; et *D.* 1993, somm. 387, obs. J.-F. Renucci.

bien en garde à vue (disposition abrogée par la loi du 4 mars 2002) que lors de l'interrogatoire de première comparution devant le juge.

On ne peut pas dire que l'entrée en vigueur de la loi du 15 juin 2000 a eu forcément pour effet de faire disparaître totalement l'utilisation de la « détention-pression ». Le juge dispose toujours en effet de la possibilité de saisir le juge des libertés et de la détention ou non mais surtout d'ordonner ou non la remise en liberté de l'intéressé, de solliciter la mise en détention de la compagne du détenu, de délivrer un permis de visite, *etc.* La dissociation entre les responsabilités du juge des libertés et de la détention et celles du magistrat instructeur peut néanmoins diminuer ce genre de situation.

141.52 Quelques éléments de sociologie. Le juge est un acteur social.

Le juge français est plus enclin que ses collègues européens à placer en détention provisoire. Quelles peuvent en être les raisons ? Il est très difficile de répondre à ces questions et nous n'aurons à ce sujet aucune prétention sociologique.

On peut pourtant dresser un constat en disant qu'il n'est pas certain que sur ce plan le juge ne soit pas en osmose avec l'opinion publique.

L'idée selon laquelle la sanction doit suivre l'infraction semble culturelle, ancrée profondément dans la conscience de ce pays. Qu'une personne puisse avoir commis « une telle infraction » et « ressortir libre » semble contrarier considérablement nos concitoyens. Avec eux, les forces de police et de gendarmerie. Avec elles certains magistrats du parquet et du siège. Une demande de répression immédiate est aussi souvent récurrente dans le discours répercuté par les médias. Ces « impressions » sont fort éloignées des critères définis par le législateur. D'autres corps participent aussi de cette idée. Ainsi on peut noter que le comportement des travailleurs sociaux a considérablement changé ces dernières années. On vient voir le juge d'instruction pour lui reprocher de ne pas avoir révoqué le contrôle judiciaire, « rappel à la loi » nécessaire souligne-t-on. Cette assimilation du rappel à la loi et de l'emprisonnement est trop caricaturale, sans compter ce qu'on pourrait dire de la confusion générale entre l'utilisation de ce concept dans le champ symbolique (la Loi) et social (la loi) [1].

Le juge d'instruction est donc pris entre deux feux : d'un côté il ressent ce sentiment de réponse immédiate. De l'autre il encourt le reproche de préjugement. Il est vrai de dire que la loi peut faire baisser sensiblement la détention provisoire mais une modification radicale des pratiques ne peut se faire qu'avec une modification des pensées.

Il est frappant de constater qu'en cette matière le discours est bien souvent en désaccord avec les actes. Appartenir à un syndicat de magistrats prônant depuis toujours une application parcimonieuse et prudente de la détention est loin d'être une garantie ! Écrire sur le sujet et regretter que la détention provisoire ne soit pas vraiment exceptionnelle est loin d'en être une autre lorsqu'on est confronté à la pratique...

Dans son *Traité d'instruction criminelle*, Faustin Hélie écrivait déjà : « En Angleterre, la liberté provisoire n'est pas seulement dans les lois, elle est la « common law », elle est dans les mœurs, elle est dans l'esprit du juge. En est-il ainsi en France ? Nos juges ont-ils ce souci des droits individuels qui vit dans les juges anglais ? N'ont-ils pas conservé, des traditions de l'ancienne magistrature et de l'esprit des mercuriales parlementaires, une certaine roideur, une certaine sévérité, qu'ils regardent comme essentielles pour la justice ? N'ont-ils pas religieusement gardé cette idée, incessamment affermie par les efforts du ministère public, que leur devoir est la rigueur ? [2] »

Enfin, on dira que les conditions sociales ont évidemment une incidence sur le prononcé de la détention provisoire. Le critère concernant l'absence de garanties de représentation est directement en phase avec la crise de l'emploi en France : « La crise endémique de l'emploi accroît naturellement le nombre de ceux qui paraissent offrir peu de garanties de représentation parce qu'ils cumulent plusieurs traits de précarité comme l'absence de profession, de travail, de domicile précis, de relations familiales bien fermes ou qu'ils sont de nationalité étrangère, surtout s'ils sont rentrés irrégulièrement en France. [3] »

Les sociologues ont aussi souligné que l'exécution des peines d'emprisonnement ferme était loin d'être assurée. Les chances seraient statistiquement faibles de faire exécuter une condamnation à l'emprisonnement si le condamné n'est pas déjà détenu au moment du jugement [4].

141.53 Quelques éléments de « psychologie judiciaire ». Il y a sans doute aussi quelques éléments de psychologie à mettre en avant pour expliquer le nombre élevé de mandats de dépôt. Si l'on

1. Sur ce point v. Ch. Guéry et L. Bellon, « Juges et psys, la confusion des langues », *RSC* 1999, 783.

2. HÉLIE F., *Traité d'instruction criminelle*, t. IV, 2e éd., no 1991.
3. P. Robert, « Un casse-tête législatif : la détention provisoire », *Questions pénales* mars 1994.
4. Bernat de Celis, *Peines prononcées, peines subies*, Paris, Cesdip, 1988 – J.-L. Le Toqueux, « Les condamnations pour délits un an après, la mise à exécution des peines », *Infostat Justice* 1990, 16.

veut bien admettre comme un élément constant le fait que les services d'enquête soient « gratifiés » par une mise en détention, il faut dire que plus le juge est proche de ses enquêteurs et plus il aura du mal à prendre de la distance lorsqu'il s'agira de prendre une décision de « juge ». Peut-être que tout commence alors dans les écoles de police...

Le « bon » juge d'instruction doit être suffisamment proche de ses services d'enquête pour avoir leur confiance et pouvoir obtenir d'eux un « rendement » efficace, dans un pays où le juge d'instruction ordonne et où les chefs hiérarchiques des officiers de police judiciaire disposent... Une proximité non compromettante est une étape décisive dans les relations entre juge d'instruction et officiers de police judiciaire. Que le problème de détention provisoire vienne interférer dans cette relation est une réalité !

Séparer les fonctions d'enquête et certaines fonctions juridictionnelles peut alors apparaître comme une solution consacrée par la loi du 15 juin 2000.

Croire que ce sera la panacée serait méconnaître d'autres éléments de psychologie judiciaire. Le législateur avait tenté en 1985 puis 1987 d'imaginer une collégialité incluant ou non le magistrat instructeur, et qui aurait pris les décisions relatives à la détention. En 1993, le législateur a choisi un juge unique qui ne serait pas le magistrat instructeur. L'expérience, nous l'avons vu, a duré six mois.

Trop peu de temps sans doute pour en tirer des enseignements instructifs. Les chiffres parfois présentés sur le sujet font état d'une baisse significative du nombre de mandats de dépôt délivrés : 5 870 entre le 1er mars et le 30 mai 1993 pour 7 825 par les juges d'instruction pendant la même période l'année précédente[1]. Ces chiffres doivent, toutefois, être maniés avec précaution. La nouveauté a sans doute eu un effet de frein sur le nombre des saisines et il aurait fallu établir des comparaisons sur une durée beaucoup plus longue, ce qui n'a pas été possible. Quant aux chiffres de la détention depuis l'intervention du nouveau JLD, ils n'ont guère évolués. Pour le juge des libertés et de la détention, ne pas incarcérer c'est aller à l'encontre de l'avis du ministère public et du juge d'instruction. Certains ont donc choisi de « faire confiance » aux collègues, souvent supposés mieux connaître l'importance d'une incarcération sur la suite de l'enquête. D'autres ont pris à cœur cette responsabilité nouvelle, ont accepté la charge de travail supplémentaire et ont pris parfois des décisions qui n'allaient pas dans le sens de ce que demandaient le parquet et le juge.

1. Doc. AN, 2e séance, 1er juill. 1993, *JO* 2 juill., 2846.

Ce n'est pas toujours simple de le vivre au quotidien. Peut-on ici parler de « courage » d'aller à l'encontre de pratiques installées depuis des décennies ? Peut-on dire ce qu'il faut de conviction pour ne pas céder au discours policier, à celui de l'opinion, et le plus souvent à celui des collègues ? Avoir une politique de détention restrictive est pour l'instant encore être en butte à l'ironie voire au mépris, d'autant que tous les praticiens savent aussi que la charge de travail du juge et du greffier est souvent proportionnelle au nombre de détenus. Vivre cela au quotidien dans une juridiction n'est pas toujours facile tant il est vrai qu'on peut se sentir mieux dans un minimum de concorde avec ses partenaires institutionnels. Et c'est encore de « psychologie judiciaire » que l'on parlera en disant que l'on refuse plus difficilement une incarcération lorsqu'on en a déjà refusé cinq dans la journée... tout comme on relaxera peut-être plus difficilement si l'on a déjà relaxé pendant la même audience.

Tout cela se situe dans la dimension humaine de l'acte de juger.

141.54 La distanciation nécessaire. On a pu parfois parler du juge d'instruction comme du Janus de la magistrature, un homme aux deux visages. Celui de l'enquêteur, celui du juge. Or, dans ses fonctions d'enquêteur le juge d'instruction vit dans une logique d'implication. Il s'investit dans l'enquête, donne des ordres aux services de police ou de gendarmerie, cherche, entend, interroge, confronte. Il est totalement impliqué dans la recherche de l'identification de l'auteur d'un crime ou d'un délit. Lorsqu'il s'agit de prendre des décisions aussi importantes que celle de placer en détention, le juge doit revêtir une parure plus neutre, plus distante. Il est alors dans une logique de distanciation. Or, il est difficile de penser que l'on pourra « oublier » son propre investissement au moment de prendre une telle mesure dans une affaire. On l'oubliera d'autant moins que l'on va soi-même poursuivre l'enquête. L'une des exigences du juge est de tendre à l'impartialité. L'impartialité objective tout d'abord qui concerne tout ce qui pourrait lier le juge à l'une des parties. L'impartialité subjective ensuite, qui fait que le juge doit un peu « s'oublier lui-même », tenir au loin ses appréhensions personnelles, ses animosités, ses préférences, ses choix de société. Cette exigence de « s'oublier soi-même » à laquelle il doit tendre n'est pas chose facile. Peut-être cela devient-il trop difficile lorsque de sa décision dépend en partie la réussite de son enquête...

La détention peut alors devenir un confort ou un moyen de pression. Dans l'un et l'autre cas, c'est inadmissible.

Restaurer le juge qui prend une décision coercitive dans ce rôle d'arbitre, de « tiers impartial et désintéressé » selon la formule de Kojeve[1] peut alors être considéré comme une solution. Nous avons toutefois énoncé plus haut quelles sont les limites du système.

141.55 D'autres remèdes ? D'autres solutions pourraient être envisagées mais le législateur s'est toujours montré frileux à leur évocation :

- La suppression du critère d'ordre public (au moins en matière correctionnelle) rapprocherait la France du concert européen qui voit dans les risques de fuite, de pressions ou de renouvellement de l'infraction, les raisons majeures qui peuvent justifier le placement en détention. C'est chose faite depuis la loi du 5 mars 2007, en matière correctionnelle.

- La création de délais butoirs plus restrictifs. Les choix effectués jusqu'à présent sont particulièrement mesurés... Le rapport Léger propose des avancées sur ce point (. s^s^ n° 144.05).

- La revalorisation de la peine minimale encourue permettant de placer en détention provisoire. La multiplication des circonstances aggravantes dans le « nouveau » Code pénal rendait dérisoire l'interdiction de placer en détention une personne qui n'encourt pas au moins 2 ans d'emprisonnement (ou un an en cas de flagrance). Le législateur semble en avoir pris conscience mais encore timidement en fixant le palier à trois ans.

1. A. Kojève, *Esquisse d'une phénoménologie du droit*, Gallimard, coll. « Bibliothèque des idées ».

CHAPITRE

142. Grands principes

SECTION 0
ORIENTEUR

142.00 **Plan du chapitre.**

Sect. 1 La détention provisoire doit être exceptionnelle

Sect. 2 Indices de culpabilité

Sect. 3 Évolution des critères de la détention

Sect. 4 Le critère particulier de la protection de l'ordre public

Sect. 5 Le critère tiré du risque de renouvellement de l'infraction ou de la nécessité d'y mettre fin

Sect. 6 Le critère tiré du risque de fuite de la personne

Sect. 7 Autres critères pouvant justifier la détention provisoire

Sect. 8 Conformité de la législation française à la Convention européenne de sauvegarde des droits de l'Homme (Conv. EDH)

142.01 **Textes applicables.**

C. pr. pén., art. 137

* V. s^{s} n° 141.01.

C. pr. pén., art. 137-3

* V. s^{s} n° 141.01.

C. pr. pén., art. 137-4 [L. n° 2007-291, 5 mars 2007]

Lorsque, saisi de réquisitions du procureur de la République tendant au placement en détention provisoire, le juge d'instruction estime que cette détention n'est pas justifiée et qu'il décide de ne pas transmettre le dossier de la procédure au juge des libertés et de la détention, il est tenu de statuer sans délai par ordonnance motivée, qui est immédiatement portée à la connaissance du procureur de la République.

En matière criminelle ou pour les délits punis de dix ans d'emprisonnement, le procureur de la République peut alors, si les réquisitions sont motivées, en tout ou partie, par les motifs prévus aux 4° à 7° de l'article 144 et qu'elles précisent qu'il envisage de faire application des dispositions du présent alinéa, saisir directement le juge des libertés et de la détention en déférant sans délai devant lui la personne mise en examen; l'ordonnance rendue par le juge des libertés et de la détention entraîne le cas échéant la caducité de l'ordonnance du juge d'instruction ayant placé la personne sous contrôle judiciaire. S'il renonce à saisir directement le juge des libertés et de la détention, le procureur de la République en avise le juge d'instruction et la personne peut être laissée en liberté.

C. pr. pén., art. 144 [L. n° 2007-291, 5 mars 2007]

La détention provisoire ne peut être ordonnée ou prolongée que s'il est démontré, au regard des éléments précis et circonstanciés résultant de la procédure, qu'elle constitue l'unique moyen de parvenir à l'un ou plusieurs des objectifs suivants et que ceux-ci ne sauraient être atteints en cas de placement sous contrôle judiciaire :

1° Conserver les preuves ou les indices matériels qui sont nécessaires à la manifestation de la vérité;

2° Empêcher une pression sur les témoins ou les victimes ainsi que sur leur famille;

3° Empêcher une concertation frauduleuse entre la personne mise en examen et ses coauteurs ou complices;

4° Protéger la personne mise en examen;

5° Garantir le maintien de la personne mise en examen à la disposition de la justice;

6° Mettre fin à l'infraction ou prévenir son renouvellement;

7° Mettre fin au trouble exceptionnel et persistant à l'ordre public provoqué par la gravité de l'infraction, les circonstances de sa commission ou l'importance du préjudice qu'elle a causé. Ce trouble ne peut résulter du seul retentissement médiatique de l'affaire. Toutefois, le présent alinéa n'est pas applicable en matière correctionnelle.

C. pr. pén., art. 145-1

* V. s^{s} n° 144.01.

C. pr. pén., art. 145-2

* V. s^{s} n° 144.01.

C. pr. pén., art. 148

* V. s^{s} n° 145.01.

C. pr. pén., art. 179
* V. s[s] n° 144.01.

Conv. EDH, art. 5-1
Nul ne peut être privé de sa liberté sauf dans les cas suivants et selon les règles légales : [...] c) s'il est arrêté ou détenu en vue d'être conduit devant l'autorité judiciaire compétente, lorsqu'il y a des raisons plausibles de soupçonner qu'il a commis une infraction ou qu'il y a des motifs raisonnables de croire à la nécessité de l'empêcher de commettre une infraction ou de s'enfuir après l'accomplissement de celle-ci.

142.02 Jurisprudence de référence.

> Sur le critère de l'ordre public

• La préservation de l'ordre public doit être motivée au regard des éléments de l'espèce.

Crim. 7 août 1990, n° 90-83.294, *Bull. crim.*, n° 296.

« Attendu que pour rejeter la demande de mise en liberté présentée par le conseil de l'accusée en application de l'article 148-1 du Code de procédure pénale, la chambre d'accusation se borne à énoncer que "les faits reprochés à Monique Brutin, tels qu'ils apparaissent dans l'arrêt de mise en accusation du 26 mai 1989, ont gravement et durablement troublé l'ordre public, fondé sur le respect de l'intégrité physique" ;

Mais attendu qu'en omettant de préciser si, d'après les éléments de l'espèce, la détention était nécessaire pour préserver l'ordre public du trouble actuellement causé par l'infraction, la chambre d'accusation n'a pas donné une base légale à sa décision;

D'où il suit que la cassation est encourue de ce chef. »

• Le trouble à l'ordre public doit se différencier du trouble occasionné à la victime.

CA Douai, ch. acc., 17 juin 1997, *D.* 1997, jur. 593 et note Ch. Guéry.

« Il ne peut dès lors être affirmé que ces faits occasionnent en 1997 un "trouble exceptionnel et persistant" à l'ordre public, l'actualité de la souffrance de la victime ne pouvant laisser présumer que le trouble apporté en l'espèce à l'ordre public par les faits – à supposer ce trouble "exceptionnel" – a persisté pendant plus de dix-sept ans au point de ne pouvoir y mettre fin que par la détention provisoire de X. »

> Sur le contrôle de la Cour de cassation

• Les dispositions du Code de procédure instituent des garanties supplémentaires à celles de la CEDH destinées à éviter toute détention injustifiée.

Crim. 6 mars 1986, *Bull. crim.*, n° 94-1 ; *D.* 1986, jur. 315 note D. Mayer.

« Les dispositions du Code de procédure pénale qui définissent limitativement les cas dans lesquels le placement ou le maintien en détention peut être exigé par le juge, loin d'être incompatibles avec les dispositions de la Convention européenne de sauvegarde des droits de l'Homme et des libertés fondamentales, instituent au contraire en faveur des inculpés des garanties supplémentaires destinées à éviter toute détention injustifiée. »

142.03 Bibliographie indicative.

(V. les références complètes s[s] n° 03.)

Actualisables. RÉP. PÉN., Dourneau-Josette, « Le contrôle judiciaire et la détention provisoire » ; « Le juge des libertés et de la détention ».

Ouvrages. GUÉRY, n°s 3.53, 3.85 et 9.19.

Articles. Bonis-Garçon E., « La détention provisoire pour manquement au contrôle judiciaire », *JCP G* 2002, I, 159 – Guéry, « Le nouveau juge des libertés et de la détention : premiers problèmes pratiques », *Gaz. Pal.* 8/9 sept. 2000, 179; « Le juge des libertés et de la détention : un juge qui cherche à mériter son nom », *D.* 2004, chron. 583; « Détention provisoire et culpabilité », *D.* 2006, Point de vue 1556 – Lavielle B. et Lebur F., « Le juge des libertés et de la détention : béni oui-oui ou terminator ? », *Gaz. Pal.* 27-28 juill. 2001, 3 – Romnicianu M., « Détention provisoire et ordre public », *JCP* 1975, I, n° 2744.

142.06 Questions essentielles.

• Certains des aspects abordés dans ce chapitre sont traditionnellement étudiés dans le chapitre sur le placement en détention provisoire. Toutefois, ils ont une valeur qui va bien au-delà du simple moment du placement. C'est pourquoi seront étudiés les indices de culpabilité qui concernent les différentes phases de la détention pendant l'instruction préparatoire. De la même manière seront analysés en détail les critères de l'article 144 du Code de procédure pénale. Ils fondent en effet non seulement le placement mais pour la plupart également la prolongation, le maintien, le refus de mise en liberté et parfois même sont invocables devant d'autres juridictions que celles de l'instruction.

La conformité des règles de la détention provisoire française avec la Convention européenne de sauvegarde des droits de l'Homme et des libertés fondamentales sera ensuite étudiée.

SECTION 1
LA DÉTENTION PROVISOIRE DOIT ÊTRE EXCEPTIONNELLE

142.11 L'article 137 du Code de procédure pénale. L'article 137 du Code de procédure pénale posait le principe que la « personne mise en examen reste libre sauf à raison des nécessités de l'instruction ou à titre de mesure de sûreté à être soumise au contrôle judiciaire ou à titre exceptionnel placée en détention provisoire ». Sa nouvelle rédaction, issue de la loi du 15 juin 2000 est encore plus explicite : « La personne mise en examen, présumée innocente, reste libre. Toutefois, en raison des nécessités de l'instruction ou à titre de mesure de sûreté, elle peut être astreinte à une ou plusieurs obligations du contrôle judiciaire. Lorsque celles-ci se révèlent insuffisantes au regard de ces objectifs, elle peut, à titre exceptionnel, être placée en détention provisoire. » À propos de cette dernière affirmation, M. Chambon écrivait en 1989 : « Le législateur qualifie d'exceptionnelle la détention provisoire parce qu'il sait qu'elle ne l'est pas, et qu'il voudrait bien qu'elle le fut.[1] » Le législateur avait encore rappelé le principe en introduisant dans la loi du 30 décembre 1996 une référence à ce caractère exceptionnel dans l'article 144, alinéa premier, qui a disparu dans la mouture de juin 2000. Pourtant le caractère exceptionnel de la détention reste souvent en France un vœu pieu.

142.12 Une prolongation exceptionnelle. Les termes utilisés en cas de prolongation de détention au-delà d'un an : « toutefois, à titre exceptionnel... » sont d'ailleurs identiques (C. pr. pén., art. 145-1, al. 2). La formule est dès lors plus incantatoire qu'efficace et le législateur a dû chercher des moyens plus efficients pour tenter de limiter le recours à la détention provisoire et sa durée.

À l'affirmation du caractère exceptionnel de la détention est lié un autre principe : celui de la primauté du contrôle judiciaire. Le contrôle judiciaire doit être insuffisant avant que l'on puisse songer à placer en détention. C'est ce principe qu'expose désormais très clairement l'article 137 du Code de procédure pénale.

142.13 Ce principe était traditionnellement accompagné d'un corollaire : l'absence de nécessité de « motiver la liberté ». Jusqu'à la loi du 24 août 1993, le juge devait rendre une ordonnance en cas de réquisition de placement ou de prolongation de détention provisoire auquel il ne comptait pas faire droit.

Mais le juge n'avait pas l'obligation de faire la démonstration de l'inopportunité du placement en détention. La chambre criminelle devait d'ailleurs décider que la liberté étant la règle il ne saurait être imposé au juge qui l'ordonne de constater l'absence des conditions qui, selon les articles 137 et 144 du Code de procédure pénale pourraient autoriser à titre exceptionnel une mesure de détention provisoire[2].

La loi du 24 août 1993 a énoncé comme grand principe que le juge n'a pas à motiver la liberté. Le juge d'instruction qui ne suit pas les réquisitions du procureur de la République tendant au placement en détention provisoire de la personne mise en examen n'avait pas à rendre d'ordonnance motivée. Il en était de même en cas de réquisitions tendant à la prolongation ou au maintien de la détention provisoire ou de réquisitions tendant au placement sous contrôle judiciaire. Avis était simplement donné au ministère public que le magistrat n'avait pas placé en détention ou sous contrôle judiciaire. Ceci ne privait pourtant pas le parquet de faire juger par la chambre de l'instruction le contentieux, par voie de requête. Le procureur de la République pouvait saisir directement la chambre de l'instruction dans les dix jours de l'avis de notification qui lui est donné par le greffier du juge.

142.14 Le juge doit désormais « motiver la liberté ». Revenant sur une jurisprudence ancienne et la lettre des articles 137-4 et 137-5 issus de la loi du 15 juin 2000, le législateur du 9 septembre 2002 a profondément modifié le système en disposant que « lorsque, saisi de réquisitions du procureur de la République tendant au placement en détention provisoire, le juge d'instruction estime que cette détention n'est pas justifiée, et qu'il décide de ne pas transmettre le dossier de la procédure au juge des libertés et de la détention, il est tenu de statuer sans délai par ordonnance motivée, qui est immédiatement portée à la connaissance du procureur de la République. Dans le cas où le juge d'instruction ne rendrait pas immédiatement d'ordonnance motivée, le procureur de la République pourrait, sur la base du quatrième alinéa de l'article 82 précité, saisir directement la chambre de l'instruction dans un délai de cinq jours » (C. pr. pén., art. 137-4). Estimant que cette formalité n'était pas suffisante pour éviter des jurisprudences trop « laxistes », le législateur a prévu la possibilité pour le ministère public, dans certains cas, de saisir le JLD lorsque le juge d'instruction a refusé cette saisine (C. pr. pén., art. 137-4 - V. s[s] n° 143.56).

SECTION 2
INDICES DE CULPABILITÉ

142.21 La question théorique : le juge doit-il s'intéresser aux indices de culpabilité ? Le débat autour du principe de la présomption d'innocence a parfois obscurci une autre question pourtant essentielle : le juge doit-il, avant de placer une personne en détention provisoire apprécier les indices de culpabilité qui existent contre elle ?

Dès qu'on entend le mot de « culpabilité » on se réfugie en effet quelquefois derrière cette vision que nous considérons comme factice et confuse : le juge ne doit pas s'intéresser à la culpabilité de la personne, c'est le tribunal qui tranchera, *etc.*

Or, cette façon de voir les choses semble particulièrement attentatoire aux libertés individuelles. L'article 144 du Code de procédure pénale n'est en effet conçu que pour imaginer quelles circonstances doivent être réunies pour envisager de placer en

1. P. Chambon, « La loi n° 89-461 du 6 juillet 1989 modifiant le Code de procédure pénale et relative à la détention provisoire : analyse et réflexions », *JCP* 1989, I, 3417.
2. Crim. 17 oct. 1991, n° 91-84.306, *Bull. crim.*, n° 355; *Gaz. Pal.* 1992, 11.

détention provisoire une personne contre laquelle il existe des indices au moins graves ou concordants.

Or, les indices en question sont bel et bien des indices de culpabilité. Et on voit mal un magistrat se pencher sur les critères de l'article 144 du Code de procédure pénale avant d'avoir envisagé l'imputabilité des faits à la personne poursuivie. Ceci semble évident mais génère pourtant des débats infinis sur l'appréciation possible par le juge d'éléments de culpabilité. Cette question est notamment sensible en ce qui concerne la motivation des ordonnances de placement en détention [1].

On peut toutefois prétendre que ce n'est pas au moment du placement en détention mais à celui de la mise en examen que l'on doit s'interroger sur la réunion des indices.

Cette analyse ne rend pas compte toutefois de la réalité judiciaire qui fait que le juge d'instruction met presque systématiquement en examen les personnes qui lui sont présentées par le parquet même si depuis la loi du 15 juin 2000, le statut du témoin assisté a été étendu.

En quoi les droits de l'individu seraient-ils mieux préservés par cette absence d'étude des éléments à charge ? La gravité de la prise de décision d'incarcérer une personne ne permet pas d'autre alternative et ce n'est pas « violer » le principe de la présomption d'innocence que d'apprécier les indices.

142.22 Les indices de culpabilité et la motivation des ordonnances sur la détention. Toute décision de placement en détention provisoire peut être considérée comme un préjugement puisque la prison reste au cœur du système répressif français.

Mais c'est l'emprisonnement et non la prise en compte des éléments à charge avant de placer en détention qui peut être considéré comme préjugement (v. s[s] n° 141.33).

Ceci devrait conduire le juge à ne pas hésiter à motiver, dans certains cas particuliers, et notamment lorsque le mis en examen conteste les faits qui lui sont reprochés, l'existence des indices réunis contre lui. Depuis la loi du 5 mars 2007, le juge doit en tout cas motiver la persistance des indices graves ou concordants motivant le maintien de la mise en examen (v. s[s] n°s 43.36, 91.13, 91.41, 91.42, 103.64).

Comment dire à un individu qui nie les faits qu'il est placé en détention provisoire parce qu'il risque de faire pression sur la victime alors qu'il conteste même la connaître ?

En expliquant dans l'ordonnance de saisine du JLD, et ce dernier dans l'ordonnance de placement en détention mais aussi dans l'ordonnance de prolongation ou de refus de mise en liberté les éléments à charge existant à cet instant précis contre lui et qui justifient que l'on se pose le problème des pressions qui pourraient être exercées contre la victime.

Cette théorie n'associe évidemment pas indices à détention provisoire automatique. Au contraire, elle ne fait que constituer les charges en un socle de départ, indispensable et préalable au questionnement sur l'existence de la nécessité de placer en détention provisoire au regard des critères de l'article 144 du Code de procédure pénale.

Les chambres de l'instruction n'hésitent pas, avant de se pencher sur les critères de l'article 144, à étudier si des indices sérieux existent contre le prévenu. La chambre criminelle de la Cour de cassation ne trouve rien à y redire, reprenant même dans sa motivation ces éléments : « Que les juges relèvent que de sérieux indices de culpabilité existent à l'encontre de B... malgré ses dénégations. [2] »

Certes, si les chambres de l'instruction abordent ce problème, c'est le plus souvent en réponse aux mémoires qui font état de l'insuffisance des charges, dans des cas où les intéressés nient les faits. N'est nullement, à cet égard, déplacée la plaidoirie de l'avocat en débat contradictoire, ou ses observations sommaires (les termes « observations sommaires » ont été abrogés par la loi du 5 mars 2007, les avocats sont désormais « entendus ») devant la chambre de l'instruction, qui tendent à démontrer l'inanité des « charges ». Il ne s'agit pas là de plaider le « fond » du dossier mais bien de répondre à une exigence principale : pas de détention sans indices de culpabilité !

On ne peut qu'en être satisfait et affirmer le droit et le devoir pour le juge d'instruction et le juge des libertés et de la détention d'apprécier les indices (ou les charges au moment du maintien en détention), réunis contre le mis en examen à chaque fois qu'ils se prononcent sur le problème de la détention, et au moins lorsque la personne conteste les faits qui lui sont reprochés.

La chambre criminelle a eu également l'occasion de souligner l'importance de la réunion d'indices, dans l'affaire fort médiatique de Bruay en Artois [3], ou d'autres plus obscures, dans lesquelles est considérée comme régulière une décision qui se réfère au fond du dossier, à l'implication de l'intéressé sans pour autant se prononcer sur la culpabilité [4].

1. Sur ce point v. Ch. Guéry, « Détention provisoire et culpabilité », *D.* 2006, Point de vue 1556.

2. Pour un ex. significatif, v. Crim. 15 oct. 1985, n° 85-94.474, *Bull. crim.*, n° 313 ; *D.* 1986, 170, note Mayer.
3. Crim. 28 janv. 1972, *Bull. crim.*, n° 22.
4. Crim. 1er oct. 1985, n° 85-94.010, *Bull. crim.*, n° 288 ; *D.* 1985, jur. 103, note Pradel – Crim. 21 août 1986, n° 86-93.082, *Bull. crim.*, n° 250 ; *D.* 1987, somm. 81, obs. Pradel – Crim. 21 nov. 1988, n° 88-85.369, *Bull. crim.*, n° 393.

142.23 La doctrine est en général favorable à cette conception de l'exigence d'indices de culpabilité. Jean Pradel écrit : « À défaut d'indices de culpabilité, point de détention. La règle est de bon sens et l'on s'étonnera que nul article du Code de procédure pénale ne l'ait formulée expressément.[1] » Dans une précédente édition de cet ouvrage, Pierre Chambon écrivait aussi que : « Le juge doit établir, quoique la loi ne l'ait pas exigé, mentalement au moins, une relation entre la personne de l'inculpé et le fait poursuivi.[2] »

Quant à Faustin Hélie, n'écrivait-il pas déjà « c'est un jugement provisoire que rend le juge, et ce jugement doit être fondé sur des présomptions sérieuses puisqu'il place le prévenu en état de détention » ?[3]

142.24 Position du problème au niveau européen. L'article 5-1 de la Convention européenne des droits de l'Homme dispose que l'arrestation et la conduite devant le juge sont possibles « lorsqu'il y a des raisons plausibles de soupçonner que la personne a commis une infraction ».

Cet article s'applique incontestablement à la détention provisoire comme l'ont rappelé la Cour de cassation[4] et la Cour européenne[5].

Selon la jurisprudence de la Cour européenne la persistance de raisons plausibles de soupçonner la personne arrêtée d'avoir accompli une infraction est une condition « *sine qua non* » de la régularité de la détention[6].

Certaines législations étrangères semblent faire preuve aussi de moins de fausse pudeur. Le Code bernois prévoit par exemple que la détention ne peut être ordonnée qu'en cas « de présomptions graves et précises de culpabilité ». Le Code de procédure pénale allemand exige un « lourd soupçon » (C. pr. pén., art. 112), le Code belge évoque des « indices sérieux de culpabilité » (L. 20 juill. 1990, art. 16), le Code espagnol parle des « indices de culpabilité suffisants » (C. pr. pén., art. 503 et 504), en Italie il est nécessaire que de « graves indices de culpabilité » pèsent sur la personne.

Le législateur français devrait s'inspirer de ces exemples pour dire enfin qu'il ne peut y avoir de détention sans indices de culpabilité. La nécessité de motiver sur leur réunion dans le cas où le détenu conteste la prévention en est une conséquence logique.

SECTION 3
ÉVOLUTION DES CRITÈRES DE LA DÉTENTION

142.31 Les critères de placement en détention de l'origine aux lois de 1993. L'étude des critères de placement en détention est d'autant plus primordiale que ce sont aussi les critères qui prévalent, pour la plupart, pour la prolongation de la détention, le maintien en détention et les rejets de demande de mise en liberté y compris devant d'autres juridictions que la juridiction d'instruction. L'article 144 du Code de procédure pénale est donc l'un des plus importants en la matière.

Cette disposition légale apparaît avec l'obligation de motiver en fonction de critères prédéfinis (1970). On remarquera toutefois que ces critères sont suffisamment larges pour conserver au juge un large pouvoir d'appréciation : « Les règles générales sont impuissantes en cette matière. Il faut examiner dans chaque prévention les exigences de la justice, la position de l'inculpé, le caractère plus ou moins grave des faits. C'est une appréciation individuelle, c'est une inspection toute locale. C'est dont l'office du juge plutôt que de la loi. »[7] L'article 144 du Code de procédure pénale, dans sa rédaction de 1970, distingue deux parties « en matière criminelle et correctionnelle [...] la détention provisoire peut être ordonnée ou maintenue :

1°) Lorsque la détention provisoire de l'inculpé est l'unique moyen de conserver les preuves ou les indices matériels ou d'empêcher soit une pression sur les témoins ou les victimes, soit une concertation frauduleuse entre inculpés et complices;

2°) Lorsque cette détention est nécessaire pour préserver l'ordre public du trouble causé par l'infraction ou pour protéger l'inculpé, pour mettre fin à l'infraction ou pour prévenir son renouvellement ou pour garantir le maintien de l'inculpé à la disposition de la justice. »

Malgré les nombreuses lois touchant la procédure pénale et la détention, le texte n'a pas été modifié jusqu'à la loi du 4 janvier 1993 qui a affirmé que la détention provisoire ne peut être ordonnée que : « Si elle est l'unique moyen de conserver les preuves ou les indices matériels ou d'empêcher soit une pression sur les témoins ou les victimes, soit une concertation frauduleuse entre personnes mises en examen et complices, ou si elle

1. J. Pradel, *L'instruction préparatoire*, Cujas, 1990, p. 638.
2. P. Chambon, *Le juge d'instruction*, 4e éd., Dalloz, p. 256, n° 472.
3. Hélie F., Traité d'instruction criminelle, t. IV, n° 1964.
4. Crim. 6 mars 1986, *Bull. crim.*, n° 94; *D.* 1986, 315, note Mayer – Contraire à l'arrêt du 3 janvier 1986, Crim. 3 janv. 1986, NPT, *D.* 1986, 137, note Koering Joulin; *JCP* 1986, IV, 91.
5. Not. CEDH 27 juin 1968, n° 2122/64, Wemhoff c/Allemagne, série A n° 7.
6. CEDH 10 nov. 1969, n° 1602/62, Stögmuller c/Autriche, série A n° 9, p. 40, § 4.
7. Hélie F., Traité d'instruction criminelle, t. IV.

est nécessaire pour protéger la personne concernée à la disposition de la justice ou pour préserver l'ordre public du trouble causé par l'infraction. » L'ordre public dont la disparition avait été annoncée en matière correctionnelle demeurait comme critère à part entière même s'il prenait la dernière place de l'énumération.

Par contre l'ordre public ne pouvait plus être invoqué comme critère de maintien en détention. La loi du 24 août 1993 n'a pas modifié les critères de placement ou de prolongation mais a réinscrit l'ordre public dans les critères de maintien en détention.

142.32 La réforme de la loi du 30 décembre 1996. Cette loi modifie ainsi la rédaction du 2° de l'article 144, remplacé par deux alinéas :

« 2°) Lorsque cette détention est l'unique moyen de protéger la personne mise en examen, de garantir son maintien à la disposition de la justice, de mettre fin à l'infraction ou de prévenir son renouvellement;

3°) Lorsque l'infraction, en raison de sa gravité, des circonstances de sa commission ou de l'importance du préjudice qu'elle a causé, a provoqué un trouble exceptionnel et persistant à l'ordre public, auquel la détention est l'unique moyen de mettre fin. »

La symbolique, qui consiste sans doute dans l'esprit du législateur à créer un alinéa spécifique, le dernier, pour le critère d'ordre public, est peu de choses comparé à la maladresse rédactionnelle qui introduit la notion de gravité malgré une doctrine toujours réticente à conjuguer ordre public et gravité. « En droit la gravité de l'infraction est totalement étrangère à la liberté et à la détention [1] » écrivait Pierre Chambon. Cela n'est plus si sûr.

142.33 La loi du 15 juin 2000 [2] apporte encore quelques modifications rédactionnelles à l'article 144. Il est désormais rédigé de la manière suivante : « La détention provisoire ne peut être ordonnée ou prolongée que si elle constitue l'unique moyen :

1°) De conserver les preuves ou les indices matériels ou d'empêcher soit une pression sur les témoins ou les victimes, soit une concertation frauduleuse entre personnes mises en examen et complices;

2°) De protéger la personne mise en examen, de garantir son maintien à la disposition de la justice, de mettre fin à l'infraction ou de prévenir son renouvellement;

3°) De mettre fin à un trouble exceptionnel et persistant à l'ordre public provoqué par la gravité de l'infraction, les circonstances de sa commission ou l'importance du préjudice qu'elle a causé. »

Dans la mouture de la loi du 15 juin 2000, le texte portait cette précision : « Toutefois, ce motif ne peut justifier la prolongation de la détention provisoire sauf en matière criminelle ou lorsque la peine correctionnelle encourue est supérieure ou égale à dix ans d'emprisonnement. » Elle a été abrogée par la loi du 9 septembre 2002 qui a restauré le critère d'ordre public dans toute sa majesté. La loi du 12 décembre 2005 a ajouté la mention des familles des témoins ou des victimes dans les risques de pression : « empêcher soit une pression sur les témoins ou les victimes et leur famille... ».

142.34 La loi du 5 mars 2007. Elle modifie à nouveau la rédaction de l'article 144 du Code de procédure pénale, ainsi rédigé :

« La détention provisoire ne peut être ordonnée ou prolongée que s'il est démontré, au regard des éléments précis et circonstanciés résultant de la procédure, qu'elle constitue l'unique moyen de parvenir à l'un ou plusieurs des objectifs suivants et que ceux-ci ne sauraient être atteints en cas de placement sous contrôle judiciaire :

1° Conserver les preuves ou les indices matériels qui sont nécessaires à la manifestation de la vérité;

2° Empêcher une pression sur les témoins ou les victimes ainsi que sur leur famille;

3° Empêcher une concertation frauduleuse entre la personne mise en examen et ses coauteurs ou complices;

4° Protéger la personne mise en examen;

5° Garantir le maintien de la personne mise en examen à la disposition de la justice;

6° Mettre fin à l'infraction ou prévenir son renouvellement;

7° Mettre fin au trouble exceptionnel et persistant à l'ordre public provoqué par la gravité de l'infraction, les circonstances de sa commission ou l'importance du préjudice qu'elle a causé. Ce trouble ne peut résulter du seul retentissement médiatique de l'affaire. Toutefois, le présent alinéa n'est pas applicable en matière correctionnelle. »

La modification la plus importante apparaît formelle. Pour la première fois, les critères sont énumérés les uns après les autres et non plus regroupés en deux ou trois ensembles. L'Assemblée nationale avait proposé d'autres modifications de détail, non retenues par le Sénat.

142.35 Les critères de prolongation de la détention. Avant l'entrée en vigueur de la loi du 15 juin 2000 les articles 145-1 et 145-2 du Code de procédure pénale, qui prévoient les conditions de la prolongation de la détention provisoire en matière correctionnelle et criminelle, renvoyaient tous deux à

1. P. Chambon, note s[s] Crim. 19 févr. 1980, n° 80-90.054, *D.* 1980, jur. 356.
2. L. n° 2000-516, 15 juin 2000, *JO* 16 juin, 9038.

l'article 145, alinéa premier, du même code qui disposait qu'« en toute matière, le placement en détention provisoire est prescrit par une ordonnance spécialement motivée qui doit comporter l'énoncé des considérations de droit et de fait sur le caractère insuffisant des obligations du contrôle judiciaire et le motif de la détention par référence aux seules dispositions de l'article 144. » Désormais, c'est l'article 137-3 du Code de procédure pénale qui dispose que : « Le juge des libertés et de la détention statue par ordonnance motivée. Lorsqu'il ordonne ou prolonge une détention provisoire ou qu'il rejette une demande de mise en liberté, l'ordonnance doit comporter l'énoncé des considérations de droit et de fait sur le caractère insuffisant des obligations du contrôle judiciaire et le motif de la détention par référence aux seules dispositions des articles 143-1 et 144. »

142.36 Les critères de refus de mise en liberté. L'article 148 du Code de procédure pénale prévoit que le juge des libertés et de la détention statue « par une ordonnance comportant l'énoncé des considérations de droit et de fait qui constituent le fondement de cette décision par référence aux dispositions de l'article 144 ». Les critères applicables aux refus de mise en liberté sont donc les mêmes que pour le placement ou la prolongation.

142.37 Les critères de maintien en détention. En matière criminelle, le problème du maintien en détention ne se posait pas pour le juge puisque l'article 181 du Code de procédure pénale disposait que « le mandat d'arrêt ou de dépôt décerné contre la personne mise en examen conserve sa force exécutoire jusqu'à ce qu'il ait été statué par la chambre d'accusation ».

Mais la loi du 15 juin 2000 a supprimé le second degré de juridiction sur ce point et c'est le juge d'instruction qui désormais saisit la cour d'assises par une ordonnance de mise en accusation. Cette ordonnance portait prise de corps mais cette procédure a été supprimée par la loi du 9 mars 2004 et désormais, le mandat de dépôt continue à produire ses effets comme c'est le cas en matière correctionnelle.

L'article 179 a été modifié dans sa forme par la loi du 5 mars 2007. Désormais, il expose que « l'ordonnance de maintien en détention provisoire est motivée par référence aux 2°, 4°, 5° et 6° de l'article 144. En dehors de la confirmation de la suppression en matière correctionnelle du critère de l'ordre public, le reste ne change rien au droit antérieur.

Certains critères de l'article 144 ne sont donc pas repris dans cette liste :

– « conserver les preuves ou les indices matériels » : il n'est sans doute plus temps alors que l'instruction s'achève de s'intéresser à la préservation des indices. Ceux-ci, par hypothèse, ont déjà été recueillis;

– « empêcher une concertation frauduleuse » : la suppression de ce critère de la liste est moins évidente. En effet, on peut toujours imaginer qu'une concertation soit envisageable jusqu'à l'audience de jugement;

– « mettre fin à l'infraction » : on peut supposer que la détention y a mis fin (mais n'est-ce pas le cas aussi lorsqu'on répond à une demande de mise en liberté plusieurs mois après l'incarcération ?). Le juge d'instruction doit motiver le maintien en détention des personnes qu'il renvoie devant la cour d'assises pour délit connexe.

SECTION 4
LE CRITÈRE PARTICULIER DE LA PROTECTION DE L'ORDRE PUBLIC

142.41 Le critère de l'ordre public. La doctrine ne s'est pas beaucoup penchée sur cette notion à la notable exception de Pierre Chambon qui a évoqué ce problème dans ses nombreux commentaires des nouvelles lois promulguées dans cette matière ou de certains arrêts [1].

Pierre Chambon reprend les analyses de Faustin-Hélie qui écrivait que la préservation de l'ordre public recouvrait trois hypothèses bien déterminées : « La nécessité de mettre fin au désordre et à l'émotion qu'a causé dans la cité quelque crime violent et abominable, par l'arrestation de son auteur; la nécessité de protéger celui-ci des répercussions immédiates et excessives de la foule en effervescence; et la nécessité de protéger d'autres victimes éventuelles contre les entreprises nouvelles du meurtrier ou de l'anarchiste qui porte encore sur lui les armes du premier crime. »

Les deux dernières hypothèses rejoignent deux autres critères utilisés par le législateur : éviter le renouvellement de l'infraction, protéger l'auteur. C'est donc la première affirmation qui évoque la « foule en effervescence » qui doit répondre au véritable critère de trouble à l'ordre public. Selon Pierre Chambon c'est le signe que le trouble et l'émotion doivent être réels et objectifs, et pas seulement fictifs, possibles. « On doit en trouver des traces tangibles dans le dossier. » [2]

1. V. not. au sujet de la loi du 30 décembre 1987, *JCP* 1988, I, 3335 – De la loi du 6 juillet 1989, *JCP* 1989, I, 34117; note s[s] Crim. 19 févr. 1980, n° 80-90.054, *Bull. crim.*, n° 60; *D.* 1980, jur. 356.
2. P. Chambon, note s[s] Crim. 19 févr. 1980, n° 80-90.054, *Bull. crim.*, n° 60; *D.* 1980, jur. 356.

Cette acception, que nous partageons en théorie, n'a eu strictement aucun succès dans la pratique. Les magistrats (aussi bien les juges d'instruction que les parquetiers) ont continué à se servir de ce standard juridique comme d'un synonyme de gravité des faits et de l'impression que cette gravité pourrait faire sur la population.

L'analyse que l'on pouvait faire de la formulation de l'article 144 du Code de procédure pénale dans son écriture antérieure à la loi du 30 décembre 1996 permettait pourtant de s'éloigner d'une telle position.

Le trouble à l'ordre public était en effet constaté par le texte de l'article 144 : « préserver l'ordre public du trouble causé par l'infraction ». Le trouble existe, il faut en préserver l'ordre public... En conséquence la détention était possible lorsqu'elle était nécessaire pour préserver l'ordre public de ce trouble.

Le problème était en fait de savoir si le trouble à l'ordre public allait subsister en cas de remise en liberté de l'individu.

Quand il s'agissait d'une décision postérieure, puisque la détention préservait déjà l'ordre public du trouble, il fallait alors d'analyser si la mise en liberté allait faire renaître le trouble à l'ordre public. Ce n'est pas la mise en liberté elle-même qui créait un trouble à l'ordre public mais elle faisait renaître le trouble causé par l'infraction.

L'analyse ne permettait pourtant pas de définir plus avant la notion même d'ordre public.

142.42 L'ordre public : un standard juridique. Au même titre que l'« intérêt de l'enfant », le « danger », les « bonnes mœurs », ou le « bon père de famille », la notion d'ordre public est un standard juridique c'est-à-dire une notion indéterminée mais qui « renvoie l'interprète à un standard de normalité », qui relie la « normativité juridique à une normalité technique ou sociale » et qui est par définition, « mêlée de fait et de droit »[1].

Le standard juridique nécessite par essence une appréciation concrète, une mise en œuvre judiciaire d'un concept volontairement ouvert. Il donne une grande marge d'appréciation au juge.

Or, lorsque le législateur découvre que la conceptualisation d'un standard ne correspond pas à l'acception qui était la sienne, il le supprime. Force est de constater que le législateur français, malgré quelques tentations vite résorbées, ne s'est jamais résolu à supprimer la notion de trouble à l'ordre public, qui ne connaît pas de réel équivalent dans les législations étrangères.

1. M. Delmas-Marty, *Pour un droit commun*, Seuil, 1994, p. 123.

Lorsqu'on ne décide pas de supprimer un critère on peut le réformer. C'est vers cette solution que s'est tourné le législateur en 1996.

Voulant rendre l'utilisation du critère plus malaisé, le législateur a d'abord tenté de mentionner que le trouble devait être exceptionnel. Puis il a expliqué en quoi le trouble pouvait être exceptionnel. Il a ainsi modifié le texte de l'article 144 de la façon rappelée ci-dessus (v. s^{s} n° 142.32).

Dans la loi du 30 décembre 1996 et dans celle du 15 juin 2000, le critère de l'ordre public est relégué symboliquement à la fin de la liste énumérée par le législateur. Le législateur lui-même s'est-il illusionné sur l'incidence des modifications qu'il introduisait ? Cela n'est pas sûr si l'on en croit l'un des commentateurs de la loi : « Certains parlementaires se sont toutefois demandés si ces précisions rédactionnelles de bon sens étaient de nature à sensiblement modifier les pratiques judiciaires. »[2]

En revanche, alors que la loi du 4 janvier 1993 avait tout de même consacré sa disparition comme critère de maintien en détention, la loi du 24 août de la même année l'a rétabli. Ce critère a finalement été supprimé en matière correctionnelle par la loi du 5 mars 2007.

142.43 L'ordre public : un critère de gravité déguisée. Si le critère de l'ordre public peut avoir une raison d'être c'est dans sa définition objective qui évoque l'émoi, les troubles occasionnés dans l'opinion par l'infraction commise. On peut penser par exemple à la profanation, il y a quelques années du cimetière de Carpentras ou aux manifestations qui ont suivi un quadruple viol suivi d'homicide dans le Pas de Calais. Dans ces infractions ce n'est pas l'importance de la peine encourue qui compte au premier chef (importante dans la seconde affaire mais moindre dans la première citée) mais bien l'émotion, le désordre occasionné par l'infraction de façon persistante. La loi du 5 mars 2007, qui ne laisse subsister le critère de l'ordre public qu'en matière criminelle, a toutefois précisé que « ce trouble ne peut résulter du seul retentissement médiatique de l'affaire ».

La formule de 1996 (reprise en en inversant les termes en 2000 et demeurée inchangée depuis) qui lie le caractère exceptionnel du trouble à la gravité de l'infraction, à l'importance du préjudice ou aux circonstances de l'infraction obscurcit notablement la notion. Car si l'on a pu dire que le trouble n'était pas celui causé par l'infraction, que le trouble devait être justement celui causé à l'ordre public,

2. F. Legunehec, « Aperçu rapide de la loi du 30 décembre 1996 relative à la détention provisoire et aux perquisitions de nuit en matière de terrorisme », *JCP* 1997, 22 janv. 1997.

c'est bien de la gravité de l'infraction dont nous parle désormais le texte...

On comprend l'intention du législateur. Ces précisions ne devraient pas venir empiéter sur la double exigence d'un trouble « exceptionnel et persistant ». En effet, c'est elle qui est principalement posée par le texte, le trouble pouvant être « causé » par la gravité de l'infraction, les circonstances de commission ou l'importance du préjudice.

Mais dans les faits, la motivation des magistrats se concentre plus sur la nécessité d'expliquer ou d'affirmer la gravité, l'importance du préjudice, les circonstances, que de caractériser un trouble. Il y a souvent une conjonction artificielle entre la gravité supposée des faits et le caractère exceptionnel du trouble causé à l'ordre public. « Au moins, justifier la détention provisoire par la seule gravité des faits était s'exprimer sans fard », écrivait en d'autres temps Michel Romnicianu ![1]

Comment ne voit-on pas qu'en évoquant à la fois la gravité de l'infraction, l'importance du préjudice et les conditions de commission on vise une multitude de cas de figure pouvant tous ressortir à l'utilisation de ce critère ?

Atteintes aux biens qui occasionnent des préjudices importants, atteintes aux personnes « graves » et souvent lourdes également au niveau du préjudice, atteintes à la sécurité de l'État et de la nation, dont les circonstances de commission, la gravité, peuvent être facilement relevées...

On voit mal à vrai dire quelles sont les infractions qui ne seraient pas susceptibles de rentrer dans le cadre de l'article 144 7° du Code de procédure pénale !

C'est bel et bien, dans les faits, un critère de gravité qui est consacré par le législateur, qu'il s'impose par le quantum de la peine encourue, par l'importance du préjudice, ou par les circonstances de sa commission. La Cour de cassation ne le consacre t-elle pas en admettant qu'une motivation puisse se limiter à dire que : « L'ordre public est profondément perturbé par les agressions sexuelles commises sur de très jeunes enfants par celui qui leur doit protection.[2] »

Ce n'est pas en ayant recours à d'autres standards (la « gravité ») ou à des critères totalement indéfinis (la « circonstance de commission », l'« importance du préjudice ») que l'on risque de mieux cerner la notion de trouble à l'ordre public.

142.44 Trouble à l'ordre public et trouble occasionné à la victime. La chambre d'accusation de Douai a eu l'occasion, le 17 juin 1997, de rendre un arrêt dans une espèce dans laquelle, visiblement, un amalgame était opéré entre gravité de l'infraction et trouble à l'ordre public[3]. Une victime avait dénoncé 17 ans après la commission des faits, un inceste commis par son père. Le magistrat instructeur avait placé la personne soupçonnée en détention provisoire en invoquant le trouble exceptionnel et persistant causé à l'ordre public compte tenu de l'importance du préjudice causé à la victime. Or s'il était incontestable que le préjudice causé était important, se posait la question de la persistance d'un trouble à l'ordre public et non celle de la persistance d'un trouble occasionné à la victime.

C'est ce que devait dire la chambre d'accusation : « Il ne peut dès lors être affirmé que ces faits occasionnent en 1997 un "trouble exceptionnel et persistant" à l'ordre public, l'actualité de la souffrance de la victime ne pouvant laisser présumer que le trouble apporté en l'espèce à l'ordre public par les faits – à supposer ce trouble "exceptionnel" – a persisté pendant plus de dix-sept ans au point de ne pouvoir y mettre fin que par la détention provisoire de X. »

Si la souffrance de la victime peut avoir des répercussions sur le trouble à l'ordre public, elle ne saurait se confondre avec lui et surtout le trouble actuel ressenti par la victime ne saurait être assimilé au trouble « persistant » causé à l'ordre public d'autre part.

On peut également citer, dans la même perspective, l'arrêt de la Cour d'assises de la Gironde dans l'affaire Papon : « Attendu [...] que si nul ne peut ignorer l'émotion des victimes, parties civiles ou non, émotion ravivée par la tenue d'un procès criminel et la perspective de la pénible évocation de faits douloureux, il demeure que cette circonstance ne peut s'analyser comme une quelconque résurgence d'un trouble à l'ordre public d'une nature telle qu'elle justifierait la détention provisoire qu'à aucun stade de la procédure on ne songeât à réclamer.[4] »

142.45 Le trouble à l'ordre public doit être celui causé actuellement par l'infraction[5]. La chambre criminelle a tout de même apporté quelques précisions sur la notion d'ordre public et en tout cas sur l'exigence de son caractère d'actualité, avant même que cette exigence ne soit posée par le

1. M. Romnicianu, « Détention provisoire et ordre public », *JCP* 1975, I, n° 2744.
2. Crim. 16 sept. 1997, n° 97-83.425, *Bull. crim.*, n° 296; *Dr. pén.* déc. 1997, comm. 160; *D.* 1998, somm. 170.
3. CA Douai, ch. acc., 17 juin 1997, *D.* 1997, jur. 593 et note Ch. Guéry.
4. C. assises Gironde, 10 oct. 1997, *Papon, D.* 1998, jur. 173, note Roujou de Boubée.
5. Crim. 6 mars 1986, *Bull. crim.*, n° 94 – Crim. 21 août 1990, n° 90-83.745, *Bull. crim.*, n° 304.

texte. Il faut par ailleurs que l'ordre public soit actuellement en danger, la détention n'est pas justifiée si la protection invoquée repose seulement sur une éventualité[1]. La seule invocation de la nécessité de préserver l'ordre public du trouble causé par l'infraction ne suffit pas, le juge ne précisant alors pas si « d'après les éléments de l'espèce, la détention provisoire était nécessaire pour préserver l'ordre public du trouble actuellement causé par l'infraction »[2].

De même encourt la cassation l'arrêt de la chambre d'accusation qui se borne à énoncer que les faits reprochés à l'inculpée « ont gravement et durablement troublé l'ordre public, fondé sur le respect de l'intégrité physique » en omettant de préciser si, d'après les éléments de l'espèce, la détention était nécessaire pour préserver l'ordre public du trouble actuellement causé par l'infraction[3]. La chambre criminelle a censuré une décision de maintien en détention provisoire motivée par le seul fait que l'inculpé avait participé à une organisation ayant pour but d'introduire en France des stupéfiants, « ce qui avait troublé gravement et durablement l'ordre public »[4]. Elle a encore jugé qu'était insuffisamment motivée la décision qui se bornait à énoncer que les faits « sont graves et qu'il y a lieu de préserver l'ordre public »[5].

La chambre criminelle a donc parfois sanctionné des motivations qui apparaissaient trop générales et qui ne comportaient pas d'élément permettant d'apprécier le caractère persistant du trouble causé à l'ordre public par l'infraction. Cependant, de nombreuses motivations qui apparaissaient aussi lapidaires n'ont pas été sanctionnées pour autant. Il en est ainsi d'une référence à la gravité des faits[6]. On trouve toujours dans les motivations des juges des formules ainsi rédigées : « s'agissant de coups et blessures volontaires avec arme, les faits ont causé un trouble exceptionnel à l'ordre public » ou encore l'« ampleur du trafic et le danger qu'il représente ont profondément et durablement troublé l'ordre public. » Il s'agit alors de motivations qui ne devraient théoriquement pas échapper au contrôle de la Cour de cassation.

Sous le déguisement de références à l'espèce on utilise en fait :

- la catégorisation d'infractions considérées comme graves par essence : trafic de stupéfiants, atteintes à l'intégrité physique, *etc.*

- un rapport de logique purement artificiel entre les faits et le trouble à l'ordre public.

142.46 Le juge se doit de définir et de décrire le trouble. Faute de quoi, il ne répond pas aux exigences de l'article 144 du Code de procédure pénale[7].

Mais la jurisprudence est peu prolixe en précisions sur la notion, à l'exception de rares décisions telle celle de la chambre d'accusation de Toulouse du 25 août 1994 : « La notion d'ordre public comporte de multiples acceptions dont le respect de la vie humaine, la primauté de la préservation des personnes sur celle des biens, et l'interdiction de la justice privée.[8] » On peut encore citer une décision de la chambre d'accusation de Pau du 28 mai 1999 : « Attendu que les atteintes à la vie humaine, qui sont considérées par le législateur comme les faits les plus graves, sont de nature à provoquer un trouble exceptionnel à l'ordre public; attendu que ce trouble, qui ne peut se confondre avec l'émotion nécessairement passagère provoquée dans l'opinion publique, persiste malgré la relative ancienneté des faits.[9] »

La qualité de l'auteur de l'infraction peut entrer en ligne de compte dans l'appréciation du trouble : en se fondant sur le fait que l'auteur de délits d'abus de confiance, escroquerie et faux, ait abusé de sa qualité d'huissier de justice, la chambre d'accusation ne viole pas les exigences de l'article 14 de la Convention européenne de sauvegarde des droits de l'Homme et des libertés fondamentales, dès lors que ce texte ne fait pas obstacle à l'existence en droit interne d'une circonstance aggravante personnelle tirée de la profession de l'auteur d'une infraction commise dans l'exercice de ses fonctions[10].

142.47 L'ordre public national ou international. Le trouble à l'ordre public ne s'entend pas exclusivement de celui causé en France[11]. On poursuivait dans cette espèce une personne pour avoir participé à un vol à main armée au Portugal. Le pourvoi reprochait à l'arrêt de n'avoir pas constaté que : « L'ordre public français eut été et fût encore actuellement troublé par une infraction commise au Portugal deux ans auparavant... » et insistait

1. Crim. 26 juin 1989, n° 89-82.210, *Bull. crim.*, n° 269.
2. Crim. 23 oct. 1984, n° 84-94.205, *Bull. crim.*, n° 312 – Crim. 6 mars 1986, *Bull. crim.*, n° 94, préc.
3. Crim. 7 août 1990, n° 90-83.294, *Bull. crim.*, n° 296.
4. Crim. 19 févr. 1980, n° 80-90.054, *Bull. crim.*, n° 60; *D.* 1980, 356, obs. Chambon.
5. Crim. 2 mars 1994, n° 93-85.732, *Bull. crim.*, n° 84.
6. Par ex., Crim. 7 janv. 1972, n° 71-92.387, *Bull. crim.*, n° 3; *D.* 1972, 318, note Lescure et Robert – V. aussi Crim. 16 sept. 1997, n° 97-83.425, *Bull. crim.*, n° 296, préc.
7. En ce sens, P. Chambon, et notamment note s[s] Crim. 30 juin 1987, n° 87-82.361, *Bull. crim.*, n° 272; *JCP* 1987, 21016.
8. CA Toulouse, ch. acc., 25 août 1994, *BICC* 398, n° 1162.
9. CA Pau, ch. acc., 28 mai 1999, inédit.
10. Crim. 26 juill. 1994, n° 94-82.700, *Bull. crim.*, n° 285.
11. Crim. 15 oct. 1985, n° 85-94.474, *Bull. crim.*, n° 313; *D.* 1986, 170, note D. Mayer.

donc tout autant sur le lieu que sur le temps qui s'était écoulé. La chambre criminelle dans un arrêt de principe précisait que le « trouble apporté à l'ordre public susceptible de justifier le maintien en détention ne s'entend pas exclusivement de celui causé en France » mais délaissait le problème du temps qui s'était écoulé depuis les faits. Or, le problème est plus dans la définition et le caractère actuel de cette atteinte, comme le soulignait D. Mayer dans sa note sous cet arrêt, que dans son caractère transfrontalier.

142.48 Une notion « à la française » ? La notion n'existe ni en Grande-Bretagne, ni en Italie, ni en Allemagne où elle a été supprimée (depuis 1945 !). Plus, dans une décision de 1965, la Cour constitutionnelle allemande a précisé que la « prise en compte de l'émotion suscitée dans l'opinion publique ne saurait justifier une détention provisoire ». Seule la Belgique connaît une notion équivalente puisque la détention peut être ordonnée en cas « d'absolue nécessité pour la sécurité publique ». En Espagne, une notion semble se rapprocher de notre ordre public : « l'inquiétude provoquée dans la population » vient permettre la détention provisoire dans les cas où la peine encourue est inférieure ou égale à 6 ans.

« Les détentions provisoires se réduiraient d'un coup au-delà de nos espérances. Le cauchemar aurait disparu », écrivait Pierre Chambon[1] en évoquant la perspective de disparition du critère de trouble à l'ordre public. Mais l'article 144 contient d'autres critères dont la précision n'est pas la vertu première.

SECTION 5

LE CRITÈRE TIRÉ DU RISQUE DE RENOUVELLEMENT DE L'INFRACTION OU DE LA NÉCESSITÉ D'Y METTRE FIN

142.51 La détention provisoire peut être décidée en fonction de la nécessité de mettre fin à l'infraction ou d'éviter son renouvellement. Le critère concernant la « fin » de l'infraction est peu utilisé. Sans doute peut-on le voir invoqué dans un certain nombre d'infractions continues auxquelles il semble bien qu'on mette fin en incarcérant la personne. Le cas type en est le proxénétisme. Mais en fait il n'y a pas lieu de faire une différence de principe avec l'autre critère, beaucoup plus fréquemment utilisé, celui de l'évitement du renouvellement de l'infraction.

Critère curieux sans doute que celui qui présuppose l'existence de l'infraction poursuivie pour dire qu'il faut éviter qu'elle se renouvelle (v. s^s^ n° 141.36).

Mais lorsqu'il existe des indices graves contre une personne d'avoir commis certains faits, et qu'il existe par ailleurs des éléments pouvant laisser penser qu'elle risque de recommencer si elle est laissée en liberté, peut-être est-il concevable qu'on se préoccupe de cette absence de « renouvellement ».

C'est encore une fois plus l'utilisation du critère qui est interrogée que son principe. Or, il faut bien reconnaître que devant un tel critère, le juge est obligé de se livrer à une analyse prospective : ce que l'on veut éviter c'est que le mis en examen renouvelle telle infraction ou un comportement délictueux de manière générale. Comment le présumer ?

Plusieurs facteurs entrent en ligne de compte :

– la nature de l'infraction poursuivie : à tort ou à raison, on estime que certaines infractions sont par nature plus à même d'entraîner un renouvellement. Tel est le cas du trafic de produits stupéfiants par exemple du moins lorsque la personne est elle-même toxicomane. Par une appréciation de la persistance de sa dépendance, on imagine alors souvent que sans ressources (c'est souvent le cas) et dépendante de sa toxicomanie, la personne mise en examen risque de renouveler les faits. On doit dire ici que même si cette appréciation se révèle trop souvent exacte, elle doit être relativisée simplement parce qu'elle « catégorise » un type d'infractions comme particulièrement « à risque » non en raison de la personne mais seulement en raison de l'infraction. Il arrive que la personne présente un projet socio-éducatif, voire de post-cure. Ce qui pouvait exister alors comme risque de renouvellement peut s'atténuer[2]. Mais il est vrai que ce critère pose un problème que nous allons retrouver : combien de temps peut-on détenir quelqu'un sur le motif qu'il risque de réitérer ses méfaits ?

– le second facteur qui entre en ligne de compte pose cette difficulté avec acuité : il s'agit du casier judiciaire de l'intéressé, c'est-à-dire de ses antécédents. Il n'est pas besoin d'avoir recours aux proverbes pour penser que celui qui a déjà commis une infraction a plus de chances qu'un autre de recommencer. Les criminologues ne se disputent même pas sur ce point. En tirer argument pour placer en détention provisoire est une autre affaire. Il faut bien reconnaître toutefois que la répétition des infractions peut appeler une réponse judiciaire rapide et parfois coercitive. Lorsque la voie de la comparution immédiate n'est pas choisie le juge se

1. P. Chambon, « Commentaire de la loi du 6 juillet 1989 », *JCP* 1989, I, 34117.

2. CEDH 17 mars 1997, n° 21802/93, Muller c/France, *Rec.* 1997-II.

trouve parfois saisi d'affaires où le ministère public vient surtout quérir un mandat de dépôt. On peut estimer ce genre de situation en régression depuis l'augmentation du plafond de saisine du tribunal correctionnel en comparution immédiate, en fonction de la peine encourue, désormais de dix ans d'emprisonnement. Les cas demeurent nombreux malgré tout, surtout dans les petites juridictions, où le juge retrouve pour une énième fois la même personne. Le critère peut trouver alors application.

Mais on ne doit pas laisser place non plus à systématisation. Sans doute convient-il de tenir compte aussi de l'ancienneté éventuelle des condamnations, de leur gravité, de la nature des infractions poursuivies, ces éléments étant tous de nature à permettre une évaluation plus fine des risques réels de renouvellement. Par ailleurs il est impossible de s'enfermer dans une telle logique lorsque ce critère serait le seul qui pourrait être utilisé par le juge. La Cour européenne des droits de l'Homme l'a d'ailleurs rappelé dans l'arrêt Muller c/France (v. s[s] n° 142.52).

142.52 L'arrêt Muller c/France. Dans un arrêt du 17 mars 1997, la Cour européenne des droits de l'Homme affirme que la seule référence aux antécédents ne peut suffire à justifier le refus de mise en liberté[1]. Ceci est d'autant plus remarquable que dans les différentes décisions de l'espèce, la référence aux risques de renouvellement n'était qu'un critère parmi d'autres.

Muller était poursuivi pour avoir commis en 1988 divers vols à main armée. Il fut détenu du 13 décembre 1988 jusqu'à l'automne 1992, moment de son procès devant la cour d'assises. Après avoir rappelé que les risques de collusion entre les personnes impliquées avaient dû cesser le jour du renvoi du requérant et de ses complices devant la cour d'assises, rappelé que le risque de fuite ne peut s'apprécier sur la seule base de la gravité de la peine encourue, la Cour énonce que « la seule référence aux antécédents ne peut suffire à justifier le refus de mise en liberté ».

Elle en avait déjà décidé ainsi dans son arrêt Clooth c/Belgique du 12 décembre 1991[2].

Toutefois, la Cour a admis dans son arrêt Toth c/Autriche du même 12 décembre 1991[3] que l'existence de condamnations précédentes pour des délits similaires puisse conduire les autorités à redouter raisonnablement que l'inculpé ne se livre à de nouveaux agissements délictueux.

SECTION 6
LE CRITÈRE TIRÉ DU RISQUE DE FUITE DE LA PERSONNE

142.61 Les garanties de représentation de la personne en justice. L'un des motifs le plus utilisé est incontestablement celui qui concerne les garanties de représentation de la personne. C'est d'ailleurs un motif que connaît aussi le droit anglo-saxon lorsqu'il évoque les dangers de « fuite » de la personne.

Là encore le débat peut tourner autour de la question de l'utilisation du critère plutôt que de son bien fondé intrinsèque. Il apparaît en effet facile de prétendre que telle personne ne présente pas de garanties suffisantes de représentation devant la justice française. On trouve souvent ce critère énoncé à propos d'individus qui n'ont pas de domicile fixe ou qui sont étrangers. Dans cette dernière hypothèse il est vrai que la situation est parfois délicate pour certaines personnes de nationalité étrangère qui n'ont pas forcément commises des infractions très graves mais qui, ne possédant pas en France de domicile, se retrouvent en détention provisoire pour garantir leur représentation en justice. Le cautionnement est une obligation de contrôle judiciaire qui pourrait répondre à certaines de ces situations si nombre des personnes mises en examen n'étaient pas démunies de ressources.

Mais lorsque, subjectivement, il n'existe pas de difficulté sur l'existence d'un domicile en France, est-ce pour autant qu'on puisse espérer la représentation de la personne ? Sans doute pas lorsqu'elle a déjà donné des signes montrant qu'elle souhaitait échapper à sa responsabilité pénale. Il en est ainsi par exemple lorsqu'il a été nécessaire de délivrer contre elle mandat d'amener ou d'arrêt.

Qu'en est-il quand seul le *quantum* de la peine encourue peut faire craindre que l'intéressé ne se représente pas en justice ? C'est une préoccupation très courante des magistrats. La motivation type est la suivante : « Attendu que monsieur X est mis en examen pour des faits de [...]; qu'eu égard au quantum de la peine encourue, il pourrait être tenté d'échapper à la justice; qu'il convient donc de garantir sa représentation... » Évidemment on peut mettre beaucoup de choses dans l'expression « eu égard au quantum de la peine encourue ». On peut être tenté de vouloir échapper à vingt ans de réclusion criminelle mais pourquoi pas non plus à 10, 7, 5 ans d'emprisonnement, *etc.* C'est pourquoi cette motivation ne peut être purement objective mais

1. CEDH 17 mars 1997, n° 21802/93, Muller c/France, *Rec.* 1997-II, préc.
2. CEDH 12 déc. 1991, n° 12718/87, Clooth c/Belgique, série A n° 225, p. 15, § 40.
3. CEDH 12 déc. 1991, n° 11894/85, Toth c/Autriche, série A n° 224, p. 19, § 70.

doit être accompagnée d'éléments tirés de l'espèce et qui démontrent en quoi le quantum de cette peine peut être ou non dissuasif, compte tenu d'autres facteurs (travail, épouse, enfants, biens...).

Un arrêt de la chambre criminelle du 10 février 1988 semble donner un bon exemple de cette situation : « A statué [...] par une décision spécialement motivée d'après les éléments de l'espèce la juridiction d'instruction qui, pour ordonner le maintien en détention de l'inculpé français déjà condamné en Belgique pour les mêmes faits et qui s'était évadé et réfugié en France, a énoncé que la perspective de la lourde peine encourue était de nature à l'inciter à prendre la fuite. [1] »

Si l'on trouve ici la mention de la « lourde peine encourue », on y lit aussi des éléments plus personnalisés dans la mention de l'évasion de l'intéressé et de son refuge en France.

La Cour de cassation a par ailleurs décidé qu'il n'importait que la peine encourue ne figure pas au nombre des cas prévus par l'article 144 dès lors qu'elle n'était retenue par les juges que comme l'un des éléments de fait rendant la détention nécessaire pour garantir le maintien de l'inculpé à la disposition de la justice[2]. Mais il n'apparaît pas que la chambre criminelle ait jamais censuré une quelconque motivation qui n'aurait été fondée que sur cet élément, bien au contraire[3], alors même que la doctrine avait posé la difficulté depuis longtemps[4].

142.62 Les garanties de représentation dans la jurisprudence de la Cour européenne. La Cour européenne des droits de l'Homme a quant à elle émis un avis beaucoup plus précis en déclarant que le risque de fuite ne peut s'apprécier uniquement sur la base de la gravité de la peine encourue[5]. Dans l'affaire Neumeister du 27 juin 1968 la Cour décide que le risque de fuite s'apprécie en fonction du caractère de l'intéressé, de sa moralité, de son domicile, de sa profession, de ses ressources, de ses liens de famille[6]. Dans l'arrêt Stögmuller du 10 novembre 1969 la Cour ajoute à ces éléments celui de l'importance de la peine envisageable et l'intolérance particulière de l'accusé pour la détention[7]. Encore, les circonstances de l'arrestation, des transferts de fond, des voyages et des relations du requérant à l'étranger peuvent accréditer l'idée d'un tel danger[8]. Mais lorsque la détention ne se prolonge qu'en raison de la crainte de voir l'intéressé prendre la fuite, il échet de l'élargir s'il peut fournir des garanties adéquates de représentation par exemple le versement d'une caution[9].

1. Crim. 10 févr. 1988, *JCP* 1988, II, 21124, note Jeandidier.
2. Crim. 6 mars 1986, *JCP* 1986, II, 315 – Crim. 21 août 1990, n° 90-83.745, *Bull. crim.*, n° 304.
3. Crim. 5 juin 1984, n° 84-91.677, *Bull. crim.*, n° 207; *JCP* 1984, IV, 260.
4. R. Vouin, « La détention provisoire », *D.* 1970, chron. 191.
5. CEDH 26 juin 1991, n° 12369/86, Letellier c/France, série A n° 207 – CEDH 27 août 1992, n° 12850/87, Tomasi c/France, série A n° 241-4, p. 37, § 98 – CEDH 26 janv. 1993, n° 14379/88, W... c/Suisse, série A n° 254, p. 16, § 33.
6. CEDH 27 juin 1968, n° 1936/63, Neumeister c/Autriche, série A n° 8.
7. CEDH 10 nov. 1969, n° 1602/62, Stögmuller c/Autriche, série A n° 9.
8. CEDH 10 nov. 1969, n° 2178/64, Matznetter c/Autriche, série A n° 10, p. 34, § 11.
9. CEDH 27 juin 1968, n° 2122/64, Wemhoff c/Allemagne, série A n° 7, p. 25, § 15.

SECTION 7
AUTRES CRITÈRES POUVANT JUSTIFIER LA DÉTENTION PROVISOIRE

142.71 La nécessité d'éviter une concertation frauduleuse. Autre critère assez régulièrement utilisé, celui qui consiste à affirmer que la détention est l'unique moyen d'empêcher une concertation frauduleuse entre personnes mises en examen et complices. Ce critère est mis en œuvre lorsqu'il existe des raisons de penser que d'autres personnes vont être interpellées et qu'une concertation frauduleuse risquerait de compromettre la poursuite de l'information contre ces personnes ou celles déjà mises en examen. Il existe ici une obligation « miroir » dans l'énoncé des obligations du contrôle judiciaire, celle qui consiste à empêcher une personne de prendre contact directement ou indirectement avec certaines personnes que le juge spécifie (C. pr. pén., art. 138, 9°). Il appartient alors au juge d'apprécier les « risques » qu'il prend en se « contentant » d'un contrôle judiciaire. Il n'est de toute façon jamais possible d'assurer avec certitude la non-communication entre lesdites personnes, mais il faut bien reconnaître qu'à cette communication ne sont pas toujours attachées des conséquences mettant en péril le dossier. Ce critère est aussi utilisé alors qu'il s'agit d'empêcher les intéressés, tous arrêtés, de communiquer entre eux. La motivation peut paraître plus spécieuse dès qu'elle est utilisée pour motiver l'incarcération de toutes les personnes concernées alors même qu'aucune d'entre elles ne sera plus en liberté pour se concerter avec une autre... Si elle peut être admise au moment du placement, le juge ne sachant pas (ou n'étant pas censé savoir) avant le débat contradictoire du dernier à comparaître si effectivement toutes les personnes seront incarcérées, elle devient moins rigoureuse dès lors qu'il s'agit de répondre à une demande de mise en liberté et que le juge sait pertinemment qu'il n'y a, en liberté, aucune personne avec laquelle se concerter. Car il est bien évident ici encore que la motivation ne saurait être générale : il convient d'indiquer soit par leur nom, soit par leur situation dans la procédure (co-mis en examen; personne recherchée...) les caractéristiques des personnes avec lesquelles un risque de concertation existerait. Lorsque les personnes reconnaissent les faits et que toutes sont interpellées, cette motivation devrait théoriquement disparaître. Selon la Cour européenne, l'invocation de cet argument peut devenir critiquable lorsqu'au bout de plusieurs mois de nombreux témoignages sont rassemblés et que de multiples constatations ont été opérées [1].

Ce n'est toutefois pas parce que l'instruction est achevée que les risques de concertation disparaissent pour autant. Ce critère ne fait pourtant plus partie de la liste de ceux pouvant justifier le maintien en détention (C. pr. pén., art. 179).

142.72 La nécessité d'éviter des pressions sur les témoins ou la victime. D'utilisation encore très fréquente, la détention unique moyen d'« empêcher une pression sur les témoins ou les victimes ».

Il faut dire que rares sont les infractions qui ne connaissent pas de victimes... Il en existe néanmoins et on les trouve le plus souvent dans le livre IV du Code pénal (les infractions contre l'État et la nation d'une manière générale et par exemple la corruption, le discrédit jeté sur les décisions de justice, *etc.*; mais on peut aussi souligner que le trafic de stupéfiants ne connaît pas de « victimes » au sens traditionnel du terme en tout cas). On conçoit donc qu'il puisse y avoir de nombreux exemples d'infractions où des pressions peuvent être exercées sur les victimes. Le critère est susceptible d'être utilisé de façon systématique. C'est ainsi qu'on peut considérer que lorsque l'intéressé reconnaît les faits, les risques de pression sont moins nombreux que lorsqu'il les conteste. Encore faut-il savoir si les faits sont relatés dans leur intégralité de la même façon... Mais on devra aussi se demander plus souvent si cela a réellement de l'importance pour l'issue de l'affaire. Garder quelqu'un en détention provisoire parce qu'il présente un détail de l'affaire de façon différente de la victime, est ce que cela a vraiment une utilité ? C'est en tout cas la réflexion que se sont fait de nombreux juges d'instruction après quelques années de pratique. Il est nécessaire d'avoir à l'esprit que la justice pénale est une reconstruction, que la vérité judiciaire ne sera jamais la Vérité, et qu'en conséquence on ne peut avoir comme ambition de donner à voir la Vérité. C'est pourquoi chaque magistrat pénaliste doit faire son deuil de ce désir.

On aura beau entendre et réentendre victimes, témoins, personnes soupçonnées, on risque de n'avoir jamais entièrement les mêmes versions. Et pas seulement parce que certains ont intérêt à mentir ! Mais simplement parce que la compréhension, la mémorisation, la reconstruction des faits sont différentes selon les individus... Sans parler de la retranscription des déclarations qui elle aussi peut être source de distorsions.

L'obligation « miroir » de contrôle judiciaire trouve, ici encore, son mérite – mérite limité certes si on raisonne uniquement en termes de certitude – mais mérite tout de même. Lorsqu'on lui indique qu'il est remis en liberté ou ne va pas en détention mais que cela suppose le respect d'une condition importante, celle de ne pas voir la victime (ou un témoin), la personne mise en examen sait parfaitement quel est l'enjeu du non respect éventuel de cette obligation : l'incarcération. Certes, il n'est jamais certain que cela vienne aux oreilles du juge, mais est-ce que le mis en examen en prendra le risque ? C'est tout le pari, bien compris, du contrôle judiciaire. Et les enjeux dans une affaire ne sont pas non plus les mêmes que dans une autre. Un certain nombre de situations ne permettent pas au juge de prendre ce risque : il est des espèces dans lesquelles les faits ou les personnalités sont tels que le contrôle judiciaire ne suffira pas à écarter « raisonnablement » toute pression, au regard de l'enjeu. Aussi ce critère demeure un critère incontournable si on l'utilise avec discernement.

À la différence de celui concernant les risques de concertation, il est encore utilisable au moment du maintien en détention (C. pr. pén., art. 179).

142.73 La préservation de preuves. Il arrive dans un certain nombre d'hypothèses que les enquêteurs n'aient pas eu le temps de procéder à toutes les vérifications nécessaires avant la présentation de l'intéressé et que sa mise en liberté pose alors le problème de la préservation de ces preuves. Telle personne a un autre domicile éloigné où l'on n'a pas pu perquisitionner, tel document dont on connaît l'existence n'a pas encore été retrouvé, *etc.* On peut également être à la recherche d'une arme, du produit du vol... Ce critère est assez peu utilisé et son utilisation est forcément limitée dans le temps à celui qui est nécessaire pour effectuer les investigations qui font défaut. Il arrive parfois que les enquêteurs n'effectuent pas un acte d'enquête volontairement pendant la garde à vue lorsqu'ils souhaitent plus particulièrement qu'une personne soit incarcérée...

1. CEDH 12 déc. 1991, nº 12718/87, Clooth c/Belgique, série A nº 225, p. 16, § 43-44.

142.74 La protection de la personne mise en examen. Il peut arriver que la protection de la personne mise en examen puisse entrer en ligne de compte dans la décision de détention. On se rappellera toutefois ce que nous avons dit sur la réunion d'indices de culpabilité contre la personne (v. s[s] n°s 142.21 s.). La détention ne saurait donc servir comme moyen de protection d'une personne qui serait par exemple injustement poursuivie par la vindicte populaire. Il peut arriver parfois que cette personne soit toutefois réellement en danger « dehors »... Il est assez rare que dans ces hypothèses, il n'existe pas d'autres critères pouvant justifier le placement. Il est en tout cas difficile d'expliquer à une personne qu'on la place en détention pour son « bien » surtout quand elle propose d'autres solutions. Ce critère est utilisé de façon très exceptionnelle.

SECTION 8

CONFORMITÉ DE LA LÉGISLATION FRANÇAISE À LA CONVENTION EUROPÉENNE DE SAUVEGARDE DES DROITS DE L'HOMME (CONV. EDH)

142.81 La Convention européenne de sauvegarde des droits de l'Homme. La Convention européenne de sauvegarde des droits de l'Homme et des libertés fondamentales a été signée par la France le 4 novembre 1950 et ratifiée par décret du président de la République en date du 3 mai 1974. Cette convention est intégrée dans notre ordre juridique en application de l'article 55 de la Constitution du 4 octobre 1958. Elle prime les lois nationales tant antérieures que postérieures.

De plus en plus, la Convention européenne de sauvegarde des droits de l'Homme et des libertés fondamentales prend de l'importance dans la pratique judiciaire. C'est particulièrement vrai en matière de détention provisoire.

142.82 L'article 5-1 de la Convention L'article 5-1 de la Convention européenne des droits de l'Homme prévoit que : « Nul ne peut être privé de sa liberté sauf dans les cas suivants et selon les règles légales : [...] c) s'il est arrêté ou détenu en vue d'être conduit devant l'autorité judiciaire compétente, lorsqu'il y a des raisons plausibles de soupçonner qu'il a commis une infraction ou qu'il y a des motifs raisonnables de croire à la nécessité de l'empêcher de commettre une infraction ou de s'enfuir après l'accomplissement de celle-ci. »

Le texte est moins clair qu'il n'y paraît. On le présente traditionnellement comme mettant en scène deux critères : celui du risque de réitération de l'infraction et le risque de fuite.

En fait les rédacteurs avaient sans doute prévu une véritable détention *ante delictum* en écrivant qu'« il y a des motifs raisonnables de croire à la nécessité de l'empêcher de commettre une infraction. » Par ailleurs, on peut remarquer que la conjonction « ou » ouvre les portes à la possibilité d'un placement en détention provisoire dès lors qu'il existe seulement des raisons plausibles de penser que quelqu'un a commis une infraction.

142.83 Le contrôle de la chambre criminelle sur la base de l'article 5-1. Il a évolué lentement. Dans un arrêt du 3 janvier 1986 la chambre criminelle avait décidé que : « L'article 5-1 de la Convention européenne de sauvegarde des droits de l'Homme et des libertés fondamentales ne concerne que les conditions dans lesquelles une personne peut être arrêtée et détenue en vue d'être conduite devant l'autorité judiciaire compétente et ne s'applique pas aux décisions de justice qui se prononcent sur la mise en détention ou le maintien de la détention de celle-ci.[1] » Puis dans un arrêt du 9 janvier 1986 (inédit), elle énonçait que : « Ledit article ne précise que les cas dans lesquels une personne peut être arrêtée ou détenue en vue de sa conduite devant l'autorité judiciaire et que les décisions prises par cette dernière ne relèvent pas de ce texte »[2].

Le 6 mars 1986 la Cour devait revenir sur cette jurisprudence en décidant que : « Les dispositions du Code de procédure pénale qui définissent limitativement les cas dans lesquels le placement ou le maintien en détention peut être exigé par le juge, loin d'être incompatibles avec les dispositions de la Convention européenne de sauvegarde des droits de l'Homme et des libertés fondamentales, instituent au contraire en faveur des inculpés des garanties supplémentaires destinées à éviter toute détention injustifiée. »[3]

Il est donc admis que l'article 5-1 concerne la détention provisoire, seule explication contextuelle possible puisque le délai raisonnable de l'article 5-3 s'applique d'évidence à la détention provisoire. Comment les autres alinéas de cet article 5 auraient-ils pu l'exclure ? La Cour européenne l'avait déjà dit expressément[4].

Mais la Cour de cassation ne donne pas de véritable explication à cette pétition de principe : le

1. Crim. 3 janv. 1986, NPT, *D.* 1986, p. 137, note Koering-Joulin; *JCP* 1986, IV, 91.
2. Pour une appréciation critique, v. note Mme Koering-Joulin, s[s] Crim. 3 janv. 1986, NPT, préc.
3. Crim. 6 mars 1986, *Bull. crim.*, n° 94-1; *D.* 1986, jur. 315 note D. Mayer.
4. CEDH 1er juill. 1961, n° 332/57, Lawless c/Irlande, série A n° 3, p. 51-52, § 14.

Code de procédure pénale institue des garanties supérieures à la convention.

142.84 Des « garanties supérieures » à la convention ? Si certains auteurs considèrent que les deux textes « sont à égalité et complémentaires »[1], on pourrait, à première vue, être tenté de remarquer que l'article 144 du Code de procédure pénale, multipliant les critères, est en cela plus large. On peut voir aussi dans la formule de la Cour de cassation une allusion aux autres cas où la détention peut être admise selon la convention et qui sont incontestablement plus sévères que la législation française[2].

La véritable raison semble plus simple : l'article 5-1 c) n'exige pas la concomitance entre l'existence de raisons plausibles de soupçonner la commission d'une infraction et le danger de fuite ou de réitération de l'infraction. Les raisons plausibles se suffisent à elles-mêmes pour pouvoir justifier le placement en détention au moins pendant un temps.

Puisque le Code de procédure pénale ajoute à ces éléments de base la nécessité d'entrer dans l'un des critères de l'article 144, on peut estimer que la législation française est effectivement, en théorie, plus protectrice.

Le problème s'avère en fait plus complexe pour les prolongations : en effet, la Cour européenne des droits de l'Homme (CEDH) estime qu'il est impossible de traduire le délai raisonnable de l'article 5-3 en « un nombre fixe de jours, de semaines, de mois ou d'années ou en des durées variant suivant la gravité de l'infraction »[3]. Dès lors, pour apprécier si une détention est raisonnable, on examine si elle repose sur des motifs sérieux. Et le contrôle sur ce point de la Cour européenne des droits de l'Homme est ferme alors que la Cour de cassation se contente d'un contrôle de base légale (sur l'existence et la précision de la motivation, pas sur le contenu). Ce qui a pu faire dire à un auteur que « si l'on ne considère que les textes, le droit européen, est, dans le domaine de la détention provisoire le feu arrière du droit français; si on examine la jurisprudence il pourrait bien en être le phare. »[4]

D'autre part, selon la jurisprudence de la Cour la persistance de raisons plausibles de soupçonner la personne arrêtée d'avoir accompli une infraction est une condition *sine qua non* de la régularité de la détention[5] mais au bout d'un certain temps, elle ne suffit plus : d'autres motifs doivent alors être recherchés qui pourraient légitimer la prolongation de la détention provisoire[6].

142.85 Effectivité du contrôle de la chambre criminelle. Depuis 1986, la chambre criminelle considère donc que l'article 5-1 s'applique à la détention provisoire et contrôle la conformité des décisions avec cet article. Mais à partir du moment où l'on considère que la législation française est plus exigeante, ce contrôle de conformité ne diffère pas en fait de celui du respect des textes législatifs nationaux. Le contrôle est donc sur ce point purement formel comme on peut le constater dans cette décision : « En retenant la présence de l'inculpé sur les lieux de préparation des explosifs, sa mise en cause par un co-inculpé, la découverte dans son véhicule d'une arme prohibée et ses mensonges sur ses rencontres avec les coinculpés, les juges énoncent, d'une part que la détention est l'unique moyen de conserver les preuves et indices matériels et d'empêcher une concertation frauduleuse entre l'inculpé et ses complices et, d'autre part, qu'elle est nécessaire pour préserver l'ordre public du trouble causé par l'infraction et garantir le maintien de l'inculpé à la disposition de la justice. En l'état de ces constatations, la chambre criminelle se trouve en mesure de s'assurer que la chambre d'accusation s'est prononcée dans les conditions prévues, d'une part par l'article 5-1 de la Convention européenne des droits de l'Homme et, d'autre part, par l'article 148 du Code de procédure pénale, par une décision spécialement motivée d'après les éléments de l'espèce, ainsi que l'exige l'article 145 du même code et pour des cas limitativement énumérés par son article 144. »[7]

Ce n'est donc pas en examinant la conformité à l'article 5-1 que la jurisprudence de la chambre criminelle peut être intéressante et notamment sur les critères de placement ou de « maintien » en détention. Paradoxalement, c'est l'article 5-3 qui ne concerne pourtant formellement que la durée de la détention provisoire qui nous fournit le plus d'enseignements (v. s^s^ n°s 144.41 s.).

1. J. Pradel, L'instruction préparatoire, p. 654.
2. Tel Conv. EDH, art. 5-1, premiers al. – Pour une autre analyse v. encore W. Jeandidier, « Détention provisoire, Convention européenne des droits de l'Homme et Code de procédure pénale, ou valse hésitation de la Chambre criminelle », *RSC* 1986, 710.
3. CEDH 10 nov. 1969, n° 1602/62, Stögmuller c/Autriche, série A n° 9.
4. D. Mayer, *D.* 1986, 317.
5. CEDH 10 nov. 1969, n° 1602/62, Stögmuller c/Autriche, préc.
6. V. CEDH 10 nov. 1969, n° 1602/62, Stögmuller c/Autriche, préc. – V. aussi CEDH 27 juin 1968, n° 2122/64, Wemhoff c/Allemagne, série A n° 7, p. 24-25, § 12 – Sur ces points v. L. E. Pettiti, *RSC* n° 4, 1991.
7. Crim. 21 août 1986, n° 86-93.082, *Bull. crim.*, n° 250; *D.* 1987, somm. 81.

CHAPITRE

143. Placement en détention provisoire

SECTION 0 ORIENTEUR

143.00 Plan du chapitre.

Sect. 1 Compétence

Sect. 2 Cas de prohibition légale

Sect. 3 Conditions de fond du placement en détention provisoire : principes généraux

Sect. 4 Conditions de fond du placement en détention quant au seuil des peines encourues

Sect. 5 Règles de forme relatives aux formalités préalables au placement en détention provisoire

Sect. 6 Règles de forme relatives à la notification des droits préalable au débat contradictoire ou à l'incarcération provisoire

Sect. 7 Débat contradictoire

Sect. 8 Décision : liberté, avec ou sans contrôle judiciaire

Sect. 9 Décision : détention, durée indéterminée ou non

143.01 Textes applicables.

C. pr. pén., art. 81, 82, 83, 83-1, 84, 137, 137-1, 137-3, 137-4, 141-2, 141-3, 144, 144-1, 144-2, 145, 207, 706-71.

C. pr. pén., art. D. 32-3, D. 47-12-4.

Ord. 2 févr. 1945, art. 12.

C. pr. pén., art. 81

Le juge d'instruction procède, conformément à la loi, à tous les actes d'information qu'il juge utiles à la manifestation de la vérité. Il instruit à charge et à décharge.

Il est établi une copie de ces actes ainsi que de toutes les pièces de la procédure; chaque copie est certifiée conforme par le greffier ou l'officier de police judiciaire commis mentionné à l'alinéa 4. Toutes les pièces du dossier sont cotées par le greffier au fur et à mesure de leur rédaction ou de leur réception par le juge d'instruction.

Toutefois, si les copies peuvent être établies à l'aide de procédés photographiques ou similaires, elles sont exécutées à l'occasion de la transmission du dossier. Il en est alors établi autant d'exemplaires qu'il est nécessaire à l'administration de la justice. Le greffier certifie la conformité du dossier reproduit avec le dossier original. Si le dessaisissement momentané a pour cause l'exercice d'une voie de recours, l'établissement des copies doit être effectué immédiatement pour qu'en aucun cas ne soit retardée la mise en état de l'affaire prévue à l'article 194.

Si le juge d'instruction est dans l'impossibilité de procéder lui-même à tous les actes d'instruction, il peut donner commission rogatoire aux officiers de police judiciaire afin de leur faire exécuter tous les actes d'information nécessaires dans les conditions et sous les réserves prévues aux articles 151 et 152.

Le juge d'instruction doit vérifier les éléments d'information ainsi recueillis.

Le juge d'instruction procède ou fait procéder, soit par des officiers de police judiciaire, conformément à l'alinéa 4, soit par toute personne habilitée dans des conditions déterminées par décret en Conseil d'État, à une enquête sur la personnalité des personnes mises en examen, ainsi que sur leur situation matérielle, familiale ou sociale. Toutefois, en matière de délit, cette enquête est facultative.

Le juge d'instruction peut également commettre, suivant les cas, le service pénitentiaire d'insertion et de probation, le service compétent de la protection judiciaire de la jeunesse ou toute association habilitée en application de l'alinéa qui précède à l'effet de vérifier la situation matérielle, familiale et sociale d'une personne mise en examen et de l'informer sur les mesures propres à favoriser l'insertion sociale de l'intéressée. À moins qu'elles n'aient été déjà prescrites par le ministère public, ces diligences doivent être prescrites par le juge d'instruction chaque fois qu'il envisage de placer en détention provisoire un majeur âgé de moins de vingt et un ans au moment de la commission de l'infraction lorsque la peine encourue n'excède pas cinq ans d'emprisonnement.

Le juge d'instruction peut prescrire un examen médical, un examen psychologique ou ordonner toutes mesures utiles.

S'il est saisi par une partie d'une demande écrite et motivée tendant à ce qu'il soit procédé à l'un des examens ou à toutes autres mesures utiles prévus par l'alinéa qui précède, le juge d'instruction doit, s'il n'entend pas y faire droit, rendre une ordonnance motivée au plus tard dans le délai d'un mois à compter de la réception de la demande.

La demande mentionnée à l'alinéa précédent doit faire l'objet d'une déclaration au greffier du juge d'instruction saisi du dossier. Elle est constatée et datée par le greffier qui la signe ainsi que le demandeur ou son avocat. Si le demandeur ne peut signer, il en est fait mention par le greffier. Lorsque le demandeur ou son avocat ne réside pas dans le ressort de la juridiction compétente, la déclaration au greffier peut être faite au moyen d'une lettre recommandée avec demande d'avis de réception. Lorsque la personne mise en examen est détenue, la demande peut également être faite au moyen d'une déclaration auprès du chef de l'établissement pénitentiaire. Cette déclaration est constatée et datée par le chef de l'établissement pénitentiaire qui la signe, ainsi que le demandeur. Si celui-ci ne peut signer, il en est fait mention par le chef de l'établissement. Ce document est adressé sans délai, en original ou copie et par tout moyen, au greffier du juge d'instruction.

Faute par le juge d'instruction d'avoir statué dans le délai d'un mois, la partie peut saisir directement le président de la chambre de l'instruction, qui statue et procède conformément aux troisième, quatrième et cinquième alinéas de l'article 186-1.

C. pr. pén., art. 82 [L. n° 2004-204, 9 mars 2004]

Dans son réquisitoire introductif, et à toute époque de l'information par réquisitoire supplétif, le procureur de la République peut requérir du magistrat instructeur tous actes lui paraissant utiles à la manifestation de la vérité et toutes mesures de sûreté nécessaires. Il peut également demander à assister à l'accomplissement des actes qu'il requiert.

Il peut, à cette fin, se faire communiquer la procédure, à charge de la rendre dans les vingt-quatre heures.

S'il requiert le placement ou le maintien en détention provisoire de la personne mise en examen, ses réquisitions doivent être écrites et motivées par référence aux seules dispositions de l'article 144.

Si le juge d'instruction ne suit pas les réquisitions du procureur de la République, il doit, sans préjudice de l'application des dispositions de l'article 137-4, rendre une ordonnance motivée dans les cinq jours de ces réquisitions.

À défaut d'ordonnance du juge d'instruction, le procureur de la République peut, dans les dix jours, saisir directement la chambre de l'instruction. Il en est de même si le juge des libertés et de la détention, saisi par le juge d'instruction, ne rend pas d'ordonnance dans le délai de dix jours à compter de sa saisine.

C. pr. pén., art. 83 [L. n° 2007-291, 5 mars 2007]

Lorsqu'il existe dans un tribunal plusieurs juges d'instruction, le président du tribunal ou, en cas d'empêchement, le magistrat qui le remplace, désigne, pour chaque information, le juge qui en sera chargé. Il peut établir, à cette fin, un tableau de roulement.

Les désignations prévues au présent article sont des mesures d'administration judiciaire non susceptibles de recours.

C. pr. pén., art. 83-1 [L. n° 2007-291, 5 mars 2007]

Lorsque la gravité ou la complexité de l'affaire le justifie, l'information peut faire l'objet d'une cosaisine selon les modalités prévues par le présent article.

Le président du tribunal de grande instance dans lequel il existe un pôle de l'instruction ou, en cas d'empêchement, le magistrat qui le remplace désigne, dès l'ouverture de l'information, d'office ou si le procureur de la République le requiert dans son réquisitoire introductif, un ou plusieurs juges d'instruction pour être adjoints au juge d'instruction chargé de l'information.

À tout moment de la procédure, le président du tribunal de grande instance peut désigner un ou plusieurs juges d'instruction cosaisis soit à la demande du juge chargé de l'information, soit, si ce juge donne son accord, d'office ou sur réquisition du ministère public ou sur requête des parties déposée conformément aux dispositions de l'avant-dernier alinéa de l'article 81. Les parties ne peuvent pas renouveler leur demande avant six mois. Dans un délai d'un mois à compter de la réception de la demande, le président désigne un ou plusieurs juges d'instruction pour être adjoints au juge chargé de l'information. Pour l'application du présent alinéa, lorsque l'information a été ouverte dans un tribunal où il n'y a pas de pôle de l'instruction, le président du tribunal de grande instance où se trouve le pôle territorialement compétent désigne le juge d'instruction chargé de l'information ainsi que le ou les juges d'instruction cosaisis, après que le juge d'instruction initialement saisi s'est dessaisi au profit du pôle; ce dessaisissement prend effet à la date de désignation des juges du pôle.

Lorsqu'elle n'est pas ordonnée selon les modalités prévues par l'alinéa qui précède, en l'absence d'accord du juge chargé de l'information ou, à défaut, de désignation par le président du tribunal de grande instance dans le délai d'un mois, la cosaisine peut être ordonnée par le président de la chambre de l'instruction agissant d'office, à la demande du président du tribunal, sur réquisition du ministère public ou sur requête des parties. Le président statue dans un délai d'un mois à compter de la réception de la demande qui est déposée conformément à l'avant-dernier alinéa de l'article 81 si elle émane d'une partie. Lorsque l'information a été ouverte dans un tribunal où il n'y a pas de pôle de l'instruction, le président de la chambre de l'instruction saisit la chambre de l'instruction aux fins de cosaisine. Dans un délai d'un mois à compter de sa saisine, la chambre décide alors soit, s'il n'y a pas lieu à cosaisine, de renvoyer le dossier au magistrat instructeur, soit, si cette décision est indispensable à la manifestation de la vérité et à la bonne administration de la justice, de procéder au dessaisissement du juge d'instruction et à la désignation, aux fins de poursuite de la procédure, de plusieurs juges d'instruction.

Les décisions du président du tribunal de grande instance, du président de la chambre de l'instruction et de cette dernière prévues par le présent article sont des mesures d'administration judiciaire non susceptibles de recours.

C. pr. pén., art. 83-1
Pour l'application du deuxième alinéa de l'article 83, lorsque le tribunal comporte un ou deux juges d'instruction, le premier président de la cour d'appel, à la demande du président du tribunal, ou, en cas d'empêchement, le magistrat qui le remplace, peut adjoindre au juge chargé de l'information un ou plusieurs des juges de son ressort.

C. pr. pén., art. 84 [L. n° 2007-291, 5 mars 2007]
Sous réserve de l'application des articles 657 et 663, le dessaisissement du juge d'instruction au profit d'un autre juge d'instruction peut être demandé au président du tribunal, dans l'intérêt d'une bonne administration de la justice, par requête motivée du procureur de la République, agissant soit spontanément, soit à la demande des parties.

Le président du tribunal doit statuer dans les huit jours par une ordonnance qui ne sera pas susceptible de voies de recours.

En cas d'empêchement du juge chargé de l'information, par suite de congé, de maladie ou pour toute autre cause, de même qu'en cas de nomination à un autre poste, le président désigne le juge d'instruction chargé de le remplacer.

Toutefois, en cas d'urgence et pour des actes isolés, tout juge d'instruction peut suppléer un autre juge d'instruction du même tribunal.

Dans les cas prévus par l'article 83-1, le juge désigné ou, s'ils sont plusieurs, le premier dans l'ordre de désignation, peut remplacer ou suppléer le juge chargé de l'information sans qu'il y ait lieu à application des alinéas qui précèdent.

C. pr. pén., art. 137
* V. s^s n° 141.01.

C. pr. pén., art. 137-1 [L. n° 2007-291, 5 mars 2007]
La détention provisoire est ordonnée ou prolongée par le juge des libertés et de la détention. Les demandes de mise en liberté lui sont également soumises.

Le juge des libertés et de la détention est un magistrat du siège ayant rang de président, de premier vice-président ou de vice-président. Il est désigné par le président du tribunal de grande instance. Lorsqu'il statue à l'issue d'un débat contradictoire, il est assisté d'un greffier. En cas d'empêchement du juge des libertés et de la détention désigné et d'empêchement du président ainsi que des premiers vice-présidents et des vice-présidents, le juge des libertés et de la détention est remplacé par le magistrat du siège le plus ancien dans le grade le plus élevé, désigné par le président du tribunal de grande instance. Il peut alors faire application des dispositions de l'article 93.

Il ne peut, à peine de nullité, participer au jugement des affaires pénales dont il a connu.

Hors le cas prévu par le deuxième alinéa de l'article 137-4, il est saisi par une ordonnance motivée du juge d'instruction, qui lui transmet le dossier de la procédure accompagné des réquisitions du procureur de la République. Lorsque le juge des libertés et de la détention doit statuer en application de l'article 145, le juge d'instruction peut indiquer dans son ordonnance si la publicité de ce débat lui paraît devoir être écartée au regard d'une ou plusieurs des raisons mentionnées au sixième alinéa de cet article.

C. pr. pén., art. 137-3
* V. s^s n° 144.01.

C. pr. pén., art. 141-2 [L. n° 2004-204, 9 mars 2004]
Si la personne mise en examen se soustrait volontairement aux obligations du contrôle judiciaire, le juge d'instruction peut décerner à son encontre mandat d'arrêt ou d'amener. Il peut également, dans les conditions prévues au quatrième alinéa de l'article 137-1, saisir le juge des libertés et de la détention aux fins de placement en détention provisoire. Quelle que soit la peine d'emprisonnement encourue, le juge des libertés et de la détention peut décerner, à l'encontre de cette personne, un mandat de dépôt en vue de sa détention provisoire, sous réserve des dispositions de l'article 141-3.

Si la personne se soustrait aux obligations du contrôle judiciaire alors qu'elle est renvoyée devant la juridiction de jugement, le procureur de la République peut, hors le cas prévu par l'article 272-1, saisir le juge des libertés et de la détention pour que celui-ci décerne mandat d'arrêt ou d'amener à son encontre. Ce magistrat est également compétent pour ordonner, conformément aux dispositions de l'article 135-2, le placement en détention provisoire de l'intéressé.

C. pr. pén., art. 141-3
Lorsque la détention provisoire est ordonnée à la suite d'une révocation du contrôle judiciaire à l'encontre d'une personne antérieurement placée en détention provisoire pour les mêmes faits, la durée cumulée des détentions ne peut excéder de plus de quatre mois la durée maximale de la détention prévue respectivement aux articles 145-1 et 145-2. Lorsque la peine encourue est inférieure à celle mentionnée à l'article 143-1, la durée totale des détentions ne peut excéder quatre mois.

C. pr. pén., art. 144
* V. s^s n° 142.01.

C. pr. pén., art. 144-1
La détention provisoire ne peut excéder une durée raisonnable, au regard de la gravité des faits reprochés à la personne mise en examen et de la complexité des investigations nécessaires à la manifestation de la vérité.

Le juge d'instruction ou, s'il est saisi, le juge des libertés et de la détention doit ordonner la mise en liberté immédiate de la personne placée en détention provisoire, selon les modalités prévues par l'article 147, dès que les conditions prévues à l'article 144 et au présent article ne sont plus remplies.

C. pr. pén., art. 144-2 [L. n° 2004-204, 9 mars 2004]

Lorsqu'une mise en liberté est ordonnée en raison des dispositions des articles 143-1, 144, 144-1, 145-2, 145-3 ou 706-24-3, mais qu'elle est susceptible de faire courir un risque à la victime, la juridiction place la personne mise en examen sous contrôle judiciaire en la soumettant à l'interdiction de recevoir ou rencontrer la victime ou d'entrer en relation de quelque façon que ce soit avec elle en application des dispositions du 9° de l'article 138. Cette dernière en est avisée conformément aux dispositions de l'article 138-1.

C. pr. pén., art. 145 [L. n° 2007-291, 5 mars 2007]

Le juge des libertés et de la détention saisi par une ordonnance du juge d'instruction tendant au placement en détention de la personne mise en examen fait comparaître cette personne devant lui, assistée de son avocat si celui-ci a déjà été désigné, et procède conformément aux dispositions du présent article.

Au vu des éléments du dossier et après avoir, s'il l'estime utile, recueilli les observations de l'intéressé, ce magistrat fait connaître à la personne mise en examen s'il envisage de la placer en détention provisoire.

S'il n'envisage pas de la placer en détention provisoire, ce magistrat, après avoir le cas échéant ordonné le placement de la personne sous contrôle judiciaire, procède conformément aux deux derniers alinéas de l'article 116 relatifs à la déclaration d'adresse.

S'il envisage d'ordonner la détention provisoire de la personne, il l'informe que sa décision ne pourra intervenir qu'à l'issue d'un débat contradictoire et qu'elle a le droit de demander un délai pour préparer sa défense. Si la personne majeure mise en examen ou son avocat en fait la demande dès l'ouverture de l'audience, le débat contradictoire a lieu en audience publique, sauf si la publicité est de nature à entraver les investigations spécifiques nécessitées par l'instruction ou à nuire à la dignité de la personne ou aux intérêts d'un tiers. Le juge des libertés et de la détention statue par ordonnance motivée sur cette demande de publicité après avoir recueilli les observations du ministère public, de la personne mise en examen et de son avocat.

Si cette personne n'est pas déjà assistée d'un avocat, le juge l'avise qu'elle sera défendue lors du débat par un avocat de son choix ou, si elle ne choisit pas d'avocat, par un avocat commis d'office. L'avocat choisi ou, dans le cas d'une commission d'office, le bâtonnier de l'ordre des avocats en est avisé par tout moyen et sans délai. Si l'avocat choisi ne peut se déplacer, il est remplacé par un avocat commis d'office. Mention de ces formalités est faite au procès-verbal.

Le juge des libertés et de la détention statue après un débat contradictoire au cours duquel il entend le ministère public qui développe ses réquisitions prises conformément au troisième alinéa de l'article 82 puis les observations de la personne mise en examen et, le cas échéant, celles de son avocat. Si la personne mise en examen est majeure, le débat contradictoire a lieu et le juge statue en audience publique. Toutefois, le ministère public, la personne mise en examen ou son avocat peuvent s'opposer à cette publicité si l'enquête porte sur des faits visés à l'article 706-73 ou si celle-ci est de nature à entraver les investigations spécifiques nécessitées par l'instruction, à porter atteinte à la présomption d'innocence ou à la sérénité des débats ou à nuire à la dignité de la personne ou aux intérêts d'un tiers. Le juge statue sur cette opposition en audience de cabinet par ordonnance motivée, après avoir recueilli les observations du ministère public, de la personne mise en examen et de son avocat. S'il fait droit à cette opposition ou si la personne mise en examen est mineure, le débat a lieu et le juge statue en audience de cabinet.

Toutefois, le juge des libertés et de la détention ne peut ordonner immédiatement le placement en détention lorsque la personne mise en examen ou son avocat sollicite un délai pour préparer sa défense.

Dans ce cas, il peut, au moyen d'une ordonnance motivée par référence aux dispositions de l'alinéa précédent et non susceptible d'appel, prescrire l'incarcération de la personne pour une durée déterminée qui ne peut en aucun cas excéder quatre jours ouvrables. Dans ce délai, il fait comparaître à nouveau la personne et, que celle-ci soit ou non assistée d'un avocat, procède comme il est dit au sixième alinéa. S'il n'ordonne pas le placement de la personne en détention provisoire, celle-ci est mise en liberté d'office.

Pour permettre au juge d'instruction de procéder à des vérifications relatives à la situation personnelle du mis en examen ou aux faits qui lui sont reprochés, lorsque ces vérifications sont susceptibles de permettre le placement de l'intéressé sous contrôle judiciaire, le juge des libertés et de la détention peut également décider d'office de prescrire par ordonnance motivée l'incarcération provisoire du mis en examen pendant une durée déterminée qui ne saurait excéder quatre jours ouvrables jusqu'à la tenue du débat contradictoire. À défaut de débat dans ce délai, la personne est mise en liberté d'office. L'ordonnance mentionnée au présent alinéa peut faire l'objet du recours prévu à l'article 187-1.

L'incarcération provisoire est, le cas échéant, imputée sur la durée de la détention provisoire pour l'application des articles 145-1 et 145-2. Elle est assimilée à une détention provisoire au sens de l'article 149 [v. art. 716-4 du Code de procédure pénale].

C. pr. pén., art. 207 [L. n° 2004-204, 9 mars 2004]

Lorsque la chambre de l'instruction a statué sur l'appel relevé contre une ordonnance en matière de détention provisoire, ou à la suite d'une saisine du procureur de la République soit qu'elle ait confirmé cette décision, soit que, l'infirmant, elle ait ordonné une mise en liberté ou maintenu en détention ou décerné un mandat de dépôt ou d'arrêt, le procureur général fait sans délai retour du dossier au juge d'instruction après avoir assuré l'exécution de l'arrêt. Lorsque la chambre de l'instruction décerne mandat de dépôt ou qu'elle infirme une ordonnance de mise en liberté ou de refus de prolongation de détention provisoire, les décisions en matière de détention provisoire continuent de relever de la compétence du juge d'instruction et du juge des libertés et de la détention sauf mention expresse de la part de la chambre de l'instruction disant qu'elle est seule compétente pour statuer sur les demandes de mise en liberté et prolonger le cas échéant la détention provisoire. Il en est de même lorsque la chambre de l'instruction ordonne un contrôle judiciaire ou en modifie les modalités.

Lorsque, en toute autre matière, la chambre de l'instruction infirme une ordonnance du juge d'instruction ou est saisie en application des articles 81, dernier alinéa, 82, dernier alinéa, 82-1, deuxième alinéa, 156, deuxième alinéa, ou 167, quatrième alinéa, elle peut, soit évoquer et procéder dans les conditions prévues aux articles 201, 202, 204 et 205, soit renvoyer le dossier au juge d'instruction ou à tel autre afin de poursuivre l'information. Elle peut également procéder à une évocation partielle du dossier en ne procédant qu'à certains actes avant de renvoyer le dossier au juge d'instruction.

L'ordonnance du juge d'instruction ou du juge des libertés et de la détention frappée d'appel sort son plein et entier effet si elle est confirmée par la chambre de l'instruction.

En cas d'appel formé contre une ordonnance de refus de mise en liberté, la chambre de l'instruction peut, lors de l'audience et avant la clôture des débats, se saisir immédiatement de toute demande de mise en liberté sur laquelle le juge d'instruction ou le juge des libertés et de la détention n'a pas encore statué; dans ce cas, elle se prononce à la fois sur l'appel et sur cette demande.

C. pr. pén., art. 706-71 [L. n° 2004-204, 9 mars 2004]

Lorsque les nécessités de l'enquête ou de l'instruction le justifient, l'audition ou l'interrogatoire d'une personne ainsi que la confrontation entre plusieurs personnes peuvent être effectués en plusieurs points du territoire de la République se trouvant reliés par des moyens de télécommunications garantissant la confidentialité de la transmission. Dans les mêmes conditions, la présentation aux fins de prolongation de la garde à vue ou de la retenue judiciaire peut être réalisée par l'utilisation de moyens de télécommunication audiovisuelle. Il est alors dressé, dans chacun des lieux, un procès-verbal des opérations qui y ont été effectuées. Ces opérations peuvent faire l'objet d'un enregistrement audiovisuel ou sonore, les dispositions des quatrième à neuvième alinéas de l'article 706-52 sont alors applicables.

Les dispositions de l'alinéa précédent prévoyant l'utilisation d'un moyen de télécommunication audiovisuelle sont applicables devant la juridiction de jugement pour l'audition des témoins, des parties civiles et des experts.

Ces dispositions sont également applicables à l'audition ou à l'interrogatoire par un juge d'instruction d'une personne détenue, au débat contradictoire préalable au placement en détention provisoire d'une personne détenue pour une autre cause, au débat contradictoire prévu pour la prolongation de la détention provisoire, à l'examen des demandes de mise en liberté par la chambre de l'instruction ou la juridiction de jugement, ou à l'interrogatoire du prévenu devant le tribunal de police si celui-ci est détenu pour une autre cause.

Pour l'application des dispositions des deux alinéas précédents, si la personne est assistée par un avocat, celui-ci peut se trouver auprès de la juridiction compétente ou auprès de l'intéressé. Dans le premier cas, il doit pouvoir s'entretenir avec ce dernier, de façon confidentielle, en utilisant le moyen de télécommunication audiovisuelle. Dans le second cas, une copie de l'intégralité du dossier doit être mise à sa disposition dans les locaux de détention.

En cas de nécessité, résultant de l'impossibilité pour un interprète de se déplacer, l'assistance de l'interprète au cours d'une audition, d'un interrogatoire ou d'une confrontation peut également se faire par l'intermédiaire de moyens de télécommunications.

Les dispositions du présent article sont également applicables pour l'exécution simultanée, sur un point du territoire de la République et sur un point situé à l'extérieur, de demandes d'entraide émanant des autorités judiciaires étrangères ou des actes d'entraide réalisés à l'étranger sur demande des autorités judiciaires françaises.

Un décret en Conseil d'État précise, en tant que de besoin, les modalités d'application du présent article.

C. pr. pén., art. D. 32-3

Le juge des libertés et de la détention, lorsqu'il ordonne l'incarcération provisoire de la personne mise en examen en vue d'un débat différé, soit à la suite de demande de délai de l'intéressé ou de son avocat prévue par le septième alinéa de l'article 145, soit d'office en application du neuvième alinéa de cet article, peut directement saisir le service pénitentiaire d'insertion et de probation, le service compétent de la protection judiciaire de la jeunesse ou toute association habilitée en application des dispositions du sixième alinéa de l'article 81 afin qu'il soit procédé aux vérifications sur la situation de la personne prévues par cet article.

C. pr. pén., art. D. 47-12-4

Lorsqu'un moyen de télécommunication est utilisé en matière de détention provisoire conformément aux dispositions du troisième alinéa de l'article 706-71, lecture de l'ordonnance prise par le juge des libertés et de la détention est donnée à la personne par le moyen de communication audiovisuelle. Mention de cette formalité est portée sur le procès-verbal du débat contradictoire. L'ordonnance est adressée par télécopie ou par un moyen de communication électronique au chef de l'établissement pénitentiaire, qui la notifie à la personne détenue et lui en remet une copie contre émargement.

Ord. 2 févr. 1945, art. 12 [mod. par L. n° 2007-297, 5 mars 2007, art. 57, 5°, *JO* 7 mars]

Le service de la protection judiciaire de la jeunesse compétent établit, à la demande du procureur de la République, du juge des enfants ou de la juridiction d'instruction, un rapport écrit contenant tous renseignements utiles sur la situation du mineur ainsi qu'une proposition éducative.

Lorsqu'il est fait application de l'article 5, ce service est obligatoirement consulté avant toute réquisition ou décision de placement en détention provisoire du mineur ou de prolongation de la détention provisoire.

Ce service doit également être consulté avant toute décision du juge des enfants au titre de l'article 8-1 et toute réquisition ou proposition du procureur de la République au titre des articles 7-2, 8-2 et 14-2.

Le rapport prévu au premier alinéa est joint à la procédure.

143.02 Jurisprudence de référence.

• Les motifs de l'arrêt de la chambre de l'instruction se substituent à ceux, insuffisants, de la décision du juge d'instruction.

Crim. 21 août 1995, n° 95-82.836, *Bull. crim.*, n° 265.

« Attendu que c'est vainement que le demandeur fait grief à l'arrêt attaqué d'avoir refusé d'annuler l'ordonnance prolongeant sa détention dès lors que les motifs propres de cet arrêt, non critiqués par le moyen, et qui répondent aux exigences des articles 144 et 145 du Code de procédure pénale, ont été substitués à ceux, insuffisants, de l'ordonnance dont le prévenu avait relevé appel.

Qu'en effet, en raison de l'effet dévolutif de l'appel, la chambre d'accusation est tenue d'examiner le bien-fondé de la détention provisoire et de statuer au besoin par des motifs propres sur la nécessité de cette mesure. »

• La chambre de l'instruction est compétente pour connaître des mesures relatives à la détention de la personne mise en examen lorsqu'elle a délivré elle-même le titre de détention.

Crim. 19 févr. 2002, n° 01-88.028, *Bull. crim.*, n° 30; *D.* 2003, somm. 32, note J. Pradel.

« Attendu que, si le juge des libertés et de la détention ou le juge d'instruction chargé de l'information sont en principe seuls compétents, selon les distinctions prévues par la loi, pour statuer, en premier ressort, sur les mesures relatives à la détention de la personne mise en examen, il en est autrement lorsque, statuant dans les conditions de l'article 207, alinéa 1er, du Code de procédure pénale, la chambre de l'instruction, après infirmation de l'ordonnance entreprise, s'est expressément réservé le contentieux de la détention provisoire ou a délivré elle-même le titre de détention. »

• Le débat contradictoire peut se tenir sans avocat en cas de force majeure.

Crim. 9 mai 2001, n° 00-87.998, *Bull. crim.*, n° 114; *D.* 2001, IR 1996.

« La détention provisoire peut être prolongée sans débat contradictoire préalable lorsque des circonstances imprévisibles et insurmontables font obstacle à la tenue de celui-ci et qu'en raison du délai de 5 jours ouvrables imposé par la loi pour la convocation de l'avocat, le débat ne peut être régulièrement reporté avant la date à laquelle, faute de prolongation, la détention doit prendre fin. »

• Le juge adjoint peut saisir le JLD en substituant le juge chargé de l'information.

Crim. 27 févr. 2007, n° 06-89.080, *Bull. crim.*, n° 62; *Gaz. Pal.* 25-26 avr. 2007, 13.

Attendu qu'il résulte de l'arrêt attaqué et des pièces de la procédure, que, par décision prise en application de l'article 83, alinéa 2, du Code de procédure pénale, le président du tribunal de Marseille a adjoint à Mme Del Volgo, juge d'instruction saisi d'une information des chefs d'escroqueries, abus de biens sociaux, recels, blanchiment aggravé et association de malfaiteurs, un second magistrat instructeur, M. Azéma; que, par ordonnance du 25 octobre 2006, M. Azéma, après avoir mis en examen Patrick Martinod, a saisi le juge des libertés et de la détention d'une demande tendant à son placement en détention provisoire; que Patrick Martinod a été placé sous mandat de dépôt par ordonnance du même jour dont il a relevé appel;

Attendu qu'au soutien de son appel, Patrick Martinod a invoqué l'incompétence du juge d'instruction adjoint pour saisir le juge des libertés et de la détention et la nullité de l'ordonnance le plaçant en détention provisoire, au motif que l'article 83, alinéa 3, du Code de procédure pénale réserve au seul juge chargé de l'information, la saisine du juge des libertés et de la détention;

Attendu que, pour refuser d'annuler l'ordonnance de placement en détention provisoire de Patrick Martinod et rejeter sa demande de mise en liberté, la chambre de l'instruction énonce que c'est à bon droit qu'en raison de l'indisponibilité du juge chargé de l'information, retenu par la présentation d'autres personnes mises en examen, le juge d'instruction adjoint a, en application de l'article 84, alinéa 4, du Code de procédure pénale, demandé le placement en détention de l'intéressé sans en rendre compte au président du tribunal;

Attendu qu'en l'état de ces motifs la chambre de l'instruction a justifié sa décision;

D'où il suit que le moyen ne saurait être admis.

143.03 Bibliographie indicative. (V. les références complètes s^s n° 03.)

Actualisables. RÉP. PÉN., Dourneau-Josette, « Le contrôle judiciaire et la détention provisoire »; « Le juge des libertés et de la détention ».

Ouvrages. HÉLIE F., IV, n°s 1950 et 1964 – GUÉRY, n°s 1.5 s. et 7.41.

Articles. Bonis-Garçon E., « La détention provisoire pour manquement au contrôle judiciaire », *JCP G* 2002, I, 159 – Buisson J., « Le référé-détention par le procureur de la République, issu de la loi n° 2002-1138 du 9 septembre 2002 », *Procédures* nov. 2002, 7 – Cohen C., « Détention provisoire, le remède introuvable », *Gaz. Pal.* 23/24 juill. 2004, 2 – Guéry Ch., « Le nouveau juge des libertés et de la détention : premiers problèmes pratiques », *Gaz. Pal.* 8/9 sept. 2000, 179; « Le juge des libertés et de la détention : un juge qui cherche à mériter son nom », *D.* 2004, chron. 583. « Une détention provisoire exceptionnelle... mais souhaitable », *AJ pén.* juin 2004, 238 – Lavielle B. et Lebur F., « Le juge des libertés et de la détention : béni oui-oui ou terminator ? », *Gaz. Pal.* 27/28 juill. 2001, 3.

143.05 Rapport du comité de réflexion sur la justice pénale dit rapport Léger. Le comité a considéré qu'il était inutile de modifier les critères de placement en détention provisoire énoncés par l'article 144 du Code de procédure pénale.

143.06 Questions essentielles.

• Le placement en détention provisoire ne peut être décidé en cours d'instruction que contre une personne qui a préalablement été mise en examen. Ce principe apparaît évident. Aucun témoin fut-il assisté ne saurait être placé en détention provisoire. Le législateur a d'ailleurs cru utile de le rappeler dans la loi du 15 juin 2000 (C. pr. pén., art. 113-5). Pourtant, la personne arrêtée sur mandat d'arrêt est en détention provisoire depuis sa mise sous écrou même si elle n'a pas encore comparu devant le juge.

Mais la délivrance du mandat d'arrêt lui-même avait pour effet de mettre l'individu en examen avant l'entrée en vigueur de la loi du 15 juin 2000 (C. pr. pén., art. 80-1). Tel n'est plus le cas aujourd'hui.

SECTION 1
COMPÉTENCE

143.11 Le juge d'instruction et le juge des libertés et de la détention. Jusqu'à l'entrée en vigueur de la loi du 15 juin 2000, c'était normalement le juge d'instruction, ou le juge des enfants, qui plaçait la personne poursuivie en détention provisoire, ou qui prolongeait celle-ci ou la maintenait au moment du règlement. Seul le maintien en détention est désormais de la compétence du juge d'instruction. D'une façon générale, en Europe, la mission de placement en détention appartient à un juge. C'est encore le juge d'instruction belge qui prend cette décision. En Angleterre cette prérogative appartient à la « justice of peace », en Italie au « juge de l'enquête préliminaire », en Allemagne au « juge de l'instruction ».

143.12 Le juge des libertés et de la détention. La loi du 15 juin 2000 a inséré dans le Code de procédure pénale un article 137-1 ainsi rédigé : « La détention provisoire est ordonnée ou prolongée par le juge des libertés et de la détention. Les demandes de mise en liberté lui sont également soumises.

Le juge des libertés et de la détention est un magistrat du siège ayant rang de président, de premier vice-président ou de vice-président. Il est désigné par le président du tribunal de grande instance. Lorsqu'il statue à l'issue d'un débat contradictoire, il est assisté d'un greffier.

Il ne peut, à peine de nullité, participer au jugement des affaires pénales dont il a connu.

Il est saisi par une ordonnance motivée du juge d'instruction, qui lui transmet le dossier de la procédure accompagné des réquisitions du procureur de la République. »

La loi du 30 décembre 2000 a prévu la possibilité de permettre, pendant les fins de semaine et les congés annuels à un juge des libertés et de la détention d'exercer concurremment ses fonctions dans, au plus, deux autres tribunaux de grande instance du ressort de la cour d'appel sur désignation du premier président (COJ, art. L. 640-2, L. n° 2000-1354, 30 déc. 2000)[1]. Par ailleurs, le même texte prévoit que dans le territoire des îles Wallis-et-Futuna, le juge d'instruction demeure compétent pour incarcérer provisoirement la personne avant qu'elle ne comparaisse, au plus tard le septième jour ouvrable suivant, devant le juge des libertés et de la détention.

La loi du 9 mars 2004 a légèrement modifié le texte initial en ajoutant « qu'en cas d'empêchement du juge des libertés et de la détention désigné et d'empêchement du président ainsi que des premiers vice-présidents et des vice-présidents le juge des libertés et de la détention est remplacé par le magistrat du siège le plus ancien dans le grade le plus élevé, désigné par le président du tribunal de grande instance » (C. pr. pén., art. 137-1, al. 2). Ne peut composer la chambre correctionnelle appelée à juger un prévenu le magistrat qui, en qualité de juge des libertés et de la détention, a statué auparavant sur une demande de mise en liberté formée par l'intéressé. Encourt, dès lors, la censure l'arrêt de condamnation rendu par une chambre correctionnelle dont l'un des magistrats la composant a, en qualité de juge des libertés et de la détention, statué sur une demande de mise en liberté antérieurement formée par le prévenu[2].

143.13 Le cas de désignation d'un ou plusieurs juges d'instruction adjoint à celui chargé de l'information. L'article 83 alinéa 2 du Code de procédure pénale dispose depuis la date d'entrée en vigueur de la loi du 4 janvier 1993 (sur ce point le 1er mars 1993, L. n° 93-2, 4 janv. 1993)[3] que « lorsque la gravité ou la complexité de l'affaire le justifie, le président du tribunal ou, en cas d'empêchement le magistrat qui le remplace, peut adjoindre au juge d'instruction chargé de l'information un ou plusieurs juges d'instruction qu'il désigne, soit dès l'ouverture de l'information, soit sur la demande du juge chargé de l'information, à tout moment de la procédure ».

Il était précisé à l'alinéa 3 que c'était le « juge chargé de l'information » qui avait « seul qualité pour statuer en matière de détention provisoire » et pour rendre l'ordonnance de règlement. Il fallait en effet éviter des divergences d'opinion sur ces actes juridictionnels essentiels. Mais cela ne signifiait pas que le juge « adjoint au juge chargé de l'information

1. L. n° 2000-1354, 30 déc. 2000, *JO* 31 déc.
2. Crim. 16 mai 2007, n° 06-85.347, *Bull. crim.*, n° 128; *AJ pén.*, 2007/9, n° 9, 386.
3. L. n° 93-2, 4 janv. 1993, *JO* 5 janv., 215; *D.* 1993, 134; *JCP* 1993, III, 6589.

tion » ne pouvait prendre aucune décision en ce domaine.

Ainsi, il est précisé au dernier alinéa de l'article 84 que le juge qui a été adjoint au juge chargé de l'information (ou s'ils sont plusieurs, le premier dans l'ordre de désignation) peut, en cas d'empêchement de celui-ci, le remplacer ou le substituer dans l'accomplissement des actes pour lesquels celui-ci a seul compétence. C'est donc à bon droit qu'une chambre d'accusation a déclaré valables les ordonnances de placement en détention provisoire prises par le juge d'instruction adjoint, après avoir relevé qu'une cinquantaine de personnes étaient déférées en même temps au juge chargé de l'information[1]. Il n'est désormais plus question pour le juge, qu'il soit chargé de l'information ou adjoint à celui-ci, de placer lui même en détention, mais seulement de saisir le juge des libertés et de la détention. L'article 83, alinéa 3, a été modifié en ce sens puisqu'il dispose que « le juge d'instruction chargé de l'information a seul qualité pour saisir le juge des libertés et de la détention, pour ordonner une mise en liberté d'office. ». Encourt, dès lors, la cassation l'arrêt de la chambre d'accusation qui omet de constater d'office la nullité de l'ordonnance de placement en détention provisoire rendue par deux juges d'instruction désignés dans une même information[2]. Selon l'article 84, alinéa 4, du Code de procédure pénale, en cas d'urgence et pour des actes isolés, tout juge d'instruction peut suppléer un autre juge d'instruction du même tribunal. Justifie, dès lors, sa décision la chambre de l'instruction qui refuse d'annuler l'ordonnance de placement en détention provisoire d'une personne mise en examen prise par le juge des libertés et de la détention saisi par le juge d'instruction adjoint, après avoir constaté que le juge chargé de l'information était retenu par la présentation d'autres personnes[3]. Le juge adjoint peut donc, comme tout autre magistrat instructeur de la juridiction, saisir le JLD en substitution de son collègue chargé de l'information.

La création des pôles de l'instruction par la loi du 5 mars 2007 modifie les règles de désignation (v. s^s n°s 12.21 à 12.28). Toutefois, avant l'entrée en vigueur le 1er janvier 2011 d'autres dispositions, celles qui sont entrées en vigueur le 1er mars 2008 n'ont pas changé les règles applicables en matière de détention provisoire.

143.14 La chambre de l'instruction. La chambre de l'instruction, juridiction d'instruction du second degré avait les mêmes pouvoirs que le juge d'instruction en matière de détention provisoire et de contrôle judiciaire : même saisie sur le seul appel du prévenu, elle pouvait modifier la mesure prononcée, la diminuer et même l'aggraver[4]. Ces pouvoirs lui sont maintenus même si la décision initiale est désormais celle du juge des libertés et de la détention. S'agissant d'une décision juridictionnelle, elle seule a compétence pour statuer, et non le magistrat délégué au supplément d'information[5] (v. s^s n°s 243.00 s.). Le débat contradictoire préalable n'a pas lieu devant la chambre de l'instruction, où l'intéressé peut demander sa comparution personnelle[6], ni devant le juge d'instruction délégué au supplément d'information ordonné par la cour d'assises[7]. Au cas d'appel, les motifs de la chambre de l'instruction se substituent à ceux insuffisants du juge d'instruction ou du juge des libertés et de la détention[8]. La loi du 9 mars 2004 a modifié la législation applicable en cas de rétention du contentieux de la détention par la chambre de l'instruction (v. s^s n° 145.36).

143.15 Des pouvoirs propres de la chambre de l'instruction. La loi du 9 mars 2004 a ajouté un alinéa à l'article 201 du Code de procédure pénale, selon lequel la chambre de l'instruction « peut ordonner le placement en détention provisoire ou sous contrôle judiciaire de la personne mise en examen. En cas d'urgence, le président de la chambre de l'instruction ou le conseiller désigné par lui peut décerner mandat d'amener, d'arrêt ou de recherche. Il peut également ordonner l'incarcération provisoire de la personne pendant une durée déterminée qui ne peut en aucun cas excéder quatre jours ouvrables jusqu'à la réunion de la chambre de l'instruction ». Cela suppose toutefois que la chambre de l'instruction ait été saisie mais son président peut la saisir à cette fin (C. pr. pén., art. 223). La loi du 5 mars 2007 renforce le pouvoir de mise en liberté de tout détenu, lors de l'audience de contrôle (C. pr. pén., art. 221-3 - V. s^s n° 245.43).

SECTION 2
CAS DE PROHIBITION LÉGALE

143.21 Les cas de prohibition légale : en raison des personnes. Il paraît évident que la détention ne peut être prononcée que lorsque la loi ne l'exclut

1. Crim. 24 mars 1998, n° 98-80.008, *Bull. crim.*, n° 109; *Gaz. Pal.* 2/4 août 1998, 17.
2. Crim. 7 juin 2000, n° 00-81.618, *Bull. crim.*, n° 218; *D.* 2000, IR 222.
3. Crim. 27 févr. 2007, n° 06-89.080, *Bull. crim.*, n° 62; *Gaz. Pal.* 25-26 avr. 2007, 13; v. s^s n° 143.02.
4. Crim. 11 avr. 1991, n° 91-80.414, *Bull. crim.*, n° 176.
5. Crim. 8 nov. 1990, n° 90-85.741, n° 90-85.742, *Bull. crim.*, n° 374.
6. Crim. 12 juin 1985, n° 85-92.014, *Bull. crim.*, n° 229; *D.* 1985, IR 118, obs. Pradel.
7. Crim. 3 mai 1993, n° 93-80.780, *Bull. crim.*, n° 160.
8. Crim. 21 août 1995, n° 95-82.836, *Bull. crim.*, n° 265.

pas. Il n'existe de prohibition absolue que dans un nombre limité de cas. Le plus caractéristique était celui du mineur de 16 ans dans les affaires correctionnelles et du mineur de 13 ans quelle que soit la nature de l'affaire. Cette importante innovation est due à la loi du 30 décembre 1987[1] mais a été modifiée par la loi du 9 septembre 2002[2].

La détention des mineurs de 16 ans en matière criminelle a été jugée conforme à la Convention européenne des droits de l'Homme par la chambre criminelle[3]. La prohibition concerne aussi certaines catégories de personnes protégées par leurs fonctions.

Les membres du Parlement français ne peuvent faire l'objet en matière criminelle ou correctionnelle d'une arrestation ou de toute autre mesure privative ou restrictive de liberté qu'avec l'autorisation du Bureau de l'assemblée dont ils font partie. Cette autorisation n'est pas requise en cas de crime ou de délit flagrant ou de condamnation définitive. La détention, les mesures privatives ou restrictives de liberté ou la poursuite d'un membre du Parlement sont suspendues pour la durée de la session si l'assemblée dont il fait partie le requiert (Constitution, art. 26, mod. par L. constitutionnelle, 4 août 1995).

D'autres restrictions résultent de principes exceptionnels sur la compétence des juridictions (Tribunal maritime commercial, Haute Cour de Justice, Cour de justice de la République...).

Certaines conventions internationales prévoient une immunité d'arrestation et de détention. C'est le cas de la Convention de Vienne du 18 avril 1961 au bénéfice des agents diplomatiques et de certaines personnes de la mission diplomatique ainsi que de leur entourage. Les fonctionnaires consulaires sont également protégés (conv. Vienne, 24 avr. 1963) sauf en cas de « crime grave et à la suite d'une décision de l'autorité judiciaire compétente » ou sauf renonciation expresse de l'État d'origine[4].

De même durant l'exercice de leurs fonctions et dans le cadre de leurs déplacements en rapport avec ces fonctions les membres de la Commission européenne des droits de l'Homme et les juges de la Cour bénéficient de cette immunité.

143.22 Les cas de prohibition légale : en raison de la nature de l'infraction. La détention provisoire est parfois prohibée en raison de la nature de l'infraction.

Il en est ainsi en matière de presse (L. 29 juill. 1881, art. 52)[5] mais la prohibition ne s'applique qu'à certaines infractions.

Il est en effet prévu que si la personne est domiciliée en France, elle ne pourra être préventivement arrêtée (et détenue) sauf dans les cas prévus aux articles 23, 24 (§ 1 et 3), 25, 27, 36 et 37 de la loi de 1881. Toutefois, la loi du 15 juin 2000 a supprimé la plupart des peines d'emprisonnement en matière de presse (c'est le cas not. pour les articles 27, 36 et 37). La détention provisoire n'est donc plus possible eu égard au *quantum* de la peine encourue. Elle ne l'est pas non plus à titre de violation d'un contrôle judiciaire qui ne peut être ordonné puisqu'aucune peine d'emprisonnement correctionnel n'est encourue.

SECTION 3
CONDITIONS DE FOND DU PLACEMENT EN DÉTENTION PROVISOIRE : PRINCIPES GÉNÉRAUX

143.31 Le placement en détention provisoire peut avoir lieu à tout moment de l'information, à l'exception du moment du renvoi. Le principe traditionnel selon lequel le placement en détention pouvait intervenir « en tout état de l'information » était affirmé par les articles 145, alinéas 1 et 2, du Code de procédure pénale.

Toutefois, depuis la loi du 4 janvier 1993, le placement en détention ne peut plus avoir lieu au moment du règlement de la procédure. À cet instant, la personne mise en examen peut être maintenue en détention mais elle ne peut plus y être placée.

Il convient donc de relativiser le principe traditionnel et de dire que le placement en détention provisoire peut avoir lieu à tout moment de l'instruction à l'exception du moment où est prise l'ordonnance de renvoi. Pour le reste, le placement en détention n'est pas nécessairement concomitant à la mise en examen.

Justifie sa décision la chambre d'accusation qui, pour confirmer un placement en détention provisoire intervenu plusieurs jours après la mise en examen d'une personne, alors détenue pour autre cause, et sur le point d'être libérée, a motivé sa décision par des considérations de droit et de fait répondant aux exigences des articles 144 et 145 du Code de procédure pénale[6].

1. L. n° 87-1062, 30 déc. 1987, *D.* 1988, 59.
2. L. n° 2002-1138, 9 sept. 2002, *JO* n° 211, 10 sept., 14934.
3. Crim. 22 mai 1990, n° 90-81.469, *Bull. crim.*, n° 207; *D.* 1990, IR 169, note J.-F. Renucci; *D.* 1990, jur. 456.
4. Sur ces problèmes, A. Huet et R. Koering-Joulin, *Droit pénal international,* Puf, 1993, p. 264 s.
5. L. 29 juill. 1881, *DP* 1881, 4, 65.
6. Crim. 11 déc. 1996, n° 96-84.256, *Bull. crim.*, n° 460; *Gaz. Pal.* 16/17 avr. 1997, 22.

143.32 L'article 137 du Code de procédure pénale précise que le placement en détention provisoire n'est possible que si les obligations du contrôle judiciaire sont insuffisantes. La rédaction issue de la loi du 15 juin 2000 est particulièrement explicite : « La personne mise en examen, présumée innocente, reste libre. Toutefois, en raison des nécessités de l'instruction ou à titre de mesure de sûreté, elle peut être astreinte à une ou plusieurs obligations du contrôle judiciaire. Lorsque celles-ci se révèlent insuffisantes au regard de ces objectifs, elle peut, à titre exceptionnel, être placée en détention provisoire. » Il existe donc trois paliers : le premier est celui de la liberté. Si en raison des nécessités de l'instruction ou à titre de mesure de sûreté, il est nécessaire d'imposer certaines contraintes à la personne, celle-ci sera placée sous contrôle judiciaire, second palier. C'est seulement lorsque les obligations du contrôle judiciaire « se révèlent insuffisantes au regard de ces objectifs » que la personne peut, à titre exceptionnel, être placée en détention provisoire.

Jusqu'à l'entrée en vigueur de la loi du 30 décembre 1996 la Cour de cassation considérait que le juge n'avait pas à motiver l'insuffisance du contrôle judiciaire : « Aucune disposition de la loi n'exige que lorsque la détention provisoire est ordonnée ou maintenue, le juge constate en termes exprès l'insuffisance, dans le cas qui lui est soumis, des obligations du contrôle judiciaire au regard des fonctions définies à l'article 137. Le seul fait que le juge ordonne ou maintienne la détention provisoire établit nécessairement qu'il estime insuffisante l'obligation du contrôle judiciaire. [1] »

Le seul fait que la chambre d'accusation ait confirmé l'ordonnance de mise en détention établissait nécessairement qu'elle avait estimé insuffisantes, dans le cas particulier, lesdites obligations [2].

Mais la loi du 30 décembre 1996 a pris le contrepied de cette analyse. La rédaction de l'article 145 suppose que la motivation comporte l'« énoncé des considérations de droit et de fait sur le caractère insuffisant des obligations du contrôle judiciaire et le motif de la détention par référence aux seules dispositions de l'article 144 ».

L'exigence n'était posée par le texte qu'en ce qui concernait le placement et la prolongation de la détention [3]. Le juge n'était donc pas contraint de motiver l'insuffisance des obligations de contrôle judiciaire lorsqu'il répondait à une demande de mise en liberté (les articles 145-1 et 145-2 renvoyaient au premier alinéa de l'article 145 du Code de procédure pénale) [4]. La loi du 15 juin 2000 a encore modifié sur ce point les choses : l'article 137-3 du Code de procédure pénale expose en effet que « le juge des libertés et de la détention statue par ordonnance motivée. Lorsqu'il ordonne ou prolonge une détention provisoire ou qu'il rejette une demande de mise en liberté, l'ordonnance doit comporter l'énoncé des considérations de droit et de fait sur le caractère insuffisant des obligations du contrôle judiciaire et le motif de la détention par référence aux seules dispositions des articles 143-1 et 144. Dans tous les cas, l'ordonnance est notifiée à la personne mise en examen qui en reçoit copie intégrale contre émargement au dossier de la procédure ». Les demandes de mise en liberté sont donc désormais concernées par le texte.

143.33 La motivation de l'insuffisance des obligations de contrôle judiciaire. Toute motivation négative est difficile.

La question théorique qui pouvait se poser était de savoir si le juge aurait l'obligation de préciser en quoi les obligations du contrôle judiciaire, qui sont au nombre de 17 aujourd'hui, étaient insuffisantes.

La circulaire de la Direction des affaires criminelles et des grâces commentant la loi du 30 décembre 1996, en date du 3 mars 1997 (circ. DACG, 3 mars 1997, commentant la loi du 30 décembre 1996) évoque seulement la nécessité d'une motivation générale. Il suffit donc de dire pourquoi en fait et en droit, le contrôle judiciaire est insuffisant. Les éléments de fait et de droit sont communs à la motivation sur le placement en détention. C'est par rapport à cette motivation que l'on peut, et plus facilement sans doute en début ou en fin de motivation et par défaut, dire que le contrôle judiciaire est en l'espèce insuffisant.

Il est pourtant un certain nombre de cas où la motivation pourrait être plus fine. Nous pensons aux cas dans lesquels les critères utilisés pour le placement ou la prolongation trouvent dans l'article 138 une « obligation miroir ».

Ainsi, si on place en détention pour éviter toute pression ou concertation frauduleuse, on peut dire pourquoi l'interdiction de prendre contact avec une personne n'est pas suffisante... De même si on veut garantir la représentation en justice, il est possible d'expliquer en quoi la remise des papiers d'identité par la personne mise en examen n'est pas suffisante.

1. Crim. 21 août 1971, n° 71-92.130, *Bull. crim.*, n° 248; *JCP* 1971, II, 16945, note J. Robert – Crim. 24 nov. 1976, n° 76-92.782, *Bull. crim.*, n° 340 – Crim. 21 mars 1978, n° 78-90.320, *Bull. crim.*, n° 107; *D.* 1979, IR 41, obs. Puech.
2. Crim. 6 mars 1986, *Bull. crim.*, n° 94; *D.* 1986, IR 272.
3. Crim. 2 sept. 1997, n° 97-83.234, *Bull. crim.*, n° 291.
4. Crim. 16 juill. 1997, n° 95-45.265, *Bull. crim.*, n° 276 – Crim. 25 mars 1998, n° 97-83.055, NPT, *Procédures* 1998, comm. n° 203.

Pourtant, en général, on ne trouve dans les ordonnances conçues pour les différents logiciels informatiques qu'une mention purement formelle, qui rend d'ailleurs la prescription à peu près vide de sens.

Certes, la chambre criminelle a eu l'occasion de casser certains arrêts de chambre d'accusation qui avaient omis de rectifier les insuffisances de l'ordonnance du magistrat instructeur. Mais il ne s'agit que de cassations formelles, pour absence de base légale, et jamais d'un contrôle de l'insuffisance de la motivation par rapport aux éléments de l'espèce.

Dans un arrêt du 16 juillet 1997, la Cour de cassation a cassé un arrêt de la chambre d'accusation de Basse-Terre qui ordonnait le placement en détention du mis en examen après avoir infirmé l'ordonnance du juge d'instruction le plaçant sous contrôle judiciaire[1]. La chambre criminelle expose qu'en ne se prononçant pas sur le caractère insuffisant du contrôle judiciaire alors que, de surcroît, elle était saisie d'une demande de ce chef par le mémoire, « la chambre d'accusation a méconnu le principe posé par l'article 145 du Code de procédure pénale »[2].

La qualité de la motivation, quant à elle, n'a pas été remise en question et on peut dire que la motivation qui justifie le placement en détention provisoire suffit à justifier également l'insuffisance des obligations de contrôle judiciaire.

L'*imperium* du juge demeure très fort pour définir ce qui sépare détention provisoire et contrôle judiciaire[3] même si le contrôle de la cour de cassation semble se renforcer : il résulte de l'article 144 du Code de procédure pénale, dans sa rédaction issue de la loi n° 2007-297 du 5 mars 2007, que la détention provisoire ne peut être ordonnée ou prolongée que s'il est démontré, au regard des éléments précis et circonstanciés de la procédure, qu'elle constitue l'unique moyen de parvenir à un ou plusieurs objectifs définis par ce texte et que ceux-ci ne sauraient être atteints en cas de placement sous contrôle judiciaire[4].

Un doute pouvait subsister lorsque c'était la chambre d'accusation qui statuait sur appel d'une ordonnance de mise en liberté. Il ne s'agit en effet alors ni d'un « placement » ni d'une prolongation, la chambre d'accusation, quand elle infirme la décision du juge, ne faisant que « redonner vie » au mandat de dépôt initialement décerné. Pourtant, la chambre criminelle a implicitement admis cette nécessité faisant prévaloir l'esprit du texte sur sa lettre[5].

143.34 Liberté du placement : délits douaniers. L'article 364 du Code des douanes qui obligeait le juge d'instruction, lorsqu'il laissait en liberté ou remettait en liberté un inculpé résidant à l'étranger et arrêté pour délit de contrebande à subordonner cette mesure au versement d'un cautionnement garantissant le paiement des condamnations pécuniaires encourues a été abrogé par la loi du 29 décembre 1977[6].

143.35 Pour placer une personne en détention provisoire, des indices sérieux de sa participation aux faits qui lui sont reprochés doivent avoir été réunis. Cette nécessité est constante tout au long de la détention. Aussi nous l'avons étudiée dans notre chapitre consacré aux principes généraux (v. s^s n° 142.21). Cela est d'autant plus évident depuis que la mise en examen elle-même est conditionnée, à peine de nullité, à la réunion d'indices graves ou concordants (C. pr. pén., art. 80-1 dans sa rédaction issue de la loi du 15 juin 2000).

143.36 Les critères de placement en détention. Tout comme les indices de culpabilité, les critères de l'article 144 ont vocation à être utilisés, sauf exception, non seulement en ce qui concerne le placement en détention mais aussi la prolongation, le maintien et les refus de demandes de mise en liberté.

143.37 La détention provisoire, sanction de la révocation du contrôle judiciaire. L'article 141-2 du Code de procédure pénale dispose que « si la personne mise en examen se soustrait volontairement aux obligations du contrôle judiciaire, le juge d'instruction peut décerner à son encontre mandat d'arrêt ou d'amener. Il peut également, dans les conditions prévues au quatrième alinéa de l'article 137-1, saisir le juge des libertés et de la détention provisoire aux fins de placement en détention provisoire. Quelle que soit la peine d'emprisonnement encourue, le juge des libertés et de la détention provisoire peut décerner à l'encontre de cette personne, un mandat de dépôt en vue de sa détention provisoire, sous réserve des dispositions de l'article 141-3 ».

Il existe deux conditions à cette révocation :

* la violation d'une obligation de contrôle judiciaire. On sait que ces obligations sont limitativement énumérées à l'article 138 du Code de procédure pénale et que la commission d'une nouvelle

1. Crim. 16 juill. 1997, *Bull. crim.*, n° 276.
2. V. aussi : Crim. 18 sept. 1997, *Bull. crim.*, n° 303.
3. Crim. 18 sept. 1997, 2 arrêts, *Bull. crim.*, n°s 303 et 304 – Crim. 16 sept. 1997, n° 97-83.425, *Bull. crim.*, n° 296; *D.* 1998, somm. 170; *Dr. pén.* déc. 1997, comm. 160.
4. Crim. 26 févr. 2008, n° 07-88.336, *Bull. crim.*, n° 50; *AJ pén.* 2008, 228, note M. Nord-Wagner – Crim. 18 juin 2008, n° 08-82.856, *Bull. crim.*, n° 157; *D.* 2008, AJ 2147, obs. M. Léna.
5. Crim. 24 sept. 1997, non publié, cité par A. Maron, « La détention nouvelle est arrivée », *Dr. pén.* déc. 1997.
6. L. n° 77-1453, 29 déc. 1977, *JO* 30 déc.

infraction n'est pas, en elle-même, une cause de révocation du contrôle;

* la violation délibérée de cette obligation : certaines causes qui ne sont pas du fait de l'intéressé (on peut penser à une hospitalisation ou, pourquoi pas, à une autre incarcération) ne seront pas de nature à entraîner cette révocation.

Le juge doit-il mentionner quels sont les critères de l'article 144 du Code de procédure pénale qui sont applicables à l'espèce ou la violation du contrôle judiciaire suffit-elle à justifier la détention ?

Sur ce point on doit distinguer la décision de placement elle-même de la suite de la procédure. La décision de placement, prise en application de l'article 141-2 du Code de procédure pénale pour sanctionner l'inexécution volontaire par la personne mise en examen des obligations du contrôle judiciaire n'a pas à être motivée par des considérations de droit et de fait répondant aux exigences de l'article 144 du Code de procédure pénale. Il suffit, pour qu'une telle décision soit justifiée, qu'elle relève l'existence d'un manquement entrant dans les prévisions de l'article 141-2 [1].

Il en va différemment pour les décisions postérieures [2] : « Attendu qu'en l'état de ces énonciations [...] la Cour de cassation est en mesure de s'assurer que la chambre d'accusation a statué par une décision motivée par des considérations de droit et de fait par référence aux dispositions de l'article 144 du Code de procédure pénale. [3] » Il apparaît en fait que si la violation délibérée d'une obligation du contrôle judiciaire suffit à elle seule à justifier la réincarcération de l'intéressé, le juge ne peut par la suite fonder ses décisions ultérieures de prolongation ou de refus de mise en liberté par ce seul élément. Il doit alors motiver conformément aux prescriptions de l'article 144 du Code de procédure pénale. Cette exigence est normale car on ne saurait se contenter éternellement d'une seule référence à la violation des obligations du contrôle judiciaire sans justifier que la détention provisoire est nécessaire.

L'article 141-3 du Code de procédure pénale concerne les spécificités des délais butoirs des détentions après révocation du contrôle judiciaire (v. s^s n°s 147-22 à 147-25). Le juge des libertés et de la détention ne peut contrôler l'exécution du contrôle judiciaire et intervenir d'office pour ordonner sa mainlevée, modifier telle ou telle obligation ou le révoquer (en ce sens, v. circ. CRIM-00-16/F1, 20 déc. 2000, n° 2.1.1.1.5) [4].

1. Crim. 13 oct. 1998, n° 98-84.260, *Bull. crim.*, n° 258.
2. Crim. 20 déc. 1983, n° 83-94.128, *Bull. crim.*, n° 349; *D.* 1984, IR 349, obs. J.-M. R. – Crim. 15 avr. 1991, n° 91-80.650, *Bull. crim.*, n° 178.
3. Crim. 15 avr. 1991, n° 91-80.650, *Bull. crim.*, n° 178, préc.

143.38 La pesée des intérêts. Les critères de l'article 144 du Code de procédure pénale ne sont pas d'application automatique. Ce n'est pas parce qu'il existe des indices graves ou concordants contre une personne et que l'un des critères de l'article 144 peut trouver à s'appliquer que la personne doit être mise en détention. Le juge doit déjà évaluer la suffisance ou l'insuffisance du contrôle judiciaire. Mais il doit surtout, nous semble-t-il, prendre conscience que la détention provisoire est souvent inutile à défendre ce que le juge prétend garantir en l'ordonnant : la représentation en justice, le fait d'éviter des pressions sur les victimes, *etc.* Nous avons dit plus haut que les causes de l'importance des placements en détention provisoire étaient anciennes et profondes. Elles ne disparaîtront pas en un jour. L'influence des principes tirés de la jurisprudence de la Cour européenne des droits de l'Homme peut avoir une importance. Cette jurisprudence tend à exiger du juge une motivation la moins stéréotypée possible, la plus objective, la plus adaptée au cas d'espèce. D'autres grands principes nous paraissent importants : celui de proportionnalité, bien connu du droit allemand. Il n'est pas raisonnable de penser les risques de pression de la même façon dans une affaire criminelle et dans une affaire de vol à la roulotte...

SECTION 4

CONDITIONS DE FOND DU PLACEMENT EN DÉTENTION QUANT AU SEUIL DES PEINES ENCOURUES

143.41 Le problème des seuils de peines encourues avant la loi du 15 juin 2000. Dans la rédaction antérieure à la loi du 15 juin 2000, la détention provisoire est possible en matière criminelle et en matière correctionnelle « si la peine encourue est égale ou supérieure soit à un an d'emprisonnement en cas de délit flagrant, soit à deux ans d'emprisonnement dans les autres cas » (C. pr. pén., art. 144).

Cette obligation n'a pas donné lieu à une jurisprudence abondante. Tout juste la chambre criminelle a-t-elle précisé, il y a longtemps, que cette condition devait être constatée par le juge [5]. La mention était en fait pré-imprimée sur le procès-verbal, puis a figuré automatiquement dans les logiciels informatiques. Pour autant le magistrat ne doit pas se dispenser de la vérification.

4. Circ. CRIM-00-16/F1, 20 déc. 2000.
5. Crim. 22 mars 1973, n° 73-90.539, *Bull. crim.*, n° 146; *JCP* 1973, II, 17057, note Chambon – Crim. 14 mars 1988, n° 87-92.074, *Bull. crim.*, n° 124.

Le problème de la prise en compte dans ce *quantum* de causes aggravantes qui pourraient être retenues par la juridiction de jugement s'est posé et ce fut notamment le cas pour la récidive. Aucune jurisprudence spécifique au placement en détention n'avait été publiée à l'époque.

Par analogie avec une décision de la chambre d'accusation de Versailles du 16 février 1990 qui décidait que pour apprécier les règles relatives à la prolongation de la détention il convient « d'avoir égard à l'état de récidive dans lequel se trouve l'inculpé »[1] on pouvait estimer que la récidive pourrait être prise en compte. Mais l'individu devait avoir été mis en examen de ce chef, pour assurer un minimum de contradictoire sur ce point.

Lors de l'élaboration de la loi du 15 juin 2000 l'article 143-1 nouveau devait contenir la précision selon laquelle les seuils de peine encourus devaient s'apprécier en tenant compte « de l'aggravation de la peine encourue si (la personne) est en état de récidive ». La mouture définitive n'y a plus fait allusion.

La Cour de cassation a depuis tranché dans le sens de la non-prise en compte de la récidive (v. les attendus s[s] n° 143.02)[2].

143.42 Tableau : placement en détention provisoire avant la loi du 15 juin 2000.

Infraction	Plancher de peine encourue
Flagrant délit	1 an
Autres cas	2 ans

143.43 La loi du 15 juin 2000 a considérablement modifié les seuils de peines encourues. En effet l'ancien article 144 a été transformé en deux articles : l'article 143-1 et le nouvel article 144.

L'article 143-1 était ainsi rédigé « Sous réserve des dispositions de l'article 137, la détention provisoire ne peut être ordonnée ou prolongée que dans l'un des cas ci-après énumérés :

1°) la personne mise en examen encourt une peine criminelle;

2°) la personne mise en examen encourt une peine correctionnelle d'une durée égale ou supérieure à trois ans d'emprisonnement.

Toutefois, la détention provisoire ne peut être ordonnée ou prolongée que si la peine encourue est supérieure ou égale à cinq ans d'emprisonnement, s'il est reproché à la personne mise en examen un délit prévu par le livre III du Code pénal et que cette personne n'a pas déjà été condamnée à une peine privative de liberté sans sursis supérieure à un an.

La détention provisoire peut également être ordonnée dans les conditions prévues à l'article 141-2 lorsque la personne mise en examen se soustrait volontairement aux obligations du contrôle judiciaire. »

S'il n'était plus fait allusion au cas de délit flagrant, le législateur multiplie dans cette loi les cadres légaux en distinguant selon que l'infraction est une infraction commise contre les biens d'une part, contre les personnes ou la nation, l'État et la paix publique d'autre part. Il s'agit en quelque sorte d'une échelle de gravité différente de celle instituée par le législateur dans le Code pénal. Selon ce système, au regard de la possibilité de prendre une mesure de détention provisoire, une infraction du livre III punie de cinq ans d'emprisonnement équivaut à une infraction du livre II punie de trois ans ! (sauf si la personne a un casier judiciaire chargé...).

Pour la première fois, les antécédents de l'intéressé peuvent avoir une incidence sur la possibilité de placement en détention. Jusqu'à présent, ces antécédents n'avaient d'intérêt qu'en ce qui concerne les prolongations.

Enfin on constate que le législateur considère que les atteintes aux biens sont moins susceptibles de devoir entraîner une détention avant jugement que les autres. Il aurait alors pu prendre position sur tous les articles répressifs qui ne sont pas contenus dans le Code pénal mais dans d'autres codes ou des lois particulières. Faute de précision contraire, ces infractions sont concernées par le plancher de 3 ans, alors que certaines des infractions du livre III du Code pénal sont au moins aussi « graves » que d'autres contenues dans le Code rural, du travail, *etc.*

On pouvait donc dresser le tableau ci-dessous.

143.44 Tableau : placement en détention provisoire après la loi du 15 juin 2000, et avant celle du 9 septembre 2002.

Codification de l'infraction	Antécédents judiciaires	Plancher de la peine encourue
Livre II et Livre IV infractions contenues dans les textes extérieurs au Code pénal	Sans incidence	3 ans
Livre III	Déjà condamné à une peine privative de liberté sans sursis > 1 an	3 ans
Livre III	Pas condamné à une peine privative de liberté sans sursis > 1 an	5 ans

1. CA Versailles, ch. acc., 16 févr. 1990, *JCP* 1990, IV, 262.
2. Crim. 19 févr. 2002, n° 01-88.028, *Bull. crim.*, n° 30; *D.* 2003, somm. 32, note J. Pradel; v. les attendus s[s] n° 143.02 – Crim. 25 mai 2005, n° 05-81.724, *Bull. crim.*, n° 160; *D.* 2005, IR 1731; *JCP* 2005, IV, 255; *Procédures* 2005, comm. 193, obs. Buisson.

143.45 Le régime actuel a été simplifié par la loi du 9 septembre 2002. La loi du 9 septembre 2002 a très heureusement simplifié le système et désormais, sous réserve des dispositions de l'article 137, la détention provisoire ne peut être ordonnée ou prolongée que dans l'un des cas énumérés ci-dessous :

- la personne mise en examen encourt une peine criminelle;
- la personne mise en examen encourt une peine correctionnelle d'une durée égale ou supérieure à trois ans d'emprisonnement.

Ces dispositions concernent aussi bien les majeurs que les mineurs.

143.46 TABLEAU : LE PLACEMENT EN DÉTENTION PROVISOIRE AUJOURD'HUI.

Infraction	Plancher de peine encourue
Délit	3 ans

SECTION 5
RÈGLES DE FORME RELATIVES AUX FORMALITÉS PRÉALABLES AU PLACEMENT EN DÉTENTION PROVISOIRE

143.51 Les réquisitions du procureur de la République. Avant la loi du 30 décembre 1996, les réquisitions écrites du ministère public avant le placement en détention provisoire étaient habituelles mais non obligatoires.

La situation a changé avec la nouvelle rédaction de l'article 82, alinéa 3, du Code de procédure pénale[1] qui dispose que « s'il requiert le placement ou le maintien en détention provisoire de la personne mise en examen, ses réquisitions doivent être écrites et motivées par référence à l'article 144 ». La loi du 9 mars 2004 a ajouté : « sans préjudice des dispositions de l'article 137-4 ». En effet, s'il entend user de cet article, le procureur de la République doit le mentionner dans ses réquisitions écrites avant de saisir le juge d'instruction (C. pr. pén., art. 137-4 - V. s[s] n° 143.56).

Le législateur en utilisant les termes « placement » et « maintien » laisse en dehors du champ d'application de l'article 82 les réquisitions tendant à la prolongation ou au rejet de demande de mise en liberté. Mais l'article 148 du Code de procédure pénale prévoit que les réquisitions du ministère public sont sollicitées par le juge à chaque fois qu'il est saisi d'une demande de mise en liberté. Enfin l'article 145-1 et l'article 145-2 renvoient tous deux au sixième alinéa de l'article 145 qui dispose que le juge « entend les réquisitions du ministère public qui développe ses réquisitions prises conformément au troisième alinéa de l'article 82 ». Ces réquisitions écrites sont donc exigées dans tous les cas. La violation de ces formalités ne constitue d'ailleurs pas une violation substantielle, « si, aux termes de l'article 82, alinéa 3, du Code de procédure pénale, dans sa rédaction issue de la loi du 30 décembre 1996, le procureur de la République, qui requiert le placement ou le maintien en détention, est désormais tenu de prendre des réquisitions écrites et motivées par référence aux seules dispositions de l'article 144 de ce code, la méconnaissance de cette obligation ne saurait avoir d'incidence sur la régularité de l'ordonnance du juge d'instruction statuant en matière de détention provisoire[2] ». Si le juge d'instruction ne suit pas les réquisitions du procureur de la République il doit, sans préjudice de l'application des dispositions de l'article 137-4, rendre une ordonnance motivée dans les cinq jours de ces réquisitions. À défaut d'ordonnance du juge d'instruction le procureur de la République peut, dans les dix jours, saisir directement la chambre de l'instruction[3]. Il en est de même si le juge des libertés et de la détention saisi par le juge d'instruction, ne rend pas d'ordonnance dans les dix jours de sa saisine.

143.52 L'article 12 de l'ordonnance du 2 février 1945 pour les mineurs. L'article 12 de l'ordonnance du 2 février 1945 dispose que le service de la protection judiciaire de la jeunesse compétent établit à la demande du procureur de la République, du juge des enfants ou de la juridiction d'instruction un rapport écrit contenant tous renseignements utiles sur la situation du mineur ainsi qu'une proposition éducative. Ce service est saisi avant toute réquisition ou décision de placement en détention provisoire du mineur ou de prolongation de la détention. Ce dernier terme (la prolongation) est issu de la loi n° 96-685 du 1er juillet 1996. Auparavant, seul le placement était concerné (depuis la loi du 30 décembre 1985) par cette formalité.

Cette exigence s'impose aussi bien devant la juridiction du premier degré que du second : encourt la cassation l'arrêt d'une chambre d'accusation qui, infirmant l'ordonnance aux fins de liberté surveillée préjudicielle rendue par le juge d'instruction pour ordonner le placement en détention provisoire d'un mineur, omet de consulter au préalable ce service[4]. Toutefois, lorsque ce service a été consulté

1. L. n° 96-1235, 30 déc. 1996, *JO* 1er janv. 1997; *Gaz. Pal.* 1997, bull. lég. 61.
2. Crim. 3 déc. 1997, n° 97-84.983, *Bull. crim.*, n° 411; *Dr. pén.* mars 1998, 20.
3. Crim. 30 avr. 2002, n° 02-82.017, *Bull. crim.*, n° 91.
4. Crim. 11 juin 1996, n° 96-81.398, *Bull. crim.*, n° 246; *JCP* 1996, n° 2259.

préalablement à la présentation du mineur au juge d'instruction et que la chambre d'accusation infirme l'ordonnance aux fins de liberté surveillée préjudicielle rendue par ce magistrat et ordonne le placement en détention provisoire d'un mineur, l'article 12 de l'ordonnance du 2 février 1945 n'impose pas une nouvelle consultation de ce service[1]. Mais ce rapport n'est plus exigé s'agissant d'une personne devenue majeure au moment où le magistrat statue sur sa détention[2].

En cas d'irrégularité, l'ordonnance ne peut être attaquée que par le biais de l'appel : il appartient, le cas échéant, au ministère public, dans les délais prévus à l'article 185 du Code de procédure pénale, de relever appel de l'ordonnance de placement en détention provisoire rendue en méconnaissance de l'article 12; l'utilisation de la procédure prévue par l'article 173 du Code de procédure pénale pour contester, à titre principal, la validité de l'ordonnance de placement en détention provisoire revenant uniquement à mettre en cause une décision ayant acquis un caractère définitif, il s'ensuit que la requête étant irrecevable il n'y a lieu à annulation de ladite ordonnance ni d'aucun acte de la procédure lié à l'établissement de celle-ci[3]. La question de la nécessité de saisine du SEAT lorsque certains des faits ont été commis avant la majorité et d'autres après a été résolue par la chambre criminelle : les règles énoncées par les articles 5, 12 et 23 de l'ordonnance du 2 février 1945 ne sont pas applicables au placement en détention d'une personne à laquelle sont imputées des infractions qualifiées de crimes ou délits, dont certaines ont été commises alors qu'elle était âgée de plus de dix-huit ans[4].

143.53 L'article 81 alinéa 6 du Code de procédure pénale édicte une réglementation similaire pour les jeunes majeurs. Chaque fois que des réquisitions sont prises ou qu'un juge d'instruction envisage le placement en détention d'un majeur de moins de vingt et un ans au moment de la commission des faits et lorsque la peine encourue n'excède pas cinq ans d'emprisonnement, une enquête sociale rapide sur la situation matérielle familiale et sociale de la personne mise en examen doit être prescrite. Des circulaires ont mis en place auprès de chaque tribunal de grande instance une permanence d'orientation pénale (circ. DACG, n° 89 2-E5, 7 avr. 1989 et n° 89 8-F1, 28 juill. 1989)[5]. Cette permanence d'orientation pénale dite POP est formée la plupart du temps par le comité de probation et d'assistance aux libérés du tribunal mais il peut aussi être fait appel à des associations notamment de contrôle judiciaire. L'alinéa 7 de l'article 81 dispose d'ailleurs depuis l'entrée en vigueur de la loi du 15 juin 2000 que : « Le juge d'instruction peut également commettre, suivant les cas, le service pénitentiaire d'insertion et de probation, le service compétent de la protection judiciaire de la jeunesse ou toute association habilitée en application de l'alinéa qui précède. » Contrairement à ce qui a été dit pour les mineurs, cette exigence n'est prévue que pour les placements et non pour les prolongations. Par ailleurs, l'enquête n'est obligatoire que lorsque la peine encourue n'excède pas cinq ans alors qu'elle l'est toujours pour les mineurs. Le ministère public et le juge d'instruction peuvent bien sûr en ordonner une dans tous les cas, mais elle est alors facultative[6]. Pour déterminer si la peine excède cinq ans, le juge ne peut prendre en compte l'état de récidive[7].

143.54 L'autorité parentale. L'article 145-5 du Code de procédure pénale, dans sa rédaction issue de la loi du 15 juin 2000 disposait que : « Le placement en détention provisoire ou la prolongation de la détention provisoire d'une personne faisant connaître qu'elle exerce l'autorité parentale sur un enfant de moins de dix ans ayant chez elle sa résidence habituelle ne peut être ordonné sans que l'un des services ou l'une des personnes visés au septième alinéa de l'article 81 ait été au préalable chargé de rechercher et de proposer toutes mesures propres à éviter la détention de l'intéressé à y mettre fin.

Les dispositions du présent article ne sont pas applicables en cas de crime, en cas de délit commis contre un mineur ou en cas de non respect des obligations du contrôle judiciaire. »

La jurisprudence a rapidement apporté des tempéraments en décidant que la juridiction d'instruction n'était tenue de faire effectuer l'enquête préalable prévue par l'article 145-5 que si la personne mise en examen lui a fait connaître expressément qu'elle exerce l'autorité parentale sur un enfant de moins de 10 ans ayant chez elle sa résidence habituelle même si le constat résultait des pièces du dossier[8]. La chambre criminelle estimait aussi que

1. Crim. 13 avr. 1999, n° 99-80.698, *Bull. crim.*, n° 76.
2. Crim. 21 juin 2006, n° 06-82.516, *Bull. crim.*, n° 194; *AJ pén.* 2006, 412, note C. Saas; *Gaz. Pal.* 2-3 mars 2007, JP 11, note Y. Monnet.
3. Crim. 4 nov. 1986, n° 86-92.726, *Bull. crim.*, n° 320; *D.* 1987, somm. 78, obs. Pradel.
4. Crim. 9 déc. 2003, n° 03-85.587, *Bull. crim.*, n° 236; *JCP* 2004, IV, 1375.
5. Circ. DACG, n° 89 2-E5, 7 avr. 1989 et n° 89 8-F1, 28 juill. 1989.
6. Sur les enquêtes rapides on consultera avec profit l'article de J. Faget, « Les enquêtes sociales rapides (évaluation nationale). La gestion humaniste de l'urgence judiciaire », *RSC* 1997, 793.
7. Crim. 23 janv. 2007, n° 06-88.259, *Bull. crim.*, n° 12.
8. Crim. 18 sept. 2001, *Bull. crim.*, n° 181; *JCP G* 2001, 2174.

la « mise en œuvre de ces dispositions par le juge des libertés et de la détention ou par la chambre de l'instruction suppose que l'intéressé ait non seulement fait connaître mais encore justifié qu'il exerce l'autorité parentale sur un enfant de moins de 10 ans ayant sa résidence habituelle chez lui »[1].

La chambre criminelle estimait encore que lorsqu'elle constatait l'insuffisance de l'enquête adressée au juge des libertés et de la détention en application de l'article 145-5 du Code de procédure pénale, la chambre de l'instruction avait le pouvoir d'ordonner les investigations complémentaires qu'elle estimait nécessaires[2].

La loi du 4 mars 2002 a modifié le texte initial en prévoyant que la personne devait exercer l'autorité parentale « exclusive » sur un mineur de 16 ans, ce qui réduit considérablement les conditions d'application du texte[3].

143.55 En principe, le juge des libertés et de la détention est saisi par le juge d'instruction. L'article 137-1 dispose dans son dernier alinéa que le juge des libertés et de la détention provisoire est saisi par une ordonnance motivée du juge d'instruction, qui lui transmet le dossier de la procédure accompagné des réquisitions du procureur de la République. Depuis la loi du 9 mars 2004 cela n'est vrai qu'« hors le cas prévu par le second alinéa de l'article 137-4 » qui prévoit un mode direct de saisine entre procureur de la République et JLD (v. s[s] n° 143.56).

Le magistrat instructeur doit motiver la saisine du juge des libertés et de la détention. Il est indispensable que celui qui va instruire l'affaire explique pourquoi il souhaite que la personne mise en examen soit placée en détention provisoire. Certes, s'il s'agit d'apprécier le trouble exceptionnel causé par l'infraction à l'ordre public, une lecture du dossier peut suffire. Mais la direction que le juge d'instruction veut donner au dossier, les actes qu'il compte prochainement accomplir peuvent être déterminants pour expliquer son désir de voir telle personne placée ou maintenue en détention.

143.56 Saisine du JLD par le parquet dans le cas de refus de saisine du juge d'instruction. La loi du 9 mars 2004 a introduit une véritable révolution en ce qui concerne la saisine du juge des libertés et de la détention. En créant le juge des libertés et de la détention, le législateur de 2000 avait en effet estimé indispensable que celui ci soit saisi par le juge d'instruction. Le désir du législateur, maintes fois exprimé dans les travaux parlementaires, était encore à l'époque de voir baisser la détention provisoire : pour éviter qu'un juge des libertés et de la détention « répressif » ne dépasse les pratiques anciennes des juges d'instruction, il avait été prévu que le magistrat serve de filtre. C'est seulement s'il souhaitait que la personne présentée soit placée en détention qu'il saisissait le JLD par une ordonnance de saisine motivée. L'article 137-4, alinéa 2, issu de la loi du 9 mars 2004 prévoit qu'« en matière criminelle ou pour les délits punis de dix ans d'emprisonnement, le procureur de la République peut alors, si les réquisitions sont motivées, en tout ou partie, par les motifs prévus aux 2° et 3° de l'article 144 [depuis la loi du 5 mars 2007, le renvoi est aux 4° à 7° de l'article 144] et qu'elles précisent qu'il envisage de faire application des dispositions du présent alinéa, saisir directement le juge des libertés et de la détention en déférant sans délai devant lui la personne mise en examen; l'ordonnance rendue par le juge des libertés et de la détention entraîne le cas échéant la caducité de l'ordonnance du juge d'instruction ayant placé la personne sous contrôle judiciaire. S'il renonce à saisir directement le juge des libertés et de la détention, le procureur de la République en avise le juge d'instruction et la personne peut être laissée en liberté ». En d'autres termes, si le juge d'instruction veut bien faire ce que lui demande le ministère public, la personne va en détention, et si le juge d'instruction préfère la laisser en liberté purement et simplement ou sous contrôle judiciaire, le ministère public dispose d'une autre « chance » en saisissant directement le JLD. Cette disposition fait fi de toutes les règles traditionnelles de l'appel. Elle ne se dissimule pas pour marquer une défiance accrue envers le juge d'instruction mais aussi envers les chambres de l'instruction. Elle constitue un pendant au référé-détention qui, lui, ne concerne que les mises en liberté[4].

SECTION 6
RÈGLES DE FORME RELATIVES À LA NOTIFICATION DES DROITS PRÉALABLE AU DÉBAT CONTRADICTOIRE OU À L'INCARCÉRATION PROVISOIRE

143.61 Énoncé des droits. Depuis l'entrée en vigueur de la loi du 15 juin 2000, l'article 145 du Code de procédure pénale est ainsi rédigé. « Le juge des libertés et de la détention saisi par une ordon-

1. Crim. 15 mai 2001, n° 01-81.563, *Bull. crim.*, n° 120; *JCP G* 2001, 1589; *D.* 2001, IR 1997.
2. Crim. 22 mai 2001, n° 01-81.702, *Bull. crim.*, n° 129; *JCP G* 2001, 1588.
3. V. Maron, « Le grand art d'être père », *Dr. pén.* 2002, comm. 22.
4. V. aussi Ch. Guéry, « Une détention provisoire exceptionnelle... mais souhaitable », *AJ pén.* 2004, 238.

nance du juge d'instruction tendant au placement en détention de la personne mise en examen fait comparaître cette personne devant lui, assistée de son avocat si celui-ci a déjà été désigné, et procède conformément aux dispositions du présent article.

Au vu des éléments du dossier et après avoir, s'il l'estime utile, recueilli les observations de l'intéressé, ce magistrat fait connaître à la personne mise en examen s'il envisage de la placer en détention provisoire.

S'il n'envisage pas de la placer en détention provisoire, ce magistrat, après avoir le cas échéant ordonné le placement de la personne sous contrôle judiciaire, procède conformément aux deux derniers alinéas de l'article 116 relatifs à la déclaration d'adresse.

S'il envisage d'ordonner la détention provisoire de la personne, il l'informe que sa décision ne pourra intervenir qu'à l'issue d'un débat contradictoire et qu'elle a le droit de demander un délai pour préparer sa défense. »

Le juge des libertés et de la détention commence donc par examiner le dossier de la procédure et peut entendre les observations de la personne « s'il l'estime utile ». Dans certains cas, une discussion informelle peut s'engager entre le juge des libertés et de la détention et la personne mise en examen. Par exemple lorsque l'intéressé nie les faits, il est possible que le magistrat souhaite voir préciser certains points. On ne voit pas comment on pourrait l'en empêcher alors que l'existence d'indices est un préalable à tout placement en détention. Il n'est toutefois pas envisageable que cette audition se transforme en interrogatoire et notamment lorsque la personne a fait choix de se taire ou n'a formulé que des déclarations spontanées. C'est donc après avoir le cas échéant recueilli les observations de l'intéressé que le juge des libertés et de la détention annonce à la personne son intention de la placer en détention provisoire. Jusqu'à ce moment, le procureur de la République n'est pas présent puisque le juge des libertés et de la détention n'a pas encore annoncé qu'il envisageait le placement.

Si le juge des libertés et de la détention n'entend pas placer l'intéressé en détention provisoire il peut alors lui annoncer dès cet instant et prendre ou non une ordonnance de placement sous contrôle judiciaire. S'il envisage le placement, il prévient alors la personne de son droit de disposer d'un délai pour préparer sa défense. Si cette personne n'était pas déjà assistée d'un avocat, il l'avisait qu'elle avait droit à l'assistance d'un avocat de son choix ou commis d'office. La loi du 5 mars 2007 a modifié l'article 145 du Code de procédure pénale en rédigeant ainsi son cinquième alinéa : « Si cette personne n'est pas déjà assistée d'un avocat, le juge l'avise qu'elle sera défendue lors du débat par un avocat de son choix ou, si elle ne choisit pas d'avocat, par un avocat commis d'office. L'avocat choisi ou, dans le cas d'une commission d'office, le bâtonnier de l'ordre des avocats en est avisé par tout moyen et sans délai. Si l'avocat choisi ne peut se déplacer, il est remplacé par un avocat commis d'office. Mention de ces formalités est faite au procès-verbal. » Ce texte rend obligatoire la présence de l'avocat lors du débat contradictoire.

« Le juge des libertés et de la détention ne peut ordonner immédiatement le placement en détention lorsque la personne mise en examen ou son avocat sollicite un délai pour préparer sa défense. Dans ce cas, il peut, au moyen d'une ordonnance motivée par référence aux dispositions de l'alinéa précédent et non susceptible d'appel, prescrire l'incarcération de la personne pour une durée déterminée qui ne peut en aucun cas excéder quatre jours ouvrables. Dans ce délai, il fait comparaître à nouveau la personne et, que celle-ci soit ou non assistée d'un avocat, procède comme il est dit au sixième alinéa. S'il n'ordonne pas le placement de la personne en détention provisoire, celle-ci est mise en liberté d'office. » (C. pr. pén., art. 145, al. 8).

Le juge des libertés et de la détention doit donc informer la personne qu'elle doit répondre à deux questions : désire-t-elle être assistée d'un avocat et souhaite-t-elle bénéficier d'un délai pour préparer sa défense ?

143.62 La possibilité pour la personne mise en examen de solliciter la présence d'un avocat. Il convient de remarquer que depuis la loi du 4 janvier 1993, l'avocat est souvent déjà présent puisque la personne peut demander son assistance dès le début de l'interrogatoire de première comparution. Les pratiques entre juridictions sont évidemment différentes, mais on doit pouvoir dire qu'aujourd'hui il est exceptionnel qu'une personne comparaisse devant le JLD sans avocat.

La personne mise en cause est le plus souvent déjà assistée d'un conseil, mais dans le cas où elle ne le serait pas et comparaîtrait devant le JLD, elle sera alors assistée par un avocat (dispositions de la loi du 5 mars 2007 entrées en vigueur le 1er juillet 2007).

Il résulte des articles 116, 145 et 186 du Code de procédure pénale que la mission de l'avocat d'office pour assister la personne mise en examen, lors de la première comparution et du débat contradictoire sur la détention, ne cesse que si l'intéressé choisit un autre avocat ou s'il a été procédé, par le bâtonnier, à la désignation d'un autre conseil[1]. Dans un

1. Crim. 12 mai 1999, nº 99-81.294, *Bull. crim.*, nº 94; *BICC* 499, nº 991.

certain nombre de juridictions, le bâtonnier ne désigne pas comme avocat d'office celui qui a assisté la personne dans le cadre de la permanence pénale. Dans ces hypothèses, si le juge d'instruction désire convoquer à nouveau la personne rapidement, et craint que l'avocat d'office ne soit pas encore désigné, il sera bien inspiré de convoquer l'avocat qui avait assisté la personne lors de l'interrogatoire de première comparution.

143.63 Indisponibilité de l'avocat choisi. Si l'individu a demandé à être assisté d'un avocat choisi qui est indisponible il doit, dans un second temps, être informé de son droit de demander un avocat d'office (circ. n° 84-13, 1er août 1984) [1].

Jusqu'à l'entrée en vigueur de la loi du 5 mars 2007, la personne mise en examen pouvait toujours renoncer à se prévaloir de ce droit à l'avocat. Aucune disposition légale ne fait obstacle à ce que cette renonciation soit constatée dans un procès-verbal distinct du procès-verbal de l'audience contradictoire [2] et c'est l'avertissement qui constitue la formalité légale, non l'assistance effective. Le juge ne pouvait que constater l'absence de l'avocat sollicité, voire de l'avocat de permanence. Son obligation est ici une obligation de moyens. La présence effective de l'avocat n'est pas obligatoire dès lors que toutes les formalités légales ont été accomplies en vue de faire respecter les droits de la défense [3]. Il en va différemment pour les mineurs pour lesquels il semble que seule la force majeure puisse légitimer l'absence d'un conseil lors de l'interrogatoire de première comparution.

Ainsi, la décision prise collectivement par un barreau de suspendre toute participation des avocats au service des commissions d'office constitue une circonstance insurmontable qui justifie que le juge et la chambre de l'instruction statuent sur la détention de la personne en l'absence d'un conseil.

De même, il a été jugé que lorsque l'inculpé est dûment averti de son droit à l'assistance d'un avocat, l'absence de mention des modalités selon lesquelles cette assistance peut s'exercer ne saurait être considérée comme une atteinte aux droits de la défense [4].

143.64 Renonciation à la présence de l'avocat. Si la personne majeure pouvait, jusqu'à la loi du 5 mars 2007, renoncer à solliciter la présence d'un avocat pour le débat contradictoire, tel n'était déjà pas le cas de la personne mineure qui ne peut jamais y renoncer [5]. À défaut de choix d'un défenseur par le mineur ou son représentant légal, le juge d'instruction ou le juge des enfants désigne ou fait désigner par le bâtonnier un défenseur d'office (ord. 2 févr. 1945, art. 10, al. 1).

La renonciation à l'avocat pour le débat contradictoire ne doit pas être équivoque [6] mais la phrase « je réfléchirai au choix d'un avocat » suffit à caractériser la renonciation [7]. Depuis la loi du 5 mars 2007, toute personne doit être assistée par un avocat lors du débat contradictoire.

143.65 La possibilité pour la personne mise en examen de solliciter un délai. Le juge des libertés et de la détention doit avertir la personne de ce droit conçu pour lui permettre de préparer sa défense. Mention de cette formalité doit être faite au procès verbal (C. pr. pén., art. 145, al. 5 - et circ. n° 84-13, 1er août 1984).

Pour être tout à fait complet, le magistrat doit informer la personne que l'exercice de ce droit comporte une contrepartie importante : le délai ouvert pour préparer sa défense, il risque de le passer non en détention provisoire mais en incarcération provisoire, ce qui, pour la personne, ne fait pas une grande différence ! Le texte n'impose pas au juge de procéder à une incarcération provisoire, mais si le juge initie le débat contradictoire, c'est qu'il a l'intention de placer l'individu en détention. On voit mal en conséquence ce qui pourrait l'avoir fait changer d'avis avant même que le débat ne se soit tenu.

On peut pourtant imaginer que certains praticiens soient placés dans cette situation dans deux hypothèses :

- le débat contradictoire projeté avait surtout valeur « pédagogique » et le juge n'avait pas réellement l'intention de placer la personne en détention provisoire;

- le débat contradictoire projeté avait pour but de donner la parole au ministère public aux fins d'exposer sa thèse, mais le juge penchait déjà plutôt pour une mise en liberté.

Ces hypothèses pouvaient être plus facilement observables du temps où c'était le juge d'instruction lui même qui non seulement était à l'initiative de la tenue du débat, mais prenait la décision finale. Il est plus difficile depuis la loi du 15 juin 2000 pour le juge d'instruction de prendre la décision d'un débat contradictoire « pédagogique » sans maîtriser la décision de placement. Quant au juge des libertés et de la détention, il ne se trouve pas vraiment dans une relation avec la personne de nature à lui permettre de se livrer à ce genre d'exercice. Une « entente »

1. Circ. n° 84-13, 1er août 1984.
2. Crim. 6 sept. 1994, n° 94-83.133, *Bull. crim.*, n° 295.
3. Crim. 11 juill. 1990, n° 90-82.613, *Bull. crim.*, n° 282.
4. Crim. 18 août 1984, n° 84-92.961, *Bull. crim.*, n° 271.
5. Crim. 29 janv. 1985, n° 84-95.218, *Bull. crim.*, n° 47.
6. Crim. 18 août 1984, n° 84-92.961, *Bull. crim.*, n° 271, préc.
7. Crim. 8 oct. 1984, *Bull. crim.*, n° 394.

entre les deux magistrats n'est sans doute pas exclue dans certains cas...

143.66 Incarcération provisoire ordonnée par le JLD. Le texte antérieur à la loi du 5 mars 2007 ne permettait pas, en théorie, au JLD de prendre une décision d'incarcération provisoire de lui-même. Tout juste pouvait il suggérer à l'avocat ou à la personne mise en examen de la solliciter, dans son intérêt. Désormais, « pour permettre au juge d'instruction de procéder à des vérifications relatives à la situation personnelle du mis en examen ou aux faits qui lui sont reprochés, lorsque ces vérifications sont susceptibles de permettre le placement de l'intéressé sous contrôle judiciaire, le juge des libertés et de la détention peut également décider d'office de prescrire par ordonnance motivée l'incarcération provisoire du mis en examen pendant une durée déterminée qui ne saurait excéder quatre jours ouvrables. Cette ordonnance peut faire l'objet du recours prévu à l'article 187-1. » Le JLD ne peut évidemment enjoindre au juge d'instruction de réaliser ces investigations en urgence, ce qui peut poser quelques difficultés de coordination, surtout si le juge d'instruction est fermement attaché à la mise en détention. Bien que la faculté d'appel de cette ordonnance n'apparaisse pas dans l'article 186 du Code de procédure pénale, un référé-liberté peut être formé, ce qui signifie que l'ordonnance est susceptible d'appel. Issu du décret n° 2007-1627 du 16 novembre 2007 (*JO* n° 268 du 18 novembre 2007 page 18903), un nouvel article D. 32-3 du Code de procédure pénale dispose que « Le juge des libertés et de la détention, lorsqu'il ordonne l'incarcération provisoire de la personne mise en examen en vue d'un débat différé, soit à la suite de demande de délai de l'intéressé ou de son avocat prévue par le septième alinéa de l'article 145, soit d'office en application du neuvième alinéa de cet article, peut directement saisir le service pénitentiaire d'insertion et de probation, le service compétent de la protection judiciaire de la jeunesse ou toute association habilitée en application des dispositions du sixième alinéa de l'article 81 afin qu'il soit procédé aux vérifications sur la situation de la personne prévues par cet article. »

SECTION 7
DÉBAT CONTRADICTOIRE

143.71 Le débat contradictoire est apparu avec la loi du 9 juillet 1984 [1]. Auparavant, l'article 135-1 du Code de procédure pénale permettait simplement à l'inculpé de solliciter un avocat au moment de la mise en détention mais ce dernier ne pouvait que présenter – d'ailleurs assez rarement en pratique – des observations sans qu'un réel « débat » ne soit tenu. La loi du 30 décembre 1984 augmente donc les droits des parties à un moment où l'avocat n'assiste à la première comparution qu'avec l'accord du magistrat instructeur (et s'il est au courant que la première comparution va avoir lieu puisqu'il n'en est pas avisé !) et à une époque où il n'entre pas dans les locaux de garde à vue. Conçu au départ comme une formalité nécessaire au moment du placement en détention et pour certaines prolongations, le débat contradictoire s'impose de plus en plus comme la figure classique du renouvellement de toute détention. Depuis l'entrée en vigueur de la loi du 15 juin 2000, il n'existe plus de prolongation de détention qui soit réalisée sans débat contradictoire, à l'exception, depuis la loi du 9 septembre 2002, de la prolongation de la détention du mineur de seize ans placé en détention correctionnelle après révocation de son contrôle judiciaire (v. s^s^ n° 144.83). L'intérêt du débat contradictoire ne fait plus guère discussion aujourd'hui. Il a pourtant, dans les premières années de son fonctionnement fait beaucoup parler dans les couloirs des palais de justice. L'unanimité se faisait presque autour de son inutilité : les juges pensaient que c'était une perte de temps, les avocats qu'il était inutile de venir plaider une cause perdue puisque si le débat était organisé, c'était que le juge avait déjà l'intention de placer la personne en détention. On a même vu des juges d'instruction organiser des débats contradictoires en sachant à l'avance qu'ils ne placeraient pas la personne en détention, et cela pour justifier l'existence de cette procédure en faisant passer l'idée qu'il puisse arriver que le débat « serve à quelque chose » et pour « satisfaire » sur ce point le barreau local.

D'autres ont entrepris, dans une vision plus systématique, d'organiser un débat contradictoire à chaque fois que des réquisitions de placement en détention étaient formulées. Pourtant, le débat contradictoire a constitué, de 1984 à 1993 le premier lieu de rencontre entre l'inculpé et un avocat de la défense.

Seul en garde à vue, seul pendant l'interrogatoire de première comparution, l'inculpé découvrait à cet instant procédural précis la possibilité d'être assisté d'un conseil. Il s'agissait donc d'une avancée considérable en termes de sauvegarde des droits de la défense. L'entretien entre l'inculpé et l'avocat permettait le premier contact hors procédure pour celui qui était mis en cause.

1. L. 9 juill. 1984, *D.* 1984, 417 – J. Pradel, « La loi du 9 juillet 1984 sur le recul de la détention provisoire, un pas en avant utile ? », *D.* 1985, chron. 7; *JCP* 1985, I, 3174, note Chambon.

On ne peut prétendre que les confidences faites au conseil soient équivalentes à celles que peut recueillir le juge d'instruction.

Ces éléments, le plus souvent exposés par l'avocat lors du débat contradictoire avaient pour but d'éclairer un peu plus le juge, alors en possession de tous les éléments utiles pour prendre sa décision. Et s'il est exact que le juge changeait rarement d'avis à l'issue du débat, il n'en est pas moins vrai que les éléments recueillis au cours de celui-ci pouvaient avoir une incidence sur la suite de la procédure, et par exemple sur la durée de la détention provisoire.

143.72 Depuis 1993 le débat contradictoire a perdu une partie de cet intérêt, mais en a gagné un autre avec la loi du 15 juin 2000. Aujourd'hui, le débat contradictoire n'est plus forcément le premier lieu de rencontre entre la personne et son conseil puisque celui-ci a pu entrer en général en contact avec elle lors de la garde à vue, du moins si elle a duré le temps nécessaire à l'apparition de l'avocat pendant cette garde à vue, selon la nature de l'infraction poursuivie. Surtout, la personne a pu solliciter la présence de l'avocat lors de la première comparution, le débat contradictoire n'étant alors que la suite procédurale d'un interrogatoire avant lequel l'individu a pu s'entretenir avec son conseil.

En revanche, l'entrée en vigueur de la loi du 15 juin 2000 lui a donné une vigueur nouvelle puisque le débat contradictoire se déroule devant une personne qui n'est pas celle qui a réalisé l'interrogatoire de première comparution, et qui, en quelque sorte, a sinon tout, du moins beaucoup à apprendre de ce débat. Certes, on peut dire qu'une grande partie de sa religion peut être acquise à la lecture du dossier qui précède forcément le débat. Mais il ne faut pas oublier que la relation personnelle avec la personne mise en examen est un élément qui peut rentrer en ligne de compte dans l'appréciation du juge des libertés et de la détention. On peut donc estimer que le débat contradictoire change quelque peu de nature avec la loi du 15 juin 2000. D'un débat assez formel devant un juge qui connaît le dossier, qui sait ce qu'il va faire et pourquoi il désire que la personne soit placée en détention, on passe à une véritable audience où un requérant, le ministère public, après avoir passé une première étape et convaincu le juge d'instruction de la nécessité de placer l'intéressé en détention (sauf application de l'article 137-4 – V. s^s^ n° 143.56), tente de convaincre le juge des libertés et de la détention du bien fondé de sa demande.

143.73 Le débat contradictoire peut se tenir, si les circonstances l'exigent, en tout autre lieu que le cabinet du juge. Cela peut être par exemple dans une maison d'arrêt[1] ou encore dans un hôpital[2]. La chambre criminelle a eu l'occasion de préciser qu'il est vainement soutenu qu'un juge d'instruction qui s'est transporté au domicile d'une personne aux fins de mise en examen et y a procédé à l'interrogatoire de première comparution ne serait pas compétent pour prononcer son placement sous contrôle judiciaire au prétendu motif qu'il ne pourrait prendre de décision juridictionnelle en dehors du siège de sa juridiction[3]. Cette remarque peut donc évidemment être étendue au placement en détention.

Dans toutes ces hypothèses il est nécessaire que le juge des libertés et de la détention accompagne le juge d'instruction sur les lieux où se tient l'interrogatoire de première comparution, préalable au placement en détention provisoire. Aucun texte précis n'autorisait le juge des libertés et de la détention à se déplacer, à la différence du juge d'instruction[4], avant que la loi du 30 décembre 2000[5] ajoute une phrase au deuxième alinéa de l'article 137-1 du Code de procédure pénale qui le lui permet.

143.74 Les personnes présentes au débat contradictoire : l'avocat. En dehors du juge des libertés et de la détention et de son greffier, les personnes présentes au débat contradictoire sont la personne mise en examen, son avocat, et le procureur de la République. Aussi curieux que cela puisse paraître au premier abord, la présence du dernier était seule requise dans tous les cas. Toutefois, la présence de la personne mise en examen est de droit et son absence ne sera admissible qu'en cas de force majeure. Quant à l'avocat nous avons vu que sa présence n'était pas obligatoire, sauf pour les mineurs mais que la loi du 5 mars 2007 a modifié les données (v. s^s^ n°s 143.63, 143.64).

En cas de force majeure, la jurisprudence considère que la tenue du débat est régulière même si l'intéressé souhaitait être assisté d'un conseil. La chambre criminelle a en effet estimé dans un arrêt du 11 juillet 1990 que : « Le juge d'instruction, puis la chambre d'accusation n'avaient commis aucune violation des textes [...] en passant outre à l'absence d'un avocat pour statuer sur la détention dès lors que les formalités légales avaient été accomplies en vue d'assurer la défense de D et que la présence effective d'un conseil tant au débat contradictoire différé qu'à l'audience de la chambre

1. Crim. 1er oct. 1985, n° 85-94.010, *Bull. crim.*, n° 288; *D.* 1985, jur. 103, note Pradel – Réaffirmé pour le JLD par Crim. 15 mars 2005, n° 05-80.014, *Bull. crim.*, n° 87.
2. Crim. 14 mars 1988, n° 87-92.074, *Bull. crim.*, n° 124.
3. Crim. 14 oct. 1998, n° 98-83.377, *Bull. crim.*, n° 261; *D.* 1998, IR 257.
4. L'article 92 du Code de procédure pénale permet au juge d'instruction de se déplacer dans le ressort de sa circonscription, l'article 93 du même code lui permet de se déplacer sur toute l'étendue du territoire national.
5. L. n° 2000-1354, 30 déc. 2000, *JO* 31 déc.

d'accusation n'était pas obligatoire.[1] » Cette solution va de soi puisqu'elle est identique si l'avocat ne se présente pas pour des raisons personnelles.

Le mineur ne peut renoncer à la présence d'un conseil et la présence du conseil est également prévue depuis la loi du 5 mars 2007 pour le placement en détention des personnes majeures. Le juge doit donc tout faire pour s'assurer qu'un avocat puisse assurer la défense du mineur. Mais en cas de force majeure expliquant la carence du conseil, la détention peut néanmoins être ordonnée (ou prolongée), mention devant en figurer au procès-verbal. Le JLD est tenu de statuer immédiatement, sans entendre préalablement la personne mise en examen lorsque des circonstances insurmontables (hospitalisation) font obstacle à l'audition de celle-ci et que l'avocat présent n'a demandé aucun délai pour préparer sa défense[2] : la détention provisoire peut être prolongée sans débat contradictoire préalable lorsque des circonstances imprévisibles et insurmontables font obstacle à la tenue de celui-ci et qu'en raison du délai de 5 jours ouvrables imposé par la loi pour la convocation de l'avocat, le débat ne peut être régulièrement reporté avant la date à laquelle, faute de prolongation, la détention doit prendre fin (sur la force majeure et le débat contradictoire v. aussi s[s] n° 143.93). Lorsqu'un nouvel avocat est désigné en cours de procédure par lettre simple du mis en examen à son nouveau conseil, il n'y a pas nullité de la procédure si seuls les précédents avocats sont avisés de la date d'audience de la prolongation de la détention provisoire par la chambre de l'instruction qui s'est réservé le contentieux de la détention tant que le mis en examen n'a pas confirmé au juge d'instruction la désignation de son nouvel avocat[3].

143.75 Les personnes présentes au débat contradictoire : le procureur de la République. La présence du procureur de la République est indispensable, c'est lui qui prend la parole en premier avant que la personne mise en examen ne fournisse ses explications et le cas échéant, son avocat (C. pr. pén., art. 145).

L'article 145, alinéa 6, du Code de procédure pénale dispose en effet que le juge entend « le ministère public qui développe ses réquisitions prises conformément au troisième alinéa de l'article 82 ». Issu de la loi du 30 décembre 1996, cet alinéa dispose que « s'il requiert le placement ou le maintien en détention provisoire de la personne mise en examen, ses réquisitions doivent être écrites et motivées par référence aux seules dispositions de l'article 144 ». Cette disposition revient sur la pratique antérieure qui ne considérait pas comme obligatoire les réquisitions écrites du ministère public dès lors que sa présence au débat contradictoire, et donc ses réquisitions orales étaient obligatoires. Les réquisitions orales sont indispensables à peine de nullité[4].

L'inobservation de la règle selon laquelle le procureur de la République doit être entendu en ses réquisitions orales constitue une nullité substantielle d'ordre public et échappe à l'application de l'article 802 du Code de procédure pénale. Elle entraîne en conséquence la nullité du titre de détention. Peu importe que la personne ait, à l'issue de son interrogatoire de première comparution, déclaré renoncer à ce débat, une telle renonciation étant de nul effet et en tout état de cause inopposable au ministère public[5].

Selon l'article 33 du Code de procédure pénale, la parole du ministère public au cours du débat contradictoire est libre et il n'appartient à aucune juridiction de censurer ses réquisitions[6] (dans une hypothèse où on reprochait au ministère public de ne pas avoir donné d'avis motivé au cours du débat). Par ailleurs, le sens des réquisitions du ministère public n'a pas à être indiqué sur le procès-verbal du débat contradictoire[7].

Le procureur de la République ne saurait participer au délibéré du juge ou même en laisser l'apparence. Ainsi il a été jugé que le procès verbal d'interrogatoire de première comparution qui portait, après les signatures du juge d'instruction, du greffier et de l'inculpé, la mention suivante : « De même suite et assisté comme dessus. À la demande du conseil de l'inculpé, mentionnons qu'à l'issue du débat, M. le procureur de la République est resté, porte fermée, pendant quelques minutes avec le juge d'instruction, hors la présence du conseil et de l'inculpé mais en la présence du greffier » entraînait l'inexistence d'un titre de détention régulier, puisqu'il résultait de l'existence de cette mention que le principe du contradictoire avait pu ne pas être respecté[8]. Dans une autre espèce, la solution a été identique alors que le procureur était demeuré cette fois en présence du juge délégué sous l'égide de la loi du 4 janvier 1993[9]. L'ordonnance de pla-

1. Crim. 11 juill. 1990, n° 90-82.613, *Bull. crim.*, n° 282.
2. Crim. 5 nov. 2002, n° 02-85.881, NPT – V. aussi Crim. 9 mai 2001, n° 00-87.998, *Bull. crim.*, n° 114; *D.* 2001, IR 1996.
3. Crim. 4 déc. 2001, n° 01-86.394, *Bull. crim.*, n° 250.
4. Crim. 22 mai 1985, n° 85-91.521, *Bull. crim.*, n° 199; *JCP* 1986, II, 20620, note E. Bloch.
5. CA Paris, ch. acc., 9 oct. 1985, *D.* 1986, IR p. 82.
6. Crim. 22 mai 1985, n° 85-91.521, *Bull. crim.*, n° 199; *JCP* 1986, II, 20620, note E. Bloch.
7. Crim. 22 mai 1985, n° 85-91.521, *Bull. crim.*, n° 199, préc.
8. Crim. 19. sept. 1990, n° 90-84.129, *Bull. crim.*, n° 317.
9. Crim. 26 oct. 1993, n° 93-83.893, *Bull. crim.*, n° 314; *Dr. pén.* 1994, n° 47.

cement en détention provisoire doit être annulée, dès lors que, selon les mentions d'une note dressée par le juge délégué et annexée au procès verbal établi, le débat préalable à la mise en détention ne s'est pas déroulé contradictoirement dans les conditions prescrites par l'article 145 du Code de procédure pénale[1]. En revanche, l'entretien du juge des libertés et de la détention avec le magistrat du parquet juste avant la tenue du débat contradictoire ne saurait porter atteinte au principe du contradictoire[2].

143.76 La publicité, apparue avec la loi du 15 juin 2000, est le principe depuis celle du 5 mars 2007.

Selon la loi du 15 juin 2000, si la personne majeure mise en examen ou son avocat en fait la demande dès l'ouverture de l'audience, le débat contradictoire a lieu en audience publique, sauf si la publicité est de nature à entraver les investigations spécifiques nécessitées par l'instruction ou à nuire à la dignité de la personne ou aux intérêts d'un tiers. Le juge des libertés et de la détention statue par ordonnance motivée sur cette demande de publicité après avoir recueilli les observations du ministère public, de la personne mise en examen et de son avocat.

Un certain nombre de conditions sont prévues par le texte : tout d'abord il est nécessaire que la demande soit présentée dès l'ouverture de l'audience. Sans doute faut-il comprendre par là à un moment où les principaux protagonistes n'ont pas encore pris la parole, et donc avant le début des réquisitions du ministère public, qui s'exprime en premier. Il ne s'agit pas d'un droit puisque le juge peut y répondre négativement. Il ne peut néanmoins en être ainsi que dans deux hypothèses : lorsque la publicité est de nature à entraver les investigations nécessités par l'instruction ou lorsque la publicité est de nature à nuire à la dignité de la personne ou aux intérêts d'un tiers. Le magistrat conserve donc une large appréciation.

Il semble que l'utilisation de cette disposition soit rarissime. En général, les personnes qui comparaissent ne souhaitent pas cette publicité. L'ordonnance de refus de publicité du débat contradictoire aux fins de prolongation de la détention provisoire n'est pas susceptible de recours. La personne mise en examen n'est donc pas recevable à critiquer les motifs de l'arrêt ayant refusé d'annuler cette décision[3].

Selon la loi du 5 mars 2007. « Si la personne mise en examen est majeure, le débat contradictoire a lieu et le juge statue en audience publique. Toutefois, le ministère public, la personne mise en examen ou son avocat peuvent s'opposer à cette publicité si l'enquête porte sur des faits visés à l'article 706-73 ou si celle-ci est de nature à entraver les investigations spécifiques nécessitées par l'instruction, à porter atteinte à la présomption d'innocence ou à la sérénité des débats ou à nuire à la dignité de la personne ou aux intérêts d'un tiers. Le juge statue sur cette opposition en audience de cabinet par ordonnance motivée, après avoir recueilli les observations du ministère public, de la personne mise en examen et de son avocat. S'il fait droit à cette opposition ou si la personne mise en examen est mineure, le débat a lieu et le juge statue en audience de cabinet. » Le principe est donc inversé. L'audience traditionnellement et sauf exception « de cabinet », devient une audience publique. Pour le reste, les raisons qui s'opposent à la publicité n'ont pas changé : il s'agit toujours du cas où elle pourrait nuire à la sérénité des débats ou à la dignité de la personne ou aux intérêts d'un tiers, du cas où elle serait de nature à entraver la poursuite de l'information. Y sont ajoutés les faits visés à l'article 706-73 du Code de procédure pénale.

Par ailleurs, le dernier alinéa de l'article 137-1 a été complété par une phrase ainsi rédigée : « Lorsque le juge des libertés et de la détention doit statuer en application de l'article 145, le juge d'instruction peut indiquer dans son ordonnance si la publicité de ce débat lui paraît devoir être écartée au regard d'une ou plusieurs des raisons mentionnées au sixième alinéa de cet article. »

143.77 En ce qui concerne la rédaction du procès-verbal, les pratiques sont divergentes. La plupart des magistrats instructeurs ne faisaient plus figurer sur les procès-verbaux ce qui avait été dit par le procureur ou par l'avocat de la défense. La modification des imprimés fournis par la Chancellerie les y a conduit. Au tout début de l'existence du débat contradictoire figurait en effet sur l'imprimé un espace pour que le juge puisse noter les déclarations de chacun. Au bout de quelques années on s'est contenté de l'évocation des « réquisitions » et de la « plaidoirie » entendues par le juge d'instruction. Certains juges ont malgré tout conservé l'habitude de noter un résumé des réquisitions et de la plaidoirie. Ce ne sont pas des obligations légales.

En revanche, les observations de la personne mises en examen sont très généralement consignées au procès-verbal, bien que le texte ne le mentionne pas expressément.

Les juges des libertés et de la détention ont également des pratiques qui divergent selon les juridictions. Si des déclarations touchant le fond sont

1. Crim. 26 oct. 1993, n° 93-83.893, *Bull. crim.*, n° 314, préc.
2. Crim. 9 juill. 2003, n° 03-82.271, *Bull. crim.*, n° 35; *D.* 2004, somm. 669, obs. J. Pradel.
3. Crim. 15 mars 2005, n° 05-80.014, *Bull. crim.*, n° 87.

tenues devant lui, le juge des libertés et de la détention peut les transcrire s'il s'agit de déclarations spontanées. Certains magistrats instructeurs mettent d'ailleurs une copie de la déclaration que fait l'intéressé à ce moment-là en côte de fond.

Aucune autre signature que celle du juge et du greffier n'est nécessaire à la validité du procès-verbal prévu à l'article 145 du Code de procédure pénale dont le seul objet est d'établir que le débat contradictoire, tenu lors de l'audience de cabinet précédant la décision de placement en détention provisoire ou la prolongation de celle-ci, s'est déroulé conformément aux exigences légales. Le défaut de signature de la première page du procès-verbal de débat contradictoire de prolongation de la détention provisoire n'entraîne pas la nullité du titre de détention dès lors que les signatures du mis en examen, du juge et du greffier figurent à la fin de ce procès-verbal. En ce cas, l'irrégularité alléguée entre dans les prévisions de l'article 802 du Code de procédure pénale[1].

Justifie sa décision la chambre de l'instruction qui refuse d'annuler le procès-verbal ne portant pas la signature de l'interprète en énonçant que le procès-verbal du débat contradictoire, signé du juge des libertés et de la détention et du greffier, atteste la présence de cet interprète[2]. Même lorsque la personne a choisi de se taire devant le magistrat instructeur, le juge des libertés et de la détention peut lui poser des questions et les consigner au procès verbal : justifie sa décision la chambre de l'instruction qui, pour écarter les moyens d'annulation de l'ordonnance de placement en détention, pris d'une violation par le juge des libertés et de la détention du droit au silence que la personne mise en examen avait choisi d'exercer devant le juge d'instruction et d'une inobservation de l'obligation de mentionner les questions auxquelles il a été répondu, énonce que, d'une part, aucune disposition ne fixe la forme selon laquelle les observations du mis en examen sont recueillies lors du débat contradictoire et que, d'autre part, les prescriptions de l'article 429 du Code de procédure pénale ne sont applicables qu'aux procès-verbaux d'interrogatoire ou d'audition[3].

143.78 L'utilisation des moyens de télécommunication audiovisuelle prévus par l'article 706-71 est possible, depuis la loi du 9 mars 2004, pour le débat contradictoire au placement en détention d'une personne détenue pour une autre cause et pour le débat contradictoire prévu pour la prolongation de la détention. L'article D. 47-12-4 prévoit quant à lui que « Lorsqu'un moyen de télécommunication est utilisé en matière de détention provisoire conformément aux dispositions du troisième alinéa de l'article 706-71, lecture de l'ordonnance prise par le juge des libertés et de la détention est donnée à la personne par le moyen de communication audiovisuelle. Mention de cette formalité est portée sur le procès-verbal du débat contradictoire. L'ordonnance est adressée par télécopie ou par un moyen de communication électronique au chef de l'établissement pénitentiaire, qui la notifie à la personne détenue et lui en remet une copie contre émargement ».

SECTION 8
DÉCISION : LIBERTÉ, AVEC OU SANS CONTRÔLE JUDICIAIRE

143.81 La décision de remise en liberté. La remise en liberté pure et simple de l'intéressé par le juge d'instruction est évidemment possible. Dans cette hypothèse, le juge se contente de procéder à la formalité de déclaration d'adresse et libère la personne. Le juge doit rédiger une ordonnance de refus de saisine du juge des libertés et de la détention, depuis la loi du 9 septembre 2002 (C. pr. pén., art. 137-4, al. 1). Le juge des libertés et de la détention rend une ordonnance motivée à chaque fois qu'il prend une décision.

Depuis la loi du 9 juillet 1984, la décision du juge d'instruction qui ne place pas en détention était immédiatement exécutoire. Mais la loi du 9 mars 2004 a prévu un nouveau dispositif permettant au ministère public de « tenter sa chance » une nouvelle fois sous certaines conditions (v. s^s^ n° 143.56)[4].

143.82 La mise en liberté peut être assortie d'un placement sous contrôle judiciaire (C. pr. pén., art. 138). Il n'est pas question de détailler ici les différentes obligations auxquelles l'intéressé peut être astreint (v. s^s^ n°s 130.00 s.).On dira seulement que le placement sous contrôle judiciaire doit être motivé tout comme l'est depuis 1970 le placement en détention provisoire. Ainsi, dans un arrêt du 8 août 1995, la Cour de cassation a censuré un arrêt de chambre d'accusation, ayant confirmé une ordonnance de placement sous contrôle

1. Crim. 22 juin 2004, n° 04-82.105, *Bull. crim.*, n° 163; *Dr. pén.* 2004, n° 166, note A. Maron.
2. Crim. 28 janv. 2003, n° 02-87.847, *Bull. crim.*, n° 19; *Dr. pén.* mai 2003, n° 15, obs. C. Marsat et A. Maron; *JCP G* 2003, IV, 1533; *D.* 2003, 628 et 1729, note J. Pradel.
3. Crim. 30 janv. 2007, n° 06-88.284, *Bull. crim.*, n° 22; *Gaz. Pal.* 30-31 mars 2007, 22 note M.B; *AJ pén.* 2007, 144.
4. V. Ch. Guéry, « Une détention provisoire exceptionnelle... mais souhaitable », *AJ pén.* 2004, 238.

judiciaire « sans s'expliquer sur les circonstances justifiant, en raison des nécessités de l'instruction ou à titre de mesure de sûreté, le placement » de la personne sous contrôle judiciaire [1] (v. les attendus s^s n° 132.02). Il est vrai que la question se pose avec plus d'acuité depuis l'entrée en vigueur de la loi du 4 janvier 1993 qui a prévu que la personne mise en examen peut faire appel de l'ordonnance de placement sous contrôle judiciaire. Auparavant la personne devait faire une demande de main levée et pouvait alors faire appel de l'ordonnance de refus qui, elle, était motivée. Cette jurisprudence nouvelle a surpris, y compris le conseiller rapporteur qui, dans une affaire similaire quelques mois plus tard, concluait au rejet du pourvoi, sans succès [2] puisque la chambre criminelle devait, dans un arrêt du 23 janvier 1996 [3] confirmer sa jurisprudence.

La loi du 30 décembre 2000 a également réparé un oubli de la loi du 15 juin 2000 en permettant au juge des libertés et de la détention de prendre, pour les mineurs, une mesure de liberté surveillée ou de garde provisoire [4]. Lorsque le juge des libertés et de la détention, saisi de réquisitions du procureur de la République tendant au placement en détention provisoire, rend d'une part une ordonnance de refus de mise en détention et d'autre part une ordonnance de placement sous contrôle judiciaire, cette dernière décision répond nécessairement, à elle seule, aux réquisitions du ministère public et l'appel de ce dernier de la seule ordonnance de placement sous contrôle judiciaire saisit la chambre de l'instruction du contentieux de la détention.

Dans une telle situation, la chambre de l'instruction a donc le pouvoir d'ordonner la mise en détention [5]. Le juge des libertés et de la détention peut délivrer un mandat de dépôt à raison des mêmes faits et dans la même information à l'encontre d'une personne placée sous contrôle judiciaire lorsque des circonstances nouvelles entrant dans les prévisions de l'article 144 du Code de procédure pénale justifient la délivrance de ce titre d'incarcération [6].

143.83 La loi du 15 juin 2000 permet désormais à deux intervenants différents de placer l'intéressé sous contrôle judiciaire. Le juge d'instruction demeure compétent pour le faire selon l'article 137-2 du Code de procédure pénale : le contrôle judiciaire est ordonné par le juge d'instruction, qui statue après avoir recueilli les réquisitions du procureur de la République. Les réquisitions du ministère public sont désormais obligatoires, ce qui n'était pas le cas avant la loi du 15 juin 2000. Mais le juge des libertés et de la détention provisoire, saisi par le magistrat instructeur, est également compétent pour en décider aux termes de l'article 137-2 : « Le contrôle judiciaire peut également être ordonné par le juge des libertés et de la détention provisoire, lorsqu'il est saisi. » Cela est donc possible à chaque fois que le juge des libertés et de la détention est saisi par le juge d'instruction, que l'on soit au moment du placement, de la prolongation (v. nos développements sur cette question s^s n° 144.38) ou d'une demande de mise en liberté.

143.84 L'obligation de verser un cautionnement. Dans l'hypothèse où la personne est remise en liberté sous contrôle judiciaire avec obligation de verser un cautionnement, celui-ci ne peut être préalable à sa mise en liberté. C'est donc un échéancier qui est prévu et l'intéressé est placé immédiatement en liberté (sur le cautionnement ordonné après incarcération v. s^s n°s 133.21 s., 144.79).

143.85 Annonce de la décision. L'article 145 du Code de procédure pénale n'impose pas la présence du ministère public lors du prononcé de la décision de l'ordonnance par le juge des libertés et de la détention [7].

SECTION 9

DÉCISION : DÉTENTION, DURÉE INDÉTERMINÉE OU NON

143.91 Si un délai a été demandé par la personne, l'incarcération provisoire est ordonnée. Avant la loi du 4 janvier 1993, le juge d'instruction devait statuer sur la détention à l'occasion de ce qu'il est convenu d'appeler le « débat contradictoire différé » dans le délai de 5 jours.

Dans ce délai le juge devait faire recomparaître l'inculpé et, que celui-ci soit assisté ou non d'un conseil, procéder à un débat contradictoire, après avoir, le cas échéant laissé l'avocat consulter le dossier et communiquer librement avec l'inculpé.

1. Crim. 8 août 1995, n° 95-82.561, *Bull. crim.*, n° 264.
2. Rapp. de Mme Fossaert-Sabatier, « Justification ou motivation du contrôle judiciaire », *Dr. pén.* 1996, chron. n° 20.
3. Crim. 23 janv. 1996, n° 95-85.553, NP; *Dr. pén.* 1996, comm. 115.
4. L. n° 2000-1354, 30 déc. 2000, *JO* 31 déc.
5. CA Bastia, ch. instr., 20 janv. 2004, RG n° 04/00015, *BICC* 599, n° 890.
6. Crim. 1er mars 2005, n° 04-87.392, *Bull. crim.*, n° 73; *D.* 2005, IR 1049; *JCP* 2005, IV, 1907; v. les attendus s^s n° 147.02.
7. Crim. 28 avr. 2009, n° 09-80.816, *Bull. crim.*, n° 78; *AJ pén.* 2009, 269 obs. G. Royer.

Si le juge d'instruction n'ordonnait pas le placement en détention provisoire l'inculpé était purement et simplement remis en liberté sans autre.

Des arrêts importants permirent de préciser la computation de la durée de cette incarcération. Il fut jugé notamment que la durée de l'incarcération provisoire se calculait de quantième à quantième sans que les dispositions de l'article 801 puissent recevoir application : dans un cas d'espèce où l'incarcération avait été ordonnée le mercredi 27 mars 1985, elle prenait donc fin le dimanche 31 mars à 24 heures[1].

Il était acquis que le jour du placement sous incarcération faisait partie du délai de 5 jours, que le jour du débat contradictoire en faisait également partie[2].

Enfin, les dispositions de l'article 118 du Code de procédure pénale concernant le délai de convocation d'un avocat en vue d'un interrogatoire (aujourd'hui C. pr. pén., art. 114) étaient inapplicables à la comparution de l'inculpé dans le délai de 5 jours[3]. Il était d'ailleurs impossible de faire entrer dans un délai de 5 jours calculé comme indiqué ci-dessus un délai de 4 jours ouvrables prévu à l'époque par l'article 118 du Code de procédure pénale.

Un grand nombre de ces arrêts demeurent d'actualité aujourd'hui. Pendant quelques mois un régime hybride a fonctionné (L. 4 janv. 1993, abrogée le 24 août sur ces points) qui distinguait un délai de deux jours ouvrables ouvert au juge et un délai de quatre jours ouvrables ouvert à la personne mise en examen. La loi du 24 août a rétabli un régime unique mais conservé une computation en jours ouvrables, sensiblement différente de celle qui était donc en vigueur avant 1993. La demande de délai n'est ouverte qu'à la personne et le juge des libertés et de la détention ne saurait surseoir à statuer dans l'attente du rapport de l'enquête ordonnée en application de l'article 145-5[4].

Désormais, la loi du 5 mars 2007 a donné au JLD la possibilité d'ordonner, d'initiative, l'incarcération provisoire (v. s^s n° 143.66).

À la simple lecture du texte, on pouvait penser que le jour de l'incarcération et le jour du débat devaient compter dans le délai de quatre jours. C'était ce qu'avait décidé la jurisprudence sous l'égide du texte ancien[5]. Par ailleurs la lettre même du texte invite à cette lecture puisqu'on évoque la perspective de revoir la personne « dans le délai de quatre jours ».

C'est en ce sens que s'est prononcée la chambre criminelle : « Lorsqu'il envisage un placement en détention provisoire et si la personne mise en examen désire bénéficier d'un délai pour préparer sa défense, le juge d'instruction peut, en application de l'article 145 alinéa 6 du Code de procédure pénale, dans sa rédaction résultant des lois des 4 janvier 1993 et 24 août 1993, prescrire l'incarcération de cette personne pour une durée déterminée qui ne peut excéder quatre jours « ouvrables ». C'est donc à bon droit qu'un juge d'instruction fait comparaître à nouveau l'inculpé le lundi, après l'avoir incarcéré provisoirement le mercredi précédent, dès lors que le samedi et le dimanche ne sont pas des jours ouvrables selon l'article 801 dudit code.[6] » Aujourd'hui c'est bien évidemment le juge des libertés et de la détention qui est concerné.

On peut donc proposer le tableau suivant qui prend comme point de départ le jour de l'incarcération provisoire et comme point d'arrivée le jour ultime pour le débat contradictoire différé s'il n'existe aucun jour férié ou chômé dans le délai.

143.92 TABLEAU : L'INCARCÉRATION PROVISOIRE.

Jour de l'incarcération	Jour du débat contradictoire différé
Lundi	Jeudi
Mardi	Vendredi
Mercredi	Lundi
Jeudi	Mardi
Vendredi	Mercredi
Samedi	Jeudi
Dimanche	Jeudi

On peut remarquer que le jeudi correspond à la dernière journée utile pour le débat contradictoire différé que le jour d'incarcération soit le samedi, le dimanche ou le lundi. Ceci est normal puisqu'on ne saurait inclure dans le délai les jours du placement en incarcération s'ils ne sont pas des jours ouvrables (samedi et dimanche). Ces jours ne deviennent pas ouvrables, même si on y travaille.

On remarquera ainsi que le jour d'incarcération qui est inclus pour les jours de semaine ne l'est plus lorsque l'incarcération a lieu un samedi ou un dimanche. Il ne s'agit encore que d'une conséquence logique de l'exclusion des jours non ouvrables du délai.

Il faut rappeler qu'on évoque ici le jour ultime du délai et que rien n'interdit au juge de revoir la per-

1. Crim. 3 juill. 1985, n° 85-92.438, *Bull. crim.*, n° 256.
2. Crim. 3 juill. 1985, n° 85-92.438, *Bull. crim.*, n° 256, préc. – Crim. 25 nov. 2003, n° 03-85.386, *Bull. crim.*, n° 220 ; *AJ pén.* 2004, 74, obs. C. G. ; *Procédures* 2004, n° 37, note J. Buisson.
3. Crim. 3 avr. 1984, n° 84-91.077, *Bull. crim.*, n° 137 – Crim. 26 sept. 1986, n° 86-93.748, *Bull. crim.*, n° 259.
4. Crim. 11 déc. 2001, n° 01-86564, *Bull. crim.*, n° 259.
5. Crim. 3 juill. 1985, n° 85-92.438, *Bull. crim.*, n° 256.
6. Crim. 27 avr. 1994, n° 94-80.809, *Bull. crim.*, n° 155.

sonne avant cette échéance. On peut même penser qu'il n'existe pas de délai minimal et qu'on ne pourrait sanctionner le juge qui statuerait au fond le lendemain.

143.93 Le débat contradictoire différé. Le débat contradictoire différé se déroule exactement de la même façon que le débat contradictoire (v. s[s] n°s 143.71 s.). La seule différence tient à la convocation du conseil qui peut être faite par tout moyen. Il est d'ailleurs impossible de concilier les obligations de l'article 114 du Code de procédure pénale avec celles qui imposent au juge de réaliser le débat contradictoire différé dans les quatre jours ouvrables : les dispositions de l'article 114 du Code de procédure pénale ne sont pas applicables au débat contradictoire différé prévu par l'article 145, alinéa 8, de ce code et relatif à la mise en détention de la personne mise en examen[1].

L'intéressé devra donc être extrait de la maison d'arrêt, ce qui exige du juge une grande vigilance et de faire diligence. À partir du moment où l'intéressé est incarcéré peut se poser le problème de son extraction : que se passe-t-il lorsque le détenu ne veut pas être extrait ou ne peut pas être extrait ?

Il est rare qu'à ce moment de l'instruction le détenu ne veuille pas comparaître à nouveau devant le juge. En effet, par hypothèse, il a sollicité un délai pour préparer sa défense et il souhaitera sans doute se faire entendre lors de cette audience qui doit décider de la pérennité de sa détention. Mais il ne fait pas de doute que dans le cas où l'intéressé refuserait son extraction, le juge des libertés et de la détention pourrait procéder au débat contradictoire sans lui et prendre la décision de mise en liberté ou de placement en détention provisoire.

Plus fréquente sans doute est la situation dans laquelle une grève de l'administration pénitentiaire empêche l'extraction du détenu. Le cas s'était déjà posé lors de l'application de l'ancien article 135-1 du Code de procédure pénale, qui prévoyait que l'inculpé pouvait demander une seconde comparution dans les cinq jours de son incarcération. La Cour de cassation estimait que « dès lors qu'il est établi une circonstance insurmontable interdisant au juge d'instruction de faire comparaître l'inculpé devant lui, telle une grève du personnel pénitentiaire, le délai de comparution prévu par l'article 135-1 du Code de procédure pénale se trouve suspendu[2] ». Certes, cet arrêt a été rendu dans une hypothèse où le juge avait préféré attendre la fin de la grève pour faire comparaître l'intéressé. Mais dans d'autres hypothèses, la chambre criminelle a également admis que le magistrat puisse statuer hors la présence de la personne. Dans un arrêt[3], le pourvoi reprochait justement au juge de ne pas avoir « recherché si le juge d'instruction avait pris les dispositions nécessaires et suffisantes pour faire comparaître à nouveau l'inculpé [...] l'existence d'une circonstance insurmontable lui interdisant de faire comparaître l'inculpé ne pouvant avoir pour effet que de suspendre le délai de comparution de l'intéressé. » Mais la chambre criminelle répondait à cette argumentation que : « La chambre d'accusation [...] avait souligné que l'extraction de l'inculpé avait été rendue impossible en raison des événements graves survenus ce jour là aux prisons de la région parisienne et que, compte tenu des délais de procédure à respecter, le magistrat instructeur n'avait pu reporter son audience de cabinet. » Il semble donc que les deux solutions : attente de la fin de la grève, prise de décision dans le délai sans présence de l'intéressé, puissent être avalisées. Nous préférons la seconde. C'est d'ailleurs cette solution qui est reprise dans un arrêt plus récent à propos de la prolongation d'une détention : la détention provisoire peut être prolongée sans débat contradictoire préalable lorsque des circonstances imprévisibles et insurmontables font obstacle à la tenue de celui-ci et qu'en raison du délai de 5 jours ouvrables imposé par la loi pour la convocation de l'avocat, le débat ne peut être régulièrement reporté avant la date à laquelle, faute de prolongation, la détention doit prendre fin[4]. La jurisprudence a fait aussi appel à la notion d'ajournement (v. s[s] n° 144.25). La chambre de l'instruction ne peut statuer sur un appel de placement en détention provisoire en l'absence de la personne mise en examen dès lors que l'intéressé a demandé à comparaître « sans constater que la circonstance imprévisible tenant à l'hospitalisation de X ne pouvait être surmontée, fût ce en différant l'examen de l'appel dans les limites du délai légal »[5].

143.94 Ordonnance et mandat de dépôt à durée déterminée. L'ordonnance d'incarcération provisoire n'est motivée que par le constat de la volonté de la personne mise en examen de bénéficier d'un délai pour préparer sa défense ou par la volonté du JLD de voir ordonner des investigations rapides.

Cette ordonnance a la particularité de ne pas être susceptible d'appel y compris par le ministère public ce qui demeure une exception importante au

1. Crim. 25 nov. 2003, n° 03-85.386, *Bull. crim.*, n° 220; *AJ pén.* 2004, 74, obs. C. G; *Procédures* 2004, n° 37, note J. Buisson.
2. Crim. 25 févr. 1985, n° 84-95.741, *Bull. crim.*, n° 87.
3. Crim. 31 janv. 1989, n° 88-86.527, *Bull. crim.*, n° 35.
4. Crim. 9 mai 2001, n° 00-87.998, *Bull. crim.*, n° 114; *D.* 2001, IR 1996.
5. Crim. 17 mars 2009, n° 08-88.460, *Bull. crim.*, n° 56; *AJ pén.* 2009, 233 obs. J. Lasserre Capdeville; *D.* 2009, 1091, V. aussi s[s] n° 241.48.

principe posé par l'article 185 du Code de procédure pénale[1]. Toutefois, lorsque c'est le JLD qui prend l'initiative de cette mesure, la personne détenue peut former un référé-liberté, ce qu'il signifie qu'il peut faire appel.

La chambre criminelle a admis que la nullité de cette ordonnance pouvait être invoquée au soutien de l'appel d'une ordonnance de placement en détention provisoire[2].

N'est pas entachée de nullité l'ordonnance prescrivant une incarcération provisoire qui ne mentionne pas la durée de l'incarcération, dès lors que le mandat à durée déterminée, délivré conjointement, limite à 5 jours l'incarcération ainsi ordonnée, la décision de placement en détention provisoire intervenue avant l'expiration de ce délai n'est donc pas affectée de vice[3].

Les demandes de délai par les personnes mises en examen sont rares. En général, les personnes susceptibles d'être incarcérées le jour même poussent leur conseil à ce que le débat ait lieu immédiatement... L'incarcération provisoire est, le cas échéant, imputée sur la durée de la détention provisoire pour l'application des articles 145-1 et 145-2 du Code de procédure pénale. Elle est assimilée à une détention provisoire au sens de l'article 149 du Code de procédure pénale et de l'article 716-4 du Code de procédure pénale (C. pr. pén., art. 145, al. 9).

143.95 L'ordonnance de placement en détention provisoire pour un délai indéterminé. Si le débat contradictoire a pu avoir lieu et que la décision de placement en détention est prise, le juge rédige et signe deux documents : l'ordonnance de placement en détention provisoire et le mandat de dépôt.

L'ordonnance de placement en détention est depuis la loi du 6 juillet 1989 obligatoire en matière correctionnelle comme en matière criminelle (auparavant elle n'existait pas dans ce dernier cas). Elle devait être, selon l'article 145 du Code de procédure pénale spécialement motivée et comporter l'énoncé des considérations de droit et de fait qui constituent le fondement de cette décision par référence aux dispositions de l'article 144 du Code de procédure pénale[4].

Elle n'a pas à mentionner la nature des faits imputés à la personne, la qualification juridique et les articles de loi applicables, obligations qui concernent toutes le mandat de dépôt. Elle n'est elle-même assujettie qu'aux seules obligations des dispositions de l'article 137-3 du Code de procédure pénale qui dispose que « l'ordonnance doit comporter l'énoncé des considérations de droit et de fait sur le caractère insuffisant des obligations de contrôle judiciaire et le motif de la détention par référence aux seules dispositions des articles 143-1 et 144 [anc^{t} C. pr. pén., art. 145, al. 1] »[5].

L'ordonnance de placement en détention provisoire et le mandat de dépôt ne peuvent être annulés qu'en cas de méconnaissance d'une formalité substantielle, ayant porté atteinte aux intérêts de la personne mise en examen. Méconnaît ce principe la cour d'appel qui, après avoir constaté que l'ordonnance de placement en détention provisoire a été précédée d'un débat contradictoire régulièrement tenu en application de l'article 145 du Code de procédure pénale et qu'elle s'applique bien à la personne incarcérée, annule néanmoins ladite ordonnance et le mandat de dépôt dont elle est le support au motif qu'ils comportent une erreur matérielle relative à l'état civil de la personne mise en examen[6].

Le législateur est passé d'une obligation de motivation selon les « exigences de l'espèce » à celle d'une motivation « en fait et en droit ». Lors de l'entrée en vigueur du texte, certains commentateurs signalaient déjà qu'ils ne voyaient pas la différence « C'est énoncer d'une manière différente la même chose » écrivait Pierre Chambon[7]. Le juge des libertés et de la détention ne peut fixer une durée de détention provisoire inférieure à celle de la loi[8]. Le juge n'est pas tenu de fixer la durée initiale de la détention qui n'a pas à être limitée dans le temps[9] (sur ce point v. aussi s^{s} n°s 144.36 et 144.39). Ne méconnaît pas la Convention européenne des droits de l'homme, l'interdiction faite au juge de fixer à l'avance une durée de détention inférieure à celle prévue par la loi, dès lors que la personne placée en détention provisoire peut à tout moment demander sa mise en liberté[10].

1. Crim. 19 janv. 1987, n° 86-95.913, *Bull. crim.*, n° 24.
2. Crim. 19 janv. 1987, n° 86-95.913, *Bull. crim.*, n° 24, préc.
3. Crim. 11 juill. 1990, n° 90-82.480, *Bull. crim.*, n° 283; *RSC* 1991, 374, obs. A. Braunschweig, jurisprudence établie sous l'égide de la loi du 9 juillet 1984; depuis la loi du 4 janvier 1993 le délai est de quatre jours ouvrables.
4. Crim. 7 août 1990, n° 90-83.294, *Bull. crim.*, n° 296 – Crim. 21 août 1990, n° 90-83.745, *Bull. crim.*, n° 304.
5. Crim. 28 juin 1994, n° 94-82.071, *Bull. crim.*, n° 256.
6. Crim. 3 juin 2003, n° 03-81.482, *Bull. crim.* n° 112.
7. P. Chambon, « La loi n° 89-461 du 6 juillet 1989 modifiant le Code de procédure pénale et relative à la détention provisoire : analyse et réflexions », *JCP* 1989, I, 3417.
8. Crim. 3 avr. 2002, n° 02-81.056, *Bull. crim.*, n° 73; *RSC* 2002, 841, note D. Commaret; *JCP* 2002, IV, 1897.
9. Crim. 30 juin 1987, n° 87-82.361, *Bull. crim.*, n° 272; *JCP* 1987, 21016, note Chambon.
10. Crim. 21 nov. 2006, n° 06-86.937, *Bull. crim.*, n° 291; *AJ pén.* 2007, JP 138, obs. C. Saas.

143.96 Une motivation en fait et en droit. La motivation en droit ne recouvre que le taux de la peine encourue et la recherche des critères de l'article 144.

La motivation en fait est une exigence fondamentale. Elle n'est en rien un obstacle à l'instruction, le juge n'y dévoilant aucun point qui ne soit logiquement compris dans sa procédure : « Une motivation en fait est toujours possible sans que le magistrat instructeur rédige une ordonnance en forme de réquisitoire ou dévoile ses intentions pour la suite de l'instruction. [1] » C'est désormais d'autant plus vrai qu'enquête et décision juridictionnelle sur la détention sont distinctes. C'est le devoir du juge d'instruction de « remplir son office », selon l'heureuse expression de Faustin Hélie [2]. Le juge d'instruction, ou le juge des libertés et de la détention, ne doit pas se contenter de reproduire les formules générales *in abstracto* de l'article 144. Il doit établir, par l'indication concrète des circonstances de fait d'une information déterminée, qu'il se trouve bien dans l'un des cas de l'article 144. Ses motifs doivent comporter des dates, des noms, des lieux, des faits, tous tirés du dossier.

Les éventualités, énumérées en l'article 144, envisagées dans la décision de placement en détention, ne constituent pas des motifs hypothétiques [3].

Des motifs généraux, qui pourraient s'appliquer à n'importe quelle information sont des motifs insuffisants. Des motifs précis, qui ne peuvent s'appliquer qu'à une espèce déterminée, sont conformes aux prescriptions de l'article 137-3.

La nécessité des motifs « tirés de l'espèce » est un moyen pour la Cour de cassation de contrôler la légalité de la détention provisoire. Elle exerce sur ce point un contrôle rigoureux et elle casse sans ménagement les décisions de placement ou de rejet de mise en liberté (C. pr. pén., art. 148) insuffisamment motivées en fait [4]. Est insuffisamment motivée la décision qui se borne à énoncer que les faits sont graves et qu'il y a lieu de préserver l'ordre public [5]. Le motif qui se réfère à l'ordre public doit préciser qu'il s'agit de préserver celui-ci du trouble « actuel » causé par l'infraction [6].

Quant à l'appréciation des indices, que nous avons déjà abordée (v. s^s n°s 142.21 s.), le juge doit établir, quoique la loi ne l'ait pas exigé, une relation entre la personne et le fait poursuivi.

Une copie de l'ordonnance est remise à l'intéressé (C. pr. pén., art. 137-3, al. 2) et à l'avocat de la défense, s'il est présent. Dans le cas où l'intéressé a fait choix d'un conseil mais que celui-ci n'est pas présent lors du débat contradictoire, l'ordonnance est notifiée au conseil dans les délais les plus brefs (C. pr. pén., art. 183, al. 2 et 4).

143.97 Le mandat de dépôt (v. s^s n°s 127.00 s). Le mandat de dépôt est, dans sa rédaction issue de la loi du 9 mars 2004, « l'ordre donné au chef de l'établissement pénitentiaire de recevoir et de détenir la personne mise en examen à l'encontre de laquelle il est décerné ». Ni le juge d'instruction, ni le juge des enfants ne peuvent, depuis l'entrée en vigueur sur ce point de la loi du 15 juin 2000 (1er janvier 2001) délivrer de mandat de dépôt. Ce mandat permet également de rechercher ou de transférer la personne lorsqu'il lui a été précédemment notifié.

La délivrance du mandat de dépôt est un pouvoir juridictionnel qui ne peut être délégué.

Le mandat de dépôt doit comporter l'identité de la personne à l'encontre de laquelle il est décerné, le nom et la signature du juge des libertés et de la détention, la date du mandat. Le scellement du mandat de dépôt n'est pas une formalité substantielle et l'absence de sceau n'est pas susceptible d'affecter la validité du mandat. La nature des faits imputés à la personne, leur qualification juridique, et les articles de loi applicables doivent être mentionnés sur le mandat (C. pr. pén., art. 123, al. 2).

Le mandat de dépôt est établi en un original et deux copies dont l'une est destinée au chef de l'établissement pénitentiaire (C. pr. pén., art. 81, al. 2 et 3). Le mandat de dépôt n'a pas à être notifié car il y a notification verbale de l'ordonnance de placement en détention provisoire à la personne mise en examen et remise à cette dernière, contre émargement au dossier, d'une copie intégrale de cette ordonnance (C. pr. pén., art. 137-3, al. 2).

Le mandat de dépôt conserve sa force exécutoire malgré l'ordonnance de dessaisissement [7] (v. C. pr. pén., art. 706-21).

1. G. Azibert, note s^s CA Versailles, ch. acc., 1er juin 1990, *D.* 1990, jur. 491.
2. Hélie F., Traité d'instruction criminelle, t. IV, n° 1950.
3. Crim. 21 déc. 1971, n° 71-92.883, *Bull. crim.*, n° 364; *JCP G* 1972, IV, 34.
4. Crim. 22 juin 1971, n° 71-91.274, *Bull. crim.*, n° 199; *JCP G* 1971, II, 16915, note J. Robert – Crim. 24 juin 1971, n° 71-91.006, *Bull. crim.*, n° 209 – Crim. 7 août 1971 n° 71-91.560, et Crim. 21 août 1971, n° 71-92.130, *Bull. crim.*, n°s 247 et 248; *JCP G* 1971, II, 16945, note J. Robert – Crim. 17 févr. 1972, n° 72-90.191, *Bull. crim.*, n° 66; *JCP G* 1972, IV, 76 – Crim. 23 sept. 1974, n° 74-92.394, *Bull. crim.*, n° 271 – Crim. 24 nov. 1976, n° 76-92.782, *Bull. crim.*, n° 340 – Crim. 21 juill. 1981, n° 81-92.933, *Bull. crim.*, n° 234; *D.* 1983, IR 75, obs. Roujou de Boubée – Crim. 22 mars 1983, n° 83-90.478, *Bull. crim.*, n° 86; *JCP G* 1984, II, 20251, note P. Chambon.
5. Crim. 2 mars 1994, n° 93-85.732, *Bull. crim.*, n° 84.
6. Crim. 6 mars 1986, *Bull. crim.*, n° 94 – Crim. 7 août 1990, n° 90-83.294, *Bull. crim.*, n° 296 – Crim. 2 mars 1994, n° 93-85.732, *Bull. crim.*, n° 84, préc.
7. Crim. 5 avr. 1960, *Bull. crim.*, n° 211.

Les irrégularités touchant à une forme substantielle entraînent la nullité du mandat de dépôt. Cette nullité ne touche pas la régularité du fond de la procédure mais seulement les actes subséquents à savoir la mise en détention[1].

Il a été admis que le juge ait pu surcharger la date du mandat de dépôt (et de l'ordonnance de placement en détention provisoire) à partir du moment où il ne résultait des « surcharges invoquées aucune incertitude sur la date du mandat de dépôt et de l'ordonnance de placement en détention provisoire[2] » (sur le mandat de dépôt v. aussi s^s^ n°s 127.00 s.).

143.98 **La notice individuelle.** L'article D. 32-1 du Code de procédure pénale est désormais ainsi rédigé « le juge d'instruction qui saisit le juge des libertés et de la détention en application des dispositions du quatrième alinéa de l'article 137-1 aux fins de placement en détention provisoire de la personne mise en examen remplit une notice individuelle comportant des renseignements relatifs aux faits ayant motivé la poursuite de la personne, à ses antécédents judiciaires et à sa personnalité, qui est destinée, en cas de placement en détention, au chef de l'établissement pénitentiaire. S'il ordonne le placement de la personne en détention provisoire, le juge des libertés et de la détention transmet au chef d'établissement, outre le titre de détention qu'il délivre, cette notice individuelle revêtue de son visa, après l'avoir complétée s'il l'estime nécessaire. Les documents mentionnés aux alinéas qui précèdent peuvent être, le cas échéant, transmis au chef d'établissement par le juge d'instruction si le dossier de la procédure est retourné à ce magistrat avant la mise à exécution du titre de détention[3] ».

Le juge d'instruction rédige donc d'abord une première notice individuelle à la fin de l'interrogatoire de première comparution. Il indique sur cette notice, le cas échéant, les mesures qu'il prescrit en application des articles D. 55, D. 56, D. 61, D. 105, D. 321, D. 337, D. 397 et D. 421 du Code de procédure pénale (C. pr. pén., art. D. 32-1).

Il explique à la personne que ces renseignements seront nécessaires dans le cas où elle serait incarcérée par le JLD, puisque la décision n'est pas encore prise. Le JLD peut après avoir pris sa décision de détention compléter la notice. Outre le titre de détention qu'il délivre, le juge des libertés et de la détention transmet alors au chef d'établissement ces notices individuelles comportant des renseignements relatifs aux faits ayant motivé la poursuite de la personne mise en examen, à ses antécédents judiciaires et à sa personnalité.

1. Crim. 25 janv. 1961, *Bull. crim.*, n° 47.
2. Crim. 18 oct. 1990, n° 90-84.727, NPT – Sur le mandat de dépôt on peut consulter notre fiche au Rép. pén., 2004, *V^is^* « Les Mandats ».
3. D. n° 2000-1213, 13 déc. 2000, *JO* 14 déc.

CHAPITRE

144. Durée de la détention provisoire

SECTION 0 ORIENTEUR

144.00 Plan du chapitre.

Sect. 1 Principes
Sect. 2 Procédure : le débat contradictoire
Sect. 3 Procédure : l'obligation de motivation
Sect. 4 La durée raisonnable de la détention provisoire
Sect. 5 Durée de la détention en matière criminelle applicable aux majeurs
Sect. 6 Durée de la détention en matière criminelle applicable aux mineurs
Sect. 7 Durée légale de la détention en matière correctionnelle applicable aux majeurs
Sect. 8 Durée de la détention en matière correctionnelle applicable aux mineurs
Sect. 9 Fin de la détention provisoire

144.01 Textes de référence.

C. pr. pén., art. 137-3, 144, 144-1, 145, 145-1, 145-2, 145-3, 145-5, 177, 179, 181, 213, 706-24-3, 706-71, 716-4, 803-4.

Ord. 2 févr. 1945, art. 9, 11, 11-1, 11-2.

Conv. EDH, art. 5-3.

C. pr. pén., art. 137-3

Le juge des libertés et de la détention statue par ordonnance motivée. Lorsqu'il ordonne ou prolonge une détention provisoire ou qu'il rejette une demande de mise en liberté, l'ordonnance doit comporter l'énoncé des considérations de droit et de fait sur le caractère insuffisant des obligations du contrôle judiciaire et le motif de la détention par référence aux seules dispositions des articles 143-1 et 144.

Dans tous les cas, l'ordonnance est notifiée à la personne mise en examen qui en reçoit copie intégrale contre émargement au dossier de la procédure.

C. pr. pén., art. 144

* V. s^s n° 143.01.

C. pr. pén., art. 144-1

* V. s^s n° 143.01.

C. pr. pén., art. 145

* V. s^s n° 143.01.

C. pr. pén., art. 145-1

En matière correctionnelle, la détention provisoire ne peut excéder quatre mois si la personne mise en examen n'a pas déjà été condamnée pour crime ou délit de droit commun soit à une peine criminelle, soit à une peine d'emprisonnement sans sursis d'une durée supérieure à un an et lorsqu'elle encourt une peine inférieure ou égale à cinq ans.

Dans les autres cas, à titre exceptionnel, le juge des libertés et de la détention peut décider de prolonger la détention provisoire pour une durée qui ne peut excéder quatre mois par une ordonnance motivée conformément aux dispositions de l'article 137-3 et rendue après un débat contradictoire organisé conformément aux dispositions du sixième alinéa de l'article 145, l'avocat ayant été convoqué selon les dispositions du deuxième alinéa de l'article 114. Cette décision peut être renouvelée selon la même procédure, sous réserve des dispositions de l'article 145-3, la durée totale de la détention ne pouvant excéder un an. Toutefois, cette durée est portée à deux ans lorsqu'un des faits constitutifs de l'infraction a été commis hors du territoire national ou lorsque la personne est poursuivie pour trafic de stupéfiants, terrorisme, association de malfaiteurs, proxénétisme, extorsion de fonds ou pour une infraction commise en bande organisée et qu'elle encourt une peine égale à dix ans d'emprisonnement.

À titre exceptionnel, lorsque les investigations du juge d'instruction doivent être poursuivies et que la mise en liberté de la personne mise en examen causerait pour la sécurité des personnes et des biens un risque d'une particulière gravité, la chambre de l'instruction peut prolonger pour une durée de quatre mois la durée de deux ans prévue au présent article. La chambre de l'instruction, devant laquelle la comparution personnelle du mis en examen est de droit, est saisie par ordonnance motivée du juge des libertés et de la détention selon les modalités prévues par le dernier alinéa de l'article 137-1, et elle statue conformément aux dispositions des articles 144, 144-1, 145-3, 194, 197, 198, 199, 200, 206 et 207.

C. pr. pén., art. 145-2

En matière criminelle, la personne mise en examen ne peut être maintenue en détention au-delà d'un an. Toutefois, sous réserve des dispositions de l'article 145-3, le juge des libertés et de la détention peut, à l'expiration de ce délai, prolonger la détention pour une durée qui ne peut être supérieure à six mois par une ordonnance motivée conformément aux dispositions de l'article 137-3 et rendue après un débat contradictoire organisé conformément aux dispositions du sixième alinéa de l'article 145, l'avocat ayant été convoqué conformément aux dispositions du deuxième alinéa de l'article 114. Cette décision peut être renouvelée selon la même procédure.

La personne mise en examen ne peut être maintenue en détention provisoire au-delà de deux ans lorsque la peine encourue est inférieure à vingt ans de réclusion ou de détention criminelles et au-delà de trois ans dans les autres cas. Les délais sont portés respectivement à trois et quatre ans lorsque l'un des faits constitutifs de l'infraction a été commis hors du territoire national. Le délai est également de quatre ans lorsque la personne est poursuivie pour plusieurs crimes mentionnés aux livres II et IV du Code pénal, ou pour trafic de stupéfiants, terrorisme, proxénétisme, extorsion de fonds ou pour un crime commis en bande organisée.

À titre exceptionnel, lorsque les investigations du juge d'instruction doivent être poursuivies et que la mise en liberté de la personne mise en examen causerait pour la sécurité des personnes et des biens un risque d'une particulière gravité, la chambre de l'instruction peut prolonger pour une durée de quatre mois les durées prévues au présent article. La chambre de l'instruction, devant laquelle la comparution personnelle du mis en examen est de droit, est saisie par ordonnance motivée du juge des libertés et de la détention selon les modalités prévues par le dernier alinéa de l'article 137-1, et elle statue conformément aux dispositions des articles 144, 144-1, 145-3, 194, 197, 198, 199, 200, 206 et 207. Cette décision peut être renouvelée une fois sous les mêmes conditions et selon les mêmes modalités.

Les dispositions du présent article sont applicables jusqu'à l'ordonnance de règlement.

C. pr. pén., art. 145-3

Lorsque la durée de la détention provisoire excède un an en matière criminelle ou huit mois en matière délictuelle, les décisions ordonnant sa prolongation ou rejetant les demandes de mise en liberté doivent aussi comporter les indications particulières qui justifient en l'espèce la poursuite de l'information et le délai prévisible d'achèvement de la procédure.

Il n'est toutefois pas nécessaire que l'ordonnance de prolongation indique la nature des investigations auxquelles le juge d'instruction a l'intention de procéder lorsque cette indication risque d'entraver l'accomplissement de ces investigations.

C. pr. pén., art. 145-5

Le placement en détention provisoire d'une personne faisant connaître, lors de son interrogatoire par le juge d'instruction préalable à la saisine du juge des libertés et de la détention, qu'elle exerce à titre exclusif l'autorité parentale sur un mineur de seize ans au plus ayant chez elle sa résidence ne peut être ordonné sans que l'un des services ou l'une des personnes visés au septième alinéa de l'article 81 ait été chargé au préalable de rechercher et de proposer toutes mesures propres à éviter que la santé, la sécurité et la moralité du mineur ne soient en danger ou que les conditions de son éducation ne soient gravement compromises.

Les dispositions du présent article ne sont pas applicables en cas de crime, en cas de délit commis contre un mineur ou en cas de non-respect des obligations du contrôle judiciaire.

C. pr. pén., art. 177 [L. n° 2004-204, 9 mars 2004]

Si le juge d'instruction estime que les faits ne constituent ni crime, ni délit, ni contravention, ou si l'auteur est resté inconnu, ou s'il n'existe pas de charges suffisantes contre la personne mise en examen, il déclare, par une ordonnance, qu'il n'y a lieu à suivre.

Lorsque l'ordonnance de non-lieu est motivée par l'existence de l'une des causes d'irresponsabilité pénale prévue par le premier alinéa de l'article 122-1, les articles 122-2, 122-3, 122-4, 122-5 et 122-7 du Code pénal ou par le décès de la personne mise en examen, elle précise s'il existe des charges suffisantes établissant que l'intéressé a commis les faits qui lui sont reprochés.

Les personnes mises en examen qui sont provisoirement détenues sont mises en liberté. L'ordonnance met fin au contrôle judiciaire.

Le juge d'instruction statue par la même ordonnance sur la restitution des objets placés sous main de justice. Il peut refuser la restitution lorsque celle-ci présente un danger pour les personnes ou les biens. La décision relative à la restitution peut être déférée, par tout personne qui y a intérêt, à la chambre de l'instruction dans les conditions et selon les modalités prévues par l'article 99.

C. pr. pén., art. 179 [L. n° 2007-291, 5 mars 2007]

Si le juge estime que les faits constituent un délit, il prononce, par ordonnance, le renvoi de l'affaire devant le tribunal correctionnel. Cette ordonnance précise, s'il y a lieu, que le prévenu bénéficie des dispositions de l'article 132-78 du Code pénal.

L'ordonnance de règlement met fin à la détention provisoire ou au contrôle judiciaire. S'il a été décerné, le mandat d'arrêt conserve sa force exécutoire; s'ils ont été décernés, les mandats d'amener ou de recherche cessent de pouvoir recevoir exécution, sans préjudice de la possibilité pour le juge d'instruction de délivrer un mandat d'arrêt contre le prévenu.

Toutefois, le juge d'instruction peut, par ordonnance distincte spécialement motivée, maintenir le prévenu en détention ou sous contrôle judiciaire jusqu'à sa comparution devant le tribunal. L'ordonnance de maintien en détention provisoire est motivée par référence aux 2°, 4°, 5° et 6° de l'article 144.

Le prévenu en détention est immédiatement remis en liberté si le tribunal correctionnel n'a pas commencé à examiner au fond à l'expiration d'un délai de deux mois à compter de la date de l'ordonnance de renvoi.

Toutefois, si l'audience sur le fond ne peut se tenir avant l'expiration de ce délai, le tribunal peut, à titre exceptionnel, par une décision mentionnant les raisons de fait ou de droit faisant obstacle au jugement de l'affaire, ordonner la prolongation de la détention pour une nouvelle durée de deux mois. La comparution personnelle du prévenu est de droit si lui-même ou son avocat en font la demande. Cette décision peut être renouvelée une fois dans les mêmes formes. Si le prévenu n'a toujours pas été jugé à l'issue de cette nouvelle prolongation, il est remis immédiatement en liberté.

Lorsqu'elle est devenue définitive, l'ordonnance mentionnée au premier alinéa couvre, s'il en existe, les vices de la procédure.

C. pr. pén., art. 181 [L. n° 2004-204, 9 mars 2004]

Si le juge d'instruction estime que les faits retenus à la charge des personnes mises en examen constituent une infraction qualifiée crime par la loi, il ordonne leur mise en accusation devant la cour d'assises.

Il peut également saisir cette juridiction des infractions connexes.

L'ordonnance de mise en accusation contient, à peine de nullité, l'exposé et la qualification légale des faits, objet de l'accusation, et précise l'identité de l'accusé. Elle précise également, s'il y a lieu, que l'accusé bénéficie des dispositions de l'article 132-78 du Code pénal.

Lorsqu'elle est devenue définitive, l'ordonnance de mise en accusation couvre, s'il en existe, les vices de la procédure.

Le contrôle judiciaire dont fait l'objet l'accusé continue à produire ses effets.

La détention provisoire ou le contrôle judiciaire des personnes renvoyées pour délit connexe prend fin, sauf s'il est fait application des dispositions du troisième alinéa de l'article 179. Le délai prévu par le quatrième alinéa de l'article 179 est alors porté à six mois.

Si l'accusé est placé en détention provisoire, le mandat de dépôt décerné contre lui conserve sa force exécutoire et l'intéressé reste détenu jusqu'à son jugement par la cour d'assises, sous réserve des dispositions des deux alinéas suivants et de l'article 148-1. S'il a été décerné, le mandat d'arrêt conserve sa force exécutoire; s'ils ont été décernés, les mandats d'amener ou de recherche cessent de pouvoir recevoir exécution, sans préjudice de la possibilité pour le juge d'instruction de délivrer mandat d'arrêt contre l'accusé.

L'accusé détenu en raison des faits pour lesquels il est renvoyé devant la cour d'assises est immédiatement remis en liberté s'il n'a pas comparu devant celle-ci à l'expiration d'un délai d'un an à compter soit de la date à laquelle la décision de mise en accusation est devenue définitive s'il était alors détenu, soit de la date à laquelle il a été ultérieurement placé en détention provisoire.

Toutefois, si l'audience sur le fond ne peut débuter avant l'expiration de ce délai, la chambre de l'instruction peut, à titre exceptionnel, par une décision rendue conformément à l'article 144 et mentionnant les raisons de fait ou de droit faisant obstacle au jugement de l'affaire, ordonner la prolongation de la détention provisoire pour une nouvelle durée de six mois. La comparution de l'accusé est de droit si lui-même ou son avocat en font la demande. Cette prolongation peut être renouvelée une fois dans les mêmes formes. Si l'accusé n'a pas comparu devant la cour d'assises à l'issue de cette nouvelle prolongation, il est immédiatement remis en liberté.

Le juge d'instruction transmet le dossier avec son ordonnance au procureur de la République. Celui-ci est tenu de l'envoyer sans retard au greffe de la cour d'assises.

Les pièces à conviction, dont il est dressé état, sont transmises au greffe de la cour d'assises si celle-ci siège dans un autre tribunal que celui du juge d'instruction.

C. pr. pén., art. 213 [L. n° 2005-47, 26 janv. 2005, art. 9 XII, *JO* 27 janv., en vigueur le 1er avril 2005]

Si la chambre de l'instruction estime que les faits constituent un délit ou une contravention, elle prononce le renvoi de l'affaire, dans le premier cas devant le tribunal correctionnel, dans le second cas devant le tribunal de police ou devant la juridiction de proximité.

Le prévenu détenu est immédiatement remis en liberté et le contrôle judiciaire prend fin. Toutefois, la chambre de l'instruction peut faire application, par un arrêt spécialement motivé, des dispositions prévues aux troisième et quatrième alinéas de l'article 179.

En cas de renvoi devant le tribunal de police ou devant la juridiction de proximité, le prévenu détenu est immédiatement remis en liberté; le contrôle judiciaire prend fin.

C. pr. pén., art. 706-24-3

Pour l'instruction du délit d'association de malfaiteurs prévu par l'article 421-5 du Code pénal, la durée totale de la détention provisoire prévue par le deuxième alinéa de l'article 145-1 est portée à trois ans.

C. pr. pén., art. 706-71 [L. n° 2007-297, 5 mars 2007]

Lorsque les nécessités de l'enquête ou de l'instruction le justifient, l'audition ou l'interrogatoire d'une personne ainsi que la confrontation entre plusieurs personnes peuvent être effectués en plusieurs points du territoire de la République se trouvant reliés par des moyens de télécommunications garantissant la confidentialité de la transmission. Dans les mêmes conditions, la présentation aux fins de prolongation de la garde à vue ou de la retenue judiciaire peut être réalisée par l'utilisation de moyens de télécommunication audiovisuelle. Il est alors dressé, dans chacun des lieux, un procès-verbal des opérations qui y ont été effectuées. Ces opérations peuvent faire l'objet d'un enregistrement audiovisuel ou sonore, les dispositions des troisième à huitième alinéas de l'article 706-52 sont alors applicables.

Les dispositions de l'alinéa précédent prévoyant l'utilisation d'un moyen de télécommunication audiovisuelle sont applicables devant la juridiction de jugement pour l'audition des témoins, des parties civiles et des experts.

Ces dispositions sont également applicables à l'audition ou à l'interrogatoire par un juge d'instruction d'une personne détenue, au débat contradictoire préalable au placement en détention provisoire d'une personne détenue pour une autre cause, au débat contradictoire prévu pour la prolongation de la détention provisoire, aux audiences relatives au contentieux de la détention provisoire devant la chambre de l'instruction ou la juridiction de jugement, ou à l'interrogatoire du prévenu devant le tribunal de police ou devant la juridiction de proximité si celui-ci est détenu pour une autre cause.

Pour l'application des dispositions des deux alinéas précédents, si la personne est assistée par un avocat, celui-ci peut se trouver auprès de la juridiction compétente ou auprès de l'intéressé. Dans le premier cas, il doit pouvoir s'entretenir avec ce dernier, de façon confidentielle, en utilisant le moyen de télécommunication audiovisuelle. Dans le second cas, une copie de l'intégralité du dossier doit être mise à sa disposition dans les locaux de détention.

En cas de nécessité, résultant de l'impossibilité pour un interprète de se déplacer, l'assistance de l'interprète au cours d'une audition, d'un interrogatoire ou d'une confrontation peut également se faire par l'intermédiaire de moyens de télécommunications.

Un décret en Conseil d'État précise, en tant que de besoin, les modalités d'application du présent article.

C. pr. pén., art. 716-4 [L. n° 2007-297, 5 mars 2007, art. 71 II]

Quand il y a eu détention provisoire à quelque stade que ce soit de la procédure, cette détention est intégralement déduite de la durée de la peine prononcée ou, s'il y a lieu, de la durée totale de la peine à subir après confusion. Il en est de même, s'agissant d'une détention provisoire ordonnée dans le cadre d'une procédure suivie pour les mêmes faits que ceux ayant donné lieu à condamnation, si cette procédure a été ultérieurement annulée.

Les dispositions de l'alinéa précédent sont également applicables à la privation de liberté subie en exécution d'un mandat d'amener ou d'arrêt, à l'incarcération subie hors de France en exécution d'un mandat d'arrêt européen ou sur la demande d'extradition et à l'incarcération subie en application du septième alinéa de l'article 712-17, de l'article 712-19 et de l'article 747-3.

C. pr. pén., art. 803-4 [L. n° 2004-204, 9 mars 2004]

Lorsqu'une personne poursuivie ou condamnée par les juridictions françaises est arrêtée hors du territoire national en application des dispositions sur le mandat d'arrêt européen ou sur l'extradition ou en application d'une convention internationale, elle peut déclarer auprès des autorités étrangères compétentes qu'elle exerce les recours prévus par le présent code, notamment en formant opposition, appel ou pourvoi contre la décision dont elle fait l'objet. Dans tous les cas, y compris en cas d'arrestation d'une personne condamnée par défaut en matière criminelle, les délais de présentation, de détention ou de jugement prévus par le présent code, ne commencent toutefois à courir qu'à compter de sa remise ou de son retour sur le territoire national.

Ord. 2 févr. 1945, art. 9 [mod. par L. n° 2004-204, 9 mars 2004]

Le juge d'instruction procédera à l'égard du mineur, dans les formes du chapitre Ier du titre III du livre Ier du Code de procédure pénale et ordonnera les mesures prévues aux alinéas 4, 5 et 6 de l'article 8 de la présente ordonnance.

Lorsque l'instruction sera achevée, le juge d'instruction, sur réquisition du procureur de la République, rendra l'une des ordonnances de règlement suivantes :

1° Soit une ordonnance de non-lieu;

2° Soit, s'il estime que le fait constitue une contravention, une ordonnance de renvoi devant le tribunal de police, ou, s'il s'agit d'une contravention de cinquième classe, devant le juge des enfants ou devant le tribunal pour enfants;

3° Soit, s'il estime que les faits constituent un délit, une ordonnance de renvoi devant le juge des enfants ou devant le tribunal pour enfants; toutefois, lorsque la peine encourue est supérieure ou égale à sept ans et que le mineur est âgé de seize ans révolus, le renvoi devant le tribunal pour enfants est obligatoire;

4° En cas de crime, soit une ordonnance de renvoi devant le tribunal pour enfants s'il s'agit d'un mineur de seize ans, soit, dans le cas visé à l'article 20, une ordonnance de mise en accusation devant la cour d'assises des mineurs.

Si le mineur a des coauteurs ou complices majeurs ces derniers seront, en cas de poursuites correctionnelles, renvoyés devant la juridiction compétente suivant le droit commun; la cause concernant le mineur sera disjointe pour être jugée conformément aux dispositions de la présente ordonnance. En cas de poursuites pour infraction qualifiée crime, il sera procédé à l'égard de toutes les personnes mises en examen conformément aux dispositions de l'article 181 du Code de procédure pénale; le juge d'instruction pourra, soit renvoyer tous les accusés âgés de seize ans au moins devant la Cour d'assises des mineurs, soit disjoindre les poursuites concernant les majeurs et renvoyer ceux-ci devant la cour d'assises de droit commun; les mineurs âgés de moins de seize ans seront renvoyés devant le tribunal pour enfants.

L'ordonnance sera rédigée dans les formes du droit commun.

Ord. 2 févr. 1945, art. 11

Les mineurs de treize à dix-huit ans mis en examen par le juge d'instruction ou le juge des enfants ne peuvent être placés en détention provisoire par le juge des libertés et de la détention saisi soit par le juge d'instruction, soit par le juge des enfants, conformément aux dispositions des articles 137 à 137-4, 144 et 145 du Code de procédure pénale, que dans les cas prévus par le présent article, à la condition que cette mesure soit indispensable ou qu'il soit impossible de prendre toute autre disposition et à la condition que les obligations du contrôle judiciaire prévues par l'article 10-2 soient insuffisantes.

Les mineurs âgés de seize ans révolus ne peuvent être placés en détention provisoire que dans l'un des cas suivants :

1° S'ils encourent une peine criminelle;

2° S'ils encourent une peine correctionnelle d'une durée égale ou supérieure à trois ans;

3° S'ils se sont volontairement soustraits aux obligations d'un contrôle judiciaire prononcé conformément aux dispositions de l'article 10-2.

Les mineurs âgés de treize ans révolus et de moins de seize ans ne peuvent être placés en détention provisoire que dans l'un des cas suivants :

1° S'ils encourent une peine criminelle;

2° S'ils se sont volontairement soustraits aux obligations d'un contrôle judiciaire prononcé conformément aux dispositions du III de l'article 10-2.

La détention provisoire est effectuée soit dans un quartier spécial de la maison d'arrêt, soit dans un établissement pénitentiaire spécialisé pour mineurs; les mineurs détenus sont, autant qu'il est possible, soumis à l'isolement de nuit. Les mineurs âgés de treize à seize ans ne peuvent être placés en détention que dans les seuls établissements garantissant un isolement complet d'avec les détenus majeurs ainsi que la présence en détention d'éducateurs dans des conditions définies par décret en Conseil d'État.

Lorsque les mineurs ayant fait l'objet d'un placement en détention provisoire sont remis en liberté au cours de la procédure, ils font l'objet, dès leur libération, des mesures éducatives ou de liberté surveillée justifiées par leur situation et déterminées par le juge des enfants, le juge d'instruction ou le juge des libertés et de la détention. Lorsque le magistrat estime qu'aucune de ces mesures n'est nécessaire, il statue par décision motivée.

En matière correctionnelle, lorsque la peine encourue n'est pas supérieure à sept ans d'emprisonnement, la détention provisoire des mineurs âgés d'au moins seize ans ne peut excéder un mois. Toutefois, à l'expiration de ce délai, la détention peut être prolongée, à titre exceptionnel, par une ordonnance motivée conformément aux dispositions de l'article 137-3 du Code de procédure pénale et rendue après un débat contradictoire organisé conformément aux dispositions du sixième alinéa de l'article 145 du même code, pour une durée n'excédant pas un mois; la prolongation ne peut être ordonnée qu'une seule fois.

Dans tous les autres cas, les dispositions du premier alinéa de l'article 145-1 du Code de procédure pénale sont applicables, en matière correctionnelle, aux mineurs âgés d'au moins seize ans; toutefois, la prolongation doit être ordonnée conformément aux dispositions du sixième aliéna de l'article 145 du Code de procédure pénale, et elle ne peut être prolongée au-delà d'un an.

En matière criminelle, la détention provisoire des mineurs âgés de plus de treize ans et moins de seize ans ne peut excéder six mois. Toutefois, à l'expiration de ce délai, la détention peut être prolongée, à titre exceptionnel, pour une durée n'excédant pas six mois, par une ordonnance rendue conformément aux dispositions du sixième alinéa de l'article 145 du Code de procédure pénale et comportant, par référence aux 1° et 2° de l'article 144 du même code, l'énoncé des considérations de droit et de fait qui constituent le fondement de la décision; la prolongation ne peut être ordonnée qu'une seule fois.

Les dispositions de l'article 145-2 du Code de procédure pénale sont applicables aux mineurs âgés d'au moins seize ans; toutefois, la détention provisoire ne peut être prolongée au-delà de deux ans.

Les dispositions des treizième et quatorzième alinéas du présent article sont applicables jusqu'à l'ordonnance du règlement.

Lorsque le juge des libertés et de la détention est saisi par le juge d'instruction ou le juge des enfants en application du quatrième alinéa de l'article 137-1 du Code de procédure pénale, il peut prononcer une mesure de liberté surveillée à titre provisoire, prévue par le huitième alinéa de l'article 8, ou une mesure de garde provisoire prévue par l'article 10.

Ord. 2 févr. 1945, art. 11-1
Lorsque la détention provisoire est ordonnée à la suite d'une révocation du contrôle judiciaire à l'encontre d'un mineur antérieurement placé en détention provisoire pour les mêmes faits, la durée cumulée des détentions ne peut excéder de plus d'un mois la durée maximale de la détention prévue à l'article 11.

Ord. 2 févr. 1945, art. 11-2 [mod. par L. n° 2007-297, 5 mars 2007, art. 57]
Lorsqu'à l'égard d'un mineur de treize à seize ans, la détention provisoire est ordonnée à la suite de la révocation d'un contrôle judiciaire prononcé conformément aux dispositions du quatrième alinéa du III de l'article 10-2, la durée de la détention provisoire ne peut excéder quinze jours, renouvelable une fois.

S'il s'agit d'un délit puni de dix ans d'emprisonnement, la durée de la détention provisoire ne peut excéder un mois, renouvelable une fois.

Lorsque interviennent plusieurs révocations du contrôle judiciaire, la durée cumulée de la détention ne peut excéder une durée totale d'un mois dans le cas visé au premier alinéa et de deux mois dans le cas visé au deuxième alinéa.

Conv. EDH, art. 5-3
Toute personne arrêtée ou détenue, dans les conditions prévues au paragraphe 1. c) du présent article, doit être aussitôt traduite devant un juge ou un autre magistrat habilité par la loi à exercer des fonctions judiciaires et a le droit d'être jugée dans un délai raisonnable, ou libérée pendant la procédure. La mise en liberté peut être subordonnée à une garantie assurant la comparution de l'intéressé à l'audience.

144.02 **Jurisprudence de référence.**
• La durée de la détention provisoire doit s'apprécier au regard de la nature de l'infraction et de la motivation des décisions.

CEDH 27 juin 1968, n° 2122/64, Wemhoff c/Allemagne, série A n° 7, 24.

« Il incombe en premier lieu aux autorités judiciaires nationales de veiller à ce que, dans un cas donné, la durée de la détention provisoire d'un accusé ne dépasse pas la limite du raisonnable. À cette fin, il leur faut examiner toutes les circonstances de nature à révéler ou écarter l'existence d'une véritable exigence d'ordre public justifiant, eu égard à la présomption d'innocence, une exception à la règle de respect de la liberté individuelle et en rendre compte dans leurs décisions relatives aux demandes d'élargissement. C'est essentiellement sur la base des motifs figurant dans lesdites décisions ainsi que des faits non controuvés figurant dans lesdites décisions que la Cour doit déterminer s'il y a eu ou non-violation de l'article 5-3 de la Convention. »

• L'âge d'une personne est déterminé par le temps écoulé depuis sa naissance, calculé d'heure à heure.

Crim. 3 sept. 1985, n° 85-93 591, *Bull. crim.*, n° 283; *Gaz. Pal.* 1986, 1, 20, note Doucet; *RSC* 1986, 355, obs. Vitu.

« Attendu que pour refuser de renvoyer devant le tribunal pour enfants M... qui soutenait ne pas être encore âgé de seize ans lors des faits, la chambre d'accusation après avoir relevé que l'inculpé est né le 19 avril 1967 à 11 heures 15 et que le crime à lui reproché a été perpétré le 19 avril 1983 vers 16 heures, énonce qu'il résulte de l'acte de naissance de l'intéressé que celui-ci avait atteint sa seizième année à la date des faits incriminés et que, dès lors âgé de seize ans accomplis à cette date, il est justiciable de la cour d'assises des mineurs;

Attendu que ces énonciations mettent la Cour de cassation en mesure de s'assurer que le demandeur qui est entré dans sa dix-septième année au moment des faits, a été à bon droit renvoyé devant la juridiction compétente pour connaître des crimes commis par un mineur âgé de plus de seize ans;

Qu'en effet, l'âge d'une personne est déterminé par le temps écoulé depuis sa naissance, calculé d'heure à heure. »

• Il n'est pas nécessaire que la détention soit expressément limitée dans le temps.

Crim. 30 juin 1987, n° 87-82.361, *Bull. crim.*, n° 272.

« Sur le moyen unique de cassation pris de la violation des articles 145-1, 593 du Code de procédure pénale :

En ce que la cour d'appel a ordonné la mise en détention provisoire de Fenu;

Aux motifs que le trafic, par son organisation et son ampleur, par le grave danger qu'il fait peser sur la population française et la jeunesse, a profondément et durablement troublé l'ordre public; qu'il convient d'empêcher Fenu de faire pression sur les témoins ou de faire disparaître les preuves; que s'il restait en liberté il pourrait être tenté de se soustraire à l'action en justice [arrêt attaqué p. 5];

Alors que en matière correctionnelle la détention ne peut excéder quatre mois; qu'en ordonnant la mise en détention provisoire de Fenu sans préciser la durée de cette détention, la chambre d'accusation n'a pas légalement justifié sa décision au regard des textes susvisés;

[...]

Attendu qu'en l'état de ces énonciations les juges ont, sans encourir le grief allégué au moyen, par une décision spécialement motivée conformément à l'article 145 du Code de procédure pénale, d'après les éléments de la cause et par référence à l'un des cas énumérés à l'article 144 du même code, prescrit le placement de l'inculpé en détention provisoire laquelle n'avait pas à être autrement limitée dans le temps;

Qu'ainsi le moyen n'est pas fondé. »

• Les dispositions de l'ordonnance du 2 février 1945 limitant la durée de la détention provisoire des mineurs ne sont applicables que jusqu'à l'ordonnance de règlement.

Crim. 13 oct. 1992, n° 92-82.414, *Bull. crim.*, n° 319; *JCP G* 1993, IV, n° 182; *Dr. pén.* févr. 1993, n° 51.

« Attendu que les dispositions de l'alinéa 2 de l'article 11 de l'ordonnance du 2 novembre 1945, limitant à 2 mois, en matière correctionnelle, la détention provisoire des mineurs âgés d'au moins 16 ans lorsque la peine encourue n'est pas supérieure à 7 ans d'emprisonnement, ne sont applicables que jusqu'à l'ordonnance de règlement; qu'à compter de cette dernière, seules sont applicables, conformément à l'article 9 de l'ordonnance précitée, les dispositions de l'article 179 du Code de procédure pénale. »

• Doit être cassé l'arrêt qui, s'il précise le délai prévisible d'achèvement de la procédure, ne comporte pas les indications particulières justifiant la poursuite de l'infraction.

La détention peut être prolongée sans débat contradictoire en cas de force majeure si le débat ne peut être reporté en tenant compte du délai de cinq jours ouvrables pour la convocation de l'avocat.

Crim. 9 mai 2001, n° 00-87.998, *Bull. crim.*, n° 114; *D.* 2001, IR 1996.

« Attendu que la détention provisoire peut être prolongée sans débat contradictoire préalable lorsque des circonstances imprévisibles et insurmontables font obstacle à la tenue de celui-ci et qu'en raison du délai de cinq jours ouvrables imposé par la loi pour la convocation de l'avocat, le débat ne peut être régulièrement reporté avant la date à laquelle, faute de prolongation, la détention doit prendre fin;

Attendu qu'il résulte de l'arrêt attaqué et des pièces de la procédure que, dans l'information suivie contre lui pour meurtre, X... a été placé en détention provisoire le 16 avril 1999; que sa détention a été prolongée une première fois au-delà d'un an, pour une durée de 6 mois; qu'envisageant une nouvelle prolongation, le juge d'instruction a demandé que la personne mise en examen fût extraite de la maison d'arrêt le lundi 9 octobre 2000, date fixée pour le débat contradictoire; qu'à cette date et à l'heure prévue pour le débat, seul s'est présenté l'avocat de X..., celui-ci n'ayant pu comparaître, en raison d'une grève du personnel pénitentiaire qui s'opposait à toute extraction; qu'après avoir constaté cette situation, le juge d'instruction a, sans procéder à un débat contradictoire préalable, rendu une ordonnance prolongeant la détention provisoire à compter du lundi 16 octobre 2000, 0 heure, pour 6 mois;

Attendu que, pour annuler cette ordonnance, la chambre d'accusation énonce que l'impossibilité d'extraire la personne mise en examen n'interdisait pas, compte tenu du délai restant à courir, de reporter le débat à une date ultérieure, aucune circonstance insurmontable ne rendant impossible un tel report;

Mais attendu qu'en prononçant ainsi, alors que, moins de cinq jours ouvrables séparaient la date initialement prévue pour le débat contradictoire et la date d'expiration du délai de la détention, de sorte que ne pouvait plus être respecté le délai de convocation prévu par l'article 114, alinéa 2, du Code de procédure pénale, auquel l'avocat présent, qui n'avait formulé aucune demande de report, n'avait pas renoncé, les juges ont méconnu les textes susvisés et le principe ci-dessus énoncé;

D'où il suit que la cassation est encourue. »

– L'article 145-3 oblige à motiver non seulement le délai prévisible d'achèvement mais aussi à préciser les indications particulières justifiant la poursuite de l'information.

Crim. 10 mai 2001, n° 01-81.819, *Bull. crim.,* n° 117; *JCP G* 2001, 1589.

« Mais attendu qu'en l'état de ces énonciations, qui, si elles précisent le délai prévisible d'achèvement de la procédure, ne comportent pas les indications particulières justifiant, en l'espèce, la poursuite de l'information, la chambre de l'instruction a méconnu le sens et la portée du texte susvisé. »

• Pour dire si la personne a déjà été condamnée on ne peut prendre en compte la décision d'une juridiction étrangère sans méconnaître le principe de territorialité de la loi pénale. Il en va différemment pour une condamnation prescrite qui subsiste avec toutes ses conséquences de droit.

Crim. 18 juin 2003, n° 03-81.622, *Bull. crim.,* n° 126; *D.* 2003, IR 2052; *D.* 2004, somm. 669, obs. J. Pradel.

« Attendu que, statuant sur l'appel du ministère public, l'arrêt attaqué, pour infirmer l'ordonnance de mise en liberté et dire que le mandat de dépôt reprendrait effet, prononce par les motifs reproduits au moyen;

Attendu qu'en cet état, si c'est à tort qu'elle a pris en compte une décision rendue par une juridiction étrangère, méconnaissant ainsi le principe de la territorialité de la loi pénale, la chambre de l'instruction, en se fondant sur la condamnation à deux ans d'emprisonnement sans sursis prononcée par défaut le 28 février 1986 par le tribunal correctionnel de Lille, a néanmoins justifié sa décision;

Que, d'une part, les juges, après avoir exposé l'argument de Jean X..., selon lequel l'émission de l'avis de cessation de recherches du 18 février 1998 aurait tenu au fait que cette dernière condamnation ne s'appliquait pas à sa personne, ont souverainement constaté que cet avis était consécutif à la prescription de la peine;

Que, d'autre part, l'existence d'une condamnation prescrite, qui subsiste avec toutes ses conséquences de droit, et qui, lorsqu'elle a été prononcée par défaut, comme en l'espèce, ou par contumace, devient irrévocable, en application de l'article 133-5 du Code pénal, permet de prolonger au-delà de quatre mois la détention provisoire d'une personne mise en examen, dans les conditions prévues par l'article 145-1, alinéas 2 et 3, du Code de procédure pénale;

D'où il suit que le moyen ne peut être admis. »

• Les règles régissant la détention provisoire demeurent applicables, même lorsque la personne concernée exécute, dans le même temps, une peine privative de liberté.

Crim. 22 nov. 2005, n° 05-86.295, *Bull. crim.,* n° 303; *AJ pén.* 2006, 26, note C. Saas; *Dr. pén.* 2006, n° 34, obs. J. Buisson; *RSC* 2006, 348, note D. Commaret.

« Attendu qu'il résulte de l'arrêt attaqué et des pièces de la procédure que Magali Rossi, placée en détention provisoire, le 24 novembre 2002, a été mise en accusation du chef de vol précédé, accompagné ou suivi de violences ayant entraîné la mort, par ordonnance du 2 juillet 2004 devenue définitive le 12 juillet 2004; que, par réquisitions en date du 9 août 2005, le ministère public a saisi la chambre de l'instruction, aux fins de prolongation de la détention provisoire à compter du 1er octobre 2005 au motif que le délai d'un an, prévu par l'article 181 du Code de procédure pénale, pour la comparution de l'accusée devant la cour d'assises, n'a commencé à courir qu'à l'issue de l'exécution d'une peine prononcée contre elle pour d'autres faits et purgée du 26 mars au 1er octobre 2004;

Attendu que, pour écarter cette argumentation et ordonner la mise en liberté d'office de l'accusée, l'arrêt énonce que la chambre de l'instruction n'a pas été saisie aux fins de prolongation de la détention provisoire avant l'expiration du délai d'un an à compter de la date à laquelle l'ordonnance de mise en accusation est devenue définitive et que l'exécution d'une peine privative de liberté est sans effet sur une détention provisoire en cours;

Attendu qu'en prononçant ainsi, la chambre de l'instruction a justifié sa décision au regard de l'article 181 du Code de procédure pénale;

Qu'en effet, tant qu'il n'a pas été mis fin à la détention provisoire, les règles régissant cette mesure demeurent applicables, même lorsque la personne concernée exécute, dans le même temps, une peine privative de liberté;

D'où il suit que le moyen ne saurait être admis. »

• Aucune disposition légale n'impose que le juge des libertés et de la détention prescrive la mise en liberté immédiate de la personne dont il refuse de prolonger la détention.

Crim. 7 juin 2006, n° 06-82.339, *Bull. crim.,* n° 159.

« Attendu qu'il résulte de l'arrêt attaqué et des pièces de la procédure que le juge d'instruction a saisi le juge des libertés et de la détention le 1er février 2006 en vue de prolonger la détention provisoire de Mohamed X..., mis en examen pour des faits de nature correctionnelle et placé en détention provisoire le 31 octobre 2005; que, le 23 février 2006, le juge des libertés et de la détention, estimant qu'il n'y avait pas lieu de prolonger la détention provisoire, a rendu une ordonnance prescrivant que la personne mise en examen sera mise en liberté à l'expiration du titre de détention, le 28 février 2006, et la plaçant sous contrôle judiciaire; que le procureur de la République a interjeté appel de cette décision; que Mohamed X... a soutenu devant la chambre de l'instruction que l'ordonnance du juge des libertés et de la détention était nulle en ce qu'elle n'avait pas ordonné sa mise en liberté immédiate et qu'en conséquence l'appel du ministère public était irrecevable;

Attendu qu'en cet état, les griefs allégués ne sont pas encourus;

Que, contrairement à ce que soutient le demandeur, aucune disposition légale n'impose que le juge des libertés et de la détention prescrive la mise en liberté immédiate de la personne dont il refuse de prolonger la détention;

D'où il suit que le moyen, qui soutient à tort que la chambre de l'instruction aurait dû annuler l'ordonnance entreprise, ne saurait être admis. »

• **Lorsque la décision du juge des libertés et de la détention disant n'y avoir lieu à prolongation de la détention provisoire et ordonnant la mise en liberté sous contrôle judiciaire de la personne mise en examen n'a pas encore pris effet au moment ou l'ordonnance de mise en accusation devant la cour d'assises est rendue, le mandat de dépôt conserve sa force exécutoire.**

Crim. 11 juill. 2007, n° 07-83.106, *Bull. crim.,* n° 184; *D.* 2007, 2240; *JCP* 2007, IV, 2777.

Attendu qu'il résulte de l'arrêt attaqué et des pièces de la procédure que Mhamoudou X..., mis en examen des chefs de meurtre aggravé et délits connexes, a été placé en détention provisoire le 24 juin 2005; que, saisi par le juge d'instruction aux fins de statuer sur la prolongation de cette mesure, le juge des libertés et de la détention, par ordonnance du 18 décembre 2006 comportant la mention « à effet du 24 décembre 2006 à 00 h 00 », a ordonné sa mise en liberté et son placement sous contrôle judiciaire; que, par ordonnance du 22 décembre 2006, le juge d'instruction l'a renvoyé devant la cour d'assises sous l'accusation de meurtre aggravé; que, devant la chambre de l'instruction, saisie des appels de cette décision relevés par le ministère public et Mhamoudou X..., celui-ci, pour conclure à sa mise en liberté, a soutenu que l'ordonnance dont appel, qui, en maintenant les effets du mandat de dépôt initial, avait anéanti la décision du juge des libertés et de la détention, avait été rendue en méconnaissance des principes de loyauté et d'impartialité au sens des articles préliminaire du Code de procédure pénale et 6 de la Convention européenne des droits de l'homme;

Attendu que, pour écarter cette argumentation, l'arrêt retient que la décision du juge des libertés et de la détention n'avait pas pris effet à la date de l'ordonnance de mise en accusation devant la cour d'assises et que les dispositions de l'article 181, alinéa 7, du Code de procédure pénale qui prévoient que, si l'accusé est placé en détention provisoire, le mandat de dépôt décerné contre lui conserve sa force exécutoire, ne sont pas incompatibles avec les principes définis par les textes légal et conventionnel précités;

Attendu qu'en prononçant ainsi, la chambre de l'instruction a justifié sa décision.

• **Lorsque c'est le greffe du juge d'instruction qui s'occupe des formalités de convocation du conseil à un débat contradictoire, la convocation doit porter la mention de la nature de l'acte envisagé. Sinon l'avocat « a pu se méprendre sur l'objet de la convocation qui lui a été adressée ».**

Crim. 20 mai 2008, n° 08-81.851, *Bull. crim.*, n° 125; *AJ pén.* 2008, 378, note J. Lasserre Capdeville; *JCP* 2008, IV, 2196.

Sur le moyen unique de cassation pris de la violation des articles 114, 145-1, 591 et 593 du Code de procédure pénale;

Attendu qu'il résulte de l'arrêt attaqué et des pièces de la procédure que, le 7 février 2008, le juge des libertés et de la détention a rendu une ordonnance prolongeant la détention provisoire de David X... à l'issue d'un débat contradictoire, l'avocat du demandeur ayant été convoqué, le 16 janvier précédent, par le juge d'instruction, pour un interrogatoire au fond fixé à la date du 7 février 2008;

Attendu que cet avocat s'est présenté devant le juge des libertés et de la détention et a déposé des conclusions, auxquelles il a été passé outre, aux fins de voir constater l'absence de convocation au débat contradictoire et l'impossibilité légale d'ordonner la prolongation de la détention de David X...;

Attendu qu'à l'appui de son appel de l'ordonnance de prolongation de sa détention provisoire, David X... a excipé de la nullité de cette décision au motif que son avocat n'avait pas été convoqué pour l'assister lors du débat contradictoire;

Attendu que, pour faire droit à cette demande et ordonner la mise en liberté de l'intéressé, l'arrêt relève que l'avocat a pu se méprendre sur l'objet de la convocation qui lui avait été adressée pour un interrogatoire au fond par le juge d'instruction et qu'en l'absence d'un débat contradictoire régulier au sens de l'article 145-1 du Code de procédure pénale, l'ordonnance de prolongation de la détention provisoire devait être annulée;

Attendu qu'en statuant ainsi, la chambre d'instruction a justifié sa décision;

D'où il suit que le moyen doit être écarté;

Et attendu que l'arrêt est régulier en la forme;

REJETTE le pourvoi.

144.03 Bibliographie indicative. (V. les références complètes s^s n° 03.)

Actualisables. RÉP. PÉN., Dourneau-Josette, « Le contrôle judiciaire et la détention provisoire »; « Le juge des libertés et de la détention ».

Articles. Bonis-Garçon E., « La détention provisoire pour manquement au contrôle judiciaire », *JCP G* 2002, I, 159 – Guéry, « Le nouveau juge des libertés et de la détention : premiers problèmes pratiques », *Gaz. Pal.* 8/9 sept. 2000, 179; « Le juge des libertés et de la détention : un juge qui cherche à mériter son nom », *D.* 2004, chron. 583 « L'erreur matérielle du juge des libertés et de la détention », *JCP* 2006, I, Étude n° 104 – Lavielle B. et Lebur F., « Le juge des libertés et de la détention : béni oui-oui ou terminator ? », *Gaz. Pal.* 27/28 juill. 2001, 3 – Nicolas-Vullierme L., « Le délai raisonnable, ou la mesure du temps », *LPA* 3 janv. 2005, 3.

144.05 Rapport du comité de réflexion sur la justice pénale dit rapport Léger. Le comité Léger innove dans un but de simplicité en proposant de définir un délai maximal de détention qui couvrirait à la fois la phase de l'enquête et celle de l'audiencement. Il est ainsi proposé une durée maximale de :

– six mois si la peine encourue est supérieure ou égale à trois ans et inférieure ou égale à cinq ans d'emprisonnement;

– un an si la peine encourue est supérieure à cinq ans et inférieure ou égale à dix ans d'emprisonnement;

– deux ans en matière criminelle;

– trois ans pour les faits de terrorisme ou de criminalité organisée.

Le comité prévoit que si, à l'issue de cette période, le mis en cause n'a pas comparu devant la juridiction de jugement, il devra être remis en liberté. Il sera toutefois possible de placer celui-ci sous contrôle judiciaire, éventuellement assorti d'une mesure de surveillance électronique (page 23 du rapport).

Cette disposition est une des plus intéressantes du texte. En effet, les délais de détention provisoire français sont jusqu'à maintenant d'autant plus excessifs que leur computation ne court que jusqu'au jour du renvoi devant la juridiction de jugement, moment d'où partent d'autres délais, prorogeables. C'est ainsi qu'une détention provisoire qui ne peut durer que quatre mois, peut en fait durer quatre mois jusqu'à l'ordonnance de renvoi, puis deux mois jusqu'à ce que le tribunal correctionnel décide de renvoyer l'affaire au fond deux mois plus tard... Il en est ainsi y compris pour les mineurs. Et que dire du supplément d'information qui entraine la fin de toute computation de délai de détention provisoire ?

144.06 Questions essentielles.

• Les règles de prolongation de la détention provisoire, revues régulièrement par chaque loi de procédure pénale, sont devenues d'une extrême complexité.

Elles nécessitent du juge d'instruction et du juge des libertés et de la détention une attention de chaque instant. Il demeure encore des incertitudes sur l'autonomie de décision du juge des libertés et de la détention.

SECTION 1
PRINCIPES

144.11 Compétence. L'entrée en vigueur de la loi du 15 juin 2000 (sur ce point le 1er janvier 2001) retire au juge d'instruction la possibilité de prolonger la détention provisoire comme elle lui a retiré la possibilité de placer en détention. En revanche, c'est toujours le magistrat instructeur qui peut seul maintenir une personne en détention au moment de son renvoi devant la juridiction de jugement.

De même, le juge des enfants n'est plus compétent pour ordonner les prolongations des détenus mineurs dont il a la charge. Le dessaisissement d'un juge d'instruction au profit d'un autre, en application de l'article 663 du Code de procédure pénale, s'opère immédiatement et de plein droit par l'accord des deux magistrats. En conséquence, est compétent pour statuer sur la prolongation de la détention provisoire le juge des libertés du tribunal auquel appartient le juge d'instruction qui a accepté de se saisir, dès lors que le dessaisissement effectué au profit de ce dernier n'a été remis en cause ni par la chambre de l'instruction ni par la Cour de cassation[1].

144.12 Le point de départ : date du mandat de dépôt. Il n'y a pas lieu de distinguer selon que l'on est en matière criminelle ou correctionnelle. C'est la nature du mandat qui appelle à distinguer. Il n'y a pas de difficulté lorsque la personne poursuivie est présente et qu'un mandat de dépôt est délivré : en effet, l'ordonnance de placement en détention, le mandat de dépôt et l'écrou interviennent normalement le même jour. Au cas de dessaisissement d'un juge d'instruction à un autre, lorsque le mandat de dépôt du juge premier saisi a fait l'objet d'une mainlevée, ce mandat ne peut constituer le point de départ de la détention ordonnée par le second juge d'instruction[2] (sur le dessaisissement et le mandat de dépôt, v. ss n° 147.76). Il faut noter qu'en toute matière, l'incarcération provisoire ordonnée dans le cadre de l'article 145, alinéa 6, assimilée à la détention provisoire, marque le point de départ de celle-ci (C. pr. pén., art. 145, al. 7). Lorsqu'un mandat de dépôt à durée déterminée a précédé le placement en détention provisoire proprement dit, la détention a commencé à courir du jour du placement en incarcération provisoire (C. pr. pén., art. 145, al. 7), sauf le cas où un mandat d'arrêt l'a précédé et où le point de départ de la détention remonte encore plus loin en amont.

Si la détention provisoire ordonnée par le tribunal correctionnel en application des dispositions de l'article 397-3, alinéa 2, du Code de procédure pénale doit être imputée, par application de l'article 716-4, sur la peine qui sera éventuellement prononcée, cette décision de placement en détention provisoire ne constitue pas le point de départ

1. Crim. 8 juin 2005, n° 05-82.070, *Bull. crim.*, n° 175; *JCP*, 2005, IV, 2690.
2. Crim. 6 juin 1991, n° 91-81.784, *Bull. crim.*, n° 242.

de la détention ordonnée par le juge des libertés et de la détention statuant après renvoi du dossier par le tribunal au procureur de la République, en vertu de l'article 397-2 alinéa 2 du même code. Encourt, dès lors, la cassation l'arrêt qui ordonne la mise en liberté d'office de la personne mise en examen au motif que sa détention provisoire n'a pas été prolongée dans le délai de quatre mois à compter de son placement en détention par le tribunal saisi par la comparution immédiate du prévenu, alors que ce délai, qui n'avait commencé à courir qu'à compter de l'ordonnance de placement en détention provisoire rendue par le juge des libertés et de la détention saisi après ouverture d'une information, n'était pas expiré[1].

Le point de départ doit en effet être aussi examiné à la lumière de ce que l'on sait de la théorie des mandats.

144.13 Le point de départ : mandat d'amener et mandat d'arrêt. L'arrestation opérée en vertu du mandat d'amener n'est qu'une mesure provisoire et c'est l'incarcération en exécution du mandat de dépôt ultérieur qui marque le point de départ de la détention provisoire[2]. Cette durée ne s'impute nullement sur la détention provisoire mais sera déduite, le cas échéant de la durée de la peine prononcée (C. pr. pén., art. 716-4). Les conditions d'exécution du mandat d'amener sont sans influence sur la validité du titre ultérieur de détention provisoire[3] (v. s[s] n° 123.25).

Quant au mandat d'arrêt, qui est à la fois un titre de recherche et de détention, ce même point de départ est celui de son exécution, quand même celle-ci a commencé dans une maison d'arrêt autre que celle indiquée sur le mandat.

Le mandat d'arrêt diffusé sur le territoire national fait débuter la détention provisoire à compter de l'écrou de l'individu[4] (v. s[s] n° 125.16). La nullité du mandat d'arrêt en vertu duquel la personne a été transférée devant le juge d'instruction affecte nécessairement la validité de sa détention[5]. Dans cette hypothèse, l'intéressé est remis en liberté.

Lorsque le mandat d'arrêt est mis à exécution à l'étranger, la détention provisoire ne court qu'à partir du moment où la personne a été écrouée sur le territoire national et ainsi mise à la disposition du magistrat instructeur[6]. Cette jurisprudence a été entérinée par l'article 803-4 du Code de procédure pénale qui vise le mandat d'arrêt européen mais aussi toute extradition en application d'une convention internationale. Depuis l'entrée en vigueur de la loi du 9 mars 2004, l'article 803-4 du Code de procédure pénal dispose que « lorsqu'une personne poursuivie ou condamnée par les juridictions françaises est arrêtée hors du territoire national en application des dispositions sur le mandat d'arrêt européen ou sur l'extradition ou en application d'une convention internationale, elle peut déclarer auprès des autorités étrangères compétentes qu'elle exerce les recours prévus par le présent code, en formant opposition, appel ou pourvoi contre la décision dont elle fait l'objet. Dans tous les cas, y compris en cas d'arrestation d'une personne condamnée par défaut en matière criminelle, les délais de présentation, de détention ou de jugement prévus par le présent code, ne commencent toutefois à courir qu'à compter de sa remise ou de son retour sur le territoire national ». Le législateur pose donc la règle clairement en ce qui concerne la mise à exécution du mandat d'arrêt européen mais aussi en cas d'application d'une convention internationale. Ce sont donc tous les cas de remise qui sont prévus par la loi, en conformité avec la jurisprudence de la chambre criminelle.

144.14 La durée de la détention provisoire doit être calculée de quantième à quantième[7]. C'est ainsi qu'une détention de quatre mois ordonnée un 15 du mois devra être prolongée au plus tard le 15 suivant à 0 h 00 soit, en pratique, la veille. La date de prolongation n'est pas celle qui fixe le point de départ du renouvellement. C'est l'ordonnance qui précise que la prolongation s'effectue à compter du... (quantième à 0 h ou veille du quantième à 24 heures).

1. Crim. 23 août 2005, n° 05-83.796, *Bull. crim.*, n° 210; *JCP* 2005, IV, 3138; *D.* 2005, IR 2410; *RSC* 2006, 104, note A. Giudicelli.
2. Crim. 17 déc. 1991, n° 91-85.589, *Bull. crim.*, n° 482.
3. Crim. 19 janv. 1987, n° 86-95.913, *Bull. crim.*, n° 24; *D.* 1987, IR 29.
4. Crim. 19 juill. 1961, *Bull. crim.*, n° 341 – Crim. 8 oct. 1970, n° 70-92.283, *Bull. crim.*, n° 259 – Crim. 20 nov. 1990, n° 90-85.622, *Bull. crim.*, n° 393 – Crim. 6 juin 1991, n° 91-81.785, *Bull. crim.*, n° 241; *JCP G* 1992, IV, 357 – Crim. 10 mai 1995, n° 95-80.975, *Bull. crim.*, n° 168; *JCP G* 1995, n° 2056; *D.* 1995, 179.
5. Crim. 27 oct. 1986, n° 86-92.247, *Bull. crim.*, n° 306; *JCP G* 1987, IV, 10.
6. Crim. 29 juin 1967, *D.* 1968, 305, note J. Honorat – Crim. 15 oct. 1969, *JCP G* 1970, II, 26329, note A. P. – Crim. 2 mars 1972, *Bull. crim.*, n° 62 – Crim. 3 nov. 1972, n° 72-92.601, *Bull. crim.*, n° 321 – Crim. 1[er] juin 1976, n° 76-90.922, *Bull. crim.*, n° 194; *JCP G* 1977, II, 18758, note P. Chambon.
7. Crim. 16 nov. 1982, n° 82-93.354, *Bull. crim.*, n° 261 – Crim. 4 janv. 1983, n° 82-93.809, *Bull. crim.*, n° 3; *D.* 1983, 562, note M. Roger; *JCP* 1984, II, 20203, note P. Chambon – Crim. 3 juill. 1985, n° 85-92.438, *Bull. crim.*, n° 256; *RSC* 1986, 130, obs. Braunschweig; *Gaz. Pal.* 1985, 2, 578, note J. P. D.; *JCP* 1986, II, 20602, note W. Jeandidier – Crim. 14 mars 1988, n° 87-92.074, *Bull. crim.*, n° 124 – Crim. 8 juill. 1992, n° 92-82.292, *Bull. crim.*, n° 270.

L'un des exemples donné par la jurisprudence est celui-ci : une détention provisoire ordonnée le 6 mai prend fin le dimanche 5 septembre à 24 heures. L'ordonnance de prolongation prise au cours de la journée du 6 septembre doit être considérée comme tardive [1]. La chambre criminelle considère en effet que les dispositions qui fixent la durée de la détention provisoire sont des règles formelles et impératives dont la stricte observation est essentielle à la sauvegarde des droits que la loi a voulu garantir à tout justiciable et il ne peut y être apporté aucune dérogation [2]. L'ordonnance prise en dehors de ce délai doit être considérée comme inexistante même si elle n'a pas été frappée d'appel dans les délais prévus par les textes [3]. Si l'ordonnance de prolongation n'intervient pas dans les délais impartis, le mandat de dépôt initial devient caduc et donc inexistant même si ultérieurement de nouvelles ordonnances sont intervenues [4].

Ceci limite de façon importante et souhaitable le principe qui veut que lorsqu'on a laissé passer le délai d'appel, il n'est plus possible de revenir sur une décision juridictionnelle fut-elle nulle. Par ailleurs, il est impossible d'avoir recours aux dispositions de l'article 801 du Code de procédure pénale qui ne peuvent recevoir application [5]. L'article 801 dispose que « tout délai prévu par une disposition de procédure pénale pour l'accomplissement d'un acte ou d'une formalité expire le dernier jour à vingt-quatre heures. Le délai qui expirerait normalement un samedi ou un dimanche ou un jour férié ou chômé est prorogé jusqu'au premier jour ouvrable suivant ». Il sera indiqué, au cas par cas, si l'article 801 a été considéré comme applicable par la jurisprudence. En matière de détention il est en effet des cas dans lesquels l'article 801 est applicable, et par exemple en matière de calcul des délais d'appel ou de pourvoi en cassation, et d'autres où il ne l'est pas. D'une façon générale, l'article 801 n'est pas applicable dès lors que l'on calcule la durée d'une détention.

Dans une note sous un arrêt du 3 juillet 1985 [6], W. Jeandidier trouve que le « droit positif brille par sa complexité ». Il fait remarquer en effet que la chambre criminelle a admis que le délai prévu par l'article 148, dernier alinéa peut être prorogé par le jeu de l'article 801 (devant la chambre d'accusation), tout comme celui de l'article 148-4 du Code de procédure pénale [7] sans qu'on puisse y trouver de cohérence et notamment pas dans la sanction assortie au non-respect du délai : remise ou non en liberté. Cette cohérence, André Braunschweig pense l'avoir trouvé dans la différence entre délai et durée [8].

La durée est celle qui concerne la détention provisoire maximale, et depuis la loi du 9 juillet 1984 l'incarcération provisoire; elle n'est pas susceptible d'allongement.

Le délai est celui dans lequel le juge peut réaliser certains actes de procédure non liés à la durée maximale de détention ou les parties user d'un droit. Dans ces cas le délai peut trouver à s'allonger s'il expire un samedi, un dimanche, un jour férié ou chômé. C'est d'ailleurs de « délai » dont parle le texte de l'article 801.

144.15 Quelques difficultés de calcul. La computation de quantième à quantième est supposée ne pas poser de difficultés. Néanmoins les mois ne comportant pas tous le même nombre de jours, certains cas ne sont pas aussi simples qu'on pourrait le penser. S'il est clair qu'une détention qui commence le 31 juillet doit être prolongée le 30 novembre à 24 heures au plus tard, la rédaction de l'ordonnance pourra porter « prolongation de 4 mois à compter du 1er décembre à 0 heure ». Ainsi la prolongation suivante se comptera du 31 mars à 24 heures au plus tard ou du 1er avril à 0 heure ce qui est la même chose.

En revanche le mois de février pose à notre avis un cas unique lorsqu'un détenu est placé en détention le 30 octobre. Encore une fois ce n'est pas la date d'expiration du délai de quatre mois qui pose difficulté. Le délai expire, sauf année bissextile, le 28 février à 24 heures. Mais comment rédiger l'ordonnance ? On ne saurait faire partir la prorogation du 1er mars à 0 heure sans dépasser le quantum initial; en effet le 30 octobre à 24 heures ne pouvait correspondre au 1er novembre à 0 heure puisqu'il existe un 31 octobre !

On semble bien se trouver ici dans un cas où l'on ne saurait faire autrement que de « perdre des jours » en ce qui concerne la prolongation qui doit se faire « à compter du 28 à 24 heures » (ou du 29 à 0 h mais comme il n'y a pas de 29...) et en conservant ce quantième quatre mois plus tard.

Ce cas nous semble être le seul qui pose problème pour les majeurs : ainsi une détention du 31 octobre sera prolongée à compter du 1er mars à

1. Crim. 16 nov. 1982, *Bull. crim.*, n° 261, préc.
2. Crim. 29 oct. 1989, *Bull. crim.*, n° 458.
3. Crim. 4 janv. 1983, n° 82-93.809, *Bull. crim.*, n° 3, préc.
4. Crim. 4 janv. 1983, n° 82-93.809, *Bull. crim.*, n° 3, préc.
5. Crim. 2 déc. 1971, n° 71-92.789, *Bull. crim.*, n° 336; *JCP* 1972, II, 17062, note Chambon; *D.* 1972, 190 – Crim. 3 juill. 1985, n° 85-92.438, *Bull. crim.*, n° 256 – Crim. 30 mars 1989, n° 89-80.881, *Bull. crim.*, n° 154.
6. Crim. 3 juill. 1985, n° 85-92.438, *Bull. crim.*, n° 256, préc.
7. Crim. 13 nov. 1980, n° 80-93.576, *Bull. crim.*, n° 297.
8. V. not. *RSC* 1986, 130; *RSC* 1986, 349.

0 heure. Quant à une détention du 29 octobre, elle sera prolongée à compter du 28 février à 24 heures, sans difficulté donc.

La détention des mineurs pose d'autres problèmes toujours relatifs au mois de février.

C'est ainsi qu'une détention correctionnelle d'un mois ordonnée un 29, un 30 ou un 31 janvier doit être prolongée le 28 février au plus tard à compter du 28 février à 24 heures (sauf année bissextile où la date de prise d'effet est reportée au 29). Si la détention se termine à cette échéance, l'intéressé devra évidemment sortir le 28 et non le 1er ou le 2 mars.

La difficulté ne se retrouve pas lorsqu'un mois de trente jours succède à un mois de trente et un jours. En effet, en cas de placement en détention le 31, le juge prolongera à compter du 30 à 24 heures, ce qui ne change pas le jour de prolongation suivant, le quantième demeurant le même.

144.16 Le temps passé en liberté, quelle qu'en soit la cause (évasion, mise en liberté, nullité entraînant la mise en liberté, *etc.*), n'est jamais compté comme temps de détention. Il ne compte pas dans le calcul du délai prévu par l'article 145-1 du Code de procédure pénale[1] (v. ss nos 14.31 s.).

144.17 Principe de la déduction de la détention provisoire. Quand il y a eu détention provisoire, à quelque stade que ce soit de la procédure, cette détention sera déduite de la durée de la peine prononcée par le jugement ou l'arrêt de condamnation. En cas de confusion de plusieurs peines, cette déduction doit s'appliquer à la détention provisoire subie à raison de l'une quelconque des peines confondues[2]. Il en va différemment néanmoins lorsque l'incarcération à l'étranger n'a pas eu pour cause la demande d'extradition, mais une condamnation pénale émanant de ce pays[3]. De même le séjour d'un mineur dans un établissement où il a été placé par ordonnance de garde provisoire conformément aux articles 10 et 11 de l'ordonnance du 2 février 1945 n'est pas assimilable à la détention provisoire et ne saurait être imputée sur la peine d'emprisonnement prononcée par la suite contre le mineur[4]. La loi du 15 juin 2000 a mis fin à une situation paradoxale : lorsqu'un détenu était mis en liberté à la suite de la constatation de la nullité de sa détention, celle-ci ne pouvait être déduite de la condamnation ferme prononcée par la juridiction de jugement. L'article 716-4 qui prévoit les cas de prises en compte de la détention provisoire a en effet été complété ainsi : « Il en est de même, s'agissant d'une détention provisoire ordonnée dans le cadre d'une procédure suivie pour les mêmes faits que ceux ayant donné lieu à condamnation, si cette procédure a été ultérieurement annulée. »

144.18 Appréciation de l'âge. La durée de la détention diffère selon l'âge de la personne. L'ordonnance du 2 février 1945 ne donne pas d'élément de nature à résoudre un problème : faut-il, pour déterminer le régime applicable, apprécier l'âge de la personne à la date des faits ou à la date des poursuites. L'article 11 de l'ordonnance de 1945, qui établit les distinctions entre les différentes catégories de mineurs, n'indique pas expressément que c'est la date des faits qui conditionne le régime applicable aux mineurs. Il n'en demeure pas moins vrai que toute l'économie de l'ordonnance de 1945, fondée sur la distinction entre majeurs et mineurs, puis entre mineurs de 18 ans, de 16 ans et de 13 ans, nécessite la prise en compte d'un critère objectif d'appréciation.

Le contraire aurait pour conséquence de soumettre des personnes semblables à des régimes procéduraux totalement différents non en fonction de l'âge qu'ils avaient lors de la commission des faits mais selon le jour de leur présentation devant l'autorité judiciaire.

Cette solution serait contraire au principe d'égalité des citoyens devant la loi et pourrait ouvrir la voie à des détournements de procédure.

C'est ce qu'affirme la jurisprudence depuis des arrêts remontant à 1947 et 1948 : « C'est par l'âge du prévenu ou de l'accusé au jour, non des poursuites, mais de la perpétration des crimes ou délits que se détermine la compétence des tribunaux pour enfants.[5] »

Cette jurisprudence a été reprise dans un arrêt du 3 septembre 1985 qui a exposé par ailleurs que « l'âge d'une personne est déterminé par le temps écoulé depuis sa naissance, calculé d'heure à heure[6] ».

Ces arrêts sont intervenus dans des affaires où il s'agissait de déterminer si une personne était majeure ou mineure au regard de la compétence d'une juridiction. Il est logique d'étendre ces solutions aux autres paliers susceptibles d'entraîner des modifications dans les régimes applicables (13 ans et 16 ans). C'est donc toujours la date des faits qui détermine le régime de détention provisoire applicable, solution différente de celle adoptée en matière de garde à vue.

1. Crim. 27 janv. 1993, no 92-85.783, *Bull. crim.*, no 47.
2. Crim. 26 févr. 1974, no 73-91.611, *Bull. crim.*, no 80.
3. Crim. 26 juin 1979, no 78-94.057, *Bull. crim.*, no 228; *Gaz. Pal.* 1980, 1, 251, note P. L. G.
4. CA Lyon, 30 août 1948, *D.* 1950, 28, note Vouin.
5. Crim. 21 mars 1947, *Bull. crim.*, no 88 – Crim. 22 avr. 1948, *Bull. crim.*, no 116; *S.* 1948, 1, 130.
6. Crim. 3 sept. 1985, no 85-93.591, *Bull. crim.*, no 283; *Gaz. Pal.* 1986, 1, 20, note Doucet; *RSC* 1986, 355, obs. Vitu.

144.19 Détermination de la peine encourue. Les règles de prolongation dépendent aussi de la peine encourue. La chambre criminelle a résolu une ancienne difficulté qui consistait à se demander si la récidive pouvait entrer en ligne de compte dans le calcul de la peine encourue. Une décision de chambre d'accusation avait répondu affirmativement[1]. La chambre criminelle a statué dans le sens contraire dans un arrêt du 19 février 2002[2] (v. les attendus s^s n° 143.02) encore confirmé depuis : il résulte de l'article 145-1 du Code de procédure pénale que le juge ne peut pas prolonger la détention provisoire de la personne mise en examen en prenant en compte, pour déterminer la peine encourue, la circonstance de récidive. Encourt dès lors la cassation une chambre de l'instruction qui, pour prolonger la détention provisoire d'une personne mise en examen, relève que celle-ci encourt, compte tenu de l'état de récidive, une peine de dix ans d'emprisonnement[3] (v. aussi s^s n° 143.41).

Les causes d'exemption ou d'atténuation de la peine prévues par l'article L. 627-5 du Code de la santé publique ne peuvent être prises en compte pour la détermination de la peine d'emprisonnement encourue, au sens des alinéas 2 et 3 de l'article 145-1[4]. Il en est de même pour l'ancienne excuse atténuante de minorité[5]. Pour dire si la personne a déjà été condamnée on ne peut prendre en compte la décision d'une juridiction étrangère sans méconnaître le principe de territorialité de la loi pénale[6]. La loi du 12 décembre 2005 a semblé prendre une orientation inverse puisque l'article 132-16-6 du Code pénal dispose désormais que « Les condamnations prononcées par les juridictions pénales d'un État membre de l'Union européenne sont prises en compte au titre de la récidive conformément aux règles prévues par la présente sous-section. » Il faudra attendre la jurisprudence pour savoir si on peut étendre le principe posé par cet article au problème spécifique posé par les antécédents de la personne en matière de détention provisoire.

En revanche, une condamnation prescrite, qui subsiste avec toutes ses conséquences de droit, et qui lorsqu'elle est prononcée par défaut ou par contumace devient irrévocable, permet de prolonger au-delà de quatre mois la détention d'une personne mise en examen[7].

1. CA Versailles, ch. acc., 16 févr. 1990, *JCP G* 1990, IV, 262.
2. Crim. 19 févr. 2002, n° 01-88.028, *Bull. crim.*, n° 30; *D.* 2003, somm. 32, note J. Pradel.
3. Crim. 25 mai 2005, n° 05-81.724, *Bull. crim.*, n° 160; *D.* 2005, IR 1731; *JCP* 2005, IV, 255; *Procédures* 2005, comm. 193, obs. Buisson.
4. Crim. 23 avr. 1992, n° 92-80.962, *Bull. crim.*, n° 176; *Dr. pén.* 1993, n° 191.
5. Crim. 17 juin 1987, n° 87-80.467, *Bull. crim.*, n° 256.
6. Crim. 18 juin 2003, n° 03-81.622, *Bull. crim.*, n° 126; *D.* 2003, IR 2052; *D.* 2004, somm. 669, obs. J. Pradel.

SECTION 2
PROCÉDURE : LE DÉBAT CONTRADICTOIRE

144.21 Nécessité d'un débat contradictoire. Le débat contradictoire fut d'abord l'exception avant de devenir la règle. L'une des innovations de la loi du 30 décembre 1996 fut ainsi d'exiger un débat contradictoire au mois 18, puis éventuellement au mois 30, *etc.* Avant la loi du 15 juin 2000, il ne subsistait que deux occurrences de prolongation sans débat :

- en cas de prolongation de la détention d'un majeur en matière correctionnelle à la fin du quatrième mois;
- en cas de prolongation de la détention d'un mineur de 16 ans en matière criminelle à la fin du délai de six mois.

La loi du 15 juin 2000 a rendu le débat contradictoire obligatoire dès lors qu'il y a prolongation de détention. Il se présente de la même façon que celui institué pour le placement en détention (v. s^s n°s 143.71 s.). À une nuance près - et importante - néanmoins : ce débat contradictoire est assujetti aux règles de convocation des avocats pour interrogatoire ce qui n'est pas le cas du débat contradictoire qui intervient lors du placement en détention. Cette solution n'était que jurisprudentielle avant 1993. Elle était devenue constante en jurisprudence (circ. n° 84-13, 1er août 1984)[8]. La solution était identique en matière correctionnelle ou criminelle[9]. Depuis la loi du 24 août 1993 cette disposition est expressément prévue tant en matière criminelle (C. pr. pén., art. 145-2) qu'en matière correctionnelle (C. pr. pén., art. 145-1).

Le juge d'instruction doit donc prendre particulièrement garde à prévoir la date de prolongation suffisamment à l'avance pour ne pas se laisser surprendre par un délai trop court qui l'empêcherait de saisir le juge des libertés et de la détention à temps. La formalité du débat contradictoire est en effet une condition de la validité de la prolongation. Les textes du Code de procédure pénale ne font aucune obligation au magistrat de prendre sa décision le

7. Crim. 18 juin 2003, n° 03-81.622, *Bull. crim.*, n° 126, préc.
8. Circ. n° 84-13, 1er août 1984 – Et Crim. 1er oct. 1985, n° 85-94.010, *Bull. crim.*, n° 288; *D.* 1985, jur. 103, note Pradel – Crim. 9 janv. 1986, n° 85-95.281, *Bull. crim.*, n° 15 – Crim. 10 févr. 1986, n° 85-95.996, *Bull. crim.*, n° 50.
9. Crim. 5 avr. 1990, *Bull. crim.*, n° 147.

dernier jour, à l'expiration de ce délai[1] (v. s^s n° 144.35). Il ne saurait, par ailleurs, être fait grief à une chambre d'accusation d'avoir confirmé une ordonnance de prolongation prise avant l'expiration de ce délai dès lors que les juges du second degré, devant lesquels l'inculpé n'a invoqué aucun élément nouveau qui aurait pu survenir depuis l'ordonnance entreprise, se sont référés à l'état du dossier au jour de la décision et ont motivé cette dernière conformément aux prescriptions des articles 144, 145 et 145-1 du Code de procédure pénale[2]. Aucune disposition de procédure pénale issue de la loi du 15 juin 2000 n'interdit que la convocation de l'avocat en vue du débat contradictoire sur la prolongation de la détention provisoire soit effectuée par le greffier du juge d'instruction[3]. La convocation peut donc être adressée soit par le greffier d'instruction mais le plus souvent par le greffier du JLD, selon les dispositions internes prises au sein de la juridiction. Le greffier du JLD est le mieux placé pour connaître l'emploi du temps du juge. La communication doit être harmonieuse entre les deux services, notamment dans le cas où le détenu serait amené à changer de conseil entre l'ordonnance de saisine et le débat contradictoire.

Le débat contradictoire de prolongation peut se tenir un samedi[4]. Il n'est pas nécessaire que la convocation précise l'objet de l'interrogatoire[5].

144.22 La présence du procureur de la République. Le procureur de la République doit obligatoirement prendre des réquisitions orales, en application des articles 145 et 145-1 du Code de procédure pénale[6]. Ces réquisitions doivent depuis l'entrée en vigueur de la loi du 30 décembre 1996 être obligatoirement précédées de réquisitions écrites (C. pr. pén., art. 145, al. 4).

Les réquisitions du ministère public sont libres et il n'appartient à aucune juridiction de les censurer. Au cours de ce débat, le juge n'est tenu que de motiver l'ordonnance qu'il rendra après avoir entendu le ministère public, l'inculpé et le cas échéant son conseil[7].

La parole sera donnée au ministère public, à la personne mise en examen, et en dernier lieu à l'avocat. La publicité du débat contradictoire de prolongation suit les mêmes règles, modifiées par la loi du 5 mars 2007, que celles du débat contradictoire qui se tient lors du placement en détention (C. pr. pén., art. 145, al. 4 - V. s^s n° 143.76).

144.23 Sanction de l'absence de convocation du conseil. « Selon les dispositions des articles 118 (désormais C. pr. pén., art. 114) et 145-2 du Code procédure pénale, le juge d'instruction peut procéder au débat contradictoire en vue de la prolongation de la détention, sans que le conseil de l'inculpé soit présent ou ait été convoqué, dès lors que cet inculpé a renoncé expressément, et préalablement au débat, à l'assistance de son avocat.[8] »

Cette analyse est conforme à l'interprétation que la chambre criminelle fait à juste titre depuis un arrêt de principe de 1901[9] de l'article 118, alinéa premier, du Code de procédure pénale (aujourd'hui C. pr. pén., art. 114, al. 1er). Il est possible de renoncer à la présence de son conseil même si celui ci n'est pas présent ou n'a pas été convoqué. Les conséquences ne sont guère importantes dans le cadre de l'interrogatoire au fond : si l'intéressé ne renonce pas à se prévaloir de la nullité, le juge le reconvoquera plus tard et cela n'aura aucune incidence sur la procédure. Tel n'est pas le cas lorsqu'il s'agit de renoncer à se prévaloir d'une nullité qui entache la validité de la prolongation de la détention.

En fait si la personne renonce à se prévaloir de la nullité, elle accepte de rester détenue ! C'est bien pourtant ce qui se jouait lors de l'arrêt du 11 juin 1992.

Des hypothèses semblables peuvent être relevées en jurisprudence[10].

L'arrêt du 6 septembre 1994 précise par ailleurs que la renonciation peut être constatée dans un procès-verbal distinct du procès-verbal de l'audience contradictoire.

Dans un arrêt demeuré inédit alors qu'il apporte aux débats, la Cour de cassation expose que le JLD n'a pas à solliciter du mis en examen qu'il renonce à la non-convocation de son conseil dans les délais légaux dès lors qu'il a changé d'avocat le jour même du débat contradictoire et que le précédent avait été dûment convoqué[11] (v. les attendus s^s n° 112.02).

1. Crim. 4 janv. 1993, n° 92-85355, *Bull. crim.*, n° 2; *JCP* 1993, 1028.
2. Crim. 21 nov. 1988, n° 88-85.369, *Bull. crim.*, n° 393.
3. Crim. 9 mai 2001, n° 01-81.550, *Bull. crim.*, n° 113; *JCP G* 2001, 1589.
4. Crim. 11 févr. 2003, n° 02-87.415, *Bull. crim.*, n° 26; *D.* 2003, IR 862; *Dr. pén.* 2003, n° 16, comm. C. Marsat et A. Maron; *JCP* 2003, IV, 1602.
5. Crim. 9 juill. 1985, n° 85-92.669, *Bull. crim.*, n° 261 – Crim. 1er oct. 1985, n° 85-94.010, *Bull. crim.*, n° 288.
6. Crim. 22 mai 1985, n° 85-91.521, *Bull. crim.*, n° 199.
7. Crim. 22 mai 1985, n° 85-91.521, *Bull. crim.*, n° 199, préc.
8. Crim. 11 juin 1992, n° 92-81.546, *Bull. crim.*, n° 230.
9. Crim. 5 janv. 1901, *DP* 1901, I, 113.
10. Crim. 6 sept. 1994, n° 94-83.133, *Bull. crim.*, n° 295; *JCP* 1994, 2627; *D.* 1994, IR 226 – Crim. 31 mai 1995, n° 95-81.412, *Bull. crim.*, n° 200; *JCP* 1995, n° 2265 – Crim. 14 mai 1996, n° 96-81.045, *Bull. crim.*, n° 203.
11. Crim. 5 mars 2002, n° 01-88.715, NP – Crim. 26 févr. 2008, n° 07-88.451, *Bull. crim.*, n° 49; *AJ pén.* 2008, 241, note S. Lavric, v. aussi s^s n° 112.13.

De même le conseil de l'inculpé ne saurait obtenir l'annulation de l'ordonnance de prolongation de détention provisoire suivant un débat contradictoire auquel il n'a pas assisté parce que l'heure de ce débat n'était pas mentionnée sur la convocation alors qu'il n'a élevé aucune protestation, à la réception de cette convocation devant le juge d'instruction[1]. Il importe peu par ailleurs que l'ordonnance de prolongation porte la mention « observations de l'inculpé et de son conseil », cette mention erronée, surabondante, n'étant prévue par aucun texte[2]. Si la loi du 5 mars 2007 a rendu obligatoire la présence de l'avocat pour le débat contradictoire de placement en détention provisoire, ce n'est pas le cas pour le débat de prolongation. Le texte des articles 145-1 et 145-2 ne renvoie qu'au sixième alinéa de l'article 145 alors que c'est le cinquième qui prévoit la présence obligatoire du conseil. Lorsque c'est le greffe du juge d'instruction qui s'occupe des formalités de convocation du conseil à un débat contradictoire, la convocation doit porter la mention de la nature de l'acte envisagé. Sinon l'avocat « a pu se méprendre sur l'objet de la convocation qui lui a été adressée »[3]. Il convient de noter que cette jurisprudence ne remet pas en cause complètement le principe selon lequel les convocations d'avocat n'ont pas à porter mention du contenu de l'acte projeté : c'est ici parce que c'est le greffier d'instruction qui envoie la convocation que la méprise est possible. Dans de nombreuses juridictions, cette convocation est d'ailleurs adressée par le greffier du JLD.

144.24 Un détournement possible de procédure : l'appel sur ordonnance de mise en liberté. Il est apparu dans la pratique un moyen relativement simple d'éviter non la remise en liberté de l'intéressé mais la fin de la détention provisoire lorsque le juge ne respectait pas le délai de convocation de l'avocat dans les formes prévues par l'article 114 du Code de procédure pénale, à condition toutefois qu'il s'en aperçoive auparavant. Comment la situation se présente-t-elle ?

Le JLD aurait dû convoquer l'avocat cinq jours ouvrables avant le débat contradictoire précédant la prolongation de la personne. Il ne l'a pas fait et peu importe la cause pour laquelle il n'a pas respecté cette obligation. Il s'en aperçoit et décide de remettre, volontairement, la personne en liberté pure et simple ou sous contrôle judiciaire. Le parquet fait appel de cette décision (en toute connaissance de cause ou non...) et l'affaire est audiencée devant la chambre de l'instruction.

La chambre de l'instruction respecte alors les conditions qui lui sont propres. Elle n'est pas tenue de respecter un délai de cinq jours ouvrables pour convoquer l'avocat.

Il suffit alors à la chambre de l'instruction d'infirmer l'ordonnance, d'évoquer (sur le sens du mot évocation en l'espèce v. s^s n° 242.58) et de se réserver le contentieux de la détention puis immédiatement de prolonger celle ci.

Il faut dire qu'il est impossible de savoir la plupart du temps si le magistrat a fait ou non exprès de libérer l'intéressé ou s'il a fait une erreur que le parquet tente de réparer avec le concours involontaire de la chambre de l'instruction.

Sans doute cette pratique relève-t-elle du détournement de procédure. En droit, il est pourtant extrêmement difficile de réfuter l'argument qui consiste à dire que la chambre de l'instruction saisie d'un appel du parquet sur une ordonnance de mise en liberté, peut infirmer cette ordonnance, et en se réservant expressément le contentieux de la détention, prolonger celle ci.

144.25 Force majeure. Il peut arriver que le débat contradictoire ne puisse se tenir dans des conditions normales pour diverses raisons. Il en est ainsi lorsque la personne est hospitalisée et intransportable : constitue une circonstance insurmontable le fait d'apprendre le jour du débat contradictoire, qui est le dernier jour pour statuer sur la détention provisoire, que le mis en examen qui est hospitalisé, est soudainement intransportable[4].

La grève du personnel pénitentiaire a souvent perturbé le déroulement de débats contradictoires, qu'il s'agisse d'ailleurs de débat contradictoire différé ou de débat avant renouvellement. La Cour de cassation a considéré que constituait une circonstance imprévisible et insurmontable pour le juge d'instruction dans l'impossibilité de procéder au débat contradictoire prévu par l'article 145-1, alinéa 3, du Code de procédure pénale, la grève du personnel pénitentiaire qui s'oppose à toute extraction de détenus ainsi qu'à toute entrée du magistrat instructeur dans les locaux de détention et alors que le débat ne pouvait plus être reporté à une date ultérieure[5].

Cet arrêt semble poser trois conditions : tout d'abord l'extraction doit avoir été tentée, ce qui est la moindre des choses, mais il semble bien que le magistrat ait dû aussi se transporter sur les lieux pour essayer d'entrer dans la maison d'arrêt afin

1. Crim. 16 janv. 1990, n° 89-86.004, NPT.
2. Crim. 16 janv. 1990, n° 89-86.004, NPT.
3. Crim. 20 mai 2008, n° 08-81.851, *Bull. crim.*, n° 125; *AJ pén.* 2008, 378, note J. Lasserre Capdeville; *JCP* 2008, IV, 2196, v. s^s n° 144.02.
4. Crim. 25 oct. 2000, n° 00-85.227, *Bull. crim.*, n° 314.
5. Crim. 31 janv. 1989, n° 88-86.527, *Bull. crim.*, n° 35; *D.* 1989, IR 98.

d'y effectuer le débat. Le fait que la Chambre criminelle rappelle cette tentative infructueuse caractérise la force majeure qui s'est imposée au magistrat instructeur. Toutefois, aucun arrêt postérieur, à notre connaissance, ne pose la nécessité que le juge se déplace. Enfin il est nécessaire que cette impossibilité soit constatée à un moment où il n'est plus possible de repousser l'échéance, c'est-à-dire en pratique la veille de l'expiration du délai. Cette condition a été reprise dans un arrêt de la chambre d'accusation de Versailles : dès lors que la chambre d'accusation est en mesure de constater que les circonstances imprévisibles et insurmontables résultant d'une grève de l'administration pénitentiaire qui avaient conduit le magistrat instructeur à rendre une ordonnance de prolongation de la détention provisoire avant son terme sans débat contradictoire, interdisaient toujours la tenue de ce débat le dernier jour utile pour l'organiser, il n'y a pas lieu d'ordonner l'annulation de cette ordonnance[1].

Dans ce cas, le magistrat qui aura acté ces différents éléments de fait, pourra ne pas organiser de débat contradictoire en présence du détenu. Il est néanmoins indispensable d'y procéder en présence du procureur de la République et de l'avocat de l'intéressé. En tout état de cause, une ordonnance de prolongation devra être prise et notifiée.

Mais d'autres arrêts postérieurs semblent moins contraignants : ainsi, n'a pas été cassé un arrêt confirmant une décision du juge qui n'avait pas été prise le dernier jour utile parce que la circonstance insurmontable (en l'espèce des barrages routiers ayant requis la présence de toutes les forces de gendarmerie) avait empêché l'extraction et que « le respect du délai légal de détention [...] ne permettait pas le report, dans un temps utile, du débat contradictoire »[2]. Dans cette espèce toutefois, il était établi que les circonstances insurmontables avaient duré jusqu'à l'expiration du délai légal, bien qu'au moment où il ait statué sans report, le juge d'instruction ne pouvait pas le savoir[3] (sur tous ces points v. aussi s[s] n°s 143.74, 143.93).

Mais en ayant recours à la notion d'ajournement, la chambre criminelle semble faciliter l'admission de la force majeure : ne constitue pas une atteinte aux droits de la défense « l'ajournement au surlendemain de la date prévue, d'un débat contradictoire préalable à la prolongation de la détention provisoire dès lors que le conseil en est informé par le juge d'instruction et que les formes et délais prescrits par l'article 118 du Code de procédure pénale (aujourd'hui C. pr. pén., art. 114) ont été respectés pour la date initialement prévue[4] ». La solution est similaire dans l'hypothèse où le débat contradictoire n'a pas pu avoir lieu à la date prévue en raison de circonstances imprévisibles et insurmontables, le débat pouvant être ajourné jusqu'à l'expiration du délai imparti pour statuer sans qu'il y ait lieu d'observer à nouveau les formalités de l'article 118, alinéas 2 et 3, du Code de procédure pénale (désormais C. pr. pén., art. 114). Cette solution a encore été clairement rappelée depuis[5] : la détention provisoire peut être prolongée sans débat contradictoire préalable lorsque des circonstances imprévisibles et insurmontables font obstacle à la tenue de celui-ci et qu'en raison du délai de 5 jours ouvrables imposé par la loi pour la convocation de l'avocat, le débat ne peut être régulièrement reporté avant la date à laquelle, faute de prolongation, la détention doit prendre fin[6]. La chambre de l'instruction ne peut statuer sur un appel de placement en détention provisoire en l'absence de la personne mise en examen dès lors que l'intéressé a demandé à comparaître « sans constater que la circonstance imprévisible tenant à l'hospitalisation de X ne pouvait être surmontée, fût ce en différant l'examen de l'appel dans les limites du délai légal »[7].

144.26 **Enquête rapide.** Avant toute prolongation de détention en matière correctionnelle, à l'exception des infractions où la peine encourue est au moins égale à 10 ans, le juge d'instruction doit faire réaliser une enquête rapide comme cela est le cas lors du placement, dès lors que la personne exerce l'autorité parentale exclusive sur un mineur de moins de seize ans qui a chez elle sa résidence habituelle (v. s[s] n° 143.54).

De même, une enquête rapide doit être réalisée dès lors que la prolongation de la détention provisoire d'un mineur est envisagée.

144.27 **Moyens audiovisuels.** La loi du 9 mars 2004 a ajouté trois alinéas à l'article 706-71 du Code de procédure pénale, lui même issu de la loi du 15 novembre 2001 et qui prévoyait la possibilité dans certains types d'interrogatoire, d'avoir recours à des moyens audiovisuels (v. s[s] n° 114.34). Cette utilisation est étendue par la loi du 9 mars 2004 en matière de détention pour le débat contradictoire au placement en détention d'une personne détenue pour une autre cause et pour le débat contradictoire prévu pour la prolongation de la détention (v. s[s] n° 143.78).

1. CA Versailles, ch. acc., 19 févr. 1993, *BICC* 365, n° 506.
2. Crim. 28 avr. 1998, n° 98-80.754, *Bull. crim.*, n° 143.
3. Sur cet arrêt voir *Dr. pén.* 1998, chron. 29.
4. Crim. 12 déc. 1988, n° 88-85.924, *Bull. crim.*, n° 422.
5. Crim. 15 déc. 1992, n° 92-85.136, *Bull. crim.*, n° 416.
6. Crim. 9 mai 2001, n° 00-87.998, *Bull. crim.*, n° 114; *D.* 2001, IR 1996.
7. Crim. 17 mars 2009, n° 08-88.460, *Bull. crim.*, n° 56; *AJ pén.* 2009, 233 obs. J. Lasserre Capdeville; *D.* 2009, 1091, v. les attendus s[s] n° 241.02.

SECTION 3
PROCÉDURE : L'OBLIGATION DE MOTIVATION

144.31 Les ordonnances de prolongation de la détention doivent être spécialement motivées par référence à l'article 143-1 et à l'article 144 (C. pr. pén., art. 137-3). L'énoncé des conditions de droit et de fait s'impose toujours au cas de prolongation [1].

Toute prolongation de détention provisoire est précédée d'un débat contradictoire. Toutes les ordonnances de prolongation, susceptibles d'appel, sont signifiées ou notifiées à la personne détenue comme il est dit à l'article 183 alinéa 2. L'ordonnance de soit-communiqué en vue de la prolongation n'est pas juridictionnelle [2]. La signification tardive de l'ordonnance de prolongation est indifférente à la validité de l'ordonnance [3], et les réquisitions du ministère public n'ont pas à être signifiées [4]. L'omission de l'avis au conseil retarde seulement le point de départ du délai d'appel [5].

144.32 La motivation prévisionnelle. En matière criminelle et lorsque la détention arrive au mois 8 en matière correctionnelle, il existe une autre exigence procédurale prévue par l'article 145-3 : chaque prolongation doit se faire en précisant les indications particulières qui justifient en l'espèce la poursuite de l'information et le délai prévisible d'achèvement de la procédure. Une exception est prévue pour le cas où il y aurait un risque d'entraver l'accomplissement des investigations (C. pr. pén., art. 145-3). La jurisprudence a affirmé qu'« encourt la cassation l'arrêt d'une chambre d'accusation qui confirme le rejet de la demande de mise en liberté d'une personne mise en examen détenue depuis plus de huit mois pour des faits correctionnels sans donner ces indications particulières » [6]. Le délai est purement indicatif. La chambre de l'instruction pourra toujours, si elle constate l'insuffisance de la motivation du juge, substituer ses propres motifs et motiver conformément aux exigences de l'article 145-3. En effet, en raison de l'effet dévolutif de l'appel, les motifs de l'arrêt de la chambre de l'instruction confirmant l'ordonnance de prolongation de la détention se substituent à ceux, insuffisants, de la décision entreprise. Il en est ainsi lorsque le juge d'instruction a omis de préciser, conformément aux dispositions de l'article 145-3 du Code de procédure pénale le délai prévisible d'achèvement de la procédure [7]. La chambre criminelle a très rapidement montré que ces formalités étaient essentielles et a cassé plusieurs arrêts de chambres d'accusation [8] (sur les effets de la cassation v. s[s] n°s 145.61 s.). En revanche elle n'a pas cassé d'autres arrêts qui ne comportaient pas ces mentions mais qui confirmaient des ordonnances de juge d'instruction qui étaient régulières [9].

L'appréciation du délai d'achèvement de la procédure par le juge d'instruction qui prolonge la détention provisoire au-delà d'un an en matière criminelle, est une question de pur fait qui échappe au contrôle de la Cour de cassation [10].

Le simple fait de constater que l'avis de fin d'information prévu par l'article 175 du Code de procédure pénale a été notifié, répond aux exigences de l'article 145-3 [11]. En revanche, les arrêts doivent respecter les deux exigences : délai prévisible et mention des actes à accomplir. Doit être cassé l'arrêt qui, s'il précise le délai prévisible d'achèvement de la procédure, ne comporte pas les indications particulières justifiant, en l'espèce, la poursuite de l'information [12]. Le juge n'a pas à préciser la raison du retard de la procédure, s'il doit s'expliquer sur la continuation prévisible de la procédure, il n'a pas à motiver les causes du retard [13]. Encourt la cassation l'arrêt d'une chambre de l'instruction qui ordonne la prolongation de la détention d'une personne mise en examen détenue depuis plus de trois ans, en matière criminelle, sans préciser le délai prévisible d'achèvement de la procédure [14]. Il en est évidemment de même en matière correctionnelle lorsque la chambre de l'instruction infirme une ordonnance de mise en liberté et prolonge la détention provisoire du mis en examen au delà du délai de huit mois [15]. Méconnaît les dispositions de

1. Crim. 20 janv. 1993, n° 92-85.534, *Bull. crim.*, n° 32.
2. Crim. 12 nov. 1959, *JCP G* 1960, II, 11405, note P. Chambon.
3. Crim. 4 août 1962, *Bull. crim.*, n° 256 – Crim. 22 juin 1976, n° 76-91.408, *Bull. crim.*, n° 228.
4. Crim. 14 févr. 1984, n° 83-94.711, *Bull. crim.*, n° 56.
5. Crim. 19 juin 1984, n° 84-91.880, *Bull. crim.*, n° 230.
6. Crim. 19 août 1997, n° 97-82.998, n° 97-83.014, *Bull. crim.*, n°s 283 et 284.
7. Crim. 9 mai 2001, n° 01-81.599, *Bull. crim.*, n° 110; *D.* 2001, IR 1923; *JCP G* 2001, 1589.
8. Crim. 19 août 1997, n° 97-82.998, n° 97-83.014, *Bull. crim.*, n° 283 et 284, préc. – Crim. 28 oct. 1997, n° 97-84.369, *Bull. crim.*, n° 355 – Crim. 18 nov. 1997, n° 97-84.656, *Bull. crim.*, n° 389; *JCP G* 1998, n° 1263; *Gaz. Pal.* 22/24 févr. 1998, 23 – Crim. 22 sept. 1999, n° 99-84.604, *Bull. crim.*, n° 192.
9. Crim. 30 sept. 1997, n° 97-83.780, *Bull. crim.*, n° 314 – Crim. 7 oct. 1997, n° 97-84.117, *Bull. crim.*, n° 326.
10. Crim. 4 mars 1998, n° 96-86.349, NP, *D.* 1998, IR 72.
11. Crim. 17 sept. 1997, *Dr. pén.* 1997, comm. 163.
12. Crim. 10 mai 2001, n° 01-81.819, *Bull. crim.*, n° 117; *JCP G* 2001, 1589.
13. Crim. 3 juin 2003, *D.* 2004, somm. 669, obs. J. Pradel.
14. Crim. 21 juin 2005, n° 05-82.010, *Bull. crim.*, n° 182; *JCP* 2005, IV, 2820; *Gaz. Pal.* 13/14 janv. 2006, somm. 14, note Y. Monnet.
15. Crim. 12 févr. 2008, n° 07-87.970, *Bull. crim.*, n° 36; *AJ pén.* 2008, 245.

l'article 145-3 du Code de procédure pénale, la chambre de l'instruction qui, saisie d'une demande de mise en liberté par une personne dont la durée de la détention provisoire excède un an, et alors que sur l'appel par l'intéressé de l'ordonnance le mettant en accusation, la même juridiction a ordonné un supplément d'information, rejette la demande sans donner d'indications particulières justifiant, en l'espèce, la poursuite de l'information ainsi que sur le délai prévisible d'achèvement de la procédure[1].

On doit considérer que l'article 145-3 est applicable aux mineurs, malgré l'absence de précision du législateur. L'article 9 de l'ordonnance du 2 février 1945 énonce que « Le juge d'instruction procédera à l'égard du mineur dans les formes du chapitre I du titre III du livre I du Code de procédure pénale ». On n'en conclura pas que toutes les dispositions plus favorables du Code de procédure pénale doivent être applicables au mineur : quand un texte particulier traite le problème, tel l'article 11 pour la détention criminelle des mineurs de 13 à 16 ans, on ne saurait ajouter au texte et instituer un débat contradictoire là où le législateur n'en prévoyait pas (avant l'entrée en vigueur de la loi du 15 juin 2000). Mais là où il n'y a rien, n'est-il pas logique de souligner le nécessaire alignement des régimes, surtout lorsqu'il s'agit de dispositions plus favorables ?

144.34 Exigence de motivation de l'insuffisance du contrôle judiciaire. Le juge doit aussi motiver l'insuffisance du contrôle judiciaire en cas de placement ou de prolongation de la détention, qu'il s'agisse de détention correctionnelle ou criminelle. La chambre criminelle a eu l'occasion de dire que : « L'exigence de motivation spéciale portant sur le caractère insuffisant du contrôle judiciaire [...] ne s'applique qu'aux placements en détention ou à la prolongation de celle-ci.[2] » Ce n'est plus le cas depuis l'entrée en vigueur de la loi du 15 juin 2000 puisque cette obligation existe également en matière de rejet de demande de mise en liberté (C. pr. pén., art. 137-3 - Sur la motivation de l'insuffisance du contrôle judiciaire v. s[s] n°s 143.32, 143.33).

144.35 Quand l'ordonnance doit-elle être rendue ? L'ordonnance de prolongation doit donc être rendue avant l'expiration du précédent délai; à défaut, la détention légale a irrémédiablement pris fin, nonobstant l'appel du ministère public, ce que ne peut que constater la chambre de l'instruction. Il n'est pas indispensable de prolonger le dernier jour du délai. Sur ce point encore, la jurisprudence a eu à se prononcer : si selon l'article 145-2 du Code de procédure pénale, le juge d'instruction peut, en matière criminelle, prolonger la détention à l'expiration du délai d'un an, ce texte ne fait toutefois aucune obligation à ce magistrat de prendre sa décision le dernier jour, à l'expiration de ce délai (« Si le juge d'instruction s'est prononcé treize jours avant le terme de la détention initiale, la motivation retenue correspond strictement aux circonstances de l'espèce telles qu'elles devaient être prises en compte au terme de la détention initiale »[3]).

Cette affirmation est valable aussi bien en matière criminelle que correctionnelle et est transposable aux décisions prises par le juge des libertés et de la détention. L'ordonnance de prolongation de la détention provisoire est régulière dès lors que, selon les mentions du procès-verbal établi par le juge des libertés et de la détention et qui fait foi jusqu'à inscription de faux, le débat s'est déroulé contradictoirement, dans les conditions prescrites par l'article 145 du Code de procédure pénale[4]. En pratique les maisons d'arrêt qui voient approcher la date fatidique ne manquent pas de prendre un contact téléphonique avec le magistrat instructeur ou de lui envoyer un courrier pour s'inquiéter du caractère volontaire ou non de l'absence de prolongation. En effet le juge peut ne pas prolonger la détention en toute connaissance de cause. Il peut laisser expirer le délai de détention. Dans cette hypothèse, il est sans doute utile de prévenir la maison d'arrêt afin que la situation soit claire. Il faut remarquer dans ce cas que le ministère public est privé de ses droits : lorsque le juge souhaite mettre en liberté il doit solliciter les réquisitions du ministère public qui pourra faire appel de l'ordonnance de mise en liberté et surtout utiliser la procédure de référé-détention (v. s[s] n°s 145.51 s.). Or, lorsque le juge ne prend aucune ordonnance mais laisse s'achever la détention, le parquet ne peut faire appel d'une ordonnance inexistante ni user de cette dernière procédure. Il appartient certes au procureur de la République de prendre ses précautions et le cas échéant, de requérir la prolongation de la détention de l'intéressé. Il est rarissime qu'en pratique le parquet suive les délais de prolongation des détentions et puisse anticiper une éventuelle absence de prolongation. Aucune disposition légale ou conventionnelle n'interdit au juge des libertés et de la détention de mettre sa décision de prolongation de la détention provisoire en délibéré. Il suffit que

1. Crim. 2 mai 2007, n° 07-81.219, *Bull. crim.*, n° 113; *AJ pén.* 2007; *Proc. pén.*, 329, obs. C. Girault.
2. Crim. 2 sept. 1997, n° 97-83.234, *Bull. crim.*, n° 291.
3. Crim. 4 janv. 1993, n° 92-85355, *Bull. crim.*, n° 2; *JCP* 1993, n° 1028, réaffirmé par CA Toulouse, ch. acc., 10 août 1995, inédit.
4. Crim. 29 oct. 2002, n° 02-85.493, *Bull. crim.*, n° 190; *JCP G* 2002, IV, 3033.

celle-ci soit rendue avant l'expiration du titre de détention[1] (sur les erreurs matérielles du JLD v. s[s] n°s 144.36 et 144.39).

144.36 Une prolongation pour combien de temps ? La chambre criminelle a admis qu'une prolongation pouvait être faite en plusieurs étapes successives « dès lors que la peine encourue par la personne mise en examen est supérieure à 5 ans d'emprisonnement, la détention provisoire, déjà prolongée par une précédente ordonnance pour une durée de deux mois peut l'être à nouveau pour la même durée.[2] »

Il s'agissait d'une espèce dans laquelle le juge avait commis une erreur favorable à la personne mise en examen, en spécifiant que la prolongation était ordonnée pour deux mois alors qu'elle pouvait l'être pour quatre (la prolongation pour 2 mois a disparu avec l'entrée en vigueur de la loi du 15 juin 2000). Dans le sens inverse « l'application erronée des dispositions de l'article 145-2 du Code de procédure pénale relatives à la durée de la prolongation de la détention, n'est pas une cause de nullité de l'ordonnance du juge d'instruction ». La chambre de l'instruction, saisie de l'appel de cette ordonnance doit se borner à la réformer et à prolonger la détention pour une durée qu'elle juge utile dans les limites édictées par l'article 145-2 du Code de procédure pénale. C'est à tort qu'une chambre d'accusation refuse d'examiner la régularité d'une ordonnance dite rectificative ramenant à six mois la durée d'une prolongation de la détention provisoire ordonnée initialement pour une durée d'un an, dès lors que cette ordonnance fait corps avec l'ordonnance initiale frappée d'appel. La personne mise en examen est cependant sans intérêt à invoquer une telle erreur qui ne lui a causé aucun grief[3]. Il n'est pas indispensable de préciser le délai pour lequel la détention est prolongée : « N'a pas à être limitée dans le temps la détention provisoire prescrite par la chambre d'accusation par une décision spécialement motivée conformément à l'article 145 du Code de procédure pénale d'après les éléments de la cause et par référence à l'un des cas énumérés à l'article 144 du même code.[4] » L'ordonnance de prolongation prise par erreur pour quatre mois, au lieu d'être annulée, doit être réduite à deux mois par la chambre d'accusation[5]. Toutefois, la chambre criminelle a estimé que le JLD ne pouvait placer en détention pour une durée inférieure à la durée prévue par la loi. La solution n'est pas transposable à la prolongation dès lors qu'elle serait valide même sans que le juge ait précisé un quelconque délai[6].

144.37 Notification de l'ordonnance. L'ordonnance de prolongation doit être notifiée à la personne « dans les délais les plus brefs, soit verbalement, avec émargement au dossier de la procédure, soit par lettre recommandée ». Elle peut également être portée à sa connaissance, par le chef de l'établissement pénitentiaire (C. pr. pén., art. 183, al. 2). Depuis que la prolongation ne peut s'effectuer sans débat contradictoire, c'est la notification à la fin de ce débat qui est la règle. L'ordonnance doit par ailleurs être portée à la connaissance du conseil de la personne, avec remise d'une copie (C. pr. pén., art. 183, al. 4).

La notification tardive d'une ordonnance de prolongation de la détention provisoire n'a d'autre effet que de reculer le point de départ d'appel jusqu'au jour où cette notification est faite[7]. L'irrégularité prétendue d'une ordonnance prolongeant la détention provisoire ne saurait être invoquée qu'à l'appui d'un appel interjeté contre cette décision.

144.38 Pouvoirs du juge des libertés et de la détention. La question s'est posée de savoir si le juge des libertés et de la détention, saisi d'une demande prolongation de la détention, pouvait ordonner la liberté de la personne. La solution a ce problème a des incidences pratiques : en effet, il semble bien que dans le cas où le juge des libertés et de la détention se contente de rendre une ordonnance de refus de prolongation de la détention, la personne ne soit libérée qu'à l'échéance du mandat de dépôt initial. Ce qui amène parfois le détenu dont la prolongation de détention a été refusée à demeurer quelques jours en maison d'arrêt. Le juge des libertés et de la détention, saisi d'une demande de prolongation, peut-il rendre une ordonnance de mise en liberté ? Si l'on prend en compte l'article 144-1 alinéa 2 du Code de procédure pénale, qui dispose que « le juge d'instruction ou, s'il est saisi, le juge des libertés et de la détention doit ordonner la mise en liberté immédiate de la personne placée en détention provisoire, selon les modalités prévues par l'article 147, dès que les con-

1. Crim. 30 mars 2005, n° 05-80.380, *Bull. crim.*, n° 105; *AJ pén.* 2005, 287, note Girault; *Procédures* 2005, comm. 167, obs. Buisson.
2. Crim. 10 janv. 1994, n° 93-84.791, *Bull. crim.*, n° 12.
3. Crim. 7 oct. 1997, n° 97-84.117, *Bull. crim.*, n° 326; *JCP* 1998, n° 1401; *Gaz. Pal.* 22/24 févr. 1998, 23.
4. Crim. 30 juin 1987, n° 87-82.361, *Bull. crim.*, n° 272; *JCP* 1987, 21016 – Crim. 26 avr. 1988, n° 88-80.797, *Bull. crim.*, n° 175.
5. Crim. 8 nov. 1983, n° 83-91.509, *Bull. crim.*, n° 291.
6. V. ci-dessus Crim. 30 juin 1987, n° 87-82.361, *Bull. crim.*, n° 272, préc. – Crim. 26 avr. 1988, n° 88-80.797, *Bull. crim.*, n° 175, préc.
7. Crim. 10 nov. 1992, n° 92-84.714, *Bull. crim.*, n° 372; *BICC* 362, n° 270 – Crim. 21 févr. 1994, n° 93-85.453, *Bull. crim.*, n° 73; *D.* 1994, somm. 189.

ditions prévues à l'article 144 et au présent article ne sont plus remplies » il semble que la mise en liberté d'office par le juge des libertés et de la détention soit possible. Cette solution ne saurait toutefois échapper aux possibilités de référé-détention si le parquet a présenté des réquisitions contraires. La chambre criminelle admet cette possibilité dans un arrêt du 6 août 2003[1] et encore postérieurement[2]. Mais aucune disposition légale n'impose que le juge des libertés et de la détention prescrive la mise en liberté immédiate de la personne dont il refuse de prolonger la détention[3]. Se pose encore la question de savoir si le juge des libertés et de la détention pourrait mettre en liberté d'office, dès lors qu'il est saisi par une ordonnance de saisine du juge d'instruction souhaitant la prolongation de la détention, mais avant le débat contradictoire prévu pour celle-ci.

144.39 Erreur matérielle du JLD : date de l'ordonnance, date de prise d'effet de l'ordonnance. L'ordonnance ne doit comporter ni rature ni renvoi sauf s'ils sont approuvés par le juge, le greffier et la personne entendue (l'extension de l'article 107 du Code de procédure pénale à toute la procédure date d'un l'arrêt rendu en 1898 par la chambre criminelle[4]). Depuis longtemps[5] la jurisprudence a considéré qu'il ne pouvait y avoir nullité que si le défaut d'approbation rendait incertain l'accomplissement de la formalité. Le fait que la date de prolongation, surchargée et raturée soit devenue illisible n'entraîne pas la nullité de l'ordonnance ni la mise en liberté de la personne dès lors que : « Le défaut d'approbation régulière d'une surcharge manuscrite n'est, au vu de l'article 107 du Code de procédure pénale, une cause de nullité qu'autant que le défaut d'approbation régulier de ratures, renvois ou surcharges rendrait incertain l'accomplissement de la formalité.[6] »

Dans cet arrêt on notera que ce n'était pas la date à laquelle l'ordonnance de prolongation était prise qui était surchargée mais la date de prise d'effet de la prolongation. Or, « La mention erronée de la date d'effet de l'ordonnance, qui n'est d'ailleurs prévue par aucun texte, n'est pas de nature à affecter la validité de cet acte.[7] » Il s'agissait d'un cas d'espèce dans lequel un individu avait été écroué sur mandat d'arrêt le 23 juillet 1991. Sa détention avait été confirmée par le juge d'instruction le 26 et prolongé le 21 novembre suivant à compter du 26 novembre à 0 h. Or, il s'agissait d'une erreur (malheureusement assez fréquente) puisque la détention devait être prolongée à compter du 23 à 0 h, le point de départ de la détention étant constitué par l'écrou sur mandat d'arrêt. Dans une espèce dans laquelle une incarcération provisoire avait été prononcée le 24 avril 2001 puis le placement sous mandat de dépôt le 27 du même mois, le JLD avait commis une erreur en prenant le 14 octobre 2002 une ordonnance de prolongation pour un an à compter du 25 octobre à 0 h. Le 16 octobre, il rendait une ordonnance rectificative précisant que la prolongation serait effective à compter du 24 octobre à 0 heure. La chambre de l'instruction confirme l'ordonnance rectificative en retenant qu'elle est intervenue avant la date d'expiration des effets du mandat de dépôt initial. Mais la chambre criminelle va plus loin en rappelant que l'ordonnance prolongeant la détention « est intervenue et a pris nécessairement effet avant l'expiration du terme légal »[8].

Dans un autre arrêt, la chambre criminelle confirme l'arrêt de la chambre de l'instruction par ces motifs : « Attendu qu'en statuant ainsi la chambre de l'instruction a justifié sa décision, dès lors que, l'ordonnance de prolongation prenant effet de plein droit à l'échéance du titre de détention, la mention, erronée mais superflue qui y figure, relative à la date d'effet de la prolongation, peut être rectifiée par une décision subséquente sans qu'il soit procédé à un nouveau débat contradictoire.[9] » Cette décision est intéressante puisque le JLD avait rectifiée son ordonnance alors que la date réelle de prise d'effet de la prolongation était expirée lorsqu'il a rendu son ordonnance rectificative. C'est donc la preuve absolue que la mention de cette date d'effet est sans portée. La prolongation court automatiquement à compter de l'expiration du délai initial[10].

1. Crim. 6 août 2003, n° 03-82.964, *Bull. crim.*, n° 144; *D.* 2003, Dernière actualité, 2245, et comm. 2594, « Comme au jeu de l'oie : les aléas de la case prison », note J. Le Calvez; *JCP* 2003, IV, 2669; *AJ pén.* 2/2003, 72 – V. aussi Ch. Guéry, « Le juge des libertés et de la détention : un juge qui cherche à mériter son nom », *D.* 2004, chron. 583.
2. Crim. 20 juin 2006, n° 06-82.908, *Bull. crim.*, n° 184; *D.* 2006, IR 2210.; Rev. soc. crim. 2007, 117, note A. Giudicelli.
3. Crim. 7 juin 2006, n° 06-82.339, *Bull. crim.*, n° 159; *AJ pén.*, 2006; *Proc. pén.* 410, note C. Saas; *Procédures* 2006, Proc. Pénale, n° 250, note Y. Monnet; *Gaz. Pal.* 2-3 févr. 2007, 16, note J. Buisson.
4. Crim. 9 juin 1898, *Bull. crim.*, n° 213.
5. Crim. 25 avr. 1913, *DP* 1914, 5, 14 – Crim. 3 févr. 1922, *S.* 1922, 1, 92.
6. Crim. 3 mars 1993, *Dr. pén.* 1993, comm. 64.
7. Crim. 7 avr. 1992, n° 92-80.480, NPT, cité dans *Dr. pén.* 1993, comm. 2.
8. Crim. 11 févr. 2003, n° 02-87.796, NP – V. aussi dans le même sens, Crim. 26 juin 2001, n° 01-82.923, NP.
9. Crim. 4 déc. 2002, n° 02-86.456, NP.
10. Sur ces arrêts, v. Ch. Guéry, « L'erreur matérielle du juge des libertés et de la détention », *JCP* 2006, I, Étude n° 104.

Mais on aura compris que cette tolérance ne concerne que la date d'effet portée sur l'ordonnance de prolongation de la détention. La date à laquelle l'ordonnance elle-même est prise doit effectivement être en relation avec la date maximale de prolongation. Si l'ordonnance est prise après, elle est de nul effet [1].

La date de l'ordonnance de prolongation peut aussi être recherchée dans le procès-verbal de débat contradictoire lorsqu'elle est absente sur l'ordonnance de prolongation. L'absence de date n'entraîne donc pas par elle-même et de façon automatique l'inexistence de l'acte. Pourtant l'absence de date sur une ordonnance rend impossible le contrôle de son caractère tardif ou non. Or une ordonnance tardive est inexistante [2]. Mais la chambre criminelle semble de plus en plus se diriger vers un « sauvetage » de ces ordonnances lorsque celles ci peuvent acquérir, même de façon extrinsèque, date certaine. Enfin on rappellera que le juge d'instruction (et désormais le juge des libertés et de la détention) qui a rendu une ordonnance de prolongation de détention provisoire entachée d'une erreur matérielle peut, sans excès de pouvoir, prendre une ordonnance rectificative ayant le même objet sans que l'irrégularité de la première doive être constatée par la chambre de l'instruction. Ainsi, l'appel portant sur cette ordonnance rectificative ayant abouti à une décision confirmative de la chambre d'accusation, un second appel relatif à la même ordonnance a été, à juste titre, déclaré irrecevable [3]. Dans cet arrêt la Cour de cassation a considéré comme une « erreur matérielle insusceptible de porter atteinte aux droits du mis en examen le fait que la prolongation d'une détention provisoire ait été opérée à compter du 15 octobre 1991, alors que la décision avait été réellement prise le 13 octobre 1994 ». La prudence doit pourtant être de rigueur car la chambre criminelle avait statué dans un sens différent dans l'hypothèse où un magistrat instructeur n'ayant pas signé son ordonnance de placement en détention en avait pris une autre : « Attendu qu'en statuant ainsi, sans relever l'excès de pouvoir commis par le juge d'instruction qui ne pouvait prendre une nouvelle ordonnance de mise en détention provisoire sans qu'ait été constatée l'irrégularité de la première par la juridiction du second degré, la chambre d'accusation a méconnu le principe sus énoncé. [4] » Il faut sans doute considérer que cette dernière hypothèse ne peut entrer dans la catégorie des « erreurs matérielles » mais fait partie de celle des actes nuls qui ne peuvent être répétés par leur auteur avant qu'ils ne soient annulés par l'autorité compétente. Il faut néanmoins avouer qu'*a priori*, la distinction risque de ne pas être toujours facile... Car, pas plus que le juge d'instruction, le juge des libertés et de la détention ne peut, sans excès de pouvoir, substituer une nouvelle ordonnance de prolongation de la détention provisoire à celle précédemment prise, qu'il estime entachée de nullité; en procédant à une telle substitution il empiète sur les attributions de la chambre de l'instruction, seule compétente pendant la durée de l'information pour en apprécier la régularité sous le contrôle de la Cour de cassation [5]. Dans un arrêt du 3 juin 2003 [6] la chambre criminelle valide une ordonnance rectificative du JLD alors que l'ordonnance portait une identité erronée (celle du frère du mis en examen). La chambre criminelle, qui en profitait pour expliquer que l'article la procédure de l'article 711 n'était pas applicable exposait ensuite que l'ordonnance de placement en détention provisoire et le mandat de dépôt ne pouvaient être annulés qu'en cas de méconnaissance d'une formalité substantielle ayant porté atteinte aux intérêts de la personne mise en examen. Enfin, « qu'en prononçant ainsi, alors qu'il n'était pas contesté que l'ordonnance entreprise, rendue après le débat contradictoire prévu par l'article 145 du Code de procédure pénale, s'appliquait à Ahmed X... et que la mention erronée procédait d'une simple erreur matérielle, au demeurant régulièrement réparée par le juge des libertés et de la détention » la chambre de l'instruction avait méconnu les textes susvisés.

Cet arrêt affirme clairement que le juge des libertés et de la détention peut « régulièrement réparer » une erreur matérielle. Reste à savoir dans quels cas on peut rencontrer une erreur pouvant mériter ce qualificatif. Vincent Lesclous et Claire Marsat ont proposé une distinction entre les erreurs portant sur un élément substantiel que le juge ne saurait reprendre et les erreurs qui ne portent pas sur un élément substantiel, pour lesquelles il est possible au magistrat instructeur de prendre une ordonnance rectificative [7]. Cette analyse est pertinente mais peut poser également quelques difficultés de mise en œuvre. Nous avons tenté de faire le point de la casuistique [8] (sur l'erreur matérielle portant

1. Sur tous ces points, *Dr. pén.* 1993, comm. 2.
2. Crim. 4 janv. 1983, n° 82-93.809, *Bull. crim.*, n° 3; *D.* 1983, 562, note M. Roger; *JCP* 1984, II, 20203, note P. Chambon.
3. Crim. 22 mars 1995, n° 95-80.153, *Bull. crim.*, n° 122.
4. Crim. 24 mars 1992, n° 92-80.100, *Bull. crim.*, n° 125; *Dr. pén.* 1992, n° 269.
5. Crim. 13 oct. 2004, n° 04-84.922, *Bull. crim.*, n° 242; *D.* 2004, 2725; *JCP* 2004, Actualité n° 550; et *JCP* 2004, IV, 3270; *AJ pén.* 2005, jur. 27, note J. Leblois-Happe.
6. Crim. 3 juin 2003, n° 03-81.482, *Bull. crim.*, n° 112.
7. V. Lesclous et C. Marsat, *Dr. pén.* 1996, chron. n° 2.
8. V. Ch. Guéry, « L'erreur matérielle du juge des libertés et de la détention », *JCP* 2006, I, Étude n° 104.

sur la durée de la détention v. s[s] n° 144.36). Lorsque l'erreur matérielle a été commise à l'occasion d'un débat contradictoire de placement en détention ou de prolongation, la question pouvait se poser de savoir si la correction de cette erreur ne devait se faire qu'en réunissant les mêmes conditions. La chambre criminelle décide clairement que l'erreur peut être corrigée sans que ne se tienne un nouveau débat contradictoire : la mention erronée, mais superflue qui y figure, relative à la date d'effet de l'ordonnance peut être rectifiée par une décision subséquente sans qu'il soit procédé à un nouveau débat contradictoire »[1].

Par ailleurs, en cas de discordance entre l'original de l'ordonnance de prolongation de la détention et sa copie, les droits de la défense n'en sont pas affectés dès lors qu'un vice de notification ne peut qu'entraîner une suspension du délai d'appel[2].

SECTION 4
LA DURÉE RAISONNABLE DE LA DÉTENTION PROVISOIRE

144.41 Les critères retenus par la Cour européenne des droits de l'Homme pour apprécier le caractère raisonnable d'un délai. Il ne semble pas inutile de préciser quels sont les critères habituellement retenus par la Cour européenne pour apprécier le caractère raisonnable d'une durée. Cette jurisprudence s'est développée tant sur l'article 6-1 de la Convention (durée de la procédure) que sur l'article 5-3 (durée de la détention).

On rappellera tout d'abord que le caractère raisonnable du délai de l'article 6-1 est apprécié selon la Cour, dans chaque cas d'espèce « suivant les circonstances de la cause ». Un certain nombre de critères ont été relevés par la doctrine et servent expressément de référence à la Cour.

Il s'agit en ce qui concerne la nature du litige : de son degré de complexité (complexité des faits à élucider; complexité des problèmes juridiques à trancher; complexité de la procédure en cause) et de l'enjeu de la procédure pour le requérant.

Il s'agit, en ce qui concerne le comportement des parties privées : de leur rôle dans l'allongement de la procédure, et plus particulièrement en matière pénale des changements répétés d'avocat; de la formulation de faits nouveaux qu'il a fallu contrôler; de la non-comparution ou de la fuite; du retard mis à indiquer le nom de témoins dont on désire l'audition; de l'utilisation intégrale des voies de recours.

Il s'agit en ce qui concerne le comportement des autorités compétentes : de leur rôle dans l'allongement de la procédure et plus particulièrement en matière pénale de la durée inhabituelle de l'instruction; de l'absence prolongée d'interrogatoire ou de confrontation; du retard à clore l'instruction; du retard à renvoyer un inculpé en jugement; de l'irrégularité de la citation d'un témoin; de la non utilisation par une juridiction de son pouvoir d'ordonner une pièce d'une importance capitale; et plus généralement de longues périodes d'« inactivité » ou de « stagnation »[3].

144.42 Le délai raisonnable de l'article 5-3 de la Convention européenne des droits de l'Homme. La Convention européenne de sauvegarde des droits de l'Homme, signée le 4 novembre 1950, ne fixe pas de limites à ce délai. La Cour n'a pas non plus posé de règle en ce qui concerne la longueur d'une procédure et tout est affaire de cas d'espèce. La convention indique seulement, dans son article 5-3, que « toute personne arrêtée ou détenue dans les conditions prévues au paragraphe 1-C du présent article doit être aussitôt traduite devant un juge ou un autre magistrat habilité par la loi à exercer des fonctions judiciaires et a le droit d'être jugée dans un délai raisonnable ou libérée pendant la procédure. La mise en liberté peut être subordonnée à une garantie assurant la comparution de l'intéressé à l'audience ». La jurisprudence de la Cour européenne des droits de l'Homme ne dresse pas de liste des critères du délai raisonnable de la détention provisoire mais décide que la situation doit « s'apprécier dans chaque cas suivant les circonstances de la cause, lesquelles sont d'une extrême variété »[4]. La détention provisoire ne se prolonge de manière raisonnable que si elle se fonde sur des motifs sérieux : c'est pourquoi les décisions qui sont citées en la matière abordent toujours, au-delà des durées relevées, le problème de la pertinence des critères invoqués par les juridictions. Dans l'arrêt Letellier par exemple, la Cour passe en revue les critères utilisés par la chambre d'accusation pour apprécier la validité de la durée de la détention effectuée (v. s[s] n° 144.43). Parmi les critères utilisés le plus fréquemment par la Cour, on retrouve la

1. Crim. 4 déc. 2002, n° 02-86.456, NP – V. aussi Crim. 26 juin 2001, n° 01-82.923, NP.
2. Crim. 21 févr. 1994, n° 93-85.453, *Bull. crim.*, n° 73; *D.* 1994, somm. 189, dans une espèce où la copie de l'ordonnance, notifiée, ne portait pas de date ni de signature.
3. Sur ces points v., M.-A. Eissen, « La durée des procédures civiles et pénales dans la jurisprudence de la Cour européenne des droits de l'Homme », *BICC* 1er oct. 1995, p. 3.
4. CEDH 27 juin 1968, n° 2122/64, Wehmoff c/RFA, série A n° 7.

complexité de l'affaire, la gravité de l'infraction, le risque de suppression des preuves, le risque de fuite, la dangerosité de l'inculpé...[1] La Cour n'a jamais posé de règle en ce qui concerne la longueur d'une procédure et tout est affaire de cas d'espèce. Ainsi, par exemple, l'affaire W... c/Suisse du 26 janvier 1993[2] dans laquelle une détention de 4 ans et trois jours n'est pas considérée comme déraisonnable au sens de l'article 5-3 de la Convention[3]; alors que la France était condamnée dans les affaires Letellier[4] (deux ans et sept mois de détention) et Kemmache[5] (deux ans et dix mois de détention)...

Dans l'arrêt I.A. c/France du 23 septembre 1998, la cour a souligné la pauvreté de la motivation des juridictions françaises pour justifier qu'une détention provisoire puisse durer plus de cinq années (v. s^s n° 144.44). Dans l'arrêt Debboub[6], la Cour affirme encore que : « Viole l'article 5-3 de la Convention, la détention du requérant d'une durée de 4 ans deux mois et dix jours, les motifs de risque de fuite et de préservation de l'ordre public et de risque de renouvellement de l'infraction ainsi que de collusion entre les coaccusés ayant perdu en grande partie de leur pertinence et leur suffisance au fil du temps, et l'examen de la conduite de la procédure révélant que la longueur de la détention incriminée a pour cause un manque de diligence des juridictions d'instruction et n'est imputable, pour l'essentiel, ni à la complexité de l'affaire, cependant certaine, ni au comportement du requérant.[7] »

Plus récemment et dans le cadre de la violation du délai raisonnable de procédure, et donc sur la base de l'article 6.1, la Cour a condamné la France[8]. La Cour ne relève aucun délai imputable au requérant pendant la phase d'instruction mais relève, par contre, plusieurs périodes d'inactivité imputables aux autorités et, notamment, du 21 juin 1995, date d'une confrontation entre le requérant et les responsables du Crédit Mutuel de Bretagne, au 3 octobre 1996, date à laquelle la partie civile fut auditionnée; de cette audition au 17 avril 1997, date à laquelle une expertise graphologique fut ordonnée; du 7 janvier 1998, date de dépôt du rapport de l'expert graphologue, au 12 juin 1998, date à laquelle une nouvelle commission rogatoire fut délivrée et du 27 novembre 1998, date de la transmission du dossier au parquet, au 12 mai 1999, date à laquelle le juge d'instruction sollicita le retour du dossier. Dans un arrêt X... contre France[9] la Cour qui déclare qu'il y a violation de l'article 5-3 de la Convention, expose encore que le trouble grave à l'ordre public « n'a jamais été suffisamment démontré par les autorités pour constituer une motivation substantielle de la détention du requérant » que quant au risque allégué de renouvellement des infractions et de pression sur les victimes, « eu égard au contexte dans lequel les infractions ont été commises, le Code de procédure pénale offrait des alternatives crédibles à la détention du requérant » et qu'enfin « le risque de fuite de l'intéressé était évoqué de façon très générale et sans justification ».

En conclusion, eu égard à l'ensemble de la procédure, la Cour constate que si la phase de jugement apparaît raisonnable, celle de l'instruction ne saurait s'analyser, dans les circonstances de l'espèce, comme ayant été conduite avec diligence.

Dans un autre domaine, la France a encore été condamnée : celui de la durée de l'extradition, prévue par l'article 5-1, § c de la Convention européenne pour une durée de quinze mois entre l'arrestation et le décret d'extradition[10].

144.43 Un exemple : l'arrêt Letellier c/France du 26 juin 1991[11]. Cette décision est particulièrement éclairante. Inculpée de complicité d'assassinat sur la personne de son second mari la requérante avait été placée sous mandat de dépôt le 8 juillet 1985.

Le magistrat instructeur la remettait en liberté sur sa demande le 20 décembre de la même année

1. Sur les affaires concernant la France, v. CEDH 26 juin 1991, n° 12369/86, Letellier c/France, série A, n° 207 – CEDH 27 nov. 1991, n° 12325/86, n° 14992/89, Kemmache c/France, série A, n° 218, p. 23, § 45; *RSC* 1992, 143, obs. L.-E. Pettiti – CEDH 20 mars 2001, n° 33591/96, Bouchet c/France, *BICC* 535, n° 495 – CEDH 9 nov. 1999, n° 37786/97, Debboub c/France, *BICC* 506, n° 1 – F. Massias, *RSC* 2000, 239 – CEDH 6 janv. 2004, Rouille c/France, req. n° 50268/99, *D.* 2004, somm. 989, note H. Mehdi – CEDH 4e sect., 31 mai 2005, X... c/France, req. n°s 57547/00 et 68591/01, *BICC* 623, n° 1380.
2. CEDH 26 janv. 1993, n° 14379/88, W... c/Suisse, série A, n° 254, p. 16, § 33.
3. Sur ce point, G. Junosza-Zdrojewski, « La durée prolongée de la détention provisoire », *Gaz. Pal.* 11/12 juin 1993, 9.
4. CEDH 26 juin 1991, n° 12369/86, Letellier c/France, série A n° 207, préc.
5. CEDH 27 nov. 1991, n° 12325/86, n° 14992/89, Kemmache c/France, série A, n° 218, p. 23, § 45, préc.
6. CEDH 9 nov. 1999, n° 37786/97, Debboub alias Husseini Ali c/France, préc.
7. Sur l'arrêt *Debboub* et sur l'arrêt *Civet* du 28 sept. 1999, v. aussi F. Massias, *RSC* 2000, 239 s.
8. CEDH 6 janv. 2004, Rouille c/France, req. n° 50268/99, préc.
9. CEDH 4e sect., 31 mai 2005, X... c/France, req. n°s 57547/00 et 68591/01, préc.
10. CEDH 22 mars 1995, n° 18580/91, Quinn c/France, série A, n° 311.
11. CEDH 26 juin 1991, n° 12369/86, Letellier c/France, série A, n° 207, p. 18, § 35, préc.

mais le procureur de la République formait appel et la chambre d'accusation infirmait l'ordonnance du juge, se réservant le contentieux de la détention.

La chambre d'accusation devait par la suite rendre, entre le 1er février et le 24 août 1987 six arrêts de rejet de demandes de mise en liberté. La requérante était jugée les 9 et 10 mai 1988 et condamnée à trois ans d'emprisonnement, elle était libérée le 17 mai 1988. Dès le 21 août 1986 elle avait saisi la Commission européenne des droits de l'Homme et le 26 juin 1991, la Cour concluait à l'unanimité à la violation de l'article 5, § 3 de la Convention et condamnait l'État français à lui verser la somme de 21 433 francs pour frais et dépens.

Pour analyser les apports de l'arrêt Letellier il faut revenir sur les motifs invoqués par la chambre d'accusation à l'appui de ses différents refus de mise en liberté.

• **Ordre public.** Les différents arrêts de la chambre d'accusation soulignaient la nécessité de préserver l'ordre public du trouble causé par l'assassinat. La Cour européenne va admettre que dans des circonstances exceptionnelles, par leur gravité particulière et par la réaction du public à leur accomplissement, certaines infractions peuvent susciter un trouble social de nature à justifier une détention provisoire dans un premier temps.

Mais le trouble à l'ordre public « qui doit être entendu comme trouble de l'opinion publique devant la libération d'un suspect », ne peut découler uniquement de la gravité d'un crime ou des charges pesant sur l'intéressé; par ailleurs, la détention ne demeure légitime que si l'ordre public reste effectivement menacé au moment de la phase de décision : placement, prolongation, demande de mise en liberté... [1]

Ces précisions confortent une conception restreinte de la notion d'ordre public, sauf à préciser que les cas dévolus à la Cour européenne mettent toujours en cause la remise en liberté de l'intéressé (et non son placement en détention puisque la Cour ne se prononce sur ces points qu'à l'occasion du contrôle du délai raisonnable).

• Il fallait empêcher l'inculpée d'exercer des pressions sur les témoins : sur ce point la Cour reconnaît qu'un risque réel de pressions sur les témoins peut avoir existé à l'origine mais estime qu'il s'atténua et même disparut avec le temps.

• On pouvait redouter un risque de fuite : la Cour apporte ici une précision importante en spécifiant que celui-ci ne peut s'apprécier uniquement sur la base de la gravité de la peine encourue (v. s[s] n°s 142.61, 142.62). On ne saurait donc se satisfaire d'un critère purement objectif pour motiver la non garantie de représentation.

Une appréciation subjective, c'est-à-dire prenant en compte les éléments de l'espèce doit donc éclairer précisément les raisons qui fondent l'inquiétude des juges.

Cette précision de la Cour, déjà entrevue dans l'arrêt Neumeister 27 juin 1968 [2] et réaffirmé depuis notamment dans l'arrêt Tomasi, précité [3] est capitale car la pratique de viser l'absence de garantie de représentation dès que la personne encourt une peine importante est fréquente.

• Le contrôle judiciaire ne permettait pas de pallier le risque de fuite ou de pression sur les témoins : à cet égard la Cour va préciser que lorsqu'une détention ne se prolonge qu'en raison de la crainte de voir l'accusé se soustraire à sa comparution ultérieure devant ses juges, il échet d'élargir l'intéressé s'il peut fournir des garanties adéquates de représentation, par exemple le versement d'une caution et la Cour va constater que la chambre d'accusation ne s'est jamais expliquée sur ce point.

Cette exigence, qui apparaît ici sous la forme du cautionnement, était en contradiction avec la jurisprudence de la chambre criminelle avant l'entrée en vigueur de la loi du 30 décembre 1996. Depuis, la motivation du caractère insuffisant du contrôle judiciaire en cas de placement ou de prolongation de la détention est exigée. Elle l'est pour les refus de mise en liberté depuis l'entrée en vigueur de la loi du 15 juin 2000.

144.44 Autre exemple : l'affaire IA c/France [4]. Cette affaire a été jugée le 23 septembre 1998. Le 21 juin 1991 le cadavre d'une jeune femme fut repêché dans le chenal du port des Sables d'Olonne. Il était bâillonné, la victime avait les dents brisées et portait des plaies à la tête et les traces d'un lien sur le cou. Le mari de la victime fut mis en examen et incarcéré le 7 décembre 1991. Au cours de sa détention provisoire, l'intéressé déposa plusieurs demandes de mise en liberté. Par un arrêt du 24 janvier 1996, la chambre d'accusation de la cour d'appel d'Angers renvoya l'intéressé devant la cour d'assises

1. Sur ce point L. E. Pettiti, *RSC* n° 4\91 – V. aussi CEDH 27 nov. 1991, n° 12325/86, n° 14992/89, Kemmache c/France, série A n° 218, préc. – CEDH 27 août 1992, n° 12850/87, Tomasi c/France, série A, n° 241-4.

2. CEDH 27 juin 1968, n° 1936/63, Neumeister c/Autriche, série A, n° 8, p. 37, § 10.
3. CEDH 27 août 1992, n° 12850/87, Tomasi c/France, série A, n° 241-4, p. 37, § 98, préc.
4. CEDH 23 sept. 1998, n° 28213/95, I.A. c/France, *Rec.* 1998-VII.

du département de Maine et Loire. Il fut condamné le 20 mars 1997, date de la fin de la détention de l'article 5-3 selon la Cour.

À l'unanimité, la Cour décide que cette détention de plus de cinq ans est contraire à l'article 5-3 de la Convention alors que dans le même temps, la procédure n'est pas considérée contraire au délai de l'article 6-1 du même texte. La Cour stigmatise les décisions du magistrat instructeur ou de la juridiction du second degré.

Sur le critère d'ordre public, il est indiqué que « celles des décisions qui étayent quelque peu ce motif » se bornent à faire abstraitement référence à la nature du crime en cause, aux circonstances dans lesquelles il a été commis, et parfois aux réactions des proches de la victime.

De même la pauvreté de la motivation est soulignée en ce qui concerne les garanties de représentation, le danger de fuite décroissant avec le temps et alors que les « autorités judiciaires ont omis de spécifier en quoi il y avait lieu de considérer présentement qu'il persistait durant plus de cinq années ». Le risque de concertation avait quant à lui, au fil du temps, perdu de sa pertinence. Enfin, d'autres critères furent utilisés par intermittence (nécessité de protéger l'intéressé, risque de pression sur les témoins). La Cour marque son incompréhension devant le fait que les risques de pression « aient pu fluctuer de la sorte » ou que les dangers courus par l'inculpé aient pu disparaître ou réapparaître régulièrement. Cet arrêt est donc également riche d'enseignements sur le sérieux et la constance dans l'invocation des critères que doit revêtir la motivation des décisions de rejet de mise en liberté.

144.45 Jurisprudence de la chambre criminelle. La chambre criminelle refuse de contrôler la conformité de la détention provisoire avec l'article 5-3 de la Convention : elle y voit une pure question de fait qui échappe à son contrôle. Elle n'a ainsi jamais déclaré une détention irrégulière en se fondant sur sa durée excessive. Elle contrôle seulement le point de savoir si les juges du fond ont répondu à la question du délai si celle-ci a été soulevée[1]. Le problème principal abordé par les juridictions du fond tient moins à la longueur intrinsèque de la détention qu'aux moments prolongés d'inactivité, eu égard aux difficultés de chaque espèce. La sanction de la violation de l'article 5-3 est la remise en liberté mais n'a pas de conséquence sur la validité de la procédure. La sanction de la violation du délai raisonnable est la remise en liberté de la personne et non la nullité de la procédure : « Attendu qu'un arrêt de la Cour européenne des droits de l'Homme constatant le non-respect du délai raisonnable de l'article 6, paragraphe 1, de la Convention européenne de sauvegarde des droits de l'Homme et des libertés fondamentales, s'il permet à celui qui s'en prévaut de demander réparation, est sans incidence sur la validité des procédures relevant du droit interne.[2] »

Le même raisonnement peut être tenu en ce qui concerne l'article 5-3[3].

Le prévenu qui se prévaut de l'article 5-3 précité, invoque en vain un arrêt de la Cour européenne des droits de l'Homme rendu dans la même affaire, qui a constaté le non respect d'un délai raisonnable. En effet, si un « arrêt de cette cour permet à celui qui s'en prévaut de demander réparation, il est sans incidence sur la validité des procédures relevant du droit interne »[4]. Quand la violation de l'article 5-3 de la Convention est invoquée, la chambre d'accusation doit à peine de nullité répondre dans son arrêt aux articulations du mémoire[5]. Doit ainsi être cassé l'arrêt de la chambre d'accusation qui, saisie d'une demande de mise en liberté, ne répond pas au mémoire de l'inculpé qui soutenait que faute d'avoir été jugé dans un délai raisonnable il devait être remis en liberté en application de l'article 5-3 de la Convention européenne[6].

Il s'agit là toutefois d'un cas classique de cassation pour défaut de réponse à conclusion.

La notion de délai raisonnable dans lequel l'article 5-3 de la Convention européenne donne à une personne le droit d'être jugée est nécessaire-

1. Crim. 19 févr. 1986, n° 86-90.186, *Bull. crim.*, n° 66 – Crim. 5 nov. 1987, n° 87-83.502, *Bull. crim.*, n° 391 – Crim. 26 juill. 1989, n° 89-82.918, *Bull. crim.*, n° 299 – Crim. 20 janv. 1993, n° 92-85.534, *Bull. crim.*, n° 32 – Crim. 9 mai 1994, n° 94-81.196, *Bull. crim.*, n° 173 – Crim. 18 mai 1998, n° 98-81.085, *Bull. crim.*, n° 167; *Gaz. Pal.* 21/22 oct. 1998, 26 – Crim. 10 juill. 2002, n° 02-83.452, NP – Crim. 20 nov. 2002, n° 02-86.157, NP.
2. Crim. 3 févr. 1993, n° 92-83.443, *Bull. crim.*, n° 57; *JCP G* 1994, II, 22197, note P. Chambon – V. aussi *Dr. pén.* 1995, comm. 22.
3. En ce sens, *Dr. pén.* 1995, comm. 22.
4. Crim. 3 févr. 1993, n° 92-83.443, *Bull. crim.*, n° 57, préc.? – Crim. 4 mai 1994, n° 93-84.547, *Bull. crim.*, n° 166; *JCP G* 1994, II, 22349, note P. Chambon.
5. Crim. 19 févr. 1986, n° 86-90.186, *Bull. crim.*, n° 66 – Crim. 23 déc. 1986, n° 86-95.501, *Bull. crim.*, n° 386 – Crim. 20 janv. 1993, n° 92-85.534, *Bull. crim.*, n° 32, préc. – Crim. 9 mai 1994, n° 94-81.196, *Bull. crim.*, n° 173.
6. Crim. 19 févr. 1986, n° 86-90.186, *Bull. crim.*, n° 66, préc. – Crim. 5 nov. 1987, n° 87-83.502, *Bull. crim.*, n° 391 – Crim. 26 juill. 1989, n° 89-82.918, *Bull. crim.*, n° 299 – Crim. 20 janv. 1993, n° 92-85.534, *Bull. crim.*, n° 32, préc. – Crim. 9 mai 1994, n° 94-81.196, *Bull. crim.*, n° 173, préc. – Crim. 18 mai 1998, n° 98-81.085, *Bull. crim.*, n° 167, préc.

ment indissociable du contexte d'ensemble de l'affaire soumise à la justice et fait essentiellement référence à un examen objectif des faits de la cause. Spécialement ce délai a été respecté lorsque l'instruction, bien qu'ayant duré plus de dix-huit mois, a progressé de façon continue, sans temps morts ni lacunes et sans retards inexpliqués[1]. C'est ce dernier élément qui semble fondamental.

144.46 Limites de l'article 5-3. Selon une jurisprudence constante de la Cour européenne, l'article 5-3 de la Convention n'est utilisable que jusqu'à la date du jugement de condamnation même si cette condamnation n'est pas définitive. La signification du mot « jugement » n'était en effet pas évidente. On pouvait y voir le jugement dans une expression générique, ou le jugement définitif, ou le jugement exécutoire...[2] C'est ainsi que dans l'arrêt I.A. c/France du 23 septembre 1998, la Cour européenne des droits de l'Homme[3] souligne qu'à partir de la date de la condamnation par la Cour d'assises, la détention entre dans le cadre de l'article 5-1 a) de la Convention même si la chambre criminelle a cassé et « annulé » l'arrêt de condamnation. Durant le temps passé entre l'arrêt d'assises et l'arrêt de la chambre criminelle, il était détenu « après condamnation par un tribunal compétent » et non « en vue d'être conduit devant l'autorité judiciaire compétente » malgré l'effet rétroactif en droit français de ladite annulation.

Cette théorie a été adoptée par la chambre criminelle de la Cour de cassation dans un arrêt du 18 novembre 1998[4] : « Attendu qu'après déclaration du bien fondé de l'accusation dirigée contre lui, un accusé ne peut, dans l'attente de la décision de la Cour de cassation, saisie de son pourvoi contre l'arrêt de la cour d'assises, bénéficier des dispositions de l'article 5-3 de la Convention européenne des droits de l'Homme qui accordent à toute personne arrêtée ou détenue le droit d'être jugée dans un délai raisonnable ou libérée pendant la procédure; que ce n'est qu'après une cassation ne laissant rien subsister de la déclaration de culpabilité, qu'il recouvre l'usage de ce droit jusqu'à ce qu'il ait été à nouveau jugé au fond; qu'il en résulte qu'en cas de pourvoi, une chambre d'accusation, saisie d'une demande de mise en liberté formée en application de l'article 148-1, alinéa 3, du Code de procédure pénale, n'est pas autorisée à libérer un accusé sur le fondement des dispositions conventionnelles précitées. »

On remarquera que l'accusé recouvre ce droit après que l'arrêt de la cour d'assises (ou de la cour d'appel) ait été cassé. Après la décision de jugement c'est l'article 5, § 1 a qui est susceptible de s'appliquer, qui autorise la privation de liberté d'un individu « s'il est détenu régulièrement après condamnation par un tribunal compétent ».

144.47 L'article 144-1 du Code de procédure pénale. La loi du 30 décembre 1996 a, pour la première fois, introduit en droit interne la notion de durée raisonnable que ne peut excéder la détention provisoire, au regard de la gravité des faits et des investigations nécessaires. Plusieurs arrêts de cassation sont intervenus mais simplement parce qu'il n'avait pas été répondu aux moyens des mémoires qui faisaient état d'un dépassement de la durée raisonnable de la détention[5]. L'article 144-1 du Code de procédure pénale ne s'applique pas à la détention d'un accusé se trouvant sous l'effet de l'ordonnance de prise de corps. Dans ce cas il appartient à l'accusé qui demande sa mise en liberté d'invoquer expressément une méconnaissance de son droit à être jugé dans un délai raisonnable, prévu par l'article 5 paragraphe 3, de la Convention européenne de sauvegarde des droits de l'Homme et des libertés fondamentales[6]. L'article 144-1, alinéa 2, du Code de procédure pénale dispose que le juge d'instruction ou s'il est saisi, le juge des libertés et de la détention doit ordonner la mise en liberté immédiate de la personne placée en détention provisoire [...] dès lors que les conditions prévues à l'article 144 [...] ne sont plus réunies. Cet article ne concerne à notre avis que les magistrats qui y sont énumérés[7]. Cela ne change rien au principe selon lequel n'importe quelle juridiction, lorsqu'elle est saisie et constate que les conditions de placement en détention provisoire ne sont pas réunies doit remettre la personne en liberté. L'estimation de la durée de la détention provisoire au regard du délai raisonnable de l'article 144-1 du Code de procédure pénale relève de l'appréciation souveraine de la

1. CA Paris, 4e ch. acc., 29 sept. 1988, *D.* 1989, jur. 43, note J.-P. Henne.
2. Sur ce point, « Des difficultés d'application de l'article 5, § 3 de la Conv. EDH », *Dr. pén.* mai 1999.
3. CEDH 23 sept. 1998, no 28213/95, IA c/France, *Rec.* 1998-VII, préc.
4. Crim. 18 nov. 1998, no 98-86.561, *Bull. crim.*, no 306; *BICC* 1er mars 1999, no 237; *D.* 1999, jur. 97, note Pradel.
5. Crim. 23 avr. 1997, no 97-80.720, *Bull. crim.*, no 142 – Crim. 22 juill. 1997, no 97-82.854, no 97-82.777, *Bull. crim.*, no 277; *Dr. pén.* 1997, comm. 162, 2 arrêts – Crim. 2 sept. 1997, no 97-83.234, *Bull. crim.*, no 291; *Dr. pén.* 1997 comm. 162 – A. Maron, « La détention nouvelle est arrivée », *Dr. pén.* 1998, chron. no 1.
6. Crim. 22 juill. 1997, no 97-82.854, no 97-82.777, *Bull. crim.*, no 277, préc. – Crim. 31 mars 1998, no 98-80.173, *Bull. crim.*, no 120; *Procédures* 1998, comm. 179, obs. Buisson; *Dr. pén.* 1999, chron 14, Marsat.
7. *Contra*, Roujou de Boubée, note ss C. assises Gironde, 10 oct. 1997, *D.* 1998, jur. 173.

chambre de l'instruction. C'est la même solution que celle donnée par la chambre criminelle à propos du contrôle du délai des articles 5 et 6 de la Convention[1].

SECTION 5
DURÉE DE LA DÉTENTION EN MATIÈRE CRIMINELLE APPLICABLE AUX MAJEURS

144.51 Évolution. Le système de la détention provisoire à échéances successives, qui était originairement appliqué en toute matière (C. pr. pén., art. 139), a été supprimé en matière criminelle par la loi du 17 juillet 1970. Il a été rétabli par la loi du 6 juillet 1989 (C. pr. pén., art. 145-2) et maintenu par la loi du 4 janvier 1993, mais les délais de renouvellement ne sont pas les mêmes qu'en matière correctionnelle. Depuis la loi du 6 juillet 1989, en matière criminelle, « la personne mise en examen ne peut être maintenue en détention au-delà d'un an ». Toutefois, celle-ci peut être prolongée pour une durée qui, de un an, a été réduite à six mois par la loi du 30 décembre 1996. Cette décision peut être renouvelée (C. pr. pén., art. 145-2). La législation antérieure à 2000 ne fixait pas de limite à la détention en dehors de l'application de l'article 5-3 de la Convention européenne des droits de l'Homme. En matière criminelle, la loi du 15 juin 2000 a posé pour la première fois le principe d'une détention criminelle limitée dans le temps en fonction du quantum de la peine encourue, du lieu où a été commis l'infraction, de la qualification des faits poursuivis.

144.52 Détention provisoire limitée à deux ans. Cette détention concerne les infractions punies de 10 ou 15 ans de réclusion criminelle. Toutefois, même dans ces hypothèses, la détention peut être plus longue si l'un des éléments constitutifs de l'infraction a été commis à l'étranger ou s'il s'agit de plusieurs « plusieurs crimes mentionnés aux livres II et IV » du Code pénal.

144.53 Détention provisoire limitée à trois ans. La détention provisoire ne peut excéder trois ans lorsque la personne encourt soit vingt ans, soit trente ans, soit la réclusion ou la détention criminelle à perpétuité sauf le cas où l'un des éléments de l'infraction a été commis à l'étranger et dans l'hypothèse de pluralité de crimes du livre II ou IV ou encore lorsque l'un des crimes spécifiquement énuméré a été commis. 1° L'article 145-2 du Code de procédure pénale limitant, en matière criminelle, la durée de la détention provisoire, n'est applicable que jusqu'à l'ordonnance de règlement. Justifie sa décision l'arrêt qui refuse d'ordonner la mise en liberté d'office d'une personne mise en examen qui a été renvoyée devant le tribunal correctionnel avant l'expiration du délai maximum de trois ans prévu par l'article 145-2 du Code de procédure pénale[2].

144.54 Détention provisoire limitée à quatre ans. C'est le cas lorsque la peine encourue est de 20 ans, 30 ans ou la réclusion criminelle à perpétuité et que l'un des éléments constitutifs de l'infraction est commis à l'étranger; quelle que soit la peine encourue s'il s'agit de plusieurs crimes des livres II et IV du Code pénal ou des infractions de trafic de stupéfiants, terrorisme, proxénétisme, extorsion de fonds ou pour un crime commis en bande organisée. En ce qui concerne ces dernières incriminations, il suffit de la commission d'un seul crime pour que la détention provisoire puisse atteindre 4 ans.

144.55 Prolongation exceptionnelle par la chambre de l'instruction. La loi du 9 septembre 2002 a également prévu un mécanisme de prolongation « exceptionnelle » lorsque les délais ci-dessus étaient épuisés, par la chambre de l'instruction « À titre exceptionnel, lorsque les investigations du juge d'instruction doivent être poursuivies et que la mise en liberté de la personne mise en examen causerait pour la sécurité des personnes et des biens un risque d'une particulière gravité, la chambre de l'instruction peut prolonger pour une durée de quatre mois les durées prévues au présent article. La chambre de l'instruction, devant laquelle la comparution personnelle du mis en examen est de droit, est saisie par ordonnance motivée du juge des libertés et de la détention selon les modalités prévues par le dernier alinéa de l'article 137-1, et elle statue conformément aux dispositions des articles 144, 144-1, 145-3, 194, 197, 198, 199, 200, 206 et 207. Cette décision peut être renouvelée une fois sous les mêmes conditions et selon les mêmes modalités.

Les dispositions du présent article sont applicables jusqu'à l'ordonnance de règlement. » Une disposition similaire bien que d'une portée un peu moindre existe également pour la prolongation en matière correctionnelle (C. pr. pén., art. 145-1 - V. ss n° 144.77).

1. Crim. 1er oct. 2002, n° 02-84.980, NP – Crim. 3 juin 2003, n° 03-81.389, *Bull. crim.*, n° 111; *D.* 2003, IR 1944; *JCP* 2003, IV, 2372; *Dr. pén.* 2003, chron. 26, obs. Maron.

2. Crim. 27 sept. 2005, n° 05-84.234, *Bull. crim.*, n° 236; *Gaz. Pal.* 24/25 mars 2006, 31, note Y. Monnet.

144.56 TABLEAU DE PROLONGATION DE LA DÉTENTION PROVISOIRE CRIMINELLE « MAJEURS ».

Pénalité encourue	Nature du crime	Prolongation (détention initiale 1 an) (C. pr. pén., art. 145-2)	Révocations Contrôle judiciaire (C. pr. pén., art. 141-3)	Prolongation exceptionnelle (C. pr. pén., art. 145-2)
10 ou 15 ans	Crime unique ou plusieurs crimes mais non mentionnés au livre II et IV du Code pénal Ne fait pas partie de la liste spéciale permettant un régime de 4 ans	6 mois + 6 mois Maximum 2 ans *Si un élément constitutif du crime commis hors du territoire national : maximum 3 ans*	Max + 4 mois	Max + 4 mois + 4 mois
Égale ou supérieure à 20 ans	Crime unique ou plusieurs crimes mais non mentionnés au livre II et IV du Code pénal Ne fait pas partie de la liste spéciale permettant un régime de 4 ans	6 mois + 6 mois + 6 mois… Maximum 3 ans *Si un élément constitutif du crime commis hors du territoire national : maximum 4 ans*	Max + 4 mois	Max + 4 mois + 4 mois
Indifférente	Plusieurs crimes mentionnés aux livres II et IV du Code pénal	6 mois + 6 mois + 6 mois… Maximum 4 ans	Max + 4 mois	Max + 4 mois + 4 mois
En relation avec l'infraction visée	Trafic de stupéfiants Terrorisme Proxénétisme Extorsion de fonds Crime commis en bande organisée	6 mois + 6 mois + 6 mois… Maximum 4 ans	Max + 4 mois	Max + 4 mois + 4 mois

SECTION 6
DURÉE DE LA DÉTENTION EN MATIÈRE CRIMINELLE APPLICABLE AUX MINEURS

144.61 Les mineurs de moins de treize ans. En matière criminelle la détention provisoire est proscrite pour le mineur de 13 ans.

144.62 Le mineur de moins de 16 ans. Le mineur de 16 ans, c'est-à-dire celui qui avait entre 13 ans révolus et 16 ans lors de la commission des faits peut être placé en détention provisoire pour une durée de 6 mois. À l'expiration de ce délai la détention peut être prolongée pour la même durée mais une seule fois seulement (ord. 2 févr. 1945, art. 11, al. 4). Les problèmes d'utilisation du critère de l'ordre public pour les mineurs de moins de seize ans, qui découlait d'imprécisions dans les renvois ont disparu depuis la nouvelle rédaction de l'article 11 de l'ordonnance du 2 février 1945, issue de la loi du 9 septembre 2002.

144.63 Le mineur de moins de 18 ans. En matière criminelle la détention des mineurs de 18 ans ressemble beaucoup à celle des majeurs. La seule différence tient en effet à l'impossibilité de prolonger la détention au-delà de deux ans sans que les exceptions prévues par l'article 145-2 pour les majeurs ne soient applicables (ord. 2 févr. 1945, art. 11, al. 5).

Mais le délai de détention effective peut être plus long puisque les délais ne concernent que la procédure avant renvoi devant la juridiction de jugement. Il faut toujours avoir à l'esprit que ce délai de deux ans est celui qui précède l'ordonnance de mise en accusation. Si celle ci est rendue avant l'expiration de ce délai, la détention continuera de plein droit. Cette détention pourra donc effectivement durer plus de deux ans. Bien que les textes ne le précisent pas, on doit considérer que l'article 145-3 du Code de procédure pénale est applicable aux mineurs.

SECTION 7
DURÉE LÉGALE DE LA DÉTENTION EN MATIÈRE CORRECTIONNELLE APPLICABLE AUX MAJEURS

144.71 Évolution. Depuis la loi du 6 août 1975 la prolongation de la détention provisoire en matière correctionnelle est étroitement réglementée. Auparavant la loi du 17 juillet 1970 permettait des renouvellements par tranches de quatre mois, sans limitation. La loi du 6 août 1975 a été réformée par les lois des 9 juillet 1984, 6 juillet 1989, 4 janvier 1993, 24 août 1993, 30 décembre 1996, du 15 juin 2000 et du 9 septembre 2002.

Avant l'entrée en vigueur de la loi du 15 juin 2000, en matière correctionnelle, la détention provisoire ne peut excéder quatre mois. Toutefois, à l'expiration de ce délai, le juge d'instruction peut la prolonger par ordonnance spécialement motivée comportant par référence aux dispositions de l'article 144 du Code de procédure pénale l'énoncé des considérations de droit et de fait qui constituent le fondement de la décision (C. pr. pén., art. 145-1, al. 1). Le principe d'une détention correctionnelle de quatre mois connaît donc immédiatement une dérogation qui permet au juge, sans condition particulière de prolonger cette détention.

Cette prolongation dépend de plusieurs critères : la peine encourue; le casier judiciaire. Dans la situation la plus favorable, la détention correctionnelle ne peut excéder six mois : la prolongation de la détention provisoire ne peut être ordonnée qu'une fois et pour une durée n'excédant pas deux mois, si la personne n'a pas déjà été condamnée, pour crime ou délit de droit commun, soit à une peine criminelle, soit à une peine d'emprisonnement sans sursis d'une durée supérieure à un an et si elle n'encourt par une peine d'emprisonnement supérieure à 5 ans (C. pr. pén., art. 145-1, al. 2) [1].

La situation de la personne détenue au regard des dispositions ci-dessus est appréciée au jour de la décision de prolongation. Il suffit qu'à cette date les condamnations de l'intéressé soient définitives [2].

Les hypothèses particulières favorables à la personne et proscrivant une détention provisoire supérieure à 6 mois sont assujetties à la réunion cumulative des conditions du texte. À titre exceptionnel, le juge d'instruction peut à l'expiration de ce délai, décider de prolonger la détention provisoire pour une durée qui ne peut excéder quatre mois. Il le fait après débat contradictoire et par ordonnance spécialement motivée comportant l'énoncé des considérations de droit et de fait qui constituent son fondement.

La détention ne peut jamais être supérieure à 1 an lorsque la peine encourue est inférieure ou égale à cinq ans. Cette innovation est due à la loi du 30 décembre 1996. Toutefois, elle se révèle d'une faible portée. En effet, dès lors que la peine encourue est inférieure ou égale à cinq ans, le détenu bénéficie du régime le plus favorable examiné ci-dessus à l'exception du cas où il a un casier judiciaire portant trace d'une condamnation à plus d'un an d'emprisonnement ferme.

Ce régime de détention ne peut donc se rencontrer que pour ces cas précis : peine encourue inférieure ou égale à cinq ans et casier judiciaire comportant une peine ferme de plus d'un an.

Second tempérament : lorsque la peine encourue est supérieure à cinq ans d'emprisonnement, la décision initiale de prolongation peut être renouvelée selon la même procédure, sous réserve, lorsque la peine encourue est inférieure à 10 ans d'emprisonnement, que la personne mise en examen ne soit pas maintenue en détention provisoire plus de deux ans (C. pr. pén., art. 145-1, al. 3).

Troisième tempérament : la détention n'est pas limitée dans le temps sauf délai raisonnable (régime antérieur à la loi du 15 juin 2000). Dernière innovation de la loi du 30 décembre 1996, lorsque quel que soit le casier judiciaire la personne encourt 10 ans d'emprisonnement, la détention ne connaît pas de limite dans le temps sauf la notion de délai raisonnable de l'article 5-3 de la Convention européenne des droits de l'Homme (et désormais du C. pr. pén., art. 144-1).

Ce dernier niveau de prolongation concerne tout de même une infraction dont la poursuite est très fréquente devant nos tribunaux : le trafic de stupéfiants. La loi du 15 juin 2000 a encore totalement modifié ces données.

144.72 La loi du 15 juin 2000 : les règles générales. En matière correctionnelle, la détention ne peut excéder quatre mois. Toutefois, le juge d'instruction peut la prolonger, selon les distinctions qui suivent. Aucune prolongation ne peut dépasser quatre mois (C. pr. pén., art. 145-1, al. 1er et 3).

La prolongation ne s'applique pas au cours du supplément d'information ordonné par la chambre de l'instruction [3] (v. ss nos 243.00 s.). Au cas d'extradition, la détention part de l'incarcération en France qui suit l'arrestation à l'étranger [4].

En cas de révocation du contrôle judiciaire, la durée cumulée des détentions ne peut excéder de plus de quatre mois la durée maximale de la détention prévue aux articles 145-1 et 145-2. Lorsque la peine encourue est inférieure à celle mentionnée à l'article 143-1, la durée totale des détentions ne peut excéder 4 mois (C. pr. pén., art. 141-3). La grande modification apportée à la matière par la loi du 15 juin 2000 est la nécessité, dès ce quatrième mois, de prolonger la détention provisoire après débat contradictoire. C'est une charge nouvelle qui est de la compétence des juges des libertés et de la détention mais le magistrat instructeur doit le prévenir de son intention et rendre une ordonnance de saisine motivée.

Il résulte de la combinaison des articles 114, alinéa 2, 145-2, alinéa 1er, et 803-1 du Code de

1. V. Crim. 7 janv. 1986, no 85-95.287, *Bull. crim.*, no 9.
2. Crim. 21 juill. 1981, no 81-92.933, *Bull. crim.*, no 234.
3. Crim. 5 oct. 1960, *Bull. crim.*, no 424 – Crim. 2 déc. 1971, no 71-92.789, *Bull. crim.*, no 336; *D.* 1972, 190; *JCP G* 1972, II, 17062, note P. Chambon.
4. Crim. 29 juin 1967, *D.* 1968, 305, note J. Honorat – Crim. 1er juin 1976, no 76-90.922, *Bull. crim.*, no 194; *JCP G* 1977, II, 18758, note P. Chambon.

procédure pénale que la décision sur la prolongation de la détention provisoire ne peut être prise qu'après un débat contradictoire auquel l'avocat du mis en examen a été convoqué au plus tard cinq jours ouvrables avant ledit débat, par lettre recommandée avec demande d'avis de réception, télécopie avec récépissé ou verbalement avec émargement au dossier de la procédure ou encore par un envoi adressé par un moyen de télécommunication à l'adresse électronique de l'avocat et dont il est conservé une trace écrite. Encourt la censure l'arrêt qui, pour écarter l'exception de nullité du débat contradictoire préalable à une prolongation, prise de l'absence de convocation, devant le juge des libertés et de la détention, de l'avocat de la personne mise en examen, après avoir constaté que la convocation de l'avocat avait été expédiée par télécopie à l'adresse d'un tiers, retient, d'une part, que, s'agissant d'un débat sur la prolongation de la détention, et non d'un placement en détention, la présence de l'avocat n'est pas obligatoire et, d'autre part, que l'appelant, lors du débat, n'ayant ni revendiqué la présence de son avocat ni sollicité le report de ce débat, aucun grief n'est établi ni même allégué. En effet, l'absence de convocation de l'avocat au débat contradictoire ayant empêché celui-ci d'assister le demandeur, portait nécessairement atteinte aux intérêts de celui-ci[1].

144.73 Détention limitée à quatre mois. L'article 145-1 du Code de procédure pénale dispose qu'« en matière correctionnelle, la détention provisoire ne peut excéder quatre mois si la personne mise en examen n'a pas déjà été condamnée pour crime ou délit de droit commun, soit à une peine criminelle, soit à une peine d'emprisonnement sans sursis d'une durée supérieure à un an et lorsqu'elle encourt une peine inférieure ou égale à cinq ans ». Avant l'entrée en vigueur de la loi du 15 juin 2000, le régime le plus favorable était de six mois c'est-à-dire de quatre mois plus une prolongation de deux mois. Les conditions sont cumulatives : une peine encourue inférieure ou égale à 5 ans, et un casier judiciaire ne portant pas trace d'une condamnation supérieure à un an d'emprisonnement.

144.74 Détention limitée à un an. Dans le cas où la personne ne se trouve pas dans le cas le plus favorable examiné ci-dessus : « À titre exceptionnel, et sous réserve des dispositions de l'article 145-3, le juge des libertés et de la détention peut décider de prolonger la détention provisoire pour une durée qui ne peut excéder quatre mois par une ordonnance motivée conformément aux dispositions de l'article 137-3 et rendue après un débat contradictoire organisé conformément aux dispositions du sixième alinéa de l'article 145, l'avocat ayant été convoqué selon les dispositions du deuxième alinéa de l'article 114. Cette décision peut être renouvelée selon la même procédure, sous réserve des dispositions de l'article 145-3, la durée totale de la détention provisoire ne pouvant excéder un an. » Dès lors que la peine par la personne mise en examen est supérieure à cinq ans et même si elle n'a pas déjà été condamnée à une peine sans sursis supérieure à un an d'emprisonnement, sa détention provisoire peut être prolongée dans les conditions prévues par l'article 145-1 alinéa 2 du Code de procédure pénale[2].

La loi du 15 juin 2000 a apporté l'exigence de la tenue d'un débat contradictoire même pour la première prolongation correctionnelle, ce qui est une nouveauté. Chaque prolongation excédant huit mois (c'est-à-dire en fait à compter de la prolongation du huitième mois) doit se faire en précisant les indications particulières qui justifient en l'espèce la poursuite de l'information et le délai prévisible d'achèvement de la procédure (v. s[s] n° 144.32). Comme en matière criminelle une exception est prévue pour le cas où il y aurait un risque d'entraver l'accomplissement des investigations (C. pr. pén., art. 145-3, al. 2). La jurisprudence a affirmé qu'« encourt la cassation l'arrêt d'une chambre d'accusation qui confirme le rejet de la demande de mise en liberté d'une personne mise en examen détenue depuis plus de huit mois pour des faits correctionnels sans donner ces indications particulières »[3]. Le juge d'instruction, bien que la loi ne lui en fasse pas obligation, peut donner à son collègue, dans son ordonnance de saisine, tous éléments lui permettant de connaître les perspectives d'achèvement du dossier et les actes à intervenir.

144.75 Détention limitée à deux ans. La durée maximale de la détention provisoire est portée à deux ans dans deux hypothèses : soit parce qu'un des faits constitutifs de l'infraction a été commis hors du territoire national soit lorsque la personne est poursuivie pour certaines infractions énumérées par le texte de l'article 145-1 : trafic de stupéfiants, terrorisme, association de malfaiteurs, proxénétisme, extorsion de fonds ou pour une infraction commise en bande organisée et qu'elle encourt une peine égale à dix ans d'emprisonnement. Justifie sa décision la chambre de l'instruction qui énonce que la détention provisoire pouvait être prolongée au-

1. Crim. 4 déc. 2007, n° 07-86.794, *Bull. crim.*, n°, 297; *AJ pén.*, févr. 2008; *Proc. pén.*, 95, obs. S. Lavric.

2. Crim. 14 mars 2006, n° 06-80.056, *Bull. crim.*, n° 68; *JCP G* 2006, IV, 1821; *AJ pén.* 2006, 220, note C. Girault.

3. Crim. 19 août 1997, n° 97-82.998, n° 97-83.014, *Bull. crim.*, n°s 283 et 284.

delà d'un an, par application des dispositions de l'article 145-1 du Code de procédure pénale, dès lors que l'un des faits constitutifs tant de l'abus de confiance que de l'escroquerie aggravés reprochés à la personne mise en examen a été commis hors du territoire national[1].

144.76 Détention limitée à trois ans. La loi du 9 septembre 2002 a allongé le délai maximum en matière correctionnelle pour le délit spécifique d'association de malfaiteurs terroristes prévu par l'article 421-2-1 du Code pénal. Elle a introduit dans le Code de procédure pénale un nouvel article 706-24-3 portant à trois ans la durée totale de la détention provisoire pour cette infraction[2]. Outre l'emplacement inadéquate de ce texte dans le Code, on remarquera que la détention provisoire la plus longue en matière correctionnelle est désormais plus importante que la détention la moins longue en matière criminelle.

144.77 La détention peut être exceptionnellement prolongée par la chambre de l'instruction. La loi du 9 septembre 2002 est revenue sur les dispositions de la loi du 15 juin 2000. L'article 145-1 a été complété par un nouvel alinéa qui prévoit qu'à titre exceptionnel, lorsque les investigations du juge d'instruction doivent être poursuivies et que la mise en liberté de la personne mise en examen causerait pour la sécurité des personnes et des biens un risque d'une particulière gravité, la chambre de l'instruction peut prolonger pour une durée de quatre mois les durées de deux, trois ou quatre ans prévus par ces articles. Les nouvelles dispositions précisent que la chambre de l'instruction, devant laquelle la comparution personnelle du mis en examen est de droit, est saisie par ordonnance motivée du juge des libertés et de la détention selon les modalités prévues par le dernier alinéa de l'article 137-1, et qu'elle statue conformément aux dispositions des articles 144, 144-1, 145-3, 194, 197, 198, 199, 200, 206 et 207. C'est le juge d'instruction qui doit solliciter en ce sens le juge des libertés et de la détention par ordonnance motivée.

Le juge des libertés et de la détention demeure libre de saisir ou non la chambre de l'instruction. Ce mécanisme n'est possible que si la durée maximale de la détention était de deux ans au moins.

144.78 TABLEAU DE LA DURÉE DE DÉTENTION CORRECTIONNELLE « MAJEURS ».

Peine encourue	Antécédents judiciaires	Prolongation (détention initiale 4 mois)	Révocations Contrôle judiciaire (C. pr. pén., art. 141-3)	Prolongation exceptionnelle Ch. inst. (C. pr. pén., art. 145-1)
< = 5 ans	Pas de cond. crim. ni correct. de plus d'un an ferme	Pas de prolongation	4 mois max.	Aucune
< = 5 ans	Condamnation criminelle ou Cond. sup. à 1 an ferme	4 + 4 max. 1 an …………………… *Si élément constitutif du délit commis à l'extérieur du territ. national : max. 2 ans*	Durée maximale plus 4 mois	Aucune ………… Plus 4 mois
> 5 ans	Indifférent	4 + 4 max. : 1 an *Si élément constitutif du délit commis à l'extérieur du territ. national* : max. 2 ans	Durée maximale plus 4 mois	Aucune Plus 4 mois
Trafic de stupéfiants Terrorisme Association de malfaiteurs Proxénétisme Extorsion de fonds Infraction commise en bande organisée et peine encourue au moins égale à 10 ans	Indifférent	4 + 4 + 4 + *4* + *4* Max. : 2 ans	Durée maximale plus 4 mois	*Plus 4 mois*
Association de malfaiteurs en matière terroriste		Max. 3 ans		Aucune

1. Crim. 20 févr. 2002, n° 01-88.116, *Bull. crim.*, n° 39.

2. Crim. 11 mars 2003, n° 02-88.146, *Bull. crim.*, n° 61; *D.* 2003, IR 1077; *D.* 2003, somm. 1729, note J. Pradel; *JCP G* 2003, IV, 1811.

144.79 **Un cas particulier : la prolongation de la détention après intervention d'une ordonnance de mise en liberté assujettie au paiement d'un cautionnement préalable.** Lorsque le juge d'instruction ou le juge des libertés et de la détention ordonne la mise en liberté d'une personne détenue en assortissant celle ci de l'obligation de verser un cautionnement avant sa libération, la personne ne sera libérée que lorsqu'elle aura réalisé la condition. Il en est de même lorsque c'est la chambre de l'instruction qui ordonne la mise en liberté sous contrôle judiciaire avec obligation de verser un cautionnement : cette décision est « dépourvue d'effet si la personne concernée n'exécute pas, dans le délai qui lui est imparti, l'obligation dont est assortie sa mise en liberté[1] ». Peut alors se poser le problème de la prolongation de cette détention si elle arrive à échéance. Doit-on prolonger une détention lorsqu'on a pris une ordonnance de mise en liberté, fût-elle conditionnée au versement d'un cautionnement ? La chambre criminelle a répondu par l'affirmative, en toute logique. En effet, l'intéressé demeure, de fait, en détention. On ne voit pas en quoi le fait d'avoir « bénéficié » d'une remise en liberté sous contrôle judiciaire pourrait empêcher la détention d'être renouvelée.

Les règles prévues par l'article 145-1 du Code de procédure pénale pour justifier la prolongation de la détention provisoire, selon lesquelles l'ordonnance la prescrivant doit comporter l'énoncé des considérations de droit et de fait qui en constituent le fondement par référence aux dispositions de l'article 144 du même code ne souffrent aucune exception. : elles s'imposent notamment, lors de la prolongation de la détention d'une personne ayant fait l'objet d'une mesure de placement sous contrôle judiciaire sous condition de fournir un cautionnement préalablement à sa mise en liberté et qui n'a pas exécuté cette obligation (le principe énoncé est désormais posé par l'article 137-3 du Code de procédure pénale)[2].

Cette mise en liberté sous contrôle judiciaire avec obligation de verser un cautionnement laisse subsister la détention provisoire, laquelle continue avec toutes ses dispositions et notamment celle exigeant l'intervention d'ordonnances motivées pour justifier les prolongations de l'incarcération[3].

« L'intéressé demeure, dès lors, détenu en vertu de la décision antérieure du juge d'instruction, et ce magistrat, s'il entend ordonner la prolongation de la détention, doit rendre une ordonnance motivée conformément aux exigences des articles 144 et 145 du Code de procédure pénale, sans toutefois être tenu de justifier sa décision par des circonstances nouvelles survenues depuis la décision de mise en liberté sous contrôle judiciaire.[4] » Les circonstances nouvelles ne sont en effet exigées que dans l'hypothèse d'une nouvelle incarcération. Tel n'est pas le cas ici puisque le juge ne prolonge la détention que parce qu'une condition posée à la mise en liberté de l'individu n'est pas réalisée. La décision de mise en liberté sous condition de versement d'une caution demeure-t-elle valable après cette ordonnance de prolongation ? Oui, pour les mêmes raisons et il ne semble pas que le juge puisse rapporter cette ordonnance, en l'absence, justement, de circonstances nouvelles. Il en irait différemment si le juge avait prévu un délai pour le versement (ce qui est peu usuel en matière de versement préalable à la libération alors que c'est systématique lorsque le cautionnement est imposé à une personne libre). Le magistrat instructeur peut toutefois parfaitement décider que le versement ne conditionnera pas la remise en liberté. La personne est alors immédiatement remise en liberté.

SECTION 8
DURÉE DE LA DÉTENTION EN MATIÈRE CORRECTIONNELLE APPLICABLE AUX MINEURS

144.81 **La détention provisoire du mineur en matière correctionnelle** est possible ou non, selon l'âge qu'il avait au moment de la commission des faits. La détention provisoire des mineurs de 13 ans est prohibée depuis la loi du 30 décembre 1987. Depuis cette même loi, la détention des mineurs de 16 ans en matière correctionnelle n'était plus possible. Elle a été réintroduite dans notre droit par la loi du 9 septembre 2002 mais seulement par le biais de la violation d'un contrôle judiciaire spécifique dont les conditions ont été modifiées par la loi n° 2007-297 du 5 mars 2007. La détention provisoire des mineurs de 18 ans c'est-à-dire des mineurs ayant au moins 16 ans révolus au moment de la commission des faits ne peut excéder deux mois (un mois plus un mois avec débat contradictoire) lorsque la peine encourue n'est pas supérieure à 7 ans d'emprisonnement. Dans les autres cas, les dispositions du premier alinéa de l'article 145-1 du Code de procédure pénale sont applicables (ord. 2 févr. 1945, art. 11, al. 2). Toutefois, la prolongation doit être ordonnée conformément aux dispositions du quatrième alinéa de l'article 145 du Code de procédure pénale et elle ne peut être prolongée au-delà d'un an c'est-à-dire que les prolongations ont lieu par portion de quatre

1. Crim. 12 févr. 1997, n° 96-85.629, *Bull. crim.*, n° 58.
2. Crim. 20 janv. 1993, n° 92-85.534, *Bull. crim.*, n° 32.
3. Crim. 28 nov. 1972, n° 72-92.698, *Bull. crim.*, n° 360; *JCP* 1973, II, 17326 – Crim. 20 déc. 1983, n° 83-94.128, *Bull. crim.*, n° 349.
4. Crim. 12 févr. 1997, n° 96-85.629, *Bull. crim.*, n° 58, préc.

mois avec un maximum de 1 an et un débat contradictoire doit être organisé lors de chaque prolongation (ord. 2 févr. 1945, art. 11, al. 3).

Il convient donc de distinguer deux hypothèses. Dans un nombre assez élevé de cas, le mineur ne peut être détenu pendant plus de 2 mois (un mois plus un mois avec débat contradictoire obligatoire à l'issue du premier mois). C'est le cas lorsque la peine encourue est inférieure ou égale à 7 ans. Sauf à retenir de multiples circonstances aggravantes, à retenir au départ une qualification criminelle, ou à se trouver en présence d'infractions faisant encourir 10 ans d'emprisonnement (comme les infractions à la législation sur les stupéfiants), la détention des mineurs de 18 ans est donc limitée. D'autant qu'il n'est pas toujours simple d'organiser rapidement un débat contradictoire de prolongation (avec convocation de l'avocat du mineur 5 jours ouvrables au moins avant la date du débat contradictoire). Lorsque la peine encourue est supérieure à 7 ans, la détention est ordonnée pour 4 mois et peut être prolongée par périodes équivalentes. La détention totale ne doit pas excéder un an.

144.82 **La loi du 9 septembre 2002 a modifié les règles concernant le contrôle judiciaire des mineurs.** Les mineurs d'au moins 13 ans peuvent être assujettis à de nouvelles obligations tandis qu'il ne semble plus possible d'imposer au mineur de 13 à 16 ans en matière correctionnelle les anciennes obligations prévues à l'article 138 du Code de procédure pénale. La nouveauté principale est la possibilité de placer des mineurs, sous certaines conditions, dans des centres éducatifs fermés.

Le non respect du placement en centre éducatif fermé peut entraîner la révocation du contrôle judiciaire et le placement en détention du mineur de 16 ans y compris en matière correctionnelle, contrairement aux dispositions de la législation antérieure (v. s[s] n°s 132.51 et 132.52). Depuis l'entrée en vigueur de la loi du 9 septembre 2002, en cas de non respect du contrôle judiciaire consistant en l'obligation de demeurer dans un centre éducatif fermé, le juge des enfants ou le juge d'instruction saisit le juge des libertés et de la détention qui est seul compétent pour révoquer ledit contrôle. Le renouvellement du placement en centre éducatif fermé est valable pour 6 mois et doit être également motivé.

La loi sur la prévention de la délinquance du 5 mars 2007 aggrave la situation des mineurs de moins de seize ans. Le placement sous contrôle judiciaire du mineur de moins de seize ans en matière correctionnelle est possible dès lors qu'il encourt une peine supérieure à 7 ans sans que le mineur ait auparavant fait l'objet de mesures éducatives (v. s[s] n° 132.33).

144.83 **Durée.** Dans le cas de révocation d'un contrôle judiciaire d'un mineur de 16 ans en matière correctionnelle, la durée de la détention est fixée à quinze jours, renouvelable une fois, s'il s'agit d'un délit puni de moins de dix ans d'emprisonnement et d'un mois, renouvelable une fois, s'il s'agit d'un délit puni de dix ans d'emprisonnement (ord. 2 févr. 1945, art. 11-2). Le renouvellement se fait par ordonnance motivée mais le débat contradictoire n'est pas prévu expressément par la loi. Il existe des problèmes pratiques indéniables : compte tenu des délais, il faudrait quasiment prévoir le renouvellement le jour du placement ! Il n'en demeure pas moins que c'est le seul cas aujourd'hui où un débat contradictoire n'est pas prévu, et pour ceux qui sont les plus jeunes parmi les détenus.

144.84 **Le Seat est obligatoirement consulté** avant toute réquisition de placement en détention provisoire du mineur ou de prolongation de la détention provisoire (ord. 2 févr. 1945, art. 12, al. 2). Avant toute prolongation de détention en matière correctionnelle à l'exception des infractions où la peine encourue est au moins égale à 10 ans, le juge d'instruction doit faire réaliser une enquête rapide comme cela est le cas lors du placement, dès lors que la personne exerce l'autorité parentale exclusive sur un mineur de moins de 16 ans qui a chez elle sa résidence habituelle.

144.85 **Article 11-1 de l'ordonnance du 2 février 1945.** Depuis l'entrée en vigueur de la loi du 15 juin 2000, la durée cumulée des détentions résultant de révocations de contrôle judiciaire pour les mêmes faits ne peut dépasser de plus d'un mois la durée maximale de la détention prévu à l'article 11 de l'ordonnance du 2 février 1945.

144.86 DURÉE DE LA DÉTENTION CRIMINELLE ET CORRECTIONNELLE « MINEURS ».

Peine encourue	Antécédents judiciaires	Prolongations	Révocation Contrôle judiciaire (ord. 2 févr. 1945, art. 11-1)
Mineurs de 13 à 16 ans			
Criminelle	Indifférent	Détention initiale 6 mois + 6 mois : max 1 an	Max + 1 mois
Révocation CJ (CEF) Plus peine correctionnelle encourue égale à 10 ans	Indifférent	Détention initiale : 1 mois + 1 mois : max 2 mois	Pas de délai supplémentaire
Révocation CJ (CEF) Plus peine correctionnelle encourue inférieure à 10 ans	Indifférent	Détention initiale : 15 jours + 15 jours : max 1 mois	Pas de délai supplémentaire

Mineurs de 16 à 18 ans			
Criminelle	Indifférent	Détention initiale 1 an + 6 mois + 6 mois Max : 2 ans	Max + 1 mois
> 7 ans	Indifférent	Détention initiale : 4 mois + 4 mois + 4 mois Max : 1 an	Max + 1 mois
< ou = 7 ans	Indifférent	Détention initiale 1 mois + 1 mois Max : 2 mois	Max + 1 mois

SECTION 9
FIN DE LA DÉTENTION PROVISOIRE

144.91 Le règlement de la procédure. Le dessaisissement des juridictions d'instruction par l'ordonnance ou l'arrêt de renvoi devant le tribunal correctionnel met fin de plein droit à la détention provisoire (C. pr. pén., art. 179, al. 2, 213, al. 2)[1]. À la différence de l'ordonnance de règlement correctionnel, l'ordonnance de transmission des pièces ne mettait pas fin à la détention provisoire et le mandat d'arrêt ou de dépôt conservait sa force exécutoire jusqu'à ce qu'il ait été statué par la chambre d'accusation (C. pr. pén., art. 181, al. 2)[2].

En cette matière aussi, la loi du 15 juin 2000 a apporté de profonds changements. En effet il n'existe plus de double degré obligatoire en matière criminelle. Le juge d'instruction rend lui même une ordonnance de mise en accusation et de prise de corps qui saisit la juridiction d'assises. La personne mise en accusation peut faire appel de cette ordonnance (C. pr. pén., art. 186) et si elle est détenue, la chambre de l'instruction doit alors statuer dans un délai de 4 mois (C. pr. pén., art. 186-2). La loi du 9 mars 2004 a modifié encore une fois les règles applicables en cette matière : l'ordonnance de prise de corps est supprimée et le mandat de dépôt survit au renvoi en matière criminelle (v. s[s] n° 214.73).

La détention provisoire prend également fin par l'effet de l'ordonnance de non-lieu ou de renvoi devant le tribunal de police (C. pr. pén., art. 177 et 179, al. 2). Elle peut encore cesser prématurément par la mise en liberté d'office ou sur demande de la personne (C. pr. pén., art. 147 et 148).

En revanche, ainsi qu'il a déjà été noté, le mandat d'arrêt non encore exécuté au moment du règlement, n'est pas caduc, et permet donc l'arrestation ultérieure[3] (v. s[s] n° 122.71).

144.92 Maintien en détention. Toutefois, lors de son renvoi devant le tribunal correctionnel, le prévenu peut être maintenu en état de détention provisoire jusqu'à sa comparution devant ce tribunal par une ordonnance distincte spécialement motivée d'après les éléments de l'espèce, par référence à certains critères de l'article 144 (C. pr. pén., art. 179, al. 3 - V. s[s] n° 142.37).

Originairement, l'ordonnance de maintien en détention provisoire cessait de produire effet à l'expiration d'un délai de quatre mois, qui a été réduit à deux mois par la loi du 6 août 1975 (C. pr. pén., art. 179, al. 4). Ce délai prend effet immédiatement, dans tous les cas, même si l'ordonnance est frappée d'appel[4]. Les mêmes pouvoirs appartiennent à la chambre de l'instruction qui opère renvoi devant le tribunal correctionnel (C. pr. pén., art. 213, al. 2). Quand elle déclare irrecevable l'appel de l'ordonnance de renvoi, elle a qualité pour rendre elle-même une décision de maintien en détention qui garde effet pendant le même délai de deux mois[5].

L'article 76 de la loi du 15 juin 2000 a remplacé les trois derniers alinéas de l'article 179 par deux alinéas ainsi rédigés : « Le prévenu en détention est immédiatement remis en liberté si le tribunal correctionnel n'a pas commencé à examiner au fond à l'expiration d'un délai de deux mois à compter de la date de l'ordonnance de renvoi.

Toutefois, si l'audience sur le fond ne peut se tenir avant l'expiration de ce délai, le tribunal peut, à titre exceptionnel, par une décision mentionnant les raisons de fait ou de droit faisant obstacle au jugement de l'affaire, ordonner la prolongation de la détention pour une nouvelle durée de deux mois. La comparution personnelle du prévenu est de droit si lui même ou son avocat en font la demande.

1. Crim. 15 mars 1994, n° 93-85.906, *Bull. crim.*, n° 96.
2. Crim. 1er déc. 1966, *D.* 1967, 23, rapp. Costa – Crim. 19 sept. 1990, n° 90-84.317, *Bull. crim.*, n° 318 – Crim. 4 mars 1992, n° 91-86.867, *Bull. crim.*, n° 98.
3. Crim. 4 févr. 1976, n° 75-93.036, *Bull. crim.*, n° 44 – Crim. 28 nov. 1989, n° 89-84.212, *Bull. crim.*, n° 445 – Crim. 29 sept. 1992, n° 92-82.584, *Bull. crim.*, n° 290.
4. Crim. 2 déc. 1971, n° 71-92.789, *Bull. crim.*, n° 336; *D.* 1972, 190; *JCP G* 1972, II, 17062, note P. Chambon.
5. Crim. 2 déc. 1971, n° 71-92.789, *Bull. crim.*, n° 336, préc.

Cette décision peut être renouvelée une fois dans les mêmes formes. Si le prévenu n'a pas été jugé à l'issue de cette nouvelle prolongation, il est remis immédiatement en liberté.

Lorsqu'elle est devenue définitive, l'ordonnance mentionnée au troisième alinéa couvre, s'il en existe, les vices de la procédure. »

En conséquence, lorsque le tribunal ne peut statuer au fond dans le délai de deux mois il peut non plus « maintenir » en détention mais prolonger la détention pour une nouvelle durée de deux mois. La différence est de taille puisqu'après le maintien, nous avons dit que plus aucun délai n'était applicable. Par ailleurs, après une deuxième prolongation, selon les mêmes critères, l'affaire doit être « jugé ». En résumé, tout prévenu correctionnel qui a fait l'objet d'une instruction et qui est renvoyé détenu devant la juridiction de jugement doit être jugé dans un délai maximum de 6 mois à compter de l'ordonnance de renvoi. La jurisprudence présentée sur la notion de comparution devrait conserver un intérêt. La circulaire du 20 décembre 2000 (II n° 1.2)[1] préconise de « procéder comme sous l'empire des textes anciens, en citant le prévenu devant le tribunal dans les deux mois de l'ordonnance de renvoi, le tribunal renvoyant alors l'affaire en même temps qu'il statuera sur la prolongation de la détention, en présence de l'intéressé, même si celui-ci n'a pas formulé de demande de comparution personnelle ». Une jurisprudence plus ancienne avait fixé les règles de computation du délai de deux mois : le point de départ de ce délai de deux mois est la date de l'ordonnance de maintien en détention même si celle-ci est frappée d'appel[2]. Le point extrême est constitué par le jour de la comparution[3]. Lors de la comparution devant le tribunal, le mandat devient caduc et l'intéressé doit être mis en liberté si le tribunal n'ordonne pas son maintien en détention par une décision motivée[4].

Si le prévenu comparaît plus de deux mois après l'ordonnance de renvoi, les juges ne peuvent plus prolonger une détention devenue irrégulière par la caducité du titre qui lui sert de support[5]. Dans ce cas de figure la juridiction doit en tirer toutes les conséquences et mettre l'intéressé en liberté. La Cour de cassation relève d'office le moyen et annule l'arrêt qui n'aurait pas tiré les conséquences d'une absence de décision ou d'un jugement irrégulier[6]. La jurisprudence a aussi éclairci ce qui était susceptible de caractériser cette « comparution ». C'est ainsi qu'il fut jugé que la comparution se prolonge pendant toute la durée des débats pour ne se terminer qu'avec le prononcé du jugement[7]. Si l'audience se poursuit sur plusieurs journées, il n'est pas nécessaire qu'il soit statué sur la détention chaque soir. La circulaire du 31 décembre 1970[8] le certifie d'ailleurs expressément en indiquant que « la comparution n'est pas un événement instantané consistant dans la venue du prévenu à l'audience, mais un fait qui se prolonge pendant toute la durée des débats même s'ils s'étendent sur plusieurs audiences et jusqu'à clôture de ceux-ci par un jugement ». En fait, il suffisait que le procès ait commencé pour qu'on puisse considérer que la comparution était intervenue en temps utile même si les débats duraient plus longtemps.

De même, lorsque l'affaire est mise en délibéré, il n'appartient pas à la juridiction de statuer à ce moment-là sur la détention. Le mandat de dépôt reste exécutoire jusqu'à la fin du délibéré[9]. L'attendu de principe est le suivant : « Il se déduit des dispositions des articles 179 et 464-1 du Code de procédure pénale que la comparution d'un prévenu détenu devant une juridiction correctionnelle se prolonge pendant toute la durée des débats et, si l'affaire a été mise en délibéré, jusqu'à la clôture de ceux ci par la juridiction de jugement... Cette comparution ne fait cesser de plein droit la détention provisoire qu'au prononcé dudit jugement lequel doit alors statuer sur le maintien en détention par une décision spécialement motivée.[10] »

Par ailleurs, si toutefois on pouvait en douter, la mise en délibéré n'est pas susceptible d'appel, puisque le jugement n'existe pas encore[11].

144.93 Motivation du maintien en détention. En cas de maintien en détention provisoire, les éléments de l'espèce expressément énoncés dans l'ordonnance doivent justifier cette mesure particu-

1. Circ. CRIM-00-16/F1, 20 déc. 2000.
2. Crim. 2 déc. 1971, n° 71-92.789, *Bull. crim.*, n° 336; *D.* 1972, 190; *JCP G* 1972, II, 17062, note P. Chambon.
3. Crim. 7 nov. 1989, n° 89-85.005, *Bull. crim.*, n° 395; *JCP G* 1990, IV, 54.
4. Crim. 16 sept. 1972, n° 72-92.755, *Bull. crim.*, n° 264; *D.* 1973, jur. 330, note Le Tourneau – Crim. 13 mars 1978, n° 77-92.579, *Bull. crim.*, n° 92; *D.* 1978, IR 343, obs. Roujou de Boubée; *RSC* 1979, 110, obs. J. Robert – Crim. 26 mars 1985, n° 84-95.476, *Bull. crim.*, n° 125 – Crim. 7 nov. 1989, n° 89-85.005, *Bull. crim.*, n° 395, préc.
5. Crim. 7 nov. 1989, n° 89-85.005, *Bull. crim.*, n° 395, préc.
6. Crim. 1er oct. 1975, n° 74-90.796, *Bull. crim.*, n° 199 – Crim. 14 juin 1976, n° 76-91.477, *Bull. crim.*, n° 211.
7. Crim. 16 sept. 1972, n° 72-92.755, *Bull. crim.*, n° 264, préc.
8. Circ. 31 déc. 1970, *D.* 1971, lég. 37.
9. Crim. 7 mai 1985, n° 85-90.018, *Bull. crim.*, n° 171 – Crim. 25 juin 1986, n° 85-95.498, *Bull. crim.*, n° 226; *D.* 1987, somm. 78, obs. Pradel.
10. Crim. 25 juin 1986, n° 85-95.498, *Bull. crim.*, n° 226, préc.
11. CA Nancy, 23 sept. 1987, *JCP G* 1988, II, 21024.

lière par la nécessité d'empêcher une pression sur les témoins ou les victimes, de prévenir le renouvellement de l'infraction, de protéger le prévenu ou de garantir son maintien à la disposition de la justice. Jusqu'à la loi du 5 mars 2007, la même ordonnance pouvait également être prise lorsque l'infraction, en raison de sa gravité, des circonstances de sa commission ou de l'importance du préjudice qu'elle a causé, avait provoqué un trouble exceptionnel et persistant à l'ordre public auquel le maintien en détention provisoire demeurait l'unique moyen de mettre fin (C. pr. pén., art. 179, al. 3). Tel n'est plus le cas aujourd'hui en matière correctionnelle (depuis la loi du 5 mars 2007, applicable le 1er juillet de la même année).

144.94 Délais d'audiencement devant la cour d'assises. La loi du 15 juin 2000 a introduit des délais impératifs d'audiencement devant la cour d'assises. L'article 215-2 du Code de procédure pénale, modifié par la loi du 9 septembre 2002 dispose que « l'accusé détenu en raison des faits pour lesquels il est renvoyé devant la cour d'assises est immédiatement remis en liberté s'il n'a pas comparu devant celle-ci à l'expiration d'un délai d'un an à compter, soit de la date à laquelle la décision de mise en accusation est devenue définitive si l'accusé était alors déjà détenu, soit de la date à laquelle il a été ultérieurement placé en détention provisoire. Toutefois, si l'audience sur le fond ne peut débuter avant l'expiration de ce délai, la chambre de l'instruction peut, à titre exceptionnel, ordonner la prolongation des effets de l'ordonnance de prise de corps pour une nouvelle durée de six mois. La présence de l'accusé est de droit si lui même ou son avocat en font la demande ». Le délai d'un an prescrit par l'article 181 du Code de procédure pénale à l'issue duquel la personne détenue provisoirement doit comparaître devant la cour d'assises ou faire l'objet d'une décision de prolongation de sa détention, commence à courir à compter de la date à laquelle l'ordonnance de mise en accusation est devenue définitive et ne saurait être prorogé dans le cas où la personne concernée exécute dans le même temps une peine privative de liberté. Fait une exacte application de ce texte la chambre de l'instruction qui ordonne la mise en liberté d'office d'une personne accusée qui n'a pas comparu ou dont la détention n'a pas été prorogée, dans le délai légal, en énonçant que l'exécution d'une peine prononcée contre elle pour d'autres faits n'avait pas suspendu sa détention provisoire[1].

La loi du 15 juin 2000 avait aussi prévu des délais d'audiencement pour les accusés détenus ayant fait appel de la décision de la cour d'assises (C. pr. pén., art. 367) mais ces délais ont été supprimés par la loi du 9 septembre 2002. L'article 215-2 a lui aussi été abrogé par la loi Perben II mai ses dispositions ont été conservées au sein de l'article 181 alinéa 8 du Code de procédure pénale.

Lorsque la décision du juge des libertés et de la détention disant n'y avoir lieu à prolongation de la détention provisoire et ordonnant la mise en liberté sous contrôle judiciaire de la personne mise en examen n'a pas encore pris effet au moment ou l'ordonnance de mise en accusation devant la cour d'assises est rendue, le mandat de dépôt conserve sa force exécutoire en application des dispositions de l'article 181, alinéa 7, du Code de procédure pénale, lesquelles ne sont pas incompatibles avec les principes définis par les articles préliminaires du même code et 6 de la Convention européenne des droits de l'homme[2]. La question a pu se poser en l'espèce parce que le juge des libertés et de la detention, saisi d'une demande de prolongation de la détention, avait rendu une ordonnance de mise en liberté dont il avait mentionné qu'elle serait exécutoire à la fin de la période de détention initiale. Mais le principe énoncé trouve toute son application à chaque fois que le JLD ne rend qu'une ordonnance de refus de prolongation de la détention.

144.95 Renvoi d'un détenu correctionnel devant la cour d'assises. La personne mise en examen pour des faits correctionnels peut être renvoyée détenue devant la cour d'assises. Le juge d'instruction doit alors prendre une ordonnance de maintien en détention conformément au troisième alinéa de l'article 179. Mais le détenu doit alors comparaître non dans un délai de 2 mois mais dans un délai de six mois (C. pr. pén., art. 181, al. 6).

144.96 Maintien en détention des mineurs. Pour la chambre criminelle « les dispositions de l'alinéa 2 de l'article 11 de l'ordonnance du 2 février 1945, limitant à deux mois, en matière correctionnelle, la détention provisoire des mineurs âgés d'au moins seize ans lorsque la peine encourue n'est pas supérieure à sept ans d'emprisonnement, ne sont applicables que jusqu'à l'ordonnance de règlement. À compter de cette décision, seules sont applicables, conformément à l'article 9 de l'ordonnance précitée, les dispositions de l'article 179 du Code de procédure pénale »[3]. Cette solution n'a pas été acquise d'évidence. La cour d'appel de Bordeaux, confir-

1. Crim. 22 nov. 2005, n° 05-86.295, *Bull. crim.*, n° 303; *AJ pén.* 2006, 26, note C. Saas; *Dr. pén.* 2006, n° 34, obs. J. Buisson; *RSC* 2006, 348, note D. Commaret – Pour un extrait v. ss n° 144.02; sur les incidences de cet arrêt v. aussi ss n° 148.52.
2. Crim. 11 juill. 2007, n° 07-83.106, *Bull. crim.*, n° 184; *D.* 2007, 2240; *JCP* 2007, IV, 2777.
3. Crim. 13 oct. 1992, n° 92-82.414, *Bull. crim.*, n° 319; *JCP G* 1993, IV, n° 182; *Dr. pén.* févr. 1993, n° 51.

mant un jugement du tribunal correctionnel de Bordeaux, avait par exemple considéré que les dispositions spécifiques de l'article 11, alinéa 2, de l'ordonnance du 2 février 1945, qui limitent à deux mois la détention provisoire des mineurs, devaient prévaloir sur celle de l'article 179 du Code de procédure pénale, qui permettent de maintenir une personne en détention [1].

Dans un sens contraire, la chambre d'accusation de Besançon exposait que : « S'il est exact que l'article 11, alinéa 2, de l'ordonnance du 2 février 1945 dispose qu'en matière correctionnelle, lorsque la peine encourue n'est pas supérieure à sept ans d'emprisonnement, la détention des mineurs d'au moins seize ans ne peut excéder un mois, renouvelable une seule fois, il convient cependant de noter que ce texte légal ne concerne que le régime de la détention provisoire en cours d'instruction et en aucun cas celui - distinct - du maintien en détention après ordonnance de renvoi, qui est régi par l'article 179 du Code de procédure pénale. L'ordonnance prescrivant le maintien en détention provisoire - qui cesse de produire effet à l'expiration d'un délai de 2 mois -, ne fait référence ni à la qualité de majeur ou mineur du prévenu, ni à la peine encourue, mais seulement aux dispositions de l'article 144 du Code de procédure pénale. [2] »

La Cour de cassation a finalement tranché, elle aussi, dans ce sens en décidant que « les dispositions de l'alinéa 2 de l'article 11 de l'ordonnance du 2 février 1945, limitant à deux mois, en matière correctionnelle, la détention provisoire des mineurs âgés d'au moins seize ans lorsque la peine encourue n'est pas supérieure à sept ans d'emprisonnement, ne sont applicables que jusqu'à l'ordonnance de règlement. À compter de cette décision, seules sont applicables, conformément à l'article 9 de l'ordonnance précitée, les dispositions de l'article 179 du Code de procédure pénale [3] ».

Dans un arrêt du 18 juin 1997 elle a rappelé le même principe en matière criminelle en exposant que : « La détention provisoire d'un mineur de 16 ans, mis en examen pour crime, peut s'étendre au-delà de la durée maximale prescrite par l'article 11, alinéa 5, de l'ordonnance du 2 février 1945 relative à l'enfance délinquante, lequel ne s'applique que jusqu'à l'ordonnance de transmission de pièces [4] » [5]. Elle a depuis encore rappelé la solution [6].

1. CA Bordeaux, 1er avr. 1992, inédit.
2. CA Besançon, ch. acc., 10 juill. 1991, deux arrêts, inédits.
3. Crim. 13 oct. 1992, n° 92-82.414, *Bull. crim.*, n° 319, préc., cassant l'arrêt de CA Bordeaux, 1er avr. 1992.
4. Crim. 18 juin 1997, n° 97-82.008, *Bull. crim.*, n° 244 – V. aussi CA Fort de France, ch. acc., 16 févr. 2000, *BICC* 518, n° 937.
5. V. aussi, Crim. 19 sept. 2001, n° 01-84.787, *Bull. crim.*, n° 186.

144.97 Effets du maintien en détention. Le tribunal correctionnel peut à son tour, par des motifs tirés de l'espèce, complétés par les motifs mêmes de la condamnation, maintenir en détention ou sous contrôle judiciaire, le prévenu qui y a déjà été maintenu par le juge d'instruction (C. pr. pén., art. 464-1 et 471) [7]. Les effets du maintien en détention ordonné par le juge d'instruction se prolongent jusqu'au jugement sur le fond [8].

144.98 C'est la règle inverse qui s'applique dans la procédure de jugement. D'une part, la comparution du prévenu devant le tribunal, qui n'a pas ordonné le maintien en détention, fait cesser de plein droit celle-ci [9]. D'autre part, l'appel du parquet n'a pas d'effet suspensif (C. pr. pén., art. 506 et 569) [10]. Il en résulte que le prévenu qui n'a pas été maintenu en détention par le tribunal se trouve en liberté d'office, ce que ne peut que constater la cour d'appel [11].

144.99 Un cas particulier : la question du maintien en détention du mineur de 16 ans en matière criminelle. Le maintien en détention du mineur de 16 ans en matière criminelle est une illustration des difficultés de mettre l'ordonnance du 2 février 1945 en conformité avec le Code de procédure pénale. On sait que ce mineur peut être placé en détention provisoire pour une durée de six mois renouvelable une fois.

À l'issue de l'information, comment s'effectue le renvoi de l'intéressé ?

Disons tout d'abord, et ce n'est pas sans intérêt pour l'interprétation à venir, que l'ordonnance du 2 février 1945 ne prévoit rien de particulier pour le maintien en détention du mineur. La seule mention particulière figurait dans l'article 9 et prévoyait que le juge d'instruction pouvait délivrer une ordonnance de prise de corps. Elle a été abrogée. Pour répondre désormais à cette question, il faut distinguer le cas où il n'existe qu'un (ou des) mineur(s) de 16 ans concerné(s) et le cas où il y a

6. Crim. 23 nov. 2005, n° 05-85.359, *Bull. crim.*, n° 309; *AJ pén.* 2006, 86, obs. C. Girault.
7. Crim. 7 janv. 1972, n° 71-92.387, *Bull. crim.*, n° 3; *D.* 1972, 318, note Lescure et E. Robert – Crim. 14 nov. 1972, n° 72-92.301, *Bull. crim.*, n° 341 – Crim. 18 déc. 1973, n° 73-93.070, *Bull. crim.*, n° 471.
8. Crim. 25 juin 1986, n° 85-95.498, *Bull. crim.*, n° 226, préc.
9. Crim. 16 sept. 1972, n° 72-92.755, *Bull. crim.*, n° 264 – Crim. 1er oct. 1975, n° 74-90.796, *Bull. crim.*, n° 199, préc.
10. CA Lyon, 4e ch. corr., 4 nov. et 25 nov. 1971, *JCP G* 1972, II, 17121, note A. Decocq – Crim. 13 mars 1978, n° 77-92.579, *Bull. crim.*, n° 92; *D.* 1978, IR 343.
11. Crim. 14 juin 1976, n° 76-91.477, *Bull. crim.*, n° 211 – Crim. 9 juill. 1980, n° 79-93.872, *Bull. crim.*, n° 221; *D.* 1981, 49, note D. Mayer.

des coauteurs, mineurs de 18 ans ou majeurs (ord. 2 févr. 1945, art. 9). L'article 9 de l'ordonnance de 1945, il a été modifié par la loi du 15 juin 2000, puis fin décembre 2000[1], puis le 9 mars 2004, mais les mêmes difficultés subsistent.

L'article 9 distingue dans deux alinéas deux situations distinctes :

« – le juge d'instruction rendra une des ordonnances suivantes :

4° "en cas de crime, soit une ordonnance de renvoi devant le tribunal pour enfants s'il s'agit d'un mineur de seize ans, soit dans le cas visé à l'article 20, une ordonnance de mise en accusation devant la cour d'assises des mineurs" ».

L'article 20 prévoit le renvoi du mineur âgé de seize ans au moins devant la cour d'assises des mineurs.

Seconde hypothèse : « Si le mineur a des coauteurs ou complices majeurs, [...] en cas de poursuite pour infraction qualifiée crime, il sera procédé à l'égard de toutes les personnes mises en examen conformément aux dispositions de l'article 181 du Code de procédure pénale; le juge d'instruction pourra soit renvoyer tous les accusés âgés de seize ans au moins devant la cour d'assises des mineurs, soit disjoindre les poursuites concernant les majeurs et renvoyer ceux-ci devant la cour d'assises de droit commun, les mineurs âgés de moins de seize ans seront renvoyés devant le tribunal pour enfants. »

Que le mineur soit ou non accompagné de majeur, dès lors qu'il a moins de seize ans, il ne peut être renvoyé devant la cour d'assises des mineurs. D'ailleurs l'option ouverte ne l'est qu'au bénéfice des majeurs, tout mineur âgé d'au moins seize ans devant comparaître devant la cour d'assises des mineurs. Devant celle-ci, l'article 181 est applicable, soit parce que le texte le dit expressément (pour le cas de renvoi mineurs/majeurs), soit parce que l'on peut appliquer le droit commun (le premier alinéa de l'article 9 édicte que le « le juge d'instruction procédera à l'égard du mineur dans les formes du chapitre 1er du titre III du livre Ier du Code de procédure pénale ».

Mais la question se pose d'une autre manière pour le renvoi devant le tribunal pour enfants pour crime.

L'article 9 étant muet sur le problème de la détention, on doit faire application du droit commun. Mais il ne faut pas oublier que l'article 179 du Code de procédure pénale commence ainsi : « si le juge estime que les faits constituent un délit... ». Tout cet article dépend donc de la qualification correctionnelle retenue. Or, le renvoi devant le tribunal pour enfants du mineur de moins de seize ans s'effectue ici pour crime. Pour autoriser le maintien en détention du mineur de moins de seize ans, il faut donc faire une application distributive du droit commun et considérer que la mention d'« ordonnance de renvoi devant le tribunal pour enfants » suffit à appliquer l'alinéa 3 de l'article 179 sur la rédaction de l'ordonnance de maintien en détention.

Quant au cas du mineur/majeur, sachant qu'« il sera procédé à l'égard toutes les personnes mises en examen conformément aux dispositions de l'article 181 du Code de procédure pénale », on pourrait considérer que cet article vaut pour tout ce qui ne concerne pas la nature de la juridiction de renvoi. Mais il faudrait alors considérer qu'il n'est pas nécessaire de rendre une ordonnance de maintien en détention, puisque l'article 181 évoque un mandat de dépôt qui conserve sa force exécutoire. Nous doutons de la valeur de cette dernière solution et d'un système qui distinguerait selon que le mineur est ou non accompagné d'un majeur pour évaluer la nécessité d'une ordonnance de maintien en détention. Soit on estime que l'application du « droit commun » concerne le renvoi devant une juridiction de jugement et que peu importe qu'il s'agisse d'un délit ou d'un crime et alors on peut renvoyer détenu un mineur de seize ans devant le tribunal des enfants, soit on constate un vide législatif et aucun maintien en détention n'est possible.

Il demeure en tout cas une ambiguïté que le législateur se devrait de lever.

144.100 Irresponsabilité pénale pour trouble mental. La loi du 25 février 2008 a modifié la procédure dans le cas où une personne peut faire l'objet d'une ordonnance d'irresponsabilité pénale fondée sur l'application de l'article 122-1, al. 1 du Code pénal (v. s[s] n° 214.37). Lorsque le dossier est transmis à la chambre de l'instruction, l'ordonnance de transmission de pièces ne met pas fin à la détention provisoire ou au contrôle judiciaire « qui se poursuit jusqu'à l'audience de la chambre de l'instruction, sans préjudice de la possibilité pour le juge d'instruction, par ordonnance distincte, d'ordonner la mise en lierté ou le contrôle judiciaire (C. pr. pén., art. 706-121). « S'il n'a pas été mis fin à la détention provisoire, la chambre de l'instruction doit statuer dans un délai de six mois en matière criminelle ou quatre mois en matière correctionnelle à compter de la date de l'ordonnance de transmission de pièces, à défaut de quoi la personne mise en examen est remise en liberté si elle n'est pas détenue pour une autre cause. » Sur l'irresponsabilité pénale pour cause de trouble mental, v. s[s] n°s 212.42, 214.37 et 247.00 s.

1. L. n° 2000-1354, 30 déc. 2000, *JO* 31 déc.

CHAPITRE

145. Voies de recours

SECTION 0 ORIENTEUR

145.00 **Plan du chapitre.**

Sect.	1	Appel
Sect.	2	Effets de l'appel
Sect.	3	Pouvoirs de la chambre de l'instruction en matière de détention provisoire
Sect.	4	Référé-liberté
Sect.	5	Référé-détention
Sect.	6	Effets de la décision de la Cour de cassation sur la détention

145.01 **Textes applicables.**

C. pr. pén., art. préliminaire, 137-3, 145-1, 145-2, 148, 148-1-1, 177, 179, 181, 185, 186,187-3, 213, 570, 571.

C. pr. pén., art. préliminaire

* V. s[s] n° 141.01.

C. pr. pén., art. 137-3

* V. s[s] n° 143.03.

C. pr. pén., art. 145-1

* V. s[s] n° 143.01.

C. pr. pén., art. 145-2

* V. s[s] n° 143.01.

C. pr. pén., art. 148 [L. n° 2004-204, 9 mars 2004]

En toute matière, la personne placée en détention provisoire ou son avocat peut, à tout moment, demander sa mise en liberté, sous les obligations prévues à l'article précédent.

La demande de mise en liberté est adressée au juge d'instruction, qui communique immédiatement le dossier au procureur de la République aux fins de réquisitions.

Sauf s'il donne une suite favorable à la demande, le juge d'instruction doit, dans les cinq jours suivant la communication au procureur de la République, la transmettre avec son avis motivé au juge des libertés et de la détention. Ce magistrat statue dans un délai de trois jours ouvrables, par une ordonnance comportant l'énoncé des considérations de droit et de fait qui constituent le fondement de cette décision par référence aux dispositions de l'article 144. Toutefois, lorsqu'il n'a pas encore été statué sur une précédente demande de mise en liberté ou sur l'appel d'une précédente ordonnance de refus de mise en liberté, les délais précités ne commencent à courir qu'à compter de la décision rendue par la juridiction compétente. Lorsqu'il a été adressé plusieurs demandes de mise en liberté, il peut être répondu à ces différentes demandes dans les délais précités par une décision unique.

La mise en liberté, lorsqu'elle est accordée, peut être assortie de mesures de contrôle judiciaire.

Faute par le juge des libertés et de la détention d'avoir statué dans le délai fixé au troisième alinéa, la personne peut saisir directement de sa demande la chambre de l'instruction qui, sur les réquisitions écrites et motivées du procureur général, se prononce dans les vingt jours de sa saisine faute de quoi la personne est mise d'office en liberté sauf si des vérifications concernant sa demande ont été ordonnées. Le droit de saisir dans les mêmes conditions la chambre de l'instruction appartient également au procureur de la République.

C. pr. pén., art. 148-1-1

Lorsqu'une ordonnance de mise en liberté d'une personne placée en détention provisoire est rendue par le juge des libertés et de la détention ou le juge d'instruction contrairement aux réquisitions du procureur de la République, cette ordonnance est immédiatement notifiée à ce magistrat. Pendant un délai de quatre heures à compter la notification de l'ordonnance au procureur de la République, et sous réserve de l'application des dispositions du dernier alinéa du présent article, la personne mise en examen ne peut être remise en liberté et cette décision ne peut être adressée pour exécution au chef de l'établissement pénitentiaire.

Le procureur de la République peut interjeter appel de l'ordonnance devant le greffier du juge des libertés et de la détention ou du juge d'instruction, en saisissant dans le même temps le premier président de la cour d'appel d'un référé-détention, conformément aux dispositions de l'article 187-3; l'appel et le référé-détention sont mentionnés sur l'ordonnance. La personne mise en examen et son avocat en sont avisés en même temps que leur est notifiée l'ordonnance, qui ne peut être mise à exécution, la personne restant détenue tant que n'est pas intervenue la décision du premier président de la cour d'appel et, le cas échéant, celle de la chambre de l'instruction. La personne mise en examen et son avocat sont également avisés de leur droit de faire des observations écrites devant le premier président de la cour d'appel. Faute pour le procureur de la République d'avoir formé un référé-détention, dans un délai de quatre heures à compter de la notification de l'ordonnance de mise en liberté, celle-ci, revêtue d'une mention du greffier indiquant l'absence de référé-détention, est adressée au chef d'établissement pénitentiaire et la personne est mise en liberté sauf si elle est détenue pour une autre cause.

Si le procureur de la République, ayant pris des réquisitions de maintien en détention, estime néanmoins ne pas avoir à s'opposer à la mise en liberté immédiate de la personne, et sans préjudice de son droit de former ultérieurement appel dans le délai prévu par l'article 185, il retourne l'ordonnance au magistrat qui l'a rendue en mentionnant sur celle-ci qu'il ne s'oppose pas à sa mise à exécution. La personne est alors mise en liberté, si elle n'est pas détenue pour une autre cause.

C. pr. pén., art. 177 [L. n° 2004-204, 9 mars 2004]

* V. s^s n° 143.01.

C. pr. pén., art. 179 [L. n° 2004-204, 9 mars 2004]

* V. s^s n° 143.01.

C. pr. pén., art. 181 [L. n° 2004-204, 9 mars 2004]

* V. s^s n° 143.01.

C. pr. pén., art. 185

Le procureur de la République a le droit d'interjeter appel devant la chambre de l'instruction de toute ordonnance du juge d'instruction ou du juge des libertés et de la détention.

Cet appel formé par déclaration au greffe du tribunal, doit être interjeté dans les cinq jours qui suivent la notification de la décision.

En cas d'appel par la personne mise en examen de l'ordonnance de mise en accusation prévue par l'article 181, le procureur de la République dispose d'un délai d'appel incident de cinq jours supplémentaires à compter de l'appel de la personne mise en examen.

Le droit d'appel appartient également dans tous les cas au procureur général. Il doit signifier son appel aux parties dans les dix jours qui suivent l'ordonnance du juge d'instruction ou du juge des libertés et de la détention.

C. pr. pén., art. 186 [L. n° 2007-291, 5 mars 2007]

Le droit d'appel appartient à la personne mise en examen contre les ordonnances et décisions prévues par les articles 80-1-1, 87, 139, 140, 137-3, 145-1, 145-2, 148, 167, quatrième alinéa, 179, troisième alinéa, et 181.

La partie civile peut interjeter appel des ordonnances de non-informer, de non-lieu et des ordonnances faisant grief à ses intérêts civils. Toutefois, son appel ne peut, en aucun cas, porter sur une ordonnance ou sur la disposition d'une ordonnance relative à la détention de la personne mise en examen ou au contrôle judiciaire.

Les parties peuvent aussi interjeter appel de l'ordonnance par laquelle le juge a, d'office ou sur déclinatoire, statué sur sa compétence.

L'appel des parties ainsi que la requête prévue par le cinquième alinéa de l'article 99 doivent être formés dans les conditions et selon les modalités prévues par les articles 502 et 503, dans les dix jours qui suivent la notification ou la signification de la décision.

Le dossier de l'information ou sa copie établie conformément à l'article 81 est transmis, avec l'avis motivé du procureur de la République, au procureur général, qui procède ainsi qu'il est dit aux articles 194 et suivants.

Si le président de la chambre de l'instruction constate qu'il a été fait appel d'une ordonnance non visée aux alinéas 1 à 3 du présent article, il rend d'office une ordonnance de non-admission de l'appel qui n'est pas susceptible de voies de recours. Il en est de même lorsque l'appel a été formé après l'expiration du délai prévu au quatrième alinéa ou lorsque l'appel est devenu sans objet. Le président de la chambre de l'instruction est également compétent pour constater le désistement de l'appel formé par l'appelant.

C. pr. pén., art. 187-3

Dans le cas prévu par le deuxième alinéa de l'article 148-1-1, le procureur de la République qui interjette appel d'une ordonnance de mise en liberté contraire à ses réquisitions dans un délai de quatre heures à compter de sa notification doit, à peine d'irrecevabilité, saisir dans le même temps le premier président de la cour d'appel ou, en cas d'empêchement, le magistrat qui le remplace, d'un référé-détention afin de déclarer cet appel suspensif. Le procureur de la République joint à sa demande les observations écrites justifiant le maintien en détention de la personne. La personne mise en examen et son avocat peuvent également présenter les observations écrites qu'ils jugent utiles.

Le premier président de la cour d'appel ou le magistrat qui le remplace statue au plus tard le deuxième jour ouvrable suivant la demande. Pendant cette durée, les effets de l'ordonnance de mise en liberté sont suspendus et la personne reste détenue. À défaut pour le premier président de la cour d'appel ou le magistrat qui le remplace de statuer dans ce délai, la personne est remise en liberté, sauf si elle est détenue pour une autre cause.

Le premier président de la cour d'appel ou le magistrat qui le remplace statue, au vu des éléments du dossier de la procédure, par une ordonnance motivée qui n'est pas susceptible de recours. À sa demande, l'avocat de la personne mise en examen peut présenter des observations orales devant ce magistrat, lors d'une audience de cabinet dont le ministère public est avisé pour qu'il y prenne, le cas échéant, ses réquisitions.

Si le premier président de la cour d'appel ou le magistrat qui le remplace estime que le maintien en détention de la personne est manifestement nécessaire au vu d'au moins deux des critères prévus par les dispositions de l'article 144 jusqu'à ce que la chambre d'instruction statue sur l'appel du ministère public, il ordonne la suspension des effets de l'ordonnance de mise en liberté jusqu'à cette date. La personne mise en examen ne peut alors être mise en liberté jusqu'à l'audience de la chambre de l'instruction devant laquelle sa comparution personnelle est de droit; la chambre de l'instruction doit se prononcer dans les plus brefs délais et au plus tard dans les dix jours de l'appel, faute de quoi la personne est mise d'office en liberté si elle n'est pas détenue pour une autre cause.

Dans le cas contraire, le premier président de la cour d'appel ou le magistrat qui le remplace ordonne que la personne soit mise en liberté si elle n'est pas détenue pour une autre cause.

À peine de nullité, le magistrat ayant statué sur la demande de référé-détention ne peut faire partie de la composition de la chambre de l'instruction qui statuera sur l'appel du ministère public.

La transmission du dossier de la procédure au premier président de la cour d'appel ou au magistrat qui le remplace peut être effectuée par télécopie.

C. pr. pén., art. 213
* V. s[s] n° 143.01.

C. pr. pén., art. 570
Lorsque le tribunal ou la cour d'appel statue par jugement ou arrêt distinct de l'arrêt sur le fond, le pourvoi en cassation est immédiatement recevable si cette décision met fin à la procédure. Si le président de la chambre criminelle constate qu'une décision a été à tort considérée par la partie intéressée comme mettant fin à la procédure, il apprécie si le pourvoi doit néanmoins être reçu dans l'intérêt de l'ordre public ou d'une bonne administration de la justice, ou si, au contraire, il ne doit pas être reçu, et rend d'office à cet effet une ordonnance d'admission ou de non-admission.

Dans le cas où la décision n'a pas mis fin à la procédure et jusqu'à l'expiration des délais de pourvoi, l'arrêt n'est pas exécutoire et la cour d'appel ne peut statuer au fond.

Si aucun pourvoi n'a été interjeté ou si, avant l'expiration du délai du pourvoi, la partie demanderesse au pourvoi n'a pas déposé au greffe la requête prévue par l'alinéa suivant, le jugement ou l'arrêt est exécutoire et le tribunal ou la cour d'appel statue au fond. Il en est de même, nonobstant les dispositions de l'alinéa suivant, en cas d'arrêt rendu soit sur appel d'une ordonnance du juge d'instruction en application des articles 81, neuvième alinéa, 82-1, deuxième alinéa, 156, deuxième alinéa, ou 167, quatrième alinéa, soit en raison du défaut, par le juge d'instruction, d'avoir rendu une telle ordonnance. Dans ces cas, si la procédure a été néanmoins transmise à la Cour de cassation, le président de la chambre criminelle ordonne qu'il en soit fait retour à la juridiction saisie.

Le demandeur en cassation peut déposer au greffe, avant l'expiration des délais de pourvoi, une requête adressée au président de la chambre criminelle de la Cour de cassation et tendant à faire déclarer son pourvoi immédiatement recevable.

C. pr. pén., art. 571
Le greffier avise le président du tribunal ou le premier président de la cour d'appel du dépôt de cette requête. Le jugement ou l'arrêt n'est pas exécutoire et il ne peut être statué au fond tant qu'il n'a pas été prononcé sur ladite requête.

Dès que le greffier a reçu le pourvoi et la requête, il fait parvenir celle-ci au président de la chambre criminelle ainsi qu'une expédition du jugement ou de l'arrêt et de la déclaration de pourvoi.

Le président de la chambre criminelle statue sur la requête par ordonnance dans les huit jours de la réception de ce dossier.

S'il rejette la requête, le jugement ou l'arrêt est exécutoire et le tribunal ou la cour d'appel se prononce au fond; aucun recours n'est recevable contre l'ordonnance du président et le pourvoi n'est alors jugé qu'en même temps que le pourvoi formé contre le jugement ou l'arrêt sur le fond.

Si, dans l'intérêt de l'ordre public ou d'une bonne administration de la justice, le président fait droit à la requête, il fixe la date à laquelle le pourvoi sera jugé.

La chambre criminelle doit statuer dans les deux mois qui suivent l'ordonnance du président, sans que puisse être soulevée devant elle une exception tirée de ce que le pourvoi formé contre la décision entreprise ne serait pas suspensif. L'exécution du jugement ou de l'arrêt est suspendue jusqu'à ce qu'intervienne l'arrêt de la chambre criminelle.

Les dispositions de l'article 570 et du présent article sont applicables aux pourvois formés contre les arrêts préparatoires, interlocutoires ou d'instruction rendus par les chambres de l'instruction à l'exception des arrêts visés au troisième alinéa de l'article 570.

Lorsque le président de la chambre criminelle déclare immédiatement recevable le pourvoi formé contre un arrêt de la chambre de l'instruction, saisie par application de l'article 173, il peut ordonner au juge d'instruction saisi de suspendre son information, à l'exception des actes urgents.

145.02 Jurisprudence de référence.

• L'irrégularité prétendue d'une ordonnance prolongeant la détention provisoire ne saurait être invoquée qu'à l'appui d'un appel interjeté contre cette décision.

Crim. 30 sept. 1992, n° 92-83.947, *Bull. crim.,* n° 297.

« Attendu qu'il ressort de l'arrêt attaqué et des pièces de la procédure que Nathan K..., inculpé d'abus de confiance, escroquerie, faux en écriture et usage, a été placé en détention provisoire le 31 janvier 1992; qu'à l'appui de son appel contre une ordonnance de refus de mise en liberté du 7 mai 1992, il a soutenu que sa détention était irrégulière en raison de la prolongation tardive de celle-ci par une ordonnance ultérieure du 31 mai 1992;

Attendu que, pour écarter les conclusions de l'inculpé et confirmer l'ordonnance de rejet de demande de mise en liberté, la chambre d'accusation énonce qu'elle n'est pas saisie, au jour où elle statue, d'un appel de l'ordonnance renouvelant la détention; Attendu qu'en statuant ainsi, la chambre d'accusation a justifié sa décision; qu'en effet, l'irrégularité prétendue d'une ordonnance prolongeant la détention provisoire ne saurait être invoquée qu'à l'appui d'un appel interjeté contre cette décision. »

• **La cassation de l'arrêt de la chambre de l'instruction au motif que le délai prévisible d'achèvement de la procédure n'était pas précisé n'entraîne pas la mise en liberté de l'intéressé, qui demeure détenu jusqu'à ce qu'il ait été statué par la chambre de l'instruction de renvoi.**

Crim. 28 sept. 2005, n° 05-84.440, *Bull. crim.*, n° 241; *D.* 2005, IR 2899; *Procédures* 2005, comm. n° 289, obs. J. Buisson; *Gaz. Pal.* 24-25 mars 2006, 28, note Y. Monnet.

« Attendu qu'il résulte de l'arrêt attaqué et des pièces de la procédure que Mohammed X... a été placé sous mandat de dépôt criminel le 9 février 2004; que, par décision du 27 janvier 2005, la chambre de l'instruction de la cour d'appel de Paris a prolongé sa détention provisoire pour une durée de six mois; que ladite décision a été cassée par arrêt de la chambre criminelle, en date du 18 mai 2005, au motif que le délai prévisible d'achèvement de la procédure n'était pas précisé et la cause renvoyée devant la chambre de l'instruction de la cour d'appel de Paris autrement composée;

Attendu que, pour écarter l'argumentation de la personne mise en examen, qui soutenait être détenue sans titre depuis le 8 février 2005, l'arrêt attaqué prononce par les motifs repris au moyen;

Attendu qu'en statuant ainsi, la chambre de l'instruction a justifié sa décision, dès lors que la détention provisoire, prolongée dans les délais légaux, se poursuit régulièrement jusqu'à ce qu'il ait été statué par la chambre de l'instruction désignée sur renvoi après cassation. »

• **Dans l'hypothèse où un arrêt de chambre de l'instruction, confirmant une ordonnance de prolongation de détention, est cassé par la cour de cassation, pour défaut de convocation de l'avocat à la bonne adresse, la chambre de l'instruction de renvoi peut écarter la demande de mise en liberté immédiate soulevée par l'intéressé, dès lors que la personne mise en examen, qui avait fait l'objet d'une ordonannce de prolongation de sa détention provisoire rendue régulièrement, n'était pas détenue sans titre.**

Crim. 29 janv. 2008, n° 07-87.803, *Bull. crim.*, n° 20; *AJ pén.* 194 note S. Lavric.

« Attendu qu'il résulte de l'arrêt attaqué et des pièces de la procédure que, dans l'information suivie contre lui du chef susvisé, Ali X... a été placé en détention provisoire le 12 mars 2006; que le juge des libertés et de la détention a prolongé cette mesure par ordonnance du 7 mars 2007, confirmée par arrêt de la chambre de l'instruction rendu le 30 mars 2007;

Attendu que la Cour de cassation a cassé cet arrêt au motif que la date de l'audience devant la chambre de l'instruction n'avait pas été notifiée à l'adresse de l'avocat d'Ali X..., et a renvoyé la cause et les parties devant la même chambre de l'instruction autrement composée;

Attendu que, pour écarter la demande de mise en liberté immédiate de l'intéressé, fondée sur l'illégalité de son titre de détention, l'arrêt énonce que la cassation de l'arrêt du 30 mars 2007 a seulement eu pour effet de remettre la cause en l'état où elle se trouvait à la suite de l'appel interjeté par Ali X... de l'ordonnance du juge des libertés et de la détention du 7 mars 2007 et n'entraîne pas l'annulation de la décision du juge des libertés et de la détention ordonnant la prolongation de la détention provisoire de l'intéressé;

Attendu qu'en prononçant ainsi, et dès lors que la personne mise en examen, qui avait fait l'objet d'une ordonnance de prolongation de sa détention provisoire rendue régulièrement, n'était pas détenue sans titre, la chambre de l'instruction a justifié sa décision;

D'où il suit que le moyen ne saurait être accueilli;

Et attendu que l'arrêt est régulier, tant en la forme qu'au regard des articles 143-1 et suivants du Code de procédure pénale;

REJETTE le pourvoi. »

145.03 Bibliographie indicative. (V. les références complètes s[s] n° 03.)

Actualisables. RÉP. PÉN., Dourneau-Josette, « Le contrôle judiciaire et la détention provisoire »; « Le juge des libertés et de la détention »; Coste F.-L., « La chambre de l'instruction ».

Ouvrages. Boré J.-L., *La cassation en matière pénale,* Dalloz Action, 2004/2005.

Articles. Bonis-Garçon E., « La détention provisoire pour manquement au contrôle judiciaire », *JCP G* 2002, I, 159 – Guéry, « Le nouveau juge des libertés et de la détention : premiers problèmes pratiques », *Gaz. Pal.* 8/9 sept. 2000, 179; « Une détention provisoire exceptionnelle... mais souhaitable », *Act. jurid. pénale* 2004, 238 – Lavielle B. et Lebur F., « Le juge des libertés et de la détention : béni oui-oui ou terminator ? », *Gaz. Pal.* 27/28 juill. 2001, 3.

145.05 Rapport du comité de réflexion sur la justice pénale dit rapport Léger. La chambre de l'enquête et des libertés disposerait d'un délai de dix jours pour statuer sur l'appel d'une décision de placement en détention provisoire et de vingt jours en cas d'appel de refus de mise en liberté (page 45), régime qui n'est pas très différent de la situation actuelle (qui distingue selon qu'il existe ou non une demande de comparution devant la chambre de l'instruction pour les appels sur rejet de demande de mise en liberté). Le rapport Léger suppose la suppression du référé-liberté, ce qui nous semble une bonne chose, et du référé-détention, ce qui est déjà beaucoup plus discutable. (page 24 du rapport).

SECTION 1
APPEL

145.11 L'appel en matière de détention. Les décisions juridictionnelles statuant en matière de détention provisoire sont susceptibles d'appel sans que la recevabilité de ce recours soit soumis à la procédure prévue par les articles 507 et 508 du Code de procédure pénale. Encourt la cassation l'arrêt qui, saisi d'un appel du prévenu sur le maintien en détention prononcé par le tribunal déclare que le jugement n'ayant pas mis fin à la procédure et la requête prévue par l'article 507 du Code de procédure pénale n'ayant pas été présentée, l'appel ne peut être examiné[1].

145.12 Droit d'appel du ministère public. Le procureur de la République, en vertu de son droit d'appel général et absolu, peut interjeter appel de toute ordonnance relative à la détention provisoire, qu'il s'agisse de la mise en détention ou de l'élargissement. Le même droit appartient au procureur général (C. pr. pén., art. 185 - V. s[s] n°s 232.11 à 232.14, 232.21)[2]. Seule l'ordonnance d'incarcération provisoire n'est pas susceptible d'appel.

Antérieurement, les mandats de justice, actes isolés d'instruction, échappaient à l'appel[3]. Le procureur de la République pouvait seulement faire appel de l'ordonnance refusant de délivrer mandat[4]. Aujourd'hui, le mandat de dépôt fait corps avec l'ordonnance de placement en détention, dont elle est le support, et « il est susceptible d'appel comme l'ordonnance elle-même »[5].

Aux termes de l'article 137 alinéa 2 le juge d'instruction n'était pas tenu de rendre une ordonnance motivée quand il ne suivait pas les réquisitions tendant au placement en détention, à son maintien ou sa prolongation. En ce cas, le procureur de la République pouvait saisir directement la chambre de l'instruction dans les dix jours de l'avis de notification donné par le greffier. Mais la loi du 9 septembre 2002 a modifié la situation en prévoyant dans un article 137-4 que « lorsque, saisi de réquisitions du procureur de la République tendant au placement en détention provisoire, le juge d'instruction estime que cette détention n'est pas justifiée et qu'il décide de ne pas transmettre le dossier de la procédure au juge des libertés et de la détention, il est tenu de statuer sans délai par ordonnance motivée, qui est immédiatement portée à la connaissance du procureur de la République ». Le même article, auquel la loi du 9 mars 2004 a ajouté un alinéa, prévoit que le ministère public peut saisir le juge des libertés et de l'information d'une demande de placement en détention, lorsqu'il s'agit de crime ou d'un délit puni de dix ans d'emprisonnement, et lorsque le magistrat instructeur n'a pas souhaité saisir le JLD (v. s[s] n° 142.37).

145.13 Droit d'appel du détenu et de son conseil. La personne mise en examen est recevable à interjeter appel des ordonnances prévues par les articles 137-3 [anc[t] art. 145], 145-1, 145-2, 148, 179 alinéa 3 et 181 (C. pr. pén., art. 186, al. 1er), à savoir, en toute matière, des ordonnances de placement, prolongation, refus de mise en liberté et maintien en détention à la notable exception de l'ordonnance d'incarcération provisoire. Cette possibilité est donc offerte à la personne mise en examen majeure en ce qui concerne l'ordonnance de placement en détention provisoire (C. pr. pén., art. 137-3), l'ordonnance de prolongation de détention provisoire (C. pr. pén., art. 145-1, 145-2), l'ordonnance de maintien en détention provisoire lors du règlement (C. pr. pén., art. 179, al. 3), l'ordonnance de rejet de mise en liberté avec ou sans placement sous contrôle judiciaire (C. pr. pén., art. 148, al. 3 et 4), de l'ordonnance de mise en liberté subordonnée à certaines obligations de contrôle judiciaire (C. pr. pén., art. 148, al. 4), de l'ordonnance de mise en accusation (C. pr. pén., art. 181). L'ordonnance d'incarcération provisoire n'est pas susceptible d'appel. Pourtant, la loi du 5 mars 2007 permet à la personne mise en examen de mettre en œuvre la procédure de référé-liberté lorsque c'est le JLD qui est à l'initiative de cette mesure.

L'appel de la personne mise en examen mineure peut être exercé soit par le mineur soit par son représentant légal (L. 2 févr. 1945, art. 24).

L'avocat de la personne mise en examen, hormis le cas de désaveu et de restrictions spécialement prévues par la loi, peut interjeter appel en son nom, sans avoir à justifier d'un pouvoir spécial (C. pr. pén., art. 186, al. 4 et 502, al. 2). L'appel de la personne mise en examen peut être interjeté par un fondé de pouvoir spécial; en ce cas, le pouvoir est annexé à l'acte d'appel (C. pr. pén., art. 186, al. 4 et 502, al. 2); lorsqu'un appelant a recours à un fondé de pouvoir spécial, la preuve de la présentation et du dépôt au greffe de ce pouvoir au moment de la déclaration d'appel doit résulter des constatations mêmes de l'acte d'appel et des pièces qui y sont annexées[6].

145.14 Détention et requête en nullité. L'irrégularité du placement en détention ou de sa prolongation ne peut être invoquée qu'à l'occasion de l'appel de l'ordonnance en cause[7]. L'irrégularité prétendue d'une ordonnance de placement en détention provisoire ne peut être invoquée qu'à l'appui d'un appel interjeté contre cette décision[8]. La requête en annulation du mandat de dépôt n'est

1. Crim. 8 juin 1999, n° 98-82.484, *Bull. crim.*, n° 122.
2. Crim. 6 juill. 1993, n° 93-81.996, *Bull. crim.*, n° 241.
3. Crim. 9 janv. 1861, *Bull. crim.*, n° 1 – Crim. 9 mai 1913, *DP* 1915, 1, 38.
4. Crim. 25 mars 1954, *JCP G* 1954, II, 8133, note P. Chambon – Crim. 22 déc. 1959, *D.* 1960, 1, concl. Besson.
5. Crim. 1er mars 1994, n° 93-85.745, *Bull. crim.*, n° 81.
6. Crim. 13 nov. 1962, *Bull. crim.*, n° 315.
7. Crim. 7 janv. 1986, n° 85-95.287, *Bull. crim.*, n° 9 – Crim. 30 sept. 1992, n° 92-83.947, *Bull. crim.*, n° 297.
8. Crim. 7 déc. 2004, n° 04-85.807, *Bull. crim.*, n° 309; *JCP* 2005, IV, 1312.

pas recevable[1]. Ainsi que l'indique l'article 145, alinéa 6, l'intéressé ne peut faire appel de l'ordonnance d'incarcération provisoire[2]. L'appel peut être fondé sur l'irrégularité du mandat d'arrêt[3]. L'importante règle de l'unique objet s'applique à l'appel de ces ordonnances. L'intéressé, à l'occasion de l'appel d'une ordonnance de rejet de la mise en liberté, ne peut faire juger des nullités de la procédure, étrangères à l'unique objet de l'appel[4], par exemple l'irrégularité de la désignation du juge d'instruction[5] (v. s[s] n°s 234.21 à 234.26). L'appel peut aussi être fondé sur l'irrégularité du mandat d'arrêt[6].

145.15 Un droit d'appel illimité ? Le détenu ne peut présenter qu'une seule demande de mise en liberté par jour, les autres étant sans objet. Il ne peut évidemment faire appel qu'une fois par ordonnance. « En effet, en cas de pluralité d'appels contre une même décision, seul le premier d'entre eux est recevable, l'appelant ayant épuisé son droit à recours.[7] »

Lorsqu'une chambre de l'instruction se trouve saisie simultanément de plusieurs appels formés contre une même ordonnance du juge d'instruction, seul le premier d'entre eux doit être examiné et, l'appelant ayant épuisé son droit à recours par l'exercice qu'il en a fait, les autres appels sont irrecevables. On doit considérer qu'il en est de même lorsque le détenu et son avocat forment, successivement et pour la même ordonnance, appel.

145.16 Partie civile et détention provisoire. L'appel de la partie civile ne peut, en aucun cas, porter sur une ordonnance ou sur la disposition d'une ordonnance relative à la détention ou au contrôle judiciaire (C. pr. pén., art. 186, al. 2). La détention provisoire ne peut être ordonnée que pour le bien de l'action publique et ne saurait servir les intérêts privés. Toutefois, les articles 197 à 199 permettent à la partie civile de participer, en matière de détention, aux débats qui ont lieu devant la chambre de l'instruction sur l'appel d'une autre partie[8].

145.17 Délais d'appel. L'appel doit intervenir dans les dix jours de la notification à l'intéressé (C. pr. pén., art. 186).

L'appel interjeté par le conseil de la personne détenue, plus de dix jours après l'envoi audit conseil de la lettre recommandée contenant copie de l'ordonnance prolongeant la détention provisoire est irrecevable[9].

Le délai d'appel du procureur de la République est de 5 jours. Celui du procureur général est de dix jours (C. pr. pén., art. 185).

Lorsque la notification n'est pas faite ou mal faite, le délai d'appel ne court pas et l'intéressé peut toujours faire appel d'une décision. La notification tardive d'une ordonnance concernant la détention provisoire n'a d'autre effet que de reculer le point de départ du délai d'appel jusqu'au jour où cette notification lui est faite[10].

Dans l'hypothèse où serait remise une copie discordante par rapport à l'original, la chambre criminelle a rappelé que : « La régularité d'une décision juridictionnelle s'apprécie au regard de l'original de cette décision et non de ses copies. » Dans cette situation l'ordonnance n'est pas nulle et seul le point de départ du délai d'appel est retardé[11].

145.18 Formes de l'appel. L'appel est formalisé par déclaration auprès du chef de l'établissement pénitentiaire ou au greffe de la juridiction compétente (C. pr. pén., art. 186). Il s'agit du greffe de la juridiction qui a rendu la décision, (C. pr. pén., art. 502, al. 1). La déclaration doit être signée par le greffier et l'appelant lui-même. Si l'appelant ne peut signer, il en est fait mention par le greffier. Elle est inscrite sur un registre public et toute personne a le droit de s'en faire délivrer une copie (C. pr. pén., art. 502, al. 3).

Une demande qui ne respecte pas ces règles est irrecevable[12].

L'article 502 du Code de procédure pénale n'exige aucun pouvoir spécial de l'avocat qui interjette appel au nom de la partie qu'il représente[13] quel que soit le barreau dont il relève[14].

1. Crim. 19 juill. 1993, n° 93-82.243, *Bull. crim.*, n° 247.
2. Crim. 19 janv. 1987, n° 86-95.913, *Bull. crim.*, n° 24.
3. Crim. 10 janv. 1995, n° 94-84.935, *Bull. crim.*, n° 11.
4. Crim. 4 juin 1973, n° 73-91.326, *Bull. crim.*, n° 254 – Crim. 4 déc. 1985, *D.* 1986, IR 304, obs. Pradel – Crim. 21 août 1990, n° 90-83.745, *Bull. crim.*, n° 304.
5. Crim. 20 oct. 1987, n° 87-84.729 et n° 87-84.410, 2 arrêts, *Bull. crim.*, n°s 356 et 357 – Crim. 7 févr. 1990, n° 89-83.615, *Bull. crim.*, n° 67 – Et note A. Maron et C. Barberot, « La détention, unique objet de mon ressentiment », *Dr. pén.* janv. 2003.
6. Crim. 10 janv. 1995, n° 94-84.935, *Bull. crim.*, n° 11, préc.
7. Crim. 3 nov. 1994, n° 94-84.148, n° 94-84.422, *Bull. crim.*, n° 348.
8. Crim. 27 juill. 1964, *Bull. crim.*, n° 250 – Crim. 13 déc. 1973, n° 73-92.866, *Bull. crim.*, n° 466 – Crim. 5 nov. 1975, n° 75-92.433, *Bull. crim.*, n° 239.
9. Crim. 12 janv. 1994, n° 93-84.844, *Bull. crim.*, n° 18.
10. Crim. 21 août 1986, n° 86-93.082, *Bull. crim.*, n° 250; *D.* 1987, somm. 81, obs. Pradel – Crim. 7 mars 1989, n° 88-85.384, *Bull. crim.*, n° 110 – Crim. 10 nov. 1992, n° 92-84.714, *Bull. crim.*, n° 372.
11. Crim. 21 févr. 1994, n° 93-85.453, *Bull. crim.*, n° 73; *D.* 1994, somm. 189.
12. Crim. 26 sept. 1986, n° 86-93.821, n° 86-93.822, *Bull. crim.*, n° 261.
13. Crim. 4 déc. 1979, n° 78-91.635, *Bull. crim.*, n° 345.
14. Crim. 20 mars 1990, n° 89-87.172, *Bull. crim.*, n° 123.

L'appel peut être aussi fait au moyen d'une déclaration auprès du chef d'établissement selon les mêmes règles. Ce document est alors adressé sans délai au greffe de la juridiction qui a rendu la décision attaquée et est transcrit sur le registre prévu à cet effet. Il est annexé à l'acte dressé par le greffier (C. pr. pén., art. 503, al. 3) [1]. L'appelant ne peut se contenter de l'envoi d'une lettre adressée au procureur de la République [2] même recommandée [3].

SECTION 2
EFFETS DE L'APPEL

145.21 Effet suspensif. Comme nous venons de l'indiquer, les questions de détention et de liberté forment une instance distincte du fond. L'appel en cette matière n'empêche donc pas l'information de suivre son cours (C. pr. pén., art. 187) [4].

L'appel de l'intéressé d'une ordonnance de placement ou de maintien en détention, ou de prolongation de celle-ci n'est pas suspensif. L'ordonnance est immédiatement exécutée (circ. 1er déc. 1970, n° 36) [5]. Son appel de l'ordonnance de maintien en détention de l'article 179 n'empêche pas le délai de deux mois de courir immédiatement [6].

Antérieurement, l'appel par le ministère public d'une ordonnance de mise en liberté ou refusant de faire droit à des réquisitions de maintien en détention, était suspensif. L'ordonnance n'était pas exécutée et l'inculpé demeurait détenu jusqu'à ce qu'il ait été statué sur l'appel (C. pr. pén., art. 186, al. 6) [7]. Par son article 14, la loi du 9 juillet 1984 a abrogé ce texte, et ainsi mis fin à l'effet suspensif de l'appel du ministère public. Le juge d'instruction poursuit son information et peut régler la procédure (C. pr. pén., art. 187) [8].

Toutefois la loi du 9 mars 2004 a apporté une autre modification au principe en créant la nouvelle procédure de référé-détention, mais qui ne touche que les demandes de mise en liberté, (v. ss nos 145.51 à 145.57).

145.22 Poursuite de l'information en cas d'appel. Au cas d'appel, le juge d'instruction poursuit son information (C. pr. pén., art. 187) et reste compétent pour statuer sur la prolongation ou toute nouvelle demande de mise en liberté [9]. Mais quand la chambre de l'instruction, saisie d'un appel en matière de détention ou de liberté, a réformé l'ordonnance du juge d'instruction ou du juge des libertés et de la détention, cette décision s'impose-t-elle pour la suite de l'instruction.

145.23 Effet dévolutif de l'appel. L'appel en matière de détention ne saisit la chambre de l'instruction que du seul objet de la détention (les règles générales gouvernant la matière sont étudiées ss nos 234.21 s., 242.32).

145.24 Appel de l'ordonnance de placement sous contrôle judiciaire. Lorsque le juge des libertés et de la détention, saisi de réquisitions du procureur de la République tendant au placement en détention provisoire, rend d'une part une ordonnance de refus de mise en détention et d'autre part une ordonnance de placement sous contrôle judiciaire, cette dernière décision répond nécessairement, à elle seule, aux réquisitions du ministère public et l'appel de ce dernier de la seule ordonnance de placement sous contrôle judiciaire saisit la chambre de l'instruction du contentieux de la détention. Dans une telle situation, la chambre de l'instruction a donc le pouvoir d'ordonner la mise en détention [10].

SECTION 3
POUVOIRS DE LA CHAMBRE DE L'INSTRUCTION EN MATIÈRE DE DÉTENTION PROVISOIRE

145.31 Procédure. Sur les questions de procédure devant la chambre de l'instruction, v. ss nos 240.00 s.

145.32 Arrêt de confirmation. Il n'y a aucune spécificité dans l'arrêt de confirmation. Il peut toutefois substituer des motifs à ceux qui avaient été retenus par le juge d'instruction. Il en est ainsi depuis longtemps pour la substitution de critères utilisés. Depuis l'entrée en vigueur de la loi du 30 décembre 1996, la chambre de l'instruction est

1. Crim. 17 juin 1986, n° 86-92.004, *Bull. crim.*, n° 210; *RSC* 1984, 494, obs. A. Braunschweig – Crim. 22 juill. 1986, n° 83-45.528, *Bull. crim.*, n° 465 – Crim. 20 août 1986, *Bull. crim.*, n° 465 – Crim. 26 sept. 1986, n° 86-93.821, n° 86-93.822, *Bull. crim.*, n° 261, préc.
2. Crim. 12 juill. 1962, *Bull. crim.*, n° 245.
3. Crim. 29 nov. 1983, n° 82-90.287, *Bull. crim.*, n° 320.
4. Crim. 11 janv. 1961, *D.* 1961, 196 – Crim. 17 mai 1966, *Bull. crim.*, n° 150.
5. En matière corr., v. Crim. 26 juin 1984, *JCP G* 1984, IV, 286.
6. Crim. 2 déc. 1971, n° 71-92.789, *Bull. crim.*, n° 336; *D.* 1972, 190; *JCP G* 1972, II, 17062, note P. Chambon.
7. Crim. 12 avr. 1983, n° 83-90.479, *Bull. crim.*, n° 95 – Crim. 5 juill. 1983, n° 83-91.750, *Bull. crim.*, n° 216.
8. Crim. 17 mai 1966, *Bull. crim.*, n° 150.
9. Crim. 11 janv. 1961, *D.* 1961, 196, note J.-M. R. – Crim. 20 déc. 1988, n° 88-86.305, *Bull. crim.*, n° 437.
10. CA Bastia, ch. instr., 20 janv. 2004, *BICC* 599, n° 890 – Crim. 3 oct. 2006, n° 06-85.889, *Bull. crim.*, n° 241; *D.* 2006, IR 2874; *AJ pén.* 2007, 35, note C. Girault; *Procédures* 2007, proc. pén., n° 95, note J. Buisson.

aussi amenée à pallier un certain nombre d'insuffisances dans la motivation des décisions au regard des nouvelles exigences en matière de contrôle judiciaire ou de motivation prévisionnelle. Par suite de l'effet dévolutif de l'appel, les motifs de l'arrêt de la chambre de l'instruction, qui confirme l'ordonnance du juge d'instruction ayant rejeté une demande de mise en liberté, viennent au soutien de la décision entreprise dont la motivation est insuffisante[1].

145.33 La décision infirmant l'ordonnance du juge. « Résignons-nous donc à un contentieux chaotique » écrivait L. Remplon à la fin d'une chronique en 1978[2]. Il est vrai que les règles de détermination de l'organe compétent ne sont pas forcément simples dès que la chambre de l'instruction infirme une décision du juge de première instance. La jurisprudence semble pourtant aujourd'hui cohérente aussi bien en ce qui concerne l'infirmation d'une ordonnance de mise en liberté qu'en cas contraire d'infirmation d'une décision s'y refusant. La loi du 9 mars 2004 a apporté également une contribution législative à l'édifice formé par la jurisprudence.

Lorsque la chambre de l'instruction infirme l'ordonnance du juge d'instruction ou du juge des libertés et de la détention et ordonne donc la réincarcération de la personne, elle n'est pas contrainte d'observer les prescriptions de l'article 145 du Code de procédure pénale. Le débat contradictoire au sens de cet article n'a pas à être tenu, car la chambre criminelle estime que devant la chambre d'accusation « les débats sont contradictoires dès lors que sont respectées les prescriptions des articles 197, 198 et 199 »[3] (sur la rétention du contentieux de la détention v. s^s n°s 145.35 s.).

145.34 Absence de délivrance d'un nouveau mandat. Lorsque la chambre de l'instruction infirme la décision de mise en liberté prise par le juge d'instruction, sa décision redonne vie au mandat de dépôt initialement délivré[4]. On sait que désormais cette décision de mise en liberté peut aussi bien être prise par le juge d'instruction, à tout moment, que par le juge des libertés et de la détention, quand il est saisi.

La chambre d'accusation ne pourrait, sans excéder ses pouvoirs, enjoindre au juge d'instruction de décerner un nouveau mandat[5]. La personne est réincarcérée immédiatement nonobstant son pourvoi en cassation[6].

S'il a fallu attendre 1985 pour que la chambre criminelle se prononce sur le point de savoir si la personne était réincarcérée c'est parce que jusqu'à la loi du 9 juillet 1984, l'appel du ministère public étant suspensif, l'intéressé n'était pas remis en liberté avant le prononcé de l'arrêt de la chambre d'accusation : aucun problème de réincarcération n'était posé. La formule de la chambre criminelle selon laquelle la décision redonnait vie au mandat de dépôt était donc appliquée dans des cas où de toute façon, l'intéressé était demeuré sous l'emprise de ce mandat. W. Jeandidier écrivait sous l'arrêt d'avril 1985 : « Le mandat original est en quelque sorte paralysé dans ses effets jusqu'à la décision d'infirmation ou d'annulation de la chambre d'accusation qui lui rend toute sa force. » L'auteur critiquait d'ailleurs la solution qui consistait pour lui à relativiser le principe nouveau de la suppression de l'effet suspensif et de faire « de l'arrêt un accessoire et de la décision initiale du juge l'essentiel ».

Mais si la solution est demeurée la même – le mandat de dépôt reprend vie – il se pose une nouvelle difficulté depuis 1985, celle de la computation des délais.

145.35 La « réserve du contentieux » de la détention : la jurisprudence antérieure à la loi du 9 mars 2004. Dans sa rédaction d'origine, l'article 144 du Code de procédure pénale portait que lorsque la chambre d'accusation, réformant l'ordonnance, a accordé la liberté, le juge d'instruction ne peut délivrer un nouveau mandat qu'autant que cette chambre a retiré à l'inculpé le bénéfice de sa décision. Ce texte, écrit par faveur pour la liberté, a disparu de notre Code. Un premier principe peut être affirmé : la chambre de l'instruction ne peut, sous peine d'excès de pouvoir, et sans porter atteinte à son indépendance, imposer au juge d'instruction son point de vue, et le contraindre pour l'avenir dans ses décisions[7].

1. Crim. 20 déc. 1988, n° 88-86.306, *Bull. crim.*, n° 438.
2. L. Remplon, « La maîtrise du contentieux de la détention en cas d'opposition entre chambre d'accusation et juge d'instruction », *JCP* 1978, 2887.
3. Crim. 12 juin 1985, n° 85-92.014, *Bull. crim.*, n° 229; *D.* 1986, IR 119, obs. J.-M. R.; *RSC* 1986, 130, obs. A. Braunschweig – Crim. 3 juill. 1995, *Bull. crim.*, n° 255 – Crim. 26 oct. 2004, n° 04-85.036, *Bull. crim.*, n° 253; *D.* 2004, IR 3194.
4. Crim. 8 oct. 1970, n° 70-92.283, *Bull. crim.*, n° 259 – Crim. 11 janv. 1983, n° 82-93.697, *Bull. crim.*, n° 13 – Crim. 23 juin 1999, n° 99-82.356, *Bull. crim.*, n° 148; *D.* 1999, IR 216; *Gaz. Pal.* 12/16 nov. 1999, 38.
5. Crim. 22 déc. 1959, *Bull. crim.*, n° 569.
6. Crim. 22 avr. 1985, n° 85-90.891, *Bull. crim.*, n° 150; *D.* 1985, 464, note Pradel; *JCP* 1986, 20594, note Jeandidier – Crim. 14 mai 1985, n° 85-91.294, *Bull. crim.*, n° 182 – Crim. 7 nov. 1989, n° 89-85.339, *Bull. crim.*, n° 397.
7. Crim. 22 déc. 1959, *Bull. crim.*, n° 569; *JCP G* 1962, II, 12857, note P. Chambon.

Mais elle peut, à la condition de statuer elle-même, se réserver la connaissance ultérieure du contentieux de la détention provisoire, quand elle prend, sur l'appel, une décision contraire à celle du juge d'instruction[1]. C'est là pour elle une faculté discrétionnaire dont elle ne doit aucun compte[2]. Quand elle s'est réservée pour l'avenir le contentieux de la détention, décision qu'elle ne peut ultérieurement déclarer non avenue[3], elle a seule qualité pour statuer sur la prolongation de celle-ci[4]. Sinon en l'absence de cette réserve, le juge d'instruction demeure seul compétent[5]. Mais elle ne peut décider du maintien en détention lors du règlement correctionnel, qui relève du juge d'instruction[6].

La chambre criminelle a été amenée à clarifier une jurisprudence qui pouvait apparaître peu claire sur le caractère de plein droit ou non de la réserve du contentieux : « Sauf si elle en a décidé autrement de manière expresse, la chambre de l'instruction devient seule compétente en la matière, lorsque, statuant dans les conditions de l'article 207, alinéa 1er, du Code de procédure pénale, elle a, prenant une décision contraire à celle du juge du premier degré, délivré elle-même le titre de détention en ordonnant le placement en détention provisoire ou la prolongation de celle-ci. » Dans les autres cas, lorsque l'infirmation de la décision du juge du premier degré n'impose pas qu'elle délivre elle-même le titre de détention, la chambre de l'instruction ne demeure compétente pour statuer sur la détention provisoire que si elle s'est expressément réservé la connaissance de ce contentieux. Tel est le cas, notamment, en cas d'infirmation d'une ordonnance de mise en liberté[7]. Si la chambre de l'instruction délivre le titre de détention il est donc inutile qu'elle se réserve expressément le contentieux de la détention, celui-ci lui appartient. Mais elle peut expressément décider qu'elle n'entend pas se le réserver[8]. La nouvelle articulation entre le juge d'instruction et le juge des libertés et de la détention n'a pas modifié l'intérêt de cette réserve du contentieux[9].

En revanche, en cas d'infirmation d'une demande de mise en liberté, ce n'est pas la chambre de l'instruction qui délivre le titre de détention puisque le titre initial reprend vie. En cette hypothèse, le silence de la chambre de l'instruction équivaut à maintenir la compétence du juge du premier degré[10]. Mais la loi du 9 mars 2004 a modifié ces données.

145.36 La réserve du contentieux : la solution législative de la loi du 9 mars 2004. La loi du 9 mars 2004 a complété l'article 207 du Code de procédure pénale pour prévoir que « lorsque la chambre de l'instruction décerne mandat de dépôt ou qu'elle infirme une ordonnance de mise en liberté ou de refus de prolongation de détention provisoire, les décisions en matière de détention provisoire continuent de relever de la compétence du juge d'instruction et du juge des libertés et de la détention sauf mention expresse de la part de la chambre de l'instruction disant qu'elle est seule compétente pour statuer sur les demandes de mise en liberté et prolonger le cas échéant la détention provisoire. Il en est de même lorsque la chambre de l'instruction ordonne un contrôle judiciaire ou en modifie les modalités ». Dans tous les cas, y compris lorsque la chambre de l'instruction a délivré le titre de détention, il est donc nécessaire que la chambre de l'instruction précise par « mention expresse » qu'elle est seule compétente pour répondre aux demandes de mise en liberté et pour prolonger celle-ci. Dans le cas contraire, le juge de première instance conserve ses droits.

La chambre de l'instruction qui infirme l'ordonnance de mise en liberté rendue par le juge d'instruction ne peut ordonner la prolongation de la détention sans s'être réservée, par une mention expresse de l'arrêt, le contentieux de la détention provisoire[11]. Il résulte de la combinaison des articles 148-1 et 148-2 du Code de procédure pénale que lorsque la chambre de l'instruction, après s'être réservée le contentieux de la détention, est saisie d'une demande directe de mise en liberté, elle doit se prononcer dans les vingt jours de la réception de la demande. En l'espèce la chambre de l'instruction avait ordonné la remise en liberté de l'intéressé, en considérant qu'en l'absence de demande de comparution personnelle, le délai

1. Crim. 24 nov. 1977, nº 77-92.803, *Bull. crim.*, nº 370 – Crim. 14 mai 1985, nº 85-91.294, *Bull. crim.*, nº 182, préc. – Crim. 3 août 1985, nº 85-93.168, *Bull. crim.*, nº 278 – V. Remplon, « La maîtrise du contentieux de la détention en cas d'opposition entre chambre d'accusation et juge d'instruction », *JCP G* 1978, 1, 2887.
2. Crim. 2 juill. 1985, nº 84-92.399, *Bull. crim.*, nº 252; *D.* 1985, IR 118, obs. Pradel.
3. Crim. 11 janv. 1983, nº 82-93.697, *Bull. crim.*, nº 13; *D.* 1983, IR 130.
4. Crim. 2 juin 1987, nº 87-81.816, *Bull. crim.*, nº 230 – Crim. 4 nov. 1987, *Bull. crim.*, nº 386.
5. Crim. 1er avr. 1992, nº 92-81.033, *Bull. crim.*, nº 136.
6. Crim. 21 janv. 1986, nº 85-95.517, *Bull. crim.*, nº 27.
7. Crim. 19 févr. 2002, nº 01-88.028, *Bull. crim.*, nº 30; *D.* 2003, somm. 32, note J. Pradel.
8. Crim. 5 févr. 2002, nº 01-87.704, *Bull. crim.*, nº 18.
9. Crim. 13 juin 2001, nº 01-82.417, NPT, *D.* 2001, 357, note crit. E. Dreyer.
10. Crim. 25 févr. 2003, nº 02-87.791, *Bull. crim.*, nº 49.
11. Crim. 19 déc. 2006, nº 06-84.275, NP, *D.* 2007, 224; *JCP* 7/02/2007, IV, 1340, note Y. Monnet; *Gaz. Pal.* 9-10 févr. 2007, 11; *AJ pén.* mars 2007, JP 127, note C. Porteron.

applicable était le délai de quinze jours prévu par l'article 194 du même code, délai qui était expiré. Mais c'est le délai de vingt jours qui s'applique en cas de saisine directe de la chambre de l'instruction[1].

145.37 Un nouveau cas de conflit non prévu par la loi ? Alors que le législateur souhaite, dans sa nouvelle mouture de l'article 207 du Code de procédure pénale, résoudre des conflits de compétence anciens, il ne semble pas avoir perçu les nouvelles décisions contradictoires qui risquent d'apparaître dans le cadre de l'application du nouvel article 137-4 (v. s^s^ n° 142.37). Si le juge d'instruction saisi par le ministère public d'une demande de détention, dans le cadre défini par la loi, s'y refuse, le parquet peut désormais saisir le juge des libertés et de la détention directement. Si celui-ci suit les réquisitions et place la personne en détention provisoire, rien n'empêche le magistrat instructeur de rendre dans les jours qui suivent une ordonnance de mise en liberté. Certes, celle-ci sera sans doute contraire aux réquisitions du ministère public et pourra faire l'objet d'un référé-détention, mais on ne peut pas dire que cela améliore la lisibilité procédurale...

145.38 Infirmation d'une ordonnance de non-lieu. Si la chambre de l'instruction infirme une ordonnance de non-lieu d'un juge d'instruction et renvoie le dossier au magistrat instructeur afin de poursuivre l'information, le juge d'instruction demeure légalement saisi de la procédure et reste donc compétent pour connaître d'une demande de mise en liberté, malgré la transmission matérielle inopinée du dossier au greffe de la cour d'appel[2]. Cette analyse n'est toutefois valable que si la chambre de l'instruction n'a pas ordonné un supplément d'information. Dans ce dernier cas, le juge de première instance n'a plus compétence pour statuer sur la détention provisoire (v. s^s^ n°s 243.00 s.).

SECTION 4
RÉFÉRÉ-LIBERTÉ

145.41 Origines de l'institution du référé liberté. Depuis un certain nombre d'années, le législateur français cherchait une solution pour pallier certains excès que pouvaient constituer des mises en détention jugées abusives. Il fut envisagé de réduire le délai d'audiencement devant la chambre d'accusation. Mais des raisons pratiques militaient pour que ce délai, en principe de 15 jours, ne soit pas réduit. Au contraire même puisqu'il était allongé depuis que la comparution personnelle des détenus était devenue possible.

On avait cru supprimer la difficulté en se passant du juge d'instruction dans la loi du 4 janvier 1993. Mais son retour comme grand ordonnateur de la détention provisoire fit considérer que le problème se posait à nouveau. Aussi la loi du 24 août 1993 a institué une procédure particulière communément appelée référé-liberté. Cette procédure a été considérée comme non attentatoire aux droits de la défense et son texte conforme à la Constitution de 1958[3].

L'article 187 du Code de procédure pénale, dans sa rédaction issue de la loi du 24 août 1993 prévoyait que : « En cas d'appel d'une ordonnance de placement en détention provisoire, la personne mise en examen ou le procureur de la République peut, si l'appel est interjeté au plus tard le jour suivant la décision de placement en détention, demander au président de la chambre d'accusation ou, en cas d'empêchement, au magistrat qui le remplace de déclarer cet appel suspensif. Cette demande doit, à peine d'irrecevabilité, être formée en même temps que l'appel. ». L'avocat de la personne mise en examen ou le procureur de la République peut joindre toutes observations écrites à l'appui de cette demande.

Le texte n'évoquant pas de « jour ouvrable », c'est bien le jour suivant le placement en détention qui est le seul jour où l'appel peut être reçu concomitamment avec la demande de référé liberté, « le législateur n'ayant introduit la notion de jour ouvrable que pour le calcul du délai imparti au président de la chambre d'accusation »[4].

Le président de la chambre d'accusation ou le magistrat qui le remplace statue au plus tard le troisième jour ouvrable suivant la demande, au vu des éléments du dossier de la procédure, par une ordonnance non motivée qui n'est pas susceptible de recours. Si le président de la chambre d'accusation ou le magistrat qui le remplace estime qu'il n'est manifestement pas nécessaire que la personne mise en examen soit détenue jusqu'à ce qu'il soit statué sur l'appel, il ordonne la suspension des effets du mandat de dépôt jusqu'à l'intervention de la décision de cette juridiction et la personne est alors remise en liberté. Si ce magistrat ne fait pas droit à

1. Crim. 4 nov. 2008, n° 08-85.670, *Bull. crim.*, n° 222 ; *AJ pén.* 2009, 40.
2. Crim. 6 janv. 1992, n° 91-85.829, *Bull. crim.*, n° 1, les éléments de l'espèce ne sont pas explicites mais on suppose que le non-lieu était antérieur au placement en détention après infirmation de celui-ci, puisque dans le cas contraire l'ordonnance de non-lieu aurait entraînée la remise en liberté de l'intéressé.
3. Cons. const. 11 août 1993, n° 93-326 DC, *JO* 15 août, 11600.
4. CA Besançon, ch. acc., 7 sept. 1993, *Juris-Data* n° 044724 ; *Dr. pén.* 1994, n° 49.

la demande, sa décision est notifiée à la personne mise en examen par le greffe de l'établissement pénitentiaire qui peut, le cas échéant, recevoir le désistement d'appel de cette dernière.

La déclaration d'appel et la demande prévue au premier alinéa du présent article peuvent être constatées par le juge d'instruction à l'issue du débat contradictoire prévu par le quatrième alinéa de l'article 145. Pour l'application du deuxième alinéa du présent article, la transmission du dossier de la procédure au président de la chambre d'accusation peut être effectuée par télécopie (C. pr. pén., art. 187-1).

Lorsque la déclaration d'appel de l'ordonnance de placement en détention provisoire et la demande concomitante de suspension des effets de celle-ci sont constatées par le juge, assisté du greffier, à l'issue du débat contradictoire, conformément au dernier alinéa de l'article 187-1 du Code de procédure pénale, le procès-verbal qui les constate se substitue à la formalité exigée de l'appelant par les articles 502 et 503 du Code de procédure pénale. Il n'importe, pour la recevabilité de l'appel, que ce procès-verbal n'ait pas été transcrit, comme il le devrait, sur le registre public prévu par ces articles [1].

145.42 Le référé-liberté issu de la loi du 30 décembre 1996. Le référé-liberté aurait pu très logiquement trouver sa place dans le chapitre consacré au placement en détention. Il n'est en effet utilisable qu'à ce moment procédural. Pourtant, le législateur de 1996 en a fait un recours assez assimilable à un appel, même si le mécanisme reste spécifique. Il trouve donc sa place dans le chapitre consacré aux voies de recours. La nouvelle mouture du texte est sensiblement différente de l'ancienne. En effet, désormais, si les conditions légales de délai, de conjonction entre l'appel et la demande n'ont pas changé, les conditions légales concernant une détention « manifestement pas nécessaire » ont disparu. À la place le texte évoque le cas où le magistrat « estime que les conditions prévues par l'article 144 ne sont pas remplies ». Il précise que dans cette hypothèse il infirme l'ordonnance du juge et ordonne la remise en liberté de la personne. La chambre de l'instruction est alors dessaisie. Dans le cas contraire il doit renvoyer l'examen de l'appel à la chambre.

La personne mise en examen, son avocat ou le procureur de la République peut joindre toutes observations écrites à l'appui de la demande. À sa demande, l'avocat de la personne mise en examen présente oralement des observations devant le président de la chambre de l'instruction ou le magistrat qui le remplace, lors d'une audience de cabinet dont est avisé le ministère public pour qu'il y prenne, le cas échéant, ses réquisitions, l'avocat ayant la parole en dernier.

Il s'agit donc en théorie au moins, d'une véritable audience de cabinet. En fait, il semble que le nouveau texte n'ait pas rencontré en pratique l'écho escompté. Il faut souligner que les délais ouverts pour que la décision soit rendue ne facilitent pas les choses. En effet, le président de la chambre de l'instruction ou le magistrat qui le remplace statue au plus tard le troisième jour ouvrable suivant la demande, au vu des éléments du dossier de la procédure, par une ordonnance non motivée qui n'est pas susceptible de recours.

Aucune sanction n'est d'ailleurs prévue dans le cas où le délai serait dépassé.

Le délai court non pas à compter de la déclaration d'appel mais à compter du lendemain du jour où cette déclaration a été transcrite sur le registre public prévu par l'article 502 [2].

Toutefois, la décision doit intervenir le troisième jour. On sait que le samedi n'est pas un jour ouvrable. C'est ainsi que, s'il n'y a pas de jour férié, on peut dresser le tableau suivant (sur les modifications apportées par la loi du 15 juin 2000, v. s[s] n° 145.48).

145.43 TABLEAU : LE RÉFÉRÉ-LIBERTÉ*.

Jour de la demande	Dernier jour possible pour rendre la décision
Lundi	Jeudi
Mardi	Vendredi
Mercredi	Lundi
Jeudi	Mardi
Vendredi	Mercredi
Samedi	Mercredi
Dimanche	Mercredi

* Ce tableau ne tient pas compte de la modification apportée par l'article 187-2 et de la saisine de la chambre de l'instruction en collégialité; c'est alors d'un délai de 5 jours ouvrables dont il est question (v. s[s] n° 145.48).

145.44 Hypothèse dans laquelle la demande est accueillie. Le président de la chambre de l'instruction ou le magistrat qui le remplace peut s'il estime que les conditions prévues par l'article 144 ne sont pas remplies, infirmer l'ordonnance du juge et ordonner la remise en liberté de la personne. Dans cette hypothèse, sous l'égide de la loi du 24 août 1993 seul l'effet suspensif du recours était pro-

1. Crim. 14 nov. 1996, *BICC* 1er avr. 1997, n° 355 – Sur ce point v. « Référé liberté : suffit-il d'interjeter appel chez le juge d'instruction ? », *Dr. pén.* 1997, chron. n° 12. Cet arrêt, pris sous l'égide de l'ancien texte, devrait conserver son intérêt.

2. Crim. 28 nov. 1989, n° 89-85.168, *Bull. crim.*, n° 443.

clamé et la chambre d'accusation demeurait saisie pour apprécier les conditions légales au fond. Depuis la loi du 30 décembre 1996, le président se situe sur le même plan que la chambre saisie d'un appel puisqu'il examine les conditions légales définies par l'article 144 du Code de procédure pénale. Aussi il est logique que la chambre n'ait plus à en connaître.

Cette analyse pourrait conduire à raisonner de la même façon lorsque la demande n'est pas accueillie. Tel n'est pas le cas. S'il infirme l'ordonnance du juge des libertés et de la détention, le président de la chambre de l'instruction ou le magistrat qui le remplace peut ordonner le placement sous contrôle judiciaire de la personne mise en examen. Cette nouveauté date de la loi du 30 décembre 1996. Il donne au rôle du président de la chambre un caractère particulier qui rapproche véritablement le référé liberté d'un appel devant un juge unique possédant des pouvoirs multiples, pouvant infirmer ou saisir la chambre mais aussi moduler la mesure prise en baissant le niveau du caractère coercitif de la mesure.

145.45 Une difficulté : la mise en liberté ordonnée par le président sous condition de verser un cautionnement. Une hypothèse pose difficulté qui n'a pas à notre connaissance reçu de solution à ce jour. Lorsque le président de la chambre de l'instruction prend, comme le texte lui en offre la possibilité, une ordonnance plaçant l'intéressé sous contrôle judiciaire avec obligation de payer un cautionnement, et que ce cautionnement n'est pas payé, la chambre doit-elle être saisie ou la demande ayant été accueillie, doit-on considérer que la chambre ne peut être saisie ? À notre avis c'est la solution la plus favorable à l'appelant qui doit être approuvée. Or, si la chambre n'est pas saisie dans le texte de 1996, c'est bien parce que la demande a été accueillie, et « complètement accueillie » par le président de la chambre. La situation qui est celle de l'appelant est différente puisque mis en liberté juridiquement, il est toujours détenu de fait au regard de la condition suspensive qui lui impose de verser une certaine somme d'argent. On doit donc considérer que tant que le cautionnement n'est pas payé, l'affaire doit être audiencée devant la chambre de l'instruction qui pourra le cas échéant, ordonner une liberté pure et simple. Mais la chambre peut-elle alors décider de débouter l'appelant de son appel alors que le président avait décidé d'une mise en liberté avec cautionnement ? Une comparaison avec la situation qui est celle du juge de première instance peut nous éclairer quelque peu. En effet, lorsque le juge de première instance place en liberté sous contrôle judiciaire avec obligation de cautionnement, la chambre de l'instruction saisie d'un appel conserve toute latitude pour confirmer l'ordonnance ou l'infirmer. La confirmer ce serait maintenir le contrôle judiciaire avec cautionnement, l'infirmer, ce serait remettre le détenu en liberté pure et simple ou alléger celui-ci (sur la possibilité ou non d'aggraver le sort de l'appelant, v. s[s] n° 242.36).

La situation est certes un peu différente dans l'hypothèse qui nous occupe puisque la chambre de l'instruction n'est pas juridiction d'appel de la décision de son président. Par ailleurs le ministère public n'a pas la faculté de faire appel de l'ordonnance du président de la chambre de l'instruction...

Toutefois, on imagine difficilement qu'une solution faisant recouvrer à la chambre de l'instruction la plénitude de ses pouvoirs soit envisageable. Nous estimons donc qu'elle est liée par la décision de mise en liberté sous contrôle judiciaire sauf à rendre une décision plus favorable à l'appelant.

Si l'intéressé a versé la somme demandée avant l'audiencement devant la chambre, la saisine de celle-ci devient sans objet.

145.46 Hypothèse dans laquelle la demande est rejetée. Dans l'hypothèse où la demande est rejetée, ce qui demeure de loin le cas de figure le plus fréquent, la chambre de l'instruction sera saisie de l'appel. Si l'examen de l'appel est renvoyé à la chambre de l'instruction, la décision est portée à la connaissance du procureur général. Elle est notifiée à la personne mise en examen par le greffe de l'établissement pénitentiaire qui peut, le cas échéant, recevoir le désistement d'appel de cette dernière. Compte tenu de l'absence de motivation et de l'absence de recours, aucune décision n'a été publiée.

145.47 Le référé-liberté peut être utilisé par le ministère public. L'article 187-1 du Code de procédure pénale le prévoit expressément. Le ministère public peut donc, dans les mêmes conditions que le détenu, utiliser la procédure de référé liberté lorsqu'il est appelant.

145.48 La nouveauté introduite par la loi du 15 juin 2000 : saisine directe de la chambre de l'instruction, statuant en formation collégiale. La loi du 15 juin 2000 a introduit un nouvel article qui dispose que : « La personne qui forme le recours prévu par l'article 187-1 peut demander à ce qu'il soit directement examiné par la chambre de l'instruction. Il est alors statué au plus tard, au vu des éléments du dossier, le cinquième jour ouvrable suivant la demande » (C. pr. pén., art. 187-2). Or, le recours en question est bien celui prévu par l'article 187-1. Il ne s'agit donc pas de la saisine de la chambre sur le fond. D'ailleurs l'article 194 du Code de procédure pénale prévoit qu'il doit être statué sur l'appel d'une ordonnance de placement en détention dans les dix jours de l'appel. Saisie du référé liberté, la chambre de l'instruction qui le rejette doit donc renvoyer l'affaire quelques jours plus tard devant elle-même. Ainsi, le référé-liberté d'un jeudi 24 décembre passera au plus tard le lundi 4 janvier qui est également le dernier jour utile pour l'appel lui même ! Cette procédure se justifie d'autant moins qu'il est statué sur les mêmes éléments que sur l'appel au fond, à la différence de la procédure originaire du 24 août 1993[1]. La décision du président de la chambre de l'instruction saisi d'un référé-liberté est insusceptible de recours. Il ne peut être invoqué que la décision a été rendue sans que ne soit entendu le conseil du mis en examen, cette obligation n'étant assortie d'aucune nullité[2]. Une chambre de l'instruction ne peut connaître de l'éventuelle nullité de l'ordonnance rendue par son président. En effet, l'ordonnance rendue par le président de la chambre de l'instruction en application du quatrième alinéa de l'article 187-1 du Code de procédure pénale n'est, aux termes du deuxième alinéa de ce texte, pas susceptible de recours[3].

145.49 Échec du « référé-liberté » ? La procédure de référé liberté reste encore relativement méconnue des avocats et fort peu utilisée. On ne lit pas dans les modifications de 1996 le « nouveau souffle » que certains auteurs avaient cru y voir[4]. La création du juge des libertés et de la détention aurait pu justifier son abrogation; on voit mal, après l'appréciation du juge d'instruction et du JLD à quoi peut correspondre l'avis d'un troisième juge unique. Est ce cela qui a conduit le législateur à prévoir une saisine collégiale ? Sans s'apercevoir que la chambre statuerait deux fois sur le même objet...

SECTION 5
RÉFÉRÉ-DÉTENTION

145.51 Le référé-détention de la loi du 9 septembre 2002. Introduit dans notre droit pour permettre, selon l'exposé des motifs, d'assurer « l'égalité des armes » entre le parquet et la défense, le ministère public se voit conférer le droit d'introduire un « référé détention ». Cette procédure n'est prévue par le nouvel article 148-1-1 du Code de procédure pénale que lorsqu'une décision de remise en liberté est prise par le juge d'instruction ou par le juge des libertés et de la détention, malgré des réquisitions contraires du procureur de la République. Celui-ci dispose alors d'un délai de quatre heures pour introduire une demande de suspension de l'exécution de la décision de remise en liberté et un appel. Le référé suspend l'exécution de la décision de remise en liberté jusqu'à la décision du premier président de la cour d'appel qui doit statuer dans les deux jours ouvrables suivant la demande (v. circ. Jus-D-02-301174C, 30 oct. 2002)[5].

145.52 Décisions permettant le recours à la procédure de référé-détention. Il est indispensable que la décision rendue soit une décision de mise en liberté, qu'elle soit prise par le juge d'instruction, le juge des enfants, ou par le juge des libertés et de la détention. Il peut s'agir d'une décision rendue d'office, pour les magistrats qui peuvent rendre une telle ordonnance, ou sur demande de mise en liberté. Peu importe que la décision soit ou non accompagnée d'un placement sous contrôle judiciaire. Le référé-détention ne peut donc s'appliquer qu'à une personne qui a déjà fait l'objet d'une décision motivée de placement en détention provisoire. Pour que le ministère public puisse exercer ce recours il est indispensable que la décision rendue soit contraire à ses réquisitions. Les dispositions de l'article 148-1-1 sont applicables lorsque le JLD décide, non pas seulement de refuser la prolongation de la détention qui lui est demandée, mais de mettre la personne en liberté avant l'expiration du délai prévu par l'article 145-2 du Code de procédure pénale[6].

145.53 Modalités de mise en œuvre du référé-détention. L'article 148-1-1 prévoit que l'ordonnance de mise en liberté rendue contrairement aux réquisitions du parquet doit être immédiatement notifiée au procureur de la République qui dispose alors d'un délai de quatre heures pour prendre une décision.

En pratique, lorsque le juge d'instruction pense que l'utilisation de cette procédure est possible, il rend son ordonnance dans la matinée. L'ordonnance ne peut pas être mise à exécution pendant ce délai de 4 heures. Faute pour le procureur de la République d'avoir formé un référé-détention, dans

1. Sur une solution visant à organiser en une seule fois le débat contradictoire sur le fond dans les délais du référé liberté, v. RÉP. PÉN. Dalloz, F.-L. Coste, « La chambre de l'instruction ».
2. Crim. 3 déc. 2002, *Gaz. Pal.* 10/11 sept. 2003, jur. 13, note Y. Monnet.
3. Crim. 10 févr. 2004, n° 03-87.197, *Bull. crim.*, n° 35; *JCP* 2004, IV, 1658, note J. Buisson; *Procédures* 2004, n° 135.
4. N. El Hage, « La loi du 30 décembre 1996 et son apport relativement aux droits de la personne placée en détention provisoire », *Gaz. Pal.* 19/20 mars 1999, 3.
5. Circ. Jus-D-02-301174C, 30 oct. 2002.
6. Crim. 6 août 2003, n° 03-82.964, *Bull. crim.*, n° 144; *D.* 2003, 2594, note J. Le Calvez; *JCP* 2003, IV, 2669; *AJ pén.* 2003, 72 – Et Ch. Guéry, « Le juge des libertés et de la détention : un juge qui cherche à mériter son nom », *D.* 2004, chron. 583.

un délai de quatre heures à compter de la notification de l'ordonnance de mise en liberté, celle-ci, revêtue d'une mention du greffier indiquant l'absence de référé-détention, est adressée au chef d'établissement pénitentiaire et la personne est mise en liberté sauf si elle est détenue pour une autre cause.

145.54 Le procureur de la République peut décider de faire appel de l'ordonnance qui lui est notifiée sans avoir recours à la procédure de référé-détention. Si le procureur de la République, malgré ses réquisitions de maintien en détention, estime ne pas avoir à s'opposer à la mise en liberté immédiate de la personne, et sans préjudice de son droit de former ultérieurement appel dans le délai prévu par l'article 185, il retourne l'ordonnance au magistrat qui l'a rendue en mentionnant sur celle-ci qu'il ne s'oppose pas à sa mise à exécution. La personne est alors mise en liberté, si elle n'est pas détenue pour une autre cause.

Des imprimés ont été mis en place par la Chancellerie pour faciliter les relations entre le juge d'instruction, le juge des libertés et de la détention et le ministère public d'une part, mais aussi avec les établissements pénitentiaires d'autre part, afin d'éviter toute remise en liberté dans une circonstance où le référé-détention était possible.

145.55 Référé-détention et appel sur le fond. Lorsqu'il forme un référé-détention, l'article 148-1-1 dispose que le procureur de la République peut interjeter appel de l'ordonnance devant le greffier du juge des libertés et de la détention ou du juge d'instruction, en saisissant dans le même temps le premier président de la cour d'appel d'un référé-détention, conformément aux dispositions de l'article 187-3; il indique en outre que l'appel et le référé-détention sont mentionnés sur l'ordonnance. Le procureur de la République doit alors, à peine d'irrecevabilité, saisir dans le même temps le premier président de la cour d'appel ou, en cas d'empêchement, le magistrat qui le remplace, d'un référé-détention afin de déclarer cet appel suspensif. Le procureur de la République joint à sa demande les observations écrites justifiant le maintien en détention de la personne. Les dispositions des articles 148-1-1 et 187-3 du Code de procédure pénale, relatives à la procédure du référé-détention, ne dispensent pas le procureur de la République de former appel d'une ordonnance de mise en liberté non-conforme à ses réquisitions par une déclaration au greffe signée par lui et le greffier[1]. L'irrégularité de la procédure ne le prive cependant pas du droit de réitérer son recours dans les conditions prévues aux articles 185 et 502 du Code de procédure pénale (même arrêt). En cas de référé-détention, le deuxième alinéa de l'article 148-1-1 prévoit que la personne mise en examen et son avocat en sont avisés en même temps que leur est notifiée l'ordonnance, qui ne peut être mise à exécution, la personne restant détenue tant que n'est pas intervenue la décision du premier président de la cour d'appel et, le cas échéant, celle de la chambre de l'instruction. La personne mise en examen et son avocat sont également avisés de leur droit de faire des observations écrites devant le premier président de la cour d'appel. Le dossier est transmis à la chambre de l'instruction dans les délais les plus brefs.

145.56 S'il en fait la demande, l'avocat de la personne mise en examen peut présenter des observations orales devant le magistrat de la cour d'appel, lors d'une audience de cabinet dont le ministère public est avisé pour qu'il y prenne, le cas échéant, ses réquisitions.

145.57 Référé-détention : la décision. Le premier président ou le magistrat qui le remplace statue par une ordonnance motivée qui n'est pas susceptible de recours (C. pr. pén., art. 187-3)[2]. À peine de nullité, le magistrat ayant statué sur la demande de référé-détention ne peut faire partie de la composition de la chambre de l'instruction qui statuera sur l'appel du ministère public. Ce magistrat statue au plus tard le deuxième jour ouvrable suivant la demande. Pendant cette durée, les effets de l'ordonnance de mise en liberté sont suspendus et la personne reste détenue. Selon la circulaire de la Chancellerie « pour la computation du délai, le jour auquel l'ordonnance a été rendu n'est pas pris en compte. Un référé-détention relatif à une ordonnance de mise en liberté datée du lundi doit ainsi être examiné avant le mercredi minuit, celui relatif à une ordonnance datée du vendredi doit l'être avant le mardi minuit, ou le mercredi minuit si le lundi est un jour férié ».

Si le premier président de la cour d'appel ou le magistrat qui le remplace estime que le maintien en détention de la personne est manifestement nécessaire au vu d'au moins deux des critères prévus par les dispositions de l'article 144 jusqu'à ce que la chambre de l'instruction statue sur l'appel du ministère public, il ordonne la suspension des effets de l'ordonnance de mise en liberté jusqu'à cette date. La personne mise en examen ne peut alors

1. Crim. 1er avr. 2003, n° 03-80.406, *Bull. crim.*, n° 81; *D.* 2003, jur. 1448; *D.* 2003, IR 1603; *JCP G* 2003, IV, 2125 – V. aussi J. Buisson, « Le référé-détention par le procureur de la République, issu de la loi n° 2002-1138 du 9 septembre 2002 », *Procédures* nov. 2002, 7.
2. Crim. 9 déc. 2003, n° 03-85.939, *Bull. crim.*, n° 235; *D.* 2004, Dernière actualité, 67; *JCP* 2004, IV, 1090; *AJ pén.* 2004, 73, obs. P. R.

être mise en liberté jusqu'à l'audience de la chambre de l'instruction.

S'il n'estime pas le maintien en détention manifestement nécessaire, le premier président de la cour d'appel ou le magistrat qui le remplace ordonne que la personne soit mise en liberté si elle n'est pas détenue pour une autre cause. Cette décision doit également être motivée. Quelle que soit la décision rendue l'appel doit être examiné par la chambre de l'instruction. Dans l'hypothèse où il n'a pas été fait droit au référé-détention et où la mise en liberté de la personne a été ordonnée, l'appel du parquet est examiné par la chambre de l'instruction selon les modalités habituelles.

Dans le cas contraire, la chambre de l'instruction doit se prononcer au plus tard dans les dix jours de l'appel, faute de quoi la personne est mise d'office en liberté si elle n'est pas détenue pour une autre cause.

L'article 187-3 précise que la comparution personnelle de la personne mise en examen devant la chambre de l'instruction est de droit.

SECTION 6
EFFETS DE LA DÉCISION DE LA COUR DE CASSATION SUR LA DÉTENTION

145.61 La cassation d'un arrêt infirmant une ordonnance de mise en liberté. Le principe fondamental est qu'un arrêt remet la partie dans l'état dans lequel elle se trouvait avant l'intervention dudit arrêt. En conséquence, lorsque le juge a pris une ordonnance de mise en liberté qui a par la suite été infirmée par la chambre de l'instruction, cette infirmation a entraîné la réincarcération de l'intéressé. La cassation aura donc pour effet de redonner vie à l'ordonnance de mise en liberté. L'intéressé doit donc être libéré sur-le-champ[1]. Les décisions de la chambre criminelle le soulignent d'ailleurs expressément en indiquant que « X sera remis en liberté s'il n'est détenu pour autre cause »[2].

145.62 La cassation d'un arrêt infirmant une ordonnance de placement ou de maintien en détention. Le même principe doit être appliqué : si la chambre de l'instruction a infirmé une ordonnance de placement, de prolongation ou de refus de mise en liberté, et qu'elle a donc ordonné la mise en liberté de l'intéressé, la cassation de cet arrêt a pour effet de redonner vie au mandat de dépôt. La personne doit donc être réincarcérée. La chambre criminelle ne le dit toutefois pas expressément. On peut néanmoins tirer d'un arrêt du 5 janvier 1994 ce principe. La Cour estime que « M. G... est sans intérêt à se pourvoir contre l'arrêt attaqué, dès lors que, d'une part, celui ci, déclarant son appel bien fondé, a infirmé l'ordonnance de placement en détention provisoire et décidé sa mise en liberté, et que, d'autre part, l'annulation de cet arrêt entraînerait sa réincarcération »[3].

Cet arrêt nous semble toutefois critiquable en ce qu'il considère que la personne, dès lors qu'elle est remise en liberté, n'a plus intérêt à contester le cautionnement qui lui a été imposé. Or, on peut admettre que la personne ait versé le cautionnement pour pouvoir sortir et qu'elle en conteste néanmoins le bien fondé. Pourquoi ne pourrait-elle faire en ce domaine une demande de main levée de contrôle judiciaire alors qu'elle peut le faire dans les autres cas ? Ce n'est pas parce qu'elle a remis son permis de conduire qu'une personne ne peut plus demander la main levée d'un contrôle judiciaire lui interdisant de conduire et lui enjoignant de remettre son permis. Il doit en être de même à notre avis en matière de cautionnement.

Ceci ne remet toutefois pas en cause l'affirmation selon laquelle « l'annulation de cet arrêt entraînerait sa réincarcération ». Ce cas de figure est au demeurant exceptionnel, puisqu'il suppose que ce soit le parquet général qui ait formé pourvoi (la personne étant remise en liberté n'a pas intérêt – et c'était justement le cas dans l'arrêt du 5 janvier 1994[4] – à former un pourvoi).

La dernière question posée réside dans la procédure à suivre pour « réincarcérer » l'intéressé. Il semble logique que cette réincarcération ne soit pas soumise aux règles du débat contradictoire déjà observées lors du placement. Il ne s'agit pas en effet d'une « réincarcération » mais seulement des conséquences de l'annulation d'un arrêt de chambre de l'instruction qui avait infirmé une décision de placement, de prolongation, ou de refus de mise en liberté, du juge de première instance.

145.63 La cassation d'arrêt de la chambre de l'instruction ayant décerné le titre de détention. Il s'agit du cas où le juge des libertés et de la détention n'ayant pas placé une personne en détention provisoire, le ministère public saisit la chambre de l'instruction d'une requête ou d'un appel. Il s'agit aussi

1. Crim. 6 mai 1985, n° 85-91.061, *Bull. crim.*, n° 169 – Crim. 26 juin 1989, n° 89-82.210, *Bull. crim.*, n° 269 – Crim. 15 févr. 1995, n° 94-85.570, *Bull. crim.*, n° 71; *BICC* 412, n° 683; *Dr. pén.* 1995, n° 103.
2. Sur la cassation en matière pénale v. J. et L. Boré, *La cassation en matière pénale*, Dalloz Action, 2004/2005.
3. Crim. 5 janv. 1994, n° 93-84.582, *Bull. crim.*, n° 6; *Dr. pén.* 1994, n° 104.
4. Crim. 5 janv. 1994, n° 93-84.582, *Bull. crim.*, n° 6, préc.

de celui où le magistrat instructeur n'a pas saisi le juge des libertés et de la détention.

La chambre de l'instruction incarcère alors l'individu. La cassation de son arrêt a pour effet de remettre la personne en liberté si elle est prononcée sans renvoi[1].

Dans un certain nombre d'hypothèses, la cassation est ordonnée parce que c'est la violation de règles de prolongation de détention qui est visée. Dans ce cas, si la prolongation de la détention n'a pas été ordonnée en temps utile, la cassation entraîne *ipso facto* remise en liberté de la personne. Et la chambre criminelle le signale expressément. La personne doit alors être immédiatement remise en liberté par le parquet général. Il en est ainsi par exemple lorsque le juge a commis une erreur en ne considérant pas que le mandat d'arrêt est le point de départ de la détention[2]. Dans cette affaire la chambre criminelle déclare que « depuis le 6 juin 1994, à zéro heure, A. G... est détenu sans titre ». Il en est ainsi lorsque le juge n'a pas respecté les règles de prolongation de quantième à quantième, l'article 801 ne pouvant recevoir application en l'espèce. La Cour de cassation constate alors que « depuis le 6 septembre 1982, V. M... est détenu sans titre »[3]. Dans un arrêt du 4 novembre 1987, la Cour de cassation a ainsi constaté que « sauf détention pour autre cause, à compter du 11 août 1987 à 0 heure, aucun titre de détention valable n'existait à l'encontre de F. »[4].

Il en est de même en cas de violation des règles de délai d'intervention de la décision de la chambre de l'instruction lorsque la remise en liberté de la personne est attachée à la violation de cette règle. Par exemple, lorsque le délai de dix, quinze ou de vingt jours n'est pas respecté. Dans l'hypothèse de la violation du délai de 20 jours prescrit par l'article 148-2 du Code de procédure pénale, la chambre criminelle a pu dire que « faute de décision à l'expiration de ce délai, il est mis fin à la détention provisoire, l'intéressé, s'il n'est détenu pour autre cause, étant mis d'office en liberté ». L'arrêt se termine ainsi : « Dit que le titre de détention dont D... a été l'objet dans les poursuites dirigées contre lui, pour [...], a sous réserve de l'application de l'article 215-1 du Code de procédure pénale, cessé de produire effet le 5 mai 1987 à 24 heures.[5] »

1. Crim. 10 mai 1962, *Bull. crim.*, n° 193.
2. V. par ex., Crim. 10 mai 1995, n° 95-80.975, *Bull. crim.*, n° 168; *JCP G* 1995, n° 2056; *D.* 1995, 179.
3. Crim. 16 nov. 1982, n° 82-93.354, *Bull. crim.*, n° 261, 2 esp.
4. Crim. 4 nov. 1987, n° 87-84.899, *Bull. crim.*, n° 386, arrêt n° 1.
5. Crim. 24 sept. 1987, n° 87-83.976, n° 87-83.998, *Bull. crim.*, n° 312.

La cassation d'un tel arrêt peut avoir des conséquences sur les arrêts rendus postérieurement et sur le même objet par la chambre de l'instruction : « Lorsque la cassation d'un arrêt rejetant une demande de mise en liberté est encourue, au motif que la détention provisoire avait pris fin faute d'avoir été statué dans le délai légal sur ladite demande, les arrêts qui rejettent d'autres demandes de mise en liberté, doivent par conséquent, être à leur tour cassés.[6] » En effet, « la cassation d'un arrêt remet la cause et les parties au même état où elles étaient avant la décision cassée; qu'elle postule l'annulation de tout ce qui a été la suite ou l'exécution des dispositions annulées de cette décision »[7].

La situation est identique lorsque c'est la chambre de l'instruction qui avait délivré le titre de détention.

145.64 La cassation sur d'autres motifs. Qu'en est-il lorsque la chambre criminelle casse une décision insuffisamment motivée ?

Cela a-t-il pour conséquence la remise en liberté immédiate ?

Sinon la cour de renvoi est-elle contrainte de s'incliner ?

Les avis semblent diverger.

Si l'on prend comme exemple l'obligation de motiver certaines décisions, en matière correctionnelle et criminelle, conformément à l'article 145-3 du Code de procédure pénale, que se passe-t-il en cas de motivation insuffisante ?

Selon M. Dintilhac, alors avocat général à la Cour de cassation, la cassation d'un arrêt de la chambre d'accusation qui ne disait rien sur le délai d'achèvement de la procédure et confirmait une ordonnance d'un juge d'instruction qui n'en disait rien non plus, aurait dû entraîner la remise en liberté de l'intéressé[8]. L'auteur s'étonnait d'ailleurs que la Cour n'ait pas tiré toute conséquence de ce que « le demandeur pouvait se considérer comme détenu sans titre depuis l'expiration du délai d'un an à compter de la délivrance du mandat de dépôt, soit depuis le 15 avril 1997 »[9].

Il envisageait enfin que la cour de renvoi ne pourrait « que constater l'irrégularité de l'ordonnance de prolongation sans pouvoir y substituer sa propre décision ni renvoyer l'affaire au juge d'instruction pour motiver son ordonnance puisque le délai est épuisé ».

6. Crim. 24 sept. 1987, n° 87-83.976, n° 87-83.998, *Bull. crim.*, n° 312, préc.
7. Crim. 24 sept. 1987, n° 87-83.976, n° 87-83.998, *Bull. crim.*, n° 312, préc.
8. Obs. J. Dintilhac, *RSC* 1998, 152.
9. Obs. J. Dintilhac, *RSC* 1998, 152.

Cette dernière analyse est partagée par J. Pradel qui indique lui aussi qu'« une autre chambre d'accusation [...] constatera l'irrégularité de la décision de prolongation et ordonnera la libération de l'intéressé à la date de son arrêt »[1]. Nous ne partageons pas ces analyses. À partir du moment où la caducité de la détention n'était pas en cause, il nous apparaît normal que la chambre criminelle ait renvoyé à une autre chambre d'accusation (d'ailleurs en l'espèce à la même autrement composée).

Par ailleurs et surtout, nous ne voyons pas pourquoi la cour de renvoi ne pourrait pas substituer à la motivation insuffisante du juge, la sienne propre au visa de l'article 145-3 du Code de procédure pénale. La chambre de renvoi demeure en effet saisie de l'ordonnance de prolongation initiale. Si elle substitue ses motifs à ceux utilisés par le juge d'instruction, sa décision ne saurait être considérée comme rendue « alors que le délai est épuisé ».

Par suite de l'effet dévolutif de l'appel, les motifs de l'arrêt de la chambre de l'instruction qui confirme l'ordonnance du juge d'instruction ayant rejeté une demande de mise en liberté, viennent au soutien de la décision entreprise dont la motivation est insuffisante[2].

La régularité de la décision de la chambre de l'instruction est suffisante et la remise en liberté de la personne n'est pas obligatoire. C'est d'ailleurs ce qu'a décidé la chambre d'accusation de Nîmes, qui a confirmé sur le renvoi l'ordonnance du juge d'instruction en répondant cette fois-ci aux exigences légales. La Cour de cassation a implicitement tranché par exemple dans l'arrêt du 28 septembre 2005 en estimant que « l'arrêt de la chambre de l'instruction prolongeant la détention provisoire pour six mois ayant été cassé faute d'avoir précisé le délai prévisible d'achèvement de la procédure, l'intéressé ne saurait soutenir qu'il était détenu sans titre, dès lors que la détention provisoire, prolongée par l'arrêt censuré dans les délais légaux, se poursuit régulièrement jusqu'à ce qu'il ait été statué par la chambre de l'instruction désignée sur renvoi après cassation »[3] (v. les attendus s^{s} n° 145.02).

On ne voit pas en fait pourquoi la chambre de l'instruction pourrait substituer ses motifs à ceux du juge lorsqu'ils seraient insuffisants au regard des exigences de l'article 144 (généralité des motifs du juge par exemple) et pourquoi elle ne pourrait pas le faire si le juge a omis de motiver sur la base de l'article 145-3 du Code de procédure pénale ce qui constitue non une violation de la loi mais une insuffisance de motifs[4].

145.65 Autre exemple de l'absence d'incidence de la cassation sur la mise en liberté. Un arrêt du 30 octobre 1995 est particulièrement intéressant[5].

Un inculpé avait saisi directement la chambre d'accusation d'une demande fondée sur l'article 148-4 du Code de procédure pénale, le juge d'instruction ne l'ayant pas interrogé pendant 4 mois. Il demandait sa comparution personnelle, qui, en cette matière est de droit si la personne la demande. Or, le jour de sa comparution devant la chambre d'accusation, pour une raison non précisée dans l'arrêt, l'intéressé n'a pu être extrait des prisons de Fresnes. La chambre d'accusation a statué alors qu'« elle avait encore la possibilité de renvoyer l'examen de l'affaire sans excéder le délai de quinze jours imparti par l'article 148, alinéa 6, du Code de procédure pénale ». Cette décision était cassée par la chambre criminelle par un arrêt en date du 9 juillet 1985[6]. La cour de renvoi faisait comparaître l'intéressé et rejetait sa demande de mise en liberté en indiquant que « l'article 148-4 qui précise que la comparution personnelle de l'inculpé est de droit si celui-ci ou son conseil le demande, ne prévoit pas la mise en liberté d'office de l'inculpé s'il n'est pas satisfait à la demande de comparution ».

Un nouveau pourvoi était formé contre cet arrêt. Il était rejeté par la chambre criminelle au motif que « la Cour de cassation est en mesure de s'assurer que la chambre d'accusation a ordonné le maintien en détention dans les conditions prévues par l'article 148 du Code de procédure pénale par une décision motivée d'après les éléments de l'espèce ainsi que l'exige l'article 145 du même code et pour des cas limitativement énumérés par son article 144 ». Elle expose un peu plus haut que la chambre d'accusation a « énoncé à bon droit qu'une telle mesure [la mise en liberté d'office] n'est pas prévue par la loi en cas d'inobservation des règles relatives à la comparution de l'inculpé édictées par l'article 148-4 du Code de procédure pénale ».

Or, cette mise en liberté d'office n'est prévue par la loi que lorsque la chambre d'accusation ne statue pas dans les délais légaux (C. pr. pén., art. 148, al. dern., 148-2, 148-4, et 194, al. dern.).

Tel n'était pas le cas ici puisque la décision bien qu'irrégulièrement rendue (absence de comparution personnelle de l'intéressé) l'avait été dans les délais.

1. J. Pradel, *D.* 1998, somm. 172.
2. Crim. 20 déc. 1988, n° 88-86.306, *Bull. crim.*, n° 438.
3. Crim. 28 sept. 2005, n° 05-84.440, *Bull. crim.*, n° 241 ; *D.* 2005, IR 2899 ; *Procédures* 2005, comm. n° 289, obs. J. Buisson ; *Gaz. Pal.* 24-25 mars 2006, 28, note Y. Monnet.
4. CONTRA J. Dintilhac, *RSC* 1998.
5. Crim. 30 oct. 1995, n° 95-80.361, *Bull. crim.*, n° 336.
6. Crim. 9 juill. 1985, inédit.

145.66 Toute décision irrégulière n'est-elle pas concernée par les mêmes principes ? Ainsi, si l'avocat n'est pas convoqué régulièrement, que la chambre de l'instruction statue et que l'arrêt est cassé, rien n'empêche, semble-t-il, la cour de renvoi de le convoquer régulièrement et de statuer à nouveau sans qu'aucune mise en liberté d'office ne soit encourue. Il en est de même à notre avis pour les décisions insuffisamment motivées.

Cette jurisprudence vide de leur portée une grande partie des prescriptions légales. Le demandeur au pourvoi dans l'arrêt du 30 octobre 1985 l'écrivait ainsi : « Le fait de juger que la violation des dispositions de l'article 148-4 concernant la comparution de droit de l'inculpé n'entraîne pas sa mise en liberté d'office, ne peut que conduire les chambres d'accusation dans les cas, comme en l'espèce, où le respect du droit de l'inculpé de comparaître ne pouvait être observé dans le délai de quinze jours à choisir délibérément de statuer en l'absence de l'inculpé en violation des dispositions de l'article 148-4 pour éviter d'avoir à prononcer la mise en liberté d'office. [1] »

Si en effet la chambre de l'instruction de renvoi peut régulariser la situation initiale, un grand nombre de violation de règles (et notamment celle de convocation du conseil) peuvent entraîner la cassation de l'arrêt rendu irrégulièrement par la chambre de l'instruction, mais sans que cette violation ait de conséquence sur la liberté de l'intéressé. Dans l'hypothèse où un arrêt de chambre de l'instruction, confirmant une ordonnance de prolongation de détention, est cassé par la cour de cassation, pour défaut de convocation de l'avocat à la bonne adresse, la chambre de l'instruction de renvoi peut écarter la demande de mise en liberté immédiate soulevée par l'intéressé, « dès lors que la personne mise en examen, qui avait fait l'objet d'une ordonannce de prolongation de sa détention provisoire rendue régulièrement, n'était pas détenue sans titre »[2].

1. Crim. 30 oct. 1995, n° 95-80.361, *Bull. crim.*, n° 336.
2. Crim. 29 janv. 2008, n° 07-87.803, *Bull. crim.*, n° 20; *AJ pén.* 194 note S. Lavric.

CHAPITRE

146. Mise en liberté

SECTION 0
ORIENTEUR

146.00 Plan du chapitre.

Sect. 1 Mise en liberté pendant l'information : mise en liberté d'office

Sect. 2 Mise en liberté pendant l'information : la demande

Sect. 3 Mise en liberté pendant l'information : la décision

Sect. 4 Mise en liberté pendant l'instruction : saisine directe de la chambre de l'instruction

Sect. 5 Mise en liberté après la clôture de l'information : compétence

Sect. 6 Mise en liberté après la clôture de l'information – Procédure

146.01 Textes applicables.

C. pr. pén., art. 135-2, 144-1, 144-2, 147, 148, 148-1, 148-1-1, 148-2, 148-4, 186-2, 187-3, 201, 207, 213, 223, 316, 380-1, 380-14, 464-1, 465, 506, 509, 512, 695-34, 696-19, 696-32.

C. pr. pén., art. D. 15-4-7.

C. pr. pén., art. 135-2 [L. n° 2007-291, 5 mars 2007,

Si la personne faisant l'objet d'un mandat d'arrêt est découverte après le règlement de l'information, il est procédé selon les dispositions du présent article.

Le procureur de la République du lieu de l'arrestation est avisé dès le début de la rétention de la personne par les services de police ou de gendarmerie. Pendant cette rétention, il est fait application des dispositions des articles 63-2 et 63-3. La rétention ne peut durer plus de vingt-quatre heures.

La personne est conduite dans les meilleurs délais et au plus tard dans les vingt-quatre heures de son arrestation devant le procureur de la République du tribunal de grande instance dans le ressort duquel siège la juridiction de jugement saisie des faits. Après avoir vérifié son identité et lui avoir notifié le mandat, ce magistrat la présente devant le juge des libertés et de la détention.

Le juge des libertés et de la détention peut, sur les réquisitions du procureur de la République, soit placer la personne sous contrôle judiciaire, soit ordonner son placement en détention provisoire jusqu'à sa comparution devant la juridiction de jugement, par ordonnance motivée conformément aux dispositions de l'article 144, rendue à l'issue d'un débat contradictoire organisé conformément aux dispositions des quatrième à neuvième alinéas de l'article 145. Si la personne est placée en détention, les délais prévus par les quatrième et cinquième alinéas de l'article 179 et par les huitième et neuvième alinéas de l'article 181 sont alors applicables et courent à compter de l'ordonnance de placement en détention. La décision du juge des libertés et de la détention peut faire, dans les dix jours de sa notification, l'objet d'un appel devant la chambre des appels correctionnels si la personne est renvoyée devant le tribunal correctionnel et devant la chambre de l'instruction si elle est renvoyée devant la cour d'assises.

Si la personne a été arrêtée à plus de 200 kilomètres du siège de la juridiction de jugement et qu'il n'est pas possible de la conduire dans le délai de vingt-quatre heures devant le procureur de la République mentionné au troisième alinéa, elle est conduite devant le procureur de la République du lieu de son arrestation, qui vérifie son identité, lui notifie le mandat et reçoit ses éventuelles déclarations après l'avoir avertie qu'elle est libre de ne pas en faire. Ce magistrat met alors le mandat à exécution en faisant conduire la personne à la maison d'arrêt et il en avise le procureur de la République du tribunal de grande instance dans le ressort duquel siège la juridiction de jugement. Celui-ci ordonne le transfèrement de la personne, qui doit comparaître devant lui dans les quatre jours de la notification du mandat; ce délai est porté à six jours en cas de transfèrement entre un département d'outre-mer et la France métropolitaine ou un autre département d'outre-mer. Il est alors procédé conformément aux dispositions des troisième et quatrième alinéas.

La présentation devant le juge des libertés et de la détention prévue par les dispositions ci-dessus n'est pas nécessaire si, dans les délais prévus pour cette présentation, la personne peut comparaître devant la juridiction de jugement saisie des faits.

Les dispositions du présent article sont également applicables aux mandats d'arrêt délivrés après l'ordonnance de règlement. Elles ne sont toutefois pas applicables lorsque, postérieurement à la délivrance du mandat d'arrêt décerné au cours de l'instruction ou après son règlement, la personne a été condamnée à une peine privative de liberté, soit en matière correctionnelle par un jugement contradictoire ou réputé contradictoire, soit en matière criminelle par un arrêt rendu par défaut; elles ne sont de même pas applicables lorsque le mandat a été délivré à la suite d'une telle condamnation. Dans ces cas, sans qu'il soit nécessaire de la présenter devant le juge des libertés et de la détention, la personne arrêtée est placée en détention provisoire jusqu'à l'expiration des délais de recours et, en cas de recours, jusqu'à sa comparution devant la juridiction de jugement, sans préjudice de son droit de former des demandes de mise en liberté.

C. pr. pén., art. 144-1
La détention provisoire ne peut excéder une durée raisonnable, au regard de la gravité des faits reprochés à la personne mise en examen et de la complexité des investigations nécessaires à la manifestation de la vérité.

Le juge d'instruction ou, s'il est saisi, le juge des libertés et de la détention doit ordonner la mise en liberté immédiate de la personne placée en détention provisoire, selon les modalités prévues par l'article 147, dès que les conditions prévues à l'article 144 et au présent article ne sont plus remplies.

C. pr. pén., art. 144-2 [L. n° 2004-204, 9 mars 2004]
* V. s[s] n° 142.01.

C. pr. pén., art. 147
En toute matière, la mise en liberté assortie ou non du contrôle judiciaire peut être ordonnée d'office par le juge d'instruction après avis du procureur de la République, à charge pour la personne mise en examen de prendre l'engagement de se représenter à tous les actes de la procédure aussitôt qu'elle en sera requise et de tenir informé le magistrat instructeur de tous ses déplacements.

Le procureur de la République peut également la requérir à tout moment. Sauf s'il ordonne la mise en liberté de la personne, le juge d'instruction doit, dans les cinq jours suivant les réquisitions du procureur de la République, transmettre le dossier, assorti de son avis motivé, au juge des libertés et de la détention, qui statue dans le délai de trois jours ouvrables.

C. pr. pén., art. 148 [L. n° 2004-204, 9 mars 2004]
* V. s[s] n° 144.01.

C. pr. pén., art. 148-1
La mise en liberté peut aussi être demandée en tout état de cause par toute personne mise en examen, tout prévenu ou accusé, et en toute période de la procédure.

Lorsqu'une juridiction de jugement est saisie, il lui appartient de statuer sur la détention provisoire. Toutefois, en matière criminelle, la cour d'assises n'est compétente que lorsque la demande est formée durant la session au cours de laquelle elle doit juger l'accusé. Dans les autres cas, la demande est examinée par la chambre de l'instruction.

En cas de pourvoi et jusqu'à l'arrêt de la Cour de cassation, il est statué sur la demande de mise en liberté par la juridiction qui a connu en dernier lieu de l'affaire au fond. Si le pourvoi a été formé contre un arrêt de la cour d'assises, il est statué sur la détention par la chambre de l'instruction.

En cas de décision d'incompétence et généralement dans tous les cas où aucune juridiction n'est saisie, la chambre de l'instruction connaît des demandes de mise en liberté.

C. pr. pén., art. 148-1-1 [L. n° 2004-204, 9 mars 2004]
Lorsqu'une ordonnance de mise en liberté d'une personne placée en détention provisoire est rendue par le juge des libertés et de la détention ou le juge d'instruction contrairement aux réquisitions du procureur de la République, cette ordonnance est immédiatement notifiée à ce magistrat. Pendant un délai de quatre heures à compter la notification de l'ordonnance au procureur de la République, et sous réserve de l'application des dispositions du dernier alinéa du présent article, la personne mise en examen ne peut être remise en liberté et cette décision ne peut être adressée pour exécution au chef de l'établissement pénitentiaire.

Le procureur de la République peut interjeter appel de l'ordonnance devant le greffier du juge des libertés et de la détention ou du juge d'instruction, en saisissant dans le même temps le premier président de la cour d'appel d'un référé-détention, conformément aux dispositions de l'article 187-3; l'appel et le référé-détention sont mentionnés sur l'ordonnance. La personne mise en examen et son avocat en sont avisés en même temps que leur est notifiée l'ordonnance, qui ne peut être mise à exécution, la personne restant détenue tant que n'est pas intervenue la décision du premier président de la cour d'appel et, le cas échéant, celle de la chambre de l'instruction. La personne mise en examen et son avocat sont également avisés de leur droit de faire des observations écrites devant le premier président de la cour d'appel. Faute pour le procureur de la République d'avoir formé un référé-détention, dans un délai de quatre heures à compter de la notification de l'ordonnance de mise en liberté, celle-ci, revêtue d'une mention du greffier indiquant l'absence de référé-détention, est adressée au chef d'établissement pénitentiaire et la personne est mise en liberté sauf si elle est détenue pour une autre cause.

Si le procureur de la République, ayant pris des réquisitions de maintien en détention, estime néanmoins ne pas avoir à s'opposer à la mise en liberté immédiate de la personne, et sans préjudice de son droit de former ultérieurement appel dans le délai prévu par l'article 185, il retourne l'ordonnance au magistrat qui l'a rendue en mentionnant sur celle-ci qu'il ne s'oppose pas à sa mise à exécution. La personne est alors mise en liberté, si elle n'est pas détenue pour une autre cause.

C. pr. pén., art. 148-2 [L. n° 2004-204, 9 mars 2004]
Toute juridiction appelée à statuer, en application des articles 141-1 et 148-1, sur une demande de mainlevée

totale ou partielle du contrôle judiciaire ou sur demande de mainlevée totale ou partielle du contrôle judiciaire ou sur une demande de mise en liberté se prononce après audition du ministère public, du prévenu ou de son avocat; le prévenu non détenu et son avocat sont convoqués, par lettre recommandée, quarante-huit heures au moins avant la date de l'audience. Si la personne a déjà comparu devant la juridiction moins de quatre mois auparavant, le président de cette juridiction peut en cas de demande de mise en liberté refuser la comparution personnelle de l'intéressé par une décision motivée qui n'est susceptible d'aucun recours.

Lorsque la personne n'a pas encore été jugée en premier ressort, la juridiction saisie statue dans les dix jours ou les vingt jours de la réception de la demande, selon qu'elle est du premier ou du second degré. Lorsque la personne a déjà été jugée en premier ressort et qu'elle est en instance d'appel, la juridiction saisie statue dans les deux mois de la demande. Lorsque la personne a déjà été jugée en second ressort et qu'elle a formé un pourvoi en cassation, la juridiction saisie statue dans les quatre mois de la demande.

Toutefois, lorsqu'au jour de la réception de la demande il n'a pas encore été statué soit sur une précédente demande de mise en liberté ou de mainlevée de contrôle judiciaire, soit sur l'appel d'une précédente décision de refus de mise en liberté ou de mainlevée du contrôle judiciaire, les délais prévus ci-dessus ne commencent à courir qu'à compter de la décision rendue par la juridiction compétente. Faute de décision à l'expiration des délais, il est mis fin au contrôle judiciaire ou à la détention provisoire, le prévenu, s'il n'est pas détenu pour une autre cause, étant d'office remis en liberté.

La décision du tribunal est immédiatement exécutoire nonobstant appel; lorsque le prévenu est maintenu en détention, la cour se prononce dans les vingt jours de l'appel, faute de quoi le prévenu, s'il n'est pas détenu pour autre cause, est mis d'office en liberté.

C. pr. pén., art. 148-4
À l'expiration d'un délai de quatre mois depuis sa dernière comparution devant le juge d'instruction ou le magistrat par lui délégué et tant que l'ordonnance de règlement n'a pas été rendue, la personne détenue ou son avocat peut saisir directement d'une demande de mise en liberté la chambre de l'instruction qui statue dans les conditions prévues à l'article 148 (dernier alinéa).

C. pr. pén., art. 186-2
En cas d'appel contre une ordonnance prévue par l'article 181, la chambre de l'instruction statue dans les quatre mois de l'ordonnance, faute de quoi, si la personne est détenue, elle est mise d'office en liberté.

C. pr. pén., art. 187-3
Dans le cas prévu par le deuxième alinéa de l'article 148-1-1, le procureur de la République qui interjette appel d'une ordonnance de mise en liberté contraire à ses réquisitions dans un délai de quatre heures à compter de sa notification doit, à peine d'irrecevabilité, saisir dans le même temps le premier président de la cour d'appel ou, en cas d'empêchement, le magistrat qui le remplace, d'un référé-détention afin de déclarer cet appel suspensif. Le procureur de la République joint à sa demande les observations écrites justifiant le maintien en détention de la personne. La personne mise en examen et son avocat peuvent également présenter les observations écrites qu'ils jugent utiles.

Le premier président de la cour d'appel ou le magistrat qui le remplace statue au plus tard le deuxième jour ouvrable suivant la demande. Pendant cette durée, les effets de l'ordonnance de mise en liberté sont suspendus et la personne reste détenue. À défaut pour le premier président de la cour d'appel ou le magistrat qui le remplace de statuer dans ce délai, la personne est remise en liberté, sauf si elle est détenue pour une autre cause.

Le premier président de la cour d'appel ou le magistrat qui le remplace statue, au vu des éléments du dossier de la procédure, par une ordonnance motivée qui n'est pas susceptible de recours. À sa demande, l'avocat de la personne mise en examen peut présenter des observations orales devant ce magistrat, lors d'une audience de cabinet dont le ministère public est avisé pour qu'il y prenne, le cas échéant, ses réquisitions.

Si le premier président de la cour d'appel ou le magistrat qui le remplace estime que le maintien en détention de la personne est manifestement nécessaire au vu d'au moins deux des critères prévus par les dispositions de l'article 144 jusqu'à ce que la chambre d'instruction statue sur l'appel du ministère public, il ordonne la suspension des effets de l'ordonnance de mise en liberté jusqu'à cette date. La personne mise en examen ne peut alors être mise en liberté jusqu'à l'audience de la chambre de l'instruction devant laquelle sa comparution personnelle est de droit; la chambre de l'instruction doit se prononcer dans les plus brefs délais et au plus tard dans les dix jours de l'appel, faute de quoi la personne est mise d'office en liberté si elle n'est pas détenue pour une autre cause.

Dans le cas contraire, le premier président de la cour d'appel ou le magistrat qui le remplace ordonne que la personne soit mise en liberté si elle n'est pas détenue pour une autre cause.

À peine de nullité, le magistrat ayant statué sur la demande de référé-détention ne peut faire partie de la composition de la chambre de l'instruction qui statuera sur l'appel du ministère public.

La transmission du dossier de la procédure au premier président de la cour d'appel ou au magistrat qui le remplace peut être effectuée par télécopie.

C. pr. pén., art. 201 [L. n° 2004-204, 9 mars 2004]
La chambre de l'instruction peut, dans tous les cas, à la demande du procureur général, d'une des parties ou même d'office, ordonner tout acte d'information complémentaire qu'elle juge utile.

Elle peut également, dans tous les cas, le ministère public entendu, prononcer d'office la mise en liberté de la personne mise en examen.

Elle peut ordonner le placement en détention provisoire ou sous contrôle judiciaire de la personne mise en examen. En cas d'urgence, le président de la chambre de l'instruction ou le conseiller désigné par lui peut décerner mandat d'amener, d'arrêt ou de recherche. Il peut également ordonner l'incarcération provisoire de la personne pendant une durée déterminée qui ne peut en aucun cas excéder quatre jours ouvrables jusqu'à la réunion de la chambre de l'instruction.

C. pr. pén., art. 207 [L. n° 2004-204, 9 mars 2004]
* V. ss n° 142.01.

C. pr. pén., art. 213
* V. ss n° 143.01.

C. pr. pén., art. 223
Il peut saisir la chambre de l'instruction, afin qu'il soit par elle statué sur le maintien en détention d'une personne mise en examen en état de détention provisoire.

C. pr. pén., art. 316
Tous incidents contentieux sont réglés par la cour, le ministère public, les parties ou leurs avocats entendus.

Ces arrêts ne peuvent préjuger du fond.

Lorsque la cour d'assises examine l'affaire en appel, ces arrêts ne peuvent être attaqués que par la voie du recours en cassation, en même temps que l'arrêt sur le fond. Lorsque la cour d'assises examine l'affaire en premier ressort, ces arrêts ne peuvent faire l'objet d'un recours, mais, en cas d'appel de l'arrêt sur le fond et de réexamen de l'affaire devant une autre cour d'assises, ils n'ont pas autorité de la chose jugée devant cette cour.

C. pr. pén., art. 380-1 [L. n° 2004-204, 9 mars 2004]
Les arrêts de condamnation rendus par la cour d'assises en premier ressort peuvent faire l'objet d'un appel dans les conditions prévues par le présent chapitre.

Cet appel est porté devant une autre cour d'assises désignée par la chambre criminelle de la Cour de cassation et qui procède au réexamen de l'affaire selon les modalités et dans les conditions prévues par les chapitres II à VII du présent titre.

La cour statue sans l'assistance des jurés dans les cas suivants :

1° Lorsque l'accusé, renvoyé devant la cour d'assises uniquement pour un délit connexe à un crime, est le seul appelant;

2° Lorsque l'appel du ministère public d'un arrêt de condamnation ou d'acquittement concerne un délit connexe à un crime et qu'il n'y a pas d'appel interjeté concernant la condamnation criminelle.

C. pr. pén., art. 380-14
Dès que l'appel a été enregistré, le ministère public adresse sans délai au greffe de la chambre criminelle de la Cour de cassation, avec ses observations éventuelles, la décision attaquée et, le cas échéant, le dossier de la procédure.

Dans le mois qui suit la réception de l'appel, la chambre criminelle, après avoir recueilli les observations écrites du ministère public et des parties ou de leurs avocats, désigne la cour d'assises chargée de statuer en appel.

Il est alors procédé comme en cas de renvoi après cassation.

Par dérogation aux dispositions du deuxième alinéa de l'article 380-1, en cas d'appel d'une décision de la cour d'assises d'un département d'outre-mer, de la Nouvelle-Calédonie, de la Polynésie française et des îles Wallis-et-Futuna, la chambre criminelle peut désigner la même cour d'assises, autrement composée, pour connaître de l'appel. Les dispositions du présent alinéa sont également applicables en cas d'appel des décisions de la cour criminelle de Mayotte ou du tribunal criminel de Saint-Pierre-et-Miquelon. En cas de vacance de poste, d'absence, d'empêchement ou d'incompatibilité légale, les fonctions de président de la juridiction criminelle statuant en appel et, le cas échéant, des magistrats assesseurs qui la composent, sont exercées par des conseillers désignés, sur une liste arrêtée pour chaque année civile, par le premier président de la cour d'appel de Paris, ou, pour la cour criminelle de Mayotte, par le premier président de la cour d'appel de Saint-Denis-de-la-Réunion.

C. pr. pén., art. 464-1
À l'égard du prévenu détenu, le tribunal peut, en tout état de cause, par décision spéciale et motivée, lorsque les éléments de l'espèce justifient la prolongation d'une mesure particulière de sûreté, maintenir la détention. Pour l'exécution de cette décision, le mandat continue à produire ses effets.

C. pr. pén., art. 465 [L. n° 2004-204, 9 mars 2004]
Dans le cas visé à l'article 464, premier alinéa, s'il s'agit d'un délit de droit commun ou d'un délit d'ordre militaire prévu par le livre III du Code de justice militaire et si la peine prononcée est au moins d'une année d'emprisonnement sans sursis, le tribunal peut, par décision spéciale et motivée, lorsque les éléments de l'espèce justifient une mesure particulière de sûreté, décerner mandat de dépôt ou d'arrêt contre le prévenu.

Le mandat d'arrêt continue à produire son effet, même si le tribunal, sur opposition, ou la cour, sur appel, réduit la peine à moins d'une année d'emprisonnement.

Le mandat de dépôt décerné par le tribunal produit également effet lorsque, sur appel, la cour réduit la peine d'emprisonnement à moins d'une année.

Toutefois, le tribunal, sur opposition, ou la cour, sur appel, a la faculté par décision spéciale et motivée, de donner mainlevée de ces mandats.

En toutes circonstances, les mandats décernés dans les cas susvisés continuent à produire leur effet, nonobstant le pourvoi en cassation.

Si la personne est arrêtée à la suite du mandat d'arrêt et qu'il s'agit d'un jugement rendu par défaut, il est fait application des dispositions de l'article 135-2.

C. pr. pén., art. 506
Pendant les délais d'appel et durant l'instance d'appel, il est sursis à l'exécution du jugement, sous réserve des dispositions des articles 464 (deuxième et troisième alinéas), 464-1, 471, 507, 508 et 708.

C. pr. pén., art. 509
L'affaire est dévolue à la cour d'appel dans la limite fixée par l'acte d'appel et par la qualité de l'appelant ainsi qu'il est dit à l'article 515.

L'appel de l'assureur produit effet à l'égard de l'assuré en ce qui concerne l'action civile. Il est, dans un délai de trois jours, notifié à l'assuré par lettre recommandée avec demande d'avis de réception adressée par l'assureur.

C. pr. pén., art. 512
Les règles édictées pour le tribunal correctionnel sont applicables devant la cour d'appel sous réserve des dispositions suivantes.

C. pr. pén., art. 695-34 [L. n° 2004-204, 9 mars 2004]
La mise en liberté peut être demandée à tout moment à la chambre de l'instruction selon les formes prévues aux articles 148-6 et 148-7.

L'avocat de la personne recherchée est convoqué, par lettre recommandée avec demande d'avis de réception, quarante-huit heures au moins avant la date de l'audience. La chambre de l'instruction statue après avoir entendu le ministère public ainsi que la personne recherchée ou son avocat, dans les plus brefs délais et au plus tard dans les quinze jours de la réception de la demande, par un arrêt rendu dans les conditions prévues à l'article 199. Toutefois, lorsque la personne recherchée n'a pas encore comparu devant la chambre de l'instruction, les délais précités ne commencent à courir qu'à compter de la première comparution devant cette juridiction.

La chambre de l'instruction peut également, lorsqu'elle ordonne la mise en liberté de la personne recherchée et à titre de mesure de sûreté, astreindre l'intéressé à se soumettre à une ou plusieurs des obligations énumérées à l'article 138.

Préalablement à sa mise en liberté, la personne recherchée doit signaler à la chambre de l'instruction ou au chef de l'établissement pénitentiaire son adresse.

Elle est avisée qu'elle doit signaler à la chambre de l'instruction, par nouvelle déclaration ou par lettre recommandée avec demande d'avis de réception, tout changement de l'adresse déclarée.

Elle est également avisée que toute notification ou signification faite à la dernière adresse déclarée sera réputée faite à sa personne.

Mention de cet avis, ainsi que de la déclaration d'adresse, est portée soit au procès-verbal, soit dans le document qui est adressé sans délai, en original ou en copie, par le chef d'établissement pénitentiaire à la chambre de l'instruction.

C. pr. pén., art. 696-19 [L. n° 2004-204, 9 mars 2004]
La mise en liberté peut être demandée à tout moment à la chambre de l'instruction selon les formes prévues aux articles 148-6 et 148-7.

L'avocat de la personne réclamée est convoqué, par lettre recommandée avec demande d'avis de réception, quarante-huit heures au moins avant la date de l'audience. La chambre de l'instruction statue après avoir entendu le ministère public ainsi que la personne réclamée ou son avocat, dans les plus brefs délais et au plus tard dans les vingt jours de la réception de la demande, par un arrêt rendu dans les conditions prévues à l'article 199. Si la demande de mise en liberté a été formée par la personne réclamée dans les quarante-huit heures de la mise sous écrou extraditionnel, le délai imparti à la chambre de l'instruction pour statuer est réduit à quinze jours.

La chambre de l'instruction peut également, lorsqu'elle ordonne la mise en liberté de la personne réclamée et à titre de mesure de sûreté, astreindre l'intéressé à se soumettre à une ou plusieurs des obligations énumérées à l'article 138.

Préalablement à sa mise en liberté, la personne réclamée doit signaler à la chambre de l'instruction ou au chef de l'établissement pénitentiaire son adresse. Elle est avisée qu'elle doit signaler à la chambre de l'instruction, par nouvelle déclaration ou par lettre recommandée avec demande d'avis de réception, tout changement de l'adresse déclarée. Elle est également avisée que toute notification ou signification faite à la dernière adresse déclarée sera réputée faite à sa personne.

Mention de cet avis, ainsi que de la déclaration d'adresse, est portée soit au procès-verbal, soit dans le document qui est adressé sans délai, en original ou en copie par le chef de l'établissement pénitentiaire à la chambre de l'instruction.

C. pr. pén., art. 696-32 [L. n° 2004-204, 9 mars 2004]
La mise en liberté peut être demandée à tout moment à la chambre de l'instruction selon les formes prévues aux articles 148-6 et 148-7. Les dispositions des articles 696-19 et 696-20 sont alors applicables.

C. pr. pén., art. D. 15-4-7
Lorsque la personne mise en examen, pour des faits relevant initialement de la compétence d'un tribunal de grande instance dans lequel il n'y a pas de pôle de l'instruction, par le juge d'instruction d'une juridiction dans laquelle se trouve un pôle est défendue par un avocat, choisi ou commis d'office, appartenant au barreau du tribunal sans pôle, les demandes de mainlevée ou de modification du contrôle judiciaire ou de mise en liberté que cet avocat peut déposer conformément aux dispositions de l'article 148-6 peuvent l'être au greffe du juge d'instruction du tribunal sans pôle. À peine d'irrecevabilité, la demande précise le nom du juge d'instruction saisi de la procédure. Cette demande est constatée par le greffier, qui la signe ainsi que l'avocat, et qui l'adresse sans délai au greffe du juge d'instruction saisi de la procédure.

146.02 Jurisprudence de référence.

> Mise en liberté pendant l'information

• Le jour où le juge d'instruction communique au Procureur de la République la demande de mise en liberté dont il est saisi n'entre pas en compte dans le calcul du délai de cinq jours prévu par l'alinéa 3 de l'article 148 du Code de procédure pénale.

Crim. 19 mars 1985, n° 85-90.391, *Bull. crim.,* n° 114.
« Attendu qu'il appert de l'arrêt attaque que Guinet, inculpe de tentative d'attentat a la pudeur sans violence, tentative de viol par personne ayant autorité sur mineure, viol par personne ayant autorité, et par plusieurs personnes, sur mineures de 15 ans a directement saisi la chambre d'accusation d'une requête demandant a cette juridiction, en application de l'alinéa 6 de l'article 148 du Code de procédure pénale, de statuer sur sa demande de

mise en liberté, le juge d'instruction n'ayant pas, d'après lui, respecte le délai de cinq jours prévu par l'alinéa 3 du même texte pour se prononcer sur une telle requête;

Attendu que pour déclarer irrecevable la demande qui lui était soumise, la chambre d'accusation relève que Guinet par lettre du 10 décembre 1984 a sollicite sa mise en liberté;

Que le magistrat instructeur ayant reçu la lettre le 12 décembre 1984, l'a communiquée le jour même au procureur de la République et, par ordonnance du 17 décembre 1984, a refuse d'y faire droit;

Attendu qu'en déduisant de ces constatations que le juge d'instruction avait statue dans les cinq jours de la communication au procureur de la République ainsi que l'exige l'alinéa 3 de l'article 148 du Code de procédure pénale les juges ont donne une base légale a leur décision;

d'où il suit que le moyen ne saurait être accueilli. »

• Devant une juridiction d'instruction la demande de mise en liberté doit être présentée dans les formes prévues par les articles 148-6, 148-7 et 148-8 du Code de procédure pénale.

Crim. 23 mai 2001, n° 01-81.934, *Bull. crim.*, n° 132; *D.* 2001, IR 1996; *JCP G* 2001, 1589.

« Attendu que, pour déclarer irrecevable la demande de mise en liberté présentée dans le mémoire dont elle était saisie, la chambre de l'instruction énonce que cette demande n'a pas été faite dans les formes prévues par les articles 148-6 et 148-7 du Code de procédure pénale;

Attendu qu'en cet état, le grief allégué n'est pas encouru;

Qu'en effet, si, devant une juridiction de jugement examinant le fond de l'affaire, une demande de mise en liberté peut être formulée soit par conclusions, soit par déclaration verbale constatée par le greffier d'audience, il n'en est pas ainsi d'une demande présentée devant une juridiction d'instruction, laquelle doit être faite dans les seules formes prévues par les articles 148-6, 148-7 et 148-8 du Code précité. »

• Lorsque la chambre de l'instruction constate que la personne mise en examen est détenue en vertu d'un titre nul, elle doit prononcer d'office sa mise en liberté.

Crim. 5 sept. 2001, n° 01-84.379, *Bull. crim.*, n° 173; *JCP G* 2001, 2171; *D.* 2001, 3090.

« Attendu que, lorsqu'elle constate que la personne mise en examen est détenue en vertu d'un titre nul, la chambre de l'instruction doit prononcer d'office sa mise en liberté;

Attendu qu'il résulte des pièces de la procédure que la détention provisoire de X..., placé sous mandat de dépôt le 24 mai 2000, a été prolongée pour une durée de 6 mois à compter du 23 mai 2001, par ordonnance du juge des libertés et de la détention du 18 mai 2001;

Attendu que, saisie de l'appel de cette ordonnance, la chambre de l'instruction a annulé la décision, en raison d'une irrégularité relative à la convocation de l'avocat de la personne mise en examen au débat contradictoire, et, évoquant, a prolongé la détention provisoire pour une durée de 6 mois;

Mais attendu qu'en prononçant ainsi, alors qu'aucune disposition légale ne l'autorisait à évoquer en substituant sa propre décision à celle qu'elle venait d'annuler, la chambre de l'instruction a méconnu le texte susvisé et le principe ci-dessus rappelé. »

• L'audience devant le juge des libertés et de la détention n'est pas une comparution au sens de l'article 148-4 du Code de procédure pénale.

Crim. 6 mars 2002, n° 01-88.609, *Bull. crim.*, n° 57; *D.* 2002, IR 1323; *JCP G* 2002, IV, 1756.

« Vu l'article 148-4 du Code de procédure pénale, ensemble l'article 137-1 du même code;

Attendu que, selon le premier de ces textes, à l'expiration d'un délai de 4 mois depuis sa dernière comparution devant le juge d'instruction ou le magistrat délégué par lui et tant que l'ordonnance de règlement n'a pas été rendue, la personne détenue ou son avocat peut saisir directement la chambre de l'instruction d'une demande de mise en liberté;

Attendu que, pour déclarer irrecevable la demande de mise en liberté présentée le 10 novembre 2001 par X... sur le fondement de l'article 148-4 du Code de procédure pénale, l'arrêt attaqué énonce que l'intéressé a comparu le 22 août 2001 devant le juge des libertés et de la détention, délégué par le juge d'instruction au sens de l'article précité;

Mais attendu qu'en prononçant ainsi, alors que le juge des libertés et de la détention, qui dispose, en matière de détention provisoire, de pouvoirs distincts de ceux du juge d'instruction, n'est pas délégué par ce dernier, la chambre de l'instruction a violé les textes susvisés. »

• Répond aux exigences des articles 148-6 et 148-7 du Code de procédure pénale la demande de mise en liberté dont la réception a été constatée par un acte signé du greffier du juge d'instruction.

Crim. 11 sept. 2007, n° 07-84.129, *Bull. crim.*, n° 196; *Dr. pén.* 2007, proc. pén. n° 164, comm. A. Maron.

« Vu l'article 593 du Code de procédure pénale;

Attendu que tout arrêt de la chambre de l'instruction doit comporter les motifs propres à justifier la décision et répondre aux articulations essentielles des mémoires des parties; que l'insuffisance ou la contradiction des motifs équivaut à leur absence;

Attendu qu'il résulte de l'arrêt attaqué et des pièces de la procédure que l'avocat de Sekoumar Cissoko, placé en détention provisoire pour complicité de séquestration en bande organisée, a adressé le 26 avril 2007 au juge d'instruction une demande de mise en liberté par lettre recommandée avec accusé de réception; que, cette demande étant demeurée sans réponse, Sekoumar Cissoko en a saisi directement la chambre de l'instruction, en application de l'article 148, alinéa 5, du Code de procédure pénale;

Attendu que, pour déclarer cette saisine irrecevable, l'arrêt énonce que la demande, laissée sans réponse par le juge d'instruction et le juge des libertés et de la détention, était elle-même irrecevable au motif qu'elle n'avait pas été présentée, conformément aux exigences de l'article 148-6 du Code de procédure pénale, par déclaration au greffe du juge d'instruction mais directement au magistrat ;

Mais attendu qu'en prononçant ainsi alors que, d'une part, l'avocat du demandeur, qui ne résidait pas dans le ressort de la juridiction compétente, avait la faculté de faire la déclaration par lettre recommandée avec accusé de réception et que, d'autre part, le greffier a attesté avoir reçu cette déclaration, la chambre de l'instruction n'a pas justifié sa décision ;

D'où il suit que la cassation est encourue ;

Par ces motifs :

CASSE et ANNULE, en toutes ses dispositions, l'arrêt susvisé de la chambre de l'instruction de la cour d'appel d'Angers, en date du 30 mai 2007, et pour qu'il soit à nouveau jugé, conformément à la loi ».

> Mise en liberté après la clôture de l'information

• L'ordonnance de prise de corps rendue par le juge d'instruction conserve sa force exécutoire jusqu'à ce qu'il ait été statué, dans le délai de 4 mois, par la chambre de l'instruction, sur appel de l'ordonnance de mise en accusation.

Crim. 19 sept. 2001, n° 01-84.787, *Bull. crim.*, n° 186.

« Que, d'une part, l'ordonnance de prise de corps rendue par le juge d'instruction en vertu de l'article 181 du Code de procédure pénale conserve sa force exécutoire jusqu'à ce qu'il ait été statué, dans le délai de 4 mois, par la chambre de l'instruction, sur l'appel de l'ordonnance de mise en accusation ;

Que, d'autre part, aux termes du dernier alinéa de l'article 11 de l'ordonnance du 2 février 1945, les dispositions concernant la durée, en matière criminelle, de la détention provisoire des mineurs âgés d'au moins 16 ans ne sont applicables que jusqu'à l'ordonnance de règlement. »

146.03 **Bibliographie indicative.** (V. les références complètes s[s] n° 03.)

Actualisables. Rép. pén., Dourneau-Josette, « Le contrôle judiciaire et la détention provisoire » ; « Le juge des libertés et de la détention ».

Ouvrages. Hélie F., IV, n°s 1948 et 1991 – Garraud, III, n° 863 – Guéry, n°s 1.17 à 1.27 et 4.11 à 4.15.

Articles. Bonis-Garçon E., « La détention provisoire pour manquement au contrôle judiciaire », *JCP G* 2002, I, 159 – Buisson J., « Le référé-détention par le procureur de la République, issu de la loi n° 2002-1138 du 9 septembre 2002 », *Procédures* nov. 2002, p. 7 – Guéry, « Le nouveau juge des libertés et de la détention : premiers problèmes pratiques », *Gaz. Pal.* 8/9 sept. 2000, 179 ; « Une détention provisoire exceptionnelle... mais souhaitable », *Act. Jurid. pénale* 2004, p. 238 – Lavielle B. et Lebur F., « Le juge des libertés et de la détention : béni oui-oui ou terminator ? », *Gaz. Pal.* 27-28 juill. 2001, p. 3.

146.04 **Évolution.** La mise en liberté de droit dans le délai de cinq jours, instituée par la loi du 14 juillet 1865, et reprise par le Code de procédure pénale, qui bénéficiait à l'inculpé qui encourait une peine inférieure à deux ans d'emprisonnement et qui n'avait pas déjà été condamné pour un crime ou à une peine supérieure à trois mois d'emprisonnement (C. pr. pén., art. 138 ancien), a été supprimée par la loi du 17 juillet 1970. D'autre part, depuis les lois du 4 avril 1855 et du 14 juillet 1865, le juge d'instruction pouvait, sur les conclusions conformes du procureur de la République, donner mainlevée d'office du mandat de dépôt ou d'arrêt, par une ordonnance non susceptible d'appel (C. instr. crim., art. 94). Le Code de procédure pénale a remplacé la mainlevée du mandat par la mise en liberté d'office, dont le régime est un peu différent (C. pr. pén., anc. art. 140).

146.05 **Rapport du comité de réflexion sur la justice pénale dit rapport Léger.** C'est le juge de l'enquête et des libertés qui est compétent pour traiter les demandes de mise en liberté. En cas de rejet, un appel sera possible devant une « juridicition collégiale » sur laquelle rien n'est dit dans le rapport Léger, mais qui semble faire partie de la juridiction du premier degré. Dans ces conditions, on mesure assez mal le rôle postérieur de la chambre de l'enquête et des libertés. En l'absence d'acte d'enquête pendant une durée de trois mois, la mise en liberté serait de droit (page 24 du rapport).

146.06 **Questions essentielles.**

• Les problèmes touchant la mise en liberté ont été renouvelés par l'articulation entre juge d'instruction et juge des libertés et de la détention (v. s[s] n° 146.25) et plus récemment par l'introduction du référé-détention, dont les aspects symboliques ont pris le pas sur les conséquences pratiques assez limitées (v. s[s] n°s 145.5 à 145.57).

SECTION 1

Mise en liberté pendant l'information : mise en liberté d'office

146.11 **La détention provisoire doit pouvoir prendre fin dès qu'elle n'est plus nécessaire.** Aussi, aux termes de l'article 147, le juge d'instruction peut-il d'office, de sa seule initiative, et en dehors de toute demande du mis en examen, ordonner sa mise en liberté à charge pour celui-ci de se représenter à tous les actes de la procédure à toute réquisition, et de tenir informé le magistrat instructeur de tous ses déplacements. Une ordonnance de mise en liberté rendue d'office par le juge d'instruction ne saurait être entachée de nullité pour avoir été précédée d'un débat contradictoire que l'article 145 alinéa 4 du Code de procédure pénale ne prévoit pas dans une telle hypothèse, aucune nullité de procédure ne pouvant résulter de l'application, même dans un cas non prévu par la loi, d'une disposition destinée à garantir les droits de la défense[1].

146.12 La mise en liberté d'office peut être ordonnée en toute matière, même criminelle. Elle peut être pure et simple ou assortie du contrôle judiciaire. Elle peut intervenir à tout moment. L'ordonnance ne peut être prise que sur les conclusions du procureur de la République, que le juge d'instruction peut ne pas suivre (C. pr. pén., art. 147). Le procureur de la République peut également, à tout moment, requérir la mise en liberté d'office, et en prendre ainsi l'initiative. Le juge d'instruction doit, s'il n'entend y faire droit, saisir le juge des libertés et de la détention dans les cinq jours à compter de la date des réquisitions (C. pr. pén., art. 147, al. 2). Le procureur de la République peut interjeter appel de l'ordonnance non conforme à celles-ci.

146.13 Le juge des libertés et de la détention n'intervient que dans le cadre de la saisine qui est initiée par le magistrat instructeur. Toutefois, lorsqu'il est saisi d'une demande de prolongation de la détention, il peut non seulement ne pas y faire droit mais ordonner la mise en liberté (v. s[s] n° 144.38).

146.14 La chambre de l'instruction. La chambre de l'instruction peut également, dans tous les cas, lorsqu'elle est saisie d'une procédure, après avoir pris les conclusions du ministère public, prononcer d'office la mise en liberté du mis en examen (C. pr. pén., art. 201), notamment lorsque, saisie d'un appel, elle constate que la détention est illégale[2]. Cette faculté relève de sa seule initiative, et le détenu n'est pas autorisé à s'adresser directement à elle pour lui demander d'en faire usage à son profit[3].

La chambre de l'instruction doit prononcer d'office la mise en liberté de la personne mise en examen lorsqu'elle a constaté que cette dernière était détenue en vertu d'un titre nul, ce qui est le cas d'une ordonnance de prolongation de détention intervenue en l'absence du débat contradictoire prévu par l'article 145-1 du Code de procédure pénale[4]. Elle doit prononcer d'office sa mise en liberté, sans possibilité, après évocation, de substituer sa propre décision à celle qu'elle vient d'annuler[5]. Lors de l'audience de contrôle, elle peut mettre en liberté toute personne détenue dans la procédure (v. s[s] n° 245.43).

146.15 Le président de la chambre de l'instruction. Usant de ses pouvoirs propres il peut d'office saisir cette juridiction pour qu'il soit par elle statué sur le maintien en détention d'un mis en examen en état de détention provisoire (C. pr. pén., art. 223). Mais en l'absence de pouvoirs juridictionnels, il ne pourrait lui-même opérer la mise en liberté de l'intéressé.

SECTION 2
MISE EN LIBERTÉ PENDANT L'INFORMATION : LA DEMANDE

146.21 Caractères. La faculté pour la personne détenue de solliciter sa mise en liberté est pour elle un droit absolu, que la loi n'a soumis à aucune condition et qui ne souffre aucune limite. Toutefois, la mise en liberté n'est pas un droit pour l'intéressé, mais une simple faculté pour le juge, laissée à sa souveraine appréciation et à sa conscience[6]. Cette mise en liberté facultative a un caractère juridictionnel, et la personne peut interjeter appel de l'ordonnance qui rejette sa demande.

146.22 Formes de la demande. Toute personne poursuivie détenue, en toute matière et à tout moment de l'instruction, peut par elle-même ou son avocat, former une demande de mise en liberté (C. pr. pén., art. 148, al. 1er). La loi n'en a ni limité le nombre, ni fixé de délai entre chaque demande[7].

Antérieurement, la demande n'était soumise à aucune forme. Depuis la loi du 30 décembre 1985, la demande doit être faite par déclaration au greffier de la juridiction d'instruction saisie du dossier ou compétente selon l'article 148-1. Elle peut être faite par lettre quand la personne ne réside pas dans le ressort (C. pr. pén., art. 148-6). La personne détenue peut aussi procéder par déclaration au surveillant-chef, qui la date et la transmet au greffier compétent (C. pr. pén., art. 148-7). Ces formes sont applicables aux demandes adressées directement à la chambre de l'instruction visées par l'article 148-8, alinéa 1er.

C'est ainsi que n'est pas recevable la demande faite par lettre adressée au juge d'instruction ou à son greffier[8], ou au président de la chambre de

1. Crim. 6 mai 1985, n° 85-91.061, *Bull. crim.*, n° 169.
2. Crim. 4 janv. 1983, n° 82-93.809, *Bull. crim.*, n° 3; *D.* 1983, 562, note M. Roger; *JCP G* 1984, II, 20203, note P. Chambon.
3. Crim. 22 mars 1966, *Bull. crim.*, n° 104; *D.* 1966, 488 – Crim. 25 oct. 1973, n° 73-92.707, *Bull. crim.*, n° 383.
4. Crim. 9 mai 2001, n° 01-81.598, *Bull. crim.*, n° 111.
5. Crim. 5 sept. 2001, n° 01-84.379, *Bull. crim.*, n° 173; *JCP G* 2001, 2171; *D.* 2001, 3090.
6. Garraud, III, n° 863 – Hélie F., *Traité d'instruction criminelle*, t. IV, n° 1991.
7. V. Crim. 24 sept. 1987, n° 87-83.976, n° 87-83.998, *Bull. crim.*, n° 312, qui fait état de 23 demandes.
8. Crim. 17 juin 1986, n° 86-92.004, *Bull. crim.*, n° 210 – Crim. 19 août 1987, n° 87-83.136, *Bull. crim.*, n° 307.

l'instruction[1], ou au procureur général[2], ou à la chambre de l'instruction[3]. Est de même irrecevable la demande insérée dans un mémoire déposé devant la chambre de l'instruction[4]. Mais peu importe que la lettre recommandée adressée par le conseil d'un détenu porte le nom du juge à la place de celui du greffier : répond aux exigences des articles 148-6 et 148-7 du Code de procédure pénale la demande de mise en liberté dont la réception a été constatée par un acte signé du greffier du juge d'instruction. N'a pas justifié sa décision la chambre de l'instruction qui déclare irrecevable la saisine directe en application de l'article 148, alinéa 5, du Code de procédure pénale, en retenant qu'une telle demande de mise en liberté laissée sans réponse par le juge d'instruction et le juge des libertés et de la détention, était irrecevable faute d'avoir été présentée dans les formes prévues par les articles 148-6 et 148-7 du Code de procédure pénale[5]. De même, une demande de mise en liberté effectuée selon les modalités prévues par les articles 148-7 et 148-8 du Code de procédure pénale et transmise au greffe de la juridiction compétente en vertu de l'article 148-1 du même code, ne saurait être déclarée irrecevable au seul motif de l'existence, dans son libellé d'une erreur matérielle (demande adressée au greffier du juge d'instruction à la place de celui de la chambre de l'instruction[6]).

En revanche, justifie sa décision la chambre de l'instruction qui déclare irrecevable une demande de mise en liberté adressée par LRAR au juge d'instruction et portant un tampon « courrier arrivé au cabinet d'instruction », dès lors qu'il ne peut se déduire d'une telle mention que le greffier, qui n'était pas destinataire de la lettre, en avait eu connaissance[7].

Si, devant une juridiction de jugement examinant le fond de l'affaire, une demande de mise en liberté peut être formulée soit par conclusions, soit par déclaration verbale constatée par le greffier d'audience (v. s[s] n° 146.67), il n'en est pas ainsi d'une demande présentée devant une juridiction d'instruction, laquelle doit être faite dans les seules formes prévues par les articles 148-6, 148-7 et 148-8 du Code de procédure pénale[8]. En matière de demande de mise en liberté, le débat contradictoire n'est pas prévu par la loi[9]. L'article D. 15-4-7 du Code de procédure pénale prévoit des dispositions particulières pour la demande formulée par un avocat d'une juridiction sans pôle : lorsque la personne mise en examen, pour des faits relevant initialement de la compétence d'un tribunal de grande instance dans lequel il n'y a pas de pôle de l'instruction, par le juge d'instruction d'une juridiction dans laquelle se trouve un pôle est défendue par un avocat, choisi ou commis d'office, appartenant au barreau du tribunal sans pôle, les demandes de mainlevée ou de modification du contrôle judiciaire ou de mise en liberté que cet avocat peut déposer conformément aux dispositions de l'article 148-6 peuvent l'être au greffe du juge d'instruction du tribunal sans pôle. À peine d'irrecevabilité, la demande précise le nom du juge d'instruction saisi de la procédure. Cette demande est constatée par le greffier, qui la signe ainsi que l'avocat, et qui l'adresse sans délai au greffe du juge d'instruction saisi de la procédure. Cette opportunité nouvelle, disposée à faciliter la mission des avocats qui travaillent désormais dans des juridictions sans pôle de l'instruction ne concerne que trois types de demande : la demande de main levée de contrôle judiciaire, la demande de modification de contrôle judiciaire. L'avocat dispose déjà de la possibilité de présenter sa demande par lettre recommandée avec accusé de réception (C. pr. pén., art. 148-6), qu'il conserve. Bien que le texte ne le précise pas, le greffier transmet alors sans tarder l'original au greffier du juge d'instruction en charge de l'affaire dans la juridiction du pôle concerné. Il sera bien avisé de conserver une copie de cette demande et de la transmission effectuée.

146.23 Compétence. Pendant le cours de l'instruction, et jusqu'à l'ordonnance de règlement, le juge d'instruction et, dans les conditions précédemment énoncées, le juge des libertés et de la détention, est seul compétent pour statuer sur une demande de mise en liberté (C. pr. pén., art. 148, al. 1er)[10]. Le juge d'instruction demeure compétent lorsque la chambre de l'instruction n'est saisie que momentanément du dossier, comme juridiction d'appel d'une

1. Crim. 22 juill. 1986, n° 86-92.717, *Bull. crim.*, n° 239; *D.* 1987, somm. 79, obs. Pradel – Crim. 14 oct. 1986, n° 86-94.181, *Bull. crim.*, n° 283 – Crim. 14 mars 1989, n° 88-87.626, *Bull. crim.*, n° 124.
2. Crim. 20 août 1986, n° 86-92.966, *Bull. crim.*, n° 245.
3. Crim. 16 févr. 1988, n° 87-91.464, *Bull. crim.*, n° 74.
4. Crim. 26 sept. 1986, n° 86-93.821, n° 86-93.822, *Bull. crim.*, n° 261; *RSC* 1987, 242, obs. Braunschweig – Crim. 5 et 7 mai 1986, *Bull. crim.*, n°s 178 et 187 – Crim. 20 mai 1987, n° 87-81.037, *Bull. crim.*, n° 207.
5. Crim. 11 sept. 2007, n° 07-84.129, *Bull. crim.*, n° 196; *Dr. pén.* 2007, proc. pén. n° 164, comm. A. Maron, v. s[s] n° 146.02.
6. Crim. 21 mai 2008, n° 08-81.613, *Bull. crim.*, n° 128; *JCP* 2008, IV, 2194; *AJ pén.* 2008, 424, obs. M. Nord-Wagner.
7. Crim. 1er avr. 2009, n° 09-80.056, NP, *Dr. pén.* 2009, n° 100, note A. Maron et M. Haas.
8. Crim. 23 mai 2001, n° 01-81.934, *Bull. crim.*, n° 132; *D.* 2001, IR 1996; *JCP G* 2001, 1589.
9. Crim. 26 févr. 2003, n° 02-88.131, *Bull. crim.*, n° 55; *D.* 2003, somm. 1728, note J. Pradel.
10. Crim. 5 juin 1924, *Bull. crim.*, n° 248 – Crim. 3 févr. 1949, *Bull. crim.*, n° 46 – Crim. 20 déc. 1988, n° 88-86.305, *Bull. crim.*, n° 437.

ordonnance. En effet, en ce cas, le juge d'instruction poursuit son information (C. pr. pén., art. 187) [1]. Le juge des libertés et de la détention, régulièrement saisi par le juge d'instruction en application de l'article 137-1 du Code de procédure pénale, demeure compétent pour statuer sur la demande qui lui est soumise, nonobstant l'arrêt de la Cour de cassation, intervenu postérieurement à sa saisine, ordonnant le dessaisissement du juge d'instruction [2].

146.24 Procédure. Le juge d'instruction ne communique plus la demande à la partie civile. Il n'est tenu que de communiquer immédiatement le dossier au procureur de la République aux fins de réquisitions (C. pr. pén., art. 148, al. 2). L'ordonnance de soit communiqué n'a d'autre objet que de mettre le procureur de la République en mesure de prendre ses réquisitions sur la mise en liberté; elle n'est qu'une simple formalité de procédure et n'a pas le caractère juridictionnel au sens de l'article 183 du Code de procédure pénale [3].

Par ailleurs, il a été jugé que cette ordonnance ne rentrait pas dans la catégorie des actes qui, selon l'article 175 du Code de procédure pénale, doivent être notifiés aux conseils des parties [4].

Les dispositions de l'article 148 du Code de procédure pénale relatives à l'examen des demandes de mise en liberté ne sont pas incompatibles avec celles de l'article 5-4 de la Convention européenne de sauvegarde des droits de l'Homme et des garanties fondamentales dès lors que la personne détenue provisoirement peut déférer à la chambre de l'instruction toute ordonnance rejetant une demande de mise en liberté, laquelle peut être renouvelée à tout moment, et que la juridiction d'appel statue selon une procédure conforme aux exigences de l'article 5-4 de la Convention [5].

146.25 Délai. Le juge d'instruction devait statuer au plus tard dans les cinq jours de la communication au parquet (C. pr. pén., art. 148, al. 3). Le jour de la communication ne comptait pas [6]. Selon la chambre criminelle : « La loi a confié à la conscience du juge d'instruction le soin d'ordonner la communication dans le plus bref délai de la demande de mise en liberté. [7] » Les arrêts cités ont été pris dans des hypothèses où la demande avait respectivement été transmise 4 et 15 jours après son dépôt; dans ce dernier cas la Cour d'appel de Paris a considéré que la requête était recevable sur le fondement de l'article 5, § 4 de la Convention européenne des droits de l'Homme qui prévoit le droit d'introduire un recours devant un tribunal afin qu'il statue à bref délai sur la légalité de la détention et qu'il ordonne la libération si elle est illégale. La personne est donc, dans ces hypothèses, recevable à saisir directement la chambre de l'instruction de sa demande. Mais on a vu encore mieux puisque la chambre d'accusation de Versailles rendit une décision similaire dans une espèce où le juge d'instruction avait omis de communiquer au ministère public et que le délai écoulé était de 43 jours ! [8]

On peut imaginer que dans ces exemples extrêmes, il s'agissait d'omissions. Mais on connaît une certaine divergence pratique entre les magistrats : certains juges d'instruction respectent le texte à la lettre c'est-à-dire qu'ils communiquent au parquet « immédiatement », le jour même, sauf si la demande arrive en fin de journée, d'autres gardent parfois celle-ci quelques jours avant de la faire porter au parquet avec les autres, en une fois. Il apparaît pourtant que si la loi fait partir un délai à compter de la communication et que l'urgence de cette communication n'est pas elle-même garantie, le texte perd une partie de sa signification. L'articulation entre juge d'instruction et juge des libertés et de la détention a contraint le législateur à imaginer un autre mécanisme : sauf s'il donne une suite favorable à la demande, le juge d'instruction doit, dans les cinq jours de la communication au procureur de la République, la transmettre avec son avis motivé au juge des libertés et de la détention. Ce magistrat statue dans un délai de trois jours ouvrables. Faute par le juge des libertés et de la détention d'avoir statué dans le délai de trois jours ouvrables, la personne mise en examen ou le procureur de la République peut saisir directement la chambre de l'instruction qui se prononce dans les vingt jours de sa saisine.

Depuis la loi du 15 juin 2000, seul le non-respect de ce délai de trois jours semble pouvoir entraîner une saisine directe de la chambre de l'instruction. La personne mise en examen n'est pas recevable à saisir la chambre de l'instruction en application des dispositions de l'article 148, alinéa 5, du Code de procédure pénale lorsque la demande de mise en liberté laissée sans réponse par le juge d'instruction et le juge des libertés et de la détention était elle-même irrecevable faute d'avoir été présentée dans les formes prévues par les articles 148-6 et 148-7 du Code

1. Crim. 14 mars 1929, *DH* 1929, 221 – Crim. 11 janv. 1961, *D.* 1961, 196, note J.-M. R.
2. Crim. 5 nov. 2002, n° 02-85.892, *Bull. crim.*, n° 199; *JCP G* 2003, IV, 1098.
3. Crim. 21 déc. 1970, n° 70-92.417, *Bull. crim.*, n° 346.
4. Crim. 7 nov. 1989, n° 89-85.006, *Bull. crim.*, n° 398.
5. Crim. 26 févr. 2003, n° 02-88.131, *Bull. crim.*, n° 55; *D.* 2003, IR 1008.
6. Crim. 19 mars 1985, n° 85-90.391, *Bull. crim.*, n° 114 – Crim. 14 sept. 1987, n° 87-83.598, *Bull. crim.*, n° 309.
7. Crim. 25 mars 1985, n° 85-90.523, *Bull. crim.*, n° 122 – CA Paris, 20 juin 1990, *D.* 1991, somm. 212, obs. Pradel.
8. CA Versailles, ch. acc., 26 juin 1992, *BICC* 354, n° 1590 – V. aussi CA Colmar, 21 nov. 1985, *D.* 1987, somm. 80, obs. Pradel.

de procédure pénale (présentée par lettre[1]). On peut faire deux remarques sur cette nouvelle articulation : la nécessité de mettre en relation les pouvoirs du juge d'instruction et ceux du juge des libertés et de la détention crée une situation plus néfaste pour l'intéressé que la situation précédente. En effet, lorsque la personne faisait une demande de mise en liberté, elle pouvait espérer que le juge y réponde dans les cinq jours, sauf si celui-ci ne donnait pas à l'adverbe « immédiatement » toute sa valeur. Non seulement cet adverbe subsiste et peut entraîner les mêmes difficultés, les cinq jours offerts au juge d'instruction continuant à courir de la communication au procureur de la République, mais le JLD se voit octroyer un autre délai, au maximum trois jours ouvrables. Nous donnons ci-dessous la représentation pour un mois fictif débutant le lundi 1er en considérant que le juge d'instruction communique le jour même la demande. Les délais indiqués sont les délais *maxima*. Il est bien évident qu'un délai de 3 jours ouvrables ne vient pas s'ajouter au délai de 5 jours mais qu'il commence à courir dès la saisine du juge des libertés et de la détention par l'ordonnance du juge d'instruction. Le jour où le juge d'instruction communique au procureur de la République la demande de mise en liberté n'entre pas en compte dans le calcul du délai de cinq jours prévu par l'article 148, al. 3 de sorte que le juge ayant reçu une demande de mise en liberté le 12 décembre et l'ayant communiquée le jour même au parquet, a pu valablement rendre son ordonnance le 17 décembre[2] (v. ss n° 146.02).

146.26 Tableaux de l'articulation entre juge d'instruction et juge des libertés et de la détention. Ce tableau est discordant avec un exemple donné par la circ. CRIM-00-16/F1, 20 déc. 2000, n° 2.1.1.2.3, qui ne tient pas compte de l'application de l'article 801 du Code de procédure pénale, et prend comme point de départ du délai de trois jours ouvrables, non la date de communication effective, mais le jour « où sa saisine aurait dû intervenir ».

MOIS FICTIF DÉBUTANT LE LUNDI 1er – DÉLAI MAXIMUM.

Jour de la demande	Jour de la communication (immédiate les jours ouvrables)	Jour de la saisine du juge des libertés et de la détention par le juge d'instruction	Jour de la décision du juge des libertés et de la détention**
Lundi 1er	Lundi 1er	Lundi 8*	Mercredi 10
Mardi 2	Mardi 2	Lundi 8*	Mercredi 10
Mercredi 3	Mercredi 3	Lundi 8	Mercredi 10
Jeudi 4	Jeudi 4	Mardi 9	Jeudi 11
Vendredi 5	Vendredi 5	Mercredi 10	Vendredi 12
Samedi 6	Lundi 8	Lundi 15*	Mercredi 17
Dimanche 7	Lundi 8	Lundi 15*	Mercredi 17

* Application de l'article 801 du Code de procédure pénale.

** En l'absence de jurisprudence, on considère que le jour de la saisine entre dans le décompte.

Le tableau ci-dessous correspond au délai de réponse maximum du JLD en fonction du jour de sa saisine par le juge d'instruction. En l'absence de jurisprudence, on considère que le jour de la saisine entre dans le décompte.

Jour de saisine du juge des libertés et de la détention	Dernier jour pour statuer
Lundi	Mercredi
Mardi	Jeudi
Mercredi	Vendredi
Jeudi	Lundi
Vendredi	Mardi

146.27 Pluralité de demandes. Lorsqu'il n'a pas encore été statué sur une précédente demande ou sur l'appel d'une précédente ordonnance de rejet, les délais prévus à l'article 148 ne commencent à courir qu'à compter de la décision rendue par la juridiction d'instruction (C. pr. pén., art. 148, al. 3). Faute par le juge d'instruction d'avoir statué dans le délai légal, la personne peut saisir directement de sa demande la chambre de l'instruction, qui doit statuer dans les vingt jours de sa saisine, faute de quoi le demandeur est mis d'office en liberté. Le même droit de saisine directe appartient au procureur de la République (C. pr. pén., art. 148, al. 5). L'intéressé est forclos après que le juge d'instruction a statué, fût-ce tardivement[3]. Il est également possible de faire parvenir à la chambre de l'instruction des demandes de mise en liberté

1. Crim. 19 nov. 2002, n° 02-86.030, *Bull. crim.*, n° 208; *JCP G* 2003, IV, 1097; *Gaz. Pal.* 3/5 août 2003, jur. 19, note Y. Monnet.
2. Crim. 19 mars 1985, n° 85-90.391, *Bull. crim.*, n° 114, préc.
3. Crim. 27 juill. 1964, *Bull. crim.*, n° 250; *JCP G* 1965, II, 14380, note P. Chambon.

antérieures ou postérieures à l'appel pour qu'elle puisse trancher sur ces demandes en même temps (C. pr. pén., art. 207). La loi du 9 mars 2004 a ajouté une phrase à l'alinéa 3 de l'article 148 ainsi rédigé : « lorsqu'il a été adressé plusieurs demandes de mise en liberté, il peut être répondu à ces différentes demandes dans les délais prévus par une décision unique ». C'est déjà ce qui se passait régulièrement en pratique. La procédure prévue à l'alinéa 3 de l'article 148 ne concerne que les demandes de mise en liberté présentées au juge d'instruction qui ne peut différer sa décision dans le cas où la chambre d'accusation serait saisie d'une demande qui lui aurait été directement adressée[1]. C'est ainsi que si la chambre de l'instruction est saisie d'une demande directe par le biais de l'article 148-4 (absence d'interrogatoire depuis 4 mois) ou 148 *in fine* (absence de réponse à une demande de mise en liberté dans le délai légal), le juge ne saurait attendre la réponse de la chambre de l'instruction pour faire courir le délai. Il devra communiquer « immédiatement » et saisir le juge des libertés et de la détention dans le délai de cinq jours de la communication.

146.28 Carence du ministère public. Dans ce domaine comme dans d'autres, il peut être important de savoir si le juge d'instruction peut se passer des réquisitions du ministère public dès lors qu'il les a sollicitées. Cette carence peut être due à une négligence ou à un souci moins « avouable ». Le principe qui doit être affirmé est que le magistrat du siège ne saurait être à la disposition du bon vouloir du ministère public dès lors que l'information est ouverte et que la saisine du juge d'instruction est irrévocable. Il convient toutefois de préciser les choses : lorsque les réquisitions du ministère public ne sont pas un simple avis il est hors de question de pouvoir s'en passer. C'est ainsi que le juge d'instruction ne peut instruire sur des faits nouveaux qu'il aurait communiqués au ministère public sans que celui ci ait pris des réquisitions supplétives. En revanche lorsqu'il s'agit d'émettre un avis prévu par la loi mais dont ne dépend pas la liberté d'action du juge, la carence du ministère public ne saurait enrayer son action. Il en est ainsi particulièrement en matière de détention alors que la loi prévoit un délai maximum dans lequel le juge doit répondre à la demande de mise en liberté. La chambre criminelle n'a, semble-t-il, pas eu l'occasion de se prononcer.

Mais la chambre d'accusation de Versailles a, fort logiquement, répondu ainsi : l'ordonnance refusant la mise en liberté de l'inculpé n'est entachée d'aucune nullité, nonobstant l'absence de réquisitions du ministère public dont il est établi qu'il a été destinataire de la procédure à la suite d'une ordonnance de soit-communiqué[2]. Il en est de même dès lors qu'il ne s'agit plus pour le juge d'instruction de répondre lui même à la demande de mise en liberté (sauf s'il l'accepte) mais de saisir le juge des libertés et de la détention.

146.29 L'appel du refus de mise en liberté. En matière de détention provisoire ou de liberté, la chambre de l'instruction se prononce au plus tard dans les quinze jours de l'appel, à défaut de quoi la personne est mise en liberté d'office, sauf vérifications ou circonstances insurmontables (C. pr. pén., art. 194, al. 3). Le délai était de 30 jours avant la loi du 30 décembre 1987. Ce délai ne se calcule pas de quantième à quantième, le jour de l'appel ne compte pas et l'article 801 est applicable[3]. Le délai court du lendemain du jour où l'appel a été transcrit sur le registre du greffe du tribunal qui a statué[4]. Au cas de demande de comparution personnelle, le délai est de 20 jours (C. pr. pén., art. 199, al. 6 – V. s^{s} n° 241.66)[5].

SECTION 3

MISE EN LIBERTÉ PENDANT L'INFORMATION : LA DÉCISION

146.31 Motifs de la décision. Les juridictions d'instruction apprécient souverainement l'opportunité d'accorder ou de refuser la mise en liberté. C'est là une question de fait qui échappe au contrôle de la Cour de cassation, à la condition que la décision soit suffisamment motivée[6]. La Cour de cassation n'a pas qualité pour ordonner elle-même la mise en liberté[7]. Mais quand elle opère la cassa-

1. Crim. 31 janv. 1989, n° 88-86.452, *Bull. crim.*, n° 36.
2. CA Versailles, ch. acc., 13 juill. 1989, *D.* 1989, somm. 392.
3. Crim. 26 sept. 1985, n° 85-94.253, *Bull. crim.*, n° 287 – Crim. 8 févr. 1989, n° 88-87.118, *Bull. crim.*, n° 56.
4. Crim. 8 févr. 1989, n° 88-87.214, *Bull. crim.*, n° 57 – Crim. 28 nov. 1989, n° 89-85.168, *Bull. crim.*, n° 443 – Crim. 8 févr. 1996, n° 95-85.830, *Bull. crim.*, n° 69.
5. Crim. 25 janv. 1994, n° 93-85.053, *Bull. crim.*, n° 34 – Crim. 1er juin 1994, n° 94-81.477, *Bull. crim.*, n° 217 – Sur les vérifications permettant la prorogation du délai, v. Crim. 17 févr. 1987, n° 86-96.278, n° 86-96.279, *Bull. crim.*, n° 75 – Crim. 20 juin 1989, n° 89-82.056, *Bull. crim.*, n° 263.
6. Crim. 11 févr. 1921, *Bull. crim.*, n° 73 – Crim. 5 juin 1924, *Bull. crim.*, n° 248 – Crim. 20 nov. 1952, *Bull. crim.*, n° 266 – Crim. 5 oct. 1960, *Bull. crim.*, n° 423 – Crim. 10 févr. 1966, *Bull. crim.*, n° 40.
7. Crim. 29 déc. 1921, *Bull. crim.*, n° 492 – Crim. 25 janv. 1923, *Bull. crim.*, n° 32.

tion, elle indique éventuellement la date à laquelle la détention a cessé d'être régulière et la nécessité de remettre l'intéressé en liberté[1].

La mise en liberté implique un changement de situation, soit par exemple que les circonstances qui ont motivé la détention ont disparu, ou que l'affaiblissement des indices laisse présager une décision de non-lieu. Si la décision du juge d'instruction est souveraine, elle n'en doit pas moins être spécialement motivée[2]. À l'égard du même inculpé, la mise en liberté peut être accordée dans une information et refusée dans l'autre[3]. Mais n'ont aucune valeur les motifs tirés de la proximité de la session d'assises[4].

Antérieurement, l'ordonnance était spécialement motivée d'après les éléments de l'espèce. Depuis la loi du 6 juillet 1989, l'ordonnance « doit comporter l'énoncé des considérations de droit et de fait qui constituent le fondement de cette décision par référence aux dispositions de l'article 144 » (C. pr. pén., art. 148, al. 8). Cette différence de terminologie ne change qu'en apparence les exigences de la loi. Le juge doit éviter les formules générales, et s'appuyer au contraire sur des circonstances et faits précis tirés de l'information en cause et qui la caractérisent. Depuis la loi du 15 juin 2000, lorsque la durée de la détention provisoire excède un an en matière criminelle ou huit mois en matière délictuelle, les décisions rejetant les demandes de mise en liberté doivent aussi comporter les indications particulières qui justifient en l'espèce la poursuite de l'information et le délai prévisible d'achèvement de la procédure (C. pr. pén., art. 145-3). Ces dispositions n'imposent pas au juge des libertés et de la détention ou à la chambre de l'instruction de préciser, le cas échéant, les raisons pour lesquelles le délai d'achèvement qu'ils avaient prévu dans une précédente décision n'a pu être tenu[5].

146.32 Motifs insuffisants. Les décisions de rejet de mise en liberté sont parfois mal ou insuffisamment motivées. Le seul rappel des formules légales de l'article 144, sans référence aux faits et aux circonstances de l'espèce, ne constitue qu'un cadre vide et abstrait. Spécialement, la notion de trouble à l'ordre public, conservé par l'article 144, malgré de vives discussions lors du vote de la loi du 6 juillet 1989, a perdu son sens historique précis[6], et est devenue un motif dépourvu de toute signification, qui peut s'appliquer à toutes les espèces, car toute infraction pénale, par définition, trouble l'ordre public[7] (v. aussi s^s n°s 141.26, 141.54, 142.33, 142.41 à 142.48). Le simple énoncé du trouble à l'ordre public est insuffisant[8]. D'ailleurs, le trouble à l'ordre public doit être actuel et se poursuivre au moment de la décision[9]. Mais le trouble à l'ordre public peut être commis hors de France[10]. Ce critère a disparu en matière délictuelle avec la loi du 5 mars 2007.

La reproduction des formules légales jointe à une vague allusion aux faits ne justifie pas le refus de mise en liberté[11]. La référence à de précédents arrêts de rejet est inopérante[12]. La décision ne saurait s'appuyer sur des motifs contradictoires[13], ou des faits inexacts[14].

146.33 Contenu de la décision : l'ordonnance de mise en liberté. Le juge d'instruction peut rejeter implicitement la demande et en ce cas la communiquer au juge des libertés et de la détention, l'accepter purement et simplement ou mettre en place un contrôle judiciaire (C. pr. pén., art. 148, al. 4).

La mise en liberté est notifiée immédiatement à l'individu par l'intermédiaire de la maison d'arrêt. Lorsque c'est le juge d'instruction qui l'ordonne, il a pu faire extraire l'intéressé, notamment lorsqu'il a ressenti le besoin d'expliciter les obligations d'un contrôle judiciaire ou lorsque la mise en liberté est décidée à l'issue d'un interrogatoire au fond. Dans le cas contraire, l'ordonnance de placement sous

1. Par ex., Crim. 26 sept. 1989, n° 89-84.231, *Bull. crim.*, n° 329 – Crim. 4 mai 1993, n° 93-80.717, *Bull. crim.*, n° 163.
2. Crim. 14 mars 1873, *D.* 1873, 1, 92 – Crim. 5 mai 1894, *Bull. crim.*, n° 124 – Crim. 14 avr. 1934, *Bull. crim.*, n° 73 – Crim. 29 nov. 1934, *Gaz. Pal.* 1935, 1, 93 – Crim. 25 juin 1959, *JCP G* 1959, II, 11288, note R. Vouin – Crim. 10 juin 1960, *Bull. crim.*, n° 310.
3. Crim. 3 mai 1960, *Bull. crim.*, n° 235.
4. Crim. 31 janv. 1935, *Gaz. Pal.* 1935, 1, 522.
5. Crim. 3 juin 2003, n° 03-81.389, *Bull. crim.*, n° 111; *D.* 2003, 1702; *Dr. pén.* 2003, chron. A. Maron n° 26.
6. V. Hélie F., *Traité d'instruction criminelle*, t. IV, n° 1948.
7. Sur cette notion v. note P. Chambon s^s Crim. 19 févr. 1980, n° 80-90.054, *Bull. crim.*, n° 60; *D.* 1980, 356 et son commentaire de la loi 6 juillet 1989, *JCP G* 1989, I, 3417, n°s 48 s.
8. Crim. 23 nov. 1977, n° 77-92.506, *Bull. crim.*, n° 364 – Crim. 13 févr. 1985, *Bull. crim.*, n° 66 – Crim. 26 juin 1989, n° 89-82.210, *Bull. crim.*, n° 269.
9. Crim. 23 oct. 1984, n° 84-94.205, *Bull. crim.*, n° 312 – Crim. 6 mars 1986, *Bull. crim.*, n° 94-1; *D.* 1986, 315, note D. Mayer; *D.* 1986, IR 305, obs. Pradel – Crim. 7 août 1990, n° 90-83.294, *Bull. crim.*, n° 296.
10. Crim. 15 oct. 1985, n° 85-94.474, *Bull. crim.*, n° 313; *D.* 1986, 170, note D. Mayer.
11. Crim. 24 juin 1971, n° 71-91.006, *Bull. crim.*, n° 209; *D.* 1971, 546, note Pradel – Crim. 20 déc. 1972, n° 72-93.363, *Bull. crim.*, n° 394; *JCP G* 1973, II, note Romnicianu – Crim. 22 mars 1983, n° 83-90.478, *Bull. crim.*, n° 86; *JCP G* 1984, II, 20251, note P. Chambon – Crim. 25 oct. 1988, n° 88-84.941, *Bull. crim.*, n° 362 – CA Versailles, ch. acc., 1er juin 1990, *D.* 1990, 491, note G. Azibert.
12. Crim. 22 févr. 1983, *D.* 1983, IR 238 – Crim. 26 sept. 1989, n° 89-84.231, *Bull. crim.*, n° 329, préc. – Crim. 18 déc. 1990, n° 90-86.006, *Bull. crim.*, n° 439.
13. Crim. 20 oct. 1987, n° 87-84.729, *Bull. crim.*, n° 356.
14. Crim. 26 juill. 1994, n° 94-82.768, *Bull. crim.*, n° 284.

contrôle judiciaire est notifiée à l'intéressé à la maison d'arrêt.

La notification se fait dans les délais les plus brefs, qu'il s'agisse d'une ordonnance de mise en liberté ou de refus de mise en liberté soit verbalement, avec émargement au dossier de la procédure, soit par lettre recommandée. Les décisions peuvent également être portées à sa connaissance par les soins du chef de l'établissement pénitentiaire qui adresse, sans délai, au juge d'instruction, l'original ou la copie du récépissé signé par la personne. Dans tous les cas une copie de l'acte est remise à l'intéressée (C. pr. pén., art. 183, al. 2, et art. 186).

Préalablement à sa mise en liberté, la personne doit déclarer, auprès du juge d'instruction, du juge des libertés ou de la détention ou du chef de l'établissement pénitentiaire, son adresse personnelle. Elle peut toutefois lui substituer l'adresse d'un tiers chargé de recevoir les actes qui lui sont destinés, si elle produit l'accord de ce dernier. L'adresse déclarée doit être située, si l'information se déroule en métropole, dans un département métropolitain ou, si l'information se déroule dans un département d'outre-mer, dans ce département. La personne est avisée qu'elle doit signaler au juge d'instruction, jusqu'à la clôture de l'information, par nouvelle déclaration ou par lettre recommandée avec demande d'avis de réception, tout changement de l'adresse déclarée. Elle est également avisée que toute notification ou signification faite à la dernière adresse déclarée sera réputée faite à sa personne. Mention de cet avis, ainsi que de la déclaration d'adresse, est portée soit au procès-verbal, soit dans le document qui est adressé, sans délai, en original ou en copie, par le chef de l'établissement pénitentiaire au juge d'instruction (C. pr. pén., art. 116 et 148-3).

146.34 Cas particulier de la mise en liberté avec obligation de versement préalable d'un cautionnement. Les difficultés qui se posent en cas de prolongation d'une détention dans laquelle est intervenue une mise en liberté sous condition préalable de versement d'un cautionnement ont été évoquées précédemment (v. s[s] n° 144.79). Lorsque la personne est remise en liberté sous la condition suspensive qu'un cautionnement soit versé, le juge doit continuer à considérer que la personne est effectivement détenue. Celle-ci doit faire une demande de main levée de contrôle judiciaire et l'on pourrait admettre qu'une demande de mise en liberté soit recevable comme portant implicitement demande de mise en liberté pure et simple. L'article 148-4 qui contraint le magistrat à faire comparaître la personne détenue est toujours applicable.

Mais le juge d'instruction, pas plus que le juge des libertés et de la détention, ne saurait soumettre la remise en liberté de l'intéressé qui achève sa période légale de détention maximale, au versement d'un cautionnement. C'est ce que l'on peut déduire d'une décision de la chambre criminelle[1], qui rejette certes le pourvoi, mais dans une espèce où le juge d'instruction, qui avait à l'expiration du délai de six mois (à l'époque le régime le plus favorable était de 6 mois) placé sous contrôle judiciaire avec obligation de verser un cautionnement préalable, avait lui-même rectifié sa position le même jour par une autre ordonnance.

146.35 Placement obligatoire sous contrôle judiciaire. La loi du 9 mars 2004 a prévu un cas où la juridiction qui met en liberté est contrainte de placer la personne sous contrôle judiciaire : « lorsqu'une mise en liberté est ordonnée en raison des dispositions des articles 143-1, 144, 144-1, 145-2, 145-3 ou 706-24-3, mais qu'elle est susceptible de faire courir un risque à la victime, la juridiction place la personne mise en examen sous contrôle judiciaire en la soumettant à l'interdiction de recevoir ou rencontrer la victime ou d'entrer en relation de quelque façon que ce soit avec elle en application des dispositions du 9° de l'article 138. Cette dernière en est avisée conformément aux dispositions de l'article 138-1 (C. pr. pén., art. 144-2) ».

146.36 Contenu de la décision : le refus de mise en liberté. Depuis l'entrée en vigueur de la loi du 30 décembre 1996 (sur ce point le 31 mars 1997), le magistrat instructeur et désormais le juge des libertés et de la détention doit motiver son refus de mise en liberté, non seulement en regard des critères de l'article 144, mais aussi en rapport avec l'article 145-3 qui prévoit que lorsque la détention excède un an en matière criminelle ou huit mois en matière correctionnelle, la décision doit contenir les indications particulières qui justifient en l'espèce la poursuite de l'information et le délai prévisible d'achèvement de la procédure. Le juge n'est toutefois pas tenu d'indiquer la nature des investigations auxquelles il a l'intention de procéder lorsque cette indication risquerait d'entraver l'accomplissement de ces investigations.

Le défaut de motivation par le juge, lorsqu'elle n'est pas réparée par la chambre de l'instruction, risque d'entraîner la cassation.

L'obligation née de l'article 145-3 est double : il s'agit non seulement d'estimer une durée prévisible mais aussi de dire quels sont les actes qui pourront intervenir dans cet intervalle. Le juge d'instruction n'est évidemment pas tenu par ce délai, et ce

1. Crim. 4 mai 1994, n° 94-80.578, NPT, *Dr. pén.* janv. 1995, comm. 5.

d'autant plus que désormais cette obligation incombe au juge des libertés et de la détention qui n'instruit pas lui même. Qu'il estime la durée de l'instruction à quatre mois et rien ne lui interdira de dépasser ce délai ou d'estimer encore à cinq mois la fin de l'instruction deux mois plus tard. L'instruction est en effet mouvante et le juge ne peut contrôler totalement ni les délais de remise des commissions rogatoires ou des expertises ni même les délais de règlement du parquet...

Il est souhaitable que le juge d'instruction donne, dans son ordonnance de saisine, tous les éléments pour que le juge des libertés et de la détention puisse motiver dans les meilleures conditions cette ordonnance.

Les critères utilisés par le juge des libertés et de la détention sont ceux de l'article 144 du Code de procédure pénale.

146.37 Nécessité de motiver l'insuffisance du contrôle judiciaire. L'obligation de motivation de l'insuffisance du contrôle judiciaire n'existait avant l'entrée en vigueur de la loi du 15 juin 2000 que lors du placement en détention ou de la prolongation de la détention. On pouvait penser que le législateur avait multiplié les difficultés en exigeant une motivation prévisionnelle dans les refus de mise en liberté et, en revanche, en n'en exigeant aucune en matière de motivation de l'insuffisance du contrôle judiciaire. On pouvait toutefois trouver un sens à cette différence : il est manifeste que lorsqu'il rejette une demande de mise en liberté, le juge se contente de maintenir les effets d'une décision précédente à l'occasion de laquelle il a dû prendre en compte l'insuffisance d'une autre mesure que la détention[1]. Cette absence d'exigence de la motivation de l'insuffisance du contrôle judiciaire n'était pourtant pas totale : en effet, la chambre criminelle a considéré que la chambre d'accusation, saisie d'un appel sur ordonnance de mise en liberté et qui l'infirmait devait motiver conformément à l'article 145, alinéa 1, du Code de procédure pénale, alors même qu'il ne s'agit pas d'un placement en détention mais de l'infirmation d'une ordonnance de mise en liberté[2].

La loi du 15 juin 2000 a unifié le régime puisque l'article 137-3 dispose que : « Le juge des libertés et de la détention statue par ordonnance motivée. Lorsqu'il ordonne ou prolonge une détention provisoire ou qu'il rejette une demande de mise en liberté, l'ordonnance doit comporter l'énoncé des considérations de droit et de fait sur le caractère insuffisant des obligations du contrôle judiciaire et le motif de la détention par référence aux seules dispositions des articles 143-1 et 144. » L'exigence de motivation de l'insuffisance du contrôle judiciaire concerne donc désormais tant le placement, la prolongation que le refus de mise en liberté.

146.38 Formes de la décision de refus de mise en liberté. L'ordonnance de refus de mise en liberté doit comporter les considérations de droit et de fait qui constituent le fondement de cette décision par référence aux dispositions de l'article 144 du Code de procédure pénale[3].

Les critères de l'article 144 sont étudiés dans notre premier chapitre (v. s^{s} n°s 141.21 s.). De même, les éléments essentiels sur la forme des ordonnances ont été examinés (v. s^{s} n° 144.39). La motivation des ordonnances de refus de mise en liberté est une question de fait qui échappe au contrôle de la Cour de cassation à condition qu'elle ne constate pas une insuffisance de motifs[4]. Il en est de même lorsque la décision s'appuie sur des motifs contradictoires[5] ou des faits inexacts[6].

La spécificité de la décision de refus de mise en liberté amène à apporter quelques compléments. C'est ainsi qu'on ne peut se contenter de se référer à une précédente décision de refus rendue dans la même procédure[7]. La chambre d'accusation doit répondre au mémoire de la personne mise en examen soutenant que, faute d'avoir été jugée dans un délai raisonnable, elle devait être remise en liberté, en application des dispositions de l'article 5-3 de la Convention européenne des droits de l'Homme et des libertés fondamentales[8].

Mais il s'agit dans ce dernier cas de l'obligation traditionnelle qui est faite aux magistrats de la chambre de l'instruction de répondre aux moyens

1. En ce sens, A. Maron, « La détention nouvelle est arrivée », *Dr. pén.* déc. 1997, chron. 26.
2. Crim. 24 sept. 1997, non publié, cité par A. Maron, « La détention nouvelle est arrivée », *Dr. pén.* déc. 1997, chron. 26.
3. C. pr. pén., art. 148, al. 3 – Crim. 22 et 24 juin 1971, n° 71-91.274 et n° 71-91.006, *Bull. crim.*, n°s 199 et 209, *D.* 1971, 546, note Pradel – Crim. 18 mai 1977, n° 77-90.238, *Bull. crim.*, n° 181 ; *D.* 1977, IR 371 – Crim. 19 févr. 1980, n° 80-90.054, *Bull. crim.*, n° 60 ; *D.* 1980, jur. 356 – Crim. 9 oct. 1984, n° 84-93.516, *Bull. crim.*, n° 291 – Crim. 23 oct. 1984, n° 84-94.205, *Bull. crim.*, n° 312 – Crim. 15 oct. 1985, n° 85-94.474, *Bull. crim.*, n° 313 – Crim. 6 mai 1986, n° 85-94.196, *Bull. crim.*, n° 154 – Crim. 21 août 1990, n° 90-83.745, *Bull. crim.*, n° 304.
4. Crim. 11 févr. 1921, *Bull. crim.*, n° 73 – Crim. 5 janv. 1924, *Bull. crim.*, n° 248 – Crim. 20 nov. 1952, *Bull. crim.*, n° 266 – Crim. 5 oct. 1960, *Bull. crim.*, n° 423 – Crim. 10 févr. 1966, *Bull. crim.*, n° 40.
5. Crim. 20 oct. 1987, n° 87-84.729, *Bull. crim.*, n° 356.
6. Crim. 26 juill. 1954, *Bull. crim.*, n° 284.
7. Crim. 9 oct. 1984, n° 84-93.516, *Bull. crim.*, n° 291, préc.
8. Crim. 9 mai 1994, n° 94-81.196, *Bull. crim.*, n° 173 ; *D.* 1994, IR 169.

qui sont soutenus dans un mémoire régulièrement déposé. L'absence de débat contradictoire pour répondre à une demande de mise en liberté n'est pas contraire à la Convention européenne des droits de l'Homme, d'autant qu'il y est répondu à bref délai, conformément à son article 5-4[1].

146.39 Limites de la compétence du JLD. Le juge des libertés et de la détention, régulièrement saisi par ordonnance du juge d'instruction en application de l'article 137-1 du Code de procédure pénale, demeure compétent pour statuer sur la demande qui lui est soumise, nonobstant l'arrêt de la Cour de cassation, intervenu postérieurement à sa saisine, ordonnant le dessaisissement du juge d'instruction. Toutefois sa compétence prend fin lorsque le juge d'instruction nouvellement désigné transmet la demande sur laquelle il n'a pas encore été statué au juge des libertés et de la détention de son ressort[2]. On peut toutefois déduire de cette décision que lorsque le juge d'instruction est saisi en fin d'information d'une demande de mise en liberté, s'il doit y répondre dès lors que la demande est antérieure à son ordonnance de renvoi, n'a pas à attendre que le juge des libertés et de la détention ait statué pour mettre fin à l'information. Saisi par l'ordonnance de saisine rendu alors que le juge d'instruction était encore compétent, le JLD peut parfaitement statuer après le dessaisissement du juge d'instruction.

SECTION 4
MISE EN LIBERTÉ PENDANT L'INSTRUCTION : SAISINE DIRECTE DE LA CHAMBRE DE L'INSTRUCTION

146.41 Les différents cas de saisine de la chambre de l'instruction. Si l'on exclut la saisine de la chambre après dessaisissement du juge d'instruction (v. s^s n°s 146.63 s.), il reste à évoquer trois cas de figure :

- la saisine directe prévue à l'article 148, alinéa 5, du Code de procédure pénale c'est-à-dire l'hypothèse dans laquelle le juge des libertés et de la détention n'a pas répondu dans le délai de trois jours ouvrables à compter de sa saisine par le juge d'instruction (on trouve parfois des références à l'alinéa 6 puisque l'alinéa 5 avait été abrogé précédemment);
- la saisine directe prévue à l'article 148-4 du Code de procédure pénale dans le cas où le détenu n'a pas comparu devant le juge d'instruction depuis plus de 4 mois;
- les demandes de liberté adressées à la chambre de l'instruction parce qu'elle s'est réservée le contentieux de la détention.

Elle peut aussi statuer sur certaines demandes lorsqu'elle est déjà saisie d'un appel, conformément à l'article 207 du Code de procédure pénale (sur la liberté et l'audience de contrôle v. s^s n°s 245.24, 245.43).

146.42 La saisine directe prévue à l'article 148, alinéa 5, du Code de procédure pénale. L'article 148 alinéa 5 du Code de procédure pénale prévoit que : « Faute par le juge des libertés et de la détention d'avoir statué dans le délai fixé au troisième alinéa, la personne peut saisir directement de sa demande la chambre de l'instruction qui, sur les réquisitions écrites et motivées du procureur général, se prononce dans les vingt jours de sa saisine faute de quoi la personne est mise d'office en liberté sauf si des vérifications concernant sa demande ont été ordonnées. » Nous avons discuté plus haut des modifications des mécanismes inhérents à l'introduction du JLD (v. s^s n°s 146.25, 146.26).

Ce droit de saisine appartient aussi au ministère public (C. pr. pén., art. 148, *in fine*).

Le demandeur est forclos si une ordonnance de rejet, même tardive, a été rendue[3]. Il en résulte qu'aucune conséquence n'est attachée dans cette hypothèse à ce que le juge n'ait pas rendu son ordonnance dans le délai.

Il résulte des dispositions combinées des articles 148 alinéa 6, 148-1 alinéa 2, et 148-8 dernier alinéa du Code de procédure pénale que la chambre d'accusation à laquelle est soumise une demande de mise en liberté présentée directement par une personne mise en examen, après que le juge d'instruction eut omis de statuer sur une précédente demande identique, est incompétente pour se prononcer sur cette demande dès lors que la personne mise en examen faisait l'objet d'une ordonnance de renvoi devant le tribunal correctionnel[4]. N'encourt pas la censure l'arrêt d'une chambre de l'instruction qui, saisie de la demande de mise en liberté d'une personne renvoyée devant la cour d'assises, qui soutient qu'elle est détenue sans titre au motif qu'il n'a pas été statué sur une précédente demande de mise en liberté qu'elle avait adressée au juge d'instruction, retient que cette demande est parvenue à ce magistrat le lendemain du jour où il a rendu l'ordonnance de mise en accusation et qu'il

1. Crim. 26 févr. 2003, n° 02-88.131, *Bull. crim.*, n° 55; *RSC* 2003, 883, chron. J.-F. Renucci, *D.* 2003, somm. 1730, obs. Pradel; *JCP* 2003, IV, 1763.
2. Crim. 17 févr. 2004, n° 03-87.349, *Bull. crim.*, n° 44; *D.* 2004, IR 996; *JCP* 2004, IV, 1783.
3. Crim. 27 juill. 1964, *Bull. crim.*, n° 250.
4. CA Limoges, ch. acc., 13 mars 1998, *BICC* 478, n° 976.

ne saurait être reproché à la cour d'assises ou à la chambre de l'instruction, alors compétentes l'une ou l'autre en application de l'article 148-1 du Code de procédure pénale, qui n'ont jamais été destinataires de ladite demande, de n'y avoir pas répondu[1].

La saisine directe est assujettie à des conditions de forme; elle doit faire l'objet d'une déclaration au greffier de la chambre de l'instruction compétente ou au chef de l'établissement pénitentiaire qui en assure la transmission (C. pr. pén., art. 148-6, 148-7 et 148-8). Toute demande formulée autrement est irrecevable (simple lettre au président de la chambre d'accusation[2]; lettre recommandée avec accusé de réception adressée au président de la chambre d'accusation[3]; lettre au procureur général[4]; dépôt de mémoire[5]; simple lettre au greffier de la chambre d'accusation[6]).

Lorsque la chambre de l'instruction est saisie sur la base de l'article 148 alinéa 5, elle doit statuer dans un délai de 20 jours. Le jour du dépôt au greffe de la cour de la demande de mise en liberté ne compte pas dans le calcul du délai[7]. La personne mise en examen n'est pas recevable à saisir la chambre de l'instruction en application des dispositions de l'article 148 alinéa 5 du Code de procédure pénale lorsque la demande de mise en liberté laissée sans réponse par le juge des libertés et de la détention était elle-même irrecevable faute d'avoir été présentée dans les formes prévues par les articles 148-6 et 148-7 (lettre simple[8]).

146.43 La saisine directe prévue à l'article 148-4 du Code de procédure pénale. Selon l'article 148-4 du Code de procédure pénale : « À l'expiration d'un délai de quatre mois depuis sa dernière comparution devant le juge d'instruction ou le magistrat par lui délégué et tant que l'ordonnance de règlement n'a pas été rendue, la personne détenue ou son avocat peut saisir directement d'une demande de mise en liberté la chambre de l'instruction qui statue dans les conditions prévues à l'article 148 [dernier alinéa]. » Cet article est, selon Jean Pradel[9], une « disposition à la fois psychologique et pratique : psychologique car il ne faut pas donner à la personne détenue l'impression qu'elle est oubliée par son juge; pratique car il faut obliger celui-ci à agir ». On ne saurait mieux dire.

Le délai prévu par l'article 148, dernier alinéa, du Code de procédure pénale et dans lequel la chambre d'accusation doit statuer sur une demande de mise en liberté formée conformément aux dispositions de l'article 148-4 du même code expire le vingtième jour accompli depuis la saisine de cette juridiction[10]. Si cet arrêt fut rendu à une époque où le délai était de 15 jours, le principe de l'applicabilité de l'article 801 est clairement affirmé.

La manière de computer est la même que dans les cas où la cour doit répondre dans les 15 jours : la saisine de la chambre de l'instruction s'entend de la réception de la déclaration au greffe de cette juridiction. Le jour de l'enregistrement de la déclaration n'entre pas en ligne de compte pour le calcul du délai de vingt jours[11]. À l'expiration de ce délai, la personne se trouve détenue sans titre[12].

La prolongation du délai pour statuer, prévue par l'article 199 alinéa 6 n'est pas applicable[13].

La comparution personnelle que la personne doit demander si elle souhaite comparaître n'a donc pas pour effet de faire passer le délai à 25 jours.

146.44 La computation du délai de quatre mois. La demande doit être faite selon les formes prévues aux articles 148-6 et 148-7 du Code de procédure pénale.

Le jour où a lieu le dernier interrogatoire du juge d'instruction n'est pas pris en compte dans le calcul du délai de quatre mois fixé par l'article 148-4 du Code de procédure pénale : c'est au jour où la demande de mise en liberté est remise au chef d'établissement qu'elle est formée et que la chambre d'accusation doit se placer pour apprécier si le délai est effectivement expiré[14]. Ainsi lorsque le dernier interrogatoire a eu lieu le 5 juin, le délai de 4 mois expire le 5 octobre à 24 heures[15].

La requête doit être exempte de toute ambiguïté et expressément fondée sur le défaut d'audition par le juge d'instruction depuis plus de quatre mois[16] et ce droit exceptionnel ne saurait autoriser le demandeur à faire juger, à cette occasion, des questions étrangères à son unique objet[17].

1. Crim. 9 janv. 2007, n° 06-87.705, *Bull. crim.*, n° 2; *AJ pén.* 2007, 137, obs. G. Roussel.
2. Crim. 22 juill. 1986, n° 86-92.717, *Bull. crim.*, n° 239 – Crim. 14 mars 1989, n° 88-87.626, *Bull. crim.*, n° 124.
3. Crim. 14 oct. 1986, n° 86-94.181, *Bull. crim.*, n° 283.
4. Crim. 20 août 1986, n° 86-92.966, *Bull. crim.*, n° 245.
5. Crim. 25 sept. 1987, n° 86-95.890, *Bull. crim.*, n° 314.
6. Crim. 16 févr. 1988, n° 87-91.464, *Bull. crim.*, n° 74.
7. Crim. 2 juin 1981, n° 81-91.758, *Bull. crim.*, n° 182; *RSC* 1982, 799, obs. J. Robert – Crim. 25 oct. 1983, n° 83-93.720, *Bull. crim.*, n° 264; *D.* 1984, 240, note Chambon.
8. Crim. 19 nov. 2002, n° 02-86.030, *Bull. crim.*, n° 208.
9. J. Pradel, *L'instruction préparatoire*, Cujas, 1990, p. 587.
10. Crim. 13 nov. 1980, n° 80-93.576, *Bull. crim.*, n° 297.
11. Crim. 2 juin 1981, n° 81-91.758, *Bull. crim.*, n° 182; *RSC* 1982, obs. J. Robert.
12. Crim. 5 mars 1985, n° 84-95.872, *Bull. crim.*, n° 100.
13. Crim. 6 déc. 1990, n° 90-86.052, *Bull. crim.*, n° 420.
14. Crim. 19 janv. 1988, n° 87-91.152, *Bull. crim.*, n° 24.
15. Crim. 19 janv. 1988, n° 87-91.152, *Bull. crim.*, n° 24, préc.
16. Crim. 8 janv. 1985, n° 84-95.059, *Bull. crim.*, n° 13.
17. Crim. 20 oct. 1987, n° 87-84.729, *Bull. crim.*, n° 356.

Il n'est pas interdit à la personne détenue d'user à plusieurs reprises de la faculté offerte par l'article 148-4 du Code de procédure pénale tant que le juge d'instruction ne l'a pas entendue et tant que l'ordonnance de règlement n'est pas rendue[1]. L'obligation de comparution devant le juge d'instruction demeure tant que l'ordonnance de règlement n'a pas été rendue[2].

On peut donc admettre que tant que le juge d'instruction n'a pas fait procéder à la comparution du détenu celui-ci peut déposer des demandes de mise en liberté une fois par jour et saisir directement la chambre de l'instruction.

146.45 La notion de comparution. En ce qui concerne la notion de « comparution », la jurisprudence est très extensive.

Comparaît au sens de l'article 148-4 du Code de procédure pénale « l'inculpé à qui le juge d'instruction notifie les conclusions d'un rapport d'expertise et impartit un délai pour faire connaître ses observations, mais qui refuse de répondre aux questions du magistrat instructeur »[3]. Il en est de même pour la présentation de témoins à l'occasion d'une parade d'identification[4], ce qui montre clairement que la comparution doit se distinguer de l'interrogatoire.

En fait toute comparution devant le juge d'instruction entre dans les prévisions de l'article 148-4 du Code de procédure pénale pour le calcul du délai de quatre mois fixé par ce texte.

Le refus de comparaître ne saurait entraîner au profit du détenu la possibilité de saisine directe de la chambre d'accusation sur la base de l'article 148-4 du Code de procédure pénale[5]. Il suffit que le juge d'instruction ait trace au dossier de la procédure de ce refus de comparution. Il a même été admis qu'entrait dans le champ de l'article 148-4 la comparution devant le juge délégué de la loi du 4 janvier 1993[6]. Cette solution était pourtant loin d'être évidente puisque le texte évoquait expressément une comparution devant le magistrat instructeur ou le magistrat délégué par lui (dans l'hypothèse où un interrogatoire aurait été réalisé en un autre lieu par un collègue du juge saisi par exemple), cadre qui ne correspondait pas à une comparution devant le juge délégué de la loi du 4 janvier 1993. Mais la chambre criminelle a décidé que la comparution devant le juge des libertés et de la détention n'entre pas dans les prévisions de l'article 148-4 du Code de procédure pénale pour le calcul du délai de 4 mois fixé par ce texte[7].

La comparution de l'inculpé devant le magistrat instructeur depuis moins de quatre mois rend irrecevable la demande de mise en liberté adressée directement à la juridiction du second degré en application de l'article 148-4 susvisé[8].

146.46 Filtrage du président. Comme en matière d'appel, le président de la chambre de l'instruction joue un rôle de filtre dans un nombre de cas strictement délimités (v. s^{s} n°s 244.00 s.). Lorsque le président de la chambre de l'instruction constate que cette juridiction a été directement saisie, sur le fondement des articles 148, dernier alinéa, ou 148-4 d'une demande de mise en liberté manifestement irrecevable, il peut décider par une ordonnance motivée non susceptible de voie de recours, sauf excès de pouvoir, qu'il n'y a pas lieu de statuer sur cette demande; dans ce cas la demande et l'ordonnance sont versées au dossier de la procédure (C. pr. pén., art. 148-8, al. 2).

146.47 La saisine de la chambre de l'instruction qui s'est réservé le contentieux de la détention ou a décerné mandat de dépôt. Lorsque la chambre de l'instruction infirme une ordonnance du juge d'instruction ayant ordonné la mise en liberté d'une personne elle peut se réserver le contentieux de la détention. Il en est de même lorsqu'elle infirme une ordonnance de mise en liberté du juge des libertés et de la détention. Dans ce cas elle ordonne le cas échéant la prolongation de la détention et répond aux demandes de mise en liberté. Il en est de même lorsque c'est elle qui délivre *ab initio* le titre de détention. La loi du 9 mars 2004 a exigé que, même dans cette dernière hypothèse, la chambre de l'instruction mentionne expressément qu'elle se réserve le contentieux de la détention (ces situations particulières sont étudiées en détail v. s^{s} n°s 145.35 s.).

146.48 L'article 207 alinéa 4 du Code de procédure pénale. En cas d'appel formé contre une ordonnance de refus de mise en liberté, la chambre de l'instruction peut, lors de l'audience et avant la clôture des débats, se saisir immédiatement de toute demande de mise en liberté sur laquelle le juge d'instruction ou le juge de la détention provisoire n'a pas encore statué. Dans ce cas, elle se prononce à la fois sur l'appel et sur cette demande (C. pr. pén., art. 207, al. 4). Le but de cet article est

1. Crim. 3 déc. 1984, n° 84-94.734, *Bull. crim.*, n° 379 – Crim. 19 août 2004, n° 04-83.700, *Bull. crim.*, n° 188; *AJ pén.* nov. 2004, 409, obs. C. Girault.
2. Crim. 9 janv. 1986, n° 85-95.386, *Bull. crim.*, n° 12.
3. Crim. 20 févr. 1985, n° 84-95.782, *Bull. crim.*, n° 80.
4. Crim. 13 janv. 1993, n° 92-85.535, *Bull. crim.*, n° 17; *D.* 1993, somm. 205, obs. Pradel.
5. Crim. 20 janv. 1985, n° 84-95.782, *Bull. crim.*, n° 80.
6. Crim. 7 juill. 1993, *Dr. pén.* oct. 1993, 19.
7. Crim. 6 mars 2002, n° 01-88.609, *Bull. crim.*, n° 57; *D.* 2002, IR 1323; *JCP G* 2002, IV, 1756.
8. Crim. 8 janv. 1992, n° 91-85.833, *Bull. crim.*, n° 3.

là encore de « désengorger la juridiction en prévenant d'ultérieurs éventuels recours contre les décisions qu'aurait été amené à rendre le juge d'instruction. [1] »

La mise en place de cette procédure suppose une étroite concertation entre le président de la chambre de l'instruction et les juges d'instruction et des libertés et de la détention.

Il n'est pas possible en effet que la chambre de l'instruction soit en mesure de savoir si une demande de mise en liberté a été déposée après l'envoi du dossier si le juge ne lui fait pas savoir. Par ailleurs, la chambre de l'instruction ne prendrait pas la responsabilité de statuer sur une précédente demande, qui se trouverait au dossier, sans avoir d'abord vérifié si le juge n'y avait pas répondu entre-temps.

Il ne s'agit plus ici de différer le délai de réponse à une demande de mise en liberté, comme le permet l'article 148, alinéa 3, du Code de procédure pénale mais d'y répondre sans que le juge de première instance ne se soit prononcé, donc de se passer purement et simplement d'un degré de juridiction.

146.49 Application concrète de l'article 207 alinéa 4. Un arrêt de la chambre criminelle [2] a précisé que l'article 207, alinéa 4, ne fait pas de distinction entre les demandes adressées au juge d'instruction antérieurement ou postérieurement à l'appel d'une ordonnance rejetant une précédente demande.

Deux hypothèses, aux effets identiques, peuvent être retenues :

- dans la première, une demande de mise en liberté est déposée, il y est répondu. Une seconde demande est déposée avant que l'intéressé ne fasse appel de la première, le juge attend donc, en application de l'article 148 alinéa 3, cité plus haut, que la chambre d'accusation se prononce sur l'appel de la première demande.

Dans ce cas la seconde demande est antérieure à l'appel. La chambre de l'instruction devra statuer sur l'appel de la décision de rejet de la première demande et pourra se prononcer sur la seconde.

- dans la seconde hypothèse, une demande de mise en liberté est déposée et il y est répondu. Appel est interjeté. Avant que cet appel ne soit jugé, une seconde demande de mise en liberté est déposée.

Dans ce cas, le plus fréquent, la seconde demande est postérieure à l'appel. La chambre de l'instruction devra statuer sur l'appel de la première demande et pourra se prononcer sur la seconde demande de mise en liberté.

1. *Dr. pén.* nov. 1991, n° 301.
2. Crim. 3 mars 1991, *Bull. crim.*, n° 327.

On remarquera que les deux cas peuvent se conjuguer et que des demandes peuvent aussi intervenir à la fois avant et après l'appel de la première. Cette jurisprudence avait d'ailleurs été envisagée dans la circulaire de la Chancellerie du 16 janvier 1989 [3].

SECTION 5
MISE EN LIBERTÉ APRÈS LA CLÔTURE DE L'INFORMATION : COMPÉTENCE

146.51 Le terme de la détention provisoire. La détention provisoire ou détention préalable au jugement se poursuit, en principe, et sauf restrictions légales, jusqu'au jugement ou à l'arrêt de condamnation sur le fond devenu définitif [4]. Il en résulte, sous un régime libéral, que la liberté provisoire peut être demandée jusqu'au moment où la condamnation devient définitive, c'est-à-dire jusqu'à la décision de rejet du pourvoi, s'il en a été formé un. Le rejet du pourvoi marque le terme au-delà duquel il ne peut plus être question de liberté, mais seulement d'exécution de la peine [5].

Il en était autrement en matière criminelle, sous le régime de la loi du 14 juillet 1865. L'arrêt de mise en accusation devenu définitif marquait le terme au-delà duquel la liberté provisoire n'était plus possible. L'ordonnance de prise de corps devait être exécutée dès que la cour d'assises se trouvait irrévocablement saisie (C. instr. crim., art. 126).

Après la clôture de l'instruction, la demande de mise en liberté ne se conçoit que dans la mesure où la détention provisoire se poursuit. Le mandat de dépôt conserve ses effets (C. pr. pén., art. 181) au moins jusqu'à ce qu'il ait été statué par la chambre de l'instruction, dans le délai de quatre mois prévu à l'article 186-2 sur l'appel de mise en accusation [6].

En matière correctionnelle, si l'ordonnance ou l'arrêt de renvoi met fin de plein droit à la détention provisoire, celle-ci peut néanmoins être maintenue par une décision spéciale et motivée (C. pr. pén., art. 179 et 213). La détention provisoire peut ensuite être maintenue par le tribunal correctionnel ou la cour d'appel dans les conditions des articles 464-1, 465 et 512. De telle sorte que, comme par le passé, la détention provisoire peut se prolonger jusqu'à l'arrêt de la cour d'appel, et si un pourvoi est formé, jusqu'au prononcé de l'arrêt de la Cour de cassation (C. pr. pén., art. 506 et 569 –

3. Circ. CRIM F1, 16 janv. 1989.
4. Garraud, III, n° 882.
5. Crim. 1er avr. 1915, *DP* 1919, 1, 64 – Crim. 22 avr. 1970, n° 69-93.368, *Bull. crim.*, n° 141.
6. Crim. 19 sept. 2001, n° 01-84.787, *Bull. crim.*, n° 186.

Circ. 1er déc. 1970, nos 46 et 49). Si l'appel a été interjeté de l'ordonnance de renvoi, le tribunal correctionnel est incompétent pour connaître d'une demande de mise en liberté, tant que la chambre d'accusation n'a pas statué sur l'appel[1].

146.52 Faculté de demander la mise en liberté. L'étendue de cette faculté ne comporte aucune limite. Après que l'information a pris fin, « la mise en liberté peut aussi être demandée en tout état de cause par toute personne mise en examen, prévenu ou accusé, et en toute période de la procédure » (C. pr. pén., art. 148-1, al. 1er). Encourt la cassation l'arrêt de la chambre de l'instruction qui déclare irrecevable une demande de mise en liberté alors qu'en raison de l'appel du ministère public la condamnation prononcée contre le demandeur n'était pas définitive tant que la juridiction compétente ne s'était pas prononcée sur la recevabilité de cet appel[2].

146.53 Juridiction compétente. Les diverses éventualités qui peuvent se présenter sont aujourd'hui réglées par l'article 148-1, alinéa 2 : « Lorsqu'une juridiction de jugement est saisie, il lui appartient de statuer sur la liberté provisoire. » Il en résulte que le tribunal correctionnel est compétent après que le renvoi de l'affaire lui en a été fait. La cour d'appel devient compétente si le jugement a été frappé d'appel. Pendant la session, la cour d'assises peut statuer pendant une suspension d'audience dans une autre affaire[3]. Après condamnation, qui épuise sa saisine, la cour d'assises ne peut plus prononcer sur la liberté provisoire[4]. La chambre de l'instruction est compétente jusqu'à l'entrée en session de la cour d'assises[5]. C'est la date de la saisine qui fonde la compétence[6]. Depuis la loi du 15 juin 2000, en matière criminelle, la cour d'assises n'est compétente que lorsque la demande est formée durant la session au cours de laquelle elle doit juger l'accusé. Dans les autres cas, la demande est examinée par la chambre de l'instruction (C. pr. pén., art. 148-1). Tout accusé dont la condamnation n'est pas définitive peut demander sa mise en liberté en toute période de la procédure. Dès lors encourt la cassation l'arrêt de la chambre de l'instruction qui déclare irrecevable une demande de mise en liberté alors qu'en raison de l'appel du ministère public, la condamnation prononcée contre le demandeur n'était pas définitive tant que la juridiction compétente ne s'était pas prononcée sur la recevabilité de cet appel[7].

146.54 Compétence du JLD en cas de violation du contrôle judiciaire après le renvoi. La loi du 9 mars 2004 a encore innové sur ce point en confiant le pouvoir d'incarcération au JLD si « la personne se soustrait aux obligations du contrôle judiciaire alors qu'elle est renvoyée devant la juridiction de jugement ». C'était auparavant « la juridiction compétente selon les distinctions de l'article 148-1 » qui était compétente. Le procureur de la République peut, hors le cas prévu par l'article 272-1 (c'est-à-dire hors les cas où ce sont le président de la cour d'assises ou la cour elle-même qui sont compétents) saisir le juge des libertés et de la détention pour que celui-ci décerne mandat d'arrêt ou d'amener à son encontre. Ce magistrat est également compétent pour ordonner, conformément aux dispositions de l'article 135-2, le placement en détention provisoire de l'intéressé (C. pr. pén., art. 141-2, al. 2). Après décision du président de la cour d'assises mettant à exécution, conformément à l'article 272-1 du Code de procédure pénale, l'ordonnance de prise de corps concernant un accusé qui ne s'est pas présenté à l'interrogatoire préalable et qui, par la suite, a été interpellé, le juge des libertés et de la détention est, en application de l'article 135-2 alinéa 4 du Code précité, seul compétent pour placer en détention provisoire cet accusé[8].

La loi du 12 décembre 2005 a précisé que la présentation devant le juge des libertés et de la détention n'était pas nécessaire si, dans les délais prévus pour cette présentation, la personne pouvait comparaître devant la juridiction de jugement saisie des faits. Elle a aussi ajouté que : « Les dispositions du présent article sont également applicables aux mandats d'arrêt délivrés après l'ordonnance de règlement. Elles ne sont toutefois pas applicables lorsque, postérieurement à la délivrance du mandat d'arrêt décerné au cours de l'instruction ou après son règlement, la personne a été condamnée à une peine privative de liberté, soit en matière correctionnelle par un jugement contradictoire ou réputé contradictoire, soit en matière criminelle par un arrêt rendu par défaut; elles ne sont de même pas applicables lorsque le mandat a été délivré à la suite d'une telle condamnation. Dans ces cas, sans qu'il soit nécessaire de la présenter devant le juge des libertés et de la détention, la personne arrêtée est

1. Crim. 22 avr. 1992, n° 92-81.427, *Bull. crim.*, n° 170.
2. Crim. 24 avr. 2003, n° 01-88.554, *Bull. crim.*, n° 89.
3. Crim. 3 oct. 1988, n° 88-84.570, *Bull. crim.*, n° 327.
4. Crim. 2 oct. 1987, n° 87-82.305, *Bull. crim.*, n° 328.
5. Crim. 22 nov. 1983, n° 83-93.820, *Bull. crim.*, n° 309 – Crim. 28 févr. 1984, n° 84-90.018, *Bull. crim.*, n° 78 – Crim. 24 juill. 1990, n° 90-82.963, *Bull. crim.*, n° 291 – Crim. 4 janv. 1993, n° 92-85.414, *Bull. crim.*, n° 1.
6. Crim. 27 avr. 1988, n° 88-80.884, *Bull. crim.*, n° 181.
7. Crim. 24 avr. 2003, n° 03-80.582, *Bull. crim.*, n° 88; *JCP G* 2003, IV, 2124.
8. Crim. 16 mars 2005, n° 04-87.795, *Bull. crim.*, n° 96; *Gaz. Pal.* 2005, 338, note Y. Monnet.

placée en détention provisoire jusqu'à l'expiration des délais de recours et, en cas de recours, jusqu'à sa comparution devant la juridiction de jugement, sans préjudice de son droit de former des demandes de mise en liberté. »

146.55 Pourvoi en cassation. « En cas de pourvoi et jusqu'à l'arrêt de la Cour de cassation, il est statué sur la demande de mise en liberté par la juridiction qui a connu en dernier lieu de l'affaire au fond. » Si le pourvoi a été formé contre un arrêt de condamnation de la cour d'assises, l'accusé garde prison, et il est statué sur la liberté par la chambre d'accusation, qui est celle de la cour de renvoi, après cassation[1]. La cour d'appel est donc compétente lorsqu'un pourvoi a été formé contre son arrêt[2]. L'arrêt de cassation renvoyant le procès devant une cour d'assises emporte, dès son prononcé, l'incompétence de la chambre d'accusation qui était appelée à statuer sur la détention pendant l'instance en cassation en vertu des dispositions de l'article 148-1 alinéa 3 et attribue compétence dans l'intervalle des sessions d'assises, à la chambre d'accusation dans le ressort de laquelle est située la cour de renvoi[3].

La chambre d'accusation qui, sur renvoi après cassation, prononce la mise en accusation d'un accusé et ordonne le renvoi de ce dernier devant la cour d'assises, désignée comme juridiction de renvoi par la Cour de cassation qui avait réglé de juges par avance, et alors que la décision est devenue définitive, n'est plus compétente pour connaître des demandes de mise en liberté formées ultérieurement[4].

La compétence de la chambre de l'instruction doit être appréciée à la date de sa saisine[5].

Cette jurisprudence, prise sous l'égide des textes antérieurs à la loi du 15 juin 2000, conserve son intérêt puisque l'ordonnance de mise en accusation du juge d'instruction est susceptible d'appel et que l'arrêt de la chambre de l'instruction est quant à lui susceptible d'être frappé d'un pourvoi en cassation.

Bien qu'il n'existe aucun délai dans lequel l'affaire doit être audiencée devant la chambre d'accusation, celle-ci doit statuer dans le bref délai de l'article 5-4 de la Convention européenne de sauvegarde des droits de l'Homme et des libertés fondamentales[6].

Certaines juridictions du fond ont également appliqué ce principe : la 4e chambre d'accusation de Paris a ainsi estimé qu'était excessif le délai de deux mois et vingt-quatre jours s'étant écoulé depuis la saisine de la chambre d'accusation, ce qui entraînait la mise en liberté de la personne[7].

146.56 Après l'arrêt d'assises. L'arrêt de la cour d'assises n'étant plus, depuis l'entrée en vigueur de la loi du 15 juin 2000, un arrêt rendu en dernier ressort en matière criminelle au sens de l'article 567 du Code de procédure pénale, il n'est plus susceptible de pourvoi en cassation mais seulement d'appel conformément aux dispositions des articles 380-1 et suivants du Code de procédure pénale. La circulaire du 4 décembre 2000 (circ. CRIM-00-14/F1, 11 déc. 2000, n° 1.3.3) conseille aux parquets de faire appel incident lorsque l'affaire concernait plusieurs personnes et que l'une d'entre elles seulement a formé appel. Seul l'appel du parquet permettra en effet à la cour d'assises d'appel de rejuger l'affaire dans sa totalité. L'article 316 du Code de procédure pénale dispose par ailleurs que « lorsque la cour d'assises examine l'affaire en appel, ces arrêts ne peuvent être attaqués que par la voie du recours en cassation, en même temps que l'arrêt sur le fond. Lorsque la cour d'assises examine l'affaire en premier ressort, ces arrêts ne peuvent faire l'objet d'un recours, mais en cas d'appel de l'arrêt sur le fond et de réexamen de l'affaire devant une autre cour d'assises, ils n'ont pas autorité de la chose jugée devant cette cour ».

La chambre de l'instruction demeure compétente lorsque l'intéressé, détenu, a fait appel de la décision de la cour d'assises ayant statué en première instance.

La chambre criminelle dispose d'un délai d'un mois à compter de la réception de l'appel pour désigner la juridiction de renvoi (entendu comme la date de réception du dossier par le parquet général, circ. CRIM-00-14/F1, 11 déc. 2000, n° 5.3.2.3 - C. pr. pén., art. 380-14). Le pourvoi en cassation est donc seulement possible à l'encontre des arrêts rendus par les cours d'assises d'appel. Sous cette limite, la jurisprudence ancienne est transposable : en cas de pourvoi formé contre un arrêt de la cour d'assises, la chambre d'accusation est seule compétente pour statuer sur la détention (C. pr. pén., art. 148-1, al. 3)[8].

1. Crim. 13 nov. 1979, n° 79-93.608, *Bull. crim.*, n° 315 – Crim. 26 juill. 1983, n° 83-92.266, *Bull. crim.*, n° 227 ; *D.* 1984, IR 45 – Crim. 23 déc. 1986, n° 86-95.420, *Bull. crim.*, n° 385 – Crim. 7 mai 1987, n° 87-80.821, *Bull. crim.*, n° 187 – Crim. 26 oct. 1993, n° 93-82.574, *Bull. crim.*, n° 310.
2. Crim. 22 avr. 1970, n° 69-93.368, *Bull. crim.*, n° 141.
3. Crim. 26 oct. 1993, n° 93-82.574, *Bull. crim.*, n° 310.
4. Crim. 23 déc. 1986, n° 86-95.420, *Bull. crim.*, n° 385.
5. Crim. 27 avr. 1988, n° 88-80.884, *Bull. crim.*, n° 181.
6. Crim. 14 oct. 1986, n° 86-94.181, *Bull. crim.*, n° 283.
7. CA Paris, ch. acc., 29 sept. 1988, *D.* 1989, somm. 172, note Pradel.
8. Crim. 1er avr. 1987, n° 86-96.612, *Bull. crim.*, n° 154 – Crim. 7 juin 1989, n° 88-85.064, *Bull. crim.*, n° 244.

SECTION 6
MISE EN LIBERTÉ APRÈS LA CLÔTURE DE L'INFORMATION – PROCÉDURE

146.61 **La loi du 10 juin 1983** a modifié, par une rédaction nouvelle de l'article 148-2 du Code de procédure pénale, les règles applicables aux juridictions appelées à statuer sur une demande de mise en liberté faite dans les hypothèses visées par l'article 148-1. L'article 148-2 s'applique à « toute juridiction », donc aussi à la chambre de l'instruction. Il vise également la demande de mainlevée du contrôle judiciaire. La juridiction statue après audition du ministère public, du prévenu ou de son conseil. Le prévenu non détenu et son conseil sont convoqués par lettre recommandée 48 heures au moins avant la date de l'audience.

146.62 **Les délais.** La juridiction du premier degré statue dans les dix jours de la réception de la demande, celle du second degré dans les vingt jours, à défaut de quoi l'intéressé est mis d'office en liberté. Au cas d'appel du jugement, la cour se prononce dans les vingt jours de l'appel, sous la même sanction. Le fait que le jugement ait été annulé n'implique pas l'absence de jugement dans le délai légal de dix jours[1]. Le tribunal correctionnel et la cour d'assises[2] se prononcent donc dans les dix jours, et la cour d'appel dans les vingt jours de la réception de la demande. La loi du 9 septembre 2002 a modifié l'article 148-2 du Code de procédure pénale en portant respectivement à deux mois et à quatre mois le délai dans lequel il doit être statué sur des demandes de mise en liberté lorsqu'il s'agit d'une personne condamnée en premier ressort et qui a formé appel ou lorsqu'il s'agit d'une personne condamnée en second ressort et qui a formé un pourvoi en cassation. Les délais de dix jours ou de vingt jours, selon que la juridiction compétente est du premier ou du second degré, demeurent applicables aux personnes non encore jugées. Le délai court du lendemain du jour où la requête de l'intéressé est parvenue au parquet général[3]. Le délai d'audiencement de vingt jours est également applicable aux demandes de mise en liberté déposées devant la cour d'appel ainsi qu'à l'appel des décisions de première instance ayant rejeté une demande de mise en liberté.

La juridiction de jugement doit motiver sa décision d'après les éléments de l'espèce, lesquels peuvent être complétés par les motifs de la condamnation[4]. La cour d'appel qui annule le jugement qui a rejeté la demande de mise en liberté doit évoquer et statuer sur le fond[5].

146.63 **La chambre de l'instruction.** La chambre de l'instruction juridiction du second degré, saisie dans l'un des cas visés par l'article 148-1, doit donc statuer dans les vingt jours de la réception de la demande, qui s'entend aussi bien de la réception par elle-même, que par le greffe ou le procureur général; l'article 801 du Code de procédure pénale est applicable[6]. La loi ne prévoit aucune prolongation du délai[7]. Faute de décision à l'expiration du délai de vingt jours à compter de la déclaration, l'inculpé doit être remis d'office en liberté s'il n'est détenu pour autre cause[8]. Aucun texte n'exige que l'arrêt de la chambre de l'instruction qui statue sur une demande de mise en liberté de l'accusé mentionne que la session au cours de laquelle l'accusé doit être jugé n'était pas ouverte le jour où la demande a été formée[9].

Cette solution peut donc être distinguée de celle de l'appel ou de la saisine directe sur la base des articles 148, 5e alinéa, et 148-4. On sait en effet que dans ces matières, il est possible à la chambre de l'instruction de faire exécuter des investigations complémentaires. Ce n'est pas le cas ici. Pourtant, la chambre criminelle a admis que la chambre d'accusation qui, saisie d'une demande de mise en liberté sur le fondement de l'article 148-1 du Code de procédure pénale, ordonne, dans le délai de 20 jours, une expertise médicale et prononce en l'état le maintien en détention, rend une décision dans le délai imparti par l'article 148-2 alinéa 2 du Code de procédure pénale[10]. Or l'expertise médicale est du registre traditionnel des vérifications complémentaires qui peuvent être ordonnées.

Mais le délai ne commence à courir, dans le cas d'une autre demande non encore jugée au moment où la chambre de l'instruction est saisie, qu'à compter de la décision sur cette précédente demande

1. Crim. 6 sept. 1988, n° 88-81.627, *Bull. crim.*, n° 318.
2. Crim. 29 févr. 1984, n° 83-94.940, *Bull. crim.*, n° 83.
3. Crim. 25 oct. 1983, n° 83-93.720, *Bull. crim.*, n° 264; *D.* 1984, jur. 404, note P. Chambon.
4. Crim. 7 janv. 1972, n° 71-92.387, *Bull. crim.*, n° 3; *D.* 1972, 318, note Lescure et E. Robert – Crim. 9 mai 1972, n° 71-93.467, *Bull. crim.*, n° 160 – Crim. 14 nov. 1972, n° 72-92.301, *Bull. crim.*, n° 341 – Crim. 18 déc. 1973, n° 73-93.070, *Bull. crim.*, n° 471 – Crim. 4 juin 1980, n° 79-93.998, *Bull. crim.*, n° 174 – Crim. 10 mars 1981, n° 80-94.223, *Bull. crim.*, n° 87.
5. Crim. 18 juill. 1985, n° 84-95.325, *Bull. crim.*, n° 268.
6. Crim. 25 oct. 1983, n° 83-93.720, *Bull. crim.*, n° 264, préc. – Crim. 22 nov. 1983, n° 83-93.820, *Bull. crim.*, n° 309.
7. Crim. 28 févr. 1984, n° 84-90.018, *Bull. crim.*, n° 78.
8. Crim. 22 nov. 1983, n° 83-93.820, *Bull. crim.*, n° 309, préc.
9. Crim. 29 mars 2006, n° 06-80.531, *Bull. crim.*, n° 97; *AJ pén.* 2006, 317.
10. Crim. 28 févr. 1984, n° 84-90.018, *Bull. crim.*, n° 78, préc. – Crim. 7 mars 1991, n° 90-87.728, *Bull. crim.*, n° 116.

(C. pr. pén., art. 148-2, al. 2)[1]. L'intéressé ou son conseil doit être entendu, à peine de nullité de l'arrêt[2].

Au contraire, quand elle est saisie dans le cas de l'article 148-4, elle statue dans le délai de vingt jours de l'article 148 alinéa 6 auquel renvoie ce texte (v. s^s n° 146.43).

Dans le cadre de la procédure d'extradition et selon l'article 696-19 du Code de procédure pénale, la mise en liberté peut être demandée à tout moment à la chambre de l'instruction selon les formes prévues aux articles 148-6 et 148-7. L'article 695-34, également issu de la loi du 9 mars 2004 prévoit quant à lui la procédure applicable en cas de demande de mise en liberté présentée par une personne arrêtée sur le territoire national sur mandat d'arrêt européen. Il en est de même de l'article 696-32 pour les cas de mise en œuvre de la procédure simplifiée d'extradition entre les États de l'Union européenne.

146.64 Non-application de l'article 144-1 du Code de procédure pénale. Lorsque les juges sont saisis d'une demande de mise en liberté formée par une personne détenue en vertu d'une ordonnance de prise de corps, sur le fondement de l'article 148-1 du Code de procédure pénale, ils n'ont pas à se prononcer par référence aux dispositions de l'article 144-1 dudit code[3]. L'exigence d'une motivation spéciale sur le caractère insuffisant du contrôle judiciaire cesse d'être applicable lorsque le juge d'instruction a renvoyé la personne devant la juridiction de jugement[4].

146.65 Application ou non-application de l'article 145-3 du Code de procédure pénale. Les juges saisis d'une demande de mise en liberté formée par une personne détenue en vertu d'une ordonnance de prise de corps n'ont pas à se prononcer par référence aux dispositions de l'article 145-3 du Code de procédure pénale[5]. Il en est de même lorsque la chambre de l'instruction est saisie d'une demande de mise en liberté par une personne placée sous mandat de dépôt délivré en application de l'article 469 du Code de procédure pénale. Elle n'est pas tenue de motiver spécialement sa décision au regard de l'article 145-3 du Code de procédure pénale[6]. En revanche, lorsqu'elle est saisie de l'appel d'un détenu contre l'ordonnance du juge d'instruction le renvoyant devant la cour d'assises pour crimes et qu'elle a ordonné un supplément d'information dans le délai de l'article 186-2 du Code de procédure pénale, la chambre de l'instruction, pour rejeter la demande de mise en liberté présentée devant elle par ledit détenu doit, si la détention a excédé un an, donner les indications particulières justifiant, en l'espèce, la poursuite de l'information et le délai prévisible d'achèvement de la procédure ainsi que le prévoit l'article 145-3 du Code de procédure pénale[7].

146.66 De façon plus générale, en cas de décision d'incompétence et dans tous les cas où aucune juridiction n'est saisie, la chambre de l'instruction connaît des demandes de mise en liberté (C. pr. pén., art. 148-1, al. 4)[8]. Tel est le cas lorsque la cour d'assises reçoit, par conclusions de la défense déposées après le prononcé de l'arrêt de condamnation, une demande de mise en liberté de l'accusé[9].

146.67 Demande de mise en liberté présentée lors de l'audience au fond. Le formalisme posé par l'article 148-6 du Code de procédure pénale est moindre lorsque l'intéressé comparaissant devant la juridiction de jugement, demande à cette occasion sa mise en liberté. La chambre criminelle a en effet admis dans ces circonstances (et à propos du fameux arrêt *Papon* du 10 octobre 1997) qu'« une demande de mise en liberté présentée à l'audience de la juridiction de jugement qui examine le fond de l'affaire, satisfait aux exigences de l'article 148-6 du Code de procédure pénale, lorsqu'elle a été formulée, soit par déclaration verbale constatée par le greffier d'audience, soit par conclusions déposées à cette fin »[10].

1. Crim. 6 oct. 1993, n° 93-83.343, *Bull. crim.*, n° 278.
2. Crim. 15 sept. 1986, n° 86-93.535, *Bull. crim.*, n° 255.
3. Crim. 31 mars 1998, n° 98-80.173, *Bull. crim.*, n° 120.
4. Crim. 6 mai 2002, n° 02-81.391, *Bull. crim.*, n° 98.
5. Crim. 5 janv. 1999, n° 98-86.368, *Bull. crim.*, n° 1; *Dr. pén.* 1999, chron 20, obs. Marsat.
6. Crim. 27 sept. 2005, n° 05-84.234, *Bull. crim.*, n° 236.
7. Crim. 25 oct. 2005, n° 05-84.961, *Bull. crim.*, n° 264; *D.* 2005, IR 2969; *Gaz. Pal.* 5-6 mai 2006, 18, note Y. Monnet.
8. Crim. 27 avr. 1988, n° 88-80.884, *Bull. crim.*, n° 181.
9. Crim. 2 oct. 1987, n° 87-82.305, *Bull. crim.*, n° 328.
10. Crim. 16 juin 1998, n° 97-85.622, *Bull. crim.*, n° 192.

CHAPITRE

147. Incidences de la poursuite de l'instruction sur la détention provisoire

SECTION 0 ORIENTEUR

147.00 Plan du chapitre.

Sect.	1	Changement de qualification
Sect.	2	Réincarcérations : révocation du contrôle judiciaire
Sect.	3	Réincarcérations : réincarcération par la chambre de l'instruction
Sect.	4	Réincarcération par le juge après mise en liberté par la chambre de l'instruction
Sect.	5	Réincarcération après annulation
Sect.	6	Autres réincarcérations
Sect.	7	Détention unique, détention plurielle ?

147.01 Textes applicables.

C. pr. pén., art. 118, 145, 145-1, 145-2, 146.

C. pr. pén., art. 118 [L. n° 2007-291, 5 mars 2007]

S'il apparaît au cours de l'information que les faits reprochés à la personne mise en examen sous une qualification correctionnelle constituent en réalité un crime, le juge d'instruction notifie à la personne, après l'avoir informée de son intention et avoir recueilli ses éventuelles observations et celles de son avocat, qu'une qualification criminelle est substituée à la qualification initialement retenue. À défaut de cette notification, il ne peut être fait application des dispositions de l'article 181.

Si la personne était placée en détention provisoire, le mandat de dépôt initialement délivré demeure valable et est considéré comme un mandat de dépôt criminel. La détention provisoire se trouve alors soumise aux règles applicables en matière criminelle, les délais prévus pour la prolongation de la mesure étant calculés à compter de la délivrance du mandat.

Lors de la notification prévue au premier alinéa, le juge d'instruction peut faire connaître à la personne un nouveau délai prévisible d'achèvement de l'information, conformément aux dispositions du huitième alinéa de l'article 116.

Si l'information a été ouverte au sein d'une juridiction dépourvue de pôle de l'instruction, le juge d'instruction, aussitôt après avoir procédé aux formalités prévues par le présent article, se dessaisit au profit d'un juge du pôle de l'instruction compétent, désigné par le président du tribunal de grande instance dans lequel se trouve ce pôle.

C. pr. pén., art. 145

* V. s^s n° 142.01.

C. pr. pén., art. 145-1

* V. s^s n° 143.01.

C. pr. pén., art. 145-2

* V. s^s n° 143.01.

C. pr. pén., art. 146

S'il apparaît, au cours de l'instruction, que la qualification criminelle ne peut être retenue, le juge d'instruction peut, après avoir communiqué le dossier au procureur de la République aux fins de réquisitions, soit saisir par ordonnance motivée le juge des libertés et de la détention aux fins du maintien en détention provisoire de la personne mise en examen, soit prescrire sa mise en liberté assortie ou non du contrôle judiciaire.

Le juge des libertés et de la détention statue dans le délai de trois jours à compter de la date de sa saisine par le juge d'instruction.

147.02 Jurisprudence de référence.
Exemple de calcul des délais de détention provisoire.

Crim. 2 juin 1987, n° 87-81.816, *Bull. crim.,* n° 230.

« Attendu que l'arrêt de la chambre d'accusation qui infirme l'ordonnance de mise en liberté rendue par le juge d'instruction et place, de nouveau, l'inculpé en détention provisoire ne constitue pas une décision de prolongation de détention prévue par l'article 145-1 du Code de procédure pénale;

Attendu qu'il résulte de l'arrêt attaqué que Lopez a été mis, par le juge d'instruction, en détention provisoire le 31 juillet 1986 puis en liberté sous contrôle judiciaire le 21 octobre 1986; que, sur appel du procureur de la République, la chambre d'accusation a, par arrêt du 26 novembre 1986, infirmé l'ordonnance de mise en liberté du magistrat instructeur, ordonné que l'inculpé serait remis en détention et s'est réservé le contentieux ultérieur de la détention en vertu de l'article 207 du Code de procédure pénale;

Attendu que Lopez a adressé directement à la chambre d'accusation, le 3 février 1987, une demande de mise en liberté fondée sur l'omission de prolonger sa détention à l'expiration du délai de quatre mois prévu par l'article 145-1 du Code de procédure pénale;

Attendu que pour rejeter cette demande, la chambre d'accusation considère que son arrêt infirmatif du 26 novembre 1986, rendue dans les quatre mois de la mise en détention initiale, a prolongé la détention pour un nouveau délai de quatre mois, vu la peine encourue;

Attendu qu'en statuant ainsi, la chambre d'accusation a méconnu le principe ci-dessus énoncé;

Attendu qu'en l'espèce, compte tenu du temps passé par Lopez en liberté, la détention du demandeur telle qu'elle avait été ordonnée le 31 juillet 1986 et remise en vigueur le 27 novembre 1986 en exécution de l'arrêt du 26 novembre 1986 a pris fin le 5 janvier 1987 à 24 heures;

Que c'est à tort que la chambre d'accusation puisqu'elle s'était réservé le contentieux de la détention, n'a pas rendu, avant cette date, un arrêt ordonnant expressément la prolongation de la détention de Lopez, si elle l'estimait utile;

Par ces motifs :

Casse et annule l'arrêt susvisé de la chambre d'accusation de la cour d'appel de Pau en date du 16 février 1987,

Dit que depuis le 6 janvier 1987 à 0 heure Jean Lopez est détenu sans titre. »

• **À compter de la notification d'une nouvelle qualification, la détention se trouve soumise aux règles qui découlent de celle-ci.**

Crim. 27 mars 1990, n° 88-83.669, *Bull. crim.*, n° 135; *Dr. pén.* 1993, comm. n° 2.

« Attendu que le juge d'instruction est saisi des faits qui lui sont dénoncés par le réquisitoire introductif, indépendamment de la qualification qui leur est donnée; que, s'il apparaît, en cours d'information, que ces faits doivent recevoir une qualification différente de celle qui a été retenue lors de l'interrogatoire de première comparution et qu'en raison de la peine alors encourue, la durée de la détention provisoire s'en trouve modifiée, le titre initial de détention demeure valable mais, à compter de la notification de la nouvelle inculpation, la détention se trouve soumise aux règles qui découlent de la nouvelle qualification. »

• **Lorsque la mise en liberté est la conséquence d'annulation de pièces de la procédure ayant invalidé la détention, l'arrêt n'est immédiatement exécutoire que si la chambre de l'instruction a fait usage de l'article 201 du Code de procédure pénale.**

Crim. 24 avr. 1990, n° 89-86.639, *Bull. crim.*, n° 150.

« Attendu que, par l'arrêt attaqué, sur appel de Chazel, la chambre d'accusation, pour annuler la nouvelle ordonnance de mise en détention provisoire du 19 septembre 1989 et le mandat de dépôt lui faisant suite, énonce qu'"après annulation pour vice de fond du premier titre de détention le magistrat instructeur ne pouvait délivrer un second mandat de dépôt, à raison des mêmes faits et de la même information, en l'absence de circonstances nouvelles entrant dans les prévisions des articles 144 et 145 du Code de procédure pénale ou dans le cadre de la saisine du magistrat instructeur";

Attendu qu'en prononçant ainsi, alors que son précédent arrêt du 19 septembre 1989 avait annulé les pièces de la procédure concernant Chazel en raison du défaut de saisine du juge d'instruction et avait ordonné la mise en liberté de cet inculpé comme seule conséquence de cette annulation, sans que les juges du second degré se soient prononcés sur le bien-fondé de la détention provisoire au regard des articles 144 et 145 précités et sans avoir fait appel aux dispositions de l'article 201 du Code de procédure pénale, la chambre d'accusation a décidé, à bon droit, que le juge d'instruction ne pouvait inculper à nouveau Chazel et le placer en détention provisoire, en l'état de la procédure;

Qu'en effet, en vertu des articles 570 et 571 du Code de procédure pénale, l'arrêt du 19 septembre 1989 n'était pas exécutoire, y compris en ce qui concerne la mise en liberté, lorsque le magistrat instructeur a, ce même 19 septembre et à raison des mêmes faits, notifié la nouvelle inculpation et décerné un nouveau mandat de dépôt;

Qu'il s'ensuit que les moyens doivent être écartés, l'arrêt attaqué n'encourant pas la censure, et étant régulier en la forme. »

• **Dans le cas d'une nouvelle mise en examen et détention dans la même procédure, la détention initiale demeure valable et est soumise au régime de qualification le plus élevé.**

Crim. 29 oct. 1991, n° 91-84.772; *Bull. crim.*, n° 385.

« Attendu qu'il résulte de l'arrêt attaqué que Jean-Michel F... a été inculpé, le 16 juin 1989, des délits de participation à une association de malfaiteurs et de recel de malfaiteurs et placé en détention provisoire; que, le 12 octobre 1989, le magistrat instructeur lui a notifié une inculpation d'assassinat, a procédé au débat contradictoire prévu par l'article 145 du Code de procédure pénale et a délivré un nouveau mandat de dépôt "annulant et remplaçant" celui du 16 juin 1989; que, le 13 juin 1990, le juge d'instruction a ordonné la prolongation de la détention de l'inculpé pour 1 an, à compter du 16 juin 1990; que, le 9 octobre 1990, il a procédé à un nouveau débat contradictoire et a ordonné la prolongation de la détention pour une nouvelle période de 1 an à compter du 12 octobre 1990;

Attendu que, pour confirmer l'ordonnance du juge d'instruction qui avait rejeté la demande de mise en liberté présentée le 17 juin 1991 par l'inculpé, lequel soutenait qu'il était détenu sans titre depuis le 16 juin 1991, la chambre d'accusation, après avoir considéré que le débat contradictoire auquel il a été procédé le 12 octobre 1989 et la délivrance d'un titre de détention nouveau étaient superflus, énonce qu'entre les dates des différents débats contradictoires et les ordonnances intervenues, il ne s'est jamais écoulé plus de 12 mois;

Attendu qu'en se déterminant ainsi, la chambre d'accusation n'a pas encouru les griefs allégués au moyen; qu'en effet, en cas de changement de qualification des faits ou de notification d'une nouvelle inculpation, le titre initial de détention demeure valable, la détention se trouvant alors soumise aux règles qui découlent de la nouvelle qualification ou inculpation; qu'il s'ensuit que le délai de 1 an prévu par l'article 145-2 du Code de procédure pénale et résultant de la nouvelle inculpation a commencé à courir à compter du 16 juin 1989, date du mandat de dépôt initial; que c'est donc à bon droit que la prolongation de la détention a été ordonnée à compter du 16 juin 1990 pour une nouvelle durée de 1 an; que cette détention a été néanmoins valablement renouvelée, le 9 octobre 1990, pour une nouvelle période de 1 an à compter du 12 octobre 1990, alors même que cette prolongation était anticipée;

D'où il suit que le moyen doit être écarté. »

• La détention provisoire ne peut s'appliquer à d'autres faits que ceux pour lesquels le titre de détention a été délivré.

Crim., 4 mai 1993, n° 93-80.717; *Bull. crim.,* n° 163.

« Attendu que la détention provisoire ne peut s'appliquer à d'autres faits que ceux pour lesquels le titre de détention a été délivré;

Attendu qu'il résulte de l'arrêt attaqué et des pièces de la procédure que Karim H... a, le 7 janvier 1992, été inculpé de "vol avec port d'arme commis le 17 mai 1991 au Crédit Lyonnais de Maisons-Alfort" et, pour ces faits, placé en détention provisoire;

Attendu que, l'intéressé ayant reconnu être l'auteur d'un autre vol avec port d'arme, commis dans un magasin de l'Hales-Roses le 15 février 1991, le procureur de la République a saisi le juge d'instruction d'un réquisitoire supplétif en exécution duquel ce magistrat a, le 20 mars 1992, inculpé H... de ce second vol avec port d'arme mais n'a pris aucune mesure de détention;

Attendu qu'après ordonnance de transmission des pièces portant sur les deux vols avec port d'arme, la chambre d'accusation, par arrêt du 5 novembre 1992, devenu définitif, a prononcé non-lieu pour le vol commis à Maisons-Alfort le 17 mai 1991 mais a renvoyé Karim H... devant la cour d'assises pour le second vol avec port d'arme, en décernant ordonnance de prise de corps;

Attendu que, le 31 décembre 1992, Karim H... a saisi la chambre d'accusation d'une demande de mise en liberté en faisant valoir qu'il n'avait été placé en détention provisoire que pour le vol de Maisons-Alfort en sorte que, un non-lieu étant intervenu pour ce vol, il aurait dû, par application des dispositions de l'article 212, alinéa 2, du Code de procédure pénale, être mis d'office en liberté, l'ordonnance de prise de corps devant alors être exécutée selon les modalités de l'article 215-1 du même code;

Attendu que, par l'arrêt attaqué, les juges ont rejeté cette demande en énonçant que "l'ordonnance de prise de corps a remplacé le mandat de dépôt délivré le 7 janvier 1992 par le juge d'instruction";

Mais attendu qu'en prononçant ainsi, alors que les faits pour lesquels Karim H... avait été placé en détention avaient été l'objet d'un non-lieu et que, aucun mandat de dépôt n'ayant été décerné pour les autres faits criminels, l'accusé devait être mis immédiatement en liberté, la chambre d'accusation a méconnu le sens et la portée du principe sus-énoncé. »

• Les juridictions d'instruction ne peuvent ordonner le placement en détention d'une personne précédemment mise en liberté que si elles constatent l'existence de circonstances nouvelles entrant dans les prévisions de l'article 144 du Code de procédure pénale.

Crim., 17 mai 1994, n° 94-81.285, *Bull. crim.,* n° 185.

« Attendu que les juridictions d'instruction ne peuvent, à raison des mêmes faits, ordonner un nouveau placement en détention provisoire d'une personne précédemment mise en liberté que si elles constatent l'existence de circonstances nouvelles entrant dans les prévisions de l'article 144 du Code de procédure pénale et justifiant, au regard des nécessités actuelles de l'instruction, la délivrance d'un second titre d'incarcération;

Attendu qu'il résulte de l'arrêt attaqué et des pièces de la procédure que le juge d'instruction a, par ordonnance du 17 septembre 1993, rejeté la demande de mise en liberté de Fahima Zitouni; que, sur l'appel de cette dernière, la chambre d'accusation a infirmé cette ordonnance par un arrêt du 7 octobre 1993; que, considérant que le dispositif de cet arrêt n'était pas conforme à ses motifs, elle a ordonné la rectification matérielle du dispositif de cette décision par un nouvel arrêt du 15 octobre 1993 substituant aux termes "Déclare l'appel bien fondé" et "Infirme l'ordonnance" les termes "Déclare l'appel mal fondé" et "Confirme l'ordonnance" et que le juge d'instruction ayant, par ordonnance du même jour, ordonné la prolongation de la détention pour une durée de 4 mois, Fahima Zitouni est restée détenue; que, sur son pourvoi, la Cour de cassation a, le 18 janvier 1994, cassé ce second arrêt comme contraire à la chose jugée et a dit que l'intéressée était détenue sans droit depuis le 8 octobre 1993 à 0 heure;

Attendu que le juge d'instruction ayant, le 1er février 1994, ordonné à nouveau le placement en détention de Fahima Zitouni, la chambre d'accusation, pour confirmer cette décision par l'arrêt attaqué, énonce que les motifs de l'arrêt du 7 octobre qui justifiaient le maintien en détention n'ont pas été remis en cause par la Cour de cassation et demeurent valables sans qu'il soit nécessaire que soit survenu un élément nouveau; qu'elle en conclut que le juge d'instruction pouvait, comme en cas d'annulation pour vice de forme, décerner un nouveau mandat de dépôt à raison des mêmes faits et pour les mêmes motifs;

Mais attendu que la Cour de cassation a constaté que la demanderesse était détenue sans droit, non pour un vice de forme du titre de détention mais en raison du caractère définitif de l'arrêt du 7 octobre 1993 infirmant l'ordonnance de mise en liberté; qu'en se déterminant comme elle l'a fait, la chambre d'accusation a méconnu le principe ci-dessus énoncé. »

• Si une procédure criminelle est jointe, en cours d'une information, à une précédente procédure correctionnelle, le mandat de dépôt initial demeure valable, la détention étant alors soumise aux règles qui découlent de la qualification criminelle.

Crim., 9 juin 2004, n° 04-81.901, *Bull. crim.*, n° 159; *Gaz. Pal.* 30 janv-1er févr. 2005, somm. 22.

« Attendu qu'il résulte de l'arrêt attaqué que Nordine X... a, le 9 octobre 2002, été placé en détention provisoire pour le délit de complicité de recel; qu'il a été mis en liberté le 30 janvier 2003; que, le 27 avril suivant, s'étant soustrait aux obligations du contrôle judiciaire, il a fait l'objet d'un nouveau mandat de dépôt; que, le 30 avril 2003, après ouverture d'une information distincte du chef de recel de vol commis en bande organisée, un mandat de dépôt criminel a été décerné à son encontre; que, le 7 juillet 2003, le juge d'instruction a ordonné la jonction de ces deux procédures;

Attendu que, le 4 janvier 2004, le président de la chambre de l'instruction a, en application de l'article 223 du Code de procédure pénale, saisi cette juridiction après le dépôt d'une requête de Nordine X... soutenant qu'il devait être tenu compte de la détention provisoire subie dans le cadre de la procédure correctionnelle pour le calcul du délai d'un an prévu par l'article 145-2 du Code de procédure pénale, lequel aurait expiré le 4 janvier 2004;

Attendu que, pour écarter cette argumentation et déclarer régulière la détention de l'intéressé, l'arrêt prononce par les motifs repris au moyen;

Attendu qu'en cet état, abstraction faite d'un motif erroné, et, dès lors que le délai d'un an prévu par l'article 145-2 du Code de procédure pénale, qui a commencé à courir à compter du 27 avril 2003, date du mandat de dépôt initial, n'était pas expiré lorsque la chambre de l'instruction a statué, celle-ci a justifié sa décision;

D'où il suit que le moyen doit être écarté. »

• Lorsqu'un mandat de dépôt a été annulé pour vice de forme, la personne mise en examen peut être placée à nouveau en détention provisoire dans la même information et à raison des mêmes faits.

Crim. 1er févr. 2005, n° 04-86.768, *Bull. crim.*, n° 33; *D.* 2005, IR 795; *JCP* 2005, IV, 1642.

« Attendu qu'il résulte de l'arrêt attaqué et des pièces de la procédure que Maamar X..., mis en examen pour infractions à la législation sur les stupéfiants et placé en détention provisoire par ordonnance du juge des libertés et de la détention, en date du 14 mai 2004, a relevé appel de cette décision; que, devant la chambre de l'instruction, il a excipé de la nullité du titre de détention au motif que l'ordonnance saisissant le juge des libertés et de la détention ne comportait pas la signature du juge d'instruction; que, par arrêt du 28 mai 2004, les juges, après avoir fait droit à cette argumentation, ont ordonné la mise en liberté immédiate de Maamar X...; que, le même jour, le juge d'instruction, après avoir délivré un mandat d'amener à l'encontre de l'intéressé, a saisi le juge des libertés et de la détention qui a ordonné sa mise en détention pour les mêmes faits; que Maamar X... a interjeté appel;

Attendu qu'en confirmant l'ordonnance entreprise, par les motifs repris au moyen, la chambre de l'instruction a justifié sa décision;

Que, d'une part, aucune disposition légale ou conventionnelle n'interdit lorsque, comme en l'espèce, le mandat de dépôt a été annulé pour vice de forme, de placer à nouveau en détention provisoire la personne mise en examen, dans la même information et à raison des mêmes faits;

Que, d'autre part, lorsque la chambre de l'instruction statue sur l'appel relevé contre une ordonnance du juge des libertés et de la détention en matière de détention provisoire, l'arrêt est immédiatement exécutoire en application de l'article 207 du Code de procédure pénale. »

• Le juge des libertés et de la détention peut délivrer, au cours d'une même information, à l'encontre d'une personne placée sous contrôle judiciaire, un titre de détention en raison des mêmes faits, lorsque des circonstances nouvelles justifient, eu égard aux nécessités actuelles de l'instruction, la délivrance d'un mandat de dépôt.

Crim. 1er mars 2005, n° 04-87.392, *Bull. crim.*, n° 73; *D.* 2005, IR 1049; *JCP* 2005, IV, 1907.

« Attendu qu'il résulte de l'arrêt attaqué et des pièces de la procédure que, mis en examen pour assassinat, Christian X... a été placé sous contrôle judiciaire le 8 décembre 1999;

Que, par décision du 5 novembre 2004, le juge des libertés et de la détention a ordonné son placement en détention provisoire au motif que des éléments à charge ont été apportés par une nouvelle expertise;

Attendu que, pour confirmer cette ordonnance, l'arrêt relève, notamment, que le contrôle judiciaire n'est plus désormais suffisant pour garantir le maintien à la disposition de la justice du mis en examen en raison de nouveaux indices réunis contre lui et qui pouvaient laisser craindre qu'il ne prenne la fuite;

Attendu qu'en l'état de ces énonciations, la chambre de l'instruction n'a méconnu aucun des textes visés au moyen;

Qu'en effet, aucune disposition de la loi n'interdit au juge des libertés et de la détention de délivrer, au cours d'une même information, à l'encontre d'une personne placée sous contrôle judiciaire, un titre de détention en raison des mêmes faits, lorsque des circonstances nouvelles entrant dans les prévisions de l'article 144 du Code de procédure pénale, justifient, eu égard aux nécessités actuelles de l'instruction, la délivrance d'un mandat de dépôt; que, tel étant le cas en l'espèce, le moyen ne peut qu'être écarté. »

• En cas de requalification du fait de la loi, le titre initial de détention demeure valable et est soumis de plein droit aux règles qui découlent de la nouvelle qualification.

Crim. 7 juin 2006, n° 06-82.233, *Bull. crim.*, n° 158; *AJ pén.* 2006, JP 371; *Procédures* 2006, *Proc. pén.*, n° 217, note J. Buisson.

« Attendu qu'il résulte de l'arrêt attaqué et des pièces de la procédure qu'Hamid Bach a été placé sous mandat de dépôt criminel le 27 juin 2005 après avoir été mis en examen des chefs de détention de produits explosifs en bande organisée en relation avec une entreprise terroriste, association de malfaiteurs en vue de préparer des actes de terrorisme; que, le crime de détention sans motif légitime de substances destinées à entrer dans la composition d'un explosif, qui était prévu et réprimé par l'article L. 2553-4 du Code de la défense, ayant été requalifié en délit par la loi du 12 décembre 2005 et étant désormais prévu et réprimé par les articles L. 2353-13 et L. 2339-5 du même code, le juge d'instruction, après avoir, le 2 février 2006, communiqué le dossier au procureur de la République pour ses réquisitions, a saisi, le 8 février 2006, le juge des libertés et de la détention afin de statuer sur la prolongation de la détention provisoire à compter du 26 février; que ce magistrat a rendu, le 17 février 2006, après avoir organisé un débat contradictoire, une ordonnance constatant que le mandat de dépôt initial était devenu correctionnel et prolongeant la détention provisoire pour quatre mois à compter du 26 février 2006 à 0 heure;

Attendu qu'Hamid Bach a formé appel de cette ordonnance en faisant valoir que, le juge des libertés et de la détention n'ayant pas statué dans le délai de trois jours après sa saisine par le juge d'instruction, prévu par l'article 146 du Code de procédure pénale, sa détention provisoire était irrégulière depuis le 11 février 2006 et qu'il devait être mis en liberté d'office;

Attendu que, pour écarter ce moyen et confirmer l'ordonnance entreprise, l'arrêt énonce que, la requalification en délit des crimes reprochés au demandeur résultant d'une disposition légale et non d'une initiative du juge d'instruction, seuls étaient applicables, à l'exclusion de l'article 146 du Code de procédure pénale, les articles 145 et 145-1 du même code;

Attendu qu'en prononçant ainsi, et dès lors qu'en cas de requalification légale des faits en cours d'information, le titre initial de détention demeure valable et est soumis de plein droit aux règles qui découlent de la nouvelle qualification, la chambre de l'instruction a fait l'exacte application des textes précités. »

• Aucune disposition légale ou conventionnelle n'interdit à la chambre de l'instruction de délivrer, au cours d'une même information, à l'encontre d'une personne placée sous contrôle judiciaire, un titre de détention en raison des mêmes faits, lorsque des circonstances nouvelles entrant dans les prévisions de l'article 144 du Code de procédure pénale justifient, eu égard aux nécessités actuelles de l'instruction, la délivrance d'un mandat de dépôt.

Crim. 29 janv. 2008, n° 07-87.802, *Bull. crim.*, n° 21; *AJ pén.* 2008, 240, note S. Lavric.

« Attendu qu'il résulte de l'arrêt attaqué et des pièces de la procédure que, mise en examen pour tentative d'assassinat sur la personne de son concubin, Annie Dufay a été placée sous contrôle judiciaire le 8 août 2007, décision confirmée par un arrêt de la chambre de l'instruction, en date du 24 août 2007; que, par ordonnance du 22 octobre 2007, le juge des libertés et de la détention, saisi par le juge d'instruction aux fins de placement en détention provisoire de la mise en examen, a dit n'y avoir lieu à prononcer cette mesure et a maintenu l'intéressée sous contrôle judiciaire;

Attendu que, pour infirmer cette décision et ordonner la détention provisoire d'Annie Dufay, l'arrêt relève que le placement initial de celle-ci sous contrôle judiciaire était motivé par un état de santé limitant ses possibilités de déplacement, et incompatible avec la détention; que les juges ajoutent que l'amélioration de cet état, devenu compatible avec la détention, accroît les possibilités d'autonomie de la personne mise en examen et, en conséquence, le risque de commission par elle de nouveaux actes de violence, et qu'il constitue ainsi une circonstance nouvelle; qu'ils relèvent enfin que l'état de récidive d'Annie Dufay et l'absence de respect, par elle, des obligations de sa libération conditionnelle, rendent insuffisant un contrôle judiciaire pour prévenir un tel risque;

Attendu qu'en l'état de ces énonciations, la chambre de l'instruction n'a méconnu aucun des textes visés au moyen;

Qu'en effet, aucune disposition légale ou conventionnelle n'interdit à la chambre de l'instruction de délivrer, au cours d'une même information, à l'encontre d'une personne placée sous contrôle judiciaire, un titre de détention en raison des mêmes faits, lorsque des circonstances nouvelles entrant dans les prévisions de l'article 144 du Code de procédure pénale justifient, eu égard aux nécessités actuelles de l'instruction, la délivrance d'un mandat de dépôt; que tel est le cas en l'espèce;

D'où il suit que le moyen doit être écarté. »

147.03 Bibliographie indicative. (V. les références complètes s[s] n° 03.)

Actualisables. Rép. pén., Dourneau-Josette, « Le contrôle judiciaire et la détention provisoire »; « Le juge des libertés et de la détention ».

SECTION 1
Changement de qualification

147.11 Requalification à la hausse. Il s'agit de toute modification de la qualification notifiée en cours d'information et qui augmente le quantum de la peine encourue. Certaines n'ont pas d'incidence sur le régime de la détention. Mais d'autres modifient les plafonds de détention prévus par les articles 145-1 et 145-2 du Code de procédure pénale.

147.12 Principe général. Il a été posé par un arrêt de la chambre criminelle du 27 mars 1990[1] : « le juge d'instruction est saisi des faits qui lui sont dénoncés par le réquisitoire introductif indépendamment de la qualification qui leur est donnée; s'il apparaît que ces faits doivent recevoir une qualification différente de celle qui a été retenue lors de l'interrogatoire de première comparution et qu'en raison de la peine alors encourue, la durée de la détention s'en trouve modifiée le titre initial de détention demeure valable, mais, à compter de la notification de la nouvelle inculpation, la détention se trouve soumise aux règles qui découlent de la nouvelle qualification ». La formule a été répétée depuis[2]. Peu importe le moment où la notification nouvelle intervient, du moment qu'à ce moment l'intéressé se trouve en détention légale (v. une espèce dans laquelle le juge d'instruction prolongeait pour 4 mois avant même de notifier une « inculpation » qui seule le lui permettait, s^s^ n° 147.02)[3].

147.13 Criminalisation. Les principes posés par l'arrêt du 27 mars 1990 cité ci-dessus ont été déclinés en matière criminelle : un arrêt du 19 mars 1991 dispose que si les « faits retenus sous une qualification correctionnelle doivent recevoir une qualification criminelle, le titre de détention, qui a été décerné initialement, demeure valable mais, à compter de la notification de la nouvelle inculpation, la détention sera de plein droit soumise aux règles qui découlent de la nouvelle inculpation »[4]. Il n'est pas besoin de prendre de nouvelle ordonnance ou de nouveau mandat mais seulement d'avertir la maison d'arrêt du changement de régime. L'article 118 du Code de procédure pénale, issu de la loi du 9 mars 2004, prévoit désormais expressément le cas de figure de la criminalisation intervenant en cours de procédure : « S'il apparaît au cours de l'information que les faits reprochés à la personne mise en examen sous une qualification correctionnelle constituent en réalité un crime, le juge d'instruction notifie à la personne, après l'avoir informée de son intention et avoir recueilli ses éventuelles observations et celles de son avocat, qu'une qualification criminelle est substituée à la qualification initialement retenue. À défaut de cette notification, il ne peut être fait application des dispositions de l'article 181. Si la personne était placée en détention provisoire, le mandat de dépôt initialement délivré demeure valable et est considéré comme un mandat de dépôt criminel. La détention provisoire se trouve alors soumise aux règles applicables en matière criminelle, les délais prévus pour la prolongation de la mesure étant calculés à compter de la délivrance du mandat » (v. s^s^ n° 114.33).

La loi n° 2007-291 du 5 mars 2007 a ajouté un nouvel alinéa à cet article 118 selon lequel, lorsque la nouvelle qualification est notifiée par un juge d'instruction d'une juridiction sans pôle de l'instruction, il doit immédiatement se dessaisir au profit de la juridiction du pôle. Le dessaisissement prend effet lorsque le président de la juridiction du pôle désigne les nouveaux juges d'instruction en charge du dossier.

147.14 Requalification à la baisse. Le principe de base est identique : la détention, régulière sous le régime précédent, épouse le nouveau régime dès la notification de la nouvelle mise en examen. Il convient pourtant de noter que certaines requalifications peuvent entraîner une mise en liberté immédiate : c'est le cas lorsque la nouvelle qualification est contraventionnelle, fait encourir moins de trois ans d'emprisonnement, ou si le délai maximal de détention encouru pour la nouvelle qualification est expiré.

147.15 Cas particulier de la correctionnalisation. L'article 146 du Code de procédure pénale dispose que « s'il apparaît au cours de l'instruction que la qualification criminelle ne peut être retenue, le juge d'instruction peut, après avoir communiqué le dossier au procureur de la République aux fins de réquisitions, soit saisir par ordonnance motivée le juge des libertés et de la détention aux fins de maintien en détention provisoire de la personne mise en examen, soit prescrire sa mise en liberté assortie ou non du contrôle judiciaire. Le juge des libertés et de la détention statue dans le délai de trois jours à compter de sa saisine par le juge d'instruction ». La terminologie de « maintien » utilisée ici par le législateur, doit être distinguée de celle qui concerne ce même terme employé lors d'un renvoi en correctionnelle. Bien que la circulaire de la Chancellerie (Circ. CRIM 20 déc. 2000, 00-16/F1, n° 2.1.1.2.4) expose que le débat contradictoire n'est pas indispensable, le juge des libertés pourrait être bien avisé d'en tenir un. Encore faut-il qu'il soit saisi par le juge d'instruction juste après l'interrogatoire où la requalification a été notifiée et où, par hypothèse, l'avocat a été convoqué selon les règles de l'article 114 du Code de procédure pénale. Dans le cas contraire, il ne pourrait convoquer dûment le conseil. Il n'y a pas lieu de faire application de

1. Crim. 27 mars 1990, n° 88-83.669, *Bull. crim.*, n° 135; *Dr. pén.* 1993, comm. n° 2.
2. Crim. 9 janv. 1997, n° 96-85.211, *Bull. crim.*, n° 8; *Gaz. Pal.* 4/5 juin 1997, 15.
3. Crim. 27 mars 1990, n° 88-83.669, *Bull. crim.*, n° 135, préc.
4. Crim. 19 mars 1991, n° 90-87.892, *Bull. crim.*, n° 134.

l'article 146 lorsque la correctionnalisation n'a été qu'envisagée[1]. Il n'apparaît pas nécessaire de mettre en œuvre l'article 146 du Code de procédure pénale lorsque la requalification intervient au moment du renvoi. La requalification au moment du renvoi ne peut en effet être considéré comme intervenant « au cours de l'instruction » (sur les problèmes de requalification au moment du renvoi v. s[s] n°s 214.61 et 214.62).

147.16 **Requalification légale.** En cas de requalification légale des faits en cours d'information, le titre initial de détention demeure valable et est soumis de plein droit aux règles qui découlent de la nouvelle qualification, sans qu'il y ait lieu de saisir, en application de l'article 146 du Code de procédure pénale, le juge des libertés et de la détention. A justifié sa décision l'arrêt qui énonce que, la correctionnalisation du crime de détention d'explosifs résultant d'une disposition légale et non de l'initiative du juge d'instruction, seuls étaient applicables, en matière de détention provisoire, les articles 145 et 145-1 du Code de procédure pénale[2].

SECTION 2
RÉINCARCÉRATIONS : RÉVOCATION DU CONTRÔLE JUDICIAIRE

147.21 **Notion de réincarcération.** « La réincarcération d'un inculpé, un certain temps après son élargissement mais avant la clôture de l'instruction préparatoire, est une question fort peu débattue en doctrine, presque ignorée de la jurisprudence et pleine de difficultés » écrivait Jean Pradel en 1981[3]. La difficulté d'un tel sujet apparaît en effet tant en raison des insuffisances doctrinales et jurisprudentielles mentionnées par l'éminent auteur qu'au regard de la multiplicité des situations qui peuvent se rencontrer. Parmi ces difficultés, la révocation du contrôle judiciaire occupe une place bien particulière. Mais d'autres réincarcérations sont envisageables soit après infirmation d'une ordonnance rendue par la chambre de l'instruction soit dans d'autres circonstances. La loi du 15 juin 2000 n'a eu sur ce sujet qu'une incidence assez réduite. Ce n'est plus le magistrat instructeur lui même qui est en état de prendre la décision de réincarcérer ou non mais le juge des libertés et de la détention sur saisine du juge d'instruction. Cela a valeur de défense pour le juge d'instruction : il n'est pas habilité à prendre la décision lui même. Mais cela a aussi valeur de défense pour le juge des libertés et de la détention qui ne possède aucune autonomie pour décider de lui même de prendre une pareille décision.

147.22 **Révocation du contrôle judiciaire : principes.** La révocation du contrôle judiciaire ne doit pas s'entendre seulement comme une « réincarcération ». Nous savons en effet que le magistrat qui a, *ab initio,* placé sous contrôle judiciaire une personne, peut révoquer ce contrôle si une ou plusieurs obligations sont violées. Nous ne traiterons ici que du cas où l'intéressé a déjà effectué une durée plus ou moins longue de détention et a été placé sous contrôle judiciaire. L'hypothèse est donc bien celle de la réincarcération.

L'article 141-2 du Code de procédure pénale, dans sa mouture issue de la loi du 15 juin 2000, dispose que si la personne mise en examen se soustrait volontairement aux obligations du contrôle judiciaire : « Le juge d'instruction peut décerner à son encontre mandat d'arrêt ou d'amener. Il peut également, dans les conditions prévues au quatrième alinéa de l'article 137-1, saisir le juge des libertés et de la détention aux fins de placement en détention provisoire. Quelle que soit la peine d'emprisonnement encourue, le juge des libertés et de la détention peut décerner, à l'encontre de cette personne, un mandat de dépôt en vue de sa détention provisoire, sous réserve des dispositions de l'article 141-3. » L'ancien texte donnait les mêmes pouvoirs au juge d'instruction seul.

Il ne précisait pas que la détention encourue ne puisse déjà compter dans la computation des délais. La chambre criminelle l'a pourtant expressément indiqué « en cas de mise en détention pour violation des obligations de contrôle judiciaire, il n'est pas tenu compte de la durée de la détention provisoire déjà subie »[4]. Dans l'espèce qui a donné lieu à l'arrêt du 22 janvier 1981 la chambre d'accusation avait estimé que la durée de six mois, qui était expirée, « ne peut en aucun cas être dépassée, même si, au cours de l'information, il a été ordonné une mesure de contrôle judiciaire dont les conditions n'ont pas été respectées ». Saisie d'un pourvoi dans l'intérêt de la loi, la Cour de cassation affirme qu'en « statuant ainsi les juges d'appel ont ajouté à l'article 141-2 du Code de procédure pénale une condition qui n'y est pas contenue et ont violé ledit texte de loi. »

1. Crim. 5 mars 2002, n° 01-88.757, NPT – Crim. 17 déc. 2002, n° 02-86.533, NPT.
2. Crim. 7 juin 2006, n° 06-82.233, *Bull. crim.*, n° 158; *AJ pén.*, 2006, JP 371; *Procédures* 2006, *Proc. pén.*, n° 217, note J. Buisson.
3. Note s[s] Crim. 22 janv. 1981, n° 80-92.638, *Bull. crim.*, n° 33; *D.* 1981, jur. 561, note Pradel.
4. Crim. 22 janv. 1981, n° 80-92.638, *Bull. crim.*, n° 33 – Crim. 20 déc. 1983, n° 83-94.128, *Bull. crim.*, n° 349; *D.* 1984, IR 349, obs. J.-M. R.

Elle a depuis indiqué que c'était à bon droit qu'une chambre d'accusation refuse de tenir compte de la détention accomplie antérieurement à la révocation du contrôle judiciaire pour le calcul de la période de quatre mois à l'expiration de laquelle le juge peut prolonger la détention provisoire par ordonnance motivée[1]. L'article 141-3 porte toutefois un tempérament à ce principe (v. s[s] n° 147.23).

Le principe d'une détention repartant de zéro a pu jouer un rôle non négligeable dans la mise en place d'un certain nombre de contrôles judiciaires. C'était notamment le cas lorsque le juge était confronté à un délai maximum de détention de 6 mois alors qu'il pouvait souhaiter garder l'intéressé détenu jusqu'à sa comparution. Quand il n'avait pu terminer son instruction dans le délai, il pouvait être tenté de placer l'intéressé sous contrôle judiciaire en pensant que celui-ci risquait d'être violé et de lui donner ainsi l'opportunité de réincarcérer pour une nouvelle période. De là à instaurer un contrôle judiciaire tellement rigoureux qu'on ne pourra que le violer[2]. Désormais, il existe des limites à la détention après révocation du contrôle judiciaire (C. pr. pén., art. 141-3 nouv. - V. s[s] n° 147.23).

147.23 Révocation du contrôle judiciaire : la prise en compte exceptionnelle de la détention déjà accomplie. L'article 141-3 du Code de procédure pénale dispose que « lorsque la détention provisoire est ordonnée à la suite d'une révocation du contrôle judiciaire à l'encontre d'une personne antérieurement placée en détention provisoire pour les mêmes faits, la durée cumulée des détentions ne peut excéder de plus de quatre mois la durée maximale de la détention prévue respectivement par les articles 145-1 et 145-2. Lorsque la peine encourue est inférieure à celle mentionnée à l'article 143-1, la durée totale des détentions ne peut excéder quatre mois ». L'article 11-1 de l'ordonnance du 2 février 1945 dispose quant à lui que « lorsque la détention provisoire est ordonnée à la suite d'une révocation du contrôle judiciaire à l'encontre d'un mineur antérieurement placé en détention provisoire pour les mêmes faits, la durée cumulée des détentions ne peut excéder de plus d'un mois la durée maximale de la détention prévue à l'article 11 ». Ces nouvelles dispositions évitent les excès les plus spectaculaires mais n'ont pas pour effet de remettre en cause le principe selon lequel la détention recommence à courir. C'est seulement lorsque les délais butoirs sont dépassés que l'article 141-3 du Code de procédure pénale et l'article 11-1 de l'ordonnance du 2 février 1945 pourront jouer un rôle.

147.24 Révocation du contrôle judiciaire : les nouveaux délais. Un contrôle judiciaire peut être violé alors que la personne était libre à la suite d'une période de quinze mois, cinq mois ou d'un mois de détention seulement et quelle que soit la période qu'elle a passé en liberté. Peu importe. Mais quel sera le régime nouveau ? La réponse, avant l'entrée en vigueur de la loi du 15 juin 2000 pouvait être celle ci : la détention nouvelle s'exerçait dans les mêmes limites de temps que la détention initiale à laquelle la mise sous contrôle judiciaire avait apporté un terme.

Si la doctrine a pu soutenir le contraire pendant un certain temps[3], la chambre criminelle a pris clairement position dans un arrêt du 20 décembre 1983 en décidant que : « Dans le cas où la peine d'emprisonnement encourue n'excède pas cinq ans, la nouvelle détention provisoire ne peut, par application de l'article 145 alinéa 3 du dit Code, dépasser six mois, sauf au cas où l'inculpé a déjà encouru les condamnations énumérées par ce texte.[4] » Dans cette espèce, la chambre d'accusation d'Aix-en-Provence avait pensé que : « Le juge d'instruction n'est pas tenu par la limitation à six mois de la durée de la détention provisoire prescrite par l'article 145 alinéa 3 du Code de procédure pénale, lorsque l'inculpé n'encourt pas une peine d'emprisonnement excédant cinq années dès lors qu'il est constaté un manquement volontaire à une obligation qui lui avait été imposée dans le cadre du contrôle judiciaire décidé dans le cours de la procédure. » Elle avait donc estimé que la révocation permettait de passer outre au régime favorable des six mois maximum.

Ainsi, si le détenu bénéficiait du régime le plus favorable de 4 mois plus 2 mois (régime qui a disparu depuis l'entrée en vigueur de la loi du 15 juin 2000), c'est pour une durée identique que la détention reprenait. On peut extrapoler pour dire de façon plus générale que la détention renouvelée épouse le même régime que celui qui était le sien lors de la première incarcération.

La loi du 15 juin 2000 ne change pas ce principe sauf en ce qui concerne la durée totale de détention

1. Crim. 15 avr. 1991, n° 91-80.650, *Bull. crim.*, n° 178.
2. J. Pradel écrivait : « Si dense que le meilleur inculpé sera dans l'impossibilité d'y satisfaire », s[s] Crim. 22 janv. 1981, n° 80-92.638, *Bull. crim.*, n° 33; *D.* 1981, jur. 561.
3. Jean Pradel pensait que : « La limitation de la détention provisoire à 6 mois ne joue plus puisque l'on se trouve non sur le terrain de l'article 145, alinéa 3 du Code de procédure pénale, mais sur celui de l'article 141-2 qui est conçu en termes généraux » s[s] Crim. 22 janv. 1981, n° 80-92.638, *Bull. crim.*, n° 33, préc.
4. Crim. 20 déc. 1983, n° 83-94.128, *Bull. crim.*, n° 349, préc.

(C. pr. pén., art. 141-3 - et ord 2 févr. 1945, art. 11-1 - V. s[s] n° 147.23).

147.25 Révocation du contrôle judiciaire : Computation des délais. À la différence des autres cas de réincarcération par le juge, la computation des délais en matière de révocation de contrôle judiciaire ne pose aucun problème spécifique puisqu'on repart pour un nouveau délai à compter de la seconde incarcération. La période de détention provisoire précédemment accomplie se déduira de la peine en vertu de l'article 706-24 du Code de procédure pénale.

On pouvait déduire de ce principe certaines conséquences : le délai de la détention provisoire au sens de l'article 145-1 ne doit être computé qu'à compter de la nouvelle incarcération. C'est ainsi que si le détenu avait effectué 5 mois de détention, avait été libéré sous contrôle judiciaire puis été réincarcéré sur révocation de ce contrôle, le premier débat contradictoire avait lieu au mois 8 à compter de cette réincarcération (c'est-à-dire après en fait 13 mois de détention effective) et non après 3 mois. Le problème ne se pose plus désormais puisqu'un débat contradictoire est désormais exigé au mois 4. La détention peut être prolongée dans les conditions prévues par les articles 145-1 et 145-2 dudit code, sans qu'il y ait lieu, pour le calcul de la période respectivement prévue de quatre mois ou un an à l'issue de laquelle le juge des libertés et de la détention peut ordonner cette prolongation, de tenir compte des périodes de détention accomplies antérieurement à la révocation du contrôle judiciaire. Ainsi, justifie sa décision la chambre de l'instruction qui confirme l'ordonnance d'un juge des libertés et de la détention ayant prolongé une détention provisoire ordonnée en révocation d'une mesure de contrôle judiciaire, à l'issue d'une période de quatre mois ne tenant pas compte des deux périodes de détention provisoire précédemment subies à raison des mêmes faits[1] (v. les attendus v. s[s] n°s 132.02; v. aussi s[s] n° 132.83).

Une difficulté demeure : l'obligation prévue à l'article 145-3 (exigence de motivation prévisionnelle) prend effet à compter du huitième mois en matière correctionnelle, et du douzième mois en matière criminelle. Doit-on considérer que la détention initiale doit être prise en compte pour ce calcul ? La réponse était sans doute négative sous l'égide de l'ancien texte et le nouvel article 141-3, qui concerne spécifiquement « la durée cumulée des détentions », n'a rien changé sur ce point.

147.26 Révocation du contrôle judiciaire : forme. Il n'existe aucune raison pouvant remettre en cause la procédure précédemment décrite. L'article 141-2 du Code de procédure pénale, qui permet au juge d'instruction, en cas de manquement aux obligations du contrôle judiciaire, de saisir le juge des libertés et de la détention aux fins de placement en détention provisoire, ne contient aucune disposition s'opposant à la mise en œuvre de la procédure prévue par l'article 145 relative à l'organisation, préalablement à sa décision, d'un débat contradictoire et à la possibilité d'une incarcération provisoire, lorsque la personne mise en examen demande un délai pour préparer sa défense[2].

SECTION 3
RÉINCARCÉRATIONS : RÉINCARCÉRATION PAR LA CHAMBRE DE L'INSTRUCTION

147.31 Position du problème. Le problème se pose de la façon suivante : on se trouve en présence d'un individu qui a successivement été incarcéré, relâché, puis réincarcéré, ici par la chambre de l'instruction. Comment computer les délais afin de savoir à quel moment prolonger la détention ?

En théorie il y avait trois solutions possibles : la première consisterait à repartir pour une nouvelle détention à l'instar de la révocation du contrôle judiciaire, mais cette révocation a un caractère spécifique, elle est une détention *sui generis* et son mode de fonctionnement ne saurait être étendu (sur la computation des délais après révocation d'un contrôle judiciaire v. s[s] n° 147.25). D'autant que lorsque le contrôle judiciaire est révoqué, on peut toujours dire que l'intéressé peut s'en prendre à lui-même si sa détention commence à courir à nouveau depuis l'origine. Tel n'est pas le cas lorsqu'il est mis en liberté par un juge mais que cette décision est infirmée par la juridiction du second degré. La seconde solution consisterait à tenir compte de la durée passée en liberté à l'intérieur du délai. Mais là aussi il y aurait quelque chose d'illogique à computer comme période de détention un laps de temps passé en liberté ?

On l'aura compris c'est la troisième solution, qui n'est pas la plus simple, qui doit être retenue : on tiendra compte de la détention initialement effectuée pour computer les délais. Dans un arrêt du 2 juin 1987 la chambre criminelle affirme que le temps passé en liberté par l'inculpé entre l'ordonnance de mise en liberté et sa remise en détention en exécution de l'arrêt infirmatif de la chambre d'accusation ne compte pas dans les délais prévus

1. Crim. 2 déc. 2003, n° 03-85.460, *Bull. crim.*, n° 229.

2. Crim. 12 sept. 2007, n° 07-84.235, *Bull. crim.*, n° 200; *D.* 2007, n° 36, 2537.

par l'article 145-1 du Code de procédure pénale[1]. Ce faisant elle se livre à un décompte sur lequel il est souhaitable de revenir en détail afin de faciliter les calculs de chacun.

147.32 **L'arrêt du 2 juin 1987.** Le cas d'espèce se présentait de la façon suivante (v. s^s n° 147.02) une chambre d'accusation infirmait le 26 novembre 1986 une ordonnance de mise en liberté prise par un magistrat instructeur au bénéfice d'un inculpé qui avait été incarcéré le 31 juillet 1986 et mis en liberté le 21 octobre 1986.

Le 3 février 1987 l'inculpé formait une demande de mise en liberté devant la chambre d'accusation, celle ci s'étant réservée le contentieux de la détention, et invoquait la non-prolongation de la détention. La chambre d'accusation rejetait cette demande au motif que l'arrêt du 27 novembre aurait prorogé la détention pour quatre mois. La chambre d'accusation faisait ainsi jouer un rôle tout à fait particulier à l'arrêt de réincarcération qui aurait valu selon elle prolongation pour quatre mois. Il s'agissait d'une erreur grossière et la chambre criminelle cassait cet arrêt. Mais ce qui est intéressant c'est qu'elle se livrait à un calcul lui permettant de dire à partir de quelle date l'intéressé était détenu sans titre : « La détention du demandeur telle qu'elle avait été ordonnée le 31 juillet 1986 et remise en vigueur le 27 novembre 1986 en exécution de l'arrêt du 26 novembre 1986 a pris fin le 5 janvier 1987 à 24 heures », dit-elle.

Le calcul effectué par la chambre criminelle est en fait le suivant : on calcule en mois et en jours la détention initiale : du 31 juillet au 21 octobre, on compte 2 mois et 21 jours. À compter de la nouvelle mise à exécution de la détention (27 novembre) on va à nouveau computer en mois et en jours : un mois de détention supplémentaire nous amène au 27 décembre. Il reste à computer en jours le délai restant, en considérant qu'un mois est fait de 30 jours (bien que la Cour ne le dise par expressément elle considère qu'au moment de computer en jours, on doit dire qu'un mois fait 30 jours, à l'exemple de la lettre de l'article 716-1 du Code de procédure pénale).

À compter du 28 décembre on compte neuf jours soit du 28 au 31 : 4 jours. Reste les cinq premiers jours de janvier et on arrive au 5 à 24 heures comme point ultime de la détention. On notera pour la clarté de l'exposé que l'arrêt de la chambre était daté du 26 novembre mais exécuté le 27 novembre.

C'est en mariant une computation en mois dès qu'on peut fonctionner de quantième à quantième et en jours dès que cela n'est plus possible, que l'on arrive à cette solution. Les calculs ne sont pas toujours très faciles mais on peut arriver à des solutions logiques et à peu près sûres en suivant ces différents principes. Dans le doute, le magistrat sera évidemment bien inspiré de faire bénéficier à l'intéressé du régime le plus favorable (ce qui est déjà le cas en considérant qu'un mois fait forcément 30 jours, encore qu'en février...).

La solution de l'arrêt du 2 juin 1987 a été répétée par la chambre criminelle notamment le 2 juillet 1998 : « Le temps écoulé entre l'ordonnance de mise en liberté d'un mis en examen et sa réincarcération en exécution de l'arrêt infirmatif de la chambre d'accusation ne compte pas dans le calcul des délais prévus par l'article 145-1 du Code de procédure pénale.[2] »

SECTION 4
RÉINCARCÉRATION PAR LE JUGE APRÈS MISE EN LIBERTÉ PAR LA CHAMBRE DE L'INSTRUCTION

147.41 **Conditions de la réincarcération.** Lorsque la chambre de l'instruction infirme une décision du juge des libertés et de la détention, le juge d'instruction peut-il proposer à nouveau à ce dernier d'incarcérer une personne mise en examen ? C'est en ces termes qu'est posée la question après l'entrée en vigueur de la loi du 15 juin 2000.

Répondre affirmativement et sans nuances à cette question serait contester tout effet au double degré de juridiction. Il est pourtant des cas où cette réincarcération peut se justifier parce qu'il s'est « passé quelque chose de nouveau ». C'est à partir de cette constatation de bon sens que la chambre criminelle a bâti une jurisprudence selon laquelle aucune disposition de la loi n'interdit au juge de délivrer, au cours d'une même information, un nouveau mandat de dépôt à raison des mêmes faits lorsque des circonstances nouvelles entrant dans les prévisions de l'article 144 du Code de procédure pénale justifient, eu égard aux nécessités actuelles de l'instruction, la délivrance d'un second titre d'incarcération[3].

L'arrêt du 19 mai 1987 témoigne des situations qui peuvent se présenter : un individu placé en détention en 1983 était mis en liberté par la chambre d'accusation en mars 1986 puis placé à nouveau sous mandat de dépôt par le magistrat instructeur en janvier 1987. La chambre criminelle constate que la chambre d'accusation a légalement confirmé l'ordonnance du juge en énonçant que : « L'évolution de l'instruction et plus particulièrement l'audi-

1. Crim. 2 juin 1987, n° 87-81.816, *Bull. crim.*, n° 230.

2. Crim. 2 juill. 1998, n° 98-82.036, *Bull. crim.*, n° 212.
3. Crim. 4 avr. 1974, n° 74-90.749, *Bull. crim.*, n° 149 – Crim. 19 mai 1987, n° 87-81.216, *Bull. crim.*, n° 202 – Crim. 17 mai 1994, n° 94-81.285, *Bull. crim.*, n° 185; *Gaz. Pal.* 16/17 sept. 1994, 23.

tion au mois de juin 1986 de deux inspecteurs de police et la démonstration de ses relations avec un troisième inculpé [...] autorise le juge d'instruction à délivrer contre lui un nouveau mandat de dépôt. » Il ne faut pas se méprendre sur la terminologie, souvent utilisée, de « faits nouveaux ». Ce sont des « circonstances nouvelles entrant dans les dispositions des articles 144 et 145 » qui sont nécessaires et peu importe qu'il s'agisse d'un fait postérieur commis par la personne ou d'éléments nouveaux révélés après la mise en liberté, qu'il s'agisse alors de faits antérieurs commis mais inconnus ou de nouvelles révélations comme c'était le cas dans l'arrêt du 19 mai 1987.

147.42 Exemples de réincarcérations injustifiées. La jurisprudence a eu l'occasion de statuer dans des cas d'espèces, où, manifestement, il n'y avait pas de nouveaux motifs de placement en détention. Ainsi la réincarcération d'un inculpé dont le titre de détention initial a été annulé pour vice de fond, le magistrat instructeur ayant outrepassé les limites de sa saisine, ne peut intervenir qu'à raison de circonstances nouvelles entrant dans le cadre de cette saisine. Il s'ensuit qu'est irrégulière la détention ordonnée par un juge d'instruction qui, dans la même procédure, après annulation pour vice de fond d'un précédent mandat de dépôt, délivre un nouveau titre de détention pour les mêmes faits que ceux ayant justifié l'inculpation initiale, mais requis sous une qualification différente[1].

De même encourt la censure l'arrêt de la chambre d'accusation qui, pour confirmer l'ordonnance du juge d'instruction prescrivant un nouveau placement en détention, se borne à invoquer l'éventualité d'une modification de la situation pénitentiaire de la personne mise en examen, qui serait susceptible de bénéficier de l'aménagement d'une peine en cours d'exécution[2]. Dans cette espèce, le juge n'avait, semble-t-il, « mis en liberté » la personne que parce qu'elle devait exécuter une peine. Lorsque la peine ferme fut sur le point de s'achever le juge prit une ordonnance nouvelle d'incarcération mais ne motiva pas suffisamment celle-ci puisque la Cour de cassation cassa l'arrêt confirmatif de la chambre d'accusation de Colmar. Le commentateur de la revue Droit pénal écrivait[3] que : « Les mêmes circonstances nouvelles auraient pu, plus judicieusement, être envisagées autrement », en fait en les faisant entrer dans le moule juridique de l'article 144 : risque de renouvellement, manque de garanties de représentation, *etc.*

1. Crim. 16 nov. 1987, n° 87-85.177, *Bull. crim.*, n° 404.
2. Crim. 15 févr. 1995, n° 94-85.570, *Bull. crim.*, n° 71; *BICC* 412, n° 683; *Dr. pén.* 1995, comm. 103.
3. *Dr. pén.* 1995, comm. 103.

SECTION 5
RÉINCARCÉRATION APRÈS ANNULATION

147.51 Annulation du titre pour vice de forme. Il s'agit du cas où le titre de détention est annulé pour vice de forme, cas relativement rare et consacré surtout par un arrêt du 14 novembre 1985[4] avant d'être affirmé à nouveau dans un arrêt du 1er février 2005[5] (v. les attendus s^s n° 147.02).

Lorsqu'un mandat de dépôt est annulé par la chambre de l'instruction pour vice de forme, aucune disposition du Code de procédure pénale ne fait obstacle à ce que, après exécution de l'arrêt ordonnant la mise en liberté, le juge d'instruction délivre un mandat d'amener contre la personne mise en examen et saisisse le juge des libertés et de la détention aux fins de placement en détention, dans la même information et en raison des mêmes faits, sans qu'il soit besoin de constater l'existence de circonstances nouvelles. Il s'agissait dans le cas d'espèce de l'absence de signature du juge d'instruction dans l'ordonnance saisissant le juge des libertés et de la détention.

Mais le juge ne saurait substituer une nouvelle ordonnance de placement en détention ou de prolongation de détention à celle précédemment prise, qu'il estime entachée de nullité. En procédant à une telle substitution, le magistrat instructeur empiète sur les attributions de la chambre d'accusation seule compétente, pendant la durée de l'information, pour en apprécier la régularité, sous le contrôle de la Cour de cassation[6].

Il en est ainsi notamment lorsque le juge d'instruction a omis de signer une ordonnance de placement en détention provisoire[7].

4. Crim. 14 nov. 1985, n° 85-94.663, *Bull. crim.*, n° 356; *Gaz. Pal.* 1986, I, 80, note Doucet. Les circonstances de l'espèce n'apparaissent pas avec clarté dans l'arrêt. Selon le commentateur, le juge d'instruction avait délivré un mandat de dépôt criminel pour association de malfaiteurs à une époque où cette incrimination était un crime. Mais la loi du 2 février 1981 vint correctionnaliser cette incrimination. La chambre d'accusation saisie avait constaté la caducité du mandat de dépôt criminel figurant au dossier (à une époque où des différences considérables existaient entre les deux régimes puisque le mandat de dépôt criminel n'était pas accompagné d'une ordonnance de placement en détention à la différence du mandat de dépôt correctionnel). La chambre criminelle estimait que le juge d'instruction pouvait, après annulation du premier titre de détention, prendre un nouveau mandat de dépôt, correctionnel celui là.
5. Crim. 1er févr. 2005, n° 04-86.768, *Bull. crim.*, n° 33; *D.* 2005, IR 795; *JCP* 2005, IV, 1642.
6. Crim. 19 juin 1984, n° 84-91.880, *Bull. crim.*, n° 320.
7. Crim. 24 mars 1992, n° 92-80.100, *Bull. crim.*, n° 125.

Il convient d'être vigilant quant au caractère « formel » de l'annulation : une chambre d'accusation, avait, après avoir motivé dans le sens de la confirmation d'une ordonnance de refus de mise en liberté d'un juge d'instruction, porté dans le dispositif les mentions « Déclare l'appel bien fondé » et « infirme l'ordonnance ».

Dans un arrêt postérieur elle avait corrigé cette « erreur matérielle » mais son arrêt était cassé par la chambre criminelle qui constatait que la personne mise en examen était détenue sans droit. Le juge d'instruction avait prescrit alors un nouveau placement en détention de cette personne en se fondant sur les seuls motifs ayant justifié le premier placement en détention.

Il considérait en effet que la Cour de cassation n'avait sanctionné qu'un vice de forme.

La Cour de cassation, saisie à nouveau, affirme qu'il ne s'agit pas d'un vice de forme mais du « caractère définitif de l'arrêt du 7 octobre 1993 infirmant l'ordonnance de maintien en détention »[1] (v. les attendus s[s] n° 147.02).

147.52 Annulation pour vice de fond. Le cas d'annulation pour vice de fond (par exemple délivrance d'un mandat de dépôt dans une affaire où la peine minimale encourue n'est pas acquise, ou encore prolongation au-delà des quatre mois alors que les règles légales ne sont pas réunies...) est identique à ce qui a été dit sur l'infirmation d'une ordonnance du juge (v. s[s] n° 147.41). La remise en liberté par la chambre de l'instruction ne permet la réincarcération qu'à partir de « circonstances nouvelles » (l'arrêt de principe du 17 mai 1994[2] est étudié s[s] n° 147.51 – V. aussi s[s] n° 147.02).

147.53 Réincarcération après annulation de pièces de procédure ayant entraîné la mise en liberté : position du problème. Il convient de réserver un traitement particulier au cas où la personne détenue ne serait remise en liberté qu'à la suite de l'annulation d'un certain nombre de pièces de procédures emportant annulation du mandat de dépôt et donc de la détention. Il en est ainsi dès que l'interrogatoire de première comparution est annulé.

Pour que la personne soit remise en liberté, il n'est pas nécessaire que la chambre de l'instruction fasse application de l'article 201 du Code de procédure pénale. C'est ce qu'a affirmé la chambre criminelle dans un arrêt du 23 juin 1998[3] en prenant acte que : « La chambre d'accusation a constaté que [l']annulation entraînait celle de l'ensemble de la procédure d'instruction, et notamment l'annulation du titre de détention de X, et a ordonné, en conséquence sa mise en liberté » et qu'« en cet état, la chambre d'accusation, qui n'avait pas à faire application de l'article 201, alinéa 2, du Code de procédure pénale, a justifié sa décision. » Une différence s'attache tout de même au choix de faire application ou non de l'article 201 : l'arrêt n'est pas immédiatement exécutoire si la chambre de l'instruction n'en fait pas usage.

147.54 Réincarcération après annulation de pièces de procédure ayant entraîné la mise en liberté : absence de caractère exécutoire de l'arrêt pendant le pourvoi en cassation. Dans cette hypothèse, lorsque la chambre de l'instruction est saisie d'une requête en nullité, son arrêt, s'il n'est pas fait appel aux dispositions de l'article 201, alinéa 2, du Code de procédure pénale, n'est pas exécutoire pendant le délai de pourvoi en cassation (C. pr. pén., art. 570 et 571); en cas de pourvoi, il n'est exécutoire que dans les conditions prévues par les articles 570 et 571[4].

Dans l'espèce ayant donné lieu à l'arrêt du 24 avril 1990 un juge d'instruction avait inculpé un individu en dehors de sa saisine et l'avait placé sous mandat de dépôt.

La chambre d'accusation avait, par la suite, annulé le procès-verbal de première comparution et en conséquence le mandat de dépôt.

Le jour même de la levée d'écrou, le juge d'instruction était saisi d'un réquisitoire supplétif, et sans attendre l'expiration du délai de pourvoi, délivrait un mandat d'amener, inculpait à nouveau l'intéressé puis délivrait un autre mandat de dépôt.

Saisie à nouveau, la chambre d'accusation annulait la nouvelle ordonnance. Le procureur général formait alors un pourvoi en cassation. La chambre criminelle confirme l'arrêt de la chambre d'accusation en précisant que ce dernier « avait annulé les pièces de la procédure concernant *Chazel* en raison du défaut de saisine du juge d'instruction et avait ordonné la mise en liberté de cet inculpé comme seule conséquence de cette annulation, sans que les juges du second degré se soient prononcés sur le bien-fondé de la détention provisoire au regard des articles 144 et 145 du Code de procédure pénale, et sans avoir fait appel aux dispositions de l'article 201 du même code ».

Elle concluait qu'en « vertu des articles 570 et 571 du Code de procédure pénale l'arrêt du 19 septembre 1989 [celui qui annulait le mandat de

1. Crim. 17 mai 1994, n° 94-81.285, *Bull. crim.*, n° 185.
2. Crim. 17 mai 1994, n° 94-81.285, *Bull. crim.*, n° 185, préc.
3. Crim. 23 juin 1998, n° 98-81.900, *Bull. crim.*, n° 202.
4. Crim. 24 avr. 1990, n° 89-86.639, *Bull. crim.*, n° 150 – Crim. 23 juin 1999, n° 99-82.187, *Bull. crim.*, n° 150; *BICC* 502, n° 1166.

dépôt] n'était pas exécutoire, y compris en ce qui concerne la mise en liberté lorsque le magistrat instructeur a, ce même 19 septembre et à raison des mêmes faits, notifié la nouvelle inculpation et décerné un nouveau mandat de dépôt ».

147.55 Réincarcération après annulation de pièces de procédure ayant entraîné la mise en liberté : les conséquences de l'arrêt Chazel, du 24 avril 1990. Cette décision ne nous semble pas consacrer un revirement de jurisprudence[1].

En effet l'arrêt du 14 novembre 1985[2] avec lequel il est parfois comparé était pris en matière de contentieux de la détention. Or, en cette matière, on sait qu'il existe une dérogation à l'effet suspensif du pourvoi en cassation (C. pr. pén., art. 207, al. 1). Le contentieux de la détention provisoire échappe d'ailleurs dans son ensemble aux prévisions des articles 570 et 571 du Code de procédure pénale[3].

Une certaine logique juridique s'attache donc à l'application du caractère suspensif du pourvoi en cassation lorsque le mandat de dépôt n'est annulé qu'en conséquence de l'annulation de pièces antérieures. Toutefois, avec André Braunschweig[4] on ne peut s'empêcher de remarquer que la violation d'une irrégularité qui peut entraîner l'annulation de toute une procédure implique un traitement plus sévère que la simple décision de mise en liberté (depuis la loi du 9 juillet 1984 qui a supprimé l'appel suspensif du ministère public).

L'étude de l'arrêt de la chambre criminelle permet d'affirmer que la première erreur commise dans cette affaire l'a été par le parquet général qui avait mis à exécution le premier arrêt de la chambre d'accusation sans attendre le délai de pourvoi en cassation.

Le juge d'instruction n'aurait donc pas dû se poser la question de savoir s'il pouvait réincarcérer avant l'expiration du délai de pourvoi, l'intéressé ne devant pas sortir avant l'expiration de ce délai.

Il faut ainsi distinguer deux cas de figure :

- soit l'arrêt prend soin, expressément - et on dira qu'il serait assez logique qu'il en soit ainsi - de préciser que c'est en application de l'article 201 que la personne détenue est mise en liberté. Alors celle-ci doit être immédiate. On sait en effet que la chambre de l'instruction peut, selon cet article, prononcer la mise en liberté d'office;

- soit l'arrêt ne le précise pas et on doit alors considérer, s'agissant d'une décision ne mettant pas fin à la procédure que l'arrêt n'est pas exécutoire immédiatement jusqu'à l'expiration des délais de pourvoi (C. pr. pén., art. 570). En cas de pourvoi, l'arrêt ne sera pas exécuté avant que la Cour de cassation ne se soit prononcée.

Dans le cas où la chambre criminelle rejette le pourvoi, la décision devient alors immédiatement exécutoire. Mais dans le cas où la Cour de cassation casse l'arrêt, estimant que les pièces ne doivent pas être annulées, les ordonnances de mise en détention provisoire et les mandats de dépôt revivent immédiatement[5].

147.56 Réincarcération après annulation de pièces de procédure ayant entraîné la mise en liberté : la délivrance d'un nouveau titre de détention. Lorsqu'un mandat de dépôt est annulé comme conséquence de l'annulation de pièces qui lui sont antérieures, rien n'interdit au juge des libertés et de la détention saisi par le juge d'instruction de délivrer un nouveau titre de détention. Il n'a pas besoin pour cela d'invoquer des circonstances nouvelles puisque le précédent titre n'existe plus.

Dans l'hypothèse où le mandat de dépôt est annulé rien ne permet plus de computer les délais à partir de la détention qui a été « annulée ». On pourrait prétendre qu'en pareil cas on ne puisse tenir compte, en tout cas en terme de « détention provisoire », de la première incarcération. Cette solution semblerait pourtant bien défavorable à l'intéressé : non seulement l'autorité judiciaire aurait commis une nullité de procédure qui aurait invalidé sa première détention mais encore, alors qu'il est réincarcéré, on ne tiendrait pas compte de sa première incarcération sous prétexte que les pièces afférentes auraient disparu du dossier ? Toutefois l'arrêt d'annulation des pièces figure toujours au dossier et on devrait en tirer le moyen de computer la détention provisoire en tenant compte de la première détention.

La loi du 15 juin 2000 a précisé que la détention provisoire était décomptée de la peine « s'agissant d'une détention provisoire ordonnée dans le cadre d'une procédure suivie pour les mêmes faits que ceux ayant donné lieu à condamnation, si cette procédure a été ultérieurement annulée » (C. pr. pén., art. 716-4 nouveau). Mais ce texte ne règle que le problème de l'imputation de la détention sur la peine, pas celui de sa prise en compte dans la computation des délais de détention provisoire... Il paraît plus prudent de computer en prenant en compte la première détention annulée.

1. *CONTRA*, A. Braunschweig, *RSC* 1990, p. 593.
2. Crim. 14 nov. 1985, n° 85-94.663, *Bull. crim.*, n° 356; *Gaz. Pal.* 1986, I, 80, note Doucet.
3. Crim. 26 juill. 1989, n° 89-83.113, n° 89-83.114, *Bull. crim.*, n° 298.
4. A. Braunschweig, *RSC* 1990, 595.
5. Sur ces sujets, G. Clément et J.-P. Vincentini, « L'écoute incidente, genèse d'une poursuite », *RSC* 1997, 597.

SECTION 6
AUTRES RÉINCARCÉRATIONS

147.61 La réincarcération après évasion. Il n'existe à notre connaissance aucune jurisprudence. La question doit se poser en ces termes : doit-on considérer que, comme en matière de contrôle judiciaire, nous sommes dans une hypothèse où c'est le fait même de l'intéressé qui a entraîné l'interruption de la détention, qu'il doit en subir les conséquences et que la détention doit repartir pour un nouveau délai ou doit-on faire une analogie avec les autres situations dans lesquelles le délai précédemment accompli doit s'imputer sur la détention reprise ?

Nous croyons fermement que c'est cette seconde solution qui doit être préférée. Si celui qui est placé en détention provisoire après révocation du contrôle judiciaire repart pour un nouveau délai de détention, c'est parce que l'on peut trouver l'assise d'un tel raisonnement dans la loi qui fait un sort particulier à la révocation du contrôle judiciaire.

En dehors de ce cas, il n'y a aucune raison d'avoir un mode de raisonnement qui puisse préjudicier à l'intéressé, étant entendu qu'il sera poursuivi par ailleurs pour évasion si les conditions légales sont réunies. C'est donc le mode de computation proposé plus haut pour la réincarcération après infirmation d'une ordonnance de mise en liberté qu'il faut adopter (v. s^s n° 147.32).

147.62 Changement d'appréciation du magistrat instructeur. Il peut arriver que la personne soit remise en liberté par le juge en cours de procédure et que celui ci, pour une raison ou pour une autre, souhaite le réincarcérer (dans l'hypothèse où il n'y aurait pas violation d'un contrôle judiciaire).

Les charges existant à son encontre peuvent par exemple s'être aggravées. Il convient de répondre à deux questions. Existe-t-il en la matière un pouvoir absolu du magistrat ou est-il limité à la survenance de circonstances nouvelles ? Quelles seront les règles de computation ?

On a vu plus haut que les circonstances nouvelles étaient nécessaires lorsque le juge de première instance avait été infirmé par la chambre de l'instruction. La question se posait de savoir si lorsque le juge d'instruction avait relâché lui même la personne il pouvait librement changer d'avis sans circonstances nouvelles. En effet, il pourrait sembler abusif que le juge puisse successivement remettre une personne en liberté puis la réincarcérer sans faire état d'éléments nouveaux qui l'ait amené à modifier son avis. Le contraire laisserait la personne détenue livrée à l'arbitraire. La rédaction de l'arrêt du 17 mai 1994 est d'ailleurs suffisamment large pour exclure un pouvoir discrétionnaire : « Attendu que les juridictions d'instruction ne peuvent à raison des mêmes faits, ordonner un nouveau placement en détention provisoire d'une personne précédemment mise en liberté que si elles constatent l'existence de circonstances nouvelles entrant dans les prévisions de l'article 144 du Code de procédure pénale et justifiant, au regard des nécessités actuelles de l'instruction, la délivrance d'un second titre de détention[1] » (v. les attendus s^s n° 147.02). Il faut sans doute ici évoquer l'arrêt du 1er mars 2005, qui vient préciser que « Le juge des libertés et de la détention peut délivrer un mandat de dépôt à raison des mêmes faits et dans la même information à l'encontre d'une personne placée sous contrôle judiciaire lorsque des circonstances nouvelles entrant dans les prévisions de l'article 144 du Code de procédure pénale justifient la délivrance de ce titre d'incarcération[2] » (v. les attendus s^s n° 147.02). Certes, il s'agit ici non d'une réincarcération mais d'une incarcération initiale mais la question est bien la même : le juge qui n'a pas décidé ab initio du placement ou qui a libéré la personne peut-il s'en repentir sans élément nouveau ? La réponse à cette question est négative : il faut qu'il existe des circonstances nouvelles. Mais des circonstances nouvelles ne sont pas forcément des faits nouveaux. Il s'agit seulement de nouveaux motifs d'incarcération[3].

À partir de cet instant, la réponse à la seconde question doit épouser également le régime applicable en cas d'invalidation par la chambre de l'instruction d'une décision du juge (v. s^s n° 147.32).

Il s'agira ici d'un nouveau titre de détention, à la différence de la réincarcération par la chambre de l'instruction, qui rend la vie à l'ancien titre. Mais cette objection n'est pas déterminante, le mandat de dépôt n'est qu'un *instrumentum*, la détention dans un dossier doit être considéré comme unique et peut éventuellement se continuer à échéances (sur la notion d'unicité de la détention v. s^s n°s 147.71 s.).

147.63 Réincarcération après changement de qualification. Dans le cas d'une affaire correctionnelle où on épuise la détention de quatre mois et que l'individu est relâché, que se passe-t-il si on criminalise et qu'on souhaite replacer l'individu en détention ? Bien que l'hypothèse soit résiduelle il

1. Crim. 17 mai 1994, n° 94-81.285, *Bull. crim.*, n° 185.
2. Crim. 1er mars 2005, n° 04-87.392, *Bull. crim.*, n° 73; *D.* 2005, IR 1049; *JCP*, 2005, IV, 1907.
3. Voir pour une hypothèse où l'état de santé de la personne avait été estimé incompatible avec la détention, ce qui avait justifié son placement sous contrôle judiciaire, mais s'était amélioré par la suite : Crim. 29 janv. 2008, n° 07-87.802, *Bull. crim.*, n° 21; *AJ pén.* 2008, 240, note S. Lavric, v. les attendus s^s n° 147.02.

est possible de considérer que la modification du quantum de la peine pose à nouveau la question de la détention au juge (en terme de garantie de représentation par exemple).

La formule de l'arrêt du 17 mai 1994, est toujours valide[1]. Sans que l'aggravation de la pénalité encourue puisse être considérée *ipso facto* comme une « circonstance nouvelle », il peut exister des cas d'espèce où la réincarcération pourrait se justifier, notamment lorsque le magistrat instructeur a été contraint de relâcher l'individu à cause des règles légales interdisant que la détention se prolonge au-delà d'un certain délai.

Dans cette hypothèse, devrait-on tenir compte des quatre mois précédemment passés ?

Il n'y a aucune raison de ne pas tenir compte de la détention déjà réalisée. Il conviendra alors, en matière criminelle, de prolonger au bout de 8 mois avec débat contradictoire, pour six mois.

147.64 **Computation des délais.** Dans la quasi-totalité des cas étudiés ci-dessus, on constate une analogie de raisonnement avec la situation de la chambre de l'instruction lorsqu'elle infirme la décision de mise en liberté du juge d'instruction ou du juge des libertés et de la détention. C'est vrai en tout cas en ce qui concerne les règles de computation des délais. On tient en effet compte de la détention passée (l'exemple chiffré de computation exposé s[s] n° 147.32 est donc transposable à ces matières.).

SECTION 7
DÉTENTION UNIQUE, DÉTENTION PLURIELLE ?

147.71 **Position du problème.** La question se présente de la façon suivante : une personne est mise en examen et sous mandat de dépôt dans une affaire, qu'il s'agisse d'une affaire correctionnelle ou criminelle. La poursuite de la procédure amène à son encontre de nouvelles charges concernant des faits qui ne lui ont pas été notifiés. Le juge d'instruction procède, après réquisitoire supplétif, à cette mise en examen. Deux questions se posent alors à lui :

- le mandat de dépôt initial va-t-il englober les faits nouveaux notifiés ?

- s'il est nécessaire de placer une deuxième fois en détention la personne, quel sera le régime de cette détention ?

147.72 **Le fait nouveau ne fait pas la détention nouvelle.** Déjà, dans un arrêt du 2 octobre 1987, la chambre d'accusation de Paris[2] avait décidé qu'une inculpation supplétive, venant « en complément » des premiers faits sans s'y substituer, et recevant une qualification différente de ceux-ci, ne pouvait permettre une nouvelle prolongation de la détention. La Cour de cassation a aussi tranché la difficulté. Dans un arrêt du 4 mai 1993, la chambre criminelle affirme que la détention ne peut s'appliquer à « d'autres faits que ceux pour lesquels le titre de détention a été délivré »[3].

Dans le cas d'espèce un juge d'instruction avait placé sous mandat de dépôt une personne poursuivi pour un vol avec arme, puis, saisi de faits similaires à l'encontre de cette même personne, l'avait mise en examen sans prendre de décision nouvelle sur la détention.

La chambre d'accusation, saisie d'une ordonnance de transmission de pièces, prononçait un non-lieu sur les faits initiaux et renvoyait la personne devant la cour d'assises pour les faits notifiés en cours de procédure.

Mais sa détention était alors inexistante et l'accusé devait être remis en liberté. La détention ne concerne donc que les faits notifiés antérieurement à la délivrance du mandat de dépôt. Les faits notifiés postérieurement ne s'y ajoutent pas *ipso facto*.

147.73 **Il est nécessaire pour le juge d'instruction de penser à saisir le juge des libertés et de la détention** s'il entend voir certains faits couverts par une mesure coercitive. La seule solution afin de pallier les difficultés mises en lumière par cet arrêt est en effet de prendre, lorsque la nécessité s'en fait sentir, un autre titre de détention lors de la notification de faits nouveaux.

Mais est-ce réellement un autre titre ?

La pluralité des décisions de détention, nécessaire à la couverture de différents faits, semble devoir coexister avec un principe de détention unique.

147.74 **Formes de la nouvelle décision.** S'il apparaît évident qu'un débat contradictoire doit être organisé, et donc que le juge des libertés et de la détention doit être saisi à cette fin, s'il paraît logique qu'une ordonnance de « placement » en détention doit être prise, la question qui demeure concerne la nécessité du mandat de dépôt.

On peut en effet admettre que le mandat de dépôt n'est qu'un *instrumentum* qui permet la détention de la personne mais n'est pas exigée à chaque fois que les faits couverts par la détention sont étendus.

1. Crim. 17 mai 1994, n° 94-81.285, *Bull. crim.*, n° 185, préc.
2. CA Paris, ch. acc., 2 oct. 1987, *Gaz. Pal.* 1988, 47.
3. Crim. 4 mai 1993, n° 93-80.717, *Bull. crim.*, n° 163.

En théorie, on devrait donc pouvoir se contenter d'un débat contradictoire suivi d'une ordonnance précisant les faits nouvellement concernés.

On s'aperçoit alors avec plus d'acuité de la réelle question qui va subsister : cette nouvelle détention, qu'elle soit illustrée ou non par la délivrance d'un mandat de dépôt, commence-t-elle à courir du jour de la délivrance du premier mandat, ce qui consacrerait la notion de l'unicité d'une détention, ou possède-t-elle une autonomie propre, ce qui ferait coexister plusieurs régimes de détention au sein d'un même dossier, et à l'encontre de la même personne ?

147.75 Principe de la détention unique. La chambre criminelle, dans un arrêt du 29 octobre 1991 expose qu'« en cas de changement de qualification ou de notification d'une nouvelle inculpation, le titre initial de détention demeure valable, la détention se trouvant alors soumise aux règles qui découlent de la nouvelle qualification ou inculpation »[1]. La Cour de cassation met sur le même plan le changement de qualification et la notification d'une nouvelle inculpation. La formule n'est sans doute pas très heureuse, car si on peut affirmer qu'en cas de changement de qualification le titre initial de détention demeure valable et que la détention se trouve soumise aux règles qui découlent de la nouvelle qualification, ceci n'est vrai dans le cas de notification d'une nouvelle « inculpation » que si celle-ci est plus sévère que l'ancienne. S'il existe des similitudes sur certains points entre requalification et notification de faits nouveaux, leur régime respectif présente aussi des différences fondamentales.

S'agissant non de substitution de qualification mais de l'ajout d'une qualification adaptée à des faits nouveaux, le régime nouveau ne trouvera à s'appliquer que s'il est plus sévère que celui applicable aux faits notifiés à l'origine. C'est ainsi que si une détention criminelle est en cours et que l'on notifie une nouvelle mise en examen pour des faits correctionnels, la détention ne se trouve pas « soumise aux règles qui découlent de la nouvelle [...] inculpation ».

Cette analyse doit être confortée pour plusieurs raisons. Tout d'abord, il serait trop facile de tourner les prescriptions concernant les délais butoirs en matière de détention si chaque fait nouveau couvert par une détention faisait partir un nouveau délai. On pourrait ainsi repousser une mise en liberté en notifiant au compte-gouttes des faits apparaissant au fur et à mesure dans la procédure.

L'unicité du régime de détention permet aussi au juge de ne répondre à une demande de mise en liberté et non à une demande de mise en liberté visant tel ou tel fait dans l'hypothèse où plusieurs décisions concernent la même personne. L'introduction d'un article 118 par la loi du 9 mars 2004 ne fait que conforter cette analyse (v. s[s] n°s 114.33, 147.13).

147.76 Jonction de procédures. En cas de jonction de procédure, c'est le même principe qui s'applique. Si une procédure criminelle est jointe, en cours d'une information, à une précédente procédure correctionnelle, le mandat de dépôt initial demeure valable, la détention étant alors soumise aux règles qui découlent de la qualification criminelle. Ainsi, le point de départ du délai de renouvellement de la détention provisoire, prévu par l'article 145-2 du Code de procédure pénale est fixé au jour du titre initial[2] (sur ce dernier arrêt dans une hypothèse où de surcroît la détention correctionnelle avait été interrompu par un contrôle judiciaire révoqué v. s[s] n° 147.02). Toutefois, dans un arrêt du 24 mai 2005, la chambre criminelle estime que « n'encourt pas la cassation, invoquée pour inobservation de l'article 145-3 du Code de procédure pénale, applicable lorsque la détention provisoire excède huit mois en matière correctionnelle, l'arrêt de la chambre de l'instruction qui a prolongé le 18 février 2005 un mandat de dépôt délivré le 22 octobre 2004 pour falsification de chèques et usage, alors même que le mis en examen avait déjà été détenu dans une information distincte du chef d'escroquerie et que les deux dossiers ont été joints »[3]. Si l'arrêt du 9 juin 2004 confirme bien le principe de l'unicité de la détention dans le même dossier et l'obligation de faire rétroagir son point de départ au jour de la délivrance du premier mandat de dépôt en cas de jonction de procédures, l'arrêt du 24 mai 2005 précise qu'il n'en est ainsi que s'il existe deux détentions concurrentes au moment de la jonction. Si la première détention a cessé pour une raison ou pour une autre, seule la détention qui persiste produit ses effets, qu'il s'agisse de calculer les dates de prolongation ou d'apprécier l'obligation de motivation selon l'article 145.3[4].

1. Crim. 29 oct. 1991, n° 91-84.772, *Bull. crim.*, n° 385.

2. Crim. 27 mai 1997, n° 97-81.486, *Bull. crim.*, n° 202 – Crim. 9 juin 2004, n° 04-81.901, *Bull. crim.*, n° 159; *Gaz. Pal.* 30 janv./1er févr. 2005, somm. 22.
3. Crim. 24 mai 2005, n° 05-81.373, *Bull. crim.*, n° 153; *D.* 2005, IR 1731; *JCP* 2005, IV, 2557; *Dr. pén.* 2005, n° 135, note A. Maron.
4. V. aussi *Dr. pén.* 2005, n° 135.

CHAPITRE

148. Exécution de la détention

SECTION 0
ORIENTEUR

148.00 **Plan du chapitre.**

Sect. 1 Cadre général
Sect. 2 Relations avec l'extérieur
Sect. 3 Droits et limites
Sect. 4 Santé
Sect. 5 Règles d'exécution de la détention

148.01 **Textes applicables.**

C. pr pén., art. 115, 145-4, 706-113, 714 à 716, 718, 720, 727, 803.

C. pr pén., art. R. 15-42 à R. 15-45.

C. pr pén., art. D. 32-1, D. 47-19, D. 53 à D. 69, D. 314, D. 314-1, D. 317, D. 321, D. 330, D. 336, D. 337, D. 382, D. 384, D. 390, D. 398, D. 403, D. 406, D. 409, D. 410, D. 413, D. 416, D. 419, D. 426, D. 515, D. 515-1, D. 520, D. 521.

C. pr. pén., art. 115

Les parties peuvent à tout moment de l'information faire connaître au juge d'instruction le nom de l'avocat choisi par elles; si elles désignent plusieurs avocats, elles doivent faire connaître celui d'entre eux auquel seront adressées les convocations et notifications; à défaut de ce choix, celles-ci seront adressées à l'avocat premier choisi.

Sauf lorsqu'il s'agit de la première désignation d'un avocat par une partie ou lorsque la désignation intervient au cours d'un interrogatoire ou d'une audition, le choix effectué par les parties en application de l'alinéa précédent doit faire l'objet d'une déclaration au greffier du juge d'instruction. La déclaration doit être constatée et datée par le greffier qui la signe ainsi que la partie concernée. Si celle-ci ne peut signer, il en est fait mention par le greffier. Lorsque la partie ne réside pas dans le ressort de la juridiction compétente, la déclaration au greffier peut être faite par lettre recommandée avec demande d'avis de réception.

Lorsque la personne mise en examen est détenue, le choix effectué par elle en application du premier alinéa peut également faire l'objet d'une déclaration auprès du chef de l'établissement pénitentiaire. Cette déclaration est constatée et datée par le chef de l'établissement qui la signe ainsi que la personne détenue. Si celle-ci ne peut signer, il en est fait mention par le chef de l'établissement. Ce document est adressé sans délai, en original ou en copie et par tout moyen, au greffier du juge d'instruction. La désignation de l'avocat prend effet à compter de la réception du document par le greffier.

Lorsque la personne mise en examen est détenue, le choix peut également résulter d'un courrier désignant un avocat pour assurer sa défense. La déclaration prévue au deuxième alinéa doit alors être faite par l'avocat désigné; celui-ci remet au greffier une copie, complète ou partielle, du courrier qui lui a été adressé, et qui est annexée par le greffier à la déclaration. La personne mise en examen doit confirmer son choix dans les quinze jours selon l'une des modalités prévues aux deuxième et troisième alinéas. Pendant ce délai, la désignation est tenue pour effective.

C. pr. pén., art. 145-4

Lorsque la personne mise en examen est placée en détention provisoire, le juge d'instruction peut prescrire à son encontre l'interdiction de communiquer pour une période de dix jours. Cette mesure peut être renouvelée, mais pour une nouvelle période de dix jours seulement. En aucun cas, l'interdiction de communiquer ne s'applique à l'avocat de la personne mise en examen.

Sous réserve des dispositions qui précèdent, toute personne placée en détention provisoire peut, avec l'autorisation du juge d'instruction, recevoir des visites sur son lieu de détention.

À l'expiration d'un délai d'un mois à compter du placement en détention provisoire, le juge d'instruction ne peut refuser de délivrer un permis de visite à un membre de la famille de la personne détenue que par une décision écrite et spécialement motivée au regard des nécessités de l'instruction.

Cette décision est notifiée par tout moyen et sans délai au demandeur. Ce dernier peut la déférer au président de la chambre de l'instruction qui statue dans un délai de cinq jours par une décision écrite et motivée non susceptible de recours. Lorsqu'il infirme la décision du juge d'instruction, le président de la chambre de l'instruction délivre le permis de visite.

C. pr. pén., art. 706-113 [inséré par L. n° 2007-308, 5 mars 2007, art. 36, *JO* 7 mars]

Le procureur de la République ou le juge d'instruction avise le curateur ou le tuteur, ainsi que le juge des tutelles, des poursuites dont la personne fait l'objet. Il en est de même si la personne fait l'objet d'une alternative aux poursuites consistant en la réparation du dommage ou en une médiation, d'une composition pénale ou d'une comparution sur reconnaissance préalable de culpabilité ou si elle est entendue comme témoin assisté.

Le curateur ou le tuteur peut prendre connaissance des pièces de la procédure dans les mêmes conditions que celles prévues pour la personne poursuivie.

Si la personne est placée en détention provisoire, le curateur ou le tuteur bénéficie de plein droit d'un permis de visite.

Le procureur de la République ou le juge d'instruction avise le curateur ou le tuteur des décisions de non-lieu, de relaxe, d'acquittement ou de condamnation dont la personne fait l'objet.

Le curateur ou le tuteur est avisé de la date d'audience. Lorsqu'il est présent à l'audience, il est entendu par la juridiction en qualité de témoin.

C. pr. pén., art. 714

Les personnes mises en examen, prévenus et accusés soumis à la détention provisoire la subissent dans une maison d'arrêt.

Il y a une maison d'arrêt près de chaque tribunal de grande instance, de chaque cour d'appel et de chaque cour d'assises, sauf auprès des tribunaux et des cours qui sont désignés par décret. Dans ce dernier cas, le décret détermine la ou les maisons d'arrêt où sont retenus les prévenus, appelants ou accusés ressortissant à chacune de ces juridictions.

C. pr. pén., art. 715

Le juge d'instruction, le président de la chambre de l'instruction et le président de la cour d'assises, ainsi que le procureur de la République et le procureur général, peuvent donner tous les ordres nécessaires soit pour l'instruction, soit pour le jugement, qui devront être exécutés dans les maisons d'arrêt.

C. pr. pén., art. 716

Les personnes mises en examen, prévenus et accusés soumis à la détention provisoire sont placés au régime de l'emprisonnement individuel de jour et de nuit. Il ne peut être dérogé à ce principe que dans les cas suivants :

1° Si les intéressés en font la demande;

2° Si leur personnalité justifie, dans leur intérêt, qu'ils ne soient pas laissés seuls;

3° S'ils ont été autorisés à travailler, ou à suivre une formation professionnelle ou scolaire et que les nécessités d'organisation l'imposent;

4° Dans la limite de cinq ans à compter de la promulgation de la loi n° 2003-495 du 12 juin 2003 renforçant la lutte contre la violence routière, si la distribution intérieure des maisons d'arrêt ou le nombre de détenus présents ne permet pas un tel emprisonnement individuel.

Toutes communications et toutes facilités compatibles avec les exigences de la discipline et de la sécurité de la prison sont accordées aux personnes mises en examen, prévenus et accusés pour l'exercice de leur défense.

C. pr. pén., art. 718 [L. n° 2004-204, 9 mars 2004]

Les personnes détenues peuvent travailler pour leur propre compte avec l'autorisation du chef d'établissement.

C. pr. pén., art. 720 [L. n° 2004-204, 9 mars 2004, art. 168 III]

Préalablement à toute décision entraînant la cessation temporaire ou définitive de l'incarcération d'une personne condamnée à une peine privative de liberté avant la date d'échéance de cette peine, le juge de l'application des peines ou le tribunal de l'application des peines prend en considération les intérêts de la victime ou de la partie civile au regard des conséquences pour celle-ci de cette décision.

En cas d'application des dispositions des articles 720-1 (premier alinéa), 721-2, 723-4, 723-10 et 731, lorsqu'existe un risque que le condamné puisse se trouver en présence de la victime ou de la partie civile et qu'une telle rencontre paraît devoir être évitée, la juridiction interdit au condamné de la recevoir, de la rencontrer ou d'entrer en relation avec elle de quelque façon que ce soit.

À cet effet, la juridiction adresse à la victime un avis l'informant de cette mesure; si la victime est partie civile, cet avis est également adressé à son avocat. Cet avis précise les conséquences susceptibles de résulter pour le condamné du non-respect de cette interdiction.

La juridiction peut toutefois ne pas adresser cet avis lorsque la personnalité de la victime ou de la partie civile le justifie, lorsque la victime ou la partie civile a fait connaître qu'elle ne souhaitait pas être avisée des modalités d'exécution de la peine ou dans le cas d'une cessation provisoire de l'incarcération du condamné d'une durée ne pouvant excéder la durée maximale autorisée pour les permissions de sortie.

C. pr. pén., art. 727 [L. n° 2004-204, 9 mars 2004]

Le juge de l'application des peines, le juge d'instruction, le juge des enfants, le président de la chambre de l'instruction ainsi qu'il est dit à l'article 222, le procureur de la République et le procureur général visitent les établissements pénitentiaires.

Auprès de tout établissement pénitentiaire est instituée une commission de surveillance dont la composition et les attributions sont déterminées par décret.

Ce décret fixe en outre les conditions dans lesquelles certaines personnes peuvent être admises à visiter les détenus.

Les condamnés peuvent continuer à communiquer dans les mêmes conditions que les prévenus avec le défenseur qui les a assistés au cours de la procédure.

C. pr. pén., art. 803

Nul ne peut être soumis au port des menottes ou des entraves que s'il est considéré soit comme dangereux pour autrui ou pour lui-même, soit comme susceptible de tenter de prendre la fuite.

Dans ces deux hypothèses, toutes mesures utiles doivent être prises, dans les conditions compatibles avec les exigences de sécurité, pour éviter qu'une personne menottée ou entravée soit photographiée ou fasse l'objet d'un enregistrement audiovisuel.

C. pr. pén., art. D. 32-1
Le juge d'instruction qui saisit le juge des libertés et de la détention en application des dispositions du quatrième alinéa de l'article 137-1 aux fins de placement en détention provisoire de la personne mise en examen remplit une notice individuelle comportant des renseignements relatifs aux faits ayant motivé la poursuite de la personne, à ses antécédents judiciaires et à sa personnalité, qui est destinée, en cas de placement en détention, au chef de l'établissement pénitentiaire.

S'il ordonne le placement de la personne en détention provisoire, le juge des libertés et de la détention transmet au chef d'établissement, outre le titre de détention qu'il délivre, cette notice individuelle revêtue de son visa, après l'avoir complétée s'il l'estime nécessaire.

Les documents mentionnés à l'alinéa précédent peuvent être, le cas échéant, transmis au chef d'établissement par le juge d'instruction si le dossier de la procédure est retourné à ce magistrat avant la mise à exécution du titre de détention.

C. pr. pén., art., D. 47-19
Le magistrat saisi du dossier de l'information, au sens de l'article D. 51, peut refuser de délivrer ou retirer le permis de visite au tuteur ou au curateur dans le cas prévu par l'article 706-114, si cette personne est la victime de l'infraction ou s'il existe des raisons plausibles de présumer qu'elle est coauteur ou complice de l'infraction.

C. pr. pén., art. D. 53
Les prévenus placés en détention provisoire sont incarcérés, selon les prescriptions du mandat ou de la décision de justice dont ils font l'objet, à la maison d'arrêt de la ville où siège la juridiction d'instruction ou du jugement devant laquelle ils ont à comparaître.

Toutefois, au cas où il n'y a pas de maison d'arrêt dans cette ville ou lorsque la maison d'arrêt ne comporte pas de locaux appropriés à l'âge ou à l'état de santé des intéressés, ou en ce qui concerne les femmes, de quartiers aménagés pour elles, ou encore lorsque cet établissement n'offre pas une capacité d'accueil ou des garanties de sécurité suffisantes, les prévenus sont incarcérés à la maison d'arrêt la plus proche disposant d'installations convenables, d'où ils sont extraits chaque fois que l'autorité judiciaire le requiert.

Les prévenus mineurs peuvent également être incarcérés dans un établissement pénitentiaire spécialisé pour mineurs.

L'équipe pluridisciplinaire mentionnée à l'article D. 514 peut proposer au magistrat saisi du dossier de l'information, dans l'intérêt du prévenu mineur, de l'incarcérer dans un établissement pénitentiaire spécialisé pour mineurs ou dans un quartier pour mineurs d'une maison d'arrêt, autre que son lieu d'incarcération initial.

C. pr. pén., art. D. 53-1 [D. n° 2008-546 du 10 juin 2008 relatif au régime de détention et modifiant le Code de procédure pénale]
« Art. D. 53-1. – Si un prévenu demande au chef d'établissement à bénéficier du régime de l'emprisonnement individuel de jour et de nuit alors que la distribution intérieure de la maison d'arrêt et le nombre de détenus présents ne lui permettent pas de bénéficier sur place de ce régime, il est fait application des dispositions du présent article.

Le prévenu est informé qu'il a la possibilité de déposer auprès du chef d'établissement une requête pour être transféré, afin d'être placé en cellule individuelle, dans la maison d'arrêt la plus proche permettant un tel placement, à la condition que ce transfèrement obtienne l'accord du magistrat saisi du dossier de l'information.

Dans un délai de deux mois à compter du dépôt de la requête, le chef d'établissement indique au prévenu les propositions de transfèrement permettant de répondre à sa demande, en lui précisant la ou les maisons d'arrêt dans laquelle il sera susceptible d'être détenu.

Si le prévenu indique accepter l'une ou plusieurs de ces propositions, le chef d'établissement en informe immédiatement le magistrat saisi du dossier de l'information, au moyen d'un formulaire adressé par télécopie. Ce dernier indique alors au chef d'établissement, selon les mêmes modalités, s'il donne ou non son accord.

En cas d'acceptation du prévenu et d'accord du magistrat, il est procédé dans les meilleurs délais au transfèrement. »

C. pr. pén., art. D. 54
Il y a une maison d'arrêt auprès de chaque cour d'assises. Toutefois, les accusés ressortissant aux cours d'assises du Gers et de la Haute-Savoie sont retenus respectivement à la maison d'arrêt d'Agen et à la maison d'arrêt de Bonneville.

La liste des tribunaux de grande instance auprès desquels il n'y a pas de maison d'arrêt est fixée conformément au tableau ci-dessous, qui détermine en outre la ou les maisons d'arrêt où sont retenus les prévenus ou appelants ressortissant à ces juridictions.

I – COURS D'APPEL.
    II – JURIDICTIONS
    III – PRISONS DE RATTACHEMENT
I – Agen
    II – Auch
    III – Agen
    II – Marmande
    III – Agen
I – Aix-en-Provence
    II – Tarascon
    III – Avignon – Le Pontet
I – Amiens
    II – Abbeville
    III – Amiens
    II – Péronne
    III – Amiens
    II – Saint-Quentin

III – Laon
II – Senlis
III – Liancourt
II – Soissons
III – Laon
I – Angers
II – Saumur
III – Angers
I – Besançon
II – Dole
III – Besançon
I – Bordeaux
II – Bergerac
III – Périgueux
II – Libourne
III – Bordeaux-Gradignan
I – Caen
II – Argentan
III – Alençon et Caen
II – Avranches
III – Saint-Malo et Coutances
II – Lisieux
III – Caen
I – Chambéry
II – Anneçy
III – Bonneville
II – Thonon-les-Bains
III – Bonneville
I – Colmar
II – Saverne
III – Strasbourg
I – Dijon
II – Mâcon
III – Varennes-le-Grand
I – Douai
II – Boulogne-sur-Mer
III – Longuenesse
II – Cambrai
III – Douai
II – Hazebrouck
III – Longuenesse
I – Grenoble
II – Bourgoin-Jallieu
III – Saint-Quentin-Fallavier
I – Limoges
II – Brive-la-Gaillarde
III – Tulle
I – Lyon
II – Belley
III – Chambéry
II – Montbrizon
III – Saint-Étienne – La Talaudière
II – Roanne
III – Villefranche-sur-Saône et Saint-Étienne – La Talaudière
I – Metz
II – Thionville
III – Metz
I – Montpellier
II – Narbonne
III – Carcassonne
II – Millau
III – Rodez
I – Nancy
II – Briey
III – Metz
II – Saint-Dié
III – Épinal
II – Verdun
III – Bar-le-Duc
I – Nîmes
II – Alès
III – Nîmes
II – Carpentras
III – Avignon – Le Pontet
I – Orléans
II – Montargis
III – Orléans
I – Paris
II – Fontainebleau
III – Melun et Fleury-Mérogis
II – Sens
III – Auxerre
I – Pau
II – Dax
III – Bayonne et Mont-de-Marsan
I – Poitiers
II – La Rochelle
III – Fontenay-le-Comte
II – Bressuire
III – Fontenay-le-Comte
II – Les Sables-d'Olonne
III – La Roche-sur-Yon
I – Rennes
II – Dinan
III – Saint-Malo
II – Guingamp
III – Saint-Brieuc
II – Morlaix
III – Brest et Saint-Brieuc
II – Quimper
III – Brest et Lorient-Ploemeur
II – Saint-Nazaire
III – Nantes
I – Riom
II – Cusset
III – Moulins-Yzeure
I – Rouen
II – Bernay
III – Évreux

II – Dieppe
III – Rouen et Caen
I – Toulouse
II – Saint-Gaudens
III – Toulouse-Seysses
II – Castres
III – Albi et Toulouse-Seysses

C. pr. pén., art. D. 55 [D. n° 2007-749, 9 mai 2007]

Conformément aux dispositions de l'article 715, le juge d'instruction, le président de la chambre d'instruction et le président de la cour d'assises, ainsi que le procureur de la République et le procureur général, peuvent donner tous les ordres nécessaires soit pour l'instruction, soit pour le jugement, qui devront être exécutés dans les maisons d'arrêt ou, le cas échéant, les établissements spécialisés pour mineurs.

Compte rendu doit leur être adressé d'urgence des difficultés auxquelles pourrait donner lieu l'exécution desdits ordres.

Les mêmes prérogatives appartiennent au juge des enfants à l'égard des mineurs relevant de sa juridiction.

C. pr. pén., art. D. 55-1

Hors le cas de l'instruction préparatoire, l'autorité judiciaire qui ordonne un placement en détention provisoire ou, à défaut, le ministère public chargé de l'exécution de la décision, adresse au chef de l'établissement, en même temps que le titre de détention, la notice prévue par l'article D. 32-1 (alinéa 1er).

Cette notice précise, le cas échéant, les mesures prescrites par l'autorité judiciaire et l'avis prévu par l'article D. 78.

C. pr. pén., art. D. 56

Indépendamment des mesures d'isolement ou de séparation d'autres détenus qu'il peut ordonner conformément aux dispositions de l'article D. 55, le juge d'instruction a le droit de prescrire une interdiction temporaire de communiquer en vertu de l'article 145-4.

En aucun cas, l'interdiction de communiquer ne s'applique au conseil de la personne mise en examen, mais elle s'oppose à ce que le détenu qu'elle concerne soit visité par toute autre personne étrangère à l'administration pénitentiaire ou corresponde avec elle.

C. pr. pén., art. D. 56-1 [D. n° 2007-749, 9 mai 2007 – Art. 4 JORF 10 mai 2007]

Lorsque le magistrat saisi du dossier de l'information ordonne la mise à l'isolement d'une personne placée en détention provisoire par le juge des libertés et de la détention en raison des nécessités de l'information, il en précise la durée, qui ne peut excéder celle du titre de détention. À défaut de précision, cette durée est celle du titre de détention. Ces instructions sont précisées dans la notice prévue par l'article D. 32-1 ou, si la mesure est décidée ultérieurement, dans tout autre document transmis au chef d'établissement.

Le magistrat saisi du dossier de l'information peut ordonner le maintien de l'isolement à chaque prolongation de la détention provisoire.

Le magistrat saisi du dossier de l'information peut mettre fin à la mesure d'isolement à tout moment, d'office, sur réquisitions du procureur de la République, à la requête du chef d'établissement pénitentiaire ou à la demande du détenu.

Le détenu placé à l'isolement par le magistrat saisi du dossier de l'information est soumis au régime de détention prévu par les articles D. 283-1-2 à D. 283-1-4.

Le mineur de seize ans prévenu ne peut faire l'objet d'une mesure d'isolement.

C. pr. pén., art. D.56-2 [D. n° 2006-338 du 21 mars 2006 – Art. 3 JORF 23 mars 2006]

Lorsque le magistrat saisi du dossier de l'information ordonne la séparation des détenus en raison des nécessités de l'information, ses instructions sont précisées dans la notice individuelle prévue à l'article D. 32-1 ou, si la mesure est décidée ultérieurement, dans tout autre document transmis au chef d'établissement.

C. pr. pén., art. D. 57

Les autorités judiciaires requièrent la translation ou l'extraction des prévenus aux fins et dans les conditions visées aux articles D. 116, D. 292 à D. 296, D. 297 à D. 299 et D. 314 à D. 317.

Sous réserve de l'application éventuelle des dispositions du deuxième alinéa de l'article R. 94, l'exécution des réquisitions de translation ou d'extraction est assurée par les services de gendarmerie ou de police.

Les frais de l'opération sont imputables sur le chapitre des frais de justice criminelle et correctionnelle, sauf dans le cas prévu à l'article R. 99.

C. pr. pén., art. D. 58

Dans les maisons d'arrêt où, par suite de la distribution des locaux ou de leur encombrement temporaire, le régime de l'emprisonnement individuel ne peut être appliqué à tous les prévenus, ceux à l'égard desquels l'autorité judiciaire aura prescrit l'interdiction de communiquer ou la mise à l'isolement doivent être placés par priorité en cellule individuelle.

C. pr. pén., art. D. 59

Dans les maisons d'arrêt où le régime de l'emprisonnement individuel ne peut être appliqué pour des raisons visées à l'article D. 58, les prévenus doivent être séparés des autres détenus dans les conditions indiquées aux articles D. 85, D. 89 et D. 90 et placés par priorité en cellule individuelle, sauf contre-indication médicale.

Les prévenus ne doivent pas être réunis contre leur gré avec des condamnés.

C. pr. pén., art. D. 60

Lorsqu'ils ont demandé à travailler et si la nature des travaux à exécuter l'exige ou s'il n'a pas été possible de trouver des tâches susceptibles d'être effectuées individuellement en cellule, les prévenus peuvent travailler en commun.

C. pr. pén., art. D. 61

Les prévenus conservent leurs vêtements personnels, à moins qu'il n'en soit autrement ordonné par l'autorité administrative, pour d'impérieuses raisons d'ordre ou de propreté, ou par l'autorité judiciaire, dans l'intérêt de l'instruction.

Ils sont autorisés à recevoir du dehors les vêtements dont ils ont besoin ou à les faire acheter à leurs frais.

Ils ont la possibilité de demander à l'administration de leur fournir les effets nécessaires s'ils ont consentis à faire un travail susceptible de détériorer leurs vêtements personnels.

À défaut d'effets personnels convenables, un costume civil en bon état est mis à la disposition du prévenu en vue de sa comparution devant les autorités judiciaires.

C. pr. pén., art. D. 62

Les prévenus peuvent demander qu'il leur soit donné du travail dans les conditions prévues aux articles D. 99 et suivants.

C. pr. pén., art. D. 63

Les sommes appartenant ou venant à échoir aux prévenus sont inscrites à leur compte nominatif dans les conditions fixées aux articles D. 328 et D. 329.

C. pr. pén., art. D. 64

Les permis de visite sont délivrés pour les prévenus par le magistrat saisi du dossier de l'information dans les conditions prévues par l'article 145-4 et ils sont utilisés dans les conditions visées aux articles D. 403 et suivants. Notamment, il peut toujours prescrire que les visites auront lieu dans un parloir avec dispositif de séparation.

Sauf disposition contraire, ces permis sont valables jusqu'au moment où la condamnation éventuelle acquiert un caractère définitif. En conséquence, il n'y a pas lieu à renouvellement du permis lorsque le magistrat qui l'a accordé est dessaisi du dossier de la procédure, mais l'autorité judiciaire ultérieurement saisie est compétente pour en supprimer les effets ou pour délivrer de nouveaux permis.

C. pr. pén., art. D. 65

Les prévenus peuvent écrire tous les jours et sans limitation à toute personne de leur choix et recevoir des lettres de toute personne, sous réserve de dispositions contraires ordonnées par le magistrat saisi du dossier de l'information.

Indépendamment des mesures de contrôle auxquelles elle est soumise conformément aux articles D. 415 et D. 416, leur correspondance est communiquée audit magistrat dans les conditions que celui-ci détermine.

C. pr. pén., art. D. 66

Il est interdit au personnel de l'administration pénitentiaire et à toute personne qui apporte sa collaboration à cette administration d'agir de façon directe ou indirecte auprès des détenus pour influer sur leurs moyens de défense et sur le choix de leur défenseur.

Pour l'exercice de ce choix, le tableau des avocats inscrits dans les barreaux du département est affiché au greffe et tenu à la disposition des détenus.

C. pr. pén., art. D. 67

Conformément aux dispositions des articles 145-4 et 716, les prévenus peuvent communiquer librement avec leur conseil verbalement ou par écrit, et toutes facilités compatibles avec les exigences de la discipline et de la sécurité de l'établissement pénitentiaire leur sont accordées pour l'exercice de leur défense.

Ni l'interdiction de communiquer visée à l'article 145-4, ni les punitions de quelque nature qu'elles soient, ne peuvent supprimer ou restreindre cette faculté de libre communication avec le conseil.

C. pr. pén., art. D. 68

Le défenseur régulièrement choisi ou désigné, agissant dans l'exercice de ses fonctions, et sur présentation d'un permis portant mention de sa qualité, communique librement avec les prévenus, en dehors de la présence d'un surveillant, et dans un parloir spécial.

À moins de dérogations motivées par l'urgence, les visites du conseil peuvent avoir lieu tous les jours, aux heures fixées par le règlement intérieur de l'établissement après avis du bâtonnier de l'ordre des avocats.

C. pr. pén., art. D. 69

Les lettres adressées sous pli fermé par les prévenus à leur défenseur, ainsi que celles que leur envoie ce dernier, ne sont pas soumises au contrôle visé à l'article D. 416, s'il peut être constaté sans équivoque qu'elles sont réellement destinées au défenseur ou proviennent de lui.

À cet effet, les mentions utiles doivent être portées sur leur enveloppe pour indiquer la qualité et l'adresse professionnelle de leur destinataire ou de leur expéditeur.

C. pr. pén., art. D. 314 [D. n° 2007-296, 3 mai 2007]

L'extraction s'effectue sans radiation de l'écrou car elle comporte obligatoirement la reconduite de l'intéressé à l'établissement pénitentiaire.

L'autorité compétente pour ordonner ou pour autoriser l'extraction est tenue en conséquence de donner toutes instructions utiles pour que soit assurée la réintégration.

Celle-ci doit avoir lieu dans le délai le plus bref et, en toute hypothèse autre que celle d'une hospitalisation et celle de la mise à disposition du détenu aux officiers de police judiciaire pour les besoins d'une enquête, le jour même de l'extraction. Lorsqu'il est nécessaire que la mesure motivant l'extraction se prolonge pendant plusieurs jours, le détenu est réintégré chaque soir à l'établissement pénitentiaire.

C. pr. pén., art. D. 314-1

Dans l'hypothèse où la réintégration du détenu ne peut s'effectuer dans les délais de l'article D. 314 sans toutefois que son absence de son établissement d'origine n'excède 72 heures, la sortie de l'intéressé s'accompagne d'une levée d'écrou réalisée sous la forme simplifiée selon les modalités de l'article D. 149-1.

À cette fin, l'autorité compétente précise la date exacte du retour prévu à l'établissement d'origine et donne toutes instructions utiles pour que la réintégration du détenu soit assurée à la date initialement arrêtée.

Durant son absence de son lieu habituel de détention, le détenu, écroué dès son arrivée sous la forme simplifiée dans l'établissement de destination, est réintégré chaque soir dans cet établissement.

C. pr. pén., art. D. 317 [D. n° 2007-296, 3 mai 2007]

Dans les hypothèses où, en raison des nécessités de l'enquête à laquelle ils procèdent, il n'est pas suffisant pour les officiers ou agents de police judiciaire d'user de la faculté qu'ils ont d'entendre les détenus à l'intérieur des établissements pénitentiaires, les services auxquels ces fonctionnaires appartiennent peuvent être autorisés à procéder à l'extraction des intéressés, sous la réserve que ces derniers demeurent sous leur responsabilité et soient réintégrés à l'issue de cette mesure ou après avoir été déférés devant un magistrat.

Lorsque des officiers de police judiciaire n'agissent pas en exécution d'une commission rogatoire ordonnant l'extraction, une autorisation spéciale doit être accordée à cet effet par le magistrat saisi du dossier de l'information, et s'il n'y pas d'information judiciaire, par le procureur de la République du lieu de détention.

C. pr. pén., art. D. 321

Le détenu conserve la gestion de ses biens patrimoniaux extérieurs, dans la limite de sa capacité civile. Le cas échéant, cette gestion peut s'effectuer par l'intermédiaire d'un mandataire, celui-ci devant être étranger à l'administration pénitentiaire.

Les procurations éventuelles sont envoyées dans les conditions fixées aux articles D. 414 et suivants et, lorsqu'elles émanent de prévenus, sont notamment soumises au contrôle du magistrat saisi du dossier de l'information dans les conditions que celui-ci détermine; l'apposition d'un visa en vue de l'acheminement de ces documents ne saurait faire préjuger de la capacité du signataire.

En toute hypothèse, un acte requérant le ministère d'un notaire peut être dressé dans l'établissement pénitentiaire, lorsque cet officier ministériel a obtenu l'autorisation visée à l'article D. 411.

C. pr. pén., art. D. 330

Tout versement effectué à l'extérieur sur la part disponible d'un détenu doit non seulement avoir été demandé ou consenti par ce détenu, mais aussi avoir été autorisé expressément par le magistrat saisi du dossier de l'information s'il s'agit d'un prévenu ou, sinon, par le chef d'établissement.

C. pr. pén., art. D. 336

Les bijoux, après estimation, et les valeurs sont inventoriés, inscrits au registre visé à l'article D. 335 et déposés au service comptable de l'établissement pénitentiaire. À la demande du détenu, ils peuvent toutefois être rendus à sa famille, avec l'accord du magistrat saisi du dossier de l'information, lorsque l'intéressé est prévenu.

En cas de perte à l'établissement, il est remis au détenu où à ses ayants droit la valeur d'estimation de l'objet perdu.

C. pr. pén., art. D. 337

Les objets et les bijoux dont sont porteurs les détenus à leur entrée peuvent donner lieu au refus de leur prise en charge en raison de leur prix, de leur importance ou de leur volume.

Dans ce cas, ils n'en sont pas moins inscrits provisoirement au registre visé à l'article D. 335, mais les détenus sont invités à s'en défaire, soit en les renvoyant à leur famille, soit en les faisant déposer entre les mains d'un notaire ou de toute personne agréée par l'administration, soit en les vendant, les frais d'expédition, de garde ou de vente étant à la charge du détenu; s'il s'agit d'un prévenu, le chef d'établissement en réfère préalablement au magistrat saisi du dossier de l'information.

C. pr. pén., art. D. 382

Les médecins intervenant dans les structures visées aux articles D. 368, D. 371 et D. 372 délivrent au détenu, à sa demande, des certificats ou attestations relatifs à son état de santé et, sous réserve de son accord exprès, à sa famille ou à son conseil.

Ils lui fournissent les attestations ou documents indispensables pour bénéficier des avantages qui lui sont reconnus par la sécurité sociale, et notamment de ceux prévus par la législation sur les accidents du travail et les maladies professionnelles.

Ils délivrent aux autorités pénitentiaires des attestations écrites contenant les renseignements strictement nécessaires à l'orientation du détenu ainsi qu'aux modifications ou aux aménagements du régime pénitentiaire que pourrait justifier son état de santé.

En tout état de cause, si ces médecins estiment que l'état de santé d'un détenu n'est pas compatible avec un maintien en détention ou avec le régime pénitentiaire qui lui est appliqué, ils en avisent par écrit le chef de l'établissement pénitentiaire. Ce dernier en informe aussitôt, s'il y a lieu, l'autorité judiciaire compétente.

Un double des attestations et avis délivrés en application des alinéas 3 et 4 du présent article est remis au détenu, à sa demande.

C. pr. pén., art. D. 384

Des moyens de prévention et d'information sur les maladies transmissibles sont mis à la disposition des personnes incarcérées.

Le médecin responsable des structures visées aux articles D. 368 et D. 371 prescrit, en liaison avec le médecin de prévention du personnel pénitentiaire, toutes les mesures nécessaires à la prophylaxie individuelle et collective des maladies transmissibles. Ces mesures sont mises en œuvre en collaboration avec l'administration pénitentiaire.

C. pr. pén., art. D. 390

Dans le cadre des actions de prévention et d'éducation pour la santé, l'autorisation d'accès à l'établissement pénitentiaire est accordée par le chef de l'établissement aux personnes intervenant au titre des collectivités territoriales et aux membres du réseau associatif spécialisé auquel peut faire appel l'établissement de santé.

C. pr. pén., art. D. 398

Les détenus atteints des troubles mentaux visés à l'article L. 342 du Code de la santé publique ne peuvent être maintenus dans un établissement pénitentiaire.

Au vu d'un certificat médical circonstancié et conformément à la législation en vigueur, il appartient à l'autorité préfectorale de faire procéder, dans les meilleurs délais, à leur hospitalisation d'office dans un établissement de santé habilité au titre de l'article L. 331 du Code de la santé publique.

Il n'est pas fait application, à leur égard, de la règle posée au second alinéa de l'article D. 394 concernant leur garde par un personnel de police ou de gendarmerie pendant leur hospitalisation.

C. pr. pén., art. D. 403

Les permis de visite sont délivrés pour les prévenus par les autorités visées à l'article D. 64.

Pour les condamnés, ils sont délivrés par le chef de l'établissement. À l'égard des condamnés hospitalisés dans les conditions prévues aux articles D. 391 et suivants, les permis de visite sont délivrés par le préfet de police à Paris, les préfets délégués pour la police auprès des préfets des départements des Bouches-du-Rhône, du Rhône, du Nord, de la Corse-du-Sud et de la Haute-Corse, les préfets et les sous-préfets dans les départements.

Ces permis sont, soit permanents, soit valables seulement pour un nombre limité de visites.

C. pr. pén., art. D. 406

En toute hypothèse, un surveillant est présent au parloir ou au lieu de l'entretien. Il doit avoir la possibilité d'entendre les conversations.

À titre exceptionnel, il peut être dérogé aux dispositions de l'alinéa qui précède, par décision du chef d'établissement, lorsque la visite doit se dérouler dans des locaux spécialement aménagés.

L'accès au parloir implique, outre la fouille des détenus avant et après l'entretien, les mesures de contrôle jugées nécessaires à l'égard des visiteurs, pour des motifs de sécurité.

C. pr. pén., art. D. 409

Tout permis de visite présenté au chef d'un établissement pénitentiaire a le caractère d'un ordre auquel celui-ci doit déférer, sauf à surseoir si les détenus sont matériellement empêchés ou placés en cellule disciplinaire ou si quelque circonstance exceptionnelle l'oblige à en référer à l'autorité qui a délivré le permis.

C. pr. pén., art. D. 410

Les jours et heures de visites, ainsi que leur durée et leur fréquence, sont déterminés par le règlement intérieur de l'établissement.

Les prévenus doivent pouvoir être visités au moins trois fois par semaine, et les condamnés au moins une fois par semaine.

C. pr. pén., art. D. 413

Les prévenus peuvent écrire et recevoir des lettres dans les conditions fixées à l'article D. 65.

C. pr. pén., art. D. 416

Sous réserve des dispositions des articles D. 69, D. 262, D. 438 et D. 469, les lettres de tous les détenus, tant à l'arrivée qu'au départ, peuvent être lues aux fins de contrôle.

Celles qui sont écrites par les prévenus, ou à eux adressées, sont au surplus communiquées au magistrat saisi du dossier de l'information dans les conditions que celui-ci détermine.

Les lettres qui ne satisfont pas aux prescriptions réglementaires peuvent être retenues.

C. pr. pén., art. D. 419

Les avocats correspondent, dans les conditions prévues à l'article D. 69, avec les prévenus et les condamnés.

Les officiers ministériels et autres auxiliaires de justice peuvent être autorisés à communiquer avec les détenus dans les conditions fixées aux articles D. 414 et D. 416.

Pour le cas où ils désirent bénéficier en vue de leur entretien des dispositions particulières prévues à l'article D. 69, ils doivent joindre à leur demande une attestation délivrée par le parquet de leur résidence selon laquelle le secret de la communication paraît justifié par la nature des intérêts en cause.

C. pr. pén., art. D. 426

Les agents de la force publique ou les membres de l'administration pénitentiaire chargés de l'escorte, qui accompagnent le détenu auquel a été accordée une autorisation de sortie en application des articles 148-5 et 723-6, peuvent être dispensés du port de l'uniforme.

C. pr. pén., art. D. 515 [D. n° 2007-749, 9 mai 2007]

Les titulaires de l'autorité parentale ou les représentants légaux du mineur sont destinataires du règlement intérieur de l'établissement pénitentiaire. Ils sont informés de toute demande de permis de visite faite au chef de l'établissement, de toute modification du régime de détention, ainsi que de toute procédure disciplinaire. Ils reçoivent mensuellement un état du compte nominatif du mineur. Ils sont tenus informés du déroulement de sa scolarité, de sa formation ou de ses activités professionnelles.

C. pr. pén., art. D. 515-1 [D. n° 2007-749, 9 mai 2007]

Les mineurs détenus peuvent, lorsque l'établissement dans lequel ils sont incarcérés est doté d'installations à cette fin, téléphoner aux membres de leur famille ou à toute personne participant effectivement à leur éducation et à leur insertion sociale, sous réserve, en ce qui concerne les prévenus, d'y avoir été autorisés par le magistrat saisi du dossier de l'information.

Le chef d'établissement peut, pour des motifs d'ordre, de sécurité et de prévention des infractions pénales ainsi que s'il apparaît que les communications risquent d'être contraires à la réinsertion du détenu, à l'intérêt des victimes ou sur demande du correspondant, refuser ou retirer, par une décision motivée, l'autorisation d'une communication téléphonique.

C. pr. pén., art. D. 520 [D. n° 2007-749, 9 mai 2007]

Tout mineur détenu peut demander à bénéficier d'une mesure de protection individuelle.

Le chef d'établissement peut faire droit à cette demande s'il estime que les circonstances de la détention ou la personnalité du mineur nécessitent la mise en œuvre de mesures de protection particulières. Il s'attache à recueillir préalablement l'avis de l'équipe pluridisciplinaire.

Le mineur détenu bénéficiant d'une mesure de protection individuelle fait l'objet d'un suivi éducatif renforcé et peut être momentanément dispensé de tout ou partie de la vie collective.

Cette mesure ne suspend pas l'exercice de ses droits et notamment les droits de visite et de correspondance, de promenade, de cantine, d'accès à l'enseignement et au culte.

La mise sous protection individuelle est d'une durée maximale de six jours, renouvelable une fois. La durée de cette mesure ne peut excéder douze jours par période de détention de quatre mois. Le chef d'établissement peut y mettre fin à tout moment après avoir entendu l'intéressé et recueilli l'avis de l'équipe pluridisciplinaire. Il est tenu d'y mettre fin si l'intéressé le demande.

La décision de mise sous protection individuelle et sa levée sont portées à la connaissance des titulaires de l'autorité parentale ou des représentants légaux du mineur et du magistrat saisi du dossier de l'information ou en charge de l'application des peines.

C. pr. pén., art. D. 521 [D. n° 2007-749, 9 mai 2007]

Les détenus majeurs âgés de moins de vingt et un ans sont soumis à un régime particulier et individualisé qui fait une large place à l'enseignement et à la formation.

Sauf si, pour les prévenus, le magistrat saisi du dossier de l'information en dispose autrement, ils participent à des activités d'enseignement, de formation, de travail et socioculturelles et sportives ou de détente.

C. pr. pén., art. R. 15-42

Les reproductions des copies de pièces ou actes d'une procédure d'instruction que l'avocat d'une personne détenue transmet à cette dernière en application de l'article 114 doivent être adressées au greffe de l'établissement pénitentiaire par envoi recommandé avec demande d'avis de réception ou par remise directe contre récépissé.

C. pr. pén., art. 15-43

Le greffe de l'établissement pénitentiaire doit, dans les trois jours ouvrables qui suivent la réception des documents, les remettre au détenu concerné après lui avoir donné connaissance des dispositions du sixième alinéa de l'article 114 et de l'article 114-1. Le détenu atteste par écrit avoir pris connaissance de ces dispositions.

Cette attestation ainsi que la notification écrite de remise des pièces au détenu sont transmises dans les meilleurs délais au juge d'instruction et à l'avocat du détenu.

C. pr. pén., art. 15-44

Par dérogation aux dispositions de l'article R. 15-43, le juge d'instruction saisi d'une demande de remise de reproductions à une partie, en application des huitième ou onzième alinéas de l'article 114, peut subordonner l'autorisation de remise à la condition que ces documents soient conservés au greffe de l'établissement pénitentiaire sous réserve du droit du détenu de les consulter selon les modalités fixées par l'article R. 15-45.

Cette décision est notifiée à l'avocat conformément aux dispositions du neuvième alinéa de l'article 114. Le juge d'instruction en informe sans délai l'établissement pénitentiaire.

En outre, même lorsque le juge d'instruction n'a pas prescrit de conditions particulières de remise des pièces, les documents sont conservés au greffe de l'établissement pénitentiaire lorsque le détenu le demande et après qu'il les a consultés.

C. pr. pén., art. R. 15-45

Lorsqu'il a été fait application des dispositions de l'article R. 15-44, le détenu peut à tout moment solliciter la consultation des reproductions des pièces ou actes de la procédure d'instruction auprès du chef d'établissement. Ce dernier organise cette consultation dans les trois jours ouvrables suivant la demande, sous réserve des exigences du bon fonctionnement de l'établissement pénitentiaire.

La consultation est organisée dans un local permettant d'en garantir la confidentialité. À l'issue de la consultation, les documents sont restitués au greffe de l'établissement.

Ces documents sont remis au détenu à sa libération. Ils lui sont également restitués lorsque l'information est définitivement terminée.

148.02 Jurisprudence de référence.

• La détention provisoire est déduite de la peine prononcée. La mise à exécution d'une peine suspend les effets des autres mandats de dépôt.

Crim. 30 janv. 1991, n° 90-83.464, *Bull. crim.*, n° 52.

« Attendu qu'en cet état la cour d'appel a justifié sa décision; qu'en effet, d'une part, la mise à exécution d'une peine d'emprisonnement a pour effet de suspendre les effets d'un mandat de dépôt délivré pour autre cause et, d'autre part, l'article 24 du Code pénal dispose que la détention provisoire est déduite de la peine prononcée ou "s'il y a lieu, de la durée totale de la peine à subir après confusion". »

148.03 Bibliographie indicative. (V. les références complètes s[s] n° 03.)

Ouvrage. M. Herzog-Evans, *Droit de l'exécution des peines* 2007, Dalloz Référence.

Article. J.-P. Céré, « La loi 2002-1138 du 9 septembre 2002 et l'amélioration du fonctionnement et de la sécurité des établissements pénitentiaires », *D.* 2002, chron. 3224.

148.05 Rapport du comité de réflexion sur la justice pénale dit Rapport Léger. Le comité Léger a prévu un renforcement des droits du détenu provisoire quant aux conditions juridiques de sa détention.

Le procureur devrait ainsi statuer dans les 5 jours sur une demande de permis de visite. Le permis de visite serait de droit pour la famille du détenu après un certain délai, différent selon la durée maximale de détention provisoire possible (page 25 du rapport). Le procureur devrait statuer dans les 48 heures sur une demande de permis de sortie exceptionnelle (page 25 du rapport).

SECTION 1
CADRE GÉNÉRAL

148.11 L'entrée en vigueur de la loi du 15 juin 2000. Bien que le juge d'instruction ait perdu la plupart de ses pouvoirs concernant la détention provisoire, le législateur a peu réformé les dispositions réglementaires qui vont être évoquées ci-dessous. De fait, c'est bien le magistrat instructeur qui doit être le premier informé de certains événements de la vie du détenu, ou qui doit lui même donner des consignes.

148.12 La notice individuelle. Jusqu'au tardif décret du 13 décembre 2000 [1], on pouvait penser que le législateur n'aurait rien modifié à l'article D. 32-1 du Code de procédure pénale, qui prévoit la possibilité pour le juge d'instruction, à l'issue du débat contradictoire, de remplir un imprimé à l'intention de la maison d'arrêt. On pouvait penser pourtant que le placement en détention étant l'œuvre du juge des libertés et de la détention, c'est à lui qu'il appartenait de remplir cet imprimé. Le législateur s'est en fin de compte décidé pour un partage des taches. L'article D. 32-1 est désormais ainsi rédigé « le juge d'instruction qui saisit le juge des libertés et de la détention en application des dispositions du quatrième alinéa de l'article 137-1 aux fins de placement en détention provisoire de la personne mise en examen remplit une notice individuelle comportant des renseignements relatifs aux faits ayant motivé la poursuite de la personne, à ses antécédents judiciaires et à sa personnalité, qui est destinée, en cas de placement en détention, au chef de l'établissement pénitentiaire. S'il ordonne le placement de la personne en détention provisoire, le juge des libertés et de la détention transmet au chef d'établissement, outre le titre de détention qu'il délivre, cette notice individuelle revêtue de son visa, après l'avoir complétée s'il l'estime nécessaire. Les documents mentionnés aux alinéas qui précèdent peuvent être, le cas échéant, transmis au chef d'établissement par le juge d'instruction si le dossier de la procédure est retourné à ce magistrat avant la mise à exécution du titre de détention ».

L'imprimé en cause, qui doit donc être tout d'abord rempli par le magistrat instructeur, puis éventuellement complété par le juge des libertés et de la détention, sert à renseigner la maison d'arrêt en lui fournissant des éléments qui pourraient lui être utiles pour adapter la situation pénitentiaire du détenu. Le juge peut y faire connaître les maladies déclarées par l'intéressé, ses tendances suicidaires, son intention d'entamer une grève de la faim, la toxicomanie et les risques de dépendance à certains toxiques, *etc.* Il peut aussi donner des instructions en rapport avec la poursuite de l'information en demandant par exemple à ce que tel détenu ne soit pas en cellule avec tel autre (prévu de toute façon par l'article D. 86 du Code de procédure pénale), à ce que le courrier soit transmis systématiquement ou non, *etc.* Une circulaire enjoignant à l'administration pénitentiaire de recueillir immédiatement tout renseignement utile lorsque la case « risque d'évasion » a été cochée par le juge d'instruction ou le JLD, il peut être conseillé au magistrat de donner par écrit tout élément pouvant expliquer pourquoi il a mentionné ce risque. Lorsque le magistrat saisi du dossier de l'information ordonne la séparation des détenus en raison des nécessités de l'information, ses instructions sont précisées dans la notice individuelle prévue à l'article D. 32-1 ou, si la mesure est décidée ultérieurement, dans tout autre document transmis au chef d'établissement (C. pr. pén., art. D 56-2).

148.13 D'une façon générale, le juge d'instruction peut donner tous les ordres nécessaires pour l'instruction, qui devront être exécutés dans les maisons d'arrêt (C. pr. pén., art. 715). Un compte rendu doit lui être adressé d'urgence des difficultés auxquelles pourrait donner lieu l'exécution des dits ordres (C. pr. pén., art. D. 55).

Sur cette base, il semble que le magistrat puisse interdire à un détenu de se laisser pousser les cheveux ou la barbe, ou au contraire de se couper les cheveux ou la barbe. On comprendra aisément que ce genre de restriction doit être en relation directe avec des impératifs de présentation de l'intéressé à des témoins ou à des victimes. À notre avis, aucune coercition ne peut être utilisée. La notification faite à l'intéressé de l'interdiction qu'il émargera suffira à établir la violation d'une interdiction préexistante. La juridiction de jugement en tirera le cas échéant, toute conséquence.

L'article 715 du Code de procédure pénale prévoit également que le président de la chambre de l'instruction, le président de la cour d'assises, le procureur de la république et le procureur général peuvent donner tous les ordres nécessaires soit pour l'instruction soit pour le jugement qui devront être exécutés dans les maisons d'arrêt.

148.14 Le lieu de la détention. Les personnes placées en détention provisoire sont incarcérées, selon les prescriptions du mandat ou de la décision de justice dont elles font l'objet, à la maison d'arrêt de la ville où siège la juridiction d'instruction. Toutefois, au cas où il n'y a pas de maison d'arrêt dans cette ville ou lorsque la maison d'arrêt ne comporte pas de locaux appropriés à l'âge ou à l'état de santé des intéressés, ou en ce qui concerne les femmes, de

1. D. n° 2000-1213, 13 déc. 2000, *JO* 14 déc.

quartier aménagé pour elles, ou encore lorsque cet établissement n'offre pas une capacité d'accueil ou des garanties de sécurité suffisantes, les personnes sont incarcérées à la maison d'arrêt la plus proche disposant d'installations convenables, d'où ils sont extraits chaque fois que l'autorité judiciaire le requiert (C. pr. pén., art. D. 53).

La Chancellerie a insisté à plusieurs reprises par voie de circulaires pour préciser que la situation normale devait être l'incarcération à la maison d'arrêt du siège de la juridiction et que, dans le cas contraire, c'était le directeur régional de l'administration pénitentiaire qui décidait du lieu de l'incarcération. Il ne semble pas que ces directives aient été réellement appliquées par les magistrats instructeurs. Si l'on peut comprendre les impératifs de gestion du parc pénitentiaire il faut aussi reconnaître que c'est le juge qui est le plus à même d'apprécier en quel lieu le détenu doit être incarcéré, en vertu des nécessités de l'instruction. Par ailleurs, la Cour de cassation a eu l'occasion de dire que la méconnaissance de l'article D. 53 n'est pas recevable devant elle faute d'atteinte aux droits de la défense[1]. Dans le cas où le magistrat instructeur souhaiterait que telle personne soit incarcérée dans une maison d'arrêt précise, ou au contraire n'y soit pas incarcérée, il peut le faire savoir au JLD par soit-transmis (v. aussi D. n° 2004-1100, 13 oct. 2004, modifiant l'article D. 54 du Code de procédure pénale et relatif aux maisons d'arrêt[2]).

148.15 Le régime de détention. Les personnes mises en examen, prévenus et accusés soumis à la détention provisoire sont placées au régime de l'emprisonnement individuel de jour et de nuit. Il ne peut être dérogé à ce principe qu'en raison de la distribution intérieure des maisons d'arrêt ou de leur encombrement temporaire ou, si les intéressés ont demandé à travailler, en raison des nécessités d'organisation du travail. Toutes communications et toutes facilités compatibles avec les exigences de la discipline et de la sécurité de la prison sont accordées aux personnes mises en examen, prévenus ou accusés pour l'exercice de leur défense (C. pr. pén., art. 716).

L'exclusion de la collectivité carcérale ne constitue pas en elle-même une forme de traitement contraire à l'article 3 de la Convention européenne des droits de l'Homme. L'article 68 de la loi du 15 juin 2000 a modifié l'article 716 du Code de procédure pénale afin de supprimer la possibilité de déroger à l'encellulement individuel des détenus provisoires. Cette disposition ne s'appliquera qu'à compter du 16 juin 2003.

Les détenus à titre provisoire peuvent travailler en commun (C. pr. pén., art. D. 60).

Les cellules individuelles sont réservées par priorité aux personnes à l'égard desquelles l'autorité judiciaire a prescrit l'interdiction de communiquer (C. pr. pén., art. D. 58) et aux autres détenus à titre provisoire (C. pr. pén., art. D. 59).

Théoriquement, les personnes détenues à titre provisoire ne peuvent se trouver dans les mêmes cellules que les personnes condamnées (C. pr. pén., art. D. 59).

Sur les nouvelles dispositions relatives au régime de la détention des mineurs v. les décrets du 9 mai 2007 [D. n° 2007-748, 9 mai 2007 relatif à la détention des mineurs et modifiant le Code de procédure pénale (deuxième partie : Décrets en Conseil d'État) *JO*, 10 mai 2007, p. 8292; D. n° 2007-749, 9 mai 2007 relatif au régime de détention des mineurs et modifiant le Code de procédure pénale (troisième partie : Décrets) *JO*, 10 mai 2007, p. 8293].

148.16 Visites institutionnelles. Le juge d'instruction visite les établissements pénitentiaires (C. pr. pén., art. 727). Il peut visiter la maison d'arrêt et y voir les personnes mise en examen détenues aussi souvent qu'il l'estime utile (C. pr. pén., art. D. 55). On peut regretter que ce texte n'ait pas été élargi au juge des libertés et de la détention.

Le président de la chambre de l'instruction, chaque fois qu'il l'estime nécessaire, et au moins une fois par trimestre, visite les maisons d'arrêt du ressort de la cour d'appel et y vérifie la situation des personnes mises en examen détenues (C. pr. pén., art. 222).

Les personnes qui justifient d'un intérêt autre que familial pour s'entretenir avec la personne mise en examen détenue, notamment les officiers ou agents de police judiciaire, peuvent obtenir un permis de visite (communément appelé « permis de communiquer ») dans les conditions indiquées aux articles D. 64 et D. 403 du Code de procédure pénale. Ce permis précise, le cas échéant, les modalités particulières qui seraient prévues pour son application, notamment en ce qui concerne le lieu et l'heure de la visite (C. pr. pén., art. D. 412). Tout permis présenté au chef d'un établissement pénitentiaire a le caractère d'un ordre auquel celui-ci doit déférer, sauf à surseoir si les personnes sont matériellement empêchées ou punies de cellule ou si quelque circonstance exceptionnelle l'oblige à en référer à l'autorité qui a délivré le permis (C. pr. pén., art. D. 409).

1. Crim. 29 mars 1989, n° 89-80.383, *Bull. crim.*, n° 149.
2. D. n° 2004-1100, 13 oct. 2004, modifiant l'article D. 54 du Code de procédure pénale et relatif aux maisons d'arrêt, *JO* n° 245, 20 oct.

La nouvelle rédaction de l'article D. 411, issue du décret du 13 décembre 2000[1], prévoit que les « officiers ministériels et autres auxiliaires de justice peuvent être autorisés à communiquer avec les détenus dans les conditions fixées aux articles D. 403, D. 406 et D. 410 ».

Enfin, la loi du 5 mars 2007 relative à la protection des majeurs protégés a prévu le droit pour le tuteur ou le curateur à obtenir un permis de visite (C. pr. pén., art. 706-113). Toutcfois, « lc magistrat saisi du dossier de l'information, au sens de l'article D. 51, peut refuser de délivrer ou retirer le permis de visite au tuteur ou au curateur dans le cas prévu par l'article 706-114, si cette personne est la victime de l'infraction ou s'il existe des raisons plausibles de présumer qu'elle est coauteur ou complice de l'infraction. » (C. pr. pén., art. D. 47-19).

148.17 **Isolement.** Le juge d'instruction peut ordonner des mesures d'isolement ou de séparation d'autres détenus. Il a également le droit de prescrire une interdiction temporaire de communiquer pour une période de dix jours. Il peut la renouveler, mais pour une nouvelle période de dix jours seulement. Cette décision s'oppose à ce que la personne mise en examen détenue qu'elle concerne soit visitée par toute personne étrangère à l'administration pénitentiaire ou corresponde avec elle (C. pr. pén., art. 145-4 et D. 56). Lorsque le magistrat saisi du dossier de l'information ordonne la mise à l'isolement d'une personne placée en détention provisoire par le juge des libertés et de la détention en raison des nécessités de l'information, il en précise la durée, qui ne peut excéder celle du titre de détention. À défaut de précision, cette durée est celle du titre de détention. Ces instructions sont précisées dans la notice prévue par l'article D. 32-1 ou, si la mesure est décidée ultérieurement, dans tout autre document transmis au chef d'établissement. Le magistrat saisi du dossier de l'information peut ordonner le maintien de l'isolement à chaque prolongation de la détention provisoire. Le magistrat saisi du dossier de l'information peut mettre fin à la mesure d'isolement à tout moment, d'office, sur réquisitions du procureur de la République, à la requête du chef d'établissement pénitentiaire ou à la demande du détenu. Le mineur de seize ans prévenu ne peut faire l'objet d'une mesure d'isolement. (C. pr. pén., art. D 56-1).

L'interdiction de communiquer s'applique aux visiteurs de prison (C. pr. pén., art. 475, al. 2). En aucun cas en revanche cette interdiction ne s'applique à l'avocat de la personne mise en examen (C. pr. pén., art. 145-4, al. 1).

Une autorisation spéciale de communiquer peut être en revanche délivrée par le juge d'instruction au profit des travailleurs sociaux de l'établissement (C. pr. pén., art. D. 470). Pour tomber sous le coup de l'article 3, un mauvais traitement doit atteindre un minimum de gravité dont l'appréciation dépend de l'ensemble des données de la cause, notamment de la durée du traitement et de ses effets physiques ou mentaux ainsi que, parfois, du sexe, de l'âge, de l'état de santé de la victime, *etc.*

En l'espèce, le maintien prolongé en isolement, du 15 août 1994 au 17 octobre 2002, du requérant n'a pas violé l'article 3 de la Convention, s'agissant de la détention de l'homme à l'époque considéré comme le terroriste le plus dangereux dans le monde, les conditions de sa détention sans isolement sensoriel complet ni isolement social total et sa durée n'ayant pas atteint le seuil minimum de gravité nécessaire pour constituer un traitement inhumain au sens de l'article 3 de la Convention compte tenu notamment de sa personnalité et de sa dangerosité hors normes[2].

148.18 **Sécurité.** L'administration tient de l'article D. 268 du Code de procédure pénale, pris en vue de prévenir les évasions, le pouvoir de décider que l'entrée des établissements pénitentiaires doit être munie d'un portique de détection électronique et que toute personne pénétrant dans l'établissement doit emprunter ce portique. Ces mesures ne portent atteinte ni à l'organisation des relations des détenus avec l'extérieur ni au libre exercice du droit de la défense[3].

Par ailleurs, si un incident grave touchant à l'ordre, la discipline ou la sécurité de la prison concerne une personne mise en examen détenue, avis doit en être donné au juge d'instruction saisi du dossier de l'information (C. pr. pén., art. D. 280)[4].

SECTION 2
RELATIONS AVEC L'EXTÉRIEUR

148.21 **Correspondance.** Sous réserve des dispositions contraires ordonnées par le juge d'instruction saisi du dossier de l'information, les personnes mises en examen détenues peuvent écrire tous les jours et sans limitation à toute personne de leur choix et recevoir des lettres de toute personne. Indépendamment des mesures de contrôle prévues

1. D. n° 2000-1213, 13 déc. 2000, *JO* 14 déc.

2. CEDH 1re sect., 27 janv. 2005, n° 59450/00, X... Y... c/ France, *BICC* 615, n° 449.
3. CE 21 oct. 1988, req. n° 70066, *Lebon,* 10/7 SSR.
4. J.-P. Céré, « La loi 2002-1138 du 9 septembre 2002 et l'amélioration du fonctionnement et de la sécurité des établissements pénitentiaires », *D.* 2002, chron. 3224.

aux articles D. 415 et D. 416 du Code de procédure pénale, qui visent le droit de retenue et de contrôle appartenant à l'administration pénitentiaire, leur correspondance est communiquée au juge d'instruction dans les conditions que celui-ci détermine (C. pr. pén., art. D. 65, D. 413 et D. 416 s.). Les personnes détenues peuvent toujours correspondre librement et sous pli fermé avec l'aumônier de l'établissement (C. pr. pén., art. D. 438).

Les lettres soumises à la censure du juge peuvent être saisies par celui-ci lorsqu'elles sont utiles à la manifestation de la vérité. Les pratiques sont assez diverses. Certains magistrats se contentent de faire une photocopie de la lettre et de la verser au dossier. Il semble pourtant qu'un procès-verbal de saisie soit nécessaire pour placer la lettre, en original, au dossier. Elle est cotée dans la côte de fond, à moins que sa saisie soit éclairante sur un point de personnalité auquel cas elle sera placée en côte « B ».

La correspondance échangée entre les personnes mises en examen détenues et les travailleurs sociaux appartenant à l'un des services du ministère de la justice se fait librement et sous pli fermé (C. pr. pén., art. D. 469). Par ailleurs une circulaire du 19 décembre 1986 a fixé la liste des autorités administratives et judiciaires auxquelles les prévenus peuvent écrire sans censure[1] : on trouve dans cette liste le président de la République, les membres du gouvernement et les parlementaires, le médiateur, les magistrats, les organes de la Cour européenne des Droits de l'Homme et de sauvegarde des libertés fondamentales, *etc.*

Les lettres doivent être écrites en clair et ne comporter aucun signe conventionnel. Elles sont retenues dès lors qu'elles contiennent des menaces précises contre la sécurité des personnes ou celle des établissements pénitentiaires. Ceci vaut autant pour les lettres envoyées par le détenu que pour celles qu'il reçoit (C. pr. pén., art. D. 415).

Les lettres écrites en langue étrangère peuvent être traduites aux fins du contrôle prévu au premier alinéa de l'article D. 416 du Code de procédure pénale. Bien que cet article vise le contrôle exercé par l'administration pénitentiaire, il ne fait pas de doute que le magistrat instructeur peut également faire procéder à ces traductions. En pratique, le juge tentera d'obtenir du détenu qu'il écrive ou fasse écrire en langue française, ce qui ne pourra qu'accélérer la transmission de la correspondance.

Le juge d'instruction tire de l'article D. 415 la possibilité d'interdire à un détenu d'écrire à certaines personnes, en tout cas lorsque la lettre contient des menaces précises contre la sécurité des personnes.

1. Circ. AP nº 86-29, 19 déc. 1986.

Cette interdiction peut être utile dans un certain nombre d'affaires (et notamment les affaires de viols ou d'agressions sexuelles au sein de la famille) dans lesquelles il n'est pas suffisant de saisir le courrier (ou il n'est pas intéressant de saisir le courrier) mais où les pressions psychologiques faites dans les lettres nécessitent une mesure plus draconienne, mais qui doit demeurer exceptionnelle.

La correspondance échangée entre la personne mise en examen et son défenseur n'est pas soumise à contrôle (C. pr. pén., art. D. 69 et D. 419). Il faut pour cela qu'il puisse être constaté sans équivoque que ces lettres sont réellement destinées au défenseur ou proviennent de lui (C. pr. pén., art. D. 69). Ceci n'est qu'une illustration du droit de communiquer librement avec son conseil.

L'avocat, mis en possession de lettres ou de documents sous le couvert d'une application abusive de l'article D. 69 du Code de procédure pénale, accomplit, en les remettant ou communiquant aux destinataires réels un acte permettant d'éluder les prescriptions de l'article D. 416 du même code imposant le contrôle administratif ou judiciaire des correspondances[2]. La rédaction de l'article D. 419, issue du décret du 13 décembre 2000[3] dispose que « les avocats correspondent, dans les conditions visées à l'article D. 69, avec les prévenus et les condamnés. Les officiers ministériels et autres auxiliaires de justice peuvent être autorisés à communiquer avec les détenus dans les conditions fixées aux articles D. 414 et D. 416 ».

148.22 Droit de communiquer avec le conseil. La personne mise en examen peut communiquer librement avec son avocat, verbalement ou par écrit. Ce principe a valeur supranationale et la Cour européenne a eu l'occasion de condamner le Royaume Uni dans une affaire où la liberté de correspondance entre détenu et avocat n'avait pas été assurée[4].

En aucun cas, l'interdiction de communiquer ne s'applique à l'avocat de la personne (C. pr. pén., art. 145-4 et D. 56). Toutes communications et toutes facilités compatibles avec les exigences de la discipline et de la sécurité de la prison sont accordées aux personnes mises en examen détenues pour l'exercice des droits de la défense (C. pr. pén., art. 716, al. 2 et D. 66 à D. 69).

Il est interdit au personnel de l'administration pénitentiaire d'influer sur le choix du conseil du détenu. Pour l'exercice de ce choix, le tableau des

2. Crim. 12 mai 1992, nº 91-82.973, *Bull. crim.*, nº 184; *JCP G* 1992, IV, 300.
3. D. nº 2000-1213, 13 déc. 2000, *JO* 14 déc.
4. CEDH 25 mars 1992, nº 7511/76, Campbell c/R.-U., série A, nº 233.

avocats inscrits dans les barreaux du département est affiché au greffe et tenu à la disposition des détenus (C. pr. pén., art. D. 56).

L'avocat doit être doté d'un permis de communiquer pour rendre visite à son client. La seule condition à l'obtention de ce permis est qu'il ait été effectivement désigné par celui-ci. Or, sur ce point, on a pu assister à un certain nombre de différents entre avocats et magistrats. En effet, de nombreux juges d'instruction exigeaient que ce soit le détenu qui les informe directement du choix de leur conseil. Ils refusaient donc de délivrer un permis de communiquer en présence seulement d'une lettre de la famille du détenu, voire même d'une lettre adressée par le détenu à son avocat. On pouvait en effet considérer qu'il appartenait au détenu lui-même, et non à une quelconque autre personne, de faire connaître au juge ce choix (à la notable exception du mineur dont le conseil peut être désigné par ses représentants légaux). La loi du 15 juin 2000 a prévu un aménagement à ce principe, qui a encore été modifié par la loi du 9 mars 2004. L'article 115 dispose désormais que :

« Lorsque la personne mise en examen est détenue, le choix effectué par elle en application du premier alinéa peut également faire l'objet d'une déclaration auprès du chef de l'établissement pénitentiaire. Cette déclaration est constatée et datée par le chef de l'établissement qui la signe ainsi que la personne détenue. Si celle-ci ne peut signer, il en est fait mention par le chef de l'établissement. Ce document est adressé sans délai, en original ou en copie et par tout moyen, au greffier du juge d'instruction. La désignation de l'avocat prend effet à compter de la réception du document par le greffier.

Lorsque la personne mise en examen est détenue, le choix peut également résulter d'un courrier désignant un avocat pour assurer sa défense. La déclaration prévue au deuxième alinéa doit alors être faite par l'avocat désigné; celui-ci remet au greffier une copie, complète ou partielle, du courrier qui lui a été adressé, et qui est annexée par le greffier à la déclaration. La personne mise en examen doit confirmer son choix dans les quinze jours selon l'une des modalités prévues aux deuxième et troisième alinéas. Pendant ce délai, la désignation est tenue pour effective. »

L'une des lois du 5 mars 2007, relative à la protection juridique des majeurs[1], instaure un article 706-113 du Code de procédure pénale, prévoyant que si la personne est placée en détention provisoire, le curateur ou le tuteur bénéficie de plein droit d'un permis de visite.

1. L. n° 2007-308, 5 mars 2007, *JO* 7 mars, 4325.

148.23 Visites extérieures. Les permis de visites sont délivrés par le juge d'instruction saisi du dossier de l'information. Ils sont utilisés dans les conditions visées aux articles D. 403 et suivants du Code de procédure pénale (C. pr. pén., art. D. 64). Les visiteurs dont l'attitude donne lieu à observation sont signalés au magistrat ayant délivré le permis et ce dernier apprécie si l'autorisation accordée doit être supprimée ou maintenue (C. pr. pén., art. D. 408).

Les visites pour les personnes placées en détention provisoire sont au nombre de trois minimum par semaine (C. pr. pén., art. D. 410).

Sous réserve des dispositions de l'article 145-4, alinéa 2, du Code de procédure pénale, toute personne placée en détention provisoire peut avec l'autorisation du juge d'instruction recevoir des visites sur son lieu de détention. À l'expiration d'un délai d'un mois à compter du placement en détention, le juge d'instruction ne peut refuser de délivrer un permis de visite à une personne de la famille du détenu que par une décision écrite et spécialement motivée au regard des nécessités de l'instruction. Cette décision est notifiée par tout moyen et sans délai au demandeur. Ce dernier peut la déférer au président de la chambre de l'instruction qui statue dans un délai de cinq jours par une décision écrite et motivée non susceptible de recours. Lorsqu'il infirme la décision du juge d'instruction, le président de la chambre de l'instruction délivre le permis de visite (C. pr. pén., art. 145-4, al. 2, 3 et 4). Cette disposition est issue de la loi du 4 janvier 1993[2]. Auparavant, le juge n'était jamais astreint à justifier de ses refus, ce qui constituait un pouvoir discrétionnaire discutable lorsqu'on connaît l'importance pour un détenu de pouvoir recevoir des visites. La question pouvait se poser de la conformité de cette réglementation avec l'article 8 de la Convention européenne des droits de l'Homme.

À notre connaissance, aucune décision n'a été publiée. On le conçoit puisque les décisions des présidents de chambre de l'instruction ne sont pas motivées. Il semble néanmoins que la jurisprudence de certains magistrats de cour d'appel, tout comme celle d'ailleurs de certains juges, soit assez large en ce qui concerne la définition de la « famille », ouverte aux concubins.

Le permis de visite est valable jusqu'à ce que la condamnation devienne définitive. Les autorités compétentes après dessaisissement du magistrat instructeur n'ont pas l'obligation de les renouveler. L'autorité judiciaire ultérieurement saisie est com-

2. L. n° 93-2, 4 janv. 1993, *JO* 5 janv., 215; *D.* 1993, 134.; *JCP* 1993, III, 65891.

pétente pour supprimer ou suspendre les effets de ces permis (C. pr. pén., art. D. 64, al. 2).

148.24 Sorties exceptionnelles. En toute matière et en tout état de la procédure, la juridiction d'instruction ou de jugement peut, à titre exceptionnel, accorder une autorisation de sortie sous escorte à la personne mise en examen détenue (C. pr. pén., art. 148-5).

En pratique, il s'agit presque toujours de décès, plus rarement de naissance, d'examen... Le mariage peut être célébré à l'établissement sur réquisitions du procureur de la République telles que prévues au deuxième alinéa de l'article 75 du Code civil.

Les agents de la force publique ou les membres de l'administration pénitentiaire chargés de l'escorte, qui accompagnent le détenu auquel a été accordée une autorisation de sortie en application des articles 148-5 et 723-6, peuvent être dispensés du port de l'uniforme (C. pr. pén., art. D. 426).

Le rejet, par une chambre d'accusation, de la demande de sortie sous escorte présentée par un accusé sur le fondement de l'article 148-5 du Code de procédure pénale, constitue une simple mesure d'administration judiciaire insusceptible de recours devant la Cour de cassation[1]. Sur le rapport de la commission Léger, v. s[s] n° 148.05.

148.25 Transfèrements. Les détenus en prévention sont transférés sur la réquisition de l'autorité judiciaire compétente; sous réserve de l'application éventuelle des dispositions du second alinéa de l'article R. 94 (translation par l'administration pénitentiaire), les services de gendarmerie ou de police opèrent la translation dans les conditions qui leur sont propres (C. pr. pén., art. D. 297).

Le transfèrement d'une personne détenue pour autre cause, prévu et organisé selon les prescriptions réglementaires des articles D. 297 à D. 299 du Code de procédure pénale, n'est pas subordonné à la délivrance préalable d'un mandat d'amener[2]. Dans l'hypothèse où le transfèrement d'une personne mise en examen détenue paraît nécessaire à destination d'un établissement sanitaire pour raison médicale, ou d'une autre maison d'arrêt pour motif d'ordre administratif, l'opération ne peut être prescrite par l'administration pénitentiaire qu'avec l'accord du juge d'instruction saisi du dossier de l'information (C. pr. pén., art. D. 303 et D. 383).

148.26 Maintien des liens familiaux pour les mineurs. Le décret n° 2007-749 du 9 mai 2007 relatif au régime de détention des mineurs et modifiant le Code de procédure pénale (troisième partie : Décrets) *JO*, 10 mai 2007, p. 8293, apporte de nombreuses précisions sur la détention des mineurs. Parmi celles-ci, l'article D. 515 dispose que « Les titulaires de l'autorité parentale ou les représentants légaux du mineur sont [...] informés de toute demande de permis de visite faite au chef de l'établissement, de toute modification du régime de détention, ainsi que de toute procédure disciplinaire. Ils reçoivent mensuellement un état du compte nominatif du mineur. Ils sont tenus informés du déroulement de sa scolarité, de sa formation ou de ses activités professionnelles ». L'article D. 515-1 permet au mineur de téléphoner depuis son lieu de détention : « Les mineurs détenus peuvent, lorsque l'établissement dans lequel ils sont incarcérés est doté d'installations à cette fin, téléphoner aux membres de leur famille ou à toute personne participant effectivement à leur éducation et à leur insertion sociale, sous réserve, en ce qui concerne les prévenus, d'y avoir été autorisés par le magistrat saisi du dossier de l'information.

Le chef d'établissement peut, pour des motifs d'ordre, de sécurité et de prévention des infractions pénales ainsi que s'il apparaît que les communications risquent d'être contraires à la réinsertion du détenu, à l'intérêt des victimes ou sur demande du correspondant, refuser ou retirer, par une décision motivée, l'autorisation d'une communication téléphonique. » Pour les jeunes majeurs, l'article D. 521 dispose qu'ils peuvent participer à des activités d'enseignement, de formation, de travail et socio-culturelles et sportives ou de détente « sauf si, pour les prévenus, le magistrat saisi du dossier de l'information en dispose autrement ».

SECTION 3
DROITS ET LIMITES

148.31 Vêtements. Le détenu en détention provisoire peut conserver ses vêtements personnels, en recevoir du dehors ou en faire acheter à ses frais (C. pr. pén., art. D. 61). Seuls les condamnés sont en effet astreints à porter un costume sauf à avoir des effets personnels convenables.

À défauts d'effets personnels convenables un costume en bon état est mis à la disposition du prévenu en vue de sa comparution devant les autorités judiciaires (C. pr. pén., art. D. 61, al. 4).

Le juge d'instruction peut, dans l'intérêt de l'instruction, interdire à la personne mise en examen détenue de conserver ses vêtements personnels (C. pr. pén., art. D. 61).

148.32 Travail. L'article D. 62 du Code de procédure pénale prévoit que les prévenus peuvent demander qu'il leur soit donné du travail dans les conditions prévues aux articles D. 99 et suivants du

1. Crim. 22 juill. 1997, n° 97-82.678, *Bull. crim.*, n° 278.
2. Crim. 10 juill. 1991, n° 91-82.512, *Bull. crim.*, n° 297.

Code de procédure pénale. Le travail doit être attribué en fonction des capacités de chacun. Les détenus ne sont donc pas obligés de travailler. Toutefois, il faut constater que certains prévenus souhaitant travailler ne le peuvent pas par manque de fourniture de travail à réaliser. Le travail permet en effet au détenu de se constituer un « pécule » aussi peu élevé soit-il, qui lui permet d'améliorer ses repas ordinaires.

Les personnes mises en examen détenues ne peuvent être affectées au service général de la prison qu'avec l'accord préalable du juge d'instruction saisi du dossier de l'information (C. pr. pén., art. D. 105). Travailler au service général permet en effet souvent de circuler dans la prison et de prendre des contacts avec les autres détenus. Il est bien illusoire toutefois de penser qu'une étanchéité peut réellement être assurée entre deux détenus placés dans la même maison d'arrêt.

148.33 **Gestion des biens.** Tout versement effectué à l'extérieur par la personne mise en examen détenue doit avoir été expressément autorisé par le juge d'instruction saisi du dossier de l'information (C. pr. pén., art. D. 330 et D. 421).

Les éventuelles procurations nécessaires à la gestion des biens patrimoniaux de la personne mise en examen détenue sont soumises au contrôle du juge d'instruction saisi du dossier de l'information (C. pr. pén., art. D. 321).

Les bijoux et valeurs appartenant à la personne mise en examen détenue peuvent être rendus à sa famille avec l'accord du juge d'instruction (C. pr. pén., art. D. 336).

L'administration peut refuser de prendre en charge les objets de valeurs ou encombrants; elle doit en aviser le juge d'instruction (C. pr. pén., art. D. 337).

Les sommes appartenant au prévenu et le produit de son travail sont inscrits à leur compte nominatif avec un prélèvement prévu pour la constitution d'un pécule de sortie et pour l'indemnisation des parties civiles (C. pr. pén., art. D. 63 et D. 113).

148.34 **Copie de pièces de la procédure.** La loi du 30 décembre 1996 a prévu la possibilité pour la partie d'obtenir, sous certaines réserves des copies de pièces de la procédure par l'intermédiaire de son avocat. Le législateur a modifié le dernier alinéa de l'article 114 du Code de procédure pénale et l'a remplacé par huit nouveaux alinéas. Mais une procédure particulière a été mise en place par décret pour les personnes détenues (D. n° 97/80, 28 févr. 1997, modifiant le Code de procédure pénale – Circ. min. Justice, 19 mars 1997). Contrairement à ce qui se passe quand la personne n'est pas détenue, il n'y a pas de remise directe possible entre l'avocat et son client; le greffe constitue l'intermédiaire obligatoire.

L'article R. 15-42 prévoit que les reproductions de copie de pièces ou actes de procédure d'instruction que l'avocat d'une personne détenue lui transmet conformément aux dispositions de l'article 114 sont adressés au greffe de l'établissement pénitentiaire soit par envoi recommandé soit par remise directe au greffe contre récépissé. C'est le greffe qui, dans les trois jours ouvrables de la réception les remet au détenu et qui lui notifie les obligations qui en découlent (C. pr. pén., art. 114, al. 6 et 114-1).

Le juge d'instruction peut subordonner l'autorisation de remise à la condition que ces documents soient conservés au greffe de l'établissement pénitentiaire après leur consultation par le détenu (C. pr. pén., art. R. 15-44). Le détenu peut également faire une demande pour que le greffe conserve les pièces en ses lieux et place.

Ces pièces sont protégées par le secret de l'instruction. Elles ne peuvent pas être versées au dossier individuel du détenu.

La loi du 17 juin 1998 a exclu des pièces pouvant être mises à la disposition du détenu : il s'agit de l'enregistrement audio ou vidéo de l'audition d'un enfant victime (C. pr. pén., art. 706-52, entrée en vigueur sur ce point le 1er juin 1999).

SECTION 4
SANTÉ

148.41 **Principes.** Les détenus malades bénéficient gratuitement des soins qui leur sont nécessaires, ainsi que de la fourniture des produits et spécialités pharmaceutiques dont l'emploi est autorisé dans les hôpitaux publics (C. pr. pén., art. D. 380).

Au cas où le médecin de l'établissement estimerait que les soins nécessaires ne peuvent être donnés sur place, ou s'il s'agit d'une affection épidémique, les détenus malades sont envoyés dans un établissement pénitentiaire mieux approprié ou dans un établissement pénitentiaire spécialisé. Toutefois, si leur état de santé interdit leur transfèrement ou s'il y a urgence, ils doivent être admis dans le service hospitalier le plus proche. Il en est de même pour les prévenus qui ne peuvent être éloignés des juridictions d'instruction ou de jugement devant lesquelles ils ont à comparaître (C. pr. pén., art. D. 382).

Dans le cas exceptionnel où l'hospitalisation d'un détenu s'impose dans les conditions visées aux articles D. 382 et D. 384, le chef de l'établissement de détention avise dans les meilleurs délais l'administration de l'hôpital afin qu'elle prenne les dispositions voulues pour que l'intéressé soit placé dans une chambre de sûreté, ou, à défaut d'installation spéciale dans une chambre ou un local où un certain isolement sera possible, de manière que la surveillance suivie du détenu puisse être assurée sans entraîner de gêne pour l'exécution du service hospitalier ou pour les autres malades (C. pr. pén., art. D. 386).

Pour les pathologies autres que les troubles mentaux, l'hospitalisation des détenus est assurée par l'établissement de santé mentionné à l'article R. 711-7 lorsque cette hospitalisation présente un caractère d'urgence ou de très courte durée; par un établissement de santé figurant sur une liste fixée par arrêté conjoint des ministres de la justice, de l'intérieur, de la défense et des ministres chargés de la santé, de la sécurité sociale et du budget (C. santé publ., art. R. 711-19) [1]. À propos du rejet de la demande d'un requérant atteint du sida entraînant des soins réguliers et importants, avec un pronostic vital engagé à court ou moyen terme, la Cour estime que ni la situation de santé du requérant, ni la détresse qu'il allègue, n'atteignent en l'état un niveau de gravité suffisant pour entraîner une violation de l'article 3 [2].

148.42 **Troubles mentaux.** C'est la circulaire du 30 septembre 1967 qui a créé les premiers centres médico-psychologiques régionaux. Après 1974, une nouvelle impulsion a été donnée avec l'institution d'une commission mixte de santé et justice, puis celle d'un centre psychiatrique à Fleury Mérogis où le personnel soignant est placé sous la tutelle du ministère de la Santé. La circulaire du 27 mars 1977 préconise ensuite la mise en place de soins psychiatriques dans les maisons d'arrêt et leur prise en charge par le budget d'hygiène mentale du département. Ces services n'existaient pas dans les établissements pour peine. Cette même année sont créés les premiers centres (qui deviendront en 1986 les « services ») médico-psychologiques régionaux. Si l'administration pénitentiaire est en charge de l'entretien et de la sécurité, c'est la santé publique qui intervient pour les émoluments de l'équipe médicale. Chaque SMPR est rattaché à un hôpital public et en constitue un secteur.

Par la suite plusieurs textes sont intervenus pour fixer plus précisément leur statut : circulaire du 5 décembre 1988, arrêté du 10 mai 1995 fixant la liste des établissements pénitentiaires sièges de SMPR. La loi du 18 janvier 1994 (et le décret du 27 octobre 1994) a considérablement révolutionné le domaine en prescrivant que les prisons (et pas seulement les maisons d'arrêt) se dotent de structures de soins somatiques adaptées, appelées unités de consultation et de soins ambulatoires (UCSA). La loi du 18 janvier 1994 relative à la santé publique et à la protection sociale a confié aux hôpitaux publics la responsabilité de l'ensemble des soins médicaux en milieu pénitentiaire. Les services médico-psychologiques régionaux sont régis par le décret n° 86-602 du 14 mars 1986 (not. D. 14 mars 1986, art. 11), et désormais lorsque l'établissement pénitentiaire n'est pas desservi par un service médico-psychologique régional, le préfet de région désigne l'établissement public de santé, situé à proximité de l'établissement pénitentiaire, qui est chargé de dispenser les soins aux détenus et de concourir aux actions de prévention et d'éducation pour la santé organisées en milieu pénitentiaire (C. santé publ., art. R. 711-7 s. - D. n° 94-929, 27 oct. 1994, relatif aux soins dispensés aux détenus par les établissements de santé assurant le service public hospitalier, à la protection sociale des détenus et à la situation des personnels infirmiers des services déconcentrés de l'administration pénitentiaire [3]).

La loi du 1er février 1994 a modifié l'article 718 du Code de procédure pénale et prévu que certains condamnés devraient effectuer leur peine dans des établissements pénitentiaires permettant d'assurer un suivi médical et psychologique adapté.

148.43 **Aliénation mentale.** Les personnes mises en examen détenues, en état d'aliénation mentale, ne peuvent être maintenues dans un établissement pénitentiaire. Sur proposition du médecin de la prison et conformément à la législation en vigueur, il appartient au préfet de faire procéder à leur internement. Cet internement doit être effectué d'urgence s'il s'agit d'individus dangereux pour eux-mêmes ou pour autrui (C. pr. pén., art. D. 398). Les hospitalisations relevant de l'article D. 398 du Code de procédure pénale sont effectuées dans les établissements habilités au titre de l'article L. 331 du Code de la santé publique (C. santé publ., art. R. 711-19).

Bien qu'aucun texte ne le précise on peut penser que la détention provisoire est alors suspendue et reprend effet lorsque la personne n'est plus l'objet de l'application de l'article D. 398. Le mandat de

1. Sur la condamnation de la France par la Cour européenne des droits de l'Homme, au visa de l'article 3 de la Convention, à propos d'un détenu atteint d'un cancer, v. CEDH 14 nov. 2002, n° 67263/01, Mouisel c/ France, *JCP G* 2003, 1, 109, chron. F. Sudre; *D.* 2003, 303, comm. H. Moutouh; *D.* 2003, somm. 524, J.-F. Renucci.
2. CEDH, sect. 2, 14 déc. 2004, n° 25875/03, Gelfmann c/ France.
3. D. n° 94-929, 27 oct. 1994, relatif aux soins dispensés aux détenus par les établissements de santé assurant le service public hospitalier, à la protection sociale des détenus et à la situation des personnels infirmiers des services déconcentrés de l'administration pénitentiaire, *JO* 28 oct., 15350.

dépôt verrait alors ses effets suspendus de la même façon que lorsqu'une peine ferme est mise à exécution[1]. Aucune jurisprudence n'a eu l'occasion, à notre connaissance, de consacrer cette théorie.

148.44 Maternité. La détenue enceinte et celle à laquelle est laissé son enfant né en détention peuvent être transférées dans un établissement disposant d'un quartier spécialement aménagé, si le juge d'instruction y consent (C. pr. pén., art. D. 399 à 401-1).

148.45 Grèves de la faim et de la soif. Si un détenu se livre à une grève de la faim prolongée, il peut être procédé à son alimentation forcée, mais seulement sur décision et sous surveillance médicale, et lorsque ses jours risquent d'être mis en danger. Il en est rendu compte aux autorités à prévenir en cas d'incident dans les conditions visées à l'article D. 280 (C. pr. pén., art. D. 390).

SECTION 5
RÈGLES D'EXÉCUTION DE LA DÉTENTION

148.51 Le principe d'imputation de la détention provisoire. Lorsqu'il y a eu détention provisoire, quel que soit le moment de la procédure où elle a eu lieu, celle-ci est décomptée de la peine qu'a prononcée le jugement ou l'arrêt de condamnation, ou s'il y a lieu de la durée totale de la peine à subir après confusion (C. pr. pén., art. 716-4). Depuis l'entrée en vigueur de la loi du 15 juin 2000 « il en est de même, s'agissant d'une détention provisoire ordonnée dans le cadre d'une procédure suivie pour les mêmes faits que ceux ayant donné lieu à condamnation, si cette procédure a été ultérieurement annulée ».

Les dispositions de l'alinéa précédent sont également applicables à la privation de liberté subie en exécution d'un mandat d'amener ou d'arrêt, à l'incarcération subie hors de France sur la demande d'extradition et à l'incarcération subie en application des articles 741-2 et 741-3 (C. pr. pén., art. 716-4, al. 2).

L'article 716-4 établit donc deux catégories différentes : les deux sont déductibles de la peine prononcée mais la première seulement est considérée comme détention provisoire. C'est pourquoi si le temps passé à l'étranger sur mandat d'arrêt international, ou pendant le temps de transfert sur mandat d'amener est retranché de la peine, il ne s'agit pas de détention provisoire. Toutefois la période passée en détention à l'étranger n'est pas retranchée de la peine lorsque l'incarcération prolongée du condamné à l'étranger n'a pas eu pour cause la demande d'extradition, mais une condamnation pénale de ce pays[2].

On a vu, en étudiant le point de départ du délai de la détention, qu'il fallait effectuer une différence importante entre l'arrestation sur mandat d'amener et sur mandat d'arrêt.

Seule la rétention sur mandat d'arrêt est computée comme détention provisoire, elle-même imputée de la peine, alors que celle effectuée sur mandat d'amener est seulement imputée de la peine.

L'incarcération provisoire est, le cas échéant, imputée sur la durée de la détention provisoire pour l'application de l'article 145-1. Elle est assimilée à une détention provisoire au sens de l'article 149 du Code de procédure pénale et de l'article 716-4 du même code (C. pr. pén., art. 145, dernier al.)

En cas de confusion de plusieurs peines, cette déduction doit s'appliquer à la détention provisoire subie à raison de l'une quelconque des peines confondues[3]. Par ailleurs, en cas d'amnistie de la condamnation ferme, la personne est considérée comme n'ayant pas cessé d'être détenue en vertu du mandat de dépôt décerné contre elle, et la totalité de la détention subie depuis la date de ce mandat s'imputera sur la peine finalement prononcée[4].

En édictant que la détention provisoire sera déduite de la peine qu'aura prononcée la juridiction de jugement, l'article 24 du Code pénal (désormais C. pr. pén., art. 716-4) se réfère exclusivement à la détention subie en raison du fait qui a motivé la condamnation[5].

Le séjour d'un mineur délinquant dans un des établissements où il a été placé par une ordonnance de garde provisoire d'un juge d'instruction des mineurs, conformément aux dispositions des articles 10 et 11 de l'ordonnance du 2 février 1945, n'est pas assimilable à la détention provisoire dans une maison d'arrêt. Par suite, le temps de ce séjour ne peut être imputé sur la durée de la peine d'emprisonnement prononcée par la suite contre le mineur[6].

148.52 Mise à exécution d'une peine ferme. Autre point capital : la mise à exécution d'une peine d'emprisonnement a pour conséquence de suspendre les effets d'un mandat de dépôt délivré pour autre cause[7].

1. Crim. 30 janv. 1991, n° 90-83.464, *Bull. crim.*, n° 52.
2. Crim. 26 juin 1979, n° 78-94.057, *Bull. crim.*, n° 228; *Gaz. Pal.* 1980, 1, 251, note P. L. G.
3. Crim. 26 févr. 1974, n° 73-91.611, *Bull. crim.*, n° 80.
4. Crim. 11 févr. 1971, n° 70-91.879, *Bull. crim.*, n° 49.
5. Crim. 15 oct. 1958, *Bull. crim.*, n° 625.
6. CA Lyon, 30 août 1948, *D.* 1950, jur. 28, note Vouin.
7. Crim. 30 janv. 1991, n° 90-83.464, *Bull. crim.*, n° 52.

Ainsi, l'individu qui se trouve en détention provisoire au moment où est mise à exécution une peine d'emprisonnement ferme exécute-t-il cette peine sans que la détention provisoire ne courre plus. Cette solution a deux incidences : la première est évidente et consiste à dire qu'on ne saurait computer deux délais d'exécution à la fois, celle d'une peine et celle d'une détention provisoire.

Mais la seconde est susceptible d'entraîner des complications dans les computations si on estime que la suspension des effets du mandat de dépôt délivré pour autre cause correspond à une suspension du délai.

Un arrêt de la chambre criminelle du 22 novembre 2005 semble pourtant poser certaines limites[1]. Le principe posé est en effet le suivant : les règles régissant la détention provisoire demeurent applicables, même lorsque la personne concernée exécute, dans le même temps, une peine privative de liberté. Le cas d'espèce était celui de la computation du délai d'un an prévu par l'article 181 du Code de procédure pénale après l'ordonnance de mise en accusation devant la cour d'assises. L'individu exécutant par ailleurs une peine ferme, le parquet général avait cru pouvoir ne pas respecter ce délai au motif que le délai n'aurait commencé à courir qu'à l'issue de l'exécution de la peine prononcée. La chambre criminelle confirme l'arrêt de la chambre de l'instruction et estime que « tant qu'il n'a pas été mis fin à la détention provisoire, les règles régissant cette mesure demeurent applicables, même lorsque la personne concernée exécute, dans le même temps, une peine privative de liberté ».

Cette jurisprudence conduit à envisager la détention provisoire exactement de la même façon, que le détenu exécute ou non une peine ferme d'emprisonnement.

148.53 Port des menottes ou entraves. D'une façon générale, nul ne peut être soumis au port des menottes ou entraves que s'il est considéré soit comme dangereux pour autrui ou pour lui-même soit comme susceptible de tenter de prendre la fuite (C. pr. pén., art. 803). Le texte de l'article 803 a été complété par un alinéa issu de la loi du 15 janvier 2000 qui dispose que « dans ces deux hypothèses, toutes mesures utiles doivent être prises, dans les conditions compatibles avec les exigences de sécurité, pour éviter qu'une personne menottée ou entravée soit photographiée ou fasse l'objet d'un enregistrement audiovisuel ». La France a été condamné par la CEDH dans l'affaire Henaf par un arrêt du 27 novembre 2003[2]. Le requérant se plaignait de l'entrave au lit d'hôpital. La cour estimait qu'il s'agissait d'un traitement inhumain, compte tenu de l'âge du requérant (75 ans), de son état de santé, de l'absence d'antécédents faisant sérieusement craindre un risque pour la sécurité, des consignes écrites du directeur de la prison pour une surveillance normale du requérant et non renforcée, du fait que l'hospitalisation intervenait la veille d'une opération chirurgicale. La mesure d'entrave était disproportionnée au regard des exigences de sécurité (éviter la fuite ou le suicide du détenu), d'autant que deux policiers avaient été spécialement placés en faction devant sa chambre d'hôpital.

1. Crim. 22 nov. 2005, n° 05-86.295, *Bull. crim.*, n° 303; *AJ pén.* 2006, 26, note C. Saas; *Dr. pén.* 2006, n° 34, obs. J. Buisson; *RSC* 2006, 348, note D. Commaret; pour un extrait v. s^s n° 144.02.

2. CEDH, sect. 1, 27 nov. 2003, n° 65436/01, Hénaf c/ France, *Rec. CEDH* 2003-XI; *D* 2004, jur. 1196, note D. Roets; *JCP* 2004, II, 10093, note L. Di Raimondo.

CHAPITRE

149. Indemnisation de la détention provisoire

SECTION 0
ORIENTEUR

149.00 **Plan du chapitre.**

Sect. 1 Textes antérieurs à la loi du 15 juin 2000
Sect. 2 Loi du 15 juin 2000 : procédure
Sect. 3 Loi du 15 juin 2000 : application

149.01 **Textes applicables.**

C. pr. pén., art. 149, 149-1, 149-2, 149-3, 149-4, 150, 626.

COJ, art. 781-1.

C. pr. pén., art. 149

Sans préjudice de l'application des dispositions des deuxième et troisième alinéas de l'article L. 781-1 du Code de l'organisation judiciaire, la personne qui a fait l'objet d'une détention provisoire au cours d'une procédure terminée à son égard par une décision de non-lieu, de relaxe ou d'acquittement devenue définitive a droit, à sa demande, à réparation intégrale du préjudice moral et matériel que lui a causé cette détention. Toutefois, aucune réparation n'est due lorsque cette décision a pour seul fondement la reconnaissance de son irresponsabilité au sens de l'article 122-1 du Code pénal, une amnistie postérieure à la mise en détention provisoire, ou la prescription de l'action publique intervenue après la libération de la personne, lorsque la personne était dans le même temps détenue pour une autre cause, ou lorsque la personne a fait l'objet d'une détention provisoire pour s'être librement et volontairement accusée ou laissé accuser à tort en vue de faire échapper l'auteur des faits aux poursuites. À la demande de l'intéressé, le préjudice est évalué par expertise contradictoire réalisée dans les conditions des articles 156 et suivants. Lorsque la décision de non-lieu, de relaxe ou d'acquittement lui est notifiée, la personne est avisée de son droit de demander réparation, ainsi que des dispositions des articles 149-1 à 149-3 (premier alinéa).

C. pr. pén., art. 149-1

La réparation prévue à l'article précédent est allouée par décision du premier président de la cour d'appel dans le ressort de laquelle a été prononcée la décision de non-lieu, de relaxe ou d'acquittement.

C. pr. pén., art. 149-2

Le premier président de la cour d'appel, saisi par voie de requête dans le délai de six mois de la décision de non-lieu, de relaxe ou d'acquittement devenue définitive, statue par une décision motivée. Les débats ont lieu en audience publique, sauf opposition du requérant. À sa demande, celui-ci est entendu personnellement ou par l'intermédiaire de son conseil.

C. pr. pén., art. 149-3

Les décisions prises par le premier président de la cour d'appel peuvent, dans les dix jours de leur notification, faire l'objet d'un recours devant une commission nationale de réparation des détentions. Cette commission, placée auprès de la Cour de cassation, statue souverainement et ses décisions ne sont susceptibles d'aucun recours, de quelque nature que ce soit.

Le bureau de la Cour de cassation peut décider que la commission nationale comportera plusieurs formations.

La commission nationale, ou le cas échéant chacune des formations qu'elle comporte, est composée du premier président de la Cour de cassation, ou de son représentant, qui la préside, et de deux magistrats du siège de la cour ayant le grade de président de chambre, de conseiller ou de conseiller référendaire, désignés annuellement par le bureau de la cour. Outre ces deux magistrats, ce bureau désigne également, dans les mêmes conditions, trois suppléants.

Les fonctions du ministère public sont remplies par le parquet général près la Cour de cassation.

Les dispositions de l'article 149-2 sont applicables aux décisions rendues par la commission nationale.

C. pr. pén., art. 149-4

La procédure devant le premier président de la cour d'appel et la commission nationale, qui statuent en tant que juridictions civiles, est fixée par un décret en Conseil d'État.

C. pr. pén., art. 150

La réparation allouée en application de la présente sous-section est à la charge de l'État, sauf le recours de celui-ci contre le dénonciateur de mauvaise foi ou le faux témoin dont la faute aurait provoqué la détention ou sa prolongation. Elle est payée comme frais de justice criminelle.

C. pr. pén., art. 626

Sans préjudice des dispositions des deuxième et troisième alinéas de l'article L. 781-1 du Code de l'organisation judiciaire, un condamné reconnu innocent en application du présent titre a droit à réparation intégrale du préjudice matériel et moral que lui a causé la condamnation. Toutefois, aucune réparation n'est due lorsque la personne a été condamnée pour des faits dont elle s'est librement et volontairement accusée ou laissé accuser à tort en vue de faire échapper l'auteur des faits aux poursuites.

Peut également demander une réparation, dans les mêmes conditions, toute personne justifiant du préjudice que lui a causé la condamnation.

À la demande de l'intéressé, le préjudice est évalué par expertise contradictoire réalisée dans les conditions des articles 156 et suivants.

La réparation est allouée par le premier président de la cour d'appel dans le ressort de laquelle réside l'intéressé et suivant la procédure prévue par les articles 149-2 à 149-4. Si la personne en fait la demande, la réparation peut également être allouée par la décision d'où résulte son innocence. Devant la cour d'assises, la réparation est allouée par la cour statuant, comme en matière civile, sans l'assistance des jurés.

Cette réparation est à la charge de l'État, sauf son recours contre la partie civile, le dénonciateur ou le faux témoin par la faute desquels la condamnation a été prononcée. Elle est payée comme frais de justice criminelle, correctionnelle et de police.

Si le demandeur le requiert, l'arrêt ou le jugement de révision d'où résulte l'innocence du condamné est affiché dans la ville où a été prononcée la condamnation, dans la commune du lieu où le crime ou le délit a été commis, dans celle du domicile des demandeurs en révision, dans celles du lieu de naissance et du dernier domicile de la victime de l'erreur judiciaire, si elle est décédée; dans les mêmes conditions, il est ordonné qu'il soit inséré au Journal officiel et publié par extraits dans cinq journaux au choix de la juridiction qui a prononcé la décision.

Les frais de la publicité ci-dessus prévue sont à la charge du Trésor.

COJ, art. L. 141-1

L'État est tenu de réparer le dommage causé par le fonctionnement défectueux du service de la justice.

Sauf dispositions particulières, cette responsabilité n'est engagée que par une faute lourde ou par un déni de justice.

COJ, art. L. 141-2

La responsabilité des juges, à raison de leur faute personnelle, est régie :

– s'agissant des magistrats du corps judiciaire, par le statut de la magistrature;

– s'agissant des autres juges, par des lois spéciales ou, à défaut, par les articles 505 et suivants du Code de procédure civile.

L'État garantit les victimes des dommages causés par les fautes personnelles des juges et autres magistrats, sauf son recours contre ces derniers.

[Anc[t] COJ, art. L. 781-1]

L'État est tenu de réparer le dommage causé par le fonctionnement défectueux du service de la justice. Cette responsabilité n'est engagée que par une faute lourde ou par un déni de justice. La responsabilité des juges, à raison de leur faute personnelle, est régie par le statut de la magistrature en ce qui concerne les magistrats du corps judiciaire et par des lois spéciales en ce qui concerne les juges composant les juridictions d'attribution. L'État garantit les victimes des dommages causés par les fautes personnelles des juges et autres magistrats, sauf son recours contre ces derniers. Toutefois, les règles de l'article 505 du Code de procédure civile continuent à recevoir application jusqu'à l'entrée en vigueur des dispositions législatives concernant la responsabilité des magistrats à raison de leur faute personnelle.]

149.02 Jurisprudence de référence.

• La violation d'un contrôle judiciaire n'est pas un obstacle à la réparation lorsque la procédure s'est achevée par une décision de non-lieu, de relaxe ou d'acquittement devenue définitive.

CRD, 28 juin 2002, 02 RDP 012.

« L'article 149 du Code de procédure pénale n'opère aucune distinction entre la mesure de détention ordonnée en application de l'article 144 du Code de procédure pénale, et celle prononcée sur le fondement de l'article 141-2 dudit code; que les dispositions de l'article 149 instituent, pour les détentions subies, un principe de réparation intégrale, assorti de certaines exceptions au rang desquelles ne figure pas la violation d'obligations d'un contrôle judiciaire; qu'enfin la soustraction de l'intéressé auxdites obligations, qui peut être sanctionnée conformément à l'article 141-2 j du Code de procédure pénale par le placement en détention provisoire ne peut être regardée comme une faute de nature à influer sur le principe et le montant du droit à réparation due, dès lors que la procédure s'est terminée par une décision de non-lieu, de relaxe ou d'acquittement devenue définitive. »

149.03 Bibliographie indicative. (V. les références complètes s[s] n° 03.)

> Loi du 17 juillet 1970

Azibert G., « La commission nationale d'indemnisation en matière de détention provisoire », *RSC* 1985, p. 517 – Bryon Ch., « Des dispositions de la loi n° 70-643 du 17 juillet 1970 tendant à accorder une indemnisation en cas de non-lieu ou d'acquittement en raison de la détention provisoire subie », *RSC* 1971, p. 577 – Pisier, « La responsabilité de l'État à raison d'une détention provisoire et la loi du 17 juillet 1970 », *AJDA* 1971, p. 571 – V. aussi, Touffait A., « Les principes applicables à l'allocation de l'indemnité réclamée à raison d'une détention provisoire, conclusions prises par le Procureur général près la Cour de cassation le 18 juillet 1971 devant la commission d'indemnisation prévue à l'article 149-1 du Code de procédure pénale lors de l'installation de cette commission », *D.* 1971, chron p. 189 – Touffait et Averseng, « Détention provisoire et responsabilité de l'État », *DS* 1979, chron. p. 261 – Diemer J. G., « La commission nationale d'indemnisation », *Gaz. Pal.* 1990, doctr. p. 279.

> Loi du 30 décembre 1996

Giudicelli A., « L'indemnisation des personnes injustement détenues ou condamnées », *RSC* 1998, p. 14 – Giudicelli-Delage G., « La responsabilité des magistrats et de l'État en matière pénale », *Justices* janv.-mars 1997, p. 25 – Commaret D., « La commission nationale d'indemnisation en matière de détention provisoire », *RSC* 1999, p. 845.

> Loi du 15 juin 2000

Karsenty D., « Aperçu de la jurisprudence de la Commission nationale de réparation des détentions », *BICC* 1er mai 2003; « La réparation des détentions », *JCP* 2003, I, 108.

SECTION 1
TEXTES ANTÉRIEURS À LA LOI DU 15 JUIN 2000

149.11 Avant la loi du 17 juillet 1970. Avant la loi du 17 juillet 1970, aucun texte ne traitait le sujet. Une jurisprudence s'était dégagée, reposant sur la notion de risque anormal. C'est l'innocence réelle de la personne qui était examinée et seule susceptible d'entraîner indemnisation, admise de façon rarissime. C'est ainsi que l'innocence du condamné ne suffisait pas s'il existait au moment du placement en détention des charges importantes [1].

149.12 Loi du 17 juillet 1970. Elle introduisit pour la première fois dans le Code de procédure pénale un article consacré à cette indemnisation : « Sans préjudice de l'application des dispositions des articles 505 et suivants du Code de procédure civile, une indemnité peut être accordée à la personne ayant fait l'objet d'une détention provisoire au cours d'une procédure terminée à son égard par une décision de non-lieu, de relaxe ou d'acquittement devenue définitive lorsque cette détention lui a causé un préjudice manifestement anormal et d'une particulière gravité. » Les articles 505 et suivants ont été repris à l'article L. 781-1 du Code de l'organisation judiciaire, qui prévoit la responsabilité de l'État en cas de fonctionnement défectueux du service public de la justice, pour faute lourde ou déni de justice. La jurisprudence s'est montré sévère dans l'appréciation du caractère « manifestement anormal et d'une particulière gravité ».

Les critères de la commission peuvent être exposés ainsi :

- innocence manifeste du requérant;
- dysfonctionnement du service judiciaire;
- comportement du requérant [2].

149.13 Loi nº 96-1235 du 30 décembre 1996. Elle a supprimé la condition de « préjudice manifestement anormal et d'une particulière gravité ». Ce fut un premier pas important sur le chemin d'une indemnisation de principe [3]. La doctrine espérait que la rédaction issue de la loi du 30 décembre 1996 allait infléchir la jurisprudence mais il n'en fut rien.

149.14 Jurisprudence antérieure à la loi du 15 juin 2000. Ainsi, le droit à indemnisation n'a pas été reconnu lorsque la déclaration partielle de culpabilité est fondée sur des faits punis d'une peine d'emprisonnement autorisant la détention provisoire même si un non-lieu partiel est intervenu [4]. D'une façon plus générale ont été exclues du bénéfice de ces dispositions les personnes qui ont fait l'objet d'une condamnation partielle [5] (sauf dans le cas où la condamnation ne visait qu'une infraction qui n'était pas susceptible d'entraîner le placement en détention en vertu de l'article 144 [6]) ou si la personne exécutait, en même temps que la détention provisoire, une peine d'emprisonnement prononcée par une décision définitive [7].

En cas d'annulation de la procédure, la Commission estime que la demande de réparation est recevable si le ministère public n'a pas jugé opportun

1. TGI Paris, 9 mars 1970, N... c/Agent judiciaire du trésor, *JCP* 1971, II, nº 16840, note G. Bureau – V. Léauté, « Pour une responsabilité de la puissance publique en cas de détention préventive abusive », *D.* 1966, chron. 61.

2. Pour une critique de l'utilisation de ces critères v. Pisier, « La responsabilité de l'État à raison d'une détention provisoire et la loi du 17 juillet 1970 », *AJDA* 1971, 571 – V. aussi, A. Touffait, « Les principes applicables à l'allocation de l'indemnité réclamée à raison d'une détention provisoire, conclusions prises par le Procureur général près la Cour de cassation le 18 juillet 1971 devant la commission d'indemnisation prévue à l'article 149-1 du Code de procédure pénale lors de l'installation de cette commission », *D.* 1971, chron. 189 – J. G. Diemer, « La commission nationale d'indemnisation », *Gaz. Pal.* 1990, doctr. 279.
3. V. A. Giudicelli, « L'indemnisation des personnes injustement détenues ou condamnées », *RSC* 1998, 14 – G. Giudicelli-Delage, « La responsabilité des magistrats et de l'État en matière pénale », *Justices* janv.-mars 1997, 25 – D. Commaret, « La commission nationale d'indemnisation en matière de détention provisoire », *RSC* 1999, 845.
4. Déc. 99 IDP 094, 2 nov. 2000.
5. Déc. 96 IDP 120, 5 déc. 1997 – Déc. 95 095 et 95 IDP 107, 27 nov. 1997 – Déc. 97 IDP 185, 23 oct. 1998 – Déc. 97 IDP 120, 12 févr. 1999 – Déc. 97 IDP 134, 26 févr. 1997.
6. CPP, déc. 99 IDP 148 et 99 IDP 153.
7. Déc. 98 IDP 055, 16 déc. 1999.

d'engager de nouvelles poursuites[1] ou lorsqu'elle s'est terminée par le constat de la prescription de l'action publique[2].

Les aveux de la personne s'opposent en général au droit à indemnisation[3].

SECTION 2
LOI DU 15 JUIN 2000 : PROCÉDURE

149.21 Le nouveau texte. L'article 149 du Code de procédure pénale issu de la loi du 15 juin 2000 consacre pour la première fois un véritable droit à réparation. Il est désormais rédigé de la façon suivante : « Sans préjudice de l'application des dispositions des deuxième et troisième alinéas de l'article L. 781-1 du Code de l'organisation judiciaire, la personne qui a fait l'objet d'une détention provisoire au cours d'une procédure terminée à son égard par une décision de non-lieu, de relaxe ou d'acquittement devenue définitive a droit, à sa demande, à réparation intégrale du préjudice moral et matériel que lui a causé cette détention. Toutefois, aucune réparation n'est due lorsque cette décision a pour seul fondement la reconnaissance de son irresponsabilité au sens de l'article 122-1 du Code pénal, une amnistie postérieure à la mise en détention provisoire, ou la prescription de l'action publique intervenue après la libération de la personne, lorsque la personne était dans le même temps détenue pour une autre cause, ou lorsque la personne a fait l'objet d'une détention provisoire pour s'être librement et volontairement accusée ou laissé accuser à tort en vue de faire échapper l'auteur des faits aux poursuites. À la demande de l'intéressé, le préjudice est évalué par expertise contradictoire réalisée dans les conditions des articles 156 et suivants. Lorsque la décision de non-lieu, de relaxe ou d'acquittement lui est notifiée, la personne est avisée de son droit de demander réparation, ainsi que des dispositions des articles 149-1 à 149-3 (premier alinéa). » En dehors de ces exclusions, le demandeur a droit à réparation intégrale de son préjudice personnel, moral et matériel[4]. La loi n° 2006-673 du 8 juin 2006 portant refonte du Code de l'organisation judiciaire a transposé les dispositions de l'article L. 781-1 dans deux articles nouveaux : L. 141-1 et L. 141-2. L'article 149 du Code de procédure pénale fait toutefois toujours référence à cet article L. 781-1.

149.22 Le transfert aux premiers présidents du contentieux de l'indemnisation de la détention provisoire. Le décret du 12 décembre 2000 transfère aux premiers présidents le contentieux de l'indemnisation des détentions provisoires, la commission nationale devenant en vertu des nouveaux articles 149-3 et 149-4, une instance d'appel. La réparation prévue à l'article 149 est désormais allouée par décision du premier président de la cour d'appel dans le ressort de laquelle a été prononcée la décision de non-lieu, de relaxe ou d'acquittement (C. pr. pén., art. 149-1). Le premier président de la cour d'appel, saisi par voie de requête dans le délai de six mois de la décision de non-lieu, de relaxe ou d'acquittement devenue définitive, statue par une décision motivée. Les débats ont lieu en audience publique, sauf opposition du requérant. À sa demande, celui-ci est entendu personnellement ou par l'intermédiaire de son conseil (C. pr. pén., art. 149-2). Les décisions prises par le premier président de la cour d'appel peuvent, dans les dix jours de leur notification, faire l'objet d'un recours devant une commission nationale de réparation des détentions. Le délai de dix jours pour effectuer le recours devant la CNRDP court à compter du jour de la notification de la décision attaquée[5]. Cette commission, placée auprès de la Cour de cassation, statue souverainement et ses décisions ne sont susceptibles d'aucun recours, de quelque nature que ce soit (C. pr. pén., art. 149-3).

149.23 La commission nationale de réparation des détentions. Le bureau de la Cour de cassation peut décider que la commission nationale comportera plusieurs formations. La commission nationale, ou le cas échéant chacune des formations qu'elle comporte, est composée du premier président de la Cour de cassation, ou de son représentant, qui la préside, et de deux magistrats du siège de la cour ayant le grade de président de chambre, de conseiller ou de conseiller référendaire, désignés annuellement par le bureau de la cour. Outre ces deux magistrats, ce bureau désigne également, dans les mêmes conditions, trois suppléants. Les fonctions du ministère public sont remplies par le parquet général près la Cour de cassation. Les dispositions de l'article 149-2 sont applicables aux décisions rendues par la commission nationale (C. pr. pén., art. 149-3). La décision de la CNRDP n'est susceptible, sauf excès de pouvoirs, d'aucun recours de quelque nature qu'il soit[6]. La présence du requérant

1. Déc. 97 IDP 128, 5 mars 1999 – Et 94 IDP 011, 14 déc. 2000.
2. Déc. 99 IDP 259, 14 déc. 2000.
3. Pour une personne qui s'est rétractée après huit mois de détention v. déc. 97 IDP 172, 14 mai 1999.
4. V. D. Karsenty, « Aperçu de la jurisprudence de la Commission nationale de réparation des détentions », *BICC* 1er mai 2003; « La réparation des détentions », *JCP* 2003, I, 108.
5. CNRDP, 24 janv. 2002, RDP 01.
6. Civ. 2e, 29 juin 2004, *Bull. civ.* II, n° 37; *AJ pén.* 2004, 119.

à l'audience n'est pas requise à peine de caducité et son absence, ainsi que celle de son représentant alors qu'ils ont été régulièrement convoqués ne constituaient pas un obstacle à la décision[1]. Les différentes commissions de réparation des détentions saisies ont jugé sur l'ensemble du territoire national[2] :

- en 2001 : 121 cas;
- en 2002 : 390;
- en 2003 : 299;
- en 2004 : 407.

S'agissant des montants alloués, par jour de détention, le plus faible fut de 10,87 euros par jour, le plus important 454,54 euros par jour. Il apparaît par ailleurs que plus la détention est longue et moins la réparation allouée par jour est élevée[3].

SECTION 3
LOI DU 15 JUIN 2000 : APPLICATION

149.31 La jurisprudence : exclusion de la réparation. Le dommage résultant d'une mesure de contrôle judiciaire n'est pas prévu par le texte et ne peut être pris en compte[4] ni celui provoqué par la diffusion d'articles de presse relatifs au demandeur[5] ni l'atteinte à la présomption d'innocence résultant de l'engagement des seules poursuites pénales[6]. La personne reconnue coupable des faits pour lesquels elle a été placée en détention provisoire qui n'est cependant pas condamnée à une peine d'emprisonnement ne peut pas pour autant prétendre à réparation sur le fondement de l'article 149[7].

149.32 La jurisprudence : droit à réparation. Certaines solutions jurisprudentielles qui pesaient sur la décision du principe de réparation ont été totalement modifiées du fait de l'application du nouvel article 149. C'est ainsi que l'existence d'un dysfonctionnement de la justice, qui justifiait souvent une réparation plus importante, n'a plus d'incidence : les énonciations de la décision déférée relatives à la nécessité d'une telle décision étant sans portée sur l'évaluation de l'indemnisation à quelque titre que ce soit[8]. « De même, les éléments relatifs à la durée excessive de la détention ou de la procédure et à l'absence de diligences du juge d'instruction ne sont plus de nature à justifier une augmentation de l'indemnité, le demandeur ayant droit à réparation intégrale indépendamment de ces facteurs.[9] » En cas de non-lieu du chef de crime et de renvoi du chef de délit, la durée de la détention effectuée au titre de la mise en examen criminelle est susceptible d'indemnisation[10].

Dès lors qu'il a été condamné du chef des infractions pour lesquelles il a été placé en détention provisoire le requérant, même si aucune peine d'emprisonnement ferme n'a été prononcée à son encontre, ne peut prétendre à la réparation du préjudice résultant de cette détention provisoire sur le fondement de l'article 149 du Code de procédure pénale[11]. La soustraction volontaire aux obligations d'un contrôle judiciaire ayant entraîné un placement en détention n'autorise pas la commission à rejeter la demande du requérant au motif que son comportement est la cause exclusive de la détention[12]. Est recevable le recours formé par un demandeur qui, après avoir été place en détention provisoire à l'occasion d'une information judiciaire, a été remis en liberté après l'annulation du réquisitoire introductif et de la procédure subséquente[13].

Contrairement à la jurisprudence antérieure, les aveux faits au cours de l'enquête ou et de l'instruction préparatoire sur les faits qui ont entraîné sa mise en examen et les conditions et circonstances dans lesquelles ces aveux ont été rétractés, sont désormais sans portée sur le principe et le montant de la réparation[14]. Il en est de même lorsque la personne a contesté les faits qui lui étaient reprochés[15].

Le refus d'indemniser un requérant à raison d'une détention subie avant le bénéfice d'un non-lieu ne peut se fonder uniquement sur le fait que le requérant n'a pas apporté la preuve de son innocence, ce qui constituerait un renversement de la charge de la preuve, serait déraisonnable et révélerait une atteinte à la présomption d'innocence[16].

149.33 La notion de préjudice. Les préjudices pris en compte par la commission sont tout d'abord le préjudice matériel : la perte de revenus pendant la détention ou après si un licenciement est intervenu pendant l'incarcération[17], peu important que

1. CNRDP, 14 nov. 2003, RDP 07.
2. Les chiffres clés de la Justice, 2005.
3. Commission de suivi de la détention provisoire, *Rapp. annuel 2005,* Doc. fr., 2006.
4. CRD, 28 juin 2002, 02 RDP 012.
5. CRD, 28 juin 2002, 02 RDP 006.
6. CRD, 28 juin 2002, 01 RDP 013.
7. CNRDP, 4 avr. 2003, RDP 04.
8. CRDP, 24 janv. 2002, 01 RDP 003.
9. D. Karsenty, « Aperçu de la jurisprudence de la Commission nationale de réparation des détentions », *BICC* 1er mai 2003, p. 29.
10. CNRDP, 13 mai 2005, RDP 05.
11. CNRDP, 4 avr. 2003, *BICC* 580, n° 814.
12. CRD, 28 juin 2002, 02 RDP 012.
13. CNDRP, 21 janv. 2008, 07 CRD 067, 07 CRD 068, 07 CRD 069, *Dr. pén.* 2009, Focus, 33.
14. CRD, 27 mai 2002, 01 RDP 014.
15. CRD, 27 mai 2002, 01 RDP 017.
16. CEDH 13 janv. 2005, n° 42914/989, Capeau c/Belgique.
17. CRD, 27 mai 2002, 01 RDP 014, préc. note 78 – Et CRD, 28 juin 2002, 01 RDP 023 – CNRDP, 21 oct. 2005, *BICC* 632, n° 119, n° 05 CRD 005.

l'employeur ait ou non à indemniser l'employé[1]. Est également indemnisée la perte d'une chance de retrouver un emploi[2] et les honoraires de l'avocat liés au contentieux de la détention[3].

Ensuite le dommage corporel est indemnisé lorsque ce préjudice a été causé par une détention[4]. Il en est ainsi de dommages subis à l'occasion de la détention tels que des actes de violences commis par d'autres détenus[5].

Le préjudice moral est enfin indemnisé : éloignement de la famille du requérant par rapport au lieu de détention[6], pluralité de placements en détention dans une même procédure, entrecoupés de périodes de liberté[7] Mais l'évaluation qui prend en considération la personnalité du requérant et la durée de la privation de liberté, doit également tenir compte de l'importance des périodes d'incarcération déjà effectuées en exécution de condamnations antérieures successives qui ont nécessairement eu pour effet de minorer les répercussions morales d'un nouveau placement en détention[8]. L'indemnisation du préjudice moral doit tenir compte du fait que le choc psychologique occasionné par la détention a été considérablement amplifié par la personnalité de l'intéressé[9]. L'existence de relations entre le requérant et la mineure ayant dénoncé les faits à l'origine de son incarcération est sans conséquence sur l'évaluation du préjudice moral subi du fait de sa privation de liberté[10].

149.34 Recours contre le dénonciateur. L'État dispose d'un recours contre le dénonciateur de mauvaise foi ou le faux témoin dont la faute aurait provoqué la détention ou sa prolongation (C. pr. pén., art. 150).

149.35 Demande en révision : même mécanisme d'indemnisation. La loi du 30 décembre 2000 a également modifié l'article 626 du Code de procédure pénale qui prévoit une indemnisation selon des principes identiques à ceux précédemment énoncés.

1. CRD, 19 sept. 2002, 02 RDP 020.
2. CRD, 27 mai 2002, 01 RDP 014 préc.
3. CRD, 28 juin 2002, 01 RDP 026.
4. CRD 19 déc. 2003, *BICC* 593, n° 346.
5. CRD, 28 juin 2002, 01 RDP 018.
6. CRD, 3 mai 2002, 01 RDP 011.
7. CRD, 28 juin 2002, 01 RDP 013.
8. CNRDP, 24 janv. 2002, RDP 01 – CNRDP, 4 avr. 2003, *BICC* 580, n° 815.
9. CNRDP, 21 oct. 2005, n° 04 CRD 010, *BICC* 362, n° 117.
10. CRD, 19 déc. 2003, *BICC* 593, n° 348.

TITRE

15. Les commissions rogatoires

SECTION 0 ORIENTEUR

150.00 **Plan du titre.**

Chap. 151		**Autorités qui peuvent donner ou recevoir délégation**
Sect.	1	Principes
Sect.	2	Autorités délégantes
Sect.	3	Autorités déléguées
Sect.	4	Subdélégation
Chap. 152		**Actes susceptibles de délégation**
Sect.	1	Le juge d'instruction ne peut déléguer que des actes d'instruction
Sect.	2	Interrogatoire, confrontation et audition de la partie civile et du témoin assisté
Chap. 153		**Conditions de forme et de fond des commissions rogatoires**
Sect.	1	Conditions de forme : établissement et diffusion de la commission rogatoire
Sect.	2	Conditions de forme : exécution
Sect.	3	Garde a vue : principes
Sect.	4	Garde à vue : régimes particuliers
Sect.	5	Garde à vue : durée et fin
Sect.	6	Conditions de forme : retour de la commission rogatoire
Sect.	7	Conditions de fond : prohibition de la délégation générale de pouvoirs
Chap. 154		**Commissions rogatoires internationales**
Sect.	1	Cadre d'intervention
Sect.	2	Formes de la Commission rogatoire internationale
Sect.	3	Exécution de la Commission rogatoire internationale
Sect.	4	Exécution par le juge d'instruction français de commissions rogatoires internationales étrangères

150.01 **Textes applicables.**

C. pr. pén., art. 16, 18, 28-1, 60, 60-1, 60-2, 64-1, 81, 99-3, 99-4, 151 à 155, 154-1, 201, 205, 283, 463, 694 à 694-5, 695-1 à 695-8, 706-53-7, 706-88, 706-95.

C. pr. pén., art. D. 3, D. 4, D. 12, D. 15-5, D. 15-6, D. 33 à D. 36, D. 45.

C. pén., art. 434-15-1.

C. just. mil., art. 101.

C. com., art. L. 450-1.

Ord. 2 févr. 1945, art. 8 et 9.

Conv. Européenne d'entraide judiciaire en matière pénale, 20 avr. 1959, art. 3, 15.

Traité d'application de l'accord de Schengen, 19 juin 1990, art. 39, 53.

150.02 **Jurisprudence de référence.**

Crim. 22 janv. 1953, *D.* 1953, 523, note Lapp.

Crim. 9 févr. 1982, n° 81-94.393, *Bull. crim.,* n° 47; *JCP G* 1983, II, 19973, note P. Chambon; *D.* 1982, 544, note Pradel.

Crim. 20 juin 1996, n° 93-82.187, n° 95-81.975, *Bull. crim.,* n° 270.

Crim. 12 déc. 2000, n° 99-87.640, *Bull. crim.,* n° 370.

Crim. 18 avr. 2000, n° 00-80.402, *Bull. crim.,* n° 148.

Crim. 14 mai 2002, n° 02-80.721, *Bull. crim.,* n° 111.

Crim. 3 avr. 2007, n° 07-80.807, *Bull. crim.,* n° 102; *D.* 2007, AJ 1422; *D.* 2007, Études, 1821, D. Caron et S. Menotti.

150.03 **Bibliographie indicative.** (V. les références complètes s[s] n° 03.)

Actualisables. RÉP. PÉN., Guéry, « Instruction préparatoire »; Escande, « Commission rogatoire »; Robert J.-M., « Police judiciaire » – J.-CL. PÉN., Dumont, « Commissions rogatoires »; Decoq, « Commissions rogatoires internationales » – TPJI, Accomando G., « Les commissions rogatoires »; Labregère P., « Les commissions rogatoires internationales ».

Articles. Almaseanu S., « Espace Schengen : une impulsion nouvelle », *Gaz. Pal.* 19/23 août 2005, doctr. 2 – Billaud A., « Quel contrôle du JLD sur les enquêtes ? », *AJ pén.* 2004, 233 – Carli P., « Service national de douane judiciaire : Officier de police judiciaire douanière ? Officier de douane judiciaire ? », *D.* 2003, Point de vue 2701 – Caron D. et Menotti S., « La loyauté des preuves en matière pénale », *D.* 2007, Études, 1821 – Désire S., « Les groupes d'intervention régionaux efficaces et légaux ? » *AJ pén.* 2004, 363 – Dobkine M., « La création d'une nouvelle force de police judiciaire : la douane judiciaire », *D.* 2001, 1475 – Dumonter B., « L'avocat et la garde à vue : aspects pratiques et critiques », *AJ pén.* 2004, 275 – Gagnoud P., « Le délai de présentation devant le procureur de la République à l'issue de la garde à vue : la pratique du "petit dépôt de nuit" enfin légalisée », *Gaz. Pal.* 30 mai-3 juin 2004, 2 – Ghica-Lemarchand C., « La Commission rogatoire internationale en droit pénal », *RSC* 2003, 33 – Guéry Ch., « L'avenir du suspect », *AJ pén.* 2005, 232 – Giudicelli A., « La garde à vue après la loi n° 2004-204 du 9 mars 2004 », *AJ pén.* 2004, 261 – Jean J.-P., « Les Groupes d'intervention régionaux (GIR), un objet juridique désormais mieux identifié », *RSC* 2005, 59 – Labregère P., « Les fonctions du magistrat de liaison et ses rapports avec les autres », dans Kerchove et Weyemberg (dir.), *Vers un espace judiciaire européen,* Institut d'Étude européen, Éd. université Bruxelles, 2000 – Lavielle B. et Manteaux E., « L'article 18 alinéa 5 du Code de procédure pénale : ingéniosité ou incongruité ? », *AJ pén.* 2005, 67 – Lesclous V., « Un an de droit de la garde à vue », *Dr. pén.* 2007, chron. 3 et *Dr. pén.* 2008, chron 7 – Lissouck F., « Le statut juridique des Groupes d'Intervention régionaux (GIR) entre État de droit et logique sécuritaire », *RSC* 2004, 267 – Massé M., « L'entraide judiciaire internationale version française », *RSC* 2004, 473 et *RSC* 2005, 406 – Pau J.-C., « L'entraide judiciaire internationale et européenne », *Dr. pén.*, juill-août 2004, Étude 6 – Schwendener M., « Une police aux pouvoirs d'enquête renforcés », *AJ pén.* 2004, 228 – Thwaites N., « Eurojust : autre brique dans l'édifice de la coopération judiciaire en matière pénale ou solide mortier », *RSC* 2003, 45 – Vlamynck H., « Le policier et la garde à vue : remarques et interrogations », *AJ pén.* 2004, 269 – Vuelta-Simon S., « Les nouveaux acteurs de la coopération judiciaire pénale européenne », *LPA* 19 janv. 2005, 3.

150.04 Évolution. La commission rogatoire, qui a pris de nos jours un grand développement, est le résultat d'une longue évolution. Dans l'ancien droit, les délégations étaient, en principe, interdites en matière criminelle[1]. Le terme même de commission rogatoire ne figurait pas dans le Code d'instruction criminelle.

Les délégations n'étaient prévues que dans quelques cas particuliers, tels que l'audition des témoins malades, lorsque le juge d'instruction ne pouvait agir lui-même, et elles n'étaient données qu'à des magistrats. Les délégations connurent une rapide extension, qu'encouragea la Chancellerie (circ. 19 avr. 1811 – circ. 23 sept. 1812 – circ. 9 avr. 1825), que la Cour de cassation approuva, et que la majorité des auteurs ont admise[2]. Faustin Hélie cependant la critiqua vivement[3].

La Cour de cassation, après un arrêt en sens contraire[4], a de bonne heure décidé que les articles 83 et 84 du Code d'instruction criminelle n'étaient pas limitatifs[5], qu'un magistrat délégué pouvait subdéléguer un autre magistrat[6], ou un commissaire de police[7] pour procéder à l'audition d'un témoin, ou même déléguer directement des agents de police[8]. Elle a jugé que d'une manière générale, le juge d'instruction peut commettre un officier de police judiciaire pour procéder à un acte d'instruction[9], qu'il peut de même déléguer, à l'effet d'effectuer une visite domiciliaire ou une perquisition, un juge de paix de son arrondissement[10], un maire ou son adjoint[11], ou un commissaire de police[12].

Sur commission rogatoire, le juge de paix pouvait interroger et confronter l'inculpé[13]. La loi du 8 décembre 1897 elle-même ne formula aucune interdiction, et sous l'empire de ce texte, la Cour de cassation jugeait que le juge d'instruction pouvait déléguer pour interroger ou confronter l'inculpé, un officier de police judiciaire, qui devait alors observer lui-même les formalités relatives au conseil[14]. Le juge d'instruction commis pouvait subdéléguer un officier de police judiciaire[15].

La loi du 7 février 1933 prohiba toute délégation de l'interrogatoire[16]. Les lois du 9 juillet 1934 et 25 mars 1935, par modification de l'article 90 du Code d'instruction criminelle, permirent la délégation de l'interrogatoire, mais seulement à des magistrats[17].

150.05 Rapport du comité de réflexion sur la justice pénale dit Rapport Léger. Les écoutes téléphoniques et la sonorisation ne pourront être ordonnées que par le juge de l'enquête et des libertés (page 12 du rapport). Il en serait de même pour les perquisitions hors flagrance et hors accord de l'intéressé. Le JEL pourra également prolonger une mesure de garde à vue (v. s^s^ n° 153.05).

1. Jousse, III, p. 150.

2. Garraud, IV, n°s 1900 à 1905 – Le Poittevin, art. 85, n°s 6 s., 21 s. et 37 s.
3. Hélie F., IV, n°s 1900 à 1905.
4. Crim. 27 août 1818, *JP,* XIV, 1013.
5. Crim. 6 mars 1841, *Bull. crim.,* n° 56 – Crim. 14 juin 1866, *Bull. crim.,* n° 153 – Crim. 31 janv. 1930, *Bull. crim.,* n° 39.
6. Crim. 3 sept. 1874, *Bull. crim.,* n° 253.
7. Crim. 21 nov. 1879, *Bull. crim.,* n° 199.
8. Crim. 2 août 1913, *D.* 1918, I, 20.
9. Crim. 12 juill. 1934, *Bull. crim.,* n° 137.
10. Crim. 16 janv. 1869, *Bull. crim.,* n° 17.
11. Crim. 8 juin 1872, *Bull. crim.,* n° 138.
12. Crim. 13 juin 1872, *Bull. crim.,* n° 140.
13. Crim. 16 juill. 1868, *Bull. crim.,* n° 168.
14. Crim. 9 juill. 1910, *Bull. crim.,* n° 371 – Crim. 21 août 1913, *Bull. crim.,* n° 424 – Crim. 15 juin 1922, *Bull. crim.,* n° 209 – Crim. 31 janv. 1930, *Bull. crim.,* n° 39; *DH* 1930, 214.
15. Crim. 22 déc. 1910, *Bull. crim.,* n° 660; *S.* 1913, 1, 169, note Roux.
16. V. Crim. 15 mars 1934, *Bull. crim.,* n° 60 – Crim. 12 juill. 1934, *DH* 1934, 511.
17. Crim. 7 mai 1969, *JCP G* 1969, II, 16120, note P. Chambon.

CHAPITRE

151. Autorités qui peuvent donner ou recevoir délégation

SECTION 0
ORIENTEUR

151.00 **Plan du chapitre.**

Sect. 1 Principes
Sect. 2 Autorités délégantes
Sect. 3 Autorités déléguées
Sect. 4 Subdélégation

151.01 **Textes applicables.**

C. pr. pén., art. 15-1 ; 16, 18, 28-1, 60-1, 60-2, 81, 99-3, 99-4, 151 à 154-1, 155, 201, 205, 283, 463.

C. pr. pén., art. D. 3, D. 4, D. 12, D. 15-5, D. 33 à D. 36, D. 45.

C. pén., art. 434-15-1.

C. just. mil., art. 101.

C. com., art. L. 450-1.

Ord. 2 févr. 1945, art. 8 et 9.

C. pr. pén., art. 15-1

Les catégories de services ou unités dans lesquels les officiers et agents de police judiciaire visés aux sections II et III du présent chapitre exercent leurs fonctions habituelles, les modalités de création de ces services ou unités ainsi que leurs critères de compétence territoriale sont déterminés par décret en Conseil d'État pris sur le rapport du ministre de la Justice et du ministre intéressé. La compétence territoriale de ces services ou unités s'exerce, selon les distinctions prévues par ce décret, soit sur l'ensemble du territoire national, soit sur une ou plusieurs zones de défense, ou parties de celles-ci, soit sur l'ensemble d'un département.

C. pr. pén., art. 16 [L. n° 2006-64, 23 janv. 2006, art. 16 I, *JO* 24 janv.]

Ont la qualité d'officier de police judiciaire :

1° Les maires et leurs adjoints ;

2° Les officiers et les gradés de la gendarmerie, les gendarmes comptant au moins trois ans de service dans la gendarmerie, nominativement désignés par arrêté des ministres de la justice et de la défense, après avis conforme d'une commission ;

3° Les inspecteurs généraux, les sous-directeurs de police active, les contrôleurs généraux, les commissaires de police et les officiers de police ;

4° Les fonctionnaires du corps d'encadrement et d'application de la police nationale comptant au moins trois ans de services dans ce corps, nominativement désignés par arrêté des ministres de la justice et de l'intérieur, après avis conforme d'une commission.

La composition des commissions prévues aux 2° et 4° sera déterminé par un décret en Conseil d'État pris sur le rapport du ministre de la Justice et des ministres intéressés.

Ont également la qualité d'officier de police judiciaire les personnes exerçant des fonctions de directeur ou sous-directeur de la police judiciaire relevant du ministre de l'Intérieur et de directeur ou sous-directeur de la gendarmerie au ministère des armées.

Les fonctionnaires mentionnés aux 2° à 4° ci-dessus ne peuvent exercer effectivement les attributions attachées à leur qualité d'officier de police judiciaire ni se prévaloir de cette qualité que s'ils sont affectés à un emploi comportant cet exercice et en vertu d'une décision du procureur général près la cour d'appel les y habilitant personnellement. L'exercice de ces attributions est momentanément suspendu pendant le temps où ils participent, en unité constituée, à une opération de maintien de l'ordre. Lorsqu'ils appartiennent à un service dont la compétence excède le ressort de la cour d'appel, la décision d'habilitation est prise par le procureur général près la cour d'appel du siège de leur fonction.

Toutefois, les fonctionnaires visés au 4° ne peuvent recevoir l'habilitation prévue à l'alinéa précédent que s'ils sont affectés soit dans un service ou une catégorie de services déterminés en application de l'article 15-1 et figurant sur une liste fixée par arrêté des ministres de la justice et de l'intérieur, soit, à titre exclusif, dans une formation d'un service mentionnée par le même arrêté.

Les conditions d'octroi, de retrait et de suspension pour une durée déterminée de l'habilitation prévue par le précédent alinéa sont fixées par décret en Conseil d'État pris sur le rapport du ministre de la Justice et des ministres intéressés.

C. pr. pén., art. 18 [L. n° 2004-204, 9 mars 2004]

Les officiers de police judiciaire ont compétence dans les limites territoriales où ils exercent leurs fonctions habituelles.

Les officiers de police judiciaire, mis temporairement à disposition d'un service autre que celui dans lequel ils sont affectés, ont la même compétence territoriale que celle des officiers de police judiciaire du service d'accueil.

En cas de crime ou délit flagrant, les officiers de police judiciaire peuvent se transporter dans le ressort des tribunaux de grande instance limitrophes du tribunal ou des tribunaux auxquels ils sont rattachés, à l'effet d'y poursuivre leurs investigations et de procéder à des auditions, perquisitions et saisies. Pour l'application du présent alinéa, les ressorts des tribunaux de grande instance situés dans un même département sont considérés comme un seul et même ressort. Les ressorts des tribunaux de grande instance de Paris, Nanterre, Bobigny et Créteil sont considérés comme un seul et même ressort.

Les officiers de police judiciaire peuvent, sur commission rogatoire expresse du juge d'instruction ou sur réquisitions du procureur de la République, prises au cours d'une enquête préliminaire ou d'une enquête de flagrance, procéder aux opérations prescrites par ces magistrats sur toute l'étendue du territoire national. Ils sont tenus d'être assistés d'un officier de police judiciaire territorialement compétent si le magistrat dont ils tiennent la commission ou la réquisition le décide. Le procureur de la République territorialement compétent en est informé par le magistrat ayant prescrit l'opération.

Avec l'accord des autorités compétentes de l'État concerné, les officiers de police judiciaire peuvent, sur commission rogatoire expresse du juge d'instruction ou sur réquisitions du procureur de la République, procéder à des auditions sur le territoire d'un État étranger.

Ils peuvent, sur proposition des autorités administratives dont ils dépendent et par habilitation du procureur général, recevoir compétence dans les mêmes limites de compétence territoriale que celles des officiers de police judiciaire qu'ils sont appelés à suppléer en cas de besoin.

Les officiers ou agents de police judiciaire exerçant habituellement leur mission dans les véhicules affectés au transport collectif de voyageurs ou dans les lieux destinés à l'accès à ces moyens de transport sont compétents pour opérer sur l'étendue de la zone de défense de leur service d'affectation, dans des conditions déterminées par décret en Conseil d'État.

C. pr. pén., art. 28-1 [L. n° 2005-1550, 12 déc. 2005, art. 18, *JO* 13 déc.]

I. – Des agents des douanes de catégories A et B, spécialement désignés par arrêté des ministres chargés de la justice et du budget, pris après avis conforme d'une commission dont la composition et le fonctionnement sont déterminés par décret en Conseil d'État, peuvent être habilités à effectuer des enquêtes judiciaires sur réquisition du procureur de la République ou sur commission rogatoire du juge d'instruction.

Ces agents ont, pour l'exercice des missions prévues par le présent article, compétence sur l'ensemble du territoire national.

Ils sont compétents pour rechercher et constater :

1° Les infractions prévues par le Code des douanes;

2° Les infractions en matière de contributions indirectes, d'escroquerie sur la taxe sur la valeur ajoutée et de vols de biens culturels;

3° Les infractions relatives à la protection des intérêts financiers de l'Union européenne;

4° Les infractions prévues par les articles L. 2339-1 à L. 2339-11 et L. 2353-13 du Code de la défense;

5° Les infractions prévues par les articles 324-1 à 324-9 du Code pénal;

6° Les infractions prévues aux articles L. 716-9 à L. 716-11 du Code de la propriété intellectuelle;

7° Les infractions connexes aux infractions visées aux 1° à 6°.

Toutefois, sous réserve des dispositions du II, ils n'ont pas compétence en matière de trafic de stupéfiants.

II. – Pour la recherche et la constatation des infractions prévues par les articles 222-34 à 222-40 du Code pénal et des infractions qui leur sont connexes, le procureur de la République ou le juge d'instruction territorialement compétent peut constituer des unités temporaires composées d'officiers de police judiciaire et d'agents des douanes pris parmi ceux mentionnés au I. Le procureur de la République ou le juge d'instruction désigne le chef de chaque unité qu'il constitue.

Les unités temporaires agissent sous la direction du procureur de la République ou du juge d'instruction mandant, conformément aux dispositions du présent code. Elles ont compétence sur toute l'étendue du territoire national.

III. – Abrogé.

IV. – Les agents des douanes désignés dans les conditions prévues au I doivent, pour mener des enquêtes judiciaires et recevoir des commissions rogatoires, y être habilités personnellement en vertu d'une décision du procureur général.

La décision d'habilitation est prise par le procureur général près la cour d'appel du siège de leur fonction. Elle est accordée, suspendue ou retirée dans des conditions fixées par décret en Conseil d'État.

Dans le mois qui suit la notification de la décision de suspension ou de retrait de l'habilitation, l'agent concerné peut demander au procureur général de rapporter cette décision. Le procureur général doit statuer dans un délai d'un mois. À défaut, son silence vaut rejet de la demande. Dans un délai d'un mois à partir du rejet de la demande, l'agent concerné peut former un recours devant la commission prévue à l'article 16-2. La procédure applicable devant cette commission est celle prévue par l'article 16-3 et ses textes d'application.

V. – Pour l'exercice des missions mentionnées aux I et II, les agents des douanes sont placés sous la direction du procureur de la République, sous la surveillance du procureur général et sous le contrôle de la chambre de l'instruction du siège de leur fonction dans les conditions prévues par les articles 224 à 230.

VI. – Lorsque, sur réquisition du procureur de la République, les agents des douanes mentionnés aux I et II procèdent à des enquêtes judiciaires, il est fait application des articles 54 (deuxième et troisième alinéas), 55-1, 56, 57 à 62, 63 à 67, 75 à 78.

Lorsque ces agents agissent sur commission rogatoire d'un juge d'instruction, il est également fait application des articles 152 à 155.

Ces agents sont autorisés à déclarer comme domicile l'adresse du siège du service dont ils dépendent.

Au cours des procédures confiées sur réquisition ou commission rogatoire à ces agents, les dispositions des articles 100 à 100-7, 122 à 136, 694 à 695-3, 706-28, 706-30-1 et 706-73 à 706-106 sont applicables; lorsque ces agents agissent en application des articles 706-80 à 706-87, ils sont également compétents en matière d'infractions douanières de contrebande de tabac manufacturé, d'alcool et de spiritueux et de contrefaçon de marque, ainsi que pour celles prévues à l'article 415 du Code des douanes et aux articles L. 716-9 à L. 716-11 du Code de la propriété intellectuelle. Ces agents peuvent être assistés par les personnes mentionnées aux articles 706 et 706-2 agissant sur délégation des magistrats.

Par dérogation à la règle fixée au 2 de l'article 343 du Code des douanes, l'action pour l'application des sanctions fiscales peut être exercée par le ministère public, en vue de l'application des dispositions du présent article.

VII. – Les agents des douanes mentionnés aux I et II sont placés sous la direction administrative d'un magistrat de l'ordre judiciaire selon des modalités fixées par décret en Conseil d'État.

VIII. – Les agents de l'administration des douanes mentionnés aux I et II ne peuvent, à peine de nullité, exercer d'autres attributions ou accomplir d'autres actes que ceux prévus par le présent code dans le cadre des faits dont ils sont saisis par l'autorité judiciaire.

C. pr. pén., art. 60-1 [L. n° 2007-297, 5 mars 2007, art. 69 1°, *JO* 7 mars]

Le procureur de la République ou l'officier de police judiciaire peut, par tout moyen, requérir de toute personne, de tout établissement ou organisme privé ou public ou de toute administration publique qui sont susceptibles de détenir des documents intéressant l'enquête, y compris ceux issus d'un système informatique ou d'un traitement de données nominatives, de lui remettre ces documents, notamment sous forme numérique, sans que puisse lui être opposée, sans motif légitime, l'obligation au secret professionnel. Lorsque les réquisitions concernent des personnes mentionnées aux articles 56-1 à 56-3, la remise des documents ne peut intervenir qu'avec leur accord.

À l'exception des personnes mentionnées aux articles 56-1 à 56-3, le fait de s'abstenir de répondre dans les meilleurs délais à cette réquisition est puni d'une amende de 3 750 euros. Les personnes morales sont responsables pénalement, dans les conditions prévues par l'article 121-2 du Code pénal, du délit prévu par le présent alinéa.

C. pr. pén., art. 60-2 [L n° 2004-801, 6 août 2004]

Sur demande de l'officier de police judiciaire, intervenant par voie télématique ou informatique, les organismes publics ou les personnes morales de droit privé, à l'exception de ceux visés au deuxième alinéa du 3° du II de l'article 8 et au 2° de l'article 67 de la loi n° 78-17 du 6 janvier 1978 relative à l'informatique, aux fichiers et aux libertés, mettent à sa disposition les informations utiles à la manifestation de la vérité, à l'exception de celles protégées par un secret prévu par la loi, contenues dans le ou les systèmes informatiques ou traitements de données nominatives qu'ils administrent.

L'officier de police judiciaire, intervenant sur réquisition du procureur de la République préalablement autorisé par ordonnance du juge des libertés et de la détention, peut requérir des opérateurs de télécommunications, et notamment de ceux mentionnés au 1 du I de l'article 6 de la loi n° 2004-575 du 21 juin 2004 pour la confiance dans l'économie numérique, de prendre, sans délai, toutes mesures propres à assurer la préservation, pour une durée ne pouvant excéder un an, du contenu des informations consultées par les personnes utilisatrices des services fournis par les opérateurs.

Les organismes ou personnes visés au présent article mettent à disposition les informations requises par voie télématique ou informatique dans les meilleurs délais.

Le fait de refuser de répondre sans motif légitime à ces réquisitions est puni d'une amende de 3 750 euros. Les personnes morales peuvent être déclarées responsables pénalement dans les conditions prévues par l'article 121-2 du Code pénal de l'infraction prévue au présent alinéa. La peine encourue par les personnes morales est l'amende, suivant les modalités prévues par l'article 131-38 du Code pénal.

Un décret en Conseil d'État, pris après avis de la Commission nationale de l'informatique et des libertés, détermine les catégories d'organismes visés au premier alinéa ainsi que les modalités d'interrogation, de transmission et de traitement des informations requises.

C. pr. pén., art. 81

[...]

Si le juge d'instruction est dans l'impossibilité de procéder lui-même à tous les actes d'instruction, il peut donner commission rogatoire aux officiers de police judiciaire afin de leur faire exécuter tous les actes d'information nécessaires dans les conditions et sous les réserves prévues aux articles 151 et 152.

[...]

C. pr. pén., art. 99-3 [L. n° 2007-297, 5 mars 2007, art. 69 3°]

Le juge d'instruction ou l'officier de police judiciaire par lui commis peut, par tout moyen, requérir de toute personne, de tout établissement ou organisme privé ou public ou de toute administration publique qui sont susceptibles de détenir des documents intéressant l'instruction, y compris ceux issus d'un système informatique ou d'un traitement de données nominatives, de lui remettre ces documents, notamment sous forme numérique, sans que puisse lui être opposée, sans motif légitime, l'obligation au secret professionnel. Lorsque les réquisitions concernent des personnes mentionnées aux articles 56-1 à 56-3, la remise des documents ne peut intervenir qu'avec leur accord.

En l'absence de réponse de la personne aux réquisitions, les dispositions du deuxième alinéa de l'article 60-1 sont applicables.

C. pr. pén., art. 99-4 [L. n° 2004-204, 9 mars 2004]

Pour les nécessités de l'exécution de la commission rogatoire, l'officier de police judiciaire peut procéder aux réquisitions prévues par le premier alinéa de l'article 60-2.

Avec l'autorisation expresse du juge d'instruction, l'officier de police peut procéder aux réquisitions prévues par le deuxième alinéa de l'article 60-2.

Les organismes ou personnes concernés mettent à disposition les informations requises par voie télématique ou informatique dans les meilleurs délais.

Le fait de refuser de répondre sans motif légitime à ces réquisitions est puni conformément aux dispositions du quatrième alinéa de l'article 60-2.

C. pr. pén., art. 151

Le juge d'instruction peut requérir par commission rogatoire tout juge de son tribunal, tout juge d'instruction ou tout officier de police judiciaire, qui en avise dans ce cas le procureur de la République, de procéder aux actes d'information qu'il estime nécessaires dans les lieux où chacun d'eux est territorialement compétent.

La commission rogatoire indique la nature de l'infraction, objet des poursuites. Elle est datée et signée par le magistrat qui la délivre et revêtue de son sceau.

Elle ne peut prescrire que des actes d'instruction se rattachant directement à la répression de l'infraction visée aux poursuites.

Le juge d'instruction fixe le délai dans lequel la commission rogatoire doit lui être retournée avec les procès-verbaux dressés pour son exécution par l'officier de police judiciaire. À défaut d'une telle fixation, la commission rogatoire et les procès-verbaux doivent lui être transmis dans les huit jours de la fin des opérations exécutées en vertu de celle-ci.

C. pr. pén., art. 152 [L. n° 2004-204, 9 mars 2004]

Les magistrats ou officiers de police judiciaire commis pour l'exécution exercent, dans les limites de la commission rogatoire, tous les pouvoirs du juge d'instruction.

Toutefois, les officiers de police judiciaire ne peuvent pas procéder aux interrogatoires et confrontations des personnes mises en examen. Ils ne peuvent procéder à l'audition des parties civiles ou du témoin assisté qu'à la demande de ceux-ci.

Le juge d'instruction peut se transporter, sans être assisté de son greffier ni devoir en dresser procès-verbal, pour diriger et contrôler l'exécution de la commission rogatoire, dès lors qu'il ne procède pas lui-même à des actes d'instruction. À l'occasion de ce transport, il peut ordonner la prolongation des gardes à vue prononcées dans le cadre de la commission rogatoire. Dans tous les cas, mention de ce transport est faite sur les pièces d'exécution de la commission rogatoire.

C. pr. pén., art. 153 [L. n° 2004-204, 9 mars 2004]

Tout témoin cité pour être entendu au cours de l'exécution d'une commission rogatoire est tenu de comparaître, de prêter serment et de déposer. Lorsqu'il n'existe aucune raison plausible de soupçonner qu'il a commis ou tenté de commettre une infraction, il ne peut être retenu que le temps strictement nécessaire à son audition.

S'il ne satisfait pas à cette obligation, avis en est donné au magistrat mandant qui peut le contraindre à comparaître par la force publique. Le témoin qui ne comparaît pas encourt l'amende prévue par l'article 434-15-1 du Code pénal.

L'obligation de prêter serment et de déposer n'est pas applicable aux personnes gardées à vue en application des dispositions de l'article 154. Le fait que les personnes gardées à vue aient été entendues après avoir prêté serment ne constitue toutefois pas une cause de nullité de la procédure.

C. pr. pén., art. 154 [L. n° 2007-291, 5 mars 2007]

Lorsque l'officier de police judiciaire est amené, pour les nécessités de l'exécution de la commission rogatoire, à garder à sa disposition une personne à l'encontre de laquelle il existe une ou plusieurs raisons plausibles de soupçonner qu'elle a commis ou tenté de commettre une infraction, il en informe dès le début de cette mesure le juge d'instruction saisi des faits. Ce dernier contrôle la mesure de garde à vue. L'officier de police judiciaire ne peut retenir la personne plus de vingt-quatre heures.

La personne doit être présentée avant l'expiration du délai de vingt-quatre heures à ce magistrat ou, si la commission rogatoire est exécutée dans un autre ressort que celui de son siège, au juge d'instruction du lieu d'exécution de la mesure. À l'issue de cette présentation, le juge d'instruction peut accorder l'autorisation écrite de prolonger la mesure d'un nouveau délai, sans que celui-ci puisse excéder vingt-quatre heures. Il peut, à titre exceptionnel, accorder cette autorisation par décision écrite et motivée sans présentation préalable de la personne.

Pour l'application du présent article, les ressorts des tribunaux de grande instance de Paris, Nanterre, Bobigny et Créteil constituent un seul et même ressort.

Les dispositions des articles 63-1, 63-2, 63-3, 63-4, 64, 64-1 et 65 sont applicables aux gardes à vue exécutées dans le cadre de la présente section. Les pouvoirs conférés au procureur de la République par les articles 63-2, 63-3 et 64-1 sont alors exercés par le juge d'instruction. L'information prévue au troisième alinéa de l'article 63-4 précise que la garde à vue intervient dans le cadre d'une commission rogatoire.

C. pr. pén., art. 154-1 [L. n° 2004-204, 9 mars 2004]

Pour les nécessités de l'exécution de la commission rogatoire, l'officier de police judiciaire peut faire procéder aux opérations de prélèvements externes prévues par l'article 55-1.

Les dispositions des deuxième et troisième alinéas de l'article 55-1 sont applicables.

C. pr. pén., art. 155
Lorsque la commission rogatoire prescrit des opérations simultanées sur divers points du territoire, elle peut, sur l'ordre du juge d'instruction mandant, être adressée aux juges d'instruction ou officiers de police judiciaire chargés de son exécution sous forme de reproduction ou de copie intégrale de l'original.

Elle peut même, en cas d'urgence, être diffusée par tous moyens; chaque diffusion doit toutefois préciser les mentions essentielles de l'original et spécialement la nature de la mise en examen, le nom et la qualité du magistrat mandant.

C. pr. pén., art. 201 [L. n° 2004-204, 9 mars 2004]
La chambre de l'instruction peut, dans tous les cas, à la demande du procureur général, d'une des parties ou même d'office, ordonner tout acte d'information complémentaire qu'elle juge utile.

Elle peut également, dans tous les cas, le ministère public entendu, prononcer d'office la mise en liberté de la personne mise en examen.

Elle peut ordonner le placement en détention provisoire ou sous contrôle judiciaire de la personne mise en examen. En cas d'urgence, le président de la chambre de l'instruction ou le conseiller désigné par lui peut décerner mandat d'amener, d'arrêt ou de recherche. Il peut également ordonner l'incarcération provisoire de la personne pendant une durée déterminée qui ne peut en aucun cas excéder quatre jours ouvrables jusqu'à la réunion de la chambre de l'instruction.

C. pr. pén., art. 205
Il est procédé aux suppléments d'information conformément aux dispositions relatives à l'instruction préalable soit par un des membres de la chambre de l'instruction, soit par un juge d'instruction qu'elle délègue à cette fin.

Le procureur général peut à tout moment requérir la communication de la procédure, à charge de rendre les pièces dans les vingt-quatre heures.

C. pr. pén., art. 283
Le président, si l'instruction lui semble incomplète ou si des éléments nouveaux ont été révélés depuis sa clôture, peut ordonner tous actes d'information qu'il estime utiles.

Il y est procédé soit par le président, soit par un de ses assesseurs ou un juge d'instruction qu'il délègue à cette fin. Dans ce cas, les prescriptions du chapitre Ier du titre III du livre Ier doivent être observées, à l'exception de celles de l'article 167.

C. pr. pén., art. 463
S'il y a lieu de procéder à un supplément d'information, le tribunal commet par jugement un de ses membres qui dispose des pouvoirs prévus aux articles 151 à 155. Dans le cas où la tutelle pénale est encourue, le juge commis procède ou fait procéder à tous les actes nécessaires au prononcé de cette mesure et, notamment, à l'enquête et à l'examen médico-psychologique prévus à l'article 81 (sixième et septième alinéas).

Ce supplément d'information obéit aux règles édictées par les articles 114, 119, 120 et 121.

Le procureur de la République peut obtenir, au besoin par voie de réquisitions, la communication du dossier de la procédure à toute époque du supplément d'information, à charge de rendre les pièces dans les vingt-quatre heures.

C. pr. pén., art. D. 3
Dès qu'il est informé d'un crime ou d'un délit flagrant, l'officier de police judiciaire local prévient le procureur de la République et, dans le cadre des dispositions réglementaires propres à chaque corps ou service, provoque l'enquête ou y procède conformément aux prescriptions du Code de procédure pénale.

Le magistrat compétent apprécie souverainement, dans chaque cas d'espèce, en fonction de la nature et des circonstances de l'affaire, des hypothèses qu'elle autorise et de l'étendue des recherches à entreprendre, s'il y a lieu de dessaisir l'officier de police judiciaire qui a commencé l'enquête ou de lui laisser poursuivre pour tout ou partie les investigations.

Qu'ils appartiennent à la police nationale ou à la gendarmerie nationale, les officiers de police judiciaire s'avisent réciproquement dans les meilleurs délais de tout fait paraissant constituer un crime ou délit d'un caractère particulier en raison de son objet, des circonstances de sa commission ou de son auteur présumé, dès lors qu'il est susceptible d'être mis en rapprochement avec des faits de même nature qui auraient déjà été constatés ou qui pourraient être imputés aux personnes mises en cause dans des affaires similaires.

Lorsqu'un tel fait est de nature à susciter des investigations entrant dans le champ d'application de l'article D. 4, ces officiers de police judiciaire le portent sans délai à la connaissance des services relevant de la direction centrale de la police judiciaire ou, lorsqu'il relève du domaine de compétence de l'office central mentionné au 8° de l'article D. 8-1, de la direction centrale de la police aux frontières.

C. pr. pén., art. D. 4
Le magistrat fait appel aux officiers de police judiciaire relevant de la direction centrale de la police judiciaire ou de la direction centrale de la police aux frontières dans les cas de nécessité, en tenant compte des possibilités que procurent à l'officier de police judiciaire premier saisi sa rapidité d'intervention, ses sources d'information, sa connaissance de l'affaire et du milieu humain.

Le concours de ces officiers de police judiciaire peut se révéler indispensable lorsque la poursuite de l'enquête exige :

– soit une compétence technique particulière notamment dans les domaines relevant des offices centraux de police judiciaire énumérés à l'article D. 8-1; ces derniers assurent en outre, chaque fois que nécessaire, la coordination entre les services de police et les unités de gendarmerie;

– soit des investigations internationales auprès d'offices ou d'organismes étrangers.

C. pr. pén., art. D. 12

1. L'extension de compétence territoriale conférée aux officiers de police judiciaire par l'article 18 (troisième alinéa) revêt un caractère exceptionnel et limitatif :

– elle n'est applicable qu'en cas de crime ou de délit flagrant;

– elle ne peut être exercée que s'il s'agit d'un crime ou délit constaté dans la circonscription habituelle de l'officier de police judiciaire;

– elle concerne seulement la poursuite des investigations et l'exécution des auditions, perquisitions et saisies qui se rattachent directement à l'infraction et qui s'imposent à l'officier de police judiciaire dans le temps de l'enquête de flagrance.

2. Lorsque, par application de l'article 18 (deuxième et troisième alinéa), un officier de police judiciaire opère en dehors de sa circonscription habituelle, même s'il agit dans le ressort d'un tribunal de grande instance près duquel il exerce ses fonctions, il doit aviser préalablement le procureur de la République et l'officier de police judiciaire en charge de la sécurité publique territorialement compétents.

À l'issue de ses opérations, il tient ces derniers informés des résultats obtenus. Il mentionne dans sa procédure les avis donnés et, éventuellement, les concours qui lui ont été prêtés par le service local de police ou de gendarmerie.

3. L'extension de compétence territoriale prévue à l'article 18 (quatrième alinéa) est applicable soit dans le cours d'une enquête de flagrance ou d'une enquête préliminaire, soit dans le cadre d'une information judiciaire, mais elle ne peut résulter que d'une prescription formelle du magistrat saisi, et seulement s'il y a urgence.

Les réquisitions du procureur de la République ou la commission rogatoire, selon le cas, doivent viser l'article 18 (quatrième alinéa) et mentionner expressément, outre l'urgence, la nature et le lieu des opérations à effectuer. Elles doivent également préciser si l'assistance d'un officier de police judiciaire territorialement compétent est requise.

Lorsque le magistrat a décidé qu'une assistance territoriale est nécessaire, l'officier de police judiciaire bénéficiant de l'extension de compétence doit, dans le plus bref délai et autant que possible avant son transport, aviser un officier de police judiciaire exerçant ses fonctions dans la circonscription où il doit opérer qu'il va recourir à son assistance; il lui fournit en même temps les précisions indispensables, notamment de temps et de lieu. Il mentionne cet avis dans sa procédure ainsi que le concours de l'officier de police judiciaire l'ayant assisté.

Lorsque le magistrat n'a pas décidé qu'une assistance territoriale était nécessaire, l'officier de police judiciaire bénéficiant de l'extension de compétence doit, dans le plus bref délai et, autant que possible, avant son transport, aviser l'officier de police judiciaire en charge de la sécurité publique dans la circonscription où il doit opérer. Il mentionne cet avis dans sa procédure. Si les circonstances l'exigent, il peut être assisté par des agents de police judiciaire territorialement compétents. Dans tous les cas, l'officier de police judiciaire ayant bénéficié de l'extension de compétence informe le procureur de la République territorialement compétent du résultat de ses opérations.

4. Lorsque les investigations portent sur un fait ayant donné lieu à l'information prévue au dernier alinéa de l'article D. 3, l'officier de police judiciaire bénéficiant de l'extension de compétence avise, selon les cas, les services relevant de la direction centrale de la police judiciaire ou de la direction centrale de la police aux frontières.

C. pr. pén., art. D. 15-5 [D. n° 2007-699, 3 mai 2007]

Lorsque les réquisitions prévues par l'article 60-1 sont faites oralement, par téléphone ou par un moyen de communication électronique, il en est fait mention dans le procès-verbal faisant état des diligences accomplies par l'officier de police judiciaire ou le magistrat requérant. S'il y a lieu, le contenu de la réquisition transmise par un moyen de communication électronique est imprimé sur un support papier qui est annexé à ce procès-verbal.

Lorsque les documents requis sont transmis sous forme numérique, le cas échéant par un moyen de communication électronique, ils sont imprimés sur un support papier qui est annexé au procès-verbal. Toutefois, l'impression peut être limitée aux seuls éléments nécessaires à la manifestation de la vérité. Si la nature ou l'importance de ces documents le justifient, ils sont enregistrés sur un support numérique placé sous scellés, et dont une copie peut être versée au dossier.

Si le document requis consiste simplement en des renseignements concernant l'identité et l'adresse d'une personne, ces informations peuvent être mentionnées dans le procès-verbal sans qu'il soit nécessaire de faire application des dispositions de l'alinéa précédent.

Les dispositions du présent article sont applicables aux réquisitions prévues par les articles 77-1-1 et 99-3.

C. pr. pén., art. D. 33

Lorsqu'un juge d'instruction adresse une commission rogatoire à un officier de police judiciaire chef d'un service de police ou d'une unité de gendarmerie, celui-ci peut en faire assurer l'exécution par un officier de police judiciaire placé sous son autorité, à condition que ce dernier agisse dans les limites de sa compétence territoriale.

L'officier de police judiciaire chargé de l'exécution d'une commission rogatoire par son chef hiérarchique doit, sans préjudice de l'application des dispositions de l'article D. 9, en rendre compte immédiatement au magistrat mandant si celui-ci a prescrit cette diligence.

C. pr. pén., art. D. 34

L'officier de police judiciaire chargé de l'exécution d'une commission rogatoire tient le magistrat commettant informé de son activité.

Il lui réfère sans délai des difficultés qui viendraient à se présenter et solliciter ses instructions.

C. pr. pén., art. D. 35

Lorsqu'une commission rogatoire prescrit des opérations simultanées sur divers points du territoire, le juge d'instruction peut ordonner sa diffusion en reproductions ou copies en application de l'article 155 alinéa 1er, du Code de procédure pénale.

Une reproduction intégrale de l'original de la commission rogatoire notamment par photocopie ou même une reproduction de reproduction, est dans ce cas, valable.

Il en est de même d'une copie intégrale de la commission rogatoire certifiée conforme par l'autorité chargée de la diffusion.

Si les services de police et de gendarmerie sont appelés à assurer une diffusion générale, la commission rogatoire est établie en trois originaux adressés au ministre de l'Intérieur (direction des services de police judiciaire), au ministre des Armées (sous-direction de la gendarmerie) et au préfet de police (direction de la police judiciaire).

C. pr. pén., art. D. 36

S'il y a urgence, la commission rogatoire peut être diffusée par tous moyens, et notamment par la voie télégraphique, conformément à l'article 155, alinéa 2, du Code de procédure pénale.

Le télégramme ou le message doit préciser les mentions essentielles de l'original, et spécialement la nature de l'inculpation, le nom et la qualité du magistrat mandant.

Il porte également, le cas échéant, l'indication des autorités qui en ont assuré la transmission ainsi que le numéro d'enregistrement.

C. pr. pén., art. D. 45 [D. n° 2007-1817, 24 déc. 2007]

Le procureur de la République, après avoir recueilli les observations du ou des juges d'instruction et, le cas échéant, des juges des enfants ainsi que celles du ou des présidents de chambres correctionnelles, établit, tous les deux ans, une proposition de notation des officiers de police judiciaire affectés dans un service ou une unité ayant son siège dans le ressort du tribunal, qu'il transmet au procureur général près la cour d'appel.

La notation est établie par le procureur général, après consultation, le cas échéant, des autres procureurs de la République concernés de son ressort, des présidents de la chambre de l'instruction, de la chambre des mineurs, de la chambre des appels correctionnels et des cours d'assises. Lorsque le service ou l'unité dans lequel l'officier de police judiciaire est affecté excède le ressort de la cour d'appel, ou lorsque l'officier de police judiciaire est affecté depuis moins d'un an dans le ressort de la cour d'appel, le procureur général peut également recueillir l'avis des autres procureurs généraux concernés.

C. pén., art. 434-15-1

Le fait de ne pas comparaître, de ne pas prêter serment ou de ne pas déposer, sans excuse ni justification, devant le juge d'instruction ou devant un officier de police judiciaire agissant sur commission rogatoire par une personne qui a été citée par lui pour y être entendue comme témoin est puni de 3 750 euros d'amende.

C. just. mil., art. 101

Les infractions de la compétence du tribunal aux armées sont instruites selon les dispositions du Code de procédure pénale, sous réserve des dispositions particulières édictées par les articles 698-1 à 698-9 du même code et de celles édictées par la présente section.

C. com., art. L. 450-1

Des fonctionnaires habilités à cet effet par le ministre chargé de l'économie peuvent procéder aux enquêtes nécessaires à l'application des dispositions du présent livre.

Les rapporteurs du Conseil de la concurrence disposent des mêmes pouvoirs pour les affaires dont le conseil est saisi.

Des fonctionnaires de catégorie A du ministère chargé de l'économie, spécialement habilités à cet effet par le garde des sceaux, ministre de la Justice, sur la proposition du ministre chargé de l'économie, peuvent recevoir des juges d'instruction des commissions rogatoires.

Les fonctionnaires habilités mentionnés au présent article peuvent exercer les pouvoirs d'enquête qu'ils tiennent du présent article et des articles suivants sur l'ensemble du territoire national.

Ord. 2 févr. 1945, art. 8 [mod. par L. n° 2007-297, 5 mars 2007, art. 56]

Le juge des enfants effectuera toutes diligences et investigations utiles pour parvenir à la manifestation de la vérité et à la connaissance de la personnalité du mineur ainsi que des moyens appropriés à sa rééducation.

À cet effet, il procédera à une enquête, soit par voie officieuse, soit dans les formes prévues par le chapitre Ier du titre III du livre Ier du Code de procédure pénale. Dans ce dernier cas, et si l'urgence l'exige, le juge des enfants pourra entendre le mineur sur sa situation familiale ou personnelle sans être tenu d'observer les dispositions du deuxième alinéa de l'article 114 du Code de procédure pénale.

[...]

Ord. 2 févr. 1945, art. 9 [L. n° 2004-204, 9 mars 2004]

Le juge d'instruction procédera à l'égard du mineur, dans les formes du chapitre Ier du titre III du livre Ier du Code de procédure pénale et ordonnera les mesures prévues aux alinéas 4, 5 et 6 de l'article 8 de la présente ordonnance.

[...]

151.02 Jurisprudence de référence.

• Le juge d'instruction peut donner commission rogatoire à tout officier de police judiciaire d'intervenir sur toute l'étendue du territoire national.

Crim. 20 juin 1996, n° 93-82.187, n° 95-81.975, *Bull. crim.*, n° 270.

« Attendu qu'il résulte des pièces de la procédure que le juge d'instruction de Montpellier, saisi d'une importation de stupéfiants constatée à Sète, a délivré plusieurs commissions rogatoires au service régional de police judiciaire de Versailles, en visant l'extension de compétence territoriale prévue par l'article 18, alinéa 4, du Code de procédure pénale;

Attendu qu'en rejetant l'exception selon laquelle l'article D. 12 du Code précité réserve cette extension aux seuls officiers de police judiciaire du ressort du lieu de l'infraction, l'arrêt attaqué n'a pas encouru le grief allégué;

Qu'en effet, selon les dispositions combinées des articles 18 et 151 du Code de procédure pénale, le juge d'instruction peut donner commission rogatoire à tout officier de police judiciaire, et lui ordonner, en cas d'urgence, de procéder aux opérations prescrites par sa délégation sur toute l'étendue du territoire national;

Que le moyen, qui allègue la violation d'un texte réglementaire de procédure pénale, ne saurait être admis. »

151.03 Bibliographie indicative. (V. les références complètes s^s n° 03.)

Actualisables. Rép. pén., Guéry, « Instruction préparatoire »; Escande, « Commission rogatoire »; Robert J.-M., « Police judiciaire » – J.-Cl. pén., Dumont, « Commissions rogatoires »; Decoq, « Commissions rogatoires internationales » – Tpji, Accomando G., « Les commissions rogatoires »; Labregère P., « Les commissions rogatoires internationales ».

Ouvrages. Hélie F., IV, n° 1900 – Garraud, III, n° 974.

Articles. Billaud P.-A., « Quel contrôle du JLD sur les enquêtes ? », *AJ pén.* 2004, 233 – Carli P., « Service national de douane judiciaire : Officier de police judiciaire douanière ? Officier de douane judiciaire ? », *D.* 2003, Point de vue 2701 – Désire S., « Les groupes d'intervention régionaux efficaces et légaux ? », *AJ pén.* 2004, 363 – Dobkine M., « La création d'une nouvelle force de police judiciaire : la douane judiciaire », *D.* 2001, 1475 – Lissouck F., « Le statut juridique des Groupes d'Intervention régionaux (GIR) entre État de droit et logique sécuritaire », *RSC* 2004, 267.

151.06 Questions essentielles.

• Le choix du service d'enquête par le juge d'instruction, largement induit par celui exercé en amont par le ministère public, pose parfois des difficultés locales qu'il est difficile de généraliser.

La découverte de faits nouveaux lors de l'exécution d'une commission rogatoire rejoint les problèmes de saisine déjà examinés (v. s^s n° 151.33).

SECTION 1
PRINCIPES

151.11 Textes. L'article 151 du Code de procédure pénale énonce : « Le juge d'instruction peut requérir par commission rogatoire tout juge de son tribunal, tout juge d'instruction ou tout officier de police judiciaire, qui en avise dans ce cas le procureur de la République, de procéder aux actes d'information qu'il estime nécessaires dans les lieux où chacun d'eux est territorialement compétent. » Ainsi, la commission rogatoire n'est soumise à aucune sorte de condition. Cependant, l'article 81 alinéa 4 du même code semble apporter une limite à l'appréciation du juge : « Si le juge d'instruction est dans l'impossibilité de procéder lui-même à tous les actes d'instruction, il peut donner commission rogatoire aux officiers de police judiciaire afin de leur faire exécuter tous les actes d'information nécessaires. »

151.12 Action personnelle. Faustin Hélie écrivait : « Le principe de l'instruction préalable est que le juge doit la concentrer tout entière entre ses mains et procéder personnellement à tous ses actes.[1] » Le professeur Garraud enseignait de même : « Il faut que le juge d'instruction soit à même d'apprécier personnellement les preuves produites devant lui. S'il déléguait tous les actes de l'instruction, comment serait-il en mesure de remplir cette mission[2] ? » Ce principe, quoique non inscrit dans la loi, n'a pas changé. La garantie essentielle d'authenticité et de véracité qui s'attache à l'information tient à ce caractère qu'elle est l'œuvre personnelle d'un magistrat. Là est la source de la confiance qu'inspire aux juridictions de jugement le dossier d'instruction.

151.13 Nécessité et utilité. Néanmoins, la commission rogatoire est une faculté que la pratique a imposée et que la loi a mise à la disposition du juge d'instruction. Elle est devenue de plus en plus indispensable. L'article 81 alinéa 4 du Code de procédure pénale, qui vise les commissions rogatoires adressées aux officiers de police judiciaire dans le ressort du juge d'instruction, précise que ce dernier ne peut donner délégation que « s'il est dans l'impossibilité de procéder lui-même à tous les actes d'instruction ». Mais ce texte ne doit pas être interprété littéralement, et c'est au magistrat qu'il appartient d'apprécier le degré de surcharge de son cabinet.

Le juge d'instruction apprécie en toute indépendance l'opportunité de l'emploi de la commission rogatoire, « acte utile à la manifestation de la vérité », ainsi que l'énonce l'article 81. Ni le procureur de la République, ni la chambre de l'instruction, ni à plus forte raison les parties, ne peuvent la lui interdire, ni la lui imposer.

En droit, l'existence ou l'absence de commissions rogatoires est indifférente à la validité de la procédure. C'est pour le juge d'instruction une question de conscience et de mesure.

SECTION 2
AUTORITÉS DÉLÉGANTES

151.21 Juge d'instruction. La commission rogatoire est un moyen d'instruction mis avant tout à la disposition du juge d'instruction. C'est ce magistrat qui, de loin, délivre le plus grand nombre de com-

1. Hélie F., IV, n° 1900.
2. Garraud, III, n° 974.

missions rogatoires. Ce n'est pas par hasard que celles-ci ont été réglementées par les textes écrits pour l'instruction, et que le Code de procédure pénale leur a consacré une section entière comprenant les articles 151 à 155. Le juge d'instruction est donc, au premier chef, l'autorité judiciaire à laquelle la loi, à savoir les articles 81 alinéa 4 et 151 alinéa 1er, ont expressément conféré la faculté de délivrer commission rogatoire.

Le juge des enfants et le juge d'instruction chargés de l'instruction d'une affaire concernant des mineurs de 18 ans, peuvent de la même manière, délivrer commission rogatoire, aux termes des articles 8 alinéa 2 et 9 alinéa 1er de l'ordonnance du 2 février 1945.

Le juge d'instruction militaire dispose des mêmes droits et est tenu aux mêmes obligations que le juge d'instruction de droit commun (C. just. mil., art. 101, issu de L. n° 99-929, 10 nov. 1999).

151.22 Chambre de l'instruction. La chambre de l'instruction, et non pas son président, qui ne dispose à cet égard d'aucun pouvoir propre[1], peut « dans tous les cas », aux termes de l'article 201 du Code de procédure pénale, et notamment dans le cas des articles 202, 204, 206 et 207, ordonner une information complémentaire, qui est confiée soit à l'un des membres de la chambre de l'instruction, soit à un juge d'instruction (C. pr. pén., art. 205) de son ressort[2]. Aux termes de ce même article 205, « il est procédé au supplément d'information conformément aux dispositions relatives à l'instruction préalable ». Le magistrat chargé de ce supplément d'information peut donc donner, comme le juge d'instruction, commission rogatoire à un autre magistrat ou à un officier de police judiciaire selon la nature de l'opération à effectuer. Le doyen des juges d'instruction désigné par la chambre d'accusation peut lui-même subdéléguer un autre juge d'instruction du même tribunal[3].

151.23 Tribunal correctionnel. Le tribunal correctionnel, aux termes de l'article 463 du Code de procédure pénale, et la cour d'appel qui, selon l'article 512, applique les mêmes règles de procédure, peuvent ordonner un supplément d'information. Pour y procéder, « le tribunal commet par jugement un de ses membres qui dispose des pouvoirs prévus aux articles 151 à 155 ». La loi donne donc expressément à ce magistrat, qui doit avoir participé au jugement[4], le pouvoir de donner commission rogatoire dans les mêmes conditions que le juge d'instruction.

Le magistrat commis ou son délégué « obéit aux règles édictées par les articles 114 et 119 à 121 » (C. pr. pén., art. 463). Il ne peut donc pas, s'il s'agit d'interroger le prévenu, comme il en avait la faculté sous l'empire de l'ancien article 90, subdéléguer pour y procéder un officier de police judiciaire[5]. La nullité commise au cours du supplément d'information ordonné par le tribunal, ne peut plus être soulevée devant la cour d'appel, si elle ne l'a été d'abord devant le tribunal[6] (sur le supplément d'information ordonné par le tribunal correctionnel v. ss nos 243.13, 243.14).

151.24 Cour d'assises. Le président de la cour d'assises, après l'interrogatoire de l'accusé, qui ordonne un supplément d'information lorsque l'instruction lui semble incomplète ou que des éléments nouveaux se sont révélés depuis sa clôture, y procède par lui-même; mais il peut aussi, aux termes de l'article 283 du Code précité, déléguer à cette fin un de ses assesseurs ou un juge d'instruction, qui obéit aux règles écrites pour l'instruction préparatoire[7] (sur le supplément d'information ordonné par la cour d'assises v. ss n° 243.15).

SECTION 3
AUTORITÉS DÉLÉGUÉES

151.31 Ressort du juge d'instruction. Le juge d'instruction, lorsqu'il s'agit d'un acte à exécuter dans son ressort peut, aux termes de l'article 151, requérir par commission rogatoire tout juge de son tribunal, tout juge d'instruction ou tout officier de police judiciaire compétent dans ce ressort. Dans la pratique, il ne délègue guère que les officiers de police judiciaire pour les actes de leur compétence. Il use très peu de la faculté de déléguer un juge ou un juge d'instance de son tribunal.

C'est donc normalement à l'un des officiers de police judiciaire compétents, énumérés dans l'article 16 du Code de procédure pénale, que le juge d'instruction donne commission rogatoire pour exécuter un acte quelconque d'instruction autre que ceux visés par l'article 152 du même

1. Crim. 5 nov. 1969, *Bull. crim.*, n° 289.
2. Crim. 15 mai 1968, *Bull. crim.*, n° 156 – Crim. 19 mai 1969, *Bull. crim.*, n° 176 – Crim. 6 déc. 1984, *Bull. crim.*, n° 330.
3. Crim. 15 nov. 1951, *Bull. crim.*, n° 296; *D.* 1951, 755.
4. Crim. 1er avr. 1892, *Bull. crim.*, n° 99 – Crim. 22 nov. 1956, *D.* 1957, 89.
5. Crim. 2 mars 1950, *Bull. crim.*, n° 83.
6. Crim. 22 nov. 1961, *Bull. crim.*, n° 479; *JCP G* 1962, II, 12545, note P. Chambon.
7. Sur la distinction du supplément d'information et des actes du pouvoir discrétionnaire : v. Crim. 17 oct. 1968, *JCP G* 1969, II, 15780, note A. Vitu; *Gaz. Pal.* 1968, 2, 353 – Crim. 30 avr. 1969, *Bull. crim.*, n° 149; *D.* 1969, 449, note Chapar.

code, tels les actes de recherches, les enquêtes, les auditions de témoins, les perquisitions et saisies[1]. C'est le plus souvent un officier de gendarmerie ou un commissaire de police, selon qu'il s'agit de la ville ou de la campagne.

Les règles propres de compétence des officiers de police judiciaire sont définies par l'article 18 du Code de procédure pénale et l'article D. 12. En cas de crime ou délit flagrant, ils peuvent se transporter dans le ressort des tribunaux de grande instance limitrophes du tribunal ou des tribunaux auxquels ils sont rattachés (C. pr. pén., art. 18, al. 3). Depuis la loi du 18 mars 2003, un complément, apporté à l'alinéa 3 prévoit que les ressorts des tribunaux de grande instance situés dans un même département sont considérés comme un seul et même ressort[2]. En cas d'urgence, ils pouvaient, sur commission rogatoire expresse du juge d'instruction ou réquisitions du procureur de la République, procéder aux opérations prescrites sur toute l'étendue du territoire national. Dans le cas de l'extension de compétence prévu par l'alinéa 4 de l'article 18 du Code de procédure pénale, la mention de l'urgence suffisait à régulariser la commission rogatoire[3].

Depuis la loi du 18 mars 2003, il n'est plus nécessaire de motiver l'extension de compétence par application de l'article 18 alinéa 4 par le motif de l'urgence qui a disparu du texte qui ne fait plus allusion qu'à une commission rogatoire « expresse ». Le procureur de la République territorialement compétent en est informé par le magistrat qui a prescrit l'opération (C. pr. pén., art. 18, al. 4)[4]. L'article 15-1 du Code de procédure pénale a été complété et pose en principe trois niveaux de compétence territoriale des services de police judiciaire : le territoire national, une ou plusieurs zones de défense ou parties de celles-ci, le département.

Les limites territoriales des officiers de police judiciaire sont fixées par voie réglementaire[5]. La compétence de la brigade de recherches de la gendarmerie implantée au chef-lieu de département s'étend sur tout ce département[6]. Tout officier de police judiciaire appartenant à la direction de la surveillance du territoire a compétence sur tout le territoire national[7]. Le juge d'instruction a le libre choix du service auquel il délègue sa mission. Certains critères sont proposés par les articles D. 3 et D. 4 du Code de procédure pénale, notamment en ce qui concerne la saisine de la direction centrale de la police judiciaire. L'urgence justifiant l'extension de la compétence territoriale des officiers de police judiciaire, en application de l'article 18 alinéa 4 du Code de procédure pénale, relève de la seule appréciation du juge d'instruction[8]. Le décret n° 2003-390 du 24 avril 2003 relatif à l'organisation des services territoriaux de la police nationale a créé 9 directions interrégionales et 3 directions régionales de police judiciaire (Paris, Versailles, Ajaccio)[9]. En conséquence, l'article R. 15-19 du Code de procédure pénale a été modifié par le décret n° 2003-795 du 25 août 2003[10]. Les décrets n° 2006-518 du 6 mai 2006 portant création d'un office central de lutte contre le crime organisé[11] et n° 2006-519 du 6 mai 2006 portant création d'un office pour la répression des violences aux personnes[12] ont réorganisé les services centraux de la police judiciaire. Notons que depuis le décret n° 2007-1817 du 24 décembre 2007[13] le Code de procédure pénale, dans son article D. 45, prévoit expressément que le procureur de la République recueille les observations du ou des juges d'instruction et le cas échéant, des juges des enfants avant d'établir, tous les deux ans, une proposition de notation des OPJ.

151.32 Autres services délégataires : le service de douane judiciaire. Le service des douanes peut recevoir des commissions rogatoires dès lors que le service comporte un douanier spécialement habilité pour cela (C. pr. pén., art. 28-1). Ce nouveau service de douane judiciaire a été créé par la loi du 23 juin 1999 mais sa mise en œuvre a été plus longue. C'est le seul service dont la compétence d'attribution est totalement définie par la loi. Il exerce une compétence nationale. En novembre 2001, 55 agents de catégorie A ou B de la DNRED ont été habilités pour devenir des ADJ ou des ODJ (agents des douanes judiciaires ou officiers des douanes judiciaires, terminologie qui est rentrée dans la pratique bien qu'elle ne figure dans aucun texte). Au 1er janvier 2004, 38 agents des douanes seulement demeuraient habilités tandis qu'une trentaine d'autres était en formation. Le texte de la loi du 9 mars 2004 a modifié l'article 28-1 du Code de procédure pénale. Le service des douanes judiciaires ne fait aucun travail d'initiative, il doit être saisi par le procureur de la République ou le juge d'instruction dans le cadre limitatif de l'article 28-1 et est le

1. Crim. 12 juill. 1934, *Bull. crim.*, n° 137 ; *DH* 1934, 511.
2. L. n° 2003-239, 18 mars 2003, *JO* n° 66, 19 mars, 4761.
3. Crim. 27 oct. 1986, n° 85-92.928, *Bull. crim.*, n° 305 – Crim. 18 juill. 1989, n° 89-80.596, *Bull. crim.*, n° 290.
4. Crim. 20 juin 1996, n° 93-82.187, n° 95-81.975, *Bull. crim.*, n° 270 ; v. les attendus s^s n° 151.02.
5. Crim. 29 juin 1993, n° 93-80.544, *Bull. crim.*, n° 228.
6. Crim. 12 juill. 1994, n° 94-82.087, *Bull. crim.*, n° 279.
7. Crim. 13 sept. 1986, n° 86-93.291, *Bull. crim.*, n° 254.
8. Crim. 27 févr. 2001, n° 00-86.747, *Bull. crim.*, n° 50.
9. D. n° 2003-390, 24 avr. 2003, *JO* n° 98, 26 avr., 7438.
10. D. n° 2003-795, 25 août 2003, *JO* n° 197, 27 août, 14575.
11. D. n° 2006-518, 6 mai 2006, *JO* n° 107, 7 mai, 6778.
12. D. n° 2006-519, 6 mai 2006, *JO* n° 107, 7 mai, 6779.
13. D. n° 2007-1817, 24 déc. 2007, *JO* 26 déc., 21016.

seul service qui ait un champ de compétence défini en raison de la nature de l'infraction. En 2003, le service des douanes judiciaires a réalisé environ 80 enquêtes, et 160 en 2004.

On distingue les matières dans lesquelles les agents de douane habilités peuvent agir seuls : infractions au Code des douanes, sur le matériel de guerre, les contributions indirectes, la contrefaçon mais uniquement de marques, le blanchiment, les escroqueries à la TVA, les infractions relatives aux intérêts financiers de l'Union européenne et toutes les infractions connexes des matière dans lesquelles les agents ne peuvent acter que dans le cadre d'unité mixte temporaire : infractions en matière de trafic de stupéfiants et de blanchiment du produit du trafic de stupéfiants.

Le procureur de la République ou le juge d'instruction désigne alors le chef de l'unité. Ce nouveau service, qui devrait se développer (il existe 200 postes budgétaires) est particulièrement utile dans les contentieux techniques dans lesquels les services traditionnels manquent souvent d'enquêteurs spécialisés. Jusqu'à l'entrée en vigueur de la loi du 9 mars 2004, ce service ne pouvait intervenir dans un domaine où les douanes avaient menée une enquête administrative qu'après ouverture d'une information. Ce cloisonnement pouvoirs administratifs/pouvoirs judiciaires a disparu depuis la loi du 9 mars 2004. Les enquêteurs ont une compétence nationale. Au cours des procédures confiées à ces agents, il peut être fait application des dispositions des articles 100 à 100-7, 122 à 136, 694 à 695-3, 706-28, 706-30-1 et 706-73 à 706-106. Ces agents peuvent être assistés par les personnes mentionnées aux articles 706 et 706-2 agissant sur délégation des magistrats. Le service des douanes judiciaires est dirigé par un magistrat en détachement. Les commissions rogatoires doivent toutes être adressées à « Monsieur le magistrat délégué aux missions judiciaires de la Douane, 29 rue Victor-Basch, 94307 Vincennes ». Le magistrat actuellement en poste est M. Bruno Dalles[1].

151.33 Douanes : l'article 67 *bis* du Code des douanes. L'article 67 *bis* du Code des douanes est ainsi rédigé : « Sans préjudice de l'application des dispositions des articles 60, 61, 62, 63, 63 *bis*, 63 *ter* et 64, afin de constater les délits douaniers, si la peine encourue est égale ou supérieure à deux ans d'emprisonnement, les agents des douanes habilités par le ministre chargé des douanes dans des conditions fixées par décret procèdent sur l'ensemble du territoire national, après en avoir informé le procureur de la République et sauf opposition de ce magistrat, à la surveillance de personnes contre lesquelles il existe une ou plusieurs raisons plausibles de les soupçonner d'être les auteurs d'un délit douanier ou d'y avoir participé comme complices ou intéressés à la fraude au sens de l'article 399. » Des dispositions particulières, fort proches de celles qui sont définis par les dispositions sur la criminalité organisée sont prévues par ce texte : surveillance, infiltration, identité d'emprunt, exemption pénale, missions, conditions formelles de l'autorisation et de l'audition des agents. Par ailleurs, sous certaines réserves, la surveillance peut être poursuivie dans un État étranger. L'article 63 *ter* du Code des douanes, applicable lorsque les agents des douanes accèdent aux lieux et locaux professionnels pour y procéder aux investigations nécessaires à la recherche et à la constatation des infractions prévues par le Code des douanes, n'exige pas la présence d'un officier de police judiciaire[2].

151.34 La compétence des agents de la DGCCRF. Des agents de la direction générale de la concurrence, consommation et de la répression des fraudes (DGCCRF), habilités par le garde des Sceaux peuvent également recevoir des commissions rogatoires (C. com., art. L. 450-1 [anc[t] ord. 1er déc. 1986, art. 45, al. 3]) pour certaines infractions (C. consom., art. L. 141-1). La loi du 9 mars 2004 a ajouté un alinéa à l'article L. 450-1 du Code de commerce en disposant que « des fonctionnaires de catégorie A du ministère chargé de l'économie, spécialement habilités à cet effet par le garde des Sceaux, ministre de la Justice, sur la proposition du ministre chargé de l'économie, peuvent recevoir des juges d'instruction des commissions rogatoires ». Satisfait aux conditions de l'article 151 du Code de procédure pénale, la commission rogatoire délivrée par le juge d'instruction au commissaire divisionnaire du service régional de police judiciaire et de groupe d'intervention régional (GIR). Dès lors n'encourt pas la censure l'arrêt qui rejette l'exception de nullité présentée par la personne mise en examen soutenant que le GIR constitue une structure ne pouvant qu'être considérée comme dépourvue d'existence légale[3].

151.35 La Mission interministérielle d'enquête sur les marchés publics (MIEM). Elle a été créée

1. V. M. Dobkine, « La création d'une nouvelle force de police judiciaire : la douane judiciaire », *D.* 2001, 1475 – P. Carli, « Service national de douane judiciaire : Officier de police judiciaire douanière ? Officier de douane judiciaire ? », *D.* 2003, Point de vue, 2701.

2. Crim. 5 nov. 2003, n° 02-88.244, *Bull. crim.*, n° 209.
3. Crim. 6 août 2003, n° 03-82.898, *Bull. crim.*, n° 145; *JCP* 2003, IV, 2665; *AJ pén.* n° 2/2003, 69 – Sur des agents assermentés, désignés conformément aux prescriptions de l'article L. 331-2 du Code de la propriété intellectuelle v. Crim. 4 mai 2004, n° 03-86.073, n° 98-83.685, *Bull. crim.*, n° 107; *AJ pén.* 2004, 292, note J. Coste.

par la loi nº 91-3 du 3 janvier 1991 relative à la transparence et à la régularité des procédures de marchés et soumettant la passation de certains contrats à des règles de publicité et de mise en concurrence. Bien qu'aucune disposition de la loi ne prévoie expressément la possibilité de la saisine de la MIEM par l'autorité judiciaire « rien ne s'y oppose néanmoins, dès lors, qu'en application de l'article 7 de la loi précitée, la MIEM a compétence pour constater le délit de favoritisme » (dépêche nº 03C182, 23 févr. 2005, relative à la création d'une Brigade centrale de lutte contre la corruption et à l'aide technique susceptible d'être apportée par le SCPC et la MIEM). La chambre criminelle a admis la saisine pour information de la MIEM par la DGCCRF[1]. De plus, les actes ayant pour objet la constatation de l'infraction prévue par l'article 432-14 du Code pénal, accomplis par les membres de la Mission interministérielle d'enquête sur les marchés, habilités à cet effet par l'article 7 de la loi du 3 janvier 1991, sont interruptifs de prescription[2].

151.36 Renseignements recueillis en dehors de la circonscription. L'officier de police judiciaire en principe compétent dans sa seule circonscription, peut néanmoins recueillir des renseignements au dehors par téléphone, fax ou autres moyens[3]. Au cours de l'exécution de la commission rogatoire, le juge d'instruction peut communiquer à l'officier de police judiciaire des renseignements provenant d'autres sources[4]. L'officier de police judiciaire qui, en exécution d'une commission rogatoire ne visant pas l'extension de compétence territoriale, procède à l'interception, à l'enregistrement et à la transcription de communications émises sur une ligne téléphonique attribuée à un abonné qui demeure hors de son ressort territorial ne méconnaît pas les règles de la compétence territoriale, dès lors que tous les actes d'exécution de la commission rogatoire ont été dressés au siège de son service, dans lequel une dérivation permettant l'écoute des conversations a été installée[5].

151.37 Découverte de faits nouveaux lors de l'exécution d'une commission rogatoire. Les officiers de police judiciaire qui découvrent des faits nouveaux lors de l'exécution de leur mission doivent en prévenir le juge d'instruction[6] mais aussi le procureur de la République[7]. S'il ne leur est pas interdit de mettre en œuvre, le cas échéant, l'ensemble des pouvoirs qu'ils tiennent des règles prévues pour l'enquête préliminaire ou de flagrance[8], ou des pouvoirs qu'ils tirent d'une autre commission rogatoire à eux attribuée[9], ils ne peuvent procéder à des actes revêtant un caractère coercitif sous le couvert de la commission rogatoire dont ils sont chargés[10] (v. s^s^ n°s 51.71 et 51.72).

151.38 Actes sur le territoire d'un État étranger. La loi du 9 mars 2004 a ajouté un alinéa après le 4e au sein de l'article 18 qui permet « avec l'accord des autorités compétentes de l'État concerné » aux officiers de police judiciaire, « sur commission rogatoire expresse du juge d'instruction ou sur réquisitions du procureur de la République, de procéder à des auditions sur le territoire d'un État étranger ». C'est une révolution au regard du principe traditionnel selon lequel un enquêteur ne peut faire lui même aucun acte sur un territoire étranger. Cette possibilité n'est ouverte qu'aux enquêteurs mais pas au juge d'instruction[11]. Pour l'application de ce texte, il apparaît nécessaire de rédiger une Commission rogatoire internationale et d'obtenir l'accord préalable des autorités étrangères avant le déplacement (V. dépêche Chancellerie, 3 août 2005, nº BEPI/FT/900/F5).

151.39 Droit de réquisition. Selon l'ancien article 151-1-1 du Code de procédure pénale, pour les nécessités de l'exécution de la commission rogatoire, l'officier de police judiciaire peut procéder aux réquisitions prévues par le premier alinéa de l'article 60-1. Il en est de même avec l'autorisation expresse du juge d'instruction. Cette autorisation concerne la mise à disposition de fichiers et notamment de ceux des opérateurs de télécommunications. La loi du 9 mars 2004 n'a fait que modifier la référence du renvoi, réalisé désormais à l'article 60-2, mais a modifié l'emplacement de cet article, désormais article 99-4 du Code de procédure pénale. Par ailleurs, le juge d'instruction ou l'officier de police judiciaire par lui commis peut aussi, par tout moyen, requérir de toute personne, de tout établissement ou organisme privé ou public ou de toute administration publique qui sont susceptibles de détenir des documents intéressant l'instruction, y

1. Crim. 1er oct. 1998, nº 98-80.924, NPT.
2. Crim. 1er déc. 2004, nº 04-83.079, *Bull. crim.*, nº 303; *JCP* 2005, IV, 1310 – Crim. 30 nov. 2005, nº 05-80.862, *Bull. crim.*, nº 313.
3. Crim. 10 janv. 1995, nº 94-84.687, *Bull. crim.*, nº 13.
4. Crim. 10 janv. 1989, nº 88-86.129, *Bull. crim.*, nº 8.
5. Crim. 20 juin 1996, nº 93-82.187, nº 95-81.975, *Bull. crim.*, nº 270.
6. Crim. 14 janvier 1992, nº 91-85.864, *Bull. crim.*, nº 13.
7. Crim. 9 févr. 1993, nº 92-85.415, *Bull. crim.*, nº 66 – Crim. 21 févr. 1995, nº 94-83.336, *Bull. crim.*, nº 75.
8. Ass. plén., 22 nov. 2002, nº 92-82.460, *Bull. Ass. plén.*, nº 2.
9. Crim. 26 mars 2003, nº 03-80.084, *Bull. crim.*, nº 80; *D.* 2003, IR 1605; *JCP G* 2003, IV, 2121; *Procédures* 2003, note J. Buisson nº 180.
10. Crim. 13. déc. 2000, nº 00-84.189, *Bull. crim.*, nº 377.
11. Sur ces points, v. B. Lavielle et E. Manteaux, « L'article 18 alinéa 5 du Code de procédure pénale : ingéniosité ou incongruité ? », *AJ pén.* 2005, 67.

compris ceux issus d'un système informatique ou d'un traitement de données nominatives, de lui remettre ces documents, notamment sous forme numérique, sans que puisse lui être opposée, sans motif légitime, l'obligation au secret professionnel. Lorsque les réquisitions concernent des personnes mentionnées aux articles 56-1 à 56-3, la remise des documents ne peut intervenir qu'avec leur accord. En l'absence de réponse de la personne aux réquisitions, les dispositions du deuxième alinéa de l'article 60-1 sont applicables. (C. pr. pén., art. 99-3 issu de L. 9 mars 2004, mod. par L. n° 2007-297, 5 mars 2007 - V. aussi D. n° 2007-699, 3 mai 2007, créant un art. D. 15-5 du C. pr. pén. s^s^ n° 151.01).

SECTION 4
SUBDÉLÉGATION

151.41 **Éventualités.** La faculté de subdéléguer n'est formulée, d'une manière générale, ni par le Code d'instruction criminelle, ni par le Code de procédure pénale. Le Code d'instruction criminelle cependant prévoyait un cas précis de subdélégation dans son article 84, aux termes duquel le juge d'instruction requis par son collègue de se transporter auprès du témoin dans l'impossibilité de comparaître, pouvait à son tour commettre le juge de paix du lieu de l'habitation du témoin. La Cour de cassation, considérant que ce texte n'était pas limitatif, a étendu à d'autres cas la faculté qu'il accordait. C'est ainsi qu'elle a décidé que le magistrat délégué peut subdéléguer un autre magistrat[1], de même que le juge d'instruction délégué peut subdéléguer un officier de police judiciaire au lieu du juge de paix pour entendre un témoin[2]. La même solution a été adoptée sous l'empire de l'article 90 du même code, rédaction de la loi du 25 mars 1935, pour les actes autres que l'interrogatoire[3].

Trois éventualités s'ouvrent donc au juge d'instruction qui reçoit une commission rogatoire de l'un de ses collègues. Si l'acte à exécuter est l'un de ceux que l'article 152 réserve à un magistrat, il peut soit procéder lui-même, soit subdéléguer un juge ou un juge d'instance de son ressort. Il peut enfin, s'il s'agit d'un acte autre que les précédents, subdéléguer un officier de police judiciaire ayant compétence sur son ressort.

Dans les tribunaux des très grandes villes, la charge de l'exécution des commissions rogatoires venues de l'extérieur est très lourde. Elle incombe généralement au doyen des juges d'instruction, qui en tient registre. Dans certains tribunaux, le doyen exécute lui-même les actes réservés au juge d'instruction. Dans d'autres, il désigne à tour de rôle l'un des autres juges d'instruction de son tribunal : il s'agit là d'une répartition d'ordre intérieur, sans conséquences juridiques, qui n'est pas à proprement parler une subdélégation[4].

De même, lorsqu'un officier chef d'un service de police judiciaire, capitaine ou commandant de gendarmerie, commissaire principal ou divisionnaire, qui reçoit une commission rogatoire et la transmet pour exécution à l'un des officiers de police judiciaire du service qu'il dirige, il n'opère pas une véritable subdélégation; il s'agit seulement d'un acheminement propre et intérieur au service (C. pr. pén., art. D. 33). Si l'officier de police judiciaire délégué ou subdélégué a été nominativement désigné, il n'est nullement obligé d'exécuter lui-même la commission rogatoire[5]. Il n'y a aucun droit acquis à une telle exécution qui, faite par un autre que celui porté en nom dans la délégation, est parfaitement régulière[6].

Précisément, il n'est pas nécessaire que le juge d'instruction délégué pour exécuter une commission rogatoire soit nominativement désigné, tous les juges d'instruction d'un même siège ayant territorialement une compétence égale[7].

1. Crim. 3 sept. 1874, *Bull. crim.*, n° 253.
2. Crim. 14 juin 1866, *Bull. crim.*, n° 153 – Crim. 21 nov. 1879, *Bull. crim.*, n° 199 – Crim. 31 janv. 1930, *Bull. crim.*, n° 39.
3. Crim. 9 mars 1951, *Bull. crim.*, n° 82.
4. Crim. 15 nov. 1951, *Bull. crim.*, n° 296.
5. Crim. 24 févr. 1911, *Bull. crim.*, n° 111.
6. Crim. 3 juill. 1952, *Bull. crim.*, n° 174 – Crim. 5 janv. 1962, *Bull. crim.*, n° 3.
7. Crim. 25 janv. 1849, *Bull. crim.*, n° 20.

CHAPITRE

152. Actes susceptibles de délégation

SECTION 0
ORIENTEUR

152.00 Plan du chapitre.

Sect. 1 Le juge d'instruction ne peut déléguer que des actes d'instruction

Sect. 2 Interrogatoire, confrontation et audition de la partie civile et du témoin assisté

152.01 Textes applicables.

C. pr. pén., art. 99-4, 151 à 154-1, 155, 205, 283, 463, 706-95.

C. pr. pén., art. 99-4 [L. n° 2004-204, 9 mars 2004]

* V. s^{s} n° 151.01.

C. pr. pén., art. 151 à 154-1

* V. s^{s} n° 151.01.

C. pr. pén., art. 155

* V. s^{s} n° 151.01.

C. pr. pén., art. 205

* V. s^{s} n° 151.01.

C. pr. pén., art. 283

* V. s^{s} n° 151.01.

C. pr. pén., art. 463

* V. s^{s} n° 151.01.

C. pr. pén., art. 706-95 [L. n° 2004-204, 9 mars 2004]

Si les nécessités de l'enquête de flagrance ou de l'enquête préliminaire relative à l'une des infractions entrant dans le champ d'application de l'article 706-73 l'exigent, le juge des libertés et de la détention du tribunal de grande instance peut, à la requête du procureur de la République, autoriser l'interception, l'enregistrement et la transcription de correspondances émises par la voie des télécommunications selon les modalités prévues par les articles 100, deuxième alinéa, 100-1 et 100-3 à 100-7, pour une durée maximum de quinze jours, renouvelable une fois dans les mêmes conditions de forme et de durée. Ces opérations sont faites sous le contrôle du juge des libertés et de la détention.

Pour l'application des dispositions des articles 100-3 à 100-5, les attributions confiées au juge d'instruction ou à l'officier de police judiciaire commis par lui sont exercées par le procureur de la République ou l'officier de police judiciaire requis par ce magistrat.

Le juge des libertés et de la détention qui a autorisé l'interception est informé sans délai par le procureur de la République des actes accomplis en application de l'alinéa précédent.

152.02 Jurisprudence de référence.

• L'intégralité du dossier doit pouvoir être consulté par l'avocat au lieu d'exécution de la commission rogatoire.

Crim. 9 févr. 1982, n° 81-94.393, *Bull. crim.,* n° 47; *D.* 1982, 544, note Pradel; *JCP G* 1983, II, 19973, note P. Chambon.

« Que, le 12 mars 1980, ce dernier, avant tout interrogatoire au fond, a déposé entre les mains du juge d'instruction de Nanterre une note écrite sollicitant la communication de l'ensemble des pièces du dossier ainsi qu'il l'avait déjà réclamé oralement, pour assurer utilement la défense de son client;

Que le magistrat commis a passé outre à cette demande et a interrogé l'inculpé en présence de son conseil;

Attendu que saisie en application de l'article 171 du Code de procédure pénale et appelée à statuer sur la validité de la procédure d'instruction concernant P... consécutive à l'exécution de la commission rogatoire du 13 décembre 1979, la chambre d'accusation pour refuser de prononcer l'annulation du procès-verbal d'interrogatoire du 12 mars 1980, énonce notamment que, contrairement aux allégations du mémoire de l'inculpé, il était expressément mentionné au procès-verbal susvisé que le conseil de l'intéressé avait été régulièrement convoqué et que la procédure avait été mise à la disposition de conseil 24 heures au plus tard avant ledit interrogatoire;

Attendu cependant qu'il résulte de ce qui précède et de la mention terminale figurant au procès-verbal en question, laquelle donne acte au conseil de ce que "la totalité des pièces du dossier constitué par le magistrat instructeur ne lui a pas été communiqué conformément à la loi, 24 heures au moins avant le présent interrogatoire", que le conseil du demandeur n'a pas été en mesure de prendre connaissance de l'intégralité des pièces du dossier ainsi qu'il l'avait sollicité;

Qu'en statuant comme elle l'a fait, la chambre d'accusation a violé les textes ci-dessus rappelés et porte atteinte aux droits de la défense. »

152.03 Bibliographie indicative. (V. les références complètes s[s] n° 03.)

Actualisables. RÉP. PÉN., Guéry, « Instruction préparatoire »; Escande, « Commission rogatoire »; Robert J.-M., « Police judiciaire » – J.-CL. PÉN., Dumont, « Commissions rogatoires » – TPJI, Accomando G., « Les commissions rogatoires ».

152.09 Principe. L'article 81 alinéa 4 du Code de procédure pénale indique que le juge d'instruction peut déléguer par commission rogatoire « tous les actes d'information nécessaires ». De son côté, l'alinéa 1er de l'article 151, par une formule équivalente, permet à ce magistrat de déléguer « les actes d'information qu'il estime nécessaires ». Le droit de délégation est donc général et ne comporte aucune restriction légale. Toutefois, l'alinéa 2 de l'article 152 porte que les officiers de police judiciaire ne peuvent pas procéder aux interrogatoires et confrontations des personnes mises en examen. Il ne peuvent procéder à l'audition de la partie civile ou du témoin assisté qu'à la demande de ceux-ci.

SECTION 1
LE JUGE D'INSTRUCTION NE PEUT DÉLÉGUER QUE DES ACTES D'INSTRUCTION

152.11 Les actes d'instruction. Tous les actes ordinaires d'information et de pure instruction, tous les actes de recherche peuvent être délégués par commission rogatoire, même ceux que le juge d'instruction aurait pu accomplir lui-même dans son propre ressort, et ce magistrat apprécie en toute indépendance l'opportunité de la délégation. Seuls, l'interrogatoire et la confrontation de la personne mise en examen ne peuvent être délégués qu'à des magistrats. Ainsi, le juge d'instruction peut, par commission rogatoire, faire rechercher les circonstances dans lesquelles une infraction a été commise[1]. L'officier de police judiciaire, saisi par commission rogatoire, n'a pas qualité pour ordonner une expertise, ni désigner des experts[2]. Le juge d'instruction saisi dans le cadre de l'article 74 pour recherche des causes de la mort, peut charger par commission rogatoire les officiers de police judiciaire d'effectuer tous actes utiles[3]. Il peut commettre un officier de police judiciaire pour l'exécution des écoutes téléphoniques que lui seul peut ordonner (C. pr. pén., art. 100, 100-3 à 100-5).

152.12 Les actes de juridiction. La doctrine s'accorde pour reconnaître que le juge d'instruction ne peut déléguer que les actes qui concourent à la réunion des preuves. Il ne peut déléguer ses pouvoirs de juridiction et conserve l'entière direction des informations. C'est ainsi qu'il ne saurait déléguer le pouvoir de prendre des ordonnances. De même, la détention (saisine du juge des libertés et de la détention et liberté d'office) et le contrôle judiciaire demeurent son domaine exclusif.

La délégation du pouvoir de décerner les mandats de justice est discutée (v. s[s] n° 121.13). Le mandat de comparution et le mandat d'amener semblent pouvoir être utilisés par le magistrat délégataire; il en est de même du mandat de recherche. Le placement en détention provisoire est une décision juridictionnelle qui ne peut être délégué à un membre de la chambre d'accusation chargé d'exécuter un supplément d'information[4].

152.13 Peut-on déléguer la mise en examen ? La difficulté résultait des dispositions de la loi du 15 juin 2000 et de l'appréciation du magistrat instructeur qui intervient après que la personne mise en cause ait été mise en mesure de présenter ses observations. Mais la loi du 9 mars 2004 a résolu expressément les problèmes posés. L'article 154-1 dispose que « le juge d'instruction qui envisage de mettre en examen une personne qui n'a pas déjà été entendue comme témoin assisté peut requérir par commission rogatoire, selon les modalités prévues par l'article 151, tout juge d'instruction de procéder à la mise en examen de cette personne conformément aux dispositions de l'article 116. Le juge d'instruction chargé d'exécuter la commission rogatoire procède alors à la mise en examen de la personne conformément aux dispositions de l'article 116, sauf s'il estime, au vu de ses observations ou celles de son avocat, qu'il n'existe pas contre elle d'indices graves ou concordants rendant vraisemblable sa culpabilité, auquel cas ce magistrat l'informe qu'elle bénéficie des droits du témoin assisté ». Lorsque la personne a déjà été entendue comme témoin assisté, le juge d'instruction peut requérir par commission rogatoire tout juge d'instruction de procéder à la mise en examen de cette personne (C. pr. pén., art. 154-1 – V. s[s] n°s 93.41 à 93.45).

1. Crim. 1er févr. 1985, *JCP G* 1985, IV, 154.
2. Crim. 20 janv. 1972, n° 71-92.932, *Bull. crim.*, n° 30 – Crim. 2 sept. 1986, n° 86-93.266, *Bull. crim.*, n° 251; *JCP G* 1987, II, 20766, note P. Chambon.
3. Crim. 24 févr. 1987, n° 86-96.293, *Bull. crim.*, n° 93.
4. Crim. 8 nov. 1990, n° 90-85.741, n° 90-85.742, *Bull. crim.*, n° 374.

SECTION 2

INTERROGATOIRE, CONFRONTATION ET AUDITION DE LA PARTIE CIVILE ET DU TÉMOIN ASSISTÉ

152.21 Interrogatoire. La possibilité de déléguer l'interrogatoire et la confrontation a été de bonne heure admise et depuis la loi du 25 mars 1935, la délégation de ces actes ne pouvait être donnée qu'à des magistrats.

Cet état de droit a été consacré par l'article 152 du Code de procédure pénale, dont l'alinéa 2 porte que « les officiers de police judiciaire ne peuvent procéder aux interrogatoires et aux confrontations de la personne mise en examen ». Ces actes sont donc réservés aux magistrats, juge du tribunal, juge d'instance, juge d'instruction, comme ils l'étaient depuis 1935. Ce régime est applicable aux suppléments d'information (C. pr. pén., art. 205, 283 et 463). Sont nuls les actes d'exécution par le commissaire de police d'une commission rogatoire qui lui donnait mission « de faire reconstituer par la personne mise en examen, sans l'interroger, un itinéraire se rattachant au crime poursuivi; qu'en effet, cette demande de renseignements impliquait une réponse et une participation active de celle-ci aux opérations ordonnées, qui revêtaient le caractère d'un véritable interrogatoire »[1].

L'information étant ouverte, l'officier de police judiciaire ne peut plus entendre la personne poursuivie si elle a déjà été mise en examen. Dans une information ouverte contre personne dénommée, est nulle l'audition de cette personne par le commissaire de police sur une commission rogatoire indiquant inexactement que l'information est ouverte contre X[2]. Depuis l'entrée en vigueur de la loi du 15 juin 2000, la personne nommément visée par un réquisitoire introductif ne peut être entendue, si elle n'est pas mise en examen, que comme témoin assisté (C. pr. pén., art. 113-1). Néanmoins, le nouvel article 152 pose la possibilité d'une audition par les officiers de police judiciaire si le témoin assisté en fait la demande. Dans cette hypothèse, le procès-verbal devra porter la trace de l'information donnée à la personne. Le conseil qui assiste la personne interrogée sur le fond par le juge d'instruction chargé par commission rogatoire d'y procéder, a droit à la communication intégrale et préalable du dossier, s'il en a fait la demande[3].

152.22 Partie civile et témoin assisté. Les officiers de police judiciaire ne peuvent procéder à l'audition des parties civiles et du témoin assisté qu'à la demande de ceux-ci (C. pr. pén., art. 152, al. 2). Il faut entendre par témoin assisté la personne qui a déjà été entendue comme telle ou qui bénéficie de ce statut de par la loi (comme celle qui est visée au réquisitoire introductif; sur l'importante distinction entre témoin assisté et personne qui peut se voir octroyer ce statut v. s^s n°s 81.00 s.). L'officier de police judiciaire peut entendre toute personne nommément visée dans une plainte avec constitution de partie civile tant qu'elle n'a pas acquis le statut de témoin assisté[4] mais sous certaines conditions depuis l'arrêt de la chambre criminelle du 6 août 2008[5].

152.23 Perquisitions et saisies. Les perquisitions et saisies opérées au domicile de la personne poursuivie donnent lieu à difficulté. En effet, ces opérations doivent être effectuées en sa présence (C. pr. pén., art. 57, 95 et 97). Si elle implique un interrogatoire, une commission rogatoire ne peut être donnée qu'à un juge d'instruction ou un magistrat, qui doit appliquer selon le cas les formalités de l'article 114. Il a été jugé à cet égard qu'a agi régulièrement le juge d'instruction qui s'est borné à recueillir, sans les solliciter, les déclarations spontanées de la personne mise en examen, non assistée de son conseil, qui ont porté exclusivement sur la provenance, la nature et l'usage des objets saisis[6]. Cependant, constituent un interrogatoire au sens des articles 114 et suivants les déclarations de celle-ci sur l'authenticité des documents qui vont être saisis[7] (v. aussi s^s n° 181.71).

Dans le cadre des dispositions exceptionnelles en matière de criminalité organisée, il est possible de se passer, pour la perquisition au domicile, de la présence de la personne dès lors qu'elle est en garde à vue ou détenue en un autre lieu et que son transport sur place paraît devoir être évité en raison des risques graves soit de troubles à l'ordre public ou d'évasion, soit de disparition des preuves pendant le temps nécessaire au transport. La perquisition peut alors être faite, avec l'accord préalable du procureur de la République ou du juge d'instruction, en présence de deux témoins requis dans les conditions prévues au deuxième alinéa de l'article 57 (C. pr. pén., art. 706-95). Les officiers

1. Crim. 4 oct. 1968, *Bull. crim.*, n° 245; *D.* 1968, 689, note Baures.
2. Crim. 10 avr. 1959, *Bull. crim.*, n° 205.
3. Crim. 9 févr. 1982, n° 81-94.393, *Bull. crim.*, n° 47; *JCP G* 1983, II, 19973, note P. Chambon; *D.* 1982, 544, note Pradel; v. les attendus s^s n° 152.02.
4. Crim. 23 mars 2004, n° 03-87.854, *Bull. crim.*, n° 76; *D.* 2004, IR 1213; *JCP* 2004, IV, 2003; *RSC* 2004, 672, obs. A. Giudicelli.
5. Crim. 6 août 2008, n° 08-82.924, *Bull. crim.*, n° 171; *D.* 2008, 2836, note Ch. Guéry; *JCP* 2008, IV, 2638; *AJ Pén.* 2008, 471 obs. L. Ascenci, v. s^s n° 81.15.
6. Crim. 5 juill. 1962, *Bull. crim.*, n° 242.
7. Crim. 21 févr. 1967, *Bull. crim.*, n° 72.

de police judiciaire, agissant dans le cadre d'une commission rogatoire d'un juge d'instruction peuvent saisir des objets recherchés dans une autre affaire, pour laquelle un autre juge d'instruction a délivré commission rogatoire, même si ce dernier n'a pas été prévenu [1].

1. Crim. 26 mars 2003, *RSC* 2004, 426.

CHAPITRE

153. Conditions de forme et de fond des commissions rogatoires

SECTION 0
ORIENTEUR

153.00 Plan du chapitre.

Sect. 1 Conditions de forme : établissement et diffusion de la commission rogatoire

Sect. 2 Conditions de forme : exécution

Sect. 3 Garde a vue : principes

Sect. 4 Garde à vue : régimes particuliers

Sect. 5 Garde à vue : durée et fin

Sect. 6 Conditions de forme : retour de la commission rogatoire

Sect. 7 Conditions de fond : prohibition de la délégation générale de pouvoirs

153.01 Textes applicables.

C. pr. pén., art. 60, 64-1, 81, 99-4, 151 à 154, 155, 706-53-7, 706-88.

C. pr. pén., art. D. 15-6, D. 33 à D. 36.

C. pén., art. 434-15-1.

D. nº 2007-699, 3 mai 2007, art. 14 III, *JO* 5 mai, 7963.

C. pr. pén., art. 60

S'il y a lieu de procéder à des constatations ou à des examens techniques ou scientifiques, l'officier de police judiciaire a recours à toutes personnes qualifiées.

Sauf si elles sont inscrites sur une des listes prévues à l'article 157, les personnes ainsi appelées prêtent, par écrit, serment d'apporter leur concours à la justice en leur honneur et en leur conscience.

Les personnes désignées pour procéder aux examens techniques ou scientifiques peuvent procéder à l'ouverture des scellés. Elles en dressent inventaire et en font mention dans un rapport établi conformément aux dispositions des articles 163 et 166. Elles peuvent communiquer oralement leurs conclusions aux enquêteurs en cas d'urgence.

Sur instructions du procureur de la République, l'officier de police judiciaire donne connaissance des résultats des examens techniques et scientifiques aux personnes à l'encontre desquelles il existe des indices faisant présumer qu'elles ont commis ou tenté de commettre une infraction, ainsi qu'aux victimes.

C. pr. pén., art. 64-1 [inséré par L. nº 2007-291, 5 mars 2007]

Les interrogatoires des personnes placées en garde à vue pour crime, réalisés dans les locaux d'un service ou d'une unité de police ou de gendarmerie exerçant une mission de police judiciaire font l'objet d'un enregistrement audiovisuel.

L'enregistrement ne peut être consulté, au cours de l'instruction ou devant la juridiction de jugement, qu'en cas de contestation du contenu du procès-verbal d'interrogatoire, sur décision du juge d'instruction ou de la juridiction de jugement, à la demande du ministère public ou d'une des parties. Les huit derniers alinéas de l'article 114 ne sont pas applicables. Lorsqu'une partie demande la consultation de l'enregistrement, cette demande est formée et le juge d'instruction statue conformément aux deux premiers alinéas de l'article 82-1.

Le fait, pour toute personne, de diffuser un enregistrement réalisé en application du présent article est puni d'un an d'emprisonnement et de 15 000 euros d'amende.

À l'expiration d'un délai de cinq ans à compter de la date de l'extinction de l'action publique, l'enregistrement est détruit dans le délai d'un mois.

Lorsque le nombre de personnes gardées à vue devant être simultanément interrogées, au cours de la même procédure ou de procédures distinctes, fait obstacle à l'enregistrement de tous les interrogatoires, l'officier de police judiciaire en réfère sans délai au procureur de la République qui désigne, par décision écrite versée au dossier, au regard des nécessités de l'enquête, la ou les personnes dont les interrogatoires ne seront pas enregistrés.

Lorsque l'enregistrement ne peut être effectué en raison d'une impossibilité technique, il en est fait mention dans le procès-verbal d'interrogatoire qui précise la nature de cette impossibilité. Le procureur de la République en est immédiatement avisé.

Le présent article n'est pas applicable lorsque la personne est gardée à vue pour un crime mentionné à l'article 706-73 du présent code ou prévu par les titres Ier et II du livre IV du Code pénal, sauf si le procureur de la République ordonne l'enregistrement.

Un décret précise en tant que de besoin les modalités d'application du présent article.

C. pr. pén., art. 81

Le juge d'instruction procède, conformément à la loi, à tous les actes d'information qu'il juge utiles à la manifestation de la vérité. Il instruit à charge et à décharge.

[...]

Si le juge d'instruction est dans l'impossibilité de procéder lui-même à tous les actes d'instruction, il peut donner commission rogatoire aux officiers de police judiciaire afin de leur faire exécuter tous les actes d'information nécessaires dans les conditions et sous les réserves prévues aux articles 151 et 152.

Le juge d'instruction doit vérifier les éléments d'information ainsi recueillis.

[...]

C. pr. pén., art. 99-4 [L. n° 2004-204, 9 mars 2004]

* V. ss n° 151.01.

C. pr. pén., art. 151 à 154

* V. ss n° 151.01.

C. pr. pén., art. 155

* V. ss n° 151.01.

C. pr. pén., art. 706-53-7 [L. n° 2005-1549, 12 déc. 2005, art. 28 I, *JO* 13 déc.]

Les informations contenues dans le fichier sont directement accessibles, par l'intermédiaire d'un système de télécommunication sécurisé :

1° Aux autorités judiciaires;

2° Aux officiers de police judiciaire, dans le cadre de procédures concernant un crime d'atteinte volontaire à la vie, d'enlèvement ou de séquestration, ou une infraction mentionnée à l'article 706-47 et pour l'exercice des diligences prévues aux articles 706-53-5 et 706-53-8;

3° Aux préfets et aux administrations de l'État dont la liste est fixée par le décret prévu à l'article 706-53-12, pour l'examen des demandes d'agrément concernant des activités ou professions impliquant un contact avec des mineurs ainsi que pour le contrôle de l'exercice de ces activités ou professions.

Les autorités et personnes mentionnées aux 1° et 2° du présent article peuvent interroger le fichier à partir de plusieurs critères fixés par le décret prévu à l'article 706-53-12, et notamment à partir de l'un ou plusieurs des critères suivants : identité de la personne, adresses successives, nature des infractions.

Les personnes mentionnées au 3° du présent article ne peuvent consulter le fichier qu'à partir de l'identité de la personne concernée par la demande d'agrément.

Les officiers de police judiciaire peuvent également, sur instruction du procureur de la République ou du juge d'instruction ou avec l'autorisation de ce magistrat, consulter le fichier à partir de l'identité d'une personne gardée à vue dans le cadre d'une enquête de flagrance ou d'une enquête préliminaire ou en exécution d'une commission rogatoire, même si cette procédure ne concerne pas une des infractions mentionnées au 2° du présent article.

C. pr. pén., art. D. 15-6 [D. n° 2007-699, 3 mai 2007]

Pour l'application des dispositions de l'article 64-1 relatif à l'enregistrement audiovisuel de l'interrogatoire de la personne gardée à vue pour crime, il est tenu compte de la nature de l'infraction dont est informée cette personne conformément aux dispositions du premier alinéa de l'article 63-1, sans préjudice d'une nouvelle qualification des faits à tout moment de la procédure par l'officier de police judiciaire, le procureur de la République ou le juge d'instruction.

L'enregistrement original est placé sous scellé fermé et une copie est versée au dossier. Cette copie peut être commune à l'ensemble des enregistrements effectués au cours de la procédure. Sur instruction du procureur de la République, ils sont détruits par le greffe de la juridiction dans le délai prévu par le quatrième alinéa de l'article 64-1.

Une copie de l'enregistrement peut être conservée par le service ou l'unité de police judiciaire en charge de la procédure, qui peut la consulter pour les nécessités des investigations. Cette copie est détruite au plus tard dans un délai de cinq ans après le dernier acte de procédure dressé par les enquêteurs.

Les modalités techniques de l'enregistrement audiovisuel sont déterminées par arrêté conjoint du ministre de la Justice, du ministre de l'Intérieur et du ministre de la Défense.

Les dispositions des alinéas 2 à 4 du présent article sont applicables aux enregistrements des interrogatoires des mineurs en garde à vue réalisés en application des dispositions du VI de l'article 4 de l'ordonnance n° 45-174 du 2 février 1945 relative à l'enfance délinquante.

C. pr. pén., art. D. 33 à D. 35

* V. ss n° 151.01.

C. pr. pén., art. D. 36

Le ministre de la Justice peut dénoncer au procureur général les infractions à la loi pénale dont il a connaissance, lui enjoindre, par instructions écrites et versées au dossier de la procédure, d'engager ou de faire engager des poursuites ou de saisir la juridiction compétente de telles réquisitions écrites que le ministre juge opportunes.

C. pén., art. 434-15-1

* V. ss n° 151.01.

153.02 Jurisprudence de référence.

> Sur la commission rogatoire

• La commission rogatoire ne peut revêtir la forme d'une délégation générale de pouvoirs visant de façon éventuelle toute une catégorie d'infractions.

Crim. 22 janv. 1953, *D.* 1953, 533, note Lapp.

« Attendu qu'au sens de l'art. 90 C. instr. crim., le juge d'instruction ne peut délivrer commission rogatoire que sur présomption d'une infraction déterminée déjà commise ou en cours d'exécution; que la commission rogatoire ne saurait revêtir la forme d'une délégation générale de pouvoirs visant de façon éventuelle toute une catégorie d'infractions et abandonnant à la merci de l'agent délégué, l'inviolabilité du domicile de l'ensemble des citoyens;

Attendu qu'il résulte de l'arrêt attaqué qu'au vu d'un rapport de police signalant, en termes vagues et laconiques, l'activité des bookmakers dans la région, le procureur de la République près le tribunal de Nice, a ouvert une information contre personne non dénommée, sous l'inculpation de "paris clandestins sur les courses de chevaux"; que, saisi par ce réquisitoire, le juge d'instruction commit rogatoirement le commissaire divisionnaire du service des jeux afin de "procéder à une enquête au sujet de paris clandestins sur les courses de chevaux qui auraient eu lieu, à Nice, dans différents cafés de la ville, entendre tous témoins utiles, saisir toutes pièces à conviction, procéder, s'il est nécessaire, à toutes perquisitions utiles aux fins de droit"; que, porteurs de cette commission rogatoire, plusieurs inspecteurs pénétrèrent à l'intérieur du domicile d'une dame M..., maîtresse du sieur I..., visitèrent les lieux, saisirent divers documents destinés à établir le trafic clandestin auquel se livrait ledit I..., ainsi que deux de ses rabatteurs, C... et D..., présents ou étant entrés dans l'appartement pendant qu'y était effectué la perquisition;

Attendu que la cour d'appel a déclaré cette perquisition illégale, mais a néanmoins retenu I..., C... et D... dans les liens de la prévention, par les motifs que l'irrégularité relevée n'entachait qu'un acte d'information isolé, que la preuve des faits incriminés pouvait être recherchée dans les autres éléments de la cause et que cette preuve était fournie par les aveux des prévenus consignés dans des procès-verbaux distincts du procès-verbal de perquisition et postérieurs à celui-ci;

Attendu qu'en statuant ainsi la cour d'appel n'a pas donné une base légale à sa décision;

Attendu qu'il ressort des énonciations des juges du fait que la commission rogatoire constituait, en l'espèce, une délégation générale de pouvoirs; qu'elle ne visait pas une infraction déterminée, mais une catégorie d'infractions; qu'ainsi, ladite commission rogatoire était nulle et que cette nullité devait être étendue à tous les actes accomplis pour son exécution et notamment aux procès-verbaux où se trouvaient mentionnés les aveux des prévenus;

Attendu, en conséquence, que la cour d'appel devait prononcer la nullité de la procédure, évoquer et statuer au fond, conformément aux dispositions de l'art. 215 C. instr. crim.; qu'il suit de là que le premier moyen de cassation est fondé. »

• L'absence de date sur une commission rogatoire n'entraîne pas la nullité de celle-ci dès lors qu'il est établi que le réquisitoire a précédé la commission rogatoire dont les actes d'exécution ont tous été postérieurs.

Crim. 18 avr. 2000, n° 00-80.402, *Bull. crim.,* n° 148.

« Attendu qu'il résulte des énonciations de l'arrêt attaqué et des pièces de la procédure, qu'à la suite d'une enquête préliminaire de la gendarmerie, le procureur de la République a, le 5 mai 1997, requis l'ouverture d'une information contre X..., pour travail clandestin par dissimulation de salariés;

Attendu que le juge d'instruction a délivré une commission rogatoire dépourvue de date qui a été enregistrée le 5 mai 1997, au groupement de gendarmerie destinataire;

Attendu que, pour rejeter la requête en annulation d'actes de la procédure, la chambre d'accusation se prononce par les motifs repris au moyen;

Attendu qu'en l'état de ces motifs, et dès lors qu'il résulte des énonciations de l'arrêt, que le réquisitoire introductif a précédé la commission rogatoire dont les actes d'exécution ont été tous postérieurs à celle-ci, la chambre d'accusation a justifié sa décision. »

• Des agents de police judiciaire d'un autre service n'ont pas à prêter serment lorsqu'ils interviennent en assistance technique.

Crim. 27 juin 2001, n° 01-81.865, *Bull. crim.,* n° 163; *D.* 2001, 2947.

« Attendu qu'il résulte des pièces de la procédure que deux agents de police judiciaire du service d'enquête sur les fraudes aux technologies de l'information (SEFTI), ont assisté, en raison de leur compétence technique, aux opérations de perquisition et de saisie au cabinet de X...;

Attendu que, pour dire régulière l'intervention de ces agents, la chambre de l'instruction énonce, à bon droit, qu'ils n'avaient pas à prêter le serment de l'article 60, alinéa 2, du Code de procédure pénale, dès lors qu'ils intervenaient pour seconder dans l'exercice de leurs fonctions, les officiers de police judiciaire, conformément aux dispositions de l'article 20 dudit code;

D'où il suit que les moyens, irrecevables en ce qu'ils sont présentés, pour la première fois devant la Cour de cassation, par Y... et A..., lesquels sont sans qualité pour invoquer la nullité des perquisitions effectuées chez X..., doivent être écartés. »

> Sur la garde à vue

• L'erreur du juge sur le point de départ de la prolongation de la garde à vue ne porte pas atteinte aux intérêts de la personne dès lors que la garde à vue n'a pas dépassé le délai maximal prévu par la loi.

Crim. 15 févr. 2000, n° 99-86.623, *Bull. crim.,* n° 68; *Dr. pén.* 2000, comm. 82, obs. A. Maron.

« Attendu qu'il résulte de l'arrêt et des pièces de la procédure que X..., interpellé par un officier de police judiciaire, agissant sur commission rogatoire, le 28 décembre 1997 à 7 heures 30, a été aussitôt placé en garde à vue et avisé verbalement de ses droits, qui lui ont été notifiés par écrit à 10 heures; que le juge d'instruction, informé du placement de X... en garde à vue à 10 heures 30, a pris le même jour une ordonnance rappelant le point de départ de la garde à vue et autorisant sa prolongation "à compter du 28 décembre 1997, 18 heures"; que l'officier de police judiciaire a notifié à X... la prolongation de sa garde à vue à compter du 29 décembre 1997 à 7 heures 30; que la mesure a pris fin le 30 décembre 1997 à la même heure par la conduite de l'intéressé au cabinet du juge d'instruction mandant;

Attendu que, pour dire n'y avoir lieu à annulation de la prolongation de la garde à vue de X..., l'arrêt énonce "que le juge ne tient pas de la loi le droit de fixer librement le point de départ de la prolongation de garde à vue, laquelle prend nécessairement effet à l'issue de la première période de 24 heures, calculée à partir du début de la rétention décidée par l'enquêteur agissant sur commission rogatoire";

Que les juges en déduisent que, si le juge d'instruction a fixé par erreur le point de départ de la prolongation au 28 décembre 1997 à 18 heures, la prolongation ne pouvait prendre effet que le lendemain à 7 heures 30; qu'ils constatent que la garde à vue n'a pas dépassé le délai maximum de 48 heures prévu par la loi et que l'erreur commise n'a pas porté préjudice au requérant;

Attendu qu'en se déterminant ainsi, la chambre d'accusation a justifié sa décision. »

• La nécessité d'accomplir des investigations durant le temps de la garde à vue justifie la non présentation de la personne au juge d'instruction au moment de sa prolongation.

Crim. 12 déc. 2000, n° 99-87.640; *Bull. crim.*, n° 370.

« Vu l'ordonnance du président de la chambre criminelle, en date du 24 janvier 2000, prescrivant l'examen immédiat du pourvoi;

Vu le mémoire produit;

Sur le premier moyen de cassation, pris de la violation des articles 63, 63-1 et 802 du Code de procédure pénale, 5 de la Convention européenne des droits de l'Homme :

– en ce que l'arrêt attaqué a refusé d'annuler les procès-verbaux de garde à vue de Y..., Z..., et M. et Mme Y..., ainsi que toute la procédure subséquente;

– aux motifs qu'il appartient à la chambre d'accusation de rechercher, dans chaque procédure et selon les circonstances propres à celles-ci, si l'éventuel retard apporté à la notification de ses droits à la personne gardée à vue a été ou non injustifié; que, pour Y..., il a été interpellé le 2 mars 1999, à 0 heure 15, conduit au service et placé en garde à vue à 2 heures 30 avec notification de ses droits, et que cette mesure a été prise après qu'ont été effectuées des investigations urgentes; qu'en l'état de la nécessité absolue de ces mesures destinées à préserver les preuves et évaluer le préjudice, le délai apporté à la notification des droits a été justifié; que, pour Z..., placé en garde à vue à compter de 15 heures, à l'issue d'une courte perquisition dans son domicile, s'il est exact que la notification écrite de la mesure, ainsi que des droits afférents, n'a eu lieu qu'à 16 heures 45, ce délai n'apparaît pas injustifié en raison de l'exécution préalable de mesures urgentes, notamment d'audition de témoins;

– alors que l'officier de police judiciaire a le devoir de notifier immédiatement les droits attachés au placement en garde à vue; que tout retard dans la mise en œuvre de cette obligation, non justifié par une circonstance insurmontable, porte nécessairement atteinte aux intérêts de la personne concernée; qu'en l'espèce, l'arrêt attaqué, qui constate lui-même que les droits attachés à la garde à vue n'ont pas été notifiés immédiatement à Y... et Z..., ne pouvait refuser d'annuler les mesures de garde à vue prises à leur encontre en se bornant à relever la nécessité des investigations effectuées, et sans relever aucune circonstance insurmontable justifiant de ce retard; que l'arrêt attaqué a ainsi violé l'article 63-1 du Code de procédure pénale;

Attendu que le demandeur est sans qualité pour contester la régularité de la garde à vue d'autres personnes mises en examen dans la même procédure;

Que, dès lors, le moyen est irrecevable;

Sur le second moyen de cassation, pris de la violation des articles 154, 592 et 593 du Code de procédure pénale, 5 de la Convention européenne des droits de l'Homme :

– en ce que l'arrêt attaqué a refusé de prononcer la nullité de la garde à vue de X...;

– aux motifs qu'il résulte de l'autorisation donnée par le juge d'instruction que le gardé à vue n'a pu être présenté en raison de la nécessité d'accomplir des investigations pendant le temps de la garde à vue; que cette seule motivation émanant du juge d'instruction suffit à rendre la procédure régulière, et conduit la chambre d'accusation à juger qu'il n'y a pas eu violation de l'article 154 du Code de procédure pénale;

Attendu que, pour rejeter l'exception de nullité de la prolongation de la garde à vue, faute de présentation au juge d'instruction, l'arrêt attaqué retient que l'autorisation écrite de ce magistrat énonce que la personne n'a pu lui être présentée en raison de la nécessité d'accomplir des investigations durant le temps de la garde à vue;

Attendu qu'en cet état la chambre d'accusation a justifié sa décision au regard des dispositions de l'article 154, alinéa 2, du Code de procédure pénale. »

• La personne gardée à vue ne peut être retenue de manière continue à la disposition des officiers de police judiciaire pendant une période totale excédant la durée maximale de garde à vue autorisée par la loi, et ce même si les procédures sont distinctes.

Crim. 17 mars 2004, n° 03-87.739, *Bull. crim.*, n° 69; *D.* 2004, IR 1353; *Gaz. Pal.* 17/19 oct. 2004, 7, note Y. Monnet; *Dr. pén.* 2004, n° 96, obs. A. Maron; *Procédures* 2004, n° 136, obs. J. Buisson; *AJ pén.* 2004, 248, obs. J. Coste; *JCP* 2004, IV, 1968.

« Attendu que, si une personne peut être soumise, à l'occasion de faits distincts, à des mesures de garde à vue immédiatement successives et indépendantes l'une de l'autre, elle ne peut toutefois être retenue de manière continue à la disposition des officiers de police judiciaire pendant une période totale excédant la durée maximale de garde à vue autorisée par la loi; que le dépassement de ce délai porte nécessairement atteinte aux intérêts de la personne concernée;

Attendu qu'il résulte de l'arrêt attaqué et des pièces de la procédure que les policiers ont interpellé Laaziz X... le 9 juillet 2003, à 18 heures, à la suite d'un contrôle routier régulier au cours duquel, d'une part, il a présenté un permis de conduire s'étant révélé faux et, d'autre part, les policiers du commissariat de Saint-Denis ont aperçu dans son véhicule une plaque d'immatriculation provenant d'une automobile volée;

Que sa garde à vue, décidée dans le cadre d'une enquête de flagrant délit pour faux et recel, qui a débuté à 18 heures, a été levée à 22 heures 30 sur instruction de remise en liberté donnée par le procureur de la République de Bobigny; que des policiers de la brigade des stupéfiants de Paris, enquêtant sur commission rogatoire du juge d'instruction de Créteil et apprenant la présence de l'intéressé, soupçonné d'infractions à la législation sur les stupéfiants, dans les locaux du commissariat, l'ont placé en garde à vue le même jour à 22 heures 20; que cette mesure a été levée, après prolongations, le 13 juillet, à 18 heures 48;

Attendu que, pour écarter le moyen d'annulation, proposé par Laaziz X... et pris de l'irrégularité de sa garde à vue en ce qu'elle aurait duré 96 heures 48 minutes, l'arrêt attaqué relève que, dans l'hypothèse où la seconde garde à vue est motivée par des faits distincts de ceux ayant donné lieu à la première mesure, il n'existe aucune limitation du nombre des gardes à vue dont peut faire l'objet une même personne pour des faits distincts; que les juges ajoutent que chaque garde à vue, prise indépendamment, a respecté la durée maximale prévue par la loi et que l'intéressé n'a subi aucun grief :

Mais attendu qu'en prononçant ainsi, alors que Laaziz X... a été retenu, de manière ininterrompue, à la disposition d'un officier de police judiciaire, sous le régime de la garde à vue, au-delà de la durée maximale légalement autorisée qui était, en l'espèce, de 96 heures, en application de l'article 706-29 du Code procédure pénale, et alors que ce dépassement a nécessairement porté atteinte à ses intérêts, la chambre de l'instruction a méconnu le sens et la portée des textes susvisés et du principe énoncé ci-dessus;

D'où il suit que la cassation est encourue de ce chef. »

• **La partie civile peut être placée en garde à vue dès lors qu'il existe à son encontre des indices faisant présumer qu'elle a commis l'infraction, objet de l'information, ou qu'elle y a participé.**

Crim. 28 avr. 2004, n° 01-84.554, *Bull. crim.*, n° 103; *D.* 2004, 1644; *JCP* 2004, IV, 2268; *Gaz. Pal.* 8/9 déc. 2004, jur. 26, note Y. Monnet.

« Attendu qu'il résulte de l'arrêt attaqué et des pièces de la procédure que, dans la nuit du 16 au 17 juillet 2000, Edwige X... a indiqué aux services de secours que son mari venait d'être atteint, dans leur chambre à coucher, par un coup de feu tiré par des agresseurs inconnus, alors qu'elle dormait à ses côtés, ses deux fils étant présents dans la maison; qu'une information pour meurtre a été ouverte le 28 juillet 2000, Edwige X... se constituant partie civile, le 9 août suivant, en son nom personnel et en qualité d'administratrice légale de ses fils mineurs; que les constatations matérielles faites par les policiers et les résultats des expertises médico-légale, balistique et acoustique, sont apparus totalement incompatibles avec les explications données par Edwige X... et ses fils; que les déclarations de cette dernière sur l'état de ses relations avec son mari et sur son ignorance des avantages financiers que lui procurait le décès de celui-ci ont été démenties par les éléments recueillis par les policiers; qu'en l'état des soupçons pesant sur Edwige X..., le juge d'instruction a demandé aux policiers de la placer en garde à vue et de l'entendre sur commission rogatoire;

Attendu que, pour rejeter le moyen d'annulation présenté par Edwige X..., pris de l'irrégularité de son placement en garde à vue et de son audition sur commission rogatoire, serment prêté, en violation des articles 152, alinéa 2, 153 et 154 du Code de procédure pénale, l'arrêt attaqué prononce par les motifs reproduits au moyen;

Attendu qu'en statuant ainsi, la chambre de l'instruction a justifié sa décision. »

• **Sont réguliers et ne constituent pas une subdélégation prohibée de l'exécution d'une commission rogatoire, l'interpellation et le placement en garde à vue effectués par l'officier de police judiciaire du lieu de la découverte d'une personne inscrite au fichier des personnes recherchées (solution implicite).**

et

• **Est irrégulière et fait nécessairement grief aux intérêts de la personne concernée la garde à vue dont le juge d'instruction mandant n'a été avisé que le lendemain en l'absence de toute circonstance insurmontable ayant fait obstacle à une information dès le début de la mesure.**

Crim. 2 févr. 2005, n° 04-86.805, *Bull. crim.*, n° 41; *D.* 2005, IR 797; *JCP* 2005, II, 10111, note J. Henrion; *JCP* 2005, IV, 1644; *Procédures* 2005, n° 110, note J. Buisson.

« Vu les articles préliminaire et 154 du Code de procédure pénale;

Attendu que, selon le premier de ces textes, les mesures de contrainte dont une personne peut faire l'objet sont prises sur décision ou sous le contrôle de l'autorité judiciaire; que, selon le second de ces textes, l'officier de police judiciaire qui est amené, pour les besoins de l'exécution d'une commission rogatoire, à garder une personne à sa disposition, a le devoir d'en informer le juge d'instruction saisi des faits dès le début de cette mesure; que tout retard, non justifié par une circonstance insurmontable, dans l'information donnée au juge d'instruction du placement en garde à vue fait nécessairement grief aux intérêts de la personne concernée;

Attendu qu'il résulte de l'arrêt attaqué et des pièces de la procédure qu'à la suite d'une plainte pour viol déposée contre Mustapha X..., le juge d'instruction de Paris a délivré une commission rogatoire à la 1re division de police judiciaire en étendant sa compétence à l'ensemble du territoire national; que les recherches entreprises pour retrouver l'intéressé étant demeurées vaines, ce service a procédé à son inscription au fichier des personnes recherchées; que, le 30 juillet 2004, Mustapha X... a été identifié au cours d'un contrôle d'identité, régulièrement effectué en gare de Juvisy (91), par les policiers du commissariat local qui l'ont placé en garde à vue à 22 heures 55, conformément aux instructions figurant sur la fiche de recherche, ses droits lui étant immédiatement notifiés; qu'à défaut de joindre le magistrat mandant, l'officier de police judiciaire a avisé le procureur de la République et le juge d'instruction de permanence au tribunal d'Évry en début de mesure; qu'il résulte du procès-verbal de notification de fin de garde à vue établi le 31 juillet à 9 heures 25 que les policiers de Juvisy auraient reçu du magistrat saisi de l'information l'instruction de lever la mesure et de laisser libre l'intéressé à charge pour lui de déférer à toute convocation; que, néanmoins, il résulte des pièces du dossier que Mustapha X... a été directement transféré dans les locaux de la 1re division de police judiciaire où un mandat d'amener du juge d'instruction de Paris lui a été notifié à 12 heures 20; qu'il a ensuite été conduit, sans jamais avoir été interrogé, auprès de ce magistrat qui l'a mis en examen;

Attendu que, pour dire n'y avoir lieu à annulation d'aucun acte de la procédure, l'arrêt attaqué prononce par les motifs reproduits au moyen;

Mais attendu qu'en statuant ainsi, alors que les formalités prévues par l'article 154 du Code de procédure pénale avaient été méconnues, à défaut pour l'officier de police judiciaire d'avoir avisé le juge d'instruction saisi des faits dès le début de la garde à vue et que Mustapha X... avait été, contrairement aux instructions données ultérieurement par ce magistrat, irrégulièrement maintenu à la disposition d'un officier de police judiciaire après la levée de sa garde à vue qui lui a été notifiée le 31 juillet à 9 heures 25, la chambre de l'instruction a méconnu le principe ci-dessus rappelé et les textes susvisés;

D'où il suit que l'arrêt attaqué encourt la censure. »

• La transcription effectuée contre le gré de l'intéressé, par un officier de police judiciaire, de propos qui lui sont tenus officieusement par une personne suspecte, élude les règles de procédure et compromet les droits de la défense; la validité d'un tel procédé ne peut être admise.

Crim. 3 avr. 2007, n° 07-80.807, *Bull. crim.,* n° 102; *D.* 2007, AJ1422; *D.* 2007, Études, 1821, D. Caron et S. Menotti.

Vu l'article 62 du Code de procédure pénale;

Attendu que la transcription effectuée, contre le gré de l'intéressé, par un officier de police judiciaire, des propos qui lui sont tenus, officieusement, par une personne suspecte, élude les règles de procédure et compromet les droits de la défense; que la validité d'un tel procédé ne peut être admise;

Attendu que, pour écarter le moyen de nullité pris de ce que les enquêteurs avaient utilisé un procédé déloyal en reproduisant, dans un procès-verbal d'investigations, des déclarations verbales que Tayeb Kassa n'a pas voulu voir consignées dans son audition, l'arrêt retient, d'une part, qu'il n'est pas établi que l'officier de police judiciaire se soit engagé à ne pas retranscrire ces déclarations, et, d'autre part, que la valeur probante de ce simple procès-verbal de renseignement judiciaire sera soumise à l'appréciation de la juridiction de jugement;

Mais attendu qu'en prononçant ainsi, alors que la rédaction du procès-verbal litigieux constitue un procédé déloyal, la chambre de l'instruction n'a pas justifié sa décision;

D'où il suit que la cassation est encourue.

153.03 **Bibliographie indicative.** (V. les références complètes s[s] n° 03.)

Actualisables. RÉP. PÉN., Guéry, « Instruction préparatoire »; Escande, « Commission rogatoire »; Robert J.-M., « Police judiciaire » – J.-CL. PÉN., Dumont, « Commissions rogatoires » – TPJI, Accomando G., « Les commissions rogatoires ».

Ouvrages. HÉLIE F., IV, n° 1910 – MERLE ET VITU, n° 978.

Articles. Billaud A., « Quel contrôle du JLD sur les enquêtes ? », *AJ pén.* 2004, 233 – Caron D. et Menotti S., « La loyauté des preuves en matière pénale », *D.* 2007, Études, 1821 – Dumonter P. B., « L'avocat et la garde à vue : aspects pratiques et critiques », *AJ pén.* 2004, 275 – Gagnoud P., « Le délai de présentation devant le procureur de la République à l'issue de la garde à vue : la pratique du "petit dépôt de nuit", enfin légalisée », *Gaz. Pal.* 30 mai-3 juin 2004, 2 – Guéry Ch., « L'avenir du suspect », *AJ pén.* 2005, 232 – Giudicelli A., « La garde à vue après la loi n° 2004-204 du 9 mars 2004 », *AJ pén.* 2004, 261 – Schwendener L.-M., « Une police aux pouvoirs d'enquête renforcés », *AJ pén.* 2004, 228 – Vlamynck H., « Le policier et la garde à vue : remarques et interrogations », *AJ pén.* 2004, 269.

153.05 **Rapport du comité de réflexion sur la justice pénale dit Rapport Léger.** Toute personne entendue par un service d'enquête, qu'elle soit ou non placée en garde à vue, devra être informée des faits justifiant son audition (page 14 du rapport). Le comité a estimé que la personne placée en garde à vue devait bénéficier de droits de la défense accrus. Elle n'a toutefois apporté aucune correction au système actuel suivant lequel le suspect non placé en garde à vue contraint par une autre raison (détention, hospitalisation, autre garde à vue...) ne possède aucun droit (page 18 et s. du rapport). Le comité propose d'interdire le placement en garde à vue d'une personne soupçonnée de faits pour lesquels une peine d'emprisonnement inférieure à un an est encourue (page 20 du rapport).

Le placement en garde à vue demeurera de la compétence de l'officier de police judiciaire, cette mesure pourra cependant également être décidée par le procureur. Ce dernier restera aussi compétent pour décider de la prolongation de vingt-quatre heures de la garde à vue, les éventuelles prolongations suivantes étant décidées par le juge de l'enquête et des libertés (page 27 du rapport).

En ce qui concerne les règles particulières de garde à vue le comité note : « les régimes spécifiques existant pour la criminalité organisée, le trafic de stupéfiants et le terrorisme doivent être conservés sous peine de rendre la justice dangereusement impuissante pour le traitement de ces formes graves de délinquance. Toutefois le comité considère, à la majorité, qu'il est possible et souhaitable que l'arrivée de l'avocat intervienne en matière de trafic de stupéfiants non à la soixante-douzième heure, mais à la quarante-huitième heure ».

Il propose d'harmoniser les différents régimes de garde à vue en distinguant trois blocs :

– un régime de droit commun unique en matière de flagrance et de préliminaire. La distinction existante en cas de prolongation de la mesure de garde à vue, distinction essentiellement théorique, est supprimée;

– un régime dérogatoire unique applicable en matière de délinquance organisée et de trafic de stupéfiants : les régimes applicables à ces deux types de délinquance diffèrent actuellement, l'avocat intervenant soit à la quarante-huitième heure, soit à la soixante-douzième heure et l'examen médical étant soit facultatif, soit obligatoire. Le comité propose donc que dans tous les cas l'avocat intervienne à la quarante-huitième heure et que l'examen médical soit obligatoire lors de chaque prolongation de garde à vue à compter de la quarante-huitième heure;

– un régime exceptionnel en matière de terrorisme (page 27 du rapport).

Il préconise les règles suivantes :

– maintien de l'intervention de l'avocat dès le début à la douzième heure, l'avocat ayant alors accès aux procès verbaux des auditions de son client;

– présence possible de l'avocat aux auditions si la mesure de garde à vue est prolongée, soi à l'issue de la vingt-quatrième heure. Dans cette dernière hypothèse, si après la levée de garde à vue la personne est à nouveau entendue, librement ou dans le cadre d'une mesure de contrainte, elle aura en tout état de cause le droit d'être assistée par un avocat.

Par ailleurs, le comité préconise la création d'une retenue judiciaire pour les majeurs pour toute personne soupçonnée d'une infraction pour laquelle la peine d'emprisonnement est inférieure à 5 ans dans le cas où la contrainte est nécessaire. Le plafond proposé n'est pas celui de 5 ans comme l'écrit le comité (page 21 du rapport), mais de 3 ans puisqu'il n'existe pas à notre connaissance d'infractions faisant encourir une peine située entre 3 et 5 ans (et à moins qu'une erreur de plume ait conduit à écrire « inférieur à 5 ans » au lieu de « inférieur ou égal à 5 ans »). Le procureur sera avisé de cette mesure d'une durée maximale de 6 heures et la personne aura le droit de s'entretenir avec un avocat dès la première heure (page 21 du rapport). Cette retenue judiciaire ne sera décidée par l'officier de police judiciaire que s'il estime que le seul acte d'enquête à mener est l'audition du mis en cause. S'il apparaît ensuite que des investigations doivent encore être menées, la mesure sera transformée en garde à vue. On peine à trouver un quelconque intérêt à ce système qui n'a pour effet que de priver la personne concernée de certains des droits qu'elle aurait eu si elle avait été placée en garde à vue. Dans le cas où ce système serait adopté il conviendrait d'être particulièrement vigilant sur les « enchaînements » entre rétention judiciaire et garde à vue (par exemple, les six premières heures d'audition ne seraient pas filmées…).

153.06 Questions essentielles.
• La garde à vue, qu'elle se tienne sur commission rogatoire ou lors de l'enquête de flagrance ou préliminaire, est devenue l'une des sources principales des requêtes en nullité (v. s^s^ n°s 153.23 et 153.24).

SECTION 1
CONDITIONS DE FORME : ÉTABLISSEMENT ET DIFFUSION DE LA COMMISSION ROGATOIRE

153.11 Mentions. Dans l'ancien droit, la délégation faite à un officier inférieur était une simple « commission ». On réservait le terme de « commission rogatoire » aux délégations adressées aux autorités égales ou supérieures au juge mandant[1]. Cette distinction n'a plus cours aujourd'hui.

L'instruction est une procédure entièrement écrite. La commission rogatoire est donc toujours écrite et ne saurait être donnée verbalement ou par téléphone. Elle indique la nature de l'infraction, objet des poursuites (C. pr. pén., art. 151, al. 2). Elle contient toutes indications sur la mission à accomplir, ainsi que l'énumération précise des actes auxquels il y a lieu de procéder. Elle est accompagnée de toutes les pièces nécessaires à l'accomplissement de cette mission. La commission rogatoire, qui n'a pas à être précédée des conclusions du ministère public, ne comporte aucune forme sacramentelle. Ainsi en est-il d'un mandat de perquisition, qui exige seulement que soient mentionnés le lieu et l'objet de la perquisition ainsi que la nature du délit[2]. Peu importe que les précisions relatives à la perquisition soient mentionnées dans la commission rogatoire elle-même ou dans un rapport annexe[3].

La commission rogatoire indique la qualité du magistrat qui la délivre et le tribunal auquel il appartient. Le nom du juge y figure. Le magistrat ou l'officier qui l'exécute peut être un autre que celui qui est nominativement désigné dans la délégation[4].

La commission rogatoire « est datée et signée par le magistrat qui la délivre et revêtue de son sceau », lequel confère l'authenticité à la signature (C. pr. pén., art. 151, al. 2). La signature est évidemment substantielle. La date est également une forme substantielle, et son omission entraîne la nullité de la commission rogatoire[5]. Mais cette absence peut

1. HÉLIE F., IV, n° 1910.
2. Crim. 19 janv. 1866, *Bull. crim.*, n° 22.
3. Crim. 2 juill. 1942, *Bull. crim.*, n° 83.
4. Crim. 5 janv. 1962, *Bull. crim.*, n° 3.
5. Crim. 10 nov. 1970, n° 70-91.436, *Bull. crim.*, n° 294.

être palliée : la commission rogatoire est régulière si à la date qui y est indiquée, le juge d'instruction était effectivement saisi de l'affaire[1]. Une chambre de l'instruction a pu, à bon droit, rejeter le moyen de nullité pris de l'absence de date sur une commission rogatoire dès lors qu'il est établi par d'autres actes de la procédure que le réquisitoire introductif a précédé la commission rogatoire et que tous les actes d'exécution de celle ci sont postérieurs à cette dernière[2].

153.12 Diffusion. « Lorsque la commission rogatoire prescrit des opérations simultanées sur divers points du territoire, elle peut, sur l'ordre du juge d'instruction mandant, être adressée aux juges d'instruction ou officiers de police judiciaire chargés de son exécution sous forme de reproduction ou de copie intégrale de l'original. Elle peut même, en cas d'urgence, être diffusée par tous moyens; chaque diffusion doit toutefois préciser les mentions essentielles de l'original et spécialement la nature de la mise en examen, le nom et la qualité du magistrat mandant » (C. pr. pén., art. 155). L'un des moyens de diffusion peut être la voie télégraphique (C. pr. pén., art. D. 36 - V. aussi C. pr. pén., art. D. 33 à D. 35 - et instr. gén., art. C. 311 - ces articles pourraient utilement être revus pour mentionner le fax ou la messagerie électronique). L'avis de la commission rogatoire qui doit être donné au procureur de la République, dans le cas de l'article 18 alinéa 4 comme dans celui de l'article 151 alinéa 1er n'est pas prescrit à peine de nullité[3]. Sont réguliers et ne constituent pas une subdélégation prohibée de l'exécution d'une commission rogatoire, l'interpellation et le placement en garde à vue effectués par l'officier de police judiciaire du lieu de la découverte d'une personne inscrite au fichier des personnes recherchées par un service de police, géographiquement éloigné mais territorialement compétent, en charge de l'exécution d'une commission rogatoire. (Solution implicite, v. les attendus s^s n° 153.02[4].) Depuis la modification de l'article 18 du Code de procédure pénale par la loi du 9 mars 2004 il est possible aux officiers de police judiciaire, avec l'accord des autorités compétentes de l'État concerné et « sur commission rogatoire expresse du juge d'instruction ou sur réquisitions du procureur de la République » de procéder à des auditions sur le territoire d'un État étranger (v. ss n° 151.38).

153.13 Prescription de l'action publique. Une commission rogatoire délivrée par le juge d'instruction, quel qu'en soit l'objet, constitue en elle même un acte d'instruction au sens de l'article 7 du Code de procédure pénale de nature à interrompre la prescription[5].

SECTION 2

CONDITIONS DE FORME : EXÉCUTION

153.21 Modalités. Aux termes de l'article 152 du Code de procédure pénale, « les magistrats ou officiers de police judiciaire commis exercent tous les pouvoirs du juge d'instruction, dans les limites de la commission rogatoire ». Ils agissent selon les formes qu'aurait employées le juge d'instruction. C'est ainsi que « tout témoin cité pour être entendu au cours de l'exécution d'une commission rogatoire est tenu de comparaître, de prêter serment et de déposer » (C. pr. pén., art. 153, al. 1). Le défaut de prestation de serment par les témoins entendus sur commission rogatoire par un officier de police judiciaire, en l'espèce au cours d'une enquête de *curriculum vitae,* n'est pas une cause de nullité[6].

Il n'est pas nécessaire que le juge d'instruction délégué constate, dans les actes auxquels il procède, qu'il a agi en vertu de cette délégation; il suffit que ces actes soient conformes à la teneur de la commission[7]. Dans une perquisition et une saisie, le commissaire de police peut se faire aider par un tiers, en l'espèce le syndic de la faillite du principal inculpé en fuite, si son concours a été autorisé et même prescrit par le juge d'instruction[8]. Aucun texte de loi n'oblige les officiers de police judiciaire qui agissent sur commission rogatoire du juge d'instruction, à recourir à l'assistance d'un greffier[9].

Aux termes de l'article 153 alinéa 2 du Code de procédure pénale, si, au cours d'une commission rogatoire, le témoin cité pour être entendu ne comparaît pas, avis en est donné au magistrat mandant qui peut le contraindre à comparaître par la force publique.

Le témoin qui ne comparaît pas encourt l'amende prévue par l'article 434-15-1 du Code pénal.

1. Crim. 26 oct. 1961, *Bull. crim.,* n° 423.
2. Crim. 18 avr. 2000, n° 00-80.402, *Bull. crim.,* n° 148; v. les attendus ss n° 153.02.
3. Crim. 10 janv. 1989, n° 88-86.129, *Bull. crim.,* n° 8 – Crim. 18 juill. 1989, n° 89-80.596, *Bull. crim.,* n° 290.
4. Solution implicite : Crim. 2 févr. 2005, n° 04-86.805, *Bull. crim.,* n° 41; *D.* 2005, IR 797; *JCP* 2005, II, 10111, note J. Henrion; *JCP* 2005, IV, 1644; *Procédures* 2005, n° 110, note J. Buisson.
5. Crim. 12 nov. 2008, n° 08-80.381, *Bull. crim.,* n° 228; *AJ pén.* 2009, 72, obs. C. Girault.
6. Crim. 31 mars 1981, n° 80-94.773, *Bull. crim.,* n° 110.
7. Crim. 25 janv. 1849, *Bull. crim.,* n° 20.
8. Crim. 25 nov. 1932, *Bull. crim.,* n° 244; *DP* 1934, I, 24, note G. L.
9. Crim. 4 janv. 1940, *Bull. crim.,* n° 3 – Crim. 19 févr. 1953, *Bull. crim.,* n° 61 – Crim. 4 juin 1953, *Bull. crim.,* n° 191 – Crim. 18 févr. 1958, *Bull. crim.,* n° 161.

Quant à l'article 105, qui interdit d'entendre comme témoin une personne contre laquelle existent des indices graves et concordants de culpabilité, il ne s'applique qu'aux actes auxquels a procédé l'officier de police judiciaire en exécution d'une commission rogatoire, mais non à ceux effectués dans le cadre d'une enquête préliminaire[1].

153.22 Moment de l'exécution. Une commission rogatoire ne peut être valablement exécutée après la clôture de l'information : ainsi est nulle ainsi que tout ce qui a suivi l'audition comme témoin d'une personne suspecte par un commissaire de police en vertu d'une commission rogatoire régulière, alors que cette audition a eu lieu après le règlement de l'information au cours de laquelle la délégation a été délivrée[2]. Mais n'est pas nulle la commission rogatoire délivrée après l'ordonnance de soit-communiqué et exécutée avant l'ordonnance de transmission des pièces, dès lors que le conseil de l'inculpé a pu devant la chambre d'accusation en discuter les résultats[3].

153.23 Prestation de serment du témoin entendu sur commission rogatoire. Depuis que la garde à vue du simple témoin n'est plus possible, on pouvait se demander si la personne placée en garde à vue devait prêter serment. La chambre criminelle estimait qu'il résulte des dispositions combinées des articles 105, 113-1, 153 et 154 du Code de procédure pénale, qui ne sont pas contraires à l'article 6 de la Convention européenne de sauvegarde des droits de l'Homme, qu'une personne placée en garde à vue sur commission rogatoire du juge d'instruction est entendue comme témoin après avoir prêté le serment prévu par la loi, dès lors qu'il n'existe pas à son encontre des indices graves et concordants d'avoir participé aux faits dont le juge d'instruction est saisi ou qu'elle n'est pas nommément visée par un réquisitoire introductif[4]. L'article 153 dans sa rédaction issue de la loi du 9 mars 2004 met fin à ce débat en disposant que « l'obligation de prêter serment et de déposer n'est pas applicable aux personnes gardées à vue en application des dispositions de l'article 154. Le fait que les personnes gardées à vue aient été entendues après avoir prêté serment ne constitue toutefois pas une cause de nullité de la procédure ». Le principe est donc retourné : la personne gardée à vue ne prête pas serment, et si elle prête serment ce n'est pas une cause de nullité...

153.24 Assistance à l'exécution par des personnes qualifiées. Depuis quelques années s'est développée une pratique consistant à faire appel à certaines administrations ou personnes privées pour aider les officiers de police judiciaire lors de l'exécution de missions techniques. La jurisprudence de la chambre criminelle semble encore incertaine pour établir quelles sont exactement les personnes qui doivent prêter serment et celles qui en sont dispensées.

C'est ainsi que viole les dispositions légales relatives au mode d'administration des preuves et compromet l'exercice des droits de la défense le procédé consistant à faire entendre sur commission rogatoire, délivrée à des officiers de police judiciaire, une personne suspectée, placée en garde à vue, et à la faire, dans ces conditions, interroger par un psychologue-conseil, sous couvert d'une mission d'expertise[5] (sur la présence d'un psychologue lors de l'audition de l'enfant victime v. s[s] n° 114.15.) En revanche est régulière l'intervention de deux agents de police judiciaire du service d'enquête sur les fraudes aux technologies de l'information dans le cadre d'opérations de perquisition et de saisie, la chambre de l'instruction énonce à bon droit, qu'ils n'avaient pas à prêter le serment de l'article 60 alinéa 2 du Code de procédure pénale, dès lors qu'ils intervenaient pour seconder dans l'exercice de leurs fonctions les officiers de police judiciaire, conformément aux dispositions de l'article 20 dudit code[6]. Des policiers spécialisés, notamment en informatique, n'ont donc pas à prêter serment lorsqu'ils interviennent en assistance, par exemple pour la saisie du disque dur d'un ordinateur. De même, les agents de la DNERF ne sont pas des « personnes qualifiées » qui doivent prêter serment dès lors qu'ils interviennent dans un domaine où la loi leur confie des pouvoirs de police judiciaire[7]. Cet arrêt semble contraire à celui du 3 décembre 1988 dans lequel la chambre criminelle avait estimé qu'« il résulte des articles 92 et 60 du Code de procédure pénale que, si le juge d'instruction peut, lorsqu'il se transporte sur les lieux pour y effectuer toutes constatations utiles ou procéder à des perquisitions, avoir recours à des personnes qualifiées, celles-ci, sauf si elles sont inscrites sur l'une des listes prévues à l'article 157 du Code de procédure pénale, doivent prêter, par écrit, le serment indiqué à l'article 60 dudit code »[8]. D'autres décisions, dans le cadre de l'enquête de flagrance ou

1. Crim. 17 juin 1964, *Bull. crim.*, n° 2064; *JCP G* 1965, II, 14028, note P. Chambon – Crim. 27 juill. 1964, *Bull. crim.*, n° 252; *JCP G* 1964, II, 13941, note Le Clère.
2. Crim. 24 juill. 1961, *Bull. crim.*, n° 353.
3. Crim. 14 juin 1984, n° 84-91.863, *Bull. crim.*, n° 219.
4. Crim. 14 mai 2002, n° 02-80.721, *Bull. crim.*, n° 111.
5. Crim. 28 nov. 2001, n° 01-86.467, *Bull. crim.*, n° 248; *D.* 2002, 372; *JCP G* 2002, n° 1184.
6. Crim. 27 juin 2001, n° 01-81.865, *Bull. crim.*, n° 163; *D.* 2001, 2947.
7. Crim. 6 mai 2002, n° 02-81.130, NPT.
8. Crim. 3 déc. 1988, *Bull. crim.*, n° 333.

préliminaire, ont affirmé la nécessité de telles prestations de serment : pour les fonctionnaires des impôts[1]. Le défaut de prestation de serment apparaît alors comme une nullité pour laquelle la démonstration de l'existence d'un grief n'est pas nécessaire[2].

La garantie du droit à un tribunal indépendant et impartial, énoncée à l'article 6.1 de la Convention européenne des droits de l'Homme, ne vise que les juges et non pas les agents des Douanes agissant dans le cadre d'une enquête. Doit en conséquence être cassé l'arrêt qui, pour annuler une commission rogatoire, relève que la participation d'inspecteurs des Douanes à son exécution, alors que l'administration des Douanes était partie à la procédure, est contraire à l'article 6.1 de la Convention européenne des droits de l'Homme[3].

153.25 **Fichiers.** Depuis l'entrée en vigueur de la loi du 18 mars 2003, l'officier de police judiciaire agissant au cours de l'enquête ou sur commission rogatoire peut faire procéder à une recherche de la séropositivité sur toute personne contre laquelle il existe des indices graves ou concordants d'avoir commis une atteinte sexuelle, une agression sexuelle ou un viol (C. pr. pén., art. 706-47-1). Il peut aussi faire procéder à des prélèvements biologiques susceptibles d'être comparés aux informations contenues dans le fichier d'empreintes génétiques (C. pr. pén., art. 55-1, 76-2 et 154-1). Il peut aussi consulter le fichier judiciaire national automatisé des auteurs d'infractions sexuelles ou violentes dans les conditions précisées par les articles 706-53-1 à 706-53-7 du Code de procédure pénale, certains de ces articles ayant été modifiés par la loi du 12 décembre 2005.

153.26 **Rémunération des indicateurs.** Les services de police et de gendarmerie peuvent rétribuer toute personne étrangère aux administrations publiques qui leur a fourni des renseignements ayant amené directement soit la découverte de crimes ou de délits, soit l'identification des auteurs de crimes ou de délits. Les modalités de rétribution de ces personnes sont déterminées par arrêté conjoint du ministre de la Justice, du ministre de l'Intérieur, du ministre de la Défense et du ministre des Finances (C. pr. pén., art. 15-1).

153.27 **Enregistrement audiovisuel de certains interrogatoires.** La loi du 5 mars 2007 (n° 2007-291) a prévu l'obligation de filmer certains interrogatoires de garde à vue (C. pr. pén., art. 64-1). Il s'agit de ceux des personnes placées en garde à vue pour crime lorsqu'ils sont réalisés dans les locaux d'un service ou d'une unité de police ou de gendarmerie exerçant une mission de police judiciaire. Il est alors tenu compte de la nature de l'infraction dont est informée la personne conformément aux dispositions de l'article 63-1 du Code de procédure pénale (art. D. 15-6 issu du D. n° 2007-699, 3 mai 2007, v. s^{s} n° 153.01). L'enregistrement ne peut être consulté qu'en cas de contestation du contenu du procès-verbal d'interrogatoire, sur décision du juge d'instruction ou de la juridiction de jugement, à la demande du ministère public ou d'une des parties. Les huit derniers alinéas de l'article 114 ne sont pas applicables. Lorsqu'une partie demande la consultation de l'enregistrement, cette demande est formée et le juge d'instruction statue conformément aux deux premiers alinéas de l'article 82-1. Trois exceptions à ce principe sont prévues par le texte :

– lorsque le nombre de personnes gardées à vue devant être simultanément interrogées, au cours de la même procédure ou de procédures distinctes, fait obstacle à l'enregistrement de tous les interrogatoires, l'officier de police judiciaire en réfère sans délai au procureur de la République qui désigne, par décision écrite versée au dossier, la ou les personnes dont les interrogatoires ne seront pas enregistrés;

– lorsque l'enregistrement ne peut être effectué en raison d'une impossibilité technique, il en est fait mention dans le procès-verbal d'interrogatoire, qui précise la nature de cette impossibilité. Le procureur de la République en est immédiatement avisé;

– lorsque la personne est gardée à vue pour un crime mentionné à l'article 706-73 du Code pénal (criminalité organisée) ou prévu par les titres Ier et II du livre IV du Code pénal (atteintes aux intérêts de la Nation, terrorisme), sauf si le procureur de la République ordonne l'enregistrement. Le texte omet de mentionner le juge d'instruction qui semble pourtant le seul interlocuteur possible si une information a été ouverte.

Ces dispositions sont entrées en vigueur le 1er juin 2008.

Des sanctions pénales sont attachés à la divulgation de ces enregistrements. À l'expiration d'un délai de cinq ans à compter de la date de l'extinction de l'action publique, l'enregistrement est détruit dans le délai d'un mois.

Le défaut d'enregistrement audiovisuel des interrogatoires d'un mineur placé en garde à vue, non justifié par un obstacle insurmontable porte nécessairement atteinte aux intérêts de ce mineur. L'impossibilité, avancée par les fonctionnaires de

1. Crim. 3 oct. 1996, n° 95-83.879, *Bull. crim.*, n° 345; *JCP G* 1997, IV, 431 – Crim. 21 juin 2006, n° 06-82.774, *Bull. crim.*, n° 193; *D.* 2006, IR 2055; *Gaz. Pal.* 2/3 févr. 2007, 20, note Y. Monnet; *Procédures* 2006, n° 216, note J. Buisson.
2. Crim. 21 juin 2006, n° 06-82.774, *Bull. crim.*, n° 193, préc.
3. Crim. 4 avr. 2001, n° 01-80.835, *Bull. crim.*, n° 95.

police, de réaliser l'enregistrement audiovisuel de ce mineur en raison d'un « problème informatique », ne suffit pas, en l'absence de toute autre précision, à caractériser la cause insurmontable qui justifierait l'omission de procéder à un tel enregistrement[1]. L'impossibilité technique de procéder à l'interrogatoire filmé des mineurs placés en garde à vue, doit faire l'objet d'une mention dans le procès verbal d'interrogatoire lui même et être porté immédiatement à la connaissance du procureur de la République ou du juge d'instruction[2].

SECTION 3
GARDE A VUE : PRINCIPES

153.31 Conditions. La garde à vue peut être appliquée, au cas de nécessité, au cours de l'exécution d'une commission rogatoire. « La personne à l'encontre de laquelle il n'existe aucune raison plausible de soupçonner qu'elle a commis ou tenté de commettre une infraction ne peut être retenue que le temps nécessaire à son audition » (C. pr. pén., art. 153, al. 2). Un simple témoin ne peut donc plus être mis en garde à vue.

La loi du 9 mars 2004 a prévu que l'avertissement donné par l'officier de police judiciaire au juge d'instruction concernant le placement en garde à vue pouvait être donné « sauf en cas de circonstance insurmontable, dans les meilleurs délais » et non plus immédiatement. Un second alinéa a été ajouté précisant que les personnes à l'encontre desquelles les éléments recueillis sont de nature à permettre la mise en examen sont, à l'issue de la garde à vue, soit remises en liberté, le cas échéant après avoir été convoquées en application des dispositions du deuxième alinéa de l'article 80-2, soit déférées devant ce magistrat dans un délai qui ne peut excéder vingt heures. Pendant ce délai, elles ont le droit de faire prévenir un proche, d'être examinées par un médecin ou de s'entretenir avec un avocat, dans les conditions prévues par les articles 63-2, 63-3 et 63-4. A satisfait à l'obligation que lui impose le texte l'officier de police judiciaire qui a téléphoné vainement à plusieurs reprises au numéro du service de garde institué par le barreau intéressé sans pouvoir obtenir d'interlocuteur[3]. Les règles de la garde à vue, modifiées par les lois des 4 janvier et 24 août 1993, et par la loi du 15 juin 2000, sont énoncées par l'article 154 du Code de procédure pénale, qui rend également applicables les articles 63-1 à 63-4, 64, 65 et 66 alinéa 2. « La garde à vue a pour objet l'audition de la personne retenue à la disposition de l'officier de police judiciaire.[4] » Lorsque la personne n'a pas fait l'objet de contrainte, et notamment lorsqu'elle s'est présentée librement, on ne peut pas reprocher à l'officier de police judiciaire de ne pas l'avoir placée en garde à vue[5]. La chambre criminelle, en mettant toujours l'accent principal sur la garde à vue-contrainte, ne permet pas à la personne contre laquelle il existe des indices graves et concordants de culpabilité, de bénéficier de droits élémentaires de défense, dès lors qu'elle serait sous l'emprise d'une autre contrainte (détention, autre garde à vue)[6] ou se serait présentée « volontairement » dans les locaux où elle est entendue[7]. Il suffit que la personne puisse comprendre les droits qui lui sont notifiés, il n'est pas nécessaire que l'officier de police judiciaire fasse appel à un interprète assermenté[8].

153.32 Droits de la personne gardée à vue. Nous renvoyons aux détails des articles 63-1 à 65, relatifs aux contacts que peut avoir la personne gardée à vue, à l'assistance d'un médecin et d'un avocat et aux mentions de ces mesures à porter au procès-verbal et sur un registre spécial[9]. La loi du 9 mars 2004 a complété l'article 152 du Code de procédure pénale en prévoyant que le « juge d'instruction peut se transporter, sans être assisté de son greffier ni devoir en dresser procès-verbal, pour diriger et contrôler l'exécution de la commission rogatoire, dès lors qu'il ne procède pas lui-même à des actes d'instruction. À l'occasion de ce transport, il peut ordonner la prolongation des gardes à vue prononcées dans le cadre de la commission rogatoire. Dans tous les cas, mention de ce transport est faite sur les pièces d'exécution de la commission rogatoire ». Cet article semble avoir vocation à s'appliquer au-delà du contrôle de garde à vue expressément mentionné.

1. Crim. 3 avr. 2007, n° 06-87.264, *Bull. crim.*, n° 104; *Gaz. Pal.* 29 août/1 sept. 2007, jur. 8, note P. Gagnoud; *JCP* 2007, II, 10132, note J.-Y. Maréchal; *Dr. pén.* 2007, n° 109, note A. Maron; *D.* 2007, Études, 2141, note J. Pradel; *AJ pén.* 2007, 287, note G. Royer; Crim. 12 juin 2007, n° 07-80.194, *Bull. crim.*, n° 155; *D.* 2007, AJ 1960; *JCP* 2007, IV, 2524.
2. Crim. 26 mars 2008, n° 07-88.554, *Bull. crim.*, n° 77; *Dr. pén.* 2008, comm. n° 119, note A. Maron et M. Haas; *AJ pén.* 2008, 287, obs. G. Royer.
3. Crim. 9 mai 1994, n° 94-80.802, *Bull. crim.*, n° 174 – Crim. 13 févr. 1996, n° 95-85.676, *Bull. crim.*, n° 73; *D.* 1996, somm. 260, note J. Pradel.
4. Crim. 11 juill. 1994, n° 94-82.220, *Bull. crim.*, n° 273.
5. Crim. 28 juin 2000, n° 99-81.688, *Bull. crim.*, n° 251.
6. Sur la critique de cette jurisprudence, v. Ch. Guéry, « L'avenir du suspect », *AJ pén.* 2005, 232.
7. Crim. 12 oct. 2005, n° 05-81.848, NP, *Dr. pén.* 2006, comm. n° 17, obs. A. Maron.
8. Crim. 26 mai 1999, n° 99-81.457 et n° 98-84.997, *Bull. crim.*, n° 105.
9. V. Crim. 13 févr. 1996, n° 95-85.676, *Bull. crim.*, n° 73.

153.33 La garde à vue doit être différenciée d'autres régimes proches. C'est ainsi qu'une mesure de simple surveillance ordonnée par la commission rogatoire d'un juge d'instruction n'a pas pour objet, comme la garde à vue, l'audition de la personne retenue à la disposition d'un officier de police judiciaire, et la commission rogatoire n'a pas à être annulée[1]. De même, le régime de la garde à vue ne s'applique pas aux retenues douanières prévues par le Code des douanes[2].

153.34 Prolongation. La personne gardée à vue ne peut être retenue plus de 24 heures. Avant l'expiration de ce délai, elle est conduite devant le juge d'instruction saisi des faits ou celui du lieu de l'exécution, qui peut accorder un nouveau délai de 24 heures au plus. Exceptionnellement, la personne peut ne pas être présentée au magistrat (C. pr. pén., art. 154, al. 2). La chambre de l'instruction apprécie souverainement les circonstances exceptionnelles permettant de prolonger une garde à vue sans présentation de l'intéressé à un juge d'instruction; l'éloignement géographique du juge d'instruction peut constituer une impossibilité matérielle de présentation[3]. De même la prolongation de la garde à vue n'a pas à être annulée pour défaut de présentation au juge s'il apparaît que la personne n'a pas été présentée en raison de la nécessité d'accomplir des investigations pendant le temps de la garde à vue[4]. Le juge d'instruction peut décider de la prolongation de garde à vue plusieurs heures avant la fin de la période initiale, en effet, les textes n'imposent pas une présentation de l'intéressé au magistrat à la dernière heure de cette période[5]. Le procès-verbal de notification de la prolongation antérieur à l'autorisation écrite de prolongation n'entraîne pas la nullité de cette partie de la procédure dans la mesure où le juge d'instruction n'est pas tenu d'indiquer d'heure de délivrance de l'autorisation et où les 2 actes sont intervenus avant l'expiration du premier délai de 24 heures de garde à vue[6]. L'erreur du juge sur le point de départ de la prolongation de la garde à vue ne porte pas atteinte aux intérêts de la personne dès lors que la garde à vue n'a pas dépassé le délai maximal prévu par la loi[7]. En vertu de l'article 154 du Code de procédure pénale, lorsqu'un officier de police judiciaire chargé de l'exécution d'une commission rogatoire en dehors du ressort du juge d'instruction mandant est amené à garder à sa disposition une personne, il doit, avant l'expiration d'un délai de vingt-quatre heures, la présenter au juge d'instruction du lieu d'exécution de la mesure, lequel peut prolonger la garde à vue d'un nouveau délai de vingt-quatre heures au maximum. À titre exceptionnel, ce magistrat peut accorder cette autorisation par décision écrite et motivée sans présentation préalable de la personne. En ce qui concerne l'entretien avec l'avocat, l'article 63-4 alinéa 6, dans sa rédaction issue de la loi du 9 mars 2004, est ainsi conçu : « Lorsque la garde à vue fait l'objet d'une prolongation, la personne peut également demander à s'entretenir avec un avocat dès le début de la prolongation dans les conditions et selon les modalités prévues aux alinéas précédents » (sur les règles particulières de prolongation v. s^s n°s 153.41 s.).

153.35 Nullité de la garde à vue. Pendant longtemps, les irrégularités de la garde à vue qui affectaient l'exécution d'une commission rogatoire n'entraînaient pas sa nullité, « leur inobservation ne saurait, par elle-même, entraîner la nullité des actes de la procédure lorsqu'il n'est pas démontré que la recherche et l'établissement de la vérité s'en sont trouvés fondamentalement viciés »[8]. La Cour de cassation a développé depuis quelques années une jurisprudence beaucoup plus exigeante et la garde à vue est désormais l'un des contentieux les plus importants parmi les requêtes en nullité présentées devant les chambres de l'instruction et la chambre criminelle. La Haute juridiction a notamment estimé que tout retard injustifié dans l'avertissement que doit donner l'officier de police judiciaire de tout placement en garde à vue au juge d'instruction porte nécessairement atteinte aux droits de la personne gardée à vue[9] : « Est irrégulière et fait nécessairement grief aux intérêts de la personne concernée la garde à vue dont le juge d'instruction mandant n'a été avisé que le lendemain en l'absence de toute circonstance insurmontable ayant fait obstacle à une information dès le

1. Crim. 11 juill. 1994, n° 94-82.220, *Bull. crim.*, n° 273; *D.* 1995, somm. 141, obs. J. Pradel.
2. Crim. 7 mars 1994, n° 93-85.698, *Bull. crim.*, n° 89.
3. Crim. 27 juin 2000, n° 00-80.411, *Bull. crim.*, n° 246.
4. Crim. 12 déc. 2000, n° 99-87.640, *Bull. crim.*, n° 370; v. les attendus s^s n° 153.02.
5. Crim. 20 déc. 2000, n° 00-86.499, *Bull. crim.*, n° 386.
6. Crim. 30 oct. 2001, n° 01-85.530, *Bull. crim.*, n° 221; *D.* 2002, IR 307.
7. Crim. 15 févr. 2000, n° 99-86.623, *Bull. crim.*, n° 68; *Dr. pén.* 2000, comm. 82, obs. A. Maron; v. les attendus s^s n° 153.02.
8. V. not. Crim. 15 oct. 1974, n° 74-90.335, *Bull. crim.*, n° 292 – Crim. 22 déc. 1987, n° 87-90.034, *Bull. crim.*, n° 477; *D.* 1989, 323, note F. Julien-Laferrière – Crim. 26 févr. 1991, n° 90-87.295, *Bull. crim.*, n° 97 – Crim. 25 févr. 1992, n° 91-80.217, *Bull. crim.*, n° 83 – Crim. 22 avr. 1992, n° 91-85.467, n° 92-80.881, *Bull. crim.*, n° 172.
9. Crim. 29 févr. 2000, n° 99-84.899, *Bull. crim.*, n° 92; v. les attendus s^s n° 153.02 – Et depuis jurisprudence constante rappelée encore dans : Crim. 2 févr. 2005, n° 04-86.805, *Bull. crim.*, n° 41; *D.* 2005, IR 797; *JCP* 2005, II, 10111, note J. Henrion; *JCP* 2005, IV, 1644; *Procédures* 2005, n° 110, note J. Buisson.

début de la mesure. » La notification n'est pas tardive dès lors qu'il résulte notamment des mentions contenues dans un procès-verbal signé de l'intéressé que, dès le début de la mesure de garde à vue, il a été informé de ce droit[1]. Le procès-verbal doit être rédigé sur-le-champ mais l'irrégularité consistant à ne consigner cette notification qu'ultérieurement ne peut entraîner la nullité des actes effectués pendant la mesure lorsqu'il est établi que cette personne a eu effectivement connaissance de ses droits dès le début de la mesure[2]. La rédaction d'un procès-verbal spécifique n'est pas indispensable, tout acte de procédure pouvant servir à établir l'accomplissement de la formalité[3].

L'allégation non établie d'un repos insuffisant pris au cours de la garde à vue n'affecte pas la régularité de la commission rogatoire[4]. Les dispositions prises par un magistrat pour mettre un détenu à la disposition d'officiers de police judiciaire chargés d'une enquête ne sauraient ni constituer un acte d'instruction ni affecter la régularité des actes accomplis par eux[5]. La jurisprudence admet que la nullité d'actes accomplis pendant la garde à vue est sans effet sur les actes ultérieurement accomplis dont cette mesure n'est pas le support nécessaire[6] La décision de placer en garde à vue une personne à l'encontre de laquelle il existe une ou plusieurs raisons plausibles de soupçonner qu'elle a commis ou tenté de commettre une infraction, relève d'une faculté que l'officier de police judiciaire tient de la loi et qu'il exerce, dans les conditions qu'elle définit, sous le seul contrôle du procureur de la République ou, le cas échéant, du juge d'instruction. Excède dès lors ses pouvoirs, la cour d'appel qui, après avoir constaté qu'il ressort des procès-verbaux de police que la prévenue peut être soupçonnée d'avoir commis l'infraction d'outrage envers des personnes dépositaires de l'autorité publique, énonce que sa garde à vue ne répond pas aux nécessités de l'enquête et que son audition aurait dû être réalisée après convocation au commissariat[7]. Toutefois aucune disposition légale ne fait obstacle à ce que l'officier de police judiciaire sollicite les instructions du magistrat mandant avant de décider de la mesure[8].

1. Crim. 9 févr. 2000, n° 99-87.659, *Bull. crim.*, n° 64.
2. Crim. 21 mars 2000, n° 99-87.632, *Bull. crim.*, n° 127.
3. Crim. 24 oct. 2000, n° 00-85.407, *Bull. crim.*, n° 306 – Crim. 19 déc. 2000, n° 00-86.715, *Bull. crim.*, n° 383.
4. Crim. 1er sept. 1987, n° 85-92.518, n° 87-83.370, *Bull. crim.*, n° 308 – Sur l'irrégularité résultant d'un traitement humiliant, v. Crim. 10 janv. 1995, *D.* 1996, IR 173.
5. Crim. 6 févr. 2002, n° 01-87.991, *Bull. crim.*, n° 26.
6. Crim. 15 oct. 2003, n° 03-82.683, *Bull. crim.*, n° 193; *JCP* 2003, IV, 1044 (et sur cette jurisprudence v. nos développements ss n° 205.15).
7. Crim. 4 janv. 2005, n° 04-84.876, *Bull. crim.*, n° 3; *JCP* 2005, IV, 1380.

153.36 La partie civile peut être placée en garde à vue. Ne constituent pas une cause de nullité le placement en garde à vue et l'audition par les policiers sur commission rogatoire d'une personne, dès lors qu'il existe à son encontre des indices faisant présumer qu'elle a commis l'infraction, objet de l'information, ou qu'elle y a participé, quand bien même se serait-elle constituée partie civile dans cette procédure[9].

153.37 Mandat de recherche et garde à vue. La loi du 9 mars 2004 a créé une exception à la prérogative traditionnelle de l'officier de police judiciaire qui est maître de décider du placement en garde à vue. Le mandat de recherche, qui peut être décerné aussi bien par le ministère public, dans le cadre de l'enquête de flagrance (C. pr. pén., art. 70) ou préliminaire (C. pr. pén., art. 77-4), que par le juge d'instruction (C. pr. pén., art. 122) contraint en effet l'officier de police judiciaire à placer la personne en garde à vue en cas de découverte.

153.38 Transcription contre la volonté de la personne entendue. Bien que le procédé soit utilisé assez fréquemment, la chambre criminelle a mis une barrière à la retranscription des déclarations qui pourraient être faites en *off* par une personne gardée à vue. Si la plupart du temps les officiers de police judiciaire ne rapportaient pas par écrit les propos tenus, il arrivait que l'on trouve dans une procédure un rapport d'un OPJ relatant les propos que l'intéressé n'avait pas voulu signer. La chambre criminelle estime qu'un tel procédé ne peut être admis et qu'encourt la censure l'arrêt qui refuse d'annuler un procès-verbal reproduisant des déclarations verbales que la personne gardée à vue n'a pas voulu voir consignées dans le procès-verbal de son audition[10]. Cet arrêt qui affirme expressément que le procédé en cause est déloyal, est d'une importance pratique indéniable.

SECTION 4
GARDE À VUE : RÉGIMES PARTICULIERS

153.41 Multiplication des régimes particuliers. Il existait déjà, avant la loi du 9 mars 2004, un certain nombre de régimes particuliers de garde à vue

8. Crim. 27 sept. 2005, n° 05-83.590, *Bull. crim.*, n° 237; *Gaz. Pal.* 24-25 mars 2006, 2, note Y. Monnet; *D.* 2006, chron. 887, par J.-L. Lennon.
9. Crim. 28 avr. 2004, n° 01-84.554, *Bull. crim.*, n° 103; *JCP* 2004, IV, 2268; *D.* 2004, 1644; *Gaz. Pal.* 8/9 déc. 2004, jur. 26, note Y. Monnet; v. les attendus ss n° 153.02.
10. Crim. 3 avr. 2007, n° 07-80.807, *Bull. crim.*, n° 102; *D.* 2007, AJ 1422, Études, D. Caron et S. Menotti, 1821, v. ss n° 153.02.

mais ils ont été largement augmentés par cette dernière loi, dans ses dispositions concernant la criminalité organisée.

153.42 Infractions de criminalité organisée. La loi du 9 mars 2004 a créé un régime particulier de garde à vue pour les infractions prévues à l'article 706-73. La procédure applicable à l'enquête, la poursuite, l'instruction et le jugement des crimes et des délits suivants est celle prévue par le présent code, sous réserve des dispositions du présent titre :

1° Crime de meurtre commis en bande organisée prévu par le 8° de l'article 221-4 du Code pénal;

2° Crime de tortures et d'actes de barbarie commis en bande organisée prévu par l'article 222-4 du Code pénal;

3° Crimes et délits de trafic de stupéfiants prévus par les articles 222-34 à 222-40 du Code pénal;

4° Crimes et délits d'enlèvement et de séquestration commis en bande organisée prévus par l'article 224-5-2 du Code pénal;

5° Crimes et délits aggravés de traite des êtres humains prévus par les articles 225-4-2 à 225-4-7 du Code pénal;

6° Crimes et délits aggravés de proxénétisme prévus par les articles 225-7 à 225-12 du Code pénal;

7° Crime de vol commis en bande organisée prévu par l'article 311-9 du Code pénal;

8° Crimes aggravés d'extorsion prévus par les articles 312-6 et 312-7 du Code pénal;

9° Crime de destruction, dégradation et détérioration d'un bien commis en bande organisée prévu par l'article 322-8 du Code pénal;

10° Crimes en matière de fausse monnaie prévus par les articles 442-1 et 442-2 du Code pénal;

11° Crimes et délits constituant des actes de terrorisme prévus par les articles 421-1 à 421-5 du Code pénal;

12° Délits en matière d'armes commis en bande organisée prévus par l'article 3 de la loi du 19 juin 1871, qui abroge le décret du 4 septembre 1870 sur la fabrication des armes de guerre, les articles 24, 26 et 31 du décret du 18 avril 1939 fixant le régime des matériels de guerre, armes et munitions, l'article 6 de la loi n° 70-575 du 3 juillet 1970 portant réforme du régime des poudres et substances explosives, l'article 4 de la loi n° 72-467 du 9 juin 1972 interdisant la mise au point, la fabrication, la détention, le stockage, l'acquisition et la cession d'armes biologiques ou à base de toxines;

13° Délits d'aide à l'entrée, à la circulation et au séjour irréguliers d'un étranger en France commis en bande organisée prévus par le quatrième alinéa du I de l'article 21 de l'ordonnance n° 45-2658 du 2 novembre 1945 relative aux conditions d'entrée et de séjour des étrangers en France;

14° Délits de blanchiment prévus par les articles 324-1 et 324-2 du Code pénal, ou de recel prévus par les articles 321-1 et 321-2 du même code, du produit, des revenus, des choses provenant des infractions mentionnées aux 1° à 13°;

15° Délits d'association de malfaiteurs prévus par l'article 450-1 du Code pénal, lorsqu'ils ont pour objet la préparation de l'une des infractions mentionnées aux 1° à 4°.

Pour les infractions visées aux 3°, 6° et 11°, sont applicables, sauf précision contraire, les dispositions relatives à la criminalité organisée ainsi que celles des titres XV, XVI et XVII du Code de procédure pénale (v. aussi s[s] n°s 23.12 s.).

153.43 Prolongation. L'article 706-88 ne prévoit un régime spécifique que pour les infractions visées à l'article 706-73. Pour l'application des articles 63, 77 et 154, si les nécessités de l'enquête ou de l'instruction relatives à l'une des infractions entrant dans le champ d'application de l'article 706-73 l'exigent, la garde à vue d'une personne peut, à titre exceptionnel, faire l'objet de deux prolongations supplémentaires de vingt-quatre heures chacune. Ces prolongations sont autorisées, par décision écrite et motivée, soit, à la requête du procureur de la République, par le juge des libertés et de la détention, soit par le juge d'instruction. La personne gardée à vue doit être présentée au magistrat qui statue sur la prolongation préalablement à cette décision. La seconde prolongation peut toutefois, à titre exceptionnel, être autorisée sans présentation préalable de la personne en raison des nécessités des investigations en cours ou à effectuer. Lorsqu'il résulte de la procédure qu'avant d'être déférés devant le juge des libertés et de la détention et d'être entendus par ce magistrat préalablement à la décision de prolongation de garde à vue, les intéressés se sont entretenus avec leurs avocats qui ont été informés de la nature de l'infraction et n'ont pas formulé d'observations, doit être écartée le moyen de nullité pris de l'absence de notification de ce que la circonstance aggravante de bande organisée était désormais retenue[1].

153.44 Stupéfiants, terrorisme, association de malfaiteurs... L'article 706-29 du Code de procédure pénale qui prévoyait des dispositions particulières en cas de garde à vue en matière de trafic de stupéfiants a été abrogé par la loi du 9 mars 2004. Désormais, le trafic de produits stupéfiants fait partie des cas prévus par l'article 706-73, en matière de criminalité organisée[2]. L'article 706-32 du Code de

1. Crim. 7 juin 2006, n° 06-82.405, *Bull. crim.*, n° 157; *Gaz. Pal.* 2-3 févr. 2007, jur. 15, note Y. Monnet.
2. V. H. Vlamynck, « Le trafic de stupéfiants et les procédures policières afférentes », *AJ pén.* 2004, 187.

procédure pénale a toutefois été rétabli par la loi du 5 mars 2007 sur la prévention de la délinquance. Aux fins de constater les infractions d'acquisition, d'offre ou de cession de produits stupéfiants visées aux articles 222-37 et 222-39 du Code pénal, d'en identifier les auteurs et complices et d'effectuer les saisies prévues au présent code, les officiers de police judiciaire et, sous leur autorité, les agents de police judiciaire peuvent, avec l'autorisation du procureur de la République ou du juge d'instruction saisi des faits qui en avise préalablement le parquet, et sans être pénalement responsables de ces actes :

« 1° Acquérir des produits stupéfiants;

2° En vue de l'acquisition de produits stupéfiants, mettre à la disposition des personnes se livrant à ces infractions des moyens de caractère juridique ou financier ainsi que des moyens de transport, de dépôt, d'hébergement, de conservation et de télécommunication. »

À peine de nullité, l'autorisation du procureur de la République ou du juge d'instruction, qui peut être donnée par tout moyen, est mentionnée ou versée au dossier de la procédure et les actes autorisés ne peuvent constituer une incitation à commettre une infraction.

L'article 706-23 du Code de procédure pénale instaurait aussi une garde à vue particulière pour les infractions de terrorisme avec une seconde prolongation de quarante-huit heures et présentation préalable obligatoire au moment de la prolongation. Cet article a lui aussi été abrogé par la loi du 9 mars 2004, le terrorisme entrant dans les articles visés par l'article 706-73[1]. Mais depuis l'entrée en vigueur de la loi du 23 janvier 2006, « s'il ressort des premiers éléments de l'enquête ou de la garde à vue elle-même qu'il existe un risque sérieux de l'imminence d'une action terroriste en France ou à l'étranger ou que les nécessités de la coopération internationale le requièrent impérativement »[2] la garde à vue des personnes concernées peut être encore prolongée de 24 heures renouvelables une fois, c'est-à-dire atteindre 6 jours.

L'article 63-4 du Code de procédure pénale prévoyait un régime particulier pour les infractions d'association de malfaiteurs, proxénétisme, extorsion de fonds, infractions commises en bande organisée. Il était possible seulement au bout de trente-six heures lorsque l'enquête portait sur une association de malfaiteurs prévue par l'article 450-1 du Code pénal, sur les infractions de proxénétisme ou d'extorsion de fonds aggravés prévues aux articles 225-7, 225-9, 312-2 à 312-5 et 312-7, ou une infraction commise en bande organisée prévue par les articles 224-3, 225-8, 311-9, 312-6, 322-8 du Code pénal. Cet alinéa a été abrogé par la loi du 9 mars 2004, qui fait désormais référence aux infractions de l'article 706-73, en maintenant certaines différences de régime, énoncés ci-dessous (v. s^{s} n° 153.45).

153.45 Entretien avec l'avocat. L'article 706-88 établit une distinction entre trois catégories. les 1°, 2°, 5°, 9°, 10°, 12°, 13°, 14° de l'article 706-73 pour lesquels l'entretien a lieu à la première, à la vingt-quatrième, quarante-huitième et soixante-douzième heure; les 4°, 6°, 7°, 8° et 15°, pour lesquels le premier entretien a lieu à la quarante-huitième heure puis, le cas échéant, à la soixante-douzième; les 3° et 11°, pour lesquels le seul entretien possible se situe à la soixante-douzième heure[3]. En matière de terrorisme, depuis la loi du 23 janvier 2006, il est précisé qu'« à l'expiration de la quatre-vingt-seizième heure et de la cent-vingtième heure, la personne dont la prolongation de la garde à vue est ainsi décidée peut demander à s'entretenir avec un avocat » (C. pr. pén., art. 706-88).

153.46 Mineurs. L'article 4 de l'ordonnance n° 45-174 du 2 février 1945 expose que le mineur de treize ans ne peut être placé en garde à vue mais seulement retenu pour les nécessités de l'enquête durant dix heures avec l'accord préalable d'un juge d'instruction spécialisé dans la protection de l'enfance, lorsqu'il existe des indices graves ou concordants laissant présumer qu'il a commis un crime ou un délit puni d'au moins sept ans d'emprisonnement[4]. Une prolongation exceptionnelle de dix heures peut être ordonnée après présentation obligatoire devant le magistrat. L'examen médical et l'entretien avec l'avocat interviennent dès le début de la rétention[5]. La garde à vue d'un mineur de treize à seize ans ne peut pas être prolongée en cas de délit puni d'une peine inférieure à cinq ans d'emprisonnement. L'entretien est de droit dès le début de la garde à vue. La garde à vue des mineurs de seize à dix-huit ans obéit au régime de droit commun des majeurs, sauf que l'information des parents est de droit, sauf dérogation limitée et que la présentation devant le magistrat est obligatoire en cas de prolongation de la garde à vue. La loi du

1. V. J.-F. Ricard et M.-A. Houyvet, « Lutte contre le terrorisme : spécificités de la loi française », *AJ pén.* 2004, 191.
2. L. n° 2006-64, 23 janv. 2006, *JO* 24 janv.
3. V. aussi J. Danet, « De la procédure à la répression de la criminalité organisée, ou laquelle est l'instrument de l'autre », *AJ pén.* 2004, 192 – Fr. Molins, « De la nécessité de lutter plus activement contre les nouvelles formes de criminalité », *AJ pén.* 2004, 177 – É. Vergès, « La notion de criminalité organisée après la loi du 9 mars 2004 », *AJ pén.* 2004, 181.
4. Ord. n° 45-174, 2 févr. 1945, *D.* 1945, 41 et 169.
5. Crim. 8 mars 2000, n° 99-87.319, *Bull. crim.*, n° 109 – Crim. 17 mai 2000, n° 00-81.133, *Bull. crim.*, n° 196.

9 mars 2004 a modifié l'article 4 de l'ordonnance du 2 février 1945. En matière de criminalité organisée, la garde à vue des mineurs de plus de seize ans est soumise aux dispositions de l'article 706-88 du Code de procédure pénale dès lors qu'il « existe des raisons plausibles de soupçonner qu'une ou plusieurs personnes majeures ont participé comme auteurs ou complices à la commission de l'infraction ». La garde à vue de ces mineurs peut donc atteindre quatre-vingt-seize heures [1].

153.47 Enregistrements audiovisuels. Les infractions de l'article 706-73 du Code de procédure pénale sont exclues du champ d'application obligatoire de l'article 64-1 du Code de procédure pénale. Les interrogatoires criminels portant sur ce type d'infraction ne seront filmés que si le procureur de la République ou le juge d'instruction ordonne l'enregistrement (v. s[s] n° 153.27).

SECTION 5
GARDE À VUE : DURÉE ET FIN

153.51 Durée cumulée. Les durées de gardes à vue se rapportant aux mêmes faits se cumulent entre elles. Le dépassement du délai constitue par lui-même une atteinte aux intérêts de la personne concernée et entraîne l'annulation des actes de procédure [2]. La personne gardée à vue ne peut être retenue de manière continue à la disposition des officiers de police judiciaire pendant une période totale excédant la durée maximale de garde à vue autorisée par la loi, et ce même si les procédures sont distinctes [3]. Mais le placement en garde à vue, à des périodes distinctes (en l'espèce séparées de dix mois) et sur des motifs distincts (soupçons de faux et usage relatifs à un contrat de travail conclu par une association alors que le second visait des soupçons d'abus de confiance, d'escroquerie et de faux et usage commis au sein d'autres associations) ne permet pas de retenir la notion d'unicité d'affaire et justifie le non-cumul des gardes à vue [4].

1. V. Ph. Bonfils, « Les dispositions relatives aux mineurs de la loi n° 2004-204 du 9 mars 2004, dite Perben II », *JCP* 2004, I, 140.
2. Crim. 13 févr. 1996, n° 95-85.538, *Bull. crim.*, n° 74; *D.* 1996, somm. 258, obs. J. Pradel; *Dr. pén.* 1996, comm. 143, obs. A. Maron – Crim. 15 déc. 1999, n° 99-86.233 et n° 99-80.532, *Bull. crim.*, n° 311.
3. Crim. 17 mars 2004, n° 03-87.739, *Bull. crim.*, n° 69; *Gaz. Pal.* 17/19 oct. 2004, 7, note Y. Monnet, *Dr. pén.* 2004, n° 96, obs. A. Maron; *Procédures* 2004, n° 136, obs. J. Buisson; *AJ pén.* 2004, 248, obs. J. Coste; *D.* 2004, IR 1353; *JCP* 2004, IV, 1968.
4. Crim. 2 sept. 2004, n° ⁰ 04-84.010, *Bull. crim.*, n° 196; *D.* 2004, IR 2682; *AJ pén.* 2004, 410, obs. J. Coste; *JCP* 2004, IV, 3201.

153.52 Déferement : avant la loi du 9 mars 2004. Avant la loi du 9 mars 2004, il n'existait pas de réglementation relative au délai écoulé entre la fin de la garde à vue et la présentation effective devant le juge d'instruction, la situation étant identique sur déferement après garde à vue en enquête préliminaire ou de flagrance. Aucune disposition légale ou conventionnelle n'oblige le juge d'instruction à délivrer un mandat d'amener pour se faire présenter la personne à l'issue d'une mesure de garde à vue qui s'est déroulée dans son ressort [5]. La personne était donc conduite par le service d'enquête devant le juge et la chambre criminelle admit la pratique dite du petit parquet qui permettait, par exemple à Paris, de garder une personne une nuit, alors que sa garde à vue était expirée, dans l'attente de sa présentation devant un magistrat [6]. Peu de temps avant la loi du 9 mars 2004, la chambre criminelle admettait que « justifie sa décision et s'explique suffisamment sur le délai, d'environ vingt heures, séparant la fin de la garde à vue de trois personnes de leur audition par le juge, la chambre de l'instruction qui retient l'heure tardive de levée de garde à vue, la durée de l'acheminement au sein de l'agglomération parisienne, l'arrivée tardive au palais de justice, hors des heures ouvrables, le respect nécessaire, en raison de la nuit, d'un temps de repos pour chacun des intéressés, le temps d'étude de la procédure par le magistrat instructeur et par les conseils de chacun des requérants, les entretiens des personnes déférées avec leurs avocats en vue de la préparation de leur défense » [7]. Dans un arrêt du 27 juillet 2006, la Cour européenne des droits de l'Homme condamnait la France au visa des articles 5-1 et 5-4 de la Convention. Une requérante « ne disposait en droit interne d'aucun recours pour faire statuer à bref délai sur la légalité de sa détention ». C'était l'absence de réglementation entre la fin de la garde à vue et le déferement qui était mise en cause [8].

153.53 Déferement : depuis la loi du 9 mars 2004. La loi du 9 mars 2004 pose pour la première fois un cadre procédural précis. L'article 803-2 du Code de procédure pénale dispose que toute personne ayant fait l'objet d'un déferement à l'issue de sa garde à vue à la demande du procureur de la République comparaît le jour même devant ce magistrat ou, en cas d'ouverture d'une informa-

5. Crim. 9 juin 1998, n° 98-80.418, *Bull. crim.*, n° 187.
6. Crim. 9 févr. 2000, n° 99-87.659, *Bull. crim.*, n° 64; *Dr. pén.* 2000, comm. 79, obs. A. Maron – Crim. 25 oct. 2000, n° 00-83.253, *Bull. crim.*, n° 316.
7. Crim. 25 nov. 2003, n° 03-85.076, *Bull. crim.*, n° 221; *AJ pén.* 2004, 74, obs. J.-L. H.; *D.* 2004, IR 677; *Dr. pén.* 2004, comm. n° 42, 19, note A. Maron.
8. CEDH 27 juill. 2006, n° 73947/01, Zervudaki c/France, *BICC* 646, 15 sept. 2006.

tion, devant le juge d'instruction saisi de la procédure. Il en est de même si la personne est déférée devant le juge d'instruction à l'issue d'une garde à vue sur commission rogatoire. La personne peut comparaître le jour suivant et peut être retenue à cette fin dans les locaux de la juridiction spécialement aménagés, à la condition que cette comparution intervienne au plus tard dans un délai de vingt heures à compter de l'heure à laquelle la garde à vue a été levée, seulement s'il existe un local permettant à la personne d'y passer la nuit (C. pr. pén., art. 803-3). La personne doit alors avoir la possibilité de s'alimenter et de bénéficier des droits dont elle dispose lorsqu'elle est en garde à vue : droit de faire prévenir une personne visée à l'article 63-2 par téléphone, d'être examinée par un médecin, de s'entretenir à tout moment avec son avocat désigné ou commis d'office. Un registre spécial avec les heures d'arrivée des personnes doit être tenu. Cet article n'est pas applicable lorsque la garde à vue a duré plus de trois jours en application de l'article 706-88 du Code de procédure pénale[1]. N'encourt pas la censure l'arrêt qui énonce que moins de vingt heures se sont écoulées entre la levée effective de la garde à vue le 3 avril à 0 heure 07 et la comparution devant le juge d'instruction à 16 heures, peu important que l'instruction de mettre fin à la mesure ait été donnée par le procureur de la République le 2 avril 2004 à 19 heures[2]. Depuis l'entrée en vigueur de ces dispositions, l'une des obsessions du juge d'instruction de permanence à Paris est d'arriver à commencer l'interrogatoire de première comparution avant que le délai de 20 heures depuis la fin de la garde à vue soit expiré. Il arrive que l'on commence un interrogatoire puis l'interrompe, avant de commencer le suivant pour « entrer dans les délais »...

SECTION 6
CONDITIONS DE FORME : RETOUR DE LA COMMISSION ROGATOIRE

153.61 Délai. Aux termes de l'article 151 alinéa 4 du Code de procédure pénale, « le juge d'instruction fixe le délai dans lequel la commission rogatoire doit lui être retournée avec les procès-verbaux dressés pour son exécution par l'officier de police judiciaire ». À défaut d'une telle fixation, ces pièces doivent lui être transmises dans les huit jours de la fin des opérations. Ces dispositions ont pour but d'accélérer l'exécution des commissions rogatoires qui, dans les grandes villes en raison de la surcharge des commissariats de police, demande d'assez longs délais. Elles ne sont qu'indicatives et ne sauraient être considérées comme prescrites à peine de nullité. Pendant la durée d'exécution il n'est pas exigé par la loi que figure au dossier une copie de la commission rogatoire[3]. De même un document joint à la commission rogatoire n'a pas à être versé en procédure avant le retour de celle-ci[4]. Il n'appartient pas à une chambre d'accusation de statuer sur la régularité d'une commission rogatoire étrangère au dossier dont elle est saisie et la personne mise en examen n'a pas la qualité pour se prévaloir de la nullité de cet acte[5].

153.62 Rapport de police. Après exécution de la commission rogatoire, le juge d'instruction ou l'officier de police judiciaire délégué, fait retour de la commission rogatoire et des pièces qui lui ont été transmises, auxquelles il joint les procès-verbaux qui ont été établis. Souvent, l'officier de police judiciaire dresse un rapport, qui résume l'ensemble des opérations qu'il a effectuées ou qui donne les renseignements demandés. Les rapports par lesquels les services de police transmettent au juge d'instruction les renseignements qu'ils ont pu recueillir ne constituent pas des actes d'instruction; par suite, les inculpés ne sauraient se faire un grief de ce que ces renseignements n'auraient pas été obtenus en observant les règles qui régissent les commissions rogatoires[6]. La violation de l'article 105 du Code de procédure pénale ne peut être invoquée, lorsque les déclarations du futur inculpé, faites devant l'officier de police sur commission rogatoire, ont été relatées dans un simple rapport et n'ont pas fait l'objet d'un procès-verbal régulier d'audition[7]. Aucun texte ne prévoit la notification à la personne poursuivie du rapport de police établi sur l'exécution d'une commission rogatoire[8].

153.63 Le juge d'instruction commettant est seul responsable de la régularité d'une commission rogatoire. Lorsqu'un juge d'instruction, sans faire aucun acte de juridiction personnel, se borne à exécuter une commission rogatoire reçue d'un autre ressort, et tendant à une saisie de pièces, le tiers détenteur ne peut saisir de son recours, en supposant ce recours recevable, la cour d'appel du ressort où s'exécute une mission dont le juge commettant doit seul répondre[9].

1. V. P. Gagnoud, *Gaz. Pal.* 30 mai/3 juin 2004, 2.
2. Crim. 26 oct. 2004, n° 04-84.550, *Bull. crim.*, n° 255; *JCP* 2004, IV, 3541.
3. Crim. 12 mars 1991, n° 90-87.733, *Bull. crim.*, n° 122 – Crim. 4 août 1998, n° 98-82.622, *Bull. crim.*, n° 222.
4. Crim. 30 mai 1996, n° 95-85.954, *Bull. crim.*, n° 226.
5. Crim. 13 oct. 1998, n° 98-82.522, *Bull. crim.*, n° 254; *D.* 1999, IR 7.
6. Crim. 17 févr. 1953, *Bull. crim.*, n° 57.
7. Crim. 7 mai 1969, *Bull. crim.*, n° 156; *JCP G* 1969, II, 16120, note P. Chambon.
8. Crim. 10 janv. 1989, n° 88-86.129, *Bull. crim.*, n° 8.
9. Crim. 15 mai 1869, *Bull. crim.*, n° 114.

SECTION 7
CONDITIONS DE FOND : PROHIBITION DE LA DÉLÉGATION GÉNÉRALE DE POUVOIRS

153.71 Le juge d'instruction ne peut déléguer par commission rogatoire plus de pouvoirs qu'il n'en a lui-même. Or, il ne peut informer que relativement aux infractions dont il a été saisi par le réquisitoire introductif ou la constitution de partie civile. Une commission rogatoire ne saurait donc porter sur d'autres faits que ceux sur lesquels porte l'information. Aux termes des alinéas 2 et 3 de l'article 151 du Code de procédure pénale, « la commission rogatoire indique la nature de l'infraction, objet des poursuites. Elle ne peut prescrire que des actes d'instruction se rattachant directement à la répression de l'infraction visée aux poursuites ». Ce texte consacre la jurisprudence antérieure.

Que faut-il entendre par « délégation générale de pouvoirs ? » Le juge d'instruction peut donner délégation en vue d'effectuer toute une série d'actes, « tous actes nécessaires » de nature à réunir les éléments de preuve et à amener la découverte des auteurs de l'infraction dont il est saisi. Mais il ne peut prescrire la recherche de toute une série d'infractions autres que celles dont il est saisi, par exemple des infractions de qualification différente, ou de même nature commises par le mis en examen, mais en d'autres circonstances de temps et de lieu, et ce, en l'absence de réquisitoire supplétif[1]. Il faut donc différencier la commission rogatoire générale quant aux actes, qui est possible, de la délégation générale quant aux infractions, qui est prohibée.

153.72 La délégation générale quant aux infractions. La chambre criminelle, abstraction faite d'un arrêt ancien[2], s'est préoccupée de la généralité excessive et croissante des missions données par commission rogatoire, et dès son arrêt du 9 juin 1943, elle a déclaré selon une formule demeurée invariable que « le juge d'instruction ne peut délivrer commission rogatoire que sur présomption d'une infraction déterminée, déjà commise ou en cours d'exécution; que la commission rogatoire ne saurait revêtir la forme d'une délégation générale de pouvoirs visant d'une façon éventuelle toute une catégorie d'infractions »[3].

C'est ainsi qu'elle a cassé deux arrêts de condamnation qui s'appuyaient, l'un sur les éléments recueillis en vertu d'une commission rogatoire qui visait « des paris clandestins sur les courses de chevaux, qui auraient eu lieu à Nice, dans différents cafés de la ville », sans autre précision[4], l'autre sur les résultats d'une commission rogatoire qui visait *in abstracto* des délits d'atteinte à la sûreté extérieure de l'État, sans mentionner aucun fait délimité dans l'espace et le temps, ni aucune charge contre quiconque, ni aucun document[5].

La Cour de cassation a encore annulé un arrêt de condamnation qui faisait état d'une saisie en rapport avec une infraction autre que celle objet de l'information, pratiquée par un commissaire de police sur commission rogatoire[6]. De même qu'elle a annulé un arrêt de renvoi en cour d'assises, qui n'avait pas relevé, même d'office, le vice d'une commission rogatoire qui donnait mission aux autorités de police de rechercher par toutes saisies et perquisitions chez les tiers « les crimes, délits et infractions aux articles 13 et suivants du décret du 19 décembre 1945 commis par l'inculpé », alors que le juge d'instruction n'était saisi que du délit d'abus de confiance[7]. Mais agissant sur commission rogatoire, les officiers de police judiciaire peuvent au cas de flagrant délit, opérer des saisies se rapportant à une infraction autre que celles qui motivait leur perquisition[8].

153.73 La délégation générale quant aux actes. En revanche, la chambre criminelle a toujours validé des commissions rogatoires donnant aux autorités déléguées une mission précise limitée à certains actes particuliers ou même une mission générale, mais visant toujours des infractions dont le juge d'instruction était effectivement saisi, et déterminées, sinon quant à leurs auteurs, du moins dans leurs éléments et leurs circonstances de temps et de lieux, propres à les individualiser[9]. Cette jurisprudence ne s'est pas démentie[10].

C'est ainsi qu'il a été décidé qu'il n'a été commis aucune violation des textes, ni aucune atteinte aux droits de la défense, par une « commission roga-

1. En ce sens : MERLE ET VITU, n° 978 – V. Crim. 13 mars 1975, n° 74-91.955, *Bull. crim.*, n° 78.
2. Crim. 19 janv. 1866, *D.* 1867, I, 505.
3. Crim. 9 juin 1943, *Bull. crim.*, n° 50; *JCP G* 1943, II, 2422.
4. Crim. 22 janv. 1953, *Bull. crim.*, n° 24; *JCP G* 1953, II, 7456, rapp. Brouchot; *D.* 1953, 533, note Lapp; v. les attendus s^s n° 153.02.
5. Crim. 21 mars 1957, *Bull. crim.*, n° 278.
6. Crim. 14 févr. 1925, *Bull. crim.*, n° 57.
7. Crim. 16 avr. 1970, n° 69-92.089, *Bull. crim.*, n° 134.
8. Crim. 11 juin 1985, n° 84-95.005, *Bull. crim.*, n° 227.
9. Crim. 19 mars 1953, *Bull. crim.*, n° 99 – Crim. 5 mai 1953, *Bull. crim.*, n° 157 – Crim. 19 janv. 1956, *Bull. crim.*, n° 81 – Crim. 4 déc. 1956, *Bull. crim.*, n° 802 – Crim. 19 juin 1957, *Bull. crim.*, n° 503 – Crim. 5 avr. 1965, *Bull. crim.*, n° 112.
10. Crim. 24 oct. 1974, n° 74-91.528, *Bull. crim.*, n° 302 – Crim. 9 nov. 1976, n° 76-91.320, *Bull. crim.*, n° 320 – Crim. 14 juin 1978, n° 77-93.163, *Bull. crim.*, n° 199 – Crim. 28 avr. 1981, n° 81-90.188, *Bull. crim.*, n° 128 – Crim. 15 févr. 1988, n° 87-80.214, *Bull. crim.*, n° 73 – Crim. 6 févr. 1996, n° 95-84.041, *Bull. crim.*, n° 60.

toire adressée à un commissaire divisionnaire, aux fins de procéder à une enquête, à l'audition de toutes personnes susceptibles de fournir des renseignements, à toutes confrontations et à toutes perquisitions régulières en tous lieux et domiciles pour lesquels il existerait des présomptions graves de découvrir les auteurs de l'infraction ou des objets relatifs aux faits incriminés. En effet, la commission rogatoire a été délivrée dans une information ouverte contre les inculpés dénommés, à l'occasion de faits nettement déterminés, et que la mission prescrite y était précisée »[1]. Les officiers de police judiciaire saisis d'une commission rogatoire délivrée du chef de vol, peuvent remettre directement à la brigade financière des documents découverts révélant des infractions économiques qui font l'objet d'autres poursuites en cours[2]. Ils doivent informer le procureur de la République, qui apprécie la suite à donner, des faits étrangers à ceux dont ils sont saisis, qu'ils ont découverts au cours de leurs opérations[3].

La Cour de cassation a même admis, dans une information suivie du chef de vols, tentative de vols qualifiés et association de malfaiteurs, la validité d'une commission rogatoire qui prescrivait des investigations qui avaient pour objet de rechercher les auteurs de ces infractions, « mais qui donnait également mission de rechercher les autres méfaits qu'ils pouvaient avoir commis, d'identifier les auteurs ou complices de ces autres infractions, de recueillir les preuves de leur culpabilité et d'en identifier tous receleurs ». Qu'en effet « cette mission se justifiait par le fait que, saisi également du crime d'association de malfaiteurs, il était nécessaire que le juge d'instruction fût informé de toute l'activité criminelle déployée par les personnes recherchées afin d'établir s'il existait entre elles une entente en vue de préparer ou de commettre des crimes contre les personnes et les biens »[4]. Les investigations sur des faits différents se justifient quand elles ont pour objet de préciser les faits en cause et les buts poursuivis par leurs auteurs[5]. La nature de l'affaire (association de malfaiteurs) ou le contexte de l'affaire (preuve des faits, buts poursuivis) peuvent donc justifier des investigations en dehors des incriminations précises de la saisine. Il convient néanmoins de demeurer prudent sur ce point.

153.74 **Saisine.** La commission rogatoire ne peut porter que sur les faits dont le juge d'instruction est saisi. Il est important de remarquer que ces faits sont nécessairement antérieurs à l'acte qui saisit ce magistrat. C'est ce que déclare la Cour de cassation dans les arrêts cités plus haut : « une commission rogatoire ne peut être délivrée que sur présomption d'une infraction déterminée déjà commise ou en cours d'exécution »[6]. Elle est plus précise encore quand elle déclare que « les juridictions d'instruction et de jugement ne sont saisies que des faits antérieurs à la mise en mouvement de l'action publique par le réquisitoire introductif ou la constitution de partie civile, s'ils n'ont pas fait l'objet d'un réquisitoire supplétif, même si l'ordonnance de renvoi porte la mention « depuis temps non prescrit » et même s'il s'agit d'un délit continu »[7].

Une commission rogatoire ne peut donc être délivrée pour enquêter sur des faits qui ne sont pas encore commis. Le problème se pose parfois en matière de trafic de stupéfiants : le juge d'instruction est saisi de transport ou d'importation concernant des faits passés et les policiers sont informés d'un voyage futur. Les enquêteurs peuvent parfaitement se déplacer pour interpeller sur la base des faits passés. La saisie de produits stupéfiants en revanche, pose la question de la saisie incidente, dès lors qu'il est clairement établi que les produits proviennent de faits de trafic dont le juge n'est pas saisi au moment de la perquisition. Mais la chambre criminelle admet ce type de saisie dans le cadre de la commission rogatoire[8].

1. Crim. 4 oct. 1968, *Bull. crim.*, n° 245.
2. Crim. 8 oct. 1979, n° 79-91.224, *Bull. crim.*, n° 273.
3. Crim. 9 févr. 1993, n° 92-85.415, *Bull. crim.*, n° 66 – Crim. 21 févr. 1995, n° 94-83.336, *Bull. crim.*, n° 75.
4. Crim. 11 juin 1970, n° 70-90.400, *Bull. crim.*, n° 199.
5. Crim. 12 févr. 1985, n° 84-93.909, *Bull. crim.*, n° 69; *JCP G* 1986, II, 20587, note Jeandidier.
6. Not. Crim. 16 avr. 1970, n° 69-92.089, *Bull. crim.*, n° 134.
7. Crim. 23 nov. 1967, *Bull. crim.*, n° 303 – Crim. 12 févr. 1969, *Bull. crim.*, n° 69 – Crim. 3 janv. 1970, n° 68-93.382, *Bull. crim.*, n° 6 – Crim. 15 mai 1979, n° 78-92.189, *Bull. crim.*, n° 173.
8. V. Ch. Guéry, « De l'art de naviguer à vue : la saisine du juge d'instruction et le trafic de stupéfiants », *Dr. pén.* 2008, Étude n° 6 et s^s n° 181.76.

CHAPITRE

154. Commissions rogatoires internationales

SECTION 0
ORIENTEUR

154.00 **Plan du chapitre.**

Sect. 1 Cadre d'intervention
Sect. 2 Formes de la Commission rogatoire internationale
Sect. 3 Exécution de la Commission rogatoire internationale
Sect. 4 Exécution par le juge d'instruction français de commissions rogatoires internationales étrangères

154.01 **Textes applicables.**

C. pr. pén., art. 694 à 694-5, 695-1 à 695-8.

Conv. européenne 20 avr. 1959, art. 3, 15.

Traité d'application de l'accord de Schengen, 19 juin 1990, art. 39, 53.

C. pr. pén., art. 694 [L. n° 2004-204, 9 mars 2004]

En l'absence de convention internationale en stipulant autrement :

1° Les demandes d'entraide émanant des autorités judiciaires françaises et destinées aux autorités judiciaires étrangères sont transmises par l'intermédiaire du ministère de la justice. Les pièces d'exécution sont renvoyées aux autorités de l'État requérant par la même voie;

2° Les demandes d'entraide émanant des autorités judiciaires étrangères et destinées aux autorités judiciaires françaises sont transmises par la voie diplomatique. Les pièces d'exécution sont renvoyées aux autorités de l'État requérant par la même voie. En cas d'urgence, les demandes d'entraide sollicitées par les autorités françaises ou étrangères peuvent être transmises directement aux autorités de l'État requis compétentes pour les exécuter. Le renvoi des pièces d'exécution aux autorités compétentes de l'État requérant est effectué selon les mêmes modalités. Toutefois, sauf convention internationale en stipulant autrement, les demandes d'entraide émanant des autorités judiciaires étrangères et destinées aux autorités judiciaires françaises doivent faire l'objet d'un avis donné par la voie diplomatique par le gouvernement étranger intéressé.

C. pr. pén., art. 694-1 [L. n° 2004-204, 9 mars 2004]

En cas d'urgence, les demandes d'entraide émanant des autorités judiciaires étrangères sont transmises, selon les distinctions prévues à l'article 694-2, au procureur de la République ou au juge d'instruction du tribunal de grande instance territorialement compétent. Elles peuvent également être adressées à ces magistrats par l'intermédiaire du procureur général.

Si le procureur de la République reçoit directement d'une autorité étrangère une demande d'entraide qui ne peut être exécutée que par le juge d'instruction, il la transmet pour exécution à ce dernier ou saisit le procureur général dans le cas prévu à l'article 694-4.

Avant de procéder à l'exécution d'une demande d'entraide dont il a été directement saisi, le juge d'instruction la communique immédiatement pour avis au procureur de la République.

C. pr. pén., art. 694-2 [L. n° 2004-204, 9 mars 2004]

Les demandes d'entraide émanant des autorités judiciaires étrangères sont exécutées par le procureur de la République ou par les officiers ou agents de police judiciaire requis à cette fin par ce magistrat.

Elles sont exécutées par le juge d'instruction ou par des officiers de police judiciaire agissant sur commission rogatoire de ce magistrat lorsqu'elles nécessitent certains actes de procédure qui ne peuvent être ordonnés ou exécutés qu'au cours d'une instruction préparatoire.

C. pr. pén., art. 694-3 [L. n° 2004-204, 9 mars 2004]

Les demandes d'entraide émanant des autorités judiciaires étrangères sont exécutées selon les règles de procédure prévues par le présent code.

Toutefois, si la demande d'entraide le précise, elle est exécutée selon les règles de procédure expressément indiquées par les autorités compétentes de l'État requérant, à condition, sous peine de nullité, que ces règles ne réduisent pas les droits des parties ou les garanties procédurales prévus par le présent code. Lorsque la demande d'entraide ne peut être exécutée conformément aux exigences de l'État requérant, les autorités compétentes françaises en informent sans délai les autorités de l'État requérant et indiquent dans quelles conditions la demande pourrait être exécutée. Les autorités françaises compétentes et celles de l'État requérant peuvent ultérieurement s'accorder sur la suite à réserver à la demande, le cas échéant, en la subordonnant au respect desdites conditions.

L'irrégularité de la transmission de la demande d'entraide ne peut constituer une cause de nullité des actes accomplis en exécution de cette demande.

C. pr. pén., art. 694-4 [L. n° 2004-204, 9 mars 2004]
Si l'exécution d'une demande d'entraide émanant d'une autorité judiciaire étrangère est de nature à porter atteinte à l'ordre public ou aux intérêts essentiels de la Nation, le procureur de la République saisi de cette demande ou avisé de cette demande en application du troisième alinéa de l'article 694-1 la transmet au procureur général qui détermine, s'il y a lieu, d'en saisir le ministre de la Justice et donne, le cas échéant, avis de cette transmission au juge d'instruction.

S'il est saisi, le ministre de la Justice informe l'autorité requérante, le cas échéant, de ce qu'il ne peut être donné suite, totalement ou partiellement, à sa demande. Cette information est notifiée à l'autorité judiciaire concernée et fait obstacle à l'exécution de la demande d'entraide ou au retour des pièces d'exécution.

C. pr. pén., art. 694-5 [L. n° 2004-204, 9 mars 2004]
Les dispositions de l'article 706-71 sont applicables pour l'exécution simultanée, sur le territoire de la République et à l'étranger, de demandes d'entraide émanant des autorités judiciaires étrangères ou d'actes d'entraide réalisés à la demande des autorités judiciaires françaises.

Les interrogatoires, les auditions ou les confrontations réalisés à l'étranger à la demande des autorités judiciaires françaises sont exécutés conformément aux dispositions du présent code, sauf si une convention internationale y fait obstacle.

L'interrogatoire ou la confrontation d'une personne poursuivie ne peut être effectué qu'avec son consentement.

Les dispositions des articles 434-13 et 434-15-1 du Code pénal sont applicables aux témoins entendus sur le territoire de la République à la demande des autorités judiciaires de l'État requérant dans les conditions prévues par le présent article.

C. pr. pén., art. 695-1 [L. n° 2004-204, 9 mars 2004]
Sauf si une convention internationale en stipule autrement et sous réserve des dispositions de l'article 694-4, les demandes d'entraide sont transmises et les pièces d'exécution retournées directement entre les autorités judiciaires territorialement compétentes pour les délivrer et les exécuter, conformément aux dispositions des articles 694-1 à 694-3.

C. pr. pén., art. 695-2 [L. n° 2004-204, 9 mars 2004]
Avec l'accord préalable du ministre de la Justice et le consentement du ou des autres États membres concernés, l'autorité judiciaire compétente peut créer une équipe commune d'enquête, soit lorsqu'il y a lieu d'effectuer, dans le cadre d'une procédure française, des enquêtes complexes impliquant la mobilisation d'importants moyens et qui concernent d'autres États membres, soit lorsque plusieurs États membres effectuent des enquêtes relatives à des infractions exigeant une action coordonnée et concertée entre les États membres concernés.

Les agents étrangers détachés par un autre État membre auprès d'une équipe commune d'enquête, dans la limite des attributions attachées à leur statut, peuvent, sous la direction de l'autorité judiciaire compétente, avoir pour mission, le cas échéant, sur toute l'étendue du territoire national :

1° De constater tous crimes, délits ou contraventions et d'en dresser procès-verbal, au besoin dans les formes prévues par le droit de leur État;

2° De recevoir par procès-verbal les déclarations qui leur sont faites par toute personne susceptible de fournir des renseignements sur les faits en cause, au besoin dans les formes prévues par le droit de leur État;

3° De seconder les officiers de police judiciaire français dans l'exercice de leurs fonctions;

4° De procéder à des surveillances et, s'ils sont spécialement habilités à cette fin, à des infiltrations, dans les conditions prévues aux articles 706-81 et suivants et sans qu'il soit nécessaire de faire application des dispositions des articles 694-7 et 694-8.

Les agents étrangers détachés auprès d'une équipe commune d'enquête peuvent exercer ces missions, sous réserve du consentement de l'État membre ayant procédé à leur détachement.

Ces agents n'interviennent que dans les opérations pour lesquelles ils ont été désignés. Aucun des pouvoirs propres de l'officier de police judiciaire français, responsable de l'équipe, ne peut leur être délégué.

Un original des procès-verbaux qu'ils ont établis et qui doit être rédigé ou traduit en langue française est versé à la procédure française.

C. pr. pén., art. 695-3 [L. n° 2004-204, 9 mars 2004]
Dans le cadre de l'équipe commune d'enquête, les officiers et agents de police judiciaire français détachés auprès d'une équipe commune d'enquête peuvent procéder aux opérations prescrites par le responsable d'équipe, sur toute l'étendue du territoire de l'État où ils interviennent, dans la limite des pouvoirs qui leur sont reconnus par le présent code.

Leurs missions sont définies par l'autorité de l'État membre compétente pour diriger l'équipe commune d'enquête sur le territoire duquel l'équipe intervient.

Ils peuvent recevoir les déclarations et constater les infractions dans les formes prévues par le présent code, sous réserve de l'accord de l'État sur le territoire duquel ils interviennent.

C. pr. pén., art. 695-4 [L. n° 2004-204, 9 mars 2004]
Conformément à la décision du Conseil du 28 février 2002 instituant Eurojust afin de renforcer la lutte contre les formes graves de criminalité, l'unité Eurojust, organe de l'Union européenne doté de la personnalité juridique

agissant en tant que collège ou par l'intermédiaire d'un représentant national, est chargée de promouvoir et d'améliorer la coordination et la coopération entre les autorités compétentes des États membres de l'Union européenne dans toutes les enquêtes et poursuites relevant de sa compétence.

C. pr. pén., art. 695-5 [L. n° 2004-204, 9 mars 2004]

L'unité Eurojust, agissant par l'intermédiaire de ses représentants nationaux ou en tant que collège, peut :

1° Informer le procureur général des infractions dont elle a connaissance et lui demander de faire procéder à une enquête ou de faire engager des poursuites;

2° Demander au procureur général de dénoncer ou de faire dénoncer des infractions aux autorités compétentes d'un autre État membre de l'Union européenne;

3° Demander au procureur général de faire mettre en place une équipe commune d'enquête;

4° Demander au procureur général ou au juge d'instruction de lui communiquer les informations issues de procédures judiciaires qui sont nécessaires à l'accomplissement de ses tâches.

C. pr. pén., art. 695-6 [L. n° 2004-204, 9 mars 2004]

Lorsque le procureur général ou le juge d'instruction saisi ne donne pas suite à une demande de l'unité Eurojust, il l'informe dans les meilleurs délais de la décision intervenue et de ses motifs.

Toutefois, cette motivation n'est pas obligatoire pour les demandes mentionnées aux 1°, 2° et 4° de l'article 695-5, lorsqu'elle peut porter atteinte à la sécurité de la Nation ou compromettre le bon déroulement d'une enquête en cours ou la sécurité d'une personne.

C. pr. pén., art. 695-7 [L. n° 2004-204, 9 mars 2004]

Lorsqu'une demande d'entraide nécessite, en vue d'une exécution coordonnée, l'intervention de l'unité Eurojust, celle-ci peut en assurer la transmission aux autorités requises par l'intermédiaire du représentant national intéressé.

C. pr. pén., art. 695-8 [L. n° 2004-204, 9 mars 2004]

Le représentant national est un magistrat hors hiérarchie mis à disposition de l'unité Eurojust pour une durée de trois ans par arrêté du ministre de la Justice.

Le ministre de la Justice peut lui adresser des instructions dans les conditions fixées par l'article 30.

Conv. européenne 20 avr. 1959, art. 3

1. La Partie requise fera exécuter, dans les formes prévues par sa législation, les commissions rogatoires relatives à une affaire pénale qui lui seront adressées par les autorités judiciaires de la Partie requérante et qui ont pour objet d'accomplir des actes d'instruction ou de communiquer des pièces à conviction, des dossiers ou des documents.

2. Si la Partie requérante désire que les témoins ou les experts déposent sous serment, elle en fera expressément la demande et la Partie requise y donnera suite si la loi de son pays ne s'y oppose pas.

3. La Partie requise pourra ne transmettre que des copies ou photocopies certifiées conformes des dossiers ou documents demandés. Toutefois, si la Partie requérante demande expressément la communication des originaux, il sera donné suite à cette demande dans toute la mesure du possible.

Conv. européenne 20 avr. 1959, art. 15

1. Les commissions rogatoires prévues aux articles 3, 4 et 5 ainsi que les demandes prévues à l'article 11 seront adressées par le ministère de la Justice de la partie requérante au ministère de la Justice de la partie requise et renvoyées par la même voie.

2. En cas d'urgence, lesdites commissions rogatoires pourront être adressées directement par les autorités judiciaires de la Partie requérante aux autorités judiciaires de la Partie requise. Elles seront renvoyées accompagnées des pièces relatives à l'exécution par la voie prévue au paragraphe 1er du présent article.

3. Les demandes prévues au paragraphe 1er de l'article 13 pourront être adressées directement par les autorités judiciaires au service compétent de la Partie requise, et les réponses pourront être renvoyées directement par ce service. Les demandes prévues au paragraphe 2 de l'article 13 seront adressées par le ministère de la Justice de la partie requérante au ministère de la Justice de la partie requise.

4. Les demandes d'entraide judiciaire, autres que celles prévues aux paragraphes 1 et 3 du présent article et notamment les demandes d'enquête préliminaire à la poursuite, pourront faire l'objet de communications directes entre autorités judiciaires.

5. Dans les cas où la transmission directe est admise par la présente convention, elle pourra s'effectuer par l'intermédiaire de l'Organisation internationale de Police criminelle (Interpol).

6. Toute partie contractante pourra, au moment de la signature de la présente convention ou du dépôt de son instrument de ratification ou d'adhésion, par déclaration adressée au secrétaire général du Conseil de l'Europe, soit faire savoir que toutes ou certaines demandes d'entraide judiciaire doivent lui être adressées par une voie autre que celle prévue au présent article, soit demander que, dans le cas prévu au paragraphe 2 de cet article, une copie de la commission rogatoire soit communiquée en même temps à son ministère de la Justice.

7. Le présent article ne portera pas atteinte aux dispositions des accords ou arrangements bilatéraux en vigueur entre parties contractantes, selon lesquelles la transmission directe des demandes d'entraide judiciaire entre les autorités des Parties est prévue.

Traité d'application de l'accord de Schengen, 19 juin 1990, art. 39

1. Les Parties Contractantes s'engagent à ce que leurs services de police s'accordent, dans le respect de la législation nationale et dans les limites de leurs compétences, l'assistance aux fins de la prévention et de la recherche de faits punissables, pour autant que le droit national ne réserve pas la demande aux autorités judiciaires et que la demande ou son exécution n'implique pas l'application de mesures de contrainte par la Partie Contractante requise. Lorsque les autorités de police requises ne sont

pas compétentes pour exécuter une demande, elles la transmettent aux autorités compétentes.

2. Les informations écrites qui sont fournies par la Partie Contractante requise en vertu de la disposition du paragraphe 1 ne peuvent être utilisées par la Partie Contractante requérante aux fins d'apporter la preuve des faits incriminés qu'avec l'accord des autorités judiciaires compétentes de la Partie Contractante requise.

3. Les demandes d'assistance visées au paragraphe 1 et les réponses à ces demandes peuvent être échangées entre les organes centraux chargés, par chaque Partie Contractante, de la coopération policière internationale. Lorsque la demande ne peut être faite en temps utile par la voie susvisée, elle peut être adressée par les autorités de police de la Partie Contractante requérante directement aux autorités compétentes de la Partie requise et celles-ci peuvent y répondre directement. Dans ces cas, l'autorité de police requérante avise dans les meilleurs délais l'organe central chargé, dans la Partie Contractante requise, de la coopération policière internationale, de sa demande directe.

4. Dans les régions frontalières, la coopération peut être réglée par des arrangements entre les Ministres compétents des Parties Contractantes.

5. Les dispositions du présent article ne font pas obstacle aux accords bilatéraux plus complets présents et futurs entre Parties Contractantes ayant une frontière commune. Les Parties Contractantes s'informent mutuellement de ces accords.

Traité d'application de l'accord de Schengen, 19 juin 1990, art. 53

1. Les demandes d'entraide judiciaire peuvent être faites directement entre les autorités judiciaires et renvoyées par la même voie.

2. Le paragraphe 1 ne porte pas préjudice à la faculté de l'envoi et du renvoi des demandes de ministère de la Justice à ministère de la Justice ou par l'intermédiaire des bureaux centraux nationaux de l'Organisation Internationale de police criminelle.

3. Les demandes de transfèrement temporaire ou de transit de personnes qui sont en état d'arrestation provisoire ou de détention ou qui sont l'objet d'une mesure privative de liberté, et l'échange périodique ou occasionnel de données relatives au casier judiciaire doivent se faire par l'intermédiaire des ministères de la Justice.

4. Au sens de la Convention européenne d'entraide judiciaire en matière pénale du 20 avril 1959, on entend par le ministère de la Justice, pour la République fédérale d'Allemagne, le ministre fédéral de la Justice et les ministres ou sénateurs de la Justice des États fédérés.

5. Les dénonciations aux fins de poursuites pour des infractions à la législation relative au temps de conduite et de repos, effectuées conformément à l'article 21 de la Convention européenne d'entraide judiciaire en matière pénale du 20 avril 1959 ou à l'article 42 du traité Bénélux d'extradition et d'entraide judiciaire en matière pénale du 27 juin 1962 tel qu'il est modifié par le Protocole du 11 mai 1974, peuvent être adressées par les autorités judiciaires de la Partie Contractante requérante directement aux autorités judiciaires de la Partie Contractante requise.

154.03 Bibliographie indicative. (V. les références complètes s^s n° 03.)

Actualisables. RÉP. PÉN., Guéry, « Instruction préparatoire »; « Commission rogatoire »; Robert J.-M., « Police judiciaire » – J.-CL. PÉN., Dumont, « Commissions rogatoires »; Decoq, « Commissions rogatoires internationales » – TPJI, Accomando G., « Les commissions rogatoires »; Labregère P., « Les commissions rogatoires internationales ».

Ouvrage. GARRAUD, III, n° 810.

Articles. Almaseanu S., « Espace Schengen : une impulsion nouvelle », *Gaz. Pal.* 19/23 août 2005, doctr. 2 – Ghica-Lemarchand C., « La Commission rogatoire internationale en droit pénal », *RSC* 2003, 33 – Labregère P., « Les fonctions du magistrat de liaison et ses rapports avec les autres », dans Kerchove et Weyemberg (dir.), *Vers un espace judiciaire européen,* Institut d'Étude européen, Éd. université Bruxelles, 2000 – Lavielle B. et Manteaux E., « L'article 18 alinéa 5 du Code de procédure pénale : ingéniosité ou incongruité ? » *AJ pén.* 2005, 67 – Massé M., « L'entraide judiciaire internationale version française », *RSC* 2004, 473; et *RSC* 2005, 406 – Pau J.-C., « L'entraide judiciaire internationale et européenne », *Dr. pén.* juill.-août 2004, Étude 6 – Thwaites N., « Eurojust : autre brique dans l'édifice de la coopération judiciaire en matière pénale ou solide mortier », *RSC* 2003, 45 – Vuelta-Simon S., « Les nouveaux acteurs de la coopération judiciaire pénale européenne », *LPA* 19 janv. 2005, 3.

154.06 Questions essentielles.

• Il y a vingt ans, les juges d'instruction ne délivraient que fort rarement des commissions rogatoires internationales (CRI), réservées à certains magistrats spécialisés. Leur usage est aujourd'hui généralisé. Malgré l'amélioration des conditions de coopération internationale, les délais d'exécution de ces CRI est encore trop long et obère parfois la conclusion de dossiers, souvent en matière économique et financière. La Commission rogatoire internationale demeure encore trop souvent, suivant l'expression utilisée par l'ancien magistrat de liaison Italien en France, Stéfano Mogini, « une bouteille jetée à la mer par un naufragé qui prie pour qu'elle atteigne son but ».

154.09 Il existe des moyens d'éviter la rédaction d'une commission rogatoire internationale. Il est parfois possible d'avoir recours à INTERPOL par l'intermédiaire des enquêteurs aux fins d'obtenir un certain nombre de renseignements dont la nature diffère selon les pays : vérification d'adresses, d'antécédents, numéros de téléphones portables, *etc.* Il est également possible d'obtenir, de service d'enquête à service d'enquête, des transmissions de procédure (art. 39 de la convention Shengen). La transmission directe d'information est également prévue dans la convention du 29 mai 2000, disposition entrée dans notre Code de procédure pénale à l'article 694-9.

Il est possible de convoquer simplement une personne qui demeure sur le territoire d'un autre État. Certaines conventions prévoient qu'en cette hypothèse il ne peut être exercée de coercition. Mais si la convocation est adressée par courrier et que la personne se présente, le juge n'est pas lié par l'application d'une convention. Le prêt de détenu peut également être utilisé dans certains cas.

SECTION 1

CADRE D'INTERVENTION

154.11 Souveraineté des États. Le développement des échanges de produits et de personnes sur le plan international, l'accroissement de la criminalité transfrontière ont nécessité la mise en place d'instruments internationaux d'entraide pénale. Les commissions rogatoires internationales, sur lesquelles le Code de procédure pénale gardait le silence jusqu'à la loi du 9 mars 2004 sont d'un emploi assez fréquent, notamment avec les pays limitrophes. Cette entraide n'est pas nécessairement conditionnée à l'existence d'un traité mais les États peuvent souverainement, au cas par cas, accorder ou refuser l'entraide.

C'est la loi du 10 mars 1927 qui a tout d'abord fixé le cadre des règles qui régissent le cas où la France est l'État requis. Les dispositions de la loi de 1927 sont demeurés longtemps d'actualité surtout dans le cas de relations avec des États n'ayant pas signé et ratifié les accords de Schengen. La convention du Conseil de l'Europe du 20 avril 1959 sur l'entraide judiciaire en matière pénale a ensuite constitué l'instrument essentiel de la collaboration au niveau de l'Europe. L'entraide est fournie d'autorité judiciaire à autorité judiciaire et c'est la convention qui fixe la liste de ces autorités pour chaque pays. En effet, la notion d'autorité judiciaire peut être diversement appréciée selon les pays. Lorsqu'il n'existe pas de convention, il semble que chaque pays apprécie le statut d'autorité judiciaire de l'État requérant[1]. En vertu du double principe d'indépendance et de souveraineté des États, l'autorité judiciaire requise n'est jamais obligée d'exécuter la commission rogatoire. C'est ainsi que l'article 30 de la loi du 10 mars 1927 portait : « Les commissions rogatoires sont exécutées s'il y a lieu... ». Il en résulte que les commissions rogatoires ne doivent pas être rédigées sous forme de réquisition, mais de simple invitation[2]. La loi du 9 mars 2004 a abrogé la loi du 10 mars 1927 et codifié au sein du Code de procédure pénale, dans les articles 694 à 695-10, les règles nouvelles.

1. En ce sens : P. Labrégère, « Les commissions rogatoires internationales », TPJI 1999.
2. V. un ex. d'inexécution au Maroc : Crim. 1er déc. 1966, *Bull. crim.*, n° 275.

154.12 Les instruments. Il existe des *conventions bilatérales* entre certains États et ces conventions trouveront application lorsque ces États ne seront pas liés par une convention plus générale comme la convention européenne. Il existe ensuite des *conventions multilatérales,* telle la Convention européenne d'entraide judiciaire en matière pénale du 20 avril 1959. Entre les États dits Schengen, il existe la convention d'application de l'accord de Schengen du 19 juin 1990.

La liste des « États Schengen » est la suivante : Allemagne, Autriche, Belgique, Danemark, Espagne, Finlande, Grèce, Islande, Italie, Luxembourg, Norvège, Pays-Bas, Portugal, Suède.

Il existe ce qu'on appelle des *conventions multilatérales spéciales* qui s'appliquent pour certaines catégories d'infractions : stupéfiants (convention des Nations unies contre le trafic illicite de stupéfiants du 19 décembre 1988), crime organisé (convention des Nations unies contre la criminalité transnationale organisée du 15 novembre 2000), *etc.* Les conventions doivent être ratifiées par les États pour entrer en application. Les décisions-cadres quant à elle (et notamment celle du 28 février 2002 créant Eurojust ou celle concernant le mandat d'arrêt européen du 13 juin 2002) doivent être transposées dans les législations internes. La loi du 9 mars 2004 a ainsi transposé les deux décisions-cadres précitées.

154.13 Conditions. À la différence de la réglementation en matière d'extradition, l'existence d'une réciprocité dans les incriminations n'est pas une condition de mise en œuvre de la Convention européenne. L'absence de double incrimination n'est pas un motif de refus lorsque l'acte demandé n'a pas de nature coercitive. En revanche, lorsqu'il s'agit d'une arrestation, de perquisition ou de saisie, voire parfois de saisies de documents bancaires (en Suisse), le principe de double incrimination doit être respecté.

154.14 Exclusion de certaines infractions. Selon les pays, certaines infractions sont ou ne sont pas exclues du domaine d'application de l'entraide. Les infractions purement militaires sont exclues (convention 20 avr. 1959, art. 1 § 2). La convention reconnaît à la partie requise le droit de refuser l'entraide en matière fiscale ou politique mais d'autres instruments internationaux sont susceptibles de modifier encore ce principe (v. le protocole additionnel du 17 mars 1978 et l'article 50 de l'accord Schengen du 19 juin 1990).

154.15 La règle *non bis in idem*. L'article 692 du Code de procédure pénale prévoit qu'aucune poursuite ne peut être exercée contre une personne qui justifie qu'elle a été jugée définitivement à l'étranger pour les mêmes faits et en cas de condamnation que sa peine a été exécutée ou prescrite. La convention de Schengen a ajouté à ces cas celui de la peine en cours d'exécution, ou amnistiée ou si une grâce est intervenue. D'un point de vue pratique, l'application de la règle *non bis in idem* interdit à l'État qui a réalisé en premier les poursuites de donner suite à une demande d'entraide d'un État ayant poursuivi postérieurement les mêmes faits.

SECTION 2
FORMES DE LA COMMISSION ROGATOIRE INTERNATIONALE

154.21 Conditions de forme. La commission rogatoire doit en théorie revêtir les formes prévues par la convention qui la fonde. En général, les magistrats instructeurs présentent toujours ces commissions rogatoires de la même façon, quel que soit le pays qui en est le destinataire. Il importe d'identifier l'autorité émettrice de la demande, de rédiger un exposé le plus précis possible des faits, d'indiquer les qualifications retenues et la référence des textes applicables, et enfin de préciser les termes de la mission. Il est d'usage de prévoir la traduction de cette commission rogatoire et des pièces d'exécution qui sont jointes même si certains accords ne le prévoient pas. La traduction par un interprète traducteur des pièces d'exécution d'une commission rogatoire à l'étranger ne constitue pas une expertise[1], à moins que la mission n'ait un caractère technique[2]. La commission rogatoire doit enfin porter le sceau de l'autorité qui la délivre. Il est conseillé au magistrat mandant de faire figurer sur sa commission rogatoire internationale son identité, son adresse, son numéro de téléphone, voire son adresse e-mail pour favoriser les prises de contact.

154.22 Mission. Selon l'article 3 de la Convention européenne du 20 avril 1959, les commissions rogatoires internationales ont pour objet l'accomplissement des actes d'instruction ou la communication des pièces à conviction. D'autres accords sont plus précis. D'une façon générale, on peut dire que les missions portent le plus souvent sur l'audition de témoins, des vérifications bancaires, des perquisitions voire l'interrogatoire de personnes déjà mises en examen. En ce qui concerne les saisies et perquisitions il est prudent de vérifier dans la convention que l'État requis n'a pas exigé que des conditions préalables soient remplies (compatibilité de la mesure avec la loi de l'État requis, double incrimination). La saisie peut porter sur n'importe quel bien meuble et notamment un navire, ce qui posera concrètement au magistrat instructeur des difficultés tenant au paiement du gardien car la plupart des conventions laissent à l'État requérant la charge financière des frais. La saisie peut aussi concerner un immeuble si on considère que la confiscation possible de celui-ci par l'article 324-7 8° du Code pénal vaut autorisation de saisie dans le cadre de l'instruction, ce qui ne va pas de soi. Le contenu de la mission dépend aussi étroitement de la convention applicable. Le droit français connaît par exemple une phase procédurale appelée garde à vue que ne connaissent pas les pays à procédure accusatoire, dans lesquels la personne est entendue comme *témoin*, ce qui lui confère un statut particulier, ou comme *suspect*, ce qui lui en confère un autre. Le juge doit donc mentionner sous quel statut la personne doit être entendue. Il est souvent impossible de demander à la fois d'interpeller une personne et de l'entendre comme témoin. De même, il arrive que l'État requis ait exigé, en ce qui concerne les perquisitions et saisies, que des conditions préalables soient remplies, telles la compatibilité de la mesure avec la loi de l'État requis ou la double incrimination.

Il est possible de demander que les autorités judiciaires saisies appliquent des règles procédurales françaises particulières. Cela peut être utile avec des pays dont les droits de la défense pourraient être moins développés que sur le territoire national, notamment des États qui ne sont pas parties à la Convention européenne de sauvegarde des droits de l'Homme et des garanties fondamentales. Certains actes sont exclus par nature de l'entraide internationale. Il s'agit de l'exécution des décisions d'arrestation ou de condamnations qui ressortissent au droit de l'extradition ou du transfèrement des personnes condamnées. La circonstance qu'un juge d'instruction soit saisi de faits auxquels se rapportent des informations détenues par les autorités d'un État partie à la convention de Schengen du 19 juin 1990 n'impose pas la mise en œuvre des dispositions de l'article 53 de ladite Convention relative à l'entraide judiciaire pour obtenir la communication de ces informations dès lors que celles-ci peuvent être régulièrement obtenues en application de l'article 39, au titre de la coopération policière. Les dispositions de l'article 39 de la convention de Schengen du 19 juin 1990, selon lesquelles les services de police de chaque État partie peuvent procéder entre eux à des échanges d'informations écrites destinées à apporter la preuve d'une infraction, autorisent la communication d'informations relatives à des investigations, telles des écoutes téléphoniques, effectuées dans des procédures suivies

1. Crim. 19 juin 1984, nº 84-91.908, *Bull. crim.*, nº 231; *JCP G* 1984, IV, 277.
2. Ass. plén., 19 oct. 1984, nº 84-93.713, *Bull. Ass. plén.*, nº 310; *JCP G* 1984, IV, 354; *D.* 1985, IR 133.

sur le territoire de l'État concerné[1]. Le Code de procédure pénale prévoit que des opérations d'infiltration et de surveillance sur le territoire français ou étranger peuvent être autorisées (C. pr. pén., art. 694-6, 694-7, 694-8). La confidentialité doit parfois être sollicitée, certains pays inscrivant la commission rogatoire internationale sur un registre public ! (USA).

154.23 **Perquisitions et saisies.** Dans le cadre de Schengen, les États ne peuvent refuser d'exécuter une demande d'entraide aux fins de perquisition ou de saisie lorsque le fait qui a donné lieu à la demande d'entraide est punissable d'une peine de 6 mois ou plus dans les deux États, ou lorsqu'il est punissable d'une peine de 6 mois ou plus et dans l'autre au titre d'infraction aux règlements poursuivis par des autorités administratives dont la décision peut donner lieu à un recours devant une juridiction compétente notamment en matière pénale. Mais il est souvent nécessaire d'être très précis à la fois dans les lieux où les investigations doivent être réalisées et surtout en ce qui concerne la nature des objets recherchés. Il est nécessaire de préciser que les objets saisis doivent être placés sous scellés et transmis. Dans le cas contraire, il conviendra de les placer sous scellés à leur arrivée en France. Lorsqu'une information est en cours, le juge compétent aux termes de l'article 99 du Code de procédure pénale, pour décider de la restitution d'objets placés sous main de justice est celui qui est en charge de l'information, et non celui qui a procédé à la saisie sur commission rogatoire délivrée par le juge mandant[2].

154.24 **Comptes bancaires.** Il convient de faire une différence entre *l'identification du détenteur d'un compte* et le *dépistage* consistant, pour une personne donnée, à identifier ses différents comptes bancaires. En ce qui concerne l'identification, la circulaire-mémento d'avril 2004 rappelle qu'il peut être opportun d'envisager d'adresser d'abord une réquisition à la succursale en France de la banque étrangère qui gère le compte qui pourra peut-être répondre à la demande d'identification sans qu'il soit nécessaire de recourir à une demande d'entraide. En cas de demande formalisée, l'incompatibilité de la mesure avec le droit interne ne peut être opposée par un État membre ni par un État membre du GAFI, ce qui inclut la Suisse, les États-Unis, le Canada, le Japon, la Chine, *etc.* Pour les États membres de l'Union européenne, l'État étranger requis peut opposer à la demande d'identification la même condition relative à la double incrimination qu'à une demande de perquisition ou de saisie. En ce qui concerne le dépistage, les possibilités sont souvent plus réduites car seul le protocole du 16 octobre 2001 fait obligation aux États parties d'être en mesure de dépister les comptes bancaires dont une personne est titulaire. Les conditions de double incrimination sont aussi plus rigoureuses puisque le fait doit être punissable d'une peine d'emprisonnement d'un maximum d'au moins 4 ans dans l'État membre requérant et d'au moins 2 ans dans celui de l'État requis ou une infraction relevant de la compétence d'Europol ou relevant de la protection des intérêts financiers des communautés européennes. Dans tous les cas, les demandes devront être les plus précises possibles. Notons que le FICOBA (fichier des comptes bancaires) peut être demandé en France mais pas toujours à l'étranger. Il est donc souvent essentiel d'identifier l'établissement bancaire avant de faire la demande du titulaire du compte, ou de son bénéficiaire économique.

154.25 **Les convocations adressées à l'étranger.** Il est possible de convoquer directement un témoin devant une juridiction française et la transmission de la convocation directe par voie postale est possible entre États Schengen (accord Schengen, art. 52, abrogé par la convention internationale du 29 mai 2000, entré en application le 23 août 2005, mais qui rend les communications encore plus faciles). Hors États Schengen, en Europe, la transmission doit se faire entre ministères de la justice même si l'adresse de la personne est connue. En dehors de ces États, il convient de vérifier ce qui est prévu par la convention. Toutefois, le témoin qui comparait devant une autorité judiciaire française à la suite d'une convocation délivrée à l'étranger ne peut être l'objet d'aucune restriction à sa liberté individuelle sur le territoire national pour des faits ou condamnations antérieures à son départ du territoire étranger (conv. européenne, art. 12). Ce principe s'applique aussi bien aux faits qui ont donné lieu à l'envoi de la convocation. Cette immunité s'applique aussi bien au témoin étranger que français domicilié à l'étranger. Elle ne vaut toutefois que si le témoin a bien déféré à la convocation. Si la personne reste en France 15 jours après son audition, l'immunité cesse (v. aussi s^s^ n° 154.09).

154.26 **La transmission des demandes d'entraide est prévue par l'instrument qui lui sert de fondement.** Dans les États membres de la Communauté européenne, la convention d'application de l'accord de Schengen du 19 juin 1990 a profondément modifié les règles traditionnelles de transmission. Celles-ci peuvent désormais être faites directement entre les autorités judiciaires si le pays requérant le souhaite. Pour la France, c'est le procu-

1. Crim. 9 juill. 2003, n° 03-82.163, *Bull. crim.*, n° 134; *D.* 2003, IR 2285.
2. Crim. 1er févr. 2005, n° 04-84 785, *Bull. crim.*, n° 35.

reur général près la cour d'appel qui a été chargé de la transmission. Depuis l'entrée en vigueur le 23 août 2005 de la Convention d'entraide judiciaire du 29 mai 2000, le principe est posé d'une transmission directe des demandes d'entraide d'autorité judiciaire à autorité judiciaire (pour la liste des États concernés v. s[s] n° 154.41). C'est l'article 695-1 du Code de procédure pénale qui met ce principe en œuvre dans notre procédure. Les demandes d'entraide peuvent être faites par « tout moyen permettant d'en obtenir une trace écrite dans des conditions permettant à l'État membre destinataire d'en vérifier l'authenticité » (Conv. 29 mai 2000, art. 6-1). Les demandes peuvent en conséquence être formées par télécopie (v. circ. CRIM 06-1/G5, 23 juin 2006).

En l'absence de convention internationale en stipulant autrement, les demandes d'entraide émanant des autorités judiciaires françaises et destinées aux autorités judiciaires étrangères sont transmises par l'intermédiaire du ministère de la justice. Les pièces d'exécution sont renvoyées aux autorités de l'État requérant par la même voie (C. pr. pén., art. 694). Avant de procéder à l'exécution d'une demande d'entraide dont il a été directement saisi, le juge d'instruction la communique immédiatement pour avis au procureur de la République.

154.27 Dans les cas d'urgence, et en ce qui concerne les États non-membres de l'Union européenne, il est possible également d'adresser directement la commission rogatoire à son destinataire. Cette faculté était ouverte par l'article 30 de la loi du 10 mars 1927 et par l'article 15 de la Convention européenne. L'article 694-1 dispose désormais qu'en cas d'urgence, les demandes d'entraide émanant des autorités judiciaires étrangères sont transmises, selon les distinctions prévues à l'article 694-2, au procureur de la République ou au juge d'instruction du tribunal de grande instance territorialement compétent. Elles peuvent également être adressées à ces magistrats par l'intermédiaire du procureur général.

L'autorité judiciaire requise demeure libre d'accepter ou non l'urgence ainsi signalée.

C'est le procureur général du ressort de la cour d'appel qui est chargé d'assurer la transmission des demandes d'entraide et le retour des pièces d'exécution en cas d'utilisation de la procédure d'urgence prévue à l'article 53 de la convention de Schengen. Les dispositions des articles 695 et 696 du Code de procédure pénale (désormais abrogées), selon lesquelles le procureur général est chargé d'assurer le retour des pièces d'exécution des commissions rogatoires délivrées aux autorités judiciaires d'un État partie à la convention de Schengen du 19 juin 1990, instituent une mesure d'administration judiciaire qui n'intéresse pas les droits des parties. Il s'ensuit que la méconnaissance de telles dispositions ne saurait constituer une cause de nullité de la procédure[1].

154.28 Dispositions propres aux relations entre la France et les autres États de la Communauté européenne : les équipes communes d'enquête. Avec l'accord préalable du ministre de la Justice et le consentement du ou des autres États membres concernés, l'autorité judiciaire compétente peut créer une équipe commune d'enquête, soit lorsqu'il y a lieu d'effectuer, dans le cadre d'une procédure française, des enquêtes complexes impliquant la mobilisation d'importants moyens et qui concernent d'autres États membres, soit lorsque plusieurs États membres effectuent des enquêtes relatives à des infractions exigeant une action coordonnée et concertée entre les États membres concernés (C. pr. pén., art. 695-2). Les agents étrangers détachés par un autre État membre auprès d'une équipe commune d'enquête, dans la limite des attributions attachées à leur statut, peuvent, sous la direction de l'autorité judiciaire compétente, avoir pour mission, le cas échéant, sur toute l'étendue du territoire national :

« 1° De constater tous crimes, délits ou contraventions et d'en dresser procès-verbal, au besoin dans les formes prévues par le droit de leur État;

2° De recevoir par procès-verbal les déclarations qui leur sont faites par toute personne susceptible de fournir des renseignements sur les faits en cause, au besoin dans les formes prévues par le droit de leur État;

3° De seconder les officiers de police judiciaire français dans l'exercice de leurs fonctions;

4° De procéder à des surveillances et, s'ils sont spécialement habilités à cette fin, à des infiltrations, dans les conditions prévues aux articles 706-81 et suivants et sans qu'il soit nécessaire de faire application des dispositions des articles 694-7 et 694-8.

Les agents étrangers détachés auprès d'une équipe commune d'enquête peuvent exercer ces missions sous réserve du consentement de l'État membre ayant procédé à leur détachement » (C. pr. pén., art. 695-2).

« Dans le cadre de l'équipe commune d'enquête, les officiers et agents de police judiciaire français détachés auprès d'une équipe commune d'enquête peuvent procéder aux opérations prescrites par le responsable d'équipe, sur toute l'étendue du territoire de l'État où ils interviennent, dans la limite des pouvoirs qui leur sont reconnus par le présent

1. Crim. 9 juill. 2003, n° 03-82.163, *Bull. crim.*, n° 134, préc.

code. Leurs missions sont définies par l'autorité de l'État membre compétente pour diriger l'équipe commune d'enquête sur le territoire duquel l'équipe intervient. Ils peuvent recevoir les déclarations et constater les infractions dans les formes prévues par le présent code sous réserve de l'accord de l'État sur le territoire duquel ils interviennent. » (C. pr. pén., art. 695-3).

154.29 Casiers judiciaires. Pour demander un casier judiciaire italien, espagnol, allemand, *etc.*, il existe un modèle que l'on peut trouver sur le site de la Chancellerie[1].

Il faut ensuite les imprimer et les adresser aux adresses mentionnées ou par fax. Les délais de retour diffèrent selon les pays.

SECTION 3
EXÉCUTION DE LA COMMISSION ROGATOIRE INTERNATIONALE

154.31 Application du droit de l'État requis. L'autorité étrangère saisie appliquait traditionnellement son propre droit. L'article 694-5 du Code de procédure pénale dispose désormais que « Les interrogatoires, les auditions ou les confrontations réalisés à l'étranger à la demande des autorités judiciaires françaises sont exécutés conformément aux dispositions du présent code, sauf si une convention internationale y fait obstacle. L'interrogatoire ou la confrontation d'une personne poursuivie ne peut être effectué qu'avec son consentement. » L'article 4 de la Convention relative à l'entraide judiciaire en matière pénale entre les États membres de l'Union européenne du 29 mai 2000 prévoit en effet que l'État requis respecte les formalités de procédure expressément indiquées par l'État requérant sauf pour l'État requis à écarter les « formalités et procédures qui sont contraires aux principes fondamentaux de son droit » (v. s^s n° 154.41).

154.32 Nullité des actes exécutés à l'étranger. Ne peut être annulée l'audition d'une partie, en exécution d'une commission rogatoire internationale, dès lors que l'intéressé, assisté d'un avocat, a été entendu dans la limite exacte de la mission confiée par le juge requérant et dans la forme prévue par la législation de l'État requis[2]. De même, ne peuvent être annulés un transport sur les lieux et des vérifications matérielles, effectuées à l'étranger, par les autorités judiciaires de l'État requis, en exécution d'une commission rogatoire internationale, dès lors que la cour de cassation est en mesure de s'assurer que les actes dont la nullité est demandée n'ont pas été accomplis en violation des droits de la défense, ni d'aucun principe général du droit[3].

154.33 Rôle du consul de France à l'étranger. L'article 5 de la Convention de Vienne sur les relations consulaires du 24 avril 1963 prévoit que le consul peut transmettre des actes judiciaires et extrajudiciaires et exécuter des commissions rogatoires internationales conformément aux accords internationaux en vigueur. Il semble que cet article ne soit guère appliqué en dehors la notification de quelques actes judiciaires. Certains magistrats instructeurs ont malgré tout réussi à obtenir ainsi une « inculpation » et la chambre d'accusation de Lyon, dans un arrêt inédit a validé cette notification par autorité consulaire[4]. Au regard du principe de la séparation des pouvoirs selon la conception française de l'ordre public international, un ministre de la Justice ne peut avoir la qualité d'autorité judiciaire. Il s'ensuit que l'audition, par le ministre de la Justice de l'État destinataire, de personnes désignées dans le cadre de l'exécution d'une commission rogatoire, doit être déclarée nulle, faute pour l'autorité judiciaire compétente d'avoir procédé à la mesure d'instruction[5].

154.34 Depuis quelques années, les transports des magistrats instructeurs à l'étranger autrefois réservés à quelques juges parisiens en charge d'affaires importantes, se sont multipliés. La présence sur les lieux du magistrat instructeur, sa connaissance du dossier, le contact direct qu'il peut avoir avec les enquêteurs ou les magistrats chargés de l'exécution de sa mission peut représenter un avantage dans la célérité voire le sérieux mis dans l'exécution de la commission rogatoire. La présence du juge d'instruction sur place n'est toutefois pas de nature à modifier la teneur des actes à exécuter. Certains juges étrangers ne posent que les questions qui figurent dans la commission rogatoire, leur collègue fût-il présent. Dans d'autres pays, on laissera au magistrat en déplacement une plus grande marge de manœuvre. La présence du juge doit avoir été autorisée par le ministère de la Justice français et par les autorités judiciaires de l'État requis. Dans le cadre de la convention d'application de l'accord de Schengen, c'est le procureur général qui est habilité à autoriser la présence d'enquêteurs ou de magistrats étrangers en France. Le procureur de la

1. http://intranet.justice.gouv.fr/dacg/sddpgi/Bureau_etude/pratiqueberic.htm
2. Crim. 26 nov. 1996, n° 94-84.572, *Bull. crim.*, n° 426.
3. Crim. 4 nov. 1997, n° 97-83.463, *Bull. crim.*, n° 366.
4. CA Lyon, ch. acc., 24 oct. 1990, inédit, cité par Labregère, « Les commissions rogatoires internationales », dans TPJI.
5. CA Versailles, ch. acc., 12e ch., sect. 2, 13 sept. 2001, *BICC* 552, n° 289.

République de la juridiction du magistrat instructeur qui souhaite se déplacer, puis le procureur général émettent un avis sur l'opportunité du déplacement. La Chancellerie accepte même que le magistrat puisse se déplacer à l'étranger avant l'envoi de la commission rogatoire internationale aux fins de mieux se rendre compte des exigences du pays concerné et de la façon dont se déroulera la mission.

154.35 Organes qui facilitent l'entraide : magistrats de liaison. Pour faciliter l'exécution des commissions rogatoires internationales, il a été créé des magistrats de liaison, institués par l'acte commun du 22 avril 1996 qui n'a aucune valeur contraignante pour les États membres[1]. Leur rôle est de faciliter la transmission de l'information et de permettre une plus grande célérité dans l'exécution des CRI. Il est aussi possible de faciliter la fourniture d'informations lorsque des enquêtes sont ouvertes sur des faits connexes dans plusieurs États membres. Après plusieurs années de fonctionnement, il faut reconnaître toute la valeur du système, même si le magistrat de liaison n'est pas décisionnaire, et même si son efficacité dépend beaucoup de son investissement personnel[2]. En 2006, la France compte un magistrat de liaison dans les pays suivants : Allemagne, Canada, Chine, Croatie (depuis le 1er février 2006) et ce magistrat a compétence sur les pays suivants : Albanie, Bosnie-Herzégovine, Bulgarie, Chypre, Croatie, Kosovo, Macédoine, Moldavie, Serbie-Montenegro, Roumanie, Slovénie, Turquie, Espagne, États-Unis, Italie, Maroc, Pays-Bas, République tchèque, Royaume-Uni, Russie.

154.36 Organes qui facilitent l'entraide : Eurojust. Une décision du Conseil de l'Europe du 28 février 2002 a créé Eurojust[3], structure de quinze membres nationaux qui ont pour mission de faciliter l'entraide dans le domaine de la criminalité organisée[4].

La loi du 9 mars 2004 a transposé dans le Code de procédure pénale les dispositions de cette décision du Conseil de l'Europe dans les articles 695-4 à 695-9.

1. Acte commun, 22 avr. 1996, *JOCE* L 105, 27 avr. 1996.
2. V. P. Labregère, « Les fonctions du magistrat de liaison et ses rapports avec les autres », dans Kerchove et Weyemberg (dir.), *Vers un espace judiciaire européen*, Institut d'Études européen, Éd. Université de Bruxelles, 2000.
3. Cons. Europe, déc., 28 févr. 2002, *JOCE* 63/1, 6 mars 2002.
4. V. N. Thwaites, « Eurojust : autre brique dans l'édifice de la coopération judiciaire en matière pénale ou solide mortier », *RSC* 2003, 45.

L'unité Eurojust, agissant par l'intermédiaire de ses représentants nationaux ou en tant que collège, peut :

« 1° Informer le procureur général des infractions dont elle a connaissance et lui demander de faire procéder à une enquête ou de faire engager des poursuites;

2° Demander au procureur général de dénoncer ou de faire dénoncer des infractions aux autorités compétentes d'un autre État membre de l'Union européenne;

3° Demander au procureur général de faire mettre en place une équipe commune d'enquête;

4° Demander au procureur général ou au juge d'instruction de lui communiquer les informations issues de procédures judiciaires qui sont nécessaires à l'accomplissement de ses tâches » (C. pr. pén., art. 695-5). Le représentant national est un magistrat hors hiérarchie mis à disposition de l'unité Eurojust pour une durée de trois ans par arrêté du ministre de la Justice (C. pr. pén., art. 695-8). Le ministre de la Justice peut lui adresser des instructions dans les conditions fixées par l'article 30.

Il peut demander aux autorités judiciaires compétentes de lui communiquer les informations issues des procédures judiciaires qui sont nécessaires à l'accomplissement de sa mission. L'autorité judiciaire sollicitée peut toutefois refuser cette communication si celle-ci est de nature à porter atteinte à l'ordre public ou aux intérêts essentiels de la nation. Elle peut également différer cette communication pour des motifs liés au bon déroulement d'une enquête en cours ou à la sécurité des personnes (C. pr. pén., art. 695-9).

154.37 Organes qui facilitent l'entraide : Réseau judiciaire européen. Issu d'une action commune datée du 29 juin 1998, le Réseau judiciaire européen demande aux États membres de désigner les autorités susceptibles de constituer un réseau de personnes chargées de faciliter l'exécution des demandes d'entraide dans les affaires de criminalité organisée les plus graves[5]. En France, il existe au sein des parquets généraux des « points de contact régionaux ». Un magistrat français coordonne l'ensemble, véritable « magistrat de liaison français en France »[6].

154.38 Utilisation des pièces au retour de la Commission rogatoire internationale. On a pu longtemps penser que le seul retour officiel des pièces d'exécution de la Commission rogatoire internationale permettait leur utilisation procédurale.

5. Action commune, 29 juin 1998, *JOCE* L 191, 7 juill. 1998.
6. S. Vuelta-Simon, « Les nouveaux acteurs de la coopération judiciaire pénale européenne », *LPA* 19 janv. 2005, 3.

Pourtant, la Cour de cassation a jugé que « les articles 694 et 695 du Code de procédure pénale instituent une mesure d'administration judiciaire qui n'intéresse pas les droits des parties; qu'en conséquence, la méconnaissance de telles dispositions ne saurait constituer une cause de nullité de la procédure »[1]. Par ailleurs, il faut être vigilant lorsqu'on souhaite utiliser certaines pièces exécutées dans le cadre d'une CRI dans un dossier distinct de celui dans lequel elles ont été demandées. Certaines conventions multilatérales prohibent en effet cette utilisation sauf à demander à l'État requis son autorisation. C'est le cas de la convention relative au trafic de stupéfiants, au blanchiment, à la criminalité transnationale organisée et surtout de la convention Schengen même si le principe est limité aux infractions fiscales.

154.39 Visioconférence. L'article 694-5 du Code de procédure pénale prévoit la possibilité d'utiliser les dispositions de l'article 706-71 du Code de procédure pénale pour réaliser des interrogatoires, auditions ou confrontations. L'interrogatoire ou la confrontation de la personne poursuivie ne peut être effectuée qu'avec son consentement. Il est nécessaire de prévoir l'organisation de cette visioconférence par commission rogatoire internationale.

SECTION 4

EXÉCUTION PAR LE JUGE D'INSTRUCTION FRANÇAIS DE COMMISSIONS ROGATOIRES INTERNATIONALES ÉTRANGÈRES

154.41 Convention internationale du 29 mai 2000. On constatait en pratique que certaines demandes d'entraide comportaient expressément une demande d'application de certaines formes qui sont celles de l'État requérant. Certaines conventions permettaient de déroger au principe dès lors que les formes dont l'application était demandée n'étaient pas incompatibles avec le droit interne. Mais si la convention ne le prévoyait pas, il semblait impossible de ne pas appliquer le Code de procédure pénale français. On pouvait toutefois rappeler que la Cour de cassation a maintes fois souligné que l'application d'une règle non obligatoire n'était pas nulle dès lors qu'elle avait été édictée en faveur des droits de la défense. La Convention relative à l'entraide judiciaire en matière pénale entre les États membres de l'Union européenne du 29 mai 2000, entrée en vigueur le 23 août 2005, prend toutefois le contre-pied de cette règle traditionnelle. L'article 4 de la Convention prévoit en effet que l'État requis respecte les formalités de procédure expressément indiquées par l'État requérant sauf pour l'État requis à écarter les « formalités et procédures qui sont contraires aux principes fondamentaux de son droit »[2]. La convention d'entraide judiciaire du 29 mai 2000 est, en juillet 2006, applicable entre la France et les États membres qui l'ont ratifiée, à savoir l'Autriche, la Belgique, le Danemark, l'Espagne, l'Estonie, la Finlande, la Lituanie, la Lettonie, les Pays-Bas, la Pologne, le Portugal, la Slovénie et la Suède.

154.42 Compétence du ministère public. Les commissions rogatoires internationales venant de l'étranger étaient jusqu'à présent adressées via le parquet général et le parquet du tribunal de grande instance ou directement selon les cas au doyen des juges d'instruction qui pouvait l'exécuter lui même ou déléguer un autre juge ou un service d'enquête. Depuis la loi du 9 mars 2004 les demandes d'entraide émanant des autorités judiciaires étrangères sont exécutées par le procureur de la République ou par les officiers ou agents de police judiciaire requis à cette fin par ce magistrat. Elles sont exécutées par le juge d'instruction ou par des officiers de police judiciaire agissant sur commission rogatoire de ce magistrat lorsqu'elles nécessitent certains actes de procédure qui ne peuvent être ordonnés ou exécutés qu'au cours d'une instruction préparatoire (C. pr. pén., art. 694-2). Le dernier alinéa de l'article 694-1 dispose : « Avant de procéder à l'exécution d'une demande d'entraide dont il a été directement saisi, le juge d'instruction la communique immédiatement pour avis au procureur de la République. »

Le principe de territorialité s'oppose à ce qu'un magistrat instructeur puisse accomplir lui même à l'étranger certains actes[3].

154.43 Procédure applicable. Le principe traditionnel était que l'État requis appliquait sa propre procédure[4] (Conv. europ. entraide judiciaire, art. 3) mais la convention internationale du 29 mai 2000 a érigé des principes différents (v. s[s] n° 154.41). La loi du 9 mars 2004 a transposé les dispositions de la Convention internationale du 29 mai 2000, applicable depuis le 23 août 2005 (v. s[s] n° 154.41). Le principe demeure selon lequel les demandes d'entraide émanant des autorités judiciaires étrangères sont exécutées selon les règles du Code de procédure pénale (C. pr. pén., art. 694-3). Mais si la

1. Crim. 9 juill. 2003, n° 03-82.163, *Bull. crim.*, n° 134.
2. V. C. Ghica-Lemarchand, « La Commission rogatoire internationale en droit pénal », *RSC* 2003, 33.
3. Crim. 20 août 1992, n° 92-82.970, *Bull. crim.*, n° 279.
4. Crim. 12 juin 1914, *Bull. crim.*, n° 276 – T. corr. Seine, 6 juill. 1954, *D.* 1954, 654 – GARRAUD, III, n° 810.

demande d'entraide le précise, elle est exécutée selon les règles de procédure expressément indiquées par les autorités compétentes de l'État requérant, à condition, sous peine de nullité, que ces règles ne réduisent pas les droits des parties ou les garanties procédurales françaises.

Les premières applications de cette convention seront sans doute difficiles pour les magistrats délégataires mais c'est un formidable instrument d'apprentissage pratique de procédure pénale comparée. Lorsque la demande d'entraide ne peut être exécutée conformément aux exigences de l'État requérant, les autorités compétentes françaises en informent sans délai les autorités de l'État requérant et indiquent dans quelles conditions la demande pourrait être exécutée. Les autorités françaises compétentes et celles de l'État requérant peuvent ultérieurement s'accorder sur la suite à réserver à la demande, le cas échéant, en la subordonnant au respect desdites conditions.

Lorsque, conformément aux stipulations prévues par les conventions internationales, le procureur de la République ou le juge d'instruction communique à des autorités judiciaires étrangères des informations issues d'une procédure pénale en cours, il peut soumettre l'utilisation de ces informations aux conditions qu'il détermine (C. pr. pén., art. 694-9).

154.44 Nullité des actes exécutés en France en exécution d'une commission rogatoire internationale étrangère. Il s'agit ici de distinguer le bien fondé de la demande de sa régularité. En ce qui concerne le bien fondé, la chambre criminelle estime que le tiers saisi, objet d'une perquisition exécutée en vertu d'une commission rogatoire internationale, n'est pas recevable à intervenir devant la juridiction de l'État requis (la France) pour contester le bien-fondé d'une telle mesure, s'agissant d'un contentieux ressortissant aux seules autorités judiciaires de l'État requérant[1]. En revanche, s'agissant de la régularité, il faut encore distinguer, selon que les pièces d'exécution sont encore en possession des juridictions françaises ou non : l'article 694 du Code de procédure pénale, selon lequel les demandes d'entraide émanant des autorités judiciaires étrangères sont exécutées dans les formes prévues par ledit code, implique que la régularité de leur exécution soit contrôlée par les juridictions françaises. Toutefois, si l'article 173 du Code de procédure pénale ne fait pas obstacle à ce que la chambre de l'instruction soit saisie, selon les modalités qu'il prévoit, d'une requête en annulation de pièces d'exécution en France d'une commission rogatoire délivrée par une autorité judiciaire étrangère, c'est à la condition que ces pièces puissent être mises à la disposition de la juridiction compétente pour en assurer le contrôle. Tel n'est pas le cas lorsque ces pièces ont été transmises à l'État requérant pour être intégrées dans le dossier de la procédure suivie à l'étranger, la chambre de l'instruction ne pouvant statuer en l'état des seules copies produites par le requérant[2].

Enfin, si la chambre de l'instruction est compétente, dans certaines conditions, pour contrôler la régularité des actes d'instruction effectués sur le territoire français en exécution d'une commission rogatoire internationale, elle ne saurait, sans excéder ses pouvoirs, porter une appréciation sur les modalités de délivrance et de transmission d'une telle délégation par les autorités de l'État requérant[3].

1. Crim. 30 oct. 1995, n° 94-83.842, *Bull. crim.*, n° 332.
2. Crim. 3 juin 2003, n° 02-87.484, *Bull. crim.*, n° 113.
3. Crim. 4 nov. 1997, n° 97-82.274, *Bull. crim.*, n° 366.

TITRE

16. L'expertise

SECTION 0
ORIENTEUR

160.00 Plan du titre.

Chap. 161	**Qu'est-ce qu'une expertise ?**
Sect. 1	Définition et caractères juridiques de l'expertise
Sect. 2	Opérations constituant ou non une expertise
Chap. 162	**Désignation des experts**
Sect. 1	Condition juridique de l'expert
Sect. 2	Conditions requises pour être expert
Sect. 3	Désignation des experts : opportunité et caractères de la décision
Sect. 4	Demande d'expertise
Sect. 5	Mission
Sect. 6	Serment de l'expert
Sect. 7	Nombre des experts
Sect. 8	Auxiliaires de l'expert – Son remplacement
Sect. 9	Règles de désignation des experts issues de la loi du 5 mars 2007
Chap. 163	**Déroulement de l'expertise**
Sect. 1	Mode de procéder de l'expert : présentation des scellés
Sect. 2	Renseignements recueillis par l'expert : demandes présentées par les parties
Sect. 3	Interrogatoire de la personne mise en examen, audition de la partie civile et du témoin assisté par l'expert
Chap. 164	**Dépôt du rapport et sa communication aux parties**
Sect. 1	Rédaction et dépôt du rapport
Sect. 2	Communication du rapport aux parties
Sect. 3	Demandes de complément ou de contre-expertise
Sect. 4	Appréciation du rapport par le juge
Chap. 165	**Rémunération des experts**
Sect. 1	Tarification des expertises
Sect. 2	Loi organique relative aux lois de finances (LOLF)
Chap. 166	**Nullité de l'expertise**
Sect. unique	Nullité de l'expertise

160.01 Textes applicables.

C. pr. pén., art. 81, 97, 156 à 169-1, 199-1, 706-47-1, 706-115, 800-1, 802, 803-1.

C. pr. pén., art. D. 16, D. 37 à D 40.

C. pr. pén., art. R. 92, R. 106 à R. 122, R. 227, R. 228, R. 228-1.

L. 29 juin 1971, mod. par L. 11 févr. 2004, art. 2.

C. consom., art. L. 215-9, L. 215-12.

160.02 Jurisprudence de référence.

Crim. 13 janv. 1970, n° 68-93.408, *Bull. crim.*, n° 21.

Crim. 2 sept. 1986, n° 86-93.266, *Bull. crim.*, n° 251; *JCP* 1987, II, 20766, note P. Chambon.

Crim. 27 févr. 1978, n° 77-92.301, *Bull. crim.*, n° 73; *JCP* 1979, II, 19113, note P. Chambon.

Crim. 2 oct. 2001, n° 00-85.724, n° 00-85.725, *Bull. crim.*, n° 194; *D.* 2002, somm. 1458, obs. J. Pradel.

Crim. 12 juill. 1988, n° 88-82.740, NP, *JCP* 1989, II, 2125.

Crim. 15 févr. 2006, n° 05-86.773, *Bull. crim.*, n° 46; *D.* 2006, IR 811; *Dr. pén.* 2006, comm. n° 74, obs. A. Maron.

Crim. 26 sept. 2007, n° 07-84.888, *Bull. crim.*, n° 226; *AJ Pénal* 2007, 488, obs. S. Lavric.

160.03 Bibliographie indicative. (V. les références complètes s[s] n° 03.)

Actualisables. Rép. pén., Croizier J.-L., « Expertise »; Marot, « Frais et dépens » – J.-Cl. pén., Arnould M., « Expertise »; Bailly J., « Frais de justice ».

Articles. Bouchard J.-P., « L'expertise mentale en France entre "pollution de la justice" et devoir d'objectivité », *Dr. pén.* 2006, Étude n° 3; « Confluences juridiques », « Du caractère contradictoire de l'expertise en matière pénale », *Gaz. Pal.* 13-17 août 2004, doctr. p. 2 –

Curtil Ch., « Le droit des experts judiciaires tel qu'issu de la loi du 11 février 2004 : statut et discipline », *LPA* 13 sept. 2004, p. 3 – H. Dalle, « La LOLF et la justice : une occasion manquée », *Culture Droit* n° 5, p. 58 – Huihal D. et Fossier T., « Le régime des poursuites pénales engagées contre un majeur protégé », *JCP* 2007, I, 146; Ch. Guéry, « Dernière braderie avant liquidation définitive. Loi du 12 mai 2009 : deux possibilités nouvelles de renonciation par les parties à certains délais de procédure », *AJ Pénal* 2009, 303 – Leturmi L., « De l'enquête de police à la phase exécutoire du procès : quelques remarques générales sur l'expertise pénale », *AJ Pénal* 2006, 58 – Moussa, « À propos des nouvelles règles de l'expertise en matière pénale », *ALD* 1986, p. 29 – Olivier M., « Le nouveau statut des experts judiciaires résultant de la loi du 11 février 2004 », *Gaz. Pal.* 13-15 juin 2004, p. 2; « Le sapiteur et la Cour de cassation », *Gaz. Pal.* 4/5 mai 2001, p. 3 – Penneau J, « De quelques incidences du secret médical sur l'expertise judiciaire », *AJ Pénal* 2009, 169 – Renucci J.-F., « L'expertise pénale et la Convention européenne des droits de l'Homme », *JCP* 2000, I, 227 – Savart M.; « L'expertise scientifique en matière pénale », *AJ Pénal* 2006, 72 – Senon J.-L. et Manzanéra C. « L'expertise psychiatrique pénale : les données d'un débat », *AJ Pénal* 2006, 66.

160.04 Évolution. Le Code d'instruction criminelle s'est peu occupé de l'expertise, dont le terme n'y figurait pas. Cette opération était seulement visée par les articles 43 et 44 de ce code, relatifs au crime ou délit flagrant, qui donnaient au procureur de la République le droit de se faire accompagner par deux personnes capables par leur art ou profession d'apprécier les circonstances du crime ou délit, et au cas d'une mort violente, inconnue ou suspecte, de se faire assister de deux officiers de santé, qui devaient faire leur rapport sur les causes du décès. L'article 59 étendait cette faculté au juge d'instruction; l'expertise était ainsi pour ce magistrat, un moyen d'instruction à sa disposition, qu'il utilisait dans tous les cas où elle apparaissait nécessaire.

L'expertise n'était pas davantage réglementée. L'article 44 précité indiquait seulement que les personnes appelées par le procureur de la République devaient « prêter serment de donner leur avis en leur honneur et conscience, soit verbalement soit par écrit, selon la forme de leur rapport ». En cet état, la Cour de cassation a toujours jugé que, l'expertise en matière pénale n'était pas contradictoire et que la présence et la convocation des parties n'étaient pas exigées [1].

Le décret-loi du 8 août 1935, sur l'expertise en matière criminelle et correctionnelle, a énoncé quelques règles essentielles. Il prescrit que le juge d'instruction qui désigne un expert doit lui fixer un délai, et que ce dernier doit prêter serment préalablement à sa mission dans les huit jours de sa désignation. Le texte indique que l'expert qui ne satisfait pas à ses obligations doit être aussitôt remplacé et que des sanctions doivent être prises contre lui qui peuvent aller jusqu'à la radiation de la liste des experts.

Ces dispositions fragmentaires étaient insuffisantes et une réglementation d'ensemble s'imposait, qu'a faite le Code de procédure pénale dans ses articles 156 à 169, complétés par des textes réglementaires. Le système nouveau fut celui de la dualité des experts, tous deux désignés par le juge et qui rédigent ensemble un même rapport. L'ordonnance du 4 juin 1960 a assoupli cette règle, et a permis dans certains cas la nomination d'un seul expert.

La loi du 30 décembre 1985, par modification de l'article 159, est revenue au droit commun de l'expert unique. Celle du 5 mars 2007 a posé les premières pierres de l'expertise contradictoire en matière pénale.

160.05 Rapport du comité de réflexion sur la justice pénale dit Rapport Léger. Le rapport ne traite pas des expertises. Dans le système nouveau préconisé, elle devraient être ordonnées par le parquet. Dans le cadre de l'enquête renforcée, les demandes d'expertises rejetées par le ministère public pourraient être ordonnées par le juge de l'enquête et des libertés ou la chambre de l'enquête et des libertés.

1. Crim. 15 nov. 1844, *Bull. crim.*, n° 369 – Crim. 15 mars 1845, *Bull. crim.*, n° 102 – Crim. 2 janv. 1858, *Bull. crim.*, n° 1 – Crim. 8 mars 1884, *Bull. crim.*, n° 75 – Crim. 13 juill. 1906, *Bull. crim.*, n° 287 – Crim. 14 févr. 1946, *Bull. crim.*, n° 55 – Crim. 1er mars 1951, *Bull. crim.*, n° 68 – Crim. 21 juill. 1953, *Bull. crim.*, n° 252 – Crim. 29 mars 1979, n° 77-92.012, *Bull. crim.*, n° 129.

CHAPITRE

161. Qu'est-ce qu'une expertise ?

SECTION 0
ORIENTEUR

161.00 Plan du chapitre.

Sect. 1 Définition et caractères juridiques de l'expertise
Sect. 2 Opérations constituant ou non une expertise

161.01 Textes applicables.

C. pr. pén., art. 81, 156.

C. pr. pén., art. 81

Le juge d'instruction procède, conformément à la loi, à tous les actes d'information qu'il juge utiles à la manifestation de la vérité. Il instruit à charge et à décharge.

[...]

Le juge d'instruction peut prescrire un examen médical, un examen psychologique ou ordonner toutes mesures utiles.

S'il est saisi par une partie d'une demande écrite et motivée tendant à ce qu'il soit procédé à l'un des examens ou à toutes autres mesures utiles prévus par l'alinéa qui précède, le juge d'instruction doit, s'il n'entend pas y faire droit, rendre une ordonnance motivée au plus tard dans le délai d'un mois à compter de la réception de la demande.

La demande mentionnée à l'alinéa précédent doit faire l'objet d'une déclaration au greffier du juge d'instruction saisi du dossier. Elle est constatée et datée par le greffier qui la signe ainsi que le demandeur ou son avocat. Si le demandeur ne peut signer, il en est fait mention par le greffier. Lorsque le demandeur ou son avocat ne réside pas dans le ressort de la juridiction compétente, la déclaration au greffier peut être faite au moyen d'une lettre recommandée avec demande d'avis de réception. Lorsque la personne mise en examen est détenue, la demande peut également être faite au moyen d'une déclaration auprès du chef de l'établissement pénitentiaire. Cette déclaration est constatée et datée par le chef de l'établissement pénitentiaire qui la signe, ainsi que le demandeur. Si celui-ci ne peut signer, il en est fait mention par le chef de l'établissement. Ce document est adressé sans délai, en original ou copie et par tout moyen, au greffier du juge d'instruction.

Faute par le juge d'instruction d'avoir statué dans le délai d'un mois, la partie peut saisir directement le président de la chambre de l'instruction, qui statue et procède conformément aux troisième, quatrième et cinquième alinéas de l'article 186-1.

C. pr. pén., art. 156 [L. n° 2004-204, 9 mars 2004]

Toute juridiction d'instruction ou de jugement, dans le cas où se pose une question d'ordre technique, peut, soit à la demande du ministère public, soit d'office, ou à la demande des parties, ordonner une expertise. Le ministère public ou la partie qui demande une expertise peut préciser dans sa demande les questions qu'il voudrait voir poser à l'expert.

Lorsque le juge d'instruction estime ne pas devoir faire droit à une demande d'expertise, il doit rendre une ordonnance motivée au plus tard dans un délai d'un mois à compter de la réception de la demande. Les dispositions des avant-dernier et dernier alinéas de l'article 81 sont applicables.

Les experts procèdent à leur mission sous le contrôle du juge d'instruction ou du magistrat que doit désigner la juridiction ordonnant l'expertise.

161.02 Jurisprudence de référence.

• La recherche du taux d'alcoolémie, aucune interprétation des résultats n'étant demandée, n'est pas une expertise mais une simple constatation.

Crim. 2 sept. 1986, n° 86-93.266, *Bull. crim.*, n° 251; *JCP* 1987, II, 20766, note P. Chambon.

« Attendu que, par six ordonnances en date du 8 août 1983, le juge d'instruction, saisi d'une information contre X... des chefs d'homicides volontaires et tentative de vol aggravé criminel, a commis M. Castres de Paulet, afin de relever le taux d'alcoolémie de six victimes; que, par ordonnance du même jour, il a chargé Mlle Mandrou, de procéder à la même opération sur le sang de la septième victime;

Attendu que, contrairement à ce qui est allégué au moyen, le magistrat instructeur n'a nullement méconnu les dispositions de l'article 159 du Code de procédure pénale dans sa rédaction antérieure à la loi du 30 décembre 1985;

Qu'en effet, les missions confiées, limitées à la recherche du taux d'alcoolémie des victimes, aucune interprétation des résultats n'étant demandée, entraient dans le cadre de simples constatations. »

161.03 **Bibliographie indicative.** (V. les références complètes s[s] n° 03.)

Actualisables. RÉP. PÉN., Croizier J.-L., « Expertise » – J.-CL. PÉN., Arnould M., « Expertise ».

Ouvrages. HÉLIE F., IV, n° 1889 – GARRAUD, I, n° 317.

Articles. « Confluences juridiques », « Du caractère contradictoire de l'expertise en matière pénale », *Gaz. Pal.* 13-17 août 2004, doctr. 2 – Leturmi L., « De l'enquête de police à la phase exécutoire du procès : quelques remarques générales sur l'expertise pénale », *AJ Pénal* 2006, 58.

161.06 **Questions essentielles.**

• L'expertise semble induire, selon la jurisprudence, une interprétation des résultats. Cette donnée ne suffit pas à pouvoir reconnaître toujours avec certitude ce qui entre ou non dans le champ de l'expertise. La loi n° 2007-291 du 5 mars 2007 renforce considérablement les droits des parties en aménageant les nouvelles formes d'une expertise contradictoire.

* V. s[s] n° 161.21.

SECTION 1
DÉFINITION ET CARACTÈRES JURIDIQUES DE L'EXPERTISE

161.11 **Définition.** L'expertise a toujours été rapprochée de la connaissance que prend personnellement le juge des indices du crime ou du délit (C. instr. crim., art. 43 et 44). « L'inspection judiciaire ne suffit pas dans tous les cas pour constater le corps du délit; cette constatation exige souvent des connaissances spéciales qui manquent au juge et qu'il supplée en appelant le concours des hommes qui les possèdent. Ces hommes lorsqu'ils sont consultés par la justice, prennent le nom d'experts »[1].

L'expert se distingue du témoin. Un crime a, ou n'a pas de témoin. Celui-ci se borne à révéler ce qu'il a vu ou entendu. Le témoignage est en soi un élément de preuve. Le juge au contraire choisit l'expert, qui interprète et apprécie la valeur et la signification des indices qui lui sont soumis.

L'expert n'est chargé d'aucune partie de l'administration de la justice, et par suite ses opérations ne sont pas des actes d'instruction interruptifs de la prescription[2]. Le rapport de l'expert n'a aucun effet sur le sort de l'action publique, notamment quant à la prescription[3]. Il en est de même des lettres adressées par l'expert au tribunal[4]. Seule, l'ordonnance de commission d'expert est un acte interruptif de prescription[5]. Il en est de même de la notification du rapport[6].

161.12 **Caractères.** La juridiction emporte les formes qui lui sont propres, de sorte que l'expertise ordonnée par une juridiction répressive même si les intérêts civils sont seuls en cause, conserve les caractères d'une expertise pénale, et demeure soumise aux règles applicables à celle-ci[7].

Il a été jugé sous l'empire de la loi du 8 décembre 1897 que l'ordonnance par laquelle le juge d'instruction désigne un expert n'est pas juridictionnelle, et qu'il n'y a donc pas lieu d'en donner avis au conseil de l'inculpé[8]. Cette solution est aujourd'hui toujours exacte.

L'article 186-1 du Code de procédure pénale n'ouvre le droit d'appel à la personne mise en examen et à la partie civile que de l'ordonnance refusant de faire droit à une demande d'expertise visée par l'article 156 alinéa 2 ou de contre expertise visée par l'article 167 alinéa 4 du même code.

SECTION 2
OPÉRATIONS CONSTITUANT OU NON UNE EXPERTISE

161.21 **Énumération.** Certains examens ou opérations fragmentaires sont de simples actes d'instruction, qui ne constituent pas des expertises au sens des articles 156 et suivants du Code de procédure pénale. Il en est ainsi des photographies du corps de la victime d'un crime[9], ou de la simple pesée d'un projectile[10], ou encore de la saisie et de la mise sous scellés de limaille sur un établi[11], ou de la mission purement matérielle donnée par le président des assises à un technicien en électronique[12], ou à un spécialiste pour l'identification d'une

1. HÉLIE F., IV, n° 1889 – V. aussi, GARRAUD, I, n° 317.

2. Crim. 16 mars 1964, *Bull. crim.*, n° 97.
3. Crim. 27 févr. 1968, *Bull. crim.*, n° 65 – CA Rouen, ch. corr., 4 mars 1981, *JCP* 1881, II, 19670, note P. Chambon.
4. Crim. 29 mai 1991, n° 90-81.381, *Bull. crim.*, n° 228.
5. Crim. 22 juill. 1954, *Bull. crim.*, n° 272.
6. Crim. 5 mai 2004, n° 04-81.269, *Bull. crim.*, n° 111; *D.* 2004, IR 1933; *AJ Pénal* 2004, 292, note J. Coste.
7. Crim. 3 juin 1935, *Bull. crim.*, n° 76.
8. Crim. 1er mars 1951, *Bull. crim.*, n° 68.
9. Crim. 5 mai 1959, *Bull. crim.*, n° 242.
10. Crim. 20 janv. 1972, n° 71-92.932, *Bull. crim.*, n° 30.
11. Crim. 18 avr. 1972, n° 71-93.521, *Bull. crim.*, n° 130.
12. Crim. 17 déc. 1980, n° 80-92.601, *Bull. crim.*, n° 354 – Crim. 2 juill. 1985, n° 84-94.925, *Bull. crim.*, n° 253.

empreinte digitale[1], ou à la police pour des vérifications sur les lieux[2]. Ne constituent pas non plus une expertise un examen purement technique ordonné d'urgence par le parquet (C. pr. pén., art. 77-1)[3], ou de simples vérifications opérées par la police judiciaire[4]. N'est pas d'avantage une expertise l'analyse aux fins de déterminer le taux d'alcoolémie[5], ou le groupe sanguin[6]. Il semble résulter de ces derniers arrêts que ce qui différencie l'expertise de l'acte technique qui peut être accompli sur simples réquisitions est l'interprétation des résultats. « L'expertise appelle non seulement une constatation mais une réponse reposant sur une interprétation[7]. »

Si la traduction par un traducteur-interprète des pièces d'exécution d'une commission rogatoire ne constitue pas une expertise[8], il en est autrement de la traduction comportant en outre une mission d'ordre technique[9], ou de l'examen des projectiles quant à l'identification de l'arme qui les a tirés[10], ou de l'examen d'écritures[11], ou des opérations de prélèvements en matière de stupéfiants[12].

L'examen médical sur l'état de santé de l'accusé prescrit par le président des Assises avant la comparution de ce dernier ne constitue pas une expertise[13]. Il en est autrement si l'examen a été ordonné par arrêt[14], ou par le juge d'instruction[15]. Le certificat médical concernant la victime, même délivré à la demande du juge d'instruction, n'est pas une expertise[16], de même que l'appel à un psychiatre pour vérifier la fiabilité d'un témoin[17]. Les tirages de copie de relevés bancaires ne sont pas des expertises[18].

L'enquête de personnalité (C. pr. pén., art. 81), qui peut revêtir des formes diverses[19], n'est pas une expertise, et l'enquêteur de personnalité prête aux assises le serment des témoins[20].

L'examen médico-psychologique, prévu par le même article 81 alinéa 6, et désormais intitulé seulement examen psychologique obéit en principe aux règles de l'expertise[21].

Constitue une mission d'ordre technique celle donnée à un professeur de droit maritime chargé d'analyser les différents contrats et conventions liant les parties et de décrire les fonctions des divers intervenants, aux fins de permettre au juge d'apprécier la nature et l'étendue des responsabilités encourues à l'occasion du naufrage d'un navire[22].

1. Crim. 23 oct. 1985, n° 85-91.626, *Bull. crim.*, n° 325.
2. Crim. 8 avr. 1987, n° 86-94.429, *Bull. crim.*, n° 162 – Crim. 27 mai 1987, n° 86-93.774, *Bull. crim.*, n° 222.
3. Crim. 29 sept. 1993, n° 92-86.589, *Bull. crim.*, n° 272.
4. Crim. 24 nov. 1987, n° 87-84.993, *Bull. crim.*, n° 426 – Crim. 7 juin 1988, n° 88-81.828, *Bull. crim.*, n° 258.
5. Crim. 2 sept. 1986, n° 86-93.266, *Bull. crim.*, n° 251; *JCP* 1987, II, 20766, note P. Chambon; v. les attendus s^s n° 161.02 – V. aussi Crim. 6 oct. 1986, n° 86-93.988, *Bull. crim.*, n° 270.
6. Crim. 17 mars 1987, n° 86-96.682, NPT, *JCP* 1988, II, 20993, note P. Chambon.
7. P. Conte et P. Maistre du Chambon, *Procédure pénale*, 4e éd., A. Colin, 2002, 264 – V. aussi L. Leturmy, « De l'enquête de police à la phase exécutoire du procès : quelques remarques générales sur l'expertise pénale », *AJ Pénal* 2006, 58.
8. Crim. 19 juin 1984, n° 84-91.908, *Bull. crim.*, n° 231; *JCP* 1984, IV, 277.
9. Ass. plén., 19 oct. 1984, n° 84-93.713, *Bull. Ass. plén.*, n° 310; *JCP* 1985, II, 20490, note Jeandidier.
10. Crim. 18 avr. 1972, n° 71-93.700, *Bull. crim.*, n° 129.
11. Crim. 20 déc. 1972, n° 72-92.625, *Bull. crim.*, n° 395 – Crim. 2 sept. 1986, n° 86-93.266, *Bull. crim.*, n° 251; *JCP* 1987, II, 20766, note P. Chambon.
12. Crim. 5 mars 1979, n° 78-94.286, *Bull. crim.*, n° 93; *D.* 1979, jur. 338, note J.-M. Robert.
13. Crim. 10 avr. 1962, *Bull. crim.*, n° 176 – Crim. 26 nov. 1969, *Bull. crim.*, n° 316.
14. Crim. 28 févr. 1973, n° 72-93.242, *Bull. crim.*, n° 103.
15. Crim. 5 oct. 1976, n° 76-90.994, *Bull. crim.*, n° 277 – CONTRA, CA Paris, ch. acc., 27 juin 1967, *JCP* 1968, II, 15337, note P. Chambon.
16. Crim. 3 oct. 1979, n° 79-90.325, *Bull. crim.*, n° 269 – Crim. 9 juill. 1980, n° 80-90.568, *Bull. crim.*, n° 220.
17. Crim. 30 nov. 1988, n° 87-84.330, *Bull. crim.*, n° 406.
18. CA Grenoble, 7 juill. 2000, *D.* 2001, jur. 1128, note M. Redon.
19. Crim. 30 mars 1977, n° 77-90.025, *Bull. crim.*, n° 119.
20. Crim. 27 nov. 1963, *Bull. crim.*, n° 336 – Crim. 18 avr. 1969, *Bull. crim.*, n° 135 – Crim. 22 mai 1974, n° 73-93.567, *Bull. crim.*, n° 194 – Crim. 4 mars 1981, n° 80-92.908, *Bull. crim.*, n° 82 – Crim. 27 mai 1981, n° 80-92.907, *Bull. crim.*, n° 175 – Crim. 24 févr. 1988, n° 87-83.875, *Bull. crim.*, n° 96 – Crim. 17 janv. 1990, n° 89-83.876, *Bull. crim.*, n° 31.
21. Crim. 20 avr. 1972, n° 71-93.497, *Bull. crim.*, n° 136 – Crim. 5 janv. 1977, n° 75-13.003, *Bull. crim.*, n° 8 – Crim. 25 janv. 1978, n° 77-91.996, *Bull. crim.*, n° 33 – Crim. 3 oct. 1979, *JCP* 1979, 357; *Bull. crim.*, n° 270 – Crim. 19 févr. 1985, n° 84-95.916, *Bull. crim.*, n° 78 – Crim. 20 août 1986, n° 86-92.877, *Bull. crim.*, n° 244 – Crim. 20 févr. 1990, n° 89-86.659, *Bull. crim.*, n° 85 – Crim. 19 nov. 1991, n° 91-80.229, *Bull. crim.*, n° 417.
22. Crim. 9 juill. 2003, n° 03-81.944, *Bull. crim.*, n° 137; *JCP* 2003, IV, 2672.

CHAPITRE

162. Désignation des experts

SECTION 0 ORIENTEUR

162.00 **Plan du chapitre.**

Sect.	1	Condition juridique de l'expert
Sect.	2	Conditions requises pour être expert
Sect.	3	Désignation des experts : opportunité et caractères de la décision
Sect.	4	Demande d'expertise
Sect.	5	Mission
Sect.	6	Serment de l'expert
Sect.	7	Nombre des experts
Sect.	8	Auxiliaires de l'expert – Son remplacement
Sect.	9	Règles de désignation des experts issues de la loi du 5 mars 2007

162.01 **Textes applicables.**

C. pr. pén., art. 156 à 164, 168 à 169-1, 706-47-1, 706-115.

C. pr. pén., art. D. 16, D. 37, D. 38. D. 47-21 à D. 47-23.

C. consom., art. L. 215-9, L. 215-12.

L. 29 juin 1971, mod. par L. n° 2004-130, 11 févr. 2004, art. 2.

C. pr. pén., art. 156 [L. n° 2004-204, 9 mars 2004]

* V. s[s] n° 161.01.

C. pr. pén., art. 157

Les experts sont choisis parmi les personnes physiques ou morales qui figurent soit sur une liste nationale établie par le bureau de la Cour de cassation, soit sur une des listes dressées par les cours d'appel, le procureur général entendu.

Les modalités d'inscription et de radiation sur ces listes sont fixées par un décret en Conseil d'État.

À titre exceptionnel, les juridictions peuvent, par décision motivée, choisir des experts ne figurant sur aucune de ces listes.

C. pr. pén., art. 157-1

Si l'expert désigné est une personne morale, son représentant légal soumet à l'agrément de la juridiction le nom de la ou des personnes physiques qui, au sein de celle-ci et en son nom, effectueront l'expertise.

C. pr. pén., art. 158

La mission des experts qui ne peut avoir pour objet que l'examen de questions d'ordre technique est précisée dans la décision qui ordonne l'expertise.

C. pr. pén., art. 159

Le juge d'instruction désigne l'expert chargé de procéder à l'expertise.

Si les circonstances le justifient, il désigne plusieurs experts.

C. pr. pén., art. 160

Lors de leur inscription sur l'une des listes prévues à l'article 157, les experts prêtent, devant la cour d'appel du ressort de leur domicile, serment d'apporter leur concours à la justice en leur honneur et en leur conscience. Ces experts n'ont pas à renouveler leur serment chaque fois qu'ils sont commis.

Les experts ne figurant sur aucune de ces listes prêtent, chaque fois qu'ils sont commis, le serment prévu à l'alinéa précédent devant le juge d'instruction ou le magistrat désigné par la juridiction. Le procès-verbal de prestation de serment est signé par le magistrat compétent, l'expert et le greffier. En cas d'empêchement dont les motifs doivent être précisés, le serment peut être reçu par écrit et la lettre de serment est annexée au dossier de la procédure.

C. pr. pén., art. 161

Toute décision commettant des experts doit leur impartir un délai pour remplir leur mission.

Si des raisons particulières l'exigent, ce délai peut être prorogé sur requête des experts et par décision motivée rendue par le magistrat ou la juridiction qui les a désignés. Les experts qui ne déposent pas leur rapport dans le délai qui leur a été imparti peuvent être immédiatement remplacés et doivent rendre compte des investigations auxquelles ils ont déjà procédé. Ils doivent aussi restituer dans les quarante-huit heures les objets, pièces et documents qui leur auraient été confiés en vue de l'accomplissement de leur mission. Ils peuvent être, en outre, l'objet de mesures disciplinaires allant jusqu'à la radiation de l'une ou de l'autre des listes prévues par l'article 157.

Les experts doivent remplir leur mission en liaison avec le juge d'instruction ou le magistrat délégué ; ils doivent le tenir au courant du développement de leurs opérations et le mettre à même de prendre à tout moment toutes mesures utiles.

Le juge d'instruction, au cours de ses opérations, peut toujours, s'il l'estime utile, se faire assister des experts.

C. pr. pén., art. 161-1 [inséré par L. n° 2007-291, 5 mars 2007]

Copie de la décision ordonnant une expertise est adressée sans délai au procureur de la République et aux avocats des parties, qui disposent d'un délai de dix jours pour demander au juge d'instruction, selon les modalités prévues par l'avant-dernier alinéa de l'article 81, de modifier ou de compléter les questions posées à l'expert ou d'adjoindre à l'expert ou aux experts déjà désignés un expert de leur choix figurant sur une des listes mentionnées à l'article 157.

Si le juge ne fait pas droit, dans un délai de dix jours à compter de leur réception, aux demandes prévues au premier alinéa, il rend une ordonnance motivée. Cette ordonnance ou l'absence d'ordonnance peut être contestée dans un délai de dix jours devant le président de la chambre de l'instruction. Ce dernier statue par décision motivée qui n'est pas susceptible de recours.

Le présent article n'est pas applicable lorsque les opérations d'expertise et le dépôt des conclusions par l'expert doivent intervenir en urgence et ne peuvent être différés pendant le délai de dix jours prévu au premier alinéa ou lorsque la communication prévue au premier alinéa risque d'entraver l'accomplissement des investigations.

Il n'est pas non plus applicable aux catégories d'expertises dont les conclusions n'ont pas d'incidence sur la détermination de la culpabilité de la personne mise en examen et dont la liste est fixée par décret.

Les parties peuvent déclarer renoncer, en présence de leur avocat ou celui-ci dûment convoqué, à bénéficier des dispositions du présent article.

C. pr. pén., art. 162

Si les experts demandent à être éclairés sur une question échappant à leur spécialité, le juge peut les autoriser à s'adjoindre des personnes nommément désignées, spécialement qualifiées par leur compétence.

Les personnes ainsi désignées prêtent serment dans les conditions prévues au deuxième alinéa de l'article 160.

Leur rapport sera annexé intégralement au rapport mentionné à l'article 166.

C. pr. pén., art. 163 [L. n° 2004-204, 9 mars 2004]

Avant de faire parvenir les scellés aux experts, le juge d'instruction ou le magistrat désigné par la juridiction procède, s'il y a lieu, à leur inventaire dans les conditions prévues par l'article 97. Il énumère ces scellés dans un procès-verbal.

Pour l'application de leur mission, les experts sont habilités à procéder à l'ouverture ou à la réouverture des scellés, et à confectionner de nouveaux scellés après avoir, le cas échéant, procédé au reconditionnement des objets qu'ils étaient chargés d'examiner; dans ce cas, ils en font mention dans leur rapport, après avoir, s'il y a lieu, dressé inventaire des scellés; les dispositions du quatrième alinéa de l'article 97 ne sont pas applicables.

C. pr. pén., art. 164 [L. n° 2004-204, 9 mars 2004]

Les experts peuvent recevoir, à titre de renseignement et pour le seul accomplissement de leur mission, les déclarations de toute personne autre que la personne mise en examen, le témoin assisté ou la partie civile.

Toutefois, si le juge d'instruction ou le magistrat désigné par la juridiction les y a autorisés, ils peuvent à cette fin recevoir, avec l'accord des intéressés, les déclarations de la personne mise en examen, du témoin assisté ou de la partie civile nécessaires à l'exécution de leur mission. Ces déclarations sont recueillies en présence de leur avocat ou celui-ci dûment convoqué dans les conditions prévues par le deuxième alinéa de l'article 114, sauf renonciation écrite remise aux experts. Ces déclarations peuvent être également recueillies à l'occasion d'un interrogatoire ou d'une déposition devant le juge d'instruction en présence de l'expert.

Les médecins ou psychologues experts chargés d'examiner la personne mise en examen, le témoin assisté ou la partie civile peuvent dans tous les cas leur poser des questions pour l'accomplissement de leur mission hors la présence du juge et des avocats.

C. pr. pén., art. 168 [L. n° 2007-291, 5 mars 2007]

Les experts exposent à l'audience, s'il y a lieu, le résultat des opérations techniques auxquelles ils ont procédé, après avoir prêté serment d'apporter leur concours à la justice en leur honneur et en leur conscience. Au cours de leur audition, ils peuvent consulter leur rapport et ses annexes.

Le président peut soit d'office, soit à la demande du ministère public, des parties ou de leurs conseils, leur poser toutes questions rentrant dans le cadre de la mission qui leur a été confiée. Le ministère public et les avocats des parties peuvent également poser directement des questions aux experts selon les modalités prévues par les articles 312 et 442-1.

Après leur exposé, les experts assistent aux débats, à moins que le président ne les autorise à se retirer.

C. pr. pén., art. 169

Si, à l'audience d'une juridiction de jugement, une personne entendue comme témoin ou à titre de renseignement contredit les conclusions d'une expertise ou apporte au point de vue technique des indications nouvelles, le président demande aux experts, au ministère public, à la défense et, s'il y a lieu, à la partie civile, de présenter leurs observations. Cette juridiction, par décision motivée, déclare, soit qu'il sera passé outre aux débats, soit que l'affaire sera renvoyée à une date ultérieure. Dans ce dernier cas, cette juridiction peut prescrire quant à l'expertise toute mesure qu'elle jugera utile.

C. pr. pén., art. 169-1

Les dispositions des articles 168 et 169 sont applicables aux personnes appelées soit à procéder à des constatations, soit à apprécier la nature des circonstances d'un décès, conformément aux articles 60 et 74.

C. pr. pén., art. 706-115

La personne poursuivie doit être soumise avant tout jugement au fond à une expertise médicale afin d'évaluer sa responsabilité pénale au moment des faits.

C. pr. pén., art. 706-47-1 [L. n° 2004-204, 9 mars 2004, art. 168 II]

Les personnes poursuivies pour l'une des infractions mentionnées à l'article 706-47 doivent être soumises, avant tout jugement au fond, à une expertise médicale. L'expert est interrogé sur l'opportunité d'une injonction de soins dans le cadre d'un suivi socio-judiciaire.

Cette expertise peut être ordonnée dès le stade de l'enquête par le procureur de la République.

Cette expertise est communiquée à l'administration pénitentiaire en cas de condamnation à une peine privative de liberté, afin de faciliter le suivi médical et psychologique en détention prévu par l'article 717-1.

C. pr. pén., art. D. 16

L'enquête sur la personnalité des inculpés ainsi que sur leur situation matérielle, familiale ou sociale prévue à l'article 81, alinéa 6, du Code de procédure pénale et les examens, notamment médical et médico-psychologique, mentionnés à l'alinéa 7 dudit article, constituent le dossier de personnalité de l'inculpé.

Ce dossier a pour objet de fournir à l'autorité judiciaire, sous une forme objective et sans en tirer de conclusion touchant à l'affaire en cours, des éléments d'appréciation sur le mode de vie passé et présent de l'inculpé.

Il ne saurait avoir pour but la recherche des preuves de la culpabilité.

C. pr. pén., art. D. 37 [D. n° 2007-699, 3 mai 2007]

Les dispositions de l'article 161-1 ne sont pas applicables aux expertises médicales dont l'objet est d'apprécier l'importance du dommage subi par la victime.

C. pr. pén., art. D. 38 [D. n° 2007-699, 3 mai 2007]

Lorsque l'expert désigné par le juge d'instruction appartient à une association visée aux articles 2-1 à 2-21 et que l'information porte sur des faits pour lesquels cette association peut se constituer partie civile, il est tenu de déclarer cette appartenance au juge d'instruction dès réception de l'ordonnance de désignation. Si le juge maintient la désignation de l'expert, la déclaration d'appartenance est mentionnée dans le rapport d'expertise.

C. pr. pén., art. D. 39

L'envoi aux avocats des rapports d'expertise ou de leurs conclusions, qu'il s'agisse des rapports d'étape, provisoires ou définitifs, prévus par les articles 161-2, 166, 167 et 167-2, peut être réalisé selon les modalités prévues par l'article 803-1.

C. pr. pén., art. D. 40

Les demandes d'expertises, de modification de la mission d'un expert ou d'adjonction d'un co-expert et les observations concernant les rapports d'expertise prévues par les articles 156, 161-1, 161-2, 167 et 167-2 sont adressées au juge d'instruction selon les modalités prévues par l'avant-dernier alinéa de l'article 81.

Toutefois, elles peuvent être faites selon les modalités prévues par l'article D. 591 lorsque les dispositions de cet article sont applicables à la suite du protocole passé par les chefs de la juridiction et le barreau.

C. pr. pén., art. D. 47-21

L'expertise médicale prévue par l'article 706-115 a pour objet de déterminer si l'intéressé était ou non atteint au moment des faits d'un trouble psychique ou neuropsychique ayant aboli ou altéré son discernement ou ayant aboli ou entravé le contrôle de ses actes, afin de permettre à la juridiction saisie d'appliquer les dispositions de l'article 122-1 du Code pénal.

Lorsqu'une information est ouverte, et notamment en matière criminelle, il s'agit de l'expertise psychiatrique ordonnée en application du huitième alinéa de l'article 81.

Cette expertise peut être ordonnée dès le stade de l'enquête par le procureur de la République.

C. pr. pén., art. D. 47-22

Cette expertise est facultative :

1° En cas de procédure d'alternative aux poursuites consistant en la réparation du dommage ou en une médiation ;

2° En cas de composition pénale ;

3° Lorsque la personne est entendue comme témoin assisté ;

4° Lorsqu'il est fait application de la procédure d'ordonnance pénale ;

5° En cas de comparution sur reconnaissance préalable de culpabilité.

C. pr. pén., art. D. 47-23

En matière correctionnelle, s'il apparaît des éléments issus de la procédure civile ayant conduit à la mise en œuvre de la mesure de protection juridique, et notamment des certificats médicaux ou des expertises y figurant et qui ont été versés au dossier de la procédure pénale à la demande du ministère public, du juge d'instruction ou du tribunal correctionnel, des indications suffisantes pour apprécier si l'intéressé était ou non atteint au moment des faits d'un trouble psychique ou neuropsychique ayant aboli ou altéré son discernement ou ayant aboli ou entravé le contrôle de ses actes, le juge d'instruction ou le président du tribunal correctionnel peut, sauf opposition de la personne mise en examen ou du prévenu et de son avocat, dire qu'il n'y a pas lieu de soumettre l'intéressé à une expertise, par ordonnance motivée qui peut être prise en même temps que l'ordonnance de règlement ou par jugement motivé qui peut être joint au jugement sur le fond.

C. consom., art. L. 215-9 [ord. n° 2004-670, 9 juill. 2004, art. 1 IX, *JO* 10 juill.]

Les essais et analyses effectués dans le cadre de la recherche et de la constatation des infractions au présent livre sont contradictoires et le prix des échantillons dont la non-conformité à la réglementation n'a pas été établie est remboursé d'après leur valeur le jour du prélèvement.

C. consom., art. L. 215-12

Lorsque l'expertise a été réclamée ou lorsqu'elle a été décidée par le procureur de la République ou la juridiction d'instruction ou de jugement, deux experts sont désignés ; l'un est nommé par le procureur de la République ou la juridiction, l'autre est choisi par l'intéressé et nommé par le procureur de la République ou la juridiction dans les conditions prévues par l'article 157 du Code de procédure pénale.

À titre exceptionnel, l'intéressé peut choisir un expert en dehors des listes prévues au premier alinéa de l'article 157 susmentionné. Son choix est subordonné à l'agrément du procureur de la République ou de la juridiction.

Le directeur du laboratoire qui a fait l'analyse peut être désigné dans les conditions fixées aux premier et deuxième alinéas, même lorsqu'il ne figure pas sur les listes prévues à l'article 157, premier alinéa, du Code de procédure pénale.

Pour la désignation de l'expert, un délai est imparti par le procureur de la République ou la juridiction à l'intéressé, qui a toutefois le droit de renoncer explicitement à cette désignation et de s'en rapporter aux conclusions de l'expert désigné par la juridiction.

Si l'intéressé, sans avoir renoncé à ce droit, n'a pas désigné un expert dans le délai imparti, cet expert est nommé d'office par le procureur de la République ou la juridiction.

L. n° 71-498, 29 juin 1971, art. 2 relative aux experts judiciaires [mod. par L. n° 2004-130, 11 févr. 2004, *JO* 12 févr.]

I. – Il est établi pour l'information des juges :

1° Une liste nationale des experts judiciaires, dressée par le bureau de la Cour de cassation ;

2° Une liste des experts judiciaires dressée par chaque cour d'appel.

II. – L'inscription initiale en qualité d'expert sur la liste dressée par la cour d'appel est faite, dans une rubrique particulière, à titre probatoire pour une durée de deux ans.

À l'issue de cette période probatoire et sur présentation d'une nouvelle candidature, l'expert peut être réinscrit pour une durée de cinq années, après avis motivé d'une commission associant des représentants des juridictions et des experts. À cette fin sont évaluées l'expérience de l'intéressé et la connaissance qu'il a acquise des principes directeurs du procès et des règles de procédure applicables aux mesures d'instruction confiées à un technicien.

Les réinscriptions ultérieures, pour une durée de cinq années, sont soumises à l'examen d'une nouvelle candidature dans les conditions prévues à l'alinéa précédent.

III. – Nul ne peut figurer sur la liste nationale des experts s'il ne justifie de son inscription sur une liste dressée par une cour d'appel pendant trois années consécutives. Il est procédé à l'inscription sur la liste nationale pour une durée de sept ans et la réinscription, pour la même durée, est soumise à l'examen d'une nouvelle candidature.

IV. – La décision de refus de réinscription sur l'une des listes prévues au I est motivée.

V. – Un décret en Conseil d'État fixe les conditions d'application du présent article et détermine la composition et les règles de fonctionnement de la commission prévue au II.

162.02 Jurisprudence de référence.

• L'absence de mention, dans l'ordonnance de la commission d'expert, du délai imparti à celui-ci pour accomplir sa mission peut entraîner la nullité de l'expertise s'il est établi que ce manquement a eu pour effet de porter atteinte aux droits de la défense.

Crim. 12 juill. 1988, n° 88-82.740, NPT, *JCP* 1989, II, 2125.

« Attendu que les trois ordonnances de commission d'expert critiquées aux moyens portent que "les experts remettent avant le "Urgent-détenu" un rapport détaillé" ; Attendu que, pour regrettable que soit une telle manière de procéder, les dispositions de l'article 161 du Code de procédure pénale n'étant pas prescrites à peine de nullité et les demandeurs n'établissant ni même n'alléguant que leur méconnaissance ait eu pour effet de porter atteinte aux droits de la défense, les moyens ne sauraient être admis. »

• Rien n'interdit au juge d'instruction de désigner le même médecin expert pour examiner, d'une part, la victime, d'autre part, le mis en examen.

Crim. 26 sept. 2007, n° 07-84.888, *Bull. Crim.*, n° 226 ; *AJ Pénal* 2007, 488, obs. S. Lavric.

« Sur le moyen unique de cassation, pris de la violation des articles préliminaire, 6 § 1 et 6 § 3 de la Convention européenne des droits de l'homme, 157, 591 et 593 du Code de procédure pénale :

"en ce que l'arrêt attaqué a refusé de faire droit à la demande d'annulation présentée par le mis en examen des rapports d'expertise établis par Marie-Claude Constantin ;

aux motifs que rien n'interdit au juge d'instruction de désigner le même médecin expert pour examiner, d'une part, la victime, d'autre part, le mis en examen ; que cette désignation n'est pas contraire à l'article 6 de la Convention européenne des droits de l'homme ; que les appréciations portées par Marie-Claude Constantin, dans le cadre de l'expertise d'Olivia Van Bourgogne, selon lesquelles les déclarations de celle-ci paraissent dignes de foi, n'excèdent pas les limites de sa mission et n'emportent par elles-mêmes aucun préjugé concernant la personnalité de Mickaël Fresnel qu'elle était également chargée d'examiner ; qu'elle n'avait nulle obligation de refuser la mission concernant Mickaël Fresnel, au motif qu'elle détenait sur lui des éléments d'information tirés d'autres procédures ; qu'elle a mené son expertise sans faillir au devoir d'impartialité ; qu'il est donc inexact de prétendre que le mis en examen n'a pas bénéficié d'une expertise équitable ; qu'il résulte de ce qui précède que la requête en nullité doit être rejetée ;

alors qu'il résulte de la jurisprudence européenne (Bonisch c. Autriche, et Brandstetter c. Autriche) que la désignation d'un expert par le juge d'instruction qui ne respecte pas le principe d'impartialité tel qu'il est garanti par les dispositions conventionnelles est nulle; que ce grief existe dès que, indépendamment de la conduite de l'expert, certains faits vérifiables autorisent à suspecter sa partialité; qu'il en est ainsi lorsque l'expert, qui a formulé, au travers d'un avis psychologique, une opinion même implicite sur la culpabilité du mis en examen, notamment en donnant son opinion sur les possibilités de sa réadaptation, est également désigné pour procéder à l'examen psychologique de la victime supposée, ces circonstances étant de nature à faire naître un doute légitime sur l'impartialité de l'expert";

Attendu qu'il résulte de l'arrêt attaqué et du dossier de la procédure que Marie-Claude Constantin, psychologue, a été désignée comme expert pour procéder à l'examen psychologique de Mickaël Fresnel, mis en examen des chefs de viols aggravés, notamment sur la personne d'Olivia Van Bourgogne; que celle-ci avait antérieurement fait l'objet d'une expertise psychologique effectuée par le même expert, dont les rapports ont été établis le 1er septembre 2004 pour le premier et le 15 juillet 2006 pour le second;

Attendu que Mickaël Fresnel a demandé l'annulation de ces deux rapports d'expertise en soutenant que le même expert ne pouvait, sans encourir le reproche de partialité, examiner successivement l'auteur et la victime supposés des faits poursuivis, en émettant une opinion, même implicite, sur la culpabilité de l'un et une appréciation de la crédibilité de l'autre;

Attendu que, pour rejeter cette demande, l'arrêt prononce par les motifs reproduits au moyen;

Attendu qu'en l'état de ces motifs, d'où il résulte que le reproche adressé par le demandeur à l'expert concerné, dont les conclusions n'impliquent aucune affirmation de culpabilité, même implicite, ne suffit pas, en l'espèce, à priver ses rapports du caractère d'avis technique soumis à la contradiction et à l'appréciation ultérieure des juges, la chambre de l'instruction a justifié sa décision;

D'où il suit que le moyen doit être écarté. »

162.03 Bibliographie indicative. (V. les références complètes s^s n° 03.)

Actualisables. RÉP. PÉN., Croizier J.-L., « Expertise » – J.-CL. PÉN., Arnould M., « Expertise ».

Ouvrages. HÉLIE F., IV, n°s 1891, 1894 à 1896 – GARRAUD, I, n°s 318 et 324.

Articles. « Confluences juridiques », « Du caractère contradictoire de l'expertise en matière pénale », *Gaz. Pal.* 13-17 août 2004, doctr. p. 2 – Curtil Ch., « Le droit des experts judiciaires tel qu'issu de la loi du 11 février 2004 : statut et discipline », *LPA* 13 sept. 2004, p. 3 – Ch. Guéry, « Dernière braderie avant liquidation définitive. Loi du 12 mai 2009 : deux possibilités nouvelles de renonciation par les parties à certains délais de procédure », *AJ Pénal* 2009, 303.

Leturmi L., « De l'enquête de police à la phase exécutoire du procès : quelques remarques générales sur l'expertise pénale », *AJ Pénal* 2006, 58 – Moussa, « À propos des nouvelles règles de l'expertise en matière pénale », *ALD* 1986, 29 – Olivier M., « Le nouveau statut des experts judiciaires résultant de la loi du 11 février 2004 », *Gaz. Pal.* 13-15 juin 2004, 2; « Le sapiteur et la Cour de cassation », *Gaz. Pal.* 4-5 mai 2001, 3 – Renucci J.-F., « L'expertise pénale et la Convention européenne des droits de l'Homme », *JCP* 2000, I, 227.

162.06 Questions essentielles.

• Les règles de désignation des experts ont été profondément réformées par la loi du 5 mars 2007. Les nouvelles dispositions font l'objet de notre section 9.

* V. s^s n°s 162.91 s.

SECTION 1
CONDITION JURIDIQUE DE L'EXPERT

162.11 Caractères. Il n'est pas aisé de donner de l'expert une définition juridique précise. « L'expert collabore à la découverte de la vérité, qui est l'œuvre judiciaire par excellence, en donnant une opinion scientifiquement raisonnée sur des faits qui lui sont soumis [...]. En ce sens, il est l'auxiliaire du juge dans la découverte de la vérité[1] ». Les experts n'appartiennent pas à l'administration de la justice. Ils conservent leur condition libérale, et l'entière faculté d'exercer leur profession principale. Ils forment un corps de spécialistes et de techniciens inscrits sur des listes régionales et une liste nationale établies par l'autorité judiciaire selon des règles fixées par la loi. Des personnes non inscrites sur les listes d'experts peuvent être chargées d'une mission d'expertise.

« Sauf disposition spéciale, le titre d'expert près la cour d'appel ou d'expert près les cours d'appel ou tout autre titre similaire est réservé exclusivement aux personnes inscrites sur une des listes d'experts établies légalement » (L. 29 juin 1971, art. 3 et 4). La qualité d'expert près les cours d'appel est une qualité réglementée par l'autorité publique; peut donc être poursuivi pour usurpation de titre celui qui utilise du papier à en-tête portant la mention « expert agréé près la cour d'appel », alors qu'il n'est inscrit sur aucune liste d'experts[2]. L'usurpation du titre d'expert n'implique pas l'intention délibérée de tromper le public[3]. Les experts désignés par une juridiction étrangère n'ont pas la qualité d'experts devant les juridictions françaises[4].

La Cour de cassation, abandonnant la position inverse qu'elle avait d'abord prise[5], a décidé que les experts ne peuvent être récusés. Leur choix s'impose aux parties par le fait même de la désignation du

1. GARRAUD, I, n° 318.
2. Crim. 26 juin 1968, *Bull. crim.*, n° 208.
3. Crim. 18 déc. 1979, n° 79-91.107, *Bull. crim.*, n° 366.
4. Crim. 7 mars 1973, n° 72-93.538, *Bull. crim.*, n° 115 – Crim. 8 juill. 1975, n° 75-91.002, *Bull. crim.*, n° 182 – Crim. 12 déc. 1984, n° 84-93.091, *Bull. crim.*, n° 401.
5. Crim. 16 avr. 1832, *Bull. crim.*, n° 233.

juge[1]. Les juges, en effet, ne sont pas liés par le rapport de l'expert, dont les parties peuvent librement discuter les conclusions.

Aucune disposition légale ou réglementaire n'opérant de distinction entre les diverses rubriques que peuvent, en pratique, comporter ces listes, un médecin inscrit à la rubrique médecine légale peut se voir confier une mission en criminalistique et n'a pas à renouveler son serment à l'occasion de sa désignation[2].

SECTION 2
CONDITIONS REQUISES POUR ÊTRE EXPERT

162.21 **Statut.** La loi du 29 juin 1971 et le décret du 31 décembre 1974, qui ont abrogé les articles R. 26 à R. 40 et D. 37 à D. 42 du Code de procédure pénale, ont fixé le statut des experts et les conditions d'établissement des listes d'experts désignés en matière pénale comme en matière civile. Cette loi a été modifiée par celle du 11 février 2004[3] (v. s[s] n° 162.01).

Les conditions requises pour être expert sont fixées par les articles 2 et 3 du décret du 23 décembre 2004. La seule condition d'âge est d'avoir moins de 70 ans[4]. Les autres conditions garantissent la probité et la compétence professionnelle. Une personne physique ou morale peut être inscrite à la fois sur une liste de cour d'appel et sur la liste nationale. Dans le cadre des dispositions de la loi du 5 mars 2007, la partie ou le procureur de la République ne peut solliciter que l'adjonction d'un expert inscrit (v. s[s] n°s 162. 92, 162.93).

162.22 **Incompatibilités.** Le dernier alinéa de l'article 257 du Code de procédure pénale porte que les fonctions de juré sont incompatibles avec celles d'expert dans la même affaire. Il en est à plus forte raison ainsi des fonctions de juge et d'expert. Une partie au procès ne saurait non plus être désignée comme expert. L'expert doit n'exercer aucune activité incompatible avec l'indépendance nécessaire à l'exercice des missions judiciaires. Les membres de la fonction publique peuvent être inscrits sur les listes[5].

Il a été jugé qu'un fonctionnaire, en l'espèce un fonctionnaire de l'administration des postes, qui a précédemment effectué une enquête administrative, peut dans la même affaire être chargé d'une expertise par le juge d'instruction[6]. Les fonctions d'experts sont incompatibles avec celles de juge en activité[7], ou celles de greffier d'audience[8]. Un avocat ne pourrait pas être désigné comme expert. Deux parents ou alliés peuvent être experts dans la même affaire[9].

162.23 **Constitution des listes.** Il existe une liste d'experts pour chaque cour d'appel, et une liste nationale. Le décret du 31 décembre 1974 (D. n° 74-1184, 31 déc. 1974, mod. par D. n° 85-1389, 27 déc. 185) fixait les règles de leur établissement. Il a été abrogé par la loi du 11 février 2004 (n° 2004-130, *JO* 12 févr. 2004) et remplacé par celui du 23 décembre 2004 (n° 2004-1463, *JO* 30 déc. 2004, 22351) lui-même modifié par les décrets des 30 octobre 2006 (n° 2006-1319, *JO* 31 oct. 2006) et des 19 juillet 2007 (n° 2007-1119, *JO* 21 juill. 2007).

L'intéressé adresse sa demande d'inscription avant le 1er mars de chaque année (D. 23 déc. 2004, art. 6). Après instruction de la demande, le procureur de la République transmet les candidatures au procureur général qui saisit le premier président de la cour d'appel aux fins d'examen par l'assemblée générale des magistrats du siège de la cour d'appel (D. 23 déc. 2004, art. 7).

Dans la première quinzaine du mois de novembre le bureau de la Cour de cassation dresse la liste nationale des experts. Sauf exception, nul ne peut y être inscrit s'il ne l'a été au moins trois ans sur une liste de cour d'appel (D. 23 déc. 2004, art. 8), art. 11 à 14). Avant l'entrée en vigueur de la loi du 11 février 2004, les experts étaient éventuellement réinscrits, sans nouvelle demande. Désormais l'expert doit solliciter sa réinscription pour une durée de cinq ans après examen par une commission mixte regroupant magistrats et experts, commission chargée d'évaluer l'expérience acquise en matière procédurale et technique. Les réinscriptions ultérieures sont faites selon les mêmes modalités et pour la même durée. La non-réinscription ne peut être décidée sans que l'intéressé ait été invité à donner ses explications au conseiller rapporteur[10]. Pour motif grave, la radiation peut être prononcée à tout moment par l'assemblée générale qui a procédé à l'inscription (D. 23 déc. 2004, art. 11 et s.). Des recours sont prévus devant la Cour de cassation

1. Crim. 16 févr. 1855, *D.* 1855, I, 350 – Crim. 12 mars 1857, *D.* 1857, I, 182 – Crim. 2 janv. 1858, *D.* 1858, I, 47 – CA Paris, 30 janv. 1896, *D.* 1897, 2, 37.
2. Crim. 3 nov. 1994, n° 94-83.226, n° 94-84.171, *Bull. crim.*, n° 347 ; *D.* 1995, IR 27 ; *D.* 1995, somm. 146, obs. J. Pradel.
3. L. n° 2004-130, 11 févr. 2004, *JO* 12 févr.
4. Civ. 1re, 26 avr. 1983, n° 83-10.759, 2 arrêts, *Bull. civ.* I, n° 131 ; *JCP* 1980, II, 20206, note F.-J. Pansier.
5. Civ. 1re, 10 juill. 1984, n° 84-10.783, *Bull. civ.* I, n° 222 ; *JCP* 1984, IV, 303.
6. Crim. 30 mai 1960, *Bull. crim.*, n° 299.
7. Crim. 17 févr. 1888, *DP* 1888, 1, 141.
8. CA Montpellier, 7 juin 1951, *D.* 1951, 644.
9. Crim. 17 avr. 1857, *Bull. crim.*, n° 154.
10. Civ. 1re, 22 sept. 1982, n° 82-10.575, *Bull. civ.* I, n° 270 ; *D.* 1983, IR 23.

(D. 23 déc. 2004, art. 20 modifié par décret n° 2006-1319 du 30 oct. 2006, art. 2, *JO* 31 oct.) [1].

162.24 Expertise en biologie moléculaire. Sont seuls habilités, en matière judiciaire, à procéder à l'identification d'une personne par ses empreintes génétiques, les personnes inscrites sur les listes instituées par l'article 2 de la loi du 29 juin 1971 et ayant fait l'objet d'un agrément dans des conditions fixées par décret en Conseil d'État (L. n° 94-653, 29 juill. 1994, art. 6-1). Un décret du 6 février 1997, puis du 11 juin 2002, et enfin la loi n° 2003-239 du 18 mars 2003 ont complété le dispositif [2].

162.25 Expert faisant partie d'une association se constituant partie civile. Le décret du 3 mai 2007 [modifiant le Code de procédure pénale (troisième partie : Décrets) relatif au renforcement de l'équilibre de la procédure pénale et à la prévention de la délinquance, *JO* 5 mai 2007, p. 7963] a ajouté un article D. 38 au Code de procédure pénale selon lequel « Lorsque l'expert désigné par le juge d'instruction appartient à une association visée aux articles 2-1 à 2-21 et que l'information porte sur des faits pour lesquels cette association peut se constituer partie civile, il est tenu de déclarer cette appartenance au juge d'instruction dès réception de l'ordonnance de désignation. Si le juge maintient la désignation de l'expert, la déclaration d'appartenance est mentionnée dans le rapport d'expertise ». Cette disposition est la conséquence de l'un des épisodes de l'affaire d'Outreau.

SECTION 3

DÉSIGNATION DES EXPERTS : OPPORTUNITÉ ET CARACTÈRES DE LA DÉCISION

162.31 Nomination d'un expert inscrit. Ainsi que l'indiquent les articles 156 alinéa 1er et 434 du Code de procédure pénale, toutes les fois que se pose une question d'ordre technique que les connaissances du juge ne lui permettent pas de résoudre lui-même, toute juridiction d'instruction ou de jugement peut ordonner une expertise, soit à la demande du ministère public, soit d'office, soit à la demande des parties. L'opportunité d'une expertise entre dans les pouvoirs souverains du juge du fond; c'est un moyen d'investigation et d'information dont il apprécie librement l'utilité. La décision du juge du fond sur ce point est souveraine dès qu'elle est légalement motivée [3]. Le juge n'est pas tenu de motiver son choix de tel ou tel expert; spécialement, un médecin légiste a compétence en criminalistique [4]. Aucune disposition n'interdit au juge d'instruction de désigner un expert ayant déjà été commis pour une mission similaire par une autre juridiction [5]. Depuis 1985, le principe n'est plus celui de la dualité des experts nommés mais de l'unité. Il existe toutefois une exception légale, prévue autrefois par la loi concernant les fraudes, et depuis intégré dans le Code de la consommation. Ce texte (l'article L. 215-12) prévoit la possibilité de la désignation par la partie de l'un des experts. Méconnaît l'article 171 du Code de procédure pénale, la chambre de l'instruction qui refuse d'annuler un rapport d'expertise déposé, en violation des dispositions de l'article L. 215-12 du Code de la consommation, par un expert unique, alors que la désignation de deux experts est, en matière de fraude et falsification, une règle substantielle, destinée à garantir le caractère contradictoire de l'expertise [6]. Sur ce dernier point, v. aussi s^s n° 162.33.

162.32 L'expertise peut être ordonnée en tout état de la procédure. La chambre criminelle a jugé qu'une expertise peut être ordonnée par le juge d'instruction et le rapport déposé avant l'interrogatoire de première comparution si, après l'inculpation, les conclusions de l'expert ont été régulièrement communiquées à l'inculpé [7]. La juridiction qui a ordonné l'expertise, au cas de difficulté d'exécution, peut y renoncer et prendre sa décision au fond [8].

C'est la juridiction d'instruction ou de jugement qui a ordonné l'expertise, qui doit elle-même désigner les experts [9]. C'est ainsi que la juridiction correctionnelle qui ordonne une expertise, ne saurait par commission rogatoire déléguer au président du

1. Sur les voies de recours, v. CA Douai, 1re ch. civ., 17 mars 1976, *Gaz. Pal.* 4 juill. 1976, note P.-J. Doll; *JCP* 1977, II, 18633 – Sur la loi nouvelle v. Ch. Curtil, « Le droit des experts judiciaires tel qu'issu de la loi du 11 février 2004 : statut et discipline », *LPA* 13 sept. 2004, 3; M. Olivier, « Le nouveau statut des experts judiciaires résultant de la loi du 11 février 2004 », *Gaz. Pal.* 13/15 juin 2004, 2.
2. V. M. Olivier, « Les modifications apportées par le décret du 11 juin 2002 aux conditions d'agrément des personnes habilitées à procéder à des identifications génétiques dans le cadre d'une procédure judiciaire », *Gaz. Pal.* 30/31 déc. 2002, 3; « La loi n° 2003-239 du 18 mars 2003 pour la sécurité intérieure et les personnes habilitées à procéder à des identifications génétiques », *Gaz. Pal.* 14/15 mai 2003, 3.
3. Crim. 23 oct. 1931, *Bull. crim.*, n° 236 – Crim. 28 oct. 1975, n° 74-93.413, *Bull. crim.*, n° 228.
4. Crim. 3 nov. 1994, n° 94-83.226, n° 94-84.171, *Bull. crim.*, n° 347, préc.
5. Crim. 20 mars 2001, n° 98-87.544, *Bull. crim.*, n° 71.
6. Crim. 19 juin 2007, n° 07-82.454, *Bull. crim.*, n° 168; *JCP* 2007, IV, 2639.
7. Crim. 11 avr. 1970, n° 68-92.463, *Bull. crim.*, n° 118.
8. Crim. 11 juill. 1972, n° 72-90.788, *Bull. crim.*, n° 234.
9. Hélie F., IV, n° 1891 – Garraud, I, n° 324.

tribunal d'un autre arrondissement le soin de choisir les experts[1].

162.33 Règles particulières. Il existe des règles particulières dans certains domaines. C'est le cas des expertises prévues en matière de fraudes (C. consom., art. L. 215-9 à L. 215-17). En matière de fraudes, une expertise de droit commun peut être ordonnée, quand elle ne peut être effectuée par aucun des moyens spécifiques prévus par la loi[2]. Le non-respect de la spécificité de cette expertise a seulement pour effet de priver de valeur probante les analyses réalisées[3]. L'ordonnance n° 86-1243 du 1er décembre 1986 prévoit également des formes particulières en matière de spéculation illicite. Il en est de même en ce qui concerne la recherche et le dosage dans le sang à l'occasion de certaines infractions (C. déb. boiss., art. L. 88 et R. 14 à R. 33), prélèvements et examens médicaux, cliniques et biologiques, à l'occasion de compétitions et manifestations sportives[4].

162.34 Expertise obligatoire. Les personnes poursuivies pour le meurtre ou l'assassinat d'un mineur accompagné d'un viol, de tortures ou d'actes de barbarie ou pour l'une des infractions visées aux articles 222-23 à 222-32 et 227-22 à 227-27 du Code pénal doivent être soumises, avant tout jugement sur le fond, à une expertise médicale. L'expert est interrogé sur l'opportunité d'une injonction de soins dans le cadre d'un suivi socio-judiciaire (C. pr. pén., art. 706-47, issu de L. n° 98-468, 17 juin 1998, devenu art. 706-47-1 par L. 9 mars 2004). La méconnaissance de cette règle d'ordre public constitue une nullité substantielle[5]. La loi n° 2007-297 du 5 mars 2007 sur la prévention de la délinquance instaure le suivi socio-judiciaire pour certaines infractions de violence (C. pén., art. 222-48-1). Il est obligatoire lorsqu'il s'agit de « violences habituelles, sauf en cas de condamnation à une peine d'emprisonnement assortie du sursis avec mise à l'épreuve ou si le tribunal correctionnel considère, par décision spécialement motivée, qu'il n'y a pas lieu de prononcer cette mesure ». Mais il ne s'agit pas d'un suivi socio-judiciaire avec injonction de soin. Une expertise médicale, non prévue par le Code de procédure pénale, n'apparaît donc pas indispensable au stade de l'instruction (sur l'expertise obligatoire s'agissant de majeur protégé, v. ss n° 162.38).

162.35 Nomination d'un expert non inscrit. Les experts sont, en principe et normalement, choisis parmi ceux qui sont inscrits, soit sur la liste nationale, soit sur une des listes établies par chaque cour d'appel (C. pr. pén., art. 157, al. 1er). « Toutefois, à titre exceptionnel, les juridictions peuvent, par décision motivée, choisir des experts ne figurant sur aucune de ces listes » (C. pr. pén., art. 157, al. 3). Ces dispositions, qui ont pour objet de garantir la valeur de l'expertise, sont substantielles. Doit être cassé l'arrêt de la chambre d'accusation qui n'a pas prononcé la nullité de l'expertise pour laquelle le juge d'instruction a, sans indiquer aucun motif, désigné des experts non inscrits sur les listes d'experts[6]. Le fait qu'un expert inscrit sur une liste au moment de sa désignation, soit devenu honoraire lors du dépôt du rapport, ne touche pas la régularité de cette désignation[7]. Un expert honoraire n'étant nullement délié du serment qu'il a prêté lors de son inscription initiale sur la liste des experts en exercice n'a pas à le renouveler chaque fois qu'il est commis[8].

Est suffisant le motif qu'il est impossible de réunir deux experts inscrits sur la liste de la cour d'appel[9]. Satisfont en raison de leur date, aux prescriptions de l'article 160 du Code de procédure pénale, les prestations de serment des experts antérieures au dépôt du rapport d'expertise[10].

L'expert désigné par le juge d'instruction peut ensuite être entendu par lui comme témoin[11]. Aux termes de l'alinéa 2 de l'article 160 du Code de procédure pénale, les experts exceptionnellement désignés « qui ne figurent sur aucune de ces listes prêtent, chaque fois qu'ils sont commis, le serment prévu à l'alinéa précédent devant le juge d'instruction ou le magistrat désigné par la juridiction. Le procès-verbal de prestation de serment est signé par le magistrat compétent, l'expert et le greffier. En cas

1. Crim. 5 oct. 1850, *Bull. crim.*, n° 346 – Crim. 22 nov. 1956, *Bull. crim.*, n° 769 – Crim. 3 mars 1959, *Bull. crim.*, n° 147.
2. Crim. 12 oct. 1981, n° 80-94.543, *Bull. crim.*, n° 267.
3. Crim. 8 févr. 2005, n° 04-86.873, *Bull. crim.*, n° 43. V. aussi ss n° 162.31.
4. L. n° 89-432, 28 juin 1989, relative à la prévention et à la répression de l'usage de produits dopants, *D.* 1989, 217.
5. CA Colmar, ch. corr., 18 avr. 2001, *BICC* 551, n° 216.
6. Crim. 26 nov. 1970, n° 70-91.680, *Bull. crim.*, n° 314 – Crim. 18 mai 1983, n° 82-93.410, *Bull. crim.*, n° 148; *D.* 1984, jur. 188, note Jeandidier – Crim. 25 oct. 1983, n° 83-93.824, *Bull. crim.*, n° 267; *D.* 1985, jur. 416, note P. Chambon – Crim. 24 janv. 1984, n° 83-94.417, *Bull. crim.*, n° 30; *D.* 1984, IR 378 – Crim. 3 sept. 1985, n° 85-93.591, *Bull. crim.*, n° 283 – Crim. 2 sept. 1986, n° 86-93.266, *Bull. crim.*, n° 251; *JCP* 1987, II, 20766, et note P. Chambon – Crim. 15 mai 1990, n° 90-80.827, *Bull. crim.*, n° 193 – Crim. 26 févr. 1991, n° 90-87.479, *Bull. crim.*, n° 98.
7. Crim. 10 juin 1986, n° 86-91.622, *Bull. crim.*, n° 200.
8. Crim. 20 sept. 2006, n° 06-84.741, *Bull. crim.*, n° 232.
9. Crim. 20 déc. 1983, n° 83-94.077, *Bull. crim.*, n° 350; *D.* 1984, IR 236.
10. Crim. 27 oct. 2004, n° 04-85.182, *Bull. crim.*, n° 260.
11. Crim. 3 avr. 1924, *Bull. crim.*, n° 153 – Crim. 10 avr. 1975, n° 74-92.978, *Bull. crim.*, n° 90.

d'empêchement dont les motifs doivent être précisés, le serment peut être reçu par écrit et la lettre de serment est annexée au dossier de la procédure ». Au cas de serment par écrit, le fait que la cause de l'empêchement n'ait pas été mentionnée n'est pas une cause de nullité[1]. La jurisprudence est constante pour dire qu'un expert ne figurant pas sur les listes prévues à l'article 157 du Code de procédure pénale ne peut être choisi à titre exceptionnel que par une décision motivée, faute de quoi sa désignation est entachée de nullité[2]. Justifie sa décision, au regard de l'article 157, la chambre de l'instruction qui, pour refuser d'annuler une expertise confiée à deux experts non inscrits sur l'une des listes prévues par ce texte, relève que le juge d'instruction a motivé leur désignation en se référant à leurs compétences particulières pour répondre aux questions techniques posées.

162.36 Notification. Il n'était pas nécessaire de notifier à la personne mise en examen et à la partie civile l'ordonnance de commission d'expert[3]. La situation a changé depuis l'entrée en vigueur de la loi du 5 mars 2007, le 1er juillet de la même année (v. ss nos 162.92, 162.93).

La signature par le juge d'instruction de l'ordonnance de désignation des experts est substantielle et son omission entraîne la nullité de l'expertise[4]. Lorsque l'expert est une personne morale, l'agrément par la juridiction du nom de la personne physique qui effectue l'expertise, n'est soumis à aucune forme et n'est pas substantiel (C. pr. pén., art. 157-1)[5].

162.37 Désignation pour examen de la victime et de la personne mise en cause. La personne mise en examen ayant demandé l'annulation de deux rapports d'expertise psychologique déposés par le même expert en soutenant que celui-ci ne pouvait, sans encourir le reproche de partialité, examiner successivement l'auteur et la victime supposés des faits poursuivis, justifie sa décision la chambre de l'instruction qui, pour rejeter cette demande, prononce par des motifs d'où il résulte que le reproche adressé par le demandeur à l'expert concerné, dont les conclusions n'impliquent aucune affirmation de culpabilité, même implicite, ne suffit pas, en l'espèce, à priver ses rapports du caractère d'avis technique soumis à la contradiction et à l'appréciation ultérieure des juges[6].

162.38 Majeur protégé. Depuis l'entrée en vigueur de la loi n° 2007-308 du 5 mars 2007 sur la poursuite, l'instruction et le jugement des infractions commises par des majeurs protégés, la personne poursuivie doit être soumise, avant tout jugement au fond, à une expertise médicale afin d'évaluer sa responsabilité pénale au moment des faits. Lorsqu'une information est ouverte, et notamment en matière criminelle, l'expertise psychiatrique est ordonnée en application du huitième alinéa de l'article 81 (C. pr. pén., art. D. 47-21).

Cette expertise est facultative lorsque la personne est entendue comme témoin assisté (C. pr. pén., art., D. 47-22) ou si en matière correctionnelle seulement, il apparaît des éléments issus de la procédure civile ayant conduit à la mise en œuvre de la mesure de protection juridique, et notamment des certificats médicaux ou des expertises y figurant et qui ont été versés au dossier de la procédure pénale à la demande du ministère public, du juge d'instruction ou du tribunal correctionnel, des indications suffisantes pour apprécier si l'intéressé était ou non atteint au moment des faits d'un trouble psychique ou neuropsychique ayant aboli ou altéré son discernement ou ayant aboli ou entravé le contrôle de ses actes. Le juge d'instruction doit alors rendre une ordonnance motivée qui peut être prise en même temps que l'ordonnance de règlement (C. pr. pén., art. D. 47-23).

SECTION 4
DEMANDE D'EXPERTISE

162.41 Formes de la demande. Les formes de la demande sont fixées par l'alinéa 10 de l'article 81. Elle doit faire l'objet d'une déclaration au greffier du juge d'instruction qui, après l'avoir constatée et datée, la signe ainsi que le demandeur ou son avocat. Si le demandeur ne peut signer, il en est fait mention par le greffier. Lorsque le demandeur ou son avocat ne réside pas dans le ressort de la juridiction compétente, la demande peut être faite par lettre recommandée avec demande d'avis de réception. Cette demande n'est plus recevable à l'expiration du délai de 20 jours qui suit l'avis donné par le juge d'instruction du règlement prochain de la procédure (C. pr. pén., art. 175). Aucun texte n'impose au juge d'instruction de communiquer au ministère public une demande, déposée par une partie, pour que soit ordonnée une expertise en application de

1. Crim. 14 nov. 1991, n° 91-84.910, *Bull. crim.*, n° 410.
2. En dernier lieu Crim. 8 juill. 2004, n° 04-18.0145, *Bull. crim.*, n° 180; *JCP* 2004, IV, 2849; *Procédures* oct. 2004, n° 215, note J. Buisson; *Dr. pén.* nov. 2004, n° 165, note A. Maron – Crim. 13 nov. 2008, n° 08-81.446, *Bull. crim.*, n° 231; *AJ Pénal* 2009, 137, obs. C. Girault.
3. Crim. 11 avr. 1970, n° 68-92.463, *Bull. crim.*, n° 118.
4. Crim. 6 oct. 1986, n° 86-93.988, *Bull. crim.*, n° 270 – Crim. 22 oct. 1986, n° 86-94.398, *Bull. crim.*, n° 301.
5. Crim. 13 nov. 1990, n° 90-85.438, *Bull. crim.*, n° 378.
6. Crim. 26 sept. 2007, n° 07-84.888, *Bull. crim.*, n° 226; *AJ Pénal* 2007, 488, obs. S. Lavric, v. ss 162.02.

l'article 156 du Code de procédure pénale[1]. La demande peut désormais porter sur les questions posées et sur l'adjonction d'un expert choisi par la partie (v. s^s n°s 162.92, 162.93).

Les demandes d'expertises, de modification de la mission d'un expert ou d'adjonction d'un co-expert et les observations concernant les rapports d'expertise prévues par les articles 156, 161-1, 161-2, 167 et 167-2 sont adressées au juge d'instruction selon les modalités prévues par l'avant-dernier alinéa de l'article 81. Toutefois, elles peuvent être faites selon les modalités prévues par l'article D. 591 lorsque les dispositions de cet article sont applicables à la suite du protocole passé par les chefs de la juridiction et le barreau. (C. pr. pén., art. D. 40).

162.42 Motifs du refus. Aux termes de l'article 156 alinéa 2 du Code de procédure pénale, « lorsque le juge d'instruction estime ne pas devoir faire droit à une demande d'expertise, il doit rendre une ordonnance motivée au plus tard dans un délai d'un mois à compter de la réception de la demande. Les dispositions de l'article 81 alinéas 9 et 10 sont applicables ». L'institution du délai d'un mois est une innovation de la loi du 4 janvier 1993.

L'ordonnance de refus d'ordonner l'expertise demandée est juridictionnelle, et susceptible d'appel (C. pr. pén., art. 186-1). L'appréciation des juridictions d'instruction est souveraine dans la mesure où les motifs ne sont ni insuffisants, ni contradictoires, ni entachés d'une erreur de droit[2]. L'absence de date de l'ordonnance est sans conséquence dès lors que la demande se situe hors le délai imparti par le juge d'instruction dans le cadre de l'article 167 alinéa 3[3]. La décision de refus, qui doit être motivée, ne saurait être rendue sous la forme d'un simple « soit-transmis » notifié au demandeur[4]. Une jurisprudence traditionnelle admettait que l'ordonnance qui renvoie l'inculpé devant le tribunal correctionnel, sans avoir statué sur une demande d'expertise formulée par celui-ci, est complexe et susceptible d'appel de sa part. La chambre d'accusation doit annuler l'ordonnance entreprise, considérer comme non avenu le renvoi en correctionnelle et procéder ainsi qu'il est dit à l'article 206 du Code de procédure pénale[5]. Mais la chambre criminelle semble désormais emprunter une voie différente en décidant qu'il « résulte de l'article 82-1 que, lorsque le juge d'instruction n'a pas statué dans le délai d'un mois sur une demande d'acte présentée en application de ce texte, la personne mise en examen qui n'a pas usé de la faculté de saisir directement le président de la chambre d'accusation dans les conditions précisées par l'article 81 du même code, ne saurait être admise à interjeter appel de l'ordonnance la renvoyant devant le tribunal correctionnel pour contester le rejet implicite de sa demande d'actes, l'ordonnance entreprise ne présentant pas un caractère complexe »[6]. Il en notamment ainsi en cas de demande d'expertise[7].

Eu égard à la possibilité quasi-générale pour les parties de saisir la chambre de l'instruction en cas d'inaction du juge – ce qui est le cas si la demande porte sur une expertise ou une contre-expertise –, il se pourrait bien qu'il n'y ait plus désormais que de rares cas d'ordonnances « complexes » (v. s^s n°s 43.23 et 232.37).

SECTION 5
MISSION

162.51 Une mission précise. « La mission des experts, qui ne peut avoir pour objet que l'examen de questions d'ordre technique, est précisé dans la décision qui ordonne l'expertise » (C. pr. pén., art. 158). Les experts commis par justice ont seulement pour mission de faire des vérifications matérielles ou d'émettre leur avis sur telle question qui leur est soumise[8]. Le juge ne doit pas demander à l'expert de se prononcer sur les conséquences juridiques des constatations auxquelles il est conduit. Ainsi, le juge d'instruction ne peut, en matière de « profilage », donner à l'expert une mission si vague qu'elle s'analyse en une délégation générale de pouvoir[9] (v. s^s n° 191.58).

Dans l'énoncé de la mission, le juge doit s'exprimer avec précision et énumérer les points sur lesquels il désire être éclairé. De la bonne qualité de la mission dépend la qualité de l'expertise. Le juge doit être capable d'énoncer le problème dont il attend la solution de l'expert, il est donc nécessaire qu'il possède une bonne culture générale et ait « des clartés de tout ». Le juge doit savoir quel spécialiste il doit

1. Crim. 25 mars 1980, *D.* 1980, jur. 579, note P. Chambon.
2. Crim. 15 janv. 1985, n° 84-92.517, *Bull. crim.*, n° 27.
3. Crim. 6 juin 1988, n° 88-81.990, *Bull. crim.*, n° 249.
4. Crim. 2 avr. 1992, n° 92-80.263, *Bull. crim.*, n° 139.
5. Crim. 2 mai 1967, *Bull. crim.*, n° 143 – Crim. 13 mars 1968, *Bull. crim.*, n° 88 – V. Ass. plén., 24 mai 1996, n° 95-80.666, *Bull. Ass. plén.*, n° 4; *JCP* 1996, II, 22667, note P. Chambon.
6. Crim. 30 nov. 1999, n° 99-80.679, *Bull. crim.*, n° 279; *RSC* 2000, 423, obs. D. Commaret; *Dr. pén.* 2000, comm. 51, obs. Maron.
7. Crim. 25 avr. 2006, n° 05-86.248, *Bull. crim.*, n° 109; *D.* 2006, IR 1637; *AJ Pénal* 2006, 31; *Procédures* 2006, n° 166, note J. Buisson.
8. Crim. 7 juin 1934, *Bull. crim.*, n° 109.
9. Crim. 29 juin 2003, *Dr. pén.* 2003, comm. 53; *Procédures* 2003, comm. 100 note J. Buisson; *LPA* 28 mai 2003, note A. Gallois; *JCP* 2003, IV, 1527; *D.* 2003, somm. 1730, obs. J. Pradel.

interroger, sur quoi et de quelle manière, et à quel moment, c'est-à-dire à l'époque où les indices sont le plus efficacement utilisables.

La chambre criminelle a jugé que les médecins experts peuvent valablement émettre une opinion sur l'état dangereux de la personne mise en examen en se plaçant dans l'hypothèse de sa culpabilité, mais non en affirmant cette culpabilité. Il ne résulte en effet, d'aucun texte ni d'aucun principe, que ces experts doivent s'abstenir d'envisager la culpabilité, alors que leur mission leur prescrit de rechercher l'existence d'anomalies mentales de nature à atténuer la responsabilité pénale[1]. Il ne résulte d'aucun principe de procédure pénale, que l'accomplissement d'une mission d'expertise psychiatrique, relative à la recherche d'anomalies mentales susceptibles d'annihiler ou atténuer la responsabilité pénale du sujet, interdise aux médecins experts d'examiner les faits, d'envisager la culpabilité de la personne mise en examen, et d'apprécier son accessibilité à une sanction pénale[2]. L'expert chargé d'une autopsie qui déclare que « la précision des coups portés révèle chez l'agresseur une intention criminelle arrêtée », ne fait que tirer légitimement les conclusions de ses constatations[3]. Les propos de l'expert à l'audience sur la dangerosité de l'accusé ne constituent pas une violation de son serment, et par ailleurs les articles 311 et 328 du Code de procédure pénale ne sont pas applicables à l'expert[4]. Les appréciations de droit que les experts tirent de leurs constatations ne sauraient en rien diminuer la liberté du juge[5]. Aucun texte n'interdit au juge d'instruction de demander un avis technique à un expert, précédemment commis par lui, sur le mérite d'une expertise privée produite par une partie dès lors que cet avis qui n'a pas la nature d'expertise est versé au dossier et peut être consulté et discuté librement par les parties[6]. N'excède pas les limites fixées par la loi la mission d'expertise qui, après avoir précisé les questions techniques sur lesquelles devaient porter les vérifications des experts, indique que leur avis doit permettre au juge d'instruction de mieux apprécier les responsabilités encourues[7].

162.52 Aveux de la personne expertisée. L'article D. 16 du Code de procédure pénale interdit de tirer des éléments de fond du dossier de personnalité de la personne mise en examen. La question se pose de savoir quelle est la valeur de l'aveu fait devant un expert, souvent un psychiatre ou un psychologue, dès lors que la personne avait jusqu'alors nié les faits qui lui étaient reprochés. On peut s'interroger sur la nécessité pour l'expert de mentionner ces aveux dès lors qu'il s'agit de faits étrangers à sa mission[8]. Mais aucune nullité ne paraît découler de cette mention, ni même de son exploitation.

162.53 Nécessité d'un délai. La juridiction qui ordonne une expertise doit aussi fixer aux experts un délai. « Toute décision commettant des experts doit leur impartir un délai pour remplir leur mission » (C. pr. pén., art. 161, al. 1er). Et aux termes de l'alinéa 2 de ce texte, sur la demande des experts, le délai peut être prorogé par décision motivée du juge. L'expert qui ne respecte pas le délai fixé peut être immédiatement remplacé. Il doit dans ce cas rendre compte des investigations qu'il a effectuées et restituer les pièces qui lui ont été confiées. L'expert qui n'a pas déposé son rapport dans le délai fixé peut être l'objet de sanctions disciplinaires qui peuvent aller jusqu'à la radiation de la liste sur laquelle il est inscrit (D. 31 déc. 1974, art. 25 à 33).

Ces règles ont pour but de hâter le dépôt du rapport. Les expertises, sont en effet l'une des causes les plus fréquentes d'allongement de la durée de l'instruction. Mais il est certain que le dépassement par l'expert du délai qui lui a été imparti, ne saurait constituer une cause de nullité de l'expertise dès lors qu'il n'est pas établi que ce retard a porté atteinte aux droits de la défense[9]. Ainsi, une ordonnance qui porte la mention « urgent détenu » n'est pas nulle dès lors que les prescriptions de l'article 161 du Code de procédure pénale n'ont pas été prescrites à peine de nullité et aucune atteinte aux droits de la défense n'étant ni établie ni même alléguée, les moyens de nullité ne sauraient être admis[10].

162.54 Versement d'une expertise dans un autre dossier. Une expertise extraite d'une autre procédure peut servir d'élément de preuve à condition qu'elle fasse l'objet d'une discussion contradictoire[11]. Sa notification n'est pas obligatoire.

162.55 Refus par l'expert de sa mission. La Cour de cassation appliquait antérieurement à

1. Crim. 10 juin 1970, nº 70-91.024, *Bull. crim.*, nº 196.
2. Crim. 29 oct. 2003, nº 03-84.617, *Bull. crim.*, nº 205; *JCP* 2004, IV, 1042; *Dr. pén.* 2004, nº 208, note A. Maron.
3. Crim. 16 mai 1972, nº 72-91.182, *Bull. crim.*, nº 169.
4. Crim. 31 mars 1993, nº 92-84.681, *Bull. crim.*, nº 139; *D.* 1994, somm. 185, obs. Pradel.
5. Note R. Savatier ss Civ. 1re, 20 févr. 1968, *JCP* 1968, II, 15495.
6. Crim. 19 janv. 2000, nº 99-86.090, *Bull. crim.*, nº 33.
7. Crim. 13 avr. 2005, nº 05-80.668, *Bull. crim.* nº 132; *JCP* 2005, IV, 2275.
8. En ce sens, RÉP. PÉN., J.-L. Croizier, « L'expertise », nº 166.
9. Crim. 16 oct. 1979, nº 79-92.327, *Bull. crim.*, nº 281; *JCP* 1979, IV, 381.
10. Crim. 12 juill. 1988, nº 88-82.740, NPT, *JCP* 1989, II, 2125; v. les attendus ss nº 162.02.
11. Crim. 13 janv. 1970, nº 68-93.408, *Bull. crim.*, nº 21; *D.* 1970, somm. 87.

l'expert qui n'avait pas répondu aux réquisitions qui lui avaient été adressées, dans le cas d'urgence ou de flagrant délit visés par les articles 43 et 44 du Code d'instruction criminelle, les peines de la contravention prévue par l'article 475, 12° du Code pénal, devenu l'article R. 30, 12° puis l'article R. 642-1 du « nouveau » Code pénal[1]. Certains auteurs faisaient des réserves sur cette jurisprudence[2].

La Cour de cassation a également admis l'application de l'article R. 30, 12°, à un médecin qui, requis par la gendarmerie pour effectuer une prise de sang dans le cas d'un accident de la route, avait refusé son concours[3]. Mais on peut douter que ce texte s'applique à l'expert qui a refusé la mission dont il a été chargé au cours d'une instance judiciaire.

À la vérité, le Code de procédure pénale n'a pas prévu de sanction pénale contre l'expert qui a refusé la mission qui lui a été confiée. La contrainte s'accorde mal avec la nature de l'expertise. Pour des raisons particulières l'expert peut normalement refuser telle ou telle mission. La seule sanction du refus systématique paraît être la radiation de la liste sur laquelle l'expert est inscrit mais la crainte de la non réinscription constitue un moteur important depuis l'entrée en vigueur des nouvelles dispositions de la loi du 23 décembre 2004.

SECTION 6
SERMENT DE L'EXPERT

162.61 Nécessité. « Le serment est une formalité essentielle de l'expertise. Les experts y puisent le caractère public dont ils sont momentanément revêtus et l'autorité qui est attachée à leurs actes; c'est la condition de leur fonction, c'est la garantie nécessaire de la sincérité de leurs déclarations.[4] » Le serment préalable à la mission de l'expert est aujourd'hui prescrit par l'article 160 du Code de procédure pénale, qui a repris les règles dégagées par la jurisprudence antérieure. L'article 44 du Code d'instruction criminelle disposait : « Les experts prêteront serment de donner leur avis en leur honneur et conscience, soit verbalement soit par écrit, selon la forme de leur rapport »[5].

La Cour de cassation a toujours considéré que le serment de l'expert, préalable à l'exécution de sa mission, était une formalité substantielle dont l'omission entraînait la nullité de l'expertise[6]. Le procès-verbal qui constate la prestation de serment de l'expert doit être daté, à peine de nullité[7]. Le procès-verbal doit être revêtu de la signature du juge, sans quoi le serment n'est pas régulièrement constaté[8]. Toutefois, à défaut de constatation intrinsèque du serment, sa réalité peut résulter de toute pièce de la procédure[9], mais la seule affirmation des experts est insuffisante pour établir une telle preuve[10]. La simple mention du serment dans le rapport est inopérante[11].

Quand l'expert est une personne morale, le serment est prêté par son représentant légal[12].

Les parties, pas plus que le juge, ne peuvent dispenser l'expert du serment[13].

Un inculpé ne peut se faire grief de ce que la prestation de serment d'un expert serait insuffisamment constatée, alors qu'il est constant que l'expertise dont il s'agit est étrangère à l'inculpation dirigée contre lui, et qu'ainsi l'irrégularité prétendue n'a pu lui causer aucun préjudice[14]. Le médecin commis par le juge des enfants dans le cadre de l'enquête officieuse prévue par l'article 8 alinéa 2 de l'ordonnance du 2 février 1945, n'est pas tenu de prêter serment[15].

162.62 Renouvellement. Il n'est pas nécessaire que le serment soit renouvelé lorsqu'il s'agit d'un rapport additionnel qui fait état de nouvelles opérations destinées à compléter ou à vérifier les premières, si du moins le supplément d'expertise a eu lieu

1. Crim. 6 août 1836, *Bull. crim.*, n° 267 – Crim. 17 déc. 1875, *D.* 1876, I, 462 – Crim. 15 mars 1890, *Bull. crim.*, n° 58.
2. Hélie F., IV, n°s 1894 et 1895.
3. Crim. 15 mars 1961, *Bull. crim.*, n° 164.
4. Hélie F., IV, n° 1896.
5. P.-J. Doll, « Le serment des experts en matière pénale », *JCP* 1971, I, 2419.
6. Crim. 27 nov. 1828, *Bull. crim.*, n° 311 – Crim. 13 juin 1825, *Bull. crim.*, n° 238 – Crim. 1er juin 1883, *Bull. crim.*, n° 133 – Crim. 10 mars 1927, *Bull. crim.*, n° 73 – Crim. 7 août 1951 *Bull. crim.*, n° 254 – Crim. 28 févr. 1957, *Bull. crim.*, n° 211 – Crim. 4 déc. 1958, *Bull. crim.*, n° 723.
7. Crim. 24 déc. 1904, *D.* 1905, I, 206 – Crim. 6 févr. 1909, *Bull. crim.*, n° 85 – Crim. 2 sept. 1986, n° 86-93.266, *Bull. crim.*, n° 251; *JCP* 1987, II, 20766, note P. Chambon.
8. Crim. 2 août 1913, *D.* 1918, I, 20 – Crim. 3 mars 1921, *Bull. crim.*, n° 103 – Crim. 19 mars 1953, *Bull. crim.*, n° 99 – Crim. 27 juin 1957, *Bull. crim.*, n° 529 – Crim. 2 sept. 1986, n° 86-93.266, *Bull. crim.*, n° 251, préc.
9. Crim. 3 juill. 1924, *Bull. crim.*, n° 270.
10. Crim. 23 juin 1921, *Bull. crim.*, n° 264 – Crim. 19 déc. 1930, *Bull. crim.*, n° 309.
11. Crim. 17 mars 1987, n° 86-96.682, NPT, *JCP* 1988, II, 20993, note P. Chambon.
12. Crim. 13 nov. 1990, n° 90-85.438, *Bull. crim.*, n° 378.
13. Crim. 28 déc. 1893, *Bull. crim.*, n° 180 – Crim. 2 févr. 1907, *Bull. crim.*, n° 62 – Crim. 7 août 1929, *Bull. crim.*, n° 232.
14. Crim. 30 nov. 1938, *Bull. crim.*, n° 230.
15. Crim. 22 nov. 1994, n° 94-84.027, *Bull. crim.*, n° 371.

sur l'initiative du magistrat dans la même période de la procédure[1].

Le principe de la nécessité du serment de l'expert a été maintenu par l'article 160 du Code de procédure pénale, mais la règle du renouvellement du serment s'est trouvée modifiée par l'institution des listes officielles d'experts. Aux termes de ce texte, « lors de leur inscription sur l'une des listes prévues à l'article 157, les experts prêtent serment devant la cour d'appel du ressort de leur domicile. Ils n'ont pas à renouveler leur serment chaque fois qu'ils sont commis ». La dispense de renouveler le serment vaut non seulement pour l'année judiciaire en cours, mais également pour les années suivantes, si l'inscription n'a pas été interrompue[2]. L'expert inscrit sur l'une des listes, commis dans le cas de l'article 60 du Code de procédure pénale, n'a pas à renouveler son serment[3].

Il est sans importance que le juge d'instruction n'ait pas mentionné dans son ordonnance que l'expert qu'il a commis et qui n'a pas prêté serment, est inscrit sur l'une des listes, si cet expert a mentionné dans son rapport la qualité « d'expert près la cour d'appel », et si cette qualité n'a été discutée à aucun moment[4]. Il n'est pas nécessaire que le serment soit prêté avant les opérations; il suffit qu'il le soit en cours d'expertise, et avant le dépôt du rapport, selon l'article 160 du Code de procédure pénale[5]. Ainsi est régulier le serment prêté le jour même des opérations et deux jours avant le dépôt du rapport[6].

162.63 Serment préalable. Aux termes de l'article 44 du Code d'instruction criminelle, les experts, préalablement à leurs opérations, « prêtaient serment de donner leur avis en leur honneur et conscience ». Les termes de ce serment n'étaient pas considérés comme sacramentels. La formule du serment définie par l'article 44 étant la seule prévue par la loi, il pouvait y être suppléé par des termes équipollents, d'où « résultait un engagement semblable à celui qui découlait des expressions employées par le législateur »[7].

La loi du 29 décembre 1972, qui a modifié les articles 60, 74, 160 et 168 et ajouté l'article 169-1 du Code de procédure pénale, a unifié la formule du serment. Qu'ils soient nommés par le juge d'instruction ou par le juge du fond au cours de l'enquête de flagrant délit ou dans le cas de l'article 74, ou qu'ils rendent compte de leurs opérations à l'audience, les experts prêtent toujours serment « d'apporter son concours à la justice, d'accomplir sa mission, de faire son rapport et de donner son avis en son honneur et en sa conscience » (D. 31 déc. 1974, art. 22). Comme par le passé, cette formule n'est pas sacramentelle, et répond au vœu de la loi le serment prêté devant le juge d'instruction en des termes qui s'en rapprochent, sans en dénaturer ni restreindre le sens[8].

162.64 Serment à l'audience. Les experts cités à l'audience pour y exposer le résultat de leurs opérations doivent prêter le serment prévu par l'article 168 du Code de procédure pénale, que l'arrêt doit constater[9]. L'expert qui a été désigné par le juge d'instruction doit prêter le serment de l'article 168, et non celui des témoins des articles 331 et 446[10]. Mais le médecin qui n'a été ni requis par la police judiciaire, ni désigné par le juge d'instruction, doit prêter le serment des témoins[11].

Il en est ainsi devant la cour d'assises, même si les experts ont été portés sur la liste des témoins[12], ou ont été entendus en vertu du pouvoir discrétionnaire du président[13].

Seules les personnes qui ont la qualité d'expert peuvent prêter le serment de l'article 168[14]. Précisément, les personnes désignées dans le cas des articles 60 et 74 n'avaient pas cette qualité et prêtaient le serment des témoins[15]. Il en est autrement

1. Crim. 4 nov. 1834, *Bull. crim.*, n° 363 – Crim. 20 juin 1893, *D.* 1895, I, 213 – Crim. 16 nov. 1922, *Bull. crim.*, n° 364 – Crim. 10 avr. 1975, n° 74-92.978, *Bull. crim.*, n° 90.
2. Crim. 5 oct. 1961, *Bull. crim.*, n° 381.
3. Crim. 5 août 1972, n° 72-90.271, *Bull. crim.*, n° 263 – Crim. 17 oct. 1973, *Bull. crim.*, n° 290.
4. Crim. 20 mai 1969, *Bull. crim.*, n° 178 – Crim. 27 juill. 1970, n° 69-92.968, *Bull. crim.*, n° 249 – Crim. 12 déc. 1973, n° 73-91.860, *Bull. crim.*, n° 462 – Crim. 9 nov. 1976, n° 76-91.320, *Bull. crim.*, n° 320.
5. Crim. 17 juin 1976, n° 76-91.425, *Bull. crim.*, n° 220 – Crim. 7 juin 1977, n° 76-90.860, *Bull. crim.*, n° 206.
6. Crim. 14 nov. 1991, n° 91-84.910, *Bull. crim.*, n° 410.
7. Crim. 8 janv. 1914, *Bull. crim.*, n° 15 – Crim. 7 août 1951, *Bull. crim.*, n° 254 – Crim. 24 avr. 1958, *Bull. crim.*, n° 344.
8. Crim. 10 avr. 1975, n° 74-92.978, *Bull. crim.*, n° 90, préc.
9. Crim. 3 mai 1960, *Bull. crim.*, n° 233 – Crim. 9 mai 1973, n° 72-92.455, *Bull. crim.*, n° 214.
10. Crim. 21 janv. 1960, *Bull. crim.*, n° 36 – Crim. 10 juin 1970, n° 69-92.081, *Bull. crim.*, n° 198 – Crim. 15 avr. 1972, n° 71-93.397, *Bull. crim.*, n° 126 – Crim. 5 oct. 1976, n° 76-90.994, *Bull. crim.*, n° 277 – Crim. 25 févr. 1987, n° 86-94.400, *Bull. crim.*, n° 99.
11. Crim. 11 janv. 1989, n° 88-82.779, *Bull. crim.*, n° 11.
12. Crim. 3 févr. 1960, *JCP* 1960, II, 11561, note P. Chambon – Crim. 28 juin 1966, *Bull. crim.*, n° 180 – Crim. 29 avr. 1976, n° 75-93.217, *Bull. crim.*, n° 133 – Crim. 22 juin 1976, n° 76-90.424, *Bull. crim.*, n° 226 – Crim. 28 avr. 1978, n° 77-92.994, *Bull. crim.*, n° 131.
13. Crim. 7 déc. 1966, *Bull. crim.*, n° 280 – Crim. 14 juin 1967, *Bull. crim.*, n° 180 – Crim. 9 nov. 1983, n° 83-91.668, *Bull. crim.*, n° 296.
14. Crim. 24 févr. 1972, n° 71-93.607, *Bull. crim.*, n° 77.
15. Crim. 12 mai 1970, n° 70-90.223, *Bull. crim.*, n° 158 – Crim. 31 mai 1972, n° 72-90.008, *Bull. crim.*, n° 185.

aujourd'hui, depuis que l'article 169-1 (L. 29 déc. 1972) a soumis ces personnes au serment de l'article 168[1]. Même si les parties ont renoncé à son audition, l'expert prête toujours serment[2]. L'expert, qui a également la qualité de témoin, peut prêter le serment des experts et celui des témoins[3].

La formule du serment ne doit pas travestir le sens de celle de l'article 168[4]. Il suffit toutefois de constater que l'expert a prêté « le serment de l'article 168 »[5]. Demeure valable le serment prêté en des termes différents, qui ne restreignent ni ne dénaturent, ou impliquent le sens du serment de l'article 168[6].

SECTION 7
NOMBRE DES EXPERTS

162.71 Droit antérieur. Dualité. L'article 159 du Code de procédure pénale, dans sa version originaire, prévoyait que lorsque l'expertise portait sur le fond de l'affaire, les experts commis étaient au moins au nombre de deux, sauf si des circonstances exceptionnelles justifiaient la désignation d'un expert unique. Quand la question objet de l'expertise ne portait pas sur le fond de l'affaire, un seul expert pouvait être commis. Quand l'expertise portait sur le fond, le juge d'instruction faisait connaître, si tel était le cas, aux parties son intention de ne désigner qu'un seul expert. Dans les 48 heures de cette notification, et sur leurs observations, il prenait sa décision par ordonnance motivée, qui était susceptible d'appel.

La question de savoir si l'expertise en cause portait sur le fond avait donné lieu à une jurisprudence abondante, qui n'a plus aujourd'hui d'intérêt. La règle de la dualité des experts était regardée comme substantielle[7].

162.72 Droit actuel. Expert unique. Aux termes du même article 159, modifié par la loi du 30 décembre 1985, « le juge d'instruction désigne l'expert chargé de procéder à l'expertise. Si les circonstances le justifient, il désigne plusieurs experts ». Ainsi la règle actuelle est inverse de celle qui prévalait antérieurement. L'expertise comporte normalement un seul expert. Mais la désignation de deux ou plusieurs experts demeure possible. La loi ne prévoit pas, pour ce dernier cas, de motivation particulière (v. toutefois sur l'obligation de désigner deux experts pour une contre-expertise demandée par une partie civile après notification d'une expertise ayant déclaré le mis en cause irresponsable pour cause de trouble psychique, s[s] n° 164.33).

1. Crim. 17 juill. 1976, n° 76-90.584, *Bull. crim.*, n° 256.
2. Crim. 13 janv. 1993, n° 92-83.587, *Bull. crim.*, n° 19.
3. Crim. 7 oct. 1992, n° 91-86.320, *Bull. crim.*, n° 313 – Crim. 20 janv. 1993, n° 92-82.809, *Bull. crim.*, n° 31.
4. Crim. 2 nov. 1967, *JCP* 1968, II, 15434, note P. Chambon.
5. Crim. 5 avr. 1965, *Bull. crim.*, n° 110 – Crim. 4 oct. 1973, n° 73-92.205, *Bull. crim.*, n° 345 – Crim. 19 déc. 1973, n° 73-92.334, *Bull. crim.*, n° 479 – Crim. 9 janv. 1974, n° 73-92.653, *Bull. crim.*, n° 9.
6. Crim. 19 févr. 1975, n° 74-93.004, *Bull. crim.*, n° 60 – Crim. 17 déc. 1980, n° 80-92.601, *Bull. crim.*, n° 354.
7. Crim. 18 avr. 1972, n° 71-93.700, n° 71-93.521, 2 arrêts, *Bull. crim.*, n°s 129 et 130 – Crim. 25 oct. 1983, n° 83-93.824, *Bull. crim.*, n° 267 ; *D.* 1985, jur. 416, note P. Chambon.

SECTION 8
AUXILIAIRES DE L'EXPERT – SON REMPLACEMENT

162.81 Adjonction de personnes qualifiées. « Si les experts demandent à être éclairés sur une question échappant à leur spécialité, le juge peut les autoriser à s'adjoindre des personnes nommément désignées, spécialement qualifiées pour leur compétence. Les personnes ainsi désignées prêtent serment dans les conditions prévues au deuxième alinéa de l'article 160. Leur rapport sera annexé intégralement au rapport mentionné à l'article 166 » (C. pr. pén., art. 162).

Ce texte ne fait que reprendre les principes antérieurement dégagés par la chambre criminelle qui déclarait « que si la loi n'interdit pas aux experts commis en justice de recueillir, même auprès de spécialistes, de médecins ou d'hommes de l'art, les renseignements qui leur sont nécessaires pour accomplir leur mission, pourvu que ce soit sous leur direction, leur contrôle et leurs conclusions personnelles, elle ne leur permet pas de déléguer à des tiers les pouvoirs qu'ils tiennent de la juridiction qui les a nommés »[8]. C'est ainsi que les experts peuvent valablement demander à un médecin qui n'a pas prêté serment, d'effectuer une ponction lombaire et un examen de sang, opérations dont ils se sont réservé l'appréciation[9], mais ils ne sauraient demander à un pharmacien d'examiner les vêtements saisis, alors qu'ils se sont purement et simplement référés au rapport établi par ce dernier[10].

Il résulte des termes de l'article 162, que les spécialistes que le juge autorise les experts à s'adjoindre

8. Crim. 15 mars 1845, *Bull. crim.*, n° 102 – Crim. 30 juin 1932, *Bull. crim.*, n° 161 ; *DH* 1932, 413 – Crim. 5 janv. 1957, *Bull. crim.*, n° 20 – Crim. 14 juin 1957, *Bull. crim.*, n° 494.
9. Crim. 30 juin 1932, *Bull. crim.*, n° 161 ; *DH* 1932, 413.
10. Crim. 14 juin 1957, *Bull. crim.*, n° 494.

doivent être désignés par ce dernier, et doivent prêter serment, s'ils ne sont inscrits sur l'une des listes prévues par l'article 157. Le juge ne peut donc pas, en désignant les experts, leur permettre de s'adjoindre, le cas échéant, tout spécialiste de leur choix[1]. Doit être annulé l'arrêt qui a fait état du rapport que le médecin spécialiste choisi par l'expert a établi et qui a été annexé au propre rapport de l'expert, sans que d'ailleurs ce spécialiste ait prêté serment[2].

Le dépôt séparé du rapport des spécialistes régulièrement désignés n'entraîne pas la nullité, si les experts principaux, qui ont déposé ultérieurement leur propre rapport, ont pu en prendre connaissance[3]. Il ne résulte aucune nullité de ce que le rapport du spécialiste, non matériellement joint au rapport des experts, a été néanmoins intégralement reproduit dans ce dernier[4], ou de ce qu'il n'ait pas été signé, dès lors qu'il a été annexé au rapport des experts, ce qui exclut de mettre en question son authenticité[5].

L'article 166 du Code de procédure pénale dispose, dans sa rédaction issue de la loi du 18 mars 2003 que « les experts signent leur rapport et mentionnent les noms et qualités des personnes qui les ont assistés, sous leur contrôle et leur responsabilité, pour la réalisation des opérations jugées par eux nécessaires à l'exécution de la mission qui leur a été confiée ».

162.82 Remplacement. L'article 161 indique que l'expert qui ne dépose pas son rapport dans le délai qui lui a été imparti doit être immédiatement remplacé. Il arrive aussi que l'expert, pour des raisons les plus diverses, demande lui-même à être remplacé. De sorte que le remplacement d'un ou plusieurs experts est une mesure très fréquente.

La loi n'a pas prévu la procédure du remplacement des experts, et il est logique de considérer que celui-ci doit avoir lieu selon les mêmes formes que leur nomination. Aucune difficulté n'existe au stade de l'instruction.

1. Crim. 31 oct. 1961, *Bull. crim.*, n° 431 ; *D.* 1962, jur. 221, note Le Roy ; *JCP* 1961, II, 12388, note P.-J. Doll – Crim. 6 sept. 1988, n° 88-83.731, *Bull. crim.*, n° 317 – Crim. 26 juill. 1989, n° 89-82.795, *Bull. crim.*, n° 297 – CA Paris, 16 mars 1968, *D.* 1968, jur. 397, note D. S. – CA Paris, 13ᵉ ch. corr., 19 oct. 1968, *Gaz. Pal.* 1968, II, jur. 340.
2. Crim. 24 févr. 1966, *Bull. crim.*, n° 70 – Crim. 5 mai 1970, n° 69-90.956, *Bull. crim.*, n° 152.
3. Crim. 28 févr. 1974, n° 73-92.596, *Bull. crim.*, n° 88 ; *JCP* 1974, II, 17774, note P. Chambon – En matière de fraude, v. Crim. 5 févr. 1979, n° 78-92.093, *Bull. crim.*, n° 50.
4. Crim. 13 mars 1984, n° 84-90.218, *Bull. crim.*, n° 107.
5. Crim. 19 juin 1984, n° 84-91.908, *Bull. crim.*, n° 231 ; *JCP* 1984, IV, 277.

SECTION 9
RÈGLES DE DÉSIGNATION DES EXPERTS ISSUES DE LA LOI DU 5 MARS 2007

162.91 Vers une expertise contradictoire. Directement en rapport avec certaines des critiques émises après l'affaire d'Outreau, le législateur pose la première pierre vers une expertise pénale contradictoire. Le dispositif imaginé, compliqué, risque de rendre encore plus longues les informations.

162.92 Demandes des parties. En effet, un nouvel article 161-1 du Code de procédure pénale dispose désormais que « copie de la décision ordonnant une expertise est adressée sans délai au procureur de la République et aux avocats des parties, qui disposent d'un délai de dix jours pour demander au juge d'instruction, selon les modalités prévues par l'avant-dernier alinéa de l'article 81, de modifier ou de compléter les questions posées à l'expert ou d'adjoindre à l'expert ou aux experts déjà désignés, un expert de leur choix figurant sur une des listes mentionnées à l'article 157 ».

162.93 Décision du juge. S'il tient compte des observations qui lui sont soumises, le juge devra donc faire une nouvelle mission les intégrant. L'expert ne pourra donc commencer ses investigations qu'après avoir reçu du juge la nouvelle ordonnance ou après avoir été informé qu'il n'y en aura pas. Par ailleurs, le texte prévoit que les mêmes parties peuvent, selon les mêmes modalités, demander au juge d'instruction d'adjoindre à l'expert ou aux experts déjà désignés, un expert de leur choix figurant sur une des listes mentionnées à l'article 157. C'est là la véritable révolution. En effet, la partie va désormais pouvoir choisir son expert avec la limite de le trouver sur une des listes de cour d'appel ou de la Cour de cassation. Certes, le juge d'instruction peut toujours refuser cette codésignation. Mais il ne sera pas facile de trouver argument pour cela. Hors du cas où l'expert désigné par la partie se trouverait à l'autre bout de la France, ce qui pourrait être dilatoire ou poser des difficultés de travail en commun sur certaines expertises techniques, il n'est pas évident de motiver un refus de désignation d'un second expert. Serait-il suffisant de dire qu'une seconde désignation n'est pas utile à la manifestation de la vérité ? L'amélioration de notre système de procédure pénale peut, à notre avis, passer par cette possibilité nouvelle. Pas l'amélioration des finances du ministère de la Justice et, au temps des restrictions de la LOLF, on se demande si le législateur a mesuré les conséquences financières de cette disposition.

Si le juge d'instruction ne fait pas droit à la demande, il doit rendre dans un délai de dix jours à compter de la réception de celle-ci, une ordonnance motivée, qui est susceptible de « contestation », en fait d'appel, devant le président de la chambre de l'instruction qui trouve là une attribution nouvelle. Ce dernier statue par décision motivée qui n'est pas susceptible de recours.

162.94 Exceptions au principe. Le législateur a prévu deux exceptions à ce dispositif. D'abord lorsque « les opérations d'expertise et le dépôt des conclusions par l'expert doivent intervenir en urgence et ne peuvent être différés pendant le délai de dix jours prévu au premier alinéa ou lorsque la communication prévue au premier alinéa risque d'entraver l'accomplissement des investigations ». Il s'agit en fait de deux cas de figure différents. Le premier est motivé par l'urgence et est le bienvenu. Il arrive en effet par exemple qu'une expertise doive être réalisée immédiatement après une mise en examen. La circulaire du 22 juin 2007 mentionne l'exemple d'une garde à vue ou d'une détention provisoire en cours (n° 2.3.1.2). Mais l'état de détention provisoire ne semble pas justifier systématiquement l'invocation de l'urgence.

Le second est un peu plus obscur. Les expertises supposées sont en effet ordonnées alors que la personne est déjà mise en examen ou témoin assisté. En conséquence, il y a peu de cas où, s'agissant d'une expertise, la confidentialité soit importante. La plupart des expertises des juges d'instruction sont en effet des expertises touchant à la psychiatrie, la psychologie, les analyses ADN, la toxicologie, *etc.* Il est rare que le fait d'avoir ordonné une telle expertise doive rester secret. L'alinéa suivant prévoit une autre exception : « Il n'est pas non plus applicable aux catégories d'expertises dont les conclusions n'ont pas d'incidence sur la détermination de la culpabilité de la personne mise en examen et dont la liste est fixée par décret ». Le décret du 3 mai 2007 [D. n° 2007-699, 3 mai 2007 modifiant le Code de procédure pénale (troisième partie : Décrets) relatif au renforcement de l'équilibre de la procédure pénale et à la prévention de la délinquance, *JO*, 5 mai 2007, p. 7963] a clarifié cette disposition relativement sibylline : ne sont visées que les expertises médicales dont l'objet est d'apprécier l'importance du dommage subi par la victime. Les expertises psychologiques sont en conséquence exclues de cette procédure particulière puisqu'elles ne sont pas confiées à un médecin.

162.95 Loi du 12 mai 2009 : possibilité de renonciation au délai prévu par l'article 161-1. L'article 134 de la loi du 12 mai 2009 complète l'article 161-1 du Code de procédure pénale par un alinéa ainsi rédigé : « Les parties peuvent déclarer renoncer, en présence de leur avocat ou celui-ci dûment convoqué, à bénéficier des dispositions du présent article. » Pour des raisons purement comptables, tenant à la nécessité de convoquer l'avocat 5 jours ouvrables avant l'interrogatoire ou l'audition, cette disposition risque de rester lettre morte.[1]

1. Ch. Guéry, « Dernière braderie avant liquidation définitive. Loi du 12 mai 2009 : deux possibilités nouvelles de renonciation par les parties à certains délais de procédure », *AJ Pénal* 2009, 303.

CHAPITRE

163. Déroulement de l'expertise

SECTION 0 ORIENTEUR

163.00 Plan du chapitre.

Sect. 1 Mode de procéder de l'expert : présentation des scellés

Sect. 2 Renseignements recueillis par l'expert : demandes présentées par les parties

Sect. 3 Interrogatoire de la personne mise en examen, audition de la partie civile et du témoin assisté par l'expert

163.01 Textes applicables.

C. pr. pén., art. 156, 161 à 165.

C. pr. pén., art. 156 [L. n° 2004-204, 9 mars 2004]

* V. s^s^ n° 161.01.

C. pr. pén., art. 161 à 164

* V. s^s^ n° 162.01.

C. pr. pén., art. 165

Au cours de l'expertise, les parties peuvent demander à la juridiction qui l'a ordonnée qu'il soit prescrit aux experts d'effectuer certaines recherches ou d'entendre toute personne nommément désignée qui serait susceptible de leur fournir des renseignements d'ordre technique.

163.02 Jurisprudence de référence.

• L'article 802 du Code de procédure pénale n'est pas applicable aux irrégularités commises dans le cadre de l'article 164 du même code.

Crim. 17 janv. 2006, n° 05-86.326, *Bull. crim.*, n° 19; *JCP* 2006, 77; *AJ Pénal* 2006, 175, obs. C. Girault; *Gaz. Pal.* 6-8 août 2006, jur. 5.

« Attendu que, pour refuser de faire droit à cette demande, l'arrêt relève que seule la personne entendue par l'expert, en l'espèce la partie civile, pouvait invoquer la violation des dispositions de l'article 164 du Code de procédure pénale, et que la personne mise en examen ne peut prétendre avoir souffert du non-respect d'une règle qui n'avait pas pour objet de le protéger;

Mais attendu qu'en prononçant ainsi, alors que l'expert, en procédant à des auditions qui n'avaient pas été autorisées par le juge, a outrepassé les limites de sa mission et, ainsi, méconnu une règle touchant à l'organisation judiciaire à laquelle les dispositions de l'article 802 du Code de procédure pénale sont étrangères, la chambre de l'instruction a violé les textes susvisés et le principe ci-dessus énoncé. »

• Le droit à un interprète doit bénéficier à la personne mise en examen entendue par l'expert.

Crim. 21 mars 2007, n° 06-89.554, *Bull. crim.*, n° 90; D. 2007, AJ 1279, 294, note Y. Monnet; *Gaz. Pal.* 9-11/12/2007, 32.

« Vu l'article 6 § 1 et 3° de la Convention européenne des droits de l'homme;

Attendu qu'il s'induit des dispositions de ce texte, selon lesquelles tout accusé qui ne comprend pas ou ne parle pas la langue employée à l'audience a droit à se faire assister gratuitement d'un interprète, que ce droit doit bénéficier également à la personne mise en examen lorsque l'expert reçoit ses déclarations;

Attendu que, pour rejeter la demande d'annulation des rapports d'expertises psychiatrique et psychologique prise de ce que les déclarations de Driss El Hazouti avaient été recueillies sans interprète alors qu'il ne parlait le français que très approximativement, la chambre de l'instruction énonce, d'une part, que les articles 102 et 121 du Code de procédure pénale, s'ils visent les auditions de témoins, interrogatoires et confrontations, ne mentionnent pas l'expertise et, d'autre part, que le rapport d'expertise étant une pièce de procédure soumise au débat contradictoire, les droits de la défense sont sauvegardés;

Mais attendu qu'en se déterminant ainsi, sans rechercher si l'assistance d'un interprète était nécessaire à la conduite des expertises alors qu'il avait bénéficié d'une telle assistance durant sa garde à vue et lors des interrogatoires menés par le juge d'instruction, la chambre de l'instruction n'a pas justifié sa décision;

Que, dès lors, la cassation est encourue;

Par ces motifs :

CASSE et ANNULE, en toutes ses dispositions, l'arrêt susvisé de la chambre de l'instruction de la cour d'appel d'Agen, en date du 29 novembre 2006, et pour qu'il soit à nouveau jugé, conformément à la loi. »

163.03 Bibliographie indicative. (V. les références complètes s[s] n° 03.)

Actualisables. RÉP. PÉN., Croizier J.-L., « Expertise » – J.-CL. PÉN., Arnould., « Expertise ».

Articles. Moussa, « À propos des nouvelles règles de l'expertise en matière pénale », *ALD* 1986, 29 – Olivier M., « Le sapiteur et la Cour de cassation », *Gaz. Pal.* 4-5 mai 2001, 3 – Renucci J.-F., « L'expertise pénale et la Convention européenne des droits de l'Homme », *JCP* 2000, I, 227.

163.06 Questions essentielles.

• Contrairement à ce que l'on croit parfois, un scellé fermé ne doit pas obligatoirement être présenté au mis en examen avant d'être envoyé en expertise. C'est l'existence ou non d'un inventaire qui est déterminante.

* V. s[s] n° 163.12.

SECTION 1
MODE DE PROCÉDER DE L'EXPERT : PRÉSENTATION DES SCELLÉS

163.11 Modalités. L'expert, dans l'exécution de sa mission, procède en toute indépendance, en ce sens qu'il apprécie librement le choix des moyens techniques propres à lui permettre de répondre aux questions posées par le juge. Mais, en raison du caractère judiciaire de sa mission, il est tenu de rester en liaison avec le juge d'instruction ou avec le magistrat chargé de suivre l'expertise que doit désigner la juridiction de jugement quand elle ordonne cette mesure d'information. La loi lui en fait une obligation expresse. « Les experts procèdent à leur mission sous le contrôle du juge d'instruction ordonnant l'expertise. » (C. pr. pén., art. 156, al. 3). « Les experts doivent remplir leur mission en liaison avec le juge d'instruction ou le magistrat délégué; ils doivent le tenir au courant du développement de leurs opérations et le mettre à même de prendre à tout moment toutes mesures utiles » (C. pr. pén., art. 161, al. 3). La chambre d'accusation qui ordonne une expertise, peut en confier le contrôle à l'un de ses membres[1].

« Le juge d'instruction, au cours de ses opérations, peut toujours, s'il l'estime utile, se faire assister des experts » (C. pr. pén., art. 161, al. 4). Il en est ainsi notamment dans des affaires relatives à des crimes de sang, où le juge d'instruction accompagné du procureur de la République se transporte sur les lieux et assiste à l'examen du corps de la victime par les experts, et de plus en plus rarement d'ailleurs, à l'autopsie.

L'expert est tenu par la loi de signaler au juge d'instruction des faits qui lui paraîtraient suspects, qui lui auraient été révélés à l'occasion de l'examen des pièces qui lui ont été confiées. Si ces faits sont de nature à constituer d'autres infractions que celles qui ont été visées dans la commission, il appartient au magistrat, le cas échéant, d'étendre la mission de l'expert, dès lors qu'il est saisi de ces faits[2]. Le juge d'instruction ne saurait sans abandon de ses pouvoirs, accorder à l'officier de police judiciaire chargé d'une commission rogatoire, la faculté de transmettre directement à l'expert commis, sans contrôle du magistrat mandant, et à charge de réciprocité, le résultat de ses recherches[3].

L'expertise en matière pénale n'était pas traditionnellement considérée comme contradictoire : la présence ou la convocation des parties aux opérations d'expertises n'est pas exigée[4]. Mais si l'expertise n'est pas en elle-même contradictoire, elle doit pouvoir être discutée contradictoirement[5]. Si les parties ne sont toujours pas convoquées obligatoirement aux opérations d'expertise, les dispositions de la loi du 5 mars 2007 renforcent son caractère contradictoire (v. s[s] n°s 62.91 s., 164.14).

Aucun texte n'interdit au juge d'instruction d'entendre comme témoin un expert déjà commis qui n'a pas encore déposé son rapport[6].

163.12 Scellés. Il importe de garantir l'identité des objets soumis à l'expertise, afin d'éviter toute controverse ultérieure. Le juge d'instruction ou le magistrat désigné par la juridiction avant de faire parvenir les scellés aux experts procède s'il y a lieu à leur inventaire dans les conditions prévues par l'article 97. Les experts doivent faire mention dans leur rapport de toute ouverture ou réouverture des scellés, dont ils dressent inventaire (C. pr. pén., art. 163)[7]. La réouverture des scellés, hors la présence du prévenu est sans conséquence, si aucune observation n'a été présentée lors de la notification du rapport[8]. La loi 9 mars 2004 a expressément prévu que les experts pouvaient procéder à l'ouverture ou à la réouverture des scellés, et confectionner de nouveaux scellés après avoir, le cas échéant, pro-

1. Crim. 10 déc. 1985, n° 85-95.006, *Bull. crim.*, n° 393.
2. Crim. 10 janv. 1967, *Bull. crim.*, n° 11; *D.* 1967, jur. 246, note P.-J. Doll.
3. Crim. 16 avr. 1970, n° 69-92.089, *Bull. crim.*, n° 134.
4. Crim. 15 nov. 1844, *Bull. crim.*, n° 369 – Crim. 1er mars 1951, *Bull. crim.*, n° 68 – Crim. 21 juill. 1953, *Bull. crim.*, n° 252 – Crim. 9 nov. 1972, n° 71-93.529, *Bull. crim.*, n° 335 – Crim. 24 mai 1976, n° 74-CS.150, n° 74-CS.151, *Bull. crim.*, n° 175.
5. Crim. 15 nov. 1991, *Bull. crim.*, n° 385.
6. Crim. 3 avr. 1924, *Bull. crim.*, n° 153.
7. Crim. 12 oct. 1972, n° 72-91.527, *Bull. crim.*, n° 284.
8. Crim. 27 sept. 1989, n° 89-84.244, *Bull. crim.*, n° 331.

cédé au reconditionnement des objets qu'ils étaient chargés d'examiner; dans ce cas, ils en font mention dans leur rapport, après avoir, s'il y a lieu, dressé inventaire des scellés; les dispositions du quatrième alinéa de l'article 97 ne sont pas applicables (C. pr. pén., art. 163, al. 3).

Avant de faire parvenir les scellés aux experts, le juge d'instruction n'a pas à procéder à leur inventaire si celui-ci a déjà eu lieu précédemment[1]. L'ouverture des scellés fermés prévue par l'article 97 alinéa 4 du Code de procédure pénale ne s'impose pas au juge d'instruction lorsque ces scellés sont transparents et permettent l'identification des pièces à conviction déjà inventoriés qu'ils renferment[2].

Si, aux termes de l'article 163 du Code de procédure pénale, les experts doivent faire mention dans leur rapport de toute ouverture ou réouverture des scellés, s'agissant de recherches expertales de très haute technicité, aucune disposition légale n'impose aux techniciens désignés pour y procéder, de décrire dans tous les détails les conditionnements et manipulations qu'ils font subir, sous leur responsabilité et selon leur conscience professionnelle, aux produits sur lesquels ils effectuent leurs investigations[3].

SECTION 2
RENSEIGNEMENTS RECUEILLIS PAR L'EXPERT : DEMANDES PRÉSENTÉES PAR LES PARTIES

163.21 Auditions. Aux termes de l'alinéa 1er de l'article 164 du Code de procédure pénale, « les experts peuvent recevoir, à titre de renseignements et pour l'accomplissement strict de leur mission, les déclarations de personnes autres que la personne mise en examen, le témoin assisté ou la partie civile ».

Il ne saurait être opéré une distinction sur la nature du secret médical lorsque les documents, auxquels seul l'expert médecin désigné par le juge d'instruction pouvait légitimement accéder dans le cadre de sa mission, sont conservés par l'établissement pénitentiaire, les médecins relevant de cette administration ne pouvant opposer le secret médical à l'expert désigné sur les documents médicaux. Cet accès n'ayant donné lieu à aucun incident, il était dès lors inutile pour le magistrat instructeur d'ordonner la saisie des documents[4].

« Au cours de l'expertise, les parties peuvent demander à la juridiction qui l'a ordonnée qu'il soit prescrit aux experts d'effectuer certaines recherches ou d'entendre toute personne nommément désignée qui serait susceptible de leur fournir des renseignements d'ordre technique » (C. pr. pén., art. 165). Il résulte de ce texte que les parties ne peuvent adresser directement leur demande à l'expert, mais qu'ils doivent passer par l'intermédiaire du juge. L'expert peut entendre des tiers, par exemple la victime[5]. Le juge apprécie l'opportunité de faire droit à une telle demande. Son ordonnance de refus, qui n'a pas un caractère juridictionnel, n'est pas susceptible d'appel, et le juge n'est pas tenu de la motiver.

Les renseignements à obtenir doivent être d'ordre technique, et non porter sur le fond du procès. L'expert n'a aucune qualité pour procéder à une véritable enquête. Les romans de Patricia Cornwell et le rôle de son médecin-expert Kay Scarpetta ne trouvent aucun écho dans la réalité procédurale française.

SECTION 3
INTERROGATOIRE DE LA PERSONNE MISE EN EXAMEN, AUDITION DE LA PARTIE CIVILE ET DU TÉMOIN ASSISTÉ PAR L'EXPERT

163.31 Règles antérieures à la loi du 9 mars 2004. Les dispositions en vigueur avant les modifications apportées par la loi du 9 mars 2004 étaient les suivantes : lorsque l'expert estime qu'il y a lieu d'interroger la personne mise en examen, c'est en principe, sauf délégation motivée délivrée exceptionnellement, le juge d'instruction ou le magistrat délégué par la juridiction qui procède à cet interrogatoire, en la présence de l'expert, en observant les formes et conditions prévues par les articles 114 et 119 (C. pr. pén., art. 164, al. 2). Les déclarations faites spontanément par le mis en examen, au cours de l'expertise ne sont pas considérées comme constituant un interrogatoire au sens du texte susvisé et n'entraînent pas la nullité de cette expertise[6]. Mais les questions et les réponses formulées par lettres constituent un interrogatoire[7].

« La personne mise en examen peut, cependant renoncer au bénéfice de la disposition précédente par déclaration expresse faite devant le juge d'instruction ou le magistrat désigné par la juridiction et fournir aux experts, en présence de son conseil, les

1. Crim. 20 mars 1995, n° 95-80.027, *Bull. crim.*, n° 111 – Crim. 14 mai 2002, n° 02-80.721, *Bull. crim.*, n° 111.
2. Crim. 17 oct. 1989, n° 89-84.404, *Bull. crim.*, n° 365.
3. CA Limoges, ch. acc., 12 juin 1997, *BICC* 460, n° 1260.
4. CA Rennes, ch. acc., 15 mai 1997, *D.* 1998, jur. 178, note M. Penneau.
5. Crim. 15 nov. 1991, *Bull. crim.*, n° 385, préc.
6. Crim. 10 oct. 1963, *Bull. crim.*, n° 278; *JCP* 1964, II, 13464, note P. Chambon.
7. Crim. 2 mars 1972, n° 70-91.182, *Bull. crim.*, n° 82.

explications nécessaires à l'exécution de leur mission. Elle peut également, par déclaration écrite remise par lui aux experts et annexée par ceux-ci à leur rapport, renoncer à l'assistance de son conseil pour une ou plusieurs auditions » (C. pr. pén., art. 164, al. 3).

La faculté accordée par l'article 164 aux experts d'entendre la personne poursuivie sous les conditions que ce texte précise, n'a d'autre but que de concourir à une meilleure administration de la justice. Elle ne saurait avoir pour conséquence de restreindre ou d'abolir les droits de la défense. Quand elle a consenti devant le juge d'instruction à être entendue par les experts en présence de son conseil, elle ne saurait être entendue par eux hors la présence de ce dernier, sans que soit annexée au rapport la renonciation expresse à cette présence faite par l'intéressé.

Les règles qui précèdent ne sont pas applicables lorsque l'objet de l'expertise est l'examen de la personne mise en examen elle-même. En ce cas, « les médecins et les psychologues experts chargés de l'examiner peuvent lui poser les questions nécessaires à l'accomplissement de leur mission, hors la présence du juge et des conseils » (C. pr. pén., art. 164, al. 4) [1]. L'examen mental, est inséparable du dialogue qu'entretient l'expert avec son sujet.

L'expert est seulement tenu d'observer les formalités des articles 114 et 119, il n'est pas nécessaire qu'il dresse un procès-verbal de l'interrogatoire, il suffit qu'il relate dans son rapport les propos de l'intéressé [2]. Les experts et psychologues peuvent même, hors la présence des avocats et du juge d'instruction, poser des questions à la personne poursuivie pour l'accomplissement de leur mission, même concernant les faits [3]. L'article 164 du Code de procédure pénale qui autorise le médecin expert à poser des questions à l'inculpé hors la présence du conseil n'est pas incompatible avec l'article 6-3 de la Convention européenne des droits de l'Homme, qui concerne seulement la défense devant la juridiction de jugement [4].

163.32 L'article 164 a été modifié par la loi du 9 mars 2004. La loi du 15 juin 2000 avait déjà ajouté à la personne mise en examen le témoin assisté et la partie civile. Mais les modifications apportées par la loi du 9 mars 2004 sont plus importantes. Le nouvel article 164 commence par exposer que les experts peuvent recevoir, à titre de renseignement et pour le seul accomplissement de leur mission, les déclarations de toute personne autre que la personne mise en examen, le témoin assisté ou la partie civile (C. pr. pén., art. 164, al. 1). Il prévoit ensuite le cas particulier de la personne mise en examen, de la partie civile et du témoin assisté. Toutefois, si le juge d'instruction ou le magistrat désigné par la juridiction les y a autorisés, ils peuvent à cette fin recevoir, avec l'accord des intéressés, les déclarations de la personne mise en examen, du témoin assisté ou de la partie civile nécessaires à l'exécution de leur mission. Ces déclarations sont recueillies en présence de leur avocat ou celui-ci dûment convoqué dans les conditions prévues par le deuxième alinéa de l'article 114, sauf renonciation écrite remise aux experts. Ces déclarations peuvent être également recueillies à l'occasion d'un interrogatoire ou d'une déposition devant le juge d'instruction en présence de l'expert. Il n'est donc plus question d'un principe selon lequel c'est le juge d'instruction qui pose les questions aux intéressés ni même de la possibilité de renonciation par l'intéressé à ces dispositions. Il suffit que le juge d'instruction autorise les experts à procéder à cette audition. Cette autorisation pourra apparaître dans le corps même de l'ordonnance désignant l'expert ou, si le besoin de cette audition s'est manifesté en cours d'opération, dans tout document écrit l'y autorisant. La loi ne prévoit en effet pas dans quelles conditions cette autorisation doit être formalisée. Le texte confirme enfin la situation particulière des médecins ou psychologues experts chargés d'examiner la personne mise en examen, le témoin assisté ou la partie civile qui peuvent dans tous les cas leur poser des questions pour l'accomplissement de leur mission hors la présence du juge et des avocats (C. pr. pén., art. 164, al. 3).

163.33 Violation de l'article 164 : nullité. La Cour de cassation a jugé, par application de l'article 802 Code de procédure pénale, que l'interrogatoire de la personne poursuivie par l'expert, alors que les formalités de l'article 164 alinéa 3 n'ont pas été observées, n'entraîne pas la nullité, s'il n'en est pas résulté une violation des droits de la défense [5]. Mais la Cour de cassation a modifié sa jurisprudence : « excède les limites de sa mission l'expert qui entend la partie civile alors que le juge d'instruction, dans l'ordonnance le commettant, a précisé qu'il ne pouvait procéder à des auditions sans y avoir été préalablement autorisé. Cette irrégularité, consistant en la méconnaissance d'une règle touchant à l'organisation judiciaire à laquelle les dispositions de l'article 802 du Code de procé-

1. Crim. 6 sept. 1993, n° 93-82.861, *Bull. crim.*, n° 261.
2. Crim. 18 mai 1983, n° 82-93.410, *Bull. crim.*, n° 148; *D.* 1984, jur. 188, note Jeandidier.
3. Crim. 30 avr. 1996, n° 96-80.829, *Bull. crim.*, n° 183.
4. Crim. 4 janv. 1990, n° 89-85.795, *Bull. crim.*, n° 4.
5. Crim. 27 févr. 1978, n° 77-92.301, *Bull. crim.*, n° 73; *JCP* 1979, II, 19113, note P. Chambon.

dure pénale sont étrangères, entraîne la nullité de l'expertise et des actes qui l'ont pour support nécessaire »[1].

163.34 Droit à interprète. Ne justifie pas sa décision la chambre de l'instruction qui, pour refuser à une personne mise en examen le droit à un interprète au cours d'expertises psychologique et psychiatrique, alors qu'elle avait bénéficié de cette assistance durant la garde à vue et lors des interrogatoires menés par le juge d'instruction, énonce, d'une part, que les articles 102 et 121 du Code de procédure pénale relatifs à l'intervention d'un interprète au cours de l'information ne visent pas l'expertise et, d'autre part, que, le rapport d'expertise étant une pièce de procédure soumise au débat contradictoire, les droits de la défense sont sauvegardés[2]. En conséquence, il appartient au magistrat instructeur de permettre à l'expert de s'entretenir avec la personne sujet de l'expertise dans une langue que celle-ci comprend, ce qui semble la moindre des choses.

1. Crim. 17 janv. 2006, n° 05-86.326, *Bull. crim.*, n° 19; *JCP* 2006, act. 77; *AJ Pénal* 2006, 175, obs. C. Girault; *Gaz. Pal.* 6-8 août 2006, jur. 5 – V. s^{s} n° 163.02.

2. Crim. 21 mars 2007, n° 06-89.554, *Bull. crim.*, n° 90; *D.* 2007, AJ 1279 et jur. 294, note Y. Monnet; *Gaz. Pal.* 9-11 déc. 2007, 32.

CHAPITRE

164. Dépôt du rapport et sa communication aux parties

SECTION 0 ORIENTEUR

164.00 Plan du chapitre.

Sect. 1 Rédaction et dépôt du rapport

Sect. 2 Communication du rapport aux parties

Sect. 3 Demandes de complément ou de contre-expertise

Sect. 4 Appréciation du rapport par le juge

164.01 Textes applicables.

C. pr. pén., art. 81, 161-2, 166, 167, 167-1, 167-2, 199-1, 803-1.

C. pr. pén., art. D. 39.

C. pr. pén., art. 81

* V. s[s] n° 161.01.

C. pr. pén., art. 161-2 [inséré par L. n° 2007-291, 5 mars 2007, art. 18 II, *JO* 6 mars, en vigueur le 1er juill. 2007]

Si le délai prévu à l'article 161 excède un an, le juge d'instruction peut demander que soit auparavant déposé un rapport d'étape qui est notifié aux parties selon les modalités prévues à l'article 167. Les parties peuvent alors adresser en même temps à l'expert et au juge leurs observations en vue du rapport définitif.

C. pr. pén., art. 166 [L. n° 2007-291, 5 mars 2007, art. 18 III, en vigueur le 1er juill. 2007]

Lorsque les opérations d'expertise sont terminées, les experts rédigent un rapport qui doit contenir la description desdites opérations ainsi que leurs conclusions. Les experts signent leur rapport et mentionnent les noms et qualités des personnes qui les ont assistés, sous leur contrôle et leur responsabilité, pour la réalisation des opérations jugées par eux nécessaires à l'exécution de la mission qui leur a été confiée.

Lorsque plusieurs experts ont été désignés et s'ils sont d'avis différents ou s'ils ont des réserves à formuler sur des conclusions communes, chacun d'eux indique son opinion ou ses réserves en les motivant.

Le rapport et les scellés, ou leurs résidus, sont déposés entre les mains du greffier de la juridiction qui a ordonné l'expertise; ce dépôt est constaté par procès-verbal.

Avec l'accord du juge d'instruction, les experts peuvent, directement et par tout moyen, communiquer les conclusions de leur rapport aux officiers de police judiciaire chargés de l'exécution de la commission rogatoire, au procureur de la République ou aux avocats des parties.

C. pr. pén., art. 167 [L. n° 2007-291, 5 mars 2007, art. 18 IV, en vigueur le 1er juill. 2007]

Le juge d'instruction donne connaissance des conclusions des experts aux parties et à leurs avocats après les avoir convoqués conformément aux dispositions du deuxième alinéa de l'article 114. Il leur donne également connaissance, s'il y a lieu, des conclusions des rapports des personnes requises en application des articles 60 et 77-1, lorsqu'il n'a pas été fait application des dispositions du quatrième alinéa de l'article 60. Une copie de l'intégralité du rapport est alors remise, à leur demande, aux avocats des parties.

Les conclusions peuvent également être notifiées par lettre recommandée ou, lorsque la personne est détenue, par les soins du chef de l'établissement pénitentiaire qui adresse, sans délai, au juge d'instruction l'original ou la copie du récépissé signé par l'intéressé. L'intégralité du rapport peut aussi être notifiée, à leur demande, aux avocats des parties par lettre recommandée. Si les avocats des parties ont fait connaître au juge d'instruction qu'ils disposent d'une adresse électronique, l'intégralité du rapport peut leur être adressée par cette voie, selon les modalités prévues par l'article 803-1.

Dans tous les cas, le juge d'instruction fixe un délai aux parties pour présenter des observations ou formuler une demande, notamment aux fins de complément d'expertise ou de contre-expertise. Cette demande doit être formée conformément aux dispositions du dixième alinéa de l'article 81. Pendant ce délai, le dossier de la procédure est mis à la disposition des conseils des parties. Le délai fixé par le juge d'instruction, qui tient compte de la complexité de l'expertise, ne saurait être inférieur à quinze jours ou, s'il s'agit d'une expertise comptable ou financière, à un mois. Passé ce délai, il ne peut plus être formulé de demande de contre-expertise, de complément d'expertise ou de nouvelle expertise portant sur le même objet, y compris sur le fondement de l'article 82-1, sous réserve de la survenance d'un élément nouveau.

Lorsqu'il rejette une demande, le juge d'instruction rend une décision motivée qui doit intervenir dans un délai d'un mois à compter de la réception de la demande. Il en est de même s'il commet un seul expert alors que la partie a demandé qu'il en soit désigné plusieurs. Faute pour le juge d'instruction d'avoir statué dans le délai d'un mois, la partie peut saisir directement la chambre de l'instruction.

Le juge d'instruction peut également notifier au témoin assisté, selon les modalités prévues par le présent article, les conclusions des expertises qui le concernent en lui fixant un délai pour présenter une demande de complément d'expertise ou de contre-expertise. Le juge n'est toutefois pas tenu de rendre une ordonnance motivée s'il estime que la demande n'est pas justifiée, sauf si le témoin assisté demande à être mis en examen en application de l'article 113-6.

C. pr. pén., art. 167-1

Lorsque les conclusions de l'expertise sont de nature à conduire à l'application des dispositions du premier alinéa de l'article 122-1 du Code pénal prévoyant l'irresponsabilité pénale de la personne en raison d'un trouble mental, leur notification à la partie civile est effectuée dans les conditions prévues par le premier alinéa de l'article 167, le cas échéant en présence de l'expert ou des experts. En matière criminelle, cette présence est obligatoire si l'avocat de la partie civile le demande. La partie civile dispose alors d'un délai de quinze jours pour présenter des observations ou formuler une demande de complément d'expertise ou de contre-expertise. La contre-expertise demandée par la partie civile est de droit. Elle doit être accomplie par au moins deux experts.

C. pr. pén., art. 167-2 [inséré par L. n° 2007-291, 5 mars 2007, art. 18 V, en vigueur le 1er juill. 2007]

Le juge d'instruction peut demander à l'expert de déposer un rapport provisoire avant son rapport définitif. Le ministère public et les parties disposent alors d'un délai fixé par le juge d'instruction qui ne saurait être inférieur à quinze jours ou, s'il s'agit d'une expertise comptable ou financière, à un mois, pour adresser en même temps à l'expert et au juge les observations écrites qu'appelle de leur part ce rapport provisoire. Au vu de ces observations, l'expert dépose son rapport définitif. Si aucune observation n'est faite, le rapport provisoire est considéré comme le rapport définitif.

Le dépôt d'un rapport provisoire est obligatoire si le ministère public le requiert ou si une partie en a fait la demande selon les modalités prévues par l'avant-dernier alinéa de l'article 81 lorsqu'elle est informée de la décision ordonnant l'expertise en application de l'article 161-1.

C. pr. pén., art. 199-1

En cas d'appel d'une ordonnance de non-lieu motivée par les dispositions du premier alinéa de l'article 122-1 du Code pénal, la chambre de l'instruction doit, à la demande de la partie civile, ordonner la comparution personnelle de la personne mise en examen, si l'état de cette dernière le permet. Cette demande doit, à peine d'irrecevabilité, être présentée en même temps que la demande d'appel.

[...]

Les experts ayant examiné la personne mise en examen doivent être entendus par la chambre de l'instruction.

C. pr. pén., art. 803-1 [L. n° 2007-291, 5 mars 2007, art. 18 VIII, en vigueur le 1er juill. 2007]

Dans les cas où, en vertu des dispositions du présent code, il est prévu de procéder aux notifications à un avocat par lettre recommandée ou par lettre recommandée avec demande d'avis de réception, la notification peut aussi être faite sous la forme d'une télécopie avec récépissé ou par un envoi adressé par un moyen de télécommunication à l'adresse électronique de l'avocat et dont il est conservé une trace écrite.

C. pr. pén., art. D. 39

L'envoi aux avocats des rapports d'expertise ou de leurs conclusions, qu'il s'agisse des rapports d'étape, provisoires ou définitifs, prévus par les articles 161-2, 166, 167 et 167-2, peut être réalisé selon les modalités prévues par l'article 803-1.

164.02 Jurisprudence de référence.

• Une expertise extraite d'une autre procédure peut servir comme élément de preuve quand elle a fait l'objet d'une discussion contradictoire.

Crim. 13 janv. 1970, n° 68-93.408, *Bull. crim.*, n° 21.

« Mais attendu qu'aux termes de l'article 427 du Code de procédure pénale, rendu applicable devant la cour d'appel par l'article 512 du même code, hors le cas où la loi en dispose autrement, les infractions peuvent être établies par tout mode de preuve;

Que, toutefois, le juge ne peut fonder sa décision que sur des preuves qui lui sont rapportées au cours des débats et contradictoirement discutées devant lui;

Attendu que ces dispositions sont également applicables aux moyens de défense;

Que le rapport d'expertise en cause avait été produit aux débats contradictoires à l'audience de la cour d'appel et avait pu être discuté;

Que dès lors, la cour d'appel ne pouvait l'écarter par ce seul motif qu'il était utilisé par la défense à l'abri de tout examen critique;

Qu'il appartenait aux juges d'appel qui, d'après leurs énonciations, ne s'estimaient pas en mesure d'apprécier, par eux-mêmes, en l'état, le sens et la portée de ce document d'ordonner toute mesure d'instruction susceptible de les éclairer;

Que pour avoir méconnu le principe rappelé ci-dessus, l'arrêt encourt cassation. »

• Malgré l'écoulement du délai prévu à l'article 167 du Code de procédure pénale, les parties sont recevables à demander un complément d'expertise ou une

contre-expertise à la chambre de l'instruction saisie du règlement ou de la procédure.

Crim. 2 oct. 2001, n° 00-85.724 et n° 00-85.725; *Bull. crim.*, n° 194; *D.* 2002, somm. 1458, obs. J. Pradel.

« Vu l'article 201 du Code de procédure pénale;

Attendu qu'en application de ce texte les parties sont recevables à demander à la chambre de l'instruction, saisie du règlement de la procédure, un complément d'expertise ou une contre-expertise, sans que puisse leur être opposée l'expiration du délai prévu par l'article 167, alinéa 3, du Code de procédure pénale. »

• **L'absence de notification d'une expertise ne porte pas atteinte à l'intérêt d'une partie dès lors qu'elle peut solliciter une contre-expertise dans le délai prévu par l'article 175 du Code de procédure pénale.**

Crim. 15 févr. 2006, n° 05-86.773, *Bull. crim.*, n° 46; *D.* 2006, IR 811; *Dr. pén.* 2006, comm. n° 74, obs. A. Maron.

« Que, d'autre part, la demanderesse ne saurait se faire un grief de ce que le complément d'expertise établi, à la demande du juge d'instruction, par le docteur C... ne lui ait pas été notifié, dès lors que la notification de l'avis de fin d'information prévue par l'article 175 du Code de procédure pénale ouvre aux parties, dans le délai de vingt jours fixé par ce texte, le droit de formuler toute demande d'expertise, de contre-expertise ou d'expertise complémentaire qu'elles jugeraient utiles à la manifestation de la vérité;

D'où il suit que le moyen doit être écarté. »

164.03 Bibliographie indicative. (V. les références complètes s^s n° 03.)

Actualisables. RÉP. PÉN., Croizier J.-L., « Expertise »; Marot, « Frais et dépens » – J.-CL. PÉN., Arnould, « Expertise »; Bailly J., « Frais de justice ».

Ouvrages. HÉLIE F., IV, n° 1898 – GARRAUD, I, n°s 343 et 347.

Articles. Bouchard J.-P., « L'expertise mentale en France entre « pollution de la justice » et devoir d'objectivité », *Dr. pén.* 2006, Étude n° 3 – Moussa, « À propos des nouvelles règles de l'expertise en matière pénale », *ALD* 1986, 29 – Olivier M., « Le sapiteur et la Cour de cassation », *Gaz. Pal.* 4-5 mai 2001, 3 – Renucci J.-F., « L'expertise pénale et la Convention européenne des droits de l'Homme », *JCP* 2000, I, 227 – Senon J.-L. et Manzanéra C. « L'expertise psychiatrique pénale : les données d'un débat », *AJ Pénal* 2006, 66.

SECTION 1
RÉDACTION ET DÉPÔT DU RAPPORT

164.11 Forme écrite. Les termes de l'article 166 du Code de procédure pénale ont toujours impliqué la forme écrite du rapport : « Lorsque les opérations d'expertise sont terminées, les experts rédigent un rapport qui doit contenir la description desdites opérations ainsi que leurs conclusions. Les experts doivent attester avoir personnellement accompli les opérations qui leur ont été confiées et signent leur rapport. » Cette rédaction a été modifiée par la loi du 18 mars 2003 et l'article 166 est désormais ainsi rédigé : « Les experts signent leur rapport et mentionnent les noms et qualités des personnes qui les ont assistés, sous leur contrôle et leur responsabilité, pour la réalisation des opérations jugées par eux nécessaires à l'exécution de la mission qui leur a été confiée. »

164.12 Rédaction. Le rapport, qui doit être rédigé d'une manière claire et concise, évitera l'abus des termes trop techniques, qui le rendraient inintelligible aux juges, qu'il a pour but d'éclairer. Le rapport contient traditionnellement cinq parties : **1°** Le préambule, qui indique les conditions et la procédure de la désignation, et rappelle l'énoncé de la mission; **2°** Le commémoratif, ou historique, des faits; **3°** La description des faits et circonstances qui doivent servir de base aux conclusions; **4°** La discussion, où l'expert expose les raisonnements selon lesquels il s'est prononcé; **5°** Enfin, les conclusions, qui donnent une réponse courte et précise à chacune des questions posées par le juge[1]. La rédaction de la partie « conclusion » est d'autant plus importante qu'elle est la seule qui fait l'objet de la notification (v. toutefois s^s n° 164.21). L'expert ne peut se prononcer que sur des questions d'ordre technique. Toutefois, un expert psychiatre, s'il ne peut affirmer la culpabilité, peut l'envisager comme une simple éventualité[2] (v. s^s n° 162.51). Un document, en l'espèce une lettre, par laquelle les experts font état de recherches entièrement négatives, constitue un véritable rapport, soumis aux formes légales[3].

164.13 Rapport commun. Il résulte clairement des termes de l'article 166 précité que, lorsque deux ou plusieurs experts ont été désignés, ils doivent rédiger un rapport commun, sinon il y aurait non plus une seule, mais plusieurs expertises. Dans une espèce où le juge d'instruction avait commis un expert-comptable et un architecte pour procéder « ensemble et de concert à une expertise comptable et technique », chacun des deux experts avait déposé, à des dates différentes, un rapport séparé et distinct signé par lui seul. La Cour de cassation a relevé l'irrégularité de cette manière de procéder, de laquelle il n'apparaissait pas « qu'il y ait eu élaboration commune d'une seule et même expertise »[4]. Le

1. Sur tous ces points : HÉLIE F., IV, n° 1898 – GARRAUD, I, n° 343.
2. Crim. 10 juin 1970, n° 70-91.024, *Bull. crim.*, n° 196.
3. Crim. 17 mars 1987, n° 86-96.682, NPT, *JCP* 1988, II, 20993, note P. Chambon.
4. Crim. 26 nov. 1970, n° 70-91.680, *Bull. crim.*, n° 314.

rapport commun signé par un seul des deux experts est entaché d'une nullité substantielle[1]. Cependant, les experts chargés d'une même expertise ne pouvant être contraints de donner des conclusions contraires à leur conviction, « s'ils sont d'avis différents ou s'ils ont des réserves à formuler sur des conclusions communes, chacun d'eux indique son opinion ou ses réserves en les motivant » (C. pr. pén., art. 166, al. 2 - Sur le dépôt du rapport des experts auxiliaires v. s[s] n° 162.81). La déduction des conclusions faite en commun par les deux experts demeure régulière, quelles que soient les conditions matérielles de leurs travaux[2].

« Le rapport et les scellés, ou leurs résidus sont déposés entre les mains du greffier de la juridiction qui a ordonné l'expertise : ce dépôt est constaté par procès-verbal. » L'omission par le juge d'instruction de dresser un procès-verbal du dépôt du rapport n'entraîne aucune nullité, dès lors que ce dernier porte une mention du dépôt signée par le greffier, et que ses conclusions ont été communiquées aux parties[3]. La date qui figure à la fin du rapport est celle du jour où sa rédaction est achevée. Cette date est généralement antérieure à celle du dépôt du rapport au greffe. N'est pas sacramentelle la formule par laquelle l'expert atteste avoir accompli personnellement sa mission[4]. La fausse attestation que les deux experts ont personnellement accompli leur mission, alors qu'un seul a procédé à l'expertise, entraîne la nullité de celle-ci[5]. Il ne résulte pas de nullité du dépassement du délai imparti[6]. L'appartenance de l'expert nominativement désigné à un service de l'État ne l'autorise pas à faire exécuter cette mission par ses subordonnés[7]. La loi du 9 mars 2004 a ajouté un alinéa à l'article 166 ainsi rédigé : « avec l'accord du juge d'instruction, les experts peuvent, directement et par tout moyen, communiquer les conclusions de leur rapport aux officiers de police judiciaire chargés de l'exécution de la commission rogatoire ».

164.14 Rapport d'étape et rapport provisoire. La loi du 5 mars 2007 prévoit que « si le délai prévu à l'article 161 excède un an, le juge d'instruction peut demander que soit auparavant déposé un rapport d'étape, qui est notifié aux parties selon les modalités prévues à l'article 167. Les parties peuvent alors adresser en même temps à l'expert et au juge leurs observations en vue du rapport définitif » (C. pr. pén., art. 161-2). Il semble que cet article ne prévoie ce rapport d'étape que lorsque le délai prévu par le juge est supérieur à un an, ce qui est rarissime. En revanche, lorsque le délai réel excède une année, il ne semble pas que ce dispositif puisse être mis en œuvre. Mais c'est alors l'article 167-2 qui est applicable. Celui-ci dispose que : « Le juge d'instruction peut demander à l'expert de déposer un rapport provisoire avant son rapport définitif. Le ministère public et les parties disposent alors d'un délai fixé par le juge d'instruction, qui ne saurait être inférieur à quinze jours ou, s'il s'agit d'une expertise comptable ou financière, à un mois, pour adresser en même temps à l'expert et au juge les observations écrites qu'appelle de leur part ce rapport provisoire. Au vu de ces observations, l'expert dépose son rapport définitif. Si aucune observation n'est faite, le rapport provisoire est considéré comme le rapport définitif. » L'article, sur un mode proche du Code de procédure civile, imagine un dispositif à mettre en œuvre avant le dépôt d'un rapport définitif. Mais il faut comprendre ce rapport provisoire différemment du rapport d'étape prévu par l'article 161-2. En effet, si aucune partie ne formule d'observations, le rapport provisoire est considéré comme le rapport définitif. C'est donc que les investigations de l'expert sont achevées et que ce sont ses conclusions qui sont ouvertes au contradictoire des parties. Par ailleurs le dépôt d'un rapport provisoire est de droit. L'article 167-2 prévoit en effet, dans son dernier alinéa que « le dépôt d'un rapport provisoire est obligatoire si le ministère public le requiert ou si une partie en a fait la demande selon les modalités prévues par l'avant-dernier alinéa de l'article 81 lorsqu'elle est informée de la décision ordonnant l'expertise en application de l'article 161-1 ».

SECTION 2
COMMUNICATION DU RAPPORT AUX PARTIES

164.21 Utilité. Le rapport, entre à la date de son dépôt comme élément de la procédure; le conseil, lors de toute communication du dossier, en prendra donc connaissance, et sera ainsi en mesure de formuler toutes observations. Le législateur a jugé insuffisante cette procédure, quelquefois trop tardive pour être efficace. Aussi, aux termes de l'article 167 du Code de procédure pénale, le juge d'instruction doit-il convoquer les parties, en

1. Crim. 19 janv. 1988, n° 87-90.578, *Bull. crim.*, n° 25.
2. Crim. 6 nov. 1984, n° 84-94.120, *Bull. crim.*, n° 335; *D.* 1985, IR 161, obs. J.-M. R.;– Crim. 19 févr. 1985, n° 84-95.916, *Bull. crim.*, n° 78.
3. Crim. 23 avr. 1981, n° 79-90.346, n° 81-90.489, *Bull. crim.*, n° 116.
4. Crim. 9 févr. 1972, n° 71-92.699, *Bull. crim.*, n° 51 – Crim. 5 nov. 1985, n° 85-94.640, *Bull. crim.*, n° 340 – Crim. 7 juin 1988, n° 88-81.828, *Bull. crim.*, n° 258 – Crim. 20 févr. 1990, n° 89-86.659, *Bull. crim.*, n° 85.
5. Cour de sûreté de l'État, ch. contr. instr., 3 juin 1976, *JCP* 1977, II, 18519, note P. Chambon.
6. Crim. 16 oct. 1979, n° 79-92.327, *Bull. crim.*, n° 281; *JCP* 1979, IV, 381.
7. Crim. 30 mars 1999, n° 97-83.464, *Bull. crim.*, n° 59.

observant les formes de l'article 114 alinéa 2, leur donner connaissance des conclusions des experts, recevoir leurs déclarations et leur fixer le délai dans lequel elles pourront formuler leur demande de nouvelle ou contre-expertise. La communication est orale et ne porte que sur les conclusions. Depuis l'entrée en vigueur de la loi n° 99-515 du 23 juin 1999, le juge donne aussi connaissance, s'il y a lieu, des conclusions des rapports des personnes requises en application des articles 60 et 77-1, lorsqu'il n'a pas été fait application de l'alinéa 4 de l'article 60, c'est-à-dire lorsque ces résultats n'ont pas précédemment été portés à la connaissance des intéressés par les officiers de police judiciaire. Les conclusions peuvent également être notifiées par lettre recommandée ou, lorsque la personne est détenue, par les soins du chef de l'établissement pénitentiaire qui adresse sans délai, au juge d'instruction l'original ou la copie du récépissé signé par l'intéressé.

Depuis la loi du 15 juin 2000, l'intégralité du rapport peut être notifié à leur demande aux avocats des parties. Aucun texte ne prévoit que cette demande soit formée par déclaration au greffe.

Depuis la loi du 9 mars 2004, le juge d'instruction peut également notifier au témoin assisté, selon les modalités prévues par l'article 167, les conclusions des expertises qui le concernent en lui fixant un délai pour présenter une demande de complément d'expertise ou de contre-expertise. Le juge n'est toutefois pas tenu de rendre une ordonnance motivée s'il estime que la demande n'est pas justifiée, sauf si le témoin assisté demande à être mis en examen en application de l'article 113-6 (C. pr. pén., art. 167, al. dern. - V. aussi s^s n° 83.33).

164.22 **Nécessité.** La formalité prévue par l'article 167 n'est pas en elle-même substantielle. Son omission ne peut entraîner une nullité que s'il en est résulté une violation des droits de la défense. Il n'en est pas ainsi lorsque les formalités prévues par les articles 197 et 198 ayant été observées, les parties et leurs conseils ont été avisés de la date de l'audience de la chambre d'accusation et ont disposé d'un délai de cinq jours pour déposer un mémoire et ont pu présenter devant cette juridiction toutes observations[1]. Mais la nullité est encourue lorsque la non-communication du rapport à l'inculpé s'accompagne de l'omission de la signature du juge sur la commission d'experts[2], ou lorsque la communication a été faite sur commission rogatoire par un officier de police, à la partie civile en l'absence de son conseil[3]. L'inobservation des délais institués par les alinéas 2 et 3 de l'article 114, en l'absence d'atteinte aux droits de la défense, n'entraîne pas la nullité de l'expertise[4].

Le fait qu'une expertise ait été ordonnée et son rapport déposé avant l'interrogatoire de première comparution, n'entache pas la régularité de l'expertise, alors que le juge d'instruction, après avoir procédé à cet interrogatoire, a donné connaissance des conclusions du rapport à l'inculpé, qui a d'ailleurs demandé de nouvelles recherches que les experts ont effectuées[5].

164.23 **Interruption de la prescription.** La notification du rapport d'expertise interrompt la prescription de l'action publique[6].

164.24 **Notification du rapport à adresse électronique.** La loi du 5 mars 2007 a ajouté une phrase à l'article 167 selon laquelle « si les avocats des parties ont fait connaître au juge d'instruction qu'ils disposent d'une adresse électronique, l'intégralité du rapport peut leur être adressée par cette voie, selon les modalités prévues par l'article 803-1 ». Ce dernier article prévoit que la notification peut avoir lieu par un envoi adressé par un moyen de télécommunication à l'adresse électronique de l'avocat et dont il est conservé une trace écrite.

L'article D. 39 du Code de procédure pénale, issu du décret du 15 novembre 2007 modifiant le Code de procédure pénale et relatif à l'utilisation des nouvelles technologies (n° 2007-1620, *JO* 17 nov. 2007, p. 18865) dispose que « l'envoi aux avocats des rapports d'expertise ou de leurs conclusions, qu'il s'agisse des rapports d'étape, provisoires ou définitifs, prévus par les articles 161-2, 166, 167 et 167-2, peut être réalisé selon les modalités prévues par l'article 803-1 ».

SECTION 3
DEMANDES DE COMPLÉMENT OU DE CONTRE-EXPERTISE

164.31 **La demande.** Le juge d'instruction, après avoir donné connaissance aux parties des conclusions du rapport, et reçu leurs déclarations, « leur fixe le délai dans lequel elles auront la faculté de présenter des observations ou de formuler des demandes, notamment aux fins de complément

1. Crim. 22 févr. 1966, *Bull. crim.*, n° 60 – Crim. 23 mai 1970, n° 69-92.622, *Bull. crim.*, n° 166 – Crim. 10 déc. 1985, n° 85-95.006, *Bull. crim.*, n° 393 – Crim. 7 juin 1988, n° 88-81.828, *Bull. crim.*, n° 258.
2. Crim. 12 oct. 1972, n° 72-91527, *Bull. crim.*, n° 284.
3. Crim. 15 mai 1973, n° 72-90.462, *Bull. crim.*, n° 221 – V. aussi, Crim. 26 juin 1979, n° 78-93.955, *Bull. crim.*, n° 230.
4. Crim. 18 juin 1985, n° 85-91.900, *Bull. crim.*, n° 233 – Crim. 15 mars 1988, n° 88-80.267, *Bull. crim.*, n° 128.
5. Crim. 11 avr. 1970, n° 68-92.463, *Bull. crim.*, n° 118.
6. Crim. 5 mai 2004, n° 04-81.269, *Bull. crim.*, n° 111; *D.* 2004, IR 1933; *AJ Pénal* 2004, 292, note J. Coste.

d'expertise ou de contre-expertise. En cas de rejet de ces demandes, le juge d'instruction doit rendre une ordonnance motivée » (C. pr. pén., art. 167, al. 1, 2 et 3). La demande des parties doit être formée selon les dispositions de l'article 81 alinéa 10. Pendant le cours du délai, le dossier est mis à la disposition des conseils des parties. Jusqu'à la loi du 9 mars 2004 le juge fixait librement le délai qu'il ouvrait à la personne pour qu'elle puisse solliciter une contre-expertise, un complément d'expertise, ou présenter des observations par écrit. Il n'en est plus de même depuis l'entrée en vigueur de cette loi puisque « le délai fixé par le juge d'instruction, qui tient compte de la complexité de l'expertise, ne saurait être inférieur à quinze jours ou, s'il s'agit d'une expertise comptable ou financière, à un mois. Passé ce délai, il ne peut plus être formulé de demande de contre-expertise, de complément d'expertise ou de nouvelle expertise portant sur le même objet, y compris sur le fondement de l'article 82-1, sous réserve de la survenance d'un élément nouveau ».

Le complément d'expertise, qui a pour objet de combler une lacune ou de réparer une omission ou d'examiner un élément nouveau, est normalement confié aux premiers experts. Au contraire, la partie qui demande une contre-expertise cherche à obtenir des conclusions différentes de celles des premiers experts. Cette contre-expertise sera donc toujours confiée à d'autres experts que les premiers, et en situation de totale indépendance les uns par rapport aux autres. En matière de faux en écritures rien n'empêche cependant les nouveaux experts d'utiliser les pièces de comparaison dictées par le premier expert[1].

L'expert, qui ne serait pas inscrit sur l'une des listes prévues par l'article 157, chargé d'un complément d'expertise qui ne constitue qu'une addition à la commission primitive, n'est pas tenu de renouveler son serment[2]. Il en serait autrement s'il ne s'agissait pas de la même phase de la procédure[3]. Les parties sont recevables à demander un complément d'expertise ou une contre-expertise à la chambre de l'instruction saisie du règlement de la procédure sans que le délai de l'article 167 alinéa 3 puisse leur être opposé[4]. Il faut toutefois noter que depuis la rédaction de cet article par la loi du 9 mars 2004 « passé ce délai, il ne peut plus être formulé de demande de contre-expertise, de complément d'expertise ou de nouvelle expertise portant sur le même objet, y compris sur le fondement de l'article 82-1, sous réserve de la survenance d'un élément nouveau ».

Il peut arriver que le juge soit saisi d'une demande de prorogation du délai qu'il a imparti pour solliciter un complément d'expertise ou une contre-expertise. Le juge y répond habituellement par ordonnance et la question se pose de savoir si la partie peut faire appel d'un refus. Selon Jean-Louis Croizier, qui cite une jurisprudence inédite de la chambre d'accusation de Limoges (10 août 1995), l'appel en la matière est possible. L'article 186-1 du Code de procédure pénale vise en effet le quatrième alinéa de l'article 167 qui commence par « lorsqu'il rejette une demande... ». Or, cette demande est explicitée à l'alinéa précédent comme « une demande, notamment aux fins de complément d'expertise ou de contre-expertise », formule qui n'apparaît donc nullement limitative. Il faut donc admettre, avec l'auteur précité, que l'appel de cette ordonnance est possible[5]. La loi du 5 mars 2007 a prévu que les demandes de contre-expertise ne sont plus soumises au filtre du président de la chambre de l'instruction.

164.32 Ordonnance. Quand il rejette une demande, le juge d'instruction rend une ordonnance motivée dans le délai d'un mois de la demande. Il en est de même s'il commet un seul expert alors que la partie en a demandé plusieurs. L'article 81, dernier alinéa est applicable (C. pr. pén., art. 167, al. 4). Cette ordonnance est susceptible d'appel (C. pr. pén., art. 186-1).

Le juge apprécie en toute indépendance l'opportunité de faire droit à la demande[6]. L'ordonnance de renvoi correctionnel, rendue sans que le juge d'instruction ait statué sur plusieurs demandes de contre-expertise, est complexe et comme telle susceptible d'appel[7]. Il a été jugé que l'ordonnance qui à la fois prononce le renvoi et rejette la demande de contre-expertise, est nulle du fait que le délai d'appel de la décision de rejet n'est pas expiré[8].

Le juge n'est pas tenu de répondre par une ordonnance à une demande formulée après l'expiration du délai fixé par le magistrat[9]. Quand aucun délai n'a été imparti, il en résulte seulement que

1. Crim. 14 févr. 1946, *Bull. crim.*, n° 55.
2. Crim. 16 nov. 1922, *Bull. crim.*, n° 364 – Crim. 8 oct. 1959, *Bull. crim.*, n° 419.
3. Crim. 19 juin 1931, *Bull. crim.*, n° 179.
4. Crim. 2 oct. 2001, n° 00-85.724, n° 00-85.725, *Bull. crim.*, n° 194; *D.* 2002, somm. 1458, obs. J. Pradel; v. les attendus s[s] n° 164.02.
5. RÉP. PÉN., J.-L. Croizier, « L'expertise », n° 179.
6. CA Paris, 1re ch. acc., 22 oct. 1962, *JCP* 1962, II, 12920, note A. P.
7. Crim. 10 févr. 1965, *Bull. crim.*, n° 43 – Crim. 2 mai 1967, *Bull. crim.*, n° 143 – V. aussi, Crim. 2 avr. 1992, n° 92-80.263, *Bull. crim.*, n° 139.
8. CA Paris, 2e ch. acc., 23 mai 1960, *JCP* 1962, II, 12692 *bis*, note P. Chambon.
9. Crim. 10 mai 1966, *Bull. crim.*, n° 140 – Crim. 7 févr. 1968, *Bull. crim.*, n° 38 – Crim. 16 janv. 1976, n° 75-91.928, *Bull. crim.*, n° 17 – Crim. 6 juin 1988, n° 88-81.990, *Bull. crim.*, n° 249.

l'intéressé peut à tout moment demander une nouvelle expertise[1].

164.33 Cas particulier de l'expertise concluant à l'irresponsabilité sur la base de l'article 122-1 du Code pénal. Aux termes de l'article 167-1 du Code de procédure pénale, ajouté par la loi n° 95-125 du 8 février 1995, lorsque les conclusions de l'expert, révélant l'abolition totale ou partielle du discernement de la personne poursuivie, dans le cadre de l'article 122-1 du Code pénal, sont telles qu'elles conduisent à un non-lieu, la partie civile dispose, à compter de leur notification, d'un délai de 15 jours pour présenter une demande de nouvelle expertise, laquelle est de droit, et doit être confiée à deux experts au moins. L'article 167-1 ne précise pas s'il s'applique également aux résultats de la contre-expertise demandée. Le bon sens conduira à convoquer les parties civiles devant le juge d'instruction pour la notification mais il ne peut être question de penser qu'une autre contre-expertise serait de droit si elle était demandée.

La loi du 25 février 2008 a modifié encore le texte de cet article qui dispose désormais que lorsque les conclusions de l'expertise sont de nature à conduire à l'application des dispositions du premier alinéa de l'article 122-1 du Code pénal prévoyant l'irresponsabilité pénale de la personne en raison d'un trouble mental la notification peut être faite en présence de l'expert ou des experts. Cette présence est obligatoire en matière criminelle si l'avocat de la partie civile le demande. Le juge d'instruction doit mettre en œuvre une procédure particulière lors de la délivrance des avis à parties (v. s^s^ n° 212.42, 214.37) et il existe une procédure particulière devant la chambre de l'instruction, étudiée au Chapitre 247.

164.34 Conjugaison des articles 167 et 175. Dès lors que l'article 167 du Code de procédure pénale prévoit que le juge d'instruction notifie les conclusions d'une expertise et ouvre un délai à la personne ou à son avocat pour solliciter une contre-expertise, il est logique de considérer que, lorsque ce délai est expiré, la demande de contre-expertise devient irrecevable. Lorsque les avis de fin d'information sont notifiés, la partie ne recouvre pas de droit à contre-expertise. Elle peut toutefois solliciter une expertise et la nuance ne sera pas toujours aisée. On doit admettre qu'en cas d'élément nouveau, cette demande d'expertise est recevable même si elle constitue en fait une demande de contre-expertise. La jurisprudence semble établie depuis l'arrêt de la chambre criminelle du 19 janvier 1999 qui estimait que « lorsqu'un juge d'instruction notifie régulièrement les conclusions d'une expertise aux parties et leur fixent un délai pour présenter toutes observations ou demandes utiles, l'avis de fin d'information qu'il délivre à la personne mise en examen [...] n'a pas pour effet d'ouvrir un nouveau délai aux fins de demande de contre-expertise[2] ». La loi du 5 mars 2007 le déclare expressément (mais v. s^s^ n° 164.35).

164.35 Avis à parties concomitant avec notification des conclusions d'expertise. On peut aussi se demander si le magistrat instructeur peut délivrer des avis à parties en même temps qu'il notifie des conclusions d'expertise. Certaines décisions de chambre d'instruction ont estimé que le juge d'instruction ne pouvait considérer une affaire terminée alors qu'il notifiait une expertise et ouvrait donc un délai de contestation. Mais la majorité des chambres de l'instruction ne semble pas sanctionner cette pratique. La chambre criminelle, si elle ne s'est pas prononcée sur cette question précise, a toutefois estimé que le mis en examen ne saurait se faire un grief de ce qu'un complément d'expertise ne lui a pas été notifié, dès lors que la notification de l'avis de fin d'information prévue par l'article 175 du Code de procédure pénale ouvre aux parties, dans le délai de vingt jours fixé par ce texte, le droit de formuler toute demande d'expertise, de contre-expertise ou d'expertise complémentaire qu'elles jugeraient utiles à la manifestation de la vérité[3] (v. s^s^ n° 164.02). Cette décision semble ajouter au texte de l'article 175 qui n'évoque nullement une « contre-expertise ».

Certains auteurs ont estimé que ce dernier arrêt prenait également le contre-pied de la jurisprudence de la chambre criminelle du 19 janvier 1999[4] (préc. s^s^ n° 164.34 et v. s^s^ n° 164.02). En fait, il nous semble que le rejet du pourvoi pour défaut de grief permet à la chambre criminelle de se servir de l'existence de l'avis de fin d'information pour souligner que la personne mise en examen pouvait alors faire cette demande. Mais si elle le pouvait, dans le cas d'espèce, c'est, pensons-nous, parce que justement l'expertise ne lui avait pas été notifiée.

SECTION 4
APPRÉCIATION DU RAPPORT PAR LE JUGE

164.41 Indépendance du juge. La coutume de Paris, dès la fin du XVIe siècle, portait dans son

1. Crim. 5 janv. 1977, n° 75-13.003, *Bull. crim.*, n° 8.

2. Crim. 19 janv. 1999, n° 98-82.420, *Bull. crim.*, n° 8.
3. Crim. 15 févr. 2006, n° 05-86.773, *Bull. crim.*, n° 46; *D.* 2006, IR 811; *Dr. pén.* 2006, comm. n° 74, obs. A. Maron.
4. Crim. 19 janv. 1999, n° 98-82.420, *Bull. crim.*, n° 8, préc. – C'est le cas de A. Maron dans sa note, *Dr. pén.* 2006, comm. 64.

article 184 : « Doit être le rapport apporté en justice pour, en plaidant ou en jugeant, y avoir tels égards que de raison. »

L'avis de l'expert ne lie par le juge, et ses conclusions ne sont pour ce dernier qu'un élément de conviction parmi les autres. « Mais en fait, c'est presque toujours l'avis de l'expert qui dicte le jugement. Comment le juge écarterait-il les conclusions d'un rapport qui, tant par la nature des constatations que par la compétence spéciale de celui qui les a faites, échappe à son examen et même à son contrôle ?[1] » Pussort observait déjà au XVIIe siècle, dans ses conférences sur l'examen de l'ordonnance de 1667 : « L'expert est beaucoup plus juge que le juge lui-même. » Comment le juge qui avoue son ignorance en nommant un expert, contesterait-il ses conclusions, sinon en ordonnant une nouvelle expertise ?

Quoi qu'il en soit en fait, la jurisprudence a formellement consacré le principe de l'indépendance du juge vis-à-vis de l'expert. L'appréciation des données fournies par le rapport de l'expert entre dans les pouvoirs du juge du fond[2]. Les juges ne sont pas liés par les conclusions des experts, dont ils apprécient souverainement le rapport comme les autres éléments de preuve[3]. Il n'entre pas dans le rôle de la Cour de cassation de vérifier si l'opinion du juge est conforme à celle de l'expert, dont le rapport n'est qu'un élément de conviction[4]. Une expertise extraite d'une autre procédure peut servir comme élément de preuve, quand elle a fait l'objet d'une discussion contradictoire[5].

La chambre criminelle a rejeté le pourvoi sur le moyen pris de ce que les juges ont puisé leurs éléments de décision en dehors du rapport d'expertise[6], ou ont dénaturé ce rapport[7], ou ont fait état d'un rapport dressé par trois experts dont l'avis n'était pas unanime[8], ou ont tenu compte des constatations, mais non des conclusions des experts[9]. Les juges peuvent retenir, comme source d'indemnisation, des violences, qui selon l'expert, n'ont laissé aucune séquelle[10].

Toutefois, encourt la cassation, pour manque de base légale par contradiction de motifs, l'arrêt correctionnel qui déclare constant un fait en contradiction avec ceux énoncés dans un rapport d'expertise auquel il prétend l'emprunter[11]. Les juges peuvent renoncer, au cas d'impossibilité d'exécution, à une expertise qu'ils ont ordonnée, et prononcer condamnation[12]. C'est pourquoi le juge doit savoir ce qu'il peut attendre de l'expert. Dans certains domaines, il convient parfois de ne pas faire de confusion, C'est le cas ces dernières années par exemple de l'expertise dite de crédibilité qui se transforme trop souvent en expertise sur la « vérité » des dires de la victime, par exemple de l'enfant[13] (v. s^{s} n° 191.54).

1. GARRAUD, I, n° 347.
2. Crim. 28 juin 1939, *Bull. crim.*, n° 139 – Crim. 13 juill. 1939, *Bull. crim.*, n° 163 – Crim. 10 févr. 1944, *Bull. crim.*, n° 43 – Crim. 11 mars 1958, *Bull. crim.*, n° 238 – Crim. 12 juin 1958, *Bull. crim.*, n° 459.
3. Crim. 30 juill. 1932, *Bull. crim.*, n° 196.
4. Crim. 29 juin 1960, *Bull. crim.*, n° 345.
5. Crim. 13 janv. 1970, n° 68-93.408, *Bull. crim.*, n° 21; v. les attendus s^{s} n° 164.02.
6. Crim. 6 déc. 1962, *Bull. crim.*, n° 363 – Crim. 28 juin 1966, *Bull. crim.*, n° 177.
7. Crim. 7 févr. 1962, *Bull. crim.*, n° 85.
8. Crim. 18 mars 1965, *Bull. crim.*, n° 83.
9. Crim. 11 mars 1964, *Bull. crim.*, n° 89.
10. Crim. 23 nov. 1966, *Bull. crim.*, n° 264 – V. aussi Crim. 10 mars 1964, *Bull. crim.*, n° 83.
11. Crim. 23 juill. 1932, *Bull. crim.*, n° 188 – Crim. 24 mai 1945, *Bull. crim.*, n° 58 – Dans le même sens, CA Paris, 13e ch. corr., 4 nov. 1967, *JCP* 1968, II, 15399, note P. Chambon.
12. Crim. 11 juill. 1972, n° 72-90.788, *Bull. crim.*, n° 234.
13. Sur ces points v. Ch. Guéry et L. Bellon, « Juges et psy; la confusion des langues », *RSC* 1999, 783 – Sur l'expertise psychologique, Ch. Guéry, « L'expertise psychologique sert-elle l'intime conviction du juge ? », dans *Conviction intime et abus sexuel, Cahiers de la Revue de la Société française de psychologie légale*, publication de l'Université de Rouen, n° 3 – Sur l'expertise psychiatrique, Ch. Guéry, « Le juge d'instruction et l'expertise psychiatrique », dans *Justice et psychiatrie*, Eres, 1998.

CHAPITRE

165. Rémunération des experts

SECTION 0
ORIENTEUR

165.00 Plan du chapitre.

Sect. 1 Tarification des expertises

Sect. 2 Loi organique relative aux lois de finances (LOLF)

165.01 Textes applicables.

C. pr. pén., art. 800-1.

C. pr. pén., art. R. 92, R. 106 à R. 122, R. 227, R. 228, R. 228-1.

C. pr. pén., art. 800-1

Nonobstant toutes dispositions contraires, les frais de justice criminelle, correctionnelle et de police sont à la charge de l'État et sans recours envers les condamnés.

C. pr. pén., art. R. 53-20 [D. n° 2004-470, 25 mai 2004]

Sur décision du procureur de la République, de l'officier de police judiciaire ou, en cours d'information, du juge d'instruction, les scellés relatifs aux traces et échantillons mentionnés aux 1°, 3° et 4° de l'article R. 53-10 et ayant fait l'objet d'un conditionnement normalisé selon des modalités fixées par arrêté conjoint du ministre de la Justice, garde des Sceaux, du ministre de l'Intérieur et du ministre de la Défense sont adressés au service central de préservation des prélèvements biologiques en vue de leur conservation.

Ces scellés sont accompagnés des informations mentionnées à l'article R. 53-11. Ils sont conservés pendant le délai de quarante ans prévu par l'article R. 53-14. Il est procédé à leur destruction à l'expiration du délai. En cas d'effacement d'une information enregistrée au fichier avant ce délai, le service procède, sur réquisition de l'autorité judiciaire ou de l'officier de police judiciaire agissant sur instruction de cette dernière, à la destruction du scellé.

Dans les conditions prévues par la loi n° 78-17 du 6 janvier 1978 relative à l'informatique, aux fichiers et aux libertés, les informations transmises au service central pourront faire l'objet d'un traitement informatisé. Celui-ci pourra, par dérogation à l'article R. 53-19, comporter un numéro d'ordre commun avec le fichier mentionné à l'article R. 53-9. Il ne pourra, en aucun cas, contenir des résultats d'analyses d'identification par empreintes génétiques.

Le magistrat mentionné à l'article R. 53-16 contrôle les conditions dans lesquelles fonctionne le service central de préservation des prélèvements biologiques. Il peut procéder à toute vérification sur place.

L'autorité responsable du service lui adresse un rapport annuel d'activité ainsi que, sur sa demande, toutes informations relatives au fonctionnement du service.

C. pr. pén., art. R. 92

Les frais de justice criminelle, correctionnelle et de police sont :

1° Les frais de translation des prévenus ou accusés, les frais de translation des condamnés pour se rendre au lieu où ils sont appelés en témoignage lorsque cette translation ne peut être effectuée par les voitures cellulaires du service pénitentiaire, les frais de transport des procédures et des pièces à conviction.

2° Les frais d'extradition des prévenus, accusés ou condamnés; les frais de commission rogatoire et autres frais de procédure pénale en matière internationale.

3° Les honoraires et indemnités qui peuvent être accordés aux personnes ci-après :

a) Experts et traducteurs interprètes;

b) Personnes chargées des enquêtes sociales ou de personnalité;

c) Personnes contribuant au contrôle judiciaire;

d) Médiateurs du procureur de la République chargés d'une mission de médiation en application des dispositions du 5° de l'article 41-1;

e) Délégués du procureur de la République chargés d'une des missions prévues par les 1° à 4° de l'article 41-1 ou intervenant au cours d'une composition pénale.

4° Les indemnités qui peuvent être accordées aux témoins, aux jurés par application des articles R. 123 à R. 146 et aux parties civiles par application des articles 375-1 et 422.

5° Les frais de saisie ou de mise sous séquestre ou en fourrière, ainsi que les frais en matière de scellés.

6° Les frais d'enquête sociale et d'expertise engagés en matière d'exécution ou d'application des peines et en matière de grâces.

7° Les émoluments et indemnités alloués aux huissiers de justice.

8° Les frais de capture.

9° Les dépenses diverses de reconstitution, d'exhumation ou de travaux techniques exposés pour l'instruction d'une affaire particulière et pour une enquête préliminaire ou de flagrant délit, à l'exclusion des dépenses de fonctionnement.

10° Les indemnités allouées aux magistrats et greffiers au cas de transport pour exercer un acte de leur fonction dans les cas prévus par la section VII du chapitre II du présent titre.

11° Les frais postaux et télégraphiques, le port des paquets pour une procédure pénale.

12° Les frais des procédures suivies en application des lois concernant l'enfance délinquante.

13° Les indemnités accordées aux victimes d'erreurs judiciaires ainsi que les frais de révision et les secours aux individus relaxés ou acquittés.

14° Les indemnités accordées en application des articles 149 et 150.

15° Les frais exposés devant les commissions prévues par l'article 706-4.

16° Les frais de copie, droits, redevances et émoluments, dus aux greffiers des tribunaux de commerce pour la délivrance des pièces à l'autorité judiciaire dans le cadre d'une procédure pénale.

17° Les frais et dépens mis à la charge du Trésor public en cas de décision juridictionnelle rectifiant ou interprétant une précédente décision en matière pénale.

18° Les frais de recherche et de délivrance de reproductions de tous documents imprimés;

19° Les frais de remise ou de mise en œuvre des conventions secrètes de moyens ou prestations de cryptologie engagés à la demande des autorités judiciaires par les organismes agréés mentionnés à l'article 28 de la loi n° 90-1170 du 29 décembre 1990 sur la réglementation des télécommunications;

20° Les indemnités et vacations qui peuvent être accordées aux membres titulaires et suppléants de la formation de jugement de la Cour de justice de la République selon les modalités prévues au décret n° 95-692 du 9 mai 1995;

21° Les frais des administrateurs *ad hoc* lorsqu'ils figurent sur la liste prévue à l'article R. 53 ou qu'il a été fait application des dispositions de l'article R. 53-6;

22° Les indemnités accordées en application de l'article 800-2.

C. pr. pén., art. R. 106

Les tarifs fixés par le présent titre, en ce qui concerne les frais d'expertise, doivent être appliqués en prenant pour base la résidence des experts.

Les frais de rédaction et de dépôt du rapport, ainsi que, le cas échéant, de la prestation de serment sont compris dans les indemnités fixées par ces tarifs.

Aucune indemnité n'est allouée pour la prestation de serment de l'expert devant la cour d'appel lors de sa première inscription ni, le cas échéant, lors d'une nouvelle inscription après radiation ou non-réinscription.

C. pr. pén., art. R. 107

Lorsque le montant prévu de ses frais et honoraires dépasse 460 euros, l'expert désigné doit, avant de commencer ses travaux, en informer la juridiction qui l'a commis.

Sauf urgence, cette estimation est communiquée au ministère public qui présente ses observations dans le délai de cinq jours, après avoir fait procéder si nécessaire à des vérifications de toute nature sur les éléments de l'estimation présentée par l'expert.

S'il n'est pas tenu compte de ses observations, le ministère public peut saisir, par l'intermédiaire du procureur général, le président de la chambre de l'instruction, qui statue dans les huit jours par une décision qui ne peut faire l'objet de recours.

C. pr. pén., art. 109

Les prix des opérations tarifées ou non tarifées peuvent être réduits en cas de retard dans l'accomplissement de la mission ou d'insuffisance du rapport.

Si le travail doit être refait, toute rémunération peut être refusée.

C. pr. pén., art. R. 110

Lorsque les experts se déplacent, il leur est alloué, sur justification, une indemnité de transport qui est calculée ainsi qu'il suit :

1° Si le voyage est fait par chemin de fer, l'indemnité est égale au prix d'un billet de première classe, tant à l'aller qu'au retour;

2° Si le voyage est fait par un autre service de transport en commun, l'indemnité est égale au prix d'un voyage, d'après le tarif de ce service, tant à l'aller qu'au retour;

3° Si le voyage n'est pas fait par l'un des moyens visés ci-dessus, l'indemnité est fixée selon les taux prévus pour les déplacements des personnels civils de l'État utilisant leur voiture personnelle;

4° Si le voyage est fait par mer, il est accordé, sur le vu du duplicata du billet de voyage délivré par la compagnie de navigation, le remboursement du prix de passage en 1re classe ordinaire, tant à l'aller qu'au retour;

5° Si le voyage est fait par air, il est accordé, sur le vu du billet de voyage délivré par la compagnie aérienne, le remboursement du prix de passage sur la base du tarif de la classe la plus économique.

Les experts titulaires de permis de circulation ou jouissant, à titre personnel ou en raison de leur emploi, de réductions de tarifs n'ont pas droit au remboursement des frais de transport pour la partie correspondant à l'exonération dont ils bénéficient.

Les demandes de remboursement de frais de transport doivent être obligatoirement accompagnées d'une déclaration des intéressés certifiant qu'ils ne bénéficient pas, à quelque titre que ce soit, d'avantages de tarifs ou, dans le cas contraire, qu'ils ne bénéficient pas d'autres avantages que ceux dont il est fait état dans la demande.

Si le déplacement d'un expert chargé de plusieurs missions est opéré au cours de la même journée sur le territoire de plusieurs communes situées dans la même direction, le mémoire doit être établi d'après la distance de sa résidence à la commune la plus éloignée.

C. pr. pén., art. R. 111

Il est alloué aux experts qui se déplacent une indemnité journalière de séjour calculée suivant la réglementation relative aux frais de déplacement des personnels civils de l'État.

Pour le calcul de ces indemnités, les experts sont assimilés aux fonctionnaires du groupe I.

C. pr. pén., art. R. 112

Lorsque les experts sont entendus, soit devant les cours ou tribunaux, soit devant les magistrats instructeurs à l'occasion de la mission qui leur est confiée, il leur est alloué, outre leurs frais de déplacement et de séjour s'il y a lieu, une indemnité déterminée par la formule suivante : I = 20 + (S × 4), dans laquelle :

I est le montant de l'indemnité forfaitaire exprimée en euros;

S le salaire minimum interprofessionnel de croissance tel qu'il est fixé au 1er janvier de l'année en cours.

Les experts qui justifient d'une perte d'une partie du revenu tiré de leur activité professionnelle, ont droit, en outre, à une indemnité supplémentaire calculée suivant la formule I = S x D, dans laquelle :

S est le salaire minimum interprofessionnel de croissance déterminé comme ci-dessus;

D la durée horaire de comparution, celle-ci ne pouvant excéder huit heures par jour ouvrable.

C. pr. pén., art. R. 113

Lorsque les experts justifient qu'ils se sont trouvés, par suite de circonstances indépendantes de leur volonté, dans l'impossibilité de remplir leur mission, les magistrats commettants peuvent, par décision motivée soumise à l'agrément du président de la chambre de l'instruction, leur allouer une indemnité, outre leurs frais de transport, de séjour et autres débours s'il y a lieu.

C. pr. pén., art. R. 114

Les experts ont droit, sur la production de pièces justificatives, au remboursement des frais de transport des pièces à conviction et de tous autres débours reconnus indispensables.

C. pr. pén., art. R. 115

Les magistrats commettants peuvent autoriser les experts à percevoir au cours de la procédure des acomptes provisionnels soit lorsqu'ils ont fait des travaux d'une importance exceptionnelle, soit lorsqu'ils ont été dans la nécessité de faire des transports coûteux ou des avances personnelles.

Toutefois, le montant total des acomptes ne pourra pas dépasser le tiers du montant des frais et honoraires prévu.

C. pr. pén., art. R. 116

Il est alloué à chaque expert désigné conformément aux lois et règlements sur la répression des fraudes en matière commerciale, pour l'analyse de chaque échantillon, y compris les frais de laboratoire :

Pour le premier échantillon... 12,96 euros.

Pour les échantillons suivants dans la même affaire... 7,17 euros.

C. pr. pén., art. R. 116-1

Les tarifs d'honoraires correspondant aux actes d'expertise prévus par les articles R. 117 à R. 120 sont déterminés par référence aux tarifs conventionnels d'honoraires fixés en application de l'article L. 162-15-2 du Code de la sécurité sociale et sont calculés, pour chacun de ces actes, d'après leur nature et leur valeur relative telles qu'elles résultent des cotations par lettres clés et coefficients mentionnées dans les articles suivants.

C. pr. pén., art. R. 117

Chaque médecin régulièrement requis ou commis reçoit à titre d'honoraires une somme calculée en fonction des cotations suivantes :

1° a) Pour une visite judiciaire comportant un ou plusieurs examens et le dépôt d'un rapport... C 2,5.

b) Pour une visite judiciaire comportant un ou plusieurs examens d'une victime, la fixation des taux d'incapacité et le dépôt d'un rapport... C 3,5.

c) Pour l'examen clinique et la prise de sang prévus aux articles R. 20 à R. 25 du Code des débits de boissons et pour l'examen clinique et le prélèvement biologique prévus par l'article R. 235-6 du Code de la route, ainsi que le recueil de liquide biologique et le dépistage de stupéfiants prévus par l'article R. 235-4 du même code;

– auxquels il est procédé entre 7 heures et 22 heures... C 1,5.

– auxquels il est procédé entre 22 heures et 7 heures... C 1,5 (plus une indemnité de 70 F).

– auxquels il est procédé les dimanches et jours fériés... C 1,5 (plus une indemnité de 50 F).

d) Pour chaque examen prévu par l'article 706-29 du Code de procédure pénale... C 2.

e) Lorsque, par dérogation aux dispositions de l'article R. 235-3 du Code de la route, le matériel nécessaire au dépistage est fourni par le praticien requis, les honoraires prévus au c ci-dessus sont augmentés d'une indemnité égale au prix unitaire d'acquisition de ce matériel sans pouvoir excéder 25 euros.

2° Pour un transport sur les lieux et description de cadavre... C 2,5.

Lorsque ces opérations sont effectuées par l'expert qui procède ultérieurement à l'autopsie... C 1,5.

3° Pour autopsie avant inhumation... Cs 6.

4° Pour autopsie après exhumation ou autopsie de cadavre en état de décomposition avancée... Cs 10.

5° Pour autopsie de cadavre de nouveau-né avant inhumation... Cs 3.

6° Pour autopsie de cadavre de nouveau-né après exhumation ou autopsie de cadavre de nouveau-né en état de décomposition avancée... Cs 5.

7° Pour une expertise médico-psychologique comportant un ou plusieurs examens, pratiquée par un médecin ayant également la qualité de psychologue, intervenant en qualité d'expert unique : CNPSY 5;

8° Pour la partie médicale de l'expertise médico-psychologique pratiquée par un médecin et un psychologue mentionnée au 2° de l'article R. 120-2 : C 3,5;

9° Pour une expertise psychiatrique comportant un ou plusieurs examens : CNPSY 6;

10° Pour une expertise psychiatrique comportant un ou plusieurs examens et concernant une personne poursuivie ou condamnée pour infraction sexuelle : CNPSY 6,5.

C. pr. pén., art. R. 118

Les analyses toxicologiques sont ainsi cotées, pour chaque expert, lorsque les dosages de plusieurs éléments ne peuvent être groupés en une seule opération :

1° Pour recherche et dosage de l'alcool dans le sang : B 50;

Et, en cas de recours à la chromatographie en phase gazeuse : B 120.

2° Dosage de l'oxycarbonémie... B 50.

3° Dosage de l'oxyde de carbone dans l'atmosphère... B 50.

4° Dosage de la benzolémie... B 70.

5° Recherche et dosage du trichloréthylène et de l'acide trichloracétique... B 70.

6° Recherche et dosage d'un élément toxique dans les viscères... B 220.

7° Expertise toxicologique complète... B 1500.

8° Recherche et dosage des amphétamines dans le sang ou les urines... B 60.

9° Recherche et dosage des stupéfiants dans le sang ou les urines... B 150.

10° Recherche et dosage des stupéfiants (cannabis, amphétamines, cocaïne et opiacés) en ayant recours à la chromatographie en phase gazeuse couplée à la spectrométrie de masse GC/SM B.800.

11° Recherche des médicaments psychoactifs en ayant recours à la chromatographie en phase liquide haute performance couplée à une barrette de diodes ainsi qu'à la chromatographie en phase gazeuse couplée à la spectrométrie de masse GC/SM B.900.

C. pr. pén., art. R. 119

Il est alloué à chaque expert régulièrement requis ou commis :

Pour caractériser des produits biologiques, dans les cas simples, une somme calculée en fonction de la cotation... B 50.

C. pr. pén., art. R. 120

Il est alloué à chaque médecin expert ou radiologiste qualifié, régulièrement requis ou commis :

1° Lorsqu'il s'agit d'examen radiographique ou radioscopique d'une personne vivante, des honoraires calculés en fonction des cotations fixées dans la troisième partie de la nomenclature générale des actes professionnels des médecins... Z.

2° Lorsqu'il s'agit de la localisation de corps étrangers dans un cadavre, des honoraires calculés en fonction de la cotation... Z 20.

3° Lorsqu'il s'agit de la localisation de corps étrangers dans un cadre putréfié, des honoraires calculés en fonction de la cotation... Z 35.

C. pr. pén., art. R. 120-1

Il est alloué à chaque expert, pour une expertise mécanique complète portant sur un ou plusieurs véhicules automobiles, ordonnée par une juridiction siégeant à Paris ou dans les départements des Hauts-de-Seine, de la Seine-Saint-Denis ou du Val-de-Marne, à la suite d'accident de la circulation, à l'exclusion des examens simples ne portant que sur des organes déterminés du véhicule, et à l'exclusion de toute indemnité d'établissement de plans, prise de photographies et frais de séjour : 50,31 euros.

Pour une expertise ordonnée dans les mêmes conditions, par les juridictions des autres départements, à l'exclusion de toute indemnité autre que les indemnités de transport et de séjour : 45,73 euros.

C. pr. pén., art. R. 120-2

Il est alloué à chaque expert régulièrement requis ou commis :

1° Pour une expertise psychologique comportant un ou plusieurs examens : K 90;

2° Pour la partie psychologique d'une expertise médico-psychologique pratiquée par un médecin et un psychologue : K 90.

C. pr. pén., art. R. 121

En sus du remboursement de leurs frais de déplacement, calculés dans les conditions fixées pour les déplacements des fonctionnaires du groupe II, il est alloué aux personnes habilitées :

1° Pour la vérification de la situation matérielle, familiale ou sociale des personnes faisant l'objet d'une enquête prévue par les articles 41 (alinéa 6) et 81 (alinéa 7) : 38,87 euros;

2° Pour l'enquête sur la personnalité des personnes mises en examen ainsi que sur leur situation matérielle, familiale ou sociale, prévue par l'article 81 (alinéa 6) : 73,18 euros.

Lorsque la personne habilitée est une association qui a passé une convention avec le premier président et le procureur général de la cour d'appel dans le ressort de laquelle est situé son siège, l'indemnité prévue au 1° ci-dessus est portée à 64,03 euros et l'indemnité prévue au 2° à 152,45 euros.

C. pr. pén., art. R. 121-1

En sus du remboursement de leurs frais de déplacement, calculés dans les conditions fixées pour les déplacements des fonctionnaires du groupe II, il est alloué aux enquêteurs de personnalité et aux personnes physiques ou représentants des personnes morales mentionnées à l'article R. 16-2 (alinéa 1er) pour la mission de contrôle judiciaire exercée sur chaque personne mise en examen, en application du 6° de l'article 138 (alinéa 2) :

51,83 euros lorsque la mission de contrôle judiciaire dure trois mois ou moins;

110,53 euros lorsque la mission de contrôle judiciaire dure plus de trois mois sans excéder un an;

152,45 euros lorsque la mission de contrôle judiciaire dure plus d'un an.

Lorsque cette mission est effectuée par une association qui a passé une convention avec le premier président et le procureur général de la cour d'appel dans le ressort de laquelle est situé son siège social, l'indemnité allouée est portée respectivement à 152,45 euros, 254,59 euros et 407,04 euros.

C. pr. pén., art. R. 121-2

En sus du remboursement de leurs frais de déplacement, calculés dans les conditions fixées pour les déplacements des fonctionnaires du groupe II, il est alloué aux délégués et aux médiateurs du procureur de la République :

1° Pour une mission tendant à procéder au rappel des obligations résultant de la loi en application des dispositions du 1° de l'article 41-1 : 7,62 euros;

2° Pour une mission tendant à favoriser la réparation du dommage, la régularisation d'une situation ou l'orientation vers une structure sanitaire, sociale ou professionnelle en application des dispositions des 2°, 3° et 4° de l'article 41-1 : 15,24 euros;

3° Pour une mission de médiation en application des dispositions du 5° de l'article 41-1 : 38,87 euros;

4° Pour une composition pénale :

a) Pour la notification des mesures proposées et le recueil de l'accord de la personne : 15,24 euros;

b) Pour le contrôle de l'exécution des mesures décidées : 7,62 euros lorsqu'il s'agit des mesures prévues aux 1°, 2° ou 3° de l'article 41-2; 15, 24 euros lorsqu'est également décidée la mesure prévue au 4° de l'article 41-2 ou celle prévue au sixième alinéa de cet article.

Lorsque la personne habilitée est une association qui a passé une convention avec le premier président et le procureur général de la cour d'appel dans le ressort de laquelle est situé son siège, l'indemnité prévue au 1° est portée à 11,43 euros, l'indemnité prévue au 2° à 30,49 euros, l'indemnité prévue au 3° est portée à 76,22 euros lorsque la durée de la mission est inférieure ou égale à un mois, 152,45 euros lorsque cette durée est supérieure à un mois et inférieure ou égale à trois mois et 304,90 euros lorsqu'elle est supérieure à trois mois, et les indemnités prévues au 4° sont respectivement portées à 30,49, 15,24 et 30,49 euros.

Lorsque les mesures prévues aux 1° à 3° ci-dessus concernent un mineur, le délégué ou le Médiateur du procureur qui doit procéder à l'audition des responsables légaux du mineur se voit allouer une indemnité supplémentaire de 7,62 euros.

C. pr. pén., art. R. 122

Les traductions par écrit sont payées 11, 13 euros la page de texte français.

Lorsque les interprètes traducteurs sont appelés devant le procureur de la République, les officiers de police judiciaire ou leurs auxiliaires, devant les juges d'instruction ou devant les juridictions répressives pour faire les traductions orales, il leur est alloué :

1° Pour la première heure de présence, qui est toujours due en entier :

À Paris et dans les départements des Hauts-de-Seine, de la Seine-Saint-Denis et du Val-de-Marne : 14,79 euros;

Dans les autres départements : 13,26 euros;

2° Par demi-heure supplémentaire, due en entier dès qu'elle est commencée : 7,32 ou 6,71 euros suivant la distinction ci-dessus.

Les sommes fixées par le présent article sont majorées de 25 % lorsque la traduction porte sur une langue autre que l'anglais, l'allemand, l'espagnol ou l'italien.

Les interprètes traducteurs ont droit aux indemnités de voyage et de séjour prévues aux articles R. 110 et R. 111.

C. pr. pén., art. R. 227

Le président de chaque juridiction ou le magistrat qu'il délègue à cet effet taxe les états ou mémoires relatifs à des frais engagés sur la décision des autorités appartenant à cette juridiction ou des personnes agissant sous le contrôle de ces autorités. Les frais engagés sur la décision d'un juge d'instruction ou d'un juge des enfants sont taxés par ce magistrat.

C. pr. pén., art. R. 228

Lorsque la taxe diffère de la demande de la partie prenante, l'ordonnance de taxe lui est notifiée par le greffe par lettre recommandée.

Lorsque la taxe diffère des réquisitions du ministère public, l'ordonnance de taxe lui est notifiée par le greffe.

C. pr. pén., art. R. 228-1

L'ordonnance de taxe peut être frappée par la partie prenante ou le ministère public d'un recours devant la chambre de l'instruction quelle que soit la juridiction à laquelle appartient le magistrat taxateur. Le délai de recours est de dix jours à compter de la notification. Le délai de recours et l'exercice du recours dans le délai sont suspensifs d'exécution.

165.02 Jurisprudence de référence.

• La notification d'une ordonnance de taxe implique la certification par le greffier au pied de l'ordonnance de la notification effectuée.

Crim. 14 mars 2006, n° 05-85.274, *Bull. crim.*, n° 70; *Procédures* 2006, n° 163, note J. Buisson.

« Vu l'article R. 228-1 du Code de procédure pénale;

Attendu que la notification d'une ordonnance de taxe prévue par l'article R. 228 du Code de procédure pénale implique, outre l'envoi d'une lettre recommandée, la certification par le greffier de l'accomplissement de cette formalité au pied de l'ordonnance;

Attendu qu'il résulte de l'arrêt attaqué et des pièces de la procédure que, le 31 mars 2005, Paul X..., expert, a formé un recours contre une ordonnance de taxe rendue, le 8 mars 2005, par le président de la cour d'assises;

Attendu que, pour déclarer le recours irrecevable, l'arrêt énonce que cette décision a été notifiée par lettre recommandée datée du 18 mars 2005;

Mais attendu qu'en tenant pour établi l'envoi, à cette dernière date, à la partie prenante, de la lettre recommandée qui aurait fait courir le délai d'appel, alors qu'aucune mention relative aux formes utilisées pour cette notification n'a été portée sur l'ordonnance par le greffier, la chambre de l'instruction a méconnu le texte précité et le principe ci-dessus énoncé. »

165.03 Bibliographie indicative. (V. les références complètes s[s] n° 03.)

Actualisables. RÉP. PÉN., Croizier J.-L., « Expertise »; Marot, « Frais et dépens » – J.-CL. PÉN., Arnould « Expertise »; Bailly J., « Frais de justice ».

Articles. Dalle H., « La LOLF et la justice : une occasion manquée », *Culture Droit* n° 5, 58.

SECTION 1
TARIFICATION DES EXPERTISES

165.11 Tarif légal. Les honoraires et indemnités alloués aux experts sont compris dans les frais de justice criminelle déterminés par un règlement d'administration publique pris en application de l'article 800 du Code de procédure pénale (C. pr. pén., art. R. 92, 3e). Ces honoraires et indemnités sont réglés par les articles R. 106 à R. 122 de ce règlement. Les frais de justice criminelle, depuis la loi du 4 janvier 1993, « sont à la charge de l'État et sans recours envers les condamnés » (C. pr. pén., art. 800-1). Toutefois, lorsqu'il est fait application des articles 177-2 ou 212-2 à l'encontre de la partie civile dont la constitution a été jugée abusive ou dilatoire, les frais de justice correspondant aux expertises ordonnées à la demande de cette dernière peuvent, selon les modalités prévues par ces articles, être mis à la charge de celle-ci par le juge d'instruction ou la chambre de l'instruction. Le présent alinéa n'est pas applicable en matière criminelle et en matière de délits contre les personnes prévus par le livre II du Code pénal ou lorsque la partie civile a obtenu l'aide juridictionnelle (C. pr. pén., art. 800-1, mod. par L. 5 mars 2007).

Les dépenses de toute nature inférieures à un montant de 152,45 euros sont vérifiées et payées selon la procédure de certification par le greffier prévue aux articles R. 222 et suivants du Code de procédure pénale. Toutefois, lorsque le greffier destinataire d'un mémoire de frais supérieur à ce montant, transmet celui-ci au ministère public sans avoir procédé à la certification prévue à l'article R. 225 du même code, il appartient au juge taxateur (en l'espèce le juge d'instruction), sur les réquisitions du procureur de la République, de statuer sur la demande de taxe[1].

Certaines expertises sont tarifées, telles les expertises en matière de fraude commerciale, de médecine légale, de toxicologie, de radiodiagnostic, et les expertises mécaniques (C. pr. pén., art. R. 116 et R. 122). D'autres expertises ne sont pas soumises à un tarif légal (C. pr. pén., art. R. 109), telles les expertises comptables ou les expertises en écritures. Les frais de rédaction et de dépôt du rapport et de prestation de serment sont compris dans le tarif (C. pr. pén., art. R. 106). Les experts ont droit en outre à des frais de déplacement, de transport des pièces à conviction et de comparution devant la juridiction (C. pr. pén., art. R. 110 à 112, R. 114). Le tarif peut être réduit en cas de retard ou d'insuffisance du rapport (C. pr. pén., art. R. 109).

Lorsqu'il s'agit d'une expertise non tarifée l'expert doit faire connaître le montant prévu de ses honoraires avant de commencer l'expertise. Au-dessus de la somme de 460 euros, cette demande est communiquée au procureur de la République, dont l'avis est obligatoire en matière d'expertise comptable (C. pr. pén., art. R. 107). Les honoraires sont payés sur mémoire (C. pr. pén., art. R. 108, R. 222).

L'ordonnance de taxe est susceptible de recours. Le recours de l'expert est formé dans le délai de dix jours à compter de la notification administrative de l'ordonnance. Le recours est porté devant la chambre de l'instruction du lieu des poursuites (C. pr. pén., art. R. 228-1).

Plusieurs décisions de jurisprudence ont fixé quelques règles importantes. L'expertise mécanique, prévue par l'article R. 120-1, comprend non seulement l'examen des véhicules automobiles, mais aussi toutes investigations, constatations et déductions techniques permettant d'apprécier les responsabilités. Le tarif prévu par ce texte, sauf circonstances exceptionnelles que l'expert doit invoquer dans le cadre de l'article R. 107, constitue pour chaque expertise, et non pour chaque expert, une rémunération nette et forfaitaire exclusive de toutes indemnités autres que de transport et de séjour. Le dépassement du tarif viole le principe de la légalité de la taxe inscrit dans l'article R. 228. De sorte que si deux experts sont désignés pour procéder à l'expertise mécanique, la taxe prévue pour celle-ci doit être partagée par moitié entre eux[2].

165.12 Recours. La procédure de droit commun des articles 197 et suivants du Code de procédure pénale est applicable au recours contre l'ordonnance de taxe exercé devant la chambre de l'ins-

1. Crim. 17 juin 2008, n° 08-81.749, *Bull. crim.*, n° 150; *Dr. pén.* 2008. Comm. n° 136, note A. Maron et M. Haas.

2. Crim. 21 févr. 1963, *Bull. crim.*, n° 88; *JCP* 1963, II, 13134, note P.-J. Doll – CA Grenoble, 20 juin 1963, *JCP* 1963, II, 13323 – CA Paris, 1re ch. acc., 27 juin 1967, *JCP* 1968, II, 15326, note P. Chambon.

truction par les experts, selon l'article R. 228-1. Il suffit que par l'avis de la date de l'audience ils aient été mis en mesure de produire des mémoires, et leur comparution n'est pas nécessaire[1]. La notification d'une ordonnance de taxe prévue par l'article R. 228 du Code de procédure pénale implique, outre l'envoi d'une lettre recommandée, la certification par le greffier de l'accomplissement de cette formalité au pied de l'ordonnance. Encourt, dès lors, la cassation l'arrêt qui, pour déclarer irrecevable le recours formé par l'expert, le 31 mars 2005, contre une ordonnance de taxe retient que la décision a été notifiée par lettre recommandée du 18 mars 2005, alors qu'aucune mention n'a été portée par le greffier, au pied de l'ordonnance, certifiant l'accomplissement de la formalité prévue par l'article R. 228 du Code de procédure pénale[2] (pour un extrait v. s[s] n° 165.02).

Le montant des honoraires des experts pour les opérations non tarifées est fixé par le juge taxateur qui l'évalue globalement sans avoir à spécifier les différents éléments pris en considération. S'il s'agit d'opérations tarifées, le juge taxateur applique le tarif légal, et rejette à bon droit les indemnités supplémentaires demandées pour la réception et la description des scellés, cette dernière constituant un élément du rapport[3].

165.13 Frais de déplacement. Les frais de déplacement en automobile des médecins experts sont indemnisés selon les taux prévus pour le déplacement des personnels civils de l'État utilisant leur véhicule personnel, en application de l'article R. 110, 3°, du Code de procédure pénale et non pas sur la base des tarifs prévus par les articles L. 162 et suivants du Code de la sécurité sociale[4].

165.14 Frais de conservation de traces et échantillons biologiques. Les laboratoires qui réalisent les expertises en biologie moléculaire facturent ensuite la conservation des scellés. Mais depuis un décret de 2000, modifié par celui du 25 mai 2004[5], les scellés doivent être adressés au service central de préservation des prélèvements biologiques, après avoir fait l'objet d'un conditionnement normalisé. Ce service est géré par la gendarmerie nationale. Le texte prévoit que les scellés sont conservés pendant quarante ans[6].

1. Crim. 21 nov. 1968 et 21 déc. 1968, *Bull. crim.*, n° 312.
2. Crim. 14 mars 2006, n° 05-85.274, *Bull. crim.*, n° 70; *Procédures* 2006, n° 163, note J. Buisson.
3. Crim. 21 déc. 1968, *Bull. crim.*, n° 312.
4. Crim. 3 févr. 2004, n° 03-85.200, *Bull. crim.*, n° 24; *JCP* 2004, IV, 1592.
5. D. n° 2004-470, 25 mai 2004, *JO* n° 126, 2 juin, p. 9731.
6. V. aussi Savart M., « L'expertise scientifique en matière pénale », *AJ Pénal* 2006, 72.

165.15 Conseiller financier de la Chancellerie. Ce conseiller n'est pas très connu bien qu'il ait été institué par le décret du 24 janvier 1937 qui l'a affecté en qualité de conseiller technique à la section financière du parquet de Paris. Sa compétence est nationale et ce sont des notes de la Chancellerie qui ont précisé les conditions de sa saisine. Le seuil de son intervention, limité aux expertises financières, était de 100 000 francs depuis 1997, soit 15 000 euros. Il a été abaissé dans une dépêche du 21 décembre 2005 (AB3/FM/2029.05) à 8 000 euros. Tout mémoire de frais supérieur à cette somme doit faire l'objet d'une saisine du conseiller financier. La saisine du conseiller est d'ailleurs désormais préconisée dès le stade du devis. Le poste est actuellement occupé par :

M. Bertrand Sarlangue
Pôle financier du TGI de Paris
5-7 rue des Italiens
75009 Paris

165.16 Difficultés de paiement. Certaines demandes d'indemnisations font l'objet de difficulté. Il en est ainsi par exemple du bris de porte lors d'une perquisition ou de paiement de loyers d'immeubles sous scellés. Un magistrat de la Chancellerie peut aider les magistrats à appliquer la procédure adéquate. L'adresse est :

Bureau A3 de la DSJ,
Sous-direction de la magistrature
Bureau du statut des magistrats
et du contentieux,
Secrétariat du contentieux des services judiciaires
13, place Vendôme
75042 Paris Cedex 01

165.17 Indemnité en cas de non-lieu, de relaxe ou d'acquittement. L'article 800-2 du Code de procédure pénale dispose que « à la demande de l'intéressé, toute juridiction prononçant un non-lieu, une relaxe ou un acquittement peut accorder à la personne poursuivie une indemnité qu'elle détermine au titre des frais non payés par l'État et exposés par celle-ci. Cette indemnité est à la charge de l'État. La juridiction peut toutefois ordonner qu'elle soit mise à la charge de la partie civile lorsque l'action publique a été mise en mouvement par cette dernière ». Il s'agit essentiellement des frais d'avocat. Le décret du 27 décembre 2001 a précisé les conditions d'application de ce texte et fixé les montants selon les juridictions (Décret n° 2001-1321). Il résulte des articles 800-2 et R. 249-3 du Code de procédure pénale, que la demande d'indemnisation, par la personne poursuivie, des frais exposés par elle et non payés par l'État, doit être présentée avant l'expiration du délai de vingt jours prévu par l'article 175 du Code de procédure pénale, si elle est formée devant le juge d'instruction ou la chambre de l'instruction. Doit être déclarée irrecevable comme tardive une demande présentée après l'expiration de ce délai[1]. L'article D. 249-3 évoque toujours « le délai de vingt jours prévu à l'article 175 » bien que ce texte ait été modifié par la loi du 5 mars 2007.

SECTION 2
LOI ORGANIQUE RELATIVE AUX LOIS DE FINANCES (LOLF)

165.21 Elle a été votée le 1er août 2001 mais n'est applicable que depuis le 1er janvier 2006. Elle met en place une gestion déconcentrée et globalisée des budgets des services judiciaires, confiés aux chefs de cour, devenus ordonnateurs secondaires. Les gestionnaires disposent désormais d'une enveloppe unique utilisée selon le principe dit de « fongibilité asymétrique » ce qui signifie qu'ils peuvent utiliser l'enveloppe pour payer les dépenses quelles qu'elles soient. Il importe principalement de tenter de contrôler l'augmentation des frais de justice[2].

165.22 La LOLF ne concerne pas que les expertises, mais tous les frais de justice. Les frais de justice représentent environ 8 % du budget de la justice. Les frais de justice en matière pénale représentent environ 72 % des frais de justice.

Ce ne sont pas les expertises qui forment le budget le plus important des frais de justice mais les réquisitions auprès des opérateurs téléphoniques (ce poste s'est élevé à 70 millions d'euros en 2004 c'est-à-dire environ 20 % de la dépense totale en matière pénale). On trouve ensuite des postes importants : frais de location de matériel d'interception, expertises non tarifées et notamment expertises en biologie moléculaire ou en comptabilité, honoraires et indemnités allouées pour autres examens médicaux, saisies, mises sous séquestre ou en fourrière, *etc.*

165.23 Un paradoxe ? Chacun se plaît à répéter que l'entrée en vigueur de la LOLF ne doit pas se traduire par une atteinte à la « liberté du prescripteur ». En fait, on voit mal comment le prescripteur pourrait réduire les frais de justice sans pratiquer une forme d'autocensure sur les analyses qu'il aurait souhaité pouvoir ordonner et auxquelles il renoncera parce qu'elles apparaîtront trop chères en comparaison du but recherché. « Si l'on prenait une comparaison dans le domaine de la santé publique, c'est un peu comme si le médecin était entièrement libre de prescrire des examens, des médicaments, une prise en charge à condition de ne pas dépasser un budget annuel qui lui serait notifié[3] ». Par ailleurs, on doit souligner que les engagements de frais de justice qui sont pris pendant l'enquête de flagrance ou préliminaire par les OPJ sont payés en frais de justice et cela contrairement au principe « qui prescrit, paye ». Il sera intéressant aussi de concilier cet exercice avec un droit des victimes en pleine expansion. Comment dire à une partie civile que l'on n'effectuera pas cette expertise parce qu'elle est trop coûteuse ? Enfin, une réelle prise en mains des frais de justice n'a strictement aucune chance de prospérer si le législateur continue à voter des lois qui les étendent : par exemple, la loi du 18 mars 2003 sur la sécurité intérieure a considérablement étendu les données recensées dans le FNAEG, évidemment facturées par les laboratoires. La loi du 5 mars 2007, en prévoyant des possibilités d'expertise contradictoire, ne va pas, à l'évidence, faire diminuer les frais de justice.

1. Crim. 20 nov. 2007, n° 07-80.405, *Bull. crim.*, n° 285; *D.* 2008, AJ 299.
2. Sur la LOLF v. not. A. Lambert, D. Migaud, *La mise en œuvre de la loi organique relative aux lois de finances*, rapp. au gouvernement, sept. 2005, Doc. fr. – V. aussi le dossier consacré par *Culture Droit*, n° 5.
3. H. Dalle, « La Lolf et la justice : une occasion manquée », *Culture Droit* n° 5, 58.

CHAPITRE

166. Nullité de l'expertise

SECTION 0
ORIENTEUR

166.00 Plan du chapitre.
Sect. unique Nullité de l'expertise

166.01 Textes applicables.
C. pr. pén., art. 156, 167, 802.

C. pr. pén., art. 156 [L. n° 2004-204, 9 mars 2004]
* V. s^s n° 161.01.

C. pr. pén., art. 167 [L. n° 2004-204, 9 mars 2004]
* V. s^s n° 164.01.

C. pr. pén., art. 802
En cas de violation des formes prescrites par la loi à peine de nullité ou d'inobservation des formalités substantielles, toute juridiction, y compris la Cour de cassation, qui est saisie d'une demande d'annulation ou qui relève d'office une telle irrégularité ne peut prononcer la nullité que lorsque celle-ci a eu pour effet de porter atteinte aux intérêts de la partie qu'elle concerne.

166.02 Jurisprudence de référence.
• Lorsqu'un dossier d'expertise est déposé avant un interrogatoire, la personne est forclose dans sa demande si elle a laissé passer six mois après cet interrogatoire, peu important le moment où les conclusions de l'expertise sont notifiées.

Crim. 23 août 2005, n° 03-87.719, *Bull. crim.*, n° 209; *JCP* 2005, IV, 3137.
* V. s^s n° 203.02.

166.03 Bibliographie indicative. (V. les références complètes s^s n° 03.)

Actualisables. Rép. pén., Croizier J.-L., « Expertise » – J.-Cl. pén., Arnould., « Expertise ».

Articles. Moussa, « À propos des nouvelles règles de l'expertise en matière pénale », *ALD* 1986, 29 – Olivier M., « Le sapiteur et la Cour de cassation », *Gaz. Pal.* 4-5 mai 2001, 3 – Renucci J.-F., « L'expertise pénale et la Convention européenne des droits de l'Homme », *JCP* 2000, I, 227.

SECTION UNIQUE
NULLITÉ DE L'EXPERTISE

166.11 Le vice dont est atteinte une expertise entraîne seulement la nullité de cette expertise, mais non celle de la procédure ultérieure. L'expertise est un élément de l'information qui peut facilement être extrait de la procédure dont il fait partie. L'expertise est un élément de preuve parmi d'autres. L'irrégularité qui affecte l'expertise ne devrait donc entraîner que la seule nullité de cette opération, et non celle de toute la procédure ultérieure. La jurisprudence est précisément en ce sens. Un double principe domine la matière. D'une part, toutes les formalités édictées par les articles 156 et suivants du Code de procédure pénale sont, en principe, substantielles en ce qu'elles garantissent la valeur de l'expertise. D'autre part, l'irrégularité qui vicie l'expertise entraîne la nullité de celle-ci, de même que celle de l'arrêt de renvoi devant la juridiction de jugement ou l'arrêt de condamnation qui a fait état de l'expertise nulle.

166.12 Jurisprudence. Il en est notamment ainsi lorsque l'irrégularité en cause est l'omission du serment préalable de l'expert[1], ou l'insuffisance de la constatation du serment[2], ou la désignation par une ordonnance non motivée d'un expert non inscrit sur les listes[3].

166.13 L'arrêt qui n'a pas reconnu, même d'office, la nullité de l'expertise et qui a fait état de

1. Crim. 13 juin 1835, *Bull. crim.*, n° 238 – Crim. 2 févr. 1907, *Bull. crim.*, n° 62 – Crim. 10 mars 1927, *Bull. crim.*, n° 73.
2. Crim. 2 août 1913, *D.* 1918, I, 20 – Crim. 27 juin 1957, *Bull. crim.*, n° 529 – Crim. 25 juill. 1972, n° 72-91.748, *Bull. crim.*, n° 254.
3. Crim. 20 déc. 1983, n° 83-94.077, *Bull. crim.*, n° 350; *D.* 1984, IR 236 – Crim. 6 mars 1984, n° 82-12.616, *Bull. crim.*, n° 90.

l'expertise irrégulière, est lui-même nul et doit être cassé, qu'il s'agisse d'un arrêt de renvoi devant la juridiction de jugement rendu par la chambre d'accusation[1], ou d'un arrêt de condamnation[2].

L'omission de la communication aux parties des conclusions de l'expert par le juge d'instruction, prescrite par l'article 167, n'est une cause de nullité que si elle entraîne une violation des droits de la défense[3]. Il en est de même de l'irrégularité de cette communication[4], ou l'inobservation de formalités non substantielles[5].

Il est d'ailleurs sans intérêt de rechercher, notamment en matière de fraude alimentaire, si une expertise est irrégulière, dès lors que la constatation du délit résulte des éléments de l'enquête, laquelle suffit à justifier la décision de condamnation[6]. L'immixtion irrégulière du premier expert au cours de la contre-expertise entraîne la nullité de celle-ci[7].

Si elle peut affecter la force probante des conclusions de l'expert, l'exécution irrégulière de l'expertise par un seul des deux experts désignés par le juge d'instruction n'entraîne pas la nullité du rapport déposé. Justifie ainsi sa décision la chambre d'accusation qui énonce que l'exécution d'une mission par un seul des deux experts désignés par le juge n'est pas de nature à porter atteinte aux droits de la défense dès lors qu'aucun grief ne peut être invoqué par les requérants[8].

166.14 Cancellation partielle. Les conclusions des experts peuvent être partiellement cancellées dès lors qu'elles peuvent s'apparenter à une analyse des responsabilités excédant l'étendue de la mission de l'expert[9].

166.15 Application de l'article 173-1 du Code de procédure pénale. Lorsqu'un dossier d'expertise est déposé avant un interrogatoire, la personne est forclose dans sa demande si elle a laissé passé six mois après cet interrogatoire. Peu importe la date à laquelle les conclusions de cette expertise ont été notifiées[10] (v. les attendus s^{s} n° 203.02; v. aussi s^{s} n° 203.37).

1. Crim. 2 août 1913, *D.* 1918, I, 20 – Crim. 27 juin 1957, *Bull. crim.*, n° 529 – Crim. 3 mars 1964, *Bull. crim.*, n° 79 – Crim. 16 avr. 1970, n° 69-92.089, *Bull. crim.*, n° 134 – Crim. 25 juill. 1979, n° 79-91.258, *Bull. crim.*, n° 253 – Crim. 3 sept. 1983, n° 83-92.931, *Bull. crim.*, n° 231 – Crim. 24 janv. 1984, n° 83-94.417, *Bull. crim.*, n° 30; *D.* 1984, IR 378 – Crim. 2 sept. 1986, n° 86-93.266, *Bull. crim.*, n° 251; *JCP* 1987, II, 20766, note P. Chambon – Crim. 19 janv. 1988, n° 87-90.578, *Bull. crim.*, n° 25 – Crim. 15 mai 1990, n° 90-80.827, *Bull. crim.*, n° 193 – Crim. 26 févr. 1991, n° 90-87.479, *Bull. crim.*, n° 98 – Crim. 2 avr. 1992, n° 92-80.263, *Bull. crim.*, n° 139.
2. Crim. 19 avr. 1958, *Bull. crim.*, n° 569 – Crim. 22 mai 1959, *Bull. crim.*, n° 266 – Crim. 5 mai 1970, n° 69-90.956, *Bull. crim.*, n° 152.
3. Crim. 22 févr. 1966, *Bull. crim.*, n° 60 – Crim. 23 mai 1970, n° 69-92.622, *Bull. crim.*, n° 166 – V. aussi, Crim. 23 févr. 1961, *Bull. crim.*, n° 121 – Crim. 26 juin 1979, n° 78-93.955, *Bull. crim.*, n° 230.
4. Crim. 15 mars 1988, n° 88-80.267, *Bull. crim.*, n° 128 – Crim. 7 juin 1988, n° 88-81.828, *Bull. crim.*, n° 258.
5. Crim. 27 sept. 1989, n° 89-84.244, *Bull. crim.*, n° 331 – Crim. 14 nov. 1991, n° 91-84.910, *Bull. crim.*, n° 410.
6. Crim. 21 oct. 1932, *Bull. crim.*, n° 214 – Crim. 5 nov. 1958, *Bull. crim.*, n° 665.
7. Crim. 29 mars 1979, n° 77-92.012, *Bull. crim.*, n° 129.
8. Crim. 1er févr. 2000, n° 99-87.081, *Bull. crim.*, n° 29; *BICC* 513, n° 536.
9. Crim. 9 juill. 2003, *JCP* 2003, Actualité, n° 453.
10. Crim. 23 août 2005, n° 03-87.719, *Bull. crim.*, n° 209; *JCP* 2005, IV, 3137.

TITRE

17. Les transports et reconstitutions

SECTION 0
ORIENTEUR

170.00 Plan du titre.

Chap. 171 Transports
Sect. 1 Éventualité du transport
Sect. 2 Cadre légal du transport
Sect. 3 Règles de forme
Chap. 172 Reconstitutions
Sect. 1 Organisation de la reconstitution
Sect. 2 Reconstitution sans interrogatoire de la personne mise en examen
Sect. 3 Reconstitution avec interrogatoire sur les lieux
Sect. 4 Reconstitution avec interrogatoire ultérieur
Sect. 5 Éléments de technique de reconstitution

170.01 Textes applicables.
C. pr. pén., art. 56-1, 56-2, 56-3, 56-4, 74, 92, 93, 94 à 97, 112, 114, 117, 152.

170.02 Jurisprudence de référence.
Crim. 15 févr. 1990, n° 89-86.566, *Bull. crim.*, n° 78; *D.* 1990, somm. 379, obs. J. Pradel; *Gaz. Pal.* 1990, 2, somm. 509 – Crim. 20 févr. 2002, n° 01-88.335, *Bull. crim.*, n° 41; *JCP* 2002, IV, n° 1650 – Crim. 14 sept. 1985, n° 85-93.707, *Bull. crim.*, n° 285.

170.03 Bibliographie indicative. (V. les références complètes s^s n° 03.)

Actualisables. Rép. pén., Lemercier, « Perquisition, saisie, visite domiciliaire »; Guéry, « Instruction préparatoire » – J.-Cl. pén., Dumont J., « Transports, perquisitions et saisies ».

170.04 Évolution. Le transport était réglé par l'article 62 du Code d'instruction criminelle, il l'est aujourd'hui par les articles 92 et 93 du Code de procédure pénale. Ces textes apportent deux innovations : ils rendent facultative la présence du procureur de la République, et permettent au juge d'instruction de se transporter hors de son ressort. La reconstitution est un transport spécifique qui a évolué au fil des années. Les techniques utilisées demeurent assez différentes selon les juridictions, et parfois même selon les magistrats.

170.05 Rapport du Comité de réflexion sur la justice pénale, dit Rapport Léger. L'objet de ce titre n'a pas donné lieu à observation (v. les réflexions générales sous 10.05).

CHAPITRE

171. Transports

SECTION 0

ORIENTEUR

171.00 Plan du chapitre.

Sect. 1 Éventualité du transport

Sect. 2 Cadre légal du transport

Sect. 3 Règles de forme

171.01 Textes applicables.

C. pr. pén., art. 56-1, 56-2, 56-3, 56-4, 92, 93, 94 à 97, 112, 117. 152.

C. pr. pén., art. 56-1 [L. nº 2005-1549, 12 déc. 2005, art. 37, *JO* 13 déc.]

Les perquisitions dans le cabinet d'un avocat ou à son domicile ne peuvent être effectuées que par un magistrat et en présence du bâtonnier ou de son délégué, à la suite d'une décision écrite et motivée prise par ce magistrat, qui indique la nature de l'infraction ou des infractions sur lesquelles portent les investigations, les raisons justifiant la perquisition et l'objet de celle-ci. Le contenu de cette décision est porté dès le début de la perquisition à la connaissance du bâtonnier ou de son délégué par le magistrat. Celui-ci et le bâtonnier ou son délégué ont seuls le droit de consulter ou de prendre connaissance des documents se trouvant sur les lieux préalablement à leur éventuelle saisie. Aucune saisie ne peut concerner des documents relatifs à d'autres infractions que celles mentionnées dans la décision précitée. Les dispositions du présent alinéa sont édictées à peine de nullité.

Le magistrat qui effectue la perquisition veille à ce que les investigations conduites ne portent pas atteinte au libre exercice de la profession d'avocat.

Le bâtonnier ou son délégué peut s'opposer à la saisie d'un document à laquelle le magistrat a l'intention de procéder s'il estime que cette saisie serait irrégulière. Le document doit alors être placé sous scellé fermé. Ces opérations font l'objet d'un procès-verbal mentionnant les objections du bâtonnier ou de son délégué, qui n'est pas joint au dossier de la procédure. Si d'autres documents ont été saisis au cours de la perquisition sans soulever de contestation, ce procès-verbal est distinct de celui prévu par l'article 57. Ce procès-verbal ainsi que le document placé sous scellé fermé sont transmis sans délai au juge des libertés et de la détention, avec l'original ou une copie du dossier de la procédure.

Dans les cinq jours de la réception de ces pièces, le juge des libertés et de la détention statue sur la contestation par ordonnance motivée non susceptible de recours.

À cette fin, il entend le magistrat qui a procédé à la perquisition et, le cas échéant, le procureur de la République, ainsi que l'avocat au cabinet ou au domicile duquel elle a été effectuée et le bâtonnier ou son délégué. Il peut ouvrir le scellé en présence de ces personnes.

S'il estime qu'il n'y a pas lieu à saisir le document, le juge des libertés et de la détention ordonne sa restitution immédiate, ainsi que la destruction du procès-verbal des opérations et, le cas échéant, la cancellation de toute référence à ce document ou à son contenu qui figurerait dans le dossier de la procédure.

Dans le cas contraire, il ordonne le versement du scellé et du procès-verbal au dossier de la procédure. Cette décision n'exclut pas la possibilité ultérieure pour les parties de demander la nullité de la saisie devant, selon les cas, la juridiction de jugement ou la chambre de l'instruction.

Les dispositions du présent article sont également applicables aux perquisitions effectuées dans les locaux de l'ordre des avocats ou des caisses de règlement pécuniaire des avocats. Dans ce cas, les attributions confiées au juge des libertés et de la détention sont exercées par le président du tribunal de grande instance qui doit être préalablement avisé de la perquisition. Il en est de même en cas de perquisition au cabinet ou au domicile du bâtonnier.

C. pr. pén., art. 56-2

Les perquisitions dans les locaux d'une entreprise de presse ou de communication audiovisuelle ne peuvent être effectuées que par un magistrat qui veille à ce que les investigations conduites ne portent pas atteinte au libre exercice de la profession de journaliste et ne constituent pas un obstacle ou n'entraînent pas un retard injustifiés à la diffusion de l'information.

C. pr. pén., art. 56-3
Les perquisitions dans le cabinet d'un médecin, d'un notaire, d'un avoué ou d'un huissier sont effectuées par un magistrat et en présence de la personne responsable de l'ordre ou de l'organisation professionnelle à laquelle appartient l'intéressé ou de son représentant.

C. pr. pén., article 56-4 [L. n° 2009-928 du 29 juill. 2009 – Art. 11]
I. – Lorsqu'une perquisition est envisagée dans un lieu précisément identifié, abritant des éléments couverts par le secret de la défense nationale, la perquisition ne peut être réalisée que par un magistrat en présence du président de la Commission consultative du secret de la défense nationale. Ce dernier peut être représenté par un membre de la commission ou par des délégués, dûment habilités au secret de la défense nationale, qu'il désigne selon des modalités déterminées par décret en Conseil d'État. Le président ou son représentant peut être assisté de toute personne habilitée à cet effet.

La liste des lieux visés au premier alinéa est établie de façon précise et limitative par arrêté du Premier ministre. Cette liste, régulièrement actualisée, est communiquée à la Commission consultative du secret de la défense nationale ainsi qu'au ministre de la Justice, qui la rendent accessible aux magistrats de façon sécurisée. Le magistrat vérifie si le lieu dans lequel il souhaite effectuer une perquisition figure sur cette liste.

Les conditions de délimitation des lieux abritant des éléments couverts par le secret de la défense nationale sont déterminées par décret en Conseil d'État.

Le fait de dissimuler dans les lieux visés à l'alinéa précédent des procédés, objets, documents, informations, réseaux informatiques, données informatisées ou fichiers non classifiés, en tentant de les faire bénéficier de la protection attachée au secret de la défense nationale, expose son auteur aux sanctions prévues à l'article 434-4 du Code pénal.

La perquisition ne peut être effectuée qu'en vertu d'une décision écrite du magistrat qui indique au président de la Commission consultative du secret de la défense nationale les informations utiles à l'accomplissement de sa mission. Le président de la commission ou son représentant se transporte sur les lieux sans délai. Au commencement de la perquisition, le magistrat porte à la connaissance du président de la commission ou de son représentant, ainsi qu'à celle du chef d'établissement ou de son délégué, ou du responsable du lieu, la nature de l'infraction ou des infractions sur lesquelles portent les investigations, les raisons justifiant la perquisition, son objet et les lieux visés par cette perquisition.

Seul le président de la Commission consultative du secret de la défense nationale, son représentant et, s'il y a lieu, les personnes qui l'assistent peuvent prendre connaissance d'éléments classifiés découverts sur les lieux. Le magistrat ne peut saisir, parmi les éléments classifiés, que ceux relatifs aux infractions sur lesquelles portent les investigations. Si les nécessités de l'enquête justifient que les éléments classifiés soient saisis en original, des copies sont laissées à leur détenteur.

Chaque élément classifié saisi est, après inventaire par le président de la commission consultative, placé sous scellé. Les scellés sont remis au président de la Commission consultative du secret de la défense nationale qui en devient gardien. Les opérations relatives aux éléments classifiés saisis ainsi que l'inventaire de ces éléments font l'objet d'un procès-verbal qui n'est pas joint au dossier de la procédure et qui est conservé par le président de la commission consultative.

La déclassification et la communication des éléments mentionnés dans l'inventaire relèvent de la procédure prévue par les articles L. 2312-4 et suivants du Code de la défense.

II. – Lorsqu'à l'occasion d'une perquisition un lieu se révèle abriter des éléments couverts par le secret de la défense nationale, le magistrat présent sur le lieu ou immédiatement avisé par l'officier de police judiciaire en informe le président de la Commission consultative du secret de la défense nationale. Les éléments classifiés sont placés sous scellés, sans en prendre connaissance, par le magistrat ou l'officier de police judiciaire qui les a découverts, puis sont remis ou transmis, par tout moyen en conformité avec la réglementation applicable aux secrets de la défense nationale, au président de la commission afin qu'il en assure la garde. Les opérations relatives aux éléments classifiés font l'objet d'un procès-verbal qui n'est pas joint au dossier de la procédure. La déclassification et la communication des éléments ainsi placés sous scellés relèvent de la procédure prévue par les articles L. 2312-4 et suivants du Code de la défense.

III. – Lorsqu'une perquisition est envisagée dans un lieu classifié au titre du secret de la défense nationale dans les conditions définies à l'article 413-9-1 du Code pénal, elle ne peut être réalisée que par un magistrat en présence du président de la Commission consultative du secret de la défense nationale. Ce dernier peut être représenté par un membre de la commission et être assisté de toute personne habilitée à cet effet.

Le magistrat vérifie auprès de la Commission consultative du secret de la défense nationale si le lieu dans lequel il souhaite effectuer une perquisition fait l'objet d'une mesure de classification.

La perquisition ne peut être effectuée qu'en vertu d'une décision écrite et motivée qui indique la nature de l'infraction ou des infractions sur lesquelles portent les investigations, les raisons justifiant la perquisition et l'objet de celle-ci, ainsi que le lieu visé par la perquisition. Le magistrat transmet cette décision au président de la Commission consultative du secret de la défense nationale. Il la porte, au commencement de la perquisition, à la connaissance du chef d'établissement ou de son délégué, ou du responsable du lieu.

La perquisition doit être précédée d'une décision de déclassification temporaire du lieu aux fins de perquisition et ne peut être entreprise que dans les limites de la déclassification ainsi décidée. À cette fin, le président de la Commission consultative du secret de la défense nationale, saisi par la décision du magistrat mentionnée à l'alinéa précédent, fait connaître sans délai son avis à l'autorité administrative compétente sur la déclassification temporaire, totale ou partielle, du lieu aux fins de perquisition. L'autorité administrative fait connaître sa décision sans délai. La déclassification prononcée par l'autorité administrative ne vaut que pour le temps des opérations. En cas de déclassification partielle, la perquisition ne peut être réalisée que dans la partie des lieux qui fait l'objet de la décision de déclassification de l'autorité administrative.

La perquisition se poursuit dans les conditions prévues aux sixième alinéa et suivants du I.

IV. – Les dispositions du présent article sont édictées à peine de nullité.

C. pr. pén., art. 92

Le juge d'instruction peut se transporter sur les lieux pour y effectuer toutes constatations utiles ou procéder à des perquisitions. Il en donne avis au procureur de la République, qui a la faculté de l'accompagner.

Le juge d'instruction est toujours assisté d'un greffier.

Il dresse un procès-verbal de ses opérations.

C. pr. pén., art. 93

Si les nécessités de l'information l'exigent, le juge d'instruction peut, après en avoir donné avis au procureur de la République de son tribunal, se transporter avec son greffier dans toute l'étendue du territoire national, à effet d'y procéder à tous actes d'instruction, à charge par lui d'aviser, au préalable, le procureur de la République du tribunal dans le ressort duquel il se transporte. Il mentionne sur son procès-verbal les motifs de son transport.

C. pr. pén., art. 94

Les perquisitions sont effectuées dans tous les lieux où peuvent se trouver des objets dont la découverte serait utile à la manifestation de la vérité.

C. pr. pén., art. 95

Si la perquisition a lieu au domicile de la personne mise en examen, le juge d'instruction doit se conformer aux dispositions des articles 57 et 59.

C. pr. pén., art. 96

Si la perquisition a lieu dans un domicile autre que celui de la personne mise en examen, la personne chez laquelle elle doit s'effectuer est invitée à y assister. Si cette personne est absente ou refuse d'y assister, la perquisition a lieu en présence de deux de ses parents ou alliés présents sur les lieux, ou à défaut, en présence de deux témoins.

Le juge d'instruction doit se conformer aux dispositions des articles 57 (al. 2) et 59.

Toutefois, il a l'obligation de provoquer préalablement toutes mesures utiles pour que soit assuré le respect du secret professionnel et des droits de la défense.

Les dispositions des articles 56-1, 56-2 et 56-3 sont applicables aux perquisitions effectuées par le juge d'instruction.

C. pr. pén., art. 97

Lorsqu'il y a lieu, en cours d'information, de rechercher des documents et sous réserve des nécessités de l'information et du respect, le cas échéant, de l'obligation stipulée par l'alinéa 3 de l'article précédent, le juge d'instruction ou l'officier de police judiciaire par lui commis a seul le droit d'en prendre connaissance avant de procéder à la saisie.

Tous les objets et documents placés sous main de justice sont immédiatement inventoriés et placés sous scellés. Cependant, si leur inventaire sur place présente des difficultés, l'officier de police judiciaire procède comme il est dit au quatrième alinéa de l'article 56.

Avec l'accord du juge d'instruction, l'officier de police judiciaire ne maintient que la saisie des objets et documents utiles à la manifestation de la vérité.

Lorsque ces scellés sont fermés, ils ne peuvent être ouverts et les documents dépouillés qu'en présence de la personne, assistée de son avocat, ou eux dûment appelés. Le tiers chez lequel la saisie a été faite est également invité à assister à cette opération.

Si les nécessités de l'instruction ne s'y opposent pas, copie ou photocopie des documents placés sous main de justice peuvent être délivrées à leurs frais, dans le plus bref délai, aux intéressés qui en font la demande.

Si la saisie porte sur des espèces, lingots, effets ou valeurs dont la conservation en nature n'est pas nécessaire à la manifestation de la vérité ou à la sauvegarde des droits des parties, il peut autoriser le greffier à en faire le dépôt à la Caisse des dépôts et consignations ou à la Banque de France.

Lorsque la saisie porte sur des billets de banque ou pièces de monnaie libellés en euros contrefaits, le juge d'instruction ou l'officier de police judiciaire par lui commis doit transmettre, pour analyse et identification, au moins un exemplaire de chaque type de billets ou pièces suspectés faux au centre d'analyse national habilité à cette fin. Le centre d'analyse national peut procéder à l'ouverture des scellés. Il en dresse inventaire dans un rapport qui doit mentionner toute ouverture ou réouverture des scellés. Lorsque les opérations sont terminées, le rapport et les scellés sont déposés entre les mains du greffier de la juridiction compétente. Ce dépôt est constaté par procès-verbal.

Les dispositions du précédent alinéa ne sont pas applicables lorsqu'il n'existe qu'un seul exemplaire d'un type de billets ou de pièces suspectés faux, tant que celui-ci est nécessaire à la manifestation de la vérité.

C. pr. pén., art. 112

Si un témoin est dans l'impossibilité de comparaître, le juge d'instruction se transporte pour l'entendre, ou délivre à cette fin commission rogatoire dans les formes prévues à l'article 151.

C. pr. pén., art. 117 [L. n° 2004-204, 9 mars 2004]

Nonobstant les dispositions prévues à l'article 116, le juge d'instruction peut procéder à un interrogatoire immédiat et à des confrontations si l'urgence résulte soit de l'état d'un témoin en danger de mort, soit de l'existence d'indices sur le point de disparaître, ou encore dans le cas prévu à l'article 72.

Le procès-verbal fait mention des causes d'urgence.

C. pr. pén., art. 152 [L. n° 2004-204, 9 mars 2004]
Les magistrats ou officiers de police judiciaire commis pour l'exécution exercent, dans les limites de la commission rogatoire, tous les pouvoirs du juge d'instruction.

Toutefois, les officiers de police judiciaire ne peuvent pas procéder aux interrogatoires et confrontations des personnes mises en examen. Ils ne peuvent procéder à l'audition des parties civiles ou du témoin assisté qu'à la demande de ceux-ci.

Le juge d'instruction peut se transporter, sans être assisté de son greffier ni devoir en dresser procès-verbal, pour diriger et contrôler l'exécution de la commission rogatoire, dès lors qu'il ne procède pas lui-même à des actes d'instruction. À l'occasion de ce transport, il peut ordonner la prolongation des gardes à vue prononcées dans le cadre de la commission rogatoire. Dans tous les cas, mention de ce transport est faite sur les pièces d'exécution de la commission rogatoire.

171.02 Jurisprudence de référence.

• Le juge d'instruction qui effectue un transport en présence de la personne mise en examen doit au préalable en aviser son conseil.

Crim. 15 févr. 1990, n° 89-86.566, *Bull. crim.*, n° 78; *D.* 1990, somm. 379, obs. J. Pradel; *Gaz. Pal.* 1990, 2, somm. 509.

« Attendu que le respect des droits de la défense impose au magistrat instructeur, qui envisage de se transporter sur les lieux en vue de procéder à des vérifications matérielles ou à une reconstitution du crime ou du délit, en présence de l'inculpé, d'en donner préalablement avis au conseil de ce dernier, dans les conditions prévues par l'article 92 du Code de procédure pénale pour le procureur de la République, sauf impossibilité dûment constatée;

Attendu qu'au cours de l'information ouverte contre Nadine Carrette du chef de complicité d'assassinat, le juge d'instruction s'est transporté sur les lieux, le 20 août 1987, en présence du procureur de la République, régulièrement avisé, et de l'inculpée, mais sans qu'avis en ait été donné à son conseil ni que soit constatée une circonstance ayant pu y faire obstacle;

Mais attendu qu'en procédant ainsi, alors même qu'aucune question n'a été posée à l'inculpée durant ce transport, le juge d'instruction a méconnu le principe ci-dessus rappelé; que le procès-verbal ainsi établi est entaché de nullité. »

• L'avis du conseil n'est pas nécessaire lorsque le seul acte accompli a été une perquisition, la personne mise en examen n'ayant été soumise à aucun interrogatoire, confrontation ou reconstitution.

Crim. 20 févr. 2002, n° 01-88.335; *Bull. crim.*, n° 41; *JCP* 2002, IV, n° 1650.

« Attendu qu'en l'état des motifs reproduits partiellement au moyen, et dès lors que le seul acte accompli a été une perquisition effectuée dans le respect des formalités prévues aux articles 95, 57 et 59 du Code de procédure pénale, la personne mise en examen n'ayant été soumise à aucun interrogatoire, confrontation ou reconstitution qui eût impliqué l'information de son avocat, préalablement au transport décidé par le magistrat, la chambre de l'instruction a justifié sa décision. »

171.03 Bibliographie indicative. (V. les références complètes s^s n° 03.)

Actualisables. RÉP. PÉN., Lemercier, « Perquisition, saisie, visite domiciliaire »; Guéry, « Instruction préparatoire » – J.-CL. PÉN., Dumont J., « Transports, perquisitions et saisies ».

Ouvrages. BRUNEAU, p. 67 – HÉLIE F., IV, n°s 1784 à n° 1794 not. 1787 – GARRAUD, I, n°s 300 à 307 et 310 à 316.

171.06 Questions essentielles.

• Malgré la simplicité des textes applicables en la matière, le transport du juge d'instruction est un domaine qui pose encore des difficultés pratiques. En témoigne l'incertitude relative dans la nécessité d'avertir le conseil d'un transport du juge et de son client, la portée de l'arrêt du 15 février 1990 semblant amoindri par celui du 20 février 2002.

* V. s^s n°s 171.02 et 171.34.

SECTION 1
ÉVENTUALITÉ DU TRANSPORT

171.11 Utilité. Le transport permet au juge d'instruction d'acquérir une connaissance directe et personnelle des faits par la visite des lieux et la constatation du corps du délit. « Le transport du juge est l'une des mesures les plus efficaces de la procédure. [...] Il produit les résultats les plus utiles. [...] Rien ne peut remplacer le procès-verbal du juge. [...] Il est évident que l'opinion d'un témoin aussi impartial et aussi éclairé que le juge d'instruction, quand il dépose ce qu'il a vu et vérifié, doit exercer une très grande influence sur les juges du fond.[1] » On peut toutefois tempérer l'enthousiasme de l'illustre auteur sur l'utilité actuelle du transport. Le transport du juge se limite le plus souvent à deux hypothèses : son transport est obligatoire parce que la loi le prévoit, c'est le cas pour les perquisitions prévues par les articles 56-1 et suivants du Code de procédure pénale (v. s^s n°s 181.61 à 181.63); son transport est facultatif mais répond à un usage bien établi, celui de faire des reconstitutions dans les affaires criminelles qui le méritent.

171.12 Flagrant délit. Le transport du juge en cas de crime ou de délit flagrant, et ses incidences sur le dessaisissement du procureur de la République n'a plus cours. L'article 72 du Code de procédure pénale a en effet été supprimé par la loi du 23 juin 1999 presque dans sa totalité. C'était le seul cas où le magistrat instructeur disposait de pouvoirs

1. HÉLIE F., IV, n° 1784 – V. du même auteur, IV, n° 1784 à n° 1794 – GARRAUD, I, n°s 300 à 307 et 310 à 316.

équivalents à ceux d'un officier de police judiciaire. Le transport du juge sur les lieux d'un crime ou d'un délit flagrant ne dessaisit plus le procureur de la République.

171.13 Le juge d'instruction peut effectuer un transport à tout moment au cours de l'information. C'est l'éventualité visée par les articles 92 et 93 du Code de procédure pénale. Le transport a toujours eu et a conservé un caractère facultatif : « le juge d'instruction peut se transporter sur les lieux... », dit le texte. Son opportunité est laissée à la conscience du magistrat. Il existe toutefois certains cas où la présence du juge s'impose pour protéger le secret professionnel de certaines professions (v. s[s] n°s 181.61 à 181.63 - C. pr. pén., art. 56-1, 56-2, 56-3). Il résulte des termes généraux de l'article 151 du Code de procédure pénale que le juge d'instruction peut toujours, pour y procéder, déléguer un autre magistrat ou un officier de police judiciaire, selon la nature des opérations à effectuer.

Les cas dans lesquels un transport peut intervenir sont très variés, il n'est pas possible d'en dresser une liste limitative. La loi elle-même en prévoit quelques-uns. Ainsi en est-il des visites domiciliaires, perquisitions et saisies, décrites dans les articles 94 à 97 du Code de procédure pénale, de l'audition du témoin malade qui est dans l'impossibilité de comparaître (C. pr. pén., art. 112), du transport en cas d'urgence qui résulte de l'état du témoin en danger de mort, ou de l'existence d'indices sur le point de disparaître (C. pr. pén., art. 117). Ces circonstances peuvent intéresser de la même manière la personne mise en examen. Dans le cas de l'article 117 [anc[t] art. 115], après l'ouverture de l'information, l'interrogatoire effectué d'urgence au cours du transport sur les lieux ne peut l'être qu'après la notification de la mise en examen[1].

On peut ajouter les transports en vue de la reconstitution du crime ou du délit, ou ceux nécessités par la recherche des causes de la mort, lorsqu'une information est ouverte en cas de découverte d'un cadavre lorsque la cause du décès est inconnue ou suspecte, visés par l'article 74 du Code de procédure pénale. Parfois, seule la vue des lieux permet au juge d'instruction de se rendre exactement compte des circonstances du fait poursuivi : il en est spécialement ainsi en matière d'accident du travail ou d'accident de la circulation. Il pourra y avoir également nécessité à procéder sur les lieux mêmes à des auditions, confrontations ou interrogatoires.

171.14 Le transport suppose l'accomplissement d'un acte d'instruction. Le juge d'instruction, qui se rend seul, dans les locaux de la police judiciaire, sans exécuter aucun acte d'instruction, ne fait qu'user de ses pouvoirs de direction et de contrôle, et n'accomplit pas un transport au sens de l'article 92 du Code de procédure pénale[2]. De même, ne présente pas non plus les caractères d'un acte d'instruction le déplacement d'un juge d'instruction à la maison d'arrêt lorsque, informé de ce qu'un détenu avait déclaré avoir des révélations importantes à lui faire sur les faits objet de son inculpation mais qu'il refusait d'être extrait de la maison d'arrêt, ce magistrat s'est rendu dans cet établissement d'où, après un entretien avec le détenu, celui-ci a été conduit au cabinet du juge d'instruction[3]. L'article 152 alinéa 3 du Code de procédure pénale, issu de la loi du 9 mars 2004, a conforté cette jurisprudence en disposant que : « Le juge d'instruction peut se transporter, sans être assisté de son greffier ni devoir en dresser procès-verbal, pour diriger et contrôler l'exécution de la commission rogatoire, dès lors qu'il ne procède pas lui-même à des actes d'instruction. À l'occasion de ce transport, il peut ordonner la prolongation des gardes à vue prononcées dans le cadre de la commission rogatoire. Dans tous les cas, mention de ce transport est faite sur les pièces d'exécution de la commission rogatoire. »

SECTION 2
CADRE LÉGAL DU TRANSPORT

171.21 Ordonnance. Le juge d'instruction, avant de se transporter, doit-il en décider par une ordonnance. Faustin Hélie, s'appuyant sur des raisons historiques, donne une réponse affirmative[4]. La loi garde le silence sur ce point, et il n'y a donc pas nécessité de rendre une ordonnance de transport. Seul l'avis de transport est nécessaire. Le transport est un simple acte d'instruction, et un contentieux juridictionnel sur l'opportunité du transport n'est pas possible. Le parquet, pas plus que la chambre de l'instruction, ne sauraient imposer ni s'opposer à un transport décidé par le juge d'instruction. Lorsqu'une ordonnance de transport est rendue; elle n'a pas le caractère juridictionnel et il n'est pas nécessaire d'en donner avis au conseil[5]. Le juge d'instruction peut procéder à l'interrogatoire de première comparution hors son cabinet, sans en donner les motifs[6]. Il pouvait prendre de

1. Crim. 20 avr. 1972, n° 71-93.497, *Bull. crim.*, n° 136.

2. Crim. 28 mai 1990, n° 89-83.915, *Bull. crim.*, n° 216.
3. Crim. 16 janv. 1991, n° 90-82.427, *Bull. crim.*, n° 27.
4. HÉLIE F., IV, n° 1787.
5. Crim. 31 janv. 1952, *Bull. crim.*, n° 35; *DH* 1952, p. 215.
6. Crim. 11 juin 1985, n° 84-95.053, *Bull. crim.*, n° 226.

même une décision sur la détention, par exemple à la maison d'arrêt[1], ou à l'hôpital[2]. Le pouvoir de se déplacer a été élargi au juge des libertés et de la détention afin de permettre à celui-ci, dans des situations particulières, de se déplacer pour le placement ou la prolongation de la détention (par ex., lorsque la personne mise en cause est hospitalisée [alinéa ajouté à C. pr. pén., art. 137-1, par L. n° 2000-1354, 30 déc. 2000]).

171.22 Avis au parquet. Le juge d'instruction doit donner avis au procureur de la République de son transport (C. pr. pén., art. 92). Il en est notamment ainsi lorsque, au cours du transport, le procureur de la République est appelé à donner ses réquisitions[3]. En fait, le transport, sauf urgence, est une mesure qui se prépare plusieurs jours à l'avance. Le transport comprend normalement le magistrat d'instruction et du parquet, le greffier, les gendarmes et policiers enquêteurs ou affectés au maintien de l'ordre, et les personnes requises pour des besognes matérielles, et selon les cas des experts, la personne mise en examen et son conseil et les témoins. Toutes ces personnes doivent être averties, citées ou requises (D. 20 mai 1903, art. 130). Si le transport du juge doit avoir lieu en présence de la personne mise en examen, le conseil de celle-ci doit être avisé dans les conditions où l'est le procureur de la République, sauf impossibilité, même s'il n'est procédé à aucun interrogatoire[4] (v. les attendus s^s n° 171.02; v. aussi s^s n° 171.33). L'avis peut être donné par tout moyen et la preuve de cette formalité peut être faite par tout moyen, par exemple par mention au procès-verbal, ou par lettre dont copie figure au dossier (C. pr. pén., art. 183, al. 5)[5]. Le texte ne prévoit pas que le procureur de la République doit accuser réception de cet avis. Le juge d'instruction n'a aucunement l'obligation de faire connaître les motifs de son déplacement lorsqu'il reste dans son ressort. Il ne doit le faire que dans l'hypothèse d'extension de compétence territoriale prévue à l'article 93 du Code de procédure pénale[6].

171.23 Présence du ministère public. Il suffit que le procureur de la République ait été avisé, sa présence n'est pas indispensable et son absence n'est pas une cause de nullité[7].

171.24 Le juge d'instruction ne saurait valablement procéder seul, et la présence de son greffier est nécessaire à peine de nullité (C. pr. pén., art. 92)[8]. Bruneau disait déjà : « Le greffier est comme le témoin de ce que fait le juge, et l'un ne peut rien faire sans l'autre[9] ». L'article 152 dernier alinéa prévoit que certains « transports » du juge se font sans le greffier (v. s^s n° 171.14).

171.25 Compétence territoriale. L'article 93 du Code de procédure pénale, rédaction de la loi du 12 juin 1968, étendait la compétence du juge d'instruction au ressort de la cour d'appel et aux ressorts des tribunaux limitrophes au sien. La loi du 6 août 1975, modifiant ce texte, lui permet de se transporter au cas de nécessité, avec son greffier, « dans toute l'étendue du territoire national », après en avoir donné avis aux parquets intéressés. Il mentionne dans son procès-verbal les motifs de son transport[10]. Le transport hors du ressort implique le déplacement du procureur de la République, lorsque celui-ci doit prendre ses réquisitions pour le placement en détention de la personne poursuivie[11].

SECTION 3
RÈGLES DE FORME

171.31 Caractères du transport. Le transport est un acte d'information non juridictionnel.

La présence de la personne poursuivie aux opérations de transport n'est pas nécessaire, soit qu'il s'agisse d'un transport sur les lieux du crime[12], soit d'une reconstitution de celui-ci[13], soit qu'il s'agisse d'une simple perquisition sauf s'il s'agit du domicile de la personne mise en examen[14]. Lorsque la personne mise en examen était absente du transport, il n'est pas nécessaire de lui notifier le procès-verbal de transport[15] ni de le lui faire signer[16].

Il peut être procédé, au cours d'un transport, à une perquisition, hors la présence du conseil, alors que le juge d'instruction « s'est borné à recueillir, sans les solliciter, les déclarations de la personne poursuivie, concernant exclusivement la prove-

1. Crim. 1er oct. 1985, n° 85-94.010, *Bull. crim.*, n° 288.
2. Crim. 14 mars 1988, n° 87-92.074, *Bull. crim.*, n° 124; *D.* 1988, IR 109.
3. V. Crim. 14 mars 1988, n° 87-92.074, *Bull. crim.*, n° 124, préc.
4. Crim. 15 févr. 1990, n° 89-86.566, *Bull. crim.*, n° 78; *D.* 1990, somm. 379, obs. J. Pradel.
5. Crim. 11 déc. 1984, n° 84-94.617, *Bull. crim.*, n° 397.
6. Crim. 11 juin 1985, n° 84-95.053, *Bull. crim.*, n° 226.
7. Crim. 22 juill. 1909, *Bull. crim.*, n° 391 – Crim. 17 janv. 1956, *Bull. crim.*, n° 64; *JCP* 1956, II, 9171, note P. Chambon – Crim. 18 févr. 1958, *Bull. crim.*, n° 161.
8. Crim. 12 mars 1909, *Bull. crim.*, n° 160 – Crim. 3 févr. 1922, *Bull. crim.*, n° 54 – Crim. 26 sept. 1986, n° 86-93.748, *Bull. crim.*, n° 259.
9. BRUNEAU, p. 67.
10. Crim. 11 déc. 1984, n° 84-94.617, *Bull. crim.*, n° 397.
11. Crim. 14 mars 1988, n° 87-92.074, *Bull. crim.*, n° 124; *D.* 1988, IR 109.
12. Crim. 26 mars 1896, *Bull. crim.*, n° 117.
13. Crim. 8 déc. 1976, n° 76-90.868, *Bull. crim.*, n° 353.
14. Crim. 30 oct. 1941, *Bull. crim.*, n° 45.
15. Crim. 31 mars 1944, *Bull. crim.*, n° 91.
16. Crim. 16 oct. 1979, n° 79-92.327, *Bull. crim.*, n° 281; *JCP* 1979, IV, 381.

nance, la nature, l'usage ou la destination des objets saisis »[1].

Il n'est pas nécessaire non plus de mettre la procédure à la disposition du conseil la veille de la reconstitution du crime sur les lieux [désormais au plus tard quatre jours ouvrables avant], faite en présence de l'inculpé et de son conseil, lorsque le juge d'instruction « a simplement procédé à la vérification de certains témoignages, à diverses constatations matérielles et à la confrontation des versions différentes qu'ont données des faits l'inculpé, la victime et les témoins »[2] (v. s^s n° 172.23).

171.32 Procès-verbal. Il est dressé un procès-verbal du transport (C. pr. pén., art. 92), et qui fait foi jusqu'à inscription de faux[3]. Le procès-verbal doit être signé par le greffier, à peine de nullité[4]. L'article 92 du Code de procédure pénale ne se réfère pas aux articles 106 et suivants du même code, de sorte qu'il n'est pas nécessaire que le procès-verbal de transport soit signé à chacune de ses pages[5]. Ce procès-verbal, clair et concis, doit décrire toutes les opérations et constatations faites personnellement par le juge. Le procès-verbal de transport est le plus souvent rédigé après que le juge soit rentré à son cabinet. Des notes peuvent évidemment être prises sur les lieux. Certains magistrats établissent des procès-verbaux de transport et de confrontation sur les lieux. Dans cette hypothèse, le procès-verbal de transport et le procès-verbal relatant les déclarations des intéressés ne font qu'un. Il est alors dressé à la main sur place, et signé par les parties (v. s^s n° 172.33). L'absence d'un procès-verbal de transport n'a pas de conséquence sur les autres actes qui auraient pu être établis sur les lieux : les procès-verbaux d'interrogatoires, d'auditions et de confrontations réalisés au cours d'un transport et signés conformément aux textes sont valables même en l'absence de procès-verbal de transport[6].

171.33 L'arrêt du 15 février 1990[7]. La chambre criminelle ajoute à la lettre de l'article 92 du Code de procédure pénale en imposant l'avis au conseil de la personne mise en examen dès lors que le juge d'instruction entend procéder à un transport avec elle et même si aucun interrogatoire n'est envisagé. C'est là toute la nuance entre avis et convocation. Si le juge d'instruction entend faire une reconstitution et interroger la personne mise en examen, il ne saurait se contenter d'un avis mais doit convoquer le conseil cinq jours ouvrables avant l'acte. En revanche, s'il s'agit d'un transport sans interrogatoire, un simple avis est suffisant mais indispensable, alors que la lettre de l'article 92 ne prévoit que l'avis au ministère public.

La Cour de cassation fait ici une référence remarquée à l'égalité des armes du procès pénal. Toutefois, cet avis n'est obligatoire que si c'est le juge d'instruction lui-même qui se déplace. Rien n'empêche les enquêteurs de procéder à une perquisition au domicile de la personne mise en examen en sa compagnie mais en l'absence de conseil. La jurisprudence de 1990 est en effet prise en application du seul article 92 qui ne vise que le transport du juge.

Par ailleurs, la chambre criminelle a atténué la portée de son arrêt de 1990 en estimant qu'est « régulière la perquisition effectuée par le juge d'instruction au domicile et en présence de la personne mise en examen, en l'absence de l'avocat qui n'a pas été avisé de ce transport, dès lors que cet acte a été accompli dans le respect des formalités prévues aux articles 95, 57 et 59 du Code de procédure pénale et que la personne mise en examen n'a été soumise à aucun interrogatoire, confrontation ou reconstitution qui eût impliqué l'information de son avocat, préalablement au transport décidé par le magistrat »[8].

Lorsque la personne mise en examen doit tenir un rôle totalement passif, et c'est le cas normalement lors d'une perquisition, son avocat n'a donc pas à être avisé du transport. Cette décision est néanmoins contradictoire avec les motifs qui avaient prévalu lors de la décision du 15 février 1990. En effet, le ministère public est avisé du transport du juge d'instruction qui se déplace pour réaliser une perquisition (v. aussi s^s n° 181.71).

1. Crim. 5 juill. 1962, *Bull. crim.*, n° 242 – Mais sur une annulation de perquisition réalisée par les officiers de police judiciaire au domicile d'un mis en examen, sans avocat, alors que le juge d'instruction avait demandé dans la commission rogatoire de recueillir les « déclarations spontanées » de la personne mise en examen, v. CA Nancy, ch. instr., 19 déc. 2002, *Dr. pén.* 2003, comm. 68.
2. Crim. 30 nov. 1961, *Bull. crim.*, n° 491 – V. aussi, Crim. 30 mars 1993, n° 93-80.141, *Bull. crim.*, n° 134.
3. Crim. 10 août 1906, *S.* 1910, 1, 154.
4. Crim. 20 avr. 1972, n° 71-93.497, *Bull. crim.*, n° 136 – Crim. 16 déc. 1980, n° 80-91.359, *Bull. crim.*, n° 350.
5. Crim. 21 mars 1989, n° 89-80.080, *Bull. crim.*, n° 139 – Crim. 12 mars 1992, n° 91-86.843, *Bull. crim.*, n° 112.
6. Crim. 11 déc. 1984, n° 84-94.617, *Bull. crim.*, n° 397.
7. Crim. 15 févr. 1990, n° 89-86.566, *Bull. crim.*, n° 78; *D.* 1990, somm. 379, obs. J. Pradel; *Gaz. Pal.* 1990, 2, somm. 509; v. les attendus s^s n° 171.02.
8. Crim. 20 févr. 2002, n° 01-88.335, *Bull. crim.*, n° 41; *JCP* 2002, IV, n° 1650, 749; *Dr. pén.* 2003, n° 23, comm. M. Hass et A. Maron; v. les attendus s^s n° 171.02.

CHAPITRE

172. Reconstitutions

SECTION 0 ORIENTEUR

172.00 **Plan du chapitre.**

Sect. 1 Organisation de la reconstitution
Sect. 2 Reconstitution sans interrogatoire de la personne mise en examen
Sect. 3 Reconstitution avec interrogatoire sur les lieux
Sect. 4 Reconstitution avec interrogatoire ultérieur
Sect. 5 Éléments de technique de reconstitution

172.01 **Textes applicables.**
C. pr. pén., art. 92, 93, 114.

C. pr. pén., art. 92
* V. s^s n° 171.01.

C. pr. pén., art. 93
* V. s^s n° 171.01.

C. pr. pén., art. 114 [L. n° 2007-291, 5 mars 2007]
Les parties ne peuvent être entendues, interrogées ou confrontées, à moins qu'elles n'y renoncent expressément, qu'en présence de leurs avocats ou ces derniers dûment appelés.

Les avocats sont convoqués au plus tard cinq jours ouvrables avant l'interrogatoire ou l'audition de la partie qu'ils assistent par lettre recommandée avec demande d'avis de réception, télécopie avec récépissé ou verbalement avec émargement au dossier de la procédure.

La procédure est mise à leur disposition quatre jours ouvrables au plus tard avant chaque interrogatoire de la personne mise en examen ou chaque audition de la partie civile. Après la première comparution de la personne mise en examen ou la première audition de la partie civile, la procédure est également mise à tout moment à la disposition des avocats durant les jours ouvrables, sous réserve des exigences du bon fonctionnement du cabinet d'instruction.

Après la première comparution ou la première audition, les avocats des parties peuvent se faire délivrer, à leurs frais, copie de tout ou partie des pièces et actes du dossier. Cette copie peut être adressée à l'avocat sous forme numérisée, le cas échéant par un moyen de télécommunication selon les modalités prévues à l'article 803-1. La délivrance de cette copie doit intervenir dans le mois qui suit la demande.

Les avocats peuvent transmettre une reproduction des copies ainsi obtenues à leur client. Celui-ci atteste au préalable, par écrit, avoir pris connaissance des dispositions de l'alinéa suivant et de l'article 114-1.

Seules les copies des rapports d'expertise peuvent être communiquées par les parties ou leurs avocats à des tiers pour les besoins de la défense.

L'avocat doit donner connaissance au juge d'instruction, par déclaration à son greffier ou par lettre ayant ce seul objet et adressée en recommandé avec accusé de réception, de la liste des pièces ou actes dont il souhaite remettre une reproduction à son client.

Le juge d'instruction dispose d'un délai de cinq jours ouvrables à compter de la réception de la demande pour s'opposer à la remise de tout ou partie de ces reproductions par une ordonnance spécialement motivée au regard des risques de pression sur les victimes, les personnes mises en examen, leurs avocats, les témoins, les enquêteurs, les experts ou toute autre personne concourant à la procédure.

Cette décision est notifiée par tout moyen et sans délai à l'avocat. À défaut de réponse du juge d'instruction notifiée dans le délai imparti, l'avocat peut communiquer à son client la reproduction des pièces ou actes dont il avait fourni la liste. Il peut, dans les deux jours de sa notification, déférer la décision du juge d'instruction au président de la chambre de l'instruction, qui statue dans un délai de cinq jours ouvrables par une décision écrite et motivée, non susceptible de recours. À défaut de réponse notifiée dans le délai imparti, l'avocat peut communiquer à son client la reproduction des pièces ou actes mentionnés sur la liste.

Les modalités selon lesquelles ces documents peuvent être remis par son avocat à une personne détenue et les conditions dans lesquelles cette personne peut détenir ces documents sont déterminées par décret en Conseil d'État.

Par dérogation aux dispositions des huitième et neuvième alinéas, l'avocat d'une partie civile dont la recevabilité fait l'objet d'une contestation ne peut transmettre à son client une reproduction des pièces ou actes de la procédure sans l'autorisation préalable du juge d'instruction, qui peut lui être notifiée par tout moyen. En cas de refus du juge d'instruction ou à défaut de réponse de ce dernier dans les cinq jours ouvrables, l'avocat peut saisir le président de la chambre de l'instruction, qui statue dans un délai de cinq jours ouvrables, par une décision écrite et motivée non susceptible de recours. En l'absence d'autorisation préalable du président de la chambre de l'instruction, l'avocat ne peut transmettre la reproduction de pièces ou actes de la procédure à son client.

172.02 Jurisprudence de référence.

• Les formes présentées par le Code de procédure pénale doivent être respectées dès lors que les déclarations des personnes convoquées sur les lieux d'une reconstitution ont été recueillies.

Crim. 14 sept. 1985, n° 85-93.707; *Bull. crim.*, n° 285.

« Attendu qu'aux termes de l'article 121 du Code de procédure pénale les procès-verbaux d'interrogatoire sont établis dans les formes prévues aux articles 106 et 107 du même code;

Attendu qu'il résulte de l'arrêt attaqué et des pièces de la procédure qu'au cours des opérations de transport sur les lieux relatées dans le procès-verbal en date du 28 juillet 1983, le juge d'instruction ne s'est pas borné à des vérifications ou constatations matérielles ayant pour objet de reconstituer les circonstances du crime, mais qu'il a entendu diverses personnes qui avaient soit la qualité d'inculpé soit celle de partie civile, sans qu'aient été observées les formes prescrites par les articles précités et sans qu'il ait été procédé sans désemparer à des interrogatoires ou confrontations réguliers;

Qu'il y a eu ainsi violation des textes précités et que le procès-verbal de transport susvisé est entaché de nullité. »

172.03 Bibliographie indicative. (V. les références complètes s^s n° 03.)

Actualisables. RÉP. PÉN., Lemercier, « Perquisition, saisie, visite domiciliaire »; Guéry, « Instruction préparatoire » – J.-CL. PÉN., Dumont J., « Transports, perquisitions et saisies ».

SECTION 1
ORGANISATION DE LA RECONSTITUTION

172.11 La reconstitution n'est pas codifiée. Les magistrats instructeurs utilisent des techniques très différentes les unes des autres. La chambre criminelle a donc été amenée à rappeler certains principes concernant l'interrogatoire sur les lieux de la reconstitution, méthode de plus en plus fréquente. Dans le passé, le juge se contentait souvent d'une reconstitution sans que les déclarations des personnes présentes sur les lieux ne figurent à l'acte. Cette pratique est de moins en moins usitée. La Cour de cassation a admis que les enquêteurs puissent réaliser une reconstitution pendant l'enquête de flagrance. La liste de l'article 54 du Code de procédure pénale n'est donc pas limitative[1].

172.12 Intérêt de la reconstitution. Si la reconstitution n'est pas obligatoire en matière criminelle, elle est beaucoup plus fréquente en cette matière. Générale il y a encore quelques années, la reconstitution a tendance à se raréfier. Elle n'apporte en effet que rarement des éléments essentiels. C'est ainsi que l'habitude de réaliser des reconstitutions en matière de vols à main armée s'est perdue. Pour d'autres raisons, qui tiennent aux limites des capacités de simulation des personnes soupçonnées ou des victimes, ce genre d'acte est fort rare en matière d'infractions aux mœurs. En fait, c'est dans les affaires d'homicide que l'on rencontre le plus souvent des reconstitutions des faits. Ce n'est pas tant la nature de l'infraction qui est déterminante que ses circonstances ou que la position adoptée par la personne mise en examen. Il est moins primordial de réaliser une reconstitution dès lors que les faits sont reconnus. Dans cette hypothèse, les photographies auront surtout comme intérêt de permettre aux jurés de se faire une idée plus précise des lieux.

172.13 Choix du moment. Le transport ne s'impose d'ailleurs pas toujours pour « reconstituer » la scène, mais pour se rendre compte d'un certain nombre de conditions de fait ou de lieu permettant de mieux comprendre le déroulement des faits. La reconstitution se déroule le plus souvent en fin d'instruction à un moment où les déclarations se sont « cristallisées ». Mais elle peut aussi intervenir beaucoup plus tôt, si la détention de la personne mise en examen dépend par exemple de circonstances de fait qu'il faut éclaircir au plus tôt (lorsque la légitime défense est invoquée, lorsqu'une impossibilité tenant à la configuration des lieux est invoquée...). Le magistrat instructeur devra veiller également à ce que la reconstitution se déroule dans les mêmes conditions que le jour où les faits ont été commis, du moins quand ces conditions ont une quelconque importance. Souvent, les crimes commis la nuit, à l'extérieur, nécessitent une reconstitution de nuit. Les questions de difficultés de visibilité sont en effet fréquentes.

172.14 Vérifications antérieures à la reconstitution. Dans un certain nombre d'occasions, il sera indispensable de faire vérifier l'état des lieux. Le braquage d'un automobiliste à un carrefour aura du mal à être « reconstitué » si on a mis en place

1. Crim. 26 févr. 2003, n° 02-88.074, *Bull. crim.*, n° 56; *D.* 2003, somm. 1727, obs. J. Pradel; *Dr. pén.* 2003, n° 92, note A. Maron et M. Haas.

depuis un sens giratoire. Une poursuite à travers un champ de maïs n'a pas la même réalité après la moisson... Mais plus couramment ce sont les conditions d'accès pour pénétrer dans les lieux d'un crime qui peuvent poser problème. Les enquêteurs requis vérifient le plus souvent spontanément ce genre de difficulté. Il faudra le cas échéant le leur rappeler. Il est préférable de s'être muni des clés avant de se présenter à la porte d'un appartement et de s'être assuré que l'électricité n'a pas été coupée lorsque la reconstitution se déroule la nuit !

172.15 Les personnes présentes sur les lieux. Le juge d'instruction doit convoquer ou faire convoquer les personnes dont il juge la présence sur les lieux obligatoire. Si la personne mise en examen est détenue, il sera nécessaire de la faire extraire. Dans le cas où elle est libre une convocation peut suffire. La reconstitution nécessitant souvent un important dispositif il est souhaitable de s'assurer à l'avance que les personnes indispensables seront bien présentes. Les témoins seront convoqués dans les formes habituelles, l'importance attachée à leur présence sur les lieux pourra aussi leur être spécialement signalée.

172.16 Le magistrat instructeur appréciera la nécessité de la présence de la partie civile. Deux cas peuvent se présenter : elle est elle-même victime ou témoin des faits et dans ce cas sa présence sera indispensable. Son conseil sera convoqué dans des conditions permettant de procéder à l'audition de son client sur les lieux (v. s[s] n° 172.31). Mais la partie civile peut aussi ignorer complètement les conditions exactes de l'infraction. Ce sera le cas par exemple pour les parents de la victime assassinée. La présence de la partie civile peut alors entraîner des troubles à l'ordre public, voire constituer un danger pour la sécurité du ou des personnes mises en examen. Rien ne contraint le juge à la convoquer sur les lieux et il vaut mieux, en général, l'éviter. Pourtant une difficulté est posée par la demande des avocats des parties civiles de participer à la reconstitution. Ceux ci peuvent en effet estimer qu'il existe un déséquilibre entre les parties puisque les avocats des mis en examen seront sur les lieux, ainsi que le ministère public. Il arrive donc que le juge d'instruction autorise les avocats des parties civiles à assister à la reconstitution sans que leur client ne soit présent.

172.17 Le juge peut se faire assister par un expert. Il est parfois intéressant de solliciter la présence d'un expert sur les lieux. Ce sera souvent l'expert médico-légal ou l'expert en balistique qui ont pu auparavant procéder à l'autopsie ou à l'examen de la victime ou encore à l'expertise de l'arme. Le juge peut consigner dans son procès-verbal de transport certaines remarques formulées sur les lieux par l'expert. Il est conseillé de lui confier une véritable mission d'expertise, qui peut consister à lui demander si les déclarations des différents intéressés sont compatibles avec les constatations de l'expert. L'expert remettra un rapport qui sera notifié aux parties et pourra ainsi donner lieu à une véritable discussion contradictoire.

172.18 La présence sur les lieux des premiers enquêteurs est souvent très intéressante. Ils sont les mieux placés pour préciser qu'elle était l'exacte configuration des faits au moment où ils se sont déroulés. Leur présence sera demandée dans la commission rogatoire qui est délivrée par le juge d'instruction. De même, si un service d'ordre est de toute façon prévu par les enquêteurs, il peut être utile d'en préciser l'importance lorsque la reconstitution peut engendrer un désordre, notamment lorsqu'elle a lieu à l'extérieur dans un quartier sensible. Le juge demandera aussi dans la commission rogatoire la présence de responsables de l'identité judiciaire pour les photographies, et éventuellement pour dresser un plan. Il est parfois nécessaire de prévoir la présence de personnel en civil pouvant jouer le rôle de la victime voire du mis en examen si celui-ci refusait d'être photographié. Dans certains cas, un mannequin sera préférable. Il convient aussi de se munir des scellés ou d'armes factices pouvant les représenter et éventuellement d'instruments de mesure du temps ou de la distance.

172.19 Le refus de participer à la reconstitution. La personne peut refuser de participer à la reconstitution, soit en refusant son extraction, soit en refusant de se prêter à une prise de photographies sur les lieux. Selon les cas, le magistrat estimera alors que la reconstitution est inutile ou, s'il existe des témoins, pourra la réaliser en se contentant de leur témoignage associé aux déclarations antérieures de la personne mise en examen. Les mentions explicatives contenues dans le procès-verbal de transport, les clichés photographiques illustrant la reconstitution du crime ou du délit et s'appuyant sur les déclarations antérieures des témoins, inculpés ou parties civiles, ne constituent pas des auditions ou interrogatoires et ne rendent pas nécessaire la rédaction du procès-verbal dans les formes prescrites par le Code de procédure pénale[1].

La personne n'est pas fondée à invoquer une violation des droits de la défense, résultant d'un défaut d'avis donné à son conseil préalablement à une opération de transport sur les lieux, dès lors qu'il résulte du procès-verbal de ce transport que la reconstitution a eu lieu hors la présence de l'inculpé,

1. Crim. 6 oct. 1986, n° 86-93.988, *Bull. crim.*, n° 270 – Crim. 10 juill. 1991, n° 91-82.696, *Bull. crim.*, n° 298.

qui a refusé d'y participer et a été reconduit à la maison d'arrêt et qu'au surplus l'avocat de ce dernier est arrivé sur les lieux, mais en retard, ce qui implique qu'il avait été avisé[1].

SECTION 2
RECONSTITUTION SANS INTERROGATOIRE DE LA PERSONNE MISE EN EXAMEN

172.21 Ce mode de reconstitution est tombé, depuis quelques années, en désuétude. Il consistait en un déplacement des différents protagonistes d'un crime sans que les déclarations des uns et des autres ne soient consignées le jour même, soit sur les lieux, soit de retour au cabinet. Il n'y avait donc aucun interrogatoire ou plutôt aucune réponse aux questions du juge n'était consignée. Il est en effet assez artificiel de prétendre que le mis en examen va refaire les gestes du crime sans que cela implique qu'il s'explique sur celui-ci.

Ce type de reconstitution se satisfait de l'avis envoyé sans délai au conseil des parties[2].

Seul un procès verbal de transport est dressé au retour du juge dans son cabinet.

172.22 Le problème de la relation irrégulière des déclarations. Une pratique tout à fait irrégulière, que la chambre criminelle condamne sévèrement, a eu tendance à s'instaurer. Le juge d'instruction se transportait avec son greffier sur les lieux du crime et y interrogeait l'inculpé et entendait la partie civile et les témoins. Il se bornait ensuite à relater et analyser ces déclarations dans son procès-verbal de transport, sans le faire signer par chaque déclarant, et sans dresser aucun procès-verbal d'interrogatoire ou d'audition. Les articles 103, 106 et 107 du Code de procédure pénale, auxquels renvoie l'article 121 étaient ainsi méconnus et la chambre d'accusation devait, au moment de la mise en accusation, sous peine de cassation, relever d'office la nullité du procès-verbal de transport et prescrire son retrait du dossier[3] (v. les attendus s[s] n° 172.02)[4]. L'enregistrement sur bande magnétique des déclarations de la personne mise en examen, et leur authentification par un interrogatoire ultérieur, régulièrement signé, n'est pas de nature à réparer une telle nullité[5]. Cette jurisprudence doit être approuvée : à partir du moment où le procès-verbal n'est pas signé par les parties, le magistrat instructeur ne saurait consigner les paroles prononcées sur les lieux, que ce soit dans un style direct ou dans un style indirect. Il peut constater ce qu'il voit, mais ce qu'il entend obéit aux règles des interrogatoires. Le juge d'instruction doit donc dresser des procès-verbaux séparés, régulièrement signés, des déclarations de chacun des intéressés. Il peut toutefois les insérer en un même contexte, dans son procès-verbal de transport, à la condition que chaque déclarant les signe en ce qui le concerne[6]. Quand le contenu du procès-verbal de transport forme un tout indivisible, le prononcé de sa nullité doit porter sur l'ensemble des opérations entachées d'irrégularité, et l'annulation ne saurait être limitée à certaines mentions de ces actes[7] (jurisprudence sans doute obsolète depuis que la chambre de l'instruction dispose du pouvoir de cancellation).

Cependant, peuvent être relatés dans le procès-verbal de transport, sans que la rédaction de procès-verbaux séparés soit nécessaire, une réflexion spontanée de la personne mise en examen, au cours d'une reconstitution, ou des précisions données par les enquêteurs[8], ou la prise de clichés et de simples commentaires[9], ou des commentaires et analyses de clichés photographiques ou des précisions données par les témoins[10]. Il convient toutefois de se montrer prudent, la jurisprudence de la chambre criminelle pouvant évoluer : nous ferons en particulier toutes réserves sur les « déclarations spontanées » d'une personne mise en examen au cours d'une reconstitution...

172.23 La difficulté de la définition de l'interrogatoire. Ce sujet a déjà été évoqué dans le titre consacré à l'interrogatoire (v. s[s] n°s 112.31 à 112.33). En matière de reconstitution, la jurisprudence a été amenée à préciser que :

– les simples vérifications matérielles sur l'emplacement des témoins; les mentions explicatives de clichés photographiques illustrant la reconstitution d'un crime, en s'appuyant sur des déclarations anté-

1. Crim. 6 juin 1990, n° 90-81.658, *Bull. crim.*, n° 227.
2. Crim. 15 févr. 1990, n° 89-86.566, *Bull. crim.*, n° 78; *D.* 1990, somm. 379, obs. J. Pradel; *Gaz. Pal.* 1990, 2, somm. 509.
3. Crim. 20 avr. 1972, n° 71-93.497, *Bull. crim.*, n° 136 – Crim. 8 déc. 1976, n° 76-90.868, *Bull. crim.*, n° 353 – Crim. 6 juill. 1977, n° 77-91.103, *Bull. crim.*, n° 257 – Crim. 20 juill. 1983, n° 83-92.351, *Bull. crim.*, n° 223 – Crim. 24 janv. 1984, *Bull. crim.*, n° 30 – Crim. 14 sept. 1985, n° 85-93.707, *Bull. crim.*, n° 285; *D.* 1986, IR 304, obs. Pradel.
4. Crim. 26 sept. 1985, n° 85-94.253, *Bull. crim.*, n° 287; *D.* 1986, IR 120, obs. Pradel – Crim. 15 mars 1988, n° 88-80.267, *Bull. crim.*, n° 128.
5. Crim. 28 févr. 1974, n° 73-92.596, *Bull. crim.*, n° 88; *JCP* 1974, II, 17774, note P. Chambon.
6. Crim. 5 juill. 1977, n° 77-90602, *Bull. crim.*, n° 253.
7. Crim. 11 déc. 1984, n° 84-90.238, n° 84-90.560, *Bull. crim.*, n° 396; *JCP* 1985, IV, 70.
8. Crim. 2 sept. 1986, n° 86-93.266, *Bull. crim.*, n° 251; *JCP* 1987, II, 20766, note P. Chambon.
9. Crim. 6 oct. 1986, n° 86-93.988, *Bull. crim.*, n° 270.
10. Crim. 28 juin 1988, n° 88-82.531, *Bull. crim.*, n° 293 – Crim. 10 juill. 1991, n° 91-82.696, *Bull. crim.*, n° 298; *Gaz. Pal.* 1992, 1, somm. 31.

rieures des parties, ne rentrent pas dans la catégorie des auditions ou interrogatoires[1];

- le procès-verbal qui relate le refus des inculpés de participer à une reconstitution et qui contient uniquement des analyses ou commentaires de clichés photographiques où figurent les faits et gestes des inculpés et tels qu'ils ont été reconstitués en leur absence ne constitue pas des auditions de témoins, de sorte qu'il n'y a pas lieu de faire application des articles 101, 106 et 107 du Code de procédure pénale, alors qu'il n'est pas allégué que ces mentions s'écartent des dépositions enregistrées au cours de l'enquête de flagrance[2];

- le juge d'instruction qui, à l'occasion d'un transport sur les lieux, procède à une parade d'identification de l'inculpé en l'absence de son conseil, et qui le fait présenter aux témoins en leur faisant entendre sa voix, n'effectue ni un interrogatoire, ni une confrontation entrant dans les prévisions de l'article 118 [devenu art. 114] du Code de procédure pénale[3];

- la demande faite par le magistrat instructeur aux témoins, de situer leurs emplacements respectifs au moment des faits, ne constitue pas une audition et ne rend pas nécessaire la rédaction de procès-verbaux dans les formes prescrites par le Code de procédure pénale[4].

SECTION 3 RECONSTITUTION AVEC INTERROGATOIRE SUR LES LIEUX

172.31 L'établissement d'un procès-verbal sur les lieux de la reconstitution. Nous avons toujours préféré la reconstitution qui consiste à réaliser à la fois sur les lieux la prise de photographies, l'évaluation de la distance, de la visibilité, éléments qui figureront dans le procès-verbal de transport rédigé plus tard en cabinet, et à établir un procès-verbal, le plus souvent de confrontation. Le juge peut procéder de la manière suivante : après avoir expliqué comment la reconstitution allait se dérouler, il commence l'interrogatoire, selon la méthode qu'il a choisie, en général version par version. Il dicte au fur et à mesure à son greffier les déclarations des différentes personnes et s'interrompt à intervalles réguliers pour les prises de photographies ou les vérifications concrètes (calcul d'une distance, évaluation de l'angle d'un tir, *etc.*). Le greffier prend à la main sous la dictée et suit le juge qui se déplace avec les différents protagonistes, le cas échéant, dans les différents endroits de l'action. À la fin, le procès-verbal d'interrogatoire ou de confrontation est signé par toutes les personnes qui se sont exprimées, à l'exception des avocats ou du procureur de la République, à toutes les pages, tout comme on ferait signer un procès-verbal réalisé en cabinet.

172.32 Les explications des experts seront plutôt consignées dans le procès-verbal de transport. Mais une intervention de l'expert suscitera parfois une question supplémentaire à la personne mise en examen. L'avis de l'expert figurera alors sous forme de mention au procès-verbal d'interrogatoire, ou tout simplement dans le contenu de la question posée. De retour en cabinet, le greffier dactylographiera sur son ordinateur une copie certifiée conforme qui permettra une lecture facile. Cette méthode permet la consignation dans les conditions légales de la parole des différents protagonistes sur les lieux mêmes de l'action. Le magistrat instructeur qui pratique ainsi, et qui a respecté les règles inhérentes à tout interrogatoire, n'a à craindre ni une éventuelle nullité de procédure, ni la déperdition de déclarations sur les lieux. Il reste à espérer lorsqu'on pratique ce genre de reconstitution que le temps sera clément car il n'est parfois pas facile d'écrire à la main sous la pluie...

172.33 Une variante : le procès-verbal de transport et de confrontation. Certains magistrats dressent un seul acte qui peut être appelé « procès-verbal de transport et d'interrogatoire » ou « procès-verbal de transport et de confrontation ». Peu importe à vrai dire son nom. L'important est qu'il s'agit ici d'un procès-verbal qui réunira les observations que le juge pourrait transposer dans un procès-verbal de transport signé de lui seul et du greffier, et les déclarations des différents protagonistes, sous un style direct, chaque personne s'exprimant à la première personne du singulier. Ce procès-verbal devra alors être signé de chaque participant, tout comme le procès-verbal de confrontation dans la version citée ci-dessus. Cette pratique est très proche de la précédente. Mais elle contraint le juge à ne rien oublier et à tout consigner sur les lieux.

172.34 Absence de nécessité de filmer l'interrogatoire en matière criminelle. Il n'est pas nécessaire de filmer l'interrogatoire lorsque le juge d'instruction se déplace. En effet, l'article 116-1 mentionne qu'« en matière criminelle, les interrogatoires des personnes mises en examen réalisés dans le bureau du juge d'instruction... ». La reconstitution accompagnée d'un interrogatoire sur les

1. Crim. 28 juin 1988, n° 88-82.531, *Bull. crim.*, n° 293, préc.
2. Crim. 10 juill. 1991, n° 91-82.696, *Bull. crim.*, n° 298, préc.
3. Crim. 30 mars 1993, n° 93-80.141, *Bull. crim.*, n° 134.
4. Crim. 28 juin 1988, n° 88-82.531, *Bull. crim.*, n° 293.

lieux ou dans le fourgon de gendarmerie n'a donc pas à être filmée[1].

SECTION 4 RECONSTITUTION AVEC INTERROGATOIRE ULTÉRIEUR

172.41 La reconstitution peut se décomposer en deux phases : la première consiste à se rendre sur les lieux et à faire principalement les constats et photographies. La seconde, qui suit immédiatement, consiste en un interrogatoire ou une confrontation. Dans le passé, on a vu parfois de tels actes se tenir dans le car de police, à la brigade de gendarmerie. Désormais, les partisans de cette méthode retournent accomplir cet acte le plus souvent dans leur cabinet.

172.42 Cette forme de reconstitution peut avoir un inconvénient : les dires des personnes sur les lieux lors de la prise de photographies peuvent diverger des déclarations faites un peu plus tard en cabinet. Aussi, certains juges ont pu consigner dans un procès-verbal de transport les déclarations formulées sur les lieux. Cette pratique est irrégulière (v. s^s^ n° 172.22). Mais la Cour de cassation fait une exception : la retranscription de telles déclarations est possible lorsque le juge procède, dans les formes régulières, sans désemparer aux auditions, interrogatoires ou confrontations[2]. Dans ce cas, le juge d'instruction doit immédiatement dresser des procès-verbaux séparés, régulièrement signés par chacun des intéressés[3], le tout formant, selon la chambre criminelle, un acte unique[4].

SECTION 5 ÉLÉMENTS DE TECHNIQUE DE RECONSTITUTION

172.51 Reconstitution chronologique. Elle consistera à essayer de représenter un déroulement linéaire des faits en confrontant tout le monde sur chaque action. Très difficile à mener, cette reconstitution repose sur un postulat qui serait qu'il est possible d'aboutir à une présentation unique de la vérité. L'expérience démontre que chacun risque d'exposer la sienne, et que dès lors les photographies ne peuvent que rarement montrer un consensus. Le juge est donc souvent obligé d'entrecouper les scènes du « déroulement de l'action », de scènes de « version de M. X ».

172.52 Reconstitution version par version. On préférera le plus souvent une reconstitution qui présente les faits version par version. Le mis en examen sera appelé alors à jouer son rôle dans la version du témoin, puis le témoin dans celle du mis en examen. En cas d'accord, il peut être inutile de doubler les photographies. Le magistrat appréciera, selon les circonstances de l'espèce, s'il commence par telle ou telle personne. Il est souvent plus intéressant de ne faire s'exprimer les témoins qu'après la personne mise en examen qui pourra, le cas échéant, être mise devant ses contradictions. Il arrive qu'une partie refuse de jouer son rôle dans la version de l'autre. On fera alors appel à un figurant ou à un mannequin.

172.53 Reconstitution et vidéo. Au début des années 1990, avec le développement de la vidéo, on a vu un certain nombre de magistrats instructeurs tenter d'innover en utilisant ce moyen pour mieux rendre compte de la réalité de l'action. La jurisprudence a pu affirmer que la représentation matérielle par bande filmée des lieux où est découverte une infraction est admise dès lors que le support et la forme d'expression de cette représentation, elle-même exempte de tout artifice, ont été soumis et restent accessibles au débat et à la libre discussion des parties[5]. Cette tentative est pourtant demeurée embryonnaire pour plusieurs raisons. Il est souvent plus facile de figer un geste par photographie que de guider une personne pour qu'elle réalise dans la continuité une action. Les personnes sur les lieux d'une reconstitution ne sont pas des acteurs et on ne peut attendre qu'ils se conduisent de telle manière que le film soit exploitable. Par ailleurs, la reconstitution filmée n'a d'intérêt que si elle est regardée, ce qui suppose que la cour d'assises le souhaite ou dispose du matériel adéquate ce qui n'est pas toujours le cas. Enfin, le problème des paroles échangées par les différents intervenants dans le film posent des questions non résolues par la jurisprudence et qui peuvent faire craindre des difficultés procédurales. Quant au film muet, il ne pose pas les mêmes difficultés mais peut manquer singulièrement d'intérêt.

1. V. aussi dans le même sens, la circulaire du 26 mai 2008 (CRIM 08-12/E6, n° 1.2) et l'arrêt du 1er avril 2009 (Crim. 1er avr. 2009, n° 08-88.549, *Bull. crim.*, n° 64; *Dr. pén.* 2009, n° 101, note A. Maron et M. Haas; *AJ Pénal* 2009, 271, note C. Duparc; V. s^s^ n°s 101.02 et 101.34).
2. Crim. 14 sept. 1985, n° 85-93.707, *Bull. crim.*, n° 285 – V. cep. Crim. 2 sept. 1986, n° 86-93.266, *Bull. crim.*, n° 251.
3. Crim. 6 juill. 1977, n° 77-91.103, *Bull. crim.*, n° 257.
4. V. aussi, Crim. 26 févr. 1991, *JCP* 1991, IV, 218.
5. Crim. 13 nov. 1990, n° 90-85.439, NPT, *Gaz. Pal.* 17/18 juill. 1991, p. 14.

TITRE

18. Perquisitions – Saisies – Restitutions

SECTION 0

ORIENTEUR

180.00 Plan du titre.

Chap. 181 Perquisitions et saisies
Sect. 1 Qui peut procéder à des perquisitions et saisies ?
Sect. 2 Faculté de délégation
Sect. 3 Lois spéciales
Sect. 4 Conditions de fond : temps de la perquisition
Sect. 5 Conditions de fond : lieu et objet des perquisitions et saisies
Sect. 6 Cas particuliers
Sect. 7 Conditions de forme
Sect. 8 Sanctions des irrégularités – Nullités
Chap. 182 Restitutions
Sect. 1 Qui peut demander la restitution ?
Sect. 2 Procédure
Sect. 3 Voies de recours
Sect. 4 Décision sur la restitution
Sect. 5 Aliénations et destructions

180.01 Textes applicables.

> Perquisitions, saisies

C. pr. pén., art. 56, 56-1, 56-2, 56-3, 59, 60-1, 77-1-1, 94 à 98, 99-3, 151, 645, 706-26, 706-28, 706-35, 706-89 à 706-95.

C. douanes, art. 64.

> Restitutions

C. pr. pén., art. 41-4, 99, 99-1, 99-2, 177, 183, 212, 571, 706-30-1.

180.02 Jurisprudence de référence.

> Perquisitions, saisies

Crim. 5 juin 1975, n° 74-92.792, *Bull. crim.,* n° 146; *JCP* 1976, II, 18243, note P. Chambon.

Crim. 24 juin 1987, n° 87-82.333, *Bull. crim.,* n° 267.

Crim. 20 sept. 1995, n° 95-81.140, *Bull. crim.,* n° 276.

Crim. 30 juin 1999, n° 97-86.318, *Bull. crim.,* n° 172; *D.* 1999, jur. 458, note J. Pradel; *D.* 1999, somm. 222, obs. J. Pradel; *RSC* 1999, 820, note D. Commaret; *JCP* 1999, II, 10177, note Martin; *Procédures* 1999, comm. 155, obs. Maron.

Crim. 22 juin 2005, n° 05-82.759, *Bull. crim.,* n° 190; *Dr. pén.* 2005, n° 166, note Maron; *JCP* 2005, IV, 2828; *Procédures* 2005, n° 237, obs. Buisson; *Gaz. Pal.* 13/14 janv. 2006, somm. 13, note Y. Monnet.

> Restitutions

Crim. 6 févr. 1997, n° 96-83.462, *Bull. crim.,* n° 55; *Gaz. Pal.* 16-18 mars 1997, 4, note A. Damien.

Crim. 30 juin 1999, n° 97-86.318, *Bull. crim.,* n° 172; *D.* 1999, jur. 458, note J. Pradel; *D.* 1999, somm. 222, obs. J. Pradel; *RSC* 1999, 820, note D. Commaret; *JCP* 1999, II, 10177, note Martin; *Procédures* 1999, comm. 155, obs. Maron.

Crim. 27 sept. 2005, n° 05-80.106, *Bull. crim.,* n° 239; *Procédures* 2005, comm. 288, obs. J. Buisson; *RSC* 2006, 104, note A. Giudicelli.

180.03 Bibliographie indicative. (V. les références complètes s[s] n° 03.)

Actualisables. RÉP. PÉN., Gauze, « Enquête de flagrance »; Guéry, « Instruction préparatoire »; Lemercier, « Perquisitions, saisies, visite domiciliaire » – J.-CL. PÉN., Dumont J., « Transports, perquisitions et saisies »; Guirimand D., « Restitution des objets placés sous main de justice par les juridictions d'instruction » – TPJI, Cousteaux G., « Perquisitions, saisies ».

Articles. Iweins, « Perquisitions dans les cabinets d'avocat : le juge du secret existe », *Gaz. Pal.* 2000, doctr. 1751 – Ch. Guéry, « De l'art de naviguer à vue : la saisine du juge d'instruction et le trafic de stupéfiants », *Dr. pén.* 2008, Étude n° 6 – Viechniewski L., « La confiscation des biens illicites, peine ou mesure de prévention », *LPA* 31 oct. 2002.

180.04 Évolution. Renvois.

• Perquisitions, saisies

* V. s[s] n° 181.04.

• Restitutions

* V. s[s] n° 182.04.

180.05 Rapport du comité de réflexion sur la justice pénale dit rapport Léger. La suppression du juge d'instruction devrait entraîner la présence obligatoire d'un magistrat du parquet s'agissant des perquisitions réalisées chez des personnes concernées par le secret professionnel. Il n'y a pas dans le rapport du comité d'observations particulières sur les perquisitions, saisies ou les restitutions.

CHAPITRE

181. Perquisitions et saisies

SECTION 0 ORIENTEUR

181.00 Plan du chapitre.

Sect. 1 Qui peut procéder à des perquisitions et saisies ?
Sect. 2 Faculté de délégation
Sect. 3 Lois spéciales
Sect. 4 Conditions de fond : temps de la perquisition
Sect. 5 Conditions de fond : lieu et objet des perquisitions et saisies
Sect. 6 Cas particuliers
Sect. 7 Conditions de forme
Sect. 8 Sanctions des irrégularités – Nullités

181.01 Textes applicables.

C. pr. pén., art. 56, 56-1, 56-2, 56-3, 56-4, 59, 60-1, 77-1-1, 94 à 98, 151, 706-26, 706-28, 706-35, 706-89 à 706-95.

C. douanes, art. 64.

C. pr. pén., art. 56

Si la nature du crime est telle que la preuve en puisse être acquise par la saisie des papiers, documents ou autres objets en la possession des personnes qui paraissent avoir participé au crime ou détenir des pièces ou objets relatifs aux faits incriminés, l'officier de police judiciaire se transporte sans désemparer au domicile de ces derniers pour y procéder à une perquisition dont il dresse procès-verbal.

Il a seul, avec les personnes désignées à l'article 57 et celles auxquelles il a éventuellement recours en application de l'article 60, le droit de prendre connaissance des papiers ou documents avant de procéder à leur saisie.

Toutefois, il a l'obligation de provoquer préalablement toutes mesures utiles pour que soit assuré le respect du secret professionnel et des droits de la défense.

Tous objets et documents saisis sont immédiatement inventoriés et placés sous scellés. Cependant, si leur inventaire sur place présente des difficultés, ils font l'objet de scellés fermés provisoires jusqu'au moment de leur inventaire et de leur mise sous scellés définitifs et ce, en présence des personnes qui ont assisté à la perquisition suivant les modalités prévues à l'article 57.

Avec l'accord du procureur de la République, l'officier de police judiciaire ne maintient que la saisie des objets et documents utiles à la manifestation de la vérité.

Le procureur de la République peut également, lorsque la saisie porte sur des espèces, lingots, effets ou valeurs dont la conservation en nature n'est pas nécessaire à la manifestation de la vérité ou à la sauvegarde des droits des personnes intéressées, autoriser leur dépôt à la Caisse des dépôts et consignations ou à la Banque de France.

Lorsque la saisie porte sur des billets de banque ou pièces de monnaie libellés en euros contrefaits, l'officier de police judiciaire doit transmettre, pour analyse et identification, au moins un exemplaire de chaque type de billets ou pièces suspectés faux au centre d'analyse national habilité à cette fin. Le centre d'analyse national peut procéder à l'ouverture des scellés. Il en dresse inventaire dans un rapport qui doit mentionner toute ouverture ou réouverture des scellés. Lorsque les opérations sont terminées, le rapport et les scellés sont déposés entre les mains du greffier de la juridiction compétente. Ce dépôt est constaté par procès-verbal.

Les dispositions du précédent alinéa ne sont pas applicables lorsqu'il n'existe qu'un seul exemplaire d'un type de billets ou de pièces suspectés faux, tant que celui-ci est nécessaire à la manifestation de la vérité.

Si elles sont susceptibles de fournir des renseignements sur les objets, documents et données informatiques saisis, les personnes présentes lors de la perquisition peuvent être retenues sur place par l'officier de police judiciaire le temps strictement nécessaire à l'accomplissement de ces opérations.

C. pr. pén., art. 56-1 [L. n° 2005-1549, 12 déc. 2005, art. 37, *JO* 13 déc.]

Les perquisitions dans le cabinet d'un avocat ou à son domicile ne peuvent être effectuées que par un magistrat et en présence du bâtonnier ou de son délégué, à la suite d'une décision écrite et motivée prise par ce magistrat, qui indique la nature de l'infraction ou des infractions sur lesquelles portent les investigations, les raisons justifiant la perquisition et l'objet de celle-ci. Le contenu de cette décision est porté dès le début de la perquisition à la connaissance du bâtonnier ou de son délégué par le magistrat. Celui-ci et le bâtonnier ou son délégué ont seuls le droit de consulter ou de prendre connaissance des documents se trouvant sur les lieux préalablement à leur éventuelle saisie. Aucune saisie ne peut concerner des documents relatifs à d'autres infractions que celles mentionnées dans la décision précitée. Les dispositions du présent alinéa sont édictées à peine de nullité.

Le magistrat qui effectue la perquisition veille à ce que les investigations conduites ne portent pas atteinte au libre exercice de la profession d'avocat.

Le bâtonnier ou son délégué peut s'opposer à la saisie d'un document à laquelle le magistrat a l'intention de procéder s'il estime que cette saisie serait irrégulière. Le document doit alors être placé sous scellé fermé. Ces opérations font l'objet d'un procès-verbal mentionnant les objections du bâtonnier ou de son délégué, qui n'est pas joint au dossier de la procédure. Si d'autres documents ont été saisis au cours de la perquisition sans soulever de contestation, ce procès-verbal est distinct de celui prévu par l'article 57. Ce procès-verbal ainsi que le document placé sous scellé fermé sont transmis sans délai au juge des libertés et de la détention, avec l'original ou une copie du dossier de la procédure.

Dans les cinq jours de la réception de ces pièces, le juge des libertés et de la détention statue sur la contestation par ordonnance motivée non susceptible de recours.

À cette fin, il entend le magistrat qui a procédé à la perquisition et, le cas échéant, le procureur de la République, ainsi que l'avocat au cabinet ou au domicile duquel elle a été effectuée et le bâtonnier ou son délégué. Il peut ouvrir le scellé en présence de ces personnes.

S'il estime qu'il n'y a pas lieu à saisir le document, le juge des libertés et de la détention ordonne sa restitution immédiate, ainsi que la destruction du procès-verbal des opérations et, le cas échéant, la cancellation de toute référence à ce document ou à son contenu qui figurerait dans le dossier de la procédure.

Dans le cas contraire, il ordonne le versement du scellé et du procès-verbal au dossier de la procédure. Cette décision n'exclut pas la possibilité ultérieure pour les parties de demander la nullité de la saisie devant, selon les cas, la juridiction de jugement ou la chambre de l'instruction.

Les dispositions du présent article sont également applicables aux perquisitions effectuées dans les locaux de l'ordre des avocats ou des caisses de règlement pécuniaire des avocats. Dans ce cas, les attributions confiées au juge des libertés et de la détention sont exercées par le président du tribunal de grande instance qui doit être préalablement avisé de la perquisition. Il en est de même en cas de perquisition au cabinet ou au domicile du bâtonnier.

C. pr. pén., art. 56-2

Les perquisitions dans les locaux d'une entreprise de presse ou de communication audiovisuelle ne peuvent être effectuées que par un magistrat qui veille à ce que les investigations conduites ne portent pas atteinte au libre exercice de la profession de journaliste et ne constituent pas un obstacle ou n'entraînent pas un retard injustifiés à la diffusion de l'information.

C. pr. pén., art. 56-3

Les perquisitions dans le cabinet d'un médecin, d'un notaire, d'un avoué ou d'un huissier sont effectuées par un magistrat et en présence de la personne responsable de l'ordre ou de l'organisation professionnelle à laquelle appartient l'intéressé ou de son représentant.

C. pr. pén., art. 56-4 [L. n° 2009-928 du 29 juill. 2009 – Art. 11]

I. – Lorsqu'une perquisition est envisagée dans un lieu précisément identifié, abritant des éléments couverts par le secret de la défense nationale, la perquisition ne peut être réalisée que par un magistrat en présence du président de la Commission consultative du secret de la défense nationale. Ce dernier peut être représenté par un membre de la commission ou par des délégués, dûment habilités au secret de la défense nationale, qu'il désigne selon des modalités déterminées par décret en Conseil d'État. Le président ou son représentant peut être assisté de toute personne habilitée à cet effet.

La liste des lieux visés au premier alinéa est établie de façon précise et limitative par arrêté du Premier ministre. Cette liste, régulièrement actualisée, est communiquée à la Commission consultative du secret de la défense nationale ainsi qu'au ministre de la Justice, qui la rendent accessible aux magistrats de façon sécurisée. Le magistrat vérifie si le lieu dans lequel il souhaite effectuer une perquisition figure sur cette liste.

Les conditions de délimitation des lieux abritant des éléments couverts par le secret de la défense nationale sont déterminées par décret en Conseil d'État.

Le fait de dissimuler dans les lieux visés à l'alinéa précédent des procédés, objets, documents, informations, réseaux informatiques, données informatisées ou fichiers non classifiés, en tentant de les faire bénéficier de la protection attachée au secret de la défense nationale, expose son auteur aux sanctions prévues à l'article 434-4 du Code pénal.

La perquisition ne peut être effectuée qu'en vertu d'une décision écrite du magistrat qui indique au président de la Commission consultative du secret de la défense nationale les informations utiles à l'accomplissement de sa mission. Le président de la commission ou son représentant se transporte sur les lieux sans délai. Au commencement de la perquisition, le magistrat porte à la connaissance du président de la commission ou de son représentant, ainsi qu'à celle du chef d'établissement ou de son délégué, ou du responsable du lieu, la nature de l'infraction ou des infractions sur lesquelles portent les investigations, les raisons justifiant la perquisition, son objet et les lieux visés par cette perquisition.

Seul le président de la Commission consultative du secret de la défense nationale, son représentant et, s'il y a lieu, les personnes qui l'assistent peuvent prendre connaissance d'éléments classifiés découverts sur les lieux. Le magistrat ne peut saisir, parmi les éléments classifiés, que ceux relatifs aux infractions sur lesquelles portent les investigations. Si les nécessités de l'enquête justifient que les éléments classifiés soient saisis en original, des copies sont laissées à leur détenteur.

Chaque élément classifié saisi est, après inventaire par le président de la commission consultative, placé sous scellé. Les scellés sont remis au président de la Commission consultative du secret de la défense nationale qui en devient gardien. Les opérations relatives aux éléments classifiés saisis ainsi que l'inventaire de ces éléments font l'objet d'un procès-verbal qui n'est pas joint au dossier de la procédure et qui est conservé par le président de la commission consultative.

La déclassification et la communication des éléments mentionnés dans l'inventaire relèvent de la procédure prévue par les articles L. 2312-4 et suivants du Code de la défense.

II. – Lorsqu'à l'occasion d'une perquisition un lieu se révèle abriter des éléments couverts par le secret de la défense nationale, le magistrat présent sur le lieu ou immédiatement avisé par l'officier de police judiciaire en informe le président de la Commission consultative du secret de la défense nationale. Les éléments classifiés sont placés sous scellés, sans en prendre connaissance, par le magistrat ou l'officier de police judiciaire qui les a découverts, puis sont remis ou transmis, par tout moyen en conformité avec la réglementation applicable aux secrets de la défense nationale, au président de la commission afin qu'il en assure la garde. Les opérations relatives aux éléments classifiés font l'objet d'un procès-verbal qui n'est pas joint au dossier de la procédure. La déclassification et la communication des éléments ainsi placés sous scellés relèvent de la procédure prévue par les articles L. 2312-4 et suivants du Code de la défense.

III. – Lorsqu'une perquisition est envisagée dans un lieu classifié au titre du secret de la défense nationale dans les conditions définies à l'article 413-9-1 du Code pénal, elle ne peut être réalisée que par un magistrat en présence du président de la Commission consultative du secret de la défense nationale. Ce dernier peut être représenté par un membre de la commission et être assisté de toute personne habilitée à cet effet.

Le magistrat vérifie auprès de la Commission consultative du secret de la défense nationale si le lieu dans lequel il souhaite effectuer une perquisition fait l'objet d'une mesure de classification.

La perquisition ne peut être effectuée qu'en vertu d'une décision écrite et motivée qui indique la nature de l'infraction ou des infractions sur lesquelles portent les investigations, les raisons justifiant la perquisition et l'objet de celle-ci, ainsi que le lieu visé par la perquisition. Le magistrat transmet cette décision au président de la Commission consultative du secret de la défense nationale. Il la porte, au commencement de la perquisition, à la connaissance du chef d'établissement ou de son délégué, ou du responsable du lieu.

La perquisition doit être précédée d'une décision de déclassification temporaire du lieu aux fins de perquisition et ne peut être entreprise que dans les limites de la déclassification ainsi décidée. À cette fin, le président de la Commission consultative du secret de la défense nationale, saisi par la décision du magistrat mentionnée à l'alinéa précédent, fait connaître sans délai son avis à l'autorité administrative compétente sur la déclassification temporaire, totale ou partielle, du lieu aux fins de perquisition. L'autorité administrative fait connaître sa décision sans délai. La déclassification prononcée par l'autorité administrative ne vaut que pour le temps des opérations. En cas de déclassification partielle, la perquisition ne peut être réalisée que dans la partie des lieux qui fait l'objet de la décision de déclassification de l'autorité administrative.

La perquisition se poursuit dans les conditions prévues aux sixième alinéa et suivants du I.

IV. – Les dispositions du présent article sont édictées à peine de nullité.

C. pr. pén., art. 59

Les perquisitions dans le cabinet d'un médecin, d'un notaire, d'un avoué ou d'un huissier sont effectuées par un magistrat et en présence de la personne responsable de l'ordre ou de l'organisation professionnelle à laquelle appartient l'intéressé ou de son représentant.

C. pr. pén., art. 60-1 [L. n° 2007-297, 5 mars 2007]

Le procureur de la République ou l'officier de police judiciaire peut, par tout moyen, requérir de toute personne, de tout établissement ou organisme privé ou public ou de toute administration publique qui sont susceptibles de détenir des documents intéressant l'enquête, y compris ceux issus d'un système informatique ou d'un traitement de données nominatives, de lui remettre ces documents, notamment sous forme numérique, sans que puisse lui être opposée, sans motif légitime, l'obligation au secret professionnel. Lorsque les réquisitions concernent des personnes mentionnées aux articles 56-1 à 56-3, la remise des documents ne peut intervenir qu'avec leur accord.

À l'exception des personnes mentionnées aux articles 56-1 à 56-3, le fait de s'abstenir de répondre dans les meilleurs délais à cette réquisition est puni d'une amende de 3 750 euros. Les personnes morales sont responsables pénalement, dans les conditions prévues par l'article 121-2 du Code pénal, du délit prévu par le présent alinéa.

C. pr. pén., art. 77-1-1 [L. n° 2007-297, 5 mars 2007]

Le procureur de la République ou, sur autorisation de celui-ci, l'officier de police judiciaire, peut, par tout moyen, requérir de toute personne, de tout établissement ou organisme privé ou public ou de toute administration publique qui sont susceptibles de détenir des documents intéressant l'enquête, y compris ceux issus d'un système informatique ou d'un traitement de données nominatives, de lui remettre ces documents, notamment sous forme numérique, sans que puisse lui être opposée, sans motif légitime, l'obligation au secret professionnel. Lorsque les réquisitions concernent des personnes mentionnées aux articles 56-1 à 56-3, la remise des documents ne peut intervenir qu'avec leur accord.

En cas d'absence de réponse de la personne aux réquisitions, les dispositions du second alinéa de l'article 60-1 sont applicables.

C. pr. pén., art. 94
Les perquisitions sont effectuées dans tous les lieux où peuvent se trouver des objets dont la découverte serait utile à la manifestation de la vérité.

C. pr. pén., art. 95
Si la perquisition a lieu au domicile de la personne mise en examen, le juge d'instruction doit se conformer aux dispositions des articles 57 et 59.

C. pr. pén., art. 96
Si la perquisition a lieu dans un domicile autre que celui de la personne mise en examen, la personne chez laquelle elle doit s'effectuer est invitée à y assister. Si cette personne est absente ou refuse d'y assister, la perquisition a lieu en présence de deux de ses parents ou alliés présents sur les lieux, ou à défaut, en présence de deux témoins.

Le juge d'instruction doit se conformer aux dispositions des articles 57 (al. 2) et 59.

Toutefois, il a l'obligation de provoquer préalablement toutes mesures utiles pour que soit assuré le respect du secret professionnel et des droits de la défense.

Les dispositions des articles 56-1, 56-2 et 56-3 sont applicables aux perquisitions effectuées par le juge d'instruction.

C. pr. pén., art. 97
Lorsqu'il y a lieu, en cours d'information, de rechercher des documents ou des données informatiques et sous réserve des nécessités de l'information et du respect, le cas échéant, de l'obligation stipulée par l'alinéa 3 de l'article précédent, le juge d'instruction ou l'officier de police judiciaire par lui commis a seul le droit d'en prendre connaissance avant de procéder à la saisie.

Tous les objets, documents ou données informatiques placés sous main de justice sont immédiatement inventoriés et placés sous scellés. Cependant, si leur inventaire sur place présente des difficultés, l'officier de police judiciaire procède comme il est dit au quatrième alinéa de l'article 56.

Il est procédé à la saisie des données informatiques nécessaires à la manifestation de la vérité en plaçant sous main de justice soit le support physique de ces données, soit une copie réalisée en présence des personnes qui assistent à la perquisition.

Si une copie est réalisée dans le cadre de cette procédure, il peut être procédé, sur ordre du juge d'instruction, à l'effacement définitif, sur le support physique qui n'a pas été placé sous main de justice, des données informatiques dont la détention ou l'usage est illégal ou dangereux pour la sécurité des personnes ou des biens.

Avec l'accord du juge d'instruction, l'officier de police judiciaire ne maintient que la saisie des objets, documents et données informatiques utiles à la manifestation de la vérité.

Lorsque ces scellés sont fermés, ils ne peuvent être ouverts et les documents dépouillés qu'en présence de la personne, assistée de son avocat, ou eux dûment appelés. Le tiers chez lequel la saisie a été faite est également invité à assister à cette opération.

Si les nécessités de l'instruction ne s'y opposent pas, copie ou photocopie des documents ou des données informatiques placés sous main de justice peuvent être délivrées à leurs frais, dans le plus bref délai, aux intéressés qui en font la demande.

Si la saisie porte sur des espèces, lingots, effets ou valeurs dont la conservation en nature n'est pas nécessaire à la manifestation de la vérité ou à la sauvegarde des droits des parties, il peut autoriser le greffier à en faire le dépôt à la Caisse des dépôts et consignations ou à la Banque de France.

Lorsque la saisie porte sur des billets de banque ou pièces de monnaie libellés en euros contrefaits, le juge d'instruction ou l'officier de police judiciaire par lui commis doit transmettre, pour analyse et identification, au moins un exemplaire de chaque type de billets ou pièces suspectés faux au centre d'analyse national habilité à cette fin. Le centre d'analyse national peut procéder à l'ouverture des scellés. Il en dresse inventaire dans un rapport qui doit mentionner toute ouverture ou réouverture des scellés. Lorsque les opérations sont terminées, le rapport et les scellés sont déposés entre les mains du greffier de la juridiction compétente. Ce dépôt est constaté par procès-verbal.

Les dispositions du précédent alinéa ne sont pas applicables lorsqu'il n'existe qu'un seul exemplaire d'un type de billets ou de pièces suspectés faux, tant que celui-ci est nécessaire à la manifestation de la vérité.

C. pr. pén., art. 98
Sous réserve des nécessités de l'information judiciaire, toute communication ou toute divulgation sans autorisation de la personne mise en examen ou de ses ayants droit ou du signataire ou du destinataire d'un document provenant d'une perquisition, à une personne non qualifiée par la loi pour en prendre connaissance, est punie de 4 500 euros d'amende et de deux ans d'emprisonnement.

C. pr. pén., art. 99-3 [L. n° 2007-297, 5 mars 2007]
Le juge d'instruction ou l'officier de police judiciaire par lui commis peut, par tout moyen, requérir de toute personne, de tout établissement ou organisme privé ou public ou de toute administration publique qui sont susceptibles de détenir des documents intéressant l'instruction, y compris ceux issus d'un système informatique ou d'un traitement de données nominatives, de lui remettre ces documents, notamment sous forme numérique, sans que puisse lui être opposée, sans motif légitime, l'obligation au secret professionnel. Lorsque les réquisitions concernent des personnes mentionnées aux articles 56-1 à 56-3, la remise des documents ne peut intervenir qu'avec leur accord.

En l'absence de réponse de la personne aux réquisitions, les dispositions du deuxième alinéa de l'article 60-1 sont applicables.

C. pr. pén., art. 151
Le juge d'instruction peut requérir par commission rogatoire tout juge de son tribunal, tout juge d'instruction ou tout officier de police judiciaire, qui en avise dans ce cas le procureur de la République, de procéder aux actes

d'information qu'il estime nécessaires dans les lieux où chacun d'eux est territorialement compétent.

La commission rogatoire indique la nature de l'infraction, objet des poursuites. Elle est datée et signée par le magistrat qui la délivre et revêtue de son sceau.

Elle ne peut prescrire que des actes d'instruction se rattachant directement à la répression de l'infraction visée aux poursuites.

Le juge d'instruction fixe le délai dans lequel la commission rogatoire doit lui être retournée avec les procès-verbaux dressés pour son exécution par l'officier de police judiciaire. À défaut d'une telle fixation, la commission rogatoire et les procès-verbaux doivent lui être transmis dans les huit jours de la fin des opérations exécutées en vertu de celle-ci.

C. pr. pén., art. 645

Tout dépositaire public de pièces arguées de faux, ou ayant servi à établir des faux, est tenu, sur ordonnance du juge d'instruction, de les lui remettre et de fournir, le cas échéant, les pièces de comparaison qui sont en sa possession.

Si les pièces ainsi remises par un officier public ou saisies entre ses mains ont le caractère d'actes authentiques, il peut demander à ce qu'il lui en soit laissé une copie, certifiée conforme par le greffier, ou une reproduction par photographie ou par tout autre moyen.

Ladite copie ou reproduction est mise au rang des minutes de l'office jusqu'à restitution de la pièce originale.

C. pr. pén., art. 706-26 [L. n° 2004-204, 9 mars 2004]

Les infractions prévues par les articles 222-34 à 222-40 du Code pénal, ainsi que le délit de participation à une association de malfaiteurs prévu par l'article 450-1 du même code lorsqu'il a pour objet de préparer l'une de ces infractions, sont poursuivies, instruites et jugées selon les règles du présent code, sous réserve des dispositions du présent titre.

C. pr. pén., art. 706-28 [L. n° 2004-204, 9 mars 2004]

Pour la recherche et la constatation des infractions visées à l'article 706-26, les visites, perquisitions et saisies prévues par l'article 59 peuvent être opérées en dehors des heures prévues par cet article à l'intérieur des locaux où l'on use en société de stupéfiants ou dans lesquels sont fabriqués, transformés ou entreposés illicitement des stupéfiants lorsqu'il ne s'agit pas de locaux d'habitation.

Les actes prévus au présent article ne peuvent, à peine de nullité, avoir un autre objet que la recherche et la constatation des infractions visées à l'article 706-26.

C. pr. pén., art. 706-35

Pour la recherche et la constatation des infractions visées à l'article 706-34, les visites, perquisitions et saisies prévues par l'article 59 peuvent être opérées à toute heure du jour et de la nuit, à l'intérieur de tout hôtel, maison meublée, pension, débit de boissons, club, cercle, dancing, lieu de spectacle et leurs annexes et en tout autre lieu ouvert au public ou utilisé par le public lorsqu'il est constaté que des personnes se livrant à la prostitution y sont reçues habituellement.

Les actes prévus au présent article ne peuvent, à peine de nullité, être effectués pour un autre objet que la recherche et la constatation des infractions visées à l'article 706-34.

C. pr. pén., art. 706-89 [L. n° 2004-204, 9 mars 2004]

Si les nécessités de l'enquête de flagrance relative à l'une des infractions entrant dans le champ d'application de l'article 706-73 l'exigent, le juge des libertés et de la détention du tribunal de grande instance peut, à la requête du procureur de la République, autoriser, selon les modalités prévues par l'article 706-92, que les perquisitions, visites domiciliaires et saisies de pièces à conviction soient opérées en dehors des heures prévues par l'article 59.

C. pr. pén., art. 706-90 [L. n° 2004-204, 9 mars 2004]

Si les nécessités de l'enquête préliminaire relative à l'une des infractions entrant dans le champ d'application de l'article 706-73 l'exigent, le juge des libertés et de la détention du tribunal de grande instance peut, à la requête du procureur de la République, décider, selon les modalités prévues par l'article 706-92, que les perquisitions, visites domiciliaires et saisies de pièces à conviction pourront être effectuées en dehors des heures prévues à l'article 59, lorsque ces opérations ne concernent pas des locaux d'habitation.

C. pr. pén., art. 706-91 [L. n° 2004-204, 9 mars 2004]

Si les nécessités de l'instruction relative à l'une des infractions entrant dans le champ d'application de l'article 706-73 l'exigent, le juge d'instruction peut, selon les modalités prévues par l'article 706-92, autoriser les officiers de police judiciaire agissant sur commission rogatoire à procéder à des perquisitions, visites domiciliaires et saisies de pièces à conviction en dehors des heures prévues à l'article 59, lorsque ces opérations ne concernent pas des locaux d'habitation.

En cas d'urgence, le juge d'instruction peut également autoriser les officiers de police judiciaire à procéder à ces opérations dans les locaux d'habitation :

1° Lorsqu'il s'agit d'un crime ou d'un délit flagrant;

2° Lorsqu'il existe un risque immédiat de disparition des preuves ou des indices matériels;

3° Lorsqu'il existe une ou plusieurs raisons plausibles de soupçonner qu'une ou plusieurs personnes se trouvant dans les locaux où la perquisition doit avoir lieu sont en train de commettre des crimes ou des délits entrant dans le champ d'application de l'article 706-73.

C. pr. pén., art. 706-92 [L. n° 2004-204, 9 mars 2004]

À peine de nullité, les autorisations prévues par les articles 706-89 à 706-91 sont données pour des perquisitions déterminées et font l'objet d'une ordonnance écrite, précisant la qualification de l'infraction dont la preuve est recherchée ainsi que l'adresse des lieux dans lesquels les visites, perquisitions et saisies peuvent être faites; cette ordonnance, qui n'est pas susceptible d'appel, est motivée par référence aux éléments de fait et de droit justifiant que ces opérations sont nécessaires. Les opérations sont faites sous le contrôle du magistrat qui les a autorisées, et qui peut se déplacer sur les lieux pour veiller au respect des dispositions légales.

Dans les cas prévus par les 1°, 2° et 3° de l'article 706-91, l'ordonnance comporte également l'énoncé des considérations de droit et de fait qui constituent le fondement de cette décision par référence aux seules conditions prévues par ces alinéas.

C. pr. pén., art. 706-93 [L. n° 2004-204, 9 mars 2004]

Les opérations prévues aux articles 706-89 à 706-91 ne peuvent, à peine de nullité, avoir un autre objet que la recherche et la constatation des infractions visées dans la décision du juge des libertés et de la détention ou du juge d'instruction.

Le fait que ces opérations révèlent des infractions autres que celles visées dans la décision du juge des libertés et de la détention ou du juge d'instruction ne constitue pas une cause de nullité des procédures incidentes.

C. pr. pén., art. 706-94 [L. n° 2004-204, 9 mars 2004]

Lorsque, au cours d'une enquête de flagrance ou d'une instruction relative à l'une des infractions entrant dans le champ d'application de l'article 706-73, la personne au domicile de laquelle est faite une perquisition est en garde à vue ou détenue en un autre lieu et que son transport sur place paraît devoir être évité en raison des risques graves soit de troubles à l'ordre public ou d'évasion, soit de disparition des preuves pendant le temps nécessaire au transport, la perquisition peut être faite, avec l'accord préalable du procureur de la République ou du juge d'instruction, en présence de deux témoins requis dans les conditions prévues au deuxième alinéa de l'article 57, ou d'un représentant désigné par celui dont le domicile est en cause.

Les dispositions du présent article sont également applicables aux enquêtes préliminaires, lorsque la perquisition est faite sans l'assentiment de la personne dans les conditions prévues aux articles 76 et 706-90. L'accord est alors donné par le juge des libertés et de la détention.

C. pr. pén., art. 706-95 [L. n° 2004-204, 9 mars 2004]

Si les nécessités de l'enquête de flagrance ou de l'enquête préliminaire relative à l'une des infractions entrant dans le champ d'application de l'article 706-73 l'exigent, le juge des libertés et de la détention du tribunal de grande instance peut, à la requête du procureur de la République, autoriser l'interception, l'enregistrement et la transcription de correspondances émises par la voie des télécommunications selon les modalités prévues par les articles 100, deuxième alinéa, 100-1 et 100-3 à 100-7, pour une durée maximum de quinze jours, renouvelable une fois dans les mêmes conditions de forme et de durée. Ces opérations sont faites sous le contrôle du juge des libertés et de la détention.

Pour l'application des dispositions des articles 100-3 à 100-5, les attributions confiées au juge d'instruction ou à l'officier de police judiciaire commis par lui sont exercées par le procureur de la République ou l'officier de police judiciaire requis par ce magistrat.

Le juge des libertés et de la détention qui a autorisé l'interception est informé sans délai par le procureur de la République des actes accomplis en application de l'alinéa précédent.

C. douanes, art. 64

1. Pour la recherche et la constatation des délits douaniers, visés aux articles 414 à 429 et 459 du présent code, les agents des douanes habilités à cet effet par le directeur général des douanes et droits indirects peuvent procéder à des visites en tous lieux, même privés, où les marchandises et documents se rapportant à ces délits sont susceptibles d'être détenus et procéder à leur saisie. Ils sont accompagnés d'un officier de police judiciaire.

2. a) Hormis le cas de flagrant délit, chaque visite doit être autorisée par une ordonnance du juge des libertés et de la détention du tribunal de grande instance du lieu de la direction des douanes dont dépend le service chargé de la procédure.

L'ordonnance n'est susceptible que d'un pourvoi en cassation selon les règles prévues par le Code de procédure pénale; ce pourvoi n'est pas suspensif. Les délais de pourvoi courent à compter de la notification ou de la signification de l'ordonnance.

L'ordonnance comporte :

A. l'adresse des lieux à visiter;

B. le nom et la qualité du fonctionnaire habilité qui a sollicité et obtenu l'autorisation de procéder aux opérations de visite.

Le juge motive sa décision par l'indication des éléments de fait et de droit qu'il retient et qui laissent présumer, en l'espèce, l'existence des agissements frauduleux dont la preuve est recherchée.

Si, à l'occasion de la visite, les agents habilités découvrent l'existence d'un coffre dans un établissement de crédit dont la personne occupant les lieux visités est titulaire et où des pièces, documents, objets ou marchandises se rapportant aux agissements visés au 1, sont susceptibles de se trouver, ils peuvent, sur autorisation délivrée par tout moyen par le juge qui a pris l'ordonnance, procéder immédiatement à la visite de ce coffre. Mention de cette autorisation est portée au procès-verbal prévu au b du 2.

Le juge doit vérifier de manière concrète que la demande d'autorisation qui lui est soumise est bien fondée; cette demande doit comporter tous les éléments d'information en possession de l'administration de nature à justifier la visite.

Il désigne l'officier de police judiciaire chargé d'assister à ces opérations et de le tenir informé de leur déroulement.

La visite s'effectue sous le contrôle du juge qui l'a autorisée. Lorsqu'elle a lieu en dehors du ressort de son tribunal de grande instance, il délivre une commission rogatoire, pour exercer ce contrôle, au juge des libertés et de la détention du tribunal de grande instance dans le ressort duquel s'effectue la visite.

Le juge peut se rendre dans les locaux pendant l'intervention.

À tout moment, il peut décider la suspension ou l'arrêt de la visite.

L'ordonnance est notifiée verbalement et sur place au moment de la visite à l'occupant des lieux ou à son représentant qui en reçoit copie intégrale contre récépissé ou émargement au procès-verbal prévu au b du 2. En l'absence de l'occupant des lieux ou de son représentant, l'ordonnance est notifiée après la visite par lettre recommandée avec avis de réception. La notification est réputée faite à la date de réception figurant sur l'avis.

À défaut de réception, il est procédé à la signification de l'ordonnance dans les conditions prévues par les articles 550 et suivants du Code de procédure pénale.

Les délais et modalités de la voie de recours sont mentionnés sur les actes de notification et de signification.

b) La visite ne peut être commencée avant six heures ni après vingt et une heures. Elle est effectuée en présence de l'occupant des lieux ou de son représentant; en cas d'impossibilité, l'officier de police judiciaire requiert deux témoins choisis en dehors des personnes relevant de son autorité ou de celle de l'administration des douanes.

Les agents des douanes mentionnés au 1 ci-dessus, l'occupant des lieux ou son représentant et l'officier de police judiciaire peuvent seuls prendre connaissance des pièces et documents avant leur saisie.

L'officier de police judiciaire veille au respect du secret professionnel et des droits de la défense conformément aux dispositions du troisième alinéa de l'article 56 du Code de procédure pénale; l'article 58 de ce code est applicable.

Le procès-verbal, auquel est annexé un inventaire des marchandises et documents saisis, est signé par les agents des douanes, l'officier de police judiciaire et par les personnes mentionnées au premier alinéa du présent b; en cas de refus de signer, mention en est faite au procès-verbal.

Si l'inventaire sur place présente des difficultés, les pièces et documents saisis sont placés sous scellés. L'occupant des lieux ou son représentant est avisé qu'il peut assister à l'ouverture des scellés qui a lieu en présence de l'officier de police judiciaire; l'inventaire est alors établi.

Une copie du procès-verbal et de l'inventaire est remise à l'occupant des lieux ou à son représentant.

Un exemplaire du procès-verbal et de l'inventaire est adressé au juge qui a délivré l'ordonnance dans les trois jours de son établissement.

3. Les agents des douanes peuvent intervenir sans l'assistance d'un officier de police judiciaire :

a) pour opérer les visites, recensements et contrôles à domicile chez les titulaires d'un compte ouvert d'animaux ou d'un titre de pacage;

b) pour la recherche des marchandises qui, poursuivies à vue sans interruption dans les conditions prévues par l'article 332 ci-après, sont introduites dans une maison ou autre bâtiment même sis en dehors du rayon.

4. S'il y a refus d'ouverture des portes, les agents des douanes peuvent les faire ouvrir en présence d'un officier de police judiciaire.

181.02 Jurisprudence de référence.

• Le secret professionnel de l'avocat ne peut couvrir des documents constituant le corps du délit.

Crim. 5 juin 1975, n° 74-92.792, *Bull. crim.*, n° 146; *JCP* 1976, II, 18243, note P. Chambon.

« Attendu qu'en l'état de ces constatations, les juges du fond énoncent que la perquisition et la saisie avaient été régulières aux motifs, d'une part, qu'il appartient au juge d'instruction seul et non au bâtonnier de l'ordre des avocats ou à son représentant de rechercher et de saisir les documents utiles à l'information et, d'autre part, que le pouvoir du juge ne trouve sa limite que dans le principe de la liberté de la défense qui commande de respecter les communications confidentielles de l'avocat avec ses clients;

Que l'arrêt ajoute que le secret professionnel de l'avocat ne peut couvrir des documents tels que ceux qui ont été saisis en l'espèce et que le prévenu avait été amené a recueillir dans des activités ayant motivé sa propre inculpation;

Attendu que par ces constatations et énonciations desquelles il résulte que le magistrat instructeur s'est conformé, lors de la perquisition et de la saisie, aux dispositions de l'article 96, alinéa 3, du Code de procédure pénale qui prescrivent au juge d'instruction de provoquer préalablement toutes mesures utiles pour que soit assuré le respect du secret professionnel et des droits de la défense, la cour d'appel a justifié sa décision;

Qu'il s'ensuit que le moyen doit être écarté. »

• Le domicile est l'endroit où une personne a le droit de se dire chez elle, quels que soient le titre juridique de son occupation et l'affectation donnée aux locaux.

Crim. 24 juin 1987, n° 87-82.333, *Bull. crim.*, n° 267.

« Attendu qu'il résulte des dispositions combinées des articles 56 et 76 du Code de procédure pénale que s'il n'a reçu mandat du juge d'instruction, un officier de police judiciaire ne peut, sans l'assentiment exprès de la personne chez qui l'opération a lieu, légalement procéder à une perquisition ou à une saisie qu'en cas de crime ou de délit flagrants;

Attendu qu'il résulte de l'arrêt et des pièces de la procédure que des officiers de police judiciaire, agissant dans le cadre d'une enquête préliminaire suivie contre Roger N... du chef "d'escroquerie, abus de confiance" ont effectué une visite domiciliaire dans les locaux de la chambre des métiers de la Guyane à Cayenne après avoir obtenu l'autorisation du vice-président de cet organisme; qu'au cours de cette opération, ils ont pénétré dans le bureau du président Roger N..., et ce grâce à une clef fournie par Henri C..., secrétaire général; que divers documents ont été saisis à cette occasion;

Attendu que pour refuser d'annuler lesdites perquisition et saisie, l'arrêt attaqué énonce "qu'elles ont été opérées à la chambre des métiers de Guyane dans le bureau du président de cet organisme", ce local mis à la disposition du président ès *qualités* et non *intuitu personae* ne pouvant de ce fait être assimilé à une extension de son domicile et en l'absence du président, le vice-président étant valablement fondé à autoriser une perquisition à laquelle il a assisté dans un local relevant alors de son autorité ;

Mais attendu qu'en statuant ainsi alors que le mot domicile ne signifie pas seulement le lieu où une personne a son principal établissement mais encore le lieu où, qu'elle y habite ou non, elle a le droit de se dire chez elle, quels que soient le titre juridique de son occupation et l'affectation donnée aux locaux, la chambre d'accusation n'a pas légalement justifié sa décision ; d'où il suit que le moyen doit être accueilli. »

• Il n'y a pas perquisition dès lors que l'officier de police ne se livre à aucune recherche pour entrer en possession de documents.

Crim. 20 sept. 1995, n° 95-81.140, *Bull. crim.,* n° 276.

« Attendu qu'il résulte de l'arrêt attaqué et des pièces de la procédure que, le 1er septembre 1994, le juge d'instruction chargé de l'information ouverte du chef ci-dessus énoncé contre Saad A..., chirurgien au centre hospitalier de La Ferté-Bernard, a donné commission rogatoire à la gendarmerie aux fins de se faire remettre le dossier médical de la victime ; qu'en exécution de cette commission rogatoire, un officier de police judiciaire s'est présenté à l'hôpital et, en présence du directeur de l'établissement et du représentant du conseil de l'ordre des médecins, s'est fait remettre le dossier et l'a placé sous scellés ;

Attendu que, estimant que cette opération constituait en réalité une "perquisition dans le cabinet d'un médecin" et aurait donc dû, selon l'article 56-1, alinéa 2 du Code de procédure pénale, être effectuée par un magistrat, le procureur de la République a saisi la chambre d'accusation d'une requête en annulation de l'acte et de la procédure subséquente ;

Attendu que, pour faire droit à la requête, les juges énoncent que l'opération incriminée s'analyse en une "perquisition qui n'a été interrompue que par la remise, par son détenteur, du dossier médical" ;

Mais attendu qu'en prononçant ainsi, alors que l'officier de police judiciaire ne s'était livré à aucune recherche pour entrer en possession du dossier, lequel lui avait été remis sur sa demande, la chambre d'accusation a méconnu le texte susvisé et le principe sus-énoncé. »

• Aucun principe ni aucune disposition légale ne fait obstacle, à la compétence du juge des libertés et de la détention appartenant à la même juridiction que le juge d'instruction en charge de l'information qui a procédé à la perquisition litigieuse, quand bien même celle-ci aurait été effectuée dans un autre ressort.

Crim. 22 juin 2005, n° 05-82.759, *Bull. crim.,* n° 190 ; *Dr. pén.* 2005, n° 166, note Maron ; *JCP* 2005, IV, 2828 ; *Procédures* 2005, n° 237, obs. Buisson ; *Gaz. Pal.* 13/14 janv. 2006, somm. 13, note Y. Monnet.

« Attendu qu'il résulte de la décision attaquée et des pièces de la procédure qu'au cours de la perquisition effectuée, à Toulouse, au cabinet de Me France X..., par deux juges d'instruction du tribunal de grande instance d'Orléans, le bâtonnier de l'Ordre des avocats au barreau de Toulouse, présent lors de ces opérations, s'est opposé à la saisie de certains documents ; que, conformément aux prescriptions de l'article 56-1 du Code de procédure pénale, les magistrats instructeurs ont adressé au juge des libertés et de la détention de leur juridiction le scellé fermé contenant les documents litigieux, le procès-verbal mentionnant les observations formulées par le bâtonnier ainsi que le dossier de la procédure ;

Attendu qu'en retenant, par les motifs reproduits au moyen, sa compétence territoriale, qui était contestée, le juge des libertés et de la détention du tribunal de grande instance d'Orléans a justifié sa décision ;

Qu'en effet, aucun principe ni aucune disposition légale ne fait obstacle, pour statuer, en application de l'article 56-1 du Code de procédure pénale, sur l'opposition du bâtonnier de l'Ordre à la saisie d'un document dans le cabinet ou le domicile d'un avocat, à la compétence du juge des libertés et de la détention appartenant à la même juridiction que le juge d'instruction en charge de l'information qui a procédé à la perquisition litigieuse, quand bien même celle-ci aurait été effectuée dans un autre ressort ;

Attendu que, dès lors, la décision attaquée n'étant pas entachée d'excès de pouvoir, le pourvoi n'est pas recevable. »

181.03 Bibliographie indicative. (V. les références complètes ss n° 03.)

Actualisables. RÉP. PÉN., Gauze, « Enquête de flagrance » ; Guéry, « Instruction préparatoire » ; Lemercier, « Perquisitions, saisies, visite domiciliaire » – J.-CL. PÉN., Dumont J., « Transports, perquisitions et saisies » – TPJI, Cousteaux G., « Perquisitions, saisies ».

Ouvrages. HÉLIE F., IV, nos 1801 et 1802 – GARRAUD, III, n° 918 – LAMBERT, p. 418 s., 532 et 594 s.

Articles. Iweins, « Perquisitions dans les cabinets d'avocat : le juge du secret existe », *Gaz. Pal.* 2000, doctr. 1751 – Ch. Guéry, « De l'art de naviguer à vue : la saisine du juge d'instruction et le trafic de stupéfiants », *Dr. pén.* 2008, Étude n° 6.

181.04 Évolution. Les perquisitions et saisies peuvent être pratiquées au cours de l'enquête menée au cas de crime ou délit flagrant, au cours de l'enquête préliminaire et en cours d'information. Le Code de procédure pénale, en ce qui concerne la phase de l'instruction, a peu modifié le droit des perquisitions et saisies, tel qu'il résultait des articles 87 à 89 du Code d'instruction criminelle, rédaction des lois des 7 février 1933 et 25 mars 1935. Aujourd'hui, en droit commun, les officiers de police judiciaire et le procureur de la République peuvent effectuer des perquisitions et saisies au cas de crime ou délit flagrant, même sans le consentement de l'intéressé (C. pr. pén., art. 53 s.)[1]. Si les nécessités de l'enquête relative à

1. Crim. 5 oct. 1976, n° 76-91.190, *Bull. crim.,* n° 278 – Crim. 26 avr. 1983, n° 81-90.699, *Bull. crim.,* n° 117 – Crim. 8 nov. 1989, n° 89-80.728, *Bull. crim.,* n° 406 ; *JCP* 1990, II, 21580, note J.-H. Syr – Crim. 23 oct. 1991, n° 90-85.321, *Bull. crim.,* n° 371.

un délit puni d'une peine d'emprisonnement d'une durée égale ou supérieure à 5 ans l'exigent, le procureur de la République peut demander au juge des libertés et de la détention la possibilité que les opérations de perquisition dans le cadre de l'enquête préliminaire soient effectuées sans l'assentiment de l'intéressé. La loi du 12 décembre 2005 a ajouté un nouvel alinéa à l'article 76 du Code de procédure pénale permettant de saisir le JLD du tribunal du siège de l'enquête même si la perquisition a lieu dans un autre ressort. Dans ce cas, le JLD peut se déplacer sur les lieux de la perquisition, sur toute l'étendue du territoire national. Le ministère public peut également saisir le JLD du lieu de la perquisition, par l'intermédiaire du parquet local. Les mêmes dispositions ont été prises pour les perquisitions en matière de criminalité organisée (C. pr. pén., art. 76, 706-92).

181.06 Questions essentielles.

• Le domaine des perquisitions et des saisies est, paradoxalement, peu codifié et c'est encore la jurisprudence de la chambre criminelle qui permet de se repérer.

Les questions demeurent nombreuses, les principales touchant au secret professionnel : remise volontaire d'un dossier médical, scellé fermé obligatoire ou non mais touchent aussi la notion même de domicile.

* V. s^s n°s 181.53, 181.54 et n° 181.63.

SECTION 1
QUI PEUT PROCÉDER À DES PERQUISITIONS ET SAISIES ?

181.11 Inviolabilité du domicile. Toutes les Constitutions ont proclamé l'inviolabilité du domicile de tout citoyen. Ainsi que l'indiquait l'article 87 du Code d'instruction criminelle, « la visite domiciliaire et la perquisition sont des actes d'instruction ». En principe il n'appartient qu'aux juges d'instruction de « pénétrer dans le domicile des citoyens et d'y faire des recherches » [...]; mais même, « le droit de perquisition du juge d'instruction, quelque général qu'il soit, quelque étendus que soient ses termes, n'est en lui-même qu'une exception au principe constitutionnel qui a consacré l'inviolabilité du domicile [...]; il suit de là que ce droit doit être resserré plutôt qu'étendu » [1].

181.12 Consentement. Ni le commissaire de police [2], ni le procureur de la République et ses auxiliaires [3], ni les gendarmes [4], ne peuvent s'introduire, malgré lui, dans le domicile d'un particulier, ni y procéder à aucune perquisition, sans mandat du juge d'instruction, à peine de nullité de l'opération, sauf le cas de crime flagrant. Il n'en est autrement que si le maître de la maison a donné son consentement, librement et en connaissance de cause [5]. Il en va toutefois différemment depuis la loi du 9 mars 2004 (v. s^s n° 181.08).

181.13 Remise volontaire. Ne constitue pas une perquisition soumise aux règles édictées par l'article 56 du Code de procédure pénale, la recherche en vue d'une remise aux services de police, par le propriétaire d'un local ou son représentant, d'objets introduits sans droit ni titre par un tiers n'y ayant pas son domicile. [6]

SECTION 2
FACULTÉ DE DÉLÉGATION

181.21 Droit antérieur. Malgré les termes restrictifs de l'article 90 du Code d'instruction criminelle, avant sa modification par les lois du 7 février 1933 et 25 mars 1935 le juge d'instruction pouvait donner commission rogatoire en vue d'une perquisition ou d'une saisie, non seulement à un autre magistrat, mais aussi à un officier de police judiciaire.

C'est ainsi qu'à ces fins, il pouvait donner commission rogatoire : à un juge de paix [7], à un maire ou son adjoint [8], à un commissaire de police [9]. Le juge d'instruction pouvait autoriser le commissaire de police à se faire aider par un tiers, par exemple le syndic ou le tiers saisi [10]. La mission pouvait être générale quant aux lieux, à la condition que les faits fussent déterminés [11]. Une délégation générale de pouvoirs, ne visant que des faits indéterminés, était nulle [12].

1. Hélie F., IV, n°s 1801 et 1802.
2. Crim. 29 mars 1917, *D.* 1921, 1, 48.
3. Crim. 12 mai 1923, *DP* 1924, 1, p. 174.
4. Crim. 17 juin 1942, *Bull. crim.*, n° 75.
5. Crim. 2 janv. 1936, 2 arrêts, *Bull. crim.*, n°s 1 et 3; *DP* 1936, 1, 46, note Leloir – Crim. 17 juin 1942, *Bull. crim.*, n° 75 – Crim. 9 juill. 1953, *Bull. crim.*, n° 242 – Crim. 30 mai 1980, n° 80-90.075, *Bull. crim.*, n° 165 – Crim. 24 juin 1987, n° 87-82.333, *Bull. crim.*, n° 267 – T. corr. Vannes, 18 févr. 1982, *D.* 1983, jur. 130, note P. Chambon – T. corr. Paris, 24 juin 1985, *D.* 1985, jur. 498, note J. Pradel.
6. Crim. 12 févr. 2008, n° 07-87.862, *Bull. crim.*, n° 35; *AJ Pénal* 2008, 244, note G. Roussel – Crim. 12 févr. 2008, n° 07-87.753, *Bull. crim.*, n° 34; *AJ Pénal* 2008, 244, note G. Roussel – Sur la remise volontaire par les médecins, v. s^s n° 181.64, pour les notaires n° 181.67.
7. Crim. 16 janv. 1869, *Bull. crim.*, n° 17 – Crim. 15 mars 1934, *Bull. crim.*, n° 60.
8. Crim. 8 juin 1872, *Bull. crim.*, n° 138.
9. Crim. 13 juin 1872, *Bull. crim.*, n° 140 – Crim. 13 févr. 1925, *DP* 1925, 1, 148.
10. Crim. 25 nov. 1932, *Bull. crim.*, n° 244; *DH* 1933, 6.
11. Crim. 4 déc. 1956, *Bull. crim.*, n° 802.
12. Crim. 22 janv. 1953, *D.* 1953, jur. 533, note Lapp; *JCP* 1953, II, 7456, rapp. Brouchot – Crim. 21 mars 1957, *D.* 1957, 482.

181.22 Article 151 du Code de procédure pénale. L'article 151 du Code de procédure pénale a consacré cette jurisprudence. Le juge d'instruction, en vue des perquisitions et saisies (tous actes d'information), peut donner commission rogatoire à un autre magistrat ou à tout officier de police judiciaire. La délégation doit indiquer la nature de l'infraction, objet des poursuites[1]. L'officier de police judiciaire agissant sur commission rogatoire, peut saisir, au cas de flagrant délit ou avec l'assentiment de l'intéressé, tous objets révélant des infractions étrangères aux faits visés dans la commission rogatoire[2].

SECTION 3
LOIS SPÉCIALES

181.31 Énumération. Il existe des infractions pour la constatation desquelles des lois spéciales ont autorisé certains agents à effectuer des perquisitions et saisies, alors qu'une information n'est pas ouverte et sans mandat du juge d'instruction. Il en est ainsi :

- en matière de répression des fraudes (C. consom., art. L. 215-1 à L. 215-8 [anc^{t} D. 22 janv. 1919, pour l'application de la loi du 1er août 1905])[3];

- en matière de douanes (C. douanes, art. 64, 64-2, 66)[4]; les agents des douanes ne peuvent, sur simples renseignements, saisir et ouvrir des lettres, opération assimilable à une perquisition[5];

- en matière de contributions indirectes[6]; en matière fiscale[7]. Les agents des impôts, qui assistent les gendarmes pour une perquisition sur un délit de facturation, ne peuvent poursuivre leur assistance à des opérations étrangères à leurs pouvoirs[8];

- en matière de contrôle économique et des prix (ord. n° 1484, 30 juin 1945, art. 10 s.)[9], de protection de la natalité (C. santé publ., art. L. 177), de substances vénéneuses (C. santé publ., art. L. 564 et R. 5057; art. L. 627, mod. par L. 31 déc. 1970) et d'usage de stupéfiants (C. pr. pén., art. 706-28)[10], de législation du travail[11];

- en matière de débits de boissons et plus généralement de lieux publics. Aux termes de l'article 9 du décret du 10 juillet 1791, « à l'égard des lieux où tout le monde est admis indistinctement, tels que cafés, cabarets, boutiques et autres, les officiers de police pourront toujours y entrer, pour prendre connaissance des désordres et contraventions ». Le droit de pénétrer n'entraîne pas celui de perquisitionner[12]. Les gendarmes qui, ayant connaissance que l'auteur d'un accident présentait des signes d'ivresse, pénètrent de nuit à son domicile avec son consentement pour l'inviter à subir une prise de sang, ne commettent aucune violation de la loi, l'opération ne constituant pas une visite domiciliaire[13];

- en matière de maisons de jeu. Les commissaires de police ont le droit d'entrer dans les lieux ouverts au public, de nuit comme de jour, pendant tout le temps où le public y est admis et comme le public lui-même. Peu importe si les conditions à l'admission du public ne sont qu'un prétexte destiné à tromper sur le caractère public du cercle. Dans ces conditions, et pendant le temps d'admission du public, est régulière la perquisition opérée sur délégation du juge d'instruction, même en l'absence de la désignation de deux citoyens domiciliés prescrite par l'article 10 du décret du 19 juillet 1791[14]. L'irrégularité de la perquisition peut être couverte par le consentement de l'intéressé[15];

- en matière de criminalité organisée. La loi du 9 mars 2004 a prévu un régime dérogatoire du droit

1. Crim. 1er févr. 1962, *Bull. crim.*, n° 75 – Crim. 5 avr. 1965, *Bull. crim.*, n° 112 – Crim. 11 janv. 1967, *Bull. crim.*, n° 22 – Crim. 4 juin 1969, *Bull. crim.*, n° 186; *JCP* 1970, II, 16187, note P. Chambon – Sur l'étendue de la commission rogatoire, v. CA Rouen, ch. corr., 15 juin 1982, *D.* 1983, jur. 145, note P. Chambon.
2. Crim. 11 juin 1985, n° 84-95.005, *Bull. crim.*, n° 227 – Crim. 17 mai 1994, n° 93-82.252, *Bull. crim.*, n° 186.
3. Crim. 12 oct. 1987, n° 86-90.540, *Bull. crim.*, n° 343.
4. Crim. 16 oct. 1958, *Bull. crim.*, n° 663 – Crim. 2 juin 1986, n° 86-90.975, *Bull. crim.*, n° 187; *JCP* 1987, II, 20752, note J. Pannier – Crim. 15 oct. 1990, n° 89-86.388, *Bull. crim.*, n° 342 – Crim. 24 janv. 1994, n° 92-82.848, *Bull. crim.*, n° 32.
5. Crim. 4 mars 1991, n° 90-82.002, *Bull. crim.*, n° 105; *D.* 1991, IR 150.
6. CA Paris, 7 juin 1961, *JCP* 1961, II, 12304, note P. Chambon – Crim. 7 mars 1962, *JCP* 1963, II, 13053, note J. F. – Crim. 8 juin 1966, *Bull. crim.*, n° 167 – Crim. 31 janv. 1973, n° 71-91.875, *Bull. crim.*, n° 56 – V. Crim. 12 janv. 1981, *Bull. crim.*, n° 11 – Crim. 3 nov. 1982, n° 82-91.529, *Bull. crim.*, n° 237 – CA Paris, 10 oct. 1984 et TGI Bordeaux, 26 sept. 1984, *D.* 1985, 67, note Lamarque – TGI Bordeaux, ord. réf., 29 janv. 1986, *D.* 1987, 60, note Lo.
7. V. Crim. 18 oct. 1982, n° 81-93.500, *Bull. crim.*, n° 221 – Cons. const. 29 déc. 1983, *JCP* 1984, II, 20160, note Drago et Decocq – Mixte, 15 déc. 1988, *JCP* 1989, II, 21263, note Dugrip; *D.* 1989, jur. 189, note M. Jéol.
8. Crim. 17 oct. 1994, n° 94-82.780, *Bull. crim.*, n° 333.
9. Crim. 17 déc. 1974, n° 74-92.687, *Bull. crim.*, n° 370 – Crim. 8 oct. 1979, n° 79-91.224, *Bull. crim.*, n° 273 – Crim. 28 avr. 1980, n° 79-92.877, *Bull. crim.*, n° 122 – Crim. 7 mars 1988, n° 87-82.332, *Bull. crim.*, n° 116.
10. Crim. 21 juill. 1982, n° 82-91.034, *Bull. crim.*, n° 196; *D.* 1982, jur. 642, note C.-J. Berr – CA Paris, ch. acc., 24 janv. 1952, *S.* 1952, 1, 93, concl. Combaldieu.
11. Crim. 19 mars 1985, n° 84-90.353, *Bull. crim.*, n° 113.
12. Crim. 18 févr. 1910, *S.* 1911, 1, 233 – Crim. 31 janv. 1914, *D.* 1918, 1, 76 – Crim. 19 juill. 1957, *D.* 1958, jur. 563, note Le Pavec.
13. Crim. 4 mars 1969, *Bull. crim.*, n° 105 – Crim. 15 mars 1990, n° 87-84.629, *Bull. crim.*, n° 117 – Crim. 26 sept. 1990, n° 89-86.600, *Bull. crim.*, n° 321.
14. Crim. 4 nov. 1905, *D.* 1907, 1, 439 – Crim. 9 avr. 1908, *D.* 1910, 1, 112.
15. Crim. 9 déc. 1910, *D.* 1912, 1, 30.

commun : si les nécessités de l'enquête de flagrance relative à l'une des infractions entrant dans le champ d'application de l'article 706-73 l'exigent, le juge des libertés et de la détention du tribunal de grande instance à la requête du procureur de la République, ou le juge d'instruction peut autoriser que les perquisitions, visites domiciliaires et saisies de pièces à conviction soient opérées en dehors des heures prévues par l'article 59 lorsque ces opérations ne concernent pas des locaux d'habitation (C. pr. pén., art. 706-90 et 706-91). En cas d'urgence, le juge d'instruction peut également autoriser les officiers de police judiciaire à procéder à ces opérations dans les locaux d'habitation lorsqu'il s'agit d'un crime ou d'un délit flagrant ou lorsqu'il existe un risque immédiat de disparition des preuves ou des indices matériels; ou lorsqu'il existe une ou plusieurs raisons plausibles de soupçonner qu'une ou plusieurs personnes se trouvant dans les locaux où la perquisition doit avoir lieu sont en train de commettre des crimes ou des délits entrant dans le champ d'application de l'article 706-73. À peine de nullité, les autorisations prévues par les articles 706-89 à 706-91 sont données pour des perquisitions déterminées et font l'objet d'une ordonnance écrite, précisant la qualification de l'infraction dont la preuve est recherchée ainsi que l'adresse des lieux dans lesquels les visites, perquisitions et saisies peuvent être faites; cette ordonnance, qui n'est pas susceptible d'appel, est motivée par référence aux éléments de fait et de droit justifiant que ces opérations sont nécessaires. Les opérations sont faites sous le contrôle du magistrat qui les a autorisées, et qui peut se déplacer sur les lieux pour veiller au respect des dispositions légales. Dans le cas prévu par les 1, 2 et 3 de l'article 706-91, l'ordonnance comporte également l'énoncé des considérations de droit et de fait qui constituent le fondement de cette décision par référence aux seules conditions prévues par ces alinéas (C. pr. pén., art. 706-92). Ces opérations prévues ne peuvent, à peine de nullité, avoir un autre objet que la recherche et la constatation des infractions visées dans la décision du juge des libertés et de la détention ou du juge d'instruction. Le fait que ces opérations révèlent des infractions autres que celles visées dans la décision du juge des libertés et de la détention ou du juge d'instruction ne constitue pas une cause de nullité des procédures incidentes (C. pr. pén., art. 706-94).

SECTION 4
CONDITIONS DE FOND : TEMPS DE LA PERQUISITION

181.41 Interdiction d'opérer de nuit. Si le domicile de tout citoyen est inviolable, cette règle prend une force particulière pendant la nuit. Le juge d'instruction lui-même, sans se rendre coupable d'une violation de domicile, ne peut pénétrer dans le domicile d'un particulier pendant la nuit entre 21 heures et 6 heures du matin (C. pr. pén., art. 59 et 95). Toutefois, une perquisition débutée avant 21 heures peut se poursuivre après. Le pouvoir d'exécution d'office, qui appartient à la police administrative en vue du maintien de l'ordre public, autorise-t-il ses agents à pénétrer après 22 heures, dans un appartement privé, pour y faire cesser la contravention de tapage nocturne ? Le tribunal correctionnel de Saint-Dié a répondu par la négative[1].

181.42 Exceptions. Nous avons vu qu'il en est autrement dans les lieux ouverts au public, pendant le temps où le public y est admis. En matière de proxénétisme, l'alinéa 2 de l'article 59 précité, qui autorisait les perquisitions et saisies à toute heure du jour et de la nuit dans les lieux ouverts au public où les personnes se livrant à la prostitution y étaient reçus habituellement, à été abrogé par la loi du 16 décembre 1992 mais remplacé par l'article 706-35 du Code de procédure pénale. Les actes de recherche et de constatation ne peuvent être effectués pour un autre objet que la recherche des constatations visées à l'article 706-34 (infractions prévues par les articles 225-5 à 225-11-4 et association de malfaiteurs pour préparer ces infractions). En matière de contributions indirectes, sur la nullité de la perquisition commencée avant le coucher du soleil et continuée après[2].

L'avant-dernier alinéa de l'article L. 627 du Code de la santé publique, modifié par la loi du 31 décembre 1970, en matière de substances vénéneuses classées comme stupéfiants, rendait applicable aux perquisitions et saisies, pour la constatation des infractions prévues par ce texte, l'article 59 alinéa 2 du Code de procédure pénale. Elles pouvaient être opérées la nuit en tous lieux où les infractions se commettent. L'article 706-28 du Code de procédure pénale permet désormais que la recherche et la constatation des faits de trafic de stupéfiants et d'association de malfaiteurs ayant pour objet de préparer l'une de ces infractions, les visites, perquisitions et saisies prévues par l'article 59 peuvent être opérées en dehors des heures prévues par cet article à l'intérieur des locaux ou l'on use en société de stupéfiants ou dans lesquels sont fabriqués, transportés ou entreposés illicitement des stupéfiants, lorsqu'il ne s'agit pas de locaux d'habitation. Ces opérations devaient, à peine de nullité, être

1. T. corr. Saint-Dié, 27 févr. 1986, *JCP* 1986, II, 20690, note P. Chambon.
2. V. Crim. 3 juill. 1979, n° 78-91.490, *Bull. crim.*, n° 238.

autorisées sur requête du procureur de la République par le juge des libertés et de la détention lorsqu'il s'agissait de les effectuer dans une maison d'habitation ou un appartement à moins qu'elles ne soient autorisées par le juge d'instruction. La décision écrite d'autorisation était soumise à des conditions de forme (C. pr. pén., art. 706-28, al. 2). Cet alinéa de l'article 706-28 a été abrogé par la loi du 9 mars 2004, ce domaine faisant désormais partie de la réglementation applicable à la criminalité organisée.

En matière de terrorisme, au cas de flagrant délit, aux termes de l'article 10 de la loi n° 96-647 du 22 juillet 1996, et après décision du Conseil constitutionnel du 16 juillet 1996, les perquisitions peuvent être opérées pendant la nuit, sur autorisation du président du tribunal[1]. La loi du 9 mars 2004 a également prévu un régime dérogatoire du droit commun en matière de criminalité organisée (v. s[s] n° 181.31).

SECTION 5
CONDITIONS DE FOND : LIEU ET OBJET DES PERQUISITIONS ET SAISIES

181.51 Lieu. « Les perquisitions sont effectuées dans tous les lieux où peuvent se trouver des objets dont la découverte serait utile à la manifestation de la vérité » (C. pr. pén., art. 94). Il en est ainsi du domicile de la personne mise en examen (C. pr. pén., art. 95), ou du domicile de toute autre personne[2], susceptible de détenir des objets se rapportant au fait incriminé ou qui paraît y avoir participé (C. pr. pén., art. 56 et 96). Dans une enquête de flagrant délit, de tels objets peuvent être saisis chez des tiers, même en l'absence d'infraction flagrante à leur égard[3]. L'erreur commise par le juge d'instruction sur l'opportunité de la perquisition constitue, hors le cas de dol un simple mal jugé qui ne saurait servir de fondement à une action en dommages-intérêts[4].

181.52 Objet. Le juge d'instruction peut rechercher et saisir tous objets, papiers, documents susceptibles de constituer la preuve de l'infraction ou s'y rapportant d'une manière quelconque, dont la découverte peut être utile à la manifestation de la vérité (C. pr. pén., art. 56 et 94)[5], ou nécessaire à la sauvegarde des parties ou des tiers[6]. Peu importe qu'il s'agisse d'un crime ou d'un délit[7].

Dès lors qu'ils agissent en flagrant délit ou avec l'assentiment de l'intéressé, les enquêteurs peuvent saisir au cours d'une perquisition sur des faits déterminés, des objets étrangers à ces derniers[8].

181.53 Notion du domicile. La notion de domicile n'implique pas nécessairement celle d'habitation. « Le terme domicile, au sens des articles 56 et 76 du Code de procédure pénale, ne signifie pas seulement le lieu où une personne a son principal établissement mais encore le lieu où, qu'elle y habite ou non, elle a le droit de se dire chez elle, quels que soient le titre juridique de son occupation et l'affectation donnée aux locaux.[9] » Il en est ainsi du bureau du président de la chambre des métiers (même arrêt). Cette définition est celle que la chambre criminelle applique au terme « domicile », pris comme élément du délit de violation de domicile[10].

181.54 Les résidences diverses ou les dépendances de celles-ci sont considérées comme le domicile. L'appréciation de leur nature est une question de fait[11]. La chambre louée, ou la chambre d'hôtel est assimilée à un domicile[12]. Le coffre bancaire est considéré comme situé « dans un domicile autre que celui de la personne poursuivie », et la perquisition qui y est faite est régulière si les prescriptions de l'article 96 du Code de procédure pénale ont été observées[13]. Le siège d'une association ne constitue pas le domicile du président de celle-ci[14]. Une voiture automobile n'est pas un domicile[15]; toutefois, le propriétaire d'une voiture peut refuser d'en ouvrir le coffre au cours d'un contrôle routier[16], à moins qu'il ne s'agisse d'une enquête de flagrant délit[17]. L'ouverture forcée du capot d'une voiture n'est pas assimilable à une visite domiciliaire[18]. Un appartement partiellement détruit par un incendie

1. V. Le Fr. Gunehec, *JCP* 1996, Act. n° 46.
2. Crim. 27 févr. 1952, *Bull. crim.*, n° 61 – Crim. 5 mai 1953, *Bull. crim.*, n° 157.
3. Crim. 27 janv. 1987, n° 86-93.278, *Bull. crim.*, n° 41; *D.* 1988, jur. 179, note Darolle.
4. Crim. 11 avr. 1938, *DH* 1938, 388.
5. Crim. 27 oct. 1959, *Bull. crim.*, n° 450; *JCP* 1959, II, 11375, note P. Chambon – Crim. 8 juin 1966, *DS* 1966, 542.
6. Crim. 13 juin 1956, *Bull. crim.*, n° 465.
7. Crim. 21 févr. 1956, *Bull. crim.*, n° 179.
8. Crim. 8 oct. 1985, n° 84-95.606, *Bull. crim.*, n° 301; *D.* 1986, IR 303, obs. J. Pradel – Crim. 17 mai 1994, n° 93-82.252, *Bull. crim.*, n° 186.
9. Crim. 24 juin 1987, n° 87-82.333, *Bull. crim.*, n° 267; v. les attendus s[s] n° 181.02.
10. Crim. 20 juin 1957, *Bull. crim.*, n° 518 – Crim. 13 oct. 1982, n° 81-92.708, *Bull. crim.*, n° 218.
11. Crim. 15 oct. 1974, n° 74-90.335, *Bull. crim.*, n° 292.
12. Crim. 24 juin 1893, *S.* 1893, 1, 491 – Crim. 31 janv. 1914, *D.* 1918, 1, 76 – Crim. 30 mai 1980, n° 80-90.075, *Bull. crim.*, n° 165.
13. Crim. 14 oct. 1969, *Bull. crim.*, n° 248.
14. Crim. 27 sept. 1984, n° 84-93.474, *Bull. crim.*, n° 275; *JCP* 1984, IV, 327.
15. Crim. 11 sept. 1933, *Bull. crim.*, n° 191; *DP* 1937, 1, 40.
16. Crim. 23 juin 1964, *Bull. crim.*, n° 208; *JCP* 1965, II, 14080 – T. corr., Toulon, 26 avr. 1983, *JCP* 1984, II, 20214, note P. Chambon.
17. Crim. 8 nov. 1979, n° 78-92.914, *Bull. crim.*, n° 311; *D.* 1980, IR 523, obs. Puech; *JCP* 1980, II, 19337; chron. P. Chambon, *JCP* 1980, I, 2983.
18. CA Rennes, ch. corr., 8 nov. 1984, *D.* 1984, flash n° 42.

et devenu inhabitable, n'est plus un domicile[1]. N'a pas non plus ce caractère un bateau de cinq mètres sans aménagement[2]. Ne sont pas assimilables à une perquisition à domicile les vérifications faites dans un casier de consigne de gare[3], ou les constatations sur les objets contenus dans un garage, faites depuis l'extérieur de celui-ci[4]. L'atelier de ciselure ou la fonderie, dépourvus des équipements nécessaires à l'habitation et où l'intéressé n'exerce pas d'activité permanente, n'est pas un domicile[5]. Justifie sa décision la chambre d'accusation qui, pour rejeter la demande d'annulation de la saisie par le juge d'instruction de correspondance adressée à une personne mise en examen, retient qu'une telle mesure prise dans l'intérêt de la manifestation de la vérité n'a pas à être spécialement motivée[6]. À l'exception des perquisitions qui ont lieu dans le bureau du dirigeant social, et auxquelles ce dernier, sauf application des articles 57 alinéa 2, 95 ou 96 du Code de procédure pénale, doit nécessairement assister, les perquisitions et saisies dans les locaux d'une société peuvent être pratiquées en la seule présence d'une personne se comportant comme le représentant qualifié de cette société. Les juges ont pouvoir souverain de décider que tel est le cas[7].

181.55 Fouille. La fouille corporelle ou fouille à corps peut n'être qu'une simple mesure de police ou de sûreté, hors de toute arrestation ou d'ivresse publique et manifeste (D. 20 mai 1903, art. 307 et 308), qui n'intéresse pas le droit des perquisitions. Mais la fouille à corps, pratiquée comme moyen de recherche, est assimilée à une perquisition et ne peut donc être pratiquée, hors le cas d'infraction flagrante ou de mandat du juge d'instruction, qu'avec le consentement de l'intéressé[8]. Il en est de même de la fouille d'un portefeuille[9]. La loi n'impose pas aux enquêteurs de saisir la totalité des documents qu'ils découvrent au cours d'une fouille à corps[10].

1. Crim. 31 mai 1994, n° 94-81.199, *Bull. crim.*, n° 213.
2. Crim. 20 nov. 1984, n° 84-91.829, *Bull. crim.*, n° 355; *JCP* 1985, IV, 41.
3. Crim. 12 oct. 1993, n° 93-83.490, *Bull. crim.*, n° 287.
4. Crim. 29 mars 1994, n° 93-84.995, *Bull. crim.*, n° 118.
5. Crim. 17 oct. 1995, n° 95-81.847, *Bull. crim.*, n° 310; *D.* 1996, IR 14.
6. Crim. 7 juin 2000, *D.* 2000, IR 226.
7. Crim. 13 oct. 1998, n° 98-82.522, *Bull. crim.*, n° 254; *D.* 1999, IR 7 – Crim. 18 juin 2003, n° 03-81.979, *Bull. crim.*, n° 129; *Procédures* oct. 2003, comm. J. Buisson n° 222; *Dr. pén.* 2003, n° 116, comm. A. Maron.
8. Crim. 22 janv. 1953, *JCP* 1953, II, 7456, rapp. Brouchot; *D.* 1953, jur. 533, note Lapp – Crim. 18 déc. 1958, *Bull. crim.*, n° 760 – CA Bourges, 12 mars 1869, *DP* 1874, 5, 30 – Lambert, p. 418 s., 594 s. – V. aussi, Crim. 14 avr. 1961, *Bull. crim.*, n° 199 – Crim. 1er févr. 1962, *Bull. crim.*, n° 75 – Crim. 21 juill. 1982, n° 82-91.034, *Bull. crim.*, n° 196; *D.* 1982, jur. 642, note Cl.-J. Berr – Crim. 2 févr. 1988, n° 87-81.147, *Bull. crim.*, n° 52 – Sur les documents d'identité suspects, Crim. 26 avr. 1983, n° 81-90.699, *Bull. crim.*, n° 117.

SECTION 6
CAS PARTICULIERS

181.61 Cabinet d'avocat. Antérieurement, la loi n'édictait aucune règle particulière concernant les perquisitions et saisies effectuées chez les personnes astreintes au secret professionnel, tels les avocats ou les médecins. On considérait que le cabinet d'un avocat ou d'un avoué était soumis au droit commun, et n'était pas à l'abri des perquisitions, pas plus que les documents qui s'y trouvaient[11].

Les articles 56 et 96 du Code de procédure pénale imposaient seulement au juge d'instruction « l'obligation de provoquer préalablement toutes mesures utiles pour que soit assuré le respect du secret professionnel et des droits de la défense ». Précisément, par convenance et par respect pour les droits de la défense, l'usage s'était établi que la perquisition fût faite dans le cabinet d'un avocat par le juge d'instruction lui-même, en présence du bâtonnier. C'est cet usage qu'a consacré l'article 56-1, créé par la loi du 30 décembre 1985 : « Les perquisitions dans le cabinet d'un avocat ou à son domicile ne peuvent être effectuées que par un magistrat et en présence du bâtonnier ou de son délégué. » L'article 56-1, bien qu'écrit pour le flagrant délit, a une portée générale, et s'étend à l'instruction.

La loi du 12 décembre 2005 a remplacé le premier alinéa de l'article 56-1 désormais remplacé par deux alinéas rédigés ainsi : « Les perquisitions dans le cabinet d'un avocat ou à son domicile ne peuvent être effectuées que par un magistrat et en présence du bâtonnier ou de son délégué, à la suite d'une décision écrite et motivée prise par ce magistrat, qui indique la nature de l'infraction ou des infractions sur lesquelles portent les investigations, les raisons justifiant la perquisition et l'objet de celle-ci. Le contenu de cette décision est porté dès le début de la perquisition à la connaissance du bâtonnier ou de son délégué par le magistrat. Celui-ci et le bâtonnier ou son délégué ont seuls le droit de consulter ou de prendre connaissance des documents se trouvant sur les lieux préalablement à leur éventuelle saisie. Aucune saisie ne peut concerner des documents relatifs à d'autres infractions que celles mentionnées dans la décision précitée. Les

9. Crim. 15 oct. 1984, n° 83-93.689, *Bull. crim.*, n° 298; *D.* 1985, IR 146.
10. Crim. 11 juin 1985, n° 84-95.053, *Bull. crim.*, n° 226.
11. Garraud, III, n° 918.

dispositions du présent alinéa sont édictées à peine de nullité.

Le magistrat qui effectue la perquisition veille à ce que les investigations conduites ne portent pas atteinte au libre exercice de la profession d'avocat.

Les dispositions du présent article sont également applicables aux perquisitions effectuées dans les locaux de l'ordre des avocats ou des caisses de règlement pécuniaire des avocats. Dans ce cas, les attributions confiées au juge des libertés et de la détention sont exercées par le président du tribunal de grande instance qui doit être préalablement avisé de la perquisition. Il en est de même en cas de perquisition au cabinet ou au domicile du bâtonnier. »

Les deux autres alinéas, issus de la loi du 15 juin 2000 subsistent. Ils autorisent le bâtonnier ou son délégué à s'opposer à la saisie d'un document à laquelle le juge d'instruction à l'intention de procéder s'il estime que cette saisie serait irrégulière. Le document doit alors être placé sous scellé fermé. Les opérations font l'objet d'un procès-verbal mentionnant les objections du bâtonnier ou de son délégué, qui n'est pas joint au dossier de la procédure. Si d'autres documents ont été saisis au cours de la perquisition sans soulever de contestations, ce procès-verbal est distinct de celui prévu par l'article 57. Le procès-verbal ainsi que le document placé sous scellé fermé sont transmis sans délai au juge des libertés et de la détention avec l'original ou une copie du dossier de la procédure. Dans les cinq jours de la réception de ces pièces, le juge des libertés et de la détention statue sur la contestation par ordonnance motivée non susceptible de recours. À cette fin, il entend le magistrat qui a procédé à la perquisition et le cas échéant, le procureur de la République ainsi que l'avocat au cabinet ou au domicile duquel elle a été effectuée et le bâtonnier ou son délégué. Il peut ouvrir le scellé en présence de ces personnes. S'il estime qu'il n'y a pas lieu à saisir le document, le juge des libertés et de la détention ordonne sa restitution immédiate ainsi que la destruction du procès-verbal des opérations et, le cas échéant, la cancellation de toute référence à ce document ou à son contenu qui figurerait dans le dossier de la procédure. Dans le cas contraire, il ordonne le versement du scellé et du procès-verbal au dossier de la procédure. Cette décision n'exclut pas la possibilité ultérieure pour les parties de demander la nullité de la saisie devant, selon les cas, la juridiction de jugement ou la chambre de l'instruction. Aucun principe ni aucune disposition légale ne fait obstacle, pour statuer, en application de l'article 56-1 du Code de procédure pénale, sur l'opposition du bâtonnier de l'Ordre à la saisie d'un document dans le cabinet ou le domicile d'un avocat, à la compétence du juge des libertés et de la détention appartenant à la même juridiction que le juge d'instruction en charge de l'information qui a procédé à la perquisition litigieuse, quand bien même celle-ci aurait été effectuée dans un autre ressort[1]. Mais il n'appartient pas au JLD de se prononcer sur la régularité de la procédure, le contentieux des nullités relevant exclusivement de la chambre de l'instruction. Il entre seulement dans ses attributions de vérifier si les documents saisis relèvent de la protection du secret professionnel des avocats tel qu'il résulte des dispositions de l'article 66-5 de la loi du 31 décembre 1971[2]. Il résulte des articles 56 et 56-1 du Code de procédure pénale que le juge des libertés et de la détention ne peut refuser de statuer sur la contestation faisant suite à l'opposition du bâtonnier de l'ordre des avocats à la saisie de documents ou de données informatiques effectuée au domicile ou au cabinet d'un avocat. Encourt la cassation, par méconnaissance de l'étendue de ses pouvoirs, l'ordonnance par laquelle le juge des libertés et de la détention, qui, pour déclarer la contestation irrecevable, retient que l'article 56 précité n'envisage que la saisie de documents, alors qu'il lui incombait d'exercer le contrôle prévu par les alinéas 4 à 7 de l'article 56-1 susvisé, afin de rechercher si la saisie de données informatiques ne portait pas atteinte au libre exercice de la profession d'avocat, au respect du secret professionnel et à celui des droits de la défense[3].

181.62 Jurisprudence concernant les avocats. La chambre criminelle a jugé régulière la perquisition faite par le juge d'instruction lui-même dans le cabinet d'un avocat, en présence du bâtonnier, qui n'a soulevé aucune protestation[4].

Le recours pour excès de pouvoir n'est pas recevable contre une perquisition faite dans ces conditions[5]. Lorsque, en raison du nombre insuffisant des avocats, il n'y a pas de Conseil de l'Ordre, et que le barreau n'a pas élu de bâtonnier, la perquisition peut être faite en présence du président du tribunal[6]. La perquisition commencée avant l'arrivée du bâtonnier reste valable[7].

1. Crim. 22 juin 2005, n° 05-82.759, *Bull. crim.*, n° 190; *JCP* 2005, IV, 2828; *Procédures* 2005, n° 237, obs. Buisson; *Dr. pén.* 2005, n° 166, note Maron; *Gaz. Pal.* 13/14 janv. 2006, somm. 13, note Y. Monnet.
2. TGI Paris, service du JLD, 5 avr. 2005, *BICC* 622, n° 1373.
3. Crim. 8 août 2007, n° 07-84.252, *Bull. crim.*, n° 188; *JCP.* 2007, IV, 2842; *AJ Pénal* 2007, 492, obs. C. Saas.
4. Crim. 24 mars 1960, *Bull. crim.*, n° 169; *JCP* 1960 II 11672, note détaillée P. Mimin; *D.* 1960, jur. 531, note Crémieu; v. les attendus s^s n° 181.02 – Crim. 5 juin 1975, n° 74-92.792, *Bull. crim.*, n° 146; *JCP* 1976, II, 18243, note P. Chambon.
5. CE 15 mai 1987, *D.* 1987, IR 134.
6. Crim. 23 févr. 1977, n° 76-91.073, *Bull. crim.*, n° 74.
7. Crim. 1er févr. 1988, n° 86-95.678, *Bull. crim.*, n° 47.

Le caractère confidentiel des documents échangés entre l'avocat et son client s'oppose à leur saisie, mais le « corps du délit » et les pièces à conviction échappent à cette interdiction[1]. Les papiers confiés par l'inculpé à son avocat ne sauraient être saisis et la protestation élevée par le Conseil de l'ordre à ce sujet est légitime[2]. Les lettres adressées par le détenu à son avocat ne sauraient être saisies ni ouvertes, même pendant la période d'interdiction de communiquer, sauf le consentement du premier, donné en connaissance de cause[3]. La saisie des lettres adressées par l'avocat à son client entraîne une nullité d'ordre public, et la cassation de l'arrêt de condamnation[4]; mais il n'en est pas ainsi si les juges du fond constatent qu'il n'est pas établi que les lettres saisies fussent adressées au défenseur[5]. Les écrits et documents étrangers à une poursuite ou aux droits de la défense, en relation avec une infraction, peuvent être saisis[6], de même que la correspondance entre le conseil et son client, de nature à établir la preuve de la participation de l'avocat à une infraction[7]. Justifie sa décision la chambre de l'instruction qui, pour rejeter le moyen d'annulation pris de l'irrégularité d'une perquisition à laquelle a procédé le juge d'instruction, en présence du bâtonnier, dans un cabinet d'avocat, relève que des indices de participation à des faits délictueux existaient à l'encontre de cet avocat au jour de cet acte et que la copie du disque dur du système informatique, effectuée par l'expert, assistant le magistrat, n'avait d'autre but que de perturber le moins possible le fonctionnement du cabinet collectif, ladite copie ayant été placée sous scellé et rien n'ayant été transcrit qui ne concernait la procédure[8]. Il résulte des articles 97 et 99 du Code de procédure pénale et de l'article 8 de la Convention européenne des droits de l'Homme que le juge d'instruction peut s'opposer à la restitution des documents saisis dans le cabinet d'un avocat et couverts par le secret professionnel dès lors que leur maintien sous la main de la justice en vue de déterminer l'existence d'infractions pénales est nécessaire à la manifestation de la vérité et qu'il ne porte pas atteinte aux droits de la défense[9]. Les mêmes règles doivent être appliquées, *mutatis mutandis* aux perquisitions effectuées dans une étude d'avoué ou de notaire.

D'une façon générale, est légale la saisie opérée dans le cabinet d'un avocat, de documents en relation directe avec l'infraction objet de la poursuite et limitée aux documents nécessaires à la manifestation de la vérité[10] (v. aussi s^s^ n° 181.68).

Le secret professionnel doit également être préservé, y compris si la perquisition n'a pas lieu au domicile ou au cabinet de l'avocat : le pouvoir, reconnu à l'officier de police judiciaire par les articles 56 et 76 du Code de procédure pénale ou au juge d'instruction par l'article 96 dudit code, de saisir les objets et documents utiles à la manifestation de la vérité trouve sa limite dans le principe de la libre défense, qui commande de respecter la confidentialité des correspondances échangées entre un avocat et son client et qui sont liées à l'exercice des droits de la défense. Dès lors, encourt la cassation l'arrêt de la chambre de l'instruction qui refuse d'annuler la saisie, effectuée au cours d'une perquisition au domicile de la personne mise en examen, d'un courrier reçu de son avocat ayant trait à l'exécution d'une condamnation pénale, en l'espèce un suivi socio-judiciaire, prononcée dans une instance distincte[11].

181.63 **Médecins.** La loi n'affectait pas non plus les perquisitions chez les médecins de règles particulières à la condition que le secret professionnel fût respecté. En fait, le juge d'instruction s'efforçait de procéder lui-même à la perquisition en présence d'un représentant de l'ordre des médecins. Cette pratique a été consacré par l'article 56-3 qui dispose que « les perquisitions dans le cabinet d'un médecin (et aussi d'un notaire, d'un avoué ou d'un huissier) sont effectuées par un magistrat et en présence de la personne responsable de l'ordre ou de l'organisation professionnelle à laquelle appartient l'intéressé ou de son représentant ». Ce texte a une portée générale et s'applique à l'instruction. Dans une poursuite du chef d'homicide involontaire contre un chirurgien, la saisie d'un dossier médical à

1. Crim. 5 juin 1975, n° 74-92.792, *Bull. crim.*, n° 146, préc.
2. Crim. 13 févr. 1983, *Bull. crim.*, n° 39; *DP* 1993, 1, 193.
3. Crim. 31 déc. 1897, *Bull. crim.*, n° 411.
4. Crim. 6 mars 1958, *Bull. crim.*, n° 230.
5. Crim. 15 juin 1960, *Bull. crim.*, n° 324.
6. Crim. 9 févr. 1988, n° 87-82.709, *Bull. crim.*, n° 63; *JCP* 1988, II, 21056, rapp. J. Dardel – Crim. 5 juill. 1993, n° 93-81.275, *Bull. crim.*, n° 236 – Crim. 7 mars 1994, *D.* 1995, somm. 167, obs. Brunois; *JCP* 1994, II, 22251, note R. Martin.
7. Crim. 12 mars 1992, n° 91-86.843, *Bull. crim.*, n° 112 – Crim. 20 janv. 1993, n° 92-85.548, *Bull. crim.*, n° 29 – Crim. 27 juin 2001, n° 01-81.865, *Bull. crim.*, n° 163; *D.* 2001, IR, 2947.
8. Crim. 14 nov. 2001, n° 01-85.965, *Bull. crim.*, n° 238.
9. Crim. 30 juin 1999, n° 97-86.318, *Bull. crim.*, n° 172; *D.* 1999, jur. 458, note J. Pradel; *D.* 1999, somm. 222, obs. J. Pradel; *RSC* 1999, 820, note D. Commaret; *JCP* 1999, II, 10177, note Martin; *Procédures* 1999, comm. 155, obs. Maron.
10. Crim. 14 janv. 2003, n° 02-87.062, *Bull. crim.*, n° 6; *Procédures* 2003, n° 152, comm. J. Buisson – Crim. 18 juin 2003, n° 03-81.979, *Bull. crim.*, n° 129; *Procédures* 2003, comm. 222, obs. J. Buisson; *Dr. pén.* 2003, comm. n° 116, obs. A. Maron – TGI Paris, service du JLD, 5 avr. 2005, *BICC* 622, n° 1373.
11. Crim. 13 déc. 2006, n° 06-87.169, *Bull. crim.*, n° 313.

l'hôpital peut être faite[1]. Le secret imposé au médecin ne met pas obstacle à la saisie par le juge d'instruction, en présence d'un représentant de l'Ordre, d'un dossier médical relatif à l'admission dans un hôpital d'une personne poursuivie, afin de vérifier si son état justifiait son hospitalisation ou était simulé[2]. Dans une poursuite du chef de fraude fiscale contre un dentiste, des fiches dentaires peuvent être régulièrement saisies[3] (v. aussi s^s n° 181.68).

181.64 Différence entre perquisition et remise volontaire. Les formalités édictées par l'article 56-3 n'ont pas lieu d'être observées lorsque, agissant sur commission rogatoire, un officier de police judiciaire se transporte dans un service hospitalier, dont il a auparavant prévenu les responsables, et se borne à constater la remise entre ses mains de dossiers médicaux qu'il place aussitôt sous scellés, en présence des membres de la direction, du corps médical et de l'ordre des médecins, et sans qu'il résulte du procès-verbal qu'il ait été procédé à des investigations ou pénétré dans un lieu constituant un cabinet médical[4] (v. les attendus s^s n° 181.02)[5]. Dès lors que la responsabilité du médecin n'est pas en cause, on se contente en effet le plus souvent en pratique de cette remise volontaire. La présence du Conseil de l'Ordre n'apparaît pas obligatoire même si la circulaire du 24 mars 1997 relative aux perquisitions dans les cabinets médicaux la recommande (sur notre analyse de la préservation du secret professionnel qui ne concerne pas l'exploitation des documents placés sous scellés, v. s^s n° 181.74). De même, lorsque les officiers de police judiciaire se sont présentés au siège de la société où la remise des documents consultés et la prise de photocopies ont été librement consenties par le directeur d'exploitation, les règles de la perquisition n'ont pas à être respectées[6].

L'article 99-3 du Code de procédure pénale, issu de la loi du 9 mars 2004 et modifié par celle du 5 mars 2007[7] prévoit que le juge d'instruction ou l'officier de police judiciaire qu'il a commis peut par tout moyen requérir de toute personne ou administration de lui remettre des documents y compris issus d'un système informatique sans que puisse lui être opposé le secret professionnel. Lorsque les réquisitions concernent des personnes mentionnées aux articles 56-1 et 56-3, la remise des documents ne peut intervenir qu'avec leur accord.

181.65 Entreprises de presse. L'article 56-2 du Code de procédure pénale, innovation de la loi du 4 janvier 1993, dispose : « Les perquisitions dans les locaux d'une entreprise de presse ou de communication audiovisuelle ne peuvent être effectuées que par un magistrat qui veille à ce que les investigations conduites ne portent pas atteinte au libre exercice de la profession de journaliste et ne constituent pas un obstacle ou n'entraînent pas un retard injustifiés à la diffusion de l'information. » Comme l'article 56-1, ce texte a une portée générale (v. circ. 1er mars 1993, art. C. 56-2). Les mesures préparatoires, telles la pose de scellés ne peuvent être assimilées à la perquisition elle-même[8]. Une perquisition effectuée dans une entreprise de presse alors qu'il s'agit du seul moyen susceptible d'aider à la recherche des auteurs et complices d'une infraction d'atteinte à l'intimité de la vie privée est nécessaire et proportionnée au but poursuivi et n'est pas contraire aux dispositions de l'article 10 de la Convention européenne des droits de l'Homme[9] (v. aussi s^s n° 181.68). Si l'article 10 de la Convention européenne des droits de l'homme reconnaît, en son premier paragraphe, à toute personne le droit à la liberté d'expression, ce texte prévoit, en son second paragraphe, que l'exercice de cette liberté comportant des devoirs et des responsabilités peut être soumis à certaines formalités, conditions, restrictions ou sanctions, prévues par la loi, qui constituent, dans une société démocratique, des mesures nécessaires notamment à la nécessité de se prémunir contre des agissements de nature à entraver la manifestation de la vérité, à la préservation d'informations confidentielles et à la protection des droits d'autrui, au nombre desquels figure la présomption d'innocence. Justifie sa décision, au regard du texte précité, la chambre de l'instruction qui, dans une information suivie des chefs de violation du secret de l'instruction et recel à la suite de la publication dans deux organes de presse d'articles reproduisant *in extenso* des procès-verbaux d'une instruction relative à des faits de dopage dans le milieu du cyclisme professionnel, refuse d'annuler des perquisitions réalisées aux sièges des journaux et au domicile personnel de journalistes, la saisie des relevés des communications passées par les journalistes

1. CA Paris, ch. acc., 22 mars 1963, *JCP* 1963, IV, 86.
2. Crim. 24 avr. 1969, *Bull. crim.*, n° 145; *D.* 1969, jur. 637, rapp. Chappar; *JCP* 1970, II, 16306, note R. Savatier – V. aussi, Crim. 21 mai 1979, n° 78-92.205, *Bull. crim.*, n° 178.
3. Crim. 8 juin 1966, *Bull. crim.*, n° 167.
4. CA Limoges, 29 nov. 1994, *BICC*, n° 519 – Crim. 20 sept. 1995, n° 95-81.140, *Bull. crim.*, n° 276.
5. Crim. 15 oct. 2002, *Dr. pén.* 2002, comm. n° 13, obs. Marsat.
6. Crim. 10 mars 2004, n° 03-80.702, NP, *Dr. pén.* juin 2004, n° 97, note A. Maron.
7. L. n° 2007-297, sur la prévention de la délinquance, *JO* 7 mars.
8. Crim. 29 nov. 1995, n° 95-83.951, *Bull. crim.*, n° 363; *D.* 1996, IR 35; *JCP* 1996, IV, 441.
9. Crim. 5 déc. 2000, n° 00-85.695, *Bull. crim.*, n° 362; *RSC* 2001, 604, obs. Francillon; *JCP* 2001, II, 10615, obs. Conte.

dans les jours précédant la parution des articles en cause, la transcription de la conversation d'un journaliste avec un policier dont la ligne était écoutée, par des motifs qui établissent que ces ingérences de l'autorité publique étaient nécessaires et proportionnées au but légitime visé[1]. Dans autre arrêt[2], rendu dans une espèce où un juge d'instruction, saisi d'une information relative à la diffusion dans la presse d'un rapport de la chambre régionale des comptes, avait opéré une perquisition dans les locaux du Midi Libre estime « que l'ingérence était nécessaire et proportionnée au but légitime visé », la chambre criminelle rejette en la motivation selon laquelle la réalisation d'une telle perquisition relèverait de la seule conscience du juge d'instruction.

181.66 Ministres du culte. Un juge d'instruction peut ordonner une perquisition dans une officialité en vue de la saisie des pièces d'un dossier d'enquête canonique concernant des faits de viols reprochés à un ecclésiastique[3].

181.67 Notaires. Les règles de l'article 56-3 du Code de procédure pénale, déjà examinées pour les médecins (v. s[s] n° 181.63) s'appliquent aussi aux notaires et huissiers. La perquisition chez un notaire, conduite par un magistrat est un acte coûteux en temps pour tout le monde. Or, il est parfois indispensable de récupérer chez un notaire des pièces arguées de faux. Certains notaires s'opposent à une remise volontaire en invoquant, à juste raison, le secret professionnel. Pourtant, le Code de procédure pénale, dans son article 645, nous semble permettre d'éviter une perquisition systématique. Cet article dispose en effet : « Tout dépositaire public de pièces arguées de faux, ou ayant servi à établir des faux, est tenu, sur ordonnance du juge d'instruction, de les lui remettre et de fournir, le cas échéant, les pièces de comparaison qui sont en sa possession.

Si les pièces ainsi remises par un officier public ou saisies entre ses mains ont le caractère d'actes authentiques, il peut demander à ce qu'il lui en soit laissé une copie, certifiée conforme par le greffier, ou une reproduction par photographie ou par tout autre moyen.

Ladite copie ou reproduction est mise au rang des minutes de l'office jusqu'à restitution de la pièce originale. »

Cette procédure ne peut être suivie que lorsque le juge d'instruction est saisi de faux, ce qui constitue l'essentiel des affaires dans lesquelles l'obtention d'une pièce notariale s'avère nécessaire. La pièce arguée de faux peut être remise entre les mains de l'officier de police judiciaire qui exhibera l'ordonnance du juge d'instruction. Le notaire pourra aussi, s'il préfère procéder ainsi, se rendre au tribunal de grande instance où il remettra ladite pièce au greffier du juge, qui lui remettra une copie certifiée conforme (dans le cas où il s'en dessaisit entre les mains de l'officier de police de judiciaire, cette copie lui est retournée par courrier).

Il convient de noter qu'en vertu du même article le notaire doit remettre « les pièces de comparaison qui sont en sa possession ». Il s'agit de manuscrits qui seraient détenus par le notaire et qui pourraient servir de base à une expertise en comparaison d'écritures.

La remise de documents dans le cadre de l'article 645 du Code de procédure pénale ne constitue nullement une violation du secret professionnel, l'article 226-14 du Code pénal précisant que « l'article 226-13 n'est pas applicable dans les cas où la loi impose ou autorise la révélation du secret ».

181.68 Les textes des articles 56-1 et suivants sont limitatifs. Ainsi, le juge d'instruction n'est légalement tenu de prévoir l'assistance d'un représentant de l'ordre ou de l'organisation professionnelle qu'à l'occasion des perquisitions effectuées dans le cabinet d'un membre de l'une des professions énumérées aux articles 56-1 et suivants du Code de procédure pénale : aucune disposition législative ne prévoit de formalité spécifique en matière de perquisition dans les locaux professionnels d'un mandataire judiciaire[4].

181.69 Réquisitions portant sur des documents. L'article 60-1 du Code de procédure pénale, créé par la loi du 9 mars 2004, et modifié par la loi n° 2007-297 du 5 mars 2007 dispose que le procureur de la République ou l'officier de police judiciaire peut requérir de toute personne, de tout établissement ou organisme privé ou public ou de toute administration publique qui sont susceptibles de détenir des documents intéressant l'enquête, y

1. Crim. 30 oct. 2006, n° 06-85.693, *Bull. crim.*, n° 258; *JCP* 2006, IV, 3304; *RSC* 2007, 106, obs. J. Francillon.
2. Crim. 4 déc. 2007, n° 07-86.086, NP, *Procédures* 2008, n° 59, note J. Buisson.
3. Crim. 17 déc. 2002, n° 02-83.679, *Bull. crim.*, n° 231; *Gaz. Pal.* 23/24 mai 2003, concl. av. gén. D. Commaret; *Gaz. Pal.* 10/11 sept. 2003, 28, note Y. Monnet; *JCP* 2003, II, 10036, note M.-L. Rassat; *JCP* 2003, IV, 1254; *D.* 2003, IR, 215; *D.* 2004, jur. 302, note C. Bouvier-Leberre – V. aussi, H. Moutouh, « Le secret professionnel du ministre du culte », *D.* 1982, chron. 221 – A. Damien et O. Échappe, « Secret professionnel et liberté de conscience : l'exemple des ministres du culte », *D.* 2000, chron. 431 – O. Échappe, « Le secret professionnel de l'ecclésiastique », *D.* 2001, chron. 2606.
4. Crim. 18 juin 2003, n° 03-81.979, *Bull. crim.*, n° 129; *Procédures* 2003, comm. n° 222, obs. J. Buisson; *Dr. pén.* 2003, comm. n° 116, obs. A. Maron.

compris ceux issus d'un système informatique ou d'un traitement de données nominatives, de lui remettre ces documents, notamment sous forme numérique, sans que puisse lui être opposé, sans motif légitime, l'obligation au secret professionnel. Lorsque les réquisitions concernent les personnes mentionnées aux articles 56-1 à 56-3, la remise des documents ne peut intervenir qu'avec leur accord (C. pr. pén., art. 60-1). Il en est de même dans le cadre de l'enquête préliminaire (C. pr. pén., art. 77-1-1).

181.70 **Secret défense.** La loi du 29 juillet 2009 (n° 2009-928) a ajouté un article 56-4 au Code de procédure pénale. Lorsqu'une perquisition est envisagée dans un lieu précisément identifié, abritant des éléments couverts par le secret de la défense nationale, la perquisition ne peut être réalisée que par un magistrat en présence du président de la Commission consultative du secret de la défense nationale ou par l'un de ses représentants. La liste de ces lieux est établie de façon précise et limitative par arrêté du Premier ministre et le magistrat doit vérifier si le lieu dans lequel il souhaite effectuer une perquisition figure sur cette liste. La perquisition ne peut être effectuée qu'en vertu d'une décision écrite du magistrat qui indique au président de la Commission consultative du secret de la défense nationale les informations utiles à l'accomplissement de sa mission. Le président de la commission ou son représentant se transporte sur les lieux sans délai. Au commencement de la perquisition, le magistrat porte à la connaissance du président de la commission ou de son représentant, ainsi qu'à celle du chef d'établissement ou de son délégué, ou du responsable du lieu, la nature de l'infraction ou des infractions sur lesquelles portent les investigations, les raisons justifiant la perquisition, son objet et les lieux visés par cette perquisition. Seul le président de la Commission consultative du secret de la défense nationale, son représentant et, s'il y a lieu, les personnes qui l'assistent peuvent prendre connaissance d'éléments classifiés découverts sur les lieux. Le magistrat ne peut saisir, parmi les éléments classifiés, que ceux relatifs aux infractions sur lesquelles portent les investigations. Si les nécessités de l'enquête justifient que les éléments classifiés soient saisis en original, des copies sont laissées à leur détenteur. Chaque élément classifié saisi est, après inventaire par le président de la commission consultative, placé sous scellé. Les scellés sont remis au président de la Commission consultative du secret de la défense nationale qui en devient gardien. Les opérations relatives aux éléments classifiés saisis ainsi que l'inventaire de ces éléments font l'objet d'un procès-verbal qui n'est pas joint au dossier de la procédure et qui est conservé par le président de la commission consultative.

Les dispositions ci-dessus sont applicables lorsque l'on sait à l'avance que la découverte de documents classifiés est probable au regard de la nature du lieu où se tient la perquisition. Mais lorsqu'à l'occasion d'une perquisition dans tout lieu, on découvre des éléments couverts par le secret de la défense nationale, le magistrat présent sur le lieu ou immédiatement avisé par l'officier de police judiciaire doit en informer le président de la Commission consultative du secret de la défense nationale. Les éléments classifiés sont placés sous scellés, sans en prendre connaissance, par le magistrat ou l'officier de police judiciaire qui les a découverts, puis sont remis ou transmis, par tout moyen en conformité avec la réglementation applicable aux secrets de la défense nationale, au président de la commission afin qu'il en assure la garde. Les opérations relatives aux éléments classifiés font l'objet d'un procès-verbal qui n'est pas joint au dossier de la procédure. La déclassification et la communication des éléments ainsi placés sous scellés relèvent de la procédure prévue par les articles L. 2312-4 et suivants du Code de la défense. Enfin, dans une troisième partie, l'article 56-4 prévoit l'hypothèse de la perquisition envisagée dans un lieu classifié au titre du secret de la défense nationale dans les conditions définies à l'article 413-9-1 du Code pénal qui se déroule dans des conditions similaires au premier cas (v. s[s] n° 181.01). La perquisition doit alors être précédée d'une décision de déclassification temporaire du lieu aux fins de perquisition et ne peut être entreprise que dans les limites de la déclassification ainsi décidée. Les dispositions de cet articles sont prévues à peine de nullité.

SECTION 7
CONDITIONS DE FORME

181.71 **Domicile de la personne mise en examen.** Les formalités sont énumérées aux articles 57 et 59 du Code de procédure pénale auxquels renvoie l'article 95. Les opérations sont faites en présence de la personne au domicile de laquelle la perquisition a lieu[1] (v. les attendus s[s] n° 181.02)[2]. Au cas d'impossibilité, celle-ci est invitée à désigner un représentant de son choix. À défaut, deux témoins sont requis par le juge d'instruction ou son délégataire pris en dehors des personnes placées sous leur autorité. Un procès-verbal est aussitôt dressé qui est signé par les personnes présentes (C. pr. pén., art. 57). L'inobservation des formalités prévues par

1. Crim. 27 sept. 1984, n° 84-93.474, *Bull. crim.*, n° 275; *JCP* 1984, IV, 327 – Crim. 24 juin 1987, n° 87-82.333, *Bull. crim.*, n° 267.
2. Crim. 28 févr. 1989, n° 88-83.744, *Bull. crim.*, n° 96.

les dispositions du Code de procédure pénale en matière de perquisition et de saisie doit entraîner la nullité de la procédure, lorsqu'il en est résulté une atteinte aux intérêts de la partie concernée. Encourt la censure l'arrêt qui, après avoir constaté l'irrégularité de la perquisition effectuée au domicile de la personne mise en examen a énoncé qu'il n'en résultait aucun grief alors que cette perquisition a déterminé la mise en examen supplétive de l'intéressé[1].

La pièce de l'appartement d'un tiers dans laquelle une personne mise en examen s'est faite clandestinement héberger pour se soustraire aux poursuites dont il est l'objet et dans laquelle elle vit cachée ne constitue pas le domicile de cette personne, alors d'ailleurs qu'il a un autre domicile. La perquisition effectuée dans ce local, par la police sur commission rogatoire du juge d'instruction, en l'absence de cette personne, est régulière dès lors qu'elle a eu lieu en présence de la personne dans l'appartement de laquelle ledit local est situé[2]. La détention n'est pas un obstacle à la présence de l'inculpé[3]. La simple allégation que l'intéressé était blessé n'établit pas qu'il était dans l'impossibilité d'assister à la perquisition faite à son domicile en son absence en présence de deux témoins[4]. Un atelier de ciselure et une fonderie, dépourvus des équipements nécessaires à une habitation effective et dans lesquels les personnes mises en examen n'exercent aucune activité permanente, ne sauraient constituer un domicile : dès lors les investigations effectuées dans ces locaux ne peuvent être assimilés à des perquisitions, au sens de l'article 95 du Code de procédure pénale[5]. Est régulière la perquisition effectuée par le juge d'instruction au domicile et en présence de la personne mise en examen, en l'absence de l'avocat qui n'a pas été avisé de ce transport, dès lors que cet acte a été accompli dans le respect des formalités prévues aux articles 95, 57 et 59 du Code de procédure pénale et que la personne mise en examen n'a été soumise à aucun interrogatoire, confrontation ou reconstitution qui eût impliqué l'information de son avocat, préalablement au transport décidé par le magistrat[6]. Lorsque la perquisition se déroule dans le cadre des articles 706-89 et suivants du Code de procédure pénale, c'est-à-dire dans le cas d'infraction relevant de la criminalité organisée, il est possible de se passer, pour la perquisition au domicile, de la présence de la personne dès lors qu'elle est en garde à vue ou détenue en un autre lieu et que son transport sur place paraît devoir être évité en raison des risques graves soit de troubles à l'ordre public ou d'évasion, soit de disparition des preuves pendant le temps nécessaire au transport. La perquisition peut alors être faite, avec l'accord préalable du procureur de la République ou du juge d'instruction, en présence de deux témoins requis dans les conditions prévues au deuxième alinéa de l'article 57 (C. pr. pén., art. 706-95).

181.72 Domicile d'un tiers. La personne autre que le mis en examen chez laquelle la perquisition est faite est invitée à y assister. Si elle refuse ou est absente, la perquisition a lieu en présence de deux de ses parents ou alliés présents sur les lieux ou à défaut, en présence de deux témoins. Les autres formalités, énoncées dans le cas précédent, sont applicables (C. pr. pén., art. 96).

Les autres formes sont communes. Dans les deux cas, la perquisition ne peut avoir lieu que le jour. Toutes mesures utiles doivent être prises préalablement pour que soit assuré le respect du secret professionnel et des droits de la défense (C. pr. pén., art. 59 et 96).

181.73 Saisies. Aux termes de l'article 97, la saisie de tous documents utiles à l'information est faite par le juge d'instruction lui-même ou son délégataire, qui ont seuls le droit d'en prendre connaissance. La saisie est en principe facultative[7]. Elle ne peut être faite par le juge d'instruction qu'avec l'assistance du greffier[8]. Tous objets et documents saisis sont immédiatement inventoriés et placés sous scellés ouverts ou fermés, selon leur nature. Les scellés définitifs peuvent être précédés de scellés provisoires, en raison de leur quantité[9]. L'article 56 n'impose la présence à l'inventaire que des seules personnes ayant assisté à la perquisition[10]. Les scellés fermés non inventoriés ne peuvent être ouverts qu'en présence de la personne mise en examen et de son conseil. Mais ils peuvent être présentés aux témoins et à la partie civile hors sa présence, s'il n'y

1. Crim. 3 avr. 2007, n° 07-80.807, *Bull. crim.*, n° 102; *D.* 2007, AJ 1422.
2. Crim. 30 mars 1971, n° 70-92.957, n° 70-CS.143, 2 arrêts, *Bull. crim.*, n°s 113 et 114.
3. Crim. 27 sept. 1984, n° 84-93.474, *Bull. crim.*, n° 275, préc. – Crim. 7 déc. 1993, n° 93-84.188, *Bull. crim.*, n° 372.
4. Crim. 23 févr. 1988, n° 87-90.117, *Bull. crim.*, n° 91.
5. Crim. 17 oct. 1995, n° 95-81.847, *Bull. crim.*, n° 310; *D.* 1996, IR 14.
6. Crim. 20 févr. 2002, n° 01-88.335, *Bull. crim.*, n° 41; *JCP* 2002, IV n° 1650; *Dr. pén.* 2003, comm. n° 23, obs. Hass et Maron – Sur une annulation de perquisition réalisée par les officiers de police judiciaire au domicile d'un mis en examen, sans avocat, alors que le juge d'instruction avait indiqué dans la commission rogatoire de recueillir les « déclarations spontanées » de la personne mise en examen, v. CA Nancy, ch. instr., 19 déc. 2002, *Dr. pén.* 2003, comm. 68.
7. Crim. 21 mars 1989, n° 89-80.080, *Bull. crim.*, n° 139.
8. Crim. 26 sept. 1986, n° 86-93.748, *Bull. crim.*, n° 259.
9. Crim. 22 août 1989, n° 88-86.939, *Bull. crim.*, n° 307.
10. Crim. 20 nov. 1984, n° 84-91.829, *Bull. crim.*, n° 355; *JCP* 1985, IV, 41.

a pas eu ouverture[1]. La non-convocation du conseil, absent lors de l'ouverture des scellés, est une cause d'irrégularité de la procédure[2]; le tiers chez qui la saisie a été faite est également invité à y assister. Seule est maintenue la saisie des documents utiles. Les espèces et valeurs fongibles peuvent être déposées à la Caisse des dépôts et consignations.

Les pièces à conviction demeurent au greffe du tribunal où se fait l'instruction, jusqu'au prononcé de l'accusation, sauf à la chambre d'accusation à en ordonner l'apport[3]. Les formalités relatives aux perquisitions et saisies ne sont pas applicables à la remise par les témoins d'une arme entre les mains du commissaire de police ou du juge d'instruction[4]. Le support technique d'une empreinte digitale (photographie d'un morceau de vitre) n'est qu'une annexe des procès-verbaux et sa mise sous scellés n'est donc pas nécessaire[5].

Le juge d'instruction, en vertu de ses pouvoirs de saisie, peut opérer le blocage d'un compte bancaire[6]. Il peut également opérer la saisie de correspondances, par voie de réquisition à l'administration des postes[7]. En matière de contravention, la saisie des objets dont la confiscation peut être prononcée (C. pén., art. 464) relève du domaine réglementaire. Elle ne peut être pratiquée que par un officier de police judiciaire, éventuellement aidé par des agents de police judiciaire il en est ainsi des détecteurs de cinémomètres installés dans les voitures[8]. Le moyen de nullité pris de la violation des dispositions de l'article 97 alinéa 2 du Code de procédure pénale doit être écarté dès lors que les listes électorales remises aux officiers de police judiciaire et saisies ont été immédiatement inventoriées et le placement sous cotes de ces pièces constitue un placement sous scellés ouverts, prescrit par le juge d'instruction et autorisé par la loi. En outre, les officiers de police judiciaire n'étaient pas tenus de placer sous scellés les disquettes et documents qui n'étaient que le support matériel des informations communiquées à leur demande par le directeur de la logistique, des télécommunications et de l'informatique de la mairie[9].

181.74 Scellé ouvert ou scellé fermé ? Le Code de procédure pénale ne prescrit que rarement la forme que doit prendre le scellé. C'est ainsi que le magistrat instructeur et que les officiers de police judiciaire demeurent libres de déterminer à chaque fois si un scellé ouvert est plus opportun qu'un scellé fermé. Seuls les cassettes ou disques des écoutes téléphoniques doivent obligatoirement être placés sous scellés fermés. Il en est de même du scellé qui a fait l'objet d'une constatation par le bâtonnier ou son représentant lors d'une perquisition au domicile ou au cabinet d'un avocat. L'article 706-52 prescrit aussi le placement sous scellé fermé de la cassette de l'enregistrement d'un mineur victime. Il en est de même pour les enregistrements des personnes entendues en garde à vue ou lors d'un interrogatoire par le juge d'instruction (C. pr. pén., art. 64-1 et 116-1). Pour le reste, aucune obligation légale n'existe. C'est ainsi qu'il n'apparaît nullement nécessaire de systématiquement placer sous scellé fermé un dossier médical. Cet usage tiendrait à une exigence de préserver le secret médical : mais le secret médical cède le pas devant la perquisition judiciaire. Et les règles édictées par les articles 56-1 et 56-3 du Code de procédure pénale touchent au secret des dossiers du cabinet d'un avocat ou d'un médecin qui n'ont pas de rapport avec l'affaire dont est saisi le magistrat instructeur ou le procureur de la République. Dès lors que seul un magistrat a pu réaliser lui même la perquisition, et sélectionner les documents à saisir, rien ne s'oppose à leur exploitation par les officiers de police judiciaire. On voit mal en conséquence pourquoi un scellé fermé serait obligatoire.

Par ailleurs, l'exploitation ne doit pas forcément être réalisée par un expert : si l'expert médical sera désigné pour analyser un dossier médical dans une affaire d'homicide involontaire par exemple, ce sont les enquêteurs qui seront les plus à même d'analyser un dossier médical dans une affaire d'escroquerie à la Sécurité sociale et de certificats de prolongations d'arrêt de travail de complaisance. Si le scellé est fermé, on rappellera que son ouverture devant la personne n'est obligatoire que si le scellé est envoyé à un expert et qu'il n'a pas été inventorié. Avant de faire parvenir les scellés aux experts, le juge d'instruction n'a pas à procéder à leur inventaire si celui-ci a déjà eu lieu précédemment[10]. L'ouverture des scellés fermés prévue par l'article 97

1. Crim. 7 juin 1988, n° 88-81.828, *Bull. crim.*, n° 258.
2. Crim. 12 oct. 1972, n° 72-91.527, *Bull. crim.*, n° 284.
3. Crim. 21 avr. 1944, *DA* 1944, 88.
4. Crim. 18 févr. 1958, *Bull. crim.*, n° 161.
5. Crim. 29 sept. 1992, n° 89-84.237, *Bull. crim.*, n° 289.
6. Crim. 13 juin 1956, *Bull. crim.*, n° 465 – Crim. 27 oct. 1959, *Bull. crim.*, n° 450.
7. Lambert, p. 532 – Sur les dossiers hospitaliers : Crim. 20 janv. 1976, n° 75-90.068, *Bull. crim.*, n° 23 – Crim. 1er févr. 1977, n° 75-93.432, *Bull. crim.*, n° 40 – Sur les commissionnaires agréés, Crim. 23 mars 1977, n° 75-92.170, *Bull. crim.*, n° 109; *JCP* 1979, II, 19039, note P. Chambon.
8. Crim. 9 janv. 1986, n° 84-93.250, *Bull. crim.*, n° 14; *RSC* 1987, 195, obs. Delmas-Saint-Hilaire – Crim. 17 juin 1987, n° 86-93.873, *Bull. crim.*, n° 253 – Crim. 25 mai 1992, n° 91-86.255, *Bull. crim.*, n° 205.
9. Crim. 30 oct. 2001, n° 01-84.779, *Bull. crim.*, n° 223; *JCP* 2001, IV, 3043.
10. Crim. 20 mars 1995, n° 95-80.027, *Bull. crim.*, n° 111 – Crim. 14 mai 2002, n° 02-80.721, *Bull. crim.*, n° 111.

alinéa 4 du Code de procédure pénale ne s'impose pas au juge d'instruction lorsque ces scellés sont transparents et permettent l'identification des pièces à conviction déjà inventoriés qu'ils renferment[1]. D'autres arrêts de la chambre criminelle permettent d'affirmer que les scellés fermés ne doivent être ouverts dans les conditions posées à l'article 97 que lorsqu'ils n'ont pas été auparavant inventoriés : « Attendu que les arrêts énoncent que les scellés soumis aux experts ont été constitués et inventoriés au cours de l'enquête de flagrance; que les juges ajoutent qu'aucun doute ne peut subsister sur l'identité et l'intégrité de ceux-ci et qu'il n'a pas été porté atteinte aux intérêts de la personne concernée[2] ».

181.75 **Photocopie de scellés ?** Il arrive que certains avocats sollicitent des photocopies de scellés. Dès lors qu'il s'agit de documents écrits, cette demande peut être acceptée, bien qu'elle ne soit nullement prévue par un texte. En revanche, il ne semble pas possible d'accepter des demandes concernant tout autre scellé. Ainsi des cassettes audio ou vidéo n'ont pas à être copiées pour être remises aux conseils.

181.76 **Perquisition et saisine.** La question se pose parfois de savoir si le juge d'instruction peut ordonner une perquisition alors qu'il n'est pas clairement saisi de tous les faits qu'on peut reprocher à la personne. Certes, on sait que s'il n'est pas saisi de faits, il ne peut autoriser ou ordonner d'acte coercitif (v. s^s n°s 51.71 et 51.72) mais il y a souvent des hypothèses plus complexes qui peuvent poser question. Il en est ainsi par exemple dans les affaires de trafic de stupéfiants. On instruit à partir de faits antérieurs au réquisitoire introductif. Si un voyage nouveau est effectué par une personne déjà concernée par la saisine initiale, peut-on perquisitionner à son domicile après son retour ? Nous répondrons affirmativement à cette question et de façon plus générale à celles concernant des actes coercitifs pouvant viser à la fois des faits qui font partie de la saisine du juge et des faits n'en faisant pas partie. La perquisition et la garde à vue paraissent réguliers puisque fondés aussi sur des faits dont le juge est saisi. Mais la question qui demeure est de savoir si les produits retrouvés doivent être saisis dans le cadre de la commission rogatoire ou dans celui d'une saisie incidente. Si le juge est saisi de trafic de cannabis et qu'on retrouve de la cocaïne, la saisie incidente semble s'imposer. Mais si on retrouve du cannabis provenant d'un voyage qui vient de se réaliser ? La chambre criminelle a récemment admis la possibilité de saisie dans le cadre de la commission rogatoire, de produits stupéfiants dont on savait qu'ils provenaient d'un voyage postérieur au réquisitoire introductif : « mais attendu qu'en statuant ainsi, alors que, d'une part, l'arrêt constate que les interpellations de A..., B..., C..., et de D... étaient justifiées par les constatations relatives aux faits d'importation antérieurs au réquisitoire introductif du 7 avril 2006, commis dans les mêmes conditions que ceux qui étaient en cours de commission le 4 mai suivant, jour de l'interpellation de D... et de la saisie contestée, et alors que, d'autre part, le juge d'instruction était saisi par le réquisitoire introductif d'un trafic de stupéfiants au sujet duquel l'enquête préliminaire avait non seulement établi l'existence de certains faits déjà commis mais également révélé des éléments précis et concordants sur sa continuité ayant abouti, après ouverture de l'information, à l'interpellation et à la saisie de drogue précitées, la chambre de l'instruction n'a pas justifié sa décision »[3]. La mise en examen pour les faits postérieurs au réquisitoire introductif devra, quant à elle, être précédée d'un réquisitoire supplétif.

181.77 **La « saisie à nouveau ».** Lorsqu'un objet est placé sous scellé dans une affaire pénale, il est possible qu'il intéresse d'autres enquêteurs agissant dans le cadre d'une affaire distincte. Le « prêt de scellé » est possible, mais, dès lors que ce scellé revêt une importance dans la nouvelle affaire, il peut s'avérer utile d'en faire un scellé de cette affaire. Dans cette hypothèse on peut procéder à ce que certains appellent une « saisie à nouveau ». Il convient alors seulement pour les enquêteurs saisis de la nouvelle affaire de procéder à une appréhension juridique de l'objet, caractérisée par l'apposition d'un carton de scellé avec les numéros du dossier. La détention matérielle de l'objet se résoudra de façon amiable entre le détenteur du scellé initial et le « nouveau prétendant » à la saisie. Il conviendra pratiquement de veiller à ce que le scellé soit bien à la disposition de la juridiction concernée lorsque chaque affaire touchera la barre.

SECTION 8
SANCTIONS DES IRRÉGULARITÉS – NULLITÉS

181.81 **Les nullités sous le régime du Code d'instruction criminelle.** Sous le régime du Code d'instruction criminelle, les formalités relatives aux perquisitions et saisies n'étaient pas prescrites à peine de nullité, et en jurisprudence, elles n'étaient

1. Crim. 17 oct. 1989, n° 89-84.404, *Bull. crim.*, n° 365.
2. Crim. 7 juill. 2005, n° 05-82.639, NP.
3. Crim. 31 mai 2007, n° 07-81.318, NP, V. notre commentaire de cet arrêt : « De l'art de naviguer à vue : la saisine du juge d'instruction et le trafic de stupéfiants », *Dr. pén.* 2008, Étude n° 6.

pas considérées comme substantielles. Il était jugé que les formalités relatives à la saisie des pièces à conviction et à décharge n'étaient pas prescrites à peine de nullité[1], notamment les formalités relatives à la présentation des pièces à conviction à l'inculpé et aux témoins, prévues par les articles 35, 39 et 89 du Code d'instruction criminelle[2]. N'entraînait pas non plus la nullité le fait que les objets saisis n'aient pas été placés sous scellés[3], ou l'omission de la signature de l'inculpé sur les scellés[4]. La présence de l'inculpé aux opérations de perquisition et de saisie n'était pas davantage prescrite à peine de nullité[5], et l'irrégularité résultant de l'absence de ce dernier était couverte par son silence[6].

181.82 Violation des droits de la défense. La chambre criminelle jugeait que la sanction de la nullité n'était pas expressément attachée aux formalités des articles 87 à 89 du Code d'instruction criminelle; leur inobservation n'en constituait pas moins, si elle portait atteinte aux droits essentiels de la défense, une violation de ses droits entraînant la nullité, laquelle devait être relevée d'office par la chambre d'accusation[7].

181.83 Effets limités. Il est important d'indiquer que la nullité de la perquisition ou de la saisie n'entraîne pas celle de la poursuite[8]. Le juge peut tenir compte de tous les autres éléments de preuve indépendants des opérations irrégulières, tels que des aveux ultérieurs passés librement sans contrainte[9]. Mais les dépositions et interrogatoires qui procèdent d'une perquisition irrégulière sont nuls et ne peuvent servir d'éléments de preuve[10].

181.84 Les règles du Code de procédure pénale. Ce code a consacré la jurisprudence précitée. D'une part, l'article 59 sanctionne de la nullité les formalités prescrites par les articles 56, 57 et par ledit article 59, auxquels renvoient les articles 95 et 96. D'autre part, les articles 56 et 96 prescrivent aux officiers de police judiciaire et au juge d'instruction de prendre « toutes mesures utiles pour que soient respectés les droits de la défense ». Il en résulte que la plupart des formalités légales continuent d'être considérées comme secondaires, et que seule l'inobservation des formalités substantielles entraîne la nullité de la perquisition ou de la saisie, telle que le fait de pratiquer la nuit hors les heures légales.

C'est ainsi que la disposition de l'article 66 qui prescrit de rédiger « sur-le-champ » les procès-verbaux de perquisition et de saisie n'est pas prescrite à peine de nullité, sauf si son inobservation compromet les droits de la défense[11]. Mais la chambre d'accusation, qui a déclaré nulle une saisie opérée sur commission rogatoire, doit également annuler tous les actes qui procèdent de cette saisie irrégulière[12]. Une saisie annulée peut être réitérée; sans qu'il importe que la première numérotation des pièces ait été conservée[13].

181.85 Article 802 du Code de procédure pénale. Les formalités prévues par les dispositions du Code de procédure pénale en matière de perquisition et de saisie ne sont pas exclues du champ d'application de l'article 802 du même code. Dès lors, leur inobservation ne saurait entraîner de nullité de procédure lorsque aucune atteinte n'a été portée aux intérêts de la personne concernée[14]. Selon la version originaire du Code de procédure pénale, seule la chambre d'accusation, et non les juridictions correctionnelles, avait qualité pour prononcer la nullité des perquisitions, celles-ci n'étant alors pas visées par les articles 170 et 174[15]. Mais cette distinction n'a pas été reprise par la loi du 4 janvier 1993.

Cette loi avait multiplié, par modification de l'article 171, les nullités textuelles, dont celles affectant les perquisitions. Mais la loi du 24 août 1993 a, à peu de chose près, rétabli les règles anciennes. C'est ainsi que les formalités mentionnées aux articles 56 du Code de procédure pénale (auquel a été ajouté l'article 56-1), 57 et 59 sont toujours prescrites à peine de nullité. La seule différence notable est qu'aujourd'hui les nullités peuvent être invoquées par les parties elles-mêmes au cours de l'information (C. pr. pén., art. 89-1, 116, al. 4, 173, al. 3 - V. s[s] n°s 203.00 s.).

1. Crim. 6 mai 1898, *Bull. crim.*, n° 180 – Crim. 20 mars 1913, *Bull. crim.*, n° 148.
2. Crim. 15 nov. 1844, *Bull. crim.*, n° 369 – Crim. 30 juill. 1897, *Bull. crim.*, n° 271 – Crim. 30 juin 1899, *Bull. crim.*, n° 183.
3. Crim. 23 nov. 1901, *Bull. crim.*, n° 292.
4. Crim. 8 janv. 1910, *Bull. crim.*, n° 9.
5. Crim. 10 août 1911, *Bull. crim.*, n° 415 – Crim. 20 mars 1913, *Bull. crim.*, n° 148 – Crim. 24 févr. 1883, *Bull. crim.*, n° 57.
6. Crim. 17 sept. 1840, *Bull. crim.*, n° 273.
7. Crim. 11 sept. 1933, *D.* 1937, 1, 40 – Crim. 5 août 1952, *Bull. crim.*, n° 224 – Crim. 16 janv. 1958, *Bull. crim.*, n° 68.
8. Crim. 27 déc. 1935, *Bull. crim.*, n° 148 – Crim. 2 janv. 1936, *Bull. crim.*, n° 3 – Crim. 11 juin 1949, *Bull. crim.*, n° 210.
9. Crim. 27 déc. 1935, *Bull. crim.*, n° 148 – Crim. 17 juin 1942, *Bull. crim.*, n° 75.
10. Crim. 22 janv. 1953, *JCP* 1953, II, 7456, rapp. Brouchot – Crim. 12 févr. 1957, *Bull. crim.*, n° 137.
11. Crim. 7 juin 1963, *Bull. crim.*, n° 194.
12. Crim. 10 déc. 1968, *Bull. crim.*, n° 333 – Crim. 4 juin 1969, *Bull. crim.*, n° 186; *JCP* 1970, II, 16187, note P. Chambon.
13. Crim. 23 mars 1977, n° 75-92.170, *Bull. crim.*, n° 109; *JCP* 1979, II, 19030, note P. Chambon.
14. Crim. 15 juin 2000, n° 00-81.334, *Bull. crim.*, n° 229.
15. Crim. 14 avr. 1961, *Bull. crim.*, n° 199 – Crim. 11 janv. 1967, *Bull. crim.*, n° 22 – V. T. corr. Vannes, 18 févr. 1982, *D.* 1983, jur. 130, note P. Chambon.

Il a été jugé qu'est nulle la perquisition opérée hors la présence de l'intéressé ou de son représentant, alors que l'impossibilité pour lui d'y assister n'est pas établie[1], ou celle effectuée au cours d'une enquête préliminaire sans l'assentiment de celui chez qui elle a lieu[2]. Mais la non-assistance du greffier à la saisie est sans conséquence si elle n'a pas porté atteinte aux intérêts du prévenu (C. pr. pén., art. 802)[3].

181.86 Autres sanctions. Les articles 58 et 98 du Code de procédure pénale, punissent d'une amende de 4 500 euros et d'un emprisonnement de deux ans, toute communication ou toute divulgation sans l'autorisation du mis en examen ou de ses ayants droit ou du signataire ou du destinataire d'un document provenant d'une perquisition, à une personne non qualifiée par la loi pour en prendre connaissance. L'article 136 du Code de procédure pénale sanctionne l'inobservation par le greffier des formalités prescrites par les articles 56, 57, 59, 96 et 97 d'une amende civile de 7,50 euros prononcée par le président de la chambre de l'instruction.

1. Crim. 23 févr. 1988, n° 87-90.117, *Bull. crim.*, n° 91 – Crim. 7 déc. 1993, n° 93-84.188, *Bull. crim.*, n° 372.
2. Crim. 24 juin 1987, n° 87-82.333, *Bull. crim.*, n° 267.
3. Crim. 26 sept. 1986, n° 86-93.748, *Bull. crim.*, n° 259.

CHAPITRE

182. Restitutions

SECTION 0 ORIENTEUR

182.00 Plan du chapitre.

Sect. 1 Qui peut demander la restitution ?
Sect. 2 Procédure
Sect. 3 Voies de recours
Sect. 4 Décision sur la restitution
Sect. 5 Aliénations et destructions

182.01 Textes applicables.

C. pr. pén., art. 41-4, 99, 99-1, 99-2, 177, 183, 212, 571, 706-30-1.

C. pr. pén., art. 41-4 [L. n° 2004-204, 9 mars 2004]

Lorsqu'aucune juridiction n'a été saisie ou lorsque la juridiction saisie a épuisé sa compétence sans avoir statué sur la restitution des objets, le procureur de la République ou le procureur général est compétent pour décider, d'office ou sur requête, de la restitution de ces objets lorsque la propriété n'en est pas sérieusement contestée.

Il n'y a pas lieu à restitution lorsque celle-ci est de nature à créer un danger pour les personnes ou les biens ou lorsqu'une disposition particulière prévoit la destruction des objets placés sous main de justice; la décision de non restitution prise pour l'un de ces motifs ou pour tout autre motif, même d'office, par le procureur de la République ou le procureur général peut être contestée dans le mois de sa notification par requête de l'intéressé devant le tribunal correctionnel ou la chambre des appels correctionnels, qui statue en chambre du conseil.

Si la restitution n'a pas été demandée ou décidée dans un délai de six mois à compter de la décision de classement ou de la décision par laquelle la dernière juridiction saisie a épuisé sa compétence, les objets non restitués deviennent propriété de l'État, sous réserve des droits des tiers. Il en est de même lorsque le propriétaire ou la personne à laquelle la restitution a été accordée ne réclame pas l'objet dans un délai de deux mois à compter d'une mise en demeure adressée à son domicile. Les objets dont la restitution est de nature à créer un danger pour les personnes ou les biens deviennent propriété de l'État, sous réserve des droits des tiers, dès que la décision de non-restitution ne peut plus être contestée, ou dès que le jugement ou l'arrêt de non-restitution est devenu définitif.

C. pr. pén., art. 99

Au cours de l'information, le juge d'instruction est compétent pour décider de la restitution des objets placés sous main de justice.

Il statue, par ordonnance motivée, soit sur réquisitions du procureur de la République, soit, après avis de ce dernier, d'office ou sur requête de la personne mise en examen, de la partie civile ou de toute autre personne qui prétend avoir droit sur l'objet.

Il peut également, avec l'accord du procureur de la République, décider d'office de restituer ou de faire restituer à la victime de l'infraction les objets placés sous main de justice dont la propriété n'est pas contestée.

Il n'y a pas lieu à restitution lorsque celle-ci est de nature à faire obstacle à la manifestation de la vérité ou à la sauvegarde des droits des parties ou lorsqu'elle présente un danger pour les personnes ou les biens. Elle peut être refusée lorsque la confiscation de l'objet est prévue par la loi.

L'ordonnance du juge d'instruction mentionnée au deuxième alinéa du présent article est notifiée soit au requérant en cas de rejet de la demande, soit au ministère public et à toute autre partie intéressée en cas de décision de restitution. Elle peut être déférée à la chambre de l'instruction, sur simple requête déposée au greffe du tribunal, dans le délai et selon les modalités prévus par le quatrième alinéa de l'article 186. Ce délai est suspensif.

Le tiers peut, au même titre que les parties, être entendu par la chambre de l'instruction en ses observations, mais il ne peut prétendre à la mise à sa disposition de la procédure.

C. pr. pén., art. 99-1 [ord. n° 2006-1224, 5 oct. 2006, art. 5, *JO* 6 oct.]

Lorsque, au cours d'une procédure judiciaire ou des contrôles mentionnés à l'article L. 214-23 du Code rural, il a été procédé à la saisie ou au retrait, à quelque titre que ce soit, d'un ou plusieurs animaux vivants, le procureur de la République près le tribunal de grande instance du lieu de l'infraction ou, lorsqu'il est saisi, le juge d'instruction peut placer l'animal dans un lieu de dépôt prévu à cet effet ou le confier à une fondation ou à une association de protection animale reconnue d'utilité publique ou déclarée. La décision mentionne le lieu de placement et vaut jusqu'à ce qu'il ait été statué sur l'infraction.

Lorsque les conditions du placement sont susceptibles de rendre l'animal dangereux ou de mettre sa santé en péril, le juge d'instruction, lorsqu'il est saisi, ou le président du tribunal de grande instance ou un magistrat du siège délégué par lui peut, par ordonnance motivée prise sur les réquisitions du procureur de la République et après avis d'un vétérinaire, ordonner qu'il sera cédé à titre onéreux ou confié à un tiers ou qu'il sera procédé à son euthanasie.

Cette ordonnance est notifiée au propriétaire s'il est connu, qui peut la déférer soit au premier président de la cour d'appel du ressort ou à un magistrat de cette cour désigné par lui, soit, lorsqu'il s'agit d'une ordonnance du juge d'instruction, à la chambre de l'instruction dans les conditions prévues aux cinquième et sixième alinéas de l'article 99.

Le produit de la vente de l'animal est consigné pendant une durée de cinq ans. Lorsque l'instance judiciaire qui a motivé la saisie se conclut par un non-lieu ou par une décision de relaxe, le produit de la vente est restitué à la personne qui était propriétaire de l'animal au moment de la saisie si celle-ci en fait la demande. Dans le cas où l'animal a été confié à un tiers, son propriétaire peut saisir le magistrat désigné au deuxième alinéa d'une requête tendant à la restitution de l'animal.

Les frais exposés pour la garde de l'animal dans le lieu de dépôt sont à la charge du propriétaire, sauf décision contraire du magistrat désigné au deuxième alinéa saisi d'une demande d'exonération ou du tribunal statuant sur le fond. Cette exonération peut également être accordée en cas de non-lieu ou de relaxe.

C. pr. pén., art. 99-2

Lorsque, au cours de l'instruction, la restitution des biens meubles placés sous main de justice et dont la conservation n'est plus nécessaire à la manifestation de la vérité s'avère impossible, soit parce que le propriétaire ne peut être identifié, soit parce que le propriétaire ne réclame pas l'objet dans un délai de deux mois à compter d'une mise en demeure adressée à son domicile, le juge d'instruction peut ordonner, sous réserve des droits des tiers, la destruction de ces biens ou leur remise au service des domaines aux fins d'aliénation.

Le juge d'instruction peut également ordonner, sous réserve des droits des tiers, de remettre au service des domaines, en vue de leur aliénation, des biens meubles placés sous main de justice appartenant aux personnes poursuivies, dont la conservation n'est plus nécessaire à la manifestation de la vérité et dont la confiscation est prévue par la loi, lorsque le maintien de la saisie serait de nature à diminuer la valeur du bien. S'il est procédé à la vente du bien, le produit de celle-ci est consigné pendant une durée de dix ans. En cas de non-lieu, de relaxe ou d'acquittement, ou lorsque la peine de confiscation n'est pas prononcée, ce produit est restitué au propriétaire des objets s'il en fait la demande.

Le juge d'instruction peut également ordonner la destruction des biens meubles placés sous main de justice dont la conservation n'est plus nécessaire à la manifestation de la vérité, lorsqu'il s'agit d'objets qualifiés par la loi de dangereux ou de nuisibles, ou dont la détention est illicite.

Les décisions prises en application du présent article font l'objet d'une ordonnance motivée. Cette ordonnance est prise soit sur réquisitions du procureur de la République, soit d'office après avis de ce dernier. Elle est notifiée au ministère public, aux parties intéressées et, s'ils sont connus, au propriétaire ainsi qu'aux tiers ayant des droits sur le bien, qui peuvent la déférer à la chambre de l'instruction dans les conditions prévues aux cinquième et sixième alinéas de l'article 99.

Un décret en Conseil d'État détermine les modalités d'application du présent article.

C. pr. pén., art. 177 [L. n° 2004-204, 9 mars 2004]

Si le juge d'instruction estime que les faits ne constituent ni crime, ni délit, ni contravention, ou si l'auteur est resté inconnu, ou s'il n'existe pas de charges suffisantes contre la personne mise en examen, il déclare, par une ordonnance, qu'il n'y a lieu à suivre.

Lorsque l'ordonnance de non-lieu est motivée par l'existence de l'une des causes d'irresponsabilité pénale prévue par le premier alinéa de l'article 122-1, les articles 122-2, 122-3, 122-4, 122-5 et 122-7 du Code pénal ou par le décès de la personne mise en examen, elle précise s'il existe des charges suffisantes établissant que l'intéressé a commis les faits qui lui sont reprochés.

Les personnes mises en examen qui sont provisoirement détenues sont mises en liberté. L'ordonnance met fin au contrôle judiciaire.

Le juge d'instruction statue par la même ordonnance sur la restitution des objets placés sous main de justice. Il peut refuser la restitution lorsque celle-ci présente un danger pour les personnes ou les biens. La décision relative à la restitution peut être déférée, par tout personne qui y a intérêt, à la chambre de l'instruction dans les conditions et selon les modalités prévues par l'article 99.

C. pr. pén., art. 183

Les ordonnances de règlement sont portées à la connaissance de la personne mise en examen et du témoin assisté et les ordonnances de renvoi ou de mise en accusation à la connaissance de la partie civile; la notification est effectuée dans les délais les plus brefs soit verbalement, avec émargement au dossier de la procédure, soit par lettre recommandée.

Sous réserve de l'application de l'article 137-3, deuxième alinéa, les décisions qui sont susceptibles de faire l'objet de voies de recours de la part d'une partie à la procédure ou d'un tiers conformément aux articles 99, 186 et 186-1 leur sont notifiées dans les délais les plus brefs soit verbalement, avec émargement au dossier de la procédure, soit par lettre recommandée. Si la personne mise en examen est détenue, elles peuvent, également être portées à sa connaissance par les soins du chef de l'établissement pénitentiaire qui adresse, sans délai, au juge d'instruction l'original ou la copie du récépissé signé par la personne. Dans tous les cas, une copie de l'acte est remise à l'intéressée.

[...]

C. pr. pén., art. 212

Si la chambre de l'instruction estime que les faits ne constituent ni crime, ni délit, ni contravention ou si l'auteur est resté inconnu ou s'il n'existe pas de charges suffisantes contre la personne mise en examen, elle déclare qu'il n'y a lieu à suivre. Les personnes mises en examen qui sont provisoirement détenues sont remises en liberté. L'arrêt met fin au contrôle judiciaire.

La chambre de l'instruction statue par le même arrêt sur la restitution des objets placés sous main de justice. Elle peut refuser la restitution lorsque celle-ci présente un danger pour les personnes ou les biens.

C. pr. pén., art. 571

Le greffier avise le président du tribunal ou le premier président de la cour d'appel du dépôt de cette requête. Le jugement ou l'arrêt n'est pas exécutoire et il ne peut être statué au fond tant qu'il n'a pas été prononcé sur ladite requête.

Dès que le greffier a reçu le pourvoi et la requête, il fait parvenir celle-ci au président de la chambre criminelle ainsi qu'une expédition du jugement ou de l'arrêt et de la déclaration de pourvoi.

Le président de la chambre criminelle statue sur la requête par ordonnance dans les huit jours de la réception de ce dossier.

S'il rejette la requête, le jugement ou l'arrêt est exécutoire et le tribunal ou la cour d'appel se prononce au fond; aucun recours n'est recevable contre l'ordonnance du président et le pourvoi n'est alors jugé qu'en même temps que le pourvoi formé contre le jugement ou l'arrêt sur le fond.

Si, dans l'intérêt de l'ordre public ou d'une bonne administration de la justice, le président fait droit à la requête, il fixe la date à laquelle le pourvoi sera jugé.

La chambre criminelle doit statuer dans les deux mois qui suivent l'ordonnance du président, sans que puisse être soulevée devant elle une exception tirée de ce que le pourvoi formé contre la décision entreprise ne serait pas suspensif. L'exécution du jugement ou de l'arrêt est suspendue jusqu'à ce qu'intervienne l'arrêt de la chambre criminelle.

Les dispositions de l'article 570 et du présent article sont applicables aux pourvois formés contre les arrêts préparatoires, interlocutoires ou d'instruction rendus par les chambres de l'instruction à l'exception des arrêts visés au troisième alinéa de l'article 570.

Lorsque le président de la chambre criminelle déclare immédiatement recevable le pourvoi formé contre un arrêt de la chambre de l'instruction, saisie par application de l'article 173, il peut ordonner au juge d'instruction saisi de suspendre son information, à l'exception des actes urgents.

C. pr. pén., art. 706-30-1

Lorsqu'il est fait application des dispositions du troisième alinéa de l'article 99-2 à des substances stupéfiantes saisies au cours de la procédure, le juge d'instruction doit conserver un échantillon de ces produits afin de permettre, le cas échéant, qu'ils fassent l'objet d'une expertise. Cet échantillon est placé sous scellés.

Il doit être procédé par le juge d'instruction ou par un officier de police judiciaire agissant sur commission rogatoire à la pesée des substances saisies avant leur destruction. Cette pesée doit être réalisée en présence de la personne qui détenait les substances, ou, à défaut, en présence de deux témoins requis par le juge d'instruction ou l'officier de police judiciaire et choisis en dehors des personnes relevant de leur autorité. La pesée peut également être réalisée, dans les mêmes conditions, au cours de l'enquête de flagrance ou de l'enquête préliminaire, par un officier de police judiciaire, ou, au cours de l'enquête douanière, par un agent des douanes de catégorie A ou B.

Le procès-verbal des opérations de pesée est signé par les personnes mentionnées ci-dessus. En cas de refus, il en est fait mention au procès-verbal.

182.02 Jurisprudence de référence.

• Le refus de restitution ne peut être justifié que par l'un des motifs prévus à l'article 99 du Code de procédure pénale.

Crim. 6 févr. 1997, n° 96-83.462, *Bull. crim.*, n° 55; *Gaz. Pal.* 16 au 18 mars 1997, n° 77, 4, note A. Damien.

« Attendu que tout jugement ou arrêt doit contenir les motifs propres à justifier la décision; que l'insuffisance ou la contradiction des motifs équivaut à leur absence;

Attendu que, pour confirmer le rejet de la requête en restitution de pièces présentée par Y. S..., l'arrêt attaqué se borne à énoncer qu'il résulte de l'examen de ces pièces, afférentes à des montages juridiques et financiers d'opérations dont le juge d'instruction est saisi, qu'elles ont été établies entre 1989 et le mois de février 1993, soit antérieurement à l'ouverture de la présente information; que, ne concernant pas la défense des personnes mises en examen, dont Me S... n'a pas été chargé, elles ne sauraient revêtir un caractère de confidentialité, et que le magistrat instructeur tient de l'article 97 du Code de procédure pénale le pouvoir de les saisir;

Attendu que la juridiction du second degré ne s'explique pas, dans ses motifs, sur la nature ou le contenu des documents placés sous scellés, ni sur l'identité des clients concernés, et ne précise pas si la restitution sollicitée était de nature à faire obstacle à la manifestation de la vérité ou à la sauvegarde des droits des parties;

Mais attendu qu'en statuant ainsi, sans se conformer aux prescriptions de l'article 99 du Code de procédure pénale, la chambre d'accusation, qui ne pouvait, au surplus, déduire l'absence de confidentialité et d'atteinte au secret professionnel de l'avocat de la seule affirmation que les pièces saisies seraient étrangères à l'exercice des droits de la défense dans l'instance pénale en cours, n'a pas justifié sa décision. »

• Le juge d'instruction peut s'opposer à la restitution de documents saisis dans le cabinet d'un avocat dès lors que leur maintien sous main de justice en vue de déterminer l'existence d'infractions pénales est nécessaire à la manifestation de la vérité et ne porte pas atteinte aux droits de la défense.

Crim. 30 juin 1999, n° 97-86.318; *Bull. crim.*, n° 172; *D.* 1999, jur. 458, note J. Pradel; *D.* 1999, somm. 222, obs. J. Pradel; *RSC* 1999, 820, note D. Commaret; *JCP* 1999, II, 10177, note Martin; *Procédures* 1999, comm. 155, obs. Maron.

« Qu'en effet, il résulte des articles 97 et 99 du Code de procédure pénale et de l'article 8 de la Convention européenne de sauvegarde des droits de l'Homme que le juge d'instruction peut s'opposer à la restitution de documents saisis dans le cabinet d'un avocat et couverts par le secret professionnel, dès lors que leur maintien sous la main de la justice en vue de déterminer l'existence d'infractions pénales est nécessaire à la manifestation de la vérité et qu'il ne porte pas atteinte aux droits de la défense. »

• Le juge d'instruction ne peut ordonner de restitution lorsqu'il existe une contestation sérieuse sur la propriété de la chose.

Crim. 27 sept. 2005, n° 05-80.106, *Bull. crim.*, n° 239; *Procédures* 2005, comm. 288, obs. J. Buisson; *RSC* 2006, 104, note A. Giudicelli.

« Attendu que les objets placés sous main de justice ne peuvent être restitués par le juge d'instruction que lorsque leur propriété n'est pas contestée;

Attendu qu'il résulte de l'arrêt attaqué et des pièces de la procédure que le juge d'instruction a ordonné la restitution au profit d'une victime de trois objets saisis au domicile des mis en examen;

Attendu que, devant la chambre de l'instruction saisie de l'appel de cette décision, Tristan X... a fait valoir que ces objets lui appartenaient et que, notamment, il apportait la justification de la propriété d'une paire de jumelles par la production d'un bon de garantie et d'une facture;

Attendu que, pour confirmer l'ordonnance entreprise, l'arrêt énonce que les objets ont été reconnus par les victimes et que le demandeur ne présente pas de moyen sérieux à l'appui de sa requête;

Mais attendu qu'en prononçant ainsi, alors qu'il résulte des énonciations de l'arrêt que la propriété des objets restitués est sérieusement contestée, la chambre de l'instruction n'a pas justifié sa décision;

D'où il suit que la cassation est encourue. »

182.03 Bibliographie indicative. (V. les références complètes s^s n° 03.)

Actualisables. RÉP. PÉN., Guéry, « Instruction préparatoire » – J.-CL. PÉN., Guirimand D., « Restitution des objets placés sous main de justice par les juridictions d'instruction ».

182.04 Évolution. La restitution au stade de l'instruction, avant jugement, était réglée laconiquement par l'article 89, dernier alinéa du Code d'instruction criminelle, modifié par les lois des 7 février 1933 et 25 mars 1935, ainsi conçu : « Toute personne prétendant droit sur l'objet placé sous la main de la justice peut en réclamer la restitution au juge d'instruction et, sur son refus, à la chambre des mises en accusation, qui statueront sur simple requête. Elle sera entendue, si elle le demande, en ses explications. »

Aujourd'hui, la restitution faite par le juge d'instruction est réglée de manière plus explicite par l'article 99 du Code de procédure pénale. En outre, les articles 177 et 212 du même code visent le cas de la restitution opérée dans le cas de l'ordonnance et de l'arrêt de non-lieu.

La loi du 30 décembre 1985 a remanié l'article 99 du Code de procédure pénale, sans pour autant bouleverser le régime des restitutions. Elle a notamment écarté la restitution « lorsqu'elle présente un danger pour les personnes ou les biens », et abrogé l'article 100 qui laissait la compétence au juge après l'ordonnance de non-lieu; elle a aussi modifié les articles 177 et 212 relatifs aux décisions de non-lieu, et enfin créé un article 41-1 qui donne compétence au procureur de la République pour décider de la restitution « quand aucune juridiction n'a été saisie ou lorsque la juridiction saisie a épuisé sa compétence ». La loi du 30 novembre 1987, par modification de l'article 41-1, étend au procureur général la compétence attribuée au procureur de la République.

182.06 Questions essentielles.

• Le juge d'instruction ne peut refuser une restitution qu'à l'appui de l'un des critères énumérés par l'article 99 du Code de procédure pénale. Des dispositions récentes facilitent la destruction ou la disposition de biens saisis, avant la clôture de l'information.

* V. s^s n°s 182.45, 182.51 à 182.54.

SECTION 1
QUI PEUT DEMANDER LA RESTITUTION ?

182.11 Le demandeur. La restitution a pour objet de faire remettre les choses en l'état où elles se trouvaient antérieurement à la saisie. Le Code d'instruction criminelle précisait déjà que « toute personne prétendant droit sur l'objet placé sous la main de la justice pourra en réclamer la restitution » (C. pr. pén., art. 89). Et la Cour de cassation décidait que cette expression générale « toute personne » comprenait le prévenu et la partie civile[1].

Le juge d'instruction décide de la restitution, soit sur réquisitions du procureur de la République, soit, après l'avis de ce dernier, d'office ou sur requête de la personne mise en examen, de la partie civile ou de toute autre personne qui prétend avoir droit sur l'objet[2]. Il peut également décider d'office de la res-

1. Crim. 16 déc. 1954, *Bull. crim.*, n° 408; *D.* 1955, jur. 89, note Gollety; *JCP* 1955, II, 8509, note P. Chambon; *Gaz. Pal.* 1955, 1, 56.
2. Sur le droit des tiers, Crim. 2 juill. 1992, n° 91-85.065, *Bull. crim.*, n° 266.

titution à la victime (C. pr. pén., art. 99, al. 2 et 3). Le tiers saisi, à qui l'ordonnance de restitution est susceptible de faire grief, est une partie intéressée, au sens de l'article 99 alinéa 5 du Code de procédure pénale, et a, dès lors, qualité pour déférer à la chambre d'accusation la décision du juge d'instruction ayant prononcé sur une demande de restitution portant sur des fonds dont il est détenteur[1]. Les dispositions de l'article 99 du Code de procédure pénale, instituant, en faveur de tout tiers qui prétend avoir droit sur un objet placé sous la main de la justice, une procédure lui permettant d'en réclamer la restitution, ne l'autorisent à faire juger, à cette occasion, la régularité des actes de l'information, fût-ce de ceux en vertu desquels le placement sous main de justice a été opéré[2].

182.12 **Saisie préalable.** La restitution implique une saisie préalable. Seul un objet qui a été saisi, et qui est sous la main de la justice, peut être restitué. Le juge d'instruction ne saurait, par exemple, imposer à la personne mise en examen de restituer à la victime un objet ou une valeur qui est restée entre ses mains. Ce serait là un mode de réparation du préjudice causé par l'infraction, qui échappe à la compétence du magistrat instructeur[3]. L'irrégularité de la saisie ne fait pas obstacle à la restitution[4]. L'article 99 précise bien que la restitution porte sur « l'objet placé sous la main de la justice ».

SECTION 2
PROCÉDURE

182.21 **Communication.** L'article 99 prévoyait originairement que la demande émanant de l'une des parties était communiquée à l'autre partie et au ministère public, et celle émanant d'un tiers à ces derniers. Les observations provoquées par cette communication étaient produites dans les trois jours. Mais la loi du 30 décembre 1985, qui a modifié l'article 99, n'a pas repris ces formalités.

182.22 **Formes.** La loi ne fixe aucune forme à la demande de restitution. Cette demande peut donc être faite, soit par lettre, soit verbalement au cours d'une audition ou d'un interrogatoire, et consignée par procès-verbal.

Toute requête nouvelle en restitution, entendant se placer au jour où elle a été formulée, doit être d'abord adressée au juge d'instruction, et non directement à la chambre de l'instruction, quand même de précédentes requêtes auraient été soumises au juge d'instruction et rejetées par lui[5].

Il était jugé que l'avocat de la personne mise en examen n'avait pas à être convoqué pour assister à la restitution à celle-ci par le juge d'instruction de lettres saisies, alors qu'il n'était procédé à aucun interrogatoire[6]. Lorsqu'une information est en cours, le juge compétent aux termes de l'article 99 du Code de procédure pénale pour décider de la restitution des objets placés sous main de justice est celui qui est en charge de l'information et non celui qui a procédé à la saisie sur commission rogatoire délivrée par le juge mandant[7].

182.23 **Restitution et prescription.** Toute ordonnance rendue par le juge d'instruction constitue un acte interruptif de prescription au sens de l'article 7 du Code de procédure pénale. Justifie sa décision la chambre de l'instruction qui constate que la prescription de l'action publique a été valablement interrompue par l'ordonnance de restitution d'objets saisis rendue par le juge d'instruction[8].

SECTION 3
VOIES DE RECOURS

182.31 **Recours particulier.** Il n'est pas douteux que la loi a institué, à l'encontre de la décision du juge d'instruction sur la restitution, un recours particulier, distinct de la voie d'appel. Sous l'empire de l'article 89 du Code d'instruction criminelle, la Cour de cassation décidait que l'inculpé ne pouvait interjeter appel de l'ordonnance refusant la restitution[9], jurisprudence qu'elle a maintenue sous le régime du nouveau Code[10], mais la requête prévue par la loi peut prendre la forme d'un acte d'appel[11]. Le ministère public conserve son droit d'appel général contre toute ordonnance[12]. Aux termes mêmes de la loi, le recours particulier qu'institue l'article 99 du Code de procédure pénale prend la forme d'une « simple requête déposée au greffe du tribunal »,

1. Crim. 8 juill. 1997, n° 96-84.306, *Bull. crim.*, n° 268.
2. Crim. 13 janv. 1998, *Gaz. Pal.* 1998, 27.
3. En ce sens, note Roux, s[s] Crim. 7 août 1919, *S.* 1921, 1, 282.
4. CA Lyon, 17 mars 1953, *S.* 1954, 2, 27.
5. Crim. 22 déc. 1955, *Bull. crim.*, n° 593; *D.* 1956, jur. 305, note F. G.
6. Crim. 23 mai 1970, n° 69-92.622, *Bull. crim.*, n° 166.
7. Crim. 1er févr. 2005, n° 04-84 785, n° 04-84.787 et n° 04-84.786, *Bull. crim.*, n° 35; *D.* 2005, IR 858; *JCP* 2005, IV, 1638.
8. Crim. 10 févr. 2004, n° 03-87.283, *Bull. crim.*, n° 36; *Dr. pén.* 2004, n° 72, note A. Maron; *JCP* 2004, IV, 1780.
9. Crim. 12 juin 1947, *Bull. crim.*, n° 149 – Crim. 13 juin 1956, *Bull. crim.*, n° 465.
10. Crim. 27 oct. 1959, *Bull. crim.*, n° 450; *JCP* 1959, II, 11375, note P. Chambon.
11. Crim. 19 févr. 1985, n° 84-91.956, *Bull. crim.*, n° 79.
12. Crim. 15 nov. 1956, *Bull. crim.*, n° 753.

par laquelle l'ordonnance motivée du juge d'instruction peut « être déférée à la chambre de l'instruction », dépôt qui doit avoir lieu dans les dix jours de la notification à la partie intéressée (C. pr. pén., art. 99, al. 5 et 186, al. 4). Le recours est ouvert aussi bien contre l'ordonnance qui rejette la demande de restitution que contre celle qui l'accueille[1], de sorte qu'il bénéficie aussi bien au demandeur qu'à la personne à laquelle la restitution fait grief[2].

La décision sur la restitution que prend le juge d'instruction qui rend une ordonnance de non-lieu, est soumise au recours de l'article 99 (C. pr. pén., art. 177, al. 3).

182.32 Procédure devant la chambre de l'instruction. En ce qui concerne la procédure suivie devant la chambre de l'instruction lorsqu'elle statue sur le recours prévu par l'article 99 du Code de procédure pénale, le dernier alinéa de ce texte dispose que « le tiers peut, au même titre que les parties, être entendu par la dite chambre en ses observations, mais il ne peut prétendre à la mise à sa disposition de la procédure », et il doit être convoqué pour l'audience[3]. La partie civile, qui n'est pas en cause, doit néanmoins participer aux débats[4]. En cas d'appel par le ministère public et les douanes d'une ordonnance accordant la restitution, le demandeur à celle-ci doit être avisé de l'audience avec observation du délai légal de cinq jours[5].

182.33 Pourvoi en cassation. Les arrêts rendus par la chambre de l'instruction statuant sur le recours précité sont susceptibles de pourvoi en cassation. La chambre criminelle a d'abord jugé que de telles décisions n'ont pas un caractère préparatoire, et que le pourvoi de la partie civile doit être formé immédiatement[6]. Puis elle a déclaré que de tels arrêts sont des mesures d'instruction qui rendent nécessaire le dépôt de la requête prévue par l'article 571 du Code de procédure pénale, que le litige ait lieu à la requête d'un tiers ou de l'une des parties[7].

Elle fait aujourd'hui une distinction. Le pourvoi formé par un tiers est immédiatement recevable, tandis que le pourvoi formé par la personne mise en examen ou la partie civile, parties au procès pénal, rend nécessaire le dépôt de la requête prévue par l'article 571[8]. Cette distinction se justifie : en effet, à l'égard des tiers, l'arrêt termine l'instance en restitution, et a ainsi un caractère définitif, tandis que l'instance principale se poursuit à l'égard des parties en cause.

SECTION 4
DÉCISION SUR LA RESTITUTION

182.41 Une ordonnance juridictionnelle. L'ordonnance statuant sur une demande de restitution est juridictionnelle en ce sens qu'elle ouvre le recours particulier organisé par l'article 99 et le droit d'appel du ministère public. Elle est expressément visée par l'alinéa 2 de l'article 183, comme devant être notifiée aux parties et aux tiers qui peuvent exercer ce recours, et portée à la connaissance de leurs avocats (C. pr. pén., art. 183, al. 4). L'action en restitution des objets saisis est essentiellement différente de l'action civile concernant ces mêmes objets[9].

182.42 Compétence. Le juge d'instruction, qui instruit l'affaire et qui a procédé à la saisie, est normalement compétent, jusqu'à l'ordonnance de règlement, pour statuer sur la demande de restitution; il statue également sur la restitution lors de l'ordonnance de non-lieu (C. pr. pén., art. 177).

Depuis l'abrogation de l'article 100 du Code de procédure pénale par la loi du 30 décembre 1985, la modification de l'article 212 et la création de l'article 41-1 du même code, modifié en article 41-4 par la loi du 23 juin 1999, ce n'est plus le juge d'instruction ou la chambre de l'instruction qui a compétence pour statuer sur la restitution après la décision de non-lieu, mais le procureur de la République ou le procureur général, selon le cas. Plus généralement, cette compétence s'exerce toutes les fois qu'aucune juridiction n'est saisie ou que saisie, elle a épuisé sa compétence. La décision de non restitution du parquet, au motif que la restitution pourrait « créer un danger pour les personnes ou les biens » peut être contestée[10] par requête de l'intéressé portée devant le tribunal correctionnel ou la chambre des appels correctionnels qui statue

1. SOL. IMPL., Crim. 18 juill. 1967, *Bull. crim.*, n° 220.
2. Quant à cette dernière, v. Crim. 29 janv. 1991, n° 90-81.563, *Bull. crim.*, n° 51.
3. Crim. 27 janv. 1981, n° 80-91.118, *Bull. crim.*, n° 36.
4. Crim. 19 déc. 1974, n° 73-92.165, *Bull. crim.*, n° 372.
5. Crim. 4 nov. 1991, n° 90-84.567, *Bull. crim.*, n° 393.
6. Crim. 16 juill. 1958, *Bull. crim.*, n° 542.
7. Crim., ord. prés., 11 juill. 1960, *Bull. crim.*, n°s 364 et 365 – Crim. 18 oct. 1961, *Bull. crim.*, n° 407 – Crim. 27 mai 1964, *Bull. crim.*, n° 178.
8. Crim. 6 juill. 1966, *Bull. crim.*, n° 191 – Crim. 18 juill. 1967, *Bull. crim.*, n° 220 – Crim. 23 janv. 1973, n° 71-93.473, *Bull. crim.*, n° 28 – Crim. 23 mars 1977, n° 75-92.170, *Bull. crim.*, n° 109 – Crim. 16 oct. 1979, n° 78-93.577, *Bull. crim.*, n° 283 – Crim. 21 août 1986, n° 85-91.868, *Bull. crim.*, n° 248 – Crim. 3 juill. 1987, n° 85-95.826, *Bull. crim.*, n° 283 – Crim. 30 janv. 1992, n° 91-85.346, *Bull. crim.*, n° 42.
9. Crim. 3 févr. 1986, n° 84-94.813, *Bull. crim.*, n° 42.
10. Crim. 9 mai 1994, n° 92-83.092, *Bull. crim.*, n° 175.

en chambre du conseil (C. pr. pén., art. 41-4, al. 2)[1]. Les objets non restitués deviennent propriété de l'État, si la restitution n'a pas été demandée ou décidée dans les trois ans qui suivent la décision de classement ou celle par laquelle la juridiction a épuisé sa compétence (C. pr. pén., art. 41-4, al. 3)[2].

182.43 La notion de restitution se distingue essentiellement de la notion de réparation du préjudice[3]. Restituer, c'est rendre. La restitution ne peut donc normalement se faire qu'en nature et non par équivalent. Quand la restitution doit avoir lieu, elle ne peut porter que sur l'objet même qui a été saisi.

Restituer n'est pas réparer. Il en résulte que seuls peuvent être restitués les objets mêmes qui ont été saisis, et qui se retrouvent en nature; c'est ainsi que ne peuvent être restitués les objets ou effets achetés avec les sommes d'argent volées[4]. De même, il n'appartient pas au juge correctionnel d'assurer l'exécution des condamnations civiles qu'il prononce : il ne saurait donc attribuer à la partie civile, en déduction du montant de la réparation, la restitution des valeurs acquises avec le produit du délit[5]. Toutefois, s'il s'agit de choses fongibles, telles que des sommes d'argent, la restitution peut avoir lieu par équivalent (v. C. pr. pén., art. 97, al. 6).

Le juge d'instruction ne peut maintenir la saisie de biens dont l'origine est licite et étrangère à l'infraction poursuivie[6]. Il en est de même lorsque l'objet en cause, réclamé par une personne non mise en examen, n'est pas revendiqué par un tiers, que sa détention n'est pas illicite et qu'il n'a pas été confisqué[7], ou s'agissant d'un musée communal, l'objet qui y a été dérobé fait partie du domaine public de la commune et est comme tel inaliénable et imprescriptible[8]. Mais les produits de la prostitution ne sauraient être restitués[9]. Les pièces saisies ne peuvent être conservées que pour les nécessités de l'information en cours, et l'intérêt qu'elles peuvent présenter dans une autre procédure ne peut justifier le refus de leur restitution[10]. La partie civile est sans intérêt pour critiquer un arrêt de la chambre d'accusation qui n'aurait pas ordonné la restitution de toutes les pièces qu'elle réclamait, alors que sa demande n'énumérait pas avec précision lesdites pièces[11].

Il n'y a pas lieu à restitution lorsqu'elle est de nature à faire obstacle à la manifestation de la vérité ou à la sauvegarde des droits des parties, ou lorsqu'elle présente un danger pour les personnes ou les biens (C. pr. pén., art. 99, al. 4). Elle peut également être refusée lorsque la confiscation de l'objet est prévue par la loi (C. pr. pén., art. 99, al. 4)[12]. Cependant, peu importe que la confiscation puisse être prononcée, si le maintien de la saisie n'est pas utile à la manifestation de la vérité[13].

182.44 La juridiction d'instruction apprécie souverainement s'il y a lieu de faire droit à une demande de restitution[14]. Ni le juge d'instruction, ni la chambre de l'instruction n'ont qualité pour connaître d'une contestation sérieuse sur la propriété des objets revendiqués[15]. La juridiction d'instruction qui accorde la restitution ne peut, sans excès de pouvoir, critiquer le bien-fondé de la poursuite ou des actes qui ont abouti à la saisie[16].

Le juge d'instruction peut refuser de restituer les documents saisis chez un expert comptable, le droit de rétention personnel ne faisant pas obstacle à la saisie chez un tiers à l'information[17]. La restitution peut être refusée en considération des droits légitimes des tiers[18].

182.45 Le refus doit être limité aux cas ouverts par l'article 99 du Code de procédure pénale. Encourt la cassation l'arrêt d'une chambre d'accu-

1. Crim. 14 avr. 1992, n° 91-81.133, *Bull. crim.*, n° 163; *Dr. pén.* 1992, 5, obs. Marsat et Lesclous – Crim. 10 janv. 1994, n° 93-80.299, *Bull. crim.*, n° 13 – Crim. 12 juin 1996, n° 96-81.129, *Bull. crim.*, n° 249.
2. Crim. 24 avr. 1990, n° 89-80.651, *Bull. crim.*, n° 153.
3. Crim. 8 nov. 1982, n° 81-93.002, *Bull. crim.*, n° 243.
4. Crim. 19 mars 1941, *Bull. crim.*, n° 18; *Gaz. Pal.* 1941, 1, 388; *RSC* 1941, 189, obs. Hugueney – Crim. 28 mars 1924, *Bull. crim.*, n° 146.
5. Crim. 16 juill. 1958, *Bull. crim.*, n° 540 – V. aussi, Crim. 14 mars 1973, n° 72-91.258, *Bull. crim.*, n° 126.
6. CA Paris, ch. acc., 17 déc. 1959, *JCP* 1960, II, 11455, note L. Depaule.
7. Crim. 9 mai 1985, n° 84-91.548, *Bull. crim.*, n° 179.
8. Crim. 16 juin 1992, n° 91-86.829, n° 92-80.418, *Bull. crim.*, n° 239.
9. Crim. 20 avr. 1983, n° 82-92.311, *Bull. crim.*, n° 113.
10. Crim. 22 févr. 1968, *Bull. crim.*, n° 60.
11. Crim. 14 janv. 1969, *Bull. crim.*, n° 22.
12. Crim. 14 juin 1972, n° 71-93.701, *Bull. crim.*, n° 203 – Crim. 3 mai 1984, n° 83-93.792, *Bull. crim.*, n° 155; *D.* 1984, IR 434 – Crim. 8 févr. 1996, n° 95-80.242, *Bull. crim.*, n° 72.
13. Crim. 21 févr. 1989, n° 88-86.700, *Bull. crim.*, n° 85.
14. Crim. 30 nov. 1950, *Bull. crim.*, n° 275 – Crim. 15 nov. 1956, *Bull. crim.*, n° 753 – Crim. 11 déc. 1973, n° 73-91.525, *Bull. crim.*, n° 459 – Crim. 23 mars 1977, n° 75-92.170, *Bull. crim.*, n° 109; *JCP* 1979, II, 19039, note P. Chambon.
15. Crim. 13 juill. 1951, *Bull. crim.*, n° 214; *D.* 1951, 686 – Crim. 6 juill. 1966, *Bull. crim.*, n° 191 – Crim. 16 oct. 1979, n° 78-93.577, *Bull. crim.*, n° 283; *JCP* 1979, IV, 382 – CA Paris, ch. acc., 7 janv. 1960, *JCP* 1960, II, 11455, note L. Depaule.
16. Crim. 13 janv. 1986, n° 85-93.061, *Bull. crim.*, n° 20 – Crim. 3 juill. 1987, n° 85-95.826, *Bull. crim.*, n° 283 – Crim. 2 juill. 1992, n° 91-85.065, *Bull. crim.*, n° 266.
17. Crim. 20 juin 1972, n° 72-90.211, *Bull. crim.*, n° 210.
18. Crim. 6 févr. 1979, n° 77-92.469, *Bull. crim.*, n° 55 – Crim. 23 oct. 1984, n° 84-91.244, *Bull. crim.*, n° 315; *JCP* 1985, IV, 5 – V. aussi, Crim. 8 févr. 1996, n° 95-80.242, *Bull. crim.*, n° 72.

sation qui, pour rejeter, sur le fondement de l'article 99 du Code de procédure pénale, la requête d'un avocat resté étranger à la procédure et sollicitant la restitution de notes de travail et de correspondance avec ses clients, saisies à son cabinet par le juge d'instruction, se borne à énoncer que ces documents, afférents à des montages juridiques et financiers intéressant l'information en cours, ne concernent pas la défense des personnes mises en examen, dont ledit avocat n'a pas été chargé, et ne sauraient revêtir un caractère de confidentialité.

Le juge d'instruction doit en effet justifier le refus de restitution d'un objet placé sous main de justice par l'un des motifs prévus à l'article 99 du Code de procédure pénale, notamment l'obstacle à la manifestation de la vérité ou la sauvegarde des droits des tiers[1].

Ne justifie pas sa décision au regard de ce texte la chambre d'accusation qui refuse la restitution d'un véhicule automobile et d'une caravane à un requérant, tiers intervenant, en faisant état des soupçons existant à son encontre ainsi que de la nécessité de garantir sa représentation en justice et les droits des victimes des infractions et en énonçant que le requérant ne justifie pas que la caravane est son domicile principal[2]. Les prélèvements humains effectués à des fins médico-légales ne sont pas restituables[3].

Le juge d'instruction ne peut ordonner de restitution lorsqu'il existe une contestation sérieuse sur la propriété de la chose : encourt la cassation l'arrêt de la chambre de l'instruction qui confirme l'ordonnance de restitution du juge d'instruction portant sur des objets mobiliers dont la propriété était revendiquée par la personne mise en examen entre les mains de laquelle la saisie a été effectuée[4]. Il n'y a pas lieu à restitution lorsque celle ci est de nature à faire obstacle à la sauvegarde des droits des parties, il en est ainsi lors de la restitution à un propriétaire de clés d'un logement dont le locataire était le légitime détenteur[5].

182.46 **Déchéance.** La chambre criminelle, en matière de restitution opérée par les juridictions correctionnelles, a rendu une décision importante, applicable aux restitutions ordonnées au stade de l'instruction. Aux termes de l'article 2279 du Code civil, celui qui a perdu ou auquel il a été volé une chose mobilière, ne peut plus la revendiquer, après l'écoulement d'un délai de trois ans, à compter du jour de la perte ou du vol; « il s'agit là d'un délai préfix qui ne saurait être interrompu ou suspendu par une des causes prévues par les articles 2242 à 2259 du Code civil ». La demande de restitution faite par le propriétaire de la chose plus de trois ans après le vol, est donc tardive[6]. Toutefois, l'exception de forclusion tirée de l'expiration de ce délai, n'est pas d'ordre public et ne peut être soulevée pour la première fois devant la Cour de cassation[7]. La demande en restitution ne se confond pas avec la demande en revendication de l'article 2279[8].

SECTION 5
ALIÉNATIONS ET DESTRUCTIONS

182.51 **Aliénations.** Aux termes de l'article 99-2 alinéa 2 du Code de procédure pénale, issu de la loi du 23 juin 1999, le juge d'instruction peut ordonner, sous réserve des droits des tiers, de remettre au service des Domaines, en vue de leur aliénation, des biens meubles placés sous main de justice appartenant aux personnes poursuivies, dont la conservation n'est plus nécessaire à la manifestation de la vérité et dont la confiscation est prévue par la loi, lorsque le maintien de la saisie serait de nature à diminuer la valeur du bien. En cas de non-lieu, de relaxe ou d'acquittement, ou lorsque la peine de confiscation n'est pas prononcée, ce produit est restitué au propriétaire des objets qui en fait la demande.

Fait l'exacte application de ce texte la cour d'appel qui confirme l'ordonnance du juge d'instruction ordonnant la remise du véhicule appartenant à une personne mise en examen du chef de blanchiment en relevant que le véhicule ne manquerait pas d'être déprécié en cas de prolongation de la procédure d'instruction et que son aliénation apparaît conforme à l'intérêt de la mise en examen dans l'hypothèse d'un non-lieu, d'une relaxe ou du non-prononcé de la peine complémentaire de la confiscation prévue par l'article 324-7 du Code pénal[9] (v. aussi, C. pr. pén., art. R. 15-41-1 à R. 15-41-3 issu du D. n° 2003-428, 5 mai 2003[10] – et C. dom. Ét., art. L. 69-2).

1. Crim. 6 févr. 1997, n° 96-83.462, *Bull. crim.*, n° 55; *Gaz. Pal.* 16 au 18 mars 1997, 4, note A. Damien; v. les attendus s^s^ n° 182.02.
2. Crim. 5 oct. 1999, n° 98-87.593, *Bull. crim.*, n° 209; *BICC* 506, n° 45.
3. Crim. 3 avr. 2002, n° 01-81.592, *Bull. crim.*, n° 75; *RSC* 2002, 842, note D. Commaret.
4. Crim. 27 sept. 2005, n° 05-80.106, *Bull. crim.*, n° 239; *Procédures* 2005, comm. 288, obs. J. Buisson; *RSC* 2006, 104, note A. Giudicelli.
5. Crim. 6 janv. 2009, n° 08-85.860, *Bull. crim.*, n° 3; *AJ Pénal* 2009, 187, note J.-R. Demarchi.
6. Crim. 30 oct. 1969, n° 69-90.372, *Bull. crim.*, n° 277.
7. Crim. 4 mars 1986, n° 85-92.736, *Bull. crim.*, n° 88.
8. Crim. 11 juill. 1978, n° 78-90.762, *Bull. crim.*, n° 232.
9. Crim. 11 janv. 2001, n° 00-82.764, *Bull. crim.*, n° 8; *D.* 2001, IR, 1592 – Crim. 6 déc. 2005, n° 05-82.484, *Bull. crim.*, n° 322.
10. D. n° 2003-428, 5 mai 2003, *JO* 13 mai, 8201.

182.52 Destructions. Lorsque, au cours de l'instruction, la restitution des biens meubles placés sous main de justice et dont la conservation n'est plus nécessaire à la manifestation de la vérité s'avère impossible, soit parce que le propriétaire ne peut être identifié, soit parce que le propriétaire ne réclame pas l'objet dans un délai de deux mois à compter d'une mise en demeure donnée à son domicile, le juge d'instruction peut ordonner, sous réserve des droits des tiers, la destruction de ces biens ou leur remise au service des domaines aux fins d'aliénation. Le juge d'instruction peut également ordonner la destruction des biens placés sous main de justice dont la conservation n'est plus nécessaire à la manifestation de la vérité, lorsqu'il s'agit d'objets qualifiés par la loi de dangereux ou de nuisibles ou dont la détention est illicite. Le juge d'instruction rend une ordonnance motivée notifiée au ministère public, aux parties intéressées et s'ils sont connus au propriétaire ainsi qu'aux tiers ayant des droits sur les biens qui peuvent la déférer à la chambre de l'instruction. Pour ordonner la destruction, le juge d'instruction doit se trouver dans le cadre de l'article 99-2 du Code de procédure pénale. Encourt la censure l'arrêt qui, pour ordonner la destruction d'un navire dont la conservation n'apparaissait plus utile à la manifestation de la vérité, retient que ce navire est dangereux et nuisible en raison de son mauvais état d'entretien et des difficultés de garde et de conservation à l'approche de la saison cyclonique annoncée comme étant d'une particulière intensité, sans rechercher si la loi elle-même qualifie cet objet de dangereux ou de nuisible, ou en interdit la détention, et, à défaut, sans constater que la restitution s'avère impossible[1].

182.53 Destruction de stupéfiants. Lorsqu'il est fait application des dispositions du troisième alinéa de l'article 99-2 à des substances stupéfiantes saisies au cours de la procédure le juge d'instruction doit conserver un échantillon de ces produits afin de permettre, le cas échéant, une expertise. Cet échantillon est placé sous scellés. Il doit être procédé par le juge d'instruction ou par un officier de police judiciaire agissant sur commission rogatoire à la pesée des substances saisies avant leur destruction si cette pesée n'a pas déjà été réalisée lors de l'enquête de flagrance ou préliminaire. La pesée doit être réalisée en présence de la personne qui détenait les substances ou, à défaut, en présence de 2 témoins requis par le juge d'instruction ou l'officier de police judiciaire et choisis en dehors des personnes relevant de leur autorité (C. pr. pén., art. 706-30-1).

182.54 Mise en dépôt d'un animal. Lorsque, au cours d'une procédure judiciaire ou des contrôles mentionnés à l'article 238-5 du Code rural, il a été procédé à la saisie ou au retrait, à quelque titre que ce soit, d'un ou plusieurs animaux vivants, le procureur de la République du tribunal de grande instance du lieu de l'infraction ou, lorsqu'il est saisi, le juge d'instruction, peut placer l'animal dans un lieu de dépôt prévu à cet effet et qu'il désigne jusqu'à ce qu'il ait été statué sur l'infraction (C. pr. pén., art. 99-1). Sous certaines conditions, le juge d'instruction peut aussi décider qu'il soit vendu, confié à un tiers ou qu'il sera procédé à son euthanasie. Les derniers alinéas de l'article 99-1 réglementent les droits du propriétaire, la destination du produit de la vente, le paiement des frais exposés pour la garde de l'animal.

1. Crim. 6 mars 2007, n° 06-87.446, *Bull. crim.*, n° 71.

TITRE

19. La preuve pendant l'instruction préparatoire

SECTION 0

ORIENTEUR

190.00 **Plan du titre.** Indices, charges, preuves, tels sont les paliers de la vraisemblance au cours du procès pénal. Les écoutes téléphoniques et leurs dérivés constituent un domaine qui mérite une étude particulière.

Chap. 191 Paliers de la vraisemblance pendant l'instruction préparatoire
Sect. 1 Indices de culpabilité : indices et raisons plausibles
Sect. 2 Indices de culpabilité : indices qualifiés
Sect. 3 Charges et renvoi devant la juridiction de jugement
Sect. 4 Charges nouvelles et réouverture de l'information judiciaire
Sect. 5 Juge d'instruction – Intime conviction – Culpabilité
Sect. 6 Fichiers de comparaison et d'identification
Chap. 192 Interception de correspondance
Sect. 1 Écoutes téléphoniques : les principes
Sect. 2 Écoutes téléphoniques : pouvoirs du juge des libertés et de la détention
Sect. 3 Écoutes téléphoniques : faits étrangers à la saisine du juge
Sect. 4 Écoutes téléphoniques et droits de la défense
Sect. 5 Autres procédés de sonorisation

190.01 **Textes applicables.**
C. pr. pén., art. 55-1, 63, 74-2, 77, 80-1, 81, 100 à 100-7, 105, 154, 177, 178 à 181, 211, 353, 427, 706-47, 706-53-1 à 706-53-12, 706-54, 706-55, 706-56, 706-56-1, 706-96, 706-97 à 706-102, 727-1.

C. pr. pén., art. D. 47-12, D. 419-3.

Ord. 2 févr. 1945, art. 4.

190.02 **Jurisprudence de référence.**

> Sur les écoutes téléphoniques
CEDH 24 avr. 1990, n° 11801/85, Kruslin c/France, *D.* 1990, 353, note J. Pradel; *Gaz. Pal.* 1990, 1, 249, note Zarojewski, C. et L. Pettiti.

Crim. 27 févr. 1996, n° 95-81.366, *Bull. crim.,* n° 93; *D.* 1996, 346, note Ch. Guéry; *JCP* 1996, II, 22629, note M.-L. Rassat.

Crim. 14 janv. 1992, n° 91-85.864, *Bull. crim.,* n° 13.

Crim. 23 juill. 1985, n° 85-92.574, *Bull. crim.,* n° 275.

Crim. 18 janv. 2006, n° 05-86.447, *Bull. crim.,* n° 22; *AJ pénal* 2006, 126, note C. Girault; *Gaz. Pal.* 21-23 mai 2006, p. 17; *Procédures* 2006, n° 85, note J. Buisson.

Crim. 13 févr. 2008, n° 07-87.458, *Bull. crim.,* n° 40, *D.* 2008, AJ 787; *RSC* 2008, 364, obs. R. Finielz; *AJ pénal* 2008, 193, obs. S. Lavric; *RSC* 2008, 661, obs. J. Buisson.

Crim. 9 juill. 2008, n° 08-82.091, *Bull. crim.,* n° 170; *JCP* 2008, IV, 2526; *AJ pénal* 2008, 424, note J. Lasserre-Capdeville.

> Sonorisation
Crim. 23 nov. 1999, n° 99-82.658, *Bull. crim.,* n° 269; *D.* 2000, IR 38.

CEDH 20 déc. 2005, n° 71611/01, Wisse c/France, *AJ pénal* 2006, 128, note J.-P. Céré.

190.03 **Bibliographie indicative.** (V. les références complètes ss n° 03.)

Actualisables. RÉP. PÉN., Guéry, « Instruction préparatoire »; Dourneau-Josette, « Écoutes téléphoniques » – J.-CL. PÉN., Dumont J., « Interceptions de correspondances par la voie des télécommunications ».

Articles.

> Sur les indices et les charges
Guéry, « La mise en examen par le juge d'instruction depuis l'entrée en vigueur de la loi du 15 juin 2000 », *JCP* 2001, I, 359; « Les paliers de la vraisemblance pendant l'instruction préparatoire », *JCP* 1998, ét. n° 140.

> Sur les écoutes téléphoniques
Clément G. et Vicentini J.-P., « L'écoute incidente, genèse d'une poursuite », *RSC* 1997, 597 – Kayser P., « La loi n° 91-646 du 10 juillet 1991 et les écoutes téléphoniques », *JCP* 1992, I, 3559 – Pradel J., « Un exemple de restauration de la légalité criminelle : le régime des interceptions de correspondances émises par la voie des télécommunications », *D.* 1992, chron. 49.

> Sur les autres formes de sonorisation
Accomando et Guéry, « La sonorisation : un mode légal de preuve ? », *D.* 2002, chron. p. 2001 – Saint-Pau J.-C., « L'enregistrement clandestin d'une conversation », *Dr. pén.* 2008, ét. n° 17.

> Sur la loyauté des preuves
Buisson J., « Recevabilité des éléments produits par les parties privées », *RAC* 2004, p. 427 – Commaret D., « Les métamorphoses de la preuve », *Rev. pénit.* n° 4/2003, p. 735 – Maistre du Chambon P., « La régularité des provocations policières : l'évolution de la jurisprudence », *JCP* 1989, I, 3422 – Molina E., « Réflexion critique sur l'évolution paradoxale de la liberté de la preuve des infractions en droit français contemporain », *RSC* 2002, 263 – Nagouas-Guérin M.-C., « Mythe et réalité du doute favorable en matière pénale », *RSC* 2002, p. 283 – Roussel P, « L'emploi de l'informatique sur l'administration de la preuve », *Dr. pén.* oct. 2005, p. 6.

190.04 Évolution. Dans l'Ancien Régime prévalait le système dit des preuves légales. Né de la redécouverte du droit romain au début du XIIe siècle, le système fut consacré par l'ordonnance de 1670. Les moyens de preuve ne présentaient pas réellement de spécificité et prenaient généralement leur source dans la parole (témoignage, aveu), ou de rares constatations. Mais c'est dans la valeur probante de ces éléments que le système distinguait trois catégories. On pouvait se trouver en présence de « preuve pleine » qui suffisait à entraîner la condamnation et qui seule autorisait à prononcer la peine de mort. Constituaient des preuves pleines un écrit non contesté, deux témoignages concordants et *de visu*, un aveu s'il s'y ajoutait des indices graves, *etc.* Dans le registre médian, la preuve semi-pleine était constituée des autres témoignages ne permettant que de prononcer une peine inférieure à la peine capitale. Enfin, dans le dernier registre, la preuve imparfaite constituée d'indices légers qui permettaient seulement d'envisager des actes d'instruction complémentaires en dehors de la torture…

Voltaire dans l'affaire Calas, écrivait : « J'ai appris une des raisons du jugement de Toulouse qui va bien étonner votre raison : ces Wisigoths ont pour maxime que quatre quarts de preuve et huit huitièmes font deux preuves complètes et ils donnent à des ouï-dire les noms de un quart et de un huitième. » Pourtant ce régime n'était pas aussi mathématique qu'on peut être tenté de le croire aujourd'hui. Tout moyen de preuve suppose une appréciation du juge qui devait déjà estimer le caractère « plein » ou non de la preuve sans qu'on puisse *a priori* attribuer à tel ou tel élément telle valeur. Aussi, dès le XVIe siècle, certains assouplissements apparaissaient et Tronchet pouvait dire lors de la séance de l'Assemblée nationale du 5 janvier 1791 : « Il n'a jamais existé de preuves légales qui auraient pu lier la conscience du juge. Il aurait fallu pour cela qu'il eût existé une loi qui eût dit au juge : vous condamnerez un accusé nécessairement en tel cas […] La loi sage avait senti que le juge ne devait avoir d'autre règle que la conscience et la rectitude de son jugement […] le juge savait que la loi remettait tout à sa conscience. »

La Révolution, si elle se méfie des juges en tentant de les enfermer dans une lecture fidèle d'une loi que seul le législateur pourrait interpréter, ne leur en confie pas moins le soin d'apprécier, en raison, la qualité des preuves qui leur sont soumises. Les preuves légales vont être supprimées et avec elles le principe de l'arbitraire des peines. On aboutira à un renversement du système pénal traditionnel : le juge, bientôt condamné à être une « bouche de la loi » (inféodé à la norme sans pouvoir d'interprétation), jouira d'une grande liberté dans le domaine des preuves.

190.05 Rapport du Comité de réflexion sur la justice pénale dit Rapport Léger. Les écoutes téléphoniques et la sonorisation ne pourront être ordonnées que par le juge de l'enquête et des libertés (page 12 du rapport).

CHAPITRE

191. Paliers de la vraisemblance pendant l'instruction préparatoire

SECTION 0 ORIENTEUR

191.00 Plan du chapitre.

Sect. 1 Indices de culpabilité : indices et raisons plausibles

Sect. 2 Indices de culpabilité : indices qualifiés

Sect. 3 Charges et renvoi devant la juridiction de jugement

Sect. 4 Charges nouvelles et réouverture de l'information judiciaire

Sect. 5 Juge d'instruction – Intime conviction – Culpabilité

Sect. 6 Fichiers de comparaison et d'identification

191.01 Textes applicables.

C. pr. pén., art. 55-1, 63, 77, 80-1, 81, 105, 154, 177, 178 à 181, 211, 353, 427, 706-47, 706-53-1 à 706-53-12, 706-54, 706-55; D. 47-12.

Ord. 2 févr. 1945, art. 4.

C. pr. pén., art. 55-1 [L. n° 2004-204, 9 mars 2004]

L'officier de police judiciaire peut procéder, ou faire procéder sous son contrôle, sur toute personne susceptible de fournir des renseignements sur les faits en cause ou sur toute personne à l'encontre de laquelle il existe une ou plusieurs raisons plausibles de soupçonner qu'elle a commis ou tenté de commettre l'infraction, aux opérations de prélèvements externes nécessaires à la réalisation d'examens techniques et scientifiques de comparaison avec les traces et indices prélevés pour les nécessités de l'enquête.

Il procède, ou fait procéder sous son contrôle, aux opérations de relevés signalétiques et notamment de prise d'empreintes digitales, palmaires ou de photographies nécessaires à l'alimentation et à la consultation des fichiers de police selon les règles propres à chacun de ces fichiers.

Le refus par une personne à l'encontre de laquelle il existe une ou plusieurs raisons plausibles de soupçonner qu'elle a commis ou tenté de commettre une infraction, de se soumettre aux opérations de prélèvement, mentionnées aux premier et deuxième alinéas ordonnées par l'officier de police judiciaire est puni d'un an d'emprisonnement et de 15 000 euros d'amende.

C. pr. pén., art. 63

L'officier de police judiciaire peut, pour les nécessités de l'enquête, placer en garde à vue toute personne à l'encontre de laquelle il existe une ou plusieurs raisons plausibles de soupçonner qu'elle a commis ou tenté de commettre une infraction. Il en informe dès le début de la garde à vue le procureur de la République.

La personne gardée à vue ne peut être retenue plus de vingt-quatre heures. Toutefois, la garde à vue peut être prolongée pour un nouveau délai de vingt-quatre heures au plus, sur autorisation écrite du procureur de la République. Ce magistrat peut subordonner cette autorisation à la présentation préalable de la personne gardée à vue.

Sur instructions du procureur de la République, les personnes à l'encontre desquelles les éléments recueillis sont de nature à motiver l'exercice de poursuites sont, à l'issue de la garde à vue, soit remises en liberté, soit déférées devant ce magistrat.

Pour l'application du présent article, les ressorts des tribunaux de grande instance de Paris, Nanterre, Bobigny et Créteil constituent un seul et même ressort.

C. pr. pén., art. 77 [L. n° 2007-291, 5 mars 2007]

L'officier de police judiciaire peut, pour les nécessités de l'enquête, garder à sa disposition toute personne à l'encontre de laquelle il existe une ou plusieurs raisons plausibles de soupçonner qu'elle a commis ou tenté de commettre une infraction. Il en informe dès le début de la garde à vue le procureur de la République. La personne gardée à vue ne peut être retenue plus de vingt-quatre heures.

Le procureur de la République peut, avant l'expiration du délai de vingt-quatre heures, prolonger la garde à vue d'un nouveau délai de vingt-quatre heures au plus. Cette prolongation ne peut être accordée qu'après présentation préalable de la personne à ce magistrat. Toutefois, elle peut, à titre exceptionnel, être accordée par décision écrite et motivée sans présentation préalable de la personne. Si l'enquête est suivie dans un autre ressort que celui du siège du procureur de la République saisi des faits, la prolongation peut être accordée par le procureur de la République du lieu d'exécution de la mesure.

Sur instructions du procureur de la République saisi des faits, les personnes à l'encontre desquelles les éléments recueillis sont de nature à motiver l'exercice de poursuites sont, à l'issue de la garde à vue, soit remises en liberté, soit déférées devant ce magistrat.

Pour l'application du présent article, les ressorts des tribunaux de grande instance de Paris, Nanterre, Bobigny et Créteil constituent un seul et même ressort.

Les dispositions des articles 63-1, 63-2, 63-3, 63-4, 64, 64-1 et 65 sont applicables aux gardes à vue exécutées dans le cadre du présent chapitre.

C. pr. pén., art. 80-1
À peine de nullité, le juge d'instruction ne peut mettre en examen que les personnes à l'encontre desquelles il existe des indices graves ou concordants rendant vraisemblable qu'elles aient pu participer, comme auteur ou comme complice, à la commission des infractions dont il est saisi.

Il ne peut procéder à cette mise en examen qu'après avoir préalablement entendu les observations de la personne ou l'avoir mise en mesure de les faire, en étant assistée par son avocat, soit dans les conditions prévues par l'article 116 relatif à l'interrogatoire de première comparution, soit en tant que témoin assisté conformément aux dispositions des articles 113-1 à 113-8.

Le juge d'instruction ne peut procéder à la mise en examen de la personne que s'il estime ne pas pouvoir recourir à la procédure de témoin assisté.

C. pr. pén., art. 81
Le juge d'instruction procède, conformément à la loi, à tous les actes d'information qu'il juge utiles à la manifestation de la vérité. Il instruit à charge et à décharge.

[...]

C. pr. pén., art. 105
Les personnes à l'encontre desquelles il existe des indices graves et concordants d'avoir participé aux faits dont le juge d'instruction est saisi ne peuvent être entendues comme témoins.

C. pr. pén., art. 154 [L. n° 2007-291, 5 mars 2007]
Lorsque l'officier de police judiciaire est amené, pour les nécessités de l'exécution de la commission rogatoire, à garder à sa disposition une personne à l'encontre de laquelle il existe une ou plusieurs raisons plausibles de soupçonner qu'elle a commis ou tenté de commettre une infraction, il en informe dès le début de cette mesure le juge d'instruction saisi des faits. Ce dernier contrôle la mesure de garde à vue. L'officier de police judiciaire ne peut retenir la personne plus de vingt-quatre heures.

La personne doit être présentée avant l'expiration du délai de vingt-quatre heures à ce magistrat ou, si la commission rogatoire est exécutée dans un autre ressort que celui de son siège, au juge d'instruction du lieu d'exécution de la mesure. À l'issue de cette présentation, le juge d'instruction peut accorder l'autorisation écrite de prolonger la mesure d'un nouveau délai, sans que celui-ci puisse excéder vingt-quatre heures. Il peut, à titre exceptionnel, accorder cette autorisation par décision écrite et motivée sans présentation préalable de la personne.

Pour l'application du présent article, les ressorts des tribunaux de grande instance de Paris, Nanterre, Bobigny et Créteil constituent un seul et même ressort.

Les dispositions des articles 63-1, 63-2, 63-3, 63-4, 64, 64-1 et 65 sont applicables aux gardes à vue exécutées dans le cadre de la présente section. Les pouvoirs conférés au procureur de la République par les articles 63-2, 63-3 et 64-1 sont alors exercés par le juge d'instruction. L'information prévue au troisième alinéa de l'article 63-4 précise que la garde à vue intervient dans le cadre d'une commission rogatoire.

C. pr. pén., art. 177 [L. n° 2004-204, 9 mars 2004]
Si le juge d'instruction estime que les faits ne constituent ni crime, ni délit, ni contravention, ou si l'auteur est resté inconnu, ou s'il n'existe pas de charges suffisantes contre la personne mise en examen, il déclare, par une ordonnance, qu'il n'y a lieu à suivre.

Lorsque l'ordonnance de non-lieu est motivée par l'existence de l'une des causes d'irresponsabilité pénale prévue par le premier alinéa de l'article 122-1, les articles 122-2, 122-3, 122-4, 122-5 et 122-7 du Code pénal ou par le décès de la personne mise en examen, elle précise s'il existe des charges suffisantes établissant que l'intéressé a commis les faits qui lui sont reprochés.

Les personnes mises en examen qui sont provisoirement détenues sont mises en liberté. L'ordonnance met fin au contrôle judiciaire.

Le juge d'instruction statue par la même ordonnance sur la restitution des objets placés sous main de justice. Il peut refuser la restitution lorsque celle-ci présente un danger pour les personnes ou les biens. La décision relative à la restitution peut être déférée, par tout personne qui y a intérêt, à la chambre de l'instruction dans les conditions et selon les modalités prévues par l'article 99.

C. pr. pén., art. 178
Si le juge estime que les faits constituent une contravention, il prononce, par ordonnance, le renvoi de l'affaire devant le tribunal de police.

Lorsqu'elle est devenue définitive, cette ordonnance couvre, s'il en existe, les vices de la procédure.

C. pr. pén., art. 179 [L. n° 2007-291, 5 mars 2007]
Si le juge estime que les faits constituent un délit, il prononce, par ordonnance, le renvoi de l'affaire devant le tribunal correctionnel. Cette ordonnance précise, s'il y a lieu, que le prévenu bénéficie des dispositions de l'article 132-78 du Code pénal.

L'ordonnance de règlement met fin à la détention provisoire ou au contrôle judiciaire. S'il a été décerné, le mandat d'arrêt conserve sa force exécutoire; s'ils ont été décernés, les mandats d'amener ou de recherche cessent de pouvoir recevoir exécution, sans préjudice de la possibilité pour le juge d'instruction de délivrer un mandat d'arrêt contre le prévenu.

Toutefois, le juge d'instruction peut, par ordonnance distincte spécialement motivée, maintenir le prévenu en détention ou sous contrôle judiciaire jusqu'à sa comparution devant le tribunal. L'ordonnance de maintien en détention provisoire est motivée par référence aux 2°, 4°, 5° et 6° de l'article 144.

Le prévenu en détention est immédiatement remis en liberté si le tribunal correctionnel n'a pas commencé à examiner au fond à l'expiration d'un délai de deux mois à compter de la date de l'ordonnance de renvoi.

Toutefois, si l'audience sur le fond ne peut se tenir avant l'expiration de ce délai, le tribunal peut, à titre exceptionnel, par une décision mentionnant les raisons de fait ou de droit faisant obstacle au jugement de l'affaire, ordonner la prolongation de la détention pour une nouvelle durée de deux mois. La comparution personnelle du prévenu est de droit si lui-même ou son avocat en font la demande. Cette décision peut être renouvelée une fois dans les mêmes formes. Si le prévenu n'a toujours pas été jugé à l'issue de cette nouvelle prolongation, il est remis immédiatement en liberté.

Lorsqu'elle est devenue définitive, l'ordonnance mentionnée au premier alinéa couvre, s'il en existe, les vices de la procédure.

C. pr. pén., art. 180 [L. n° 2005-47, 26 janv. 2005, art. 9 XI, *JO* 27 janv., en vigueur le 1er avril 2005]

Dans les cas de renvoi, soit devant la juridiction de proximité, soit devant le tribunal de police, soit devant le tribunal correctionnel, le juge d'instruction transmet le dossier avec son ordonnance au procureur de la République. Celui-ci est tenu de l'envoyer sans retard au greffe du tribunal qui doit statuer.

Si la juridiction correctionnelle est saisie, le procureur de la République doit faire donner assignation au prévenu pour l'une des plus prochaines audiences, en observant les délais de citation prévus au présent code.

C. pr. pén., art. 181 [L. n° 2004-204, 9 mars 2004]

Si le juge d'instruction estime que les faits retenus à la charge des personnes mises en examen constituent une infraction qualifiée crime par la loi, il ordonne leur mise en accusation devant la cour d'assises.

Il peut également saisir cette juridiction des infractions connexes.

L'ordonnance de mise en accusation contient, à peine de nullité, l'exposé et la qualification légale des faits, objet de l'accusation, et précise l'identité de l'accusé. Elle précise également, s'il y a lieu, que l'accusé bénéficie des dispositions de l'article 132-78 du Code pénal.

Lorsqu'elle est devenue définitive, l'ordonnance de mise en accusation couvre, s'il en existe, les vices de la procédure.

Le contrôle judiciaire dont fait l'objet l'accusé continue à produire ses effets.

La détention provisoire ou le contrôle judiciaire des personnes renvoyées pour délit connexe prend fin, sauf s'il est fait application des dispositions du troisième alinéa de l'article 179. Le délai prévu par le quatrième alinéa de l'article 179 est alors porté à six mois.

Si l'accusé est placé en détention provisoire, le mandat de dépôt décerné contre lui conserve sa force exécutoire et l'intéressé reste détenu jusqu'à son jugement par la cour d'assises, sous réserve des dispositions des deux alinéas suivants et de l'article 148-1. S'il a été décerné, le mandat d'arrêt conserve sa force exécutoire; s'ils ont été décernés, les mandats d'amener ou de recherche cessent de pouvoir recevoir exécution, sans préjudice de la possibilité pour le juge d'instruction de délivrer mandat d'arrêt contre l'accusé.

L'accusé détenu en raison des faits pour lesquels il est renvoyé devant la cour d'assises est immédiatement remis en liberté s'il n'a pas comparu devant celle-ci à l'expiration d'un délai d'un an à compter soit de la date à laquelle la décision de mise en accusation est devenue définitive s'il était alors détenu, soit de la date à laquelle il a été ultérieurement placé en détention provisoire.

Toutefois, si l'audience sur le fond ne peut débuter avant l'expiration de ce délai, la chambre de l'instruction peut, à titre exceptionnel, par une décision rendue conformément à l'article 144 et mentionnant les raisons de fait ou de droit faisant obstacle au jugement de l'affaire, ordonner la prolongation de la détention provisoire pour une nouvelle durée de six mois. La comparution de l'accusé est de droit si lui-même ou son avocat en font la demande. Cette prolongation peut être renouvelée une fois dans les mêmes formes. Si l'accusé n'a pas comparu devant la cour d'assises à l'issue de cette nouvelle prolongation, il est immédiatement remis en liberté.

Le juge d'instruction transmet le dossier avec son ordonnance au procureur de la République. Celui-ci est tenu de l'envoyer sans retard au greffe de la cour d'assises.

Les pièces à conviction, dont il est dressé état, sont transmises au greffe de la cour d'assises si celle-ci siège dans un autre tribunal que celui du juge d'instruction.

C. pr. pén., art. 211

Elle examine s'il existe contre la personne mise en examen des charges suffisantes.

C. pr. pén., art. 353

Avant que la cour d'assises se retire, le président donne lecture de l'instruction suivante, qui est, en outre, affichée en gros caractères, dans le lieu le plus apparent de la chambre des délibérations.

La loi ne demande pas compte aux juges des moyens par lesquels ils se sont convaincus, elle ne leur prescrit pas de règles desquelles ils doivent faire particulièrement dépendre la plénitude et la suffisance d'une preuve; elle leur prescrit de s'interroger eux-mêmes dans le silence et le recueillement et de chercher, dans la sincérité de leur conscience, quelle impression ont faite, sur leur raison, les preuves rapportées contre l'accusé, et les moyens de sa défense. La loi ne leur fait que cette seule question, qui renferme toute la mesure de leurs devoirs : « Avez-vous une intime conviction ? »

C. pr. pén., art. 427

Hors les cas où la loi en dispose autrement, les infractions peuvent être établies par tout mode de preuve et le juge décide d'après son intime conviction.

Le juge ne peut fonder sa décision que sur des preuves qui lui sont apportées au cours des débats et contradictoirement discutées devant lui.

C. pr. pén., art. 706-47 [L. n° 2006-399, 4 avr. 2006, art. 16 VI, *JO* 5 avr.]

Les dispositions du présent titre sont applicables aux procédures concernant les infractions de meurtre ou d'assassinat d'un mineur précédé ou accompagné d'un viol, de tortures ou d'actes de barbarie ou pour les infractions d'agression ou d'atteintes sexuelles ou de proxénétisme à l'égard d'un mineur, ou de recours à la prostitution d'un mineur prévues par les articles 222-23 à 222-31, 225-7 (1°), 225-7-1, 225-12-1, 225-12-2 et 227-22 à 227-27 du Code pénal.

Ces dispositions sont également applicables aux procédures concernant les crimes de meurtre ou assassinat commis avec tortures ou actes de barbarie, les crimes de tortures ou d'actes de barbarie et les meurtres ou assassinats commis en état de récidive légale.

C. pr. pén., art. 706-53-1 [L. n° 2005-1549, 12 déc. 2005, art. 28 I]

Le fichier judiciaire national automatisé des auteurs d'infractions sexuelles ou violentes constitue une application automatisée d'informations nominatives tenue par le service du casier judiciaire sous l'autorité du ministre de la Justice et le contrôle d'un magistrat. Afin de prévenir le renouvellement des infractions mentionnées à l'article 706-47 et de faciliter l'identification de leurs auteurs, ce traitement reçoit, conserve et communique aux personnes habilitées les informations prévues à l'article 706-53-2 selon les modalités prévues par le présent chapitre.

C. pr. pén., art. 706-53-2 [L. n° 2005-1549, 12 déc. 2005, art. 28 I]

Lorsqu'elles concernent, sous réserve des dispositions du dernier alinéa du présent article, une ou plusieurs des infractions mentionnées à l'article 706-47, sont enregistrées dans le fichier les informations relatives à l'identité ainsi que l'adresse ou les adresses successives du domicile et, le cas échéant, des résidences, des personnes ayant fait l'objet :

1° D'une condamnation, même non encore définitive, y compris d'une condamnation par défaut ou d'une déclaration de culpabilité assortie d'une dispense ou d'un ajournement de la peine ;

2° D'une décision, même non encore définitive, prononcée en application des articles 8, 15, 15-1, 16, 16 *bis* et 28 de l'ordonnance n° 45-174 du 2 février 1945 relative à l'enfance délinquante ;

3° D'une composition pénale prévue par l'article 41-2 du présent code dont l'exécution a été constatée par le procureur de la République ;

4° D'une décision de non-lieu, de relaxe ou d'acquittement fondée sur les dispositions du premier alinéa de l'article 122-1 du Code pénal ;

5° D'une mise en examen assortie d'un placement sous contrôle judiciaire, lorsque le juge d'instruction a ordonné l'inscription de la décision dans le fichier ;

6° D'une décision de même nature que celles visées ci-dessus prononcées par les juridictions ou autorités judiciaires étrangères qui, en application d'une convention ou d'un accord internationaux, ont fait l'objet d'un avis aux autorités françaises ou ont été exécutées en France à la suite du transfèrement des personnes condamnées.

Le fichier comprend aussi les informations relatives à la décision judiciaire ayant justifié l'inscription et la nature de l'infraction. Les décisions mentionnées aux 1° et 2° sont enregistrées dès leur prononcé.

Les décisions concernant des délits prévus par l'article 706-47 et punis d'une peine d'emprisonnement d'une durée inférieure ou égale à cinq ans ne sont pas inscrites dans le fichier, sauf si cette inscription est ordonnée par décision expresse de la juridiction ou, dans les cas prévus par les 3° et 4°, du procureur de la République.

C. pr. pén., art. 706-53-3 [L. n° 2005-1549, 12 déc. 2005, art. 28 I]

Le procureur de la République ou le juge d'instruction compétent fait procéder sans délai à l'enregistrement des informations devant figurer dans le fichier par l'intermédiaire d'un moyen de télécommunication sécurisé. Ces informations ne sont toutefois accessibles en cas de consultation du fichier qu'après vérification, lorsqu'elle est possible, de l'identité de la personne concernée, faite par le service gestionnaire du fichier au vu du répertoire national d'identification.

Lorsqu'ils ont connaissance de la nouvelle adresse d'une personne dont l'identité est enregistrée dans le fichier ainsi que lorsqu'ils reçoivent la justification de l'adresse d'une telle personne, les officiers de police judiciaire enregistrent sans délai cette information dans le fichier par l'intermédiaire d'un moyen de télécommunication sécurisé.

C. pr. pén., art. 706-53-4 [L. n° 2005-1549, 12 déc. 2005, art. 28 I]

Sans préjudice de l'application des dispositions des articles 706-53-9 et 706-53-10, les informations mentionnées à l'article 706-53-2 concernant une même personne sont retirées du fichier au décès de l'intéressé ou à l'expiration, à compter du jour où l'ensemble des décisions enregistrées ont cessé de produire tout effet, d'un délai de :

1° Trente ans s'il s'agit d'un crime ou d'un délit puni de dix ans d'emprisonnement ;

2° Vingt ans dans les autres cas.

L'amnistie ou la réhabilitation ainsi que les règles propres à l'effacement des condamnations figurant au casier judiciaire n'entraînent pas l'effacement de ces informations.

Ces informations ne peuvent, à elles seules, servir de preuve à la constatation de l'état de récidive.

Les mentions prévues aux 1°, 2° et 5° de l'article 706-53-2 sont retirées du fichier en cas de décision définitive de non-lieu, de relaxe ou d'acquittement. Celles prévues au 5° sont également retirées en cas de cessation ou de mainlevée du contrôle judiciaire.

C. pr. pén., art. 706-53-5 [L. n° 2007-297, 5 mars 2007, art. 42 I, *JO* 7 mars]

Toute personne dont l'identité est enregistrée dans le fichier est astreinte, à titre de mesure de sûreté, aux obligations prévues par le présent article.

La personne est tenue, soit auprès du gestionnaire du fichier, par lettre recommandée avec demande d'avis de réception, soit auprès du commissariat de police ou de la gendarmerie de son domicile, par lettre recommandée avec demande d'avis de réception ou en se présentant au service :

1° De justifier de son adresse une fois par an;

2° De déclarer ses changements d'adresse, dans un délai de quinze jours au plus tard après ce changement.

Si la personne a été définitivement condamnée pour un crime ou pour un délit puni de dix ans d'emprisonnement, elle doit justifier de son adresse une fois tous les six mois en se présentant à cette fin soit auprès du commissariat ou de l'unité de gendarmerie de son domicile, soit auprès du groupement de gendarmerie départemental ou de la direction départementale de la sécurité publique de son domicile ou auprès de tout autre service désigné par la préfecture. Si la dangerosité de la personne le justifie, la juridiction de jugement ou, selon les modalités prévues par l'article 712-6, le juge de l'application des peines peut ordonner que cette présentation interviendra tous les mois. Cette décision est obligatoire si la personne est en état de récidive légale.

Le fait, pour les personnes tenues aux obligations prévues par le présent article, de ne pas respecter ces obligations est puni de deux ans d'emprisonnement et de 30 000 euros d'amende.

C. pr. pén., art. 706-53-6 [L. n° 2005-1549, 12 déc. 2005, art. 28 I]

Toute personne dont l'identité est enregistrée dans le fichier en est informée par l'autorité judiciaire, soit par notification à personne, soit par lettre recommandée adressée à la dernière adresse déclarée.

Elle est alors informée des mesures et des obligations auxquelles elle est astreinte en application des dispositions de l'article 706-53-5 et des peines encourues en cas de non-respect de ces obligations.

Lorsque la personne est détenue, les informations prévues par le présent article lui sont données au moment de sa libération définitive ou préalablement à la première mesure d'aménagement de sa peine.

C. pr. pén., art. 706-53-7 [L. n° 2005-1549, 12 déc. 2005]

Les informations contenues dans le fichier sont directement accessibles, par l'intermédiaire d'un système de télécommunication sécurisé :

1° Aux autorités judiciaires;

2° Aux officiers de police judiciaire, dans le cadre de procédures concernant un crime d'atteinte volontaire à la vie, d'enlèvement ou de séquestration, ou une infraction mentionnée à l'article 706-47 et pour l'exercice des diligences prévues aux articles 706-53-5 et 706-53-8;

3° Aux préfets et aux administrations de l'État dont la liste est fixée par le décret prévu à l'article 706-53-12, pour l'examen des demandes d'agrément concernant des activités ou professions impliquant un contact avec des mineurs ainsi que pour le contrôle de l'exercice de ces activités ou professions.

Les autorités et personnes mentionnées aux 1° et 2° du présent article peuvent interroger le fichier à partir de plusieurs critères fixés par le décret prévu à l'article 706-53-12, et notamment à partir de l'un ou plusieurs des critères suivants : identité de la personne, adresses successives, nature des infractions.

Les personnes mentionnées au 3° du présent article ne peuvent consulter le fichier qu'à partir de l'identité de la personne concernée par la demande d'agrément.

Les officiers de police judiciaire peuvent également, sur instruction du procureur de la République ou du juge d'instruction ou avec l'autorisation de ce magistrat, consulter le fichier à partir de l'identité d'une personne gardée à vue dans le cadre d'une enquête de flagrance ou d'une enquête préliminaire ou en exécution d'une commission rogatoire, même si cette procédure ne concerne pas une des infractions mentionnées au 2° du présent article.

C. pr. pén., art. 706-53-8 [L. n° 2005-1549, 12 déc. 2005, art. 28 I]

Selon des modalités précisées par le décret prévu à l'article 706-53-12, le gestionnaire du fichier avise directement le ministère de l'intérieur, qui transmet sans délai l'information aux services de police ou de gendarmerie compétents, en cas de nouvelle inscription ou de modification d'adresse concernant une inscription ou lorsque la personne n'a pas apporté la justification de son adresse dans les délais requis.

Les services de police ou de gendarmerie peuvent procéder à toutes vérifications utiles et toutes réquisitions auprès des administrations publiques pour vérifier ou retrouver l'adresse de la personne.

S'il apparaît que la personne ne se trouve plus à l'adresse indiquée, le procureur de la République la fait inscrire au fichier des personnes recherchées.

C. pr. pén., art. 706-53-9 [L. n° 2005-1549, 12 déc. 2005, art. 28 I]

Toute personne justifiant de son identité obtient, sur demande adressée au procureur de la République près le tribunal de grande instance dans le ressort duquel elle réside, communication de l'intégralité des informations la concernant figurant dans le fichier.

Les dispositions des troisième à cinquième alinéas de l'article 777-2 sont alors applicables.

C. pr. pén., art. 706-53-10 [L. n° 2007-297, 5 mars 2007, art. 42 II et 43 II 1°]

Toute personne dont l'identité est inscrite dans le fichier peut demander au procureur de la République de rectifier ou d'ordonner l'effacement des informations la concernant si les informations ne sont pas exactes ou si leur conservation n'apparaît plus nécessaire compte tenu de la finalité du fichier, au regard de la nature de l'infraction, de l'âge de la personne lors de sa commission, du temps écoulé depuis lors et de la personnalité actuelle de l'intéressé.

La demande d'effacement est irrecevable tant que les mentions concernées sont relatives à une procédure judiciaire qui est toujours en cours, tant que la personne n'a pas été réhabilitée ou que la mesure à l'origine de l'inscription n'a pas été effacée du bulletin n° 1.

Si le procureur de la République n'ordonne pas la rectification ou l'effacement, la personne peut saisir à cette fin le juge des libertés et de la détention, dont la décision peut être contestée devant le président de la chambre de l'instruction.

Avant de statuer sur la demande de rectification ou d'effacement, le procureur de la République, le juge des libertés et de la détention et le président de la chambre de l'instruction peuvent faire procéder à toutes les vérifications qu'ils estiment nécessaires et notamment ordonner une expertise médicale de la personne. S'il s'agit d'une mention concernant soit un crime, soit un délit puni de dix ans d'emprisonnement et commis contre un mineur, la décision d'effacement du fichier ne peut intervenir en l'absence d'une telle expertise.

Dans le cas prévu par l'avant-dernier alinéa de l'article 706-53-5, le procureur de la République, le juge des libertés et de la détention et le président de la chambre de l'instruction, saisis en application des dispositions du présent article, peuvent également ordonner, à la demande de la personne, qu'elle ne sera tenue de se présenter auprès des services de police ou de gendarmerie pour justifier de son adresse qu'une fois par an ou, lorsqu'elle devait se présenter une fois par mois, qu'une fois tous les six mois.

C. pr. pén., art. 706-53-11 [L. n° 2005-1549, 12 déc. 2005, art. 28 I]

Aucun rapprochement ni aucune connexion au sens de l'article 30 de la loi n° 78-17 du 6 janvier 1978 relative à l'informatique, aux fichiers et aux libertés ne peuvent être effectués entre le fichier prévu par le présent chapitre et tout autre fichier ou recueil de données nominatives détenus par une personne quelconque ou par un service de l'État ne dépendant pas du ministère de la justice.

Aucun fichier ou recueil de données nominatives détenu par une personne quelconque ou par un service de l'État ne dépendant pas du ministère de la justice ne peut mentionner, hors les cas et dans les conditions prévues par la loi, les informations figurant dans le fichier.

Toute infraction aux dispositions qui précèdent est punie des peines encourues pour le délit prévu à l'article 226-21 du Code pénal.

C. pr. pén., art. 706-53-12 [L. n° 2005-1549, 12 déc. 2005, art. 28 I]

Les modalités et conditions d'application des dispositions du présent chapitre sont déterminées par décret en Conseil d'État pris après avis de la Commission nationale de l'informatique et des libertés.

Ce décret précise notamment les conditions dans lesquelles le fichier conserve la trace des interrogations et consultations dont il fait l'objet.

C. pr. pén., art. 706-54

Le fichier national automatisé des empreintes génétiques, placé sous le contrôle d'un magistrat, est destiné à centraliser les empreintes génétiques issues des traces biologiques ainsi que les empreintes génétiques des personnes condamnées pour l'une des infractions mentionnées à l'article 706-55 en vue de faciliter l'identification et la recherche des auteurs de ces infractions.

Les empreintes génétiques des personnes à l'encontre desquelles il existe des indices graves ou concordants rendant vraisemblable qu'elles aient commis l'une des infractions mentionnées à l'article 706-55 sont également conservées dans ce fichier sur décision d'un officier de police judiciaire agissant soit d'office, soit à la demande du procureur de la République ou du juge d'instruction; il est fait mention de cette décision au dossier de la procédure. Ces empreintes sont effacées sur instruction du procureur de la République agissant soit d'office, soit à la demande de l'intéressé, lorsque leur conservation n'apparaît plus nécessaire compte tenu de la finalité du fichier. Lorsqu'il est saisi par l'intéressé, le procureur de la République informe celui-ci de la suite qui a été réservée à sa demande; s'il n'a pas ordonné l'effacement, cette personne peut saisir à cette fin le juge des libertés et de la détention, dont la décision peut être contestée devant le président de la chambre de l'instruction.

Les officiers de police judiciaire peuvent également, d'office ou à la demande du procureur de la République ou du juge d'instruction, faire procéder à un rapprochement de l'empreinte de toute personne à l'encontre de laquelle il existe une ou plusieurs raisons plausibles de soupçonner qu'elle a commis un crime ou un délit, avec les données incluses au fichier, sans toutefois que cette empreinte puisse y être conservée.

Le fichier prévu par le présent article contient également les empreintes génétiques issues des traces biologiques recueillies à l'occasion des procédures de recherche des causes de la mort ou de recherche des causes d'une disparition prévues par les articles 74, 74-1 et 80-4 ainsi que les empreintes génétiques correspondant ou susceptibles de correspondre aux personnes décédées ou recherchées.

Les empreintes génétiques conservées dans ce fichier ne peuvent être réalisées qu'à partir de segments d'acide désoxyribonucléique non codants, à l'exception du segment correspondant au marqueur du sexe.

Un décret en Conseil d'État pris après avis de la Commission nationale de l'informatique et des libertés détermine les modalités d'application du présent article. Ce décret précise notamment la durée de conservation des informations enregistrées.

C. pr. pén., art. 706-55 [L. n° 2005-1550, 12 déc. 2005, art. 18]

Le fichier national automatisé des empreintes génétiques centralise les traces et empreintes génétiques concernant les infractions suivantes :

1° Les infractions de nature sexuelle visées à l'article 706-47 du présent code ainsi que le délit prévu par l'article 222-32 du Code pénal;

2° Les crimes contre l'humanité et les crimes et délits d'atteintes volontaires à la vie de la personne, de torture et actes de barbarie, de violences volontaires, de menaces d'atteintes aux personnes, de trafic de stupéfiants, d'atteintes aux libertés de la personne, de traite des êtres humains, de proxénétisme, d'exploitation de la mendicité et de mise en péril des mineurs, prévus par les articles 221-1 à 221-5, 222-1 à 222-18, 222-34 à 222-40, 224-1 à 224-8, 225-4-1 à 225-4-4, 225-5 à 225-10, 225-12-1 à 225-12-3, 225-12-5 à 225-12-7 et 227-18 à 227-21 du Code pénal;

3° Les crimes et délits de vols, d'extorsions, d'escroqueries, de destructions, de dégradations, de détériorations et de menaces d'atteintes aux biens prévus par les articles 311-1 à 311-13, 312-1 à 312-9, 313-2 et 322-1 à 322-14 du Code pénal;

4° Les atteintes aux intérêts fondamentaux de la nation, les actes de terrorisme, la fausse monnaie et l'association de malfaiteurs prévus par les articles 410-1 à 413-12, 421-1 à 421-4, 442-1 à 442-5 et 450-1 du Code pénal;

5° Les délits prévus par les articles L. 2353-4 et L. 2339-1 à L. 2339-11 du Code de la défense;

6° Les infractions de recel ou de blanchiment du produit de l'une des infractions mentionnées aux 1° à 5°, prévues par les articles 321-1 à 321-7 et 324-1 à 324-6 du Code pénal.

C. pr. pén., art. 706-56 [L. n° 2007-297, 5 mars 2007, art. 42 III, *JO* 7 mars]

I. – L'officier de police judiciaire peut procéder ou faire procéder sous son contrôle, à l'égard des personnes mentionnées au premier, au deuxième ou au troisième alinéa de l'article 706-54, à un prélèvement biologique destiné à permettre l'analyse d'identification de leur empreinte génétique. Préalablement à cette opération, il peut vérifier ou faire vérifier par un agent de police judiciaire placé sous son contrôle que l'empreinte génétique de la personne concernée n'est pas déjà enregistrée, au vu de son seul état civil, dans le fichier national automatisé des empreintes génétiques.

Pour qu'il soit procédé à cette analyse, l'officier de police judiciaire peut requérir toute personne habilitée dans les conditions fixées par l'article 16-12 du Code civil, sans qu'il soit toutefois nécessaire que cette personne soit inscrite sur une liste d'experts judiciaires; dans ce cas, la personne prête alors par écrit le serment prévu au deuxième alinéa de l'article 60 du présent code. Les réquisitions prévues par le présent alinéa peuvent également être faites par le procureur de la République ou le juge d'instruction.

Les personnes requises conformément à l'alinéa précédent peuvent procéder, par tous moyens y compris télématiques, à la demande de l'officier de police judiciaire, du procureur de la République ou du juge d'instruction, aux opérations permettant l'enregistrement des empreintes dans le fichier national automatisé des empreintes génétiques.

Lorsqu'il n'est pas possible de procéder à un prélèvement biologique sur une personne mentionnée au premier alinéa, l'identification de son empreinte génétique peut être réalisée à partir de matériel biologique qui se serait naturellement détaché du corps de l'intéressé.

Lorsqu'il s'agit d'une personne condamnée pour crime ou pour un délit puni de dix ans d'emprisonnement, le prélèvement peut être effectué sans l'accord de l'intéressé sur réquisitions écrites du procureur de la République.

II. – Le fait de refuser de se soumettre au prélèvement biologique prévu au premier alinéa du I est puni d'un an d'emprisonnement et de 15 000 euros d'amende.

Lorsque ces faits sont commis par une personne condamnée pour crime, la peine est de deux ans d'emprisonnement et de 30 000 euros d'amende.

Nonobstant les dispositions des articles 132-2 à 132-5 du Code pénal, les peines prononcées pour les délits prévus au présent article se cumulent, sans possibilité de confusion, avec celles que la personne subissait ou celles prononcées pour l'infraction ayant fait l'objet de la procédure à l'occasion de laquelle les prélèvements devaient être effectués.

Le fait, pour une personne faisant l'objet d'un prélèvement, de commettre ou de tenter de commettre des manœuvres destinées à substituer à son propre matériel biologique le matériel biologique d'une tierce personne, avec ou sans son accord, est puni de trois ans d'emprisonnement et de 45 000 euros d'amende.

III. – Lorsque les infractions prévues par le présent article sont commises par une personne condamnée, elles entraînent de plein droit le retrait de toutes les réductions de peine dont cette personne a pu bénéficier et interdisent l'octroi de nouvelles réductions de peine.

C. pr. pén., art. 706-56-1 [inséré par L. n° 2006-399, 4 avr. 2006, art. 17, *JO* 5 avr.]

Sur instruction du procureur de la République du lieu de résidence ou de détention de l'intéressé, sont inscrites, dans le fichier prévu par le présent titre, les empreintes génétiques des personnes de nationalité française, ou de nationalité étrangère résidant de façon habituelle sur le territoire national, et qui ont été condamnées par une juridiction pénale étrangère pour une infraction de même nature que celles mentionnées aux 1° et 2° de l'article 706-55, lorsque ces condamnations, en application d'une convention ou d'un accord international, ont fait l'objet d'un avis aux autorités françaises ou ont été exécutées en France à la suite du transfèrement des personnes condamnées. Les dispositions de l'article 706-56 sont applicables à ces personnes.

Ord. 2 févr. 1945, art. 4 [mod. par L. n° 2007-291, 5 mars 2007, art. 29]

I. – Le mineur de treize ans ne peut être placé en garde à vue. Toutefois, à titre exceptionnel, le mineur de dix à treize ans contre lequel il existe des indices graves ou concordants laissant présumer qu'il a commis ou tenté de commettre un crime ou un délit puni d'au moins cinq ans d'emprisonnement peut, pour les nécessités de l'enquête, être retenu à la disposition d'un officier de police judiciaire avec l'accord préalable et sous le contrôle d'un magistrat du ministère public ou d'un juge d'instruction spécialisés dans la protection de l'enfance ou d'un juge des enfants, pour une durée que ce magistrat détermine et qui ne saurait excéder douze heures. Cette retenue peut toutefois être prolongée à titre exceptionnel par décision motivée de ce magistrat pour une durée qui ne saurait non plus excéder douze heures, après présentation devant lui du mineur, sauf si les circonstances rendent cette présentation impossible. Elle doit être strictement limitée au temps nécessaire à la déposition du mineur et à sa présentation devant le magistrat compétent ou à sa remise à l'une des personnes visées au II du présent article.

[...]

V. – En cas de délit puni d'une peine inférieure à cinq ans d'emprisonnement, la garde à vue d'un mineur âgé de treize à seize ans ne peut être prolongée.

Aucune mesure de garde à vue ne peut être prolongée sans présentation préalable du mineur au procureur de la République ou au juge d'instruction du lieu d'exécution de la mesure.

[...]

VII. – Les dispositions de l'article 706-88 du Code de procédure pénale, à l'exception de celles de la deuxième phrase de son dernier alinéa, sont applicables au mineur de plus de seize ans lorsqu'il existe une ou plusieurs raisons plausibles de soupçonner qu'une ou plusieurs personnes majeures ont participé, comme auteurs ou complices, à la commission de l'infraction.

C. pr. pén., art. D. 47-12 [D. n° 2007-699, 3 mai 2007]

Pour l'application du deuxième alinéa de l'article 706-56, les personnes habilitées dans des conditions fixées par l'article 16-12 du Code civil sans être inscrites sur une liste d'experts judiciaires peuvent, pour procéder aux analyses d'identification d'empreinte génétique sur réquisition d'un officier de police judiciaire, du procureur de la République ou du juge d'instruction, ne prêter par écrit le serment prévu au deuxième alinéa de l'article 60 du présent code qu'à l'occasion de la première réquisition dont elles ont fait l'objet.

Copie de cette prestation de serment est adressée au secrétariat de la commission chargée d'agréer les personnes habilitées à effectuer des missions d'identification par empreintes génétiques dans le cadre d'une procédure judiciaire.

191.02 **Jurisprudence de référence.**

• Le juge d'instruction peut annexer à sa procédure des éléments tirés d'une autre procédure.

Crim. 23 juill. 1985, n° 85-92.574, *Bull. crim.*, n° 275.

« Aucune disposition de la loi n'interdit d'annexer à une procédure pénale les éléments d'une autre procédure dont la production peut être de nature à éclairer les juges et à contribuer à la manifestation de la vérité;

Que la seule condition exigée est qu'une telle jonction ait un caractère contradictoire, ce qui est le cas en l'espèce où les documents sont soumis à la discussion des parties. »

191.03 **Bibliographie indicative.** (V. les références complètes s[s] n° 03.)

Actualisables. RÉP. PÉN., Guéry, « Instruction préparatoire ».

Ouvrages. Mittermaier, *Traité de la preuve en matière criminelle,* Paris, 1948 – Pradel J., *Droit pénal comparé,* Précis Dalloz, 2002.

Articles.

> Sur les indices et les charges

Guéry Ch., « La mise en examen par le juge d'instruction depuis l'entrée en vigueur de la loi du 15 juin 2000 », *JCP* 2001, I, 359; « Détention provisoire et culpabilité », *D.* 2006, Point de vue p. 1556.

> Sur la loyauté des preuves

Commaret D., « Les métamorphoses de la preuve », *Rev. pénit.* n° 4/2003, p. 735 – Maistre du Chambon P., « La régularité des provocations policières : l'évolution de la jurisprudence », *JCP* 1989, I, 3422 – Molina E., « Réflexion critique sur l'évolution paradoxale de la liberté de la preuve des infractions en droit français contemporain », *RSC* 2002, 263 – Nagouas-Guérin M.-C., « Mythe et réalité du doute favorable en matière pénale », *RSC* 2002, 283 – Roussel P, « L'emploi de l'informatique sur l'administration de la preuve », *Dr. pén.* oct. 2005, p. 6.

191.06 **Questions essentielles.**

• Qu'il s'agisse d'indices graves ou non, concordants ou non, ou de raisons plausibles, il faut reconnaître la grande liberté d'appréciation du juge du premier, du second degré et de la Cour de cassation, devant des notions que le législateur tente de remanier souvent mais qui ne trouvent de résonance que dans leur application pratique.

191.08 **La preuve est le domaine exclusif de la décision de condamnation, de l'audience, qu'elle soit audience de police, correctionnelle ou d'assises.** Le juge d'instruction est un organe de la phase préparatoire du procès pénal et comme tel ne s'intéresse pas à la décision de culpabilité. Ce n'est pas pour autant que la culpabilité lui soit indifférente, bien au contraire (v. s[s] n° 191.51). Mais les décisions qu'il doit prendre sont fondées sur l'existence ou l'inexistence des indices et des charges. Le Code de procédure pénale est d'ailleurs prolixe en termes plus ou moins flous, qui conditionnent l'atteinte à certaines libertés individuelles à l'existence d'une apparence ou d'un soupçon : indices, indices graves ou concordants, indices graves et concordants, indices faisant présumer, soupçon, présomption, charges suffisantes ou nouvelles, et raisons plausibles.

SECTION 1
INDICES DE CULPABILITÉ : INDICES ET RAISONS PLAUSIBLES

191.11 **Les indices étaient traditionnellement du registre de la garde à vue.** L'article 154 du Code de procédure pénale évoque, dans sa rédaction issue de la loi du 4 mars 2002, un officier de police judiciaire qui est amené, « pour les nécessités de l'exécution de la commission rogatoire, à garder à sa disposition une personne à l'encontre de laquelle il existe une ou plusieurs raisons plausibles de soupçonner qu'elle a commis ou tenté de commettre une infraction ». La rédaction antérieure évoquait « des indices faisant présumer ». Nous avions constated la similitude entre les « indices faisant présumer qu'elles ont commis ou tenté de commettre une infraction » de l'article 154 ancien et les « indices laissant présumer qu'elle a participé, comme auteur ou complice, aux faits dont il est saisi » (C. pr. pén., anc. art. 80-1, al. 1) [1]. Cette rédaction a été abandonnée tant dans l'article 154 que dans l'article 80-1 du Code de procédure pénale qui parle désormais d'indices graves ou concordants. Il est difficile de considérer qu'il existe une hiérarchie naturelle entre les « raisons plausibles de soupçonner » et les « indices graves ou concordants ». C'est plus le moment de l'utilisation de chacun de ces termes qui laisse penser que les premiers sont moins caractérisés que les seconds. La conjonction « ou » affaiblit en effet notablement l'expression d'indices « graves ou concordants » (v. s^s n°s 91.21 et 91.22).

L'indice, « signe apparent qui indique avec probabilité » selon le dictionnaire Robert, présente un caractère objectif qui doit le faire distinguer de la simple appréciation intellectuelle. La rédaction actuelle des articles 63 et 154 est issue de la loi du 15 juin 2000 et de celle du 4 mars 2002. Le but est de limiter la garde à vue aux seuls suspects, et de parfaire ainsi le processus entamé par la loi du 4 janvier 1993 : les gardes à vue en enquête préliminaire étaient assujetties à la réunion d'indices depuis le 1er mars 1993, de tels indices étaient exigés pour permettre la prolongation dans l'enquête de flagrance depuis la même date, les indices étaient exigés pour les prolongations de garde à vue sur commission rogatoire depuis le 1er février 1994. Désormais le régime est uniformisé et c'est dès le placement en garde à vue que des « raisons plausibles » sont exigées (C. pr. pén., art. 63 et 77, réd. L. 15 juin 2000 - C. pr. pén., art. 154, réd. L. 4 mars 2002).

SECTION 2
INDICES DE CULPABILITÉ : INDICES QUALIFIÉS

191.21 La mise en examen est assujettie à la réunion d'indices graves ou concordants. L'article 80-1 alinéa 1er évoquait, dans sa version antérieure à la loi du 15 juin 2000, des « indices laissant présumer que la personne a participé, comme auteur ou complice, aux faits dont il est saisi ». Désormais il est rédigé ainsi : « À peine de nullité, le juge d'instruction ne peut mettre en examen que les personnes à l'encontre desquelles il existe des indices graves ou concordants rendant vraisemblable qu'elles aient pu participer, comme auteur ou comme complice, à la commission des infractions dont il est saisi. »

La réunion de ces indices est prévue à peine de nullité. La personne mise en examen doit saisir la chambre de l'instruction d'une requête en nullité dans les six mois de la notification de cette mise en examen (C. pr. pén., art. 173-1 - V. s^s n°s 203.31 à 203.35) [2]. La loi du 5 mars 2007 prévoit que la personne mise en examen puisse, en différentes occasions, demander au juge d'instruction de lui attribuer le statut de témoin assisté (v. s^s n°s 43.36, 81.21, 91.41, 91.42).

191.22 Un témoin ne peut être entendu dès lors qu'il existe à son encontre des indices graves et concordants. Ce principe est inscrit dans l'article 105 du Code de procédure pénale. Le juge d'instruction est donc enfermé entre ce que l'on peut appeler le plancher de la mise en examen : des indices graves ou concordants, et le plafond de l'audition de témoin, des indices graves et concordants. Il faut toutefois préciser que la réunion d'indices graves et concordants n'oblige pas le juge à mettre en examen mais lui interdit seulement d'entendre ou de faire entendre la personne comme témoin (sur la jurisprudence prise en application de l'article 105, v. s^s n° 91.22).

191.23 Le témoin assisté peut être entendu même s'il existe contre lui des indices graves et concordants. Ce principe, indispensable au succès espéré du nouveau statut du témoin assisté, est expressément prévu par l'article 113-6 alinéa 2 du Code de procédure pénale (v. s^s n°s 82.13 et 91.12).

191.24 Deux textes différents visaient les indices graves et concordants. L'article 4 de l'ordonnance de 1945 disposait : « Le mineur de 13 ans ne peut être placé en garde à vue. Toutefois, à titre exceptionnel, le mineur de 10 à 13 ans contre lequel il existe des indices graves et concordants laissant présumer qu'il a commis ou tenté de commettre un crime ou un délit puni d'au moins sept ans d'emprisonnement, peut, pour les nécessités de l'enquête, être retenu à la disposition d'un officier de police judiciaire avec l'accord préalable et sous le contrôle du ministère public ou d'un juge d'instruction spécialisé dans la protection de l'enfance, pour une durée que ce magistrat détermine et qui ne saurait excéder dix heures. »

On ne voyait donc pas bien le moyen de différencier les « indices graves et concordants laissant présumer qu'il a commis ou tenté de commettre un crime ou un délit » et « les indices graves et concor-

1. V. Ch. Guéry, « Les paliers de la vraisemblance pendant l'instruction préparatoire », *JCP* 1998, ét. n° 140.

2. V. aussi, Ch. Guéry, « La mise en examen par le juge d'instruction depuis l'entrée en vigueur de la loi du 15 juin 2000 », *JCP* 2001, I, 359; « Un toilettage progressif et personnalisé : les nullités de l'instruction après l'entrée en vigueur de la loi du 4 mars 2002 », *Dr. pén.* nov. 2002.

dants d'avoir participé aux faits » de l'article 105. Ce problème ne se posait pas pendant l'enquête puisque l'article 105 n'y est pas applicable mais on imaginait mal comment mettre en rétention sur commission rogatoire, fut-ce avec l'autorisation d'un juge spécialisé, puisque la réunion des indices graves et concordants de nature à permettre le principe même de cette rétention mettait de plein droit fin à la possibilité d'audition en qualité de témoin, en vertu de l'article 105 du Code de procédure pénale. Heureusement, la loi du 9 septembre 2002 a modifié l'article 4 de l'ordonnance du 2 février 1945 et il n'est plus désormais question que d'indices graves ou concordants.

SECTION 3
CHARGES ET RENVOI DEVANT LA JURIDICTION DE JUGEMENT

191.31 Les charges nécessaires au renvoi devant la juridiction de jugement. L'article 176 du Code de procédure pénale dispose que « le juge d'instruction examine s'il existe contre la personne des charges constitutives d'infraction, dont il détermine la qualification juridique ». L'article 177 qui évoque les cas de non-lieu évoque quant à lui les charges « suffisantes ». Les articles 178 et 179 qui concernent les renvois devant le tribunal de police ou correctionnel évoquent quant à eux des faits constitutifs d'une contravention ou d'un délit. De même l'article 181 évoque le cas où « le juge estime que les faits constituent une infraction qualifiée crime par la loi ». En ce qui concerne la chambre de l'instruction, l'article 211 évoque les charges suffisantes pour renvoyer une personne devant la cour d'assises.

La notion de charges suffisantes n'est pas plus précise que celle d'indices. Si on peut facilement dire qu'il existe une hiérarchie entre indices, charges, et preuves, il est bien difficile de proposer une définition de chaque concept. Ce sont souvent, à différentes étapes de la procédure, les mêmes éléments qui seront nommés successivement indices, charges et preuves. C'est l'exigence du degré de cette vraisemblance qui se modifie au fur et à mesure de l'évolution de la procédure pour aboutir à l'exigence maximum, celle de la preuve.

SECTION 4
CHARGES NOUVELLES ET RÉOUVERTURE DE L'INFORMATION JUDICIAIRE

191.41 La réouverture de l'information sur « charges nouvelles ». Lorsqu'une information s'est clôturée par un non-lieu, la réouverture est possible si des charges nouvelles sont réunies. Mais le terme est utilisé ici dans une autre configuration. Il faut certes que les éléments nouveaux soient sérieux et consistants, mais c'est surtout la nouveauté qui va déterminer la possibilité de réouvrir l'information. D'ailleurs l'information peut être réouverte contre X. La jurisprudence se contente en fait de simples indices, témoignages et constatations au cours d'une poursuite sur une nouvelle infraction commise par le prévenu, investigations montrant la fausseté de certains témoignages, éléments portant sur la responsabilité mentale du mis en examen (v. s^s^ n°s 216.00 s.).

SECTION 5
JUGE D'INSTRUCTION – INTIME CONVICTION – CULPABILITÉ

191.51 Le juge d'instruction et la culpabilité. On trouve souvent dans les discours politiques ou dans la presse l'idée selon laquelle le juge d'instruction ne doit pas s'intéresser à la culpabilité de la personne. Énoncée ainsi cette proposition est erronée. En effet, les indices et les charges dont les contours viennent d'être évoqués sont des indices et des charges de culpabilité. Si le juge d'instruction ne s'intéresse pas à la culpabilité en tant qu'il n'est qu'un organe de la phase préparatoire du procès pénal et n'a pas à trancher sur celle-ci, il est clair que l'imputabilité des faits à la personne qu'il met en examen l'intéresse au premier chef.

Ceci est particulièrement vrai en ce qui concerne le placement en détention provisoire. Il n'est pas possible de se pencher sur les critères qui permettent un placement en détention avant d'avoir réuni contre la personne des indices graves ou concordants de culpabilité. Cette terminologie est d'ailleurs désormais retenue par l'article 80-1 du Code de procédure pénale en ce qui concerne le plancher de la mise en examen (sur la nécessité pour le juge ou la chambre de l'instruction de motiver l'existence de tels indices dès lors que les faits sont niés, v. s^s^ n° 142.21 à 142.24) [1].

191.52 Le juge d'instruction et l'intime conviction. L'article 427 du Code de procédure pénale, applicable dans les affaires correctionnelles, dispose qu'« hors les cas où la loi en dispose autrement, les infractions peuvent être établies par tout mode de preuve et le juge décide d'après son intime conviction ». L'article 353 du même code concerne l'instruction, solennelle, lue par le président avant que la cour d'assises ne se retire pour délibérer : « La loi ne demande pas compte aux juges des moyens par

1. V. aussi Ch. Guéry, « Détention provisoire et culpabilité », *D.* 2006, Point de vue, 1556.

lesquels ils se sont convaincus. Elle ne leur prescrit pas de règles desquelles ils doivent faire particulièrement dépendre la plénitude et la suffisance d'une preuve; elle leur prescrit de s'interroger eux-mêmes, dans le silence et le recueillement et de chercher, dans la sincérité de leur conscience, quelle impression ont fait, sur leur raison, les preuves rapportées contre l'accusé, et les moyens de sa défense.

La loi ne leur fait que cette seule question, qui renferme toute la mesure de leurs devoirs : *Avez-vous une intime conviction ?* » Le principe de l'intime conviction concerne tous les intervenants judiciaires et parmi eux le juge d'instruction.

La juxtaposition dans la même phrase des termes impression/raison/preuves est particulièrement éclairante sur un point capital : l'intime conviction n'est ni l'arbitraire, ni le discrétionnaire. Le *Vocabulaire technique et critique de la philosophie* de Lalande définit la conviction comme « la nécessité où l'on met quelqu'un par des preuves de reconnaître quelque chose pour vrai »[1]. C'est, selon Mittermaier, « un état de l'esprit qui tient les faits pour vrais en s'appuyant sur des motifs pleinement solides »[2].

La conviction est donc assise sur des preuves, sur des éléments qui servent à la raison. « La part de subjectivité inhérente à la logique dialectique doit donc s'entendre en ce qui concerne la conviction judiciaire pénale, comme un apport de la conscience pour suppléer l'insuffisance de la logique formelle, cette méthode permettant uniquement l'accès à l'existence de probabilités plus ou moins importantes [...] en matière de logique dialectique, le terme de probabilité ne renvoie jamais à une quantité mathématique; il n'exprime que la présence d'une possibilité dotée d'une très grande plausibilité en fonction des motifs ou des causes qui la fondent »[3]. C'est que l'intime conviction ne suppose pas l'impossibilité d'une hypothèse contraire « si la législation refusait systématiquement à admettre la certitude toutes les fois qu'une hypothèse contraire demeurerait imaginable, on verrait aussitôt les plus grands criminels impunis, et par suite l'anarchie fatalement introduite dans la société »[4]. Cette relativité est peut être plus facile à aborder dans la notion de *reasonable doubt* du droit anglo-saxon.

191.53 ***Reasonable doubt* et intime conviction.** Dans les pays à procédure accusatoire, le principe est qu'à l'audience le poursuivant doit prouver tous les éléments de l'infraction ainsi que son imputabilité à une personne hors de tout doute raisonnable (*beyond a reasonable doubt*); selon Lord Denning « il n'est pas nécessaire de parvenir à une certitude mais il faut atteindre un haut degré de probabilité. Preuve au-delà d'un doute raisonnable ne signifie pas preuve sans l'ombre d'un doute. La loi ne protégerait pas la société si elle admettait que des possibilités imaginaires puissent détourner le cours de la justice. Si la preuve contre l'accusé est faite au point de ne laisser qu'une lointaine possibilité en sa faveur, qui correspond à la phrase "bien entendu c'est possible mais ce n'est pas du tout probable", la cause est prouvée au-delà du doute raisonnable »[5].

Certains considèrent que ce critère est inférieur aux exigences du système français. Il convient pourtant d'admettre que toute décision est prise en laissant une marge, aussi infime soit-elle, au doute, même si la personne accusée reconnaît les faits. Il n'y a jamais de certitude absolue. La formule de Lord Denning, un « haut degré de probabilité » nous paraît donc rendre compte du mécanisme de la décision en France. Nous rejoindrons Jean Pradel lorsqu'il dit que « le concept "au-delà du doute raisonnable" correspond exactement au concept "d'intime conviction" »[6].

191.54 Exemple de dérapage dans l'appréciation des « preuves judiciaires » : l'examen de crédibilité. Depuis quelques années, l'expertise psychologique des victimes d'infraction sexuelle, et notamment des mineurs victimes, est sur le devant de la scène judiciaire. Le gardé à vue subit sa (première) expertise psychiatrique tandis que la victime voit le psychologue qui va dire si elle est crédible. Après tout, pourquoi pas ? Pourquoi pas si l'on sait ce que signifie la crédibilité et qu'elle n'équivaut en rien à la vérité.

Dans ces domaines, le juge se trouve particulièrement démuni. Ces affaires se jouent le plus souvent entre deux paroles : celle de la victime et celle de la personne soupçonnée. Aussi, en l'absence quasi habituelle de preuve matérielle (les constatations médico-légales sont rares), on a tendance à rechercher un autre élément, émanant d'un tiers extérieur à la procédure et présenté comme dépositaire d'un savoir, qui puisse emporter la décision et donner l'impression que les règles du droit commun de la preuve ont été respectées.

Censée principalement apporter des enseignements sur la souffrance, l'expertise psychologique peut être aujourd'hui utilisée pour condamner

1. Lalande, *Vocabulaire technique et critique de la philosophie*, 16e éd., Puf, 1988.
2. Mittermaier, *Traité de la preuve en matière criminelle*, 1848.
3. M.-C. Nagouas-Guérin, « Mythe et réalité du doute favorable en matière pénale », *RSC* 2002, 283.
4. Mittermaier, *Traité de la preuve en matière criminelle*, Paris, 1848.
5. Division du Banc du Roi, aff. Miller c/min. des Pensions, 2 All. E.R 372.
6. J. Pradel, *Droit pénal comparé*, « Précis Dalloz », 2002.

l'auteur. On a eu un exemple de cette équivalence entre crédibilité et vérité lors du procès d'Outreau.

Tout juriste est accoutumé à la construction aristotélicienne du syllogisme. Consciemment ou non elle prend ici la forme suivante. L'énoncé des deux prémisses peut être considéré comme exact.

- L'enfant dit qu'il a été violé;
- l'enfant est crédible.

En revanche la conclusion qui ne doit faire que découler des règles de logique est annoncée ici comme celle-ci : l'enfant a été violé.

Or, si cette conclusion est celle-là, c'est qu'on a lu que l'enfant disait la vérité, non qu'il était crédible.

Cette conclusion peut être fausse puisque l'enfant peut ne pas dire la vérité tout en étant crédible, elle est donc, en tant que démonstration toujours fausse. La bonne conclusion est évidemment : l'enfant est crédible lorsqu'il dit qu'il a été violé. Mais la personne suspectée pourrait l'être aussi bien. L'article D. 16 du Code de procédure pénale interdit toutefois que l'on tire du dossier de personnalité de la personne suspecte des éléments sur son éventuelle culpabilité[1].

191.55 Une absence de codification du droit de la preuve. Lorsque les pays anglo-saxons connaissent de véritables traités sur le droit de la preuve, la procédure pénale française semble se désintéresser du problème. Il n'existe aucun « droit de la preuve » en France.

191.56 Une admission de la preuve déloyale ? « La chambre criminelle semble bien ne pas avoir de théorie de la loyauté mais plutôt une politique caractérisée par une attitude strictement pragmatique consistant à arrêter ses positions en fonction de l'appréciation des résultats pratiques qu'elle souhaite pouvoir obtenir » écrit Emmanuel Molina[2].

De fait, le principe affirmé dans certains arrêts de la loyauté de la preuve est limité à un certain domaine : celui de l'enquête publique. Or, on observe une tendance de plus en plus marquée à l'intervention des plaignants sur le terrain probatoire (vols de documents ou photocopies, enregistrements clandestins...) et la jurisprudence admet la production de telles pièces. Dans son étude précitée, Emmanuel Molina constate que « le droit issu de la Cour européenne des droits de l'Homme semble ne pas faire obstacle à l'admissibilité par les juridictions françaises d'une preuve recueillie en violation de la loi puisque, selon la Cour, il incombe au droit interne, et à lui seul, de réglementer la matière des preuves [...] lorsque des particuliers sont autorisés à faire ce qui est interdit aux organes de justice, ce alors que les fonctionnaires de police ou les magistrats offrent tout de même des garanties bien supérieures, il existe bel et bien un risque de détournement des procédures légales auquel la chambre criminelle a jusqu'à présent décidé de demeurer insensible ». On peut partager de tels sentiments. Il reste à vérifier que la réglementation, ou son absence actuelle, ne réduise pas à peau de chagrin les possibilités pour les services d'enquête de recueillir des preuves. Certains pays sollicitent parfois la France par des commissions rogatoires internationales pour « sonoriser » une voiture ou un appartement. Les juges d'instruction sont contraints de répondre que cela n'est pas autorisé par le droit français (v. toutefois s^s n°s 192.51 à 192.59). C'est donc d'un droit de la preuve dont nous avons besoin, et nous rejoindrons E. Molina sur ce point « l'adoption d'un Code de la preuve constituerait à cet égard l'une des réponses bienvenues à la complexité grandissante du système des preuves en fixant avec plus de rigidité les règles applicables aux problèmes cruciaux posés par la matière probatoire afin que les carcans de la loi écrite soient non seulement davantage respectés mais aussi mieux connus de chacun des participants à la procédure »[3]. La deuxième chambre civile de la Cour de cassation semble avoir une vision différente de celle de la chambre criminelle lorsqu'elle estime que « l'enregistrement d'une conversation téléphonique privée effectué et conservé à l'insu de l'auteur des propos invoqués est un procédé déloyal rendant irrecevable en justice la preuve ainsi obtenue »[4]. Ne méconnaît pas les dispositions de l'article 6 de la Convention européenne des droits de l'Homme, la cour d'appel qui, après en avoir contradictoirement débattu, admet comme mode de preuve, la production de l'enregistrement d'une conversation téléphonique privée, dès lors qu'elle est justifiée par la nécessité de rapporter la preuve des faits dont l'auteur de l'enregistrement est victime et par les besoins de sa défense[5].

1. Sur tous ces points v. not., Ch. Guéry, « Les nouveaux monstres », *Gaz. Pal.* 18 déc. 1997, chron. p. 1673; « L'expertise psychologique sert-elle l'intime conviction du juge ? », dans *Conviction intime et abus sexuel, Cahiers de la Revue de la Société française de psychologie légale,* publication de l'Université de Rouen, n° 3 – Ch. Guéry et L. Bellon, « Juges et psy : la confusion des langues », *RSC* 1999, 783.
2. E. Molina, « Réflexion critique sur l'évolution paradoxale de la liberté de la preuve des infractions en droit français contemporain », *RSC* 2002, 263.
3. Pour un ex. de *testing,* v. Crim. 11 juin 2002, n° 01-85.559, *Bull. crim.*, n° 131 ; *D.* 2003, 1309, note L. Collet-Askri.
4. Civ. 2e, 7 oct. 2004, n° 03-12.653, *Bull. civ.* II, n° 447 ; *AJ pénal* 2005, jur. 30.
5. Crim. 31 janv. 2007, n° 06-82.683, *Bull. crim.*, n° 100 ; *AJ pénal* 2007, 145 ; *Gaz. Pal.* 11/12 mai 2007, jur. p. 13, note A. C.

Toutefois, la chambre criminelle a mis une limite à cette possibilité dans une hypothèse de préservation du secret médical : « N'a pas donné de base légale à sa décision la cour d'appel qui, dans la procédure engagée, du chef de fausse attestation et usage, par le médecin psychiatre d'un établissement spécialisé, contre, notamment, la mère d'un majeur protégé qui y a séjourné, refuse d'écarter des débats les pièces du dossier médical et psychologique de ce dernier, produites par la partie poursuivante, sans rechercher si l'examen public et contradictoire, devant la juridiction correctionnelle, de ces pièces, couvertes par le secret professionnel, constitue une mesure nécessaire et proportionnée à la défense de l'ordre et à la protection des droits de la partie civile au sens de l'article 8 de la Convention européenne des droits de l'Homme[1] ». Et sur la retranscription de propos tenus hors procès-verbal par une personne entendue par un officier de police judiciaire, v. s^s n° 153.38.

191.57 **Hypnose.** Un témoin même consentant ne peut être entendu en ayant recours à l'hypnose. Un arrêt[2] a réactualisé une jurisprudence ancienne.

191.58 **« Profilage ».** Dans un arrêt du 29 juin 2003, la chambre criminelle a confirmé l'annulation par une chambre de l'instruction d'une analyse psycho-criminologique, aussi appelée « profilage ». La mission confiée à l'expert était imprécise, ce qui conduisait, selon la Cour de cassation, à une délégation générale de pouvoirs empêchant le juge d'instruction d'exercer son contrôle sur les opérations effectuées. Par ailleurs, l'expert, en identifiant un suspect sans l'avoir examiné, comme le seul à avoir un profil psychologique totalement compatible avec le passage à l'acte meurtrier, a tranché une question de la compétence exclusive du juge[3]. Cette décision ne condamne pas le principe du recours à cette technique mais en délimite, très légitimement, les contours.

SECTION 6
FICHIERS DE COMPARAISON ET D'IDENTIFICATION

191.61 **Prélèvements : généralités.** Dans la loi du 18 mars 2003, le législateur est intervenu pour réglementer la légalité des prélèvements externes nécessaires aux examens de comparaison. L'article 55-1 du Code de procédure pénale, légèrement modifié par la loi du 9 mars 2004 prévoit que « l'officier de police judiciaire peut procéder, ou faire procéder sous son contrôle, sur toute personne susceptible de fournir des renseignements sur les faits en cause ou sur toute personne à l'encontre de laquelle il existe une ou plusieurs raisons plausibles de soupçonner qu'elle a commis ou tenté de commettre l'infraction, aux opérations de prélèvements externes nécessaires à la réalisation d'examens techniques et scientifiques de comparaison avec les traces et indices prélevés pour les nécessités de l'enquête ».

Il procède, ou fait procéder sous son contrôle, aux opérations de relevés signalétiques et notamment de prise d'empreintes digitales, palmaires ou de photographies nécessaires à l'alimentation et à la consultation des fichiers de police selon les règles propres à chacun de ces fichiers.

Le refus par une personne à l'encontre de laquelle il existe une ou plusieurs raisons plausibles de soupçonner qu'elle a commis ou tenté de commettre une infraction, de se soumettre aux opérations de prélèvement, mentionnées aux premier et deuxième alinéas ordonnées par l'officier de police judiciaire est puni d'un an d'emprisonnement et de 15 000 euros d'amende.

191.62 **Prélèvements : analyses génétiques.** L'officier de police judiciaire peut procéder ou faire procéder sous son contrôle, à l'égard des personnes mentionnées au premier, au deuxième ou au troisième alinéa de l'article 706-54, à un prélèvement biologique destiné à permettre l'analyse d'identification de leur empreinte génétique. Préalablement à cette opération, il peut vérifier ou faire vérifier par un agent de police judiciaire placé sous son contrôle que l'empreinte génétique de la personne concernée n'est pas déjà enregistrée, au vu de son seul état civil, dans le fichier national automatisé des empreintes génétiques.

Pour qu'il soit procédé à cette analyse, l'officier de police judiciaire peut requérir toute personne habilitée dans les conditions fixées par l'article 16-12 du Code civil, sans qu'il soit toutefois nécessaire que cette personne soit inscrite sur une liste d'experts judiciaires; dans ce cas, la personne prête alors par écrit le serment prévu au deuxième alinéa de l'article 60 du présent code.

Le fait de refuser de se soumettre au prélèvement biologique prévu au premier alinéa du I est puni d'un an d'emprisonnement et de 15 000 euros d'amende.

Lorsque ces faits sont commis par une personne condamnée pour crime, la peine est de deux ans d'emprisonnement et de 30 000 euros d'amende.

Nonobstant les dispositions des articles 132-2 à 132-5 du Code pénal, les peines prononcées pour

1. Crim. 24 avr. 2007, n° 06-88.051, *Bull. crim.*, n° 108; *Gaz. Pal.* 1-2 août 2007, somm. p. 17.
2. Crim. 12 déc. 2000, n° 00-83.852, *Bull. crim.*, n° 369; *D.* 2001, jur. 1340; *Dr. pén.* 2000, comm. 82.
3. Crim. 29 janv. 2003, n° 02-86.774, *Bull. crim.*, n° 22; *Dr. pén.* 2003, comm. 53; *Procédures* 2003, comm. 100, note J. Buisson; *LPA* 28 mai 2003, note A. Gallois; *JCP* 2003, IV, 1527.

les délits prévus au présent article se cumulent, sans possibilité de confusion, avec celles que la personne subissait ou celles prononcées pour l'infraction ayant fait l'objet de la procédure à l'occasion de laquelle les prélèvements devaient être effectués. L'article 706-56 du Code de procédure pénale a été complété par la loi du 9 mars 2004 qui prévoit que lorsqu'il n'est pas possible de procéder à des prélèvements biologiques, l'identification de l'empreinte génétique peut être réalisée à partir de matériel biologique qui se serait matériellement détaché du corps de l'intéressé. Mais le prélèvement peut aussi être réalisé sans l'accord de l'intéressé, c'est-à-dire de force sur réquisition du procureur de la République s'il s'agit d'une personne condamnée pour crime ou délit puni de dix ans d'emprisonnement. (V. aussi l'art. D. 47-12 issu du D. n° 2007-699, 3 mai 2007, v. s[s] n° 191.01.)

191.63 Empreintes digitales. Le décret n° 87-249 du 8 avril 1987 a créé un fichier automatisé des empreintes digitales[1]. Le traitement des empreintes est autorisé en vue de faciliter la recherche et l'identification par les services de la police nationale et de la gendarmerie des auteurs de crimes et de délits et de faciliter la poursuite, l'instruction et le jugement des affaires dont l'autorité judiciaire est saisie. Ce fichier porte le nom de Fichier automatisé des empreintes digitales (FNAED). Toutes les traces relevées dans le cadre d'une enquête de flagrance, préliminaire ou sur commission rogatoire peuvent être relevées lorsqu'elles concernent des personnes contre lesquelles des indices graves et concordants de nature à motiver leur mise en examen auront été réunies, ou des personnes mises en cause dans une procédure pénale dont l'identification certaine s'avère nécessaire.

191.64 Empreintes génétiques. Le fichier national automatisé des empreintes génétiques a été créé par la loi du 17 juin 1998, modifié par celles des 15 novembre 2001, 18 mars 2003, 9 mars 2004 et 4 avril 2006. Il est destiné à centraliser les empreintes génétiques issues des traces biologiques ainsi que les empreintes génétiques des personnes condamnées pour l'une des infractions mentionnées à l'article 706-55 en vue de faciliter l'identification et la recherche des auteurs de ces infractions. Les empreintes génétiques des personnes à l'encontre desquelles il existe des indices graves ou concordants rendant vraisemblable qu'elles aient commis l'une des infractions mentionnées à l'article 706-55 sont également conservées dans ce fichier sur décision d'un officier de police judiciaire agissant soit d'office, soit à la demande du procureur de la République ou du juge d'instruction; il est fait mention de cette décision au dossier de la procédure. Ces empreintes sont effacées sur instruction du procureur de la République agissant soit d'office, soit à la demande de l'intéressé, lorsque leur conservation n'apparaît plus nécessaire compte tenu de la finalité du fichier. Lorsqu'il est saisi par l'intéressé, le procureur de la République informe celui-ci de la suite qui a été réservée à sa demande; s'il n'a pas ordonné l'effacement, cette personne peut saisir à cette fin le juge des libertés et de la détention, dont la décision peut être contestée devant le président de la chambre de l'instruction.

Les officiers de police judiciaire peuvent également, d'office ou à la demande du procureur de la République ou du juge d'instruction, faire procéder à un rapprochement de l'empreinte de toute personne à l'encontre de laquelle il existe une ou plusieurs raisons plausibles de soupçonner qu'elle a commis un crime ou un délit, avec les données incluses au fichier, sans toutefois que cette empreinte puisse y être conservée.

Le fichier prévu par le présent article contient également les empreintes génétiques issues des traces biologiques recueillies à l'occasion des procédures de recherche des causes de la mort ou de recherche des causes d'une disparition prévues par les articles 74, 74-1 et 80-4 ainsi que les empreintes génétiques correspondant ou susceptibles de correspondre aux personnes décédées ou recherchées (C. pr. pén., art. 706-54 - V. aussi D. n° 2004-471, 25 mai 2004, modifiant le décret n° 97-109 du 6 février 1997 relatif aux conditions d'agrément des personnes habilitées à procéder à des identifications par empreintes génétiques dans le cadre d'une procédure judiciaire – D. n° 2004-470, 25 mai 2004, modifiant le Code de procédure pénale et relatif au fichier national automatisé des empreintes génétiques)[2].

Les analyses et prélèvements biologiques effectués sur les individus en vue de la saisie de leur empreinte génétique dans le FNAEG a fait l'objet d'un marché passé par l'Administration centrale du ministère de la Justice avec le laboratoire Codgène Sas, pour une durée d'un an à compter du 1er janvier 2007[3]. Le magistrat instructeur demeure toutefois libre de confier la réalisation des analyses à un autre laboratoire. (V. aussi l'art. D. 47-12 issu du D. n° 2007-699, 3 mai 2007, v. s[s] n° 191.01.)

1. D. n° 87-249, 8 avr. 1987, *JO* 9 avr., 4046.

2. D. n° 2004-471, 25 mai 2004, modifiant le décret n° 97-109 du 6 février 1997 relatif aux conditions d'agrément des personnes habilitées à procéder à des identifications par empreintes génétiques dans le cadre d'une procédure judiciaire, *JO* n° 126, 2 juin, p. 9733 – D. n° 2004-470, 25 mai 2004, modifiant le Code de procédure pénale et relatif au Fichier national automatisé des empreintes génétiques, *JO* n° 126, 2 juin, p. 9731.
3. Note SJ-06-375-AB3, 29 déc. 2006.

Les analyses et prélèvements biologiques effectués sur les individus en vue de la saisie de leur empreinte génétique dans le FNAEG a fait l'objet d'un marché passé par l'Administration centrale du Ministère de la Justice avec le laboratoire Codgène Sas, pour une durée d'un an à compter du 1er janvier 2007, puis avec le laboratoire IGNA, à compter du 1er janvier 2008.

191.65 **L'article 706-55 vise :** 1° Les infractions de nature sexuelle visées à l'article 706-47;

2° Les crimes contre l'humanité et les crimes et délits d'atteintes volontaires à la vie de la personne, de torture et actes de barbarie, de violences volontaires, de menaces d'atteintes aux personnes, de trafic de stupéfiants, d'atteintes aux libertés de la personne, de traite des êtres humains, de proxénétisme, d'exploitation de la mendicité et de mise en péril des mineurs, prévus par les articles 221-1 à 221-5, 222-1 à 222-18, 222-34 à 222-40, 224-1 à 224-8, 225-4-1 à 225-4-4, 225-5 à 225-10, 225-12-1 à 225-12-3, 225-12-5 à 225-12-7 et 227-18 à 227-21 du Code pénal;

3° Les crimes et délits de vols, d'extorsions, d'escroqueries, de destructions, de dégradations, de détériorations et de menaces d'atteintes aux biens prévus par les articles 311-1 à 311-13, 312-1 à 312-9, 313-2 et 322-1 à 322-14 du Code pénal;

4° Les atteintes aux intérêts fondamentaux de la nation, les actes de terrorisme, la fausse monnaie et l'association de malfaiteurs prévus par les articles 410-1 à 413-12, 421-1 à 421-4, 442-1 à 442-5 et 450-1 du Code pénal;

5° Les crimes et délits prévus par l'article 2 de la loi du 24 mai 1834 sur les détenteurs d'armes ou de munitions de guerre, l'article 3 de la loi du 19 juin 1871 qui abroge le décret du 4 septembre 1870 sur la fabrication des armes de guerre et les articles 24 à 35 du décret du 18 avril 1939 fixant le régime des matériels de guerre, armes et munitions;

6° Les infractions de recel ou de blanchiment du produit de l'une des infractions mentionnées aux 1° à 5°, prévues par les articles 321-1 à 321-7 et 324-1 à 324-6 du Code pénal.

191.66 **La loi du 9 mars 2004 a créé un fichier judiciaire national automatisé des auteurs d'infractions sexuelles : le FIJAIS.** Ce fichier, prévu dans un nouvel article 706-53-1 du Code de procédure pénale, modifié par la loi du 12 décembre 2005, constitue une application automatisée d'informations nominatives tenue par les services du casier judiciaire sous l'autorité du ministre de la Justice et le contrôle d'un magistrat. Afin de prévenir le renouvellement des infractions mentionnées à l'article 706-47 et de faciliter l'identification de leurs auteurs, ce traitement reçoit, conserve et communique aux personnes habilitées les informations prévues à l'article 706-53-2 selon les modalités prévues par le présent chapitre. Un chapitre entier est en effet consacré aux conditions de recueil des informations, à leur enregistrement et à leur suppression. Sont enregistrées dans ce fichier lorsqu'elles concernent des infractions mentionnées à l'article 706-47, les informations relatives à l'identité ainsi que l'adresse ou les adresses successives du domicile et, le cas échéant, des résidences, des personnes ayant fait l'objet :

1° D'une condamnation, même non encore définitive, y compris d'une condamnation par défaut ou d'une déclaration de culpabilité assortie d'une dispense ou d'un ajournement de la peine;

2° D'une décision, même non encore définitive, prononcée en application des articles 8, 15, 15-1, 16, 16 *bis* et 28 de l'ordonnance n° 45-174 du 2 février 1945 relative à l'enfance délinquante;

3° D'une composition pénale prévue par l'article 41-2 dont l'exécution a été constatée par le procureur de la République;

4° D'une décision de non-lieu, de relaxe ou d'acquittement fondée sur les dispositions du premier alinéa de l'article 122-1 du Code pénal;

5° D'une mise en examen assortie d'un placement sous contrôle judiciaire, lorsque le juge d'instruction a ordonné l'inscription de la décision dans le fichier;

6° D'une décision de même nature que celles visées ci-dessus prononcées par les juridictions ou autorités judiciaires étrangères qui, en application d'une convention ou d'un accord internationaux, ont fait l'objet d'un avis aux autorités françaises ou ont été exécutées en France à la suite du transfèrement des personnes condamnées.

Le fichier comprend aussi les informations relatives à la décision judiciaire ayant justifié l'inscription et la nature de l'infraction. Les décisions mentionnées aux 1° et 2° sont enregistrées dès leur prononcé.

Les décisions concernant des délits prévus par l'article 706-47 et punis d'une peine d'emprisonnement d'une durée inférieure ou égale à cinq ans ne sont pas inscrites dans le fichier, sauf si cette inscription est ordonnée par décision expresse de la juridiction ou, dans les cas prévus par les 3° et 4°, du procureur de la République (C. pr. pén., art. 706-53-2). Les dispositions relatives à ce fichier sont applicables aux auteurs d'infractions commises avant la date de publication de la loi Perben II mais ayant fait l'objet après cette date d'une des décisions prévues par l'article 706-53-2 du même code. D'autres précisions ont été apportées par l'article 216 de cette loi concernant l'application de la loi dans le temps et dans l'espace.

Ce fichier est entré en vigueur le 30 juin 2005. Il convient de souligner que l'article 706-47 a été modifié par la loi du 12 décembre 2005 et ne concerne plus seulement les mineurs. Un alinéa plus général lui a en effet été ajouté « Ces dispositions sont également applicables aux procédures concernant les crimes de meurtre ou assassinat commis avec tortures ou actes de barbarie, les crimes de tortures ou d'actes de barbarie et les meurtres ou assassinats commis en état de récidive légale ».

191.67 Le procureur de la République ou le juge d'instruction sont chargés de faire procéder sans délai à l'enregistrement des informations (C. pr. pén., art. 706-53-3). À l'ouverture du FIJAIS, 20 222 personnes condamnées antérieurement au 10 mars 2004 pour des faits de nature criminelle étaient inscrites. Au 1er janvier 2006, il y en avait 24 701. Le Code de procédure pénale prévoit dans les articles 706-53-4 à 706-53-12 les conditions de retrait, de rectification, d'effacement des fiches, et les obligations auxquelles sont astreintes les personnes dont l'identité est enregistrée : justifier de son changement d'adresse une fois par an, signaler les changements d'adresse... (C. pr. pén., art. 706-53-5). Un décret en Conseil d'État pris après avis de la Commission nationale de l'informatique et des libertés devait prévoir les modalités et les conditions d'application du texte. Il s'agit du décret n° 2005-627 du 30 mai 2005 qui précise la nature des données enregistrées et les modalités d'inscription des personnes, l'interrogation par les professionnels ainsi que toutes les procédures de rectification et d'effacement des informations figurant au fichier.

191.68 Bureau d'ordre national automatisé des procédures judiciaires. Le bureau d'ordre national automatisé des procédures judiciaires constitue une application automatisée placée sous le contrôle d'un magistrat, contenant les informations nominatives relatives aux plaintes et dénonciations reçues par les procureurs de la République ou les juges d'instruction et aux suites qui leur ont été réservées.

Ces informations sont directement accessibles, pour les nécessités liées au seul traitement des infractions ou des procédures dont ils sont saisis par les procureurs de la République, les juges d'instruction, les juges des enfants et les juges de l'application des peines de l'ensemble des juridictions ainsi que leur greffier ou les personnes habilitées qui assistent ces magistrats (C. pr. pén., art. 48-1).

CHAPITRE

192. Interception de correspondance

SECTION 0
ORIENTEUR

192.00 **Plan du chapitre.**

Sect. 1 Écoutes téléphoniques : les principes
Sect. 2 Écoutes téléphoniques : pouvoirs du juge des libertés et de la détention
Sect. 3 Écoutes téléphoniques : faits étrangers à la saisine du juge
Sect. 4 Écoutes téléphoniques et droits de la défense
Sect. 5 Autres procédés de sonorisation

192.01 **Textes applicables.**

C. pr. pén., art. 74-2, 100 à 100-7, 230-1 à 230-5, 706-96, 706-97 à 706-102, 727-1.

C. pr pén., art. D. 419-3.

C. pr. pén., art. 74-2 [L. n° 2004-204, 9 mars 2004]

Les officiers de police judiciaire, assistés le cas échéant des agents de police judiciaire, peuvent, sur instructions du procureur de la République, procéder aux actes prévus par les articles 56 à 62 aux fins de rechercher et de découvrir une personne en fuite dans les cas suivants :

1° Personne faisant l'objet d'un mandat d'arrêt délivré par le juge d'instruction, le juge des libertés et de la détention, la chambre de l'instruction ou son président ou le président de la cour d'assises, alors qu'elle est renvoyée devant une juridiction de jugement;

2° Personne faisant l'objet d'un mandat d'arrêt délivré par une juridiction de jugement ou par le juge de l'application des peines;

3° Personne condamnée à une peine privative de liberté sans sursis supérieure ou égale à un an, lorsque cette condamnation est exécutoire ou passée en force de chose jugée.

Si les nécessités de l'enquête pour rechercher la personne en fuite l'exigent, le juge des libertés et de la détention du tribunal de grande instance peut, à la requête du procureur de la République, autoriser l'interception, l'enregistrement et la transcription de correspondances émises par la voie des télécommunications selon les modalités prévues par les articles 100, 100-1 et 100-3 à 100-7, pour une durée maximale de deux mois renouvelable dans les mêmes conditions de forme et de durée, dans la limite de six mois en matière correctionnelle. Ces opérations sont faites sous l'autorité et le contrôle du juge des libertés et de la détention.

Pour l'application des dispositions des articles 100-3 à 100-5, les attributions confiées au juge d'instruction ou à l'officier de police judiciaire commis par lui sont exercées par le procureur de la République ou l'officier de police judiciaire requis par ce magistrat.

Le juge des libertés et de la détention est informé sans délai des actes accomplis en application de l'alinéa précédent.

C. pr. pén., art. 100

En matière criminelle et en matière correctionnelle, si la peine encourue est égale ou supérieure à deux ans d'emprisonnement, le juge d'instruction peut, lorsque les nécessités de l'information l'exigent, prescrire l'interception, l'enregistrement et la transcription de correspondances émises par la voie des télécommunications. Ces opérations sont effectuées sous son autorité et son contrôle.

La décision d'interception est écrite. Elle n'a pas de caractère juridictionnel et n'est susceptible d'aucun recours.

C. pr. pén., art. 100-1

La décision prise en application de l'article 100 doit comporter tous les éléments d'identification de la liaison à intercepter, l'infraction qui motive le recours à l'interception ainsi que la durée de celle-ci.

C. pr. pén., art. 100-2

Cette décision est prise pour une durée maximum de quatre mois. Elle ne peut être renouvelée que dans les mêmes conditions de forme et de durée.

C. pr. pén., art. 100-3

Le juge d'instruction ou l'officier de police judiciaire commis par lui peut requérir tout agent qualifié d'un service ou organisme placé sous l'autorité ou la tutelle du ministre chargé des télécommunications ou tout agent qualifié d'un exploitant de réseau ou fournisseur de services de télécommunications autorisé, en vue de procéder à l'installation d'un dispositif d'interception.

C. pr. pén., art. 100-4

Le juge d'instruction ou l'officier de police judiciaire commis par lui dresse procès-verbal de chacune des opérations d'interception et d'enregistrement. Ce procès-verbal mentionne la date et l'heure auxquelles l'opération a commencé et celles auxquelles elle s'est terminée.

Les enregistrements sont placés sous scellés fermés.

C. pr. pén., art. 100-5 [L. n° 2005-1549, 12 déc. 2005, art. 38, *JO* 13 déc.]

Le juge d'instruction ou l'officier de police judiciaire commis par lui transcrit la correspondance utile à la manifestation de la vérité. Il en est dressé procès-verbal. Cette transcription est versée au dossier.

Les correspondances en langue étrangère sont transcrites en français avec l'assistance d'un interprète requis à cette fin.

À peine de nullité, ne peuvent être transcrites les correspondances avec un avocat relevant de l'exercice des droits de la défense.

C. pr. pén., art. 100-6

Les enregistrements sont détruits, à la diligence du procureur de la République ou du procureur général, à l'expiration du délai de prescription de l'action publique.

Il est dressé procès-verbal de l'opération de destruction.

C. pr. pén., art. 100-7 [L. n° 2004-204, 9 mars 2004]

Aucune interception ne peut avoir lieu sur la ligne d'un député ou d'un sénateur sans que le président de l'assemblée à laquelle il appartient en soit informé par le juge d'instruction.

Aucune interception ne peut avoir lieu sur une ligne dépendant du cabinet d'un avocat ou de son domicile sans que le bâtonnier en soit informé par le juge d'instruction.

Aucune interception ne peut avoir lieu sur une ligne dépendant du cabinet d'un magistrat ou de son domicile sans que le premier président ou le procureur général de la juridiction où il réside en soit informé.

Les formalités prévues par le présent article sont prescrites à peine de nullité.

C. pr. pén., art. 706-96 [L. n° 2005-1549, 12 déc. 2005, art. 39 VIII, *JO* 13 déc.]

Lorsque les nécessités de l'information concernant un crime ou un délit entrant dans le champ d'application de l'article 706-73 l'exigent, le juge d'instruction peut, après avis du procureur de la République, autoriser par ordonnance motivée les officiers et agents de police judiciaire commis sur commission rogatoire à mettre en place un dispositif technique ayant pour objet, sans le consentement des intéressés, la captation, la fixation, la transmission et l'enregistrement de paroles prononcées par une ou plusieurs personnes à titre privé ou confidentiel, dans des lieux ou véhicules privés ou publics, ou de l'image d'une ou plusieurs personnes se trouvant dans un lieu privé. Ces opérations sont effectuées sous l'autorité et le contrôle du juge d'instruction.

En vue de mettre en place le dispositif technique mentionné au premier alinéa, le juge d'instruction peut autoriser l'introduction dans un véhicule ou un lieu privé, y compris hors des heures prévues à l'article 59, à l'insu ou sans le consentement du propriétaire ou du possesseur du véhicule ou de l'occupant des lieux ou de toute personne titulaire d'un droit sur ceux-ci. S'il s'agit d'un lieu d'habitation et que l'opération doit intervenir hors des heures prévues à l'article 59, cette autorisation est délivrée par le juge des libertés et de la détention saisi à cette fin par le juge d'instruction. Ces opérations, qui ne peuvent avoir d'autre fin que la mise en place du dispositif technique, sont effectuées sous l'autorité et le contrôle du juge d'instruction. Les dispositions du présent alinéa sont également applicables aux opérations ayant pour objet la désinstallation du dispositif technique ayant été mis en place.

La mise en place du dispositif technique mentionné au premier alinéa ne peut concerner les lieux visés aux articles 56-1, 56-2 et 56-3 ni être mise en œuvre dans le véhicule, le bureau ou le domicile des personnes visées à l'article 100-7.

Le fait que les opérations prévues au présent article révèlent des infractions autres que celles visées dans la décision du juge d'instruction ne constitue pas une cause de nullité des procédures incidentes.

C. pr. pén., art. 706-97 [L. n° 2004-204, 9 mars 2004]

Les décisions prises en application de l'article 706-96 doivent comporter tous les éléments permettant d'identifier les véhicules ou les lieux privés ou publics visés, l'infraction qui motive le recours à ces mesures ainsi que la durée de celles-ci.

C. pr. pén., art. 706-98 [L. n° 2004-204, 9 mars 2004]

Ces décisions sont prises pour une durée maximale de quatre mois. Elles ne peuvent être renouvelées que dans les mêmes conditions de forme et de durée.

C. pr. pén., art. 706-99 [L. n° 2004-204, 9 mars 2004]

Le juge d'instruction ou l'officier de police judiciaire commis par lui peut requérir tout agent qualifié d'un service, d'une unité ou d'un organisme placé sous l'autorité ou la tutelle du ministre de l'Intérieur ou du ministre de la Défense et dont la liste est fixée par décret, en vue de procéder à l'installation des dispositifs techniques mentionnés à l'article 706-96.

Les officiers ou agents de police judiciaire ou les agents qualifiés mentionnés au premier alinéa du présent article chargés de procéder aux opérations prévues par l'article 706-96 sont autorisés à détenir à cette fin des appareils relevant des dispositions de l'article 226-3 du Code pénal.

C. pr. pén., art. 706-100 [L. n° 2004-204, 9 mars 2004]

Le juge d'instruction ou l'officier de police judiciaire commis par lui dresse procès-verbal de chacune des opérations de mise en place du dispositif technique et des opérations de captation, de fixation et d'enregistrement sonore ou audiovisuel. Ce procès-verbal mentionne la date et l'heure auxquelles l'opération a commencé et celles auxquelles elle s'est terminée.

Les enregistrements sont placés sous scellés fermés.

C. pr. pén., art. 706-101 [L. n° 2004-204, 9 mars 2004]
Le juge d'instruction ou l'officier de police judiciaire commis par lui décrit ou transcrit, dans un procès-verbal qui est versé au dossier, les images ou les conversations enregistrées qui sont utiles à la manifestation de la vérité.

Les conversations en langue étrangère sont transcrites en français avec l'assistance d'un interprète requis à cette fin.

C. pr. pén., art. 706-102
Les enregistrements sonores ou audiovisuels sont détruits, à la diligence du procureur de la République ou du procureur général, à l'expiration du délai de prescription de l'action publique.

Il est dressé procès-verbal de l'opération de destruction.

C. pr. pén., art. 727-1 [L. n° 2007-297, 5 mars 2007]
Aux fins de prévenir les évasions et d'assurer la sécurité et le bon ordre des établissements pénitentiaires ou des établissements de santé habilités à recevoir des détenus, les communications téléphoniques que les personnes détenues ont été autorisées à passer peuvent, à l'exception de celles avec leur avocat, être écoutées, enregistrées et interrompues par l'administration pénitentiaire sous le contrôle du procureur de la République territorialement compétent, dans des conditions et selon des modalités qui sont précisées par décret.

Les détenus ainsi que leurs correspondants sont informés du fait que les conversations téléphoniques peuvent être écoutées, enregistrées et interrompues.

Les enregistrements qui ne sont suivis d'aucune transmission à l'autorité judiciaire en application de l'article 40 ne peuvent être conservés au-delà d'un délai de trois mois.

C. pr. pén., art. D. 419-3 [D. n° 2007-699, 3 mai 2007]
Conformément aux dispositions de l'article 727-1, les conversations téléphoniques, à l'exception de celles avec les avocats, peuvent, sous la responsabilité du chef d'établissement, être écoutées, enregistrées et interrompues par le personnel de surveillance désigné à cet effet.

Dans les maisons centrales, les conversations téléphoniques peuvent être enregistrées de façon systématique.

L'information du détenu et de son correspondant relative à ces contrôles est faite au début de la conversation, le cas échéant par un message préenregistré.

Les conversations téléphoniques peuvent faire l'objet d'une interruption lorsque leur contenu est de nature à compromettre l'un des impératifs énoncé au troisième alinéa de l'article D. 419-1.

Les conversations en langue étrangère peuvent être traduites aux fins de contrôle.

La transmission au procureur de la République des conversations susceptibles de constituer ou de faciliter la commission d'un crime ou d'un délit est effectuée immédiatement, au moyen d'une retranscription sur support papier. Si les communications concernent une personne mise en examen, copie en est adressée au juge d'instruction saisi [...].

192.02 Jurisprudence de référence.

• Les séquences de la vie privée étrangères aux infractions en cause ne peuvent en aucun cas être conservées dans le dossier de la procédure.

Cons. const. 2 mars 2004, n° 2004-492 DC, *JO* 10 mars 2004, p. 4637.

« 65. Considérant que l'article 706-101 nouveau du Code de procédure pénale limite aux seuls enregistrements utiles à la manifestation de la vérité le contenu du procès-verbal, établi par le juge d'instruction ou l'officier de police judiciaire commis par lui, qui décrit ou transcrit les images ou les sons enregistrés; que, dès lors, le législateur a nécessairement entendu que *les séquences de la vie privée étrangères aux infractions* en cause ne *puissent en aucun cas être conservées dans le dossier de la procédure.* »

• Le droit français n'indique pas avec assez de clarté l'étendue et les modalités d'exercice du pouvoir d'appréciation des autorités en matière d'écoutes téléphoniques (décision antérieure à la loi du 10 juillet 1991).

> Sur les écoutes téléphoniques

CEDH 24 avr. 1990, n° 11801/85, Kruslin c/France, *D.* 1990, jur. 353, note J. Pradel; *Gaz. Pal.* 1990, 1, 249, note Zarojewski, C. et L. Pettiti.

« 34. La Cour ne minimise nullement la valeur de plusieurs d'entre elles, notamment la nécessité d'une décision d'un juge d'instruction, magistrat indépendant; le contrôle qu'il exerce sur les officiers de police judiciaire et qu'il peut subir à son tour de la part de la chambre d'accusation, des juridictions du fond et, au besoin, de la Cour de cassation; l'exclusion de tout "artifice" ou "stratagème" consistant non pas dans le simple recours aux écoutes, mais en une "ruse active", un "piège", une "provocation"; l'obligation de ne pas méconnaître la confidentialité des relations entre l'avocat et le suspect ou inculpé. Il échet pourtant de constater que seules certaines de ces garanties ressortent des propres termes des articles 81, 151 et 152 du Code de procédure pénale. D'autres se dégagent de jugements et arrêts prononcés au fil des ans, de manière fragmentaire et, dans leur nette majorité, après l'interception dont se plaint M. K... (juin 1982).

Il en est aussi que la jurisprudence n'a pas explicitement consacrées jusqu'ici, du moins d'après les renseignements recueillis par la Cour; le Gouvernement paraît les déduire soit de textes ou principes généraux, soit d'une interprétation analogique de dispositions législatives, ou de décisions judiciaires, relatives à des actes d'information distincts des écoutes, en particulier les perquisitions et les saisies. Bien que plausible en soi, une telle "extrapolation" ne fournit pas en l'occurrence une sécurité juridique suffisante.

35. Surtout, le système n'offre pas pour le moment des sauvegardes adéquates contre divers abus à redouter.

Par exemple, rien ne définit les catégories de personnes susceptibles d'être mises sous écoute judiciaire, ni la nature des infractions pouvant y donner lieu; rien n'astreint le juge à fixer une limite à la durée de l'exécution de la mesure; rien non plus ne précise les conditions d'établissement des procès-verbaux de synthèse consignant les conversations interceptées, ni les précautions à prendre pour communiquer intacts et complets les enregistrements réalisés, aux fins de contrôle éventuel par le juge qui ne peut guère se rendre sur place pour vérifier le nombre et la longueur des bandes magnétiques originales – et par la défense, ni les circonstances dans lesquelles peut ou doit s'opérer l'effacement ou la destruction desdites bandes, notamment après non-lieu ou relaxe. Les renseignements donnés par le Gouvernement sur ces différents points révèlent au mieux l'existence d'une pratique, dépourvue de force contraignante en l'absence de texte ou de jurisprudence.

36. En résumé, le droit français, écrit et non écrit, n'indique pas avec assez de clarté l'étendue et les modalités d'exercice du pouvoir d'appréciation des autorités dans le domaine considéré. Il en allait encore davantage ainsi à l'époque des faits de la cause, de sorte que M. K... n'a pas joui du degré minimal de protection voulu par la prééminence du droit dans une société démocratique (arrêt Malone précité, série A n° 82, p. 36, § 79). Il y a donc eu violation de l'article 8 (art. 8) de la Convention. »

• L'enregistrement d'une conversation est illicite dès lors qu'elle résulte d'une provocation au délit.

Crim. 27 févr. 1996, n° 95-81.366, *Bull. crim.*, n° 93; *D.* 1996, 346, note Ch. Guéry; *JCP* 1996, II, 22629, note M.-L. Rassat.

« Attendu que, pour étendre la nullité des écoutes téléphoniques aux actes de la procédure qui les ont suivies, à l'exception d'un procès-verbal d'audition d'un témoin en date du 17 décembre 1994 (D 37), la chambre d'accusation relève que Didier S... avait, en présence des enquêteurs, pris l'initiative d'appeler Jean-Pierre M..., dirigé la conversation, abordé le premier la question financière, fixé le montant de la rémunération et suscité un rendez-vous en vue de la remise des fonds; qu'elle énonce que les fonctionnaires de police ont prêté, de manière active, leur assistance à une provocation, organisée par le plaignant, ayant pour objet, non pas de constater un délit sur le point de se commettre, mais d'inciter un délinquant en puissance, inactif depuis deux mois, contre lequel il n'avait pas cru devoir à l'époque porter plainte, à commettre des faits pénalement répréhensibles, et de mettre en place une souricière en vue de son interpellation; que, selon les juges, ce stratagème, qui résulte, d'une part, des écoutes illicites et de leur transcription, d'autre part, de la relation volontairement tronquée qu'en a faite Didier S..., par procès-verbal, a vicié de manière substantielle toute la procédure subséquente;

Attendu qu'en l'état de ces énonciations, établissant que l'interpellation de Jean-Pierre M... a procédé d'une machination de nature à déterminer ses agissements délictueux et que, par ce stratagème, qui a vicié la recherche et l'établissement de la vérité, il a été porté atteinte au principe de la loyauté des preuves, la chambre d'accusation a justifié sa décision sans encourir les griefs allégués;

Qu'il ne saurait, notamment, lui être reproché d'avoir annulé le réquisitoire introductif, dès lors qu'en renvoyant le ministère public à se pourvoir, elle lui laisse le soin, au vu des pièces dont l'annulation n'est pas prononcée, antérieures aux écoutes téléphoniques, d'apprécier l'opportunité de mettre à nouveau en mouvement l'action publique. »

• Les officiers de police judiciaire doivent, lorsque des conversations étrangères à l'information suivie révèlent l'existence d'une infraction, établir un procès-verbal de renseignements.

Crim. 14 janv. 1992, n° 91-85.864, *Bull. crim.*, n° 13.

« Attendu qu'il résulte des pièces de la procédure que le juge d'instruction de Nîmes a, dans une information suivie contre plusieurs personnes inculpées de tentatives d'escroqueries et de complicité de ce délit, donné commission rogatoire au service régional de police judiciaire (SRPJ) de Montpellier pour mettre sous écoutes la ligne téléphonique attribuée au témoin Jean-Paul C..., en prescrivant de placer sous scellés les cassettes d'enregistrement et de ne transcrire que les conversations se rapportant à l'information; que l'officier de police judiciaire délégué a, dans un procès-verbal, rendu compte au juge mandant que les conversations entendues étaient sans relation avec l'information mais que certaines d'entre elles, enregistrées sur la cassette n° 16 mais non transcrites, faisaient apparaître que Jean-Paul C... pourrait être compromis dans une escroquerie commise au préjudice des époux F... demeurant à Nîmes;

Que le juge d'instruction lui ayant communiqué ce procès-verbal, le procureur de la République a donné instruction au SRPJ de procéder à une enquête; qu'après l'audition de Pierre F... qui a expliqué que C... lui avait remis des bons de caisse d'une banque belge en garantie d'un emprunt de 150 000 francs, et après la vérification faite auprès de cette banque que ces bons avaient été volés, Jean-Paul C... a été entendu sur ces faits et qu'une information a été ouverte contre lui du chef de recel de vol et d'escroquerie;

Attendu que, saisie, en application de l'article 171 du Code de procédure pénale, par le juge d'instruction chargé de cette nouvelle information qui estimait que l'exploitation des conversations ainsi enregistrées et non transcrites était irrégulière, la chambre d'accusation, pour refuser d'annuler les actes de la procédure, énonce que la mise sur écoutes de la ligne téléphonique attribuée à C... avait été ordonnée dans des conditions ne faisant l'objet d'aucune contestation et que rien n'interdisait à l'officier de police judiciaire délégué de relater, à titre de renseignement et sans les transcrire, des conversations concernant des faits pouvant constituer une infraction dont n'était pas saisie le juge mandant; qu'elle en conclut qu'à partir de renseignements qui lui ont été régulièrement communiqués par ce magistrat, le procureur de la République a pu valablement ordonner une enquête puis requérir l'ouverture d'une information, "dès lors que cette façon de procéder, accomplie sans artifice ni stratagème, n'a pas eu pour résultat de compromettre les conditions d'exercice des droits de la défense" ;

Attendu qu'en l'état de ces énonciations, la chambre d'accusation a justifié sa décision sans encourir les griefs allégués. »

> Sonorisation

• Le juge d'instruction peut ordonner la sonorisation d'un véhicule dès lors que les opérations se déroulent sous son contrôle et dans des conditions ne portant pas atteinte aux droits de la défense.

Crim. 23 nov. 1999, n° 99-82.658, *Bull. crim.,* n° 269; *D.* 2000, IR 38; *Dr. pén.* 2000, n° 6, p. 23, note A. Maron.

« Qu'à la suite de l'ouverture d'une information, le juge d'instruction a délivré aux policiers du service régional de police judiciaire, le 28 mai 1998, une commission rogatoire générale en vue de rechercher les preuves de la corruption, puis, les 4 et 24 juin 1998, deux commissions rogatoires prescrivant, pour une durée de quatre mois, la captation, la transmission et l'enregistrement des conversations entre A... et ses interlocuteurs, ainsi que la sonorisation de son véhicule administratif aux mêmes fins;

Que l'exécution de ces commissions rogatoires a révélé que Y... a proposé le 28 mai 1998 à A... 1 000 francs "pour ses courses alimentaires", et qu'après une nouvelle rencontre, le 5 juin 1998, avec X... et Z..., il lui a remis, de la part de X..., deux sommes de 2 500 francs le même jour et de 5 000 francs le 8 juin 1998;

Que X... a été interpellé le 30 juin 1998, Z... et Y... le lendemain;

Attendu que, pour écarter les requêtes en annulation de pièces de la procédure présentées par les personnes mises en examen, la chambre d'accusation relève, d'une part, que l'accord tacite donné à ses interlocuteurs par A..., sans aucune initiative de sa part, après qu'il eut reçu des propositions pour fournir, contre une rémunération, des renseignements à des malfaiteurs préparant une action criminelle, ne saurait constituer une provocation à commettre le délit de corruption; qu'elle retient, d'autre part, que les commissions rogatoires ont eu pour objet de vérifier le bien-fondé des allégations du fonctionnaire de police quant à un délit préexistant et que le juge d'instruction a prescrit l'enregistrement des conversations dans des conditions garantissant les droits de la défense;

Que les juges ajoutent que les policiers ne peuvent être critiqués pour avoir "procédé à des interruptions du processus d'écoute", dès lors qu'ils ne l'ont fait que pour des raisons techniques tenant à l'autonomie limitée de la batterie permettant l'interception;

Attendu qu'en cet état, la chambre d'accusation, qui a répondu comme elle le devait aux articulations essentielles des mémoires dont elle était saisie, a justifié sa décision;

Qu'en effet, la participation simulée d'un fonctionnaire de police à une action illicite ne vicie pas la procédure lorsqu'elle ne détermine pas la personne intéressée à commettre le délit;

Que le juge d'instruction tient des articles 81, alinéa premier, 151 et 152 du Code de procédure pénale le pouvoir de prescrire, en vue de la constatation des infractions, tous les actes d'information utiles à la manifestation de la vérité, y compris l'enregistrement de conversations privées, pourvu que, comme en l'espèce, ces mesures aient lieu sous son contrôle et dans des conditions ne portant pas atteinte aux droits de la défense. »

• Viole l'article 8 de la Convention, la décision interdisant au requérant de contester des écoutes téléphoniques retranscrites dans un autre dossier et versées à celui dans lequel le requérant est impliqué.

CEDH 29 mars 2005, n° 57752/00 (déf. 29 juin 2005), Matheron c/France.

« 36. En l'espèce, la Cour doit donc rechercher si M. Matheron a disposé d'un "contrôle efficace" pour contester les écoutes téléphoniques dont il a fait l'objet.

37. Elle relève tout d'abord qu'il n'est pas contesté que le requérant ne pouvait en aucun cas intervenir dans le cadre de la procédure pénale diligentée à Nancy et dans le cadre de laquelle les écoutes téléphoniques avaient été ordonnées et effectuées. Partant, il convient d'examiner la procédure diligentée contre le requérant par un juge d'instruction de Marseille.

38. Or, dans son arrêt du 6 octobre 1999, la Cour de cassation a confirmé l'arrêt de la chambre d'accusation selon lequel, d'une part, en sollicitant régulièrement la communication des écoutes litigieuses et en ordonnant leur retranscription, le juge d'instruction n'a fait qu'user des prérogatives que lui confère l'article 81 du Code de procédure pénale et, d'autre part, il n'appartient pas à la chambre d'accusation d'apprécier la régularité de décisions prises dans une procédure autre que celle dont elle est saisie, extérieure à son ressort, décisions par ailleurs insusceptibles de recours en application de l'article 100 du Code précité.

39. En conséquence, pour la Cour de cassation, la chambre d'accusation devait se contenter, comme ce fut le cas, de contrôler la régularité de la demande de versement au dossier du requérant des pièces relatives aux écoutes, à l'exclusion de tout contrôle sur les écoutes elles-mêmes.

40. Certes, la Cour note, avec le Gouvernement, que les écoutes litigieuses avaient été ordonnées par un magistrat et réalisées sous son contrôle. Le Gouvernement considère que ce constat suffirait à établir l'existence d'un contrôle efficace et en déduit que l'appel devant la chambre d'accusation est inutile, se référant notamment à l'article 2 du Protocole n° 7. La Cour ne partage pas cette analyse. En premier lieu, elle note que l'article 2 du Protocole n° 7, qui n'a pas été invoqué par le requérant, est étranger aux faits de la cause. Par ailleurs, elle est d'avis qu'un tel raisonnement conduirait à considérer que la qualité de magistrat de celui qui ordonne et suit les écoutes impliquerait, *ipso facto*, la régularité des écoutes et leur conformité avec l'article 8, rendant inutile tout recours pour les intéressés.

41. Ainsi que la Cour l'a déjà jugé, les dispositions de la loi de 1991 régissant les écoutes téléphoniques répondent aux exigences de l'article 8 de la Convention et à celles des arrêts Kruslin et Huvig [*Lambert*, préc., § 28]. Cependant, force est de constater que le raisonnement de la Cour de cassation pourrait conduire à des décisions

privant de la protection de la loi un certain nombre de personnes, à savoir toutes celles qui se verraient opposer le résultat d'écoutes téléphoniques réalisées dans des procédures étrangères à la leur, ce qui reviendrait, en pratique, à vider le mécanisme protecteur d'une large partie de sa substance [*ibidem*, § 38].

42. Tel fut le cas pour le requérant qui n'a pas joui, en l'espèce, de la protection effective de la loi nationale, laquelle n'opère pas de distinction selon la procédure dans le cadre de laquelle les écoutes ont été ordonnées [paragraphe 17 ci-dessus – V., *mutatis mutandis*, *ibidem*, § 39].

43. Dès lors, la Cour estime que l'intéressé n'a pas bénéficié d'un "contrôle efficace" tel que voulu par la prééminence du droit et apte à limiter à ce qui était "nécessaire dans une société démocratique" l'ingérence litigieuse.

44. Partant, il y a eu violation de l'article 8 de la Convention. »

• Le droit français n'indique pas avec assez de clarté la possibilité d'ingérence par les autorités dans la vie privée des détenus, ainsi que l'étendue et les modalités d'exercice de leur pouvoir d'appréciation dans ce domaine. Les écoutes de parloir réalisées sur la base des articles 81 et 151 du Code de procédure pénale violent donc l'article 8 de la Convention.

CEDH 20 déc. 2005, n° 71611/01, Wisse c/France, *AJ pénal* 2006, 128, note J.-P. Céré.

« En l'espèce, les juridictions internes ont conclu que l'ingérence litigieuse trouvait sa base légale dans les articles 81, 151 et 152 du Code de procédure pénale. À supposer que le seul arrêt de la Cour de cassation cité par le Gouvernement, et antérieur à celui de la présente affaire, puisse constituer une base légale à l'enregistrement des conversations dans les parloirs des prisons, la Cour rappelle que, à l'instar des interceptions d'entretiens téléphoniques ou des écoutes de conversations par le biais de la pose de micros, la loi sur laquelle il se fonde doit être "prévisible" quant au sens et à la nature des mesures applicables. La Cour a constamment rappelé que les conditions qualitatives comprises dans les mots "prévues par la loi" au sens de l'article 8 § 2 exigent l'accessibilité de la loi à la personne concernée, qui de surcroît doit pouvoir en prévoir les conséquences pour elle, et sa compatibilité avec la prééminence du droit [Matheron c/ France, n° 57752/00, 29 mars 2005, § 29]. Parmi les "sauvegardes adéquates" contre les abus à redouter figurent les catégories de personnes susceptibles de faire l'objet d'une telle mesure et la nature des infractions pouvant y donner lieu doivent être définies; le juge doit être astreint à fixer une limite à la durée de l'exécution de la mesure; doivent également être précisées les conditions d'établissement des procès-verbaux de synthèse consignant les conversations "écoutées", les précautions à prendre pour communiquer intacts et complets les enregistrements réalisés, aux fins de contrôle éventuel par le juge et par la défense, ainsi que les circonstances dans lesquelles peut ou doit s'opérer l'effacement ou la destruction desdites bandes, notamment après non-lieu ou relaxe [Kruslin préc., § 34]. Or, d'une part, les articles 81, 151 et 152 du Code de procédure pénale ne contiennent pas de dispositions de cette nature et, d'autre part, cette lacune n'est pas adéquatement comblée par la jurisprudence (paragraphe 23 ci-dessus).

La Cour considère dès lors que dans le domaine des enregistrements des conversations tenues dans les parloirs des prisons, le droit français n'indique pas avec assez de clarté la possibilité d'ingérence par les autorités dans la vie privée des détenus, ainsi que l'étendue et les modalités d'exercice de leur pouvoir d'appréciation dans ce domaine. Elle conclut que les requérants n'ont pas joui du degré minimal de protection voulu par la prééminence du droit dans une société démocratique et qu'il y a eu violation de l'article 8 de la Convention, sans qu'il soit besoin de trancher les autres conditions posées par l'article 8, à savoir que l'ingérence doit viser un but légitime et être nécessaire, dans une société démocratique ».

• La sonorisation d'un parloir ne peut plus être ordonnée dans le cadre d'un dossier de droit commun.

Crim. 9 juill. 2008, n° 08-82.091, *Bull. crim.*, n° 170; *JCP* 2008, IV, 2526; *AJ pénal* 2008, 424, note J. Lasserre-Capdeville.

« Sur le moyen unique de cassation proposé par le procureur général près la cour d'appel de Montpellier, pris de la violation des articles 81, 151, 152, 153, 171, 591 et 593 du Code de procédure pénale :

Attendu qu'il résulte de l'arrêt attaqué et des pièces de la procédure que le juge d'instruction a ordonné, par commission rogatoire du 17 avril 2007, la captation et l'enregistrement des conversations échangées avec ses visiteurs au parloir de la maison d'arrêt par Jérôme Loza, mis en examen pour meurtre et placé en détention provisoire;

Attendu que, pour annuler cette commission rogatoire, les actes accomplis pour son exécution et les actes subséquents, l'arrêt attaqué retient que la mise en place d'un dispositif technique ayant pour objet, sans le consentement des intéressés, la captation, la fixation, la transmission et l'enregistrement de paroles prononcées à titre privé ou confidentiel, dans des lieux ou véhicules privés ou publics, n'est autorisée que lorsque l'information porte sur un crime ou un délit entrant dans le champ d'application de l'article 706-73 du Code de procédure pénale, tel n'étant pas le cas en l'espèce;

Attendu qu'en prononçant ainsi, dès lors que les opérations de sonorisation précitées doivent nécessairement répondre aux conditions de fond et de forme énoncées à l'article 706-96 du code précité, la chambre de l'instruction a justifié sa décision;

D'où il suit que le moyen ne saurait être accueilli. »

• La mise en place d'une sonorisation suppose que soient prises une ordonnance motivée et délivrée une commission rogatoire spéciale.

Crim. 13 févr. 2008, n° 07-87.458, *Bull. crim.*, n° 40; *D.* 2008, AJ 787; *RSC* 2008, 364, obs. R. Finielz; *AJ pénal* 2008, 193, obs. S. Lavric; *RSC* 2008, 661, obs. J. Buisson.

« Vu l'article 706-96 du Code de procédure pénale;

Attendu qu'il résulte de ce texte que le juge d'instruction qui décide de faire procéder à la mise en place d'un dispositif technique aux fins de captation, fixation, transmission et enregistrement, sans le consentement des intéressés, de paroles prononcées par une ou plusieurs personnes à titre privé ou confidentiel ou de l'usage d'une ou plusieurs personnes se trouvant dans un lieu privé, est tenu, d'une part, d'autoriser par ordonnance motivée les officiers de police judiciaire à mettre en place le dispositif technique destiné à cette opération, d'autre part de leur délivrer une commission rogatoire spéciale en vue de l'exécution de ladite ordonnance;

Attendu qu'il résulte de l'arrêt attaqué et des pièces de la procédure que les policiers, au cours d'une opération de sonorisation du domicile d'André Baptiste, autorisée, en application de l'article 706-96 du Code de procédure pénale, par ordonnance motivée, en date du 25 janvier 2007, d'un juge d'instruction informant sur des faits de vols en bande organisée avec arme, ont enregistré, à partir du 28 janvier 2007, des conversations révélant la préparation d'un autre vol en bande organisée avec arme, faits dont le magistrat n'était pas saisi; qu'une enquête de flagrance a alors été ouverte sur ces faits nouveaux, l'ordonnance précitée autorisant la sonorisation, les procès-verbaux de transcription des conversations enregistrées ainsi qu'une commission rogatoire du 27 décembre 2005 étant versés dans cette procédure qui a été suivie de l'ouverture d'une nouvelle information dans laquelle André Baptiste et Thierry Baptiste ont été mis en examen;

Attendu que, pour rejeter le moyen d'annulation proposé par André Baptiste, pris de l'irrégularité des opérations de sonorisation effectuées dans l'information distincte, en raison de l'absence de commission rogatoire, l'arrêt attaqué relève que les officiers de police judiciaire ont régulièrement accompli ces actes en exécution d'une commission rogatoire du 27 décembre 2005;

Mais attendu qu'en statuant ainsi, alors que ladite commission rogatoire, à laquelle l'opération de sonorisation du domicile d'André Baptiste était étrangère, ne répondait pas aux conditions fixées par l'article 706-96 du Code de procédure pénale, qui impose au juge d'instruction non seulement de rendre une ordonnance motivée autorisant la sonorisation mais également de délivrer aux officiers de police judiciaire qu'il désigne une commission rogatoire spéciale, la chambre de l'instruction n'a pas justifié sa décision;

D'où il suit que la cassation est encourue; »

• La nullité d'une conversation entre l'avocat et un proche du mis en examen peut être invoquée par celui-ci.

Crim. 18 janv. 2006, n° 05-86.447, *Bull. crim.,* n° 22; *AJ pénal* 2006, 126, note C. Girault; *Gaz. Pal.* 21-23 mai 2006, p. 17; *Gaz. Pal.* 6-8 août 2006, p. 7, note Y. Monnet *Procédures* 2006, n° 85, note J. Buisson; *RSC* 2006, 413, note J. Buisson.

« Vu les articles 66-5 de la loi du 31 décembre 1971, 100-5 et 206 du Code de procédure pénale, 8 de la Convention européenne des droits de l'Homme;

Attendu qu'il résulte de ces textes que, même si elle est surprise à l'occasion d'une mesure d'instruction régulière, la conversation entre un avocat et l'un de ses clients ne peut être transcrite et versée au dossier de la procédure que s'il apparaît que son contenu est de nature à faire présumer la participation de cet avocat à une infraction; que la violation de ce principe doit être relevée, même d'office, par la chambre de l'instruction chargée d'examiner, en application de l'article 206 du Code de procédure pénale, la régularité de la procédure qui lui est soumise;

Attendu que, pour rejeter le moyen d'annulation proposé par Sony et Vito X..., pris de l'irrégularité de l'enregistrement et de la transcription dans le dossier de la procédure de conversations téléphoniques échangées entre leur père et son avocat, qui, aux termes de l'arrêt attaqué; "se trouve être aussi le leur", les juges relèvent que les requérants sont sans qualité pour contester l'interception et la transcription, ordonnées sur commission rogatoire du juge d'instruction, des conversations échangées, sur une ligne téléphonique qui ne leur est pas attribuée, entre une tierce personne et son avocat;

Mais attendu qu'en statuant ainsi, sans rechercher, comme elle y était tenue, s'il avait été porté atteinte au principe de la confidentialité des conversations téléphoniques entre un avocat et un client, la chambre de l'instruction a méconnu le sens et la portée des textes susvisés et du principe énoncé ci-dessus. »

• La chambre de l'instruction doit contrôler la régularité des écoutes téléphoniques dans la procédure dont les écoutes ont été extraites.

Crim. 7 déc. 2005, n° 05-85.876, *Bull. crim.,* n° 327; *D.* 2005, IR 253; *RSC* 2006, 343, note D. Commaret.

« Attendu que, pour rejeter les moyens de nullité présentés par William X..., l'arrêt attaqué relève que le placement sous écoutes de la ligne téléphonique attribuée à Jean Y..., l'interception de ses conversations échangées avec William X... et la transcription dans la procédure dans laquelle cette mesure a été légalement ordonnée des seules conversations révélant un lien avec les infractions poursuivies, ont été justifiés par la nécessité de vérifier l'existence d'un trafic international de stupéfiants, d'en rechercher l'organisation, d'en identifier les participants à quelque titre que ce soit et de prévenir la commission de nouvelles infractions; que les juges ajoutent que le contenu des propos enregistrés étant de nature à faire présumer l'implication de l'un et de l'autre dans les infractions dont était saisi le magistrat instructeur, l'ingérence ainsi opérée dans la vie privée de Jean Y... et de William X... a donc été prévue par la loi, en l'espèce les articles 81, 100 et suivants du Code de procédure pénale, qu'elle a été placée sous l'autorité et le contrôle d'un juge, qu'elle a répondu à une finalité légitime, qu'elle a été proportionnée à la gravité des infractions commises et en cours de commission au regard de l'ordre public ainsi que de la protection de la santé et qu'elle a été strictement limitée aux nécessités de la manifestation de la vérité;

Attendu qu'en prononçant par ces motifs, qui établissent la régularité de l'interception, de l'enregistrement et de la transcription des conversations téléphoniques des demandeurs, la chambre de l'instruction, qui a satisfait, tant aux dispositions de droit interne qu'aux exigences de l'article 8 de la Convention européenne des droits de l'Homme en assurant à William X... et à Jean Y..., s'agissant de l'atteinte à leur vie privée, un contrôle effectif sur la régularité des actes accomplis dans la procédure dont elle a été saisie comme sur celle des actes dépendant d'une procédure distincte, a justifié sa décision. »

192.03 **Bibliographie indicative.** (V. les références complètes s^s^ n° 03.)

Actualisables. Rép. pén., Guéry, « Instruction préparatoire »; Dourneau-Josette, « Écoutes téléphoniques » – J.-Cl. pén., Dumont J., « Interceptions de correspondances par la voie des télécommunications ».

Articles.

> Sur les écoutes téléphoniques

Buisson J., « Recevabilité des éléments produits par les parties privées », *RSC* 2004, p. 427 – Clément G. et Vicentini J.-P., « L'écoute incidente, genèse d'une poursuite », *RSC* 1997, 597 – Kayser P., « La loi n° 91-646 du 10 juillet 1991 et les écoutes téléphoniques », *JCP* 1992, I, 3559 – Pradel J., « Un exemple de restauration de la légalité criminelle : le régime des interceptions de correspondances émises par la voie des télécommunications », *D.* 1992, chron. 49.

> Sur les autres formes de sonorisation

Accomando et Guéry, « La sonorisation : un mode légal de preuve ? », *D.* 2002, chron. p. 2001.

192.06 **Questions essentielles.**

• Bien que les écoutes téléphoniques aient déjà beaucoup contribué à la résolution d'affaires judiciaires importantes, leur utilisation n'a pas diminué. L'usage massif des téléphones portables a, dans un premier temps, posé des problèmes aux enquêteurs, qui ne sont pas tous résolus. Mais le déclenchement des bornes de relais est parfois aussi d'un grand secours pour localiser l'utilisateur d'un portable. Au-delà de cette question pratique, la procédure pénale française attend encore son droit de la preuve.

SECTION 1
ÉCOUTES TÉLÉPHONIQUES : LES PRINCIPES

192.11 **Jusqu'à la loi du 10 juillet 1991,** les textes, tant en matière civile que pénale, gardaient un silence total sur les écoutes téléphoniques, de sorte que celles-ci n'étaient ni autorisées, ni prohibées. La question de leur régularité s'est posée en jurisprudence. Les tribunaux et les cours d'appel avaient tendance à admettre que ces écoutes ou l'enregistrement par magnétophone, en l'absence de guet-apens ou de provocation, pouvaient valablement entraîner la conviction du juge pénal[1].

La Cour de cassation s'est tout d'abord montrée réticente[2].

Puis, la chambre criminelle a admis en principe la validité des écoutes téléphoniques comme mode de preuve, sur la base des articles 81 et 151 du Code de procédure pénale, qui permettent au juge d'instruction d'ordonner, « tous actes utiles », sous conditions qu'elles soient ordonnées par ce magistrat, pour une durée limitée, sur présomption d'une infraction déterminée, et qu'elles aient lieu sans artifices, ni stratagème[3] (v. les attendus s^s^ n° 191.02)[4].

Quand au contraire ces conditions ne sont pas remplies, spécialement lorsque la police a pris l'initiative des écoutes, il y a lieu de les annuler, alors qu'en outre elles constituent une violation de l'article 8 de la Convention européenne des droits de l'Homme garantissant le respect de la vie privée[5].

La loi du 9 mars 2004 a étendu les possibilités d'écoutes téléphoniques dans deux autres domaines : la criminalité organisée (v. s^s^ n° 192.21) et dès lors que l'on recherche une personne renvoyée avec mandat d'arrêt devant la juridiction de jugement, ou déjà condamnée (v. s^s^ n° 192.22).

192.12 **Condamnation de la France par la Cour européenne des droits de l'Homme.** La France fut à plusieurs reprises condamnée par la Cour européenne des droits de l'Homme dans cette matière. Ce fut le cas dans les affaires dites Kruslin et

1. CA Toulouse, 7 nov. 1956, *D.* 1957, 28 – CA Paris, 9e ch. corr., 5 mars 1957 et T. corr. Seine, 10e ch., 15 févr. 1957, *JCP* 1957, II, 10069 – CA Poitiers, ch. corr., 7 janv. 1960, *JCP* 1960, II, 11599, note P. Chambon – CA Paris, ch. acc., 27 juin 1984, *D.* 1985, p. 93, note J. Pradel.
2. Ch. réun., 31 janv. 1888, *S.* 1889, 1, 241 – Crim. 12 juin 1952, *JCP* 1952, II, 7241, note Brouchot; *S.* 1954, 1, 69, note Legal – Civ. 2e, 18 mars 1955, *JCP* 1955, II, 8909, note Esmein; *D.* 1955, 573, note Savatier.
3. Crim. 18 févr. 1958, *Bull. crim.*, n° 163 – Crim. 16 mars 1961, *JCP* 1961, II, 12157, note Larguier – Crim. 9 oct. 1980, n° 80-93.140, *Bull. crim.*, n° 255; *D.* 1981, 332, note Pradel; *JCP* 1981, II, 19578, note Di Marino; I, 3029, chron. P. Chambon – Crim. 23 avr. 1981, n° 80-93.475, *Bull. crim.*, n° 117 – Crim. 23 juill. 1985, n° 85-92.574, *Bull. crim.*, n° 275; *D.* 1986, 61, note P. Chambon.
4. Crim. 4 nov. 1987, n° 87-84.874, NPT; *D.* 1988, somm. 195, obs. Pradel – Crim. 15 mars 1988, n° 88-80.267, *Bull. crim.*, n° 128 – Crim. 17 juill. 1990, n° 90-82.614, *Bull. crim.*, n° 286 – Crim. 2 oct. 1990, n° 90-84.412, *Bull. crim.*, n° 327 – CA Rennes, 27 nov. 1990, *D.* 1991, 318, note Pradel.
5. Crim. 13 juin 1989, n° 89-81.388, n° 89-81.709, *Bull. crim.*, n° 254 et Crim. 19 juin 1989, n° 89-81.777, *Bull. crim.*, n° 261 – Crim. 15 avr. 1991, n° 90-82.000, *Bull. crim.*, n° 179; *JCP* 1992, II, 21795, note Jeandidier – Ass. plén. 24 nov. 1989, n° 89-84.439, *Bull. Ass. plén.*, n° 2; *JCP* 1990, II, 21418, concl. E. Robert.

Huvig[1] dans lesquelles il était reproché au droit français, écrit ou non écrit, de ne pas indiquer avec assez de clarté l'étendue et les modalités d'exercice du pouvoir d'appréciation des autorités dans ce domaine. Plus récemment, la France fut encore condamnée, mais pour une toute autre raison, dans l'affaire Lambert[2] dans laquelle la chambre d'accusation, confortée par la Cour de cassation, avait décidé qu'une personne n'était pas autorisée à contester la régularité d'une écoute téléphonique dès lors que ce n'était pas sa ligne qui avait été écoutée. C'est ce principe qui est remis en cause par la Cour. La chambre criminelle semble pourtant confirmer sa jurisprudence : seul celui qui en a été personnellement victime peut invoquer une violation des règles de procédure, portant atteinte à la vie privée. Ainsi la personne mise en examen n'est pas recevable à se prévaloir de l'irrégularité d'une perquisition et des enregistrements de conversations effectués au domicile d'un tiers[3]. Dans un arrêt du 14 novembre 2001, elle précise que les interceptions effectuées avaient porté sur des conversations échangées entre d'autres personnes qu'un tiers et elle même[4]. Enfin, la Cour de cassation apporte une nouvelle précision dans un arrêt du 15 janvier 2003[5] : toute personne mise en examen dont les conversations téléphoniques ont été enregistrées et retranscrites peut en contester la régularité. Peu importe donc que ces personnes aient été ou non titulaires de la ligne si ce sont elles qui s'y expriment. Dans l'arrêt Mathéron contre France, du 29 mars 2005, la Cour européenne des droits de l'Homme conclue à une violation de l'article 8 de la Convention pour les raisons suivantes[6] (pour un extrait v. s^s^ n° 192.02). Le requérant alléguait en particulier une violation de l'article 8 de la Convention en raison de l'impossibilité de contester le versement à son dossier de la transcription d'écoutes téléphoniques réalisées dans une procédure à laquelle il était étranger. La Cour indiquait qu'elle devait « rechercher si M. Matheron a disposé d'un contrôle efficace pour contester les écoutes téléphoniques dont il a fait l'objet ». Elle tranchait par la négative en estimant que « force est de constater que le raisonnement de la Cour de cassation pourrait conduire à des décisions privant de la protection de la loi un certain nombre de personnes, à savoir toutes celles qui se verraient opposer le résultat d'écoutes téléphoniques réalisées dans des procédures étrangères à la leur, ce qui reviendrait, en pratique, à vider le mécanisme protecteur d'une large partie de sa substance. Dès lors, la Cour estime que l'intéressé n'a pas bénéficié d'un contrôle efficace tel que voulu par la prééminence du droit et apte à limiter à ce qui était nécessaire dans une société démocratique l'ingérence litigieuse ». En d'autres termes, ce n'est pas parce que les écoutes ont été réalisées dans un autre dossier que celui auquel on les oppose qu'on ne peut pas les contester. Cet arrêt met évidemment en cause la jurisprudence de la chambre criminelle sur l'intérêt à agir. La chambre criminelle avait estimé dans un arrêt du 6 octobre 1999 que « le juge d'instruction n'avait fait qu'user des prérogatives que lui confère l'article 81 du Code de procédure pénale, et qu'il n'appartenait pas à la chambre d'accusation d'apprécier la régularité de décisions prises dans une procédure autre que celle dont elle était saisie »[7]. Elle n'est que la conséquence de la jurisprudence Lambert, évoquée plus haut dans ce même paragraphe.

Quelles sont les conséquences que l'on peut tirer d'une telle jurisprudence ? Tout d'abord, il n'est pas interdit de continuer à verser dans un dossier d'information des écoutes téléphoniques obtenues dans le cadre d'un autre dossier. Mais la chambre criminelle, suivant les prescriptions de la cour européenne a modifié sa jurisprudence et admis que la chambre de l'instruction, qui est saisie par une personne mise en examen d'une requête en annulation visant l'interception de ses conversations téléphoniques, opérée dans une procédure distincte dans laquelle elle n'a pas été partie et dont la transcription a été versée dans la procédure soumise à cette juridiction, est tenue de contrôler la régularité, au regard des dispositions de droit interne comme de l'article 8 de la Convention européenne des droits de l'Homme, des actes accomplis non seulement dans la procédure dont elle est saisie mais également dans la procédure distincte[8] (pour un extrait v. s^s^ n° 192.02).

Pour pouvoir contrôler cette régularité, encore faut-il disposer de pièces permettant de vérifier leur légalité. Il importe donc de joindre les commissions rogatoires d'écoutes et les éventuelles prorogations. La question se pose de savoir si d'autres pièces doivent être versées. Ce n'est pas sûr puisque le con-

1. CEDH 24 avr. 1990, n° 11801/85, Kruslin c/France, *D.* 1990, 353, note J. Pradel; *Gaz. Pal.* 1990, 1, 249, note Zarojewski, C. et L. Pettiti (v. les attendus s^s^ n° 192.02).
2. CEDH 24 août 1998, n° 23618/94, Lambert c/France, *D.* 1999, somm. 271, note J.-F. Renucci; *RSC* 1998, 829, obs. Pettiti; *JCP* 1999, I, 105 chron. Sudre.
3. Crim. 15 févr. 2000, n° 99-86.623, *Bull. crim.*, n° 68.
4. Crim. 14 nov. 2001, n° 01-85.965, *Bull. crim.*, n° 238.
5. Crim. 15 janv. 2003, n° 02-87.341, *Bull. crim.*, n° 10; *BICC* 576, n° 478; *D.* 2003, 1458, comm. J. Buisson; *D.* 2003, IR 604; *Dr. pén.* 2003, comm. n° 54.
6. CEDH 29 mars 2005, n° 57752/00 (déf. 29 juin 2005), Mathéron c/France, sect. IV.
7. Crim. 6 oct. 1999, n° 99-85.045, *Bull. crim.*, n° 210.
8. Crim. 7 déc. 2005, n° 05-85.876, *Bull. crim.*, n° 327; *D.* 2005, IR 253; *RSC* 2006, 343, note D. Commaret.

trôle ne doit s'exercer que sur la régularité formelle. Peut-être peut-on ajouter une copie du réquisitoire introductif permettant de vérifier si les qualifications retenues permettaient d'ordonner une écoute au sens de l'article 100 du Code de procédure pénale, encore que les qualifications apparaissent sur la commission rogatoire elle-même. Dans le cas où la chambre de l'instruction estimerait que ces pièces ne sont pas suffisantes, elle pourrait toujours, avant dire droit, ordonner leur production (sur une autre condamnation de la France dans l'arrêt Wisse du 20 décembre 2005, v. s^{s} n° 192.56). Dans l'arrêt du 18 janvier 2006 la chambre criminelle admet qu'un mis en examen puisse contester une conversation tenue entre son avocat et son père[1] (pour un extrait v. s^{s} n° 192.02 - V. aussi s^{s} n° 192.43).

192.13 Loi n° 91-646 du 10 juillet 1991. La Cour de cassation a introduit, à la suite des arrêts Kruslin et Huvig, comme condition à la régularité des écoutes téléphoniques, la nécessité qu'il s'agisse d'une infraction apportant un trouble grave à l'ordre public[2], notion qui doit être appréciée d'après les éléments de l'espèce[3]. Le texte de la loi du 10 juillet 1991, relatif « au secret des correspondances émises par la voie des télécommunications », s'inspire directement de la jurisprudence ci-dessus exposée[4]. La loi organise d'une part, les écoutes administratives, dites de sécurité, ordonnées sur l'autorisation du premier ministre, sous le contrôle d'une commission nationale composée de trois membres; et d'autre part, les interceptions ordonnées par l'autorité judiciaire, qui font l'objet des articles 100 à 100-7 du Code de procédure pénale.

192.14 Les écoutes ne peuvent être ordonnées que par le juge d'instruction. Le juge d'instruction peut prescrire, lorsque les nécessités de l'instruction l'exigent, l'interception, l'enregistrement et la transcription des correspondances émises par voie de télécommunications, soit en matière criminelle, soit en matière correctionnelle si la peine encourue est égale ou supérieure à deux ans d'emprisonnement. Ces opérations sont effectuées sous son autorité et son contrôle (C. pr. pén., art. 100). La jurisprudence ne contrôle pas l'opportunité ouverte au magistrat instructeur eu égard à la spécificité de l'affaire. Au contraire, la chambre criminelle a rejeté un pourvoi qui dénonçait l'absence de motivation spéciale : pour rejeter la demande d'annulation d'actes de la procédure fondée sur l'irrégularité de commissions rogatoires prescrivant des écoutes téléphoniques faute pour le juge d'instruction d'avoir indiqué les raisons nécessitant cette mesure, la chambre d'accusation énonce que le juge d'instruction peut procéder à tous les actes d'information qu'il juge utiles sans avoir à motiver spécialement sa décision. En cet état, la chambre accusation a fait l'exacte application des articles 81, 100 et suivants du Code de procédure pénale[5]. La décision d'interception est écrite et ne présente aucun caractère juridictionnel. Elle n'est susceptible, en conséquence, d'aucun recours. Elle doit comporter tous les éléments d'identification de la liaison à intercepter, la mention de l'infraction qui motive le recours à l'interception, ainsi que la durée de celle-ci (C. pr. pén., art. 100-1). La loi du 9 mars 2004 confie au juge des libertés et de la détention certains pouvoirs en la matière sur requête du ministère public (v. s^{s} n° 192.21). Ni l'article 100-3 du Code de procédure pénale ni aucune autre disposition de ce code n'exigent que l'agent qualifié requis par l'officier de police judiciaire pour procéder à des interceptions de communications téléphoniques ne prête serment. Les dispositions de l'article 60 de ce code qui ont pour seul objet de régir les réquisitions adressées par l'officier de police judiciaire, au cours de l'enquête de flagrance, à une personne qualifiée pour qu'elle procède à des examens techniques ou scientifiques sont étrangères aux interceptions de communications ordonnées par le juge d'instruction[6].

192.15 Les écoutes sont limitées dans le temps. La décision est prise pour une durée maximum de quatre mois. Elle ne peut être renouvelée que dans les mêmes conditions de forme et de durée (C. pr. pén., art. 100-2). Une cour d'appel décide à tort que la commission rogatoire ne comporte pas de limite dans le temps lorsque le juge a imparti un délai prédéterminé, puis a mis fin par anticipation

1. Crim. 18 janv. 2006, n° 05-86.447, *Bull. crim.*, n° 22; *AJ pénal* 2006, 126, note C. Girault; *Gaz. Pal.* 21-23 mai 2006, p. 17; *Gaz. Pal.* 6-8 août 2006, p. 7, note Y. Monnet; *Procédures* 2006, n° 85, note J. Buisson; *RSC* 2006, 413, note J. Buisson; *RID pén.*, n° 3/07, p. 715, note J. Buisson.
2. Crim. 15 mai 1990, n° 90-80.827, *Bull. crim.*, n° 193; *JCP* 1990, II, 21541, note Jeandidier.
3. Crim. 26 nov. 1990, n° 90-84.590, *Bull. crim.*, n° 401 – Crim. 19 mars 1991, n° 90-86.987, *Bull. crim.*, n° 133.
4. V. chron., P. Chambon, *ALD* 1991, 173 – J. Pradel, « Un exemple de restauration de la légalité criminelle : le régime des interceptions de correspondances émises par la voie des télécommunications », *D.* 1992, chron. 49 – P. Kayser, « La loi n° 91-646 du 10 juillet 1991 et les écoutes téléphoniques », *JCP* 1992, I, 3559 – V. Lesclous et C. Marsat, « Écoutes téléphoniques – circulaires », *Dr. pén.* nov. 1991, chron. 3.
5. Crim. 13 oct. 1999, n° 96-80.774, n° 96-83.874, n° 98-80.044, *Bull. crim.*, n° 219; *Gaz. Pal.* 24/25 mai 2000.
6. Crim. 23 mai 2006, n° 06-81.705, *Bull. crim.*, n° 141; *Procédures* 2006, n° 189, note J. Buisson; *Gaz. Pal.* 29-30 déc. 2006, p. 39, note Y. Monnet.

aux écoutes, qui avaient cessé d'être utiles[1]. Le juge ou l'officier de police judiciaire commis par lui peut requérir tout agent qualifié d'un service ou d'un organisme placé sous l'autorité ou la tutelle du ministre chargé des Télécommunications ou tout agent qualifié d'un exploitant de réseau ou fournisseur de service de télécommunications autorisé, en vue de procéder à l'installation d'un dispositif d'interception (C. pr. pén., art. 100-3). Ni l'article 100-3 du Code de procédure pénale ni aucune autre disposition de ce code n'exigent que l'agent qualifié requis par l'officier de police judiciaire pour procéder à des interceptions de communications téléphoniques ne prête serment. Les dispositions de l'article 60 de ce code qui ont pour seul objet de régir les réquisitions adressées par l'officier de police judiciaire, au cours de l'enquête de flagrance, à une personne qualifiée pour qu'elle procède à des examens techniques ou scientifiques sont étrangères aux interceptions de communications ordonnées par le juge d'instruction[2]. L'officier de police judiciaire doit dresser procès-verbal de chacune des opérations d'interception et d'enregistrement, en mentionnant la date et l'heure auxquelles l'opération a commencé et celles auxquelles elle s'est terminée. Les enregistrements sont placés sous scellés fermés (C. pr. pén., art. 100-4). Il ne peut être reproché au juge de n'avoir pas spécifié les numéros de ligne dès lors que l'information ouverte contre X ne le permettait pas et alors que seuls les bars susceptibles de recevoir des paris clandestins ont été surveillés[3].

192.16 Seules les correspondances utiles à la manifestation de la vérité peuvent être retranscrites. Il en est dressé procès-verbal et la transcription est versée au dossier. Les correspondances en langue étrangère sont transcrites en français avec l'assistance d'un interprète requis à cette fin (C. pr. pén., art. 100-5). En sollicitant la communication des écoutes litigieuses, et en ordonnant le bris des scellés et la transcription de leur enregistrement, le juge d'instruction n'a fait qu'user des prérogatives que lui confère l'article 81 du Code de procédure pénale, et n'a pas méconnu les dispositions de l'article 97 alinéa 4 du même code, aucune personne n'ayant été mise en examen à ce stade de la procédure[4]. L'écoute contradictoire du contenu des écoutes téléphoniques n'implique pas nécessairement une confrontation entre l'auteur de la conversation enregistrée et la personne en examen, qui peut faire entendre les témoins de son choix[5]. L'article 100-6 du Code de procédure pénale qui prévoit la destruction des enregistrements des télécommunications à l'expiration du délai de prescription de l'action publique n'est pas applicable aux procès-verbaux de transcription de ces écoutes, lesquels constituent des pièces de procédure[6].

192.17 Cas particuliers : avocats, parlementaires, magistrats. Aucune interception ne peut avoir lieu sur une ligne dépendant du cabinet d'un avocat ou de son domicile sans que le bâtonnier en soit informé par le juge d'instruction (sur les droits de la défense, v. s^s^ n°s 192.41 s.). Aucune interception ne peut avoir lieu sur la ligne d'un député ou d'un sénateur sans que le président de l'Assemblée à laquelle il appartient n'en soit informé par le juge d'instruction (C. pr. pén., art. 100-7). Celle du 12 décembre 2005 a ajouté un alinéa à l'article 100-5 selon lequel « à peine de nullité, ne peuvent être transcrites les correspondances avec un avocat relevant de l'exercice des droits de la défense ». Si, aux termes de l'article 100-7 alinéa 1er du Code de procédure pénale, aucune interception sur la ligne d'un député ou d'un sénateur ne peut avoir lieu sans que le président de l'assemblée à laquelle il appartient en soit informé par le juge d'instruction, il ne résulte d'aucun texte légal ou conventionnel ni d'aucun principe constitutionnel que cette disposition soit applicable aux représentants au Parlement européen[7]. La loi du 9 mars 2004 a ajouté un alinéa à l'article 100-7 du Code de procédure pénale selon lequel aucune interception ne peut avoir lieu sur une ligne dépendant du cabinet d'un magistrat ou de son domicile sans que le premier président ou le procureur général où il réside en soit informé.

192.18 Compétence territoriale. Le juge d'instruction peut, en application des articles 100 et suivants du Code de procédure pénale, ordonner l'interception, l'enregistrement et la transcription des correspondances émises par la voie des télécommunications, à destination de lignes téléphoniques localisées à l'étranger, dès lors que les interceptions, réalisées à partir de centres internationaux de transit situés en France, portent sur les appels émis depuis le territoire français[8].

192.19 Téléphones portables. La multiplication de l'utilisation des téléphones portables posent des

1. Crim. 16 déc. 1991, n° 91-85.906, n° 91-86.552, *Bull. crim.*, n° 478.
2. Crim. 23 mai 2006, n° 06-81.705, *Bull. crim.*, n° 141; *Procédures* 2006, n° 189, note J. Buisson.
3. Crim. 9 déc. 1991, n° 88-80.786, n° 90-84.994, *Bull. crim.*, n° 465; *D.* 1992, IR 77.
4. Crim. 16 mai 2000, n° 00-80.905, *Bull. crim.*, n° 190; *D.* 2000, IR 25.
5. Crim. 3 juin 1992, n° 91-84.562, *Bull. crim.*, n° 219.
6. Crim. 21 févr. 2007, n° 06-88.735, *Bull. crim.*, n° 55; *Procédures* 2007, n° 169, note J. Buisson.
7. Crim. 16 mars 2005, n° 05-80.092, *Bull. crim.*, n° 97, *D.* 2005, IR 1052; *JCP* 2005, IV, 198; II, 10167, note D. Girard.
8. Crim. 14 juin 2000, n° 00-81.386, *Bull. crim.*, n° 224.

difficultés nouvelles aux enquêteurs ne serait-ce que dans l'identification de l'opérateur[1]. D'un autre côté, le déclenchement des bornes aide de plus en plus souvent à la résolution de certaines affaires. Le décret n° 2007-1145 du 30 juillet 2007 portant création d'un traitement automatisé de données à caractère personnel dénommé « Système de transmission d'interceptions judiciaires »[2] met à la disposition des magistrats, officiers de police judiciaire et agents de la douane judiciaire les contenus des mini messages (SMS) et les données techniques de trafic des communications de téléphonie mobile interceptées en application des articles 74-2, 80-4, 100 à 100-7, 706-75 du Code de procédure pénale. Cette création met à la disposition des enquêteurs la lecture des SMS, jusqu'alors considérée comme impossible par les opérateurs de téléphonie mobile. Avant d'adresser leurs réquisitions d'interception aux opérateurs de téléphonie, les enquêteurs ou les magistrats accèdent au STIJ par le réseau intranet et obtiennent un numéro d'identifiant. Ce numéro est alors communiqué à l'opérateur avec la réquisition et permet de recevoir le contenu des sms demandés sur les boîtes aux lettres électroniques des requérants[3]. Le juge d'instruction peut charger le Centre technique d'assistance (CTA) de décrypter des supports quelconques (cédéroms, disques durs, *etc.*) contenant des données ayant fait l'objet d'opérations de transformation empêchant d'accéder aux informations en clair ou de les comprendre (C. pr. pén., art. 230-1 à 230-5). Il doit pour cela établir une réquisition au CTA qui est transmise par l'intermédiaire de l'Office Central contre la criminalité liée aux technologies de l'information et de la communication (OCLCTIC). Il fixe le délai d'exécution des opérations qui peut être prorogé. L'OCLCTIC auquel sont transmis les résultats les communique au juge qui établit un procès-verbal de réception versé en procédure.

SECTION 2
ÉCOUTES TÉLÉPHONIQUES : POUVOIRS DU JUGE DES LIBERTÉS ET DE LA DÉTENTION

192.21 Criminalité organisée. La loi du 9 mars 2004 a mis un terme à un grand principe répété par la jurisprudence de la chambre criminelle et entériné par la loi du 10 juillet 1991 : seul un juge d'instruction pouvait ordonner des écoutes téléphoniques judiciaires. Ce n'est plus le cas puisque « si les nécessités de l'enquête de flagrance ou de l'enquête préliminaire relative à l'une des infractions entrant dans le champ d'application de l'article 706-73 l'exigent, le juge des libertés et de la détention du tribunal de grande instance peut, à la requête du procureur de la République, autoriser l'interception, l'enregistrement et la transcription de correspondances émises par la voie des télécommunications selon les modalités prévues par les articles 100, deuxième alinéa, 100-1 et 100-3 à 100-7, pour une durée maximum de quinze jours, renouvelable une fois dans les mêmes conditions de forme et de durée. Ces opérations sont faites sous le contrôle du juge des libertés et de la détention ». Dès lors que l'on se trouve dans le cadre de l'une des infractions prévues par l'article 706-73, et que l'on soit devant une juridiction spécialisée interrégionale ou non, le ministère public peut donc saisir à cette fin le JLD. Pour l'application des dispositions des articles 100-3 à 100-5, les attributions confiées au juge d'instruction ou à l'officier de police judiciaire commis par lui sont exercées par le procureur de la République ou l'officier de police judiciaire requis par ce magistrat. Le juge des libertés et de la détention qui a autorisé l'interception est informé dans les meilleurs délais par le procureur de la République des actes accomplis en application de l'alinéa précédent (C. pr. pén., art. 706-96). Le JLD, saisi par le ministère public, peut aussi ordonner certaines sonorisations (v. s[s] n° 22.97). L'autorisation écrite du juge des libertés et de la détention, de procéder, dans les conditions prévues à l'article 706-95 du Code de procédure pénale, à des interceptions de correspondance émises par la voie des télécommunications doit intervenir avant que ne soit délivrée la réquisition à l'opérateur téléphonique. En revanche, il n'est pas nécessaire que sa transmission aux services de police soit alors déjà effective[4].

192.22 Personne en fuite. Si les nécessités de l'enquête pour rechercher la personne en fuite l'exigent, le juge des libertés et de la détention du tribunal de grande instance peut, à la requête du procureur de la République, autoriser l'interception, l'enregistrement et la transcription de correspondances émises par la voie des télécommunications selon les modalités prévues par les articles 100, 100-1 et 100-3 à 100-7, pour une durée maximale de deux mois renouvelable dans les mêmes conditions de forme et de durée, dans la limite de

1. V. sur le site http://www.art-telecom.fr/telecom/plages-numeros.htm la liste des préfixes attribués à chaque opérateur de téléphonie mobile.
2. D. n° 2007-1145, 30 juill. 2007, *JO* 31 juill., n° 175, p. 12862 ; *JCP* 31 juill. 2007, n° 31-35, p. 6.
3. V. note Chancellerie n° SG/2007/00089091 du 10 août 2007.
4. Crim. 26 mars 2008, n° 07-88.281, *Bull. crim.*, n° 74; *JCP* 2008, I, 181, note A. Maron; *RSC* 2008, 929, note R. Finielz.

six mois en matière correctionnelle. Ces opérations sont faites sous l'autorité et le contrôle du juge des libertés et de la détention. Pour l'application des dispositions des articles 100-3 à 100-5, les attributions confiées au juge d'instruction ou à l'officier de police judiciaire commis par lui sont exercées par le procureur de la République ou l'officier de police judiciaire requis par ce magistrat. Le juge des libertés et de la détention est informé dans les meilleurs délais des actes accomplis en application de l'alinéa précédent (C. pr. pén., art. 74-2).

SECTION 3
ÉCOUTES TÉLÉPHONIQUES : FAITS ÉTRANGERS À LA SAISINE DU JUGE

192.31 Lorsque les écoutes révèlent des faits étrangers à la saisine du juge, les officiers de police judiciaire établissent un procès-verbal de renseignements judiciaires qui est transmis au juge d'instruction et qui peut aussi être transmis au procureur de la République. La personne mise en examen dans une affaire ouverte sur la base d'un tel rapport ne peut invoquer une atteinte aux droits de la défense qui résulterait de l'absence de transcription de l'enregistrement des conversations, « dès lors qu'elle a la faculté de demander cette transcription à la juridiction d'instruction saisie de la nouvelle poursuite »[1]. Celle-ci interviendra donc sur commission rogatoire délivrée par le second juge saisi, qui donnera mission aux premiers enquêteurs de retranscrire, dans le cadre de cette nouvelle information, les éléments entendus lors de la première et qui avaient fait l'objet du procès-verbal de renseignements judiciaires.

192.32 La transcription dans le cadre de l'affaire initiale ne semble pas non plus un cas de nullité[2]. Par ailleurs, aucune disposition légale n'interdit d'annexer à une procédure pénale des éléments tirés d'une autre procédure dont la production peut être de nature à éclairer le juge et à contribuer à la manifestation de la vérité à condition que cette jonction ait un caractère contradictoire et que les documents communiqués puissent être soumis à la discussion des parties[3] (sur les effets possibles de la jurisprudence 29 mars 2005, Mathéron c/France, n° 57752, sect. IV, v. s^s n° 192.12).

1. Crim. 14 janv. 1992, n° 91-85.864, *Bull. crim.*, n° 13 (v. les attendus s^s n° 192.02).
2. Crim. 28 janv. 1992, n° 90-84.940, n° 90-84.941, *Bull. crim.*, n° 34.
3. Crim. 23 juill. 1985, n° 85-92.574, *Bull. crim.*, n° 275.

192.33 Absence de stratagème. Un enquêteur ou un magistrat instructeur ne peuvent utiliser un stratagème. Il en est ainsi notamment lorsqu'un comparse est invité à téléphoner à un suspect pour lui annoncer une livraison de drogue[4]. La solution est ancienne et d'une façon générale on dira que toute validité est déniée à une écoute s'accompagnant de guet-apens, de provocation, de stratagème ou d'artifice[5]. La même solution a été reprise par la chambre d'accusation de Paris dans un arrêt du 8 février 1995 : « En opérant ainsi, les fonctionnaires de police ont prêté de manière active leur assistance à une provocation organisée par le plaignant qui était destinée, non pas à constater un délit sur le point de se commettre, mais à inciter un délinquant en puissance, inactif depuis deux mois, à commettre des faits pénalement répréhensibles et à organiser une "souricière" [...]. » La chambre criminelle a confirmé cette décision en rappelant que, dès lors qu'il résulte des énonciations des juges que l'interpellation d'une personne, suspectée de trafic d'influence, a procédé d'une machination de nature à déterminer ses agissements délictueux et que, par ce stratagème, qui a vicié la recherche et l'établissement de la vérité, il a été porté atteinte au principe de la loyauté des preuves, la chambre d'accusation est fondée à prononcer la nullité de la procédure subséquente[6]. Ceci renvoie à une distinction bien connue mais aussi difficile à mettre en œuvre : la provocation au délit d'un côté, la provocation à la preuve, de l'autre[7]. La chambre criminelle a réaffirmé en 2008 que porte atteinte au principe de loyauté des preuves et au droit à un procès équitable, la provocation à la commission d'une infraction par un agent de l'autorité publique, en l'absence d'éléments antérieurs permettant d'en soupçonner l'existence. En l'espèce, le service de police de New-York avait crée un site de pornographie infantile qu'il exploitait aux fins d'identifier des internautes pédophiles. Le français qui s'était connecté et chez qui on avait découvert des documents dont certains étaient antérieurs à la connexion sur le service géré par les policiers américains, a obtenu l'annulation de la procédure : la découverte de la détention d'images pornographiques n'a été permise que par la provocation à la commission d'une infraction organisée par les

4. Crim. 13 juin 1989, n° 89-81.388, n° 89-81.709, *Bull. crim.*, n° 254; *D.* 1989, IR 219.
5. Not. Crim. 9 oct. 1980, n° 80-93.140, *Bull. crim.*, n° 255.
6. Crim. 27 févr. 1996, n° 95-81.366, *Bull. crim.*, n° 93; *JCP* 1996, II, 22629, note M.-L. Rassat; *D.* 1996, 346, note Ch. Guéry (v. les attendus s^s n° 192.02).
7. P. Maistre du Chambon, « La régularité des provocations policières : l'évolution de la jurisprudence », *JCP* 1989, I, 3422.

autorités américaines et dont les résultats avaient été transmis aux autorités française[1].

SECTION 4
ÉCOUTES TÉLÉPHONIQUES ET DROITS DE LA DÉFENSE

192.41 Droits de la défense. Le pouvoir de prescrire, lorsque les nécessités de l'information l'exigent, l'interception, l'enregistrement et la transcription de communications téléphoniques, que le juge tient de l'article 100 du Code de procédure pénale, trouve sa limite dans le respect des droits de la défense, qui commande, notamment, la confidentialité des correspondances téléphoniques de l'avocat désigné par la personne mise en examen. Il ne peut être dérogé à ce principe qu'à titre exceptionnel, s'il existe contre l'avocat des indices de participation à une infraction[2].

192.42 Jurisprudence. Au cours d'une information ouverte au vu de copies d'écoutes téléphoniques intervenues dans une procédure distincte, la défense peut exiger la production des originaux pour exercer son contrôle[3]. La chambre d'accusation de Bastia a posé le même principe[4]. Le défaut de versement n'est pas pour autant une cause de nullité parce qu'« une cour d'appel ne peut, sans l'examiner, présumer l'illégalité d'un acte de procédure dont il lui incombe d'ordonner la communication, fût-il compris dans une procédure définitivement close »[5]. La chambre d'accusation n'a pas à statuer sur la régularité de la commission rogatoire ayant prescrit les écoutes initiales, cette pièce étant étrangère au dossier qui lui est soumis et cette décision d'interception n'étant pas, d'ailleurs, susceptible de recours[6] (v. les attendus s^s^ n° 192.02; v. aussi s^s^ n° 192.12). La nullité de l'acte d'interception ne s'étend pas à la procédure ultérieure dont aucune pièce ne se réfère au document annulé[7]. Fait exacte application des articles 100-5, 114 et 171 du Code de procédure pénale la chambre d'accusation qui, pour refuser d'annuler un procès-verbal d'interrogatoire portant sur le contenu d'une écoute téléphonique dont la transcription n'avait pas encore été effectuée mais dont la teneur était rapportée par un procès-verbal versé au dossier, relève que l'acte a eu lieu en présence de l'avocat qui a consulté le dossier et n'a émis aucune réserve, que les questions n'ont pas dépassé ce qui était rapporté au procès-verbal et qu'il n'y a pas eu atteinte aux droits de la défense[8].

192.43 Conversations dans lesquelles apparaît un avocat. La prohibition de l'écoute de l'avocat comme moyen d'investigation sur son client ne s'oppose pas à la mise sous écoute de la ligne d'un proche de la personne en examen et à l'enregistrement d'une communication avec cet avocat[9]. Le principe de la libre communication d'une personne mise en examen avec son avocat, interdisant notamment l'utilisation d'une correspondance échangée entre eux, ne fait pas obstacle cependant aux nécessités de l'information et aux exigences de la manifestation de la vérité d'où le juge d'instruction tient le pouvoir, dans certains cas, de faire intercepter et transcrire des communications téléphoniques. Tel est le cas lorsque l'interception a eu lieu non point sur la ligne de l'avocat mais sur celle d'un tiers et il importe peu que la conversation ait porté sur la situation judiciaire de la personne mise en examen[10]. Il ne saurait être reproché à une chambre d'accusation de refuser d'annuler les procès-verbaux de retranscription de conversations téléphoniques interceptées entre un avocat et la personne ayant servi occasionnellement d'interprète à son client, dès lors que, après avoir relevé que les écoutes ont été réalisées régulièrement, sans artifice ni stratagème, elle énonce que la liberté de communication entre l'avocat et son client, qui entraîne l'interdiction d'intercepter les correspondances ou les communications téléphoniques qu'ils échangent, ne fait pas obstacle à ce que le juge d'instruction, après avoir placé sous écoute téléphonique le

1. Crim. 4 juin 2008, n° 08-81.045, *Bull. crim.*, n° 141; *D.* 2008, AJ 1766, obs. S. Lavric – Aussi, Crim. 7 févr. 2007, n° 06-87.753, *Bull. crim.*, n° 37; *D.* 2007, jur. 2012, note Demarchi; *RSC* 2007, 331, obs. Finiel; 560, obs. Francillon; *Procédures* 2007, comm. 147, obs. Buisson; *AJ pénal* 2008, 425, note S. Lavric.
2. Crim. 15 janv. 1997, n° 96-83.753, *Bull. crim.*, n° 14; *Dr. pén.* avr. 1997, comm. 55; *Gaz. Pal.* 4/5 juin 1997, p. 11 – Crim. 8 nov. 2000, n° 00-83.570, *Bull. crim.*, n° 335; *BICC* 528, n° 119 – Crim. 1er oct. 2003, n° 03-82.909, *Bull. crim.*, n° 177; *D.* 2003, IR 2805; *JCP* 2003, IV, 2892 – M. Sanchez, « Flagrance, apparence et provocation ou la souplesse des règles de preuve », *D.* 2004, comm. 1845.
3. CA Versailles, 9 avr. 1993, *Gaz. Pal.* 1994, 1, somm. 87.
4. CA Bastia, ch. acc., 24 mai 1994, *JCP* 1995, II, 22393, note Ch. Guéry.
5. Crim. 25 nov. 1991, n° 91-81.387, *Bull. crim.*, n° 433, *Gaz. Pal.* 1992, 1, 384.
6. Crim. 6 oct. 1999, n° 99-85.045, *Bull. crim.*, n° 210; jurisprudence pouvant devenir obsolète après CEDH 29 mars 2005, n° 57752/00 (déf. 29 juin 2005), Matheron c/France, sect. IV.
7. Crim. 15 avr. 1991, n° 90-82.000, *Bull. crim.*, n° 179; *JCP* 1992, II, 21795, note W. Jeandidier – G. Clément et J.-P. Vicentini, « L'écoute incidente, genèse d'une poursuite », *RSC* 1997, 597.
8. Crim. 23 mars 1999, n° 98-86.263, *Bull. crim.*, n° 51; *D.* 1999, 109.
9. Crim. 10 mai 1994, n° 93-81.522, *Bull. crim.*, n° 180.
10. CA Limoges, ch. acc., 16 janv. 1997, *BICC* 15 juin 1997, n° 792.

domicile d'un proche d'une personne mise en examen, intercepte les communications de ce dernier avec l'avocat du mis en examen, et estime souverainement que les communications interceptées étaient étrangères à la fonction d'interprète de la personne concernée[1]. Mais dans un arrêt du 18 janvier 2006 la chambre criminelle semble élargir le principe selon lequel la conversation entre un avocat et l'un de ses clients ne peut être transcrite et versée au dossier de la procédure que s'il apparaît que son contenu est de nature à faire présumer la participation de cet avocat à une infraction, au cas où la conversation se tenait entre l'avocat et un proche du mis en examen[2] (pour un extrait de cet arrêt v. s[s] n° 192.02; v. aussi s[s] n° 192.12). Une conversation entre un avocat et son client peut être retranscrite même si l'infraction qui est découverte (en l'espèce la violation du secret professionnel) est étrangère à la saisine initiale du juge[3].

Peut être retranscrite la conversation dans laquelle il apparaît que le mis en cause, en fuite, a un rendez vous avec son conseil[4]. Ne méconnaît pas les dispositions de l'article 6 de la Convention européenne des droits de l'Homme, la cour d'appel qui, après en avoir contradictoirement débattu, admet comme mode de preuve, la production de l'enregistrement d'une conversation téléphonique privée, dès lors qu'elle est justifiée par la nécessité de rapporter la preuve des faits dont l'auteur de l'enregistrement est victime et par les besoins de sa défense[5].

SECTION 5
AUTRES PROCÉDÉS DE SONORISATION

192.51 Surveillance téléphonique. Il faut faire la différence entre les « écoutes téléphoniques » qui permettent d'accéder au contenu des conversations et la surveillance téléphonique qui permet seulement de remonter les numéros appelés et appelants. La poursuite n'est pas viciée par l'utilisation pendant une enquête préliminaire d'un appareil ayant pour but et pour résultat « non d'intercepter des communications téléphoniques, mais de déterminer l'origine des appels et d'en identifier l'auteur »[6].

Si la surveillance est mise en place par un juge d'instruction, elle n'est pas assujettie aux conditions de forme et de fond prévues par les articles 100 et suivants du Code de procédure pénale[7].

192.52 Récepteurs de messagerie. La lecture des messages enregistrés sur un « tam-tam » n'est pas une interception de correspondance. Dès lors que des fonctionnaires de police n'ont installé aucun branchement ni aucune dérivation pour intercepter les messages reçus par un appareil dit « tam-tam », il n'était pas nécessaire, pour lire et retranscrire les messages contenus dans cet appareil, d'obtenir une décision écrite du magistrat instructeur[8]. Ne constituent pas une interception de correspondance émise par la voie des télécommunications, au sens de l'article 100 du Code de procédure pénale, les simples lecture et transcription par les policiers des messages parvenus sur la bande d'un récepteur de messagerie unilatérale[9]. Il en est de même de la connexion à un tel réseau au moyen d'un terminal mis à la disposition du public par l'opérateur, sans modification préalable de l'installation, aux fins de lire les annonces offertes par tel ou tel service (même arrêt). Ne constitue pas un stratagème destiné à dissimuler sa qualité le fait pour un officier de police judiciaire d'utiliser un pseudonyme pour se connecter à un service de messagerie[10].

192.53 Enregistrement clandestin par un policier. L'enregistrement effectué de manière clandestine, par un policier agissant dans l'exercice de ses fonctions, des propos qui lui sont tenus, fût-ce spontanément, par une personne suspecte, élude les règles de procédure et compromet les droits de la défense. La validité d'un tel procédé ne peut être admise[11]. Il en va toutefois différemment si c'est le policier lui même qui est victime[12]. Les enregistrements par des fonctionnaires de police, agissant en enquête préliminaire, de conversations par apposition d'un dispositif relié au combiné de l'appareil, même réalisés avec l'accord de l'un des correspon-

1. Crim. 30 sept. 1998, n° 98-81.951, *Bull. crim.*, n° 243.
2. Crim. 18 janv. 2006, n° 05-86.447, *Bull. crim.*, n° 22; *AJ pénal* 2006, 126, note C. Girault; *Gaz. Pal.* 21-23 mai 2006, p. 17; *Procédures* 2006, n° 85, note J. Buisson.
3. Crim. 1er oct. 2003, n° 03-82.909, *Bull. crim.*, n° 177; *D.* 2004, somm. 671, note Pradel.
4. Crim. 17 sept. 2008, n° 08-85.229, *Bull. crim.*, n° 191; *AJ pénal* 2008, 467, obs. S. Lavric.
5. Crim. 31 janv. 2007, n° 06-82.683, *Bull. crim.*, n° 100; *AJ pénal* 2007, 145; *Gaz. Pal.* 11/12 mai 2007, jur. p. 13, note A. C.
6. Crim. 4 janv. 1974, n° 73-90.887, *Bull. crim.*, n° 2 – Crim. 2 avr. 1997, n° 97-80.269, n° 97-80.270, *Bull. crim.*, n° 131; *D.* 1997, IR 163, *Gaz. Pal.* 13 août 1997, p. 16.
7. Crim. 17 juill. 1984, n° 83-92.332, n° 83-92.333, 2 esp., *Bull. crim.*, n° 259.
8. CA Aix-en-Provence, ch. acc., 12 déc. 1996, *Dr. pén.* 1998, p. 23; *JCP* 1997, II, 22975, note E. Molina.
9. Crim. 14 avr. 1999, n° 98-87.224, *Bull. crim.*, n° 82.
10. Crim. 25 oct. 2000, n° 00-80.829, *Bull. crim.*, n° *317*; *BICC* 527, n° 48.
11. Crim. 16 déc. 1997, n° 96-85.589, *Bull. crim.*, n° 427; *D.* 1998, IR 81.
12. Crim. 19 janv. 1999, n° 98-83.787, *Bull. crim.*, n° 9; *D.* 1999, IR 84; *JCP* 1999, II, 10156, note D. Rebut.

dants, constituent une écoute illicite et sont donc, ainsi que leur transcription, entachés de nullité[1]. Si les dispositions de l'article 226-1 du Code pénal ne paraissent pas applicables, en dehors de toute atteinte à l'intimité de la vie privée, à l'enregistrement à son insu de la voix d'une personne mise en examen, au cours d'une audition, par un policier agissant sur commission rogatoire du magistrat instructeur, aux fins d'expertise comparative avec la voix perceptible sur un dictaphone saisi au cours de l'enquête, il y a lieu cependant de juger que cet enregistrement a été effectué de manière déloyale et de nature à compromettre les droits de la défense[2]. Est nul également l'enregistrement d'une conversation avec les enquêteurs alors que le témoin, placé en garde à vue, se refusait à signer un procès-verbal d'audition[3]. La Cour européenne des droits de l'Homme, dans une hypothèse où une personne soupçonnée de vols avait refusé toute participation à des séances d'identification, a estimé que le film tourné en secret par les policiers aux fins de permettre cette identification était un stratagème outrepassant l'utilisation normale ou prévue des caméras de sécurité, les images ayant été obtenues sans le consentement de l'intéressé ou dans des conditions où celui-ci pouvait raisonnablement s'attendre à l'enregistrement des images et à leur utilisation à des fins d'identification[4].

Ne constitue pas une interception de communication téléphonique le comportement de l'agent des douanes qui, au cours d'une perquisition à domicile, décroche le récepteur qu'il passe immédiatement à l'abonné et peut entendre les propos échangés sans mise en œuvre d'un procédé technique de captation de ligne[5].

192.54 Sonorisation d'un domicile. Dans un arrêt du 15 février 2000, la chambre criminelle a proscrit la possibilité de se servir d'une perquisition pour placer des micros utilisés pour la sonorisation de la pièce. Toutefois, le chapeau de cet arrêt, qui expose : « Aux termes des articles 56, 94 et 152 du Code de procédure pénale les perquisitions ordonnées par le juge d'instruction ne peuvent avoir d'autres fins que la recherche d'objets utiles à la manifestation de la vérité. Dès lors, est irrégulière la commission rogatoire par laquelle le magistrat instructeur prescrit à l'officier de police judiciaire l'enregistrement de conversations dans un domicile privé, de telles opérations n'étant autorisées ni par l'article 81 du Code de procédure pénale ni par les articles 100 et suivants dudit code »[6], n'est pas fidèle au contenu de celui-ci. Ce n'est pas le principe de la sonorisation lui-même qui est mis en cause mais l'utilisation détournée, à ces fins, d'une perquisition. L'arrêt ne fait en effet aucune mention des articles 81 et 100 du Code de procédure pénale[7]. D'ailleurs la Cour de cassation admet expressément le principe de la sonorisation : par application des articles 81, 151 et 152 du Code de procédure pénale, le juge d'instruction peut prescrire par commission rogatoire, en vue de la constatation des infractions, la captation, la transmission et l'enregistrement de conversations privées, autres que des communications téléphoniques, pourvu que ces mesures aient lieu sous son contrôle et dans des conditions ne portant pas atteinte aux droits de la défense[8] (v. les attendus s^s n° 192.02)[9].

Il s'agissait d'une espèce où un fonctionnaire de police avait feint d'accepter des offres de sommes d'argent pour fournir des renseignements. Deux commissions rogatoires avaient été ordonnées prescrivant, pour une durée de quatre mois, la captation, la transmission et l'enregistrement des conversations entre le policier et ses interlocuteurs, ainsi que la sonorisation de son véhicule administratif aux mêmes fins. Il est donc tout à fait possible de sonoriser un véhicule à condition que ce soit un juge d'instruction qui l'ordonne et qu'aucun stratagème ne soit organisé pour assurer cette sonorisation (sur les incidences de la loi Perben II sur les sonorisations de droit commun, v. s^s n° 192.57). La Cour européenne des droits de l'Homme a condamné la France dans un arrêt du 31 mai 2005 en estimant que dans le domaine de la pose de micros, le droit français, soit les articles 81, 100 à 100-7 insérés par la loi du 10 juillet 1991, 151 et 152 du Code de procédure pénale, n'indique pas avec assez de clarté l'étendue et les modalités d'exercice du pouvoir d'appréciation des autorités[10]. « Dès lors le requérant, qui se plaignait de la sonorisation de l'appartement d'un tiers où il devait se rendre et de l'enregistrement des propos qu'il y a tenus, n'a pas joui du degré minimal de protection voulu par la prééminence du droit dans une société démocratique et il y a eu violation de l'article 8 de la Conven-

1. Crim. 28 avr. 1987, n° 86-96.621, *Bull. crim.*, n° 173.
2. CA Paris, ch. acc., 15 sept. 1998, *BICC* 492, n° 558.
3. CA Caen, ch. acc., 28 févr. 1990, *D.* 1990, somm. 378, obs. J. Pradel.
4. CEDH 17 juill. 2003, n° 63737/00, Perry c/Royaume Uni.
5. Crim. 4 sept. 1991, n° 90-86.786, *Bull. crim.*, n° 312.
6. Crim. 15 févr. 2000, n° 99-86.623, *Bull. crim.*, n° 68.
7. V. sur cet arrêt, G. Accomando et Ch. Guéry, « La sonorisation : un mode légal de preuve ? », *D.* 2002, chron. 2001.
8. Crim. 23 nov. 1999, n° 99-82.658, *Bull. crim.*, n° 269; *D.* 2000, IR 38.
9. Crim. 12 déc. 2000, n° 00-83.852, *Bull. crim.*, n° 369; *Dr. pén.* 2001, comm. 38.
10. CEDH 2e sect., 31 mai 2005, n° 59842/00, Vetter c/ France, *BICC* 623, n° 1383; *D.* 2005, jur. 2575, note P. Hennion-Jacquet.

tion. » La loi du 9 mars 2004 semble avoir posé des garanties suffisantes, mais seulement dans le domaine de la criminalité organisée.

192.55 Enregistrement par un particulier. Ce qui est interdit au policier ne l'est pas au particulier : n'importe quelle personne peut produire en justice des enregistrements et peu importe, selon la jurisprudence, de quelle manière ils ont été recueillis, pourvu qu'aucun stratagème policier ne soit à l'origine de l'enregistrement[1]. L'enregistrement de son téléphone par un particulier est un moyen de défense; pour un policier c'est un acte d'enquête ou d'instruction qui doit être réalisé en conformité avec la législation.

192.56 Écoutes de parloir. De façon traditionnelle, il était admis avant l'entrée en vigueur de la loi du 9 mars 2004 que le juge d'instruction pouvait prescrire, par commission rogatoire, l'écoute et l'enregistrement des conversations tenues par la personne mise en examen au parloir de la maison d'arrêt pourvu que ces mesures aient lieu sous son contrôle et dans des conditions ne portant pas atteinte aux droits de la défense.

L'interception des conversations ainsi tenues, qui sont soumises de droit à la surveillance du personnel pénitentiaire, ne constitue pas, au sens de l'article 8 de la Convention européenne des droits de l'Homme une ingérence dans l'exercice du droit au respect de la vie privée, du domicile et de la correspondance[2]. Des juridictions du fond ont statué dans le même sens : « L'enregistrement puis la retranscription partielle des conversations tenues par une personne mise en examen au parloir d'une maison d'arrêt constitue un acte utile à l'information criminelle suivie à son encontre. Ce mode de preuve ne doit pas être considéré comme déloyal ou susceptible de porter atteinte aux droits de la défense, dès lors qu'il a été mené conformément aux restrictions et aux règles procédurales protectrices des droits fondamentaux, posées expressément par la commission rogatoire du magistrat instructeur, et qu'il peut être discuté tout au long de la procédure. En outre cette interception ne constitue ni une atteinte à l'intimité de la vie privée, en raison de la teneur des articles D. 403 et suivants du Code de procédure pénale, ni une violation de l'article 8-1 de la Convention européenne des droits de l'Homme puisqu'elle s'inscrit dans le cadre des prérogatives permises par l'article 8-2 de ladite convention, en l'espèce l'article 81 alinéa 1er du Code de procédure pénale »[3]. Au regard de cette jurisprudence permissive, on peut se demander si la prohibition par la chambre d'accusation de Paris de l'enregistrement de la voix de la personne mise en examen, aux fins d'expertise, a un réel avenir (v. ss n° 192.43).

192.57 Sonorisation et loi du 9 mars 2004. Nous avions proposé une synthèse de l'ensemble de la jurisprudence citée ci-dessus[4] en relevant une constante procédurale : le cadre d'intervention, et une incertitude pratique : l'appréciation du caractère de loyauté des preuves. Dans l'arrêt du 23 novembre 1999, la sonorisation du véhicule administratif du policier avait en effet permis d'enregistrer les conversations tenues avec les suspects[5]. C'est donc bien le cadre d'intervention, sur commission rogatoire, qui est déterminant dans toutes ces affaires. Ce qui ne peut être admissible sur initiative de l'enquêteur le devient dès lors que c'est un juge qui en garantit le déroulement.

Le magistrat doit pourtant respecter un principe jurisprudentiel plusieurs fois répété : celui de la loyauté des preuves.

Cette loyauté s'oppose à ce qu'une perquisition soit utilisée à d'autres fins que celles définies aux articles 95 et 96 du Code de procédure pénale.

La loi Perben II et la jurisprudence la plus récente de la Cour européenne des droits de l'Homme remettent en cause cette analyse.

D'une façon générale, il est permis de se demander si la loi Perben II a mis à néant la jurisprudence de la chambre criminelle de la Cour de cassation, lorsqu'elle autorisait un certain nombre de pratiques et que leur utilisation est désormais clairement définie mais uniquement dans le cadre des dispositifs particuliers qui concernent les articles 706-73 voire 706-74. C'est ainsi que la question se pose de savoir si les sonorisations sont toujours possibles alors que l'article 706-96 du Code de procédure pénale donne désormais un cadre légal aux sonorisations et fixations d'images dans les lieux privés et publics. Cet article encadre la possibilité de sonorisation pour les infractions de criminalité organisée visées par l'article 706-73 (v. ss n° 192.58). La circulaire du 2 septembre 2004 n'évoque pas précisément les écoutes de parloirs mais indique que la jurisprudence antérieure de la chambre criminelle est caduque. On pouvait soutenir un avis inverse, ce que nous avions fait dans la précédente édition de cet ouvrage. Les dispositions nouvelles de la loi Perben II ont pour effet de mettre en place un dispositif exorbitant du droit commun mais il n'a

1. Crim. 28 avr. 1987, n° 86-96.621, *Bull. crim.*, n° 173.
2. Crim. 12 déc. 2000, n° 00-83.852, *Bull. crim.*, n° 369; *BICC* 530, n° 226.
3. CA Limoges, ch. acc., 5 août 1998, *BICC* 492, n° 557.
4. V. G. Accomando et Ch. Guéry « La sonorisation : un mode légal de preuve », *D.* 2002, chron. 2001.
5. Crim. 23 nov. 1999, n° 99-82.658, *Bull. crim.*, n° 269; *D.* 2000, IR 38.

jamais été question dans les travaux préparatoires de réduire les possibilités déjà existantes dans les affaires de droit commun. Cela est facile à constater lorsqu'il existe des textes généraux. C'est ainsi qu'on sait que les règles nouvelles sur les perquisitions qui concernent la criminalité organisée n'empêchent pas les perquisitions de droit commun. La règle spéciale ne fixe que le cadre des affaires de criminalité organisée. On pouvait raisonner de la même façon lorsqu'il n'existait pas de texte écrit mais seulement une jurisprudence.

S'agissant des écoutes de parloir, on pouvait aussi estimer que les parloirs constituent par nature un lieu exclusif de conversations privées. Ils font en effet l'objet d'une réglementation spéciale définie par l'article D. 406 du Code de procédure pénale (présence d'un surveillant, possibilité d'entendre les conversations). Mais l'arrêt de la Cour européenne des droits de l'Homme Wisse contre France du 20 décembre 2005 (v. les attendus s^s n° 192.02) semble porter un coup décisif à cette perspective[1]. La Cour fait en effet expressément référence aux interceptions téléphoniques pour dire que « la loi sur laquelle il se fonde doit être "prévisible" quant au sens et à la nature des mesures applicables ». Elle donne une idée des exigences nécessaires : « Parmi les "sauvegardes adéquates" contre les abus à redouter figurent les catégories de personnes susceptibles de faire l'objet d'une telle mesure et la nature des infractions pouvant y donner lieu doivent être définies; le juge doit être astreint à fixer une limite à la durée de l'exécution de la mesure; doivent également être précisées les conditions d'établissement des procès-verbaux de synthèse consignant les conversations "écoutées", les précautions à prendre pour communiquer intacts et complets les enregistrements réalisés, aux fins de contrôle éventuel par le juge et par la défense, ainsi que les circonstances dans lesquelles peut ou doit s'opérer l'effacement ou la destruction desdites bandes, notamment après non-lieu ou relaxe ». La Cour considère en conséquence que « le droit français n'indique pas avec assez de clarté la possibilité d'ingérence par les autorités dans la vie privée des détenus, ainsi que l'étendue et les modalités d'exercice de leur pouvoir d'appréciation dans ce domaine ».

Comme on pouvait s'y attendre[2], la chambre criminelle a statué dans le sens de l'impossibilité d'écoutes de parloir dans le cadre d'une procédure de droit commun : « Attendu qu'en prononçant ainsi, dès lors que les opérations de sonorisation précitées doivent nécessairement répondre aux conditions de fond et de forme énoncées à l'article 706-96 du code précité, la chambre de l'instruction a justifié sa décision »[3].

On notera néanmoins que le décret du 3 mai 2007 (n° 2007-699) a prévu que les communications enregistrées par le personnel de surveillance de la maison d'arrêt sur le fondement de l'article 727-1 du Code de procédure pénale, issu lui-même de l'une des lois du 5 mars 2007 (n° 2007-297), devaient être communiquées au magistrat instructeur (v. s^s n° 192.01).

192.58 Sonorisation, fixation d'images et criminalité organisée. Le Code de procédure pénale prévoit pour la première fois ce que demandaient certains praticiens : une réglementation des sonorisations. Pour les infractions de l'article 706-73, le juge d'instruction peut, après avis du procureur de la République, autoriser par ordonnance motivée les officiers et agents de police judiciaire commis sur commission rogatoire à mettre en place un dispositif technique ayant pour objet, sans le consentement des intéressés, la captation, la fixation, la transmission et l'enregistrement de paroles prononcées par une ou plusieurs personnes à titre privé ou confidentiel, dans des lieux ou véhicules privés ou publics, ou de l'image d'une ou plusieurs personnes se trouvant dans un lieu privé. Ces opérations sont effectuées sous l'autorité et le contrôle du juge d'instruction (C. pr. pén., art. 706-97). Les articles 706-97-1 à 706-97-7 fixent les conditions pratiques et les limites de ces opérations sur le modèle des dispositions des articles 100-1 à 100-7 sur les écoutes téléphoniques. Tenant compte de la jurisprudence de la chambre criminelle contestant que l'on puisse se servir d'une perquisition de complaisance pour mettre en place des micros, la loi du 9 mars 2004 permet au juge d'instruction d'autoriser l'introduction dans un véhicule ou un lieu privé, y compris hors des heures prévues à l'article 59, à l'insu ou sans le consentement du propriétaire ou du possesseur du véhicule ou de l'occupant des lieux ou de toute personne titulaire d'un droit sur ceux-ci. Ces opérations ne peuvent avoir d'autre fin que la mise en place du dispositif technique (C. pr. pén., art. 706-98). Justifie sa décision, au regard de l'article 8 de la Convention européenne des droits de l'Homme, la chambre de l'instruction qui, après avoir contrôlé que l'interception des conversations échangées au parloir de la maison d'arrêt entre une personne mise en examen et ses visiteurs a répondu aux conditions et formes prévues par les

1. CEDH 20 déc. 2005, n° 71611/01, Wisse c/France, *AJ pénal* 2006, 128, note J.-P. Céré.
2. V. nos commentaires dans la précédente édition de cet ouvrage s^s n° 192.57.
3. Crim. 9 juill. 2008, n° 08-82.091, *Bull. crim.*, n° 170; *JCP* 2008, IV, 2526; *AJ pénal* 2008, 424, note J. Lasserre-Capdeville.

articles 706-96 à 706-102 du Code de procédure pénale, relève que les opérations, ordonnées par un juge d'instruction, pour une durée limitée, ont été placées en permanence sous son autorité et son contrôle et qu'elles étaient nécessaires à la recherche de la manifestation de la vérité, relativement à des infractions portant gravement atteinte à l'ordre public, les personnes concernées ayant été, en outre, en mesure d'en contrôler efficacement l'exécution[1].

S'il s'agit d'un lieu d'habitation et que l'opération doit intervenir hors des heures prévues à l'article 59, cette autorisation est délivrée par le juge des libertés et de la détention saisi à cette fin par le juge d'instruction. Cette disposition place le JLD au-dessus du magistrat instructeur en termes de libertés individuelles. En effet, traditionnellement c'est le ministère public qui demande une autorisation au JLD et non le magistrat instructeur (à l'exclusion toutefois de la détention provisoire). C'est à notre connaissance la seconde disposition de ce type, la première ayant concerné les auditions de témoin sous X (C. pr. pén., art. 706-58, issu de L. 9 sept. 2002 - Sur les conclusions que l'on peut tirer de l'existence de cette réglementation sur les sonorisations de droit commun v. s[s] n° 192.57). La captation, la fixation, l'enregistrement ou la transmission par les policiers de l'image d'une personne se trouvant dans un lieu privé, qui ne sont autorisés que dans les cas et conditions prévus par l'article 706-96 du Code de procédure pénale ne peuvent être opérés au cours d'une enquête préliminaire[2]. Une telle autorisation ne peut être autorisée que par le juge d'instruction, dans le cadre d'une information concernant une infraction entrant dans le champ d'application de l'article 706-73 du Code de procédure pénale[3].

La mise en place d'une sonorisation suppose que, cumulativement, soient prise une ordonnance motivée et délivrée une commission rogatoire spéciale, conformément aux dispositions de l'article 706-96 du Code de procédure pénale[4]. La prolongation de cette autorisation doit intervenir avant l'expiration de la mesure précédente même si le système mis en place est resté, désactivé, dans les lieux concernés[5]. Le point de départ des mesures de sonorisation doit être fixé au jour de leur mise en place effective[6].

192.59 **Exclusion de certains lieux.** Les domiciles, cabinets et véhicules, selon les distinctions des articles 56-1, 56-2 et 56-3, et 100-7 ne peuvent être concernés par la mise en place de ces dispositifs techniques. Cette exception concerne donc les avocats, médecins, notaires, entreprises de presse, parlementaires.

1. Crim. 1er mars 2006, n° 05-87.251, *Bull. crim.*, n° 59; *D.* 2006, IR 1249; *D.* 2006, jur. 1505, note J. Pradel; *AJ pénal* 2006, 222, obs. J.-P. Céré; 304, note P. Remilleux.
2. Crim. 21 mars 2007, n° 06-89.444, *Bull. crim.*, n° 89; *D.* 2007, AJ 1204; *AJ pénal* 2007, 286, note G. Royer; *Procédures* 2007, n° 201, note J. Buisson - V. aussi D. Caron et S. Menotti, « Les conditions de la légalité de la photographie par les policiers de personnes ou de véhicules dans un lieu privé », *D.* 2007, 1817.
3. Crim. 27 mai 2009, n° 09-82.115, P; *D.* 2009, 1697, note C. Girault, hypothèse du parking d'une copropriété.
4. Crim. 13 févr. 2008, n° 07-87.458, *Bull. crim.*, n° 40; *D.* 2008, AJ 787; *RSC* 2008, 364, obs. R. Finielz; *AJ pénal* 2008, 193, obs. S. Lavric; *RSC* 2008, 661, obs. J. Buisson - Sur la décision motivée, v. aussi Crim. 27 févr. 2008, n° 07-88.275, *Bull. crim.*, n° 53; *D.* 2008, AJ 991; *AJ pénal* 2008, 284, obs. J. Leblois-Harpe; *RSC* 2008, 659, obs. J. Buisson.
5. Crim. 13 nov. 2008, n° 08-85.456, *Bull. crim.*, n° 230; *Dr. pén.* 2009, n° 43, note A. Maron et M. Haas.
6. Crim. 13 nov. 2008, n° 08-85.456, *Bull. crim.*, n° 230; *Dr. pén.* 2009, n° 43, note A. Maron et M. Haas.

TITRE

20. Les nullités de l'information

SECTION 0

ORIENTEUR

200.00 Plan du titre.

Chap. 201 Classifications des nullités

Sect. 1 Différentes classifications

Sect. 2 Nullités prévues par la loi

Sect. 3 Nullités substantielles : définition

Sect. 4 Nullités substantielles : application

Sect. 5 Nullités d'ordre privé

Sect. 6 Nullités d'ordre public

Chap. 202 Renonciation aux nullités

Sect. unique Renonciation aux nullités

Chap. 203 Nullités invoquées pendant l'instruction

Sect. 1 Nullités découvertes devant le juge d'instruction

Sect. 2 Mise en œuvre des nullités par les parties : la requête

Sect. 3 Délais pour présenter la requête

Sect. 4 Nullités invoquées devant la chambre de l'instruction : appel d'une ordonnance

Sect. 5 Nullités invoquées devant la chambre de l'instruction : règlement de la procédure en matière correctionnelle

Sect. 6 Nullités invoquées devant la chambre de l'instruction : règlement de la procédure en matière criminelle

Sect. 7 Nullités invoquées devant la chambre de l'instruction : arrêt prononçant sur une nullité

Chap. 204 Nullités invoquées après la clôture de l'instruction

Sect. 1 Nullités invoquées devant le juge correctionnel : règles antérieures à la loi du 4 janvier 1993

Sect. 2 Nullités invoquées devant le juge correctionnel : règles issues de la loi du 4 janvier 1993

Sect. 3 Nullités invoquées devant le juge correctionnel : quand la nullité doit être invoquée

Sect. 4 Nullités invoquées après l'arrêt de mise en accusation

Chap. 205 Annulation

Sect. 1 Étendue de l'annulation

Sect. 2 Nullités en matière de détention provisoire

Sect. 3 Actes annulés

200.01 Textes applicables.

C. pr. pén., art. 49, 59, 80-1, 95, 96, 100-7, 170, 171, 172, 173, 173-1, 174, 174-1, 175, 206, 218, 385, 696-36, 802.

LPF, art. L. 47.

L. 29 juill. 1881, sur la presse, art. 50.

200.02 Jurisprudence de référence.

Crim. 27 févr. 1978, n° 77-92.301, *Bull. crim.,* n° 73; *JCP* 1979, II, 19113, note P. Chambon.

Crim. 18 mai 1983, n° 82-93.410, *Bull. crim.,* n° 148.

Crim. 4 nov. 1986, n° 86-92.726, n° 86-94.653, 2 esp., *Bull. crim.,* n° 320; *D.* 1987, somm. 79, obs. Pradel.

Crim. 6 avr. 1993, n° 93-80.184, NP; *JCP* 1993, II, 22144, note M.-L. Rassat.

Crim. 28 mars 2000, n° 00-80.090, *Bull. crim.,* n° 137; *JCP* 2000, IV, 1156.

Crim. 7 juin 2000, n° 99-82.788, *Bull. crim.,* n° 219.

Crim. 4 mars 2004, n° 03-85.983, *Bull. crim.,* n° 57; *D.* 2004, IR 1213; *JCP* 2004, IV, 1782; *AJ pénal* 2004, 207, obs. J. Leblois-Happe.

Crim. 23 août 2005, n° 03-87.719, *Bull. crim.,* n° 209; *JCP* 2005, IV, 3137.

Crim. 6 sept. 2006, n° 06-84.869, *Bull. crim.,* n° 208; *Gaz. Pal.* 28/29 mars 2007, p. 7, note Y. Monnet.

Crim. 24 oct. 2007, n° 07-83.916, *Bull. crim.,* n° 253; *Procédures* 2007, n° 56, note J. Buisson.

Crim. 24 nov. 2007, n° 07-85.922, *Bull. crim.,* n° 288; *D.* 2008, act. 22; *AJ pénal* 2008, 96, obs. S. Lavric.

200.03 Bibliographie indicative. (V. les références complètes s[s] n° 03.)

Actualisables. RÉP. PÉN., Guéry, « Instruction préparatoire »; Guerrin, « Nullités de procédure » – J.-CL. PÉN., Dumont J., « Nullités de procédure » – TPJI, Cousteaux G., « La mise en œuvre des nullités ».

Articles. Bonnal N., « Les nullités au cours de la phase de jugement », *AJ pénal* 2005, 188 – Brouillaud J.-P., « Les nullités de procédure : des procédures pénales et civiles comparées », *D.* 1996, chron. 98 – Chabut B. et P.-O., « Le point en matière de nullité de procédure pénale, au fil des cent dernières décisions de la chambre d'accusation de Paris », *Gaz. Pal.* 14/15 nov. 1997, p. 2 – Clément G., « De la règle « pas de nullité sans grief » en droit judiciaire privé et en procédure pénale », *RSC* 1984, 433 – Colomb C., « Nullité de la détention provisoire », *AJ pénal* 2005, 185 – Girault C., « Nullité de la garde à vue », *AJ pénal* 2005, 140 – Giudicelli C., L'étendue des nullités au cours de l'enquête pénale : quel contrôle de la police judiciaire ?, *AJ pénal* 2008, 445 – Guérin M., « Les changements opérés par la loi relative à la présomption d'innocence sur les nullités de procédure dans la phase préalable au jugement pénal », *RSC* 2000, 753 – Guéry Ch., « Un toilettage progressif et personnalisé : les nullités de l'instruction après l'entrée en vigueur de la loi du 4 mars 2002 », *Dr. pén.* nov. 2002, chron. 38; « Le tribunal correctionnel et les nullités de l'instruction », *Dr. pén.* 2004, ét. n° 6; « De la nécessité accrue pour le témoin assisté de l'être bien », *AJ pénal* 2005, 111 – Porteron C., « Nullité des perquisitions au cours de l'instruction », « Nullité des écoutes téléphoniques », « Nullité de la mise en examen », *AJ pénal* 2005, 143, 145 et 147 – Roussel Y., « Le régime des nullités de la procédure pénale après les lois du 4 janvier 1993 et du 24 août 1993 », *Gaz. Pal.* 19/20 janv. 1996, p. 7 – Roussel G., « L'annulation des procès-verbaux d'interrogatoire pour défaut de mention des questions », *AJ pénal* 2005, 19 – Saint-Pierre F., « Le véritable enjeu des contrôles juridictionnels de la légalité des procédures pénales : la « sûreté » des justiciables », *AJ pénal* 2005, 177.

200.04 Évolution. « Les actes de procédure sont privés de valeur juridique, soit quand manque chez celui qui les accomplit, la qualité ou le pouvoir nécessaire, soit quand une formalité essentielle a été omise ou n'a pas été faite dans les conditions imposées par la loi. L'absence de valeur d'un acte de procédure constitue la nullité de l'acte, ou son inefficacité »[1].

Le Code d'instruction criminelle n'a pas organisé pour l'instruction un système particulier de nullités. Les textes relatifs à l'information préalable ne comportaient pas cette sanction. On appliquait à cette partie de la procédure le système général des nullités, institué par l'article 408 du Code précité pour les matières criminelles, et étendu aux matières correctionnelles et de police par l'article 413.

Les premiers textes qui disposèrent sur les nullités de l'instruction furent l'article 12 de la loi du 8 décembre 1897, et les lois des 7 février 1933 et 25 mars 1935 en matière de perquisition et saisies. Le Code de procédure pénale a groupé dans ses articles 170 à 174 et 206 les règles relatives aux nullités de l'information, qui forment un ensemble cohérent et complet; la loi détermine les nullités et fixe la procédure de leur mise en œuvre. En outre, les articles 218, 385, 594, 595 et 599 indiquent quand les nullités peuvent être invoquées. Quant à l'article 802, rédaction de la loi du 6 août 1975, il restreint les nullités au cas d'atteinte aux intérêts de la défense[2].

Le droit français, fondé sur les dispositions de l'instruction législative du 29 septembre 1791, des articles 456 du Code du 3 brumaire an IV et 408 alinéa 1er du Code d'instruction criminelle et de l'article 1030 du Code de procédure civile, n'admettait la nullité comme sanction de l'omission d'une formalité que lorsque cette sanction était expressément prévue par la loi[3]. Mais la jurisprudence, sur la base de l'alinéa 2 de l'article 408 précité, considérait que la nullité pouvait également être prononcée lorsqu'une forme substantielle de la procédure avait été violée.

Les solutions dégagées sous l'égide du Code d'instruction criminelle ont été dans leur ensemble reprises par le Code de procédure pénale. Il était notamment décidé que les parties ne pouvaient en aucun cas invoquer elles-mêmes les nullités commises à leur préjudice, pendant le temps où l'information était suivie devant le juge d'instruction, solution qui pouvait paraître rigoureuse[4].

La loi du 4 janvier 1993 a innové sur deux points essentiels. Elle a en premier lieu admis, à l'encontre de la règle ci-dessus, que les parties privées peuvent, au cours de l'instruction, au même titre que le juge d'instruction ou le procureur de la République, saisir la chambre de l'instruction des nullités éventuellement commises (C. pr. pén., art. 170, 173). Le système a été maintenu sans changement par la loi du 24 août 1993. La loi du 4 janvier 1993 a en second lieu multiplié et porté au nombre de vingt les nullités textuelles (C. pr. pén., art. 171). Mais la loi du 24 août 1993 a purement et simplement abrogé ce dernier texte et est revenue au régime antérieur des nullités, pris dans son ensemble[5]. Enfin, la loi du 15 juin 2000 et celle du 4 mars 2002 ont mis en place un système contraignant la partie à agir dans un délai de six mois après chaque interrogatoire. Cette importante nouveauté a pour effet d'apporter une sécurité plus importante aux procédures.

200.05 Rapport du Comité de réflexion sur la justice pénale dit Rapport Léger. Dans le cadre de l'enquête renforcée, les parties à la procédure peuvent présenter des requêtes en nullité devant la chambre de l'enquête et des libertés (v. aussi s[s] n° 240.05).

1. GARRAUD, III, n° 1094.

2. V. M. Hersant, « Réflexions sur l'article 802 », *D.* 1976, chron. 115.
3. HÉLIE F., VIII, n°s 3981 s.
4. GARRAUD, III, n° 1116 – CA Paris, ch. acc., 5 déc. 1967, *JCP* 1968, II, 15492, note P. Chambon.
5. V. Le Gunehec, comm. loi 24 août 1993, *JCP* 1993, I, 3720.

CHAPITRE

201. Classifications des nullités

SECTION 0 ORIENTEUR

201.00 **Plan du chapitre.**

Sect. 1 Différentes classifications
Sect. 2 Nullités prévues par la loi
Sect. 3 Nullités substantielles : définition
Sect. 4 Nullités substantielles : application
Sect. 5 Nullités d'ordre privé
Sect. 6 Nullités d'ordre public

201.01 **Textes applicables.**

C. pr. pén., art. 49, 59, 80-1, 95, 96, 100-7, 170, 171, 174, 696-36, 802.

LPF, art. L. 47.

L. 29 juill. 1881, art. 50.

C. pr. pén., art. 49 [ord. n° 2006-673, 8 juin 2006, art. 8, *JO* 9 juin]

Le juge d'instruction est chargé de procéder aux informations, ainsi qu'il est dit au chapitre Ier du titre III.

Il ne peut, à peine de nullité, participer au jugement des affaires pénales dont il a connu en sa qualité de juge d'instruction.

Le juge d'instruction exerce ses fonctions au siège du tribunal de grande instance auquel il appartient.

C. pr. pén., art. 59

Sauf réclamation faite de l'intérieur de la maison ou exceptions prévues par la loi, les perquisitions et les visites domiciliaires ne peuvent être commencées avant 6 heures et après 21 heures.

Les formalités mentionnées aux articles 56, 56-1, 57 et au présent article sont prescrites à peine de nullité.

C. pr. pén., art. 80-1

À peine de nullité, le juge d'instruction ne peut mettre en examen que les personnes à l'encontre desquelles il existe des indices graves ou concordants rendant vraisemblable qu'elles aient pu participer, comme auteur ou comme complice, à la commission des infractions dont il est saisi.

[…]

C. pr. pén., art. 95

Si la perquisition a lieu au domicile de la personne mise en examen, le juge d'instruction doit se conformer aux dispositions des articles 57 et 59.

C. pr. pén., art. 96

Si la perquisition a lieu dans un domicile autre que celui de la personne mise en examen, la personne chez laquelle elle doit s'effectuer est invitée à y assister. Si cette personne est absente ou refuse d'y assister, la perquisition a lieu en présence de deux de ses parents ou alliés présents sur les lieux, ou à défaut, en présence de deux témoins.

Le juge d'instruction doit se conformer aux dispositions des articles 57 (alinéa 2) et 59.

Toutefois, il a l'obligation de provoquer préalablement toutes mesures utiles pour que soit assuré le respect du secret professionnel et des droits de la défense.

Les dispositions des articles 56-1, 56-2 et 56-3 sont applicables aux perquisitions effectuées par le juge d'instruction.

C. pr. pén., art. 100-7 [L. n° 2004-204, 9 mars 2004]

Aucune interception ne peut avoir lieu sur la ligne d'un député ou d'un sénateur sans que le président de l'assemblée à laquelle il appartient en soit informé par le juge d'instruction.

Aucune interception ne peut avoir lieu sur une ligne dépendant du cabinet d'un avocat ou de son domicile sans que le bâtonnier en soit informé par le juge d'instruction.

Aucune interception ne peut avoir lieu sur une ligne dépendant du cabinet d'un magistrat ou de son domicile sans que le premier président ou le procureur général de la juridiction où il réside en soit informé.

Les formalités prévues par le présent article sont prescrites à peine de nullité.

C. pr. pén., art. 170 [L. n° 2004-204, 9 mars 2004]

En toute matière, la chambre de l'instruction peut, au cours de l'information, être saisie aux fins d'annulation d'un acte ou d'une pièce de la procédure par le juge d'instruction, par le procureur de la République, par les parties ou par le témoin assisté.

C. pr. pén., art. 171

Il y a nullité lorsque la méconnaissance d'une formalité substantielle prévue par une disposition du présent code, ou toute autre disposition de procédure pénale a porté atteinte aux intérêts de la partie qu'elle concerne.

C. pr. pén., art. 174 [L. n° 2007-291, 5 mars 2007, art. 12 IV, *JO* 6 mars]

Lorsque la chambre de l'instruction est saisie sur le fondement de l'article 173 ou de l'article 221-3, tous moyens pris de nullité de la procédure qui lui est transmise doivent, sans préjudice du droit qui lui appartient de les relever d'office, lui être proposés. À défaut, les parties ne sont plus recevables à en faire état, sauf le cas où elles n'auraient pu les connaître.

La chambre de l'instruction décide si l'annulation doit être limitée à tout ou partie des actes ou pièces de la procédure viciée ou s'étendre à tout ou partie de la procédure ultérieure et procède comme il est dit au troisième alinéa de l'article 206.

Les actes ou pièces annulés sont retirés du dossier d'information et classés au greffe de la cour d'appel. Les actes ou pièces de la procédure partiellement annulés sont cancellés après qu'a été établie une copie certifiée conforme à l'original, qui est classée au greffe de la cour d'appel. Il est interdit de tirer des actes et des pièces ou parties d'actes ou de pièces annulés aucun renseignement contre les parties, à peine de poursuites disciplinaires pour les avocats et les magistrats.

C. pr. pén., art. 696-36 [L. n° 2004-204, 9 mars 2004]

L'extradition obtenue par le gouvernement français est nulle si elle est intervenue en dehors des conditions prévues par le présent chapitre.

Aussitôt après l'incarcération de la personne extradée, le procureur de la République l'avise qu'elle a le droit de demander que soit prononcée la nullité de l'extradition dans les conditions de forme et de délai prévues au présent article et qu'elle a le droit de choisir un avocat ou de demander qu'il lui en soit désigné un d'office.

La nullité est prononcée, même d'office, par la juridiction de jugement dont la personne extradée relève après sa remise ou, si elle ne relève d'aucune juridiction de jugement, par la chambre de l'instruction. La chambre de l'instruction compétente est, lorsque l'extradition a été accordée pour l'exécution d'un mandat d'arrêt délivré dans une information en cours, celle dans le ressort de laquelle a eu lieu la remise.

La requête en nullité présentée par la personne extradée doit, à peine d'irrecevabilité, être motivée et faire l'objet d'une déclaration au greffe de la juridiction compétente dans un délai de dix jours à compter de l'avis prévu au deuxième alinéa.

La déclaration fait l'objet d'un procès-verbal signé par le greffier et par le demandeur ou son avocat. Si le demandeur ne peut signer, il en est fait mention par le greffier.

Lorsque le demandeur ou son avocat ne réside pas dans le ressort de la juridiction compétente, la déclaration au greffe peut être faite au moyen d'une lettre recommandée avec demande d'avis de réception.

Lorsque le demandeur est détenu, la requête peut également être faite au moyen d'une déclaration auprès du chef de l'établissement pénitentiaire. Cette déclaration fait l'objet d'un procès-verbal signé par le chef de l'établissement pénitentiaire et par le demandeur. Si celui-ci ne peut signer, il en est fait mention par le chef de l'établissement. Le procès-verbal est adressé sans délai, en original ou en copie et par tout moyen, au greffe de la juridiction saisie.

C. pr. pén., art. 802

En cas de violation des formes prescrites par la loi à peine de nullité ou d'inobservation des formalités substantielles, toute juridiction, y compris la Cour de cassation, qui est saisie d'une demande d'annulation ou qui relève d'office une telle irrégularité ne peut prononcer la nullité que lorsque celle-ci a eu pour effet de porter atteinte aux intérêts de la partie qu'elle concerne.

LPF, art. L. 47

Un examen contradictoire de la situation fiscale personnelle d'une personne physique au regard de l'impôt sur le revenu ou une vérification de comptabilité ne peut être engagée sans que le contribuable en ait été informé par l'envoi ou la remise d'un avis de vérification.

Cet avis doit préciser les années soumises à vérification et mentionner expressément, sous peine de nullité de la procédure, que le contribuable a la faculté de se faire assister par un conseil de son choix.

L'avis envoyé ou remis au contribuable avant l'engagement d'un examen contradictoire de la situation fiscale personnelle peut comporter une demande des relevés de compte.

En cas de contrôle inopiné tendant à la constatation matérielle des éléments physiques de l'exploitation ou de l'existence et de l'état des documents comptables, l'avis de vérification de comptabilité est remis au début des opérations de constatations matérielles. L'examen au fond des documents comptables ne peut commencer qu'à l'issue d'un délai raisonnable permettant au contribuable de se faire assister par un conseil.

L. 29 juill. 1881, art. 50

Si le ministère public requiert une information, il sera tenu, dans son réquisitoire, d'articuler et de qualifier les provocations, outrages, diffamations et injures à raison desquels la poursuite est intentée, avec indication des textes dont l'application est demandée, à peine de nullité du réquisitoire de ladite poursuite.

201.02 Jurisprudence de référence.

• Les nullités substantielles d'ordre public échappent aux prescriptions de l'article 802 du Code de procédure pénale.

Crim. 17 avr. 1980, n° 79-94.128, *Bull. crim.,* n° 109; *JCP* 1981, II, 19632.

« Attendu cependant qu'en statuant ainsi la cour d'appel a méconnu le sens et la portée des textes visés au moyen;

qu'en effet, l'absence de désignation du juge d'instruction prescrite par l'article 83 du Code de procédure pénale pour chaque information constitue une nullité substantielle touchant à l'organisation et à la composition des juridictions qui sont d'ordre public et, comme telle, échappant aux prévisions de l'article 802 du même code; d'où il suit que la cassation est encourue. »

• **L'expert, en procédant à des auditions qui n'avaient pas été autorisées par le juge, a outrepassé les limites de sa mission et, ainsi, méconnu une règle touchant à l'organisation judiciaire à laquelle les dispositions de l'article 802 du Code de procédure pénale sont étrangères.**

Crim. 17 janv. 2006, n° 05-86.326, *Bull. crim.*, n° 19; *AJ pénal* 2006, 175, obs. C. Girault; *Gaz. Pal.* 6/8 août 2006, p. 27, note Y. Monnet.

« Attendu que François X..., mis en examen après dépôt du rapport d'expertise, a excipé de la nullité de cet acte, en faisant valoir que, malgré l'interdiction du magistrat instructeur, l'expert avait procédé à plusieurs reprises à l'audition des représentants de la partie civile et de l'expert-comptable de la société;

Attendu que, pour refuser de faire droit à cette demande, l'arrêt relève que seule la personne entendue par l'expert, en l'espèce la partie civile, pouvait invoquer la violation des dispositions de l'article 164 du Code de procédure pénale, et que la personne mise en examen ne peut prétendre avoir souffert du non-respect d'une règle qui n'avait pas pour objet de le protéger;

Mais attendu qu'en prononçant ainsi, alors que l'expert, en procédant à des auditions qui n'avaient pas été autorisées par le juge, a outrepassé les limites de sa mission et, ainsi, méconnu une règle touchant à l'organisation judiciaire à laquelle les dispositions de l'article 802 du Code de procédure pénale sont étrangères, la chambre de l'instruction a violé les textes susvisés et le principe ci-dessus énoncé;

D'où il suit que la cassation est encourue. »

201.03 **Bibliographie indicative.** (V. les références complètes s^s n° 03.)

Actualisables. RÉP. PÉN., Guéry, « Instruction préparatoire »; Guerrin, « Nullités de procédure » – J.-CL. PÉN., Dumont J., « Nullités de procédure » – TPJI, Cousteaux G., « La mise en œuvre des nullités ».

Ouvrages. DONNEDIEU DE VABRES, n° 1335 – HÉLIE F., V, n° 2276 – GARRAUD, III, n°s 1097 et 1102 – MERLE ET VITU, n°s 1059 et 1060 – VIDAL ET MAGNOL, II, n° 835-1.

Articles. Brouillaud J.-P., « Les nullités de procédure : des procédures pénales et civiles comparées », *D.* 1996, chron. 98 – Chabut B. et P.-O., « Le point en matière de nullité de procédure pénale, au fil des cent dernières décisions de la chambre d'accusation de Paris », *Gaz. Pal.* 14/15 nov. 1997, p. 2 – Clément G., « De la règle "pas de nullité sans grief" en droit judiciaire privé et en procédure pénale », *RSC* 1984, 433 – Guérin M., « Les changements opérés par la loi relative à la présomption d'innocence sur les nullités de procédure dans la phase préalable au jugement pénal », *RSC* 2000, 753 – Roussel Y., « Le régime des nullités de la procédure pénale après les lois du 4 janvier 1993 et du 24 août 1993 », *Gaz. Pal.* 19/20 janv. 1996, p. 7 – Saint-Pierre F., « Le véritable enjeu des contrôles juridictionnels de la légalité des procédures pénales : la "sûreté" des justiciables », *AJ pénal* 2005, 177.

SECTION 1
DIFFÉRENTES CLASSIFICATIONS

201.11 **Le Code de procédure pénale a conservé la classification antérieure des nullités,** selon qu'elles sont expressément prévues par la loi, ou selon qu'elles constituent la sanction de l'omission d'une formalité substantielle.

201.12 **Les nullités concernent l'instruction mais aussi l'enquête, qu'il s'agisse de l'enquête préliminaire ou de l'enquête de flagrance**[1]. « Si le juge d'instruction doit maîtriser parfaitement les règles procédurales pour les actes qu'il accomplit, il doit encore être capable de détecter les imperfections procédurales commises sur délégation de sa part.[2] »

201.13 **Distinction entre nullités d'ordre privé et les nullités d'ordre public.** Les nullités se distinguent selon qu'elles sont, ou non, prévues par la loi. On peut les classer d'une autre manière, selon leur nature et leurs caractères. De ce point de vue, les nullités sont de deux sortes : les nullités d'ordre privé et les nullités d'ordre public[3].

SECTION 2
NULLITÉS PRÉVUES PAR LA LOI

201.21 **Textes.** Certains textes indiquent expressément que les formalités qu'ils édictent sont prescrites à peine de nullité. L'article 49 alinéa 2 dispose que « le juge d'instruction ne peut, à peine de nullité, participer au jugement des affaires pénales dont il a connu en sa qualité de juge d'instruction ». Sont encore expressément prescrites à peine de nullité les formalités de l'article 78-3 (contrôles d'identité, art. 78-3, al. dern.), de l'article 100-7 (écoutes téléphoniques concernant un avocat, un parlementaire ou un magistrat).

201.22 **Perquisitions et saisies.** La loi du 7 février 1933, modifiée par la loi du 25 mars 1935,

1. Crim. 30 juin 1987, n° 87-82.068, *Bull. crim.*, n° 276 – Crim. 27 févr. 1996, n° 95-81.366, *Bull. crim.*, n° 93.
2. TPJI, G. Cousteaux, « La mise en œuvre des nullités », 2001.
3. GARRAUD, III, n° 1097 – MERLE ET VITU, n°s 1059 et 1060.

spécifiait, dans le dernier alinéa de l'article 39 du Code d'instruction criminelle, que les formalités prescrites par les articles 37 à 39 du même code, en matière de perquisitions et de saisies, l'étaient à peine de nullité, sanction que l'on étendait à ces opérations pratiquées par le juge d'instruction selon les formes des articles 87 à 89 du Code précité. Cet état de droit a été maintenu par le Code de procédure pénale. Les formalités des articles 56, 57 et 59, auxquelles sont soumises les perquisitions et saisies opérées en cas de crime ou délit flagrant, sont prescrites à peine de nullité (art. 59, al. 3). Les formalités observées par le juge d'instruction pour les mêmes opérations, comportent la même sanction, aux termes des articles 95 et 96, qui renvoient à l'article 59.

201.23 **Formalités relatives au conseil.** L'article 12 de la loi du 8 décembre 1897 portait : « Seront observées, à peine de nullité de l'acte et de la procédure ultérieure, les dispositions prescrites par les articles 1er, 3 § 2, 9 § 2 et 10 » de la même loi. Il s'agissait : de l'incompatibilité entre les fonctions d'instruction et de jugement; de la connaissance donnée à l'inculpé des faits qui lui sont imputés; de la convocation du conseil aux interrogatoires et confrontations; de la mise à la disposition du conseil, de la procédure, la veille de ces opérations et de l'avis donné à ce dernier des ordonnances juridictionnelles.

Les mêmes règles ont été reprises par le Code de procédure pénale. Originairement, aux termes des articles 170 et 174, les dispositions des articles 114, 118 et 183 alinéa 1er étaient prescrites à peine de nullité. Mais les lois des 4 janvier 1993 et 24 août 1993 ont fait entrer l'omission des formalités des articles 114 et 116 nouveaux et 183 alinéa 1er dans le régime général des nullités.

201.24 **Nullité de la mise en examen.** Depuis l'entrée en vigueur de la loi du 15 juin 2000, l'article 80-1 du Code de procédure pénale dispose que « à peine de nullité, le juge d'instruction ne peut mettre en examen que les personnes à l'encontre desquelles il existe des indices graves ou concordants rendant vraisemblable qu'elles aient pu participer, comme auteur ou comme complice, à la commission des infractions dont il est saisi » (C. pr. pén., art. 80-1 - V. ss nos 91.32 et 91.33). En dehors de cette nullité, la personne mise en examen peut, depuis l'entrée en vigueur de la loi no 2007-291 du 5 mars 2007, sur ce point le 1er juillet 2007, la personne peut aussi demander au juge d'instruction, dans certaines conditions, qu'il revienne sur sa décision et lui attribue le statut de témoin assisté (v. ss nos 43.36, 91.13, 91.41, 91.42, 103.64).

201.25 **Écoutes téléphoniques.** Les formalités prévues par l'article 100-7 du Code de procédure pénale, qui concernent les écoutes téléphoniques ordonnées sur la ligne d'un parlementaire, d'un avocat ou d'un magistrat, sont prévues à peine de nullité.

201.26 **D'autres textes, en dehors du Code de procédure pénale, prévoient des cas de nullité;** il en est ainsi notamment : en matière d'extradition (C. pr. pén., art. 696-36); en matière fiscale (LPF, art. L. 47)[1]; en matière de presse (L. 29 juill. 1881, art. 50)[2]. D'autres textes évoquent le respect d'une formalité « à peine de nullité » mais il peut s'agir d'une imprécision de langage, il faut en fait comprendre « à peine d'irrecevabilité de la demande ». Tel est le cas par exemple du respect des formes régissant les demandes d'actes de l'article 82-1 du Code de procédure pénale.

SECTION 3
NULLITÉS SUBSTANTIELLES : DÉFINITION

201.31 **Définition.** Les nullités substantielles sont celles qui, quoique non expressément prévues par la loi, sont admises par la jurisprudence comme la sanction d'une grave irrégularité de procédure. Les auteurs en ont donné diverses définitions : « On qualifie de substantielles les formes qui sont indispensables pour que l'acte puisse remplir sa fonction.[3] » « Les infractions aux règles de la procédure qui, dans le silence de la loi, sont de nature à fonder une ouverture à cassation, ne peuvent résulter que de l'omission ou de la violation des formes qui sont essentielles, soit à l'exercice des droits de l'action publique, soit à l'exercice des droits de la défense.[4] »

201.32 **Droits de la défense.** Les nullités substantielles se sont développées à partir des dispositions de l'alinéa 2 de l'article 408 du Code d'instruction criminelle. De nombreux auteurs les rattachent à l'inobservation des règles de forme qui garantissent la libre défense du prévenu en justice, à savoir la contradiction, la publicité et l'oralité des débats, de sorte que les nullités substantielles, par leur nature, sont étrangères à l'instruction écrite, et intéressent surtout la procédure de jugement[5].

201.33 **Formes essentielles.** Il semble qu'une telle conception est trop étroite car de nombreuses nullités non écrites sont étrangères aux droits de la

1. Crim. 4 janv. 1988, no 86-95.644, *Bull. crim.*, no 3.
2. Crim. 26 juill. 1988, no 88-81.246, *Bull. crim.*, no 309.
3. Garraud, III, no 1096.
4. Hélie F., V, no 2276.
5. Garraud, III, no 1102 – Vidal et Magnol, II, no 835-1 – Donnedieu de Vabres, no 1335 – P. Chambon, « Les nullités substantielles ont-elles leur place dans l'instruction préparatoire ? », *JCP* 1954, I, 1170.

défense proprement dits, et sanctionnent la violation des règles essentielles et des principes généraux de l'instruction criminelle. On peut donc dire qu'en dehors des droits de la défense, les nullités substantielles répondent à ces deux conditions : il s'agit d'un acte fondamental de la procédure indispensable à la validité de la poursuite; et dans cet acte, une forme essentielle a été omise, par exemple la signature ou la date. Ces deux conditions se trouvent réunies dans le réquisitoire introductif non signé, qui n'a pu saisir le juge d'instruction (v. s[s] n° 201.41).

201.34 **Articles 171 et 802 du Code de procédure pénale.** L'existence des formalités substantielles en matière d'instruction a été formellement consacrée par le Code de procédure pénale. Aux termes de l'article 171, différent de l'ancien article 172, « il y a nullité lorsque la méconnaissance d'une formalité substantielle prévue par une disposition du présent code, ou toute disposition de procédure pénale a porté atteinte aux intérêts de la partie qu'elle concerne ». Cette définition, qui ne se réfère pas aux nullités d'ordre public, est manifestement incomplète. Elle doit être éclairée par les termes de l'article 802, institué par la loi du 6 août 1975, qui fait une nouvelle fois référence aux formes substantielles : « En cas de violation des formes prescrites par la loi à peine de nullité ou d'inobservation des formalités substantielles, toute juridiction, y compris la Cour de cassation, qui est saisie d'une demande d'annulation ou qui relève d'office une telle irrégularité, ne peut prononcer la nullité que lorsque celle-ci a eu pour effet de porter atteinte aux intérêts de la partie qu'elle concerne. »

SECTION 4

NULLITÉS SUBSTANTIELLES : APPLICATION

201.41 **Réquisitoire introductif.** Le réquisitoire introductif est un acte substantiel, la pièce maîtresse de l'instruction. Le défaut de signature du réquisitoire introductif, un tel réquisitoire ne saisissant pas le juge d'instruction, rend nulle toute l'information, de même que l'arrêt de condamnation qui a suivi[1]. De même, le réquisitoire introductif délivré sur un simple rapport de police et auquel ne sont pas joints les procès-verbaux des aveux du prévenu et des perquisitions, base de la poursuite, est nul, ainsi que tout ce qui a suivi[2].

201.42 **Serment du prévenu.** Le serment des prévenus, qui avait été maintenu, malgré les protestations de Lamoignon, par l'ordonnance criminelle de 1670, a été aboli par l'article 12 du décret du 9 octobre 1789. L'interdiction de faire prêter serment aux inculpés est devenue l'un des principes de notre droit, de sorte que le serment prêté par une personne déjà inculpée rend nulle l'information[3].

201.43 **Commission rogatoire.** La commission rogatoire générale quant aux infractions, qui constitue un abandon de ses pouvoirs par le juge d'instruction, est aussi une nullité substantielle créée par la jurisprudence. De même, la chambre criminelle qualifie de « substantielle » la prescription de l'article 151 selon laquelle la commission rogatoire doit être datée, et doit être cassé l'arrêt de renvoi aux assises qui n'a pas déclaré la nullité de la commission rogatoire non datée[4].

201.44 **Expertise.** Bien que la nullité ne fût pas prononcée par la loi, la Cour de cassation a toujours considéré que le serment de l'expert, préalable à l'exécution de sa mission, était une formalité substantielle dont l'omission entraînait la nullité de l'expertise[5]. D'autre part, plusieurs arrêts révèlent que la chambre criminelle tient pour « substantielles » les formalités édictées par les articles 156 et suivants du Code de procédure pénale sur l'expertise, « qui touchent à l'administration de la justice et ont pour objet d'assurer la valeur de l'expertise ». Il en est ainsi, par exemple, des dispositions des articles 160 et 162 (expert auxiliaire)[6], de l'article 157 (expert ne figurant sur aucune liste)[7]. Dans un arrêt du 17 janvier 2006, la chambre criminelle estime qu'un mis en examen peut soulever la nullité de l'audition de la partie civile par l'expert[8] (pour un extrait v. s[s] n° 201.02). Il s'agit d'une nullité touchant à l'organisation judiciaire, nullité d'ordre public.

201.45 **Communication du dossier au procureur de la République.** Aux termes de l'article 82 du Code de procédure pénale, « à toute époque de l'information, le procureur de la République peut requérir du juge d'instruction tous actes lui paraissant utiles », et « il peut, à cette fin, se faire com-

1. Crim. 21 juin 1951, *Bull. crim.*, n° 180 – Crim. 4 déc. 1952, *Bull. crim.*, n° 290; *JCP* 1953, II, 7625, note P. Chambon – Crim. 23 avr. 1971, n° 70-92.577, *Bull. crim.*, n° 115 – Crim. 17 févr. 1987, n° 86-96.298, *Bull. crim.*, n° 77.
2. Crim. 6 juill. 1955, *Bull. crim.*, n° 339; *JCP* 1955, II, 8912, note P. Chambon.
3. Crim. 6 janv. 1923, *DP* 1924, 1, 175.
4. Crim. 10 nov. 1970, n° 70-91.436, *Bull. crim.*, n° 294.
5. Crim. 27 nov. 1828, *Bull. crim.*, n° 311 – Crim. 13 juin 1835, *Bull. crim.*, n° 238.
6. Crim. 5 mai 1970, n° 69-90.956, *Bull. crim.*, n° 152 – Crim. 6 sept. 1988, n° 88-83.731, *Bull. crim.*, n° 317.
7. Crim. 26 nov. 1970, n° 70-91.680, *Bull. crim.*, n° 314 – Crim. 15 mai 1990, n° 90-80.827, *Bull. crim.*, n° 193.
8. Crim. 17 janv. 2006, n° 05-86.326, *Bull. crim.*, n° 19; *AJ pénal* 2006, 175, obs. C. Girault; *Gaz. Pal.* 6/8 août 2006, p. 27, note Y. Monnet.

muniquer la procédure ». Ces dispositions sont substantielles, et l'ordonnance par laquelle le juge d'instruction refuse de communiquer la procédure, au motif qu'une commission rogatoire n'est pas encore exécutée, est atteinte de nullité[1].

201.46 Absence d'interrogatoire. Nul ne peut être jugé ou mis en accusation sans avoir été mis en cause, sans avoir été entendu ou dûment appelé. Il en résulte qu'est nul le renvoi devant la juridiction de jugement, d'une personne qui n'a fait l'objet d'aucun interrogatoire sur le fond ou à défaut, d'un mandat de justice notifié légalement[2].

201.47 Renvoi contre inconnu. Sont nulles les condamnations prononcées sur une décision de renvoi contre inconnu, contre un prévenu ni dénommé, ni identifié, un tel renvoi étant contraire « à toutes les règles qui concernent l'instruction criminelle »[3].

201.48 Violation de l'article 105 du Code de procédure pénale. Le fait d'entendre d'abord comme témoin une personne ensuite mise en examen alors qu'il existait déjà contre elle des indices graves et concordants engendre une nullité dès lors que cette audition a pour effet de porter atteinte aux droits de la défense.

SECTION 5
NULLITÉS D'ORDRE PRIVÉ

201.51 Les nullités d'ordre privé sont celles qui sont établies dans l'intérêt des parties. Ce sont notamment celles tirées de la loi du 8 décembre 1897, qui sanctionnent l'inobservation des formalités relatives au conseil, prévues aujourd'hui par les articles 114, 116 et 183 du Code de procédure pénale. Ces nullités ne peuvent être invoquées que par la partie à laquelle il a été fait grief[4]. Les parties peuvent y renoncer. Enfin, en principe du moins, ces nullités doivent être expressément invoquées, soit devant la chambre de l'instruction, soit devant le juge du fond, et elles ne peuvent être présentées pour la première fois devant la Cour de cassation.

201.52 Article 802 du Code de procédure pénale. Ce texte, fruit de la loi du 6 août 1975, ne permet à la chambre de l'instruction, au cas de violation des formes prescrites par la loi à peine de nullité ou d'inobservation des formalités substantielles, de prononcer la nullité que lorsque celle-ci a eu pour effet de porter atteinte aux intérêts de la partie qu'elle concerne. Ce texte s'applique aux formes qui intéressent les droits proprement dits de la défense, telles celles relatives au conseil et aux formalités secondaires, mais non aux formalités d'ordre public, instituées dans l'intérêt de la justice elle-même[5]. En matière d'instruction, la Cour de cassation a appliqué l'article 802, et n'a pas prononcé la nullité, au cas de non-convocation du conseil à l'interrogatoire, lorsque ce dernier a été entendu devant la chambre d'accusation[6], ou au cas de l'interrogatoire par l'expert, alors que les formalités prévues par l'article 164 alinéa 2 ont été omises[7], ou à l'omission de formalités secondaires en matière d'expertise[8].

SECTION 6
NULLITÉS D'ORDRE PUBLIC

201.61 Les nullités d'ordre public sont celles qui touchent à la compétence des juridictions et aux règles de l'organisation judiciaire et de l'administration de la justice, par exemple l'impossibilité pour le juge d'instruction de participer au jugement des affaires qu'il a instruites. La notion d'ordre public en procédure pénale est très difficile à définir. Il y est fait appel chaque fois qu'il s'agit de garantir l'observation d'une règle de procédure considérée comme essentielle à la validité de celle-ci, par exemple la signature du réquisitoire introductif. Ressortent encore de l'ordre public les nullités qui sanctionnent la violation de quelques grands principes de notre droit français qui, quoique non écrits, inspirent et dominent la loi elle-

1. Crim. 5 févr. 1970, nº 69-92.892, *Bull. crim.*, nº 53.
2. Crim. 12 févr. 1835, *S.* 1835, 1, 459 – Crim. 16 nov. 1849, *Bull. crim.*, nº 303; *D.* 1835, 1, 234 – Crim. 21 mars 1873, *D.* 1873, 1, 224 – Crim. 8 avr. 1892, *D.* 1893, 1, 129 – Crim. 11 juill. 1902, *DP* 1906, 1, 535 – Crim. 26 mars 1900, *Bull. crim.*, nº 192 – Crim. 12 oct. 1972, nº 72-91.813, *Bull. crim.*, nº 286; *JCP* 1973, II, 17554, note P. Chambon – Crim. 7 avr. 1987, nº 87-80.513, *Bull. crim.*, nº 159 – Crim. 30 janv. 1989, nº 87-85.060, *Bull. crim.*, nº 34.
3. Crim. 7 pluviôse an X, *Bull. crim.*, nº 106 – Crim. 7 janv. 1825, *Bull. crim.*, nº 2 – Crim. 10 déc. 1825, *Bull. crim.*, nº 235 – Crim. 15 févr. 1849, *Bull. crim.*, nº 36 – Crim. 10 juill. 1890, *Bull. crim.*, nº 151 – Crim. 2 déc. 1954, *Bull. crim.*, nº 369; *JCP* 1955, II, 8480, note P. Chambon – Crim. 22 mars 1988, nº 87-80.204, *Bull. crim.*, nº 141.
4. Crim. 7 juill. 1899, *S.* 1902, 1, 300 – Crim. 13 sept. 1900, *Bull. crim.*, nº 296 – Crim. 1er sept. 1987, nº 85-92.518, nº 87-83.370, *Bull. crim.*, nº 308.
5. V. P. Chambon s^s Crim. 27 févr. 1978, nº 77-92.301, *JCP* 1979, II, 19113 – Crim. 3 avr. 1979, nº 78-94.203, *Bull. crim.*, nº 135.
6. Crim. 25 janv. 1977, nº 76-93.227, *Bull. crim.*, nº 31.
7. Crim. 27 févr. 1978, nº 77-92.301, *Bull. crim.*, nº 73; *JCP* 1979, II, 19113 – Crim. 14 juin 1978, nº 77-93.163, *Bull. crim.*, nº 199.
8. Crim. 7 juin 1988, nº 88-81.828, *Bull. crim.*, nº 258 – Crim. 27 sept. 1989, nº 89-84.244, *Bull. crim.*, nº 331.

même : tels l'interdiction d'entendre sous la foi du serment l'inculpé sur les faits qui lui sont imputés, ou de le renvoyer devant la juridiction de jugement sans l'avoir interrogé, ou de renvoyer devant la même juridiction un prévenu non identifié, ou encore l'interdiction faite à la chambre de l'instruction de donner une injonction au juge d'instruction et de « porter ainsi atteinte à son indépendance »[1].

L'article 218 du Code de procédure pénale, qui indique que « la régularité des arrêts des chambres de l'instruction relève du seul contrôle de la Cour de cassation », se réfère implicitement à la notion d'ordre public, et l'article 571, applicable aux mêmes arrêts s'y réfère expressément dans son alinéa 5. C'est à la Cour de cassation qu'il appartient finalement de décider si telle ou telle nullité relève de l'ordre public. Depuis l'entrée en vigueur de la loi du 4 janvier 1993, la chambre criminelle ne fait plus que de rares allusions aux « nullités d'ordre public ». La formule utilisée semble désormais évoquer les nullités qui « portent nécessairement atteinte aux intérêts de la partie qu'elles concernent ».

201.62 À l'opposé des nullités d'ordre privé, les nullités d'ordre public peuvent être invoquées par toutes les parties. Elles doivent être suppléées d'office par la juridiction saisie, chambre de l'instruction ou juridiction de jugement. Elles ne se couvrent pas par le silence des parties. Le moyen pris de telles nullités peut être relevé d'office par la chambre criminelle[2]. La loi du 4 janvier 1993 et celle du 24 août 1993 n'ont rien dit de la distinction entre nullités d'ordre public et nullités d'ordre privé. Cette distinction perdure même si, sauf exception, l'ordonnance de renvoi ou de mise en accusation couvre aussi bien les nullités d'ordre public que les nullités d'ordre privé.

201.63 L'article 802 du Code de procédure pénale est déclaré inapplicable quand il s'agit d'une nullité substantielle d'ordre public[3].

1. Crim. 22 déc. 1959, *Bull. crim.*, nº 569; *JCP* 1962, II, 12857, note P. Chambon – Crim. 13 févr. 1984, nº 82-93.814, *Bull. crim.*, nº 50.

2. Sur ce dernier point, v. Crim. 25 janv. 1961, *Bull. crim.*, nº 47 – Crim. 14 juin 1983, nº 82-90.340, *Bull. crim.*, nº 182.
3. Crim. 17 avr. 1980, nº 79-94.128, *Bull. crim.*, nº 109 (v. les attendus s^s nº 201.02) – V. aussi Crim. 19 mai 1980, nº 79-93.161, *Bull. crim.*, nº 148; *D.* 1981, 177, note Jeandidier – Crim. 27 sept. 1984, nº 84-93.474, *Bull. crim.*, nº 275 – Crim. 8 oct. 1984, nº 84-93.572, *Bull. crim.*, nº 288 – Et, en matière de presse, Crim. 25 févr. 1980, nº 76-93.016, *Bull. crim.*, nº 70 – Crim. 2 déc. 1980, nº 79-91.506, *Bull. crim.*, nº 327 – Crim. 17 févr. 1981, nº 79-91.085, *Bull. crim.*, nº 65.

CHAPITRE

202. Renonciation aux nullités

SECTION 0 ORIENTEUR

202.00 **Plan du chapitre.**
Sect. unique Renonciation aux nullités

202.01 **Textes applicables.**
C. pr. pén., art. 170, 171, 172, 218, 802.

C. pr. pén., art. 170 [L. n° 2004-204, 9 mars 2004]
* V. s[s] n° 201.01.

C. pr. pén., art. 171
* V. s[s] n° 201.01.

C. pr. pén., art. 172
La partie envers laquelle une formalité substantielle a été méconnue peut renoncer à s'en prévaloir et régulariser ainsi la procédure. Cette renonciation doit être expresse. Elle ne peut être donnée qu'en présence de l'avocat ou ce dernier dûment appelé.

C. pr. pén., art. 218
Les dispositions des articles 171, 172 et du dernier alinéa de l'article 174 sont applicables au présent chapitre.

La régularité des arrêts des chambres de l'instruction et celle de la procédure antérieure, lorsque cette chambre a statué sur le règlement d'une procédure, relève du seul contrôle de la Cour de cassation, que le pourvoi soit immédiatement recevable ou qu'il ne puisse être examiné qu'avec l'arrêt sur le fond.

C. pr. pén., art. 802
* V. s[s] n° 201.01.

202.03 **Bibliographie indicative.** (V. les références complètes s[s] n° 03.)

Actualisables. RÉP. PÉN., Guéry, « Instruction préparatoire » ; Guerrin, « Nullités de procédure » – J.-CL. PÉN., Dumont J., « Nullités de procédure » – TPJI, Cousteaux G., « La mise en œuvre des nullités ».

Ouvrages. LE POITTEVIN, L. 8 déc. 1897, art. 12, n°s 28 s. – GARRAUD, III, n° 1114.

Articles. Clément G., « De la règle "pas de nullité sans grief" en droit judiciaire privé et en procédure pénale », *RSC* 1984, 433 – Roussel Y., « Le régime des nullités de la procédure pénale après les lois du 4 janvier 1993 et du 24 août 1993 », *Gaz. Pal.* 19/20 janv. 1996, p. 7.

SECTION UNIQUE RENONCIATION AUX NULLITÉS

202.11 **Droit antérieur.** Aux termes de l'article 9 alinéa 2 de la loi du 8 décembre 1897, l'inculpé et la partie civile pouvaient renoncer à être interrogés ou entendus en présence de leur conseil ou lui dûment appelé. La doctrine et la jurisprudence tiraient de cette disposition une double conséquence. L'inculpé comme la partie civile pouvaient renoncer à l'accomplissement des autres formalités relatives au conseil. En second lieu, ils pouvaient renoncer ultérieurement à la nullité résultant de l'irrégularité déjà commise[1]. La renonciation devait être faite en connaissance de cause, elle devait être expresse et ne pouvait s'induire du silence de l'intéressé. Elle pouvait émaner, soit de l'inculpé lui-même, soit de son conseil en présence de son client[2]. L'effet de la renonciation était limité à l'irrégularité en cause.

202.12 **Renonciation préalable.** Ces règles ont été dans leur ensemble consacrées par le Code de procédure pénale. Aux termes de l'alinéa 1er de l'article 118 ancien, les parties ne peuvent être entendues, interrogées ou confrontées, à moins qu'elles n'y renoncent expressément qu'en présence de leurs avocats ou ces derniers dûment appelés. Ces dispositions ont été reprises par l'article 114

1. Crim. 12 mars et 25 juin 1898, *S.* 1900, I, 57, note Roux – Crim. 13 sept. 1900, *S.* 1902, I, 544 – LE POITTEVIN, L. 8 déc. 1897, art. 12, n°s 28 s. – GARRAUD, III, n° 1114.
2. Crim. 22 déc. 1938, *DH* 1939, p. 181.

alinéa 1er. Elles s'appliquent aux autres formalités relatives au conseil. C'est ainsi qu'est régulière la confrontation de la personne poursuivie, qui a préalablement et expressément renoncé à l'assistance de son conseil, qui n'a été ni convoqué ni présent à cette opération[1]. De même, est régulière la prolongation de la détention provisoire au-delà d'un an ordonnée après débat contradictoire qui a eu lieu en l'absence du conseil non convoqué, alors que l'intéressé, par une déclaration expresse et préalable, avait renoncé à son assistance[2]. La renonciation doit être explicite[3]. Il appartient au juge d'apprécier la portée d'une renonciation ambiguë[4].

Aux termes mêmes de l'article 164 (v. ss nos 163.31 et 163.32), la personne mise en examen pouvait également renoncer, dans les formes indiquées au texte, aux formalités relatives à son interrogatoire au cours de l'expertise, soit par le juge d'instruction, soit par les experts en présence de son avocat[5]. Ces dispositions ont été abolies par la loi du 9 mars 2004 qui aménage de façon différente l'article 164 du Code de procédure pénale (v. ss no 163.32).

Il convient toutefois de remarquer que les cas de renonciation *a priori* sont précisés expressément par la loi et ne peuvent être étendus au-delà des cas spécifiés : formalités de l'interrogatoire au fond (et non celles de la première comparution; v. ss no 103.44).

202.13 Nullités déjà réalisées. En outre, d'autres textes prévoyaient la possibilité pour les parties de renoncer à se prévaloir de certaines nullités, après la réalisation de celles-ci. L'article 170 permettait de renoncer aux nullités concernant les dispositions des articles 114 et 118. L'article 172 visait la renonciation aux autres nullités. Enfin, l'article 174 portait sur la renonciation aux nullités dont avait à connaître les juridictions correctionnelles. Les lois des 4 janvier et 24 août 1993 ont unifié les règles de la renonciation, qui sont écrites dans l'article 172, inspiré de l'ancien article 170 alinéa 2 : « La partie envers laquelle une formalité substantielle a été méconnue peut renoncer à s'en prévaloir et régulariser ainsi la procédure. Cette renonciation doit être expresse. Elle ne peut être donnée qu'en présence de l'avocat ou ce dernier dûment appelé. » Ainsi, il n'est plus fait de distinction selon les nullités. Enfin, l'article 218 rend applicables à la chambre de l'instruction les dispositions, notamment, de l'article 172.

202.14 Exceptions. Si les parties peuvent renoncer à se prévaloir des nullités édictées dans leur seul intérêt, cette faculté n'a pas lieu en ce qui concerne les nullités qui touchent l'ordre public. Par exemple, les parties ne peuvent renoncer à se prévaloir de la nullité qui résulte de la participation du juge d'instruction au jugement des affaires qu'il a instruites[6]; il en est de même de l'inculpé entendu sous la foi du serment sur les faits qui lui sont imputés[7]. Les parties ne sauraient non plus dispenser l'expert du serment préalable[8].

1. Crim. 9 avr. 1986, no 86-90.503, *Bull. crim.*, no 121.
2. Crim. 11 juin 1992, no 92-81.546, *Bull. crim.*, no 230 – Crim. 6 sept. 1994, no 94-83.133, *Bull. crim.*, no 295 – Crim. 31 mai 1995, no 95-81.412, *Bull. crim.*, no 200; *JCP* 1995, IV, 2265.
3. Crim. 8 mars 1984, no 84-90.159, *Bull. crim.*, no 97.
4. Crim. 26 nov. 1984, no 84-94.181, *Bull. crim.*, no 365.
5. Crim. 21 mars 1968, *Bull. crim.*, no 99; *JCP* 1968, II, 15647, note P. Chambon.
6. Crim. 1er févr. 1913, *D.* 1913, 1, 550 – Crim. 7 mars 1946, *Bull. crim.*, no 82.
7. Crim. 6 janv. 1923, *Bull. crim.*, no 7; *DP* 1924, 1, p. 175.
8. Crim. 28 déc. 1893, *Bull. crim.*, no 180 – Crim. 2 févr. 1907, *Bull. crim.*, no 62 – Crim. 7 août 1929, *Bull. crim.*, no 232.

CHAPITRE

203. Nullités invoquées pendant l'instruction

SECTION 0 ORIENTEUR

203.00 Plan du chapitre.

Sect. 1 Nullités découvertes devant le juge d'instruction

Sect. 2 Mise en œuvre des nullités par les parties : la requête

Sect. 3 Délais pour présenter la requête

Sect. 4 Nullités invoquées devant la chambre de l'instruction : appel d'une ordonnance

Sect. 5 Nullités invoquées devant la chambre de l'instruction : règlement de la procédure en matière correctionnelle

Sect. 6 Nullités invoquées devant la chambre de l'instruction : règlement de la procédure en matière criminelle

Sect. 7 Nullités invoquées devant la chambre de l'instruction : arrêt prononçant sur une nullité

203.01 Textes applicables.

C. pr. pén., art. 170, 171, 172, 173, 173-1, 174, 175, 206, 218, 385, 696-36, 802.

C. pr. pén., art. 170 [L. n° 2004-204, 9 mars 2004]

* V. s^s n° 201.01.

C. pr. pén., art. 171

* V. s^s n° 201.01.

C. pr. pén., art. 172

* V. s^s n° 202.01.

C. pr. pén., art. 173 [L. n° 2007-291, 5 mars 2007]

S'il apparaît au juge d'instruction qu'un acte ou une pièce de la procédure est frappé de nullité, il saisit la chambre de l'instruction aux fins d'annulation, après avoir pris l'avis du procureur de la République et avoir informé les parties.

Si le procureur de la République estime qu'une nullité a été commise, il requiert du juge d'instruction communication de la procédure en vue de sa transmission à la chambre de l'instruction, présente requête aux fins d'annulation à cette chambre et en informe les parties.

Si l'une des parties ou le témoin assisté estime qu'une nullité a été commise, elle saisit la chambre de l'instruction par requête motivée, dont elle adresse copie au juge d'instruction qui transmet le dossier de la procédure au président de la chambre de l'instruction. La requête doit, à peine d'irrecevabilité, faire l'objet d'une déclaration au greffe de la chambre de l'instruction. Elle est constatée et datée par le greffier qui la signe ainsi que le demandeur ou son avocat. Si le demandeur ne peut signer, il en est fait mention par le greffier. Lorsque le demandeur ou son avocat ne réside pas dans le ressort de la juridiction compétente, la déclaration au greffe peut être faite au moyen d'une lettre recommandée avec demande d'avis de réception. Lorsque la personne mise en examen est détenue, la requête peut également être faite au moyen d'une déclaration auprès du chef de l'établissement pénitentiaire. Cette déclaration est constatée et datée par le chef de l'établissement pénitentiaire qui la signe, ainsi que le demandeur. Si celui-ci ne peut signer, il en est fait mention par le chef de l'établissement. Ce document est adressé sans délai, en original ou en copie et par tout moyen, au greffe de la chambre de l'instruction.

Les dispositions des trois premiers alinéas ne sont pas applicables aux actes de procédure qui peuvent faire l'objet d'un appel de la part des parties, et notamment des décisions rendues en matière de détention provisoire ou de contrôle judiciaire.

Dans les huit jours de la réception du dossier par le greffe de la chambre de l'instruction, le président peut, par ordonnance non susceptible de recours, constater que la requête est irrecevable en application du présent article, troisième ou quatrième alinéa, de l'article 173-1, des articles 174, premier alinéa, ou 175, quatrième alinéa; il peut également constater l'irrecevabilité de la requête si celle-ci n'est pas motivée. S'il constate l'irrecevabilité de la requête, le président de la chambre de l'instruction ordonne que le dossier de l'information soit renvoyé au juge d'instruction; dans les autres cas, il le transmet au procureur général qui procède ainsi qu'il est dit aux articles 194 et suivants.

C. pr. pén., art. 173-1 [L. n° 2004-204, 9 mars 2004]

Sous peine d'irrecevabilité, la personne mise en examen doit faire état des moyens pris de la nullité des actes accomplis avant son interrogatoire de première comparution ou de cet interrogatoire lui-même dans un délai de six mois à compter de la notification de sa mise en examen, sauf dans le cas où elle n'aurait pu les connaître. Il en est de même s'agissant des moyens pris de la nullité des actes accomplis avant chacun de ses interrogatoires ultérieurs.

Il en est de même pour le témoin assisté à compter de sa première audition puis de ses auditions ultérieures.

Il en est de même pour la partie civile à compter de sa première audition puis de ses auditions ultérieures.

C. pr. pén., art. 174

* V. s^s n° 201.01.

C. pr. pén., art. 175 [L. n° 2007-291, 5 mars 2007, mod. L. n° 2009-526, 12 mai 2009]

Aussitôt que l'information lui paraît terminée, le juge d'instruction communique le dossier au procureur de la République et en avise en même temps les parties et leurs avocats soit verbalement avec émargement au dossier, soit par lettre recommandée. Lorsque la personne est détenue, cet avis peut également être notifié par les soins du chef de l'établissement pénitentiaire, qui adresse sans délai au juge d'instruction l'original ou la copie du récépissé signé par l'intéressé.

Le procureur de la République dispose alors d'un délai d'un mois si une personne mise en examen est détenue ou de trois mois dans les autres cas pour adresser ses réquisitions motivées au juge d'instruction. Copie de ces réquisitions est adressée dans le même temps aux avocats des parties par lettre recommandée.

Les parties disposent de ce même délai d'un mois ou de trois mois à compter de l'envoi de l'avis prévu au premier alinéa pour adresser des observations écrites au juge d'instruction, selon les modalités prévues par l'avant-dernier alinéa de l'article 81. Copie de ces observations est adressée en même temps au procureur de la République.

Dans ce même délai d'un mois ou de trois mois, les parties peuvent formuler des demandes ou présenter des requêtes sur le fondement des articles 81, neuvième alinéa, 82-1, 156, premier alinéa, et 173, troisième alinéa. À l'expiration de ce délai, elles ne sont plus recevables à formuler ou présenter de telles demandes ou requêtes.

À l'issue du délai d'un mois ou de trois mois, le procureur de la République et les parties disposent d'un délai de dix jours si une personne mise en examen est détenue ou d'un mois dans les autres cas pour adresser au juge d'instruction des réquisitions ou des observations complémentaires au vu des observations ou des réquisitions qui leur ont été communiquées.

À l'issue du délai de dix jours ou d'un mois prévu à l'alinéa précédent, le juge d'instruction peut rendre son ordonnance de règlement, y compris s'il n'a pas reçu de réquisitions ou d'observations dans le délai prescrit.

Les premier, troisième et cinquième alinéas et, s'agissant des requêtes en nullité, le quatrième alinéa du présent article sont également applicables au témoin assisté.

Les parties peuvent déclarer renoncer, en présence de leur avocat ou celui-ci dûment convoqué, à bénéficier des délais prévus par le présent article.

C. pr. pén., art. 206 [L. n° 2004-204, 9 mars 2004]

Sous réserve des dispositions des articles 173-1, 174 et 175, la chambre de l'instruction examine la régularité des procédures qui lui sont soumises.

Si elle découvre une cause de nullité, elle prononce la nullité de l'acte qui en est entaché et, s'il y échet, celle de tout ou partie de la procédure ultérieure.

Après annulation, elle peut soit évoquer et procéder dans les conditions prévues aux articles 201, 202 et 204, soit renvoyer le dossier de la procédure au même juge d'instruction ou à tel autre, afin de poursuivre l'information.

C. pr. pén., art. 218

Les dispositions des articles 171, 172 et du dernier alinéa de l'article 174 sont applicables au présent chapitre.

La régularité des arrêts des chambres de l'instruction et celle de la procédure antérieure, lorsque cette chambre a statué sur le règlement d'une procédure, relève du seul contrôle de la Cour de cassation, que le pourvoi soit immédiatement recevable ou qu'il ne puisse être examiné qu'avec l'arrêt sur le fond.

C. pr. pén., art. 385

Le tribunal correctionnel a qualité pour constater les nullités des procédures qui lui sont soumises sauf lorsqu'il est saisi par le renvoi ordonné par le juge d'instruction ou la chambre de l'instruction.

Toutefois, dans le cas où l'ordonnance ou l'arrêt qui l'a saisi n'a pas été porté à la connaissance des parties dans les conditions prévues, selon le cas, par le quatrième alinéa de l'article 183 ou par l'article 217, ou si l'ordonnance n'a pas été rendue conformément aux dispositions de l'article 184, le tribunal renvoie la procédure au ministère public pour lui permettre de saisir à nouveau la juridiction d'instruction afin que la procédure soit régularisée.

Lorsque l'ordonnance de renvoi du juge d'instruction a été rendue sans que les conditions prévues par l'article 175 aient été respectées, les parties demeurent recevables, par dérogation aux dispositions du premier alinéa, à soulever devant le tribunal correctionnel les nullités de la procédure.

Lorsque la procédure dont il est saisi n'est pas renvoyée devant lui par la juridiction d'instruction, le tribunal statue sur les exceptions tirées de la nullité de la procédure antérieure.

La nullité de la citation ne peut être prononcée que dans les conditions prévues par l'article 565.

Dans tous les cas, les exceptions de nullité doivent être présentées avant toute défense au fond.

C. pr. pén., art. 696-36 [L. n° 2004-204, 9 mars 2004]

* V. s^s n° 201.01.

C. pr. pén., art. 802
* V. s^{s} n° 201.01.

203.02 Jurisprudence de référence.

• Les ordonnances juridictionnelles, susceptibles d'appel, ne peuvent être attaquées par la voie de la requête en nullité.

Crim. 4 nov. 1986, n° 86-92.726, *Bull. crim.,* n° 320; *D.* 1987, somm. 79, obs. Pradel.

« Qu'en effet, s'il est vrai que l'article 12 nouveau de l'ordonnance du 2 février 1945 prescrit qu'avant toute réquisition ou décision de placement en détention provisoire d'un mineur le service de l'éducation surveillée compétent soit obligatoirement consulté il appartenait, le cas échéant, au ministère public, dans les délais prévus par l'article 185 du Code de procédure pénale de relever appel de l'ordonnance de placement en détention provisoire rendue en méconnaissance dudit article 12; que l'utilisation de la procédure prévue par l'article 171 du Code de procédure pénale pour contester, à titre principal, la validité de l'ordonnance de placement en détention provisoire revenait uniquement à remettre en cause une décision ayant acquis un caractère définitif; qu'il s'ensuit que la requête soumise à la chambre d'accusation étant irrecevable il n'y avait lieu à annulation de ladite ordonnance ni d'aucun autre acte de la procédure lié à l'établissement de celle-ci. »

• Le délai de forclusion institué par l'article 173-1 du Code de procédure pénale s'applique indistinctement aux moyens présentés par requête ou par mémoire par toute personne mise en examen.

Crim. 4 avr. 2002, n° 02-80.047, *Bull. crim.,* n° 80.

« Attendu qu'il résulte de l'arrêt attaqué et des pièces de la procédure qu'avisé du dépôt, par trois personnes mises en examen, de requêtes en annulation d'actes de l'information, sur le fondement de l'article 173 du Code de procédure pénale, X..., mis en examen le 30 mai 2000, a déposé, le 9 juillet 2001, un mémoire auprès de la chambre de l'instruction dans lequel il a proposé plusieurs moyens de nullité portant tous sur des actes antérieurs à son interrogatoire de première comparution;

Attendu que, pour déclarer irrecevables ces moyens de nullité, l'arrêt attaqué retient qu'en application de l'article 173-1 du Code précité, entré en vigueur le 1er janvier 2001, le délai de six mois à compter de cette dernière date, qui était imparti, à peine d'irrecevabilité, à X... pour présenter de tels moyens, était expiré à la date de dépôt de son mémoire;

Attendu qu'en prononçant ainsi, la chambre de l'instruction a justifié sa décision;

Que, d'une part, l'obligation faite au juge d'instruction de notifier, lors de l'interrogatoire de première comparution, les dispositions de l'article 173-1 du Code de procédure pénale, n'est applicable qu'aux mises en examen effectuées à partir du 1er janvier 2001, date d'entrée en vigueur de l'article 116 du Code de procédure pénale, dans sa rédaction issue de la loi du 15 juin 2000, aucune disposition légale n'imposant qu'il soit procédé à cette notification aux personnes mises en examen antérieurement;

Que, d'autre part, le délai de forclusion institué par l'article 173-1 du Code précité s'applique selon ce texte, indistinctement, aux moyens de nullité présentés, par requête ou par mémoire, par toute personne mise en examen. »

• Le délai de forclusion prévu par l'article 173-1 s'oppose à la recevabilité de moyens de nullité présentés devant la chambre de l'instruction.

Crim. 10 juill. 2002, n° 02-83.179, *Bull. crim.,* n° 152.

« Attendu qu'il résulte de l'arrêt attaqué et des pièces de la procédure que René X... a été mis en examen le 15 septembre 1998; que, le 17 avril 2001, le juge d'instruction a notifié aux parties et à leur avocat l'avis de fin d'information en application de l'article 175 du Code de procédure pénale; qu'après l'expiration du délai prévu par ce texte, le magistrat a communiqué le dossier de la procédure au procureur de la République aux fins de règlement puis, sur les réquisitions de celui-ci, ordonné, le 18 juin 2001, la mise en accusation de René X...;

Attendu que, devant la chambre de l'instruction, l'appelant a demandé l'annulation de plusieurs actes de la procédure antérieurs à sa mise en examen;

Attendu que, pour déclarer cette demande irrecevable, la chambre de l'instruction retient qu'elle a été présentée après l'expiration du délai de six mois prévu par l'article 173-1 du Code de procédure pénale dans sa rédaction issue de la loi du 15 juin 2000, applicable en la cause, calculé à compter du 1er janvier 2001, date d'entrée en vigueur de ladite loi;

Attendu qu'en cet état, le demandeur ne saurait se faire un grief de ce que la chambre de l'instruction lui ait opposé les dispositions de l'article 173-1 du Code précité, dès lors que, le délai de vingt jours prévu par l'article 175 du même code étant expiré le 7 mai 2001, la demande d'annulation aurait dû être déclarée irrecevable en application de ce second texte;

Qu'en effet, l'expiration du délai de forclusion institué par l'article 175 du Code de procédure pénale fait obstacle à ce que les parties invoquent devant la chambre de l'instruction saisie de l'appel d'une ordonnance de règlement rendue en application des articles 177, 178, 179 et, depuis l'entrée en vigueur de la loi du 15 juin 2000, 181 du Code précité, les nullités de la procédure antérieure à l'avis de fin d'information lorsque celui-ci leur a été régulièrement notifié;

Que les dispositions de l'article 206, alinéa 1er, du Code de procédure pénale ne sauraient priver d'effets celles de l'article 175 du même code, dès lors que, si elles autorisent les parties à présenter à la chambre de l'instruction des moyens pris de la nullité des actes de la procédure soumise à cette juridiction, c'est à la condition que ces moyens ne se heurtent pas à une cause d'irrecevabilité prévue par la loi. »

• Sauf décision contraire, la suspension de l'information ordonnée par ce magistrat est sans incidence sur

les mesures d'instruction en cours, antérieurement décidées par le juge d'instruction.

Crim. 29 sept. 2002, n° 01-88.823, *Bull. crim.*, n° 121.

« Attendu qu'il résulte de l'arrêt attaqué et des pièces de la procédure que, par ordonnance en date du 27 mars 1997, le président de la chambre criminelle a ordonné, en application des articles 570 et 571 du Code de procédure pénale, d'une part, l'examen immédiat des pourvois formés contre l'arrêt de la chambre d'accusation du 6 mars 1997 ayant annulé des actes de la procédure, d'autre part, la suspension de l'information jusqu'à l'arrêt à intervenir de la Cour de cassation, lequel a été rendu le 4 juin 1997;

Attendu que, pour refuser d'annuler les actes accomplis par la police judiciaire entre le 27 mars et le 4 juin 1997, en exécution d'une commission rogatoire délivrée le 14 novembre 1995, l'arrêt attaqué retient que le juge d'instruction n'a accompli personnellement aucun acte pendant la période de suspension de l'information et que ceux effectués par les officiers de police judiciaire ne sauraient être frappés de nullité, dès lors qu'ils ont été accomplis en exécution d'une commission rogatoire délivrée antérieurement à la décision de suspension prise par le président de la chambre criminelle, laquelle est dépourvue d'effet rétroactif;

Attendu qu'en l'état de ces motifs, et dès lors que, sauf décision contraire du président de la chambre criminelle, la suspension de l'information ordonnée par ce magistrat est sans incidence sur les mesures d'instruction en cours, antérieurement décidées par le juge d'instruction, l'arrêt attaqué n'encourt pas les griefs énoncés aux moyens;

D'où il suit que les moyens doivent être écartés. »

• **Le requérant doit avoir un intérêt à agir.**

Crim. 4 mars 2004, n° 03-85.983, *Bull. crim.*, n° 57; *D.* 2004, IR 1213; *AJ pénal* 2004, 207, obs. J. Leblois-Happe; *JCP* 2004, IV, 1782 (sur un autre principe dégagé par le même arrêt, v. s[s] n° 204.02).

« Attendu qu'en déclarant que Roland X... était sans qualité pour se prévaloir de la méconnaissance des dispositions de l'article 105 du Code de procédure pénale au soutien de sa demande d'annulation du procès-verbal d'audition comme témoin d'une autre personne, la chambre de l'instruction a fait l'exacte application de l'article 171 du Code de procédure pénale. »

• **Mais il peut invoquer la nullité d'un acte concernant un tiers s'il établit la nature du grief qui lui est porté.**

Crim. 6 sept. 2006, n° 06-84.869, *Bull. crim.*, n° 208; *Gaz. Pal.* 28/29 mars 2007, p. 7, note Y. Monnet.

« Attendu qu'un demandeur n'est recevable à invoquer l'irrégularité d'un acte concernant une autre personne mise en examen, qui n'a pas requis cette annulation, qu'à la condition de préciser en quoi cette irrégularité a porté atteinte à ses intérêts; que Julien Nizard se bornant, en l'espèce, à alléguer l'existence d'un grief qui résulterait pour lui de l'irrégularité de la garde à vue de Rachid Lazar, sans en apporter toutefois aucune démonstration, le moyen ne saurait être déclaré recevable. »

• **Lorsqu'un dossier d'expertise est déposé avant un interrogatoire au cours duquel il est notifié, la personne est forclose dans sa demande si elle a laissé passé six mois après cet interrogatoire.**

Crim. 23 août 2005, n° 03-87.719, *Bull. crim.*, n° 209; *JCP* 2005, IV, 3137.

« Attendu que par son précédent arrêt du 23 octobre 2003, la chambre de l'instruction a écarté le moyen proposé dans la requête déposée par Christian X..., qui demandait à l'annulation de sa mise en examen du 24 mars 2003 en raison de l'absence au dossier du rapport d'expertise, en retenant que celui-ci n'était pas encore déposé; que par l'arrêt attaqué, elle a déclaré irrecevable le moyen de nullité visant ledit rapport d'expertise en relevant que ce dernier avait été déposé le 13 juin 2003, que Christian X... avait été interrogé par le juge d'instruction le 1er août suivant et qu'en conséquence, la requête en annulation présentée le 26 mars 2004 était tardive par application de l'article 173-1 du Code de procédure pénale;

Attendu qu'en cet état, dès lors que, d'une part, la décision de rejet du moyen, prise par la chambre de l'instruction dans sa précédente décision du 23 octobre 2003, était justifiée par le fait que le rapport d'expertise n'était pas encore déposé à la date de la mise en examen et que, d'autre part, l'irrecevabilité du moyen d'annulation, prononcée par l'arrêt attaqué, résultait de l'expiration du délai de forclusion prévu par l'article 173-1 du Code de procédure pénale, lequel avait pour point de départ l'interrogatoire du 1er août 2003, les griefs allégués au moyen ne sont pas fondés. »

• **Si la personne mise en examen peut invoquer à tout moment l'incompétence du juge d'instruction en charge du dossier, elle ne peut, après l'échéance du délai de forclusion prévu à l'article 173-1 du Code de procédure pénale, demander l'annulation des actes accomplis antérieurement par ce magistrat, la chambre de l'instruction conservant néanmoins le pouvoir d'annuler lesdits actes au cas où il lui apparaîtrait qu'ils ont été réalisés par un juge manifestement incompétent.**

Crim. 24 oct. 2007, n° 07-83.916, *Bull. crim.*, n° 253; *Procédures* 2007, n° 56, note J. Buisson.

« Attendu que, le 20 mars 2007, le magistrat instructeur a saisi la chambre de l'instruction aux fins d'annulation du procès-verbal d'interrogatoire de première comparution et de toute pièce subséquente, au motif qu'il n'était pas compétent, au regard des articles 697 et 697-1 du Code de procédure pénale, pour connaître d'un délit commis dans l'exécution du service par un militaire; que, par mémoire régulièrement déposé devant la chambre de l'instruction, la personne mise en examen s'est associée à cette demande en proposant en outre un moyen pris de la nullité du réquisitoire introductif du 5 juillet 2002 et de la totalité des pièces de la procédure ultérieure;

Attendu que, pour refuser d'étendre l'annulation au réquisitoire introductif et à la totalité de la procédure ultérieure, l'arrêt énonce qu'Alain Cadiot, qui a été mis en examen le 9 juin 2004, est, en vertu de l'article 173-1 du Code de procédure pénale, irrecevable à demander, plus de six mois plus tard, l'annulation du réquisitoire introductif; que la chambre de l'instruction ajoute que le juge d'instruction de Chalon-sur-Saône a été régulièrement saisi de l'information tendant à rechercher si des infractions ne relevant pas de la juridiction spécialisée en matière militaire avaient été commises après la prise en charge de Fabien Baradat par des intervenants extérieurs au service médical de la caserne Carnot et était compétent pour instruire sur ces faits;

Attendu qu'en l'état de ces motifs, la chambre de l'instruction a justifié sa décision;

Qu'en effet, si la personne mise en examen peut invoquer à tout moment l'incompétence du juge d'instruction en charge du dossier, elle ne peut, après l'échéance du délai de forclusion prévu à l'article 173-1 du Code de procédure pénale, demander l'annulation des actes accomplis antérieurement par ce magistrat, la chambre de l'instruction conservant néanmoins le pouvoir d'annuler lesdits actes au cas où il lui apparaîtrait qu'ils ont été réalisés par un juge manifestement incompétent;

D'où il suit que le moyen doit être écarté;

Et attendu que l'arrêt est régulier en la forme;

REJETTE le pourvoi. »

203.03 **Bibliographie indicative.** (V. les références complètes s[s] n° 03.)

Actualisables. Rép. pén., Guéry, « Instruction préparatoire »; Guerrin, « Nullités de procédure » – J.-Cl. pén., Dumont J., « Nullités de procédure » – Tpji, Cousteaux G., « La mise en œuvre des nullités ».

Ouvrages. Garraud, III, n° 1116 – Guéry, n°s 7.63 à 7.66 – Le Poittevin, L. 8 déc. 1897, art. 12, n° 52 – Vidal et Magnol, II, n° 836.

Articles. Chabut B. et P.-O., « Le point en matière de nullité de procédure pénale, au fil des cent dernières décisions de la chambre d'accusation de Paris », *Gaz. Pal.* 14/15 nov. 1997, p. 2 – Clément G., « De la règle "pas de nullité sans grief" en droit judiciaire privé et en procédure pénale », *RSC* 1984, 433 –, Colomb C, « Nullité de la détention provisoire », *AJ pénal* 2005, 185 – Girault C., « Nullité de la garde à vue », *AJ pénal* 2005, 140 – Guérin M., « Les changements opérés par la loi relative à la présomption d'innocence sur les nullités de procédure dans la phase préalable au jugement pénal », *RSC* 2000, 753 – Guéry Ch., « Un toilettage progressif et personnalisé : les nullités de l'instruction après l'entrée en vigueur de la loi du 4 mars 2002 », *Dr. pén.* nov. 2002, chron. 38; « Le tribunal correctionnel et les nullités de l'instruction », *Dr. pén.* 2004, ét. n° 6; « De la nécessité accrue pour le témoin assisté de l'être bien », *AJ pénal* 2005, 111 – Porteron C., « Nullité des perquisitions au cours de l'instruction », « Nullité des écoutes téléphoniques », « Nullité de la mise en examen », *AJ pénal* 2005, 143, 145 et 147 – Roussel Y., « Le régime des nullités de la procédure pénale après les lois du 4 janvier 1993 et du 24 août 1993 », *Gaz. Pal.* 19/20 janv. 1996, p. 7 – Roussel G., « L'annulation des procès-verbaux d'interrogatoire pour défaut de mention des questions », *AJ pénal* 2005, 19 – Saint-Pierre F., « Le véritable enjeu des contrôles juridictionnels de la légalité des procédures pénales : la « sûreté » des justiciables », *AJ pénal* 2005, 177.

203.06 **Questions essentielles.**

• La possibilité pour les parties de soulever des nullités pendant l'information date de 1993. Depuis, la jurisprudence a commencé à mettre en place un système cohérent, remis en cause régulièrement par des lois de procédure nouvelles. Les lois du 15 juin 2000 et 4 mars 2002 ont apporté de considérables modifications en créant des délais pour présenter la requête en nullité. Ces nouveautés apportent de nouvelles difficultés dans leur articulation avec d'autres textes.

* V. s[s] n°s 203.31 à 203.35.

SECTION 1
NULLITÉS DÉCOUVERTES DEVANT LE JUGE D'INSTRUCTION

203.11 **Sous l'empire du Code d'instruction criminelle,** certaines juridictions avaient estimé que le juge d'instruction pouvait lui-même déclarer la nullité des actes irréguliers auxquels il avait procédé, et les recommencer[1]. La Cour de cassation a seulement admis, par une interprétation extensive de l'article 60 du Code d'instruction criminelle, que le juge d'instruction pouvait refaire les actes irréguliers ou incomplets dressés par les officiers de police judiciaire[2]. Mais, elle a formellement refusé qualité au juge d'instruction, « soit pour prononcer l'annulation d'actes entachés d'une des nullités prévues par la loi du 8 décembre 1897, soit pour recommencer spontanément un ou plusieurs de ces actes »[3].

203.12 **La loi du 8 décembre 1897 ne comportait aucune indication sur la mise en œuvre des nullités qu'elle prévoyait.** L'inculpé, qui ne disposait que de la voie de l'appel ouverte dans les cas exceptionnels déterminés par l'article 135 ancien, ne pouvait saisir directement la chambre d'accusation, soit par voie de requête, soit par la voie de tout autre acte concluant à la nullité[4]. Le procureur de la République, qui ne dispose que d'un droit d'appel général contre toute ordonnance, ne pouvait non plus déférer à la chambre d'accusation des actes isolés d'instruction entachés d'irrégularités, tels que des interrogatoires[5].

1. CA Paris, 13 juin 1899, *Journ. Parq.* 1900, 2, 35.
2. Crim. 28 juill. 1899, *Bull. crim.*, n° 252; *S.* 1902, 1, 60.
3. Crim. 8 déc. 1899, *S.* 1901, 1, 153, note Roux (v. les attendus s[s] n° 203.02) – En ce sens, Crim. 4 nov. 1986, n° 86-92.726, n° 86-94.653, 2 esp., *Bull. crim.*, n° 320.
4. Crim. 17 nov. 1900, *DP* 1901, 1, p. 253 – Crim. 29 nov. 1900, *S.* 1903, 1, 492.
5. Crim. 17 déc. 1898 et Crim. 14 avr. 1899, *S.* 1899, 1, 153, note Roux.

Il y avait là une impasse et la Cour de cassation a montré le chemin qu'il fallait suivre pour en sortir. Dès le début de l'application de la loi de 1897, elle a décidé que lorsque le prévenu ne renonce pas à la nullité qui vient d'être découverte, « le juge d'instruction doit communiquer la procédure au procureur de la République, à l'effet de saisir, par voie d'opposition à l'ordonnance de soit-communiqué, la chambre d'accusation, à qui il appartient de statuer et d'ordonner la suppression des actes nuls et de la procédure qui les a suivis »[1].

203.13 L'article 171 du Code de procédure pénale. Ce texte, dans sa version originaire, avait accordé au juge d'instruction et au procureur de la République le droit de saisir, par voie de requête, la chambre d'accusation des nullités dont ils avaient aperçu l'existence. Cette juridiction statuait selon les dispositions de l'article 206. Cette procédure ne s'appliquait que pendant le temps où le juge d'instruction était saisi[2].

La partie civile et la personne poursuivie n'avaient en aucun cas cette faculté[3]. Elles n'étaient pas recevables à interjeter appel de l'ordonnance par laquelle le juge d'instruction refusait de saisir la chambre d'accusation[4], ou refusait de prononcer lui-même les annulations sollicitées[5].

203.14 La loi du 4 janvier 1993 a pris le contre-pied de cette jurisprudence. L'article 173 du Code de procédure pénale a maintenu au juge d'instruction et au procureur de la République le droit de saisir la chambre de l'instruction d'une requête en annulation. Mais il a également, et pour la première fois, donné aux parties la même faculté. La loi du 9 mars 2004 a ouvert ce droit au témoin assisté (v. s^s^ n°s 203.26, 203.36).

203.15 Extradition : règles antérieures à la loi du 9 mars 2004. Étaient compétents le juge d'instruction et, en appel, la chambre de l'instruction[6] – ou de jugement dont relève l'extradé après sa remise (L. 10 mars 1927, art. 23, al. 2), et, en cas de condamnation définitive, la chambre de l'instruction du lieu de la remise. L'extradé doit présenter sa demande dans les trois jours de la mise en demeure adressée par le procureur de la République du lieu de remise et comportant notification de la possibilité de choisir ou de se faire désigner un conseil (L. 10 mars 1927, art. 23, al. 4). La demande en nullité d'extradition formulée par l'inculpé n'est pas assimilable à une demande de mise en liberté et le juge d'instruction n'est pas tenu d'y répondre dans le délai de cinq jours (même arrêt). À défaut de mise en demeure, l'inculpé est en droit de soulever la nullité de la procédure d'extradition et, en particulier, du mandat d'arrêt, lors de sa comparution devant la chambre d'accusation saisie de l'appel d'une ordonnance de rejet de demande de mise en liberté[7]. Aucune sanction ne s'attache au retard apporté à la mise en demeure, mais le délai imparti est reculé d'autant[8].

203.16 Extradition : la loi du 9 mars 2004. Selon les dispositions de l'article 696-36 du Code de procédure pénale, c'est la juridiction de jugement dont la personne extradée relève après sa remise ou si elle ne relève d'aucune juridiction de jugement la chambre de l'instruction qui est compétente pour statuer sur les nullités. La chambre de l'instruction compétente est, lorsque l'extradition a été accordée pour l'exécution d'un mandat d'arrêt délivré dans une information en cours, celle dans le ressort de laquelle a eu lieu la remise. La requête doit être motivée et faire l'objet d'une déclaration au greffe dans le délai de dix jours de l'avis donné par le procureur de la République.

SECTION 2

MISE EN ŒUVRE DES NULLITÉS PAR LES PARTIES : LA REQUÊTE

203.21 Qualité pour agir. Il est nécessaire que la partie qui soulève une nullité subisse un préjudice. C'est ainsi qu'une personne mise en examen est sans qualité pour contester la régularité de l'interception et de la transcription, ordonnées par le juge d'instruction, de conversations téléphoniques échangées entre d'autres personnes mises en examen sur une ligne qui ne lui est pas attribuée[9]. Toutefois, cette jurisprudence a entraîné la condamnation de la France par la Cour européenne des droits de l'Homme[10]. La Cour de cassation a pour-

1. Crim. 8 déc. 1899, *Bull. crim.*, n° 355; *DP* 1900, 1, p. 31; *S.* 1901, 1, 153, note Roux.
2. CA Paris, ch. acc., 5 déc. 1967, *JCP* 1968, II, 15492, note P. Chambon.
3. Crim. 15 sept. 1987, n° 87-82.239, *Bull. crim.*, n° 311; *JCP* 1988, II, 21047, note P. Chambon.
4. Crim. 5 mai 1960, *Bull. crim.*, n° 243 – Crim. 10 mai 1973, n° 73-90.372, *Bull. crim.*, n° 217 – Crim. 21 oct. 1982, n° 81-93.743, *Bull. crim.*, n° 231 – Crim. 27 mai 1986, n° 85-95.841, *Bull. crim.*, n° 174.
5. Crim. 15 nov. 1962, *Bull. crim.*, n° 328; *JCP* 1963, II, 13124, note P. Chambon – Crim. 13 mars 1968, *Bull. crim.*, n° 88 – Crim. 11 oct. 1988, n° 88-83.605, *Bull. crim.*, n° 343.
6. Crim. 12 juill. 1982, n° 82-90.844, *Bull. crim.*, n° 192.
7. Crim. 8 févr. 1989, n° 88-87.118, *Bull. crim.*, n° 56.
8. Crim. 12 juill. 1982, n° 82-90.844, *Bull. crim.*, n° 192.
9. Crim. 10 mars 1993, n° 91-80.936, *Bull. crim.*, n° 106 – Crim. 31 mars 1998, n° 96-83.956, n° 98-80.352, *Bull. crim.*, n° 121; *BICC* 477, n° 902.
10. V. CEDH 24 août 1998, n° 23618/94, Lambert c/France, *D.* 1999, somm. 271, note Renucci.

tant maintenu sa jurisprudence[1] puis l'a finalement modifié en estimant que « la chambre de l'instruction, qui est saisie par une personne mise en examen d'une requête en annulation visant l'interception de ses conversations téléphoniques, opérée dans une procédure distincte dans laquelle elle n'a pas été partie et dont la transcription a été versée dans la procédure soumise à cette juridiction, est tenue de contrôler la régularité, au regard des dispositions de droit interne comme de l'article 8 de la Convention européenne des droits de l'Homme, des actes accomplis non seulement dans la procédure dont elle est saisie mais également dans la procédure distincte[2] (pour un extrait v. s[s] n° 192.02; v. aussi s[s] n° 192.12). La jurisprudence a encore évolué par la suite (v. aussi s[s] n° 205.35). Ainsi, alors qu'il a été jugé qu'une personne mise en examen est sans qualité pour se prévaloir de la méconnaissance de l'article 105 du Code de procédure pénale au soutien de sa demande d'annulation du procès-verbal d'audition comme témoin d'une autre personne[3], dans un arrêt du 6 septembre 2006, la chambre criminelle admet que le requérant à la nullité peut invoquer l'irrégularité d'un acte de la procédure concernant un tiers si cet acte, illégalement accompli, a porté atteinte à ses intérêts[4].

203.22 Formes de la requête. Elles sont fixées par l'article 173 du Code de procédure pénale. La requête doit être motivée et il doit en être adressé copie au juge d'instruction. En l'absence de motivation la requête doit être déclarée irrecevable[5]. Ce défaut de motivation ne peut être suppléé par le dépôt au greffe de la chambre de l'instruction d'un mémoire précisant les nullités qui vicieraient les actes de la procédure visés dans la requête (même arrêt). Elle doit faire l'objet d'une déclaration au greffe de la chambre de l'instruction, laquelle est constatée, datée et signée par le greffier. Si la personne est détenue, la déclaration est faite au surveillant-chef de la maison d'arrêt. Satisfait aux exigences de l'article 173 du Code de procédure pénale la requête en annulation formée par l'avocat d'une personne morale mise en examen, sans que soit mentionnée l'organe qui représente cette personne morale[6].

203.23 Dans les huit jours de la réception du dossier, le président de la chambre de l'instruction peut déclarer la requête irrecevable par ordonnance non susceptible de recours (C. pr. pén., art. 173, al. 5). Il s'agit des cas où il est saisi en fonction des dispositions des articles 173 alinéa 3 et 4, de l'article 173-1, des articles 174 alinéa 1er et 175 deuxième alinéa du Code de procédure pénale.

En dehors des cas définis par l'article 173 dernier alinéa, le président de la chambre de l'instruction, qui rend une ordonnance déclarant la requête irrecevable, commet un excès de pouvoir. Il en est ainsi dans le cas où le demandeur n'a pas adressé copie de la requête au juge d'instruction[7] ou si la requête invoque les mêmes griefs qu'une demande de contre-expertise rejetée par ordonnance du juge d'instruction[8] ou lorsque le président de la chambre de l'instruction se prononce sur le bien-fondé des moyens de nullité qui sont proposés[9] ou lorsqu'il déclare irrecevable une requête en annulation au motif que l'avocat du requérant a bien signé le procès-verbal de dépôt de la requête mais n'a pas apposé sa signature sur la requête elle-même[10]. Il en est de même lorsque le président dit qu'il n'y a pas lieu de saisir la chambre d'accusation d'une requête en annulation d'une perquisition effectuée en exécution d'une commission rogatoire délivrée par les autorités judiciaires autrichiennes au prétendu motif que la chambre d'accusation n'est pas compétente pour statuer sur les nullités d'actes d'instruction ordonnés par des autorités étrangères, alors que l'incompétence de la juridiction n'entre pas dans l'énumération des cas prévus par l'article 173 du Code de procédure pénale[11]. Il excède ses pouvoirs lorsqu'il prononce l'irrecevabilité de la requête par une appréciation relative à la pertinence des motifs qu'elle expose[12].

Il en est de même lorsque le président de la chambre a pris en compte le jour d'arrivée de la requête au greffe de la chambre de l'instruction et non à la cour d'appel, les délais d'acheminement interne à la juridiction ne pouvant faire grief à la personne mise en examen[13].

1. Crim. 14 nov. 2001, n° 01-85.965, *Bull. crim.*, n° 238.
2. Crim. 7 déc. 2005, n° 05-85.876, *Bull. crim.*, n° 327; *D.* 2005, IR 253; *RSC* 2006, 343, note D. Commaret.
3. Crim. 4 mars 2004, n° 03-85.983, *Bull. crim.*, n° 57; *D.* 2004, IR 1213; *AJ pénal* 2004, 207, obs. J. Leblois-Happe; *JCP* 2004, IV, 1782 (v. les attendus s[s] n° 203.02).
4. Crim. 6 sept. 2006, n° 06-84.869, *Bull. crim.*, n° 208; *Gaz. Pal.* 28/29 mars 2007, p. 7, note Y. Monnet – V. aussi Crim. 31 mai 2007, n° 07-80.928, *Bull. crim.*, n° 146; *JCP* 2007, IV, 2403; *D.* 2007, AJ 2033.
5. Crim. 1er févr. 1994, n° 93-84.210, *Bull. crim.*, n° 45.
6. Crim. 6 nov. 2002, n° 02-85.809, *Bull. crim.*, n° 201; *Gaz. Pal.* 3/5 août 2003, jur. p. 18, note Y. Monnet.
7. Crim. 24 janv. 1994, n° 93-84.406, n° 93-84.407, *Bull. crim.*, n° 33.
8. Crim. 12 déc. 1994, n° 94-84.589, *Bull. crim.*, n° 402.
9. Crim. 13 déc. 1994, n° 94-84.556, *Bull. crim.*, n° 403.
10. Crim. 17 févr. 1998, n° 97-85.078, *Bull. crim.*, n° 61; *BICC* 474, n° 703.
11. Crim. 17 déc. 1996, n° 96-80.440, *Bull. crim.*, n° 468; *D.* 1997, IR 65.
12. Crim. 4 avr. 2006, n° 06-80.732, *Bull. crim.*, n° 101; *D.* 2006, 1332; *AJ pénal* 2006, 315, note C. Saas; *JCP* 2006, I, 152.
13. Crim. 4 avr. 2007, n° 07-80.599, *Bull. crim.*, n° 106; *D.* 2007, AJ 1273.

Le président ne commet pas un excès de pouvoir lorsque l'ordonnance prononce l'irrecevabilité de la requête en nullité d'actes de la procédure en application de l'article 175 alinéa 2 de ce code[1] ou si son ordonnance est rendue au-delà du délai de huit jours prévu par l'article 173 dont la méconnaissance n'est assortie d'aucune sanction[2].

203.24 La faculté du président ne concerne que la requête des parties privées. L'article 173 du Code de procédure pénale, qui n'est pas contraire à l'article 6 de la Convention européenne de sauvegarde des droits de l'Homme et des libertés fondamentales, ne subordonne pas la saisine de la chambre de l'instruction par le juge d'instruction ou le procureur de la République aux fins d'annulation d'un acte ou d'une pièce de la procédure à la décision préalable du président de cette juridiction. Dès lors, encourt la cassation la chambre de l'instruction qui, pour se déclarer irrégulièrement saisie de la requête aux fins d'annulation présentée par le procureur de la République et renvoyer le ministère public à saisir son président, retient que l'article 173 du Code de procédure pénale n'est pas compatible avec le principe du procès équitable découlant de l'article 6 de la Convention européenne de sauvegarde des droits de l'Homme et des libertés fondamentales[3].

203.25 Objet de la requête. Les dispositions des trois premiers alinéas de l'article 173 du Code de procédure pénale ne s'appliquent pas aux actes de procédure susceptibles d'appel, et notamment aux décisions concernant la détention provisoire ou le contrôle judiciaire (C. pr. pén., art. 173, al. 4). Cette règle consacre la jurisprudence antérieure[4]. C'est ainsi que ne peuvent faire l'objet d'une requête la question de la recevabilité de la constitution de partie civile[5], l'ordonnance du président du tribunal autorisant une visite domiciliaire en matière de douanes[6], l'irrégularité de l'ordonnance de prolongation de la détention[7], ou l'irrégularité du mandat de dépôt, qui fait corps avec l'ordonnance de placement en détention[8]. N'encourt pas la censure l'arrêt qui déclare irrecevable la requête en annulation d'une ordonnance de renvoi devant le tribunal correctionnel, dès lors que la nullité d'une ordonnance de cette nature ne peut être invoquée devant la chambre d'accusation qu'à l'occasion d'un appel interjeté dans les conditions limitativement énumérées par la loi[9].

La requête ne peut tendre à faire constater l'irrégularité de bandes d'enregistrement d'écoutes téléphoniques, susceptibles de discussion, mais non d'annulation[10], ou l'existence de la prescription[11].

Mais la requête peut invoquer l'incompétence du juge d'instruction qui est une cause de nullité des actes accomplis par lui[12].

203.26 En principe, la requête en nullité n'a pas d'incidence sur la poursuite de l'information. Lorsque la chambre de l'instruction est saisie d'une requête en nullité, le juge d'instruction poursuit son information, y compris, le cas échéant jusqu'au règlement de celle-ci sauf décision contraire du président de la chambre de l'instruction. Cette décision n'est pas susceptible de recours (C. pr. pén., art. 187). Les mesures d'instruction en cours antérieurement décidées continuent d'être exécutées[13]. Les actes accomplis sur commission rogatoire ou par un expert désigné antérieurement à la décision demeurent donc valables.

La chambre de l'instruction n'est pas tenue de soumettre aux parties pour observations les nullités qu'elle a soulevées d'office[14]. Ainsi, des personnes mises en examen sont irrecevables à contester la régularité de l'ouverture d'un scellé, pratiquée à l'occasion d'une expertise que la chambre d'accusation a annulée par un précédent arrêt, rendu au terme d'une procédure contradictoire à leur égard[15].

La décision par laquelle le président de la chambre d'accusation saisi d'une requête en annulation, ordonne en application de l'article 187 du Code de procédure pénale, la suspension de l'instruction, n'a pas pour effet d'interrompre le délai de vingt jours imposé aux parties par l'article 175 du Code de procédure pénale, pour présenter une requête en annulation ou déposer une demande d'actes, lorsque l'avis de fin d'information leur a été notifié antérieurement par le juge d'instruction[16].

1. Crim. 6 mai 1998, n° 98-80.283, *Bull. crim.*, n° 153.
2. Crim. 17 déc. 2002, n° 02-86.393, *Bull. crim.* n° 228; *Gaz. Pal.* 10/11 sept. 2003, jur. p. 27, note Y. Monnet.
3. Crim. 9 nov. 1999, n° 99-85.618, *Bull. crim.* n° 251.
4. Crim. 4 nov. 1986, n° 86-92.726, n° 86-94.653, 2 esp., *Bull. crim.*, n° 320; *D.* 1987, somm. 79, obs. Pradel – Crim. 30 juin 1987, n° 87-82.068, *Bull. crim.*, n° 276.
5. Crim. 28 juin 1988, n° 87-84.602, *Bull. crim.*, n° 292 – Crim. 27 juin 1991, n° 91-82.706, *Bull. crim.*, n° 285 – Crim. 12 janv. 2000, n° 99-86.999, *Bull. crim.*, n° 182.
6. Crim. 11 oct. 1990, n° 90-80.997, *Bull. crim.*, n° 338.
7. Crim. 13 déc. 1993, n° 93-84.671, *Bull. crim.*, n° 385 – Crim. 2 mars 1994, n° 93-85.670, *Bull. crim.*, n° 82.
8. Crim. 19 juill. 1993, n° 93-82.243, *Bull. crim.*, n° 247.
9. Crim. 26 janv. 2000, n° 99-85.098, *Bull. crim.*, n° 45.
10. Crim. 28 avr. 1987, n° 86-96.621, *Bull. crim.*, n° 173.
11. Crim. 7 févr. 1995, n° 93-85.026, *Bull. crim.*, n° 50 – Crim. 27 févr. 2001, n° 00-86.747, *Bull. crim.*, n° 50 – Crim. 30 oct. 2001, n° 01-84.779, *Bull. crim.*, n° 223.
12. Crim. 26 juin 1995, n° 95-82.333, *Bull. crim.*, n° 235; *JCP* 1995, IV, 2380.
13. Crim. 29 sept. 2002, n° 01-88.823, *Bull. crim.*, n° 121 (v. les attendus s^s n° 203.02).
14. Crim. 6 févr. 1996, n° 95-84.041, *Bull. crim.*, n° 60; *JCP* 1996, II, 22634, note P. Chambon.
15. Crim. 3 mars 1998, n° 97-84.553, *Bull. crim.*, n° 79; *BICC* 476, n° 806.
16. Crim. 19 avr. 2000, n° 99-86.128, *Bull. crim.*, n° 158.

203.27 Nullité et témoin assisté. La loi du 9 mars 2004 a ajouté à la personne mise en examen et à la partie civile, le témoin assisté qui peut désormais présenter des requêtes en nullité alors même qu'il n'est pas partie à la procédure. L'accroissement des droits du témoin assisté, notamment par le biais de la loi du 9 mars 2004 en fait d'ailleurs de plus en plus une « quasi-partie »[1]. Cette nouveauté est d'autant plus importante que le témoin assisté est soumis aux mêmes conditions de forclusion que la personne mise en examen ou la partie civile (v. s[s] n° 203.36)[2].

203.28 La procédure de l'article 173 et celle de l'article 706-60 du Code de procédure pénale. La procédure instituée par l'article 173 du Code de procédure pénale ne peut être utilisée pour contester l'ordonnance du juge des libertés et de la détention autorisant le recueil des déclarations d'un témoin sans révélation de son identité. Seul le recours prévu par l'article 706-60 du Code précité peut être exercé par la personne mise en examen à l'encontre de cette décision[3] (pour un extrait v. s[s] n° 71.02). Les raisons invoquées pour contester, en application de l'article 706-60 alinéa 2 du Code de procédure pénale, le recours à la procédure de recueil des déclarations d'un témoin sans révélation de son identité ne peuvent être à nouveau présentées devant la chambre de l'instruction, saisie, sur le fondement de l'article 173 du même code, d'une requête en nullité du procès-verbal d'audition de ce témoin. Justifie dès lors sa décision la chambre de l'instruction qui, pour rejeter la requête en annulation d'une audition de témoin anonyme, présentée sur le fondement de l'article 173 du Code de procédure pénale, retient que cette requête est recevable mais que l'argument selon lequel le témoin, qui avait eu connaissance de certains éléments en détention, ne pouvait être entendu selon cette procédure, les articles 706-57 et 706-58 dudit code exigeant qu'il n'existe aucune raison plausible de soupçonner que le témoin a commis une infraction, a été soumis au président de la chambre saisi antérieurement, en application de l'article 706-60 du même code, d'une requête tendant à lever l'anonymat du témoin et écarté[4].

1. Sur les prémisses de cette situation, v. Ch. Guéry, « Du témoin assisté à la partie virtuelle », *Dr. pén.* nov. 1997, chron.
2. V. aussi Ch. Guéry, « De la nécessité accrue pour le témoin assisté de l'être bien », *AJ pénal* 2005, 111.
3. Crim. 15 févr. 2006, n° 05-87.002, *Bull. crim.*, n° 44; *D.* 2006, IR 949; *Procédures* mai 2006, p. 23, note J. Buisson; *Gaz. Pal.* 28/29 mars 2007, p. 10, note Y. Monnet.
4. Crim. 12 juill. 2006, n° 06-82.931, *Bull. crim.*, n° 201; *Gaz. Pal.* 28/29 mars 2007, jur. p. 10.

SECTION 3
DÉLAIS POUR PRÉSENTER LA REQUÊTE

203.31 Article 173-1 du Code de procédure pénale : principes. La loi du 15 juin 2000 modifiée par celle du 4 mars 2002 a prévu le dispositif suivant : « Sous peine d'irrecevabilité, la personne mise en examen doit faire état des moyens pris de la nullité des actes accomplis avant son interrogatoire de première comparution ou de cet interrogatoire lui même dans un délai de six mois à compter de la notification de sa mise en examen sauf dans le cas où elle n'aurait pu en connaître. Il en est de même s'agissant des moyens pris de la nullité des actes accomplis avant chacun de ses interrogatoires ultérieurs;

Il en est de même pour la partie civile à compter de sa première audition puis de ses auditions ultérieures. » C'est ce dernier alinéa qu'a ajouté la loi du 4 mars 2002. La loi du 9 mars 2004 a, quant à elle, ajouté le témoin assisté à la liste (v. s[s] n° 203.36).

Une mise en examen supplétive, intervenue après jonction d'une procédure distincte, n'a pas d'effet sur l'écoulement du délai de six mois prévu par l'article 173-1 du Code de procédure pénale[5].

203.32 Le délai de forclusion institué par l'article 173-1 du Code de procédure pénale s'applique quel que soit le mode de présentation de la nullité, c'est-à-dire que le demandeur ait présenté une requête ou que, avisé d'une audience en nullité, il ait présenté un mémoire en vertu des dispositions de l'article 174 du Code de procédure pénale[6]. Lorsque les parties sont forcloses à solliciter l'annulation d'actes, elles ne peuvent demander à la chambre de l'instruction d'annuler d'office les actes contestés[7]. Le délai ne commence à courir pour la personne mise en examen qu'à compter de la date de cet interrogatoire (v. un arrêt intervenu à propos de la procédure antérieure à la loi du 15 juin 2000, où la mise en examen pouvait résulter de l'envoi d'une lettre recommandée et se distinguait donc de la première comparution[8]).

5. Crim. 4 avr. 2002, n° 02-80.156, *Bull. crim.*, n° 79; *D.* 2002, IR 1808; *JCP* 2002, IV, 1893 (v. les attendus s[s] n° 203.02).
6. Crim. 4 avr. 2002, n° 02-80.047, *Bull. crim.*, n° 80; *JCP* 19 juin 2002, IV, 2007 – Crim. 8 juin 2005, n° 05-82.012, *Bull. crim.*, n° 173; *JCP* 2005, IV, 2691; *Gaz. Pal.* 13/14 janv. 2006, somm. p. 15, note Y. Monnet – Crim. 6 déc. 2005, n° 05-85.951, *Bull. crim.*, n° 315; *Procédures* 2006, n° 57, note J. Buisson.
7. Crim. 9 oct. 2002, n° 02-81.441, *Bull. crim.*, n° 183; *JCP* 2002, IV, 3035; *Procédures* 2003, comm. J. Buisson, n° 24.
8. Crim. 29 oct. 2003, n° 03-84.459, *Bull. crim.*, n° 202; *D.* 2004, IR 109; *JCP* 2004, IV, 1045.

Si la personne mise en examen peut invoquer à tout moment l'incompétence du juge d'instruction en charge du dossier, elle ne peut, après l'échéance du délai de forclusion prévu à l'article 173-1 du Code de procédure pénale, demander l'annulation des actes accomplis antérieurement par ce magistrat, la chambre de l'instruction conservant néanmoins le pouvoir d'annuler lesdits actes au cas où il lui apparaîtrait qu'ils ont été réalisés par un juge manifestement incompétent[1].

203.33 Article 173-1 du Code de procédure pénale : application de la loi dans le temps. Les premières décisions prises en application du nouvel article 173-1 du Code de procédure pénale ont concerné l'application de la loi dans le temps. C'est ainsi que, fort logiquement, la Cour de cassation a estimé que l'obligation faite au juge d'instruction de notifier, lors de l'interrogatoire de première comparution, les dispositions de l'article 173-1 du Code de procédure pénale, n'est applicable qu'aux mises en examen effectuées à partir du 1er janvier 2001, date d'entrée en vigueur de l'article 116 du Code de procédure pénale, dans sa rédaction issue de la loi du 15 juin 2000, aucune disposition légale n'imposant qu'il soit procédé à cette notification aux personnes mises en examen antérieurement[2]. Dès lors, justifie sa décision la chambre de l'instruction qui déclare irrecevable la demande d'annulation formée après le 30 juin 2001 d'actes antérieurs à l'interrogatoire de première comparution effectué avant le 1er janvier 2001, quand bien même le juge d'instruction n'aurait pas avisé la personne mise en examen des dispositions de l'article 173-1 du Code de procédure pénale[3].

203.34 L'article 173-1 du Code de procédure pénale cède le pas devant les exigences de l'article 174 du même code. L'entrée en vigueur de l'article 173-1, et sa modification récente, n'ont pas remis en cause l'existence de l'alinéa premier de l'article 174. Lorsque la chambre de l'instruction « est saisie sur le fondement de l'article 173, tous moyens pris de nullité de la procédure qui lui est transmise doivent, sans préjudice du droit qui lui appartient de les relever d'office, lui être proposés. À défaut, les parties ne sont plus recevables à en faire état, sauf le cas où elles n'auraient pu en connaître ». L'article 174 ne peut être remis en cause par l'article 173-1. La Cour de cassation décide d'ailleurs que le « délai de forclusion institué par l'article 173-1 du Code de procédure pénale s'applique selon ce texte indistinctement aux moyens de nullité présentés par requête ou par mémoire par toute personne mise en examen »[4]. La solution doit être identique si c'est le juge d'instruction ou le parquet qui saisit la juridiction d'instruction alors que la partie a laissé passer son délai de six mois.

La solution inverse aurait pour effet d'ouvrir à la volonté des parties la réouverture du délai et de rendre sans effet l'article 174[5]. L'article 174 ne semble pas applicable à l'audience de contrôle (v. ss n° 245.62).

203.35 L'article 173-1 du Code de procédure pénale prime les délais de l'article 175 du même code. L'article 175 du Code de procédure pénale prévoit que les avis à partie ouvrent pour les parties un ultime délai pour pouvoir présenter une requête en nullité à la chambre de l'instruction. Les parties sont irrecevables à présenter une requête après l'expiration du délai prévu à l'article 175. La procédure n'est pas pour autant totalement purgée puisque, dans le cas où le ministère public prendrait un réquisitoire supplétif et que le juge poursuive l'instruction, celle-ci pourrait entraîner de nouvelles nullités. Dans les autres cas, il est assez clair que les six mois ouverts par l'article 173-1 ne sauraient survivre à l'expiration du délai de l'article 175. Par ailleurs, l'ordonnance de renvoi purge les nullités de la procédure correctionnelle ou contraventionnelle (C. pr. pén., art. 179 et 178). En matière criminelle, l'ordonnance de mise en accusation a le même effet sauf appel (C. pr. pén., art. 181 et 186-1).

Il s'agit ici d'une véritable purge de la procédure agissant sur tous les actes et concernant non seulement toutes les parties mais aussi l'autorité judiciaire. Il n'est plus possible pour quiconque de soulever ces éventuelles nullités.

Les six mois prévus par l'article 173-1 ne trouvent plus alors à s'appliquer[6].

203.36 Article 173-1 et témoin assisté. En ajoutant le témoin assisté par un alinéa supplémentaire à l'article 173-1, la loi du 9 mars 2004 améliore encore le processus mis en place. On doit considérer que le « témoin assisté » au sens de cet

1. Crim. 24 oct. 2007, n° 07-83.916, *Bull. crim.*, n° 253; *Procédures* 2007, n° 56, note J. Buisson.
2. Crim. 20 juin 2001, n° 01-82.438, *Bull. crim.*, n° 152 – Crim. 19 sept. 2001, n° 01-85.188, *Bull. crim.*, n° 184; *D.* 2001, 3332 – Crim. 4 avr. 2002, n° 02-80.047, *Bull. crim.*, n° 80; *JCP* 2002, IV, 2007.
3. Crim. 12 déc. 2001, n° 01-86.880, *Bull. crim.*, n° 267.
4. Crim. 4 avr. 2002, n° 02-80.156, *Bull. crim.*, n° 79; *Dr. pén.* 2002, n° 103.
5. Pour des exemples concrets v. Ch. Guéry, « Un toilettage progressif et personnalisé : les nullités de l'instruction après l'entrée en vigueur de la loi du 4 mars 2002 », *Dr. pén.* nov. 2002, chron. 38 – V. aussi *RSC* 2002, 844, note D. Commaret.
6. Sur ces questions v. Ch. Guéry, « Un toilettage progressif et personnalisé : les nullités de l'instruction après l'entrée en vigueur de la loi du 4 mars 2002 », *Dr. pén.* nov. 2002, chron. 38.

article est celui qui a déjà été entendu comme témoin assisté. On ne voit pas en effet comment celui qui bénéficie du « statut légal » de témoin assisté en étant nommément porté sur le réquisitoire introductif pourrait être concerné par cette procédure, s'il n'a pas été entendu, puisque la forclusion prend comme point de départ chacune des auditions. Mais dès lors qu'une personne a été entendue comme témoin assisté elle dispose de six mois pour contester les actes d'enquête et d'instruction antérieurs à cette audition. Il est logique que si le témoin assisté devient personne mise en examen, il soit également forclos à soulever toute nullité antérieure. Ces dispositions n'ont pas d'intérêt si la personne mise en examen recouvre le droit de soulever toutes les nullités antérieures à cette mise en examen. Il est encore difficile de prévoir les effets de ce nouveau texte, mais on peut déjà se demander si la personne qui comparaît comme témoin assisté aura suffisamment conscience de cette situation pour saisir la chambre de l'instruction d'une requête en nullité alors qu'elle bénéficie d'un statut qui n'est pas encore très « inquiétant ». D'un autre côté, on peut voir arriver devant les chambres de l'instruction des requêtes concernant des dossiers où jamais personne ne sera mis en examen... [1]

203.37 Point de départ du délai s'agissant des actes antérieurs à l'interrogatoire. Du cas d'espèce de l'arrêt du 23 août 2005 [2], on tirera l'enseignement que, lorsqu'un rapport d'expertise est déposé avant un interrogatoire et que la partie a laissé passer le délai de six mois prévu à l'article 173-1 du Code de procédure pénale, elle ne peut plus agir en nullité de cette expertise même si celle-ci a été notifiée postérieurement à l'interrogatoire et moins de six mois avant la requête en nullité.

203.38 Changement de statut. La partie civile a la possibilité de saisir la chambre de l'instruction d'une requête en nullité. Si elle ne le fait pas et qu'elle se trouve mise en examen dans un dossier connexe, elle ne peut ensuite faire valoir des moyens de nullité qu'elle aurait pu soulever précédemment : « Dès lors qu'une personne, partie civile dans une information suivie sur sa plainte du chef de dénonciation calomnieuse de faits de corruption et favoritisme, n'a pas saisi en temps utile la chambre de l'instruction d'une requête en annulation d'actes de l'instruction, elle ne peut, après avoir été mise en examen pour ces faits, contester la régularité des actes accomplis dans l'information suivie du chef de dénonciation calomnieuse ayant révélé contre elle des charges nouvelles justifiant la réouverture de l'information qui avait été clôturée par une ordonnance de non-lieu » [3].

SECTION 4

NULLITÉS INVOQUÉES DEVANT LA CHAMBRE DE L'INSTRUCTION : APPEL D'UNE ORDONNANCE

203.41 Droit antérieur. La chambre d'accusation pouvait être saisie de plein droit, en vertu de ses pouvoirs de pleine juridiction, dans les affaires criminelles, pour opérer le renvoi de l'accusé devant la cour d'assises. Elle pouvait aussi être saisie, comme juridiction du second degré, de l'appel d'une ordonnance en cours d'information. Avait-elle, dans l'un et l'autre cas, qualité pour apprécier les nullités dont l'information est affectée ?

Sous l'empire du Code d'instruction criminelle, les auteurs étaient partagés. Les uns admettaient que la chambre d'accusation devait, dans tous les cas, quel que fût son mode de saisine, apprécier la régularité de l'information et prononcer la nullité des actes irréguliers [4]. D'autres considéraient que la chambre d'accusation n'avait ce droit que lorsqu'elle statuait sur le règlement de la procédure [5]. La Cour de cassation paraissait fixée en ce dernier sens [6]. Cependant, elle avait jugé que saisie de l'appel par l'inculpé d'une ordonnance de rejet de mise en liberté provisoire, la chambre d'accusation devait prononcer la nullité de l'ordonnance de soit-communiqué dont il n'avait pas été donné avis au conseil [7].

203.42 Article 206 du Code de procédure pénale. Qu'en est-il aujourd'hui ? L'article 206 du Code de procédure pénale s'exprime en termes absolument généraux : « La chambre de l'instruction examine la régularité des procédures qui lui sont soumises. » On aurait pu croire que ce texte vise tous les cas où la chambre d'accusation est saisie, soit dans le cas de l'article 186 (appel), soit dans celui de l'article 181 (renvoi devant la cour d'assises). Mais il faut avoir égard à la place de l'article 206 qui fait suite aux textes qui définissent les pouvoirs de pleine juridiction de la juridiction du second degré, et qui ne concerne pas les cas où

1. Sur ces points v. Ch. Guéry, « De la nécessité accrue pour le témoin assisté de l'être bien », *AJ pénal* 2005, 111.
2. Crim. 23 août 2005, n° 03-87.719, *Bull. crim.*, n° 209; *JCP* 2005, IV, 3137 (v. les attendus s^s n° 203.02).
3. Crim. 15 mai 2007, n° 07-81.590, *Bull. crim.*, n° 123.
4. VIDAL ET MAGNOL, II, n° 836 – GARRAUD, III, n° 1116.
5. LE POITTEVIN, L. 8 déc. 1897, art. 12, n° 52.
6. Crim. 17 nov. 1900, *Bull. crim.*, n° 340 – Crim. 9 janv. 1925, *Bull. crim.*, n° 10 – Crim. 16 nov. 1950, *Bull. crim.*, n° 256; *JCP* 1951, note J. Brouchot.
7. Crim. 24 févr. 1954, *Bull. crim.*, n° 87; *D.* 1954, 536.

cette chambre est saisie de l'appel d'une ordonnance, visés par l'article 207.

203.43 Effet limité de l'appel. La règle de l'unique objet. La Cour de cassation n'a donc fait jouer l'article 206 qu'au cas de règlement. L'effet dévolutif limité de l'appel s'oppose au contraire à ce que la chambre d'accusation statue sur une nullité de procédure sans rapport avec l'unique objet de l'appel[1]. En particulier, qu'il s'agisse de l'appel du parquet en matière de détention[2], ou du propre appel de l'inculpé d'une ordonnance de rejet de mise en liberté, celui-ci ne peut, à cette occasion, se prévaloir de la nullité de l'ordonnance antérieure de prolongation[3], ou de toute autre nullité étrangère à l'appel[4].

203.44 La règle de l'unique objet s'applique aussi lorsque la chambre de l'instruction est saisie d'une requête en nullité. Si la chambre de l'instruction doit rechercher tout moyen de nullité de la procédure, elle ne peut statuer sur un autre objet : encourt la cassation, sur le pourvoi de la partie civile, l'arrêt de la chambre de l'instruction qui, sans prononcer sur la requête d'une personne mise en examen tendant à l'annulation d'actes de l'instruction, relève d'office que l'action publique est éteinte par la prescription[5].

Il en est de même en matière de contrôle judiciaire[6]. Il en est encore de même s'il s'agit de l'appel de l'ordonnance statuant sur la recevabilité de la constitution de partie civile[7]. Toutefois, sur l'appel d'une ordonnance de rejet de mise en liberté, la chambre d'accusation, ayant constaté le caractère tardif d'une ordonnance antérieure de prolongation, doit déclarer l'inculpé détenu sans titre[8].

La chambre d'accusation saisie dans ces conditions ne peut que déclarer irrecevable le moyen de nullité proposé, et toute décision sur le fond qu'elle prendrait à cet égard constituerait un excès de pouvoir[9]. L'inculpé est cependant admis à invoquer, à l'appui de sa demande de mise en liberté, l'incompétence du juge d'instruction[10], ou la prescription, d'où résulterait l'illégalité de la détention[11], ou l'irrégularité de l'extradition ou de l'arrestation[12]. Le fait que l'article 173 permette aux parties, depuis l'entrée en vigueur de la loi du 4 janvier 1993, de présenter une requête en annulation n'a rien changé à l'ensemble de cette jurisprudence[13] (sur la règle de l'unique objet v. aussi s^s n°s 242.31 s.).

SECTION 5

NULLITÉS INVOQUÉES DEVANT LA CHAMBRE DE L'INSTRUCTION : RÈGLEMENT DE LA PROCÉDURE EN MATIÈRE CORRECTIONNELLE

203.51 Distinction. La chambre de l'instruction, lorsqu'elle statue sur le règlement d'une procédure, met en jeu ses pouvoirs de pleine juridiction, qui sont plus étendus que lorsqu'elle est saisie comme juridiction du second degré, de l'appel d'une ordonnance. Elle peut en ce cas, et doit même, examiner la régularité de la procédure. Toutefois, l'étendue de ses pouvoirs à cet égard varie, selon que l'on se trouve en matière correctionnelle ou en matière criminelle.

203.52 Lorsque la chambre de l'instruction statue sur le règlement d'une procédure, tous moyens pris de nullités de l'information doivent lui être proposés, faute de quoi les parties ne sont plus recevables à en faire état. Cette règle est édictée par l'article 174, pour le cas où cette juridiction est saisie d'une requête en annulation. Il en est de même, depuis la loi du 5 mars 2007, pour l'audience de contrôle.

Méconnaît cette disposition la chambre d'accusation qui, saisie par le juge d'instruction aux fins

1. Crim. 2 nov. 1960, *Bull. crim.*, n° 496 – Crim. 6 janv. 1961, *Bull. crim.*, n° 6 – Crim. 6 mai 1980, n° 79-94.420, *Bull. crim.*, n° 136 – Crim. 28 nov. 1984, n° 84-94.366, *Bull. crim.*, n° 373; *JCP* 1985, IV, 49; *Bull. crim.*, n° 373 – Crim. 12 mai 1987, n° 86-95.042, *Bull. crim.*, n° 195 – Crim. 21 août 1990, n° 90-83.745, *Bull. crim.*, n° 304.
2. Crim. 11 avr. 1967, *Bull. crim.*, n° 112.
3. Crim. 14 déc. 1961, *Bull. crim.*, n° 527 – Crim. 4 avr. 1974, n° 74-90.749, *Bull. crim.*, n° 149.
4. Crim. 7 août 1971, n° 71-91.560, *Bull. crim.*, n° 247 – Crim. 17 févr. 1972, n° 72-90.191, *Bull. crim.*, n° 66 – Crim. 4 juin 1973, n° 73-91.326, *Bull. crim.*, n° 254 – Crim. 20 oct. 1987, n° 87-84.729, n° 87-84.410, 2 esp., *Bull. crim.*, n°s 356 et 357 – Crim. 18 mai 1989, n° 89-81.334, *Bull. crim.*, n° 207 – Crim. 14 nov. 1990, n° 90-85.596, *Bull. crim.*, n° 380.
5. Crim. 27 févr. 2001, n° 00-80.108, *Bull. crim.*, n° 49.
6. Crim. 10 mai 1972, n° 71-93.710, *Bull. crim.*, n° 166 – Crim. 24 oct. 1978, n° 78-91.658, *Bull. crim.*, n° 286 – Crim. 25 juill. 1983, n° 83-90.410, *Bull. crim.*, n° 225; *D.* 1984, IR 47 – Crim. 27 sept. 1984, *JCP* 1984, IV, 326 – Crim. 19 nov. 1987, n° 86-91.592, *Bull. crim.*, n° 420 – Crim. 19 nov. 1990, n° 90-85.571, *Bull. crim.*, n° 390.
7. Crim. 19 déc. 1988, n° 88-83.678, *Bull. crim.*, n° 433.
8. Crim. 4 janv. 1983, n° 82-93.809, *Bull. crim.*, n° 3; *D.* 1983, 562, note Roger; *JCP* 1984, II, 20203, note P. Chambon.
9. Crim. 31 oct. 1961, *Bull. crim.*, n° 432 – Crim. 12 janv. 1972, n° 71-92.669, *Bull. crim.*, n° 16 – Crim. 21 juin 1973, n° 73-90.861, *Bull. crim.*, n° 293 – Crim. 23 nov. 1977, n° 77-92.506, *Bull. crim.*, n° 364 – Crim. 25 juill. 1978, n° 78-91.993, *Bull. crim.*, n° 244 – Crim. 8 déc. 1993, n° 93-84.247, *Bull. crim.*, n° 380.
10. Crim. 30 janv. 1979, n° 78-93.782, *Bull. crim.*, n° 43.
11. Crim. 26 janv. 1984, n° 83-94.425, *Bull. crim.*, n° 34.
12. Crim. 10 janv. 1995, n° 94-84.935, *Bull. crim.*, n° 11.
13. Crim. 1er juin 1994, n° 94-81.280, *Bull. crim.*, n° 221 – Crim. 10 janv. 1995, n° 94-84.935, *Bull. crim.*, n° 11.

d'annulation d'un rapport d'expertise, déclare irrecevable le mémoire tendant à l'invalidation d'autres actes de l'information, régulièrement déposé devant elle, conformément à l'article 198, par deux des personnes mises en examen dans la même procédure[1]. Lorsque la chambre d'accusation est saisie par le juge d'instruction et que les parties n'ont pas été avisées de la date de l'audience à laquelle est examinée la régularité de la procédure d'information, elles restent recevables par la suite à soulever d'éventuelles nullités. Le délai de forclusion prévu par l'article 175 du Code de procédure pénale ne peut, en ce cas, leur être opposé[2]. Les dispositions de l'article 174 alinéa 1er s'appliquent à toutes les parties à la procédure avisées de la date d'audience à laquelle est examinée la régularité de celle-ci[3]. Des personnes mises en examen sont irrecevables à contester la régularité de l'ouverture d'un scellé, pratiquée à l'occasion d'une expertise que la chambre d'accusation a annulée par un précédent arrêt, rendu au terme d'une procédure contradictoire à leur égard[4].

Ne saurait être déclaré irrecevable au sens de l'article 174 alinéa 1er du Code de procédure pénale, un moyen de nullité qui invoque un acte de procédure accompli, ou une pièce versée au dossier, postérieurement à un arrêt de la chambre d'accusation ayant statué sur une précédente requête présentée en application de l'article 173[5].

203.53 **Effets de la forclusion des articles 174, 175 et 173-1 du Code de procédure pénale.** Il était auparavant décidé qu'au cas d'appel d'une ordonnance de règlement concernant un délit, la chambre d'accusation était tenue d'examiner les nullités qui lui étaient proposées[6]. Mais la Cour de cassation, après l'entrée en vigueur de la loi du 4 janvier 1993, a estimé que l'expiration du délai de forclusion institué par l'article 175 du Code de procédure pénale fait obstacle à ce que les parties invoquent devant la chambre de l'instruction saisie de l'appel d'une ordonnance de règlement rendue en application des articles 177, 178, 179 et, depuis l'entrée en vigueur de la loi du 15 juin 2000, 181 du Code de procédure pénale, les nullités de la procédure antérieure à l'avis de fin d'information lorsque celui-ci a été régulièrement notifié. Les dispositions de l'article 206 alinéa 1er du Code de procédure pénale ne sauraient priver d'effets celles de l'article 175 du même code, dès lors que, si elles autorisent les parties à présenter à la chambre de l'instruction des moyens pris de la nullité des actes de la procédure soumise à cette juridiction, c'est à la condition que ces moyens ne se heurtent pas à une cause d'irrecevabilité prévue par la loi[7]. De la même façon, devant la chambre de l'instruction saisie du règlement de la procédure, les parties sont irrecevables à invoquer, sur le fondement de l'article 206 du Code de procédure pénale, des moyens de nullité qui auraient dû être proposés à cette juridiction en application de l'article 174 du même code, à la suite d'une requête en nullité présentée au cours de l'information[8].

De ce principe, on peut tirer une autre conclusion : les parties ne sont plus recevables à invoquer des nullités si elles ont laissé s'écouler le délai prévu par l'article 173-1 du Code de procédure pénale, quelle que soit la façon dont elles pourraient se retrouver devant la chambre de l'instruction, y compris si elles sont avisées d'une requête en nullité déposée par une autre partie.

SECTION 6
NULLITÉS INVOQUÉES DEVANT LA CHAMBRE DE L'INSTRUCTION : RÈGLEMENT DE LA PROCÉDURE EN MATIÈRE CRIMINELLE

203.61 **Pouvoirs de pleine juridiction.** Lorsque la chambre d'accusation était saisie par l'ordonnance de transmission des pièces prévue par l'article 181 du Code de procédure pénale, d'une information suivie pour crime, en vue d'opérer le renvoi de l'inculpé devant la cour d'assises, elle possédait un pouvoir souverain de pleine juridiction en matière d'instruction; elle devait vérifier si la procédure était complète et si les formes prescrites par la loi avaient été observées.

C'est par application de ces principes que la Cour de cassation décidait, sous l'empire du Code d'instruction criminelle, que la chambre d'accusation devait rechercher et soulever, même d'office, les nullités dont l'instruction pouvait être affectée, notamment les nullités tirées de la loi du 8 décembre 1897, et prononcer l'annulation des actes irré-

1. Crim. 21 juin 1995, n° 95-81.173, *Bull. crim.*, n° 229; *Dr. pén.* oct. 1995, p. 16; et *Dr. pén.* nov. 1995, p. 3.
2. Crim. 30 nov. 1995, n° 95-84.807, *Bull. crim.*, n° 365.
3. Crim. 30 mai 1996, n° 95-85.954, *Bull. crim.*, n° 226; *D.* 1996, IR 167.
4. Crim. 3 mars 1998, n° 97-84.553, *Bull. crim.*, n° 79; *Gaz. Pal.* 2-4 août 1998, p. 18.
5. Crim. 17 sept. 1996, n° 96-82.232, *Bull. crim.*, n° 317.
6. Crim. 6 avr. 1993, n° 92-82.707, *Bull. crim.*, n° 146 – Ass. plén., 24 mai 1996, *Bull. Ass. plén.*, n° 4; *JCP* 1996, II, 22667, note P. Chambon; *D.* 1996, 345, note J. Pradel.
7. Crim. 10 juill. 2002, n° 02-83.179, *Bull. crim.*, n° 152; *D.* 2002, IR 2657; *JCP* 2002, IV, n° 2614 (v. les attendus s[s] n° 203.02).
8. Crim. 11 juin 2002, n° 01-80.267, n° 02-82.093, *Bull. crim.*, n° 130.

guliers et de ce qui avait suivi[1]. Il en fut de même sous l'égide du Code de procédure pénale avant la réforme du 15 juin 2000.

Le président de la chambre de l'instruction, ou le conseiller chargé du rapport, lorsqu'il examinait la procédure criminelle en vue du renvoi du prévenu aux assises, devait donc rechercher d'office, et sanctionner, même si elles n'étaient pas soulevées par les parties, les nullités qui pouvaient s'y trouver.

203.62 Jurisprudence. Ainsi, doit être cassé l'arrêt de la chambre d'accusation, qui a renvoyé l'accusé devant la cour d'assises, sans relever d'office la nullité résultant : de l'omission de la communication de la procédure au conseil la veille de l'interrogatoire[2]; de la commission rogatoire constituant une délégation générale de pouvoirs[3]; de la reconstitution, sur commission rogatoire, de l'itinéraire de l'inculpé, impliquant un interrogatoire[4]; de la commission rogatoire non datée[5]; de l'omission de la prestation du serment préalable par l'expert[6].

203.63 La loi du 15 juin 2000 a supprimé le double degré obligatoire en matière criminelle. La chambre d'accusation y a même perdu son nom ! C'est désormais le juge d'instruction qui rend l'ordonnance de mise en accusation qui saisit la cour d'assises. Mais il peut être fait appel de cette ordonnance (C. pr. pén., art. 186). C'est sous la forme de l'appel que la chambre de l'instruction est désormais éventuellement saisie.

203.64 Lorsque la juridiction du second degré est saisie de l'ensemble de la procédure, il n'y a pas lieu de faire de différence quant au mode de saisine (appel ou requête en nullité). En revanche, pendant le cours de la procédure, la chambre de l'instruction saisie d'un appel quelconque des parties ne doit pas examiner d'éventuelles nullités, que ce soit d'office ou à la demande des parties (règle de l'unique objet). Saisie d'une requête en nullité, elle examine en revanche toutes les nullités qui lui sont soumises et peut en relever d'office.

SECTION 7
NULLITÉS INVOQUÉES DEVANT LA CHAMBRE DE L'INSTRUCTION : ARRÊT PRONONÇANT SUR UNE NULLITÉ

203.71 Arrêt préparatoire. L'arrêt rendu par la chambre de l'instruction, qui statue sur une nullité de la procédure, pour l'admettre ou la rejeter, ne met pas fin à la procédure et a un caractère préparatoire, au sens des articles 416 du Code d'instruction criminelle et 570 et 571 du Code de procédure pénale. C'est une décision de pure instruction.

203.72 Requête nécessaire. Le pourvoi contre un tel arrêt ne peut être déclaré immédiatement recevable que si la requête prévue par les articles 570 et 571 a été déposée par le demandeur. Il n'en demeure pas moins que le pourvoi lui-même doit être formé dans le délai de cinq jours francs de l'article 568 du Code de procédure pénale. Quand le président de la chambre criminelle fait droit à la requête, il fixe la date à laquelle le pourvoi sera jugé[7].

203.73 L'autorité de la chose jugée s'oppose à ce qu'une chambre d'accusation, qui a déclaré réguliers des actes de procédure par une décision devenue définitive, annule les mêmes actes par un arrêt postérieur[8].

1. Crim. 17 oct. 1901, *S.* 1905, 1, 541 – Crim. 3 avr. 1903, *D.* 1906, 1, 455 – Crim. 27 juill. 1911, *S.* 1913, 1, 419 – Crim. 12 nov. 1931, *Bull. crim.*, n° 252 – Crim. 21 déc. 1944, *Bull. crim.*, n° 202 – Crim. 13 mai 1953, *Bull. crim.*, n° 168 – Crim. 22 juill. 1954, *JCP* 1954, II, 8351 – Crim. 16 juin 1955, *Bull. crim.*, n° 303 – Crim. 20 août 1955, *Bull. crim.*, n° 375.
2. Crim. 27 févr. 1963, *Bull. crim.*, n° 96.
3. Crim. 16 avr. 1970, n° 69-92.089, *Bull. crim.*, n° 134.
4. Crim. 4 oct. 1968, *Bull. crim.*, n° 245.
5. Crim. 10 nov. 1970, n° 70-91.436, *Bull. crim.*, n° 294.
6. Crim. 3 mars 1964, *Bull. crim.*, n° 79.
7. V. Crim. 27 févr. 1978, n° 77-92.301, *Bull. crim.*, n° 73; *JCP* 1979, II, 19113, note P. Chambon – Crim. 30 mai 1980, n° 80-90.075, *Bull. crim.*, n° 165 – Crim. 25 janv. 1982, n° 81-90.730, *Bull. crim.*, n° 27 – Crim. 28 juin 1983, n° 83-91.676, *Bull. crim.*, n° 201 – Crim. 23 janv. 1990, n° 89-85.305, *Bull. crim.*, n° 41 – Crim. 2 juin 1993, ord. prés., n° 93-82.187, *Bull. crim.*, n° 196 – Crim. 30 mai 1996, n° 95-85.954, *Bull. crim.*, n° 226.
8. Crim. 21 avr. 1998, n° 97-84.275, NPT; *Gaz. Pal.* 4/8 sept. 1998, p. 18.

CHAPITRE

204. Nullités invoquées après la clôture de l'instruction

SECTION 0
ORIENTEUR

204.00 Plan du chapitre.

Sect. 1 Nullités invoquées devant le juge correctionnel : règles antérieures à la loi du 4 janvier 1993

Sect. 2 Nullités invoquées devant le juge correctionnel : règles issues de la loi du 4 janvier 1993

Sect. 3 Nullités invoquées devant le juge correctionnel : quand la nullité doit être invoquée

Sect. 4 Nullités invoquées après l'arrêt de mise en accusation

204.01 Textes applicables.

C. pr. pén., art. 170, 171, 172, 173, 173-1, 174, 174-1, 206, 218, 385, 595, 802.

C. pr. pén., art. 170 [L. n° 2004-204, 9 mars 2004]

* V. s^{s} n° 201.01.

C. pr. pén., art. 171

* V. s^{s} n° 201.01.

C. pr. pén., art. 172

* V. s^{s} n° 202.01.

C. pr. pén., art. 173 [L. n° 2004-204, 9 mars 2004]

* V. s^{s} n° 203.01.

C. pr. pén., art. 173-1 [L. n° 2004-204, 9 mars 2004]

* V. s^{s} n° 203.01.

C. pr. pén., art. 174

* V. s^{s} n° 201.01.

C. pr. pén., art. 174-1

Lorsque la chambre de l'instruction annule une mise en examen pour violation des dispositions de l'article 80-1, la personne est considérée comme témoin assisté à compter de son interrogatoire de première comparution et pour l'ensemble de ses interrogatoires ultérieurs, jusqu'à l'issue de l'information, sous réserve des dispositions des articles 113-6 et 113-8.

C. pr. pén., art. 206 [L. n° 2004-204, 9 mars 2004]

* V. s^{s} n° 203.01.

C. pr. pén., art. 218

* V. s^{s} n° 202.01.

C. pr. pén., art. 385

* V. s^{s} n° 203.01.

C. pr. pén., art. 595

Lorsque la chambre de l'instruction statue sur le règlement d'une procédure, tous moyens pris de nullités de l'information doivent lui être proposés, faute de quoi les parties ne sont plus recevables à en faire état, sauf le cas où elles n'auraient pu les connaître, et sans préjudice du droit qui appartient à la Cour de cassation de relever tous moyens d'office.

C. pr. pén., art. 802

* V. s^{s} n° 201.01.

204.02 Jurisprudence de référence.

• Le tribunal correctionnel, saisi sur renvoi du juge d'instruction, n'a pas qualité pour statuer sur la nullité de la procédure, y compris les nullités d'ordre public sauf celles affectant la compétence juridictionnelle.

Crim. 18 mai 1983, n° 82-93.410, *Bull. crim.*, n° 148.

« Attendu qu'il résulte des pièces de la procédure que, une information ayant été ouverte contre B… au Tribunal de grande instance de Dijon, l'instruction du dossier a été confiée à M. Blondeau par ordonnance du 27 septembre 1978, le juge d'instruction, ayant instrumenté a été M. Perrin, sans que soit intervenue une désignation dans les conditions définies par les articles 83, 84 et D. 27 et suivants du Code de procédure pénale; Attendu que cette omission, si elle constitue une nullité substantielle d'ordre public touchant à l'organisation et à la composition des juridictions, n'affecte pas la compétence; que dès lors, elle aurait dû être présentée avant toute défense au fond en application des dispositions de l'article 385 du Code de procédure pénale; Qu'ainsi le moyen doit être déclaré irrecevable. »

• Le tribunal qui constate que le juge d'instruction n'a pas vidé sa saisine doit renvoyer la procédure sans l'annuler au ministère public.

Crim. 4 mars 2004, n° 03-85.983, *Bull. crim.*, n° 57; *D.* 2004, IR 1213; *AJ pénal* 2004, 207, obs. J. Leblois-Happe; *JCP* 2004, IV, 1782 (sur un autre principe dégagé par le même arrêt v. s^s n° 203.02).

« Qu'en effet, la juridiction de jugement, qui constate que le juge d'instruction n'a pas statué, comme il en a le devoir, dans son ordonnance de renvoi, sur tous les faits dont il est saisi, si elle n'est pas autorisée par la loi à annuler ladite ordonnance, a néanmoins la faculté de renvoyer l'examen de l'affaire à une audience ultérieure et de transmettre le dossier de la procédure au ministère public, habilité à saisir le juge d'instruction de toutes réquisitions appropriées visant les faits sur lesquels il n'a pas été statué dans l'ordonnance de règlement. »

• Dans les conditions visées ci-dessus, le juge d'instruction saisi de telles réquisitions ne peut refuser d'informer.

Crim. 21 nov. 2007, n° 07-85.922, *Bull. crim.*, n° 288; *D.* 2008, AJ 22; *AJ pénal* 2008, 96, obs. S. Lavric.

« Attendu qu'il résulte de l'arrêt attaqué et des pièces de la procédure que, par jugement du 13 janvier 2005, le tribunal correctionnel, après avoir constaté que, dans son ordonnance renvoyant devant lui Abdelmalek Fellahi et Lotfie Laaraj, le juge d'instruction avait omis de statuer sur des infractions à la législation sur les stupéfiants dont ce magistrat avait été régulièrement saisi par réquisitoire du procureur de la République, a renvoyé la procédure au ministère public aux fins de régularisation; que le juge d'instruction, par ordonnance du 26 janvier 2005, a refusé de faire droit aux réquisitions du ministère public, en date du 21 janvier précédent, lui demandant de statuer à l'égard des intéressés sur les infractions délaissées;

Attendu qu'en prononçant par les motifs reproduits au moyen, pour infirmer l'ordonnance du juge d'instruction refusant de faire droit aux réquisitions du ministère public lui demandant de statuer sur les faits dont il l'avait régulièrement saisi et de vider, comme il y était tenu, sa saisine, la chambre de l'instruction a justifié sa décision;

Qu'en effet, le ministère public, auquel le tribunal correctionnel, constatant que le juge d'instruction a omis, dans son ordonnance de renvoi, de statuer sur des faits dont il avait été saisi, a renvoyé la procédure aux fins de régularisation, est habilité à adresser au magistrat instructeur des réquisitions visant les faits sur lesquels celui-ci a le devoir de statuer;

D'où il suit que le moyen ne saurait être accueilli;

Et attendu que l'arrêt est régulier en la forme;

REJETTE le pourvoi. »

204.03 **Bibliographie indicative.** (V. les références complètes s^s n° 03.)

Actualisables. RÉP. PÉN., Guéry, « Instruction préparatoire »; Guerrin, « Nullités de procédure » – J.-CL. PÉN., Dumont J., « Nullités de procédure » – TPJI, Cousteaux G., « La mise en œuvre des nullités ».

Ouvrages. GARRAUD, V, n° 1848 – HÉLIE F., V, n° 2273.

Articles. Bonnal N., « Les nullités au cours de la phase de jugement », *AJ pénal* 2005, 188 – Brouillaud J.-P., « Les nullités de procédure : des procédures pénales et civiles comparées », *D.* 1996, chron. 98 – Chabut B. et P.-O., « Le point en matière de nullité de procédure pénale, au fil des cent dernières décisions de la chambre d'accusation de Paris », *Gaz. Pal.* 14/15 nov. 1997, p. 2 – Clément G., « De la règle « pas de nullité sans grief » en droit judiciaire privé et en procédure pénale », *RSC* 1984, 433 – Guérin M., « Les changements opérés par la loi relative à la présomption d'innocence sur les nullités de procédure dans la phase préalable au jugement pénal », *RSC* 2000, 753 – Guéry, « Le tribunal correctionnel et les nullités de l'instruction », *Dr. pén.* 2004, ét. n° 6; « Un toilettage progressif et personnalisé : les nullités de l'instruction après l'entrée en vigueur de la loi du 4 mars 2002 », *Dr. pén.* nov. 2002, chron. 38 – Roussel Y., « Le régime des nullités de la procédure pénale après les lois du 4 janvier 1993 et du 24 août 1993 », *Gaz. Pal.* 19/20 janv. 1996, p. 7.

SECTION 1
NULLITÉS INVOQUÉES DEVANT LE JUGE CORRECTIONNEL : RÈGLES ANTÉRIEURES À LA LOI DU 4 JANVIER 1993

204.11 **Histoire.** Le tribunal correctionnel peut-il, sur les conclusions du procureur de la République ou sur la demande du prévenu, déclarer nuls un ou plusieurs actes de l'instruction et l'ordonnance de renvoi qui le saisit ? Cette question a été très discutée en doctrine, dans le silence du Code d'instruction criminelle sur ce point.

L'entrée en vigueur de la loi du 8 décembre 1897 a donné à la difficulté un tour aigu, et les cours d'appel, suivies par la Cour de cassation, considérant que ce texte avait implicitement changé l'état de droit antérieur, ont admis que le tribunal correctionnel et la cour d'appel pouvaient annuler tout ou partie de l'instruction, le juge de l'action étant juge de l'exception[1].

La Cour de cassation a même admis que le moyen de nullité, non proposé en première instance, pouvait l'être pour la première fois en appel, le silence du prévenu devant le tribunal ne pouvant s'interpréter comme une renonciation de sa part[2]. La cour d'appel qui annulait tout ou partie de l'instruction devait, par application de l'article 215 du Code d'instruction criminelle, évoquer et statuer sur le

1. Crim. 4 févr. 1898, *S.* 1900, 1, 57 – Crim. 11 févr. 1898, *S.* 1901, 1, 153 – Crim. 28 juill. 1900, *S.* 1904, 1, 299 – Crim. 6 nov. 1952, *JCP* 1953, II, 7357, note P. Chambon.
2. Crim. 25 juin 1898, *S.* 1900, 1, 57 – Crim. 20 mars 1902, *S.* 1903, 1, 296 – En sens contraire, Crim. 22 avr. 1942, *Bull. crim.*, n° 40.

fond[1]. Conformément aux principes généraux, la disposition de l'arrêt qui statuait sur une nullité de l'instruction avait un caractère préparatoire[2].

204.12 Originairement, l'article 174 du Code de procédure pénale donnait qualité aux juridictions correctionnelles ou de police pour constater les nullités visées à l'article 170, ainsi que celles pouvant résulter de l'inobservation des prescriptions de l'article 183 alinéa 1er, toutes formalités qui concernaient le conseil.

Au début, la Cour de cassation a appliqué assez strictement la règle de l'article 174 et décidé que la juridiction correctionnelle ne pouvait prononcer la nullité dans des cas autres que ceux visés par ce texte, par exemple la nullité d'une expertise[3], ou d'une perquisition[4].

204.13 Plus tard elle a admis que les juridictions correctionnelles avaient également qualité pour « relever les nullité substantielles mettant en cause l'ordre public ». Ainsi, elles pouvaient déclarer nulle une inculpation tardive[5] ou une commission rogatoire générale[6], ou une désignation irrégulière du juge d'instruction[7].

Quand la nullité relevée affectait l'ordonnance de renvoi elle-même, la juridiction correctionnelle devait renvoyer la procédure au ministère public pour lui permettre de saisir à nouveau le juge d'instruction (C. pr. pén., art. 174, al. 1er). Elle ne pouvait prononcer l'annulation des procédures d'instruction lorsque celles-ci avaient été renvoyées devant elles par la chambre d'accusation (C. pr. pén., art. 174, al. 2)[8].

SECTION 2
NULLITÉS INVOQUÉES DEVANT LE JUGE CORRECTIONNEL : RÈGLES ISSUES DE LA LOI DU 4 JANVIER 1993

204.21 Incompétence de principe du tribunal correctionnel. Si le tribunal correctionnel (et la cour d'appel, art. 512) a qualité pour constater les nullités des procédures qui lui sont soumises, il n'a plus cette qualité « lorsqu'il est saisi par le renvoi ordonné par le juge d'instruction ou la chambre de l'instruction » (C. pr. pén., art. 385, al. 1er et 3). Cette incompétence se trouve par ailleurs confirmée par les termes des articles 178 alinéa 2 et 179 alinéa 5 (L. 24 août 1993), selon lesquels, lorsqu'elles sont devenues définitives, les ordonnances de renvoi devant le tribunal de police ou devant le tribunal correctionnel couvrent, s'il en existe les vices de la procédure. Est ainsi irrecevable l'exception de nullité, tirée de l'absence d'indépendance et d'impartialité du juge d'instruction, invoquée devant les juridictions de jugement[9].

Mais il existe des exceptions au principe selon lequel le tribunal correctionnel n'est pas compétent pour statuer sur les nullités de procédure. Il est également possible, dans certains cas, de faire retour du dossier au juge d'instruction avec ou sans annulation de l'ordonnance de renvoi.

204.22 Irrégularités commises dans le renvoi : retour de la procédure au juge après annulation. Dans le cas où l'ordonnance ou l'arrêt qui l'a saisi n'a pas été porté à la connaissance des parties dans les conditions, selon le cas, indiquées par l'article 183 alinéa 4 ou par l'article 217, ou si l'ordonnance ne satisfait pas aux conditions de l'article 184 (qualification des faits, explication des charges, et depuis la loi du 5 mars 2007, mention relatives à l'instruction à charge et à décharge, v. ss n° 214.14), « le tribunal renvoie la procédure au ministère public pour lui permettre de saisir à nouveau la juridiction d'instruction afin que la procédure soit régularisée » (C. pr. pén., art. 385, al. 2). Ce renvoi sera par exemple ordonné lorsque l'ordonnance de règlement n'est pas motivée (si le réquisitoire ne l'est pas non plus), ou encore si le juge d'instruction renvoie une personne pour une infraction dont il n'était pas saisi[10]. Lorsque le juge d'instruction renvoie d'un chef d'infraction dont il n'était pas saisi, le tribunal correctionnel doit en effet utiliser l'article 385 alinéa 2. Il en a été ainsi pour un renvoi pour obtention frauduleuse d'un document administratif, usage de document administratif falsifié et infraction à la législation sur les étrangers alors que l'intéressé n'avait pas fait l'objet d'une mise en examen pour l'usage de faux, dont le juge d'instruction n'était pas saisi[11]. Pourtant dans un arrêt du 19 février 2003[12] la chambre criminelle déclare irrecevable une exception de nullité tirée de l'absence de saisine du magistrat instructeur qui a

1. Crim. 11 févr. 1898, *S.* 1900, 1, 57 – Crim. 10 août 1899, *S.* 1901, 1, 471 – Crim. 28 juill. 1900, *S.* 1904, 1, 299 – Crim. 18 mars 1910, *D.* 1912, 1, 139.
2. Crim. 29 janv. 1909, *Bull. crim.*, n° 60 – Crim. 19 mars 1914, *Bull. crim.*, n° 158 – Crim. 8 juill. 1938, *Bull. crim.*, n° 174.
3. Crim. 23 févr. 1961, *Bull. crim.*, n° 121.
4. Crim. 11 janv. 1967, *Bull. crim.*, n° 22.
5. Crim. 23 nov. 1977, n° 75-92.153, *Bull. crim.*, n° 368.
6. Crim. 14 juin 1978, n° 77-93.163, *Bull. crim.*, n° 199.
7. Crim. 17 avr. 1980, n° 79-94.128, *Bull. crim.*, n° 109.
8. Crim. 20 janv. 1977, n° 75-91.351, *Bull. crim.*, n° 28 – Crim. 14 févr. 1991, n° 89-81.683, *Bull. crim.*, n° 78.
9. Crim. 11 févr. 2004, n° 03-80.596, *Bull. crim.*, n° 39; *JCP* 2004, IV, 1771 – Crim. 19 oct. 2004, n° 04-80.317, *Bull. crim.*, n° 246; *BICC* 611, n° 47.
10. Crim. 20 oct. 1998, n° 97-81.276, *Bull. crim.*, n° 266.
11. Crim. 20 oct. 1998, n° 97-81.276, *Bull. crim.*, n° 266.
12. Crim. 19 févr. 2003, n° 02-81.135, NP.

renvoyé une personne pour une escroquerie dont il n'était pas saisi.

En fait, dans cette affaire, tout comme dans une du même type, « la cause de nullité soulevée concerne en réalité la régularité de leur mise en examen par le juge d'instruction pour des délits dont ils ont soutenu que celui-ci n'était pas saisi »[1]. Nous avons donc été amenés à proposer une distinction : soit la nullité n'apparaît que dans l'ordonnance de renvoi et alors celle-ci est annulable; soit la nullité est une *nullité de conséquence,* c'est-à-dire une nullité qui aurait pu être soulevée antérieurement aux avis à partie, et elle aurait due être relevée pendant l'information. Elle n'entraîne pas celle de l'ordonnance de renvoi[2].

Entre dans le champ d'application de l'article 385 alinéa 2 du Code de procédure pénale, l'ordonnance de renvoi qui ne précise pas la date des faits[3]. Dans ces hypothèses, le tribunal correctionnel doit annuler l'ordonnance de règlement avant d'ordonner le retour au ministère public.

204.23 Irrégularités commises dans le renvoi : retour de la procédure au juge sans annulation. Le juge d'instruction ne peut rectifier de lui-même une ordonnance incomplète même lorsqu'il a omis de statuer sur des faits dont il était saisi[4]. Lorsque le tribunal correctionnel constate cette omission de statuer il doit renvoyer au juge d'instruction sans pour autant annuler l'ordonnance. Si l'arrêt du 22 janvier 2003[5], le premier à annoncer la règle, pouvait être un peu obscur, tel n'est plus le cas de l'arrêt du 4 mars 2004[6] qui est particulièrement clair sur ce point : « La juridiction de jugement, qui constate que le juge d'instruction n'a pas statué, comme il en a le devoir, dans son ordonnance de renvoi, sur tous les faits dont il est saisi, si elle n'est pas autorisée par la loi à annuler ladite ordonnance, a néanmoins la faculté de renvoyer l'examen de l'affaire à une audience ultérieure et de transmettre le dossier de la procédure au ministère public, habilité à saisir le juge d'instruction de toutes réquisitions appropriées visant les faits sur lesquels il n'a pas été statué dans l'ordonnance de règlement. »

La juridiction de jugement, qui constate que le prévenu renvoyé devant elle, n'a pas fait l'objet d'une mise en examen par le juge d'instruction, est tenue, en application de l'article 385 alinéa 2 du Code de procédure pénale, de renvoyer la procédure au ministère public pour lui permettre de saisir à nouveau la juridiction d'instruction par des réquisitions appropriées aux fins de régularisation[7]. Si l'arrêt du 4 mars 2004 vise le cas où le juge n'avait pas vidé sa saisine, celui du 21 février 2007[8] étend la solution à l'omission par le juge de certains faits lors de la mise en examen. Le ministère public, auquel le tribunal correctionnel, constatant que le juge a omis, dans son ordonnance de renvoi, de statuer sur des faits dont il avait été saisi, a renvoyé la procédure aux fins de régularisation, est habilité à adresser au magistrat instructeur des réquisitions visant les faits sur lesquels celui-ci a le devoir de statuer : le juge d'instruction ne saurait en pareil cas refuser d'informer[9].

204.24 Non-respect de l'article 175 du Code de procédure pénale. La loi n° 99-515 du 23 juin 1999 a ajouté un alinéa à l'article 385 : « Lorsque l'ordonnance de renvoi du juge d'instruction a été rendue sans que les conditions prévues par l'article 175 aient été respectées, les parties demeurent recevables, par dérogation aux dispositions du premier alinéa, à soulever devant le tribunal correctionnel les nullités de procédure » (C. pr. pén., art. 385, al. 3). Ceci concerne notamment le cas où les avis à partie n'avaient pas été délivrés. Il faut élargir le champ d'application du texte aux cas où il n'aura pas respecté les règles de forme rendant effectif le droit instauré par l'article 175. C'est ainsi qu'est irrégulière la notification à un avocat différent de celui qui a été constitué ou à une adresse périmée dès lors que le conseil avait fait connaître la nouvelle. Il en serait de même en cas de délivrance d'avis à partie non suivie d'un délai suffisant pour présenter les demandes d'acte ou de nullité avant que ne soit rendue l'ordonnance de règlement. Il se déduit de l'article 134 du Code de procédure pénale qu'une personne en fuite et vainement recherchée au cours de l'information n'a pas la qualité de partie au sens de l'article 175 dudit code; il s'ensuit que si elle est arrêtée après que le juge d'instruction l'a renvoyée devant le tribunal correctionnel, elle ne peut se prévaloir des dispositions du troisième alinéa de l'article 385 dudit code pour exciper devant cette juridiction d'une quelconque nullité d'actes de l'information, l'ordonnance de

1. Crim. 14 mai 2003, n° 02-83.254, NP.
2. V. Ch. Guéry, « Le tribunal correctionnel et les nullités de l'instruction », *Dr. pén.* 2004, ét. n° 6.
3. Crim. 12 déc. 2000, n° 99-85.310, NPT.
4. Crim. 12 déc. 2000, n° 99-85.310, NPT – V. aussi Ch. Guéry « L'erreur matérielle du juge des libertés et de la détention », *JCP* 2006, I, ét. n° 104.
5. Crim. 22 janv. 2003, n° 01-87.297, *Bull. crim.*, n° 18.
6. Crim. 4 mars 2004, n° 03-85.983, *Bull. crim.*, n° 57; *D.* 2004, IR 1213; *AJ pénal* 2004, p. 207, obs. J. Leblois-Happe; *JCP* 2004, IV, 1782 – Crim. 17 nov. 2004, n° 03-82.657, *Bull. crim.*, n° 291; *JCP* 2005, IV, 1130 (v. les attendus s^{s} n° 204.02).
7. Crim. 15 sept. 2004, n° 04-83.670, *Bull. crim.*, n° 211; *JCP* 2004, IV, 320.
8. Crim. 21 févr. 2007, n° 06-89.043, *Bull. crim.*, n° 56.
9. Crim. 21 nov. 2007, n° 07-85.922, *Bull. crim.*, n° 288; *D.* 2008, AJ 22; *AJ pénal* 2008, 96, obs. S. Lavric.

renvoi ayant, comme le prévoit l'article 179 du même code, purgé, s'il en existait, les vices de la procédure[1].

204.25 Compétence du tribunal correctionnel malgré la purge de l'ordonnance de renvoi : la compétence juridictionnelle. Les nullités affectant la compétence peuvent être soulevées à tout état de la procédure, y compris pour la première fois devant la Cour de cassation[2], en dehors du cas spécifique prévu par l'article 469 dernier alinéa du Code de procédure pénale. La règle édictée par l'article 385 alinéa 1 du Code de procédure pénale selon laquelle les juridictions de jugement n'ont pas qualité pour statuer sur la nullité de la procédure quand elles sont saisies par le renvoi ordonné par le juge d'instruction ou la chambre d'accusation, s'applique à toutes les nullités même substantielles touchant à l'ordre public, sauf celles affectant la compétence juridictionnelle[3]. La compétence en cause est aussi bien la compétence territoriale, que la compétence d'attribution. En revanche, la compétence n'est que la compétence juridictionnelle, pas celle concernant l'enquête. À propos d'une incompétence territoriale des enquêteurs ayant procédé à l'enquête préliminaire, la chambre criminelle rappelle que « l'article 385 du Code de procédure pénale, selon lequel les exceptions tirées de la nullité soit de la citation, soit de la procédure antérieure, doivent être, à peine de forclusion, présentées avant toute défense au fond, s'applique à toutes les nullités même substantielles touchant à l'ordre public, sauf celles affectant la compétence juridictionnelle qui n'est pas en cause, en l'espèce[4] ».

204.26 Compétence du tribunal correctionnel malgré la purge de l'ordonnance de renvoi : la presse. Enfin, la chambre criminelle admet que les juges du fond saisis d'une ordonnance de renvoi du juge d'instruction en matière d'infractions à la loi sur la presse, doivent vérifier si la plainte avec constitution de partie civile, combinée avec le réquisitoire introductif, répond aux exigences de l'article 50 de la loi du 29 juillet 1881 et, en cas d'inobservation de celles-ci, prononcer la nullité des poursuites, sans que puissent être opposées les dispositions de l'article 179, dernier alinéa, du Code de procédure pénale[5]. Cette exception n'est recevable qu'en ce qui concerne la violation de l'article 50 à l'exclusion de tout autre article de la loi du 29 juillet 1881[6]. Il s'ensuit que le prévenu renvoyé devant le tribunal correctionnel par ordonnance du juge d'instruction du chef d'un délit de presse, est irrecevable à invoquer, devant le tribunal, l'irrégularité des réquisitions d'enquête délivrées par le ministère public en application de l'article 65 de la loi du 29 juillet 1881[7].

204.27 Les limites à la compétence du tribunal correctionnel pour statuer sur ces irrégularités. Dans les cas définis ci-dessus, lorsque le tribunal peut apprécier les nullités de l'information, la question se pose de savoir s'il peut statuer sur toutes les nullités qu'il pourrait découvrir. La réponse à cette question est négative. Le tribunal correctionnel est en effet concerné par les textes qui restreignent les possibilités de présenter des requêtes en nullités pendant l'instruction préparatoire. Il s'agit des articles 173-1, 174-1 et de la jurisprudence de la chambre criminelle sur les conditions d'application de l'article 175 lui-même[8]. On ne voit pas pourquoi la non-délivrance des avis à partie aurait pour effet de relever le prévenu des forclusions qui découlent de la nécessité de présenter une requête en nullité six mois après l'interrogatoire de première comparution et chaque interrogatoire postérieur (C. pr. pén., art. 173-1). Il en est de même pour l'application de l'article 174 qui dispose que : « Lorsque la chambre de l'instruction est saisie sur le fondement de l'article 173, ou de l'article 221-3, tous moyens pris de nullité de la procédure qui lui est transmise doivent, sans préjudice du droit qui lui appartient de les relever d'office, lui être proposés. À défaut, les parties ne sont plus recevables à en faire état, sauf le cas où elles n'auraient pu les connaître. » Dès lors que le prévenu s'est trouvé dans ce cas, il ne pourra pas présenter devant la juridiction correctionnelle de requête en nullité. Il en est de même en cas de délivrance de premiers avis à partie, suivis d'une demande d'acte acceptée, et de la délivrance de nouveaux avis.

204.28 Prescription de l'action publique. La prescription de l'action publique constitue une cause péremptoire et d'ordre public qui peut être soulevée par le prévenu en tout état de la procédure. Il en est ainsi alors même que la juridiction répressive a été saisie par ordonnance de renvoi notifiée conformément aux dispositions de l'article 175 du Code de procédure pénale[9].

1. Crim. 3 avr. 2007, n° 06-89.315, *Bull. crim.*, n° 103, *AJ pénal* 2007, 428, note J. Leblois-Happe.
2. Crim. 18 mai 1983, n° 82-93.410, *Bull. crim.*, n° 148 (v. les attendus s[s] n° 204.02).
3. Crim. 7 juin 2000, n° 99-82.788, *Bull. crim.*, n° 219.
4. Crim. 13 nov. 1996, n° 95-84.897, *Bull. crim.*, n° 405.
5. Crim. 16 nov. 1999, n° 99-82.900, *Bull. crim.*, n° 261.
6. Crim. 24 sept. 2002, n° 01-88.597, n° 01-88.674, *Bull. crim.*, n° 174; *D.* 2003, somm. 1732, note J. Pradel.
7. Crim. 16 sept. 2003, n° 01-83.162, *Bull. crim.*, n° 162; *JCP* 2003, IV, 2896.
8. Sur l'explication théorique qui nous semble conduire à cette solution, v. Ch. Guéry, « Le tribunal correctionnel et les nullités de l'instruction », *Dr. pén.* 2004, ét. n° 6.
9. Crim. 20 janv. 2009, n° 08-80.021, *Bull. crim.*, n° 21; *Dr. pén.* 2009, n° 57.

SECTION 3

NULLITÉS INVOQUÉES DEVANT LE JUGE CORRECTIONNEL : QUAND LA NULLITÉ DOIT ÊTRE INVOQUÉE

204.31 Irrecevabilité. L'article 174 alinéa 3 ancien indiquait que les nullités de l'instruction dont les juridictions correctionnelles pouvaient connaître devaient, dans tous les cas, être présentées à la juridiction de jugement avant toute défense au fond, ainsi qu'en dispose l'article 385. Ce texte était strictement interprété et s'appliquait même « aux nullité substantielles touchant l'ordre public »[1]. Il résultait encore de l'article 385 que les nullités en cause devaient être invoquées par les parties et ne pouvaient être soulevées d'office par la juridiction, sauf l'incompétence[2]. Les dispositions de l'article 385, qui prescrivent de présenter les exceptions de nullité avant toute défense au fond sont toujours en vigueur, mais ne concernent plus que les poursuites autres que celles renvoyées devant le tribunal par une juridiction d'instruction.

204.32 La question ne se pose plus de cette manière pour ce qui concerne les procédures d'instruction. Les juridictions de police et correctionnelles n'ont plus qualité pour connaître des nullités dont elles sont entachées. Cette qualité est réservée à la chambre de l'instruction. Il est donc nécessaire que ces nullités soient proposées avant la clôture de l'information.

Quand l'information lui paraît terminée, le juge d'instruction en avise les parties. Celle-ci peuvent présenter une requête en annulation avant l'expiration d'un délai de un mois s'il y a un détenu dans la procédure, trois mois s'il n'y en a pas (L. 5 mars 2007), à compter de l'envoi de cet avis, sinon elles n'y sont plus recevables (C. pr. pén., art. 175, al. 1 et 2 - V. s[s] n°s 212.21 à 212.28).

Par ailleurs, lorsque la chambre de l'instruction est saisie sur le fondement de l'article 173 (requête en annulation), tous moyens pris de nullité de la procédure qui lui est transmise doivent, sans préjudice du droit qui lui appartient de les relever d'office, lui être proposés. À défaut, les parties ne sont plus recevables à en faire état, sauf le cas où elles n'avaient pu les connaître (C. pr. pén., art. 174, al. 1er).

La reprise de l'instruction par un réquisitoire supplétif après un premier avis ne rend pas celui-ci caduc et n'autorise pas la contestation d'actes qui lui sont antérieurs[3]. La requête présentée après l'expiration du délai de vingt jours qui suit l'avis, n'est pas tardive, lorsque l'irrégularité n'a été connue qu'après la notification dudit avis[4]. Le délai de deux mois imparti à la chambre d'accusation par l'article 194 alinéa 2 pour statuer sur une requête en annulation, est seulement indicatif[5].

Enfin, l'article 173-1 complète le dispositif en prévoyant un délai de six mois après l'interrogatoire de première comparution ou la première audition de la partie civile pour contester cet acte et tout ce qui lui est antérieur. Il en est de même après chaque interrogatoire de la personne mise en examen et chaque audition de la partie civile (v. s[s] n°s 203.31 à 203.35).

SECTION 4

NULLITÉS INVOQUÉES APRÈS L'ARRÊT DE MISE EN ACCUSATION

204.41 Il était admis sous le régime du Code d'instruction criminelle (C. instr. crim., art. 299 et 408) que le défaut de pourvoi contre l'arrêt de mise en accusation couvrait toutes les nullités de la procédure antérieurs[6].

204.42 La règle a été formellement consacrée par l'article 594 du Code de procédure pénale : « En matière criminelle, l'arrêt de renvoi de la chambre d'accusation, devenu définitif, fixe la compétence de la cour d'assises et couvre, s'il en existe, les vices de la procédure antérieure. » Et l'article 595, originairement, et sans faire aucune exception, disposait que lorsque la chambre d'accusation est saisie d'une procédure d'instruction, tous moyens pris de la nullité de l'information doivent lui être proposés, faute de quoi ils ne peuvent plus l'être ultérieurement. La Cour de cassation décidait dès lors qu'étaient irrecevables pour la première fois en cassation les moyens de nullité présentés à l'appui du pourvoi contre l'arrêt de mise en accusa-

1. Crim. 25 févr. 1991, n° 90-81.383, *Bull. crim.*, n° 94 – Crim. 6 juill. 1993, n° 93-82.133, *Bull. crim.*, n° 243.
2. Crim. 21 mars 1989, n° 88-82.789, *Bull. crim.*, n° 138; *D.* 1989, somm. 394, obs. Pradel – Crim. 14 oct. 1991, n° 90-84.818, *Bull. crim.*, n° 341 – Crim. 9 déc. 1991, n° 91-82.880, *Bull. crim.*, n° 466 – Crim. 17 mars 1993, n° 92-82.348, *Bull. crim.*, n° 124; confirmé par Crim. 7 juin 2000, n° 99-82.788, *Bull. crim.*, n° 219.
3. Crim. 22 févr. 1995, n° 94-85.206, *Bull. crim.*, n° 79.
4. Crim. 19 juin 1995, n° 94-85.915, *Bull. crim.*, n° 223; *JCP* 1995, IV, 2344.
5. Crim. 1er mars 1994, n° 93-85.374, *Bull. crim.*, n° 79 – Sur le cas de l'appel par la partie civile de l'ordonnance de non-lieu, v. Crim. 29 févr. 1996, n° 95-82.325, *Bull. crim.*, n° 102 – Crim. 3 avr. 1996, n° 95-83.690, *Bull. crim.*, n° 146.
6. GARRAUD, V, n° 1848 – HÉLIE F., V, n° 2273 – Crim. 31 oct. 1817, *Bull. crim.*, n° 107 – Crim. 10 janv. 1946, *Bull. crim.*, n° 8.

tion qui n'avaient pas été proposés devant la chambre d'accusation[1].

La loi du 4 juin 1960, modifiant l'article 595, a institué une exception en faveur des arrêts de mise en accusation : désormais, l'obligation de proposer devant la chambre d'accusation tous moyens de nullité de l'information, pour les rendre recevables lors du pourvoi, ne s'appliquait plus au pourvoi contre ces arrêts.

204.43 **La loi du 4 janvier 1993, modifiant une nouvelle fois l'article 595, a supprimé l'exception établie par la loi du 4 juin 1960** qui concernait les arrêts de renvoi devant la cour d'assises.

Aujourd'hui, dans tous les cas, et même en matière criminelle, quand la chambre de l'instruction statue sur le règlement d'une procédure, tous moyens pris de nullités de l'information doivent lui être proposés, faute de quoi les parties ne sont plus recevables à en faire état sauf le cas où elles n'auraient pu les connaître (C. pr. pén., art. 174, al. 1er).

C'est ainsi que les moyens qui n'ont pas été proposés devant cette juridiction, ne peuvent plus l'être pour la première fois en cassation, à l'appui du pourvoi formé contre l'arrêt de mise en accusation[2]. Ceci sans préjudice du droit qui appartient à la Cour de cassation de relever tous moyens d'office (C. pr. pén., art. 595), et du même droit qui appartient à la chambre de l'instruction (C. pr. pén., art. 206, al. 1 et 2), et si elle ne l'a déjà fait lors de l'examen d'une requête en annulation (C. pr. pén., art. 174, al. 1er).

Toutefois, les dispositions de l'article 174 du Code de procédure pénale selon lesquelles les parties ne sont plus recevables à faire état des moyens de nullité qu'elles n'auraient pas proposés lors d'une précédente audience de la chambre de l'instruction saisie sur le fondement de l'article 173 du même code, ne peuvent recevoir application lorsque ces moyens portent sur des actes qui, avant ladite audience, n'avaient pas été tenus à la disposition des parties dans les conditions prévues par le Code de procédure pénale[3].

204.44 **La loi du 15 juin 2000 a abrogé l'article 594 du Code de procédure pénale.** En effet, le double degré de juridiction obligatoire n'existe plus en matière criminelle. C'est l'ordonnance de mise en accusation rendue par le magistrat instructeur qui, lorsqu'elle est devenue définitive, couvre s'il en existe les vices de la procédure (C. pr. pén., art. 181, al. 4).

1. Crim. 28 déc. 1959, *Bull. crim.*, n° 590 – Crim. 11 mai 1960, *Bull. crim.*, n° 250.

2. Crim. 19 juill. 1993, n° 93-82.258, *Bull. crim.*, n° 245; *Dr. pén.* 1993, n° 230, obs. Maron – Crim. 7 sept. 1993, n° 93-82.904, *Bull. crim.*, n° 262.

3. Crim. 14 mai 2002, n° 02-80.721, *Bull. crim.*, n° 111.

CHAPITRE

205. Annulation

SECTION 0
ORIENTEUR

205.00 **Plan du chapitre.**

Sect. 1 Étendue de l'annulation
Sect. 2 Nullités en matière de détention provisoire
Sect. 3 Actes annulés

205.01 **Textes applicables.**
C. pr. pén., art. 170, 171, 172, 173, 173-1, 174, 174-1, 206, 218.

C. pr. pén., art. 170 [L. n° 2004-204, 9 mars 2004]
* V. s^s n° 201.01.

C. pr. pén., art. 171
* V. s^s n° 201.01.

C. pr. pén., art. 172
* V. s^s n° 202.01.

C. pr. pén., art. 173 [L. n° 2004-204, 9 mars 2004]
* V. s^s n° 203.01.

C. pr. pén., art. 173-1 [L. n° 2004-204, 9 mars 2004]
* V. s^s n° 203.01.

C. pr. pén., art. 174
* V. s^s n° 201.01.

C. pr. pén., art. 174-1
* V. s^s n° 204.01.

C. pr. pén., art. 206 [L. n° 2004-204, 9 mars 2004]
* V. s^s n° 203.01.

C. pr. pén., art. 218
* V. s^s n° 202.01.

205.02 **Jurisprudence de référence.**
• Lorsque la chambre de l'instruction constate la nullité d'un acte de procédure, seules doivent être annulées par voie de conséquence les pièces qui ont pour support nécessaire l'acte entaché de nullité.

Crim. 28 mars 2000, n° 00-80.090, *Bull. crim.*, n° 137; *JCP* 2000, IV, 1156.
« Attendu que, pour refuser d'étendre l'annulation à l'ensemble de la procédure concernant l'intéressé, l'arrêt retient qu'avant même de se présenter au domicile de X..., les fonctionnaires de police disposaient de renseignements de nature à faire suspecter sa participation à un trafic international de stupéfiants, émanant des polices israélienne et allemande, que les investigations irrégulières n'ont porté que sur son identification, et que, dès lors, sa garde à vue n'a pas été le préalable nécessaire aux actes subséquents;

Attendu qu'en l'état de ces énonciations, la chambre d'accusation, qui a répondu comme elle le devait aux articulations essentielles du mémoire dont elle était saisie, a justifié sa décision;

Qu'en effet, seules doivent être annulées par voie de conséquence les pièces qui ont pour support nécessaire l'acte entaché de nullité. »

205.03 **Bibliographie indicative.** (V. les références complètes s^s n° 03.)

Actualisables. RÉP. PÉN., Guéry, « Instruction préparatoire »; Guerrin, « Nullités de procédure » – J.-CL. PÉN., Dumont J., « Nullités de procédure » – TPJI, Cousteaux G., « La mise en œuvre des nullités ».

Ouvrages. LE POITTEVIN, L. 8 déc. 1897, art. 12, n° 39.

Articles. Brouillaud J.-P., « Les nullités de procédure : des procédures pénales et civiles comparées », *D.* 1996, chron. 98 – Chabut B. et P.-O., « Le point en matière de nullité de procédure pénale, au fil des cent dernières décisions de la chambre d'accusation de Paris », *Gaz. Pal.* 14/15 nov. 1997, p. 2 – Clément G., « De la règle « pas de nullité sans grief » en droit judiciaire privé et en procédure pénale », *RSC* 1984, 433 – Guérin M., « Les changements opérés par la loi relative à la présomption d'innocence sur les nullités de procédure dans la phase préalable au jugement pénal », *RSC* 2000, 753 – Roussel Y., « Le régime des nullités de la procédure pénale après les lois du 4 janvier 1993 et du 24 août 1993 », *Gaz. Pal.* 19/20 janv. 1996, p. 7.

205.06 **Questions essentielles.**
• Lorsqu'un acte de procédure est annulé, la difficulté principale pour la chambre de l'instruction est de déterminer quels sont les actes qui doivent être annulés avec

lui. Dès lors que des pièces qui sont en relation directe avec la pièce annulée justifient néanmoins leur existence par « d'autres supports », elles ne sont pas alors concernées par l'annulation. C'est ainsi que la nullité de la garde à vue n'entraîne pas nécessairement celle de la perquisition, du mandat d'amener, de l'interrogatoire de première comparution et de la détention qui ont suivi.

* V. s[s] n° 205.15.

SECTION 1
ÉTENDUE DE L'ANNULATION

205.11 Selon les termes de l'article 12 de la loi du 8 décembre 1897, l'inobservation des formalités instituées par cette loi entraînait la nullité « de l'acte et de la procédure ultérieure ». En principe, les nullités qui résultaient de la violation d'une disposition du Code d'instruction criminelle n'affectaient que l'acte irrégulier lui-même. Il en était toutefois autrement de la méconnaissance des règles fondamentales de procédure ou des irrégularités affectant les actes qui sont la base de la poursuite.

205.12 Ces règles ont été maintenues par le Code de procédure pénale. L'article 170 portait que « les dispositions des articles 114 (première comparution) et 118 (convocation du conseil, communication du dossier) devaient être observées, à peine de nullité tant de l'acte lui-même que de la procédure ultérieure ». Et l'article 174 indiquait implicitement que l'omission de la formalité de l'alinéa 1er (puis 4) de l'article 183 (avis donné au conseil des ordonnances juridictionnelles) pouvait entraîner la nullité de la procédure ultérieure. Il n'en était ainsi qu'autant que cette irrégularité constituait une violation des droits de la défense[1].

Ces distinctions ont disparu sous l'effet des lois de 1993 et aux termes du 2e alinéa de l'article 174 nouveau, qui s'inspire du 2e alinéa de l'article 172 ancien, lorsque la chambre de l'instruction est saisie sur le fondement de l'article 173, « elle décide si l'annulation doit être limitée à tout ou partie des actes ou pièces de la procédure viciée ou s'étendre à tout ou partie de la procédure ultérieure ». Les termes équivalents de l'article 206 n'ont pas été modifiés. La chambre de l'instruction examine la régularité des procédures qui lui sont soumises, et « si elle découvre une cause de nullité, elle prononce la nullité de l'acte qui en est entaché et, s'il y échet, celle de tout ou partie de la procédure ultérieure ».

1. Crim. 27 déc. 1960, *Bull. crim.*, n° 624 – Crim. 27 juin 1963, *Bull. crim.*, n° 237 – Crim. 24 oct. 1967, *Bull. crim.*, n° 259 – Crim. 14 avr. 1970, n° 69-93.211, *Bull. crim.*, n° 126.

205.13 Appréciation. L'appréciation de l'étendue de la nullité est ainsi laissée à la chambre de l'instruction[2]. Au cas d'annulation d'un acte irrégulier, la chambre de l'instruction doit également annuler tous les actes qui en dérivent[3]. Le mandat d'arrêt nul entraîne la nullité de tous les actes concernant la détention provisoire[4].

La nullité d'un procès-verbal de transport entraîne celle de tous les actes qui y sont mentionnés[5].

205.14 Conséquences. L'inobservation d'une formalité essentielle à la validité de la procédure entraîne la nullité non seulement de l'acte lui-même, mais aussi de tout ce qui a suivi, par exemple l'irrégularité du réquisitoire introductif[6], ou l'absence de désignation du juge d'instruction chargé de suivre la procédure à une époque où cette absence pouvait être invoquée par les parties[7].

Si certaines irrégularités ne touchent en principe que la validité de l'acte lui-même, par exemple l'omission du serment de l'expert qui entraîne la seule nullité de l'expertise[8], les conséquences de l'irrégularité sont en fait plus étendues. Ainsi est lui-même nul et doit être cassé l'arrêt de renvoi devant la juridiction de jugement qui n'a pas reconnu et déclaré la nullité de l'expertise[9], ou l'arrêt de condamnation qui s'est appuyé sur l'expertise nulle[10]. Toutefois, l'expertise n'étant qu'un élément de la procédure, la Cour de renvoi pourra l'écarter ou ordonner telle autre mesure d'instruction[11].

2. Crim. 28 juin 1983, n° 83-91.676, *Bull. crim.*, n° 201.
3. Crim. 10 déc. 1968, *Bull. crim.*, n° 333 – Crim. 4 juin 1969, *Bull. crim.*, n° 186; *JCP* 1970, II, 16187, note P. Chambon – Crim. 11 déc. 1974, n° 74-92.260, *Bull. crim.*, n° 367; *JCP* 1976, II, 18484, note Mayer-Jack.
4. Crim. 25 janv. 1961, *Bull. crim.*, n° 47.
5. Crim. 11 déc. 1984, n° 84-90.238, n° 84-90.560, *Bull. crim.*, n° 396.
6. Crim. 6 juill. 1955, *Bull. crim.*, n° 339; *JCP* 1955, II, 8912, note P. Chambon – Crim. 2 mai 1988, n° 87-81.298, *Bull. crim.*, n° 186.
7. Crim. 11 juin 1985, n° 84-92.656, *Bull. crim.*, n° 224 – Ass. plén. 17 juin 1988, n° 87-85.018, *Bull. Ass. plén.*, n° 7; *D.* 1988, 17, concl. N. Pradin.
8. Crim. 13 juin 1835, *Bull. crim.*, n° 238 – Crim. 10 mars 1927, *Bull. crim.*, n° 73 – Crim. 27 juin 1957, *Bull. crim.*, n° 529.
9. Crim. 3 mars 1964, *Bull. crim.*, n° 79 – Crim. 16 avr. 1970, n° 69-92.089, *Bull. crim.*, n° 134 – Crim. 19 janv. 1988, n° 87-90.578, *Bull. crim.*, n° 25 – Crim. 15 mai 1990, n° 90-80.827, *Bull. crim.*, n° 193.
10. Crim. 19 avr. 1958, *Bull. crim.*, n° 569 – Crim. 5 mai 1970, n° 69-90.956, *Bull. crim.*, n° 152.
11. Crim. 20 déc. 1983, n° 83-94.077, *Bull. crim.*, n° 350; *D.* 1984, IR 236 – Crim. 2 sept. 1986, n° 86-93.266, *Bull. crim.*, n° 251; *JCP* 1987, II, 20765, note P. Chambon.

La personne poursuivie ne peut se plaindre des nullités commises au préjudice de ses co-prévenus[1]. C'est la Cour de cassation, gardienne suprême de la régularité des procédures qui, en dernier lieu et souverainement décide, même d'office, de l'existence, de la nature et de l'intensité des nullités qui, quelquefois, vont jusqu'à constituer des excès de pouvoir (C. pr. pén., art. 218, 570, 571, 595, 659)[2]. La cancellation d'un réquisitoire définitif porte atteinte à l'indépendance du procureur de la République et constitue par là même un excès de pouvoir[3]. Lorsque la chambre d'accusation, qui analyse souverainement les pièces annexées au réquisitoire introductif, constate que la saisine du magistrat instructeur, quant aux faits, est déterminée par ces pièces, le réquisitoire ne peut être annulé, s'il satisfait en la forme aux conditions essentielles de son existence légale[4] (v. aussi s[s] n°s 51.21, 51.22 et 51.26).

205.15 Exemples de non-annulation de pièces justifiées par l'existence d'un « autre support ». La Cour de cassation admet que les chambres de l'instruction n'annulent pas des pièces en relation directe avec celle qui a été annulée dès lors que ces pièces peuvent trouver leur source ailleurs : justifie sa décision une chambre d'accusation qui décide de ne pas annuler les instructions du procureur de la République aux fins d'enquête visant des actes ultérieurement annulés, dès lors qu'elle constate que ces instructions avaient un autre support, en l'espèce une lettre de dénonciation, et qu'elles étaient détachables des pièces annulées dont elles ne découlaient pas exclusivement[5].

Suivant ce même principe la garde à vue et la mise en examen ne sont pas forcément liées : justifie sa décision la chambre d'accusation qui, après avoir annulé des procès verbaux de l'enquête sur commission rogatoire, en raison de l'irrégularité de la garde à vue, refuse d'étendre l'annulation au mandat d'amener décerné par le juge d'instruction, aux réquisitions supplétives du procureur de la République, au procès verbal de première comparution et à l'ordonnance de placement en détention provisoire, en énonçant qu'en l'état des éléments antérieurs de l'information, la garde à vue n'a pas été le préalable nécessaire à ces actes[6]. Justifie sa décision la chambre d'accusation qui, après avoir constaté l'irrégularité d'un placement en garde à vue, n'étend pas l'annulation à la perquisition effectuée concomitamment, dont elle a souverainement apprécié qu'elle ne trouvait pas son support dans la garde à vue entachée de nullité[7].

L'annulation par la chambre de l'instruction concernant une personne mise en examen ne s'étend pas à l'interpellation et à la mise en examen d'une autre personne dès lors qu'elles ont trouvé leur support dans d'autres actes que ceux entachés de nullité[8]. Justifie sa décision au regard de l'article 174 alinéa 2 du Code de procédure pénale la chambre de l'instruction qui, après avoir constaté l'irrégularité de poursuites engagées pour commerce illicite d'armes, se borne à ordonner la cancellation, dans le réquisitoire supplétif saisissant le juge d'instruction de ce chef et les pièces subséquentes, de toute référence à l'infraction précitée après avoir retenu que lesdites poursuites n'étaient pas le fondement exclusif et nécessaire de ces pièces[9].

205.16 L'article 174-1 du Code de procédure pénale, issu de la loi du 15 juin 2000, dispose que lorsque la chambre de l'instruction annule une mise en examen pour violation des dispositions de l'article 80-1 (absence d'indices graves ou concordants), la personne est considérée comme témoin assisté à compter de son interrogatoire de première comparution et pour l'ensemble de ses interrogatoires ultérieurs, jusqu'à l'issue de l'information sous réserve des dispositions des articles 113-6 et 113-8 (changement du statut de témoin assisté en celui de personne mise en examen).

205.17 Après annulation, la chambre de l'instruction peut soit évoquer et procéder dans les conditions prévues aux articles 201, 202 et 204 du Code de procédure pénale[10], soit renvoyer le dossier de la procédure au même juge d'instruction, ou à tel autre[11] afin de poursuivre l'information (C. pr.

1. Crim. 26 juin 1984, *JCP* 1984, II, 286 – Crim. 1er sept. 1987, n° 85-92.518, n° 87-83.370, *Bull. crim.*, n° 308.
2. Par ex., Crim. 24 févr. 1981, n° 79-93.193, n° 80-92.759, *Bull. crim.*, n°s 69 et 73, 2 esp., *JCP* 1981, II, 19689, et la note.
3. Crim. 11 déc. 1984, n° 84-90.238, n° 84-90.560, *Bull. crim.*, n° 396.
4. JURISPR. CONSTANTE, v. not. Crim. 13 nov. 1996, n° 96-83.748, *Bull. crim.*, n° 404 – Sur ces points v. Lesclous et Marsat, « Le ministère public est indépendant des juridictions qui ne peuvent annuler ses actes, dès lors qu'ils sont réguliers en la forme », *Dr. pén.* juill. 1997, chron. 19.
5. Crim. 30 juin 1999, n° 99-81.426, *Bull. crim.*, n° 176; *BICC* 501, n° 1120.
6. Crim. 28 mars 2000, n° 00-80.090, *Bull. crim.*, n° 137; *JCP* 2000, IV, 1156 (v. les attendus s[s] n° 205.02) – V. aussi Crim. 26 janv. 2000, n° 99-86.166, *Bull. crim.*, n° 46.
7. Crim. 19 avr. 2000, n° 00-80.357, *Bull. crim.*, n° 160 – Crim. 27 juin 2000, *Bull. crim.*, n° 246.
8. Crim. 19 avr. 2000, n° 00-80.577, *Bull. crim.*, n° 159.
9. Crim. 19 mars 2002, n° 01-88.240, *Bull. crim.*, n° 63; *JCP* 2002, IV, 1795.
10. Crim. 29 janv. 1963, *Bull. crim.*, n° 49 – Crim. 10 févr. 1965, *Bull. crim.*, n° 43.
11. Crim. 20 nov. 1984, n° 84-91.829, *Bull. crim.*, n° 355 – Crim. 15 sept. 1987, n° 87-82.239, *Bull. crim.*, n° 311 – Crim. 5 sept. 1990, n° 90-83.664, *Bull. crim.*, n° 310.

pén., art. 206, al. 3). La chambre de l'instruction apprécie souverainement l'opportunité de telle ou telle mesure[1].

205.18 Le juge d'instruction ne peut pas réitérer un acte frappé de nullité avant que la décision d'annulation ne soit devenue définitive[2]. Le juge, qui a rendu une ordonnance nulle de maintien en détention, ne peut lui en substituer une autre sans empiéter sur les pouvoirs de la chambre de l'instruction. Il peut seulement saisir cette chambre[3].

Mais, aucune disposition légale ne s'oppose à ce que le juge d'instruction procède à une nouvelle saisie des pièces déjà saisies puis restituées en exécution d'une précédente décision prononçant l'annulation d'actes de la procédure, dès lors que le procès-verbal de perquisition et de saisie ne se réfère en aucune façon aux actes annulés[4]. N'est pas irrégulière la désignation de l'expert dont un précédent rapport a été annulé, dès lors que cette annulation a été prononcée pour des motifs étrangers à la qualité de l'auteur de ce rapport ou à la conduite des travaux d'expertise et que cette nouvelle désignation ne saurait être analysée, de manière abstraite ou en l'absence de tout autre élément, comme un procédé ou un artifice de nature à reconstituer des actes annulés en violation des dispositions de l'article 174 du Code de procédure pénale[5].

205.19 Sont nuls les actes d'instruction qui procèdent d'actes dont l'annulation a été prononcée dans la même procédure. Dès lors, encourt la cassation la chambre d'accusation qui refuse d'annuler le procès-verbal d'audition d'un témoin entendu au sujet de pièces saisies au cours d'une perquisition dont l'annulation est prononcée par le même arrêt[6]. Lorsque la chambre d'accusation annule partiellement des actes de procédure, et par voie de conséquence, ordonne la mise en liberté de la personne mise en examen, les actes subséquents, accomplis par le juge d'instruction ne peuvent être annulés que s'ils trouvent leur support nécessaire dans les actes viciés[7].

1. Crim. 9 oct. 1990, n° 90-84.327, *Bull. crim.*, n° 336.
2. Crim. 4 nov. 1986, n° 86-92.726, n° 86-94.653, 2 esp., *Bull. crim.*, n° 320.
3. Crim. 4 nov. 1986, n° 86-94.653, *Bull. crim.*, n° 320; *JCP* 1987, IV, 18; *Gaz. Pal.* 1987, 1, somm. 197 – Crim. 24 mars 1992, n° 92-80.100, *Bull. crim.*, n° 125; *D.* 1992, somm. 322, obs. J. Pradel; *Gaz. Pal.* 1992, 2, somm. 384.
4. Crim. 23 mars 1977, n° 75-92.170, *Bull. crim.*, n° 109.
5. Crim. 29 mai 2002, n° 02-81.995, *Bull. crim.*, n° 122.
6. Crim. 4 juin 1997, n° 97-81.706, *Bull. crim.*, n° 221.
7. Crim. 23 juin 1999, n° 99-82.186, *Bull. crim.*, n° 149; *Gaz. Pal.* 12/16 nov. 1999.

SECTION 2
NULLITÉS EN MATIÈRE DE DÉTENTION PROVISOIRE

205.21 Instance distincte. La détention provisoire et la mise en liberté, ainsi que les questions qui s'y rattachent, constituent une instance distincte au sein de l'information elle-même. De sorte que les irrégularités relatives à la détention, peuvent, le cas échéant, être sanctionnées par la mise en liberté immédiate, mais n'ont pas d'effet sur la validité de l'ensemble de la procédure.

« Les décisions rendues en matière de détention préventive ou de liberté, sont des décisions purement provisoires, qui peuvent toujours être déférées à la Cour de cassation par les parties intéressées, sans que le cours du procès s'en trouve interrompu.[8] » « Les incidents se rapportant à la matière de la détention préventive ou de la liberté provisoire, dans le système de notre Code, donnent lieu à des instances distinctes de celle qui concerne le fond, sans pouvoir nuire, d'ailleurs, à la poursuite du procès.[9] »

205.22 Effets limités. « L'irrégularité alléguée qui concerne les conditions dans lesquelles le demandeur a été maintenu en état de détention préventive, n'affecte pas la procédure d'instruction proprement dite et ne saurait en entraîner par elle-même la nullité, alors qu'il n'est pas démontré ni même allégué que la recherche et l'établissement de la vérité s'en sont trouvés viciés fondamentalement.[10] » De même, « les conditions dans lesquelles un inculpé faisant l'objet d'une poursuite régulière et d'un titre légal d'arrestation a été appréhendé et livré à la justice, constitueraient-elles une atteinte à la loi pénale ou aux principes traditionnels de notre droit, ne sont pas de nature, si déplorables qu'elles puissent apparaître, à entraîner par elles-mêmes, la nullité de la poursuite, dès lors que la recherche et l'établissement de la vérité ne s'en sont pas trouvés viciés fondamentalement, ni la défense mise dans l'impossibilité d'exercer ses droits devants les juridictions d'instruction et de jugement »[11]. De même, en matière d'extradition, la décision sur la mise en liberté ne saurait faire obstacle à l'exécution de l'arrêt portant avis sur l'extradition, ni à celle du décret qui l'accorde[12].

205.23 Nullité du mandat. Il en résulte que lorsqu'un mandat d'arrêt est nul pour avoir été

8. Crim., ord. prés., 26 nov. 1959, *Bull. crim.*, n° 512.
9. Crim. 22 déc. 1959, *Bull. crim.*, n° 569; *JCP* 1962, II, 12857, note P. Chambon.
10. Crim. 4 mai 1961, *Bull. crim.*, n° 237.
11. Crim. 4 juin 1964, *Bull. crim.*, n° 192 – Crim. 21 févr. 1995, n° 94-85.626, *Bull. crim.*, n° 74.
12. Crim. 7 févr. 1984, n° 84-90.013, *Bull. crim.*, n° 43.

délivré à la place d'un mandat de dépôt, contre un individu détenu pour autre cause, dont la résidence est donc connue, pour servir de titre de transfèrement, cette nullité, prononcée par la Cour de cassation d'office, entraîne seulement la nullité « de toutes les pièces de la procédure se rapportant à la liberté provisoire ou à la détention préventive de l'inculpé à partir du mandat d'arrêt annulé »[1]. Toutefois, la nullité de ce mandat d'arrêt est sans influence sur la validité d'un mandat de dépôt délivré ultérieurement contre le même inculpé dans une autre procédure[2]. Le mandat de dépôt fait corps désormais avec l'ordonnance de placement en détention dont elle est le support, de sorte que la validité du mandat de dépôt ne peut être contestée que par la voie de l'appel de cette ordonnance[3].

SECTION 3
ACTES ANNULÉS

205.31 L'annulation ne peut porter que sur des « actes ou pièces de procédure ». Le terme de « pièces » a été ajouté par la loi du 4 janvier 1993. La circulaire du 27 janvier 1993 explique cependant que ne sauraient être annulées comme « pièces de la procédure » les pièces qui ne résultent pas d'un acte d'instruction telles que les écritures des parties.

La circonstance que des documents ou des enregistrements remis par une partie ou un témoin aient été obtenus par des procédés déloyaux ne permet pas au juge d'instruction de refuser de les joindre à la procédure, dès lors qu'ils ne constituent que des moyens de preuve qui peuvent être discutés contradictoirement. La transcription de ces enregistrements qui a pour seul objet d'en matérialiser le contenu, ne peut davantage donner lieu à annulation[4]. Ne constituent pas des pièces de la procédure les procès-verbaux de première comparution non encore signés dans l'attente du débat contradictoire prévu en matière de détention provisoire. En effet, les mentions relatives au débat contradictoire prescrit par l'article 145 alinéa 4 du Code de procédure pénale font partie intégrante du procès-verbal de première comparution qui ne peut dès lors être signé qu'au moment de sa clôture. Il s'ensuit qu'un avocat ne peut faire valoir qu'il n'a pu obtenir communication des procès-verbaux de première comparution, non encore signés, de deux coexaminés, avant le débat contradictoire, pour demander l'annulation du procès-verbal de première comparution de son client[5]. La chambre d'accusation ne peut annuler les lettres ou documents qui ne sont pas des actes de l'information[6]. Ne constitue pas un acte d'instruction donc n'est pas annulable une note manuscrite du juge faisant état de l'existence d'un témoin, dès lors qu'il ne s'agit pas d'un témoignage irrégulièrement recueilli[7]. Une enquête administrative versée dans une information à titre de renseignement ne constitue pas un acte ou une pièce de procédure au sens de l'article 173 du Code de procédure pénale[8]. La chambre de l'instruction ne peut, sans excès de pouvoir, annuler d'office les réquisitions du ministère public qui satisfont en la forme aux conditions essentielles de leur existence légale[9].

205.32 Code d'instruction criminelle. Aucun texte du Code d'instruction criminelle ne prescrivait de supprimer les pièces annulées de la procédure. L'annulation avait uniquement pour effet d'obliger les juges à considérer les pièces annulées comme inexistantes et de leur interdire de les prendre pour base de leurs décisions[10].

205.33 Retrait du dossier, cancellation. Le Code de procédure pénale a concrétisé l'annulation. L'article 173 disposait « que les actes annulés sont retirés du dossier d'information et classés au greffe de la cour d'appel. Il est interdit d'y puiser aucun renseignement contre les parties au débat, à peine de forfaiture pour les magistrats et de poursuites devant leurs chambres de discipline pour les défenseurs ». La loi du 24 août 1993, par l'alinéa 3 de l'article 174, a reproduit en substance ces dispositions, auxquelles elle a ajouté le procédé de la « cancellation » : « Les actes ou pièces de la procédure partiellement annulés sont cancellés après

1. Crim. 25 janv. 1961, *Bull. crim.*, n° 47.
2. Crim. 25 janv. 1961, *Bull. crim.*, n° 48.
3. Crim. 30 juin 1993, n° 93-81.816, *Bull. crim.*, n° 233 – Crim. 19 juill. 1993, n° 93-82.243, *Bull. crim.*, n° 247 – Crim. 1er mars 1994, n° 93-85.745, *Bull. crim.*, n° 81 – Sur l'incompétence *ratione loci* du juge d'instruction, Crim. 30 janv. 1979, *Bull. crim.*, n° 43 – Sur les autres cas de nullité, v. TPJI, G. Cousteaux, « La mise en œuvre des nullités », 2001.
4. Crim. 6 avr. 1993, n° 93-80.184, NP; *JCP* 1993, II, 22144, note M.-L. Rassat – Crim. 30 mars 1999, n° 97-83.464, *Bull. crim.*, n° 59; *D.* 1999, IR 131; *JCP* 1999, IV, 2765.
5. CA Rennes, ch. acc., 25 janv. 1996, *BICC* n° 433.
6. Crim. 21 mars 1989, n° 89-80.080, *Bull. crim.*, n° 139.
7. Crim. 13 oct. 1992, n° 92-83.072, *Bull. crim.*, n° 318.
8. Crim. 16 sept. 2003, n° 03-82.918, *Bull. crim.*, n° 160; *D.* 2003, IR 2669; *D.* 2004, somm. 670, comm. J. Pradel; *JCP* 2003, IV, 2897.
9. JURISPR. CONSTANTE, v. not. : Crim. 13 nov. 1996, n° 96-83.748, *Bull. crim.*, n° 404 – Sur ces points, v. Lesclous et Marsat, « Le ministère public est indépendant des juridictions qui ne peuvent annuler ses actes, dès lors qu'ils sont réguliers en la forme », *Dr. pén.* juill. 1997, chron. 19.
10. Crim. 22 juin 1905, *Bull. crim.*, n° 302; *D.* 1909, 1, 431; *S.* 1908, 1, 205 – LE POITTEVIN, L. 8 déc. 1897, art. 12, n° 39.

qu'a été établie une copie certifiée conforme à l'original, qui est classée au greffe de la cour d'appel », procédé qui avait été admis par la chambre criminelle[1].

L'annulation est indivisible et opposable à toutes les parties[2], le juge ne peut en réserver l'usage au profit de certaines d'entre elles contre d'autres, qui ne se trouvent plus aux débats (même arrêt). Doit en conséquence être cassé l'arrêt d'une chambre d'accusation qui, statuant sur renvoi après cassation, annule, à l'égard de l'auteur du pourvoi, les actes dressés au cours d'une perquisition mais énonce que ces actes demeurent réguliers pour les autres personnes mises en examen au motif que celles-ci ne se sont pas pourvues[3].

Les procès-verbaux nuls et non avenus doivent être retirés du dossier[4].

L'interdiction faite par l'article 173 [174 nouveau] de puiser dans les pièces annulées aucun renseignement doit s'étendre à tout procédé ou artifice de nature à reconstituer, au mépris de ce texte, la substance des actes annulés : par exemple, à partir de ces derniers, la réouverture d'une information pour les mêmes faits contre les mêmes personnes[5] ou l'audition, par un magistrat du ministère public, de l'officier de police judiciaire ayant pratiqué une saisie nulle, qui vise à reconstituer un acte inexistant[6]. Après annulation, la question posée à un témoin pour l'inviter à dire ce que lui avait demandé le précédent juge d'instruction, en la même qualité, est de nature à provoquer la reconstitution de la substance du procès-verbal annulé. Mais il n'est porté aucune atteinte aux droits de la défense si le témoin répond qu'il ne s'en souvenait pas, mais qu'il avait sans doute répété ce qu'il avait dit aux policiers[7]. Le mémoire du conseil, qui se réfère à des procès-verbaux antérieurement annulés et retirés du dossier, n'est pas un acte de procédure : il ne doit pas être aussi retiré de ce dossier[8]. Aucune disposition légale ne s'oppose à ce que le juge d'instruction procède à une nouvelle mise en examen et à de nouveaux interrogatoires d'une personne dont le nom est cancellé sur le réquisitoire introductif dès lors que le magistrat est demeuré régulièrement dans les actes annulés[9].

205.34 En revanche, cette interdiction ne s'applique pas lorsqu'il s'agit de procédures différentes et, par suite, de débats distincts et lorsque les pièces annulées ne constituent pas le fondement de la poursuite dans l'autre procédure[10], en tout cas c'est ce que la Cour de cassation décidait avant son arrêt du 16 mai 2007[11], dans lequel elle affirme que « méconnaît les dispositions de l'article 174 du Code de procédure pénale, qui interdit de tirer d'actes ou de pièces annulés dans une procédure antérieure aucun renseignement contre les parties ayant bénéficié de cette annulation, la cour d'appel qui déclare régulière la procédure suivie devant elle, alors que celle-ci est exclusivement fondée sur des pièces précédemment annulées, fût-ce dans une information distincte ».

205.35 Le contrôle peut porter sur des dossiers joints. Encourt la censure l'arrêt de la chambre de l'instruction qui refuse d'examiner la régularité d'une enquête, effectuée en application des dispositions de l'ordonnance du 1er décembre 1986 et révélant des infractions de droit commun, seules poursuivies, au motif que cette enquête ne figurerait au dossier qu'à titre de simple renseignement et ne constituerait ni une enquête économique ni une enquête préliminaire. Il appartenait à la chambre de l'instruction de répondre au mémoire qui excipait d'un détournement de procédure ayant consisté à ne recourir aux dispositions de l'ordonnance du 1er décembre 1986 qu'à seule fin de mettre à jour des délits de droit commun en s'affranchissant des règles de procédure relatives aux enquêtes préliminaires. De même, elle ne pouvait se dispenser d'examiner si, comme il était allégué, des actes avaient été accomplis par des fonctionnaires incompétents territorialement[12]. Dans cet arrêt la chambre criminelle poursuit un revirement de jurisprudence sur l'étendue du contrôle par les chambres de l'instruction de la régularité des procédures qui leur sont soumises. Désormais, le contrôle peut s'exercer sur des pièces provenant d'autres procédures et jointes au dossier à titre de renseignement. La Cour de cas-

1. Crim. 18 mars 1976, n° 75-92.918, *Bull. crim.*, n° 101 ; *JCP* 1976, II, 18478, note P. Chambon.
2. Crim. 8 mai 1974, n° 73-92.291, *Bull. crim.*, n° 167.
3. Crim. 28 juin 2000, n° 00-80.292, *Bull. crim.*, n° 252 ; *D.* 2000, IR 225.
4. Crim. 16 déc. 1980, n° 80-91.359, *Bull. crim.*, n° 350 – Crim. 26 juin 1984, *D.* 1984, IR 466, obs. J.-M. R.
5. Crim. 30 juin 1981, n° 81-92.261, *Bull. crim.*, n° 224 – Crim. 23 janv. 1990, n° 89-85.607, *Bull. crim.*, n° 42.
6. Crim. 23 janv. 1990, n° 89-85.607, *Bull. crim.*, n° 42 ; *Gaz. Pal.* 1990, 2, somm. 520.
7. Crim. 29 janv. 1985, n° 84-95.197, *Bull. crim.*, n° 46.
8. Crim. 17 mars 1987, n° 86-96.682, NPT; *D.* 1987, somm. 409, obs. J. Pradel.
9. Crim. 8 déc. 1998, n° 98-85.683, *Bull. crim.*, n° 334.
10. Crim. 9 mars 1981, n° 80-93.646, *Bull. crim.*, n° 86 ; *D.* 1982, 511, note Jeandidier – Crim. 27 mars 1995, n° 94-85.074, *Bull. crim.*, n° 127 – Crim. 16 févr. 2000, n° 99-86.307, *Bull. crim.*, n° 72 – Crim. 27 févr. 2001, n° 00-86.747, *Bull. crim.*, n° 50.
11. Crim. 16 mai 2007, n° 06-81.815, *Bull. crim.*, n° 130 ; *D.* 2007, AJ 1785.
12. Crim. 31 janv. 2006, n° 05-80.640, *Bull. crim.*, n° 30 ; *Dr. pén.* 2006, n° 93 et n° 115, note A. Maron ; *JCP* 2006, I, 159, obs. A. Maron, J.-H. Robert, M. Véron ; *Gaz. Pal.* 6/8 août 2006, p. 9, note Y. Monnet.

sation a déjà, à la suite de l'arrêt Matheron contre France du 29 mars 2005, dans un arrêt du 7 décembre 2005 estimé que le contrôle pouvait porter sur la régularité d'écoutes téléphoniques réalisées dans le cadre d'une information étrangère à celle dont était saisie la chambre d'instruction[1] (pour un extrait v. s^{s} n°s 192.02 et 192.12). Elle a ensuite implicitement indiqué que la personne mise en examen est recevable à proposer à la chambre de l'instruction des moyens de nullité pris de l'irrégularité d'actes accomplis dans une information à laquelle elle n'a pas été partie et qui sont versés dans la procédure soumise à la juridiction, lorsque cette personne invoque une atteinte à l'un de ses droits qui aurait été commise dans la procédure distincte ou que les éléments versés dans l'information dans laquelle elle est mise en examen sont susceptibles d'avoir été illégalement recueillis[2].

1. Crim. 7 déc. 2005, n° 05-85.876, *Bull. crim.*, n° 327; *D.* 2005, IR 253; *RSC* 2006, 343, note D. Commaret.

2. Crim. 8 juin 2006, n° 06-81.796, *Bull. crim.*, n° 166; *JCP* 2006, IV, 2464; *Gaz. Pal.* 2/3 mars 2007, jur. p. 11, note Y. Monnet.

TITRE

21. La fin de l'information et sa réouverture

SECTION 0 ORIENTEUR

210.00 **Plan du titre.** Sauf lorsqu'il existe des obstacles à la poursuite de l'information, le juge d'instruction y met fin lorsqu'il l'estime achevée. Il existe alors des formalités de fin de procédure. Le juge d'instruction apprécie alors quelle issue doit être donnée à l'information. Les ordonnances de règlement obéissent à des règles précises qu'il convient d'examiner. L'autorité de la chose jugée s'attache à l'ordonnance de non-lieu, mais l'information peut, sous certaines conditions, être reprise sur charges nouvelles.

Chap. 211 Obstacles à la poursuite de l'instruction
Sect. 1 Examen de la compétence
Sect. 2 Irrecevabilité ou extinction de l'action publique
Chap. 212 Formalités de fin de procédure
Sect. 1 Quand la procédure est-elle complète ?
Sect. 2 Avis à partie : dispositions antérieures à la loi du 5 mars 2007
Sect. 3 Avis à partie : dispositions de la loi du 5 mars 2007
Sect. 4 Ordonnance de soit-communiqué
Sect. 5 Réquisitoire définitif
Chap. 213 Appréciation du juge d'instruction
Sect. 1 Appréciation des charges
Sect. 2 Appréciation des éléments de l'infraction
Sect. 3 Informations complexes
Chap. 214 Ordonnances de règlement
Sect. 1 Formes
Sect. 2 Effets de l'ordonnance de règlement – Dessaisissement du juge d'instruction
Sect. 3 Ordonnance de non-lieu
Sect. 4 Ordonnance de renvoi devant le tribunal de police
Sect. 5 Ordonnance de renvoi devant le tribunal correctionnel
Sect. 6 Requalification
Sect. 7 Renvoi devant la cour d'assises
Chap. 215 Autorité de la chose jugée
Sect. 1 Principe
Sect. 2 Applications
Chap. 216 Reprise de l'information sur charges nouvelles
Sect. 1 Définition des charges nouvelles
Sect. 2 Comment les charges sont recueillies et produites
Sect. 3 Autorité qui peut requérir la réouverture
Sect. 4 Compétence pour instruire
Sect. 5 Nature de l'information sur charges nouvelles
Sect. 6 Appréciation des charges nouvelles par le juge

210.01 **Textes applicables.**
C. pr. pén., art. 52, 82-1, 82-3, 90-1, 167-1, 175 à 182, 184, 186-3, 188, 189, 190, 196, 204, 211, 214, 215, 368, 383, 385, 469, 593, 706-119 à 706-121, 800-2, 803-1.

C. pr. pén., art. D. 40-1, D. 40-2.

C. pr. pén., art. R. 249-3.

Ord. 2 févr. 1945, art. 9.

210.02 **Jurisprudence de référence.**
Crim. 27 nov. 1963, n° 63-91.516, *Bull. crim.*, n° 338; *JCP* 1964, II, 13543, note P. Chambon.

> Sur les avis à parties

Crim. 22 févr. 1995, n° 94-85.206, *Bull. crim.*, n° 79; *D.* 1996, somm. 255, obs. Pradel; *JCP* 1996, I, 3906, obs. J.-H. Robert; *RSC* 1995, 609, obs. Dintilhac; *Procédures* 1995, comm. 89, obs. Buisson.

Crim. 23 juill. 1985, n° 85-92.574, *Bull. crim.*, n° 275; *D.* 1985, 416, note P. Chambon.

Crim. 12 oct. 1972, n° 72-91.813, *Bull. crim.*, n° 286; *D.* 1973, 170, note Pradel.

Crim. 15 mars 2000, n° 99-83.129, *Bull. crim.*, n° 120; *JCP* 2000, IV, 1100.

Crim. 26 sept. 2000, nº 00-82.016, *Bull. crim.*, nº 276; *D.* 2001, somm. 520, obs. Pradel; *Dr. pén.* 2001, chron. 17, obs. Marsat.

Crim. 29 mai 2001, nº 01-80.718, *Bull. crim.*, nº 136; *D.* 2001, IR 1925; *D.* 2002, somm. 1461, obs. Pradel.

Crim. 17 sept. 2008, nº 08-84.928, *Bull. crim.*, nº 190; *AJ pénal* 2008, 469, obs. L. Ascenci.

Crim. 12 nov. 2008, nº 07-88.222, *Bull. crim.*, nº 227; *AJ pénal* 2009, 82, obs. C. Duparc.

Crim. 10 déc. 2008, nº 08-86.812, *Bull. crim.*, nº 252; *AJ pénal* 2009, 137, obs. L. Ascenci.

Crim. 31 mars 2009, nº 08-88.226, *Bull. crim.*, nº 63; *Dr. pén.* 2009, nº 87, note A. Maron et M. Haas; *D.* 2009, 1280, note M. Lena; *AJ pénal* 2009, 272 obs. L. Ascenci.

> Sur la reprise de l'information sur charges nouvelles
Crim. 1er févr. 1977, *Bull. crim.*, nº 38.

210.03 Bibliographie indicative. (V. les références complètes s^s nº 03.)

Actualisables. RÉP. PÉN., Guéry, « Instruction préparatoire »; Coste, « Chambre de l'instruction » – J.-CL. PÉN., Angevin H., « Chambre de l'instruction »; Blanchot A., « Reprise de l'information sur charges nouvelles »; Dumont, « Ordonnances de règlement »; « Autorité des décisions de non-lieu ».

Articles. Buisson J., « La déclaration d'irresponsabilité pénale pour cause de trouble mental : loi du 25 février 2008 », *Procédures* avr. 2008, ét. 4, p. 5 – Cheynier C., « Règlement des dossiers d'instruction. Réflexions sur l'article 175 du Code de procédure pénale », *JCP* 1984, I, 3152 – Detraz S., « L'innocence à l'épreuve de la décision de non-lieu », *Rev. pénit.* 1/2005, p. 179; « La création d'une nouvelle décision de règlement de l'instruction : la décision d'irresponsabilité pénale pour cause de trouble mental », *RSC* 2008, chron. 873 – Guéry, « Un toilettage progressif et personnalisé : les nullités de l'instruction après l'entrée en vigueur de la loi du 4 mars 2002 », *Dr. pén.* nov. 2002; « Dernière braderie avant liquidation définitive : loi du 12 mai 2009 : deux possibilités nouvelles de renonciation par les parties à certains délais de procédure », *AJ pénal* 2009, 303 – Guéry Ch. et Guichard Ph., « La partie civile et la reprise de l'information », *JCP* 2007, I, 202 – Mathieu G., « La purge des nullités par l'ordonnance de renvoi : étude d'un problème particulier », *D.* 2000, Point de vue V – Mercinier E., « Nouveau régime de la fin de l'information judiciaire : réflexions pratiques », *AJ pénal* 2008, 497 – Pradel J., « Une double révolution en droit pénal français avec la loi du 25 février 2008 sur les criminels dangereux », *D.* 2008, nº 15, 1000.

210.04 Évolution. Les pouvoirs de juridiction du juge d'instruction, dans la première moitié du XIXe siècle, furent exercés par la chambre du conseil (C. instr. crim., art. 127 à 130 et 133). Il y avait dans chaque tribunal une chambre du conseil, composée de trois juges au moins, dont faisait partie le juge d'instruction, qui prenait part à la délibération. Le juge d'instruction procédait aux actes d'information et rendait des ordonnances non juridictionnelles, dont l'appel était porté devant la chambre d'accusation[1], de même que l'appel des ordonnances de la chambre du conseil[2]. La chambre du conseil, sur le rapport du juge d'instruction, rendait les ordonnances juridictionnelles, notamment sur la compétence et la mise en liberté, et statuait sur le règlement de la procédure[3]. Elle opérait, selon qu'il s'agissait d'un délit ou d'un crime, le renvoi devant le tribunal correctionnel[4], ou devant la chambre d'accusation[5].

La chambre du conseil ne donna pas satisfaction; considérée comme un rouage inutile qui retardait la marche de la procédure, elle fut supprimée par la loi du 17 juillet 1856, qui lui substitua le juge d'instruction (C. instr. crim., art. 128, 129, 133). Celui-ci concentre désormais tous les pouvoirs : il dirige et construit sa procédure, et en apprécie lui-même les résultats[6].

Les règles qui président au règlement de la procédure, telles qu'elles ont été instituées par la loi du 17 juillet 1856 ont été dans leur ensemble reprises par les articles 175 à 182 du Code de procédure pénale, sauf quelques modifications de détail, de sorte que, les principes n'ayant pas changé, la jurisprudence antérieure demeure valable.

Toutefois, les lois des 30 décembre 1985, 6 juillet 1989, 4 janvier et 24 août 1993 ont astreint le juge d'instruction à donner avis aux parties du règlement prochain de la procédure et institué diverses formalités et délais, qui encadrent le droit pour les parties de solliciter diverses mesures et de présenter des requêtes en annulation.

Le règlement de l'information intervient normalement lorsque celle-ci est achevée et complète, et réunit les éléments nécessaires à la décision dont elle est susceptible. Mais divers obstacles peuvent empêcher l'information de suivre son cours normal, et entraîner sa clôture prématurée. Le juge d'instruction doit notamment vérifier sa compétence et il a qualité pour statuer sur les diverses exceptions qui rendent l'action civile irrecevable ou qui mettent fin à l'exercice de l'action publique.

La loi nº 2007-291 du 5 mars 2007 modifie les règles applicables. Les avis à partie sont désormais notifiés en même temps que le dossier est communiqué au règlement.

210.05 Rapport du Comité de réflexion sur la justice pénale dit Rapport Léger. À la fin de l'enquête renforcée, la partie sera avisée par le ministère public de la fin des investigations afin de pouvoir formuler dans un bref délai des demandes d'actes. La décision de poursuite ou de classement pourra alors intervenir (rapp., p. 14).

1. Crim. 10 avr. 1829, *Bull. crim.*, nº 74.
2. Crim. 29 oct. 1813, *Bull. crim.*, nº 237.
3. Crim. 25 sept. 1824, *Bull. crim.*, nº 126.
4. Crim. 24 juill. 1852, *Bull. crim.*, nº 247.
5. Crim. 5 déc. 1823, *Bull. crim.*, nº 161.
6. V. HÉLIE F., V, nos 2037 à 2045.

CHAPITRE

211. Obstacles à la poursuite de l'instruction

SECTION 0
ORIENTEUR

211.00 **Plan du chapitre.**

Sect. 1 Examen de la compétence

Sect. 2 Irrecevabilité ou extinction de l'action publique

211.01 **Textes applicables.**

C. pr. pén., art. 52, 82-3, 175.

C. pr. pén., art. 52 [L. n° 2004-204, 9 mars 2004]

Sont compétents le juge d'instruction du lieu de l'infraction, celui de la résidence de l'une des personnes soupçonnées d'avoir participé à l'infraction, celui du lieu d'arrestation d'une de ces personnes, même lorsque cette arrestation a été opérée pour une autre cause et celui du lieu de détention d'une de ces personnes, même lorsque cette détention est effectuée pour une autre cause.

C. pr. pén., art. 82-3 [L. n° 2004-204, 9 mars 2004]

Lorsque le juge d'instruction conteste le bien-fondé d'une demande des parties tendant à constater la prescription de l'action publique, il doit rendre une ordonnance motivée dans le délai d'un mois à compter de la réception de la demande. Les dispositions des avant-dernier et dernier alinéas de l'article 81 sont applicables.

C. pr. pén., art. 175 [L. n° 2007-291, 5 mars 2007, mod. L. n° 2009-526, 12 mai 2009]

Aussitôt que l'information lui paraît terminée, le juge d'instruction communique le dossier au procureur de la République et en avise en même temps les parties et leurs avocats soit verbalement avec émargement au dossier, soit par lettre recommandée. Lorsque la personne est détenue, cet avis peut également être notifié par les soins du chef de l'établissement pénitentiaire, qui adresse sans délai au juge d'instruction l'original ou la copie du récépissé signé par l'intéressé.

Le procureur de la République dispose alors d'un délai d'un mois si une personne mise en examen est détenue ou de trois mois dans les autres cas pour adresser ses réquisitions motivées au juge d'instruction. Copie de ces réquisitions est adressée dans le même temps aux avocats des parties par lettre recommandée.

Les parties disposent de ce même délai d'un mois ou de trois mois à compter de l'envoi de l'avis prévu au premier alinéa pour adresser des observations écrites au juge d'instruction, selon les modalités prévues par l'avant-dernier alinéa de l'article 81. Copie de ces observations est adressée en même temps au procureur de la République.

Dans ce même délai d'un mois ou de trois mois, les parties peuvent formuler des demandes ou présenter des requêtes sur le fondement des articles 81, neuvième alinéa, 82-1, 156, premier alinéa, et 173, troisième alinéa. À l'expiration de ce délai, elles ne sont plus recevables à formuler ou présenter de telles demandes ou requêtes.

À l'issue du délai d'un mois ou de trois mois, le procureur de la République et les parties disposent d'un délai de dix jours si une personne mise en examen est détenue ou d'un mois dans les autres cas pour adresser au juge d'instruction des réquisitions ou des observations complémentaires au vu des observations ou des réquisitions qui leur ont été communiquées.

À l'issue du délai de dix jours ou d'un mois prévu à l'alinéa précédent, le juge d'instruction peut rendre son ordonnance de règlement, y compris s'il n'a pas reçu de réquisitions ou d'observations dans le délai prescrit.

Les premier, troisième et cinquième alinéas et, s'agissant des requêtes en nullité, le quatrième alinéa du présent article sont également applicables au témoin assisté.

Les parties peuvent déclarer renoncer, en présence de leur avocat ou celui-ci dûment convoqué, à bénéficier des délais prévus par le présent article.

211.02 **Jurisprudence de référence.**

• **L'article 663 du Code de procédure pénale réserve au seul ministère public l'initiative de la mise en œuvre de dessaisissement entre juges d'instruction.**

Crim. 31 mars 2009, n° 08-88.226, *Bull. crim.*, n° 63; *Dr. pén.* 2009, n° 87, note A. Maron et M. Haas;

D. 2009, 1280, note M. Lena; *AJ pénal* 2009, 272, obs. L. Ascenci.

« Sur le moyen unique de cassation, pris de la violation de l'article 663 du Code de procédure pénale :

Vu ledit article;

Attendu que ce texte réserve au seul ministère public l'initiative de la mise en œuvre de la procédure de dessaisissement entre juges d'instruction;

Attendu qu'il résulte de l'arrêt attaqué et des pièces de la procédure que, sur réquisitions contraires du procureur de la République, le juge d'instruction du tribunal de Nanterre, saisi d'une information ouverte des chefs d'abus de biens sociaux, complicité, recel et prise illégale d'intérêts, a ordonné la disjonction des faits de prise illégale d'intérêts et de recel concernant les employés du Rassemblement pour la République (RPR) rémunérés par la Ville de Paris et s'en est dessaisi au profit du juge d'instruction du tribunal de Paris, instruisant sur des faits connexes;

Attendu que, pour confirmer l'ordonnance frappée d'appel par le procureur de la République, l'arrêt énonce, notamment, que si l'article 663 du Code de procédure pénale a pour objet d'autoriser, de manière exceptionnelle, le ministère public à requérir le dessaisissement d'un juge d'instruction, cette disposition n'exclut pas que le juge d'instruction puisse prendre l'initiative de ce dessaisissement ou y procède malgré des réquisitions contraires;

Mais attendu qu'en prononçant ainsi, alors que la juridiction d'instruction n'est pas compétente pour mettre en œuvre la procédure de dessaisissement prévue par l'article 663 du code précité, dont l'initiative est réservée au seul ministère public, la chambre de l'instruction a méconnu le texte susvisé et le principe ci-dessus énoncé;

D'où il suit que la cassation est encourue; que, n'impliquant pas qu'il soit à nouveau statué sur le fond, elle aura lieu sans renvoi, ainsi que le permet l'article L. 411-3 du Code de l'organisation judiciaire;

Par ces motifs :

CASSE et ANNULE, en toutes ses dispositions, l'arrêt susvisé de la chambre de l'instruction de la cour d'appel de Versailles, en date du 12 novembre 2008. »

211.03 Bibliographie indicative. (V. les références complètes s[s] n° 03.)

Actualisables. RÉP. PÉN., Guéry, « Instruction préparatoire » – J.-CL. PÉN., Dumont, « Ordonnances de règlement ».

Ouvrages. HÉLIE F., II, n°s 643 à 652; V, n°s 2061 et 2065 – GARRAUD, III, n°s 1004 et 1006.

SECTION 1
EXAMEN DE LA COMPÉTENCE

211.11 Examen préalable. Le juge d'instruction doit d'abord vérifier s'il est régulièrement saisi en la forme, notamment si le réquisitoire introductif est bien signé et si les pièces sur lesquelles repose la poursuite sont jointes. Le juge d'instruction ne peut refuser d'informer que lorsqu'il est saisi par une plainte avec constitution de partie civile. Saisi de réquisitions du procureur de la République, il ne peut refuser d'informer[1].

Dès qu'il est saisi, le juge d'instruction doit examiner sa compétence, avant toute instruction[2]. Cette vérification s'impose, car la déclaration d'incompétence entraîne l'annulation des actes de l'instruction; « les actes d'un juge incompétent ne peuvent survivre à la déclaration juridique de cette compétence »[3].

Il vérifie s'il est compétent *ratione loci*, selon les règles fixées par l'article 52 Code de procédure pénale. L'instruction faite par un juge incompétent *ratione loci* doit être annulée[4]. Le juge d'instruction peut se déclarer incompétent pour certains faits, et demeurer compétent pour les autres[5].

Il est important de rappeler que le juge d'instruction compétent en raison de l'un des facteurs de compétence énumérés par l'article 52 précité, ne peut se dessaisir en faveur d'un autre juge d'instruction également compétent, mais non saisi des mêmes faits, sous le seul prétexte que ce dernier est mieux placé que lui pour instruire. Un tel dessaisissement constituerait un véritable déni de justice. Le juge d'instruction ne peut se dessaisir qu'après avoir épuisé sa juridiction par une ordonnance de non-lieu ou une ordonnance de renvoi[6]. Il ne peut prendre l'initiative d'un dessaisissement sans l'avis conforme du parquet : l'article 663 du Code de procédure pénale réserve au seul ministère public l'initiative de la mise en œuvre de dessaisissement entre juges d'instruction[7].

Le juge d'instruction doit ensuite vérifier sa compétence *ratione materiae*. « Il suffit que le fait soit incriminé par la loi et constitue une infraction pénale : il n'y a pas d'autre condition, puisque le juge d'instruction a qualité pour qualifier ou disqualifier tout fait délictueux.[8] » Il ne peut refuser d'informer que si le fait ne peut légalement comporter aucune poursuite ou admettre aucune qualification pénale (C. pr. pén., art. 86). Une information peut toutefois être ouverte, alors qu'il n'y a

1. Crim. 31 mars 1987, n° 86-90.769, *Bull. crim.*, n° 149.
2. Crim. 1er avr. 1813, *DP* 1813, 2, 511.
3. HÉLIE F., V, n° 2061 – Crim. 26 juin 1995, n° 95-82.333, *Bull. crim.*, n° 235; *JCP* 1995, IV, 2380.
4. Crim. 26 mars 1857, *Bull. crim.*, n° 120.
5. Crim. 4 déc. 1956, *Bull. crim.*, n° 801; *JCP* 1957, II, 9745, note P. Chambon.
6. Crim. 29 mars 1838, *Bull. crim.*, n° 84 – Crim. 9 mai 1913, *Bull. crim.*, n° 235.
7. Crim. 31 mars 2009, n° 08-88.226, *Bull. crim.*, n° 63; *Dr. pén.* 2009, n° 87, note A. Maron et M. Haas; *D.* 2009, 1280, note M. Lena; *AJ pénal* 2009, 272, obs. L. Ascenci.
8. GARRAUD, III, n° 1004.

présomption d'aucune infraction, dans le cas de découverte d'un cadavre, alors que la cause du décès est inconnue ou suspecte ou en cas de disparition (C. pr. pén., art. 74 et 74-1 - V. s^{s} n°s 52.00 s.).

211.12 Compétence *ratione personae*. Le juge d'instruction doit enfin apprécier s'il est compétent *ratione personae*, si le mis en examen peut invoquer, en raison de sa qualité, des formes spéciales de procédure ou si l'information doit être suivie dans un autre ressort. Les membres du gouvernement, par exemple, n'étaient justiciables que de la Haute Cour de Justice (Const. 4 oct. 1958, art. 68)[1]. Sous l'effet de « l'affaire du sang contaminé », la loi constitutionnelle du 27 juillet 1993 a introduit dans la Constitution les articles 68-1 et 68-2 qui rendent les membres du gouvernement, pour les crimes et délits commis dans l'exercice de leurs fonctions, justiciables de la Cour de justice de la République, composée de douze parlementaires et trois magistrats du siège de la Cour de cassation. La loi organique n° 93-1252 du 23 novembre 1993 a fixé les modalités de fonctionnement de cette juridiction et de la commission des requêtes et les règles de la procédure (v. s^{s} n° 22.51).

Le cas d'incompétence *ratione personae,* qui entraînait l'incompétence *ratione loci* du juge qui aurait dû être normalement saisi, qui concernait les poursuites contre les magistrats et certains fonctionnaires, a pris fin par l'abrogation des articles 679 à 687 du Code de procédure pénale, par la loi du 4 janvier 1993.

SECTION 2
IRRECEVABILITÉ OU EXTINCTION DE L'ACTION PUBLIQUE

211.21 Recevabilité. Le juge d'instruction a qualité pour statuer sur la recevabilité de l'action publique. Cet examen est préalable à la procédure : il ne servirait à rien d'instruire, si certaines causes dès à présent suspendent le cours de l'action publique ou en opèrent l'extinction[2].

Les causes qui suspendent l'action publique sont par exemple le défaut de plainte de la victime ou les questions préjudicielles à l'action telles que les questions d'état, ou le défaut de plainte ou d'avis de l'administration[3].

En revanche, les exceptions préjudicielles au jugement, telles que l'existence du contrat, la question de propriété, échappent à la compétence des juridictions d'instruction et ne font pas obstacle à la continuation des poursuites[4].

211.22 Immunité parlementaire. Selon l'article 26 ancien de la Constitution du 4 octobre 1958, aucun membre du parlement ne pouvait, pendant la durée des sessions, être poursuivi ou arrêté pour un crime ou un délit qu'avec l'autorisation de l'assemblée dont il faisait partie[5]. Il ne pouvait, hors le cas de flagrant délit, hors session, être arrêté qu'avec l'autorisation du bureau de cette assemblée.

La loi constitutionnelle n° 95-880 qui a modifié les alinéas 2, 3 et 4 de l'article 26 précité a supprimé l'autorisation des poursuites. Seules l'arrestation ou toute mesure privative de liberté requiert l'autorisation du bureau de l'assemblée. Ces mesures ou la poursuite d'un membre du parlement sont suspendus pour la durée de la session si l'assemblée dont il fait partie le requiert (Const. 4 oct. 1958, art. 26, al. 2 et 3 - V. s^{s} n° 22.61).

211.23 Immunité diplomatique. Cette immunité, qui remonte à la plus haute Antiquité et qui est en usage entre toutes les nations, a pour objet la sécurité et l'indépendance des fonctions de représentation des agents diplomatiques établis sur notre territoire. Elle s'étend à toutes les personnes qui, à différents degrés, sont les représentants d'une puissance étrangère. Elle a pour effet de soustraire ces personnes à la compétence des juridictions pénales et civiles françaises. L'incompétence s'applique même aux contraventions. La question de savoir si les employés d'une ambassade sont couverts par l'immunité est controversée.

L'article 31 de la Convention de Vienne du 18 avril 1961, ratifiée par la France le 31 décembre 1970, dispose que « l'agent diplomatique jouit de l'immunité de la juridiction pénale de l'État accréditaire », situation appréciée au moment de l'engagement des poursuites[6]. Mais il reste cependant soumis à la juridiction de l'État accréditant[7]. L'ambassadeur du Zaïre en France commettait à Menton, le 23 novembre 1996, un double homicide involontaire. Il s'est ultérieurement démis de ses

1. Crim. 9 juill. 1984, n° 84-90.804, *Bull. crim.*, n° 256 – Crim. 17 oct. 1991, n° 91-81.119, *Bull. crim.*, n° 354 – Haute Cour de Justice de la République, commission instr., 5 févr. 1993, *D.* 19931, 261, note Pradel.
2. En ce sens, GARRAUD, III, n° 1006.
3. Crim. 28 mai 1973, n° 72-93.749, *Bull. crim.*, n° 241 – Crim. 9 mai 1974, n° 73-93.563, *Bull. crim.*, n° 169 – Crim. 2 mai 1988, n° 87-81.298, *Bull. crim.*, n° 186.
4. HÉLIE F., V, n° 2065 – Crim. 20 mai 1813, *JP,* t. II, p. 392 – Crim. 30 janv. 1824, *JP,* t. XVIII, p. 407 – Crim. 28 nov. 1851, *Bull. crim.*, n° 499.
5. Crim. 10 oct. 1988, n° 87-92.026, *Bull. crim.*, n° 334 – Crim. 30 mai 1991, n° 91-81.846, *Bull. crim.*, n° 231.
6. Crim. 5 mars 1985, n° 84-92.155, *Bull. crim.*, n° 101.
7. Crim. 19 févr. 1991, n° 90-87.308, *Bull. crim.*, n° 86 – Sur l'immunité des membres des Parlements européens, v. Crim. 26 juin 1986, n° 86-91.341, n° 85-94.692, n° 86-90.177, 3 esp., *Bull. crim.*, n° 227.

fonctions pour répondre de ce délit devant les juridictions françaises.

211.24 Immunité consulaire. Elle est prévue par la convention de Vienne du 24 avril 1963, ratifiée par la France le 31 décembre 1970. Les consuls ayant la nationalité de l'État d'accueil et les « consuls de carrière » bénéficient de l'immunité de juridiction et de l'inviolabilité personnelle pour les actes officiels accomplis dans l'exercice de leurs fonctions. Mais si l'acte reproché n'a pas été accompli dans l'exercice des fonctions mais à titre privé, le mis en cause ne bénéficie d'aucune inviolabilité ou immunité. Les consuls honoraires qui peuvent exercer une activité professionnelle ou commerciale à titre personnel ne bénéficient d'aucune inviolabilité personnelle et l'immunité est limitée aux actes accomplis dans l'exercice de leurs fonctions.

211.25 Extinction de l'action publique. Le juge d'instruction a également qualité pour décider sans retard sur les causes qui opèrent l'extinction de l'action publique, telles que l'exception de chose jugée, la prescription[1], l'amnistie[2], le décès du prévenu. Depuis l'entrée en vigueur de la loi du 15 juin 2000, lorsque le juge d'instruction conteste le bien-fondé d'une demande des parties tendant à constater la prescription de l'action publique, il doit rendre une ordonnance motivée dans le délai d'un mois à compter de la réception de la demande (C. pr. pén., art. 82-3). La décision des juridictions d'instruction qui rejette le bénéfice de l'amnistie ne s'impose pas à la juridiction de jugement[3], non plus que celle qui rejette l'exception de prescription[4].

Il faut rappeler que le juge d'instruction peut encore se trouver dessaisi avant que l'information soit arrivée à son terme normal, par l'effet d'un règlement de juges ou du renvoi opéré souverainement par la chambre criminelle de la Cour de cassation pour cause de sûreté publique. Le renvoi pour cause de sûreté publique a un effet immédiat et absolu et dessaisit tant le juge d'instruction que la chambre d'accusation[5] (v. s^s n° 53.37).

1. Crim. 18 juin 1812, *JP,* t. X, p. 485 – Crim. 13 févr. 1969, *Bull. crim.,* n° 80 – Crim. 8 juill. 1970, n° 69-92.273, *Bull. crim.,* n° 229.
2. Crim. 29 mars 1955, *Bull. crim.,* n° 187; *JCP* 1955, II, 8719, note P. Chambon.
3. Crim. 10 juin 1982, n° 81-94.315, *Bull. crim.,* n° 156 – Crim. 17 mai 1983, n° 82-94.238, *Bull. crim.,* n° 140.
4. Crim. 14 juin 1994, n° 94-81.360, *Bull. crim.,* n° 236.
5. Crim. 7 déc. 1961, *JCP* 1962, II, 12516, note P. Chambon – Crim. 20 juill. 1972, n° 72-92.135, *Bull. crim.,* n° 253 – Crim. 2 juill. 1975, n° 75-90.845, *Bull. crim.,* n° 176 – Crim. 21 juin 1976, n° 76-91.781, *Bull. crim.,* n° 223 – Sur le renvoi pour cause de suspicion légitime, v. par ex. Crim. 6 juill. 1993, n° 91-83.246, *Bull. crim.,* n° 242 – Crim. 3 nov. 1994, n° 94-84.752, n° 94-84.753, 2 esp., *Bull. crim.,* n°s 351 et 352.

CHAPITRE

212. Formalités de fin de procédure

SECTION 0 ORIENTEUR

212.00 Plan du chapitre.

Sect.	1	Quand la procédure est-elle complète ?
Sect.	2	Avis à partie : dispositions antérieures à la loi du 5 mars 2007
Sect.	3	Avis à partie : dispositions de la loi du 5 mars 2007
Sect.	4	Ordonnance de soit-communiqué
Sect.	5	Réquisitoire définitif

212.01 Textes applicables.

C. pr. pén., art. 82-1, 167-1, 175, 175-1, 175-2, 706-119, 803-1 D 40-1, 40-2.

C. pr. pén., art. 82-1

Les parties peuvent, au cours de l'information, saisir le juge d'instruction d'une demande écrite et motivée tendant à ce qu'il soit procédé à leur audition ou à leur interrogatoire, à l'audition d'un témoin, à une confrontation ou à un transport sur les lieux, à ce qu'il soit ordonné la production par l'une d'entre elles d'une pièce utile à l'information, ou à ce qu'il soit procédé à tous autres actes qui leur paraissent nécessaires à la manifestation de la vérité. À peine de nullité, cette demande doit être formée conformément aux dispositions du dixième alinéa de l'article 81; elle doit porter sur des actes déterminés et, lorsqu'elle concerne une audition, préciser l'identité de la personne dont l'audition est souhaitée.

Le juge d'instruction doit, s'il n'entend pas y faire droit, rendre une ordonnance motivée au plus tard dans le délai d'un mois à compter de la réception de la demande. Les dispositions du dernier alinéa de l'article 81 sont applicables.

À l'expiration d'un délai de quatre mois depuis sa dernière comparution, la personne mise en examen qui en fait la demande écrite doit être entendue par le juge d'instruction. Le juge d'instruction procède à son interrogatoire dans les trente jours de la réception de la demande, qui doit être formée conformément aux dispositions du dixième alinéa de l'article 81.

C. pr. pén., art. 167-1

* V. s^s n° 214.01.

C. pr. pén., art. 175

* V. s^s n° 211.01.

C. pr. pén., art. 175-1

La personne mise en examen, le témoin assisté ou la partie civile peut, à l'expiration du délai qui lui a été indiqué en application du huitième alinéa de l'article 116 ou du deuxième alinéa de l'article 89-1 à compter, respectivement, de la date de la mise en examen, de la première audition ou de la constitution de partie civile, demander au juge d'instruction, selon les modalités prévues au dixième alinéa de l'article 81, de prononcer le renvoi ou la mise en accusation devant la juridiction de jugement ou de déclarer qu'il n'y a pas lieu à suivre, y compris en procédant, le cas échéant, à une disjonction. Cette demande peut également être formée lorsque aucun acte d'instruction n'a été accompli pendant un délai de quatre mois.

Dans le délai d'un mois à compter de la réception de cette demande, le juge d'instruction y fait droit ou déclare, par ordonnance motivée, qu'il y a lieu à poursuivre l'information. Dans le premier cas, il procède selon les modalités prévues à la présente section. Dans le second cas, ou à défaut pour le juge d'avoir statué dans le délai d'un mois, la personne mise en examen, le témoin assisté ou la partie civile peut saisir le président de la chambre de l'instruction en application de l'article 207-1. Cette saisine doit intervenir dans les cinq jours qui suivent la notification de la décision du juge ou l'expiration du délai d'un mois.

Lorsque le juge d'instruction a déclaré qu'il poursuivait son instruction, une nouvelle demande peut être formée à l'expiration d'un délai de six mois.

Les dispositions du présent article ne sont pas applicables après l'envoi de l'avis prévu au premier alinéa de l'article 175.

C. pr. pén., art. 175-2

En toute matière, la durée de l'instruction ne peut excéder un délai raisonnable au regard de la gravité des faits reprochés à la personne mise en examen, de la complexité des investigations nécessaires à la manifestation de la vérité et de l'exercice des droits de la défense.

Si, à l'issue d'un délai de deux ans à compter de l'ouverture de l'information, celle-ci n'est pas terminée, le juge d'instruction rend une ordonnance motivée par référence aux critères prévus à l'alinéa précédent, expliquant les raisons de la durée de la procédure, comportant les indications qui justifient la poursuite de l'information et précisant les perspectives de règlement. Cette ordonnance est communiquée au président de la chambre de l'instruction qui peut, par requête, saisir cette juridiction conformément aux dispositions de l'article 221-1.

L'ordonnance prévue à l'alinéa précédent doit être renouvelée tous les six mois.

C. pr. pén., art. 706-119

Si le juge d'instruction estime, lorsque son information lui paraît terminée, qu'il est susceptible d'appliquer le premier alinéa de l'article 122-1 du Code pénal relatif à l'irresponsabilité pénale d'une personne en raison d'un trouble mental, il en informe le procureur de la République lorsqu'il lui communique le dossier ainsi que les parties lorsqu'il les avise, en application du premier alinéa de l'article 175 du présent code.

Le procureur de la République, dans ses réquisitions, et les parties, dans leurs observations, indiquent s'ils demandent la saisine de la chambre de l'instruction afin que celle-ci statue sur l'application du premier alinéa de l'article 122-1 du Code pénal conformément aux articles 706-122 à 706-127 du présent code.

C. pr. pén., art. 803-1

Dans les cas où, en vertu des dispositions du présent code, il est prévu de procéder aux notifications à un avocat par lettre recommandée ou par lettre recommandée avec demande d'avis de réception, la notification peut aussi être faite sous la forme d'une télécopie avec récépissé ou par un envoi adressé par un moyen de télécommunication à l'adresse électronique de l'avocat et dont il est conservé une trace écrite.

C. pr. pén., art. D. 40-1 [D. n° 2007-1620, 15 nov. 2007]

Lorsque le réquisitoire définitif du procureur de la République adressé au juge d'instruction en application de l'alinéa deux de l'article 175 n'a pas été adressé en copie aux avocats des parties, le greffier du juge d'instruction ou le secrétariat commun de l'instruction procède à cet envoi.

Cet envoi peut se faire sous forme numérisée et être adressé par un moyen de communication électronique selon les modalités prévues par l'article 803-1.

C. pr. pén., art. D. 40-2 [D. n° 2007-1620, 15 nov. 2007]

Les observations, les demandes d'actes et les observations complémentaires prévues par les alinéas trois, quatre et cinq de l'article 175 sont adressées au juge d'instruction selon les modalités prévues par l'avant-dernier alinéa de l'article 81.

Toutefois, elles peuvent être faites par un moyen de communication électronique selon les modalités prévues par l'article D. 591 lorsque les dispositions de cet article sont applicables à la suite du protocole passé par les chefs de la juridiction et le barreau.

212.02 Jurisprudence de référence.

• Le juge d'instruction n'est pas tenu de procéder à l'audition de la personne mise en cause avant de rendre une ordonnance de non-lieu.

Crim. 27 nov. 1963, n° 63-91.516, *Bull. crim.*, n° 338; *JCP* 1964, II, 13543, note P. Chambon.

« Qu'en effet, le juge d'instruction avant de rendre une décision de non-lieu, n'est pas tenu de procéder à l'inculpation ni même à l'audition de la personne visée dans l'acte de poursuite, s'il lui apparaît au vu des éléments de l'information et sans qu'il soit besoin de recevoir ses déclarations, que la culpabilité de cette personne se trouve d'ores et déjà exclue; »

> Sur les avis à parties

• La reprise de l'information après réquisitoire supplétif n'autorise pas la contestation d'actes antérieurs aux premiers avis à partie délivrés.

Crim. 22 févr. 1995, n° 94-85.206, *Bull. crim.*, n° 79; *D.* 1996, somm. 255, obs. Pradel; *JCP* 1996, I, 3906, obs. J.-H. Robert; *RSC* 1995, 609, obs. Dintilhac; *Procédures* 1995, comm. 89, obs. Buisson.

« Attendu que, pour déclarer irrecevables 4 des exceptions de nullité présentées, la chambre d'accusation retient qu'elles visent des actes antérieurs au premier avis adressé le 3 décembre 1993 et que Jacques M..., qui n'avait pas agi dans le délai de vingt jours, ne peut se prévaloir du second avis pour invoquer l'irrégularité d'actes antérieurs au premier;

Attendu qu'en cet état, la chambre d'accusation, qui n'a pas méconnu les droits de la défense, a fait l'exacte application de l'article 175 du Code de procédure pénale sans enfreindre les dispositions de l'article 49-II de la loi du 24 août 1993 inapplicables en l'espèce;

Qu'en effet la reprise de l'information, après l'expiration du délai de vingt jours ouvert par un avis délivré conformément à cet article 175, ne saurait entraîner la caducité de cet avis ni autoriser la contestation d'actes de procédure qui lui seraient antérieurs. »

• La constitution de partie civile dans le délai prévu par l'article 175 du Code de procédure pénale ne nécessite pas la délivrance d'un nouvel avis de fin d'information.

Crim. 26 sept. 2000, n° 00-82.016, *Bull. crim.*, n° 276; *D.* 2001, somm. 520, obs. Pradel; *Dr. pén.* 2001, chron. 17, obs. Marsat.

« Qu'en effet, la constitution de partie civile, dans le délai prévu par l'article 175 du Code de procédure pénale, ne nécessite pas la délivrance d'un nouvel avis de fin d'information, dès lors qu'elle ne constitue pas un acte d'instruction. »

• Lorsque les recherches entreprises n'ont pas permis de retrouver une personne mise en examen, celle-ci peut être renvoyée devant le tribunal correctionnel

sans que l'avis prévu à l'article 175 du Code de procédure pénale lui ait été notifié.

Crim. 15 mars 2000, n° 99-83.129, *Bull. crim.*, n° 120; *JCP* 2000, IV, 1100.

« Attendu que, pour rejeter l'exception de nullité tirée de ce que l'ordonnance de renvoi du juge d'instruction a été rendue avant l'expiration du délai de vingt jours prévu à l'article 175, 2e alinéa, du Code de procédure pénale, la cour d'appel énonce que Josélito V..., dûment recherché, n'a pas été retrouvé de sorte que l'avis prévu à l'article 175 du Code de procédure pénale n'a pu lui être notifié;

Attendu qu'en l'état de ces seuls motifs, la cour d'appel a justifié sa décision. »

• Lorsque le ministère public communique ses réquisitions à l'avocat d'une partie après l'expiration du délai d'un mois ou de trois mois qui lui est imparti pour le faire, le délai de dix jours ou d'un mois dont dispose cette partie pour présenter des observations complémentaires a pour point de départ la date de cette communication et est calculé, quel qu'en soit le mode, à compter du lendemain.

Crim. 17 sept. 2008, n° 08-84.928, *Bull. crim.*, n° 190; *AJ pénal* 2008, 469, obs. L. Ascenci.

« Vu les articles 175 et 803-1 du Code de procédure pénale;

Attendu qu'il résulte de ces textes que, lorsque le juge d'instruction ayant estimé l'information terminée, le ministère public communique ses réquisitions à l'avocat d'une partie après l'expiration du délai d'un mois ou de trois mois qui lui est imparti pour le faire, le délai de dix jours ou d'un mois dont dispose cette partie pour présenter des observations complémentaires a pour point de départ la date de cette communication et est calculé, quel qu'en soit le mode, à compter du lendemain;

Attendu qu'il résulte de l'arrêt attaqué et des pièces de la procédure qu'Omar Djeddou a été mis en examen des chefs de vols avec arme et délits connexes, et placé en détention provisoire le 25 janvier 2007; que le procureur de la République, auquel le dossier de l'information a été communiqué pour règlement le 7 novembre 2007, a adressé, le 11 décembre 2007, par télécopie, ses réquisitions à l'avocat de la personne mise en examen qui a fait l'objet d'une ordonnance de mise en accusation devant la cour d'assises en date du 21 décembre 2007;

Attendu que, pour écarter l'argumentation d'Omar Djeddou, qui soutenait que ladite ordonnance, rendue avant l'expiration d'un délai de dix jours suivant la communication des réquisitions du ministère public, devait être annulée, l'arrêt attaqué retient que, les réquisitions du ministère public ayant fait l'objet d'une transmission par télécopie à l'avocat du mis en examen, le délai dont celui-ci disposait pour présenter des observations complémentaires devait être calculé à compter du jour de cette transmission; que les juges ajoutent qu'il dispose, en toute hypothèse, de la possibilité de faire valoir des observations devant la chambre de l'instruction;

Mais attendu qu'en prononçant ainsi, la chambre de l'instruction a méconnu les textes susvisés et le principe énoncé ci-dessus;

D'où il suit que la cassation est encourue. »

212.03 Bibliographie indicative. (V. les références complètes s^s n° 03.)

Actualisables. Rép. pén., Guéry, « Instruction préparatoire »; Coste, « Chambre de l'instruction » – J.-Cl. pén., Angevin H., « Chambre de l'instruction »; Blanchot A., « Reprise de l'information sur charges nouvelles »; Dumont, « Ordonnances de règlement »; « Autorité des décisions de non-lieu ».

Ouvrages. Hélie F., V, n°s 2048 et 2050 – Garraud, III, n°s 1000 et 1003 – Le Poittevin, art. 127, n°s 38 s.

Articles. Cheynier C., « Règlement des dossiers d'instruction. Réflexions sur l'article 175 du Code de procédure pénale », *JCP* 1984, I, 3152 – Guéry, « Un toilettage progressif et personnalisé : les nullités de l'instruction après l'entrée en vigueur de la loi du 4 mars 2002 », *Dr. pén.* nov. 2002; « Dernière braderie avant liquidation définitive : loi du 12 mai 2009 : deux possibilités nouvelles de renonciation par les parties à certains délais de procédure », *AJ pénal* 2009, 303 – Mathieu G., « La purge des nullités par l'ordonnance de renvoi : étude d'un problème particulier », *D.* 2000, Point de vue V – Mercinier E., « Nouveau régime de la fin de l'information judiciaire : réflexions pratiques », *AJ pénal* 2008, 497.

212.06 Questions essentielles.

• L'annonce par le juge d'instruction de son intention de clore l'information, et la délivrance des avis à partie prévus par l'article 175 du Code de procédure pénale, était nécessaire pour permettre le nouveau mécanisme de purge des nullités de la procédure. Elle a pourtant un inconvénient pratique : celui de retarder la fin des procédures. Il arrive parfois que les demandes formées à ce moment de l'information aient un but purement dilatoire. L'appel sur un refus d'acte peut différer de plusieurs mois la clôture de l'instruction. La chambre criminelle a eu l'occasion de rendre un certain nombre de décisions clarifiant les mécanismes de ces avis à partie.

SECTION 1
QUAND LA PROCÉDURE EST-ELLE COMPLÈTE ?

212.11 Éléments nécessaires au renvoi. « La procédure est complète lorsqu'elle réunit les éléments nécessaires pour décider s'il y a lieu de prononcer la mise en prévention de l'inculpé et pour déterminer la juridiction compétente.[1] » La loi n'a pas déterminé le délai; le juge d'instruction est seulement tenu de procéder avec diligence, comme tout juge. La loi n'a pas déterminé non plus quels actes doivent figurer dans l'information. Il faut seulement rappeler que la personne poursuivie ne peut être renvoyée devant la juridiction de jugement, si

1. Hélie F., V, n° 2048.

elle n'a été interrogée sur le fond une fois au moins, ou n'a été appelée par un mandat de justice régulièrement notifié (v. s[s] n° 111.11).

212.12 Appréciation. Le juge d'instruction apprécie en toute indépendance le moment où l'information est parvenue à son terme. Il en est de même de la chambre de l'instruction. Le fait qu'une mesure d'instruction sollicitée, quelle qu'elle soit, ait été refusée, ne saurait jamais constituer en soi une cause de nullité de l'information. C'est là un principe que la Cour de cassation a plusieurs fois rappelé avec force.

C'est ainsi « que la disposition de l'article 81 du Code de procédure pénale, qui fait un devoir au juge d'instruction », en cas de crime, de procéder notamment à une enquête sur la personnalité de l'inculpé, « ne déroge pas à la règle fondamentale d'après laquelle les juridictions d'instruction ont le droit et l'obligation de clore leur information lorsqu'elles estiment que celle-ci est complète »[1]. Il en est de même de l'examen mental[2], et de l'examen médico-psychologique[3]. Le juge d'instruction peut même renoncer à la réalisation d'actes en cours qui ne sont pas encore rentrés au dossier, dans des cas particuliers : il en est ainsi lorsque les résultats d'une commission rogatoire en Italie sur la personnalité du mis en cause n'est pas revenue alors que celui-ci est détenu depuis vingt-neuf mois et qu'il n'a pu être établi, malgré les démarches entreprises, les raisons pour lesquelles il n'avait pu y être donné suite dans un délai raisonnable[4].

De même, une chambre d'accusation ne fait qu'user du pouvoir d'appréciation souverain qui lui appartient lorsqu'elle refuse d'ordonner une contre-expertise sollicitée par les parties[5]. Elle répond suffisamment à une demande de supplément d'information, qu'elle rejette, en déclarant que la procédure est complète[6].

Aucun texte n'exige, dans une poursuite criminelle, que l'inculpé ait fait l'objet d'un interrogatoire récapitulatif[7]. Un arrêt important a décidé que le juge d'instruction, saisi d'une plainte avec constitution de partie civile contre personne dénommée, peut rendre une ordonnance de non-lieu, sans avoir procédé à l'inculpation ni même à l'audition de cette personne, s'il lui apparaît, au vu des éléments de l'information qu'il a recueillis, que sa culpabilité se trouve d'ores et déjà exclue[8]. Doit être cassé l'arrêt de la chambre d'accusation qui renvoie l'accusé devant la cour d'assises, malgré une arrestation entre la date de l'ordonnance de transmission de pièces et celle de l'arrêt de mise en accusation[9]. La personne qui a seulement été entendue comme témoin ne peut être renvoyée devant le tribunal alors qu'aucun mandat aux fins de comparution n'a été délivré[10].

212.13 Une appréciation de moins en moins souveraine. Ces principes, qui consacrent l'indépendance du juge d'instruction, demeurent.

Toutefois, depuis les lois des 4 janvier et 24 août 1993, les parties peuvent demander au juge d'instruction d'ordonner certaines mesures sur la base des articles 81 alinéa 9, 82-1 et 156 alinéa 1er, demandes auxquelles ce magistrat doit répondre (C. pr. pén., art. 82-1 et 175, al. 2). D'autre part, la personne poursuivie ou la partie civile, à l'expiration du délai d'un an à compter de la mise en examen ou de la constitution de partie civile, peuvent solliciter du juge d'instruction le règlement de la procédure : « La personne mise en examen, le témoin assisté ou la partie civile peut, à l'expiration du délai qui lui a été indiqué en application du huitième alinéa de l'article 116 ou du deuxième alinéa de l'article 89-1 à compter, respectivement, de la date de la mise en examen, de la première audition ou de la constitution de partie civile, demander au juge d'instruction, selon les modalités prévues au dixième alinéa de l'article 81, de prononcer le renvoi devant la juridiction de jugement, ou de déclarer qu'il n'y a pas lieu à suivre, y compris en procédant, le cas échéant, à une disjonction. Cette demande peut également être formée lorsqu'aucun acte d'instruction n'a été accompli pendant un délai de quatre mois. Dans le délai d'un mois à compter de la réception de cette demande, le juge d'instruction y fait droit ou déclare, par ordonnance motivée, qu'il y a lieu à poursuivre l'information.

Dans le premier cas, il procède selon les modalités prévues à la présente section. Dans le second cas, ou à défaut pour le juge d'avoir statué dans le délai d'un mois, la personne mise en examen, le témoin assisté ou la partie civile, peut saisir le prési-

1. Crim. 29 avr. 1960, *Bull. crim.*, n° 223 – Crim. 1er déc. 1960, *Bull. crim.*, n° 566; *JCP* 1961, II, 12186 *ter; D.* 1961, 385, note M. R. M. P. – Crim. 23 nov. 1965, *Bull. crim.*, n° 246 – *Contra*, R. Vouin, « L'enquête de personnalité et les droits de la défense », *JCP* 1961, I, 1633 *bis*.
2. Crim. 5 avr. 1960, *Bull. crim.*, n° 210.
3. Crim. 17 mai 1966, *Bull. crim.*, n° 150.
4. Crim. 20 déc. 1995, n° 95-84.989, *Bull. crim.*, n° 394.
5. Crim. 10 févr. 1965, *Bull. crim.*, n° 43.
6. Crim. 30 oct. 1952, *Bull. crim.*, n° 236 – Crim. 12 juin 1954, *Bull. crim.*, n° 210 – Crim. 16 juill. 1958, *Bull. crim.*, n° 542 – Crim. 19 févr. 1976, n° 75-92.502, *Bull. crim.*, n° 66 – Crim. 27 févr. 1978, n° 77-92.301, *Bull. crim.*, n° 73; *JCP* 1979, II, 19113, note P. Chambon.
7. Crim. 11 juin 1970, n° 70-90.400, *Bull. crim.*, n° 199.
8. Crim. 27 nov. 1963, *Bull. crim.*, n° 338; *JCP* 1964, II, 13543, note P. Chambon (v. les attendus s[s] n° 212.02).
9. Crim. 12 oct. 1972, n° 72-91.813, *Bull. crim.*, n° 286; *JCP* 1973, II, 17554, note P. Chambon.
10. Crim. 30 janv. 1989, n° 87-85.060, *Bull. crim.*, n° 34.

dent de la chambre de l'instruction en application de l'article 207-1. Cette saisine doit intervenir dans les cinq jours qui suivent la notification de la décision du juge ou l'expiration du délai d'un mois. » La demande de non-lieu ou de renvoi devant la juridiction de jugement prévu par l'article 175-1 du Code de procédure pénale doit être expresse et ne saurait résulter d'une simple demande de renseignements sur l'état de l'information [1].

212.14 Une nouvelle exigence de célérité. En toute matière, la durée de l'instruction ne peut excéder un délai raisonnable au regard de la gravité des faits reprochés à la personne mise en examen, de la complexité des investigations nécessaires à la manifestation de la vérité et de l'exercice des droits de la défense. Si, à l'issue d'un délai de deux ans à compter de l'ouverture de l'information, celle-ci n'est pas terminée, le juge d'instruction rend une ordonnance motivée par référence aux critères prévus à l'alinéa précédent, expliquant les raisons de la durée de la procédure, comportant les indications qui justifient la poursuite de l'information et précisant les perspectives de règlement. Cette ordonnance est communiquée au président de la chambre de l'instruction qui peut, par requête, saisir cette juridiction conformément aux dispositions de l'article 221-1. L'ordonnance prévue à l'alinéa précédent doit être renouvelée tous les six mois (C. pr. pén., art. 175-2). Cette disposition est issue de la loi du 15 juin 2000. Elle n'est pas prévue à peine de nullité : l'obligation, pour le juge d'instruction, de rendre l'ordonnance prévue par l'article 175-2 alinéa 2 du Code de procédure pénale, à l'issue du délai de deux ans à compter de l'ouverture d'une information, si celle-ci n'est pas terminée, n'est pas prescrite à peine de nullité. Une telle ordonnance ne revêt aucun caractère juridictionnel, le juge d'instruction n'ayant d'autre obligation que de la communiquer au président de la chambre de l'instruction [2].

SECTION 2
AVIS À PARTIE : DISPOSITIONS ANTÉRIEURES À LA LOI DU 5 MARS 2007

212.20 Application de la loi dans le temps. Les dispositions de la présente section ont cessé d'être applicables le 1er juillet 2007. Mais la jurisprudence figurant ci-dessous risque souvent de trouver son équivalent sous l'égide des nouvelles règles de la loi du 5 mars 2007. Par ailleurs, dans son article 30, la loi précitée a prévu que « les dispositions des articles 173, 175 et 184 du Code de procédure pénale, dans leur rédaction antérieure à celle résultant de l'article 19 de la présente loi, demeurent applicables aux informations ayant fait l'objet, avant cette date, de l'avis de fin d'information prévu par l'article 175 du même code ».

212.21 Annonce de l'intention de clôturer la procédure. La loi du 24 août 1993, consacrant la pratique antérieure, donne expressément au juge d'instruction l'initiative du règlement de la procédure, et il doit au préalable informer les parties de son intention. Aux termes de l'article 175 du Code de procédure pénale, dès que l'information lui paraît terminée, le juge d'instruction en avise les parties et leurs avocats, soit verbalement avec émargement au dossier, soit par lettre recommandée; si la personne est détenue, la notification a lieu par l'intermédiaire du surveillant-chef (C. pr. pén., art. 175, al. 1er). Lorsque le magistrat instructeur notifie les avis à partie dans le cadre d'un interrogatoire, il les notifie en même temps aux conseils présents. On peut penser que l'avocat doit en ce cas signer le procès-verbal sous une mention indiquant que l'avis à partie lui a été notifié. Le texte de l'article 175 est en effet explicite : « Le juge avise les parties et leurs avocats, *soit verbalement avec émargement au dossier,* soit [...]. » Il est aussi possible de dresser un procès-verbal de notification distinct.

L'expiration du délai de vingt jours qui suit l'envoi de cet avis marque le terme au-delà duquel les parties ne peuvent plus présenter une demande d'acte ou une requête en annulation. À l'issu de ce délai, le juge d'instruction communique le dossier au procureur de la République en vue de ses réquisitions (C. pr. pén., art. 175, al. 2 et 3). La reprise de l'information sur réquisitoire supplétif après l'expiration du délai de vingt jours ne rend pas le premier avis caduc, et n'autorise pas la contestation d'actes antérieurs [3]. Mais un nouvel acte d'instruction accompli après la notification de ce premier avis, le rend au contraire caduc [4]. Au cas d'avis donné verbalement, l'émargement au dossier par le conseil n'est pas nécessaire (même arrêt). Si le juge d'instruction prend normalement l'initiative du règlement, le procureur de la République peut aussi, à cette fin, se faire communiquer le dossier, ce que le juge d'instruction ne peut refuser [5]. Encourt la cassation l'arrêt de la chambre d'accusation qui déclare irrecevable une requête en annulation pré-

1. Crim. 7 juin 2000, n° 99-81.570, *Bull. crim.*, n° 215.
2. Crim. 17 janv. 2006, n° 05-82.197, *Bull. crim.*, n° 20; *AJ pénal* 2006, 177, note C. Saas; *Procédures* mai 2006, p. 23, obs. J. Buisson.
3. Crim. 22 févr. 1995, n° 94-85.206, *Bull. crim.*, n° 79 (v. les attendus s^s n° 212.02).
4. Crim. 9 janv. 1995, n° 94-84.975, *Bull. crim.*, n° 6 – V. aussi Crim. 29 févr. 1996, n° 95-82.325, *Bull. crim.*, n° 102.
5. Crim. 5 févr. 1970, n° 69-92.892, *Bull. crim.*, n° 53.

sentée après l'expiration du délai de vingt jours alors qu'aucun élément du dossier n'établit que l'avis de fin d'information ait été notifié à l'avocat de la partie concernée[1]. Lorsque les recherches entreprises n'ont pas permis de retrouver une personne mise en examen celle-ci peut être renvoyée devant le tribunal correctionnel sans que l'avis prévu à l'article 175 du Code de procédure pénale lui ait été notifié[2].

La loi du 9 mars 2004 ayant ouvert la possibilité au témoin assisté de présenter des requêtes en nullité, et accompagné ces dispositions du même délai de forclusion prévu par l'article 173-1 (v. s^s n°s 203.27, 203.36) a aussi ajouté le témoin assisté à la liste des personnes qui ne peuvent plus disposer, vingt jours après l'envoi des avis à partie, de la possibilité de présenter requête en nullité. Cette disposition n'a d'intérêt que si le ministère public prend un réquisitoire supplétif et demande la mise en examen du témoin assisté. Faute d'avoir présenté dans le délai de vingt jours une requête en nullité, le témoin assisté devenu personne mise en examen sera privé de ce droit. Il en irait de même si une partie présentait une demande d'acte acceptée par le juge, qui amènerait des éléments nouveaux de nature à permettre la mise en examen du témoin assisté. Dans cette hypothèse aussi, le témoin assisté qui n'aura pas saisi la chambre de l'instruction d'une requête en nullité, ne pourra plus le faire concernant la procédure antérieure à la délivrance des avis à partie... (v. s^s n°s 83.32, 203.27, 203.36)[3].

212.22 Nécessité du renouvellement des avis à partie lorsqu'un acte nouveau est accompli. « La réalisation d'un acte d'instruction postérieurement à l'accomplissement de cette formalité rend caduc l'avis de fin d'information » affirmait la chambre criminelle dans un arrêt du 9 janvier 1995[4]. Dès lors, il est nécessaire de notifier à nouveau aux parties l'avis. Cela est vrai lorsque l'acte nouveau a été demandé par une partie comme lorsqu'il a été accompli après réquisitoire supplétif[5] ou d'office par le juge. Mais le terme de caducité, utilisé dans son premier arrêt par la chambre criminelle, pouvait prêter à confusion. N'est pas irrecevable une requête en annulation formée par une partie, même après le délai de forclusion de vingt jours prévu par l'article 175 alinéa 2 du Code de procédure pénale, dès lors que les irrégularités alléguées concernent des pièces versées au dossier de l'information ou des actes de la procédure, réalisés après l'expiration de ce délai[6].

212.23 La délivrance d'un nouvel avis n'autorise pas la contestation d'actes de procédure qui lui seraient antérieurs[7]. Dans des arrêts postérieurs la chambre criminelle reprend le terme de caducité mais précise les limites de cette terminologie : si la délivrance d'une commission rogatoire postérieurement à un avis de fin d'information rend celui-ci caduc, les parties ne sont plus recevables à critiquer les actes antérieurs à la délivrance de cet avis lorsqu'elles n'avaient formulé aucune demande dans le délai imparti[8]. Ni le dessaisissement au profit d'un autre magistrat ni la jonction de l'information à une autre procédure, décidés par le juge d'instruction après l'expiration du délai de forclusion prévu par l'article 175 alinéa 2 du Code de procédure pénale, ne font revivre ce délai au profit des parties ayant reçu notification de l'avis de fin d'information, pour la contestation des actes antérieurs audit avis[9]. Un arrêt du 19 juin 1995 permet toutefois de revenir sur des nullités antérieures si les investigations nouvellement ordonnées ont permis de vérifier leur existence[10].

212.24 Seul un nouvel acte d'instruction exige la délivrance d'un nouvel avis. La constitution de partie civile dans le délai prévu à l'article 175 ne nécessite pas la délivrance d'un nouvel avis de fin d'information, dès lors qu'elle ne constitue pas un acte d'instruction[11].

212.25 Point de départ du délai. En application de l'article 175 du Code de procédure pénale, le délai de présentation d'une requête par les parties sur le fondement des articles 81 alinéa 9, 82-1, 156 alinéa 1er, et 173 alinéa 3 du code précité, a pour point de départ la date d'envoi par le juge d'instruction de la lettre recommandée les avisant de la fin de l'information et est calculé à compter du lendemain[12].

212.26 Effets de l'article 175. Avant l'entrée en vigueur de la loi du 15 juin 2000, la jurisprudence admettait que « la forclusion édictée par l'article 175 du Code de procédure pénale ne fait pas obstacle, en matière criminelle, à ce que les exceptions de nullité soient soumises, sur le fondement des articles 198 et 206 du Code de procédure pénale, à la

1. Crim. 22 mars 2000, n° 99-87.230, *Bull. crim.*, n° 132.
2. Crim. 15 mars 2000, n° 99-83.129, *Bull. crim.*, n° 120; *JCP* 2000, IV, 1100 (v. les attendus s^s n° 212.02).
3. V. Ch. Guéry, « De la nécessité accrue pour le témoin assisté de l'être bien », *AJ pénal* 2005, 111.
4. Crim. 9 janv. 1995, n° 94-84.975, *Bull. crim.*, n° 6.
5. Crim. 22 févr. 1995, n° 94-85.206, *Bull. crim.*, n° 79.
6. Crim. 5 mai 1998, n° 98-80.138, *Bull. crim.*, n° 152.
7. Crim. 22 févr. 1995, n° 94-85.206, *Bull. crim.*, n° 79.
8. Crim. 21 mai 1997, n° 96-80.618, *Bull. crim.*, n° 197; *Gaz. Pal.* 26-27 sept. 1997, p. 28.
9. Crim. 24 avr. 2001, n° 01-80.796, *Bull. crim.*, n° 97; *JCP* 2001, IV, p. 1192.
10. Crim. 19 juin 1995, n° 94-85.915, *Bull. crim.*, n° 223.
11. Crim. 26 sept. 2000, n° 00-82.016, *Bull. crim.*, n° 276; *D.* 2001, somm. 520, obs. Pradel; *Dr. pén.* 2001, chron. p. 17, obs. Marsat (v. les attendus s^s n° 212.02).
12. Crim. 23 juin 1999, n° 99-82.347, *Bull. crim.*, n° 151.

chambre d'accusation à laquelle la procédure est transmise conformément à l'article 181 du même code »[1]. Il était encore admis que cette forclusion « ne fait pas obstacle à ce que les parties, par application de l'article 201 de ce code, présentent à la chambre d'accusation saisie du règlement de la procédure, des demandes tendant à l'accomplissement de nouveaux actes d'instruction »[2]. Ces décisions rendaient sans intérêt, en matière criminelle, l'exigence du respect de l'article 175 puisque même si les parties ne se servaient pas de ce délai de vingt jours, elles demeuraient en position de faire, devant la chambre d'accusation une demande en nullité ou une demande d'actes. Cette jurisprudence a été reprise, même après l'entrée en vigueur de la loi du 15 juin 2000 : la forclusion de l'article 175 du Code de procédure pénale ne fait pas obstacle à ce que la chambre de l'instruction relève tout moyen de nullité à l'occasion de l'examen de la régularité de la procédure auquel elle se livre en application de l'article 206 du Code de procédure pénale[3].

Si le juge commet une erreur en délivrant un nouvel avis alors qu'aucun acte d'information nouveau n'a été accompli, cette délivrance ne rouvre pas un nouveau délai pour présenter une requête sur le fondement de l'article 81 du Code de procédure pénale[4]. La partie civile qui a laissé expirer le délai de vingt jours à compter de l'envoi de l'avis prévu à l'article 175 du Code de procédure pénale, sans formuler une demande ni présenter une requête sur le fondement des articles 81, neuvième alinéa, 82-1, 156, premier alinéa, et 173, troisième alinéa, ne peut échapper à la forclusion édictée par l'article 175, alinéa 2, précité en excipant de ce que, postérieurement à l'envoi de l'avis de fin d'information, le juge d'instruction avait procédé à la notification prévue par l'article 89-1 du même code, cette formalité ayant été omise à l'issue de la première audition de la partie civile[5]. De la même façon, l'action publique n'est pas suspendue lorsqu'un délai de plus de trois ans s'est écoulé depuis l'envoi de l'avis de fin d'information : les parties civiles ont en effet la possibilité d'agir en déposant une demande régulière dans le délai imparti, puis en saisissant la chambre de l'instruction en application des dispositions de l'article 221-2 du Code de procédure pénale[6].

212.27 Le délai de l'article 175 et le droit de solliciter une contre-expertise. Aux termes de l'article 167 alinéa 3 du Code de procédure pénale, la demande de contre-expertise doit être formulée dans les délais impartis pour le faire.

La notification prévue à l'article 175 du Code de procédure pénale n'ouvre pas un nouveau délai pour solliciter une contre-expertise, ce texte précisant limitativement les actes qui peuvent faire l'objet d'une demande ou d'une requête dans le délai de vingt jours notifié aux parties en fin d'instruction, actes au nombre desquels figure une demande d'expertise, mais non une demande de contre-expertise[7]. La chambre criminelle a jugé que le mis en examen ne saurait se faire un grief de ce qu'un complément d'expertise ne lui a pas été notifié, dès lors que la notification de l'avis de fin d'information prévue par l'article 175 du Code de procédure pénale ouvre aux parties, dans le délai de vingt jours fixé par ce texte, le droit de formuler toute demande d'expertise, de contre-expertise ou d'expertise complémentaire qu'elles jugeraient utiles à la manifestation de la vérité[8] (v. s^s n°s 164.02, 164.35). Elle a aussi estimé qu'en application de l'article 201 du Code de procédure pénale, les parties sont recevables à demander à la chambre de l'instruction, saisie du règlement de la procédure, un complément d'expertise ou une contre-expertise sans que puisse leur être opposée l'expiration du délai prévu par l'article 167 alinéa 3 du code précité[9].

212.28 Possibilité de soulever dans certains cas une nullité devant le tribunal correctionnel. Il s'agit du cas où l'ordonnance du juge d'instruction a été rendue sans que les prescriptions de l'article 175 aient été respectées : « Lorsque l'ordonnance de renvoi du juge d'instruction a été rendue sans que les conditions prévues par l'article 175 aient été respectées, les parties demeurent recevables, par dérogation aux dispositions du premier alinéa, à soulever devant le tribunal correctionnel les nullités de la procédure » (C. pr. pén., art. 385, al. 3, issu de L. n° 99-515, 23 juin 1999). Mais le défaut de notification, par le juge d'instruction, de l'avis de fin d'information prévu par l'article 175 du Code de procédure pénale n'entraîne pas la nullité de l'ordonnance de renvoi devant le tribunal correctionnel[10] (v. s^s n° 204.24).

1. Crim. 11 juill. 1995, n° 95-82.368, *Bull. crim.*, n° 255; *Dr. pén.* 1995, p. 18.
2. Crim. 19 sept. 1995, n° 95-83.497, *Bull. crim.*, n° 272; *Dr. pén.* nov. 1995, p. 16.
3. Crim. 6 mai 2003, n° 02-84.348, *Bull. crim.*, n° 92; *JCP* 2003, IV, 2226; *D.* 2003, IR 1167.
4. Crim. 4 août 1998, n° 98-81.678, *Bull. crim.*, n° 220; *BICC* 1998, n° 1341.
5. Crim. 15 mai 2007, n° 07-81.591, *Bull. crim.*, n° 124; *AJ pénal* 2007, 329.
6. Crim. 6 févr. 2007, n° 06-88.713, *Bull. crim.*, n° 31.
7. CA Metz, ch. acc., 25 avr. 1997, *BICC* 458, n° 1120 – Crim. 19 janv. 1999, *Bull. crim.*, n° 8.
8. Crim. 15 févr. 2006, n° 05-86.773, *Bull. crim.*, n° 46; *D.* 2006, IR 811; *Dr. pén.* 2006, comm. n° 74, obs. A. Maron.
9. Crim. 2 oct. 2001, n° 00-85.724, n° 00-85.725, *Bull. crim.*, n° 194; *JCP* 2001, IV, 2272.
10. Crim. 30 mars 2004, n° 03-83.598, *Bull. crim.*, n° 80; *JCP* 2004, IV, 2060.

212.29 Absence de réponse du magistrat instructeur à une demande d'acte ou d'expertise formée dans le délai de l'article 175. Dès lors que l'article 175 renvoie aux dispositions de l'article 82-1, il faut en conclure que le juge d'instruction dispose d'un mois pour y répondre et que, dans le cas où il ne répondrait pas, le demandeur peut saisir directement la chambre de l'instruction. Mais il est possible qu'entre-temps, le ministère public ait réglé le dossier et que le juge d'instruction ait achevé l'information. Dans cette hypothèse, on estimera que l'ordonnance rendue par le juge d'instruction est alors complexe, statuant sur le règlement de la procédure tout en refusant implicitement la demande d'acte ou d'expertise. On devrait donc considérer que l'appel de l'ordonnance de règlement est recevable, qu'il s'agisse d'une ordonnance de renvoi ou de non-lieu. Mais cette solution ne peut être préconisée que si le juge d'instruction a statué avant que le délai de trente jours soit expiré. Dans le cas contraire, on sait qu'« il résulte de l'article 82-1 que, lorsque le juge d'instruction n'a pas statué dans le délai d'un mois sur une demande d'acte présentée en application de ce texte, la personne mise en examen qui n'a pas usé de la faculté de saisir directement le président de la chambre d'accusation dans les conditions précisées par l'article 81 du même code, ne saurait être admise à interjeter appel de l'ordonnance la renvoyant devant le tribunal correctionnel pour contester le rejet implicite de sa demande d'actes, l'ordonnance entreprise ne présentant pas un caractère complexe »[1] (v. les attendus s^{s} n° 43.02 - V. aussi s^{s} n°s 221.26, 232.38 et 232.39). Passé le délai d'appel de l'ordonnance de règlement, c'est devant le tribunal seulement qu'une nouvelle demande d'acte ou d'expertise pourra être présentée, qui pourra être ordonnée par voie de supplément d'information.

SECTION 3

AVIS À PARTIE : DISPOSITIONS DE LA LOI DU 5 MARS 2007

212.31 La nouvelle clôture de l'information : principes. La loi n° 2007-291 du 5 mars 2007 révolutionne la clôture de l'information. On peut dire que cette nouveauté est l'une des plus importantes du texte nouveau. Malheureusement l'articulation proposée est inégalitaire et risque d'allonger notablement les procédures. L'article 175 du Code de procédure pénale, alinéa premier, est ainsi rédigé : « Aussitôt que l'information lui paraît terminée, le juge d'instruction communique le dossier au procureur de la République et en avise en même temps les parties et leurs avocats, soit verbalement avec émargement au dossier, soit par lettre recommandée. Lorsque la personne est détenue, cet avis peut également être notifié par les soins du chef de l'établissement pénitentiaire, qui adresse sans délai au juge d'instruction l'original ou la copie du récépissé signé par l'intéressé. Le procureur de la République dispose alors d'un délai d'un mois si une personne mise en examen est détenue ou de trois mois dans les autres cas pour adresser ses réquisitions motivées au juge d'instruction. Copie de ces réquisitions est adressée dans le même temps aux avocats des parties par lettre recommandée. » Le reste du texte montre la volonté du législateur de renforcer le contradictoire au moment de faire le point sur l'existence ou l'inexistence des charges.

212.32 Les avis à parties. Premier constat : les avis à partie ne sont plus délivrés avant l'ordonnance de soit-communiqué au ministère public mais concomitamment. La suite de l'article ouvre un délai aux parties, non seulement pour présenter des demandes d'actes ou des requêtes en nullité mais aussi, et c'est une nouveauté, pour présenter leurs observations : « Le procureur de la République dispose alors d'un délai d'un mois si une personne mise en examen est détenue ou de trois mois dans les autres cas pour adresser ses réquisitions motivées au juge d'instruction. Copie de ces réquisitions est adressée dans le même temps aux avocats des parties par lettre recommandée. » En pratique on ne sait pas qui, du procureur de la République ou du juge d'instruction, adressera les copies des réquisitions aux avocats. Notons que les parties elles-mêmes n'en sont pas destinataires mais seulement leurs avocats. Le texte poursuit : « Les parties disposent de ce même délai d'un mois ou de trois mois à compter de l'envoi de l'avis prévu au premier alinéa pour adresser des observations écrites au juge d'instruction, selon les modalités prévues par l'avant-dernier alinéa de l'article 81. Copie de ces observations est adressée en même temps au procureur de la République » (C. pr. pén., art. 175, al. 2 et 3). Les observations des parties ne sont pas communiquées aux autres parties. Il convient ici de remarquer que le délai précédemment ouvert au procureur de la République pour dresser son réquisitoire définitif, et qui était un délai maximum, dont la violation résidait seulement dans la possibilité pour le juge de rendre l'ordonnance de règlement sans l'attendre, devient un délai minimum puisque le magistrat instructeur devra attendre son échéance avant de pouvoir rendre son ordonnance de règlement. En effet, si les parties disposent d'un délai d'un mois (s'il y a un détenu dans le dossier) ou de

1. Crim. 30 nov. 1999, n° 99-80.679, *Bull. crim.*, n° 279; *RSC* 2000, 423, obs. D. Commaret; *Dr. pén.* 2000, comm. 51, obs. Maron.

trois mois (dans le cas contraire), le juge ne peut statuer pendant ce délai. Le délai de vingt jours est donc clairement passé à trois mois dans les affaires dans lesquelles il n'y a pas de détenu, ce qui peut paraître excessif (ce fonctionnement n'a manifestement pas été compris par les parlementaires [1]). Rien n'empêche en effet la partie de déposer une demande d'acte le dernier jour du délai. Ce qui pouvait déjà apparaître dilatoire lorsque la demande était déposée le vingtième jour l'est encore plus à la fin du troisième mois. Mais il faut tout de même y répondre. La distinction entre dossier dans lequel il y a un détenu et dossier dans lequel il n'y en a pas pose la question de la libération de la personne après les avis à partie : si le seul détenu du dossier ou tous les détenus sont relâchés après le départ du délai d'un mois, cette libération a-t-elle pour conséquence de faire passer ce délai à trois mois ? (Pour d'autres difficultés pratiques v. s[s] n° 212.35.) De même, si la personne est incarcérée à la suite de la révocation d'un contrôle judiciaire ou de l'exécution d'un mandat d'arrêt, le délai passe-t-il de trois à un mois ? Et si la personne est incarcérée puis relâchée pendant le délai de trois mois ? La seule position tenable pour éviter cet imbroglio de délais est d'estimer que le délai qui court est celui qui s'applique au moment de la délivrance des avis à partie quelles que soient les modifications pouvant intervenir ensuite en matière de détention.

212.33 Demandes d'actes et requêtes en nullité, observations. L'article 175 du Code de procédure pénale prévoit que « dans ce même délai d'un mois ou de trois mois, les parties peuvent formuler des demandes ou présenter des requêtes sur le fondement des articles 81, neuvième alinéa, 82-1, 156, premier alinéa, et 173, troisième alinéa. À l'expiration de ce délai, elles ne sont plus recevables à formuler ou présenter de telles demandes ou requêtes ». Les parties disposent de ce même délai d'un mois ou de trois mois à compter de l'envoi de l'avis prévu au premier alinéa pour adresser des observations écrites au juge d'instruction, selon les modalités prévues par l'avant-dernier alinéa de l'article 81. Copie de ces observations est adressée en même temps au procureur de la République. Il y a donc un parallélisme des formes : le réquisitoire du procureur est transmis aux avocats des parties tandis que les observations de celles-ci sont soumises au procureur de la République.

212.34 Les observations complémentaires. L'article 175 poursuit : « À l'issue du délai d'un mois ou de trois mois, le procureur de la République et les parties disposent d'un délai de dix jours si une personne mise en examen est détenue ou d'un mois dans les autres cas pour adresser au juge d'instruction des réquisitions ou des observations complémentaires au vu des observations ou des réquisitions qui leur ont été communiquées. » Le législateur fixe le point de départ du délai de dix jours ou d'un mois, non du moment où les réquisitions sont communiquées aux parties, mais de l'échéance du délai d'un mois ou de trois mois. Il est donc rigoureusement impossible quel que soit le soin pris par le juge d'instruction à faire sortir le plus rapidement possible ses procédures, d'améliorer la célérité de la phase de l'instruction. C'est pourquoi le chapitre consacré par la même loi aux « dispositions tendant à assurer la célérité de la procédure pénale » ne sera d'aucune efficience. La question se pose de savoir que faire si le parquet ne règle pas le dossier dans le délai qui lui est imparti par la loi. La circulaire du 22 juin 2007 estime que le second délai court « à partir du jour suivant l'expiration du premier délai ou si cette date intervient ultérieurement, de la transmission aux avocats de la copie du réquisitoire du parquet » (n° 2.4.1.4). Cette précision est indispensable au bon fonctionnement du système. Il faut donc en tirer toutes les conséquences :

- si le réquisitoire est rendu dans le délai d'un mois ou de trois mois, il est communiqué immédiatement aux avocats des parties mais le délai ne court qu'à compter de l'expiration du délai d'un ou de trois mois et non à compter de la communication du réquisitoire;

- si le réquisitoire est rendu hors délai, il est communiqué immédiatement aux avocats des parties et le délai court à compter de cette communication. Cette analyse a été consacrée par la jurisprudence.

212.35 L'arrêt du 17 septembre 2008 [2]. Les commentateurs de cet arrêt ont surtout relevé que le point de départ du délai pour présenter des observations complémentaires partait du lendemain de la communication par le ministère public de son réquisitoire définitif. Cette solution n'est pas sans intérêt. Mais c'est bien la première partie du raisonnement, donné comme une évidence, qui constitue tout l'intérêt de cet arrêt. On sait en effet que l'article 175 dispose que « à l'issue du délai d'un mois ou de trois mois, le procureur de la République et les parties disposent d'un délai... ». Le second délai part donc automatiquement après l'expiration du premier. La date de la transmission du réquisitoire définitif n'a, selon le texte, aucune incidence. Or, dans l'arrêt du 17 septembre 2008, la chambre

1. V. Ch. Guéry, « La loi du 5 mars 2007 et l'instruction préparatoire », *AJ pénal* 2007, 105.

2. Crim. 17 sept. 2008, n° 08-84.928, *Bull. crim.*, n° 190; *AJ pénal* 2008, 469, obs. L. Ascenci (v. les attendus s[s] n° 212.02).

criminelle affirme que « lorsque le juge d'instruction ayant estimé l'information terminée, le ministère public communique ses réquisitions à l'avocat d'une partie après l'expiration du délai d'un mois ou de trois mois qui lui est imparti pour le faire, le délai de dix jours ou d'un mois dont dispose cette partie pour présenter des observations complémentaires a pour point de départ la date de cette communication et est calculé, quel qu'en soit le mode, à compter du lendemain ». C'est dire que logiquement mais *contra legem*, la chambre criminelle a repris à son compte le mode de fonctionnement énoncé ci-dessus (v. s[s] n° 212.34).

212.36 Forme des demandes d'actes et observations. L'article D. 40-2 du Code de procédure pénale issu du décret du 15 novembre 2007[1] dispose que « Les observations, les demandes d'actes et les observations complémentaires prévues par les alinéas trois, quatre et cinq de l'article 175 sont adressées au juge d'instruction selon les modalités prévues par l'avant-dernier alinéa de l'article 81. » Les demandes, et même les observations, doivent donc faire l'objet d'un enregistrement. Toutefois, le même texte ajoute qu'« elles peuvent être faites par un moyen de communication électronique selon les modalités prévues par l'article D. 591 lorsque les dispositions de cet article sont applicables à la suite du protocole passé par les chefs de la juridiction et le barreau ».

212.375 Pratique judiciaire. Le texte permet au procureur de la République de rendre son réquisitoire à la fin de son délai, voire même au-delà puisque aucune sanction n'est prévue. Dans ce cas, la partie ne dispose que de dix jours ou d'un mois pour faire des « observations » et non plus pour demander des actes. Selon le moment où le réquisitoire est notifié, la partie peut soit faire une demande, soit seulement formuler une observation. Par ailleurs, lorsque la demande d'acte est faite après qu'un réquisitoire ait été notifié dans un délai permettant de la faire, et qu'elle a été acceptée, le juge d'instruction doit délivrer de nouveau les avis de fin d'information. Or, c'est exactement le même formalisme qui se met alors en place avec les mêmes délais incompressibles. Il est fort possible que des délais se télescopent : si la demande d'acte est formée au bout de deux mois dans un dossier non détenu, le juge peut l'ordonner sans attendre la fin du délai. Si elle est réalisée rapidement il peut délivrer de nouveaux avis à partie alors même que les premiers ne sont pas expirés. Or, le procureur de la République est saisi dès cet instant d'une nouvelle ordonnance de soit-communiqué sollicitant ses réquisitions définitives. S'il ne les a pas rendues à ce moment, il peut intégrer le résultat de la demande. Mais il est fort possible que le procureur ait déjà transmis son réquisitoire définitif. Saisi à nouveau par le juge, il doit en rédiger un autre ou compléter le premier. Une autre difficulté paraît devoir être signalée : le texte de l'article 175 dispose désormais que « à l'issue du délai de dix jours ou d'un mois prévu à l'alinéa précédent, le juge d'instruction peut rendre son ordonnance de règlement, y compris s'il n'a pas reçu de réquisitions ou d'observations dans le délai prescrit ». C'est donc à l'issue de ce second délai que le juge peut régler d'office. Mais ce délai ne court que si le réquisitoire définitif a été rendu. Or, c'est tout le problème.

Que se passe-t-il en cas d'inaction du ministère public pendant six mois ou un an ? Le délai précité ne court en effet que pour présenter des « réquisitions ou observations complémentaires au vu des observations ou réquisitions qui leur ont été communiquées ». Si aucune réquisition n'a été communiquée, ce dernier délai n'a pas commencé à courir ! Et en conséquence, le juge ne peut pas régler la procédure.

Il faut en réalité admettre qu'à l'issue du premier délai court immédiatement, et dans le seul intérêt du juge, un second délai qui lui permet de régler la procédure sans réquisitoire définitif. Mais s'il choisit de ne pas le faire et attend que le ministère public ait réglé la procédure, il doit alors notifier le réquisitoire et le délai ouvert aux parties privées court à compter de cette notification.

212.38 La loi du 12 mai 2009 : possibilité de renoncer aux délais. La loi du 12 mai 2009[2], dans son article 134, dispose que l'article 175 est complété par un alinéa ainsi rédigé : « Les parties peuvent déclarer renoncer, en présence de leur avocat ou celui-ci dûment convoqué, à bénéficier des délais prévus par le présent article ». Il semble bien que ce soit l'ensemble des délais prévus par cet article qui soient visés, ce qui amène à se poser la question de la possibilité de renoncer à un des délais et pas à l'autre. On peut en effet imaginer qu'un avocat accepte de renoncer à user de son délai pour faire des demandes d'actes ou des requêtes en nullité mais pas de celui de pouvoir répliquer au réquisitoire définitif. Mais la principale limite à l'utilisation de cette disposition nouvelle réside dans l'obligation de convoquer toutes les parties, y compris les parties civiles, et leurs avocats et d'obtenir des réponses unanimes. Par ailleurs, si le ministère public ne règle pas rapidement, ces renonciations sont vaines. Le parquet n'a pas, quant à lui, à

1. D. n° 2007-1620, 15 nov. 2007, *JO* 17 nov., n° 267, p. 18865.

2. L. n° 2009-526, 12 mai 2009, *JO* 13 mai, n° 0110, p. 7920.

renoncer à quoi que ce soit. En effet, on peut renoncer à un délai lorsqu'il est ouvert pour que l'on *puisse* accomplir un acte, pas à un délai dans lequel on *doit* accomplir un acte [1].

SECTION 4
ORDONNANCE DE SOIT-COMMUNIQUÉ

212.41 Caractères. L'ordonnance de soit-communiqué, était juridictionnelle au sens des articles 10 de la loi du 8 décembre 1897, et 183 du Code de procédure pénale, « lorsqu'elle est préliminaire à une décision en vue de laquelle la défense doit être mise à même de présenter les observations qui lui paraissent nécessaires » [2]. Il en était ainsi de l'ordonnance de soit-communiqué qui précède l'ordonnance de règlement, décision juridictionnelle au premier chef. Il devait donc en être donné connaissance au conseil de l'inculpé ou de la partie civile. Mais la Cour de cassation a opéré un revirement de jurisprudence en 1970 en décidant que l'ordonnance de soit-communiqué n'avait pas de caractère juridictionnel, elle mettait seulement le procureur en mesure de prendre ses réquisitions [3]. En conséquence, aucun avis au conseil ne doit être donné [4]. Le défaut de signature d'une ordonnance, communiquant le dossier au parquet pour avis sur une inculpation éventuelle ne porte aucun préjudice à l'inculpé, dès lors que cette formalité n'est exigée par aucun texte [5].

Ce n'est plus l'ordonnance de soit-communiqué qui est importante mais les avis à partie qui, quant à eux, doivent être notifiés à la partie et à son conseil.

212.42 Procédure en cas de décision d'irresponsabilité pénale pour cause de trouble mental. La loi du 25 février 2008 a prévu, dans un article 706-119 nouveau que « Si le juge d'instruction estime, lorsque son information lui paraît terminée, qu'il est susceptible d'appliquer le premier alinéa de l'article 122-1 du Code pénal relatif à l'irresponsabilité pénale d'une personne en raison d'un trouble mental, il en informe le procureur de la République lorsqu'il lui communique le dossier ainsi que les parties lorsqu'il les avise, en application du premier alinéa de l'article 175 du présent code ». En pratique, cet avis peut prendre la forme d'un acte particulier, ou d'une simple mention sur l'ordonnance de soit-communiqué et les avis à partie. Cette formalité a pour effet de permettre au procureur de la République et aux parties, dans leur réquisitoire pour le premier et leurs observations pour les secondes d'indiquer « s'ils demandent la saisine de la chambre de l'instruction afin que celle-ci statue sur l'application du premier alinéa de l'article 122-1 du Code pénal conformément aux articles 706-122 à 706-127 du présent code » (sur cette procédure, v. s^s n° 214.37 et s^s chap. 247).

SECTION 5
RÉQUISITOIRE DÉFINITIF

212.51 Délai. À l'origine, le procureur de la République devait adresser les réquisitions au juge d'instruction « dans les trois jours au plus tard » (C. instr. crim., art. 127 - C. pr. pén., art. 175). Ce délai irréaliste, qui était considéré comme seulement indicatif, signifiait que le parquet devait faire diligence. En pratique le juge d'instruction communiquait officieusement au parquet, puis, lorsque le règlement était établi, rendait alors l'ordonnance de soit-communiqué qui faisait courir le délai de trois jours. Ce délai a été porté à un mois, si une personne mise en examen est détenue, et à trois mois dans les autres cas (C. pr. pén., art. 175, al. 4). On a pu se poser la question de savoir si le cours de la justice ne se trouverait pas suspendu si le procureur de la République ne restituait pas le dossier ? Cette hypothèse peu concevable s'est cependant réalisée plusieurs fois dans le passé [6]. La Cour de cassation n'a pas admis que dans ce cas, il soit enjoint au procureur général de poursuivre [7]. En fait, une telle rétention paralyserait l'action du juge d'instruction et engagerait la responsabilité personnelle du procureur de la République [8]. Une telle situation est désormais écartée. En effet, « le juge d'instruction qui ne reçoit pas de réquisitions dans le délai prescrit (un ou trois mois) peut rendre l'ordonnance de règlement » (C. pr. pén., art. 175, al. 4). La charge de plus en plus lourde des parquets rend parfois le règlement des procédures long et il arrive que le magistrat instructeur soit tenté de régler lui même la procédure pour améliorer ses statistiques, et surtout pour éviter de répondre constamment aux diverses demandes des avocats ou des

1. Sur ces dispositions, v. Ch. Guéry, « Dernière braderie avant liquidation définitive : loi du 12 mai 2009 : deux possibilités nouvelles de renonciation par les parties à certains délais de procédure », *AJ pénal* 2009, 303.
2. Crim. 12 juin 1954, *Bull. crim.*, n° 210 – Crim. 13 juin 1956, *Bull. crim.*, n° 468 – Crim. 29 mai 1957, *Bull. crim.*, n° 458.
3. Crim. 21 déc. 1970, n° 70-92.417, *Bull. crim.*, n° 346.
4. Crim. 7 nov. 1989, n° 89-85.006, *Bull. crim.*, n° 398.
5. Crim. 19 juin 1990, n° 90-81.811, NPT; *Gaz. Pal.* 1991, 1, somm. 16.
6. LE POITTEVIN, art. 127, n°s 38 s.
7. Crim. 12 juill. 1861, *Bull. crim.*, n° 147; *D.* 1861, 1, 292.
8. GARRAUD, III, n° 1000 – L. Cheynier, « Règlement des dossiers d'instruction. Réflexions sur l'article 175 du Code de procédure pénale », *JCP* 1984, I, 3152.

parties, tendant à savoir quelles sont les perspectives de règlement. Le juge d'instruction pourra néanmoins être bien avisé de prévenir à l'avance le ministère public de cette intention. Cet avis peut avoir pour effet d'accélérer les choses.

Le procureur de la République ne pourrait pas, alors que l'instruction est commencée, porter la poursuite devant le tribunal correctionnel par voie de citation directe. Le juge d'instruction ne peut être dessaisi que par une ordonnance qui épuise sa juridiction. La partie poursuivante peut opter entre la citation directe et l'information. Mais une fois qu'elle a choisi l'une des deux voies, son option est irrévocable[1] (sur les nouveautés de la loi du 5 mars 2007 v. s[s] n°s 212.32 à 212.35).

212.52 Formes. Le procureur de la République doit adresser au juge d'instruction son réquisitoire définitif, qui est nécessairement daté, écrit et signé. La signature illisible du procureur de la République n'en est pas moins régulière; elle constitue, en effet, un signe personnel qui identifie son auteur[2]. Un réquisitoire définitif non signé est inexistant, de sorte que le juge d'instruction, à peine de nullité, ne pourrait rendre l'ordonnance de règlement avant l'expiration du délai (un ou trois mois) fixé par l'article 175 alinéa 4[3]. Des réquisitions verbales n'auraient pas d'existence et seraient sans effet. Car l'instruction est tout entière écrite[4]. La loi n'a pas déterminé la forme du réquisitoire définitif. Il est néanmoins habituel qu'il comporte : l'exposé des faits et de leurs circonstances, l'indication des actes de l'instruction qui forment la base de cet exposé, et la qualification des faits ainsi que la citation des textes appliqués. « Le réquisitoire définitif est un acte important », dit Faustin Hélie, « quand les faits y sont sainement articulés et qualifiés, l'ordonnance reflète le travail de cette rédaction, et toute la procédure en est éclairée »[5]. Le réquisitoire définitif peut être daté du lendemain du jour où à été rendue l'ordonnance de soit-communiqué, la loi n'ayant pas fixé de délai minimum entre ces deux actes[6].

212.53 Le réquisitoire définitif doit être annexé aux pièces de la procédure. S'il en est un élément important, il n'a pas au même titre que le réquisitoire introductif, un caractère substantiel. Aussi, sa disparition ne constitue pas une cause de nullité, dès lors que son existence est constatée par l'ordonnance de renvoi[7]. Le silence du réquisitoire définitif sur tel ou tel acte d'instruction antérieur à la date où il a été établi, est sans conséquence sur la validité de la procédure, du moment que ledit réquisitoire n'est intervenu qu'après que l'instruction ait été terminée[8]. Le ministère public ne peut valablement renoncer à l'action publique qu'il a régulièrement engagée et réduire la saisine du juge d'instruction[9]. Le juge d'instruction n'est nullement tenu d'interroger la personne mise en examen après le réquisitoire définitif, la règle qui veut que le prévenu ait toujours la parole le dernier ne s'appliquant pas à l'instruction du premier degré[10]. Les mentions du réquisitoire définitif ne sauraient être cancellées[11].

Les réquisitions du parquet peuvent être très diverses. Le procureur de la République peut conclure au non-lieu pour des motifs de fait ou de droit, ou au renvoi devant le tribunal correctionnel ou de police ou la cour d'assises. Il peut aussi estimer que la procédure n'est pas complète, et requérir la continuation de l'information, en précisant les points sur lesquels elle devra porter et les actes à accomplir.

212.54 Le réquisitoire supplétif « faits nouveaux » et le réquisitoire supplétif « nouvelles mesures d'instruction ». Le ministère public peut rédiger deux sortes de réquisitoires supplétifs. Un réquisitoire supplétif dit « faits nouveaux » lorsqu'il a par exemple reçu une procédure contre la même personne et qu'il souhaite saisir le juge d'instruction de ces faits. Ce réquisitoire supplétif est rarement établi par le parquet en fin de procédure. Le plus souvent en effet, il est peu opportun de saisir à ce moment-là le juge d'instruction de faits nouveaux, qui nécessiteront peut être une nouvelle mise en examen, de nouveaux interrogatoires, de nouveaux avis à parties... Par un réquisitoire supplétif « nouvelles mesures d'instruction » le procureur de la République demande au juge de poursuivre ses investigations en procédant à tel ou tel acte particulier. Peu apprécié parfois par le juge d'instruction, il répond pourtant à la nécessité de renvoyer devant la juridiction de jugement un dossier complet, ou de ne pas rendre une ordonnance de non-lieu sans avoir totalement accompli les investigations utiles. Une décision de refus d'acte, qu'il s'agisse de la demande d'une partie ou de celle du procureur de la République, n'impose nullement de refaire de nouveaux avis à parties contrairement

1. Crim. 18 juin 1812, *P.*, t. X, p. 183 – Crim. 7 juin 1821, *Bull. crim.*, n° 88 – Crim. 19 avr. 1929, *Bull. crim.*, n° 131 – Crim. 5 mai 1933; *S.* 1935, 1, 39 – Ch. réun., 24 avr. 1961, *Bull. crim.*, n° 222; *JCP* 1961, II, 12131.
2. Crim. 11 juill. 1973, n° 73-91.530, *Bull. crim.*, n° 326.
3. Crim. 6 juin 1988, n° 88-81.990, *Bull. crim.*, n° 249.
4. Crim. 11 avr. 1959, *Bull. crim.*, n° 213.
5. Hélie F., V, n° 2050.
6. Crim. 17 nov. 1986, n° 85-93.444, *Bull. crim.*, n° 342.
7. Crim. 8 juill. 1936, *Gaz. Pal.*, 1936, 2, 597.
8. Crim. 21 déc. 1966, *Bull. crim.*, n° 300.
9. Crim. 24 mars 1977, n° 76-91.442, *Bull. crim.*, n° 112.
10. Crim. 24 janv. 1984, n° 83-94.417, *Bull. crim.*, n° 030.
11. Crim. 19 déc. 1984, n° 84-90.238, n° 84-90.560, *Bull. crim.*, n° 396.

aux affirmations de la circulaire du 22 juin 2007 (n° 2.4.1.2).

212.55 Indépendance du juge. Les pouvoirs de réquisition du procureur de la République ne comportent aucune limite, mais le juge d'instruction n'est jamais lié par les réquisitions du parquet, et il décide en toute indépendance sur le règlement de l'information[1]. Spécialement, le juge d'instruction peut régler l'affaire au fond, alors que le parquet n'a conclu qu'à un plus ample informé[2].

212.56 Notification du réquisitoire définitif aux avocats des parties. Le réquisitoire définitif doit être notifié aux avocats des parties en même temps qu'il est adressé au juge d'instruction. La rédaction de l'article 175 du Code de procédure pénale est relativement claire : c'est bien au ministère public qu'il appartient d'accomplir ces formalités. C'est ce que la chambre criminelle rappelait dans un arrêt dont les circonstances de fait doivent tout de même être rappelées : la chambre criminelle rejette un pourvoi du parquet général contre une décision de chambre de l'instruction ayant confirmé une ordonnance de juge d'instruction. Celui-ci avait refusé de notifier un réquisitoire malgré les réquisitions expresses du ministère public. Le parquet le requérait « de notifier aux parties le présent réquisitoire en application des dispositions de l'article 175 du Code de procédure pénale ». Pour la chambre criminelle, « les griefs allégués ne sont pas encourus dès lors qu'il résulte des dispositions de l'article 175, alinéa 2 du Code de procédure pénale qu'il incombe au procureur de la République qui a transmis dans le délai prévu par ce texte ses réquisitions motivées au juge d'instruction, d'en adresser, dans le même temps, une copie aux avocats des parties ».

Ainsi, le parquet ne peut pas requérir du juge de le faire puisque c'est lui qui, en premier lieu, doit assumer cette tâche. Pour autant, le décret du 15 novembre 2007[3] instaure un nouvel article D. 40-1 qui dispose « Lorsque le réquisitoire définitif du procureur de la République adressé au juge d'instruction en application de l'alinéa deux de l'article 175 n'a pas été adressé en copie aux avocats des parties, le greffier du juge d'instruction ou le secrétariat commun de l'instruction procède à cet envoi ». Cet envoi peut se faire sous forme numérisée et être adressé par un moyen de communication électronique selon les modalités prévues par l'article 803-1. On ne manquera pas de s'étonner qu'un décret puisse transférer la charge d'une formalité prévue par la loi, voire même qu'on prévoie ainsi une obligation à la charge d'un service, et la détermination d'un autre service pour pallier la carence du premier !

1. GARRAUD, III, n° 1003.
2. Crim. 25 sept. 1824, *Bull. crim.*, n° 126 – Sur l'indépendance des réquisitions du procureur de la République et de celles du procureur général v. note P. Chambon ss CA Aix-en-Provence, ch. acc., 1er févr. 1978, *JCP* 1979, II, 19121.
3. D. n° 2007-1620, 15 nov. 2007, *JO* 17 nov., n° 267, p. 18865.

CHAPITRE

213. Appréciation du juge d'instruction

SECTION 0 ORIENTEUR

213.00 **Plan du chapitre.**

Sect. 1 Appréciation des charges

Sect. 2 Appréciation des éléments de l'infraction

Sect. 3 Informations complexes

213.01 **Textes applicables.**

C. pr. pén., art. 175, 176, 177, 178, 179, 181.

C. pr. pén., art. 175

* V. s^s n° 211.01.

C. pr. pén., art. 176

Le juge d'instruction examine s'il existe contre la personne mise en examen des charges constitutives d'infraction, dont il détermine la qualification juridique.

C. pr. pén., art. 177 [L. n° 2004-204, 9 mars 2004]

Si le juge d'instruction estime que les faits ne constituent ni crime, ni délit, ni contravention, ou si l'auteur est resté inconnu, ou s'il n'existe pas de charges suffisantes contre la personne mise en examen, il déclare, par une ordonnance, qu'il n'y a lieu à suivre.

Lorsque l'ordonnance de non-lieu est motivée par l'existence de l'une des causes d'irresponsabilité pénale prévue par le premier alinéa de l'article 122-1, les articles 122-2, 122-3, 122-4, 122-5 et 122-7 du Code pénal ou par le décès de la personne mise en examen, elle précise s'il existe des charges suffisantes établissant que l'intéressé a commis les faits qui lui sont reprochés.

Les personnes mises en examen qui sont provisoirement détenues sont mises en liberté. L'ordonnance met fin au contrôle judiciaire.

Le juge d'instruction statue par la même ordonnance sur la restitution des objets placés sous main de justice. Il peut refuser la restitution lorsque celle-ci présente un danger pour les personnes ou les biens. La décision relative à la restitution peut être déférée, par tout personne qui y a intérêt, à la chambre de l'instruction dans les conditions et selon les modalités prévues par l'article 99.

C. pr. pén., art. 178 [L. n° 2005-47, 26 janv. 2005, art. 9 IX, *JO* 27 janv., en vigueur le 1er avril 2005]

Si le juge estime que les faits constituent une contravention, il prononce, par ordonnance, le renvoi de l'affaire devant le tribunal de police ou devant la juridiction de proximité.

Lorsqu'elle est devenue définitive, cette ordonnance couvre, s'il en existe, les vices de la procédure.

C. pr. pén., art. 179 [L. n° 2007-291, 5 mars 2007]

Si le juge estime que les faits constituent un délit, il prononce, par ordonnance, le renvoi de l'affaire devant le tribunal correctionnel. Cette ordonnance précise, s'il y a lieu, que le prévenu bénéficie des dispositions de l'article 132-78 du Code pénal.

L'ordonnance de règlement met fin à la détention provisoire ou au contrôle judiciaire. S'il a été décerné, le mandat d'arrêt conserve sa force exécutoire; s'ils ont été décernés, les mandats d'amener ou de recherche cessent de pouvoir recevoir exécution, sans préjudice de la possibilité pour le juge d'instruction de délivrer un mandat d'arrêt contre le prévenu.

Toutefois, le juge d'instruction peut, par ordonnance distincte spécialement motivée, maintenir le prévenu en détention ou sous contrôle judiciaire jusqu'à sa comparution devant le tribunal. L'ordonnance de maintien en détention provisoire est motivée par référence aux 2°, 4°, 5° et 6° de l'article 144.

Le prévenu en détention est immédiatement remis en liberté si le tribunal correctionnel n'a pas commencé à examiner au fond à l'expiration d'un délai de deux mois à compter de la date de l'ordonnance de renvoi.

Toutefois, si l'audience sur le fond ne peut se tenir avant l'expiration de ce délai, le tribunal peut, à titre exceptionnel, par une décision mentionnant les raisons de fait ou de droit faisant obstacle au jugement de l'affaire, ordonner la prolongation de la détention pour une nouvelle durée de deux mois. La comparution personnelle du prévenu est de droit si lui-même ou son avocat en font la demande. Cette décision peut être renouvelée une fois dans les mêmes formes. Si le prévenu n'a toujours pas été jugé à l'issue de cette nouvelle prolongation, il est remis immédiatement en liberté.

Lorsqu'elle est devenue définitive, l'ordonnance mentionnée au premier alinéa couvre, s'il en existe, les vices de la procédure.

C. pr. pén., art. 181 [L. n° 2004-204, 9 mars 2004]

Si le juge d'instruction estime que les faits retenus à la charge des personnes mises en examen constituent une infraction qualifiée crime par la loi, il ordonne leur mise en accusation devant la cour d'assises.

Il peut également saisir cette juridiction des infractions connexes.

L'ordonnance de mise en accusation contient, à peine de nullité, l'exposé et la qualification légale des faits, objet de l'accusation, et précise l'identité de l'accusé. Elle précise également, s'il y a lieu, que l'accusé bénéficie des dispositions de l'article 132-78 du Code pénal.

Lorsqu'elle est devenue définitive, l'ordonnance de mise en accusation couvre, s'il en existe, les vices de la procédure.

Le contrôle judiciaire dont fait l'objet l'accusé continue à produire ses effets.

La détention provisoire ou le contrôle judiciaire des personnes renvoyées pour délit connexe prend fin, sauf s'il est fait application des dispositions du troisième alinéa de l'article 179. Le délai prévu par le quatrième alinéa de l'article 179 est alors porté à six mois.

Si l'accusé est placé en détention provisoire, le mandat de dépôt décerné contre lui conserve sa force exécutoire et l'intéressé reste détenu jusqu'à son jugement par la cour d'assises, sous réserve des dispositions des deux alinéas suivants et de l'article 148-1. S'il a été décerné, le mandat d'arrêt conserve sa force exécutoire; s'ils ont été décernés, les mandats d'amener ou de recherche cessent de pouvoir recevoir exécution, sans préjudice de la possibilité pour le juge d'instruction de délivrer mandat d'arrêt contre l'accusé.

L'accusé détenu en raison des faits pour lesquels il est renvoyé devant la cour d'assises est immédiatement remis en liberté s'il n'a pas comparu devant celle-ci à l'expiration d'un délai d'un an à compter soit de la date à laquelle la décision de mise en accusation est devenue définitive s'il était alors détenu, soit de la date à laquelle il a été ultérieurement placé en détention provisoire.

Toutefois, si l'audience sur le fond ne peut débuter avant l'expiration de ce délai, la chambre de l'instruction peut, à titre exceptionnel, par une décision rendue conformément à l'article 144 et mentionnant les raisons de fait ou de droit faisant obstacle au jugement de l'affaire, ordonner la prolongation de la détention provisoire pour une nouvelle durée de six mois. La comparution de l'accusé est de droit si lui-même ou son avocat en font la demande. Cette prolongation peut être renouvelée une fois dans les mêmes formes. Si l'accusé n'a pas comparu devant la cour d'assises à l'issue de cette nouvelle prolongation, il est immédiatement remis en liberté.

Le juge d'instruction transmet le dossier avec son ordonnance au procureur de la République. Celui-ci est tenu de l'envoyer sans retard au greffe de la cour d'assises.

Les pièces à conviction, dont il est dressé état, sont transmises au greffe de la cour d'assises si celle-ci siège dans un autre tribunal que celui du juge d'instruction.

213.02 Jurisprudence de référence.

• Le juge d'instruction peut annexer à sa procédure des éléments tirés d'une autre procédure pourvu que ces documents puissent être soumis à la discussion des parties.

Crim. 23 juill. 1985, n° 85-92.574, *Bull. crim.,* n° 275; *D.* 1985, 416, note P. Chambon.

« Attendu que l'examen des pièces de la procédure révèle qu'a été annexé à l'information, alors suivie par le juge d'instruction de Toulouse contre X... du chef d'homicide volontaire en raison de la mort de Henri P..., la transcription du contenu d'une bande magnétique supportant l'enregistrement de conversations tenues lors de communications passant par la ligne téléphonique dont le nomme T... est attributaire;

Que cet enregistrement avait été réalisé en exécution d'une commission rogatoire délivrée par le juge d'instruction de Saint-Gaudens dans le cadre d'une information, ouverte aussi contre X..., au sujet d'un autre homicide volontaire;

Que c'est en raison de son intérêt pour l'information relative a la mort de P... que cette transcription a été effectuée par des officiers de police judiciaire, commis rogatoirement par le magistrat instructeur de Toulouse;

Que les termes des propos enregistrés ont été portés à la connaissance des divers intéressés, notamment de K..., lequel a été amené à s'en expliquer, tant au cours de l'enquête sur commission rogatoire qu'à la suite de son inculpation;

Qu'en outre une expertise portant sur la bande enregistrée, jointe ensuite à la procédure, a été pratiquée sur décision régulière du juge d'instruction;

Attendu qu'en cet état, en refusant de prononcer l'annulation des écoutes téléphoniques provenant d'une autre procédure, la chambre d'accusation n'a pas encouru le grief énoncé au moyen;

Qu'en effet, en premier lieu, aucune disposition de la loi n'interdit d'annexer à une procédure pénale les éléments d'une autre procédure dont la production peut être de nature à éclairer les juges et à contribuer à la manifestation de la vérité;

Que la seule condition exigée est qu'une telle jonction ait un caractère contradictoire, ce qui est le cas en l'espèce où les documents sont soumis à la discussion des parties. »

213.03 Bibliographie indicative. (V. les références complètes s^s^ n° 03.)

Actualisables. RÉP. PÉN., Guéry, « Instruction préparatoire »; Coste, « cChambre de l'instruction » – J.-CL. PÉN., Angevin H., « Chambre de l'instruction »; Dumont, « Ordonnances de règlement ».

Ouvrages. HÉLIE F., V, n°s 2048, 2070, 2073 à 2077, not. n° 2074 – GARRAUD, III, n°s 998 à 999 et 1007 à 1009 – LE POITTEVIN, art. 127, n°s 49 à 51 – LOCRÉ, t. XXV, p. 566 – MERLE ET VITU, n° 588.

Articles. Cheynier C., « Règlement des dossiers d'instruction. Réflexions sur l'article 175 du Code de procédure pénale », *JCP* 1984, I, 3152 – Guéry, « Un toilettage progressif et personnalisé : les nullités de l'instruction après l'entrée en vigueur de la loi du 4 mars 2002 », *Dr. pén.* nov. 2002 – Mathieu G., « La purge des nullités par l'ordonnance de renvoi : étude d'un problème particulier », *D.* 2000, Point de vue V.

SECTION 1
APPRÉCIATION DES CHARGES

213.11 Nécessité de la déclaration. Le juge d'instruction, pour décider du renvoi de la personne mise en examen devant la juridiction de jugement ou du non-lieu, doit préalablement déclarer s'il existe ou s'il n'existe pas de charges suffisantes. C'est ce qui résultait antérieurement des articles 128, 133, 221, 229 et 231 du Code d'instruction criminelle, et c'est ce qui résulte aujourd'hui formellement des articles 176, 184 et 211 du Code de procédure pénale. L'article 176 est ainsi conçu : « Le juge d'instruction examine s'il existe contre la personne des charges constitutives d'infraction à la loi pénale », et l'article 211 : « La chambre de l'instruction examine s'il existe contre la personne mise en examen des charges suffisantes. »

« Les juridictions d'instruction n'ont point à rechercher si le prévenu est coupable, mais seulement s'il est probable qu'il le soit. La probabilité est la mesure de la prévention, comme la certitude est la mesure du jugement. Ce ne sont pas des preuves, mais seulement des indices qu'il faut demander à la procédure écrite.[1] » Cette doctrine est celle-là même de la Cour de cassation. « D'après les principes qui sont une des bases de la législation criminelle, l'instruction écrite ne peut en aucun cas produire la conviction des inculpés, mais tout au plus motiver leur renvoi devant le tribunal qui doit procéder à l'examen de la prévention ou de l'accusation, et les preuves de la culpabilité ne peuvent jamais résulter que d'un débat oral et public, qui a lieu devant le tribunal chargé de statuer au fond sur l'objet de la poursuite; la loi ne confère aux chambres d'instruction que le droit et le pouvoir d'apprécier les charges et les indices que peut présenter l'instruction écrite; il ne saurait leur appartenir de décider qu'il existe ou non des preuves de culpabilité.[2] » Toutefois, l'emploi de termes impropres est sans conséquences, s'il résulte de la décision que le juge a entendu faire état des charges et non des preuves[3] (sur la distinction entre indices, charges et preuves, v. s^s^ n°s 191.00 s.).

La déclaration qu'il existe ou n'existe pas des charges ou des indices suffisants est nécessaire : cette déclaration constitue la base essentielle de l'ordonnance de renvoi ou de non-lieu. Il ne suffirait pas de dire qu'il existe des charges. Il faut ajouter que ces charges sont suffisantes, car c'est là le seul motif du renvoi du prévenu[4].

213.12 Charges suffisantes. Que faut-il entendre par charges suffisantes ? Il doit s'agir de charges suffisamment graves pour entraîner une présomption « considérable » de culpabilité, et non pas une simple possibilité. Elles doivent résulter d'éléments objectifs tirés de la procédure, de simples indices vagues et imprécis, de simples analogies ou coïncidences ne suffiraient pas. Par exemple, en l'absence de toute autre indication, un individu ne saurait être renvoyé en jugement, parce qu'il a été le seul vu sur les lieux de l'infraction, et parce qu'il est un repris de justice. « Les présomptions sont-elles vagues ou légères, n'existe-t-il aucun moyen d'en acquérir de plus fortes, la cour doit mettre le prévenu en liberté; une rigueur plus longue ne serait pas seulement inutile, elle serait encore injuste à l'égard de la personne poursuivie et alarmante pour la société entière »[5] (sur l'intime conviction, v. s^s^ n°s 191.52 et 191.53).

Le juge d'instruction et la chambre de l'instruction apprécient l'existence et la gravité des charges en toute souveraineté. Il n'appartient pas à la Cour de cassation d'apprécier la valeur des charges dont la chambre d'accusation a affirmé l'existence à l'encontre de l'accusé qu'elle a renvoyé aux assises[6]. Les charges s'apprécient par rapport à la personne mise en examen. Leur existence signifie qu'il y a présomption sérieuse que ce dernier est l'auteur des faits objets de la poursuite, dont les éléments constituent une infraction à la loi pénale[7]. La juridiction d'instruction, qui constate l'existence de charges suffisantes, doit renvoyer devant la juridiction

1. Hélie F., V, n° 2074.
2. Crim. 17 nov. 1826, *Bull. crim.*, n° 229 – Dans le même sens : Crim. 27 févr. 1812, *Bull. crim.*, n° 43 – Crim. 2 août 1821, *Bull. crim.*, n° 123.
3. Crim. 18 mai 1977, n° 77-90.112, *Bull. crim.*, n° 178.
4. Crim. 10 mai 1822, *Bull. crim.*, n° 73 – Crim. 13 nov. 1845, *Bull. crim.*, n° 340.
5. Exposé des motifs, Locré, t. XXV, p. 566 – Sur tous ces points, Hélie F., V, n°s 2073 à 2077 – Le Poittevin, art. 127, n°s 49 à 51 – Garraud, III, n° 1008.
6. Crim. 2 févr. 1912, *Bull. crim.*, n° 62 – Crim. 31 juill. 1947, *Bull. crim.*, n° 192 – Crim. 5 avr. 1965, *Bull. crim.*, n° 112 – Crim. 26 juill. 1966, *Bull. crim.*, n° 211 – Crim. 10 avr. 1975, n° 74-92.978, *Bull. crim.*, n° 90 – Crim. 20 juill. 1976, n° 76-90.626, *Bull. crim.*, n° 261 – Crim. 23 avr. 1981, n° 80-93.475, *Bull. crim.*, n° 117.
7. Sur la prohibition des motifs hypothétiques v. Crim. 19 juin 1984, n° 84-91.908, *Bull. crim.*, n° 231.

de jugement[1]. La chambre de l'instruction, en statuant sur les charges, apprécie souverainement tous les éléments des crimes et délits[2].

SECTION 2
APPRÉCIATION DES ÉLÉMENTS DE L'INFRACTION

213.21 Éléments constitutifs. Il ne suffit pas au juge d'instruction d'identifier l'auteur des faits poursuivis. Il lui faut encore rechercher si ces faits constituent une infraction pénale, et si oui, qualifier cette infraction afin de déterminer quelle juridiction devra en connaître. D'ailleurs, au cours de l'information, les qualifications sont purement indicatives et peuvent être constamment modifiées jusqu'à l'ordonnance de renvoi[3]. Cependant, constituerait un refus implicite d'informer l'omission, sous prétexte de disqualification, d'un fait visé au réquisitoire introductif[4] (v. s^s n° 51.94).

Le juge d'instruction, comme la chambre de l'instruction, doit donc relever tous les éléments constitutifs et les circonstances légales qui caractérisent l'infraction. Il doit apprécier notamment l'intention frauduleuse, qui est l'un des éléments de l'infraction, sans laquelle celle-ci n'est pas caractérisée[5]. Par exemple, le juge d'instruction doit examiner la question d'intention[6]; en matière de complicité d'assassinat[7] ou d'homicide volontaire[8].

Les juridictions d'instruction doivent aussi relever les circonstances aggravantes[9]. C'est ainsi qu'elles doivent relever la circonstance aggravante de préméditation dans une accusation de parricide, quand bien même cette circonstance est sans influence légale sur cette accusation, pour le cas où l'élément de filiation ne serait pas ultérieurement retenu[10].

1. Crim. 6 sept. 1989, n° 89-83.816, *Bull. crim.*, n° 319.
2. Crim. 5 oct. 1994, n° 94-83.635, *Bull. crim.*, n° 318.
3. Crim. 6 mars 1957, *Bull. crim.*, n° 225 – Crim. 13 mars 1984, n° 84-90.218, *Bull. crim.*, n° 107 – Crim. 2 oct. 1985, n° 84-95.553, *Bull. crim.*, n° 293.
4. Crim. 18 janv. 1983, n° 80-93.631, *Bull. crim.*, n° 22; *D.* 1984, 4, note P. Chambon.
5. Crim. 17 févr. 1838, *Bull. crim.*, n° 45 – Crim. 20 déc. 1844, *Bull. crim.*, n° 408 – Crim. 2 févr. 1912, *Bull. crim.*, n° 62 – Crim. 9 déc. 1948, *Bull. crim.*, n° 283 – Crim. 10 avr. 1975, n° 74-92.978, *Bull. crim.*, n° 90 – Crim. 29 juin 1976, n° 76-91.303, *Bull. crim.*, n° 235.
6. Crim. 1er avr. 1965, *Bull. crim.*, n° 103 – Crim. 24 juin 1980, n° 79-94.829, *Bull. crim.*, n° 204.
7. Crim. 3 mai 1961, *Bull. crim.*, n° 231 – Crim. 6 mars 1984, n° 83-95.041, *Bull. crim.*, n° 090.
8. Crim. 5 nov. 1985, n° 85-94.640, *Bull. crim.*, n° 340.
9. Garraud, III, n° 1007.
10. Crim. 11 mars 1880, *Bull. crim.*, n° 59 – Crim. 12 févr. 1958, *Bull. crim.*, n° 146 – V. aussi, Crim. 30 janv. 1975, n° 74-90.596, *Bull. crim.*, n° 35 – Crim. 12 mai 1975, n° 75-90.481, *Bull. crim.*, n° 122.

213.22 Caractère pénal du fait. Les juridictions d'instruction ont encore qualité pour apprécier les circonstances qui dépouillent le fait de tout caractère délictueux, puisqu'elles doivent rendre une ordonnance de non-lieu lorsqu'il « n'y a ni crime, ni délit, ni contravention » (C. pr. pén., art. 177 et 212). Il en est ainsi des causes de non-imputabilité, à savoir l'ordre de la loi ou le commandement de l'autorité légitime[11], la force majeure, qui détruit la culpabilité, même en matière de contravention[12], la démence au temps de l'action [désormais les troubles psychiques ou neuropsychiques ayant aboli le discernement][13], qui entre nécessairement dans la question d'intention[14], la légitime défense[15], qui entre également dans la question d'intention et de culpabilité[16]. La démence au moment de l'ordonnance de renvoi ne s'oppose pas au renvoi et à la condamnation, si cette démence, par ailleurs postérieure aux faits, a cessé lors du débat sur le fond[17] (C. pén., art. 122-1). La loi du 9 mars 2004 a ajouté à l'article 177 un alinéa ainsi rédigé : « Lorsque l'ordonnance de non-lieu est motivée par l'existence de l'une des causes d'irresponsabilité pénale prévue par le premier alinéa de l'article 122-1, les articles 122-2, 122-3, 122-4, 122-5 et 122-7 du Code pénal, ou par le décès de la personne mise en examen, elle précise s'il existe des charges suffisantes établissant que l'intéressé a commis les faits qui lui sont reprochés » (v. s^s n° 214.37). La juridiction d'instruction doit s'expliquer sur la légitime défense, quand elle en est requise, et son appréciation ne lie pas le juge du fond[18]. L'ignorance de la loi n'est pas une cause de justification[19] (v. C. pén., art. 122-3).

213.23 Causes d'atténuation de la peine. Au contraire, il n'appartient pas aux juridictions d'instruction d'apprécier les causes d'atténuation de la peine, nommées dans l'ancien Code pénal « excuses atténuantes », qui avaient pour effet de diminuer la peine et spécialement, lorsqu'il s'agit d'un crime, de substituer à la peine criminelle une peine correctionnelle. Les excuses non prévues par la loi ne sauraient justifier une décision de non-

11. Hélie F., V, n° 2070 – Crim. 18 mai 1976, n° 75-92.861, *Bull. crim.*, n° 167.
12. Crim. 8 nov. 1951, *Bull. crim.*, n° 288.
13. Crim. 13 oct. 1853, *Bull. crim.*, n° 508.
14. Crim. 2 août 1951, *Bull. crim.*, n° 243.
15. Crim. 27 mars 1818, *Bull. crim.*, n° 36 – Crim. 8 janv. 1819, *Bull. crim.*, n° 3 – Crim. 9 déc. 1848, *Bull. crim.*, n° 283 – Crim. 20 avr. 1982, NPT; *JCP* 1983, II, 19958.
16. Crim. 12 déc. 1956, *Bull. crim.*, n° 833.
17. Crim. 10 juin 1985, n° 84-90.432, *Bull. crim.*, n° 221.
18. Crim. 22 mars 1983, n° 83-90.217, *Bull. crim.*, n° 87 – Crim. 20 déc. 1983, n° 83-94.077, *Bull. crim.*, n° 350 – Crim. 24 juill. 1991, n° 91-82.820, *Bull. crim.*, n° 306.
19. Crim. 4 mars 1986, n° 85-93.398, *Bull. crim.*, n° 87.

lieu[1]. Le juge d'instruction peut apprécier l'excuse de provocation en matière de presse[2].

213.24 Circonstances atténuantes. À plus forte raison, le juge d'instruction, pas plus que la chambre de l'instruction n'avaient à apprécier les circonstances atténuantes de l'article 463 du Code pénal, sorte de « correctif judiciaire à la rigueur abstraite de la loi », qui étaient de la compétence exclusive des juridictions de jugement et qui sont souverainement appréciées par elles[3]. Il n'existe plus de circonstances atténuantes depuis l'entrée en vigueur le 1er mars 1994 du nouveau Code pénal.

Enfin, le juge d'instruction ne saurait fonder sa décision sur la moralité de la personne mise en examen, ou tenir compte des mobiles qui ont conduit ce dernier à commettre le délit[4]. Par exemple, le juge d'instruction ne saurait rendre une ordonnance de non-lieu, alors que les éléments de l'infraction sont caractérisés, en faveur de l'inculpé sur lequel sont donnés de bons renseignements ou qui est délinquant primaire[5]. La juridiction de jugement elle-même ne saurait fonder sa décision de relaxe sur une excuse non prévue par la loi[6]. Le juge d'instruction ne saurait pas davantage fonder une ordonnance de non-lieu sur la bonne foi, dans les matières où elle n'est pas admise[7], ou en prenant en considération les simples mobiles[8]. Il arrive toutefois dans la pratique que le juge d'instruction rende une ordonnance de non-lieu en opportunité, d'accord avec le ministère public, par exemple lorsque la partie civile, qui avait mis en mouvement l'action publique, se désiste de sa plainte après avoir trouvé un accord avec la personne mise en cause.

SECTION 3
INFORMATIONS COMPLEXES

213.31 Jonction ou disjonction. Certaines informations sont complexes, en ce sens qu'elles comportent plusieurs faits, et sont dirigées contre plusieurs personnes poursuivies chacune pour des faits distincts. La doctrine enseigne que lorsque plusieurs personnes sont comprises dans une même poursuite, et qu'il apparaît d'ores et déjà qu'aucune charge n'existe contre certaines d'entre elles, le juge d'instruction doit sans plus attendre rendre une ordonnance de non-lieu en ce qui les concerne, alors que l'information se continue à l'égard des autres inculpés. Les poursuites, en effet, doivent cesser à l'égard de ceux que qu'elles ne concernent plus[9]. Cette doctrine a été consacrée par l'article 182 du Code de procédure pénale, aux termes duquel « des ordonnances comportant non-lieu partiel peuvent intervenir en cours d'information ». En pratique, la lourdeur de ces disjonctions conduit rarement le juge à rendre de telles décisions hors le cas de dossiers particuliers dans lesquels la personnalité de la personne devant faire l'objet d'un non-lieu est importante, ou lorsque certaines personnes sont en détention, et doivent passer rapidement devant une juridiction de jugement, compte tenu des délais maximum de détention provisoire. Il peut toutefois y être conduit davantage qu'autrefois par le jeu de l'article 175-1 lorsque la partie sollicite un non-lieu à l'issue du délai prévisible d'achèvement de la procédure qui lui avait été notifié.

Au contraire « si l'instruction a relevé à l'égard de tous les prévenus des indices de culpabilité, s'il y a lieu de présumer qu'ils devront tous être mis en jugement, le juge doit nécessairement attendre que la procédure soit complète vis-à-vis des uns et des autres, car cette procédure est indivisible; il n'est pas possible d'en séparer les éléments sans altérer la vérité des faits, d'en disperser les agents sans rendre plus incertaine la part de chacun d'eux dans l'action »[10].

« Lorsque les faits, à l'occasion desquels plusieurs individus sont l'objet d'une information unique, paraissent au juge d'instruction distincts et non connexes, le devoir du magistrat est de rendre une ordonnance de disjonction.[11] » L'article 182 alinéa 2 autorise le juge d'instruction à rendre, en cours d'information, des ordonnances de renvoi partiel quand, sur l'un ou plusieurs des faits dont il est saisi, les charges recueillies paraissent suffisantes.

Au contraire, lorsque le juge d'instruction est saisi d'une information contre l'auteur principal d'une infraction, et que d'autres informations ont été ouvertes contre les coauteurs ou les complices de la même infraction, il peut opérer la jonction de ces diverses procédures à sa propre information. Lorsque le juge d'instruction est saisi contre une personne d'un délit déterminé, et que d'autres informations ont été ouvertes pour d'autres faits commis par cette personne, la jonction des diverses procédures n'est pas dans ce cas légalement nécessaire, mais elle peut être utile. Le juge d'instruction

1. Crim. 22 juill. 1959, *Bull. crim.*, n° 366 – Crim. 5 janv. 1973, n° 72-90.278, *Bull. crim.*, n° 7; *D.* 1973, 541.
2. Crim. 9 janv. 1979, n° 77-92.807, *Bull. crim.*, n° 015.
3. Merle et Vitu, n° 588.
4. GARRAUD, III, n° 1009.
5. Crim. 25 avr. 1833, *Bull. crim.*, n° 155.
6. Crim. 19 mars 1956, *Bull. crim.*, n° 280 – Crim. 23 déc. 1957, *Bull. crim.*, n° 877 – Crim. 25 avr. 1979, n° 78-94.011, *Bull. crim.*, n° 143.
7. Crim. 26 janv. 1956, *Bull. crim.*, n° 103.
8. Crim. 5 févr. 1958, *Bull. crim.*, n° 125.
9. HÉLIE F., V, n° 2048 – GARRAUD, III, n° 998.
10. HÉLIE F., V, n° 2048.
11. GARRAUD, III, n° 999.

peut aussi joindre régulièrement à son information, à titre de renseignement, des pièces tirées d'une autre procédure, à la condition que celles-ci soient soumises à la discussion de parties [1].

213.32 Caractères de l'ordonnance. L'ordonnance par laquelle le juge d'instruction opère la jonction ou la disjonction d'une procédure, est une simple mesure d'ordre intérieur, un simple acte d'administration, qui n'a pas le caractère juridictionnel, et dont il n'est pas nécessaire de donner avis au conseil [2]. Le rejet d'une demande de jonction est une mesure abandonnée à la conscience du magistrat, à l'encontre de laquelle aucun recours n'est recevable [3].

Cependant, il n'en est ainsi que si la jonction n'a pu porter aucun préjudice à la partie poursuivie. L'ordonnance de jonction, qui intervient après une ordonnance de soit-communiqué, et qui implique l'intention du magistrat instructeur de poursuivre la réunion des preuves, est un acte d'instruction et de poursuite, qui interrompt la prescription [4].

213.33 Décision complexe de renvoi. La même ordonnance, à l'égard d'un seul mis en examen, peut décider qu'il n'y a lieu à suivre sur certains faits, et opérer le renvoi pour les autres faits. Lorsque l'information comprend plusieurs personnes mises en examen, l'ordonnance de règlement peut mettre hors de cause certains d'entre eux, et renvoyer les autres devant la même juridiction de jugement ou devant des juridictions différentes, selon la nature des faits. Il y a lieu, en ce cas, à disjonction. Il en est ainsi, notamment, selon les prescriptions de l'article 9 de l'ordonnance du 2 février 1945, quand l'information est suivie à la fois contre des mineurs de dix-huit ans, et des coauteurs ou complices majeurs [5]. Lorsque les diverses personnes mises en examen comprises dans une même information sont renvoyées devant des juridictions différentes, c'est non au juge d'instruction, mais au ministère public, chargé de l'exécution de l'ordonnance de règlement, qu'il appartient de fixer dans le temps l'ordre dans lequel ces juridictions seront appelées à connaître des faits [6].

Aux termes de l'article 214 du Code de procédure pénale, la chambre de l'instruction pouvait renvoyer un accusé du chef du crime et également du chef des délits connexes à ce crime, qu'il avait commis [7]. Elle pouvait aussi renvoyer devant la cour d'assises, en même temps que l'accusé, le prévenu auteur seulement de délits connexes, par exemple de recel simple d'un vol qualifié [8]. La connexité survit au décès de l'inculpé survenu en cours d'information [9]. La connexité survit aussi à l'ordonnance de non-lieu concernant les faits qui ont servi de support à cette connexité [10]. Mais la chambre d'accusation ne saurait examiner la connexité qui pourrait exister entre les faits dont elle est saisie et ceux déjà renvoyés devant la cour d'assises [11]. Depuis l'entrée en vigueur de la loi du 15 juin 2000, c'est le juge d'instruction qui rend une ordonnance de mise en accusation dans les conditions définies par l'article 181 du Code de procédure pénale (v. s^s^ n° 214.73).

Le terme « accusé » doit s'entendre aussi de la personne renvoyée devant la cour d'assises seulement pour un délit connexe [12].

213.34 L'ordonnance de règlement, qui opère à la fois non-lieu partiel, et renvoie des personnes mises en examen devant des juridictions différentes, ne doit pas être considérée comme une décision indivisible. Chacune de ces dispositions, quant au fond et quant à la procédure, constitue une décision distincte. Les règles de l'appel ne sont pas les mêmes, selon la disposition dont il s'agit, et selon la partie qui a interjeté l'appel [13]. Les actes interruptifs de la prescription des faits dont le juge d'instruction est demeuré saisi, sont sans effet sur la prescription des faits, fussent-ils connexes ou indivisibles, qui ont fait l'objet d'une précédente ordonnance de renvoi [14].

On qualifie également de complexe l'ordonnance de renvoi rendue sans qu'il ait été statué sur une précédente demande des parties, circonstance qui rend l'appel recevable [15] (v. s^s^ n°s 232.38 et 232.39).

1. Crim. 23 juill. 1985, n° 85-92.574, *Bull. crim.*, n° 275; *D.* 1985, 416, note P. Chambon (v. les attendus s^s^ n° 213.02) – V. aussi Crim. 15 mai 1990, n° 90-80.827, *Bull. crim.*, n° 193 – Crim. 17 juill. 1990, n° 90-82.614, *Bull. crim.*, n° 286.
2. Crim. 13 août 1903, *Bull. crim.*, n° 302 – Crim. 18 janv. 1956, *Bull. crim.*, n° 70 – Crim. 29 juin 1976, n° 76-91.303, *Bull. crim.*, n° 235.
3. Crim. 28 avr. 1970, n° 69-93.246, *Bull. crim.*, n° 147 – Crim. 3 oct. 1973, n° 73-91.325, *Bull. crim.*, n° 343 – Crim. 25 juin 1974, n° 74-90.446, *Bull. crim.*, n° 238 – Crim. 24 mars 1977, n° 76-91.442, *Bull. crim.*, n° 112.
4. Crim. 13 nov. 1952, *Bull. crim.*, n° 259.
5. Crim. 17 oct. 1983, n° 82-93.185, *Bull. crim.*, n° 247.
6. Crim. 6 juill. 1838, *Bull. crim.*, n° 195.
7. Crim. 24 août 1981, n° 81-93.182, *Bull. crim.*, n° 248.
8. Crim. 22 févr. 1951, *Bull. crim.*, n° 57 – Crim. 7 août 1971, n° 71-90.199, n° 71-90.859, *Bull. crim.*, n° 245.
9. Crim. 9 déc. 1976, n° 75-90.618, *Bull. crim.*, n° 359.
10. Crim. 20 oct. 1981, n° 81-90.627, *Bull. crim.*, n° 280.
11. Crim. 30 mai 1989, n° 89-81.584, *Bull. crim.*, n° 220.
12. Crim. 14 mars 1979, n° 78-91.135, *Bull. crim.*, n° 105; *JCP* 1979, IV, 176.
13. Crim. 2 mai 1967, *Bull. crim.*, n° 143.
14. Crim. 4 juin 1984, n° 83-93.526, *Bull. crim.*, n° 203.
15. Ass. plén., 24 mai 1996, *Bull. Ass. plén.*, n° 4; *JCP* 1996, II, 22667, note P. Chambon; *D.* 1996, 345, note J. Pradel.

CHAPITRE

214. Ordonnances de règlement

SECTION 0 ORIENTEUR

214.00 Plan du chapitre.

Sect. 1 Formes
Sect. 2 Effets de l'ordonnance de règlement – Dessaisissement du juge d'instruction
Sect. 3 Ordonnance de non-lieu
Sect. 4 Ordonnance de renvoi devant le tribunal de police
Sect. 5 Ordonnance de renvoi devant le tribunal correctionnel
Sect. 6 Requalification
Sect. 7 Renvoi devant la cour d'assises

214.01 Textes applicables.

C. pr. pén., art. 80, 90-1, 167-1, 175 à 182, 184, 186-3, 211, 212-2, 214, 215, 368, 383, 385, 469, 593, 706-120, 706-121, 800-2.

C. pr pén., R. 249-3.

Ord. 2 févr. 1945, art. 9.

C. pr. pén., art. 80 [L. n° 2007-291, 5 mars 2007]

I. – Le juge d'instruction ne peut informer qu'en vertu d'un réquisitoire du procureur de la République.

Le réquisitoire peut être pris contre personne dénommée ou non dénommée.

Lorsque des faits, non visés au réquisitoire, sont portés à la connaissance du juge d'instruction, celui-ci doit immédiatement communiquer au procureur de la République les plaintes ou les procès-verbaux qui les constatent. Le procureur de la République peut alors soit requérir du juge d'instruction, par réquisitoire supplétif, qu'il informe sur ces nouveaux faits, soit requérir l'ouverture d'une information distincte, soit saisir la juridiction de jugement, soit ordonner une enquête, soit décider d'un classement sans suite ou de procéder à l'une des mesures prévues aux articles 41-1 à 41-3, soit transmettre les plaintes ou les procès-verbaux au procureur de la République territorialement compétent. Si le procureur de la République requiert l'ouverture d'une information distincte, celle-ci peut être confiée au même juge d'instruction, désigné dans les conditions prévues au premier alinéa de l'article 83.

En cas de plainte avec constitution de partie civile, il est procédé comme il est dit à l'article 86. Toutefois, lorsque de nouveaux faits sont dénoncés au juge d'instruction par la partie civile en cours d'information, il est fait application des dispositions de l'alinéa qui précède.

II. – En matière criminelle, ainsi que lorsqu'il requiert une co-saisine, le procureur de la République près le tribunal de grande instance au sein duquel il n'y a pas de pôle de l'instruction est compétent pour requérir l'ouverture d'une information devant les magistrats du pôle territorialement compétents pour les infractions relevant de sa compétence en application de l'article 43, y compris en faisant déférer devant eux les personnes concernées.

Dans les cas prévus au premier alinéa, le réquisitoire introductif peut également être pris par le procureur de la République près le tribunal de grande instance au sein duquel se trouve le pôle, qui est à cette fin territorialement compétent sur l'ensemble du ressort de compétence de ce pôle, y compris pour diriger et contrôler les enquêtes de police judiciaire.

Le procureur de la République près ce tribunal de grande instance est seul compétent pour suivre le déroulement des informations visées aux alinéas précédents jusqu'à leur règlement.

En cas de renvoi devant la juridiction de jugement, l'affaire est renvoyée, selon le cas, devant la juridiction de proximité, le tribunal de police, le tribunal correctionnel, le tribunal pour enfants ou la cour d'assises initialement compétents.

III. – Si le procureur de la République près le tribunal de grande instance dans lequel il y a un pôle de l'instruction constate qu'une personne est déférée devant lui en vue de l'ouverture d'une information en application du deuxième alinéa du II et qu'il estime qu'aucune information relevant de la compétence du pôle ne doit être ouverte, il peut, avant de transmettre le dossier de la procédure au procureur de la République territorialement compétent, requérir le placement sous contrôle judiciaire ou en détention provisoire de la personne selon les modalités prévues par le troisième alinéa de l'article 394 et l'article 396. Si la personne est placée en détention provisoire, elle doit comparaître devant le procureur de la République territorialement compétent au plus tard le troisième jour ouvrable suivant. À défaut, elle est mise d'office en liberté.

C. pr. pén., art. 90-1 [L. n° 2007-297, 5 mars 2007, art. 46, *JO* 7 mars]

En matière criminelle, lorsqu'il s'agit d'un délit contre les personnes prévu par le livre II du Code pénal ou lorsqu'il s'agit d'un délit contre les biens prévu par le livre III du même code et accompagné d'atteintes à la personne, le juge d'instruction avise tous les six mois la partie civile de l'état d'avancement de l'information.

Cet avis peut être donné par lettre simple adressée à la partie civile et à son avocat, ou à l'occasion de l'audition de la partie civile.

Lorsqu'une association regroupant plusieurs victimes s'est constituée partie civile en application des dispositions de l'article 2-15, l'avis est donné à cette seule association, à charge pour elle d'en informer les victimes regroupées en son sein, sauf si ces victimes se sont également constituées parties civiles à titre individuel.

Si la partie civile le demande, l'information relative à l'évolution de la procédure prévue par le présent article intervient tous les quatre mois, et la partie civile est convoquée et entendue à cette fin par le juge d'instruction.

C. pr. pén., art. 167-1

Lorsque les conclusions de l'expertise sont de nature à conduire à l'application des dispositions du premier alinéa de l'article 122-1 du Code pénal prévoyant l'irresponsabilité pénale de la personne en raison d'un trouble mental, leur notification à la partie civile est effectuée dans les conditions prévues par le premier alinéa de l'article 167, le cas échéant en présence de l'expert ou des experts. En matière criminelle, cette présence est obligatoire si l'avocat de la partie civile le demande. La partie civile dispose alors d'un délai de quinze jours pour présenter des observations ou formuler une demande de complément d'expertise ou de contre-expertise. La contre-expertise demandée par la partie civile est de droit. Elle doit être accomplie par au moins deux experts.

C. pr. pén., art. 175

* V. s[s] n° 211.01.

C. pr. pén., art. 175-1

* V. s[s] n° 212.01.

C. pr. pén., art. 175-2

* V. s[s] n° 212.01.

C. pr. pén., art. 176

* V. s[s] n° 213.01.

C. pr. pén., art. 177 [L. n° 2004-204, 9 mars 2004]

* V. s[s] n° 213.01.

C. pr. pén., art. 177-1

Le juge d'instruction peut ordonner, sur la demande de la personne concernée, ou, avec l'accord de cette personne, d'office ou à la demande du ministère public soit la publication intégrale ou partielle de sa décision de non-lieu, soit l'insertion d'un communiqué informant le public des motifs et du dispositif de celle-ci, dans un ou plusieurs journaux, écrits périodiques ou services de communication audiovisuelle qu'il désigne.

Il détermine, le cas échéant, les extraits de la décision qui doivent être publiés ou fixe les termes du communiqué à insérer.

Si le juge ne fait pas droit à la demande de la personne concernée, il doit rendre une ordonnance motivée, qui est susceptible d'appel devant la chambre de l'instruction.

C. pr. pén., art. 177-2

Lorsqu'il rend une ordonnance de non-lieu à l'issue d'une information ouverte sur constitution de partie civile, le juge d'instruction peut, sur réquisitions du procureur de la République et par décision motivée, s'il considère que la constitution de partie civile a été abusive ou dilatoire, prononcer contre la partie civile une amende civile dont le montant ne peut excéder 15 000 euros.

Cette décision ne peut intervenir qu'à l'issue d'un délai de vingt jours à compter de la communication à la partie civile et à son avocat, par lettre recommandée ou par télécopie avec récépissé, des réquisitions du procureur de la République, afin de permettre à l'intéressé d'adresser des observations écrites au juge d'instruction.

Cette décision peut être frappée d'appel par la partie civile dans les mêmes conditions que l'ordonnance de non-lieu.

Si le juge d'instruction ne suit pas les réquisitions du procureur de la République, ce dernier peut interjeter appel dans les mêmes conditions.

C. pr. pén., art. 177-3

Lorsque la partie civile est une personne morale, l'amende civile prévue par l'article 177-2 peut être prononcée contre son représentant légal, si la mauvaise foi de ce dernier est établie.

C. pr. pén., art. 178

* V. s[s] n° 213.01.

C. pr. pén., art. 179

* V. s[s] n° 213.01.

C. pr. pén., art. 179-1 [L. n° 2005-47, 26 janv. 2005, art. 9 X, *JO* 27 janv., en vigueur le 1er avr. 2005]

Toute ordonnance renvoyant la personne mise en examen devant la juridiction de proximité, le tribunal de police ou le tribunal correctionnel informe celle-ci qu'elle doit signaler auprès du procureur de la République, jusqu'au jugement définitif de l'affaire, tout changement de l'adresse déclarée lors de sa mise en examen, par lettre recommandée avec demande d'avis de réception. L'ordonnance l'informe également que toute citation, notification ou signification faite à la dernière adresse déclarée sera réputée faite à sa personne.

C. pr. pén., art. 180 [L. n° 2005-47, 26 janv. 2005, art. 9 XI, en vigueur le 1er avr. 2005]

Dans les cas de renvoi, soit devant la juridiction de proximité, soit devant le tribunal de police, soit devant le tribunal correctionnel, le juge d'instruction transmet le dossier avec son ordonnance au procureur de la République.

Celui-ci est tenu de l'envoyer sans retard au greffe du tribunal qui doit statuer.

Si la juridiction correctionnelle est saisie, le procureur de la République doit faire donner assignation au prévenu pour l'une des plus prochaines audiences, en observant les délais de citation prévus au présent code.

C. pr. pén., art. 181 [L. n° 2004-204, 9 mars 2004]

* V. s^s^ n° 213.01.

C. pr. pén., art. 182

Des ordonnances comportant non-lieu partiel peuvent intervenir en cours d'information.

Peuvent intervenir, dans les mêmes conditions, des ordonnances de renvoi partiel ou de transmission partielle des pièces lorsque, sur l'un ou plusieurs des faits dont le juge d'instruction est saisi, les charges recueillies apparaissent suffisantes.

Les personnes ayant fait l'objet d'une ordonnance de renvoi partiel ou de transmission partielle des pièces et qui ne demeurent pas mises en examen pour d'autres faits sont entendues comme témoin assisté. Il en est de même en cas de disjonction d'une procédure d'instruction.

C. pr. pén., art. 184 [L. n° 2007-291, 5 mars 2007]

Les ordonnances rendues par le juge d'instruction en vertu de la présente section contiennent les nom, prénoms, date, lieu de naissance, domicile et profession de la personne mise en examen. Elles indiquent la qualification légale du fait imputé à celle-ci et, de façon précise, les motifs pour lesquels il existe ou non contre elle des charges suffisantes. Cette motivation est prise au regard des réquisitions du ministère public et des observations des parties qui ont été adressées au juge d'instruction en application de l'article 175, en précisant les éléments à charge et à décharge concernant chacune des personnes mises en examen.

C. pr. pén., art. 186-3 [L. n° 2007-291, 5 mars 2007]

La personne mise en examen et la partie civile peuvent interjeter appel des ordonnances prévues par le premier alinéa de l'article 179 dans le cas où elles estiment que les faits renvoyés devant le tribunal correctionnel constituent un crime qui aurait dû faire l'objet d'une ordonnance de mise en accusation devant la cour d'assises.

Lorsque l'information a fait l'objet d'une co-saisine, elles peuvent également, en l'absence de cosignature par les juges d'instruction co-saisis conformément à l'article 83-2, interjeter appel de ces ordonnances.

C. pr. pén., art. 211

Elle examine s'il existe contre la personne mise en examen des charges suffisantes.

C. pr. pén., art. 212-2 [L. n° 2004-204, 9 mars 2004]

Lorsqu'elle déclare qu'il n'y a lieu à suivre à l'issue d'une information ouverte sur constitution de partie civile, la chambre de l'instruction peut, sur réquisitions du procureur général et par décision motivée, si elle considère que la constitution de partie civile a été abusive ou dilatoire, prononcer contre la partie civile une amende civile dont le montant ne peut excéder 15 000 euros.

Cette décision ne peut intervenir qu'à l'issue d'un délai de vingt jours à compter de la communication à la partie civile et à son avocat, par lettre recommandée ou par télécopie avec récépissé, des réquisitions du procureur général, afin de permettre à l'intéressé d'adresser des observations écrites à la chambre de l'instruction.

Lorsque la partie civile est une personne morale, l'amende civile peut être prononcée contre son représentant légal, si la mauvaise foi de ce dernier est établie.

C. pr. pén., art. 214

Si les faits retenus à la charge des personnes mises en examen constituent une infraction qualifiée crime par la loi, la chambre de l'instruction prononce la mise en accusation devant la cour d'assises.

Elle peut saisir également cette juridiction des infractions connexes.

C. pr. pén., art. 215 [L. n° 2004-204, 9 mars 2004]

L'arrêt de mise en accusation contient, à peine de nullité, l'exposé et la qualification légale des faits, objet de l'accusation, et précise l'identité de l'accusé. Il précise également, s'il y a lieu, que l'accusé bénéficie des dispositions de l'article 132-78 du Code pénal.

Les dispositions de l'article 181 sont applicables.

L'arrêt de mise en accusation est notifié à l'accusé conformément aux dispositions du deuxième alinéa de l'article 183.

C. pr. pén., art. 368

Aucune personne acquittée légalement ne peut plus être reprise ou accusée à raison des mêmes faits, même sous une qualification différente.

C. pr. pén., art. 383

La compétence à l'égard d'un prévenu s'étend à tous coauteurs et complices.

C. pr. pén., art. 385

Le tribunal correctionnel a qualité pour constater les nullités des procédures qui lui sont soumises sauf lorsqu'il est saisi par le renvoi ordonné par le juge d'instruction ou la chambre de l'instruction.

Toutefois, dans le cas où l'ordonnance ou l'arrêt qui l'a saisi n'a pas été porté à la connaissance des parties dans les conditions prévues, selon le cas, par le quatrième alinéa de l'article 183 ou par l'article 217, ou si l'ordonnance n'a pas été rendue conformément aux dispositions de l'article 184, le tribunal renvoie la procédure au ministère public pour lui permettre de saisir à nouveau la juridiction d'instruction afin que la procédure soit régularisée.

Lorsque l'ordonnance de renvoi du juge d'instruction a été rendue sans que les conditions prévues par l'article 175 aient été respectées, les parties demeurent recevables, par dérogation aux dispositions du premier alinéa, à soulever devant le tribunal correctionnel les nullités de la procédure.

Lorsque la procédure dont il est saisi n'est pas renvoyée devant lui par la juridiction d'instruction, le tribunal statue sur les exceptions tirées de la nullité de la procédure antérieure.

La nullité de la citation ne peut être prononcée que dans les conditions prévues par l'article 565.

Dans tous les cas, les exceptions de nullité doivent être présentées avant toute défense au fond.

C. pr. pén., art. 469 [L. n° 2004-204, 9 mars 2004]
Si le fait déféré au tribunal correctionnel sous la qualification de délit est de nature à entraîner une peine criminelle, le tribunal renvoie le ministère public à se pourvoir ainsi qu'il avisera.

Il peut, le ministère public entendu, décerner, par la même décision, mandat de dépôt ou d'arrêt contre le prévenu.

Les dispositions des deux alinéas précédents sont également applicables si le tribunal correctionnel, dans sa composition prévue par le troisième alinéa de l'article 398, estime, au résultat des débats, que le fait qui lui était déféré sous la qualification de l'un des délits visés à l'article 398-1 est de nature à entraîner une peine prévue pour un délit non visé par cet article.

Lorsqu'il est saisi par le renvoi ordonné par le juge d'instruction ou la chambre de l'instruction, le tribunal correctionnel ne peut pas faire application, d'office ou à la demande des parties, des dispositions du premier alinéa, si la victime était constituée partie civile et était assistée d'un avocat lorsque ce renvoi a été ordonné. Toutefois, le tribunal correctionnel saisi de poursuites exercées pour un délit non intentionnel conserve la possibilité de renvoyer le ministère public à se pourvoir s'il résulte des débats que les faits sont de nature à entraîner une peine criminelle parce qu'ils ont été commis de façon intentionnelle.

C. pr. pén., art. 593
Les arrêts de la chambre de l'instruction, ainsi que les arrêts et jugements en dernier ressort sont déclarés nuls s'ils ne contiennent pas des motifs ou si leurs motifs sont insuffisants et ne permettent pas à la Cour de cassation d'exercer son contrôle et de reconnaître si la loi a été respectée dans le dispositif.

Il en est de même lorsqu'il a été omis ou refusé de prononcer soit sur une ou plusieurs demandes des parties, soit sur une ou plusieurs réquisitions du ministère public.

C pr. pén., art. 706-120
Lorsqu'au moment du règlement de son information, le juge d'instruction estime, après avoir constaté qu'il existe contre la personne mise en examen des charges suffisantes d'avoir commis les faits reprochés, qu'il y a des raisons plausibles d'appliquer le premier alinéa de l'article 122-1 du Code pénal, il ordonne, si le procureur de la République ou une partie en a formulé la demande, que le dossier de la procédure soit transmis par le procureur de la République au procureur général aux fins de saisine de la chambre de l'instruction. Il peut aussi ordonner d'office cette transmission.

Dans les autres cas, il rend une ordonnance d'irresponsabilité pénale pour cause de trouble mental qui précise qu'il existe des charges suffisantes établissant que l'intéressé a commis les faits qui lui sont reprochés.

C. pr. pén., art. 706-121
L'ordonnance d'irresponsabilité pénale pour cause de trouble mental met fin à la détention provisoire ou au contrôle judiciaire.

L'ordonnance de transmission de pièces rendue en application de l'article 706-120 ne met pas fin à la détention provisoire ou au contrôle judiciaire, qui se poursuit jusqu'à l'audience de la chambre de l'instruction, sans préjudice de la possibilité pour le juge d'instruction, par ordonnance distincte, d'ordonner la mise en liberté ou la levée du contrôle judiciaire. S'il n'a pas été mis fin à la détention provisoire, la chambre de l'instruction doit statuer dans un délai de six mois en matière criminelle ou quatre mois en matière correctionnelle à compter de la date de l'ordonnance de transmission de pièces, à défaut de quoi la personne mise en examen est remise en liberté si elle n'est pas détenue pour une autre cause.

C. pr. pén., art. 800-2
À la demande de l'intéressé, toute juridiction prononçant un non-lieu, une relaxe ou un acquittement peut accorder à la personne poursuivie une indemnité qu'elle détermine au titre des frais non payés par l'État et exposés par celle-ci.

Cette indemnité est à la charge de l'État. La juridiction peut toutefois ordonner qu'elle soit mise à la charge de la partie civile lorsque l'action publique a été mise en mouvement par cette dernière.

Un décret en Conseil d'État fixe les conditions d'application du présent article.

C. pr. pén., art. R. 249-3
L'indemnité doit être demandée à la juridiction d'instruction ou de jugement avant que celle-ci ne statue sur l'action publique.

La demande fait l'objet d'une requête datée et signée du demandeur ou de son avocat, adressée à la juridiction soit par lettre recommandée avec demande d'accusé de réception, soit par remise au greffe contre récépissé :

1° Au plus tard avant l'expiration du délai de vingt jours prévu par l'article 175, si la demande est formée devant le juge d'instruction ou la chambre de l'instruction;

2° Avant la clôture des débats, si la demande est formée devant une juridiction de jugement.

Cette requête indique le montant de l'indemnité demandée pour chacun des frais exposés, conformément aux distinctions prévues par l'article R. 249-2. Elle est accompagnée des pièces justificatives des frais exposés, comprenant notamment une attestation de l'avocat indiquant soit le montant de ses honoraires, soit le fait que ceux-ci ont dépassé le montant prévu au premier alinéa du même article. Lorsque l'indemnité demandée porte également sur les frais prévus par le dernier alinéa de l'article R. 249-2, figure en outre parmi les pièces justificatives une attestation du bénéficiaire provisoire indiquant soit le montant de sa rémunération, soit que celle-ci était supérieure aux montants prévus au dernier alinéa de cet article.

Ord. 2 févr. 1945, art. 9 [L. n° 2004-204, 9 mars 2004]
Le juge d'instruction procédera à l'égard du mineur, dans les formes du chapitre Ier du titre III du livre Ier du Code de procédure pénale et ordonnera les mesures prévues aux alinéas 4, 5 et 6 de l'article 8 de la présente ordonnance.

Lorsque l'instruction sera achevée, le juge d'instruction, sur réquisition du procureur de la République, rendra l'une des ordonnances de règlement suivantes :

1° Soit une ordonnance de non-lieu;

2° Soit, s'il estime que le fait constitue une contravention, une ordonnance de renvoi devant le tribunal de police, ou, s'il s'agit d'une contravention de cinquième classe, devant le juge des enfants ou devant le tribunal pour enfants;

3° Soit, s'il estime que les faits constituent un délit, une ordonnance de renvoi devant le juge des enfants ou devant le tribunal pour enfants; toutefois, lorsque la peine encourue est supérieure ou égale à sept ans et que le mineur est âgé de seize ans révolus, le renvoi devant le tribunal pour enfants est obligatoire;

4° En cas de crime, soit une ordonnance de renvoi devant le tribunal pour enfants s'il s'agit d'un mineur de seize ans, soit, dans le cas visé à l'article 20, une ordonnance de mise en accusation devant la cour d'assises des mineurs.

Si le mineur a des coauteurs ou complices majeurs ces derniers seront, en cas de poursuites correctionnelles, renvoyés devant la juridiction compétente suivant le droit commun; la cause concernant le mineur sera disjointe pour être jugée conformément aux dispositions de la présente ordonnance. En cas de poursuites pour infraction qualifiée crime, il sera procédé à l'égard de toutes les personnes mises en examen conformément aux dispositions de l'article 181 du Code de procédure pénale; le juge d'instruction pourra, soit renvoyer tous les accusés âgés de seize ans au moins devant la Cour d'assises des mineurs, soit disjoindre les poursuites concernant les majeurs et renvoyer ceux-ci devant la cour d'assises de droit commun; les mineurs âgés de moins de seize ans seront renvoyés devant le tribunal pour enfants.

L'ordonnance sera rédigée dans les formes du droit commun.

Au cas de renvoi devant la Cour d'assises des mineurs, le juge d'instruction pourra décerner une ordonnance de prise de corps contre les accusés mineurs.

214.02 Jurisprudence de référence.

• La chambre de l'instruction ne peut, sans excès de pouvoir, annuler l'ordonnance de règlement lorsque celle-ci satisfait, en la forme, aux conditions essentielles de son existence légale.

Crim. 29 mai 2001, n° 01-80.718, *Bull. crim.,* n° 136; *D.* 2001, IR 1925; *D.* 2002, somm. 1461, obs. Pradel.

« Attendu que la juridiction d'instruction du second degré ne peut, sans excès de pouvoir, annuler l'ordonnance du juge d'instruction portant règlement de la procédure d'information, lorsque cette ordonnance satisfait, en la forme, aux conditions essentielles de son existence légale;

[...]

Attendu que, pour annuler les dispositions de l'ordonnance autres que celles constatant, pour partie, l'extinction de l'action publique et renvoyer la procédure au juge d'instruction en vue de poursuivre l'information, la chambre de l'instruction énonce notamment que toute personne à l'encontre de laquelle il existe des indices laissant présumer qu'elle a participé à la commission d'une ou plusieurs infractions, doit être informée de l'exact contenu des faits à elle reprochés et de leur qualification juridique; qu'elle ajoute que la requalification des faits, pour lesquels les personnes poursuivies n'ont point été mises en examen ni entendues, n'est pas conforme aux dispositions légales et à celles de la Convention européenne des droits de l'Homme;

Mais attendu qu'en prononçant ainsi, alors que le juge d'instruction avait requalifié les faits par application des dispositions de l'article 176 du Code de procédure pénale, non contraires à l'article 6.3 de la Convention européenne des droits de l'Homme, et alors qu'il lui appartenait d'apprécier elle-même si les personnes mises en examen devaient être renvoyées devant la juridiction de jugement sous les qualifications ainsi retenues, quitte à ordonner, le cas échéant, tout acte d'information complémentaire utile, la chambre de l'instruction a méconnu les textes susvisés et le principe ci-dessus rappelé. »

• La recevabilité de l'appel, exercé en application de l'article 186-3, alinéa 1er, du Code de procédure pénale, n'est pas subordonnée à la mention dans l'acte d'appel de l'objet de ce recours.

Crim. 10 déc. 2008, n° 08-86.812, *Bull. crim.,* n° 252, *AJ pénal* 2009, 137, obs. L. Ascenci.

« Attendu qu'aux termes de ce texte, la personne mise en examen et la partie civile peuvent interjeter appel des ordonnances prévues par le premier alinéa de l'article 179 du Code de procédure pénale dans le cas où elles estiment que les faits renvoyés devant le tribunal correctionnel constituent un crime qui aurait dû faire l'objet d'une ordonnance de mise en accusation devant la cour d'assises;

Attendu qu'il résulte des pièces de la procédure qu'à l'issue d'une information ouverte pour viols aggravés, faits de nature criminelle, et agressions sexuelles aggravées, le juge d'instruction a renvoyé la personne mise en examen devant le tribunal pour enfants sous la prévention d'agressions sexuelles aggravées; que les parties civiles ont déclaré interjeter appel;

Attendu que, pour refuser d'admettre l'appel interjeté par les parties civiles de l'ordonnance de requalification et de renvoi devant le tribunal pour enfants, le président de la chambre de l'instruction retient que la déclaration d'appel, pour échapper à l'irrecevabilité de principe édictée par l'article 186 du Code de procédure pénale, doit faire apparaître de manière non équivoque que ce recours est exercé en application de l'article 186-3 dudit code;

Mais attendu qu'en prononçant ainsi, alors que la recevabilité de l'appel, exercé en application de l'article 186-3, alinéa 1er, du Code de procédure pénale, n'est pas subordonnée à la mention dans l'acte d'appel de l'objet de ce recours, le président de la chambre de l'instruction a excédé ses pouvoirs;

D'où il suit que l'annulation est encourue. »

214.03 Bibliographie indicative. (V. les références complètes s[s] n° 03.)

Actualisables. Rép. pén., Guéry, « Instruction préparatoire »; Coste, « Chambre de l'instruction » – J.-Cl. pén., Angevin H., « Chambre de l'instruction »; Dumont, « Ordonnances de règlement ».

Ouvrages. Hélie F., V, n°s 2055 et 2089 – Garraud, III, n° 1016 – Guéry, n°s 9.5, 9.19 s. – Le Poittevin, art. 127, n° 72; art. 134, n° 12.

Articles. Buisson J., « La déclaration d'irresponsabilité pénale pour cause de trouble mental : loi du 25 février 2008 », *Procédures* avr. 2008, ét. 4, p. 5 – Detraz S., « L'innocence à l'épreuve de la décision de non-lieu », *Rev. pénit.* 1/2005, p. 179; « La création d'une nouvelle décision de règlement de l'instruction : la décision d'irresponsabilité pénale pour cause de trouble mental », *RSC* 2008, chron. 873 – Guéry, « Un toilettage progressif et personnalisé : les nullités de l'instruction après l'entrée en vigueur de la loi du 4 mars 2002 », *Dr. pénal* nov. 2002 – Mathieu G., « La purge des nullités par l'ordonnance de renvoi : étude d'un problème particulier », *D.* 2000, Point de vue V – Pradel J., « Une double révolution en droit pénal français avec la loi du 25 février 2008 sur les criminels dangereux », *D.* 2008, n° 15, 1000.

214.06 Questions essentielles.

• La matière est complexe et toutes les questions n'ont pas encore trouvé de réponses. Il en est ainsi du problème des qualifications « à la hausse » en fin de procédure, ou de qualification de renvoi comportant des éléments constitutifs différents de ceux sur lesquels la personne a pu répondre.

* V. s[s] n° 214.61.

• La rédaction des ordonnances de règlement est modifiée par la loi n° 2007-291 du 5 mars 2007.

* V. s[s] n° 214.14.

SECTION 1
FORMES

214.11 Date et signature. Les formes communes aux diverses ordonnances de règlement sont réglées par l'article 184 du Code de procédure pénale.

Comme toute décision du juge d'instruction, l'ordonnance de règlement doit être signée par ce magistrat. Sinon, elle n'aurait pas d'existence et ne serait qu'un simple projet[1]. La signature du greffier n'est pas requise. L'ordonnance doit également être datée. L'absence de date est sans conséquence sur la validité de l'ordonnance, s'il peut y être suppléé par les autres pièces de la procédure, notamment les récépissés postaux de notification, qui indiquent la date à laquelle l'ordonnance a été rendue[2].

1. Le Poittevin, art. 134, n° 12.
2. Crim. 25 févr. 1958, *Bull. crim.*, n° 197.

214.12 Identification. Aux termes de l'article 184 Code de procédure pénale, l'ordonnance de règlement doit contenir « les noms, prénoms, date et lieu de naissance, domicile et profession de la personne mise en examen ». Ces mentions ne sont toutefois pas prescrites à peine de nullité; et une erreur d'orthographe sur le nom ou les prénoms, ou la date ou le lieu de naissance, ne toucherait pas la validité de l'ordonnance, pourvu que le prévenu soit désigné de manière à ne laisser subsister aucun doute sur son identité[3].

214.13 Interdiction du renvoi contre inconnu. Si l'information peut être normalement ouverte ou suivie contre inconnu (C. pr. pén., art. 80), l'ordonnance de renvoi ne peut être dirigée contre une personne inconnue ou non identifiée. La traduction devant la juridiction de jugement implique l'identification préalable du prévenu. La Cour de cassation n'admet pas le renvoi contre inconnu. Dans une espèce où un accusé avait été renvoyé sous un faux nom, et dans une autre où il n'avait été désigné que par la ville où il était présumé être né, les deux renvois ont été annulés, au motif « que cette disposition de l'arrêt est contraire aux lois et à toutes les règles qui concernent l'instruction criminelle [...], et qu'il serait impossible de mettre à exécution une ordonnance de prise de corps calquée sur une telle mise en accusation »[4]. La Cour de cassation a encore annulé pour les mêmes motifs une ordonnance de renvoi contre un inconnu, seulement désigné comme « s'étant dit Antillais et acheteur de la Compagnie française des Antilles »[5].

214.14 Motifs. Aux termes de l'article 184 « les ordonnances de règlement indiquent la qualification légale du fait imputé à la personne mise en examen, et de façon précise, les motifs pour lesquels il existe ou non des charges suffisantes ».

L'ordonnance de règlement doit donc être motivée, comme toute décision judiciaire. Une ordonnance ainsi libellée : « soit fait ainsi qu'il est requis », avait été annulée comme insuffisamment motivée[6]. La nécessité des motifs est expressément formulée par l'article 593 du Code de procédure pénale, en ce qui concerne la chambre de l'instruction[7]. Toutefois, il a été jugé « que l'obligation faite au juge d'instruction par l'article 184 du Code de

3. Crim. 29 janv. 1983, *Bull. crim.*, n° 48 – Crim. 4 janv. 1849, *Bull. crim.*, n° 4 – Crim. 21 déc. 1871, *D.* 1872, 1, 334 – Crim. 10 juill. 1890, *S.* 1891, 1, 93; *Bull. crim.*, n° 151.
4. Crim. 7 janv. 1825, *Bull. crim.*, n° 2 – Crim. 10 déc. 1825, *Bull. crim.*, n° 235.
5. Crim. 2 déc. 1954, *Bull. crim.*, n° 369; *JCP* 1955, II, 8480, note P. Chambon.
6. Crim. 30 mai 1828, *D.* 1828, 1, 266.
7. Crim. 11 mai 1971, n° 70-92.589, *Bull. crim.*, n° 142.

procédure pénale d'indiquer les motifs pour lesquels il existe à son avis, à l'encontre de la personne poursuivie des charges suffisantes, ne saurait être considérée en soi comme une disposition substantielle; que l'énoncé, par le magistrat instructeur, des motifs qui lui ont dicté sa décision de renvoi n'est ordonné par la loi qu'à l'effet de simplifier et d'éclairer le débat et de permettre le jugement plus rapide de l'affaire », si par ailleurs l'ordonnance se réfère expressément au réquisitoire définitif, lui-même motivé[1].

Le texte de l'article 184 du Code de procédure pénale a été modifié par la loi du 5 mars 2007. L'article est complété par une phrase ainsi rédigée : « Cette motivation est prise au regard des réquisitions du ministère public et des observations des parties qui ont été adressées au juge d'instruction en application de l'article 175, en précisant les éléments à charge et à décharge concernant chacune des personnes mises en examen. » Il semble donc que le magistrat instructeur doive tenir compte, dans sa motivation, des observations qui lui ont été faites dans les conditions posées par l'article 175 (v. s^s^ n° 212.34). Si l'ordonnance n'est pas conforme à ces exigences, le tribunal correctionnel pourra l'annuler et renvoyer la procédure au ministère public pour qu'elle soit régularisée (C. pr. pén., art. 385, al. 2).

Le Code de procédure pénale prévoyait déjà que le magistrat instructeur instruit à charge et à décharge (C. pr. pén., art. 81, al. 1, issu de L. 15 juin 2000). Désormais, le juge doit préciser dans son ordonnance de règlement les « éléments à charge et à décharge concernant chacune des personnes mises en examen ». La cour d'appel de Paris (10e chambre) a rendu le 20 janvier 2009 un arrêt inédit infirmant la décision de la juridiction de première instance, annulant l'ordonnance de renvoi, et ordonnant la mise en liberté des personnes renvoyées devant elle, dans une espèce où le magistrat instructeur, tout en rendant une ordonnance partiellement non conforme (non lieu pour une personne poursuivie, contrairement aux réquisitions du ministère public) avait adopté pour le surplus les réquisitions du ministère public. Il convient de noter qu'il n'y avait pourtant pas d'observations des parties. Certains avocats dénoncent également la pratique du « copié-collé » et des tribunaux correctionnels ont déjà annulé ce type d'ordonnance. Le magistrat instructeur doit donc au minimum personnaliser l'ordonnance de règlement rendue qui ne doit jamais se référer aux réquisitions du ministère public et ne pas être complètement la copie conforme du réquisitoire.

214.15 Exposé des faits. Dans la pratique, c'est le procureur de la République qui expose les faits dans son réquisitoire définitif. Le juge d'instruction se bornait le plus souvent à se référer à cet exposé. Toutefois, il motive volontiers son ordonnance d'une manière précise et détaillée, lorsqu'il disqualifie la prévention, ou lorsqu'il statue dans un sens contraire aux réquisitions du ministère public. Il est important de motiver l'ordonnance de non-lieu rendue sur constitution de partie civile, dont la partie civile fait souvent appel. La date des faits n'est pas essentielle, s'il est indiqué qu'ils ne sont pas prescrits[2].

214.16 Ordonnance complexe. Traditionnellement, l'ordonnance de règlement pouvait encore être complexe, en ce qu'elle contenait d'autres dispositions, étrangères au règlement, qui statuaient, expressément ou implicitement, sur d'autres points. La chambre d'accusation de la cour d'appel de Paris a annulé une ordonnance de renvoi du juge d'instruction, qui a en même temps rejeté une demande de contre-expertise, au motif que le renvoi devant la juridiction de jugement est ainsi intervenu avant que ne soit expiré le délai d'appel de la disposition rejetant ladite demande[3]. La Cour de cassation a également considéré que devait être tenue pour nulle et non avenue l'ordonnance de renvoi devant le tribunal correctionnel, complexe en ce qu'elle rejetait implicitement une demande antérieure d'expertise[4]. Est également complexe, l'ordonnance de renvoi qui n'a pas statué sur l'irrecevabilité de la constitution de partie civile soulevée par l'inculpé[5], ou qui a omis de statuer sur certains chefs de poursuite, omission qui rend recevable l'appel de la partie civile[6]. Lorsqu'une requête aux fins d'amnistie est présentée en application du dernier alinéa de l'article 9 de la loi du 6 août 2002, par la personne mise en examen, au juge d'instruction, ce dernier est tenu de répondre par une décision qui est soumise aux voies de recours ordinaires; l'ordonnance de renvoi, intervenue sans qu'il ait été statué sur une

1. Crim. 4 févr. 1960, *Bull. crim.*, n° 66 – Crim. 11 oct. 1989, n° 89-81.639, *Bull. crim.*, n° 356 – Crim. 26 janv. 2000, n° 99-85.725, *Bull. crim.*, n° 41; *D.* 2000, IR 85 – Crim. 13 oct. 2004, n° 03-81.763, n° 01-83.944, n° 01-83.945, n° 01-83.943, n° 00-86.726, n° 00-86.727, *Bull. crim.*, n° 243; *JCP* 2004, IV, 3266.
2. Crim. 21 juin 1983, n° 82-92.487, *Bull. crim.*, n° 191.
3. CA Paris, 2e ch. acc., 23 mai 1960, *JCP* 1962, II, 12692 *bis*, note P. Chambon.
4. Crim. 2 mai 1967, *Bull. crim.*, n° 143 – Crim. 2 avr. 1992, n° 92-80.263, *Bull. crim.*, n° 139.
5. Crim. 13 juin 1972, n° 72-90.091, *Bull. crim.*, n° 197 – Crim. 14 déc. 1982, n° 82-90.109, *Bull. crim.*, n° 288.
6. Crim. 7 mars 1989, n° 88-85.384, *Bull. crim.*, n° 110 – Crim. 23 nov. 1993, n° 92-85.652, *Bull. crim.*, n° 349 – Crim. 13 juin 1995, n° 93-81.921, *Bull. crim.*, n° 215; *JCP* 1995, IV, 2337.

telle demande, comporte un rejet implicite de cette demande, présente un caractère complexe et est susceptible d'appel[1].

Mais la chambre criminelle décide désormais qu'il « résulte de l'article 82-1 que, lorsque le juge d'instruction n'a pas statué dans le délai d'un mois sur une demande d'acte présentée en application de ce texte, la personne mise en examen qui n'a pas usé de la faculté de saisir directement le président de la chambre d'accusation dans les conditions précisées par l'article 81 du même code, ne saurait être admise à interjeter appel de l'ordonnance la renvoyant devant le tribunal correctionnel pour contester le rejet implicite de sa demande d'actes, l'ordonnance entreprise ne présentant pas un caractère complexe »[2]. On peut donc considérer que les ordonnances reconnues comme « complexes » sont en diminution (v. s^s n°s 232.38, 232.39).

214.17 Application de l'article 132-78 du Code pénal sur les repentis. La loi du 9 mars 2004 a prévu que les ordonnances de renvoi en matière correctionnelle ou de mise en accusation doivent préciser, s'il y a lieu, que la personne « bénéficie des dispositions de l'article 132-78 du Code pénal ». Il s'agit des dispositions sur les repentis. Il semble curieux que ce soit le juge d'instruction qui le mentionne dans son ordonnance, comme si cet état résultait forcément d'une application de la loi sans interprétation. Or, on peut présumer que la revendication de ce statut sera plus large que son champ naturel d'application. La juridiction saisie pourra-t-elle revenir sur l'appréciation faite par le magistrat instructeur ?

SECTION 2

EFFETS DE L'ORDONNANCE DE RÈGLEMENT – DESSAISISSEMENT DU JUGE D'INSTRUCTION

214.21 Le juge d'instruction, lorsqu'il a rendu son ordonnance de règlement, se trouve dessaisi de la procédure, et ne peut plus procéder à aucun acte d'instruction[3]. Il était admis que le juge d'instruction puisse joindre à la procédure après son ordonnance de transmission des pièces, les procès-verbaux d'audition de témoins établis en vertu d'une commission rogatoire antérieure[4].

Nonobstant le dessaisissement du juge d'instruction, il a été décidé que ce magistrat, après l'ordonnance de renvoi, peut interroger le prévenu[5], ou entendre un témoin[6], procédé qui n'entraînait pas la nullité. Il n'en demeure pas moins que cette manière de procéder constitue une irrégularité; la Cour de cassation a seulement voulu déclarer qu'une telle irrégularité n'entraîne pas la nullité[7]. Mais depuis que les avis à partie délivrés en fin d'information mettent l'intéressé en demeure de présenter pendant un délai de vingt jours – et depuis la loi du 5 mars 2007 d'un ou de trois mois – toute demande d'acte ou requête en nullité, et que l'ordonnance de renvoi purge la procédure des nullités, il n'est plus concevable que le juge d'instruction puisse faire un acte de procédure postérieurement au règlement de la procédure. En tout état de cause, la nullité de cet acte ne saurait être couverte par le renvoi. Il n'y a aucun obstacle à ce que, après annulation par la chambre d'accusation des derniers actes de l'instruction, y compris l'ordonnance de renvoi, le juge d'instruction reprenne sa procédure et la termine[8].

Le juge d'instruction ne peut connaître à nouveau de l'affaire qu'il a instruite que par délégation, pour procéder à un supplément d'information. Le dossier ne peut lui être directement renvoyé, afin qu'il procède à divers actes[9]. La délégation lui est donnée, soit par la chambre de l'instruction (C. pr. pén., art. 205), soit par le président des assises (C. pr. pén., art. 283), soit par commission rogatoire, par le magistrat de la juridiction correctionnelle chargé de l'information complémentaire (C. pr. pén., art. 463). Le juge d'instruction délégué ne peut prendre des décisions juridictionnelles[10].

214.22 Omission de statuer. Lorsque le juge d'instruction a omis de statuer sur l'un des faits dont il était saisi, il n'en est pas moins dessaisi de la procédure dans son ensemble, « il découle des règles posées par les articles 175 et suivants du Code de procédure pénale que l'ordonnance du juge d'instruction qui, sur les réquisitions du procureur de la République, décide que l'information est complète et y met fin, soit en disant qu'il n'y a lieu à suivre, soit en renvoyant l'inculpé devant la juridic-

1. Crim. 4 janv. 2005, n° 04-83.199, *Bull. crim.*, n° 4.
2. Crim. 30 nov. 1999, n° 99-80.679, *Bull. crim.*, n° 279; *RSC* 2000, 423, obs. D. Commaret; *Dr. pén.* 2000, comm. 51, obs. Maron – Crim. 6 févr. 2007, n° 06-88.713, *Bull. crim.*, n° 31.
3. HÉLIE F., V, n° 2055 – GARRAUD, III, n° 1016 – Crim. 2 déc. 1971, n° 71-92.789, *Bull. crim.*, n° 336; *D.* 1972, 190; *JCP* 1972, II, 17062, note P. Chambon.
4. Crim. 3 juill. 1952, *Bull. crim.*, n° 174.
5. Crim. 18 avr. 1816, *DP* 1816, 1, 468.
6. Crim. 10 mars 1881, *Bull. crim.*, n° 69; *S.* 1882, 1, 385.
7. En ce sens, LE POITTEVIN, art. 127, n° 72.
8. Crim. 1er mai 1924, *Bull. crim.*, n° 182 – V. Crim. 29 janv. 1985, n° 84-95.197, *Bull. crim.*, n° 46; *JCP* 1985, IV, 136.
9. Crim. 13 févr. 1984, n° 82-93.814, *Bull. crim.*, n° 50; *D.* 1984, IR 350 – V. CA Douai, ch. acc., 6 déc. 1963, *JCP* 1984, II, 20300, note P. Chambon.
10. Crim. 5 oct. 1982, n° 82-91.601, *Bull. crim.*, n° 205; *JCP* 1983, II, 20005, note Allix – Crim. 8 nov. 1990, n° 90-85.741, n° 90-85.742, *Bull. crim.*, n° 374.

tion compétente, dessaisit le juge d'instruction. Il s'ensuit que, sauf s'il a rendu explicitement une ordonnance de disjonction, le juge d'instruction, dessaisi par son ordonnance de règlement de la procédure, ne saurait poursuivre son information sur les faits qu'il aurait omis de viser dans cette ordonnance, à moins d'en être saisi à nouveau régulièrement »[1].

En un tel cas, la chambre d'accusation statuant sur l'appel de cette ordonnance, après avoir annulé celle-ci doit procéder dans les conditions prévues par l'article 206 du Code de procédure pénale, et peut donc renvoyer le dossier au même juge d'instruction, afin de poursuivre l'information sur les faits omis par l'ordonnance de règlement[2]. Lorsque c'est la chambre d'accusation qui a omis de relever, dans son arrêt de renvoi, l'un des faits résultant de la procédure soumise à son examen, aucune fin de non-recevoir ne peut être opposée à l'exercice ultérieur de l'action du ministère public à raison de ce chef omis, qui peut faire l'objet d'une nouvelle information[3]. L'omission de statuer entraîne un retour au juge d'instruction mais l'ordonnance de renvoi ne doit pas être annulée. La juridiction, si elle n'est pas autorisée par la loi à annuler l'ordonnance, a néanmoins la faculté de renvoyer l'examen de l'affaire à une audience ultérieure et de transmettre le dossier de la procédure au ministère public, habilité à saisir le juge d'instruction de toutes réquisitions appropriées visant les faits sur lesquels il n'a pas été statué dans l'ordonnance de règlement[4] (v. les attendus s^s n° 204.02; v. aussi s^s n° 204.22).

La procédure peut encore être renvoyée au juge d'instruction dans l'hypothèse de l'article 385 du Code de procédure pénale. Dans le cas où l'ordonnance ou l'arrêt qui a saisi le tribunal correctionnel n'a pas été porté à la connaissance des parties dans les conditions de l'article 183 alinéa 4 ou de l'article 217, ou si l'ordonnance ne répond pas aux conditions de l'article 184, le tribunal renvoie la procédure au ministère public pour lui permettre de saisir à nouveau la juridiction d'instruction. Le juge d'instruction ne saurait alors refuser d'informer[5].

1. Crim. 23 déc. 1969, *Bull. crim.*, n° 362; *D.* 1970, 282, note J.-M. R.
2. Crim. 1er mai 1924, *Bull. crim.*, n° 182 – Crim. 23 déc. 1969, *Bull. crim.*, n° 362; *D.* 1970, 282, note J.-M. R.
3. Crim. 23 avr. 1859, *Bull. crim.*, n° 101; *D.* 1859, 1, 233; *S.* 1859, 1, 87 – Crim. 24 mars 1870, *Bull. crim.*, n° 186; *D.* 1871, 1, 265; *S.* 1871, 1, 64 – Crim. 7 avr. 1951, *Bull. crim.*, n° 92.
4. Crim. 4 mars 2004, n° 03-85.983, *Bull. crim.*, n° 57; *JCP* 2004, IV, 1782; *AJ pénal* 2004, 207, obs. J. Leblois-Happe, n° 284.
5. Crim. 21 nov. 2007, n° 07-85.922, *Bull. crim.*, n° 288; *D.* 2008, act. 22; *AJ pénal* 2008, 96, obs. S. Lavric (v. s^s n°s 204.02 et 204.23).

SECTION 3
ORDONNANCE DE NON-LIEU

214.31 Motifs. Aux termes de l'article 177 du Code de procédure pénale, « si le juge d'instruction estime que les faits ne constituent ni crime, ni délit, ni contravention, ou si l'auteur est resté inconnu, ou s'il n'existe pas de charges suffisantes contre la personne mise en examen, il déclare, par une ordonnance, qu'il n'y a lieu à suivre ». Ainsi, l'ordonnance de non-lieu doit intervenir toutes les fois que la situation de fait ou de droit commande de mettre fin à la poursuite.

L'ordonnance de non-lieu est motivée en fait ou en droit. Elle est motivée en fait lorsque l'infraction n'est pas matériellement établie, ou lorsque son auteur est demeuré inconnu ou n'a pu être suffisamment identifié, ou lorsqu'il n'y a pas charges suffisantes que la personne mise en examen en soit l'auteur. L'ordonnance est motivée en droit lorsque les faits, à les supposer démontrés, n'admettent aucune qualification pénale ou encore, malgré le silence de l'article 177 sur ce point, lorsqu'il existe une cause d'extinction de l'action publique ou une cause de non-culpabilité, telle que l'abolition du discernement, la contrainte, la légitime défense, ou enfin dans le cas d'absence d'intention frauduleuse. L'arrêt de la chambre d'accusation qui admet l'existence de charges et ordonne, non le renvoi, mais seulement un supplément d'information, n'a pas l'autorité de la chose jugée, et ne fait pas obstacle à ce qu'elle modifie ultérieurement son jugement quant aux charges[6].

214.32 Disqualification. Lorsque le juge d'instruction retient les faits comme constants, mais opère seulement une disqualification, il ne doit pas employer l'expression de « non-lieu à suivre ». Une « telle formule est inopérante et inexacte, et il n'est même pas nécessaire d'en provoquer la réformation »[7].

« Une ordonnance du juge d'instruction n'a le caractère d'une ordonnance de non-lieu et n'en produit les effets qu'autant que le fait incriminé ne constitue ni crime, ni délit, ni contravention ou qu'il n'existe aucune charge contre l'inculpé. On ne peut attribuer ce caractère à une ordonnance qui, tout en déclarant qu'il n'y a lieu à suivre, et en visant l'article 128 du Code d'instruction criminelle [C. pr. pén., art. 177], se borne à écarter la qualification attribuée à certains faits par le réquisi-

6. Crim. 19 juin 1990, n° 90-80.888, *Bull. crim.*, n° 250 – P. Bouteiller, « La notification des ordonnances de non-lieu ou les insuffisances de l'article 183 du Code de procédure pénale », *JCP* 1981, I, 3033.
7. Crim. 14 mars 1868, *S.* 1869, 1, 44; *D.* 1868, 1, 508.

toire introductif et à les rattacher à un autre chef de prévention.[1] »

La Cour de cassation a maintenu sa jurisprudence : l'ordonnance qui se borne à écarter la qualification première n'est pas une ordonnance de non-lieu, et le juge saisi peut restituer au fait cette première qualification[2].

Le juge d'instruction doit ordonner le dépôt au greffe de la procédure close par une ordonnance de non-lieu.

214.33 Mise en liberté. « Les personnes mises en examen provisoirement détenus sont mis en liberté » (C. pr. pén., art. 177, al. 2). La mise en liberté est immédiate. La mise en liberté de la personne mise en examen est une conséquence nécessaire de la cessation des poursuites. Elle doit donc avoir lieu de plein droit, même si le juge d'instruction a omis de l'ordonner[3]. L'ordonnance met également fin au contrôle judiciaire.

214.34 Restitutions. Indemnisation. Aux termes de l'alinéa 3 de l'article 177, « le juge d'instruction statue en même temps sur la restitution des objets saisis ». La restitution est également une conséquence nécessaire de la cessation des poursuites. Le juge d'instruction commettrait un excès de pouvoir, s'il refusait la restitution sous prétexte que les pièces saisies sont inutiles au prévenu[4], ou qu'elles peuvent servir dans une poursuite disciplinaire ultérieure[5], ou qu'elles présentent un intérêt dans une autre procédure[6]. Mais il peut refuser la restitution lorsque celle-ci présente un danger pour les personnes ou les biens (C. pr. pén., art. 177, al. 3), s'il s'agit par exemple d'armes (v. s^s^ n°s 182.44 et 182.45). Par ailleurs, l'article 800-2 du Code de procédure pénale, issu de la loi du 15 juin 2000, dispose qu'« à la demande de l'intéressé, toute juridiction prononçant un non-lieu, une relaxe ou un acquittement peut accorder à la personne poursuivie une indemnité qu'elle détermine au titre des frais non payés par l'État et exposés par celle-ci ». L'article R. 249-3 précise les conditions formelles de l'exercice de cette action, la demande devant être adressée à la juridiction d'instruction avant que celle-ci ne statue sur l'action publique et plus précisément au plus tard avant l'expiration du délai de vingt jours prévu par l'article 175. Le problème est que depuis la loi du 5 mars 2007, le délai prévu par l'article 175 n'est plus de vingt jours mais de trois mois ou un mois dans une première phase puis de un mois ou dix jours dans une seconde. Les demandes de ce type sont rarissimes mais il convient sans doute de considérer que ce sont les nouveaux délais prévus par l'article 175 qui délimitent la recevabilité de la demande (v. aussi s^s^ n° 165.17).

214.35 Présomption d'innocence. Le législateur de 1993 a voulu protéger la présomption d'innocence, que toute poursuite laisse subsister et à laquelle seule une condamnation définitive peut mettre fin. La loi du 24 août 1993 a supprimé le caractère impératif qu'avait donné la loi du 4 janvier 1993 aux mesures qui accompagnent l'ordonnance de non-lieu, qui ne sont plus qu'une simple faculté. Sur la demande de la personne concernée, le juge d'instruction peut ordonner, soit la publication intégrale ou partielle de sa décision de non-lieu, soit l'insertion d'un communiqué informant le public des motifs et du dispositif de celle-ci dans un journal ou service de communication audiovisuelle qu'il désigne; il en détermine lui-même les termes le cas échéant (C. pr. pén., art. 177-1 – V. s^s^ n° 43.12). Depuis la loi du 15 juin 2000, il peut aussi l'ordonner d'office ou à la demande du ministère public avec l'accord de la personne concernée.

214.36 Non-lieu dans le cas de plainte avec constitution de partie civile. Dans le cas où l'information est mise en mouvement à la suite d'une plainte avec constitution de partie civile, la personne visée dans la plainte ou mise en examen dispose de la possibilité, outre la plainte pour dénonciation calomnieuse, de demander des dommages-intérêts sur la base de l'article 91 du Code de procédure pénale. Le plaignant téméraire peut aussi être condamné par le juge d'instruction dans les conditions prévues par l'article 177-2 (v. s^s^ n°s 63.41 à 63.42). La loi du 9 mars 2004 a prévu, dans un article 212-2 du Code de procédure pénale, un dispositif identique pour la chambre de l'instruction qui peut, dans des conditions similaires, prononcer une amende civile dont le montant ne peut excéder 15 000 euros.

214.37 Non-lieu dans le cas d'irresponsabilité pénale. Lorsque les conclusions de l'expertise sont de nature à conduire le juge d'instruction à déclarer qu'il n'y a lieu à suivre en application des dispositions du premier alinéa de l'article 122-1 du Code pénal, leur notification à la partie civile doit être effectuée dans les conditions prévues par le premier alinéa de l'article 167, le cas échéant en présence de

1. Crim. 6 févr. 1885, *Bull. crim.*, n° 52 – Crim. 24 mars 1893, *D.* 1895, 1, p. 297 – Crim. 20 janv. 1901, *Bull. crim.*, n° 27.
2. Crim. 30 mai 1918, *Bull. crim.*, n° 115 – Crim. 20 juin 1914, *Bull. crim.*, n° 296 – Crim. 16 avr. 1932, *Bull. crim.*, n° 107 – Crim. 23 nov. 1950, *Bull. crim.*, n° 265 – Crim. 12 janv. 1954, *Bull. crim.*, n° 10 – Crim. 7 déc. 1955, *Bull. crim.*, n° 545 – Crim. 23 juin 1992, n° 92-81.460, *Bull. crim.*, n° 248.
3. Hélie F., V, n° 2089.
4. Crim. 31 mai 1838, *Bull. crim.*, n° 147.
5. Crim. 5 avr. 1839, *Bull. crim.*, n° 112.
6. Crim. 22 févr. 1968, *Bull. crim.*, n° 60.

l'expert ou des experts. En matière criminelle, cette présence est obligatoire si l'avocat de la partie civile le demande. La partie civile dispose alors d'un délai de quinze jours pour présenter des observations ou formuler une demande de contre-expertise ou de complément d'expertise. La contre-expertise demandée par la partie civile est de droit. Elle doit être accomplie par au moins deux experts (C. pr. pén., art. 167-1 [1]). Lorsque les autorités judiciaires estiment que l'état mental d'une personne qui a bénéficié d'un non-lieu, d'une décision de relaxe ou d'un acquittement en application de l'article 122-1 du Code pénal peut compromettre l'ordre public ou la sûreté des personnes, elles doivent alors aviser immédiatement le préfet et doivent également aviser la commission départementale des établissements psychiatriques (C. santé publ., art. L. 3213-7 [anc^t^ art. L. 348]).

Depuis la loi du 9 mars 2004, lorsque l'ordonnance de non-lieu est motivée par l'existence de l'une des causes d'irresponsabilité pénale prévue par le premier alinéa de l'article 122-1, les articles 122-2, 122-3, 122-4, 122-5 et 122-7 du Code pénal ou par le décès de la personne mise en examen, elle précise s'il existe des charges suffisantes établissant que l'intéressé a commis les faits qui lui sont reprochés. Cet article a été conçu pour permettre aux victimes ou à leur famille de voir consacrer la culpabilité matérielle de la personne mise en examen. D'une application assez rare pour les cas d'irresponsabilité pénale, cet article devrait trouver à s'appliquer dès lors qu'une personne mise en examen décède pendant la procédure.

La loi du 25 février 2008 a été beaucoup plus loin. Lorsqu'il pense qu'une personne peut faire l'objet d'une ordonnance d'irresponsabilité pénale fondée sur l'application de l'article 122-1, al. 1 du Code pénal, le juge d'instruction doit en avertir le ministère public et les parties au moment où il annonce la conclusion du dossier (v. s^s^ n° 212.42). Au moment du règlement, s'il estime qu'il existe des charges suffisantes contre la personne d'avoir commis les faits reprochés et « qu'il y a des raisons plausibles d'appliquer le premier alinéa de l'article 122-1 du Code pénal » (C. pr. pén., art. 706-120), il ordonne que le dossier de la procédure soit transmis par le procureur de la République au procureur général aux fins de saisine de la chambre de l'instruction dans trois hypothèses : soit parce que le procureur de la République l'a demandé dans son réquisitoire définitif, soit parce qu'au moins l'une des parties l'a demandé dans ses observations, soit parce qu'il le décide d'office. Dans les autres cas, il rend une ordonnance d'irresponsabilité pénale pour cause de trouble mental qui précise qu'il existe des charges suffisantes établissant que l'intéressé a commis les faits qui lui sont reprochés.

Dans l'hypothèse où le dossier est transmis à la chambre de l'instruction, l'ordonnance, qui est dite de « transmission de pièces », ne met pas fin à la détention provisoire ou au contrôle judiciaire « qui se poursuit jusqu'à l'audience de la chambre de l'instruction, sans préjudice de la possibilité pour le juge d'instruction, par ordonnance distincte, d'ordonner la mise en liberté ou le contrôle judiciaire (C. pr. pén., art. 706-121) ». S'il n'a pas été mis fin à la détention provisoire, la chambre de l'instruction doit statuer dans un délai de six mois en matière criminelle ou quatre mois en matière correctionnelle à compter de la date de l'ordonnance de transmission de pièces, à défaut de quoi la personne mise en examen est remise en liberté si elle n'est pas détenue pour une autre cause. Si le juge d'instruction choisit de rendre lui-même l'ordonnance d'irresponsabilité pénale, pour cause de trouble mental, ce qui suppose que personne n'ait demandé la saisine de la chambre de l'instruction, celle-ci met fin à la détention provisoire ou au contrôle judiciaire.

Le décret n° 2008-361 du 16 avril 2008 [2] relatif notamment aux décisions d'irresponsabilité pénale pour cause de trouble mental apporte encore certaines précisions. L'article D. 47-27 prévoit ainsi que « si les troubles mentaux d'une personne mise en examen et placée en détention provisoire nécessitent des soins et compromettent la sûreté des personnes ou portent atteinte, de façon grave, à l'ordre public, le procureur de la République, conformément aux dispositions de l'article L. 3213-7 du Code de la santé publique, informe le représentant de l'État dans le département :

1° Lorsqu'il prend un réquisitoire définitif tendant au prononcé d'une ordonnance d'irresponsabilité pénale pour cause de trouble mental; il avise alors le représentant de l'État de la date prévisible à laquelle la décision sera susceptible d'être rendue, sauf s'il est fait application des dispositions du premier alinéa de l'article 706-120 du présent code.

2° Lorsque le juge d'instruction rend une ordonnance d'irresponsabilité pénale pour cause de trouble mental. Pour permettre l'application des dispositions du présent article, le juge d'instruction fait connaître au procureur de la République la date à laquelle l'ordonnance prévue au 2° est susceptible d'être rendue. Dans le cas prévu par le premier alinéa, le procureur de la République informe également le représentant de l'État dans le département

1. Issu de L. n° 95-125, 8 févr. 1995, *D.* 1995, 177.

2. D. n° 2008-361, 16 avr. 2008, *JO* 18 avr., n° 0092, p. 6444.

lorsqu'en cours d'information la personne mise en examen fait l'objet d'une décision de remise en liberté dans l'attente d'une probable ordonnance d'irresponsabilité pénale pour cause de trouble mental ».

Le même décret prévoit pour la chambre de l'instruction la possibilité, en cas de déclaration d'irresponsabilité pénale pour cause de trouble mental, de décider de l'hospitalisation d'office de la personne (C. pr. pén., art. D. 47-29 - V. s[s] n°s 247.00 s.).

214.38 Nécessité de sursis au renvoi en cas d'impossibilité absolue pour le mis en examen d'assurer sa défense en raison de l'altération de ses facultés. Il se déduit des dispositions de l'article 6 § 1 et 3 a et c de la Convention européenne des droits de l'Homme et de l'article préliminaire du Code de procédure pénale que, lorsque l'altération des facultés d'une personne mise en examen est telle que celle-ci se trouve dans l'impossibilité absolue d'assurer effectivement sa défense, serait-elle assistée d'un avocat, il doit être sursis à son renvoi devant la juridiction de jugement. Encourt, dès lors, la censure l'arrêt d'une chambre de l'instruction qui, après avoir relevé qu'aux termes d'un rapport d'expertise psychiatrique la personne mise en examen est, à la suite d'un accident vasculaire cérébral survenu en cours d'information, inapte à être auditionnée ou interrogée et inaccessible à une sanction pénale, confirme l'ordonnance du juge d'instruction ayant ordonné sa mise en accusation devant la cour d'assises [1].

214.39 Majeur protégé. Le curateur ou le tuteur doit être informé par lettre recommandée ou selon les modalités prévues par l'article 803-1 de la décision de non-lieu qui concerne le majeur protégé qu'il a en charge.

SECTION 4

ORDONNANCE DE RENVOI DEVANT LE TRIBUNAL DE POLICE

214.41 Indication du juge compétent. Aux termes de l'article 178 du Code de procédure pénale, « si le juge estime que les faits constituent une contravention, il prononce le renvoi de l'affaire devant le tribunal de police ». Le juge d'instruction doit indiquer de plus quel est, parmi les divers tribunaux de police de son ressort, celui qui sera saisi de l'affaire.

En application de l'article 705 alinéa 3 du Code de procédure pénale (L. 6 août 1975), le juge d'instruction spécialisé en matière économique et financière opère le renvoi devant le tribunal de police normalement compétent. Le tribunal de police est compétent pour connaître des contraventions connexes, même commises hors son ressort [2]. Depuis la loi du 10 juin 1983, qui a modifié l'article 522 du Code de procédure pénale, est compétent le tribunal du lieu de commission ou de constatation de la contravention ou de la résidence du prévenu, et dans certains cas, en matière de circulation, celui du siège de l'entreprise. En ce qui concerne les mineurs, le renvoi devant le tribunal de police ne peut se faire que si les faits constituent une contravention de l'une des quatre premières classes (ord. 2 févr. 1945, art. 9, al. 2).

214.42 Mise en liberté. L'article 129 du Code d'instruction criminelle, comme l'article 178 du Code de procédure pénale, portait que dans le cas de renvoi devant le tribunal de police, le prévenu devait être mis en liberté. La loi du 17 juillet 1970 a supprimé cette disposition comme inutile, puisque la détention provisoire ne peut avoir lieu en matière de contravention, et que, s'il s'agissait originairement d'un délit, le prévenu ne peut être maintenu en détention que dans le cas de renvoi devant le tribunal correctionnel (C. pr. pén., art. 179). Du seul fait du renvoi devant le tribunal de police, la personne mise en examen se trouve en liberté de droit.

214.43 Caractères du renvoi. L'ordonnance de renvoi devant le tribunal de police, comme l'ordonnance de renvoi devant le tribunal correctionnel, n'a qu'un caractère préparatoire. Elle n'est pas attributive, mais seulement indicative de juridiction. Elle saisit seulement le tribunal de police, qui doit statuer [3]. Le tribunal de police peut se déclarer incompétent, au motif que le fait poursuivi constitue en réalité un délit : il y a en ce cas conflit négatif de juridiction qui nécessite un règlement de juges [4]. Le tribunal de police n'est pas non plus lié par la qualification donnée aux faits par le juge d'instruction dans son ordonnance; il doit leur restituer leur véritable qualification [5]. Lorsqu'elle est devenue définitive, l'ordonnance de renvoi devant le tribunal de police couvre, s'il en existe, les vices de la

1. Crim. 11 juill. 2007, n° 07-83.056, *Bull. crim.*, n° 185; *D.* 2007, 2239; *JCP* 2007, IV, 2778; *Dr. pén.* 2007, n° 128, p. 43, obs. A. Maron; *AJ pénal* 2007, 485, obs. C. Saas.

2. Crim. 17 oct. 1978, n° 77-93.784, *Bull. crim.*, n° 274.
3. Crim. 27 juin 1811, *Bull. crim.*, n° 94.
4. Crim. 22 oct. 1885, *Bull. crim.*, n° 272 – Crim. 30 sept. 1897, *Bull. crim.*, n° 318 – Crim. 18 févr. 1911, *Bull. crim.*, n° 107 – Crim. 22 juin 1972, n° 72-91.688, *Bull. crim.*, n° 217.
5. Crim. 9 nov. 1878, *Bull. crim.*, n° 209 – Crim. 11 déc. 1885, *Bull. crim.*, n° 349 – Crim. 28 nov. 1962, *Bull. crim.*, n° 347.

procédure, règle en corrélation avec les articles 173 alinéa 3 et 175 alinéas 1 et 2.

SECTION 5

ORDONNANCE DE RENVOI DEVANT LE TRIBUNAL CORRECTIONNEL

214.51 Caractères du renvoi. Aux termes de l'article 179 du Code de procédure pénale, « si le juge estime que les faits constituent un délit, il prononce le renvoi de l'affaire devant le tribunal correctionnel ». Le juge d'instruction n'est pas obligé d'indiquer devant quel tribunal il opère le renvoi, car il ne peut saisir que le tribunal correctionnel de son ressort. Toutefois, le juge d'instruction chargé des mineurs doit renvoyer les mis en examen majeurs devant le tribunal correctionnel compétent, parmi ceux de son ressort[1]. Au contraire, la chambre de l'instruction doit indiquer quel tribunal elle saisit, car elle a qualité pour renvoyer devant tous les tribunaux correctionnels du ressort de la cour d'appel[2]. Lorsqu'une information est ouverte en application des II et III de l'article 80 du Code de procédure pénale, c'est-à-dire après saisine d'une juridiction comportant un pôle de l'instruction, en matière criminelle ou pour une co-saisine, la question se posait de savoir devant quelle juridiction les faits devaient être renvoyés. Le législateur donne une réponse claire à ce problème dans la loi du 5 mars 2007 : le même article 80 dispose que « en cas de renvoi devant la juridiction de jugement, l'affaire est renvoyée, selon le cas, devant la juridiction de proximité, le tribunal de police, le tribunal correctionnel, le tribunal pour enfants ou la cour d'assises initialement compétents. » Aux termes de l'article 9, alinéa 3, de l'ordonnance du 2 février 1945, si le mineur a des coauteurs ou complices majeurs, ces derniers seront, en cas de poursuites correctionnelles, renvoyés devant la juridiction compétente suivant le droit commun. Encourt la censure l'arrêt de la cour d'appel qui, après que le juge d'instruction de Dole s'est dessaisi, s'agissant des mineurs, au profit du juge d'instruction du tribunal de grande instance de Lons-le-Saunier, siège du tribunal pour enfants, énonce que ce magistrat doit renvoyer les majeurs devant le tribunal correctionnel de Lons-le-Saunier, alors que les faits ont été commis dans le ressort du tribunal de grande instance de Dole et que tous les majeurs y sont domiciliés[3].

L'ordonnance de renvoi devant le tribunal correctionnel n'est pas attributive, mais seulement indicative de juridiction[4]. Le tribunal correctionnel peut se déclarer incompétent, soit parce que le fait poursuivi constitue non un délit, mais un crime[5], soit parce que le délit a été commis dans un autre arrondissement[6], soit parce que le fait constitue dès l'origine une contravention[7]. Dans l'un et l'autre cas, l'ordonnance de renvoi et le jugement d'incompétence définitifs, créent un conflit négatif de juridiction qui nécessite un règlement de juges (arrêts précités). Toutefois, la loi du 9 mars 2004 a complété l'article 469 du Code de procédure pénale par un alinéa ainsi rédigé : « lorsqu'il est saisi par le renvoi ordonné par le juge d'instruction ou la chambre de l'instruction, le tribunal correctionnel ne peut pas faire application, d'office ou à la demande des parties, des dispositions du premier alinéa, si la victime était constituée partie civile et assistée d'un avocat lorsque ce renvoi a été ordonné. Toutefois, le tribunal correctionnel, saisi de poursuites exercées pour un délit non intentionnel conserve la possibilité de renvoyer le ministère public à mieux se pourvoir s'il résulte des débats que les faits sont de nature à entraîner une peine criminelle parce qu'ils ont été commis de façon intentionnelle ». Les dispositions de l'alinéa 4 de l'article 469 du Code de procédure pénale ne sont applicables qu'aux procédures dans lesquelles l'ordonnance de renvoi est intervenue à compter du 1er octobre 2004[8].

Le tribunal correctionnel n'est pas non plus lié par la qualification donnée aux faits dans l'ordonnance de renvoi, et il doit leur restituer leur véritable qualification, telle qu'elle résulte des débats[9], à moins qu'il ne s'agisse d'une qualification écartée par une ordonnance de non-lieu partiel[10].

214.52 Effet quant à la saisine. L'ordonnance de renvoi ne saisit le tribunal que des faits antérieurs

1. Crim. 17 oct. 1983, n° 82-93.185, *Bull. crim.*, n° 247.
2. Crim. 10 avr. 1823, *Bull. crim.*, n° 54.
3. Crim. 12 sept. 2007, n° 06-86.659, *Bull. crim.*, n° 205; *AJ pénal* 2007, 484, obs. C. Saas.
4. Crim. 27 juin 1811, *Bull. crim.*, n° 5 – Crim. 12 févr. 1964, *Bull. crim.*, n° 38 – Crim. 6 févr. 1895, *Bull. crim.*, n° 54.
5. Crim. 12 déc. 1861, *Bull. crim.*, n° 53 – Crim. 10 sept. 1891, *Bull. crim.*, n° 183 – Crim. 20 juin 1974, n° 73-92.526, *Bull. crim.*, n° 2311 – Crim. 16 sept. 1978, n° 77-93.459, *Bull. crim.*, n° 249 – Crim. 27 avr. 1988, n° 88-82.312, *Bull. crim.*, n° 185.
6. Crim. 6 avr. 1894, *Bull. crim.*, n° 87.
7. Crim. 19 mai 1981, n° 81-91.707, *Bull. crim.*, n° 165.
8. Crim. 4 janv. 2006, n° 05-84.231, *Bull. crim.*, n° 8; *D.* 2006, IR 393 – Et voir dans le même sens, alors que le prévenu voulait invoquer la légitime défense, ce qu'il ne peut pas faire sur la base d'une infraction non intentionnelle : Crim. 24 mars 2009, n° 08-84.849, *Bull. crim.*, n° 60; *D.* 2009, 2140, obs. R. Mesa.
9. Crim. 19 mars 1813, *Bull. crim.*, n° 54 – Crim. 12 déc. 1856, *Bull. crim.*, n° 394 – Crim. 31 janv. 1889, *D.* 1989, 1, 488 – Crim. 17 nov. 1976, n° 75-92.205, *Bull. crim.*, n° 331 – Crim. 10 mars 1977, n° 75-91.224, *Bull. crim.*, n° 92.
10. Crim. 27 avr. 1982, n° 81-92.114, *Bull. crim.*, n° 101 – Crim. 22 avr. 1986, n° 84-95.759, *Bull. crim.*, n° 136.

au réquisitoire introductif, même s'il s'agit d'un délit continu, tel que le délit d'usure[1]. Le juge d'instruction ne peut, en effet, saisir le tribunal de faits dont il n'était pas lui-même saisi. Peu importe que l'ordonnance de renvoi porte l'expression « depuis temps non prescrit »[2]. En matière de douanes, c'est le procès-verbal initial qui fixe l'étendue de la poursuite, quels que soient les termes de l'ordonnance de renvoi, qui ne saurait restreindre, au cas d'omission, la saisine du tribunal[3].

Par application de l'article 383, la compétence du tribunal à l'égard d'un prévenu s'étend à tous ses coauteurs ou complices, sans qu'il importe que les uns et les autres aient été jugés à des dates différentes[4].

214.53 Mise en liberté. Contrairement à ce qu'il en était antérieurement (C. instr. crim., art. 130), depuis la loi du 17 juillet 1970, qui a modifié l'article 179 du Code de procédure pénale, l'ordonnance de règlement met fin à la détention provisoire ou au contrôle judiciaire.

214.54 Maintien en détention. Depuis la loi du 4 janvier 1993, le juge d'instruction au moment du renvoi, ne peut plus que maintenir en détention provisoire ou sous contrôle judiciaire le prévenu qui s'y trouve déjà, mais non pas l'y placer, ainsi qu'il en était auparavant. Cette décision est prise par une ordonnance distincte et spécialement motivée dans les conditions spécifiées à l'alinéa 3 de l'article 179. La décision s'applique jusqu'à la comparution du prévenu devant le tribunal, mais ses effets cessent à l'expiration d'un délai de deux mois (C. pr. pén., art. 179, al. 3 et 4). Depuis la loi du 15 juin 2000, le tribunal correctionnel doit avoir « commencé à examiner au fond » l'affaire. Toutefois si l'audience sur le fond ne peut se tenir avant l'expiration de ce délai, le tribunal peut, à titre exceptionnel, par une décision mentionnant les raisons de fait ou de droit faisant obstacle au jugement de l'affaire, ordonner la prolongation de la détention pour une nouvelle durée de deux mois, renouvelable une fois dans les mêmes formes. La comparution personnelle du prévenu est de droit si lui même ou son avocat en fait la demande. L'article 179 ne met fin qu'à la détention en cours[5]. Le mandat d'arrêt délivré par le juge d'instruction, nonobstant le règlement, conserve sa force exécutoire, tant qu'il n'a pas été rapporté, remplacé ou anéanti[6]. Le législateur de 2004 a d'ailleurs fait expressément mention du sort qui est celui des différents mandats lors du règlement du dossier. L'article 179 précise désormais que s'il a été décerné, le mandat d'arrêt conserve sa force exécutoire; s'ils ont été décernés, les mandats d'amener ou de recherche cessent de pouvoir recevoir exécution, sans préjudice de la possibilité pour le juge d'instruction de délivrer un mandat d'arrêt contre le prévenu (C. pr. pén., art. 179).

214.55 Délai. Dans le cas de renvoi devant le tribunal de police ou correctionnel, le juge d'instruction transmet le dossier au procureur de la République avec son ordonnance, lequel l'envoie sans retard au greffe du tribunal qui doit statuer, et doit ensuite faire donner assignation au prévenu pour l'une des plus prochaines audiences (C. pr. pén., art. 180). Le texte ne fixe pas de délai; le procureur de la République doit seulement agir avec diligence. Et en tout cas, respecter le délai de deux mois de l'article 179, s'il s'agit d'un prévenu détenu.

214.56 L'ordonnance de renvoi, en outre, couvre, s'il en existe, les vices de la procédure (C. pr. pén., art. 179, al. 5). En effet, le tribunal correctionnel n'a plus qualité pour statuer sur les nullités, quand il a été saisi par décision d'une juridiction d'instruction (C. pr. pén., art. 385, al. 1er et 3)[7]. Lorsque le tribunal correctionnel, constatant qu'une ordonnance de renvoi ne satisfait pas aux exigences de l'article 184 du Code de procédure pénale, retourne la procédure au procureur de la République, il appartient à ce dernier de saisir le juge d'instruction aux fins de régularisation du dossier. Cette nouvelle saisine peut être effectuée par simple soit-transmis, dès lors qu'aucun texte ne l'assujettit à un quelconque formalisme et que le juge d'instruction n'accomplit aucun acte d'information[8] (v. aussi, ss nos 204.23, 214.22).

214.57 Exception au principe : loi du 29 juillet 1881. Il existe une exception au principe selon lequel les nullités de l'information sont purgées par l'ordonnance de renvoi : il en est ainsi lorsque est invoquée la méconnaissance des prescriptions de l'article 50 de la loi du 29 juillet 1881[9] (v. aussi ss no 204.23).

214.58 Appel de l'ordonnance de renvoi. L'article 186-3 créé par la loi dite Perben II du 9 mars 2004 dispose que la personne mise en examen et la partie civile peuvent interjeter appel des

1. Crim. 3 janv. 1970, no 68-93.382, *Bull. crim.*, no 6.
2. Crim. 23 nov. 1967, *Bull. crim.*, no 303.
3. Crim. 8 nov. 1972, no 71-90.911, *Bull. crim.*, no 328.
4. Crim. 4 mai 1988, no 87-83.576, *Bull. crim.*, no 192.
5. Crim. 28 nov. 1989, no 89-84.212, *Bull. crim.*, no 445.
6. Crim. 12 mars 1985, no 85-90.397, *Bull. crim.*, no 111 – Crim. 29 sept. 1992, no 92-82.584, *Bull. crim.*, no 290.
7. V. G. Mathieu, « La purge des nullités par l'ordonnance de renvoi : étude d'un problème particulier », *D.* 2000, Point de vue V.
8. Sens, ch. corr., 20 mars 1997, *BICC* 461, no 1332.
9. Crim. 24 sept. 2002, no 01-88.597, no 01-88.674, *Bull. crim.*, no 174; *JCP* 2002, IV, 2885.

ordonnances prévues par le premier alinéa de l'article 179 dans le seul cas où elles estiment que les faits renvoyés devant le tribunal correctionnel constituent un crime qui aurait dû faire l'objet d'une ordonnance de mise en accusation devant la cour d'assises. Cet article permet donc, principalement à la partie civile, de ne pas attendre l'audiencement devant le tribunal correctionnel pour invoquer l'incompétence de la juridiction.

Le dispositif, qui rappelle celui mis en place par l'article 173-1 pour les nullités de procédure, est complété par la modification apportée à l'article 469 selon lequel « lorsqu'il est saisi par le renvoi ordonné par le juge d'instruction ou la chambre de l'instruction, le tribunal correctionnel ne peut pas faire application, d'office ou à la demande des parties, des dispositions du premier alinéa, si la victime était constituée partie civile et assistée d'un avocat lorsque ce renvoi a été ordonné. Toutefois, le tribunal correctionnel, saisi de poursuites exercées pour un délit non intentionnel conserve la possibilité de renvoyer le ministère public à mieux se pourvoir s'il résulte des débats que les faits sont de nature à entraîner une peine criminelle parce qu'ils ont été commis de façon intentionnelle. » Les dispositions interdisant au tribunal correctionnel de renvoyer le ministère public à se pourvoir si les faits déférés sous la qualification de délit sont de nature à entraîner une peine criminelle ne sont applicables que lorsque l'ordonnance de renvoi a été rendue postérieurement au 1er octobre 2004[1]. Dans un premier temps, la chambre criminelle avait estimé que l'appel de l'ordonnance de renvoi devant le tribunal correctionnel n'étant recevable que dans le seul cas où l'appelant estime que les faits sont de nature criminelle et justifient un renvoi devant la cour d'assises, la déclaration d'appel, pour échapper à l'irrecevabilité résultant de l'article 186 du Code de procédure pénale, devait faire apparaître de manière non équivoque que ce recours était exercé en application de l'article 186-3 dudit code[2].

Elle est ensuite revenue sur cette jurisprudence en estimant que la recevabilité de l'appel n'est pas subordonnée à la mention dans l'acte d'appel de l'objet de ce recours[3]. La loi du n° 2007-291 du 5 mars 2007 a ajouté un autre cas dans lequel l'ordonnance de renvoi est susceptible d'appel : lorsque plusieurs juges d'instruction ayant été désignés en co-saisine pour instruire une information, l'un ne signe pas l'ordonnance de renvoi. Lorsque tous les juges désignés la signe, l'ordonnance n'est pas susceptible d'appel.

214.59 Déclaration d'adresse. La loi du 9 mars 2004 a créé un article 179-1 qui prend la suite logique de l'article 116 du Code de procédure pénale. Toute ordonnance renvoyant la personne mise en examen devant le tribunal de police ou le tribunal correctionnel informe celle-ci qu'elle doit signaler auprès du procureur de la République, jusqu'au jugement définitif de l'affaire, tout changement de l'adresse déclarée lors de sa mise en examen, par lettre recommandée avec demande d'avis de réception. L'ordonnance l'informe également que toute citation, notification ou signification faite à la dernière adresse déclarée sera réputée faite à sa personne.

SECTION 6
REQUALIFICATION

214.61 Limites aux pouvoirs de requalification du juge d'instruction. Si la qualification est toujours provisoire et peut être modifiée tout au long de l'information, encore faut-il que la personne mise en examen ait pu en discuter les éléments.

C'est ainsi qu'on admet généralement que l'on peut requalifier à la baisse lors du renvoi c'est-à-dire renvoyer pour une infraction faisant encourir une peine inférieure ou égale à celle correspondant à l'infraction reprochée à l'intéressé pendant le cours de l'information. Mais il ne faut pas que les éléments constitutifs de l'infraction nouvelle soient trop éloignés de la qualification initiale retenue. On admet aussi traditionnellement que l'on ne peut renvoyer une personne si le chef de prévention nouvellement retenu fait encourir une peine supérieure[4]. Mais la chambre de l'instruction ne peut, sans excès de pouvoir, annuler l'ordonnance du juge d'instruction portant règlement de la procédure d'information, lorsque cette ordonnance satisfait, en la forme, aux conditions essentielles de son existence légale. Dès lors, encourt la cassation l'arrêt rendu par la chambre de l'instruction, qui, statuant à la suite d'une ordonnance de transmission des pièces du juge d'instruction, prononce l'annulation de celle-ci, alors que le magistrat instructeur avait requalifié les faits par application de

1. Crim. 23 mai 2006, n° 05-86.375, *Bull. crim.*, n° 143; *Procédures* 2006, n° 190, note J. Buisson.
2. Crim. 15 mars 2006, n° 05-87.299, *Bull. crim.*, n° 79 – Crim. 22 août 2007, n° 07-84.087, NP; *Dr. pén.* 2007, n° 146, note A. Maron.
3. Crim. 10 déc. 2008, n° 08-86.812, *Bull. crim.*, n° 252; *AJ pénal* 2009, 137, obs. L. Ascenci.
4. V. sur les détails, Ch. Guéry, « Aux confins du droit pénal et de la procédure pénale : la relative liberté de qualification du juge d'instruction », *D.* 1996, chron. 335 – A. et Ch. Guéry, « De la difficulté pour le juge pénal d'appeler un chat un chat », *Dr. pén.* 2004, ét. nos 6 et 7.

l'article 176 du Code de procédure pénale, non contraire aux dispositions de l'article 6.3 de la Convention européenne des droits de l'Homme, et qu'il lui appartenait d'apprécier elle-même si les personnes mises en examen devaient être renvoyées devant la juridiction de jugement sous les qualifications ainsi retenues, quitte à ordonner, le cas échéant, tout acte d'information complémentaire utile[1]. Il s'agit là d'un cas d'espèce dans lequel aucune qualification à la hausse n'avait été retenue mais où certaines des qualifications nouvelles étaient éloignées de celles initialement visées. On pouvait donc s'interroger sur l'opportunité que les personnes mises en examen avaient eu de faire valoir leur défense sur ces points. La décision de la chambre criminelle semble toutefois à mettre directement en relation avec le double degré de l'instruction criminelle, qui a depuis disparu en tout cas sous cette forme.

214.62 Certains textes particuliers interdisent ou restreignent la possibilité de requalification : en matière de presse (L. 29 juill. 1881, art. 50)[2]; en matière de fraude (C. consom., art. L. 216-4 [anc^{t} L. 1er août 1905, art. 8, abrogé par L. n° 93-949, 26 juill. 1993])[3].

SECTION 7
RENVOI DEVANT LA COUR D'ASSISES

214.71 Avant l'entrée en vigueur de la loi du 15 juin 2000 : le rôle de la chambre de l'instruction. Dans les poursuites criminelles, le juge d'instruction n'opérait pas lui-même le renvoi devant la cour d'assises. Celui-ci se faisait en deux temps. Le juge d'instruction ne faisait que transmettre par son ordonnance le dossier de la procédure au procureur général, qui saisissait la chambre d'accusation. C'est celle-ci qui renvoyait devant la cour d'assises, par son arrêt de mise en accusation, et décernait l'ordonnance de prise de corps (C. pr. pén., art. 214 et 215).

214.72 Depuis l'entrée en vigueur de la loi du 15 juin 2000 : délivrance par le juge d'instruction de l'ordonnance de mise en accusation et de prise de corps. La loi du 15 juin 2000 a supprimé le second degré de juridiction en matière criminelle. Il n'existe plus, de façon systématique, d'arrêt de renvoi.

L'article 181 du Code de procédure pénale, dans sa rédaction issue de ladite loi disposait en effet que « lorsque le juge d'instruction estime que les faits retenus à la charge des personnes mises en examen constituent une infraction qualifiée crime par la loi, il ordonne leur mise en accusation devant la cour d'assises. Il peut également saisir cette juridiction des infractions connexes. L'ordonnance de mise en accusation contient, à peine de nullité, l'exposé et la qualification légale des faits, objet de l'accusation, et précise l'identité de l'accusé. Lorsqu'elle est devenue définitive, l'ordonnance de mise en accusation couvre, s'il en existe, les vices de la procédure. » La loi du 15 juin 2000 créait également un nouvel article 215-2 modifié par la loi du 9 septembre 2002 selon lequel « l'accusé détenu en raison des faits pour lesquels il est renvoyé devant la cour d'assises est immédiatement remis en liberté s'il n'a pas comparu devant celle-ci à l'expiration d'un délai d'un an à compter soit de la date à laquelle la décision de mise en accusation est devenue définitive s'il était alors déjà détenu, soit de la date à laquelle il a été postérieurement placé en détention provisoire. Toutefois, si l'audience sur le fond ne peut débuter avant l'expiration de ce délai, la chambre de l'instruction peut, à titre exceptionnel, par une décision rendue conformément à l'article 144 et mentionnant les raisons de fait ou de droit faisant obstacle au jugement de l'affaire, ordonner la prolongation des effets de l'ordonnance de prise de corps pour une nouvelle durée de six mois. La comparution personnelle de l'accusé est de droit si lui-même ou son avocat en font la demande. Cette prolongation peut être renouvelée une fois dans les mêmes formes. Si l'accusé n'a pas comparu devant la cour d'assises à l'issue de cette nouvelle prolongation, il est immédiatement remis en liberté. »

214.73 La loi du 9 mars 2004 supprime l'ordonnance de prise de corps et la remplace par le maintien des effets du mandat de dépôt. La loi du 9 mars 2004 a supprimé les dispositions de l'article 181 du Code de procédure pénale concernant l'ordonnance de prise de corps.

La procédure est désormais tout à fait conforme à celle instaurée en matière correctionnelle puisque le septième alinéa de l'article 181 du même code est ainsi rédigé : « Si l'accusé est placé en détention provisoire, le mandat de dépôt décerné contre lui conserve sa force exécutoire et l'intéressé reste détenu jusqu'à son jugement par la cour d'assises, sous réserve des dispositions des deux alinéas suivants et de l'article 148-1. S'il a été décerné, le mandat d'arrêt conserve sa force exécutoire; s'ils ont été décernés, les mandats d'amener ou de recherche cessent de pouvoir recevoir exécution, sans préjudice de la possibilité pour le juge d'instruction de délivrer un mandat d'arrêt contre l'accusé. » C'est donc le mandat de dépôt qui conti-

1. Crim. 29 mai 2001, n° 01-80.718, *Bull. crim.*, n° 136; *D.* 2001, IR 1925 (v. les attendus s^{s} n° 214.02).
2. Crim. 6 nov. 1984, n° 83-90.249, *Bull. crim.*, n° 338.
3. Crim. 12 juin 1974, n° 73-90.135, *Bull. crim.*, n° 217.

nue à produire ses effets sans qu'un autre titre ne s'y substitue. La loi du 9 mars 2004 marque donc la fin de la spécificité du titre de détention devant la cour d'assises et le mandat de dépôt peut désormais être délivré par celle-ci lorsque la personne comparaît libre. Les articles 215, 215-2, 272-1, 367, 380-4, 725 du Code de procédure pénale et 9 de l'ordonnance du 2 février 1945 sont modifiés en conséquence. La loi du 9 mars 2004 a fait passer les dispositions de l'article 215-2, précitées (v. s[s] n° 214.72), dans l'article 181 lui même.

Toutes les affaires criminelles dans lesquelles il y a un détenu doivent donc être audiencées avant l'expiration d'un délai d'un an à compter du moment où la décision de mise en accusation est définitive sauf possibilité d'une prolongation de six mois par la chambre de l'instruction, renouvelable une fois.

214.74 L'ordonnance de mise en accusation est susceptible d'appel. C'est alors la chambre de l'instruction qui rendra l'arrêt de renvoi qui saisira la cour d'assises, à moins qu'elle n'infirme la décision du magistrat instructeur et ordonne un non-lieu. En cas d'appel contre une ordonnance prévue par l'article 181, la chambre de l'instruction statue dans les quatre mois de l'ordonnance, faute de quoi, si la personne est détenue, elle est mise d'office en liberté (C. pr. pén., art. 186-2). Lorsque c'était une ordonnance de prise de corps qui était rendue, celle-ci conservait sa force exécutoire jusqu'à ce qu'il ait été statué par la chambre de l'instruction dans le délai de quatre mois prévu à l'article 186-2, sur l'appel de mise en accusation[1].

L'ordonnance reprenait de plein droit sa force exécutoire jusqu'à ce qu'il ait été statué sur l'ordonnance de mise en accusation par la chambre de l'instruction désignée sur renvoi après cassation[2]. Quelques décisions ont précisé les conditions d'application de l'ordonnance de prise de corps (v. s[s] n° 214.75). La partie civile ne peut interjeter appel d'une ordonnance de mise en accusation[3]. Il en de même du pourvoi formé contre l'arrêt de la chambre de l'instruction ayant statué sur cet appel[4].

On sait que depuis l'entrée en vigueur de la loi Perben II, l'article 186-3 permet l'appel par la partie civile de l'ordonnance de mise en accusation dans certains cas (v. s[s] n° 214.58).

214.75 Ordonnance de prise de corps après la loi du 15 juin 2000 : jurisprudence. Encourt la cassation l'arrêt qui confirme l'ordonnance complémentaire du juge d'instruction décernant prise de corps contre l'accusé, afin de satisfaire à la formalité qui est imposée par l'article 181 alinéa 7 du Code de procédure pénale, sauf dans le cas des accusés mineurs, et dont l'accomplissement n'était pas mentionné dans l'ordonnance de mise en accusation devenue définitive[5]. N'encourt pas la censure l'arrêt de la chambre d'accusation qui décerne, en application de l'article 215 du Code de procédure pénale, une ordonnance de prise de corps à l'encontre d'un député, placé en liberté sous contrôle judiciaire, à la suite de l'autorisation délivrée par le bureau de l'Assemblée nationale. En effet, les dispositions de l'article 26 de la Constitution, prévoyant une autorisation du bureau de l'Assemblée nationale en cas de mesure coercitive prise à l'encontre d'un parlementaire, ne sont pas applicables tant que l'ordonnance de prise de corps n'est pas mise à exécution, par application soit des articles 141-2 alinéa 2 et 272-1 du Code de procédure pénale, soit de l'article 367 alinéa 2 dudit code[6].

214.76 Renvoi des mineurs en matière criminelle. En cas de crime commis par un mineur de moins de seize ans, le juge d'instruction prononce, par ordonnance, le renvoi devant le tribunal pour enfants (ord. 2 févr. 1945, art. 9, al. 2) sauf si le mineur a des coauteurs ou complices majeurs (ord. 2 févr. 1945, art. 9, al. 3). Si le mineur a des coauteurs ou complices majeurs, ces derniers seront, en cas de poursuites correctionnelles, renvoyés devant la juridiction compétente suivant le droit commun; la cause concernant le mineur sera disjointe pour être jugée conformément aux dispositions de l'ordonnance du 2 février 1945 (ord. 2 févr. 1945, art. 9, al. 3)[7]. V. aussi s[s] n° 214.51.

214.77 Renvoi aux assises. Si l'ordonnance de renvoi devant le tribunal de police et le tribunal correctionnel n'est qu'indicative de juridiction et si ces tribunaux, qui n'ont que des attributions particulières, peuvent se déclarer incompétents, au contraire, la décision de renvoi de l'accusé devant la cour d'assises est attributive de juridiction. La cour d'assises, qui a la plénitude de juridiction en matière criminelle, est irrévocablement saisie par l'arrêt de mise en accusation, et « elle ne peut

1. Crim. 19 sept. 2001, n° 01-84.787, *Bull. crim.* n° 186.
2. Crim. 20 mars 2002, n° 02-80.150, *Bull. crim.* n° 68.
3. Crim. 6 avr. 2004, n° 04-80.579, *Bull. crim.*, n° 87; *Procédures* 2004, n° 164, note Buisson; *AJ pénal* 2004, 287, note C. Girault; *D.* 2004, IR 1708; *JCP* 2004, IV, 2217.
4. Crim. 26 nov. 2003, n° 03-82.563, *Bull. crim.*, n° 225; *Procédures* 2004 n° 35, note J. Buisson; *AJ pénal* 2004, 72, obs. C. G.
5. Crim. 9 janv. 2002, n° 01-87.123, *Bull. crim.*, n° 3; *BICC* 553, n° 320.
6. Crim. 28 mars 2001, n° 01-80.239, *Bull. crim.* n° 82.
7. Crim. 17 oct. 1983, n° 82-93.185, *Bull. crim.*, n° 247.

admettre ni entendre aucun débat sur sa compétence »[1]. Ainsi, la cour d'assises ne saurait se déclarer incompétente au motif que l'accusé serait justiciable d'une cour spéciale[2], ou pour des motifs d'incompétence *ratione loci*[3].

214.78 Renvoi devant la cour d'assises pour délit connexe. Lorsque le juge d'instruction renvoie une personne devant la cour d'assises pour délit connexe, c'est l'article 181 alinéa 6 qui est applicable : « La détention provisoire ou le contrôle judiciaire des personnes renvoyées pour délit connexe prend fin, sauf s'il est fait application des dispositions du troisième alinéa de l'article 179. Le délai prévu par le quatrième alinéa de l'article 179 est alors porté à six mois. » Le juge peut donc motiver le maintien en détention de la même manière que lors d'un renvoi devant le tribunal correctionnel. Le terme « accusé » s'entend aussi bien de la personne renvoyée devant la cour d'assises seulement pour des délits connexes[4].

1. Crim. 19 juill. 1816, *Bull. crim.*, n° 43.
2. Crim. 20 juin 1839, *S.* 1839, 1, 987.
3. Crim. 22 mai 1862, *Bull. crim.*, n° 136 – V. aussi Crim. 28 janv. 1981, n° 80-82.348, *Bull. crim.*, n° 41.
4. Crim. 14 mars 1979, n° 78-91.135, *Bull. crim.*, n° 105; *JCP* 1979, IV, 176.

CHAPITRE

215. Autorité de la chose jugée

SECTION 0
ORIENTEUR

215.00 Plan du chapitre.

Sect. 1 Principe

Sect. 2 Applications

215.01 Textes applicables.

C. pr. pén., art. 188, 204, 368.

C. pr. pén., art. 188

La personne mise en examen à l'égard de laquelle le juge d'instruction a dit n'y avoir lieu à suivre ne peut plus être recherchée à l'occasion du même fait, à moins qu'il ne survienne de nouvelles charges.

C. pr. pén., art. 204

La chambre de l'instruction peut également, quant aux infractions résultant du dossier de la procédure, ordonner que soient mises en examen, dans les conditions prévues à l'article 205, des personnes qui n'ont pas été renvoyées devant elle, à moins qu'elles n'aient fait l'objet d'une ordonnance de non-lieu devenue définitive.

Cette décision ne pourra pas faire l'objet d'un pourvoi en cassation.

C. pr. pén., art. 368

* V. s[s] n° 214.01.

215.02 Jurisprudence de référence.

• Une décision de refus d'informer rendue au motif que les faits dénoncés ne peuvent admettre aucune qualification pénale s'oppose à toute nouvelle poursuite sous quelque qualification que ce soit.

Crim. 3 févr. 1998, n° 97-80.089, *Bull. crim.*, n° 38; *D.* 1998, IR 102; *Gaz. Pal.* 17/18 juill. 1998, p. 19.

« Attendu qu'il résulte de l'arrêt attaqué et des pièces de la procédure que, le 1er août 1996, A... a déposé plainte avec constitution de partie civile contre les époux Y... pour faux et tentative d'extorsion de fonds, reprochant à ces derniers, commissaires priseurs, d'avoir obtenu une ordonnance de taxe du président du tribunal de grande instance dans des conditions irrégulières; que, le 29 août 1996, le juge d'instruction a rendu une ordonnance de refus d'informer;

Attendu que, pour confirmer cette ordonnance, les juges du second degré relèvent que, par un arrêt devenu définitif en date du 22 novembre 1994, statuant sur une précédente plainte de la partie civile contre personne non dénommée visant en réalité les époux Y... et dénonçant les mêmes faits sous la qualification d'usage de faux, la chambre d'accusation avait décidé n'y avoir lieu à informer au motif que ces faits étaient insusceptibles de revêtir une qualification pénale; que les juges retiennent qu'en l'état de cette décision il ne peut être instruit sur la nouvelle plainte déposée par la partie civile;

Attendu qu'en prononçant ainsi la chambre d'accusation a fait l'exacte application de la loi;

Qu'en effet, il se déduit de l'article 6 du Code de procédure pénale qu'une décision de refus d'informer fondée sur la circonstance que les faits dénoncés ne peuvent admettre aucune qualification pénale, s'oppose, en raison de l'autorité de la chose jugée qui s'y attache, à toute nouvelle poursuite à raison des mêmes faits sous quelque qualification que ce soit. »

• Une ordonnance de non-lieu ne fait pas obstacle à la citation directe, pour les mêmes faits, d'une personne qui n'a été ni mise en examen lors de l'information, ni entendue comme témoin assistée, ni nommément désignée par les réquisitions du ministère public ou dans une plainte avec constitution de partie civile.

Crim. 12 nov. 2008, n° 07-88.222, *Bull. crim.*, n° 227; *AJ pénal* 2009, 82, obs. C. Duparc.

« Vu les articles 188 et 388 du Code de procédure pénale;

Attendu qu'une ordonnance de non-lieu ne fait pas obstacle à la citation directe, pour les mêmes faits, d'une personne qui n'a été ni mise en examen lors de l'information, ni entendue comme témoin assisté, ni nommément désignée par les réquisitions du ministère public ou dans une plainte avec constitution de partie civile;

Attendu qu'il résulte de l'arrêt attaqué et des pièces de procédure que le ministère public a requis l'ouverture d'une information contre personne non dénommée, à la suite d'une explosion survenue dans les locaux du centre d'études du Commissariat à l'énergie atomique (CEA) de Cadarache, ayant entraîné la mort de René Allègre et causé des blessures notamment à Michel Dejoux; que plusieurs parties civiles se sont constituées au cours de cette information à l'issue de laquelle le juge d'instruction, en l'absence de charges contre quiconque, a rendu une ordonnance de non-lieu dont il n'a pas été interjeté appel; que deux de ces parties civiles, Claudette Allègre et l'Union fédérale des syndicats du nucléaire CFDT (UFSN-CFDT) ont fait citer directement le CEA pour homicide et blessures involontaires; que le tribunal a déclaré recevables les citations directes des parties civiles;

Attendu que, pour infirmer cette décision et déclarer irrecevable l'action directement intentée devant le tribunal correctionnel contre le CEA, par Claudette Allègre et l'UFSN-CFDT, l'arrêt énonce qu'au cours de l'instruction plusieurs parties civiles ont réclamé au juge d'instruction la mise en examen de personnes physiques, préposées du CEA, mais également celle de la personne morale; que les juges ajoutent que le magistrat instructeur, ayant analysé les fautes à l'origine de l'accident et énoncé qu'aucune faute n'avait pu être établie à l'encontre d'une personne morale, avait écarté expressément la responsabilité pénale du CEA, même s'il ne l'avait pas nommément désigné;

Mais attendu qu'en prononçant ainsi, alors que le CEA n'avait pas été mis en examen ni entendu comme témoin assisté, la cour d'appel a méconnu le sens et la portée du principe ci-dessus rappelé et des textes susvisés;

D'où il suit que la cassation est encourue; »

215.03 Bibliographie indicative. (V. les références complètes s^s n° 03.)

Actualisables. RÉP. PÉN., Guéry, « Instruction préparatoire »; Coste, « Chambre de l'instruction » – J.-CL. PÉN., Angevin H., « Chambre de l'instruction »; Blanchot A., « Reprise de l'information sur charges nouvelles »; Dumont, « Ordonnances de règlement »; « Autorité des décisions de non-lieu ».

Ouvrages. HÉLIE F., II, n° 983 – GARRAUD, III, n° 1081.

Articles. Guéry Ch. et Guichard Ph., « La partie civile et la reprise de l'information », *JCP* 2007, I, 202.

SECTION 1
PRINCIPE

215.11 La chose jugée. L'autorité de la chose jugée est souveraine. On a dit « qu'elle est plus forte que la vérité même ». Le prévenu légalement jugé, alors même que le jugement serait erroné, ne peut faire l'objet d'une seconde poursuite à raison du même fait. Dans le langage du droit, c'est la maxime traditionnelle *non bis in idem*. L'exception de chose jugée est une cause d'extinction de l'action publique.

L'exception de chose jugée est préjudicielle à tout acte de poursuite et à toute décision sur la forme ou sur le fond [1]. Elle est d'ordre public, elle peut être invoquée en tout état de cause, même pour la première fois devant la Cour de cassation, et doit être suppléée d'office par le juge [2]. Elle peut être proposée devant toute juridiction d'instruction ou de jugement, nonobstant le rejet d'un précédent pourvoi, où l'exception n'a pas été examinée d'office [3]. Le rejet de l'exception de chose jugée par la chambre d'accusation n'est pas une disposition définitive [4]. L'autorité de la chose jugée ne s'attache qu'aux arrêts sur le fond [5].

Deux raisons également impératives justifient, en effet, l'autorité absolue de la chose jugée. La première est d'ordre public : il importe à la société, et à la justice elle-même, que les jugements soient inattaquables, et ne puissent sous aucun prétexte, être remis en question. La seconde touche les droits de la défense : l'auteur présumé d'une infraction ne peut vivre dans une perpétuelle inquiétude; dès qu'un jugement est rendu, devenu définitif, il est présumé bien rendu, et purge une fois pour toutes les poursuites [6]. Le principe est énoncé par l'article 368 du Code de procédure pénale, de portée générale : « Aucune personne acquittée légalement ne peut plus être reprise ou accusée à raison des mêmes faits, même sous une qualification différente » (C. instr. crim., art. 359). Un individu ne peut être condamné deux fois pour les mêmes faits [7].

215.12 Décisions de non-lieu. L'autorité de la chose jugée s'attache également, pour les mêmes raisons, aux décisions de non-lieu rendues par les juridictions d'instruction. Mais ces décisions statuent seulement sur l'existence de charges suffisantes pour entraîner la mise en prévention. Elles n'ont donc aucune autorité quant à la constance des faits, ni quant à leur qualification. La décision qui a terminé l'instruction, et qui a placé la personne mise en examen hors de la prévention, ne peut être reprise et contestée qu'à la condition que les charges aient varié depuis le moment où elles ont été appréciées. C'est pourquoi l'autorité de la chose jugée des décisions de non-lieu devenues définitives, n'est que provisoire, et prend fin si de nouvelles charges se manifestent. Il se déduit de l'article 6 du Code de procédure pénale qu'une décision de refus d'informer rendue au motif que les faits dénoncés ne peuvent admettre aucune qualification pénale, s'oppose, en raison de l'autorité

1. Crim. 10 août 1809, *Bull. crim.*, n° 139.
2. Crim. 3 mai 1860, *Bull. crim.*, n° 120 – Crim. 4 mars 1921, *S.* 1922, 1, 287.
3. Crim. 4 févr. 1958, *Bull. crim.*, n° 116.
4. Crim. 20 oct. 1977, n° 76-90.927, *Bull. crim.*, n° 314.
5. Crim. 7 mai 1987, n° 87-80.822, *Bull. crim.*, n° 186.
6. HÉLIE F., II, n° 983.
7. Crim. 28 oct. 1975, n° 75-91.376, *Bull. crim.*, n° 225.

de la chose jugée qui s'y attache, à toute nouvelle poursuite à raison des mêmes faits sous quelque qualification que ce soit[1].

La partie civile qui s'était constituée dans le cadre d'une information clôturée par une ordonnance de non-lieu partiel peut prendre l'initiative de poursuites pénales en portant plainte avec constitution de partie civile contre une personne n'ayant été ni visée dans la première plainte ni mise en examen dans cette information. Encourt dès lors la cassation l'arrêt qui déclare les parties civiles irrecevables en leur plainte dirigée contre cette personne en se fondant sur l'autorité qu'il attache à l'ordonnance de règlement[2].

215.13 Règle *Non bis in idem*. Cette règle était énoncée par l'article 246 du Code d'instruction criminelle à propos seulement des arrêts de non-lieu : « Le prévenu à l'égard duquel la Cour royale aura décidé qu'il n'y a pas lieu au renvoi à la cour d'assises ne pourra plus être traduit à raison du même fait, à moins qu'il ne survienne de nouvelles charges. » La situation étant identique, la doctrine comme la jurisprudence ont attribué à ce texte une portée générale, et l'ont appliqué aux ordonnances de non-lieu rendues par le juge d'instruction[3]. Le Code de procédure pénale a comblé cette lacune et disposé à la fois à l'égard du juge d'instruction et de la chambre de l'instruction : « La personne mise en examen à l'égard de laquelle le juge d'instruction a dit n'y avoir lieu à suivre ne peut plus être recherchée à l'occasion du même fait, à moins qu'il ne survienne de nouvelles charges » (C. pr. pén., art. 188). « Le procureur général agit de même lorsqu'il reçoit, postérieurement à un arrêt de non-lieu prononcé par la chambre de l'instruction, des pièces lui paraissant contenir des charges nouvelles dans les termes de l'article 189 » (C. pr. pén., art. 196).

L'autorité de la chose jugée ne s'attache à l'ordonnance et à l'arrêt de non-lieu qu'à certaines conditions.

215.14 Caractère définitif. Les ordonnances et les arrêts de non-lieu ne sont pas rendus en dernier ressort. Seules les ordonnances de non-lieu non frappées d'appel dans le délai de la loi, et seuls les arrêts de non-lieu non attaqués par un pourvoi en cassation, par les parties qui en ont la faculté, acquièrent l'autorité de la chose jugée, quand les délais des voies de recours sont expirés.

215.15 Motifs de la décision. Lorsque l'ordonnance et l'arrêt de non-lieu sont motivés, en fait, sur l'insuffisance des charges, l'information peut être reprise, lorsque de nouvelles charges se manifestent. C'est là le cas classique de réouverture de l'instruction.

Quand la décision est motivée en droit, il faut distinguer. Si le non-lieu est fondé sur ce que le fait poursuivi ne constitue pas une infraction pénale et n'est pas punissable, ou sur ce qu'il est amnistié ou prescrit, les charges nouvelles sont inopérantes, puisque l'action publique est éteinte, et cette extinction joue *erga omnes*[4].

215.16 Qualification. Le fait incriminé, couvert par une ordonnance ou un arrêt de non-lieu, ne peut être poursuivi à nouveau sous une autre qualification. Ceci, « parce que le fait a été examiné par la juridiction d'instruction sous tous les rapports qu'il peut avoir avec l'application de la loi pénale »[5]. Dans une poursuite du chef d'escroquerie, le tribunal ne saurait disqualifier ce délit en faux en écritures, si cette qualification a déjà été écartée par une précédente ordonnance de non-lieu[6]. Mais l'exception de chose jugée ne peut jouer que lorsque le fait sur lequel est fondée la seconde poursuite est identique dans ses éléments tant légaux que matériels, à celui sur lequel a porté l'ordonnance de non-lieu. Il n'en est pas ainsi lorsqu'un nouvel élément a changé la nature du fait en cause[7].

La simple erreur dans la qualification, ou l'apport d'un élément qui permet une nouvelle qualification sans changer la nature du fait incriminé, ne permet pas une nouvelle poursuite[8].

215.17 Autorité de la décision quant aux prévenus. Le concept artificiel d'unité des poursuites, qui réunirait tous les faits et toutes les personnes mises en examen compris dans une même information doit être écarté. L'exception de chose jugée, tirée d'une ordonnance de non-lieu n'a qu'une portée relative aux faits et aux personnes visés dans cette ordonnance. C'est ainsi que la personne poursuivie dans une nouvelle information, ne peut invoquer pour se soustraire à ces poursuites, l'ordonnance de non-lieu qui a clos une précédente information suivie sur les mêmes faits, dans laquelle cette personne n'a jamais été inculpée[9]. De même, la partie civile

1. Crim. 3 févr. 1998, n° 97-80.089, *Bull. crim.*, n° 38; *D.* 1998, IR 102; *Gaz. Pal.* 17/18 juill. 1998, p. 19 (v. les attendus s[s] n° 215.02).
2. Crim. 31 mars 1998, n° 97-82.257, *Bull. crim.* n° 122.
3. Crim. 18 sept. 1834, *D.* 1834, 1, 426 – Crim. 15 déc. 1876, *Bull. crim.*, n° 253.
4. Crim. 16 juill. 1932, *Bull. crim.*, n° 180.
5. GARRAUD, III, n° 1081.
6. Crim. 24 juill. 1967, *Bull. crim.*, n° 234.
7. Crim. 27 avr. 1963, *Bull. crim.*, n° 154 – Crim. 5 sept. 1981, n° 80-94.792, *Bull. crim.*, n° 251 – Crim. 17 déc. 1984, n° 83-94.891, *Bull. crim.*, n° 404.
8. Crim. 19 mars 1813, *Bull. crim.*, n° 54 – Crim. 24 juill. 1874, *Bull. crim.*, n° 212.
9. Crim. 23 juin 1949, *Bull. crim.*, n° 219.

peut, pour les mêmes faits, après la clôture de l'information par une ordonnance de non-lieu, « user de la voie de la citation directe contre une personne qui n'a pas été l'objet de cette information », et n'y a pas été inculpée[1]. Mais elle ne peut citer directement, pour les mêmes faits, les personnes visées dans sa plainte, et qui ont été impliquées dans l'information, quoique non inculpées, l'ordonnance de non-lieu indiquant qu'elle est rendue contre « tous autres »[2]. L'autorité de la chose jugée ne s'applique qu'aux personnes mises en examen ou nommément visées dans la plainte avec constitution de partie civile[3]. Une ordonnance de non-lieu ne fait pas obstacle à la citation directe, pour les mêmes faits, d'une personne qui n'a été ni mise en examen lors de l'information, ni entendue comme témoin assistée, ni nommément désignée par les réquisitions du ministère public ou dans une plainte avec constitution de partie civile[4].

Encourt la cassation l'arrêt qui confirme l'ordonnance d'un juge d'instruction portant refus d'informer sur une plainte avec constitution de partie civile déposée pour faux en écriture publique ou authentique et usage et complicité de ces infractions, au motif que l'action publique serait éteinte par l'effet de la chose jugée résultant d'une ordonnance de non-lieu antérieure fondée sur une insuffisance de charges, alors que, d'une part, la première procédure, suivie contre personne non dénommée, n'ayant comporté aucune inculpation, l'autorité de la chose jugée ne pouvait être retenue à l'égard de quiconque, et que, d'autre part, les faits ayant motivé la seconde poursuite étaient différents, dans leurs éléments tant légaux que matériels, des faits se rapportant à la précédente information, ouverte du chef d'escroquerie au jugement[5].

Il en est toutefois autrement si les faits sont indivisibles : tous les mis en examen, même non visés par l'ordonnance de non-lieu, peuvent alors invoquer l'irrégularité de la reprise de l'information sur charges nouvelles, qui a entraîné la cassation de l'arrêt de mise en accusation[6].

L'article 204 écrit pour la chambre de l'instruction complète l'article 188. L'ordonnance de non-lieu non frappée d'appel s'impose à la chambre de l'instruction à l'égard des « personnes non renvoyées devant elle ». Elle ne saurait donc, sauf survenance de charges nouvelles, renvoyer en cour d'assises l'inculpé qui a bénéficié d'une ordonnance de non-lieu devenue définitive[7].

Rappelons que l'ordonnance du juge d'instruction, qui a prescrit une simple mesure préparatoire ou d'instruction, par exemple une expertise n'acquiert pas l'autorité de la chose jugée[8], non plus que le rejet du bénéfice de l'amnistie[9]. La chambre de l'instruction qui admet l'existence de charges et ordonne un supplément d'information, peut modifier son appréciation après l'exécution de cette mesure[10].

SECTION 2
APPLICATIONS

215.21 Jurisprudence. Le principe est que l'ordonnance ou l'arrêt de non-lieu devenu définitif purge entièrement la prévention, réserve faite des charges nouvelles. Il en résulte que le fait retranché par l'ordonnance de non-lieu n'appartient plus aux débats[11], et le prévenu ne peut être repris pour les mêmes faits[12]. Mais l'ordonnance de non-lieu dont bénéficie un inculpé est sans autorité sur sa qualité de civilement responsable[13]. L'autorité de la chose jugée s'applique également à l'arrêt de refus d'informer sur une plainte avec constitution de partie civile[14].

La chambre de l'instruction ne peut mettre en accusation une personne pour des faits qui ont été l'objet d'une ordonnance de non-lieu définitive[15]. Lorsque l'ordonnance de clôture prononce le renvoi pour un délit, et le non-lieu pour un crime, le tribunal correctionnel ne peut se déclarer incompétent en se fondant sur l'existence du crime[16], ou sur une prétendue indivisibilité du délit et du crime[17]. Mais

1. Crim. 6 mars 1957, *Bull. crim.*, n° 230; *S.* 1957, 327; *D.* 1958, 26, note Bouzat; *JCP* 1957, II, 9993 note P. Chambon – Ch. réun., 24 avr. 1961, *Bull. crim.*, n° 222; *JCP* 1961, II, 12131, rapp. Monguilan – Crim. 5 mai 1981, n° 79-94.265, *Bull. crim.*, n° 139.
2. Crim. 24 mars 1981, n° 78-94.129, *Bull. crim.*, n° 106 – Crim. 17 janv. 1983, n° 82-90.262, *Bull. crim.*, n° 19; *JCP* 1984, II, 20232, note Jeandidier.
3. Crim. 14 juin 1994, n° 94-81.675, *Bull. crim.*, n° 235 – Crim. 23 mai 1995, n° 93-85.376, *Bull. crim.*, n° 190.
4. Crim. 12 nov. 2008, n° 07-88.222, *Bull. crim.*, n° 227; *AJ pénal* 2009, 82, obs. C. Duparc (v. les attendus s[s] n° 215.02).
5. Crim. 23 mai 1995, n° 93-85.376, *Bull. crim.*, n° 190.
6. Crim. 27 nov. 1958, *Bull. crim.*, n° 699.
7. Crim. 12 mai 1950, *Bull. crim.*, n° 150.
8. Crim. 16 févr. 1951, *Bull. crim.*, n° 53.
9. Crim. 10 juin 1982, n° 81-94.315, *Bull. crim.*, n° 156 – Crim. 17 mai 1983, n° 82-94.238, *Bull. crim.*, n° 140.
10. Crim. 19 juin 1990, n° 90-80.888, *Bull. crim.*, n° 250.
11. Crim. 16 août 1877, *Bull. crim.*, n° 194.
12. Crim. 13 déc. 1911, *Bull. crim.*, n° 580.
13. Crim. 15 mars 1982, n° 80-90.031, *Bull. crim.*, n° 76.
14. Crim. 15 févr. 1988, n° 87-81.443, *Bull. crim.*, n° 71.
15. Crim. 3 mai 1856, *Bull. crim.*, n° 166 – Crim. 20 nov. 1879, *Bull. crim.*, n° 193 – Crim. 18 sept. 1884, *Bull. crim.*, n° 280.
16. Crim. 5 août 1813, *DP* 1813, 1, 588 – Crim. 27 avr. 1982, n° 81-92.114, *Bull. crim.*, n° 101.
17. Crim. 24 avr. 1874, *Bull. crim.*, n° 123 – Crim. 20 févr. 1913, *Bull. crim.*, n° 86.

l'ordonnance du juge d'instruction qui, sous couvert d'une ordonnance de non-lieu, a en réalité procédé à une disqualification du crime en délit, n'a pas l'autorité de la chose jugée et laisse entière la liberté d'appréciation du tribunal[1].

La cour d'assises, nonobstant l'irrévocabilité de sa saisine, doit examiner d'office l'exception de chose jugée résultant d'une précédente ordonnance de non-lieu, alors même qu'elle n'aurait été ni soulevée par le ministère public, ni invoquée par l'accusé[2].

215.22 Effets des charges nouvelles. Les règles qui précèdent s'entendent sous la réserve de la survenance de charges nouvelles. Lorsque cette éventualité se réalise, l'inculpation originaire peut être reprise[3].

L'autorité de la chose jugée ne peut plus s'attacher à l'ordonnance de non-lieu primitive, quand même la seconde ordonnance ne viserait pas expressément les charges nouvelles[4]; le condamné ne saurait être admis, pour critiquer son renvoi devant la juridiction de jugement, à soutenir que les charges nouvelles n'existaient pas[5].

1. Crim. 7 déc. 1955, *Bull. crim.*, n° 545 – Crim. 23 juin 1992, n° 92-81.460, *Bull. crim.*, n° 248.
2. Crim. 20 nov. 1879, *Bull. crim.*, n° 193 – Crim. 4 févr. 1958, *Bull. crim.*, n° 116.
3. Crim. 13 mai 1899, *Bull. crim.*, n° 128.
4. Crim. 17 oct. 1889, *Bull. crim.*, n° 315.
5. Crim. 5 janv. 1911, *Bull. crim.*, n° 1 – V. concl. proc. gén. Delangle, s[s] Crim. 22 mai 1852, *D.* 1852, 1, 191; *S.* 1852, 1, 681; *Bull. crim.*, n° 166.

CHAPITRE

216. Reprise de l'information sur charges nouvelles

SECTION 0

ORIENTEUR

216.00 **Plan du chapitre.**

Sect. 1 Définition des charges nouvelles

Sect. 2 Comment les charges sont recueillies et produites

Sect. 3 Autorité qui peut requérir la réouverture

Sect. 4 Compétence pour instruire

Sect. 5 Nature de l'information sur charges nouvelles

Sect. 6 Appréciation des charges nouvelles par le juge

216.01 **Textes applicables.**

C. pr. pén., art. 188, 189, 190, 196.

C. pr. pén., art. 188

* V. s^s n° 215.01.

C. pr. pén., art. 189

Sont considérées comme charges nouvelles les déclarations des témoins, pièces et procès-verbaux qui, n'ayant pu être soumis à l'examen du juge d'instruction, sont cependant de nature soit à fortifier les charges qui auraient été trouvées trop faibles, soit à donner aux faits de nouveaux développements utiles à la manifestation de la vérité.

C. pr. pén., art. 190

Il appartient au ministère public seul de décider s'il y a lieu de requérir la réouverture de l'information sur charges nouvelles.

C. pr. pén., art. 196

Le procureur général agit de même lorsqu'il reçoit, postérieurement à un arrêt de non-lieu prononcé par la chambre de l'instruction, des pièces lui paraissant contenir des charges nouvelles dans les termes de l'article 189. Dans ce cas et en attendant la réunion de la chambre de l'instruction, le président de cette juridiction peut, sur les réquisitions du procureur général, décerner mandat de dépôt ou d'arrêt.

216.02 **Jurisprudence de référence.**

• Il appartient au ministère public seul de décider s'il y a lieu de requérir la réouverture de l'information sur charges nouvelles.

Crim. 11 janv. 2000, n° 99-82.143, *Bull. crim.*, n° 11.

« Attendu qu'une première information a été ouverte contre personne non dénommée des chefs d'homicides involontaires, à la suite du décès de quatre personnes dans un accident d'avion; que Pascale Y... s'était constituée partie civile incidente; qu'une ordonnance de non-lieu a été rendue par le juge d'instruction le 17 novembre 1995;

Attendu que Pascale Y... a porté plainte avec constitution de partie civile le 13 mai 1998, en exposant que, depuis la clôture de l'information, des faits nouveaux avaient été découverts mettant en cause, pour la première fois, le comportement des contrôleurs aériens;

Attendu qu'en cet état la chambre d'accusation, ayant relevé que la nouvelle plainte avec constitution de partie civile, portée contre personne non dénommée, tendait à la réouverture de la même information, a décidé à bon droit que cette plainte ne pouvait être reçue par le juge d'instruction. »

216.03 **Bibliographie indicative.** (V. les références complètes s^s n° 03.)

Actualisables. RÉP. PÉN., Guéry, « Instruction préparatoire »; Coste, « Chambre de l'instruction » – J.-CL. PÉN., Angevin H., « Chambre de l'instruction »; Blanchot A., « Reprise de l'information sur charges nouvelles »; Dumont, « Ordonnances de règlement »; « Autorité des décisions de non-lieu ».

Ouvrages. HÉLIE F., II, p. 622, n° 1022; V, n°s 2082 et 2085 – GARRAUD, III, n°s 1082, 1084 et 1086; V, note 46, p. 593 – LABORDE, n° 969 – MERLE ET VITU, II, 4e éd., n° 472.

Articles. Guéry Ch. et Guichard Ph., « La partie civile et la reprise de l'information », *JCP* 2007, I, 202.

216.04 **Évolution.** L'article 247 du Code d'instruction criminelle donnait une définition des charges nouvelles. L'article 248 indiquait selon quelle procédure l'information pouvait être rouverte. Ces textes, écrits pour le cas où la chambre d'accusation avait rendu un arrêt de non-lieu, avaient selon la doctrine et la jurisprudence, une portée générale, et étaient appliqués au cas où l'information avait été close par une ordonnance de non-lieu [1]. La reprise de l'information sur charges nouvelles a donné lieu à une abondante jurisprudence, qui a conservé toute sa valeur, les règles n'ayant pas changé.

L'article 189 du Code de procédure pénale, en effet, dans sa définition des charges nouvelles, reprend les termes de l'article 247 ancien. L'article 190 réserve au ministère public l'initiative de la réouverture, comme le faisait l'article 248 du Code d'instruction criminelle. Quant à l'article 196, il règle la procédure à suivre après qu'un arrêt de non-lieu est intervenu.

216.06 Questions essentielles.

• La reprise de l'information sur charges nouvelles est assez rare. Elle intervient toutefois souvent dans des dossiers graves et notamment des homicides non élucidés. Le juge d'instruction, saisi par le procureur de la République, doit d'abord vérifier s'il est compétent, ce qui suppose qu'aucun arrêt de non-lieu ne soit intervenu. Il vérifiera ensuite si le réquisitoire introductif fait bien mention en les détaillant ou en y faisant références aux charges nouvelles, qui peuvent d'ailleurs ne revêtir la forme que d'indices nouveaux.

* V. s^s n° 216.13.

SECTION 1
DÉFINITION DES CHARGES NOUVELLES

216.11 Article 189 du Code de procédure pénale. Aux termes de l'article 189, « sont considérées comme charges nouvelles les déclarations des témoins, pièces et procès-verbaux qui, n'ayant pu être soumis à l'examen du juge d'instruction, sont cependant de nature, soit à fortifier les charges qui auraient été trouvées trop faibles, soit à donner aux faits de nouveaux développements utiles à la manifestation de la vérité ». L'énumération que contient ce texte, qui était déjà celle du Code précédent, n'est qu'énonciative, et non limitative, et doit être entendue dans son sens le plus large [2].

216.12 Révélation des charges. « Les charges nouvelles sont des éléments de preuve qui n'ont pu être soumis à l'examen du juge d'instruction. » Il n'est pas nécessaire que les charges nouvelles soient postérieures à la décision de non-lieu, il suffit que, même si elles ont existé antérieurement, elles n'aient été révélées au juge qu'après sa décision. Il y a donc analogie entre les « charges nouvelles » et les « faits nouveaux » du pourvoi en révision [3]. Mais le ministère public ne saurait réserver et ne produire qu'après le non-lieu, des pièces déjà connues de lui avant la décision [4]. Il faut encore que ces éléments nouveaux soient de nature à « fortifier les charges » et à donner aux faits « de nouveaux développements » (C. pr. pén., art. 189).

216.13 Jurisprudence. La Cour de cassation apprécie les charges nouvelles d'une manière très large. Peuvent constituer des charges nouvelles les témoignages recueillis ou les constatations faites au cours d'une poursuite provoquée par un nouveau délit commis par le prévenu [5], ou au cours d'investigations faites par le plaignant, dont il résulte que les déclarations faites par les témoins étaient fausses [6]; l'arrestation à l'étranger de l'inculpé trouvé en possession des valeurs détournées [7]. Mais la simple arrestation de la personne poursuivie ne constitue pas en soi une charge nouvelle [8]. Les charges nouvelles peuvent encore avoir été recueillies au cours d'une autre information suivie contre d'autres inculpés par un autre juge d'instruction [9]. Elles peuvent résulter aussi de déclarations faites à l'audience [10].

L'expression « charges nouvelles » s'applique à tous les indices de nature à établir la culpabilité (v. s^s n° 191.41), « soit quant à la participation matérielle du prévenu aux faits poursuivis, soit quant à sa responsabilité mentale »; ainsi, constitue une charge nouvelle, alors que le non-lieu était fondé sur l'état de démence de l'inculpé, le rapport du directeur d'un asile qui fait connaître que ce dernier pendant son séjour dans cet asile, n'a pas manifesté de troubles mentaux caractérisés [11].

Constituent encore des charges nouvelles, dans une poursuite du chef de fraude en matière de dommages de guerre, les photographies et les relevés topographiques aériens que le ministère de l'Équipement s'est procurés après l'ordonnance de non-lieu, qui tendent à démontrer l'inexactitude des plans des bâtiments détruits que le prévenu a produits à l'appui de ses demandes de réparation [12].

1. Crim. 13 sept. 1811, cité par HÉLIE F., II, p. 622 – Crim. 18 sept. 1834, *D.* 1834, 1, 426 – Crim. 15 janv. 1875, *Bull. crim.*, n° 16.
2. Crim. 21 déc. 1820, *JP*, t. XVI, p. 254 – Crim. 12 mai 1950, *Bull. crim.*, n° 151 – Crim. 9 nov. 1965, *Bull. crim.*, n° 224.
3. GARRAUD, III, n° 1082 et V, note 46, p. 593.
4. LABORDE, n° 969.
5. Crim. 17 janv. 1867, *Bull. crim.*, n° 11.
6. Crim. 17 avr. 1931, *Bull. crim.*, n° 105 – Crim. 30 avr. 1931, *Bull. crim.*, n° 115.
7. Crim. 9 janv. 1897, *Bull. crim.*, n° 8.
8. Crim. 10 déc. 1943, *Bull. crim.*, n° 144.
9. Crim. 1er févr. 1877, *Bull. crim.*, n° 38.
10. CA Bordeaux, ch. instr., 12 juin 2001, *D.* 2002, 918, note D. Couronne-Palat.
11. Crim. 6 juill. 1923, *Bull. crim.*, n° 253 – Crim. 12 mai 1950, *Bull. crim.*, n° 151.
12. Crim. 9 nov. 1965, *Bull. crim.*, n° 224.

Mais les nouveaux indices doivent être recueillis régulièrement. L'interrogatoire de l'auteur de l'infraction auquel a procédé le commissaire de police sous la foi du serment, en vertu d'une commission rogatoire devenue périmée en raison de la clôture de l'information, ne saurait constituer une charge nouvelle autorisant la réouverture de cette instruction, et la condamnation intervenue après une telle réouverture est atteinte de nullité[1].

SECTION 2
COMMENT LES CHARGES SONT RECUEILLIES ET PRODUITES

216.21 Établissement des charges nouvelles. Il faut bien distinguer la simple constatation des charges nouvelles, de leur exploitation par le juge d'instruction après la réouverture de l'information. Après son ordonnance de non-lieu, le juge d'instruction peut et même doit transmettre au procureur de la République tous nouveaux documents qui parviendraient à sa connaissance à l'occasion d'autres informations. Mais il est dessaisi, et il ne saurait de lui-même continuer à rechercher de nouvelles charges. Le procureur de la République peut également, de toute évidence, recueillir et faire constater par ses auxiliaires toutes nouvelles charges qui se manifesteraient spontanément. Mais il peut de plus, faire rechercher et provoquer, dans le cadre d'une enquête, l'apparition de nouvelles charges, car l'action publique n'est que suspendue par la décision de non-lieu. Toutefois, il ne peut charger le juge d'instruction de telles investigations[2].

L'instruction peut être plusieurs fois ouverte, tant que la prescription n'est pas acquise. En présence de nouvelles charges, le procureur de la République ne peut saisir directement la juridiction de jugement, la décision de non-lieu s'y oppose; il ne peut que faire rouvrir l'information[3].

216.22 Production des charges. Il est nécessaire mais suffisant que les charges nouvelles soient acquises au moment de la réouverture de l'instruction, et qu'elles soient indiquées dans le réquisitoire des nouvelles poursuites[4]. Des réquisitions nouvelles, visant seulement une seconde plainte, n'impliquent pas l'existence de charges nouvelles justifiant la reprise de l'information[5].

La constatation par le procureur de la République des charges nouvelles n'est soumise à aucune forme déterminée et sacramentelle[6]. Il suffit qu'elles soient visées et mentionnées dans le réquisitoire, et constatées dans les pièces qui lui sont annexées[7].

SECTION 3
AUTORITÉ QUI PEUT REQUÉRIR LA RÉOUVERTURE

216.31 Droit exclusif du ministère public. La doctrine, s'appuyant sur les termes de l'article 248 du Code d'instruction criminelle, a toujours considéré que seul le ministère public avait qualité pour requérir la reprise de l'information sur charges nouvelles. La question s'est posée en 1928. La cour d'appel de Paris avait jugé par un arrêt du 20 novembre 1928 que la partie civile pouvait, par sa nouvelle plainte avec constitution de partie civile, obliger le juge d'instruction à reprendre son information[8]. Cet arrêt fut cassé[9], mais la cour d'appel de Rouen, cour de renvoi, a statué dans le même sens que celle de Paris[10]. Statuant toutes chambres réunies, la Cour de cassation, par son arrêt du 29 janvier 1931, a adopté la thèse de la chambre criminelle, déclarant « qu'il n'appartient pas à la partie civile de faire rouvrir, à raison de la survenance de charges nouvelles, l'information terminée par une ordonnance de non-lieu, laquelle ne peut être reprise que sur les réquisitions du ministère public »[11].

216.32 Maintien de la règle. La Cour de cassation a appliqué sans changement, dans plusieurs arrêts postérieurs, la doctrine qu'elle a dégagée en 1929 et 1931, selon laquelle seul le ministère public, à l'exclusion de la partie civile, peut requérir la réouverture de l'information sur charges nouvelles[12]. La requête de la partie civile ne doit pas être examinée au fond et éventuellement rejetée, mais déclarée irrecevable, et le pourvoi contre l'arrêt d'irrecevabilité est lui-même irrecevable[13].

1. Crim. 24 juill. 1961, *Bull. crim.*, n° 353.
2. Sur ces points, HÉLIE F., II, n° 1022 – GARRAUD, III, n° 1084.
3. GARRAUD, III, n° 1086 – Crim. 30 juin 1864, *Bull. crim.*, n° 167 – Crim. 28 sept. 1865, *Bull. crim.*, n° 185.
4. Crim. 1er févr. 1877, *Bull. crim.*, n° 38.
5. Crim. 14 mars 1957, *Bull. crim.*, n° 252.
6. Crim. 27 janv. 1870, *Bull. crim.*, n° 21 – Crim. 15 janv. 1875, *Bull. crim.*, n° 16.
7. Crim. 18 mai 1917, *Bull. crim.*, n° 153 – Crim. 23 juin 1949, *D.* 1949, somm. 41 – Crim. 12 mai 1950, *Bull. crim.*, n° 151.
8. CA Paris, 20 nov. 1928, *S.* 1929, 2, 49, note L. Hugueney.
9. Crim. 16 nov. 1929, *DP* 1929, 1, 145, note Fréjaville.
10. CA Rouen, 20 févr. 1930, *DP* 1930, 2, 70, note Fréjaville.
11. Ch. réun., 29 janv. 1931, *Bull. crim.*, n° 24; *DP* 1931, 1, 89, rapp. Mornet, concl. Matter; *S.* 1931, 1, 254.
12. Crim. 4 juill. 1951, *Bull. crim.*, n° 191; *S.* 1952, 1, 67 – Crim. 17 juill. 1957, *Bull. crim.*, n° 550.
13. Crim. 7 mai 1951, *Bull. crim.*, n° 128 – Crim. 28 avr. 1955, *Bull. crim.*, n° 212.

Cette jurisprudence a été consacrée par l'article 190 du Code de procédure pénale ainsi conçu : « Il appartient au ministère public seul de décider s'il y a lieu de requérir la réouverture de l'information sur charges nouvelles.[1] » La seconde constitution de partie civile est irrecevable, quand bien même la première information aurait été suivie contre inconnu, si la personne indiquée dans la seconde plainte était déjà désignée dans la première. Il faut bien entendu qu'il s'agisse des mêmes faits[2] (v. s[s] n° 215.17). Cette prohibition existe y compris lorsque l'information a été clôturée contre personne non dénommée et qu'elle souhaite obtenir la réouverture contre personne non dénommée[3]. L'article 196 du même code ne vise également que les seules réquisitions du procureur général, après qu'est intervenu un arrêt de non-lieu.

La partie civile qui s'est constituée dans le cadre d'une information ouverte contre personne non dénommée et clôturée par une ordonnance de non-lieu à suivre contre quiconque, non frappée d'appel, peut, de même que les autres ayants droit de la victime, prendre l'initiative de poursuites pénales par voie de citation directe contre une personne n'ayant été ni nommément désignée dans une plainte avec constitution de partie civile, ni mise en examen dans cette information, lors même qu'elle aurait été entendue comme témoin ou aurait été l'objet, de la part du magistrat instructeur, de diverses vérifications. Encourt dès lors la cassation l'arrêt qui déclare les parties civiles irrecevables en leurs actions sur citation directe dirigées contre cette personne en se fondant sur l'autorité de la chose jugée qu'il attache à cette ordonnance de non-lieu[4].

SECTION 4
COMPÉTENCE POUR INSTRUIRE

216.41 Principe. C'est la juridiction d'instruction qui a connu des premières charges qui est seule compétente pour connaître des nouvelles. Il faut donc distinguer selon que l'information a été close par une ordonnance ou un arrêt de non-lieu. Si la première procédure s'est arrêtée au juge d'instruction, c'est à ce juge qu'il appartient de connaître des nouvelles charges. Si au contraire un arrêt de non-lieu est intervenu, cette appréciation appartient exclusivement à la chambre de l'instruction.

Lorsque, dans l'un et l'autre cas, le ministère public requiert la réouverture de l'instruction, une ordonnance ou un arrêt préalable d'autorisation des nouvelles poursuites n'est nullement nécessaire. Une telle décision, qui donnerait acte au ministère public de l'existence des nouvelles charges, « n'aurait aucun objet, puisque les nouvelles charges ne peuvent être constatées que par une instruction, et que cette instruction doit nécessairement précéder l'appréciation même de ces charges »[5]. D'ailleurs, le ministère public n'a pas besoin d'autorisation dans l'exercice de son action[6].

216.42 Ordonnance de non-lieu. C'est le juge d'instruction qui a rendu l'ordonnance de non-lieu non frappée d'appel qui est seul compétent, à l'exclusion de la chambre d'accusation, pour procéder à l'information après sa réouverture sur charges nouvelles, et qui doit être saisi[7].

Par même juge d'instruction, que faut-il entendre ? Il n'est, il va de soi, pas nécessaire que soit désigné, pour procéder sur charges nouvelles, le juge d'instruction en personne qui a rendu l'ordonnance de non-lieu, car il peut ne plus être en fonctions. Il suffit qu'il s'agisse de l'un des juges d'instruction, lorsqu'il en existe plusieurs, qui appartienne au tribunal dans le ressort duquel l'ordonnance a été rendue. Si le titulaire du cabinet en cause n'a pas changé, c'est lui qui sera normalement désigné; sinon, il nous paraît indifférent que l'un quelconque de ses collègues actuellement en fonctions procède sur charges nouvelles, même s'il s'agit d'un autre cabinet. La répartition intérieure des affaires, faite régulièrement, ne touche pas la validité des procédures. Lorsqu'il existe dans un tribunal plusieurs juges d'instruction, seul le président ou, en cas d'empêchement, le magistrat qui le remplace a compétence pour désigner pour chaque information le juge qui en sera chargé[8]. Il en est ainsi lorsque le ministère public croit pouvoir demander au juge d'instruction précédemment saisi de rouvrir le dossier d'information qu'il instruisait auparavant alors que la personne nouvellement visée n'avait pas été inquiétée dans la première procédure. Le

1. En ce sens, alors qu'il s'agit des mêmes faits et des mêmes inculpés : Crim. 17 janv. 1962, *Bull. crim.*, n° 38 – Crim. 24 févr. 1972, n° 71-91.640, *Bull. crim.*, n° 79; *JCP* 1972, IV, p. 88 – Crim. 6 févr. 1979, n° 78-92.425, *Bull. crim.*, n° 53 – Crim. 10 nov. 1980, n° 79-94.326, *Bull. crim.*, n° 292; *JCP* 1982, II, 19817.
2. Crim. 13 févr. 1973, n° 72-92.487, *Bull. crim.*, n° 76.
3. Crim. 11 janv. 2000, n° 99-82.143, *Bull. crim.*, n° 11 (v. les attendus s[s] n° 216.02).
4. Crim. 22 janv. 1997, n° 96-80.533, *Bull. crim.*, n° 26; *Gaz. Pal.* 4/5 juin 1997, p. 14 – Crim. 31 mars 1998, n° 97-82.257, *Bull. crim.*, n° 122.
5. Crim. 5 janv. 1854, *Bull. crim.*, n° 2.
6. Hélie F., V, n° 2085.
7. Crim. 22 nov. 1821, *Bull. crim.*, n° 182 – Crim. 22 juin 1899, *Bull. crim.*, n° 168 – Crim. 1er avr. 1927, *DP* 1927, 1, 120.
8. Crim. 26 févr. 2008, n° 07-87.865, *Bull. crim.*, n° 51; *AJ pénal* 2008, 243, note G. Royer; *RSC* 2008, 924, note R. Finielz.

juge d'instruction qui a apprécié les premières charges et a clos l'instruction, demeure compétent pour instruire sur les nouvelles, quand même celles-ci ont été découvertes dans un autre ressort, et quand même la circonstance qui a entraîné la compétence *ratione loci* du juge premier saisi, par exemple la résidence ou l'arrestation du prévenu, a disparu au moment de la reprise des poursuites [1].

216.43 Arrêt de non-lieu. « Le juge d'instruction est radicalement incompétent pour connaître des nouvelles charges et les apprécier, toutes les fois qu'elles ne se manifestent qu'après un arrêt de non-lieu rendu par la chambre d'accusation [2]. » Cette dernière est exclusivement compétente. « Il ne peut appartenir », dit la Cour de cassation, « qu'à la chambre d'accusation de décider si les charges nouvellement produites sont réellement nouvelles; une juridiction inférieure ne peut être appelée à substituer son appréciation à celle faite par les magistrats supérieurs; la procédure ne peut rétrograder » [3].

Il en est ainsi, aussi bien lorsque la chambre de l'instruction a statué sur le règlement de la procédure en matière de crime, que lorsqu'elle a confirmé sur appel l'ordonnance de non-lieu en matière correctionnelle ou de police [4], ou lorsque les charges nouvelles ont été découvertes hors de son ressort [5].

Après un arrêt de non-lieu, l'information qui serait reprise directement par le juge d'instruction sur réquisition du procureur de la République, serait nulle [6].

La procédure est tracée par les articles 195 et 196 du Code de procédure pénale : le procureur général, lorsqu'il reçoit, postérieurement à un arrêt de non-lieu prononcé par la chambre de l'instruction des pièces lui paraissant contenir des charges nouvelles dans les termes de l'article 189, met l'affaire en état et la soumet avec son réquisitoire à cette chambre. En attendant la réunion de la chambre de l'instruction, le président de cette juridiction peut, sur les réquisitions du procureur général, décerner mandat de dépôt ou d'arrêt.

216.44 Délégation. La chambre de l'instruction compétente peut toujours déléguer pour instruire un de ses membres ou le juge d'instruction premier saisi ou un autre (C. pr. pén., art. 205 et 207) [7]. L'article 248 du Code d'instruction criminelle qui portait que « le président indiquera le juge devant lequel il sera procédé à une nouvelle instruction », était à cet égard plus explicite que l'article 196 du Code de procédure pénale [8]. Mais si elle peut déléguer le juge d'instruction qui a rendu l'ordonnance de non-lieu [9], elle ne peut, selon les règles générales de sa compétence [10], lorsqu'elle est saisie sur renvoi après cassation, que déléguer un juge d'instruction de son ressort [11]. De même que dans tous les cas de délégation, le juge d'instruction n'est pas maître de la procédure et ne peut en opérer le règlement.

La chambre de l'instruction sur les réquisitions du procureur général, peut elle-même, après évocation, ordonner la reprise de l'information sur charges nouvelles. C'est ainsi que saisie en vue du renvoi aux assises de trois personnes, elle a pu, après évocation, conformément aux réquisitions du procureur général, et après avoir ordonné un supplément d'information, reprendre les poursuites sur charges nouvelles à l'égard d'une quatrième personne qui avait bénéficié d'une ordonnance de non-lieu, et la renvoyer également devant la cour d'assises [12].

SECTION 5
NATURE DE L'INFORMATION SUR CHARGES NOUVELLES

216.51 Continuation de la même information. Les auteurs parlent, en matière de charges nouvelles, à propos de la même affaire, de première et de seconde information. Mais ce n'est là qu'une manière commode de s'exprimer et de distinguer les actes d'instruction selon qu'ils ont lieu avant ou après la survenance des nouvelles charges. D'ailleurs, le législateur emploie lui-même les termes de « reprise » et de « réouverture » de l'information. Il s'agit, en réalité, de la même procédure, qui était provisoirement fermée par une ordonnance ou un arrêt de non-lieu, et qu'on rouvre, pour la continuer.

C'est bien ainsi que l'entend la Cour de cassation, qui déclare que « la réouverture d'une information sur charges nouvelles ne constitue pas une procédure distincte de celle originairement suivie » [13]. Il

1. Crim. 5 janv. 1854, *Bull. crim.*, n° 2.
2. HÉLIE F., V, n° 2082.
3. Crim. 31 août 1821, *Bull. crim.*, n° 139 – Crim. 13 mars 1846, *Bull. crim.*, n° 71 – Crim. 22 juill. 1859, *Bull. crim.*, n° 186 – Crim. 1er avr. 1927, *DP* 1927, 1, 120.
4. Crim. 11 août 1842, *Bull. crim.*, n° 195.
5. Crim. 22 nov. 1821, *Bull. crim.*, n° 182.
6. Crim. 23 févr. 1938, *DP* 1940, 1, 63.
7. Crim. 18 mai 1839, *Bull. crim.*, n° 161.
8. Crim. 6 déc. 1945, *Bull. crim.*, n° 129.
9. Crim. 8 juin 1912, *Bull. crim.*, n° 307.
10. Crim. 15 mai 1968, *Bull. crim.*, n° 156 – Crim. 19 mai 1969, *Bull. crim.*, n° 176.
11. Crim. 6 déc. 1945, *Bull. crim.*, n° 129.
12. Crim. 24 mai 1960, *Bull. crim.*, n° 278 – Et aussi, Crim. 22 mai 1852, *Bull. crim.*, n° 166.
13. Crim. 19 avr. 1951, *Bull. crim.*, n° 105.

en résulte que la constitution de partie civile intervenue avant l'ordonnance de non-lieu continue de produire ses effets et la partie civile, bien qu'elle ait retiré sa plainte antérieurement à la reprise de l'instruction, conserve sa qualité de partie civile après cette reprise, et comme telle est recevable à interjeter appel de la seconde ordonnance de non-lieu[1].

Il en résulte encore que le mis en examen, qui avait subi l'interrogatoire de première comparution, conserve sa qualité. S'il avait choisi un conseil, il doit être considéré comme toujours assisté par ce dernier, qui doit être convoqué aux interrogatoires et confrontations et être mis en mesure de prendre communication de la procédure dans les règles de droit[2].

216.52 Pouvoirs du magistrat. Le juge d'instruction, saisi par les réquisitions du procureur de la République aux fins de reprendre l'instruction après survenance de charges nouvelles, instruit selon la procédure de droit commun qui est la sienne quand il est saisi par un réquisitoire introductif initial, avec les mêmes pouvoirs.

Il en est autrement au cas de reprise de l'information sur charges nouvelles ordonnée par la chambre de l'instruction, où le juge d'instruction, ou un membre de cette juridiction, agit seulement comme magistrat délégué. Ses pouvoirs sont alors ceux du magistrat délégué au supplément d'information. Ce dernier peut procéder aux actes d'instruction proprement dits, mais ne peut prendre des décisions juridictionnelles, telle la mise en liberté[3]. Il ne peut non plus procéder au placement en détention, qui relève exclusivement de la chambre de l'instruction[4].

SECTION 6
APPRÉCIATION DES CHARGES NOUVELLES PAR LE JUGE

216.61 Appréciation des charges. Il y a lieu de considérer, postérieurement au réquisitoire tendant à la réouverture sur charges nouvelles, trois phases bien distinctes, trois moments de la procédure.

216.62 a) Constatation. La juridiction (juge d'instruction ou chambre de l'instruction, selon le cas), saisie par le réquisitoire, doit déclarer qu'il sera informé à nouveau et doit donc, préalablement, constater l'existence des documents nouveaux produits par le parquet, c'est-à-dire leur existence matérielle et leur caractère nouveau. Cette formalité est substantielle. En effet, la précédente décision de non-lieu a l'autorité de la chose jugée, et seule l'existence de charges nouvelles peut justifier la reprise légale de l'instruction. La Cour de cassation formule expressément cette exigence. L'omission de la constatation des charges nouvelles par la chambre d'accusation au moment où elle ordonne une nouvelle instruction, entraîne la nullité de l'arrêt de mise en accusation qui a suivi[5].

La chambre d'accusation constate suffisamment l'existence des charges nouvelles, si elle se réfère au réquisitoire qui lui-même les mentionne et les analyse[6].

L'exigence est la même s'il s'agit du juge d'instruction. Ce magistrat aussi constate suffisamment l'existence des charges nouvelles en se référant au réquisitoire[7]. Le fait même pour lui d'instruire constitue une reconnaissance implicite de l'existence des charges nouvelles, lorsque l'ordonnance de règlement s'approprie les énonciations du réquisitoire relatives à ces charges[8].

Le professeur Garraud formule, à juste titre, une objection. Pour lui, la juridiction d'instruction requise de reprendre l'information en raison de la survenance de charges nouvelles, ne pourrait s'y refuser sous le prétexte que ces charges n'existeraient pas. Elle doit d'abord instruire. En effet, cette juridiction n'est pas en mesure de se prononcer sur l'existence des charges nouvelles, avant qu'une instruction les ait vérifiées.

Cependant, la position de la chambre criminelle est parfaitement juridique. Celle-ci ne demande pas au juge d'instruction ou à la chambre de l'instruction de se prononcer déjà sur la valeur des charges nouvelles. Elle leur demande seulement de les constater, telles qu'elles sont mentionnées par le parquet. Il faut bien détruire la chose jugée, qui s'oppose à la reprise de l'instruction. Seule une telle constatation peut avoir cet effet.

216.63 b) Nécessité d'une instruction. La juridiction d'instruction, requise de reprendre l'information, ne saurait se borner à constater l'existence des charges nouvelles telles qu'elles sont présentées par le ministère public, et à renvoyer par la même décision le prévenu devant la juridiction de jugement[9].

1. Crim. 19 avr. 1951, *Bull. crim.*, nº 105.
2. CA Aix-en-Provence, 21 mai 1948, *D.* 1948, 446.
3. Crim. 27 juill. 1907, *DP* 1911, 1, 153 – Crim. 5 oct. 1960, *Bull. crim.*, nº 424 – MERLE ET VITU, II, 4e éd., nº 472.
4. Crim. 8 nov. 1990, nº 90-85.741, nº 90-85.742, *Bull. crim.*, nº 374.
5. Crim. 27 nov. 1958, *Bull. crim.*, nº 699.
6. Crim. 18 mai 1939, *S.* 1939, 1, 624 – Crim. 8 juin 1912, *Bull. crim.*, nº 307.
7. Crim. 15 janv. 1875, *D.* 1875, 1, 284.
8. Crim. 23 nov. 1878, *Bull. crim.*, nº 224.
9. Crim. 22 mai 1852, *Bull. crim.*, nº 166; *D.* 1852, 1, 191.

Le recours au juge d'instruction ne saurait constituer un simulacre. Une instruction doit effectivement avoir lieu. Elle a pour objet, comme toute instruction, de transformer en éléments positifs de simples présomptions de fait. Le moment est venu de vérifier judiciairement, d'exploiter, de compléter, de renforcer, ou peut-être d'établir l'inanité des indices recueillis et présentés par le ministère public, par tous actes d'instruction utiles.

216.64 **c) Le règlement.** Quand la seconde instruction est déclarée complète, il y a lieu d'en apprécier les résultats. Le juge doit : constater l'existence des charges; constater leur caractère nouveau. Et en outre, et essentiellement, dire si ces charges nouvelles constituent à l'encontre de la personne des charges suffisantes pour motiver le renvoi devant la juridiction de jugement. Si oui, le renvoi est opéré dans les formes du droit commun. Dans le cas contraire, une seconde décision de non-lieu, ordonnance ou arrêt, est rendue.

Cette seconde décision, comme la première, n'a qu'une autorité provisoire, qui prend fin si de nouvelles charges devaient réapparaître, aussi longtemps que la prescription de l'action publique n'est pas acquise.

TITRE

22. La notification des ordonnances

SECTION 0
ORIENTEUR

220.00 Plan du titre. Les ordonnances doivent être notifiées aux parties et le procureur de la République est avisé des ordonnances non conformes à ses réquisitions. Les ordonnances sont aussi notifiées aux conseils.

Chap. 221	**Notification des ordonnances aux parties – Avis au procureur de la République**
Sect. 1	Notification des ordonnances susceptibles d'appel : formes et délais
Sect. 2	Notification des ordonnances susceptibles d'appel : ordonnances qui doivent être notifiées
Sect. 3	Notification des ordonnances susceptibles d'appel : effets et sanctions de la notification
Sect. 4	Notification des ordonnances de clôture
Sect. 5	Avis donnés au parquet
Chap. 222	**Notification des ordonnances au conseil**
Sect. 1	Ordonnances notifiées
Sect. 2	Ordonnances non notifiées
Sect. 3	Formes et conditions de la notification
Sect. 4	Preuve de l'accomplissement de la formalité

220.01 Textes applicables.

C. pr. pén., art. 89, 115, 116, 137-3, 137-4, 156, 167, 183, 186, 186-1, 803-1.

220.02 Jurisprudence de référence.

Crim., 9 mai 1968, *Bull. crim.,* n° 149 – Crim., 7 avr. 1992, *Bull. crim.,* n° 147 – Crim., 21 févr. 1994, *Bull. crim.,* n° 73 – Crim., 4 mars 2004, n° 03-83.756, *Bull. crim.,* n° 58; *D.* 2004, IR p. 1065; *JCP* 2004, IV, 1772; *Gaz. Pal.* 17/19 oct. 2004, p. 2, note Y. Monnet; *AJ pénal* 2004, p. 208, obs. J. Leblois-Happe; *Dr. pén.* mai 2004, n° 76, p. 29, note A. Maron.

220.03 Bibliographie indicative. (V. les références complètes s^s n° 03.)

Actualisables. RÉP. PÉN., Guéry, « Instruction préparatoire »; Coulon J., « Appel ».

Articles. Bouteiller P., « La notification des ordonnances de non-lieu ou les insuffisances de l'article 183 du Code de procédure pénale », *JCP G* 1981, I, 3033 – Mathieu, « La purge des nullités par l'ordonnance de renvoi : étude d'un problème particulier », *D.* 2000, n° 33, Point de vue.

220.04 Évolution. L'article 135 du Code d'instruction criminelle ne prévoyait que la seule signification des ordonnances susceptibles d'appel, qui marquait le point de départ de cette voie de recours. Cette signification, aux termes mêmes de l'article 28 du même code, était faite à la requête du procureur de la République[1]. La signification à la requête du juge d'instruction ne faisait pas courir le délai d'appel[2].

La simple communication aux parties des autres ordonnances, non prévue par la loi, ne pouvait être exigée[3]. De son côté, l'article 10 alinéa 2 de la loi du 8 décembre 1897 avait prévu « qu'il serait immédiatement donné connaissance au conseil de toute ordonnance du juge par l'intermédiaire du greffier ».

Enfin, toute ordonnance non conforme à ses réquisitions était communiquée au procureur de la République.

L'article 183 originaire du Code de procédure pénale prévoyait qu'il était donné avis par lettre recommandée aux conseils de toutes ordonnances juridictionnelles (al. 1er); que les ordonnances de règlement étaient portées à la connaissance de l'inculpé, et les ordonnances de renvoi ou de transmission des pièces, à celle de la partie civile (al. 2); que les ordonnances susceptibles d'appel

1. Crim. 8 mai 1807, *Jur. gén.,* « Instr. crim. », p. 141 – Crim. 20 avr. 1826, *Bull. crim.,* n° 85.
2. Crim. 8 août 1901, *D.* 1903, 1, p. 495.
3. Crim. 9 févr. 1866, *D.* 1866, 1, p. 403; *S.* 1866, 1, p. 228 – Crim. 8 févr. 1855, *D.* 1855, 1, p. 90.

étaient signifiées aux parties à la requête du procureur de la République dans les 24 heures (al. 3); enfin, qu'il était donné avis par le greffier au procureur de la République de toute ordonnance non conforme à ses réquisitions (al. 4). La loi du 17 juillet 1970 a apporté quelques modifications de formes. Ainsi, elle a permis d'aviser le conseil par notification écrite avec émargement au dossier, et la notification à l'inculpé détenu par remise en copie par le surveillant-chef contre récépissé signé par l'intéressé.

La loi du 30 décembre 1985 a davantage innové. Elle a essentiellement prescrit une notification rapide des ordonnances de règlement. Elle a substitué une simple notification à la signification des ordonnances susceptibles d'appel, et a prescrit que dans tous les cas, une copie de l'acte serait remise à l'intéressé. Enfin, elle a assujetti les formes de la notification des ordonnances aux conseils, à celles de la notification aux parties. Les lois des 4 jours 1993 et 24 août 1993 n'ont porté que sur des détails.

Il n'y a plus lieu de distinguer, comme c'était encore le cas avant la loi du 30 décembre 1985, entre le simple avis, la notification et la signification, au sens de l'article 550 alinéas 1er et 2 du Code de procédure pénale. La signification à la requête du procureur de la République n'est plus visée par l'article 183; le terme même de « signification » a disparu du texte, ainsi que celui de simple « avis », sauf pour ce dernier en ce qui concerne le parquet. Les expressions « porter à la connaissance » et notifier sont indifféremment employées l'une pour l'autre. Il n'y a plus lieu non plus de distinguer selon qu'il s'agit des parties ou de leurs conseils, les modalités de la notification étant désormais les mêmes (C. pr. pén., art. 183, al. 4). Il est à rappeler que la notification est faite « par voie administrative » (C. pr. pén., art. 550, al. 2). La loi n° 2007-291 du 5 mars 2007 permet pour la première fois la notification par voie électronique.

220.05 Rapport du comité de réflexion sur la justice dit rapport Léger. Aucune observation du rapport ne concerne les notifications des ordonnances.

CHAPITRE

221. Notification des ordonnances aux parties – Avis au procureur de la République

SECTION 0 ORIENTEUR

221.00 **Plan du chapitre.**

Sect. 1 Notification des ordonnances susceptibles d'appel : formes et délais

Sect. 2 Notification des ordonnances susceptibles d'appel : ordonnances qui doivent être notifiées

Sect. 3 Notification des ordonnances susceptibles d'appel : effets et sanctions de la notification

Sect. 4 Notification des ordonnances de clôture

Sect. 5 Avis donnés au parquet

221.01 **Textes applicables.** C. pr. pén., art. 80-1-1, 89, 115, 116, 137-3, 137-4, 167, 183, 186, 186-1, 803-1.

C. pr. pén., art. 80-1-1 [inséré par L. n° 2007-291, 5 mars 2007, art. 17 I, *JO* 6 mars 2007, en vigueur le 1er juillet 2007]

Sans préjudice de son droit de demander l'annulation de la mise en examen dans les six mois de sa première comparution, conformément aux articles 173, 173-1 et 174-1, la personne mise en examen peut au cours de l'information, selon les modalités prévues par l'avant-dernier alinéa de l'article 81, demander au juge d'instruction de revenir sur sa décision et de lui octroyer le statut de témoin assisté si elle estime que les conditions prévues par les premier et troisième alinéas de l'article 80-1 ne sont plus remplies.

Cette demande peut être faite à l'issue d'un délai de six mois après la mise en examen et tous les six mois suivants.

Cette demande peut également être faite dans les dix jours qui suivent la notification d'une expertise ou un interrogatoire au cours duquel la personne est entendue sur les résultats d'une commission rogatoire ou sur les déclarations de la partie civile, d'un témoin, d'un témoin assisté ou d'une autre personne mise en examen.

Le juge d'instruction statue sur cette demande après avoir sollicité les réquisitions du ministère public.

Si le juge d'instruction fait droit à la demande, il informe la personne qu'elle bénéficie du statut de témoin assisté. Si la personne est détenue, le juge ordonne sa mise en liberté d'office.

Si le juge d'instruction estime que la personne doit rester mise en examen, il statue par ordonnance motivée faisant état des indices graves ou concordants justifiant sa décision.

C. pr. pén., art. 89

Toute partie civile doit déclarer au juge d'instruction une adresse qui doit être située, si l'information se déroule en métropole, dans un département métropolitain ou, si l'information se déroule dans un département d'outre-mer, dans ce département.

Elle peut déclarer soit une adresse personnelle, soit, avec l'accord de celui-ci, qui peut être recueilli par tout moyen, celle d'un tiers chargé de recevoir les actes qui lui sont destinés.

Elle est avisée qu'elle doit signaler au juge d'instruction jusqu'à la clôture de l'information, par nouvelle déclaration ou par lettre recommandée avec demande d'avis de réception, tout changement de l'adresse déclarée. Elle est également avisée que toute notification faite à la dernière adresse déclarée sera réputée faite à sa personne.

Faute par elle d'avoir déclaré une adresse, la partie civile ne peut opposer le défaut de notification des actes qui auraient dû lui être notifiés aux termes de la loi.

C. pr. pén., art. 115 [L. n° 2004-204, 9 mars 2004]

Les parties peuvent à tout moment de l'information faire connaître au juge d'instruction le nom de l'avocat choisi par elles; si elles désignent plusieurs avocats, elles doivent faire connaître celui d'entre eux auquel seront adressées les convocations et notifications; à défaut de ce choix, celles-ci seront adressées à l'avocat premier choisi.

Sauf lorsqu'il s'agit de la première désignation d'un avocat par une partie ou lorsque la désignation intervient au cours d'un interrogatoire ou d'une audition, le choix effectué par les parties en application de l'alinéa précédent doit faire l'objet d'une déclaration au greffier du juge d'instruction. La déclaration doit être constatée et datée par le greffier qui la signe ainsi que la partie concernée. Si celle-ci ne peut signer, il en est fait mention par le greffier. Lorsque la partie ne réside pas dans le ressort de la juridiction compétente, la déclaration au greffier peut être faite par lettre recommandée avec demande d'avis de réception.

Lorsque la personne mise en examen est détenue, le choix effectué par elle en application du premier alinéa peut également faire l'objet d'une déclaration auprès du chef de l'établissement pénitentiaire. Cette déclaration est constatée et datée par le chef de l'établissement qui la signe ainsi que la personne détenue. Si celle-ci ne peut signer, il en est fait mention par le chef de l'établissement. Ce document est adressé sans délai, en original ou en copie et par tout moyen, au greffier du juge d'instruction. La désignation de l'avocat prend effet à compter de la réception du document par le greffier.

Lorsque la personne mise en examen est détenue, le choix peut également résulter d'un courrier désignant un avocat pour assurer sa défense. La déclaration prévue au deuxième alinéa doit alors être faite par l'avocat désigné; celui-ci remet au greffier une copie, complète ou partielle, du courrier qui lui a été adressé, et qui est annexée par le greffier à la déclaration. La personne mise en examen doit confirmer son choix dans les quinze jours selon l'une des modalités prévues aux deuxième et troisième alinéas. Pendant ce délai, la désignation est tenue pour effective.

C. pr. pén., art. 116 [L. n° 2007-291, 5 mars 2007, art. 19 II, en vigueur le 1er juillet 2007]

[...]

À l'issue de la première comparution, la personne doit déclarer au juge d'instruction son adresse personnelle. Elle peut toutefois lui substituer l'adresse d'un tiers chargé de recevoir les actes qui lui sont destinés si elle produit l'accord de ce dernier. L'adresse déclarée doit être située, si l'information se déroule en métropole, dans un département métropolitain ou, si l'information se déroule dans un département d'outre-mer, dans ce département. Cette déclaration est faite devant le juge des libertés et de la détention lorsque ce magistrat, saisi par le juge d'instruction, décide de ne pas placer la personne en détention.

La personne est avisée qu'elle doit signaler au juge d'instruction jusqu'au règlement de l'information, par nouvelle déclaration ou par lettre recommandée avec demande d'avis de réception, tout changement de l'adresse déclarée. Elle est également avisée que toute notification ou signification faite à la dernière adresse déclarée sera réputée faite à sa personne. Mention de cet avis, ainsi que de la déclaration d'adresse, est portée au procès-verbal. Ces avis sont donnés par le juge des libertés et de la détention lorsque celui-ci décide de ne pas placer la personne en détention.

C. pr. pén., art. 137-3

Le juge des libertés et de la détention statue par ordonnance motivée. Lorsqu'il ordonne ou prolonge une détention provisoire ou qu'il rejette une demande de mise en liberté, l'ordonnance doit comporter l'énoncé des considérations de droit et de fait sur le caractère insuffisant des obligations du contrôle judiciaire et le motif de la détention par référence aux seules dispositions des articles 143-1 et 144.

Dans tous les cas, l'ordonnance est notifiée à la personne mise en examen qui en reçoit copie intégrale contre émargement au dossier de la procédure.

C. pr. pén., art. 137-4 [L. n° 2007-291, 5 mars 2007]

Lorsque, saisi de réquisitions du procureur de la République tendant au placement en détention provisoire, le juge d'instruction estime que cette détention n'est pas justifiée et qu'il décide de ne pas transmettre le dossier de la procédure au juge des libertés et de la détention, il est tenu de statuer sans délai par ordonnance motivée, qui est immédiatement portée à la connaissance du procureur de la République.

En matière criminelle ou pour les délits punis de dix ans d'emprisonnement, le procureur de la République peut alors, si les réquisitions sont motivées, en tout ou partie, par les motifs prévus aux 4° à 7° de l'article 144 et qu'elles précisent qu'il envisage de faire application des dispositions du présent alinéa, saisir directement le juge des libertés et de la détention en déférant sans délai devant lui la personne mise en examen; l'ordonnance rendue par le juge des libertés et de la détention entraîne le cas échéant la caducité de l'ordonnance du juge d'instruction ayant placé la personne sous contrôle judiciaire. S'il renonce à saisir directement le juge des libertés et de la détention, le procureur de la République en avise le juge d'instruction et la personne peut être laissée en liberté.

C. pr. pén., art. 167 [L. n° 2007-291, 5 mars 2007]

Le juge d'instruction donne connaissance des conclusions des experts aux parties et à leurs avocats après les avoir convoqués conformément aux dispositions du deuxième alinéa de l'article 114. Il leur donne également connaissance, s'il y a lieu, des conclusions des rapports des personnes requises en application des articles 60 et 77-1, lorsqu'il n'a pas été fait application des dispositions du quatrième alinéa de l'article 60. Une copie de l'intégralité du rapport est alors remise, à leur demande, aux avocats des parties.

Les conclusions peuvent également être notifiées par lettre recommandée ou, lorsque la personne est détenue, par les soins du chef de l'établissement pénitentiaire qui adresse, sans délai, au juge d'instruction l'original ou la copie du récépissé signé par l'intéressé. L'intégralité du rapport peut aussi être notifiée, à leur demande, aux avocats des parties par lettre recommandée. Si les avocats des parties ont fait connaître au juge d'instruction qu'ils disposent d'une adresse électronique, l'intégralité du rapport peut leur être adressée par cette voie, selon les modalités prévues par l'article 803-1.

Dans tous les cas, le juge d'instruction fixe un délai aux parties pour présenter des observations ou formuler une demande, notamment aux fins de complément d'expertise ou de contre-expertise. Cette demande doit être formée conformément aux dispositions du dixième alinéa de l'article 81. Pendant ce délai, le dossier de la procédure est mis à la disposition des conseils des parties. Le délai fixé par le juge d'instruction, qui tient compte de la complexité de l'expertise, ne saurait être inférieur à quinze jours ou, s'il s'agit d'une expertise comptable ou financière, à un mois. Passé ce délai, il ne peut plus être formulé de demande de contre-expertise, de complément d'expertise ou de nouvelle expertise portant sur le même objet, y compris sur le fondement de l'article 82-1, sous réserve de la survenance d'un élément nouveau.

Lorsqu'il rejette une demande, le juge d'instruction rend une décision motivée qui doit intervenir dans un délai d'un mois à compter de la réception de la demande. Il en est de même s'il commet un seul expert alors que la partie a demandé qu'il en soit désigné plusieurs. Faute pour le juge d'instruction d'avoir statué dans le délai d'un mois, la partie peut saisir directement la chambre de l'instruction.

Le juge d'instruction peut également notifier au témoin assisté, selon les modalités prévues par le présent article, les conclusions des expertises qui le concernent en lui fixant un délai pour présenter une demande de complément d'expertise ou de contre-expertise. Le juge n'est toutefois pas tenu de rendre une ordonnance motivée s'il estime que la demande n'est pas justifiée, sauf si le témoin assisté demande à être mis en examen en application de l'article 113-6.

C. pr. pén., art. 183

Les ordonnances de règlement sont portées à la connaissance de la personne mise en examen et du témoin assisté et les ordonnances de renvoi ou de mise en accusation à la connaissance de la partie civile; la notification est effectuée dans les délais les plus brefs soit verbalement, avec émargement au dossier de la procédure, soit par lettre recommandée.

Sous réserve de l'application de l'article 137-3, deuxième alinéa, les décisions qui sont susceptibles de faire l'objet de voies de recours de la part d'une partie à la procédure ou d'un tiers conformément aux articles 99, 186 et 186-1 leur sont notifiées dans les délais les plus brefs soit verbalement, avec émargement au dossier de la procédure, soit par lettre recommandée. Si la personne mise en examen est détenue, elles peuvent, également être portées à sa connaissance par les soins du chef de l'établissement pénitentiaire qui adresse, sans délai, au juge d'instruction l'original ou la copie du récépissé signé par la personne. Dans tous les cas, une copie de l'acte est remise à l'intéressée.

Toute notification d'acte à une partie par lettre recommandée expédiée à la dernière adresse déclarée par l'intéressée est réputée faite à sa personne.

Les ordonnances mentionnées aux premier et deuxième alinéas du présent article qui doivent être portées à la connaissance des parties sont simultanément, et selon les mêmes modalités, portées à la connaissance de leurs avocats.

Les avis destinés au procureur de la République lui sont adressés par tout moyen. Lorsque le juge d'instruction rend une décision ou ordonnance non conforme aux réquisitions du procureur de la République, avis en est donné à celui-ci par le greffier.

Dans tous les cas, mention est portée au dossier par le greffier de la nature et de la date de la diligence faite en application du présent article ainsi que des formes utilisées.

C. pr. pén., art. 186 [L. n° 2007-291, 5 mars 2007]

Le droit d'appel appartient à la personne mise en examen contre les ordonnances et décisions prévues par les articles 80-1-1, 87, 139, 140, 137-3, 145-1, 145-2, 148, 167, quatrième alinéa, 179, troisième alinéa, et 181.

La partie civile peut interjeter appel des ordonnances de non-informer, de non-lieu et des ordonnances faisant grief à ses intérêts civils. Toutefois, son appel ne peut, en aucun cas, porter sur une ordonnance ou sur la disposition d'une ordonnance relative à la détention de la personne mise en examen ou au contrôle judiciaire.

Les parties peuvent aussi interjeter appel de l'ordonnance par laquelle le juge a, d'office ou sur déclinatoire, statué sur sa compétence.

L'appel des parties ainsi que la requête prévue par le cinquième alinéa de l'article 99 doivent être formés dans les conditions et selon les modalités prévues par les articles 502 et 503, dans les dix jours qui suivent la notification ou la signification de la décision.

Le dossier de l'information ou sa copie établie conformément à l'article 81 est transmis, avec l'avis motivé du procureur de la République, au procureur général, qui procède ainsi qu'il est dit aux articles 194 et suivants.

Si le président de la chambre de l'instruction constate qu'il a été fait appel d'une ordonnance non visée aux alinéas 1 à 3 du présent article, il rend d'office une ordonnance de non-admission de l'appel qui n'est pas susceptible de voies de recours. Il en est de même lorsque l'appel a été formé après l'expiration du délai prévu au quatrième alinéa ou lorsque l'appel est devenu sans objet. Le président de la chambre de l'instruction est également compétent pour constater le désistement de l'appel formé par l'appelant.

C. pr. pén., art. 186-1 [L. n° 2007-291, 5 mars 2007,

Les parties peuvent aussi interjeter appel des ordonnances prévues par le neuvième alinéa de l'article 81, par les articles 82-1 et 82-3, et par le deuxième alinéa de l'article 156.

Dans ce cas, le dossier de l'information, ou sa copie établie conformément à l'article 81, est transmis avec l'avis motivé du procureur de la République au président de la chambre de l'instruction.

Dans les huit jours de la réception de ce dossier, le président décide, par une ordonnance qui n'est pas susceptible de voie de recours, s'il y a lieu ou non de saisir la chambre de l'instruction de cet appel.

Dans l'affirmative, il transmet le dossier au procureur général qui procède ainsi qu'il est dit aux articles 194 et suivants.

Dans la négative, il ordonne par décision motivée que le dossier de l'information soit renvoyé au juge d'instruction.

C. pr. pén., art. 803-1 [L. n° 2007-291, 5 mars 2007, art. 18 VIII, en vigueur le 1er juillet 2007]

Dans les cas où, en vertu des dispositions du présent code, il est prévu de procéder aux notifications à un avocat par lettre recommandée ou par lettre recommandée avec demande d'avis de réception, la notification peut aussi être faite sous la forme d'une télécopie avec récépissé ou par un envoi adressé par un moyen de télécommunication à l'adresse électronique de l'avocat et dont il est conservé une trace écrite.

221.02 Jurisprudence de référence.

• Le vice affectant la notification de l'ordonnance ne peut avoir pour effet que d'empêcher le délai d'appel de courir.

Crim., 21 févr. 1994, n° 93-85.453; *Bull. crim.,* n° 73.

« Mais attendu qu'en statuant ainsi, alors que le vice affectant la seule notification, s'il peut avoir pour effet de ne pas faire courir le délai d'appel, ne saurait entacher de nullité l'ordonnance elle-même, la chambre d'accusation n'a pas donné une base légale à sa décision. »

• L'ordonnance de dessaisissement d'un juge d'instruction au profit d'un autre appartenant à un autre tribunal doit être considérée comme une ordonnance statuant sur la compétence et doit être notifiée.

Crim., 9 mai 1968, n° 67-92.752; *Bull. crim.,* n° 149.

« Attendu qu'il ne résulte pas de l'examen des pièces de la procédure que l'ordonnance du 17 janvier 1964 par laquelle le juge d'instruction de Marseille s'est, en application de l'article 657 du Code de procédure pénale, dessaisi en la faveur du juge d'instruction de Corbeil de la procédure suivie par lui contre B..., eût été signifiée à ce dernier;

Attendu qu'une telle décision doit être considérée comme une ordonnance qui, au sens de l'article 186 dudit code, statue sur la compétence et est, par suite, susceptible d'appel de la part des parties à qui elle peut faire grief;

Qu'elle doit, dès lors, aux termes de l'article 183, alinéa 3, être signifiée à l'inculpé et à la partie civile, que, toutefois, cette signification n'est pas prescrite à peine de nullité de l'ordonnance elle-même et de la procédure subséquente par le texte de loi qui l'édicte;

Qu'à moins qu'il n'ait été porté atteinte aux droits de la défense, l'inobservation de cette formalité ne saurait comporter d'autre effet que de reculer le point de départ du délai d'appel jusqu'au jour où la signification est effectuée;

Attendu, en ce qui concerne la violation des droits de la défense, qu'il ressort de l'examen de la procédure que B... a eu connaissance de l'ordonnance de dessaisissement au moins lors de son interrogation du 26 mai 1964, alors qu'à défaut de signification de l'ordonnance susvisée, il pouvait encore en interjeter appel;

Qu'il n'a cependant pas cru devoir user de cette voie de recours;

Attendu qu'en cet état, la Cour de cassation est en mesure de constater que les droits de la défense n'ont subi aucune atteinte. »

• Lorsque la décision rendue est conforme à ses réquisitions, le délai d'appel du procureur de la République court à compter de la date de l'ordonnance.

Crim., 4 mars 2004, n° 03-83.756, *Bull. crim.,* n° 58; *D.* 2004, IR p. 1065; *AJ pénal* 2004, p. 208, obs. J. Leblois-Happe; *Dr. pén.* mai 2004, n° 76, p. 29, note A. Maron; *JCP* 2004, IV, 1772; *Gaz. Pal.* 17/19 oct. 2004, p. 2, note Y. Monnet.

« Sur le moyen unique de cassation, pris de la violation des articles 183, alinéa 5, 185, alinéa 2, et 593 du Code de procédure pénale;

Attendu qu'il résulte de l'arrêt attaqué et des pièces de la procédure que, dans une information suivie notamment contre Jean-Louis Y... des chefs précités, le juge d'instruction a rendu, le 27 novembre 2002, une ordonnance de non-lieu conforme aux réquisitions dont il était saisi; que, le 9 décembre 2002, le procureur de la République a relevé appel de cette décision;

Attendu que, devant la chambre de l'instruction, le procureur général a soutenu que cet appel était recevable comme ayant été formé à la date à laquelle l'ordonnance avait été notifiée au procureur de la République, à la demande de celui-ci;

Attendu que, pour écarter cette argumentation et dire l'appel irrecevable, l'arrêt retient que, si l'article 185, alinéa 2, du Code de procédure pénale dispose que le délai d'appel de cinq jours du ministère public ne court qu'à compter de la notification qui lui est faite de la décision, le juge d'instruction, selon l'article 183, alinéa 5, du même code, n'est tenu de donner avis au procureur de la République que des seules ordonnances non conformes aux réquisitions qu'il a reçues; que les juges ajoutent que le délai d'appel a commencé à courir du jour où la décision a été rendue;

Attendu qu'en l'état de ces énonciations, la chambre de l'instruction a justifié sa décision. »

221.03 Bibliographie indicative.

(V. les références complètes s^s n° 03.)

Actualisables. RÉP. PÉN., Guéry, « Instruction préparatoire »; Coulon J., « Appel ».

Ouvrages. GARRAUD, III, n° 1069.

Articles. Bouteiller P., « La notification des ordonnances de non-lieu ou les insuffisances de l'article 183 du Code de procédure pénale », *JCP G* 1981, I, 3033 – Mathieu, « La purge des nullités par l'ordonnance de renvoi : étude d'un problème particulier », *D.* 2000, n° 33, Point de vue.

SECTION 1

NOTIFICATION DES ORDONNANCES SUSCEPTIBLES D'APPEL : FORMES ET DÉLAIS

221.11 Modalités. Originairement, « les ordonnances dont l'inculpé ou la partie civile pouvaient interjeter appel leur étaient signifiées à la requête du procureur de la République dans les 24 heures ». Quant à l'inculpé détenu, elles pouvaient lui être notifiées et remises en copie par le surveillant-chef (C. pr. pén., art. 183, al. 3). Ces formes, essentiellement modifiées par la loi du 30 décembre 1985, sont aujourd'hui les suivantes : « les décisions qui sont susceptibles de faire l'objet de voies de recours de la part d'une partie à la procédure ou d'un tiers conformément aux articles 99, 186 et 186-1, leur sont notifiées dans les délais les plus brefs, soit verbalement avec émargement au dossier de la procédure, soit par lettre recommandée » (C. pr. pén., art. 183, al. 2). « Si la personne mise en examen est détenue, ces décisions peuvent également être portées à sa connaissance par le surveillant-chef, qui adresse sans délai au juge d'instruction l'original ou la copie du récépissé signé par la personne. » « Dans tous les cas, une copie de l'acte est remise à l'intéressé » (C. pr. pén., art. 183, al. 2). Aux termes de l'article 803-1 du Code de procédure pénale, dans les cas où, en vertu des dispositions dudit code, il est prévu de procéder aux notifications à un avocat par lettre recommandée avec ou sans accusé de réception, la notification peut être faite sous forme d'une télécopie. Si les avocats des parties ont fait connaître au juge d'instruction qu'ils disposent d'une adresse électronique, l'intégralité du rapport d'expertise peut leur être adressée par cette voie, selon les modalités prévues par l'article 803-1 (modification apportée à l'article 803-1 par la loi du 5 mars 2007).

221.12 Personne mise en examen. La lettre recommandée sera adressée à son adresse personnelle ou, le cas échéant, à sa dernière adresse déclarée dans les conditions de l'article 116. L'alinéa 3 de l'article 183 précise que « toute notification d'acte à une partie par lettre recommandée expédiée à la dernière adresse déclarée par l'intéressé est réputée faite à sa personne ». Il avait été antérieurement jugé que le prévenu qui avait eu connaissance d'une ordonnance ne pouvait se prévaloir de sa non-signification[1], et qu'à l'égard du détenu il importait peu que la connaissance de l'ordonnance lui fût donnée par signification ou communication par le greffier[2].

L'ordonnance par laquelle, en matière de terrorisme, le juge d'instruction se dessaisit, dans le cadre de l'article 706-18 du Code de procédure pénale, est susceptible de recours, à savoir une requête devant la chambre criminelle. Elle doit donc, selon l'article 183 alinéa 2, être notifiée à la personne mise en examen et à son conseil, auxquels il est laissé copie[3]. Plusieurs arrêts concernent les détenus. Les réquisitions, préalables à l'ordonnance de prolongation, n'ont pas à être signifiées[4]. La notification de l'ordonnance de rejet de la demande de mise en liberté peut être faite par télécopie adressée au surveillant-chef et signée par l'intéressé, procédé non interdit par la loi qui n'exige pas non plus que la copie soit certifiée conforme[5].

221.13 Partie civile. Antérieurement, aux termes des articles 68 du Code d'instruction criminelle et 89 du Code de procédure pénale, la partie civile qui ne demeurait pas dans le ressort du tribunal devait y élire domicile, faute de quoi elle ne pouvait opposer le défaut de signification des actes[6]. Depuis la loi du 30 décembre 1985, la situation de la partie civile est la même que celle du prévenu. Elle doit indiquer au juge d'instruction soit son adresse personnelle, soit une adresse déclarée chez un tiers. À défaut, elle ne peut opposer le défaut de notification des actes (C. pr. pén., art. 89). La notification à la partie civile détenue pour autre cause doit être faite a son adresse déclarée[7]. Toute notification par lettre recommandée à la dernière adresse déclarée est réputée faite à la personne (C. pr. pén., art. 89, al. 3 et 183, al. 3).

La copie de l'ordonnance doit être laissée, non seulement à la partie civile elle-même, mais également à son conseil[8]. Cette formalité doit résulter d'une mention expresse du greffier sur l'ordonnance, avec indication de la date[9]. Les seuls récépissés postaux des lettres recommandées n'établissent pas que la copie de l'ordonnance a été laissée à la partie civile et à son conseil[10]. La signification faite

1. Crim. 8 avr. 1922, *Bull. crim.*, n° 151.
2. Crim. 23 déc. 1957, *Bull. crim.*, n° 878.
3. Crim. 3 juin 1987, *Bull. crim.*, n° 236.
4. Crim. 14 févr. 1984, *Bull. crim.*, n° 56; *D.* 1984, IR p. 235.
5. Crim. 3 juill. 1989, *Bull. crim.*, n° 281.
6. Crim. 6 janv. 1976, *Bull. crim.*, n° 3; *D.* 1976, p. 205, note J.-M. Robert – Crim. 6 févr. 1979, *Bull. crim.*, n° 54.
7. Crim. 11 oct. 1988, *Bull. crim.*, n° 344; *JCP G* 1989, II, 21264, note P. Chambon – V. aussi, Crim. 23 nov. 1976, *Bull. crim.*, n° 336.
8. Crim. 7 mars 1989, *Bull. crim.*, n° 110 – Crim. 12 févr. 1992, *Bull. crim.*, n° 70.
9. Crim. 10 mars 1992, *Bull. crim.*, n° 106 – Crim. 8 juill. 1992, *Bull. crim.*, n° 271 – Crim. 18 juin 1996, *Bull. crim.*, n° 258.
10. Crim. 7 avr. 1992, *Bull. crim.*, n° 147; v. les attendus s[s] n° 222.02.

à la requête du procureur de la République supplée à la notification prévue par l'article 183 alinéa 2[1].

221.14 Placement en détention. L'article 183 alinéa 2, qui fixe les formes de la notification, fait réserve de l'article 137-3, qui porte que « l'ordonnance de placement en détention provisoire » est notifiée verbalement à la personne qui en reçoit copie intégrale contre émargement au dossier de la procédure, forme qui implique la présence de la personne mise en examen.

SECTION 2
NOTIFICATION DES ORDONNANCES SUSCEPTIBLES D'APPEL : ORDONNANCES QUI DOIVENT ÊTRE NOTIFIÉES

221.21 Détermination. La question ne présente pas de difficulté, puisque l'article 183 alinéa 2 indique expressément que doivent être notifiées « les décisions qui sont susceptibles de faire l'objet de voies de recours de la part d'une partie à la procédure ou d'un tiers conformément aux articles 99, 186 et 186-1 », auxquels il suffit de se reporter. Il faut noter que la loi prend en considération non seulement l'appel des parties, mais aussi tout autre recours que peuvent exercer les parties ou même des tiers, par exemple le recours du tiers demandeur à la restitution contre la décision qui la refuse (C. pr. pén., art. 99, al. 5 – V. s[s] n° 182.11). De même, en matière de terrorisme, l'ordonnance de dessaisissement est susceptible d'une requête devant la chambre criminelle et doit donc être notifiée à l'intéressé et à son conseil[2].

Certaines ordonnances sont susceptibles d'appel de la part des deux parties, d'autres de l'une d'elles seulement. Par ailleurs certaines ordonnances juridictionnelles, telles des ordonnances de renvoi, peuvent ne pas être susceptibles d'appel. Enfin, en principe, l'énumération faite par les articles 186 et 186-1 des ordonnances dont la personne poursuivie et la partie civile peuvent faire appel, est limitative, ce qui n'exclut pas quelques rares exceptions. La question des ordonnances susceptibles d'appel est traitée en détail plus loin (v. s[s] n°s 221-31 à 221-35).

221.22 Personne mise en examen. Pour suivre l'énumération des articles 186 et 186-1, doivent lui être notifiées : l'ordonnance refusant d'attribuer à une personne mise en examen le statut de témoin assisté (C. pr. pén., art. 80-1-1), l'ordonnance admettant une constitution de partie civile (C. pr. pén., art. 87), de placement sous contrôle judiciaire ou de rejet de sa mainlevée (C. pr. pén., art. 139 et 140), l'ordonnance de placement en détention provisoire, de prolongation et de refus de mise en liberté (C. pr. pén., art. 137-3 et 148), ou de sa prolongation en matière délictuelle ou criminelle (C. pr. pén., art. 145-1 et 145-2), ou de son maintien lors du règlement (C. pr. pén., art. 179)[3], ou du maintien du contrôle judiciaire (C. pr. pén., art. 179), l'ordonnance de mise en accusation (C. pr. pén., art. 181) ou encore l'ordonnance sur la compétence (C. pr. pén., art. 183, al. 3), à laquelle est assimilée l'ordonnance de dessaisissement (C. pr. pén., art. 657)[4]. Doivent aussi être notifiées les ordonnances de rejet d'une demande d'acte, visées par les art. 81 alinéa 9 et 82-1, et celles qui rejettent une demande d'expertise ou de nouvelle expertise (C. pr. pén., art. 156, al. 2 et 167, al. 4).

Mais en l'absence de droit d'appel, n'ont pas à lui être notifiées, par exemple, l'ordonnance d'incarcération provisoire[5], ou celle qui dispense la partie civile de consignation[6].

221.23 Partie civile. Selon l'énumération des articles 186 et 186-1, doivent être notifiées à la partie civile : l'ordonnance sur la compétence (C. pr. pén., art. 186, al. 3), l'ordonnance rejetant une demande d'acte (C. pr. pén., art. 81, al. 9 et 82-1, al. 2), celle rejetant une demande d'expertise ou de contre-expertise (C. pr. pén., art. 156, al. 2 et 167, al. 4). De même, les ordonnances de non-informer, de non-lieu et celles « faisant grief à ses intérêts civils ». Lui fait un tel grief, notamment, l'ordonnance qui déclare sa constitution de partie civile irrecevable[7], ou qui fixe sa consignation[8], ou l'ordonnance de renvoi complexe, en ce qu'elle a omis de statuer sur certains chefs de poursuite[9] (toutefois sur la « fin » des ordonnances complexes v. s[s] n°s 232.38 et 232.39).

221.24 Personne poursuivie en fuite. La personne en fuite ne peut se faire grief du défaut de communication ou de notification d'une ordonnance[10]. Le principe traditionnel selon lequel les garanties légales n'ont plus cours à l'égard de celui qui s'est soustrait à la justice a été fortement modifié (v. s[s] n° 122.73).

1. Crim. 6 juin 1989, *Bull. crim.*, n° 241.
2. Crim. 3 juin 1987, *Bull. crim.*, n° 236.
3. Crim. 11 juin 1991, *Bull. crim.*, n° 249.
4. Crim. 11 mai 1981, *Bull. crim.*, n° 150 – Crim. 3 juin 1987, préc.
5. Crim. 19 janv. 1987, *Bull. crim.*, n° 24.
6. Crim. 3 avr. 1990, *Bull. crim.*, n° 143.
7. Crim. 6 avr. 1993, *Bull. crim.*, n° 147.
8. Crim. 19 juill. 1994, *Bull. crim.*, n° 283.
9. Crim. 7 mars 1989, *Bull. crim.*, n° 110 – Crim. 23 nov. 1993, *Bull. crim.*, n° 349 – Crim. 13 juin 1995, *Bull. crim.*, n° 215; *JCP G* 1995, IV, 2337.
10. Crim. 8 sept. 1887, *Bull. crim.*, n° 335.

221.25 Pouvoir de filtre du président de la chambre de l'instruction. Depuis la loi du 15 juin 2000, si le président de la chambre de l'instruction constate qu'il a été fait appel d'une ordonnance non visée aux alinéas 1 à 3 de l'article 186, il rend d'office une ordonnance de non admission de l'appel qui n'est pas susceptible de voie de recours. La loi du 9 septembre 2002 a ajouté un alinéa : « il en est de même, lorsqu'il est fait appel après expiration du délai prévu au quatrième alinéa de l'article 186 de toute ordonnance du juge d'instruction ou lorsque l'appel est devenu sans objet ». Les pouvoirs de filtre ont encore été augmentés par la loi du 9 mars 2004 qui a prévu qu'il en est de même lorsque l'appel a été formé après l'expiration du délai prévu au quatrième alinéa ou lorsque l'appel est devenu sans objet ou lorsque l'appelant s'est désisté (C. pr. pén., art. 186 *in fine*). En revanche, la loi du 5 mars 2007 a exclu des pouvoirs de filtre du président l'appel sur ordonnance refusant une contre-expertise sauf si cet appel a été formé hors délai ou si l'appelant s'est désisté de son appel (C. pr. pén., art. 186-1).

Saisi de l'appel d'une ordonnance du juge d'instruction ayant désigné un administrateur *ad hoc* pour exercer, au nom d'un enfant mineur, les droits reconnus à la partie civile, le président de la chambre de l'instruction excède ses pouvoirs en décidant de ne pas soumettre l'appel à la chambre de l'instruction aux motifs que ladite ordonnance n'entre pas dans les prévisions de l'article 186 du Code de procédure pénale, alors que l'appel est prévu par l'article R. 53-7 du même code[1]. Une ordonnance de renvoi, statuant également sur la compétence internationale des juridictions françaises, entre dans les prévisions de l'article 186 alinéa 3 du Code de procédure pénale. En conséquence, doit être annulée la décision du président de la chambre de l'instruction déclarant non-admis l'appel d'une telle ordonnance[2] (v. s[s] n°s 244.33 et 244.34). Excède ses pouvoirs le président de la chambre de l'instruction qui refuse d'admettre l'appel relevé par la partie civile d'une ordonnance d'irrecevabilité de sa constitution, rendue par le juge d'instruction, au motif que cet appel serait tardif alors que l'ordonnance n'a pas été notifiée conformément aux dispositions de l'article 183 du Code de procédure pénale et qu'ainsi le délai de dix jours prévu par l'article 186 al. 4 n'a pas commencé à courir[3].

1. Crim. 16 mars 2005, n° 04-83.300, *Bull. crim.*, n° 93; *D.* 2005, IR p. 1250; *Procédures* 2005, comm. n° 166, note J. Buisson.
2. Crim. 16 févr. 2005, n° 04-86.948, *Bull. crim.*, n° 66; *D.* 2005, IR p. 858; *JCP* 2005, IV, 1785; *Procédures* 2005, comm. n° 165, obs. Buisson.

SECTION 3

NOTIFICATION DES ORDONNANCES SUSCEPTIBLES D'APPEL : EFFETS ET SANCTIONS DE LA NOTIFICATION

221.31 Effets. La notification des ordonnances aux conseils a essentiellement pour effet de marquer le point de départ du délai d'appel qui ne court pas, tant que la notification n'est pas faite (C. pr. pén., art. 186, al. 4).

221.32 Sanctions. « Le vice affectant la seule notification de l'ordonnance ne peut avoir pour effet que d'empêcher le délai d'appel de courir », il n'affecte pas la validité de l'ordonnance elle-même[4]. Il en est ainsi de l'ordonnance notifiée à la partie civile dont il n'est pas établi qu'il lui en ait été laissé copie[5], ou laissé copie à son conseil[6], ou au conseil de la personne mise en examen[7]. Le fait que la copie laissée à l'intéressé comporte une mention erronée ne saurait entraîner l'annulation de l'ordonnance[8]. Ainsi, lorsqu'il n'est pas établi que lors de la notification de l'ordonnance de non-lieu, copie en ait été laissée au conseil de la partie civile, la nullité qui en résulte n'affecte pas la régularité de l'ordonnance, mais empêche seulement le délai d'appel de courir; de sorte que doit être cassé l'arrêt qui a déclaré irrecevable comme tardif l'appel de la partie civile interjeté hors le délai légal[9]. Doit être déclaré irrecevable comme tardif l'appel formé plus de dix jours après l'envoi de l'avis par télécopie. Il en est ainsi, notamment, de la notification d'une ordonnance de non-lieu à l'avocat de la partie civile prévue par les articles 183 et 186 du Code de procédure pénale[10].

221.33 L'omission de la notification de l'ordonnance a les mêmes effets que son irrégularité. Le délai d'appel ne court pas tant que cette notifica-

3. Crim. 30 mai 2007, n° 07-81.923, *Bull. crim.* n° 141, *D.* 2007, *AJ Pénal* 2007, 388, *Procédures* 2007, comm. n° 290, obs. Buisson.
4. Crim. 21 févr. 1994, *Bull. crim.*, n° 73; v. les attendus s[s] n° 221.02.
5. Crim. 7 avr. 1992, *Bull. crim.*, n° 147; v. les attendus s[s] n° 222.02. Cass. crim. 30 mai 2007, n° 07-81923, *Bull. crim.*, n° 141, *D.* 2007, Actualité p. 2105.
6. Crim. 7 mars 1989, *Bull. crim.*, n° 110 – Crim. 12 févr. 1992, *Bull. crim.*, n° 70 – Crim. 10 mars 1992, *Bull. crim.*, n° 106.
7. Crim. 21 août 1986, *Bull. crim.*, n° 250.
8. Crim. 21 févr. 1994, *Bull. crim.*, n° 73.
9. Crim. 21 août 1986, *Bull. crim.*, n° 250 – Crim. 7 mars 1989, *Bull. crim.*, n° 110 – Crim. 12 févr. 1992, *Bull. crim.*, n° 70 – Crim. 10 mars 1992, *Bull. crim.*, n° 106 – Crim. 7 avr. 1992, *Bull. crim.*, n° 147 – Crim. 8 juill. 1992, *Bull. crim.*, n° 271.
10. Crim. 28 sept. 2004, n° 03-87.437, *Bull. crim.*, n° 225; *JCP* 2004, IV, 3255.

tion n'a pas été faite, mais son omission ne réagit pas sur la validité de l'ordonnance elle-même[1]. Et en principe, la connaissance d'une ordonnance ne supplée pas à l'omission de la signification[2]. Il a été jugé que l'omission de la notification est sans conséquence lorsque la voie de recours a été exercée dans le délai légal[3].

221.34 Délai. Antérieurement, la signification des ordonnances aux parties devait intervenir dans le délai de 24 heures, lequel n'était pas prescrit à peine de nullité[4]. La loi du 30 décembre 1985 a supprimé tout délai, et prescrit seulement d'opérer la notification « dans les délais les plus brefs ».

221.35 Validité. Originairement, les ordonnances susceptibles d'appel étaient signifiées aux parties elles-mêmes à la requête du procureur de la République. La loi du 29 décembre 1972 avait introduit à l'égard des inculpés détenus la notification par le surveillant-chef. La loi du 30 décembre 1985, dont les règles sont toujours en vigueur, a remplacé la signification par la « notification » faite, soit verbalement avec émargement au dossier, soit par lettre recommandée. Elle a maintenu la notification par le surveillant-chef à la personne détenue (C. pr. pén., art. 183, al. 2). La signification est faite par exploit d'huissier, tandis que la notification, qui seule subsiste, « est faite par voie administrative » (C. pr. pén., art. 550, al. 1 et 2). Il n'y a donc plus à se préoccuper de la validité des exploits, dont les formes sont définies par les articles 550 et suivants du Code de procédure pénale (sur la notification de l'ordonnance de mise en accusation, v. s^{s} n° 221-44).

La signification peut suppléer à la notification[5]. La notification peut être faite par télécopie et la loi n'exige pas que la copie soit certifiée conforme[6].

SECTION 4
NOTIFICATION DES ORDONNANCES DE CLÔTURE

221.41 Ordonnances communiquées. Les ordonnances de règlement sont portées à la connaissance de la personne mise en examen, de la partie civile et du témoin assisté. Ce terme désigne les ordonnances de non-lieu, de renvoi devant le tribunal de police ou correctionnel et les ordonnances de mise en accusation. Quant à la partie civile, ce sont les ordonnances de renvoi et de mise en accusation qui sont portées à sa connaissance (v. aussi s^{s} n° 221-23).

Cette formalité a pour objet de faire connaître respectivement à chacune des parties les ordonnances de règlement dont elles ne peuvent faire appel. Elle bénéficie spécialement à la partie qui n'est pas assistée d'un conseil. Il est vrai qu'aujourd'hui la personne poursuivie, le témoin assisté et la partie civile ont déjà été informées du règlement prochain de l'instruction par l'avis qui leur en a été donné (C. pr. pén., art. 175, al. 1er).

221.42 Formes. La notification de l'ordonnance de règlement est effectuée dans les plus brefs délais, soit verbalement avec émargement au dossier de la procédure, soit par lettre recommandée. La première forme, qui exigerait la convocation de la partie intéressée, l'information étant terminée, n'est pas pratiquée. C'est la lettre recommandée qui est en usage, par laquelle la personne mise en examen ou la partie civile est informée du texte même de l'ordonnance.

221.43 La suppression de l'obligation de signification par huissier de l'ordonnance de mise en accusation aux personnes libres. Il existait une contradiction entre l'article 268 du Code de procédure pénale, qui exigeait que les décisions de mises en accusation soient signifiées par huissier à l'égard des accusés libres alors que l'article 183 prévoyait, depuis l'entrée en vigueur de la loi du 15 juin 2000, la notification des ordonnances de règlement par lettre recommandée. Il résulte des dispositions conjuguées des articles 268 et 186 du Code de procédure pénale que l'ordonnance de mise en accusation doit être signifiée à l'accusé s'il n'est pas détenu. Le délai d'appel ne court qu'à compter de l'accomplissement de cette formalité. La Cour de cassation a considéré que l'ordonnance de mise en accusation devait être signifiée[7].

Cette contradiction a été supprimée par l'article 43 de la loi du 9 septembre 2002 qui a abrogé l'article 268. L'exigence de signification par huissier de la décision aux accusés libres est ainsi supprimée. Il en est de même lorsque la mise en accusation résulte d'un arrêt de la chambre de l'instruction (C. pr. pén., art. 215).

1. Crim. 9 mai 1968, *Bull. crim.*, n° 149 ; v. les attendus s^{s} n° 221.02 – V. aussi Crim. 11 mai 1981, *Bull. crim.*, n° 150.
2. GARRAUD, III, n° 1069 – Crim. 9 févr. 1866, *Bull. crim.*, n° 37 ; *D.* 1866, 1, p. 401 – Crim. 24 mai 1971, *Bull. crim.*, n° 171 – En sens contraire, crim., 26 avr. 1967, *Bull. crim.*, n° 133.
3. Crim. 3 juin 1987, *Bull. crim.*, n° 236.
4. Crim. 20 févr. 1963, *Bull. crim.*, n° 86 ; *JCP G* 1963, II, 13392, note P. Chambon.
5. Crim. 23 déc. 1957, *Bull. crim.*, n° 878 – Crim. 6 juin 1989, *Bull. crim.*, n° 261.
6. Crim. 3 juill. 1989, *Bull. crim.*, n° 281.
7. Crim. 6 mars 2002, *Bull. crim.*, n° 58 ; *JCP G* 2002, IV, 1794.

SECTION 5
AVIS DONNÉS AU PARQUET

221.51 Ordonnances non conformes aux réquisitions. « Lorsque le juge d'instruction rend une ordonnance non conforme aux réquisitions du procureur de la République, avis en est donné à celui-ci par le greffier » (C. pr. pén., art. 183, al. 5). Antérieurement à la loi du 30 décembre 1985, l'avis devait être donné le jour même de l'ordonnance; le texte n'indique plus aucun délai. L'ancienne amende de 10 francs sanctionnant l'omission de la formalité par le greffier, a été également supprimée. Le texte sus-énoncé est à rapprocher de l'article 82 alinéa 3 aux termes duquel « si le juge d'instruction ne suit pas les réquisitions du procureur de la République, il doit rendre une ordonnance motivée dans les cinq jours de ces réquisitions ».

Il était fait exception à cette règle par l'article 137 alinéa 3 qui autorisait le magistrat instructeur, qui ne suivait pas les réquisitions tendant au placement en détention provisoire, à sa prolongation ou à son maintien ou au placement sous contrôle judiciaire de la personne mise en examen, à ne pas rendre d'ordonnance motivée. Cette disposition a été supprimée par la loi du 9 septembre 2002. Cette loi contraint désormais le juge d'instruction saisi de réquisitions du procureur de la République tendant au placement en détention provisoire et qui estime que cette détention n'est pas justifiée, à statuer sans délai par ordonnance motivée, qui est immédiatement portée à la connaissance du procureur de la République (C. pr. pén., art. 137-4).

221.52 Autres avis. Le procureur de la République reçoit d'autres avis que celui qui vient d'être exposé. « Ils lui sont adressés par tout moyen » (C. pr. pén., art. 183, al. 5). Il en est fait mention au dossier (C. pr. pén., art. 183, al. 6). Par exemple, le juge d'instruction donne avis au procureur de la République de son projet de transport sur les lieux; ce dernier a, en effet, la possibilité de l'accompagner (C. pr. pén., art. 92, al. 1er). Chaque fois que le procureur de la République a fait connaître au juge d'instruction son intention d'assister aux interrogatoires et confrontations de la personne poursuivie ou aux auditions de la partie civile ou du témoin assisté, le greffier doit l'avertir par simple note, au plus tard l'avant-veille de l'opération (C. pr. pén., art. 119).

D'autres communications ont un fondement différent : elles permettent au procureur de la République de prendre ses réquisitions préalablement aux décisions du juge d'instruction. Il en est ainsi de la communication au parquet des faits nouveaux (C. pr. pén., art. 80, al. 3), ou de la plainte avec constitution de partie civile (C. pr. pén., art. 86, al. 1er), ou de la demande de mise en liberté (C. pr. pén., art. 148, al. 2). La communication a alors lieu par le moyen d'une ordonnance de soit-communiqué. La loi du 9 mars 2004 a aussi prévu qu'avant d'ordonner une sonorisation ou une fixation d'image prévu par l'article 706-97 du Code de procédure pénale, le juge d'instruction devait demander son avis au parquet, sans que ce dernier le lie dans sa décision.

221.53 Conséquences de l'absence de notification au ministère public des ordonnances conformes à ses réquisitions. S'il est vrai que selon les dispositions combinées des articles 183, avant dernier alinéa, et 185 alinéa 2 du Code de procédure pénale, le délai d'appel du procureur de la République ne court qu'à compter de la notification de la décision au ministère public, une telle notification n'est prévue par la loi, et ne constitue le point de départ dudit délai que lorsque l'ordonnance rendue par le juge d'instruction n'est pas conforme aux réquisitions Dès lors, fait l'exacte application des articles 183 et 185 du Code de procédure pénale la chambre de l'instruction qui déclare irrecevable l'appel formé, par le procureur de la République, après l'expiration du délai de cinq jours suivant la date à laquelle a été rendue l'ordonnance de non-lieu conforme à ses réquisitions[1].

1. Crim. 4 mars 2004, n° 03-83.756, *Bull. crim.*, n° 58; *D.* 2004, IR p. 1065; *AJ pénal* 2004, p. 208, obs. J. Leblois-Happe; *Dr. pén.* mai 2004, n° 76, p. 29, note A. Maron; *JCP* 2004, IV, 1772; *Gaz. Pal.* 17/19 oct. 2004, p. 2, note Y. Monnet.

CHAPITRE

222. Notification des ordonnances au conseil

SECTION 0
ORIENTEUR

222.00 **Plan du chapitre.**

Sect. 1 Ordonnances notifiées
Sect. 2 Ordonnances non notifiées
Sect. 3 Formes et conditions de la notification
Sect. 4 Preuve de l'accomplissement de la formalité

222.01 **Textes applicables.**
C. pr. pén., art. 89, 115, 116, 137-3, 137-4, 156, 167, 183, 186, 186-1.

C. pr. pén., art. 89
* V. s^{s} n° 221.01.

C. pr. pén., art. 115 [L. n° 2004-204, 9 mars 2004]
* V. s^{s} n° 221.01.

C. pr. pén., art. 116
* V. s^{s} n° 221.01.

C. pr. pén., art. 137-3
* V. s^{s} n° 221.01.

C. pr. pén., art. 137-4
* V. s^{s} n° 221.01.

C. pr. pén., art. 156
* V. s^{s} n° 232.01.

C. pr. pén., art. 167
* V. s^{s} n° 221.01.

C. pr. pén., art. 183
* V. s^{s} n° 221.01.

C. pr. pén., art. 186
* V. s^{s} n° 221.01.

C. pr. pén., art. 186-1
* V. s^{s} n° 221.01.

222.02 **Jurisprudence de référence.**
• Lorsque l'ordonnance ne comporte aucune mention de sa notification, le récépissé postal qui y est annexé ne peut en faire la preuve.

Crim. 7 avr. 1992, n° 91-82.403, *Bull. crim.*, n° 147.
« Attendu que selon l'alinéa 2 de l'article 183 du Code de procédure pénale, les décisions du juge d'instruction qui sont susceptibles de voies de recours de la part de la partie civile sont notifiées à cette dernière dans les délais les plus brefs, soit verbalement avec émargement au dossier de la procédure, soit par lettre recommandée, et que, dans tous les cas, une copie de l'acte lui est remise; que l'alinéa 6 du même texte édicte que mention est portée au dossier par le greffier de la nature et de la date de la diligence, ainsi que des formes utilisées;

Attendu que, pour déclarer irrecevable l'appel relevé le 10 juillet 1990 par la société assurance mutuelle L'Alsacienne, partie civile, de l'ordonnance de non-lieu rendue le 29 juin 1990, la chambre d'accusation se borne à énoncer que cet appel « a été formé plus de dix jours après le 29 juin 1990, date d'envoi de la lettre recommandée portant à la connaissance de la partie civile et de son conseil ladite décision »;

Mais attendu qu'en tenant pour établi l'envoi à la partie civile d'une lettre recommandée qui aurait fait courir le délai d'appel, alors qu'il appert des pièces de la procédure qu'aucune mention relative à une telle notification n'a été portée au dossier, les juges du second degré, se fondant sur un récépissé postal, et sans avoir pu vérifier la réalité de la formalité requise en l'absence de la mention prescrite à ce sujet, ont méconnu les principes ci-dessus rappelés. »

222.03 **Bibliographie indicative.** (V. les références complètes s^{s} n° 03.)

Actualisables. Rép. pén., Guéry, « Instruction préparatoire »; Coulon J., « Appel ».

Articles. Bouteiller P., « La notification des ordonnances de non-lieu ou les insuffisances de l'article 183 du Code de procédure pénale », *JCP* 1981, I, 3033.

222.05 **Rapport du Comité de réflexion sur la justice dit Rapport Léger.** Aucune observation du rapport ne concerne les notifications des ordonnances.

SECTION 1
ORDONNANCES NOTIFIÉES

222.11 **Droit antérieur.** C'est la loi du 8 décembre 1897, complétée par celle du 22 mars 1921, en ce qui concerne la partie civile, qui a introduit le conseil à l'instruction, et qui avait prescrit, dans son article 10 alinéa 2 « de donner immédiatement connaissance au conseil de toute ordonnance par l'intermédiaire du greffier ». La Cour de cassation, dont la position n'a jamais varié, a décidé que cette prescription ne visait « que les décisions qui constituent des actes de juridiction » [1].

L'article 183 alinéa 1er du Code de procédure pénale, a repris cette formalité, en précisant conformément à la jurisprudence antérieure, qu'il n'est donné avis que des seules ordonnances juridictionnelles, en fixant pour la première fois un délai de vingt-quatre heures et en indiquant que l'avis devait être donné par lettre recommandée. La loi du 17 juillet 1970 a ajouté que cet avis pouvait aussi être donné « par notification écrite avec émargement au dossier de la procédure ».

La loi du 30 décembre 1985 a étendu les formes de la notification des ordonnances aux parties, à la notification de ces mêmes ordonnances à leur conseil. Du même coup, en procédant par énumération, la loi elle-même a déterminé les ordonnances qui doivent être portées à la connaissance des avocats. Les lois des 4 janvier et 24 août 1993 n'ont porté que sur la terminologie.

222.12 Ordonnances de clôture. La distinction des ordonnances juridictionnelles, de celles qui ne le sont pas, a perdu tout intérêt depuis l'entrée en vigueur de la loi du 30 décembre 1985, qui a supprimé cette distinction. En effet, cette loi, modifiant l'article 183 du Code de procédure pénale, a abandonné la notion d'ordonnance juridictionnelle, et a énuméré les ordonnances qui sont soumises simultanément à la notification aux parties elles-mêmes, et à la notification à leurs conseils. C'est le législateur lui-même, par une énumération limitative, qui a déterminé quelles sont les ordonnances soumises à ces deux formalités. Ces ordonnances sont spécifiées dans les 1er et 2e alinéa de l'article 183, auxquels renvoie purement et simplement l'alinéa 4, qui prévoit la notification aux conseils.

En premier lieu, les ordonnances de règlement sont portées à la connaissance des parties et de leurs avocats. Ce sont toutes les « ordonnances de règlement » qui sont ainsi notifiées à la personne mise en examen et à son conseil (C. pr. pén., art. 183, al. 1er et 4 - V. ss n° 221-41), par exemple l'ordonnance de renvoi correctionnel [2], ou l'ordonnance de transmission des pièces devenue l'ordonnance de mise en accusation [3]. L'ordonnance de renvoi devant le tribunal de police ou le tribunal correctionnel n'est pas susceptible d'appel hors les cas prévus à l'article 186-3 (v. ss nos 214.58, 232.36).

222.13 Ordonnances susceptibles de recours. Abstraction faite du recours de l'article 99, ouvert aux tiers, l'alinéa 2 de l'article 183, auquel renvoie l'alinéa 4, pour déterminer les ordonnances susceptibles d'appel qui, comme telles, doivent être notifiées aux parties et à leurs conseils, se réfère aux énumérations des articles 186 et 186-1. Ainsi, sont notifiées à la personne mise en examen et à son conseil les ordonnances prévues par les articles 87, 137-3, 139, 140, 145 alinéa 1er, 145-1, 145-2, 148, 179 alinéa 3 et 181 et les ordonnances sur la compétence (C. pr. pén., art. 186, al. 2 et 3). Ainsi en est-il par exemple de l'ordonnance de refus de mise en liberté (C. pr. pén., art. 148) [4], ou de l'ordonnance de prolongation de la détention (C. pr. pén., art. 145-1) [5]. Doit aussi être notifiée à la personne poursuivie et à son conseil l'ordonnance de dessaisissement en matière de terrorisme, susceptibles d'un recours devant la chambre criminelle (C. pr. pén., art. 706-18) [6].

Sont de la même manière notifiées, comme susceptibles d'appel, à la partie civile et à son conseil, aux termes de l'article 186 alinéas 2 et 3, les ordonnances sur la compétence, de non-informer, de non-lieu [7], ou faisant grief à ses intérêts. Lui fait un tel grief l'ordonnance qui déclare sa constitution irrecevable [8], ou qui fixe la consignation [9], ou l'ordonnance de renvoi qui omet de statuer sur certains chefs de poursuite [10]. Sont aussi notifiées à la partie civile, de même qu'à son avocat, les ordonnances prévues par les articles 81 alinéa 9, 82-1, 156 alinéa 2 et 167 alinéa 4 (C. pr. pén., art. 186-1, al. 1er - V. ss n° 221-22).

SECTION 2
ORDONNANCES NON NOTIFIÉES

222.21 Règle antérieure. Il n'était antérieurement donné avis au conseil que des seules ordonnances juridictionnelles. Ce dernier n'était donc

1. Not., Crim. 8 déc. 1899, *D.* 1903, 1, 457 – Crim. 4 janv. 1934, *DP* 1934, 1, 121, note Leloir – Crim. 12 janv. 1959, *JCP* 1960, II, 11405, note P. Chambon.
2. Crim. 1er févr. 1988, n° 86-95.678, *Bull. crim.*, n° 47 – Crim. 3 déc. 1991, n° 91-83.505, *Bull. crim.*, n° 454.
3. Crim. 28 janv. 1987, n° 86-95.889, *Bull. crim.*, n° 50.
4. Crim. 7 nov. 1989, n° 89-85.006, *Bull. crim.*, n° 398.
5. Crim. 21 févr. 1994, n° 93-85.453, *Bull. crim.*, n° 73.
6. Crim. 3 juin 1987, n° 87-82.998, *Bull. crim.*, n° 236.
7. Par ex., Crim. 31 mars 1987, n° 86-94.100, *Bull. crim.*, n° 148 – Crim. 8 juill. 1992, n° 91-81.557, *Bull. crim.*, n° 271.
8. Crim. 6 avr. 1993, n° 92-84.778, *Bull. crim.*, n° 147.
9. Crim. 19 juill. 1994, n° 94-80.236, *Bull. crim.*, n° 283.
10. Crim. 23 nov. 1993, n° 92-85.652, *Bull. crim.*, n° 349.

pas avisé des ordonnances, qui ne constituaient que des actes d'administration ou de pure instruction. Il en était ainsi par exemple : de l'ordonnance portant commission rogatoire[1], ou prescrivant une perquisition ou une saisie[2], ou refusant l'ouverture d'un scellé[3], ou prescrivant un transport sur les lieux[4]. Il en était de même de l'ordonnance de nomination d'experts, en dehors de tout contentieux[5].

222.22 Aujourd'hui, aux termes de l'alinéa 2 de l'article 183, modifié par la loi du 30 décembre 1985, toute ordonnance non susceptible d'appel comme non comprise dans chacune des énumérations limitatives des articles 186 et 186-1, auxquels renvoie le texte précité, n'a pas à être notifiée aux conseils des parties. Il en est ainsi même s'il s'agit d'une ordonnance juridictionnelle.

222.23 Ordonnance de soit-communiqué. Il était jugé avant la loi du 30 décembre 1985, qu'il n'était pas nécessaire de donner avis au conseil de l'ordonnance de soit-communiqué qui ne constituait qu'une simple formalité de procédure, telle celle rendue en vue d'un réquisitoire supplétif[6], ou de réquisitions de jonction[7], ou préalable à la décision sur la demande de mise en liberté[8], ou préalable à la décision sur la prolongation de la détention[9]. Au contraire, il devait être donné connaissance au conseil de l'ordonnance de soit-communiqué qui précède le règlement de la procédure, ordonnance juridictionnelle au premier chef.

Aujourd'hui, depuis la loi du 30 décembre 1985, cette ordonnance préalable à l'ordonnance de règlement, n'est plus communiquée au conseil pour l'unique et simple raison qu'elle n'est pas mentionnée par les alinéas 1 et 2 de l'article 183 (avec renvoi aux art. 186 et 186-1 du Code de procédure pénale), ni par l'article 175[10]. Il en est de même de l'ordonnance qui a pour objet la communication au parquet de la demande de mise en liberté[11], ou de celle qui précède l'ordonnance de prolongation de la détention[12]. Depuis la loi du 5 mars 2007, les parties sont informées de l'ordonnance de soit-communiqué puisque les avis à parties sont délivrés en même temps (v. s^s^ n°s 212.31 à 212.35).

SECTION 3
FORMES ET CONDITIONS DE LA NOTIFICATION

222.31 Destinataire. Antérieurement, la formalité de l'avis au conseil des ordonnances juridictionnelles (C. pr. pén., art. 183, al. 1er) et celle de la signification aux parties des ordonnances susceptibles d'appel (C. pr. pén., art. 183, al. 3) étaient dissociées et ne concernaient pas les mêmes ordonnances. Et il était jugé que la première formalité ne concernait que le conseil, et non l'inculpé lui-même qui se défendait seul[13]. Cette distinction n'a plus lieu d'être. Depuis la loi du 30 décembre 1985 en effet, ce sont les mêmes ordonnances qui sont simultanément, et selon les même formes notifiées, d'une part aux parties elles-mêmes, d'autre part à leurs conseils (C. pr. pén., art. 183, al. 4).

222.32 Formes. Aux termes de l'article 183 alinéa 1er, modifié par la loi du 17 juillet 1970, l'avis était donné au conseil par lettre recommandée ou par notification écrite avec émargement au dossier. La loi du 30 décembre 1985 a conservé ces deux modes de procéder, en précisant que la notification est faite verbalement. Ces formes s'appliquent aussi bien aux ordonnances de règlement qu'à celles susceptibles d'appel et sont les mêmes pour les parties elles-mêmes et pour leurs conseils (C. pr. pén., art. 183, al. 1er, 2 et 4). C'est l'ordonnance elle-même qui est notifiée. Il s'agit d'une notification avec remise de copie. S'il s'agit d'un détenu, l'ordonnance peut en outre être portée à sa connaissance par le chef d'établissement, qui retourne au juge d'instruction l'original ou la copie du récépissé signé par la personne. Cette communication à la personne détenue peut être faite par télécopie, et il n'est pas nécessaire que la copie qui lui est laissée soit certifiée conforme[14].

Une mention erronée que comporte la copie n'affecte pas la validité de l'ordonnance elle-même[15]. Il n'est nullement nécessaire de notifier les réquisitions qui ont précédé l'ordonnance[16].

222.33 Pluralité de conseils. Aux termes de l'article 115 du Code de procédure pénale, quand

1. Crim. 8 déc. 1899, *D.* 1903, 1, 457.
2. Crim. 5 juill. 1962, *Bull. crim.*, n° 242.
3. CA Paris, ch. acc., 20 févr. 1953, *D.* 1954, 49, note F. G.
4. Crim. 31 janv. 1952, *Bull. crim.*, n° 35; *DH* 1952, p. 215.
5. Crim. 5 janv. 1901, *D.* 1901, 1, 113 – Crim. 29 nov. 1907, *D.* 1910, 1, 437 – Crim. 1er mars 1951, *Bull. crim.*, n° 68.
6. Crim. 4 janv. 1934, *DP* 1934, 1, 121, note Leloir.
7. Crim. 9 janv. 1962, *Bull. crim.*, n° 18.
8. Crim. 21 déc. 1970, n° 70-92.417, *Bull. crim.*, n° 346.
9. Crim. 12 nov. 1959, *JCP* 1960, III, 11405, note P. Chambon.
10. Crim. 28 janv. 1987, n° 86-96.014, n° 86-95.889, 2 esp., *Bull. crim.*, n°s 49 et 50.
11. Crim. 3 juill. 1989, n° 89-82.416, *Bull. crim.*, n° 281 – Crim. 7 nov. 1989, n° 89-85.006, *Bull. crim.*, n° 398.
12. Crim. 30 avr. 1985, n° 85-91.223, *Bull. crim.*, n° 166.
13. Crim. 10 août 1906, *D.* 1909, 1, 23 – Crim. 6 nov. 1952, *JCP* 1953, II, 7357, note P. Chambon.
14. Crim. 3 juill. 1994, n° 89-82.416, *Bull. crim.*, n° 281.
15. Crim. 21 févr. 1994, n° 93-85.453, *Bull. crim.*, n° 73.
16. Crim. 14 févr. 1984, n° 83-94.711, *Bull. crim.*, n° 56; *D.* 1984, IR 285.

les parties ont choisi plusieurs conseils, elles doivent faire connaître celui auquel seront adressées les convocations et notifications; à défaut, celles-ci seront adressées à l'avocat premier choisi. Pour l'interprétation de ce texte, applicable également à la chambre de l'instruction, les solutions intervenues relatives aux convocations valent pour les notifications. En l'absence de toute indication par la partie intéressée, seul l'avocat premier choisi doit être convoqué [1], tant qu'il n'a pas été expressément destitué [2], et l'omission de sa convocation pour l'audience rend nul l'arrêt de renvoi [3]. Lorsque, après le choix d'un second conseil, l'intéressé est revenu au premier, mais n'a pas fait connaître ce retour, c'est le second avocat qui doit être considéré comme le premier choisi [4]. Le prévenu assisté de plusieurs avocats peut n'en désigner qu'un seul pour suivre l'instance sur sa demande de mise en liberté [5]. C'est l'avocat chez lequel l'intéressé a élu domicile qui seul doit recevoir les convocations et notifications [6].

Après la loi du 15 juin 2000, la loi du 9 mars 2004 a encore modifié l'article 115 en contraignant la partie à faire une déclaration au greffier d'instruction lorsqu'elle veut désigner un avocat dès lors qu'il ne s'agit pas de la première désignation ou de celle qui peut intervenir au cours d'un interrogatoire ou d'une audition. Lorsque la partie ne réside pas dans le ressort de la juridiction compétente, la déclaration au greffier peut être faite par lettre recommandée avec demande d'avis de réception. Lorsque la personne mise en examen est détenue, le choix peut également faire l'objet d'une déclaration auprès du chef de l'établissement pénitentiaire ou d'un courrier adressé au magistrat instructeur. C'est l'avocat qui doit alors faire la déclaration au greffe en remettant une copie complète ou partielle, du courrier qui lui a été adressé, et qui est annexée par le greffier à la déclaration. La personne mise en examen doit confirmer son choix dans les quinze jours selon l'une des modalités prévues aux deuxième et troisième alinéas. Pendant ce délai, la désignation est tenue pour effective.

222.34 **Délai.** L'article 10 de la loi du 8 décembre 1897 prescrivait de donner « immédiatement » avis au conseil de toute ordonnance. L'article 183 du Code de procédure pénale précisait que ce délai était de vingt-quatre heures. Et il était jugé qu'il était régulièrement procédé si aucun acte d'instruction n'avait été effectué dans l'intervalle séparant l'ordonnance de l'avis qui en était donné [7].

Depuis la loi du 30 décembre 1985, la notification doit être effectuée « dans les délais les plus brefs », expression qui a remplacé le terme « immédiatement » de la loi de 1897, et opère ainsi un retour à la situation ancienne. La règle actuelle s'applique à toutes les ordonnances visées aux alinéas 1er et 2 de l'article 183, et aussi bien à la notification aux parties elles-mêmes qu'à leurs conseils.

222.35 **Règlement de la procédure.** Avant la loi du 30 décembre 1985, le procureur de la République devait adresser au juge d'instruction ses réquisitions de règlement dans les trois jours de l'ordonnance de soit-communiqué (C. pr. pén., art. 175). Ce délai trop court ne pouvait le plus souvent être respecté. Aussi l'usage s'était-il établi de ne dater l'ordonnance de soit-communiqué qu'après la rédaction des réquisitions, ce qui permettait d'attribuer à cette ordonnance et à celle des règlements des dates très rapprochées, voire même de les dater du même jour, procédé qui empêchait la défense de présenter ses observations dans l'intervalle, et que réprouvait la doctrine [8]. La Cour de cassation décidait, sous l'empire de la loi du 8 décembre 1897, que la connaissance donnée simultanément au conseil des deux ordonnances de soit-communiqué et de règlement, constituait une violation des droits de la défense [9]. Mais un intervalle de vingt-quatre heures entre les deux avis suffisait à la validité de la procédure [10].

Elle a maintenu sa jurisprudence sous le régime du Code de procédure pénale, et depuis la loi du 30 décembre 1985, la Cour de cassation n'a pas changé sa position. Le fait que le réquisitoire définitif soit daté du lendemain du jour où a été rendue l'ordonnance de soit-communiqué n'entraîne aucune nullité [11]. La question du respect des droits de la défense ne se pose plus de la même manière. Le délai de trois mois (ou un mois) dans lequel doit être délivré le réquisitoire définitif a remplacé celui de trois jours (C. pr. pén., art. 175, al. 3 - Sur le règlement de la procédure depuis la loi du 5 mars 2007 v. s^{s} n°s 212.31 à 212.35).

1. Crim. 2 juin 1987, n° 87-81.537, *Bull. crim.*, n° 232 – Crim. 2 mars 1994, n° 93-85.670, *Bull. crim.*, n° 82.
2. Crim. 3 déc. 1991, n° 91-83.505, *Bull. crim.*, n° 454.
3. Crim. 18 juin 1985, n° 85-91.900, *Bull. crim.*, n° 233.
4. Crim. 5 janv. 1994, n° 85-91.900, *Bull. crim.*, n° 7.
5. Crim. 20 juin 1989, n° 89-82.163, *Bull. crim.*, n° 262.
6. Crim. 5 janv. 1994, n° 93-84.679, *Bull. crim.*, n° 8.
7. Crim. 11 janv. 1951, *Bull. crim.*, n° 15; *JCP* 1952, II, 6624, note P. Chambon – Crim. 29 mai 1957, *Bull. crim.*, n° 458.
8. Hélie F., V, n° 2052.
9. Crim. 4 janv. 1913, *D.* 1913, 1, 550 – Crim. 15 juin 1950, *Bull. crim.*, n° 189 – Crim. 9 juin 1955, *Bull. crim.*, n° 293.
10. Crim. 10 févr. 1923, *S.* 1923, 1, 233, note Roux – Crim. 9 févr. 1950, *Bull. crim.*, n° 48 – Crim. 23 avr. 1958, *Bull. crim.*, n° 336.
11. Crim. 17 nov. 1986, n° 85-93.444, *Bull. crim.*, n° 342.

SECTION 4
PREUVE DE L'ACCOMPLISSEMENT DE LA FORMALITÉ

222.41 Nécessité d'une mention. Il a toujours été jugé, dans le silence de la loi, que seule la mention inscrite par le greffier sur l'ordonnance est de nature à établir l'accomplissement de la formalité légale[1]. Cette mention fait foi jusqu'à inscription de faux. Au cas de contradiction sur la date entre la mention et les récépissés postaux, c'est la mention qui l'emporte[2].

222.42 Récépissés postaux. Les seuls récépissés ne peuvent établir, en l'absence de toute autre justification, que l'ordonnance a été portée à la connaissance du conseil[3], même s'il s'y ajoute sur l'ordonnance des signatures illisibles[4].

Toutefois, les seuls récépissés postaux annexés à l'ordonnance font présumer qu'elle a été communiquée au conseil, si celui-ci a produit des mémoires devant la chambre d'accusation[5]. Les récépissés postaux, joints à la mention de la communication de l'ordonnance « au défenseur », au singulier, établissent la réalité de la formalité à l'égard de tous les défenseurs des diverses personnes poursuivies[6].

222.43 Loi du 30 décembre 1985. Cette loi a ajouté à l'article 183 du Code de procédure pénale un alinéa 6, qui porte que, « dans tous les cas, mention est portée au dossier par le greffier de la nature de la date de la diligence faite en application du présent article ainsi que des formes utilisées ». De sorte que la jurisprudence antérieure demeure valable.

La remise de la copie de l'ordonnance de non-lieu au conseil doit résulter de la mention du greffier[7]. Les seuls récépissés postaux, en l'absence de cette mention, n'apportent pas la preuve que la formalité a été accomplie[8]. La mention, qui porte seulement qu'il a été donné connaissance de l'ordonnance à la personne poursuivie, n'établit pas qu'elle a également été portée à la connaissance de la partie civile.

222.44 Mention de la remise de copie. Lorsque l'avis porté par le greffier au pied de l'ordonnance n'indique pas qu'une copie de la décision a été remise à la partie civile, le délai d'appel n'a pas commencé à courir[9].

1. Crim. 27 juill. 1911, *D.* 1912, 1, 253 – Crim. 11 janv. 1951, *JCP* 1951, II, 6624, note P. Chambon – Crim. 29 mai 1957, *Bull. crim.*, n° 458.
2. Crim. 4 janv. 1934, *Bull. crim.*, n° 2; *DP* 1934, 1, 121 – Crim. 7 juin 1951, *JCP* 1952, II, 6683, note P. Chambon.
3. Crim. 27 nov. 1930, *Bull. crim.*, n° 285 – Crim. 30 nov. 1933, *DP* 1934, 1, 121 – Crim. 13 mai 1953, *Bull. crim.*, n° 168 – Crim. 22 juill. 1954, *JCP* 1954, II, 8351, note R. Vourin – Crim. 27 déc. 1960, *Bull. crim.*, n° 624 – Crim. 22 oct. 1996, n° 95-84.498, *Bull. crim.*, n° 368 – Crim. 30 nov. 1999, n° 98-85.860, *Bull. crim.*, n° 281.
4. Crim. 21 déc. 1944, *D.* 1945, 1, 253.
5. Crim. 5 janv. 1923, *D.* 1923, 1, 56 – Crim. 27 déc. 1960, *Bull. crim.*, n° 624.
6. Crim. 10 nov. 1937, *DP* 1940, 1, 16; *S.* 1939, 1, 180; *Gaz. Pal.* 1938, 1, 98.
7. Crim. 10 mars 1992, n° 91-85.981, *Bull. crim.*, n° 106.
8. Crim. 7 avr. 1992, n° 91-82.403, *Bull. crim.*, n° 147 (v. les attendus s^s n° 222.02).
9. Crim. 30 mai 2007, n° 07-81.923, *Bull. crim.*, n° 141; *D.* 2007, act. 2105.

TITRE

23. L'appel des ordonnances

SECTION 0 ORIENTEUR

230.00 Plan du titre.

Chap. 231	**Étendue du droit de recours**
Sect. 1	Principes
Sect. 2	Formes
Chap. 232	**Ordonnances dont chacune des parties peut interjeter appel**
Sect. 1	Droit d'appel du ministère public : droit d'appel du procureur de la République
Sect. 2	Droit d'appel du ministère public : appel du procureur général
Sect. 3	Droit d'appel de la personne mise en examen : ordonnances dont elle peut interjeter appel
Sect. 4	Droit d'appel de la personne mise en examen : ordonnances dont elle ne peut interjeter appel
Sect. 5	Droit d'appel de la partie civile : ordonnances dont la partie civile peut interjeter appel
Sect. 6	Droit d'appel de la partie civile : ordonnances dont la partie civile ne peut interjeter appel
Sect. 7	Droit d'appel de la partie civile : effets de l'appel de la partie civile
Chap. 233	**Délais et formes de l'appel**
Sect. 1	Délai d'appel du procureur de la République
Sect. 2	Délai d'appel du procureur général
Sect. 3	Délai d'appel de la personne mise en examen
Sect. 4	Délai d'appel de la partie civile
Sect. 5	Formes de l'appel
Chap. 234	**Effets de l'appel**
Sect. 1	Effet suspensif de l'appel
Sect. 2	Effet dévolutif de l'appel
Sect. 3	Transmission de la procédure et poursuite de l'information

230.01 Textes applicables.

C. pr. pén., art. 81, 82-1,156, 167, 183, 185, 186, 186-1, 186-2, 186-3, 187, 187-1, 187-2, 187-3, 201, 207, 502, 503, 706-128, 801.

C. pr. pén., art. D. 15-7, D. 40-3.

230.02 Jurisprudence de référence.

Crim. 19 févr. 1990, n° 89-82.926, *Bull. crim.,* n° 81.

Crim. 6 juill. 1993, n° 93-81.996, *Bull. crim.,* n° 241; *JCP* 1993, II, 22115, concl. Perfetti.

Crim. 27 mars 1995, n° 94-82.758, *Bull. crim.,* n° 126.

Crim. 1er mars 1994, n° 93-85.745, *Bull. crim.,* n° 81.

Crim. 17 nov. 1998, n° 97-85.908; *Bull. crim.,* n° 303; *Gaz. Pal.* 22/24 mars 1999; *D.* 1999, IR 39; *JCP* 1999, IV, 1716.

Crim. 30 nov. 1999, n° 99-80.679, *Bull. crim.,* n° 279; *RSC* 2000, 423, obs. D. Commaret; *Dr. pén.* 2000, comm. 51, obs. Maron.

Crim. 22 févr. 2000, n° 99-83.140, *Bull. crim.,* n° 74.

Crim. 22 mai 2008, n° 07-88.267, P; *JCP* 2008, IV, 2198; *D.* 2008, 1719, obs. D. Caron et s. Ménotti; *AJ pénal,* 1768; *D.* 2009, 48, obs. E. Degorce.

230.03 Bibliographie indicative. (V. les références complètes ss n° 03.)

Actualisables. RÉP. PÉN., Coulon J., « Appel »; Guéry, « Instruction préparatoire » – J.-CL. PÉN., Dumont J., « Appel des ordonnances du juge d'instruction », « Ordonnances de règlement ».

230.04 Évolution. À l'origine, sous l'égide du Code d'instruction criminelle, seuls le procureur de la République et la partie civile pouvaient s'opposer par leur appel à la mise en liberté qui résultait de plein droit des ordonnances de règlement rendues dans le cas des articles 128, 129 et 131. Toutes les parties pouvaient également interjeter appel des ordonnances sur la compétence. Mais la Cour de cassation déclara de bonne heure que ces textes n'avaient pas « un sens limitatif » et étendit l'appel à d'autres cas[1]. Elle mit fin à la résistance des cours d'appel par un arrêt des chambres réunies du 29 oct. 1813[2].

La loi du 17 juillet 1856, confirmant cette jurisprudence, a donné au ministère public un droit d'appel général et étendu la faculté d'appel de l'inculpé et de la partie civile. Le décret-loi du 18 nov. 1939, abrogeant le système compliqué instauré par les lois des 7 février 1933 et 25 mars 1935, est revenu au régime de la loi du 17 juillet 1856. La Cour de cassation a jugé que la loi du 8 décembre 1897 n'avait pas étendu le droit d'appel de l'inculpé[3].

Les articles 185 et 186 du Code de procédure pénale ont maintenu les règles antérieures. Le procureur de la République et le procureur général disposent toujours d'un droit d'appel général. Le droit d'appel du mis en examen et de la partie civile a été élargi, notamment en matière d'expertise, mais le principe demeure selon lequel la faculté d'appel des parties privées n'est ouverte que dans les cas prévus par la loi.

La loi du 29 décembre 1972 (art. 186, al. 8) a attribué au président de la chambre de l'instruction le pouvoir de rendre d'office une ordonnance de non-admission des appels interjetés hors des cas prévus par les alinéas 1 à 3 de ce texte, et celui d'apprécier (art. 186-1, al. 2 à 5) également par voie d'ordonnance, s'il y a lieu ou non de saisir la chambre de l'instruction des appels interjetés en matière d'expertise, possibilité étendue par plusieurs lois postérieures.

La loi du 30 décembre 1985 a porté le délai d'appel du procureur de la République de vingt-quatre heures à cinq jours et celui des parties de trois jours à dix jours. Et la loi du 4 janvier 1993 a ajouté aux ordonnances susceptibles d'appel, celles rendues dans le cas des articles 81 alinéas 9 et 82-1 (art. 186-1, al. 1er). La loi du 15 juin 2000 a ouvert à la personne mise en examen la possibilité de faire appel de l'ordonnance de mise en accusation.

230.05 Rapport du Comité de réflexion sur la justice dit Rapport Léger. Aucune observation du rapport ne concerne les règles relatives aux appels des ordonnances.

1. Crim. 25 oct. 1811, *Bull. crim.*, n° 145 – Crim. 19 mars 1812, *Bull. crim.*, n° 63 – Crim. 10 mars 1813, *Bull. crim.*, n° 51 – Crim. 8 avr. 1813, *Bull. crim.*, n° 68.
2. Ch. réun., 29 oct. 1813, *Bull. crim.*, n° 237 – V. Hélie F., V, n°s 2099 à 2102.
3. Crim. 17 déc. 1898, *Bull. crim.*, n° 372 – Crim. 14 avr. 1899, *S.* 1901, 1, 153.

CHAPITRE

231. Étendue du droit de recours

SECTION 0 ORIENTEUR

231.00 Plan du chapitre.

Sect. 1 Principes

Sect. 2 Formes

231.01 Textes applicables. C. pr. pén., art. 185, 186, 186-1.

C. pr. pén., art. 185

Le procureur de la République a le droit d'interjeter appel devant la chambre de l'instruction de toute ordonnance du juge d'instruction ou du juge des libertés et de la détention.

Cet appel formé par déclaration au greffe du tribunal, doit être interjeté dans les cinq jours qui suivent la notification de la décision.

En cas d'appel par la personne mise en examen de l'ordonnance de mise en accusation prévue par l'article 181, le procureur de la République dispose d'un délai d'appel incident de cinq jours supplémentaires à compter de l'appel de la personne mise en examen.

Le droit d'appel appartient également dans tous les cas au procureur général. Il doit signifier son appel aux parties dans les dix jours qui suivent l'ordonnance du juge d'instruction ou du juge des libertés et de la détention.

C. pr. pén., art. 186 [L. n° 2007-291, 5 mars 2007]

Le droit d'appel appartient à la personne mise en examen contre les ordonnances et décisions prévues par les articles 80-1-1, 87, 139, 140, 137-3, 145-1, 145-2, 148, 167, quatrième alinéa, 179, troisième alinéa, et 181.

La partie civile peut interjeter appel des ordonnances de non-informer, de non-lieu et des ordonnances faisant grief à ses intérêts civils. Toutefois, son appel ne peut, en aucun cas, porter sur une ordonnance ou sur la disposition d'une ordonnance relative à la détention de la personne mise en examen ou au contrôle judiciaire.

Les parties peuvent aussi interjeter appel de l'ordonnance par laquelle le juge a, d'office ou sur déclinatoire, statué sur sa compétence.

L'appel des parties ainsi que la requête prévue par le cinquième alinéa de l'article 99 doivent être formés dans les conditions et selon les modalités prévues par les articles 502 et 503, dans les dix jours qui suivent la notification ou la signification de la décision.

Le dossier de l'information ou sa copie établie conformément à l'article 81 est transmis, avec l'avis motivé du procureur de la République, au procureur général, qui procède ainsi qu'il est dit aux articles 194 et suivants.

Si le président de la chambre de l'instruction constate qu'il a été fait appel d'une ordonnance non visée aux alinéas 1 à 3 du présent article, il rend d'office une ordonnance de non-admission de l'appel qui n'est pas susceptible de voies de recours. Il en est de même lorsque l'appel a été formé après l'expiration du délai prévu au quatrième alinéa ou lorsque l'appel est devenu sans objet. Le président de la chambre de l'instruction est également compétent pour constater le désistement de l'appel formé par l'appelant.

C. pr. pén., art. 186-1 [L. n° 2007-291, 5 mars 2007]

Les parties peuvent aussi interjeter appel des ordonnances prévues par le neuvième alinéa de l'article 81, par les articles 82-1 et 82-3, et par le deuxième alinéa de l'article 156.

Dans ce cas, le dossier de l'information, ou sa copie établie conformément à l'article 81, est transmis avec l'avis motivé du procureur de la République au président de la chambre de l'instruction.

Dans les huit jours de la réception de ce dossier, le président décide, par une ordonnance qui n'est pas susceptible de voie de recours, s'il y a lieu ou non de saisir la chambre de l'instruction de cet appel.

Dans l'affirmative, il transmet le dossier au procureur général qui procède ainsi qu'il est dit aux articles 194 et suivants.

Dans la négative, il ordonne par décision motivée que le dossier de l'information soit renvoyé au juge d'instruction.

231.02 Jurisprudence de référence.

• Le mandat ou dépôt, qui fait corps avec l'ordonnance de placement en détention provisoire, est susceptible d'appel.

Crim. 1er mars 1994, n° 93-85.745, *Bull. crim.*, n° 81.

« Attendu que le mandat de dépôt, faisant corps avec l'ordonnance de placement en détention provisoire qui en est le support, est susceptible d'appel comme l'ordonnance elle-même;

Attendu que, le 10 novembre 1993, Michel Dias Correira a fait l'objet, dans la procédure suivie contre lui des chefs de vols avec port d'arme, d'une ordonnance de placement en détention provisoire et d'un mandat de dépôt;

Que, le jour même, il a signé une déclaration d'appel à la maison d'arrêt des Hauts-de-Seine où il avait été écroué;

Attendu que, pour déclarer ledit appel irrecevable, la chambre d'accusation énonce qu'il résulte des mentions de la déclaration d'appel "que cette voie de recours portait sur le mandat de dépôt, lequel n'est pas susceptible d'appel";

Mais attendu qu'en prononçant ainsi, la chambre d'accusation a méconnu le sens et la portée des textes ci-dessus visés et que la censure est encourue de ce chef. »

231.03 Bibliographie indicative. (V. les références complètes s[s] n° 03.)

Actualisables. RÉP. PÉN., Coulon J., « Appel »; Guéry, « Instruction préparatoire » – J.-CL. PÉN., Dumont J., « Appel des ordonnances du juge d'instruction ».

Ouvrages. HÉLIE F., IV, n° 1624 – GARRAUD, III, n°s 1064 et 1065.

SECTION 1
PRINCIPES

231.11 Terminologie. L'article 135 du Code d'instruction criminelle et la loi du 17 juillet 1856 qualifiaient improprement d'opposition, dans le sens de « s'opposer à... », la voie de recours ouverte contre les ordonnances du juge d'instruction. Il s'agissait en réalité d'un véritable appel, voie de réformation par la juridiction du second degré, et non voie de rétractation par la même juridiction. La loi du 7 février 1933 et les textes postérieurs ont fort heureusement donné au recours institué contre les ordonnances la dénomination exacte d'appel, qui correspond à son régime.

231.12 Double degré de juridiction. Le juge d'instruction, comme autrefois la chambre du conseil, est une juridiction d'instruction qui statue en premier ressort. Quoique la loi n'en ait pas d'abord exprimé le principe, la Cour de cassation a toujours décidé que les décisions du juge d'instruction qui statuent sur une demande, sur la compétence ou sur la prévention, sont toujours susceptibles de recours devant la chambre d'accusation[1].

L'appel est la seule voie de recours. L'opposition au sens propre, n'est pas admise; en effet, les décisions des juridictions d'instruction ne sont jamais rendues par défaut, que l'inculpé soit présent ou non[2].

D'autre part, les ordonnances du juge d'instruction, qui ne sont rendues qu'à charge d'appel, et ne sont pas en dernier ressort, ne peuvent jamais être attaquées par la voie du pourvoi en cassation[3]. Cette règle s'applique même à l'égard de la partie qui, vis-à-vis d'une ordonnance déterminée, n'en peut interjeter appel[4].

231.13 Étendue du droit d'appel. Il faut distinguer selon les parties en cause. Le droit d'appel du ministère public, institué pour la sauvegarde de l'action publique, a toujours été considéré comme absolu[5]. « L'article 135 du Code d'instruction criminelle », écrivait la Cour de cassation, « proclame le droit absolu du ministère public d'interjeter appel des ordonnances du juge d'instruction, à quelque phase de la procédure et dans quelque cas que ces ordonnances aient été rendues, sans aucune distinction entre lesdites ordonnances ni aucune restriction à ce droit »[6].

Au contraire, depuis la loi du 17 juillet 1856, le droit d'appel de la personne mise en examen et de la partie civile a un caractère exceptionnel. Le législateur, en ce qui les concerne, a procédé par voie d'énumération limitative des cas dans lesquels l'appel est possible, et cette énumération ne comporte aucune extension. Toute ordonnance non expressément visée par les textes est insusceptible d'appel de la part des parties privées[7]. Ainsi, dans la phase de l'instruction, en ce qui concerne ces dernières, le droit d'appel est l'exception (toutefois, v. s[s] n° 232.35). Il en est tout autrement en matière correctionnelle, où, au contraire, « tout jugement rendu par un tribunal inférieur est susceptible d'appel, sauf dérogation expresse de la loi »[8].

1. Ch. réun., 29 oct. 1813, *Bull. crim.*, n° 237.
2. GARRAUD, III, n° 1064.
3. Crim. 6 mars 1818, *Bull. crim.*, n° 39 – Crim. 2 nov. 1821, *Bull. crim.*, n° 188 – Crim. 23 oct. 1840, *Bull. crim.*, n° 312 – Crim. 2 avr. 1898, *Bull. crim.*, n° 146 – Crim. 4 mai 1911, *Bull. crim.*, n° 229 – Crim. 17 janv. 1934, *Bull. crim.*, n° 16 – Crim. 18 avr. 1972, n° 71-93.521, *Bull. crim.*, n° 130 – Crim. 22 déc. 1975, n° 75-92.931, *Bull. crim.*, n° 294.
4. Crim. 4 mai 1911, *Bull. crim.*, n° 229.
5. Crim. 1er août 1822, *Bull. crim.*, n° 104 – Crim. 16 janv. 1862, *DP* 1862, 1, 146.
6. Crim. 15 nov. 1956, *Bull. crim.*, n° 753 – Dans le même sens, Crim. 19 sept. 1990, n° 90-84.140, *Bull. crim.*, n° 319 – Crim. 6 juill. 1993, n° 93-81.996, *Bull. crim.*, n° 241; *JCP* 1993, II, 22115, concl. Perfetti.
7. Not. Crim. 17 déc. 1898, *Bull. crim.*, n° 372 – Crim. 13 mars 1968, *Bull. crim.*, n° 88 – Crim. 16 janv. 1976, n° 74-93.384, *Bull. crim.*, n° 15 – Crim. 5 févr. 1976, n° 74-93.021, *Bull. crim.*, n° 46.
8. Crim. 14 oct. 1954, *Bull. crim.*, n° 293; *JCP* 1954, II, 849, note P. Chambon.

SECTION 2
FORMES

231.21 Nécessité d'une ordonnance. Toutes les décisions du juge d'instruction, prises sous forme d'ordonnance, et qui ont le caractère d'un jugement, soit qu'elles statuent sur les demandes ou les réquisitions des parties, soit qu'elles statuent sur la compétence ou la mise en prévention, sont, en principe, susceptibles d'appel[1]. Toutes les ordonnances juridictionnelles peuvent être attaquées par la voie d'appel, sous les distinctions légales selon la partie dont il s'agit.

Il est de principe que les voies de recours peuvent être formées seulement contre les décisions judiciaires contentieuses. Cette règle générale s'applique à l'information et seuls les actes accomplis par le magistrat instructeur en sa qualité de juge sont susceptibles d'appel. Mais les actes de pure instruction, de constatation et de recherche, les « actes isolés d'instruction », selon l'expression de la Cour de cassation, tels que les interrogatoires et confrontations, les auditions de témoins, les saisies, les commissions rogatoires, ne peuvent être attaqués par la voie de l'appel, même de la part du ministère public[2]. Il en est ainsi de l'ordonnance de disjonction, qui n'est qu'un simple acte d'administration[3]. Il en était de même du mandat de dépôt[4]. Mais aujourd'hui, le mandat de dépôt fait corps avec l'ordonnance de placement en détention provisoire, qui en est le support, et il est susceptible d'appel comme l'ordonnance elle-même[5].

231.22 Qualité des parties. Seule une personne qui a la qualité de partie en cause peut exercer une voie de recours, quelle qu'elle soit. Cette règle, qui vaut pour toutes les phases de la procédure, s'applique par conséquent à l'instruction.

Ainsi, le syndic d'une faillite qui ne s'est pas constitué partie civile, n'a pas qualité pour faire appel d'une ordonnance dans une poursuite du chef de banqueroute[6]. De même le failli, qui est dessaisi de l'administration de ses biens, n'est pas recevable à interjeter appel d'une ordonnance de non-informer rendue sur sa plainte du chef de vol et abus de confiance[7]. Mais l'individu en liquidation de biens, qui peut se constituer partie civile seul, sans l'assistance de son représentant légal, du chef d'une infraction qui lui a causé un préjudice personnel, peut appeler d'une ordonnance de non-lieu; il s'agit là, en effet, d'un droit attaché à la personne[8].

La qualité de partie civile est prise et appréciée au jour du dépôt de la plainte, dès lors que la consignation a été ultérieurement faite dans le délai fixé[9]. La qualité de partie civile s'acquiert par le dépôt d'une plainte auprès d'un juge d'instruction compétent contenant la manifestation expresse de volonté de se constituer partie civile[10].

Le plaignant qui ne s'est constitué partie civile que le lendemain du jour où une ordonnance a été rendue, ne peut interjeter appel de cette ordonnance[11]. Mais la partie civile peut interjeter appel de l'ordonnance qui a déclaré sa constitution irrecevable, car, par suite de l'effet suspensif de l'appel, elle a, nonobstant cette déclaration d'irrecevabilité, conservé sa qualité de partie civile[12].

Plusieurs arrêts déterminent le moment à partir duquel la personne poursuivie acquiert la qualité de partie à l'instance. La personne nommément désignée par la partie civile dans sa plainte, laquelle a été suivie de réquisitions de non-informer, ou de réquisitions contre X..., qui n'a pas subi l'interrogatoire de première comparution, n'a pas la qualité de partie à l'instance, et n'est pas recevable à interjeter appel de l'ordonnance disant qu'il y a lieu d'informer[13]. En matière d'immunité parlementaire, c'est le réquisitoire introductif nominatif, ou le mandat de comparution, qui constitue l'acte initial des poursuites, et donne la qualité de personne mise en examen[14].

Le nouveau statut du témoin assisté, mis en place par la loi du 15 juin 2000 et élargi par celle du 9 mars 2004 ne prévoit pas la possibilité pour celui-ci de former un appel. Toutefois, son pourvoi en cassation est admissible dans certains cas (v. s^s n° 83.32).

1. HÉLIE F., IV, n° 1624 – GARRAUD, III, n° 1065.
2. Crim. 17 déc. 1898, *Bull. crim.*, n° 372 – Crim. 14 avr. 1899, *Bull. crim.*, n° 81; *S.*, 1901, 1, 153, note Roux.
3. Crim. 18 déc. 1984, n° 84-90.062, *Bull. crim.*, n° 407.
4. Crim. ord. prés., 8 janv. 1976, n° 76-90.012, *Bull. crim.*, n° 8.
5. Crim. 19 juill. 1993, n° 93-82.243, *Bull. crim.*, n° 247 (v. les attendus s^s n° 231.02) – Crim. 1er mars 1994, n° 93-85.745, *Bull. crim.*, n° 81.
6. Crim. 19 mars 1813, *Bull. crim.*, n° 54.
7. Crim. 3 mars 1970, n° 68-91.179, *Bull. crim.*, n° 83.
8. Crim. 4 nov. 1981, n° 80-93.645, *Bull. crim.*, n° 292 – Crim. 19 oct. 1982, n° 81-93.636, *Bull. crim.*, n° 222.
9. Crim. 13 déc. 1983, n° 83-91.925, *Bull. crim.*, n° 338.
10. Crim. 17 juin 1986, n° 85-90.313, *Bull. crim.*, n° 208.
11. Crim. 15 déc. 1954, *Bull. crim.*, n° 402.
12. Crim. 28 mai 1968, *Bull. crim.*, n° 176 – Crim. 6 avr. 1993, n° 92-84.778, *Bull. crim.*, n° 147.
13. Crim. 6 juill. 1960, *Bull. crim.*, n° 359; *JCP* 1960, II, 11758, note P. Chambon – Crim. 6 févr. 1975, n° 74-91.949, *Bull. crim.*, n° 42; *D.* 1975, 386, note Coste-Floret – Crim. 20 mai 1976, n° 75-93.295, *Bull. crim.*, n° 173 – Crim. 29 janv. 1979, n° 77-92.775, *Bull. crim.*, n° 38 – Crim. 8 oct. 1985, n° 84-93.761, *Bull. crim.*, n° 299.
14. Crim. 11 avr. 1973, n° 73-90.334, *Bull. crim.*, n° 190 – Crim. 8 déc. 1983, n° 83-91.681, *Bull. crim.*, n° 334.

CHAPITRE

232. Ordonnances dont chacune des parties peut interjeter appel

SECTION 0
ORIENTEUR

232.00 Plan du chapitre.

Sect. 1 Droit d'appel du ministère public : droit d'appel du procureur de la République

Sect. 2 Droit d'appel du ministère public : appel du procureur général

Sect. 3 Droit d'appel de la personne mise en examen : ordonnances dont elle peut interjeter appel

Sect. 4 Droit d'appel de la personne mise en examen : ordonnances dont elle ne peut interjeter appel

Sect. 5 Droit d'appel de la partie civile : ordonnances dont la partie civile peut interjeter appel

Sect. 6 Droit d'appel de la partie civile : ordonnances dont la partie civile ne peut interjeter appel

Sect. 7 Droit d'appel de la partie civile : effets de l'appel de la partie civile

232.01 Textes applicables.

C. pr. pén., art. 80-1-1, 81, 82-1, 156, 167, 183, 185, 186, 186-1, 186-2, 186-3, 187, 187-1, 201, 706-128.

C. pr. pén., art. 80-1-1 [inséré par L. n° 2007-291, 5 mars 2007]

Sans préjudice de son droit de demander l'annulation de la mise en examen dans les six mois de sa première comparution, conformément aux articles 173, 173-1 et 174-1, la personne mise en examen peut au cours de l'information, selon les modalités prévues par l'avant-dernier alinéa de l'article 81, demander au juge d'instruction de revenir sur sa décision et de lui octroyer le statut de témoin assisté si elle estime que les conditions prévues par les premier et troisième alinéas de l'article 80-1 ne sont plus remplies.

Cette demande peut être faite à l'issue d'un délai de six mois après la mise en examen et tous les six mois suivants.

Cette demande peut également être faite dans les dix jours qui suivent la notification d'une expertise ou un interrogatoire au cours duquel la personne est entendue sur les résultats d'une commission rogatoire ou sur les déclarations de la partie civile, d'un témoin, d'un témoin assisté ou d'une autre personne mise en examen.

Le juge d'instruction statue sur cette demande après avoir sollicité les réquisitions du ministère public.

Si le juge d'instruction fait droit à la demande, il informe la personne qu'elle bénéficie du statut de témoin assisté. Si la personne est détenue, le juge ordonne sa mise en liberté d'office.

Si le juge d'instruction estime que la personne doit rester mise en examen, il statue par ordonnance motivée faisant état des indices graves ou concordants justifiant sa décision.

C. pr. pén., art. 81

Le juge d'instruction procède, conformément à la loi, à tous les actes d'information qu'il juge utiles à la manifestation de la vérité. Il instruit à charge et à décharge.

[...]

Le juge d'instruction peut prescrire un examen médical, un examen psychologique ou ordonner toutes mesures utiles.

S'il est saisi par une partie d'une demande écrite et motivée tendant à ce qu'il soit procédé à l'un des examens ou à toutes autres mesures utiles prévus par l'alinéa qui précède, le juge d'instruction doit, s'il n'entend pas y faire droit, rendre une ordonnance motivée au plus tard dans le délai d'un mois à compter de la réception de la demande.

La demande mentionnée à l'alinéa précédent doit faire l'objet d'une déclaration au greffier du juge d'instruction saisi du dossier. Elle est constatée et datée par le greffier qui la signe ainsi que le demandeur ou son avocat. Si le demandeur ne peut signer, il en est fait mention par le greffier. Lorsque le demandeur ou son avocat ne réside pas dans le ressort de la juridiction compétente, la déclaration au greffier peut être faite au moyen d'une lettre recommandée avec demande d'avis de réception. Lorsque la personne mise en examen est détenue, la demande peut également être faite au moyen d'une déclaration auprès du chef de l'établissement pénitentiaire. Cette déclaration est constatée et datée par le chef de l'établissement pénitentiaire qui la signe, ainsi que le demandeur. Si celui-ci ne peut signer, il en est fait mention par le chef de l'établissement. Ce document est adressé sans délai, en original ou copie et par tout moyen, au greffier du juge d'instruction.

Faute par le juge d'instruction d'avoir statué dans le délai d'un mois, la partie peut saisir directement le président de la chambre de l'instruction, qui statue et procède conformément aux troisième, quatrième et cinquième alinéas de l'article 186-1.

C. pr. pén., art. 82-1

Les parties peuvent, au cours de l'information, saisir le juge d'instruction d'une demande écrite et motivée tendant à ce qu'il soit procédé à leur audition ou à leur interrogatoire, à l'audition d'un témoin, à une confrontation ou à un transport sur les lieux, à ce qu'il soit ordonné la production par l'une d'entre elles d'une pièce utile à l'information, ou à ce qu'il soit procédé à tous autres actes qui leur paraissent nécessaires à la manifestation de la vérité. À peine de nullité, cette demande doit être formée conformément aux dispositions du dixième alinéa de l'article 81 ; elle doit porter sur des actes déterminés et, lorsqu'elle concerne une audition, préciser l'identité de la personne dont l'audition est souhaitée.

Le juge d'instruction doit, s'il n'entend pas y faire droit, rendre une ordonnance motivée au plus tard dans le délai d'un mois à compter de la réception de la demande. Les dispositions du dernier alinéa de l'article 81 sont applicables.

À l'expiration d'un délai de quatre mois depuis sa dernière comparution, la personne mise en examen qui en fait la demande écrite doit être entendue par le juge d'instruction. Le juge d'instruction procède à son interrogatoire dans les trente jours de la réception de la demande, qui doit être formée conformément aux dispositions du dixième alinéa de l'article 81.

C. pr. pén., art. 156 [L. n° 2004-204, 9 mars 2004]

Toute juridiction d'instruction ou de jugement, dans le cas où se pose une question d'ordre technique, peut, soit à la demande du ministère public, soit d'office, ou à la demande des parties, ordonner une expertise. Le ministère public ou la partie qui demande une expertise peut préciser dans sa demande les questions qu'il voudrait voir poser à l'expert.

Lorsque le juge d'instruction estime ne pas devoir faire droit à une demande d'expertise, il doit rendre une ordonnance motivée au plus tard dans un délai d'un mois à compter de la réception de la demande. Les dispositions des avant-dernier et dernier alinéas de l'article 81 sont applicables.

Les experts procèdent à leur mission sous le contrôle du juge d'instruction ou du magistrat que doit désigner la juridiction ordonnant l'expertise.

C. pr. pén., art. 161-1 [L. n° 2007-291, 5 mars 2007, mod. L. n° 2009-526, 12 mai 2009]

Copie de la décision ordonnant une expertise est adressée sans délai au procureur de la République et aux avocats des parties, qui disposent d'un délai de dix jours pour demander au juge d'instruction, selon les modalités prévues par l'avant-dernier alinéa de l'article 81, de modifier ou de compléter les questions posées à l'expert ou d'adjoindre à l'expert ou aux experts déjà désignés un expert de leur choix figurant sur une des listes mentionnées à l'article 157.

Si le juge ne fait pas droit, dans un délai de dix jours à compter de leur réception, aux demandes prévues au premier alinéa, il rend une ordonnance motivée. Cette ordonnance ou l'absence d'ordonnance peut être contestée dans un délai de dix jours devant le président de la chambre de l'instruction. Ce dernier statue par décision motivée qui n'est pas susceptible de recours.

Le présent article n'est pas applicable lorsque les opérations d'expertise et le dépôt des conclusions par l'expert doivent intervenir en urgence et ne peuvent être différés pendant le délai de dix jours prévu au premier alinéa ou lorsque la communication prévue au premier alinéa risque d'entraver l'accomplissement des investigations.

Il n'est pas non plus applicable aux catégories d'expertises dont les conclusions n'ont pas d'incidence sur la détermination de la culpabilité de la personne mise en examen et dont la liste est fixée par décret.

Les parties peuvent déclarer renoncer, en présence de leur avocat ou celui-ci dûment convoqué, à bénéficier des dispositions du présent article.

C. pr. pén., art. 167 [L. n° 2007-291, 5 mars 2007]

Le juge d'instruction donne connaissance des conclusions des experts aux parties et à leurs avocats après les avoir convoqués conformément aux dispositions du deuxième alinéa de l'article 114. Il leur donne également connaissance, s'il y a lieu, des conclusions des rapports des personnes requises en application des articles 60 et 77-1, lorsqu'il n'a pas été fait application des dispositions du quatrième alinéa de l'article 60. Une copie de l'intégralité du rapport est alors remise, à leur demande, aux avocats des parties.

Les conclusions peuvent également être notifiées par lettre recommandée ou, lorsque la personne est détenue, par les soins du chef de l'établissement pénitentiaire qui adresse, sans délai, au juge d'instruction l'original ou la copie du récépissé signé par l'intéressé. L'intégralité du rapport peut aussi être notifiée, à leur demande, aux avocats des parties par lettre recommandée. Si les avocats des parties ont fait connaître au juge d'instruction qu'ils disposent d'une adresse électronique, l'intégralité du rapport peut leur être adressée par cette voie, selon les modalités prévues par l'article 803-1.

Dans tous les cas, le juge d'instruction fixe un délai aux parties pour présenter des observations ou formuler une demande, notamment aux fins de complément d'expertise ou de contre-expertise. Cette demande doit être formée conformément aux dispositions du dixième alinéa de l'article 81. Pendant ce délai, le dossier de la procédure est mis à la disposition des conseils des parties. Le délai fixé par le juge d'instruction, qui tient compte de la complexité de l'expertise, ne saurait être inférieur à quinze jours ou, s'il s'agit d'une expertise comptable ou financière, à un mois. Passé ce délai, il ne peut plus être formulé de demande de contre-expertise, de complément d'expertise ou de nouvelle expertise portant sur le même objet, y compris sur le fondement de l'article 82-1, sous réserve de la survenance d'un élément nouveau.

Lorsqu'il rejette une demande, le juge d'instruction rend une décision motivée qui doit intervenir dans un délai d'un mois à compter de la réception de la demande. Il en est de même s'il commet un seul expert alors que la partie a demandé qu'il en soit désigné plusieurs. Faute pour le juge d'instruction d'avoir statué dans le délai d'un mois, la partie peut saisir directement la chambre de l'instruction.

Le juge d'instruction peut également notifier au témoin assisté, selon les modalités prévues par le présent article, les conclusions des expertises qui le concernent en lui fixant un délai pour présenter une demande de complément d'expertise ou de contre-expertise. Le juge n'est toutefois pas tenu de rendre une ordonnance motivée s'il estime que la demande n'est pas justifiée, sauf si le témoin assisté demande à être mis en examen en application de l'article 113-6.

C. pr. pén., art. 183

Les ordonnances de règlement sont portées à la connaissance de la personne mise en examen et du témoin assisté et les ordonnances de renvoi ou de mise en accusation à la connaissance de la partie civile; la notification est effectuée dans les délais les plus brefs soit verbalement, avec émargement au dossier de la procédure, soit par lettre recommandée.

Sous réserve de l'application de l'article 137-3, deuxième alinéa, les décisions qui sont susceptibles de faire l'objet de voies de recours de la part d'une partie à la procédure ou d'un tiers conformément aux articles 99, 186 et 186-1 leur sont notifiées dans les délais les plus brefs soit verbalement, avec émargement au dossier de la procédure, soit par lettre recommandée. Si la personne mise en examen est détenue, elles peuvent, également être portées à sa connaissance par les soins du chef de l'établissement pénitentiaire qui adresse, sans délai, au juge d'instruction l'original ou la copie du récépissé signé par la personne. Dans tous les cas, une copie de l'acte est remise à l'intéressée.

Toute notification d'acte à une partie par lettre recommandée expédiée à la dernière adresse déclarée par l'intéressée est réputée faite à sa personne.

Les ordonnances mentionnées aux premier et deuxième alinéas du présent article qui doivent être portées à la connaissance des parties sont simultanément, et selon les mêmes modalités, portées à la connaissance de leurs avocats.

Les avis destinés au procureur de la République lui sont adressés par tout moyen. Lorsque le juge d'instruction rend une décision ou ordonnance non conforme aux réquisitions du procureur de la République, avis en est donné à celui-ci par le greffier.

Dans tous les cas, mention est portée au dossier par le greffier de la nature et de la date de la diligence faite en application du présent article ainsi que des formes utilisées.

C. pr. pén., art. 185

* V. s[s] n° 231.01.

C. pr. pén., art. 186

* V. s[s] n° 231.01.

C. pr. pén., art. 186-1

* V. s[s] n° 231.01.

C. pr. pén., art. 186-2

En cas d'appel contre une ordonnance prévue par l'article 181, la chambre de l'instruction statue dans les quatre mois de l'ordonnance, faute de quoi, si la personne est détenue, elle est mise d'office en liberté.

C. pr. pén., art. 186-3 [L. n° 2007-291, 5 mars 2007]

La personne mise en examen et la partie civile peuvent interjeter appel des ordonnances prévues par le premier alinéa de l'article 179 dans le cas où elles estiment que les faits renvoyés devant le tribunal correctionnel constituent un crime qui aurait dû faire l'objet d'une ordonnance de mise en accusation devant la cour d'assises.

Lorsque l'information a fait l'objet d'une co-saisine, elles peuvent également, en l'absence de co-signature par les juges d'instruction co-saisis conformément à l'article 83-2, interjeter appel de ces ordonnances.

C. pr. pén., art. 187

Lorsqu'il est interjeté appel d'une ordonnance autre qu'une ordonnance de règlement ou que la chambre de l'instruction est directement saisie, en application des articles 81, neuvième alinéa, 82-1, deuxième alinéa, 156, deuxième alinéa, ou 167, quatrième alinéa, le juge d'instruction poursuit son information, y compris, le cas échéant, jusqu'au règlement de celle-ci, sauf décision contraire du président de la chambre de l'instruction. Cette décision n'est pas susceptible de recours.

Il en est de même lorsque la chambre de l'instruction est saisie d'une requête en nullité en application de l'article 173.

C. pr. pén., art. 187-1

En cas d'appel d'une ordonnance de placement en détention provisoire, la personne mise en examen ou le procureur de la République peut, si l'appel est interjeté au plus tard le jour suivant la décision de placement en détention, demander au président de la chambre de l'instruction ou, en cas d'empêchement, au magistrat qui le remplace, d'examiner immédiatement son appel sans attendre l'audience de la chambre de l'instruction. Cette demande doit, à peine d'irrecevabilité, être formée en même temps que l'appel devant la chambre de l'instruction. La personne mise en examen, son avocat ou le procureur de la République peut joindre toutes observations écrites à l'appui de la demande. À sa demande, l'avocat de la personne mise en examen présente oralement des observations devant le président de la chambre de l'instruction ou le magistrat qui le remplace, lors d'une audience de cabinet dont est avisé le ministère public pour qu'il y prenne, le cas échéant, ses réquisitions, l'avocat ayant la parole en dernier.

Le président de la chambre de l'instruction ou le magistrat qui le remplace statue au plus tard le troisième jour ouvrable suivant la demande, au vu des éléments du dossier de la procédure, par une ordonnance non motivée qui n'est pas susceptible de recours.

Le président de la chambre de l'instruction ou le magistrat qui le remplace peut, s'il estime que les conditions prévues par l'article 144 ne sont pas remplies, infirmer l'ordonnance du juge des libertés et de la détention et ordonner la remise en liberté de la personne. La chambre de l'instruction est alors dessaisie.

Dans le cas contraire, il doit renvoyer l'examen de l'appel à la chambre de l'instruction.

S'il infirme l'ordonnance du juge des libertés et de la détention, le président de la chambre de l'instruction ou le magistrat qui le remplace peut ordonner le placement sous contrôle judiciaire de la personne mise en examen.

Si l'examen de l'appel est renvoyé à la chambre de l'instruction, la décision est portée à la connaissance du procureur général. Elle est notifiée à la personne mise en examen par le greffe de l'établissement pénitentiaire qui peut, le cas échéant, recevoir le désistement d'appel de cette dernière.

La déclaration d'appel et la demande prévue au premier alinéa du présent article peuvent être constatées par le juge des libertés et de la détention à l'issue du débat contradictoire prévu par le quatrième alinéa de l'article 145. Pour l'application du deuxième alinéa du présent article, la transmission du dossier de la procédure au président de la chambre de l'instruction peut être effectuée par télécopie.

C. pr. pén., art. 201 [L. n° 2004-204, 9 mars 2004]

La chambre de l'instruction peut, dans tous les cas, à la demande du procureur général, d'une des parties ou même d'office, ordonner tout acte d'information complémentaire qu'elle juge utile.

Elle peut également, dans tous les cas, le ministère public entendu, prononcer d'office la mise en liberté de la personne mise en examen.

Elle peut ordonner le placement en détention provisoire ou sous contrôle judiciaire de la personne mise en examen. En cas d'urgence, le président de la chambre de l'instruction ou le conseiller désigné par lui peut décerner mandat d'amener, d'arrêt ou de recherche. Il peut également ordonner l'incarcération provisoire de la personne pendant une durée déterminée qui ne peut en aucun cas excéder quatre jours ouvrables jusqu'à la réunion de la chambre de l'instruction.

C. pr. pén., art. 706-128 [L. n° 2008-174, 25 févr. 2008]

Les articles 706-122 à 706-127 sont applicables devant la chambre de l'instruction en cas d'appel d'une ordonnance d'irresponsabilité pénale pour cause de trouble mental ou en cas d'appel d'une ordonnance de renvoi lorsque cet appel est formé par une personne mise en examen qui invoque l'application du premier alinéa de l'article 122-1 du Code pénal.

232.02 Jurisprudence de référence.

• Le droit d'appel du ministère public s'étend à toutes les décisions rendues en matière de détention provisoire.

Crim. 6 juill. 1993, n° 93-81.996; *Bull. crim.*, n° 241; *JCP* 1993, II, 22115, concl. Perfetti.

« Attendu qu'il résulte de l'article 185 du Code de procédure pénale et des principes généraux du droit que l'appel du ministère public s'étend à toutes les décisions rendues en matière de détention provisoire;

Attendu que, pour déclarer irrecevable l'appel du procureur de la République contre l'ordonnance, en date du 22 mars 1993, par laquelle le président du tribunal de grande instance de Melun, en application de l'article 145-1 du Code de procédure pénale en sa nouvelle rédaction issue de la loi du 4 janvier 1993 applicable en la cause, a refusé la prolongation de la détention de Mustapha Bensouna et a placé celui-ci sous contrôle judiciaire, la chambre d'accusation se borne à énoncer que l'article 137 dudit code prévoit, sous les exceptions qu'il comporte, que "la personne mise en examen reste libre" et que l'article 186 du même code réserve le droit d'appel, à l'encontre des ordonnances prises en matière de détention provisoire par le président du tribunal ou par le juge par lui délégué, à la seule personne mise en examen, à l'exclusion de toute autre partie;

Mais attendu qu'en prononçant ainsi, alors que l'article 186 ne concerne pas le ministère public, les juges du second degré ont méconnu le sens et la portée du principe sus-énoncé;

Que la cassation est, dès lors, encourue de ce chef. »

• La personne mise en examen, qui n'a pas usé de la faculté de saisir directement le président de la chambre de l'instruction alors que le juge d'instruction n'avait pas répondu à une demande d'acte, ne saurait interjeter appel de l'ordonnance de renvoi.

Crim. 30 nov. 1999, n° 99-80.679, *Bull. crim.*, n° 279; *RSC* 2000, 423, obs. D. Commaret; *Dr. pén.* 2000, comm. 51, obs. Maron.

« Attendu qu'il résulte de l'article 82-1 du Code de procédure pénale que, lorsque le juge d'instruction n'a pas statué dans le délai d'un mois sur une demande d'actes présentée en application de ce texte, la partie a la faculté de saisir directement le président de la chambre d'accusation dans les conditions prévues par l'article 81, dernier alinéa, du même code; qu'il s'ensuit que la personne mise en examen qui n'a pas usé de cette faculté ne saurait être admise à interjeter appel de l'ordonnance la renvoyant devant le tribunal correctionnel pour contester le rejet implicite de sa demande d'acte;

Attendu qu'il appert de l'arrêt attaqué et des pièces de la procédure que, le 28 mai 1997, dans l'information suivie contre lui pour, notamment, menaces, faux et escroquerie, X... a saisi le juge d'instruction sur le fondement de l'article 82-1 du Code de procédure pénale d'une demande tendant à ce qu'il soit procédé à divers actes complémentaires d'instruction; que, par ordonnance en date du 3 juin 1997, le magistrat instructeur a sursis à statuer sur cette demande dans l'attente de la décision devant être rendue par la chambre d'accusation sur une requête en nullité présentée par l'intéressé; qu'après le rejet de cette requête par arrêt en date du 18 septembre 1997, le juge d'instruction a, par ordonnance en date du 1er juillet 1998, renvoyé X... devant le tribunal correctionnel sans avoir statué sur sa demande d'actes d'instruction; que ce dernier a interjeté appel de cette ordonnance;

Attendu que, par l'arrêt attaqué, la chambre d'accusation a admis la recevabilité de cet appel au motif que, le juge d'instruction ayant omis de statuer sur la demande d'actes, l'ordonnance de renvoi présentait un caractère « complexe »; qu'après avoir annulé celle-ci, elle a, en application de l'article 206, dernier alinéa, du Code de procédure pénale, statué sur la demande délaissée par le juge puis ordonné le renvoi de X... devant le tribunal correctionnel;

Mais attendu qu'en prononçant ainsi, alors que, conformément à l'article 186 du Code de procédure pénale, elle aurait dû déclarer l'appel irrecevable, l'ordonnance entreprise ne présentant pas un caractère complexe, la chambre d'accusation a violé les textes susvisés et le principe ci-dessus énoncé. »

• L'article 186 du Code de procédure pénale ne limite pas le droit d'appel de la partie civile contre une ordonnance de non-lieu aux dispositions de cette ordonnance portant sur les faits qu'elle a elle-même dénoncés.

Crim. 22 févr. 2000, nº 99-83.140, *Bull. crim.*, nº 74.

« Attendu que l'article 186 du Code de procédure pénale ne limite pas le droit d'appel de la partie civile contre une ordonnance de non-lieu aux dispositions de cette ordonnance portant sur les faits qu'elle a elle-même dénoncés;

Attendu qu'il résulte de l'arrêt attaqué et des pièces de la procédure que le 7 février 1995, l'association X... a porté plainte avec constitution de partie civile devant le juge d'instruction, contre Y..., ancien président de l'association, pour abus de confiance, en lui reprochant d'avoir détourné à son préjudice une somme de 5 850 000 francs entre le 6 août 1991 et le 31 décembre 1992; que, par réquisitoires supplétifs des 17 et 25 mars 1995, le ministère public a étendu la saisine du juge d'instruction à d'autres détournements, au préjudice de la même victime, imputés à Y... et à Z..., ce dernier ayant été secrétaire général de l'association; que le juge d'instruction a renvoyé Y... devant le tribunal correctionnel pour les seuls détournements visés dans la plainte avec constitution de partie civile et a prononcé non-lieu des autres chefs; que la partie civile a relevé appel de cette décision;

Attendu que, pour déclarer cet appel irrecevable, la chambre d'accusation énonce que "faute d'avoir étendu sa constitution de partie civile aux faits nouveaux, elle n'avait pas qualité pour relever appel de décisions de non-lieu intervenues sur lesdits faits";

Mais attendu qu'en prononçant ainsi, la chambre d'accusation a méconnu le texte susvisé et le principe susénoncé. »

232.03 Bibliographie indicative. (V. les références complètes ss nº 03.)

Actualisables. Rép. pén., Coulon J., « Appel »; Guéry, « Instruction préparatoire » – J.-Cl. pén., Dumont J., « Appel des ordonnances du juge d'instruction »; « Ordonnances de règlement ».

Ouvrages. Hélie F., IV, nº 1626.

232.06 Questions essentielles.

• Le droit d'appel des parties privées, à la différence de celui du ministère public, n'est pas général et est strictement délimité par les articles 186 et 186-1 du Code de procédure pénale. Toutefois, la jurisprudence a dû préciser certains termes utilisés par la loi, et notamment celui des « griefs aux intérêts civils » de la partie civile.

* V. ss nº 232.53.

• La jurisprudence a aussi comblé certains vides en autorisant la personne mise en examen à faire appel dans certains cas particuliers.

* V. ss nº 232.36.

• Les ordonnances complexes, traditionnellement susceptibles d'appel, devraient diminuer.

* V. ss nos 213.24, 232.38 et 232.39.

SECTION 1
DROIT D'APPEL DU MINISTÈRE PUBLIC : DROIT D'APPEL DU PROCUREUR DE LA RÉPUBLIQUE

232.11 Textes. Nous savons déjà que l'article 135 du Code d'instruction criminelle, dans sa rédaction originaire, et l'article 539, ne permettaient au procureur de la République de n'interjeter appel que des seules ordonnances de mise en liberté de l'inculpé et de celles rejetant un déclinatoire de compétence. Mais, dès la mise en vigueur du Code d'instruction criminelle de ce code, la Cour de cassation a proclamé le droit absolu du ministère public d'interjeter appel de toute ordonnance du juge d'instruction, « conformément aux règles générales de l'organisation judiciaire..., pour ne pas laisser la société exposée aux suites d'une déclaration hasardée, qui arrêterait la poursuite d'un crime bien réel... »[1]. Elle a notamment reconnu au ministère public la faculté de former appel des ordonnances refusant la mise en liberté demandée par l'inculpé[2]. Elle a déclaré « qu'en thèse générale, les ordonnances du juge d'instruction ne sont point affranchies du recours par la voie de l'appel »[3], qu'il en est

1. Ch. réun., 29 oct. 1813, *Bull. crim.*, nº 237.
2. Crim. 25 oct. 1811, *Bull. crim.*, nº 145 – Crim. 28 janv. 1813, *Bull. crim.*, nº 13 – Crim. 10 mars 1813, *Bull. crim.*, nº 51 – Crim. 15 juill. 1837, *Bull. crim.*, nº 207.
3. Crim. 4 août 1820, *Bull. crim.*, nº 120.

même ainsi « des actes faits dans l'exercice du pouvoir discrétionnaire »[1].

La loi du 17 juillet 1856, qui a modifié l'article 135, a expressément consacré ce principe; elle porte que le « procureur impérial pourra former opposition, dans tous les cas, aux ordonnances du juge d'instruction », formule maintenue par le décret-loi du 18 novembre 1939. Le Code de procédure pénale s'exprime d'une manière équivalente, dans son article 185 : « le procureur de la République a le droit d'interjeter appel devant la chambre de l'instruction de toute ordonnance du juge d'instruction ».

232.12 Jurisprudence. Le principe est ainsi bien établi que « le ministère public conserve toujours le droit de déférer à la chambre d'accusation ceux des actes du juge d'instruction qui pourraient entraver l'exercice de l'action publique ou compromettre le sort de l'instruction elle-même »[2]. Devant toutes les juridictions répressives, aucune limite ne saurait restreindre ni entraver l'action du ministère public pour la sauvegarde de l'action publique, ou seulement pour l'application de la loi qui préside au fonctionnement de ces juridictions[3]. Par application de l'article 185 du Code de procédure pénale, et des principes généraux, le droit d'appel du procureur de la République, comme du procureur général, s'étend à toutes les ordonnances rendues par le juge d'instruction[4].

Le droit d'appel du procureur de la République ne comporte ni réserves, ni limites, à la condition qu'il s'agisse d'une ordonnance et non d'un « acte isolé d'instruction », tel qu'un interrogatoire[5]. C'est ainsi que le procureur de la République peut faire appel :

- de l'ordonnance de renvoi devant le tribunal correctionnel, alors même que l'action publique a été mise en mouvement par la partie civile[6];

- de l'ordonnance qui opère une restitution, alors même que l'ordonnance est conforme aux réquisitions du ministère public[7]; Il en résulte qu'une chambre d'accusation ne saurait rejeter l'appel, par le procureur général, d'une ordonnance de placement sous contrôle judiciaire, au motif que cette décision n'avait pas été précédée de réquisitions de mise en détention émanant du procureur de la République[8];

- de l'ordonnance par laquelle le juge d'instruction, contrairement aux réquisitions du procureur de la République, a refusé de décerner un mandat d'arrêt ou un mandat de dépôt[9], ou de l'ordonnance de refus de prolongation de la détention[10], ou de placement sous contrôle judiciaire[11];

- de l'ordonnance de soit-communiqué en vue du règlement, alors que le juge d'instruction a refusé de procéder aux actes requis[12].

L'appel interjeté par le ministère public au moyen d'une déclaration faite au greffier du juge d'instruction d'une ordonnance de placement sous contrôle judiciaire est recevable dès lors que ce fonctionnaire a enregistré celle-ci en sa qualité de greffier du tribunal de grande instance[13]. Le « greffe du tribunal », évoqué par l'article 185 du Code de procédure pénale, peut donc être celui de la juridiction d'instruction puisque le greffier est d'abord un greffier de la juridiction avant d'être celui d'un service.

Depuis la loi du 15 juin 2000 le juge d'instruction et le juge des libertés et de la détention qui ne suivent pas les réquisitions du ministère public doivent rendre une ordonnance motivée (C. pr. pén., art. 137-3 et 137-4).

Dans les cas où le juge d'instruction ou le juge des libertés et de la détention ne répondraient pas, passé un délai de dix jours, le ministère public peut saisir directement la chambre de l'instruction (C. pr. pén., art. 82, al. 5, modifié par la loi du 9 mars 2004). La loi du 9 mars 2004 prévoit même la saisine du JLD dans certains cas lorsque le juge d'instruction n'a pas répondu favorablement aux réquisitions du ministère public (C. pr. pén., art. 137-4, al. 2 - V. s[s] n° 143.56).

232.13 Douanes. L'administration des douanes, qui poursuit l'application des sanctions fiscales,

1. Crim. 1er août 1822, *Bull. crim.*, n° 104.
2. HÉLIE F., IV, n° 1626.
3. V. en mat. correct. : Crim. 3 oct. 1956, *Bull. crim.*, n° 605 – Crim. 9 mars 1965, *Bull. crim.*, n° 68.
4. Crim. 19 sept. 1990, n° 90-84.140, *Bull. crim.*, n° 319 (v. les attendus s[s] n° 232.02) – Crim. 6 juill. 1993, n° 93-81.996, *Bull. crim.*, n° 241; *JCP* 1993, II, 22115, concl. Perfetti.
5. Crim. 17 déc. 1898, *Bull. crim.*, n° 372 – Crim. 14 avr. 1899, *S.* 1901, 1, 153, note Roux.
6. Crim. 8 juill. 1958, *Bull. crim.*, n° 526; *JCP* 1958, II, 10861, note P. Chambon.
7. Crim. 15 nov. 1956, *Bull. crim.*, n° 753.
8. Crim. 14 oct. 1997, n° 97-84.276, *Bull. crim.*, n° 332; *D.* 1998, IR 2; *JCP* 1998, n° 1099; *Gaz. Pal.* 22-24 févr. 1998, p. 24.
9. Crim. 1er août 1822, *Bull. crim.*, n° 104 – Crim. 25 mars 1954, *Bull. crim.*, n° 123; *JCP* 1954, II, 8133 note P. Chambon – Crim. 22 déc. 1959, *Bull. crim.*, n° 569; *JCP* 1962, II, 12857, note P. Chambon – Crim. 22 févr. 1977, n° 77-90.005, *Bull. crim.*, n° 69; *JCP* 1978, II, 18781, note P. Chambon – Crim. 27 mars 1984, n° 84-90.595, *Bull. crim.*, n° 130.
10. Crim. 12 avr. 1983, n° 83-90.479, *Bull. crim.*, n° 95 – Crim. 5 juill. 1983, n° 83-91.750, *Bull. crim.*, n° 216 – Crim. 6 juill. 1993, n° 93-81.996, *Bull. crim.*, n° 241.
11. Crim. 19 sept. 1990, n° 90-84.140, *Bull. crim.*, n° 319.
12. CA Aix-en-Provence, ch. acc., 1er févr. 1978, *JCP* 1979, II, 19121, note P. Chambon.
13. Crim. 20 mai 2008, n° 08-81.582, *Bull. crim.*, n° 126; *JCP* 2008, II, 10142, note P. Lemoine; *JCP* 2008, IV, 2197.

agit à titre principal et non en qualité de partie civile, en vertu de l'article 343 du Code des douanes. Le ministère public peut poursuivre la même action, accessoirement à l'action publique. L'ordonnance qui met en liberté un inculpé résidant à l'étranger, du chef de contrebande, sans exiger le cautionnement prévu par l'article 364 du même code [aujourd'hui abrogé], peut être frappée d'appel par l'administration des douanes, et en l'absence de celle-ci, par le procureur de la République, mais l'un comme l'autre de ces appels doit intervenir dans le délai de cinq jours imparti au ministère public par l'article 185 du Code de procédure pénale[1].

En vertu du texte précité, les agents des douanes exercent une action publique particulière; ils peuvent faire appel et se pourvoir sans restriction, et peuvent intervenir en justice sans mandat spécial[2] (v. s^s n° 233.13). Il n'en va différemment qu'en matière de détention provisoire et de contrôle judiciaire[3].

232.14 Droit d'appel du ministère public et indépendance du juge d'instruction. La confrontation des articles 81, 82 et 185 du Code de procédure pénale fait naître un conflit aigu. D'une part, le juge d'instruction conduit son information avec une totale indépendance et « apprécie l'utilité des mesures d'instruction sollicitées » (C. pr. pén., art. 81)[4].

D'un autre côté, le procureur de la République, pour le bien de l'action publique, a un droit général et absolu d'appel de toute ordonnance du juge d'instruction (C. pr. pén., art. 185)[5]. Or, selon l'article 82, le procureur de la République peut requérir tous actes lui paraissant utiles à la manifestation de la vérité et le juge d'instruction qui refuse d'y procéder doit rendre dans les cinq jours une ordonnance motivée. Faut-il conclure de là que le parquet peut élever un conflit contentieux à propos des actes isolés d'instruction, par ses réquisitions et son appel ? La réponse affirmative à cette question ne fait pas de doute, en présence de la généralité des termes de l'article 82, et le différend sera réglé par la chambre de l'instruction.

Mais un contrôle trop étroit du procureur de la République sur les détails de l'information aboutirait à une immixtion dans les fonctions d'instruction, qui ne sont pas les siennes. Faustin Hélie[6] observait déjà : « Le juge d'instruction a la direction de la procédure; c'est à lui que la loi a délégué la fonction d'instruire le procès. [...] Tenu de se conformer strictement au réquisitoire, asservi à la marche que cet acte lui dicterait, toute sa fonction se bornerait à exécuter les injonctions du ministère public; il attendrait ses réquisitions et les suivrait strictement. Mais alors pourquoi la loi aurait-elle séparé le droit de la poursuite et le droit d'instruction ? »

SECTION 2
DROIT D'APPEL DU MINISTÈRE PUBLIC : APPEL DU PROCUREUR GÉNÉRAL

232.21 Droit d'appel. Le Code d'instruction criminelle n'accordait pas au procureur général la faculté d'appeler des ordonnances rendues par la chambre du conseil, et la Cour de cassation a hésité sur la solution à adopter. Elle lui a d'abord refusé cette faculté non prévue par la loi[7]. Puis, elle lui a reconnu ce droit, le procureur général ayant le pouvoir de faire tous les actes attribués à ses substituts. Elle est enfin revenue à sa solution première[8].

La loi du 17 juillet 1856, qui supprimait la chambre du conseil a, par l'addition d'un alinéa 9 à l'article 135, attribué au procureur général le droit d'appel dans tous les cas, dans le délai de dix jours, afin qu'il puisse réparer les erreurs commises dans l'éloignement de sa surveillance. L'article 185 alinéa 3 du Code de procédure pénale a maintenu cette faculté sans changement.

Le droit d'appel du procureur général est absolu et lui est personnel, et ne peut être compromis ou entravé par les actes de ses substituts[9]. Mais le procureur général ne peut se pourvoir en cassation contre une ordonnance qui n'a pas été frappée d'appel[10]. Le droit d'appel du procureur général dans le délai de dix jours ne peut être paralysé que par la décision sur le fond rendue par la juridiction du jugement[11], à moins qu'il ne s'agisse d'une dis-

1. Crim. 5 janv. 1967, 2 esp., *Bull. crim.*, n°s 9 et 10 – Crim. 4 juill. 1973, n° 72-91.185, *Bull. crim.*, n° 316 – Crim. 16 janv. 1976, n° 74-93.384, *Bull. crim.*, n° 15 – Crim. 19 févr. 1990, n° 89-82.926, *Bull. crim.*, n° 81 – CA Douai, ch. acc., 16 févr. 1976, *JCP* 1977, II, 18614, note P. Chambon.
2. Crim. 6 mai 1980, n° 79-91.634, *Bull. crim.*, n° 137 – Crim. 12 janv. 1981, n° 80-90.293, *Bull. crim.*, n° 12.
3. Crim. 7 oct. 2003, n° 03-84.349, *Bull. crim.*, n° 182; *JCP* 2003, IV, 2920.
4. Crim. 14 déc. 1950, *Bull. crim.*, n° 288.
5. V. Crim. 21 mai 1979, n° 78-92.205, *Bull. crim.*, n° 178.
6. HÉLIE F., IV, n°s 1612, 1616.
7. Crim. 13 sept. 1811, *JP*, t. IX, p. 636 – Crim. 27 févr. 1812, *DP* 12, 1, 586 – Crim. 19 mars 1812, *Bull. crim.*, n° 63.
8. Crim. 6 mars 1818, *Bull. crim.*, n° 39 – Crim. 13 sept. 1849, *Bull. crim.*, n° 240.
9. Crim. 25 mai 1895, *D.* 1899, 1, 409 – Crim. 19 sept. 1990, n° 90-84.140, *Bull. crim.*, n° 319.
10. Crim. 2 avr. 1898, *Bull. crim.*, n° 146.
11. Crim. 20 sept. 1860, *Bull. crim.*, n° 218 – Crim. 11 févr. 1881, *Bull. crim.*, n° 40.

position de l'ordonnance du juge d'instruction autre que celle portant renvoi[1]. Le procureur général peut aussi faire appel des ordonnances rendues par le juge des libertés et de la détention (C. pr. pén., art. 185, al. 4).

Par un arrêt du 17 septembre 2008[2], la chambre criminelle a proclamé le défaut de conformité de l'article 505 du Code de procédure pénale à l'article 6, § 1, de la Convention européenne des droits de l'Homme, le délai d'appel plus long accordé au procureur général rompant l'égalité des armes entre les parties. Elle contredisait ainsi sa jurisprudence habituelle[3] et s'alignait sur la jurisprudence européenne[4].

SECTION 3

DROIT D'APPEL DE LA PERSONNE MISE EN EXAMEN : ORDONNANCES DONT ELLE PEUT INTERJETER APPEL

232.31 Le droit d'appel de la personne mise en examen, d'abord presque inexistant, a constamment été élargi. Mais ce droit conserve son caractère exceptionnel, et cette personne ne peut en user que dans les cas prévus par la loi selon une énumération strictement limitative, sous les réserves ci-après. Le Code d'instruction criminelle lui permettait seulement de faire appel de l'ordonnance qui avait rejeté son exception d'incompétence. La loi du 17 juillet 1856 a ajouté la faculté d'appeler de l'ordonnance rejetant sa demande de mise en liberté, régime maintenu par le décret-loi du 18 novembre 1939.

Aux termes de l'article 186 alinéas 1er et 3 du Code de procédure pénale, plusieurs fois modifié dans le sens de l'extension, la personne mise en examen peut aujourd'hui appeler des ordonnances rendues dans le cas des articles 80-1-1, 87, 139, 140, 137-3, 145-1, 145-2, 148, 167 alinéa 4, 179 alinéa 3, 181 du Code de procédure pénale; c'est-à-dire des ordonnances sur le refus par le juge d'instruction d'attribuer le statut de témoin assisté à une personne mise en examen, la recevabilité de constitution de partie civile, de placement sous contrôle judiciaire ou de sa modification ou de rejet de sa mainlevée, ou de placement en détention provisoire ou de sa prolongation, de rejet d'une demande de mise en liberté, ou de maintien en détention provisoire ou sous contrôle judiciaire lors du règlement, ordonnance de mise en accusation, auxquelles s'ajoutent celles sur la compétence (C. pr. pén., art. 186, al. 3). L'article 186 ne prévoit l'appel de l'ordonnance de mise en accusation que lorsqu'elle renvoie devant la cour d'assises des majeurs ou la cour d'assises des mineurs. Est irrecevable l'appel interjeté par un mineur devant la chambre de l'instruction à l'encontre d'une ordonnance le renvoyant devant le tribunal pour enfants pour crime[5].

Aux termes de l'article 186-1 alinéa 1er la personne mise en examen peut encore faire appel des ordonnances de rejet d'une demande d'acte (C. pr. pén., art. 82-1), d'une ordonnance refusant de constater la prescription de l'action publique (C. pr. pén., art. 82-3), d'une demande d'expertise (C. pr. pén., art. 156). La loi du 5 mars 2007 a fait passer de l'article 186-1 à l'article 186 le droit de faire appel d'une ordonnance refusant une contre-expertise. Quant au droit nouveau de solliciter du juge qu'il ajoute des questions à une mission d'expertise, ou adjoigne un autre expert à celui qu'il a désigné, le texte de l'article 161-1 dispose que « cette ordonnance ou l'absence d'ordonnance peut être contestée dans un délai de dix jours devant le président de la chambre de l'instruction. Ce dernier statue par décision motivée qui n'est pas susceptible de recours ». Il s'agit en fait d'un appel sur lequel statue le président de la chambre de l'instruction.

232.32 Ordonnances sur la compétence. Aux termes mêmes de l'article 539 du Code d'instruction criminelle, la personne mise en examen ne pouvait interjeter appel de l'ordonnance par laquelle le juge d'instruction avait retenu sa compétence, que si elle avait préalablement contesté celle-ci et proposé un déclinatoire de compétence[6]. L'absence de déclinatoire constituait une fin de non-recevoir qui dispensait la cour d'examiner l'exception au fond[7].

Aujourd'hui, l'existence d'un déclinatoire de compétence préalable n'est plus nécessaire à la recevabilité de l'appel. L'article 186 du Code de procédure pénale, en effet, dans sa rédaction de l'ordonnance du 4 juin 1960, précise que la personne mise en examen peut former appel de l'ordonnance par laquelle le juge a, « d'office ou sur déclinatoire », statué sur sa compétence[8].

1. Crim. 4 avr. 1914, *Bull. crim.*, n° 191.
2. Crim. 17 sept. 2008, n° 08-80.598, *Bull. crim.*, n° 188.
3. Crim. 29 févr. 2000, n° 98-87.642, *Bull. crim.*, n° 86 – Crim. 27 juin 2000, n° 99-87.460, *Bull. crim.*, n° 243.
4. CEDH 3 oct. 2006, n° 63879/00 (déf. 3 janv. 2007), Ben Naceur c/France, *D.* 2007, pan. 979 – CEDH 22 mai 2008, n° 1092/04 (déf. 22 août 2008), Gacon c/France, *RSC* 2008, 635.
5. Crim. 4 juin 2003, n° 03-81.495, *Bull. crim.*, n° 116; *Procédures* 2003, n° 200, note J. Buisson.
6. Crim. 6 févr. 1830, *DP* 30, 1, 128 – Crim. 1er août 1902, *Bull. crim.*, n° 266 – Crim. 7 nov. 1912, *Bull. crim.*, n° 535 – Crim. 2 mai 1924, *Bull. crim.*, n° 184 – Crim. 19 avr. 1951, *Bull. crim.*, n° 107 – Crim. 6 mars 1958, *Bull. crim.*, n° 229.
7. Crim. 3 juill. 1862, *Bull. crim.*, n° 161.
8. Crim. 8 oct. 1979, n° 77-92.297, *Bull. crim.*, n° 272.

Sous le régime antérieur, l'ordonnance par laquelle le juge d'instruction se dessaisissait en faveur de l'un de ses collègues, dans l'intérêt d'une bonne administration de la justice, n'était qu'une mesure d'ordre intérieur, non susceptible d'appel[1], mais il en était autrement si l'ordonnance, inexactement qualifiée de dessaisissement, était en réalité une ordonnance d'incompétence, rendue en faveur d'un collègue qui n'était saisi ni des mêmes faits, ni de faits connexes[2].

L'ordonnance de dessaisissement rendue aujourd'hui dans le cadre de l'article 657 du Code de procédure pénale, par un juge d'instruction au profit de son collègue déjà saisi de la même infraction, est considérée comme une ordonnance sur la compétence susceptible d'appel[3]. Il en va différemment lorsque le juge pour lequel le dessaisissement est prononcé fait partie de la même juridiction[4] (sur le terme de « compétence » v. s^s n° 232.45).

232.33 Détention et mise en liberté. Contrôle judiciaire. À l'origine, la personne mise en examen ne disposait d'aucun droit d'appel en cette matière. Néanmoins, la jurisprudence lui permettait de faire appel de l'ordonnance qui rejetait sa demande de mise en liberté[5]. Depuis la loi du 17 juillet 1856, l'inculpé a toujours bénéficié de cette faculté[6]. L'ordonnance de mise en liberté assortie du contrôle judiciaire est susceptible d'appel de sa part[7]. Il en est de même de l'ordonnance de placement en détention[8], comme de celle de prolongation de la détention[9], ou de maintien en détention lors du règlement[10].

La personne mise en examen peut encore faire appel de l'ordonnance de rejet d'une demande de mainlevée du contrôle judiciaire[11], ou de son maintien lors du règlement[12]. Il peut s'agir d'une demande de mainlevée partielle[13]. La demande de réduction de la caution équivaut à une demande de mainlevée partielle du contrôle judiciaire[14]. Depuis la loi du 4 janvier 1993, l'ordonnance de placement sous contrôle judiciaire est elle-même susceptible d'appel (C. pr. pén., art. 139 visé par art. 186, al. 1er).

232.34 Recevabilité de la constitution de partie civile. Sous la législation antérieure, l'inculpé n'était pas admis à interjeter appel de l'ordonnance qui statuait sur la recevabilité de la constitution d'une partie civile[15]. Ce droit lui a été reconnu par les articles 87 et 186 du Code de procédure pénale[16].

232.35 Expertise. La décision par laquelle le juge d'instruction ordonne une expertise, soit d'office, soit à la demande des parties, en dehors de toute situation contentieuse, n'est pas juridictionnelle, elle ne constitue qu'une simple mesure d'instruction, et n'est pas susceptible d'appel (C. pr. pén., art. 156, al. 1er).

Au contraire, aux termes mêmes des articles 186 et 186-1, l'ordonnance par laquelle le juge d'instruction refuse d'ordonner une expertise (C. pr. pén., art. 156, al. 2), ou rejette une demande de nouvelle expertise (C. pr. pén., art. 167, al. 2), peut être

1. Crim. 16 juill. 1898, *Bull. crim.*, n° 258 – Crim. 11 sept. 1913, *D.* 1918, 1, 28 – Crim. 10 nov. 1954, *Bull. crim.*, n° 330.
2. Crim. 5 janv. 1950, *Bull. crim.*, n° 4.
3. Crim. 20 oct. 1960, *Bull. crim.*, n° 466 – Crim. 5 oct. 1961, *Bull. crim.*, n° 382 – Crim. 26 avr. 1967, *Bull. crim.*, n° 133 – Crim. 9 mai 1968, *Bull. crim.*, n° 149 – Crim. 1er déc. 1976, n° 76-91.393, *Bull. crim.*, n° 348 – Crim. 11 mai 1981, n° 79-94.093, *Bull. crim.*, n° 150 – Crim. 8 févr. 1994, n° 93-84.479, *Bull. crim.*, n° 56 – CA Paris, 2e ch. acc., 4 avr. 1962, *JCP* 1962, II, 12710, note P.-J. Doll – CA Paris, 1re ch. acc., 12 oct. 1966, *JCP* 1966, II, 14887, note P. Chambon.
4. Crim. 16 déc. 1971, n° 71-93.198, *Bull. crim.*, n° 357.
5. Crim. 25 oct. 1811, *Bull. crim.*, n° 145 – Crim. 13 mai 1813, *Bull. crim.*, n° 98 – Crim. 15 juill. 1837, *Bull. crim.*, n° 207.
6. JURISPR. CONSTANTE, par ex. Crim. 15 sept. 1976, n° 76-92.030, *Bull. crim.*, n° 274 – Crim. 21 mars 1978, n° 76-92.030, *Bull. crim.*, n° 107 – Crim. 14 févr. 1984, n° 83-94.843, *Bull. crim.*, n° 55.
7. Crim. 28 avr. 1981, *D.* 1983, IR 75, obs. Roujou de Boubée.
8. Crim. 22 mars 1983, n° 83-90.478, *Bull. crim.*, n° 86; *JCP* 1984, II, 20251, note P. Chambon.
9. Crim. 25 juin 1959, *JCP* 1959, II, 11288, note R. Vouin – Crim. 17 janv. 1963, *JCP* 1963, II, 13102, note P. Chambon – Crim. 28 nov. 1972, n° 72-92.698, *Bull. crim.*, n° 360; *JCP* 1973, II, 17396, note Desmonts – Crim. 21 juill. 1981, n° 81-92.933, *Bull. crim.*, n° 234; *D.* 1983, IR 75, obs. Roujou de Boubée – Crim. 8 nov. 1983, n° 83-91.509, *Bull. crim.*, n° 291.
10. Crim. 2 déc. 1971, n° 71-92.789, *Bull. crim.*, n° 336; *JCP* 1972, II, 17062, note P. Chambon – Crim. 15 juin 1972, n° 72-90.862, *Bull. crim.*, n° 207.
11. Crim. 16 janv. 1975, n° 74-92.873, *Bull. crim.*, n° 21 – Crim. 14 déc. 1976, n° 74-92.873, *Bull. crim.*, n° 362 – Crim. 25 juill. 1983, n° 83-90.410, *Bull. crim.*, n° 225; *D.* 1984, IR 47 – Crim. 16 juill. 1986, n° 86-90.401, n° 86-91.103, 2 esp., *Bull. crim.*, n°s 234 et 235.
12. Crim. 9 mai 1977, n° 76-92.097, *Bull. crim.*, n° 161.
13. Crim. 13 nov. 1985, n° 84-91.855, *Bull. crim.*, n° 351.
14. CA Rouen, ch. acc., 13 oct. 1981, *D.* 1983, IR 240 – Crim. 23 oct. 1984, n° 84-93.847, *Bull. crim.*, n° 313; *D.* 1984, flash 22 nov. – Crim. 24 juin 1986, n° 85-92.891, *Bull. crim.*, n° 221.
15. Crim. 24 août 1911, *D.* 1912, 1, 422 – Crim. 12 déc. 1912, *Bull. crim.*, n° 631 – Crim. 16 juill. 1927, *Bull. crim.*, n° 180 – Crim. 7 avr. 1932, *DH* 1932, p. 317.
16. Crim. 2 nov. 1960, *Bull. crim.*, n° 496 – Crim. 9 nov. 1967, *Bull. crim.*, n° 289 – Crim. 23 juill. 1974, n° 73-93.383, *Bull. crim.*, n° 263 – Crim. 14 déc. 1982, n° 82-90.109, *Bull. crim.*, n° 288.

attaquée par la voie de l'appel par la personne mise en examen[1] (sur la contestation de l'ordonnance refusant d'adjoindre un autre expert ou de poser d'autres questions v. s^s^ n°s 162.93 et 232.31).

232.36 Ordonnance de renvoi en matière correctionnelle. L'article 186-3 créé par la loi dite Perben II du 9 mars 2004 dispose que « la personne mise en examen et la partie civile peuvent interjeter appel des ordonnances de renvoi devant le tribunal correctionnel dans le seul cas où elles estiment que les faits renvoyés devant le tribunal correctionnel constituent un crime qui aurait dû faire l'objet d'une ordonnance de mise en accusation devant la cour d'assises » (v. s^s^ n° 214.58). La loi du 5 mars 2007 prévoit également que l'ordonnance de renvoi peut être contestée par la voie de l'appel lorsque tous les juges désignés ne l'ont pas signée (C. pr. pén., art. 186-3).

232.37 Hypothèses non visées par les articles 186 et 186-1. Nonobstant le caractère exceptionnel du droit d'appel de la personne mise en examen, la Cour de cassation, « par dérogation à l'article 135 du Code d'instruction criminelle », sans autre motif, a admis ce dernier à former appel de l'ordonnance rejetant l'exception d'amnistie[2].

La chambre criminelle, se fondant sur le principe du double degré de juridiction, d'application générale, a également permis à la personne mise en examen d'interjeter appel de l'ordonnance par laquelle le juge d'instruction, en vertu de « l'attribution extraordinaire » que lui donne l'article L. 480-20 du Code de l'urbanisme a ordonné l'interruption des travaux illicitement entrepris[3]. De même, le juge d'instruction qui, sur la base de l'article L. 263-3-1 du Code du travail, après une ordonnance de non-lieu, ordonne toutes mesures utiles pour rétablir l'hygiène et la sécurité du travail, excède ses pouvoirs, et l'inculpé éventuellement, ou toute personne à laquelle cette ordonnance fait grief, même non partie à l'instance, peut en interjeter appel[4]. En matière de stupéfiants, la personne poursuivie peut exercer un recours devant la chambre de l'instruction contre l'ordonnance du juge d'instruction qui a prescrit la fermeture temporaire de l'établissement (C. santé publ., art. L. 3421-3 [anc^t^ art. L. 629-1] - et C. pr. pén., art. 706-33)[5]. Il en est de même en matière de proxénétisme (C. pr. pén., art. 706-36). Il en est encore ainsi des ordonnances maintenant la cessation d'une publicité de nature à induire en erreur (L. n° 73-1193, 27 déc. 1973, art. 44-II, al. 4)[6] ou maintenant la suspension provisoire de la vente de produits ou de prestations de services ne présentant pas la sécurité à laquelle on peut légitimement s'attendre ou portant atteinte à la santé des personnes (L. n° 83-660, 21 juill. 1983, art. 11)[7].

Le mis en examen peut encore appeler de l'ordonnance rejetant l'exception d'illégalité des poursuites en matière d'extradition[8] : en l'absence de dispositions contraires, la personne extradée est recevable à interjeter appel, devant la chambre de l'instruction, de l'ordonnance du juge d'instruction rejetant sa requête en nullité de l'extradition présentée en application de l'article 23 de la loi du 10 mars 1927[9]. Depuis la loi du 9 mars 2004 c'est la chambre de l'instruction elle-même qui est compétente (C. pr. pén., art. 696-36).

Il en est de même dans le cas de rejet de l'exception de violation de l'immunité parlementaire[10].

232.38 Ordonnances complexes. L'ordonnance qui renvoie le prévenu devant le tribunal correctionnel, alors que le juge d'instruction n'a pas statué sur une exception d'incompétence qui lui a été antérieurement présentée, est complexe, et contient une décision implicite de rejet qui ouvre le droit d'appel de l'inculpé, quant à cette disposition[11]. L'ordonnance qui, en même temps, opère le renvoi, et rejette expressément l'exception, est pour partie susceptible d'appel, et doit être signifiée à l'inculpé[12]. Il en est de même de la disposition de l'ordonnance qui rejette une demande de nullité de la constitution de partie civile[13], ou de l'ordonnance de renvoi qui n'a pas statué sur la recevabilité de cette constitution, contestée par

1. En ce qui concerne l'ordonnance refusant une nouvelle expertise : Crim. 13 mars 1968, *Bull. crim.*, n° 88 – CA Paris, 2e ch. acc., 23 mai 1960, *JCP* 1962, II 12691, note P. Chambon – Crim. 10 mai 1973, n° 73-90.372, *Bull. crim.*, n° 217.
2. Crim. 29 mars 1955, *JCP* 1955, II, 8719, note P. Chambon – Crim. 17 mai 1955, *Bull. crim.*, n° 248 – Crim. 9 févr. 1977, n° 75-91.845, *Bull. crim.*, n° 53 – Crim. 10 juin 1982, n° 81-94.315, *Bull. crim.*, n° 156 – En ce sens : CA Lyon, ch. acc., 24 mars 1964, *JCP* 1964, II, 13730, note P. Chambon.
3. Crim. 10 janv. 1980, n° 79-91.729, *Bull. crim.*, n° 18; *D.* 1981, 96, note P. Chambon.
4. Crim. 24 févr. 1981, n° 79-93.193, n° 80-92.759, 2 esp., *Bull. crim.*, n°s 69 et 73; *JCP* 1981, II, 19689, note Jeandidier.
5. Crim. 22 juill. 1986, n° 85-95.999, *Bull. crim.*, n° 242.
6. L. n° 73-1193, 27 déc. 1973, *D.* 1974, 30.
7. L. n° 83-660, 21 juill. 1983, *D.* 1983, 389.
8. Crim. 22 déc. 1969, *Bull. crim.*, n° 355.
9. Crim. 22 mai 2001, n° 00-88.238, *Bull. crim.*, n° 131; *JCP* 2001, p. 1590.
10. Crim. 8 déc. 1983, n° 83-91.681, *Bull. crim.*, n° 334.
11. Crim. 28 mai 1892, *Bull. crim.*, n° 163 – Crim. 7 juill. 1916, *Bull. crim.*, n° 151 – Crim. 18 juin 1959, *Bull. crim.*, n° 321 – Crim. 26 juin 1968, *Bull. crim.*, n° 207.
12. Crim. 7 mai 1952, *Bull. crim.*, n° 119.
13. Crim. 13 juin 1972, n° 72-90.091, *Bull. crim.*, n° 197.

l'inculpé[1]. En matière de fraude fiscale, la qualité de résidant français est un élément constitutif de l'infraction, étranger à la compétence, et son affirmation par le juge d'instruction dans son ordonnance de renvoi ne saurait rendre celle-ci susceptible d'appel[2].

L'ordonnance qui renvoie le prévenu devant le tribunal correctionnel, alors que le juge n'a pas statué sur une précédente demande d'expertise, est également complexe et pour partie susceptible d'appel de sa part[3]. On peut s'interroger toutefois sur la caducité de cette jurisprudence (v. s[s] n° 232.39). Lorsqu'une requête aux fins d'amnistie est présentée en application du dernier alinéa de l'article 9 de la loi du 6 août 2002, par la personne mise en examen au juge d'instruction, ce dernier est tenu de répondre par une décision qui est soumise aux voies de recours ordinaires; l'ordonnance de renvoi, intervenue sans qu'il ait été statué sur une telle demande, comporte un rejet implicite de cette demande, présente un caractère complexe et est susceptible d'appel[4].

232.39 Fin des ordonnances complexes ? Il résulte de l'article 82-1 du Code de procédure pénale que, lorsque le juge d'instruction n'a pas statué dans le délai d'un mois sur une demande d'actes présentée en application de ce texte, la partie a la faculté de saisir directement le président de la chambre de l'instruction dans les conditions prévues par l'article 81 dernier alinéa du même code. Il s'ensuit que la personne mise en examen qui n'a pas usé de cette faculté ne saurait être admise à interjeter appel de l'ordonnance la renvoyant devant le tribunal correctionnel pour contester le rejet implicite de sa demande d'actes, l'ordonnance entreprise ne présentant pas un caractère complexe[5]. On peut en déduire qu'à chaque fois que le Code de procédure pénale permet à une partie d'agir dans le silence du juge d'instruction, ce qui est de plus en plus fréquent, l'ordonnance de règlement n'a plus de caractère complexe. Ce n'est pas pour autant qu'elles disparaissent complètement dès lors qu'il n'est pas prévu de mécanisme de saisine de la chambre de l'instruction en cas d'inaction du juge[6].

SECTION 4

DROIT D'APPEL DE LA PERSONNE MISE EN EXAMEN : ORDONNANCES DONT ELLE NE PEUT INTERJETER APPEL

232.41 Principe. La règle est que la personne mise en examen ne peut interjeter appel des ordonnances qui ne sont pas expressément et limitativement visées par l'article 186 et 186-1 du Code de procédure pénale (C. instr. crim., art. 135). C'est ainsi qu'elle ne peut frapper d'appel :

- l'ordonnance de non-lieu rendue en faveur de l'un de ses co-inculpés[7], ou l'ordonnance de non-lieu, sous le prétexte que des pièces ne lui auraient pas été restituées[8], ou que cette ordonnance est fondée sur l'état de santé mentale de la personne[9];

- l'ordonnance qui autorise une banque à payer certains chèques à la partie civile[10];

- l'ordonnance de saisie[11], ou l'ordonnance qui prescrit la restitution à des tiers[12], ou l'ordonnance qui refuse la restitution[13]. On sait, en effet, qu'en matière de restitution, une procédure particulière sur requête est prévue par l'article 99 du Code de procédure pénale (v. s[s] n° 182.31);

- l'ordonnance de disjonction de certaines pièces de la procédure[14];

- l'ordonnance statuant sur l'irrégularité prétendue de l'extradition[15];

- l'ordonnance autorisant la vente des marchandises saisies, prise en vertu de l'article 389 du Code des douanes[16];

- l'ordonnance qui rejette une exception de prescription[17] mais cette jurisprudence est obsolète depuis l'entrée en vigueur de l'article 82-3 du Code de procédure pénale;

- l'ordonnance prescrivant l'incarcération provisoire, « non susceptible » d'appel (C. pr. pén., art. 145, al. 6)[18] mais susceptible d'un référé-déten-

1. Crim. 14 déc. 1982, n° 82-90.109, *Bull. crim.*, n° 288; *D.* 1983, IR 240 – Ass. plén. 24 mai 1996, n° 95-80.666, *Bull. Ass. plén.*, n° 4; *JCP* 1996, II, 22667, note P. Chambon.
2. Crim. 27 oct. 1986, n° 85-93.845, *Bull. crim.*, n° 307.
3. Crim. 2 mai 1967, *Bull. crim.*, n° 143.
4. Crim. 4 janv. 2005, n° 04-83.199, *Bull. crim.*, n° 4.
5. Crim. 30 nov. 1999, n° 99-80.679, *Bull. crim.*, n° 279; *RSC* 2000, 423, obs. D. Commaret; *Dr. pén.* 2000, comm. 51, obs. Maron (v. les attendus s[s] n° 232.02).
6. V. par ex. Crim. 17 nov. 1999, n° 99-83.596, *Bull. crim.*, n° 264, exposé s[s] n° 234.33.
7. Crim. 3 sept. 1824, *Bull. crim.*, n° 109.
8. Crim. 15 juill. 1965, *Bull. crim.*, n° 176.
9. CA Rouen, ch. acc., 26 janv. 1982, *D.* 1983, IR 240.
10. Crim. 12 juin 1947, *Bull. crim.*, n° 149.
11. Crim. 13 juin 1956, *Bull. crim.*, n° 465.
12. Crim. 14 janv. 1915, *D.* 1919, 1, 72.
13. Crim. 27 oct. 1959, *Bull. crim.*, n° 450; *JCP* 1959, II, 11375, note P. Chambon.
14. Crim. 16 nov. 1967, *Bull. crim.*, n° 292.
15. Crim. 31 août 1905, *Bull. crim.*, n° 430.
16. Crim. 16 janv. 1976, n° 74-93.384, *Bull. crim.*, n° 15.
17. Crim. 8 oct. 1979, n° 77-92.297, *Bull. crim.*, n° 272 – Crim. 19 janv. 1999, n° 98-82.420, *Bull. crim.*, n° 8.
18. Crim. 19 janv. 1987, n° 86-95.913, *Bull. crim.*, n° 24.

tion, et donc d'un appel lorsque c'est le JLD qui décide d'initiative de l'incarcération (dispositions de la loi du 5 mars 2007, v. s[s] n° 143.66);

- l'ordonnance qui dispense la partie civile de consignation [1].

232.42 Par ailleurs, les règles traditionnelles gouvernant le principe d'intérêt à agir doivent être respectées. Ainsi l'appel formé par la personne mise en examen, d'une ordonnance de refus d'acte, pour laquelle elle n'était pas demanderesse, est irrecevable, dès lors que cet acte n'a pas pu porter grief à ses intérêts. Le fait que l'ordonnance dont appel a été portée à sa connaissance ne pouvait lui conférer un droit que les articles 186 et 186-1 du Code de procédure pénale ne lui accordent pas [2].

232.43 Ordonnance de renvoi. La personne mise en examen est irrecevable à interjeter appel de toute ordonnance opérant son renvoi devant la juridiction de jugement et notamment de l'ordonnance de renvoi devant le tribunal correctionnel [3], ou devant le tribunal de police [4]. Depuis l'entrée en vigueur de la loi du 15 juin 2000 et la suppression du double degré de juridiction obligatoire en matière criminelle, la personne mise en examen peut former appel de l'ordonnance de mise en accusation devant la cour d'assises (C. pr. pén., art. 186). Dans ce cas, la chambre de l'instruction statue dans les quatre mois de l'ordonnance, faute de quoi, si la personne est détenue, elle est mise d'office en liberté (C. pr. pén., art. 186-2).

Depuis la loi du 9 mars 2004 la personne mise en examen et la partie civile peuvent interjeter appel des ordonnances prévues par le premier alinéa de l'article 179 dans le seul cas où elles estiment que les faits renvoyés devant le tribunal correctionnel constituent un crime qui aurait dû faire l'objet d'une ordonnance de mise en accusation devant la cour d'assises (C. pr. pén., art. 186-3). Selon l'article 469 : « Lorsqu'il est saisi par le renvoi ordonné par le juge d'instruction ou la chambre de l'instruction, le tribunal correctionnel ne peut pas faire application, d'office ou à la demande des parties, des dispositions du premier alinéa, si la victime était constituée partie civile et assistée d'un avocat lorsque ce renvoi a été ordonné. Toutefois, le tribunal correctionnel, saisi de poursuites exercées pour un délit non intentionnel conserve la possibilité de renvoyer le ministère public à mieux se pourvoir s'il résulte des débats que les faits sont de nature à entraîner une peine criminelle parce qu'ils ont été commis de façon intentionnelle. » Les dispositions de l'article 469 alinéa 4 du Code de procédure pénale, dont il résulte que le juge correctionnel saisi par une ordonnance de renvoi du juge d'instruction ne peut se déclarer incompétent, ne sont applicables que si la victime des faits poursuivis est constituée partie civile, assistée d'un avocat lorsque ce renvoi est ordonné. Peu importe que la victime directe n'ait pas interjeté appel de l'ordonnance de renvoi devant le tribunal correctionnel dès lors que des proches de cette victime se constituent seulement à l'audience et invoquent l'incompétence de la juridiction saisie [5] (sur un nouveau cas d'ouverture d'appel par la personne mise en examen, v. s[s] n° 233.53).

232.44 Nullités. Antérieurement, seuls le juge d'instruction et le procureur de la République pouvaient saisir la chambre d'accusation en vu de l'annulation de certains actes. Il était en conséquence jugé que la personne poursuivie ne pouvait interjeter appel de l'ordonnance qui rejetait sa demande de saisir la chambre d'accusation à cette fin [6], ou de l'ordonnance par laquelle le juge d'instruction refuse d'annuler lui-même certains actes de l'information [7]. Sur ce plan, la situation est peu différente aujourd'hui. Sans doute, la partie poursuivie peut-elle, comme la partie civile, formuler elle-même une requête en annulation, mais elle doit en saisir non pas le juge d'instruction, mais la chambre de l'instruction (C. pr. pén., art. 173, al. 3 - V. s[s] n°s 203.14 et 203.21).

232.45 Ordonnances sur la compétence. Ces ordonnances sont celles par lesquelles le juge d'instruction statue sur sa compétence en raison du lieu, en raison de la nature de l'infraction ou en raison de la qualité du prévenu, soit qu'il l'affirme, soit qu'il la dénie. Mais la notion de compétence peut

1. Crim. 3 avr. 1990, n° 89-83.975, *Bull. crim.*, n° 143.
2. CA Rouen, ch. acc., 15 oct. 1997, *BICC* 473, n° 663.
3. Crim. 30 déc. 1813, *DP* 1913, 1, 512 – Crim. 4 juill. 1873, *D.* 1873, 1, 387 – Crim. 29 nov. 1900, *Bull. crim.*, n° 352 – Crim. 10 août 1906, *D.* 1909, 1, 23 – Crim. 18 mars 1937, *Bull. crim.*, n° 55 – Crim. 22 déc. 1953, *Bull. crim.*, n° 352 – Crim. 15 mars 1966, *Bull. crim.*, n° 100 – Crim. 10 mai 1966, *Bull. crim.*, n° 140 – Crim. 17 juin 1975, n° 75-91.336, *Bull. crim.*, n° 155 – Crim. 25 juin 1979, n° 78-91.443, *Bull. crim.*, n° 222 – Crim. 11 juin 1991, n° 91-81.870, n° 91-82.283, *Bull. crim.*, n° 249 – CA Paris, 1re ch. acc., 5 déc. 1967, *JCP* 1967, II, 15492, note P. Chambon.
4. Crim. 27 oct. 1992, n° 92-81.041, *Bull. crim.*, n° 342.
5. Crim. 27 mars 2008, n° 07-85.076, *Bull. crim.*, n° 84; *AJ pénal* 2008, 288, obs. G. Roussel.
6. Crim. 5 mai 1960, *Bull. crim.*, n° 243 – Crim. 6 nov. 1979, n° 79-93.767, *Bull. crim.*, n° 304.
7. Crim. 17 nov. 1900, *D.* 1901, 1, 253 – Crim. 24 nov. 1937, *Bull. crim.*, n° 214 – Crim. 16 nov. 1950, *JCP* 1951, II, 6033, note Brouchot – Crim. 15 nov. 1962, *JCP* 1963, II, 13124, note P. Chambon – Crim. 26 janv. 1971, n° 70-91.530, *Bull. crim.*, n° 23 – Crim. 11 oct. 1988, n° 88-83.605, *Bull. crim.*, n° 343.

recevoir une acception plus ou moins large, et sur ce point la jurisprudence a varié[1].

Elle est revenue depuis à une conception plus exacte, et a déclaré irrecevable l'appel par la personne poursuivie de toute ordonnance étrangère à la compétence *ratione loci, materiae* ou *personae*. Ainsi en est-il de :

- l'ordonnance qui rejette les conclusions tendant à faire dire que les faits ne constituent ni crime, ni délit[2], ou qui tendent à faire décider qu'il ne résulte de l'instruction aucune charge[3];

- l'ordonnance qui rejette l'exception d'illégalité des textes, base de la poursuite[4], ou l'exception dite d'incompétence, qui n'est en réalité qu'une demande de renvoi pour cause de suspicion légitime[5];

- l'ordonnance refusant implicitement le dessaisissement d'un juge d'instruction à un autre du même tribunal[6];

- l'ordonnance qui rejette les conclusions de l'inculpé tendant à faire déclarer l'irrecevabilité de l'action publique, fondée sur la chose jugée[7].

232.46 Appel de la personne faisant l'objet d'un mandat d'arrêt. La Cour de cassation ne pose plus de condition à l'exercice du droit d'appel pour celui qui fait l'objet d'un mandat d'arrêt : méconnaît le sens et la portée de l'article 502 du Code de procédure pénale l'arrêt qui, pour déclarer irrecevable l'appel formé par un avocat au nom d'un prévenu, contre lequel le tribunal correctionnel avait décerné un mandat d'arrêt, énonce que ce dernier, qui ne s'est pas soumis à un mandat de justice, n'est pas en droit de se faire représenter pour exercer la voie de recours[8]. Il en est de même en ce qui concerne le pourvoi en cassation : « En l'absence de dispositions expresses de la loi dérogeant, en cas de délivrance d'un mandat de justice, à l'application des conditions de forme prévues par l'article 576 du Code de procédure pénale, le pourvoi est recevable.[9] »

1. *JCP* 1944, I, 426 – Crim. 12 juin 1947, *JCP* 1947, II, 3996, note Brouchot.
2. Crim. 23 mars 1933, *DH* 1933, p. 254 – Crim. 2 mars 1954, *Bull. crim.*, n° 93 – Crim. 24 juill. 1957, *Bull. crim.*, n° 572 – Crim. 10 janv. 1979, n° 77-92.917, *Bull. crim.*, n° 18 – Crim. 27 oct. 1986, n° 85-93.845, *Bull. crim.*, n° 307.
3. Crim. 21 déc. 1937, *Bull. crim.*, n° 234; *DH* 1938, p. 149.
4. Crim. 6 juill. 1961, *Bull. crim.*, n° 238 – Crim. 24 mai 1967, *Bull. crim.*, n° 163 – CA Paris, ch. acc., 26 mai 1953, *JCP* 1953, II, 7690, note Boitard.
5. Crim. 22 déc. 1953, *Bull. crim.*, n° 352.
6. Crim. 16 déc. 1971, n° 71-93.198, *Bull. crim.*, n° 357.
7. Crim. 26 juin 1947, *JCP* 1947, II, 3747, note Brouchot.
8. Crim. 24 nov. 1999, n° 97-85.694, *Bull. crim.*, n° 273; *BICC* 508, n° 143.
9. Crim. 30 juin 1999, n° 98-80.923, *Bull. crim.*, n° 167; *RSC* 1999, 839.

SECTION 5

DROIT D'APPEL DE LA PARTIE CIVILE : ORDONNANCES DONT LA PARTIE CIVILE PEUT INTERJETER APPEL

232.51 Textes. L'article 135 du Code d'instruction criminelle accordait à la partie civile le droit « de s'opposer à l'élargissement des prévenus » résultant d'une ordonnance de règlement rendue dans le cas des articles 128, 129 et 131. La loi du 17 juillet 1856 a ajouté l'ordonnance accueillant la demande de mise en liberté, les ordonnances sur la compétence, et « toute ordonnance faisant grief à ses intérêts civils ». Le décret-loi du 18 novembre 1939 a indiqué que l'ordonnance prononçant la mise en liberté sera provisoirement exécutée, nonobstant l'appel de la partie civile.

L'article 186 du Code de procédure pénale porte que la partie civile peut interjeter appel des ordonnances de non-informer, de non-lieu et de celles faisant grief à ses intérêts civils, et aussi des ordonnances sur la compétence, de même que de celles rendues en matière d'expertise, dans le cas des articles 156 alinéa 2 et 167 alinéa 4. Son appel ne peut en aucun cas porter sur une ordonnance relative à la détention de la personne ou, depuis la loi du 17 juillet 1970, au contrôle judiciaire.

La loi du 4 janvier 1993 a ajouté, comme susceptibles d'appel, les ordonnances prévues par les articles 81 alinéas 9 et 82-1 et la loi du 15 juin 2000 l'ordonnance prévue à l'article 82-3.

L'article 186-3 dispose que la personne mise en examen et la partie civile peuvent interjeter appel des ordonnances prévues par le premier alinéa de l'article 179 dans le seul cas où elles estiment que les faits renvoyés devant le tribunal correctionnel constituent un crime qui aurait dû faire l'objet d'une ordonnance de mise en accusation devant la cour d'assises. Selon l'article 469 : « Lorsqu'il est saisi par le renvoi ordonné par le juge d'instruction ou la chambre de l'instruction, le tribunal correctionnel ne peut pas faire application, d'office ou à la demande des parties, des dispositions du premier alinéa, si la victime était constituée partie civile et assistée d'un avocat lorsque ce renvoi a été ordonné. Toutefois, le tribunal correctionnel, saisi de poursuites exercées pour un délit non intentionnel conserve la possibilité de renvoyer le ministère public à mieux se pourvoir s'il résulte des débats que les faits sont de nature à entraîner une peine criminelle parce qu'ils ont été commis de façon intentionnelle. » La partie civile peut aussi faire appel de l'ordonnance de renvoi qui n'est pas signée par tous les juges saisis (C. pr. pén., art. 186-3, L. n° 2007-291, 5 mars 2007).

232.52 Ordonnances de non-lieu. La partie civile peut interjeter appel de l'ordonnance de non-lieu (C. pr. pén., art. 186)[1]. C'est de loin le cas d'appel par la partie civile le plus fréquent. Peu importe que le non-lieu concerne tous les inculpés, ou seulement quelques-uns[2], ou que la partie civile soit seulement intervenue dans l'information ouverte par le ministère public, en l'espèce du chef d'une contravention[3]. La chambre d'accusation doit vérifier la recevabilité de l'action civile, si elle en est requise[4].

Par une exception remarquable aux principes généraux, le seul appel de la partie civile de l'ordonnance de non-lieu, laquelle éteint l'action publique, sauvegarde et fait revivre, non seulement l'action civile, mais également l'action publique[5]. En effet, les juridictions d'instruction étant incompétentes pour statuer au fond sur l'action civile, l'appel de la partie civile ne peut avoir pour objet que le renvoi du prévenu devant la juridiction du jugement.

C'est la raison pour laquelle le prévenu peut se pourvoir contre l'arrêt qui, sur le seul appel de la partie civile de l'ordonnance de non-lieu, l'a renvoyé devant le tribunal correctionnel, celui-ci étant irrévocablement saisi de l'action publique (C. pr. pén., art. 574)[6]. L'article 186 du Code de procédure pénale ne limite pas le droit d'appel de la partie civile contre une ordonnance de non-lieu aux dispositions de cette ordonnance portant sur les faits qu'elle a elle-même dénoncée. Lorsqu'au cours d'une information ouverte sur plainte avec constitution de partie civile, le juge d'instruction est saisi de faits nouveaux par réquisitions supplétives du ministère public, la partie civile est recevable à interjeter appel des dispositions de l'ordonnance de non-lieu portant sur ces faits, bien qu'elle n'ait pas déposé une plainte additionnelle étendant sa constitution. Il suffit que les dispositions de cette ordonnance fassent grief à ses intérêts civils[7].

1. Crim. 17 août 1878, *Bull. crim.*, n° 191 – Crim. 6 juin 1977, n° 75-92.200, *Bull. crim.*, n° 204 – Crim. 21 déc. 1982, n° 82-91.464, *Bull. crim.*, n° 299 – Crim. 13 janv. 1988, n° 86-95.348, *Bull. crim.*, n° 18 – Crim. 19 janv. 1993, n° 92-82.041, *Bull. crim.*, n° 24.
2. Crim. 24 mars 1960, *Bull. crim.*, n° 170.
3. Crim. 28 oct. 1974, n° 74-91.732, *Bull. crim.*, n° 304.
4. Crim. 6 nov. 1968, *Bull. crim.*, n° 283.
5. Crim. 10 mars 1827, *JP*, t. XXI, p. 238 – Crim. 19 oct. 1982, n° 81-93.636, *Bull. crim.*, n° 222 – Crim. 12 oct. 1987, n° 86-96.089, *Bull. crim.*, n° 345.
6. Crim. 12 févr. 1969, *Bull. crim.*, n° 69 – Crim. 3 mai 1979, n° 78-93.645, *Bull. crim.*, n° 156 – Crim. 14 févr. 1984, n° 83-90.195, *Bull. crim.*, n° 55; *D.* 1984, IR 350, obs. J.-M. R. – Crim. 22 févr. 1988, n° 86-95.630, *Bull. crim.*, n° 84 – Crim. 14 juin 1988, n° 87-84.751, *Bull. crim.*, n° 269.
7. Crim. 22 févr. 2000, n° 99-83.140, *Bull. crim.*, n° 74 (v. les attendus s^s n° 232.02).

232.53 Autres ordonnances. La partie civile peut encore attaquer par la voie d'appel :

- l'ordonnance de refus d'informer sur sa plainte avec constitution de partie civile[8];

- l'ordonnance qui fixe la consignation qu'elle doit verser[9];

- l'ordonnance qui déclare irrecevable sa constitution de partie civile (C. pr. pén., art. 87)[10];

- l'ordonnance qui rejette une demande d'actes (C. pr. pén., art. 82-1), l'ordonnance qui rejette une demande d'expertise ou de contre-expertise (C. pr. pén., art. 156 et 167), ou statuant sur la prescription (C. pr. pén., art. 82-3).

La partie civile peut aussi interjeter appel des ordonnances « qui font grief à ses intérêts civils ». Il en est ainsi de l'ordonnance qui admet l'intervention d'une autre partie civile[11], de l'ordonnance qui déclare les faits amnistiés[12], de l'ordonnance de renvoi devant le tribunal correctionnel, qui a omis de statuer sur certains chefs de poursuite visés dans la plainte[13] (v. toutefois s^s n° 232.39). Elle peut « contester » devant le président de la chambre de l'instruction l'ordonnance du juge d'instruction, ou son absence, après qu'elle ait sollicité l'adjonction d'un expert ou des questions complémentaires (C. pr. pén., art. 161-1).

- l'ordonnance d'irresponsabilité pénale pour trouble mental. L'article 706-128 du Code de procédure pénale dispose en effet que les articles 706-122 à 706-127 sont applicables devant la chambre de l'instruction en cas d'appel d'une ordonnance d'irresponsabilité pénale pour cause de trouble mental ou en cas d'appel d'une ordonnance de renvoi lorsque cet appel est formé par une personne mise en examen qui invoque l'application du premier alinéa de l'article 122-1 du Code pénal. Il

8. Crim. 8 déc. 1906, *D.* 1907, 1, 207 – Crim. 9 janv. 1930, *DH* 1930, 84 – Crim. 23 mars 1954, *Bull. crim.*, n° 114 – Crim. 23 juill. 1962, *JCP* 1962, II, 12913, note P. Chambon – Crim. 18 nov. 1964, *Bull. crim.*, n° 303 – Crim. 18 mai 1971, n° 70-92.905, *Bull. crim.*, n° 160 – Crim. 7 déc. 1976, n° 76-90.634, *Bull. crim.*, n° 350 – Crim. 3 juin 1980, n° 79-93.588, *Bull. crim.*, n° 170.
9. Crim. 19 juill. 1994, n° 94-80.236, *Bull. crim.*, n° 283.
10. Crim. 24 août 1911, *D.* 1912, 1, 422 – Crim. 7 avr. 1932, *DH* 1932, 317 – Crim. 28 mai 1968, *Bull. crim.*, n° 176 – Crim. 12 janv. 1982, n° 81-92.110, *Bull. crim.*, n° 11 – Crim. 18 déc. 1984, n° 84-90.062, *Bull. crim.*, n° 407 – Crim. 6 avr. 1993, n° 92-84.778, *Bull. crim.*, n° 147.
11. Crim. 16 mai 1930, *Bull. crim.*, n° 150 – Crim. 4 mars 1932, *DP* 1933, 1, 127.
12. Crim. 4 oct. 1956, *Bull. crim.*, n° 610.
13. Crim. 23 déc. 1969, *Bull. crim.*, n° 362; *D.* 1970, 282, note J.-M. R. – Crim. 25 avr. 1979, n° 77-93.221, *Bull. crim.*, n° 144 – Crim. 7 mars 1989, n° 88-85.384, *Bull. crim.*, n° 110 – Crim. 23 nov. 1993, n° 92-85.652, *Bull. crim.*, n° 349 – Crim. 13 juin 1995, n° 93-81.921, *Bull. crim.*, n° 215; *JCP* 1995, IV, 2337.

semble donc que l'appel par la personne mise en examen d'une ordonnance de renvoi devant le tribunal correctionnel trouve ici une autre application, sans que l'article 186-3 ait pour autant été modifié.

SECTION 6
DROIT D'APPEL DE LA PARTIE CIVILE : ORDONNANCES DONT LA PARTIE CIVILE NE PEUT INTERJETER APPEL

232.61 **Ordonnances de renvoi.** Sous le régime du Code d'instruction criminelle et du décret-loi du 18 novembre 1939, la partie civile ne pouvait interjeter appel de l'ordonnance de renvoi devant le tribunal correctionnel, lorsqu'il n'était pas statué par cette ordonnance sur la mise en liberté de l'inculpé, soit que ce dernier n'ait pas été arrêté, soit qu'il demeure détenu[1].

L'ordonnance de renvoi devant le tribunal correctionnel n'est plus visée par l'article 186 du Code de procédure pénale, or les cas prévus par l'article 186-3 (v. s[s] n° 232.51). Cette ordonnance, en effet, qui est purement indicative de juridiction, et qui laisse intacts les droits de la partie civile devant la juridiction de jugement, ne fait pas grief à ses intérêts civils[2].

La partie civile ne peut pas non plus faire appel de l'ordonnance de mise en accusation : dès lors que ses droits demeurent entiers devant la juridiction de jugement, l'article 186 du Code de procédure pénale, qui ne lui attribue pas, comme à la personne mise en examen, le droit d'interjeter appel de l'ordonnance de mise en accusation, n'est pas incompatible avec le principe du procès équitable[3]. La partie civile ne peut pas non plus interjeter appel de l'ordonnance de soit communiqué[4].

232.62 **Détention.** L'appel de la partie civile ne peut, « en aucun cas, porter sur une ordonnance ou sur la disposition d'une ordonnance relative à la détention de la personne mise en examen où au contrôle judiciaire » (C. pr. pén., art. 186)[5]. Mais la partie civile, selon les dispositions des articles 197, 198 et 199 du Code de procédure pénale, n'en conserve pas moins la faculté de participer aux débats devant la chambre de l'instruction, sur l'appel d'une autre partie en matière de détention, d'y intervenir et de déposer un mémoire[6].

232.63 **Autres ordonnances.** La partie civile ne peut attaquer par la voie de l'appel l'ordonnance qui prescrit un complément d'expertise, qui a pour objet la manifestation de la vérité, et qui ne lui cause aucun préjudice[7], solution toujours valable, seule l'ordonnance qui refuse un complément d'expertise étant susceptible d'appel (C. pr. pén., art. 167, al. 2). Elle ne peut non plus interjeter appel d'une ordonnance de disjonction, simple acte d'administration[8].

La chambre d'accusation qui déclare irrecevable l'appel de la partie civile de l'ordonnance qui nomme un administrateur séquestre, doit donner les motifs de sa décision et dire en quoi cette ordonnance ne fait pas grief à ses intérêts civils[9] (v. aussi s[s] n°s 241.13 et 241.32).

SECTION 7
DROIT D'APPEL DE LA PARTIE CIVILE : EFFETS DE L'APPEL DE LA PARTIE CIVILE

232.71 **Mécanisme de l'article 202 du Code de procédure pénale.** Lorsqu'une personne mise en examen a fait l'objet d'une ordonnance de non-lieu portant sur l'ensemble de la poursuite et que la partie civile, constituée en ce qui concerne une des infractions poursuivies, a fait appel de cette ordonnance en ses seules dispositions relatives à cette infraction, la chambre de l'instruction tient de l'article 202 du Code de procédure pénale le pouvoir de statuer, à l'égard de la personne mise en examen, ainsi renvoyée devant elle, sur toutes les infractions résultant de la procédure, et notamment sur celles qui en avaient été distraites dans l'ordonnance de renvoi[10] (v. s[s] n°s 242.31 s.).

1. Crim. 6 janv. 1910, *Bull. crim.*, n° 4 – Crim. 5 févr. 1931, *Bull. crim.*, n° 31 – Crim. 18 mai 1954, *Bull. crim.*, n° 184 – Crim. 25 mai 1956, *Bull. crim.*, n° 385.
2. Crim. 1er déc. 1964, *Bull. crim.*, n° 318.
3. Crim. 6 avr. 2004, n° 04-80.579, *Bull. crim.*, n° 87; *D.* 2004, IR 1708; *JCP* 2004, IV, 2217.
4. Crim. 5 août 1932, *Bull. crim.*, n° 199; *DH* 1932, p. 478.
5. CA Paris, ch. acc., 22 nov. 1972, *JCP* 1973, II, 17295, note Desmonts.
6. Crim. 27 juill. 1964, *Bull. crim.*, n° 250; *JCP* 1965, II, 14380, note P. Chambon – Crim. 25 oct. 1966, *Bull. crim.*, n° 236 – Crim. 13 déc. 1973, n° 73-92.866, *Bull. crim.*, n° 466 – Crim. 5 nov. 1975, n° 75-92.433, *Bull. crim.*, n° 239 – Crim. 19 févr. 1985, n° 84-95.594, *Bull. crim.*, n° 77 – Crim. 13 nov. 1986, n° 86-90.996, *Bull. crim.*, n° 338.
7. Crim. 5 août 1932, *Bull. crim.*, n° 199; *DP* 1933, 1, 127.
8. Crim. 18 déc. 1984, n° 84-90.062, *Bull. crim.*, n° 407.
9. Crim. 3 mars 1954, *Bull. crim.*, n° 96.
10. Crim. 2 oct. 2001, n° 01-82.555, *Bull. crim.*, n° 195; *JCP* 2001, p. 2171; *D.* 2001, 3332.

CHAPITRE

233. Délais et formes de l'appel

SECTION 0

ORIENTEUR

233.00 **Plan du chapitre.**

Sect. 1 Délai d'appel du procureur de la République
Sect. 2 Délai d'appel du procureur général
Sect. 3 Délai d'appel de la personne mise en examen
Sect. 4 Délai d'appel de la partie civile
Sect. 5 Formes de l'appel

233.01 **Textes applicables.**

C. pr. pén., art. 183, 185, 186, 186-1, 502, 503, 801.

C. pr. pén., art. 183

* V. s[s] n° 232.01.

C. pr. pén., art. 185

* V. s[s] n° 231.01.

C. pr. pén., art. 186

* V. s[s] n° 231.01.

C. pr. pén., art. 186-1

* V. s[s] n° 231.01.

C. pr. pén., art. 502

La déclaration d'appel doit être faite au greffier de la juridiction qui a rendu la décision attaquée.

Elle doit être signée par le greffier et par l'appelant lui-même, ou par un avoué près la juridiction qui a statué, ou par un avocat, ou par un fondé de pouvoir spécial; dans ce dernier cas, le pouvoir est annexé à l'acte dressé par le greffier. Si l'appelant ne peut signer, il en sera fait mention par le greffier.

Elle est inscrite sur un registre public à ce destiné et toute personne a le droit de s'en faire délivrer une copie.

C. pr. pén., art. 503

Lorsque l'appelant est détenu, l'appel peut être fait au moyen d'une déclaration auprès du chef de l'établissement pénitentiaire.

Cette déclaration est constatée, datée et signée par le chef de l'établissement pénitentiaire. Elle est également signée par l'appelant; si celui-ci ne peut signer, il en est fait mention par le chef de l'établissement.

Ce document est adressé sans délai, en original ou en copie, au greffe de la juridiction qui a rendu la décision attaquée; il est transcrit sur le registre prévu par le troisième alinéa de l'article 502 annexé à l'acte dressé par le greffier.

C. pr. pén., art. 801

Tout délai prévu par une disposition de procédure pénale pour l'accomplissement d'un acte ou d'une formalité expire le dernier jour à vingt-quatre heures. Le délai qui expirerait normalement un samedi ou un dimanche ou un jour férié ou chômé est prorogé jusqu'au premier jour ouvrable suivant.

233.02 **Jurisprudence de référence.**

• L'appel de l'administration des douanes doit être formé dans les délais impartis au procureur de la République.

Crim. 19 févr. 1990, n° 89-82.926, *Bull. crim.*, n° 81.

« Attendu qu'il appert de l'arrêt attaqué et des pièces de la procédure que, saisi, par le représentant habilité de l'administration des Douanes, d'un acte introductif d'instance fiscale valant plainte du ministre du Budget, le procureur de la République a ouvert une information contre personnes dénommées du chef d'infractions à la législation sur les relations financières avec l'étranger; que cette information a été close, le 30 novembre 1988 par une ordonnance de non-lieu rendue par le juge d'instruction conformément aux réquisitions du ministère public; que la Direction générale des Douanes, à qui cette décision n'avait pas été notifiée, en a relevé appel le 13 janvier 1989;

Attendu que pour déclarer ledit appel irrecevable, comme tardif, l'arrêt attaqué énonce que l'action fiscale est assimilable à l'action publique et que l'administration des Douanes, qui n'est pas une partie civile, ne peut exercer son droit d'appel que dans le délai imparti au procureur de la République; que l'arrêt observe que, si, aux termes de l'article 185, alinéa 2, du Code de procédure pénale, le délai d'appel du ministère public ne court qu'à compter de la notification qui lui est faite de la décision, le juge d'instruction n'est tenu de procéder à cette formalité, selon l'avant-dernier alinéa de l'article 183 du même code, que lorsque son ordonnance n'est pas conforme aux réquisitions qu'il a reçues; que, tel n'étant pas le cas en l'espèce, la chambre d'accusation en déduit que le délai d'appel de l'Administration, comme celui du procureur de la République, a commencé à courir le jour où l'ordonnance a été rendue, et qu'il était expiré lorsque cette voie de recours a été exercée;

Attendu qu'en statuant ainsi la chambre d'accusation a fait l'exacte application de la loi;

Qu'en effet, si en vertu des articles 343.2 et 458 du Code des douanes, l'administration des Douanes poursuit à titre principal pour l'application des sanctions fiscales attachées aux infractions douanières ou cambiaires, et si cette action lui ouvre exceptionnellement un droit d'appel contre les ordonnances du juge d'instruction, nonobstant les dispositions de l'article 186 du Code de procédure pénale, elle ne saurait avoir, à cet égard, plus de droits que le ministère public qui la représente devant les juridictions d'instruction; qu'il s'ensuit, qu'à défaut de prescriptions législatives particulières, l'appel de cette administration doit être formé dans les délais impartis au procureur de la République, selon les dispositions combinées des articles 183, avant-dernier alinéa, et 185, alinéa 2, du même code. »

• **Le délai d'appel est calculé à compter du lendemain de la date de la notification.**

Crim. 27 mars 1995, n° 94-82.758, *Bull. crim.*, n° 126.

« Attendu que l'appel, par une partie privée, d'une ordonnance rendue par le juge d'instruction doit être formé dans les dix jours de sa notification, laquelle peut être effectuée verbalement avec émargement au dossier, ou par lettre recommandée; que le délai d'appel est calculé à compter du lendemain de la notification. »

• **L'appel court du lendemain de la date d'expédition de la lettre recommandée. Mais elle ne vaut que jusqu'à preuve contraire susceptible de résulter du cachet de la poste apposé lors de la remise effective du pli.**

Crim. 22 mai 2008, n° 07-88.267, *Bull. crim.*, n° 130; *JCP* 2008, IV, 2198; *D.* 2008, 1719, obs. D. Caron et S. Ménotti; *AJ pénal* 2008, 382; *D.* 2009, 48, obs. E. Degorce.

« Vu les articles 183 et 186 du Code de procédure pénale;

Attendu que le président de la chambre de l'instruction ne tient de l'article 186, dernier alinéa, du Code de procédure pénale le pouvoir de rendre une ordonnance de non-admission d'appel que lorsque l'appel a été formé après l'expiration du délai prévu au quatrième alinéa de ce texte;

Attendu que, pour déclarer irrecevable, comme tardif, l'appel relevé par le demandeur, le 14 août 2007, de l'ordonnance de refus de restitution de scellés, l'ordonnance attaquée énonce que la décision du juge d'instruction a été notifiée à la partie civile et à son avocat le 3 août 2007, selon mention figurant en marge de ladite ordonnance;

Mais attendu qu'en prononçant ainsi, alors qu'il résulte de l'examen des pièces de la procédure que l'expédition de la lettre recommandée, qui constitue le point de départ du délai de dix jours, n'est intervenue que le lundi 6 août 2007, date de remise du pli recommandé à la poste, le président de la chambre de l'instruction a excédé ses pouvoirs;

D'où il suit que la cassation est encourue;

Par ces motifs et sans qu'il soit besoin d'examiner l'autre moyen de cassation proposé :

CASSE et ANNULE, en toutes ses dispositions, l'ordonnance du président de la chambre de l'instruction de la cour d'appel de Paris, en date du 27 septembre 2007. »

233.03 Bibliographie indicative. (V. les références complètes s[s] n° 03.)

Actualisables. Rép. pén., Coulon J., « Appel »; Guéry Ch., « Instruction préparatoire » – J.-Cl. pén., Dumont J., « Appel des ordonnances du juge d'instruction »; « Ordonnances de règlement ».

Ouvrages. Guéry, 2001, n° 1.4.

233.09 Disposition générale : l'article 801. Il était antérieurement jugé que les articles 1033 et 1037 anciens du Code de procédure civile ne s'appliquaient pas en matière pénale, et les délais n'étaient pas prorogés lorsqu'ils expiraient un dimanche ou un jour férié[1]. Cette règle a été inversée par la loi du 6 août 1975 qui a modifié l'article 801 du Code de procédure pénale, aux termes duquel tout délai prévu par ledit Code « qui expirerait normalement un samedi ou un dimanche ou un jour férié ou chômé est prorogé jusqu'au premier jour ouvrable suivant »[2]. Ce texte est évidemment applicable à l'instruction[3], mais non aux délais prévus par les lois spéciales, par exemple en matière de presse[4]. Le délai légal n'est pas prorogé lorsque les jours indiqués par l'article 801 se trouvent à l'intérieur de ce délai[5]. C'est la jurisprudence qui détermine si telle ou telle disposition du Code de procédure pénale peut se voir appliquer l'article 801[6].

Aucune disposition légale n'impose que les conditions de forme et de délai de l'appel soient portées à la connaissance de la personne concernée. La

1. Crim. 14 mars 1912, *DP* 1912, 1, 126 – Crim. 30 nov. 1950, *Bull. crim.*, n° 270.
2. Sur l'application aux procédures en cours : Crim. 9 juin 1976, n° 76-90.684, *Bull. crim.*, n° 202 – Crim. 6 juin 1977, n° 75-92.200, *Bull. crim.*, n° 204.
3. Crim. 23 oct. 1979, n° 79-91.385, *Bull. crim.*, n° 292.
4. Crim. 8 mars 1978, n° 77-91.968, *Bull. crim.*, n° 90 – Crim. 29 nov. 1983, n° 83-91.578, *Bull. crim.*, n° 324 – Sur le délai du pourvoi : Crim. 22 mai 1978, n° 77-92.690, *Bull. crim.*, n° 160.
5. Crim. 29 mars 1978, n° 76-92.496, *Bull. crim.*, n° 117.
6. V. Guéry, 2001, n° 1.4 – V. aussi la distinction opérée entre le « délai » et la « durée » par A. Braunschweig, *RSC* 1986, 130 et *RSC* 1986, 349.

notification de l'ordonnance de refus d'informer qui ne contient pas ces indications est régulière et a fait courir le délai d'appel[1] (sur l'article 801 v. aussi s^s n° 144.14).

SECTION 1 Délai d'appel du procureur de la République

233.11 Délai. Le délai d'appel du procureur de la République était depuis l'origine de vingt-quatre heures (C. instr. crim., art. 135). Depuis la loi du 30 décembre 1985, il doit être interjeté dans les cinq jours qui suivent la notification de la décision (C. pr. pén., art. 185, al. 2). On sait en effet que lorsque le juge d'instruction rend une ordonnance non conforme aux réquisitions du procureur de la République, avis en est donné à celui-ci par le greffier, avis qui lui est adressé par tout moyen (C. pr. pén., art. 183, al. 5). L'appel est formalisé par déclaration au greffe du tribunal, et non au greffier du juge d'instruction (C. pr. pén., art. 185, al. 2)[2]. Il était antérieurement jugé que le délai d'appel du parquet courait du jour de l'ordonnance[3]; solution toujours applicable quand il s'agit d'une ordonnance conforme aux réquisitions[4].

233.12 Appel de l'ordonnance de mise en accusation. En cas d'appel par la personne mise en examen de l'ordonnance de mise en accusation prévue par l'article 181, le procureur de la République dispose d'un délai d'appel incident de cinq jours supplémentaires à compter de l'appel de la personne mise en examen (C. pr. pén., art. 185, al. 3).

233.13 Douanes. L'appel de l'administration des douanes, qui est partie poursuivante quant aux sanctions fiscales, et non partie civile, est soumis aux conditions de celui du ministère public. Il doit donc être formé dans le délai de vingt-quatre heures [cinq jours depuis la loi du 30 décembre 1985], à compter du jour de l'ordonnance, et non de sa communication ou signification, alors même que le siège des douanes est dans une ville autre que celle où se fait l'instruction[5]. Cette jurisprudence demeure valable même après la loi du 30 décembre 1985. Il résulte, en effet, de la combinaison des articles 183 alinéa 5 et 185 alinéa 2 que seules les ordonnances non conformes aux réquisitions sont notifiées au procureur de la République. Le délai d'appel du parquet comme des douanes pour les autres ordonnances, court donc du jour où elles ont été rendues[6].

SECTION 2 Délai d'appel du procureur général

233.21 Délai. L'alinéa 3 de l'article 185 du Code de procédure pénale dispose que le procureur général « doit signifier son appel aux parties dans les dix jours qui suivent l'ordonnance du juge d'instruction ». Selon une doctrine unanime, le jour de l'ordonnance ne compte pas. L'appel peut donc être signifié jusqu'à l'expiration du dixième jour qui suit celui de l'ordonnance.

Plusieurs arrêts importants ont été rendus, dont les solutions demeurent valables. Le procureur général peut exercer son droit d'appel, même après la citation qui a saisi le tribunal, même après les débats engagés, même après la mise en délibéré et tant que le tribunal n'a pas statué. Il ne peut être paralysé que lorsqu'il y a eu chose jugée sur le fond, sur la compétence ou la qualification. La chose jugée ne pourrait résulter d'un jugement qui n'a statué que sur un incident de procédure, et qui s'est borné à annuler les citations données irrégulièrement par la partie civile à la suite de l'ordonnance de renvoi[7].

Bien qu'il soit encore dans le délai de dix jours, le procureur général doit être déclaré non recevable dans son appel, s'il a laissé le tribunal correctionnel statuer sur la prévention; si le délai n'est pas expiré, il conserve cependant son droit d'appel sur les chefs de l'ordonnance autres que ceux portant renvoi[8]. Toutefois, le procureur général peut faire appel d'un jugement selon le droit commun; s'il s'agit d'un jugement d'incompétence, il lui appartient de formuler une requête en règlement de juges[9] (sur les modifications apportées au droit d'appel exorbitant du procureur général après l'arrêt du 17 septembre

1. Crim. 25 nov. 1997, n° 96-86.315, *Bull. crim.*, n° 398; *JCP* 1998, n° 1394.
2. Crim. 19 janv. 1987, n° 86-91.840, *Bull. crim.*, n° 23.
3. Crim. 25 mars 1980, n° 85-90.523, *Bull. crim.*, n° 122; *D.* 1980, 579, note P. Chambon.
4. V. Crim. 19 févr. 1990, n° 89-82.926, *Bull. crim.*, n° 81 (v. les attendus s^s n° 233.02); confirmé par Crim. 4 mars 2004, n° 03-83.756, *Bull. crim.*, n° 58; *D.* 2004, IR 1065; *AJ pénal* 2004, 208, obs. J. Leblois-Happe; *Dr. pén.* mai 2004, n° 76, p. 29, note A. Maron; *JCP* 2004, IV, 1772; *Gaz. Pal.* 17/19 oct. 2004, p. 2, note Y. Monnet.
5. Crim. 5 janv. 1967, 2 esp., *Bull. crim.*, n°s 9 et 10 – Crim. 4 juill. 1973, n° 72-91.185, *Bull. crim.*, n° 316 – Crim. 27 janv. 1981, n° 80-90.504, *Bull. crim.*, n° 38 – CA Douai, ch. acc., 16 févr. 1976, *JCP* 1977, II, 18614, note P. Chambon.
6. Crim. 19 févr. 1990, n° 89-82.926, *Bull. crim.*, n° 81.
7. Crim. 11 févr. 1881, *Bull. crim.*, n° 40; *D.* 1882, 1, 321; *S.* 1881, 1, 188.
8. Crim. 4 avr. 1914, *Bull. crim.*, n° 191.
9. Crim. 20 sept. 1860, *Bull. crim.*, n° 218; *D.* 1860, 1, p. 469; *S.* 1861, 1, 109.

2008, qui ne concernent pas directement l'instruction préparatoire, v. s[s] n° 232.21).

233.22 Caractère du délai. Le délai légal de dix jours est de rigueur. Il ne saurait être prolongé en aucun cas, le sort du prévenu ne devant pas rester en suspens plus longtemps que ne l'a permis le législateur[1].

SECTION 3

DÉLAI D'APPEL DE LA PERSONNE MISE EN EXAMEN

233.31 Délai. Le délai d'appel de l'inculpé, qui avait été fixé à vingt-quatre heures par la loi du 17 juillet 1856, a été porté à trois jours par l'article 186 du Code de procédure pénale, puis à dix jours par la loi du 30 décembre 1985. Ce délai, comme tous ceux relatifs aux voies de recours, est de rigueur.

233.32 Ce délai peut être dépassé uniquement en cas de force majeure. L'hospitalisation peut constituer un cas de force majeure, justifiant le dépassement du délai[2]. La seule constatation de grèves sporadiques et de la difficulté pour l'avocat de prendre contact avec son client ne caractérise pas la force majeure[3]. Un appel tardif est recevable si l'appelant apporte la preuve d'une impossibilité absolue, survenue au cours du délai d'appel, de se présenter au greffe avant l'heure réglementaire de fermeture ou de constituer un mandataire, à raison d'un obstacle invincible assimilable à la force majeure[4]. Dans un arrêt du 7 juin 2006, la chambre criminelle estime qu'est dépourvu de motifs propres à justifier sa décision la chambre de l'instruction qui déclare irrecevable l'appel interjeté par des parties civiles plus de dix jours après le lendemain de la date d'envoi des lettres recommandées de notification de la décision sans préciser si la date de remise des lettres recommandées aux appelants, elle-même postérieure à l'expiration de ce délai, était celle de la première présentation des plis recommandés[5]. Bien que cet arrêt n'ait pas fait l'objet d'une publication, il semble assouplir les conditions de la force majeure jusqu'alors exigée. Les motifs de la décision laissent en effet penser que si la présentation des lettres recommandées était la première, la force majeure serait reconnue[6].

233.33 Point de départ du délai. L'appel de la personne poursuivie, comme de la partie civile, doit être formé dans les dix jours qui suivent la notification ou la signification de la décision (C. pr. pén., art. 186, al. 4). Si la personne est détenue, la notification est celle faite par le surveillant-chef, telle qu'elle est décrite par l'article 183 alinéa 2.

Quand le moyen de la lettre recommandée est utilisé, la notification de l'ordonnance est réalisée par l'envoi de la lettre recommandée[7]. C'est le jour de l'envoi de la lettre recommandée qui marque le point de départ du délai[8], délai qui commence à courir, comme l'indique la loi elle-même, le lendemain de la date d'expédition de la lettre[9]; ainsi, la lettre recommandée ayant été expédiée le 15 mars, le délai d'appel expire le 25 mars à vingt-quatre heures[10]. En déclarant irrecevable comme tardif un appel alors qu'il résulte de l'examen des pièces de la procédure que l'expédition de la lettre recommandée qui constitue le point de départ du délai de dix jours, n'est intervenue que le lundi 6 août 2007, date de remise du pli recommandé à la poste, le président de la chambre de l'instruction a excédé ses pouvoirs. Cet arrêt modifie la jurisprudence antérieure. Si la date de l'envoi résulte toujours de la mention portée par le greffier en marge de l'ordonnance, elle ne vaut que jusqu'à preuve contraire susceptible de résulter du cachet de la poste apposé lors de la remise effective du pli recommandé[11].

En matière de stupéfiants, le délai de vingt-quatre heures du recours ouvert contre la décision du juge d'instruction ordonnant la fermeture temporaire de l'établissement (C. santé publ., art. L. 3421-3), court soit de la notification de l'ordonnance, soit de son exécution, quand celle-ci lui est antérieure[12].

233.34 Autres solutions. La signification faite hors le délai légal[13], ou son irrégularité[14], n'entraîne

1. Crim. 19 mai 1881, *Bull. crim.*, n° 130; *D.* 1881, 1, 400 – Crim. 3 nov. 1949, *Bull. crim.*, n° 302.
2. Crim. 22 nov. 1978, n° 78-91.653, *Bull. crim.*, n° 326.
3. Crim. 24 mars 1998, n° 97-83.961, *Bull. crim.*, n° 107, *Gaz. Pal.* 2-4 août 1998, p. 17.
4. Crim. 22 nov. 1978, n° 78-91.653, *Bull. crim.*, n° 326 – Crim. 15 juin 1973, n° 72-92.889, *Bull. crim.*, n° 267.
5. Crim. 7 juin 2006, n° 05-86.203, NP; *Dr. pén.* 2006, n° 130, obs. A. Maron.
6. En ce sens, A. Maron, préc.
7. Crim. 12 janv. 1988, n° 86-94.087, *Bull. crim.*, n° 12.
8. Crim. 19 oct. 1988, n° 87-84.566, *Bull. crim.*, n° 358.
9. Crim. 27 mars 1995, n° 94-82.758, *Bull. crim.*, n° 126 (v. les attendus s[s] n° 233.02).
10. Crim. 27 mars 1995, n° 94-82.758, *Bull. crim.*, n° 126 – Et aussi Crim. 12 janv. 1994, n° 93-84.844, *Bull. crim.*, n° 18.
11. Crim. 22 mai 2008, n° 07-88.267, P; *JCP* 2008, IV, 2198, *D.* 2008, 1719, obs. D. Caron et S. Ménotti; *AJ Pénal*, 2008, 382; *D.* 2009, 48 obs. E. Degorce.
12. Crim. 22 juill. 1986, n° 85-95.999, *Bull. crim.*, n° 242.
13. Crim. 20 févr. 1963, *Bull. crim.*, n° 86; *JCP* 1963, II, 13392, note P. Chambon.
14. Crim. 19 juin 1984, n° 84-91.880, *Bull. crim.*, n° 230 – V. aussi Crim. 2 oct. 1985, n° 84-95.412, *Bull. crim.*, n° 292.

pas la nullité de l'ordonnance, mais empêchent seulement le délai d'appel de courir.

Seuls les modes de notification prévus par l'article 183 sont susceptibles de faire courir le délai d'appel. La connaissance de l'ordonnance acquise par l'intéressé par toute autre voie est inopérante[1] (v. s[s] n°s 221.11 à 221.14).

SECTION 4
DÉLAI D'APPEL DE LA PARTIE CIVILE

233.41 **Délai.** Le délai accordé à la partie civile pour formaliser son appel, qui était originairement de vingt-quatre heures, a été porté à trois jours par la loi du 23 mai 1942. Ce délai de trois jours maintenu par le Code de procédure pénale, est maintenant de dix jours par l'effet de la loi du 30 décembre 1985. Il est donc le même que celui de la personne poursuivie. Il était antérieurement jugé que le jour de la signification ne compte pas, et que le délai expire à la fin du troisième jour qui suit celui de la notification[2]. Il s'agit d'un délai de rigueur, que seule la force majeure peut proroger[3].

Le délai de dix jours lui-même, et les règles de sa computation, sont les mêmes pour la personne mise en examen, et pour la partie civile (C. pr. pén., art. 186, al. 4). Le jour de la notification est celui de l'envoi de la lettre recommandée, et le délai commence à courir le lendemain (sur l'arrêt du 7 juin 2006 v. s[s] n° 233.32)[4].

233.42 **Jurisprudence.** Avant la loi du 30 décembre 1985, les ordonnances dont les parties pouvaient interjeter appel leur étaient « signifiées à la requête du procureur de la République dans les 24 heures » (C. pr. pén., art. 183, al. 3). Les règles de la signification sont, prévues par les articles 550 et suivants du Code de procédure pénale, et leur application avait donné lieu à une jurisprudence qui a perdu son intérêt. En effet, désormais, les ordonnances sont portées à la connaissance aussi bien des parties elles-mêmes que de leurs conseils par simple notification, laquelle est « faite par voie administrative » (C. pr. pén., art. 550, al. 2). « Toute notification d'acte à une partie par lettre recommandée à la dernière adresse déclarée est réputée faite à sa personne » (C. pr. pén., art. 183, al. 3).

Le greffier doit mentionner au dossier quel mode de notification a été utilisé (C. pr. pén., art. 183, al. 6); à défaut, la notification ne fait pas courir le délai d'appel[5]. L'élection de domicile par la partie civile chez son conseil vaut déclaration d'adresse, et les notifications doivent y être faites. Dans le cas où la partie civile est détenue, la notification par le surveillant-chef, réservée à la seule personne poursuivie, ne peut y suppléer[6]. L'élection de domicile chez le premier conseil choisi demeure valable malgré le choix d'un second conseil, alors que la déclaration d'adresse chez un tiers exige l'accord exprès de ce dernier[7].

SECTION 5
FORMES DE L'APPEL

233.51 **Procureur de la République.** Les articles 185 et 186 ont fixé les formes de l'appel, qui est interjeté par toutes les parties par déclaration au greffe du tribunal où se fait l'instruction. Il en est ainsi notamment de l'appel du procureur de la République (C. pr. pén., art. 185, al. 2).

Son appel par déclaration au greffe est une formalité substantielle, qui donne à l'appel date certaine. Il n'est pas nécessaire que l'appel soit notifié au prévenu. Le greffe est le dépôt légal de tous les actes judiciaires, et toute déclaration faite au greffe, où elles ont librement accès, est présumée connue de toutes les parties intéressées. Une simple déclaration écrite au pied ou sur le verso de l'ordonnance, ne serait pas suffisante[8]. Mais la déclaration inscrite sur une feuille volante, non sur un registre, est valable, pourvu qu'elle ait été reçue par le greffier dans le délai légal, et signée par lui[9]. Seul l'appel du procureur général est formalisé, comme par le passé, par voie de « signification » aux parties dans les dix jours qui suivent l'ordonnance (C. pr. pén., art. 185, al. 4). Les formes de l'appel en matière d'instruction sont d'ailleurs les mêmes que celles de l'appel correctionnel (C. pr. pén., art. 505), et il a été jugé que l'appel fait verbalement à l'audience par le procureur général, et non par signification au prévenu, est irrecevable[10]. Mais le fait que l'exploit porte seulement la mention que l'appel est interjeté par le ministère public, ne touche pas la validité de

1. Crim. 9 nov. 1967, *Bull. crim.*, n° 289 – Crim. 8 févr. 1994, n° 93-84.479, *Bull. crim.*, n° 56.
2. Crim. 30 mai 1958, *Bull. crim.*, n° 411 – Crim. 7 juin 1966, *Bull. crim.*, n° 165.
3. Crim. 13 sept. 1849, *Bull. crim.*, n° 240 – Crim. 31 déc. 1858, *S.* 1859, 1, 279.
4. Crim. 7 juin 2006, n° 05-86.203, NP; *Dr. pén.* 2006, n° 130, obs. A. Maron.
5. Crim. 4 janv. 1991, n° 90-84.179, *Bull. crim.*, n° 6.
6. Crim. 11 oct. 1988, n° 88-82.278, *Bull. crim.*, n° 344; *JCP* 1989, II, 21264, note P. Chambon.
7. Crim. 22 mars 1988, n° 85-96.001, *Bull. crim.*, n° 137 – Crim. 14 nov. 1991, n° 90-87.407, *Bull. crim.*, n° 412 – Crim. 23 mai 1996, n° 95-82.244, *Bull. crim.*, n° 215.
8. Crim. 18 juill. 1833, *Bull. crim.*, n° 275.
9. Crim. 15 avr. 1836, *Bull. crim.*, n° 115; *D.* 1840, 1, 347.
10. Crim. 30 janv. 1969, *Bull. crim.*, n° 58 – CONTRA, Crim. 2 juill. 1959, *Bull. crim.*, n° 341.

la signification intervenue dans le délai d'appel du procureur général[1].

233.52 Partie civile. L'appel se faisait par notification au prévenu et au ministère public[2]. Toutefois, l'appel par déclaration au parquet[3], ou au greffe, lieu de publicité, valait à l'égard de toutes les parties[4].

Une simple lettre adressée à l'huissier qui avait instrumenté était inopérante[5]. La loi du 4 janvier 1993 précise que l'appel des parties doit être formé, « dans les conditions et selon les modalités prévues par les articles 502 et 503 », de sorte que la jurisprudence antérieure, qui appliquait déjà les formes de l'appel correctionnel, demeure valable. L'avocat, investi d'un droit général de représentation et d'assistance, peut interjeter appel au nom de son client, sans mandat spécial (C. pr. pén., art. 502, al. 2)[6], alors même qu'il n'est pas son conseil[7], et quel que soit le barreau dont il relève[8] (L. 29 déc. 1984)[9]. Mais l'administrateur légal de l'incapable majeur, partie civile, ne peut faire appel après le décès de ce dernier[10]. L'appel est formé par déclaration, non au greffier du juge d'instruction, mais au greffier du tribunal auquel ce dernier appartient[11]. Il ne peut y être suppléé par l'envoi d'une lettre recommandée[12]. La détention pour autre cause de la partie civile n'est pas un empêchement de force majeure, dès lors que celle-ci est assistée par un avoué[13]. Elle peut aussi, comme la personne poursuivie, formaliser son appel par déclaration au surveillant-chef (C. pr. pén., art. 203, al. 1er)[14]. Une qualification erronée des faits ne rend pas l'appel irrecevable, si par ailleurs les mentions de l'acte d'appel permettent d'identifier l'ordonnance entreprise[15].

233.53 Personne mise en examen. Les formes de son appel sont les mêmes que celles de l'appel de la partie civile, définies par les articles 502 et 503 (C. pr. pén., art. 186, al. 4). Si la personne est détenue, l'appel peut être fait au moyen d'une déclaration auprès du chef de l'établissement pénitentiaire (C. pr. pén., art. 503, al. 1er). Cette déclaration, dûment datée et signée, est adressée au greffe de la juridiction qui a rendu la décision attaquée, dans les conditions fixées par les alinéas 2 et 3 du même texte.

Il ne peut être suppléé à ces formes, qui sont substantielles, par une lettre adressée au procureur de la République[16]. Une simple déclaration verbale d'intention d'interjeter appel, ne peut remplacer la déclaration qui doit être faite auprès du chef de l'établissement pénitentiaire[17]. Au cas de plusieurs appels contre une même ordonnance (refus de mise en liberté), seul le premier doit être examiné, les autres devant être considérés comme irrecevables[18].

233.54 Avocat. L'article 502 du Code de procédure pénale dispose que la déclaration d'appel peut être signée par l'appelant lui-même, « ou par un avoué près la juridiction qui a statué, ou par un avocat, ou par un fondé de pouvoir spécial ». Il résulte des dispositions combinées des articles 115 et 502 du Code de procédure pénale que, si l'avocat, qui fait une déclaration d'appel, n'est pas tenu de produire un pouvoir spécial, il ne peut exercer ce recours, au stade de l'information, qu'à la condition que la partie concernée ait préalablement fait choix de cet avocat et en ait informé la juridiction d'instruction[19].

1. Crim. 20 avr. 1961, *Bull. crim.*, n° 214 – V. aussi, Crim. 5 févr. 1974, n° 73-92.243, *Bull. crim.*, n° 53.
2. Crim. 26 avr. 1902, *Bull. crim.*, n° 161 ; *D.* 1904, 1, 317, note Le Poittevin – Crim. 9 juill. 1904, *D.* 1905, 1, 341, note Leloir – Crim. 14 mars 1913, *D.* 1914, 1, 44 – Crim. 30 nov. 1938, *Bull. crim.*, n° 230.
3. Crim. 17 août 1839, *D.* 1839, 1, 918.
4. Crim. 2 mars 1911, *Bull. crim.*, n° 122 – Crim. 19 juill. 1951, *DH*, 1951, p. 686 – Crim. 29 mars 1955, *Bull. crim.*, n° 188.
5. Crim. 10 nov. 1949, *Gaz. Pal.* 1949, 2, 400.
6. Crim. 6 mars 1979, n° 78-93.523, *Bull. crim.*, n° 97 – Crim. 15 mai 1979, n° 78-94.261, *Bull. crim.*, n° 174.
7. Crim. 6 mai 1980, n° 80-90.910, *Bull. crim.*, n° 134.
8. Crim. 20 mars 1990, n° 89-87.172, *Bull. crim.*, n° 123 – Pour la région parisienne, Crim. 15 juin 1982, n° 82-90.189, *Bull. crim.*, n° 160.
9. L. 29 déc. 1984, *D.* 1985, lég. p. 66.
10. Crim. 4 juill. 1983, n° 82-91.042, *Bull. crim.*, n° 210.
11. Crim. 19 janv. 1987, n° 86-91.840, *Bull. crim.*, n° 23.
12. Crim. 3 juin 1980, n° 79-93.588, *Bull. crim.*, n° 170.
13. Crim. 28 févr. 1962, *Bull. crim.*, n° 113.
14. Crim. 10 févr. 1977, n° 76-90.979, *Bull. crim.*, n° 56.
15. Crim. 13 janv. 1965, *Bull. crim.*, n° 13.
16. Crim. 12 juill. 1962, *Bull. crim.*, n° 245 ; *JCP* 1962, II, 12893, note P. Chambon – CA Lyon, ch. acc., 24 avr. 1959, II, 11145, note P. Chambon.
17. Crim. 25 nov. 1970, n° 70-90.569, *Bull. crim.*, n° 308.
18. Crim. 3 nov. 1994, n° 94-84.148, n° 94-84.422, *Bull. crim.*, n° 348.
19. Crim. 9 janv. 2007, n° 06-84.738, *Bull. crim.*, n° 3 ; *D.* 2007, IR 579.

CHAPITRE

234. Effets de l'appel

SECTION 0
ORIENTEUR

234.00 Plan du chapitre.

Sect. 1 Effet suspensif de l'appel

Sect. 2 Effet dévolutif de l'appel

Sect. 3 Transmission de la procédure et poursuite de l'information

234.01 Textes applicables.

C. pr. pén., art. 185, 186, 186-1, 186-2, 187, 187-1, 187-2, 187-3, 201, 207.

C. pr pén., art. D. 15-7, D. 40-3.

C. pr. pén., art. 185

* V. s[s] n° 231.01.

C. pr. pén., art. 186

* V. s[s] n° 231.01.

C. pr. pén., art. 186-1

* V. s[s] n° 231.01.

C. pr. pén., art. 186-2

* V. s[s] n° 232.01.

C. pr. pén., art. 187

* V. s[s] n° 232.01.

C. pr. pén., art. 187-1

* V. s[s] n° 232.01.

C. pr. pén., art. 187-2

La personne qui forme le recours prévu par l'article 187-1 peut demander à ce qu'il soit directement examiné par la chambre de l'instruction. Il est alors statué au plus tard, au vu des éléments du dossier, le cinquième jour ouvrable suivant la demande.

C. pr. pén., art. 187-3

Dans le cas prévu par le deuxième alinéa de l'article 148-1-1, le procureur de la République qui interjette appel d'une ordonnance de mise en liberté contraire à ses réquisitions dans un délai de quatre heures à compter de sa notification doit, à peine d'irrecevabilité, saisir dans le même temps le premier président de la cour d'appel ou, en cas d'empêchement, le magistrat qui le remplace, d'un référé-détention afin de déclarer cet appel suspensif. Le procureur de la République joint à sa demande les observations écrites justifiant le maintien en détention de la personne. La personne mise en examen et son avocat peuvent également présenter les observations écrites qu'ils jugent utiles.

Le premier président de la cour d'appel ou le magistrat qui le remplace statue au plus tard le deuxième jour ouvrable suivant la demande. Pendant cette durée, les effets de l'ordonnance de mise en liberté sont suspendus et la personne reste détenue. À défaut pour le premier président de la cour d'appel ou le magistrat qui le remplace de statuer dans ce délai, la personne est remise en liberté, sauf si elle est détenue pour une autre cause.

Le premier président de la cour d'appel ou le magistrat qui le remplace statue, au vu des éléments du dossier de la procédure, par une ordonnance motivée qui n'est pas susceptible de recours. À sa demande, l'avocat de la personne mise en examen peut présenter des observations orales devant ce magistrat, lors d'une audience de cabinet dont le ministère public est avisé pour qu'il y prenne, le cas échéant, ses réquisitions.

Si le premier président de la cour d'appel ou le magistrat qui le remplace estime que le maintien en détention de la personne est manifestement nécessaire au vu d'au moins deux des critères prévus par les dispositions de l'article 144 jusqu'à ce que la chambre d'instruction statue sur l'appel du ministère public, il ordonne la suspension des effets de l'ordonnance de mise en liberté jusqu'à cette date. La personne mise en examen ne peut alors être mise en liberté jusqu'à l'audience de la chambre de l'instruction devant laquelle sa comparution personnelle est de droit; la chambre de l'instruction doit se prononcer dans les plus brefs délais et au plus tard dans les dix jours de l'appel, faute de quoi la personne est mise d'office en liberté si elle n'est pas détenue pour une autre cause.

Dans le cas contraire, le premier président de la cour d'appel ou le magistrat qui le remplace ordonne que la personne soit mise en liberté si elle n'est pas détenue pour une autre cause.

À peine de nullité, le magistrat ayant statué sur la demande de référé-détention ne peut faire partie de la composition de la chambre de l'instruction qui statuera sur l'appel du ministère public.

La transmission du dossier de la procédure au premier président de la cour d'appel ou au magistrat qui le remplace peut être effectuée par télécopie.

C. pr. pén., art. 201 [L. n° 2004-204, 9 mars 2004]

* V. s[s] n° 232.01.

C. pr. pén., art. 207 [L. n° 2004-204, 9 mars 2004]

Lorsque la chambre de l'instruction a statué sur l'appel relevé contre une ordonnance en matière de détention provisoire, ou à la suite d'une saisine du procureur de la République soit qu'elle ait confirmé cette décision, soit que, l'infirmant, elle ait ordonné une mise en liberté ou maintenu en détention ou décerné un mandat de dépôt ou d'arrêt, le procureur général fait sans délai retour du dossier au juge d'instruction après avoir assuré l'exécution de l'arrêt. Lorsque la chambre de l'instruction décerne mandat de dépôt ou qu'elle infirme une ordonnance de mise en liberté ou de refus de prolongation de détention provisoire, les décisions en matière de détention provisoire continuent de relever de la compétence du juge d'instruction et du juge des libertés et de la détention sauf mention expresse de la part de la chambre de l'instruction disant qu'elle est seule compétente pour statuer sur les demandes de mise en liberté et prolonger le cas échéant la détention provisoire. Il en est de même lorsque la chambre de l'instruction ordonne un contrôle judiciaire ou en modifie les modalités.

Lorsque, en toute autre matière, la chambre de l'instruction infirme une ordonnance du juge d'instruction ou est saisie en application des articles 81, dernier alinéa, 82, dernier alinéa, 82-1, deuxième alinéa, 156, deuxième alinéa, ou 167, quatrième alinéa, elle peut, soit évoquer et procéder dans les conditions prévues aux articles 201, 202, 204 et 205, soit renvoyer le dossier au juge d'instruction ou à tel autre afin de poursuivre l'information. Elle peut également procéder à une évocation partielle du dossier en ne procédant qu'à certains actes avant de renvoyer le dossier au juge d'instruction.

L'ordonnance du juge d'instruction ou du juge des libertés et de la détention frappée d'appel sort son plein et entier effet si elle est confirmée par la chambre de l'instruction.

En cas d'appel formé contre une ordonnance de refus de mise en liberté, la chambre de l'instruction peut, lors de l'audience et avant la clôture des débats, se saisir immédiatement de toute demande de mise en liberté sur laquelle le juge d'instruction ou le juge des libertés et de la détention n'a pas encore statué; dans ce cas, elle se prononce à la fois sur l'appel et sur cette demande.

C. pr. pén., art. D. 15-7

La copie des actes du dossier d'instruction prévue par l'article 81 peut être réalisée sous forme numérisée, qui est conservée dans des conditions garantissant qu'elle n'est accessible qu'aux personnes autorisées à la consulter.

À chaque transmission ou remise d'une copie numérisée, le greffier délivre une attestation indiquant qu'elle est conforme à l'original.

C. pr. pén., art. D. 40-3

Pour l'application des articles 186 et 186-1, ainsi que pour l'ensemble des transmissions de dossiers à la cour d'appel, la copie du dossier de l'information prévue par l'article 81 devant être adressée au procureur général ou au président de la chambre de l'instruction peut être la copie numérisée prévue par l'article D. 15-7. Elle peut être transmise par un moyen de communication électronique.

234.02 **Jurisprudence de référence.**

• En cas d'appel d'une ordonnance le juge d'instruction peut poursuivre son information sauf si le président de la chambre de l'instruction en ordonne expressément la suspension.

Crim. 17 nov. 1998, n° 97-85.908, *Bull. crim.*, n° 303; *D.* 1999, IR 39; *JCP* 1999, IV, 1716; *Gaz. Pal.* 22/24 mars 1999.

« Attendu que, selon ce texte, lorsqu'il est interjeté appel d'une ordonnance autre qu'une ordonnance de règlement, le juge d'instruction poursuit son information, y compris, le cas échéant, jusqu'au règlement de celle-ci, sauf décision contraire du président de la chambre d'accusation;

Attendu qu'il ressort de l'arrêt attaqué que, le 28 novembre 1996, après avoir reçu notification de l'avis de fin d'information prévue par l'article 175 du Code de procédure pénale, Amar Z..., mis en examen, notamment pour vol aggravé, a sollicité une confrontation avec la victime de cette infraction; que le juge d'instruction a rejeté la demande par ordonnance du 2 décembre, dont la personne poursuivie a interjeté appel;

Que, le 27 décembre 1996, le président de la chambre d'accusation a ordonné la transmission du dossier à cette juridiction; que, par arrêt du 7 mars 1997, les juges du second degré ont infirmé l'ordonnance de refus d'acte et renvoyé la procédure au juge d'instruction pour qu'il soit procédé à la confrontation sollicitée;

Attendu que, le magistrat instructeur ayant, entretemps, renvoyé Amar Z... devant le tribunal correctionnel, celui-ci, par décision du 5 juin 1997, s'est déclaré non régulièrement saisi;

Que, statuant sur l'appel interjeté par le ministère public, la cour d'appel, par l'arrêt attaqué, annule le jugement entrepris, après avoir constaté qu'il est dépourvu de motifs, puis, évoquant, relève qu'en saisissant la chambre d'accusation, le président de cette juridiction a considéré que la demande d'acte n'était pas dilatoire et que le supplément d'information pourrait être ordonné; qu'elle en déduit que le juge d'instruction se trouvait, de fait, privé du droit d'ordonner la clôture de l'information et qu'elle n'est pas valablement saisie des infractions poursuivies;

Mais attendu qu'en prononçant ainsi, alors que, le président de la chambre d'accusation n'ayant pas expressément ordonné la suspension de l'information, le juge d'instruction était en droit de poursuivre celle-ci jusqu'à son terme, la cour d'appel a méconnu le principe ci-dessus énoncé;

D'où il suit que la cassation est encourue. »

234.03 **Bibliographie indicative.** (V. les références complètes s[s] n° 03.)

Actualisables. RÉP. PÉN., Coulon J., « Appel »; Guéry, « Instruction préparatoire » – J.-CL. PÉN., Dumont J., « Appel des ordonnances du juge d'instruction »; « Ordonnances de règlement ».

Ouvrages. DONNEDIEU DE VABRES, n° 1364 – HÉLIE F., V, n° 2163 – GARRAUD, III, n°s 1043, 1048 et 1073 – LE POITTEVIN, art. 135, n° 32 – MERLE ET VITU, 4e éd., n° 1045 – VIDAL ET MAGNOL, II, n° 835.

234.09 **Double effet.** L'appel des ordonnances du juge d'instruction a, selon les principes généraux en matière de voies de recours, un effet suspensif et un effet dévolutif. En effet, en matière pénale, d'une part, seule une décision définitive est susceptible d'exécution, d'autre part, la juridiction du second degré n'est saisie que dans les limites de l'acte d'appel.

SECTION 1
EFFET SUSPENSIF DE L'APPEL

234.11 **Mise en liberté.** « L'effet suspensif consiste en ce fait que la décision attaquée cesse d'être exécutoire.[1] » L'effet suspensif a toujours été attaché à l'appel en matière de mise en liberté, sauf une courte interruption introduite par la loi du 7 février 1933, à laquelle a mis fin la loi du 25 mars 1935. L'article 135 du Code d'instruction criminelle s'exprimait précisément ainsi : « Lorsque la mise en liberté des prévenus sera ordonnée [...], le procureur impérial ou la partie civile pourra s'opposer à leur élargissement. » Le Code de procédure pénale a maintenu, tout en le modifiant quelque peu, l'effet suspensif de l'appel du ministère public des ordonnances de mise en liberté.

Aux termes de l'article 186 alinéa 6 ancien de ce code, « au cas d'appel par le ministère public d'une ordonnance de mise en liberté ou d'une ordonnance refusant de faire droit à des réquisitions de maintien en détention, la personne mise en examen détenue est maintenue en prison jusqu'à ce qu'il ait été statué sur l'appel et, dans tous les cas, jusqu'à l'expiration du délai d'appel du procureur de la République ». Ce texte s'appliquait à l'ordonnance qui refusait de prolonger la détention[2]. Il a été abrogé par l'article 14 alinéa 2 de la loi du 9 juillet 1984, de sorte que les ordonnances qui précèdent sont immédiatement exécutées, nonobstant l'appel interjeté par le procureur de la République ou le procureur général (v. toutefois s[s] n° 234.12).

1. Donnedieu de Vabres, n° 1363.
2. Crim. 12 avr. 1983, n° 83-90.479, *Bull. crim.*, n° 95 – Crim. 5 juill. 1983, n° 83-91.750, *Bull. crim.*, n° 216.

234.12 **Toutefois, la loi du 9 septembre 2002 a mis en place le « référé-détention »** qui donne au ministère public quatre heures pour former un recours devant le premier président de la cour d'appel ou l'un de ses délégués lorsqu'une personne qui était en détention provisoire, est mise en liberté par le juge d'instruction ou le juge des libertés et de la détention, contrairement à ses réquisitions (C. pr. pén., art. 187-3 - V. s[s] n°s 145.51 s.).

234.13 **Lorsque la chambre de l'instruction,** sur l'appel du ministère public d'une ordonnance de mise en liberté, exécutée immédiatement, infirme cette ordonnance, l'intéressé doit être aussitôt réincarcéré en vertu du mandat de dépôt initial (C. pr. pén., art. 207, al. 1er)[3]. La cassation de l'arrêt qui, sur appel du parquet, a infirmé l'ordonnance de mise en liberté, entraîne la remise en liberté de l'intéressé jusqu'à la décision de la cour de renvoi[4].

234.14 **Placement en détention.** La personne mise en examen peut interjeter appel du mandat de dépôt, en même temps que de l'ordonnance de placement en détention, avec laquelle il fait corps et qui en est le support[5]. Dans le silence de la loi, cet appel n'est pas suspensif. Depuis l'entrée en vigueur de la loi du 30 décembre 1996, qui a modifié celle du 24 août 1993, le président de la chambre de l'instruction peut, sur demande qui lui est adressée connaître de l'appel au fond et ordonner s'il échet la remise en liberté de l'intéressé; c'est le « référé-liberté » (C. pr. pén., art. 187-1 - V. s[s] n°s 145.41 s.). Depuis l'entrée en vigueur de la loi du 15 juin 2000, la personne qui forme ce recours peut demander à ce qu'il soit directement examiné par la chambre de l'instruction (C. pr. pén., art. 187-2).

234.15 **Autres ordonnances.** Les auteurs, sur la base d'un arrêt ancien, enseignent que les ordonnances qui prescrivent une mesure ou un acte isolé d'instruction, tels un transport, une saisie, une expertise, s'exécutent immédiatement malgré l'appel du procureur de la République. En effet, l'instruction se poursuit sans désemparer et sans retard, et les recours du parquet ne peuvent la paralyser[6].

Les auteurs indiquent également que l'effet suspensif de l'appel est sans objet à l'égard des ordonnances « négatives », par lesquelles le juge d'instruction refuse de décider une mesure sollicitée ou d'accepter une demande qui lui est présentée[7]. En

3. Crim. 22 avr. 1945, *Bull. crim.*, n° 150; *D.* 1985, 464, note Pradel; *JCP* 1986, II, 20594, note Jeandidier.
4. Crim. 26 juin 1989, n° 89-82.210, *Bull. crim.*, n° 269.
5. Crim. 1er mars 1994, n° 93-85.745, *Bull. crim.*, n° 81.
6. Crim. 4 août 1820, *Bull. crim.*, n° 109 – VIDAL ET MAGNOL, II, n° 835.
7. MERLE ET VITU, 4e éd., n° 1045.

effet, il ne saurait être question de suspension, là où aucune mesure n'a été ordonnée.

234.16 Cas particuliers. La Cour de cassation ne fait qu'appliquer l'effet suspensif de l'appel, lorsqu'elle décide que la partie civile conserve sa qualité, lorsqu'elle a fait appel de l'ordonnance qui a déclaré sa constitution irrecevable, et a dès lors droit à la communication du dossier prévue par l'article 197[1].

L'appel par la partie civile d'une ordonnance de non-lieu suspend à son égard la prescription de l'action publique jusqu'à la décision de la chambre de l'instruction. Spécialement, dans le cas de la courte prescription de trois mois, la partie civile n'a aucun moyen pour mettre la chambre de l'instruction en mesure de se prononcer, et en l'absence de suspension, la prescription se trouverait acquise par le retard apporté par le ministère public à la transmission du dossier[2].

SECTION 2
EFFET DÉVOLUTIF DE L'APPEL

234.21 Principe. L'effet dévolutif de l'appel est essentiellement limité. « L'effet dévolutif consiste en ceci que les points de fait ou de droit à l'égard desquels le juge d'instruction s'est prononcé dans son ordonnance, sont soumis, pour nouvel examen, à la chambre des mises en accusation. L'effet dévolutif ne concerne pas toutes les dispositions de l'ordonnance, mais seulement les chefs contre lesquels l'appel est dirigé.[3] » On peut ajouter que lorsque la poursuite comprend plusieurs personnes, la chambre de l'instruction ne peut examiner que la situation de ceux que l'appel concerne. Et également, que l'appel d'une partie, aussi généraux que soient ses termes, ne saisit la chambre de l'instruction que des chefs de l'ordonnance susceptibles d'appel de la part de cette partie. Et enfin, qu'en présence de l'appel de l'une des parties, les autres parties ne peuvent saisir l'occasion de cet appel pour faire statuer la juridiction du second degré sur des questions étrangères au recours porté devant elle.

234.22 Régularité en la forme. La chambre de l'instruction, comme toute juridiction d'appel, doit examiner la régularité de sa saisine, avant de statuer au fond. Elle n'est pas saisie, et elle est sans pouvoir, si l'appel n'est pas recevable. Elle doit s'assurer que l'appel a été interjeté dans le délai légal[4], et selon les formes prévues[5]. Elle doit vérifier que l'ordonnance attaquée est bien susceptible d'appel eu égard au demandeur[6], et que l'appelant a bien la qualité qu'il invoque, soit de partie civile[7], soit d'inculpé[8]. Si l'une de ces conditions fait défaut, la chambre de l'instruction doit déclarer l'appel irrecevable. Dans le cas contraire, elle passe à l'examen du fond, et confirme ou infirme l'ordonnance entreprise. Les articles 32-1 et 749 du Code de procédure civile ne sont pas applicables en matière pénale, et la chambre d'accusation qui confirme l'ordonnance de non-lieu ne peut condamner la partie civile à une amende civile pour appel abusif[9].

Lorsque la chambre d'accusation se trouve saisie par l'inculpé à la fois de deux appels, l'un d'une ordonnance de refus de mise en liberté, l'autre d'une ordonnance rejetant une demande de contre-expertise, elle peut en ordonner la jonction et statuer valablement par un seul et même arrêt[10].

234.23 Saisine de la chambre de l'instruction. Les auteurs enseignent traditionnellement que la chambre de l'instruction, qu'elle soit saisie par l'appel de l'une des parties (C. pr. pén., art. 185 et 186), ou par l'ordonnance de transmission des pièces en matière criminelle (C. pr. pén., art. 181, disposition abrogée par la loi du 15 juin 2000), est investie dans l'un et l'autre cas des mêmes pouvoirs, réserve faite de l'effet dévolutif limité de l'appel[11]. Aux termes de l'article 207 du Code de procédure pénale, « lorsque, en toute matière autre que la détention provisoire, la chambre de l'instruction infirme une ordonnance du juge d'instruction, elle peut, soit évoquer et procéder dans les conditions prévues aux articles 201, 202, 204 et 205, soit renvoyer le dossier au juge d'instruction ou à tel autre afin de poursuivre l'information »[12] (v. s[s] n°s 242.31 s.).

L'appel par la partie civile seule, de l'ordonnance de non-lieu, remet en question et sauvegarde l'action publique comme l'action civile, « quand

1. Crim. 28 mai 1968, *Bull. crim.*, n° 176.
2. Crim. 25 nov. 1954, *Bull. crim.*, n° 352; *JCP* 1955, II, 8497, note P. Chambon – Crim. 12 juill. 1972, n° 71-92.171, *Bull. crim.*, n° 240; *D.* 1973, 65, note P. Chambon.
3. Donnedieu de Vabres, n° 1364.
4. Crim. 14 nov. 1968, *Bull. crim.*, n° 301.
5. Crim. 12 juill. 1962, *Bull. crim.*, n° 245.
6. Crim. 12 oct. 1961, *Bull. crim.*, n° 400.
7. Crim. 12 juin 1954, *JCP* 1954, II, 8291, note P. Chambon – Crim. 3 mars 1970, n° 68-91.179, *Bull. crim.*, n° 83.
8. Crim. 6 juill. 1960, *Bull. crim.*, n° 359.
9. Crim. 24 août 1981, n° 80-92.380, *Bull. crim.*, n° 249.
10. Crim. 13 juin 1968, *Bull. crim.*, n° 194.
11. Hélie F., V, n° 2163 – Le Poittevin, art. 135, n° 32 – Garraud, III, n°s 1043, 1048 et 1073.
12. Sur l'application de l'article 202, v. Crim. 15 oct. 1969, *Bull. crim.*, n° 249; *D.* 1970, 73; *JCP* 1970, II, 16278, note Desmonts – Crim. 23 févr. 1971, n° 70-91.578, *Bull. crim.*, n° 60.

bien même le ministère public, acceptant la décision de non-lieu, qu'il a même pu requérir, n'exercerait de son côté aucune voie de recours »[1] (v. s[s] n° 232.52 – Sur la saisine de la chambre de l'instruction v. s[s] n°s 242.00 s.).

234.24 Jurisprudence. L'appel par la partie civile d'une ordonnance de renvoi est irrecevable; la chambre d'accusation ne peut donc, sur cet appel, déclarer les faits amnistiés[2]. Lorsque l'inculpé, qui est en même temps partie civile, ne fait appel qu'en sa qualité d'inculpé, il ne peut soulever les moyens tirés des irrégularités qui ne font grief qu'à ses intérêts de partie civile[3].

Lorsque la partie civile ou le procureur de la République n'ont fait appel que du chef de l'ordonnance portant non-lieu, la chambre d'accusation ne peut par évocation statuer sur les dispositions de l'ordonnance déclarant l'incompétence, qui ont acquis l'autorité de la chose jugée[4]. À l'inverse, l'appel du prévenu sur le seul chef d'incompétence, ne permet pas à la chambre d'accusation d'infirmer la disposition de l'ordonnance portant non-lieu[5]. Quand la chambre d'accusation est saisie, quel que soit le mode de sa saisine, elle peut mettre d'office la personne détenue en liberté (C. pr. pén., art. 201, al. 1er)[6]. Par application du même article 201, elle est tenue de prononcer la mise en liberté d'office, quand le titre de détention est inexistant[7]. Saisie, sur le seul appel de la personne mise en examen d'une ordonnance portant renvoi devant la cour d'assises, la chambre de l'instruction est investie, en application de l'article 202 alinéa 2 du Code de procédure pénale, du pouvoir de modifier et de compléter, même en les aggravant, les qualifications retenues par le juge d'instruction.

Dès lors, n'encourt pas la censure l'arrêt de renvoi devant la cour d'assises pour des chefs d'inculpation délaissés par le juge d'instruction ayant rendu une ordonnance de non-lieu partiel. La chambre de l'instruction tient de l'article 202 le pouvoir d'effectuer une analyse complète de la saisine du juge d'instruction, même pour des faits non retenus par lui[8].

1. Crim. 25 nov. 1954, *JCP* 1955, II, 8497, note P. Chambon – Crim. 12 oct. 1987, n° 86-96.089, *Bull. crim.*, n° 345.
2. Crim. 25 mai 1956, *Bull. crim.*, n° 385.
3. Crim. 15 déc. 1954, *Bull. crim.*, n° 397.
4. Crim. 24 mai 1867, *Bull. crim.*, n° 126 – Crim. 4 déc. 1956, *JCP* 1957, II, 9745, note P. Chambon.
5. Crim. 8 janv. 1953, *Bull. crim.*, n° 6.
6. Crim. 4 janv. 1983, n° 82-93.809, *Bull. crim.*, n° 3; *JCP* 1984, II, 20203, note P. Chambon.
7. Crim. 10 mai 1995, n° 95-80.975, *Bull. crim.*, n° 168.
8. Crim. 6 août 2003, n° 01-87.924, *Bull. crim.*, n° 143; *D.* 2004, somm. 668, obs. J. Pradel; *JCP* 2003, IV, 2661.

234.25 Excès de pouvoir. La juridiction du second degré ne peut jamais, sans excès de pouvoir, faire injonction au juge du premier degré de modifier sa décision. C'est là un principe fondamental en toute matière[9].

Spécialement, la chambre de l'instruction ne peut en aucun cas contraindre le juge d'instruction à rendre une décision contraire à sa conviction, sans porter atteinte à son indépendance[10] (toutefois sur les nouvelles dispositions de la loi du 5 mars 2007 concernant les pouvoirs de la chambre de l'instruction lors de l'audience de contrôle v. s[s] n° 245.46). Saisie de l'appel de l'ordonnance refusant de délivrer mandat de dépôt, elle ne peut donner injonction au juge d'instruction de le décerner, mais doit prendre elle-même cette mesure. La chambre d'accusation qui infirme une ordonnance du juge d'instruction en matière de détention provisoire ou de liberté, peut s'en réserver le contentieux pour la suite de l'instruction, bien que cette mesure ne soit pas prévue par la loi[11]. Il s'agit là d'une « faculté discrétionnaire » qui lui donne compétence pour prolonger la détention[12]. Mais la chambre d'accusation ne peut décider par avance que l'intéressé sera maintenu en détention lors du règlement[13], ni dire que la détention sera prolongée à l'échéance, si elle ne s'en est pas expressément réservé le pouvoir[14].

La chambre de l'instruction qui infirme l'ordonnance de refus du juge d'instruction, ne peut qu'ordonner un supplément d'information, et prendre en charge la mesure litigieuse, soit par elle-même, s'il s'agit d'une décision juridictionnelle, soit par un de ses membres ou un juge d'instruction délégué à cette fin, s'il s'agit d'un simple acte d'instruction (C. pr. pén., art. 205 et 207)[15]. Depuis la

9. En matière correctionnelle : Crim. 9 oct. 1969, *Bull. crim.*, n° 246; *D.* 1969, 688 – Crim. 27 avr. 1971, n° 70-92.384, *Bull. crim.*, n° 123.
10. Crim. 25 août 1854, *Bull. crim.*, n° 268 – Crim. 30 déc. 1842, *S.* 1843, 1, 303 – Crim. 22 déc. 1959, *Bull. crim.*, n° 569; *JCP* 1962, II, 12857 note P. Chambon.
11. Crim. 14 mai 1985, n° 85-91.294, *Bull. crim.*, n° 182 – Crim. 2 juill. 1985, n° 84-92.399, *Bull. crim.*, n° 252; *D.* 1985, IR 118, obs. Pradel.
12. Crim. 2 juin 1987, n° 87-81.816, *Bull. crim.*, n° 230 – Crim. 4 nov. 1987, n° 87-84.899, n° 87-85.308, n° 87-85.309, 3 esp., *Bull. crim.*, n° 386.
13. Crim. 21 janv. 1986, n° 85-95.517, *Bull. crim.*, n° 27.
14. Crim. 1er avr. 1992, n° 92-81.033, *Bull. crim.*, n° 136.
15. Crim. 15 nov. 1951, *Bull. crim.*, n° 296 – Crim. 10 févr. 1965, *Bull. crim.*, n° 43 – Crim. 13 févr. 1984, n° 82-93.814, *Bull. crim.*, n° 50 – Crim. 10 févr. 1987, n° 86-95.760, *Bull. crim.*, n° 66; *D.* 1987, 332, note P. Chambon – Crim. 8 nov. 1990, n° 90-85.741, n° 90-85.742, *Bull. crim.*, n° 374 – Crim. 25 juin 1996, n° 96-81.239, *Bull. crim.*, n° 272 – Sur le renvoi du dossier au juge d'instruction, v. CA Douai, ch. acc., 6 déc. 1983 : *JCP* 1984, II, 20300, note P. Chambon.

loi du 9 mars 2004 elle peut également procéder à une évocation partielle du dossier en ne procédant qu'à certains actes avant de renvoyer le dossier au juge d'instruction (C. pr. pén., art. 207, al. 2 - Sur le supplément d'information v. s[s] n°s 243.00 s.).

234.26 Nullités. Avant les lois des 4 janvier et 24 août 1993, les parties ne pouvaient pas invoquer des nullités de l'instruction pendant le cours de celle-ci[1] (v. s[s] n°s 203.11 à 203.13). Actuellement, la personne poursuivie comme la partie civile peut jusqu'à la clôture de l'information présenter une requête en annulation devant la chambre de l'instruction. Mais pas plus aujourd'hui qu'hier, les parties ne peuvent, à l'occasion de leur appel d'une ordonnance le plus souvent rendue en matière de détention ou de liberté, faire état d'une irrégularité ou d'une nullité de l'instruction étrangère à l'unique objet de l'appel[2] (v. s[s] n°s 203.43 et 203.44).

SECTION 3
TRANSMISSION DE LA PROCÉDURE ET POURSUITE DE L'INFORMATION

234.31 Transmission du dossier. Aux termes de l'article 186 alinéa 5 du Code de procédure pénale, « le dossier de l'information ou sa copie établie conformément à l'article 81 est transmise, avec l'avis motivé du procureur de la République au procureur général, qui procède ainsi qu'il est dit aux articles 194 et suivants ». C'est l'appel lui-même qui saisit la chambre de l'instruction, et le juge d'instruction n'a pas à rendre une ordonnance de transmission matérielle des pièces[3]. La transmission est opérée avec diligence, afin que l'arrêt sur l'appel, surtout en matière de détention, n'en soit pas retardé. L'avis motivé du procureur de la République, analogue au rapport d'appel en matière correctionnelle, rédigé à l'usage du procureur général, n'est pas forcément communiqué aux parties; seules sont obligatoirement communiquées les réquisitions du procureur général (C. pr. pén., art. 197, al. 3). L'article D. 40-3, issu du décret n° 2007-1620 du 15 novembre 2007 modifiant le Code de procédure pénale (troisième partie : Décrets) et relatif à l'utilisation des nouvelles technologies[4] dispose que « pour l'application des articles 186 et 186-1, ainsi que pour l'ensemble des transmissions de dossiers à la cour d'appel, la copie du dossier de l'information prévue par l'article 81 devant être adressée au procureur général ou au président de la chambre de l'instruction peut être la copie numérisée prévue par l'article D. 15-7. Elle peut être transmise par un moyen de communication électronique ».

234.32 Ordonnance de non-admission. Le président de la chambre de l'instruction qui constate qu'il a été fait appel d'une ordonnance non visée aux alinéas 1 à 3 de l'article 186, rend une ordonnance de non-admission de l'appel, non susceptible de voies de recours (C. pr. pén., art. 186, al. 6). De même, il décide par une ordonnance insusceptible de recours s'il y a lieu de saisir la chambre de l'instruction de l'appel de l'une des ordonnances visées par l'article 186-1. Dans la négative, il ordonne par décision motivée le renvoi du dossier au juge d'instruction (C. pr. pén., art. 186-1, al. 3 à 5). Le pourvoi contre l'une ou l'autre de ces ordonnances est irrecevable[5]. Depuis l'entrée en vigueur de la loi du 9 septembre 2002, il en est de même lorsqu'il est fait appel, après l'expiration du délai, de toute ordonnance ou lorsque l'appel est devenu sans objet (C. pr. pén., art. 186, al. 8). Il en est de même lorsque l'appel a été formé après l'expiration du délai prévu au quatrième alinéa ou lorsque l'appel est devenu sans objet. Le président de la chambre de l'instruction est également compétent pour constater le désistement de l'appel formé par l'appelant (C. pr. pén., art. 186, al. dern.).

234.33 Le président de la chambre de l'instruction excède ses pouvoirs quand il décide la non-admission de l'appel d'une ordonnance visée par l'article 186[6]. Lorsque le procureur de la République a requis du magistrat instructeur sur le fondement de l'article 82 du Code de procédure pénale, l'expertise psychiatrique d'une personne mise en examen, son appel de l'ordonnance qui refuse d'y faire droit n'entre pas dans les prévisions de l'article 186-1 dudit code, mais relève des seules dispositions de l'article 185 de ce code. Dès lors, encourt la cassation la chambre d'accusation qui, pour se déclarer non saisie de l'appel du procureur de la République contre une ordonnance de refus d'expertise psychiatrique rendue par le juge d'instruction, retient que l'affaire a été directement

1. Crim. 16 nov. 1950, *JCP* 1951, II, 6033, note 6033.
2. Par ex., crim., 20 oct. 1987, n° 87-84.729, *Bull. crim.*, n° 356 – Crim. 19 sept. 1989, n° 89-84.051, *Bull. crim.*, n° 322 – Crim. 19 nov. 1990, n° 90-85.571, *Bull. crim.*, n° 390 – Crim. 8 déc. 1993, n° 93-84.247, *Bull. crim.*, n° 380 – Crim. 1er juin 1994, n° 94-81.280, *Bull. crim.*, n° 221 – Crim. 30 mai 1995, n° 95-81.375, n° 95-81.425, *Bull. crim.*, n° 195.
3. Crim. 21 avr. 1904, *Bull. crim.*, n° 187.
4. D. n° 2007-1620, 15 nov. 2007, *JO* 17 nov., n° 267, p. 18865.
5. Crim. 26 févr. 1985, n° 84-93.846, *Bull. crim.*, n° 89 – Crim. 27 mai 1986, n° 85-95.841, *Bull. crim.*, n° 174 – Crim., ord. prés., 1er déc. 1989, n° 89-86.462, *Bull. crim.*, n° 459 – Crim. 11 janv. 2000, n° 99-85.939, *Bull. crim.*, n° 9; *BICC* 511, n° 393.
6. Crim. 6 avr. 1993, n° 92-84.778, *Bull. crim.*, n° 147.

audiencée devant la chambre d'accusation, sans avoir été transmise préalablement au président de cette juridiction[1]. N'excède pas ses pouvoirs le président de la chambre de l'instruction qui, constatant qu'une demande d'actes d'instruction a été formée par lettre adressée au juge d'instruction et non au greffier comme l'exige l'article 81 alinéa 10 du Code de procédure pénale, décide qu'il n'y a pas lieu de saisir la chambre d'accusation de l'appel de l'ordonnance par laquelle le juge d'instruction a rejeté ladite demande.

Excède ses pouvoirs le président de la chambre d'accusation qui rend une ordonnance de non admission de l'appel interjeté par la partie civile d'une ordonnance de renvoi devant le tribunal correctionnel faisant grief à ses intérêts civils dès lors que le juge d'instruction a omis de statuer sur une infraction dénoncée dans la plainte[2]. Saisi de l'appel d'une ordonnance du juge d'instruction ayant désigné un administrateur *ad hoc* pour exercer, au nom d'un enfant mineur, les droits reconnus à la partie civile, le président de la chambre de l'instruction excède ses pouvoirs en décidant de ne pas soumettre l'appel à la chambre de l'instruction aux motifs que ladite ordonnance n'entre pas dans les prévisions de l'article 186 du Code de procédure pénale, alors que l'appel est prévu par l'article R. 53-7 du même code[3]. Une ordonnance de renvoi, statuant également sur la compétence internationale des juridictions françaises, entre dans les prévisions de l'article 186 alinéa 3 du Code de procédure pénale. En conséquence, doit être annulée la décision du président de la chambre de l'instruction déclarant non-admis l'appel d'une telle ordonnance[4].

234.34 Poursuite de l'instruction. L'article 187 du Code de procédure pénale dispose : « Lorsqu'il est interjeté appel d'une ordonnance autre qu'une ordonnance de règlement, le juge d'instruction poursuit son information, sauf décision contraire du président de la chambre de l'instruction »[5]. Antérieurement, la poursuite de l'information par le juge d'instruction pendant l'instance d'appel était rendue impossible par ce seul fait que ce magistrat était dessaisi du dossier, qui n'existait qu'en un seul exemplaire. Le même principe est en vigueur quand la chambre de l'instruction est directement saisie dans le cas des articles 81 alinéa 9, 82-1 alinéa 2, 156 alinéa 2 et 167 alinéa 4, et également quand elle est saisie d'une requête en nullité dans le cas de l'article 173 (C. pr. pén., art. 187, al. 1 et 2).

Pendant l'instance d'appel d'une ordonnance rendue en matière d'expertise, ou de mise en liberté, interjeté par l'inculpé, le juge d'instruction conserve sa compétence pour statuer sur la prolongation de la détention[6]. Le juge d'instruction est fondé, sur la base des dispositions de l'article 187, à poursuivre son information, nonobstant l'appel par l'inculpé d'une ordonnance de prolongation de la détention, à communiquer son dossier au parquet dès que la procédure lui paraît terminée, et à rendre une ordonnance de transmission des pièces au procureur général[7]. Il en est ainsi alors même que l'arrêt de la chambre d'accusation statuant sur l'appel a été frappé d'un pourvoi en cassation, cette instance en cassation n'ayant nullement pour effet de suspendre le cours de l'information, dont la question de liberté ne constitue qu'un incident[8]. Si, selon l'article 187 du Code de procédure pénale, lorsqu'il est interjeté appel notamment d'une ordonnance de rejet de demande de contre-expertise, le juge d'instruction peut poursuivre son information y compris jusqu'au règlement, le renvoi de l'affaire devant le tribunal correctionnel n'a pas pour effet de priver la partie appelante du droit de faire examiner son recours par la chambre de l'instruction[9].

1. Crim. 28 avr. 1998, n° 98-80.366, *Bull. crim.*, n° 142; *D.* 1998, IR 179.
2. Crim. 17 nov. 1999, n° 99-83.596, *Bull. crim.*, n° 264 – Crim. 6 déc. 2005, n° 05-85.811, *Bull. crim.*, n° 316; *D.* 2006, IR 253.
3. Crim. 16 mars 2005, n° 04-83.300, *Bull. crim.*, n° 93; *D.* 2005, IR 1250; *Procédures* 2005, comm. n° 166, note J. Buisson.
4. Crim. 16 févr. 2005, n° 04-86.948, *Bull. crim.*, n° 66; *JCP* 2005, IV, 1785; *Procédures* 2005, comm. n° 165, obs. Buisson.
5. Crim. 17 nov. 1998, n° 97-85.908, *Bull. crim.*, n° 303; *D.* 1999, IR 39; *JCP* 1999, IV, 1716; *Gaz. Pal.* 22/24 mars 1999 (v. les attendus s[s] n° 234.02).
6. Crim. 11 janv. 1961, *Bull. crim.*, n° 20; *D.* 1961, 196, note J.-M. R. – Crim. 18 oct. 1983, n° 83-93.738, *Bull. crim.*, n° 252; *D.* 1984, IR 47.
7. Crim. 17 mai 1966, *Bull. crim.*, n° 150.
8. Crim., ord. prés., 26 nov. 1959, *Bull. crim.*, n° 512 – Crim. 3 févr. 1967, *Bull. crim.*, n° 51; *D.* 1967, 341.
9. Crim. 7 juin 2006, n° 05-86.427, *Bull. crim.*, n° 160; *Gaz. Pal.* 2-3 févr. 2007, jur. p. 16, note Y. Monnet; *JCP* 2007, I, 111, chron. A. Maron.

TITRE

24. La chambre de l'instruction

SECTION 0

ORIENTEUR

240.00 Plan du titre.

Chap. 241 Procédure

Sect. 1 Mise en état

Sect. 2 Mémoires

Sect. 3 Déroulement de l'audience

Sect. 4 Comparution personnelle des parties

Sect. 5 Délais dans les affaires autres que la détention provisoire

Sect. 6 Délais dans les décisions portant sur la détention provisoire, procédure d'appel

Sect. 7 Délais dans les décisions portant sur la détention provisoire, procédure de saisine directe pendant l'information

Chap. 242 Saisine de la chambre de l'instruction

Sect. 1 Modes de saisine

Sect. 2 Étendue de la saisine – Principes

Sect. 3 Règles qui s'imposent à la chambre de l'instruction saisie d'un objet particulier

Sect. 4 Possibilités d'autosaisine de la chambre de l'instruction

Sect. 5 Pouvoir d'évocation de la chambre de l'instruction

Sect. 6 Extension de l'information à d'autres infractions

Sect. 7 Extension de l'information à d'autres personnes

Chap. 243 Supplément d'information, exercice du pouvoir de révision ou d'évocation

Sect. 1 Organes compétents pour ordonner un complément d'information

Sect. 2 Pouvoirs du juge délégué

Sect. 3 Détention lors de la mise en œuvre du supplément d'information

Sect. 4 Sursis à statuer

Chap. 244 Pouvoirs propres du président de la chambre de l'instruction

Sect. 1 Surveillance du bon fonctionnement et célérité de l'instruction

Sect. 2 Missions du président de la chambre de l'instruction en matière de détention provisoire

Sect. 3 Pouvoir de filtrage

Sect. 4 Pouvoir de suspendre l'information

Sect. 5 Pouvoir d'ordonner une co-saisine

Sect. 6 Pouvoirs propres en matière d'expertise

Chap. 245 Audience de contrôle

Sect. 1 Cadre d'intervention

Sect. 2 Procédure

Sect. 3 Audience de la chambre de l'instruction

Sect. 4 Décision de la chambre de l'instruction

Sect. 5 Renouvellement de la demande

Sect. 6 Les effets de l'audience de contrôle

Chap. 246 La procédure en matière de mandat d'arrêt européen

Sect. 1 Rôle du parquet général

Sect. 2 Le rôle de la chambre de l'instruction

Chap. 247 La procédure en matière d'irresponsabilité pénale pour cause de trouble mental

Sect. 1 La saisine de la chambre de l'instruction

Sect. 2 Procédure devant la chambre de l'instruction

Sect. 3 Mesures de sûreté pouvant être ordonnées en cas de déclaration d'irresponsabilité pénale pour cause de trouble mental

Sect. 4 Application de la loi dans le temps

240.01 Textes applicables.

C. pr. pén., art. 115, 137-1, 140, 145-1, 145-2 148, 148-2, 148-4, 148-8, 173, 173-1, 174, 175-1, 175-2, 181, 185, 186, 186-1, 186-2, 193, 194, 197, 197-1, 198, 199, 199-1, 201, 202, 204, 205, 206, 207, 207-1, 208, 209, 216, 219, 220, 221, 221-1, 221-2, 221-3, 222, 223, 283, 397-2, 463, 609, 610, 659, 695-13, 695-26 à 695-46,

706-122 à 706-126, 706-128, 706-135 à 706-140, 802, 803-1.

C. pr. pén., art. R. 200.

C. pr. pén., art. D. 43-1, D. 43-2, D. 43-3, D. 43-4, D. 47-27 à D. 47-32.

240.02 **Jurisprudence de référence.**

Crim. 18 mai 1989, n° 89-81.834, *Bull. crim.*, n° 207.

Crim. 2 févr. 2000, n° 99-87.104, *Bull. crim.*, n° 54.

Crim. 14 sept. 2005, n° 05-84.551, *Bull. crim.*, n° 228; *Procédures* 2005, comm 258, note J. Buisson; *D.* 2005, IR 2549; *JCP* 2005, IV, 3191; *AJ pénal* 2005, 417.

Crim. 29 janvier 2009, n° 08-83.492, *Bull. crim.*, n° 24.

Crim. 17 févr. 2009, n° 08-87.726, *Bull. crim.*, n° 39; *D.* 2009, AJ 623, note S. Lavric; *D.* 2009, 1249, note J. Pradel.

Crim. 17 mars 2009, n° 08-88.460, *Bull. crim.*, n° 56; *AJ Pénal* 2009, 233, obs. J. Lasserre Capdeville; *D.* 2009, 1091.

240.03 **Bibliographie indicative.** (V. les références complètes s[s] n° 03.)

Ouvrages. Angevin H., *La pratique de la chambre de l'instruction,* 2e éd., Éd. Juris-classeur, Litec, 2004 – Bouloc B., *L'acte d'instruction,* Lgdj, 1965 – Chambon P., *La chambre d'accusation,* Dalloz, 1978.

Actualisables. J.-CL. PROC. PÉN., Angevin H., « La chambre de l'instruction » – RÉP. PÉN., Coste F.-L., « La chambre de l'instruction ».

Articles. Arrighi C., « Les pouvoirs du président de la chambre d'accusation après la loi du 30 décembre 1996 », *RSC* 1998, 687; « De la chambre d'accusation à la chambre de l'instruction », *Rev pénit.* 2001, p. 123 – Besson A., « Esquisse d'une réforme de notre procédure pénale », *D.* 1955, chron. 55; « L'origine, l'esprit et la portée du Code de procédure pénale », *D.* 1959, 271 – Bimes-Arbus A., « Les pouvoirs du président de la chambre d'accusation », *LPA* 23 févr. 2000, p. 4 – Buisson J., « Exécution d'un mandat d'arrêt européen », *Procédures* 2005, comm. 258; « La déclaration d'irresponsabilité pénale pour cause de trouble mental : loi du 25 février 2008 », *Procédures* avr. 2008, ét. 4, p. 5 – Cohen C., « Le mandat d'arrêt européen : mirage ou faux semblant ? », *Gaz. Pal.* 9 avr. 2002, p. 27 – Commaret D., « Le mandat d'arrêt européen », *RSC* 2005, 326 s. – De Gentili-Picard L., « La mise en œuvre du mandat d'arrêt européen en France », *JCP* 2004, I, 168 – Delmas-Marty M., « Vers une autre logique juridique. À propos de la jurisprudence de la Convention européenne des droits de l'Homme », *D.* 1988, chron. 221 – Donnedieu de Vabres, « Projet de réforme », *RSC* 1949, 433, 617 et 796 – Detraz S., « La création d'une nouvelle décision de règlement de l'instruction : la décision d'irresponsabilité pénale pour cause de trouble mental », *RSC* 2008, chron. 873 – Enderlin C.-S., « Le mandat d'arrêt européen et son application en Europe », *AJ pénal* 2006, 24; À propos de l'arrêt de la Cour de cassation, chambre criminelle du 8 juillet 2004, procédure pénale, mandat, la procédure du mandat d'arrêt européen cède devant la compétence territoriale française : *AJ Pénal* 2004, 372; À propos de l'arrêt de la Cour de cassation, chambre criminelle du 8 juin 2005, mandat d'arrêt européen, imprécision de l'énoncé des faits et validité de la procédure : *AJ Pénal* 2005, 289; À propos de l'arrêt de la Cour de cassation, chambre criminelle du 15 mars 2005, mandat d'arrêt européen, régime d'une demande d'extradition antérieure à l'entrée en vigueur du mandat d'arrêt : *AJ Pénal* 2005, 245 – Guéry Ch., « Les pouvoirs de la chambre de l'instruction et la liberté magistrat instructeur », *D.* 2007, chron. 603; « La loi du 5 mars 2007 et l'instruction préparatoire », *AJ pénal* 2007, 105 – Guyenot J.-M., « Le pouvoir de révision et le droit d'évocation de la chambre d'accusation », *RSC* 1964, 559 – Jeandidier W., « Requiem pour la chambre d'accusation », *JCP* 2000, I, 1270 – Jégouzo I., « Le mandat d'arrêt européen ou la première concrétisation de l'espace judiciaire européen », *Gaz. Pal.* 21/22 juill. 2004, doctr. p. 2 – Kriegk J.-Fr., « Le mandat d'arrêt européen et les projets de lutte contre le terrorisme », *LPA* 22 mai 2002, doctr. p. 12 – Lainé S., « Le mandat d'arrêt européen, Présentation et aspects pratiques », *AJ Pénal* 2006, 9 – Le Gall, « Mandats d'arrêt et mandats d'amener », *Gaz. Pal.* 1985, 1, doctr. 117 – Leblois-Happe J., « L'arrêt de la Cour constitutionnelle allemande du 18 juillet 2005 », *AJ pénal* 2006, 32 – Lemoine P., « Le mandat d'arrêt européen devant la chambre criminelle », *AJ pénal* 2006, 14 – Malabat V., « Observations sur la nature du mandat d'arrêt européen », *Dr. pén.* 2004, ét. n° 17 – Mimin P., « Pitié pour la chambre d'accusation », *JCP* 1956, I, 1324 – Mistretta P., « De la répression à la sûreté, les derniers subterfuges du droit pénal », *JCP* 2008, act. 145 – Pradel J., « Le mandat d'arrêt européen, un premier pas vers une révolution copernicienne dans le droit français de l'extradition », *D.* 2004, chron. 1392; « Une double révolution en droit pénal français avec la loi du 25 février 2008 sur les criminels dangereux », *D.* 2008, 1000 – Senatore A., « Le mandat d'arrêt européen et les procédures de remise entre États membres de l'Union européenne », *JCP* 2002, act. 1773 – Taupiac G., « Étude sur l'expérience et la pertinence du mandat d'arrêt européen », *Dr. pén.* 2006, ét. n° 15 – Vouin R., « Prière pour la chambre d'accusation », *JCP* 1955, I, 1221; « Justice pour la chambre d'accusation », *JCP* 1956, I, 1327.

240.04 **Évolution.** L'article 83 de la loi du 15 juin 2000 a modifié le nom de l'ancienne chambre d'accusation en chambre de l'instruction dans toutes les dispositions du Code de procédure pénale qui mentionnaient ce terme. La chambre d'accusation avait en effet, dès l'origine, comme fonction principale, la mise en accusation devant la cour d'assises, tous les crimes devant obligatoirement être soumis à son appréciation avant saisine de la juridiction criminelle. Cette chambre d'accusation succédait d'ailleurs elle-même à la chambre des mises en accusation, terme encore plus explicite de sa fonction.

240.05 **Rapport du Comité de réflexion sur la justice pénale dit Rapport Léger.** Le comité Léger préconise le remplacement de la chambre de l'instruction par une chambre de l'enquête et des libertés (CHEL) soumise à des règles procédurales simplifiées. Cette formation serait compétente pour examiner les appels formés à l'encontre des décisions du juge de l'enquête et des libertés (JEL) ainsi que la régularité des actes d'enquête. Le filtre du président pourrait être supprimé (rapp., p. 28). Le comité propose également que les mêmes règles soient appliquées pour le calcul de l'ensemble des délais de procédure (p. 45).

240.09 **Avertissement.** Il convient de préciser qu'on ne trouvera ici que les éléments qui n'ont pas encore été exposés dans les livres précédents. De nombreux points ont en effet déjà été évoqués dans le cadre du premier degré de l'instruction préparatoire, il en est ainsi notamment des principes concernant l'appel, les nullités de procédure, le contentieux de la détention provisoire et du contrôle judiciaire. Nous n'aborderons ces sujets que pour signaler des points spécifiques à la procédure devant la chambre de l'instruction et renverront pour le reste aux autres livres de cet ouvrage. Ne seront pas non plus abordées les questions de la compétence de la chambre de l'instruction mais qui ne concernent pas l'instruction préparatoire (extradition, confusion de peines, réhabilitation, contrôle des activités des agents et officiers de police judiciaire, règlement de juge, taxe de frais de justice [1]). La présente édition contient deux chapitres nouveaux consacrés au mandat d'arrêt européen (France État requis, Chapitre 246) et à la procédure applicable en cas d'irresponsabilité pénale pour cause de trouble mental (Chapitre 247).

1. Sur ces points v. H. Angevin, *La pratique de la chambre de l'instruction,* 2e éd., Éd. Juris-classeur, Litec, 2004.

CHAPITRE

241. Procédure

SECTION 0
ORIENTEUR

241.00 Plan du chapitre.

Sect. 1	Mise en état
Sect. 2	Mémoires
Sect. 3	Déroulement de l'audience
Sect. 4	Comparution personnelle des parties
Sect. 5	Délais dans les affaires autres que la détention provisoire
Sect. 6	Délais dans les décisions portant sur la détention provisoire, procédure d'appel
Sect. 7	Délais dans les décisions portant sur la détention provisoire, procédure de saisine directe pendant l'information

241.01 Textes applicables.

C. pr. pén., art. 115, 140, 148, 148-2, 148-4, 148-8, 181, 186-2, 193, 194, 197, 197-1, 198, 199, 199-1, 216, 802, 803-1.

C. pr. pén., art. 115 [L. n° 2004-204, 9 mars 2004]

Les parties peuvent à tout moment de l'information faire connaître au juge d'instruction le nom de l'avocat choisi par elles; si elles désignent plusieurs avocats, elles doivent faire connaître celui d'entre eux auquel seront adressées les convocations et notifications; à défaut de ce choix, celles-ci seront adressées à l'avocat premier choisi.

Sauf lorsqu'il s'agit de la première désignation d'un avocat par une partie ou lorsque la désignation intervient au cours d'un interrogatoire ou d'une audition, le choix effectué par les parties en application de l'alinéa précédent doit faire l'objet d'une déclaration au greffier du juge d'instruction. La déclaration doit être constatée et datée par le greffier qui la signe ainsi que la partie concernée. Si celle-ci ne peut signer, il en est fait mention par le greffier. Lorsque la partie ne réside pas dans le ressort de la juridiction compétente, la déclaration au greffier peut être faite par lettre recommandée avec demande d'avis de réception.

Lorsque la personne mise en examen est détenue, le choix effectué par elle en application du premier alinéa peut également faire l'objet d'une déclaration auprès du chef de l'établissement pénitentiaire. Cette déclaration est constatée et datée par le chef de l'établissement qui la signe ainsi que la personne détenue. Si celle-ci ne peut signer, il en est fait mention par le chef de l'établissement. Ce document est adressé sans délai, en original ou en copie et par tout moyen, au greffier du juge d'instruction. La désignation de l'avocat prend effet à compter de la réception du document par le greffier.

Lorsque la personne mise en examen est détenue, le choix peut également résulter d'un courrier désignant un avocat pour assurer sa défense. La déclaration prévue au deuxième alinéa doit alors être faite par l'avocat désigné; celui-ci remet au greffier une copie, complète ou partielle, du courrier qui lui a été adressé, et qui est annexée par le greffier à la déclaration. La personne mise en examen doit confirmer son choix dans les quinze jours selon l'une des modalités prévues aux deuxième et troisième alinéas. Pendant ce délai, la désignation est tenue pour effective.

C. pr. pén., art. 140

La mainlevée du contrôle judiciaire peut être ordonnée à tout moment par le juge d'instruction, soit d'office, soit sur les réquisitions du procureur de la République, soit sur la demande de la personne après avis du procureur de la République.

Le juge d'instruction statue sur la demande de la personne dans un délai de cinq jours, par ordonnance motivée.

Faute par le juge d'instruction d'avoir statué dans ce délai, la personne peut saisir directement de sa demande la chambre de l'instruction qui, sur les réquisitions écrites et motivées du procureur général, se prononce dans les vingt jours de sa saisine. À défaut, la mainlevée du contrôle judiciaire est acquise de plein droit, sauf si des vérifications concernant la demande de la personne ont été ordonnées.

C. pr. pén., art. 148, al. 5 [L. n° 2004-204, 9 mars 2004]
[...]
Faute par le juge des libertés et de la détention d'avoir statué dans le délai fixé au troisième alinéa, la personne peut saisir directement de sa demande la chambre de l'instruction qui, sur les réquisitions écrites et motivées du procureur général, se prononce dans les vingt jours de sa saisine faute de quoi la personne est mise d'office en liberté sauf si des vérifications concernant sa demande ont été ordonnées. Le droit de saisir dans les mêmes conditions la chambre de l'instruction appartient également au procureur de la République.

C. pr. pén., art. 148-2 [L. n° 2004-204, 9 mars 2004]
Toute juridiction appelée à statuer, en application des articles 141-1 et 148-1, sur une demande de mainlevée totale ou partielle du contrôle judiciaire ou sur demande de mainlevée totale ou partielle du contrôle judiciaire ou sur une demande de mise en liberté se prononce après audition du ministère public, du prévenu ou de son avocat; le prévenu non détenu et son avocat sont convoqués, par lettre recommandée, quarante-huit heures au moins avant la date de l'audience. Si la personne a déjà comparu devant la juridiction moins de quatre mois auparavant, le président de cette juridiction peut en cas de demande de mise en liberté refuser la comparution personnelle de l'intéressé par une décision motivée qui n'est susceptible d'aucun recours.

Lorsque la personne n'a pas encore été jugée en premier ressort, la juridiction saisie statue dans les dix jours ou les vingt jours de la réception de la demande, selon qu'elle est du premier ou du second degré. Lorsque la personne a déjà été jugée en premier ressort et qu'elle est en instance d'appel, la juridiction saisie statue dans les deux mois de la demande. Lorsque la personne a déjà été jugée en second ressort et qu'elle a formé un pourvoi en cassation, la juridiction saisie statue dans les quatre mois de la demande.

Toutefois, lorsqu'au jour de la réception de la demande il n'a pas encore été statué soit sur une précédente demande de mise en liberté ou de mainlevée de contrôle judiciaire, soit sur l'appel d'une précédente décision de refus de mise en liberté ou de mainlevée du contrôle judiciaire, les délais prévus ci-dessus ne commencent à courir qu'à compter de la décision rendue par la juridiction compétente. Faute de décision à l'expiration des délais, il est mis fin au contrôle judiciaire ou à la détention provisoire, le prévenu, s'il n'est pas détenu pour une autre cause, étant d'office remis en liberté.

La décision du tribunal est immédiatement exécutoire nonobstant appel; lorsque le prévenu est maintenu en détention, la cour se prononce dans les vingt jours de l'appel, faute de quoi le prévenu, s'il n'est pas détenu pour autre cause, est mis d'office en liberté.

C. pr. pén., art. 148-4
À l'expiration d'un délai de quatre mois depuis sa dernière comparution devant le juge d'instruction ou le magistrat par lui délégué et tant que l'ordonnance de règlement n'a pas été rendue, la personne détenue ou son avocat peut saisir directement d'une demande de mise en liberté la chambre de l'instruction qui statue dans les conditions prévues à l'article 148 [dernier alinéa].

C. pr. pén., art. 148-8
Lorsque la personne mise en examen entend saisir la chambre de l'instruction en application des dispositions des articles 140, troisième alinéa, 148, sixième alinéa, ou 148-4, sa demande est faite, dans les formes prévues par les articles 148-6 et 148-7, au greffier de la chambre de l'instruction compétente ou au chef de l'établissement pénitentiaire qui en assure la transmission.

Lorsque le président de la chambre de l'instruction constate que cette juridiction a été directement saisie, sur le fondement des articles 140, 148, sixième alinéa, ou 148-4, d'une demande de mainlevée du contrôle judiciaire ou de mise en liberté manifestement irrecevable, il peut décider, par une ordonnance motivée non susceptible de voie de recours, qu'il n'y a pas lieu de statuer sur cette demande; dans ce cas, la demande et l'ordonnance sont versées au dossier de la procédure.

C. pr. pén., art. 181 [L. n° 2004-204, 9 mars 2004]
Si le juge d'instruction estime que les faits retenus à la charge des personnes mises en examen constituent une infraction qualifiée crime par la loi, il ordonne leur mise en accusation devant la cour d'assises.

Il peut également saisir cette juridiction des infractions connexes.

L'ordonnance de mise en accusation contient, à peine de nullité, l'exposé et la qualification légale des fait, objet de l'accusation, et précise l'identité de l'accusé. Elle précise également, s'il y a lieu, que l'accusé bénéficie des dispositions de l'article 132-78 du Code pénal.

Lorsqu'elle est devenue définitive, l'ordonnance de mise en accusation couvre, s'il en existe, les vices de la procédure.

Le contrôle judiciaire dont fait l'objet l'accusé continue à produire ses effets.

La détention provisoire ou le contrôle judiciaire des personnes renvoyées pour délit connexe prend fin, sauf s'il est fait application des dispositions du troisième alinéa de l'article 179. Le délai prévu par le quatrième alinéa de l'article 179 est alors porté à six mois.

Si l'accusé est placé en détention provisoire, le mandat de dépôt décerné contre lui conserve sa force exécutoire et l'intéressé reste détenu jusqu'à son jugement par la cour d'assises, sous réserve des dispositions des deux alinéas suivants et de l'article 148-1. S'il a été décerné, le mandat d'arrêt conserve sa force exécutoire; s'ils ont été décernés, les mandats d'amener ou de recherche cessent de pouvoir recevoir exécution, sans préjudice de la possibilité pour le juge d'instruction de délivrer mandat d'arrêt contre l'accusé.

L'accusé détenu en raison des faits pour lesquels il est renvoyé devant la cour d'assises est immédiatement remis en liberté s'il n'a pas comparu devant celle-ci à l'expiration d'un délai d'un an à compter soit de la date à laquelle la décision de mise en accusation est devenue définitive s'il était alors détenu, soit de la date à laquelle il a été ultérieurement placé en détention provisoire.

Toutefois, si l'audience sur le fond ne peut débuter avant l'expiration de ce délai, la chambre de l'instruction peut, à titre exceptionnel, par une décision rendue conformément à l'article 144 et mentionnant les raisons de fait ou de droit faisant obstacle au jugement de l'affaire, ordonner la prolongation de la détention provisoire pour une nouvelle durée de six mois. La comparution de l'accusé est de droit si lui-même ou son avocat en font la demande. Cette prolongation peut être renouvelée une fois dans les mêmes formes. Si l'accusé n'a pas comparu devant la cour d'assises à l'issue de cette nouvelle prolongation, il est immédiatement remis en liberté.

Le juge d'instruction transmet le dossier avec son ordonnance au procureur de la République. Celui-ci est tenu de l'envoyer sans retard au greffe de la cour d'assises.

Les pièces à conviction, dont il est dressé état, sont transmises au greffe de la cour d'assises si celle-ci siège dans un autre tribunal que celui du juge d'instruction.

C. pr. pén., art. 186-2

En cas d'appel contre une ordonnance prévue par l'article 181, la chambre de l'instruction statue dans les quatre mois de l'ordonnance, faute de quoi, si la personne est détenue, elle est mise d'office en liberté.

C. pr. pén., art. 193

La chambre de l'instruction se réunit au moins une fois par semaine et, sur convocation de son président ou à la demande du procureur général, toutes les fois qu'il est nécessaire.

C. pr. pén., art. 194

Le procureur général met l'affaire en état dans les quarante-huit heures de la réception des pièces en matière de détention provisoire et dans les dix jours en toute autre matière; il la soumet, avec son réquisitoire, à la chambre de l'instruction.

Dans les cas prévus par les articles 173 et 186-1, ou lorsqu'elle est directement saisie en application des articles 81, neuvième alinéa, 82-1, deuxième alinéa, 156, deuxième alinéa, ou 167, quatrième alinéa, la chambre de l'instruction doit statuer dans les deux mois à compter de la transmission du dossier au procureur général par le président de la chambre de l'instruction.

En matière de détention provisoire, la chambre de l'instruction doit se prononcer dans les plus brefs délais et au plus tard dans les dix jours de l'appel lorsqu'il s'agit d'une ordonnance de placement en détention et dans les quinze jours dans les autres cas, faute de quoi la personne concernée est mise d'office en liberté, sauf si des vérifications concernant sa demande ont été ordonnées ou si des circonstances imprévisibles et insurmontables mettent obstacle au jugement de l'affaire dans le délai prévu au présent article.

C. pr. pén., art. 197

Le procureur général notifie par lettre recommandée à chacune des parties et à son avocat la date à laquelle l'affaire sera appelée à l'audience. La notification est faite à la personne détenue par les soins du chef de l'établissement pénitentiaire qui adresse, sans délai, au procureur général l'original ou la copie du récépissé signé par la personne. La notification à toute personne non détenue, à la partie civile ou au requérant mentionné au cinquième alinéa de l'article 99 est faite à la dernière adresse déclarée tant que le juge d'instruction n'a pas clôturé son information.

Un délai minimum de quarante-huit heures en matière de détention provisoire, et de cinq jours en toute autre matière, doit être observé entre la date d'envoi de la lettre recommandée et celle de l'audience.

Pendant ce délai, le dossier est déposé au greffe de la chambre de l'instruction et tenu à la disposition des avocats des personnes mises en examen et des parties civiles dont la constitution n'a pas été contestée ou, en cas de contestation, lorsque celle-ci n'a pas été retenue.

Copie leur en est délivrée sans délai, à leurs frais, sur simple requête écrite. Ces copies ne peuvent être rendues publiques.

C. pr. pén., art. 197-1

En cas d'appel d'une ordonnance de non-lieu, le témoin assisté peut, par l'intermédiaire de son avocat, faire valoir ses observations devant la chambre de l'instruction. La date de l'audience est notifiée à l'intéressé et à son avocat conformément aux dispositions de l'article 197.

C. pr. pén., art. 198

Les parties et leurs avocats sont admis jusqu'au jour de l'audience à produire des mémoires qu'ils communiquent au ministère public et aux autres parties.

Ces mémoires sont déposés au greffe de la chambre de l'instruction et visés par le greffier avec l'indication du jour et de l'heure du dépôt.

Lorsqu'un avocat n'exerce pas dans la ville où siège la chambre de l'instruction, il peut adresser son mémoire au greffier, au ministère public et aux autres parties par télécopie ou par lettre recommandée avec demande d'avis de réception qui doit parvenir à leurs destinataires avant le jour de l'audience.

C. pr. pén., art. 199 [L. n° 2007-291, 5 mars 2007, art. 12 I, II, *JO* 6 mars]

Les débats se déroulent et l'arrêt est rendu en chambre du conseil. Toutefois, si la personne majeure mise en examen ou son avocat le demande dès l'ouverture des débats, ceux-ci se déroulent et l'arrêt est rendu en séance publique, sauf si la publicité est de nature à entraver les investigations spécifiques nécessitées par l'instruction ou à nuire à la dignité de la personne ou aux intérêts d'un tiers. La chambre de l'instruction statue sur cette demande, après avoir recueilli les observations du procureur général et, le cas échéant, des avocats des autres parties, par un arrêt rendu en chambre du conseil qui n'est susceptible de pourvoi en cassation qu'en même temps que l'arrêt portant sur la demande principale.

En matière de détention provisoire, et par dérogation aux dispositions du premier alinéa, si la personne mise en examen est majeure, les débats se déroulent et l'arrêt est rendu en audience publique. Toutefois, le ministère public, la personne mise en examen ou la partie civile ou leurs avocats peuvent, avant l'ouverture des débats, s'opposer à cette publicité si celle-ci est de nature à entraver les investigations spécifiques nécessitées par l'instruction, à porter atteinte à la présomption d'innocence ou à la sérénité des débats ou à nuire à la dignité de la personne ou aux intérêts d'un tiers, ou si l'enquête porte sur des faits visés à l'article 706-73. La chambre statue sur cette opposition après avoir recueilli les observations du ministère public et des parties, par un arrêt rendu en chambre du conseil qui n'est susceptible de pourvoi en cassation qu'en même temps que l'arrêt portant sur la demande principale. Si la chambre fait droit à cette opposition ou si la personne mise en examen est mineure, les débats ont lieu et l'arrêt est rendu en chambre du conseil. Il en est de même si la partie civile s'oppose à la publicité, dans les seuls cas où celle-ci est en droit de demander le huis-clos lors de l'audience de jugement.

Après le rapport du conseiller, le procureur général et les avocats des parties sont entendus.

La chambre de l'instruction peut ordonner la comparution personnelle des parties ainsi que l'apport des pièces à conviction.

Il est donné lecture de l'arrêt par le président ou par l'un des conseillers; cette lecture peut être faite même en l'absence des autres conseillers.

En matière de détention provisoire, la comparution personnelle de la personne concernée est de droit si celle-ci ou son avocat en fait la demande; cette requête doit, à peine d'irrecevabilité, être présentée en même temps que la déclaration d'appel ou que la demande de mise en liberté adressée à la chambre de l'instruction. Si la personne a déjà comparu devant la chambre de l'instruction moins de quatre mois auparavant, le président de cette juridiction peut, en cas d'appel d'une ordonnance rejetant une demande de mise en liberté, refuser la comparution personnelle de l'intéressé par une décision motivée qui n'est susceptible d'aucun recours.

En cas de comparution personnelle de la personne concernée, le délai maximum prévu au troisième alinéa de l'article 194 est prolongé de cinq jours.

C. pr. pén., art. 199-1

En cas d'appel d'une ordonnance de non-lieu motivée par les dispositions du premier alinéa de l'article 122-1 du Code pénal, la chambre de l'instruction doit, à la demande de la partie civile, ordonner la comparution personnelle de la personne mise en examen, si l'état de cette dernière le permet. Cette demande doit, à peine d'irrecevabilité, être présentée en même temps que la demande d'appel.

Si la comparution personnelle de la personne mise en examen a été ordonnée, et si la partie civile ou son avocat en fait la demande dès l'ouverture des débats, ceux-ci se déroulent et l'arrêt est rendu en séance publique, sauf si la publicité est de nature à nuire à l'ordre public ou aux bonnes mœurs; la chambre de l'instruction statue sur cette demande de publicité, après avoir recueilli les observations du procureur général, de la personne mise en examen et de son avocat ainsi que, le cas échéant, des avocats des autres parties, par un arrêt rendu en chambre du conseil qui n'est susceptible de pourvoi en cassation qu'en même temps que l'arrêt portant sur la demande principale.

Les experts ayant examiné la personne mise en examen doivent être entendus par la chambre de l'instruction.

C. pr. pén., art. 216

Les arrêts de la chambre de l'instruction sont signés par le président et par le greffier. Il y est fait mention du nom des juges, du dépôt des pièces et des mémoires, de la lecture du rapport, des réquisitions du ministère public et, s'il y a lieu, de l'audition des parties ou de leurs avocats.

La chambre condamne l'auteur de l'infraction à payer à la partie civile la somme qu'elle détermine, au titre des frais non payés par l'État et exposés par celle-ci. Elle tient compte de l'équité ou de la situation économique de la partie condamnée. Elle peut, même d'office, pour des raisons tirées des mêmes considérations, dire qu'il n'y a pas lieu à cette condamnation.

C. pr. pén., art. 802

En cas de violation des formes prescrites par la loi à peine de nullité ou d'inobservation des formalités substantielles, toute juridiction, y compris la Cour de cassation, qui est saisie d'une demande d'annulation ou qui relève d'office une telle irrégularité ne peut prononcer la nullité que lorsque celle-ci a eu pour effet de porter atteinte aux intérêts de la partie qu'elle concerne.

C. pr. pén., art. 803-1

Dans les cas où, en vertu des dispositions du présent code, il est prévu de procéder aux notifications à un avocat par lettre recommandée ou par lettre recommandée avec demande d'avis de réception, la notification peut aussi être faite sous la forme d'une télécopie avec récépissé.

241.02 **Jurisprudence de référence.**

• La copie du dossier tenue à la disposition des parties ne comprend que les actes de l'information accomplis jusqu'au jour où ce dossier est transmis au procureur général.

Crim. 18 mai 1989, n° 89-81.834, *Bull. crim.*, n° 207.

« Attendu qu'après avoir constaté que le dossier qui lui était soumis et qui avait été tenu à la disposition du conseil de l'inculpé pendant le délai prévu à l'alinéa 2 de l'article 197 du Code de procédure pénale comprenait tous les actes d'information accomplis jusqu'au jour de sa transmission au procureur général, la chambre d'accusation en a déduit qu'il avait été satisfait aux prescriptions dudit article 197;

Attendu qu'en statuant ainsi les juges ont fait l'exacte application de la loi; qu'en effet, lorsqu'il s'agit de l'exercice d'une voie de recours la copie du dossier, instituée par les alinéas 2 et 3 de l'article 81 du Code de procédure pénale, ne saurait comprendre que la copie des actes de l'information accomplis jusqu'au jour où le dossier est adressé au procureur général afin de lui permettre de se conformer aux dispositions des articles 194 et 197 dudit code, le juge d'instruction poursuivant son information dans les conditions prévues à l'article 187 du même code;

Qu'il s'ensuit que le moyen n'est pas fondé. »

• Le mémoire adressé en télécopie doit être déposé au greffe de cette juridiction et visé par le greffier avec l'indication du jour et de l'heure du dépôt.

Crim. 11 déc. 1990, n° 90-85.849, *Bull. crim.*, n° 424; *D.* 1992, somm. 98, obs. J. Pradel.

« Attendu qu'il résulte des pièces de la procédure que, le 27 août 1990, Guy Mourougassin et son conseil, Me Ezelin, ont été convoqués devant la chambre d'accusation de la cour d'appel de Basse-Terre, à son audience du 4 septembre 1990; que le 3 septembre 1990 à 17 heures 15, Me Ezelin a expédié en télécopie à la chambre d'accusation un mémoire signé de sa main, concluant à la mise en liberté de Mourougassin; que le texte de ce mémoire, enregistré au télécopieur de la cour d'appel comme parvenu le 3 septembre 1990 à 17 heures 31, a été visé au greffe le 4 septembre 1990 à 8 heures 15;

Attendu, que pour déclarer ce mémoire irrecevable, l'arrêt attaqué relève qu'il a été déposé tardivement au regard de l'article 198 du Code de procédure pénale;

Attendu qu'en cet état, la chambre d'accusation a justifié sa décision sans encourir les griefs allégués;

Qu'en effet, si un mémoire adressé en télécopie à la chambre d'accusation est valable pourvu qu'il comporte la signature de la partie ou de son conseil, l'article 198 du Code de procédure pénale exige qu'il soit déposé au greffe de cette juridiction et visé par le greffier avec l'indication du jour et de l'heure du dépôt;

D'où il suit que le moyen doit être écarté. »

• Le mémoire non signé ne peut être déclaré irrecevable s'il est accompagné d'une lettre de transmission signée du conseil.

Crim. 8 nov. 2000, n° 00-81.644, *Bull. crim.*, n° 331.

« Vu les articles 198 et 593 du Code de procédure pénale;

Attendu qu'il résulte de ces textes que la chambre d'accusation est tenue de répondre aux articulations essentielles des mémoires régulièrement produits par les parties et leurs avocats;

Attendu que, pour déclarer irrecevable un mémoire, transmis par télécopie et reçu au greffe de la chambre d'accusation trois jours avant l'audience, l'arrêt relève qu'il n'est pas signé;

Mais attendu qu'en statuant ainsi, alors que ledit mémoire était accompagné d'une lettre de transmission signée par Me Lastelle, avocat au barreau de Nice et conseil de la partie civile, de telle sorte qu'il n'existait aucun doute sur l'identité de son auteur, la chambre d'accusation a méconnu les textes susvisés;

D'où il suit que la cassation est encourue. »

• Le défaut de dépôt au greffe d'un dossier complet n'est une cause de nullité que s'il est porté atteinte aux intérêts de la partie concernée.

Crim. 17 févr. 2004, n° 03-87.170, *Bull. crim.*, n° 42.

« Attendu qu'il résulte de l'arrêt attaqué et des pièces de la procédure que, devant la chambre de l'instruction saisie de l'appel de l'ordonnance du juge des libertés et de la détention ayant prolongé sa détention provisoire, Olcay X... a produit un mémoire articulant que le dossier déposé au greffe quarante-huit heures avant l'audience était incomplet et qu'une atteinte ayant été ainsi portée à ses intérêts, il devait être mis en liberté;

Attendu que, pour accueillir cette argumentation et ordonner d'office la mise en liberté demandée, l'arrêt se borne à retenir que le dossier déposé au greffe n'est pas complet, en violation des prescriptions de l'article 197 du Code de procédure pénale;

Mais attendu qu'en prononçant ainsi, tout en relevant que l'avocat du demandeur s'était vu remettre, dès le 1er août 2003, la copie de l'entier dossier et alors que les dires de ce dernier, selon lesquels la copie ainsi obtenue n'était pas complète, ne constituaient qu'une simple allégation, les juges, qui n'ont pas établi qu'il avait été porté atteinte aux intérêts du demandeur, n'ont pas légalement justifié leur décision;

D'où il suit que la cassation est encourue. »

• Le dispositif d'un arrêt devant être interprété par les motifs auxquels il s'unit et dont il est la conséquence, un défaut de concordance entre le dispositif et les motifs, lorsqu'il est seulement le résultat d'une erreur purement matérielle, peut être réparé selon la procédure prévue par les articles 710 et 711 du Code de procédure pénale.

Crim. 17 févr. 2009, n° 08-87.726, *Bull. crim.*, n° 39, *D.* 2009, AJ 623, obs. S. Lavric; 1249, note J. Pradel.

« Attendu qu'il résulte de l'arrêt attaqué et des pièces de la procédure que, statuant sur l'appel formé par Jorge X... de l'ordonnance du juge des libertés et de la détention rejetant sa demande de mise en liberté, la chambre de l'instruction expose, dans les motifs de sa décision rendue le 17 octobre 2008, que le maintien en détention de l'intéressé est nécessaire pour éviter tout risque de pression sur les témoins et les victimes encore traumatisées par les agressions sexuelles dénoncées; que les juges ajoutent que la détention est l'unique moyen d'éviter tout renouvellement des infractions dont le risque apparaît majeur, au regard de la multiplicité des faits reprochés à l'intéressé, de ses antécédents judiciaires et des conclusions de l'expert psychiatre; qu'enfin, ils retiennent que la détention est seule de nature à garantir la représentation de Jorge X..., de nationalité argentine, qui a des attaches familiales dans son pays d'origine et n'a pas de domicile fixe en France; que, cependant, le dispositif de l'arrêt déclare l'appel bien fondé et infirme l'ordonnance entreprise;

Attendu que, pour rectifier, à la requête du procureur général, ledit dispositif, en y remplaçant les termes "bien fondé" par "mal fondé" et les mots "infirme l'ordonnance entreprise" par "confirme l'ordonnance entreprise", l'arrêt retient qu'il ressort des motifs, sans aucune possibilité d'équivoque, que la chambre de l'instruction a décidé de maintenir Jorge X... en détention provisoire;

Attendu qu'en l'état de ces énonciations, la chambre de l'instruction, qui était régulièrement saisie de la seule demande de rectification d'une erreur matérielle évidente, a justifié sa décision;

Qu'en effet, le dispositif d'un arrêt devant être interprété par les motifs auxquels il s'unit et dont il est la conséquence, un défaut de concordance entre le dispositif et les motifs, lorsque, comme en l'espèce, il est seulement le résultat d'une erreur purement matérielle, peut être réparé selon la procédure prévue par les articles 710 et 711 du Code de procédure pénale;

Qu'ainsi, le moyen, devenu inopérant en ses autres branches, ne saurait être admis;

Et attendu que l'arrêt est régulier en la forme;

Par ces motifs :

Sur le pourvoi formé le 31 octobre 2008 :

Le REJETTE. »

• **La chambre de l'instruction ne peut statuer sur un appel de placement en détention provisoire en l'absence de la personne mise en examen dès lors que l'intéressé a demandé à comparaître sans constater que la circonstance imprévisible tenant à l'hospitalisation de X ne pouvait être surmontée, fût ce en différent l'examen de l'appel dans les limites du délai légal.**

Crim. 17 mars 2009, n° 08-88.460, *Bull. crim.*, n° 56; *AJ pénal* 2009, 233, obs. J. Lasserre Capdeville; *D.* 2009, 1091.

« Vu l'article 593 du Code de procédure pénale;

Attendu que tout arrêt de la chambre de l'instruction doit comporter les motifs propres à justifier la décision et répondre aux articulations essentielles des mémoires des parties; que l'insuffisance et la contradiction des motifs équivaut à leur absence;

Attendu qu'il résulte de l'arrêt attaqué et des pièces de la procédure que Patrick X... a interjeté appel le 3 novembre 2008 de l'ordonnance du juge des libertés et de la détention prolongeant sa détention provisoire en demandant à comparaître personnellement devant la chambre de l'instruction; que, le 4 novembre 2008, le procureur général a donné avis à Patrick X... et à son avocat que l'appel sera examiné à l'audience du 12 novembre 2008, en utilisant des moyens de télécommunication audiovisuelle avec la maison d'arrêt de Gradignan, en application de l'article 706-71 du Code de procédure pénale; que Patrick X... n'a pu être entendu en raison de son admission, le 10 novembre 2008, dans un établissement hospitalier de Bordeaux; qu'à l'issue des débats tenus en l'absence des avocats de l'appelant, l'arrêt a été rendu le 12 novembre 2008;

Mais attendu qu'en procédant ainsi, sans constater que la circonstance imprévisible tenant à l'hospitalisation de Patrick X... ne pouvait être surmontée, fût-ce en différant l'examen de l'appel dans les limites du délai légal, la chambre de l'instruction a violé les textes susvisés et le principe ci-dessus énoncé;

D'où il suit que la cassation est encourue;

Par ces motifs :

CASSE et ANNULE, en toutes ses dispositions, l'arrêt susvisé de la chambre de l'instruction de la cour d'appel de Bordeaux, en date du 12 novembre 2008, et pour qu'il soit à nouveau jugé, conformément à la loi. »

241.03 **Bibliographie indicative.** (V. les références complètes s[s] n° 03.)

Ouvrages. Angevin H., *La pratique de la chambre de l'instruction,* 2e éd., Éd. Juris-classeur, Litec, 2004 – Bouloc B., *L'acte d'instruction,* Lgdj, 1965 – Chambon P., *La chambre d'accusation,* Dalloz, 1978.

Actualisables. J.-CL. PROC. PÉN., Angevin H., « La chambre de l'instruction » – RÉP. PÉN., Coste F.-L., « La chambre de l'instruction ».

Articles. Arrighi C., « Les pouvoirs du président de la chambre d'accusation après la loi du 30 décembre 1996 », *RSC* 1998, 687; « De la chambre d'accusation à la chambre de l'instruction », *Rev pénit.* 2001, p. 123 – Besson A., « Esquisse d'une réforme de notre procédure pénale », *D.* 1955, chron. 55; « L'origine, l'esprit et la portée du Code de procédure pénale », *D.* 1959, 271 – Bimes-Arbus A., « Les pouvoirs du président de la chambre d'accusation », *LPA* 23 févr. 2000, p. 4 – Guéry Ch., « Les pouvoirs de la chambre de l'instruction et la liberté magistrat instructeur », *D.* 2007, chron. 603; « La loi du 5 mars 2007 et l'instruction préparatoire », *AJ pénal* 2007, 105 – Guyenot J.-M., « Le pouvoir de révision et le droit d'évocation de la chambre d'accusation », *RSC* 1964, 559 – Delmas-Marty M., « Vers une autre logique juridique. À propos de la jurisprudence de la Convention européenne des droits de l'Homme », *D.* 1988, chron. 221 – Donnedieu de Vabres, « Projet de réforme », *RSC* 1949, 433, 617 et 796 – Jeandidier W., « Requiem pour la chambre d'accusation », *JCP* 2000, I, 1270 – Mimin P., « Pitié pour la chambre d'accusation », *JCP* 1956, I, 1324 – Vouin R., « Prière pour la chambre d'accusation », *JCP* 1955, I, 1221; « Justice pour la chambre d'accusation », *JCP* 1956, I, 1327.

241.08 **Réunion de la chambre de l'instruction.** La chambre de l'instruction se réunit au moins une fois par semaine et, sur convocation de son président ou à la demande du procureur général, toutes les fois qu'il est nécessaire (C. pr. pén., art. 193).

SECTION 1
MISE EN ÉTAT

241.11 **C'est le procureur général qui doit mettre l'affaire en l'état.** Dans les quarante-huit heures de la réception des pièces, le procureur général doit mettre l'affaire en état (C. pr. pén., art. 194, al. 1). Cela signifie qu'il doit prendre des réquisitions écrites et s'assurer de la régularité des débats en avisant les avocats et les parties. La violation du délai prévu à l'article 194 n'est cause de nullité que s'il en résulte une violation des droits de la défense[1]. L'attention du parquet général doit dès lors se porter sur un certain nombre de délais qui doivent être respectés. Toutefois, la violation de certains de ces délais n'a aucune incidence sur la vali-

1. Crim. 3 oct. 1974, n° 73-91.411, *Bull. crim.*, n° 273.

dité de la procédure postérieure alors que ce n'est pas le cas dans d'autres hypothèses.

241.12 Avis aux parties et à leurs conseils : identification des parties. L'article 197 du Code de procédure pénale prévoit que le procureur général notifie par lettre recommandée à chacune des parties et à son avocat la date à laquelle l'affaire sera appelée à l'audience. Il importe tout d'abord de souligner que les parties ne sont pas « convoquées » à l'audience de la chambre de l'instruction. Elles sont seulement avisées que l'audience se tiendra tel jour à telle heure (C. pr. pén., art. 197). C'est pourquoi la partie ne peut être entendue que si elle en a fait la demande (détenu) ou si sa comparution est ordonnée par la chambre (partie civile, mis en examen non détenu).

L'article 115 du Code de procédure pénale dispose que : « Les parties peuvent à tout moment de l'information faire connaître au juge d'instruction le nom de l'avocat choisi par elles; si elles désignent plusieurs avocats, elles doivent faire connaître celui d'entre eux auquel seront adressées les convocations et notifications; à défaut de ce choix, celles-ci seront adressées à l'avocat premier choisi. » En conséquence, à défaut de mention expresse du nom de l'avocat sur l'acte d'appel, seul l'avocat premier choisi est convoqué. En pratique, on convoque souvent tous les avocats de la personne.

En l'absence d'un autre avocat choisi par l'intéressé ou désigné d'office pour assister la personne mise en examen pendant l'information, cette notification doit être faite à l'avocat désigné à l'occasion du débat contradictoire prévu par l'article 145 du Code de procédure pénale[1].

Cet arrêt a le mérite de « couvrir » la période qui peut s'étendre entre la défense de la personne par l'avocat de permanence lors du débat contradictoire et la désignation postérieure par le bâtonnier, de l'avocat d'office chargé de le défendre pour la suite de la procédure (selon les barreaux, il peut s'agir ou non de la même personne). Mais dès lors qu'un conseil est désigné c'est lui qui doit être convoqué : « La juridiction du second degré méconnaît le sens et la portée de l'article 197 dans ses alinéas 1 et 2 dès lors qu'à l'audience, à laquelle l'avocat convoqué était absent, l'avocat désigné postérieurement à la nomination d'office du premier conseil, s'est présenté et a refusé d'assister son client, la chambre d'accusation qui a statué en l'état et confirmé l'ordonnance entreprise, alors que la désignation par la personne mise en examen d'un avocat de son choix ayant rendu caduque la commission d'office du précédent conseil, c'est l'avocat choisi qui devait être avisée.[2] » Toutefois, ce principe ne semble applicable que lorsque la désignation intervient dans des conditions de temps qui laisse possible la convocation dans les délais légaux de l'avocat nouvellement désigné.

Outre la personne mise en examen, la partie civile doit être avisée[3].

Bien qu'elle n'ait pas le droit d'appel en matière de détention provisoire, la partie civile doit être appelée aux débats[4].

Avant l'entrée en vigueur de la loi du 15 juin 2000, le témoin assisté de l'article 104 du Code de procédure pénale ne bénéficiait que de droits strictement énumérés dans cet article et ne pouvait donc être appelé aux débats de la chambre d'accusation. En revanche, la personne bénéficiant des dispositions de l'article 105 du même code devait être appelée aux débats puisqu'elle bénéficiait des droits ouverts aux parties[5].

La réforme de 2000 abrogeait l'article 104 et créait un statut unique du témoin assisté. L'avis au témoin assisté ne se concevait alors que dans le cadre de l'article 197-1 concernant l'appel d'une ordonnance de non-lieu. La loi du 9 mars 2004 y a ajouté le cas des requêtes en annulation, bien que le législateur ait oublié de modifier le texte[6].

241.13 Avis aux parties et à leur conseil : forme. L'article 197 alinéa 1er du Code de procédure pénale dispose que la notification de la date d'audience est faite par lettre recommandée adressée à la personne mise en examen si elle n'est pas détenue, à la partie civile ou au requérant en restitution, à leur dernière adresse déclarée tant que le juge d'instruction n'a pas clôturé son information. Lorsque la personne est détenue, la notification lui est faite par les soins du chef de l'établissement pénitentiaire. Ce récépissé doit figurer au dossier de la procédure[7]. La notification à l'avocat peut aussi se faire par télécopie, conformément aux dispositions de l'article 803-1 du Code de procédure pénale[8] et, depuis la loi du 5 mars 2007, par un envoi adressé

1. Crim. 19 sept. 1994, n° 94-83.301, *Bull. crim.*, n° 297.
2. Crim. 18 juin 1998, n° 98-81.704, *Bull. crim.*, n° 198; *D.* 1998, IR 201.
3. Crim. 27 juill. 1964, *JCP* 1965, II, 14380, note P. Chambon – Crim. 22 juin 1999, *Procédures* 1999, comm. n° 278, note J. Buisson.
4. Crim. 19 févr. 1985, n° 84-95.594, *Bull. crim.*, n° 77 – Crim. 13 nov. 1986, n° 86-90.996, *Bull. crim.*, n° 338.
5. Crim. 19 nov. 1998, n° 98-83.333, *Bull. crim.*, n° 309 – Sur ce point v. notre article « Du témoin assisté à la partie virtuelle », *Dr. pén.* 1997, chron. 24.
6. V. Ch. Guéry, « De la nécessité accrue, pour le témoin assisté, de l'être bien », *AJ pénal* 2005, 111.
7. Crim. 23 avr. 1991, n° 91-80.890, *Bull. crim.*, n° 190 – Crim. 7 juin 2001, n° 00-87.828, NPT; *Procédures* 2001, comm. n° 219, note J. Buisson.
8. Crim. 29 mai 2002, n° 02-81.751, *Bull. crim.*, n° 123; *Dr. pén.* 2002, comm. n° 116, note A. Maron.

par un moyen de télécommunication à l'adresse électronique de l'avocat dont il est gardé une trace écrite. Est irrecevable l'appel formé tardivement alors que l'ordonnance de non-lieu a bien été notifiée par télécopie[1]. La partie qui a changé d'adresse sans en aviser la juridiction d'instruction ne peut se prévaloir du défaut de notification lorsque celle-ci a été faite à la dernière adresse connue[2].

241.14 Délai entre la date d'envoi et l'audience. Le délai minimal qui doit être observé entre la date d'envoi de la lettre recommandée par laquelle le procureur général notifie aux parties la date à laquelle l'affaire sera appelée à l'audience et celle de cette audience n'est que de quarante-huit heures en matière de détention provisoire alors qu'il est de cinq jours dans les autres matières (C. pr. pén., art. 197, al. 2). Ces délais ne sont pas incompatibles avec l'article 6-3 de la Convention européenne des droits de l'Homme[3]. La formalité de notification aux parties quarante-huit heures à l'avance doit être observée quand l'affaire est renvoyée à une audience ultérieure et son omission, qui porte atteinte aux droits de la défense, entraîne la cassation de l'arrêt rendu[4].

Aucun délai n'est imposé à la chambre de l'instruction lorsqu'elle statue sur l'appel d'une ordonnance rendue par le juge en matière de contrôle judiciaire[5] sauf lorsque l'intéressé est encore, de fait, en détention, dans l'hypothèse d'une mise en liberté assortie de l'obligation suspensive de verser un cautionnement[6]. La notification de la date à laquelle l'affaire sera appelée doit être faite, selon les règles prévues par l'article 197 du Code de procédure pénale, quand la chambre d'accusation statue comme juridiction d'instruction après s'être réservée la connaissance des incidents relatifs à la détention provisoire[7] (sur les délais applicables au cours de l'audience de contrôle v. s^s n°s 245.13, 245.31).

241.15 Computation du délai. Ni le jour de l'expédition de la lettre ni celui auquel est fixée l'audience ne peut être pris en compte dans le calcul de ce délai[8]. Le texte de l'article 197 alinéa 2 n'exige pas que le délai ainsi fixé comprenne deux jours ouvrables[9]. Une bonne connaissance de la computation de ces délais est d'autant plus importante que, dans cette matière, la nullité de l'arrêt est encourue lorsque le délai n'a pas été respecté, à condition toutefois que les droits de la défense en aient été affectés. Si l'examen de la procédure fait l'objet de renvois successifs il doit être justifié, à peine de nullité de l'arrêt à intervenir que cette formalité a été observée pour chacune des audiences[10]. Les dispositions de l'article 197, al. 2 ne sont pas applicables lorsque la juridiction statue en matière de mandat d'arrêt européen[11].

241.16 Conditions de l'annulation. Le non-respect du délai prévu entre l'expédition de la lettre et l'audience peut entraîner la nullité de la procédure[12]. Mais tel n'est pas le cas lorsqu'il n'en est pas résulté de violation des droits de la défense, ainsi lorsque le détenu n'avait pas demandé à comparaître personnellement, qu'un mémoire a été régulièrement déposé et que des observations ont été présentées à l'audience dans son intérêt[13].

La nullité a été prononcée lorsque la notification de la date avait été faite, en ce qui concerne la personne détenue, par lettre recommandée adressée au directeur de la maison d'arrêt. L'arrêt encourt la censure dès lors qu'il n'existe au dossier aucun récépissé de notification signé par l'inculpé[14]. Il en est de même lorsque l'avis adressé à l'inculpé, par l'intermédiaire du chef d'établissement pénitentiaire, pour lui notifier la date d'examen de son appel, n'a été reçu et enregistré au greffe de la maison d'arrêt que le jour même de l'audience, et que personne ne s'est présenté pour ledit inculpé devant la chambre d'accusation[15]. En matière d'annulation d'acte, les parties qui n'ont pas été avisées de la date de l'audience à laquelle était examinée la régularité d'une procédure d'information, restent recevables, par la suite, à soulever d'éventuelles nullités affectant des actes antérieurs à l'arrêt rendu

1. Crim. 28 sept. 2004, n° 03-87.437, *Bull. crim.*, n° 225, *JCP* 2004, IV, 3255; *AJ pénal* 2004, 449.
2. Pour la partie civile, v. Crim. 8 févr. 2000, n° 99-83.805, *Bull. crim.*, n° 59.
3. Crim. 12 juill. 1994, n° 94-82.333, *Bull. crim.*, n° 276.
4. Crim. 23 févr. 2000, n° 99-87.678, *Bull. crim.*, n° 80; *BICC* 514 n° 606.
5. Crim. 23 juill. 1964, *Bull. crim.*, n° 263 – Crim. 13 nov. 1985, n° 84-91.855, *Bull. crim.*, n° 351.
6. Crim. 20 janv. 1993, n° 92-85.045, *Bull. crim.*, n° 30.
7. Crim. 5 janv. 1982, n° 80-94.966, *Bull. crim.*, n° 5.
8. Crim. 7 mars 1989, n° 88-87.298, *Bull. crim.*, n° 108.
9. Crim. 25 juin 1991, n° 91-82.153, *Bull. crim.*, n° 274 – Crim. 20 août 1991, n° 91-83.277, *Bull. crim.*, n° 308 – Crim. 28 mars 2001, n° 01-81.594, *Bull. crim.*, n° 83, *D.* 2001, IR 1592 – Crim. 26 mars 2003, n° 03-80.180, *Bull. crim.*, n° 77; *JCP* 2003, IV, 2012.
10. Crim. 8 févr. 1994, n° 93-82.381, *Bull. crim.*, n° 55; *D.* 1995, somm. 144, obs. Pradel – Crim. 23 févr. 2000, n° 99-87.678, *Bull. crim.*, n° 80; *D.* 2000, IR 141.
11. Crim. 14 sept. 2005, n° 05-84.551, *Bull. crim.*, n° 228, *D.* 2005, IR 2549; *JCP* 2005, IV, 3191; *AJ pénal* 2005, 417.
12. Crim. 11 janv. 2000, n° 99-87.247, *Bull. crim.*, n° 8; *Dr. pén.* 2000, comm. n° 66, note A. Maron – Crim. 23 févr. 2000, n° 99-87.678, *Bull. crim.*, n° 80.
13. Crim. 27 nov. 1991, n° 91-85.237, *Bull. crim.*, n° 441 – V. aussi Crim. 9 déc. 2003, n° 03-85.587, *Bull. crim.*, n° 236.
14. Crim. 27 nov. 1991, n° 91-85.237, *Bull. crim.*, n° 441.
15. Crim. 28 oct. 1991, n° 91-84.789, *Bull. crim.*, n° 380.

(C. pr. pén., art. 174, al. 1er) [1]. En matière de détention provisoire, un délai minimum de quarante-huit heures doit être observé entre la notification, par les soins du chef de l'établissement pénitentiaire, de la date à laquelle l'affaire sera appelée devant la chambre de l'instruction, et l'audience des débats. Encourt dès lors la cassation, l'arrêt d'une chambre de l'instruction qui rejette une demande de mise en liberté alors que l'avis adressé au détenu lui a été notifié par le chef de l'établissement pénitentiaire l'avant veille de l'audience et que ni la personne mise en examen ni son avocat n'étaient présents à l'audience et n'ont déposé de mémoire [2].

241.17 Mise à disposition d'un dossier complet. Pendant le délai, le dossier est déposé au greffe de la chambre de l'instruction et tenu à la disposition des avocats des personnes mises en examen et des parties civiles dont la constitution n'a pas été contestée ou, en cas de contestation, lorsque celle-ci n'a pas été retenue (C. pr. pén., art. 197, al. 3). Un arrêt du 2 avril 1992 pose le principe : les prescriptions de l'article 197 du Code de procédure pénale relatives aux délais de notification d'audience sont essentielles aux droits de l'inculpé et doivent être observées à peine de nullité [3]. Aux termes d'un autre arrêt : « Encourt la cassation l'arrêt qui statue sur une demande de mise en liberté alors qu'il résulte de ses énonciations que le conseil de l'inculpé n'avait pas eu connaissance de l'entier dossier, soit en original, soit en copie certifiée conforme par le greffier. [4] » Le dossier doit donc contenir tous les actes de l'information et toutes les pièces de la procédure [5]. N'est pas complet le dossier qui ne comprend pas les renseignements et les pièces de détention, même relatifs aux coinculpés de l'appelant [6].

Dans l'arrêt précité du 20 juin 1989 il n'est pas fait allusion à une quelconque atteinte aux droits de la défense. Dans celui du 2 avril 1992, il est toutefois énoncé, sans autre précision, que les « dispositions ci-dessus rappelées ayant eu pour effet de porter atteinte aux droits de la défense ». Au cas par cas, on doit donc admettre que l'irrégularité aura porté atteinte ou non aux droits de la défense : « L'irrégularité provenant de ce que le dossier complet de la procédure n'a pas été mis à la disposition du conseil de l'inculpé dans les conditions prescrites par l'article 197 du Code de procédure pénale ne porte pas atteinte aux intérêts de l'inculpé dès lors qu'il n'est pas contesté que les pièces sur lesquelles la chambre d'accusation fonde à bon droit sa décision d'irrecevabilité figuraient au dossier déposé au greffe et mis à la disposition du dit conseil. [7] »

Par ailleurs, l'inobservation des prescriptions des articles 81 alinéas 2 et 3, 186 alinéa 5 et 197 alinéa 4 du Code de procédure pénale, selon lesquelles le dossier de l'information ou sa copie certifiée conforme par le greffier doit être transmise au procureur général pour être mis en état et tenu à la disposition des conseils des inculpés et des parties civiles, ne saurait entraîner de nullité de procédure lorsqu'aucune atteinte n'a été portée aux intérêts de la partie concernée ni aux droits de la défense [8].

Il apparaît donc que l'article 802 du Code de procédure pénale est applicable en l'espèce et que la nullité ne peut être prononcée que lorsqu'elle porte atteinte aux droits de la défense [9] (v. les attendus ss n° 241.02). Il n'y a pas d'atteinte aux droits de la défense lorsque le délai de dépôt du dossier au greffe pour consultation par l'avocat n'est pas respecté dès lors qu'à l'audience le mis en examen qui a comparu assisté de son avocat n'a fait aucune observation à cet égard [10].

Depuis la modification apportée au texte par la loi du 30 décembre 1987, la Cour de cassation estime que les réquisitions du procureur général n'ont plus à figurer au dossier dans le délai prévu par l'article 197 [11]. Il suffit que les réquisitions aient été jointes la veille de l'audience [12]. Les scellés ne font pas partie du dossier de la procédure au sens de l'article 197 du Code de procédure pénale lorsqu'ils sont déposés au greffe à titre de pièces à conviction [13]. La chambre de l'instruction peut ordonner l'apport des pièces à conviction (C. pr. pén., art. 199, al. 3). L'inobservation de la formalité pré-

1. Crim. 30 nov. 1995, n° 93-84.706, *Bull. crim.*, n° 365; *RSC* 1996, 400, obs. J.-P. Dintilhac.
2. Crim. 7 juill. 2005, n° 05-82.724, *Bull. crim.*, n° 203; *D.* 2005, IR 2103; *Gaz. Pal.* 24/25 mars 2006, p. 18, note Y. Monnet.
3. Crim. 2 avr. 1992, n° 92-80.263, *Bull. crim.*, n° 139.
4. Crim. 20 juin 1989, n° 88-84.687, *Bull. crim.*, n° 265.
5. Crim. 14 févr. 1984, n° 83-94.711, *Bull. crim.*, n° 56; *D.* 1984, 507, note J. Pradel – Crim. 21 févr. 1989, n° 88-86.975, *Bull. crim.*, n° 84 – Crim. 13 sept. 2000, n° 00-84.727, NPT; *Procédures* 2000, comm. n° 238, note J. Buisson.
6. Crim. 14 févr. 1984, n° 83-94.711, *Bull. crim.*, n° 56; *D.* 1984, 507, note J. Pradel; *RSC* 1985, 339, obs. J. Robert – Crim. 21 févr. 1989, n° 88-86.975, *Bull. crim.*, n° 84.
7. Crim. 14 sept. 1987, n° 87-83.598, *Bull. crim.*, n° 309.
8. Crim. 26 juill. 1989, n° 89-83.113, n° 89-83.114, *Bull. crim.*, n° 298.
9. V. aussi : Crim. 17 févr. 2004, n° 03-87.170, *Bull. crim.*, n° 42; *D.* 2004, IR 1067; *JCP* 2004, IV, 1774.
10. Crim. 26 mars 2003, n° 03-80.180, *Bull. crim.*, n° 77; *JCP* 2003, IV, 2012.
11. Crim. 20 mars 1989, n° 89-80.204, *Bull. crim.*, n° 135 – Crim. 26 févr. 1991, n° 90-87.295, *Bull. crim.*, n° 97.
12. Crim. 11er juill. 1997, n° 96-82.932, *Bull. crim.*, n° 260.
13. Crim. 21 avr. 1944, *Bull. crim.*, n° 107 – Crim. 9 janv. 1996, n° 95-85.279, n° 95-85.289, *Bull. crim.*, n° 7.

vue par l'article 197 alinéa 4 (droit à copie des pièces) ne saurait à elle seule avoir pour effet de porter atteinte aux droits de la défense dès lors qu'ont été respectés les prescriptions des alinéas 2 et 3 [1].

241.18 Pièces postérieures à la déclaration d'appel. Souvent, entre le moment où le détenu ou son avocat fait appel, et le moment où l'affaire est audiencée devant la chambre de l'instruction, d'autres actes sont réalisés par le magistrat instructeur. Les avocats en font souvent état dans leurs observations sommaires. Peut-on tenir compte de ces actes ? Deux arrêts permettent de répondre à cette question.

Tout d'abord, le dossier ne doit comprendre que les pièces établies jusqu'au jour où le dossier est transmis au procureur général[2]. Ce principe est particulièrement important. Il ne peut y avoir d'exigence concernant la production de pièces établies postérieurement à cette transmission. La chambre de l'instruction ne peut donc se fonder pour rendre sa décision sur une pièce postérieure, qui n'aurait pas figuré au dossier tenu à la disposition des avocats par application de l'article 197 alinéa 3 du Code de procédure pénale. Elle ne saurait, pour rejeter une demande de mise en liberté, se fonder sur l'existence d'une ordonnance qui n'y figure pas[3].

A contrario, il est possible de faire entrer une pièce en procédure après la transmission du dossier au procureur général, à condition que cette pièce ait figurée au dossier dans les délais prévus à l'article 197 du Code de procédure pénale.

241.19 Délais d'audiencement. Les délais prescrits par le Code de procédure pénale sont les délais dans lesquels la décision doit avoir été rendue. En conséquence, il n'existe pas de délai dans lequel l'affaire doit être appelée à l'audience. Dans la mesure du possible, les affaires de détention ne sont pas audiencées le dernier jour afin de permettre de pouvoir délibérer.

SECTION 2
MÉMOIRES

241.21 La procédure devant la chambre de l'instruction est une procédure écrite. Même si la comparution personnelle des parties est possible (v. ss nos 241.43 s.) et que la publicité de l'audience est désormais, en tout cas en matière de détention provisoire, le principe, la procédure devant la chambre de l'instruction est essentiellement écrite. L'article 198 du Code de procédure pénale dispose que : « Les parties et leurs avocats sont admis jusqu'au jour de l'audience à produire des mémoires qu'ils communiquent au ministère public et aux autres parties. Ces mémoires sont déposés au greffe de la chambre de l'instruction et visés par le greffier avec l'indication du jour et de l'heure du dépôt. Lorsqu'un avocat n'exerce pas dans la ville où siège la chambre de l'instruction, il peut adresser son mémoire au greffier, au ministère public et aux autres parties par télécopie ou par lettre recommandée avec demande d'avis de réception qui doit parvenir à leurs destinataires avant le jour de l'audience ».

241.22 Dépôt du mémoire. Le mémoire est déposé au greffe et visés par le greffier. Le mémoire doit être rédigé en langue française[4] et signé de la partie ou de son avocat[5]. Toutefois le mémoire qui n'est pas signé, ne peut être déclaré irrecevable pour ce seul motif, dès lors qu'il est accompagné d'une lettre de transmission signée qui ne laisse aucun doute sur l'identité de son auteur[6] (v. les attendus ss no 241.02). Le dépôt au greffe est une formalité substantielle : n'a pas à être visé un mémoire qui aurait été adressé directement au président de la chambre[7]. Mais le mémoire peut aussi être adressé par lettre recommandée ou télécopie conformément aux dispositions du dernier alinéa de l'article 198. Il n'en est ainsi que lorsque l'avocat « n'exerce pas dans la ville où siège la chambre de l'instruction ». Répond aux dispositions de l'article 198 alinéa 2 du Code de procédure pénale, le mémoire adressé par télécopie au président de la chambre de l'instruction par l'avocat du témoin assisté, n'exerçant pas dans la ville où siège la juridiction, dès lors qu'il a été déposé au greffe et visé par le greffier avant le jour de l'audience[8]. Est irrecevable un mémoire transmis par télécopie par un avocat inscrit au barreau du siège de la chambre de l'instruction[9]. Cette dernière facilité n'est ouverte

1. Crim. 4 sept. 1982, no 82-92.657, *Bull. crim.,* no 202 – Crim. 8 mars 1983, no 83-90.116, *Bull. crim.,* no 73.
2. Crim. 18 mai 1989, no 89-81.834, *Bull. crim.,* no 207 (v. les attendus ss no 241.02).
3. Crim. 16 oct. 1984, no 84-93.885, *Bull. crim.,* no 301.
4. Crim. 4 mars 1986, no 85-96.523, *Bull. crim.,* no 85.
5. Crim. 15 nov. 1993, no 93-84.069, *Bull. crim.,* no 335; *Dr. pén.* 1994, comm. 22 – Crim. 9 nov. 1995, no 95-84.249, *Bull. crim.,* no 344.
6. Crim. 8 nov. 2000, no 00-81.644, *Bull. crim.,* no 331; *D.* 2001, IR 181; *Procédures* 2001, comm. 94, obs. Buisson.
7. Crim. 26 mai 1993, no 93-81.045, *Bull. crim.,* no 192 – Crim. 22 mai 2002, *Procédures* 2002, comm. no 193, note J. Buisson.
8. Crim. 12 déc. 2007, no 06-87.702, *Bull. crim.,* no 308; *AJ pénal* 2008, 99.
9. Crim. 19 juill. 1993, no 93-82.112, *Bull. crim.,* no 246; *Dr. pén.* 1993, comm. no 229, obs. A. Maron – Crim. 4 nov. 1997, no 97-83.463, *Bull. crim.,* no 366.

qu'à l'avocat et non à la partie elle même[1]. Le mémoire peut être déposé par une personne autre que l'avocat[2]. Le mémoire transmis par télécopie n'est valable que s'il porte la mention de la signature de l'avocat ou de la partie[3]. C'est à bon droit qu'une chambre de l'instruction déclare irrecevable un mémoire adressé par télécopie alors que l'avocat qui a procédé à l'envoi justifie de celui-ci mais que le télécopieur du greffe de la chambre de l'instruction mentionne de façon concomitante un rapport d'erreur avec la mention « page non reçue »[4].

Un mémoire peut se référer à des pièces annexes qui ne sauraient être soustraites à la connaissance des juges, ni au débat contradictoire, au motif qu'elles n'auraient pas été préalablement soumises au juge d'instruction[5]. La partie qui les estime utiles à la défense de ses intérêts est en droit de les produire, même à l'audience, pourvu qu'elle y ait fait allusion dans son mémoire[6]. En pareil cas, le principe de la libre discussion des éléments de preuve, applicable devant la chambre de l'instruction, permet à la partie adverse de déposer en réplique tous documents utiles pour les soumettre au débat contradictoire[7]. Les dispositions de l'article 198 du Code de procédure pénale ne font pas obstacle à ce que celui qui comparaît en personne devant la chambre de l'instruction pour soutenir une demande de mise en liberté puisse verser au cours de l'audience les pièces qu'il juge utile à sa défense[8]. L'avocat du témoin assisté peut déposer un mémoire devant la chambre de l'instruction saisie de l'appel d'une ordonnance de non-lieu[9]. Lorsque l'appel est formé au moyen d'une déclaration auprès du chef de l'établissement pénitentiaire et que la personne détenue joint une lettre à cette déclaration, la chambre de l'instruction est tenue de répondre à l'argumentation essentielle contenue dans ce mémoire[10].

241.23 Moment du dépôt du mémoire. Les mémoires peuvent, selon les termes de l'article 198 du Code de procédure pénale, être déposés « jusqu'au jour de l'audience ». Comment interpréter cette formule ? La jurisprudence a indiqué que le mémoire devait être déposé au plus tard la veille de l'audience[11]. Il résulte des dispositions de l'article 198 du Code de procédure pénale que, devant la chambre de l'instruction, les mémoires des parties doivent être produits au plus tard la veille de l'audience. Est tardif le mémoire déposé par l'avocat d'un détenu le jour même de l'audience à laquelle la cause doit être débattue[12]. De la même façon, lorsqu'un mémoire est transmis par lettre recommandée ou télécopie, il doit arriver au plus tard la veille de l'audience. C'est le visa du greffier et la date portée par lui qui font foi, non celles même discordantes portées par une télécopie ou un cachet de la Poste. Des difficultés ont pu ainsi être relevées lorsqu'une télécopie était transmise au greffe la veille de l'audience mais à une heure où le greffier était parti et n'a pu le viser que le lendemain, jour de l'audience, c'est-à-dire hors délai. C'est pourtant cette date qui est retenue par la Cour de cassation[13] (v. les attendus s^s n° 241.02)[14]. Mais peu importe que le visa ait été apposé après l'heure de fermeture du greffe la veille de l'audience[15]. Les mémoires doivent, selon la lettre de l'article 198 du Code de procédure pénale, être communiqués au ministère public et aux autres parties, mais cette formalité est dépourvue de toute sanction[16]. Dans le cadre de l'audience de contrôle instaurée par la loi du 5 mars 2007, le mémoire peut être déposé « au moins deux jours ouvrables avant la date prévue pour l'audience » (C. pr. pén., art. 221-3, al. 4 - V. s^s n° 245.23).

241.24 Effets du dépôt du mémoire. L'article 216 du Code de procédure pénale dispose que : « Les arrêts de la chambre de l'instruction sont signés par le président et par le greffier. Il y est fait mention du nom des juges, du dépôt des pièces et des mémoires, de la lecture du rapport, des réquisitions du ministère public et, s'il y a lieu, de l'audition des parties ou de leurs avocats. » Lorsque le mémoire est régu-

1. Crim. 19 déc. 2000, n° 00-85.277, NPT; *Dr. pén.* 2001, comm. n° 66, note A. Maron.
2. Crim. 4 août 1998, n° 98-81.428, *Bull. crim.*, n° 221; *Procédures* 1999, comm. 41, obs. Buisson; *Dr. pén.* 1999, comm. 91, obs. Maron.
3. Crim. 11 déc. 1990, n° 90-85.849, *Bull. crim.*, n° 424; *D.* 1992, somm. 98, note J. Pradel.
4. Crim. 31 mars 2009, n° 09-80.119, NP; *Dr. pén.* 2009, n° 99, note A. Maron et M. Haas.
5. Crim. 15 juin 1992, n° 91-87.041, *Bull. crim.*, n° 233.
6. Crim. 21 nov. 1989, n° 88-80.917, *Bull. crim.*, n° 424.
7. Crim. 28 mai 1990, n° 89-82.972, *Bull. crim.*, n° 213.
8. Crim. 12 déc. 2006, n° 06-87.545, *Bull. crim.*, n° 308; *AJ pénal* 2007, 92; *RSC* 2007, 327, obs. Finielz; *Dr. pén.* 2007, comm. 83, obs. Maron; *Procédures* 2007, comm. 46, obs. Buisson.
9. Crim. 14 nov. 2002, n° 02-80.710, *Bull. crim.*, n° 205.
10. Crim. 30 oct. 2007, n° 07-85.917, *Bull. crim.*, n° 259; *AJ pénal* 2008, 43.
11. Crim. 4 nov. 1986, n° 85-95.791, *Bull. crim.*, n° 323; *D.* 1987, 86, note J. Pradel - Crim. 20 janv. 1993, n° 92-85.548, *Bull. crim.*, n° 29 - Crim. 12 oct. 1993, n° 93-83.490, *Bull. crim.*, n° 287; *Dr. pén.* 1994, comm. n° 21, note A. Maron.
12. Crim. 30 mars 2005, n° 05-80.341, *Bull. crim.*, n° 104; *Procédures* 2005, comm. n° 167, obs. Buisson.
13. Crim. 11 déc. 1990, n° 90-85.849, *Bull. crim.*, n° 424; *D.* 1992, somm. 98, obs. J. Pradel.
14. Crim. 16 mai 1994, n° 94-81.268, *Bull. crim.*, n° 182.
15. Crim. 16 mars 1999, n° 98-85.077, *Bull. crim.*, n° 39; *Procédures* 1999, comm. 161, obs. Buisson.
16. Crim. 23 juin 1987, n° 86-94.322, *Bull. crim.*, n° 260 - Crim. 15 juin 1994, n° 94-81.542, *Bull. crim.*, n° 240 - Crim. 23 janv. 1997, n° 96-84.822, *Bull. crim.*, n° 32.

lièrement déposé, la chambre de l'instruction doit donc le mentionner dans son arrêt. L'absence de visa du mémoire ouvre la possibilité de cassation[1] sauf lorsque la chambre de l'instruction y a répondu dans ses motifs puisqu'il s'en déduit nécessairement que les juges ont eu connaissance des moyens articulés dans le mémoire[2]. Dans le sens inverse, si la chambre de l'instruction tient compte d'un mémoire alors qu'il aurait dû être déclaré irrecevable, elle porte atteinte aux droits des autres parties et sa décision peut être cassée[3]. La solution est la même lorsque les réquisitions du parquet général ne sont pas déposées au plus tard la veille de l'audience. Si les délais ne permettent pas de renvoyer l'affaire, la chambre de l'instruction doit statuer après les avoir écartées des débats[4].

241.25 Défaut de réponse à mémoire. La chambre de l'instruction doit répondre aux mémoires régulièrement déposés à condition toutefois qu'ils respectent la règle de l'unique objet.

Le défaut de réponse à mémoire est un moyen assez courant d'obtenir la cassation d'un arrêt de la chambre, sans d'ailleurs que cela ait forcément de conséquence sur la détention de la personne. La Cour de cassation a ainsi eu l'occasion de casser de nombreux arrêts qui n'avaient pas répondu à des arguments fondés sur la violation de la Convention européenne des droits de l'Homme : « Les juges sont tenus de répondre à cette articulation péremptoire et d'apprécier si en l'espèce, la détention provisoire a excédé le délai raisonnable » au sens de l'article 5-3 de la Convention[5]. Le même type d'arrêt a été rendu à propos de l'article 144-1 du Code de procédure pénale qui reprend au sein de la législation française, le principe posé par l'article 5-3[6].

Toutefois, lorsque la chambre d'accusation répond à un mémoire, son appréciation demeure souveraine[7] sauf lorsqu'on peut y lire une contradiction de motifs sur la durée de la procédure[8].

Faute par la personne d'avoir soulevé le moyen devant la chambre d'accusation, elle ne serait pas recevable à le faire valoir pour la première fois devant la Cour de cassation à l'appui d'un pourvoi[9].

SECTION 3
DÉROULEMENT DE L'AUDIENCE

241.31 Procédure devant la chambre de l'instruction. L'article 199 du Code de procédure pénale dispose que : « Les débats se déroulent en chambre du conseil. Après le rapport du conseiller rapporteur, le procureur général et les avocats des parties qui en ont fait la demande présentent des observations sommaires. » Le principe selon lequel les débats se déroulent en chambre du conseil est aujourd'hui largement amoindri.

241.32 Déroulement de l'audience. L'audience commence par la vérification de l'identité de la personne si elle comparait. Cet interrogatoire d'identité est réalisé, selon les pratiques, par le président de la chambre ou le conseiller rapporteur. Ce dernier prend ensuite la parole pour la lecture du rapport prévu à l'article 199 du Code de procédure pénale. La parole est donnée ensuite soit à l'avocat de la personne, soit à la personne elle-même, selon les pratiques suivies.

Le ministère public est ensuite entendu en ses réquisitions puis l'avocat, s'il n'a pas plaidé auparavant, est entendu. Il n'existe en effet aucun ordre strict dans la prise de parole, celle ci devant en tout état de cause être donnée en dernier à la personne si elle est présente, à son avocat si elle ne l'est pas. Le conseil de la partie civile, s'il est présent, prend en général la parole avant le ministère public.

Les conseils ne pouvaient présenter que des observations sommaires ce qui était censé les distinguer d'une véritable plaidoirie (C. pr. pén., art. 199, al. 2). La loi du 5 mars 2007 a supprimé les « observations sommaires ». Les avocats sont désormais « entendus ».

1. Crim. 18 déc. 1979, n° 79-92.402, *Bull. crim.*, n° 362 – Crim. 25 avr. 1984, n° 84-90.965, *Bull. crim.*, n° 143.
2. Crim. 6 mai 1985, n° 85-91.193, *Bull. crim.*, n° 167 – Crim. 27 oct. 1992, *Dr. pén.* 1993, comm. n° 52, obs. A. Maron – Crim. 4 déc. 2001, *Procédures* 2002, comm. n° 58, note J. Buisson.
3. Crim. 9 juill. 1975, n° 75-91.135, *Bull. crim.*, n° 185 – Crim. 4 nov. 1986, n° 85-95.791, *Bull. crim.*, n° 323; *D.* 1987, 86, note J. Pradel.
4. Crim. 9 mai 2001, n° 01-81.192, *Bull. crim.*, n° 112.
5. Crim. 6 mars 1986, n° 85-94.597, n° 85-96.526, *Bull. crim.*, n° 94; *RSC* 1986, 643, obs. Braunschweig; *D.* 1986, 315, note D. Mayer – Crim. 5 nov. 1987, n° 87-83.502, *Bull. crim.*, n° 391; *RSC* 1988, 548, obs. A. Braunschweig – Crim. 12 déc. 1988, n° 88-85.813, *Bull. crim.*, n° 419 – Crim. 20 janv. 1993, n° 92-85.534, *Bull. crim.*, n° 32 – Crim. 14 mai 1996, n° 96-81.045, *Bull. crim.*, n° 203.
6. Crim. 22 juill. 1997, n° 97-82.854, n° 97-82.777, 2 esp., et n° 97-82.678, 3 esp., *Bull. crim.*, n°s 277 et 278.
7. Crim. 6 mars 1986, n° 85-94.597, n° 85-96.526, *Bull. crim.*, n° 94; *RSC* 1986, 643, obs. Braunschweig; *D.* 1986, 315, note D. Mayer – Crim. 5 nov. 1987, n° 87-83.502, *Bull. crim.*, n° 391; *RSC* 1988, 548, obs. A. Braunschweig – Crim. 12 déc. 1988, n° 88-85.812, *Bull. crim.*, n° 418 – Crim. 20 août 1991, n° 91-83.607, NPT; *Dr. pén.* 1991, comm. 274, obs. A. Maron – Crim. 30 sept. 1991, n° 90-86.298, NP; *Gaz. Pal.* 1992, 1, p. 107 – Crim. 28 nov. 1991, n° 91-85.232, *Bull. crim.*, n° 445; *D.* 1992, 472, note A. Fournier.
8. Crim. 20 oct. 1987, n° 87-84.729, *Bull. crim.*, n° 356.
9. Crim. 18 févr. 1986, n° 85-96.231, *Bull. crim.*, n° 66.

L'ambiance d'une audience de chambre de l'instruction est en général plus « feutrée » que celle d'une audience correctionnelle. La disposition des lieux peut jouer un rôle certain dans cette atmosphère. Certaines chambres ressemblent à des salles d'audience traditionnelles avec un ministère public séparé de la cour, un avocat en contrebas, des orateurs qui se lèvent pour parler. D'autres sont de véritables chambres du conseil, les différents protagonistes étant assis autour de la même table.

Pour des précisions plus détaillées sur le rapport du conseiller rapporteur, l'ordre des prises de parole et les observations des parties, l'apport des pièces à conviction, le prononcé de l'arrêt, *etc.* [1]

241.33 L'audience de la chambre de l'instruction peut être publique. Le principe énoncé par l'article 199 du Code de procédure pénale selon lequel les débats ont lieu en chambre du conseil souffrait un tempérament limité avant l'entrée en vigueur de la loi du 15 juin 2000 : en cas de comparution personnelle d'une personne mise en examen, lorsque la personne mise en examen majeure au moment de la commission des faits ou son conseil en faisait la demande dès l'ouverture des débats, ceux-ci se déroulaient en audience publique, sauf si la publicité était de nature à nuire au bon déroulement de l'information, aux intérêts d'un tiers, à l'ordre public ou aux bonnes mœurs (C. pr. pén., art. 199, al. 5). La chambre d'accusation appréciait souverainement la suite à donner à la demande de publicité des débats formée par la personne mise en examen ou son conseil.

Mais cet alinéa de l'article 199 n'était applicable qu'en matière de détention provisoire. La loi du 15 juin 2000 a modifié l'économie de l'article 199 en généralisant la possibilité de publicité. Il est en effet désormais prévu que « si la personne majeure ou son avocat le demande dès l'ouverture des débats, ceux ci se déroulent et l'arrêt est rendu en séance publique, sauf si la publicité est de nature à entraver les investigations spécifiques nécessitées par l'instruction ou à nuire à la dignité des personnes ou aux intérêts d'un tiers. La chambre de l'instruction statue sur cette demande, après avoir recueilli les observations du procureur général et, le cas échéant, des avocats des autres parties, par un arrêt rendu en chambre du conseil qui n'est susceptible de pourvoi en cassation qu'en même temps que l'arrêt portant sur la demande principale ». La loi du 5 mars 2007 n'a pas touché à la rédaction de ce texte mais a consacré le principe de la publicité pour la détention provisoire et l'audience de contrôle (v. s[s] n°s 241.34, 241.35 et 245.33).

La chambre d'accusation statue sur cette demande par arrêt distinct[2]. Ainsi c'est à bon droit qu'une chambre d'accusation rejette la demande tendant à ce que les débats se déroulent et l'arrêt soit rendu en audience publique lorsqu'elle énonce que les faits reprochés au requérant sont en relation étroite avec une entreprise terroriste ayant fait de nombreuses victimes, que plusieurs investigations sont en cours au regard des développements de l'enquête, et qu'il apparaît que la publicité des débats serait de nature à nuire à l'ordre public par les risques encourus et la bonne marche de l'information[3]. La publicité constitue une « dérogation exceptionnelle à la règle posée tant par le premier alinéa de l'article 199 que par l'article 11 sur le secret de l'instruction »[4]. Dès lors qu'elle n'a pas été réitérée lors de l'ouverture des débats et alors même qu'elle aurait été formulée par un mémoire déposé la veille de l'audience, la demande de publicité n'est pas recevable[5]. Les demandes semblent rares.

241.34 La publicité des débats est le principe en matière de détention provisoire. La loi du 5 mars 2007 a inversé les principes : « En matière de détention provisoire, et par dérogation aux dispositions du premier alinéa, si la personne mise en examen est majeure, les débats se déroulent et l'arrêt est rendu en audience publique. Toutefois, le ministère public, la personne mise en examen ou la partie civile ou leurs avocats peuvent, avant l'ouverture des débats, s'opposer à cette publicité si celle-ci est de nature à entraver les investigations spécifiques nécessitées par l'instruction, à porter atteinte à la présomption d'innocence ou à la sérénité des débats ou à nuire à la dignité de la personne ou aux intérêts d'un tiers, ou si l'enquête porte sur des faits visés à l'article 706-73. La chambre statue sur cette opposition après avoir recueilli les observations du ministère public et des parties, par un arrêt rendu en chambre du conseil qui n'est susceptible de pourvoi en cassation qu'en même temps que l'arrêt portant sur la demande principale. Si la chambre fait droit à cette opposition ou si la personne mise en examen est mineure, les débats ont lieu et l'arrêt

1. V. H. Angevin, *La pratique de la chambre de l'instruction,* Éd. Juris-classeur, 2004 – Et Rép. pén., F.-L. Coste, « La chambre de l'instruction ».

2. Crim. 10 janv. 1994, n° 93-84.846, *Bull. crim.*, n° 10.
3. Crim. 9 janv. 1996, n° 95-85.279, n° 95-85.289, *Bull. crim.*, n° 7 ; *Gaz. Pal.* 17/21 mai 1996, p. 26 – V. aussi Crim. 3 juill. 1990, n° 90-82.398, *Bull. crim.*, n° 273 – Crim. 5 sept. 1990, n° 90-83.668, *Bull. crim.*, n° 312 ; *Dr. pén.* 1990, comm. n° 314.
4. Crim. 5 sept. 1990, n° 90-83.668, *Bull. crim.*, n° 312 ; *Dr. pén.* 1990, comm. n° 314.
5. Crim. 16 févr. 2005, n° 04-87.055, n° 03-82.505, n° 03-82.504, *Bull. crim.*, n° 63.

est rendu en chambre du conseil. Il en est de même si la partie civile s'oppose à la publicité, dans les seuls cas où celle-ci est en droit de demander le huis clos lors de l'audience de jugement » (C. pr. pén., art. 199, réd. L. 5 mars 2007). Si, par dérogation aux dispositions de l'article 199 alinéa 1er du Code de procédure pénale selon lesquelles les débats se déroulent et l'arrêt est rendu en chambre du conseil, l'article 199 alinéa 2 du code, issu de l'article 12 de la loi n° 2007-291 du 5 mars 2007 prévoit la publicité en matière de détention provisoire pour les personnes mises en examen majeures, l'inobservation de cette dernière formalité ne saurait donner ouverture à cassation que s'il en résulte une atteinte aux intérêts de la partie concernée[1].

Le texte de la loi du 5 mars 2007 évoque les droits de la personne mise en examen. La question se pose de savoir si l'accusé, c'est-à-dire celui qui est en attente de son passage devant la cour d'assises ou la cour d'assises d'appel, est également concerné. Une interprétation stricte plaide pour son exclusion. Pourtant, il s'agit manifestement d'une omission du législateur qui apparaît déjà dans l'alinéa premier du même texte. Il ne semble pas pour autant que les chambres de l'instruction aient interdit la publicité à un accusé.

241.35 La publicité des débats est le principe de l'audience de contrôle. La loi du 5 mars 2007 institue une audience de contrôle dont les débats sont publics : « Si la personne mise en examen est majeure, les débats se déroulent et l'arrêt est rendu en audience publique. Toutefois, le ministère public, la personne mise en examen ou la partie civile ou leurs avocats peuvent, avant l'ouverture des débats, s'opposer à cette publicité si celle-ci est de nature à entraver les investigations spécifiques nécessitées par l'instruction, à porter atteinte à la présomption d'innocence ou à la sérénité des débats ou à nuire à la dignité de la personne ou aux intérêts d'un tiers, ou si l'enquête porte sur des faits visés à l'article 706-73. La chambre statue sur cette opposition, après avoir recueilli les observations du ministère public et des parties, par un arrêt rendu en chambre du conseil qui n'est susceptible d'un pourvoi en cassation qu'en même temps que l'arrêt portant sur la demande principale. Si la chambre fait droit à cette opposition ou si la personne mise en examen est mineure, les débats ont lieu et l'arrêt est rendu en chambre du conseil. Il en est de même si la partie civile s'oppose à la publicité, dans les seuls cas où celle-ci est en droit de demander le huis clos lors de l'audience de jugement » (C. pr. pén., art. 221-3). Mais le président possède aussi un pouvoir d'initiative pour s'opposer à la publicité (v. ss n° 245.33).

241.36 Erreur matérielle. Le dispositif d'un arrêt devant être interprété par les motifs auxquels il s'unit et dont il est la conséquence, un défaut de concordance entre le dispositif et les motifs, lorsque, comme en l'espèce, il est le résultat d'une erreur purement matérielle, peut être réparé selon la procédure par les articles 710 et 711 du Code de procédure pénale[2]. L'arrêt avait déclaré bien fondé l'appel de l'ordonnance et infirmé l'ordonnance alors que les motifs étaient circonstanciés à l'appui de la confirmation (v. ss n° 241.02).

SECTION 4
COMPARUTION PERSONNELLE DES PARTIES

241.41 Possibilité ouverte à la chambre de l'instruction d'ordonner la comparution personnelle des parties. L'article 199 du Code de procédure pénale dispose que « la chambre de l'instruction peut ordonner la comparution personnelle des parties ». C'est une faculté qui lui est offerte et dont l'exercice demeure à sa discrétion[3]. Le principe est donc celui de la non-comparution des parties et il est en pratique rare que la chambre de l'instruction ordonne d'elle même cette comparution. En fait, comme les parties sont avisées de la date d'audience, il arrive qu'elles se déplacent sans savoir qu'elles ne seront pas entendues. Leur avocat peut alors demander à la chambre de l'instruction d'autoriser la présence de cette partie. Cette présence nécessite alors que la chambre ordonne la comparution. Mais il existe deux hypothèses dans lesquelles la chambre de l'instruction ne possède pas toute la maîtrise : en cas d'application de l'article 122-1 du Code pénal dès lors qu'une partie civile fait appel de l'ordonnance de non-lieu; et surtout en matière de détention provisoire.

241.42 Appel d'une ordonnance de non-lieu fondée sur l'application de l'article 122-1 du Code pénal. Dispositions antérieures à l'entrée en vigueur de la loi du 25 février 2008. « En cas d'appel d'une ordonnance de non-lieu motivée par

1. Crim. 25 juill. 2007, n° 07-83.550, *Bull. crim.*, n° 187, *D.* 2007, 2306; *JCP* 2007, IV, 2837; *AJ pénal* 2007, 484, obs. G. Royer.

2. Crim. 17 févr. 2009, n° 08-87.726, *Bull. crim.*, n° 39; *D.* 2009, AJ 623, note S. Lavric; 1249, note J. Pradel.
3. Crim. 12 juin 1985, n° 85-92.014, *Bull. crim.*, n° 229; *D.* 1986, IR 119, obs. J. Pradel – Crim. 21 sept. 1993, n° 93-83.057, *Bull. crim.*, n° 266 – Crim. 17 déc. 1996, n° 96-84.634, *Bull. crim.*, n° 469; *Dr. pén.* 1997, comm. n° 85, obs. A. Maron; *Procédures* 1997, comm. 127, obs. J. Buisson – Crim. 15 janv. 2003, n° 02-86.962, NP.

les dispositions du premier alinéa de l'article 122-1 du Code pénal, la chambre de l'instruction doit, à la demande de la partie civile, ordonner la comparution personnelle de la personne mise en examen, si l'état de cette dernière le permet.

Cette demande doit, à peine d'irrecevabilité, être présentée en même temps que la demande d'appel. » (C. pr. pén., art. 199-1).

La comparution de la personne mise en examen est donc de droit si la partie civile en fait la demande[1], avec le seul tempérament que l'état de santé de cette personne doit autoriser cette comparution. Ce n'est pas toujours le cas puisqu'il n'est pas rare que les personnes ayant bénéficié des dispositions de l'article 122-1 se trouvent en placement d'office.

Justifie sa décision la chambre d'accusation qui, pour rejeter la demande des parties civiles tendant à la comparution personnelle de la personne mise en examen, énonce, au vu d'un avis médical, et sans s'en expliquer autrement, que l'état de santé de celle-ci ne permet pas sa comparution[2]. Par ailleurs le texte précise que « si la comparution personnelle de la personne mise en examen a été ordonnée, et si la partie civile ou son avocat en fait la demande dès l'ouverture des débats, ceux-ci se déroulent et l'arrêt est rendu en séance publique, sauf si la publicité est de nature à nuire à l'ordre public ou aux bonnes mœurs; la chambre de l'instruction statue sur cette demande de publicité, après avoir recueilli les observations du procureur général, de la personne mise en examen et de son avocat ainsi que, le cas échéant, des avocats des autres parties, par un arrêt rendu en chambre du conseil qui n'est susceptible de pourvoi en cassation qu'en même temps que l'arrêt portant sur la demande principale ».

Les experts ayant examiné la personne mise en examen doivent être entendus par la chambre de l'instruction. Cette disposition est prévue à peine de nullité[3].

L'opportunité d'ordonner cette comparution personnelle est une mesure d'administration judiciaire qui échappe au contrôle de la Cour de cassation[4]. La chambre de l'instruction statuant sur renvoi après cassation peut déclarer irrecevable la demande des parties civiles d'ordonner la comparution personnelle du mis en examen au motif que cette demande n'a pas été faite au moment de la déclaration d'appel comme le prévoit l'article 199-1[5]. Lorsque les experts sont entendus, l'article 168 du Code de procédure pénale, applicable devant les seules juridictions de jugement, n'impose pas que cette audition soit recueillie sous serment[6]. Les nouvelles dispositions applicables après l'entrée en vigueur de la loi du 25 février 2008 font l'objet du chapitre 247.

241.43 Détention provisoire : comparution personnelle ordonnée par la chambre. La comparution peut être ordonnée par la chambre de l'instruction (C. pr. pén., art. 199, al. 3). Il s'agit là du cas où la chambre de l'instruction déciderait de voir un détenu alors que celui ci n'a pas demandé à être extrait. Cette pratique est rarissime. La comparution personnelle peut être celle de la partie civile. Mais dans ce cas la comparution doit être consacrée dans l'arrêt : méconnaît l'article 199 du Code de procédure pénale la cour d'appel qui, en matière de détention provisoire en l'absence de la personne mise en examen dont elle rejette la demande de mise en liberté, procède à l'audition de la partie civile sans avoir ordonné la comparution personnelle des parties[7]. Le demandeur ne saurait se faire un grief de ce que seules les parties civiles aient été entendues dès lors que ces auditions impliquent nécessairement que la chambre de l'instruction, faisant application des dispositions de l'article 199 alinéa 3 du Code de procédure pénale a ordonné, en début d'audience, leur comparution personnelle et que l'avocat de la personne mise en examen, présent à l'audience, ne s'est pas opposé à ces auditions et n'a pas demandé le renvoi de l'affaire pour permettre sa comparution[8]. On peut regretter avec le commentateur de cet arrêt que la chambre criminelle n'ait pas répondu à l'un des moyens du pourvoi qui invoquait que la partie civile ne pouvait être entendue par la chambre d'accusation si le détenu ne l'était pas.

241.44 Comparution personnelle demandée par le détenu. La comparution peut être demandée par le détenu ou son avocat. Cette comparution est de droit si la personne ou son avocat en fait la demande (C. pr. pén., art. 199, al. 5)[9]. La requête

1. Crim. 3 avr. 2002, n° 01-85.318, *Bull. crim.*, n° 71; *JCP* 2002, IV, 1891.
2. Crim. 18 févr. 1998, n° 97-81.702, n° 97-84.855, *Bull. crim.*, n° 66; *Procédures* 1998, comm. 154, obs. Buisson.
3. Crim. 31 janv. 2001, n° 00-82.483, *Bull. crim.*, n° 30; *D.* 2001, IR 1284; *JCP* 2001, IV, 1945.
4. Solution constante depuis Crim. 14 déc. 1971, n° 71-92.725, *Bull. crim.*, n° 350, jusqu'à Crim. 17 déc. 1996, n° 96-84.634, *Bull. crim.*, n° 469, *JCP* 1997, I, 4031, chron. Maron; *Dr. pén.* 1997, comm. n° 85.
5. Crim. 3 avr. 2002, n° 01-85.318, *Bull. crim.*, n° 71; *JCP* 2002, IV, 1891.
6. Crim. 23 juin 2004, n° 03-84.587, *Bull. crim.*, n° 168.
7. Crim. 18 déc. 1996, n° 96-84.675, *Bull. crim.*, n° 476, *JCP* 1997, I, 4031, chron. Maron; *Dr. pén.* 1997, comm. n° 68 note Maron.
8. Crim. 17 janv. 2006, n° 05-86.364, *Bull. crim.*, n° 18; *D.* 2006, IR 605; *Gaz. Pal.* 6/8 août 2006, p. 27, note Y. Monnet.
9. Crim. 9 janv. 1990, n° 89-86.032, *Bull. crim.*, n° 14.

de la personne mise en examen ou de son conseil aux fins de comparution personnelle doit à peine d'irrecevabilité être présentée en même temps que la déclaration d'appel ou que la demande de mise en liberté adressée à la chambre de l'instruction (C. pr. pén., art. 199, al. 5)[1].

La requête tendant à la comparution personnelle du détenu présentée le lendemain de la déclaration d'appel est irrecevable[2]. Cette requête doit, à peine d'irrecevabilité, être présentée en termes précis[3]. Les dispositions légales n'exigent pas que la personne mise en examen soit présente lors du prononcé de l'arrêt[4].

Dans la plupart des chambres, les décisions sont rendues le jour même et notifiées. Dans certaines cours d'appel, les décisions sont rendues après délibéré, en présence de la personne détenue. Bien que cette procédure allonge quelque peu les audiences (et la présence des escortes), elle a l'avantage de pouvoir expliquer la décision, surtout lorsqu'il s'agit d'une remise en liberté sous contrôle judiciaire. Il peut être parfois important d'expliquer pourquoi la chambre n'a pas fait droit à la demande (absence de justificatif de domicile ou d'emploi, absence de démarche pour un suivi psychologique ou une post-cure, *etc.*).

On remarque aussi que bien souvent les comparutions personnelles servent à évoquer des situations qui vont au-delà de la demande de mise en liberté : les présidents sont souvent interrogés – sans toujours pouvoir répondre – sur les délais possibles de fin d'information, les raisons pour lesquelles le juge ne les a pas entendus depuis X mois, les raisons pour lesquelles le détenu n'a pas de permis de visite, pourquoi il ne peut être placé dans une maison d'arrêt plus proche de l'endroit où sa famille réside, pourquoi on ne veut pas le confronter avec la victime, *etc.*

La loi du 5 mars 2007 a innové en permettant au détenu de solliciter sa comparution mais en donnant au président de la chambre de l'instruction la faculté de la refuser (C. pr. pén., art. 221-3, al. 2 – V. s[s] n° 245.32).

241.45 Les limites au droit de comparution personnelle. La loi du 9 septembre 2002 a tenté de limiter certains abus consistant pour des détenus à présenter tous les jours une demande de mise en liberté, faire appel du refus systématiquement en demandant à comparaître personnellement. Les nouvelles dispositions, ajoutées à l'alinéa 4 sont les suivantes « si la personne a déjà comparu devant la chambre de l'instruction moins de quatre mois auparavant, le président de cette juridiction peut, en cas d'appel d'une ordonnance rejetant une demande de mise en liberté, refuser la comparution personnelle de l'intéressé par une décision motivée qui n'est susceptible d'aucun recours ». Il faut remarquer que cette possibilité n'est ouverte au président de la chambre de l'instruction que dans l'hypothèse d'une ordonnance de refus de mise en liberté. Cette disposition ne serait pas applicable pour l'appel d'une ordonnance de prolongation de détention. La loi du 9 mars 2004 a toutefois étendu cette possibilité aux demandes fondées sur l'article 148-2 du Code de procédure pénale, y compris pour les demandes de mainlevée de contrôle judiciaire. Il demeure que les demandes directes fondées sur l'article 148-4 ou 148 dernier alinéa ne sont pas visées par ces textes (C. pr. pén., art. 199). Est inopérant le moyen pris d'une prétendue irrégularité dans la notification de l'ordonnance par laquelle le président de la chambre de l'instruction, par application de l'article 199 alinéa 5 du Code de procédure pénale, refuse la comparution personnelle de la personne mise en examen, une telle décision étant, aux termes du texte précité, insusceptible de recours[5].

241.46 Incidence de la demande de comparution personnelle sur les délais pour statuer. En cas de comparution personnelle de la personne concernée le délai maximum prévu au troisième alinéa de l'article 194 est prorogé de cinq jours. C'est donc dans les vingt jours de l'appel que la personne détenue doit comparaître. En cas d'appel sur l'ordonnance de placement, le délai est de quinze jours depuis l'entrée en vigueur de la loi du 15 juin 2000 (dix jours plus cinq jours). Cet allongement s'explique par les formalités d'extraction qui doivent être réalisées pour assurer la présence effective de la personne. Depuis la création de cette possibilité ce texte est utilisé de façon très fréquente par les détenus (C. pr. pén., art. 199, al. dern.). Lorsque le président de la chambre de l'instruction refuse la comparution personnelle (v. s[s] n° 241.45) le délai imparti à la chambre de l'instruction pour statuer demeure, du fait de la demande, fixé à vingt jours[6].

241.47 Cas de force majeure : grève de l'administration pénitentiaire. Si la comparution personnelle du détenu est de droit lorsque celui ci en fait la demande, il peut arriver que sa comparution soit

1. Crim. 30 oct. 1990, n° 90-85.124, *Bull. crim.*, n° 363 – Crim. 27 nov. 1991, n° 91-85.233, *Bull. crim.*, n° 440.
2. Crim. 22 août 1990, n° 90-83.719, NPT; *Gaz. Pal.* 1991, 1, somm. p. 109.
3. Crim. 2 avr. 1990, n° 90-80.418, *Bull. crim.*, n° 140.
4. Crim. 5 sept. 1990, n° 90-83.665, *Bull. crim.*, n° 311 – Crim. 14 nov. 1990, n° 90-85.596, *Bull. crim.*, n° 380.
5. Crim. 14 janv. 2003, n° 02-87.095, NPT.
6. En cas d'appel sur refus d'une demande de mise en liberté, Crim. 9 juill. 2003, n° 03-82.273, *Bull. crim.*, n° 132; *AJ pénal* 2003, 29.

rendue impossible par des circonstances indépendantes de la volonté des autorités judiciaires. C'est le cas lorsqu'une grève du personnel pénitentiaire empêche toute extraction[1]. La chambre de l'instruction statuera alors valablement en l'absence de l'intéressé à condition toutefois qu'elle n'ait pas eu la possibilité de renvoyer l'affaire à une audience ultérieure sans excéder le délai légal[2]. L'arrêt sur l'appel d'une ordonnance de rejet de mise en liberté peut être rendu en l'absence de l'inculpé détenu et nonobstant sa demande de comparaître, dès lors que la grève du personnel pénitentiaire constitue une circonstance imprévisible et insurmontable rendant impossible sa présence et que la décision ne peut être différée[3].

Le cas d'espèce était particulièrement explicite puisque la chambre d'accusation avait renvoyé l'examen de l'affaire au dernier jour ouvrable utile et que l'appelant n'avait pu, à nouveau, être extrait à ce moment-là. Toutefois, dans cette hypothèse, lorsque le délai de convocation du conseil a été respecté pour la convocation initiale, il n'est pas nécessaire de respecter à nouveau ce délai pour aboutir au dernier jour utile. Ceci risquerait d'ailleurs de poser des difficultés lorsque le délai de quarante-huit heures ne peut plus être respecté et que l'on n'est pas le dernier jour ouvrable avant expiration du délai. La chambre criminelle, a, en pareil cas, jugé que : « Les formes et délais prescrits par les alinéas 2 et 3 de l'article 118 (désormais 114) du Code de procédure pénale ayant été respectés pour la date initialement choisie, un ajournement restait possible.[4] »

Cette notion n'est utilisable qu'en cas de circonstances imprévisibles et insurmontables. Si la nouvelle date est ordonnée par la chambre de l'instruction pour une autre raison, le délai de quarante-huit heures doit être respecté[5].

La chambre criminelle a également décidé que l'obligation d'organiser l'extraction le dernier jour ouvrable n'était pas absolue. Sur renvoi de l'affaire cassée par la chambre criminelle le 15 décembre 1992, la chambre d'accusation de renvoi devait décider qu'une « note du directeur de la maison d'arrêt » établissait que la grève n'avait cessé que le 23 août à 7 heures, c'est-à-dire postérieurement au délai maximal de prolongation. La Cour estime donc que : « Des circonstances imprévisibles et insurmontables faisaient irrémédiablement obstacle à un ajournement utile du débat contradictoire.[6] » On peut rattacher à cette jurisprudence celle rejetant le pourvoi formé contre un arrêt de la chambre d'accusation ayant confirmé une ordonnance de prolongation d'un juge d'instruction prise en l'absence du détenu et à un moment où le report était possible et qui mentionnait que la circonstance insurmontable avait duré jusqu'au dernier jour utile pour prolonger la détention. Il est difficile toutefois de savoir si cet argument a été considéré comme décisif en l'espèce par la Cour de cassation[7] (v. s^{s} n°s 143.74, 143.93, 144.25, 241.48).

Enfin, il a été admis que le conseil d'un détenu ne pouvait arguer du fait qu'il n'avait pu s'entretenir avec son client pour fait de grève des prisons « dès lors qu'il n'était pas contesté que le conseil ait eu accès au dossier [...] ni qu'il ait déposé un mémoire »[8].

241.48 **Autres cas de force majeure.** Nous avons déjà parlé des conséquences de la grève du barreau sur la régularité des décisions rendues en l'absence d'un avocat (v. s^{s} n° 143.74). On rappellera seulement ici que la chambre criminelle estime que : « Dès lors que les formalités légales avaient été accomplies pour assurer la défense de X, la présence effective d'un conseil tant au débat contradictoire différé qu'à l'audience de la chambre d'accusation n'était pas obligatoire.[9] » Un autre cas de force majeure nous est fourni par un arrêt inédit du 21 février 1994[10] : la personne, qui avait demandé à comparaître personnellement, était prise d'un malaise avant de pénétrer dans la salle où se tenait l'audience de la chambre d'accusation. Celle ci rendait tout de même sa décision en l'absence de la personne et en l'absence de son conseil : « Attendu que pour dire n'y avoir lieu à renvoi de l'affaire et prononcer sur l'appel de GR, la chambre d'accusation relève que la défaillance imprévue de l'inculpé, survenue à quelques jours de l'expiration du délai prévu par la loi, ne permet pas d'envisager une remise de cause dans le temps restant à courir rejette le pourvoi. » Ne constitue pas une circonstance imprévisible et insurmontable le fait que le dossier ne soit jamais parvenu à la cour d'appel[11]. La chambre de l'instruction ne peut statuer sur un appel de placement en détention provisoire en l'absence de la personne mise en examen dès lors

1. Crim. 8 févr. 1989, n° 88-87.118, *Bull. crim.*, n° 56.
2. Crim. 9 juill. 1985, n° 85-92.059, *Bull. crim.*, n° 262.
3. Crim. 19 févr. 1992, n° 91-86.567, *Bull. crim.*, n° 77; *JCP* 1992, IV, 2082.
4. Crim. 15 déc. 1992, n° 92-85.136, *Bull. crim.*, n° 416.
5. Crim. 23 févr. 2000, n° 99-87.678, *Bull. crim.*, n° 80; *BICC* 514, n° 606.
6. Crim. 18 mai 1993, n° 93-80.957, NPT – Et v. sur ces difficultés, *Dr. pén.* nov. 1993, n° 60.
7. Crim. 28 avr. 1998, n° 98-80.754, *Bull. crim.*, n° 143; *Dr. pén.* 1998, chron. n° 29.
8. CA Limoges, ch. acc., 21 févr. 1989, inédit, n° 89226.
9. Crim. 11 juill. 1990, n° 90-82.613, *Bull. crim.*, n° 282.
10. Crim. 21 févr. 1994, n° 93-85.602, NPT; *Dr. pén.* 1994, n° 31.
11. Crim. 26 juin 1997, n° 97-81.229, *Bull. crim.*, n° 258.

que l'intéressé a demandé à comparaître « sans constater que la circonstance imprévisible tenant à l'hospitalisation de X ne pouvait être surmontée, fût ce en différant l'examen de l'appel dans les limites du délai légal »[1].

Les circonstances doivent être extérieures au service de la justice, il n'en est pas ainsi lorsqu'une déclaration d'appel n'est pas transcrite sur le registre public prévu par les articles 502 et 503 du Code de procédure pénale[2].

241.49 Nullité de l'arrêt rendu lorsque la demande n'a pas été respectée. L'arrêt rendu alors que la comparution personnelle avait été sollicitée et non suivie d'effet est déclaré nul par la chambre criminelle, en dehors des cas de force majeure précisés ci-dessus. Deux remarques doivent pourtant être faites :

- en cette matière comme dans d'autres, la chambre criminelle considère que l'article 802 du Code de procédure pénale trouve application : c'est ainsi que la nullité n'est pas encourue lorsque l'avocat de la personne détenue ayant présenté au nom de son client une demande de mise en liberté assortie d'une demande de comparution personnelle du détenu a été entendu à l'audience et n'a formulé aucune observation sur l'absence de celui-ci[3].

Elle a statué dans le même sens lorsque l'inculpé n'avait pu être extrait pour fait de grève mais que la chambre d'accusation n'avait pas reconvoqué le dernier jour utile : « Dès lors que le conseil de l'inculpé, présent à l'audience, n'a formulé aucune protestation ni demandé le renvoi, la chambre d'accusation a justifié sa décision de passer outre à la demande de comparution de l'inculpé, son extraction ayant été rendue impossible par la grève des personnels de l'administration pénitentiaire[4]. »

- La nullité de l'arrêt n'entraîne pas *ipso facto* la remise en liberté de l'intéressé dès lors que la décision avait été rendue dans le délai légal[5].

SECTION 5
DÉLAIS DANS LES AFFAIRES AUTRES QUE LA DÉTENTION PROVISOIRE

241.51 Délais prévus par l'article 194 du Code de procédure pénale. L'article 194 du Code de procédure pénale distingue nettement les décisions qui sont du domaine de la détention, pour lesquelles des délais contraignants sont prévus (v. s^s n°s 241.61 s.) et les autres décisions pour lesquelles le texte prévoit que « dans les cas prévus par les articles 173 et 186-1, ou lorsqu'elle est directement saisie en application des articles 81, neuvième alinéa, 82-1, deuxième alinéa, 156, deuxième alinéa, ou 167, quatrième alinéa, la chambre de l'instruction doit statuer dans les deux mois à compter de la transmission du dossier au procureur général par le président de la chambre de l'instruction ». Dans le cadre de l'audience de contrôle instaurée par la loi du 5 mars 2007, la chambre de l'instruction doit statuer dans les trois mois de sa saisine (v. s^s n°s 241.55, 245.41).

241.52 Champ d'application du délai de deux mois. Le texte comporte une énumération. La chambre de l'instruction dispose donc d'un délai de deux mois pour rendre une décision dans les cas de :

- requête en nullité (C. pr. pén., art. 173);

- appel des parties fondé sur l'article 186-1 (C. pr. pén., art. 186-1);

- saisine directe de demande d'actes (C. pr. pén., art. 81, al. 9 et 82-1, al. 2);

- saisine directe de demande d'expertise ou de contre-expertise (C. pr. pén., art. 156 et 167).

241.53 Le respect du délai de deux mois est dépourvu de sanction. Le délai de deux mois prévu par l'article 194 alinéa 2 du Code de procédure pénale est simplement indicatif et sa méconnaissance ne comporte pas de sanction[6]. En conséquence, le délai de deux mois est souvent dépassé par les chambres de l'instruction, la plupart des décisions étant d'ailleurs mises en délibéré. Cette situation, résultante de la charge de travail des juridictions, n'est pas satisfaisante notamment lorsqu'un détenu est concerné. Le délai prévu à l'alinéa 3 de l'article 194 ne vise en effet que les décisions contestées portant directement sur la détention provisoire. Dès lors que la contestation concerne une demande d'acte, une requête en nullité ou autre, la chambre de l'instruction n'a pas de délai impératif pour statuer même s'il y a un ou plusieurs détenus dans l'affaire soumise à sa censure[7].

241.54 Délai prévu en cas d'appel d'une ordonnance de mise en accusation dans une affaire comportant un détenu. Issu de la loi du 15 juin 2000, l'article 186-2 du Code de procédure pénale dispose que « en cas d'appel contre une ordonnance de mise en accusation prévue par

1. Crim. 17 mars 2009, n° 08-88.460, *Bull. crim.*, n° 56; *AJ pénal* 2009, 233, obs. J. Lasserre Capdeville; *D.* 2009, 1091 (v. les attendus s^s n° 241.02).
2. Crim. 9 déc. 2008, n° 08-86.590, *Bull. crim.*, n° 247; *AJ pénal* 2009, 136, obs. L. Ascenci.
3. Crim. 2 avr. 1990, n° 90-80.418, *Bull. crim.*, n° 140; *Dr. pén.* 1990, n° 314.
4. Crim. 19 janv. 1993, n° 92-85.744, NPT.
5. Crim. 30 oct. 1985, n° 85-94.540, *Bull. crim.*, n° 336.
6. Crim. 1er mars 1994, n° 93-85.374, *Bull. crim.*, n° 79 – Crim. 14 janv. 2003, n° 02-86.965, NPT.
7. Crim. 25 févr. 1985, n° 84-95.805, *Bull. crim.*, n° 85.

l'article 181, la chambre de l'instruction statue dans le délai de quatre mois de l'ordonnance, faute de quoi, si la personne est détenue, elle est mise d'office en liberté ». Jusqu'à l'entrée en vigueur de la loi du 9 mars 2004, c'est l'ordonnance de prise de corps qui conservait sa force exécutoire jusqu'à ce qu'il ait été statué par la chambre de l'instruction[1] y compris jusqu'à la décision de la chambre de l'instruction de renvoi désignée après cassation[2]. Depuis l'entrée en vigueur de la loi Perben II, il n'existe plus d'ordonnance de prise de corps mais c'est le mandat de dépôt délivré contre la personne qui conserve son caractère exécutoire (C. pr. pén., art. 181). Conformément aux règles générales gouvernant la matière (v. s^s^ n°s 243.31 s.), le supplément d'information ordonné par la chambre de l'instruction fait survivre le titre de détention, sans qu'aucune prolongation ne soit plus nécessaire[3].

241.55 Délai prévu pour statuer dans le cadre de l'audience de contrôle. Le législateur a prévu que la chambre de l'instruction, saisie par son président dans le cadre de l'audience de contrôle de l'article 221-3 du Code de procédure pénale, issu de la loi du 5 mars 2007, devait statuer dans les trois mois de sa saisine.

À défaut les personnes détenues sont remises en liberté (v. s^s^ n° 245.41).

SECTION 6
DÉLAIS DANS LES DÉCISIONS PORTANT SUR LA DÉTENTION PROVISOIRE, PROCÉDURE D'APPEL

241.61 Article 194 alinéa 3 du Code de procédure pénale. Plusieurs fois remanié, cet alinéa dispose désormais qu'« en matière de détention provisoire, la chambre de l'instruction doit se prononcer dans les plus brefs délais et au plus tard dans les dix jours de l'appel lorsqu'il s'agit d'une ordonnance de placement en détention et dans les quinze jours dans les autres cas, faute de quoi la personne concernée est mise d'office en liberté, sauf si des vérifications concernant sa demande ont été ordonnées ou si des circonstances imprévisibles et insurmontables mettent obstacle au jugement de l'affaire dans le délai prévu au présent article ». Jusqu'à l'entrée en vigueur de la loi du 15 juin 2000, la chambre d'accusation devait se prononcer dans les délais les plus brefs et au plus tard dans les quinze jours de l'appel (jusqu'à la loi du 30 décembre 1987, ce délai était de trente jours).

Le texte fait une différence entre l'ordonnance de placement et les autres ordonnances : la chambre de l'instruction doit répondre dans les dix jours de l'appel lorsqu'il s'agit d'une ordonnance de placement en détention et dans les quinze jours dans les autres cas. Cet article ne concerne que la procédure d'appel. Des textes particuliers existent dans le cadre des différentes saisines directes de la chambre (v. s^s^ n°s 241.71 s.). Ces délais ne sont applicables que lorsque la chambre est saisie du contentieux de la détention provisoire : tel n'est pas le cas lorsqu'elle statue sur des conclusions de l'intéressé tendant au non-lieu et en conséquence à la main levée définitive du titre de détention[4]. Le délai prévu à l'article 194 du Code de procédure pénale ne concerne que les appels formés en application de l'article 186 du Code de procédure pénale et non pas l'appel du ministère public contre une ordonnance du juge refusant la mise en détention provisoire d'une personne mise en examen, cet appel étant interjeté sur le fondement de l'article 185 du même code[5]. Aucun délai n'est imparti, dans cette hypothèse, à la chambre de l'instruction. Il en est de même dans le cadre de la requête présentée par le parquet. Ces délais apparaîtront sans doute trop longs à ceux qui sont directement concernés. Ils sollicitent pourtant du parquet général et de la chambre « un soin exceptionnel et de tous les instants.[6] »

241.62 S'agissant du point de départ du délai, la chambre criminelle a précisé que le jour où l'appel a été reçu au greffe n'entrait pas en ligne de compte[7]. Le délai de quinze jours court donc à compter non de la date d'établissement de la déclaration d'appel au lieu de détention mais du lendemain du jour où cette déclaration a été transcrite sur le registre public prévu par l'article 502 du Code de procédure pénale et tenu au greffe de la juridiction ayant rendu la décision entreprise[8].

241.63 S'agissant de la fin du délai, le jour de comparution devant la chambre de l'instruction doit être compté. C'est ainsi que sur un appel enregistré le 1er, la chambre doit statuer avant le 16 à 24 heures. À condition toutefois que le 16 soit un jour ouvrable. Se pose en effet le problème tradi-

1. Crim. 19 sept. 2001, n° 01-84.787, *Bull. crim.*, n° 186.
2. Crim. 20 mars 2002, n° 02-80.150, *Bull. crim.*, n° 68.
3. Crim. 20 nov. 2002, n° 02-86.033, NPT.
4. Crim. 17 févr. 1970, n° 69-92.623, *Bull. crim.*, n° 68; *D.* 1970, somm. 147.
5. Crim. 27 mars 1984, n° 84-90.595, *Bull. crim.*, n° 130.
6. P. Chambon, note sous Crim. 27 juill. 1959, *JCP* 1959, n° 11318.
7. Crim. 8 févr. 1989, n° 88-87.118, *Bull. crim.*, n° 56; *RSC* 1989, 350, obs. Braunschweig.
8. Crim. 8 févr. 1989, n° 88-87.118, *Bull. crim.*, n° 56; *RSC* 1989, 350, obs. Braunschweig – Crim. 28 nov. 1989, n° 89-85.168, *Bull. crim.*, n° 443 – Crim. 15 oct. 2002, n° 02-85.421, NP.

tionnel de l'application de l'article 801 du Code de procédure pénale. Les délais fixés par l'article 194 alinéa 3 du Code de procédure pénale ne sont pas applicables lorsque l'intéressé a été remis en liberté entre la date de l'appel par le procureur de la République et le moment où la chambre de l'instruction s'est prononcée [1].

241.64 Prolongation des délais en vertu de l'article 801 du Code de procédure pénale. Le délai imparti à la chambre de l'instruction par l'article 194 alinéa 3 du Code de procédure pénale pour statuer sur l'appel d'une ordonnance de rejet de mise en liberté peut être prorogé en application de l'article 801 du Code de procédure pénale [2]. On trouve en jurisprudence le cas où le quinzième jour tombe un samedi et la chambre criminelle affirme : « En statuant le lundi 7 novembre 1988, premier jour ouvrable suivant ledit samedi, la chambre d'accusation a fait l'exacte application des articles 194 et 801 du Code de procédure pénale [3] ».

241.65 Prorogation du délai : circonstances imprévisibles et insurmontables. Le texte prévoit expressément que le délai peut être prorogé dans deux cas : si des vérifications concernant la demande ont été ordonnées; si des circonstances imprévisibles et insurmontables mettent obstacle au jugement de l'affaire dans le délai prévu. Dans ces cas, la personne n'est pas remise en liberté (C. pr. pén., art. 194, al. 4). Cette prorogation de délai est également prévue en cas de saisine directe de la chambre de l'instruction sur le fondement de l'article 148-4 ou de l'article 148 alinéa 5 du Code de procédure pénale.

La jurisprudence a considéré comme circonstance imprévisible et insurmontable le fait que la déclaration d'appel formé par le détenu contre l'ordonnance rejetant sa demande de mise en liberté, bien que reçue et expédiée par le surveillant-chef de l'établissement pénitentiaire dans les conditions prescrites par les articles 186 alinéa 4 et 503 ne soit pas parvenue au greffe de la juridiction pour une cause demeurée inconnue et n'ait pas été transcrite sur le registre destiné à cet effet. La chambre criminelle a en effet estimé que : « La défaillance d'un système d'acheminement du courrier ne pouvant être surmontée ni prévue par le destinataire, lorsque celui-ci ignore l'envoi d'un pli à son adresse, une telle circonstance met le procureur de la République dans l'impossibilité d'adresser le dossier de la procédure à la chambre d'accusation et fait obstacle au jugement de l'affaire par cette juridiction jusqu'à ce que se révèle l'existence de l'appel ainsi interjeté [4] ».

En revanche le défaut d'enregistrement par le greffier de la juridiction compétente d'une demande de mise en liberté, formée par déclaration auprès du chef de l'établissement pénitentiaire, ne saurait constituer une circonstance imprévisible et insurmontable suspendant le délai fixé à l'article 148-2 [5]. Il en est de même lorsqu'une déclaration d'appel n'est pas transcrite sur le registre public prévu par les articles 502 et 503 du Code de procédure pénale [6].

Il faut donc distinguer la carence qui peut être reprochée à l'autorité judiciaire prise dans son ensemble, qui ne saurait être exonératoire, et celle de services extérieurs, notamment celui des postes, dont la « faute » constitue alors, pour l'autorité judiciaire, une circonstance imprévisible et insurmontable. Encourt la cassation l'arrêt d'une chambre d'accusation qui, pour rejeter la demande de mise en liberté de la personne mise en examen, faute de décision ayant statué sur son appel dans le délai de vingt jours, relève une circonstance ne présentant pas les caractères d'un événement imprévisible et insurmontable au service de la justice, en l'espèce la confusion opérée par le magistrat instructeur entre la déclaration d'appel et une demande de mise en liberté [7].

N'entre pas dans le cadre du texte le fait pour un détenu de former chaque jour une demande de mise en liberté (le cas serait similaire en présence d'appels successifs) provoquant ainsi de la part du greffe une erreur matérielle qui a empêché la chambre d'accusation de statuer dans le délai légal [8].

Par ailleurs, la chambre de l'instruction est tenue, à peine de nullité, de s'expliquer sur les conclusions par lesquelles le procureur général fait état de circonstances selon lui exceptionnelles imprévisibles et insurmontables ayant fait obstacle à ce que l'affaire soit jugée dans le délai imparti par l'article 194 du Code de procédure pénale [9].

1. Crim. 11 sept. 2002, n° 02-84.323, NP.
2. Crim. 8 févr. 1989, n° 88-87.118, *Bull. crim.*, n° 56; *RSC* 1989, 350, obs. Braunschweig.
3. Crim. 8 févr. 1989, n° 88-87.118, *Bull. crim.*, n° 56; *RSC* 1989, p. 350, obs. Braunschweig.
4. Crim. 22 avr. 1985, n° 85-90.741, *Bull. crim.*, n° 149 – Crim. 24 sept. 1987, n° 87-83.976, n° 87-83.998, *Bull. crim.*, n° 312 – Crim. 20 déc. 1990, n° 90-85.980, NPT; *Dr. pén.* 1992, n° 82.
5. Crim. 24 sept. 1987, n° 87-83.976, n° 87-83.998, *Bull. crim.*, n° 312.
6. Crim. 9 déc. 2008, n° 08-86.590, *Bull. crim.*, n° 247; *AJ pénal* 2009, 136, obs. L. Ascenci.
7. Crim. 23 févr. 2000, n° 99-87.815, *Bull. crim.*, n° 79; *D.* 2000, IR 129.
8. Crim. 24 sept. 1987, n° 87-83.976, n° 87-83.998, *Bull. crim.*, n° 312.
9. Crim. 25 oct. 1962, *Bull. crim.*, n° 291; *JCP* 1962, II, n° 12970, note P.-J. Doll; *RSC* 1963, 122, note J. Robert.

241.66 Prorogation du délai en cas de vérification complémentaire. L'article 194 alinéa 3 du Code de procédure pénale prévoit également une exception au respect des délais indiqués ci-dessus dans le cas où des « vérifications concernant sa demande ont été ordonnées ». La chambre criminelle a été amenée à préciser au cas par cas, ce qui constituait une vérification complémentaire au sens du texte et ce qui n'entrait pas dans ce cadre.

La vérification a été admise dans le fait pour une chambre d'accusation saisie du dossier dans l'état où celui-ci se trouvait lors de l'ordonnance frappée d'appel, d'ordonner à la requête expresse de l'inculpé et dans le délai prévu par cet article, la communication des pièces de l'information établies postérieurement à la décision déférée[1]. Constitue une vérification entrant dans les prévisions de l'article 194 du Code de procédure pénale et autorisant la juridiction d'instruction du second degré, saisie de l'appel formé par le mis en examen d'une ordonnance prolongeant sa détention provisoire, à statuer au-delà du délai imparti par ce texte, le fait pour une chambre de l'instruction, à laquelle avait été transmis le dossier de la procédure, de prescrire, à la requête expresse de la personne mise en examen, la recherche d'une requête qui aurait été déposée dans l'intérêt de l'appelant[2].

En revanche ne constitue pas une telle vérification et ne permet pas à la chambre d'accusation de statuer au-delà du délai de quinze jours, la recherche, par voie de complément d'information, de la désignation du juge d'instruction, dont la régularité est contestée par l'appelant. L'ordonnance du président du tribunal prise à cet égard doit, en effet, se trouver dans le dossier transmis à la chambre d'accusation[3].

Ne saurait être considérée comme une vérification complémentaire un arrêt de renvoi à une audience ultérieure au motif que l'affaire n'a pas été mise en état selon les prescriptions des articles 191 à 197 du Code de procédure pénale[4]. Il est évident que la mise en état de l'affaire est une obligation qui s'impose à l'autorité judiciaire et que celle ci ne saurait tirer de son inexécution un moyen pour proroger le délai dans lequel la chambre d'accusation doit statuer. Les vérifications qui ne sont pas admises concernent des pièces qui auraient dû se trouver au dossier lors de sa transmission ou du respect de règles de procédure qui auraient dues l'être.

241.67 En cas de comparution personnelle de la personne concernée, le délai maximum de comparution prévu à l'article 194 alinéa 3 est prolongé de cinq jours (C. pr. pén., art. 199, al. 6). Il résulte des dispositions combinées des alinéas 5 et 6 de l'article 199 du Code de procédure pénale que la demande de comparution personnelle, présentée par la personne mise en examen en même temps que sa déclaration d'appel, a pour effet de porter de quinze à vingt jours le délai maximum imparti à la chambre d'accusation pour statuer[5]. Par analogie avec la jurisprudence rendue à propos du délai de quinze jours, il faut considérer que l'article 801 du Code de procédure pénale est ici encore applicable.

Il n'y a pas lieu de distinguer selon que la chambre siège en chambre du conseil ou en audience publique[6]. La renonciation ultérieure de l'appelant à se prévaloir des dispositions précitées est dépourvue d'incidence sur la durée du délai imparti à la juridiction du second degré[7]. L'article 199 alinéa 3 n'exige pas la présence de l'intéressé au moment du prononcé de l'arrêt[8].

Dans l'hypothèse dans laquelle le détenu ne comparaîtrait pas malgré sa demande, la chambre criminelle a été amenée à faire application de l'article 802 du Code de procédure pénale. C'est ainsi que ne méconnaît pas les droits de la défense, la chambre d'accusation qui statue, en l'absence de l'inculpé, sur une demande de mise en liberté présentée par le conseil de ce dernier et assortie d'une requête tendant à la comparution personnelle de l'intéressé, dès lors que l'avocat, entendu à l'audience, n'a formulé aucune observation à ce sujet[9]. La renonciation ultérieure à cette comparution est sans incidence sur la durée du délai qui demeure de vingt jours[10]. Peu importe que ce soit le président de la chambre de l'instruction qui refuse la comparution du détenu[11]. Le délai est également augmenté de cinq jours lorsque c'est la chambre de l'instruction qui ordonne la comparution personnelle[12].

1. Crim. 17 févr. 1987, nº 86-96.278, nº 86-96.279, *Bull. crim.*, nº 75.
2. Crim. 12 avr. 2005, nº 05-80.431, nº 05-80.432, *Bull. crim.*, nº 123.
3. Crim. 20 juin 1989, nº 89-82.056, *Bull. crim.*, nº 263.
4. Crim. 25 oct. 1983, nº 83-93.785, *Bull. crim.*, nº 265; *D.* 1984, 240, note P. Chambon; *RSC* 1985, 337, obs. A. Braunschweig.
5. Crim. 30 mai 1991, nº 91-81.710, *Bull. crim.*, nº 230 – Crim. 25 juin 1991, nº 91-82.153, *Bull. crim.*, nº 274.
6. Crim. 10 juill. 1991, nº 91-82.793, *Bull. crim.*, nº 296.
7. Crim. 8 nov. 1990, nº 90-85.194, *Bull. crim.*, nº 375.
8. Crim. 5 sept. 1990, nº 90-83.665, *Bull. crim.*, nº 311.
9. Crim. 2 avr. 1990, nº 90-80.418, *Bull. crim.*, nº 140.
10. Crim. 10 janv. 2001, nº 00-86.682, NPT; *Dr. pén.* 2001, comm. 67, obs. Maron; *Procédures* 2001, comm. 135, obs. Buisson.
11. Crim. 9 juill. 2003, nº 03-82.273, *Bull. crim.*, nº 132; *AJ pénal* 2003, 29.
12. Crim. 10 juill. 2002, nº 02-83.363, NPT.

Le principe bien connu en matière d'interrogatoire qui s'est déroulé alors que l'avocat n'a pas été convoqué dans le délai légal prévu par l'article 114 (et avant 1993 par l'article 118) est donc consacré également lors de l'audience de la chambre de l'instruction. Il appartient à l'avocat de faire remarquer que son client est absent malgré sa demande. Mais l'absence de l'avocat ne permet pas de considérer que les droits de la défense n'ont pas été violés.

Dans cette hypothèse, la décision rendue par la chambre de l'instruction devra être cassée.

La comparution personnelle lors de l'audience de contrôle n'a aucune incidence sur les délais.

241.68 Cas dans lesquels la chambre de l'instruction n'est pas tenue par des délais. Lorsque la chambre est saisie comme juridiction de renvoi après cassation, d'un arrêt rendu en matière de détention provisoire par une autre chambre d'accusation elle n'est pas tenue par les délais de l'article 194 du Code de procédure pénale[1]. Il n'en demeure pas moins qu'elle doit statuer dans les meilleurs délais pour satisfaire aux dispositions de l'article 5, paragraphe 4 de la Convention européenne de sauvegarde des droits de l'Homme et des libertés fondamentales qui imposent qu'il soit statué à bref délai sur la légalité de la détention[2]. Lorsqu'elle est saisie d'un appel d'une ordonnance en matière de contrôle judiciaire, la chambre de l'instruction doit statuer dans les délais les meilleurs[3] qui ne sont assortis d'aucune sanction. Mais si l'ordonnance a pour effet de maintenir en détention la personne mise en examen qui demande la mainlevée partielle d'un contrôle judiciaire dont les obligations, tant qu'elles ne sont pas exécutées, font obstacle à la mise en liberté, les délais relatifs à la détention provisoire sont alors applicables[4].

241.69 Sanction de l'inobservation des délais. Selon l'article 194 alinéa 3 du Code de procédure pénale, les délais légaux dont dispose la chambre de l'instruction pour rendre sa décision sont prévus à peine de mise en liberté d'office de la personne mise en examen. La chambre criminelle énonce, quand elle considère que ces délais n'ont pas été respectés, que la personne mise en examen est détenue sans titre à partir de la date qu'elle indique[5]. La liberté, qui doit être prononcée d'office est régie par les dispositions de l'article 144 du Code de procédure pénale et ne peut être révoquée que dans les conditions prévues par ce texte[6].

Dans ces hypothèses le parquet général doit exécuter sans délai l'arrêt de la chambre criminelle et le détenu doit être remis en liberté. Cette liberté d'office peut être comparée avec celle résultant du non-respect des articles 125 et 133 du Code de procédure pénale pour les mandats. Elle doit intervenir en dehors de toute demande de la personne car elle est de droit par le seul effet de l'expiration d'un délai légal[7].

SECTION 7

DÉLAIS DANS LES DÉCISIONS PORTANT SUR LA DÉTENTION PROVISOIRE, PROCÉDURE DE SAISINE DIRECTE PENDANT L'INFORMATION

241.71 Différents cas de saisine de la chambre de l'instruction. La chambre de l'instruction peut être saisie directement selon différents modes :

– la saisine directe prévue à l'article 148 alinéa 5 du Code de procédure pénale c'est-à-dire l'hypothèse dans laquelle le juge des libertés et de la détention n'a pas répondu dans le délai de trois jours ouvrables à compter de sa saisine par le juge d'instruction (v. s[s] n°s 146.27, 146.42);

– la saisine directe prévue à l'article 148-4 du Code de procédure pénale dans le cas où le détenu n'a pas comparu devant le juge d'instruction depuis plus de quatre mois (v. s[s] n°s 145.65, 146.27, 146.43 à 146.45);

– les demandes de liberté adressées à la chambre de l'instruction parce qu'elle s'est réservée le contentieux de la détention (v. s[s] n°s 145.35, 145.36, 146.47);

– la saisine instituée par la loi du 5 mars 2007 pour audience de contrôle (v. s[s] n°s 245.00 s.).

241.72 Saisine directe prévue à l'article 148 alinéa 5 du Code de procédure pénale. L'article 148 alinéa 5 du Code de procédure pénale prévoit que : « Faute par le juge des libertés et de la détention d'avoir statué dans le délai fixé au troisième alinéa, la personne peut saisir directement de sa demande la chambre de l'instruction qui, sur les réquisitions

1. Crim. 21 nov. 1968, *Bull. crim.*, n° 311; *RSC* 1969, 421, obs. J. Robert – Crim. 10 avr. 2002, n° 02-80.879, NPT.
2. Crim. 21 juin. 1988, n° 88-82.743, *Bull. crim.*, n° 282 – Crim. 10 avr. 2002, n° 02-80.879, NP.
3. Crim. 13 nov. 1985, n° 84-91.855, *Bull. crim.*, n° 351.
4. Crim. 20 janv. 1993, n° 92-85.045, *Bull. crim.*, n° 30; *RSC* 1993, 795, obs. A. Braunschweig.
5. Crim. 22 nov. 1983, n° 83-93.820, *Bull. crim.*, n° 309 – Crim. 25 oct. 1983, n° 83-93.785, *Bull. crim.*, n° 265; *D.* 1984, 240, note Chambon; *RSC* 1985, 337, obs. J. Robert – Crim. 20 juin 1989, n° 89-82.056, *Bull. crim.*, n° 263; *Dr. pén.* 1989, comm. n° 42; *RSC* 1989, 366.
6. Crim. 27 juill. 1959, *Bull. crim.*, n° 382; *JCP* 1959, IV, n° 11318, note P. Chambon – Crim. 8 oct. 1970, n° 70-92.283, *Bull. crim.*, n° 259.
7. Sur ce point v. Chambon, note sous Crim. 27 juill. 1959, *JCP* 1959, IV, n° 11318.

écrites et motivées du procureur général, se prononce dans les vingt jours de sa saisine faute de quoi la personne est mise d'office en liberté sauf si des vérifications concernant sa demande ont été ordonnées. »

Ce droit de saisine appartient aussi au ministère public (C. pr. pén., art. 148, *in fine* - V. s^s n° 146.42).

241.73 Saisine directe prévue à l'article 148-4 du Code de procédure pénale. Selon l'article 148-4 du Code de procédure pénale : « À l'expiration d'un délai de quatre mois depuis sa dernière comparution devant le juge d'instruction ou le magistrat par lui délégué et tant que l'ordonnance de règlement n'a pas été rendue, la personne détenue ou son avocat peut saisir directement d'une demande de mise en liberté la chambre de l'instruction qui statue dans les conditions prévues à l'article 148 (dernier alinéa). »

Le délai prévu par l'article 148 dernier alinéa du Code de procédure expire le vingtième jour accompli depuis la saisine de cette juridiction[1], l'article 801 étant applicable (v. s^s n° 146.43).

241.74 Filtrage du président. Le président de la chambre de l'instruction joue un rôle de filtre dans un nombre de cas strictement délimités.

Lorsque le président de la chambre de l'instruction constate que cette juridiction a été directement saisie, sur le fondement des articles 148 dernier alinéa ou 148-4 d'une demande de mise en liberté manifestement irrecevable, il peut décider par une ordonnance motivée non susceptible de voie de recours, sauf excès de pouvoir, qu'il n'y a pas lieu de statuer sur cette demande; dans ce cas la demande et l'ordonnance sont versées au dossier de la procédure (C. pr. pén., art. 148-8, al. 2 - V. s^s n° 244.32).

241.75 Saisine de la chambre de l'instruction qui s'est réservé le contentieux de la détention. Lorsque la chambre de l'instruction infirme une ordonnance du juge d'instruction ayant ordonné la mise en liberté d'une personne elle peut se réserver le contentieux de la détention. Dans ce cas c'est elle qui ordonne le cas échéant la prolongation de la détention et répond aux demandes de mise en liberté. Elle répond aux demandes de mise en liberté dans le délai de vingt jours fixé par l'article 148-2 (sur ce point v. s^s n°s 145.35 s.).

1. Crim. 13 nov. 1980, n° 80-93.576, *Bull. crim.*, n° 297.

241.76 Saisine de la chambre de l'instruction après la clôture de l'information. Après que l'information a pris fin, « la mise en liberté peut aussi être demandée en tout état de cause par toute personne mise en examen, prévenu ou accusé, et en toute période de la procédure » (C. pr. pén., art. 148-1, al. 1er). Encourt la cassation l'arrêt de la chambre de l'instruction qui déclare irrecevable une demande de mise en liberté alors qu'en raison de l'appel du ministère public la condamnation prononcée contre le demandeur n'était pas définitive tant que la juridiction compétente ne s'était pas prononcée sur la recevabilité de cet appel[2] (v. s^s n°s 145.52, 142.53 et 142.55).

La juridiction du premier degré statue dans les dix jours de la réception de la demande, celle du second degré dans les vingt jours, à défaut de quoi l'intéressé est mis d'office en liberté. La chambre de l'instruction juridiction du second degré, saisie dans l'un des cas visés par l'article 148-1, doit donc statuer dans les vingt jours de la réception de la demande, qui s'entend aussi bien de la réception par elle-même, que par le greffe ou le procureur général; l'article 801 du Code de procédure pénale est applicable[3]. La loi ne prévoit aucune prolongation du délai[4]. Faute de décision à l'expiration du délai de vingt jours à compter de la déclaration, l'inculpé doit être remis d'office en liberté s'il n'est détenu pour autre cause[5] (v. aussi s^s n° 146.63).

241.77 Contrôle judiciaire. On a dit qu'il n'y avait pas de délai dans le cas d'un appel sur une ordonnance relative au contrôle judiciaire (v. s^s n° 241.68) mais la chambre de l'instruction doit statuer dans le délai de vingt jours, faute de quoi le contrôle judiciaire prend fin, lorsqu'elle est saisie d'une demande directe de mainlevée. Il peut en être ainsi lorsque le juge d'instruction a omis de statuer sur une demande de mainlevée (C. pr. pén., art. 140, al. 3) ou lorsque l'instruction étant close, il n'ait pas encore été statué sur l'appel de l'ordonnance de mise en accusation devant la cour d'assises (C. pr. pén., art. 141-1 et 148-2). Il en est de même en cas de réserve par la chambre de l'instruction du contentieux du contrôle judiciaire (C. pr. pén., art. 148-2 et 207)[6].

241.78 Saisine de la chambre de l'instruction pour audience de contrôle. Cette procédure fait l'objet d'un chapitre (v. s^s n°s 245.00 s.).

2. Crim. 24 avr. 2003, n° 01-88.554, *Bull. crim.*, n° 89.
3. Crim. 25 oct. 1983, n° 83-93.720, *Bull. crim.*, n° 264; *D.* 1984, 404, note P. Chambon - Crim. 22 nov. 1983, n° 83-93.820, *Bull. crim.*, n° 309.
4. Crim. 28 févr. 1984, n° 84-90.018, *Bull. crim.*, n° 78.
5. Crim. 22 nov. 1983, n° 83-93.820, *Bull. crim.*, n° 309.
6. Crim. 19 juin 1990, n° 90-81.747, *Bull. crim.*, n° 251; *RSC* 1991, 374, obs. A. Braunschweig.

CHAPITRE

242. Saisine de la chambre de l'instruction

SECTION 0 ORIENTEUR

242.00 Plan du chapitre.

Sect. 1 Modes de saisine

Sect. 2 Étendue de la saisine – Principes

Sect. 3 Règles qui s'imposent à la chambre de l'instruction saisie d'un objet particulier

Sect. 4 Possibilités d'autosaisine de la chambre de l'instruction

Sect. 5 Pouvoir d'évocation de la chambre de l'instruction

Sect. 6 Extension de l'information à d'autres infractions

Sect. 7 Extension de l'information à d'autres personnes

242.01 Textes applicables.

C. pr. pén., art. 137-1, 140, 145-1, 145-2,148-4, 148, al. 5, 173, 175-1, 185, 186, 186-1, 199, 201, 202, 205, 206, 207, 207-1, 221-1, 221-2, 221-3, 223, 609, 610, 659.

C. pr. pén., art. 137-1 [L. n° 2007-291, 5 mars 2007]

La détention provisoire est ordonnée ou prolongée par le juge des libertés et de la détention. Les demandes de mise en liberté lui sont également soumises.

Le juge des libertés et de la détention est un magistrat du siège ayant rang de président, de premier vice-président ou de vice-président. Il est désigné par le président du tribunal de grande instance. Lorsqu'il statue à l'issue d'un débat contradictoire, il est assisté d'un greffier. En cas d'empêchement du juge des libertés et de la détention désigné et d'empêchement du président ainsi que des premiers vice-présidents et des vice-présidents, le juge des libertés et de la détention est remplacé par le magistrat du siège le plus ancien dans le grade le plus élevé, désigné par le président du tribunal de grande instance. Il peut alors faire application des dispositions de l'article 93.

Il ne peut, à peine de nullité, participer au jugement des affaires pénales dont il a connu.

Hors le cas prévu par le deuxième alinéa de l'article 137-4, il est saisi par une ordonnance motivée du juge d'instruction, qui lui transmet le dossier de la procédure accompagné des réquisitions du procureur de la République. Lorsque le juge des libertés et de la détention doit statuer en application de l'article 145, le juge d'instruction peut indiquer dans son ordonnance si la publicité de ce débat lui paraît devoir être écartée au regard d'une ou plusieurs des raisons mentionnées au sixième alinéa de cet article.

C. pr. pén., art. 140

* V. s[s] n° 241.01.

C. pr. pén., art. 145-1

En matière correctionnelle, la détention provisoire ne peut excéder quatre mois si la personne mise en examen n'a pas déjà été condamnée pour crime ou délit de droit commun soit à une peine criminelle, soit à une peine d'emprisonnement sans sursis d'une durée supérieure à un an et lorsqu'elle encourt une peine inférieure ou égale à cinq ans.

Dans les autres cas, à titre exceptionnel, le juge des libertés et de la détention peut décider de prolonger la détention provisoire pour une durée qui ne peut excéder quatre mois par une ordonnance motivée conformément aux dispositions de l'article 137-3 et rendue après un débat contradictoire organisé conformément aux dispositions du sixième alinéa de l'article 145, l'avocat ayant été convoqué selon les dispositions du deuxième alinéa de l'article 114. Cette décision peut être renouvelée selon la même procédure, sous réserve des dispositions de l'article 145-3, la durée totale de la détention ne pouvant excéder un an. Toutefois, cette durée est portée à deux ans lorsqu'un des faits constitutifs de l'infraction a été commis hors du territoire national ou lorsque la personne est poursuivie pour trafic de stupéfiants, terrorisme, association de malfaiteurs, proxénétisme, extorsion de fonds ou pour une infraction commise en bande organisée et qu'elle encourt une peine égale à dix ans d'emprisonnement.

À titre exceptionnel, lorsque les investigations du juge d'instruction doivent être poursuivies et que la mise en liberté de la personne mise en examen causerait pour la sécurité des personnes et des biens un risque d'une particulière gravité, la chambre de l'instruction peut prolonger pour une durée de quatre mois la durée de deux ans prévue au présent article. La chambre de l'instruction, devant laquelle la comparution personnelle du mis en examen est de droit, est saisie par ordonnance motivée du juge des libertés et de la détention selon les modalités prévues par le dernier alinéa de l'article 137-1, et elle statue conformément aux dispositions des articles 144, 144-1, 145-3, 194, 197, 198, 199, 200, 206 et 207.

C. pr. pén., art. 145-2

En matière criminelle, la personne mise en examen ne peut être maintenue en détention au-delà d'un an. Toutefois, sous réserve des dispositions de l'article 145-3, le juge des libertés et de la détention peut, à l'expiration de ce délai, prolonger la détention pour une durée qui ne peut être supérieure à six mois par une ordonnance motivée conformément aux dispositions de l'article 137-3 et rendue après un débat contradictoire organisé conformément aux dispositions du sixième alinéa de l'article 145, l'avocat ayant été convoqué conformément aux dispositions du deuxième alinéa de l'article 114. Cette décision peut être renouvelée selon la même procédure.

La personne mise en examen ne peut être maintenue en détention provisoire au-delà de deux ans lorsque la peine encourue est inférieure à vingt ans de réclusion ou de détention criminelles et au-delà de trois ans dans les autres cas. Les délais sont portés respectivement à trois et quatre ans lorsque l'un des faits constitutifs de l'infraction a été commis hors du territoire national. Le délai est également de quatre ans lorsque la personne est poursuivie pour plusieurs crimes mentionnés aux livres II et IV du Code pénal, ou pour trafic de stupéfiants, terrorisme, proxénétisme, extorsion de fonds ou pour un crime commis en bande organisée.

À titre exceptionnel, lorsque les investigations du juge d'instruction doivent être poursuivies et que la mise en liberté de la personne mise en examen causerait pour la sécurité des personnes et des biens un risque d'une particulière gravité, la chambre de l'instruction peut prolonger pour une durée de quatre mois les durées prévues au présent article. La chambre de l'instruction, devant laquelle la comparution personnelle du mis en examen est de droit, est saisie par ordonnance motivée du juge des libertés et de la détention selon les modalités prévues par le dernier alinéa de l'article 137-1, et elle statue conformément aux dispositions des articles 144, 144-1, 145-3, 194, 197, 198, 199, 200, 206 et 207. Cette décision peut être renouvelée une fois sous les mêmes conditions et selon les mêmes modalités.

Les dispositions du présent article sont applicables jusqu'à l'ordonnance de règlement.

C. pr. pén., art. 148, al. 5

* V. s^{s} n° 241.01.

C. pr. pén., art. 148-4

* V. s^{s} n° 241.01.

C. pr. pén., art. 173 [L. n° 2007-291, 5 mars 2007]

S'il apparaît au juge d'instruction qu'un acte ou une pièce de la procédure est frappé de nullité, il saisit la chambre de l'instruction aux fins d'annulation, après avoir pris l'avis du procureur de la République et avoir informé les parties.

Si le procureur de la République estime qu'une nullité a été commise, il requiert du juge d'instruction communication de la procédure en vue de sa transmission à la chambre de l'instruction, présente requête aux fins d'annulation à cette chambre et en informe les parties.

Si l'une des parties ou le témoin assisté estime qu'une nullité a été commise, elle saisit la chambre de l'instruction par requête motivée, dont elle adresse copie au juge d'instruction qui transmet le dossier de la procédure au président de la chambre de l'instruction. La requête doit, à peine d'irrecevabilité, faire l'objet d'une déclaration au greffe de la chambre de l'instruction. Elle est constatée et datée par le greffier qui la signe ainsi que le demandeur ou son avocat. Si le demandeur ne peut signer, il en est fait mention par le greffier. Lorsque le demandeur ou son avocat ne réside pas dans le ressort de la juridiction compétente, la déclaration au greffe peut être faite au moyen d'une lettre recommandée avec demande d'avis de réception. Lorsque la personne mise en examen est détenue, la requête peut également être faite au moyen d'une déclaration auprès du chef de l'établissement pénitentiaire. Cette déclaration est constatée et datée par le chef de l'établissement pénitentiaire qui la signe, ainsi que le demandeur. Si celui-ci ne peut signer, il en est fait mention par le chef de l'établissement. Ce document est adressé sans délai, en original ou en copie et par tout moyen, au greffe de la chambre de l'instruction.

Les dispositions des trois premiers alinéas ne sont pas applicables aux actes de procédure qui peuvent faire l'objet d'un appel de la part des parties, et notamment des décisions rendues en matière de détention provisoire ou de contrôle judiciaire.

Dans les huit jours de la réception du dossier par le greffe de la chambre de l'instruction, le président peut, par ordonnance non susceptible de recours, constater que la requête est irrecevable en application du présent article, troisième ou quatrième alinéa, de l'article 173-1, des articles 174, premier alinéa, ou 175, quatrième alinéa; il peut également constater l'irrecevabilité de la requête si celle-ci n'est pas motivée. S'il constate l'irrecevabilité de la requête, le président de la chambre de l'instruction ordonne que le dossier de l'information soit renvoyé au juge d'instruction; dans les autres cas, il le transmet au procureur général qui procède ainsi qu'il est dit aux articles 194 et suivants.

C. pr. pén., art. 175-2

En toute matière, la durée de l'instruction ne peut excéder un délai raisonnable au regard de la gravité des faits reprochés à la personne mise en examen, de la complexité des investigations nécessaires à la manifestation de la vérité et de l'exercice des droits de la défense.

Si, à l'issue d'un délai de deux ans à compter de l'ouverture de l'information, celle-ci n'est pas terminée, le juge d'instruction rend une ordonnance motivée par référence aux critères prévus à l'alinéa précédent, expliquant les raisons de la durée de la procédure, comportant les indications qui justifient la poursuite de l'information et précisant les perspectives de règlement. Cette ordonnance est communiquée au président de la chambre de l'instruction qui peut, par requête, saisir cette juridiction conformément aux dispositions de l'article 221-1.

L'ordonnance prévue à l'alinéa précédent doit être renouvelée tous les six mois.

C. pr. pén., art. 185
Le procureur de la République a le droit d'interjeter appel devant la chambre de l'instruction de toute ordonnance du juge d'instruction ou du juge des libertés et de la détention.

Cet appel formé par déclaration au greffe du tribunal, doit être interjeté dans les cinq jours qui suivent la notification de la décision.

En cas d'appel par la personne mise en examen de l'ordonnance de mise en accusation prévue par l'article 181, le procureur de la République dispose d'un délai d'appel incident de cinq jours supplémentaires à compter de l'appel de la personne mise en examen.

Le droit d'appel appartient également dans tous les cas au procureur général. Il doit signifier son appel aux parties dans les dix jours qui suivent l'ordonnance du juge d'instruction ou du juge des libertés et de la détention.

C. pr. pén., art. 186 [L. n° 2007-291, 5 mars 2007]
Le droit d'appel appartient à la personne mise en examen contre les ordonnances et décisions prévues par les articles 80-1-1, 87, 139, 140, 137-3, 145-1, 145-2, 148, 167, quatrième alinéa, 179, troisième alinéa, et 181.

La partie civile peut interjeter appel des ordonnances de non-informer, de non-lieu et des ordonnances faisant grief à ses intérêts civils. Toutefois, son appel ne peut, en aucun cas, porter sur une ordonnance ou sur la disposition d'une ordonnance relative à la détention de la personne mise en examen ou au contrôle judiciaire.

Les parties peuvent aussi interjeter appel de l'ordonnance par laquelle le juge a, d'office ou sur déclinatoire, statué sur sa compétence.

L'appel des parties ainsi que la requête prévue par le cinquième alinéa de l'article 99 doivent être formés dans les conditions et selon les modalités prévues par les articles 502 et 503, dans les dix jours qui suivent la notification ou la signification de la décision.

Le dossier de l'information ou sa copie établie conformément à l'article 81 est transmis, avec l'avis motivé du procureur de la République, au procureur général, qui procède ainsi qu'il est dit aux articles 194 et suivants.

Si le président de la chambre de l'instruction constate qu'il a été fait appel d'une ordonnance non visée aux alinéas 1 à 3 du présent article, il rend d'office une ordonnance de non-admission de l'appel qui n'est pas susceptible de voies de recours. Il en est de même lorsque l'appel a été formé après l'expiration du délai prévu au quatrième alinéa ou lorsque l'appel est devenu sans objet. Le président de la chambre de l'instruction est également compétent pour constater le désistement de l'appel formé par l'appelant.

C. pr. pén., art. 186-1 [L. n° 2007-291, 5 mars 2007]
Les parties peuvent aussi interjeter appel des ordonnances prévues par le neuvième alinéa de l'article 81, par les articles 82-1 et 82-3, et par le deuxième alinéa de l'article 156.

Dans ce cas, le dossier de l'information, ou sa copie établie conformément à l'article 81, est transmis avec l'avis motivé du procureur de la République au président de la chambre de l'instruction.

Dans les huit jours de la réception de ce dossier, le président décide, par une ordonnance qui n'est pas susceptible de voie de recours, s'il y a lieu ou non de saisir la chambre de l'instruction de cet appel.

Dans l'affirmative, il transmet le dossier au procureur général qui procède ainsi qu'il est dit aux articles 194 et suivants.

Dans la négative, il ordonne par décision motivée que le dossier de l'information soit renvoyé au juge d'instruction.

C. pr. pén., art. 199
* V. s^s n° 241.01.

C. pr. pén., art. 201 [L. n° 2004-204, 9 mars 2004]
La chambre de l'instruction peut, dans tous les cas, à la demande du procureur général, d'une des parties ou même d'office, ordonner tout acte d'information complémentaire qu'elle juge utile.

Elle peut également, dans tous les cas, le ministère public entendu, prononcer d'office la mise en liberté de la personne mise en examen.

Elle peut ordonner le placement en détention provisoire ou sous contrôle judiciaire de la personne mise en examen. En cas d'urgence, le président de la chambre de l'instruction ou le conseiller désigné par lui peut décerner mandat d'amener, d'arrêt ou de recherche. Il peut également ordonner l'incarcération provisoire de la personne pendant une durée déterminée qui ne peut en aucun cas excéder quatre jours ouvrables jusqu'à la réunion de la chambre de l'instruction.

C. pr. pén., art. 202
Elle peut, d'office ou sur réquisitions du procureur général, ordonner qu'il soit informé à l'égard des personnes mises en examen ou prévenus renvoyés devant elle sur tous les chefs de crimes, de délits, de contraventions, principaux ou connexes, résultant du dossier de la procédure, qui n'auraient pas été visés par l'ordonnance du juge d'instruction ou qui auraient été distraits par une ordonnance comportant non-lieu partiel, disjonction ou renvoi devant la juridiction correctionnelle ou de police.

Elle peut statuer sans ordonner une nouvelle information si les chefs de poursuite visés à l'alinéa précédent ont été compris dans les faits pour lesquels la personne à été mise en examen par le juge d'instruction.

C. pr. pén., art. 204
La chambre de l'instruction peut également, quant aux infractions résultant du dossier de la procédure, ordonner que soient mises en examen, dans les conditions prévues

à l'article 205, des personnes qui n'ont pas été renvoyées devant elle, à moins qu'elles n'aient fait l'objet d'une ordonnance de non-lieu devenue définitive.

Cette décision ne pourra pas faire l'objet d'un pourvoi en cassation.

C. pr. pén., art. 205

Il est procédé aux suppléments d'information conformément aux dispositions relatives à l'instruction préalable soit par un des membres de la chambre de l'instruction, soit par un juge d'instruction qu'elle délègue à cette fin.

Le procureur général peut à tout moment requérir la communication de la procédure, à charge de rendre les pièces dans les vingt-quatre heures.

C. pr. pén., art. 206 [L. n° 2004-204, 9 mars 2004]

Sous réserve des dispositions des articles 173-1, 174 et 175, la chambre de l'instruction examine la régularité des procédures qui lui sont soumises.

Si elle découvre une cause de nullité, elle prononce la nullité de l'acte qui en est entaché et, s'il y échet, celle de tout ou partie de la procédure ultérieure.

Après annulation, elle peut soit évoquer et procéder dans les conditions prévues aux articles 201, 202 et 204, soit renvoyer le dossier de la procédure au même juge d'instruction ou à tel autre, afin de poursuivre l'information.

C. pr. pén., art. 207 [L. n° 2004-204, 9 mars 2004]

Lorsque la chambre de l'instruction a statué sur l'appel relevé contre une ordonnance en matière de détention provisoire, ou à la suite d'une saisine du procureur de la République soit qu'elle ait confirmé cette décision, soit que, l'infirmant, elle ait ordonné une mise en liberté ou maintenu en détention ou décerné un mandat de dépôt ou d'arrêt, le procureur général fait sans délai retour du dossier au juge d'instruction après avoir assuré l'exécution de l'arrêt. Lorsque la chambre de l'instruction décerne mandat de dépôt ou qu'elle infirme une ordonnance de mise en liberté ou de refus de prolongation de détention provisoire, les décisions en matière de détention provisoire continuent de relever de la compétence du juge d'instruction et du juge des libertés et de la détention sauf mention expresse de la part de la chambre de l'instruction disant qu'elle est seule compétente pour statuer sur les demandes de mise en liberté et prolonger le cas échéant la détention provisoire. Il en est de même lorsque la chambre de l'instruction ordonne un contrôle judiciaire ou en modifie les modalités.

Lorsque, en toute autre matière, la chambre de l'instruction infirme une ordonnance du juge d'instruction ou est saisie en application des articles 81, dernier alinéa, 82, dernier alinéa, 82-1, deuxième alinéa, 156, deuxième alinéa, ou 167, quatrième alinéa, elle peut, soit évoquer et procéder dans les conditions prévues aux articles 201, 202, 204 et 205, soit renvoyer le dossier au juge d'instruction ou à tel autre afin de poursuivre l'information. Elle peut également procéder à une évocation partielle du dossier en ne procédant qu'à certains actes avant de renvoyer le dossier au juge d'instruction.

L'ordonnance du juge d'instruction ou du juge des libertés et de la détention frappée d'appel sort son plein et entier effet si elle est confirmée par la chambre de l'instruction.

En cas d'appel formé contre une ordonnance de refus de mise en liberté, la chambre de l'instruction peut, lors de l'audience et avant la clôture des débats, se saisir immédiatement de toute demande de mise en liberté sur laquelle le juge d'instruction ou le juge des libertés et de la détention n'a pas encore statué; dans ce cas, elle se prononce à la fois sur l'appel et sur cette demande.

C. pr. pén., art. 207-1 [L. n° 2004-204, 9 mars 2004]

Le président de la chambre de l'instruction, saisi en application des dispositions du deuxième alinéa de l'article 175-1, décide, dans les huit jours de la transmission du dossier, par une ordonnance qui n'est pas susceptible de recours, s'il y a lieu ou non de saisir la chambre de l'instruction.

Dans l'affirmative, il transmet le dossier au procureur général qui procède ainsi qu'il est dit aux articles 194 et suivants. Après qu'elle a été saisie, la chambre de l'instruction peut soit prononcer le renvoi devant la juridiction de jugement ou la mise en accusation devant la cour d'assises, soit déclarer qu'il n'y a pas lieu à suivre, soit évoquer et procéder dans les conditions prévues aux articles 201, 202 et 204, soit renvoyer le dossier de la procédure au même juge d'instruction ou à tel autre, afin de poursuivre l'information.

Dans la négative, il ordonne, par décision motivée, que le dossier de l'information soit renvoyé au juge d'instruction.

C. pr. pén., art. 221-1

Lorsqu'un délai de quatre mois s'est écoulé depuis la date du dernier acte d'instruction nécessaire à la manifestation de la vérité, le président de la chambre de l'instruction peut, par requête, saisir cette juridiction. La chambre de l'instruction peut, dans l'intérêt d'une bonne administration de la justice, soit évoquer et procéder dans les conditions prévues par les articles 201, 202, 204 et 205, soit renvoyer le dossier au juge d'instruction ou à tel autre afin de poursuivre l'information.

C. pr. pén., art. 221-2

Lorsqu'un délai de quatre mois s'est écoulé depuis la date du dernier acte d'instruction, les parties peuvent saisir la chambre de l'instruction dans les conditions prévues par le troisième alinéa de l'article 173. Ce délai est ramené à deux mois au profit de la personne mise en examen lorsque celle-ci est placée en détention provisoire.

Dans les huit jours de la réception du dossier par le greffe de la chambre de l'instruction, le président peut, par ordonnance motivée non susceptible de recours, décider qu'il n'y a pas lieu de saisir la chambre de l'instruction.

La chambre de l'instruction, lorsqu'elle est saisie, peut, soit évoquer et procéder dans les conditions prévues par les articles 201, 202, 204 et 205, soit renvoyer le dossier au juge d'instruction ou à tel autre afin de poursuivre l'information.

Si, dans les deux mois suivant le renvoi du dossier au juge d'instruction initialement saisi, aucun acte d'instruction n'a été accompli, la chambre de l'instruction peut être à nouveau saisie selon la procédure prévue aux premier et deuxième alinéas du présent article. Ce délai est ramené à un mois au profit de la personne mise en examen lorsque celle-ci est placée en détention provisoire.

La chambre de l'instruction doit alors, soit évoquer comme il est dit au troisième alinéa du présent article, soit renvoyer le dossier à un autre juge d'instruction afin de poursuivre l'information.

C. pr. pén., art. 221-3 [inséré par L. n° 2007-291, 5 mars 2007, art. 12 III]

I. – Lorsqu'un délai de trois mois s'est écoulé depuis le placement en détention provisoire de la personne mise en examen, que cette détention est toujours en cours et que l'avis de fin d'information prévu par l'article 175 n'a pas été délivré, le président de la chambre de l'instruction peut, d'office ou à la demande du ministère public ou de la personne mise en examen, décider de saisir cette juridiction afin que celle-ci examine l'ensemble de la procédure. En cas de demande du ministère public ou d'une partie, il statue dans les huit jours de la réception de cette demande. Cette décision n'est pas susceptible de recours.

La chambre de l'instruction statue après une audience à laquelle les avocats de l'ensemble des parties et des témoins assistés sont convoqués. La chambre de l'instruction ou son président peut ordonner la comparution des personnes mises en examen et des témoins assistés, d'office ou à la demande des parties. Si un mis en examen placé en détention provisoire demande à comparaître, le président ne peut refuser sa comparution que par une décision motivée. La comparution peut être réalisée selon les modalités prévues à l'article 706-71.

Si la personne mise en examen est majeure, les débats se déroulent et l'arrêt est rendu en audience publique. Toutefois, le ministère public, la personne mise en examen ou la partie civile ou leurs avocats peuvent, avant l'ouverture des débats, s'opposer à cette publicité si celle-ci est de nature à entraver les investigations spécifiques nécessitées par l'instruction, à porter atteinte à la présomption d'innocence ou à la sérénité des débats ou à nuire à la dignité de la personne ou aux intérêts d'un tiers, ou si l'enquête porte sur des faits visés à l'article 706-73. La chambre statue sur cette opposition, après avoir recueilli les observations du ministère public et des parties, par un arrêt rendu en chambre du conseil qui n'est susceptible d'un pourvoi en cassation qu'en même temps que l'arrêt portant sur la demande principale. Si la chambre fait droit à cette opposition ou si la personne mise en examen est mineure, les débats ont lieu et l'arrêt est rendu en chambre du conseil. Il en est de même si la partie civile s'oppose à la publicité, dans les seuls cas où celle-ci est en droit de demander le huis-clos lors de l'audience de jugement.

Le président de la chambre de l'instruction peut également ordonner d'office, après avoir recueilli les observations du ministère public et des parties, que les débats se déroulent en chambre du conseil si la publicité est de nature à entraver les investigations spécifiques nécessitées par l'instruction ou à nuire à la dignité de la personne ou aux intérêts d'un tiers. Le président de la chambre de l'instruction statue par une ordonnance rendue en chambre du conseil qui n'est susceptible de pourvoi en cassation qu'en même temps que l'arrêt rendu à l'issue des débats.

Deux jours ouvrables au moins avant la date prévue pour l'audience, les parties peuvent déposer des mémoires consistant soit en des demandes de mise en liberté, soit en des demandes d'actes, y compris s'il s'agit d'une demande ayant été précédemment rejetée en application de l'article 186-1, soit en des requêtes en annulation, sous réserve des articles 173-1 et 174, soit en des demandes tendant à constater la prescription de l'action publique.

II. – La chambre de l'instruction, après avoir le cas échéant statué sur ces demandes, peut :

1° Ordonner la mise en liberté, assortie ou non du contrôle judiciaire, d'une ou plusieurs des personnes mises en examen, même en l'absence de demande en ce sens ;

2° Prononcer la nullité d'un ou plusieurs actes dans les conditions prévues par l'article 206 ;

3° Évoquer et procéder dans les conditions prévues par les articles 201, 202, 204 et 205 ;

4° Procéder à une évocation partielle du dossier en ne procédant qu'à certains actes avant de renvoyer le dossier au juge d'instruction ;

5° Renvoyer le dossier au juge d'instruction afin de poursuivre l'information, en lui prescrivant le cas échéant de procéder à un ou plusieurs actes autres que ceux relatifs à la détention provisoire ou au contrôle judiciaire, dans un délai qu'elle détermine ;

6° Désigner un ou plusieurs autres juges d'instruction pour suivre la procédure avec le juge ou les juges d'instruction déjà saisis, conformément à l'article 83-1 ;

7° Lorsque cette décision est indispensable à la manifestation de la vérité et à la bonne administration de la justice et qu'il n'est pas possible de procéder aux désignations prévues au 6°, procéder au dessaisissement du juge d'instruction et à la désignation, aux fins de poursuite de la procédure, d'un ou plusieurs juges d'instruction de la juridiction d'origine ou d'une autre juridiction du ressort ;

8° Ordonner le règlement, y compris partiel, de la procédure, notamment en prononçant un ou plusieurs non-lieux à l'égard d'une ou plusieurs personnes.

L'arrêt de la chambre de l'instruction doit être rendu au plus tard trois mois après la saisine par le président, à défaut de quoi les personnes placées en détention sont remises en liberté.

Six mois après que l'arrêt est devenu définitif, si une détention provisoire est toujours en cours, et sauf si l'avis de fin d'information prévu par l'article 175 a été délivré, le président de la chambre de l'instruction peut à nouveau saisir cette juridiction dans les conditions prévues par le présent article.

C. pr. pén., art. 223
(Le président de la chambre de l'instruction) Il peut saisir la chambre de l'instruction, afin qu'il soit par elle statué sur le maintien en détention d'une personne mise en examen en état de détention provisoire.

C. pr. pén., art. 609
Lorsque la Cour de cassation annule un arrêt ou un jugement rendu en matière correctionnelle ou de police, elle renvoie le procès et les parties devant une juridiction de même ordre et degré que celle qui a rendu la décision annulée.

C. pr. pén., art. 610
En matière criminelle, la Cour de cassation prononce le renvoi du procès, savoir :

– devant une chambre de l'instruction autre que celle qui a prononcé la mise en accusation, si l'arrêt annulé émane d'une chambre de l'instruction;

– devant une cour d'assises autre que celle qui a rendu l'arrêt, si l'arrêt est annulé pour cause de nullité commise à la cour d'assises;

– devant une cour d'appel autre que celle dans le ressort de laquelle siège la cour d'assises qui a rendu l'arrêt, si l'arrêt est annulé seulement du chef des intérêts civils.

C. pr. pén., art. 659
Tous autres conflits de compétence sont portés devant la chambre criminelle de la Cour de cassation, laquelle est saisie par requête du ministère public ou des parties. La Cour de cassation peut aussi, à l'occasion d'un pourvoi dont elle est saisie, régler de juges d'office et même par avance. Elle peut statuer sur tous actes faits par la juridiction qu'elle dessaisit.

242.02 Jurisprudence de référence.

• Le droit d'appel ne permet pas de faire juger des questions étrangères à son unique objet.

Crim. 4 juin 1973, n° 73-91.326, *Bull. crim.*, n° 254.

« Attendu, qu'en permettant aux inculpés de relever appel des ordonnances prévues par l'article 186, paragraphes 1er et 3 du Code de procédure pénale, ce texte, dont les dispositions sont limitatives, leur a attribué un droit exceptionnel qui ne comporte aucune extension et dont ils ne sauraient s'autoriser pour faire juger, à l'occasion d'une de ces procédures spéciales, des fins de non-recevoir étrangères à son unique objet. »

• Le supplément d'information ordonné à la suite d'un appel d'une ordonnance autre que de règlement induit l'utilisation du pouvoir d'évocation.

Crim. 5 oct. 1982, n° 82-91.601, *Bull. crim.*, n° 205; *JCP* 1983, II, 2005, note D. Allix.

« Attendu que lorsque, sauf en matière de détention provisoire, une chambre d'accusation infirme une ordonnance du juge d'instruction et prescrit en conséquence un supplément d'information, il se déduit de l'alinéa 2 de l'article 207 du Code de procédure pénale qu'elle agit en vertu de son pouvoir d'évocation;

Que dans ces conditions, quel que soit le magistrat délégué pour l'exécution de cette mesure, en application de l'article 205 du même code, seule la chambre d'accusation peut rendre les décisions de caractère juridictionnel imposées par le déroulement de l'instruction, après la mise en œuvre de la procédure prévue par les articles 208 et 209 dudit code;

Mais attendu...

... D'autre part, que la cour aurait dû se borner à constater que l'arrêt du 20 décembre 1977, ayant ordonné, après infirmation des ordonnances frappées d'appel, un supplément d'information, n'avait pu être rendu que dans le cadre des pouvoirs d'évocation attribués à la chambre d'accusation et à en déduire, quel qu'ait pu être l'énoncé de la mission confiée au juge délégué pour procéder à cette mesure d'instruction, que la chambre d'accusation n'avait pu que se réserver la connaissance de la procédure. »

• Résulte suffisamment du dossier de la procédure au sens de l'article 204 du Code de procédure pénale, l'infraction reliée par un lien indivisible à un fait établi par l'information.

Crim. 29 nov. 1983, n° 83-90.349, *Bull. crim.*, n° 321.

« Attendu que, pour écarter ces conclusions, les juges se bornent à déclarer que le délit de publicité mensongère, dénoncé par les parties civiles pour la première fois devant la cour, n'a pas été visé par l'ordonnance du juge d'instruction qui n'en a été saisi, ni par leur plainte initiale, ni par les réquisitions du ministère public;

Que le seul document constitutif d'indice quant à cette infraction, savoir un prospectus diffusé par la clinique de Montplaisir, a été versé à l'audience de la cour par les parties civiles au soutien de leur mémoire;

Qu'ils en déduisent que ce chef d'inculpation ne résulte pas du dossier de la procédure et que les dispositions de l'article 202 du Code de procédure pénale ne sont pas applicables;

Mais attendu qu'en raison du lien indivisible existant entre l'insuffisance ou l'absence de service de réanimation à la première clinique, résultant du dossier de la procédure, et l'existence d'une publicité relevée par les demandeurs puis constatée par la chambre d'accusation, celle-ci ne pouvait, sans mieux s'en expliquer, écarter l'application de l'article 204 du Code de procédure pénale et non pas 202 visé à tort;

D'où il suit que les juges n'ont pas donné de base légale à leur décision et que la cassation est encourue. »

• La chambre de l'instruction peut, après avoir eu recours aux articles 202 et 204, statuer sur des faits restés en dehors de la saisine du juge d'instruction (interprétation *a contrario*).

Crim. 31 mai 1994, n° 93-82.380, *Bull. crim.*, n° 211.

« Attendu que la chambre d'accusation, juridiction d'instruction du second degré, ne peut, sans recourir à la procédure prévue par les articles 202 et 204 du Code de procédure pénale, statuer sur des faits restés en dehors de la saisine du juge d'instruction;

Attendu qu'il appert de l'arrêt attaqué et des pièces de la procédure auxquelles l'arrêt se réfère que, par lettre du 14 septembre 1987 reçue le 30 septembre 1987 au cabinet du juge d'instruction, Raoul Arnaud a porté plainte et s'est constitué partie civile contre Alain Brabant, Jean-Michel Perron et divers autres pour dénonciation calomnieuse, en raison de l'envoi par Brabant d'une lettre reçue le 7 juillet 1987 par le président du conseil de l'Ordre des médecins de l'Isère, portant à la connaissance de celui-ci des agissements, présentés comme critiquables, du docteur Arnaud; que, le 6 novembre 1987, une information a été ouverte de ce chef, clôturée le 3 juillet 1992 par une ordonnance de non-lieu du juge d'instruction;

Attendu que, sur appel de la partie civile, la chambre d'accusation, tout en déclarant les faits prescrits à l'égard d'autres inculpés, a renvoyé devant le tribunal correctionnel, pour dénonciation calomnieuse, Perron, à raison du courrier adressé au conseil de l'Ordre des médecins le 7 juillet 1987, et Brabant, outre ce même courrier, à raison d'une autre lettre écrite au même destinataire et par lui reçue le 17 septembre 1987;

Mais attendu que, contrairement à ce que mentionne l'arrêt, il ne ressort d'aucune pièce de la procédure que la partie civile ait, à quelque moment, fait état de cette dernière correspondance à l'appui de sa plainte, non plus que le procureur de la République dans ses réquisitions; qu'ainsi, la juridiction d'instruction n'était saisie que des seuls faits relatifs à la lettre du 7 juillet 1987 et que, dès lors, en statuant comme ils l'ont fait, les juges ont méconnu les textes et les principes susénoncés;

D'où il suit que leur arrêt encourt la censure. »

• En cas de substitution de motifs, la chambre de l'instruction peut « évoquer » et prolonger la détention provisoire (comp. cet arrêt avec les deux arrêts du même jour, Crim. 9 mai 2001, ci-dessous – et v. nos explications s[s] n° 248.58).

Crim. 2 févr. 2000, n° 99-87.104, *Bull. crim.*, n° 54.

« Attendu qu'il résulte de l'arrêt attaqué que X... a été mis en examen du chef de vol en bande organisée avec arme et placé en détention provisoire le 16 octobre 1998 et que, par ordonnance du 6 octobre 1999, le juge d'instruction a prolongé cette détention pour une durée de six mois;

Attendu que, saisis de l'appel de cette ordonnance, les juges du second degré ont annulé cette décision en raison de son absence de motivation conforme aux dispositions de l'article 145-3 du Code de procédure pénale et, évoquant, ont prolongé la détention de la personne mise en examen pour une durée de trois mois;

Attendu qu'en cet état, et dès lors qu'après évocation, sa décision s'est substituée à l'ordonnance annulée du juge d'instruction, la chambre d'accusation a justifié sa décision;

D'où il suit que le moyen ne peut qu'être écarté;

Et attendu que la chambre d'accusation a statué sur la détention par des motifs non critiqués par le moyen et qui répondent aux exigences des articles 144 et suivants du Code de procédure pénale et que l'arrêt est régulier en la forme. »

• La chambre de l'instruction saisie d'un appel portant sur la nullité du placement en détention provisoire ne peut annuler, évoquer et ordonner la prolongation en substituant sa décision à celle du juge (comp. cet arrêt avec Crim. 2 févr. 2000, ci-dessus – et v. nos explications s[s] n° 248.58).

Crim. 9 mai 2001, n° 01-81.598, *Bull. crim.*, n° 111.

« Attendu que, lorsqu'elle constate que la personne mise en examen est détenue en vertu d'un titre nul, la chambre de l'instruction doit prononcer d'office sa mise en liberté;

Attendu qu'il résulte de l'arrêt attaqué et des pièces de la procédure que, dans l'information suivie contre lui, notamment pour infractions à la législation sur les stupéfiants, X... a été placé en détention provisoire le 11 juillet 1999; que, par ordonnance rendue le 9 janvier 2001, le juge des libertés et de la détention a prolongé cette mesure à compter du 11 janvier pour une durée de six mois;

Attendu que, sur l'appel de X..., la chambre de l'instruction, après avoir constaté que le débat contradictoire prévu par l'article 145-1 du Code de procédure pénale, n'avait pas été tenu, a annulé l'ordonnance de prolongation de la détention provisoire, évoqué, organisé devant elle le débat contradictoire, et ordonné la prolongation de la détention de l'intéressé;

Mais attendu qu'en prononçant ainsi alors qu'aucune disposition légale ne l'autorisait à évoquer, la chambre de l'instruction a méconnu le texte susvisé et le principe susénoncé;

D'où il suit que la cassation est encourue; qu'elle aura lieu sans renvoi, la Cour de cassation étant en mesure d'appliquer directement la règle de droit et de mettre fin au litige, ainsi que le permet l'article L. 131-5 du Code de l'organisation judiciaire. »

• Lorsque la chambre de l'instruction est saisie de l'appel d'une ordonnance ne respectant pas les conditions prévues par l'article 145-3, elle ne doit pas l'annuler mais la confirmer et substituer ses motifs.

Crim. 9 mai 2001, n° 01-81.599, *Bull. crim.*, n° 110; *D.* 2001, IR 1923; *JCP* 2001, p. 1589.

« Attendu qu'il résulte de l'arrêt attaqué que X... a été mis en examen du chef, notamment, d'association de malfaiteurs et placé en détention provisoire le 7 mai 2000 et que, par ordonnance du 4 janvier 2001, le juge des libertés et de la détention a prolongé cette détention pour une durée de quatre mois;

Attendu que, saisie de l'appel de cette ordonnance, la chambre de l'instruction a annulé cette décision en raison de l'absence d'une motivation conforme aux dispositions de l'article 145-3 du Code de procédure pénale et, évoquant, a prolongé la détention de la personne mise en examen pour une durée de quatre mois;

Attendu qu'en cet état, le demandeur ne saurait reprocher à la chambre de l'instruction d'avoir refusé de le mettre en liberté, après annulation, dès lors que la juridiction du second degré, qui était tenue en raison de l'effet dévolutif de l'appel d'examiner le bien-fondé de la détention provisoire et de statuer au besoin par motifs propres sur la nécessité de cette mesure, aurait dû, après avoir, comme elle l'a fait, substitué aux motifs insuffisants du premier juge, des motifs répondant aux exigences légales, non pas annuler l'ordonnance entreprise, mais confirmer celle-ci Que le moyen doit donc être écarté. »

• **La chambre de l'instruction peut statuer d'office à l'égard de la personne mise en examen renvoyée devant elle, sur tous les chefs d'infractions résultant de la procédure y compris sur ceux qui ont fait l'objet d'une ordonnance de non-lieu partiel.**

Crim. 2 oct. 2001, n° 01-82.555, *Bull. crim.*, n° 195.

« Attendu que, par ordonnance du 14 mars 2000, le juge d'instruction a dit n'y avoir lieu à suivre contre Yves X... des chefs d'agressions sexuelles aggravées sur Jean-Christophe Y... et sur Chloé X...;

Attendu que, sur le seul appel des parties civiles, les époux Y..., représentants légaux de Jean-Christophe Y..., la chambre d'accusation a infirmé l'ordonnance de non-lieu, en toutes ses dispositions, et ordonné le renvoi d'Yves X... devant le tribunal correctionnel pour agressions sexuelles sur la personne de Jean-Christophe Y... et de Chloé X...;

Attendu qu'en prononçant ainsi, les juges ont fait l'exacte application de l'article 202 du Code de procédure pénale;

Qu'en effet, ce texte donne pouvoir à la chambre de l'instruction, et sans que sa saisine soit limitée par l'effet dévolutif de l'appel, de statuer d'office à l'égard de la personne mise en examen renvoyée devant elle, sur tous les chefs de crimes, délits principaux ou connexes, résultant de la procédure y compris sur ceux qui, comme en l'espèce, ont fait l'objet d'une ordonnance de non-lieu partiel;

D'où il suit que le grief allégué ne saurait être admis. »

• **Lorsque la chambre de l'instruction ordonne un supplément d'information et délègue un juge pour y procéder, elle a nécessairement évoqué l'affaire dans sa totalité.**

Crim. 6 janv. 2004, n° 03-86.260, *Bull. crim.*, n° 1; *Gaz. Pal.* 19/21 sept. 2004, jur. p. 6.

« Attendu qu'il se déduit du deuxième alinéa de l'article 207 du Code de procédure pénale que, lorsque, dans une matière autre que la détention, la chambre de l'instruction qui infirme une ordonnance du juge d'instruction ou qui est saisie directement d'une demande d'actes faute par le juge d'instruction d'avoir statué dans le délai légal, ordonne un supplément d'information et délègue un juge pour y procéder, celle-ci évoque nécessairement l'affaire dans sa totalité et demeure seule compétente pour rendre les décisions de caractère juridictionnel imposées par le déroulement de l'instruction;

Qu'une même information ne peut être conduite à la fois par un juge d'instruction et par un conseiller à la cour d'appel chargé d'un supplément d'information;

Attendu qu'il résulte de l'arrêt attaqué et des pièces de la procédure que Jean-Christophe X... et Alain Y..., parties civiles, ont régulièrement déposé au greffe du juge d'instruction une demande tendant à l'accomplissement de certains actes; que, le magistrat instructeur n'ayant pas statué dans le délai d'un mois imposé par l'article 81, dernier alinéa, du Code de procédure pénale, les parties civiles ont saisi directement, en vertu de ce texte, le président de la chambre de l'instruction, lequel a ordonné la saisine de cette chambre;

Attendu que, tout en refusant de faire droit à la demande des requérants tendant à ce que la chambre de l'instruction use de son pouvoir d'évocation et dessaisisse le juge d'instruction, l'arrêt attaqué décide de prescrire l'accomplissement des actes sollicités, ordonne à cette fin un supplément d'information et commet pour y procéder un magistrat de la cour d'appel;

Mais attendu qu'en procédant ainsi alors que le supplément d'information, impliquant le dessaisissement du juge d'instruction, ne pouvait être ordonné qu'après que la chambre de l'instruction eut évoqué l'affaire, les juges ont méconnu les textes susvisés et le principe ci-dessus rappelé;

D'où il suit que la cassation est encourue. »

242.03 **Bibliographie indicative.** (V. les références complètes s^s n° 03.)

Ouvrages. Angevin H., *La pratique de la chambre de l'instruction,* 2e éd., Éd. Juris-classeur, Litec, 2004 – Bouloc B., *L'acte d'instruction,* Lgdj, 1965 – Chambon P., *La chambre d'accusation,* Dalloz, 1978.

Actualisables. J.-CL. PROC. PÉN., Angevin H., « La chambre de l'instruction » – RÉP. PÉN., Coste F.-L., « La chambre de l'instruction ».

Articles. Arrighi C., « Les pouvoirs du président de la chambre d'accusation après la loi du 30 décembre 1996 », *RSC* 1998, 687; « De la chambre d'accusation à la chambre de l'instruction », *Rev pénit.* 2001, p. 123 – Besson A., « Esquisse d'une réforme de notre procédure pénale », *D.* 1955, chron. 55; « L'origine, l'esprit et la portée du Code de procédure pénale », *D.* 1959, 271 – Bimes-Arbus A., « Les pouvoirs du président de la chambre d'accusation », *LPA* 23 févr. 2000, p. 4 – Guéry Ch., « Les pouvoirs de la chambre de l'instruction et la liberté magistrat instructeur », *D.* 2007, chron. 603; « La loi du 5 mars 2007 et l'instruction préparatoire », *AJ pénal* 2007, 105 – Guyenot J.-M., « Le pouvoir de révision et le droit d'évocation de la chambre d'accusation », *RSC* 1964, 559 – Delmas-Marty M., « Vers une autre logique juridique. À propos de la jurisprudence de la Convention européenne des droits de l'Homme », *D.* 1988, chron. 221 – Donnedieu de Vabres, « Projet de réforme », *RSC* 1949, 433, 617 et 796 – Jeandidier W., « Requiem pour la chambre d'accusation », *JCP* 2000, I, 1270 – Mimin P., « Pitié pour la chambre d'accusation », *JCP* 1956, I, 1324 – Vouin R., « Prière pour la chambre d'accusation », *JCP* 1955, I, 1221; « Justice pour la chambre d'accusation », *JCP* 1956, I, 1327.

SECTION 1
MODES DE SAISINE

242.11 **Saisine par voie d'appel**. La chambre de l'instruction peut être saisie par la voie de l'appel, qu'il s'agisse de celui appartenant au ministère public (C. pr. pén., art. 185) ou de celui qui est mis à la disposition, dans des cas expressément visés par la loi, des parties (partie civile ou personne mise en examen, C. pr. pén., art. 186 et 186-1). Désormais, c'est aussi par la voie de l'appel que la chambre de l'instruction peut être saisie de la contestation de l'ordonnance de mise en accusation rendue par le juge d'instruction. Bien que les droits du témoin assisté soient en progression constante, il n'a jamais celui de faire appel (sur le droit d'appel, v. s^s n°s 230.00 s.).

242.12 Saisine par voie de requête en nullité. La chambre de l'instruction peut être saisie d'une requête en nullité que ce soit par le ministère public, la personne mise en examen, la partie civile, le témoin assisté ou le juge d'instruction lui même dans les conditions déjà examinées (v. s^s n°s 200.00 s.).

242.13 Saisine directe en cas de carence du juge : le ministère public. Lorsque le juge d'instruction ne répond pas dans les cinq jours à ses réquisitions, le parquet peut saisir directement la chambre de l'instruction d'une requête (C. pr. pén., art. 82, al. dern. - V. s^s n° 42.11). Il en est de même depuis la loi du 9 mars 2004 lorsque le juge des libertés et de la détention ne rend pas d'ordonnance dans les dix jours de sa saisine.

242.14 Saisine directe en cas de carence du juge : les parties. Il existe plusieurs occurrences dans lesquelles parties peuvent saisir directement la chambre de l'instruction. Tout d'abord, en matière de détention provisoire ou de contrôle judiciaire, la personne ou son avocat peuvent saisir directement la chambre de l'instruction :

- dans le cas où le juge des libertés et de la détention n'a pas statué dans le délai de trois jours ouvrables sur une demande de mise en liberté transmise par le juge d'instruction (C. pr. pén., art. 148, al. 5 - V. s^s n°s 146.27, 146.42, 241.72) ou si le juge d'instruction n'a pas statué dans les cinq jours sur une demande de mainlevée partielle ou totale de contrôle judiciaire (C. pr. pén., art. 140 - V. s^s n° 241.77).

- Dans le cas où le juge d'instruction n'a pas entendu le détenu depuis quatre mois (C. pr. pén., art. 148-4 - V. s^s n°s 145.65, 146.27, 146.43 à 146.45, 241.73).

- Dans tous les cas où aucune juridiction n'est saisie et dans les intervalles des sessions d'assise (v. s^s n°s 146.51 s.).

242.15 Saisine par la Cour de cassation. Dans un certain nombre d'hypothèses, la chambre de l'instruction est saisie par renvoi de la Cour de cassation. Il en est ainsi en cas de cassation de l'arrêt d'une autre chambre de l'instruction (C. pr. pén., art. 652) ou après règlement de juges (C. pr. pén., art. 659).

242.16 Saisine par le président de la chambre de l'instruction. Dans certaines hypothèses, le président de la chambre de l'instruction peut prendre l'initiative de saisir la juridiction du second degré, statuant en formation collégiale (C. pr. pén., art. 175-2, 213, 221-1, 221-3- V. s^s n°s 53.21 à 53.23, 245.00 s.).

242.17 Saisine par le juge des libertés et de la détention. Dans une seule hypothèse, le juge des libertés peut saisir la chambre de l'instruction : lorsque la détention en matière correctionnelle (C. pr. pén., art. 145-1) ou en matière criminelle (C. pr. pén., art. 145-2) excède la durée maximale fixée par ces articles, aux fins de prolongation exceptionnelle selon les modalités fixées par le dernier alinéa de l'article 137-1.

242.18 Saisine en matière de restitution. La saisine en matière de restitution est particulière puisqu'elle est ouverte, non seulement au ministère public et aux parties mais à toute personne intéressée (C. pr. pén., art. 199 - V. s^s n°s 182.31 à 182.33, 222-13).

242.19 Saisine pour audience de contrôle. Lorsque le président est saisi par une partie pour ordonner l'audience de contrôle instituée par la loi du 5 mars 2007, il dispose de huit jours pour cela. L'audience de contrôle fait l'objet d'une étude particulière (v. s^s n°s 245.00 s.).

SECTION 2
ÉTENDUE DE LA SAISINE – PRINCIPES

242.21 Étendue de la saisine et pouvoirs : une césure fondamentale. Une grande partie des difficultés de compréhension de décisions apparemment contradictoires tient à cette césure fondamentale que chacun doit avoir à l'esprit pour comprendre la façon dont la chambre de l'instruction est amenée à intervenir.

Elle peut être saisie de l'entier dossier.

Elle peut être saisie d'une affaire particulière.

Les conséquences de l'étendue de sa saisine sur ses pouvoirs sont considérables.

Enfin, la saisine de la chambre de l'instruction lors de l'audience de contrôle est tellement spécifique qu'elle fera l'objet d'une étude particulière (v. s^s n°s 245.00 s.).

242.22 Chambre de l'instruction saisie de l'entier dossier de la procédure. Les hypothèses sont relativement rares. La chambre de l'instruction est saisie de l'entier dossier de la procédure lorsqu'elle est saisie d'un appel sur une ordonnance de règlement. Avant la loi du 15 juin 2000, le cas le plus fréquent de ce type de saisine était l'ordonnance de transmission de pièces que rendait le juge d'instruction en matière criminelle. La chambre d'accusation de l'époque était en effet saisie systématiquement de l'entier dossier de la procédure dans toutes les affaires criminelles donnant lieu à renvoi, qu'il y ait ou non des personnes en détention provisoire. Désormais, la chambre de l'instruction ne peut être saisie en cette matière que d'un appel (v. s^s n°s 214.74, 232.31, 232.61). Elle peut encore être saisie de l'entier dossier dans les hypothèses, non examinées dans la présente édition, de redressement de qualification (C. pr. pén., art. 195) ou de réouverture sur charges nouvelles (C. pr. pén., art. 196). Elle l'est lorsqu'elle est saisie sur renvoi de la Cour de cassation après règlement de juges ou après annulation d'un arrêt de chambre de l'instruction qui avait statué sur appel d'une ordonnance de règlement (C. pr. pén., art. 609).

242.23 Lorsque la chambre de l'instruction est saisie de l'entier dossier de la procédure, elle exerce son pouvoir de révision. Bien que le pouvoir de révision ne soit pas défini par le Code de procédure pénale, la doctrine a pris l'habitude d'appeler ainsi la possibilité ouverte à la chambre de l'instruction de « compléter la procédure qui lui est soumise, de réparer les omissions commises par le juge d'instruction, de redresser les qualifications données aux faits délictueux, de statuer sur tous les chefs de crime, de délits ou de contraventions résultant du dossier de la procédure, d'inculper des personnes qui n'ont pas été renvoyées devant elle, et, à la fin de son examen, de renvoyer les individus poursuivis devant la juridiction compétente »[1]. « Le pouvoir de révision est exercé de plein droit et procède, en réalité, d'un véritable devoir, lorsque après clôture de l'information, mais dans les cas déterminés par la loi, l'ordonnance du juge d'instruction n'est pas ou plus susceptible d'appel. La saisine de la chambre de l'instruction procède alors de la loi; elle a pour objet l'affaire elle-même qui lui est soumise avec la transmission du dossier, et non pas le dispositif d'une ordonnance. La chambre de l'instruction, ainsi saisie, est chargée de réviser l'instruction et de conclure après avoir procédé ou fait procéder à toutes les mesures qu'elle juge utiles, tant en ce qui concerne la manifestation de la vérité, pour caractériser les faits et leur donner la qualification la plus appropriée, qu'à l'égard des personnes auxquelles les infractions se révèlent imputables[2] » (sur l'exercice du pouvoir de révision au moyen du supplément d'information v. s^s n°s 243.00 s.).

242.24 Chambre de l'instruction saisie d'un objet particulier. Lorsque la chambre de l'instruction n'est pas saisie de l'entier dossier, sa saisine est limitée. Ainsi, lors de l'appel d'une ordonnance autre qu'une ordonnance de règlement, la chambre de l'instruction n'est saisie que de l'objet de cet appel, à l'exclusion de tout autre. Il en est de même en cas de requête présentée devant elle. La procédure de requête en nullité, bien que limitée à la recherche des nullités, peut être étendue par l'intervention incidente des autres parties à la procédure qui ont l'obligation de soumettre tous les cas de nullités qu'elles ont pu connaître, à peine de forclusion. Le pouvoir de révision ne s'exerce donc que lorsque la chambre de l'instruction est saisie de l'entier dossier : il n'en est pas ainsi lorsqu'elle statue dans les conditions prévues par l'article 186-1 (appel d'une ordonnance autre que de règlement), sa saisine étant alors limitée à l'examen de l'ordonnance entreprise[3].

242.25 Lorsque la chambre de l'instruction est saisie d'un objet particulier, elle peut parfois user de son pouvoir d'évocation ou renvoyer le dossier à un autre juge d'instruction. En principe, la chambre de l'instruction saisie d'un objet particulier ne peut statuer que sur l'objet de cette saisine. Elle ne peut, pour excéder celle-ci qu'user de son pouvoir d'évocation, ce qui ne lui est permis que dans des cas énoncés par la loi. Lorsqu'elle use de son pouvoir d'évocation, la chambre de l'instruction retrouve de plus larges pouvoirs. Dans ces cas le pouvoir d'évocation lui confère les mêmes pouvoirs que celui de révision (v. s^s n°s 242.51 s.). Mais l'évocation n'est jamais obligatoire. Elle demeure à l'appréciation de la chambre de l'instruction. Par ailleurs, la chambre de l'instruction peut, sans évoquer, dessaisir le juge en charge du dossier d'information et en saisir un autre. Mais elle doit avoir annulé un acte[4] ou infirmé une ordonnance[5] (mais sur l'utilisation du pouvoir d'évocation lors de l'audience de contrôle v. s^s n° 245.46). Dans cette hypothèse, le juge d'instruction qui n'est pas saisi d'un supplément d'information, peut poursuivre l'instruction mais sans recevoir d'injonction.

1. Merle et Vitu, *Traité de droit criminel,* t. II, *Procédure pénale,* 5e éd., Cujas, 2001, n° 569.
2. Rép. pén., F.-L. Coste, « Chambre de l'instruction ».
3. Crim. 21 juill. 1998, n° 98-81.213, *Bull. crim.,* n° 218.
4. Crim. 20 nov. 1984, n° 84-91.829, *Bull. crim.,* n° 355.
5. Crim. 25 juin 1996, n° 96-81.239, *Bull. crim.,* n° 272.

SECTION 3

RÈGLES QUI S'IMPOSENT À LA CHAMBRE DE L'INSTRUCTION SAISIE D'UN OBJET PARTICULIER

242.31 Deux principes fondamentaux doivent être examinés ici : la règle de l'unique objet et la règle suivant laquelle l'appel doit porter sur l'ordonnance critiquable. Des tempéraments modèrent toutefois l'une et l'autre de ces règles.

242.32 Règle de l'unique objet. En vertu de son caractère dévolutif, l'appel ne saurait avoir pour effet de faire trancher d'autres litiges que ceux qui sont soumis à la chambre de l'instruction par le biais de cet appel. Les fondements de l'existence de la règle de l'unique objet ont disparus : il s'agissait en effet d'éviter, à un moment où les parties ne pouvaient pas former de requête en nullité pendant le cours de l'information, qu'elles se servent d'un appel pour faire statuer sur une nullité de procédure avant le règlement. Depuis 1993, les parties peuvent saisir la chambre de l'instruction d'une requête en nullité et cette règle a perdu une partie de sa raison d'être. Mais elle demeure comme une règle essentielle dès lors que la chambre de l'instruction n'est pas saisie de l'entier dossier de la procédure. C'est ainsi que l'appel de l'ordonnance de placement en détention, de prolongation, de maintien ou encore de l'ordonnance de refus de mise en liberté, n'entraîne la saisine de la chambre de l'instruction que pour l'unique objet de la détention. Il n'est possible de faire alors statuer que sur l'ordonnance entreprise.

L'attendu de principe de la chambre criminelle est clair « en permettant aux inculpés de relever appel des ordonnances prévues par l'article 186 du Code de procédure pénale, ce texte, dont les dispositions sont limitatives, leur a attribué un droit exceptionnel qui ne comporte aucune extension et dont ils ne sauraient s'autoriser pour faire juger, à l'occasion d'une de ces procédures spéciales, des fins de non-recevoir étrangères à son unique objet »[1]. Il n'est ainsi pas possible d'invoquer une nullité de procédure[2]. Il n'est pas possible d'invoquer une autre information dans laquelle l'intéressé aurait auparavant été détenu jusqu'à échéance ultime du délai de détention, les faits faisant l'objet de la seconde information ayant été « artificiellement dissociés » de la première pour permettre la réincarcération[3]. Il n'appartient pas non plus aux juges de porter une appréciation sur les conditions matérielles de l'incarcération qui ressortissent à la seule administration pénitentiaire[4].

Ce principe est général et vise tous les cas où un appel d'une ordonnance est formé. C'est pourtant en matière de détention provisoire qu'il est le plus fréquemment invoqué, certains appelants croyant pouvoir discuter à cette occasion de la régularité d'un acte antérieur. On sait que depuis la réforme de 1993, la partie peut désormais former une requête en nullité pour contester la validité d'un acte ou d'une pièce de la procédure (C. pr. pén., art. 173, al. 3) sauf lorsque l'« acte de procédure peut faire l'objet d'un appel de la part des parties, et notamment des décisions rendues en matière de détention provisoire ou de contrôle judiciaire » (C. pr. pén., art. 173, al. 4).

Mais la régularité d'une précédente ordonnance ne peut être invoquée dès lors qu'elle est devenue définitive.

La chambre de l'instruction ne saurait se réfugier derrière la règle de l'unique objet en contradiction avec l'effet dévolutif de l'appel : lorsqu'elle est saisie par le ministère public de l'appel d'une ordonnance du juge d'instruction disant n'y avoir lieu de mettre en examen une personne et de saisir le juge des libertés et de la détention, la chambre de l'instruction est tenue de statuer sur toutes les questions qui lui sont dévolues par l'appel du ministère public. Encourt la censure l'arrêt de la chambre de l'instruction qui, pour confirmer une telle ordonnance énonce que la question de la mise en examen est étrangère à l'unique objet de sa saisine[5] (v. les attendus s^{s} n° 103.02).

242.33 Tempéraments à la règle de l'unique objet. Dans trois domaines, des arrêts ont admis que soient discutés des principes d'ordre public : la prescription, l'abrogation de la loi pénale, l'incompétence de la juridiction. C'est ainsi que la chambre criminelle a admis que l'incompétence de la juridiction soit alléguée au soutien de l'appel d'une ordonnance de refus de mise en liberté[6]. Il en fut de

1. Crim. 6 janv. 1961, *D.* 1961, 581, note M. R.
2. Crim. 4 juin 1973, n° 73-91.326, *Bull. crim.*, n° 254 – Crim. 28 nov. 1984, n° 84-94.366, *Bull. crim.*, n° 373 – Crim. 20 oct. 1987, n° 87-84.410, *Bull. crim.*, n° 357 – Crim. 19 nov. 1987, n° 86-91.592, *Bull. crim.*, n° 420 – Crim. 18 mai 1989, n° 89-81.334, *Bull. crim.*, n° 207 – Crim. 19 sept. 1989, n° 89-84.051, *Bull. crim.*, n° 322 – Crim. 21 août 1990, n° 90-83.745, *Bull. crim.*, n° 304 – Crim. 30 sept. 1992, n° 92-83.947, *Bull. crim.*, n° 297 – Crim. 26 juill. 1993, n° 93-82.314, *Bull. crim.*, n° 247; *JCP* 1993, IV, 2580.
3. Crim. 29 avr. 1994, *Dr. pén.* 1995, comm. n° 31.
4. Crim. 27 nov. 1996, n° 96-83.927, NPT; *Dr. pén.* 1997, comm. n° 54.
5. Crim. 2 sept. 2005, n° 05-83.117, *Bull. crim.*, n° 213; *Dr. pén.* 2005, n° 165, note Maron.
6. Pour une incompétence *ratione loci* : Crim. 30 janv. 1979, n° 78-93.782, *Bull. crim.*, n° 43; *RSC* 1980, 152, obs. J. Robert – CA Saint-Denis de la Réunion, ch. acc., *JCP* 1994, 22228, note W. Jeandidier – Crim. 5 août 2004, n° 04-83.592, NP – Pour une incompétence *ratione materiae* : Crim. 9 avr. 1986, n° 86-90.433, *Bull. crim.*, n° 122; *JCP* 1986, IV, p. 162 – Pour une incompétence *ratione personae* : Crim. 9 mai 1990, n° 90-80.928, *Bull. crim.*, n° 176; *JCP* 1990, IV, p. 291.

même respectivement pour l'invocation de la prescription des faits poursuivis[1] et de l'abrogation de la loi pénale[2]. La règle de l'unique objet tend ainsi, sauf exceptions, à prohiber la possibilité de faire statuer sur un autre domaine que celui de la détention lorsque l'appel porte sur la détention. Mais on doit encore observer des règles plus précises en disant que l'appel ne peut porter que sur l'ordonnance critiquable.

242.34 L'appel doit porter sur l'ordonnance critiquable. L'appel doit porter sur l'ordonnance critiquable : à l'occasion du rejet d'une ordonnance de refus de mise en liberté on ne peut contester la régularité de l'ordonnance de placement en détention provisoire[3] ou du mandat de dépôt délivré à la même date et qui en est inséparable[4].

242.35 Une requête en nullité ne saurait remplacer un appel. L'article 173 alinéa 4 du Code de procédure pénale dispose : « Les dispositions des trois premiers alinéas [qui précisent que les parties peuvent à tout moment présenter une requête en nullité] ne sont pas applicables aux actes de procédure qui peuvent faire l'objet d'un appel de la part des parties et notamment des décisions rendues en matière de détention provisoire ou de contrôle judiciaire. »

Cette règle complète celle précédemment énoncée et rend critique la situation de celui qui laisse passer les délais d'appel d'une ordonnance irrégulière (sauf en cas d'acte « inexistant » v. s^{s} n°s 242.42 à 242.45) La chambre criminelle a répété plusieurs fois ce principe tant avant l'entrée en vigueur des lois de 1993[5] que depuis[6]. C'est ainsi que le procureur de la République qui a laissé passer le délai d'appel est irrecevable à saisir la chambre d'accusation d'une requête en nullité tendant à voir annuler l'ordonnance de placement d'un mineur en détention sans consultation préalable du service de l'éducation surveillée comme lui en fait l'obligation l'article 12 de l'ordonnance du 2 février 1945. L'ordonnance étant définitive, aucune critique ne pouvait plus être émise et la requête en annulation était donc irrecevable[7].

Toutefois le juge d'instruction qui ne peut être considéré comme une partie visée par l'article 173 du Code de procédure pénale (et qui ne peut faire appel de ses décisions...) conserve le droit de présenter une requête en nullité à propos d'une ordonnance irrégulière[8].

242.36 La chambre de l'instruction peut-elle aggraver le sort de l'appelant ? Il n'est à notre avis pas possible pour la chambre de l'instruction d'aggraver la situation du mis en examen si le ministère public n'a pas formé appel. En tout cas en le plaçant en détention alors qu'il n'y était pas. En revanche, son contrôle judiciaire peut être aggravé.

Dans quelle circonstance le problème peut-il se poser ? À chaque fois qu'une mise en liberté assortie du contrôle judiciaire est ordonnée et notamment lorsqu'un cautionnement préalable est imposé. On ne voit pas pourquoi la personne détenue serait dans l'impossibilité de faire appel d'une telle ordonnance puisque si la juridiction ordonne sa mise en liberté, elle la conditionne à l'exécution d'une obligation. La personne doit pouvoir faire appel de cette ordonnance qu'elle ait ou non versé le cautionnement. L'exécution de l'obligation n'empêche pas la personne d'avoir intérêt à ce que celle-ci soit invalidée, ce qui occasionnerait la restitution de la somme versée. Dans les deux cas, si la personne ne fait pas appel, elle pourra obtenir le même résultat par le biais de la demande de main levée du contrôle judiciaire suivi d'un appel de l'ordonnance de refus. Un arrêt a toutefois affirmé que la personne mise en liberté par la chambre d'accusation, sous condition de verser un cautionnement, était sans intérêt à critiquer l'arrêt qui a fait droit à sa demande de mise en liberté, alors d'une part qu'il a satisfait à la condition dont il était assorti et que, d'autre part, l'annulation de cette décision entraînerait sa réincarcération[9]. Mais il s'agit ici du résultat d'une cassation éventuelle. Celle-ci entraînerait la réincarcération puisque l'arrêt de la chambre qui a ordonné la mise en liberté n'existerait plus (v. aussi s^{s} n° 145.45). Tel n'est pas le cas de l'incidence d'une décision d'appel par rapport à la décision de première instance. Le principe posé par l'arrêt du 5 janvier 1994 est d'ailleurs en lui-même critiquable.

Un arrêt parfois cité comme consacrant le principe du pouvoir théorique pour la chambre d'aggraver le sort de l'appelant[10] doit être interprété différemment : si le pourvoi invoquait expressément l'idée que « la chambre d'accusation, juridiction

1. Crim. 26 janv. 1984, n° 83-94.425, *Bull. crim.*, n° 34.
2. Crim. 14 mars 1988, n° 87-92.074, *Bull. crim.*, n° 124; *JCP* 1985, IV, p. 279.
3. Crim. 19 sept. 1989, n° 89-84.051, *Bull. crim.*, n° 322.
4. Crim. 12 oct. 1987, n° 87-84.584, *Bull. crim.*, n° 344; *D.* 1987, IR 221.
5. Crim. 4 nov. 1986, n° 86-94.653, *Bull. crim.*, n° 320; *D.* 1987, somm. 79.
6. CA Versailles, ch. acc., 11 mai 1993, *Dr. pén.* 1993, n° 199.
7. Crim. 4 nov. 1986, n° 86-94.653, *Bull. crim.*, n° 320; *D.* 1987, somm. 79.
8. Crim. 19 juin 1984, n° 84-91.880, *Bull. crim.*, n° 230; *JCP* 1985, 20511.
9. Crim. 5 janv. 1994, n° 93-84.582, *Bull. crim.*, n° 6.
10. Crim. 11 avr. 1991, n° 91-80.414, *Bull. crim.*, n° 176.

d'instruction du second degré, est investie des mêmes pouvoirs que le magistrat instructeur, et si, saisie par l'appel de l'inculpé contre une ordonnance rejetant une demande de mainlevée du contrôle judiciaire, elle peut, par voie de conséquence, modifier ou supprimer certaines des obligations du contrôle auquel se trouve assujetti l'intéressé, elle n'a pas le pouvoir, sur le seul appel de l'inculpé, d'aggraver son sort, en l'assujettissant à des mesures que la juridiction d'instruction du premier degré n'a pas jugées nécessaires », la Cour de cassation ne répond pas sur le même terrain. Elle rappelle simplement que : « La chambre d'accusation, juridiction d'instruction du second degré, régulièrement saisie de l'appel de l'inculpé contre l'ordonnance du juge d'instruction statuant sur une demande de main levée de contrôle judiciaire, se trouve nécessairement investie, en la matière, des pouvoirs conférés au magistrat instructeur par les articles 138, 139 et 140 du Code de procédure pénale, et notamment du pouvoir de modifier tout ou partie des obligations du contrôle. » Nous ne sommes donc pas réellement dans le registre d'une exception à l'effet dévolutif de l'appel mais dans le constat des pouvoirs propres qui sont détenus par la chambre de l'instruction. Le principe selon lequel la chambre de l'instruction est investie des mêmes pouvoirs que le juge du premier degré ne nous semble pas pouvoir être étendu à la possibilité de placer en détention alors que l'intéressé, seul, a fait appel d'une ordonnance de placement sous contrôle judiciaire. Si la chambre de l'instruction possède en effet la possibilité de mettre en liberté d'office une personne, elle n'est pas en mesure, d'office ou en aggravant la situation de l'appelant, d'ordonner son incarcération, hors le cas où elle aurait été auparavant saisie du contentieux de la détention et se serait réservé celui-ci ou dans le cas où elle aurait ordonné un supplément d'information, dans les cadres prévus par la loi (v. s[s] n°s 243.00 s.).

SECTION 4

POSSIBILITÉS D'AUTOSAISINE DE LA CHAMBRE DE L'INSTRUCTION

242.41 Possibilité d'autosaisine de la chambre de l'instruction. Si l'on évoque la délimitation de la saisine de la chambre de l'instruction il faut aborder le cas de figure prévu par l'article 207 alinéa 4 du Code de procédure pénale : en cas d'appel formé contre une ordonnance de refus de mise en liberté, la chambre de l'instruction peut, lors de l'audience et avant la clôture des débats, se saisir immédiatement de toute demande de mise en liberté sur laquelle le juge n'a pas encore statué; dans ce cas, elle se prononce à la fois sur l'appel et sur cette demande (C. pr. pén., art. 207, al. 4).

Cette procédure suppose un fonctionnement harmonieux entre les juges d'instruction, les juges des libertés et de la détention et la chambre de l'instruction. Elle n'est pas forcément à conseiller dans les cabinets qui ne connaissent pas un afflux particulier de demandes. En effet le juge devra prendre garde à ce que la chambre de l'instruction soit encore saisie d'un appel avant de prendre la décision de ne pas statuer sur la demande et de la faire parvenir à la chambre. Les services des greffes dans les chambres de l'instruction sont attentifs à ces demandes et si, par hasard, la chambre avait déjà répondu, la demande serait restituée au juge qui devrait alors la communiquer à son parquet. Certains détenus pratiquent les demandes de mise en liberté systématiques. Il peut alors paraître utile de demander à la chambre de statuer à la fois sur l'appel et sur une ou plusieurs demandes qui ont été déposées depuis que l'appel est intervenu (v. s[s] n° 146.27).

242.42 Autre cas d'autosaisine : la mise en liberté d'office. L'article 201 alinéa 2 du Code de procédure pénale dispose que la chambre de l'instruction « peut également, le ministère public entendu, prononcer d'office la mise en liberté de la personne mise en examen ». Ce texte consacre, selon la chambre criminelle « un droit dont l'exercice relève de sa seule initiative et qui n'autorise en aucune façon l'inculpé à s'adresser directement à elle pour la requérir d'en faire usage à son profit.[1] »

D'un usage assez restreint, il est pourtant d'une importance théorique de premier rang.

Il peut certes servir lorsqu'il apparaît qu'une personne ne devrait plus se trouver en détention provisoire pour un motif d'opportunité. Mais le président de la chambre de l'instruction peut aussi saisir la chambre afin qu'il soit statué sur le maintien en détention d'une personne mise en examen en état de détention provisoire, même si celle-ci n'a intenté aucune action devant la chambre de l'instruction (C. pr. pén., art. 223 – V. s[s] n° 244.23).

L'exercice par la chambre de l'instruction de cette faculté relève de sa seule initiative, et n'est pas subordonné à une saisine de son président ou de l'intéressé, ni limité au cas où le titre de détention serait nul ou inexistant. Ainsi, n'encourt pas la censure la chambre d'accusation qui, saisie de l'appel formé contre une ordonnance rejetant la demande de mise en liberté d'une personne mise en examen, prononce la mise en liberté d'office d'une autre personne mise en examen dans la même procé-

1. Crim. 22 mars 1966, *Bull. crim.*, n° 229; *D.* 1966, 488 – Crim. 25 oct. 1973; n° 73-92.707, *Bull. crim.*, n° 383.

dure[1]. Ce pouvoir peut être mis en œuvre quel que soit le mode de saisine de la chambre et peu importe que l'objet de l'appel porte sur la détention.

Mais ce texte est aussi d'un usage utile lorsque la voie d'appel est fermée. Or, nous l'avons vu, cette voie est limitée à sa mise en œuvre dans les délais légaux de procédure. Après, il n'est plus possible d'obtenir l'annulation de l'acte. La chambre criminelle a ainsi décidé que la chambre d'accusation saisie d'une affaire « doit » prononcer d'office cette mise en liberté lorsqu'il apparaît que l'inculpé est détenu en vertu d'un titre inexistant. Elle l'a soulignée dans deux espèces où une ordonnance de prolongation de détention provisoire n'avait pas été frappée d'appel mais était pourtant intervenue tardivement[2]. Encore faut-il que la juridiction du second degré soit « régulièrement saisie de la procédure ». Comment faut-il interpréter ce membre de phrase ?

L'interprétation la plus vraisemblable est que la chambre d'accusation devait être saisie du contentieux de la détention c'est-à-dire d'un acte subséquent à la décision critiquée. Le détenu ne saurait en aucun cas saisir directement la chambre d'accusation d'une requête tendant à voir déclarer tel acte « inexistant ».

L'arrêt du 4 janvier 1983 doit être plus amplement commenté, pour que nous puissions en percevoir toute l'importance.

242.43 Arrêt Bouvier du 4 janvier 1983. Peu importe à vrai dire que certains ait vu dans cet arrêt un revirement de jurisprudence[3] quand d'autres indiquaient que « cette solution [...] ne saurait être qualifiée de revirement de jurisprudence »[4]. Les deux commentaires conservent leur valeur : il est exact de dire que la chambre criminelle continue à permettre aux juridictions de se « réfugier » derrière la règle de l'unique objet ou de l'absence de qualité de l'appelant pour demander à la chambre d'accusation de faire usage de l'article 201 du Code de procédure pénale lorsque l'illégalité de la détention n'apparaît pas[5]. Il n'en est pas moins pertinent de dire toute l'importance de cet arrêt novateur puisque le premier à dire que la chambre d'accusation « doit » mettre en liberté le détenu quand le titre est inexistant. Or, force est de constater que dans le cas d'espèce qui lui était présenté – une prolongation hors délai pour défaut de respect de la règle de quantième à quantième (détention du 2 janvier 1982 prolongée le 1er mai 1982 sans mention de la date d'effet et nouvelle prolongation le 1er septembre à la place du 31 août) –, la chambre criminelle aurait pu rejeter le pourvoi en réaffirmant la règle de l'unique objet. Pour la première fois, elle porte une atteinte justifiée à cette règle en évoquant l'inexistence d'un acte de procédure. Cette terminologie a largement été commentée et on a souligné un parallèle avec celle du conseil d'État. L'acte inexistant serait un acte manifestement illégal portant directement atteinte à la liberté individuelle[6].

On pouvait penser que cette jurisprudence pourrait être étendue à tous les cas dans lesquels il apparaîtrait une irrégularité de procédure ayant entaché un acte qui n'est plus critiquable selon les moyens procéduraux dont on dispose. Ce n'est, semble-t-il, pas le cas.

242.44 Jurisprudence postérieure à l'arrêt Bouvier. Après 1983, la chambre criminelle a continué en effet à invoquer la règle de l'unique objet et la règle selon laquelle l'appel devait porter sur l'ordonnance critiquable. Ainsi dans un arrêt du 12 octobre 1987 elle n'accepte pas que l'inculpé puisse contester à l'occasion d'un appel sur ordonnance de refus de mise en liberté, les conditions de désignation du juge d'instruction (ces conditions ne peuvent plus être contestées puisqu'elles constituent des actes d'administration judiciaire non susceptibles de recours, art. 83 dernier alinéa)[7]. Le moyen de cassation, « en ce qu'il revient à mettre en cause une décision ayant acquis un caractère définitif », ne saurait être accueilli. De même, dans un arrêt du 19 septembre 1989, la chambre criminelle va avoir l'occasion de dire[8] :

– que l'irrégularité du réquisitoire introductif et du procès-verbal de première comparution n'ont

1. Crim. 26 sept. 1995, nº 95-80.010, *Bull. crim.*, nº 282; *Gaz. Pal.* 24/25 janv. 1996, p. 11; *Dr. pén.* 1995, comm. nº 269.
2. Crim. 4 janv. 1983, nº 82-93.809, *Bull. crim.*, nº 3; *JCP* 1984, II, 20203, note P. Chambon; *D.* 1983, 562, note Roger – Crim. 4 mai 1993, nº 93-80.717, *Bull. crim.*, nº 163; *JCP* 1993, IV, 2041 – Crim. 10 mai 1995, nº 95-80.975, *Bull. crim.*, nº 168.
3. Crim. 4 janv. 1983, nº 82-93.809, *Bull. crim.*, nº 3; *D.* 1983, 562, note Roger.
4. Crim. 4 janv. 1983, nº 82-93.809, *Bull. crim.*, nº 3; *JCP* 1984, II, 20203, note P. Chambon.
5. Crim. 4 janv. 1983, nº 82-93.809, *Bull. crim.*, nº 3; *JCP* 1984, II, 20203, note P. Chambon.
6. Crim. 4 janv. 1983, nº 82-93.809, *Bull. crim.*, nº 3; *D.* 1983, 562, note Roger. On peut douter d'ailleurs de la pertinence de l'application de cette théorie dans un tel cas aujourd'hui. En effet, la Cour de cassation décide que l'ordonnance de prolongation prend « effet de plein droit à l'échéance du titre de détention » (Crim. 4 déc. 2002, nº 02-86.456, NP). Dans cette affaire, le JLD avait rectifié son ordonnance alors que la date réelle de prise d'effet de la prolongation était expirée lorsqu'il a rendu son ordonnance rectificative. La mention de cette date d'effet est sans portée. La prolongation court automatiquement à compter de l'expiration du délai initial.
7. Crim. 12 oct. 1987, nº 87-84.584, *Bull. crim.*, nº 344.
8. Crim. 19 sept. 1989, nº 89-84.051, *Bull. crim.*, nº 322.

pas à être examinés par la chambre d'accusation saisie d'une demande de mise en liberté;

– que les irrégularités prétendues des réquisitions à fin de mandat de dépôt et du mandat de dépôt lui-même, actes relatifs à la détention et inséparables de l'ordonnance de mise en détention, ne pouvaient être invoquées qu'à l'appui d'un appel interjeté contre celle-ci.

Cet arrêt est riche d'enseignement. Il nous permet tout d'abord de mieux cerner les principes que nous avons présentés comme différents quoique étroitement liés : la règle de l'unique objet et celle de l'appel ne portant que sur l'ordonnance critiquée. La chambre criminelle invoque le premier lorsqu'il s'agit de statuer sur la nullité de pièces n'ayant pas directement trait à la détention. L'unique objet de l'appel c'est la détention, il ne saurait être question de s'intéresser à un autre sujet. Lorsque c'est bien l'irrégularité de la détention qui est alléguée mais qu'elle vise des actes antérieurs, la chambre criminelle rappelle alors leur caractère définitif.

Ceci n'est pas sans intérêt dans le cas d'espèce car la nullité du mandat de dépôt semblait invoquée. On ne sait malheureusement pas à quel titre. On ne peut donc apprécier la distinction opérée par un auteur[1] sur la différence que ferait la chambre criminelle entre les cas où une nullité serait encourue, cas dans lequel il faudrait déclarer l'acte inexistant et utiliser l'article 201 du Code de procédure pénale, et la situation où la nullité ne serait pas encourue, cas dans lequel la chambre de l'instruction pourrait se réfugier derrière les principes indiqués ci-dessus. Il parait difficile de dire que l'on doit faire dépendre la recevabilité d'un moyen soulevé de l'étude de sa pertinence au fond...

Aussi nous proposerons une autre analyse, plus proche de celle de M. Roger mais avec beaucoup plus de recul sur la jurisprudence postérieure[2]. À notre connaissance en effet la chambre criminelle n'a pas eu l'occasion de beaucoup développer sa théorie de l'acte inexistant. Si l'arrêt du 4 mai 1993 est parfois présenté comme une autre illustration, c'est à tort car la liberté est ordonnée sur la base de l'article 212 alinéa 2 du Code de procédure pénale[3].

En revanche un arrêt du 10 mai 1995 nous permet de vérifier la constance de la théorie de l'acte inexistant[4]. La situation se présentait de manière tout à fait semblable à l'arrêt Bouvier. Un juge d'instruction avait mal calculé les délais de prolongation, et prolongé la détention alors que le délai était expiré depuis deux jours. La formule se rapproche de celle utilisée en 1983 : « Le demandeur était détenu sans titre depuis le 6 octobre 1994 à 0 heure lorsqu'a été rendue l'ordonnance du 7 octobre suivant, dont il appartenait aux juges du second degré de constater d'office l'inexistence afin de faire application de l'article 201 alinéa 2 du Code de procédure pénale. » Contrairement au cas d'espèce spécifique de l'arrêt Bouvier, qui, compte tenu de la jurisprudence postérieure sur la prise d'effet de l'ordonnance de prolongation, ne devrait plus entraîner de mise en liberté, l'hypothèse de l'arrêt du 10 mai 1995 implique toujours la mise en liberté de l'intéressé[5].

242.45 Tentative de synthèse sur la théorie de l'« acte inexistant ». Les seuls exemples jurisprudentiels concernent donc des ordonnances prises en dehors des délais légaux et on peut raisonnablement se demander si la chambre criminelle ne réserve pas à ce cas de figure l'application de la théorie de l'acte inexistant. Il semble exclu qu'elle déroge à la théorie de l'unique objet par ce biais. Quant au principe de l'appel sur l'ordonnance critiquable il ne semble pas que la jurisprudence soit très large. Prenons par exemple le problème de la nullité du mandat de dépôt. Plusieurs cas de figure sont possibles : l'acte peut être nul parce que des formalités n'ont pas été respectées tel par exemple la saisine du service éducatif auprès du tribunal pour enfants (SEAT) lorsqu'un mineur est placé en détention; il peut l'être parce qu'il fait corps avec l'ordonnance qui elle-même est nulle pour diverses raisons; il peut l'être parce qu'il porte un vice propre comme par exemple l'absence de signature. Les deux premiers cas sont étroitement liés à l'appel de l'ordonnance critiquable.

Dans le dernier cas l'impossibilité pour le détenu de faire annuler le mandat de dépôt par la voie de la nullité est certaine[6]. Qu'il soit enfermé ensuite dans le délai d'appel de l'ordonnance de placement en détention est plus discutable... Mais si on examine l'arrêt du 19 septembre 1989, il ne semble pas qu'on puisse arguer de l'irrégularité du mandat[7].

La chambre de l'instruction possède certes des pouvoirs d'annulation d'office mais ils sont réservés aux cas où elle est saisie par la voie d'une requête en annulation recevable ou parce qu'elle est saisie de l'entier dossier de la procédure. L'article 201 du Code de procédure pénale demeure donc utile pour tirer des conséquences factuelles d'irrégularités qui ne peuvent être juridiquement constatées.

1. *JCP* 1984, II, 20203, note P. Chambon.
2. Note Roger, *D.* 1983, 562.
3. Crim. 4 mai 1993, nº 93-80.717, *Bull. crim.*, nº 163.
4. Crim. 10 mai 1995, nº 95-80.975, *Bull. crim.*, nº 168.
5. Crim. 10 mai 1995, nº 95-80.975, *Bull. crim.*, nº 168.
6. Crim. 19 juill. 1993, nº 93-82.243, *Bull. crim.*, nº 247.
7. Crim. 19 sept. 1989, nº 89-84.051, *Bull. crim.*, nº 322.

Par ailleurs, l'article 201 peut être utilisé lorsque l'arrêt de la chambre de l'instruction n'est pas immédiatement exécutable. Tel est le cas lorsque la mise en liberté n'est que la résultante de l'annulation de pièces entraînant la nullité du titre de détention. Dans une telle hypothèse, la personne n'est pas remise en liberté durant le délai de pourvoi en cassation et jusqu'à la décision s'il y a pourvoi, sauf si la chambre de l'instruction remet expressément en liberté la personne sur le fondement de l'article 201 du Code de procédure pénale[1] (v. s^s^ n°s 147.53 à 147.56).

242.46 Autre cas d'autosaisine : l'audience de contrôle. L'article 221-3 prévoit que le président de la chambre de l'instruction peut prendre l'initiative, sous certaines conditions, de provoquer une audience de contrôle (v. s^s^ n° 245.13).

SECTION 5

POUVOIR D'ÉVOCATION DE LA CHAMBRE DE L'INSTRUCTION

242.51 Occurrences. Un certain nombre d'articles du Code de procédure pénale prévoient expressément la possibilité d'évocation de la chambre de l'instruction. Il s'agit des articles 206, 207, 207-1, 221-1 et 221-2 du Code de procédure pénale (v. s^s^ n° 242.02). Dans ces cas la chambre de l'instruction peut « évoquer et procéder dans les conditions prévues aux articles 201, 202 et 204 du Code de procédure pénale ». Ces articles renvoient à ce qu'il est convenu d'appeler le pouvoir de révision (v. s^s^ n° 242.23).

242.52 Effets de l'évocation. Lorsque la chambre de l'instruction évoque, elle se saisit de l'entier dossier de la procédure et le juge d'instruction est dessaisi par sa décision. La plupart du temps, la chambre de l'instruction ordonnera un supplément d'information (v. s^s^ n°s 243.00 s.) et en saisira le magistrat instructeur. Mais celui-ci n'interviendra alors que comme délégataire de la chambre de l'instruction et n'aura plus de pouvoir propre. Encourt la cassation l'arrêt d'une chambre d'accusation qui tient pour régulière la mission donnée à un juge d'instruction aux fins de poursuivre l'information, alors que la chambre d'accusation avait évoqué sans ordonner de supplément d'information[2] (v. les attendus s^s^ n° 243.02). L'exercice, par la chambre de l'instruction, de son pouvoir d'évocation exclut toute compétence du président du tribunal de grande instance pour désigner ou remplacer le juge d'instruction, du procureur de la République pour prendre des réquisitions et du juge d'instruction pour procéder au règlement de la procédure[3] (v. les attendus s^s^ n° 243.02).

242.53 Évocation implicite. La chambre de l'instruction n'a pas l'obligation de dire expressément qu'elle évoque un dossier. Cela ne facilite toutefois pas la compréhension du mécanisme subtil de l'évocation, rendu encore plus complexe par la loi du 9 mars 2004 (v. s^s^ n° 242.59). La Cour de cassation admet que lorsqu'une chambre de l'instruction ordonne un supplément d'information, c'est qu'elle a forcément évoqué[4] (v. les attendus s^s^ n° 242.02). Elle ne peut en effet prendre une décision de complément d'information qu'en faisant usage de son pouvoir d'évocation dès lors qu'elle ne se trouve pas saisi de l'entier dossier. L'évocation peut ainsi être implicite. En revanche, si la chambre de l'instruction évoque expressément, elle ne peut donner de mission à un juge d'instruction sans ordonner un supplément d'information[5] (v. les attendus s^s^ n° 243.02). Est entachée de contradiction la décision d'une chambre de l'instruction qui, après avoir refusé d'évoquer, ordonne un supplément d'information qu'elle confie à un autre magistrat[6].

242.54 Cas dans lesquels la procédure d'évocation est possible : l'appel. La procédure d'évocation est tout d'abord possible dès que la chambre de l'instruction se trouve en présence d'un appel;

- si la matière n'est pas celle de la détention provisoire;
- s'il ne s'agit pas de l'appel d'une ordonnance de règlement.

Dans ce dernier cas, elle use de son pouvoir de révision qui peut aussi la conduire à ordonner un supplément d'information (v. s^s^ n°s 243.00 s.). C'est l'article 207 du Code de procédure pénale qui prévoit que « Lorsque, en toute autre matière, la chambre de l'instruction infirme une ordonnance du juge d'instruction ou est saisie en application des articles 81, dernier alinéa, 82, dernier alinéa, 82-1, deuxième alinéa, 156, deuxième alinéa, ou 167, quatrième alinéa, elle peut, soit évoquer et pro-

1. Crim. 24 avr. 1990, n° 89-86.639, *Bull. crim.*, n° 150 – Crim. 23 juin 1999, n° 99-82.356, *Bull. crim.*, n° 148.
2. Ass. plén. 3 mars 2000, n° 99-83.167, *Bull. Ass. plén.*, n° 3; *D.* 2000, IR 100; *Procédures* 2001, comm. 189, obs. J. Buisson.
3. Crim. 24 juin 1998, n° 98-80.995, *Bull. crim.*, n° 204; *Procédures* 1999, comm. 13, obs. Buisson.
4. Crim. 5 oct. 1982, n° 82-91.601, *Bull. crim.*, n° 205; *JCP* 1983, II, 20005, note D. Allix – Crim. 11 déc. 2001, n° 01-86.729, *Bull. crim.*, n° 258.
5. Ass. plén. 3 mars 2000, n° 99-83.167, *Bull. Ass. plén.*, n° 3; *D.* 2000, IR 100; *Procédures* 2001, comm. 189, obs. J. Buisson.
6. Crim. 6 janv. 2004, n° 03-86.260, *Bull. crim.*, n° 1; *JCP* 2004, IV, 1373; *D.* 2004, IR 398.

céder dans les conditions prévues aux articles 201, 202, 204 et 205, soit renvoyer le dossier au juge d'instruction ou à tel autre afin de poursuivre l'information. Elle peut également procéder à une évocation partielle du dossier en ne procédant qu'à certains actes avant de renvoyer le dossier au juge d'instruction ». La dernière phrase, qui prévoit la possibilité d'une évocation partielle, date de la loi du 9 mars 2004 (sur l'évocation partielle, v. s^s^ n° 242.59).

Lorsqu'elle constate que l'appel porté devant elle est irrecevable, la chambre de l'instruction se trouve dessaisie de la poursuite. Dans ce cas, elle ne peut, sans commettre un excès de pouvoir, examiner la régularité de la procédure et faire application de l'article 206 [1].

242.55 Cas dans lesquels la procédure d'évocation est possible : saisine directe. En vertu de l'article 207, en dehors de la voie de l'appel, la chambre de l'instruction dispose des mêmes pouvoirs lorsqu'elle est saisie par une demande directe du ministère public en application des dispositions de l'article 82 alinéa 4 ou lorsqu'elle est saisie par une partie en cas de demande d'acte, d'expertise ou de contre-expertise à laquelle il n'a pas été répondue (C. pr. pén., art. 81, al. dern., 82-1, 156, 167). L'article 82-3 renvoyant aux deux derniers alinéas de l'article 81 [2], il apparaît que la chambre de l'instruction peut aussi évoquer lorsqu'elle est saisie d'une demande tendant à contester la prescription de l'action publique.

242.56 Cas dans lesquels la procédure d'évocation est possible : autosaisine de la chambre de l'instruction. Lorsqu'un délai de quatre mois s'est écoulé depuis la date du dernier acte d'instruction nécessaire à la manifestation de la vérité, le président de la chambre de l'instruction peut, par requête, saisir cette juridiction. La chambre de l'instruction peut, dans l'intérêt d'une bonne administration de la justice, soit évoquer et procéder dans les conditions prévues par les articles 201, 202, 204 et 205, soit renvoyer le dossier au juge d'instruction ou à tel autre afin de poursuivre l'information (C. pr. pén., art. 221-1).

Dans le cas d'inaction du juge prévu à l'article 221-1 du Code de procédure pénale, la chambre de l'instruction peut se saisir du dossier et, le cas échéant, évoquer. Il en est de même après que le président de la chambre de l'instruction ait reçu l'ordonnance ordonnant la poursuite de l'information et précisant les perspectives de règlement prévue à l'article 175-1 du Code de procédure pénale. L'article 175-1 renvoie en effet à l'article 207-1 qui dispose que :

« Après qu'elle a été saisie, la chambre de l'instruction peut soit prononcer le renvoi devant la juridiction de jugement ou la mise en accusation devant la cour d'assises, soit déclarer qu'il n'y a pas lieu à suivre, soit évoquer et procéder dans les conditions prévues aux articles 201, 202 et 204, soit renvoyer le dossier de la procédure au même juge d'instruction ou à tel autre, afin de poursuivre l'information. »

242.57 Cas dans lesquels la procédure d'évocation est possible : annulation d'acte. L'article 206 du Code de procédure pénale dispose que : « Sous réserve des dispositions des articles 173-1, 174 et 175, la chambre de l'instruction examine la régularité des procédures qui lui sont soumises.

Si elle découvre une cause de nullité, elle prononce la nullité de l'acte qui en est entaché et, s'il y échet, celle de tout ou partie de la procédure ultérieure.

Après annulation, elle peut soit évoquer et procéder dans les conditions prévues aux articles 201, 202 et 204, soit renvoyer le dossier de la procédure au même juge d'instruction ou à tel autre, afin de poursuivre l'information. »

Le demandeur qui, en application des articles 173-1 et 174 du Code de procédure pénale, n'est plus recevable à faire état de moyens qu'il n'a pas soulevés en temps utile devant la chambre de l'instruction, ne saurait être admis à invoquer, devant la Cour de cassation, de tels moyens pour faire grief à la chambre de l'instruction de ne pas avoir annulé d'office certains actes de la procédure en vertu du pouvoir qu'elle tient de l'article 206 [3]. De même, l'expiration du délai de forclusion institué par l'article 175 du Code de procédure pénale, fait obstacle à ce que les parties invoquent devant la chambre de l'instruction les nullités de l'information antérieure à l'avis de fin d'information lorsque celui-ci leur a été régulièrement notifié [4]. Mais la chambre de l'instruction peut les relever d'office en application de l'article 206 [5].

242.58 Cas dans lequel la procédure d'évocation est prohibée : la détention provisoire. En

1. Crim. 17 juin 1975, n° 75-91.336, *Bull. crim.*, n° 155; *JCP* 1978, II, 18772, note Jeandidier.
2. Crim. 18 sept. 2001, n° 01-85.129, *Bull. crim.*, n° 180 – Crim. 4 déc. 2001, n° 01-86.500, *Bull. crim.*, n° 251.
3. Crim. 11 juin 2002, n° 01-80.267, n° 02-82093, *Bull. crim.*, n° 130 – Crim. 9 oct. 2002, n° 02-81.441, *Bull. crim.*, n° 183.
4. Crim. 10 juill. 2002, n° 02-83.179, *Bull. crim.*, n° 152; *D.* 2003, somm. 33, obs. Pradel; *JCP* 2002, IV, 2614 – Crim. 16 févr. 2005, n° 03-82.504, *Bull. crim.*, n° 63; *D.* 2005, IR 2052; *JCP* 2005, IV, 1688.
5. Crim. 6 mai 2003, n° 02-84.348, *Bull. crim.*, n° 92; *D.* 2003, IR 1667; *JCP* 2003, IV, 2226.

matière de détention provisoire, et par extension de contrôle judiciaire, la chambre de l'instruction qu'elle confirme ou infirme une ordonnance du juge d'instruction ou du JLD ne peut évoquer. L'article 207 alinéa 1er dispose en effet : « Lorsque la chambre de l'instruction a statué sur l'appel relevé contre une ordonnance en matière de détention provisoire, ou à la suite d'une saisine du procureur de la République soit qu'elle ait confirmé cette décision, soit que, l'infirmant, elle ait ordonné une mise en liberté ou maintenu en détention ou décerné un mandat de dépôt ou d'arrêt, le procureur général fait sans délai retour du dossier au juge d'instruction après avoir assuré l'exécution de l'arrêt. » Il en est de même lorsque la chambre de l'instruction annule une décision de l'un de ces magistrats, portant sur la détention provisoire[1] (v. les attendus ss n° 242.02). Dans son arrêt du 9 mai 2001, la Cour de cassation censure une chambre de l'instruction qui avait, après avoir annulé une ordonnance de prolongation de détention ordonnée sans débat contradictoire, évoqué, organisé devant elle ledit débat et prolongé la détention. La chambre criminelle rappelle qu'aucune disposition légale n'autorisait la chambre de l'instruction à évoquer (v. ss n° 242.02). En matière de détention provisoire, ni l'infirmation de l'ordonnance ni l'annulation d'un acte ne permet donc à la chambre de l'instruction de substituer sa propre décision.

Mais il arrive pourtant à la chambre criminelle d'utiliser le terme « évocation » dans cette matière. C'est par exemple le cas dans un arrêt du 2 février 2000[2] (v. les attendus ss n° 242.02). Dans cette espèce, la chambre de l'instruction a annulé une ordonnance en raison de son absence de motivation conforme aux dispositions de l'article 145-3. La chambre avait ensuite « évoqué » et prolongé la détention. Or, on sait que s'agissant des motifs de l'ordonnance, « par suite de l'effet dévolutif de l'appel, les motifs de l'arrêt de la chambre de l'instruction, qui confirme l'ordonnance du juge d'instruction ayant rejeté une demande de mise en liberté, viennent au soutien de la décision entreprise dont la motivation est insuffisante »[3] et la chambre criminelle a appliqué cette jurisprudence à l'article 145-3. La chambre de l'instruction a donc commis une erreur en annulant l'ordonnance querellée. C'est ce que la chambre criminelle a dit dans un autre arrêt « Attendu qu'en cet état, le demandeur ne saurait reprocher à la chambre de l'instruction d'avoir refusé de le mettre en liberté, après annulation, dès lors que la juridiction du second degré, qui était tenue en raison de l'effet dévolutif de l'appel d'examiner le bien-fondé de la détention provisoire et de statuer au besoin par motifs propres sur la nécessité de cette mesure, aurait dû, après avoir, comme elle l'a fait, substitué aux motifs insuffisants du premier juge, des motifs répondant aux exigences légales, non pas annuler l'ordonnance entreprise, mais confirmer celle-ci »[4] (v. les attendus ss n° 242.02). Il en est de même lorsque la chambre de l'instruction est saisie d'une ordonnance de placement sous contrôle judiciaire insuffisamment motivée (sur la motivation de l'interdiction professionnelle), les motifs de l'arrêt de la chambre de l'instruction confirmant l'acte entrepris se substituent à ceux de l'ordonnance[5].

Dans l'arrêt du 2 février 2000, évoqué ci-dessus, la chambre de l'instruction aurait dû se contenter de confirmer l'ordonnance. La décision d'annulation n'est toutefois pas sanctionnée par la Cour de cassation qui ouvre ainsi une alternative, tout en donnant la bonne conduite à suivre. Or, seule l'annulation permet de réserver le contentieux, ce que fait en l'espèce la chambre de l'instruction. L'« évocation » évoquée par la chambre de l'instruction dans l'arrêt du 2 février 2000 n'est pas autre chose ici que celle du contentieux particulier de la détention concernant une personne déterminée. Il s'agit en fait de la réserve du contentieux.

On sait que la chambre de l'instruction peut, lorsqu'elle décerne mandat de dépôt ou infirme une ordonnance de mise en liberté ou de refus de prolongation de détention provisoire mentionner expressément qu'elle sera seule compétente pour statuer sur les demandes de mise en liberté et prolonger le cas échéant la détention provisoire (C. pr. pén., art. 207). Il faut bien voir qu'il existe en effet de nombreuses analogies entre l'évocation, proscrite en matière de détention provisoire, et la réserve du contentieux de la détention, permise dans certains cas.

242.59 Évocation partielle. L'article 207 du Code de procédure pénale a été modifié par la loi du 9 mars 2004 qui y ajouté une phrase en indiquant que la chambre de l'instruction « peut également procéder à une évocation partielle du dossier en ne procédant qu'à certains actes avant de renvoyer le dossier au juge d'instruction ». Henri Angevin estime dans son ouvrage sur la chambre de l'instruction[6] que cette manière de procéder est « en

1. Crim. 9 mai 2001, n° 01-81.598, *Bull. crim.*, n° 111; *Procédures* 2001, comm. n° 181, note J. Buisson – V. aussi Crim. 5 sept. 2001, n° 01-84.379, *Bull. crim.*, n° 173.
2. Crim. 2 févr. 2000, n° 99-87.104, *Bull. crim.*, n° 54.
3. Crim. 20 déc. 1988, n° 88-86.306, *Bull. crim.*, n° 438.
4. Crim. 9 mai 2001, n° 01-81.599, *Bull. crim.*, n° 110; *D.* 2001, IR 1923; *JCP* 2001, p. 1589.
5. Crim. 16 janv. 2002, n° 01-87.235, *Bull. crim.*, n° 5.
6. H. Angevin, *La pratique de la chambre de l'instruction*, Éd. Juris-Classeur, 2004, n° 157.

quelque sorte une négation de la notion d'évocation ». On sait en effet que l'évocation confère les mêmes facultés que le pouvoir de révision qui s'exerce lorsque la chambre de l'instruction est saisie de l'entier dossier. Elle est donc par essence générale.

La possibilité d'évocation partielle est limitée aux cas expressément mentionnés à l'alinéa précédent de l'article 207 (v. s[s] n° 242.55). Elle n'est donc possible qu'en cas d'appel ou de saisine directe mais pas en cas de requête en nullité ou d'action fondée sur les articles 175-1 et 221-1.

La jurisprudence selon laquelle le supplément d'information suppose une évocation implicite est-elle susceptible d'être maintenue, alors que l'évocation n'est plus toujours totale ? Nous le pensons. La jurisprudence la plus récente mentionnait en effet une évocation « totale » dans ses arrêts. Ainsi un arrêt du 6 janvier 2004 énonce que « lorsqu'une chambre de l'instruction ordonne un complément d'information et délègue un juge pour y procéder, celle-ci évoque nécessairement l'affaire dans sa totalité et demeure seule compétente pour rendre les décisions à caractère juridictionnel imposées par le déroulement de l'instruction »[1].

On peut donc estimer :

- que lorsque la chambre de l'instruction a ordonné un supplément d'information, elle a forcément évoqué l'affaire dans sa totalité;

- en conséquence naturelle de ce premier principe, lorsqu'elle évoque partiellement, elle doit accomplir les actes elle-même. Le texte précise en effet : « en ne procédant qu'à certains actes avant de renvoyer au juge d'instruction ». Le texte nouveau n'a pas pour effet de permettre ce que la Cour de cassation prohibait dans son arrêt du 6 janvier 2004, « qu'une même information ne peut être conduite à la fois par un juge d'instruction et par un conseiller à la cour d'appel chargé d'un supplément d'information ». Il permet à la chambre de l'instruction de faire certains actes précis sans pour autant prendre en charge toute l'affaire (et notamment être contrainte de conserver le contentieux de la détention)[2].

SECTION 6

EXTENSION DE L'INFORMATION À D'AUTRES INFRACTIONS

242.61 Article 202 du Code de procédure pénale. Il dispose que la chambre de l'instruction « peut, d'office ou sur réquisitions du procureur général, ordonner qu'il soit informé à l'égard des personnes mises en examen ou prévenus renvoyés devant elle sur tous les chefs de crimes, de délits, de contraventions, principaux ou connexes, résultant du dossier de la procédure, qui n'auraient pas été visés par l'ordonnance du juge d'instruction ou qui auraient été distraits par une ordonnance comportant non-lieu partiel, disjonction ou renvoi devant la juridiction correctionnelle ou de police.

Elle peut statuer sans ordonner une nouvelle information si les chefs de poursuite visés à l'alinéa précédent ont été compris dans les faits pour lesquels la personne a été mise en examen par le juge d'instruction. »

242.62 Champ d'application. Pour qu'elle puisse user de ce pouvoir d'étendre l'information à d'autres infractions que celles qui lui sont soumises, il faut, selon la lettre de l'article 202 que les crimes, délits ou contravention résultent « du dossier de la procédure ». Il faut en d'autres termes que le juge d'instruction ait été saisi de ces faits ou qu'ils apparaissent au moins comme faisant partie de la procédure. Il apparaît en fait que la chambre de l'instruction puisse se saisir de faits dont le juge d'instruction n'était pas saisi. Mais elle ne peut le faire qu'en faisant application expressément de l'article 202 du Code de procédure pénale (le premier paragraphe impose une telle interprétation, malgré une incidente contraire[3], v. les attendus s[s] n° 242.02).

Il faut ensuite que ces faits soient imputés aux « personnes mises en examen ou prévenus renvoyés devant elle ». Est « renvoyée devant » la chambre de l'instruction la personne en faveur de laquelle a été rendue une ordonnance de non-lieu total du chef d'agressions sexuelles commises sur deux victimes différentes contre laquelle une seule des deux victimes a formé appel. La chambre de l'instruction a pu renvoyer la personne mise en examen devant le tribunal correctionnel pour les deux faits incriminés[4]. De même, l'article 202 du Code de procédure pénale permet à la chambre de l'instruction et sans que sa saisine puisse être limitée par l'effet dévolutif de l'appel, de statuer d'office à l'égard de la personne mise en examen renvoyée devant elle sur tous les chefs de crime, délits principaux ou connexes, résultant de la procédure et notamment ceux qui, comme en l'espèce, avaient été distraits par une ordonnance de renvoi devant le tribunal correctionnel[5]. En revanche, lorsque la chambre de

1. Crim. 6 janv. 2004, n° 03-86.260, *Bull. crim.*, n° 1; *Gaz. Pal.* 19/21 sept. 2004, jur. p. 6.
2. Sur l'évocation v. aussi Ch. Guéry, « Les pouvoirs de la chambre de l'instruction et la liberté du magistrat instructeur », *D.* 2007, chron. 603.
3. Crim. 31 mai 1994, n° 93-82.380, *Bull. crim.*, n° 211.
4. Crim. 2 oct. 2001, n° 01-82.555, *Bull. crim.*, n° 195.
5. Crim. 31 oct. 2006, n° 06-81.119, *Bull. crim.*, n° 264; *D.* 2006, IR 2950; *AJ pénal* 2006, 512; *Procédures* 2007, comm. 20, obs. Buisson.

l'instruction est saisie d'un appel de la partie civile contre une ordonnance de non-lieu concernant une partie des personnes mises en examen, elle n'a pas à évoquer le cas de la personne non concernée par le non-lieu partiel qui a fait l'objet d'un renvoi devant le tribunal correctionnel et dont seul le ministère public peut interjeter appel[1]. Mais la chambre de l'instruction ne peut revenir sur une décision définitive notamment lorsqu'une personne a fait l'objet d'une ordonnance de non-lieu devenue définitive car non frappée d'appel[2]. Lorsque le non-lieu n'est pas définitif, elle peut en revanche le faire. C'est le cas le plus souvent lorsqu'il s'agissait d'un non-lieu partiel[3]. Lorsque aucune personne mise en examen n'est renvoyée devant elle et qu'elle n'est saisie de l'appel de la partie civile, qu'en ce que l'ordonnance entreprise a dit la constitution de partie civile irrecevable sur certains chefs, elle ne peut étendre cette irrecevabilité à un autre chef[4]. Lorsque la chambre de l'instruction peut user du pouvoir ouvert par l'article 202, elle est parfois contrainte d'ordonner un supplément d'information.

242.63 Cas où la chambre de l'instruction n'a pas à ordonner de supplément d'information. Lorsque « les chefs de poursuite [...] ont été compris dans les faits pour lesquels la personne a été mise en examen par le juge d'instruction », la chambre de l'instruction peut statuer sans ordonner de nouvelle information c'est-à-dire un supplément d'information[5]. C'est ainsi qu'elle peut renvoyer devant le tribunal correctionnel pour faux et usage de faux une personne mise en examen pour escroquerie dès lors que les manœuvres qui lui étaient reprochées consistaient en la réalisation d'un faux engagement de caution[6].

242.64 Cas où la chambre de l'instruction a l'obligation d'ordonner un supplément d'information. Il s'agit des cas pour lesquels les chefs de poursuite n'ont pas été compris dans les faits pour lesquels la personne à été mise en examen par le juge d'instruction[7]. S'il est de principe que la chambre de l'instruction est investie du droit de compléter la qualification donnée aux faits résultant du dossier de la procédure dont elle est saisie, elle ne peut, par contre, aux termes de l'article 202 du Code de procédure pénale, statuer sans ordonner une nouvelle information lorsque les nouveaux chefs de poursuite n'ont pas été compris dans les inculpations notifiées par le juge d'instruction[8]. Ainsi, la chambre d'accusation ne saurait mettre en accusation pour un crime non compris dans les inculpations du juge d'instruction, notamment en qualifiant tentative de meurtre des faits de violences avec armes, retenus seulement comme circonstances aggravantes d'un vol[9]. Elle ne peut pas requalifier en meurtre des faits qualifiés au départ de coups mortels[10] ni non plus requalifier en meurtre des faits initialement retenus sous la qualification de tentative d'assassinat[11] ou en homicide volontaire des faits qualifiés de coups mortels[12]. La chambre de l'instruction ne peut en fait renvoyer une personne sous une qualification plus élevée que celle sur laquelle elle s'est expliquée. Elle ne peut évidemment pas non plus renvoyer une personne sans supplément d'information si elle n'a pas été mise en examen pour les faits retenus.

242.65 Le magistrat délégué est lié par le supplément d'information. Certains magistrats instructeurs se demandent parfois s'ils sont contraints de mettre une personne en examen contre leur volonté parce qu'une chambre de l'instruction leur a demandé. La réponse a été donnée depuis longtemps par la Cour de cassation : « cette décision s'impose au magistrat délégué comme à la chambre d'accusation elle même qui ne saurait renvoyer l'inculpé devant la juridiction de jugement, sous la prévention envisagée, sans notification préalable »[13] (v. les attendus s^s n° 243.02). Il est vrai que cette jurisprudence est antérieure à la loi du 15 juin 2000 qui a modifié les mécanismes de mise en examen. La mise en examen n'intervient qu'après les explications de la personne et le cas échéant de son avocat. Elle a sans doute acquis un caractère quasi-juridictionnel. Mais tant que la chambre criminelle ne dira pas que la mise en examen est un acte juri-

1. Crim. 28 juin 2000, n° 99-85.280, *Bull. crim.*, n° 249; *D.* 2000, IR 252.
2. Crim. 29 mai 2002, n° 02-81.995, *Bull. crim.*, n° 122; *D.* 2002, IR 2305; *JCP* 2002, IV, 2367.
3. V. Crim. 6 août 2003, n° 01-87.924, n° 03-82.892, *Bull. crim.*, n° 143; *D.* 2004, somm. 668, obs. J. Pradel; *JCP* 2003, IV, 2661; *AJ pénal* 2003, 71.
4. Crim. 2 oct. 1985, n° 85-90.315, *Bull. crim.*, n° 291.
5. Crim. 28 avr. 1981, n° 80-95.066, *Bull. crim.*, n° 130.
6. Crim. 1er oct. 1997, n° 96-83.351, *Bull. crim.*, n° 318.
7. Crim. 23 févr. 1971, n° 70-91.578, *Bull. crim.*, n° 60; *D.* 1971, 592, note J.-M. Robert – Crim. 18 janv. 1983, n° 81-94.671, *Bull. crim.*, n° 20 – Crim. 20 oct. 1987, n° 86-96.774, *Bull. crim.*, n° 355 – Crim. 31 mai 1994, n° 93-82.380, *Bull. crim.*, n° 211.
8. S'agissant de personnes restée en dehors de la saisine du juge : Crim. 12 avr. 2005, n° 03-83.452, *Bull. crim.*, n° 126; *JCP* 2005, IV, 2270.
9. Crim. 4 janv. 1977, n° 76-91.991, *Bull. crim.*, n° 5.
10. Crim. 22 août 1990, n° 90-83.568, NPT; *JCP* 1991, II, 21699, note J.-C. Courjon; revenant sur Crim. 9 janv. 1990, n° 89-85.889, *Bull. crim.*, n° 15.
11. Crim. 28 mars. 2000, n° 00-80.586, n° 99-83.967, *Bull. crim.*, n° 136.
12. Crim. 21 oct. 1997, n° 96-85.907, *Bull. crim.*, n° 342.
13. Crim. 10 févr. 1987, n° 86-95.760, *Bull. crim.*, n° 66 – V. aussi Crim. 18 juin 1991, n° 91-82.028, *Bull. crim.*, n° 263; *D.* 1991, IR 237.

dictionnel, ce qui empêcherait alors selon toute vraisemblance sa délégation, nous ne pensons pas que le magistrat instructeur puisse s'opposer à une demande de mise en examen, à condition bien sûr que cette mission lui soit confiée dans le cadre d'un supplément d'information.

SECTION 7
EXTENSION DE L'INFORMATION À D'AUTRES PERSONNES

242.71 Article 204 du Code de procédure pénale. Il dispose que « la chambre de l'instruction peut également, quant aux infractions résultant du dossier de la procédure, ordonner que soient mises en examen, dans les conditions prévues à l'article 205, des personnes qui n'ont pas été renvoyées devant elle, à moins qu'elles n'aient fait l'objet d'une ordonnance de non-lieu devenue définitive. Cette décision ne pourra pas faire l'objet d'un pourvoi en cassation. »

Si l'article 202 permet une extension à des infractions nouvelles, l'article 204 permet de toucher d'autres personnes.

242.72 Champ d'application. Aux termes de l'article 204, ce pouvoir d'extension ne trouve à s'appliquer qu'aux « infractions résultant du dossier de la procédure ». Là encore, il faut considérer que cette terminologie vise non seulement des infractions dont le juge d'instruction était saisi et qu'il avait volontairement ou non négligés, mais aussi de faits dont il n'était pas saisi. La chambre criminelle admet en effet que résulte suffisamment du dossier de la procédure au sens de l'article 204 du Code de procédure pénale, l'infraction reliée par un lien indivisible à un fait établi par l'information[1]. Or, en l'espèce l'infraction en question ne faisait pas partie de la saisine du juge d'instruction (v. s[s] n° 242.02). Peut-on en tirer pareilles conséquences pour une infraction connexe ? C'est ce qu'a décidé la chambre d'accusation de Douai qui a ordonné sur le fondement de l'article 204 un supplément d'information en vue de la mise en examen de l'épouse de la victime du chef du délit connexe de non-assistance à personne en péril, alors que le juge d'instruction avait été saisi des faits de meurtre sur la personne du mari de sa concubine[2].

242.73 Réouverture sur charges nouvelles. La circonstance que la chambre d'accusation est saisie en application de l'article 196 du Code de procédure pénale, ne lui interdit pas d'exercer le pouvoir qu'elle tient de l'article 204 du même code[3].

242.74 Exclusion des personnes ayant bénéficié d'une ordonnance de non-lieu définitive. Il résulte de l'article 204 que si la chambre d'accusation peut, quant aux infractions résultant du dossier de la procédure, ordonner que soient inculpées des personnes qui n'ont pas été renvoyées devant elle d'un chef d'inculpation, il n'en est pas ainsi quand ces personnes ont fait l'objet d'une ordonnance de non-lieu devenue, même partiellement, définitive[4].

242.75 Obligation de réponse à mémoire. La chambre d'accusation, saisie d'un mémoire de la partie civile tendant à ce que soit ordonnée l'inculpation de personnes qui n'ont pas été renvoyées devant elle quant aux infractions résultant du dossier de la procédure, a le devoir, si elle veut écarter ces conclusions, de s'en expliquer afin de mettre la Cour de cassation en mesure d'exercer son contrôle sur la décision[5].

242.76 Supplément d'information obligatoire. À la différence de l'article 202 du Code de procédure pénale, la chambre de l'instruction ne peut étendre l'information à d'autres personnes que par le biais d'un supplément d'information, ce qui est logique au regard des principes ci-dessus énoncés (v. s[s] n° 242.64). Elle ne peut enjoindre au juge d'instruction d'inculper cette personne sans avoir ordonné de supplément d'information[6].

1. Crim. 29 nov. 1983, n° 83-90.349, *Bull. crim.*, n° 321.
2. CA Douai, ch. acc., 29 mai 1991, *Juris-Data* n° 244354.
3. Crim. 16 nov. 1999, n° 94-86.114, n° 99-85.848, *Bull. crim.*, n° 256.
4. Crim. 25 mai 1976, n° 75-90.088, *Bull. crim.*, n° 178; *JCP* 1978, II, 18772, note Jeandidier; *RSC* 1977, 113, obs. J. Robert – Crim. 13 oct. 1998, n° 96-80.799, *Bull. crim.*, n° 255.
5. Crim. 29 nov. 1983, n° 83-90.349, *Bull. crim.*, n° 321.
6. Crim. 13 févr. 1984, n° 82-93.814, *Bull. crim.*, n° 50; *D.* 1984, IR 350 – Crim. 25 juin 1996, n° 96-81.239, *Bull. crim.*, n° 272; *D.* 1997, 62, note Pradel; *Procédures* 1996, comm. 303, obs. Buisson.

CHAPITRE

243. Supplément d'information, exercice du pouvoir de révision ou d'évocation

SECTION 0
ORIENTEUR

243.00 Plan du chapitre.

Sect. 1 Organes compétents pour ordonner un complément d'information
Sect. 2 Pouvoirs du juge délégué
Sect. 3 Détention lors de la mise en œuvre du supplément d'information
Sect. 4 Sursis à statuer

243.01 Textes applicables.

C. pr. pén., art. 186-2, 201, 202, 204, 205, 206, 207, 208, 209, 283, 397-2, 463.

C. pr. pén., art. 186-2

* V. s^s n° 241.01.

C. pr. pén., art. 201

* V. s^s n° 242.01.

C. pr. pén., art. 202

* V. s^s n° 242.01.

C. pr. pén., art. 204

* V. s^s n° 242.01.

C. pr. pén., art. 205

* V. s^s n° 242.01.

C. pr. pén., art. 206 [L. n° 2004-204, 9 mars 2004]

* V. s^s n° 242.01.

C. pr. pén., art. 207 [L. n° 2004-204, 9 mars 2004]

* V. s^s n° 242.01.

C. pr. pén., art. 208

Lorsqu'elle a prescrit une information complémentaire et que celle-ci est terminée, la chambre de l'instruction ordonne le dépôt au greffe du dossier de la procédure.

Le procureur général avise immédiatement de ce dépôt chacune des parties et son avocat par lettre recommandée.

C. pr. pén., art. 209

Le dossier de la procédure reste déposé au greffe pendant quarante-huit heures en matière de détention provisoire, pendant cinq jours en toute autre matière.

Il est alors procédé conformément aux articles 197, 198 et 199.

C. pr. pén., art. 283

Le président, si l'instruction lui semble incomplète ou si des éléments nouveaux ont été révélés depuis sa clôture, peut ordonner tous actes d'information qu'il estime utiles.

Il y est procédé soit par le président, soit par un de ses assesseurs ou un juge d'instruction qu'il délègue à cette fin. Dans ce cas, les prescriptions du chapitre Ier du titre III du livre Ier doivent être observées, à l'exception de celles de l'article 167.

C. pr. pén., art. 397-2 [L. n° 2007-291, 5 mars 2007, art. 6 V]

À la demande des parties ou d'office, le tribunal peut commettre par jugement l'un de ses membres ou l'un des juges d'instruction de la juridiction désigné dans les conditions de l'article 83, alinéa premier, pour procéder à un supplément d'information; les dispositions de l'article 463 sont applicables.

Le tribunal peut, dans les mêmes conditions, s'il estime que la complexité de l'affaire nécessite des investigations supplémentaires approfondies, renvoyer le dossier au procureur de la République.

Le tribunal statue au préalable sur le maintien du prévenu en détention provisoire jusqu'à sa comparution devant un juge d'instruction. Cette comparution doit avoir lieu le jour même, à défaut de quoi le prévenu est remis en liberté d'office. Toutefois, si les faits relèvent de la compétence d'un pôle de l'instruction et qu'il n'existe pas de pôle au sein du tribunal de grande instance, cette comparution doit intervenir devant le juge d'instruction territorialement compétent dans un délai de trois jours ouvrables, à défaut de quoi le prévenu est remis en liberté d'office.

C. pr. pén., art. 463

S'il y a lieu de procéder à un supplément d'information, le tribunal commet par jugement un de ses membres qui dispose des pouvoirs prévus aux articles 151 à 155. Dans le cas où la tutelle pénale est encourue, le juge commis procède ou fait procéder à tous les actes nécessaires au prononcé de cette mesure et, notamment, à l'enquête et à l'examen médico-psychologique prévus à l'article 81 (sixième et septième alinéas).

Ce supplément d'information obéit aux règles édictées par les articles 114, 119, 120 et 121.

Le procureur de la République peut obtenir, au besoin par voie de réquisitions, la communication du dossier de la procédure à toute époque du supplément d'information, à charge de rendre les pièces dans les vingt-quatre heures.

243.02 Jurisprudence de référence.

• Le juge d'instruction saisi d'un supplément d'information visant à mettre en examen une personne ne peut s'y refuser.

Crim. 10 févr. 1987, n° 86-95.760, *Bull. crim.,* n° 66.

« Qu'en effet lorsque la chambre d'accusation, usant du pouvoir que lui confère l'article 202 du Code de procédure pénale qui lui permet d'ordonner qu'il soit informé contre un inculpé renvoyé devant elle, du chef d'un délit résultant du dossier de la procédure qui n'a pas été visé par l'ordonnance du juge d'instruction, prescrit de notifier l'inculpation ainsi retenue, le magistrat délégué, qui ne dispose d'aucun pouvoir juridictionnel en l'espèce, ne saurait s'y refuser;

Qu'il s'ensuit que la prétendue ordonnance de refus d'informer qui, d'ailleurs, si elle a été portée à la connaissance des conseils des parties et du procureur de la République, lequel était sans qualité pour intervenir dans un tel supplément d'information, n'a été notifiée ni à l'inculpé ni à la partie civile, ne présentait aucun caractère juridictionnel et ne constituait qu'un acte irrégulier du juge d'instruction que la chambre d'accusation a, à bon droit, annulé par application de l'article 206 du Code de procédure pénale;

Que, dès lors, en constatant que le juge d'instruction était sans pouvoir pour se prononcer comme il l'a fait l'arrêt attaqué a suffisamment répondu aux articulations du mémoire qui lui était soumis et que le moyen doit être écarté. »

• L'exercice, par la chambre de l'instruction, de son pouvoir d'évocation exclut toute compétence du président du TGI pour désigner ou remplacer le juge d'instruction, du procureur de la République pour prendre des réquisitions et du juge d'instruction pour procéder au règlement de la procédure.

Crim. 24 juin 1998, n° 98-80.995, *Bull. crim.,* n° 204; *Procédures* 1999, comm. 13, obs. Buisson.

« Attendu qu'il résulte de l'arrêt et des pièces de la procédure que, dans l'information suivie, notamment contre les demandeurs, des chefs d'infraction au Code de l'urbanisme, escroqueries, complicité d'escroquerie, faux et usage, recel, la chambre d'accusation, par arrêt du 7 avril 1994, a annulé certaines pièces de l'information, évoqué, ordonné le dessaisissement de M. Murciano, juge d'instruction au tribunal de grande instance de Grasse, et désigné pour la poursuite de l'information Mme Arfinengo, juge d'instruction au même tribunal;

Que, toutefois, ce magistrat ayant été appelé à d'autres fonctions, l'information a été poursuivie par le juge d'instruction nommé pour le remplacer, M. Gaidon, qui, après avoir procédé à une mise en examen, ainsi qu'à des interrogatoires, et délivré une commission rogatoire, a adressé aux parties le 10 mars 1997 l'avis de fin d'information prévu par l'article 175 du Code de procédure pénale et a ordonné le 2 avril 1997 la communication de la procédure au procureur de la République; que ce dernier a pris le même jour des réquisitions supplétives; que le président du tribunal de grande instance a désigné le 1er avril 1997 M. Gaidon pour instruire en remplacement de Mme Arfinengo;

Attendu que, saisie par les 2 demandeurs et par une autre personne mise en examen de requêtes en nullité de pièces de la procédure, la chambre d'accusation, par l'arrêt attaqué, a annulé tous les actes réalisés par M. Gaidon, y compris l'ordonnance de soit-communiqué, mais non l'ordonnance du président du tribunal de grande instance, ni les réquisitions du ministère public; que, par ailleurs, constatant, "en l'état des réquisitions supplétives du 2 avril 1997, que la prescription de l'action publique n'est pas acquise et que divers actes d'instruction sont nécessaires", la chambre d'accusation a délégué pour y procéder M. Maugendre, juge d'instruction au tribunal de grande instance de Grasse;

Mais attendu qu'en prononçant ainsi, alors qu'encouraient la nullité les seuls actes du juge d'instruction relatifs au règlement de la procédure, ainsi que l'ordonnance du président du tribunal de grande instance et les réquisitions du procureur de la République prises en violation des règles de compétence, la chambre d'accusation a méconnu le sens et la portée des textes et principe ci-dessus rappelés;

D'où il suit que la cassation est encourue; qu'il y a lieu, dans l'intérêt d'une bonne administration de la justice, d'en étendre les effets aux parties qui ne se sont pas pourvues. »

• Lorsqu'elle évoque, la chambre de l'instruction doit ordonner un supplément d'information et non se contenter de renvoyer la procédure à tel magistrat pour qu'il « poursuive l'information ».

Ass. plén., 3 mars 2000, n° 99-83.167, *Bull. Ass. plén.,* n° 3; *D.* 2000, IR 100; *Procédures* 2001, comm. 189, obs. J. Buisson.

« Attendu qu'après annulation, la chambre d'accusation peut soit évoquer et procéder dans les conditions prévues aux articles 201, 202 et 204, soit renvoyer le dossier de la procédure au même juge d'instruction ou à tel autre, afin de poursuivre l'information;

Attendu, selon l'arrêt attaqué (chambre d'accusation de la cour d'appel d'Aix-en-Provence, 25 mars 1999), statuant sur renvoi après cassation, que, dans l'information suivie contre Y..., A..., Z..., X..., sous la prévention d'infraction au Code de l'urbanisme, escroqueries, complicité d'escroqueries, faux et usage, recel, la chambre d'accusation a, par arrêt du 7 avril 1994, annulé des pièces de la procédure, évoqué, ordonné le dessaisissement de M. Murciano, juge d'instruction au tribunal de grande instance de Grasse et désigné pour la poursuite de l'information Mme Arfinengo, juge d'instruction au même tribunal; que celle-ci ayant été appelée à d'autres fonctions, l'information a été poursuivie par le juge d'instruction nommé pour la remplacer, M. Gaidon qui a adressé aux parties l'avis de fin d'information prévu par l'article 175 du Code de procédure pénale et a ordonné le 2 avril 1997 la communication de la procédure au procureur de la République; que ce dernier a pris le même jour des réquisitions supplétives; que le président du tribunal de grande instance de Grasse a désigné le 1er avril 1997 M. Gaidon pour instruire en remplacement de Mme Arfinengo; que, par requêtes des 19 mars 1997 et 21 mars 1997, X..., Y..., et Z... ont demandé à la chambre d'accusation de prononcer la nullité des actes réalisés par M. Gaidon postérieurement au départ de Mme Arfinengo et notamment, en ce qui concerne M. Z..., la nullité du procès-verbal du 2 janvier 1997 et l'avis de fin d'information du 5 mars 1997;

Attendu que, pour n'annuler que les actes d'instruction effectués postérieurement au remplacement de Mme Arfinengo par M. Gaidon, l'arrêt retient que cette dernière a, aux termes de l'arrêt du 7 avril 1994, été "déléguée" après évocation "pour procéder à un supplément d'information et non pour poursuivre celle-ci";

Attendu qu'en tenant ainsi pour régulière la mission donnée à Mme Arfinengo aux fins de poursuivre l'information, alors que la chambre d'accusation avait évoqué sans ordonner de supplément d'information, l'arrêt a violé le texte susvisé. »

• **Lorsqu'un supplément d'information a été ordonné sur appel d'une ordonnance de mise en accusation, la chambre de l'instruction, qui a statué dans les quatre mois de l'article 186-2 du Code de procédure pénale, n'est pas liée par les règles relatives à la prolongation et à la durée de la détention provisoire.**

Crim. 20 nov. 2002, n° 02-86.033, NP

« Attendu qu'il résulte de l'arrêt attaqué et des pièces de la procédure qu'Akim X..., placé sous mandat de dépôt le 4 novembre 2000, a interjeté appel de l'ordonnance de mise en accusation et de prise de corps du 26 février 2002; que, par arrêt du 24 juin 2002, frappé de pourvoi, la chambre de l'instruction a ordonné, avant dire droit, un supplément d'information; qu'Akim X... a demandé sa mise en liberté en soutenant que l'ordonnance de prise de corps ne pouvait être exécutée pendant la durée du pourvoi et que la chambre de l'instruction n'avait pas statué sur l'appel dans le délai de quatre mois prévu par l'article 186-2 du Code de procédure pénale;

Attendu que, pour rejeter cette argumentation, la chambre de l'instruction relève qu'en ordonnant un supplément d'information le 24 juin 2002, elle a statué dans le délai prévu par l'article 186-2 du Code de procédure pénale et que l'ordonnance de prise de corps continue à produire ses effets;

Attendu qu'en cet état, abstraction faite d'un motif erroné mais surabondant relatif à l'irrecevabilité du moyen soulevé devant elle, la chambre de l'instruction, qui ne se trouve pas liée par les règles relatives aux prolongations et à la durée de la détention édictées par l'article 145-2 dudit code, a justifié sa décision;

D'où il suit que les moyens doivent être écartés. »

243.03 **Bibliographie indicative.** (V. les références complètes ss n° 03.)

Ouvrages. Angevin H., *La pratique de la chambre de l'instruction,* 2e éd., Éd. Juris-classeur, Litec, 2004 – Bouloc B., *L'acte d'instruction,* Lgdj, 1965 – Chambon P., *La chambre d'accusation,* Dalloz, 1978.

Actualisables. J.-CL. PROC. PÉN., Angevin H., « La chambre de l'instruction » – RÉP. PÉN., Coste F.-L., « La chambre de l'instruction ».

Articles. Arrighi C., « Les pouvoirs du président de la chambre d'accusation après la loi du 30 décembre 1996 », *RSC* 1998, 687; « De la chambre d'accusation à la chambre de l'instruction », *Rev pénit.* 2001, p. 123 – Besson A., « Esquisse d'une réforme de notre procédure pénale », *D.* 1955, chron. 55; « L'origine, l'esprit et la portée du Code de procédure pénale », *D.* 1959, 271 – Bimes-Arbus A., « Les pouvoirs du président de la chambre d'accusation », *LPA* 23 févr. 2000, p. 4 – Guéry Ch., « Les pouvoirs de la chambre de l'instruction et la liberté magistrat instructeur », *D.* 2007, chron. 603; « La loi du 5 mars 2007 et l'instruction préparatoire », *AJ pénal* 2007, 105 – Guyenot J.-M., « Le pouvoir de révision et le droit d'évocation de la chambre d'accusation », *RSC* 1964, 559 – Delmas-Marty M., « Vers une autre logique juridique. À propos de la jurisprudence de la Convention européenne des droits de l'Homme », *D.* 1988, chron. 221 – Donnedieu de Vabres, « Projet de réforme », *RSC* 1949, 433, 617 et 796 – Jeandidier W., « Requiem pour la chambre d'accusation », *JCP* 2000, I, 1270 – Mimin P., « Pitié pour la chambre d'accusation », *JCP* 1956, I, 1324 – Vouin R., « Prière pour la chambre d'accusation », *JCP* 1955, I, 1221; « Justice pour la chambre d'accusation », *JCP* 1956, I, 1327.

SECTION 1
ORGANES COMPÉTENTS POUR ORDONNER UN COMPLÉMENT D'INFORMATION

243.11 **Multiplicité des ordonnateurs.** Si le juge d'instruction est susceptible d'être surtout concerné par un supplément d'information ordonné par la chambre de l'instruction, il peut aussi être désigné par d'autres juridictions. D'une façon générale, l'opportunité d'ordonner un supplément d'information relève de l'appréciation souveraine des juges du fond [1].

243.12 Complément d'information ordonné par la chambre de l'instruction. L'article 201 du Code de procédure pénale dispose que « la chambre de l'instruction peut, dans tous les cas, à la demande du procureur général, d'une des parties ou même d'office, ordonner tout acte d'information supplémentaire qu'elle juge utile ». Il s'agit d'un pouvoir qui appartient à la chambre et non au président. En ordonnant un complément d'information il commettrait un excès de pouvoir qui entraînerait la nullité de toute la procédure subséquente [2]. La chambre d'accusation peut toujours renoncer au supplément d'information qu'elle a ordonné, en cas d'impossibilité d'exécution [3].

L'article 205 du Code de procédure pénale précise qu'il est procédé aux suppléments d'information conformément aux dispositions relatives à l'instruction préalable soit par un des membres de la chambre de l'instruction, soit par un juge d'instruction qu'elle délègue à cette fin.

Il en va de même en cas de supplément d'information après infirmation ou annulation (C. pr. pén., art. 206 et 207), dans le cadre de l'audience de contrôle (C. pr. pén., art. 221-3), et en cas de réserve de contentieux de la détention provisoire (C. pr. pén., art. 148-2 et 207) [4]. Aucune disposition légale ou conventionnelle n'interdit à la chambre de l'instruction, qui ordonne un supplément d'information, en application de l'article 205 du Code de procédure pénale, de désigner, pour l'exécution des actes qu'elle prescrit, le juge d'instruction initialement en charge de l'information [5].

Avant l'entrée en vigueur de la loi du 15 juin 2000 qui a supprimé le second degré obligatoire en matière criminelle, la chambre d'accusation devait, dans le cadre de l'article 214 alinéa 2 du Code de procédure pénale, statuer par un arrêt dans les deux mois de l'ordonnance de transmission de pièces, faute de quoi la personne était remise d'office en liberté. La Cour de cassation considéra que la chambre d'accusation répondait à ces exigences si elle ordonnait un supplément d'information [6]. Par ailleurs lorsque le supplément d'information était achevé, la chambre d'accusation n'avait pas à statuer dans les deux mois de l'arrêt de dépôt [7]. Désormais, la chambre de l'instruction n'est plus saisie systématiquement sur la base de l'article 181. En revanche, l'ordonnance de mise en accusation du juge d'instruction peut faire l'objet d'un appel (l'article 186 du Code de procédure pénale, qui donne la liste des ordonnances susceptibles d'appel par la personne mise en examen a ajouté l'article 181 dans sa nouvelle rédaction issue de la loi du 15 juin 2000).

243.13 Complément d'information ordonné par le tribunal correctionnel. En vertu de l'article 463 du Code de procédure pénale, « s'il y a lieu de procéder à un supplément d'information, le tribunal commet par jugement un de ses membres qui dispose des pouvoirs prévus aux articles 151 à 155 » (il s'agit des articles sur les commissions rogatoires). « Ce supplément d'information obéit aux règles édictées par les articles 114, 119, 120 et 121 » (il s'agit des articles réglant la convocation du conseil aux interrogatoires et la tenue de ceux-ci).

C'est un membre de la juridiction ayant concouru au jugement qui doit accomplir ce supplément [8]. Ceci n'empêche pas le membre en question de déléguer l'exécution de cette tâche, par commission rogatoire, à un autre magistrat ou à un officier de police judiciaire, selon la nature de l'acte à accomplir [9]. Si un supplément d'information est nécessaire, une juridiction répressive ne peut enjoindre au ministère public de diligenter une enquête, elle doit commettre l'un de ses membres pour effectuer les recherches [10]. La forclusion édictée par l'article 175 alinéa 2 du Code de procédure pénale ne fait pas obstacle à ce que, en application des articles 463 et 512 du même code, les parties puissent saisir la juridiction de jugement de demandes tendant à l'accomplissement d'un supplément d'information [11]. Par ailleurs, le supplément d'information ordonné en application de l'article 463 du Code de procédure pénale n'est pas contraire aux dispositions de l'article 6-1 de la Convention européenne des droits de l'Homme, dès lors que son exécution n'implique pas que le magistrat commis

1. Crim. 15 mars 2002, nº 01-84.551, NPT.
2. Crim. 5 nov. 1969, *Bull. crim.*, nº 289 – Crim. 20 mai 1980, nº 79-93.444, *Bull. crim.*, nº 153; *D.* 1980, jur. 493, note P. Chambon; *RSC* 1981, 404, obs. J. Robert.
3. Crim. 3 sept. 1983, nº 83-92.931, *Bull. crim.*, nº 231.
4. Crim. 14 mai 1985, nº 85-91.294, *Bull. crim.*, nº 182.
5. Crim. 15 sept. 2004, nº 04-83.960, *Bull. crim.*, nº 208; *D.* 2004, IR 2765; *JCP* 2004, IV, 3191.
6. Crim. 30 juin 1981, nº 81-92.783, *Bull. crim.*, nº 221.
7. Crim. 17 juill. 1990, nº 90-82.614, *Bull. crim.*, nº 286.
8. Crim. 2 août 1934, *DH* 1934, 494 – Crim. 11 juill. 1956, *D.* 1956, somm. 146 – Crim. 22 nov. 1956, *D.* 1957, jur. 89, note P. A.
9. Crim. 15 nov. 1951, *Bull. crim.*, nº 296.
10. Crim. 6 déc. 2000, nº 00-86.561, *Procédures* 2001, comm. 99, obs. Buisson.
11. Crim. 30 juin 1999, nº 98-80.470, *Bull. crim.*, nº 173; *Procédures* 2000, comm. 42, obs. Buisson; *Dr. pén.* 2000, chron. 8, obs. Marsat.

acquiert, à l'occasion de cette mesure, une conviction sur la culpabilité du prévenu[1].

243.14 Complément d'information dans le cadre de la procédure de comparution immédiate. L'article 397-2 du Code de procédure pénale dispose qu'« à la demande des parties ou d'office, le tribunal peut commettre par jugement l'un de ses membres ou l'un des juges d'instruction de la juridiction désignée dans les conditions de l'article 83, alinéa 1er, pour procéder à un supplément d'information; les dispositions de l'article 463 sont applicables ».

Ce supplément d'information ne présente aucune spécificité par rapport à celui présenté ci-dessus pour le tribunal correctionnel. Son utilisation peut être considérée comme plus fréquente puisque le mode de saisine de la juridiction peut attraire devant la juridiction un certain nombre de procédures incomplètes.

Les mêmes articles de référence sont applicables (C. pr. pén., art. 151 à 155, 114, 119, 120 et 121).

243.15 Complément d'information devant la cour d'assises. Selon l'article 283 du Code de procédure pénale : « Le président, si l'instruction lui semble incomplète ou si des éléments nouveaux ont été révélés depuis sa clôture, peut ordonner tous actes d'information qu'il estime utiles. Il y est procédé soit par le président, soit par un des assesseurs ou un juge d'instruction qu'il délègue à cette fin. Dans ce cas les prescriptions du chapitre Ier du titre III du livre I doivent être observées, à l'exception de celles de l'article 167 ».

Le pouvoir du président de la cour d'assises s'exerce donc durant la période comprise entre l'arrêt de renvoi et la venue de l'affaire à l'audience. Le magistrat délégué peut à son tour, subdéléguer un officier de police judiciaire[2] dès lors que l'acte à accomplir est un acte de police et ne doit pas obligatoirement être accompli par un magistrat.

On remarque que le texte est plus large dans son renvoi à la procédure d'instruction que le texte applicable devant la juridiction correctionnelle. Seules les règles qui ont trait à la notification des conclusions d'expertise aux parties et à leurs conseils et aux observations ou demande de complément d'expertise ou de contre-expertise ne sont pas applicables[3].

Mais le pouvoir du président d'ordonner un complément d'information peut également s'exercer après l'ouverture des débats à condition que cette mesure n'implique pas le renvoi de l'affaire à une autre session[4]. Lorsqu'il est nécessaire de renvoyer l'affaire à une autre session, c'est la Cour qui est compétente pour l'ordonner.

SECTION 2
POUVOIRS DU JUGE DÉLÉGUÉ

243.21 Principes. Dans tous les cas, le magistrat désigné ne peut accomplir que les actes d'instruction qui lui ont été confiés. Il doit se borner à transmettre le dossier à l'organe mandant. Le juge d'instruction saisi ne saurait par exemple rendre une ordonnance de règlement. Ce principe se vérifie quelle que soit la juridiction ordonnatrice.

243.22 Absence de pouvoirs juridictionnels. Le magistrat délégué pour l'exécution d'un complément d'information ne saurait prendre de décisions à caractère juridictionnel qui sont exclusivement réservées à la juridiction qui a ordonné le supplément (C. pr. pén., art. 208 et 209)[5]. En conséquence, lorsque le juge d'instruction est saisi d'un complément d'information, non seulement il ne peut exécuter d'autres actes que ceux qui sont expressément mentionnés dans sa mission (le cas échéant, une mission large peut lui permettre d'accomplir des actes non expressément mentionnés lorsqu'ils découlent par exemple de l'exécution d'un premier acte) mais il ne peut prendre, quel qu'en soit le motif, aucune décision juridictionnelle. Il ne peut statuer sur la détention provisoire (v. ss nos 243.31 s.), ni le contrôle judiciaire, il ne peut délivrer aucun mandat d'arrêt ou d'amener (sur la nature des mandats pouvant avoir une incidence sur la possibilité de leur délivrance dans le cadre d'un supplément d'information v. ss nos 121.11 à 121.13) ni rendre une ordonnance de règlement. Mais il ne saurait non plus rendre une ordonnance tranchant un litige et susceptible d'appel, que ce soit une demande d'acte, d'expertise, *etc.* Seule la juridiction qui a ordonné le complément d'information est susceptible de répondre selon sa propre procédure à ces demandes.

243.23 Le juge d'instruction n'a pas la possibilité de refuser de réaliser un acte ordonné sur supplément d'information. Nous avons évoqué ce cas plus haut à propos de la mise en examen (v. ss no 242.65). *A fortiori* en est-il de même pour tous les autres actes de l'information que le magistrat

1. Crim. 19 janv. 2000, no 99-80.655, *Bull. crim.*, no 35.
2. Crim. 14 juin 1866, *Bull. crim.*, no 153.
3. Crim. 30 avr. 1969, *Bull. crim.*, no 149; *D.* 1969, jur. 449, rappr. Chapar; *JCP* 1970, II, 16448, note Boyer.
4. Crim. 28 mai 1967, *Bull. crim.*, no 159 – Crim. 27 avr. 1976, no 76-90.054, *Bull. crim.*, no 128.
5. Crim. 27 juill. 1907, *Bull. crim.*, no 348 – Crim. 5 oct. 1982, no 82-91.601, *Bull. crim.*, no 205 – Crim. 10 févr. 1987, no 86-95.760, *Bull. crim.*, no 66.

instructeur ne peut jamais refuser d'effectuer, s'ils sont ordonnés par supplément d'information.

243.24 La chambre de l'instruction ne possède pas, en dehors du supplément d'information, de pouvoir d'injonction. Encourt la cassation l'arrêt d'une chambre d'accusation qui tient pour régulière la mission donnée à un juge d'instruction aux fins de poursuivre l'information, alors que la chambre d'accusation avait évoqué sans ordonner de supplément d'information[1] (v. les attendus s[s] n° 243.02). Le respect de ce principe est nécessaire à la bonne compréhension des rapports entre chambre de l'instruction et magistrats instructeurs. Toutefois, le législateur a autorisé la chambre de l'instruction à donner des injonctions au juge d'instruction lorsqu'elle statue sur le fondement de l'article 221-3 du Code de procédure pénale (v. s[s] n° 245.46).

243.25 La juridiction de première instance ne possède aucun pouvoir. Les prescriptions des articles 83 et suivants de ce code, concernant la désignation du juge d'instruction lors de l'ouverture d'une information, ne sont pas applicables au supplément d'information[2]. L'exercice, par la chambre de l'instruction, de son pouvoir d'évocation exclut toute compétence du président du tribunal de grande instance pour désigner ou remplacer le juge d'instruction, du procureur de la République pour prendre des réquisitions et du juge d'instruction pour procéder au règlement de la procédure[3]. Il n'est donc pas possible, en cas de départ d'un juge d'instruction, que ce soit le président de la juridiction qui désigne son successeur dès lors que nous sommes en présence d'un supplément d'information. Mais la chambre criminelle a estimé que, dans ce dernier cas, le magistrat nommé en remplacement poursuit de plein droit l'instruction (même arrêt). Si la chambre de l'instruction estime devoir déléguer un juge d'instruction différent de celui qui avait précédemment informé, la chambre de l'instruction peut le désigner parmi tous ceux du ressort de la cour d'appel[4]. Cette règle est vraie même si la chambre de l'instruction est saisie comme juridiction de renvoi après cassation[5].

243.26 Fin du supplément d'information. Le Code de procédure pénale a prévu un dispositif précis lorsque le supplément d'information a été rendu à la chambre de l'instruction. Lorsque le juge d'instruction a achevé sa mission, il renvoie les pièces avec un soit transmis à la chambre. L'article 208 du Code de procédure pénale dispose que « Lorsqu'elle a prescrit une information complémentaire et que celle-ci est terminée, la chambre de l'instruction ordonne le dépôt au greffe du dossier de la procédure.

Le procureur général avise immédiatement de ce dépôt chacune des parties et son avocat par lettre recommandée. » Le dossier est alors déposé au greffe pendant quarante-huit heures en matière de détention provisoire, pendant cinq jours en toute autre matière. Cet arrêt de dépôt n'est qu'un acte d'administration judiciaire[6], simple formalité de procédure ne donnant lieu à aucun débat[7].

La chambre de l'instruction qui annule l'ordonnance rendue par le juge d'instruction doit, en application des dispositions de l'article 206 du Code de procédure pénale, soit évoquer puis statuer elle-même soit renvoyer le dossier à un juge d'instruction de son choix. Encourt la cassation l'arrêt qui, après annulation définitive de l'ordonnance de non-lieu, évocation du dossier et exécution d'un supplément d'information, confirme cette ordonnance qui, du fait de son annulation, devait être retirée de la procédure[8].

SECTION 3
DÉTENTION LORS DE LA MISE EN ŒUVRE DU SUPPLÉMENT D'INFORMATION

243.31 Maintien en détention initial. Lorsqu'une juridiction est amenée à ordonner un supplément d'information, elle peut ordonner le maintien en détention de l'intéressé. C'est le cas du tribunal correctionnel.

Il n'existe ensuite plus aucun délai dans lequel l'intéressé devrait comparaître en dehors du délai raisonnable fixé par la Convention européenne des droits de l'Homme.

Lorsque la chambre d'accusation statuait par un arrêt rendu dans les deux mois de l'ordonnance de transmission de pièces, conformément aux dispositions de l'article 214 alinéa 3 du Code de procédure pénale (abrogé par la loi du 15 juin 2000), l'arrêt qui ordonnait un supplément d'information répondait aux exigences de ce texte[9]. Dans cette hypo-

1. Ass. plén. 3 mars 2000, n° 99-83.167, *Bull. Ass. plén.*, n° 3 ; *D.* 2000, IR 100 ; *Procédures* 2001, comm. 189, obs. J. Buisson.
2. Crim. 26 mai 1983, n° 82-91.697, *Bull. crim.*, n° 155 ; *D.* 1983, IR 491.
3. Crim. 24 juin 1998, n° 98-80.995, *Bull. crim.*, n° 204 ; *Procédures* 1999, comm. 13, obs. Buisson.
4. Crim. 11 avr. 1964, *Bull. crim.*, n° 110.
5. Crim. 15 mai 1968, *Bull. crim.*, n° 156 – Crim. 5 mai 1997, n° 96-86.431, *Bull. crim.*, n° 161.
6. Crim. 23 avr. 1997, n° 96-84.726, *Bull. crim.*, n° 141 – Crim. 12 oct. 1998, n° 98-83.743, *Bull. crim.*, n° 252.
7. Crim. 20 mars 1990, n° 89-87.172, *Bull. crim.*, n° 123.
8. Crim. 10 mai 2005, n° 04-87.736, *Bull. crim.*, n° 143 ; *JCP* 2005, IV, 2428 ; *Procédures* 2005, comm. 192, obs. Buisson.
9. Crim. 18 juin 1985, n° 85-91.877, *Bull. crim.*, n° 232.

thèse, aucun maintien en détention ne devait être expressément ordonné. Le mandat de dépôt initial conservait sa force exécutoire jusqu'au prononcé de la mise en accusation, par application de l'article 181 alinéa 2 du même code[1]. L'article 186-2 du Code de procédure pénale dispose désormais qu'« en cas d'appel contre une ordonnance prévue à l'article 181, la chambre de l'instruction statue dans les quatre mois de l'ordonnance, faute de quoi, si la personne est détenue, elle est mise d'office en liberté ». On doit considérer que la jurisprudence ci-dessus, prise dans un autre contexte qui était celui de la saisine de la chambre d'accusation pour mise en accusation, demeure d'actualité dans l'hypothèse où la chambre de l'instruction serait saisie d'un appel. Si elle ordonne un supplément d'information, elle « statue » au sens de l'article 186-2 et dès lors le délai de quatre mois ne trouve plus à s'appliquer. Le seul délai applicable est le délai raisonnable de la Convention européenne des droits de l'Homme[2].

243.32 Principe de l'absence de toute prolongation. La loi n'impartit au juge aucun délai pour se prononcer après l'exécution d'un supplément d'information[3]. Lorsqu'un supplément d'information est ordonné, quel que soit l'organe qui l'ordonne, et quel que soit le moment de la procédure, la détention n'obéit plus à aucune règle de prolongation.

Le principe a été rappelé dans un arrêt du 20 novembre 2002 (v. s^s n° 243.02) : « Attendu que, pour rejeter cette argumentation, la chambre de l'instruction relève qu'en ordonnant un supplément d'information le 24 juin 2002, elle a statué dans le délai prévu par l'article 186-2 du Code de procédure pénale et que l'ordonnance de prise de corps continue à produire ses effets; qu'en cet état [...] la chambre de l'instruction, qui ne se trouve pas liée par les règles relatives aux prolongations et à la durée de la détention édictées par l'article 145-2 dudit code, a justifié sa décision. »

Il est encore cité dans un arrêt plus récent : « L'article 145-2 du Code de procédure pénale n'est applicable que jusqu'à l'ordonnance de règlement et le mandat de dépôt criminel, en l'état de l'annulation de l'ordonnance de mise en accusation, reprend ses effets jusqu'au prononcé de la mise en accusation par la juridiction du second degré. Dès lors, lorsque la chambre de l'instruction infirme l'ordonnance de mise en accusation et, après évocation, ordonne un supplément d'information, la personne concernée reste détenue, en vertu du mandat de dépôt décerné par le juge d'instruction, jusqu'à l'arrêt de mise en accusation.[4] »

243.33 Cas particulier du mineur. On sait que la chambre criminelle a considéré que la détention provisoire pouvait être maintenue au-delà du délai légal fixé par l'ordonnance de 1945 par le jeu de l'ordonnance de maintien en détention. En matière criminelle on peut arriver à un résultat assez choquant dans l'hypothèse où la chambre de l'instruction ordonne un supplément d'information. En matière criminelle, la détention des mineurs est limitée à deux ans. Mais on pourra encore maintenir un mineur au-delà de cette durée en ordonnant un supplément d'information. C'est ce que la chambre criminelle a admis dans plusieurs arrêts[5]. Il y est affirmé d'une part que « dès lors qu'une chambre d'accusation avait ordonné un supplément d'information par un arrêt rendu dans le délai de deux mois, les dispositions de l'article 214 du Code de procédure pénale, qui imposent à la chambre d'accusation de statuer dans les deux mois de l'ordonnance de transmission de pièces, faute de quoi la personne est mise d'office en liberté, avaient bien été respectées »[6]. La chambre criminelle, suivant en cela une jurisprudence constante des chambres civile et sociale de la Cour de cassation estime d'autre part que l'article 11 de la Convention de New York sur les droits de l'enfant ne peut être invoqué devant les juridictions nationales[7]. Si l'article 214 alinéa 3 n'existe plus, la jurisprudence prise pour son application conserve un intérêt dans le cas de l'appel de l'ordonnance de mise en accusation du juge d'instruction.

243.34 Compétence de la juridiction qui a ordonné le supplément pour répondre aux demandes de mise en liberté. Même si la détention n'a plus à être prolongée, le détenu demeure libre de solliciter sa mise en liberté. Quel est l'organe compétent pour y répondre ? La question se pose surtout lorsque le supplément a fait l'objet d'une délégation à un autre magistrat. C'est le cas notamment lorsque la chambre de l'instruction ordonne un complément puisqu'elle a la faculté de le confier à un magistrat instructeur dans les conditions de l'article 205 du Code de procédure pénale. Il en est de même pour les compléments d'information ordonnés par la cour d'assises.

1. Crim. 10 févr. 1999, n° 98-87.372, *Bull. crim.*, n° 16; *BICC* 492, n° 518.
2. CA Basse-Terre, ch. acc., 29 oct. 1998, *BICC* 496, n° 856.
3. Crim. 17 juill. 1990, n° 90-82.614, *Bull. crim.*, n° 286; *RSC* 1991, 602.
4. Crim. 16 févr. 2005, n° 04-87.178, *Bull. crim.*, n° 65; *JCP* 2005, IV, 1790; *D.* 2005, IR 915; *AJ pénal* 2005, 201.
5. Crim. 30 juin 1981, n° 81-92.783, *Bull. crim.*, n° 221 – Crim. 18 juin 1997, n° 97-82.008, *Bull. crim.*, n° 244.
6. Crim. 30 juin 1981, n° 81-92.783, *Bull. crim.*, n° 221.
7. Crim. 18 juin 1997, n° 97-82.008, *Bull. crim.*, n° 244.

Le principe a été présenté ci-dessus : le magistrat délégué ne saurait prendre de décision juridictionnelle. Aussi, il apparaît clairement qu'il n'est pas compétent pour répondre aux demandes de mise en liberté.

Le magistrat commis dans les conditions prévues à l'article 205 du Code de procédure pénale, n'a pas qualité pour statuer sur la mise en liberté; il doit se borner à transmettre la demande à la chambre d'accusation qui statuera[1]. Lorsque la chambre de l'instruction est saisie d'une demande de mise en liberté dans une affaire criminelle dans laquelle elle a ordonné un complément d'information alors que la détention excède un an, elle doit motiver conformément aux dispositions de l'article 145-3 du Code de procédure pénale[2].

243.35 Compétence de la juridiction qui a ordonné le supplément d'information pour ordonner le placement en détention d'une personne. Le principe est le même. Seule la chambre de l'instruction peut ordonner le placement sous mandat de dépôt d'une personne dont la responsabilité est recherchée à l'occasion de l'exécution d'un supplément d'information[3]. La chambre de l'instruction peut également délivrer mandat d'arrêt. Le mandat d'arrêt est délivré après avis du procureur général. De ce principe on pouvait tirer deux conséquences pratiques : la chambre de l'instruction ne pouvait déléguer à l'un de ses membres ses pouvoirs de placement en détention; le président de la chambre de l'instruction ne disposait d'aucun pouvoir propre pour ordonner le placement en détention provisoire (à l'exception de l'application, rarissime, de l'article 196 du Code de procédure pénale) d'une personne. Ces deux principes sont expressément affirmés par l'arrêt du 8 novembre 1990[4].

Mais la loi du 9 mars 2004 a modifié l'état du droit en ajoutant un alinéa à l'article 201 du Code de procédure pénale selon lequel : « En cas d'urgence, le président de la chambre de l'instruction ou le conseiller désigné par lui peut décerner mandat d'amener, d'arrêt ou de recherche. Il peut également ordonner l'incarcération provisoire de la personne pendant une durée déterminée qui ne peut en aucun cas excéder quatre jours ouvrables jusqu'à la réunion de la chambre de l'instruction ».

1. Crim. 27 juill. 1907, *DP* 1911, 1, 153.
2. Crim. 10 févr. 1999, n° 98-87.372, *Bull. crim.*, n° 16; *Procédures* juill. 1999, note Buisson; *Dr. pén.* juill. 1999, n° 20 – Crim. 25 oct. 2005, n° 05-84.961, *Bull. crim.*, n° 264; *D.* 2005, IR 2969.
3. Crim. 8 nov. 1990, n° 90-85.741, n° 90-85.742, *Bull. crim.*, n° 374.
4. Crim. 8 nov. 1990, n° 90-85.741, n° 90-85.742, *Bull. crim.*, n° 374.

Les principes rappelés ci-dessus ne sont pas totalement mis à mal puisque seule l'urgence peut susciter l'application de cette disposition de l'article 201. Toutefois, en la matière, l'urgence est souvent la règle car la détention doit suivre la mise en examen ordonnée par le juge délégataire.

Prenons un exemple : une ordonnance de non-lieu est frappée d'appel; usant de son pouvoir de révision (elle est saisie de l'entier dossier), la chambre de l'instruction ordonne un supplément d'information qu'elle confie au juge initialement désigné aux fins de « poursuivre l'information et mettre en examen toute personne que la poursuite des investigations ferait connaître ». Une personne est identifiée et présentée au juge qui procède à son interrogatoire de première comparution. À l'issue, si une détention est envisagée, le juge d'instruction ne peut saisir le JLD mais ne peut que renvoyer le mis en examen devant la chambre de l'instruction, son président pouvant statuer en urgence, sur sa détention. La nouvelle mouture de l'article 201 correspond donc réellement à un besoin de la pratique qui jusqu'à présent « naviguait à vue » dans un tel cas d'espèce, heureusement assez rare.

SECTION 4
SURSIS À STATUER

243.41 Position du problème. Le 6 janvier 1999, la chambre criminelle a rendu un arrêt M... cassant un arrêt de renvoi devant la cour d'assises du Nord, rendu par la chambre d'accusation de Douai[5].

Le cas d'espèce était le suivant : mis en examen pour viol, monsieur M... saisissait la chambre d'accusation d'une requête en nullité qui était rejetée. Monsieur M... formait un pourvoi en cassation. Le président de la chambre criminelle ordonnait l'examen immédiat du pourvoi et l'arrêt était cassé, l'affaire étant renvoyée devant la chambre d'accusation d'Amiens. Pendant ce temps, le juge d'instruction avait terminé son information et avait rendu une ordonnance de transmission de pièces. La chambre d'accusation avait statué dans le délai prévu par l'article 214 du Code de procédure pénale et renvoyé l'intéressé devant la cour d'assises du Nord. Un nouveau pourvoi était formé contre cette décision. C'est dans ces conditions qu'intervenait l'arrêt du 6 janvier 1999. La motivation de la Cour de cassation est la suivante : « Attendu que si le juge d'instruction était en droit, en l'absence d'une décision qui le lui aurait interdit, de poursuivre son information, y compris jusqu'au règlement de celle-

5. Crim. 6 janv. 1999, n° 98-86.332, *Bull. crim.*, n° 2.

ci, comme le prescrit l'article 187 du Code de procédure pénale, la chambre d'accusation, en prononçant le renvoi devant la cour d'assises, a méconnu le sens et la portée des textes susvisés. » Les textes en question sont les articles 570 et 571 du Code de procédure pénale. Selon la chambre criminelle il résulte des dispositions de « ces textes, applicables aux pourvois formés contre les arrêts préparatoires, interlocutoires ou d'instruction rendus par les chambres d'accusation, que, lorsqu'un tel arrêt ne mettant pas fin à la procédure a été frappé de pourvoi et que le président de la chambre criminelle de la Cour de cassation a fait droit à la requête prévue à l'article 570, il ne peut être statué au fond tant qu'il n'a pas été prononcé définitivement sur l'objet du pourvoi ».

243.42 Conséquences de l'arrêt du 6 janvier 1999. La chambre d'accusation de Douai a très rapidement été amenée à tirer les enseignements de l'arrêt du 6 janvier 1999. Dans un arrêt du 29 janvier 1999, elle s'est trouvée placée dans une situation similaire (pourvoi en cassation « pendant » sur une précédente décision rejetant une requête en nullité; nécessité de statuer dans les deux mois de l'ordonnance de transmission de pièces)[1]. Elle a sursis à statuer en ces termes : « Attendu qu'il résulte des dispositions des articles 570 et 571 du Code de procédure pénale, applicables aux pourvois formés contre les arrêts préparatoires, interlocutoires ou d'instruction rendus par les chambres d'accusation, que, lorsqu'un tel arrêt ne mettant pas fin à la procédure a été frappé de pourvoi et que le président de la chambre criminelle de la Cour de cassation a, comme en l'espèce, ordonné l'examen immédiat de ce pourvoi, il ne peut être statué au fond tant qu'il n'a pas été prononcé définitivement sur l'objet du pourvoi; Attendu qu'il convient en conséquence, pour ce qui concerne E. B... de surseoir à statuer [...] les effets du mandat de dépôt criminel décerné à son encontre continuant à produire ses effets pendant cette phase de la procédure. »

Cette décision de « sursis à statuer » n'est nullement prévue par le Code de procédure pénale. Elle est pourtant la seule qui permettait de concilier les exigences de l'article 214 du Code de procédure pénale qui prévoyait que la chambre d'accusation devait statuer dans les deux mois, et la jurisprudence précitée du 6 janvier 1999.

La cour d'Amiens, cour de renvoi dans l'affaire M... a également utilisé cette solution dans un arrêt du 5 mars 1999[2].

243.43 Actualité de la question. La suppression de la saisine obligatoire de la chambre de l'instruction pour le renvoi devant la cour d'assises fait évidemment perdre à cette jurisprudence de son intérêt.

Elle risque néanmoins de trouver application dans le cas où la chambre de l'instruction est saisie d'un appel de l'ordonnance de mise en accusation. Elle doit en effet alors statuer dans le délai de quatre mois lorsque la personne est détenue (C. pr. pén., art. 186-2). Or, un pourvoi en cassation peut être pendant devant la Cour de cassation. L'arrêt du 6 janvier 1999 consacre en effet la possibilité pour le juge d'instruction d'achever son information, y compris lorsqu'un pourvoi en cassation est en cours.

1. CA Douai, ch. acc., 29 janv. 1999, inédit.

2. CA Amiens, 5 mars 1999, n° 99/70, inédit.

CHAPITRE

244. Pouvoirs propres du président de la chambre de l'instruction

SECTION 0 ORIENTEUR

244.00 **Plan du chapitre.**

Sect. 1 Surveillance du bon fonctionnement et célérité de l'instruction
Sect. 2 Missions du président de la chambre de l'instruction en matière de détention provisoire
Sect. 3 Pouvoir de filtrage
Sect. 4 Pouvoir de suspendre l'information
Sect. 5 Pouvoir d'ordonner une co-saisine
Sect. 6 Pouvoirs propres en matière d'expertise

244.01 **Textes applicables.**

C. pr. pén., art. 145-4, 173, 173-1, 174, 175, 175-2, 186, 186-1, 219, 220, 221, 221-1, 221-2, 222, 223.

C. pr. pén., art. R. 200.

C. pr. pén., art. D. 43-1, D. 43-2, D. 43-3.

C. pr. pén., art. 145-4

Lorsque la personne mise en examen est placée en détention provisoire, le juge d'instruction peut prescrire à son encontre l'interdiction de communiquer pour une période de dix jours. Cette mesure peut être renouvelée, mais pour une nouvelle période de dix jours seulement. En aucun cas, l'interdiction de communiquer ne s'applique à l'avocat de la personne mise en examen.

Sous réserve des dispositions qui précèdent, toute personne placée en détention provisoire peut, avec l'autorisation du juge d'instruction, recevoir des visites sur son lieu de détention.

À l'expiration d'un délai d'un mois à compter du placement en détention provisoire, le juge d'instruction ne peut refuser de délivrer un permis de visite à un membre de la famille de la personne détenue que par une décision écrite et spécialement motivée au regard des nécessités de l'instruction.

Cette décision est notifiée par tout moyen et sans délai au demandeur. Ce dernier peut la déférer au président de la chambre de l'instruction qui statue dans un délai de cinq jours par une décision écrite et motivée non susceptible de recours. Lorsqu'il infirme la décision du juge d'instruction, le président de la chambre de l'instruction délivre le permis de visite.

C. pr. pén., art. 173

* V. s[s] n° 242.01.

C. pr. pén., art. 173-1 [L. n° 2004-204, 9 mars 2004]

Sous peine d'irrecevabilité, la personne mise en examen doit faire état des moyens pris de la nullité des actes accomplis avant son interrogatoire de première comparution ou de cet interrogatoire lui-même dans un délai de six mois à compter de la notification de sa mise en examen, sauf dans le cas où elle n'aurait pu les connaître. Il en est de même s'agissant des moyens pris de la nullité des actes accomplis avant chacun de ses interrogatoires ultérieurs.

Il en est de même pour le témoin assisté à compter de sa première audition puis de ses auditions ultérieures.

Il en est de même pour la partie civile à compter de sa première audition puis de ses auditions ultérieures.

C. pr. pén., art. 174 [L. n° 2007-291, 5 mars 2007, art. 12 IV]

Lorsque la chambre de l'instruction est saisie sur le fondement de l'article 173 ou de l'article 221-3, tous moyens pris de nullité de la procédure qui lui est transmise doivent, sans préjudice du droit qui lui appartient de les relever d'office, lui être proposés. À défaut, les parties ne sont plus recevables à en faire état, sauf le cas où elles n'auraient pu les connaître.

La chambre de l'instruction décide si l'annulation doit être limitée à tout ou partie des actes ou pièces de la procédure viciée ou s'étendre à tout ou partie de la procédure ultérieure et procède comme il est dit au troisième alinéa de l'article 206.

Les actes ou pièces annulés sont retirés du dossier d'information et classés au greffe de la cour d'appel. Les actes ou pièces de la procédure partiellement annulés sont cancellés après qu'a été établie une copie certifiée conforme à l'original, qui est classée au greffe de la cour d'appel. Il est interdit de tirer des actes et des pièces ou parties d'actes ou de pièces annulés aucun renseignement contre les parties, à peine de poursuites disciplinaires pour les avocats et les magistrats.

C. pr. pén., art. 175 [L. n° 2007-291, 5 mars 2007, mod. L. n° 2009-526, 12 mai 2009]

Aussitôt que l'information lui paraît terminée, le juge d'instruction communique le dossier au procureur de la République et en avise en même temps les parties et leurs avocats soit verbalement avec émargement au dossier, soit par lettre recommandée. Lorsque la personne est détenue, cet avis peut également être notifié par les soins du chef de l'établissement pénitentiaire, qui adresse sans délai au juge d'instruction l'original ou la copie du récépissé signé par l'intéressé.

Le procureur de la République dispose alors d'un délai d'un mois si une personne mise en examen est détenue ou de trois mois dans les autres cas pour adresser ses réquisitions motivées au juge d'instruction. Copie de ces réquisitions est adressée dans le même temps aux avocats des parties par lettre recommandée.

Les parties disposent de ce même délai d'un mois ou de trois mois à compter de l'envoi de l'avis prévu au premier alinéa pour adresser des observations écrites au juge d'instruction, selon les modalités prévues par l'avant-dernier alinéa de l'article 81. Copie de ces observations est adressée en même temps au procureur de la République.

Dans ce même délai d'un mois ou de trois mois, les parties peuvent formuler des demandes ou présenter des requêtes sur le fondement des articles 81, neuvième alinéa, 82-1, 156, premier alinéa, et 173, troisième alinéa. À l'expiration de ce délai, elles ne sont plus recevables à formuler ou présenter de telles demandes ou requêtes.

À l'issue du délai d'un mois ou de trois mois, le procureur de la République et les parties disposent d'un délai de dix jours si une personne mise en examen est détenue ou d'un mois dans les autres cas pour adresser au juge d'instruction des réquisitions ou des observations complémentaires au vu des observations ou des réquisitions qui leur ont été communiquées.

À l'issue du délai de dix jours ou d'un mois prévu à l'alinéa précédent, le juge d'instruction peut rendre son ordonnance de règlement, y compris s'il n'a pas reçu de réquisitions ou d'observations dans le délai prescrit.

Les premier, troisième et cinquième alinéas et, s'agissant des requêtes en nullité, le quatrième alinéa du présent article sont également applicables au témoin assisté.

Les parties peuvent déclarer renoncer, en présence de leur avocat ou celui-ci dûment convoqué, à bénéficier des délais prévus par le présent article.

C. pr. pén., art. 175-2

* V. s^{s} n° 242.01.

C. pr. pén., art. 186

* V. s^{s} n° 242.01.

C. pr. pén., art. 186-1

* V. s^{s} n° 242.01.

C. pr. pén., art. 187

Lorsqu'il est interjeté appel d'une ordonnance autre qu'une ordonnance de règlement ou que la chambre de l'instruction est directement saisie, en application des articles 81, neuvième alinéa, 82-1, deuxième alinéa, 156, deuxième alinéa, ou 167, quatrième alinéa, le juge d'instruction poursuit son information, y compris, le cas échéant, jusqu'au règlement de celle-ci, sauf décision contraire du président de la chambre de l'instruction. Cette décision n'est pas susceptible de recours.

Il en est de même lorsque la chambre de l'instruction est saisie d'une requête en nullité en application de l'article 173.

C. pr. pén., art. 196

Le procureur général agit de même lorsqu'il reçoit, postérieurement à un arrêt de non-lieu prononcé par la chambre de l'instruction, des pièces lui paraissant contenir des charges nouvelles dans les termes de l'article 189. Dans ce cas et en attendant la réunion de la chambre de l'instruction, le président de cette juridiction peut, sur les réquisitions du procureur général, décerner mandat de dépôt ou d'arrêt.

C. pr. pén., art. 201

* V. s^{s} n° 242.01.

C. pr. pén., art. 219

Le président de la chambre de l'instruction, et dans les cours où il existe plusieurs chambres de l'instruction l'un des présidents spécialement désigné par l'assemblée générale, exerce les pouvoirs propres définis aux articles suivants.

En cas d'empêchement de ce président, ses pouvoirs propres sont attribués, par délibération de l'assemblée générale de la cour d'appel, à un magistrat du siège appartenant à ladite cour.

Le président peut déléguer tout ou partie de ses pouvoirs à un magistrat du siège de la chambre de l'instruction et, dans les cours où il existe plusieurs chambres de l'instruction, à un magistrat du siège d'une autre chambre de l'instruction après accord du président de cette chambre.

C. pr. pén., art. 220

Le président de la chambre de l'instruction s'assure du bon fonctionnement des cabinets d'instruction du ressort de la cour d'appel. Il vérifie notamment les conditions d'application des alinéas 4 et 5 de l'article 81 et de l'article 144 et s'emploie à ce que les procédures ne subissent aucun retard injustifié. Chaque fois qu'il le juge nécessaire et au moins une fois par an, il transmet ses observations écrites au premier président de la cour d'appel, au procureur général près ladite cour ainsi qu'au président du tribunal de grande instance concerné et au procureur de la République près ledit tribunal.

C. pr. pén., art. 221

À cette fin, il est établi, chaque semestre, dans chaque cabinet d'instruction, un état de toutes les affaires en cours portant mention, pour chacune des affaires, de la date du dernier acte d'information exécuté.

Les affaires dans lesquelles sont impliquées des personnes mises en examen, détenues provisoirement figurent sur un état spécial.

Les états prévus par le présent article sont adressés au président de la chambre de l'instruction et au procureur général dans les trois premiers jours du semestre.

C. pr. pén., art. 221-1
Lorsqu'un délai de quatre mois s'est écoulé depuis la date du dernier acte d'instruction nécessaire à la manifestation de la vérité, le président de la chambre de l'instruction peut, par requête, saisir cette juridiction. La chambre de l'instruction peut, dans l'intérêt d'une bonne administration de la justice, soit évoquer et procéder dans les conditions prévues par les articles 201, 202, 204 et 205, soit renvoyer le dossier au juge d'instruction ou à tel autre afin de poursuivre l'information.
* V. s^s^ n° 242.01.

C. pr. pén., art. 221-2
Lorsqu'un délai de quatre mois s'est écoulé depuis la date du dernier acte d'instruction, les parties peuvent saisir la chambre de l'instruction dans les conditions prévues par le troisième alinéa de l'article 173. Ce délai est ramené à deux mois au profit de la personne mise en examen lorsque celle-ci est placée en détention provisoire.

Dans les huit jours de la réception du dossier par le greffe de la chambre de l'instruction, le président peut, par ordonnance motivée non susceptible de recours, décider qu'il n'y a pas lieu de saisir la chambre de l'instruction.

La chambre de l'instruction, lorsqu'elle est saisie, peut, soit évoquer et procéder dans les conditions prévues par les articles 201, 202, 204 et 205, soit renvoyer le dossier au juge d'instruction ou à tel autre afin de poursuivre l'information.

Si, dans les deux mois suivant le renvoi du dossier au juge d'instruction initialement saisi, aucun acte d'instruction n'a été accompli, la chambre de l'instruction peut être à nouveau saisie selon la procédure prévue aux premier et deuxième alinéas du présent article. Ce délai est ramené à un mois au profit de la personne mise en examen lorsque celle-ci est placée en détention provisoire.

La chambre de l'instruction doit alors, soit évoquer comme il est dit au troisième alinéa du présent article, soit renvoyer le dossier à un autre juge d'instruction afin de poursuivre l'information.
* V. s^s^ n° 242.01.

C. pr. pén., art. 221-3
I. – Lorsqu'un délai de trois mois s'est écoulé depuis le placement en détention provisoire de la personne mise en examen, que cette détention est toujours en cours et que l'avis de fin d'information prévu par l'article 175 n'a pas été délivré, le président de la chambre de l'instruction peut, d'office ou à la demande du ministère public ou de la personne mise en examen, décider de saisir cette juridiction afin que celle-ci examine l'ensemble de la procédure. En cas de demande du ministère public ou d'une partie, il statue dans les huit jours de la réception de cette demande. Cette décision n'est pas susceptible de recours.

La chambre de l'instruction statue après une audience à laquelle les avocats de l'ensemble des parties et des témoins assistés sont convoqués. La chambre de l'instruction ou son président peut ordonner la comparution des personnes mises en examen et des témoins assistés, d'office ou à la demande des parties. Si un mis en examen placé en détention provisoire demande à comparaître, le président ne peut refuser sa comparution que par une décision motivée. La comparution peut être réalisée selon les modalités prévues à l'article 706-71.

Si la personne mise en examen est majeure, les débats se déroulent et l'arrêt est rendu en audience publique. Toutefois, le ministère public, la personne mise en examen ou la partie civile ou leurs avocats peuvent, avant l'ouverture des débats, s'opposer à cette publicité si celle-ci est de nature à entraver les investigations spécifiques nécessitées par l'instruction, à porter atteinte à la présomption d'innocence ou à la sérénité des débats ou à nuire à la dignité de la personne ou aux intérêts d'un tiers, ou si l'enquête porte sur des faits visés à l'article 706-73. La chambre statue sur cette opposition, après avoir recueilli les observations du ministère public et des parties, par un arrêt rendu en chambre du conseil qui n'est susceptible d'un pourvoi en cassation qu'en même temps que l'arrêt portant sur la demande principale. Si la chambre fait droit à cette opposition ou si la personne mise en examen est mineure, les débats ont lieu et l'arrêt est rendu en chambre du conseil. Il en est de même si la partie civile s'oppose à la publicité, dans les seuls cas où celle-ci est en droit de demander le huis-clos lors de l'audience de jugement.

Le président de la chambre de l'instruction peut également ordonner d'office, après avoir recueilli les observations du ministère public et des parties, que les débats se déroulent en chambre du conseil si la publicité est de nature à entraver les investigations spécifiques nécessitées par l'instruction ou à nuire à la dignité de la personne ou aux intérêts d'un tiers. Le président de la chambre de l'instruction statue par une ordonnance rendue en chambre du conseil qui n'est susceptible de pourvoi en cassation qu'en même temps que l'arrêt rendu à l'issue des débats.

Deux jours ouvrables au moins avant la date prévue pour l'audience, les parties peuvent déposer des mémoires consistant soit en des demandes de mise en liberté, soit en des demandes d'actes, y compris s'il s'agit d'une demande ayant été précédemment rejetée en application de l'article 186-1, soit en des requêtes en annulation, sous réserve des articles 173-1 et 174, soit en des demandes tendant à constater la prescription de l'action publique.

II. – La chambre de l'instruction, après avoir le cas échéant statué sur ces demandes, peut :

1° Ordonner la mise en liberté, assortie ou non du contrôle judiciaire, d'une ou plusieurs des personnes mises en examen, même en l'absence de demande en ce sens;

2° Prononcer la nullité d'un ou plusieurs actes dans les conditions prévues par l'article 206;

3° Évoquer et procéder dans les conditions prévues par les articles 201, 202, 204 et 205;

4° Procéder à une évocation partielle du dossier en ne procédant qu'à certains actes avant de renvoyer le dossier au juge d'instruction;

5° Renvoyer le dossier au juge d'instruction afin de poursuivre l'information, en lui prescrivant le cas échéant de procéder à un ou plusieurs actes autres que ceux relatifs à la détention provisoire ou au contrôle judiciaire, dans un délai qu'elle détermine ;

6° Désigner un ou plusieurs autres juges d'instruction pour suivre la procédure avec le juge ou les juges d'instruction déjà saisis, conformément à l'article 83-1 ;

7° Lorsque cette décision est indispensable à la manifestation de la vérité et à la bonne administration de la justice et qu'il n'est pas possible de procéder aux désignations prévues au 6°, procéder au dessaisissement du juge d'instruction et à la désignation, aux fins de poursuite de la procédure, d'un ou plusieurs juges d'instruction de la juridiction d'origine ou d'une autre juridiction du ressort ;

8° Ordonner le règlement, y compris partiel, de la procédure, notamment en prononçant un ou plusieurs non-lieux à l'égard d'une ou plusieurs personnes.

L'arrêt de la chambre de l'instruction doit être rendu au plus tard trois mois après la saisine par le président, à défaut de quoi les personnes placées en détention sont remises en liberté.

Six mois après que l'arrêt est devenu définitif, si une détention provisoire est toujours en cours, et sauf si l'avis de fin d'information prévu par l'article 175 a été délivré, le président de la chambre de l'instruction peut à nouveau saisir cette juridiction dans les conditions prévues par le présent article.

* V. s^{s} n° 242.01.

C. pr. pén., art. 222
Le président, chaque fois qu'il l'estime nécessaire et au moins une fois par trimestre, visite les maisons d'arrêt du ressort de la cour d'appel et y vérifie la situation des personnes mises en examen en état de détention provisoire.

C. pr. pén., art. 223
* V. s^{s} n° 242.01.

C. pr. pén., art. 571
Le greffier avise le président du tribunal ou le premier président de la cour d'appel du dépôt de cette requête. Le jugement ou l'arrêt n'est pas exécutoire et il ne peut être statué au fond tant qu'il n'a pas été prononcé sur ladite requête.

Dès que le greffier a reçu le pourvoi et la requête, il fait parvenir celle-ci au président de la chambre criminelle ainsi qu'une expédition du jugement ou de l'arrêt et de la déclaration de pourvoi.

Le président de la chambre criminelle statue sur la requête par ordonnance dans les huit jours de la réception de ce dossier.

S'il rejette la requête, le jugement ou l'arrêt est exécutoire et le tribunal ou la cour d'appel se prononce au fond ; aucun recours n'est recevable contre l'ordonnance du président et le pourvoi n'est alors jugé qu'en même temps que le pourvoi formé contre le jugement ou l'arrêt sur le fond.

Si, dans l'intérêt de l'ordre public ou d'une bonne administration de la justice, le président fait droit à la requête, il fixe la date à laquelle le pourvoi sera jugé.

La chambre criminelle doit statuer dans les deux mois qui suivent l'ordonnance du président, sans que puisse être soulevée devant elle une exception tirée de ce que le pourvoi formé contre la décision entreprise ne serait pas suspensif. L'exécution du jugement ou de l'arrêt est suspendue jusqu'à ce qu'intervienne l'arrêt de la chambre criminelle.

Les dispositions de l'article 570 et du présent article sont applicables aux pourvois formés contre les arrêts préparatoires, interlocutoires ou d'instruction rendus par les chambres de l'instruction à l'exception des arrêts visés au troisième alinéa de l'article 570.

Lorsque le président de la chambre criminelle déclare immédiatement recevable le pourvoi formé contre un arrêt de la chambre de l'instruction, saisie par application de l'article 173, il peut ordonner au juge d'instruction saisi de suspendre son information, à l'exception des actes urgents.

C. pr. pén., art. R. 200
Il est alloué aux magistrats et aux personnels exerçant les fonctions de greffier des indemnités pour frais de voyage et de séjour nécessités :

1° Par les transports effectués en matière criminelle, correctionnelle ou de police, dans les cas prévus par le Code de procédure pénale ou par des lois spéciales ;

2° Par les transports du président de la chambre de l'instruction à l'effet de s'assurer du bon fonctionnement des cabinets d'instruction du ressort de la cour d'appel, conformément aux dispositions de l'article 220 ;

3° (dispositions abrogées) ;

4° Par les transports des magistrats du ressort de la cour d'appel qui siègent comme présidents ou assesseurs dans une cour d'assises tenue hors du siège de la juridiction où ils sont affectés, et du procureur général ou de ses substituts qui vont y porter la parole, sans qu'il y ait lieu de distinguer entre les sessions ordinaires et extraordinaires, ainsi que du procureur de la République lorsqu'il occupe le siège du ministère public devant les tribunaux d'instance de son ressort, en application de l'article 45 du présent code, ou de l'article 4 de l'ordonnance n° 58-1273 du 22 décembre 1958 ;

5° Par les transports des commissaires de police, ou des officiers de police désignés par le procureur général, conformément aux articles 46 et 48, pour occuper le siège du ministère public près le tribunal de police d'une autre ville que celle où ils exercent leurs fonctions ;

6° à 10° (dispositions abrogées).

C. pr. pén., art. D. 43-1 [D. n° 2007-699, 3 mai 2007]
Au moins une fois par an, à l'occasion de l'un des envois des états semestriels prévus par l'article 221, le président de la chambre de l'instruction ou un conseiller de la chambre par lui délégué reçoit les juges d'instruction de son ressort pour examiner le contenu de ces états. Cet entretien peut aussi avoir lieu à l'occasion d'une visite du cabinet du juge d'instruction par le président ou le conseiller délégué.

C. pr. pén., art. D. 43-2 [D. n° 2007-699, 3 mai 2007]

Pour l'application des dispositions des articles 220, 221-1, 221-3 et 223, le président de la chambre de l'instruction peut à tout moment demander à un juge d'instruction du ressort de la cour d'appel de lui communiquer copie du dossier d'une information en cours.

C. pr. pén., art. D. 43-3 [D. n° 2007-699, 3 mai 2007]

Le président de la chambre de l'instruction informe chaque juge d'instruction du ressort de la cour d'appel de la désignation du magistrat référent de cette chambre par lui choisi pour être spécialement chargé d'assurer le suivi administratif du cabinet de ce juge et d'exercer, en ce qui le concerne, tout ou partie des attributions prévues par les articles 220 à 223. À cette fin, le président peut déléguer à un ou plusieurs conseillers de la chambre tout ou partie de ses pouvoirs en application du troisième alinéa de l'article 219, lorsqu'il ne s'est pas lui-même désigné comme magistrat référent.

244.03 Bibliographie indicative.

Ouvrages. Angevin H., *La pratique de la chambre de l'instruction,* 2ᵉ éd., Éd. Juris-classeur, Litec, 2004 – Bouloc B., *L'acte d'instruction,* Lgdj, 1965 – Chambon P., *La chambre d'accusation,* Dalloz, 1978.

Actualisables. J.-CL. PROC. PÉN., Angevin H., « La chambre de l'instruction » – RÉP. PÉN., Coste F.-L., « La chambre de l'instruction ».

Articles. Arrighi C., « Les pouvoirs du président de la chambre d'accusation après la loi du 30 décembre 1996 », *RSC* 1998, 687; « De la chambre d'accusation à la chambre de l'instruction », *Rev pénit.* 2001, p. 123 – Bimes-Arbus A., « Les pouvoirs du président de la chambre d'accusation », *LPA* 23 févr. 2000, p. 4 – Guéry Ch., « Les pouvoirs de la chambre de l'instruction et la liberté magistrat instructeur », *D.* 2007, chron. 603; « La loi du 5 mars 2007 et l'instruction préparatoire », *AJ pénal* 2007, 105.

244.06 Questions essentielles.

• Le Code de procédure pénale contient, dans sa partie consacrée à la chambre de l'instruction, une section réservée aux « pouvoirs propres du président de la chambre de l'instruction ». Mais le président de la chambre de l'instruction est un peu comme le juge des libertés et de la détention. Loi après loi, ses pouvoirs croissent et ils sont loin d'être énumérés seulement dans la section précitée. La loi du 5 mars 2007 les renforce encore.

* V. sˢ nᵒˢ 244.51 à 244.53, 244.61.

• Le président de la chambre de l'instruction peut, par ailleurs, être à l'initiative de la réunion de la chambre de l'instruction pour l'audience de contrôle.

* V. sˢ n° 245.

SECTION 1
SURVEILLANCE DU BON FONCTIONNEMENT ET CÉLÉRITÉ DE L'INSTRUCTION

244.11 Surveillance du bon fonctionnement des cabinets d'instruction. L'article 220 du Code de procédure pénale prévoit que « le président de la chambre de l'instruction s'assure du bon fonctionnement des cabinets d'instruction du ressort de la cour d'appel ». Il énumère ensuite certaines des taches que cela implique : vérification des conditions d'application des alinéas 4 et 5 de l'article 81 (portant sur la possibilité de délivrance de commission rogatoire) et de l'article 144 (condition pour placer ou prolonger la détention), absence de retard injustifié... Il transmet « chaque fois qu'il le juge nécessaire et au moins une fois par an » ses observations écrites au premier président de la cour d'appel, au procureur général près ladite cour ainsi qu'au président du tribunal de grande instance concerné et au procureur de la République près ledit tribunal. La plupart de ces pouvoirs sont précisés par d'autres textes. L'article 220 fixe seulement un cadre général d'intervention. C'est par le biais d'un article réglementaire, relatif aux indemnités de transport des magistrats et des greffiers, l'article R. 200 du Code de procédure pénale, que l'on sait que le président de la chambre de l'instruction peut se transporter « à l'effet de s'assurer du bon fonctionnement des cabinets d'instruction du ressort de la cour d'appel, conformément aux dispositions de l'article 220 ».

Pour l'application des dispositions des articles 220, 221-1, 221-3 et 223, le président de la chambre de l'instruction peut à tout moment demander à un juge d'instruction du ressort de la cour d'appel de lui communiquer copie du dossier d'une information en cours [C. pr. pén., art. D. 43-2 issu du D. n° 2007-699, 3 mai 2007, modifiant le Code de procédure pénale (troisième partie : Décrets) relatif au renforcement de l'équilibre de la procédure pénale et à la prévention de la délinquance, *JO*, 5 mai 2007, p. 7963].

244.12 Notices semestrielles. L'article 221 précise qu'il est établi, chaque semestre, dans chaque cabinet d'instruction, un état de toutes les affaires en cours portant mention, pour chacune des affaires, de la date du dernier acte d'information exécuté. Les affaires dans lesquelles sont impliquées des personnes mises en examen, détenues provisoirement figurent sur un état spécial. Les états prévus sont adressés au président de la chambre de l'instruction et au procureur général dans les trois premiers jours du semestre. Le texte actuel ne date que de la loi du 9 mars 2004 puisque auparavant, cet état, que l'on appelle plus volontiers « notice » dans la pratique, était une exigence trimestrielle. Le suivi de la « notice semestrielle » est variable selon les présidents des chambres de l'instruction. Certains se livrent à un examen véritablement approfondi et en discutent dans le bureau du juge ou au téléphone avec lui, d'autres se contentent d'un visa plus formel.

Au moins une fois par an, à l'occasion de l'un des envois des états semestriels prévus par l'article 221, le président de la chambre de l'instruction ou un conseiller de la chambre par lui délégué reçoit les juges d'instruction de son ressort pour examiner le contenu de ces états. Cet entretien peut aussi avoir lieu à l'occasion d'une visite du cabinet du juge d'instruction par le président ou le conseiller délégué (C. pr. pén., art. D. 43-1 issu du D. n° 2007-699, 3 mai 2007). Le président de la chambre de l'instruction peut aussi désigner au sein de la chambre un magistrat référent pour chaque cabinet d'instruction de son ressort (C. pr. pén., art. D. 43-3 issu du D. n° 2007-699, 3 mai 2007 – V. s[s] n° 244.01).

244.13 Célérité de l'instruction : initiative du président de la chambre de l'instruction. Selon l'article 221-1 du Code de procédure pénale : « Lorsqu'un délai de quatre mois s'est écoulé depuis la date du dernier acte d'instruction nécessaire à la manifestation de la vérité, le président de la chambre de l'instruction peut, par requête, saisir cette juridiction. La chambre de l'instruction peut, dans l'intérêt d'une bonne administration de la justice, soit évoquer et procéder dans les conditions prévues par les articles 201, 202, 204 et 205, soit renvoyer le dossier au juge d'instruction ou à tel autre afin de poursuivre l'information. » Par ailleurs, lorsque le président de la chambre de l'instruction reçoit communication de l'ordonnance visée par l'article 175-2 du Code de procédure pénale, lorsque l'information dure depuis plus de deux ans, il peut également saisir, dans les mêmes conditions, la chambre.

244.14 Célérité de l'instruction : initiative des parties. Lorsqu'un délai de quatre mois s'est écoulé depuis la date du dernier acte d'instruction, les parties peuvent saisir la chambre de l'instruction dans les conditions prévues par le troisième alinéa de l'article 173. Ce délai est ramené à deux mois au profit de la personne mise en examen lorsque celle-ci est placée en détention provisoire.

Dans les huit jours de la réception du dossier par le greffe de la chambre de l'instruction, le président peut, par ordonnance motivée non susceptible de recours, décider qu'il n'y a pas lieu de saisir la chambre de l'instruction. La chambre de l'instruction, lorsqu'elle est saisie, peut, soit évoquer et procéder dans les conditions prévues par les articles 201, 202, 204 et 205, soit renvoyer le dossier au juge d'instruction ou à tel autre afin de poursuivre l'information. Si, dans les deux mois suivant le renvoi du dossier au juge d'instruction initialement saisi, aucun acte d'instruction n'a été accompli, la chambre de l'instruction peut être à nouveau saisie selon la procédure prévue aux premier et deuxième alinéas du présent article. Ce délai est ramené à un mois au profit de la personne mise en examen lorsque celle-ci est placée en détention provisoire.

La chambre de l'instruction doit alors, soit « évoquer comme il est dit au troisième alinéa du présent article, soit renvoyer le dossier à un autre juge d'instruction afin de poursuivre l'information ». La difficulté pour les parties est de savoir quelle est la date du dernier acte d'instruction. S'il est facile de le consulter s'agissant des actes accomplis personnellement par le magistrat instructeur, il n'en est pas de même pour ceux accomplis sur délégation, commission rogatoire ou expertise. Les copies des mandements de commission rogatoire ou des ordonnances de commission d'expert n'ont en effet pas à figurer dans le dossier de la procédure. Or, les actes accomplis par les enquêteurs ou les experts sont des actes d'instruction.

SECTION 2
MISSIONS DU PRÉSIDENT DE LA CHAMBRE DE L'INSTRUCTION EN MATIÈRE DE DÉTENTION PROVISOIRE

244.21 Référé-liberté. En dehors de la procédure de référé-liberté traitée dans le chapitre sur le placement en détention provisoire (v. s[s] n°s 145.41 s.), le président de la chambre de l'instruction possède un certain nombre de pouvoirs propres qui touchent directement à la détention provisoire. Ces pouvoirs touchent aussi bien à la possibilité de placer en détention que de mettre en liberté.

244.22 Pouvoir de placement en détention provisoire. En tant que pouvoir dévolu au président de la chambre de l'instruction, il est exceptionnel. Le président de la chambre ne peut agir que dans deux occasions. Soit lorsque le procureur général requiert la réouverture d'une information judiciaire clôturée par un arrêt de non-lieu. Il peut alors décerner mandat d'arrêt ou de dépôt en attendant la réunion de la chambre (C. pr. pén., art. 196). Il peut aussi, depuis l'entrée en vigueur de la loi du 9 mars 2004, ordonner l'incarcération provisoire du mis en examen pendant une durée déterminée qui ne peut en aucun cas excéder quatre jours ouvrables jusqu'à la réunion de la chambre de l'instruction (C. pr. pén., art. 201, al. 3). Cette nouveauté correspond à un besoin de la pratique pour les cas où la chambre de l'instruction conduit elle même l'information (v. s[s] n° 243.35).

244.23 Pouvoir de mise en liberté. L'article 223 du Code de procédure pénale dispose que le président de la chambre de l'instruction « peut saisir la chambre de l'instruction, afin qu'il soit par elle statué sur le maintien en détention d'une personne mise en examen en état de détention provisoire ».

Cet article doit être conjugué avec l'article 201 du même code qui permet à la chambre de l'instruction de prononcer la mise en liberté de la personne mise en examen même d'office. Il n'est pas nécessaire que la chambre soit saisie de cette manière pour placer une personne en liberté[1]. Le président de la chambre de l'instruction n'a donc pas le pouvoir de mettre en liberté mais seulement de saisir la chambre à cette fin. Elle apprécie souverainement l'opportunité de mettre fin à la détention provisoire[2] (v. les attendus s[s] n° 242.42).

244.24 **Permis de visite.** On sait que le juge d'instruction n'a plus tout à fait de pouvoir discrétionnaire en ce qui concerne l'attribution des permis de visite. La personne détenue peut en effet, si elle n'a pas été placée à l'isolement, recevoir des visites en détention et à l'expiration d'un délai d'un mois à compter du placement en détention provisoire, le juge d'instruction ne peut refuser de délivrer un permis de visite à un membre de la famille de la personne détenue que par une décision écrite et spécialement motivée au regard des nécessités de l'instruction (C. pr. pén., art. 145-4, al. 3).

Cette décision est notifiée par tout moyen et sans délai au demandeur. Ce dernier peut la déférer au président de la chambre de l'instruction qui statue dans un délai de cinq jours par une décision écrite et motivée non susceptible de recours. Lorsqu'il infirme la décision du juge d'instruction, le président de la chambre de l'instruction délivre le permis de visite (C. pr. pén., art. 145-4, al. 4). On admet en général que ce « déférement » s'effectue par la voie de l'appel, encore que cela ne soit pas expressément mentionné au texte. Ce type de contestation est assez rare en pratique et cet article encore largement méconnu. Sur les permis de visite dans le rapport Léger, v. s[s] n° 148.05.

244.25 **Visite des maisons d'arrêt.** Le président, chaque fois qu'il l'estime nécessaire et au moins une fois par trimestre, visite les maisons d'arrêt du ressort de la cour d'appel et y vérifie la situation des personnes mises en examen en état de détention provisoire (C. pr. pén., art. 222).

SECTION 3
POUVOIR DE FILTRAGE

244.31 **Occurrences.** Si le pouvoir de filtrage du président de la chambre de l'instruction est limité par les textes, il tend à s'accroître de plus en plus. Il existe désormais en matière de détention provisoire et en cas d'appel ou de requête en nullité.

244.32 **Filtre en matière de détention provisoire.** Lorsque le président de la chambre de l'instruction constate que cette juridiction a été directement saisie, sur le fondement des articles 148, dernier alinéa ou 148-4 d'une demande de mise en liberté manifestement irrecevable, il peut décider par une ordonnance motivée non susceptible de voie de recours, sauf excès de pouvoir, qu'il n'y a pas lieu de statuer sur cette demande; dans ce cas la demande et l'ordonnance sont versées au dossier de la procédure (C. pr. pén., art. 148-8, al. 2). En matière de détention provisoire, l'obligation de se prononcer dans le plus bref délai et, au plus tard, dans les délais prescrits par les articles 194 et 199 du Code de procédure pénale est respectée lorsque le président de cette juridiction rend dans ce délai légal une ordonnance de non-admission d'appel en vertu de pouvoir qui lui est conféré par l'article 186 dernier alinéa du Code de procédure pénale[3].

244.33 **Filtre en cas d'appel : articles 186 et 186-1.** Le président de la chambre de l'instruction qui constate qu'il a été fait appel d'une ordonnance non visée aux alinéas 1 à 3 de l'article 186, rend une ordonnance de non-admission de l'appel, non susceptible de voies de recours (C. pr. pén., art. 186, al. 6). De même, il décide par une ordonnance insusceptible de recours s'il y a lieu de saisir la chambre de l'instruction de l'appel de l'une des ordonnances visées par l'article 186-1. Dans la négative, il ordonne par décision motivée le renvoi du dossier au juge d'instruction (C. pr. pén., art. 186-1, al. 3 à 5). La loi du 5 mars 2007 a supprimé l'article 167 alinéa 4 de la liste de l'article 186-1 pour le faire passer dans celle de l'article 186. Excède ses pouvoirs le président de la chambre de l'instruction qui dit n'y avoir lieu à saisir la chambre de l'appel d'une telle ordonnance. En application de l'article L. 411-3 du Code de l'organisation judiciaire, la Cour de cassation constate que la chambre de l'instruction se trouve saisie de cet appel et ordonne le retour du dossier à celle-ci, autrement présidée[4].

Toutefois, le filtre est encore possible en matière d'appel sur refus de contre-expertise dans le cas où cet appel a été formé hors délai ou si l'appelant s'est désisté de son appel (C. pr. pén., art. 186-1).

Le pouvoir de filtre ne peut s'exercer dans le cas d'un appel d'une ordonnance par le procureur de la

1. Crim. 26 sept. 1995, n° 95-80.010, *Bull. crim.*, n° 282; *Dr. pén.* 1995, comm. n° 269, note A. Maron; *RSC* 1996, 139, obs. J.P. Dintilhac.
2. Crim. 14 mars 2000, n° 00-80.283, *Bull. crim.*, n° 113.
3. Crim. 3 avr. 2007, n° 07-80.752, *Bull. crim.*, n° 101; *D.* 2007, AJ 1273.
4. Crim. 4 déc. 2007, n° 07-87.047, *Bull. crim.*, n° 296; *D.* 2008, 355; *JCP* 2008, IV, 1071; *Procédures* 2008, n° 57, p. 24, note J. Buisson.

République[1]. Excède ses pouvoirs le président de la chambre d'accusation qui rend une ordonnance de non admission de l'appel interjeté par la partie civile d'une ordonnance de renvoi devant le tribunal correctionnel faisant grief à ses intérêts civils dès lors que le juge d'instruction a omis de statuer sur une infraction dénoncée dans la plainte[2].

Saisi de l'appel d'une ordonnance du juge d'instruction ayant désigné un administrateur *ad hoc* pour exercer, au nom d'un enfant mineur, les droits reconnus à la partie civile, le président de la chambre de l'instruction excède ses pouvoirs en décidant de ne pas soumettre l'appel à la chambre de l'instruction aux motifs que ladite ordonnance n'entre pas dans les prévisions de l'article 186 du Code de procédure pénale, alors que l'appel est prévu par l'article R. 53-7 du même code[3]. Une ordonnance de renvoi, statuant également sur la compétence internationale des juridictions françaises, entre dans les prévisions de l'article 186 alinéa 3 du Code de procédure pénale. En conséquence, doit être annulée la décision du président de la chambre de l'instruction déclarant non-admis l'appel d'une telle ordonnance[4].

Le pourvoi contre l'une ou l'autre de ces ordonnances est irrecevable[5] (v. aussi s^s n°s 43.26, 234.32, 234.33).

244.34 Filtre en cas d'appel : appel tardif ou sans objet, désistement. Il en est de même lorsqu'il est fait appel, après l'expiration du délai, de toute ordonnance ou lorsque l'appel est devenu sans objet (C. pr. pén., art. 186, al. 8). Le président de la chambre de l'instruction est également compétent pour constater le désistement de l'appel formé par l'appelant (C. pr. pén., art. 186, al. dern.).

244.35 Filtre en cas de requête en nullité. Il s'exerce lorsque la chambre de l'instruction est saisie sur la base des articles 173 alinéa 3 et 4, de l'article 173-1, des articles 174 alinéa 1er et 175 deuxième alinéa du Code de procédure pénale. Il peut également constater l'irrecevabilité de la requête si celle-ci n'est pas motivée. Dans les huit jours de la réception du dossier, le président de la chambre de l'instruction peut déclarer la requête irrecevable par ordonnance non susceptible de recours (C. pr. pén., art. 173, al. 5). Dans les autres cas, le président de la chambre de l'instruction qui rend une ordonnance d'irrecevabilité commet un excès de pouvoir. Le détail de la jurisprudence a été consignée plus haut (v. ss n° 203.23). Tout comme dans la matière de l'appel, le requête en nullité présentée par le procureur de la République n'est pas visée par le filtre[6].

1. Crim. 28 avr. 1998, n° 98-80.366, *Bull. crim.*, n° 142; *D.* 1998, IR 179.
2. Crim. 17 nov. 1999, n° 99-83.596, *Bull. crim.*, n° 264 – Crim. 6 déc. 2005, n° 05-85.811, *Bull. crim.*, n° 316; *D.* 2006, IR 253.
3. Crim. 16 mars 2005, n° 04-83.300, *Bull. crim.*, n° 93; *D.* 2005, IR 1250; *Procédures* 2005, comm. n° 166, note J. Buisson.
4. Crim. 16 févr. 2005, n° 04-86.948, *Bull. crim.*, n° 66; *JCP* 2005, IV, 1785; *Procédures* 2005, comm. n° 165, obs. Buisson.
5. Crim. 26 févr. 1985, n° 84-93.846, *Bull. crim.*, n° 89 – Crim. 27 mai 1986, n° 85-95.841, *Bull. crim.*, n° 174 – Crim., ord. prés., 1er déc. 1989, n° 89-86.462, *Bull. crim.*, n° 459 – Crim. 11 janv. 2000, n° 99-85.939, *Bull. crim.*, n° 9; *BICC* 511, n° 393.

SECTION 4

POUVOIR DE SUSPENDRE L'INFORMATION

244.41 Cas de suspension possible de l'information. L'article 187 du Code de procédure pénale dispose que : « Lorsqu'il est interjeté appel d'une ordonnance autre qu'une ordonnance de règlement ou que la chambre de l'instruction est directement saisie, en application des articles 81, neuvième alinéa, 82-1, deuxième alinéa, 156, deuxième alinéa, ou 167, quatrième alinéa, le juge d'instruction poursuit son information, y compris, le cas échéant, jusqu'au règlement de celle-ci, sauf décision contraire du président de la chambre de l'instruction. Cette décision n'est pas susceptible de recours.

Il en est de même lorsque la chambre de l'instruction est saisie d'une requête en nullité en application de l'article 173. » Le président de la chambre de l'instruction qui a remplacé dans cette fonction la chambre elle même, ne peut se servir de ce pouvoir que dans les cas strictement délimités par la loi. Il ne pourrait par exemple ordonner la suspension de l'information lorsqu'il est saisi sur appel d'une ordonnance disant n'y avoir lieu à clôturer l'information, ordonnance prévue par l'article 175-1 du Code de procédure pénale.

L'énumération d'articles par le texte susvisé permet ainsi au président de la chambre de l'instruction de rendre une ordonnance de suspension de l'information lorsqu'il est saisi :

- d'un appel d'une ordonnance autre que l'ordonnance de règlement (par hypothèse cette ordonnance dessaisit le magistrat instructeur);
- d'une demande directe d'examen (C. pr. pén., art. 81) ou d'acte (C. pr. pén., art. 82-1);
- d'une demande directe d'expertise (C. pr. pén., art. 156) ou de contre-expertise (C. pr. pén., art. 167);
- d'une requête en nullité (C. pr. pén., art. 173).

6. Crim. 9 nov. 1999, n° 99-85.618, *Bull. crim.*, n° 251.

Malgré la panoplie de mesures ouvertes lors de l'audience de contrôle, il n'est pas prévu que son président puisse suspendre l'information.

244.42 Décision du président de la chambre de l'instruction doit être expresse. Le principe énoncé par l'article 187 étant la continuation naturelle de l'information sauf décision contraire, il est nécessaire que celle-ci soit expresse[1]. Seul le président de la chambre peut prendrc cette décision, à l'exclusion de la chambre elle-même[2].

244.43 Effets de la décision de suspension de l'information. Lorsque le magistrat instructeur est informé de l'ordonnance rendue par le président de la chambre de l'instruction il ne peut plus faire lui même aucun d'acte d'information. Il ne peut le cas échéant saisir le JLD pour prolongation de la détention provisoire. Mais la décision du président de la chambre de l'instruction n'a pas pour effet d'interrompre le cours du délai de vingt jours imposé aux parties par l'article 175 du Code de procédure pénale. Dès lors que ce délai a été notifié avant la décision de suspension, il continue à courir[3]. La prescription de l'action publique est suspendue lorsque le juge se trouve dans l'incapacité d'instruire en vertu de cette décision[4]. Si lorsqu'il est interjeté appel notamment d'une ordonnance de rejet de demande de contre-expertise, le juge d'instruction peut poursuivre son information y compris jusqu'au règlement, le renvoi de l'affaire devant le tribunal correctionnel n'a pas pour effet de priver la partie appelante de son droit de faire examiner son recours par la chambre de l'instruction[5].

Sauf décision contraire, la suspension de l'information ordonnée par ce magistrat est sans incidence sur les mesures d'instruction en cours, antérieurement décidées par le juge d'instruction. Il en est ainsi des actes accomplis par la police judiciaire postérieurement à la décision de suspension mais sur la base d'une commission rogatoire délivrée antérieurement[6] (v. les attendus s^{s} n° 203.02).

244.44 Le magistrat instructeur peut, en l'absence de décision de suspension, poursuivre son information jusqu'à son règlement. L'article 187 le prévoit explicitement « y compris, le cas échéant, jusqu'au règlement de celle-ci ». Une requête en nullité ou un appel sur une demande d'actes n'empêche donc pas le magistrat instructeur de communiquer le dossier au règlement et de rendre ensuite une ordonnance de non-lieu ou de renvoi[7]. La décision infirmant l'ordonnance du juge en cas d'appel d'une ordonnance, par exemple de refus d'acte, peut être sans effet si le juge d'instruction s'est, entre-temps, dessaisi du dossier. En revanche, en cas de requête en annulation, si la requête aboutit, elle risque d'entraîner la nullité d'actes postérieurs, et notamment celle des avis à partie et de l'ordonnance de règlement.

244.45 Suspension de l'information par le président de la chambre criminelle de la Cour de cassation. Lorsqu'une requête en admission immédiate du pourvoi a été déposée, le président de la chambre criminelle statue par ordonnance dans les huit jours de la réception du dossier (C. pr. pén., art. 571). Lorsque la décision d'admission immédiate porte sur un pourvoi contre un arrêt rendu, en application de l'article 173, en matière d'annulation d'actes, le président de la chambre criminelle peut ordonner au juge d'instruction saisi de suspendre son information à l'exception des actes urgents.

SECTION 5
POUVOIR D'ORDONNER UNE CO-SAISINE

244.51 Pouvoir d'ordonner une co-saisine après saisine par les parties. La loi du 5 mars 2007 met en place un dispositif permettant aux parties de solliciter du président de la juridiction qu'il désigne plusieurs magistrats instructeurs (C. pr. pén., art. 83-1). Lorsque le magistrat chargé de l'information ne donne pas son accord, ou lorsque le président ne fait pas droit à cette demande, la partie peut saisir le président de la chambre de l'instruction. S'il est saisi dans une affaire instruire dans une juridiction sans pôle, le président doit saisir la chambre de l'instruction. S'il est saisi dans une affaire instruite dans une juridiction comprenant un pôle, le président use alors d'un pouvoir propre et peut ou non faire droit à la requête. Sa décision n'est pas susceptible de recours (v. s^{s} n°s 12.26 à 12.28).

244.52 Pouvoir d'ordonner d'office une co-saisine. Le même texte prévoit que la co-saisine peut être ordonnée par le président de la chambre de l'instruction agissant d'office. Cette possibilité semble attachée au refus du juge d'instruction ou à l'absence de désignation par le président de la juridiction puisque le texte est le suivant : « Lorsqu'elle n'est pas ordonnée selon les modalités prévues par

1. Crim. 17 nov. 1998, n° 97-85.908, *Bull. crim.*, n° 303; *Procédures* 1999, comm. n° 133, note J. Buisson.
2. Crim. 14 mai 2002, n° 02-80.721, *Bull. crim.*, n° 111.
3. Crim. 19 avr. 2000, n° 99-86.128, *Bull. crim.*, n° 158.
4. Crim. 5 mars 2002, n° 01-83.870, *Bull. crim.*, n° 53; *RSC* 2004, 133, obs. A. Giudicelli; *Dr. pén.* 2002, comm. 79, obs. Maron.
5. Crim. 7 juin 2006, n° 05-86.427, *Bull. crim.*, n° 160.
6. Crim. 29 sept. 2002, n° 01-88.823, *Bull. crim.*, n° 121.
7. Crim. 17 mai 1968, *Bull. crim.*, n° 150; *RSC* 1966, 912, obs. J. Robert – Crim. 17 nov. 1998, n° 97-85.908, *Bull. crim.*, n° 303; *Procédures* 1999, comm. n° 133, note J. Buisson.

l'alinéa qui précède, en l'absence d'accord du juge chargé de l'information ou, à défaut, de désignation par le président du tribunal de grande instance dans le délai d'un mois, la co-saisine peut être ordonnée par le président de la chambre de l'instruction agissant d'office ». Il ne semble pas que le président de la chambre de l'instruction puisse ordonner une co-saisine dans un autre cadre.

244.53 L'audience de contrôle. Lors de l'audience de contrôle, la chambre de l'instruction - et non plus seulement son président - peut ordonner une co-saisine (v. s[s] n° 245.47).

SECTION 6
POUVOIRS PROPRES EN MATIÈRE D'EXPERTISE

244.61 L'article 161-1 du Code de procédure pénale. Cet article, issu de la loi du 5 mars 2007, dispose que la copie de la décision ordonnant une expertise est adressée sans délai au procureur de la République et aux avocats des parties, qui disposent d'un délai de dix jours pour demander au juge d'instruction, selon les modalités prévues par l'avant-dernier alinéa de l'article 81, de modifier ou de compléter les questions posées à l'expert ou d'adjoindre à l'expert ou aux experts déjà désignés un expert de leur choix figurant sur une des listes mentionnées à l'article 157.

Si le juge ne fait pas droit, dans un délai de dix jours à compter de leur réception, aux demandes prévues au premier alinéa, il rend une ordonnance motivée. Cette ordonnance ou l'absence d'ordonnance peut être contestée dans un délai de dix jours devant le président de la chambre de l'instruction. Ce dernier statue par décision motivée qui n'est pas susceptible de recours (v. s[s] n° 162.93). Il s'agit là d'un pouvoir propre entièrement nouveau.

CHAPITRE

245. Audience de contrôle

SECTION 0 ORIENTEUR

245.00 Plan du chapitre.

Sect. 1 Cadre d'intervention
Sect. 2 Procédure
Sect. 3 Audience de la chambre de l'instruction
Sect. 4 Décision de la chambre de l'instruction
Sect. 5 Renouvellement de la demande
Sect. 6 Les effets de l'audience de contrôle

245.01 Textes applicables.

C. pr. pén., art. 221-3.

C. pr. pén., art. D. 43-4.

C. pr. pén., art. 221-3 [inséré par L. n° 2007-291, 5 mars 2007, art. 12 III]

* V. s[s] n° 242.01.

C. pr. pén., art. D. 43-4 [D. n° 2007-699, 3 mai 2007]

À peine d'irrecevabilité, la demande de la personne mise en examen tendant à l'examen de l'ensemble de la procédure par la chambre de l'instruction en application des dispositions de l'article 221-3 fait l'objet d'une requête motivée destinée au président de cette chambre, qui est transmise à ce dernier par l'intermédiaire du juge d'instruction conformément aux dispositions du présent article. Cette requête précise si l'intéressé demande à comparaître devant la chambre.

La requête doit faire l'objet d'une déclaration au greffier du juge d'instruction saisi du dossier. Elle est constatée et datée par le greffier qui la signe ainsi que le demandeur ou son avocat. Si le demandeur ne peut signer, il en est fait mention par le greffier. Lorsque le demandeur ou son avocat ne réside pas dans le ressort du tribunal de grande instance compétent, la déclaration au greffier peut être faite au moyen d'une lettre recommandée avec demande d'avis de réception.

La requête peut également être faite par le mis en examen détenu au moyen d'une déclaration auprès du chef de l'établissement pénitentiaire. Cette déclaration est constatée et datée par le chef de l'établissement pénitentiaire qui la signe, ainsi que le demandeur. Si celui-ci ne peut signer, il en est fait mention par le chef de l'établissement. Ce document est adressé sans délai, en original ou copie et par tout moyen, au greffier du juge d'instruction.

Le juge d'instruction adresse sans délai l'original de la requête au président de la chambre de l'instruction, avec une copie du dossier de la procédure.

Le président de la chambre de l'instruction statue dans les huit jours de la réception de la requête et du dossier, conformément aux dispositions du premier alinéa de l'article 221-3. Sa décision est notifiée à la personne mise en examen par le chef de l'établissement pénitentiaire, et à son avocat par lettre recommandée ou conformément aux dispositions de l'article 803-1. Copie de cette décision est adressée au juge d'instruction.

245.02 Bibliographie indicative.

Articles. Guéry Ch., « La loi du 5 mars 2007 et l'instruction préparatoire », *AJ pénal* 2007, p. 105.

245.06 Questions essentielles.

• La loi de mars 2007 instaure une audience particulière, que la circulaire du 27 février 2007 nomme « audience de contrôle ». Ces dispositions, applicables immédiatement, sont entrées en vigueur dès mars 2007 et ont été utilement précisées par un décret du 3 mai 2007[1]. Toutefois, alors que ces nouvelles dispositions avaient été abondamment commentées, il semble qu'elles soient restées en grande partie et pour l'instant, lettre morte. Les chambres de l'instruction sont très rarement saisies de demande par les avocats et organisent spontanément rarement une audience de contrôle.

SECTION 1 CADRE D'INTERVENTION

245.11 Une innovation liée à l'affaire d'Outreau. L'une des innovations majeures de la loi du 5 mars 2007 est l'introduction d'un article 221-3 qui boule-

1. D. n° 2007-699, 3 mai 2007, *JO* 5 mai 2007, p. 7963.

verse bien des principes acquis sur le rôle et les pouvoirs de la chambre de l'instruction. Cette disposition est directement en relation avec l'affaire d'Outreau. La commission parlementaire a rapidement pensé que la chambre de l'instruction devait, non seulement être compétente pour statuer sur les demandes qui lui sont présentées, mais aussi avoir la possibilité d'attraire devant elle une affaire dans laquelle une ou plusieurs personnes sont détenues. Le rapport Viout avait, quant à lui, imaginé l'organisation systématique tous les six mois d'une audience de la chambre de l'instruction afin d'assurer un examen approfondi du dossier d'instruction dans le cadre d'un débat contradictoire. Mais la vraie nouveauté réside dans les pouvoirs qui sont ouverts, en cette occasion, et parfois en cette seule occasion, à la chambre de l'instruction.

245.12 Personnes à l'origine de la réunion de l'audience de contrôle. Le texte du nouvel article 221-3 du Code de procédure pénale débute ainsi : « Lorsqu'un délai de trois mois s'est écoulé depuis le placement en détention provisoire de la personne mise en examen, que cette détention est toujours en cours et que l'avis de fin d'information prévu par l'article 175 n'a pas été délivré, le président de la chambre de l'instruction peut d'office, ou à la demande du ministère public ou de la personne mise en examen, décider de saisir cette juridiction afin que celle-ci examine l'ensemble de la procédure. En cas de demande du ministère public ou d'une partie, il statue dans les huit jours de la réception de cette demande. Cette décision n'est pas susceptible de recours. » La chambre de l'instruction peut donc être réunie à l'initiative.

- d'une partie en détention qui est placée en détention provisoire;
- du ministère public;
- du président de la chambre de l'instruction.

245.13 Les conditions de la réunion de l'audience de contrôle. Le texte, précité, prévoit trois conditions cumulatives : un délai de trois mois s'est écoulé depuis le placement en détention provisoire; la détention de l'intéressé est toujours en cours; l'avis de fin d'information n'a pas été encore délivré. L'une des questions est de savoir à quel moment ces conditions doivent-elles être réunies. En effet, la personne peut être mise en liberté entre la saisine de la chambre et l'audience, ou les avis à partie peuvent être délivrés. La chambre de l'instruction doit intervenir rapidement puisque dans les cas où la demande émane d'une partie ou du ministère public, la chambre de l'instruction doit être saisie par son président, s'il y répond favorablement, dans les huit jours. Aucune sanction n'est prévue en cas de dépassement de ce délai. La décision doit seulement être rendue dans les trois mois de la saisine. Mais que se passe-t-il si la personne est mise en liberté entre la saisine et l'audience de la chambre ou si la personne est remise en liberté pendant le délibéré ? Et si le détenu à l'origine de la saisine est libéré mais qu'il existe d'autres détenus ? Certes, l'audience de contrôle ne traite pas uniquement de la détention, mais c'est bien parce qu'il y a un détenu dans la procédure qu'elle a sa raison d'être. C'est pourquoi la mouture précédente, imaginée par l'Assemblée nationale, consacrait la possibilité de l'audience lorsque une autre personne était encore détenue. La disparition de cette rédaction signifie-t-elle pour autant que l'audience ne peut se tenir alors qu'une autre personne, qui n'est pas à l'origine de la saisine du président, est encore en détention provisoire ?

S'il est certain que les conditions doivent être réunies au moment de la saisine par le président de la chambre de l'instruction de celle-ci, la question posée est de savoir si les chambres de l'instruction devront considérer l'audience sans objet si le détenu à l'origine de l'affaire a été libéré entre temps ou si les avis à partie ont été délivrés. À défaut de toute jurisprudence à l'heure où nous écrivons, nous pensons que l'audience de contrôle cesse d'avoir un objet lorsque, au moment où elle se tient, le détenu à l'origine de sa saisine a été libéré ou les avis à partie délivrés.

SECTION 2
PROCÉDURE

245.21 Forme de la demande de la partie. Le texte de la loi du 5 mars 2007 ne prévoit pas sous quelle forme la partie doit adresser sa demande au président de la chambre de l'instruction. Par analogie avec les dispositions régissant certaines demandes directes, les chambres de l'instruction ont commencé pour la plupart à considérer que la déclaration au greffe s'imposait et que dans le cas où l'avocat ou la personne ne résidait pas dans le ressort de la juridiction compétente, la demande pouvait être adressée par lettre recommandée avec demande d'avis de réception.

Mais le décret du 3 mai 2007 [D. n° 2007-699, 3 mai 2007 modifiant le Code de procédure pénale (troisième partie : Décrets) relatif au renforcement de l'équilibre de la procédure pénale et à la prévention de la délinquance, *JO*, 5 mai 2007, p. 7963] prévoit le passage par le juge d'instruction. En effet, le nouvel article D. 43-4 du Code de procédure pénale dispose que « À peine d'irrecevabilité, la demande de la personne mise en examen tendant à l'examen de l'ensemble de la procédure par la chambre de l'instruction en application des dispositions de l'article 221-3 fait l'objet d'une requête motivée destinée au président de cette chambre, qui est transmise à ce dernier par l'intermédiaire du juge d'instruction conformément aux dispositions du présent article. Cette requête précise si l'intéressé demande à comparaître devant la chambre.

La requête doit faire l'objet d'une déclaration au greffier du juge d'instruction saisi du dossier. Elle est constatée et datée par le greffier qui la signe ainsi que le demandeur ou son avocat. Si le demandeur ne peut signer, il en est fait mention par le greffier. Lorsque le demandeur ou son avocat ne réside pas dans le ressort du tribunal de grande instance compétent, la déclaration au greffier peut être faite au moyen d'une lettre recommandée avec demande d'avis de réception.

La requête peut également être faite par le mis en examen détenu au moyen d'une déclaration auprès du chef de l'établissement pénitentiaire. Cette déclaration est constatée et datée par le chef de l'établissement pénitentiaire qui la signe, ainsi que le demandeur. Si celui-ci ne peut signer, il en est fait mention par le chef de l'établissement. Ce document est adressé sans délai, en original ou copie et par tout moyen, au greffier du juge d'instruction.

Le juge d'instruction adresse sans délai l'original de la requête au président de la chambre de l'instruction, avec une copie du dossier de la procédure ». L'article D. 43-4 du Code de procédure pénale prévoit aussi que « le président de la chambre de l'instruction statue dans les huit jours de la réception de la requête et du dossier, conformément aux dispositions du premier alinéa de l'article 221-3. Sa décision est notifiée à la personne mise en examen par le chef de l'établissement pénitentiaire, et à son avocat par lettre recommandée ou conformément aux dispositions de l'article 803-1. Copie de cette décision est adressée au juge d'instruction. »

245.22 Convocation. L'article 221-3 dispose que les avocats des parties et des témoins assistés sont « convoqués » à l'audience.

À la différence de la lettre de l'article 197, qui prévoit que le procureur général notifie à chacune des parties et à son avocat la date à laquelle l'affaire sera appelée à l'audience, le texte évoque donc une « convocation ». En revanche, aucun délai n'est expressément prévu. On devra sans doute appliquer l'article 197 qui prévoit que dans les cas autre que la détention, un délai minimum de cinq jours doit être observé (sur la computation de ce délai v. s^{s} n° 241.15). Même s'il y a, par hypothèse, un détenu dans la procédure, l'audience de contrôle ne semble pas devoir être assimilée à une audience statuant sur la détention provisoire au sens de l'article 197, qui serait, elle, concernée par un délai de quarante-huit heures.

245.23 Dépôt du mémoire. Le mémoire peut être déposé « au moins deux jours ouvrables avant la date prévue pour l'audience » (C. pr. pén., art. 221-3, al. 4). Une computation classique devrait permettre de considérer que le lundi est le dernier jour utile pour déposer un mémoire pour l'audience du jeudi.

245.24 Contenu du mémoire. « Deux jours ouvrables au moins avant la date prévue pour l'audience, les parties peuvent déposer des conclusions consistant notamment soit en des demandes de mise en liberté, soit en des demandes d'actes, y compris s'il s'agit d'une demande ayant été précédemment rejetée en application de l'article 186-1, soit en des requêtes en annulation, sous réserve des articles 173-1 et 174 ou en demande tendant à constater la prescription de l'action publique. » En dehors du dernier cas cité, résiduel, les parties peuvent donc, à l'occasion de cette audience particulière, aborder trois domaines différents : le contentieux de la liberté, celui des demandes d'acte, et celui des nullités. *A contrario,* la partie ne saurait présenter de demande portant sur un autre objet, par exemple une demande de co-saisine (v. toutefois sur les pouvoirs de la chambre de l'instruction s^{s} n° 245.47).

Les demandes d'actes peuvent être sollicitées même si elles ont été rejetées par le biais du filtre présidentiel. On ne dit pas si elles peuvent être présentées lorsqu'elles ont été rejetées précédemment par le juge d'instruction et qu'il n'y a pas eu appel. La précision apportée sur la possibilité de présenter à nouveau une demande dont l'appel n'a pas été examiné à la suite de l'usage par le président de son pouvoir de filtrage, semble conduire à considérer, en revanche, qu'une demande d'acte précédemment rejetée par la chambre ne pourrait être représentée en l'absence d'élément nouveau.

Une requête en nullité ne peut être présentée que si elle ne l'a pas déjà été, que si la partie n'a pas laissé passer le délai de six mois de l'article 173-1 ou si la partie n'a pas déjà été en mesure de soulever une nullité lors d'une précédente audience ayant cet objet. C'est l'application traditionnelle du jeu des articles 173-1 et 174 du Code de procédure pénale.

SECTION 3
AUDIENCE DE LA CHAMBRE DE L'INSTRUCTION

245.31 Délais. Il n'existe pas de délai dans lequel l'affaire devrait être audiencée. Le seul délai est celui imposant à la chambre de l'instruction de rendre son arrêt dans les trois mois « après la saisine du président ».

245.32 Comparution personnelle. La chambre de l'instruction ou son président peut ordonner la comparution des personnes mises en examen et des témoins assistés, d'office ou à la demande des parties. Si un mis en examen placé en détention provisoire demande à comparaître, le président ne peut refuser sa comparution que par une décision motivée. On voit donc que le législateur use d'une voie sans précédent : la comparution n'est ni laissée à la seule initiative de la chambre, ni de droit. Elle est appréciée par le président seul qui doit répondre par une ordonnance motivée. La comparution peut être réalisée par les moyens audiovisuels prévus à l'article 706-71 du Code de procédure pénale.

245.33 Audience publique. Le principe est celui d'une audience publique, pour les majeurs, avec les mêmes exceptions que celles désormais de règle pour les audiences de chambre de l'instruction en matière de détention provisoire ou pour le débat contradictoire devant le JLD (v. s[s] n°s 143.76 et 241.34).

Toutefois, le président de la chambre de l'instruction possède ici un pouvoir d'initiative, ce qui n'est pas le cas lors d'une audience « classique » sur la détention : « Le président de la chambre de l'instruction peut également ordonner, d'office, après avoir recueilli les observations du ministère public et des parties, que les débats se déroulent en chambre du conseil si la publicité est de nature à entraver les investigations spécifiques nécessitées par l'instruction ou à nuire à la dignité de la personne ou aux intérêts d'un tiers. Le président de la chambre de l'instruction statue par une ordonnance rendue en chambre du conseil qui n'est susceptible de pourvoi en cassation qu'en même temps que l'arrêt rendu à l'issue des débats » (C. pr. pén., art. 221-3).

SECTION 4
DÉCISION DE LA CHAMBRE DE L'INSTRUCTION

245.41 Délai pour rendre la décision. La chambre de l'instruction dispose d'un délai de trois mois à compter de la saisine par son président pour rendre son arrêt.

Le texte précise qu'à défaut, les personnes placées en détention provisoire sont remises en liberté.

245.42 La chambre de l'instruction n'est pas liée par les demandes : pas de règle de l'unique objet. La chambre de l'instruction se doit d'abord d'examiner les demandes qui ont été formulées dans les mémoires qui sont déposés. L'une des spécificités de cette audience est en effet que sa préparation est extrêmement complexe. La saisine du président de la chambre de l'instruction n'impose pas que la partie, dès cet instant, explique quelles sont les raisons de sa demande, et les points qui feront l'objet de discussion. À cet égard, la rédaction par le parquet général de ses conclusions n'apparaît pas aisée. On peut toutefois penser que le demandeur motivera sa demande dès le dépôt de sa requête. C'est en effet celle-ci qui déterminera l'accord ou le refus du président de la chambre de l'instruction.

Mais la réponse aux mémoires pouvant porter sur la détention, les demandes d'actes ou la nullité n'est pas l'unique objet de l'audience. Le texte précise en effet que « La chambre de l'instruction, après avoir le cas échéant statué sur ces demandes, peut :

1° Ordonner la mise en liberté, assortie ou non du contrôle judiciaire, d'une ou plusieurs des personnes mises en examen, même en l'absence de demande en ce sens;

2° Prononcer la nullité d'un ou plusieurs actes dans les conditions prévues par l'article 206;

3° Évoquer et procéder dans les conditions prévues par les articles 201, 202, 204 et 205;

4° Procéder à une évocation partielle du dossier en ne procédant qu'à certains actes avant de renvoyer le dossier au juge d'instruction;

5° Renvoyer le dossier au juge d'instruction afin de poursuivre l'information, en lui prescrivant le cas échéant de procéder à un ou plusieurs actes autres que ceux relatifs à la détention provisoire ou au contrôle judiciaire, dans un délai qu'elle détermine;

6° Désigner un ou plusieurs autres juges d'instruction pour suivre la procédure avec le juge ou les juges d'instruction déjà saisis, conformément à l'article 83-1;

7° Lorsque cette décision est indispensable à la manifestation de la vérité et à la bonne administration de la justice et qu'il n'est pas possible de procéder aux désignations prévues au 6°, procéder au dessaisissement du juge d'instruction et à la désignation, aux fins de poursuite de la procédure, d'un ou plusieurs juges d'instruction de la juridiction d'origine ou d'une autre juridiction du ressort;

8° Ordonner le règlement, y compris partiel, de la procédure, notamment en prononçant un ou plusieurs non-lieux à l'égard d'une ou plusieurs personnes. »

245.43 Le contentieux de la liberté. La chambre de l'instruction peut ordonner la mise en liberté de la personne, que ce soit en réponse à une demande qui lui est formulée ou d'office. On sait que la chambre de l'instruction possédait déjà ce pouvoir par l'effet de l'article 201 du Code de procédure pénale. Dans ce domaine, la chambre de l'instruction ne possédait aucun pouvoir d'évocation même en cas d'infirmation de la décision de premier degré. Le texte de l'article 221-3 prévoit que la chambre de l'instruction peut évoquer et procéder par voie de complément d'information sans mettre une quelconque condition à l'exercice de cette possibilité.

245.44 Le contentieux des demandes d'actes. La chambre de l'instruction peut ordonner tout acte utile à la manifestation de la vérité. Elle peut même user pour cela de pouvoirs exorbitants du droit commun (v. s^{s} n° 245.46).

245.45 Le contentieux de la nullité. La chambre de l'instruction peut « prononcer la nullité d'un ou plusieurs actes dans les conditions prévues par l'article 206 ».

245.46 Le pouvoir d'évocation et le pouvoir d'injonction. Le texte prévoit, sans condition aucune, la possibilité pour la chambre de l'instruction d'évoquer, soit totalement en procédant « dans les conditions prévues par les articles 201, 202, 204 et 205 », c'est-à-dire au besoin par supplément d'information, soit partiellement en « ne procédant qu'à certains actes avant de renvoyer le dossier au juge d'instruction ». La terminologie utilisée montre bien qu'en cas d'évocation partielle, c'est la chambre de l'instruction elle-même qui doit procéder aux actes envisagés. Mais peu importe. En effet, cela n'avait d'intérêt qu'en regard de l'impossibilité pour elle de donner une injonction au juge d'instruction[1]. Cela est désormais possible. La loi du 5 mars 2007 dispose en effet que la chambre peut « renvoyer le dossier au juge d'instruction afin de poursuivre l'information, en lui prescrivant le cas échéant de procéder à un ou plusieurs actes, autres que ceux relatifs à la détention provisoire ou au contrôle judiciaire, dans un délai qu'elle détermine ». On ne voit pas pourquoi les chambres de l'instruction se priveraient de cette possibilité, qui a le grand avantage pour elle de leur éviter de régler la procédure après l'accomplissement des actes. Il faut considérer que le législateur a franchi là un palier d'incohérence supplémentaire. Si la procédure pénale peut toujours évoluer, encore faut-il que les règles nouvelles répondent à une certaine logique. Pourquoi donc la chambre de l'instruction posséderait-elle un pouvoir d'injonction seulement dans le cadre de l'audience prévue par l'article 221-3 ? Que l'on balaie dans un alinéa l'indépendance de fonctionnement du juge d'instruction, soit, mais pourquoi maintenir le principe dans toutes les autres occurrences de saisine de la juridiction du second degré ?

1. Guéry Ch., « Les pouvoirs de la chambre de l'instruction et la liberté magistrat instructeur », *D.* 2007, chron. 603.

245.47 Autres pouvoirs. La chambre de l'instruction possède, selon l'article 221-3, d'autres pouvoirs. Ainsi, elle peut ordonner le règlement, y compris partiel, de la procédure, notamment en prononçant un ou plusieurs non-lieux à l'égard d'une ou plusieurs personnes.

Elle peut aussi désigner un ou plusieurs autres juges d'instruction au côté de celui qui est déjà saisi et, dans le cas où la co-saisine ne serait pas possible, le dessaisir et désigner un ou plusieurs juges d'instruction de la juridiction d'origine ou d'une autre juridiction du ressort. Le cas consistant à dessaisir un juge parce que la co-saisine n'est pas possible et à désigner plusieurs juges de la juridiction d'origine nous échappe quelque peu.

SECTION 5
RENOUVELLEMENT DE LA DEMANDE

245.51 Nouvelle demande. Encore que la rédaction soit un peu sibylline, l'article 221-3 semble prévoir qu'un détenu peut user du droit de solliciter une audience de contrôle à plusieurs reprises. Là encore, on note de graves carences rédactionnelles. Tout d'abord, rien n'est dit de celui qui a déposé une demande qui a été rejetée. À quel moment peut-il poser une autre demande ? Le législateur a raisonné comme si l'audience serait à chaque fois ordonnée, ce qui ne sera sans doute pas le cas. Ensuite, si le détenu A a saisi le président de la chambre de l'instruction pour une audience de contrôle, les détenus B et C seront concernés par cette audience. Ils pourront toutefois déposer, éventuellement plus tardivement, leur propre requête (v. s^{s} n° 245.52). Il est en effet logique que la saisine de A ne puisse les priver de leurs droits. Mais si c'est le ministère public ou le président de la chambre de l'instruction d'office qui est à l'origine de la saisine de la chambre, doit-on considérer que toutes les parties alors détenues, ne peuvent plus déposer de requête avant l'écoulement du délai de six mois ? Sans doute, mais est-ce vrai aussi pour les détenus qui n'avaient pas trois mois de détention au moment de la saisine de la chambre ?

245.52 Problèmes pratiques. Tout détenu depuis trois mois ne posera pas sa demande dès cette date. On peut donc penser que plusieurs détenus incarcérés le même jour pourront échelonner leurs demandes d'audience de contrôle de telle façon que le président ne puisse les joindre. Or, le détenu B sera lui aussi invité à faire ses demandes lors de l'audience réunie pour le détenu A. Il peut donc y avoir une stratégie consistant pour la défense à différer dans le temps certaines demandes. Pour autant, le président de la chambre de l'instruction peut refuser d'accéder à ces demandes. On peut imaginer, à l'heure où nous écrivons, qu'il s'agira de la raison la plus évidente de refuser une audience de contrôle, avec l'hypothèse de requête non motivée. À la stratégie de la défense, pourrait s'opposer une stratégie du ministère public ou du président de la chambre lui même, agissant d'office, afin de « purger » l'affaire de toutes les demandes qui pourraient être présentées, dans l'hypothèse d'incarcérations multiples contemporaines.

Mais, dès lors que l'audience de contrôle s'est tenue à un moment où un autre détenu dans la même affaire ne l'était pas encore, il paraît naturel que l'on ne tienne pas compte de l'existence d'une précédente audience pour lui répondre.

SECTION 6
LES EFFETS DE L'AUDIENCE DE CONTRÔLE

245.61 **Sur les demandes d'actes.** Le législateur n'a pas prévu de disposition particulière pour dire si une partie peut présenter une demande d'acte après que celle-ci ait été rejetée lors de l'audience de contrôle.

245.62 **Sur les requêtes en nullité.** L'article 221-3 du Code de procédure pénale n'indique pas expressément que la décision de la chambre de l'instruction purge les nullités de la procédure. Le visa de l'article 174-1 a un autre sens : il signifie seulement que la partie ne peut évoquer à nouveau lors de l'audience de contrôle une nullité qu'elle aurait pu soulever auparavant (v. s^{s} n° 203.52). L'Assemblée nationale n'ayant pas prévu de dispositif particulier pour l'audience de contrôle, le Sénat avait proposé un amendement en ce sens, finalement adopté. C'est l'article 174 qui fut modifié et dispose désormais : « Lorsque la chambre de l'instruction est saisie sur le fondement de l'article 173 ou de l'article 221-3 tous moyens pris de nullité de la procédure qui lui est transmise doivent, sans préjudice du droit qui lui appartient de les relever d'office, lui être proposés ». Toute nullité qui pouvait être relevée par les personnes concernées par l'audience de contrôle et qui ne l'a pas été ne pourra, en conséquence, plus l'être.

CHAPITRE

246. La procédure en matière de mandat d'arrêt européen

SECTION 0

ORIENTEUR

246.00 **Plan du chapitre.**

Sect. 1 Rôle du parquet général

Sect. 2 Le rôle de la chambre de l'instruction

246.01 **Textes applicables.**

C. pr. pén., art. 695-13, 695-26 à 695-46.

C. pr. pén., art. 695-13

Tout mandat d'arrêt européen contient les renseignements suivants :

– l'identité et la nationalité de la personne recherchée;

– la désignation précise et les coordonnées complètes de l'autorité judiciaire dont il émane;

– l'indication de l'existence d'un jugement exécutoire, d'un mandat d'arrêt ou de toute autre décision judiciaire ayant la même force selon la législation de l'État membre d'émission et entrant dans le champ d'application des articles 695-12 et 695-23;

– la nature et la qualification juridique de l'infraction, notamment au regard de l'article 695-23;

– la date, le lieu et les circonstances dans lesquels l'infraction a été commise ainsi que le degré de participation à celle-ci de la personne recherchée;

– la peine prononcée, s'il s'agit d'un jugement définitif, ou les peines prévues pour l'infraction par la loi de l'État membre d'émission ainsi que, dans la mesure du possible, les autres conséquences de l'infraction.

C. pr. pén., art. 695-26 [mod. L. n° 2009-526, 12 mai 2009]

Dans le cas où la personne recherchée se trouve en un lieu connu sur le territoire national, le mandat d'arrêt émanant d'un État membre de l'Union européenne peut être adressé directement, en original ou en copie certifiée conforme, par tout moyen laissant une trace écrite, au procureur général territorialement compétent qui l'exécute après s'être assuré de la régularité de la requête. Dans les autres cas, le mandat d'arrêt européen est exécuté au vu de la transmission effectuée dans les conditions prévues au deuxième alinéa de l'article 695-15.

L'article 74-2 est applicable à la recherche d'une personne faisant l'objet d'un mandat d'arrêt européen. Les attributions du procureur de la République et du juge des libertés et de la détention sont alors respectivement exercées par le procureur général et le président de la chambre de l'instruction ou le conseiller par lui désigné.

Si le procureur général auquel un mandat d'arrêt européen a été adressé estime qu'il n'est pas territorialement compétent pour y donner suite, il le transmet au procureur général territorialement compétent et en informe l'autorité judiciaire de l'État membre d'émission.

L'original mentionné au dernier alinéa de l'article 695-15 ou la copie certifiée conforme doit parvenir au plus tard six jours ouvrables après la date de l'arrestation de la personne recherchée.

Dans le cas où la personne recherchée bénéficie d'un privilège ou d'une immunité en France, le procureur général territorialement compétent en demande sans délai la levée aux autorités françaises compétentes. Si les autorités françaises ne sont pas compétentes, la demande de levée est laissée aux soins de l'autorité judiciaire de l'État membre d'émission.

Dans le cas où la personne recherchée a déjà été remise à la France à titre extraditionnel par un autre État sous la protection conférée par le principe de spécialité, le procureur général territorialement compétent prend toutes les mesures nécessaires pour s'assurer du consentement de cet État.

C. pr. pén., art. 695-27

Toute personne appréhendée en exécution d'un mandat d'arrêt européen doit être conduite dans les quarante-huit heures devant le procureur général territorialement compétent. Pendant ce délai, les dispositions des articles 63-1 à 63-5 sont applicables.

Après avoir vérifié l'identité de cette personne, le procureur général l'informe, dans une langue qu'elle comprend, de l'existence et du contenu du mandat d'arrêt européen dont elle fait l'objet. Il l'avise également qu'elle peut être assistée par un avocat de son choix ou, à défaut, par un avocat commis d'office par le bâtonnier de l'ordre des avocats, informé sans délai et par tout moyen. Il l'avise de même qu'elle peut s'entretenir immédiatement avec l'avocat désigné.

Mention de ces informations est faite, à peine de nullité de la procédure, au procès-verbal.

L'avocat peut consulter sur-le-champ le dossier et communiquer librement avec la personne recherchée.

Le procureur général informe ensuite la personne recherchée de sa faculté de consentir ou de s'opposer à sa remise à l'autorité judiciaire de l'État membre d'émission et des conséquences juridiques résultant de ce consentement. Il l'informe également qu'elle peut renoncer à la règle de la spécialité et des conséquences juridiques de cette renonciation.

C. pr. pén., art. 695-28 [Mod. L. n° 2009-526, 12 mai 2009]

Le procureur général ordonne l'incarcération de la personne recherchée à la maison d'arrêt du siège de la cour d'appel dans le ressort de laquelle elle a été appréhendée, à moins qu'il n'estime que sa représentation à tous les actes de la procédure est suffisamment garantie.

Dans ce dernier cas, le procureur général peut soumettre la personne recherchée, jusqu'à sa comparution devant la chambre de l'instruction, à une ou plusieurs des mesures prévues à l'article 138. Cette décision est notifiée verbalement à la personne et mentionnée au procès-verbal dont une copie lui est remise sur-le-champ. Elle est susceptible de recours devant la chambre de l'instruction, qui doit statuer au plus tard lors de la comparution de la personne devant elle en application de l'article 695-29.

L'article 695-36 est applicable à la personne recherchée laissée en liberté ou placée sous contrôle judiciaire si elle se soustrait volontairement ou ne respecte pas les obligations du contrôle judiciaire.

Il en avise sans délai le ministre de la justice et lui adresse une copie du mandat d'arrêt.

C. pr. pén., art. 695-29

La chambre de l'instruction est immédiatement saisie de la procédure. La personne recherchée comparaît devant elle dans un délai de cinq jours ouvrables à compter de la date de sa présentation au procureur général.

C. pr. pén., art. 695-30

Lors de la comparution de la personne recherchée, la chambre de l'instruction constate son identité et recueille ses déclarations, dont il est dressé procès-verbal.

L'audience est publique, sauf si la publicité est de nature à nuire au bon déroulement de la procédure en cours, aux intérêts d'un tiers ou à la dignité de la personne. Dans ce cas, la chambre de l'instruction, à la demande du ministère public, de la personne recherchée ou d'office, statue par un arrêt rendu en chambre du conseil qui n'est susceptible de pourvoi en cassation qu'en même temps que l'arrêt autorise la remise prévue par le quatrième alinéa de l'article 695-31.

Le ministère public et la personne recherchée sont entendus, cette dernière assistée, le cas échéant, de son avocat et, s'il y a lieu, en présence d'un interprète.

La chambre de l'instruction peut, par une décision qui n'est susceptible d'aucun recours, autoriser l'État membre d'émission à intervenir à l'audience par l'intermédiaire d'une personne habilitée par ledit État à cet effet. Lorsque l'État membre d'émission est autorisé à intervenir, il ne devient pas partie à la procédure.

C. pr. pén., art. 695-31

Si, lors de sa comparution, la personne recherchée déclare consentir à sa remise, la chambre de l'instruction l'informe des conséquences juridiques de son consentement et de son caractère irrévocable.

Lorsque la personne recherchée maintient son consentement à la remise, la chambre de l'instruction lui demande si elle entend renoncer à la règle de la spécialité, après l'avoir informée des conséquences juridiques d'une telle renonciation et de son caractère irrévocable.

Si la chambre de l'instruction constate que les conditions légales d'exécution du mandat d'arrêt européen sont remplies, elle rend un arrêt par lequel elle donne acte à la personne recherchée de son consentement à être remise ainsi que, le cas échéant, de sa renonciation à la règle de la spécialité et accorde la remise. La chambre de l'instruction statue, sauf si un complément d'information a été ordonné dans les conditions énoncées à l'article 695-33, dans les sept jours de la comparution devant elle de la personne recherchée. Cette décision n'est pas susceptible de recours.

Si la personne recherchée déclare ne pas consentir à sa remise, la chambre de l'instruction statue par une décision dans le délai de vingt jours à compter de la date de sa comparution, sauf si un complément d'information a été ordonné dans les conditions énoncées à l'article 695-33. Cette décision peut faire l'objet d'un pourvoi en cassation, par le procureur général ou par la personne recherchée, dans les conditions énoncées aux articles 568-1 et 574-2.

Lorsque la personne recherchée bénéficie d'un privilège ou d'une immunité en France, les délais mentionnés aux troisième et quatrième alinéas ne commencent à courir qu'à compter du jour où la chambre de l'instruction a été informée de sa levée.

Lorsque le consentement d'un autre État s'avère nécessaire, conformément au dernier alinéa de l'article 695-26, ces délais ne commencent à courir qu'à compter du jour où la chambre de l'instruction a été informée de la décision de cet État.

Lorsqu'elle revêt un caractère définitif, la décision de la chambre de l'instruction est notifiée par tout moyen et sans délai à l'autorité judiciaire de l'État membre d'émission par les soins du procureur général.

C. pr. pén., art. 695-32

L'exécution du mandat d'arrêt européen peut être subordonnée à la vérification que la personne recherchée peut :

1° Former opposition au jugement rendu en son absence et être jugée en étant présente, lorsqu'elle n'a pas été citée à personne ni informée de la date et du lieu de l'audience relative aux faits faisant l'objet du mandat d'arrêt européen;

2° Être renvoyée en France, lorsqu'elle en est ressortissante, pour y effectuer la peine éventuellement prononcée par l'autorité judiciaire de l'État d'émission pour les faits faisant l'objet du mandat d'arrêt européen.

C. pr. pén., art. 695-33

Si la chambre de l'instruction estime que les informations communiquées par l'État membre d'émission dans le mandat d'arrêt européen sont insuffisantes pour lui permettre de statuer sur la remise, elle demande à l'autorité judiciaire dudit État la fourniture, dans le délai maximum de dix jours pour leur réception, des informations complémentaires nécessaires.

C. pr. pén., art. 695-34

La mise en liberté peut être demandée à tout moment à la chambre de l'instruction selon les formes prévues aux articles 148-6 et 148-7.

L'avocat de la personne recherchée est convoqué, par lettre recommandée avec demande d'avis de réception, quarante-huit heures au moins avant la date de l'audience. La chambre de l'instruction statue après avoir entendu le ministère public ainsi que la personne recherchée ou son avocat, dans les plus brefs délais et au plus tard dans les quinze jours de la réception de la demande, par un arrêt rendu dans les conditions prévues à l'article 199. Toutefois, lorsque la personne recherchée n'a pas encore comparu devant la chambre de l'instruction, les délais précités ne commencent à courir qu'à compter de la première comparution devant cette juridiction.

La chambre de l'instruction peut également, lorsqu'elle ordonne la mise en liberté de la personne recherchée et à titre de mesure de sûreté, astreindre l'intéressé à se soumettre à une ou plusieurs des obligations énumérées à l'article 138.

Préalablement à sa mise en liberté, la personne recherchée doit signaler à la chambre de l'instruction ou au chef de l'établissement pénitentiaire son adresse.

Elle est avisée qu'elle doit signaler à la chambre de l'instruction, par nouvelle déclaration ou par lettre recommandée avec demande d'avis de réception, tout changement de l'adresse déclarée.

Elle est également avisée que toute notification ou signification faite à la dernière adresse déclarée sera réputée faite à sa personne.

Mention de cet avis, ainsi que de la déclaration d'adresse, est portée soit au procès-verbal, soit dans le document qui est adressé sans délai, en original ou en copie, par le chef d'établissement pénitentiaire à la chambre de l'instruction.

C. pr. pén., art. 695-35

La mainlevée ou la modification du contrôle judiciaire peut être ordonnée à tout moment par la chambre de l'instruction dans les conditions prévues à l'article 199, soit d'office, soit sur les réquisitions du procureur général, soit à la demande de la personne recherchée après avis du procureur général.

La chambre de l'instruction statue dans les quinze jours de sa saisine.

C. pr. pén., art. 695-36 [Mod. L. n° 2005-1549, 12 déc. 2005]

Si la personne recherchée se soustrait volontairement aux obligations du contrôle judiciaire ou si, après avoir bénéficié d'une mise en liberté non assortie du contrôle judiciaire, il apparaît qu'elle entend manifestement se dérober à l'exécution d'un mandat d'arrêt européen, la chambre de l'instruction peut, sur les réquisitions du ministère public, décerner mandat d'arrêt à son encontre.

Les dispositions de l'article 74-2 sont alors applicables, les attributions du procureur de la République et du juge des libertés et de la détention prévues par cet article étant respectivement confiées au procureur général et au président de la chambre de l'instruction ou un conseiller par lui désigné.

Lorsque l'intéressé a été appréhendé, l'affaire doit être examinée par la chambre de l'instruction dans les plus brefs délais et au plus tard dans les dix jours de sa mise sous écrou.

La chambre de l'instruction confirme, s'il y a lieu, la révocation du contrôle judiciaire et ordonne l'incarcération de l'intéressé.

Le ministère public et la personne recherchée sont entendus, cette dernière assistée, le cas échéant, de son avocat et, s'il y a lieu, en présence d'un interprète.

Le dépassement du délai mentionné au deuxième alinéa entraîne la mise en liberté d'office de l'intéressé.

C. pr. pén., art. 695-37 [Mod. L. n° 2009-526, 12 mai 2009]

Le procureur général prend les mesures nécessaires afin que la personne recherchée soit remise à l'autorité judiciaire de l'État d'émission au plus tard dans les dix jours suivant la date de la décision définitive de la chambre de l'instruction.

Si la personne recherchée est en liberté lorsque la décision de la chambre de l'instruction autorisant la remise est prononcée, le procureur général peut ordonner l'arrestation de l'intéressé et son placement sous écrou. L'article 74-2 est alors applicable. Les attributions du procureur de la République et du juge des libertés et de la détention sont alors respectivement exercées par le procureur général et le président de la chambre de l'instruction ou le conseiller par lui désigné. Lorsque la personne recherchée a été appréhendée, le procureur général donne avis de cette arrestation, sans délai, à l'autorité judiciaire de l'État d'émission.

Si la personne recherchée ne peut être remise dans le délai de dix jours pour un cas de force majeure, le procureur général en informe immédiatement l'autorité judiciaire de l'État d'émission et convient avec elle d'une nouvelle date de remise. La personne recherchée est alors remise au plus tard dans les dix jours suivant la nouvelle date ainsi convenue.

À l'expiration des délais visés au premier alinéa ou dans la deuxième phrase du troisième alinéa, si la personne recherchée se trouve toujours en détention, elle est, sauf application du premier alinéa de l'article 695-39, remise d'office en liberté.

C. pr. pén., art. 695-38
Les dispositions de l'article 695-37 ne font pas obstacle à ce que la chambre de l'instruction, après avoir statué sur l'exécution du mandat d'arrêt européen, puisse surseoir temporairement à la remise pour des raisons humanitaires sérieuses, en particulier si la remise de la personne recherchée est susceptible d'avoir pour elle des conséquences graves en raison notamment de son âge ou de son état de santé.

Le procureur général en informe alors immédiatement l'autorité judiciaire d'émission et convient avec elle d'une nouvelle date de remise. La personne recherchée est alors remise au plus tard dans les dix jours suivant la nouvelle date convenue.

À l'expiration de ce délai, si la personne recherchée se trouve toujours en détention, elle est, sauf application du premier alinéa de l'article 695-39, remise d'office en liberté.

C. pr. pén., art. 695-39
Lorsque la personne recherchée est poursuivie en France ou y a déjà été condamnée et doit y purger une peine en raison d'un fait autre que celui visé par le mandat d'arrêt européen, la chambre de l'instruction peut, après avoir statué sur l'exécution du mandat d'arrêt, différer la remise de l'intéressé. Le procureur général en avise alors immédiatement l'autorité judiciaire d'émission.

La chambre de l'instruction peut également décider la remise temporaire de la personne recherchée. Le procureur général en informe immédiatement l'autorité judiciaire d'émission et convient avec elle, par écrit, des conditions et des délais de la remise.

C. pr. pén., art. 695-40
Lors de la remise, le procureur général mentionne la durée de la détention subie sur le territoire national du fait de l'exécution d'un mandat d'arrêt européen.

C. pr. pén., art. 695-41 [Mod. L. n° 2009-526, 12 mai 2009]
Lors de l'arrestation de la personne recherchée, il est procédé, à la demande de l'autorité judiciaire de l'État membre d'émission ou à l'initiative de l'autorité judiciaire d'exécution, à la saisie, dans les formes prévues par l'article 56, par les deux premiers alinéas de l'article 56-1, par les articles 56-2, 56-3 et 57 et par le premier alinéa de l'article 59, des objets :

1° Qui peuvent servir de pièces à conviction, ou,

2° Qui ont été acquis par la personne recherchée du fait de l'infraction.

Lorsqu'elle statue sur la remise de la personne recherchée, la chambre de l'instruction ordonne la remise des objets saisis en application des 1° et 2°, le cas échéant, après avoir statué sur une contestation formulée en vertu des dispositions du deuxième alinéa de l'article 56-1.

Cette remise peut avoir lieu même si le mandat d'arrêt européen ne peut être exécuté par suite de l'évasion ou du décès de la personne recherchée.

La chambre de l'instruction peut, si elle le juge nécessaire pour une procédure pénale suivie sur le territoire national, retenir temporairement ces objets ou les remettre sous condition de restitution.

Sont toutefois réservés les droits que l'État français ou des tiers auraient acquis sur ces objets. Si de tels droits existent, ces objets sont rendus le plus tôt possible et sans frais à l'État français à la fin des poursuites exercées sur le territoire de l'État d'émission.

C. pr. pén., art. 695-42
Lorsque plusieurs États membres ont émis un mandat d'arrêt européen à l'encontre de la même personne, que ce soit pour le même fait ou pour des faits différents, le choix du mandat d'arrêt européen à exécuter est opéré par la chambre de l'instruction, le cas échéant, après consultation de l'unité Eurojust, compte tenu de toutes les circonstances et notamment du degré de gravité et du lieu de commission des infractions, des dates respectives des mandats d'arrêt européens, ainsi que du fait que le mandat d'arrêt a été émis pour la poursuite ou pour l'exécution d'une peine ou d'une mesure de sûreté privative de liberté.

En cas de conflit entre un mandat d'arrêt européen et une demande d'extradition présentée par un État tiers, la chambre de l'instruction peut surseoir à statuer dans l'attente de la réception des pièces. Elle décide de la priorité à donner au mandat d'arrêt européen ou à la demande d'extradition compte tenu de toutes les circonstances, notamment celles visées au premier alinéa et celles figurant dans la convention ou dans l'accord applicable.

C. pr. pén., art. 695-43
Lorsque, dans des cas spécifiques et en particulier si, consécutivement à un pourvoi en cassation, la décision définitive sur l'exécution du mandat d'arrêt européen ne peut être rendue par les autorités judiciaires compétentes dans le délai de soixante jours à compter de l'arrestation de la personne recherchée, le procureur général territorialement compétent en informe immédiatement l'autorité judiciaire de l'État membre d'émission en lui indiquant les raisons du retard. Ce délai est alors prolongé de trente jours supplémentaires.

Lorsque, dans des circonstances exceptionnelles, notamment après un arrêt de cassation avec renvoi, la décision définitive sur l'exécution du mandat d'arrêt européen n'a pas été prise dans le délai de quatre-vingt-dix jours à compter de la date de l'arrestation de la personne recherchée, le procureur général territorialement compétent en informe le ministre de la justice qui, à son tour, en avise Eurojust, en précisant les raisons du retard.

Après un arrêt de cassation avec renvoi, la chambre de l'instruction à laquelle la cause est renvoyée statue dans les vingt jours à compter du prononcé de l'arrêt de la Cour de cassation. Cette chambre connaît des éventuelles demandes de mise en liberté formées par la personne réclamée.

C. pr. pén., art. 695-44
Lorsque le mandat d'arrêt européen a été émis pour l'exercice de poursuites pénales, la chambre de l'instruction accède à toute demande d'audition de la personne recherchée présentée par l'autorité judiciaire de l'État membre d'émission.

La personne recherchée ne peut être entendue ou interrogée, à moins qu'elle n'y renonce expressément, qu'en présence de son avocat ou ce dernier dûment appelé.

L'avocat de la personne recherchée est convoqué au plus tard cinq jours ouvrables avant la date de l'audience, par lettre recommandée avec demande d'avis de réception, télécopie avec récépissé ou verbalement avec émargement au dossier de la procédure.

L'audition de l'intéressé est conduite, en présence s'il y a lieu d'un interprète, par le président de la chambre de l'instruction, assisté d'une personne habilitée à cet effet par l'autorité judiciaire de l'État membre d'émission.

Le procès-verbal de l'audience, qui mentionne ces formalités, est aussitôt transmis à l'autorité judiciaire de l'État membre d'émission.

C. pr. pén., art. 695-45
La chambre de l'instruction peut également, lorsque cela est possible et que la personne recherchée y consent, accepter le transfèrement temporaire de cette dernière selon les formes prévues aux articles 695-28 et 695-29, aux premier à troisième alinéas de l'article 695-30, et au dernier alinéa de l'article 695-31, à charge pour l'autorité judiciaire de l'État membre d'émission de la renvoyer pour assister aux audiences la concernant.

La décision est rendue à l'audience. Elle est immédiatement exécutoire.

C. pr. pén., art. 695-46 [Mod. L. n° 2009-526, 12 mai 2009]
La chambre de l'instruction devant laquelle la personne recherchée a comparu est saisie de toute demande émanant des autorités compétentes de l'État membre d'émission en vue de consentir à des poursuites ou à la mise à exécution d'une peine ou d'une mesure de sûreté prononcées pour d'autres infractions que celles ayant motivé la remise et commises antérieurement à celle-ci.

La chambre de l'instruction est également compétente pour statuer, après la remise de la personne recherchée, sur toute demande des autorités compétentes de l'État membre d'émission en vue de consentir à la remise de la personne recherchée à un autre État membre en vue de l'exercice de poursuites ou de l'exécution d'une peine ou d'une mesure de sûreté privatives de liberté pour un fait quelconque antérieur à la remise et différent de l'infraction qui a motivé cette mesure.

Dans les deux cas, un procès-verbal consignant les déclarations faites par la personne remise est également transmis par les autorités compétentes de l'État membre d'émission et soumis à la chambre de l'instruction. Ces déclarations peuvent, le cas échéant, être complétées par les observations faites par un avocat de son choix ou, à défaut, commis d'office par le bâtonnier de l'ordre des avocats.

La chambre de l'instruction statue sans recours après s'être assurée que la demande comporte aussi les renseignements prévus à l'article 695-13 et avoir, le cas échéant, obtenu des garanties au regard des dispositions de l'article 695-32, dans le délai de trente jours à compter de la réception de la demande.

Le consentement est donné lorsque les agissements pour lesquels il est demandé constituent l'une des infractions visées à l'article 695-23, et entrent dans le champ d'application de l'article 695-12.

Le consentement est refusé pour l'un des motifs visés aux articles 695-22 et 695-23 et peut l'être pour l'un de ceux mentionnés à l'article 695-24.

246.02 Jurisprudence de référence.

• Le délai prévu par l'article 197 alinéa 2 du Code de procédure pénale n'est pas applicable en matière de mandat d'arrêt européen.

Crim. 14 sept. 2005, n° 05-84.551, *Procédures* 2005, comm. 258, note J. Buisson; *D.* 2005, IR 2549; JCP 2005, IV, 3191; *AJ pénal* 2005, 417.

« Attendu que les dispositions du premier de ces textes prévoyant un délai minimum de cinq jours entre la date de la convocation et celle de l'audience devant la chambre de l'instruction, ne sont pas applicables lorsque la juridiction statue en matière de mandat d'arrêt européen;

Attendu que, pour déclarer la procédure irrégulière, la chambre de l'instruction retient que le délai de cinq jours prévu par l'article 197, alinéa 2, du Code de procédure pénale, n'a pas été respecté;

Mais attendu qu'en se déterminant ainsi, et alors qu'il n'est résulté de la procédure aucune violation des droits de la défense, la chambre de l'instruction a méconnu les textes susvisés et le principe ci-dessus énoncé;

D'où il suit que la cassation est encourue de ce chef ».

246.03 Bibliographie.

Articles. Buisson J., « Exécution d'un mandat d'arrêt européen », *Procédures* 2005, comm. 258 – Cohen C., « Le mandat d'arrêt européen : mirage ou faux semblant ? », *Gaz. Pal.* 9 avr. 2002, p. 27 – Commaret D., « Le mandat d'arrêt européen », *RSC* 2005, 326 s. – De Gentili-Picard L., « La mise en œuvre du mandat d'arrêt européen en France », *JCP* 2004, I, 168 – Enderlin C.-S., « Le mandat d'arrêt européen et son application en Europe », *AJ pénal* 2006, 24; À propos de l'arrêt de la Cour de cassation, chambre criminelle du 8 juillet 2004, procédure pénale, mandat, la procédure du mandat d'arrêt européen cède devant la compétence territoriale française : *AJ pénal* 2004, 372; À propos de l'arrêt de la Cour de cassation, chambre criminelle du 8 juin 2005, mandat d'arrêt européen, imprécision de l'énoncé des faits et validité de la procédure : *AJ pénal* 2005, 289; À propos de l'arrêt de la Cour de cassation, chambre criminelle du 15 mars 2005, mandat d'arrêt européen, régime d'une demande d'extradition antérieure à l'entrée en vigueur du mandat d'arrêt : *AJ pénal* 2005, 245 – Jégouzo I., « Le mandat d'arrêt européen ou la première concrétisation de l'espace judiciaire européen », *Gaz. Pal.* 21/22 juill. 2004, doctr. p. 2 – Kriegk J.-Fr., « Le mandat d'arrêt européen et les projets de lutte contre le terrorisme », *LPA* 22 mai 2002, doctr. p. 12 – Lainé, S, Le mandat d'arrêt européen, Présentation et aspects pratiques, *AJ pénal* 2006, 9 – Le Gall, « Mandats d'arrêt et mandats d'amener », *Gaz. Pal.* 1985, 1, doctr. 117 – Lainé S., « Le mandat d'arrêt européen », *AJ pénal* 2006, 9 – Leblois-

Happe J., « L'arrêt de la Cour constitutionnelle allemande du 18 juillet 2005 », *AJ pénal* 2006, 32 – Lemoine P., « Le mandat d'arrêt européen devant la chambre criminelle », *AJ pénal* 2006, 14 – Malabat V., « Observations sur la nature du mandat d'arrêt européen », *Dr. pén.* 2004, ét. n° 17 – Pradel J., « Le mandat d'arrêt européen, un premier pas vers une révolution copernicienne dans le droit français de l'extradition », *D.* 2004, chron. 1392 – Senatore A., « Le mandat d'arrêt européen et les procédures de remise entre États membres de l'Union européenne », *JCP* 2002, act. p. 1773 – Taupiac G., « Étude sur l'expérience et la pertinence du mandat d'arrêt européen », *Dr. pén.* 2006, ét. n° 15.

246.07 Renvoi.

• Les conditions de délivrance du mandat d'arrêt européen sont étudiées chapitre 126. Le présent chapitre concerne l'exécution du mandat d'arrêt européen lorsque l'État français est celui de l'exécution.

SECTION 1
RÔLE DU PARQUET GÉNÉRAL

246.11 Arrestation. Lorsque le mandat d'arrêt européen est émis par les juridictions étrangères et que l'État français est l'État d'exécution, la « personne appréhendée en exécution d'un mandat d'arrêt européen doit être conduite dans les quarante-huit heures devant le procureur général territorialement compétent » (C. pr. pén., art. 695-27). Comme tout délai exprimé en heures, le délai de quarante-huit heures doit être calculé à partir de l'heure de l'appréhension de la personne. Bien qu'elle ne soit pas placée en garde à vue pendant cette période[1], la personne interpellée dispose de droits similaires prévus par les articles 63-1 à 63-5 du Code de procédure pénale (C. pr. pén., art. 695-27).

246.12 Présentation. Lorsque la personne est présentée devant le procureur général, celui-ci lui notifie le mandat d'arrêt européen (C. pr. pén., art. 695-28). Il informe la personne dans une langue qu'elle comprend de l'existence et du contenu du mandat d'arrêt européen (C. pr. pén., art. 695-27). Il peut lui notifier un signalement provenant du système d'information Schengen concernant un mandat d'arrêt, dès lors que ce signalement est accompagné des informations prévues par l'article 695-13 du Code de procédure pénale[2]. Lors de cette présentation, la personne peut être assistée par un avocat qui doit être informé sans délai et qui peut s'entretenir immédiatement avec elle. Le procureur général donne à la personne deux informations qui sont capitales. Il l'informe de son droit de consentir ou s'opposer à sa remise ainsi que des conséquences juridiques de ce consentement ou de cette opposition, et, d'autre part de la possibilité de renonciation ou non à la règle de la spécialité, et des conséquences de ce choix (C. pr. pén., art. 695-27).

Il ordonne son incarcération sauf si elle offre des garanties suffisantes de représentation. Le parquet général doit aviser sans délai le Ministère de la justice et lui adresser copie du mandat d'arrêt européen (C. pr. pén., art. 695-28). L'original du mandat d'arrêt européen ou la copie certifiée conforme doit parvenir au plus tard dans les six jours ouvrables après la date de la présentation de la personne recherchée (C. pr. pén., art. 695-26) mais ce délai n'est pas, selon la chambre criminelle, prévu à peine de nullité[3]. La loi du 12 mai 2009, prenant acte que le procureur général avait la possibilité de ne pas ordonner le placement en détention provisoire de la personne (C. pr. pén., art. 695-28) lui permet désormais de la placer sous contrôle judiciaire en ordonnant une des mesures prévues à l'article 138 du même code lors de la présentation de la personne recherchée.

246.13 Transmission des pièces. L'original du mandat d'arrêt doit parvenir au plus tard six jours ouvrables après la date de l'arrestation de la personne. La chambre criminelle a jugé que ce délai n'était pas prévu à peine de nullité[4]. Peu importe que le mandat d'arrêt européen n'ait pas été décerné préalablement à son signalement dans le système Schengen, ni à l'arrestation de la personne concernée, dès lors que le signalement du « mandat d'arrêt international » dans le système Schengen était accompagné des informations prévues à l'article 695-13 du Code de procédure pénale et valait mandat d'arrêt européen[5].

246.14 Délais. La procédure est rapide. Une décision définitive sur l'exécution du mandat doit intervenir dans les dix jours suivant le consentement et dans les soixante jours à compter de l'arrestation dans les autres cas.

SECTION 2
LE RÔLE DE LA CHAMBRE DE L'INSTRUCTION

246.21 Saisine de la chambre de l'instruction. La personne recherchée comparaît devant la chambre de l'instruction dans les cinq jours qui suivent

1. Crim. 1er mars 2006, n° 06-80.503, *Bull. crim.*, n° 62 ; *AJ pénal* 2006, 223, obs. Enderlin.
2. Crim. 1er févr. 2005, n° 04-87.787, *Bull. crim.*, n° 36.
3. Crim. 1er sept. 2004, n° 04-84.987, *Bull. crim.*, n° 192 ; *D.* 2004, IR 2413 ; *JCP* 2004, IV, 3012.
4. Crim. 1er sept. 2004, n° 04-84.987, *Bull. crim.*, n° 192 – Crim. 28 juin 2005.
5. Crim. 5 oct. 2004, n° 04-85.385, *Bull. crim.*, n° 232.

sa présentation au procureur général (C. pr. pén., art. 695-29). Le ministère public et la personne recherchée sont entendus (C. pr. pén., art. 695-30). La personne est interrogée sur le point de savoir si elle déclare consentir à sa remise. La suite de la procédure dépend de sa réponse.

246.22 L'audience. Elle est publique sauf si la publicité est de nature à nuire au bon déroulement de la procédure en cours, aux intérêts d'un tiers ou à la dignité de la personne. Le principe de la publicité de l'audience s'applique au prononcé de la décision comme aux débats[1]. La personne dont la remise est demandée doit comparaître devant la chambre de l'instruction dans le délai de cinq jours ouvrables à compter de sa présentation devant le procureur général. La chambre de l'instruction constate l'identité de la personne et reçoit ses déclarations (C. pr. pén., art. 695-30). Le ministère public est entendu, la personne recherchée également, assistée de son avocat et, si nécessaire, d'un interprète. Les dispositions de l'article 197 alinéa 2 du Code de procédure pénale qui prévoient un délai minimum de cinq jours entre la date de la convocation de l'intéressé et de son avocat et celle de l'audience devant la chambre de l'instruction, ne sont pas applicables lorsque la juridiction statue en matière de mandat d'arrêt européen[2].

246.23 Cas dans lequel la personne déclare consentir à sa remise. Si la personne déclare consentir à sa remise, il lui est alors demandé si elle entend renoncer à la règle de la spécialité. Bien entendu, le président de la chambre de l'instruction doit informer la personne des conséquences qui sont attachées aux choix qu'elle émet. Elle est aussi informée que le consentement à la remise revêt un caractère irrévocable. Si la chambre de l'instruction constate que les conditions légales d'exécution du mandat d'arrêt européen sont réunies, dans les sept jours qui suivent la comparution de la personne recherchée, elle rend un arrêt par lequel elle lui donne acte de son consentement à la remise et le cas échéant de sa renonciation à la règle de la spécialité et accorde la remise (C. pr. pén., art. 695-31). Cette décision n'est pas susceptible de recours (C. pr. pén., art. 695-31). Sur les motifs de refus de remise, v. s[s] n° 126.24.

246.24 Cas dans lequel la personne déclare ne pas consentir à sa remise. Dans cette hypothèse, la chambre de l'instruction a un délai de vingt jours pour rendre sa décision sauf complément d'information ordonné (C. pr. pén., art. 695-33). Cette décision peut faire l'objet d'un pourvoi en cassation (C. pr. pén., art. 695-31, al. 4) dans le délai de trois jours francs après celui où cette décision a été prononcée (C. pr. pén., art. 568-1). La chambre criminelle de la Cour de cassation dispose d'un délai de quarante jours à compter de la date du pourvoi pour se prononcer (C. pr. pén., art. 574-2).

246.25 L'article 695-13 du Code de procédure pénale. Il prévoit que « Tout mandat d'arrêt européen contient les renseignements suivants :

– l'identité et la nationalité de la personne recherchée;

– la désignation précise et les coordonnées complètes de l'autorité judiciaire dont il émane;

– l'indication de l'existence d'un jugement exécutoire, d'un mandat d'arrêt ou de toute autre décision judiciaire ayant la même force selon la législation de l'État membre d'émission et entrant dans le champ d'application des articles 695-12 et 695-23;

– la nature et la qualification juridique de l'infraction, notamment au regard de l'article 695-23;

– la date, le lieu et les circonstances dans lesquels l'infraction a été commise ainsi que le degré de participation à celle-ci de la personne recherchée;

– la peine prononcée, s'il s'agit d'un jugement définitif, ou les peines prévues pour l'infraction par la loi de l'État membre d'émission ainsi que, dans la mesure du possible, les autres conséquences de l'infraction[3] ».

Les mentions relatives aux faits peuvent être ultérieurement complétées par un document du juge mandant précisant la date, le lieu et les circonstances de l'infraction ainsi que le degré de participation de la personne[4]. L'article 8 de la décision-cadre du 13 juin 2002, et l'article 695-13 du Code de procédure pénale n'exigent pas la production de l'original ou d'une copie certifiée conforme du jugement de condamnation. Il suffit que le mandat d'arrêt contienne l'indication de l'existence d'un jugement exécutoire[5]. A justifié sa décision la chambre de l'instruction qui ordonne la remise d'une personne à l'autorité requérante sur la base d'un mandat d'arrêt européen pris en exécution d'une ordonnance prononçant la détention, sans que soient précisées la date de l'ordonnance ni l'autorité dont elle émanait, en énonçant que ces précisions avaient été fournies par un fax transmis la veille de l'audience par le juge requérant, le document ayant pu être soumis à la discussion des parties[6]. La chambre de l'instruction doit se prononcer

1. Crim. 19 déc. 2006, n° 06-88.419, *Bull. crim.*, n° 319; *Dr. pén.* 2007, comm. 62, obs. Maron.
2. Crim. 14 sept. 2005, n° 05-84.551, *Bull. crim.*, n° 228; *Procédures* 2005, comm. 258, note J. Buisson; *D.* 2005, IR 2549; *JCP* 2005, IV, 3191; *AJ pénal* 2005, 417.
3. Crim. 1er sept. 2004, n° 04-84.987, *Bull. crim.*, n° 192.
4. Crim. 31 mars 2005, n° 05-81.260, *Bull. crim.*, n° 115.
5. Crim. 24 nov. 2004, n° 04-86.314, *Bull. crim.*, n° 299.
6. Crim. 30 mars 2005, n° 05-81.221, *Bull. crim.*, n° 108.

sur toutes les infractions visées par le mandat d'arrêt européen et pas uniquement sur l'une d'entre elles[1]. La Cour de cassation doit être mise en mesure par la chambre de l'instruction de s'assurer du caractère définitif ou non du jugement pour l'exécution duquel la personne est recherchée[2]. Selon les dispositions de l'article 695-33 du Code de procédure pénale, lorsque les informations contenues dans le mandat d'arrêt sont insuffisantes pour permettre à la chambre de l'instruction de statuer sur la remise de la personne recherchée dans le respect de ses droits fondamentaux, cette juridiction est tenue de les solliciter auprès des autorités de l'État d'émission[3].

246.26 Absence de contrôle de la double incrimination. Pour 32 catégories d'infraction, la remise de la personne à l'État requérant ne nécessite pas le contrôle de la double incrimination dès lors que la peine encourue est égale ou supérieure à trois ans. Elles sont énumérées par l'article 695-23 du Code de procédure pénale : « participation à une organisation criminelle, terrorisme, traite des êtres humains, exploitation sexuelle des enfants et pornographie infantile, trafic illicite de stupéfiants et de substances psychotropes, trafic illicite d'armes, de munitions et d'explosifs, corruption, fraude, y compris la fraude portant atteinte aux intérêts financiers des Communautés européennes au sens de la Convention du 26 juillet 1995 relative à la protection des intérêts financiers des Communautés européennes, blanchiment du produit du crime ou du délit, faux monnayage, y compris la contrefaçon de l'euro, cybercriminalité, crimes et délits contre l'environnement, y compris le trafic illicite d'espèces animales menacées et le trafic illicite d'espèces et d'essences végétales menacées, aide à l'entrée et au séjour irréguliers, homicide volontaire, - coups et blessures graves, trafic illicite d'organes et de tissus humains, enlèvement, - séquestration et prise d'otage, racisme et xénophobie, vols commis en bande organisée ou avec arme, trafic illicite de biens culturels, y compris antiquités et œuvres d'art, escroquerie, extorsion, contrefaçon et piratage de produits, falsification de documents administratifs et trafic de faux, falsification de moyens de paiement, trafic illicite de substances hormonales et autres facteurs de croissance, trafic illicite de matières nucléaires et radioactives, trafic de véhicules volés, viol, incendie volontaire, crimes et délits relevant de la compétence de la Cour pénale internationale, détournement d'avion ou de navire, sabotage ».

Selon l'article 695-23 du Code de procédure pénale, le mandat d'arrêt européen est exécuté sans contrôle de la double incrimination des faits reprochés lorsque l'autorité judiciaire de l'État d'émission a retenu une qualification relevant de l'une des trente - deux catégories qu'il énumère et que les agissements considérés sont, aux termes de la loi de cet État, punis d'une peine privative de liberté d'une durée égale ou supérieure à trois ans. Selon le même texte, lorsque ces dispositions sont applicables, la qualification juridique des faits relève de l'appréciation exclusive de l'autorité judiciaire de l'État membre d'émission[4]. Ainsi, justifie sa décision une chambre de l'instruction qui énonce que l'autorité d'émission a retenu une qualification juridique relevant de l'une des trente-deux infractions visées à l'article 695-23, et que les agissements poursuivis sont punis par la loi de l'État d'émission d'une peine privative de liberté supérieure à trois ans, qu'il n'existe aucun des motifs de refus obligatoire de la remise, et que l'exécution du mandat d'arrêt européen n'a pas à être refusée en vertu de l'article 695-24 dont les conditions d'application ne sont pas remplies[5].

246.27 Exécution. Lorsque la décision de la chambre de l'instruction est devenue définitive, elle est notifiée, par le procureur général, à l'autorité judiciaire de l'État membre d'émission (C. pr. pén., art. 695-31). Le procureur général prend alors les mesures nécessaires pour que la personne recherchée soit remise à l'autorité judiciaire de l'État d'émission au plus tard dans les dix jours de la décision définitive de la chambre de l'instruction (C. pr. pén., art. 695-37) sauf cas de force majeure. Des raisons humanitaires sérieuses peuvent toutefois amener la chambre de l'instruction, après avoir statué sur l'exécution du mandat d'arrêt à surseoir à la remise (C. pr. pén., art. 695-38). Ne fait qu'user du pouvoir qu'elle tient de l'article 695-38 du Code de procédure pénale, la chambre de l'instruction qui, après avoir, par arrêt devenu définitif, autorisé l'exécution du mandat d'arrêt européen mais sursis à la remise de la personne intéressée en raison de son état de santé, décide, au vu d'un rapport d'expertise médicale, qu'il n'existe plus de raisons humanitaires sérieuses justifiant qu'il soit temporairement sursis à la remise[6]. Par ailleurs, la remise peut être différée, après décision d'exécution du mandat d'arrêt européen pour cause de poursuite dans l'État d'exécution ou d'exécution de condamnation (C. pr. pén., art. 695-39). Les juges n'ont

1. Crim. 14 sept. 2005, n° 05-84.999, *Bull. crim.*, n° 227.
2. Crim. 26 oct. 2005, n° 05-85.847, *Bull. crim.*, n° 270.
3. Crim. 21 nov. 2007, n° 07-87.499, *Bull. crim.*, n° 292; *JCP* 2007, IV, 3342; *D.* 2008, 20.
4. Crim. 21 nov. 2007, n° 07-87.540, *Bull. crim.*, n° 291; *AJ pénal* 2008, 195, note J. Lelieur; *D.* 2008, act. 22.
5. Crim. 26 mai 2004, n° 04-82.795, *Bull. crim.*, n° 139.
6. Crim. 28 nov. 2006, n° 06-87.917, *Bull. crim.*, n° 297; *AJ pénal* 2007, 141, obs. Royer.

pas à rendre compte de l'usage de la faculté offerte par l'article 695-39[1]. Enfin, la chambre de l'instruction peut décider d'une remise temporaire dans des conditions à fixer d'un commun accord, écrit. L'article 695-39 du Code de procédure pénale ne soumet pas la décision de remise temporaire de la personne recherchée et poursuivie en France à l'absence de mesure de sûreté la concernant. La chambre de l'instruction qui a statué en ce sens a justifié sa décision tant au regard de l'article 695-39 que de l'article 6 de la Convention européenne des droits de l'Homme - droit à un procès équitable[2].

Le mandat d'arrêt européen, qui ne constitue qu'une modalité de coopération internationale, ne se confond pas avec le mandat d'arrêt interne pour l'exécution duquel il a été décerné. Il peut être sursis à la notification d'un mandat d'arrêt lorsque la personne concernée est détenue pour une autre cause. Encourt la censure, l'arrêt de la chambre de l'instruction qui annule l'ordonnance de placement en détention provisoire aux motifs que la notification à la personne concernée de la décision des autorités étrangères accordant l'extension de la remise pour l'exécution dudit mandat devait entraîner, si un placement en détention provisoire était envisagé, la mise en œuvre immédiate des dispositions de l'article 135-2 alinéa 5 du Code de procédure pénale relatives à la présentation au procureur de la République puis au juge des libertés et de la détention[3].

L'inobservation des délais fixés par l'article 695-43 pour la remise de la personne recherchée en exécution d'un mandat d'arrêt européen n'est assortie d'aucune sanction[4]. L'exécution d'un mandat d'arrêt européen ne peut être refusée que dans les cas limitativement prévus par les articles 695-22 à 695-24 du Code de procédure pénale[5]. Le statut de réfugié politique accordé à une personne en raison des risques qu'elle pourrait courir dans l'État dont elle est ressortissante ne saurait l'exonérer de poursuites pénales du chef d'appartenance à une organisation criminelle mises en œuvre par un État tiers, membre de l'Union européenne, dès lors qu'aucun fait établi ou même allégué ne laisse supposer le caractère politique de la demande[6]. Dès lors que la personne dont la remise est sollicitée est ressortissant ou résident de l'État d'exécution, la remise peut être subordonnée à la condition que la personne soit renvoyée dans l'État membre d'exécution afin d'y subir la peine ou mesure de sûreté qui pourrait être prononcée à son encontre dans l'État d'émission (Décis.-cadre, 13 juin 2002, art. 5, C. pr. pén., art. 695-32, 2°). La chambre de l'instruction saisie de la demande de remise sur la base d'un jugement par défaut dont il n'avait pas été fait opposition n'était pas tenue de rechercher si la peine pouvait être exécutée sur le territoire national[7]. Mais si la personne recherchée a invoqué sa situation de famille au soutien de sa demande d'exécution de la peine en France, l'arrêt de la chambre de l'instruction qui se borne à énoncer qu'elle n'est pas tenue de rechercher si la peine peut être exécutée sur le territoire national doit être cassé[8].

246.28 Extension de la remise. La chambre de l'instruction devant laquelle la personne a comparu est également compétente pour répondre à une demande d'extension de la remise. Il s'agit de toute demande émanant des autorités de l'État d'émission en vue de consentir à des poursuites ou à l'exécution d'une peine autre que celles pour lesquelles la remise avait été consentie au titre de faits antérieurs à cette remise (C. pr. pén., art. 695-46). Les observations de la personne doivent être recueillies et consignées dans un procès-verbal. La chambre de l'instruction statue sans recours[9]. La loi du 12 mai 2009 a modifié l'article 695-46 du Code de procédure pénale en prévoyant plus clairement que l'extension doit être demandée dès lors que les nouvelles infractions poursuivies sont antérieures à la remise (et non aux infractions ayant fondé la première demande, v. circ. 13 juill. 2009, CRIM 09-8/G5). Le même article est modifié pour permettre de statuer, après la remise, sur toute demande des autorités compétentes de l'État membre d'émission en vue de consentir à la remise de la personne recherchée à un autre État membre en vue de l'exercice de poursuites ou en vue de l'exécution d'une peine ou d'une mesure de sûreté privative de liberté pour un fait quelconque antérieur à la remise et différent de l'infraction qui a motivé cette mesure.

246.29 Application de la loi dans le temps. La France a déclaré qu'un mandat d'arrêt européen ne pourrait être exécuté que pour des faits postérieurs au 1er novembre 1993. Si un mandat d'arrêt européen a été émis au titre d'une peine prononcée pos-

1. Crim. 19 avr. 2005, n° 05-81.692, *Bull. crim.*, n° 137; *D.* 2005, IR 1540; *JCP* 2005, IV, 2358.
2. Crim. 14 déc. 2004, n° 04-86.955, *Bull. crim.*, n° 317; *JCP* 2005, IV, 1313.
3. Crim. 7 nov. 2007, n° 07-85.200, *Bull. crim.*, n° 268; *D.* 2008, 21.
4. Crim. 14 déc. 2005, n° 05-84.551, *Bull. crim.*, n° 228, *D.* 2005, IR 2549; *JCP* 2005, IV, 3191; *AJ pénal* 2005, 417.
5. Crim. 8 août 2007, n° 07-84.621, *Bull. crim.*, n° 189; *D.* 2007, 2308; *JCP* 2007, IV 2841.
6. Crim. 26 sept. 2007, n° 07-86.099, *Bull. crim.*, n° 229; *JCP* 2007, IV, 2957; *D.* 2006, 2608.
7. Crim. 23 nov. 2004, n° 04-86.131, *Bull. crim.*, n° 293 – Crim. 5 août 2004, n° 04-84.511, *Bull. crim.*, n° 187.
8. Crim. 26 oct. 2005, n° 05-85.847, *Bull. crim.*, n° 270.
9. Crim. 13 oct. 2004, n° 04-85.701, *Bull. crim.*, n° 244 – Crim. 14 déc. 2004, n° 04-86.778, *Bull. crim.*, n° 316.

térieurement au 1er novembre 1993 pour des faits commis partiellement avant le 1er novembre 1993, la chambre de l'instruction qui refuse la remise a méconnu le sens de l'article 695-12 du Code de procédure pénale[1]. Les dispositions relatives au mandat d'arrêt européen, qui ne constituent pas des lois relatives au régime d'exécution des peines au sens de l'article 112-2, 3° du Code pénal, s'appliquent aux faits commis à compter du 1er novembre 1993[2].

1. Crim. 21 sept. 2004, n° 04-84.575, *Bull. crim.*, n° 217.
2. Crim. 5 août 2004, n° 04-84.529, *Bull. crim.*, n° 186 – Crim. 23 nov. 2004, n° 04-86.131, *Bull. crim.*, n° 293.

CHAPITRE

247. La procédure en matière d'irresponsabilité pénale pour cause de trouble mental

SECTION 0
ORIENTEUR

247.00 Plan du chapitre.

Sect. 1 La saisine de la chambre de l'instruction
Sect. 2 Procédure devant la chambre de l'instruction
Sect. 3 Mesures de sûreté pouvant être ordonnées en cas de déclaration d'irresponsabilité pénale pour cause de trouble mental
Sect. 4 Application de la loi dans le temps

247.01 Textes applicables.
C. pr. pén., art. 706-122 à 706-126, 706-128.

C. pr. pén., art. 706-121 [Créé par L. n° 2008-174, 25 févr. 2008, art. 3]
L'ordonnance d'irresponsabilité pénale pour cause de trouble mental met fin à la détention provisoire ou au contrôle judiciaire.

L'ordonnance de transmission de pièces rendue en application de l'article 706-120 ne met pas fin à la détention provisoire ou au contrôle judiciaire, qui se poursuit jusqu'à l'audience de la chambre de l'instruction, sans préjudice de la possibilité pour le juge d'instruction, par ordonnance distincte, d'ordonner la mise en liberté ou la levée du contrôle judiciaire. S'il n'a pas été mis fin à la détention provisoire, la chambre de l'instruction doit statuer dans un délai de six mois en matière criminelle ou quatre mois en matière correctionnelle à compter de la date de l'ordonnance de transmission de pièces, à défaut de quoi la personne mise en examen est remise en liberté si elle n'est pas détenue pour une autre cause.

C. pr. pén., art. 706-122 [Créé par L. n° 2008-174, 25 févr. 2008, art. 3]
Lorsque la chambre de l'instruction est saisie en application de l'article 706-120, son président ordonne, soit d'office, soit à la demande de la partie civile, du ministère public ou de la personne mise en examen, la comparution personnelle de cette dernière si son état le permet. Si celle-ci n'est pas assistée d'un avocat, le bâtonnier en désigne un d'office à la demande du président de la juridiction. Cet avocat représente la personne même si celle-ci ne peut comparaître.

Les débats se déroulent et l'arrêt est rendu en audience publique, hors les cas de huis clos prévus par l'article 306.

Le président procède à l'interrogatoire de la personne mise en examen, si elle est présente, conformément à l'article 442.

Les experts ayant examiné la personne mise en examen doivent être entendus par la chambre de l'instruction, conformément à l'article 168.

Sur décision de son président, la juridiction peut également entendre au cours des débats, conformément aux articles 436 à 457, les témoins cités par les parties ou le ministère public si leur audition est nécessaire pour établir s'il existe des charges suffisantes contre la personne d'avoir commis les faits qui lui sont reprochés et déterminer si le premier alinéa de l'article 122-1 du Code pénal est applicable.

Le procureur général, l'avocat de la personne mise en examen et l'avocat de la partie civile peuvent poser des questions à la personne mise en examen, à la partie civile, aux témoins et aux experts, conformément à l'article 442-1 du présent code.

La personne mise en examen, si elle est présente, et la partie civile peuvent également poser des questions par l'intermédiaire du président.

Une fois l'instruction à l'audience terminée, l'avocat de la partie civile est entendu et le ministère public prend ses réquisitions.

La personne mise en examen, si elle est présente, et son avocat présentent leurs observations.

La réplique est permise à la partie civile et au ministère public, mais la personne mise en examen, si elle est présente, et son avocat auront la parole les derniers.

C. pr. pén., art. 706-123 [Créé par L. n° 2008-174, 25 févr. 2008, art. 3]
Si elle estime qu'il n'existe pas de charges suffisantes contre la personne mise en examen d'avoir commis les faits qui lui sont reprochés, la chambre de l'instruction déclare qu'il n'y a lieu à suivre.

C. pr. pén., art. 706-124 [Créé par L. n° 2008-174, 25 févr. 2008, art. 3]
Si elle estime qu'il existe des charges suffisantes contre la personne mise en examen d'avoir commis les faits qui lui sont reprochés et que le premier alinéa de l'article 122-1 du Code pénal n'est pas applicable, la chambre de l'instruction ordonne le renvoi de la personne devant la juridiction de jugement compétente.

C. pr. pén., art. 706-125 [Créé par L. n° 2008-174, 25 févr. 2008, art. 3]
Dans les autres cas, la chambre de l'instruction rend un arrêt de déclaration d'irresponsabilité pénale pour cause de trouble mental par lequel :

1° Elle déclare qu'il existe des charges suffisantes contre la personne d'avoir commis les faits qui lui sont reprochés;

2° Elle déclare la personne irresponsable pénalement en raison d'un trouble psychique ou neuropsychique ayant aboli son discernement ou le contrôle de ses actes au moment des faits;

3° Si la partie civile le demande, elle renvoie l'affaire devant le tribunal correctionnel compétent pour qu'il se prononce sur la responsabilité civile de la personne, conformément à l'article 489-2 du Code civil, et statue sur les demandes de dommages et intérêts;

4° Elle prononce, s'il y a lieu, une ou plusieurs des mesures de sûreté prévues au chapitre III du présent titre.

C. pr. pén., art. 706-126 [Créé par L. n° 2008-174, 25 févr. 2008, art. 3]
L'arrêt de déclaration d'irresponsabilité pénale pour cause de trouble mental met fin à la détention provisoire ou au contrôle judiciaire.

Il peut faire l'objet d'un pourvoi en cassation.

C. pr. pén., art. 706-128 [Créé par L. n° 2008-174, 25 févr. 2008, art. 3]
Les articles 706-122 à 706-127 sont applicables devant la chambre de l'instruction en cas d'appel d'une ordonnance d'irresponsabilité pénale pour cause de trouble mental ou en cas d'appel d'une ordonnance de renvoi lorsque cet appel est formé par une personne mise en examen qui invoque l'application du premier alinéa de l'article 122-1 du Code pénal.

C. pr. pén., art. 706-135[Créé par L. n° 2008-174, 25 févr. 2008, art. 3]
Sans préjudice de l'application des articles L. 3213-1 et L. 3213-7 du Code de la santé publique, lorsque la chambre de l'instruction ou une juridiction de jugement prononce un arrêt ou un jugement de déclaration d'irresponsabilité pénale pour cause de trouble mental, elle peut ordonner, par décision motivée, l'hospitalisation d'office de la personne dans un établissement mentionné à l'article L. 3222-1 du même code s'il est établi par une expertise psychiatrique figurant au dossier de la procédure que les troubles mentaux de l'intéressé nécessitent des soins et compromettent la sûreté des personnes ou portent atteinte, de façon grave, à l'ordre public. Le représentant de l'État dans le département ou, à Paris, le préfet de police est immédiatement avisé de cette décision. Le régime de cette hospitalisation est celui prévu pour les hospitalisations ordonnées en application de l'article L. 3213-1 du même code, dont le deuxième alinéa est applicable. L'article L. 3213-8 du même code est également applicable.

C. pr. pén., art. 706-136 [Créé par L. n° 2008-174, 25 févr. 2008, art. 3]
Lorsque la chambre de l'instruction ou une juridiction de jugement prononce un arrêt ou un jugement de déclaration d'irresponsabilité pénale pour cause de trouble mental, elle peut ordonner à l'encontre de la personne les mesures de sûreté suivantes, pendant une durée qu'elle fixe et qui ne peut excéder dix ans en matière correctionnelle et vingt ans si les faits commis constituent un crime ou un délit puni de dix ans d'emprisonnement :

1° Interdiction d'entrer en relation avec la victime de l'infraction ou certaines personnes ou catégories de personnes, et notamment les mineurs, spécialement désignées;

2° Interdiction de paraître dans tout lieu spécialement désigné;

3° Interdiction de détenir ou de porter une arme;

4° Interdiction d'exercer une activité professionnelle ou bénévole spécialement désignée, dans l'exercice de laquelle ou à l'occasion de laquelle l'infraction a été commise ou impliquant un contact habituel avec les mineurs, sans faire préalablement l'objet d'un examen psychiatrique déclarant la personne apte à exercer cette activité;

5° Suspension du permis de conduire;

6° Annulation du permis de conduire avec interdiction de solliciter la délivrance d'un nouveau permis.

Ces interdictions, qui ne peuvent être prononcées qu'après une expertise psychiatrique, ne doivent pas constituer un obstacle aux soins dont la personne est susceptible de faire l'objet.

Si la personne est hospitalisée en application des articles L. 3213-1 et L. 3213-7 du Code de la santé publique, les interdictions dont elle fait l'objet sont applicables pendant la durée de l'hospitalisation et se poursuivent après la levée de cette hospitalisation, pendant la durée fixée par la décision.

C. pr. pén., art. 706-137 [Créé par L. n° 2008-174, 25 févr. 2008, art. 3]
La personne qui fait l'objet d'une interdiction prononcée en application de l'article 706-136 peut demander au juge des libertés et de la détention du lieu de la situation de l'établissement hospitalier ou de son domicile d'ordonner sa modification ou sa levée. Celui-ci statue en chambre du conseil sur les conclusions du ministère

public, le demandeur ou son avocat entendus ou dûment convoqués. Il peut solliciter l'avis préalable de la victime. La levée de la mesure ne peut être décidée qu'au vu du résultat d'une expertise psychiatrique. En cas de rejet de la demande, aucune demande ne peut être déposée avant l'expiration d'un délai de six mois.

C. pr. pén., art. 706-138 [Créé par L. n° 2008-174, 25 févr. 2008, art. 3]

Lorsque l'interdiction prévue au 1° de l'article 706-136 est prononcée, la partie civile peut demander à être informée par le procureur de la République de la levée de l'hospitalisation d'office dont cette personne aura pu faire l'objet en application des articles L. 3213-1 et L. 3213-7 du Code de la santé publique.

La partie civile peut, à tout moment, indiquer au procureur de la République qu'elle renonce à cette demande.

C. pr. pén., art. 706-139 [Créé par L. n° 2008-174, 25 févr. 2008, art. 3]

La méconnaissance par la personne qui en a fait l'objet des interdictions prévues par l'article 706-136 est punie, sous réserve des dispositions du premier alinéa de l'article 122-1 du Code pénal, de deux ans d'emprisonnement et 30 000 euros d'amende.

C. pr. pén., art. 706-140 [Créé par L. n° 2008-174, 25 févr. 2008, art. 3]

Un décret précise les modalités d'application du présent titre.

C. pr. pén., art. D. 47-27 [Créé par D. n° 2008-361, 16 avr. 2008, art. 2]

Si les troubles mentaux d'une personne mise en examen et placée en détention provisoire nécessitent des soins et compromettent la sûreté des personnes ou portent atteinte, de façon grave, à l'ordre public, le procureur de la République, conformément aux dispositions de l'article L. 3213-7 du Code de la santé publique, informe le représentant de l'État dans le département :

1° Lorsqu'il prend un réquisitoire définitif tendant au prononcé d'une ordonnance d'irresponsabilité pénale pour cause de trouble mental; il avise alors le représentant de l'État de la date prévisible à laquelle la décision sera susceptible d'être rendue, sauf s'il est fait application des dispositions du premier alinéa de l'article 706-120 du présent code;

2° Lorsque le juge d'instruction rend une ordonnance d'irresponsabilité pénale pour cause de trouble mental.

Pour permettre l'application des dispositions du présent article, le juge d'instruction fait connaître au procureur de la République la date à laquelle l'ordonnance prévue au 2° est susceptible d'être rendue.

Dans le cas prévu par le premier alinéa, le procureur de la République informe également le représentant de l'État dans le département lorsqu'en cours d'information la personne mise en examen fait l'objet d'une décision de remise en liberté dans l'attente d'une probable ordonnance d'irresponsabilité pénale pour cause de trouble mental.

C. pr. pén., art. D. 47-28 [Créé par D. n° 2008-361, 16 avr. 2008, art. 2]

Lorsque la chambre de l'instruction est saisie en application de l'article 706-120 alors que la personne mise en examen a fait l'objet d'une mesure d'hospitalisation d'office, le président de cette juridiction sollicite du directeur de l'établissement d'accueil la transmission d'un certificat médical circonstancié, établi par un ou plusieurs psychiatres de l'établissement, indiquant si l'état de la personne permet ou non sa comparution personnelle pendant l'intégralité ou une partie de l'audience.

C. pr. pén., art. D. 47-29 [Créé par D. n° 2008-361, 16 avr. 2008, art. 2]

Lorsque la chambre de l'instruction ou une juridiction de jugement décide, conformément à l'article 706-135, de l'hospitalisation d'office de la personne dans un établissement mentionné à l'article L. 3222-1 du Code de la santé publique, elle prend à cette fin une ordonnance motivée aussitôt après avoir rendu le jugement ou l'arrêt de déclaration d'irresponsabilité pénale pour cause de trouble mental. Cette ordonnance est signée par le président de la juridiction et le greffier. Lorsque l'arrêt de déclaration d'irresponsabilité pénale pour cause de trouble mental est rendu par la cour d'assises, cette ordonnance est prise par la cour sans l'assistance du jury. Une copie de cette ordonnance est immédiatement adressée par le procureur de la République ou le procureur général au représentant de l'État dans le département ou, à Paris, au préfet de police, afin que ce dernier procède sans délai à l'hospitalisation, après, le cas échéant, les formalités de levée d'écrou.

Cette ordonnance est inscrite dans le registre prévu par le dernier alinéa de l'article L. 3213-1 du Code de la santé publique.

Copie de l'expertise psychiatrique figurant au dossier de la procédure et établissant que les troubles mentaux de l'intéressé nécessitent des soins et compromettent la sûreté des personnes ou portent atteinte, de façon grave, à l'ordre public, est également immédiatement adressée par le procureur de la République ou le procureur général au représentant de l'État dans le département ou, à Paris, au préfet de police, pour être jointe au dossier médical de la personne.

C. pr. pén., art. D. 47-30 [Créé par D. n° 2008-361, 16 avr. 2008, art. 2]

Lorsque la personne à l'égard de laquelle ont été prononcées une ou plusieurs des mesures prévues par l'article 706-136 fait l'objet d'une hospitalisation d'office, prononcée soit en application des dispositions de l'article L. 3213-1 du Code de la santé publique, soit en application des dispositions de l'article 706-135 du présent code, le procureur de la République adresse au directeur de l'établissement dans lequel la personne est hospitalisée un document faisant état de ces interdictions.

Lorsque l'état de la personne lui permet d'en comprendre la teneur, le directeur lui notifie ce document contre récépissé qui est alors retourné au procureur de la République.

Ce document fait notamment état des dispositions du dernier alinéa de l'article 706-137 et des articles 706-138 et 706-139 du présent code.

Le directeur de l'établissement rappelle ou notifie au plus tard selon les mêmes modalités cette décision à la personne lorsqu'il est mis fin à l'hospitalisation d'office et il en informe le procureur de la République.

C. pr. pén., art. D. 47-31 [Créé par D. n° 2008-361, 16 avr. 2008, art. 2]

Le procureur de la République ou le procureur général avise le service du casier judiciaire national automatisé des jugements et arrêts de déclaration d'irresponsabilité pénale pour cause de trouble mental rendus par la chambre de l'instruction et les juridictions de jugement dans les cas où il a été fait application des dispositions de l'article 706-136.

Dans ce cas, lorsqu'il est informé de la levée d'une hospitalisation d'office conformément à l'article D. 47-30, le procureur de la République en avise le service du casier judiciaire national automatisé, afin que celui-ci puisse en tirer les conséquences sur la durée de validité de l'interdiction et sur sa mention aux bulletins n° 1 et n° 2 du casier judiciaire.

C. pr. pén., art. D. 47-32 [Créé par D. n° 2008-361, 16 avr. 2008, art. 2]

Lorsqu'elle prononce une interdiction en application des dispositions de l'article 706-136, la chambre de l'instruction ou la juridiction de jugement peut ordonner, soit dans sa décision, soit dans une décision ultérieure, que la déclaration d'irresponsabilité pénale pour cause de trouble mental ne sera pas mentionnée au bulletin n° 2 du casier judiciaire conformément aux dispositions de l'article 775-1.

247.02 Jurisprudence de référence.

• Les mesures édictées à l'article 706-136 du Code de procédure pénale constituent des peines dont l'application n'est pas possible aux procédures en cours.

Crim. 29 janv. 2009, n° 08-83.492, *Bull. crim.*, n° 24.

« Attendu que Patrick X..., mis en examen pour homicide volontaire, a, le 25 octobre 2007, fait l'objet d'une ordonnance de non-lieu pour irresponsabilité pénale au visa de l'article 122-1,1°, du Code pénal; que cette décision a été confirmée, le 2 avril 2008, par la juridiction d'instruction du second degré qui s'est conformée à la procédure en vigueur à la date de l'ordonnance entreprise;

Attendu qu'en cet état, l'arrêt n'encourt pas le grief reprochant à la chambre de l'instruction de n'avoir pas fait application des dispositions de la loi du 25 février 2008, dès lors que le principe de la légalité des peines visé à l'article 112-1 alinéa 2 du Code pénal fait obstacle à l'application immédiate d'une procédure qui a pour effet de faire encourir à une personne des peines prévues à l'article 706-136 du Code de procédure pénale que son état mental ne lui faisait pas encourir sous l'empire de la loi ancienne applicable au moment où les faits ont été commis;

D'où il suit que le moyen doit être écarté;

Et attendu que l'arrêt est régulier en la forme;

REJETTE le pourvoi; »

247.03 Bibliographie indicative.

Articles. Buisson J., « La déclaration d'irresponsabilité pénale pour cause de trouble mental : loi du 25 février 2008 », *Procédures* avr. 2008, ét. 4, p. 5 – Detraz S., « La création d'une nouvelle décision de règlement de l'instruction : la décision d'irresponsabilité pénale pour cause de trouble mental », *RSC* 2008, chron. 873 – Mistretta P., « De la répression à la sûreté, les derniers subterfuges du droit pénal », *JCP* 2008, act. 145 – Pradel J., « Une double révolution en droit pénal français avec la loi du 25 février 2008 sur les criminels dangereux », *D.* 2008, 1000.

247.06 Questions essentielles.

• Ce nouveau chapitre semble s'imposer : la création d'une procédure particulière en cas de déclaration d'irresponsabilité pour cause de trouble mental par la loi n° 2008-174 du 25 février 2008[1], précisée par le décret n° 2008-361 du 16 avril 2008[2] qui a inséré dans le Code de procédure pénale, après l'article D. 47-26, un titre XXVII intitulé « De la procédure et des décisions d'irresponsabilité pénale pour cause de trouble mental » apporte une véritable révolution dans notre droit et dans notre procédure pénale : comparution d'un malade mental devant une juridiction, hospitalisation d'office pouvant être ordonnée par une juridiction, *etc.*

SECTION 1

LA SAISINE DE LA CHAMBRE DE L'INSTRUCTION

247.11 Transmission par le juge d'instruction. Lorsqu'il pense qu'une personne peut faire l'objet d'une ordonnance d'irresponsabilité pénale fondée sur l'application de l'article 122-1, al. 1 du Code pénal, le juge d'instruction doit en avertir le ministère public et les parties au moment où il annonce la conclusion du dossier. Par la suite il transmet le dossier à la chambre de l'instruction soit parce que le procureur de la République l'a demandé dans son réquisitoire définitif, soit parce qu'au moins l'une des parties l'a demandé dans ses observations, soit parce qu'il le décide d'office. Dans les autres cas, il rend une ordonnance d'irresponsabilité pénale pour cause de trouble mental qui précise qu'il existe des charges suffisantes établissant que l'intéressé a commis les faits qui lui sont reprochés (v. s[s] n° 214.37).

247.12 Domaine d'application de la procédure. Les articles 706-122 à 706-127 sont applicables

1. L. n° 2008-174, 25 févr. 2008, *JO* 26 févr., n° 0048, p. 3266.
2. D. n° 2008-361, 16 avr. 2008, *JO* 18 avr., n° 0092, p. 6444.

devant la chambre de l'instruction en cas d'appel d'une ordonnance d'irresponsabilité pénale pour cause de trouble mental mais aussi dans le cas d'appel d'une ordonnance de renvoi lorsque cet appel est formé par une personne mise en examen qui invoque l'application du premier alinéa de l'article 122-1 du Code pénal (C. pr. pén., art. 706-128) [1].

247.13 Détention provisoire. Contrôle judiciaire. L'ordonnancc dc transmission de pièces rendue en application de l'article 706-120 ne met pas fin à la détention provisoire ou au contrôle judiciaire, qui se poursuit jusqu'à l'audience de la chambre de l'instruction, sans préjudice de la possibilité pour le juge d'instruction, par ordonnance distincte, d'ordonner la mise en liberté ou la levée du contrôle judiciaire. S'il n'a pas été mis fin à la détention provisoire, la chambre de l'instruction doit statuer dans un délai de six mois en matière criminelle ou quatre mois en matière correctionnelle à compter de la date de l'ordonnance de transmission de pièces, à défaut de quoi la personne mise en examen est remise en liberté si elle n'est pas détenue pour une autre cause.

SECTION 2
PROCÉDURE DEVANT LA CHAMBRE DE L'INSTRUCTION

247.21 Comparution personnelle. Lorsque la chambre de l'instruction est saisie en application de l'article 706-120, son président ordonne, soit d'office, soit à la demande de la partie civile, du ministère public ou de la personne mise en examen, la comparution personnelle de cette dernière si son état le permet. Si celle-ci n'est pas assistée d'un avocat, le bâtonnier en désigne un d'office à la demande du président de la juridiction. Cet avocat représente la personne même si celle-ci ne peut comparaître. Les débats se déroulent et l'arrêt est rendu en audience publique, hors les cas de huis-clos prévus par l'article 306. Le président procède à l'interrogatoire de la personne mise en examen, si elle est présente, conformément à l'article 442 (C. pr. pén., art. 706-122). Lorsque la chambre de l'instruction est saisie en application de l'article 706-120 alors que la personne mise en examen a fait l'objet d'une mesure d'hospitalisation d'office, le président de cette juridiction sollicite du directeur de l'établissement d'accueil la transmission d'un certificat médical circonstancié, établi par un ou plusieurs psychiatres de l'établissement, indiquant si l'état de la personne permet ou non sa comparution personnelle pendant l'intégralité ou une partie de l'audience (C. pr. pén., art. D. 47-28).

247.22 Autres personnes entendues. Les experts ayant examiné la personne mise en examen doivent être entendus par la chambre de l'instruction, conformément à l'article 168. Sur décision de son président, la juridiction peut également entendre au cours des débats, conformément aux articles 436 à 457, les témoins cités par les parties ou le ministère public si leur audition est nécessaire pour établir s'il existe des charges suffisantes contre la personne d'avoir commis les faits qui lui sont reprochés et déterminer si le premier alinéa de l'article 122-1 du Code pénal est applicable (C. pr. pén., art. 706-122).

247.23 Audience. Le procureur général, l'avocat de la personne mise en examen et l'avocat de la partie civile peuvent poser des questions à la personne mise en examen, à la partie civile, aux témoins et aux experts, conformément à l'article 442-1 du présent code. La personne mise en examen, si elle est présente, et la partie civile peuvent également poser des questions par l'intermédiaire du président. Une fois l'instruction à l'audience terminée, l'avocat de la partie civile est entendu et le ministère public prend ses réquisitions. La personne mise en examen, si elle est présente, et son avocat présentent leurs observations. La réplique est permise à la partie civile et au ministère public, mais la personne mise en examen, si elle est présente, et son avocat auront la parole les derniers (C. pr. pén., art. 706-122).

247.24 Arrêt de non lieu. Si elle estime qu'il n'existe pas de charges suffisantes contre la personne mise en examen d'avoir commis les faits qui lui sont reprochés, la chambre de l'instruction déclare qu'il n'y a lieu à suivre (C. pr. pén., art. 706-23).

247.25 Arrêt de renvoi. Si elle estime qu'il existe des charges suffisantes contre la personne mise en examen d'avoir commis les faits qui lui sont reprochés et que le premier alinéa de l'article 122-1 du Code pénal n'est pas applicable, la chambre de l'instruction ordonne le renvoi de la personne devant la juridiction de jugement compétente (C. pr. pén., art. 706-24).

247.26 Arrêt de déclaration d'irresponsabilité mentale. L'article 706-125 du Code de procédure pénale prévoit encore que la chambre de l'instruc-

1. Sur les problèmes résultants de l'absence de prévision dans la loi du 25 février 2008 de la possibilité pour la chambre de l'instruction de rendre un arrêt de déclaration d'irresponsabilité pénale en cas d'évocation du dossier et de caractérisation postérieure de la démence de la personne poursuivie, v. S. Detraz, « La création d'une nouvelle décision de règlement de l'instruction : la décision d'irresponsabilité pénale pour cause de trouble mental », *RSC* 2008, chron. 883.

tion peut rendre un arrêt de déclaration d'irresponsabilité pénale pour cause de trouble mental par lequel :

1° Elle déclare qu'il existe des charges suffisantes contre la personne d'avoir commis les faits qui lui sont reprochés;

2° Elle déclare la personne irresponsable pénalement en raison d'un trouble psychique ou neuropsychique ayant aboli son discernement ou le contrôle de ses actes au moment des faits;

3° Si la partie civile le demande, elle renvoie l'affaire devant le tribunal correctionnel compétent pour qu'il se prononce sur la responsabilité civile de la personne, conformément à l'article 489-2 du Code civil, et statue sur les demandes de dommages et intérêts;

4° Elle prononce, s'il y a lieu, une ou plusieurs des mesures de sûreté prévues au chapitre III du présent titre (v. s[s] n°s 247.31 s.).

247.27 Détention provisoire. Contrôle judiciaire. L'arrêt de déclaration d'irresponsabilité pénale pour cause de trouble mental met fin à la détention provisoire ou au contrôle judiciaire. Il peut faire l'objet d'un pourvoi en cassation (C. pr. pén., art. 706-126).

247.28 Problème d'application du texte : la mise en examen de la personne. Tous les textes qui concernent la nouvelle procédure de déclaration d'irresponsabilité pénale pour cause de trouble mental évoquent la « personne mise en examen ». Il s'agit aussi bien des textes concernant la fin de l'instruction du premier degré (C. pr. pén., art. 706-120) que ceux régissant la procédure devant la chambre de l'instruction (C. pr. pén., art. 706-122 s.). Le législateur a semblé penser que la personne concernée serait forcément mise en examen. Or, il n'en est rien : la personne peut avoir été placée d'office dès la garde à vue et une expertise constater qu'elle était non seulement irresponsable de ses actes au moment de l'action mais encore incapable de comprendre le sens d'une mise en examen. Dans ce cas, on peut douter que le magistrat instructeur soit contraint de notifier une mise en examen à une personne qui ne peut comprendre ce qu'on lui dit. Mais alors la procédure décrite ici ne semble pas pouvoir être mise en œuvre.

SECTION 3

MESURES DE SÛRETÉ POUVANT ÊTRE ORDONNÉES EN CAS DE DÉCLARATION D'IRRESPONSABILITÉ PÉNALE POUR CAUSE DE TROUBLE MENTAL

247.31 Hospitalisation d'office. Lorsque la chambre de l'instruction prononce un arrêt ou un jugement de déclaration d'irresponsabilité pénale pour cause de trouble mental, elle peut ordonner, par décision motivée, l'hospitalisation d'office de la personne dans un établissement mentionné à l'article L. 3222-1 du même code s'il est établi par une expertise psychiatrique figurant au dossier de la procédure que les troubles mentaux de l'intéressé nécessitent des soins et compromettent la sûreté des personnes ou portent atteinte, de façon grave, à l'ordre public. Le représentant de l'État dans le département ou, à Paris, le préfet de police est immédiatement avisé de cette décision. Le régime de cette hospitalisation est celui prévu pour les hospitalisations ordonnées en application de l'article L. 3213-1 du même code, dont le deuxième alinéa est applicable. L'article L. 3213-8 du même code est également applicable (C. pr. pén., art. 706-35). L'article D. 47-29 du Code de procédure pénale prévoit que lorsque la chambre de l'instruction décide, conformément à l'article 706-135, de l'hospitalisation d'office de la personne dans un établissement mentionné à l'article L. 3222-1 du Code de la santé publique, elle prend à cette fin une ordonnance motivée aussitôt après avoir rendu l'arrêt de déclaration d'irresponsabilité pénale pour cause de trouble mental. Cette ordonnance est signée par le président de la juridiction et le greffier. Une copie de cette ordonnance est immédiatement adressée par le procureur de la République ou le procureur général au représentant de l'État dans le département ou, à Paris, au préfet de police, afin que ce dernier procède sans délai à l'hospitalisation, après, le cas échéant, les formalités de levée d'écrou. Cette ordonnance est inscrite dans le registre prévu par le dernier alinéa de l'article L. 3213-1 du Code de la santé publique. Copie de l'expertise psychiatrique figurant au dossier de la procédure et établissant que les troubles mentaux de l'intéressé nécessitent des soins et compromettent la sûreté des personnes ou portent atteinte, de façon grave, à l'ordre public, est également immédiatement adressée par le procureur de la République ou le procureur général au représentant de l'État dans le département ou, à Paris, au préfet de police, pour être jointe au dossier médical de la personne.

247.32 Mesures de sûreté. « Lorsque la chambre de l'instruction ou une juridiction de jugement prononce un arrêt ou un jugement de déclaration d'irresponsabilité pénale pour cause de trouble mental, elle peut ordonner à l'encontre de la personne les mesures de sûreté suivantes, pendant une durée qu'elle fixe et qui ne peut excéder dix ans en matière correctionnelle et vingt ans si les faits commis constituent un crime ou un délit puni de dix ans d'emprisonnement :

1° Interdiction d'entrer en relation avec la victime de l'infraction ou certaines personnes ou catégories de personnes, et notamment les mineurs, spécialement désignées;

2° Interdiction de paraître dans tout lieu spécialement désigné;

3° Interdiction de détenir ou de porter une arme;

4° Interdiction d'exercer une activité professionnelle ou bénévole spécialement désignée, dans l'exercice de laquelle ou à l'occasion de laquelle l'infraction a été commise ou impliquant un contact habituel avec les mineurs, sans faire préalablement l'objet d'un examen psychiatrique déclarant la personne apte à exercer cette activité;

5° Suspension du permis de conduire;

6° Annulation du permis de conduire avec interdiction de solliciter la délivrance d'un nouveau permis.

Ces interdictions, qui ne peuvent être prononcées qu'après une expertise psychiatrique, ne doivent pas constituer un obstacle aux soins dont la personne est susceptible de faire l'objet.

Si la personne est hospitalisée en application des articles L. 3213-1 et L. 3213-7 du Code de la santé publique, les interdictions dont elle fait l'objet sont applicables pendant la durée de l'hospitalisation et se poursuivent après la levée de cette hospitalisation, pendant la durée fixée par la décision » (C. pr. pén., art. 706-136).

247.33 Droits de la personne faisant l'objet d'une interdiction. La personne qui fait l'objet d'une interdiction prononcée en application de l'article 706-136 peut demander au juge des libertés et de la détention du lieu de la situation de l'établissement hospitalier ou de son domicile d'ordonner sa modification ou sa levée. Celui-ci statue en chambre du conseil sur les conclusions du ministère public, le demandeur ou son avocat entendus ou dûment convoqués. Il peut solliciter l'avis préalable de la victime. La levée de la mesure ne peut être décidée qu'au vu du résultat d'une expertise psychiatrique. En cas de rejet de la demande, aucune demande ne peut être déposée avant l'expiration d'un délai de six mois (C. pr. pén., art. 706-137).

247.34 Droits de la partie civile. Lorsque la personne a fait l'objet d'une interdiction d'entrer en relation avec la victime de l'infraction, la partie civile peut demander à être informée par le procureur de la République de la levée de l'hospitalisation d'office dont cette personne aura pu faire l'objet en application des articles L. 3213-1 et L. 3213-7 du Code de la santé publique.

La partie civile peut, à tout moment, indiquer au procureur de la République qu'elle renonce à cette demande (C. pr. pén., art. 706-1398).

247.35 Violation des interdictions. La méconnaissance par la personne qui en a fait l'objet des interdictions prévues par l'atricle 706-136 est punie, sous réserve des dispositions du premier alinéa de l'article 122-1 du Code pénal, de deux ans d'emprisonnement et 30 000 euros d'amende (C. pr. pén., art. 706-139).

247.36 Casier judiciaire. Le procureur de la République ou le procureur général avise le service du casier judiciaire national automatisé des jugements et arrêts de déclaration d'irresponsabilité pénale pour cause de trouble mental rendus par la chambre de l'instruction et les juridictions de jugement dans les cas où il a été fait application des dispositions de l'article 706-136.

Dans ce cas, lorsqu'il est informé de la levée d'une hospitalisation d'office conformément à l'article D. 47-30, le procureur de la République en avise le service du casier judiciaire national automatisé, afin que celui-ci puisse en tirer les conséquences sur la durée de validité de l'interdiction et sur sa mention aux bulletins n° 1 et n° 2 du casier judiciaire (C. pr. pén., art. D. 47-31).

Lorsqu'elle prononce une interdiction en application des dispositions de l'article 706-136, la chambre de l'instruction ou la juridiction de jugement peut ordonner, soit dans sa décision, soit dans une décision ultérieure, que la déclaration d'irresponsabilité pénale pour cause de trouble mental ne sera pas mentionnée au bulletin n° 2 du casier judiciaire conformément aux dispositions de l'article 775-1 (C. pr. pén., art. D. 47-32).

SECTION 4
APPLICATION DE LA LOI DANS LE TEMPS

247.41 Textes. Selon l'article D. 47-31 du Code de procédure pénale, conformément aux dispositions de l'article 112-2 (2°) du Code pénal, les articles 706-11 à 706-140 et D. 47-27 à D. 47-32 du Code de procédure pénale, résultant de la loi n° 2008-174 du 25 février 2008 relative à la rétention de sûreté et à la déclaration d'irresponsabilité pénale pour cause de trouble mental et du présent décret, sont immédiatement applicables aux procédures en cours. Celles des articles 706-122 à 706-128, 706-135, 706-136, D. 47-28 et D. 47-29, qui remplacent les dispositions de l'article 199-1 de ce code abrogé par le III de l'article 4 de la loi du 25 février 2008 précitée, s'appliquent aux audiences de la chambre de l'instruction saisie d'un appel formé contre une ordonnance de non-lieu motivée par les dispositions du premier alinéa de l'article 122-1 du Code pénal.

Pour permettre l'application de ces dispositions, la chambre de l'instruction peut le cas échéant renvoyer l'examen de l'affaire à une audience ultérieure.

Après avoir annulé l'ordonnance de non-lieu du juge d'instruction, la chambre de l'instruction rend l'un des arrêts prévus par les articles 706-123 à 706-125.

247.42 **Jurisprudence.** La chambre criminelle de la cour de cassation a considéré que les dispositions nouvelles nommées mesures de sûreté par la loi du 25 février 2008 étaient en réalité des peines; en conséquence le principe de la légalité des peines visé à l'article 112-1 alinéa 2 du Code pénal fait obstacle à l'application immédiate d'une procédure « qui a pour effet de faire encourir à une personne des peines prévues à l'article 706-136 du Code de procédure pénale que son état mental ne lui faisait pas encourir sous l'empire de la loi ancienne applicable au moment où les faits ont été commis »[1].

1. Crim. 29 janv. 2009, n° 08-83.492, *Bull. crim.*, n° 24.

Principales abréviations utilisées

	signifie
Act.	actualités, aussi partie « Actualités » (dans divers recueils et revues)
al.	alinéa
ALD	*Actualité législative Dalloz* (anc[t] *BLD*)
AN	Assemblée nationale
anc.	ancien
anc[t]	anciennement
Arr.	arrêté
art.	article
ass.	assemblée
Ass. plén.	Cour de cassation, assemblée plénière
assoc.	association
av. gén.	avocat général
BLD	*Bulletin législatif Dalloz*
Bull. crim.	*Bulletin des arrêts de la Cour de cassation* (chambre criminelle)
BICC	*Bulletin d'information de la Cour de cassation*
C. civ.	Code civil
C. consom.	Code de la consommation
C. dom. Ét.	Code du domaine de l'État
C. instr. crim.	Code d'instruction criminelle
C. just. mil.	Code de justice militaire
C. pén.	Code pénal
C. pr. civ.	Code de procédure civile
C. pr. pén.	Code de procédure pénale
C. santé publ.	Code de la santé publique
C. trav.	Code du travail
c/	contre (Dupond c/Durand)
CA	cour d'appel
Cah. jurisp.	*Cahiers de jurisprudence* (ville ou région)
CE	Conseil d'État
CEDH	Cour européenne des droits de l'Homme
cep.	cependant
Chanc.	Chancellerie
ch.	chambre
ch. acc.	chambre d'accusation
ch. corr.	chambre correctionnelle
ch. instr.	chambre d'instruction
Ch. réunies	Cour de cassation, chambres réunies
chron.	chronique, aussi partie « Chronique » (dans divers recueils et revues)
Circ.	circulaire
Civ. 1re	Cour de cassation, première chambre civile
COJ	Code de l'organisation judiciaire
coll.	collection
comm.	commentaire(s)
comp.	comparer
concl.	conclusions
Cons. const.	Conseil constitutionnel
Const.	Constitution
conv.	convention
Conv. EDH	Convention européenne des droits de l'Homme
conv. europ. extradition	convention européenne d'extradition

Crim.	Cour de cassation, chambre criminelle
CSM	Conseil supérieur de la magistrature
D.	*Dalloz (Recueil)*
D.	décret
DA	*Dalloz analytique*
déc.	décision
Déclar. UDH	Déclaration universelle des droits de l'Homme
DH	*Dalloz hebdomadaire*
dir.	sous la direction de —
doctr.	doctrine, aussi partie « Doctrine » (dans divers recueils et revues)
DP	*Dalloz périodique*
Dr. pénal	*Droit pénal*
ENM	École nationale de la magistrature
esp.	espèce
Gaz. Pal.	*Gazette du Palais*
Infostat justice	*Bulletin d'information statistique de la direction de l'administration générale et de l'équipement*
instr. gén.	instruction générale
IR	partie « Informations rapides » (dans le *Recueil Dalloz*)
J.-Cl.	Juris-Classeur
J.-CL. PÉN.	Juris-Classeur Droit pénal
J.-CL. PR. PÉN.	Juris-Classeur Procédure pénale
JCP	*Juris-Classeur Périodique*
JCP G	*Juris-Classeur Périodique, édition générale*
JO	*Journal officiel* (Lois et décrets)
JP	*Juris-Classeur Justice de Paix* (devenu *TI, Tribunaux d'instance* de 1959 à 1965)
Journ. Parq.	*Journal du Parquet*
jur.	jurisprudence, aussi partie « Jurisprudence » (dans divers recueils et revues)
Jurispr. constante	jurisprudence constante
Justices	*Justices*
L.	loi
lég.	partie « Législation » (dans divers recueils et revues)
LO	loi organique
LPA	*Les Petites affiches*
min.	ministre (ministère)
Mixte	Cour de cassation, chambre mixte
mod.	par modifié par
n$^{o(s)}$	numéro(s)
not.	notamment
NP	Arrêt non publié au *Bulletin des arrêts de la Cour de cassation*
NPT	Arrêt non publié au *Bulletin des arrêts de la Cour de cassation* mais titré sur Legifrance
obs.	observation
Ord.	ordonnance
P.	Arrêt publié au *Bulletin des arrêts de la Cour de cassation*
P.	*Journal du Palais*
pan.	panorama
préc.	précité
prés.	président
Procédures	*Procédures*
rapp.	Rapport
rappr.	Rapprocher de —
RD pén. crim.	*Revue de droit pénal et de criminologie*
réd.	rédaction
réf.	référé
RÉP. PÉN.	*Répertoire de droit pénal Dalloz*
Req.	Cour de cassation, chambre des requêtes
RSC	*Revue de science criminelle et de droit pénal comparé*
S.	*Sirey* (Recueil)
s.	suivant(s)
S. et *P.*	*Sirey* et *Journal du Palais*
sect.	section(s)
SIS	Système d'information Shengen
Soc.	Cour de cassation, chambre sociale
sol. impl.	solution implicite
somm.	sommaire
s^{s}	sous (v. sous –)
Sté	société

t.	tome
T. corr.	tribunal correctionnel
TGI	tribunal de grande instance
V.	voir
vol.	volume

Index alphabétique thématique

- *Les numéros renvoient aux paragraphes du corps de l'ouvrage*
- *Le signe + qui précède une entrée secondaire indique un renvoi à une entrée principale identique plus riche*
- *Le signe ▶ qui précède une entrée secondaire indique un renvoi*

Les mots ou groupes de mots en caractères gras constituent les entrées « principales » de l'index thématique; les mots ou groupes de mots en caractères maigres et précédés d'un tiret, les entrées « secondaires »; les mots ou groupes de mots en caractères maigres et précédés d'un point, les entrées « tertiaires ».

Les mots ou groupes de mots en caractères italiques, commençant par une lettre capitale et précédés d'une flèche « ▶ » indiquent un renvoi à une entrée principale. Par exemple, la mention « ▶ V. *Câblage* » sous le mot « **Abonnement aux réseaux câblés** » indique que le lecteur est invité à se reporter à l'entrée principale **Câblage**. Parfois le tiret précédant une entrée secondaire est remplacé par une flèche de renvoi « ▶ ». Dans ce cas, le lecteur est invité à se reporter à l'entrée principale ou secondaire indiquée.

La mention « V. ce(s) mot(s) » renvoie le lecteur au mot ou groupe de mots qui précède la mention. Ainsi, « ▶ syndicat, V. ce mot » sous le mot « **Copropriétaire** » renvoie à l'entrée principale **Syndicat**.

A

Abstention du juge d'instruction
– C. pr. pén., art. 674, 13.23
– récusation spontanée, 13.21
– régime antérieur, 13.22

Accusé
– immunité consulaire, 221.25
– immunité diplomatique, 221.23
– immunité parlementaire, 221.22
– publicité de l'audience de la chambre de l'instruction, 241.34
– recevabilité, 221.11
– suspension, 43.37, 61.66

Acte (demande)
▶ V. *Demande d'acte*

Acte inexistant (théorie de l'—)
– arrêt Bouvier (4 janv. 1983), 242.43
– jurisprudence postérieure à l'arrêt Bouvier, 242.44
– synthèse, 242.45

Acte nouveau
– avis à partie, 212.24

Acte obligatoire
– liste limitée, 41.14

Action civile, 60.08
▶ V. aussi *Constitution de partie civile*

Action en insertion forcée
– personne pouvant exercer une —, 43.13
– délai, 43.13

Action publique
▶ V. aussi *Prescription de l'action publique*
– extinction, 211.25

Administrateur *ad hoc*
– fait commis volontairement à l'encontre d'un enfant mineur, 61.25

Administration
▶ cas de plainte préalable obligatoire de l'—, V. sous *Plainte préalable à la saisine*

ADN
▶ V. *Analyse génétique, Empreinte génétique, Fichier national automatisé des empreintes génétiques (FNAEG)*

Adresse
▶ V. *Déclaration d'adresse*

Adresse électronique
– notification du rapport d'expertise, 164.24

Âge
– détention provisoire (appréciation), 143.22
– mineur, 22.33, 144.18

Agent diplomatique
– C. pr. pén., art. 656, 73.53
– immunité d'arrestation et de détention, 143.21
– témoin privilégié, 73.53

Aide juridictionnelle
– dispense de consignation, 61.63
– sans condition de ressources, 61.64

Alcool
▶ V. aussi *Toxicomane*
– C. sant. publ., art. L. 3311-1, 131.01
– cure de désintoxication, 131.26
– contrôle judiciaire, 131.26
– taux d'alcoolémie (recherche du —)
  • expertise (non —), 161.02, 161.21

Aliénation d'un bien saisi
▶ V. aussi *Gestion des biens*
– C. pr. pén., art. 99-2 al. 2, 182.51
– cas de restitution, 182.51

Alimentation forcée
▶ V. « *de la faim ou de la soif* » sous *Grève*

Amnistie
– appel de l'ordonnance rejetant l'exception d'—, 232.37

Analyse génétique
– fichier national automatisé des empreintes génétiques, 191.64
– prélèvement biologique, 191.62
  • refus de se soumettre à un —, 191.62
  • sans l'accord de l'intéressé, 191.62
– prélèvement de matériel biologique matériellement détaché du corps de l'intéressé, 191.62

Analyse psycho-criminologique
► V. *Profilage*

Animal
– euthanasie, 182.54
– mise en dépôt, 182.54

Appel
► V. aussi *Notification des ordonnances, Référé-détention, Référé-liberté*
– aggravation du sort de l'appelant, 145.45, 242.36
– avocat, 145.13, 223.54
– C. pr. pén., art. 801, 233.10
– C. trav. (hygiène et sécurité), 232.06
– C. urb. (interruption de travaux), 232.06
– compétence, 232.32
– constitution de partie civile, 61.52, 232.34
– contrôle judiciaire, 132.92, 132.93, 232.33
– correctionnalisation, 232.36
– défaut de notification d'une ordonnance, 221.32 à 221.35
– délai d'appel
  • de la partie civile, 233.41 à 233.42
  • de la personne mise en examen, 145.17, 233.31 à 233.34
– détention provisoire, 145.11 à 145.13, 232.02, 232.33,
– détenu, 241.22
– disqualification, 214.58, 232.36, 233.02
– douane, 232.13, 233.02, 233.13
– effets de l'appel de la partie civile, 232.71
– effet dévolutif, 145.23, 234.21 à 234.26
– effet suspensif, 145.21, 234.11 à 234.16
– étendue, 231.13
– évocation, 242.54
– évolution, 230.04
– filtre du président de la chambre de l'instruction, 244.33, 244.34
– fondé de pouvoir spécial, 145.13
– forme, 145.18, 233.51 à 233.57
– histoire, 230.08
– hypothèses non visées par les articles 186 et 186-1, 232.37
– immunité parlementaire, 232.06
– intérêt à agir, 232.42
– irresponsabilité pénale, 232.53
– limites, 145.15
– mandat de dépôt, 121.02, 145.12
– mineur, 145.13
– ministère public, 141.23, 145.12
– mise en accusation, 146.51
– nécessité d'une ordonnance, 231.21
– nullité, 203.41 à 203.44
– ordonnance
  • complexe, 232.38, 232.39
  • conforme aux réquisitions, 221.52
  • critiquable, 242.34
  • d'incarcération provisoire, 143.94 (non)
  • de mise en accusation, 214.74, 232.31, 232.61, 241.54
  • de non-lieu, 232.52
  • de placement sous contrôle judiciaire, 132.94, 143.82, 145.24,
  • de renvoi, 214.58, 232.36, 233.02
– partie civile, 141.15, 232.02, 232.51 à 232.53, 232.61 à 232.63, 232.71
– personne faisant l'objet d'un mandat d'arrêt, 232.46
– personne mise en examen, 232.31 à 232.39, 232.41 à 232.45, 233.31 à 233.34
– pièce postérieure à la déclaration, 241.18 (non)
– poursuite de l'information, 145.22, 234.02, 234.34
– prescription, 232.45
– procureur de la République, 42.22, 141.23, 145.12,230.08, 231.13, 232.11, 232.12, 232.14, 233.11 à 233.13, 233.51
– procureur général, 141.23, 230.08, 232.21, 233.22, 233.51
– proxénétisme (fermeture temporaire), 232.06
– qualité des parties, 231.22
► référé-détention, V. ce mot
► référé-liberté, V. ce mot
– rapport Léger, 230.05
– refus de mise en liberté, 146.29
– règle de l'unique objet, 203.43, 234.26, 242.32, 242.33
– remise de copie, 222.44
– stupéfiants (fermeture temporaire), 232.06, 233.33
– témoin assisté, 231.22
– terminologie, 231.11
– transmission du dossier, 234.31

Arme ou matériel de guerre
► plainte préalable obligatoire de l'Administration, V. sous *Plainte préalable à la saisine*

Assistant spécialisé
– affaire économique et financière, 23.31
– criminalité organisée, 23.15

Association de malfaiteurs
– garde à vue, 153.44

Atteinte à la vie privée
– avocat, 13.66
– bande organisée, 23.20
– Cons. const. (2 mars 2004), 23.02
– conservation dans le dossier de séquence de vie privée, 192.02
  • image (conservation), 23.27
– Conv. EDH, art. 6-1, 72.01
– écoute téléphonique, 192.11
– membre du gouvernement, 22.31
– parloir, 192.02, 192.56
– perquisition dans une entreprise de presse en vue d'aider à la recherche des auteurs et complices d'une infraction d'—, 181.65
► plainte préalable obligatoire du particulier, V. sous *Plainte préalable à la saisine*
– sonorisation, 23.27
  • CEDH 20 déc. 2005, 192.02
  • de parloir, 192.02, 192.56
► surveillance électronique, V. ce mot

Audience
► V. *Chambre de l'instruction et Audience de contrôle*

Audience de contrôle
– conditions, 245.13
– comparution des parties, 241.44, 245.32
– cosaisine, 245.47
– décision, 245.42 à 245.47
– délai pour statuer, 241.51, 241.55, 241.67, 245.31, 245.41
– demandeur, 245.12,245.51, 245.52
– demande d'acte, 245.14
– dessaisissement, 53.24
– effets, 245.61, 245.62
– forme de la demande, 245.21
– mémoire, 241.23, 245.23, 245.24
– notification de la décision du président, 245.21
– nullité, 245.45, 245.62
– origine, 245.11
– publicité, 241.35
– pouvoir d'injonction, 243.24
– règle unique objet, 245.42
– saisine, 242.16, 242.19

Audiovisuel
► V. *Moyen audiovisuel*

Auditeur de justice
– présence lors d'une audition, 111.52

Audition
► d'expert comme témoin, V. *Expertise*
► de tiers par l'expert, V. *Expertise*
► droit d'être présent lors de l'— d'un témoin, 73.14, V. aussi *Droits des parties*
– + interprète, 73.22
– + membre du gouvernement, 73.52
► mineur, V. ce mot
– nullité, 73.32, 73.42
– + partie civile, 152.21
► témoin, V. ce mot
– témoin assisté, 152.22

Audition à distance
► V. aussi *Moyen audiovisuel*
– confrontation avec agent d'infiltration, 23.25
– interrogatoire, confrontation, 114.34
– témoin, 71.25

Autorité de la chose jugée
– charge nouvelle, 215.22
– décision de non-lieu, 215.12 à 215.17
– effets des charges nouvelles, 215.22
– exception de chose jugée, 215.11
– jurisprudence, 215.21
– motifs de la décision, 215.15
– principe, 215.11
– qualification, 215.16
– quant aux personnes, 215.17
– nullité, 203.72
– règle *non bis in idem*, 215.13

Autorité parentale
– placement en détention, 143.54
– prolongation de la détention, 143.54

Auxiliaire du parquet
– secret de l'instruction, 31.42

Aveu
– devant l'expert, 162.52
– indices graves et concordants, 92.21 à 92.26

Avis à partie
► V. aussi *Clôture de l'information*
– absence de réponse du juge, 212.29
– acte antérieur au premier envoi, 212.23
– acte d'instruction, 212.22
– acte nouveau, 212.24
– annonce de l'intention de clôturer la procédure, 212.21
– caducité, 212.22, 212.23
– constitution de partie civile, 212.02, 212.24
– délai pour demander une contre-expertise, 164.34, 164.35
– dispositions antérieures à la loi du 5 mars 2007, 212.21 à 212.29
– dispositions de la loi du 5 mars 2007, 212.31 à 212.35
– envoi, 212.21
– effets, 212.26
– expertise, 212.27
– forme des demandes d'actes et observations, 212.36
– non-respect, 204.24
– nouvel avis, 212.23
– nullité, 203.35, 204.24
– observations complémentaires, 212.34
– perspectives pratiques, 212.35
– point de départ du délai, 212.25, 212.34, 212.35
– renouvellement, 212.22
– suspension de l'information, 244.43

Avis de fin d'information
► V. *Avis à partie*

Avis de fin prévisible de la procédure
– cas, 103.91
► délai, V. ce mot
► V. aussi *Délai d'achèvement de la procédure*

Avocat
► V. aussi *Appel, Chambre de l'instruction, Interrogatoire, Interrogatoire de première comparution, Interrogatoire au fond, Mise à disposition du dossier de la procédure, Notification des ordonnances*
– absence, 112.61, 112.62
– avis au conseil devant la chambre de l'instruction, 241.12
– choix, 104.11, 104.12, 112.21
– conseil éloigné, 112.22
– contradiction d'intérêt, 112.27
– contrôle judiciaire, 132.91
  • de l'avocat, 131.23
– convocation
  • au débat contradictoire de prolongation, 144.21
  • pour interrogatoire, 112.51, 112.52, 112.61, 112-81 à 112.86
– correspondance, 104.33
– courrier détenu, 148.21, 148.22
– débat contradictoire, 143.61 à 143.64, 143.74
– déclaration d'appel, 233.54
– désignation, 104.11, 112.21, 222.23
– détenu, 104.12, 112.25, 222.23
– d'office ou choisi, 112.24
– écoute téléphonique, 192.41 à 192.43, 201.25
– fondé de pouvoir spécial, 145.13
– garde à vue, criminalité organisée, 23.17, 153.45
– grève, 143.74, 241.48
– interrogatoire
  • au fond, 112.11 à 112.14, 112.21 à 112.26
  • de première comparution, 103.21 à 103.25
– juridiction sans pôle, 132.82
– juridiction sans pôle, demande de mise en liberté 146.22
– libre communication, 104.21 à 104.23, 104.32
– majeur protégé 112.14
– mineur, 103.24, 143.63, 143.64
► mise à disposition du dossier de la procédure, V. ce mot
– notification d'une ordonnance, 222.31
– perquisition, 181.61, 181.62
– pluralité, 112.23, 222.33
– possibilité d'assister à l'audition d'un témoin, 43.25, 73.14
– présence, 112.51, 112.52
– prévenu en fuite, 112.26
– renonciation à l'assistance, 112.11, 112.71, 112.72
– renonciation au conseil pour détention, 143.64, 144.23
– secret
  • de l'instruction, 31.43
  • professionnel, 72.63, 181.02, 181.61 à 181.63
– sonorisation, 192.59
– témoin assisté, 83.34

B

Bande organisée
– C. pr. pén., art. 706-73, 23.12
– circonstance aggravée de — non retenue en fin de procédure, 23.20
– compétence concurrente, 23.15
– compétence territoriale, 23.14
– Conseil constitutionnel (décis. 2 mars 2004), 23.11, 23.12, 23.17
– crime ou délit commis en — ne relevant pas de l'art. 706-73, 23.13
– écoute téléphonique, 23.26
  • lieu exclu, 23.28
– fixation d'image, 23.27
  • lieu exclu, 23.28

- garde à vue, 23.16
  - présence de l'avocat, 23.17
  - prolongation, 23.16
- infiltration, 23.23 à 23.25
- mesure conservatoire, 23.29
- notion, 23.11
- perquisition, 23.18
  - limite, 23.19
- sonorisation, 23.27
  - lieu exclu, 23.28
- surveillance d'une personne soupçonnée, 23.22

Barbe
- interdiction de se couper ou de se laisser pousser la —, 148.13

Bibliographie
- classeurs, répertoires, ouvrages pratiques actualisables, 03.11
- ouvrages généraux de procédure pénale, 03.21, 03.22
- principales revues, 03.12

Biologie moléculaire
- expertise, 162.24

Blessure grave
- recherche des causes, 52.21

Boisson
► V. *Alcool, Débit de boissons*

Bonne administration de la justice (renvoi pour —)
- C. pr. pén., art. 665, 21.63, 53.38
- notion, 21.63

Bracelet électronique
- garantie de représentation en justice, 131.21
- « référé-détention », 141. 28

Bureau d'ordre national automatisé des procédures judiciaires
- accessibilité, 191.68
- contenu, 191.68

C

Cause d'irresponsabilité pénale
- arrêt d'irresponsabilité pénale, 214.37
- ordonnance d'irresponsabilité pénale, 247.24

Cautionnement
- conditions de ressources, 133.02
- douane, 133.25
- évolution, 133.08
- fixation de la caution, 133.21
- fonction actuelle, 133.12
- garanties, 133.13
- mise en liberté avec versement préalable, 146.34
- prolongation après mise en liberté sous condition de versement d'un cautionnement préalable, 144.79
- référé-liberté, 145.45
- ressources, 133.21
- restitution, 133.23
- substitut de la détention, 133.11
- versement, 133.22

Casier judiciaire,
- irresponsabilité pénale, 247.36

Centre éducatif fermé
- contrôle judiciaire (mineur), 132.33

Certification (procédure de)
- frais de justice, 165.11

Chambre de l'instruction
► V. aussi *Président de la chambre de l'instruction, Nullité, Appel, Supplément d'information, Audience de contrôle*
- absence de « débat contradictoire », 145.33
- absence de délivrance d'un nouveau mandat, 145.34
- acte inexistant, 144.14, 242.41 à 242.45
- aggravation du sort de l'appelant (non —), 145.45, 242.36
- appel
  - de l'ordonnance de placement sous contrôle judiciaire, pouvoirs, 143.82, 145.24
  - pouvoirs de la chambre de l'instruction, 234.23, 234.24
  - sur l'ordonnance critiquable, 242.34
- appréciation de l'étendue de la nullité, 205.13
- arrêt
  - de confirmation, 145.32
  - infirmant l'ordonnance du juge, 145.33
  - préparatoire, 203.71
- audience,

► audience de contrôle, V. ce mot
  - déroulement, 241.32
  - irresponsabilité pénale, 247.23
  - mandat d'arrêt européen, 246.22
  - procédure, 241.31
  - publicité, 241.33
- « auto-saisine », 242.41 à 242.45
- autorité de la chose jugée, 203.72
- avis aux parties et conseils, 241.11, 241.12
- cancellation, 166.14, 205.33
- cassation
  - d'un arrêt ayant décerné le titre de détention, 145.63
  - d'un arrêt infirmant une ordonnance de mise en liberté, 145.61
  - d'un arrêt infirmant une ordonnance de placement ou de prolongation de détention, 145.62
  - sur d'autres motifs, 145.64
- commission rogatoire, 151.22
- comparution personnelle, 241.41 à 241.46
- comparution du détenu, 241.67
- compétence de principe après la clôture, 146.66
- computation des délais en cas de saisine directe, 146.43
- constitution de partie civile abusive ou dilatoire, 63.43, 214.36
- contrôle judiciaire, 132.14, 132.82, 241.68, 241.77
- contrôle du juge d'instruction, 41.16
- Conv. EDH, art. 5-3, 144.45
- délai
  - affaire autre que portant sur la détention, 241.51 à 241.54
  - affaire de détention (appel), 241.61 à 241.69
  - affaire de détention (saisine directe), 241.71 à 241.77
  - de convocation, 241.14 à 241.16
  - sanction de l'inobservation, 241.53, 241.69
- demande de mise en liberté après ordonnance de clôture, 146.55, 146.63
- détention, 143.14, 143.15, 234.25
- détention sans titre, 145.63
- dossier complet, 241.17
- erreur matérielle, 241.36
- évocation
  - annulation d'acte, 242.57
  - appel, 242.54
  - effets, 242.52
  - implicite, 242.53
  - partielle, 205.17, 234.25, 242.59
  - pouvoirs, 242.25, 242.51 à 242.59
  - prohibée, 242.58
  - saisine directe, 242.55
- évolution, 240.04
- excès de pouvoir, 214.02, 234.25
- extension
  - à une autre infraction, 242.61 à 242.65

• à une autre personne, 242.71 à 242.76
– force majeure, 241.47, 241.48, 241.65
– incompatibilités, 13.32 à 13.34
– infirmation d'une ordonnance de non-lieu, 145.38
– investigations complémentaires, 146.63
– mémoire
• défaut de réponse, 241.25
• dépôt, 241.22, 241.23
• effets, 241.24
• obligation de réponse, 242.75
▶ mandat d'arrêt européen, 246,00 et s., V ce mot
– mise en état, 241.11
– mise en liberté d'office, 146.14, 242.45
– nullité de procédure
• matière correctionnelle, 203.51 à 203.53
• matière criminelle, 203.61 à 203.64
• voix de l'appel, 203.41 à 203.44
– nullité (requête), 242.35
– pièce postérieure à la déclaration d'appel, 241.18
– pluralité de demandes, 146.27, 146.48, 146.49
– pouvoir d'injonction (absence de —), 243.24
– pouvoir d'évocation, 242.25, 242.51 à 242.59
– pouvoir de révision, 203.61, 242.23
▶ président de la chambre de l'instruction, V. ce mot
– procédure écrite, 241.21
– prolongation exceptionnelle de la détention, 144.55, 144.77
– publicité, 241.33 à 241.35
– rapport Léger, 240.05
▶ référé-liberté, V. ce mot
– règle de l'unique objet, 103.63, 145.14, 242.32, 242.33
– réserve du contentieux de la détention, 144.24, 145.35, 145.36, 234.25, 241.75
– restitution, 182.32
– saisine
• entier dossier, 242.22, 242.23
• étendue, 242.21 à 242.25
• mode, 242.11 à 242.18
• objet particulier, 242.24, 242.25, 242.31 à 242.36
• par la Cour de cassation, 242.15
• par le JLD, 242.17
• par le président de la chambre de l'instruction, 242.16
• requête en nullité, 242.12
• restitution, 242.18
– saisine directe, 146.41, 146.42, 146.44
• en cas de carence du juge, 242.13, 242.14
• sur la base de l'art. 148 al. 5, 146.27, 146.42
• sur la base de l'art. 148-4, 146.27, 146.43 à 146.45
– substitution de motifs, 144.32, 145.32
▶ supplément d'information, V. ce mot
– sursis à statuer, 243.41 à 243.43
– terminologie, 141.27
– vérification complémentaire, 241.66

Chambre du conseil
– compétence en matière de détention provisoire (ancienne), 141.14
– historique, 210.08

Change
▶ plainte préalable obligatoire de l'Administration, V. sous *Plainte préalable à la saisine*

Charges
– nécessaires au renvoi, 191.31, 213.11, 213.12

Charges nouvelles
– appréciation, 216.61 à 216.64
– arrêt de non-lieu, 216.43
– autorité pouvant requérir la réouverture, 216.31, 216.32
– chambre de l'instruction, 242.73
– compétence, 216.41 à 216.44
– continuation de la même information, 216.51
– définition, 216.11 à 216.13
– délégation, 216.44
– effets, 215.22
– établissement, 216.21
– évolution, 216.10
– jurisprudence, 216.13
– ministère public, 216.31, 216.32
– nature de l'information, 216.51
– nécessité d'une instruction, 216.62
– ordonnance de non-lieu, 216.42
– pouvoirs du magistrat, 216.52
– production, 216.22
– règlement, 216.64
– révélation des charges, 216.12
– textes, 216.10, 216.11

Chasse sur le terrain d'autrui
▶ plainte préalable obligatoire du particulier, V. sous *Plainte préalable à la saisine*

Cheveux
– interdiction de se couper ou de se laisser pousser les —, 148.13

Circonstances aggravantes
– relèvement d'une —, 51.61, 213.21
– saisine, 51.61

Circonstances atténuantes
– compétence, 213.24
– « excuse atténuante » (ancienne), 213.23

Circonstances imprévisibles et insurmontables
– débat contradictoire, 143.93, 144.25
– délai de comparution (suspension), 143.93
– détention provisoire (prolongation), 143.74, 143.93, 144.25
– dossier égaré, 241.48
– grève de l'administration pénitentiaire, 143.93, 241.47

Clôture de l'information
▶ V. aussi *Ordonnance de règlement, Avis à partie, Ordonnance, Ordonnance de renvoi, Ordonnance de non-lieu, Autorité de la chose jugée*
▶ autorité de la chose jugée, V. ce mot
– + avis à partie, 212.21 à 212.29, 212.31 à 212.35
– caractère pénal du fait poursuivi, 213.22
– cause d'atténuation de la peine, 213.23
– charges, 213.11, 213.12
– circonstance atténuante, 213.24
– décision complexe, 213.33
– délai raisonnable, 212.14
– demande de mise en liberté concomitante à l'ordonnance de clôture, 146.39
– disjonction, 213.31
– dossier complet, 212.11 à 212.14
– droit de demander la clôture, 43.34, 212.13
– élément constitutif de l'infraction, 213.21
– élément nécessaire au renvoi, 212.11, 212.12
– évolution, 210.04,
– forclusion, 212.25 à 212.28

– indépendance du juge d'instruction, 212.55
– jonction, 213.31
– nullité, 212.28
– observations, 43.34
– ordonnance
  • complexe, 214.16, 232.38, 232.39
  • de soit-communiqué, 212.41, 222.23, 232.61
– procédure complète, 212.11 à 212.13
– purge de la procédure, 203.35
– rapport Léger, 210.05
– réquisitoire
  • définitif, 212.51 à 212.53, 222.35
  • supplétif, 212.54

Code civil
– art. 9-1, 43.14, 141.34

Code de la consommation
– saisine, 51.95

Code de l'urbanisme
– interruption de travaux, 232.37

Code du travail
– hygiène et sécurité, 232.06
– syndicat
  • constitution de partie civile, 61.13
  • intérêt collectif de la profession, 61.13

Code monétaire et financier
– compétence territoriale, 23.36

Commission d'indemnisation des victimes d'infraction
– secret de l'instruction, 31.36

Commission Justice pénale et droits de l'Homme
► V. *Delmas-Marty*

Commission rogatoire
► V. aussi *Commission rogatoire internationale, Garde à vue*
– acte
  • de juridiction, 152.12
  • d'instruction, 152.11
– audition
  • de partie civile, 72.31,152.21
  • de témoin, 72.71 à 72.74
  • de témoin assisté, 72.41,152.22
– autorité délégante, 151.21 à 151.24
– autorité déléguée, 151.31 à 151.39
– choix du service, 151.31
– conditions de forme, 153.11, 153.12, 153.21 à 153.26
– date, 153.02, 201.43
– délai, 153.61
– délégation générale, 153.71 à 153.74, 201.43
  • quant aux actes, 153.73
  • quant aux infractions, 153.02, 153.72
– diffusion, 153.12
– direction de la concurrence, consommation et répression des fraudes, 151.34
– douane, 151.32, 151.33
– doyen, 154.42
– envoi, 153.11
– évolution, 150.04
– exécution
  • moment, 153.22
  • personnelle des actes par le juge, 151.11, 151.12
– extension de compétence, 151.02
– fait nouveau, 151.37, 151.44
► garde à vue, V. ce mot
– impossibilité du juge, 151.11, 151.12
– indicateur, 153.26
– interrogatoire, 152.21
  • de première comparution, 152.13
– lieu d'exécution, 152.02
– mandat de recherche, 124.12
– mention, 153.11
– mise en examen, 93.44, 152.13
– mission interministérielle sur les marchés publics, 151.35
– modalités d'exécution, 153.21
– nullité, 201.43
– partie civile, 152.22
– perquisition, 152.23
– personne qualifiée, 153.24
– prélèvement biologique, 153.25
– prescription de l'action publique, 153.13
– rapport de police, 153.62
– rapport Léger, 150.04
– recherche des causes de la mort, 52.31
– régularité, 153.63
– réquisition, 151.39
– ressort du juge d'instruction, 151.31
– saisie, 152.23
– saisine, 153.74
– serment, 153.23
– subdélégation, 151.22, 151.41
– téléphone, 151.35
– témoin, 153.23
  • assisté, 152.22
– territoire étranger, 151.38
– urgence, 151.31
– utilité, 151.13

Commission rogatoire internationale
► V. aussi *Commission rogatoire*
– compte bancaire, 154.24
– condition, 154.13
– condition de forme, 154.21
– consul, 154.33
– convention internationale
  ► des accords Schengen, V. ce mot
  • du 29 mai 2000, 154.31, 154.41, 154.43
– convocation, 154.25
– droit de l'État requis, 154.31
– équipes communes d'enquête, 154.28
– Eurojust, 154.36
– exclusion de certaines infractions, 154.14
– exécution, 154.31 à 154.34
  • par le juge français, 154.41 à 154.43
– instrument, 154.12
– magistrat de liaison, 154.35
– ministère public, 154.42
– mission, 154.22
– moyens de l'éviter, 154.08
– nullité des actes exécutés en France, 154.44
– nullité des actes exécutés à l'étranger, 154.32
– perquisition, 154.23
– règle *non bis in idem*, 154.15
– réseau judiciaire européen, 154.37
– urgence, 154.27
– saisie, 154.23
– souveraineté des États, 154.11
– transmission, 154.26
– transport, 154.34
– urgence, 154.24
– utilisation de pièce, 154.38
– visioconférence, 154.39

Communiqué de presse
► V. aussi *Conférence de presse*
– appel à témoin éventuel, 31.46
– numéro d'immatriculation, 31.46
– photographie, 31.46
– portrait robot, 31.46
– signalement, 31.46

Comparution personnelle
– irresponsabilité pénale, 247.21

Compétence
► V. aussi *Criminalité organisée, Dessaisissement*
– abandon de famille, 21.23
– abus de confiance, 21.23
– à raison du lieu de la détention, 21.51 à 21.53

- à raison du lieu de l'infraction, 21.21
- bande organisée, 23.20
- bonne administration de la justice, 21.63
- cassation et renvoi, 21.64
- Code monétaire et financier, 23.36
- compétence universelle, 24.15
- concurrente, 21.72
- connexité, 21.32
- contravention, 21.21
- cosaisine (spécificité des juridictions sans pôle de l'instruction), 22.72, 52.51 à 52.56, 245.47
- crime ou délit, 21.22
- crime (spécificité des juridictions sans pôle de l'instruction), 22.72, 52.51 à 52.56
- criminalité organisée, 23.11 à 23.20
- décision d'incompétence, 21.14
- délit continu, 21.23
- délit d'habitude, 21.23
- délit économique et financier, 23.31 à 23.38
- écoute téléphonique, 23.26
- escroquerie, 21.23
- évolution, 22.04
- examen, 211.11
- extension sur commission rogatoire, 151.02
- extradition, 24.14
- fixation d'image, 23.27, 23.28
- fonctionnaire, 22.51 à 22.53
- garde à vue, 23.16, 23.17
- incompétence manifeste, 21.11
- indivisibilité, 21.32
- infiltration, 23.23 à 23.25
- infraction
  - commise hors du territoire de la République, 24.11 à 24.15
  - de terrorisme, 23.51
  - économique et financière, 23.31 à 23.38
- juridiction interrégionale, 23.14
- lieu
  - de la détention, 22.51 à 22.53
  - de l'arrestation, 21. 41
  - de l'infraction, 21.23
  - de résidence de la personne soupçonnée, 21.31
- magistrat, 22.51 à 22.53
- membre du gouvernement, 22.02, 22.31
- membre du Parlement, 22.32
- mesure conservatoire, 23.29, 131.27
- militaire, 22.21
- mineur, 22.11 à 22.13
- nullité, 204.25
- ordonnance, 232.32, 232.45
- ordre public, 21.11
- ouverture d'une information après comparution devant le procureur de la juridiction sans pôle, 21.73
- perquisition, 23.18, 23.19
- personne dépositaire de l'autorité publique ou chargée d'une mission de service public, 22.63
- personne morale, 22.61 à 22.63
- pollution maritime, 23.61, 23.62
- président de la République, 22.02, 22.32
- prorogation, 21.32
- rapport Léger, 20.05
- *ratione loci*, 21.12, 211.11
- *ratione materiae*, 21.11, 211.12
- *ratione personae*, 21.12, 211.11
- refus d'extradition, 24.14
- règlement de juges, 21.61
- requalification criminelle, 114.33
- résidence, 22.02
- santé publique, 23.41, 23.42
- sonorisation, 23.27, 23.28
- sûreté publique, 22.23
- surveillance, 23.23
- suspicion légitime, 21.62
- territoriale, 21.11
- terrorisme, 23.51

Concertation frauduleuse
- détention provisoire en vue d'éviter une —, 142.71

Conférence de presse
- art. 11 du Code de procédure pénale, 31.46

Confrontation
▶ V. aussi *Interrogatoire*
- absence de réglementation, 111.21
- confrontation « séparée », 111.21, 111.23
- « confrontation simple », 111.22, 112.41, 112.42
- confrontation « véritable interrogatoire », 112.41, 112.43
- droit, 43.37
- formes, 111.41
- personne présente, 111.51, 111.52
- réglementation, 111.21
- témoin, 73.15

Connexité
- saisine, 51.63

Conseil
▶ V. *Avocat*

Conseil supérieur de la magistrature (CSM)
- pouvoir disciplinaire, 13.64, 13.65

Conseiller financier à la Chancellerie
- compétence, 165.15,

Consignation
- aide juridictionnelle, 61.64
  - complément, 61.61
  - sans conditions de ressources, 61.65
- effets du défaut, 61.61
- exemption, 61.63
- fixation, 61.63
- objet, 61.61

Constitution de partie civile
▶ V. aussi *Partie civile, Refus d'informer*
- action publique, 62.23
- aide juridictionnelle, 61.63
- appel, 61.52
- après les avis à partie, 212.24
- association, 61.14
- à titre incident, 61.31
- à titre initial, 61.21 à 61.29
- avertissement du droit de se constituer partie civile, 61.22
- compétence, 61.28
- conditions, 61.11
- consignation, 61.61 à 61.65
- consignation (complément), 61.61
- contestation, 61.51 à 61.52
- contravention, 61.11
- contre personne dénommée, 62.41 à 62.43
- contre X, 62.31
- déclaration d'adresse, 61.71 à 61.73
- délai, 61.41
- désistement
  - effet, 62.71 à 62.74
  - forme, 62.61
- dommages et intérêts, 61.14
- droits de la personne visée dans la plainte, 64.12
- *electa una via*, 62.72
- enfant mineur, 61.25
- forme, 61.23
- incidente, 61.31
- infraction commise à l'occasion d'une poursuite judiciaire, 61.27
- infraction instituée dans un but d'intérêt général, 61.23
- irrecevabilité, 61.27, 61.51, 62.52
- obligation d'instruire, 62.53
- ordonnance de non-lieu, 214.36
- plainte insuffisamment motivée, 61.24
- plainte préalable, 61.29
- plainte téméraire ou injustifiée

- art. 91, 63.11, 63.21 à 63.25, 63.31 à 63.35
- art. 177-2, 63.41, 63.42
- art. 212-2, 63.43

– préjudice, 61.12 à 61.15
– prescription, 62.23
– presse, 61.26
– qualité, 62.11
– recevabilité, 232.34
– recherche des causes
  - de la mort, 52.23
  - d'une blessure grave, 52.45
  - d'une disparition, 52.45
– réforme, 61.29
– refus d'informer, 62.51 à 62.56
– réquisitoire « introductif », 51.54
– règle « le criminel tient le civil en l'état », 62.75
– réquisitions de non-lieu, 62.58
– saisine, 51.54, 51.81, 62.21 à 62.23
– syndicat, 61.14

Consul
– commission rogatoire, 154.33
– détention provisoire, 143.21
– immunité, 211.24

Contradiction d'intérêt
– avocat, 112.27

Contravention
– compétence territoriale, 21.21
– constitution de partie civile, 61.11

Contre-expertise
► V. aussi *Expertise*
– droit de demander une —, 43.33, 164.31, 212.27
– ordonnance de rejet d'une demande de —, 164.32
– trouble mental, 164.33

Contribution indirecte
– perquisition, 181.31

Contrôle d'identité
– nullité, 201.21

Contrôle économique des prix
– perquisition, 181.31

Contrôle judiciaire
► V. aussi *Cautionnement*
– appel, 132.92, 145.24, 232.33
– avis au conseil, 132.91
– avocat, 131.23
– bracelet électronique, 131.21
– bonne marche de l'instruction, 131.22
– + cautionnement, 133.11 à 133.13, 133.21 à 133.25, 143.84, 146.34
– centre éducatif fermé, 132.21, 132.33
– chambre de l'instruction, 132.14, 132.82, 241.68 à 241.71
– conditions d'application, 131.11
– contrôle judiciaire socio-éducatif, 131.24
– critique, 130.08
– débat contradictoire, 132.83
– délai, 132.02
– durée cumulée des détentions (révocation de contrôle judiciaire, mineur), 144.85
– évolution, 13.04, 131.12
– fin, 132.81 à 132.84
– garantie
  - assurant le non-renouvellement de l'infraction, 131.23
  - de la bonne marche de l'instruction, 131.22
  - de représentation, 131.21
– histoire, 130.08, 141.22
– inexécution d'une obligation, 132.83
– interdiction d'exercer une activité professionnelle, 131.23
– interrogatoire, 132.11
– irresponsabilité pénale, 247.27
– juridiction sans pôle. 132.82
– maintien, 132.84
– mesure conservatoire, 131.27
– mesure légale, 131.12
– mineur, 131.25
  - de moins de seize ans, 132.31 à 132.35
  - de seize à dix-huit ans, 132.41 à 132.43
– modification, 132.71, 132.72
– motivation
  - de l'insuffisance du contrôle judiciaire en cas de refus de mise en liberté, 146.37
  - de l'insuffisance du contrôle judiciaire pour placement en détention, 143.32, 143.33
  - de l'insuffisance du contrôle judiciaire pour prolongation de la détention, 144.34
  - du placement sous contrôle judiciaire, 131.11, 132.02, 132.13, 143.82
– non-renouvellement de l'infraction, 131.23
– obligation « miroir », 142.71, 142.72, 143.33
– obligations, 131.12, 131.21 à 131.26
– obligatoire, 146.35
– ordonnance, 143.83
  - de maintien sous contrôle judiciaire, 132.84
– personne morale, 132.61, 132.83
– prolongation
  - après mise en liberté sous condition de versement d'un cautionnement préalable, 144.79
  - de la détention en matière correctionnelle des mineurs, révocation du contrôle judiciaire, 144.82, 144.83
– rapport Léger, 130.05
– référé-liberté, 145-45
– règlement de la procédure, 132.84
– représentation en justice, 131.21
– réquisition du ministère public, 132.02, 132.12, 143.83
– révocation, 132.51, 132.52, 132.83, 143.37, 147.22 à 147.26
  - après renvoi, 132.85,146.54
– risque, 131.13
– socio-éducatif, 131.24
– sûreté, 131.23
– témoin assisté, 132.15
– prolongation
– toxicomane, 131.26

Convention européenne des droits de l'Homme
– art. 3, 148.41, 148.53
– art. 5-1, 142.82 à 142.85
– art. 5-3, 144.41 à 144.47
– art. 5-4, 146.55
– art. 6-1, 144.41
– écoute téléphonique, 192.12
– jurisprudence, 02.21
– présomption d'innocence, 141.75
– refus d'informer, 62.53

Convention internationale dite des accords de Schengen
– exclusion de certaines infractions, 154.14
– perquisitions et saisies, 154.23
– règle *non bis in idem*, 154.15
– souveraineté des Etats, 154.11
– texte, 154.02
– transmission des demandes d'entraide, 154.26
– transport des magistrats à l'étranger, 154.34
– utilisation des pièces, 154.38

Convention internationale du 29 mai 2000
– application du droit de l'Etat requis, 154.31, 154.41, 154.43
– convocation adressée à l'étranger, 154.25
– transmission des demandes d'entraide, 154.26

Copie de pièce
– appel, 222.44

- délivrance d'une — au conseil, 113.31
- dossier, 32.43, 32.53
  - enregistrement de l'audition du mineur victime, 113.34
  - enregistrement d'un interrogatoire criminel, 113.34
- de sauvegarde
  - cotation d'une pièce du dossier, 32.42
  - perte, 32.43
  - utilité, 32.41
- diffusion à un tiers (sanction), 113.33
- enregistrement de l'audition du mineur victime, 113.34, 148.34
- majeur protégé, 113-19
- remise d'une — à son client par l'avocat, 113.32, 148.34
  - client détenu (procédure particulière), 148.34
  - opposition à la —, 113.32
- utilisation dans une autre procédure, 113.35

Correctionnalisation judiciaire
- appel d'une ordonnance de renvoi devant le tribunal correctionnel, 232.36

Correspondance
- avec l'aumônier, 148.21
- avec le défenseur, 148.21
- avec un travailleur social, 148.21
- cas d'interdiction, 148.21
- contrôle, 148.21
- droit d'envoyer et recevoir des —
  - C. pr. pén., art. D. 65, 148.01
- droit de retenue et de contrôle, 148.21
- ▶ interception de —, V. *Interception de correspondance, Écoute téléphonique, Récepteur de messagerie, Secret des correspondances, Surveillance*
- langue étrangère, 148.21
- saisie de —, 148.21

Co-saisine
- ▶ V. *Désignation du juge d'instruction, Pôle de l'instruction*

Cotation de pièce
- à l'endroit, 32.43
- omission, 32.42

Cour d'assises
- ▶ V. aussi *Ordonnance de mise en accusation*
- appel, 146.56
- délai d'audiencement d'un détenu, 144.94
- demande de mise en liberté, 146.53
- délit connexe, 214.78
- maintien en détention des mineurs, 144.99
- ▶ ordonnance de mise en accusation, V. ce mot
- renvoi d'un détenu pour affaire correctionnelle connexe, 144.95
- supplément d'information, 243.26

Cour de cassation
- cassation
  - d'un arrêt ayant décerné le titre de détention, 145.63
  - d'un arrêt infirmant une ordonnance de mise en liberté, 145.61
  - d'un arrêt infirmant une ordonnance de placement ou de prolongation de détention, 145.62
  - sur d'autres motifs, 145.64
- commission rogatoire, 151.24
- contrôle
  - Conv. EDH, art. 5-1, 141.83 à 141.85
  - Conv. EDH, art. 5-3, 144.45
  - de la motivation de la détention, 143.96
- détention sans titre, 145.63
- pourvoi, 146.55
- saisine de la chambre de l'instruction, 242.15
- suspension de l'information, 244.45

Cour européenne des droits de l'Homme
- secret de l'instruction, 31.48

Cour européenne des droits de l'Homme (affaire)
- Bouchet (20 mars 2001), 142.42
- Clooth (12 déc. 1991), 142.71
- Debboub (9 nov. 1999), 144.42
- IA (23 sept. 1998), 144.44, 144.47
- Funke (25 févr. 1993, 141.51)
- Gelfmann (14 déc. 2004), 148.41
- Hénaf (27 nov. 2003), 148.53
- Kemmache (27 nov. 1991), 144.42
- Kruslin et Huvig (24 avr. 1990), 192.13
- Lambert (24 août 1998), 192.12
- Letellier (26 juin 1991), 142.62, 144.43
- Neumeister (27 juin 1968), 142.62, 144.43
- Matheron (29 mars 2005), 192.12
- Mouisel (14 nov. 2002), 148.41
- Muller (17 mars 1997), 142.51, 142.52
- Perry (17 juill. 2003), 192.53
- Poitrimol (23 nov. 1993), 102.22, 112.26, 122.02
- Quinn (22 mars 1995), 144.42
- Rachdad (13 nov. 2003), 71.13
- Rouille (6 janv. 2004), 144.42
- Servers (20 oct. 1997), 72.21
- Slimani (27 juill. 2004), 52.23
- Stogmuller (10 nov. 1969), 142.24, 142.62, 142.84
- Tomasi (27 août 1992), 142.62, 144.43
- Viola c/ Italie, 5 janvier 2007, 111.49
- Visser (14 févr. 2002), 71.26
- Wehmoff (27 juin 1968), 141.31, 142.24, 144.42
- Wisse (20 déc. 2005), 192.02, 192.56
- X c/France (28 oct. 1998), 61.63
- X c/France (13 nov. 2003), 43.36
- X c/France (31 mai 2005), 192.02, 192.56
- X c/France (14 juin 2005), 61.16
- XY c/France (27 janv. 2005), 148.17
- Zervudacki (27 juill. 2006), 153.52

Courrier
- ▶ V. *Correspondance*

Crédibilité
- expertise, 164.41, 191.54

Crime
- correctionnalisation, 232.36
- dossier criminel, 32.31
- enquête de personnalité, 32.23
- flagrant, 52.11, 52.12
- juridiction sans pôle de l'instruction, 52.51 à 52.55

Crime ou délit commis à l'occasion d'une poursuite judiciaire
- C. pr. pén., art. 6-1, 61.27

Criminalité organisée
- ▶ V aussi *Bande organisée, Compétence*
- art. 706-73, 23.12
- art. 706-74, 23.14
- assistant spécialisé, 23.15
- compétence, 23.11 à 23.20
- compétence concurrente, 23.15
- constitution de partie civile, 23.38
- dessaisissement, 22.101 à 22.103, 53.36
- écoute téléphonique, 23.26, 192.21
- enregistrement audiovisuel, 153.27, 153.47
- garde à vue, 23.16, 23.17

– infiltration, 23.23 à 23.25
– JIRS, 23.14
– loi du 9 mars 2004, 10.08, 23.11
– mesure conservatoire, 23.29, 131.27
– perquisition, 181.31, 181.71
– sonorisation, 23.27, 23.28, 192.58, 192.59
– surveillance, 23.22

CSM
► V. *Conseil supérieur de la magistrature*

Culpabilité
– indices ou charges de —, 191.51
► indices graves ou concordants, V. ces mots

***Curriculum vitae* (interrogatoire dit de —)**
– définition, 111.14
– règles, 112.32

D

Débat contradictoire
► V. aussi *Détention provisoire*
– absence de convocation du conseil, 144.23
– ajournement, 144.25
– annonce de la décision, 143.85
– avocat, 143.62 à 143.64, 143.74, 144.21
– contrôle judiciaire, 132.83
– demande de mise en liberté, 146.11
– détournement de procédure, 144.24
– différé, 143.93, 143.94
– énoncé des droits, 143.61
– enquête rapide, 144.26
– force majeure, 143.74, 143.93, 144.25
– histoire, 141.23, 143.71, 143.72, 144.21
– incarcération provisoire, 143.91 à 143.94
– interprète, 143.77
– lieu, 143.73
► mandat de dépôt, V. ce mot
– ministère public, 143.75, 144.22
– mise en liberté, 143.81
  • sous contrôle judiciaire, 143.82
– moyen de télécommunication audiovisuel, 143.78
– nécessité, 144.21
– ordonnance de placement en détention, 143.95
– personnel pénitentiaire (grève), 143.93, 144.25
– prolongation de détention, 144.72
– publicité, 143.76, 144.22
– SEAT, 144.26

Débit de boissons
– perquisition, 181.31

Décès de la personne mise en examen
– ordonnance de non-lieu motivée par le —, 214.37

Déclaration d'adresse
– adresse d'un tiers, accord, 103.81
– après le renvoi, 103.83, 214.59
– interrogatoire de première comparution, 103.81, 146.33
– mise en liberté, 146.33
– partie civile, 61.71 à 61.73, 103.82

Déferement
– avant la loi du 9 mars 2004, 153.52
– depuis la loi du 9 mars 2004, 153.53

Délai
► V. aussi *Délai d'achèvement de la procédure, Délai d'appel, Délai de convocation, Délai raisonnable*
– constitution de partie civile, 61.41
– expertise, 162.53
– mandat d'arrêt européen, 246.14
– mise en liberté 146.25
– notification d'une ordonnance, 221.34, 222.34
– présenter la requête de nullité, 203.31
– prévisible d'achèvement de la procédure, 103.91
– réquisitoire définitif, 212.41

Délai d'achèvement de la procédure
– prévisible, 103.91
– requalification, 114.33

Délai d'appel
– douane, 233.13
– partie civile, 233.41, 233.42
– personne mise en examen, 233.31 à 233.34
– procureur de la République, 233.11 à 233.13
– procureur général, 233.21, 233.22

Délai de convocation
– interrogatoire au fond, 112.85, 112.86

Délai raisonnable
– clôture de l'information, 212.14
– détention provisoire, 144.41 à 144.47, 146.64

Délit commis par un Français à l'étranger
► en l'absence de dénonciation officielle (plainte préalable obligatoire du particulier), V. sous *Plainte préalable à la saisine*

Delmas-Marty
– commission « Justice pénale et droits de l'Homme » dite —, 141.24
– projet —, 141.24

Demande d'acte
– absence de caractère complexe de l'ordonnance de renvoi, 43.24
– audience de contrôle, 245.14
– champ d'application de l'art. 82-2, 43.26,
– confrontation, 43.36
– consultation d'un enregistrement audiovisuel, 43.32, 101.32
– droit d'être entendu, 43.32
– exercice individuel, 43.07
– expertise ou contre-expertise, 43.33
– filtre par le président de la chambre de l'instruction, 43.27
– fin de l'information, 43.34
– formalités, 43.22, 212.36
– mise en examen, 43.35
– nature, 43.31 à 43.37
– prescription de l'action publique, 43.31, 43.37
– présence de l'avocat, 43.25, 73.14
– rapport Léger, 40.05
– recours, 43.22
– suspension de l'action publique, 43.27
– voie numérique, 43.24

Désignation du juge d'instruction
– acte urgent, 12.32
– C. pr. pén., art. 83, 12.12
– C. pr. pén., art. 84, 12.31 à 12.33
– cas dans lesquels il n'y a pas de désignation, 12.14
– cas dans lesquels la désignation est obligatoire, 12.15
– forme, 12.13
– pluralité de juges d'instruction, 12.16, 12.21 à 12.29, 43.61 à 43.63, 143.13
– recherche des causes de la mort, 52.25

Dessaisissement
– audience de contrôle, 53.24
– bonne administration de la justice, 53.38
– détention provisoire, 143.97

– effets de l'ordonnance de règlement, 214.21
– infraction connexe, 53.34
– infraction économique et financière, 53.36
– juridiction sans pôle, 53.39
– lieu de détention, 53.35
– ordonnance, 221.02
– par la chambre de l'instruction, 53.21 à 53.23
– par le président du tribunal, 53.11
– suspicion légitime, 53.37
– terrorisme, 221.12

Désintoxication

► V. *Alcool, Toxicomane*

Destruction d'un bien saisi

– animal (euthanasie), 182.54
– bien placé sous main de justice, 182.52
– cas, 182.52
– navire, 182.52
– stupéfiant, 182.53

Destruction d'une pièce essentielle

► V. *Perte ou disparition de pièce*

Détention provisoire

► V. aussi *Chambre de l'instruction, Débat contradictoire, Juge des libertés et de la détention, Mandat de dépôt, Mise en liberté, Prolongation de la détention, Référé-liberté, Référé-détention, Réincarcération*
– absence de prolongation, 144.35
– acte inexistant, 144.14, 242.41 à 242.45
– âge, 144.18
– appel, 145.11 à 145.18, 145.21 à 145.24, 232.33, 241.22
– arrêt CEDH
  • Bouchet (20 mars 2001), 142.42
  • Clooth (12 déc. 1991), 142.71
  • Debboub (9 nov. 1999), 144.42
  • Gelfmann (14 déc. 2004), 148.41
  • Hénaf (27 nov. 2003), 148.53
  • IA (23 sept. 1998), 144.44, 144.46
  • Kemmache (27 nov. 1991), 144.42
  • Letellier (26 juin 1991), 142.62, 144.43
  • Matheron, 29 mars 2005, 192.02, 192.12
  • Mouisel (14 nov. 2002), 148.41
  • Muller (17 mars 1997), 142.51, 142.52
  • Neumeister (27 juin 1968), 142.62, 144.43
  • Quinn (22 mars 1995), 144.42
  • Rouille (6 janv. 2004), 144.42
  • Stogmuller (10 nov. 1969), 142.24, 142.62, 142.84
  • Tomasi (27 août 1992), 142.62, 144.43
  • Wemhoff (27 juin 1968), 141.31, 142.24, 144.42
  • Wisse (20 déc. 2005), 192.02, 192.57
  • XY c/France (27 janv. 2005), 148.17
  • Zervudacki (27 juill. 2006), 153.52
– autorité parentale, 143.54
– bracelet électronique, 141.28
– cause d'exemption ou d'atténuation de la peine, 144.19
– caution, 141.12, 141.13
► chambre de l'instruction, V. ce mot
– chambre des mises en détention, 141.23
– chambre du conseil, 141.14
– cheveux, barbe, 148.13
– chiffres, 141.41 à 141.44
– comparution personnelle, 241.43, 241.44
– compétence à raison du lieu de détention, 21.51 à 21.53
– compétence d'attribution, 143.11, 144.11
– concertation frauduleuse, 142.71
– confusion de peines, 144.17, 148.51
– consul, 143.21
– contrôle judiciaire, 143.83
– Conv. EDH, art. 5-1, 142.82 à 142.85
– Conv. EDH, art. 5-4, 146.55
– copie de pièce de la procédure, 148.34
– correctionnalisation, 147.15
– correspondance, 148.21
– criminalisation, 147.13
– critères
  • de détention (définition), 141.22
  • de maintien en détention, 142.37
  • de prolongation de la détention, 142.35
  • du placement en détention, 142.31 à 142.34, 143.36
  • du refus de mise en liberté, 142.36
– débat contradictoire, 141.23, 143.61 à 143.65, 143.71 à 143.78, 144.21 à 144.27, 144.72
– définition, 141.31, 141.32
– délai raisonnable, 144.41à 144.46, 146.64
– détention sans titre, 145.63
– droit de communiquer avec le conseil, 148.22
– durée, 144.14 à 144.16
  • raisonnable, 144.47
► durée, V. aussi *Prolongation de la détention*
– effets de la cassation, 145.61 à 145.66
– emprisonnement individuel, 148.15
– étranger, 148.21
– évasion, 147.61
– évocation, 242.58
– exceptionnelle, 141.21, 141.22, 141.23, 142.11 à 142.14
– extraction, 148.26
– extradition, 146.63
– filtre du président de la chambre de l'instruction, 244.32
– garantie de représentation, 142.61, 142.62
– gestion de bien, 148.33
– gravité, 142.43
– grève de la faim et de la soif, 148.45
– histoire
  • du Code de procédure pénale, 141.21
  • du Code de procédure pénale à aujourd'hui, 141.21 à 141.29
  • origines au Code de procédure pénale, 141.11 à 141.15
– hospitalisation d'office, 148.43
– impartialité, 141.54
– imputation, 144.17,148.51
– incarcération provisoire, 143.91 à 143.94
► indemnisation, V. ce mot
– indices de culpabilité, 141.21 à 141.24, 143.35
– infirmation ordonnance de non-lieu, 145.38
– interdiction de communiquer, 104.31 à 104.33
– irresponsabilité pénale, 144.100, 247.27
– isolement, 148.17
– jeunes majeurs, 148.26
– jonction de procédures, 147.76
– juge délégué, 141.25, 141.53
– juge des libertés et de la détention (JLD), 141.27, 141.29, 143.11, 143.12, 144.38
– lieu de la détention, 148.14
– maintien des liens familiaux, 148.26

- maintien en détention, 144.92, 144.93
  - d'un détenu correctionnel devant la cour d'assises, 144.95
  - d'un mineur, 144.96, 144.99
- + mandat d'amener, 144.13
- ▶ + mandat d'arrêt, 144.13, V. ce mot
- ▶ mandat de dépôt, V. ce mot
  - à durée déterminée, 143.94
  - à durée indéterminée, 143.95
- maternité, 148.44
- menottes ou entrave, 148.53
- mineur
  - de moins de seize ans, 143.21
  - saisine du SEAT, 143.52
- mise à exécution d'une peine ferme, 148.52
- ▶ mise en liberté, V. ce mot
  - sous contrôle judiciaire, 143.82
- moment, 143.31
- motifs insuffisants, 146.32
- motivation
  - de la liberté, 142.13, 142.14
  - de l'insuffisance du contrôle judiciaire, 143.32, 143.33, 144.34, 146.37
  - des indices de culpabilité, 142.21
  - du maintien en détention, 144.93
  - prévisionnelle, 144.32, 146.31, 146.36, 146.63
- moyen audiovisuel, 144.21
- moyen de pression, 141.51, 141.54
- nature de la —
  - une atteinte à la présomption d'innocence ?, 141.34
  - une « présomption de fait de culpabilité » ?, 141.37
  - un préjugement ?, 141.33
- notice individuelle, 143.98,148.12
- nullité, 144.17, 205.21 à 205.23
- obligation « miroir » du contrôle judiciaire, 142.71, 142.72
- ordonnance
  - de placement, 143.95
  - ▶ de prolongation, V. *Ordonnance de prolongation*
  - d'incarcération provisoire, 143.94
  - rectificative, 144.39
- ordre public, 141.26, 141.54, 142.41 à 142.48, 144.43
- parlementaire, 143.21
- partie civile, 141.15, 145.16
- peine
  - encourue, 144.19
  - étrangère, 144.19
  - prescrite, 144.19
- permanence d'orientation pénale (POP), 143.53
- permis de communiquer, 148.22
- permis de visite, 148.23
- « pesée des intérêts », 143.38
- placement (seuil des peines encourues)
  - avant la loi du 15 juin 2000, 143.41, 143.42
  - entre la loi du 15 juin 2000 et celle du 9 sept. 2002, 143.43, 143.44
  - depuis la loi du 9 sept. 2002, 143.45, 143.46
- pluralité de juges d'instruction, 143.13
- pluralité de mandats de dépôt, 144.73 à 144.78
- point de départ de la détention, 144.12,144.13
- préjugement, 141.33
- préservation des preuves, 142.73
- président de la chambre de l'instruction, 244.22 à 244.25
- présomption d'innocence, 141.34 à 141.39
- presse, 143.22
- pressions sur témoin ou victime, 142.72
- prohibition
  - en raison de la nature de l'infraction, 143.22
  - en raison des personnes, 143.21
- projet
  - Delmas-Marty, 141.24
  - Donnedieu de Vabres, 141.15
- ▶ prolongation de la détention, V. ce mot
- proportionnalité, 141.33
- protection de la personne mise en examen, 142.74
- psychologie judiciaire, 141.53
- publicité, 31.34, 143.76, 144.22, 241.34
- rapport Léger, 140.05, 143.05, 144.05, 145.05, 146.05, 148.05
- récidive, 143.41, 144.19
- ▶ référé-détention, V. ce mot
- ▶ référé-liberté, V. ce mot
- règlement de la procédure, 144.91
- régime de la détention, 148.15
- ▶ réincarcération, V. ce mot
- requalification
  - à la baisse, 147.14, 147.15
  - à la hausse, 147.11 à 147.13
- requête en nullité, 145.14
- réquisition écrite du ministère public, 143.51, 144.22
- réserve du contentieux de la détention, 145.35, 145.36, 146.47, 241.75
- responsabilité, 13.67
- révocation du contrôle judiciaire, 143.37
- risque
  - de fuite, 142.61, 142.62, 144.43
  - de renouvellement de l'infraction, 142.51, 142.52
- saisine directe
  - sur la base de l'art. 148 al. 5, 146.27, 146.42, 241.72
  - sur la base de l'art. 148-4, 145.65, 146.27, 146.43 à 146.45, 241.73
- saisine du JLD
  - par le juge d'instruction, 143.55
  - par le ministère public, 143.56, 145.13
- santé, 148.41
- sécurité, 148.18
- sociologie, 141.52
- sortie exceptionnelle, 148.24
- substitution de motifs, 144.32, 145.32
- supplément d'information, 243.31 à 243.35
- supplétif, 147.71 à 147.74
- tableau
  - articulation entre juge d'instruction et JLD, 146.25, 146.26
  - détention provisoire correctionnelle majeurs, 144.78
  - détention provisoire criminelle majeurs, 144.55
  - durée de la détention criminelle et correctionnelle, mineurs, 144.86
  - incarcération provisoire, 143.92
  - référé-liberté, 145.43
- terme de la détention, 146.51
- transfèrement, 148.25
- travail, 148.32
- trouble mental, 148.42, 148.43
- unicité, 147.71 à 147.73
- vêtement, 148.31
- victime (trouble occasionné à la —), 142.44

Détenu
- notification d'une ordonnance, 221.36, 222.32
- régime de la détention, 148.15

Détournement de procédure
– appel sur ordonnance de mise en liberté, 144.24

DGCCRF
► V. *Direction générale de la concurrence, de la consommation et de la répression des fraudes*

Diffamation
► plainte préalable obligatoire du particulier, V. sous *Plainte préalable à la saisine*
– vérité du fait diffamatoire, 51.44

Dignité
– parole du juge, 13.76

Diplomate
– immunité 211.23

Direction générale de la concurrence, de la consommation et de la répression des fraudes (DGCCRF)
– C. com., art. L. 450-1, 151.34
► commission rogatoire, V. ce mot
– compétence des agents de la —, 151.34

Disjonction
– faits distincts ou non connexes, 213.31
– non-lieu partiel, 213.31
– ordonnance de —, 213.32
– renvoi partiel, 213.31

Domicile
– consentement à perquisition, 181.12
– définition, 181.02, 181.53
– inviolabilité, 181.11
– résidence, 181.54

Dommages et intérêts
– partie civile, 61.14

Donnedieu de Vabres
– projet —, 141.15

Dossier
– copie, 32.41
– cotation, 32.42
– droit à communication par le procureur de la République, 42.11 à 42.12, 201.45
– formes, 31.11
– perte de pièce, 32.43
– transmission – appel, 234.31

Dossier complet
– mise à disposition de la procédure, 113.15, 113.18

Dossier de personnalité
– enquête obligatoire, 32.22

Dossier distinct
– versement de pièce, 162.54

Dossier médical
– saisie, 181.74

Douane
– appel, 232.02, 232.13
– C. douanes, art. 67 *bis*, 151.33
– caution, 133.25
– commission rogatoire, 151.31, 151.32, 153.26
– délai d'appel, 233.13
– délégation, 151.32
– détention provisoire, 143.34
– perquisition, 181.31
– personne qualifiée, 153.24
– plainte préalable, 51.12
– pouvoirs, 151.32

Doyen des juges d'instruction
– commission rogatoire
  • extérieure, 151.41
  • internationale, 154.42
– juge coordonnateur, 13.43
– rôle, 13.41
– subdélégation, 151.22
– tâches, 13.42

Droit au silence
– arrêt Funke (CEDH, 25 févr. 1993), 141.51
– garde à vue, 141.51
– interrogatoire de première comparution, 141.51
– mis en examen, 141.51

Droits des parties
► V. aussi *Appel, Demande d'acte, Interrogatoire, Nullité*
– droit au respect de la présomption d'innocence, 43.11 à 43.15
– droit de demander des investigations, 43.21 à 43. 25, 201.26
– droit de demander la clôture de l'information, 43.34, 212.13
– droit de demander la prescription, 43.31
– droit de demander une cosaisine, 43.61 à 43.63
– droit de demander une expertise ou une contre-expertise, 43.33
– droit de faire sanctionner l'inaction du juge, 43.41
– droit de poser des questions, 111.61, 114.32
– droit d'être entendu, 43.32
– droit d'être présent lors de l'audition d'un témoin, 73.14

Durée de l'information
– délai prévisible d'achèvement de la procédure, 103.91
– droit de demander la fin de l'information, 43.34
– supérieure à deux années (dessaisissement possible), 53.23

Durée légale de la détention
► V. *Prolongation de la détention*

E

Écoute téléphonique
► V. aussi *Sonorisation*
– avant la loi du 10 juill. 1991, 192.11, 192.12
– avocat, 192.17, 201.25
– condamnation de la France par la CEDH, 192.12
– correspondance utile à la manifestation de la vérité, 192.16
– criminalité organisée, 23.26, 192.21
– destruction, 192.16
– droits de la défense, 192.41 à 192.43
– fait étranger à la saisine du juge, 192.31, 192.32
– JLD, 192.21
– limite dans le temps, 192.15
– magistrat, 192.17
– mandat d'arrêt, 125.19
– nullité, 201.25
– ordonnée par le juge d'instruction, 192.14
– parlementaire, 192.17, 201.25
– personne en fuite, 192.22
– portable, 192.04, 192.19
– provocation au délit, 192.02
– recherche des causes de la mort, 52.32
– serment, 192.14
– sonorisation, 23.27, 23.28
– téléphone portable, 192.19

Écrit
– principe, 31.11
– tempérament au principe, 31.12

Effet personnel
► V. *Vêtement*

Empreinte digitale
– C. pr. pén., art. 55-1, 191.61
– fichier automatisé des — (FNAED), 191.63
– refus de se soumettre à un prélèvement d'— (sanction), 191.61

Empreinte génétique
– fichier national automatisé des empreintes génétiques, 191.64
– infraction de nature sexuelle, 191.65
– prélèvement biologique, 191.62

- refus de se soumettre à un —, 191.62
- sans l'accord de l'intéressé, 191.62

– prélèvement de matériel biologique matériellement détaché du corps de l'intéressé, 191.62

Emprisonnement individuel
– principe, 148.15

Enquête préliminaire
– sonorisation, 192.58

Enquête de personnalité
– art. 81 du Code de procédure pénale, 32.22
– caractère obligatoire
- matière correctionnelle (facultative), 32.22, 32.23
- matière criminelle (oui), 32.23
- matière délictuelle (facultative), 32.23

– Code d'instruction criminelle, 32.21
– et clôture de l'instruction, 212.12
– expertise (non), 161.21
– matière correctionnelle, 32.22

Enquête rapide, 142.28, 142.29, 143.44
– jeune majeur, 32.32
– mineur, 32.32

Enquêteur de personnalité
– secret de l'instruction, 31.42

Enregistrement audiovisuel
► V. *Visio conférence, Moyens audiovisuels*

Entraide judiciaire (organes d'—)
► V. aussi *Commission rogatoire internationale*
– + Eurojust, 154.36
– + magistrat de liaison, 154.35
– + Réseau judiciaire européen, 154.37

Entreprise de presse
► perquisition dans une —, V. *Presse*

Équipe commune d'enquête
– constitution, 154.28
– mission, 154.28

Erreur matérielle
– arrêt de la chambre de l'instruction, 241.36
– ordonnance de prolongation de la détention, 144.36, 144.39

État
► responsabilité de l'—, V. ce mot

Éthique du juge d'instruction
– absence de texte, 13.75
- parole du juge, 13.76

– choix des moyens, 41.21
– danger lié à « l'exploitation » de l'éthique, 13.82
– enquête, 13.78
– impartialité, 13.81
– indépendance, 13.81
– interrogatoire, 114.41
– logique de distanciation, 13.72
– logique d'implication, 13.72
– « simple application » de la loi, 13.73, 13.74
– transcription des déclarations, 13.77
– valeurs fondatrices, 13.79 et 13.80

Étranger
– compétence, 24.11 à 24.15
– délit commis par un français à l'—
► en l'absence de dénonciation officielle (plainte préalable obligatoire du particulier), V. sous *Plainte préalable à la saisine*

► relation financière avec l'— (plainte préalable obligatoire de l'Administration), V. sous *Plainte préalable à la saisine*

Eurojust
– C. pr. pén., art. 695-4 à 695-9, 154.36
– missions, 154.36
– pouvoirs, 154.36

Évasion
– computation de la détention provisoire, 147.61
– histoire, 13.51
– notice individuelle, 148.12

Examen médical et psychologique
– C. pr. pén., art. 81 al. 8, 32.31
– expertise
- appel à un psychiatre pour vérifier la fiabilité d'un témoin (non), 161.21
- certificat médical concernant la victime (non), 161.21
- examen ordonné par arrêt (oui), 161.21
- examen ordonné par le juge d'instruction (oui), 161.21
- examen prescrit par le président des assises avant comparution (non), 161.21

– initiative de l'—
- demande des parties, 41.12
- liberté du juge d'instruction, 41.12

– refus du juge d'instruction de donner suite à une demande d'— (motivation), 32.32, 41.12

– règles, 32.31

Excès de pouvoir
– chambre de l'instruction, 234.25

Expert
► V. aussi *Expertise*
– à l'audience, 162.64
– association constituée partie civile, 162.25
– auxiliaire de l'—, 162.81
– aveux, 162.52
– conditions juridiques, 162.11
– frais de déplacement, 165.13
– incompatibilités, 162.22
– inscrit, 162.21 à 162.23
– nombre (droit antérieur), 162.71
– nombre (droit actuel), 162.72, 164.33
– nomination
- d'inscrit, 162.31
- de non-inscrit, 162.35

– nouvelle inscription, 162.23
– reconstitution, 172.17
– remplacement, 162.82
– secret de l'instruction, 31.42
– statut, 162.21

Expertise
► V. aussi *Expert*
– adresse électronique, 164.24
– appel, 232.35
– appréciation du rapport par le juge, 164.41
– audition
- comme témoin, 162.35
- de tiers par l'expert, 163.21
- du mis en examen, de la partie civile ou du témoin assisté, 163.31, 163.32, 163.33

– auxiliaire de l'expert, 162.81
– aveu de la personne expertisée, 162.52
– avis à partie, 164.34, 164.35
– avis divergent, 164.13
– biologie moléculaire, 162.24
– bris de porte, 165.16,
– C. pr. pén., art. 802, 163.02
– cancellation, 166.14
– caractères, 161.12, 232.35
– communication aux parties des conclusions, 164.21, 164.22
– conseiller financier, 165.15,
– constitution des listes, 162.23
– contradictoire, 43.32, 162.91
– crédibilité, 164.41
– définition, 161.11
– délai, 162.02, 162.53
– délai de forclusion de l'art. 173-1, 203.37
– demande par voie électronique, 162.41

– demande présentée à l'expert par les parties, 163.21
– demande présentée au juge par les parties, 162.92 à 162.94
– droit de demander
  • une contre-expertise, 43.33, 164.31, 212.27
  • une expertise, 43.33, 162.41
– enquête de personnalité, 161.21
– évolution, 160.04,
– examen médical et psychologique, 32.31 à 32.33, 41.12, 161.21
– exécution de la mission, 163.11
– expertise psychiatrique, 162.51
– frais de déplacement, 165.13
– frais de justice, 61.61, 165.11
– fraude, 162.31, 162.33
– histoire, 160.08
– interprète, 163.24
– irresponsabilité pénale, 164.33
– LOLF, 165.21 à 165.23
– majeur protégé, 162.38
– mission, 162.51
– motif du refus, 162.42
– notification, 112.32, 164.21 à 164.23
– nullité, 163.33, 166.11à 166.15, 201.44, 203.37
– obligatoire, 162.34
– opération qui ne constitue pas une expertise, 161.21
– ordonnance
  • absence de notification (ancien texte), 162.36
  • de rejet d'une demande de contre-expertise, 164.32
  • de taxe, 165.11
  • signature, 162.42
– personne qualifiée, 162.81
– prescription, 161.11, 164.23
– profilage, 162.51
– questions nouvelles, 43.32
– rapport, 164.11 à 164.13
– rapport d'étape, 164.14
– rapport Léger, 160.05
– rapport provisoire, 43.32, 164.14
– recherche des causes de la mort, 52.31, 164.34
– reconstitution, 172.17
– recours sur ordonnance de taxe, 165.12
– refus de l'expert, 162.55
– refus sur demande d'ordonner une expertise, 162.41, 162.42
– renonciation aux délais, 162.95
– remplacement, 162.82
– scellé (inventaire), 163.12
– scellé (remise), 163.11
– serment de l'expert, 162.61 à 162.64
– tarif légal, 165.11
– témoin assisté, 83.33, 164.21
– traduction, 161.21
– trouble mental, 164.33
– versement dans dossier distinct, 162.54

Extraction
– placement en garde à vue après incarcération, 148.26
– prolongation de la mesure motivant l'—, 148.26
– réintégration, 148.26

Extradition
► V. aussi *Mandat d'arrêt européen*
– appel, 232.37
– classification, 01.22
– délai raisonnable, 144.42
– demande de mise en liberté, 146.63
– nullité, 126.17, 201.26, 203.15, 203.16
– principe de spécialité, 126.18, 126.27
– refus, 24.14

F

Faute lourde
► V. aussi *Responsabilité de l'État*
– exemple de —
  • avoir laissé prescrire un dossier et d'avoir tenté de le dissimuler (oui), 13.66
  • communication à la presse d'un rapport interne du procureur général (oui), 13.66
  • délivrance d'un mandat d'amener et incarcération d'un individu à la suite de négligences graves (oui), 13.66
  • disparition de pièce de procédure en l'absence de copie de pièce du dossier d'information par le juge d'instruction (oui), 13.66
  • divulgation par les services d'enquête d'informations permettant d'identifier une personne mise en cause (oui), 13.66
  • interception irrégulière des communications d'un avocat par un magistrat instructeur (oui), 13.66
– responsabilité de l'État à raison d'un déni de justice, 13.66
– responsabilité de l'État à raison d'une — d'un magistrat instructeur, 13.66

Faute personnelle du juge ou magistrat
– dommage causé par une —, 13.66
– responsabilité de l'État à raison d'une —, 13.66

Faux (inscription de —)
► V. *Inscription de faux*

Faux (pièce arguée de —)
– copie, 181.67
– perquisition chez un notaire, 181.67
– remise par le notaire, 181.67
– saisie, 181.67

Fermeture d'établissement
– C. pr. pén., art. 706-33, 706.36, 41.01
– proxénétisme, 41.15
– trafic de stupéfiants, 43.22, 232.37, 233.33

Fichier de comparaison et d'identification, 191.61 à 191.67
► Fichier judiciaire national automatisé des auteurs d'infractions sexuelles (FIJAIS), V. ce mot
► Fichier national automatisé des empreintes digitales (FNAED), V. ce mot
► Fichier national automatisé des empreintes génétiques (FNAEG), V. ce mot
– prélèvement, 191.61 à 191.67
  ► analyse génétique, 191.62, V. aussi ce mot
  ► empreinte digitale, 191.63, V. aussi ce mot et *Fichier national automatisé des empreintes digitales (FNAED)*
  ► empreinte génétique, 191.64, V. aussi *Fichier national automatisé des empreintes génétiques (FNAEG)*
  • généralités, 191.61

Fichier des personnes recherchées
– inscription —, 124.13
– mandat d'arrêt, 122.54
– peine encourue, 122.44

Fichier judiciaire national automatisé des auteurs d'infractions sexuelles (FIJAIS)
– adresse (changement d'—), 191.67
– création, 191.66
– effacement de fiche, 191.67
– interrogation par un professionnel, 191.67
– nature des données enregistrées, 191.66, 191.67

– personne pouvant être inscrite au —, 191.66
– rectification, 191.67
– retrait, 191.67

Fichier national automatisé des empreintes digitales (FNAED)
– création, 191.63
– finalité, 191.63

Fichier national automatisé des empreintes génétiques (FNAEG)
– création, 191.64
– effacement, 191.64
– finalité, 191.64
– utilisation, 191.64
– vérification qu'une empreinte génétique est inscrite ou non au —, 191.62

FIJAIS
► V. *Fichier judiciaire national automatisé des auteurs d'infractions sexuelles*

Fin de l'information
► V. *Clôture*

Fixation d'image
► V. aussi *Écoute téléphonique, Sonorisation*
– dans lieu ou véhicule privé, 23.27
– dans lieu ou véhicule public, 23.27
– lieu ou véhicule exclu, 23.28

Flagrant délit
– définition, 103.102
– transport, 171.12

FNAED, 191.63
► V. *Fichier national automatisé des empreintes digitales (FNAED)*

FNAEG, 191.64
► V. *Fichier national automatisé des empreintes génétiques (FNAEG)*

Fonctionnement défectueux de la justice
► V. *Prise à partie (procédure de —), Responsabilité de l'État*

Force majeure
– débat contradictoire, 143.93, 144.25
– délai d'appel, 233.32
– délai de comparution (suspension), 143.93
– détention provisoire (prolongation), 143.74, 143.93, 144.25
– dossier égaré, 241.48

Fouille
– corporelle ou « à corps »
  • mesure de police ou de sûreté, 181.55
  • « perquisition », 181.55
– d'un portefeuille, 181.55

FPR
► V. *Fichier des personnes recherchées*

Frais de justice
– bris de porte, 165.16,
– certification, 165.11
– condamné, 61.61
– conseiller financier, 165.15,
– expertise, 61.61frais de déplacement, 165.13
– Indemnité en cas de non-lieu, de relaxe ou d'acquittement. 165.17, 214.34
– LOLF, 165.21 à 165.23
– loyer d'immeuble sous scellés, 165.25
– recours, 165.12
– tarif légal, 165.11

Fraude
– expertise, 162.31, 162.33
– perquisition, 181.31
– saisine, 51.95

Fuite
– personne en —, 102.21, 102.22, 122.52

G

Garantie de représentation
– + cautionnement, 142.61
– danger ou risque de fuite de la personne
  • droit anglo-saxon, 142.61
  • droit européen, 142.62, V. *jurisprudence de la Cour européenne des droits de l'Homme* sous ce même mot
– étranger, 142.61
– jurisprudence de la Cour européenne des droits de l'Homme, 142.62
  • arrêt Neumeister (27 juin 1968), 142.62
  • arrêt Stögmuller (10 nov. 1969), 142.62
– sans domicile fixe, 142.61

Garde à vue
– association de malfaiteurs, 153.44
– avocat, 153.45
– conditions, 153.31
– criminalité organisée, 23.16, 23.17, 153.42, 153.43
– déferrement, 153.52, 153.53
– délais de présentation, 101.15
– distinction avec d'autres régimes proches, 153.33
– droits de la personne, 153.32, 153.45
– durée cumulée, 153.51
– enregistrement audiovisuel, 153.27, 153.47
– indice, 191.11
– mandat d'amener, 123.13
– mandat de recherche, 124.12, 153.37
– mineur, 153.46
– nullité, 153.35, 205.15
– partie civile, 111.33, 153.36
– présentation pour la prolongation, 153.02
– prolongation, 153.34, 153.43
– rapport Léger, 154.05
– serment, 73.18, 153.37
– stupéfiants, 153.44
– sur commission rogatoire, 153.23
– témoin assisté, 81.14, 81.22
– terrorisme, 153.44
– transport du juge, 153.23

Gestion des biens
– bien patrimonial (procuration), 148.33
– bijou ou valeur, 148.33
– fruit du travail, 148.33
– indemnisation de la victime, 148.33
– objet de valeur ou encombrant, 148.33
– pécule de sortie, 148.33
– somme appartenant au prévenu, 148.33
– versement effectué à l'extérieur, 148.33

Greffe
– de l'instruction ou du tribunal, 232.12

Greffier
– transport, 153.23, 171.24

Grève
– de la faim et de la soif, 148.45
  • alimentation forcée, 148.45
► du personnel pénitentiaire, V. *Personnel pénitentiaire*

H

Histoire
– fonction de juge d'instruction, 10.08

Hôpital
– débat contradictoire, 143.73
– enregistrement audiovisuel (non) 101.33

Hospitalisation d'office
– irresponsabilité pénale, 247.31

Hygiène et sécurité du travail
– pouvoir du juge d'instruction, 41.15, 232.37

Hypnose
– preuve, 191.57

I

IAO
▶ V. *Logiciel d'instruction assistée par ordinateur,* sous *Informatique*

Identité
▶ V. *Contrôle d'identité*

Impartialité
– du juge d'instruction, 141.54

Impôt
▶ plainte préalable obligatoire de l'Administration, V. sous *Plainte préalable à la saisine*

Imputation de la détention provisoire
– amnistie de la condamnation ferme, 148.51
– confusion de peines, 148.51
– incarcération provisoire, 148.51
– incarcération subie en application des art. 741-2 et 741-3, 148.51
– incarcération subie hors de France, 148.51
– rétention sur mandat d'amener, 148.51
– rétention sur mandat d'arrêt, 148.51
– séjour d'un mineur délinquant dans un établissement où il a été placé par une ordonnance de garde provisoire, 148.51

Incendie
▶ V. *Perte ou disparition de pièce*

Incompatibilité
– chambre de l'instruction, 13.34
– juge des libertés et de la détention, 13.36
– juge d'instruction, 13.32 à 13.34

Inculpation, 100.03
▶ V. aussi *Mise en examen*

Inculpation tardive
– C. pr. pén., art. 105, 92.21 à 92.26
– fondement, 92.11

Indemnisation
– ordonnance de non-lieu, 214.34

Indemnisation de la détention
– avant la loi du 17 juill. 1970, 149.11
– commission nationale des réparations des détentions, 149.23
– jurisprudence antérieure à la loi du 15 juin 2000, 149.14
– loi du 17 juill. 1970, 149.12
– loi du 30 déc. 1996, 149.13
– loi du 15 juin 2000
  • application, 149.31 à 149.35
  • procédure, 149.21 à 149.23
– préjudice, 149.33
– premier président, 149.22
– recours contre le dénonciateur, 149.34

Indépendance
– du juge d'instruction, 13.81

Indicateur
– rémunération, 153.26

Indice
– détention provisoire, 142.21 à 142.24

Indices graves et concordants
– mineur (abrogé), 191.24
– mise en examen, 92.02, 92.11, 92.21 à 92.26
– témoin, 191.23
– témoin assisté, 82.13, 91.12, 191.23

Indices graves ou concordants
– mise en examen, 90.08, 91.21, 91.22, 191.11, 191.21, 191.22

Infiltration
– C. pr. pén., art. 706-81 à 706-87, 23.01
– Commission rogatoire internationale (dans le cadre d'une —), 154.22
– contrôle, 23.24
– définition, 23.23
– droits des personnes infiltrées, 23.23
– preuve, 23.25
– utilisation, 23.24

Information
– avis de fin prévisible d'—, 103.91
▶ clôture, V. *Clôture de l'information*
– + droit de demander la clôture de l'—, 43.34, 212.13
– poursuite, 203.26, 234.34
– + supplément d'—, 151.23, 151.24

Informatique
– aide à la décision, 32.53
– de gestion, 32.51
– demande d'acte, 43.23
– demande d'expertise, 162.41
– documentaire (consultation de l'—), 32.52
– internet, 32.52
– intranet, 32.52
– logiciel d'instruction assistée par ordinateur (IAO), 32.53
– mail, 43.23, 162.41

Infraction commise hors du territoire de la République, 24.01 s.
– compétence, 24.11
– compétence universelle, 24.15
– crime commis à l'étranger par un Français, 24.11
– délit commis à l'étranger par un Français, 24.11
– exercice des poursuites, 24.13
– extradition
  • refus, 24.14
– infraction « réputée » commise sur le territoire de la République, 24.12
– personne justifiant d'un jugement définitif ou d'une condamnation à l'étranger, 24.11
– personne justifiant d'une peine subie ou prescrite, 24.11
– victime de nationalité française au moment des faits, 24.11

Infraction économique et financière
– compétence, 23.31 à 23.35
– dessaisissement, 53.36
– réquisitoire introductif, 23.37

Infraction fiscale
– avis conforme de la commission des —, 51.12
– contestation en douane, 51.12
– plainte préalable de l'Administration fiscale, 51.12
– poursuite, 51.12

Infraction de terrorisme
– compétence, 23.51

Infraction sexuelle
▶ V. aussi *Loi du 17 juin 1998, Mineur*
– fichier des auteurs d'infractions sexuelles, 191.66, 191.67

Injure
▶ V. aussi *Diffamation*
▶ plainte préalable obligatoire du particulier, V. sous *Plainte préalable à la saisine*

Inscription de faux
– mention portée sur le procès-verbal d'interrogatoire attestant que la procédure a été mise à la disposition du conseil dans le délai légal fait foi jusqu'à —, 113.22
– mentions de l'interrogatoire de première comparution font foi jusqu'à — (Crim., 28 févr. 1974), 101.02

Insertion forcée
► V. *Action en insertion forcée*

Instruction à charge et à décharge
– rapport Léger, 30.05

Instruction assistée par ordinateur (IAO)
► V. *Logiciel d'instruction assistée par ordinateur (IAO)*, sous *Informatique*

Instruction préparatoire
– à charge et à décharge, 32.12
– acte obligatoire, 32.23
– complète, 212.11 à 212.14
– contradictoire, 31.21
– copie de pièce, 32.41
– cotation de pièce, 32.42
– devoir d'instruire, 51.43
– disjonction, 213.31, 213.32
– écrite, 31.11 à 31.12
– évolution, 31.08
– facultative, 31.61, 31.62
– informatique, 32.51 à 32.53
– inquisitoire, 31.21, 31.23
– jonction, 213.31, 213.32
– perte de pièce, 32.43
– secrète, 31.31 à 31.35, 31.41 à 31.49, 31.51, 31.52

Interception de correspondance
► V. aussi *Écoute téléphonique, Récepteur de messagerie, Secret des correspondances, Sonorisation, Surveillance*
– avocat (secret professionnel), 72.63

Interdiction de siéger dans une affaire que le juge d'instruction a instruite
– application de l'—, 13.33
– art. 49 du Code de procédure pénale, 13.32
– extension au juge des libertés et de la détention (JLD), 13.36
– limite, 13.34
– sanction, 13.35
– solution traditionnelle, 13.31

Interdictions
– droits de la personne faisant l'objet d'une interdiction, 247.33
– irresponsabilité pénale, 247.32
– violation, 247.35

Interpol
– diffusion dite —, 126.16
– rôle, 126.16

Interprète
– audition de témoin, 73.22
– débat contradictoire, 143.77
– expertise, 161.21, 163.34
– interrogatoire, 111.45, 111.46, 111.52
– langue des signes, 101.22
– secret de l'instruction, 31.42

Interrogatoire au fond
► V. aussi *Confrontation*
– absence du conseil, 112.61
– acte d'autorité, 114.32
– acte non considéré comme un « interrogatoire », 112.33
– choix du conseil, 112.21 à 112.26
– contrôle judiciaire, 132.11
– convocation du conseil, 112.51, 112.52, 112.61, 112.62, 112.71, 112.81 à 112.87
– copie de pièce, 113.31 à 113.34
– *curriculum vitae*, 111.14, 112.32
– définition, 111.11 à 111.15, 114.31, 172.23
– délai de convocation, 112.85, 112.86
– délégation, 152.21
– distinction avec IPC, 100.11, 111.14
– éthique, 13.77, 114.41
– évolution, 110.04,
– forme
  • de la convocation, 112.81
  • de l'interrogatoire, 112.41
– formulation des questions, 114.43
– interprète, 111.45, 111.46
– langage, 114.46
– mandat
  • d'amener, 123.24
  • d'arrêt, 125.22
– matière criminelle, 101.32, 111.41
– mention, 114.47
– ministère public, 111.51, 111.61
– + mise à disposition de la procédure, 113.11 à 113.18, 113.21 à 113.24
– moyen
  • de défense, 111.11
  • d'instruction, 111.12
– moyens audiovisuels, 101.31 à 101.35, 111.41 111.48, 111.49
– nécessité, 102.11, 102.12
– non-respect de l'art. 114 du fait de la personne, 112.13
– notification d'expertise, 112.32
– nullité, 112.62, 112.71, 112.72, 113.24
– obligation de mentionner les questions, 111.47
– ordinaire, 112.31
– perquisition, 112.45
– personne en fuite, 102.21 à 102.22
– personne présente, 111.51, 111.52
– preuve intrinsèque de la convocation, 112.82, 112.84
– prohibition du serment, 111.42
– question, 111.47, 114.43
– reconstitution, 172.22, 172.23, 172.31
– refus de répondre, 111.43
– renonciation
  • à l'assistance du conseil, 112.13
  • à une nullité, 112.71, 112.72
– rapport Léger, 110.05
– requalification en cours d'information, 114.33, 147.13
– retranscription
  • des questions, 114.44
  • différée, 114.45
  • simultanée, 114.45
– saisie, 112.45
– serment, 111.42
– signature, 111.44
– technique
  • de retranscription, 114.45
  • d'interrogatoire, 114.41 à 114.47
– terminologie, 111.15

Interrogatoire de première comparution
► V. aussi *Mise en examen*
– avis
  • de fin prévisible d'information, 103.91
  • des droits des parties, 103.71, 103.72
  • relatif au choix du conseil, 103.21 à 103.25
– C. pr. pén., art. 80-2, 103.41 à 103.45
– choix
  • du conseil, 104.11, 104.12
  • du juge d'instruction, 103.61 à 103.62
– circuit
  • court, 103.41 à 103.45
  • long, 103.51 à 103.55
– convocation
  • de la personne, 103.41
  • du conseil, 103.42
– déclaration
  • d'adresse, 103.81
  • spontanée, 103.53
  • sur le fond, 102.12
– définition des circuits, 103.31, 103.32
– délai de présentation, 101.15
– délégation, 93.41 à 93.43, 93.45, 152.13

- détenu, 101.14
- distinction avec les autres interrogatoires, 101.11, 111.14
- droit de se taire, 103.52
- évolution, 100.04,
- fait, 103.12
- forme, 101.12
- inscription de faux, 101.02
- interrogatoire et confrontation immédiats, 103.101 à 103.103
- langage, 13.73
- matière criminelle, 101.32
- mineur, 103.24
- mise en examen, 93.12
- moment, 101.13
- moyens audiovisuels, 101.31 à 101.35
- nullité, 82.31, 103.13, 103.43, 103.44, 205.16
  - avant 1993, 205.12
- obligation de l'interrogatoire au fond, 103.56
- ordonnance non conforme aux réquisitions du parquet, 103.63
- partie civile, 103.25
- personne
  - ayant fait l'objet d'un mandat, 103.14
  - en fuite, 102.21, 102.22
  - mise en cause, 103.11
- procès-verbal, 101.21
- qualification juridique, 103.12
- rapport Léger, 100.05
- renonciation à une nullité, 103.41
- requalification en crime, 52.53, 114.33
- spécificité, 101.11
- témoin assisté, 82.11, 82.21
- visioconférence, 111.48, 111.49

Interruption de travaux (Code de la construction)
- pouvoir du juge d'instruction, 41.15

Intime conviction
- « assise » de l'—, 191.52
- analyse, 191.52
- principe, 191.52
- reasonable doubt, 191.53

Isolement
- interdiction temporaire de communiquer, 148.17
- maintien prolongé en —, 148.17
- mesure d'— ou de séparation des autres détenus, 148.17

Irresponsabilité pénale pour cause de trouble mental
- appel, 232.53
- application de la loi dans le temps, 247.41, 247.42
- arrêt de déclaration d'irresponsabilité pénale, 247.26
- arrêt de non lieu, 247.24
- arrêt de renvoi, 247.25
- audience, 241.22, 247.23
- autres personnes entendues, 247.22
- casier judiciaire, 247.36
- contrôle judiciaire, 247.13 , 247.27
- comparution personnelle, 247.21
- demande de contre-expertise, 164.33
- détention provisoire, 144.100, 148.42, 148.43, 247.13, 247.27,
- domaine d'application de la procédure, 247.12
- droits de la personne faisant l'objet d'une interdiction, 247.33
- droits de la partie civile, 247.34
- interdictions, 247.32
- hospitalisation d'office, 247.31
- mesures de sûreté, 247.31 et s.
- mise en examen, 247.28
- ordonnance de non lieu, 213.23, 214.37
- procédure devant le juge d'instruction, 212.42, 214.37
- saisine de la chambre de l'instruction, 247.11 et s.
- sursis à statuer, 214.38
- transmission par le juge d'instruction, 274.11
- violation des interdictions, 247.35

J

Jeu
► V. *Maison de jeu*

Jeunes majeurs
- détention provisoire, 148.26

JLD
► V. *Juge des libertés et de la détention*

Jonction
- de procédures concernant un même auteur d'infractions, 147.76
- information ouverte contre les coauteurs d'un auteur principal d'une infraction, 213.31
- instruction complexe en raison de la pluralité de faits et dirigées contre plusieurs personnes, 213.31
- ordonnance de — (caractères), 213.32

Juge coordonnateur
- pôle de l'instruction, 13.43

Juge des enfants
- mise en examen, 93.34

Juge des libertés et de la détention (JLD)
► V. aussi *Débat contradictoire*
- articulation juge d'instruction et JLD, 146.25, 146.26
- compétence d'attribution, 143.11, 143.12
- dessaisissement, 144.11
- écoute téléphonique, 192.21, 192.22
- erreur matérielle, 144.36, 144.39
- histoire, 141.27
- incarcération provisoire d'office, 143.66
- incompatibilité, 13.36, 143.12
- limite à la compétence, 146.39
- mise en liberté
  - d'office, 146.13
  - sur saisine de prolongation, 144.38
- non-respect de l'art. 114, 112.13
- perquisition, 181.61
- révocation du contrôle judiciaire, 132.51
  - après renvoi, 132.85, 146.54
- saisine, 143.55, 143.56
- saisine directe, 141.29, 145.13
- tableau : articulation entre juge d'instruction et JLD, 146.26
- témoignage sous X, 71.23 à 71.26
- transport, 142.23, 171.22

Juge d'instruction
► V. aussi *Pôles de l'instruction*
- abstention, 13.21 à 13.23
- acte obligatoire, 41.14
- collégialité 143.13
- contrôle hiérarchique, 13.62 à 13.63, 41.16
- désignation, 12.11 à 12.16, 12.31 à 12.33
- devoirs, 32.11
- direction de l'information, 41.11 à 41.16
- discipline, 13.64 à 13.65
- doyen des juges d'instruction, 13.41, 13.42
- durée des fonctions dans la même juridiction, 13.07
- éthique, 13.71 à 13.82
- inaction, 41.11 à 41.12, 41.31, 43.41, 61.66
- incompatibilités, 13.31 à 13.34
- indépendance, 41.12, 212.45
  - par rapport au ministère public, 212.45, 232.14
- instruction à charge et à décharge, 32.12

– interdiction de siéger dans ses propres affaires, 13.32 à 13.35, 201.21
– juge d'instruction temporaire, 11.21
– juge placé, 11.23
– juridiction sans pôle, 52.51 à 52.53
– nomination, 11.11 à 11.12
– pluralité, 12.16, 12.17
– pouvoirs particuliers, 41.15
– récusation, 13.11 à 13.12
– remplacement, 11.24 à 11.26
– responsabilité, 13.61 à 13.67
– secret de l'instruction, 31.42
– sécurité, 13.51 à 13.52
– statut, 13.07

Juge placé
– affectation temporaire, 11.23
– durée de l'affectation, 11.23
– régularité de l'ordonnance de délégation, 11.23

Juridiction interrégionale, 23.14
► V. aussi *Criminalité organisée*

Juridiction sans pôle
► V. aussi *Pôle de l'instruction* et *Pluralité de juges d'instruction*
– cosaisine, 12.27, 22.72, 245.47
– demande de modification du contrôle judiciaire, 132.82
– audience, 241.22, 247.23
– demande de mise en liberté, 146.22
– ouverture de l'information dans une juridiction sans pôle, 12.24, 52.52, 53.39
– requalification criminelle en cours d'information, 52.53, 114.33
– réquisition nouvelle, 12.25

L

Langage
– éthique, 13.76
– interrogatoire de première comparution, 13.73
– transcription de déclaration, 13.77

Lettre
► V. *Correspondance*

Lieutenant criminel
– historique, 10.08

Loi du 2 juillet 1931, 43.15
– constitution de partie civile, 63.35

Loi du 17 juin 1998, 31.12
– administrateur *ad hoc*, 61.25
– audition du mineur victime, 73.17, 114.15
– copie de l'enregistrement, 113.34

M

Magistrat
– crime ou délit commis par un —, 21.51 à 22.53
– écoute téléphonique, 192.17
– secret de l'instruction, 31.42

Magistrat de liaison
– + Commission rogatoire internationale, 154.35
– + entraide judiciaire (organes d'—), 154.35

Mainlevée
– mandat, 121.61 à 121.63

Maintien en détention
– matière correctionnelle
  • d'un mineur, 144.96
  • effets, 144.97
  • en cas de renvoi d'un détenu correctionnel devant la cour d'assise, 144.95
  • en cas de renvoi devant le tribunal correctionnel, 144.92, 214.54
  • motivation, 144.93
– matière criminelle
  • mineur de 16 ans, 144.99
– prérogative du juge d'instruction, 214.54

Maison de jeu
– loi spéciale, 181.31

Majeur protégé
– avocat obligatoire, 112.14
– copie de pièce, 113.19
– expertise obligatoire, 41.14, 162.38
– ordonnance de non lieu, 214.39

Malfaiteur (association de —)
► V. *Association de malfaiteurs*

Mandat
► V. aussi *Mandat d'amener, Mandat d'arrêt, Mandat d'arrêt européen, Mandat d'arrêt « international », Mandat de comparution, Mandat de dépôt*
– acte
  • d'instruction, 121.11
  • de juridiction, 121.11
– amende civile, 121.51
– ancien droit, 120.08
– date, 121.31, 121.34
– énonciation des faits, 121.37
– évolution, 120.04
– exécution de mandat, 121.41 à 121.43
– force publique, 121.41
– forme écrite, 121.32
– identité, 121.21
– inculpé, 121.22
– irrégularité de forme, 121.52
– mainlevée, 121.61 à 121.63
– mise en examen, 103.14, 121.22 à 121.24
– nature, 121.11 à 121.13
– nom et qualité du magistrat, 121.33
– nullité substantielle, 121.53
– rapport Léger, 120.05, 123.05
– renvoi, 122.02
– résidence, 121.02
– rétention, 122.26
– sceau, 121.31, 121.36
– signature, 121.31, 121.35
– statut de la personne présentée, 103.14

Mandat d'amener
► V. aussi *Mandat*
– absence d'adresse, 123.18
– définition, 123.11
– emploi, 123.12
– exécution, 123.34
  • à moins de 200 kilomètres, 123.21, 123.22
  • à plus de 200 kilomètres, 123.23, 123.24
– garde à vue, 123.13
– imputation sur la peine, 123.25, 148.51
– interrogatoire, 123.15
– notification, 123.13
– point de départ de la détention, 123.25, 144.13
– procès-verbal de perquisition, 123.17
– + rapport Léger, 123.05
– renvoi devant la juridiction, 123.26
– rétention par le service capteur, 123.16

Mandat d'arrêt
► V. aussi *Mandat, Mandat d'arrêt « international »*
– adresse à l'étranger, 125.34
– arrestation
  • après clôture de l'information, 125.18
  • irrégulière, 125.32
– avis du ministère public, 125.12
– caractères
  • actuels, 125.12
  • originaires, 125.11
– débat contradictoire, 143.73
– détention, 125.16
– diffusion, 125.15
– droits de la personne faisant l'objet d'un mandat d'arrêt, 125.33, 232.46
– écoute téléphonique, 125.19

- + européen, 126.21 s.
- exécution, 125.21 à 125.24
  - à plus de 200 kilomètres, 125.21
- FPR, 122.54
- interrogatoire, 125.22 à 125.24
- mise en examen, 121.02, 125.13
- notification, 122.56
- peine encourue, 125.14
- personne en fuite, 125.12
- placement en détention, 148.14
- point de départ de la détention, 144.13
- procès-verbal de perquisition, 125.17, 125.34
- recherches après clôture de l'information, 125.19
- rapport Léger, 120.05
- renvoi devant la juridiction, 125.31
- visite des autorités en détention, 148.16

Mandat d'arrêt européen
- absence de contrôle de la double incrimination, 246.26
- application de la loi dans le temps, 246.29
- arrestation, 246.11
- audience de la chambre de l'instruction, 246.22
- cas dans lequel la personne déclare consentir à la demande, 246.23
- cas dans lequel la personne déclare ne pas consentir, 246.24
- champ d'application, 126.23
- délais, 246.14
- effets, 126.27
- émission, 126.25
- évolution, 126.21
- exécution, 246.27
- extension de la remise, 246.28
- formes, 126.22
- mentions obligatoires du mandat, 246.25
- motifs du refus de remise, 126.24
- présentation, 246.12
- principe de spécialité, 126.27
- saisine de la chambre de l'instruction, 246.21
- transmission des pièces, 246.13
- rôle du parquet général, 246.11 et s.
- transmission, 126.26

Mandat d'arrêt « international »
- accord Schengen, 126.15
- Convention européenne d'extradition, 126.12
- demande d'arrestation provisoire, 126.14
- existence, 126.11
- extradition simplifiée, 126.19
- Interpol, 126.16
- + mandat d'arrêt européen, 126.21 s.
- nationalité de la personne poursuivie, 126.13
- règle de la spécialité, 126.18
- règles de coopération, 126.12

Mandat de comparution
▶ V. aussi *Mandat*
- définition, 122.11
- effets, 122.15
- mise à exécution, 122.21 à 122.23
- notification, 122.13
- pénalité encourue, 122.14
- rapport Léger, 120.05
- utilisation en toute matière, 122.12
- renvoi devant la juridiction de jugement, 122.02, 122.16

Mandat de dépôt
▶ V. aussi *Mandat, Détention provisoire*
- absence de délivrance d'un nouveau mandat, 145.34
- à durée déterminée, 143.94, 143.97
- appel, 121.02, 121.13, 127.27, 145.12
  - délivrance d'un nouveau mandat en cas d'annulation, 147.56
- définition, 127.14
- évolution législative, 127.11 à 127.15
- exécution, 127.26
- fait nouveau, 147.72 à 147.74
- force exécutoire, 127.28
- indépendance du juge, 127.22
- interrogatoire, 127.23
- magistrat compétent, 127.15
- notification, 127.24
- nullité, 127.29
- origine, 127.11
- peine encourue, 127.21
- point de départ de la détention, 144.12
- pluralité, 147.73 à 147.78
- transfèrement, 127.25

Mandat de recherche
- arrestation après la clôture de l'information, 122.58
- commission rogatoire, 124.12
- création, 120.08, 121.11
- garde à vue, 124.12, 153.37
- inscription FPR, 124.13
- ministère public, 124.12
- nouveauté, 124.11
- personne mise en examen, 82.14
- renvoi devant le tribunal correctionnel , 124.15
- témoin assisté, 82.14

Mandataire judiciaire
- perquisition, 181.67

Matériel de guerre
▶ Plainte préalable obligatoire de l'Administration, V. sous *Plainte préalable à la saisine*

Médecin
- perquisition, 181.63
- remise volontaire, 181.64
- saisie du dossier médical, 181.74
- secret professionnel, 72.63
- sonorisation, 192.59

Membre du gouvernement
- audition, 73.52
- compétence, 22.02, 22.31

Membre du Parlement
- compétence, 22.41
- écoute téléphonique, 201.25
- immunité, 211.22, 232.36
- sonorisation, 192.59

Mémoire
▶ V. aussi *Chambre de l'instruction*
- audience de contrôle, 241.23, 245.23, 245.24
- défaut de réponse, 241.25
- dépôt, 241.22
- effets du dépôt, 241.24
- lettre jointe à appel détenu, 241.22
- moment du dépôt, 241.23

Menottes ou entrave
- image d'une personne menottée ou entravée, 148.53
- port de —, 148.53
- entrave au lit d'hôpital (arrêt Henaf, CEDH, 27 nov. 2003), 148.53
- légalité, 13.52

Message
▶ V. aussi *Correspondance, Interception de —*, V. *Récepteur de messagerie*

Mesure conservatoire
- criminalité organisée, 23.29, 131.27

Mesures de sûreté
- irresponsabilité pénale, 247.31 et s.

MIEM
▶ V. *Mission interministérielle sur les marchés publics (MIEM)*

Militaire
- compétence, 22.21
- réquisitoire introductif, 51.21

Mineur
- âge, 22.33, 144.18
- appel, 145.13
- audition vidéo du mineur victime, 73.17, 114.15
- avocat, 73.17, 103.24, 143.63, 143.64
- centre éducatif fermé, 132.04, 132.21, 132.33
- compétence, 22.11 à 22.13
- consultation de l'enregistrement, 113.34
- constitution de partie civile, 61.25
- contrôle judiciaire, 131.25
  - de mineur de moins de seize ans, 132.31 à 132.35
  - de mineur de plus de seize ans, 132.41 à 132.43
- détention, 143.21, 144.81
- disjonction, 213.33
- durée
  - cumulée des détentions (révocation de contrôle judiciaire), 144.85
  - de la détention en matière correctionnelle (mineurs), 144.82 à 144.86
  - de la détention en matière criminelle (mineurs), 144.61 à 144.63
- garde à vue, 153.46
- interrogatoire, 112.14
  - de première comparution, 103.24
- maintien des liens en détention, 148.26
- motivation prévisionnelle, 144.33
- placement en détention, 148.51
- prolongation de la détention
  - en matière correctionnelle, révocation du contrôle judiciaire, 144.82, 144.83
  - en matière criminelle, mineur de moins de seize ans, 144.61, 144.62
  - en matière criminelle mineur de moins de dix-huit ans, 144.63
- psychologue, 114.16
- renvoi en matière criminelle, 214.76
- révocation du contrôle judiciaire, 132.51, 132.52, 147.23
- SEAT, 144.26, 144.84
- serment, 72.14
- tableau : durée de la détention criminelle et correctionnelle, mineur, 144.86
- témoin, 72.13
- urgence, 22.32

Ministère public
► V. *Procureur de la République*

Ministre du culte
- perquisition, 181.66

Mise à disposition de la procédure
- absence de suspension de l'instruction, 113.16
- acte
  - en cours, 113.17
  - rendant la formalité nécessaire, 113.12
- communication permanente, 113.18
- copie de pièce, 113.31 à 113.35
- corollaire de la convocation, 113.11
- dossier complet, 113.15, 113.18
- du seul conseil, 113.13, 113.14
- effets de la présence du conseil, 113.23
- permanente, 113.18
- partie qui se défend seule, 113.14
- preuve, 113.21 à 113.24
- récépissé postal, 113.22

Mise en dépôt d'un animal
- aliénation, 182.54
- euthanasie, 182.54
- saisi ou retiré, 182.54

Mise en examen
► V. aussi *Appel, Droits des parties, Notification des ordonnances*
- appel, 232.31 à 232.39, 233.31 à 233.34
- audition par l'expert, 163.31, 163.32
- auto-mise en examen, 83.22
- commission rogatoire, 93.44
- comparution précédent la mise en examen, 103.61, 103.62
- décès, 214.37
- délégation, 93.41 à 93.43, 93.45, 152.13
- demande d'acte (tendant à la —), 43.35

► « démise en examen », V. *Passage du statut de mis en examen à celui de témoin assisté*
- évolution, 90.08
- fait nouveau, 93.32
- histoire, 90.08
- indices graves ou concordants, 90.08, 91.21, 91.22, 191.21
- juge des enfants, 93.34
- mandat, 90.08, 91.02, 121.02, 121.22 à 121.24
- mandat d'arrêt, 125.13
- mandat de recherche, 82.14
- motivation, 91.42
- notification
  - d'une ordonnance, 221.12
  - par OPJ, 90.08
- nouvelle personne, 93.31
- nullité, 91.31, 91.32, 201.24, 205.16
- ordonnance
  - dont la personne mise en examen peut interjeter appel, 232.31 à 232.39
  - dont la personne mise en examen ne peut interjeter appel, 232.41 à 232. 46
  - non conforme aux réquisitions du parquet, 103.63
- passage du statut de mis en examen à celui de témoin assisté, 43.36, 91.13, 91.41, 91.42, 103.64
- personne
  - ayant fait l'objet d'un mandat, 103.14
  - mise en cause, 62.43, 93.21
- prématurée, 91.11 à 91.13, 91.21, 91.22, 91.31, 91.32
- première comparution, 93.12
- procédure d'irresponsabilité pénale de la loi du 25 février 2008, 247.28
- protection, 142.74
- qualification nouvelle, 93.33
- qualité, 93.11
- Rapport Léger, 90.05
- régime des lois de 1993, 90.08
- serment du mis en cause, 201.42
- subsidiarité, 91.11
- tardive, 92.11, 92.21 à 92.26, 92.31, 92.32
- témoin assisté, 91.12, 93.23, 93.24, 93.25
- terminologie, 141.25

Mise en liberté
- acte inexistant, 144.14, 242.41 à 242.45
- après clôture de l'information
  - après l'arrêt d'assises, 146.56
  - compétence, 146.51 à 146.56
  - délais, 146.62
  - juridiction compétente, 146.53
  - limites, 146.52
  - procédure, 146.61 à 146.67
- articulation juge d'instruction et JLD, 146.25, 146.26
- carence du ministère public, 146.28

- chambre de l'instruction (d'office), 146.14, 242.42
- compétence de principe après la clôture, 146.66
- débat contradictoire, 146.11
- déclaration d'adresse, 146.33
- demande de —
  - après ordonnance de clôture, 146.55, 146.63
  - concomitante à l'ordonnance de clôture, 146.39
  - lors de l'audience au fond, 146.67
- d'office, 146.11 à 146.14
- extradition, 146.63
- formes de la décision de refus, 146.38
- limites à la compétence JLD, 146.39
- motifs insuffisants, 146.32
- motivation
  - insuffisante du contrôle judiciaire, 146.37
  - prévisionnelle, 146.31, 146.36
- ordonnance
  - de mise en liberté, 146.33
  - de mise en liberté avec cautionnement préalable, 146.34
  - de non-lieu, 214.33
- ordonnée par le président de la chambre de l'instruction sous condition de versement d'un cautionnement préalable (référé-liberté), 145.45
- partie civile, 146.24
- pendant l'information
  - compétence, 146.23
  - décision, 146.31 à 146.39
  - délai, 146.25
  - demande, 146.21, 146.22
  - motifs de la décision, 146.31
  - procédure, 146.24
- placement obligatoire sous contrôle judiciaire, 146.35
- pluralité de demandes, 146.27
- président de la chambre de l'instruction, 244.23
- rapport Léger, 146.05
- référence à précédente décision, 146.38
- refus de mise en liberté, 146.36
- renvoi
  - devant le tribunal correctionnel, 214.53
  - devant le tribunal de police, 214.42
- supplément d'information, 243.34
- tableau : articulation entre juge d'instruction et JLD, 146.25, 146.26

Mission interministérielle sur les marchés publics (MIEM)
- création, 151.35
- délit de favoritisme (compétence), 151.35
- saisine, 151.35

Moyen audiovisuel
- audition du mineur victime, 73.17, 114.15
- commission rogatoire internationale, 154.39
- confrontation avec agent d'infiltration, 23.25
- consultation des enregistrements, 43.32, 101.32
- copie des enregistrements, 113.34
- détention, 143.78, 144.27
- interrogatoire, 111.41, 114.34
- interrogatoire criminel, 101.31 à 101.35, 153.27, 153.47
- interrogatoire de première comparution, 101.31 à 101.35
- garde à vue, 153.27
- hôpital, 101.33
- témoin, 71.25
- transport, 101.33, 172.34
- reconstitution, 172.53
- visioconférence, 111.48, 111.49

N

Navire
- destruction, 182.52

Nomination du juge d'instruction
- compétence du président de la République, 11.11
- durée maximale de la — dans une même juridiction, 13.07
- irrégularité de la —, 11.12
- remplacement du juge d'instruction absent, malade ou empêché, 11.24 à 11.26
- temporaire
  - délégation d'un magistrat par le premier président, 11.22
  - état de nécessité, 11.21
  - juge placé, 11.23
  - remplacement, 11.24 à 11.26

Non-lieu
▶ V. *Ordonnance de non-lieu*

Notaire
▶ V. aussi *Faux*
- perquisition, 181.67
- sonorisation, 192.59

Notice individuelle
- débat contradictoire, 148.12
- première comparution, 143.98
- renseignements portés sur la —, 143.98
- transmission au chef d'établissement pénitentiaire, 143.98

Notice semestrielle
- contrôle du fonctionnement du cabinet d'instruction, 13.63
- destinataire, 244.12
- mentions, 244.12

Notification d'une ordonnance
- adresse électronique, 164.24
- délai, 221.34, 222.34
- délai d'appel, 221.02
- dessaisissement, 221.02
- destinataire, 222.31
- effet, 221.31
- évolution, 220.04,
- forme, 222.32
- histoire, 221.08, 222.11, 222.21
- mention, 222.41
- modalités, 221.11
- omission, 221.33
- ordonnance
  - conforme aux réquisitions du ministère public, 221.53
  - contraire aux réquisitions du ministère public, 221.51
  - de clôture, 221.41 à 221.43
  - de mise en accusation, 221.44
  - de soit-communiqué, 222.23
  - juridictionnelle, 222.12
  - non notifiée, 222.21 à 222.23
  - qui doit être notifiée, 221.21 à 221.24
  - susceptible de recours, 222.13
- partie civile, 221.13
- personne mise en examen, 221.12, 221.22
- placement en détention, 221.14
- pluralité de conseils, 222.33
- preuve, 222.41 à 222.43
- procureur de la République, 42.22
- rapport Léger, 220.05
- récépissé postal, 222.02, 222.42
- sanction, 221.32
- terrorisme, 221.12, 221.21
- validité, 221.35

Nuit
- perquisition
  - de droit commun, 181.41
  - exceptionnelle de nuit, 23.18, 23.19,181.42

Nullité
- absence d'interrogatoire, 201.46
- acte
  - annulé, 205.31 à 205.34
  - ou pièce de procédure, 205.31

  - susceptible d'appel, 145.14
- annulation de pièce de la procédure ayant entraîné la mise en liberté, 147.53 à 147.56
- appel, 203.41 à 203.44
- appréciation de l'étendue de la nullité, 205.13
- après l'arrêt de mise en accusation, 204.41 à 204.44
- arrêt préparatoire, 203.71
- art. 105, 92.26
- audience de contrôle, 245.45, 245.62
- audition de témoin, 73.32, 73.42
- autorité de la chose jugée, 203.73
- « autre support », 205.15
- avis à partie, 203.35, 212.28
- cancellation, 166.14, 205.33
- classification, 201.11 à 201.13
- communication du dossier au procureur de la République, 201.45
- compétence des juridictions, 201.61, 204.25
- convocation devant la chambre de l'instruction, 241.43
- délai
  - de forclusion, 203.02, 203.31 à 203.37
  - pour présenter la requête, 203.31
- détention provisoire, 145.14, 205.21 à 205.23
- devant le juge correctionnel, 204.11 à 204.13
- devant le juge d'instruction, histoire, 203.11 à 203.14
- différentes classifications, 201.11 à 211.13
- écoute téléphonique, 201.25
- effets de la forclusion, 203.52
- étendue, 205.11 à 205.18
- évocation, 205.17, 242.57
- évolution, 200.04, 203.11 à 203.14
- expertise, 166.11, 166.1 à 166.15, 201.44, 203.37
- extradition, 203.15, 203.16
- filtre du président de la chambre de l'instruction, 203.23, 244.35
- formes
  - de la requête, 203.22
  - de l'ordonnance, 144.37
- garde à vue, 153.35
- histoire, 200.08, 204.11
- incompatibilités, 201.21
- interrogatoire, 112.62, 113.24, 113.32
  - de première comparution, 82.31, 103.13, 103.43, 103.44, 205.11, 205.12, 205.16
- mandat
  - irrégularité de forme, 121.52
  - nullité substantielle, 121.53
- mandat de dépôt, 127.29
- mise en examen, 91.31, 91.32, 201.24, 205.16
- mise en œuvre, 203.21 à 203.26, 203.31 à 203.35
- nullité textuelle, 201.21 à 201.26
- ordonnance
  - de placement en détention provisoire, 143.95
  - de prolongation de la détention, 144.37
  - de renvoi, 204.22, 232.43
  - d'incarcération provisoire, 143.94
  - juridictionnelle, 203.02
- ordre privé, 201.51, 201.52
- ordre public, 201.61 à 201.63, 202.14
- participation au délibéré du débat contradictoire, 143.75
- partie civile, 203.31
- perquisition et saisie, 181.71, 181.81 à 181.86, 201.22
- personne en fuite, 123.02, 123.17
- poursuite de l'information, 203.26
- pourvoi, 203.72
- pouvoir de pleine juridiction, 203.61
- prescription de l'action publique, 204.28
- président de la chambre de l'instruction, 203.23
- presse, 51.21, 204.26
- procédure
  - de l'article 706-60, 203.28
  - différente, 205.34
  - « ultérieure », 205.12
- procureur de la République, 42.21
- prolongation de l'information au-delà de deux ans, 212.24
- purge par l'ordonnance de renvoi, 214.56, 214.57
- qualité pour agir, 203.21
- rapport Léger, 200.05
- règle de l'unique objet, 145.14, 203.44, 242.32, 242.33
- règlement de la procédure
  - en matière correctionnelle, 203.51 à 203.53
  - en matière criminelle, 203.61 à 203.64
- réitération d'un acte frappé de nullité, 205.18
- renonciation, 202.11 à 202.14
- renvoi contre inconnu, 201.47
- requête, 203.21 à 203.26, 242.12,242.35
- réquisition orale du ministère public, 143.75
- réquisitoire introductif, 51.21, 51.22, 51.26, 201.41
- retrait du dossier, 205.33
- saisine, 51.56
- secret de l'instruction, 31.34, 31.51, 31.52
- signature du procès-verbal de débat contradictoire, 143.77
- substantielle, 201.31 à 201.34, 201.41 à 201.48
- surcharge, rature, 144.39
- témoignage « sous X », 203.38
- témoin assisté, 83.32, 203.27, 203.36, 212.21
- textuelle, 201.21 à 201.26
- tribunal correctionnel, 204.11 à 204.13, 204.21 à 204.27, 204.31 à 204.32, 212.28
- violation de l'art. 105, 201.48

O

Océrisation
- copie des pièces, 32.43

Office central de lutte contre le crime organisé
- décret du 6 mai 2006, 151.31

Office pour la répression des violences aux personnes
- décret du 6 mai 2006, 151.31

Officier public ou ministériel
- secret de l'instruction, 31.42

Omission de statuer
- dessaisissement du juge d'instruction, 214.22
- interdiction de rectifier de soi-même une ordonnance incomplète, 204.23
- renvoi de la procédure au juge d'instruction, 214.22

Ordonnance
- ► V. aussi *Appel, Ordonnance de règlement, Notification d'une ordonnance*
- complexe, 214.16, 232.38, 232.39
- de disjonction, 213.31
- de jonction, 213.31
- de mise en accusation et de prise de corps, 214.71 à 214.77
- de non-lieu, 214.31 à 214.37, 232.52
- + de règlement, 214.11 à 214.16, 214.21 à 214.22

- de renvoi devant le tribunal correctionnel, 214.51 à 214.57
- de renvoi devant le tribunal de police, 214.41 à 214.43
- incarcération provisoire, 143.94
- juridictionnelle, 222.12
- non-conforme aux réquisitions, 221.51
- original/copie, 145.17
- partie civile, 232.51 à 232.53, 232.61 à 232.63, 232.71
- personne mise en examen, 232.31 à 232.39, 232.41 à 232.46
- placement en détention, 143.95, 143.96
- prolongation de détention, 144.41, 144.35, 144.37, 144.39
- recevabilité de constitution de partie civile, 232.34
- sonorisation, 192.58

Ordonnance du 2 février 1945

► V. aussi *Mineur*
- classification, 01.31
- ouverture de l'information, 31.62
- secret de l'instruction, 31.45

Ordonnance de mise en accusation
- appel, 214.74, 232.31, 232.61
- évolution, 214.71 à 214.73
- mineur, 214.76
- partie civile, 232.61
- personne mise en examen, 232.31
- procureur de la République, 233.12
- survivance du mandat de dépôt, 214.73

Ordonnance de non-lieu

► V. aussi *Ordonnance, Notification d'une ordonnance, Appel*
- arrêt de —, irresponsabilité pénale, 247.24
- cause d'irresponsabilité pénale, 214.37
- décès de la personne mise en examen, 214.37
- disqualification, 214.32
- distinction entre non lieu à instruire et non lieu à informer, 62.58
- Indemnité en cas de non-lieu, de relaxe ou d'acquittement, 165.17, 214-34
- infirmation, 145.38
- irresponsabilité pénale, 214.37
- majeur protégé, 214.39
- mise en liberté, 214.33
- motifs, 214.31
- non lieu à instruire, 62.58
- partie civile, 232.52
- plainte avec constitution de partie civile, 214.36
- présomption d'innocence, 214.34
- recherche des causes de la mort, 52.27
- restitution, 214.34

Ordonnance de règlement

► V. aussi *Ordonnance, Ordonnance de renvoi, Ordonnance de non-lieu, Notification d'une ordonnance*
- (arrêt de —), irresponsabilité pénale, 247.25
- complexe, 43.24,214.16, 232.38, 232.39
- date, 214.11
- dessaisissement, 214.21
- effets, 214.21, 214.22
- exposé des faits, 214.15
- formes, 214.11 à 214.16
- maintien en détention, 214.54
- motifs, 214.14
- notification, 221.41 à 221.43
- omission de statuer, 214.22
- purge des nullités, 214.56, 214.57
- qualification, 214.61
- renvoi contre inconnu, 214.13
- réouverture sur charges nouvelles, 216.64
- signature, 214.11

Ordonnance de renvoi

► V. aussi *Ordonnance de règlement*
- appel, 214.58, 232.36, 232.43
- caractères, 214.51
- complexe, 213.33
- contre inconnu, 201.47, 214.13
- correctionnalisation, 232.36
- déclaration d'adresse, 103.83, 214.59
- effets quant à la saisine, 214.52
- mandat de recherches, 124.15
- maintien en détention, 144.91 à 144.93, 144.96 à 144.99, 214.54
- mineur, 214.76
- mise en accusation, 232.61, 214.71 à 214.78
- mise en liberté, 214.53
- nullité, 204.22, 204.23
- partie civile, 232.61
- purge des vices de la procédure, 214.56, 214.57
- qualification, 214.61
- repentis, 214.17

Ordonnance de soit-communiqué

► + V. aussi *Clôture,* 212.41, 222.23, 232.61

Ordonnance de taxe
- notification, 165.12

Ordre public
- arrêt Letellier c/France (CEDH, 26 juin 1991), 144.43
- critère de la protection de l'—, 142.41 à 142.48
  - caractère « d'actualité », 142.45
  - gravité de l'infraction, 142.43
  - national ou international, 142.47
  - notion, 142.41
  - notion « française », 142.48
  - obligation pour le juge de définir et de décrire le trouble, 142.46
  - « standard juridique », 142.42
  - trouble à l'— et trouble à la victime, 142.44
- définition du critère d'—, 141.26, 141.30
- loi du 5 mars 2007, 141.30
- suppression du critère d'—, 141.55
- « trouble exceptionnel et persistant à l'— provoqué par la gravité de l'infraction » (art. 144 du Code de procédure pénale), 142.33, 142.34

P

Parlementaire
- acte initial des poursuites, 231.22
- mesure privative ou restrictive de liberté, 143.21

Particulier

► plainte préalable obligatoire du —, V. sous *Plainte préalable à la saisine*

Partie civile

► V. aussi *Appel, Constitution de partie civile, notification d'une ordonnance, Interrogatoire au fond, Refus d'informer*
- appel d'une ordonnance, 232.51 à 232.53, 232.61 à 232.63
- audition, 62.12, 111.31, 111.32, 114.21
- audition par l'expert, 163.31, 163.32
- audition sur commission rogatoire, 152.22
- avocat, 61.16, 103.25
- chambre de l'instruction, 241.12
- comparution personnelle, 241.43, 241.44
- constitution postérieure à l'ordonnance, 231.22
- déclaration d'adresse, 103.82

- délai d'appel d'une ordonnance, 233.41, 233.42
- désistement, 62.61, 62.71 à 62.74
- détention provisoire, 141.15, 145.16, 146.24
- droit d'être informé de l'ouverture d'une information, 43.51, 43.52
- enfant mineur, 61.25
- évolution, 60.04,
- forme de l'appel, 233.52
- garde à vue, 111.33, 153.36
- indemnités, 62.14
- information sur le déroulement de l'instruction, 62.15
- irresponsabilité pénale, droits, 247.34
- juridiction de jugement, 62.16
- juridiction spécialisée (JIRS ou éco fin), 23.38
- liquidation de biens, 231.22
- notification d'acte, 221.13, 221.23
- ordonnance
  - dont elle ne peut faire appel, 232.61 à 232.63
  - dont elle peut faire appel, 214.58, 232.51 à 232.53
- personne pouvant se porter partie civile, 61.11 à 61.15
- préjudice, 61.13 à 61.15
- première comparution, 103.25
- qualité, 62.11, 231.22
- rapport Léger, 60.05
- reconstitution, 172.16
- réouverture sur charge nouvelle, 216.31, 216.32
- requête en nullité, 62.11, 203.31
- responsabilité, 62.13
- secret de l'instruction, 31.43
- témoin particulier, 72.31

Peine
- cause d'atténuation, 213.23
- cause d'exemption
  - confusion, 144.17, 148.51
  - mise à exécution peine ferme, 148.52
- encourue, 122.44,
- imputation, 122.35
- récidive, 143.41, 144.19

Permanence d'orientation pénale (POP)
- composition, 143.53

Permis de communiquer
- désignation de l'avocat bénéficiant du —, 148.22
- formalité, 148.22

Permis de visite
- conditions, 148.23
- personne de la « famille », 148.23
- refus de délivrer un —, 148.23

Perquisition
► V. aussi *Saisie*
- bris de porte, 165.16,
- cabinet d'avocat, 181.61, 181.62
- commission rogatoire, 152.22
  - internationale, 154.23
- conditions
  - de fond, 181.41, 181.42, 181.51 à 181.55
  - de forme, 181.71 à 181.78
- consentement, 181.12
- contribution indirecte, 181.31
- contrôle économique et des prix, 181.31
- criminalité organisée, 23.18, 23.19, 181.31
- débit de boissons, 181.31
- définition, 181.56
- délégation, 181.21, 181.22
- domicile, 181.02, 181.11, 181.53, 181.54
  - du mis en examen, 181.71
  - d'un tiers, 181.72
- douane, 181.31
- enquête préliminaire, 181.12
- évolution, 181.08
- fouille, 181.55
- interrogatoire, 112.45
- JLD, 181.61
- lieu, 181.51
- loi spéciale, 181.31
- maison de jeux, 181.31
- médecin, 181.63
- notaire, 181.67
- nuit, 181.41, 181.42
- nullité, 181.71 , 181.81 à 181.86, 201.22
- objet, 181.52
- presse, 181.65
- proxénétisme, 181.42
- rapport Léger, 180.05
- recherches, 181.02
- remise volontaire, 181.64
- réquisition, 181.68
► saisie, V. ce mot
- saisine, 181.76
- stupéfiants, 181.31, 181.42
- secret défense, 181.70

Personne dépositaire de l'autorité publique ou chargée d'une mission de service public
- compétence, 22.63

Personne en fuite
- appel, 212.46
- avis à partie, 212.02
- avocat, 112.26
- écoute téléphonique, 192.22
- interrogatoire, 102.21, 102.22, 112.26
- mandat, 122.02
- notification d'une ordonnance, 221.24
- partie à la procédure, 123.02, 123.17

Personne mise en cause
- interrogatoire de première comparution, 102.12, 103.11, 103.56
- mandat, 103.14
- mise en examen, 93.21
- qualité, 103.11

Personne mise en examen
► V. *Mise en examen, Interrogatoire de première comparution*

Personne morale
- compétence, 22.61 à 22.63
- contrôle judiciaire, 132.61, 132.83
- représentant, 203.22

Personne qualifiée
- assistance à l'exécution d'une mission technique par une —, 153.24

Personne requise
- secret de l'instruction, 31.42

Personnel pénitentiaire
- grève, 143.93, 144.25

Perte ou disparition de pièce
- absence totale d'original et de copie, 32.44
- conséquence de la disparition
  - de la procédure d'instruction, 32.43
  - d'une pièce d'information, 32.43
  - du réquisitoire introductif, 32.43
- destruction d'une pièce essentielle, 32.42
- incendie, 32.43
- vol, 32.43

Pièce
- copie de —, 32.41, 113.31 à 113.34
- copie numérisée, 32.43, 32.53
- cotation, 32.42
► perte ou disparition, V. *Perte ou disparition de pièce*

Pièce à conviction
- dépôt, 181.73

Placement sous surveillance électronique
- respect de l'intégrité de la vie privée (C. pr. pén., art. 723-8), 132.01

Plainte contre personne dénommée
- droits de la personne visée par la plainte, 62.42
- mise en examen, 62.43
- réquisition contre X, 62.41

Plainte contre personne non dénommée
- information contre X, 62.31
- mise en examen, 62.32

Plainte préalable à la saisine
- émanant d'une administration, 51.12
  - arme ou matériel de guerre, 51.12
  - change, 51.12
  - impôt, 51.12
  - relation financière avec l'étranger, 51.12
- émanant d'un particulier, 51.13
  - atteinte à la vie privée, 51.13
  - chasse sur le terrain d'autrui, 51.13
  - délit commis par un français à l'étranger en cas d'absence de dénonciation officielle, 51.13
  - diffamation, 51.13
  - injure, 51.13
- incidence de la — sur la saisine, 51.14

Plainte téméraire ou injustifiée
- compétence, 63.32
- condamnation, 63.34
- délai, 63.31
- faute, 63.11, 63.25
- personne bénéficiaire, 63.23
- sujet actif ou passif, 63.23
- textes, 63.21
- victime, 63.24
- voies de recours, 63.32

Pluralité de juges d'instruction
► V. aussi *Pôle de l'instruction*
- cas, 12.16
- critique, 21.16
- moment pour adjoindre un ou plusieurs juges d'instruction, 21.16
- nature de la collaboration, 12.16
- rôle et pouvoir du juge d'instruction chargé de l'information, 21.16

Pôle de l'instruction
► V. aussi *Pluralité de juges d'instruction*
- chambre de l'instruction, 12.28
- compétence du procureur, 22.72, 52.54
- cosaisine (juridiction avec pôle), 12.26, 245.47
- cosaisine (juridiction sans pôle), 12.27, 22.72, 245.47
- demande de mise en liberté, 12.25
- dessaisissement, 53.39
- histoire, 12.21, 12.23
- juge coordonnateur, 13.43
- juridiction sans pôle, 53.39
- ouverture d'une information après comparution devant le procureur de la juridiction sans pôle, 21.73
- ouverture de l'information dans une juridiction sans pôle, 12.24, 52.52
- renvoi, 52.55
- requalification criminelle en cours d'information, 52.53, 114.33
- réquisition nouvelle, 12.25

Policier
- secret de l'instruction, 31.42
- secret professionnel, 72.63

Pollution maritime
- compétence, 23.61, 23.62

POP
► V. *Permanence d'orientation pénale (POP)*

Poursuite de l'information
► V. aussi *Président de la chambre de l'instruction*
- appel, 234.34
- nullité, 203.26

Préjudice
- allégué, 61.12
- nature, 61.13
- transmission, 61.15

Préjugement
► nature de la détention provisoire, 141.33, V. « *nature de la* — » sous *Détention provisoire*

Prélèvement
► V. *Empreinte digitale, Empreinte génétique*

Prescription de l'action publique
► V. aussi *Action publique*
- appel de l'ordonnance rejetant une demande de —, 232.45
- commission rogatoire, 153.13
- constitution de partie civile, 62.23
- convocation pour interrogatoire ou audition, 112.87
- droit de solliciter la prescription, 43.31
- effets de l'article 175 cpp, 212.26
- expertise, 161.11, 164.23
- nullité 204.28
- réquisitoire introductif, 51.27
- restitution, 182.23
- suspension, 22.32, 43.38, 234.16

Président de la chambre de l'instruction
► V. aussi *Chambre de l'instruction, Référé-liberté*
- filtre
  - appel, 221.25, 234.32, 234.33, 244.33, 244.34
  - demande d'acte, 43.27,
  - détention provisoire, 244.32
  - requête en nullité, 203.23, 203.24, 244.35
  - saisine directe, 146.46, 241.74
- notice semestrielle, 13.63, 244.12
- pouvoir
  - de placement en détention provisoire, 244.22
  - de suspendre l'information, 244.41 à 244.44
- recours sur refus de permis de visite, 148.23

► référé-liberté, V. ce mot
- saisine de la chambre, 146.14, 242.16
- surveillance du bon fonctionnement des cabinets, 244.11, 244.13, 244.14
- visite maison d'arrêt, 148.16, 244.25

Président de la République
- acte accompli antérieurement à l'entrée dans ses fonctions, 22.32
- acte accompli dans l'exercice de ses fonctions, 22.02, 22.32
- bibliographie indicative, 22.03
- citation devant une juridiction pénale pendant la durée du mandat (non), 22.02, 22.32
- Cour pénale internationale (CPI), 22.32
- Haute Cour de justice, 22.32
- haute trahison, 22.32
- immunité, 22.02, 22.32
  - Cons. const. (22 janv. 1999), 22.02, 22.32
- jurisprudence
  - Ass. plén. (10 oct. 2001), 22.02, 22.32
  - Cons. const. (22 janv. 1999), 22.02, 22.32
- mise en examen pendant la durée du mandat (non), 22.02, 22.32
- prescription (suspension pendant la durée des fonctions), 22.32
- renvoi devant une juridiction pénale pendant la durée du mandat (non), 22.02, 22.32
- témoin (comparution en qualité de —), 22.32, 73.54

Présomption d'innocence
- détention provisoire, 141.34 à 141.39, 142.11 à 142.14
- droit au respect, 43.11 à 43.15
- ordonnance de non-lieu, 214.35
- secret de l'instruction, 31.31

Presse
► V. aussi *Communiqué de presse*
- action en insertion forcée, 43.13
- constitution de partie civile, 43.15, 61.26, 63.35
- détention provisoire, 143.22
- loi du 29 juill. 1881 (classification), 01.21
- nullité, 201.26, 204.26
- perquisition dans une entreprise de —, 181.65
- purge des nullités, 204.26, 214.57
- requalification, 51.95
- réquisitoire introductif, 51.21
- secret de l'instruction, 31.43, 31.45
- vérité du fait diffamatoire, 51.44

Preuve
► V. aussi *Écoute téléphonique, Sonorisation*
- ancien droit, 190.08
- annexion d'une autre procédure, 191.02
- charge nécessaire au renvoi, 191.31
- charge nouvelle, 191.41
- culpabilité, 191.51
- déloyale, 191.56
► écoutes téléphoniques, V. ce mot
- empreinte
  • digitale, 191.61, 191.63
  • génétique, 191.62, 191.64, 191.65
- évolution, 190.08
- examen de crédibilité, 191.54
- garde à vue, 191.11
- hypnose, 191.57
- indices
  • graves et concordants, 92.02, 92.11, 92.21 à 92.26, 191.22, 191.23
  • graves ou concordants, 90.08, 91.21, 191.11, 191.21, 191.22
  • simples, 191.11
- infiltration, 22.93 à 22.95
- intime conviction, 191.52, 191.53
- légale, 190.08
- loyauté, 190.03, 191.56
- mise à disposition du dossier de la procédure, 113.21 à 113.24
- piège, stratagème, 41.22, 192.23
- préservation, 142.73
- profilage, 191.58
- *reasonable doubt*, 191.53
- sonorisation, 22.97, 22.98
- surveillance, 22.92
- témoin, 191.23

Prévenu en fuite
- avocat, 112.26

Prise à partie (procédure de —)
► V. *Responsabilité de l'État*
- responsabilité du service de la justice, 13.66
- suppression de la —, 13.66

Procès-verbal
- audition de témoin, 73.21 à 73.23, 73.31, 73.32, 73.41, 73.42
- confrontation, 111.41 à 111.47
- de perquisition, 122.26, 122.36, 122.49
- débat contradictoire, 143.77
- interprète, 111.45
- interrogatoire
  • au fond, 111.41 à 111.47
  • de première comparution, 101.21
  • propos non signés, 153.38
  • question posée, 111.47
- reconstitution
  • de transport et de confrontation, 172.33
  • sur les lieux, 172.31
- renvoi, 73.41, 73.42
- retranscription, 114.41 à 114.47
- signature, 111.44
- surcharge, 73.41, 73.42
- transport, 171.32

Procureur de la République
► V. aussi *Appel, Notification d'une ordonnance, Saisine, Détention provisoire*
- annonce de la décision, 143.85
- appel d'une ordonnance de placement sous cj, 132.94
- appel et référé-détention, 144.11, 145.41 à 145.46
- avis
  • d'ordonnance non conforme, 221.51
  • de mandat d'arrêt, 122.42
  • de transport, 171.22, 171.23, 221.52
- délai d'appel, 233.11 à 233.13
- droit
  • à communication du dossier, 42.11, 42.12, 201.45
  • à notification des ordonnances, 42.22
  • d'appel, 42.22, 230.08, 231.13, 232.11, 232.12, 232.14
  • d'assister à certains actes, 42.23, 73.54, 111.32, 111.51, 111.61
  • de poser des questions, 111.61
  • de présenter une requête en nullité, 42.21
- fait nouveau, 221.52
- forme de l'appel, 233.51
- interrogatoire, 111.51
- mandat de recherche, 124.12
- notification d'une ordonnance non conforme, 221.51
- ordonnance
  • conforme aux réquisitions, 221.53
  • de mise en accusation, 233.12
- réouverture sur charges nouvelles, 216.31, 216.32
- réquisitoire définitif, 212.41 à 212.43, 222.35
- restitution, 182.42
- témoin assisté, 82.15

Procureur général
► V. aussi *Chambre de l'instruction*
- délai d'appel, 233.21, 233.22
- droit d'appel, 144.11, 230.08, 232.21
- forme de l'appel, 233.51
- mandat d'arrêt européen, 246.11 et s.
- mise en état devant la chambre de l'instruction, 241.11
- restitution, 182.42

Profilage
- jurisprudence
  • Crim. (29 juin 2003) (annulation), 191.58
- limite, 191.58

Prolongation de la détention
- détention limitée
  • à quatre mois, 144.72, 144.73
  • à un an, 144.74
  • à deux ans, 144.52, 144.75
  • à trois ans, 144.53, 144.76
  • à quatre ans, 144.54
- détention possible (mineur), 144.81
- durée de la détention
  • en matière correctionnelle (majeur), 144.71 à 144.79
  • en matière correctionnelle (mineur), 144.82 à 144.86
  • en matière criminelle (majeur), 144.51 à 144.55
  • en matière criminelle (mineur), 144.61 à 144.63
- évolution, 144.51
- loi du 15 juin 2000 (règles générales), 144.72

– ordonnance
 • date d'effet, 144.39
 • formes, 144.39
 • moment, 144.35
 • motivation, 144.31
 • notification, 144.31, 144.37
 • rectification, 144.39
– prolongation
 • après mise en liberté sous condition de versement d'un cautionnement préalable, 144.79
 • exceptionnelle par la chambre de l'instruction, 144.55, 144.77
– rapport Léger, 144.05
– tableau de la détention provisoire
 • correctionnelle (majeur), 144.78
 • criminelle (majeur), 144.56

Provocation au délit
– création d'un site de pornographie infantile, 192.33
– de corruption
 • Crim. (23 nov. 1999), 192.02
– écoute téléphonique, 192.02, 192.11, 192.33
 • CEDH (24 avr. 1990), 192.02
 • « l'enregistrement d'une conversation est illicite dès lors qu'elle résulte d'une — » (Crim., 27 févr. 1996), 192.02

Proxénétisme
– fermeture temporaire, 41.15, 232.06
– perquisition, 181.42

Psychologue
► V. aussi *Expertise*
– mineur victime, 114.16
– personne qualifiée, 153.24

Publicité
– accusé, 241.34
– audience de contrôle, 241.35
– débat contradictoire
 • de placement en détention, 143.76
 • de prolongation de la détention, 144.22
– secret de l'instruction, 31.31 à 31.36

Publicité mensongère
– pouvoir particulier du juge d'instruction, 41.15

Q

Qualification
– autres principes de procédure, 51.94
– correctionnalisation, 147.15
– criminalisation, 52.53, 114.33 147.13
– fait nouveau, 51.92
– fraude, 51.95
– interrogatoire de requalification, 114.33
– liberté, 51.91, 51.94 à 51.95
– nouvelle poursuite, 215.16
– « plus haute acception pénale », 51.93
– presse, 51.95
– règle *non bis in idem*, 215.13
– réincarcération après changement de qualification, 147.63
– requalification
 • à la baisse, 147.14, 147.15
 • à la hausse, 147.11 à 147.13
 • criminelle en cours d'information, 52.53, 114.33
 • légale, 147.16
 • lors du renvoi, 214.61

R

Rapport du comité de réflexion sur la justice pénale dit rapport Léger
– appel, 230.05
– chambre de l'instruction, 240.05
– commission rogatoire, 150.05
– compétence, 20.05
– contrôle judiciaire, 130.05
– clôture de l'instruction, 210.05
– demande d'actes, 40.05
– détention provisoire, 140.05, 143.05, 144.05, 145.05, 146.05, 148.05
– enquête renforcée, 10.05
– expertise, 160.05
– interrogatoire, 110.05
– interrogatoire de première comparution, 100.05
– investigations à charge et à décharge, 30.05
– juge d'instruction, 10.05
– garde à vue, 154.05
– mandat d'amener, 120.05, 123.05
– mandat d'arrêt, 120.05
– mandat de comparution, 120.05
– mise en examen, 90.05
– mise en liberté, 146.05
– nullités, 200.05
– partie civile, 60.05
– perquisition, 180.05
– personne mise en examen, 90.05
– présentation générale, 10.05
– prolongation de la détention provisoire, 144.05
– référé-détention, 145.05
– référé-liberté, 145.05
– secret de l'instruction, 30.05
– témoin, 70.05
– témoin assisté, 80.05

Récepteur de messagerie
► V. aussi *Écoute téléphonique, Surveillance*
– interception de correspondance
 • connexion à un réseau au moyen d'un terminal mis à la disposition du public par l'opérateur sans modification préalable de l'installation aux fins de lire les annonces offertes par tel ou tel service (non), 192.52
 • simple lecture et transcription par les policiers d'un message parvenu sur la bande d'un récepteur de messagerie unilatérale (non), 192.52
 • « tam-tam » (non), 192.52

Recherche des causes d'une disparition
– affaire dite des « disparues de l'Yonne », 52.41
– art. 74-1 du Code procédure pénale, 52.41, 52.42
– compétence, 52.42
– enquêteur (pouvoirs), 52.42, 52.44
– origine, 52.41
– ouverture d'une information, 52.43
– partie civile, 52.45
– procédure, 52.42

Recherche des causes de la mort
– acte coercitif, 52.31
– action publique, 52.24
– cadavre, 52.21
– commission rogatoire, 52.31
– désignation, 52.25
– écoute téléphonique, 52.32
– exclusivité, 52.26
– expertise, 52.31
– garde à vue, 52.31
– ordonnance de non-lieu, 52.27
– ouverture de l'information, 52.22
– partie civile, 52.23
– pouvoirs du juge, 52.31 à 52.32
– saisine, 52.26

Récidive
– enquête rapide, 143.53
– placement en détention provisoire, 143.41
– prolongation de la détention, 144.19

Reconstitution
– assistance d'un expert, 172.17

- avec interrogatoire sur les lieux, 172.31 à 172.33
- avec interrogatoire ultérieur, 172.41, 172.42
- chronologique, 172.51
- codification, 172.11
- définition de l'interrogatoire, 172.23
- intérêt, 172.12
- moment, 172.13
- partie civile, 172.16
- personne présente, 172.15
- premiers enquêteurs, 172.18
- procès-verbal
  - • de transport et de confrontation, 172.33
  - • sur les lieux, 172.31
- refus de participer, 172.19
- relation irrégulière des déclarations, 172.22
- sans interrogatoire du mis en examen, 172.21 à 172.23
- vérification antérieure, 172.14
- version par version, 172.52
- vidéo, 101.33, 172.53,

Recours
- restitution, 182.31 à 182.33

Récusation
- cause de —, 13.12
- concubin, 13.13
- conjoint, 13.13
- connaissance du problème, 13.13
- définition, 13.11
- manifestation faisant douter de l'impartialité, 13.13
- partenaire lié par un PACS, 13.13
- procédure de —, 13.12
- procès passé ou en cours concernant le juge, 13.13
- quels magistrats peuvent être récusés ?, 13.12
- règle ancienne, 13.11
- requête en —, 13.12

Référé-détention
- appel, 145.54, 145.55, 234.12
- décision, 145.57
- décision rendant possible le référé-détention, 145.52
- loi du 9 sept. 2002, 141.28
- modalités de mise en œuvre, 145.53
- observations de la personne ou de son conseil, 145.56
- principes, 145.51
- rapport Léger, 145.05

Référé-liberté
- histoire, 141.25, 145.41
- cadre juridique actuel, 145.42
- chambre de l'instruction, 244.21
- collégialité, 145.48
- demande accueillie, 145.44
- demande rejetée, 145.46
- échec, 145.49
- incarcération provisoire à l'initiative du JLD, 143.66
- ministère public, 145.47
- mise en liberté par le président de la chambre de l'instruction sous condition de verser un cautionnement, 145.45
- rapport Léger, 145.05
- tableau (le référé-liberté), 145.43

Refus d'informer
- art. 86, 62.51
- distinction avec l'irrecevabilité, 62.52
- effets de l'infirmation d'une ordonnance de refus d'informer, 62.57
- non opposable au ministère public, 62.56, 211.11
- obligation d'instruire, 51.43, 62.53
- plainte injustifiée, 63.42
- refus
  - • illégitime, 62.55, 211.11
  - • légitime, 62.54

Règle
- de la spécialité
  - • extradition, 122.88, 122.97
- de l'unique objet
  - • appel, 144.12, 203.43, 242.32, 242.33
  - • audience de contrôle, 245.42
  - • nullité, 203.44, 234.26, 242.32, 242.33
- *electa una via*, 62.72
- le criminel tient le civil en l'état, 62.75
- *non bis in idem,* 154.15, 215.13

Règlement de juges
- acte de — (nature), 21.61
- cas où il y a lieu à —, 21.61
- procédure, 21.61

Réincarcération
- après annulation de pièces de la procédure ayant entraîné la mise en liberté, 147.53 à 147.56
- changement d'appréciation du juge d'instruction, 147.62
- circonstance nouvelle, 147.41, 147.42
- computation des délais, 147.32, 147.64
- injustifiée, 147.42
- notion, 147.21
- par la chambre de l'instruction, 147.31, 147.32
- par le juge d'instruction (initiative), 147.41, 147.42
- révocation du contrôle judiciaire, 147.22 à 147.25
- vice de fond, 147.42, 147.52
- vice de forme, 147.51

Relation financière avec l'étranger
- ▶ plainte préalable obligatoire de l'Administration, V. sous *Plainte préalable à la saisine*

Remise volontaire
- différence entre — et perquisition, 181.64
- droit commun, 181.13
- médecins, 181.64
- notaires, 181.67
- pièce de dossier médical
  - • présence du conseil de l'ordre ?, 181.64

Remplacement du juge d'instruction
- caractère du —, 12.23
- cause de —, 11.24
- par le président, 11.24, 11.26
- par le tribunal, 11.25, 11.26

Renonciation à l'assistance du conseil
- *a posteriori*, 112.72
- *a priori,* 112.71
- caractère provisoire, 112.12
- expertise, 112.14
- expresse, 112.11
- mineur, 112.14
- nullité de procédure, 112.13
- pour un ou plusieurs actes déterminés, 112.11
- tacite, 112.11

Renseignement anonyme
- différence avec témoignage anonyme, 71.27

Repenti
- ordonnance de renvoi, 214.17

Représentation en justice (garantie de —)
- abstention
  - • de conduire un véhicule, 131.21
  - • de paraître dans le domicile ou la résidence du couple, 131.21
- art. 138 du Code de procédure pénale, 131.21
- déplacement du mis en examen (limite ou contrôle), 131.21
- interdiction
  - • de quitter le territoire, 131.21
  - • d'exercice d'une activité professionnelle, 131.21
- obligation

- de ne sortir de son domicile que pour des motifs déterminés, 131.21
- de présentation périodique à certains services, 131.21
- de remise de document, 131.21
- de répondre à la convocation des autorités, 131.21
- de résider hors du domicile ou de la résidence du couple, 131.21

– placement sous surveillance électronique, 131.21

Réquisition
– droit de —, 151.39
– portant sur des documents, 181.68

Réquisitoire définitif
– délai, 212.51
– formes, 212.52
– notification aux avocats des parties, 212.56

Réquisitoire introductif
► V. aussi *Saisine, Qualification*
– audition de la personne visée, 92.32
– contre personne dénommée, 51.31, 81.11
– « contre X », 51.32
– date, 51.24
– économique et financier, 23.37
– fait déféré, 51.53
– fait nouveau, 51.71
– formes, 51.21 à 51.27
– formule imprimée, 51.25
– matière militaire, 51.21
– nécessité, 51.11
– nullité, 51.26, 51.32, 201.41, 205.14
– pièce jointe, 51.22, 51.52
– plainte préalable, 51.12 à 51.14
– prescription, 51.27
– presse, 51.21, 61.26
– signature, 51.23
– vérification sur faits nouveaux, 51.72

Réquisitoire supplétif
– dit « faits nouveaux », 212.44
– dit « nouvelles mesures d'instruction », 212.44

Réseau judiciaire européen
► V. aussi *Entraide judiciaire (organes d'—), Commission rogatoire internationale, Eurojust, Magistrat de liaison*
– magistrat de liaison, 154.37
– point de contact régional, 154.37

Réserve du contentieux de la détention
– jurisprudence antérieure à la loi du 9 mars 2004, 145.35
– loi du 9 mars 2004, 145.36
– saisine de la chambre de l'instruction, 146.47

Résidence
– compétence, 21.31
– perquisition, 181.54

Respect de l'intégrité de la vie privée
► V. *Atteinte à la vie privée*

Responsabilité de l'État
► V. aussi *Faute lourde*
– acquittement, 13.67
– amnistie, 149.21
– C. pr. pén., art. 149 du Code de procédure, 149.21
– déni de justice, 13.66
– droit à réparation, 13.67, 149.21
  - amnistie postérieure à la mise en détention provisoire (non), 13.67, 149.21
  - personne ayant fait l'objet d'une détention provisoire pour s'être librement et volontairement accusée ou laissé accuser à tort en vue de faire échapper l'auteur des faits aux poursuites (non), 13.67, 149.21
  - personne détenue dans le même temps pour une autre cause (non), 149.21
  - prescription de l'action publique intervenue après la libération de la personne (non), 149.21
  - reconnaissance irresponsabilité, art. 122-1 du Code pénal (non), 13.67, 149.21

► + faute lourde, 13.66, V. aussi *Faute lourde*
– faute supposée d'un magistrat instructeur, 13.66
– fonctionnement défectueux du service de la justice, 13.66
– non-lieu, 13.67
– préjudice matériel, 149.21
– préjudice moral, 149.21
– relaxe, 13.67

Responsabilité du juge d'instruction
– affaire dite « des disparues de l'Yonne » (CE, 20 juin 2003), 13.65
– avertissement, 13.64
– contrôle hiérarchique, 13.62, 13.63
– contrôle par le président de la chambre de l'instruction, 13.63
– défaut de conduite de l'information dans un délai raisonnable, 13.65
– défaut de discrétion ou de réserve, 13.65
– évaluation par le premier président de la cour d'appel, 13.62
► notice semestrielle, V. ce mot
– pouvoir disciplinaire du CSM, 13.64
► responsabilité du service de la justice, V. *Responsabilité de l'État*
– sanction, 13.64
  - cas de —, 13.65

Restitution
– aliénation, 182.51
– appréciation souveraine, 182.44
– chambre de l'instruction, 242.18
– compétence, 182.41
– déchéance, 182.46
– demandeur, 182.11
– destruction, 182.52
– évolution, 182.08
– forme, 182.21, 182.22
– notification, 182.41
– ordonnance
  - de non-lieu, 214.34
  - juridictionnelle, 182.41

– pourvoi en cassation, 182.33
– prescription, 182.23
– recours, 182.31 à 182.33, 222.13, 242.18
– refus, 182.02, 182.44, 182.45
– réparation du préjudice, 182.43
– saisie préalable, 182.12
– tiers saisi, 182.11

Rétention
– arbitraire, 123.22
  - art. 126 du Code de procédure pénale, 123.01

– droits de la personne retenue, 123.16, 125.23
  - art. 125 du Code de procédure pénale, 122.01

– durée maximale, 123.16
– exécution à plus ou moins de 200 km, 125.21 s.
– par le service de police ou de gendarmerie avant présentation devant un magistrat, 123.16

Révision (demande en —)
– indemnisation, 149.35

Risque de fuite
- ▶ V. *Représentation en justice (garantie de —)*
- – critère, 142.61
- – jurisprudence de la Cour européenne des droits de l'Homme
  - • arrêt Letellier (CEDH, 26 juin 1991), 144.43
  - • arrêt Neumeister (CEDH, 27 juin 1968), 142.62
  - • arrêt Tomasi (CEDH, 27 août 1992), 144.43

Risque de renouvellement de l'infraction
  - • casier judiciaire, 142.51
  - • Muller c/France (CEDH, 17 mars 1997), 142.52
  - • nature de l'infraction poursuivie, 142.51
- – indice grave, 142.51
- – jurisprudence de la Cour européenne des droits de l'Homme
  - • arrêt Clooth c/Belgique (CEDH, 12 déc. 1991), 142.52
  - • Muller c/France (CEDH, 17 mars 1997), 142.52
  - • arrêt Toth c/Autriche (CEDH, 12 déc. 1991), 142.52

S

Saisie
- ▶ V. aussi *Perquisition*
- – « à nouveau », 181.77
- – blocage de compte bancaire, 181.73
- – données informatiques, 181.61
- – dossier médical, 181.74
- – évolution, 181.08
- – facultative, 181.73
- – interrogatoire, 112.45
- – loyer d'immeubles sous scellés, 165.25
- – nullité, 181.81 à 181.86, 201.22
- – + perquisition, 181.76
- – photocopie de scellé, 181.75
- – pièce à conviction, 181.73
- – scellé
  - • inventaire, 163.12
  - • ouvert ou fermé, 181.74
  - • provisoire, 181.73

Saisine
- ▶ V. aussi *Chambre de l'instruction, Réquisitoire introductif, Qualification, Recherche des causes de la mort*
- – affaire criminelle, 52.51 à 52.53
- – « auto-saisine » de la chambre de l'instruction, 242.41 à 242.45
- – caractères, 51.41 à 51.44, 51.51 à 51.57, 51.61 à 51.63
- – chambre de l'instruction
  - • étendue de la saisine, 242.21 à 242.25
  - • irresponsabilité pour cause de trouble mental, 247.11 et s.
  - • mandat d'arrêt européen, 246.21
  - • modes de saisine, 242.11 à 242.18
  - • saisine de l'entier dossier, 242.22, 242.23
  - • saisine sur un objet particulier, 242.24, 242.25, 242.31 à 242.36
- – chiffres de l'évolution de la saisine des juges d'instruction, 51.08
- – circonstance aggravante, 51.61
- – circonstance du fait, 51.61
- – commission rogatoire, 152.23, 153.74
- – constitution de partie civile, 51.54, 62.21 à 62.23
- – faits
  - • antérieurs au réquisitoire introductif, 51.55 à 51.57
  - • connexes, 51.63
  - • déférés, 51.53
  - • non visés au réquisitoire introductif, 51.71 à 51.72
- – formes, 51.11
- – *in personam*, 51.42
- – *in rem*, 51.41, 51.61 à 51.63
- – irrévocabilité, 51.81 à 51.82
- – juridiction sans pôle de l'instruction, 52.51 à 52.56
- – nullité, 51.56
- – objective, 51.41
- – perquisition, 181.76
- – plainte préalable
  - • d'une administration, 51.12
  - • d'un particulier, 51.13
  - • obligation d'instruire, 62.23
- – prescription, 51.27
- – presse, 51.44
- – principes de la saisine, 51.51 à 51.57
- ▶ qualification, V. ce mot
- – recherche des causes
  - ▶ de la mort, 52.21 à 52.27, 52.31, 52.32, V. aussi ce mot
  - • des blessures, 52.21
  - • d'une disparition, 52.41 à 52.45
- – réquisitoire introductif, 51.11, 51.21 à 51.27, 51.32, 52.51 à 52.53
- – stupéfiants, 51.56,153.74, 181.76
- – vérification sur fait nouveau, 51.72
- – victime nouvelle, 51.62

Sanction
- – partie civile, 63.11, 63.21 à 63.25, 63.31 à 63.35, 63.41, 63.42
- – témoin, 72.21 à 72.23

Santé
- – compétence, 23.41, 23.42
- ▶ détention provisoire, 148.41, V. aussi *Trouble mental*

Scellé
- ▶ V. aussi *Saisie*
- – expertise, 163.11, 163.12
- – fermé, 181.74
- – ouvert, 181.74
- – photocopie, 181.75

Schengen
- ▶ V. *Convention internationale dite des accords de Schengen, Mandat d'arrêt international, Mandat d'arrêt européen*

SEAT
- ▶ V. *Service éducatif auprès du tribunal pour enfants (SEAT)*

Secret défense
- – perquisition, 181.70

Secret de l'instruction
- – à l'égard des parties, 31.32
- – auxiliaire des parquets, 31.42
- – avocat, 31.43
- – commission d'indemnisation des victimes d'infraction, 31.36
- – communication d'élément permettant de réaliser des recherches scientifiques ou techniques, 31.44
- – communiqué de presse, 31.46
- – contrôleur judiciaire, 31.42
- – Cour européenne des droits de l'Homme, 31.48
- – enquêteur de personnalité, 31.42
- – escorte, 31.34
- – expert, 31.42
- – gendarme, 31.42
- – intensité, 31.44
- – interprète, 31.42
- – journaliste, 31.43
- – juge d'instruction, 31.42
- – nullité, 31.34, 31.51, 31.52
- – officier public ou ministériel, 31.42
- – partie civile, 31.43
- – personne
  - • poursuivie, 31.43
  - • qui concourt à l'instruction, 31.42, 31.43

• requise, 31.42
– policier, 31.42
– principe, 31.32 à 31.36
– rapport Léger, 30.05
– tempéraments au caractère non public, 31.34
– témoin, 31.43
– violation, 31.51, 31.52

Secret des correspondances
► V. aussi *Écoute téléphonique, Récepteur de messagerie, interception de correspondance, Sonorisation, Surveillance*
– adressée à une personne mise en examen (saisie), 181.54, 181.73
– avec l'avocat
• inviolabilité, 104.33
• refus de restitution de correspondance saisie, 182.45
• saisie, 181.62
• secret professionnel, 72.63, 104.33

Secret professionnel
– avocat, 72.63
– dispense de témoigner, 72.61 à 72.63
– intensité, 72.63
– intérêt protégé, 72.62
– médecin, 72.63
– policier, 72.63

Sécurité
– incident grave touchant à l'ordre, la discipline ou la sécurité de la prison, 148.18
– portique de détection électronique, 148.18

Sécurité sociale (organismes)
– exemption de consignation, 61.63

Serment
– condamné, 72.14
– commission rogatoire, 153.23
– écoutes téléphoniques, 192.14
– expert, 162.61 à 162.64,
– garde à vue, 72.18, 153.37
– interprète, 111.46
– interrogatoire, 111.42
– mineur de 16 ans, 72.13
– nullité, 201.42
– obligation, 72.12
– personne mise en examen, 111.42
– prévenu, 201.42
– sanction du refus de comparaître ou de prêter serment, 72.21 à 72.23
– témoin, 72.18, 73.18, 153.23
– témoin en garde à vue, 153.23, 153.24

Service de la justice
► fonctionnement défectueux, V. *Responsabilité de l'État*

Service éducatif auprès du tribunal pour enfants (SEAT)
– acte « inexistant », 242.45
– certains faits commis avant la majorité, 143.52
– consultation obligatoire, 144.84
– secret, 31.42

Signature
– interrogatoire au fond, 111.44
– mandat, 121.31, 121.35
– ordonnance, 162.42
• de règlement, 214.11
– procès-verbal, 73.31 à 73.32
– réquisitoire introductif, 51.23

Silence (droit au —)
– avertissement express, 103.52
– droit de se taire, 103.51, 103.52

SMS
– interception, 192.19

Sonorisation
► V. aussi *Écoute téléphonique*
– criminalité organisée, 23.27, 23.28,192.58, 192.59
– droit commun, 192.57
– écoute de parloir, 192.56
– enquête préliminaire, 192.58
– enregistrement clandestin, 192.53, 192.55
– ordonnance, 192.58
– récepteur de messagerie, 192.52
– renouvellement, 192.58
– sonorisation d'un domicile, 192.54
– surveillance téléphonique, 192.51

Sortie exceptionnelle
– autorisation de sortie sous escorte, 148.24
– cas de —
• décès, 148.24
• examen, 148.24
• naissance, 148.24
– escorte (port de l'uniforme), 148.24
– rejet de la demande de —, 148.24

Sous X (témoignage —)
– agent d'infiltration, 71.25
– annulation de l'audition, 71.24
– audition du témoin à distance, 71.25
– autorisation de —, 71.24
– C. pr. pén., art. 706-57, 71.22
– C. pr. pén., art. 706-58, 71.23
– contestation de la personne mise en examen, 71.24
– crime ou délit puni de trois ans d'emprisonnement, 71.23
– critique, 71.26
– dissimulation de l'adresse du témoin sous X, 71.22
– enquête de flagrance, 71.24
– enquête préliminaire, 71.24
– levée de l'anonymat, 71.24
– recours contre la décision du JLD, 71.38, 203.28
– risque grave de mise en danger de la vie ou de l'intégrité physique du témoin ou de l'un de ses proches, 71.23

Statut du juge d'instruction
– loi organique du 25 juin 2001, 13.07

Stratagème
– absence de —, 192.33, 192.43, 192.52 à 192.56

Stupéfiant
► V. *Trafic de stupéfiants*

Supplément d'information
– art. 114, 112.31
– chambre de l'instruction, 243.12
– charge nouvelle, 242.76
– commission rogatoire, 151.22
– comparution immédiate, 243.14
– criminalité organisée, 22.97, 22.98, 192.58, 192.59
– détention, 144.72
– droit commun, 192.02
– extension de l'information
• à une autre infraction, 242.64
• à une autre personne, 242.76
– fin, 243.26
– infirmation, 145.38
– magistrat lié par le supplément d'information, 242.65, 243.33
– mineur, 243.33
– organe compétent pour ordonner, 243.11 à 243.15
– pouvoirs du juge délégué, 243.21 à 243.26
– président de la cour d'assises, 243.15
– réouverture sur charge nouvelle, 216.52
– tribunal correctionnel, 243.13, 243.14

Surdité
– communication par écrit, 101.22
– interprète en langue des signes, 101.22

Surveillance
– Commission rogatoire internationale, 154.22

- crime ou délit entrant dans le champ d'application des art. 706-73 ou 706-74, 23.22
- délit douanier, 151.33
- différence avec la garde à vue, 153.33
- direction de la — du territoire, 151.31
- ► électronique, V. ce mot
- équipe commune d'enquête, 154.28
- extension à l'ensemble du territoire national, 23.22
- objet, bien ou produit tiré de la commission de l'infraction ou servant à les commettre (art. 706-80), 23.22
- téléphonique, 192.51

Surveillance électronique
- respect de l'intégrité de la vie privée (C. pr. pén., art. 723-8), 132.01

Suspension de l'information
- acte
  - • accompli sur délégation postérieurement à la décision de suspension, 244.43
  - • du juge, 244.43
- avis à partie, 244.43
- cas de suspension possibles, 244.41
- décision expresse, 244.42
- effets de la décision de suspension, 244.43
- par le président de la chambre criminelle, 244.45
- poursuite de l'information jusqu'au règlement, 244.44

Suspicion légitime
- dessaisissement pour cause de —, 53.37
- renvoi pour cause de —
  - • cas de —, 21.62
  - • requête en — (recevabilité), 21.62

Sûreté publique
- renvoi pour cause de —, 21.62, 21.63

Système de transmission d'interceptions judiciaires
- Téléphone portable, 192.19
- SMS, 192.19

T

Tableau
- articulation entre juge d'instruction et JLD, 146.25, 146.26
- détention criminelle et correctionnelle (mineur), 144.86
- détention provisoire
  - • correctionnelle (majeur), 144.78
  - • criminelle (majeur), 144.55
- incarcération provisoire, 143.92
- référé-liberté, 145.43

Tableau de roulement
- tour de service, 12.12

Tarif légal
- expertise, 165.11

Téléphone
- commission rogatoire, 153.11
- droit de faire prévenir une personne visée à l'article 63-2 par —, 153.53
- portable
  - • interception SMS, 192.19
  - ► écoute téléphonique, V. ce mot
- recueillir les déclarations d'un inculpé par —, 73.32, 111.41, 112.62
- renseignement recueilli par un OPJ en dehors de sa circonscription par —, 151.36

Témoignage
- sans adresse dévoilée, 71.22
- sous X, 71.23 à 71.26

Témoin
- ► V. aussi *Témoin assisté*
- agent diplomatique, 73.53
- allié, 72.51
- amende, 72.21
- ► anonyme, V. « *Sous X* » *(témoignage —)*
- art. 105 du Code de procédure pénale, 91.12, 92.11, 92.21 à 92.26, 201.48, 201.63
- audition, 114.11 à 114.15
  - • à distance, 71.25
  - • écrite, 73.16, 114.14
  - • par l'expert, 163.31, 163.32
  - • séparée, 73.11 à 73.13
  - • sur commission rogatoire, 72.71 à 72.74
- avis à partie, 212.21
- citation ou convocation, 71.21
- condamné, 72.14
- confrontation, 73.15
- évolution, 70.08
- expert, 162.35
- fragilité du témoignage, 70.08, 114.12
- garde à vue, 73.18
- indices graves et concordants, 92.02, 92.11, 92.21 à 92.26, 191.22
- interprète, 73.22
- malade, 72.74
- membre du gouvernement, 73.52
- mineur, 72.13
  - • victime, 73.17
- nombre, 114.43
- non-comparution sur commission rogatoire, 153.21
- obligations, 72.11 à 72.14
- opportunité, 71.12
- « ouï-dire », 70.08
- parents, 72.51
- présence de l'avocat d'une partie, 73.14
- présence du procureur de la République, 73.13
- président de la République, 73.54
- pressions, 142.72
- privilégié, 73.51 à 73.54
- procédure de divorce, 71.11
- procès-verbal
  - • interligne, rature, surcharge, 73.41, 73.42
  - • mention, 73.21
  - • signature, 73.31, 73.32
- protection, 71.22 à 71.25
- renseignement anonyme, 71.27
- sanction, 72.21 à 72.23
- secret
  - • de l'instruction, 31.43
  - • professionnel, 72.61 à 72.63
  - • rapport Léger, 70.05
- serment, 72.18, 73.18
- serment en garde à vue, 153.24
- sourd, 73.23
- témoignage
  - • sans adresse dévoilée, 71.22
  - • « sous X », 71.23 à 71.27
- témoin devenant partie civile, 61.11

Témoin assisté
- appel, 231.22
- art. 105, 91.12
- audition
  - • par l'expert, 163.31, 163.32
  - • sur commission rogatoire, 152.22
- avant la loi du 15 juin 2000, 64.12, 80.08
- avis des droits des parties, 103.72
- avocat, 83.34
- cancellation partielle, 166.14
- caractère subsidiaire de la mise en examen, 91.11
- chambre de l'instruction, 241.12
- changement de statut, 82.21, 82.22
- contre-expertise, 83.33
- contrôle judiciaire, 132.15
- convocation, 82.11

– demande d'acte, 91.13
– demande de contre-expertise, 83.33, 164.21
– délai pour présenter la requête, 203.31 à 203.36
► « démise en examen », V. *Passage du statut de mis en examen à celui de témoin assisté*
– devant le juge d'instruction, 81.12
– devant l'enquêteur, 81.13
– droits, 83.11, 83.21, 83.22
– éléments nouveaux, 91.22
– évolution, 80.08
– forclusion, 203.31 à 203.36
– garde à vue, 81.14, 81.22
– indices graves et concordants, 191.23
– lettre recommandée, 82.22
– loi du 9 mars 2004, 83.31
– mandat, 82.14, 103.14
– mise en examen, 82.23, 93.23, 93.24, 93.25
– passage du statut de mis en examen à celui de témoin assisté, 43.36, 91.13, 91.41, 91.42, 103.64
– nullité
  • délai de forclusion, 203.36
  • droit d'action, 83.32, 203.27, 212.21
– personne pouvant bénéficier du statut, 81.14
– personne visée par le réquisitoire introductif, 92.32
– pourvoi en cassation (non), 83.35
– première comparution, 82.12
– procureur de la République, 82.15
– rapport Léger, 80.05
– statut
  • dépendant de la volonté de la personne, 81.31
  • objectif, 81.21, 81.22
  • octroyé, 81.11 à 81.14
  • particulier, 72.41

Terrorisme
– compétence, 23.51
– dessaisissement, 221.12, 221.21
– garde à vue, 153.44
– perquisition, 181.39, 181.42

Textes applicables à l'instruction préparatoire
– C. civ., 01.33
– C. consom., 01.35
– C. douanes, 01.34
– COJ, 01.37
– C. pén., 01.32
– C. pr. pén., 01.11 à 01.17
– Conv. EDH, 01.41
– conventions internationales, 01.51
– infraction de la compétence du tribunal aux forces armées, 01.36
– loi 10 mars 1927 sur l'extradition (suppression), 01.22
– loi 29 juill. 1881 sur la presse, 01.21
– ord. 2 févr. 1945, 01.31

Toxicomane
– contrôle judiciaire, 131.26
– cure de désintoxication, 131.26

Trafic d'armes
– saisine, 51.12

Trafic de stupéfiants
– acquisition par un service d'enquête, 153.44
– contrôle judiciaire, 131.26
– demande d'acte, 43.22
– destruction, 143.22, 182.53
– fermeture d'établissement, 41.15, 232.37, 233.33
– garde à vue, 153.44
– perquisition, 181.31, 181.42, 181.76
– pouvoirs particuliers du juge d'instruction, 41.15, 232.37
– saisie, 153.74, 181.76
– saisine, 51.56

Transcription de déclaration
– éthique, 13.77

Transfèrement
– détenu en prévention, 148.25
– mandat d'amener, 127.25, 148.25
– mandat d'arrêt, 127.25
– mandat de dépôt, 127.25

Transport
► V. aussi *Reconstitution*
– acte d'instruction, 171.14
– arrêt du 15 févr. 1990, 171.33
– avec le mis en examen, 171.33
– avis, 171.02, 171.21, 171.22
– caractères, 171.31
– compétence territoriale, 171.31
– enregistrement en matière criminelle (non) 172.34
– flagrant délit, 171.12
– greffier, 153.23, 171.24
– interrogatoire, 112.45
– JLD, 143.73
– Juge d'instruction, 171.13, 171.14
– moment, 171.13
– ordonnance, 171.21
– procureur de la République, 171.23
– procès-verbal, 171.32
– secret, 31.35, 31.42
– utilité, 171.11

Travail
– détention (travail en —), 148.32
– hygiène et sécurité du travail, 41.15

Tribunal
– dessaisissement par le président, 53.11

Tribunal correctionnel
– caractères du renvoi, 214.51
– commission rogatoire, 151.23
– comparution immédiate, 243.14
– compétence, 201.61
– fin de la détention, 214.53
– maintien en détention par le juge d'instruction, 143.52 à 143.54, 143.56, 214.54
– nullité de l'instruction, 204.02, 204.11 à 204.13, 204.21 à 204.27, 212.28
– omission de statuer du juge d'instruction, 204.02, 204.23, 214.22
– ordonnance de renvoi, 204.22, 204.23, 214.51 à 214.57
– retour au juge d'instruction, 204.22, 204.23, 214.22
– saisine du tribunal correctionnel, 214.52
– supplément d'information, 151.23, 243.13, 243.14

Tribunal de police
– mise en liberté, 214.42
– ordonnance de renvoi, 214.41 à 214.43

Tribunal permanent aux forces armées
– auteur militaire, 22.21
– suppression, 22.21

Tribunal pour enfants
– maintien en détention du mineur, 144.96, 144.99

Trouble mental
► V. *Irresponsabilité pénale pour cause de trouble mental*

Tuteur
► V. *Majeur protégé*

U

Urbanisme
– pouvoirs particuliers du juge d'instruction, 41.15

V

Victime
► V. aussi *Constitution de partie civile*

– droit d'être informé de l'ouverture d'une information, 43.51, 43.52, 61.22
– investigation, 32.33
– nouvelle, 51.62
– placement obligatoire sous contrôle judiciaire, 146.35
► plainte téméraire ou injustifiée, V. ce mot
– pressions, 142.72
– trouble occasionné à la —, 142.44

Vie privée
► V. *Atteinte à la vie privée*

Vêtement
– condamné, 148.31
– droit du détenu à conserver ses — personnels, 148.31
– possibilité d'interdire à la personne mise en examen détenue de conserver ses vêtements personnels, 148.31

Vidéo
– reconstitution, 172.53

Visioconférence,
– détention, 143.78, 144.27
– interrogatoire, 111.48, 111.49

Vol de pièce
► V. *Perte ou disparition de pièce*

Photocomposition : ***SCM***, Toulouse

Photocomposition : **SCM**, Toulouse

IMPRESSION, RELIURE

imprimerie CHIRAT

42540 ST-JUST-LA-PENDUE
JANVIER 2010
DÉPÔT LÉGAL 2010
N° 200911.0414

708479 - (I) - (1,8) - OSB-P-60g - SCM - EDO

IMPRIM'VERT

IMPRIMÉ EN FRANCE